人·民·文·库
人文科学·撰著

中国近代经济史

1895-1927

【上册】

汪敬虞 主编

人民出版社

《人民文库》出版前言

人民出版社是党的第一家出版机构，始创于1921年9月，重建于1950年12月，伴随着党的历史、新中国的发展、改革开放的巨变一路走来，成为新中国出版业的见证和缩影！

“指示新潮底趋向，测定潮势底迟速”，这十四个大字就赫然写在人民出版社创设通告上，成为办社宗旨。在不同的历史时期，出版宗旨的表述也许有所不同，但宗旨的精髓却始终未变！无论是在传播马列、宣传真理方面，还是在繁荣学术、探索未来方面，人民版图书都秉承这一宗旨。几十年来，特别是新中国成立以来，人民出版社出版了大批为世人所公认的精品力作。有的图书眼光犀利，独具卓识；有的图书取材宏富，考索赅博；有的图书大题小做，简明精悍。它们引领着当时的思想、理论、学术潮流，一版再版，不仅在当时享誉图书界，即使在今天，仍然具有重要影响。

为挖掘人民出版社蕴藏的丰富出版资源，在广泛征求相关专家学者和老一辈出版家意见的基础上，我社决定从历年出版的2万多种作品中（包括我社副牌东方出版社和曾作为我社副牌的三联书店出版的图书），精选出一批在当时产生过历史作用，在当下仍具思想性、原创性、学术性以及珍贵史料价值的优秀作品，汇聚成《人民文库》，以满足广大读者的阅读收藏需求，积累传承优秀文化。

《人民文库》第一批以20世纪80年代末以前出版的图书为主，

分为以下类别：（1）马克思主义理论，（2）中共党史及党史资料，（3）人文科学（包括撰著、译著），（4）人物，（5）文化。首批出版100余种，准备用两年时间出齐。此后，我们还将根据读者需求，精选出20世纪90年代以来的优秀作品陆续出版。

由于文库入选作品出版于不同年代，一方面为满足当代读者特别是年轻读者的阅读需要，在保证质量的前提下，我们将原来的繁体字、竖排本改为简体字、横排本；另一方面，为尽可能保留原书风貌，对于有些入选文库作品的版式、编排，姑仍其旧。这样做，也许有“偷懒”之嫌，但却是我们让读者在不影响阅读的情况下，体味优秀作品恒久价值的一片用心。

在社会主义文化大发展大繁荣的今天，作为公益性出版单位，我们深知人民出版社在坚持社会主义文化前进方向，为人民多出书、出好书所担当的社会责任。我们将从新的历史起点出发，再创人民出版社的辉煌。

《人民文库》编委会

目　录

第一篇
帝国主义在中国经济势力的扩张和对中国经济领域的渗透

第二篇
中国传统封建经济主体地位的延续和推移

上　农业中封建经济的基本维持和部分变化

下　国家传统经济政策的承袭和更张

第三篇
中国资本主义在各产业部门中的发展状况

简要说明　衷心感谢

本书准备工作，开始于20世纪80年代后期。1992年被全国哲学社会科学规划办公室批准列为“八五”哲学社会科学国家重点研究项目。整个编写工作都始终得到中国社会科学院和经济研究所两级领导的指导、关怀和支持。对此全体编写人员受到极大的鼓舞，表示衷心的感谢。

本书在搜集资料过程中，除了利用中国一、二两历史档案馆和上海档案馆的档案资料外，还利用了香港大学图书馆的馆藏资料。在此谨向当时积极支持和协助此项工作之经济研究所董辅礽所长、香港大学王赓武校长和京港学术交流中心各位负责先生表示衷心感谢。

本书的撰写，除了中国社会科学院经济研究所同仁承担以外，还得到上海社会科学院经济研究所沈祖炜、杜恂诚两位研究员和苏州大学历史系王翔教授的积极参加，使本书的撰写工作得以顺利进行。在此谨对上海经济研究所和苏州大学领导给予的支持，表示衷心感谢。

本书写作分工如下：

张国辉　外国在华矿业（第四章第二节），民族工矿业（第十二章）。

宓汝成　中国外债（第三章），外国在华铁路（第四章第三节），中国自建铁路（第十四章第一节）。

刘克祥　农业(第五、六、七、八、九章)。

史志宏　财政(第十章)。

朱荫贵　外国在华航运业(第四章第四节),民族航运业(第十四章第二节)。

陈争平　中国对外贸易和国际收支(第一章)。

徐卫国　清末经济政策和措施(第十一章第一节)。

徐建生　民初经济政策和措施(第十一章第二节)。

纪　辛　外国在华工业部分初稿(第四章第一节)。

沈祖炜　商业(第十五章)。

杜恂诚　民族资本金融业(第十六章)。

王　翔　手工业(第十三章)。

其余部分,由汪敬虞担任。全书征引书目之编制,由陈争平负责,稿件之抄写、复印、校对、管理,由葛鑫芳负责。林刚研究员对部分章节进行了审阅,提出了宝贵的意见。人民出版社杨素梅编审主持了本书的审阅工作,魏海源编审仔细审读了全书,提出了详尽周全的宝贵意见。

1998年8月10日

导　言

中国资本主义的发展和不发展

——中国近代经济史的中心线索

在“导言”之前，需要做一点说明。

本书为集体写作，分工负责。在确定中心线索和基本构架的基础上，全书各章均由承担者独立主稿。各章重点和主要内容以及具体材料的取舍、个别论点的斟酌，均由承担者根据各自处理对象的不同情况、次第权衡。观察角度，容或有彼此参差；表述内容，难免互相重复。史实陈述、统计数据，都有未能一致之处。主编在统稿时，虽然注意到在充分发挥各章各自优势的同时，尽可能保持全书布局的大体均衡、体系的相对完整；史实陈述的前后协调、统计数据的彼此一致，但为了更好地贯彻本书的中心线索，看来还需要在总体上做一些努力。“导言”之作，就是朝这方面努力的一个尝试。它当然不能脱离全书的主要内容，但又非具体章节的简单重复①。它着意于本书中心线索的阐明，但又非以论代史的架空议论。它的目的，如果压缩成一句话，就是希望能多少产生一点系统全书的效果，发挥些许导读通篇的作用。当然，限于水平，力不从心，是必然的。南辕北辙，也是有可能的。而且，离开了本书全

① 为了更好地说明问题，“导言”中有的地方上溯到 1895 年以前或下延至 1927 年以后。

体参加者和合作者所有研究成果的启发和吸收,离开了广大学术界已有优秀成果的利用和借鉴,即使这样低水平的导言也写不出,这也是不言自明的。

关于中国近代经济史的中心线索问题,到目前为止,学术界尚无一致看法。本书认为:贯穿近代中国半殖民地半封建社会的中心线索,是中国资本主义的发展和不发展①。这条中心线索本身有内在的逻辑联系,从而可以推动中国近代史上一系列问题的深入研究。所谓内在的逻辑联系,指的是中国资本主义的时代环境和历史条件对它的发展和不发展有着合乎逻辑的历史规定性。中国近代半殖民地地位的形成,这是中国资本主义发展的时代环境;中国近代半封建社会的持续,这是中国资本主义发展的历史条件。半殖民地半封建的各种历史现象的分析,都可以而且应该联系到这条中心线索上来。它从方法论上有助于丰富中国近代经济史的含量和内容,会使中国近代经济史上许多问题的讨论,提到理论的高度。对于一部中国近代经济史的撰写,既有提纲挈领之功,联系前后左右之力,又有充分发挥、论断和研证的广阔余地,从而最终有可能走向产生一部科学的中国近代经济史的目标。就当前的学术影响而言,百家争鸣,本书作为一家之言,参与学术界的讨论,也有助于学术空气的活跃。

以资本主义的发展和不发展为中国近代经济史的中心线索,不但有鲜明的理论意义,而且有不可忽视的现实意义。中国资本主义的产生,是近代中国社会前进的历史走向。发展中国资本主义,是近代中国人民寻求中国富强之路的强烈愿望。产业化,这是中国人民百年来梦寐以求的理想。在整整一个世纪的历史过程

① 关于这一提法的理论依据和学术界对此展开的讨论,请参阅《中国经济史研究》1989年第2期、第3期和1990年第2期有关文章。

中,它曾经不断地给人们以希望的曙光,因为代表新的生产方式的资本主义,第一次出现在近代的中国并且有一定的发展。但是,机遇和希望又遭受到一次又一次的严重打击,以致最后是彻底的失败。近代中国是以中国的资本主义不能得到真正的发展而告终。结束近代中国的历史,是社会主义中国的出现。当代中国所走的道路是历尽百年沧桑的历史选择。以中国资本主义的发展和不发展为中心线索书写中国近代经济史,不但会坚定我们对这一历史选择的信念,而且会为我国当前的社会主义第二次革命、为社会主义产业化,汲取有益的经验和启示。

以下对中国资本主义的发展和不发展这一中国近代经济史的中心线索做一些方法论上的阐述,敬求指正。

一、中国资本主义发展的时代环境

外国资本主义之进入中国,是中国资本主义的发生和发展所面临的时代环境。

西方资本主义对中国的武力入侵是从1840年开始的。经过多次战争,到1895年以后,基本上形成了帝国主义包围中国、划分势力范围的格局。而中国在1912年以后,又由全国统一的封建王朝变为地方割据的军阀统治,给帝国主义列强操纵中国政局,达到争夺经济权益以更加有利的条件。和1895年以前比较,列强对中国的经济侵略,在程度上和性质上都进入了一个新的阶段,换上了一幅新的时代色彩。

(一)特权享受——资本、帝国主义在华活动的关键性特征

资本、帝国主义在中国的经济活动,是以条约特权的享受为基本特征的。他们的活动几乎没有一项不带特权的色彩。一项贷

款,通常贷款人只有收取利息的权利,而在近代中国,一项铁路贷款却给贷款者带来一系列的特权。既有管理权、用人权、购料权,又有存款权、稽核账目权、分润余利权,还有线路展筑权、沿线警卫权、矿山开采权乃至续借款的优先权①。贷款方面的特权如此,其他各种活动的特权可以类推。

总起来说,外国侵略者扩大在中国的特权,包括两个方面。一是增加特权的项目,二是扩大每一项特权的范围和程度。初步的研究显示,资本帝国主义根据不平等条约在中国取得的重要特权,至少在30项以上。其中三分之二以上在马关条约签订以前就已经攫取到手。② 也就是说,特权项目的增加,主要集中在甲午战争以前,而每一项特权范围的扩大和程度的加深则贯穿于整个历史时期,特别表现在甲午战争以后。这种扩大和加深,明显地带有当时的时代色彩。以下我们选取和经济密切关联的七项特权,作为例证,逐一加以解析。

1. 内地开矿权

外国在华开矿权之第一次载入条约,始自1869年的中英新定条约。新约规定:由中国酌定江苏句容、江西乐平和台湾鸡笼(基隆)三处开采煤斤,中国可以"雇用洋人帮工及租买机器"③。这个条约后来没有批准,因此并未生效。

1895年以后,帝国主义国家开始在中国划分势力范围。开矿

---

① 在中国与外国所订的借款合同中,甚至出现中国不得提前还清债款的规定。参阅王铁崖编:《中外旧约章汇编》(以下简称《旧约章》)第一册,1957年版,第639页。

② 关于每项特权的具体内容,请参阅《中国社会科学院经济研究所集刊》第10集,《资本帝国主义国家在近代中国的特权》一文,此处不一一叙述。

③ 王铁崖编:《旧约章》第一册,1957年版,第312、309页。

权的问题又一次提上日程。1895 年法国首先要求在云南、广西、广东三省开矿的优先权。这一年中法订立的商务专条附章中“议定中国将来在云南、广东、广西开矿时,可先向法国厂商及矿师人员商办”①。由“雇用洋人帮工”、“租买机器”到和外国“厂商及矿师人员商办”,权利的转移,显然又推进了一步。然而,到此为止,条约仍未给予外国自办之权。1898 年德国借口山东教案,侵占胶州湾,要求修筑山东境内铁路,第一次提出在铁路沿线 30 里内德商有自行开挖煤矿的权利②。其后各国相继仿效③,形成了一个掠夺矿权的高潮。如果说,在此 30 年以前,外国人在中国的开矿活动,还只限于个别冒险分子“携洋枪利刃”的“跋扈踞傲”④,那么,现在的活动,则完全是另一幅全新的图景。

辛丑和约以后,外国掠夺中国矿权又有进一步的发展。1902 年中英续议通商行船条约规定:中国参照英国和其他国家的矿务章程,对现行的章程重新修改妥定,以利于招徕外国资本。⑤ 从此外国资本大量涌进,到了 20 世纪 20 年代中期,中国的煤铁两项主要矿产中,处在外国资本控制之下的分别达到 50% 和 95% 以上。⑥

2. 铁路修建权

路矿是列强划分势力范围的两把利剑。更确切地说,是一剑的双刃。和开矿相同,最初在有关的条约中,外国对铁路的修建,还是以所谓“襄助”的面目出现的。在 1885 年中法越南条款中,规定:中

① 《旧约章》第一册,第 623 页。
② 《旧约章》第一册,第 739 页。
③ 《旧约章》第一册,第 749、768 页。
④ 《矿务档》二,1950 年台湾版,第 832—833 页。
⑤ 《旧约章》第二册,1959 年版,第 108 页。
⑥ Millard's Review,1926 年 6 月 5 日。

国如修建铁路,"自向法国业此之人商办。其招募人工,法国无不尽力襄助"①。以后则进一步要求独立的修筑权。1895 年中法续议商务专条附章第五条规定:"至越南之铁路或已成者或日后拟添者,彼此议定,可由两国酌商妥订办法,接至中国界内。"②这是外国取得的"第一条铁路的让与权"③。它的进一步发展则是铁路修建优先权的攫取。1898 年中德胶澳租界条约中,不但规定德国在山东有修建胶济铁路之权,而且还规定中国"在山东省内如有开办各项事务,商定向外国招集帮助为理,或用外国人,或用外国资本,或用外国料物,中国应许先问该德国商人等愿否承办工程、售卖料物"④。这里的"事务",自然是包括铁路的修建在内的。从 90 年代开始,外国资本实际上在大量涌向中国铁路事业。⑤ 或由外国向中国贷款,提供路料,而以铁路财产和收入为抵押,或由外国直接投资,而出之以"襄办"、"与办"和"合办"的形式。无论哪一种,他们都力图把铁路控制在自己的手里。

3. 内河航行权

1858 年中英天津条约的签订,首次对外开放长江下游的航道。⑥ 1895 年的中日马关条约又正式开放宜昌至重庆一段的川江航道和长江下游沿吴淞江、运河以至苏州、杭州的航运。⑦ 1895 年以后,内河航行由长江扩大到其他内河。1897 年中英缅甸条约附

---

① 《旧约章》第一册,第 468 页。

② 《旧约章》第一册,第 623 页。

③ 约瑟夫:《列强对华外交》,胡滨译本,1959 年版,第 134 页。

④ 《旧约章》第一册,第 740 页。

⑤ 肯特:《中国铁路发展史》,李抱宏等译本,第六章,1958 年版;宓汝成:《帝国主义与中国铁路》,1980 年版,第 65 页。

⑥ 《旧约章》第一册,第 97 页。

⑦ 《旧约章》第一册,第 616 页。

款的专条,开放了西江梧州至广州和香港的航运。① 1896 年和 1898 年,沙俄东省铁路公司又连续取得松花江和辽河并该河支流的航行权。② 公然在铁路公司内部成立了一个河川汽船部的机构。③ 就在这时(1898 年),由海关税务司发布的内港行船章程,把所有内河的通商口岸和所谓停泊口岸,全部对外开放。④ 四年以后(1902 年),在中英续议内港行轮修改章程中,又进一步规定外商在所有内河两岸各口长期租用栈房、码头的权利。而且无理要求限制中国的轮运业,规定外国轮船不能航行的"浅水河道","华轮亦应一律禁止"航行。⑤ 由此在以后的二十多年中,以汉口为中心的长江内河船只登记,迅速增加。"从 1903 到 1925 年,上海方面的增长大约为 60%","可是在扬子江中游,以汉口和长沙合并计算,增长却在 11 倍以上"。⑥ 此时湘江、汉水以至长江上游岷江的嘉定,都进入外国轮船或兵舰航行的领域。⑦

4. 口岸设厂权

外国在华设厂的条约根据,是 1895 年的中日马关条约。然而在马关条约之前,设厂的事实即早已存在。而在他们取得条约根据之后,又进一步要求额外的特殊优惠待遇。在马关条约中,原已规定外国工厂所用机器的进口和工厂产品的内销,都享受与进口洋货相同的待遇。也就是进口机器只纳 5% 的进口税,内销产品

① 《旧约章》第一册,第 690 页。

② 《旧约章》第一册,第 673、784 页。

③ 宓汝成:《帝国主义与中国铁路》,第 421 页。

④ 《旧约章》第一册,第 786 页,参阅第 349 页。

⑤ 《旧约章》第二册,第 112—113 页。

⑥ 莱特:《中国关税沿革史》,姚曾廙译本,1958 年版,第 375 页。

⑦ North China Herald(以下简称 Herald),1902 年 12 月 18 日,第 129 页,22 日,第 836 页。

只纳7.5%的出厂和内地通过税。① 这种优惠,已经严重影响中国的税收和民族经济的发展。但是他们对此并不满足,又多方寻找各种减税的机会和借口。1902年英美烟公司在中国设厂制烟以后,就非法要求它的产品出厂税和内地通过税,应比照中国手工土烟输纳,把应纳的税率由7.5%降低到2%以下。这个非法要求,在1905年取得清政府的被迫同意。② 1916年中国政府制定卷烟税法,他们又以治外法权为借口,拒不执行。一定要按照他们所同意的条件,方能征纳。③ 类似的优惠,在1927年以后,依然存在。它是外国在华特权的一个缩影。

5. 内地收购权

外国商人收购中国土产、取得子口半税的优惠待遇,始自1858年的中英天津条约。但在1876年的中英烟台条约以前,出口土货的子口税单,只限于直接收购土产的外国商人。为外商搜罗土产的中国买办商人,则不能享受这个待遇。烟台条约第一次给予为外国商人服务的中国商人同等的权利。④ 这就扩大了出口子口税单的使用范围,大大便利了外国商人对中国土产的收购。但是在1895年以前,这项规定,实际并未付诸实行。一直到1896年,中国政府才让出口子口半税的特权扩大到为外国商人搜罗土产的中国买办商人之手。⑤ 当外国正式取得在华设厂特权以后,他们对作为工业原料的中国土产的收购采取了更加侵犯中国主权

① 《旧约章》第一册,第616页。

② S. Cochram: Big Business in China, 1980, p. 42.

③ 朱偰:《中国租税问题》,1936年版,第484—488页。威罗贝:《外人在华特权和利益》,王绍坊译本,1957年版,第366页。

④ 《旧约章》第一册,第349页。

⑤ China Maritime Customs: Handbook of Customs Procedure at Shanghai, 1921.

的手段。英美烟公司的烟叶收购,就是一个例子。它不但享受子口税的特权,而且在没有任何条约根据之下,深入到中国广大的农村,通过外国种子的发放和耕作方法的传授,直接控制烟农的生产。在这里,宗主国对殖民地所实行的一套农业生产的控制办法,原样照搬到半殖民地半封建的中国土地之上。

6. 税收控制权

中国税收之被控制于外国侵略者之手,起源于中国税收之用于外债之抵押。在中日甲午战争以前,中国的外债在数目上还比较小,作为借款抵押的税收,基本上是海关税收一项。甲午战争以后,随着外债和赔款的激增,税收的抵押,也由海关关税扩大到常关关税和内地厘金,更由关税厘金等通过税扩大到盐课等消费税。到了20世纪初,除开田赋以外,其他重要税收,几乎全部处在外国控制之下。1901年的辛丑和约规定:“所有常关各进款,在各通商口岸之常关,均归新关管理。”“所有盐政各进款,除归还前泰西借款一宗外,余剩一并归入。”①这里的新关,就是外国总税务司控制下的海关。

然而,在1911年以前,海关总税务司以及各关税务司还没有直接插手税收的征课、保管和上交,而只是负责进行税收的审核。所有税款,都由商人直接向代理中国政府征收税款的海关银号交纳,由海关银号负责保管并由中国海关监督上交政府。1911年以后,情况发生了变化。对中国拥有债权的西方国家,乘辛亥革命动荡之机,将中国海关银号的职权转入外国银行之手,以保证由关税作抵押之外债和赔款的偿付。在1912年由北京外交团径自拟定而由中国外务部允准的管理税收联合委员会办法中,规定英国汇

① 《旧约章》第一册,第1006页。

丰、德国德华和俄国道胜三家银行为“存管海关税项之处”。[①] 从此,海关税收的掌管大权,全部落入外国之手。不但担保外债部分之关税如此,偿还外债以后所剩之关余,亦复如此[②]。1913 年随着2500 万英镑善后大借款的成立,在袁世凯政府与五国银行团签订的借款合同中,进一步规定中国盐税的征收由外国人控制的盐务稽核所掌握。举凡引票之发给和盐税的征收,都必须首先陈报盐务稽核总所。所有盐务进款非经洋会办签字,不能提用。[③] 至于厘金的控制,在 1898 年的英德续借款合同中,就已经部分地将苏州等四处货厘和宜昌等三处盐厘“派委总税务司代征”。[④] 这里虽然没有“管理”的字样,也没有另设管理的机构,但在海关总税务司赫德的手中,已经有了一个接管厘金的“全盘计划”。[⑤] 总起来看,在甲午以后,中国政府的税收大权,面临着外国侵略的全面威胁。

7. 贷款优先权

外国取得对中国的贷款优先权,并非根据正式的条约。在中国近代的《条约集》中,直到 1895 年才开始出现具有条约形式的借款合同。然而,就是在非正式条约的借款合同里面,我们也可以看出,他们在竭力扩大贷款方面的种种特权,其中最重要的一着,就是贷款优先权的攫取。因为贷款优先,不但本身是一种特权,而且更重要的,它是取得和维护其他特权的手段。这一特权,事实上在 1895 年以前就已开始萌生。1874 年英国汇丰银行对福建当局

---

① 《旧约章》第二册,第 795 页。德华和道胜先后于 1917 年和 1926 年退出,以后由汇丰独管。

② S. F. Wright:China's Revenue since the Revolution of 1911,1935. 参阅作者所编《有关辛亥革命后关余问题的若干史料》(抄件)。

③ 《旧约章》第二册,第 869 页。

④ 《旧约章》第一册,第 735 页。

⑤ J. K. Fairbank:The I. G. in Peking,1975,p. 1152.

的一笔台防借款就曾试图提出:日后借款,尽汇丰优先。[1] 这一企图,当时未得实现。其后在1895年俄法对中国的四亿法郎借款中,也曾提出过半年之内"中国暂不另行借用金钱各债"。[2] 1911年4月美、英、德、法四国的币制实业借款合同中,规定清政府如因款项不敷,欲续办借款,应"先与〔本借款中之贷款〕银行续借所需之款"。[3] 这是我们看到的贷款优先权在大笔借款合同中的正式出现。[4] 此后在1912年英国的克利斯浦借款合同[5]和1913年五国银行团的善后大借款合同[6]中,都有同样的规定。贷款优先权,渐成惯例。和贷款优先相对应的是偿还借款的优先权。这是因为中国借款几乎都以关税或其他税收为抵押,所谓偿还优先,就是攫取抵押的优先。这在1913年的善后大借款合同中,表达得最为完整。合同第四款写道:"此项借款或其一部分未清还以前,其所有本利应较将来他项借款或他种抵押之债务用以上所指盐务收入者,独占优先权。"[7]我们在上面说到,外国借款,中国不得提前偿还。[8] 现在我们又看到,偿还更不得滞后。所有这些,目的都在于

---

① F. H. H. King: The History of the Hongkong Banking Corporation. No. 1, 1987, p. 553.

② 《旧约章》第一册,第629页。

③ 《旧约章》第二册,第709页。

④ 原定借款额为1000万英镑,(《旧约章》,第704页),实际只先行垫款40万英镑(参阅徐义生:《中国近代外债史统计资料》,1926年版,第50—51页)。

⑤ 《旧约章》第二册,第831页。

⑥ 《旧约章》第二册,第874页。

⑦ 《旧约章》第二册,第868页。在此以前,例如在1895年,汇丰银行借款,1896年英德借款和1898年英德续借的合同中,也有类似规定。参阅《旧约章》第一册,第599、642、735页。

⑧ 参阅《旧约章》第二册,第6页,注1。

保持借款权和借款权所带来的特权的独占。

以上七条,属于经济特权之重要者。至于政治、军事上的特权,如出一辙。有的甚至有过之而无不及。如驻军权、租借地权、租界和治外法权等,在范围上和性质上,都有显著的扩大和变化,都带有新的时代色彩。限于篇幅,不一一加以论述。①

总起来看,进入20世纪以后,也就是由清王朝的临近倾覆到北洋军阀走马灯似的统治,中国的国际地位,不但没有丝毫改善,反而日益陵夷。一部在西方史学界有影响和代表性的著作谈到第一次世界大战后中国的国际地位时说道:"在巴黎和会上,中国企图得到援助,但没有成功。它所遭受的耻辱甚至比起在1839年到1842年鸦片战争中所受到的更深。"②进入20年代以后,中国的地位更是江河日下。不妨把镜头从巴黎和会转到两家外国银行的新厦开幕式上。1923年,在上海汇丰银行新厦落成典礼上,作为来宾的英国驻沪舰队司令致辞说:英国的海军和贸易是连在一起的。"舰队力量的存在,使这里的公众有了安全感,而汇丰银行的存在,又使舰队感到安全。"③1926年,在另一家英国大银行麦加利的天津分行新厦落成之际,英国驻华大使夫人在揭幕式上的致辞,则径自把麦加利银行形容为"一艘巨大的金融战舰"。④ 原来时至我们所观察的这个时代的终结,外国在中国除了炮舰之外,还有使炮舰感到安全的"金融战舰"。

由铁甲战舰到"金融战舰",这无疑是一幅具有新的时代色彩

---

① 请参阅《中国社会科学院经济研究所集刊》第10集,上引文。

② 海斯等:《世界史》,三联书店中译本1975年版,第1190页。

③ F. H. H. King: The History of the Hongkong and Shanghai Banking Corporation, No. 3, 1988, p. 40.

④ C. Maekenzie: Realms of Silver, 1954, p. 263.

的图景。

(二)给与拿、促进与压迫——资本、帝国主义在华作用的全方位评价

西方国家在中国的活动,需要一个全方位的客观评价。他们有许多说法是不符合事实的,需要给予认真的说理对待。

1. 给与拿

一个比较普遍的说法是互惠论。"有所取必有所予",外国从中国所享受到的东西,中国同样可以从外国享受到。中西交往,平等互惠。

通商口岸是他们经常念叨的一个例子。增开口岸,一直是外国用炮舰打开中国大门以后不断提出的要求。甲午战争以后,日本又站出来要求把通商口岸扩大到辇下北京,没有结果。到了八国联军打进北京,签订了辛丑和约,在以后的通商条约谈判中,北京对外开放,成了谈判的一个焦点。要求开放北京的英国谈判代表马凯(J. L. MacKay)就是互惠论这一论调的说教者。他对谈判对手盛宣怀说:北京开放对中国也有好处,因为中国人同样可以"在伦敦任便经营商业"。① 这不是彼此互惠吗?的确,在以后的中外条约中,经常出现这种"互惠"的条款或词句。对待这一手法,无须等待今天识破,当时的中国谈判代表盛宣怀就知道应该如何回答。他立即回敬:"中国人在英国并没有享受治外法权。"②一句话使互惠论立刻破产。

---

① 海关总署研究室编:《辛丑和约订立以后的商约谈判》,1994 年版,第 33 页。

② 海关总署研究室编:《辛丑和约订立以后的商约谈判》,1994 年版,第 33 页。

比互惠论更进一步的是中国利多论。也就是在中外关系中,外国给的多,拿的少;中国给的少,拿的多。同样是在上述中英谈判中,在裁厘加税问题上,就被许多英国人认为中国人拿的太多,给的太少;而英国人拿的太少,给的太多的一个例证。

裁厘加税是中英通商条约中的一个关键问题。条约最后达成的协议是:中国同意裁撤厘金,英国则同意中国把值百抽五的进口和出口税分别提高到 12.5% 和 7.5% 。另外,还要加上对出口土货的销场税和洋商棉纺织厂的出厂税,以资弥补裁厘的损失。①此外,常关税、盐厘、鸦片税厘皆照旧或更名照旧征税。

这一条引起许多在华英商的不满,他们埋怨中国裁厘徒有其名,而对在华英商加税是实。它"对英国造成灾难性的后果"。②

也无须后人评论,这种意见,在当时他们自己的同胞中间,就被斥为"胡说"。③ 他们单指商约中规定的海关洋税务司有权"监督常关、销场税、盐务、土药〔鸦片〕征收事宜"这一点,就足以断定这是"对英国利益的最大保证,把反对派的疑虑扫得一干二净"。④

35 年以后,他们自己的另一位同胞对这个条约加以总结道:"在这整个方案中,外国对中国财政和行政权非分干涉的气味太浓厚了。"对中国说来,"无异于是开门揖盗"。⑤ 中国拿的多的论调,在他们自己人中间,不攻自破。

多给少拿论,在西方某些人看来,还不够彻底。最彻底、最动

① 《旧约章》第二册,第 104—106 页。

② Herald,1902 年 10 月 22 日,第 850 页。

③ Herald,1902 年 10 月 29 日,第 902 页。

④ 《旧约章》第二册,第 106—107 页。Herald,1902 年 10 月 29 日,第 899 页。

⑤ 莱特:《中国关税沿革史》,第 371—372 页。

人的论调是:只给不拿。也就是:外国在中国之所作所为,都是适应中国之需要,都是为了中国好。这种论调,曾经广为流行。外国在华的工、矿、交通等实业活动对中国的好处自不必说,即使并非实业的金融活动,也是适应中国的需要。外国银行在中国的扩张,只是由于中国缺少这方面的机构①;外国银行在中国发行钞票,只是因为中国没有能力发行有信誉的纸币,或者说中国纸币不如外国钞票那样被乐于接受。② 引申下去,外国银行团对中国借款的垄断,是"列强自我约束的一种设计,它不再剥削中国,相反,它把对中国借款的提供加以合理化"③,使中国"从巨大的困境中走出来"④,"保护它免于政治完整受到威胁的压力"⑤。可见,这对中国都是好事,都是"给"。

这种思潮,也弥漫于 1902 年的中英通商条件谈判中。单举开矿一项而言,最后确定的条文一上来就说:"中国因知振兴矿务于国有益,且应招徕华洋资本兴办矿业。"接着的措施是中国"将英国、印度连他国现行矿务章程迅速认真考究,采择其中所有与中国相宜者,将中国现行之矿务章程从新改修妥定,以期一面于中国主权毫无妨碍,于中国利权有益无损,一面于招致外洋资财无碍,且比较诸国通行章程,于矿商亦不致有亏"。⑥ 这对中国自然也是好

---

① J. Arnold: China, A Commercial and Industrial Handbook, 1926, pp. 173–174.

② F. E. Lee: Currency, Banking and Finance in China, 1926, p. 102.

③ F. H. H. King: The History of the Hongkong and Shanghai Banking Corporation, No. 2, p. 260.

④ T. W. Overlach: Foreign Financial Control in China, 1919, p. 278.

⑤ F. H. H. King: The History of the Hongkong and Shanghai Banking Corporation, No. 2, p. 251.

⑥ 《旧约章》第二册,第 108 页。

事,也是英国给的帮助。

说外国银行在中国发行钞票,银行团垄断借款对中国是一件好事,其背谬一望而知。发行钞票,纯粹是治外法权在中国的恶性伸延①,垄断借款是列强争夺中国权益白热化的产物,连他们自己人也承认银行团“已经把中国推向毁灭的边缘”②,用不着再多说。

载在1902年中英通商条约中的开矿条款,则需要揭露一点一般人不大知道的实情。条约中所说的需要“从新改修妥定”的“中国现行矿务章程”,指的是1898年清朝政府制定的“矿务铁路公共章程”。而英国需要“从新改修妥定”的要害,则在“章程”的第九条。全文是“集款以多得华股为主,无论如何兴办,统估全工用款若干,必须先有已资及已集华股十分之三以为基础方准招集洋股,或借用洋款,如一无已资及华股,专集洋股与借洋款者,概不准行”。③ 正如他们自己人所说:这一章程的颁布,是为了“抵制外国人干预中国的内政”,“表明了他们有决心今后尽可能要防止再把国家的矿务和铁路利益的控制权让给外国人”。④

至于英国要求中国迅速采择的“他国现行矿务章程”,其实也很古老。那就是,至少首先是英国和英国在它的殖民地印度所实行的一套满足殖民地宗主国需要的矿章。如法炮制,这就是英国给中国的帮助的实质。

在1902年中英商务谈判的记录中,有英国谈判代表马凯这样一段话:裁厘加税中的加税,对英国是一颗“苦药丸”,必须“加上

---

① 威罗贝:《外人在华特权和利益》,第354页。

② Lo Hu-min:The Correspondence of C. E. Morrisson, Ⅱ, 1978, p. 248.

③ 《皇朝掌故汇编》外编,第24卷,矿务2,1902年版,第43页。

④ 威罗贝:《外人在华特权和利益》,第648页。

一点甜头”，英国才能咽下去。① 加税是否对英国就是一颗“苦药丸”，自有公论。但开矿却的的确确是英国要尝的“一点甜头”，是中国要咽下去的一颗苦果。

我们这样讲，并不是把西方资本主义说得一无是处，只是在于辨明它在与半殖民地中国的关系问题上，需要有区别地进行具体的研究和分析。不妨拿上面一再提到的外国银行的活动，作为一个例，略作说明。在这里，指出以下三点，加以界定是必要的。

首先，就西方银行整体而言，现代资本主义银行是社会经济发展的产物。现代银行制度是市场经济的基石。在人类的经济生活中，从非商品经济到商品经济，从无货币经济到货币经济，这是一个时代的跨越。而高度集中经营货币，充分发挥货币职能的现代银行的产生，又是时代继续前进的举步。在人类历史上，货币已存在了数千年，而高度集中经营货币的现代银行，则不过几百年的历史。这本身就说明银行的出现，也是一个时代的跨越。不能否认它在这方面的进步作用。

其次，就进入中国的外国银行在本国的产生而言，它的最初破土而出，也是一个时代的突破。最先进入中国的英国银行，在摧毁东印度公司的商业垄断方面，有着明显的进步意义。一直到麦加利银行东进的19世纪50年代，这一行动还被认为是对“专横”的“东印度公司死刑的执行”。② 这家银行的创建人威尔逊（James Wilson），是谷物法的坚决反对者。③ 他的活动代表着当时新兴的工业资产阶级发展自己的强烈要求。它代表着时代的进步，这是不言自明的。

① 《辛丑和约订立以后的商约谈判》，第95页。

② Punch. 1857年8月15日。引自C. Mackenzie：Realms of Silver，p. 3。

③ C. Mackenzie：Realms of Silver，p. 4.

最后,进入中国的外国银行,既有一副掠夺中国经济的野心,又有一套开拓自身经营的本领。香港汇丰银行以250万枚银元起家,今天它的资产总值已经达到2300亿港币的天文数字。[①] 这当然是众多外国在华银行中的一个最突出的例子。但是,作为一个总体而言,他们那一套开拓发展自我天地的经营管理手段,对于今天已经独立自主、对外开放、吸收资本主义先进管理手段和经验、提高效率以加速四个现代化建设的社会主义中国而言,应有其借鉴的价值,这也是不言自明的。

西方资本主义在入侵中国的同时,也带来了属于资本主义的文明。在西方物质文明向中国推进之中,工厂、铁路、矿山首当其冲。正式确立口岸设厂权的马关条约在确认"任便从事各项工艺制造"的同时,特别提到"又得将各项机器任便装运进口"。[②] 我们在上面提到英国那么热衷于在中国路矿中采用他们的章程,无疑也包括采用资本主义在这方面的先进技术文明在内。西方技术文明的推进,当然不止于此,它也是水陆并举。与铁路先进技术相配套的,还有属于水路运输方面的航道疏浚。中国第一个开放的条约口岸上海所濒临的黄浦江的疏浚,就是一个例子。

疏浚黄浦江,这是上海开埠以后外国商人很早就提出的一项主张。原因是:上海港口河床由于淤塞而航道愈来愈浅和远洋轮船由于船体增大而吃水愈来愈深的矛盾,不能适应外国扩大通商的要求。这一主张,在1901年辛丑和约中正式得到确认,而在1905年开始加以实施。外国人掌握了黄浦江的疏浚权,同时也引进了新的河道疏浚技术,改善了黄浦江的航道,提高了黄浦江的运输能力。疏浚以前的吴淞江口,外沙低潮时水深15英尺,内沙则

① 根据汇丰银行1995年上半年营业报告。

② 《旧约章》第一册,第616页。

仅10—11英尺。疏浚以后，黄浦江的轮船通过能力，确有极大的提高。20世纪20年代时，黄浦江的航道低潮水深26英尺，高潮可达32英尺①，3万吨的远洋巨轮，可以安全进入上海码头。② 黄浦江的修治，曾经被认为是“西方的工程技术和管理方法适用于中国情况的一个令人鼓舞的范例”。③

这种赞扬声，在很多地方都可以听到。

在铁路方面，19世纪70年代初，英国就开始进行了最初的尝试。当1876年它在上海、吴淞之间修建的一段全长15公里的轻便铁路最后大功告成之时，驻上海的英国领事就把这一创举说成是“使野蛮的国家晋升为文明的先导者的惟一特效方法”。④ 1895年以后，铁路修建形成了一个高潮。到1927年止，在中国大陆的铁路长度，累积达12728公里。⑤ 也就是说，距今将近一个世纪之时，在中国土地上的铁路兴建，就曾经以每年平均300公里的速度前进。

在航运方面，19世纪60年代初，美国轮船首先进入中国最大内河长江的中枢汉口。进入90年代以后，英国又一马当先以一艘小汽船穿过三峡激流险滩到达四川重庆。当1898年3月这艘命名为利川号的小轮船以21天的航程到达目的地之时，欢迎的人群

---

① 《上海港口大全》，1928年版，第120、122页。参阅《海关十年报告》(1912—1921年)，转引自徐雪筠等：《上海近代社会经济发展概况》，1985年版，第97页。

② S. F. Wright: Hart and the Chinese Customs, 1950, p. 771.

③ 马士：《中华帝国对外关系史》，张汇文等译本，第3卷，1960年版，第412页。

④ Commercial Reports from Her Majesty's Consuls in China(以下简称Commercial Reports)，1876年版，上海，第20页。

⑤ 宓汝成：《帝国主义与中国铁路》，1980年版，第671页。

中爆发出热烈的欢呼,认为这是在川江的航运中首次引来了"文明的方式"①,实现了"科学和能力"战胜中国"笨拙的帆船"的前景。②

在工业领域中,形势更加明显。代表先进生产力的动力机械,首先是从制造部门引入中国的。外国轮船是 19 世纪 60 年代方才进入中国内河的。但为外国远洋、沿海和内河航行服务的船舶修造,却早在 40 年代就首先出现在南部中国的广州和香港,然后才北进厦门、福州、上海以至北部的天津。1895 年前,外国在华设立的工厂,单是船舶修造一项,大大小小,就有 60 多家。③ 80 年代初"航行远东的各种船只,不管遇到什么损害,都可以〔在香港的船坞〕充分获得修理的机会"。④ 上海的浦东火轮船厂,在 60 年代中,它所用的剪截机"切一块一英寸厚的铁板,就像一把餐刀切一块牛油那样容易"。⑤ 它的存在,被当时的外国传媒工具说成是上海的骄傲。⑥ 作为上海外国船厂第二代的祥生、耶松等船厂,机械化的程度又大大向前推进了。它们的出现,标志着上海的"进步与繁荣"。⑦ 这种情形,当然不限于船舶修造一业。作为外国在华工业主体部分的棉纺织业中,出现同样的场景。当甲午战争以后第一批外国纱厂涌入上海之时,当地的外国传媒工具就把它说成

① Herald,1898 年 4 月 11 日,第 613 页。

② Commercial Reports,1881—1882 年,重庆,第 19 页。

③ 汪敬虞:《十九世纪西方资本主义对中国的经济侵略》,1983 年版,第 317—321 页。

④ China Mail 报道,Herald,1880 年 7 月 13 日,第 32 页转载。

⑤ North China Daily News,1865 年 5 月 27 日,第 490 页。

⑥ North China Daily News,1865 年 5 月 27 日,第 490 页。

⑦ Herald,1880 年 11 月 18 日,第 460 页。

是“中国历史和中国工业新纪元的标志”。①

铁路、轮船、工厂如此，电报、电话以及一切现代化的公用事业，莫不如此。一直到现在，天津的一家最老的外国饭店——利顺德，仍然以在中国安装首部电话机和首部电报设施作为自己历史的光荣一页。② 而德国西门子至今也没有忘记它在 1872 年向中国出口了第一台针打式电报机。③

所有这些，都离不开外国引进。如果要区别“拿”与“给”，的确这都是“给”。

然而，所有这些，对当时的中国而言，即使再加上一千零一项，也不是中国人民的福音。这不仅是因为它们都不掌握在中国人的手里，而且因为，在外国人的手中，除了握有“所有这些”以外，还拥有一项更关键的东西——特权的享受。“它们的繁荣是建立在中国的不幸，而不是在幸运之上的。”④稍为尊重历史的人，都能在各个不同的角度上，看到这一点。

铁路运价特权的享受，就是如此这般的“繁荣”建立在如此这般的“不幸”之上的一个明证。

中国铁路货运价，在一般通行的普通运价和特别运价之外，又在特别运价之中，细分为“特价”与“专价”两种。这个特别的专价，便是一种特权的享受。1900—1923 年出现在京奉铁路上的煤炭运价的变化，是最好的说明。京奉铁路是一条渗入了英国资本的铁路。在 1900 年以前，中国自办的开平煤矿通过这条铁路运输煤炭，不但没有任何优惠待遇，而且经常受到无理提高货等、加重

---

① Herald，1897 年 3 月 26 日，第 547 页。

② 刘鉴唐、田玉堂主编：《利顺德百年风云》，1993 年版，第 311—314 页。

③ 《光明日报》，1995 年 7 月 14 日慕尼黑电。

④ F. M. Tamagna：Banking and Finance in China，1942，p. 118.

运费的刁难。[①] 而在1900年英国利用非法手段攫取了开平煤矿以后,开平煤炭便享受了降低运价的特价待遇。等到后来京奉沿线煤矿企业增多,各矿都能援例享受特价待遇之时,由英国资本掌握的京奉路局便于1923年进一步同兼并中国自办的滦州煤矿而成立的开滦增签了一个专价合同,将运费再予削减,让开滦一家单吃小灶,独享优待。[②]

开平、开滦,并非个例。第一次世界大战期间,当日本控制山东胶济铁路之时,日资鲁大煤矿也享受吃小灶的待遇。既有"特定运商专价",又有"出口特约煤炭减价",还有"最低运率"的特惠。[③] 所有这些,目的也是一个,即最大限度地方便日本对中国煤炭资源的掠夺。

当然,目标一致,方式可以多种多样。在法国资本控制的滇越铁路,对中国个旧锡矿的外运,则完全是另一幅情景。个旧锡矿外运不但没有享受到什么"最低运率",反而被课以高得出奇的运费。在1906—1909年间,滇锡运费由每吨16元提高到45元,3年之中,几乎增加了两倍。而法国产品之输入云南,则可以随意调整收费标准,通行无阻。别的国家"非得法国的允许","无人无物得以进入云南"。[④]

铁路运输这样一种先进的运输方式,在半殖民地的中国,却可以发挥这样离奇的作用。

半殖民地上的这种离奇现象,并不限于此。铁路的运费方面

① 参阅《时务日报》1898年6月3日。

② 洪瑞涛、潘起陆:《我国铁路煤炭运输研究报告》(油印本)第4册,1934年印,第184页,引自宓汝成:《帝国主义与中国铁路》,第450页。

③ 宓汝成:《帝国主义与中国铁路》,第451页。

④ 宓汝成:《帝国主义与中国铁路》,第457页,参阅 U. S. Consular Reports,1912年版,第27号,第503页。

有，工矿企业的税负方面也有。

在上海外商船厂的扩张过程中，船厂所得到的免税优待，也在亦步亦趋地扩大。而这一扩大的过程，也达到了令人难以理解的离奇程度。在外国船厂进入上海之初的1868年，在中英新定条约的谈判中，清朝政府首先同意英商船厂修理船只的物料，一概免纳进口关税。① 等到1881年德国提出同样要求时，则进一步把免税物品扩大到76项，从钢、铁、铜、锡、铅、锌到火泥、玻璃、橡皮、油漆，事实上，把所有制造新船的物料统统包括在内。犹恐不周全，最后还要加上“一切未能预言实用修船各物”。②

手中有了常人难以理解的优惠待遇，一有机会，脸上却装出万般无奈、吃亏受屈的表情。在1902年中英商约谈判的过程中，在加征出厂税的问题上，由于中方要求官办军火、造船工厂和汉阳铁厂排除在加征对象之外，立即引起英国方面的反对。他们或是摆出一副关心的面孔，强调这是对中国民间自办企业的一个致命的打击。③ 有的则剥去伪装，径自抱怨英国在上海的船厂利益受到严重的损害，毫无掩饰地提出：“出厂税不适用于官家企业，使英国耶松船厂同中国官家船厂竞争，遇到人为的困难”，“构成了自由竞争的一大障碍”。④

旧中国的统治者之不能惠及民间产业，一向皆然，而它之不敢触犯外国资本利益，却也历来如此。如果有税负上的不平等，那么也是存在于洋商与华商之间。清朝政府标榜的“华洋一体待遇”，是名存而实不至。譬如水泥税，名义上国内生产的水泥和入口水

---

① 《旧约章》第一册，第310页。

② 《旧约章》第一册，第394页。

③ Herald，1902年10月22日，第850页，10月29日，第901页。

④ Herald，1902年10月29日，第904页。

泥,同样值百抽五,但实际上中国生产的水泥,市场上的售价,在1907年为2两白银1桶,但在课税时的估价却为3两白银1桶,名为值百抽五,实际上的税率是7.5%。而且"外洋进口之灰,其税项连桶在内",中国工厂生产的水泥,则"袋桶须另行纳税"。① 在煤矿税上,同样,名义上矿务章程规定:除纳出井税外(出口则再纳出口税),"其内地厘卡,概不重征"。② 但是事实上,"各省所收厘税,往往于出井、出口两项外,藉词加征"。③ 如山东中兴煤矿在归华商接办以后,产煤1吨,出井税不过1钱④,而向各卡所纳的厘税则达3钱7分,使当时的商部也不得不承认"部章几同虚设"。⑤ 另一方面,清政府对外国在华工业,则又百般优待。大烟草托拉斯英美烟公司,就通过和清政府统捐局所订的特认捐数合同,在纳税方面享受了优惠的待遇,使得这家公司的实际税负只相当于应纳税负的五分之一。⑥

由此可见,对外国入侵者而言,清朝政府只能是给,想从他们那里拿点什么,根本是不可能的。就算把1902年的那一次举动,看做是清政府想触动一下外国的利益,那也只停留在纸面上,条约签订之后,随之束之高阁。而旧中国统治者对外国在华工业税收上给予优惠的传统却没有变更。

2. 促进与压迫

进入中国的西方资本主义本身所具有的正面和负面的两重作

---

① 《东方杂志》4年第6期,财政,1907年6月,第91页。

② 1904年矿务暂行章程,第34、35条。

③ 《东方杂志》3年第4期,财政,1906年4月,第39页。

④ 《财政说明书》,山东省,杂税,1915年版,第5页。

⑤ 《东方杂志》3年第4期,财政,1906年4月,第39—41页。

⑥ Retums of Trade and Trade Reports(以下简称《关册》),1913年杭州口,第971页。

用,对近代中国经济的演变,也必然产生正面和负面的双重影响。从一方面看,西方资本主义进入中国的过程是促进中国本身资本主义现代化的过程;从另一方面看,它又是阻碍中国资本主义的发展以至最后使中国资本主义现代化的过程无由实现。也就是说,入侵的西方资本主义,既是中国民族资本主义产生的促进者,又是中国民族资本主义发展的压迫者。详细的论证,非篇幅有限之导言所宜能。这里只从方法论的角度,在近代中西经济关系全方位的视野中,就这个问题提出一个总的看法。

近代中外经济关系的评价,即对西方资本主义进入中国以后对中国近代社会经济产生的作用的估量,作为一个学术问题,是近几年来国内论坛中的一个热点。在西方论坛上,这是一个老问题。压迫论与非压迫论之争,相沿已久,这是众所周知的。

近代中外经济关系,归结起来,不外贸易和投资两个方面。长期以来,国内学者在这两个问题上的看法是:西方对华贸易是建立在不等价交换扩大的基础上,因而对中国经济产生不利的影响。西方对华企业投资是建立在中外企业利润高下悬殊的基础上,而财政投资则是建立在高额利息的基础上,因而对中国经济,特别是对新生的中国民族资本主义经济产生过压迫作用。这两个论点,可以说是压迫论的主要理论依据。当然研究应该从这里入手,但是,这样的论证存在着简单化的倾向,需要做深入具体的分析。

近代中国对外贸易中的不等价交换问题,实质上是一个工农业产品价格剪刀差的问题。这个问题在抽象的理论原则和实际的计算运行上,都是一个很复杂、有待深入探讨的问题。过去采用的指标通常是所谓贸易的条件(Terms of Trade),它指的是进口物价(I)与出口物价(E)的比率(I/E)。如果进口物价指数的上升幅度大于出口物价指数,或进口物价指数的下降幅度小于出口物价指数,这个比率的指数就呈上升的趋势,中国对外贸易的不等价交换就趋于扩大,中国在国际贸易中所处的地位,就趋于恶化。反之亦然。

这种贸易条件指数,过去有不少学者和学术机构编制过。总的看来,中国对外贸易的不等价交换在1930年以前,有升有降,变动幅度不大。① 进入30年代以后,在贸易条件指数中所表现的不等价交换,的确有明显扩大的迹象。② 1930—1936年间,根据各有关专门机构的计算,贸易条件指数的上升幅度在7%至13%之间。单从统计数字看,似乎可以得出中国对外贸易条件恶化的结论。然而我们同时又看到另一个值得注意的现象,那就是,剪刀差的扩大,进口物价的相对上升,并没有引起进口总额的上升。相反在同一时期中,进口物量指数下降了整整40%③,入超下降了78%④,与物价指数的上升呈同步的反差变动。与此同时,在进口物量急剧下降的过程中,海关进口税额却呈现出明显的上升。在1926—1936年10年间增长达3倍以上。⑤ 造成这种背离现象的原因,正是由于在这一段时期内,中国的进口关税率有较大幅度的提高,从初期的

① 陈争平:《1895—1936年中国国际收支研究》,1996年版,第160页。

② Nankai Social and Economic: Quarterly,1937年7月,第346—347页;Nankai Index Numbers,1936年,1937年版,第37—38页。国定税则委员会编:《上海物价年刊》,1936年版,第8、112页。

③ 郑友揆:《中国的对外贸易和工业发展》,程麟荪译本,1984年版,第337页。

④ 阿瑟·恩·杨格:《一九二七至一九三七年中国财政经济情况》,陈泽宪、陈霞飞译本,1981年版,第291页。

⑤ 郑友揆:《中国的对外贸易和工业发展》,第75页。

4%左右上升到1935年的30%左右。① 10年之中,增长了将近7倍。这就可以判明:造成进口物价上升的重要因素是进口关税的增加。它在一定程度上排除了工农产品和不等价交换之间的联系。因此把不等价交换这样一个全称的命题贯穿于整个中国近代对外贸易的过程中,至少是稍嫌笼统的,需要做进一步的深入研究。

中国近代对外贸易之所以处于不利地位,一个重要的因素是中国在对外贸易方面不能掌握两个主动权:一是关税的主动权,一是价格的主动权。这两个主动权的被剥夺,中国的对外贸易就难以避免受制于人的被动局面。

关税之不能自主,正是西方对中国的第一个不平等条约加在中国对外贸易上面的一条锁链。我们在上面提到的中国对外贸易存20世纪30年代之所以有一点改善的迹象,也正是由于这时的中国政府争得了部分的关税自主权。尽管这一主权的收回很不彻底,但是在对外贸易条件的改善方面,却已见成效。由此可见,关税不自主,中国对外贸易的局面,就没有改善的希望。

价格主动权的丧失,不像关税不能自主是由条约规定的那样明确具体。但是中国在对外贸易的格局中处于价格接受者而非价格制定者的被动地位,无论是在对外贸易的商品市场和周转对外贸易的金融市场上,优势在外国一方。中国外汇市场之为外国银行所左右,已为人所共知。至于商品市场中价格主动权操于谁手,则以情况较为复杂,尚未形成共识。这里仅就生丝和茶叶两大传统出口商品的交易过程略加分析以资论证。

中国生丝销售于世界,有上千年的历史。在西方殖民主义者东来以前,中国生丝的对外贸易,不发生贸易主权的问题。即使在西方殖民主义入侵的初期,麇集广州的西方商人也必须遵守中国

---

① 郑友揆:《中国的对外贸易和工业发展》,第75页。

政府制定的管理条例。但是进入 19 世纪以后,情况开始发生变化。在广州一口的贸易中,资金的周转,商品价格的敲定,贸易份额在中国行商间的分配以及行商与外商相互关系和相互地位等方面的变化,在表明贸易的支配权已经开始转入外国商人的手中。① 然而深刻的变化,还是发生在鸦片战争以后。曾经在中国海关工作过的英国人班思德说道:从这时起,中国的对外贸易开始“被管制”。沿海贸易港口的增加,海关行政的统一,进出口商品纳税特权的享受,外国轮船对中国帆船运输的取代,外国商人和船只在“条约规定下及领事保护下”特权的享有,“所有这些,汇合成一种深刻确定的转变”。②

在这种深刻的转变之下,中国生丝的对外贸易,基本上是按照这样的程序进行的:内地生丝通过丝栈、口岸厂丝通过丝号卖给外国洋行。交易的具体执行人则是丝号的通事和洋行的买办。买办是洋行收购生丝的直接工具,丝栈和丝号通事则是其中间环节。洋行通常通过买办放款于中国丝商或丝厂,作为包揽生丝出口的手段。③ 洋行作为交易的一方,实际上处于债主的地位。买办为扩张业务、招徕生意,对于华商常先垫付丝价,然后再向洋行收款。“日积月累,买办遂握中外生丝贸易之全权”。然而实际上,洋行的外国“大班为一行之总经理,凡接洽生丝海外买卖事宜及接收海外生丝市价之暗码电报,与华商收买生丝之数量多寡、市价高

① 《西方资本主义入侵中国的序幕——鸦片战争前清帝国和西方国家的贸易》,参见汪敬虞:《十九世纪西方资本主义对中国的经济侵略》,1983 年版,第 7—66 页。

② T. R. Banister: A History of the External Trade of China, 1834—1881, 1931, p. 51.

③ R. E. Buchanan: The Shanghai Raw Silk Market, 1929, p. 25.

下，皆由大班一人主之”。[①] 在这种形势之下，生丝出口贸易中的中外双方已经失去了平等的地位，外国洋行不但享有超越一般商人所能享受的政治特权，而且拥有超越中国丝厂和丝商所能保有的经济实力。一本反映20世纪早期中国生丝生产与运销的专门著作中写道：江浙和广东是中国两大产丝区，但是“生丝的市场价格不是在上海，也不是在广东，而是在纽约和里昂决定的”。“因此，中国新茧的市价和蚕农育蚕的成本，几乎没有联系。它们是和纽约、里昂的市场价格直接联系在一起的。对于这个价格中国蚕农是一无所知晓，二无所操心，三无所作为。”[②]也就是说，完全受制于人。这就是中国生丝对外贸易所面临的局面。

茶叶对外贸易的凌夷，尤有甚于生丝。

中国茶叶出口市场之受制于洋商，销售价格之仰仗于洋行，这在19世纪八九十年代，是一个受朝野上下普遍注意的现象。洋商“抑勒茶价”，操纵茶叶市场，受到官府和民间众口一词的谴责。[③]

在洋行左右贸易的条件下，中国茶农所受的剥削是多重的。从直观上看，他们最先受剥削于贩运茶叶的中国茶商。从根本上看，他们最终受剥削于出口茶叶的外国洋行。在小农分散生产的条件下，茶农生产的茶叶，在最后到达洋行手中之前，往往要经过多次转手。每多一次转手，即多一层剥削。然而大部分利润却不

---

① 中国国际贸易协会：《中国生丝对外贸易手续》，1932年版，第4—5页。

② D. K. Lieu：The Silk Industry of China，1941，pp. xiv-xv.

③ 参阅姚贤镐编：《中国近代对外贸易史资料》，1962年版，第973—978页。

是由中国的中间商人囊括以去。因为他自己并没有什么资本实力①,而在他的后面,还有更大的外国洋行。由于洋行有势力更雄厚的本国靠山,又有得心应手的中国买办,还有保护他们的一套制度,更有他们自己规定的"合法措施"②,加上他们拥有优于华商的资本实力,这就决定了他们在茶叶市场上的优势地位。事实上,贷款于茶农的中间茶商,往往转身以茶叶为担保向外商借款,周转经营。在贷款来源少、利息高、期限短的条件下,中国茶商显然处于受外商笼络、易于就范的地位。中国茶商手中的茶叶,往往等不到茶市行情对他有利的时刻,就不得不压价出售以偿债。在湖广产茶区做过总督的张之洞说过:中国茶商"由于资本不足,重息借贷。更有全无资本,俟茶卖出以偿借债者。洋商渐知其弊,于是买茶率多挑剔,故抑其价。茶商债期既迫,只求速销偿债,而成本之轻重,不能复计"。③ 这是知情者的实言。事实上,在许多情况下,出口茶叶的洋行,就是中国茶商、有时甚至是中国茶农的贷款者,他们直接参与对中国茶农的剥削,用不着中国茶商转嫁。

由此可见,笼统地用不等价交换说明近代中国对外贸易处于不利的地位,这是不够的。机器生产和手工生产劳动生产率的高下不同,这是在任何情况下都存在的。而上面所说的情况,则只存在于殖民地、半殖民地这样的特殊情况之下。只有从根本上改变这个条件,中国的对外贸易才能走上开拓、繁荣、发展的道路。

现在再来看看中外企业利润的问题。

---

① 茶商运茶到上海,水脚、税银、保险等费多需茶栈代垫。参阅《上海茶业会馆规条》,见彭泽益主编:《中国工商行会史料集》上,1995 年版,第 590 页。

② London and China Express,1882 年 9 月 1 日,第 939 页。

③ 张之洞:《裁撤茶商捐助书院经费折》,光绪十八年闰六月二十六日,见《张文襄公奏稿》第 20 卷,第 27 页。

从理论上说,资本主义社会中,不同产业部门争夺有利投资场所引起的资本在各部门间的流动,导致利润率的平均化,也就是利润转化为平均利润的规律,在资本主义生产关系存在的地方,是一无例外地发挥作用的。在半殖民地的中国出现的资本主义企业,同样也会受这个规律的支配。因此,中外企业利润率的高下变动,在个别企业之间或某一阶段之上,都可能出现不同程度的差异,甚至有很大的不同。但在较大的范围和较长的时间之内,则会有趋于一致的平均化的趋势。尽管大资本为外国在华企业获取高利润提供了有利的条件,但是以为所有外国资本企业的利润率必然长期高于中国资本主义企业的利润,只有这样才能显示出外国资本的压迫力量,这是不符合上述的理论原则的。

从理论上看是如此,从客观实际出发,结论也是如此。单从一个时期各行业之间看,或从一个企业前后不同的时期看,差别的确是显著的。不但华商与洋商之间有巨大的悬殊,就是洋商本身,不同时期和不同部门也有很大的落差。满铁系统各工厂在1907—1927年间,利润率最高时达到57.1%(1918年),最低时只有1.4%(1908年)。而在1907年一年之中,铁路本身的利润高达40%,但铁路系统内各工厂则不过1.5%。① 这种情形,也出现在华商企业之间。20世纪初,当几家历史较长、规模较大的纱厂如上海华盛、苏州苏纶和武昌纱布官局纷纷亏损改组之时,南通后起的大生纱厂却获得20%以上的纯利。而在1899—1921年间,大生一、二两厂的纯利,最高时达到113%,最低却不过2%。②

① Chi-ming Hou: Foreign Investment and Economic Development in China, 1973, p. 114.

② 《大生资本集团史》,1979年油印本,第129—130页;南通市档案馆等:《大生企业系统档案选编》,1987年版。

在洋商与华商工厂之间,利润的高下,也是经常互见的。因此在某一个时点上,既很容易找到洋厂利润高于华厂的事例,也不难找到华厂利润高于洋厂的例证。但是依据大数法则,在一个较长的时间序列中,以求二者的平均利润率,实际上是互相接近的。这可以从两方面进行比较。

一方面是平均利润率的比较。根据50年代初一位经济史学者的研究,在比较正常的1934—1938年间,包括银行、制造、公用、航运和电讯五个行业在内,有93家外商企业的资产负债表可供计算它们的账面平均利润率。五个行业的平均数为15.3%,单独计算制造业(即工厂)一项则为13.6%。① 编者本人在1949年根据30年代92家华商工厂的营业报告计算他们的利润率,平均为13.7%②,和上述外商工厂的平均利润率,几乎是完全一致的。

另一方面是利润率的分配数列(Frequency Distribution)的比较。20世纪70年代初一位美籍华人学者根据1872—1932年外国在华主要工厂的利润率共115例,计算他们的分配数列。结果表明工厂利润率集中在5%至15%之间,占总数的42%。③ 编者本人根据上述材料,加上后来继续搜集的材料共230例④,按照同样的组距,也作了一个利润率的分配数列,其中利润率在5%—15%之间的共113例,占总数的49%,两个统计基本上也是一

---

① 吴承明:《帝国主义在旧中国的投资》,1956年版,第83页。

② 系根据中国征信所的调查,参阅《中国工业》,1949年12月号。

③ Chi-ming Hou: Foreign Investment and Economic Development in China, p. 113.

④ 新增各例之资料来源,主要有上海社会科学研究所:《荣家企业史料》、《南洋兄弟烟草公司史料》、《刘鸿生企业史料》;上海市纺织工业局等:《永安纺织印染公司》;天津南开经济研究所等:《启新洋灰公司史料》;湖北人民出版社:《裕大华纺织资本集团史料》等。

致的。

由此可见，单纯以外资企业利润高于华资企业利润作为外国资本压迫中国民族资本的前提，这至少是一个未能加以证实的论断。但是外资企业的优势地位，外国资本对中国民族资本的压迫，并不能因此而可以否认。外国资本的优势地位，中国民族资本所受的压迫感，这是客观的存在。作为中国民族工业中坚的棉纺织工业的历史，就是一个有说服力的例证。

众所周知，外国资本对华商纱厂的兼并和控制，在第一次世界大战以后，是一个相对突出的现象。根据现有的材料，从欧战临结束的1917年起，至战后世界经济危机爆发的1931年止，外国资本之渗入华商纱厂，至少有22起之多。其中有众多的华商纱厂最终遭到外国资本的兼并。① 令人惊异的是：华商纱厂被外国资本侵蚀的过程的开始，竟然发生在它获取高额利润的大发展之后乃至大发展的过程中，出现在被当今人们所共称的民族资本的黄金时代之中。

第一次世界大战爆发，外国棉纺织品对华输出大幅度下降，西方各国在华纱厂也无力增加投资，这从两方面减轻了民族资本棉纺织业的外来压力，从而在中国棉业资本家的面前出现了一个获取高额利润的大好时光。就我们现在所掌握的材料而言，欧战时期华商纱厂账面盈利率超出100%的至少在10家以上。个别纱厂的盈利达到130%乃至接近140%，这是十分惊人的。②

然而，那些昨天甚至眼前还在获取高额利润的华商纱厂，转眼之间，有不少便不得不接受外国资本的“接济”。天津华新、裕元

---

① 严中平：《中国棉纺织史稿》，1955年版，第197—198页。

② 参阅《中国社会科学院经济研究所集刊》第10集，1988年版，第201—203页。

两大华商纱厂,一个在1919年一年之中盈利150万元之多,一个在1918—1922年间盈利达600余万元之巨。然而就在它们营业鼎盛之秋,日本资本集团的贷款,就开始登录在它们的负债表上。而一旦洋债缠身,最后便落得一个被接管或拍卖的结局。① 上海申新纱厂,是华资纱厂中规模最大的一系。它的盈利,在欧战期间,几乎是直线上升。一个以30万元资本起家的申新一厂在1920年的盈利竟高达111万元。② 然而就在这个空前的繁荣期中,申新公司所属各厂中,已经开始有以自己的厂基、机器向外国资本多次抵押借款,其中有的工厂后来甚至险遭拍卖。③ 可见华商纱厂发展基础之脆弱。而这一脆弱和外商压力的强大又是不可分的连裆裤。

一方面存在高额利润的获取,另一方面又潜伏着被兼并的危机,这不仅出现在棉纺织一业之中,也普遍发生在其他工业部门。卷烟业中民族资本的巨头——南洋兄弟烟草公司就曾经三度经历这样的危险。企图兼并的对手就是英美资本在中国卷烟业中的垄断组织英美烟公司。而英美烟公司的三次企图,也都是发生在南洋烟草公司处于营业鼎盛的上升阶段。一、二两次分别提出于1914和1917年,这时距南洋之成立,已有10年上下。经过1909年的一番整顿,公司基础初步建立,形势开始好转。从1916年起,南洋的盈利,每年都在100万元以上。也就在这个时候,英美烟公司一再提出合并的要求。两次合并的谈判都没有达成协议。在这以后,南洋公司又有进一步的扩展。1918年和1919年公司两次

① 严中平:《中国棉纺织史稿》,第353—354页。

② 严中平:《中国棉纺织史稿》,第203页。

③ 严中平:《中国棉纺织史稿》,第195页;许维雍、黄汉民:《荣家企业发展史》,1985年版,第86页。

增资，资本由100万元港币扩充到1500万元港币。盈利也大幅度上升，一直到英美烟公司第三次提出合并要求的1922年以前，南洋公司每年账面盈利都维持在很高的水平上。①

为什么会出现这样不可理解的现象？南洋公司为什么会接受这样的谈判。它的创办者和主持人简照南为我们道出了个中的奥秘。他在1917年给他的弟弟简玉阶的信中写道："'空山'势力之大，若与为敌，则我日日要左顾右盼，无异与恶虎争斗，稍一疏忽，即为吞噬。"②这里的"空山"，指的就是英美烟公司。在1922年第三次谈判中，他的意思表达得更加彻底。他说："如不携手，此后竞争必益烈。""携手不成，伊必再跌价。伊拚亏一千余万，不过去一年之利息，我若亏一千余万将资本全倾，陷于破产。"③在简氏家庭中，也有不甘屈服于英美烟公司而反对与之合并者。他们宁愿退出南洋也不愿与英美烟公司合并。④ 然而即使他们，也不得不承认："以'空山'资本之雄，即使再加十个如我者，亦不能与其争势力。"⑤

这就很清楚了。资本主义大鱼吃小鱼的规律，在这里得到最鲜明的体现。

---

① 上海社会科学院经济研究所编：《南洋兄弟烟草公司史料》，"序言"，第2页；正文，第38页。

② 上海社会科学院经济研究所编：《南洋兄弟烟草公司史料》，"序言"，第2页；正文，第113页。

③ 上海社会科学院经济研究所编：《南洋兄弟烟草公司史料》，第425页。

④ 上海社会科学院经济研究所编：《南洋兄弟烟草公司史料》，第111页。

⑤ 上海社会科学院经济研究所编：《南洋兄弟烟草公司史料》，第111页。

当然,在半殖民地的中国,这个大鱼吃小鱼的规律,又有其自身的特点。这从简照南的往来函件中,也可以得到一些具体的信息。他在1917年6月至10月不到半年之中两次透露英美烟公司企图包揽全国烟税的活动。一则曰:英美烟公司"运动政府欲包揽全国烟税","此事一成,则本公司生活在其掌中,此件最为忧虑也"。① 再则曰:"果有此事,则中国烟酒两宗权利,将来必落在外人之手。我公司为外人制死命,更无待言。"②可以断言,这种状况,只有可能出现在半殖民地半封建这样一种特殊的国度里,在那些外国资本家自己的祖国中,是断乎不可能出现的。当然,简照南的顾虑,并没有立即成为现实。但在以后的历史进程中,这种可能之变为现实,则不绝如缕。先是北洋军阀政府对英烟公司交纳地方税款的减免,后是国民党政府对英美烟公司交纳税款的优待。对于北洋政府措施的背谬,有1925年全国商业联合会的一段直陈政府的申诉书为凭。它说:"各国对此种入口之品,征税极荷,有抽至比较原价在数倍以上者。回视我国,绝未梦见。今方整顿税率之时,不图烟酒公署竟与英美烟公司订立声明书十一条,并续订四条,不独妨及于将来关税特别会议,且有损于独立国之精神。况实际上有减无加,倘或其他洋商接踵效尤,直使国家税源立于万劫不复地位。"③对于国民党政府规定的缺失,有1930年一份实地调查报告和1934年24家华商烟厂的联名陈请为证。前者说:"民十

① 上海社会科学院经济研究所编:《南洋兄弟烟草公司史料》,第114页。

② 上海社会科学院经济研究所编:《南洋兄弟烟草公司史料》,第119页。

③ 上海社会科学院经济研究所编:《英美烟公司在华企业资料汇编》第二册,1983年版,第835页。

四至十六，此三年间，华商烟厂风起云涌，而十七年后，忽转失败。其关键全在缴税之不平等。盖是年国民政府举办卷烟统税，华制品税额比较舶来品增收百分之二点五，况舶来品进口，否认二点五奢侈税，则华制品实际上增收统税百分之五。而同时英美烟公司闻以先垫税款之故，又得某种优越权利，华厂处此情势之下，自必难以立足。”①后者曰：“本年改税之结果，下烟则由值百抽九十者增至值百抽一百二十有余；上烟则由值百抽四十七者减至值百抽三十六也。”由于华厂以生产下烟为主，而洋厂多生产上烟，“洋商之负担仅为值百抽三十六，而华商之负担则为值百抽一百二十有余，在三倍以上，是无异将华商之手足重重束缚，而候洋商以飞机大炮俾之进攻”。② 北洋政府的措施，虽因民间的反对而搁浅③，但国民党政府的条例，却是正式付诸实现了的。很明显，造成民族资本处境的艰辛，除了外国资本的强大以外，还有半殖民地上的国家政权在起作用。这是中国独有的“社会危机”。

外国在华的企业投资如此，外国在华的财政投资更是如此。单从经济方面看，当然也可以看出一些问题。曾经尝过外国借款滋味的一位北洋政界要人就为我们提供了最好的说明。当他被一位外国公使问到借款何以吃亏时，以英国悟款为例回答说：“债票出售所得收入，按合同扣去经佣，由英汇华，以英镑兑换银两，汇价由银行自定，比市价必减数辨〔便〕士。若汇巨款，市价必先大跌。又由规元折合京公砝，再由京公砝折合洋元，皆由银行凭空汇划。

---

① 国民党政府上海市社会局：《上海之工业》，1930 年版，第 101—102 页。

② 《英美烟公司在华企业资料汇编》，第 923—924 页；朱偰：《中国租税问题》，第 496—498 页。

③ 朱偰：《中国租税问题》，第 486 页。

其凭空之折合,皆由彼定,种种吃亏,层层剥削,所得无几。”①这应该是来自亲身的体验。但问题的核心显然不在这里。在近代中国历届政府的对外借款中,1913 年北洋军阀政府的善后大借款,是众所周知的一次人共诟病的外债。因为进行贷款的外国银行团,通过借款取得了控制中央财政的一系列权利。他们不仅取得了借款抵押品盐税的全部监督、稽核、征解和存放之权,而且取得了财政、币制、银行、审计、国债等一系列职能部门的顾问权。这是置中国财政的咽喉于外国掌握之中。② 然而,如果单看借款利率,它却是在北京政府历次借款中属于最低的档次。当然,这并非不看重利率问题。人们都知道,中国铁路借款的利息支付,几乎耗尽了铁路营运的盈利。③ 我们在这里强调的,是要人们进一步看到,起决定作用的,不单是利率的高低,而主要是利率以外的借款条件。在丧失独立自主权的条件下,这种借款不能指望成为中国近代经济的推动力,它的主要使命,是推动列强的对华政策。④ 正如支持北洋军阀之日本寺内首相所说:“本人在任期间借与中国之款,三倍于从前之数。实际上扶植日本在中国之权利,何止十倍于二十一条。”⑤也像在此之前一手促成 1898 年英、德大借款的英国公使窦纳乐被他的同胞所称赞的那样:“他在两年中所取得的,要比他的前任者们二十年中所取得的更多。”⑥

---

① 风冈及门弟子编:《三水梁燕孙先生年谱》下,第 30 页,未著出版年月。

② 徐义生:《中国近代外债史统计资料》,1926 年版,第 109 页。

③ Chi-ming Hou:Foreign Investment and Economic Development in China, p. 40.

④ T. W. Overlach:Foreign Financial Control in China, 1919, p. i.

⑤ 刘彦:《最近三十年中国外交史》,1930 年版,第 116 页。

⑥ China Association Minute Book, 1898 年 3 月 23 日。转见 N. A. Pelcovits:Old China Hands and the Foreign Office, 1948, pp. 216—217.

“帝国主义的巨大压力是伴随着资本主义的近代企业以俱来的。”①入侵近代中国的资本、帝国主义，既是近代西方资本主义的传播者，又是近代中国资本主义的压迫者。不区别两种作用的不同，会走上一个极端；不区别两种作用的主次，会走上另一个极端。两者都没有对近代中西关系的作用作出如实的评价，而如实地评价这种双重作用，就能正确地阐述中国资本主义发展所面临的时代环境。

二、中国资本主义发展的历史条件

资本、帝国主义的入侵，是中国民族资本主义发展的时代环境，国内封建传统经济主体地位的延续和嬗递，则构成中国民族资本主义发展的历史条件。如果说，资本、帝国主义在中国的特权地位，是分析这一时代环境的关键特点，那么，以农业为代表的传统经济范畴中突破封建生产关系动力的缺乏则是分析这一历史条件的基本环节。

众所周知，农业经济与工业经济有着密切的联系。在资本主义现代企业的产生和发展方面，广大农村既是工业产品的销售市场，又是工业所需原料和劳动力的供给者。而作为社会总生产主要部分的农业生产，是原始积累的最终来源。即使在资本主义的发展阶段，企业的扩大再生产，除了来自资本主义企业本身的自我积累以外，投资的扩大，仍然是以全社会的储蓄，亦即社会总生产与总消费之差额为其最终的极限。而占全国人口绝大部分的农业人口的储蓄能力，显然在这里起着决定性的作用。农业总产量与农民自身（包括寄生于农民的地主）消费量之间差额的增长，亦即

① Overlach：Foreign Financial Control in China，pp. ii—iii.

所谓"农业剩余"的增长,必须达到一定的水平,产业革命才有可能,农业方面以至整个社会的封建生产关系才能加以突破和予以瓦解。这就要求把我们的注意力集中到农业生产力的水平上来。实现产业化,根本的一条,在于农业劳动生产率的提高。在中国这样一个农业大国,尤其如此。

在当今世界发达的资本主义国家中,有的在产业革命之先,经历了一个被称为"农业革命"的阶段。英国从18世纪初到产业革命发动的60年代,半个世纪中,农业生产出现了重大的转折,生产技术和农业劳动生产率有了很大的改进和提高,使英国农业进入了一个发展的"黄金时代"。① 这是现在越来越多地被人们认为是产业革命的一个有利的历史条件。

在产业革命之先,出现一个"农业革命"的前奏,未必是一个带有普遍性的规律。但是,对中国近代资本主义的发展而言,却不失为一个鲜明的对照。如果说,在1760年英国产业革命之前的半个多世纪,曾经有一个突破封建庄园制以后的农业家庭经营体制的繁荣时期,在家庭农场主经营的土地上,开始出现了一个"试验改进耕作制和牲畜饲养方法,引进播种机、马拉锄,推广科学的'诺福克'轮作制"等一系列提高农业生产力的阶段②,那么,这一阶段,在中国资本主义的历史上,是不曾出现的。不但在中国民族资本主义产生之前,即便在它的初步发展及其以后的发展过程中,

---

① 卡梅龙:《世界经济史·从旧石器时代至今》,第90、165页。转见徐正林、郭予庄:《近代英国"大农业"体制新诊》,载《历史研究》1995年第3期。

② 卡梅龙:《世界经济史·从旧石器时代至今》,第90、165页。转见徐正林、郭予庆:《近代英国"大农业"体制新论》,载《历史研究》1995年第3期。

都不曾出现像英国产业革命发动之前所经历的那样一种农业家庭经营体制的繁荣时期。

当然,中国近代的农业生产力,不能说一点变化也没有。然而,在这里,关键的问题是:中国近代农业生产力始终没有突破封建生产关系可以容纳的范围,更没有形成上层建筑与经济基础的互动力量。这两点无疑是中国资本主义发展所面临的历史条件的制约。

(一)突破封建生产关系动力的不足

1. 新变化的实质

进入近代的中国农业,在生产力的变化上,包括直接和间接反映生产力的变化在内,至少值得提出以下四个方面。它们或者是前所未有或者是从前不如现在那么显著。

第一是农业生产工具和技术的改进,包括肥料和种子栽培的改良在内。

生产工具和技术的改进,主要表现在外国农业机械的引进上面。①

外国改良农具的进口,早在19世纪60年代末,就已经开始有所试探。② 使用动力的农机工具(如拖拉机、排灌机),在20世纪

---

① 应当同时注意到中国人自己对农业生产工具的改进。例如在中国举行的第一次全国规模的博览会——1910年南洋劝业会的展览厅中,人们第一次看到中国人自制的一种将点穴、撒种、施肥、覆土一次完成的播种机(参阅商务印书馆编译所编:《南洋劝业会游记》,1910年版,第20页)。但从总体看,农业生产工具的改进,仍然主要表现在外国农业机械的引进上。

② 这方面的信息,常见于当时时传媒。参阅《教会新报》第2卷第55号,1869年10月2日;《上海新报》1869年10月19日;《申报》1887年3月27日。

初,也开始试行于个别地区。① 其中使用电力的排灌机在江南某些电力比较充足的地区,还得到一定程度的推广。到了20世纪20年代,江苏、浙江、安徽、福建等省,使用电力或汽油和石油马达的机器抽水,有"急遽地普及"的趋势。据说仅"沪杭线一带,已有一千架以上"。② 个别地区,甚至可以说是十分普遍。如无锡一地农村,在20世纪30年代共有抽水机1300—1600架,灌溉能力可达全县耕地面积的60%—70%以上。③

然而,就全国而言,人们却很难听到近代中国农业机械化的脚步声。一直到1949年中国进入现代时期的前夕,农业机械化仍然处于极为原始的状态。尽管中国在1869年就传出了向外国购买耕种、簸、舂、刈禾等改良农具的讯息④,但是中国农业机械的进口,却是一种停滞不前的局面。自有海关统计以来,农业机械进口最多的一年,价值达到过220万海关两(1921年)⑤,这在当时是一个相当大的数字,但它却是一个极不正常的例外。因为5年以后,这一批进口农具仍然没有销售出去。⑥ 类似这样的情况,在个别地区也所在多有。一个引人注目的个例是,在20年代中期的东北黑龙江,由于大豆的丰收,一度引发了农民改良农具的积极性。1926—1927年间,哈尔滨一带的农村,掀起了更换新农具的热潮。

① 如在东北地区,1907年有使用"外国火犁"的记载,1915年有使用"汽犁","以机械垦辟"的记载。参阅李文治编:《中国近代农业史资料》第一辑,1957年版,第696页;章有义编:《中国近代农业史资料》第二辑,1957年版,第512页。

② 《中国近代农业史资料》第二辑,第514—515页。

③ 黄逸平编:《中国近代经济史论文选》下册,1985年版,第846页;薛暮桥、冯和法编:《中国农村论文选》上,1983年版,第491页。

④ 《上海新报》1869年10月19日。

⑤ J. Arnold:China, A Commercial and Industrial Handbook, 1926, p. 89.

⑥ J. Arnold:China, A Commercial and Industrial Handbook, p. 101.

大批农民争相出卖手中的旧式耕犁，换购进口的先进新犁。外国洋行也争相进口新式农具。美国的万国农具公司（International Harvestor Export Co.）首先就在哈尔滨设立推销点。① 仅1928年一年之内，市场上抛售的旧犁，在2500至3000架之间，而进口的新犁，则高达7000至8000架之数。然而，这种"预期的销售量"，并没有实现，结果是哈尔滨市场出现了大量进口新犁的积压。②昙花一现的热潮，转瞬趋于岑寂。

就全国范围的长期趋势而言，农业机械的进口，始终是一个停顿不前的局面。即便到了北洋军阀统治结束以后，进口最高的一年，也不到150万关两（1930年），低的时候甚至不足1万两（1934年）。一直到抗日战争前夕，海关报告中的农业机器进口，经常在10万海关两以下徘徊。③ 到1949年止，全国只有拖拉机401台，平均5个县才摊到1台拖拉机。④ 机器排灌的农田，即使在受益最高的江浙两省，30年代以前，也不足两省农田面积的1%。⑤ 广大的农村中仍然是"恃牛如命"。有的贫苦农民为了度过饥饿的年关，在严冬把仅有的耕牛低价典出，到来年春耕时高价赎回，使自己"永远陷于无穷的灾难"。⑥ 而在某些人口稠密地区，有些小农"不得不以自己的体力替代畜力"，出现了"犁耕"向"锄耕"倒退的"返祖现象"。⑦ "哭牛如哭子"的悲声，从宋代一直延续到20

① 黄光域编：《外国在华工商企业辞典》，1995年版，第39页。

② Вестник Маньужурии，1929年第3期，第33页。

③ 章有义编：《中国近代农业史资料》第三辑，1957年版，第876页。

④ 《中国近代经济史论文选》下册，第843页。

⑤ 《中国近代经济史论文选》下册，第846页。

⑥ Herald，1907年10月25日，第205页，11月8日，第333页。

⑦ 参阅《中国经济史研究》1990年第3期，第19页。参阅《中国近代农业史资料》第三辑，第876—877页。

世纪的 30 年代!① 在这种局面下,侈言中国农民已经“把新技术和资本嫁接”到“农业”上来,至少是超前的臆断。②

作为资本的投入,农业机械只是其中的一项。另一项重要的投入是与进口农业机械具有同等重要地位的进口化学肥料。和进口农业机械比较,化肥进口,虽然起步较晚,但是它的重要程度,则超过了农业机械。进口化肥之见于记载,大约是从 20 世纪初叶开始的。在 20 年代至 30 年代中,每年进口都在 100 万担以上,最高的一年近 400 万担。③ 而肥料成本在农业生产成本中所占的比重,又大大超过农具添修的成本。在农业集约化程度较高的无锡,肥料成本占总成本的 50% 以上。④ 当然,这并不能代表全国的情况。在中原地区平汉铁路沿线一带农村,“除富有之农户稍用豆饼、麻饼外,其他都利用人粪、牲畜粪和以腐草、污泥,很少像江南另种一种绿肥作物,肥田粉更少用到”。30 年代中曾经对这里的 55 户农家进行选样调查,发现“在五十五户当中,用钱买肥料者,仅得八家”,而且并没有说明是购买化肥。⑤ 中原地区如此,偏远贫困地区,更可想见。因此从全国范围看,不能夸大它的作用。

农作物优良品种的选择和培育,也是提高农业单位产量的重要一环。而这一项活动,除了民间以外,还受到官府的重视。20 世纪初,清政府农工商部在北京首创京师农事试验场,接着福建、湖南、四川、山东等省相继仿办。与此同时,各省地方在清政府的

① “哭牛如哭子”,见宋人萧立之诗。

② T. G. Rawski:Economic Growth in Prewar China,1989。参阅《近代中国》第五辑,1995 年版,第 215 页。

③ 《中国近代农业史资料》第三辑,第 878 页。

④ 《〈中国农村〉论文选》上,第 492—494 页。

⑤ 陈伯庄:《平汉沿线农村经济调查》附件一,1936 年版,第 4—5 页。转见《中国近代农业史资料》第三辑,第 879—880 页。

支持和劝导下，纷纷设立农会。这些机构大多注意到改良种植，以培育新品种、提高作物产量为己任。① 以其中最重要的植棉而言，对棉种优选的注意，早在19世纪80年代就已经开始。80年代末，江苏有些地方官就“曾劝民种黑核洋棉”。② 90年代初，湖广总督张之洞，在奏设织布局的同时，就注意到讲求棉花的种植。他“历考棉花之佳，以美国所产者为最”。于是“不惮烦费”，请人“在美国选择佳种，取其与湖北省气候相仿、地土相宜者，采购棉籽，寄鄂试种”③，并“拨给官地二千亩为试验场，讲求种植”。④ 其后山东、直隶以至广东、广西都有同样活动的继起。山东商务局和直隶农务总局分别在1904年和1906年开始试种美棉。广东、广西两省在1905—1911年间，有的地方争先购地试种洋棉，有的地方则以种洋棉而著称。⑤ 从晚清的农工商部到北洋政府的农商部，都以改良棉种为振兴棉业的重要措施，制定了不少章程，提出了许多办法。纸上留下的记录，可以说是颇具声势的。

但是在全国范围内，实际的成绩是有限的。20世纪20年代中期，一位研究中国问题的外国专家说道：“山东的土壤和气候最适宜于[美国]海岛棉(Sea Island)的种植。当它得到更广泛的引进时，我们就会发现山东将成为世界大棉产区之一。”然而当时“中国植棉，无论从哪一方面看都是极为原始的。播种不按规定，

---

① 朱英：《辛亥革命前的农会》，载《历史研究》1991年第5期。

② 黄宗坚：《种棉实验说》，转见《中国近代农业史资料》第一辑，第891页。

③ 张之洞：《张文襄公公牍稿》，转见《中国近代农业史资料》第一辑，第891页。

④ 赵尔巽：《推广农业种棉织布折》，转见《中国近代农业史资料》第一辑，第893页。

⑤ 《中国近代农业史资料》第一辑，第893、895页。

而是任意散布。对于每株棉花之间的行距,显然是不加注意的。对于这一必须遵守的操作,既无经验,也缺乏实践的教育。使用的农具一贯因袭旧制,也看不出有改进的愿望。备耕工作是那样的粗糙,以致在农民开始种植以前,人们很难猜出在这块土地上将种什么。"①30 年代初,上海华商纱厂联合会的一项调查中也说:"我国棉田面积有三千二百万亩,苟每年换种三分之一,需用良种约一百万担。""现在各省所有公立棉场每年出产良种不足一千担。杯水车薪,无济于事。"②而且由于"栽种失法,粗放从事,育种固非所知,选种亦鲜注意",造成棉质的退化。③ 同一时期中国棉产改进会议公布的一项材料则说:"现在华北各省所植者,多退化美棉。"长江上游的两湖与下游的江苏,"所种之洋棉,其品质视北方所产者,尤形退化"。"其退化最甚者,反有比中棉为劣。"④因此,单就棉产一项而言,改良品种所起的作用,看来也不乐观。声势最大的棉花如此,其他自难有更大的成绩。作为农村副业支柱的桑蚕业,蚕种的改良,在 19 世纪末至 20 世纪初,曾经受到全国上下的普遍注意。然而在改良蚕种闻名全国的江苏无锡,真正接受改良蚕种的养蚕户,不过占总养蚕户的 3%。⑤ 篇幅所限,其他不一一论述。

第二是新式农场的兴起。这也是近代中国农业中出现的新事

---

① C. R. Maguire: China Stock & Share Handbook, 1926, p. 318.

② 《中国棉产改进统计会议专刊》,1931 年版,转见《中国近代农业史资料》第三辑,第 929 页。

③ 《农业周报》,1930 年 10 月 26 日,转见《中国近代农业史资料》第三辑,第 930 页。

④ 《中国棉产改进统计会议专刊》,1931 年版,转见《中国近代农业史资料》第三辑,第 930 页。

⑤ 高景岳、严学熙编:《近代无锡蚕丝业资料选辑》,1987 年版,第 298 页。

物。从19世纪80年代起，中国不少地方传来了举办农场的讯息。到民国成立的1912年止，全国范围内出现的各种农牧垦殖公司达到171家，已缴资本据说有630多万元。[①] 不管它们开垦的土地在全国耕地中所占的比重如何微小，中国近代史上如果真正有过170多家拥资600多万元的资本主义农场，那在中国近代农业发展历程中，也算得上是一个重大的变化。

然而事实并非如此。

农牧垦殖公司的出现，不能说没有一点资本主义的影响。这些企业的创办者，不少是接触过西方资本主义的人物。如今第一个有历史记载的垦殖公司——1881年创立的天津塘沽耕植畜牧公司，就是由徐润、唐廷枢这样一些和资本主义有较深接触的洋行买办所组织的。[②] 进入20世纪以后，这种情形，更加突出。1906年在海南岛创办中国第一家橡胶垦殖公司的何麟书，就是一个曾经在英国殖民地马来亚橡胶园里做过工人、对橡胶树的培植管理积累了一套丰富经验的华侨。[③] 1907年在黑龙江成立的兴东公司，它的创办者陈国圻也是一位旅居国外的华侨。[④] 1916年在江苏宝山创设一家万只养鸡场的何拯华，是一位曾经“留学毕业返国”的洋学生。[⑤] 有的农场的经营管理，也能吸收一点资本主义的

---

① 《农商部第一次农商统计表》，转见《中国近代农业史资料》第一辑，第697页。

② 徐润：《徐愚斋自叙年谱》，序，1927年版；郑观应：《盛世危言后编》第6卷，1920年版，第24页。

③ 林金枝：《近代华侨投资国内企业概论》，1988年版，第178页。

④ 《时报》，光绪三十三年十月十六日；徐世昌：《东三省政略》，第十一卷，转见《中国近代农业史资料》第一辑，第215、696页。

⑤ 《宝山县续志》，实业志，第6卷，转见毛德鸣：《中国近代新式农垦企业初探》，载《中国经济史研究》1989年第2期，第94页。

经验。1905年成立的浙江严州垦牧公司,在种植技术方面,“悉仿日本新法”。① 1906年在广东嘉应成立的自西木植公司,也声称“参用西法试种橙、橘、松、杉、梅、竹各种木植”。② 而上述的兴东公司和张謇1901年在南通海门创办的通海垦牧公司,一个声称引讲外国火犁进行垦殖③,一个则更具体地提出“派人前往美国考察大农开垦之法”,用于棉麦的种植。④ 这些自我声称,可能都有夸大之处,但它至少表现出这些创办者的主观意图。

然而,这也只是止于某些创办者的主观愿望。从根本上讲,19世纪后期以降在中国土地上出现的新式农垦公司,并非中国农村经济发展的结果,它是条件不成熟的外部移植,本身不具备生根和成长的条件。⑤ 这些创办者虽然提出了美好的设想,然而极少能付诸实践。这些公司名为农业企业,实际上经营的土地,绝大部分出租给佃农耕种,只有少量自行经营垦殖。张謇以大生纱厂主身份创办的通海垦牧公司,作为纱厂原料基地,被认为是一个比较成形的资本主义农场。在开始筹办的时候,公司的组织者就标榜“成集公司,用机器耕种”,但却不靠雇工经营,而明示“召佃开垦”。等到实际开办时,“机器耕种”,成为纸上空文,“召佃开垦”却全部付诸实现。公司与承佃者之间,基本上仍是收租与纳佃的关系。地租额仍“与一般地区相差无几”。这就是说,以资本主义

① 《东方杂志》第2年第7期,转见毛德鸣:《中国近代新式农垦企业初探》,载《中国经济史研究》1989年第2期,第94页。

② 《东方杂志》3年第3期,转见《中国近代农业史资料》第一辑,第878页。

③ 《中国近代农业史资料》第一辑,第696页。

④ 张謇:《张季子九录》,实业录,第2卷,1933年版,第29—30页。

⑤ 参阅《中国经济史研究》1989年第2期,第80页。

企业形式出现的通海垦牧公司,它"内部的生产关系,基本上是封建租佃制"。① 虽然有的学者认为这不失为大工业资本改造和重建小农经济的一条中国农业现代化之路,但现实的结果,却是南辕北辙。它不但没有形成大工业与小农经济协调发展的样板,反而构成了大工业前进的障碍。它不但不能"以收租息为〔垦牧〕公司营运资金",反而"经常依赖向钱庄通融高利借款,维系公司生存"②,以致"垦牧系统竟从原料基地变成大生产资本集团最为沉重的包袱","愈来愈蜕化为纯粹的土地投机"。③ 通海如此,其他更不成型的垦牧公司、以集股公司之名行掠夺土地之实者,自然更是等而下之。

历史证明,这种形式的垦牧公司,是没有生命力的。"新式农垦企业发展所必需的社会政治经济条件还未具备。"④从它兴起于一时的20世纪初起,直到抗日战争前夕,已有三十多年历史的新式农垦企业,依然为数寥寥。许多农垦公司如雨后春笋而发生,又如昙花一现而消失。

第三是经济作物的扩大。在一般情况下,经济作物的扩大必然导致农业生产的专门化。这是农业走向大规模生产、提高农业生产力的一个标志。根据不少专家的研究,经济作物的扩大,这也是近代中国农业生产中一个比较大的变化。这里只根据已有的研究成果,做一点量的考察。

下面表1对20世纪最初30年间棉花、烟叶、大豆、花生、芝麻

---

① 章开沅:《开拓者的足迹》,1986年版,第126—132页;参阅《农商公报》,1915年12月,调查,第17—18页。

② 姚崧龄:《张公权先生年谱初稿》,1982年版,第53—54页。

③ 章开沅:《开拓者的足迹》,第314—315页。

④ 《中国经济史研究》1989年第2期,第81页。

和油菜籽6种主要经济作物在耕地面积方面的变动作出了一个大体的估计。① 它们的增长,无论是播种面积本身,或者是播种面积在全国耕种面积中的比例,都是比较显著的。就中烟叶一项的增长惊人,它的播种面积,20年中,上升了4倍,在各项经济作物中居首位。产量增长,也极其迅速。从1916年到1926年,全国主要产烟区山东、河南、安徽3省的产量,由2400000磅上升到23000000磅,10年之中,增加了8.6倍。河南、安徽两省的产烟量,在1916年还微不足道,10年以后,这两省的产量已经超过了山东的一半。②

在经济作物中居于首要地位的棉花,增长也比较迅速。1923年由于棉花增产,在北洋政府公布的一项关于取消禁止棉花出口的建议中写道:"晚近机械纺织之术进,海外输出之途开。农民亦颇多注意植棉,年来日呈增长之势。长江一带、汉水流域以及各铁路道线附近之地、海滨淤泥积涨之土,植棉之地,年有扩张。北迄燕、齐、豫而竭乎满洲、内蒙,西届秦、晋、蜀而宣乎甘肃、新疆,多见产出。即原来产棉之区最著者如江、浙、闽、广等省,近亦扩充棉区,几乎全国均从事植棉矣。"③棉花的种植,在扩大农民的收益方面,也是比较显著的。以20年代以后植棉突飞猛进的河北而言,有的学者发现在产棉区的丰润县,一家农户以18亩棉田为基础,用卖棉之

---

① 资料来源:棉花、花生、芝麻、油菜籽4项据《中国近代农业史资料》第二辑,第215页;烟叶、大豆两项据许道夫:《中国近代农业生产及贸易统计资料》,1983年版,第182、214—215页。

② 《中国近代农业史资料》第二辑,第201—202页。

③ 《农商公报》,1923年1月,第33页,转见《中国近代农业史资料》第二辑,第196页。

款,5年内购地40余亩。而这种现象,在棉农中是常见的。①

表1　六种主要经济作物播种面积变动趋势

1904—1933年

作物＼年度	1904—1909	1914—1919	1924—1929	1929—1933
棉　花	100	127	164	182
花　生	100	89	122	122
芝　麻	100	200	250	225
油菜籽	100	140	180	187
烟　叶		100	132	526
大　豆		100	163	179

注:1. 棉花、花生、芝麻、油菜籽4项系播种面积占总耕地面积的百分比指数。
2. 烟叶、大豆系播种面积指数。
3. 烟叶只包括山东、河南两省数字。其中1914—1919年栏内,山东为1914—1916,1918四年数字,河南为1914—1916三年数字。1929—1933年栏内,两省均为1933年数字。
4. 大豆只包括东北地区数字。其中1914—1919年栏内为1914—1918年的数字。1929—1933年栏内为1931—1937年的数字。

当然,并不是所有的经济作物都有一致增长的趋势。中国传统出口大宗的茶叶,就是一例。随着在国际市场上竞争的失败,中国茶叶的产量和种植面积都呈缩小的趋势。在1909—1927年中,中国茶叶产量,由900000公担下降到506000公担。② 茶田面积在1914—1916年3年间由5353000亩下降到3923000亩。③ 30年代以后,中国的茶农和茶商,出现了一片破败景象。"前以茶叶

① 黄宗智:《华北的小农经济与社会变迁》,1986年版,第12页;参阅《中国社会经济史研究》1990年第1期,第83页。

② 《中国近代农业生产及贸易统计资料》,第239页。

③ 《中国近代农业生产及贸易统计资料》,第238页。

起家者,今亦因茶而破产”。有着悠久历史的中国茶业,已经被人看做是“在死亡线上挣扎”。①

上面讲过,在一般情况下,经济作物的扩大,能导致生产规模和生产力的扩大和提高。然而,这样一个过程,在近代中国的农业中,几乎是不存在的。早在20世纪30年代,有一批农村经济研究者通过实地调查,就已经察觉出:在以经济作物为主体的农村中,小农生产反而更占主要的地位。他们根据山东等省的烟草调查指出:“种烟田亩在全体田亩中间所占的比重,贫农一般是高于富农。”“五亩以内的小经营占绝大多数。”②他们移粮田以种植经济作物,并不能反映小农经济向大规模生产的发展;相反,这是在贫困线上挣扎的农民延续小农生命的一种手段。他们这样做的结果,可以解决困难于一时,却不能保全生路于永久。这个道理,在当时不是从事农业经济研究的人,也能看得出来。20世纪20年代一代著名的地质学家在观察河北棉农的情况以后就曾经说过:这些棉农“虽然得了厚利,食物却形缺乏”。“平时可以以棉易粟,荒时不能一饱。”③而在此以前,对广东一省“桑田日辟,禾田日隘”的现象,也有人发出警告:“设彼有水旱兵灾之忧,而此即有粒食告罄之惧。”④可见经济作物的增长,并不全是农民的福音,不知道哪一天厄运会降临到他们的头上。人们从所有这些信息中,只能看出小农的挣扎,却看不出农业生产力的发展。

① 《中国近代农业史资料》第三辑,第632—633页。

② 薛暮桥:《农产商品化和农村市场》,载《中国农村》第2卷第7期,转见《〈中国农村〉论文选》,第515页。

③ 杨钟健:《北四省灾区视察记》,载《东方杂志》第17卷第19期,1920年10月,转见《中国近代农业史资料》第二辑,第212页。

④ 《农商公报》1916年第18期,转见《中国近代农业史资料》第二辑,第212页。

第四是农产商品化的扩大。在资本主义社会中,农产商品化的增长是以农业的资本主义大规模生产为前提,而农产商品化增长的结果,又进一步反作用于资本主义生产规模的扩大。这是资本主义的内在规律。

中国在鸦片战争以后,随着外国资本主义势力的深入,农产商品化的趋势有明显的增长。上面提到经济作物的扩大,就是表现之一。因为经济作物的商品率,一般大于粮食作物的商品率。即使是粮食作物,它的商品率,在鸦片战争以后估计也会有所增长。我们现在还缺乏农产商品化的全面统计①,但是,从农产品的对外贸易看,似乎可以得到一点印证。这里转录人们经常引用的海关统计(见表2)。② 许多研究者据此得出结论:“增长的速度,令人惊叹。”从表上的数字看,的确可以下这样的结论。

表2　农产品出口变动趋势

1873—1930年

年份	农产品出口总值(千元)	农产品出口在出口总额中比重(%)
1873	2866	2.6
1893	28423	15.6
1903	89496	26.8
1910	231957	39.1

① 曾经有人估计20世纪20—30年代的农产商品率为30%—40%,见珀金斯:《中国农业的发展,1368—1968》,宋海文等译本,1984年版,第149页;许多地区高达50%—60%,见J. L. Buck: China's Farm Economy, 1930, p. 84。当然,这都是各自的估计,并不排斥其他的估计。

② 参见严中平等编:《中国近代经济史统计资料选辑》,1955年版,第72页。

续表

年份	农产品出口总值(千元)	农产品出口在出口总额中比重(%)
1920	307047	36.4
1930	628285	45.1

然而深入一层看,事情就不像数字那样简单。

在半殖民地半封建的近代中国,农产商品率的增长,并不反映农业中资本主义商品生产的增长。相反,出现在近代中国的农产商品化,是和小农地位的维系密切联系在一起的。这里看不到农业生产力的提高,却看到了小农经济下农民的贫困。在近代中国的粮食商品化中,出售粮食的农民一手出售精粮,一手又购进粗粮,普遍存在"粜精籴粗"的现象。① 在东北,"大多数贫困的小农在冬天把所收存的大豆全部出售,待来春,他们转而向富裕农民借入豆种"。② 华北农民自己"所收割的麦子,即作为出售的作物,不愿自己享用。自己吃的仅是些高粱、豆子比较价廉的食物"。③ 华中产米区同样如此。以谷米输出为大宗的湖南,"乡农食米者少,多以甘薯、蚕豆混入米内为食。谷米即以卖与商人,博取金钱"。④ 华南和西南农民,同样如此。广东"农民在秋收后,因需款紧迫,不得不在价格低贱时,将稻谷全行售卖"。当青黄不接时,谷价复

① 刘克祥:《1895—1927年通商口岸附近和铁路沿线地区的农产商品化》,载《中国社会科学院经济研究所集刊》第11集,1988年版。

② Chinese Economic Bulletin,第303号,1926年版,转见《中国近代农业史资料》第二辑,第425页。

③ 乔启明:《中国农民生活程度之研究》,转见《中国近代农业史资料》第二辑,第425页。

④ 《湖南实业杂志》,第104号,1929年版,转见《中国近代农业史资料》第二辑,第425页。

涨,"然此时不能不买米充饥"。[1] 贵州农民"所产米粮,大部均运销于川、湘各省,换取金钱,自食则以杂粮代之",原因是"感于经济困难"。[2] 所有这些粜出籴入,都被纳入农产商品化的范畴,实际上它和商品生产是对不上号的,更不要说资本主义商品生产了。

这就是近一个世纪围绕中国农业生产力所出现的新变化的实质。它预示着中国近代农业生产力无由发展的旧局面。

2. 旧局面的维持

我们没有能力对中国近代农业生产力的水平及其变动作出比较准确的估量。"计量材料的缺乏给我们带来了难以克服的困难。"不能因为急于寻找数字根据而"采取'饥不择食'的态度"[3];不能因为"无法计量,就不管怎样胡乱作点计量"。[4] 中外学者的这种态度,都是值得尊重的学术态度。

当然我们在不赞成纯粹的"猜测和臆断"、并"据此上推下联",得出一种符合作者自己想象的"发展趋势"的同时,也尊重那些在计量工作中付出艰辛劳动的筚路蓝缕者。即使他们的劳动结果"只能从中获得一个大致的印象",也应该受到尊重。

本着这一认识,我们在下面综合中外学者在这方面已有的研究成果,对近代中国农业生产力的变化,尽可能客观地做一些衡量。它一共有这样几个方面:一是农业的总产量,二是以

---

① 《中国农村》第1卷4期,1935年1月,第67页。

② 《湘滇线云贵段附遗各县经济调查报告书》,1929—1930年调查,转见《中国近代农业史资料》第二辑,第425页。

③ 这是中国学者章有义的话,见其所著:《关于中国近代农业生产计量研究的几则根据》,载《中国社会经济史研究》1990年第2期。

④ 这是美国学者奈特(F. H. Knight)的话,见其所著:《论经济学的历史和方法》,1956年版。引自《近代中国》1995年第5辑,第331页。

粮食为代表的农产品人均产量,三是农产品的平均单位面积产量,四是劳动和土地的边际生产率。这些方面的计量研究,海内外学者都做过不少努力,当然也有各自不足之处。现在分别简要介绍于下。

第一,农业总产量。40 年代初中国学者巫宝三等根据前中央农业实验所主持的《农情报告》及其他可以利用的调查材料,曾经做了一个 1931—1936 年中国农业生产净值的估计。①《农情报告》现在被认为是“30 年代中前期我国农业生产和概况统计的主要来源”。尽管它仍“带有不少估计成分”,但“在内容的深度、广度和系统性上,都超过以往的农业统计”。因此巫宝三的估计根据,应该是比较可靠的。结果如下:

表 3　农业净产值变动趋势

1931—1936 年

年份	稻麦等作物净产值指数(1933:100)	农业净产值(千元)
1931	112	13759301
1932	122	14931222
1933	100	12270917
1934	84	10304406
1935	107	13172488
1936	130	16926458

① 巫宝三主编:《中国国民所得,1933》,1947 年版,第 48 页。巫宝三后来对此又作了修正,但变动不大。参阅《社会科学杂志》第 9 卷第 2 期,1947 年 12 月。

对于旧中国农产量进行过估计的,国内尚有张心一、乔启明和许道夫诸氏,国外则有珀金斯(D. H. Perkins)、刘大中和叶孔嘉等人。其中许道夫和珀金斯二人的估计,时序较长,可以进行比较。根据他们的估算,在1913—1937年这一段时期中,以粮食为代表的农业总产量,在实数上珀金斯高于许道夫,而在指数上,则反过来,许氏高于珀氏。二者之变动,请看下表。

表4　粮食产量变动趋势

1914—1937年

估计者	粮食产量					
	1914—1918年		1924—1929年		1931—1937年	
	亿市斤	指数	亿市斤	指数	亿市斤	指数
许道夫①	1861.0	100	2549.5	137	2195.5	118
珀金斯②	2762.5	100	—	—	2884.9	104

此外,台湾学者刘克智、黄国枢近年对中国大陆的农业生产、人均和边际劳动生产率,也做了长时间序列的全面估计。估算的结果,大陆在这方面有研究的学者虽有保留,但认为其所反映的农业发展趋势,仍可以接受③,现将农业生产产量数字,转引如下,以资于与其他前人估计,进行比较。

① 许道夫:《中国近代农业生产及贸易统计资料》,第339—340页。

② 珀金斯:《中国农业的发展,1368—1968》,第370—374页,参阅《中国经济史研究》1989年第2期,第71页。

③ 参阅《中国经济史研究》1995年第2期,第41页。按刘克智、黄国枢二人原估计有高、低两种,此处所用者为低估计。

表 5　农业生产产量变动趋势

1870—1930 年

年份	农业生产产量（10 亿卡路里）	指数（1870:100）
1870	260316	100.0
1880	261353	100.4
1890	275070	105.7
1900	281638	108.2
1910	306220	117.6
1920	334729	128.6
1930	353368	135.7

以上各家估计中,农业总产量都呈上升的趋势。但上升的幅度,各家大小不一。大的,5 年间达到 16%(巫宝三);小的,20 年间只有 4%(珀金斯),低于人口的增加率。① 至于各年间的变动,有的是直线上升(刘克智、黄国枢),有的起伏不定(巫宝三、许道夫)。鉴于中国农业抵御天灾能力的低下,农业生产呈波浪式的变动,即使长期趋势趋于上升,增长率也比较低下。这样的估计,也许比较合乎实际。

第二,粮食的人均产量。人均产量应是每一农业劳动力的产量。如果是全国人均产量,则只有在从事农业劳动的人口在全国人口中的比例不变的假定下,才能间接反映农业劳动的生产率。关于这方面的估计,我们现在见到的有以下三种。其中有的标明为"劳动的平均生产率"(刘克智、黄国枢),或"每一农业劳动生产粮食数"(许道夫)。现在做成指数列表于下:

① 珀金斯:《中国农业的发展,1368—1968》,第 288 页。

表6　劳动的平均生产率变动趋势

1910—1930年

估计者	年度	指数	年度	指数
许道夫①	1914—1918	100.0	1931—1937	95.2
珀金斯②	1914—1918	100.0	1931—1937	97.5
刘克智、黄国枢③	1910	100.0	1930	99.8

以上数字，很难判断其准确程度。但都表现一定程度的下降。值得注意的是，这种趋势，贯穿于整个近代历史时期，而且愈到后来，愈趋显著。④

第三，单位面积的产量。单位面积产量不像农业人均产量那样直接反映劳动生产率的变动，但却有极为丰富的内涵。在统计计量和分析论证上都有进一步研究的余地。

在统计计量上，出现了截然相反的变动趋势。在上述三家的计量中，台湾两位学者的数字表明：1910—1930年间，"土地的平均生产率"，即单位面积平均产量一直是上升的，而在许道夫和珀金斯的计量中，则呈下降的趋势。两者之间，存在显著的差别（参阅表7）。

---

① 据许道夫：《中国近代农业生产及贸易统计资料》，第341页，表9，系谷物之统计。

② 据珀金斯：《中国农业的发展，1368—1968》，第36页。其中1931—1937年，原指数为89—106，取其中数如上。

③ 据《中国经济史研究》1995年第2期，第41页，统计表。

④ 参阅《中国经济史研究》1989年第2期，第73页。

表7　土地的平均生产率变动趋势

1910—1930年

估计者	年度	指数	年度	指数
许道夫①	1914—1918	100.0	1931—1937	96.8
珀金斯②	1914—1918	100.0	1931—1937	97.2
刘克智、黄国枢③	1910	100.0	1930	102.7

中国近代农业单位面积产量的下降趋势,过去曾是中外学者比较一致认同的事实。对中国明清以降的农业生产做了乐观估计的珀金斯,在亩产方面,也承认“从19世纪到1957年所出现的下降”。④ 中国学者中,持这种看法的更多,认为“长期来看,例如同乾、嘉时代相比,近代粮食的单产是确实下降了”。⑤ 有的指出:“就江南说,清代亩产量大约也比近代为高。”⑥有的统计东北地区在1924—1944年间,单位面积产量下降了35%。⑦ “总看20世纪以来单产量的下降”,“已明显表露出农业生产本身的危机。”⑧是

① 以粮食一项为代表,计算方法请参阅《中国经济史研究》1989年第2期,第72页。

② 以粮食一项为代表,计算方法请参阅《中国经济史研究》1989年第2期,第72页。

③ 参阅《中国经济史研究》1995年第2期,第41页。

④ 珀金斯:《中国农业的发展,1368—1968》,第19、22页。

⑤ 《中国经济史研究》1989年第2期,第70页。

⑥ 许涤新、吴承明主编:《中国资本主义发展史》第1卷,1985年版,第192页。

⑦ 章有义:《近代东北地区农田单位面积产量下降的一个实证》,载《中国经济史研究》1990年第3期,第37—38页。

⑧ 《中国经济史研究》1989年第2期,第73页。

一个“颇令人悲观”的现象。① 所有这些看法，和台湾两位学者的估量，显然是不一致的。② 还有人提出农业单产，不但要纵向比较，而且要横向比较。他们认为：不管单位面积产量的趋势是上升还是下降，进入20世纪的中国，主要农作物的平均单产量，和当时先进的资本主义国家比较，并不算低。例如20年代在中国做过长期的农村观察的美国学者卜凯(J. L. Buck)根据抽样的调查，认为当时中国的小麦、水稻、玉蜀黍和棉花四项主要农作物的单产量和美国比较，玉蜀黍的单产，美国高于中国，水稻则中国高于美国，双方差距在1倍上下。而小麦、棉花两项，则彼此基本持平。具体数字参阅下表：③

表8　中、美主要农作物单产比较

1920年　　　　单位：公担/公顷

种类 国别	小麦	水稻	玉蜀黍	棉花
中国	9.7	25.6	7.5	1.8
美国	9.9	16.8	16.3	2.0

但是，另一方面，根据卜凯所作的另一比较，则中美之间的巨大悬殊，就极其引人注目。那就是在同等农田面积所投入的人工上，或同等工时投入所得的产量上，中国的劣势十分显著，美中之

---

① 《中国经济史研究》1989年第2期，第72页。

② 最近公布的一项关于河北、河南、山东三省的粮食生产研究指出：19世纪末这3省的粮食亩产“也逐渐恢复到清代盛世的水平”，但也认为“人均粮食占有量仍大幅度趋减，近代农业已危机四伏，不容乐观”。参阅从翰香主编：《近代冀鲁豫乡村》，1995年版，第331页。

③ 《中国近代农业史资料》第二辑，第407页。

间的高下竟达到23倍乃至25倍之巨。具体数字参阅表9。①

表9　中、美农业投工与产出比较

1920年

	中国(A)	美国(B)	差距
每公顷小麦所需工时数	600	26	23.1(A/B)
每一工时产出的小麦公斤数	1.6	39.4	24.6(B/A)

这样看来,单位面积产量,高也好,低也好,如果不与单位面积中的劳动投入量连在一起考察,就很难决定农业生产力的高低。中国近代农田亩产上升和下降两种趋势的存在,看来都有可能。东北和江南就可以拿来作为两种不同趋势的例证。我们在上面提到东北农田在1924—1944年间单产下降了35%,就是比较突出的一例。它是怎样下降的呢?它是由于这20年间耕地面积扩大了86%,而总产量仅增长20%。② 其所以如此,则是由于"东北之近代农业发展方式",是依靠一种与集约经营相反的"浅耕缺肥"的"掠夺方法"③,当然谈不上农业生产力的提高。这种情形在江南是很难出现的。在人多地少的江南,要在短期内扩大86%的耕地,是不大可能的。在那里,"人口数量超过了耕地面积和粮食生产所能允许的限度","农民只能在日益狭小的土地上不断加大作物和劳动密度"。④ 尽管那里的亩产量有所增长,但是以劳动生产

① 《中国近代农业史资料》第二辑,第406页。

② 《中国经济史研究》1990年第3期,第37—38页。

③ 《海关十年报告》,1922—1931年,第1卷,第236页;《东北经济小丛书,(3)农产(生产篇)》,第2页,参阅《中国经济史研究》1990年第3期,第38—39页。

④ 《中国经济史研究》1993年第4期,第141页。

率为代表的农业生产力，其实也和东北一样，谈不上有何提高。这种增长被有的学者称为“没有发展的增长”。① 单产的上升与下降，对认识近代中国农业的生产力而言，殊途同归。

第四，简单地谈谈劳动和土地的边际生产率的问题。边际生产率，本来是难以计量的。但是现在在我们的视线以内，的确有这样的计量，所以不得不说几句。

在台湾学者刘克智和黄国枢的上述统计中，有1870—1930年中国农业劳动和土地的边际生产率的数字。它的变动，和平均生产率是完全一致的（参阅表10）。② 介绍这个统计的大陆学者认为：这是“由于过度的劳动投入，人均产量（即表中的‘平均劳动生产率’）和边际劳动生产率不但没有增加，反而略有下降。另外，由于精耕细作和集约化程度进一步提高，单位面积的产量（即表中的土地平均生产率）和土地的边际生产率则有所提高，但提高的幅度不大，说明已趋于极限”。③ 这里存在两个问题：一是平均生产率与边际生产率的变动是否维持速度上的同步？二是这两个变动是否维持方向上的一致？在我们看来，表中显示二者变动的同步恐怕只是统计材料缺乏条件下的假设。至于方向上的一致，根据我们在上面的分析，可以肯定的是，土地平均生产率下降的地方（如东北），边际劳动生产率可能是上升的，而土地平均生产率上升的地方（如江南），边际劳动生产率反而是下降的。也就是说，如果江南亩产的增加是“以单位劳动日边际报酬递减为代价”，那么东北农田亩产量的减少则可以从单位劳动日边际报酬

① P. Huang: The Peasant Family and Rural Development in the Yangzi Delta 1350—1985, 1990, p. 13.

② 参阅《中国经济史研究》1995年第2期，第41页。

③ 参阅《中国经济史研究》1995年第2期，第41页。

的递增得到补偿。而在其他生产要素维持原状的条件下,提高的幅度,倒是不能很大的。

表 10　劳动、土地平均生产率和边际生产率变动趋势

1870—1930 年

年份	平均劳动生产率		土地平均生产率		劳动边际生产率		土地边际生产率	
	1000 卡路里/人	指数	1000 卡路里/人	指数	实数	指数	实数	指数
1870	727.14	100.0	216.57	100.0	290.86	100.0	129.94	100.0
1880	710.20	97.7	222.81	102.9	284.08	97.7	133.68	102.9
1890	723.87	99.6*	222.73	102.8	289.55	99.5*	133.64	102.8
1900	704.10	96.8	229.72	106.1	281.64	96.8	137.83	106.1
1910	723.92	99.6	228.35	105.4	289.57	99.6	137.01	105.4
1920	709.17	97.5	234.57	108.3	283.67	97.5	140.74	108.3
1930	722.63	99.4	234.48	108.3	289.05	99.4	140.69	108.3

注:* 因四舍五入,产生 0.01 误差。

当然,农业的发展与否,应该多方面加以衡量。劳动生产率是一个最重要的指标,但并非问题的全部。我们在这里的讨论,是从近代中国资本主义的发展和不发展这个角度出发的。重点在于陈明这样一个看法,即近代中国农业生产力,虽然不能说没有一点变化,但关键的问题是:它始终没有突破中国古老的封建制度可以容纳的范围,是整体上突破封建生产关系的动力的不足。至于中国近代农业的全部内容,包括生产力和生产关系两个方面,当然只有从本书第二篇(上)的系统叙述中,才能得到全面的了解,这是不言而喻的。

(二)上层建筑与经济基础互动的乏力

上层建筑与经济基础互动的乏力,是影响中国近代资本主义发展的另一个重要的历史条件。和上面谈到的前一个条件比较起来,它是第二位的历史条件,虽然它看起来是一个更直接的条件。

在一部经济史中,上层建筑的重点,是政府的经济财政政策和措施。而考察它的重点,则是它的执行和实际效应。

众所周知,以"振兴工商"为中心的"新政",曾经是濒临倾覆的清王朝挽救危亡的主要手段,而接过辛亥革命成果的袁世凯统治,也以振兴实业为其稳固政权的重要方针。在短短的10年当中,形成了所谓经济法制建设的两个高潮。根据新近的研究,在清末实行新政的不及10年中,经济法规的颁布,有60项之多,内容涉及工商、矿冶、铁路、银行以及实业教育等方面。到了袁世凯统治时期,在先后担任农商总长的国民党人刘揆一和著名实业家张謇的主持下,又陆续颁布了40多项经济法规,不但范围大大扩充,而且条例规定也趋于完备。所有这些,在中国历史上都是空前的。在中国法制史上,这是第一次出现。

脱离中国的具体历史条件,要求这些初生之物,一上来就完美无缺,是不客观的。但是,从中国资本主义的发展和不发展这个角度看,指出它的滞后和非超前性,仍然是必要的。

所谓滞后,当然包括立法时间的滞后。和先进的资本主义国家比,中国在这方面要落后将近一个世纪。即使和后进的日本比,也大体落后三四十年。然而,从我们现在讨论的角度看,问题还不在这里。它主要体现在立法内容的滞后上面。

作为上层建筑的经济法规对社会经济的进展之所以能起推动的作用,有多方面的原因,其中一个不可忽视的原因,就在于法规的超前性。日本的资本主义发展就是一个例子。在明治维新以后,日本政府一直把经济法规的建设作为经济现代化的一个重要的推动器。每一项经济法规大都领先或同步于社会经济活动的发展。几乎每一次大的社会经济变革,都是以制定颁行相关的经济法规首开其端。举例而言,19 世纪 70 年代,日本一系列有关货币和银行的新设施,都是以先制定相关的条例而开始的。1872 年发行新货币,先颁布《新货币条例》;1873 年设立第一国立银行,先制定《国立银行条例》。① 对比日本,中国就是另一种情况。中国在 1904 年才第一次颁布《试办银行章程》,这是在中国自办的第一家银行——中国通商银行成立 7 年之后。更为突出的是:中国在 19 世纪 70 年代中期就创办了第一家保险机构——保险招商局,进入 20 世纪以后,民间创办的保险公司已出现纷纷兴起的势头。然而,无论清末新政时期,还是民初袁世凯当政时期,所有的有关经济条例和法规都不曾有一条涉及保险事业。这对保险事业特别是海运保险之长期控制在外国洋行手中,对中国海运以至对外贸易之受制于外人,不能说没有一点干系。

这还只是就纸上的条文本身而言。然而,关键的问题,还在于这些条例和法规的执行,在于它的实际效果。

毫无疑问,这些条例和法规,出现在 20 世纪之初的中国,尽管有许多滞后的地方,但总的看,它具有进步的意义。如果能够真正付诸实施,尽管有它的局限性,对中国社会经济的发展仍然会起一定的促进作用。问题是:条例的制定和条例的付诸实施,存在着严重的距离。

路矿是振兴实业的中心,然而正是在这里,所谓振兴实业政策的历史讽刺性,却最为令人瞩目。

在 1903 年的《重订铁路章程》中②,尽管规定:"无论华洋官商"都可"禀请开办铁路",但同时还规定了"集股总以华股获占多

① 参阅虞和平:《民国初年经济法制建设述评》,《近代史研究》1992 年第 4 期,第 55—56 页。

② 1898 年曾公布《矿务铁路公共章程》,故曰"重订"。

数为主,不得已而附搭洋股,则以不逾华股之数为限”。“凡中国各省铁路即使由洋商递呈禀准开办、而中国商民自应得有公共利益,方为公允。”在列强激烈争夺中国路权的形势下,条例中能出现这些规定,应属难能。而在全民收回路权的高潮中,条例中又适时地规定了华商集股修建铁路,“地方官均应一体保护”,并“不得干预公司办事之权”。“如系独立资本至五十万两以上,查明路工实有成效者”,则“给予优奖,以资鼓励”。① 无论如何,总算得顺应了民情。一直到袁世凯统治时期,还有过“民业铁路法”的出笼。② 这些都应该基本加以肯定。

然而,这些纸面上的条文,都经不住历史的检验。

不错,章程的条文作出了向民间资本开放路权的姿态。在章程的鼓舞下,从1904—1907年间各省先后成立了18个铁路公司。“不招外股”、“不借外债”,成为一时风尚③,然而,风起云涌,转瞬变为风停云散。那些向商部提出修建铁路的申请,什九被批驳回来,而其所以批驳不准,什九是受到外国资本家的反对。④ 其中比较有点结果的,是归国华侨陈宜禧主持的广东新宁铁路。这条历时14年(1906—1920年)而建成的137公里的铁路,经历了种种艰辛和挫折。先是受到新宁县当局和邑绅的“遇事阻挠”,后又受到两广总督的多方质难。最后,当新宁铁路公司计划将铁路接展到佛山时,却以侵犯了粤汉铁路的利益而被迫中止。⑤

---

① 《大清光绪新法令》第17册。

② 《时报》1915年11月18—20日。

③ 戴执礼编:《四川保路运动史料》,第28页,参阅《历史研究》1995年第4期,第168页。

④ 宓汝成:《中国近代铁路发展史上民间创业活动》,参阅《中国经济史研究》1994年第1期,第71—73页。

⑤ 宓汝成:《帝国主义与中国铁路》,1980年版,第186页。

陈宜禧的遭遇,是众多自建中国铁路的有志者的共同命运。在列强环伺之下,这个支持民间建路的政策,开始发生变化。1908年间,统治阶级内部开始流行一个新的口号,那就是“造路不如赎路”,把借钱修路改成了借钱赎路,先让外国出钱修路,然后政府再借钱赎路。以后则进一步把民有改成国有,取消一切民营,由此引起了民间的保路风潮,最后断送了清王朝自己。而赎路借款的偿还,则长期成为铁路经营的沉重负担。

篡夺辛亥革命果实的袁世凯政权,虽然一面打着“民业铁路法”的旗帜,同时却又大放“国有即民有”的厥辞。① 从1912年8月到1915年1月,两年多的时间里,把各省在此前10年间为保卫路权而艰难创设的铁路公司,几乎全部解散。② 名为“收归国有”,其实“仍为外国资本之路”。③ 而辛苦创建的民营铁路则反落得一个“鲁莽图功”的骂名。④

如果说,铁路涉及军政要需,有其不合民营性质的一面,从而上述鼓励民间铁路的措施之无由实现,也有其可以理解之处。那么,在所谓振兴实业的核心——民营工矿企业的鼓励、扶持和保护方面,就完全暴露了问题的实质。

在清末有关振兴实业的章程中,矿务章程要算是颁发最为频繁的一种。从1898年颁布《矿务铁路公共章程》以后到清政府倾

---

① 宓汝成:《帝国主义与中国铁路》,1980年版,第224页。

② 宓汝成:《帝国主义与中国铁路》,1980年版,第225页。

③ 这是当时人的揭露。参阅《中华实业丛报》,1914年3月,转见宓汝成:《帝国主义与中国铁路》,第226页。

④ 《铁路协会杂志》1912年12月。转见宓汝成:《帝国主义与中国铁路》,第226页。

覆前的1910年止，至少颁发了5种有关矿务的章程。[1] 进入民国以后，以袁世凯当政时期为主，又陆续颁发了矿业条例、矿业注册条例、征收矿税简章、审查矿商资格规则、特准探采铁矿暂行办法、查勘矿区规则以及铁矿公司监督权限章程等多项规定。而在试行之中，又针对具体情况进行变通增补。如《矿业条例》对矿区面积有严格要求，必须达到一定面积，方准开采。这对为数众多的小矿，“实有窒碍难行之处”，于是又补充制定了《小矿暂行条例》，“与矿业条例相辅而行”。[2] 规定不可谓不周详，条例不可谓不细密。至于条例内容，从清末以至袁世凯政权，都有值得称道之处。袁世凯政府颁布的《矿业条例》中所规定的矿税，即较清末大为减轻。[3] 而清末颁布的各项矿业章程，在维护华商权益方面，也一次比一次进步。1898年的《矿务铁路公共章程》规定中外合资，华股占十分之三即可开办，1904年的《矿务暂行章程》则规定“集股开矿，总宜以华股占多为主。倘华股不敷，必须附搭洋股，则以不逾华股之数为限”。[4] 而1907年的《大清国矿务正章》则进一步对外商开采权做了更多的限制，“如无华人合股，断不准他国矿商独开一矿”，外商“概不准收买矿地”。[5]

然而，就在这一系列条例制定的同时，历史却正朝着与条例相反的方向发展。

---

① 汪敬虞编：《中国近代工业史资料》第二辑，第26—27页。其中1898年章程引文有误，“无论如何，兴办统治全工，用款若干”，应为“无论如何兴办，统估全工用款若干”。

② 以上据虞和平：《民国初年经济法制建设述评》，参阅《近代史研究》1992年第4期，第40、43页。

③ 参阅《近代史研究》1992年第4期，第44页。

④ 《中国近代工业史资料》第二辑，第26页。

⑤ 朱英：《论清末的经济法规》，参阅《历史研究》1993年第5期，第97页。

1898年是清朝矿务总局会同总理衙门共同奏准颁行《矿务铁路公共章程》之日，这时英国的福公司和德国的华德矿务公司却分别获得了山西盂县、平定、潞安、泽州与平阳各属“煤铁以及他处煤油各矿和山东胶济铁路全线三十里以内矿产的开采权”。① 同样，在1902年外务部与路矿总局具奏《筹办矿务章程》的日子里，中俄的《吉林、黑龙江煤矿条约》和中法的《云南七属矿务改订合同章程》，分别把中东铁路沿线30里以内和云南省楚雄等7处矿产开采权拱手让给俄、法两国。② 显然，这与纸上的振兴民族矿业又是背道而驰的。

当然在清朝政府与列强签订的各种采矿合同中，也曾有为中国的执业者留下了生存空间的字样。有的写上：“凡于所准矿地，遇有民人先经开采者，不得侵占。”③有的标明：“凡经华人已开之矿，应准其办理。”④然而实际上，在外商开采的范围内，不但“阻开新窑”，而且“已开各峒，均一律封闭”。⑤ 他们或者借口中国土窑不使用机器，视所有新开使用机器之煤矿为土窑，都必须停止⑥；或者曲解条文，把“已开之矿，应准其办理”解释为不准再“开新矿”。⑦ 在这种条件之下，所谓华商的生存空间，实际上并不存在。

---

① 《中国近代工业史资料》第二辑，第28—29页。

② 《中国近代工业史资料》第二辑，第31—33页。

③ 《山西商务局与福公司合办矿务章程》第十六条，参阅《旧约章》第一册，第766页。

④ 《山东华德矿务公司章程》，第十七款，参阅《旧约章》第一册，第951页。

⑤ 李庆芳编：《山西矿务档案》，第17页，《矿业报告》第一册，第10页；参阅薛毅：《英国福公司在中国》，1992年版，第72—73页。

⑥ Herald，1907年7月2日，第69页。

⑦ 《大公报》1904年2月5日；参阅宓汝成《帝国主义与中国铁路》，第405页。

而振兴矿业,也不过徒具虚名。

路与矿同途,工与矿则稍有不同的经历,但殊途同归。

在所有的经济部门中,最能体现复杂的官商关系的,是在工业之中。从李鸿章的"官督商办"到张之洞的"官商合办",直至袁世凯的"官助商办"①,"官为维持,商为承办"也好,"官任保护,商任经营"也好,商的境遇,基本上没有改变。

当然,在我们所考察的时段内,张之洞也好,袁世凯也好(袁至少在他的早期是这样),他们主观都未尝不想振兴中国的实业。张之洞的"官商合办",出发点是"公家与商人休戚相同","维持必须同心"②,袁世凯的"官助商办",则是要"先用官款以植其基,继招商股以广其业"。③ 从字面上看,他们既有良好的愿望,又有具体的措施。

但是他们都面临一个棘手的问题,那就是手中都缺少足够的货币。清朝财政到了他们各主一方的时期,已经到了山穷水尽的地步。1907 年在袁世凯统治下的天津,商人赵尔萃创办天津机器玻璃厂,官府从茶捐项下拨款 5000 两,以补招股之不足。④ 这 5000 两银子,被认为是袁世凯的"先用官款,以植其基"的实践。然而,这 5000 两拨款所来自的茶捐,却是"近年较旧例加重"的苛

---

① 朱英:《袁世凯晚清经济思想及其政策措施》,参阅《天津社会科学》1991 年第 2 期,第 86 页。当然,这只是就他们各自强调的方面而言。

② 《张文襄公全集》,参阅陈均、任放:《张之洞经济理论思想探真》,见《历史研究》1993 年第 4 期,第 97 页。

③ 《北洋公牍类纂》第 21 卷,参阅《天津社会科学》1991 年第 2 期,第 86 页。

④ 《天津社会科学》1991 年第 2 期,第 86 页。

征,受到茶商的抱怨。[1] 以此而言振兴实业,宁非寸步难行?

在张之洞治下的官办武昌纱布四局和汉阳铁厂,同样是由于财政上的原因以"官商合办"或"官督商办"的形式推向民营。汉阳铁厂是在"罗掘已尽再无生机"的情况下推与盛宣怀招商,改为"商本商办"[2];纱布四局则是在瑞记洋行欠款的压力下不得已而出租商营。[3] 改弦更张,这本来是好事,但这样的好事,并非都一帆风顺。武昌四局"招集民股,而应者寥寥"。纺纱官局曾打算官商合办,但商董以官权太重为由,要求退股,仍"请专归官办"。[4] 汉阳铁厂改为"商本商办",以后,仍维持"官督商办"体制。[5] 主持人郑观应以《招商章程》原有"奏明免税十年"的规定,因得不到顺利执行,也曾以"无从招股,请仍归官办"相威胁。[6] 可见,由招商而振兴实业,也难免有寸步难行之势。

从"官督商办"到"官商合办"到"官助商办",面对官的炽热心情,为什么商却望而却步?袁世凯、张之洞已经为我们提供了答案,无非是八个字:"官本太轻,官权太重。"袁世凯聚敛了那么多茶捐名为振兴实业,然而投向机器玻璃厂的不过5000两之数。这样做的结果,聚敛盖过了恩惠,无助于实业的真正振兴。

值得稍加议论的,是张之洞的思想。张之洞的振兴实业,也面

---

① 《茶商陈述茶税繁重情形文》,见《天津商会档案汇编》,1903—1911年,1989年版,第1439—1440页。

② 代鲁:《再析汉阳铁厂的"招商承办"》,参阅《近代史研究》1995年第4期,第191、205页。

③ 据1902年《粤商承租湖北布、纱、丝、麻四局章程》,见《中国近代工业史资料》第二辑,第579页。

④ 《张文襄公全集》,参阅《历史研究》1993年第4期,第101页。

⑤ 参阅《近代史研究》1995年第4期,第205页。

⑥ 陈旭麓等编:《汉冶萍公司》(一),1986年版,第178—179页;参阅《近代史研究》1995年第4期,第205—206页。

临着官本太轻的问题，但是，和袁世凯比较起来，他的手笔显得要大一些。他又是一个极重官权的人物，在官本不足，希图利用商力之同时，仍毫不放松官的权利。他的原则是："国家所宜与商民公之者利，所不能听商民专之者权"①。这与当时商人势力的代表向他提出的"官商相维而商为尤重"的要求是显然对立的。② 商人希求的是"官助招商"，张之洞的心目中却是"招商助官"。③ "官助"与"助官"，一字之颠倒，决定了中国资本主义的命运。在"不能听商民专之者权"的前提下，"所宜与商民公之者利"便往往成为一句空话。这里有一件可以由表及里、发人深思的一例：

当1896年汉阳铁厂在官营6年之后，"耗母财五百六十余万两"，无以为继，不得不招商承办之时，为了原定免税10年的优惠不得顺利执行，引起了承办者的抗议。主持人郑观应甚至以去留相威胁。这一点上面业已提过。这件事后来得到了解决，其间张之洞为此出了很大的力量。他在《铁厂征税商情未便》的奏折中写道："商政机括，要言不烦。然非畅销不能自立，非轻本不能畅销。"这好像是在为商人说情。然而，正如一位研究者所指出：张之洞在这里最担心的还是铁厂的"官本"。他说："官本无着，承其敝者岂独众商?"一句话，其所以这样奏请，"自为保全官本起见"。因此，他的办法是"俟官本全数收回后，再行照章征税"。④ 所谓"国家所宜与商民公之者利"，到此也就化为乌有了。

振兴实业，包括总缩工、矿、交通运输和资金周转的银行业在

---

① 《张文襄公全集》，奏议，第68卷；参阅《历史研究》1993年第4期，第98页。

② 虞和平编：《经元善集》，1988年版，第106页。

③ 《张文嘉公伞集》，奏议，第35卷，第19页。

④ 参阅《近代史研究》1995年第4期，第206页。

内。在这个领域内,也体现了同样的趋向。中国有史以来的第一家新式银行——中国通商银行,以及分隶户部和邮传部的户部银行和交通银行,都是在振兴实业声中成立的。这三家银行,特别是后两家,它们和官场关系之密切,是人所共知的。作为中国银行前身的户部银行①,明定官商合办,股本官商各半。银行总办、副总办均由政府选派。②"凡通用国币,发行纸币,管理官款收入,担任紧要公债,皆有应尽之义务。"③"存放多系官款",营业"咸以官款为重"。它和清政府中央财政联结之紧密,毋庸缕述。

和中国银行相较,交通银行则更进一步。它在后来的发展过程中,形成了交通银行与交通部、交通系的三位一体。交通部是交通银行名正言顺的上级领导,而交通系则驾凌交通部与交通银行之上,成为交通银行的幕后操纵者。"交行的成立,是在它的羽翼下进行的。交行成立后,它又在自己的权利范围内授予交行一系列特权与利益。交行在得到一系列特权的基础上,心甘情愿地置自己于交通部的卵翼之下。"④在交通系的主将梁士诒的《年谱》中,有一个相当准确的评判。他通过代笔人之手写下这样一段话:交通系"借交通事业为政争之具,为营私之窟,为排除异己之资。延缘历

① 1908年户部改为度支部,户部银行更名为大清银行,民国成立之后,始更名为中国银行。

② 户部银行改为大清银行后,正副总办改为正副监督,并增派监理官2人,监理该行一切事务。

③ 光绪三十四年正月三十日度支部:《改户部银行为大清银行并厘定各银行则例折》,参阅邓先宏:《中国银行与北洋政府的关系》,见《中国社会科学院经济研究所集刊》第11集,1998年版,第280页。

④ 翁先定:《交通银行官场活动研究》(1907—1927年),参阅《中国社会科学院经济研究所集刊》第11集,第390页。

纪,风斯下焉”。[1] 似乎他自己要与此划清界限。然而这几句话,却正好道出三位一体的真实关系。如果说,交通部是“政争之具”,交通系是“排除异己之资”,那么“营私之窟”就是交通银行。

当然,作为交通系主将的梁士诒,是不会这样承认自己的。“风斯下焉”的北洋政府同样不会。

1916 年,在轰动一时的中、交两行停兑风潮中,中国银行上海分行违背北洋政府的指示,坚决不执行北京政府的停兑命令,而交通银行上海分行,则依违其间,模棱两可。同是北洋政府的工具,而态度不同,这里有各自内部的因素,非此处所能详论。但北洋政府的一幕欲盖弥彰的表演,恰好暴露了交通银行与交通部两者之间的真实关系。当人们在上海交行停兑的过程中,发现影响交行停兑能力的交通部欠款,数额高达 180 余万两之巨。而当代表上海商界的总商会要求交通部归还欠款以资交行兑现时,得到的复电却是“本部对于该行仅为股东之一,与中国银行隶属财部不同”,拒不归还积欠。这一莫名其妙的回答,引起了舆论的公愤。上海总商会斥责道:“交通银行章程由部颁布,人所共知。发行纸币时之大总统命令、交通部命令,以及特别金库与中国银行一律,亦人所共知。此次停止兑现,又出于院令。试问商办股份公司有此条例否?今大部仅以股东之一欲卸责任,绝非商民所敢承认。若就公司股东而言,即无向公司拖欠巨款之理。以股东之一而欠上海分行一部分至一百八十余万两,试问此项欠款是否尚在法律之中?”[2]我们在这里没有必要从头到尾讲完全部经过,因此,没有必要穷追下文。我们只是

---

① 《梁燕孙先生年谱》上,第 69—70 页。

② 《总商会电驳交通部不负交通银行责任》,见《申报》1916 年 6 月 18 日,转引自徐鼎新等著:《上海总商会史》(1902—1929 年),1991 年版,第 214 页。

想证明一点,那就是:交通银行之设立和政府振兴实业的用心,是对不上号的。这个结论同样可以应用于中国银行的设立。这里就不再多说了。

当然,进入20世纪以后,民间的商办银行,出现过相当大的发展。然而,它们的发展,与其说是由于政府的扶持,不如说是得力于与政府的疏远。正如1923年一篇反映银行界态度的媒体所说:银行业最危险的倾向,就是“喜与政府为缘,以与往来为惟一之业务”。文章认为“现政府之恶劣如斯,军阀与官僚之贪婪若此,尚再贷以金钱,不啻掷珠玑于沧海,宁有璧还之一日?”要求民间银行“迷途知返,觉悟非迟,亡羊补牢,救济未晚”①。虽然如此,“迷途知返”,并不决定于民间银行一方之愿望;“亡羊补牢”,也不仅决定于民间银行一己的努力。归根结底,它决定于中国资本主义面临的全部历史条件,当然同时决定于它所面临的整个时代环境。

最后应着重指出的是:清政府的“振兴工商”也好,民国以后的“振兴实业”也好,农业振兴,在决策者的思想中,始终不占应有的主导地位。虽然从清末起,在决策者层中,已经可以听到“工为商本、农为工本”、“无农以为之本,则工无所施,商无所运”的议论②,但实际的政策措施,仍然大大滞后。而且所有“兴农”主张的政策思路,都没有也不可能触动封建土地所有制和封建租佃关系这一核心问题。因此,从根本上讲,这些措施,已不是单纯滞后,而是隔靴搔痒,根本无力改变农业生产的局面。这当然更是整个中国的历史条件所决定的。

现在就让我们对处在这种历史条件和时代环境中中国资本主

---

① 《银行周报》第7卷第45号,参阅杜恂诚:《中国近代资本主义金融业》(1895—1927年)。见《中国经济史研究》,1994年增刊,第82页。

② 参阅《光绪朝东华录》第4册,1958年版,第4758页。

义发展的实质,做一点鸟瞰式的全面评估。

三、中国资本主义发展实质的全面评估

关于近代中国资本主义的发展问题,可以有两种提法。一种是:尽管近代中国进入了半殖民地、半封建的社会,但毕竟有了现代资本主义的发展;另一种提法倒过来,那就是尽管近代中国有了资本主义的发展,但中国毕竟还是一个半殖民地、半封建社会。两种提法都看到事物的两面,但强调的重点则显然不同,一个是强调资本主义的发展,一个是强调资本主义的不发展。我们认为,近代中国资本主义有所发展,但又不能充分发展。而在发展之中的不能充分发展,则是它的时代环境和历史条件所规定的必然性。它反映了近代中国社会经济的本质。

(一)不能充分发展的现实

要肯定近代中国资本主义不能充分发展,首先应该肯定它有所发展。否则就是停滞论,而近代中国并没有停滞。

中国资本主义的发展和不发展,至少可以从两个方面进行论证,一是商品生产与资本积累,二是对外贸易与国内市场。兹分别略述如下。

1. 商品生产与资本积累

1895—1927年间,中国资本主义的生产和资本积累,有两个比较能反映实际的指标。一是历年设立的工矿企业的资本统计①,二是历

---

① 参阅杜恂诚:《民族资本主义与旧中国政府》(1840—1937年),1991年版,第30—31、107页。

年进口的机器设备总值统计①(参阅表11、表12)。这两个统计,前者是一个初步的计算结果,但该期设立的资本在1万银元以上的主要厂矿,基本上没有遗漏。后一统计比较精确完整,但是由于入口的机器设备中,有很大一部分为外国在华企业所使用,因此在说明民族工业的发展上,只能有参考的价值。尽管有这样那样的局限,这两个统计所反映的民族工矿企业发展的趋势和变动的幅度,基本上是一致的。从前一表中可以看出,在这一段时期内民族工矿企业的确得到一定程度的发展。而在1905年以后和1918年以后的数年中,还出现了两个高潮。虽然时间短暂,但上升的幅度还是比较显著的。至于后一表中的机器进口,则一直呈上升的趋势。无论是机器进口本身,还是它在总进口中所占的比重,都是如此。

个别企业家的资本积累,有的十分突出。在比较早的一代中,清末即已崭露头角。张謇和周学熙,就是其中的佼佼者。张謇从1895年开始,十数年间,先后创办了大生纱厂等工业和垦牧、航运等企业,大大小小共有27个单位。资本达900多万元。周学熙从1906年的启新洋灰公司到1922年的唐山和卫辉华新纱厂,其间一共创办或参加投资的工矿企业共计15个单位,资本达1600万元。②如果说周学熙、张謇代表向民族资本家转变的官僚和士绅,那么,新的一代以商人为主体的民族工业资本家,在民国成立以后,就成了中国资本主义发展的主体。他们的发展速度,有的又超过张、周一代。同荣宗敬兄弟的申新纱厂系统和简照南兄弟的南洋烟草公司的发展相比较,张、周企业的发展,则又显得有些瞠乎其后了。

---

① 历年海关报告,参阅严中平等编:《中国近代经济史资料选辑》,1955年版,第72—73页。

② 《中国近代工业史资料》第二辑,“序”,第22、24页;正文,第1069页。

表 11　历年设立的工矿企业家数和资本额

1895—1927 年

年份	家数		资本额	
	实数	指数（1895:100）	实数（1000 元）	指数（1895:100）
1895	30	100	3990	100
1896	22	73	3788	95
1897	25	83	5808	146
1898	32	107	6320	158
1899	29	97	5169	130
1900	9	30	930	23
1901	11	37	1284	32
1902	31	103	4890	123
1903	17	57	5059	127
1904	36	120	11279	283
1905	76	250	13918	349
1906	92	307	24835	622
1907	98	327	17020	427
1908	80	267	20838	522
1909	82	273	16095	403
1910	90	300	18783	471
1911	40	130	5765	144
1912	85	283	10382	260
1913	79	263	13587	341
1914	102	340	14868	373
1915	114	380	19615	492
1916	86	287	13907	349
1917	105	350	26270	658
1918	132	440	44746	1121
1919	172	573	36741	921

续表

年份	家数		资本额	
	实数	指数(1895:100)	实数(1000元)	指数(1895:100)
1920	173	577	45435	1139
1921	184	613	76166	1909
1922	144	480	54011	1354
1923	120	400	26417	662
1924	142	473	28598	717
1925	135	450	23414	587
1926	119	357	15535	389
1927	92	307	9263	232

表 12　历年进口机器设备总值

1873—1930 年

年份	进口商品总值		进口机器设备总值		
	实数(千元)	指数	实数	指数	占进口商品总值的%
1873	103487	100	8383	100	8.1
1893	235823	228	19733	235	8.4
1903	509059	492	76582	914	15.0
1910	721299	697	126493	1509	17.5
1920	1187585	1148	335940	4007	28.3
1930	2040599	1972	510463	6089	25.0

交通运输主体的铁路、公路和航运企业,在这一段时期中,也有比较明显的发展。

在铁路方面,人所共知,1905 年爆发的收回利权运动,就是以收回路权为主的。在此以后，各省商办铁路公司，风起云涌，仅1905—1906年两年中，各省办成的铁路公司就有12家之多。筹集的资本，包括前此成立的两家，到1911年止，共达87600000元①，和同期民族工矿企业资本不相上下。② 虽然有的集资不一定都完全到位，但确实掀起了一股热潮。与此同时，清政府自办的京张铁路，也于1905年开始兴建，并且在4年之中，顺利完成185公里铁路的铺轨工程。③

如果说，铁路发展的高峰在于清末，那么，公路的兴起，则引人注目地在于民初。在北洋军阀政府统治的1913—1927年间，全国各省公路的修建里程，将近3万公里。④ 这个数字，按人均计算，虽然落后于当时世界上许多国家，但它毕竟是从无到有，从少到多。而在它的修建中，也有代表资产阶级的绅商和海外华侨集资修建的在内。

在航运业中，这一段时期内，商办轮船运输也呈现发展的势头。根据本书统计，1924年行驶内河、沿海和远洋的中国轮船吨位，达到359154吨，而根据另一位研究者的统计，在1900—1921年中，民族资本的轮运企业资本，由9249000元上升到88997000元，增加8倍以上，轮船吨位由66237吨上升到489190吨，增加6倍以上。⑤ 其中有的发展速度十分惊人。如虞洽卿的三北轮埠公司在1912年以后10年间，资本由200000元上升到3200000元，

---

① 宓汝成：《中国近代铁路发展史上民间创业活动》，参阅《中国经济史研究》1994年第1期，第74、77页。

② 参阅《中国近代工业史资料》第二辑，第649页。

③ 《中国近代铁路史资料》，第914、918页。

④ 《中国公路运输史》第1册，1990年版，第146—147页。

⑤ 樊百川：《中国轮船航运业的兴起》，1985年版，第470页。并请参阅本书第14章第2节。

增加15倍,船舶吨位,也大体如此。[①]

由此可见,纯粹商办企业的发展,这是本时期资本主义发展的主流。当然,在原有的洋务企业中,个别的在某一时段以内,也有相当可观乃至令人瞩目的发展。在1908年以前还是官督商办的中国电报总局,在此前的发展,就是一个明显的例子。这个企业从开办之1882年开始,营业收入,一直直线上升。从1882年到甲午战前的1893年,11年中,报费收入由61665元上升到723667元,增长了10倍以上。[②] 在1893—1902年的第二个10年中,报费收入又由723667元迅猛上升到2124806元。[③] 增长的快速,为各业所仅见。由海关总税务司主持、名义上是官办的邮政官局,在成立5年以后(1902年),全国有邮局700个,邮路4.1万公里,全国国内邮件2000万件,国际邮件150万件。[④] 不到10年(1911年),邮局迅速增加到6201所,邮路扩充到19.05万公里,邮件3.62亿件。[⑤] 成绩显著。张之洞创办的汉阳铁厂转为官督商办以后,在1908年以前,也有相当的进展。从1894—1907年14年间,生铁产量由4635吨上升到62148吨,增加了12倍,铁矿石由1896年的17600吨上升到1907年的174612吨,增加了近9倍。[⑥] 这种增长速度,也是十分惊人的。

---

① 樊百川:《中国轮船航运业的兴起》,第480—481页。

② 中国电报总局历年收支清单。转见丁日初主编:《上海近代经济史》第一卷,1994年版,第584页。

③ 中国电报总局各年清账,承上海社会科学院经济研究所徐元基先生提供。

④ Herald,1903年9月25日,第640页。

⑤ 《清史稿》第152卷,交通四,第16册,1976年版,第4479—4480页。

⑥ 张国辉:《论汉冶萍公司的创建、发展和历史结局),参阅《中国经济史研究》1991年第2期,第9页。

在民族资本主义工矿企业的发展过程中，手工业工场向机器工厂的转变，也有某些轨迹可寻。

根据已发掘的史料，19 世纪 90 年代以迄 20 世纪初，在缫丝、丝织、棉织、针织和榨油、磨面、碾米等衣食两大行业以及矿业中的煤矿、云南锡矿、四川井盐乃至中国传统的陶瓷等行业中，多有由手工生产向机器生产过渡的事例。① 有的行业，就全国范围而言，呈现出由初级加工向高级加工的趋向。如丝业中手工生产向机器生产的转移，缫丝在先，丝绸在后。有的行业呈现出相当广泛的横向发展。如缫丝在 19 世纪末几乎同时在山东、广东、四川大量地由手工向机器生产转化。榨油、磨面等饮食行业，也有类似情形。

和工业资本比较，中国银行资本的发展，似乎更加迅速。进入 20 世纪以后，中国银行业面临着“向来未有如此之盛”的局面。② 从 1897 年第一家银行设立起到 1911 年止，共设立本国银行 30 家，资本总额约 25577000 元。而在 1912—1927 年间，新设银行多达 313 家，资本总额高达 206628000 元，为前一时期的 8 倍。③ 民国成立之初，一些与实业挂钩为名的银行，风起云涌。如由农业促进会主办的中华农业银行公司、由垦殖协会主办的垦殖银行、工业建设会主办的劝业银行和铁路协会主办的铁路银行④，以及各省地方举办的实业银行、矿业银行乃至渔业银行等，都数见于当时官

---

① 参阅彭泽益编:《中国近代手工业史资料》，1957 年版，第 2 卷，第 386—393 页；第 3 卷，第 72—82 页。

② 《关册》，1920 年，上海口，第 49 页；参阅杜恂诚:《民族资本与旧中国政府》(1840—1937 年)，1991 年版，第 159 页。

③ 杜恂诚:《民族资本与旧中国政府》(1840—1937 年)，第 159 页。

④ 《时报》1912 年 11 月 3 日。

方的统计中。[1] 边远地区,也传来设立银行的信息。西藏有设立银行的传闻[2],外蒙古有设立银行的试探。[3] 这些信息,未必全都确实,即使确实也未必都已实现,但一时给人以来势很猛的印象,也是不可否认的。

在银行之外,这个时期的钱庄,也有一定的发展和变化。以钱庄势力最为集中的上海而言,在1912—1926年这一段时期中钱庄数目由28家上升到87家,增加了2倍多一点。而资本则由1064000两上升到13411000两,增加11倍多。[4] 一个值得注意的现象是:原来和产业界联系甚少的钱庄,现在也开始面向民族资本的工业企业。上海著名钱庄之一的福源钱庄,在1925—1927年3年之间,做过31笔工业贷款,总额达2194000元。[5] 著名钱业家秦润卿主持的豫源钱庄,也非常重视对民族工业的资金融通,产生了积极的作用,受到外界的好评。[6] 这个时期的钱庄放款,也多一改过去单凭个人信用的旧习,趋向实物抵押放款的新规。这对借贷双方关系的巩固和资金投放的有效运用,都起了促进的作用。

由此可见,在1895—1927年这一段时期内,中国资本主义是有所发展的。不看到这一点就不能真正认清近代中国的客观实际。但是,能不能由此得出中国资本主义可以顺利发展的结论呢?不能。中国资本主义有所发展,但又不能充分发展,不承认这一

---

① 参阅杜恂诚:《民族资本与旧中国政府》(1840—1937年),第504—505页。

② Herald,1907年11月1日,第265页。

③ 1919年成立的边业银行,拟在库伦设立分行。

④ 《上海钱庄史料》,1960年版,第188、191页。

⑤ 《上海钱庄史料》,第802—804页。

⑥ 汪仁泽:《钱业领袖秦润卿》,参阅《浙江文史资料》第39辑,第178页。

点，同样是不能真正认清近代中国的客观现实。

我们不妨逐一看看这方面的情况，它将给我们什么样的结论。

上面提到，20世纪初，民办铁路曾经风起云涌一时，那种局面的确令人兴奋。但是，在那里，我们没有提到实际取得的业绩。而这一幅图景的摊开，却是令人十分沮丧的。在1906—1915年的10年中，除了官办的京张铁路外，全国的民办铁路，勉强称得上完工的，不过660公里。① 曾经大事宣传的商办安徽全省铁路有限公司，从1905年筹办至1911年年末，7年时间，四易总理，耗资200余万两，"仅成土方十里"，铁轨连影子都没有。② 当时就有人说："按照这种速度，首期由芜湖至广德的470里铁路要到2950年才能通车！"③就全国范围而言，包括各种所有制形式的铁路里程，期末较期初有较大的增长，但平均每百平方公里的国土上，只摊到0.13公里，按人头计算，平均每人只摊到3厘米多一点，长度还不及一根火柴梗！即使这样一点铁路，绝大部分还是外国修建的。其中由中国政府借外债赎回的，中国既无实权，却背着沉重的利息包袱，给铁路营业造成无穷的负担。

如果说，中国铁路的修建主要是适应外国势力入侵的要求，那么，中国公路的修建，则主要是适应国内军阀割据的需要。它是军阀混战中供应军需的产物。这一时期全国修建公路的分省统计中，奉天一省修建的公路就达12420公里，超过全国里程的三分之一。④ 从这里可以看出公路修建对奉系军阀盘踞东北的重要。这

① 宓汝成：《中国近代铁路发展史上民间创业活动》，参阅《中国经济史研究》1994年第1期，第79页。

② 《中国近代铁路史资料》，第109页。

③ Herald，1907年11月1日，第276页。

④ 《中国公路运输史》第1册，第146—147页。

和民族资本的发展是完全不同的两股道。

中国资本主义之不能充分发展,还表现在发展的间歇性和非持续性上。民族工业的中坚棉纺织业“在第一次世界大战后的四年中,无论旧开新设,规模不同的纺织厂都可获致丰厚的利润”。“整个纺织业处在兴旺乐观的气氛之中。”然而到了 1922 年下半年就开始露出萧条的迹象。从 1923 年起,处境日益艰难的民族资本纺织业不断出现改组、拍卖和闭歇消息,出现在 1925 年 4 月 7 日的《银行周报》上,就有 9 家纱厂宣布破产、拍卖。① 同样,规模仅次于棉纺织的面粉工业,从第一次世界大战开始的 1914 年到战后的 1921 年,出现了一个短暂的“黄金时代”。然而繁华易逝,1922—1936 年发展即进入“曲折缓慢”的阶段。② 1931—1936 年全国华商面粉厂的生产开始出现了负增长,而面粉生产中心的上海则呈 33% 的大幅度下降。③ 以上海为中心的缫丝厂,同样如此。在 1896—1898 年和 1907—1910 年两段时期中曾经有过比较迅速的发展,而在第一次世界大战以后,反而呈现萧条的趋向。④ 在 1912—1921 年的海关 10 年报告中,特别提到“上海的丝厂在汇率不利于其产品的出口和国外又无其产品销路的情况下,面临严重的困难,不少丝厂宣告破产。”⑤1914 年上海 56 家丝厂中,停工歇

① 张国辉:《中国棉纺织业 1895—1927 年的发展和不发展》,参阅《中国社会科学院经济研究所集刊》第 10 集,第 203、212 页。

② 徐新吾、杨淦:《抗战前民族资本面粉工业对外资竞争的相对优势》,参阅《近代中国》第 7 辑,第 281 页。

③ 参阅吴承明主编:《中国资本主义发展史》第 3 卷,第 142 页。

④ 张国辉:《甲午战争后四十年中国现代缫丝工业的发展和不发展》,参阅《中国经济史研究》1989 年第 1 期,第 92—93 页。

⑤ 《海关十年报告》,1912—1921 年,上海口,第 30 页,参阅《中国经济史研究》1989 年第 1 期,第 93 页。

业的递增到 30 家之多。① 7 年前在丝业资本家中间出现的热潮②,迅速消失。

整个行业如此,个别企业亦如此。上面提到的两个盈利较好的洋务企业——汉冶萍和电报局,给人们的希望,犹如昙花一现。汉冶萍在外债压力之下,大部分由减产而停产。1912 年年底,汉厂炼钢炉被迫全部停产。翌年,日产 250 吨的化铁炉以“陈旧不堪用”,也于年底停炼。新建的大冶铁厂两座炼铁炉虽先后在 1923 年 4 月和 1925 年 5 月投产,但都维持不到一年,各在 1924 年和 1925 年年底先后停炼。只有为供应日本制铁所需要的大冶铁矿在日本顾问直接管辖下,继续维持开工,沦为单纯为日本开采铁矿石、供应铁砂的基地。③ 至于电报局则正以其盈利丰厚成为北洋大臣和以后的北洋政府眼中的一块肥肉,于 1908 年改归官办,息影商坛。

个别企业发展的非持续性,当然不止于这两个原来的洋务企业。中国最早的一家官督商办企业——轮船招商局,在辛亥革命以后的商办时期,除了欧战的短暂时期以外,可以说一直处于每况愈下的状态。在 1912—1926 年的 15 年中,它的营运收入,虽略有增加,上升了 10.5%,但效率却大大下降,每吨船位的产值减少了 12.7%。④ 营业净收入,从 1921 年以后即呈负增长、即实际亏损的趋势。其中 1926 年一年的亏损,高达 1734664 两,相当资本总额的 20%,而在 1912—1926 年的整整 15 年中,只有 1915 年一年

① 《上海市缫丝业同业公会档案》,转见张国辉:《近代上海地区缫丝工业研究》参阅《上海研究论丛》第 6 辑,1991 年版,第 70 页。

② Herald,1907 年 12 月 20 日,第 693 页。

③ 张国辉:《论汉冶萍公司的创业、发展和历史结局》,参阅《中国经济史研究》1991 年第 2 期,第 25 页。

④ 张后铨主编:《招商局史》(近代部分),1988 年版,第 324 页。

从收入中提取了固定资产的折旧,其他各年都付阙如,陷入吃老本的地步。[①] 因此,"商办时期的最后几年,招商局愈发陷入困境,每年债息高达数十万两,完全无力支付。船舶破旧,栈房失修,'经济竭蹶,每况愈下',已经面临破产的边缘"。[②] 我们在前面曾经看到20世纪初民族资本商办航运企业的发展情况,现在我们又看到历史最久、规模最大的一家航运公司在同一时期出现这样一幅暗淡的情景,我们能得出什么样的结论,应该是不问而知。

事实上,在整个行业非持续性发展的条件下,不但一个企业的不发展,而且一个企业的发展,都可以反映整个行业的不发展。荣宗敬兄弟一家的企业,就是一个鲜明的例证。荣氏家族的申新纱厂和茂新面粉厂,在20世纪初期有极其迅速的发展:纱锭数在1916—1927年间增长了将近9倍,粉磨数在1912—1927年则增长高达21倍。[③] 速度是惊人的。但是这种发展势头显然不能代表整个行业的发展趋势。因为荣氏家族的企业,无论是纱厂或是面粉厂,有很大一部分是通过兼并原有的旧厂而来的,根据他们自己的报告,申新和茂新系统新增的纱锭和粉磨中,收买和租用的,在最多的1917年,分别达到56.7%和40.4%[④],这就是说,在申新、茂新繁荣的同时,存在着它们的一些同行的破产。我们在上面看到:纱厂一业,在第一次世界大战期间,曾经有过一度繁荣。现在我们又看到:即使在它的繁荣黄金期,仍然存在着部分纱厂的停歇或破产。那么,在整个民族工业的全部历程中,究竟是充分发展还

① 张后铨主编:《招商局史》(近代部分),1988年版,第326页。

② 张后铨主编:《招商局史》(近代部分),1988年版,第363页。

③ 严中平等编:《中国近代经济史统计资料选辑》,1955年版,第164—165页。

④ 严中平等编:《中国近代经济史统计资料选择》,1955年版,第164—165页。

是有所发展而又不能充分发展，也就不难判断。事实上，申新本身的繁荣和扩展，也潜伏着衰败和破产的危机。因为它扩张所需的资金，主要不是来自内部资金的积累，而是来自外部借债的通融。"即以甲厂抵押借款买乙厂，复以乙厂抵押借款再买丙厂。"因此在扩张的过程中，申新各厂即经常陷入高利贷的泥坑之中，基础极不巩固。一旦贷款行庄紧缩逼债，纱厂立即陷于困境。① 1934 年 3 月，由于申新的往来银行拒绝放款，纱厂面临搁浅，使得荣宗敬束手无策，不得不一度"退职"，甚至闹到要自杀的地步。② 可见整个行业如此，个别企业也概莫能外。

在手工业的资本主义转向中，反映了同样的问题。这种转变，也有挫折，也有逆转，并不都是一帆风顺的。过程的艰难，从一开始就引人注目。发生在 19 世纪 80 年代初广东南海手工丝织业者与由手工转向机器的缫丝业者之间的冲突，不但迫使这个过程的暂时中断，而且迫使中国最早一家使用改良缫丝工具的继昌隆丝偈，为避开冲突的旋涡，由南海县远走澳门③，就是最初的例证。在江浙产丝区较早出现的一家缫丝厂——1897 年在杭州设立的世经缫丝厂，开办不过两年，即行停歇，原因是蚕茧失去供应，而其所以供应不上，并非由于茧源不足，乃是手工缫丝业者控制着蚕茧，大喊要"我们自己缫"④，而世经缫丝厂则最后被日本资本家买去。⑤ 可以想见，这里面同样包含着手工与机器的尖锐斗争，包含

---

① 以上据许维雍、黄汉民：《荣家企业发展史》，1985 年版，第 86、96 页。

② 《荣家企业史料》上册，1962 年版，第 406 页。

③ 《海关十年报告》，1882—1891 年，第 577 页。

④ 《关册》，1898 年，杭州，第 340 页。

⑤ 汪敬虞编：《中国近代工业史资料》下册，第 897 页。

机器对手工的败北。

如果说,发生在广东和浙江的斗争,还是处于中国资本主义工业的初生阶段,那么出现在20世纪初江西景德镇瓷业中的历史一瞥,则说明这种矛盾一直延续到中国资本主义的初步发展时期。1910年在手工陶瓷重镇的景德镇,成立了一家所谓"新式瓷厂"的江西瓷业公司。奇怪的是,公司一开始就设本厂和分厂两处,本厂设在景德镇"仍用旧法"生产,分厂设在远离景德镇的鄱阳则用"改良制造"的办法。其所以如此,是由于"景德镇之制瓷者,已则守成法不可改,而复怵于一经改良,将立被淘汰,而无所啖饭,势且出于合群抵制之一途"。设分厂者,"迁地以避之"也。① 从继昌隆丝偈到江西瓷业公司,经历了30年的光阴,中国的大机器工业在手工业的面前,却是带有讽刺意味地由被迫的逃离到主动的回避!

不但由手工业到机器的转变,并非都一帆风顺,就是由家庭手工业到工场手工业的转变,也不都是轻而易举。在一个地区的某一行业中,我们可以看到家庭手工业向工场手工业转化的蓬勃,在另一个地区的同一行业中,我们又能看到这种转化的艰难。在中国城乡广泛存在的手工织布,就是一个例证。20世纪初,同样是手工织布,在河北高阳和在河北定县的情形,就不一样。高阳的织布机出现了由旧式投梭机向拉梭机以至铁轮机的转换,而定县的织户则始终守着旧式织机不变。即使在高阳,也有起伏不定。20世纪的20年代中,高阳的新式织布工场,达到40家,进入30年代,只剩下4家。② 可见在这里也有发展和不发展。如果说,高阳

---

① 江西省轻工业厅陶瓷研究所编:《景德镇陶瓷史稿》,1959年版,第271页。

② 参阅赵冈等:《中国棉业史》,1983年版,第235—236页。

代表发展,那么定县就代表不发展;如果说20年代的高阳代表着发展,那么30年代的高阳就代表着不发展。

总起来看,手工业向工厂的转化,并没有形成中国资本主义工业发展的主流。相反,在中国资本主义发展的全部过程中,手工业、工场手工业和大机器工业三者的共存,是一直存在的,而且以手工业为主体。这种共存,不是发展中的共存,而是不发展的共存。这可以说是中国资本主义工业发展的一个特点。

当然,有些行业,似乎是得到了充分的发展甚至是被有些人称之为畸形的发展。以银行为主体的金融业就是一例。它的发展状况,我们在上面已经提到。和其他行业比较起来,银行业的扩张,的确带有膨胀性,然而,它的弱点和劣势,也是很突出的。

中国金融企业的最初产生,不是出自中国产业资本自身发展的要求,不是从属于中国的产业资本,不是以中国产业资本的运动为基础,而是依附于本国政府,以满足政府的财政需要而运行,适应政府的财政调度而操作。到了北洋政府时期,政府公债成为银行营业的大头;公债的暴利,构成银行营业收入的主渠道。在这种条件下,偏离正轨的银行滥设,是发展的必然。这种状况,当时就为人所诟病。"商业的健康发展是否需要这么多的银行,是大有问题的。"①这个论断,一时成为舆论的共识。当然,论断本身有其片面之处。如果银行真正走上促进工商业发展的道路,中国的银行和银行资本,其实不是过多而是相对不足。20年代以后,中国金融界人士已逐渐将目光从北洋政府的破落户财政转向民间的新兴产业,有些银行的投资中,提高了工商业放款的分量。而当目光转移之后,中国银行资本实力的单薄,就立刻呈现在人们的眼前。

---

① 《海关十年报告》,1912—1921年,徐雪筠等译本,1985年版,第188页。

1920年间,交通系的主要人物梁士诒就曾倡议联合全国13家主要银行,集资1000万元,设立一个以投资铁路为主的中华银公司。被选为公司董事长的梁士诒,在通告各银业团体的信函中,显得信心十足地说:"国内银行联络贯通,金融自活","资金丰足,国内实业,事无不举"。① 但是,当时表面上支持梁士诒计划的中国银行副总裁张嘉璈暗地里却说:"中国各银行力量薄弱,而一千万元之股本,与各国银团之实力相比,不啻霄壤之别。""故中国银行当时对该公司仅作名义上之认股,而未积极支持。"②

不赞成梁士诒计划的张嘉璈,自己却接二连三地筹备组织各种各样的银团。在1921年一年之中,他就有三次这样的尝试。这一年1月15日,他组织了22家银行成立一个为京汉、京绥、津浦、沪杭四路购买货车、机车的借款银团,3月5日又发起由中国、交通两行领导,组织了一个对上海造币厂的借款银团,7月1日更让中国银行独家领导上海银行、钱庄合组了一个通泰盐垦公司借款银团。③ 从梁士诒思想向张嘉璈思想的嬗递,可以看出,短短一两年之间,中国新兴银行的营业方面,明显地表现出由政府财政向民间实业之转移。应该说,这是民族资本金融业真正要求发展的曙光。

然而这一前景,却是十分暗淡的。梁士诒之所以要组织银公司,是想从一次大战以后外国在华势力重新组合而成立的美、英、法、日新四国银行团那里分得北洋政府给外国银行团的一些好处。用梁士诒自己的话说就是:政府向外国银行团借款时,"务使自国

① 《三水梁燕孙先生年谱》下,第82页。
② 姚崧龄:《张公权先生年谱初稿》上,1982年版,第46页。
③ 姚崧龄:《张公权先生年谱初稿》上,1982年版,第51—54页。

公司加入而调节之”。① 而张嘉璈之所以持保留态度，则是“假使真有举借外债之时，诚恐该银公司纵欲担任一小部分，亦不可得”。② 两人的估计不同，但营业方针都没有脱离政府财政的樊篱。而一年以后张嘉璈筹划的通泰盐垦公司借款银团，思想水平就有了一个飞跃。见于他的自述中有这样一段话：“余以农业经营，不宜依赖短期借款，而植棉事业，极应维持，以塞漏卮。”③这就与梁士诒的单纯分外国银行团之余利有性质的不同。然而张嘉璈的这一抱负，却未能付诸实现。尽管他不避艰辛，“亲往盐场荡地实际考察”，亲与通泰公司主人张謇兄弟“研讨救济方案”，但实际结果却是“公司之债票发行后，多用以归还旧欠，而用于推广垦殖业务者不多，且内部管理亦欠完善，致债票本息一再愆期”，导致计划的停摆。④

由此可见，中国民族金融业之发展，维系于中国民族实业之发展。在民族资本的实业不能充分发展的条件下，民族资本的银行，可以有数量上的扩充，但欲其带动整个民族资本主义的发展，诚戛戛乎其难。

然而我们的视野还不能单纯局限于资本的积累，中国民族资本主义的发展，还经受着市场的局限。

2. 对外贸易与国内市场

对初步发展的中国民族资本主义企业，特别是民族资本主义工业而言，它所赖以发展的对外贸易，几乎还处在没有开发的状态。近代中国“在世界贸易中所占的分量，从来没有达到2%”。

---

① 《三水梁燕孙先生年谱》下，第82页。

② 《张公权先生年谱初稿》，第46页。

③ 《张公权先生年谱初稿》，第53页。

④ 《张公权先生年谱初稿》，第54页。

“印度的每人贸易量大于中国的每人贸易量的二倍,而日本则大过约十倍之多。”①这是20世纪20年代仍然存在的状态。而在中国的出口贸易中,属于原料性质的农产品占主导地位,民族工业产品所占的份额极其微小,这也是20世纪20年代依然存在的状态。诚然,某些新生的民族工业产品,也开始了对国外市场的试探,如唐山启新洋灰公司在20世纪初有过出口它所生产的水泥、耐火黏土、琉璃瓦和耐火砖的活动,引起各方的注意。② 但是,成为出口商品之支柱产业,在20世纪20年代,还是只有缫丝一项。而华商缫丝厂在生丝出口贸易中的处境,典型地说明中国民族工业开辟国外市场的重重困难。作为华商缫丝业中心的上海地区,便是一个例证。

上海地区华商缫丝厂的生丝出口,在20年代以前,全部掌握在外国洋行手中。直到1920年,上海还没有一家从事生丝输出业务的华商公司。中国“生丝的对外贸易,实质上只是对洋行的贸易”。③ 洋行的垄断,隔断了上海丝厂与国外的接触。在华商丝厂的眼中,国际生丝市场只是“洋庄丝市”。“洋庄发动则色然以喜,洋庄停滞则蹙然以忧。”④这种情况,使得洋行有可能在生丝输出中高下其手,打破商业交易的常规。生丝输出的大起大落,价格的直上直下,华商无所适从,只有听命于洋行。即使在国外丝价续涨

① 里默:《中国对外贸易》,卿汝楫译本,1958年版,第173页。

② 《海关十年报告》,1902—1911年,秦皇岛口,第182—183页。

③ 何炳贤:《对于发展国际贸易的几点意见》,载《国际贸易导报》第4卷第2号,参阅张迪恳:《外国洋行垄断生丝输出对上海地区丝厂业的影响》,见《中国经济史研究》1986年第1期,第123页。

④ 武育幹:《中国国际贸易概念》,参阅《中国经济史研究》1986年第1期,第113页。

的条件下,洋行仍可低价收购生丝。① 更不用说洋商在收购生丝上使用提级、压价以及贷款收购种种手法直接剥削华商,牟取暴利。这种情况,上面曾经提到②,不多赘述。

1921 年以后,华商丝业资本家开始组织生丝贸易公司,企图改变生丝出口依附洋行的局面,但是势单力薄的少数华商公司,改变不了洋行的垄断局面。时至 20 年代,外国资本几乎渗透到中国经济的各个领域,由中国人从本国输出的生丝,却处处要仰外国人的鼻息。生丝出口,检验先得求外国洋行,报税要通过外国税务司控制的海关,运输要找外国远洋航运公司,海上保险要由外资保险公司承担,生丝成交后,货款还要靠外国银行结汇。③ 面临这样艰难的处境,华商自营生丝输出的努力,不到十年,便趋于失败。进入 30 年代以后,在资本主义世界危机的冲击下,这些公司相继倒闭歇业。侥幸生存下来的,仅永泰公司一家。④ 中国生丝海外市场的主动权,对民族资本的缫丝业而言,仍然是可望而不可即的海上琼楼。

国内市场,同样不可乐观。

鸦片战争以后特别是在甲午战争以后,随着中国的开放,中国国内市场的容量,有一定程度的开拓。在这个有所扩大的国内市场中,对民族资本企业而言,有一部分为外国资本所分割。例如,在中国的煤炭和棉纱市场中,进口洋煤、洋纱和在华外籍煤矿、纱

① 《中国经济史研究》1986 年第 1 期,第 102 页。

② 参阅《中国经济史研究》1986 年第 1 期,第 29—31 页。

③ 《外商洋行掠夺华丝出口的片断史料》,参阅《中国经济史研究》1986 年第 1 期,第 122 页。

④ Tonying Silk Trading Company:China Raw Silk,1931 年版;徐新吾主编:《上海对外贸易》上册,1989 年版,第 287 页。

厂所产煤、纱,占去很大一部分。[①] 但即使如此,民族资本的国内市场容量,仍然呈扩大的势态。

市场容量的测量,是一个难度较大的问题,而容量的变动,则更难于估计。尽管如此,我们仍然可以找到一些有原始统计可据的时间系列数字,进行间接的测量。有的研究者根据厘金税收统计、海关出口统计和土产国内贸易统计的变动,对国内市场容量的变化进行估算,认为这三项统计虽然"都不能作为市场商品量的根据,但从其指数变化可看出流通增长的趋势"。据其测算:"十九世纪七八十年代国内市场的发展还是很慢的,九十年代开始显著;而迅速扩大是在二十世纪以后,尤其是二十世纪二十年代以后。"[②]

这个结论大体上可以成立。我们根据另外一些材料,专门对20世纪的市场容量变动进行测算,它们分别是全国铁路货运量、全国轮船吨位量和全国邮递包裹量。计算结果是:1912—1925年铁路货运量增加了69%。[③] 1910—1924年轮船吨位增加了3.42倍[④],而1905—1920年邮递包裹量则猛增17.88倍。[⑤] 由于统计本身的局限和某些特殊因素的影响,这些数字不一定能准确反映市场容量的实际变化,但它们都一致呈上升的趋势,证明20世纪中国国内市场容量的扩大,大概是可以肯定的。

然而就是在这个商品流转量迅速扩大的20世纪,中国民族资

---

① 《中国近代工业史资料》第二辑,第1157页。

② 吴承明:《我国半殖民地半封建国内市场》,参阅《历史研究》1984年第2期,第110—111页。

③ 《中国近代经济史统计资料选辑》,第207页。

④ 《中国近代经济史统计资料选辑》,第228页。

⑤ 沈祖炜:《1895—1927年中国国内市场商品流通规模的扩大》,参阅《近代中国》第4辑,1994年版,第343页。

本主义所赖以发展的国内市场,却是一个发育极不完全的市场。这个市场上出现了不胜其烦的人为梗阻,出现了令人难以相信却又千真万确的离奇现象。

这个市场上没有统一的货币。有银两,又有银元,还有各种铜币和贬值纸币。单就银两一项而言,“全国之银两,因其重量及成色各不相同,遂有七十二种不同之标准,为七十二大商埠所通用。然此尚未尽行包括此七十二处所用之银两。盖同一商埠,因有各种不同交易,恒有各种不同银两,而较小之城市,又有其自己通用之银两。”①由于币制之混乱,造成了内地汇价悬殊。一个令人不可想象的“银两兑换的浮收”的例子是:由江苏汇款至甘肃,各种银两之间的兑换竟达9次之多,每转换一次均须付0.5%的好处费,而“兑换率上所得的好处”,还没有计算在内。②

这个市场上也没有统一的度量衡。时至20年代中期,“公度、公量、公衡,迄未实行”。各省“各行各法,漫无标准”。“同一秤也,有公秤、私秤、米秤、油秤之分别”,每斤定量自12两、13两至20余两不等。“同一天平也,有库平、漕平、湘平、关平之分别”,自8分、9分至1两不等。“同一尺也,有海关尺、营造尺、裁衣尺、鲁班尺及京放、海放之分别”,自8折至9折不等。“章程错乱,奸弊丛生。”③

这个商品市场上缺乏有效的成龙配套的辅助市场。金融市场上标金、条银、洋厘、银拆纷然杂呈;证券市场中,公司股票及公司债券屈居政府公债及国库券之后。其他种种发育不全,违碍正常

① 《中国经济周刊》1925年2月14日,第9页。

② 马士:《中华帝国对外关系史》第一卷,张汇文等译本,1957年版,第31页。

③ 《农商公报》1925年7月,专载,第10页。

商品流通之处,不一而足。交易方式的原始,信息的阻滞,层次的繁复,在阻塞国内市场的容量。

这个市场有的是过多的苛捐杂税,有的是过重的运输费用,有的是人为的市场障碍。

被称为"结扎商业脉络"①的厘金,是世所罕见的流通恶税。这个原来为1%的流通税到了20世纪之初,在有的地方,已经变成10%以上。江西厘卡林立,"初卡完三分,次卡完二分,第三卡完三分,第四卡完二分"。而且"十分完足,经过下卡,仍须补抽。第一次补抽,按十分加二分;第二次补抽,按十二分又加二分,经若干卡,补若干次"。"且货经初卡,其完厘之数,决不肯按货之实数计算。""总之,未完足十分,固宜补抽,既完足十分以后,仍须补抽。故定章名为取十,其实乃取三十、四十。又况查验不时,羁滞留难,无卡无之。"②汉口茶叶运至张家口,要经过63个厘金分卡。沿途捐税名称有13种之多。通盘计算,税率高达40%乃至50%。③ 那些被称为"蚂蟥后代"的厘卡税吏们,密布运输要道。20世纪初,"大运河上的厘金卡,可以保险地说,平均每十英里就有一座"。④ "镇江至淮安,不过一百三十英里,已有厘卡十二;淮安至邳州,不过一百英里,又有十二。"⑤"行之愈远,则商货成本愈重。是禁止商货之流通,迫其近售,而罚其远行者也。"⑥到了北洋军阀时期,苛征勒索,更是花样翻新。有的常关税卡在收税之外,

---

① Herald,1907年9月19日,第605页。

② 《江西商务说略》,参阅《中国近代工业史资料》第二辑,第1148页。

③ 《中国近代农业史资料》第二辑,第283、284—285页。

④ Herald,1907年11月22日,第454页。

⑤ 《东西商报》1900年,参阅彭泽益编:《中国近代手工业史资料》第2卷,1957年版,第305页。

⑥ 张謇:《张季子九录》,政闻录,第三册,第7卷,1931年版,第2页。

又按纳税多少,同时搭派数目相同的政府公债,转手又以票面二三成的价格,当场将债票收回。有的甚至另设专号收购公债,以期大量贱价买进,集中起来,大量出售。[①] 事情发展到这一步,中国国内市场脉络之被结扎,可以说是到了极限。

厘金对中国经济的负面影响,已为人所熟知。就民族资本工矿企业而言,则是双重的受害:既阻滞了产品的推销,又阻滞了原料的汲取。山东中兴煤矿在归华商接办以后[②],产煤 1 吨,出井税 1 钱,而向各卡交纳厘税,则达 3 钱 7 分。面对税轻之洋煤,“相形之下,不足抵制”,“销数因之大减”。[③] 广东汕头糖厂,其内销江苏、安徽、山东、河南各省之糖,不惜绕行香港,经海路以入上海,再转销内地。为的是取得洋货“仅完半税一次”之待遇,以“免厘卡重重抽厘”。[④] 这是厘金对产品推销阻滞之例。至于原料汲取的阻滞,则涉及之面更为广泛。华商纱厂用棉和丝厂用茧,无不受厘金的影响。1922 年 10 月《农商公报》的一则评论云:“我国棉花之厘税,出境销售者,每担征收税银三钱五分;运至他埠,又需纳银一钱七分五厘。惟运往外国,此一钱七分五厘之税银,仍缴回于纳税者。故外国纱厂所用中国之棉花,其税银每担为三钱五分,而中国纱厂自用本国之棉花,每担反为五钱二分五厘。内重外轻,殊为各国所罕见。故中国之棉花,远可输出于海外,而不能畅销于他

① 王兆桢:《旧中国的常关》,见《中华文史资料文库》,经济工商编,原稿。

② 中兴煤矿原为中德合办,1899 年归华商独办。

③ 《东方杂志》1906 年 4 月,参阅《中国近代工业史资料》第二辑,第 1132—1133 页。

④ 《东西商报》1900 年商 41,第 13 页,参阅《中国近代手工业史资料》第二卷,第 312 页。

省。”①中国棉花是否顺利“输出于海外”,有待印证,但“不能畅销于他省”,则是事实。至于蚕茧,则在1924年9月的《银行周报》中说得更加真切:“年来湖北、山东、福建等省,均在提倡蚕桑,产茧日多,只因限于省界,凡华商前往采办,除纳产税外,每过一省,须纳通过税厘,丝本合重,裹足不前。”②这里的“裹足不前”者,自然只能是负税地位不敌洋商的华商丝厂。因为“洋商所设丝厂,例得请领三联护照,赴内地采办干茧,除纳产税外,其余经过各卡,概不重捐”。③

国内市场脉络的第二道结扎是过重的运费。

运费之所以形成国内市场的梗阻力量,主要当然是交通工具的落后和原始。但是,在半殖民地半封建的中国,运输制度也往往成为民族资本主义国内市场的强大阻力。体现在先进的铁路运输中,就是一个鲜明的例证。而这一现象之所以突出,则是帝国主义在中国铁路中强权和垄断地位的直接后果。

在中国取得铁路修建特权的帝国主义国家,自始即以运价的操纵作为保护自己压制中国民族资本的工具。工具之一就是在许多外国修建的铁路中实行的所谓“差别运费率”和“特别运费率”的制度。上面讲过④,法国在它所修建的滇越铁路中,以其对云南锡矿外运的垄断地位,频繁而大幅度地提高滇锡的运价。1906年当铁路修至蒙自,不过3年,锡的运价即由每吨16元提高到45元。对滇锡的外运,制造人为的障碍。这种差别待遇,在其他外国在华铁路中,也并不鲜见。英国资本控制下的京奉铁路,日本资本

① 参阅《中国近代农业史资料》第二辑,第285页。

② 参阅《中国近代农业史资料》第二辑,第285页。

③ 参阅《中国近代农业史资料》第二辑,第296页。

④ 参阅《中国近代农业史资料》第二辑,第23—24页。

控制下的胶济铁路，对中国民营煤矿产品的运输，在运费方面，都采取歧视的政策。① 英国资本的道清铁路，为了配合英资煤矿对中国民营煤矿的竞争，在1913年竟干脆拒运中国民族资本煤矿的产品。②

帝国主义在华铁路也有压低运价的一面，这就是在它所急需的产品上，实行“特别运费率”的优惠。俄国在中东铁路上，日本在南满铁路上，德国在胶济铁路上，以至法国在滇越铁路上，都为自己所想取得的和所想推销的商货，在运费上给予减价的优待大开绿灯。③ 它扩大了外国在中国的市场，缩小了中国民族资本的国内市场。这些在上面都从另外一个角度详细谈到，这里不多重复。

铁路运价的制定，是独立国家的行政主权。明明是帝国主义破坏中国主权，搞一套有利于他们自己的“差别运费率”和“特别运费率”，然而，在1922年的华盛顿会议上，那些曾经破坏中国主权的国家却要求中国政府约定“中国全国铁路不施行或许可何种待遇不公之区别”。④ 明眼人一望而知，这除了规定中国无权给本国客货运输以优于外商的待遇以外，不会再有什么其他的意义。

和铁路运输一样，对国内市场产生重大影响的内河轮船运输，也面临着极其复杂的局面。在长江和沿海航线上，中国惟一的官督商办轮船招商局同英国两大航运巨头怡和、太古轮船公司多次签订的齐价合同，就是一个突出的例子。齐价合同规

① 宓汝成：《帝国主义与中国铁路》，第451页。

② 宓汝成：《帝国主义与中国铁路》，第451页。

③ 宓汝成：《帝国主义与中国铁路》，第447—457页。

④ 马士、宓亨利：《远东国际关系史》，姚曾廙译本，1975年版，第672页。

定了订约各方轮船运费的统一标准,航行船次、运载客货与水脚的摊派比例。这使订约一方的中国轮船招商局能够暂时避免跌价竞争所造成的损失,保持高额水脚收入的相对稳定性,相对改善了中国最早的一家新式航运企业的生存环境。但齐价合同又人为地提高了轮船运输的价格,实际上造成了外国资本对中国内河和沿海轮运的垄断局面,这自然不利于中国国内市场的发展。从全局看,它对中国资本主义的发展,是一个不利的因素。而且即使就轮船招商局本身而言,也只是解一时之困,并没有造就长期发展的局面。与外资航运企业相比,落后的趋势,仍然没有改变。1902 年以后,所有新开口岸,"均让洋商独占,招商局未派一船前往",招商局"向来应得之分数,皆渐为洋船所夺"。①

和在铁路运输上一样,帝国主义在中国内河航运上的所作所为,着眼点都是为了自身的利益。它们要求中国政府开放内河航运,首先是要让它们的轮船占领这些航线。它们的轮船达不到的地方,也绝不让中国轮船达到。出现在 1902 年中英续议内港行轮修改章程中,竟大明大白地规定:凡禁止外国轮船行驶内河,"华轮亦应一律禁止"。② 这种离奇的要求,不但不为清朝政府所拒绝,反而正中他们的下怀,中国的谈判代表盛宣怀就极力主张凡是外国轮船没有去的地方,中国轮船最好也不要去。

从单纯防堵的角度出发,清朝政府在内河通航的问题上,采取了封闭国内市场的做法。从 1876 年中英协商烟台条约的具体条款开始,英国就要求重庆立即对外通商,力图打开中国西部腹地的

---

① 上海图书馆藏盛宣怀档案,转见陈潮:《从齐价合同看轮船招商局与外国资本的关系》,参阅《近代中国》第 1 辑,1991 年 4 月版,第 95 页。

② 《旧约章》第二册,第 113 页。

市场。中方谈判的首脑李鸿章不敢正面反对，转弯抹角以川江轮船通航为重庆对外通商的条件。“轮船未抵重庆以前，英国商民不得在彼居住，开设行栈”通商。① 李鸿章的如意算盘是以堵住川江通航来堵住重庆通商。他认为：川江“自夔州下至归、巫，险滩林立，民航迂回绕避，然犹触礁即碎，轮船迅急直驶，断难畅行”。② 在李鸿章看来，川江通航是不可设想的。这是极端的愚昧。中国的地方官员则更加愚昧得可笑。他们甚至妄图用神话来阻止通航，说什么三峡中的大猩猩会扔飞弹把轮船打翻，大蟒蛇会游出来把轮船吞下去。③ 一直到1902年中英续议内港行轮的谈判时，四川总督还出面反对在三峡安装拖拉过滩的设备和建立航标，说是“当地经常有纤夫可雇，江流险处尽可以从水面的旋涡辨认出来”。一句话，“最好让河道照旧”。④

一切都照旧，在20世纪初叶的川江航运上，实际上已经不可能了。在1898年第一艘外国轮船利川号进入川江首次到达重庆以后，外国轮运势力，争先恐后，接踵而来。在以后的20年中，美国的美孚、亚细亚、大来和捷江，英国的怡和、太古、安利和隆茂，日本的日清和鸿江，法国的吉利和聚福等公司的船只接连不断，鱼贯而来，它们的旗帜都飘过川江之上。⑤ 在外国航运势力涌入川江之际，中国民营轮运也开始了躁动。1909年的川江出现了第一家中国轮船公司——川江轮船公司，开辟了重庆宜昌间的固定航

① 《旧约章》第一册，第394页。

② 李鸿章：《李文忠公全书》，译署函稿，第20卷，第1页。

③ Herald，1898年5月2日，第769页。

④ 《辛丑和约订立以后的商约谈判》，第32页。

⑤ 汪敬虞：《立德和川江的开放》，参阅《中国经济史研究》1987年第4期，第106页。

班。① 以重庆进出口为代表的四川省外贸易,有了明显增长。市场商品结构和流通渠道都发生了引人注目的变化。

“最好让河道照旧”,代表封建统治势力的这位四川总督的主观愿望是化为泡影了。这一陈旧的愿望连同以前的那些愚昧的神话,统统被川江的激流卷得无影无踪。

但是,从中国资本主义发展所要求的中国国内市场条件而言,四川总督的话,又有其符合说话当时及其以后相当长的时期中的历史实际。中国变了,中国又没有变。中国有了“若干的铁路航路汽车路”,但是这些现代化的交通工具又“和普遍的独轮车路、只能用脚走的路和用脚还不好走的路同时存在”。② 中国的国内市场给人以希望,但同时又给人以失望。从19世纪下半叶起,中国的商品在国内也搭上了轮船,坐上了火车,但是在19世纪末以至20世纪初,中国货物由内地运至通商口岸,在相距不过数百里乃至不足百里的运费,常常高于出口商品万里海疆的运费。1吨小麦从蚌埠运到上海,1箱纸烟从济南运到青岛,它的费用,往往比从美国运到中国还要高昂。③ 这是令人不可想象的。

中国的国内市场和商品经济有一定的发展,但是“中国还远不是一个商品经济发达的国家”。④ 这是符合近代中国的历史实际的。至少在20世纪的20年代还是这样。

---

① 《交通史航政编》第一册,1935年版,第4—5页。

② 《毛泽东选集》(合订一卷本),1964年版,第182页。

③ 小麦据上海银行调查部:《小麦及面粉》,1932年版,第122、123页。纸烟据 Herald,1926年10月23日,第152页。参阅 Chinese Social and Political Science Review,第6卷第1期,第35页。

④ 吴承明:《我国半殖民地半封建国内市场》,参阅《历史研究》1984年第2期,第111页。

国内市场的问题,是一个内容十分广泛、研究难度较大的问题。我们在这里只是从中国资本主义发展和不发展的角度进行最起码的考察。它显然不能概括问题的全部。全面的系统的论证,非导言的篇幅所宜能。它将在本书第三篇第十五章中,得到充分的阐述。

(二)要求独立发展的精神

在导言的最后,需要作一点简单的,但却是一个重要的补充。

在近代中国,不取消帝国主义的侵略和封建主义的束缚,要求独立实现中国资本主义的发展,实现中国的产业化,只能是一个幻想。但这并不是否定几代中国人要求实现产业化的努力。中国近代民主化和产业化的要求,几乎是同步的,两种要求也是同样炽热的。当孙中山领导的民国政府成立之初,“产业革命”的呼声已经代表着广大人民的渴望。“所谓产业革命者,今也其时矣。”①“产业勃兴,盖可预卜。”②这个愿望,没有实现。但这种努力,这种精神,在中国近代史上,不应埋没。

还在孙中山的革命力量处于比较弱小的时候,中国的民族资本主义已经有了一定程度的崛起,也出现了一批真正为发展民族资本和民族经济而不避艰难的实干人物。20 世纪之初,当中国资产阶级民主革命进入高潮之际,中国大地上的产业革命的精神,也弥漫产业部门的各个领域。除了大工业之外,还表现在铁路、航运、电讯、金融等行业之中。在所有这些方面的先进人物群中,被称为中国“铁路之父”的詹天佑和他在 1905 年所设计监修的中国

---

① 《1912 年工业建设会发起趣旨》,见《民声日报》1912 年 2 月 28 日。

② 孙中山:《在南京同盟会会员饯别会的演说》,1912 年 4 月 1 日,见《孙中山全集》第二卷,1982 年版,第 322 页。

自建、“与他国无关”的京张铁路,就是这种精神的一个代表。①

詹天佑为中国铁路事业的开拓而付出的心血和取得的成就,现在是世所公认的。40多年前大陆出版的一本袖珍的詹天佑传记中,在叙述詹天佑为勘测铁道路线时有一段生动的描写:1905年詹天佑接任京张铁路总工程师以后,不但亲历初测之路线,而且在复测中,“又亲自率领工程人员背着标杆、经纬仪,在峭壁上定点制图。塞外常有狂风怒号,满天灰沙,一不小心,就有被卷入深谷的危险。但詹天佑不管在任何恶劣的条件下,始终坚持工作,并鼓励大家一起坚持工作。他为寻找一条好的线路,不仅多方搜求资料,而且亲自访问当地的农民征求意见。他常常骑着毛驴在小路上奔驰。白天翻山越岭,晚上还要伏在油灯下绘图计算。他在工作中总是想到:这是中国人自筑的第一条铁路,如果线路选不好,不只那些外国人必然讥笑,还要使中国工程师今后失掉信心。必须选好线路,认真完成它”。②

詹天佑“骑着毛驴在小路上奔驰”的情景,不但被中国人看到,也曾被外国人看到。当时住在北京的英国伦敦《泰晤士报》记者莫理循(G. E. Morrison)就亲眼看到过这一幅情景。但是这位记者是怎样观察的呢?他得出什么样的结论呢?请看这位记者在1905年5月25日写的一篇通讯:

“中国仅有的一位工程师是一个名叫詹的广东人。他已被任命为这条铁路的总工程师。他从未做过独立的工作。而前此他在外国监督之下所进行的华北铁路工程,现在必须从头再来。我们在山口碰上了他和他的同伴。詹骑着一头骡子,两个助手骑着毛

① 在此之前的1902年,詹天佑已经独立修建自河北新城到易县全长42.5公里的新易铁路,并以缩短工期和节省费用而初露头角。

② 徐盈、李希泌、徐启恒:《詹天佑》,1956年版,第32页。

驴，苦力们则背着经纬仪和水平仪行进。他们显然不打算测量。他们的主要任务是让大批满载的货车免税通过厘卡，以便运销张家口，获取暴利。”①在莫理循眼中，詹天佑不是在测量铁路，而是在走私！

“中国会修这条铁路的工程师还没有诞生呢。”“把这一项那么有价值的财产托付给中国人，真是一件万分遗憾的事。”②然而，不过4年，这段讽刺便成了笑柄。还是那个莫理循，还是在他所写的通讯中，就掌起自己的嘴巴来：“所有的工程师都告诉我，这项工程是不错的。”“现在如果要在我的报告有意地去抹煞对这条铁路的任何赞美之辞，我以为是不公正的。”③

外国人看来气馁了，詹天佑却早就自豪地说：“中国已渐觉醒。”“现在全国各地都征求中国工程师，中国要用自己的资金来建筑自己的铁路。”④“我们已有很多要学习工程的人，这些人互相帮助，互相依靠，就什么都可以做得到。我们相信这条新路一定能够如期完成。”⑤

詹天佑的这段话不是放空炮。这条原来计划需时6年才能完工的铁路，在詹天佑和铁路工人的努力下，只用4年时间，便于1909年大功告成，而且还节省了28万余两的工程费用。⑥ 这在中国筑路史上是罕见的。

---

① Lo Hui-min:The Correspondence of G. E. Morrison, I. 1976, pp. 306-307.

② Lo Hui-min:The Correspondence of G. E. Morrison, I. 1976, p. 307.

③ Lo Hui-min:The Correspondence of G. E. Morrison, I. 1976, p. 534.

④ 吴相湘：《詹天佑是国人自筑铁路的先导》，见台湾《传记文学》，1983年11月号。

⑤ 徐盈、李希泌、徐启恒：《詹天佑》，第33页。

⑥ 徐盈、李希泌、徐启恒：《詹天佑》，第43页；凌鸿勋：《詹天佑先生年谱》，1961年版，第62—65页。

詹天佑的行动,代表着一个潮流。几乎与此同时,一位并非工程师出身的华侨陈宜禧,凭着他“旅美操路矿业者垂四十余年”、“谙熟路工”的经验,怀着“叹祖国实业不兴”、“愤尔时吾国路权多控外人之手”的激情,立志要在他的故乡广东台山兴办第一条民营铁路。他打出“不收洋股、不借洋款、不雇洋工”的鲜明旗帜①,一身兼任“股款之招集、工程之建设、路线之展筑、公司之管理”的重任。② 以60岁的高龄,“亲自带领勘测队进行选路工作”,“不仅亲临工地指导建筑工作,还常常拿着镐头和工人们一起干活”。③经历了14年(1906—1920年)的艰苦奋斗,并克服了各种保守势力的阻挠,终于建成了一条全长137公里,有桥梁215座、涵洞236个的新宁铁路④。和詹天佑一样,他们的奋斗目标,都是要使中国跻身于世界现代化国家的行列,具有浓郁的产业革命的精神。

轮船航运业中出现了同样的情景。它突出地表现在长江上游的川江航运中。几乎与京张铁路落成的同时,川江上出现了第一艘中国人自己经营的轮船——象征着四川对外开通的“蜀通”号。这是一艘吃水三英尺的浅水轮船,它购自英国,组装却是在上海的江南船坞⑤。它的载重虽然不超过百吨,却要在中国人的手中试

---

① 《新宁铁路股份簿》,参阅林金枝、庄为玑编:《近代华侨投资国内企业史资料选辑》(广东卷),1989年版,第430页。

② 《陈宜禧敬告新宁铁路股东及各界书》,参阅《近代华侨投资国内企业史资料选辑》(广东卷),第435页。

③ 莫秀萍:《陈宜禧传略》,参阅《近代华侨投资国内企业史资料选辑》(广东卷),第472页。

④ 林金枝:《近代华侨投资国内企业概论》,1988年版,第173页。并请参阅上文,第68页。

⑤ 樊百川:《中国轮船航运业的兴起》,1985年版,第410页。

一试三峡中的激流恶浪。它于1909年9月6日由宜昌开出，经过8天的航程，安全到达重庆，顺利完成穿过三峡的处女航①。

首航川江的这条小轮船，是属于一家由四川士绅和商人组成的川江轮船公司的。这是一家在四川收回路矿权利的运动中诞生的华商公司。它的设立，是“因虑外人既难终却，曷若鼓舞蜀中绅商自行创办”②。它打着官商合办的招牌，但在经营的过程中，却受到官府的阻挠。它虽然得到四川总督赵尔丰在草创时期的赞许，但却遭到湖广总督陈夔龙在营运过程中的反对，以至后来竟一度闹到“蜀通”轮船不准进入湖北的境地。③ 尽管如此，“蜀通”号还是走出了川江。通过“蜀通”的影响，此后数年，川江之上陆续出现了众多的小轮船公司。它们的寿命，大都是短暂的。但川江轮船公司却顶住困难，存在了一个相当长的岁月。

在航运事业中，还值得一提的，是海外华侨对祖国远洋航运的开辟。1915年旅美华侨创立的中国邮船公司就是一个光辉的范例。这一年日本以屈辱的二十一条对中国政府进行要挟，旅美华侨纷纷奋起，以抵制日货表示反对。为了打破日本对太平洋航运的垄断，在同年10月集资创立了一家航行太平洋的远洋航运公司，先后购置万吨级轮船3艘，并以金黄的名字“中国”命名第一艘轮船。在整个第一次世界大战期间，取得了显著的业绩。虽然战后因激烈的竞争和日本的破坏而被迫停业，但它的短暂存留，在

① 《海关十年报告》，1912—1921年，第1卷，宜昌口，第261页，参阅聂宝璋：《川江航权是怎样丧失的》，见《历史研究》1962年第5期，第144页。

② 《商务官报》，1909年第3册，第38页，参阅隗瀛涛主编：《近代重庆城市史》，1991年版，第375页。

③ 《交通史航政编》第3册，第1253页，参阅樊百川：《中国轮船航运业的兴起》，第410页。

中国近代航运史上,仍不失为可歌可泣的光辉一页。①

资本主义工业中焕发出来的产业革命精神也引人注目,作为例证,我们选取人们所熟知的3个企业——张謇的大生纱厂,简照南兄弟的南洋烟草公司和范旭东的久大、永利盐碱工业系统。它们都有艰难的创业历程,都有高度发挥生产力的业绩。没有必要描述它们的全部历史,表现它们之间的共同精神,只须各举一例。

创办久大、永利的范旭东,被人们公认有"一颗炎黄子孙的心"。如今保留在天津碱厂的档案中,有这样一段记载:1922年,当永利正在建厂的过程中,英国卜内门洋碱公司的经理李德立(E. S. Little)曾当着范旭东的面说:"碱对贵国是重要,只可惜办早了一点,就条件来说,再候30年不晚。"面对这种奚落,范旭东的回答是:"恨不早办30年,好在事在人为,今日急起直追,还不算晚。"②范旭东的话是有道理的。在此以前将近20年,创立于东北的长春天惠造碱实业公司,就曾尝过卜内门碱料"早已畅销我国",造成公司"绝大阻碍"的苦头。③ 范旭东的话也是算数的。3年以后,当永利建成并成功出碱之时,卜内门的首脑又反过来要求"合作"。这时范旭东则坚持公司章程:"股东以享有中国国籍者为限",将卜内门拒之于永利大门之外。④ 最终打破卜内门独占中国市场的局面。

这种精神,在南洋兄弟烟草公司的简玉阶身上,同样可以找到。

---

① 参阅张心澄:《中国现代交通史》,1931年版,第289页。

② 《永利厂史资料》(1)48/53,第110—126页,参阅《工商经济史料丛刊》第2辑,1983年版,第3—4页。

③ 《长春天惠造碱实业公司概略》,见《劝业丛报》第2卷第2期,参阅《中国近代手工业史资料》第2卷,第388页。

④ 《工商经济史料丛刊》第2辑,第4页。

成立于1905年的南洋烟草公司，本身就有着抵制洋货、收回利权的历史烙印。在1905年收回利权运动中，"不吸美国烟"便是当时的口号。当1902年成立的北洋烟草厂受到欢迎之时，简照南兄弟"便有了开办南洋烟厂的计划"。① 烟厂成立以后，中经多次挫折，一直到第一次世界大战爆发以后，才慢慢立定脚跟。我们在上面提到②，正当南洋蒸蒸日上之时，曾经多方遏制南洋于襁褓之中的英美烟公司，此时却变换手法，企图以"合办"的方式，兼并南洋。这一外来压力，在简氏兄弟之间，引起了尖锐的意见分歧。哥哥简照南认为英美烟公司势力之大，若与为敌，"无异与恶虎争斗，稍一疏忽，即为吞噬"，不若与之合并。弟弟简玉阶则坚决表示拒绝，"纵有若何好条件，亦不甘同外人合伙。倘大兄不以为然，弟唯退隐，无面目见人而已。"③置爱国之情于手足之情之上的简玉阶占了上风，南洋烟草公司免遭兼并，获得了一段空前的鼎盛时期。

这种精神，同样也见之于张謇在大生纱厂的创业阶段。张謇在封建文士耻于言商的清王朝治下，以"文章魁首"的状元之尊，为创办通州的第一个资本主义企业而全力奔走，这本身就具有明显的为振兴实业而献身的精神。《马关条约》开外国在中国内地设厂之禁，使他的这种精神受到极大的刺激。他大声呼号："向来洋商不准于内地开机器厂，制造土货，设立行栈，此小民一线生机，历年总署及各省疆臣所力争勿予者。今通商新约一旦尽撤藩篱，

---

① 清源：《简玉阶先生和他的事业》，见《经济导报》1947年第2期。参阅陈真、姚洛合编：《中国近代工业史资料》第一辑，第489页。

② 参阅陈真、姚洛合编：《中国近代工业史资料》第一辑，第36—37页。

③ 《南洋兄弟烟草公司史料》，第111页。

喧宾夺主,西洋各国,援例尽沾。”①日本“今更以我剥肤之痛,益彼富强之资,逐渐吞噬,计日可待”。② 张謇之全力创办大生纱厂,即使还有其他种种原因,也不能抹杀这个基本因素。

众所周知,张謇的实业活动,初期遇上了严重的困难。从大生筹办(1895 年)到开工(1899 年)的 5 年中,多次陷入筹措资金的困境,几乎到了“百计俱穷”、“一筹莫展”的境地。在走投无路的时候,他也曾用招洋股的办法,来威胁曾经支持过他的两江总督刘坤一。③ 然而他究竟没有这样做,终于挺了过来,坚持了振兴实业的初衷。

在近代资本主义工业的创业活动中,还有一个不为人所注意的考察角度,即少数民族在中国近代资本主义工业中的创业活动。中国边疆少数民族地区在经济上的相对落后,常常掩盖了少数民族本身,在当时整个中国所处的大环境中,也存在着奋发向上的产业革命精神。一个明显的例证是:新疆第一家现代棉纺织厂的建厂活动,虽然是在中国第一家棉纺织厂出现 38 年之后,但从全国各省来看,它却是继江苏、湖北、浙江、河南、河北、山东、湖南、辽宁、江西之后而出现的有纱厂创办活动的省区,在 22 行省中居第 10 位。这个以“阜民”命名的纱厂,虽然是当时国内纱厂之最小者,但开办之后,却“年有赢余”。④ 这充分体现了作为少数民族集

① 《条陈立国自强疏》,见《张季子九录》,政闻录,参阅章开沅:《开拓者的足迹》,1986 年版,第 48 页。

② 《条陈立国自强疏》,见《张季子九录》,政闻录,参阅章开沅:《开拓者的足迹》,1986 年版,第 48 页。

③ 《张謇致沈敬夫函札》(稿本),参阅章开沅:《开拓者的足迹》,第 60 页。

④ 《棉业月刊》第 1 卷第 7 期,1937 年 1 月,第 1120 页;参阅严中平:《中国棉纺织史稿》,附录一,第 364 页。

居地的西北边陲对新兴现代工业的向往和奋进。这种冲动,不仅表现在这个地区之中,也表现在从这个地区走出的有抱负的人物身上。20 世纪初著名的回族实业家魏子青(步云),在 1910 年至 1917 年之间,先后在内地回族聚集地区的河南开封、郑州和洛阳创建了普临(1910 年)①、普照(1915 年)②和照临(1917 年)③3 家电灯公司。而闻名全国的白敬宇眼药,就是河北定县回民白泽民的药厂试制成功的。④ 开重庆机器缫丝风气之先的是一家担任过重庆商会会长的回民兄弟。⑤ 在 1912 年南京临时政府成立之际,著名的回族知识分子丁竹园向他的同胞大声疾呼:“提倡教育,提倡实业”,“但求教育与实业日渐发达,宗教也就自然的光荣了。”⑥反映了回族人民发展工业的强烈愿望。

“产业革命今也其时”的气氛,也弥漫到相对沉寂的手工业中来。中国封建社会中手工业的资本主义萌芽,没有来得及为中国的机器大工业提供产生的条件,但是在大工业已经产生的土壤上,却不妨出现手工业向机器大工业的转化。我们在上面讲过⑦,与资本主义机器大工业的初步发展平行,从 19 世纪 90 年代以迄 20 世纪初,在相当多的工业部门中,出现了手工业生产向机器生产的过渡。这里只选取中国的传统两大著名手工业——以四川为中心的井盐

---

① 陈真等编:《中国近代工业史资料》第一辑,1957 年版,第 51 页。

② 《嵩岳日报》1916 年 12 月 23 日。

③ 吴世勋:《河南》,1927 年版,第 259 页。

④ 郑勉之:《近代江苏回族经济概况》,载《宁夏社会科学》1983 年第 4 期。

⑤ 《温少鹤事略》,载《重庆工商人物志》,1984 年版。

⑥ 北京《正宗爱国报》1912 年 1 月 15 日。以上俱转见答振益:《辛亥革命与回族的振兴和发展》,载《中南民族学院学报》1991 年第 5 期。

⑦ 参阅上文,第 83 页。

和以苏南为主体的丝织,让它们来印证这种气氛的弥漫景象。

四川井盐采用蒸气动力和机械开采的酝酿,在19世纪90年代就已经有人提到。① 实际着手,是在义和团运动至辛亥革命的10年间。而正式生效推广,则在辛亥革命之后,大约又经历了10年的光阴。

作为四川井盐重镇的自贡盐场,是蒸汽采卤诞生之地。走第一步的,却是一个经营花纱等生意的商人。他的名字叫欧阳显荣,从1884年起,就在内江经营花纱生意,并在重庆设有庄号。② 大约与此同时,他又曾在自流井办过井盐,深感“纯用牛力”吸卤的困难。1894年,据说他曾经去过一趟武汉,在汉阳看见长江码头的货轮用起重机装卸货物,便产生了把起重机升降货物的原理用于盐井汲卤的设想。随后通过与他人的合作,设计出一张汲卤机的草图,由汉阳周恒顺五金工厂试制。经过一年的时间,终于制成第一部汲卤机车。随后又运到自流井试行运作,这时已到1902年前后。此后两年,对机器不断进行改进。据他自己说:“此井推水较前用牛力推水者加强十倍。”但因机件易于损坏,经常发生故障,“终难获永久之利用”。③ 一直到1904年以后,才基本上解决了汲卤中的各种问题,机器应用于井盐生产才逐渐得到推广。到1919年止,整个自贡地区盐场中,使用蒸汽机车的盐井,共达37眼之多。④ 尽管后来还有反复,牛推始终没有完全被机推所取代,

---

① 《关册》,重庆口,1891年,第68页。

② 张学君:《四川资本主义近代工业的产生和初步发展》,参阅《中国经济史研究》1988年第4期,第97页。

③ 自贡市档案馆475号案卷,《欧阳显荣呈文》,参阅《四川井盐史论丛》,1985年版,第335—336页。

④ 钟长永据林振翰所著:《川盐纪要》订正,参阅《四川井盐史论丛》,第340页。

有的地方牛推还有所回潮，但机推的强大生命力是不容抑制的。在一个拥有201口盐井的大盐场中，一直到20世纪40年代初，牛推仍达143井，占总数71%，机推58井，占总数29%，但机井产卤却占总产量的82%，处于举足轻重的地位。①

手工丝织业向机器大工业的转化，在时间上比井盐要晚一些。而且有一个由落后的手工工具向改良的手工工具再向机器生产转变的完整过程。

改良手工工具的引用，最先是日本式的手拉提花丝织机的引进。大约从1912年开始，这种织机先后出现在苏州、杭州、湖州、盛泽。而电机的引用，则首先见之于1915年的上海。② 至于苏杭等地手工丝织业中由改良工具向机器的过渡，则迟至20世纪的20年代以后。苏州手工丝织在正式引用改良手工工具之后7年就进而引进电力织机。③ 杭州的手工丝织业，在1919—1926年之间，也"由旧式木机一变而为手拉铁木合制机，再变而为电机"。④稍后更扩大到湖州、宁波等处。

半封建半殖民地中国的手工业，在20世纪之初，再现了18世纪世界资本主义产生时期手工与机器的对抗。四川井盐业第一部汲卤机车出现时，多数井户持反对的态度。最先试办机车推卤的欧阳显荣，甚至碰到"没有井户把盐井出租给他推汲"的尴尬处

---

① 吴天颖、冉光荣主编：《自贡盐业契约档案选辑》，1985年版，第250—251页，井口数有校正。

② 王翔：《中国传统丝织业走向近代化的历史过程》，参阅《中国经济史研究》1989年第3期，第86—87页。

③ 苏州档案馆藏档案资料。见王翔上引文，参阅《中国经济经济史研究》1989年第3期，第88页。

④ 《中国近代手工业史资料》第3卷，第73页。

境。[1] 苏州第一家引用电力织机的苏经绸厂，也引起了传统手工业者的恐惧和反对，经常受到他们的"来厂滋扰"，以致厂主不得不请求地方当局的"保护"。[2]

正由于此，由手工向机器的转变，在20世纪初叶的中国，仍然是一个艰难的进程。欧阳显荣为了向手工井户证明机器生产的优势，不惜将他长期从事的花纱生意停下来，把营业权和房产予以变卖，三赴汉阳，聘请翻砂工，制造车盘、车床、车钻、车挂和双牙轮等部件，反复试验，通过同各种阻力和困难的斗争，终于成功地安装起第一部汲卤机车，为以后的推广打下了基础。[3] 而苏州丝织业中采用机器生产的厂家，在变木机为拉机、电机，变土丝为厂丝、人造丝，变分散织造为集中生产三个方面，也作出了艰巨和富有成效的努力。"进行之神速，出品之精良，实有一日千里之势。"[4]不能不承认，这也是一种产业革命的精神。

在变化最小、最少的农业中，人们也能察觉到这种精神的存在，因为"和机器、蒸汽、电力和化学的发明一样，新果实和新树种的发现和传布，也是一种惊人的创造"。[5]

应该承认，在近代中国，农业中的"最陈旧和最不合理的经营"，并没有"被科学在工艺上的自觉应用"所代替，农业和手工业的"原始的家庭纽带"，也没有"被资本主义生产方式撕断"。[6] 但

---

① 《四川井盐史论丛》，第337页。

② 王翔：《中国传统丝织业走向近代化的历史过程》，见《中国经济史研究》1989年第3期，第88页。

③ 《四川井盐史论丛》，第336—337页。

④ 王翔：《中国传统丝织业走向近代化的历史过程》，见《中国经济史研究》1989年第3期，第92页。

⑤ Herald，1906年10月19日，第153页。

⑥ 参阅《资本论》第1卷，见《马克思恩格斯全集》第23卷，1972年版。

是在资本主义现代企业向国民经济各个部门扩散的影响下，这个内里保持不变的最大经济部门的表层上，也出现了若干新的斑点。其中最引人注目的就是20世纪初开始大量出现的新式垦殖企业。我们在上面提到①，这些农垦企业，绝大部分是徒具形式，既少自营，更少更新生产工具和技术，同资本主义农场还有很大的距离。但是，这些农场的出现，究竟是前所未有的，其中不能说没有一点资本主义的影响。这些企业的创办者，不少是接触过西方资本主义的人物。如1906年在海南岛创办中国第一家橡胶垦殖公司的何麟书，是一位曾经在英国殖民地马来西亚橡胶园里对橡胶树的培植管理积累了丰富经验的华侨。1907年在黑龙江成立的兴东公司，它的创办者也是一名久居国外的华侨。1916年在江苏宝山创设一家万只养鸡场的何拯华，则是一位曾经"留学毕业返国"的洋学生，有的农场的经营管理，也能吸收一点资本主义的经验。如1905年成立的浙江严州垦牧公司，其种植技术"悉仿日本新法"。1906年在广东嘉应成立的自西公司，也声称"参用西法试种橙、橘、松、杉、梅、竹各种木植。1907年在黑龙江成立的瑞丰公司和上述的兴东公司据说都曾"置备火犁，进行开垦"。② 而著名的棉业家张謇在1901年首创的通海垦牧公司，则更具体提出怎样"采用美国大农法"于棉、麦的种植。③ 所有这些，都可以说是先行者的试探，表现出创办者的主观意图乃至努力目标，这是毋庸置疑的。

同在手工业中一样，在农垦业中也存在着新旧努力的冲突。

---

① 参阅《资本论》第1卷，见《马克思恩格斯全集》第23卷，第48—50页。

② 《中国近代农业史资料》第一辑，第696页。

③ 《张季子九录》，实业录，第2卷，第29—30页，参阅《中国经济史研究》1989年第2期，第94页。

张謇创办垦牧公司,“有排抑之人,有玩弄之人,有疑谤之人,有抵拒扰乱之人”。同何麟书齐名的另一华侨梁炳农,1911 年在南京后湖创立了一个江宁富饶垦牧场,还没有正式开办,就受到了“湖民全体”的“聚集”反对,原因是农场成立以后,他们会“陡失生机”。①

同在其他行业中一样,新式农垦业的兴起,也包含着创业者的艰苦努力和革新精神。被誉为海南橡胶鼻祖的何麟书,在森林莽苍、蔓藤纠葛、荆棘丛生、山岚瘴气的海南岛上,开发这块沉睡的土地,的确饱含了无限辛酸。他胼手胝足,身体力行,不顾不服水土,吃住在山林,不顾身患重病,仍然坚持工作,艰苦备尝,终于垦出了 200 多亩胶园,为农场奠定了基础。② 他又是一个勇于探索、百折不回的革新者。他在海南岛引进橡胶,最初的方法是播种橡胶种子,但是一连 3 年,几次播种,全都失败,集来的股本付诸东流。在股东纷纷要求退股的情况下,何麟书毫不动摇。他变卖自己的产业,清偿旧股,重招新股,继续进行试验,精心培育,终于探索出一条从播种树种到移植树苗的成功办法。③ 不到 10 年工夫,乳白色的胶汁,第一次在中国的土地上从橡胶树上流了下来。④ 应该说这种努力,也代表着产业革命的精神。

最后,为实现中国产业化而奋进的精神,也体现在为产业服务的金融和商业活动之中。1915 年陈光甫创办上海商业储蓄银行,

---

① 《时报》1911 年 4 月 28 日。

② 林金枝、庄为玑:《近代华侨投资国内企业史资料选辑》(广东卷),第 314 页。

③ 林金枝、庄为玑:《近代华侨投资国内企业史资料选辑》(广东卷),第 314 页。

④ 林金枝:《近代华侨投资国内企业概论》,第 180 页。

是一个很好的例证。在强手如林的外国银行势力环伺之下,陈光甫以仅仅10万元(实收7万元)的创业资本,迅速崛起于上海金融界。他为上海银行亲手制定的行训是“服务社会,辅助工商,抵制国际经济侵略”。[①] 明确宣布他的办行宗旨是“帮助中国人多创造生利的机会”,“为国家挽回利权”。[②] 为了和在华的外国银行竞争,充分发挥中国银行的优势,他甚至派出牛车,带上宣传上海银行的影片,深入外国银行势力还达不到的农村,吸收农民的零星小额存款。“安全而有效地”保护农民的利益,使得当时外国在华势力最大的汇丰银行,也只好“望洋兴叹”。[③]

商业活动中出现了同样或类似的情况。面对英美烟公司在中国销售网的扩张,南洋兄弟烟草公司针锋相对,也在全国主要口岸设立37个分公司,在533个城镇设立971个代销点,用高薪雇用几千名推销员,与代理店家建立稳固的业务联系,和英美烟公司展开有力的竞争。[④] 而刘鸿生经营火柴工厂,在外国火柴泛滥中国沿海通商口岸的形势下,“避开〔上海〕这座大都市,而集中力量占据内地的中小城市”。他最初将火柴工厂设在外国火柴比较难以进入的内地中等城市苏州和九江,取得了坚实立足之地。[⑤]

---

① 蔡墨屏、潘泰封:《陈光甫的思想和企业简析》,参阅寿充一编:《陈光甫与上海银行》,1991年版,第147页。

② 上海银行编:《陈光甫先生言论集》,1949年版,第89、115页。

③ W. H. Evans Thomas:Vanished China,1952年版,第160—161页,参阅F. H. H. King:The History of the Hong Kong and Shanghai Banking Corporation, No. 3,1988,p. 101.

④ 中华全国工商业联合会编:《工商史苑》1991年第1期,第3页,参阅《南洋兄弟烟草公司史料》,第87—102页。

⑤ 高家龙:《进入上海租界的三条道路:1895—1937年火柴业里的日本、西方和华资公司》,参阅《上海研究论丛》第3辑,1989年版,第234页。

但是,所有这些努力,最后都失败了。所有的希望,最后都落空了。中国的民族资产阶级从呼唤"产业革命者今也其时矣"的1912年起,又奋斗了36年,中间经受了20多年的风风雨雨,又接受了长达8年的颠簸磨砺。在抗日战争结束之际,他们辛苦创建的大后方工业却被当时的执政者看成是"无论在资金、设备、技术各方面,都根本不算工业,不如任其倒闭"①,接受了一张"宣告死刑的判决书"。中国民族资本的可悲结局,充分证明了民族资产阶级不可能实现自己的产业革命的愿望。

① 齐植璐:《抗战时期工矿内迁与官僚资本的掠夺》,见《工商经济史料丛刊》第2辑,1983年版,第96页。

第一篇

帝国主义在中国经济势力的扩张和对中国经济领域的渗透

第 一 章

外国对华贸易与中国国际收支

第一节　中国市场的进一步开放与列强在华商人资本势力的扩张

一、世界经济基本形势的变化

19 世纪后期，西方发达资本主义国家发生了第二次产业革命，人们称之为“钢和电的革命”。在 19 世纪 70 年代以前，除英国以外，其他主要资本主义国家仍然是农业占优势的国家；在整个世界工业中轻工业仍占主要地位。而从 19 世纪 70 年代至第一次世界大战前，随着炼钢工艺的革新，世界钢产量猛增 37 倍，同期德国钢产量增长了 46 倍多，美国钢产量则增长了近 70 倍。钢材价格也大幅度下降。与此同时，电力工业迅速发展，以石油为燃料的内燃机也得到了广泛的应用。这些都大大加快了新兴重工业和交通运输业的发展。资本主义世界工业生产迅速增长，1870—1913 年间世界工业生产指数增长了约 4 倍，其中美国工业生产增长了近 7 倍，德国工业生产增长了近 5 倍。① 到 19 世纪末，重工业在

---

① 宫崎犀一等编，陈小洪等译：《近代国际经济要览》，1990 年版，第 148、149 页。

世界工业中已开始占据主要地位，美、德、英等先进国家已成为以重工业为主导的工业国。交通运输业也发生了很大变化，全世界铁路长度由1870年的21万公里增至1913年的110.4万公里；同期全世界商船吨位增长了1倍多，一般轮船航速从每小时14海里提高到23海里，运费则降低了一半以上。① 这一切必然促进世界市场的扩大和国际贸易的发展。

这一时期的技术进步，为资本主义列强过渡到垄断资本主义阶段创造了物质基础。西方国家生产和资本的集中程度迅速提高，垄断在社会经济生活中取得了统治地位。19世纪末20世纪初各主要资本主义国家先后过渡到垄断资本主义即帝国主义阶段。在这一过程中，资本主义银行由过去简单的金融中介人变成了万能的垄断者。银行资本与工业资本逐渐融合，形成金融资本，并出现了一些掌握巨大资本的金融寡头。金融资本和金融寡头的形成及其对国家的政治经济生活的统治，成为帝国主义的一个基本特征。这一时期，"资本输出有了特别重要的意义"。② 资本输出成为金融资本对外扩张的重要手段，成为世界资本主义向广阔发展的决定性因素，同时也有力地带动了国际贸易的发展。外国对华贸易在这一时期有了较快的增长。到了20世纪初，包括中国在内的亚、非、拉美许多国家都已被卷入到资本主义世界市场的旋涡之中，统一的世界市场已经形成。

这一时期，各个资本主义国家经济发展的不平衡性加剧。新兴的美国、德国及以后的日本发展迅速，而以前资本主义世界的霸主——英国——发展相对落后。与此同时，尽管贸易有了很大的发展，但是世界贸易的增长率越来越落后于世界工业生产的增长

---

① 姚曾荫主编:《国际贸易概论》,1987年版,第383页。

② 《列宁选集》第二卷,1960年中文本,第808页。

率(参见表1),这反映了资本主义生产与销售之间的矛盾趋于尖锐化。市场问题成为资本主义世界的主要问题。工业发展相对落后的英国和法国,却拥有世界殖民地和落后国家市场的绝大部分,而工业发展较快的美国和德国在世界市场上只能分得英法饱餐后的残羹。于是,各国发展不平衡性的加剧,以及市场矛盾的尖锐化,使得帝国主义列强在全世界抢夺市场、瓜分殖民地和势力范围的斗争甚嚣尘上,帝国主义国家之间的矛盾空前激化,终于引发了帝国主义重新瓜分世界的第一次世界大战。

表1　世界工业生产和贸易增长率①

年度	世界工业生产	世界贸易
1870—1900	3.70	3.24
1900—1913	4.20	3.75
1913—1929	2.70	0.72

战争的结果,使各主要资本主义国家实力的对比发生了新的巨大变化。主要参战国英国、德国和法国,在战争中消耗了大量财富,直接受到战争的严重破坏。从工业生产水平来看,以1913年为100,1918年的工业生产指数:英国为80.8,德国为57,法国到1919年也降到57。英法虽然战胜,但是从经济实力上看是得不偿失,它们在世界市场上的地位,在美、日的排挤下也大大衰落。战败的德国,除战时严重损耗外,战后又丧失了全部殖民地,割让了一部分富产煤铁的领土,并承担了巨额战争赔偿,其实力更是大大削弱。而远离欧洲战场的美国却大发战争横财。它通过同交战双方大做军火买卖,促进了本国工业生产的极大增长,1914—1918

① 姚曾荫主编:《国际贸易概论》,1987年版,第150页。

年间美国钢产量几乎翻了一番,汽车产量增加1倍多,加工工业生产约增长了32%;美国在战时还向各国提供大量贷款,从债务国一跃而为债权国,并取代英国成为世界金融资本剥削的中心。东亚的日本,也乘欧洲各国无暇东顾之际,扩大对华侵略,加强了在远东和世界市场上的扩张,经济实力也有了很大增长。1914—1919年间,日本的进出口贸易都增长3倍以上,其工业总产值增加近4倍,并成为国际海运的主角。①

上述世界经济形势的基本变化,对1895—1927年的中外贸易和中国国际收支产生了深刻的影响。

二、中国市场的进一步开放

在帝国主义列强抢夺市场、瓜分殖民地和势力范围的争斗中,幅员广大的中国成为它们抢夺的一个主要目标。而中国在甲午战争中遭到惨败,更加暴露了清政府的腐朽和落后。这种形势导致甲午战争后列强对中国的侵略和掠夺迅速扩大,英、法、俄、德、日……等国在中国抢夺路矿等权益、争夺势力范围的斗争不断加剧,美国则于1899年提出所谓"门户开放"政策,要求在各国既得的势力范围内,相互开放,使美国能按"利益均沾"的原则,获得相应权益。在八国联军侵略中国以后,帝国主义列强更进一步地控制了中国的政治与经济。从而中国一方面成为帝国主义列强共同支配的半殖民地,另一方面也有若干帝国主义国家的势力范围的存在。在这种形势下,中国市场从广度和深度两个方面进一步向资本主义世界开放。

① 参见樊亢等:《外国经济史》第二册,1982年版,第27、28、69、264—265页。

(一)通商口岸的大量增设

甲午战后中国市场的进一步开放,在广度方面主要表现在通商口岸的大量增设。通商口岸是近代外国资本主义对华侵略的据点,是中国被迫对外开放的门户。西方资本主义列强在中日甲午战争前已迫使中国开放了广州、上海、天津……等34处通商口岸。清政府在甲午战败以后,被迫与日本签订了《马关条约》。按照该条约第六款规定,中国增设江苏苏州、浙江杭州、湖北沙市为新的通商口岸。此后,或根据中法、中英……等中外约章增设;或应外国公使、领事和海关洋员等要求开放;或在当时"海禁洞开,强邻环伺"的形势下由中国当局"欲图商务流通,隐杜觊觎"而自开;还有先被沙俄"租借",宣布开港,后又被日军占领,1906年由日本政府宣布自该年9月1日起开放的大连港,总计在1896—1914年的18年间新设通商口岸54处①,是甲午战争前54年所开口岸数目的1.5倍还多。

从地域分布看,新设口岸有两个显著特点:一是新口岸半数以上在东北地区,这奠定了此后中国对外贸易地理格局的一个较大变化:东北成为中国农产品出口的重要基地,大连港逐渐成为中国对外贸易中仅次于上海的第二大港;二是新口岸多在内地,反映了中国内地市场的进一步开放。

1915—1925年间中国又开放了龙口、锦县、张家口、赤峰、包头……等16处口岸,其中20年代开放的11处口岸基本上是由中国当局自开,其地域分布多向内陆腹地延伸。

用当时海关报告中的话来说,这一时期新设口岸"在把外国商品带到中国内地广大和富饶的人口的面前以及在便利外国人所

---

① 严中平等:《中国近代经济史统计资料选辑》,1955年版,第44—47页。其中原载53处,缺大连港。

需要的中国产品的收购和运输方面的共同作用,对这些年贸易的迅速扩展而言”,是“重要的影响因素”。①

(二)海关权势的增强

海关报告紧接在上述话后,又说:“1898 年 4 月颁布的内河行轮章程,……开辟了很多内地航线,这也是一个具有同样性质和效果的辅助因素。”这些话颇有见地。推而论之,中国市场的进一步开放,在深度方面主要表现为资本主义列强在华特权的扩大,以及与此密切相关的中国交通运输条件的变化。

甲午战后列强在华享有的侵略特权进一步扩大。首先是新特权项目的增加,例如,1895 年中日《马关条约》给予外国资本家在中国口岸设厂权利,并使他们在华设厂制造的商品享有与进口洋货一样的低税待遇;1895 年以后外国资本又获得了在中国内地的开矿权和铁路建筑权,等等。原有侵略特权的范围和程度也在扩展,例如,内河航行权在甲午战后由长江中下游扩大到长江上游及中国所有内河,1902 年还进一步规定外商和华商一样,享有在所有内河两岸各口设立栈房码头的权利;德国租借山东胶州湾地区,俄国租借旅顺大连,反映了租借地权在甲午战后已和列强在华划分势力范围连在一起;其他诸如治外法权、驻军权、海关行政权、关税控制权……等原有侵略特权都有所扩展。②

列强侵略特权的扩大表现在许多方面,在这里我们着重考察与对外贸易密切相关的海关权力、内河航运权和铁路建筑权这三个方面。海关控制着进出口贸易的大门,内河航运和铁路交通则

① 《海关 1922—1931 年十年报告》,第 152—153 页。

② 详见汪敬虞:《资本、帝国主义国家在近代中国的特权》,《中国社科院经济所集刊》第十辑,1988 年版。

是当时中国通商口岸与内地市场之间水陆货运的主渠道，甲午战后资本—帝国主义在海关权力、内河航运权和铁路建筑权这三方面侵略特权的扩大，助长了列强在华商业势力的扩张，加深了外国侵略势力对中国广大市场的渗透。我们先考察海关权势的增强的情况。

1895 年前西方侵华势力除了夺得“协定关税”、“子口半税”等特权，迫使中国接受世界上罕见的低关税税率以外，还攫取了中国海关行政管理权。英国人赫德长期占据海关总税务司之职，掌握了海关的行政和用人大权，对海关实行他个人的独裁统治。各关税务司及其他高级职员都由外国人担任，他们只是直接对总税务司赫德负责，“不容许（与中国官员）有任何伙伴关系，不容许有任何（中国方面的）建议或干预”①，这就使中国海关成为一个受洋人控制、独立于中国行政管辖之外的特权机构。

在 19 世纪后半叶资本主义列强不断扩大对华侵略的背景下，赫德把持的海关权力已越出了一般国家海关业务的范围，从整个海务的管理扩大到办理新式邮政、同文馆等等，使当时的海关成为外国资本主义控制中国对外贸易、支配中国财政和政治、外交的重要工具。

由于海关在控制中国经济和政治方面的重要性，甲午战后资本主义列强争夺中国市场的斗争，直接反映到对海关权力的争夺上。战后不久，俄、法等国在与英、德争夺对华贷款权时，就一再威逼清政府，要求与英国共同分享管理中国海关的权利。英国则在借款合同中专门对海关总税务司一职聘用英人做了规定②，使得英国在借款归还期限内占据海关总税务司职位这一特权有了正式

① 汪敬虞：《赫德与近代中西关系》，1987 年版，第 66 页。

② 王铁崖：《中外旧约章汇编》第一册，1957 年版，第 642—643 页。

的条约保证。

列强在中国争夺势力范围的斗争,对各地海关税务司等官员的任命也起了重要的影响,例如,当1898年日本把福建划为自己的势力范围后,就立即向总税务司赫德要求厦门海关税务司的席位。① 在1899年赫德与德国公使谈判签订的《青岛设关征税办法》中,规定青岛海关必须由"德国人派充该关税务司"②;1907年赫德与日本公使谈判签订《大连海关试办章程》中,也规定大连海关的税务司必须由日本人担任。③ 因为这时青岛和大连已分别被德国和日本划入自己的势力范围。

甲午战后不仅在条约中正式规定了由英国人占据总税务司职权的海关制度可以长期延续,而且海关的其他权势也进一步增强:

1. 邮政的扩展

1896年在海关管辖下的邮政官局成立。之后,官局不断排挤民办的信局,到1901年时邮政官局在各地的分支机构已有300处,1903年时各地分支局等已有700多处,除甘肃兰州外其他各省省城都已通邮。④ 1907年时,全国各省州县所设大小邮递局所已达2800处。⑤ 随着邮政由口岸向内地的伸延,海关总税务司的权力扩大到更广大范围,正如赫德自己说的那样,"邮政将要成为比海关大得多的机构"⑥。邮政的扩展,促进了口岸与内地的商业

---

① 汪敬虞:《赫德与近代中西关系》,第274页。

② 王铁崖:《中外旧约章汇编》第一册,第884页。

③ 王铁崖:《中外旧约章汇编》第二册,第395页。

④ 《中国海关与邮政》,1983年版,第115—116页;"North China Herald",1905年9月25日,第640页。

⑤ 《海关文件》第2卷,第614页。转引自汪敬虞:《赫德与近代中西关系》,第331页。

⑥ 汪敬虞:《赫德与近代中西关系》,第327页。

联系。

2. 对常关的控制

1901 年《辛丑条约》规定，通商口岸 25 里以内的内地常关税收也归海关管辖，这使海关的权力又扩展到口岸附近 24 个常关和 121 个常关的分关分卡。①

3. 关税保管权的夺取

在 1911 年中国辛亥革命时期，海关总税务司以关税抵押债款及赔款为理由，利用统一的海关行政权力，趁局势的混乱将全国海关税收保管权夺取在自己手中。

这样，甲午战后外国侵略势力控制下的海关权势一步步增强，到 20 世纪初叶时已登峰造极。② 海关所控制的邮政网络向全国各省州县的发展，海关对常关的控制，对关税保管权的夺取，等等，加深了外国资本主义对中国贸易的控制。

（三）内河航权的扩大与外商对长江上游市场的深入

关于内河航权的扩大，我们在本篇第四章里将详细论述，在这里我们仅以外国对长江上游航权为例，说明中国市场对外国的进一步开放。英法侵略者通过发动第二次鸦片战争，强迫清政府签订了 1858 年《天津条约》，获得了汉口以下的长江航权及其他特权。但他们犹不满足，此后又设法把航权延伸至长江的汉口—宜昌段。英国商人等还一再鼓吹开通宜昌—重庆段的长江航运。他们当中有人强调长江腹地市场对英国商品输出的重要性③；英商立德（A. J. Little）则更注意对长江上游羊毛、猪鬃等土产的搜购，

① 黄序鹓：《海关通志》下，著者 1921 年发行，第 120—134 页。

② 陈诗启：《中国近代海关史问题初探》，1987 年版，第 224 页。

③ 聂宝璋编：《中国近代航运史资料》第一辑，1983 年版，第 372 页。

他认为"如果出口货增加了,进口货会自行解决";立德还"蓄意开发四川之矿业"。① 无论是注重对华输出洋货者,还是注重搜购中国土产者,都希望扩大长江航权,开通长江上游航运。用《泰晤士报》的话来说,这样"七千万人口的贸易就送到门上来了",这样可以使西方商业势力"深入一千五百英里的亚洲心脏地带或几乎是中亚高原的脚下"。② 开通长江上游航运的急先锋立德曾经于1885年正式向清政府申请发给川江行轮执照,后又成立了一家川江轮船公司,订制轮船,升火待发。后来因清政府的阻挠,立德的计划暂时中止。③

1895年中日《马关条约》开放了宜昌—重庆段的长江航权,实现了立德等人过去的梦想。立德感激地说:"由于日本人在中日战争中的成功,使得外国商人得以克服和中国官员打交道的困难。"立德开通川江轮运的计划死灰复燃,不到3年,他的轮船就开到了重庆。不久,太古轮船公司的码头、仓库以及英国的兵船、轮船相继而至。到20世纪初期,美国的美孚、亚细亚、大来和捷江,英国的怡和、太古、安利和隆茂,日本的日清和鸿江,法国的吉利和聚福等公司的船只也蜂拥而来,有的还扩展到川江上游的泸州、叙府。④

由于轮船比民船(旧式木船)功率大、速度快得多,而且民船运货水损较大,轮船则安全性能较高,进出口商租用民船的情况越

---

① 聂宝璋编:《中国近代航运史资料》第一辑,1983年版,第376、406、407页。

② 聂宝璋编:《中国近代航运史资料》第一辑,第398页。

③ 严中平等:《中国近代经济史(1840—1894)》,第1063、1064页;汪敬虞:《立德和川江的开放》,章开沅等编:《对外经济关系与中国近代化》,华中师大出版社1990年版。

④ 汪敬虞:《立德和川江的开放》。

来越少，改用轮船运货者增多。到20年代初时，洋商已停止租用民船，重庆海关到1924年以后就没有民船来报税了。① 川江轮运的开通，外轮的进入，促进了川江水运方式的改革，加强了四川与外界的交流，同时也更便于外商势力深入长江上游市场，仅重庆一城在轮运开通后至1911年就有美、英、德、法、日等近40家商行在此设立分支机构，比1898年轮运开通前当地外商机构多了近4倍；重庆的一些华商字号行栈也改变了过去的经营方向，转而为洋行买办服务，成为洋行势力进入长江上游市场的助手，“洋行利用买办为其揽货，而买办又依靠字号，字号又依靠行栈，行栈依靠中路，中路依靠产区贩商和各地山客”，形成了深入广大城乡的土货收购网和洋货分销网。② 川江水运方式的改革，进出口商业网的形成，又促进了长江上游地区的进出口贸易的发展。清末民初四川省尽管内战频繁，洋货进口值仍然从1898年的797万关两，增至1928年的1643万关两，增长了1倍多；同期土货出口值增长更快，由589万关两增至3698万关两，增长了5倍多。③

（四）铁路修建权的获得与华北市场的扩大

与轮船相似，铁路的出现和发展，在中国交通史上无疑是一个很大的进步，而另一方面在半殖民地的旧中国，它又成为外国资本主义侵略中国的有力工具。从经济上讲，清末民初外资在华建筑铁路，不仅使外国资本攫取了巨额投资利润，更重要的是，它扩大

---

① 重庆海关《1922—1931年十年报告》。

② 王笛：《跨出封闭的世界——长江上游区域社会研究》，1993年版，第293页。

③ 甘祠森编：《最近四十五年来四川省进出口贸易统计》，1936年版，第16页。

了中国内地市场,促进了外国对华贸易的发展。当时华北铁路发展与外贸的关系就是一个明显的例证。

过去华北大部分地区货运靠牛马车、骆驼等。这种畜运方式运量小,速度极慢;运价按吨公里计,则高于水运等其他运输方式。华北货运的落后状况在天津等地开埠后30年里基本上没有改善,这对华北外贸的发展是个很大的限制。英国商人和英、德在华使领人员一再鼓吹,对华贸易的“真正障碍”在于缺乏铁路,挽救贸易衰微的惟一办法是“兴办铁路”。①

虽然从1881年起华北已开始修建铁路,但铁路的大规模修建是在1895年列强获得铁路修建权以后。在列强抢夺中国路权,扩大势力范围的狂潮中,华北在1895—1913年不到20年的时间里,先后建成京奉、京汉、胶济、正太、京张、汴洛、津浦、道清等数千公里的铁路干支线,从天津、青岛等沿海口岸伸向内陆腹地的华北铁路网骨架已基本构成,华北与邻近地区的铁路也已连成一气。上述铁路干支线中,除京张铁路因英俄争夺,相持不下,方由中国政府筹款自办外,其余或由外国直接投资承办,被投资国完全控制;或由中国政府借外债“自办”,主要管理权和重要技术职务操于债权国之手。路务规章、铁路运价等由控制各路的各国资本制定,常发生优待外商、歧视华商的现象。②

华北铁路开通后,加强了通商口岸与内地市场的联系,促进了华北外贸的发展。过去西北羊毛出口要先花几天至几十天从各路集中到归化(今呼和浩特)或张家口,在那里抖沙,重新包装,再运至通州,然后水运至天津。通州以上陆运主要靠骆驼,往往因缺骆

① 宓汝成:《帝国主义与中国铁路》,1980年版,第6、63页。
② 宓汝成:《帝国主义与中国铁路》,1980年版,第447—450页。

驼,货物停留归化候运长达半年之久。① 在这期间,市场供求、物价涨落等情况可能会发生很大变化,而且存放日久,货物也易受损。铁路由天津向西逐渐延伸以后,西北各路的皮毛、药材等大宗土产用骆驼等运至最近的火车站即可,这使过去驼运紧张状况得以缓解。华北的棉花、皮毛、煤炭、草帽缏……等土产也多改从铁路运往沿海口岸。同样,从口岸进口的各色洋货也通过铁路运往内地城乡市场。铁路运输安全、迅速、量大、价廉、受气候影响小,比起畜运、水运等旧运输方式来有明显的优越性,因此华北铁路发展以后,很快就担任了天津等通商口岸至内地运输的主要承担者(见表2)。

表2　天津—内地货运比重②

单位:%

年份	铁路	水路	土路	合计
1906	48	45	7	100
1913	55	41	4	100
1916	60	36	4	100
1920	71	25	4	100
1924	74	23	3	100

关于20世纪初华北铁路发展以后,天津口岸贸易与内地各省市场的联系,缺乏比较理想的统计资料,而海关子口税单贸易省别统计虽然不完全,但还能大体反映当时天津与各省市场联系的情况(参见表3)。

---

① 许道夫:《中国近代农业生产及贸易统计资料》,1983年版,第315页。

② 历年《关册》。

表3说明20世纪初国际市场通过天津口岸与中国北方各省的联系在增强,无论是洋货进口,还是中国土产出口,都是如此。北方各省中间,直隶市场与天津口岸关系最为密切,其次是山西,第三位先是河南,后改为甘肃。随着洋商势力向西北扩张,以及铁路向西不断延伸,远隔几千里的甘肃与天津的商业联系日益密切。

表3 津海关子口税单贸易值省别统计①

单位:万关两

省别	洋货入内地值			土货出内地值	
	1902—1904年均	1905—1909年均	1910—1914年均	1905—1909年均	1910—1914年均
直隶	1459	1860	1706	496	727
山东	121	107	134	26	63
山西	398	489	622	299	291
河南	130	117	169	20	29
陕西	5	21	35	7	14
甘肃	28	149	359	43	94
新疆	3	14	37		0.0
奉天	20	58	16	40	69
吉林	5	174	25	0.9	0.8
蒙古	1	5.2	0.7	4	4
黑龙江		0.3	12	3	2
张家口				186	228
总计	2170	2994.5	3115.7	1124.9	1521.8

注:当时山西省包括归化、包头等地,甘肃省包括宁夏、青海。“张家口”代表关外一些地区来货。

① 历年《关册》。

随着铁路的发展,华北对外贸易的增长速度加快。表 4 显示了天津进出口贸易在甲午战争前后两个阶段的增长情况,可作为一个例证。从表 4 可以看出,天津洋货净进口值 1868—1893 年年均增长 2.9%,而 1893—1913 年年均增长达 7%;土货出口值因 1868 年的起点太低,相对增长速度较高,1868—1893 年年均增长 8%,但 1893—1913 年速度仍然超过前期,年均增长 8.6%。在 1893—1913 年间天津进出口贸易尽管因 1900 年八国联军侵华,及 1907、1908 年经济恐慌而出现两次较大的跌落,而且又因 1899、1902 年青岛、秦皇岛开港后分去一部分货流,但无论是进口,还是出口,后期都比前期增长快,如按美元计,则前后差距更大。

表 4　津海关进出口三年趋中平均值增长情况表①

1893 年=100

年份	洋货净进口				土货出口			
	按千关两计	基准指数	按千美元计	基准指数	按千关两计	基准指数	按千美元计	基准指数
1868	9569	48.4	14832	78.2	937	14.6	1452	23.6
1873	10056	50.9	15687	82.7	1235	19.3	1927	31.3
1883	10140	51.3	13740	72.4	3399	53.0	4606	74.8
1893	19765	100	18974	100	6413	100	6156	100
1893 *	18166	100	17439	100	7213	100	6924	100
1903 *	39938	219.9	25560	146.6	14173	196.5	9071	131.0

① 据历年《关册》计算,美元数按郑友揆:《中国的对外贸易和工业发展:1840—1949》附录二有关汇率折算。

续表

年份	洋货净进口				土货出口			
	按千关两计	基准指数	按千美元计	基准指数	按千关两计	基准指数	按千美元计	基准指数
1913*	70900	390.3	51757	296.8	37829	524.5	27615	398.8
	增长%	年均%	增长%	年均%	增长%	年均%	增长%	年均%
1868—1893	106.6	2.9	27.8	1.0	584.9	8.0	323.7	5.9
1893—1913	290.3	7.0	196.8	5.6	424.5	8.6	298.8	7.2

注:*按《津海关1892—1901十年报告》中的调整比例调整为到岸价(C.I.F)及离岸价(F.O.B)。

可以进一步用相关分析方法对20世纪初华北和全国铁路建成里程与进出口贸易的关系进行分析①,得出表5。表中在分子自由度为8,分母自由度为2,显著性水准为0.05时,临界值为4.46,而检验统计量F_{11}、F_{12}、F_{21}、F_{22}都大于4.46,说明铁路与进出口的关系是显著的。从$R_{11}>R_{21}$、$R_{12}>R_{22}$的比较中,可说明华北铁路与进出口贸易的密切程度高于全国平均水平。从$R_{11}<R_{12}$、$R_{21}<R_{22}$的比较中,可说明铁路与出口的关系比与进口的关系更密切,由于出口商品以农、矿、畜产品为主,大多是笨重而价低的,且大部分产地离口岸较远,因而出口比进口更依赖于运输条件的改善,与铁路关系更为紧密。

① 详见陈争平:《天津口岸贸易与华北市场1861—1913》,《中国社科院经济所集刊》第11辑。

表5　铁路与讲出口贸易的关系

		二元线性回归方程式	复相关系数	检验统计量
华北	进口	$Y_{11}=112.7976+0.0563X_1-0.0252T$	$R_{11}=0.8448$	$F_{11}=9.9696$
	出口	$Y_{12}=14.9272+0.0417X_1+0.0002T$	$R_{12}=0.9611$	$F_{12}=48.3900$
全国	进口	$Y_{21}=646.0873+0.0978X_2+0.0448T$	$R_{21}=0.7868$	$F_{21}=6.4908$
	出口	$Y_{22}=652.2385+0.0879X_2-0.0404T$	$R_{22}=0.9252$	$F_{22}=23.7715$

华北铁路的发展，不仅促进了进出口贸易的增长，也促进了天津、青岛、石家庄、郑州等城市的发展，促进了华北广大地区数千个市镇的兴盛。据专家认为，华北平原市镇勃兴的时代，大体发生在19世纪末至20世纪30年代，这与华北铁路迅速发展的时代大致吻合。事实上，正是铁路开通后一些收购农副产品的农村初级市场，及以中转贸易为主要特色的水陆交通运输枢纽型集镇等才开始兴盛起来，在京汉、津浦、胶济……等铁路沿线形成了一块块市镇密集区。① 市镇的兴盛与华北贸易的发展相辅相成，加深了华北市场与国际市场的联系。

1898年海关报告就这样记载道："通过这种工具（铁路），外国贸易所能进入的地区大大扩大了。凡铁路所到的地方，……那里就兴起了过去所梦想不到的繁荣贸易。"②这样看来，不但华北地区如此，其他地区大体也都如此。

总之，甲午战后中国的半殖民地化进一步加深，中国市场从广度和深度两个方面进一步对外开放，中国从通商大埠至内地穷乡僻壤的广大市场与资本主义世界市场更紧密地联系起来。这是1895—1927年中国进出口贸易迅速增长的一个基本条件。

---

① 从翰香主编：《近代冀鲁豫乡村》，1995年版，第118、136—160页。

② 《关册》，1898年版，第1页。

三、列强在华商人资本势力的扩张

1895—1927年外国资本主义对华投资的增长和列强在华商业势力的扩张,也是促进这一时期中外贸易发展的基本因素。甲午战前外国在华企业投资主要集中在贸易、金融、航运等行业。少量外资工业也主要分布在通商口岸的船舶修造和出口加工两大部门,前者为便利航运,后者为加速原料掠夺。可以说,甲午前外人在华资本,主要是商人资本(含商业资本和金融资本等),是为扩大对华贸易服务的。当时中国进出口贸易已基本上被外国洋行所控制,洋行又普遍物色和利用中国买办为其经济侵略服务。甲午战前五十多年间,洋行、买办利用不平等条约所给予外商的种种特权,已经使他们的势力有了很大扩充,已在中国形成了推销洋货和采购土货的商业高利贷剥削网。甲午战后,随着帝国主义对华侵略的加深,随着中国市场的进一步开放,列强对华商业性投资迅速增长,列强在华商人资本势力也有了进一步的扩张。这种扩张有多方面的表现,在这一章里我们着重考察以下五个主要方面。

(一)列强在华商业性投资的增长

甲午战后,帝国主义获得了在中国投资设厂、开矿、筑路……等更大的侵略权益,对华投资额迅速增加。据估计,甲午战前经过五十多年累积,至1894年时外人在华企业资产总额约1.09亿美元,而到1902年这一数目已增至4.78亿美元①,短短8年间增加了3.69亿美元,增长了近3.4倍。此后继续增长,至1930年时已

---

① 不包括房地产。见许涤新、吴承明等:《中国资本主义发展史》第二卷,第133页;吴承明:《帝国主义在旧中国的投资》,1955年版,第52页。

达19.77亿美元。从外国对华企业投资分业比重来看,尽管工矿投资比重有所增加,但在整体上外国对华投资仍然没有脱离“以商业掠夺性投资为主的基本形态”。① 贸易业及与贸易密切相关的银行、保险、运输等行业的外国企业资本,合计占外人企业资本总数的比重,1894年为82%,至1930年仍有64.7%,仍占主要地位(见表6)。

表6　外国对华企业投资分业统计②

行业	1894年		1914年		1930年	
	百万美元	比重(%)	百万美元	比重(%)	百万美元	比重(%)
贸易业	42.0	38.5	142.6	14.8	555.0	28.1
金融业	34.1	31.3	75.6	7.9	317.1	16.0
运输业	13.3	12.2	335.6	34.9	407.2	20.6
制造业	13.2	12.1	110.6	11.5	312.2	15.8
矿业	—	—	59.1	6.2	151.1	7.6
其他	6.4	5.9	238.0	24.7	234.5	11.9
合计	109.0	100	961.5	100	1977.1	100

资本主义世界发展不平衡的规律也反映在外国对华投资方面。甲午战争前英国资本在中国金融、贸易业、航运业及各种工业企业投资中都占绝对优势。甲午战争以后,英国扩大了对华资本输出,同时也遭到其他资本主义强国更为有力的竞争。在20世纪

① 吴承明:《帝国主义在旧中国的投资》,第56页。

② 1894、1914年见许涤新、吴承明等:《中国资本主义发展史》第二卷,第529页;1930年见吴承明:《帝国主义在旧中国的投资》,第60页。

开始时,英、德、俄、法欧洲四强占外国在华资本总额的86.6%,日本、美国也活跃于中国投资市场。日本此时自己仍然需要从欧美输入资本,但它利用其在华侵略特权,也尽力增加对华投资,以谋取更多的权益。第一次世界大战爆发以后,局面大变,帝俄已被十月革命推翻,德、法也大大削弱,日本对华投资猛增,美国不甘落后。至1930年时,日本在投资方面已居各国首位。这个变化,从表7中可以清晰地看出来。

表7 外国在华直接投资国别统计①

单位:百万美元

国别	1902年	1914年	1930年
英	155	407	846
美	23	52	214
法	37	76	144
德	93	151	81
日	1	213	1013
俄	220	236	
各国合计	528	1135	2418

(二)洋行户数的增加及各地洋行分支机构的增设

甲午战后列强在华商业性投资的增长也带来各国洋行户数的增加。海关曾经逐年统计了各国在华商行户数,这一统计大体反映了各国洋行数量增加的情况。从表8可以看出,在1893—1928年间洋行总数由580家增至12293家,增长了20多倍。这一期间

① 吴承明:《帝国主义在旧中国的投资》,第52、53页。只计企业财产和房地产两项。

各主要强国在华商行户数都在增加，其中，日本最为突出，由42家增至8926家，增长了200多倍。日本商业资本于19世纪70年代进入中国，到1893年时其商行数已仅次于英、德，到1913年时已跃居各国首位，在第一次世界大战后日本在华商行数已占各国在华商行总数的一半以上；俄、美两国商行数量的增长也居前列，1913年时俄国商行数已跃居第二，以后一直保持在这一位置；西欧国家在华商行数增加相对缓慢，英国在华商行数过去长期占各国总和的一半以上，居压倒优势，但是在甲午战后这一优势已很快丧失；德国在华商行数曾居各国第二，甲午战后由于日本人的赶超，德国退居第三，但其绝对量仍在增加，第一次世界大战爆发后德国商行数大大减少，20年代时又有较快的增长。

表8　各国在华商行户数统计①

年份	英国	美国	法国	德国	日本	俄国*	其他各国	总计
1893	354	30	33	81	42	12	28	580
1903	420	114	71	159	361	24	143	1292
1913	590	131	106	296	1269	1229	184	3805
1920	679	409	180	9	4278	1596	224	7375
1928	682	574	181	319	8926	1112	499	12293

注：*1917年后为苏联。

甲午战后，除了新设许多洋行外，一些洋行还在各地广设分支机构，使洋行势力在中国的活动区域更广更深入了。以经营西北皮毛出口的洋行为例，甲午战前洋行一般在张家口收购西北皮毛，

① 历年《关册》。转引自杨端六等：《六十五年来中国国际贸易统计》，1931年版，第143—148页。

在更远的地方虽有活动,但为数不多。甲午战后,新太兴洋行首先在包头设立分支机构,继而,英商平和、怡和、聚立、成记、安利,俄商隆昌,美商慎昌等,还有日商、德商等洋行,接踵而至。不久,它们的势力又扩展至宁夏、甘肃等地。据宁夏有关资料记载,在石嘴山设立外庄的有英商高林、仁记、新太兴、平和……等10家洋行,其中仁记、新太兴……等6家洋行又在甘肃、青海、宁夏、陕西、蒙古等20多处产毛区设"分庄"。据甘肃有关资料记载,仁记、新太兴、高林……等9家洋行,除了在石嘴山外,还在河州、银川、兰州、西宁、肃州、酒泉、拉卜楞、循化、湟源……等地设立分庄。① 从已有的资料来看,清末民初在甘肃、青海、宁夏、蒙古等地设立分支机构的洋行约有20多家。其中,仅新太兴洋行一家,除在上述地方外,还在归化、张家口、交城、库伦……等处设有外庄。据《捷报》记者1903年亲往交城(山西)采访,发现皮毛的对外贸易改变了原来的北方市场,从天津来了8家洋行,英、美、德、俄、法、日都有参加,交易由中国商号代理,但价格完全由外商控制,以易货交易为主。当时洋行的分支机构已密布在西北羊毛产区及商路要道上。它们常向华商或直接向牧民贷款预购皮毛,收购时几家洋行串通一气,设法压价,以致许多华商、牧民交纳的皮毛不够还债。仅1902年西宁一府的商民欠仁记、隆茂、新太兴、平和4家洋行的债就有数十万两银,按当时价格折合羊毛数千万斤,相当于整个西宁府几年的羊毛产量。其中西宁县6个村庄200户商民欠仁记洋行之债就达4万多两银。这些洋行平时一般由天津派买办主持外庄事务,这时为了催债,就由英国驻天津副领事率领众英商前往西北,并叫清政府令地方官员协助催还。一时无法偿还的债务就转

① 《包头史料荟要》第7辑,第136—137页;《宁夏文史资料》第10辑,第184—195页;《甘肃文史资料》第8辑,第175—180页。

为高利贷。鄂托克旗王爷只借了洋行3000两银,后来每年把他的全部皮毛交给洋行,还不够偿付利息。至于那些穷困的牧民和本小利微的商人就更不用说了。① 洋行就这样通过它的分支机构,控制了西北皮毛的生产和流通,使西北的皮毛生产深深卷入国际市场的旋涡。

(三)列强在华商人资本中的垄断组织的发展

19世纪末20世纪初,与资本主义世界向垄断资本主义阶段过渡相适应,列强在华商人资本中的垄断性也大大加强。一些在贸易中占垄断地位的老牌洋行,实力更大了。例如,在中国贩卖鸦片而发家,号称"洋行之王"的英商怡和洋行,这时已发展为一个势力伸展到中国许多经济部门的大托拉斯,到1914年时它已拥有30多个重要企业,资本至少在4000万元(银元)以上。它还是汇丰银行(其在外国在华银行中居垄断地位)的大股东,它的大班还一度兼任汇丰银行的董事长。怡和在上海设有总管理处,并在汉口、天津、广州、重庆、青岛等地广设分支机构,它的经营范围从进出口贸易到保险、航运、铁路、房地产、棉纺、缫丝、制糖等许多方面,"它总是站在经常变更和日益扩大的中国市场的前面"②。怡和洋行成为英国控制中国进出口贸易的重要垄断组织,它运到中国来的洋货,从鸦片、棉布……一直到机器、路矿器材等生产资料,几乎无所不包。它的下属机构还是多家外国厂商在中国的销售代理人,例如它曾作为英国大军火商底克斯·阿姆斯特朗公司销售

---

① "North China Herald",1903年12月11日,第1268页;第一历史档案馆馆藏:《外务部档案》第0640、0641号。

② 汪敬虞:《中国近代工业史资料》第二辑,1957年版,第326—330页;陈真等:《中国近代工业史资料》第二辑,1958年版,第39—51页。

代理,积极为其在华推销军火;在出口方面,怡和洋行自称它所经营的中国出口产品“网罗了从寒冷的华北”,到“暖和的南方”所产的各种各样“适合市场销售的土特产”,它每年从中国输出的茶叶占中国茶叶出口量的一半左右。①

沙逊洋行与怡和相似,也从在华贩卖鸦片起家,经过长期经营,也成为对华贸易的垄断性组织。1885 年后它在印度陆续投资开办了 7 家棉纺织厂,1 家毛纺厂和其他企业,在中国推销本集团企业所产棉纱、棉布,成为沙逊进口商品的重要项目。它还在华推销英国生产的布匹、五金、羊毛织品以及其他各种杂货,并继续贩卖鸦片,到 20 世纪 20 年代初它已成为在华布匹进口商中的“强大的势力”。在出口方面,沙逊集团的经营范围也是很广泛而灵活的。20 年代初沙逊集团逐步兼并了安利洋行。安利洋行的前身是德商瑞记洋行,瑞记在 19 世纪至第一次世界大战前在华活动极为活跃,进口商品从化妆品直至飞机大炮,品种广泛,还经营中国生丝等出口业务,瑞记还在中国经营内河航运、投资矿山、开办纱厂,为中国政府募集借款,等等。第一次世界大战时中国对德宣战,瑞记在华资产被英商汇丰银行代管。战后瑞记改为英商安利洋行。沙逊兼并安利洋行后,通过安利将大批破烂军火高价转卖给中国军阀。沙逊还投资于中国房地产、工业、金融及其他方面,至 30 年代时它已成为上海的“房地产大王”,投资范围涉及 13 个行业的 40 家企业。②

---

① “North China Herald”(《北华捷报》),1907 年 1 月 11 日,第 94 页;李康华等:《中国对外贸易史简论》,1981 年版,第 231 页;《上海外贸史话》,1976 年版,第 47—51 页。

② 张仲礼、陈曾年:《沙逊集团在旧中国》,1985 年版,第 28—31、67—73、90、178—180 页。

其他老牌洋行也像怡和、沙逊那样,不断扩充在华实力。

在这一时期一些洋行改变了经营方式,力求垄断经营。它们或者纷纷与外国厂商建立独家代理经销关系,垄断一厂或一类商品的销售或收购;或者几家洋行联合垄断市场,或者组织各种洋商公会操纵市场。①

19世纪末20世纪初外资贸易商的发展中,最引人注目的特征是世界性的托拉斯组织开始侵入中国。例如,美国洛克菲勒财团的Standard Oil Company(其在中国分支的中文名为"美孚行",后改名为"美孚石油公司")在19世纪90年代完成其对美国石油业的垄断时就已在华设立办事处,1901年始在上海建油栈,1904年正式营业。不久,它的分支机构与代理店已遍及中国广大城乡,它的煤油已占中国进口煤油的一半以上。

英资亚细亚火油公司(Anglo-Saxon Petroleum Company)也于1907年进入中国,成为美孚的劲敌。亚细亚火油公司还投资于中国沿海及长江航运业,在中国大量购置房地产,与怡和、太古、沙逊并称为拥有地产最多的四大企业。

1902年英美烟业大资本合组的英美烟公司(British-American Tobacco Company)成立后不久就进入中国,逐步完成了对中国卷烟销售和生产的垄断。

其他如英国利华兄弟托拉斯、美国钢铁公司等也相继进入中国;第一次世界大战后,卜内门洋碱公司、邓禄普橡皮公司、杜邦公司、通用电气公司、福特汽车公司等纷纷来华。日本的大财团如三井、三菱、大仓组等也在日本政府支持下扩大在华投资,加紧经济侵华活动。日俄战争后日本帝国主义在中国东北成立了官商合办

---

① 上海社科院经济所、上海市国际贸易学会:《上海对外贸易:1840—1949》,1989年版,第200—202页。

的南满洲铁道株式会社,逐步发展为控制中国东北铁路、工矿、贸易等多种经济部门的拥有数亿日元资产的大垄断组织。

(四)依附于洋商的进出口商业网进一步发展

这一时期资本主义列强在华商人资本势力的扩张,还表现在依附于洋商,为外国资本主义商品侵略服务的进出口商业网的进一步发展。

1.“洋行—买办—华商”型进出口商业网的进一步扩大

甲午战争前,中外贸易方面已经形成了外国洋行利用买办做中介,联系众多华商,结成从通商口岸到广大城乡市场的进出口商业网。甲午战争后,这种“洋行—买办—华商”型进出口商业网进一步扩大。我们在前面已经论述了洋行势力的扩张情况。随着外国洋行户数的增加,洋行内部组织机构的细分,作为贸易中介的买办,其人数和势力也有了较大的增长。以上海为例,进入20世纪后上海洋行户数增多,同时一些大洋行为了适应业务发展的需要,按照经营的商品分别设立不同的部门,这样除设立总买办外,各部门亦设分部买办(例如上海的潘澄波、朱吟江就曾分别担任过怡和洋行的出口部、木材部买办),上海洋行雇用的买办人数就远较以前为多。据估计,到30年代时,尽管一些洋行不再采用买办制度,上海洋行雇用的买办人数仍然将近千人。这些买办在上海商业中拥有很大势力,上海总商会1912年31个席位中,洋行买办占据了6个;1925年35个席位中,买办占据了11个。买办还担任了总商会正副会长等职。① 有的学者考察了甲午战争后全国买办的势力的增长情况,认为到1920年全国买办人数约是甲午战前的4

---

① 上海市工商:《上海的洋行买办调查初稿》,1964年油印本,第23、25页;《上海对外贸易:1840—1949》,第205—206页。

倍;1895—1920 年买办总收入估计在 10 亿两以上,约是甲午战前五十多年买办总收入的 2 倍。许多买亦成为拥有巨额财富的商界闻人。①

在清末民初各地商会活动中,买办的势力引人注目。除了上述上海总商会中的情况外,天津、汉口、广州等大商埠的情况也大致相似。天津商务总会第二届会董(1905 年选出)共有 22 名,其中洋行买办 5 名,与洋行往来密切的洋布店财东、执事 5 名,银号执事 5 名,新太兴洋行买办宁世福还当上了总会协理。② 在一些地方"会馆"、"同乡会"等组织中买办的势力也逐渐增大。上海、汉口、天津等地的买办等还另外建立了"出口公会"、"华商总会"、"行商分所"等组织,在一起互通声气、聚乐联谊,并商量调度资金、操纵市场等事宜。在这一时期买办与官僚、军阀的勾结也有所发展。清末上海有不少推销西方工矿器材和做军火买卖的洋行买办花钱捐一"道台衔",以便于出入官场,与官僚做生意。民国初年时买办也往往成为军阀、官僚们借外债、买军火,与帝国主义勾结的中间人。③ 内地的买办也倚仗洋人势力,与官府勾结,如包头的买办"凡事不顺他们的心,开一个纸条就把人交给官府治罪"。④

这一时期卷入进出口贸易网的华商越来越多,并形成和发展了一些为外国资本推销洋货、收购土产服务的新行业。例如,清末

① 王水:《清代买办收入的估计及其使用方向》,《中国社会科学院经济所集刊》第 5 辑;许涤新、吴承明等:《中国资本主义发展史》第二卷,第 756—759 页。

② 姜铎:《调查散记》,《近代史研究》1983 年第 3 期。

③ 详见上海市工商局:《上海的洋行买办调查初稿》,第 50—52 页;王水:《买办经济地位和政治倾向》,《中国社会科学院经济所集刊》第 7 辑;许涤新、吴承明等:《中国资本主义发展史》第二卷,第 760—762 页。

④ 《包头史料荟要》第 7 辑,第 137 页。

民初时天津形成了以进口西欧货为主的五金业;北京城内为推销洋货服务的行业大大发展,民国初年时北京钟表行商会有德秀斋等139家商号,绸缎洋货商会有瑞蚨祥等109家,其他还有煤油洋货广货、颜料行等商会都有许多商号经销洋货。以著名的老字号瑞蚨祥为例,它本是靠贩运山东土布起家的,但从1900年后在瑞蚨祥的经营中土布日益消失,外国货越来越多,它经营的棉毛织品中外国货占80%,绸缎中外国货也不少,当时北京有许多新奇的洋货只有在瑞蚨祥才买得到。① 当然,瑞蚨祥等华商字号不同于纯粹的买办商业资本,他们之所以越来越成为洋货的推销者,无疑是当时半殖民地社会经济发展的结果。

上述买办经济、政治势力的增长,买办势力对华商组织的渗透,也有助于买办网罗更多的华商卷入进出口商业网内。另外,洋行、买办势力还凭借雄厚的资本力量,对华商进行赊销、贷款预购等,这对于资金短缺并受本国高利贷盘剥的华商很有吸引力。例如,天津经营皮毛出口的洋行,常在二三月份就贷款给包头的皮毛店庄,这些店庄除自己收购外,又垫付部分款项给小商贩,由他们到四乡收购。到交货结账时,不仅要向洋行交付预支货款的利息,而且皮毛的售价还由洋商按国外或天津总行的指示单方面决定。② 洋商就这样利用雄厚的资力放债,逐步掌握了一部分华商及小生产者的命运。因此,清末时已有越来越多的华商被卷入洋行、买办的进出口商业网中。随着内地市场的进一步开放,这类商业网也向内地扩展。各地出现了一批从事进出口商品专业批发商

---

① 《天津文史资料选辑》第32辑,第140页;《京师商会一览表》,1914年版,第13—44页;《中国近代国民经济史参考资料》二,1962年版,第255—256页。

② 《包头史料荟要》第7辑,第52、53页。

号,还有不少掮客、跑街、经纪人等穿插于洋行、买办及一些华商字号;广大城乡的中小商号、货郎、摊贩等,与洋行、买办无直接联系,而是为那些中间商号推销洋货或收购土产,也被纳入"洋行—买办—华商"型进出口商业网,处于这个商业网的底层。

2."洋商—华商"型进出口商业网的形成和发展

进入20世纪后,中外贸易方面的买办制度开始发生变化。随着中国市场的进一步开放,中外经济交流的不断发展,以及新式金融、信用事业的发展,从事进出口贸易的华商日益增多,使得不通过买办的直接贸易成为可能。一些洋行开始裁撤买办。① 这种情况越来越多,以致有的学者认为1900年以后四十多年是买办制度的"衰退和没落"期。②

取代买办制度的主要有高级职员制和经销制两种。高级职员制,主要是对以往买办与洋商之间的关系做了一些改变,即取消保证金、佣金等买办制内容,改为单纯雇聘性质的职员制,华籍高级职员或称为"华经理",或称"华账房主任"。美孚油公司各处的分行"只雇用华经理,……只拿薪水,不取佣金。……各地的华经理专管业务部门而不顾(过)问财务"。③ 日商洋行也大多采用这种制度。这些外商认为,雇用买办有契约关系,除了要支付佣金和其他费用外,还要受到一定的约束;而雇用高级职员则更经济,更易指挥,稍不如意即可挥之使去。④ 但是佣金是过去多数买办的主

① 许涤新、吴承明等:《中国资本主义发展史》第二卷,第767—768页。

② 郝延平:《十九世纪的中国买办:东西间的桥梁》,1988年中文版,第73页。

③ 《美孚上海行部门经理胡帆春访谈录》,引自《上海对外贸易:1840—1949》,第207页。

④ 《上海对外贸易:1840—1949》,第208、209页。

要经济收入来源,佣金取消后,华籍职员的经营积极性也随之降低,使洋行业务受到影响,所以有不少洋行的“华经理”,仍有一些佣金;也有一些洋行的“华经理”,只是名义上的变更,实质上仍保留原来的买办与外商之间兼有雇用与商业代理人的双重关系,并未改为单纯的雇佣关系。

经销制也叫地区包销制,主要是改变了过去洋商通过买办的中介与华商进行联系的体制,由外国在华商人资本直接与众多华商建立密切的商业联系。采用经销制的外国公司往往把中国市场划分为若干地区,每一地区物色一个总代理商号,与其订立合同,使其包销本公司商品,并不得经销其他公司的同类商品(美孚油公司还规定经销商号不得自行转让给其他油行经销)。该代理商号再与下一级的经销商、批发商、零售商等建立销售关系,组成网状销售系统。中国商号根据包销数量交付保证金,并按销售数额取得一定比例的佣金,不发生商品所有权的转移,所以它属于中间代理商性质。[①] 经销制取代买办制,扩大了洋商与华商的联系层面,在中国城乡市场形成了“洋商—华商”型进出口商业网。

实行经销制的外商企业主要是一些托拉斯组织的分支机构,其特点是产销结合,商品种类单一,而占有较大的市场份额。例如,美孚油公司在20世纪初也曾雇用买办,1910年后为了更好地控制其石油产品的推销,改行经销制,它在上海设立总管理处,下辖上海、南京、天津、汉口、青岛等区分公司,分公司以下又有经理行和代理处等,逐级对上级负责,公司集中控制,订有严密的规章

① 上海市工商局:《上海的洋行买办调查初稿》,第88页;许涤新、吴承明等:《中国资本主义发展史》第二卷,第773页。洋商与华商签订的合同详细内容可见《旧上海的外商与买办》(《上海文史资料选辑》第56辑),1987年版,第46—47页。

制度。“分公司雇用若干调查员，深入基层，调查经销机构的信用、资产、推销能力、业务发展状况、经销账目、报单日期、存货数量、同业竞争、当地市场各种商品供需情况，催收欠款，并写出扩展业务及改进推销方法的报告。通过调查员的工作，洋经理对经销机构的业务便了如指掌，有助于加强控制。”①美孚还常派调查员突击检查经销机构遵守合同规定的情况，其管理可谓周密而深入。

美孚天津区分公司又管辖北京、沈阳、京汉线地区的推销工作，经营范围南起黄河两岸，北至长城以外，共委托120多家商号作代理店，包销美孚煤油等产品。美孚的劲敌亚细亚火油公司也在中国划区经营，分上海、南京、天津、青岛、汉口、广州、厦门等区，其天津区分公司下辖天津、北京、太原等12个段，代理店共有170多家，推销亚细亚的石油产品。

这些代理店多为粮栈、大杂货店、大酱园、洋纱号等。因粮栈既有人在农村坐庄收粮，又与城乡粮店往来频繁；大杂货店则与城乡小杂货店普遍有业务联系；大酱园、洋纱号等有一定的资金，并有较宽敞的库房与场地。利用这些商号原有的商业条件，能更好地推销洋油。这些代理店除自身销售外，再转手分发到下一层的分销店，有些分销店之下还有分支（小粮店、小杂货店、小贩等）。②洋油通过“分公司—支公司（段）—大粮店（大杂货店、大酱园等）—分销店—小贩等”环节，流向广大城乡消费者手里。从天津海关进口的美国煤油及荷兰属地煤油（亚细亚为英荷壳牌石油公

① 陈真等：《中国近代工业史资料》第2辑，第324—327页。《旧上海的外商与买办》，第46—49页。

② 《旧上海的外商与买办》，第57、65页；《英美三大油行侵入天津概述》，《天津文史资料选辑》第28辑。

司子公司)总量,从1903年的341万多加仑增至1913年的2720万加仑①,10年间增长近7倍。

一些较小的外国公司也建立了由外国人主管的对华或远东的专销经纪,用类似的经销制方法,“获得对中国商人的某种控制”。他们把某项商品的代销权利,给予一群中国批发商,这些中国批发商保证不接受与该项商品竞争的商品代销任务。“一个著名的商标,一个由外国公司自己控制的对华专销商行,与一群中国批发商签订一个不许卖别家的同类产品的合同。……这一切成为不能希望(如少数大公司一样)在中国建立广泛分配机构的在华外商的工作程序。”②

经销制扩大了洋商与众多华商之间的联系,它比买办制更周密,更深入,它促进了“洋商—华商”型进出口商业网的形成和发展,使之成为推动20世纪前期外国对华贸易发展的新的商业组织形式。

四、列强在华商人资本对中国进出口贸易的控制

1895—1927年间,尽管中外贸易有了很大的发展,外贸商业组织形式有了一些变化,并且也出现了一些华商直接与国际市场联系、进行对外贸易的情况,但是列强在华商人资本控制中国进出口贸易的基本状况仍然没有改变。

在进出口贸易中,洋商与华商相比,除了他们在国际市场上的经验及他们与西方厂商之间较密切的联系以外,他们还据有以下三方面的优势。

---

① 历年《关册》。

② 西·甫·里默著,卿汝楫译:《中国对外贸易》,1958年版,第97页。

首先,洋商享有不平等条约给予他们的政治特权。例如,他们可在治外法权的庇护下,进行非法贸易。“在治外法权下,这些外国商人拥有中国商人所没有的特殊权利。”①

子口半税贸易也曾是洋商、买办享有的特权。为了更多地利用华商为口岸与内地市场之间的进出口贸易服务,外国侵略势力迫使清政府在1876年《烟台条约》中准许“不论华商、洋商,均可请领”洋货内销子口税单,1896年又准许华商请领土货外销三联单。这样,子口税特权及经营外贸商品的利润使越来越多的华商卷入进出口贸易的旋涡,而由于中国官员对领取单照的华商常常阻滞留难,子口半税单照大半是由买办通过洋商获取的,卷入子口税单贸易的华商不能不受洋商、买办的控制。②

洋商在与华商交易时也常常利用他们的政治特权欺压华商。1871年时有人指出,洋商常常要求领事函达中国地方当局强迫中国商号提取成色低于货样的洋货,而洋商向华商购货时,如果成色低于货样,他们不但拒绝提货,还要罚款;成色符合货样时,他们也常提出种种异议,以期华商降价出售。1909年时仍发生天津法商立兴洋行逼迫华商提取成色低于货样的洋货之事。上海的华商字号在与洋商发生商务纠纷时,也常在外国领事裁判权制度下受洋商的欺压。③

其次,洋行、买办势力在资金方面的地位也往往比华商优越。洋行、买办的资本相对较大。特别是一些大洋行以及后来进入中国

① 西·甫·里默著,卿汝楫译:《中国对外贸易》,第95页。

② 聂宝璋:《中国买办资产阶级的发生》,1979年版,第115、116页。

③ 姚贤镐:《中国近代对外贸易史资料》,1962年版,第979页;第一历史档案馆藏:《外务部档案》第1073号;上海市工商局:《上海的洋行、买办调查初稿》,第82页。

的国际垄断资本,他们所拥有的资本力量使一般华商望尘莫及,从而可以凭借雄厚的资本力量加强对华商的控制。洋商还可以利用外国银行系统为其融通资金。甲午战争以后外国银行势力在中国也不断扩张。它们操纵金银,发行纸币,独占外汇,对中国贸易和金融的控制大大加强。其中,汇丰银行的势力最强,以致长期以来,中国各地外汇市价和黄金价格要以汇丰的牌价为准,汇丰的行市即“先令”行市成为中国各种进出口货物行市的依据。各国银行通过国际汇兑、进出口押汇、打包放款、信用透支及外汇结算等多种方式给外商以资金周转方面的支持,使之得以在中国顺利地扩大商品推销及原料搜购。外国银行还用发放贷款的方式资助外商。其发放贷款的原则是“三个为主”,即以外商企业为主,各该国在华企业为主,进出口业为主,这样就直接加强了进出口洋行对中国贸易的控制。①

最后,由于海关、商检、航运、保险等诸多与进出口贸易有关的环节都被外人把持,故而把持海关的洋员在验货、估价、课税等方面往往对华商百般留难,而对洋商则极力给予方便。② 铁路运价、路务规章等由控制各路的各国资本制定,也常发生优待外商、歧视华商的现象。这些重要环节被外人所把持的结果,也加强了洋商对中国进出口贸易的控制。

尽管在清末民初有一些华商在极为困难的情况下,努力开拓国际市场,发展与国外市场之间的直接贸易,但是他们在中外贸易中所占比重还很小,直到 30 年代进出口贸易额 80% 以上仍然操纵在外国商人资本手里。③ 其中有不少进出口商品被少数垄断性

---

① 李康华等:《中国对外贸易史简论》,第 235 页。

② 武堉干:《中国国际贸易史》,1928 年版,第 146 页。

③ 武堉干:《中国国际贸易概论》,1930 年版,第 24—25 页;《上海对外贸易:1840—1949》,第 200 页;鲁传鼎:《中国贸易史》,1985 年版,第 125 页。

洋行所掌握，例如，煤油、汽油的进口，主要由美孚、亚细亚、德士古3家石油公司所垄断；肥皂的进口，主要为英国利华托拉斯的中国肥皂公司所垄断；烟叶和纸烟的进口，主要由英美烟公司所垄断；怡和、和记等6家洋行垄断冰蛋出口；百利、台乐、固益三家洋行垄断废丝销售；中国大豆的出口则几乎被日本三井财团所独揽。①

第二节　中外贸易的发展变化

一、列强对中国市场的争夺及中国外贸国别比重的变化

甲午战前近半个世纪里，英国及其属地（不包括香港）在中国对外贸易中占有绝对的优势：这一时期外国向中国推销的主要商品以鸦片和棉制品为两项大宗，而流入中国的鸦片大部分来自英国殖民地印度，中国的细棉布市场被英国的厂商独占，中国的洋纱市场则由英国纱和印度纱所垄断；19世纪70年代以前，中国的进口贸易，英帝国常占80%—90%的比重，中国的出口贸易，英帝国也占60%—70%的份额。后来在欧美其他国家的竞争下，英国的优势有所减弱，但仍占对华贸易的最大份额。1895年英驻上海总领事哲美森（G. Jamieson）在给英国政府的报告中还确认，其他国家在中国市场的竞争“多半只限于诸如缝针、火柴、染料、灯具等次要的贸易商品上。在所有的大宗商品中，英国货不仅保住了原

① 李康华等：《中国对外贸易史简论》，第232页；《上海对外贸易：1840—1949》，第200—202页。

有的份额而且有所增加”①。

哲美森可以说是当时对中外经贸关系有较深入研究的英国官员,但是他无法预料以后国际政治经济局势的变化。1895 年以后,随着资本主义世界生产与市场之间的矛盾日趋尖锐,资本—帝国主义列强之间极力扩大本国产品的海外市场,争夺和瓜分世界市场的斗争不断加剧。有着 4 亿多人口的幅员广大的中国,对于资本主义列强来说,是一个倾销“剩余”产品,榨取工业原料的潜力极大的市场,谁能在这一市场中占据较大的份额,谁就会变得更加富有和强大。英国在中国贸易中的优势地位受到其他西方国家更加猛烈的冲击,在棉布、棉纱、机器、五金、毛绒制品等,几乎所有的大宗商品中,英国货都在中国市场遇到了其他洋货激烈的竞争。

在中国市场进一步开放的同时,外商之间的竞争变得更加尖锐了,为了增强竞争实力,各国商人以自己的国籍,在中国通商口岸组织了独立的“商会”,“商人们在竞争中都习惯于用国界的观点来看待自己,……以国家为区分的外商集团间的竞争,在很大程度内,已经代替了个别商行间的竞争和在华外商共同利益的感觉”。② 进入 20 世纪以后,中国的洋货市场上,已由过去英国占绝对优势的局面,演变为英、日、美三强之间相互争斗,其他资本主义列强也不甘落后,为争夺中国市场而激烈角逐的局势。

(一)棉布市场的争夺

世界各主要资本主义国家的工业革命几乎都是从纺织业,特别是棉纺织业起步的,棉纺织业成为 19 世纪资本主义工业生产的主

---

① 《上海近代贸易经济发展概况(1854—1898 年英国驻上海领事贸易报告汇编)》,1993 年中文本,第 879、880 页。

② 西·甫·里默著,卿汝楫译:《中国对外贸易》,第 96、98—99 页。

要产业,棉纺织品也就成为西方资本主义国家占领海外市场的主要商品,资本主义列强在中国棉纺织品市场上的争夺也尤为突出。

在历史上,中国棉布曾经行销欧美及东印度群岛等市场,但是到了19世纪30年代以后,中国由棉布输出国变为输入国。英国纺织业资本家极力将他们的机制棉布向中国市场推销,到了19世纪末20世纪初,棉布已成为经常占据中国进口洋货第一位的商品。英国作为19世纪世界上棉纺织业最发达的国家,曾经长期垄断中国洋布市场。但是到了19世纪后期,英国的这一地位首先遭到美国的挑战。随着19世纪后半叶美国工业生产的迅速增长,美国在采用适于纺制粗纱的环锭纺机上占有了技术上的优势,而英国流行适于纺制细纱的走锭纺机;在先进的自动织机的广泛使用上美国也远胜英国;美国还可以利用其产棉大国,比英国原料低廉的优势;自美国到中国的运费也比从英国到中国的更低:这样美国就以价格较低,更适合中国民众需求的粗棉布,打破英国的垄断,挤入中国市场。①

19世纪90年代以后,荷兰、印度等地所产棉布也加强了在中国市场上的竞争。而在中日甲午战争后,日本除攫取中国台湾、朝鲜两大市场外,又从中国得到巨额赔款,促进了日本棉纺织业的发展,日本棉布更是成为英、美等布匹在中国市场上的“可怕劲敌”。进入20世纪后,这种竞争更为加剧。1900年中国进口棉布量(以粗市布、细市布、粗斜纹布、细斜纹布、标布等五种洋布统计)的国别比重,美国占63.5%,英国为15.4%,日本只占2.6%。其后,日本极力扩大对中国的棉布输出。1902年日本纺织联合会决定给予输华日布每300斤1.10元日元的津贴,使得日布在中国市场上的比重立即提高到5%以上。

---

① 严中平等:《中国近代经济史(1840—1894)》,第1173页。

日俄战争的结束,又使获胜的日本扩大了它在中国东北的侵略势力,但中国东北市场久为美国所占,日本要排挤美国并非易事,日本政府与日本财阀为达到在中国东北洋布市场排挤美货的目的,采取了一系列对策。1906 年日本大阪纺织、金巾制织等 5 家大纺织企业(拥有当时全日本纺织兼营各厂织机总数的68%),在三井财阀策动下,以“共同一致在满洲市场开拓贩路为目的”,联合起来,成立“日本棉布输出组合”,集中力量与美国棉布竞争。根据该组合的规约,各企业输华棉布由三井物产会社负责运输和推销,及选择品种,检查质量等,三井在最初两年内免收手续费;第一年内,不论盈亏如何,日布在中国东北市场的售价必须比同类美布要低,每月至少要输出 1000 包以上。日本政府命令正金银行特别给予该组合金融上的援助,满铁会社也对该组合的输入品减低运费。

日本资本家以本国低廉的工资为基础,以强力的卡特尔组织为机构,又凭借日本侵略势力在中国东北铁路、银行、邮电等部门的统制力量,给日布对华倾销以种种便利;另外,华商贩运美货大多必须以现金支付,而贩运日货则常能获得 1—3 个月的信用,有时还可以直接以土产交换日布。这样,在“日本棉布输出组合”成立后,日本棉布在中国市场的比重迅速上升。东北牛庄、大连、安东三口岸本色棉布总输入额中,1906 年时美布占 77. 4%,日布仅占 1. 2%;4 年后日布已增至 41. 9%,美布降至 30. 8%;1912 年日本更增至 43%,美国更降到 25. 1%。及至 1913 年中日陆路运费减税办法实行后,美国及其他西方国家的棉布在中国东北市场上,几乎全部为日本棉布所取代。①

① 严中平:《中国棉纺织史稿》,1955 年版,第 132—134 页;秦瑛:《第一次世界大战前外洋纱布对华的倾销与角逐》,《经济学术资料》(沪)1983 年第 11 期。

在华北洋布市场上也可以看到类似的角逐情景。从表9我们可以看出，19世纪末20世纪初美国布逐渐排挤英国布的情况，又可以看到1903年后它本身也处于被日本布极力排挤的过程中。

表9　津海关主要棉布品种进口值（按国别）①

单位：千关两

品名/国别/年份	粗斜纹布				原色粗布				细斜纹布			
	英	美	荷	日	英	美	荷	日	英	美	荷	日
1893	208	524	81	—	499	1677	48	—	127	79	50	—
1903	47	1421	233	244	89	3382	—	184	79	166	9	—
1913	5	422	0	3225	45	2291	—	3279	485	19	20	15

在日本竭力争夺美布市场的同时，英国也努力恢复和扩大其在中国棉布市场的份额，美国在20世纪初的优势地位受到猛烈的冲击，到1913年时全中国进口棉布量（以粗市布、细市布、粗斜纹布、细斜纹布、标布5种洋布统计）的国别比重，美国已降为15.0%，英国则达到47.0%，日本猛增到37.5%。②

在第一次世界大战期间，英国在中国洋布市场的份额几乎都被日本趁机夺取。战后，英国货企图重新恢复其原先的地位，1920年英国输华的原色布和染色布都比上一年增加了1倍多，原色布占同类进口洋布的比重由1919年的12.1%上升为1920年的20.9%，染色布占同类进口洋布的比重由1919年的33.9%升为1920年的56.1%，同期日本输华的以上两种棉布所占比重有所下降。但是由于日本棉纺织业在资金状况、产业组织、生产技术等方

①　历年《关册》。

②　彭泽益：《中国近代手工业史资料》第2卷，第457页。

面都已有相当进步,可以利用其邻近中国等便利,与英国厂商在中国细布市场上一决雌雄。到1926年时,中国进口的原色洋布中,日本布的比重已上升到84.7%,英国布则降至8.1%,美国布仅为0.5%;染色洋布中日本布的比重也上升到61.6%,英国布降至26.4%,美国布仅为0.1%。到20年代末,中国棉布进口总额中,日本已达70%,而英国只占到17.2%,其中漂白、染色布的进口,日本已占到75.8%,英国只占5.3%;印花布的进口,日本已占到66.7%,英国只占21%。日本已排斥英国,在中国细布市场上占据了优势地位。①

(二)棉纱市场的角逐

棉纱是19世纪末20世纪初中国进口增长速度最快的一种商品。在中国洋纱市场上外国资本的角逐也十分激烈。

19世纪后期在中国激战的主要是英国纱与印度纱。中国洋纱市场过去曾为英国纱所独占。70年代以后,随着印度机器棉纺织业的发展,印度纱开始进入中国。由于印度所产粗纱适合于中国广大手织业者的需要,而且印纱在原料成本、劳动力价格、到中国口岸的运费等方面都比英纱低廉,印纱在中国的市价一般比同级英纱低10%左右,所以印纱比英纱更有竞争力,它在中国市场的销量迅速增长,在整个70年代,印纱每年进入中国平均不过100万镑,20年以后猛增到18090万镑,增长了约180倍。② 以华北洋纱市场为例,天津海关进口洋纱值的比重,1893年时印纱已占93.8%,处于绝对优势,英纱只占5.9%。印纱终于将英纱挤出

---

① 见历年《关册》;李康华等:《中国对外贸易史简论》,第244—245页。

② 严中平:《中国棉纺织史稿》,第84页。

中国粗纱市场。细纱市场则仍然被英纱所垄断。

印纱在中国市场的好景未能长久。印度棉纺织业很快就受到英国人在税率和汇兑等方面对"殖民地新工业幼芽"的压迫,另一方面又受到日纱越来越大的威胁。日本政府为了与英、印争夺中国棉纱市场,免除了日本纺织厂商的棉花输入税和棉纱输出税,并先后于1897年和1898年两次给予横滨正金银行300万日元的贷款,作为扶植日纱输华之用,对日纱输华给予财政支持。日本纺织联合会也为了扩大日纱输华,采取了一系列竞销措施,例如,与日本邮船会社商定,降低日纱输华运费并享有优先承运权;并实行输出奖金和输出津贴制度,1898年决定给每包输华日纱以2日元的奖金,1902年又提高到3日元,1908年开始又对超过预定输出量的日纱每包给以3—5日元的津贴,等等。① 在这些措施刺激下,日纱大量输入中国,与英、印棉纱展开了激烈的市场竞争。以华北为例,当1893年印纱在天津洋纱进口值中处于绝对优势时,日纱的比重尚微不足道;但10年后,虽然印纱输入天津的绝对值又增加了90多万关两,它的相对比重却由于日纱的竞争,已降为59.0%,日纱的比重上升为39.3%;再过10年,印纱的比重降至37.5%,日纱的比重已达62.0%,已远远超过印纱。

从海关统计中,我们还可以进一步看到各国棉纱分别在华南、华中、华北和东北市场的竞争情况。华南市场本由印、英棉纱所垄断,印纱年均比重占90%以上,日纱原先比重极小,日纱的输入量1894年时仅15担,后来逐渐增加,1913年已达14000万多担;华中市场上印纱与日纱此起彼伏,竞争十分激烈,印纱常居上风,日纱的销量在波动中逐渐上升,到1913年时已达15万多担;甲午战

① 严中平:《中国棉纺织史稿》,第125—127页。

争前华北市场印纱比重占92.8%,日纱仅占1.4%,但甲午战后日本急起直追,于1898年时已超过印纱,此后竞争也十分激烈,日纱常居上风,到1913年时日纱销量已近50万担,已是三分天下有其二;东北市场上原先也是由印纱占统治地位,1905年后日纱销量迅速增加,印纱节节败退,到1913年时日纱的比重早已超过了印纱,取得了优势。参与中国洋纱市场竞争的,除了英、印、日以外,还有香港、俄国、澳门等,不过它们的实力还小,难以动摇日纱的地位(参见表10)。

表10　中国四大区洋纱进口数量和国别比重①

地区	年份	英国		印度		日本		合计
		担	%	担	%	担	%	担=100%
华南	1894	26076	9.0	264043	91.0	15	0.0	290134
	1905	18	0.0	260941	100.0	54	0.0	261013
	1913	134	0.0	224279	93.9	14245	6.1	238658
华中	1894	16150	11.6	95362	68.6	27481	19.8	138993
	1905	5470	1.3	311467	76.0	92905	22.7	409842
	1913	3165	0.9	211568	57.2	155145	41.9	369878
华北	1894	10919	5.8	174472	92.8	2543	1.4	187934
	1905	8072	1.8	193432	42.7	251854	55.5	453358
	1913	264	0.0	206635	29.5	492985	70.5	699884
东北	1894	144	0.2	97014	99.4	411	0.4	97569
	1905	243	0.1	117651	69.6	51190	30.3	169084
	1913	519	0.4	55318	41.5	77419	58.1	133256

① 据彭泽益:《中国近代手工业史资料》第2卷,第198、455—456页改编。

第一次世界大战发生以后，英国棉纺织品不能续来远东市场，远东细纱的需求促使日、印两国的棉纺工业趋向于细纱的生产。世界大战结束后，英国虽然力图恢复其昔日的销路，但已无力阻遏日、印两国纺业的这种新趋向。这种新变化对于中国的影响有二：一是使中国获得发展机纺工业（以生产粗纱为主）的良机；二是增强了日本棉纺织业资本的实力①。日商大量在华投资设立纱厂，就地制造和销售棉纱，使日纱在中国市场上居于绝对的优势地位。就进口洋纱而言，1926 年中国进口洋纱 44 万担多，只有 1913 年进口量的 17%，在这 44 万担中日本有 24 万多担，占一半以上。②

（三）其他商品市场的竞争

这一时期外国资本主义在中国其他种类商品市场上的竞争也十分激烈。以煤油为例，19 世纪 80 年代以前，中国的煤油市场曾经是美国货的一统天下，1888 年俄国煤油，开始进入中国，“成为美国煤油的可怕的劲敌”。90 年代里，除了美、俄激烈角逐以外，荷属苏门答腊（今属印度尼西亚）、英属婆罗岛以及日本、波斯（伊朗）等国也陆续加入中国煤油市场的竞争。表 11 反映了华北煤油市场的竞争情况，从中可以看出，在 19 世纪末俄国已略占上风，美国则退居第二；但是到美孚油公司在华设立分支机构后不久，俄国煤油突然消失，美孚油公司所推销的美国煤油，与英荷壳牌石油公司子公司亚细亚火油公司所推销的苏门答腊等地煤油，又开始新一轮的角逐，形成势均力敌、互不相让的局面。在全中国煤油市场上竞争也十分激烈，1910 年的海关报告中认为煤油市场上两大公司的这种竞争，简直是“等于战争”。从中国煤油市场的比重来

① 严中平：《中国棉纺织史稿》，第 163 页。

② 据严中平：《中国棉纺织史稿》，第 371—372 页有关数据计算。

看,美国人仍占优势,但已从甲午战前的四分之三下降为1911年的三分之二。后来,美国的德士古石油公司也加入这场竞争,美国煤油势力乃逐渐增强,1926年时美国煤油已占中国进口煤油总值的88.4%,苏门答腊油只占6.7%,其他煤油比重更小。

表11　津海关煤油进口国别统计①

年度	俄国		美国		苏门答腊		婆罗岛		合计
	亿加仑	%	亿加仑	%	亿加仑	%	亿加仑	%	亿加仑=100%
1892—1896	250	53.7	215	46.3					465
1897—1901	424	53.9	297	37.8	65 *	8.3			786
1902—1905	718	49.5	470	32.4	260	17.9	3	0.2	1449
1906—1909			940	46.2	986	48.5	109	5.3	2035
1910—1913			1213	49.3	1239	50.4	7	0.3	2459

注:* 包括婆罗岛。

甲午战争以后,外国资本主义对中国商品市场的争夺,有一个重要的特点,就是它与外国资本输出联系更加紧密,外国大资本集团往往把对外投资作为争夺市场的重要手段。在列强之间关于铁路器材、卷烟、火柴等中国市场的争夺中,这一手段的运用较为明显。以火柴市场为例,19世纪后期,日本火柴曾在中国以低廉的价格将“以前畅销”的瑞典火柴和德国火柴“逐渐驱出了市场”。到了20世纪以后,瑞典火柴托拉斯为了在中国火柴市场的激烈竞争中获胜,一方面采取倾销政策,把大量瑞典火柴运到中国折本竞卖〔据调查瑞典所出一等火柴每箱成本约合54元(银元,下同),

① 《关册》,1910年,第1页,第49页。

而其在华售价每箱仅29.5元;二等火柴每箱成本约52元,其在华售价每箱仅26.5元〕。另一方面又以重价购买中国境内火柴企业的股票等。中国东北火柴市场原先由日本火柴业所独占,20年代时瑞典火柴侵入中国东北,与日本势力展开激烈竞争。其时,瑞典火柴托拉斯暗中收买了东北最大火柴制造厂"吉林火柴商会"过半以上股票,又乘日清火柴会社资金欠缺时,于1926年收买了其60%的股票。这样,很快在东北形成了"清一色之瑞典火柴势力"。该托拉斯在华南等地也采取了同样的手段。结果,瑞典火柴势力"满布于中国全境,日本对华火柴输出日见减退,卒被瑞典火柴所降服"①。

(四)中国外贸国别比重的变化

甲午战争后,随着列强对中国市场争夺的加剧,中国外贸国别比重也发生了很大的变化。

虽然按海关关册记载,1895—1927年间跟我国有贸易往来的国家和地区有数十个,遍及五大洲,但是无论进口,还是出口,贸易量值大部分集中在英、美、俄、法、德、日,以及英国的殖民地印度、香港等。其中,英国曾长期占中国进口贸易四分之一以上,出口贸易二分之一以上;如果连印度、香港等英帝国殖民地一并算上,则曾占中国进口贸易90%以上,出口贸易的80%多。② 到1895年时,英国的比重虽有所下降,但仍居各国首位(见表12)。位于第二、三、四位的日、美、俄等国的比重,与英国相比,还差了很大一截。

① 陈真等:《中国近代工业史资料》第二辑,第822—831页。

② 姚贤镐:《中国近代对外贸易史资料》第三册,第1594、1595页。

表 12　中国外贸国别比重①

年份	英本土		香港		美国		日本		俄%	法%	德%	其他%	合计=100%百万关两
	百万关两	%	百万关两	%	百万关两	%	百万关两	%					
1895	44.5	14.1	143.0	45.4	20.5	6.5	32.0	10.2	5.6	*	*	18.2	315.0
1903	60.6	11.8	225.7	43.9	45.4	8.8	80.7	15.7	2.9	*	*	16.9	514.1
1913	113.3	11.6	288.8	29.7	73.1	7.5	184.9	19.0	6.9	4.7	4.7	15.9	973.5
1918	75.2	7.2	279.2	26.8	135.8	3.0	402.3	38.7	*	3.1	—	11.2	1040.8
1920	177.5	13.6	295.8	22.7	210.3	6.1	371.1	28.5	*	2.0	0.6	16.5	1303.9
1926	172.1	8.7	218.3	11.0	337.8	7.0	538.6	27.1	*	4.3	3.2	28.7	1988.5

注：*归入其他栏。

进入20世纪以后，虽然英国对华贸易额有所增加，但是在其他国家的竞争下，英国所占比重不断下降。中国海关造册处税务司马士(H. B. Morse)于1906年将香港贸易做了进一步划分，重新编制了各国在中国贸易中所占比重的统计表(见表13)，从该表可以发现1905年时在出口贸易中英国本土所占比重，已落在法、美、俄、日之后，在进口贸易中英本土尚居首位，但已有被日、美追上的危险。

第一次世界大战期间，英本土对华贸易额大大下降，法、德等欧洲国家亦相对减弱，而日本、美国对华贸易则获得空前发展。在表12中，1913年中国外贸总额中日本所占比重不到20%，而5年后的中国对外贸易总额中，日本已占了38.7%，其中日本占中国进口总额的比重已达41.4%，占出口比重为33.6%。20年代时一位研究中国贸易的专家曾经将香港的贸易做了进一步划分，认

① 据历年《关册》有关数据计算。

为香港贸易中属于英国者约占20%，属于美国者战前约占6%，战时约占12%，属于日本者约占10%，依此重新计算中国对外贸易国别比重的结果，1909—1913年年均英帝国的比重为25.2%，日本(包括朝鲜和台湾)的比重为23.0%，美国的比重为10.5%；1914—1918年年均英国为17.1%，日本为43.5%，美国为16.7%。[①] 这一计算结果更清晰地显示了战时英国比重的下降和日、美比重的上升。

表13　中国商业区(包括香港)对外贸易百分比[②]

国别	输自		输往	
	1899—1903年年均	1905年	1899—1903年年均	1905年
英本土	20.1	23.5	8.6	7.0
英帝国	48.5	47.3	22.6	19.4
日本*	18.3	16.1	12.7	14.0
美	11.0	18.1	12.9	15.5
俄	2.5	3.5	13.6	14.8
法	0.8	0.5	19.4	16.5
德	5.5	5.1	3.4	4.4

注：*包括台湾。

第一次世界大战后，欧洲列强除德国外，在中国外贸比重中，已重新恢复到接近战前的水平。德国不久也重返中国市场。按照上述将香港的贸易划分后的计算结果，1919—1922年年均英国的比重回升到22.6%；日本比重为32.5%，虽比战时有所下降，但仍

① 武堉干：《中国国际贸易概论》，第251—253页。

② 《关册》，1906年，第46页。

然是第一位;美国的比重则是稳步上升,达20.0%。至1928年,各国在中国市场角逐的结果,所占中国进口总额比重为:日占26.4%、美占17.0%、英占9.4%、德占4.6%、苏俄占2.4%、法占1.8%;所占中国出口总额比重为:日占23.1%、美占12.8%、苏俄占9.1%、法占7.3%、英占6.2%、荷占2.5%、德占2.3%。①(这一统计中,还有香港所占进口18.7%,占出口18.4%的比重,但这时由香港进口的货流除了英国货以外,还有大量美国货、日本货等,出口到香港的中国土产也大量转运往美国、南洋等地,所以与香港的贸易只能另作别论。)

二、中外贸易的增长

1895—1927年间,尽管在当时的中国海关报告中,常常抱怨中国各地的自然灾害、战乱兵灾、金融风潮以及诸如航道失修一类的交通问题、汇价的异常波动等种种因素对进出口贸易的阻碍,但是从总的趋势来看,随着这一时期大量新口岸的开埠通商,随着铁路、轮运等水陆运输方式的改善,中国市场进一步对外开放,以及外国资本主义对华投资的增加,中外贸易比甲午战前还是有了很大的增长。

这一时期中国对外贸易可分为华南、华中、华北、东北四大商业区分别考察。我们先观察一下这一时期中国主要口岸及各地区对外贸易增长的概况,再对中外贸易总的增长情况及中国贸易在世界贸易中的地位变化做一番考察。

① 据何炳贤:《中国的国际贸易》,1939年版,第50—52页改编。

（一）各地区对外贸易增长概况

中国近代对外贸易可分为华南、华中、华北、东北四大商业区分别考察。各大区又各有若干通商口岸，其中华南的广州、华中的上海和汉口、华北的天津、东北的大连这五大口岸在1895—1927年间中国进出口贸易中占有重要地位，1901—1903年时上海等四大口岸（大连尚未开埠）已占全国外贸总额的三分之二强，到20年代末时这五大口岸已合占全国外贸总额的四分之三以上（见表14）。

表14　五大口岸在全国对外贸易中的比重①

全国各关总计=100

年度	广州	上海	汉口	天津	大连	其他
1891—1893	11.6	49.9	2.3	3.1		33.1
1901—1903	10.4	53.1	1.8	3.6		31.1
1909—1911	9.7	44.2	4.4	4.5	4.0	32.3
1919—1921	7.2	41.4	3.9	7.4	13.1	27.0
1929—1931	5.0	44.8	2.4	8.4	15.0	24.4

1. 广州及华南区

近代华南区的通商口岸有广州、汕头、厦门、福州等，其中广州曾经是中国最大的通商口岸，鸦片战争后其贸易地位被上海取代，但从表14可以看出，直到清末广州还长期维持了中国第二大口岸的贸易地位。在20世纪初广州的贸易额往往数倍于华南厦门等口岸。广州贸易增长情况大致如下：（1）1894—1913年间，进口额增长了131%，年率为4.5%，出口额增长了2倍半，年率为6.9%

① 严中平等：《中国近代经济史统计资料选辑》，第69页。

(参见表15);(2)1913—1919年间,主要由于发生世界大战的缘故,进出口都有所减少,到1919年出口已恢复并超过了战前,出口额6年间增长年率为2.4%,进口仍未恢复到战前水平;(3)第二次世界大战后,进口很快恢复增长,到1923年已达7384.6万关两,比1919年增长了137.3%,年率为24.1%;这一期间出口也增长了39.5%,年率为8.7%。后来广州进出口又大幅度下降,特别是1925年由于省港大罢工,香港一度成为"臭港"、"死港",广州的贸易也下降到低谷,到1927年略有上升。1927年与1919年相比,进口增长了约40%,出口增长了8.2%。在1894—1928年间广州的进口值年均增长率约3.2%,出口值年均增长率为4.6%。

表15　五大口岸进出口贸易值①

单位:千关两

年份	直接进口值					直接出口值				
	广州	上海	汉口	天津	大连	广州	上海	汉口	天津	大连
1894	13742	96662	14	4551		15778	58422	4399	6606	
1903	23571	184193	7758	18622		44634	101251	4760	3081	
1913	31791	244452	34164	51354	28740	55938	176858	16807	8141	30013
1919	31122	261701	37459	66883	89521	64676	259729	14488	27526	108570
1923	73846	417870	38552	76178	68416	90228	276838	16278	49954	113907
1927	43745	455317	18931	100892	102118	69981	300506	11987	88909	156818

华南区的其他口岸如福州、汕头等进出口贸易也在不断增长,整个华南区的进口贸易由1894年的不到5770万关两,增至1928

① 根据历年《关册》编制。本章下文有关贸易值,凡未注明出处者,均引自《关册》或据《关册》计算。

年的2亿1484万多关两，增长了272.4%，年均增长率为3.9%，略高于广州一埠的增长率（见表16），说明这一时期华南其他口岸的直接进口贸易增长较快；1894年华南区出口值约5414万关两，到1928年已增至1亿5345万关两，年均增长率为3.1%，低于广州一埠的增长率，这主要是因为生丝、蚕茧及丝制品占华南出口商品最大宗，在出口贸易的增长中占了较大份额，而华南区的这一类商品仍然集中于广州口岸向香港、欧美等地输出。

表16　各大商业区对外直接贸易值的增长①

地区	进口			出口		
	1894年进口值（千关两）	1928年进口值（千关两）	1894—1928年年均增长率（%）	1894年出口值（千关两）	1928年出口值（千关两）	1894—1928年年均增长率（%）
华南区	57697	214846	3.9	54140	153450	3.1
其中广州	13742	40085	3.2	15778	73337	4.6
华中区	96887	621095	5.6	63398	395253	5.5
其中上海	96662	548608	5.2	58.422	362220	5.5
华北区	6235	160339	10.0	7239	123020	8.7
其中天津	4551	112634	9.9	6606	81996	7.7
东北区	864	213721	17.6	1535	319633	17.0
全国	165646	1210002	6.0	128105	991355	6.2

① 根据《关册》编制。华南区包括三都澳、福州、厦门、广州、汕头、九龙、拱北、江门、三水、梧州、南宁、琼州、北海、龙州、蒙自、思茅和腾越等口岸；华中区包括温州、宁波、杭州、上海、苏州、镇江、南京、芜湖、九江、汉口、岳州、长沙、沙市、宜昌、万县和重庆等口岸；华北区包括胶州、威海卫、烟台、龙口、天津和秦皇岛等口岸；东北区包括牛庄、大连、大东沟、安东、龙井村、珲春、绥芬河、哈尔滨、满洲里、三姓和瑷珲等口岸。

2. 上海、汉口及华中区

华中区主要指江浙沿海及长江沿岸等地,其中上海位于长江入海口,是华中最重要的口岸,也是近代中国最大的通商口岸,其贸易额一般占全国进出口贸易额的40%左右。汉口位于长江与汉水交汇处,素称"九省通衢",铁路通车后其商业地位更加重要。汉口对外贸易多为通过上海等口岸的转口贸易,进入20世纪后其对外直接贸易有了一定的发展。1910年时有记者论道:"上海者,为外国贸易之总汇;汉口者,为内地贸易之中枢。扬子江流域其他各港,皆不过为此两地之附庸而已。"①把表15中上海与汉口两地有关贸易值相加,可以看出:(1)1894—1913年间,进口增长了近2倍,年率为5.7%,出口增长了2倍多,年率为6.1%;(2)1913—1919年间,两地的进口一度有所减少,至1919年,世界大战刚结束不久,从西方国家的进口虽然已在增长,但增长幅度不大,6年间两地进口值合计只增长了7.4%,年率为1.2%。如果除去战争期间大量增加的日货进口值,则增长幅度更小;这一期间出口仍然在不断增加,6年间增长了41.6%,年率为6.0%;(3)第二次世界大战后,两地进口增长速度加快,上海到1921年时,进口值由于达到了4亿多关两,到1926年已近6亿关两,两地于1919—1926年间进口增长了117.6%,年率为11.7%;这一期间两地出口增长了40.6%,年率为5.0%。1927年,主要由于北伐战争的缘故,两地的进出口都比1926年有所下降。1894—1928年间上海进口值年均增长率达5.2%,出口值年均增长5.5%。

这一时期随着长江航运的发展,华中区其他沿江口岸对外直接贸易增长较快。此外,温州、宁波等口岸贸易也有所增长。整个

① 《国风报》,1910年,第23号,第4页。

华中区进口值由1894年的9689万关两增至1928年的6亿2110万关两,年均增长率达5.6%(略高于上海一埠);同期出口值由6340万两增至3亿9525万两,年均增长5.5%。但从表16可以看出,虽然华中其他口岸的对外直接贸易有所增长,这一地区的进出口贸易仍然集中在上海口岸,到1928年时上海一口岸占华中15个口岸直接进口值总和的88.3%,出口值总和的91.6%。

3. 天津及华北区

华北区通商口岸有天津、烟台、胶州(青岛)、威海卫、龙口和秦皇岛等。其中天津地当海河、大运河与渤海交汇之要冲,为京师之门户,19世纪末时已成为华北最大口岸,1913年时其贸易额比华北其他口岸的总和还要多。天津在全国的贸易地位也在不断提高,从1870年到1913年全国外贸总额增长了约7.6倍,然而同期天津占全国外贸总额的比重仍然由1.5%上升到6%。天津的贸易增长情况大致如下:(1)1894—1913年间,虽然因为八国联军入侵天津和北京,天津的进出口贸易一度大大下降,但是不久就很快恢复增长,进口增长速度特别快,这一期间进口增长了10倍多,年率为13.6%,出口增长较慢,这一期间只增长了23.2%,年率为1.1%;(2)1913—1919年间,由于欧洲国家忙于大战,同天津的贸易大大减少,法、德在战争期间几乎没有一艘货船来津贸易,同时日、美向天津输入的商品大大增加①,两相抵消,6年间天津进口值只增长了30.2%,年率为4.5%(参见表15);这一期间由于世界大战中欧洲交战国扩充军队,需要大量绒毛、皮革、棉花等物资;美国向欧洲运销皮毛制品,也要到中国来搜购原料②,而这些物资原

① 姚洪卓:《近代天津对外贸易》,1993年版,第76—78页。

② O. D. Rasmussen(雷穆森):《天津》,载《天津历史资料》1964年第2期。

是天津主要出口货物,所以天津在战争期间出口大大增加,1913—1918 年间增长了 184.9%,年率为 23.2%;(3)战后天津向日本输送的棉花、精盐、纯碱等,以及向美国等输送的地毯等有较大增长,所以天津的出口仍保持较快的增长势头,1919—1927 年间出口增长了 223%,年率为 15.8%;同期进口值也增长了 50.8%,年率为 5.2%。从较长的时期来看,1894—1928 年间天津直接进口值增长了 2375%,年率为 9.9%;出口值增长了 1141%,年率为 77%,进出口增长率都高于广州和上海(见表 16)。

整个华北区进出口贸易增长速度更快,1894—1928 年间华北区进口值增长了 2472%,年率为 10.0%;出口值增长了 1599%,年率为 8.7%。整个华北区的增长速度之所以比天津更快,这与青岛贸易快速增长的拉动有很大关系。青岛在甲午战争前尚无进出口贸易的统计,直到 1900 年《关册》中才有青岛的贸易统计,其数很小。自 20 世纪初胶济铁路建成后,青岛贸易增长十分迅速,1904—1927 年间青岛的进口值增长了 1194%,年率为 11.4%;出口值增长了 4410%,年率为 17.9%。

4. 大连及东北区

东北区的通商口岸除牛庄以外,其他如大连、安东、瑷珲、滨江(哈尔滨)等,都是在 1907 年以后才陆续开放的。

大连位于辽东半岛南端,东、南两面临海,具有建成国际港口的优良条件;北面与东北内陆连接,是东北水陆交通枢纽,是东北与内蒙古东部进出口门户。1887 年清政府曾在大连湾建港设防。沙俄、日本先后强占大连后,都曾在大连港开发建设。1907 年大连开埠通商,中日签订了《设置大连税关的协定》①以后,大连很快

① 详见顾明义等:《日本侵占旅大四十年史》,1991 年版,第 247 页。

成为东北最大口岸,成为日本在中国东北掠夺经济资源,实行贸易垄断的基地。大连的进出口贸易增长非常快:1907—1913 年 6 年间,进口增长了 183%,年率为 19%,同时由于对日输出迅速增加,出口增长了 12 倍半,年率为 54.5%;1913—1919 年间,尽管这一期间发生了世界大战,中国南方口岸的贸易受到影响,但是作为对日贸易枢纽的大连,进出口贸易仍然保持较高的增长速度,1919 年与 1913 年相比,进口增长了 211.5%,年率为 20.8%,出口增长了 261.7%,年率为 23.9%,大连已跃升为仅次于上海的中国第二大口岸;战后,大连贸易仍有所增长,只是速度有所减慢,1919—1927 年间进口增长了 14.1%,年率为 1.7%,出口增长了 44.4%,年率为 4.7%(参见表 15)。总的看来大连的进出口贸易具有起步迟、增长快、出口增长快于进口、对日贸易占最大比重等特点,这些特点也是整个东北地区贸易的特点。① 1894—1928 年间东北区进口贸易年均增长率达 17.6%,出口贸易年均增长 17.0%,均大大高于其他地区。

总的看来,这一时期中国四大商业区的进出口贸易都有较大的增长,四大区之间越是向北,增长速度越快。不过,直到 1927 年,华中区仍然是全国贸易额比重最大的地区。另外,从表 15、表 16 还可以看出,除东北以外,其他三大区都有进口超过出口、入超额越来越大的趋势。

(二)中外贸易总的增长态势

甲午战争前 20 年的中国对外贸易增长速度,据我们初

① 参见郑友揆:《中国的对外贸易和工业发展:1840—1949》,1984 年版,第 60—63 页。

步计算,进、出口年均增长速度分别为2.95%和2.54%。[1]根据对中国四大商业区甲午战争后贸易情况的综合,可以说,1895—1927年间,中国进口贸易与出口贸易都有较大的增长。从表16可以看出,1894—1928年间,全国进口和出口年均增长速度分别为6.0%和6.2%,均大大高于甲午战争前20年。

1895—1927年间,中国进出口贸易增长又受到第一次世界大战很大的影响,所以可分为世界大战前、大战期间、战后三个阶段来考察。如果以1890—1894年的5年平均数为100,按照当时中国的货币本位,以银两计算,则出口方面1895—1899年年均为142,1910—1914年年均已达到315,比甲午战前增长了2倍多,年均增长率为5.9%;进口方面,1895—1899年年均为153,1910—1914年年均达417,这就是说20年间进口贸易增长了3倍多,年均增长率为7.4%。第一次世界大战期间,来自欧洲的洋货进口值大幅度降低,日货进口不断增长,相抵之后全国洋货进口值比战前略有增长;而由于欧洲战争对中国棉花、皮毛等原料需求增加,全国土货出口比世界大战前有了较大幅度的增长,年均增长率为6.1%,比以前高。世界大战后西方列强卷土重来,日、美也力图保持和扩大它们在中国的贸易份额,中国进出口贸易大幅度增长,1917—1927年10年间,进口增长了7.0%,出口增长了6.4%(参见表17)。

① 刘克祥主编:《清代全史》第十卷,1993年版,第304页。

表 17　中国进出口贸易值统计(5 年平均数,以关两计)①

基准指数:1890—1894 = 100

年度	进口净值		出口净值		贸易总值	
	基准指数	百万关两	基准指数	百万关两	基准指数	百万关两
1890—1894	126.7	100	132.7	100	259.4	100
1895—1899	194.3	153	189.0	142	383.3	148
1900—1904	288.7	228	242.7	183	531.4	205
1905—1909	433.7	342	304.9	230	738.6	285
1910—1914	527.8	417	417.7	315	945.5	364
1915—1919	572.0	451	562.1	424	1134.1	437
1920—1924	927.2	732	758.3	571	1685.7	650
1925—1929	1128.2	890	1046.9	789	2175.1	839

由于 1895—1927 年间国际市场以黄金计算的白银价格,先是不断下跌,世界大战期间又大幅度上升,战后又很快下跌②,因此一些学者认为,考察中国进出口贸易的增长,不能仅用银两计算,尚需将有关各年贸易值折算成美元。我们认为,以美元计,可以作一参考,但是我们按当时汇价折算成美元后(见表 18),发现世界大战前的 20 年和大战后的几年,贸易增长速度要比上述以银两计的速度缩小了很多,而世界大战期间的贸易增长速度却被夸大了许多,特别是进口值,如以美元计,则比战前增长快得多,这显然不大符合当时的有关史实。

① 根据本书第一章附表一计算。
② 见本书第一章附表二。

表18　中国进出口贸易值统计(5年平均数,以美元计)①

基准指数:1890—1894=100

年份	进口净值		出口净值		贸易总值	
	基准指数	百万美元	基准指数	百万美元	基准指数	百万美元
1890—1894	131.5	100	137.1	100	268.6	100
1895—1899	145.5	111	141.4	103	286.9	107
1900—1904	200.0	152	163.8	119	363.8	135
1905—1909	312.6	238	217.1	158	529.7	197
1910—1914	364.7	277	288.3	210	653.0	243
1915—1919	600.3	457	588.5	429	1188.8	443
1920—1924	810.6	616	662.0	483	1472.6	548
1925—1929	800.0	608	755.2	551	1555.2	579

因此我们还必须参考有关进出口物量指数的统计,否则“对于贸易的涨落,殊难得一准确之测视”。② 我们将30年代时南开大学编制的“中国进出口物量指数表”摘引如下表19:

表19　中国进出口物量指数表

1913年=100③

年份	进口	出口	年份	进口	出口	年份	进口	出口
1892	59.9	49.8	1904	69.2	64.0	1916	73.7	102.3
1893	59.4	57.2	1905	96.6	62.5	1917	73.4	108.3

① 根据本书第一章附表三计算。

② 《南开经济指数资料汇编》,1988年版,第359页。

③ 《南开经济指数资料汇编》,第375、376页。

续表

年份	进口	出口	年份	进口	出口	年份	进口	出口
1894	45.3	60.1	1906	95.3	64.6	1918	66.1	105.5
1895	45.8	66.3	1907	88.7	67.1	1919	75.4	140.0
1896	53.2	56.4	1908	72.7	73.0	1920	75.9	119.3
1897	49.7	61.6	1909	77.1	92.9	1921	94.7	126.9
1898	51.3	63.4	1910	79.2	102.9	1922	112.6	130.5
1899	69.2	62.5	1911	80.9	102.1	1923	108.5	137.3
1900	49.5	54.9	1912	82.8	103.8	1924	119.6	136.6
1901	62.5	59.8	1913	100.0	100.0	1925	109.9	132.9
1902	70.9	65.1	1914	91.6	83.8	1926	130.5	141.1
1903	65.1	59.8	1915	70.3	96.5	1927	109.8	154.1

根据表 19 有关数据计算，1895—1913 年间，进口、出口物量指数年均增长率分别为 4.4% 和 2.3%（甲午战前 20 年间进口、出口物量年均增长率约为 2%）；1913—1918 年间因世界大战，进口物量出现较大的负增长，出口物量略有增长；1918—1927 年间，进口、出口物量年均增长率分别为 5.4% 和 4.2%，均高于大战前的水平。1895—1927 年间，除去大战期间的年份，进口物量指数增长快于出口物量。

综合上述三种进出口统计，1895—1927 年中外贸易增长态势如下：甲午战后进出口贸易比甲午战前都有了较大的增长；这一时期又可分为第一次世界大战前、大战期间和大战后三个阶段，在大战期间进口物量有所下降，而进口值略有增长，在大战前和大战后这两个阶段，进口增长快于出口。

(三)中国贸易在世界贸易中地位的变化

由于20世纪初期全世界国际贸易总额有明显的增长,为了加深对这一时期中外贸易增长情况的认识,我们有必要考察这一时期中国贸易在世界贸易中相对地位的变化。

根据德国统计年鉴的统计,中国贸易占世界国际贸易总额的比重,以马克计,1896—1898年3年平均约占1.5%,1911—1913年3年平均约占1.7%,虽然这一比重极小,而且增长速度比不上日本或印度①,但还是可以看出世界大战前中国贸易占世界国际贸易总额的比重仍有缓慢的增长。

1913—1927年的情况也大致如此。根据国际联盟的有关统计,这一时期中国人均进出口贸易额以及占世界贸易的比重,虽然都非常小,从一个侧面反映了当时中国的落后状况,但是以1926—1928年3年平均数与1913年相比,这几项指标仍然都有所增长(参阅表20)。

表20 中国在全世界贸易中所占地位表②

年份	进口		出口	
	中国占世界贸易%	中国人均贸易额(美元)	中国占世界贸易%	中国人均贸易额(美元)
1913	0.94	2.14	0.67	1.60
1926	1.90	2.74	1.46	2.26
1927	1.55	2.07	1.49	2.02
1928	1.88	2.45	1.56	2.15

① 转引自西·甫·里默著,卿汝楫译:《中国对外贸易》,第93页。

② 转引自何炳贤:《中国的对外贸易》,1939年版,第17页。

三、中外贸易商品结构的变化

（一）主要进口商品及进口商品结构的变化

由于19世纪后期开始的新的工业革命使西方工业品生产成本降低，品种更加丰富多样；同时也由于清末民初中国生产和流通的发展，以及城乡社会消费时尚在商品经济发展的大潮和欧风美雨的侵蚀下发生的变化，从而对外国商品产生了种种新的需求，中国进口贸易呈现出商品多样化发展趋势，主要进口商品及进口商品结构也随之发生了很大的变化。

这一时期进口商品品种大大增加。仅从海关统计表上所列的进口商品品种来看，1874年时上海进口洋货约180种，天津口岸进口的洋货品种更少，约100种，而到了1911年，上海进口洋货品种已达850多种，天津进口的洋货也达到800多种。新增品种中虽然有一部分是由于分类比以前明细，但更多的还是新货种的增加。西方驻华领事的《商务报告》中就曾经强调："贸易的重大发展必须在新品种中去寻求。"①新品种的不断增加，从一侧面反映了外贸领域和市场的不断扩大。

伴随着洋货新品种的增加，原先的大宗舶来品的进口量、进口值各有消长，它们所占进口总值的比重也在发生变化。清末民初中国主要进口商品变动情况大致如下。

1. 鸦片

鸦片是19世纪外国侵略势力向中国输入的最大宗的商品，直至19世纪80年代，鸦片始终占据中国进口商品的第一位。鸦片

① 转引自姚贤镐：《中国近代对外贸易史资料》第二册，第1095页。

贸易的厚利引起中国国内罂粟种植的扩大,这又反过来成为使以后鸦片进口量逐渐减少的一个主要因素。19世纪末20世纪初鸦片进口量已在减少,1907年中英两国又签订协定,规定如果中国禁绝种植罂粟,英方可减少印度鸦片的输入量,之后鸦片报关进口量继续下降(见表21),但因协定签署后鸦片价格上涨,1910年鸦片报关进口值5541万多关两,达历史最高峰。1911年中英又订约提高鸦片"综合税"(关税和厘金合并之税),1912年海牙"国际禁烟会议"要求各国应会同防止鸦片、吗啡等"运入或运出中国"①。此后鸦片报关进口量、进口值都在减少,但走私进口仍然不断。

表21 十二项主要进口商品量(值)变化②

商品	1881—1883年	1891—1893年	1901—1903年	1909—1911年	1919—1921年	1929—1931年
鸦片(公担)	42777	43558	32003	22596	126	478
棉布(千元)	28494	44912	92945	116532	221208	208586
棉纱(公担)	118020	704877	1503766	1320197	807249	89611
棉花(公担)	106373	54567	113482	72571	524116	2141764
糖(公担)	43683	477975	2064549	2843572	3606169	7829876
米(公担)	137940	3650399	3415885	3731575	2739849	8357131
小麦(公担)				1388	17497	6289726
面粉(公担)			463465	709753	309455	4437695
钢与铁(公担)	273717	887337	958829	2264257	3525261	5817537

① 西·甫·里默著,卿汝楫译:《中国对外贸易》,第116页;马士等著,姚译:《远东国际关系史》,1975年版,第526页。

② 据严中平等:《中国近代经济史统计资料选辑》表16改编。

续表

商品	1881—1883年	1891—1893年	1901—1903年	1909—1911年	1919—1921年	1929—1931年
煤油(千升)	176514	176538	386178	685173	717287	752055
染料等*(千元)	728	2959	6455	15789	34752	51102
机器等*(千元)		1259	2271	12565	53734	72138

注:*染料等——包括染料、颜料、油漆类;机器等——机器及工具。

2. 纺织品

纺织品是清末民初进口商品中的重要项目,1886年以后棉纺织品已取代鸦片,占据了进口商品的首位。其中,棉纱进口增长速度又超过棉布。这是由于一般纺机比织机进步速率更高,在中国洋(机)纱排挤土纱的进程比洋(机)布排挤土布的进程更快,手工业者们往往利用洋(机)纱织土布来抵抗洋布。① 19世纪最后20年间,洋纱进口量增长了10多倍,洋布进口增长不到3倍。棉纱进口值曾经在世纪之交时两度超过棉布进口值。进入20世纪后,棉纱进口增长速度减慢,海关报告多次指出,其原因是中国国内棉纺织业的发展。② 第一次世界大战期间,棉纱进口量不断下降,并开始出口。随着中国国内棉纺织业(包括外资在华工厂)的发展,棉纱出口量跳跃性地上升。战后,这种进口下降、出口上升的趋势继续发展,到1927年棉纱已由入超变成出超。

棉布在清末民初长期位于进口商品的首位,但由于其他商品的进口增长,其所占比重逐渐下降。棉布进口值在20年代以前仍

① 严中平:《中国棉纺织史稿》,第267—269页;许涤新、吴承明等:《中国资本主义发展史》第二卷,第952—964页。

② 例见《关册》,1908年,I,第46页;1909年,I,第46页。

有所增长,到了20年代里在中国国内棉纺织业发展的影响下,棉布也出现了进口下降、出口上升的趋势,入超值也在逐渐减少。不过,由于日本棉布在中国的大力推销,以及英国等棉布的竞争,到1928年中国仍有价值1亿7000多万关两的棉布入超。[①]

毛、麻、丝等杂项纺织品在中国进口贸易中也占有重要地位。毛织品的进口在中国有较长久的历史,其进口值长期在300万—600万关两之间徘徊,到第一次世界大战后其进口值迅速增长,从1920年的479万关两猛增至1926年的2936万关两,1928年更达3651万多关两。毛线、毛棉合制品、人造丝织物等的进口,在20年代也出现了迅速增长的势头。毛制品和毛棉合制品原先主要是英国货,后来也遭到日本货、美国货的竞争。

20年代后期,日本等国人造丝生产猛增,其输出对象"首当其冲的当然是实际上失掉关税自主能力的中国",中国在1924年时人造丝的进口约1万担,1928年时已有12万担多,4年间激增了约11倍。因人造丝价格比蚕丝低四分之三,外观"亦颇精美",在"穿着和洗涤方面还有其他令人满意的特点",很快侵入丝织业而逐步夺走天然丝的市场,令中国蚕丝业"谈虎色变"。[②] 到30年代时人造丝成为日本对华走私贸易的重要商品。

3. 煤油、汽油等液体燃料

煤油自清同治年间才开始进入中国,起初其输入数量很少,由于它比豆、菜、茶、棉、麻等植物油(土油)点灯亮度高,价格又仅为植物油的五至七成[③],所以逐步取代了照明用土油,在中国各地很

---

① 萧梁林:《中国国际贸易统计手册》(China's Foreign Trade Statistics, 1864—1949),1974年版,第39、36页。

② 彭泽益:《中国近代手工业史资料》第3卷,第4—5页。

③ 姚贤镐:《中国近代对外贸易史资料》第三册,第1389—1394页。

快推广开来。1886 年时煤油输入量已达 2300 多万加仑,其值也超过了 200 万关两。到 1901 年煤油输入量已超过 1.3 亿加仑,金额已逾 1700 万关两,已占商品进口净值的 6.4% 以上。1907 年开始,汽油的进口也在逐年增加。1920 年时,煤油进口值约 5432 万关两,汽油进口值也达 134 万关两。到 1928 年,两项合计已逾 7000 多万关两。

4. 粮食

粮食进口的增长也成为清末民初中国对外贸易中“令人震惊”的重要问题。中国进口粮食原以稻米为主,数量不大。1885 年后粮食进口迅速增加,1885 年时其进口值不到 67 万关两,1894 年时已达 1083 万多关两,1907、1908 年两年平均进口值超过 4160 万关两,净进口值也达 3349 万关两,粮食进口值占商品进口净值的比重一度上升到 10% 以上。粮食进口品种也扩大到面粉、小麦及其他杂粮,其中面粉进口值占粮食进口值的比重在 1895—1915 年间达到 20% 以上。第一次世界大战期间及战后初年,中国粮食进口虽然仍有一定的规模,但由于出口大大增加,每年粮食有大量出超。其中面粉于 1915 年已有 4 万 5743 担的出超量,其后出超量逐年增加,1917 年出超量 142259 担,1918 年出超量增至 239 万担以上。① 但由于面粉进出口单价的差别,直到 1917 年面粉仍有 50 多万关两的入超值,1918 年面粉在价值上才转为出超。1922 年开始,外粮大量进入中国,面粉及粮食总的贸易,都由出超转为入超,1923—1927 年粮食进口净值年均约 12239 万关两,其占商品进口

① 许道夫:《中国近代农业生产及贸易统计资料》,1983 年版,第 140 页。

净值的比重达到 12% 左右,这 5 年间粮食入超量年均 3842 万担①,入超额也常在 2000 万关两上下,有时几近 3000 万关两。1929 年后中国粮食入超常在 1 亿关两以上。作为一个农业大国,粮食入超如此之大,反映了中国粮食问题的严重性。

5. 生产资料

1895 年以后,随着外国对华资本输出的扩大,以及中国新式工业、交通业的发展,机器、车辆、化学产品、电器材料、染料、钢铁及其他金属等生产资料成倍或数倍增长。这六项商品进口值 1913 年为 6799 万关两,占商品进口净值的 11.6%②,1921 年时因进口纺织机器价值比以前增加了 2000 多万关两,其他几项商品也有较大增长,六项合计进口值近 2 亿关两,接近 1913 年的 3 倍。

6. 其他

随着国内某些轻工业的发展,棉花、烟叶等农产原料的进口数量大幅度增长。1919 年前中国棉花每年有数十万担,乃至上百万担的出口,而进口多则不过三四十万担,少则仅数担。1920 年后棉花进口猛增,开始由出超转为入超。1921 年棉花进口量已增至 168 万担,价值 3586 万关两。1926 年棉花进口量已增至 274 万多担,价值几近 1 亿关两,入超值达 6435 万关两。③ 烟草的情况与棉花有些相似,在 20 年代一方面有较大的出口,另一方面进口比以前大大增加,每年入超值也有数千万关两。④

其他如食糖、西药、火柴、肥皂等生活消费品进口增长也很迅速。糖曾是中国出口之第三四位的大宗商品,19 世纪 90 年代以

① 据许道夫:《中国近代农业生产及贸易统计资料》,第 146 页有关数据计算。

② 《上海对外贸易》上,第 193 页。

③ 杨端六等:《六十五年来中国国际贸易统计》,第 36、45 页。

④ 杨端六等:《六十五年来中国国际贸易统计》,第 28 页。

后中国糖出口逐渐减少，台湾割让给日本这一事件又加速了中国糖出口的衰退过程。进入20世纪后，洋糖进口大大增加，从1900年的129万担增至1905年的462万担，同期糖的入超量也由46万担增至410万担。其后，糖的进口在波动中略有上升，已成为中国进口名列前茅的大宗商品。到20年代里糖的进口又出现了新的加速增长，1925年洋糖进口超过1200万担，价值近9000万关两。

表22反映了自1877年至1929年中国主要进口商品价值所占总进口值比重的变化。从中可以看出，过去占进口比重最大的鸦片，在这一期间所占进口总值的比重越来越小，到20世纪20年代时，虽然仍有鸦片报关进口，但其所占比重已经微不足道了；棉纺织品自19世纪80年代以来，一直占据进口商品的首位，但是到了第一次世界大战以后，其所占比重已呈明显下降趋势。如果将棉布与棉纱分开考察，则棉纱所占比重下降更快。20世纪初棉纱所占比重曾一度在20%以上，高居进口商品榜首，20年以后其比重已从1921年的7.4%，迅速下降到1928年的1.6%，只排在第十几位；煤油和汽油等液体燃料所占商品进口值的比重，一直处于第三四位；砂糖、粮食、棉花及烟叶等农产原料在商品进口值中所占比重呈上升趋势，其中棉花等农产品的比重在20年代里上升尤为迅速。机器、车辆、化学产品、电器材料、染料、钢铁及其他金属等生产资料进口值1913年占商品进口净值的11.6%，1921年时合计占商品进口净值的比重提高到21.1%。进口商品结构的上述变化在一定程度上反映了这一时期中国境内资本主义经济的发展。

表 22　中国主要进口商品所占比重变化①

单位:%

商　品	1877 年	1894 年	1913 年	1921 年	1928 年
鸦片	41.3	20.6	8.1	0.0	0.0
棉制品	25.7	32.2	19.3	23.6	14.2
棉纱	3.9	13.1	12.7	7.4	1.6
杂项纺织品	6.8	2.5	2.1	2.1	6.8
煤油		4.9	4.3	6.3	5.2
米	2.2	6.0	3.1	4.4	5.4
面粉		0.7	1.8	0.4	2.6
机器		0.7	1.5	6.3	1.8
车辆			0.6	2.5	0.9
染料颜料类	0.6	1.5	3.1	3.3	2.2
金属及矿砂	5.9	4.6	5.2	6.7	5.4
煤	1.5	2.0	1.7	1.5	1.9
棉花	2.0	0.3	0.5	3.9	5.7
糖	2.2	5.9	6.2	7.7	8.3
纸张			1.3	1.7	2.4
纸烟		0.1	2.2	2.8	2.1
烟叶			0.6	1.6	5.1
木材		0.8	1.1	1.2	1.6
合计占总进口值	92.1	95.9	75.4	83.4	73.2

(二)主要出口商品及出口商品结构的变化

19 世纪末 20 世纪初,是世界资本主义向帝国主义阶段过渡时期,也是资本主义世界经济体系和统一的世界市场形成时期,世

① 据《上海对外贸易》上,第 195 页表及有关年份《关册》编制。

界市场上的国际竞争日益加剧,中国也不由自主地卷入资本主义世界市场体系之中。但是中国传统的出口商品,如生丝、茶叶等,生产发展迟缓,技术水平低下,在国际市场竞争中越来越处于不利的地位;同时,由于世界资本主义生产的发展,对中国的豆类、棉花、芝麻、植物油、牛皮、羊毛、猪鬃等农产品及原料的需求大大增加,导致中国出口商品结构产生了相当大的变化。具体情况大致如下:

1. 生丝及丝制品

中国自古以来就以出口丝绸而闻名于世界,到19世纪末年时中国仍然是世界市场上最大的生丝供应国,主要为英、法、意等欧洲国家丝织业提供原料。随着19世纪后期及20世纪初期世界经济的发展,绸缎消费量日增,促进了欧美丝织业的发展,特别是美国,丝织业发展尤为迅速。这使欧美资本主义国家对生丝的需求不断增加。市场的扩大,对于中国生丝出口是个有利条件,因之中国生丝出口量基本上呈持续增长趋势(见表23)。1926年中国生丝出口38万多担,价值在15786万关两,占当年出口总值的18.3%,为当年商品进口净值的14%。生丝出口在平衡贸易方面的能力,虽比甲午战前有所降低(生丝出口值与当年商品进口净值之比,1873年为43.5%,1894年为20.7%),但仍不失为弥补中国贸易逆差的重要支柱。

进入20世纪后,美国逐渐成为中国生丝的大销场。但正是在这里,中国生丝遇到了强有力的竞争,以致中国作为世界第一生丝出口大国的地位趋于动摇。竞争对手主要来自于日本。日丝在19世纪70年代出口量还不到华丝的五分之一,90年代时日丝出口量增加,但仍不及华丝的五分之三。① 日本丝业界把华丝作为

① [日]石井宽治:《日本蚕丝业史分析》,转引自万峰:《日本资本主义史研究》,1984年版,第198页。

表23　十二项主要出口商品量变化①

单位:千担

商品	1883年	1893年	1903年	1913年	1917年	1921年	1928年
茶	2017	1821	1519	1442	45	430	926
生丝	96	161	211	317	302	276	435
豆类	128	1967	2615	10326	10433	11836	40391
豆饼			3404	11818	15513	22282	21352
花生			157	1115	361	1214	1465
牛皮	64	96	242	498	477	217	420
羊毛	34	130	193	280	339	463	486
棉花	22	576	760	739	832	609	1112
棉纱				1	28	26	350
植物油	4	152	421	1213	2756	2030	2368
猪鬃			40	53	64	44	67
锡			42	139	196	103	118

主要敌手,动用各方力量调查中国丝厂、茧业情况,分析华丝的优劣,并及时掌握国际市场行情,改进缫丝工艺,使日丝产量和质量不断提高。这一时期中国新式丝厂虽有所发展,但直至清宣统年间手工土丝的出口量仍然大于厂丝。② 江苏吴江震泽镇是丝绸著名产地,当时"虽有丝厂,而蚕户不愿售茧,生产之茧尽做土丝"。到20年代中期时震泽"还是土丝盛行时代"。③ 由于土丝质量难

① 据萧梁林:《中国对外贸易统计》(哈佛大学1974年版)及杨端六等:《六十五年来中国国际贸易统计》有关数据改编。出口花生分有壳、无壳两种,本处按1∶0.7的比值将前者折算,与后者合计。

② 历年《关册》。

③ 《吴江蚕丝业档案资料汇编》,1989年版,第31页。

以保证,因而在与日丝竞争中连连受挫。1905 年时日丝出口量已与华丝相当,1908 年日丝的出口量已多于中国近 3 万担,世界第一生丝出口大国的地位从此被日本所夺。到 1925 年日丝出口量已是华丝的 2.6 倍。① 生丝虽然在中国仍高居出口商品的榜首,其地位已然岌岌可危。

中国出口的丝制品大致包括绸缎、茧绸、丝绣货、丝带、丝线及丝类杂货等,其中以绸缎为出口之大宗。绸缎在 1894 年曾位居中国出口商品第三,出口值为 840 多万关两,1895—1927 年间其出口值也大致呈持续增长趋势,最高年份为 1926 年的 3086 万关两。不过,中国一些地方丝织业在织造方法上仍然保守落后,在与国外机器丝织业的竞争中仍处下风,以曾经有很高声誉的南京缎为例,因其样式陈旧,其出口量从 1923 年的 8244 担,下降到 1927 年的 2363 担,减少了近 6000 担,1929 年时更少,只有 227 担,到 30 年代时已趋于消失。② 一般来说,中国绸缎质地厚重,不合西方人所好,运往国外者多供海外华人消费,其出口增长与海外华人数量增长有关。朝鲜因邻近中国,且有历史之关系,“风俗好尚,约略相同”,也成为中国绸缎的一大销场。但是日本人一方面改良本国织品,仿造中国绸缎以投朝鲜人之好;另一方面利用其作为朝鲜的宗主国的地位,从 1920 年起提高朝鲜进口华货的税率,使得中国绸缎在朝鲜销数渐减。③

2. 茶叶

茶叶曾在很长时期内是中国出口最大宗商品。不过,其出口由盛转衰的过程从甲午战争前就已经开始,甲午战争后情况更为

---

① 朱斯煌:《民国经济史》,1948 年版,第 319—320 页。
② 《海关 1922—1931 年十年报告》第 1 卷,第 625 页。
③ 曾同春:《中国丝业》,1929 年版,第 155—156 页。

严重。华茶曾经长期独占世界茶叶市场,但是到了19世纪后半叶时,华茶在国际市场上也遇到了强有力的对手。中国出口茶叶大致分红茶、绿茶和砖茶三类,红茶主要销往英国,绿茶主要销往美国,砖茶销往俄国。19世纪70年代以后,华茶在英国市场上遇到了印度和锡兰(今斯里兰卡)红茶的激烈竞争,在美国市场上受到了日本绿茶及印度、锡兰茶叶的排挤。因为印度等国茶叶采用较为先进的资本主义产销方式①,成本低,品质划一;日本茶叶出口还能得到本国政府的津贴等资助②;而华茶仍由小农分散种植、采制,难以保证质量,此外华茶缴纳的捐税也比日、印高得多③,所以在国际竞争中华茶渐落下风。

英国曾是华茶最大销场,1892年以前华茶输英年达2亿磅以上,而1908—1912年间华茶输英年仅4000万磅,减少了1.6亿磅;同期印茶输英则增加了1.5亿磅。一消一长,十分明显。此外,还有爪哇、锡兰茶叶也加入英国市场的竞争。英国饮用之茶从前曾经几乎全来自中国,但到1913年时95%已来自于印度和锡兰;到1924年华茶仍然仅占英国进口茶叶总值的4.63%。④ 美国市场上华茶的比重也不断下降,华茶也曾独占美国市场,20世纪初华茶仍占美国进口茶叶数量的一半左右,以后每况愈下,到1927年时华茶只占美国茶叶进口量的11.1%。⑤

---

① 英驻汉口领事曾从11个方面总结了印度茶叶对华茶竞争的有利条件,详见姚贤镐:《中国近代对外贸易史资料》第二册,第1215页。关于中印茶叶产销的对比,亦见严中平等:《中国近代经济史(1840—1894)》,第1203—1209页。

② 武堉干:《中国国际贸易概论》,第143页。

③ 严中平等:《中国近代经济史(1840—1894)》,第1208页。

④ 武堉干:《中国国际贸易概论》,第143—144页。

⑤ 何炳贤:《中国的国际贸易》,第98—99页。

清末民初华茶在俄国市场上还能保持一定的销路,俄国成为华茶的最大销场,茶叶也成为中国出口到俄国的最大宗商品。各年华茶输俄数量,1880 年时为 25 万担,至 1915 年时已增加到 116 万担。在汉口等地茶市上俄商占有很大的势力。1918—1920 年间华茶输俄数量曾大大减少,其后华茶对苏联的出口又逐渐恢复。①

总的看来,由于在英、美等大市场上华茶在国际竞争中失败,中国茶叶出口贸易在走下坡路。19 世纪 80 年代时,华茶出口量年达 200 万担以上,最高曾达到 220 万担,到 1895 年时出口量尚有 186 万多担,1920 年已降至不到 31 万担,以后虽有所恢复,每年也不过数十万担而已,茶叶占出口总值的比重也大大下降。

3. 大豆、芝麻、花生等油料作物及其制品

20 世纪初期,以黄豆为主的豆类成为中国农产品中出口增长特别迅速的品种。在 1858 年时豆类曾被规定为出口禁品之一,后来虽然禁令撤销,出口数量并不多。及至 20 世纪初,每年豆类出口量约一二百万担,最高年份不到 267 万担,主要销往日本。1908 年一家外国商行②将中国东北大豆运至欧洲试销,获得极大的成功。此时正值西方棉籽和亚麻籽缺货,西方肥皂制造业者接受了豆油,“需求增加得如此大,以致为了新的季节(1909—1910 年)派出了 50 艘轮船到大连和威海卫去”。③ 1909 年中国豆类出口突

① 孟宪章等:《中苏贸易史资料》,1991 年版,第 314、363—366、456—460 页。

② 武堉干说是三井洋行(见上引武著:《中国国际贸易概论》,第 127 页);蔡谦说是华俄道胜银行(见蔡著:《近二十年来之中日贸易及其主要商品》,1936 年版,第 104 页)。

③ 《满洲的大豆》,中国海关特集第 31 号,1911 年版,第 210 页;西·里默:《中国对外贸易》,第 110 页。

增至1443万多担,价值3278万多关两,已超过原先占出口第二位的茶叶出口值。此后几年豆类出口虽有些降落,但每年都保持在1000万担上下,价值2000多万关两。1919年后豆类出口又出现新的快速增长,1928年出口量已达4039万担,价值14734万关两。中国豆类主要输往俄国(占大豆出口量比重1912年为49.1%,1928年为36.7%),其次是日本(其比重1912年为18.2%,1928年为22.1%)。20年代中国对苏联的输出中,大豆已超过茶叶,占据了首位。①

豆饼也成为中国出口贸易的重要商品。1894年中国豆饼出口约51万担,到1913年时已增至1182万担,价值2496万关两,其出口值超过豆类,豆与豆饼两项合计占出口总值的12%,超过了茶叶;1926年豆饼出口量增至2605万多担,价值超过了7000万关两。出口的豆饼大部分输往日本,用作肥料。民国初年输往日本的商品中豆饼数次占据首位,如将豆饼与豆类合计,则常占输日商品比重的30%以上,最高年份接近50%。②

1908年后中国豆油开始打入欧洲市场,但海关统计中自1910年才开始将豆油与其他植物油分开记载,该年豆油出口57万担,其后几年豆油出口量在这一水平上下波动。第一次世界大战前,中国豆油消费国第一是比利时,其次是日、俄、英等。大战爆发后,欧洲国家油脂工业大多改为军火生产,使得人民食油奇缺,日本商行趁机扩大他们所控制的中国豆油出口贸易,他们开辟了由大连运往美国转销欧洲的贸易路线,大连运往美国的豆油量大幅度增

① 蔡谦:《近二十年来之中日贸易及其主要商品》,第58页;何炳贤:《中国的国际贸易》,第433—434页;沈光沛:《中俄贸易之检讨》,《东方杂志》第31卷(1934年),第2号,第20页。

② 蔡谦:《近二十年来之中日贸易及其主要商品》,第57页。

加;这一期间美国棉籽油的减产,也需要进口豆油作为补充。中国豆油出口量由 1914 年的 60 万担左右激增到 1915 年的 100 多万担。此后,每年豆油出口量不断增加,到 1919 年时已达 236 万多担,价值约 2106 万关两。豆油出口口岸主要是大连,豆饼及豆油出口贸易的增长带动了当地油坊业的发展,1913 年大连油坊业已发展到 48 家,成为大连全市第一大工业。这以后大连油坊业继续发展,使大连成为东北地区油坊业集中地,博得了"油坊之都"的称号。① 世界大战后的世界经济萧条使中国豆油出口贸易也受到冲击,20 年代初期豆油出口量下降,到 1923 年才恢复到 200 万担以上的水平,1926 年豆油出口达到 266.7 万担,价值近 3000 万关两。

这一时期芝麻、花生、菜籽、棉籽、胡麻籽等植物籽实也逐渐成为中国大宗出口商品。芝麻在 19 世纪末每年出口值数十万两,进入 20 世纪后各年出口量时多时少,出口值一般多在数百万关两,有几年达到 1000 万关两以上。大战前中国芝麻多运往荷兰、德国,战时对英国、意大利的出口激增,战后日本成为最大的消费国。花生运往国外多用以榨油,少量供制作糖果。其出口统计中分有壳、无壳两类,出口数量在 20 世纪最初几年不多,1909 年后增长较快,大战期间又下降,战后恢复增长,有壳者出口值最高年份为 1924 年(1696 万关两),无壳者出口值最高为 1927 年的 519 万关两。菜籽每年出口约六七十万担,值二三百万关两,多运往日本,20 年代里因印度菜籽的竞争,出口减少。②

除豆油外,花生油、棉籽油、菜籽油、芝麻油、茶油、桐油等植物油出口增长也很快。花生油出口值 1910 年时为 257 万关两,1926

① 顾明义等:《日本侵占旅大四十年史》,第 396—399 页。

② 参见武堉干:《中国国际贸易概论》,第 136—139 页;萧梁林:《中国对外贸易统计》,第 99、1000 页。

年时已达 1077 万关两。桐油主要产于华中,为油漆工业中的重要原料,世界大战结束后欧美对中国桐油的需求大大增加,桐油出口值 1913 年时为 375 万关两,至 1927 年时已达 2197 万关两,三分之二以上运往美国。[①] 中国油类(包括豆油等)出口值合计,1894 年为 100 万关两,1913 年达 1488 万关两,1927 年更达 6180 万关两,占当年出口总值的 6.7%。

4. 毛皮

牛皮、羊毛、驼毛、猪鬃等动物毛皮及其制品,也是此时中国出口货之大宗。黄牛皮、水牛皮等生皮出口量自 19 世纪 70 年代以来就在逐渐增长,每年生皮出口量甲午战争前为数万担,1902 年已增加到近 30 万担。1913—1918 年间因欧洲国家扩充军备的需要,大量搜购中国生皮,年均生皮出口量增至 45 万多担,约值 1578 万关两。战后生皮出口有所下降,但每年仍有 20 万担以上。天津、汉口为中国生皮主要集散中心。除生牛皮外,中国出口的皮货还有羊羔皮、狐狸皮、黄狼皮、旱獭皮、兔皮等,种类较多,出口值合计每年约在五六百万关两以上。羊毛、驼毛等也是自 19 世纪 70 年代以来出口逐步增加的大宗土产。1915 年以后,羊毛出口上升到一个新台阶,多数年份出口值在 1000 万关两以上,大部分销往美国,其次为英、日等国。中国羊毛、驼毛最大的出口口岸是天津,1927 年中国羊毛、驼毛出口值约 1841 万关两,其中天津占 3/4 以上。[②]

中国出口的主要毛制品是地毯。1903 年在美国圣路易博览会上中国地毯为大众所称许,此后出口渐增。其出口值 1912 年不

---

① 参见武堉干:《中国国际贸易概论》,第 132—135 页。

② 蔡谦、郑友揆:《中国各通商口岸对各国进出口贸易统计》,1936 年版,第 536—539 页。

到6万关两,1922年时已达330万关两,1926年更达655万关两。

中国所产猪鬃,因强韧而富于弹力,且不大受干湿冷热影响,外人多用于制刷,清末民初时其出口量也在不断增长。其出口值1894年不到57万关两,1913年时已增至443万多关两,1926年时更达1047万关两,已成为中国主要出口商品之一。

5. 矿产品

清末民初世界市场上对中国的煤、铁、钨、锑、锡等矿产品的需求不断增加,矿产品在中国出口贸易中占有了越来越重要的地位。

在矿产品中,煤的出口值最大,增长也快,1907年煤出口值不到5万关两,到1913年已达66万关两,1927年时更达2941万关两。中国出口煤几乎完全是输往日本的,在中日之间煤的贸易形成一个奇特的现象:日本一方面向华中、华南推销大量日煤,把中国作为日煤的主要海外市场;另一方面又从中国东北和华北进口大量华煤,把中国作为海外煤炭资源的主要供应地。1927年中国从日本进口了160万吨煤,约占当年日本出口煤的60%以上,其值1530万关两,平均每吨约9.56关两;又向日本出口了约259万吨,约占当年日本进口煤的80%以上,其值1970万关两,平均每吨约7.62关两。这一年中国对日本出超煤近100万吨。这种奇特现象的产生原因,一是因为日本在中国东北和华北的煤矿业中占有绝对的优势,二是因为两国煤的生产与消费地区之间在地理上极为相近,可利用廉价的水路运输。① 中国出口到日本的煤主要有两种:一种是日本不能完全自给的焦炭煤,中国开滦的焦炭"受到所有日本商人的欢迎";另一种是普通的燃料煤,大多数来

① 据蔡谦、郑友揆:《中国各通商口岸对各国进出口贸易统计》,第158、482页有关数据计算。原因解释见郑友揆:《中国的对外贸易和工业发展》,第43页。

自抚顺。日本工厂主欢迎廉价的抚顺煤,把它作为“减低工业成本的一个方法”。而日本煤矿主们却把廉价的中国煤“看做对他们生存的威胁”,要求限制进口。1921 年日本煤矿主协会和管理抚顺煤矿的满铁签订了限制运往日本煤炭的协议。① 这个协议每年签订一次,但我们从有关统计上可以看出,中国东北煤对日本的出口仍在增长。②

中国输出的生铁绝大部分也是运往日本,供日本炼钢用。出口生铁的产地主要是东北和华中。东北出口的生铁都是鞍山和本溪湖出产的,输出量因产量增加而年有进展,1915 年东北出口生铁不到 37 万担,1921 年达 131 万担,1926 年增至 277 万担。③ 华中出口的生铁主要为汉冶萍公司所产。清末民初时日本资本利用汉冶萍资金短缺之机会,以提供贷款作诱饵,迫使汉冶萍签订长期向日本钢铁工业提供大量优质而廉价的矿石、生铁等原料的合同。1913—1925 年间汉冶萍向日本制铁所共输送了 400 多万吨的铁矿石和近 80 万吨生铁④,为日本钢铁业提供了大量廉价原料。汉冶萍向日本提供原料的价格与市价相差很远,仅 1914—1918 年 5 年内,其差额估计约 3.37 亿日元。⑤ 由于日资的控制,汉冶萍不仅蒙受巨大的价格损失,而且所欠日债越积越多,每年单在利息支付上常达一百数十万银元,致使公司在国际市场钢铁价格跌落时

---

① 蒂姆·赖特著,丁长清译:《中国经济和社会中的煤矿业》,1991 年版,第 96—97 页。

② 《满洲经济年报》,1933 年第三章,转引自孔经纬:《新编中国东北地区经济史》,1994 年版,第 363 页。

③ 蔡谦:《近二十年来之中日贸易及其主要商品》,第 116 页。

④ 《旧中国汉冶萍公司与日本关系史料选辑》,1955 年版,第 1122、1123 页。

⑤ 许涤新、吴承明等:《中国资本主义发展史》第二卷,第 815 页。

便连年亏空,所属炉、矿等陷于减产或停产。1926 年后汉冶萍停产,华中出口到日本的生铁“因之绝迹”。①

中国的锡、锑、钨等特种矿产在进入 20 世纪后出口也有所增加。锡锭块出口量在 20 世纪最初几年每年出口数万担,1910 年后增加到每年 10 多万担,最高年份为第一次世界大战期间的 1917 年近 20 万担。锑的出口量,由 1905 年的 5 万多担增至 1917 年的近 60 万担,其后虽有所下降,每年仍保持在二三十万担左右,约值数百万关两,约占全世界供应总额的 40% 以上。钨砂的出口在 20 年代海关始有统计,1926 年出口量约 117 担,值 167 万关两。锑、钨等主要向工业发达国家如美国、英国、德国等出口。

6. 其他

这一时期其他较为重要的出口商品还有蛋类及蛋制品、猪羊肠类及若干“机制洋式货物”。鲜蛋、皮蛋、咸蛋等,虽然早有出口记载,但是蛋类、蛋粉出口的较大增长,是在 1908 年以后。这一年蛋类及蛋制品出口值共计 261 万关两,而 5 年后,到 1913 年时已达 634 万关两。1916—1918 年间,虽然因世界大战中的运输问题导致鲜蛋出口一度锐减,但是蛋粉的出口上升幅度更大,所以蛋品出口值升至 1000 万关两以上。战后出口值继续上升,至 1926 年已达 3817 万关两,1929 年更达 5000 万关两以上。猪羊肠类的出口在 20 年代里也有较大的增长。

20 年代中国棉布、棉纱、毛呢、水泥、电灯、面粉等数十种“机制洋式货物”的出口,也有人做过统计。这些商品的出口总值在 1923 年时为 1200 多万关两,1926 年翻了一番多,达到 2600 多万关两。② 这些商品的国外销路也是以适应各地华侨的需要为主。

① 蔡谦:《近二十年来之中日贸易及其主要商品》,第 116 页。

② 武堉干:《中国国际贸易概论》,第 163—169 页。

其出口值虽然有所增长,但即使在1926年也只占出口总值比重的3%,仍然微不足道。这从一个侧面反映了中国新式工业的落后状况。

表24反映了1877—1928年中国主要出口商品各自占出口总值比重的变化:(1)原先丝、茶两项合计占出口总值比重的一半以上(19世纪70年代时占四分之三以上),甲午战争以后所占比重越来越小,到1928年两项合计已不到20%。其中,茶叶出口的比重下跌更快,从1877年接近50%,降至1921年的2%多一点,以后虽然有所回升,也很有限,反映了这项中国传统出口大宗商品,由于产销方式的落后保守,在国际市场激烈的竞争中接连败北的情况;(2)与此同时,随着资本主义世界经济的发展,对中国农牧矿产品需求的扩大,过去的一些小商品,如皮类、毛类、猪鬃、豆类、豆饼、籽仁及植物油等,逐渐发展成为大宗出口商品。豆及豆饼在1894年时比重只有1.9%,到1928年时比重已增至20.5%,增加了10倍多;(3)还有一些新的出口资源,例如蛋粉、猪羊肠类,锑、钨一类的特种矿产等,被不断发掘出来,出口日益扩大;(4)随着中国境内资本主义经济的发展,一些原来要从国外大量进口的商品,如棉纱、机制棉布等,出口不断扩大。在甲午战争前,棉制品一项,只有一些土布出口,所占比重极小,至20年代后,它们所占出口总值的比重逐渐增大,但是与其他商品进行横向比较,它们的比重仍然很小;(5)原先出口值集中于少数几项商品的情况已有很大改变,出口值已分散在更多的品种上,反映了出口贸易也呈多样化发展的趋势。

表 24 中国主要出口商品所占比重变化①

单位:%

商 品	1877 年	1894 年	1913 年	1921 年	1928 年
丝	26.9	33.3	20.7	20.2	16.2
绸缎	6.6	6.6	5.2	5.0	2.4
茶	49.4	24.9	8.4	2.1	3.7
豆及豆饼		1.9	12.0	13.9	20.5
皮及皮制品	0.8	2.7	6.0	2.9	5.4
毛类	0.4	1.8	1.7	2.2	2.6
猪鬃		0.4	1.1	0.7	1.0
蛋品			0.9	2.2	4.4
籽仁及油	0.4	1.2	7.8	6.3	5.8
煤			1.6	1.9	2.9
矿砂及金属	0.2		3.3	2.9	2.1
棉花	0.5	5.7	4.0	2.7	3.4
棉纱及棉制品	0.1	0.1	0.6	1.2	3.8
合计占总出口值	85.3	78.6	73.3	64.2	74.2

(三)从商品结构看这一时期中外贸易的基本性质

中国进出口贸易的商品结构虽然发生了不少变化,但是进口以直接消费资料为主,出口以农产品原料及手工制品、半制品为主这一反映殖民地性质贸易的格局基本上没有什么改变。我们从表25可以看出,1893—1930年进口商品中消费资料仍占73.1%(其

① 据《关册》及郑友揆:《中国的对外贸易和工业发展》,第43—44页计算编制。

表25　A. 各年进口商品分类比重①

单位:%

年份	生产资料			消费资料	
	机器及大工具	原料	建筑用品等	消费品原料	直接消费资料
1893	0.6	—	7.8	13.0	78.6
1903	0.7	—	14.3	22.3	62.7
1910	1.5	0.1	16.0	17.0	65.4
1920	3.2	0.2	25.1	16.9	54.6
1930	3.7	1.9	21.3	17.3	55.8

B. 各年出口商品分类比重

单位:%

年份	原料			半制品		制成品	
	农产品	矿产品(手工)	矿产品(机采)	手工	机器	手工	机器
1893	15.6	—	—	28.4	0.1	53.4	2.5
1903	26.8	0.2	0.2	17.2	14.7	32.9	8.0
1910	39.1	0.2	0.5	13.1	11.9	28.3	6.9
1920	36.4	0.9	2.8	8.2	12.3	31.2	8.2
1930	45.1	1.2	3.4	3.5	12.2	27.1	7.5

中直接消费资料占55.8%),说明进口以消费资料为主体;生产资料比重由8.4%增加到26.9%,反映了这一时期国内工业的发展,而这又是与外国资本输入互相关联的。② 出口商品以农产品原料

① 严中平等:《中国近代经济史统计资料选辑》,第72—73页。

② 许涤新、吴承明等:《中国资本主义发展史》第二卷,第525页。

及手工制品、半制品为主的基本格局也未变,只是其中农产原料比重上升幅度较大,手工产品比重下降。这一阶段后期,随着国内新式工业(包括外资工厂)的发展,机制品出口比重有所增加。

为了进一步研究进出口商品结构变化,我们引进一个统计指标——MP,即部门间分工参与度。MP=qiPi+qeMe。式中:

Pi 为初级产品在进口总额中的份额;Me 为制成品在出口总额中的份额;qi 为进口在贸易总额中的比重;qe 为出口在贸易总额中的比重(qi+pe=1)。

如果一个国家进口的商品完全是初级产品(Pi=1),出口的完全是制成品(Me=1),则 MP=1,表示该国完全参与了国际的部门间分工,即部门分工参与度为最大。

反之,如果一国进口的完全是制成品(Pi=0),而出口的完全是初级产品(Me=0),则 MP=0,表明该国主要是以自然资源换取所需的制成品,这是经济不发达的特征,是自然经济的延伸,算不上自觉地参与国际分工,因而部门间分工的参与度为最低。

在这两个极端之间,MP 越大,表明一国通过参与部门间分工与世界经济相关联的程度越高;反之,MP 越小,则表明该国经济较不发达。①

根据表 24、25 计算,得出我国 MP,1894 年为 0.35,1920 年为 0.27,1930 年为 0.26,MP 值比较低,而且越来越低。这说明在帝国主义经济侵略下,半殖民地的中国越来越成为帝国主义推销制成品和榨取原料的场所。

① 罗龙:《当代经济发展中的开放度问题》,1990 年版,第 31—32 页。

四、贸易比价的变化

关于发展中国家的贸易比价问题,一些经济学家做了大量研究,认为从19世纪70年代至第二次世界大战前夕,主要由不发达地区出口的初级产品价格,对它们由工业发达国家进口的机制品价格,不断相对下降,其相对下降净值达40%。① 当时半殖民地的中国也是日益成为帝国主义推销工业制成品和榨取农产原料及其他初级产品的场所,因此也出现了类似的情况。20世纪初期中外贸易比价的变化可见表26。

表26　中国进出口物价指数②

1893年=100

年份	Pm 进口%	Px 出口%	Pm/Px 比价%	年份	Pm 进口%	Px 出口%	Pm/Px 比价%	年份	Pm 进口%	Px 出口%	Pm/Px 比价%
1894	141.1	103.7	136.1	1907	214.3	170.3	125.8	1920	457.6	197.0	232.2
1895	150.5	104.7	143.7	1908	248.4	164.2	151.3	1921	435.9	205.2	212.4
1896	153.1	112.9	135.7	1909	247.7	157.9	156.9	1922	382.3	217.6	175.8
1897	164.1	128.3	127.9	1910	266.9	160.2	175.7	1923	387.2	237.9	162.8
1898	164.8	121.1	136.1	1911	266.1	159.7	166.7	1924	387.5	246.4	157.3
1899	154.7	151.3	102.2	1912	260.4	154.6	168.5	1925	393.2	254.6	154.5
1900	171.6	139.8	122.8	1913	260.4	174.5	149.3	1926	392.7	266.8	147.2
1901	174.0	136.5	127.5	1914	283.6	183.9	154.2	1927	421.1	259.9	162.1
1902	193.8	157.2	123.0	1915	294.3	188.1	156.4	1928	414.3	276.4	149.9
1903	218.5	171.2	127.6	1916	318.8	204.2	156.1	1929	411.7	296.3	139.0

① 郑友揆:《中国的对外贸易和工业发展》,第287页。

② 据 Chi - ming Hou(侯继明):Foreign Investment and Economic Development in China,1973,第232页有关数据计算。

续表

年份	Pm 进口%	Px 出口%	Pm/Px 比价%	年份	Pm 进口%	Px 出口%	Pm/Px 比价%	年份	Pm 进口%	Px 出口%	Pm/Px 比价%
1904	227. 1	161. 8	140. 4	1917	341. 1	185. 3	184. 2	1930	454. 9	297. 4	153. 0
1905	211. 5	157. 8	134. 0	1918	382. 8	199. 8	191. 6	1031	502. 3	290. 2	173. 1
1906	196. 4	158. 1	124. 2	1919	391. 91	95. 5	200. 1	1932	469. 0	244. 3	192. 1

从表26可以看出,1894年后进出口物价都在上升,而进口物价上升的幅度超过了出口价格上升幅度,贸易比价都在100以上。在19世纪末时这一比价还不大,到1908年后进出口价格上升幅度差距拉大,贸易比价达到了150以上。此后,在第一次世界大战结束后不久的世界经济危机前后,以及30年代初的世界经济大危机时期,中国对外贸易比价都达到高峰。甲午战争后三四十年间,贸易比价虽因多种因素作用常出现波动,但是从总体上看,进口价格上升幅度超过出口价格,出现了一个较大的“剪刀差”,贸易比价大致呈上升趋势。从“进出口价格指数曲线图”上,可以更直观地看出这一“剪刀差”的情况。总的来讲,这一时期中国商品出口物价相对于洋货进口物价下降了40%左右,与世界上其他不发达国家的情况相似。

这还仅仅是从进出口商品价格的差额来计算,在分析贸易条件变化时,除了比较净易货贸易比价以外,还应该比较生产率的发展这一因素。① 埃及著名经济学家萨米尔·阿明(S. Amin)指出,1801—1880年作为工业品主要供应者的英国,贸易比价指数从245降至100,这是由于技术进步,生产率提高,使工业品生产成本及价格,相对于农产品价格的比价下降所致,这是正常现象;而19世纪末20世纪初,原料和农产品供应者的贸易比价逆转,至20世

① S. 阿明著,高译:《不平等的发展》,1990年版,第135—141页。

纪30年代时,不发达国家以同样数量的出口初级产品只能购买1880年时60%数量的制成品。这并非由于不发达世界出口生产率提高大于发达世界出口工业的生产率提高;恰恰相反,20世纪初期发达国家出口工业的进步,快于不发达国家工业的进步,更快于不发达国家传统出口农业的进步。本来按照比较成本理论,进入20世纪以后,发达国家出口工业品价格相对于不发达国家农产品出口价格应继续下降,情况之所以逆转,阿明认为这是由于19世纪末出现了一个新因素——中心国家的资本主义变成了垄断资本,"不发达国家的贸易比价恶化是从垄断资本、帝国主义和'劳工贵族'的兴起而开始的"。①

S. 阿明的观点值得重视,我们分析旧中国贸易条件的变化时不难看出,旧中国贸易比价也经历了如阿明所说的19世纪改善,20世纪恶化的过程。根据南开指数资料,中国进口物价指数与出口物价指数之比,在1870—1892年下降了23.3%②,根据前述哲美森提供的资料计算③,则下降了31.4%,这是由于外国工业品生产成本下降所致;而到了20世纪以后,外国工业品因生产率提高,相对价格本应该继续下降,但我们从表26看出,情况正好相反。

五、洋货与旧中国工业品市场

马克思曾把商品价值的实现,即在市场上售出,比作是商品的"惊险的跳跃",并指出:"这个跳跃如果不成功,摔坏的不是商品,

① S. 阿明著,高译:《不平等的发展》,1990年版,第135—141页。

② 《南开经济指数资料汇编》,1988年版,第375页。

③ 前引《上海近代贸易经济发展概况》,第879—883页。

但一定是商品所有者。”①这个跳跃，对于近代中国实业家来说更为惊险。因为他们不仅要面对来自本国的市场竞争，更要面对实力强大的外国资本主义的市场竞争。

外国资本不但拥有工业和商业上的优势，而且享有不平等条约所规定的种种特权，他们的产品在中国市场上到处排挤着中国本国产品。以清末棉纱市场为例，在洋货泛滥下，“福建、广东、广西、贵州、云南这南中国五省之广大棉纱市场，简直没有国产纱的插足地，……东北且成为日纱倾销最力的市场之一，结果国纱在东北四省的每年销量始终不曾超过一万担，而那里每年的全销量却几达二十万担。东北市场也无国产纱的插足余地”②。国产纱的销路便挤向华中与华北，而这两个地区国产纱销售情况也处于绝对的劣势（参阅表27。）

表27　棉纱输入净量比较（5年平均）③

年度	长江中上游七口岸			华北四口岸		
	国纱（%）	共计（担）	洋纱（%）	共计（担）	洋纱（%）	国纱（%）
1894—1898	245359	86.4	13.6	336531	93.7	6.3
1899—1903	628608	77.4	22.6	480821	92.1	7.9
1904—1908	645777	83.2	16.8	596926	89.4	10.6
1909—1913	692582	72.0	28.0	726190	80.1	19.9

不仅如此，外资在华工厂制品也拥入这一市场。舶来品和外厂制品给中国工业品市场造成了极大的压力。

① 《资本论》第一卷，1975年版，第124页。

② 严中平：《中国棉纺织史稿》，1963年版，第130页。

③ 严中平：《中国棉纺织史稿》，1963年版，第131页。

表 28　煤、棉纱、面粉市场比例①

年份	煤		棉 纱				面粉	
	1913 年		1903 年		1908 年		1913 年	
	实数(千吨)		%	实数(包)	%	实数(包)	%	实数(万包)
中 国	5743	39.41	129500	11.31	223500	23.93	2036	37.87
华商厂矿产量	5743	39.41	129500	11.31	223500	23.93	2036	37.87
外 国	8828	60.59	1015400	88.69	710510	76.07	3340	62.13
进 口量	1691	11.61	912400	79.69	607510	65.04	674	12.54
在华厂矿产量	7137	48.98	103000	9.00	103000	11.03	2666	49.59

表 28 反映了三种主要工业品市场上外国资本主义产品占据优势地位的情况。其他如毛纺织品、火柴、卷烟、水泥等商品市场都是这样。② 而在煤、铁矿行业,帝国主义不满足于一般的市场竞争,而是通过强占(如开平煤矿)、兼并(如门头沟煤矿)、贷款控制(如汉冶萍公司)等手段控制了中国绝大部分煤铁矿的生产和销售。

清末民初中国棉纺织业等进口替代产业的发展,需要一定条件,需要保护关税等措施相配合。因为后起国的进口替代产业,相对于先进国同类商品的出口产业来说,还是一种"幼年产业"(Infant Industries)。幼年产业一般都很脆弱,缺少经验以及训练有素的熟练工人,市场不发达,很少能在最初阶段达到正常的效率、生产能力和赢利水平,需要国家采取特殊措施加以保护、扶持,例如实行保护关税,在资金、劳动力、技术、价格等方面给予特殊的

① "煤"、"棉纱"见汪敬虞:《中国近代工业史资料》第二辑下,第 1157 页;"面粉"见《中国近代面粉工业史》,1987 年版,第 32 页。

② 参见汪敬虞:《中国近代工业史资料》第二辑下,第 1157—1169 页。

优惠等等，使其逐步成熟，形成适度规模。德国产业革命的理论奠基人弗·李斯特就曾极力主张德国实行保护关税政策，否则德国幼年工业容易被从英国进口的廉价工业品摧毁。他也承认，实行保护关税会使国内工业品价格有所提高，但是他指出："保护关税如果使价值有所牺牲的话，它却使生产力有了增长，足以抵偿损失而有余"①；"价值的这种损耗只能看成是国家进行工业教育所付出的代价。"②德国、美国等在产业革命初期都对本国幼年产业实行了关税保护。德国建立了"关税同盟"；美国1807年实行"禁运法案"，1816年、1824年接连提高关税税率，1828年平均税率已提到45%。③ 日本在1894年前关税尚不能自主，它通过向比它更为落后的中国、朝鲜等国发动侵略战争，帮助本国新兴工业寻找出路，摆脱市场危机。1897年日本恢复部分关税自主权以后，就将关税平均税率大幅度提高，以后又一再提高税率，对本国工业实行保护。

江苏南通近代经济的发展，为我们提供了一个很好的个案分析材料。实业救国道路的探索者、"棉铁主义"的倡导者张謇，在南通进行了创办大生纱厂的实践。南通大生纱厂的创办成功，促进了当地手织业及植棉业的发展，继而在南通地区初步形成包括棉纺织、垦牧、冶金、机械、面粉、榨油、制盐、电力、航运、金融、贸易等门类较为齐全，相互有机联系的近代区域经济体系，并促进了当地文化教育、社会福利等事业发展。这是近代中国以进口替代工业带动各业发展的典型例子。当时江海关税务司洛德

① 弗·李斯特：《政治经济学的国民体系》，1961年中文本，第118页。

② 转引自京·法比翁克：《弗里德里希·李斯特》，1983年中文本，第41页。

③ 樊亢等：《外国经济史》第一册，1982年版，第194页。

(E. G. Lowder)认为,“通州是一个不靠外国人帮助,全靠中国人自力建设的城市,这是耐人寻味的典型。所有愿对中国人民和他们的将来作公正、准确估计的外国人,理应到那里去参观游览一下”①。南通后来发展迟滞乃至中衰,虽有其内部原因,但是更与帝国主义的侵略,与洋货对旧中国工业品市场的影响有极大关系。20世纪20年代上海市场日纱压力加重,华商棉纱被挤,连同日纱一齐拥往南通;同时,因日商棉布大举侵入东北、华北市场,南通土布的北方销售量锐减。北方市场是南通土布的主要市场,由于这一市场被占,南通土布生产大受影响。这又使得大生棉纱在本地销售量大减,尽管厂方在营销方式上做了改进,并大力开拓其他市场,但是仍然陷于困境,以致整个地区经济发展都受影响。日军侵占东北以后,南通经济发展更受到极大打击。② 南通进口替代工业的发展,在外国资本竞争暂时还没有很深触及情况下,带动了“整个近代经济的层面”发展;而在外国资本主义侵略加深时,由于缺乏市场保护因而使区域经济发展停滞。

中国幼稚的进口替代产业需要保护,而在清末民初旧中国政府为调整国际收支所做的惟一值得重视的努力,就是曾多次试图提高关税税率,进而争取关税自主。

早在清代,实业家及政论家郑观应鼓吹“商战”来反对帝国主义经济侵略时,就曾一再呼吁清政府废除“困商之政”,实行“护商之法”。他在《易言·税则》中比较了中外关税制度,提出保护关税主张:“庶我国所有者,轻税以广去路;我国所无者,重税以遏来

① 《江海关1912—1921年十年报告》,转引自徐雪筠等译编:《上海近代社会经济发展概况》,1985年版,第249—250页。

② 参见《大生系统企业史》,1990年版。

源。守我利权,富我商民。”①其他一些实业家也都希望能得到政府的保护和扶持。

但实际情况是,鸦片战争以后西方资本主义列强用暴力强迫清政府签订了《中英南京条约》等一系列不平等条约,构成了“协定关税制度”、“进出口货关税值百抽五的税率规定”、“子口半税制度”等一套有利于洋货向中国市场倾销的制度。协定关税制度剥夺了中国关税自主权,强迫中国在修订关税税则时必须得到列强的同意。值百抽五的税率规定,不问进口、出口,不分货品性质,一律只收5%的低税,这是极不合理的,是世界上其他国家所没有的,而且后来实际税率还达不到5%的水平。子口半税制使洋商及其代理人只需交一次2.5%税率的子口税,便可以享有在中国广大内地运货的特权及减免内地各税的优惠,而同时中国工商业者的货物却“逢关纳税,遇卡抽厘”,承受着沉重的捐税负担,连英国侵华主要代表人物,海关总税务司赫德也认为这是一种“优待外人,抑制华人”的制度。② 甲午战争后按照《马关条约》的规定,进口洋货享受的这项权益又扩大到外资在华设厂制造的商品上。③ 这类优待外人抑制华人的税制,成为束缚中国民族工业发展的绳索。

清末政府为挽救其统治,也宣称要“恤商惠工”,但是它对外投降卖国,同时又因支付外债、赔款等加强对内盘剥,不但不能抵制外来经济侵略,保护华商利益,反而使“困商之政”加重。中国的幼年产业在基本上无保护的状态下,在与实力强大的外国资本

---

①　夏东元编:《郑观应集》上,第195页。

②　汪敬虞:《资本、帝国主义国家在近代中国的特权》,《中国社科院经济研究所集刊》第10集;彭雨新:《清代关税制度》,1956年版,第22、42页。

③　王铁崖:《中外旧约章汇编》第一册,第616页。

的市场竞争中处于极为不利的地位。

民国时期在中国民族主义运动促进下,同时也出于增加收入、缓解财政危机的考虑,中国政府曾几次要求提高关税税率,并试图实现关税自主。而帝国主义列强对此一再阻挠、破坏。第一次世界大战中帝国主义列强相互残杀,才给中国造成修改税则、提高税率的有利时机。1918 年修改税则,虽然使平均税率有所提高,但是未超过"值百抽五"的水平。中国利用对德宣战之机,也曾进行过一次部分关税自主的尝试,即对交战国及无条约国提高关税。这并未触及英、美、法、日、意等帝国主义列强的利益,但是它们仍然找借口抵制,使得中国这次关税自主尝试,"简直就像一个发育不全的半死婴儿一样,不受北京外交保育院的欢迎"。① 后来在 1925 年"五卅"运动和 1927 年中国大革命浪潮冲击下,中国才于 1929 年争回一部分关税自主权。日本帝国主义对此不甘心,于是大规模日货走私进口活动猖獗起来,大量走私日货冲击着中国国内工业品市场,以致在 30 年代里已成为严重的国际问题。

第三节 中国国际收支问题

甲午战争后,资本—帝国主义列强迅速扩大了对中国的侵略和掠夺,对华贸易额成倍增长,中国的贸易逆差越来越大,与此同时,中国还要被迫向资本—帝国主义列强支付空前巨额的战争赔款,中国国际收支②平衡发生了严重的问题。甲午战后外国对华

---

① S. 莱特:《中国关税沿革史》,1958 年中文本,第 431 页。

② 国际收支(Balance of Payments)是一国居民在一定时期内对外经济交易的综合,通常以编制平衡表来表示。本书采用这一广义的国际收支概念。

直接投资和间接投资迅速增加,收入和支出的其他项目也发生了很大变化。这是中国国际收支面临的总的情况。

一、关于进出口贸易值与贸易收支平衡问题

贸易收支平衡问题是国际收支中的一个重要方面,这一问题的研究必须从对商品进出口贸易值的考察入手。旧中国海关关于商品进出口贸易值的统计,被称为是“惟一可靠而系统的资料”,但是也有一些学者对海关统计数值提出了质疑,对外贸易研究专家郑友揆就曾指出:“我国对外进出口贸易值,或因受政局之影响,或因商业上习惯之不同,或因海关造册处编制统计方法之更改,以致关册上所载之进出口值,与实际之贸易值,相差甚远。”①为慎重起见,我们应该先对1895—1927年中国海关商品进出口统计记载方法做一历史考察。

(一)海关的统计方法

1. 海关贸易统计记值方法

1904年以前海关当局单纯从税收意义上来统计记载进出口贸易值,对于各种进出口商品的价值,都按该商品在各口岸的市价记载,然后进行全国汇总。“进口各货之值,不但包括该货之原价、运费,即登岸后之各种费用,如起运费、货栈费、进口税额及出售时之佣金等等亦包括在内;而出口各货,除该货市价外,于该货未离岸前之包装费、堆栈费、出口税额及收买时之佣金等则概不包括在内。”因而人们在研究进出口贸易平衡问题时,或以某一货物

① 郑友揆:《我国近十年贸易平衡之研究》,《社会科学杂志》第6卷第3期。

进出口值相比较时,“进口货之值必嫌太高,出口货之值必嫌太低”。①

海关当局从1889年始,已经注意到了这一点,在1889—1903各年贸易报告之末,附上了把进口总值减至到岸价(Cost, Inssurance, Freight),出口总值增至离岸价(Free on Board)的修正值。海关的修正公式为:

进口到岸价=(市价-进口税及厘金)×(1-7%(杂费))

出口离岸价=市价×(1+8%(杂费))+出口税额②

1904年以后海关贸易统计中各项进口商品值改用到岸价记载,各项出口商品值以离岸价记载。海关这时对商品市价折算为到岸价或离岸价的具体方法如下:

进口货,除一些重要商品的到岸价由海关造册处每年年终时决定并提供给各关外,一般进口货到岸价,北方各口岸按照该货上海市价扣除12%(5%税加上7%杂费),南方沿海及珠江各口岸按照香港市价(《海关税务纪要》一书称:“按照广东市价”)扣除12%,在某些情况下则按各口岸当地市价扣除12%。

出口货,各货离岸价按市价加、8%杂费,再加出口税。③

2. 海关造册方法

1931年以前,海关编制进出口贸易统计的组织方法(或曰造册方法),是采用“分工总汇制”:由各关自行计算进出口值,总税务司造册处(Statistical Department 又译为“统计科”)不过加以审

① 郑友揆:《中国的对外贸易和工业发展:1840—1949》,1984年版,第304、307页。

② 根据《中国海关报告:1889》附表所列。

③ 第二历史档案馆藏海关档,全宗号179,卷号336,Statistical Secretary's Printed Notes,第96页;又见盛俊:《海关税务纪要》,1919年版,第251页。

查、汇编而已。① 各关编制统计的具体方法大致如下：出口货中，从值纳税之各货值，由各关估验员负责估验货价；从量纳税之货，各关编制出口统计时，仅载各货出口数量，而不载该出口货之价值。及至年终之时，各关乃根据总署统计科所分发之“出口货估价单”上所载各出口货之各地平均价值，乘以出口货之量，而得其出口值记载入册。“因之，出口货从值纳税者，因出口商多有少报逃税之事，固有少估之弊。而从量纳税之货，因出口估价单上所载各货之价格，皆为各地首三季各货之成本值，或据各大商行所报之货价，皆较批售市价为低。”至于免税之出口货，海关对于此类货价，“更无严格审查之必要。”我国出口货中从量纳税者及免税者绝大部分，其价值都比从价纳税者更容易被低估。② 对于进口货值，除了走私进口外，海关的统计一般“较出口统计为精确”③。主要因为“进口货值精确与否，对于税收之影响较大。海关方面对于进口值之审查，极为认真；不仅根据进口发票及合同，有时且向进口商行翻查进口簿内所载实价。故进口值，实少伪报等情事”④。

从上述关于中国近代海关贸易统计方法的考察中，我们可以看出，海关对进出口的统计，特别是对出口贸易值的统计，确实存

---

① 郑友揆：《中国的对外贸易和工业发展：1840—1949》，1984 年版，第 304—307 页。

② 黄序鹓：《海关通志》第五章；姚贤镐：《中国近代对外贸易史资料》第三册，第 797 页；雷麦著，蒋学楷等译：《外人在华投资》，1959 年版，第 144 页。

③ 郑友揆：《我国近十年贸易平衡之研究》，《社会科学杂志》第 6 卷第 3 期。

④ 郑友揆：《我国近十年贸易平衡之研究》，《社会科学杂》第 6 卷第 3 期。

在缺陷,需要进行修正。为了更全面地反映贸易收支情况,这种修正还应包括对走私货值的估计,对海关未加统计的陆路边境贸易值的估计及民船进出口值等。

(二)市价改为到岸价(进口)或离岸价(出口)

1. 1904 年前

对于海关的修正,也有一些人提出不同意见。分歧主要在于进口及出口商品的杂费如何计算。1889 年海关造册处根据上海一家洋行提供的数据,将进口商品的杂费开支定为占进口货值的 7%,出口商品的杂费开支定为占出口值的 8%。以后直至 1903 年海关每年都是沿用 1889 年所定的比例进行修正。英国驻上海总领事哲美森在给英国外交部的报告中对此提出了异议,他说:"详细核对了我所能获得的一切资料,我认为,4%,已足以应付一切杂费开支。"①雷麦也认为把进出口杂费定为 7% 和 8%,"数字太大了",他所采取的修正方法,只是"在出口货值上加上出口税,从进口货值上减去进口税",至于杂费开支,干脆不管它。② 后来研究 19 世纪后期中国贸易平衡及贸易增长的学者多数直接引用海关的数据或用海关的 7% 和 8% 比例来修正 1889 年以前的贸易值。③ 据我们所知,只有周广远在其对 1894 年前中国对外贸易平

① G. Jamieson: Report on the Balance of between China and Foreign Countries and on the Effect of the Fall in Silver on Price of Commodities in China and on the Volume of Exports, Commercial Report, 1894.

② 西·甫·里默著,卿汝楫译:《中国对外贸易》,第 153、154 页。

③ 例见姚贤镐:《中国近代对外贸易史资料》第三册,第 1641—1645 页;郑友揆:《中国的对外贸易和工业发展:1840—1949》,上海 1984 年版,第 16—18 页;萧梁林:《中国对外贸易统计》,第 266 页。

衡估计时采用了哲美森的比例。① 周的修正公式和修正结果，被严中平主编的《中国近代经济史》（1840—1894 年）一书所吸收。②

雷麦实际上是把进出口货的杂费都视为零，其得出的关于 19 世纪后期中国对外贸易平衡的数值，显然比海关和哲美森的两种估计距离实际情况更远。海关统计科和哲美森，按雷麦说法，都是“处于能够知道这事情（即进出口杂费开支）的地位的”。关于他们的两种估计，我们认为，首先，海关仅是根据一家洋行提供的资料，是否普遍适用，实在令人怀疑；哲美森自称是“详细核对了所能得到的一切材料”而作出的估计，虽然他没有进一步提供据以估计的材料详情，但与海关所据以估计的材料相比，哲美森的似乎较为可靠一些。其次，从估计数值本身来看，海关的 7% 和 8% 的比例，哲美森和雷麦都认为偏高，周广远也曾用了一些资料对海关的估计做了批评，认为其值偏高。③ 另外，从作出估计的时间来看，海关是在 1889 年，以后只是沿用 1889 年的比例，距我们所要研究的 1895—1899 年，比哲美森的 1893 年更远，因而在相隔时间里发生变化的可能性也就更大。由于上述几点，本书也采用与周广远同样的选择，“这并不是因为哲美森的估计正确无误，而是我们还找不到更好的办法，又无法对杂费作出新的估计。”④

将 1895—1899 年海关贸易统计里的进出口值由市价改为到岸价和离岸价，本书的修正公式如下：

---

① 周广远：《1870—1894 年中国对外贸易平衡和金银进出口估计》，《中国经济史研究》1986 年第 4 期。

② 周广远：《1870—1894 年中国对外贸易平衡和金银进出口估计》，《中国经济史研究》1986 年第 4 期。

③ 周广远：《1870—1894 年中国对外贸易平衡和金银进出口估计》，《中国经济史研究》1986 年第 4 期。

④ 严中平等：《中国近代经济史（1840—1894）》，第 1226—1227 页。

进口到岸价=(市价-进口税及厘金)×(1-4%(杂费))

出口离岸价=市价×(1+4%(杂费))+出口税额

本书的修正值可见表29:

表29 到岸价、离岸价修正示例①

单位:百万关两

年份	出口				进口			
	A 关册进口值	B 海关修正值	C 出口税	D 本书离岸价	E 关册进口值	F 海关修正值	G 进口税及厘金	H 本书到岸价
1895	143.3	160.7	5.9	154.9	171.7	150.2	10.1	155.1
1896	131.1	146.9	5.4	141.7	202.6	177.6	11.6	183.4
1897	163.5	181.8	5.2	175.2	202.8	177.9	11.5	183.6
1898	159.0	177.2	5.4	170.8	209.6	184.5	11.2	190.5
1899	195.8	217.6	6.2	209.8	264.7	234.0	13.2	241.4

2. 1904年以后

如前所述,1904年以后海关对进出口商品值已分别改用到岸价或离岸价统计记载。其具体折算方法,前面也已做了介绍。我们认为,海关对于进口商品在折算到岸价时不再按实收税额扣除,而是统一扣除5%税额的做法欠妥。因为随着物价不断上涨,19世纪末我国实际进口税率已减低到大约平均为值百抽三②,以致1902年修改税则时提出要"切实值百抽五"。当时的修正税是按1897、1898、1899三年平均市价的5%制定从量征税率,这种从量税率一直沿用到1918年。税则刚修正不久,由于1899—1912年物价激增,1902年海关报告中又指出,新税则下的实际税率又回

① A、B、C、E、F、G见各年《关册》,D、H按本文修正公式计算。

② 《关册》1901年I,第2页。

到1896年旧税则下的大致水平。[①] 此后进口物价长期上涨(参见本章附录三),1913年前各年实收进口税率多在3%—4%左右,都不是5%。[②] 而海关计算到岸价时却扣去5%税,必然多扣了。

至于杂费开支,哲美森1893年估计的4%比例已时隔十多年,是否仍然有效,也值得讨论。

出口方面,这一时期丝、茶所占比重不断下降,而较为笨重价廉的豆类、胡麻、花生、生棉、蛋类、煤炭等等,所占出口的比重不断增加(见表24),很有可能使得装运、货栈等杂费开支占货值的平均比例比过去增大,不能再沿用以前的杂费比例了。据郑友揆说,他们后来对上海出口商行的调查结果表明,出口货杂费开支,后来的确约占货值的8%[③],由此看来,这一时期以后海关的出口离岸价较可信。只是1929年后还需加上一些出口税。

进口方面,商品结构也发生类似变化。过去占进口比重大、体积小、价值高的鸦片,在这一时期进口量不断下降;而机器、车辆、钢铁、五金、化工产品等较笨重的商品进口比重不断上升(见表24),这也使得杂费开支占货值比例增大。不过相对来讲,由于棉纺织品所占进口比重较大,这种笨重货物比重增大的现象,在程度上进口不及出口。结合前面关于进口实际税率的讨论,我们认为海关在折算进口货到岸价时所扣除的12%比例偏高,似应在10%左右。本书即按此比例对海关进口到岸价进行修正。

1902年的税则,一直沿用到1918年,经中国政府一再争取,西方国家才同意中国于1919年再次修改税则。据海关计算,1916

---

① 《关册》1902年I,第1页;西·甫·里默著,卿汝楫译:《中国对外贸易》,第88、89页。

② 根据《南开经济指数资料汇编》,1988年版,第377、378页计算。

③ 郑友揆:《我国近十年贸易平衡之研究》,《社会科学杂志》第6卷第3期附表1B。

年所征进口税(从量税),“实仅值百抽二两六钱六分”。[①] 由此可见,海关折算进口到岸价时按值百抽五扣除进口税,确实过高。上述关于海关进口到岸价的修正,大概可以沿用至1919年。

到了1920年以后,由于报关进口的主要商品中,体积小价值大的鸦片已基本消失,而金属、矿砂、棉花、木材、机器等笨重物品的比重继续增大,同时“栈租等项费用都较以前增加”[②],因而杂费开支占进口货值比例增大;再加上1919年后实行新税则,进口实收税率也有所变化。因此,上述对于海关进口到岸价的修正方法已不适用于1920年以后。在这以后,我们采用海关统计值。

(三)关于出口值低估率

从前述海关贸易统计的造册方法中,我们可以看出,当时我国的出口值是很容易被海关低估的。海关自己也早注意到了这一问题。1906年海关造册处税务司马士在《海关造册处通告》里就这样说道:“商人们以及其他关心海关贸易统计的人们都认为,海关总是把出口值给低估了。”[③]但是海关似乎没有采取什么措施来纠正,以致到1919年施氏(C. S. See)所著《中国对外贸易》一书中又提及中国出口值少估的问题。后来穆拉克夫(A. V. Marakueff)第一个对中国出口值少估量进行了估算,他估计中国出口值少估10%左右。武堉干认为1925—1926年出口值应加上10%。孟塔古(Montagu)认为1925年中国出口贸易低估值约为原值的16%多。嗣后,日本三井银行国外营业部长土屋计左右发表1931年中国出

① 漆运钧等:《修改进口税则纪事》,1920年版,附录四表十。

② S. F. Wright:《中国关税沿革史》,1958年中文本,第443页、第四章、第307页。

③ 第二历史档案馆藏海关档,全宗第179号,卷号336,*Statistical Secretary's Printed Notes*,第137页。

口值少估约达20%。雷麦则认为中国出口值少估比例1902—1928年为5%，1929年为7.5%，1930年为10%。① 郑友揆详细审核了海关造册方法和以往各家有关意见，又将占我国出口值比重较大的生丝、大豆、棉花等20余种出口商品之1925—1934年市价与关价进行了系统的比较，得出结论："我国出口货之少报值，1925—1929年为15%左右，1930年以后增至20%之巨，此种增减趋势，与上述海关造册之情形颇相吻合。"郑先生并将上述少报之比例询问上海各大出口商行，"亦谓颇相近似"。他仍然采取稳健态度，将1925—1929年低估率降为10%，1930年以后为12%。② 在以往各家估计中，郑友揆的估计较为可靠。他后来的研究认为，1914年前各年低估率推测为5%，而1915—1929年为10%。③

关于19世纪有关物价资料难以寻求，我们不能像郑友揆对20世纪20—30年代出口值所做的那样进行系统的比较。但是我们可以推论：既然如郑先生所说，出口值低估缘于海关造册方法，而海关于1936年以前几十年都采用如前所说"分工总汇制"造册，那么在19世纪后期这种出口值低估的情况也会存在。雷麦将1902—1928年出口值低估率都定为5%，说明他也认为这种出口值低估情况可以前推。因此我们再将雷麦与郑友揆两人的估计（同为5%）前推至1894年。

对于20年代出口值低估率，各家的估计差距较大。我们认为，

---

① C. S. See："The Foreign Trade of China"（中国对外贸易），1919，p. 334.；A. V. Marakueff，"Foreign Trade of China；and its Place in World Trade"（中国对外贸易及其在世界贸易中的地位），1927年版，第35页；武堉干：《中国国际贸易概论》，第199页；Condliffe，"China Today：Economic"（今日中国：经济），1932，p. 202；雷麦著，蒋学楷等译：《外人在华投资》，第140页。

② 郑友揆：《我国近十年贸易平衡之研究》。

③ 郑友揆：《中国对外贸易和工业发展》，第125页。

出口值低估率来源于海关造册方法，同时也受出口物价变动影响。1914年以后由于欧洲战争对中国原料需求增加，中国绒毛、生皮、棉花等出口货价格迅速上涨①，其他主要出口商品如生丝、茶叶等价格也上涨较快。② 战后，出口物价总的来讲仍继续上升(参见本章附表二)，至1931年时财政部长宋子文曾指出当时出口物价已是数十年前的3倍左右，海关关员统计出口值时却"仍多墨守数十年前之行市"。③ 物价上涨幅度越大，出口值被海关低估的比例也就越大。本期出口物价上涨快，出口值低估率应比前两期要大。关于1914年前的低估率，我们采用雷麦与郑友揆两人的估计，为5%，并估计1914—1919年为8%，20年代时采用郑友揆的比例，为10%。

(四)1895—1927年贸易平衡分析

综合上述讨论，再结合我们关于中国出口值与国外实收额之差数、走私贸易、陆路边境贸易等方面，对海关贸易统计值的修正和补充，加上内地口岸至边境口岸的运杂费及海关进出口值中未计入的民船贸易值④，编制了1891—1930年贸易收支估计表(见本章附表一、三)。

过去不少学者认为我国对外贸易从19世纪80年代开始，(也有人认为从70年代开始)，进入长期入超状况；对于19世纪90年

---

① O. D. Rasmussen:《天津》，载《天津历史资料》1964年第2期，第160页；王怀远:《旧中国天津对外贸易》，载《北国春秋》1960年第1期，第33页；《南开经济指数资料汇编》，1988年，第59—69页。

② 许道夫:《中国近代农业生产及贸易统计资料》，第246、278页；潘序伦:"The Trade of the United States with China"，1924，p. 152.

③ 转引自土屋计左右:《中华民国の国际贷借》，载《东亚杂志》1932年9月。

④ 陈争平:《1895—1936年中国进出口贸易值的修正及贸易平衡分析》，《中国经济史研究》1994年，第1页。

代初期入超额，有人认为年均4000万关两①，有人估计为2710万关两②，……而我们尽管对1891—1894年鸦片走私进口值的估计已比前人的估计增加了40%还多③，计算的结果，1891—1894年仍然是年年出超，年均出超额达870万关两。如果我们将鸦片报关进口和走私进口的货值都除去，则出超额更大，年均可达3930万关两。这说明在甲午战争前，西方资本主义国家虽然在对华输出机制棉纺织品方面有所进展，但是仍然未能完全依靠近代工业产品取得对华贸易的优势。可以说，直至甲午战争前，西方国家对中国的贸易，“仍未完全改变鸦片战争前的格局，主要是搜购中国农副产品，用输入鸦片抵充对华贸易的逆差”④。

我们从附表一可以看出，到甲午战争以后，随着外国资本的大肆入侵，短短几年间，中国对外贸易也出现了明显的变化。首先是对外贸易迅速扩大，从年均出口值来看，1895—1899年比甲午战争前1891—1894年增长了35.9%⑤，年均增长速度更是前20年的2.8倍⑥；年均进口值1895—1899年间比1891—1894年增长了49%。进入20世纪后，增长得更快。第二个变化是甲午战争后，原先中国对外贸易基本保持顺差的状况迅速逆转。战后第二年（1896年）开始出现逆差；从1895—1899五年平均贸易平衡看，虽

---

① 郑友揆：《中国的对外贸易和工业发展》，第17页。

② 西·甫·里默著，卿汝楫译：《中国对外贸易》，第155页。

③ 陈争平：《1895—1936年中国进出口贸易值的修正及贸易平衡分析》，《中国经济史研究》1994年，第1页。

④ 《上海对外贸易：1840—1949》上，1989年版，第41页注，第39页。

⑤ 据严中平等：《中国近代经济史（1840—1894）》第一卷下，第1226页有关数据计算。

⑥ 甲午战争后，台湾被日本侵占。在作贸易增长纵向比较时，本应扣除台湾部分，但甲午战前打狗与台南的贸易值加在一起只占全国比重1%，影响很小，所以本文不再另行处理。

然逆差值不大,但已成为此后中国对外贸易平衡趋于恶化的开端。如果再结合商品结构的变化,1894年进口商品比重中,鸦片占20.57%,棉布占32.14%;而到1899年鸦片的比重下降为13.52%,棉布则上升为39.08%。[①] 这表明旧贸易格局在起变化,西方资本主义国家越来越多地对华输出近代工业品,其货值已逐步抵上并超过从中国输入农产品的货值。这种变化,到20世纪以后,更见明显。

1900年以后,一方面进出口贸易继续迅速增长,另一方面贸易逆差进一步增加,1903—1913年年均逆差值是1895—1899年年均值的近20倍。这说明随着外国资本主义商品的大量入侵,中国对外贸易平衡状况迅速恶化。

1914—1919年,由于第一次世界大战的影响,西洋货物对华进口减少,而欧洲对华棉花、皮毛等原料需求增加,因而这一时期出口增长快于进口,贸易逆差虽然仍旧存在,但程度有所减轻。

1920年以后,进口贸易的增长很快又超过了出口贸易。1920—1930年年均值与1891—1894年相比,出口增长了5.64倍,进口增长了7.03倍,不过,如果以美元计(参见附表三),增长幅度就没有那么大,出口值约增长了5.24倍,进口值约增长6.32倍。另外,从附表一可以看出这一时期贸易逆差越来越大,1920—1930年年均逆差值达12000多万关两,成为中国国际收支的一个严重问题。

二、各个时期中国国际收支发展概况

讨论巨额贸易逆差如何弥补的问题,必然涉及对整个中国国

① 见各年《关册》。

际收支平衡状况的估计，我们在前人关于1930年前中国国际收支平衡估计的基础上，从战争赔款、华侨汇款、外人投资及其收益、劳务收支、金银流动等诸方面考察了1895—1930年中国国际收支有关项目内容的变化①，再结合上述关于贸易收支的估计，试编了这一时期中国国际收支平衡估计表（本章附表四）。根据对旧中国国际收支的考察表明，外国资本—帝国主义对中国发动的侵略战争及帝国主义列强之间的战争，对旧中国国际收支状况影响极大，以致我们不得不用这些战争发生的时间作为研究旧中国国际收支的分期时限。1895—1930年中国国际收支发展过程大致可分为四个阶段：（一）1895—1899年甲午战争后至八国联军侵华之前；（二）1900—1913年八国联军侵华后至第一次世界大战爆发之前；（三）1914—1919年第一次世界大战期间（包括大战刚停不久）；（四）1920—1930年第一次大战后至日本侵占东北之前。

（一）1895—1899年

中国在甲午战争中战败，被迫于1895年与日本订立《马关条约》。这使中国社会半殖民地化程度进一步加深，对中国经济产生了多方面的影响。甲午战争刚结束不久，中国国际收支已有了明显的变化：首先是增加了为数甚巨的对外战争赔款。仅1895年一年支付给日本的战争赔款就相当于甲午战争前清政府全年岁出的90%多，相当于1895年中国全年进口值的一半；这一时期支付给日本的战争赔款相当于国外对华企业投资额的一倍半。

为了支付战争赔款，清政府不得不举借巨额外债，1895年借款额是1894年的11倍多，1895—1899年年均借款额也比1894年

---

① 详见陈争平：《1895—1936年中国国际收支研究》第三章，中国社会科学出版社1996年版。

高5倍多。这一时期外人企业投资也大大增加,其1895—1899年年均数是1894年的20多倍。仅1896—1900年5年间设立的资本10万元(银元,下同)以上的外资工厂和矿场就有近30个,资本总额2426.4万元①,比甲午战前50年间外商工业投资总额1972.4万元②,高出了23%。由于外国投资的增加,外人投资收益也比以前有明显增长,外债还本付息额1895—1899年年均值是1894年的5倍多,外国企业投资利润汇出数也成倍增加。

这一时期对外贸易增长迅速,进口增长速度比出口更快,其主要原因之一是外国资本对华输出促进了外国商品的对华输出,由于进口增长更快,因此贸易平衡从这一时期开始由甲午前的顺差转为逆差。由于对外赔款的支付、投资收益的增长及贸易逆差的出现,经常项目③合计也由甲午前的顺差转为逆差。

可以说,甲午战争后不久,中国国际收支一些主要项目都发生了较大的变化,中国不但进一步成为帝国主义商品侵略的对象,而且也成为帝国主义剩余资本投放场所。

---

① 汪敬虞:《中国近代工业史资料》第二辑上,1957年版,第20页。

② 孙毓棠:《中国近代工业史资料》第一辑上,1957年版,第247页。

③ 经常项目(Current Account),又叫经常账户,是指一定时期内经常发生的支付项目,是国际收支的基础。经常项目包括:a. 贸易收支,又叫有形贸易收支,反映该国在一定时期内商品进出口贸易的全部收支状况,是经常项目中最主要最大的项目,也是影响国际收支的重大因素;b. 劳务收支,又称无形贸易收支,反映了该国在一定时期内对外提供或接受劳务而发生的全部收支状况。它又包括海陆空客货运输费用、银行手续费、保险费和风险损失赔偿费、政府的海外开支、文化交流费用和旅游费用等;c. 投资收益,包括投资利润、股票红利、公私债券利息、房地产及其他固定资产租金等;d. 无偿转移,又称单方面转移,接受的一方不作为欠债,无须偿还。它包括侨民汇款、国际组织捐款、战争赔款等等。在我们所要研究的这段时期内,中国对外战争赔款,及华侨汇款都是中国国际收支的主要内容。

本期国际收支平衡估计表中"支出"方面有较大的"误差与忽略",我们估计这与甲午战争后外国纸币流入及外国银行在中国非法发行大量纸币有关。本来随着外国投资增加,应有更多白银或黄金净流入,结果被外国纸币取而代之。例如,帝俄为了支付建筑中东铁路的费用,极力扩大卢布纸币在东北的流通;此外,俄国对中国东北贸易的入超,"并不是用黄金或白银来清算,而是用卢布纸币来支付"。① 所有这些,都影响金银的净流入。

(二)1900—1913 年

甲午战争后帝国主义各国在中国扩大侵略和掠夺,疯狂划分"势力范围"。这种划分"势力范围"的活动,实际正如列宁所说,是"开始瓜分中国了"。帝国主义者曾狂妄叫嚣:中国已经成为"历史陈物"(A Thing of the Past)。② 1900 年他们组成八国联军侵入中国,残酷镇压了义和团的反抗,迫使清王朝签订屈辱的《辛丑和约》。这一不平等条约规定,中国向列强各国赔款 4.5 亿两白银,加上利息共计 9.82 亿两白银,这是帝国主义对中国空前大规模的勒索,极大地增加了中国对外支出负担。

从本章附表四可以看出:本期外债还本付息负担日益加重,1913 年偿还外债本息数额是甲午战争前 1894 年的 29.3 倍,是 1895—1899 年年均值的 5.7 倍。本期年均偿还外债本息额也达 3720 万两白银,是前期年均值的 2.7 倍,并占中国政府每年财政支出 20% 以上,有的年份,几乎占整个财政支出的半数。③ 这一时期各年摊付的赔款额达 2000 多万两白银,赔款再加上还债款,成

① 《中华民国货币史资料》第一册,1986 年版,第 933、931 页。

② "North China Herald",1903 年 12 月 30 日,第 1376 页。

③ 张国辉:《晚清钱庄和票号研究》,1989 年版,第 163 页。

为中国政府沉重的财政负担。本期外债笔数很多,但除了后来的"善后大借款"等以外,数额尚不如前期大,因而1903—1913年年均借债额低于上期年均数。本期外人对华企业投资总额仍然继续增长,不过年均新增投资量比上期有所降低。

本期华侨汇款比上期增加不少,年约在7000万两白银以上,成为我国弥补国际收支逆差的重要项目。

《辛丑和约》规定,列强派兵驻守从北京到天津及山海关沿线12个战略要地,并可在北京使馆区留守军队,外国在华驻军比战前大大增加,形成了对清朝廷的武装监视。由于外国在华驻军的增加,他们的驻军费等开支由过去的国际收支"小项目"成为不可忽视的大项目。1903—1913年年均国际收支项目中,"外人在华开支"已成为仅次于出口贸易和华侨汇款的第三大收入来源。①

这一阶段进出口贸易继续增长。由于进口增长更为迅速,本期贸易逆差继续扩大。由于贸易逆差迅速增加,本期经常项目逆差也随之增加,年均逆差额由上期的620万关两增至本期的6770万关两,增加了6000多万关两。

总之,这一时期国际收支的变化,反映了中国更进一步地被卷入资本主义世界经济体系之中,中国社会的半殖民地性进一步加深。

(三)1914—1919年

第一次世界大战对中国的国际收支产生了重要的影响。由于战后一个时期这种影响仍然起一定作用,因此我们把战后的1919

---

① 雷麦认为这一收入来源可能仍被低估了。见雷麦著,蒋学楷等译:《外人在华投资》,第160页。

年也并入这一时期一起讨论。

大战期间欧洲列强暂时放松了对华资本输出，只有英国凭借过去实力，仍然在华增加投资，不过其势头比过去大为减弱；日、美两国趁机加紧了对华资本输出，其中仅1917、1918两年日本给北洋段祺瑞政府的借款，单是“西原借款”的总额就达14500万日元。① 所以这一时期虽然欧洲国家对华间接投资与直接投资额有所减少，但外人对华投资在总体上仍保持一定规模。

这一时期的外贸虽然还有逆差，但其数额比前期大大降低。随着大战的进行，洋货进口值先大幅度降低，后略有回升；而欧洲战争对中国棉花、皮毛等原料需求增加，中国土货出口比战前有了较大的增长，1914—1919年年均出口值比上期年均增长了57.8%。

因中国参战而停付或缓付部分庚子赔款，这一时期年均支付战争赔款额比上期降低。

由于战争影响，银价上涨，华侨汇款额年均比上期降低约2200多万两白银；加上由于外人企业投资累积影响，年均汇出外企投资利润比上期大大增加；这样，虽然贸易逆差比上期大幅度降低，但是经常项目逆差并没有降低多少。

(四)1920—1930年

大战结束后，西方列强卷土重来，日、美也力图扩大其在华势力，这样，无论是资本主义列强对华商品输出，还是资本输出，都达到前所未有的高峰。附表四显示了1920—1930年中国国际收支发展的主要特点。

① 杜恂诚：《日本在旧中国的投资》，1986年版，第428页。

1. 进出口贸易大幅度增长,本期年均进口值比上期增长了47000多万关两,年均出口值比上期增长了38000多万关两,年均贸易逆差增至12000多万关两以上。

2. 外人在华开支合计也上了一个新台阶,高达1亿多关两。其中,主要是外国在华驻军费等增加较多。

3. 外人在华企业利润汇出量本期也大大增加,年均约有11700多万关两。

4. 随着战后各国经济的恢复和发展及银价下跌,华侨汇款也逐年增加,1920—1930年年均达13400多万关两,1930年高达2亿多关两,成为弥补我国国际收支逆差的一个主要收入来源。

5. 由于外人在华开支、华侨汇款等项收入数额增加,所以虽然贸易逆差年均值高达12000多万,但是经常项目逆差年均值比上期减少了一半。

6. 本期因中国政府借债信用下降等原因,借款额有所降低,本期年均外债收入比前3期下降。

7. 本期外人企业投资达到一个新高潮,1930年新增企业投资高达13000多万关两,反映了外国资本在华势力的扩张。

三、巨额逆差的弥补问题

根据对1895—1930年中国国际收支的考察,我们发现:(1)这36年里中国对外贸易逆差累积约有29亿5290万关两;(2)36年里中国共付出战争赔款7亿970万关两,至1930年时尚欠列强3亿8434万关两赔款;(3)36年里实收外债13亿2250万关两,还本付息11亿7670万关两,至1930年时尚结欠各国近20亿关两外债;(4)36年里国外对华企业投资约值11亿9000万关两,按雷麦估计(这估计被认为偏低①)的比例计算,企业利润汇出约24亿6000万关两,至1936年时外国在华企业资产(其中可能有华商附股)和房地产尚有37亿3830万关两。②

上述(3)、(4)两项合计,1895—1930年外国对华投资约25亿1250万关两,却从中国获取了36亿3670万关两收益,中国还结欠各国约23亿8000万关两债务,各国在华还握有37亿多关两的企业财产和房地产等。上述数据,再次证实了这样一个结论:帝国主义对旧中国的投资,不只是一种资本输入制度,同时是一种资本掠取制度,具有双重的超经济剥削性质。③ 帝国主义在华进行资本国际积累活动,至1930年时,除在中国占有大量债权、产权以外,还导致中国净流出资金约11亿多关两,这还不包括外国资本在进出口贸易中对中国的剥削。加上中国在这36年累积近30亿关两的贸易逆差和7亿多关两的赔款,这36年中国累积约有49亿关两的巨额国际收支逆差,从而使中国国际收支状况进一步恶化。

这笔约49亿关两的巨额逆差是如何弥补的?按海关统计,这些年累积中国黄金净流出价值近8000万关两,而白银累积净流入约7亿7000多万关两。显然,仅从贵金属的流动不能解释当时中国国际收支逆差的弥补问题。

弥补巨额逆差的最大收入来源是华侨汇款。按雷麦估计,1902—1930年29年中华侨汇款总计约34亿6600万关两,如果加上他以前对1902年之前7年的汇款估计,则1895—1930年36年

---

① 吴承明:《帝国主义在旧中国的投资》,1955年版,第91页。

② 据本章附表四及吴承明《帝国主义在旧中国的投资》第52页有关数据计算。

③ 吴承明:《帝国主义在旧中国的投资》,第91、90页。

华侨汇款总数应在38亿关两以上。① 不过,雷麦根据1931年前几年银价暴跌、侨汇踊跃时的材料推断前二三十年的侨汇,可能偏高。我们采用郑林宽、侨委会的数据②,再据此推算1905年前的情况,估计36年里华侨汇款总数约在30亿至32亿关两之间。海外华侨给祖国亲人的汇款,聚沙成塔,涓滴成流,抵消了旧中国巨额国际收支逆差的一大半。这也反映了旧中国国际收支状况的脆弱性和不稳定性,每当国外经济危机,一些国家歧视华侨,侨汇减少时,中国国际收支状况就更捉襟见肘了。

巨额逆差的另外一小半是由"外人在华开支"弥补的。"外人在华开支"冲销掉"中国在外开支"及中国支出的"运输与保险"这两项后的余额,36年里共计约25亿关两,大致与剩下的逆差及贵金属净流入值相抵。"外人在华开支"中最大项是外国驻华海陆军费用,这可视为外国资本原始国际积累所耗费的部分成本。"外人在华开支"中还包括外国教会在华传教费用等。国际收支逆差依靠这些"带有浓厚殖民地性质的收入"来弥补,也说明了旧中国国际收支平衡是畸形的、半殖民地性的。

英国在这一阶段也存在巨额贸易逆差(1900年约1亿6000多万英镑,1929年约2亿6000多万英镑)③,但是它的国外投资收益(1900年约1亿3000多万英镑,1929年约2亿4000多万英

---

① 雷麦著,蒋学楷等译:《外人在华投资》,第164—166页;西·里默著,卿汝楫译:《中国的对外贸易》,第165页。

② 陈争平:《1895—1936年中国国际收支研究》,第三章第一节。

③ 《苏联和主要资本主义国家经济历史统计集》,1989年版,第896、897页。

镑①),加上海运收入(20世纪初已达1亿英镑②)足以抵消贸易逆差而有余。与此相对照的是,中国要支出日益增多的外国投资收益和运费、保险费等给英国这样的国家,加大了中国的国际收支逆差。另外,“外国驻华海陆军费用”成为旧中国弥补逆差的一项收入来源,而英国为了维持庞大的殖民帝国,必须承担巨额海外军政支出,“海军……是耗掉黄金和外汇的一个巨大漏洞。”③贸易逆差弥补状况的对比,反映了老牌帝国主义国家英国与落后的半殖民地中国的巨大差异。

四、国际收支与近代化中的资金供给问题

(一)资金短缺对中国近代化的阻碍

资本形成在近代化过程中所具有的重要地位,几乎是世界各国经济发展的共同特点,而甲午战争后的中国,资本形成问题或曰资金供给问题,具有更重要的意义。这是因为资金不足是中国近代生产企业发展的“瓶颈”,能否解决资金供给问题,往往成为企业生产发展的关键。我们先考察当时中国资金短缺的情况,然后再分析国际收支在其中的作用。

清末民初,由于社会资本严重不足,导致中国资金市场求大于供,银行放款利率居高不下。各城市银行放款利率一般在10%左右,最高达20%(见表30)。这时工厂融通资金的主要来源是钱庄。辛亥革命前上海钱庄放款年利率大抵在7.2%—12%,银根

① 官崎犀一等编,陈小洪等译:《近代国际经济要览》,第212页。

② The New Cambridge Modern History, Vol. 11, Material Progress and Worldwide Problems 1870—1898.

③ 罗志如等:《二十世纪的英国经济》,1982年版,第130页。

紧张时甚至在20%左右。上海以外的各埠钱庄放款利息“多数比上海为高”。而同时期西方资本主义国家的利率,“最高也不超过5%”。两相比照,中国利息水平的高利贷性非常明显。①

1920年左右,我国一些城市放款利率又有所上升。据北洋政府财政部档案材料看,当时京、津一带资金短绌,“所有各项利率均较前增高”。以“救济农工”相标榜的农工银行,1917年以来放款年利率最高为18%,而到1921年时这一上限已升至21.6%。②

表30 1910年各城市银行放款年利率③

单位:%

城市	利率	城市	利率	城市	利率
上海	7.2—9.6	南昌	11.0	北京	6.6—12.0
镇江	8.4—9.6	汉口	9.6	天津	8.4
南京	12.0	长沙	9.6—11.0	营口	9.6
芜湖	12.0	宜昌	12.0—18.0	宁波	6.0—8.4
九江	9.6—18.0	重庆	10.0—12.0	福州	8.0—20.0

资金市场利率高,还有一个直接原因,即内国公债的发放。北洋军阀为了进行内战,滥发公债。1912—1926年北洋政府共发行内债6亿1800多万元。这些内债利息高,实际向银行抵押时又按票面值五六折发行,“于是公债遂成为社会流动资金的主要投资对象。公债投资利息恒在一分五厘以上”。④ 许多资金因而被吸

① 严中平:《中国棉纺织史稿》,第160、158页。

② 严中平:《中国棉纺织史稿》,第160、158页。

③ 《中华民国史档案资料汇编》第三辑,金融(一),第420—424页。

④ 严中平:《中国棉纺织史稿》,第193页。

引到公债投机上去。这些公债主要用于内战,很少用于工矿业的开发;公债投机使利率抬高,使高利贷更为盛行。

高利贷一方面侵蚀原有的产业资本,另一方面又吸引社会资金流向流通领域,而使生产领域资本形成更加不足,以致形成一个"低资本形成—低收入—低储蓄能力—高利贷—低资本形成"这样一个恶性循环。

再从资金的需求者生产企业角度来看:甲午战争后,近代工业中发展最快的是棉纺织业,其中纺纱业的发展又超过织布业,其原因之一是创办纺纱厂"资本可以稍轻",其规模可以"随其资本之大小而设立"。① 对于资力微薄的实业家来说,选取纺纱厂作为投资对象,就不难理解其苦衷。但是即使如此,他们在集资办厂的过程中仍遇到很大困难。清末状元张謇在创办大生纱厂时虽然能得到刘坤一等地方官员的支持,具有比其他实业家有利的条件,但他在集资过程中仍然屡遭挫折,自称"仰天俯地,一筹莫展",曾被迫借月息高达1.2分的高利贷以度难关。② 后来因为大生纱厂能较好地利用地利,与当地农村植棉业和手织土布业有机结合,才得以发展。

因集资困难,为了招徕社会资金,维持工业投资,像大生这样的纱厂,乃至其他的民族近代企业中,普遍实行"官利"制度,即不论企业盈亏,股东定期必分官利,其数额一般在8%以上。张謇曾认为当时中国如无官利制度,则"资本家一齐猬缩矣,中国宁有实业可言?"官利的水准,受当地高利贷利率所左右。③

---

① 张国辉:《中国棉纺织业1895—1927年的发展和不发展》,《中国社会科学院经济所集刊》第10辑。

② 详见《大生系统企业史》,1990年版,第10—23页。

③ 详见汪敬虞:《中国近代工业史资料》第二辑下,第1011—1015页。

不仅企业自有资本中含有“官利”这样高利贷性质的成分,企业在营运过程中往往还要靠借款来维持。这些借款“利息高昂,且有不少苛刻的附带条件。”中国近代企业因借债而承受的利息负担很沉重。大生纱厂是第一次世界大战前“华资纱厂中惟一成功的厂”,它的高额利息支出情况,充分反映在表31中。

表31 大生一厂债息支出①

年份	债息支出(万两)	债息占总支出(%)	债息占结余(%)	年份	债息支出(万两)	债息占总支出(%)	债息占结余(%)
1901	1.9	7.38	17.98	1912	9.7	18.32	37.20
1902	3.3	12.24	18.15	1913	10.0	17.94	33.07
1903	6.9	18.12	26.18	1914	12.2	19.65	43.27
1904	8.2	16.04	36.50	1915	17.4	22.84	403.84
1905	8.2	15.61	16.94	1916	19.8	22.19	—
1906	15.2	23.52	38.10	1917	26.3	21.34	39.74
1907	12.4	22.11	221.71	1918	34.9	26.10	69.23
1908	10.5	19.92	66.41	1919	39.9	23.97	15.86
1909	10.7	18.19	51.60	1920	44.6	26.38	23.45
1910	10.8	19.53	166.20	1921	58.5	29.07	84.42
1911	10.2	19.05	74.77	1922	100.3	43.82	—

从表31可以看出,大生一厂负债日重,至1922年债息支出已逾100万两,占总支出的43.82%,不久就因无力还债而被金融资本接管。② 利息负担重,也影响了华商纱厂产品的竞争力,据30

① 详见《大生系统企业史》,第222—227、150—151页。
② 详见《大生系统企业史》,第222—227、150—151页。

年代调查,每包20支纱的生产成本中,华商纱厂"捐税及利息"支出约15元,而日商在华纱厂此项支出仅2.7元,两者相较,华商纱厂高出4倍多。① 再加上其他支出在华商纱厂也较高,以致每包纱总成本华商纱厂比日商纱厂高出1倍多。另据1933年调查11家华商纱厂的负债情况,最好的平均每锭负债也在24元,"最坏的一家竟达99.3元,普通总在六七十元之谱。"多数厂家所负的债务已远在资本之上。上述11家纱厂负债利息,最低的也是年利6%,最高达20%,一般总在8%—12%之间。②

资本形成来源除居民储蓄外,很大部分靠企业积累。民族工业因资力薄弱,被迫承受高利贷剥削,影响了企业资本积累,形成"资力薄弱→借高利贷→资力更薄"的恶性循环。由于生产企业常要负债亏累,导致投资引诱不足,社会资金更多地流向流通领域,资本形成更加不足。

而且我国近代金融业以投机公债和商业贸易放款为主,"对工矿事业的贷放,通常仅在全部投资额的1%以内"③。以致许多民族资本企业不得不转求外国贷款。外国贷款条件非常苛刻,"譬如利息,一般都在10%以上,常常高至12%。"民族资本举借外债的情况仍然很多。④ 举借外债的结果,往往使企业遭到被外资吞并,或沦为外资附庸的厄运。前文所提到的汉冶萍的遭遇就是一个明显的例证。另以1917—1931年的华资纱厂为例,已知曾经举借外债的22家企业中,除去5家结果不详外,能够清偿债务的只有1家,"其他都在各种名义之下实质上被帝国主义垄断资

---

① 严中平:《中国棉纺织史稿》,第217页。
② 严中平:《中国棉纺织史稿》,第218页。
③ 陈真等:《中国近代工业史资料》四,第73页。
④ 详见汪敬虞:《中国近代工业史资料》第二辑下,第1050—1063页。

本所吞并了"①。

因资金缺乏,使民族工业在技术改进、设备更新,以及原料购进、产品销出等等方面都产生不利影响②,更不利于民族工业扩大生产规模,取得规模效益。可以说,资金缺乏已成为造成民族工业生产率低下的一个主要因素。

由此可见,当时的中国也存在着如西方发展经济学家 R. 纳克斯所说的"贫困恶性循环"。③ 而在当时中国的历史条件下,高利贷在这一恶性循环中所起的恶劣作用,使得这个恶性循环更加难以打破。旧中国的贫困恶性循环表现为:"低资本形成—低生产率—低产出—低收入—低储蓄能力—高利贷—低资本形成。"

产业化是经济近代化的核心内容。当时中国社会也存在着一些促进近代民族工业发展的因素,例如生产技术的改进,经营管理的某些改善,爱国运动对国货生产的促进,政府某些工商政策的改革,等等,以及世界大战期间西方资本放松对华侵略,使民族工业压力减轻,使得中国近代工业发展速度有所加快。从资本增长来看,1894—1936 年本国工业资本从 4954 万元增至 246502 万元,增加了 241548 万元,年均增长率为 9.75%;如果再加上交通运输业,则本国产业资本年均增长率更高,1894—1920 年达 10.38%。④ 但是我们进一步考察时,就会发现,增长率之所以高,主要是因为基数太低。要想考察生产发展水平及其未来趋势,还需要估算当时我国的生产投资率,按罗斯托的理论,生产投资率从

---

① 严中平:《中国棉纺织史稿》,第 196—199 页。

② 详见汪敬虞:《中国近代工业史资料》第二辑下,第 1032—1033 页。

③ R. 纳克斯:《不发达国家的资本形成问题》,1966 年中文本,第一章。

④ 据吴承明:《中国近代资本集成和工农业及交通运输业产值的估计》,《中国经济史研究》1991 年第 4 期计算。

占国民收入的5%提高到10%以上，才能实现经济起飞。① 那么20世纪前半期我国的生产投资率有多高呢？据巫宝三有关30年代的估算，1936年投资占国民收入比率为5.50%，为最高，1931—1936年平均投资率则只有1.23%②，按刘大中估计，1933年新投资占国民收入比率为2%③，比巫宝三的估计略高，但仍然是很低的。这里的投资包括了各行业的投资，至于工业投资占国民生产总值的比率，更令人心酸。据估计1894—1920年26年间中国工业资本（包括外国在华资本在内）增加了98739万元④，平均每年增加3798万元，而1894—1920年平均国民生产总值约为115亿元⑤，每年工业投资占国民生产总值比率不到万分之四；如果仅算本国工业投资，则不到万分之二。再从制造业占国内生产总值的比重来看，当时我国近代化程度是很低的，其发展前景也不容乐观。

资本严重短缺，导致贫困恶性循环，成为中国近代化发展的严重障碍。它既是旧中国传统社会经济结构造成的后果之一，又与长期以来中国国际收支严重失调密切相关。

（二）国际收支加剧了资本不足与中国近代化的矛盾

在这里我们仅从1895—1930年国际收支的角度，做以下定量分析，以求进一步对外来因素在中国近代资本形成问题上的作用

---

① W. 罗斯托：《经济成长的阶段》，1960年中文本，第49　50页。

② 巫宝三：《“中国国民所得，1933年”修正》，《社会科学杂志》第9卷第2期。

③ 转引自陈振汉：《我国历史上国民经济的发达和落后及其原因》，据孙健编：《中国经济史论文集》，中国人民大学出版社1987年版。

④ 许涤新、吴承明等：《中国资本主义发展史》第二卷，第1046页。

⑤ 详见陈争平：《1895—1936年中国国际收支研究》，第四章附录。

有个初步的认识。对前面已经提到的这些年中国国际收支主要内容,我们分别从帝国主义对华暴力掠夺、一般商品进出口贸易、外国对华投资及其收益这三个方面进行讨论。

1. 帝国主义对华暴力掠夺

中日甲午战争以后,帝国主义列强通过发动侵华战争或用强权威胁,向中国勒索的赔款有对日赔款、庚子赔款、西藏赔款、革命损失赔款等,其中前两项数额尤为巨大。对日赔款数达2亿3000多万两白银,中国只得靠举借条件苛刻的巨额外债来支付。庚子赔款本息共近10亿两白银,不仅是中国空前沉重的负担,在世界史上也是罕见的。美国学者费维恺曾认为中国晚清时期支付的巨额赔款,原是中国"可利用资源的一个大量净流失。"他指出,仅1895—1911年间,中国付出的庚子赔款及支付对日赔款的三项借款本息,就相当于"1895—1913年间成立的所有外国属、中外合办、中国属机制企业总创办资本的二倍"①。1895—1930年中国国际收支中对外赔款数额共约7亿970万关两,而且截至1930年时尚欠列强3亿8434万关两赔款。对外赔款大大加剧了中国近代化与资本不足的矛盾。

另外,外国侵略者利用其通过暴力所得特权向中国大量贩运鸦片、吗啡等毒品贸易活动,也应当属于暴力掠夺性质。这种大规模的毒品贸易,被马克思认为是比奴隶贸易还要残忍的掠夺性贸易。② 英国侵略者于1840年对华发动第一次鸦片战争的直接目的之一,就是"用武力强制中国接受鸦片"。据估计,甲午战争前1843—1894年,外国侵略者利用其特权向中国贩运鸦片(含走私)

---

① 费维恺:《中国近百年经济史》,1978年台北版,第78页。

② 《马克思恩格斯选集》第二卷,1972年版,第29页。

累积 18 亿 8800 万关两,年均约 3700 万关两。① 甲午战争后,1895—1930 年报关进口鸦片 7 亿 7517 万关两②,走私进口鸦片、吗啡等毒品约 2 亿 1500 万关两③,合计毒品进口近 10 亿关两,年均约 2857 万关两(比甲午战争前略低,这大抵与中国土烟发展有关)。1931 年以后仍有大量毒品进口。

罪恶的毒品进口贸易,使得成千上万的中国人身心健康状况严重恶化,还使中国大量资金流往国外。甲午战争前,外国资本向中国贩卖鸦片而从中国所得资金,是 1894 年中国产业资本总额的 40 多倍。如果把这笔被外国鸦片贩子掠夺的资金投资于中国近代产业的话,那么在甲午战争前夕中国近代化的发展一定比实际状况好得多。甲午战争后至 1930 年,中国被迫支付的赔款及毒品进口货值这两项完全属于暴力掠夺性质的款项,共约 16 亿 8000 多万关两,比这一时期外国对华企业投资汇入总额多出近一半,相当于 1927 年本国民用工矿企业资本总额④的 3.8 倍多。上述统计虽然是很不完全的(比如外国侵略者在甲午战争、八国联军侵华战争等侵略战争中对中国财富的直接掠夺,就没有包括进去),但是仍然可以看到由于资本主义列强的暴力掠夺,使中国近代化急需的资金大量流往国外的情况。

假如中国政府能够履行其政府职能,至少能保护本国资源和市场免受外来的侵略和掠夺,这近 17 亿两的资金能留在国内用于经济发展,那么中国近代化与资本不足的矛盾将有一定程度的缓解。但是现实情况是,半殖民地中国的历届政府非但不能抵御外

---

① 《上海对外贸易:1840—1949》上,1989 年版,第 42 页。

② 据各年《关册》统计。

③ 详见陈争平:《1895—1936 年中国国际收支研究》,第二章第四节。

④ 杜恂诚:《民族资本主义与旧中国政府》,1991 年版,第 109 页。

来侵略掠夺,反而沦为帝国主义统治中国人民的工具,向人民强征捐税作为向列强提供赔款,使大笔资金流往国外,成为帝国主义原始国际积累,其中一部分又转化为他们对华侵略的资本。

2. 一般商品进出口贸易

在一般商品进出口贸易方面,虽然出口贸易的发展可以换回近代化所需的机器、设备、技术等,但是由于甲午战争后洋货进口增长速度远远超过土货出口的增长,中国连年出现巨额贸易逆差。丧失关税等自主权的半殖民地中国,对此无能为力,贸易逆差不断扩大,1895—1930 年累积逆差已近 30 亿关两,成为中国资本形成的一个严重障碍。

外国资本通过不等价交换,也使旧中国很大一部分社会剩余转化为外国的资本国际积累。这些问题,前文已经做了讨论,不再重复。

3. 外国对华投资及其收益

外国对华资本输出对中国经济近代化的影响较为复杂,这里仅考察它对中国近代资本形成的直接影响。1895—1930 年外国对华资本输出 25 亿多关两,有人认为它为中国"现代化经济部门筹措了很大一份资金"①。实际情况究竟如何?需要进行具体分析。

许多发展中国家的实践表明,利用外资来发展经济,既有利益又有代价。要使引进外资有利于资金供给,首先要做到引进外资应有适度规模,不能超过本国外债偿还能力。否则资本输入国虽然暂时得到一些资金,但由于超出偿还能力,只能借新债还老债,债上加债,利上加利,从此背上过重的债务负担,从长远来看,将导

---

① 侯继明:《外国投资和经济现代化》,《中国近代经济史论文选译》,1987 年版,第 52 页。

致利息总额远远超过借款时实收本金,本国资金大量净流出,很不利于本国资本形成。

在半殖民地的旧中国情况是怎样呢? 甲午战争后,清政府为支付对日赔款不得不大举借债,西方列强趁机勒索,抢夺贷款权益,贷款规模已失去控制;北洋军阀统治时期更是滥借外债。在善后大借款谈判中,列强又提出更为苛刻的条件,并组成银行团垄断对华贷款,用强权阻止中国政府选择条件稍为有利的外国贷款,使旧中国政府被迫接受它们的条件。帝国主义列强就是这样,通过贷款加强权来控制中国财政,并致使中国债务包袱越背越重,资金大量净流出。

发展经济学中常用"债务负担"这一指标衡量一国负债情况,"债务负担"通常以一国在一定时期的外债总额与国民生产总值(GNP)的比例来表示。① 从表32可以看出我国甲午战争后债务负担日益沉重的情况。

表32　1894—1930年中国债务负担②

单位:百万关两

年份	A外债结欠额	B国民生产总值	A/B债务负担(%)
1894	13.5	4325.9	0.3
1920	441.7	10445.1	4.2
1930	1279.7	18258.6	7.0

有人认为从长远来看,外债偿还能力的惟一决定因素是外资对整个经济生产率所作的贡献,常用"外资利用效率"来衡量,而

① 谭崇台等:《发展经济学》,1989年版,第463页。

② 详见陈争平:《1895—1936年中国国际收支研究》,第五章第一节。

"外资利用效率"通常也用债务在 GNP 中的比重变化来表示。①如果这一比重逐渐变小,说明外资利用效率高,不仅可以促进经济增长,而且也增强了偿债能力。但是从表 32,我们发现甲午战后我国债务在 GNP 中的比重越来越大,说明当时我国外资利用效率越来越低。

外资利用效率低,与外资投向结构有很大关系。合理的外资投向结构应有利于国内经济发展。近代实业家张謇在论及借外债之事时曾强调:"外债可借,但借时即须为还计。用于生利可,用于分利不可,而用之何事,用者何人,用于何法,尤不可不计。"②但是我们从有关外国间接投资结构分析中可以看出,财政军事借款占借款总额约三分之二,帝国主义贷放这类借款的目的如前所述,在于掌握中国政治,控制中国财政,扶植帝国主义代理人。这类贷款中很大一部分又转化为购买外国军火等款项流往国外,对于中国来说,只是助长了军阀之间的内战,加剧了中国社会的动乱。

借款总额剩下的三分之一中,铁路、电信借款占八九成,工矿借款约占一成。应当承认,这些借款中有些客观上能缓解中国资金周转的困难,但是需要指出的是,一些名为"铁路借款"或"电信借款"中有许多被挪用于财政军事目的。③ 而且外国资本通过经手对华铁路贷款,不仅控制了中国陆路交通命脉,还往往借此强迫中国将铁路沿线区域划为债权国势力范围,享有种种特权。因此,帝国主义列强之间对于中国铁路投资权曾经一再进行激烈的争夺。某个帝国主义国家取得中国某条铁路的投资权后,如果它不愿意在近期内投资筑路的话,别国不能再要求投资修筑此路,中国

---

① 谭崇台等:《发展经济学》,1989 年版,第 464 页。

② 《张季子九录》政闻录,第七卷。

③ 吴承明:《帝国主义在旧中国的投资》,1956 年版,第 75—76 页。

自己也不能兴建，这样也就破坏了中国铁路的自主发展。从国际收支上来看，旧中国铁路借款的利息支付，几乎耗尽了铁路营运的盈利①；债权国还往往垄断铁路材料的供应，从中获取垄断利润。经手发行铁路借款的外国银行除了获得借款的存放权外，还可以另外获得发行费、信托费、购料手续费、分红等，据估计平均约等于铁路借款总额的11.05%。② 而工矿借款如前所述，也多数带有高利贷性质，并附有其他苛刻条件，就像汉冶萍借款那样，从长远看并不利于中国资本积累。

按照前面的计算，1895—1930年这36年来，实收外债13亿2250万关两，而外债还本付息11亿7670万关两，至1930年时尚结欠各国近20亿关两外债。

可以说，在当时中国围绕着外债，实际上存在着结合国际与国内、政治与经济等因素的另一种恶性循环。它可用下列图式（图1）表示：

在这种恶性循环中，晚清的外债重负，贻害于北洋政府；北洋政府的财政恶化，又不得不"仰给外债以度岁月"，进一步陷入滥借外债的泥潭。蒋介石等后来建立的南京国民政府，为了得到列强支持，不得不承认清政府和北洋政府的所有外债，又背上了北洋政府遗留下的外债负担。所以总的看来这一时期外国对华贷款对于中国近代化的资金供给有益的成分很小，中国反要为此付出巨额债息，付出其他政治和经济代价，所付出的代价大大超过所得

① Chi－ming Hou（侯继明）：Foreign Investment and Economic Development in China，1973，p. 40.

② 宓汝成：《帝国主义与中国铁路》，1980年版，第371—374页；陈仲秀：《英国银行界从中英借款中所获的利润》，《清华学报》（台北）1965年第5卷第1期。

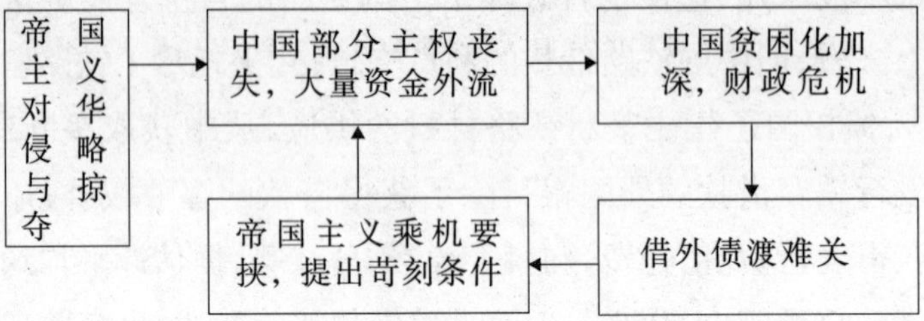

图1　围绕外债的恶性循环

利益。

至于外国对华直接投资，从有关投资结构分析来看，贸易、金融、运输等行业投资比重较大，这些行业都是最具有流动性和投机性的，企业资产容易被转移出国。直接投资对中国经济的作用较为复杂，不能否认，外资企业有时对中国近代化也有一定促进作用，但是这些促进作用是很有限的。外资在华企业一般来说资本较雄厚，又享有一系列侵略特权，对中国民族资本主义企业造成极大的压迫。① 在中国国际收支账上，1895—1930 年这 36 年，国外对华企业投资约值 11 亿 9000 万关两，企业利润汇出约 24 亿 6000 万关两，至 1930 年时外国在华企业资产（其中可能有华商附股）和房地产尚有 37 亿 3830 万关两。显然，对当时的中国来说，在外企投资收支账上，也是支出远远大于收入的。

一位外国学者在比较中、日、俄三国近代经济发展历史时认为，三国都有吸引、利用和控制外资的问题，日、俄在"利用那些可能成为剥削他们的人这方面较为成功"，而中国由于"较弱的政治

① 汪敬虞：《资本、帝国主义国家在近代中国的特权》，《中国社科院经济研究所集刊》第 10 集。

附表一

1920	541.6	541.6	65.0	6.7	5.9	0.6	619.8	762.3	762.3	15.4	0.3	778.0	-158.2
1921	601.3	601.3	72.2	6.7	7.0	1.0	688.2	906.1	906.1	15.4	0.9	922.4	-234.2
1922	654.9	654.9	78.6	6.7	6.8	0.9	747.9	945.1	945.1	15.4	0.8	961.3	-213.4
1923	752.9	752.9	90.3	6.7	8.0	0.8	858.7	923.4	923.4	15.4	0.7	939.5	-80.8
1924	771.8	771.8	92.6	4.9	8.0	0.6	877.9	1018.2	1018.2	15.4	1.0	1034.6	-156.7
1925	776.4	776.4	93.2	3.2	9.3	0.6	882.7	947.9	947.9	15.4	0.6	963.9	-81.2
1926	864.3	864.3	103.7	3.2	11.6	0.5	983.3	1124.2	1124.2	15.4	0.7	1140.3	-157.0
1927	918.6	918.6	110.2	3.2	14.6	0.4	1047.0	1012.9	1012.9	15.4	0.9	1029.2	17.8
1928	991.4	991.4	119.0	3.2	15.0	0.4	1129.0	1196.0	1196.0	15.4	0.5	1211.9	-82.9
1929	1015.7	1015.7	152.3	1.3	23.2**	0.2	1192.7	1265.8	1265.8	29.8	0.3	1295.9	-103.2
1930	894.8	894.8	196.9	1.3	40.0**	0.1	1133.1	1309.8	1309.8	26.0	0.2	1336.0	-202.9

说明：* 包括周广远所作对朝贸易的修正。 ** 包括出口税。

资料来源：M、L 栏为海关进出口值中未记载的民船对外贸易值，转引自杨端六等：《六十五年来中国国际贸易统计》，第 153 页；E 栏为货物从长江及珠江口岸到边境口岸的运杂费，据萧梁林（Hsiao, Liang-Lin）：China's Foreign Trade Statistics, 1864—1949；其余见本章有关论述。

1918	1.26	165.8	0.984	157.7	131.3	84.4	120.1	-23.5	1.1
1919	1.39	182.9	1.121	179.6	138.6	81.2	129.6	-53.1	-41.2
1920	1.24	163.2	1.019	163.3	154.4	95.5	105.8	-92.6	17.5
1921	0.76	100.0	0.631	101.1	97.6	90.3	103.6	-32.4	16.5
1922	0.83	109.2	0.679	108.8	96.7	88.3	112.5	-39.6	-4.1
1923	0.80	105.3	0.652	104.5	100.6	94.2	103.9	-67.2	5.7
1924	0.81	106.6	0.671	107.5	98.1	92.9	109.6	-26.0	9.7
1925	0.84	110.5	0.694	111.2	103.5	96.1	107.4	-62.5	1.0
1926	0.76	100.0	0.624	100.0	100.0	100.0	100.0	-53.2	7.6
1927	0.69	90.8	0.567	90.9	95.4	103.9	95.3	-65.1	1.3
1928	0.71	93.4	0.585	93.8	96.7	98.7	97.0	-106.4	-6.1
1929	0.64	84.2	0.533	85.4	95.3		89.6	-105.8	2.0
1930	0.46	60.5	0.385	61.7	86.4		71.4	-67.0	-16.5

资料来源:(6)据杨端六等:《六十五年来中国国际贸易统计》第三表有关数据计算;其余见郑友揆:《中国的对外贸易和工业发展:1840—1949》,1984年版,第342—343页。

结构”,造成很大的损失。① 所谓“中国较弱的政治结构”,实际上就是半殖民地半封建的旧中国政权在利用和控制外国资本方面软弱无能,反而使中国遭受外国资本的奴役和剥削。处于“被动附庸型开放”状态下的国家,是难以有效地控制和利用外资的。

① M. Elvin:《中日俄近代早期经济增长的比较》,《经济学术资料》(沪)1982 年第 5 期。

附表三

1891—1930 年中国进出口贸易收支

单位:百万美元

年份	出口值	进口值	贸易平衡	年份	出口值	进口值	贸易平衡
1891	148.1	141.4	6.7	1911	268.2	316.4	-48.2
1892	136.4	128.3	8.1	1912	297.8	362.6	-64.8
1893	139.1	130.9	8.2	1913	322.0	429.9	-107.9
1894	123.7	113.5	10.2	1914	275.4	399.0	-123.6
1895	138.3	126.9	11.4	1915	298.7	295.7	3.0
1896	128.0	151.4	-23.4	1916	437.2	425.4	11.8
1897	140.4	134.7	5.7	1917	544.7	592.7	-48.0
1898	131.3	135.8	-4.5	1918	681.5	739.5	-58.0
1899	168.9	178.8	-9.9	1919	980.8	948.3	32.5
1900	149.6	176.5	-26.9	1920	768.6	964.7	-196.1
1901	152.3	179.2	-26.9	1921	523.0	701.0	-178.0
1902	164.6	197.8	-33.2	1922	620.8	797.9	-177.1
1903	170.4	208.2	-37.8	1923	686.3	751.6	-65.3
1904	182.0	237.3	-55.3	1924	711.1	838.0	-126.9
1905	186.6	339.2	-152.6	1925	741.5	809.7	-68.2
1906	206.9	341.8	-134.9	1926	747.3	790.6	-43.3
1907	242.3	342.4	-100.1	1927	722.4	710.1	12.3
1908	213.9	267.2	-53.3	1928	801.6	860.4	-58.8
1909	236.0	272.3	-36.3	1929	763.3	829.4	-66.1
1910	278.1	315.5	-37.4	1930	521.2	614.6	-93.4

说明:据附表一及郑友揆:《中国的对外贸易和工业发展:1840—1949》附录二Ⅲ栏计算。

附表四

中国国际收支平衡表

1894—1930年　　单位:百万关两

项目		1894年		1895年		1895—1899年均		1903年	
		收	支	收	支	收	支	收	支
A1	贸易收支								
A1.1	进口		147.5		158.6		194.3		325.3
A1.2	出口	160.7		172.9		189.0		266.2	
贸易收支平衡		13.0		14.3		5.3			59.1
A2	劳务收支								
A2.1	外人在华开支	35.0		35.0		35.0		51.5	
A2.2	中国在外开支		4.0		4.0		4.0		4.3
A2.3	运输及保险		6.8		6.8		6.8		6.8
A3	投资收益								
A3.1	偿还外债本息		2.7		4.0		13.8		26.1
A3.2	外企投资利润		8.1		20.8		20.8		49.5
A4	无报酬转移								
A4.1	华侨汇款	50.0		55.0		55.0		73.1	
A4.2	战争赔款				79.2		45.5		21.8
A经常项目合计		245.7	169.1	262.9	273.4	279.0	285.2	390.8	433.8
B	资本项目								
B1	政府外债收入	10.4		117.0		67.2		26.4	
B2	外人企业投资	1.5		30.8		30.8		28.2	
A,B两项合计		257.6	169.1	410.7	273.4	377.0	285.2	445.4	433.8
C1	金净出入	12.8		6.9		7.8			0.1
C2	银净出入		25.8		35.9		9.2	6.0	
D	误差与忽略		75.5		108.3		90.4		17.5
总计		270.4	270.4	417.6	417.6	384.8	384.8	451.4	451.4

续表一

项目		1909年		1912年		1913年均		1903—1913年	
		收	支	收	支	收	支	收	支
A1	贸易收支								
A1.1	进口		432.3		490.0		588.9		445.2
A1.2	出口	374.6		402.4		441.1		340.3	
贸易收支平衡			57.7		87.6		147.8		104.9
A2	劳务收支								
A2.1	外人在华开支	54.9		75.0		76.5		64.5	
A2.2	中国在外开支		5.0		4.5		4.7		4.6
A2.3	运输及保险		6.8		10.0		10.0		8.4
A3	投资收益								
A3.1	偿还外债本息		33.2		39.4		79.2		37.2
A3.2	外企投资利润		49.5		49.5		49.5		49.5
A4	无报酬转移								
A4.1	华侨汇款	77.0		75.5		73.8		75.4	
A4.2	战争赔款		24.1		1.9		54.7		23.3
A经常项目合计		506.5	550.9	552.9	595.3	591.4	787.0	480.2	568.2
B	资本项目								
B1	政府外债收入	3.1		99.8		111.5		46.1	
B2	外人企业投资	28.2		28.2		28.2		28.2	
A,B两项合计		537.8	550.9	680.9	595.3	731.1	787.0	554.5	568.2
C1	金净出入	6.8			7.5		1.4		0.9
C2	银净出入		6.8		19.2		36.0		3.0
D	误差与忽略	13.1			58.9	90.6		17.6	
总计		557.7	557.7	680.9	680.9	823.0	823.0	572.1	572.1

续表二

项目		1914—1919 年均		1920 年		1925 年			
		收	支	收	支	收	支		
A1	贸易收支								
A1.1	进口		575.9		778.0		963.9		
A1.2	出口	536.9		619.8		882.7			
贸易收支平衡			39.0		158.2		81.2		
A2	劳务收支								
A2.1	外人在华开支	76.5		107.0		117.0			
A2.2	中国在外开支		4.6		5.1		6.1		
A2.3	运输及保险		10.0		10.0		10.0		
A3	投资收益								
A3.1	偿还外债本息		37.1		16.9		35.2		
A3.2	外企投资利润		86.5		86.5		128.5		
A4	无报酬转移								
A4.1	华侨汇款	53.5		78.9		102.7			
A4.2	战争赔款		15.0		2.2		13.3		
A 经常项目合计		666.9	729.1	805.7	898.7	1102.4	1157.0		
B	资本项目								
B1	政府外债收入	35.7		40.5		7.8			
B2	外人企业投资	15.0		31.0		16.0			
A,B		两项合计	717.6	729.1	877.2	898.7	1126.2	1157.0	
C1	金净出入		5.1	17.5		1.0			
C2	银净出入	0.9			92.6		62.5		
D	误差与忽略	15.7		96.6		92.3			
总计		734.2	734.2	991.3	991.3	1219.5	1219.5		

续表三

项目		1928年		1930年		1920—1930年	
		收	支	收	支	收	支
A1	贸易收支						
A1.1	进口		1211.9		1336.0		1046.6
A1.2	出口	1129.0		1133.1		923.7	
贸易收支平衡			82.9		202.9		122.9
A2	劳务收支						
A2.1	外人在华开支	149.8		145.4		136.8	
A2.2	中国在外开支		6.9		8.8		6.8
A2.3	运输及保险		10.0		18.6		10.8
A3	投资收益						
A3.1	偿还外债本息		29.1		50.2		33.8
A3.2	外企投资利润		128.5		128.5		117.0
A4	无报酬转移						
A4.1	华侨汇款	160.8		203.0		134.7	
A4.2	战争赔款		12.9		20.7		10.6
A	经常项目合计	1439.6	1399.3	1481.5	1562.8	1195.2	1225.6
B	资本项目						
B1	政府外债收入	10.7		1.5		20.9	
B2	外人企业投资	64.0		134.7		48.2	
A,B	两项合计	1514.3	1399.3	1617.7	1562.8	1264.3	1225.6
C1	金净出入		6.1	31.6		6.1	
C2	银净出入		106.4		67.0		65.2
D	误差与忽略		2.5		21.5	20.4	
总计		1514.3	1514.3	1649.3	1649.3	1290.8	1290.8

第二章

外国在华金融活动

第一节 外国在华金融活动的发展过程

外国银行之进入中国,开始于1845年的英国丽如银行(Oriental Bank)。1895年以前,作为外国在华金融活动主体的外国银行,已经存在了整整半个世纪。然而,这50年中进入中国的外国银行,还只限于英、法、德三个国家。其中只有英国汇丰银行(Hongkong & Shanghai Banking Co. Ltd.)是以中国为主要对象。甲午战争以后,日、俄、美三国银行势力,相继打入中国①,目标集中,形成六强鼎立的局面。除此之外,欧洲的一些资本主义小国,如荷兰、比利时、挪威、意大利等,也有不同程度的参与。总的来看,1895—1927年这一阶段,是外国在华金融活动的鼎盛时期,而以英、法、德、日、俄、美六强鼎立为主体。当然,彼此之间,并非势均力敌。

---

① 日本正金银行是在甲午战争前一年进入中国的,但它的活动是在甲午以后。

一、日、俄、美银行的进入

日、俄、美三国银行之进入中国,日、俄银行又先于美国银行。

日、俄两国银行,在20世纪90年代以前就已经开始间接入侵中国。日本的东京第一国民银行,在70年代末和80年代初就已经通过三井洋行分别在上海和香港设立了代理机构①,而70年代中期在上海委托怡和洋行代理业务的俄国对外贸易银行,则是迄今我们所知道的最早的"委托经营"的银行之一。② 但是,日、俄两国银行以自己的机构在中国进行活动,则是1895年以后开始的。在日本,是日后成为日本对华金融侵略的主要支柱的横滨正金银行;在俄国,则是促成"打开中国之大门以迎俄国"③的华俄道胜银行。

正金银行成立于1880年2月28日。④ 它是以经营国外汇兑、押汇为主的专业银行⑤,是日本"对外贸易的责任银行"⑥,也是日本实力最强的银行之一。在它成立的时候,其额定资本达

---

① The North China and Japan Desk Hong List,1879(以下简称 Hong List);The Chronicle and Directory for China,Japan and the Philippine,1880(以下简称 Chronicle)。

② Hong List,1875.

③ 罗曼诺夫著,民耿译:《帝俄侵略满洲史》,1937年版,第70页。

④ Japan Mail,1880年8月20日。The Chinese Time,1887年9月3日,第711页。

⑤ 《横滨正金银行条例》,1887年7月公布。转见付文龄主编:《日本横滨正金银行在华活动史料》,1992年版,第4页。参阅 F. H. H. King 编:Eastern Banking,1983年版,第33页。

⑥ G. C. Allen:Western Enterprise in Far Eastern Economic Development,China and Japan,1954,p. 214.

300 万日元，全部收足，占当时日本全国 161 家大小银行的资本总额 3188 万日元的 10% 左右。① 这时，在后起的日本金融界中，正弥漫着与先行的英国银行资本相抗衡的浓厚气氛。不仅在日本本土的金融中心横滨，而且在世界金融中心的伦敦，日本都摆出要与英国银行平起平坐的架势。正如三井银行总经理益田孝对他的同行所指出的："在汇丰银行面前，你们切不可低头，而应昂首同他们平起平坐。"②正金银行正是在这种气氛中成长壮大的。因此，它一成立，就不但走向伦敦争一席之地，而且瞄准上海，在众多强手中要一比高低。在它成立的第二年（1881 年），就企图进入上海。③ 这个企图没有实现。一直过了 10 年，当美国银行资本在中国连续进行试探的时刻④，一个被称为"日本的范德毕（W. H. Vanderbilt）"的三菱公司，在 1892 年组织了一批日本资本家，打算以"前所未有的巨大规模"，设立一个"尽可能垄断日本银行业务"的金融机构。这个计划中的金融垄断组织，它的分支机构准备分布在"日本所有的重要地区和国外的许多城市"，其中上海就是它首先要攫取的目标。⑤

这个计划虽然也流产了，但对正金银行之进入中国，却起了直接的促进作用。就在流产的第二年（1893 年）5 月，正金银行在中

---

① P. Sarasas: Money and Banking in Japan, 1937, p. 160.

② F. H. H. King: The History of the Hongkong and Shanghai Banking Corporation 卷 2（以下简称 Hongkong Bank, Ⅱ），1988, p. 95.

③ North China Herald（以下简称 Herald）上，1881 年，第 431 页。

④ 美国银行的试探，请参阅下文美国在华金融活动部分。

⑤ Japan Gazette, North China Daily News（以下简称 Daily News），1892 年 7 月 21 日，第 71 页转载。范德毕为美国大资本家。

国的第一个据点——上海办事处,终于成立了。① 在它进入上海的时候,银行的实力又有了进一步的扩充。它的额定资本在1887年已提高到600万日元,到1894年时,已付足450万日元,各项准备达到368.83万日元,银行资产总额在4300万日元以上。② 此后,银行的实力,以更迅速的步伐增长。1896年额定资本又翻了一番,增加到1200万日元。③ 到19世纪终了资本又再翻一番,增加到2400万日元。④ 20年内,增加了7倍。进入20世纪,资本继续扩充,辛亥革命以后,增加到3000万日元。⑤ 至1926年已达1亿日元。⑥ 成为日本对华金融活动的主要支柱。

正金银行在中国的活动,主要有两个部分。一是为日本在东北的殖民扩张而进行的活动,亦即通常所说的关外的活动。二是为日本在中国的全面经济扩张而进行的活动,亦即通常所说的关内的活动。

甲午战争以后,日本加紧对我国东北的侵略。日俄战争以后,日本在东北的势力,得到进一步的扩张。配合日本在东北进行统治的需要,正金银行扮演了一个近于中央银行的角色。首先是迅速扩大它在东北的金融网。从1900年1月设立牛庄分行起,到辛

---

① 东京《横滨正金银行全史》,1984年版,第6卷,年表。该办事处于1895年12月升为分行。参阅郭予庆:《日本横滨正金银行在华金融活动》,1993年打印本,第117页。

② Sarasas: Money and Banking in Japan, p. 160; Herald, 1894年4月13日,第571页。

③ Herald, 1896年11月27日,第947页。

④ Herald, 1899年10月9日,第700页。

⑤ 《本邦银行发达史》,第425页,参阅郭予庆:《日本横滨正金银行在华金融活动》,第42页。

⑥ F. E. Lee: Currency, Banking and Finance in China, 1926, p. 100; C. R. Maguire: China Stock & Share Handbook, 1926, p. 80.

亥革命后的1912年止，它在大连、辽阳、旅顺、洛阳、铁岭、安东（今丹东）、长春、哈尔滨以及开原、头道沟、公主岭等处，设立了12个据点，基本上形成了一个覆盖“南满”并扩及“北满”的金融网。其中有10个是从日俄战争的1904年到战后的1907年中设立的。①金融网的扩充，奠定了正金银行在东北的中央银行地位。

正金银行的中央银行地位，主要表现在两个方面：一是统一货币发行，二是代理公款收付。

在统一货币发行方面，日本外务、大藏两省在日俄战后第一年（1905年）就向正金银行下达关于统一满洲货币流通的指令，要求正金银行统一整理东北地区流通的货币，实施以日本银元为基础的币制。第二年正金大连分行立即发行1元、5元、10元、100元四种以银元为单位的银行券。1913年又发行金券，企图由银本位改为金本位，实现与日本国内币制统一的目标。②

在代理公款收付方面，作为正金银行在东北的统辖行为大连分行，被日本政府赋予代理日本总金库的职权。随代理金库而来的，是正金银行对关东都督府的贷款，成为银行的一项主要业务。当日本在东北的这个殖民机构成立之初，正金银行对它的贷款，曾经达到1173万日元③，大大超过了都督府本身财政收入的总和，对日本在东北的殖民统治，起了重要的支撑作用。

与此同时，正金银行在关内的活动，也得到迅速的扩大。从进

---

① 《横滨正金银行全史》第6卷，年表。参阅郭予庆：《日本横滨正金银行在华金融活动》，第68页。

② 郭予庆：《日本横滨正金银行在华金融活动》，第73—75页；付文龄主编：《日本横滨正金银行在华活动史料》，第35页；参阅Herald，1907年10月4日，第7页。

③ 正金银行营业报告，1907年；参阅郭予庆：《日本横滨正金银行在华金融活动》，第72页。

入上海的1893年起,30年中,它在香港、天津、北京、芝罘、汉口、青岛、济南和广州开设了分支行或办事处。① 其中上海分行被定为所谓"中央统务行",负责结算各分行的汇票买卖,平衡各分行的汇兑往来。以实现"促进对华贸易为第一目标"的营业方针。1897—1913年间,正金银行在关内经营的汇兑总额,由3219万日元上升到28185万日元,15年间,增加了7倍以上。②

正金银行势力在中国的扩张,得到日本政府的大力支持。在其上海分行成立之后,作为日本国家银行的日本银行(Bank of Japan),就经常以贷款形式,帮助正金银行用于对华贸易的推进。1897年当日本棉纱在国内大量积压滞销之时,日本银行迅即置300万日元于正金银行之手,以便其贷款于日本纱厂,直接运纱前往中国,加强日本棉纱在中国市场的竞争力量。③ 90年代末开始,日纱在中国市场迅速赶上原有的英、印棉纱。在1894至1903年的10年中,日纱销量几乎翻了两番,在华北和东北市场所占的份额,分别增加1倍和1.5倍半左右。④ 使得英、印棉纱保不住原有的优势地位。

进入20世纪,日本在中国的金融势力,在正金银行之外,又有两大系统的新银行出现:一是以开发殖民地为目标的朝鲜银行和台湾银行,二是以扩大对华贸易为宗旨的三井、三菱和住友等财团

---

① 《横滨正金银行全史》第6卷,年表。参阅郭予庆:《日本横滨正金银行在华金融活动》,第117页;付文龄主编:《日本横滨正金银行在华活动史料》,第24页,及日本横滨正金银行在华机构示意图。

② 正金银行营业报告,参阅郭予庆:《日本横滨正金银行在华金融活动》,第124页。

③ Herald,1897年12月31日,第1157页。日本银行成立于1883年,参阅Herald,1906年7月13日,第107页。

④ 严中平:《中国棉纺织史稿》,1955年版,第131页。

的银行。

朝鲜银行和台湾银行之进入中国都是在北洋军阀统治的初期。① 他们一个立足于接壤朝鲜的东北，一个立足于毗邻台湾的华南。到 1926 年止，银行在中国设立了 21 个据点，其中有 17 个在东北三省；台湾银行则设立了 7 个据点，其中有 4 个在福建和广东。② 当然，立足点之不同，并不妨碍目标的一致。例如，他们对中国的借款，绝大部分是手牵手一起干的。③

朝鲜银行成立于 1909 年。成立时实缴资本 250 万日元。1914 年增为 1000 万日元。④ 这正是日本政府批准朝鲜银行进入东北之后一年。1916 年根据日本政府的指令，正金银行在东北的两项特权渡让给朝鲜银行。在其后 10 年间，朝鲜银行在东北发行的纸币，达到 3000 万日元⑤，大大超过正金银行的发行数量。⑥ 而此时银行资本也大大扩张，达到额定资本 8000 万日元、实缴资本 5000 万日元的空前高峰。⑦

在此之外，它在 1923 年还纠合东北的一些银行合资兴办了一家满洲银行。最初胃口很大，资本核定为 3000 万日元，后来一再

---

① 朝鲜、台湾两银行分别于 1913 年和 1912 年进入中国。

② F. E. Lee：Currency，Banking，and Finance in China，1926，p. 100.

③ 如西原借款就是由朝鲜、台湾和日本兴业三银行共同承担的。

④ 《朝鲜银行史》，1987 年版，第 59、70—76 页。参阅郭予庆：《日本横滨 正金银行在华金融活动》，第 100 页。

⑤ Lee：Currency，Banking，and Finance in China，p. 100.

⑥ 正金银行最高年发行额不过 1000 万日元（1916 年）。参阅郭予庆：《日本横滨正金银行在华金融活动》，第 75 页。

⑦ Lee：Currency，Banking，and Finance in China，p. 100. 亦说额定资本为 4000 万日元，实收 2500 万日元。参阅 Maguire：China Stock & Share Handbook，1926，p. 51。

缩小规模,实收资本不足300万。30年代中期合并于伪满兴业银行。①

如果说,朝鲜银行基本上专注于东北,那么,台湾银行则在华南之外,眼睛还盯着全中国乃至中国以外的南洋和全世界。这家银行成立于1899年,资本500万日元。② 它的设立宗旨,不但是"开发台湾之富源以期台湾经济之发达",而且是"进而将营业之范围扩张至中国华南及南洋各地,使成为该地之商业贸易之机关。"③和朝鲜银行一样,它也是在中国国内政权更迭期壮大起来的。西方的一位外国在华银行的研究者曾经这样说道:在中国的"日本银行在第一次世界大战时期已经变得更加强大,他们今后在东方汇兑市场上的竞争,必须认真予以对待"④。这位研究者把"随日本贸易的增长而在亚洲和美国港口开设新的分支机构"的台湾银行和正金银行加以并列⑤,这正说明了台湾银行的地位,处在正金银行以外所有日本在华银行之上。特别值得指出的是,进入20世纪的台湾银行,在扩展日本对华一般贸易之外,还插手鸦片贸易的金融周转。当辛亥革命后中国政府禁止鸦片进口之时,以英国为首的11家外国在华银行曾经进行联合的抵制。而台湾

---

① 黄光域编:《外国在华工商企业辞典》,1995年版,第718页。

② 吴承禧:《中国的银行》,1935年版,附录二。Maguire:China Stock & Share Handbook,1926,p. 53. 黄光域:《外国在华工商企业辞典》,第233页。

③ 台湾省文献委员会:《台湾省通志》第35卷,第54页,参阅杜恂诚:《日本在旧中国的投资》,1986年版,第333页。

④ C. Mackenzie:Realms of Silver,1954,p. 228. 参阅《银行周报》,第2卷第49号,1918年。

⑤ C. Mackenzie:Realms of Silver,1954,p. 228. 参阅《银行周报》,第2卷第49号,1918年。按台湾银行于1917年在纽约设办事处,在孟买设分行,1918年在巴达维亚设分行,1924年在加尔各答设分行。据《台湾省通志》,参阅杜恂诚:《日本在旧中国的投资》,第337页。

银行和正金银行是西方银行以外参与其中的惟一两家日本银行。① 虽然第一次世界大战后,它的经营重点,有转向日本本土的趋势,但在中国的活动,仍然保持原有的势头。1915 年以后,它又和朝鲜银行一起参加了总数达 14500 万日元的西原借款活动。② 到 1926 年止,它的额定资本达到 6000 万日元,实缴 5250 万日元。③ 和朝鲜银行比较,额定资本虽有所不及,实缴资本反在朝鲜银行之上。但是这个时候,台湾银行接连发生亏损,1927 年不得不将额定资本缩减为 1500 万日元,实缴资本也随之降为 1312.5 万日元了。④

作为日本三个大财团的组成部分——三井、三菱、住友三家银行,也是在华日本银行的一支重要力量。三井银行成立于 1876 年,资本 200 万日元,三菱、住友均成立于 1895 年,资本均为 100 万日元。⑤ 它们一方面"几乎经营着中日间所有物产贸易"的金融周转,另一方面又按商品种类的划分各有不同的侧重。一般说来,三井财团以棉纺织品为主,三菱以铁矿砂为主,住友以重工业制品为主,从而这也是三家银行金融周转的重点所在。以三井银行为例,它是日本在华最大纺织集团之一的钟渊纺织会社的最大投资

① H. H. King:Hongkong Bank,Ⅱ,p. 79.

② 裴长洪:《论西原借款》,参阅《中国社会科学院经济研究所集刊》第 10 集,1988 年版,第 111 页。

③ Lee:Currency,Banking,and Finance in China,p. 100 Maguire:China Stock & Share Handbook,1926,p. 53.

④ Maguire:China Stock & Share Handbook,1929,p. 78.

⑤ 前人有关著作记载:三井、三菱、住友三银行分别成立于 1880 年、1885 年和 1912 年(参阅吴承禧:《中国的银行》,附录 2)。现据行名簿的原始记录,加以订正。参阅黄光域:《外国在华工商企业辞典》,第 7、10、367 页。

者。1902年它在钟渊拥有的股份达31000份,股金达155万日元。[①] 此外,日清、丰田和上海纺,也都通过三井银行和三井财团发生资本联系,使三井成为它们的共同母体。[②] 第一次世界大战期间,日本在华产业的激进,财团银行无疑发挥了重要的作用。我们在这里提到的3家银行,它们之进入中国,都是在第一次世界大战期间[③],到1926年止,3家银行的额定资本分别为5000万(三菱)、7000万(住友)和10000万日元(三井),实收资本,由3000万(三菱)、5000万(住友)以至6000万日元(三井)不等[④],实力的雄厚,是令人瞩目的。

以上6家银行的实收资本和准备提存,在1926年之际,共达48618万日元。[⑤] "在他们的背后,有着日本国家银行和日本政府的支持,他们的财源和在远东发展的极限几乎是无法估量的。"[⑥]

在这六大银行之外,欧战以后,还有一批中小银行的涌现。它们一般规模较小,多数资本不过三五十万日元,少的仅数万日元。[⑦] 它们起伏无常,一般存续短促。例如1917年成立的上海银行,算得是它们之中的佼佼者。它开始营业顺利,开办之第三年,

---

① 松元:《三井财阀研究》,第530、468页;参阅郭予庆:《日本横滨正金银行在华金融活动》,第111页。

② 严中平:《中国棉纺织史稿》,第179页。

③ 住友于1916年,三井、三菱于1917年进入上海。见郭孝先:《上海的银行》,第59页。参阅中国人民银行金融研究所编:《美国花旗银行在华史料》,1990年版,第612页。另参阅F. R. Tamagna: Banking and Finance in China,1942,p. 28。

④ Lee: Currency, Banking, and Finance in China, p. 100.; Maguire: China Stock & Share Handbook,1926,p. 70、p. 780.

⑤ Lee: Currency, Banking, and Finance in China, p. 101.

⑥ Lee: Currency, Banking, and Finance in China, p. 101.

⑦ 参阅吴承禧:《中国的银行》,附录二。

即同时在汉口、济南、天津设立分支机构①,然而好景不长,不旋踵又于1927年同告歇业。② 同样,1923年成立的大东银行,开办资本达120万日元,为其同辈中所仅见。然而在1927年也面临倒闭的命运。③ 这批银行,究竟有多少,其说不一。多的30多家④,少的20余家。⑤ 但求全不易,阙失难免。例如1918年开设于福建厦门的新高银行⑥,就不见于已有的各家统计。这种统计上的缺漏和它们的起伏无常,有很大的关系。当然,它们的起伏升沉,并不能影响日本银行资本在中国的整体地位,也改变不了日本银行资本在中国的全局形势。

现在我们再来看看"打开中国之大门以迎俄国"的道胜银行。

道胜银行成立于1895年12月22日。⑦ 上面说过,俄国银行资本在70年代中期就开始注意到中国这片沃壤。1875年委托怡和洋行代理业务的俄国对外贸易银行,虽然不久在1883年撤销了怡和的代理业务⑧,但俄国的银行资本家并没有放松他们对中国的注意力。90年代初,有消息说:彼得堡的一群大资本家准备组织一个辛迪加,"目的在于及早设立一个俄亚银行(Pyccko-

---

① Tamagna:Banking and Finance in China,p. 28.

② Herald,1927年4月23日,第267页。

③ Herald,1927年4月23日,第267页。

④ J. Arnold:China,A Commercial and Industrial Handbook,1926,p. 172.

⑤ 吴承禧:《中国的银行》,附录二。

⑥ 泰惠中主编:《近代厦门社会经济概况》,1990年版,第366页。按该书系根据海关历年报告和十年报告编译而成。

⑦ R. Quested:The Russo-Chinese Bank:A Multi-National Financial Base of Tsarism in China,1977,p. 1.

⑧ Chronicle,1883.

Азиатский Банк),以积极发展俄国和中国的商业联系"①中日甲午战争以后,俄、法两国联合从清政府那里取得一笔4亿法郎(合1亿卢布)的借款权。这笔巨大的借款,给俄国银行资本家提供了实现他们的目的的机会。一个由沙俄政府出面争夺中国经济权益的华俄道胜银行(Русско-Китаиский Банк)终于产生了。而80年代最先把注意力投向中国的俄国对外贸易银行,这时成了这笔大借款的主要参加者。②

因应俄、法大借款的形势而产生的道胜银行,是两国银行资本家取得暂时联合的一个标志。在它的600万卢布的发起资本中,有八分之五是由巴黎的银行家认购的。③ 它的上海分行行址,即上海法兰西银行的原底④,而它在巴黎的代理人,也是法兰西银行。⑤ 这个联合的目的,是要"与英国之既得的优势相对抗"。⑥它的创始人之一,银行的董事长乌和托木斯科(Э. Э. Ухтомский),就是一个对英国在远东的政策抱极端仇视态度的人。⑦

以英国银行资本为竞争对手的道胜银行,为自己在中国获得了广泛的权利。它是商业银行,又超出了商业银行。它不仅从事一般

---

① Herald,1890年9月12日,第304页。这个银行并未成立,它和1910年改组以后的道胜银行名称相同。

② 雷麦(C. F. Remer):《外人在华投资》(Foreign Investments in China),中译本,1959年版,第416页。

③ Herald,1896年2月28日,第306页。

④ 《申报》1899年1月10日;Herald,1902年10月29日,第916页。

⑤ Herald,1896年4月2日,第542页。

⑥ 罗曼诺夫:《帝俄侵略满洲史》,第73页。

⑦ Herald,1896年2月28日,第306页。

商业的资金融通,而且扩大到堆栈、保险以至不动产的经营买卖。① 它是投资银行,又超过了投资银行。它不仅从事财政贷款和企业投资,可以参预中国境内铁路的修建、电线的架设和矿山的开采②,而且可以为中国政府承包税收、代理国库、购办军火,并发行货币。③ 它是银行,但又超出了银行。它不但包揽所有各种银行的业务,而且它的权力,还扩大到完全不属于银行职能的活动。它的一个银行代理处,就可以直接向清朝政府要求设立俄国驻当地的领事馆。④ 总之,"这些特殊机能范围的广泛",说明它既是俄国在"中国的国家银行"⑤,又是俄国"在中国的中央政府"。⑥ 它既是金融的,又是政治的。"前者掩护后者,而后者才是真正的动机。"⑦

道胜银行的总行设在彼得堡。在其成立之次年(1896 年),即同时相继进入上海、汉口、牛庄、天津。⑧ 其后两年(1897—1898

① 《申报》1899 年 1 月 10 日;罗曼诺夫:《帝俄侵略满洲史》,第 73—74 页;雷麦:《外人在华投资》,第 557 页;C. A. Conant:A History of Modern Banks of Issue,1915 年版,第 602 页。

② Quested:The Russo-Chinese Bank,p. 30. ;A. Malozemoff:Russian Far Eastern Policy. 1881—1904,1958,pp. 197-198.

③ Quested:The Russo-Chinese Bank,p. 30;Herald,1897 年 12 月 24 日,p. 1116;Lo Hui-min:The Correspondence of G. E. Morrison,I,1976,p. 55;T. W. Overlach:Foreign Financial Control in China,1919,p. 78.

④ Herald,1898 年 6 月 13 日,第 1009 页。

⑤ Quested:The Russo-Chinese Bank,p. 30;Herald,1896 年 7 月 24 日,p. 143.

⑥ Herald,1899 年 4 月 24 日,第 712 页。

⑦ B. L. P. Weale:Manchu and Muscovite,1917,p. 123.

⑧ Quested:The Russo-Chinese Bank,第 33 页;Herald,1896 年 3 月 13 日,1897 年 2 月 5 日,第 196 页;《申报》1896 年 12 月 8 日;《银行周报》第 1 卷,第 12 期,1917 年,第 12 页。天津分行成立时期,Quested 定为 1897 年,据上述其他资料校正。

年)又扩大到芝罘、哈尔滨、旅顺、大连以至清廷所在的北京。[①] 进入20世纪后,进程更趋加速。1900年先后在宽城子、喀什噶尔、齐齐哈尔、吉林、长辛店、宁古塔[②],1901年后又先后在乌里雅苏台、库伦、张家口、铁岭、海拉尔、香港[③],1903年更在沈阳、浩罕、恰克图[④]设立分支机构。范围之广,进程之速,是外国在华银行的历史上前所未见的。到1926年停闭时,在华分支机构尚存131处。[⑤]

道胜银行在俄国本土也设有分支机构。但它们的业务,除了和中国有关的以外,都受到严格的限制。例如,它的海参崴分行,只允许周转"和东亚直接交易的货物的买卖"[⑥]。其他一概不许。这里的"东亚",就是中国的泛指。这说明它的目标非常集中,焦点就是中国。

道胜银行的实力,单从它的资本看,谈不上雄厚。它的创设资本,不过600万卢布,只合英镑96万。[⑦] 一直到19世纪末,银行公布的资本,也只增加到750万卢布,合英镑不过120万。[⑧] 而当时汇丰银行的已付资本为1000万银元,加上为白银跌价而做的准

---

① Quested:The Russo-Chinese Bank, p. 7、33; Diplomatic and Consular Reports on Trade and Finance(以下简称 Consular Reports),1897,芝罘,第9页;Herald,1900年11月14日,第1065页。

② Quested:The Russo-Chinese Bank,第33页;Herald,1898年9月5日,1900年1月10日,第39页,1900年11月7日,第971页。

③ Quested:The Russo-Chinese Bank, p. 33、p. 54. 香港亦说为1903年设立,参阅 Herald,1903年7月17日,第109页。

④ Herald,1903年12月23日,第1371页。

⑤ Lee:Currency, Banking, and Finance in China, p. 85.

⑥ Quested:The Russo-Chinese Bank, p. 29.

⑦ Herald,1897年7月16日,广告。

⑧ Herald,1899年3月27日,第516页。

备1000万元，估计它的资本已接近200万镑。① 看来道胜和它的对手比较，实力还稍逊一筹。但是，道胜有很硬的后台。上面说过，它的发起资本中，有八分之五是法国资本。实际上，法国资本中又掺合了比利时的资本，而余下的八分之三，也主要来自德国贴现公司（Diskonto-Gesellschaft）的子公司圣彼得堡国际银行。② 这都说明，道胜有很广泛的国际联系。当然，这也说明沙皇俄国在资本输出上的羽毛未丰。但是，这并不足以否定沙皇政府对这家银行的支持是不遗余力的。在银行成立以后的两年间，沙皇政府不顾财政困难，连续两次向银行投资200多万卢布。当1902年道胜为充实银行力量决定增资375万卢布而面临股市疲软、前景黯淡之时，沙俄政府的财政部立即全部接受下来，由政府直接向银行输血。③ 结果在第二年（1903年）年底，银行对外公布的资本就上升到1500万卢布。④ 显然，沙俄政府及时支持所发挥的作用，是非同小可的。

尽管沙俄政府下了这么大的本钱，但是道胜银行在中国的局面，并没有立即打开。它所负担的主要任务，即在金融上支持沙俄在华铁路、特别是中东铁路的攫取，虽然获得成功，进展比较顺利，但在其他方面却步履蹒跚，心余力促。沙俄对中国的进出口贸易，在整个19世纪下半期，相对于先进的西方资本主义国家而言，仍处于十分落后的地位。在19世纪终了之时，它从中国的进口，只占中国出口总额的5.4%，而向中国的出口，仅占中国进口总额的

① Herald，1903年12月23日，第1312页。

② Quested：The Russo-Chinese Bank，p. 3.

③ Malozemoff：Russian Far Eastern Policy. 1881—1904，p. 198；Quested：The Russo-Chinese Bank，pp. 6-7.

④ Herald，1903年12月23日，第1371页。

1.2%。[①] 即使这样相对低下的贸易量,其金融上的周转,也没有全部归道胜银行掌握。中国砖茶的出口,是中俄贸易的大宗,但是道胜银行在这一项贸易的金融周转上,仍然力有所未及。在茶叶贸易中心之一的福州,道胜银行仍然难以插足。甲午战争以后,俄国茶行虽然已进入了福州,并且取代了美国洋行的传统地位,但是,这笔贸易的金融周转,仍然离不开英国的金镑汇票。道胜银行从它成立的那一年起,就有了在福州设立分行的主意,力图把这一笔生意拿到自己手里,然而,这一愿望,却始终没有实现。[②] 在砖茶贸易中心的汉口,尽管道胜在这里成功地设立了分行,但砖茶贸易的周转,并没有完全夺过来。一直到了19世纪终了,历史悠久的汉口汇丰银行,在这一贸易市场中,仍然与道胜居于对等的地位。[③] 中俄的传统贸易尚且如此,中国和其他国家的贸易,看来道胜更难染指于金融上的周转了。[④]

当然,道胜银行在中国的活动,是以投资为主。在财政借款方面,它是五国银行团的成员;在企业投资方面,它是中东铁路的主角。这是众所周知的。但是,在此以外的工矿企业投资方面,却相形见绌。根据一般公认比较接近实际的估计,到第一次世界大战之时,俄国在中国的总投资中,中东铁路的投资占70%,财政借款占12%,而在中国内地的企业投资,不足2%。[⑤] 这一笔微小的企

---

① Returns of Trade and Trade Reports,1901年第一部分,第8—9页。

② Consular Reports,1895年,福州,第11页。

③ Quested:The Russo-Chinese Bank,p. 37.

④ 有的材料说明道胜银行在上海汇兑市场上很活跃,而且迅速居于领导的地位。实际上,这只限于银两汇兑市场,它是应付中东铁路支付修路工人工资的需要,与贸易周转无关。参阅 Quested:The Russo-Chinese Bank,p. 34。

⑤ 雷麦:《外人在华投资》。

业投资中,我们不知道有多少是由道胜银行承担的。但是,我们却有一些证据能说明道胜银行在这方面的投资是很不成功的。20世纪初它在上海曾与两家纱厂发生过投资与融通资金的关系。其第一家(鸿源纱厂)在1900年拖欠道胜的呆款近50万两①,濒临破产,结局是先后被英国、日本资本攫取以去。② 第二家(协隆纱厂)在1901年因积欠道胜银行透支款30万银元,无法偿还,结果被道胜拍卖。③ 这证明道胜银行的企业投资,表现在这两家纱厂上,并没有取得成效。

在道胜银行另一项主要业务——货币的发行方面,也多少表现出同样的局面。尽管道胜银行取得了在中国境内发行货币的特权,但是它的流通数量和范围比较有限。在流通范围方面,东北比较显著。个别地区,"俄华互市仍以俄帖为重","必须以银易帖,始可易货"④。但从全国看,它基本上局限于东北铁路沿线和新疆毗邻沙俄地区。就流通数量而言,一直到19世纪终了,道胜发行的卢布纸币,在中国境内流通的不过44万余卢布⑤,这和当时汇丰银行钞票在中国的流通量相比,瞠乎其后。⑥ 我们也注意到道胜银行在卢布纸币以外,还发行过银两纸币,其后在东北又发行过

---

① Herald,1900年11月28日,第1147页。

② 严中平:《中国棉纺织史稿》,第346页。

③ Herald,1902年1月22日,第126页;1903年10月9日,第736页。

④ 户部:《议复依克唐阿请行钞法疏》,参阅《中国经济史研究》1993年第1期,第139页。

⑤ Quested:The Russo-Chinese Bank,p. 52. 这是根据银行报告的发行额,不是实际流通额,因为在道胜成立以前,卢布早已进入中国流通领域。

⑥ 汇丰银行在1894年的纸币发行量,单是在中国境内,即达510余万元。参阅 King:Hongkong Bank,I,p. 485。

中东铁路的专用纸币。[①] 但这些纸币,大都昙花一现,没有得到公众的普遍接受。

当然,人们都意识到,道胜不单纯是一家银行。“除了银行部分以外,还有政治上的一面。而前者是隶属于后者的。”[②]因此,从政治的全局看,“它是一个实力雄厚的机构”[③]。但是,具体到下层的执行和运作,道胜银行仍然时常不免居于劣势。上面说过,在汉口砖茶贸易的金融周转中,道胜只能和汇丰打一个平手。如果说道胜在那里还能和汇丰维持一个平分秋色的局面,那么,在和汉口同等重要的天津,它的活动能量,则明显地落后于根深蒂固的对手。在90年代末关内外铁路的争夺中,督办铁路事务的胡燏棻,被道胜银行看成是“汇丰银行的走狗”[④],原因是在这一争夺中,道胜屈居下风。英国通过对关内外铁路提供资金,控制了对该路的经营,终于挤进了俄国势力范围的中国东北地区。[⑤]

道胜银行在中国最后一次的较大的金融活动,是1921年8—12月间对北洋政府教育、财政两部进行的30万银元留法学费贷款。[⑥] 这个时候,道胜银行在国内已被苏维埃政权收归国有,部分董事将总行迁往巴黎,成立新董事会。1924年,中国和苏联建立邦交。与此同时,苏联在哈尔滨设立一家远东银行,以取代道胜银

---

① Quested:The Russo-Chinese Bank,p. 50.

② 肯德(P. H. Kent):《中国铁路发展史》(Railway Enterprise in China),中译本,1958年版,第46页。

③ 肯德(P. H. Kent):《中国铁路发展史》(Railway Enterprise in China),中译本,1958年版,第46页。

④ King:Hongkong Bank,Ⅱ,p. 304.

⑤ 宓汝成:《帝国主义与中国铁路》,1980年版,第78页。

⑥ 徐义生:《中国近代外债史统计资料》,第184页。

行在中东铁路的权益。① 1926 年 9 月，北京道胜银行宣布停业，进行清算。② 从此结束了沙俄在中国的金融活动。但是，它欠下中国人民的债务，却没有得到应有的清偿。它在中国发行的纸币，没有全部兑现。它在中国各分支机构的中国公民存款，也没有全部偿付。③ 1927 年，远东银行也停业清理，1930 年重新恢复营业。1934 年并入莫斯科国民银行。④

继正金、道胜之后的是美国的花旗银行。

美国在中国的金融活动，有比较详细记录的，可以上溯到 19 世纪的 80 年代。为人们所熟知的 1887 年米建威（Mitkiewicz）的华美银行（American Chinese Bank）计划，是它的最初尝试。这个计划虽然没有实现，但是这个新的势力的崛起，已经是历史的必然。在 19 世纪至 20 世纪的转换期，“美国的工业发展，已经进入制成品及矿产品对外出超的阶段，再加上美国、西班牙战争的刺激，促使美国资本及产品要更加寻找国外市场”⑤。这使美国更加感到需要与新的形势相适应的金融机构的设立。首先走第一步的，是后来立足于中国几达半个世纪的花旗银行。

花旗银行的英文名称 International Banking Corporation，应该叫做国际银行公司。在中国，除了花旗这个行名以外，也的确存在过

---

① Tamagna：Banking and Finance in China，p. 31. 该行原为伯力远东银行哈尔滨支行，独立后资本 500 万元。参阅吴承禧：《中国的银行》，附录二。孔经纬：《新编中国东北地区经济史》，1994 年版，第 336 页。

② Herald，1927 年 3 月 5 日，第 363 页。

③ 参阅杨培新：《华俄道胜银行与欧亚大陆第一桥》，1992 年版，第 104—105 页。

④ 黄光域：《外国在华工商企业辞典》，第 333 页；孔经纬：《新编中国东北地区经济史》，第 336 页。

⑤ 倍克·布兰德福：《美国的海外银行》，参阅中国人民银行金融研究所编：《美国花旗银行在华史料》，1990 年版，第 12 页。

万国宝通银行的名称。[①] 国际化,这是后起的资本主义美国攫取中国权益最理想的方式。当然,"国际"也好,"万国"也好,都是打的招牌,骨子里还是"美国的资本、美国的方法和美国的头脑"[②]。而且应该指出,这样的称谓,美国实际上早就提出过。在米建威之前,美国在华的洋行,就曾有过这样的尝试。早在19世纪60年代末期,美国在华的一家老资格洋行——琼记(Augustine Heard and Co.),就有在中国创立国际银行的设想。他计划中的银行,取名就叫中国国际银行公司(China International Banking Co.)[③]。和花旗银行对照,不过前面多了"中国"二字。事实上,米建威计划中的华美银行,最初也是挂上"国际"的字样。它的英文原名是National and International Amalgamated Bank[④],翻成中文,应该叫做国家和国际混合银行。可见,国际化的理想,是早就存在的。当然在那个时候,美国要实现这种理想,时机还没有成熟。这个理想在将近40年之后,才由花旗银行来实现。

这家要把列强在中国的金融活动国际化的美国银行,在它成立以后的一段时期内,发展十分迅速。它的总行设在纽约,成立于1901年。次年即进入中国,这一年2月,上海分行首先成立。[⑤] 其后3年中分支机构已及广州、香港、厦门、汉口、天津。[⑥] 到1926年止它在全国的分支机构,共有上海、广州、香港、汉口、天津、北

---

① 在香港,一直到第二次世界大战后,仍延续万国银行的名称。King: Hongkong Bank, Ⅲ, p. 82.

② Herald, 1903年8月21日,第370页。这是花旗银行总裁莫伊(W. L. Moyer)的话。

③ King: Hongkong Bank, I, p. 92.

④ Herald, 1887年8月5日,第142页。

⑤ Herald, 1902年2月12日,第293页。

⑥ Herald, 1904年9月16日,1902年10月29日,第879页。

京、哈尔滨、大连 8 处[①],原有的厦门则不见于记录,大约已经撤销。

银行成立之初,资本实收仅 50 万美元。[②] 第二年就增加到 300 万美元。[③] 至 1926 年已达 500 万美元[④],为初创资本的 10 倍。而额定资本则进而达到 650 万美元。[⑤]

银行资本扩充的过程,也包含银行产权转移和兼并的过程。当它最初成立之时,后台主要是美国石油巨头洛克菲勒财团。[⑥] 其后,银行股份逐渐转到纽约国民城市银行(National City Bank of New York)手中,1915 年纽约城市银行已经成为花旗银行的控股者。到 1919 年花旗银行的产权已全部移交给纽约城市银行。从此"花旗银行只剩下一个空壳"[⑦]。但它的中文名称,却一直延续未变。

花旗在内部产权关系发生变动的同时,也对外部进行兼并的活动。对被誉为美国在华第二大银行[⑧]的友华银行(Asia Banking Corporation)所进行的兼并,是最富有决定性的一着。

友华银行成立于 1918 年,总行也是设在纽约。它的后台,也是一家有名的纽约保证信托公司(Guaranty Trust Co. of New York)。银行资本为 400 万美元,和花旗不相上下。随着业务的开

---

① Lee:Currency, Banking, and Finance in China, p. 94. 此外尚有青岛分行,因已于 1920 年撤销未计入。

② Herald,1902 年 2 月 12 日,第 293 页。

③ Herald,1902 年 3 月 5 日,第 432 页。未计盈余。转引自 N. Y. Journal of Commerce。

④ Lee:Currency, Banking, and Finance in China, p. 94. 亦未计盈余。

⑤ Maguire:China Stock & Share Handbook, 1926, p. 65.

⑥ 《美国花旗银行在华史料》,第 29 页。

⑦ King:Hongkong Bank, Ⅲ, p. 82.

⑧ Lee:Currency, Banking, and Finance in China, p. 93.

展,它先后在上海、香港、广州、北京、天津、汉口、长沙设立分支机构。① 它在成立的当年就接收了 1902 年进入中国并且也以纽约保证信托公司为后台的中国信托公司(Cathay Trust Co.)②1922 年又接收了 1919 年进入中国的美国加拿大合资的汇兴银行(Park Union Foreign Banking Corporation)③,而它自己由于汇兑投机的失败在 1924 年被迅速增强实力的花旗银行所兼并。④ 它的兴盛,被人看做是"最富有戏剧性的发展"⑤。它的败退,则引起了不同的评论。有人惋惜,认为这是对美国在华威信的打击;有人则在惋惜的同时,把热望投向兼并者,认定把资本集中在一个美国资本大亨的手中,对美国在中国的生意来说,比分散在为数众多、实力薄弱的银行中要好得多。⑥

实践证明,后一种意见占了上风。

的确,在 20 世纪之初,特别是在 1913 年美国国会通过放松美国银行海外业务限制的法案以后,美国银行资本之进入中国,称得上风起云涌。在花旗进入中国之前,实际上具有投资银行性质的美国合兴公司(American China Development Co.)已经把目光投向

---

① Lee:Currency,Banking,and Finance in China,p. 93;Tamagna:Banking and Finance in China,p. 30. 其中长沙分行于 1922 年停闭。参阅 Lee:Currency,Banking,and Finance in China,第 93 页。

② Tamagna:Banking and Finance in China,pp. 25-30. Herald,1903 年 12 月 23 日,第 1349 页。

③ Lee:Currency,Banking,and Finance in China,p. 93;Tamagna:Banking and Finance in China,p. 30;徐义生:《中国近代外债史统计资料》,第 145 页。汇兴资本额定 400 万美元。

④ King:Hongkong Bank,Ⅲ,pp. 82-83.

⑤ King:Hongkong Bank,Ⅲ,p. 82.

⑥ Lee:Currency,Banking,and Finance in China,p. 94.

“以本国资本侵袭他国”的“路权租让”上。① 当花旗进入中国之初，在人们的眼中，它和合兴居于同等的地位。② 在这个当口，跃跃欲试于东方金融市场者，已大有人在。上面提到的中国信托公司，就是其中之一。除此以外，至少还有一家命名为中国投资和建设公司（China Investment and Construction Co. of America）的机构，也在筹划之中。并且“派代表来中国磋商在华修路开矿的投资事宜”③。这个计划，看来没有实现，但是活动频繁的脚步声，是听得出来的。

1913年美国放宽海外银行限制以后，特别是在1917—1921年这一段时期中，美国在华银行的创设，出现了一个小小的高潮。在短短的5年中，美国新进入中国的银行，包括名义上的中美合办在内，共达10家之多。除了上述的友华和汇兴两家以外，还有1917年的上海美丰银行（American-Oriental Banking Corporation of Shanghai），1918年的运通银行（American Express Co.）和菲律宾国民银行（Philippine National Bank），1920年的大通银行（Equitable Eastern Banking Corporation）④和中华懋业银行（The Chinese-American Bank of Commerce），以及1925年的东大陆银公司（China Finance Corporation）。⑤ 这些一拥而上的银行，大都有一个共同的目标，那就是与英国银行资本在中国的传统地位，一争高低。1917年起进入中国的美丰银行，就带有这样鲜明的色彩。“这家银行

---

① W. B. Parsons：An American Engineer in China，1903，p. 44. 参阅宓汝成编：《中国近代铁路史资料》第二册，第515页。

② Herald，1902年12月24日，第1340页。

③ Herald，1903年12月23日，第1349页。

④ 1931年与Chase National Bank of New York合并，更名为Chase Bank，中文名仍称大通。参阅《美国花旗银行在华史料》，第610页。

⑤ 黄光域：《外国在华工商业辞典》，第176页。

的总行设在中国,所有的活动也都在中国。它在进行融资和投资方面,比那些事事都须经过纽约或伦敦作出最后决定的银行,自然要敏捷便利得多。显然在这一方面,它享受到与汇丰银行同样的好处,能够就地统筹业务。”①同样,1917 年成立于菲律宾而于 1918 年进入上海的菲律宾国民银行,也有与汇丰争胜的类似目的。这个时候,菲律宾已在美国的统治下,而汇丰则先此进入菲律宾②,因此,菲律宾国民银行的设立,就是美国针对汇丰银行活动的地区来一个“与之平行的发展”③。它在菲律宾成立的第二年进入上海,则又说明这一“平行发展”的活动并不限于菲律宾这块殖民地,而且是包括半殖民地的中国在内的。

这一批银行中,有的在中国立住脚跟并且得到发展。后台为石油巨擘洛克菲勒的大通银行,创办初期,资本不过 200 万美元④,到了 30 年代,已经发展成为“美国最大的银行”。⑤ 但是,总的看来,在花旗之外的这一批银行,并没有如他们自己最初的设想,形成为一支真正的力量。他们多数是营业不振,寿命不长。上面提到的友华银行,就是一例。这种状况,其实不止于友华。资本 2000 万比索的菲律宾国民银行,其上海分行,开业不过两年,就关张撤退。⑥ 运通实际上是个旅行社,它在中国的 4 个分支机构中,

---

① Lee:Currency,Banking,and Finance in China,p. 97.

② 汇丰于 1875 年进入马尼拉,1883 年进入怡朗。参阅 F. H. H. King 编:Eastern Banking,1983 年版,第 436—437 页。

③ King:Hongkong Bank,Ⅱ,p. 119.

④ Lee:Currency,Banking,and Finance in China,p. 96.

⑤ 《美国花旗银行在华史料》,第 30 页。

⑥ Tamagna:Banking and Finance in China,p. 30;King:Hongkong Bank,Ⅱ,p. 119;《申报》1921 年 9 月 3 日。

只有两个搞一点银行业务。一直到1926年，总的看来，是无声无息的。[①] 美丰虽然来势很猛，5年之间，一连在上海、福州乃至西部腹地的重庆设了三行。[②] 然而这个局面，并不能长久维持。到了1925年，福州、重庆两行相继撤退，归并于上海一家。[③] 尽管福州、重庆两行当初都号称各有100万美元的资本[④]，然而实收却微不足道。[⑤] 合并以后的上海美丰，只有资本445555银元[⑥]，与额定资本相距甚远。“到了1924年，美国银行的这种不平常而又短暂的发展，是真正停下来了。”[⑦]虽然在1925年还出现了一家东大陆银公司，但它的营业范围，却“包括地产、保险、汽车、投资等方面”[⑧]。说明单靠金融，空间有限。美国资本家“在中国，需要的不是新银行的增设，而是现在银行的充实整合”[⑨]。也就是说，要少而精。

然而，少而精，做起来也难。就拿少而精的典范——花旗银行的局面而言，也有不尽如人意的地方。

上面讲过，这家银行的设立，有美国整个经济发展需要的一般背景。但是，除此之外，也有一个特殊的具体条件，那就是1901年

---

① Lee：Currency，Banking，and Finance in China，p. 98.

② Lee：Currency，Banking，and Finance in China，p. 98. 其中福州行在1924年曾在厦门开设一家分行。

③ King：Hongkong Bank，Ⅲ，p. 82. 合并后，改称 American－Oriental Finance Corporation。

④ Lee：Currency，Banking，and Finance in China，pp. 97－98.

⑤ 如福州行实收资本只有25万银元。参阅 J. Arnold：China，第665页。

⑥ 中国人民银行总行参事室编：《中华民国货币史资料》第一辑，1912—1917，1986年版，第1121页。亦作美元，参阅 Arnold：China，p. 543。

⑦ Tamagna：Banking and Finance in China，p. 30.

⑧ 黄光域：《外国在华工商企业辞典》，第176页。

⑨ Lee：Currency，Banking，and Finance in China，p. 99.

庚子赔款之后,在列强争夺中国路矿的高潮声中,美国政府需要在中国有这样一个金融机构,执行管理赔款和参与投资的任务。特别是在庚子赔款的收解上,花旗银行实际上是"被委派为驻华美国国库的代理机关"①。它对承担这一业务的能力虽然提出了"强有力的保证"②,但是,最初还是无力执行。有一个时期,它不得不把美国摊得的赔款转存到汇丰银行,原因竟是花旗自己还没有适当的金库可以存放。③ 令人难以置信的是银行账务极端紊乱的情况,"即当时几个月就从来没有一本账簿是结过账的"④。由此可见,花旗银行的保证力,在最初阶段是并不具备的。

在投资的局面上,情况也大体相同。

当花旗成立之初,在这个领域中活动的银行,基本上仍然是英、德、法的天下。花旗自然要插上一脚,但是一直到它成立后的第八年(1910 年),它这一举步,仍然被英国的汇丰银行拒之门外。理由是:这个新的参加者的准入,可能"进一步削减汇丰和它的联手者所得的净利"⑤。甚至美国自己在华洋行,也没有立即和花旗联手,而和汇丰保持长期来往关系者,却并不少见。⑥ 说来也许是不能令人相信的,花旗银行的进入上海,不但在规章制度上抄袭汇

① Herald,1902 年 2 月 12 日,第 293—294 页,1902 年 12 月 31 日,第 1398 页。

② Herald,1902 年 2 月 12 日,第 294 页。

③ King:Hongkong Bank,Ⅱ,p. 326.

④ 《美国花旗银行在华史料》,第 18 页。

⑤ King:Hongkong Bank,Ⅱ,p. 435.

⑥ 如知名的茂生洋行(American Trading Co.)和老晋隆洋行(Mustard & Co.),都是如此。参阅《近代史资料》总第 81 号,1992 年 11 月版,第 29、40 页。

丰,而且在人事的安排上也企图靠挖汇丰的墙脚来打开局面。[①]它在进入上海之次年(1903 年)脚跟未稳之际,曾以年薪 4000 英镑的高价礼聘汇丰银行上海分行协理阿迪斯(C. S. Addis)高升为花旗香港分行经理,却遭到了阿迪斯直截了当的拒绝[②],只好退而求其次,以至早期的上海花旗银行职员中,充满了实际上是汇丰次品的"英国人"[③]。由此可见,花旗的局面是相当狼狈的,至少在开局初期是如此。

当然,花旗也有引人注目的进展。这表现在资金的吸收和投放两个方面。

在资金的吸收方面,花旗银行在中国和它在别的地方比较起来,是相当出色的。到欧战结束以后的 1919 年年底止,花旗银行的海外存款,共计 9100 万美元,而单在中国所吸收的存款,即达 4200 万美元,占全部存款的 46%。[④] 也就是说,它在中国一处吸收的存款,接近于它在世界各地吸收存款之和。这些地方包括英国、日本、英属印度、荷属东印度、海峡殖民地、菲律宾、圣多明各、巴拿马和它总行所在地的纽约。[⑤]

在资金的投放方面,花旗银行的活动,也是多方面的。在融资方面,它不但与自己的国家在华企业发生关系,也和中国的企业发生关系;在投资方面,它不但和中国的外债发生关系,也和中国的

---

① King:Hongkong Bank,Ⅱ,p. 41.

② King:Hongkong Bank,Ⅱ,第 16、154、639 页,注 13。

③ King:Hongkong Bank,Ⅲ,p. 82.

④ 《花旗银行档案》第 3856 卷,第 9 页。参阅《美国花旗银行在华史料》,第 589 页。

⑤ 《花旗银行档案》第 3856 卷,第 9 页。参阅《美国花旗银行在华史料》,第 589 页。

内债发生关系。① 总之,和存款的吸收一样,在资金的投放方面,花旗银行也是竭尽全力的。

虽然如此,对它的主人而言,花旗仍然未能尽如人意。即使在20世纪以后的一段时期中,花旗仍然没有达到它的期望值。

亲临中国现场的美国驻华公使芮恩施,在他的回忆录中,两处提到花旗银行的这一处境。他先是说:"在中国仅有的一家美国银行,是花旗银行,这时这家银行本身的业务仅限于汇兑。"②这里的"这时",是他刚上任不久的1913年。后来他又说:"花旗银行当时的业务范围严格地限于汇兑和商业票据的处理,还没有实行适应地方工业需要和帮助中国内部发展的政策。"③这里的"当时",是在前一段话所说的"这时"一年以后。而这一段话是他用了3个月的时间专门观察这个惟一的美国银行以后得出的结论。

芮恩施的话,除了有些地方措辞不当以外,基本上道出了花旗银行当时业务的重点所在。在所谓"帮助中国内部发展"的方面,花旗即令参与,也处在靠后的地位。这里不妨举两个例子。其一,在1910年,由轰动一时的橡皮公司股票投机引发的上海金融风潮中,外国银行的确帮助了中国钱庄一把。当时上海有9家外国银行一共借了350万两白银给中国钱庄,以维持上海金融市面。④花旗银行虽然也参与其中,但它所摊的份额,落在汇丰、麦加利、德

---

① 《花旗银行档案》第770卷,第49页。参阅《美国花旗银行在华史料》,第601页。

② P. S. Reinsch: An American Diplomat, 1922, p. 67.

③ P. S. Reinsch: An American Diplomat, 1922, p. 102.

④ 9家银行为汇丰、麦加利、德华、道胜、正金、东方汇理、花旗、荷兰、华比。

华、道胜之后，居倒数第三位。① 其二，在 1916 年，为缓解中国银行的挤兑，维持上海金融市场稳定，外国银行包括花旗在内，也帮了中国银行一把。当时有 10 家外国银行，一共借了 200 万银元给中国银行，使它得以照常开业兑现。② 在 10 家银行所摊的贷款额中，花旗不过 15 万银元，居倒数第四位。③ 从花旗成立的 1901 年起，到北洋军阀统治结束的 1927 年止，由花旗银行单独承担的各种贷款，不过寥寥数笔，贷款总额总计不超过 500 万银元，其中最小的一笔不过 3 万银元。④ 经历了四分之一世纪，花旗银行只取得这样的业绩，对他们自己而言，未免过于灰白。

除了日、俄、美三国以外，进入 20 世纪以后，比利时、荷兰、意大利以及北欧的挪威等国的银行，也相继进入中国。其中比利时有 1902 年的华比银行(Banque Belge Pour L'Etranger)和 1907 年的义品银行(Credit Foncier Pour L'Exterme Orient)。⑤ 荷兰有 1903 年的荷兰银行(Nederlandsche Handel Maatschappij)和 1908 年的安达银行(Nederlandsche Indische Handelsbank)。⑥ 与此同时，意大利和挪威各有一家合资银行进入中国。它们是 1920 年进入中国

---

① 徐义生:《中国近代外债史统计资料》，第 46 页；King: Hongkong Bank, Ⅱ, p. 459.

② 10 家银行为汇丰、麦加利、道胜、正金、东方汇理、花旗、荷兰、华比、有利、台湾。

③ 徐义生:《中国近代外债史统计资料》，第 148—150 页。

④ 徐义生:《中国近代外债史统计资料》，第 170 页。

⑤ 义品亦称仪品，原名 Societe Franco-Belge de Tientsin，创办于天津，资本 415 万法郎。1910 年总部迁布鲁塞尔，更名如上。资本增为 1000 万法郎，内有法国银行资本。参阅黄光域:《外国在华工商企业辞典》，第 65 页；Tamagna: Banking and Finance in China, p. 96.

⑥ 黄光域:《外国在华工商企业辞典》，第 432、572 页。

的意大利华义银行(Banca Sino-Italiana)①和挪威的中国—斯堪的纳维亚银行(Sino-Scandinavian Bank)。② 这些银行,一般活动力度不大。其中营造了一定局面的,是华比银行。这家银行原名 Banque Sino-Belge,资本 100 万法郎,总部设在布鲁塞尔。中国上海、天津、北京、汉口和香港,都有它的分支机构。1913 年扩大组织,与英国银行资本合作,更名为 Banque Belge Pour L'Etranger,变成了国际银行。资本核定为 5000 万法郎,实收 3000 万法郎。③ 1920 年再度增资,额定和实收分别扩大为 10000 万法郎和 7500 万法郎。④ 资本扩张的速度不可谓不快。它在中国的活动,从汇兑、贴现、短期存放、长期投资到货币发行,都在其经营范围之内。它以一个总行远在西欧的银行,却在其历年营业报告和资产负债表中,单列"在中国的钞票流通"一项。这在其他总行不在中国的外国银行中是少见的。从 1910 年到 1927 年的 18 年中,它在中国的发行,从不及 100 万法郎上升到 1400 余万法郎。⑤ 活动层面的扩充,不可谓不广。但是,它的主要目标是铁路贷款的经理。它是为西方列强攫取铁路权益服务的。而这一项业务,却没有充分展开。它在这方面的活动,除了 1903 年和 1907 年的两次汴洛铁路借款以外,其他几无成绩可言。⑥ 而 1912 年的一笔 100 万英镑借款,属于较大的一笔。由于

---

① Lee:Currency, Banking, and Finance in China, p. 89. 1924 年改名为 Banca Italiana per la Cina。参阅 Tamagna:Banking and Finance in China, p. 80;黄光域:《国在华工商企业辞典》,第 280 页。

② Tamagna:Banking and Finance in China, p. 31;Lee:Currency, Banking, and Finance in China, p. 90.

③ 黄光域:《外国在华工商企业辞典》,第 281 页。

④ Maguire:China Stock & Share Handbook, 1926, p. 54,参阅《中华民国货币史料》第一辑,1912—1927,1986 年版,第 1156 页。

⑤ Maguire:China Stock & Share Handbook, 1914, p. 31;1930, p. 80.

⑥ 徐义生:《中国近代外债史统计资料》,第 36、40 页。

英、美、德、法四国银行团的反对,只贷出 25 万镑,便中途停止。① 而且这笔借款,幕后的主角是俄国道胜银行。“尽管道胜银行不是签订合同的一方,它却起着领导的作用。”②

小国银行的作用究竟有限。华比如此,其他更无可足述。③

二、英、法、德银行的充实更新

在日、俄、美三国金融势力打入中国的同时,原有的英、法、德三国的在华银行,也在充实或更新的过程中。三国当中,英国是重点。现在先扼要介绍法、德两国银行的更新,最后着重介绍英国银行的充实。

法国是欧洲大陆银行最先进入中国的国家。它在中国的第一家银行——法兰西银行(Comptoir d'Escompte de Paris)是 19 世纪法国在国外世界发生联系的一个最大的金融机构。④ 它还是“法国新式股份银行的首创者”⑤,也是法国“历史最长的银行之一”。⑥ 它成立于 1848 年,是在政府的直接支持下,作为商人与国

---

① F. V. Field: American Participation in China Consortium, 1931, p. 80. 徐义生:《中国近代外债史统计资料》,第 114 页。徐书作为两次借款,误。

② U. S. Foreign Relations, 1912, p. 123.

③ 这几家银行中,有的股票在上海股票交易所上市。如荷兰银行和安达银行(参阅 Maguire: China Stock & Share Handbook 各年)。这从一个角度反映了它们在中国的存在和力量。但从它们在中国的金融活动而言,仍未进入主角地位。

④ London and China Express, 1889 年 3 月 15 日,第 278 页。

⑤ J. B. Attfield: English and Foreign Banks, 1893, p. 32.

⑥ M. G. Myers: Paris as a Financial Centre, 1936, p. 102.

家银行(Banque de France)之间在票据贴现方面的中介人而产生的。① 因此,在法兰西银行的成长过程中,它享受了许多优厚的权利。在国外进行金融活动,也是它享受的权利之一。通过法国财政部对它在国外设立分支机构的批准,法国政府对法兰西银行的国外活动,给予了"官方的支持"②。

法兰西银行之进入中国,是在19世纪60年代的初期。这正是老一批的英国银行麦加利、有利等相继成立不久的时候。③ 法兰西银行在这个时候把触须伸入中国,除了和英国竞争以外,还有一个更重要的企图:削弱伦敦在东方贸易市场上的地位。④

80年代以后,随着法国对中国侵略的加紧,法兰西银行的活动,更从贸易领域扩大到财政领域,成为法国财政资本在中国的主要支柱。到了80年代末期,银行经历了一次重大的变化。由于总行投机的失败,业务一度陷于停顿,导致1889年的改组。改组以后的法兰西银行,在新的董事长、前任国家银行总裁丹诺曼蒂(M. Denormandie)的主持下,迅速恢复了以前的活力。几年之中,由于银行实力的迅速增强,竟然进入了法国三大信贷银行和四大储蓄银行的行列。⑤

---

① 法兰西银行按照它的法文原名,应译为巴黎贴现公司。它在中国通称为法兰西银行(参阅 Shanghai Almanac,1865年)。实际上它和法国银行(Banque de France)是两个银行。为了易于分辨,我们把 Banque de France 译为法国国家银行。

② E. Kauffman:La Banque en France,1914,p. 209.

③ A. S. J. Baster:The International Banks,1935,p. 162.

④ Overland Trade Report,1862年,12月14日,pp. 13-14.

⑤ 三大信贷银行为里昂信贷银行(Crédit Lyonnais)、信贷总公司(Société Générale)和法兰西银行(参阅 Myers:Paris as a Financial Centre,第102页);四大储蓄银行是在上述三行之外,加上工商信贷银行(Crédit, Industriel et Commercial)(参阅 H. Feis:Europe:The World's Banker,1870—1914,1930,p. 41)。

在中国,到1891年为止,它也已经恢复了上海、香港、福州和汉口四地的分支机构。① 重新站稳了自己的脚跟。

90年代中期以后,法国的银行资本家采取了双管齐下的政策。它一方面参加俄国的道胜银行,加强了自己在中国北方的势力;另一方面又以一个专门“开发”法国的东方殖民地为目的的东方汇理银行(Banque de L'Indo-Chine)代替目标分散的法兰西银行,以加强在中国南方与英国银行资本竞争的力量。

东方汇理银行是法国侵占安南以后适应殖民主义者的需要的产物。是法国殖民地银行中最重要的一家。② 它的总行设在巴黎,但却独占了安南的发钞、外国汇兑和其他全部银行业务。它于1875年1月由法国几个著名的储蓄银行共同发起成立。③ 其中法兰西银行也是发起人之一。它的额定资本为800万法郎,实收四分之一。④ 活动范围最初还只限于安南。1888年以后,银行的特许营业权,扩大到法国殖民地以外的地区。中国这时就公开地包括在它的活动范围以内。⑤ 从1892年起,银行势力开始向中国扩展。这一年,它所发行的钞票,据说已经进入香港。⑥ 两年以后(1894年),它正式在香港设立了分行,接替法兰西银行的地位。⑦ 又5年后,上海、天津分支机构也相继成立。这个时候,银行实收

---

① Herald,1891年1月30日,第133页。

② Bankers' Magazine,1931年6月号。King:Hongkong Bank,I,p. 261.

③ Herald,1898年7月4日。

④ 日本东亚研究所编:《诸外国の对支投资》上,1942年版,第129页。

⑤ Baster:The International Banks,p. 36.

⑥ Daily News,1892年8月17日,第163页。

⑦ Herald,1894年7月6日,第16页。

资本也由 200 万法郎增加到 300 万法郎。①

东方汇理银行进入中国以后,法兰西银行就退出了中国。但是,这并不意味着法国银行资本的撤退,它只表明法国银行资本的首脑在中国换了一个更有效的工具。上面讲过,改组以后的法兰西银行的董事长,是前任法国国家银行的总裁丹诺曼蒂,现在这个丹诺曼蒂又成了东方汇理银行的主席。② 而且,即使是法兰西银行撤出了中国,也并没有停止它在中国的活动。一个明显的事实是:当 1904 年以英国资本为主体的华中铁路公司(Chinese Central Railways Co. Ltd.)改组之际,法兰西银行就曾打入这个英国利益集团,作为法国集团成员之一,在投资和股票权上,都和英国集团立于对等的地位。③

我们知道,华中铁路公司的后台,是英国在华金融势力的首脑——汇丰银行,因此,法兰西银行在华中铁路公司内部与英国集团地位的对等,实际上是与汇丰银行的抗衡。这种抗衡,在东方汇理银行的行动中,表现得更加尖锐。

在东方汇理银行成立之前,汇丰银行即已在法属安南的西贡设立了一家分行。④ 东方汇理银行成立以后,汇丰在西贡立刻坐立不安。有一个时期甚至有人建议汇丰撤出西贡,改由东方汇理代理汇丰在西贡的业务。⑤ 这个建议没有说明来自何方,但从汇丰的未加接受看来,发动者可能就是汇丰银行的抗衡者东方汇理银行。这里还有一个旁证:在 1900 年的庚子赔款中,法国所得的

① Herald,1898 年 6 月 27 日,第 1099 页,1899 年 7 月 24 日,第 164 页;Chinese Economic Journal,1935 年 10 月,第 400 页。

② Herald,1898 年 7 月 4 日。

③ King:Hongkong Bank,Ⅱ,p. 333、p. 335.

④ 分行设立于 1870 年,参阅 King:Hongkong Bank,Ⅱ,p. 141.

⑤ King:Hongkong Bank,Ⅱ,p. 142.

部分,最初是通过汇丰的里昂分行汇付法国。这件事立即引起了东方汇理银行的反对①,它要求把这笔汇款的权利移到法国银行手中,汇丰也就停止了自己的染指。

当然,在抗议声中,也有合作;而合作声中,又体现了对抗。上面已经讲过,1904 年,作为法国集团的成员,法兰西银行参加了改组以后的华中铁路公司。这个集团中,也包括了起关键作用的东方汇理银行。尽管法国集团的势力不小,但华中铁路公司主席一职仍然保留在英国人手中,而且,正如法国外交部所说:在华中铁路公司那里,只有作为公司股东的法国人的地位,而没有作为世界强国的法国的地位。② 因此,在 1909 年又订立了一个新的协议,其中特别提高了东方汇理银行的地位,把它作为法国在华企业集团(辛迪加)的代表。③ 法国作为强国的地位突出了,但是权力平衡的抗争也更加明显地表现在人们的面前了。

不但在上述争夺铁路让予的外债上,东方汇理要和汇丰平起平坐,就是在中国内债发行的权益方面,东方汇理对汇丰,也是寸步不让。1915 年,当北洋政府发行 2400 万元的民四内国公债时,由于"与汇丰银行订立条款,会同中国、交通两银行合募此次公债"④,东方汇理银行立即加以反对,认为违反了机会均等的原则。⑤ 虽然,后来东方汇理银行撤回了抗议,但是,它对汇丰银行的敏感神经,已暴露得相当充分。

---

① King:Hongkong:Bank,Ⅱ,p. 136.

② 1909 年 12 月 11 日法国外交部致财政部长函,参阅 King:Hongkong Bank,Ⅱ,p. 254.

③ King:Hongkong Bank,Ⅱ,p. 254.

④ 《梁燕孙先生年谱》上,1939 年编,第 248 页。

⑤ King:Hongkong Bank,Ⅱ,p. 579.

当然,东方汇理在中国的声势,比起汇丰,还有所不及。它们的实收资本,并不相上下。1926年汇丰资本2000万银元,东方汇理为6840万法郎,折合银元,约合1400万,二者相差不多。但汇丰在中国的活动,却“十倍于东方汇理”①。这是当时的流行看法。尽管如此,东方汇理的进取心,却是超群出众的。当辛亥革命事起,清廷分崩离析、外国银行群相缩手之时,惟独东方汇理银行奋臂而起,在武昌起义之后25日,仍然经由大清银行之手贷银直隶总督100万两之巨②,使行将入木的小朝廷咽下了最后一杯并无起死回生之力的续命汤。

继东方汇理之后的另一家法国银行,是1913年成立的中法实业银行(Banque Industrielle de Chine)。这家银行的设立,实际上是来自东方汇理银行的推动。早在1912年3月,东方汇理银行就和北洋政府当局秘密商谈中、法共同设立实业银行的计划。③ 尽管这个秘密商谈的计划没有公开,但是人们却得到间接的证实,那就是在东方汇理正在兴建的新行址中,特地划定了一个中法实业银行的营业区。④ 因此,掩饰东方汇理和中法实业银行的关系,当

---

① Lo Hui-min:The Correspondence of G. E. Morrison,第2卷,1978年版,第302页。两行资本,参阅Lee:Currency,Banking,and Finance in China,p. 92,p. 99;Maguire:China Stock & Share Handbook,1926,p. 55,p. 64。

② Lo Hui-min:The Correspondence of G. E. Morrison,第1卷,1976年版,第638页。徐义生:《中国近代外债史统计资料》,第52页。顺便提一下:与此同时,法国金融家勾堆男爵(Barorn Cottu)曾两次计划贷款给清政府,一次为9000万法郎,一次为15000万法郎,不过来不及兑现,清朝就瓦解了。参阅《历史档案》1993年第4期,第122页。王开玺:《武昌起义后清政府财政的彻底崩溃》。徐义生:《中国近代外债史统计资料》,第56页。

③ 徐义生:《中国近代外债史统计资料》,第111页。

④ Lo Hui-min:The Correspondence of G. E. Morrison,第2卷,第300页。

时就受到人们的嘲笑。

这家银行是标榜“以发达中国实业为宗旨”的[①]，因此，它的组织形式，也披上了中法合办的外衣。在银行的4500万法郎的发起资本中，法国资本家认股3000万法郎，占三分之二，中国政府认股1500万法郎，占三分之一。[②] 事实上，中国所附三分之一的股份也是由法方出借抵充的。[③] 在法国资本家的面前，中国政府只是立于附股者的地位。中法实业银行成立之当年10月，北洋政府财政总长熊希龄就向银行签订了15000万法郎的借款合同。名义上是“专为兴办国家实业与建造公共工程之用”，具体地说，就是“建造浦口商埠”。[④] 但是，浦口商埠督办提用之款，只有1200万法郎，而财政部提用的款项却达到4200万法郎。[⑤] 而当初和中法实业银行密谈设立银行计划的中方代表，就是这位财政总长自己。[⑥] 那么，中法实业银行股份里面中国政府附股资金之所来自，也就可以按图索骥了。事实上不仅中方的股本来自中法实业银行的借款，就是历年偿付这笔借款的利息，也是从中法实业银行借来的。[⑦]

---

① 《中法实业银行章程》，第六条，参阅《中外旧约章汇编》第二册，1959年版，第858页。

② 《中法实业银行章程》，第五条，参阅《中外旧约章汇编》第二册，第858页。股款先付四分之一。参阅 C. R. Maguire: China Stock & Share Handbook, 1915, p. 34。

③ 徐义生:《中国近代外债史统计资料》，第111、169、176页。

④ 《实业五厘金币借款合同》，第四款。参阅《中外旧约章汇编》第二册，第930—931页。

⑤ 徐义生:《中国近代外债史统计资料》，第121页。

⑥ 徐义生:《中国近代外债史统计资料》，第111页。

⑦ 徐义生:《中国近代外债史统计资料》，第154—182页。

这种以兴办实业为名,挪作别用为实的情况,在中法实业银行的借款中,可以说是常例。在它建立之次年成立的6亿法郎钦渝铁路借款中[①],规定借款用途为修建广东钦州至四川重庆的铁路工程。实际上却"被袁世凯挪用作帝制活动费用"[②]。

但是这些钱是不能白用的。通过这些贷款,中法实业银行不但取得了3000英里的钦渝铁路的修筑营运权[③],而且企图进一步由西南铁路打入长江航运,窃取轮船招商局的管理权,实现在华中地区与英国争胜的局面。[④]

因此,在中法实业银行的开创阶段,西方观察家看好它的前景。有人说它在中国"干了一桩兴旺发达的生意"[⑤],有的称赞它"做得很有声有色"[⑥]。在它存在的8年中(1913—1921年),额定资本增加到15000万法郎,实交资本7500万法郎,另外还有4000万法郎的准备。[⑦] 除了巴黎总行以外,它在中国的分支机构有上海、汉口、香港、天津、广州、北京、福州、沈阳、汕头、济南和昆明11处[⑧],由西南到东北,几乎遍布全国通衢之地。

但是,它又是一个短命的银行。这个银行并没有雄厚的实力。作为银行董事长和熊希龄签订第一笔借款合同的垓里蒲沙

---

① 《钦渝铁路五厘息金借款合同》,第二款,参阅《中外旧约章汇编》第二册,第984页。按第一次为垫款3200万法郎,参阅徐义生:《中国近代外债史统计资料》,第122页。

② 徐义生:《中国近代外债史统计资料》,第123页。

③ Lo Hui-min:The Correspondence of G. E. Morrison,第2卷,第794页。

④ Lo Hui-min:The Correspondence of G. E. Morrison,第2卷,第300页。

⑤ Lee:Currency,Banking,and Finance in China,p. 86.

⑥ 雷麦:《外人在华投资》,第468页。

⑦ Lee:Currency,Banking,and Finance in China,p. 86.

⑧ Lee:Currency,Banking,and Finance in China,p. 86.

(Alexandre Bouchard),在合同签订之时,口袋里面还是空空的。他是在口袋里装上合同以后才回到欧洲寻求贷款者。对于这样一个人和这样一个合同的签订,当时就有评论说:“和蒲沙这样的人签订这样的合同,着实令人惊讶。熊希龄先生的确应该先判断一下,这是什么样的一个人,他在和什么样的人签订合同,像这样暧昧的方式签订合同,肯定会给中国带来困难,就像她过去碰到的困难一样。”①这个发问式的评论是有具体内容的。因为当中法实业银行清算之日,人们普遍认为银行倒闭的三大原因中,除了投机性的投资和紊乱的资产账目以外,还有重要的一条,就是“政治上的诡诈”②。

在中法实业银行停业4年之后(1925年),作为其后身的中法工商银行(Banque Franco - Chinoise Pour le Commerce et L'Industrie),在清理前者的债务之后,又重新出现。③ 它的资本由原来的4500万法郎缩减为1500万,分支机构由原来的11处减为4处。④ 虽仍名为合办,但中国的资本已不见踪迹。

然而中法合办的历史却值得一提。在此前20年的1904年,也就是中法实业银行成立将近10年之前,天津就曾出现过一幕中法合办银行的活动。一个名叫沙札郎的法国商人和一个名叫高尔嘉的中国商人私下有过合开银行的酝酿。出面的高尔嘉是这样说

---

① Lo Hui-min:The Correspondence of G. E. Morrison,第2卷,第81页。

② Tamagna:Banking and Finance in China,p. 31.

③ Tamagna:Banking and Finance in China,第31-32页;雷麦:《外人在华投资》,第468—469页;参阅《大公报》1927年2月9日。按:在中法工商银行出现以前,中法实业银行曾一度改组为中法实业管理公司(Societe Francaise de Gerance de 1a Banque Industrielle de Chine),参阅黄光域:《外国在华工商企业辞典》,第127页。

④ Tamagna:Banking and Finance in China,pp. 31-32.

的:“华洋合办,原属不得已之举,自当稍加限制,以期有利无弊。”①20年过去了,这个定名为中法合办,“以二十年为限满的”华兴银行,是否挂出了招牌,或者挂了10年、20年,不得而知。但是,20年后,中法合办银行,仍在繁衍,却是无可怀疑的事实。②

当然,法国的银行资本家并不满足于合办一途。法兰西型、东方汇理型,仍然是他们的心所向往。这方面企图的实现不多,然而未实现的企图却不少。例如19世纪90年代之末,当上海的外国银行已达9家,外汇业务进入饱和之际,法国的里昂信贷银行仍然企图进入上海,分享外汇一杯羹。③ 而在20世纪之初,当香港汇丰银行势力已扎根于华南时,又有一家法国银行企图在广州设立据点,以与汇丰相抗衡。④ 而这却是汇丰银行总经理乃则臣(Thomas Jackson)亲口透露出来的。看来即使没有实现,但是这种企图却是客观存在的。

德国银行的进入中国,开始于19世纪70年代。以国家的权力为后盾的德意志银行(Deutsche Bank),在中国开辟了第一个立脚的据点。

德意志银行创立于1870年3月⑤,是德国四大银行巨头的四

---

① 《天津商会档案汇编》上,1903—1911年,第742页。

② 就现在已知的,仅在天津一地,就有1913年前成立的宝昌银行(参阅Far Eastern Review,1913年12月,第276页),1920年成立的华法银行(参阅《银钱行号注册一览表》,转见杜恂诚:《民族资本主义与旧中国政府》,1991年版,第511页。

③ Herald,1899年1月30日,第165页。

④ Lo Hui - min: The Correspondence of G. E. Morrison, p. 152. King: Hongkong Bank, Ⅲ, p. 33.

⑤ 施丢克尔(H. Stoecker):《十九世纪的德国与中国》(DeutschLand und China in 19 Jahrhundert),乔松译,1963年版,第108页。

D银行之一,在四D银行中名列首位。[①] 它的成立,是德国银行向海外发展的重要标志。在它成立的第二年(1871年),普法战争以德国的胜利而告结束。德国全国的统一,金本位的实行以及法国的巨额赔款,给德国产业的发展创造了有利的政治和经济条件,出现了德国历史上的第一个产业振兴时期。适应产业资本的需要,德国的银行资本也有一个空前的发展。当其他银行的注意力都集于国内产业的时候,总行设在柏林的德意志银行却把它的注意力转移到海外贸易方面。它把"扩大和便利德国对其他欧洲国家以及海外市场的商业联系"作为自己的目标[②],特别是要把"德国的海外贸易从英国的居间解放出来"[③]。在这个目标之下,它在德国的对外贸易中心不来梅和汉堡以及国外的伦敦和横滨等世界贸易中心,都相继设立分支机构。[④] 它以1500万泰来尔(Thaler)的实缴资本[⑤],用参与制的方法[⑥],参加柏林、不来梅、来比锡、法兰克福以及伦敦、阿姆斯特丹、纽约、里昂等地的德国企业的投资。通

---

① H. Feis:Europe:The World's Banker 1870—1914,1930,pp. 63-64. 四D银行,除德意志银行外,另三行为贴现公司(Diskonto-Gesellsehaft)、德勒斯德纳银行(Dresdner Bank)和丹穆斯达脱银行(Darmstädter Bank)。由于它们的名称均以D开头,所以称四D银行。

② P. B. Whale:Joint Stock Banking in Germany,1930,p. 16.

③ 施丢克尔:《十九世纪的德国与中国》,第108页。

④ Whale:Joint Stock Banking in Germany,p. 20.

⑤ 最初资为1000万泰来尔,1874年增至1500万,约合中国银两750万两。参阅Daily News,1872年5月15日,第445页;Herald,1874年2月19日,第168页;Shanghai Evening Courier(以下称Courier),1872年5月20日,第459页。

⑥ 所谓参与制,即在其委托代理的企业中参加一部分投资,以节省设立分行的费用而收到设立分行的效果,同时又在资本上支持了受委托的德国企业。

过这个办法,在全世界范围内建立了一个相当周密的金融网。

德意志银行在中国的第一个,也是惟一的一个分行,于1872年6月在上海成立①,并且积极展开了商业抵押放款的活动。它不但参加中国生丝出口的抵押放款,同时也参加洋煤进口的抵押放款。不仅贷款给外国洋行,同时也贷款给中国商人。② 但是在它所经营的商业放款中,倒账迭出,营业始终不利。“东方贸易的不能令人满意的状态,加上汇率的下降,无疑地挫伤了柏林的董事们的乐观设想。他们从前几年其他东方银行所获得的成果中,断定现在实际所做的生意不如他们所想象的那么好。”③终于在1875年5月撤退了上海分行。横滨分行亦同时收歇。④ 这样不过3年,就停止了它在整个东方的活动。⑤

德意志银行从中国撤退以后,将近15年间,中国境内不再见有新设的德国银行。但是,这并不意味着德国银行资本停止了在中国的活动。相反,它的活动,毋宁是更加积极。在80年代各国银行对中国政府的借款活动中,德国银行资本就是冲击英国独占地位的主要力量。⑥ 为了加强这方面的活动,在80年代的后期,柏林的银行界就开始了在中国设立专业银行的酝酿。从1887年

① Daily New,1872年5月15日,p. 445;Courier,1872年5月20日,第459页。

② Daily News,1873年4月23日,p. 371;1873年11月15日,第475页。

③ Herald,1875年4月15日,p. 356.

④ Herald,1875年4月15日,p. 356;《申报》光绪元年二月十三日。

⑤ M. Pohl:The Deutsche Bank's East Asian Business,1870—1875,1977年版,各页。

⑥ 汪敬虞:《十九世纪西方资本主义对中国的经济侵略》,1983年版,第251—253页。

开始，在中国进行借款活动的主要角色——德意志银行、贴现公司和瓦色尔公司（R. Warschauer Co.），已经计划成立一个新的辛迪加，以便在中国设立一个新的德国银行。[①] 宰相俾斯麦在这里起了积极的作用。他在1888年5月18日致内务大臣的信中说："我之所以仍然特别重视在中国设立一家强大的德国金融机构，乃是决定于这个信念，即那个幅员广大、人口稠密的国家，迟早要先后为欧洲的商业和外国的工业，特别是铁路建筑业而开放，并开辟有利可图的新市场。"到时候，"在那里有着有势力的银行，为其代表的国家将首先被调动起来，它们将利用这个有利的机会，保证使他们的商业和工业在那里预备的大企业中占得最大部分。"[②]一年以后，一个完全以汇丰银行为模型的德华银行（Deutsch-Asiatische Bank），终于成立。

作为在华德国银行资本新血液的德华银行，是1889年9月在柏林组成的。[③] 它的额定资本为500万银两约合100万英镑。先收25%。[④] 这个银行的开创者，除了德意志银行、贴现公司和瓦色尔公司三个主要角色以外，还有像柏林商业公司（Betliner Handelsgesellschaft）、斯登纳洋行[⑤]（Jacob S. H. Stern）、布里希罗德洋

① Herald，1887年12月8日，第611页。瓦色尔公司中国通称华泰银行。参阅徐义生：《中国近代外债史统计资料》，第8页。King：Hongkong Bank，I，p. 557.

② M. Müller-Jobush：Fünfzig Fahre Deutsch-Asiatisehe Bank，1890—1939，1940，pp. 324-325. 参阅施丢克尔：《十九世纪的德国与中国》，第251页。

③ Herald，1889年11月8日，第564页。

④ Whale：Joint Stock：Banking in Germany，pp. 72-73.

⑤ 柏林商业、斯登纳与瓦色尔共同组成瓦色尔集团，参阅King：Hongkong Bank，I，第557页。

行(S. Bleichröder & Co.)、罗施希尔德洋行(A. M. Rothschild & Söhne)这样一些德国的领袖银行和企业。其中瓦色尔、柏林商业和斯登纳就是“第一个把中国的公债带到德国市场的主角”①。他们后来都是德华银行的重要股东。在这家银行的500万两资本中,和中国借款直接发生关系的德意志银行、贴现公司、瓦色尔公司、柏林商业公司和斯登纳洋行等5家,共占230万两,接近总数一半。②

几乎在德华银行成立的同时(1890年),一个“与之平行的银团”——亚洲代理银团(The Konsortium für Asiatische Geschäfte)也宣告成立。③ 这个机构的后台,和德华银行几乎是一致的。德华银行自己在其中也参与了10%的投资。由于这两大机构实力的充足和联合的广泛,它们就能获得政府的全力支持,进行国外金融活动,不怕来自银团以外的任何机构的阻力。④ 当然,亚洲代理银团的活动,并不限于中国。它在中国的活动,也不及德华银行。总的看来,居于次要的地位。⑤

德华银行从开始就带有浓厚的投资银行的色彩。在它的创设宗旨中,除了“加强德国和东亚市场的商业联系”,“扩大德国工业产品的市场”以外,还特别标明:“它的主要目的,是得到为银行或者为银行的监护人而签订的[政府借款]合同,从这些合同中赚钱,并且和监护人一起为执行合同提供款项,以便政府债款能在欧

① Daiby News,1888年1月27日,第83页。

② King: Hongkong Bank, Ⅱ, p. 536; Whale: Joint Stock Banking in Germany, p. 73.

③ King:Hongkong Bank, Ⅱ, p. 535.

④ King:Hongkong Bank, Ⅱ, p. 535.

⑤ King:Hongkong Bank, Ⅱ, p. 100.

洲发行。”①

德华银行成立的时候，正是法兰西银行遭受严重挫折的时刻。② 法兰西银行的失利，给德华银行提供了“一个特别有利的起点”③。它心目中的竞争对象，这是不言而喻的。这个银行又处处“模仿汇丰银行的成例”④；它的董事会设在柏林，却把总行设立在中国。它的资本筹集于德国本土，却以中国的银两为单位。⑤ 所有这些，都是步武汇丰。它的用心，也是不言而喻的：在中国扶摇直上的汇丰银行，是它心目中的另一个竞争对手。

德华银行的上海总行是在1890年1月成立的。⑥ 在以后的10年中，也就是在20世纪以前，它在中国天津、青岛、汉口、香港四处设立了分支机构。⑦ 而在设立的先后中，居四处之首的，是与上海总行同年12月设立的天津分行。⑧ 把目光首先投向邻近京畿的北洋大臣的驻地，这当然证明了“从政府的借款合同中赚钱”在它的全部活动中占有何等重要的地位。但是，它那样迫不及待地把自己的势力引向京畿地区，则显然是要和英国方面的势力进行一番较量。因为早在80年代上半期先后在天津、北京设立分支机构的汇丰银行，已经在京畿地区扎下了坚实的根基。德华的进入，明显地带有一副挑战的态势。

---

① Herald，1888年3月2日，第255页。

② 参阅上文。

③ Whale：Joint Stock Banking in Gemany，p. 72.

④ Whale：Joint Stock Banking in Gemany，p. 73.

⑤ King：Hongkong Bank，Ⅱ，p. 530.

⑥ Herald，1889年11月8日，第564页；Whale：Joint Stock Banking in Germany，p. 73.

⑦ Herald，1900年11月14日，第1065页。

⑧ Herald，1890年12月5日，第679页。

然而同对手的挑战却采取了联手协作的形式。他们合作的密切到了这样的程度,以至德华银行的代表柯达士(H. Cordes)经常牵着双目失明的汇丰银行北京经理熙礼尔(E. G. Hillier)在僻静的北京胡同散步,商谈对中国政府贷款的大计。① 一个英国人和一个德国人在北京城的散步,这在当时是具有象征意义的。

德华、汇丰之联手合作,开始于甲午战争以后列强对中国贷款权的争夺。以支付中国对日赔款为目标的列强贷款,是贷款权争夺战的第一幕。当1895年俄法合作首先从清政府手中取得4亿法郎的贷款权之时,德华和汇丰的联手,就立即见诸行动。它们接连在1896和1898两年成功地进行了两次贷款额各为1600万英镑的贷款。英德和法俄的针锋相对,不但体现在时间的紧密衔接上,而且体现在双方贷款的数量上。因为在第一次英德借款之时,1600万英镑和俄法借款的4亿法郎,按汇价计算几乎完全相等。②换成中国银两,都在1亿两上下。③ 这个联手的紧密,更体现在1905年的所谓镑亏借款上。这笔为弥补清政府在英德借款后英镑汇价上涨发生亏空而续签的借款,是由汇丰银行单独出面和清政府签订的。一直到签约之前两天,代表清廷签约的赵尔巽,才被告知签约对方是英、德两家银行。④ 德华银行的蒙混过关,使得蒙在鼓里的这位户部大臣处于进退失据的尴尬地位。而德华与汇丰关系的不寻常,也恰恰在这里被和盘托出。

当然,在涉及各自利益不相牟的地方,它们之间也有不和谐的

---

① King:Hongkong Bank, Ⅱ, pp. 166、525、607.

② S. F. Wright:Hart and the Chinese Customs, 1950, p. 660.

③ 徐义生:《中国近代外债史统计资料》,第28—30页。

④ Lo Hui-min:The Correspondence of G. E. Morrison,第1卷,第296页;King:Hongkong Bank, Ⅱ. p. 343.

日子。这在至关重要的铁路借款上,表现得最为突出。就在英、德两次大借款之际,汇丰银行曾经要求德华共同参加关外铁路的借款,结果却吃了德华的闭门羹。表面上是不愿卷入英、俄的争端,实际上是不愿见这条铁路的建成影响德国势力范围内的青岛的贸易地位。① 同样,在1897年英、德对共同修建沪宁铁路的最初讨论中,德华银行要求德国牵头,也受到英国的冷遇。② 原因更加清楚:这里是英国的传统势力范围。经历了12年以后,在1909年的津浦铁路借款中,德华与汇丰虽然达成了共同借款的协议,但是各筑一段,井水不犯河水。到了湖广铁路的修建提到有关各国的面前时,德华甚至想撇开英国,独自一显身手。③ 用德华的话说:"现在是脱离英国怀抱的时候了。"④总之,1895年的英、德联手,"并非神圣同盟",就像汇丰银行总经理乃则臣(T. Jackson)所承认的那样。⑤

正由于此,德华银行在与汇丰联手之外,也有自己独立活动的天地。

在19世纪末叶列强在中国划分势力范围的活动中,德华银行对德国的活动而言,可以说是一个先行者。德国攫取山东胶济铁路的修筑权以及铁路沿线15公里范围内的矿山开采权,是从1898年签订《胶澳租界条约》以后确定的。然而,在此以前8年,亦即德华银行进入中国的1890年,为划分势力范围而进行准备的

---

① King:Hongkong Bank,Ⅱ,p.305.

② King:Hongkong Bank,Ⅱ,p.306.

③ King:Hongkong Bank,Ⅱ,p.405.

④ King:Hongkong Bank,Ⅱ,p.411.

⑤ Lo Hui-min:The Correspondence of G. E. Morrison,第1卷,第295页。乃则臣的原话是:这是一个"非神圣同盟"。

工作,就已经开始。这一年德华银行和山东地方当局首次进行借款谈判,“在谈判中议明山东地方要购置机器,首先考虑向德国购买”。[①] 为德国资本在山东的优先地位,开辟道路。山东成为德国的势力范围以后,德华银行为引进德国资本,特别是德国银行资本,更是不遗余力。1904 年为开采淄川煤矿而成立的德华矿务公司,其股东有三分之一是德华银行的主要构成者,包括贴现公司、德意志银行和汉堡北德银行(Norddeutsche Bank,Hamburg)这样一些大银行资本在内。[②] 在这些活动中,是容不得半点德国以外的资本沾边的,包括英国资本在内。[③]

当然,把活动重心放在投资上面的德华银行,也有他自己感到不尽如人意的地方。这就是在占领贸易市场的竞争中,和汇丰这样老牌汇兑银行比起来,不免大为逊色。对德华来说,一个严峻的事实是:尽管它已进入中国,但原来在贸易的金融周转上和汇丰建立了联系的德国洋行,并没有转向德华,却仍然继续保持与汇丰的联系。[④] 以德华总行所在地的上海而言,在那里的 25 家德国洋行中,只有 9 家和德华银行有业务往来,其余 16 家看来仍然维持着与汇丰的联系。[⑤] 尽管有许多德国洋行参与了英国的对华贸易,为德国在贸易市场中夺得一席之地,但贸易上的金融周转,却仍然不得不回过头来依赖于汇丰。[⑥] 在德国势力控制下的青岛,虽然已经

---

① 淄博矿务局、山东大学编:《淄博煤矿史》,1985 年版,第 39 页。此项借款可能是指山东巡抚和德华银行签订“山东河东借款”,参阅徐义生:《中国近代外债史统计资料》,第 10 页。

② 《淄博煤矿史》,第 51 页。

③ Herald,1899 年 6 月 12 日,第 1048 页。

④ F. H. H. King 编:Eastern Banking,1983 年版,第 519 页。

⑤ King:Hongkong Bank,Ⅱ,p. 531.

⑥ King:Eastern Banking,p. 521.

有了德华银行的机构,但那里的德国洋行,却迫切要求设立汇丰银行的代理机构。对此,汇丰银行的老板说:"我们不会感到遗憾,我们只有感到骄傲。"①这就暗示,"遗憾"是在德华银行一方。

第一次世界大战爆发,中国参战,德华银行暂时结束了它在中国境内的活动。1917 年银行结束时的资本,实收额达到 750 万两。② 1924 年中德签订了"解决德华银行事务"的换文,"中国交还[德华]银行在北京、汉口之不动产"③,恢复德华银行在战前的地位,"连同其各种借款合同内发行银行之职务"④。德华银行又重新进入中国。虽然如此,德华要恢复它原来的局面看来已不大容易。从 1924 年到 1927 年,我们再也没有看见德华对中国政府的借款活动。一个在 1927 年所作的调查显示:德华银行重新建立与德国洋行的金融联系是不成功的。汇丰银行又重新掌握了德国和中国之间贸易金融周转的主导地位。⑤ 德华银行"再也没有从大战中真正地恢复过来",它的实收资本,在 1927 年也不过维持在 10 年前的水平上,以后则日趋萎缩。最后,以合并于德意志银行而告终。⑥

---

① King:Hongkong Bank,p. 531. 汇丰的所谓"遗憾",是青岛的汇丰机构迟至 1914 年才设立,那时德国势力已经退出青岛。

② 《银行周报》第 1 卷第 7 号,1917 年。

③ 《中外旧约章汇编》第三册,1962 年版,第 442 页。至 1926 年时北京、天津、上海三处分行已恢复营业。参阅 Lee: Currency, Banking, and Finance in China,p. 101.

④ 《中外旧约章汇编》第三册,1962 年版,第 442—443 页。

⑤ Müller-Jabush:Fünfzig Fahre Deutsch-Asiatische Bank,p. 257、p. 261、p. 299. 参阅 King:Hongkong Bank,Ⅲ,p. 81。

⑥ King:Hongkong Bank,Ⅲ,p. 81. 参阅《中华民国货币史资料》第一辑,1912—1927 年,第 1149 页。

附带值得一提的是,在德华银行之外,还有一家以经营进出口贸易和金融周转的机构,这家在中国被称为谦信洋行的中国进出口银行公司(China Export Import & Bank Compagnie),在1892年通过柯诺尔洋行(Knorr)在上海设立了一个据点。① 如果说德华银行是模仿汇丰的模型,那么集进出口与银行业务于一身的谦信洋行,则是英国"商业大王"的翻版。② 它心目中的竞争对象,也是不言自明的。但是,这个机构,在中国似乎没有得到他们预期的发展,它的银行业务,也始终没有展开。

最后,也是最重要的,是英国在中国的金融活动。

英国在华金融活动,历史最长,能量最大。从1845年英国第一家、同时也是外国第一家进入中国的丽如银行起,到1894年在中国改组设立的大东惠通银行(Bank of China and Japan Ltd.)止,50年间,英国在华先后设立了汇隆、呵加剌、有利、麦加利、汇川、利华、利升、利生、汇丰、德丰、中华汇理等13家银行。③ 数量之多,为其他国家所不及。然而开业的多,停业的也多。到1895年还继续存在的银行,只有汇丰、麦加利、有利、大东惠通和中华汇理5家。其余8家,均先后停闭或撤出中国。在此8家中,只有丽如1家历史较久,影响较大,其他7家,则为时甚暂,影响甚微。现在把1895年还存在的5家银行,做一历史概述,以求有一个比较完

① Daily News,1892年1月6日,广告。

② 参阅汪敬虞:《十九世纪外国在华金融活动中的银行与洋行》,载《历史研究》1994年第1期。

③ 呵加剌银行英文名为 Agra & United Service Bank,汇隆银行英文名为 Commercial Bank of India,汇川银行英文名为 Central Bank of Western India,利华银行英文名为 Asiatic Banking Corporation,利升银行英文名为 Bank of India,利生银行英文名为 Bank of Hindustan, China & Japan, Ltd.,德丰银行英文名为 National Bank of India。

整的印象。

在这5家银行中，有利和麦加利同于19世纪50年代中进入中国，大东惠通和中华汇理之进入中国，则同在90年代之初。汇丰银行成立于1865年，处于承上启下的地位。

有利银行成立于1857年。它的前身是同于1853年成立的亚细亚特许银行（Chartered Bank of Asia）和印度、伦敦、中国商业银行（Mercantile Bank of India，London and China），1857年两行合并，始定名为Chartered Mercantile Bank of India，London and China。① 在中国通称有利银行。两行合并之前，印度、伦敦、中国商业银行于1854年和1855年分别在上海、广州设立了代理处。② 两行合并之同年，就在香港设立分行，以“新银行”自称。③ 3年以后，又把上海的代理处扩大为分行④，这时银行资本是75万英镑。⑤

有利银行在创办的初期营业比较顺利。在60年代中期的一次金融风潮中，许多外国在华银行纷纷倒闭。当1865—1867年其他银行遭遇到严重困难的时刻，在有利银行的营业报告上，仍然出现巨额的红利。在1865年一年之中，支付的股息就达到101250镑，相当于资本的13.5%。⑥ 1867年的盈利，进一步达到资本额

① Baster：The Imperial Banks，1929，p. 112；The International Banks，p. 162. Shirras：Indian Finance and Banking，p. 356.

② Herald，1854年11月4日，广告；Anglo Chinese Calander 1855.

③ G. B. Endacott：A History of Hongkong，1958，p. 118. 黄光域：《外国在华工商企业辞典》，第256页。

④ Shanghai Almanac，1860.

⑤ Daily News，1866年6月27日，第1821页。

⑥ Daily News，1866年6月27日，第1821页。

的20%。①

在中国,它的分支机构,在这时期又有进一步的扩张。1866年汉口代理处成立。② 次年又在福州设立代理处。③ 接着在1876和1880年先后在九江、厦门设立代理机构。④ 除了汇兑业务以外,它还在中国通商口岸的外国企业中进行投资。中国境内最早的一家外国煤气公司——1864年成立的上海大英自来火房(Shanghai Gas Company,Ltd.),就是依靠它的借款办起来的。⑤

进入80年代以后,有利银行在东方的业务,开始显得不十分顺利。它的上海分行在中法战争进行期间的1884年,一度发生挤兑风潮。在上海发行的钞票,甚至为中国钱庄所拒绝。当时上海金融界风雨满城,银行行将倒闭的消息一时甚嚣尘上。⑥ 接着在1887年,伦敦总行又经历了一次严重的困难。由于营业的亏损,使得一年所支付的股息率,不得不由历来的5%降低到4%。⑦ 而为了支付这一笔降低了的股息,使得多年来积累起来的准备金,一次减少了20%。⑧

---

① Bullionist,Daily News,1868年1月15日,第3731页转载,参阅1867年12月31日,第3687页。

② Chronicle,1866,Mackenzie:Realms of Silver,p.67;Herald,1865年2月25日,第30页。

③ Consular Reports,1866—1868年,福州,第39页。

④ The North China and Japan Desk Hong List,1876(以下简称Hong List),Chronicle,1880.

⑤ Daily News,1867年3月2日,第2655页。

⑥ Herald,1884年5月23日,第577页;《申报》1884年7月9日。

⑦ Daily News,1887年5月10日,第428页;1887年6月1日,第503页。

⑧ Daily News,1887年5月10日,第428页。

有利营业的滑坡，导致了1892年的改组和上海分行的撤退。① 改组以后的有利银行，特许权取消了，变成了普通银行。② 1894年银行委托怡和洋行代理上海分行的业务③，似乎为图恢复，但实际上它在中国的地位，已大大削弱。19世纪末人们公认的上海九大外国银行中，已经没有有利银行的地位。④ 20世纪开始，银行资本由开办时的75万镑下降到56万镑⑤，已经远远落在汇丰和麦加利两行之后。⑥ 到了20世纪20年代，银行的资力有所恢复。1926年它的额定资本为300万镑，已付资本回升到105万镑，营业纯利达到21.5万多镑。⑦ 但这个时候人们对它的评论是："这家银行对中国的贸易和金融周转，和汇丰、麦加利比起来，只占一个很不起眼的地位。"⑧

麦加利银行（Chartered Bank of India. Australia & China）是继有利银行而进入中国的另一特许银行。它在中国的第一个机构——上海分行，开设于1858年⑨，上距有利银行之进入中国4

---

① Herald，1893年3月7日，第385页；1894年8月17日，第252页。

② King：Hongkong Bank，I，p. 280、p. 404. 改组后英文行名改为Mercantile Bank of India，Ltd。

③ Herald，1894年8月17日，第252页；King：Hongkong Bank，I，p. 456.

④ Herald，1899年1月30日，第165页。当时的九大银行是：汇丰、麦加利、中华汇理、大东惠通、正金、德华、道胜和东方汇理。另一个是中国通商银行，这是不能计入外国银行的。

⑤ King：Hongkong Bank，I，p. 262.

⑥ 当时汇丰资本折合英镑为160万镑，麦加利资本为80万镑。参阅King：Hongkong Bank，I，p. 262。

⑦ Lee：Currency，Banking，and Finance in China，p. 93；Maguire：China Stock & Share Handbook，1926，p. 69.

⑧ Lee：Currency，Banking，and Finance in China，p. 93；Maguire：China Stock & Share Handbook，1926，p. 69.

⑨ Herald，1858年8月7日，第1页；Mackenzie：Realms of Silver，p. 55.

年,距第一家进入上海的丽如银行 11 年。然而,它在中国的发展,却标志着外国在华银行的一个新阶段。85 年以后(1942 年),一部评论外国在华银行的专门著作写道:"只有到了 1857 年[①],麦加利银行在上海设立了一个分行的时候,外国银行才真正地开始扩展起来。"[②]

麦加利银行的创办者詹姆士·威尔逊(James Wilson)是一个代表英国工业资产阶级发展要求、反对东印度公司商业垄断的正面人物,同时又是要求向海外扩展、参预过英国对华侵略战争的反面人物。在麦加利的董事名单中,有纱业老板,有航业巨头,他们"在东方和殖民地有切身利益"[③]。银行的发起书中,明白宣告银行成立的目的,就是要在包括中国在内的远东广大地区进行金融活动,以适应英国"日益扩大的贸易需要"[④]。1853 年获得特许,在伦敦设立总行。[⑤] 1858 年 2 月开始营业。[⑥] 同年 8 月间就在上海设立分行,同时在香港设立了代理处,并于次年改设分行。[⑦] 接着在开埠不久的汉口设立代理处[⑧],几乎与他们的领事同时到达。

麦加利银行的资本,最初计划为 100 万英镑,必要时可增发至 300 万镑。[⑨] 银行发起书中写道:"只要我们记住东方流行很高的利率,记住汇兑业务上非常有利可图的性质,……肯定地可以预期

---

① 应为 1858 年。
② Tamagna:Banking and Finance in China,p. 24.
③ Mackenzie:Realms of Silver,p. 11.
④ Mackenzie:Realms of Silver,pp. 5–6.
⑤ Mackenzie:Realms of Silver,p. 20.
⑥ Mackenzie:Realms of Silver,p. 26.
⑦ Herald,1858 年 8 月 7 日,第 2 页;Mackenzie:Realms of Silver,p. 56.
⑧ Mackenzie:Realms of Silver,Chronicle,1866,p. 66.
⑨ Mackenzie:Realms of Silver,p. 8.

到一笔很可观的股息。"[1]也许胃口太大了一点,在开业的时候,额定资本改为 64.4 万镑,实收一半。但不到 5 年,就增加到 80 万镑。"预期到一笔很可观的股息",很快就实现了。在汇丰银行进入这块"乐土"之前的 1864 年,麦加利的股息达到 12.5%,一张面值 20 镑的股票,在伦敦股票市场上的市价,竟高到 46 镑 5 先令![2]

麦加利银行的发展,并不是一帆风顺的,它在 1866 年的金融危机中,经历了一场严重的萧条袭击,以致银行股息一度被迫停付。[3] 从 1867 年到 1876 年 10 年之中,银行股票市价,始终在面值以下。1867 年一张面值 20 镑的股票,在上海股市中的喊价,一度降至 16 镑 10 先令。[4] 1871 年伦敦的市场喊价,低至 11 镑 2 先令 6 便士[5],开麦加利银行成立以来股票市价的最低记录。

在中国,茶叶生意的萧条,使麦加利银行也蒙受很大的损失。1867 年汉口的洋行由于茶叶投机而大批破产,把刚刚成立不久的麦加利汉口分行牵连在内[6],终于在 1875 年停闭。[7] 在上海,情况也不顺利。发行近 10 年的麦加利钞票,以"不受欢迎"在 1870 年中止发行。[8] 但是,所有这一切,并没有挫折麦加利的伦敦董事们对中国的"信心"。相反,他们想尽了一切办法来保持和扩大他们

---

① Baster:The Imperial Banks,p. 107. 按一直到 20 世纪 20 年代中,上海外国银行为周转贸易而取得的利息,仍高达年利 7%—10%,参阅 Arnold:China,第 509 页。

② Mackenzie:Realms of Silver,p. 21、p. 26、p. 152、p. 162.

③ Shirras:Indian Finance and Banking,第 355 页。

④ Daily News,1867 年 6 月 29 日,第 3060 页。

⑤ Mackenzie:Realms of Silver,p. 158.

⑥ Daily News,1867 年 8 月 31 日,第 3257 页。

⑦ Mackenzie:Realms of Silver,p. 76.

⑧ Mackenzie:Realms of Silver,p. 76.

在东方的这一块有发展潜力的地盘。它虽然从华中的茶业中心汉口撤退,但却进驻了华南的茶业中心福州。从1868年起,先后进行三次努力,终于在1880年成功地在福州设立了一个代理机构,和早已进入福州的汇丰展开竞争。① 它在那里坚持了将近40年,随着福州茶业地位的衰落,才于1918年撤退。②

麦加利对汇丰不甘示弱的心情,在1872年股东大会上的报告中,是呼之欲出的。报告中说:“我们正在一个接一个地加强我们在东方每一个分行的地位。”③1872年,这正是汇丰银行在中国的第一个上升时期,是汇丰处在东方全体企业中在发展的速度方面“很少有几个能赶得上它”④的黄金时代,麦加利就是“很少有几个”中的一个。

80年代起以迄20世纪初,麦加利进入了一个迅速发展的阶段。在整个80年代,银行的资本虽然没有增加,但全部资产却由900万镑上升到1600万镑。⑤ 银行支付的股息始终保持在7%的水平上,仅次于汇丰而居其他各外国银行的前列。⑥ 在上海,停止发行达15年的钞票,在1885年恢复发行。⑦ 在香港麦加利的营

---

① Mackenzie:Realms of Silver, p. 77. Daily News, 1873年9月17日, p. 271, China Directory, 1880.

② Mackenzie:Realms of Silver, p. 227.

③ Daily News, 1872年11月29日,第523页。

④ North China Herald Office: A Retrospect of Political and Commercial Affairs in China during the Five Years 1868—1872, p. 99.

⑤ Herald, 1883年6月15日,第690页;1891年6月5日,第696页。

⑥ London and China Express, 1882年4月7日,第366页。Daily News, 1887年6月1日,第544页。

⑦ Mackenzie:Realms of Silver, p. 76.

业占全港银行业务量的四分之一，也仅次于汇丰而居其他各银行之首。①

进入90年代以后，麦加利银行在中国的活动，由上海向南北两翼扩张。1895年在天津设立代理处，目标瞄准天津的砖茶出口贸易，②1911年在广州设立代理处，目标瞄准广州的生丝出口贸易。③ 1912年后又在北京设立办事机构，目标则是盯住北洋政府的借款活动。④ 而1875年停闭的汉口分行，也于1895年重开。⑤由于业务的开展，银行的纯利和准备金都大幅度增加。到了90年代之末，不但股息上升到11%，而且在股息之外，准备金也同步增加。1899年银行提存的准备金，第一次达到50万镑，“所有这些准备金都是由利润积累而来的”⑥。

跨入20世纪，麦加利银行又有长足的进展。整个19世纪，银行资本一直保持为80万镑，没有增加。但在1907—1920年的短短13年中，却一连三次增资，由80万镑至120万镑（1907年），再至200万镑（1919年），复至300万镑（1920年）。⑦ 而其所以如此迅速，则是以准备金的资本化为主要的动力，上面刚刚提到，银行准备金在1899年达到50万镑的创纪录数字。然而到了1920年，也就是银行资本扩大到300万的那一年，它的准备金直线上升到

---

① Mackenzie：Realms of Silver，p. 75.

② Mackenzie：Realms of Silver，p. 218.

③ Mackenzie：Realms of Silver，p. 218.

④ Mackenzie：Realms of Silver，p. 226.

⑤ Mackenzie：Realms of Silver，p. 76，重开后改为代理处。

⑥ Herald，1899年5月22日，第906页。

⑦ Maekenzie：Realms of Silver，p. 176、pp. 232-233；Maguire：China Stock & Share Handbook，1926，p. 56.

350万镑的空前高峰。[1] 准备金的增加,来源于利润的积累,而股本的扩大则又受益于准备金的资本化。当1919年第二次增资时,1张面值20英镑的新股票,市场价格为30英镑(即升水50%)。而优先购买的老股东,每购3张,只须付2张的价钱。把这些好处加在一起,可以明显地看出:一个老股东购买新股票,每付出40英镑,就能收回90英镑。一出一进,他凭空得到50英镑的好处。[2]

三次增资,大大加强了麦加利的实力,表现在银行资产总额的更大幅度的增长上面。在三次增资以前的1903年,出现在麦加利银行资产负债表上的资产总额为1600万镑[3],相当于资本的20倍,而在最后一次增资的1920年资产总额上升为7100万镑[4],相当于资本的24倍。

早在1886年,在汇丰银行的眼中,麦加利已经是和汇丰"差不多一样的强大"[5]。出之于麦加利主要竞争者之口,这个估计可能有些夸张。但是,在所有在华的英国银行中,只有麦加利有资格和汇丰较量一番,也许还说得过去。

然而,英国在华金融活动的主角,还要数汇丰银行。

汇丰是第一个总行设在中国的英国银行。在它的发起书中,非常清楚地说明了银行设立的目的。发起书说道:"目前在中国的(外国)银行,只是总行在英国或印度的分支机构,它们的目的,局限于本国和中国之间的汇兑活动,很难满足本地贸易的需要。""汇丰银行就是要弥补这个缺陷。它在这个殖民地上所要取得的地位,实际上犹之乎印度管区银行在印度或澳大利亚银行在澳洲

① Mackenzie:Realms of Silver,p.233.

② Mackenzie:Realms of Silver,p.233.

③ Mackenzie:Realms of Silver,p.323.

④ Mackenzie:Realms of Silver,p.239.

⑤ Mackenzie:Realms of Silver,p.75.

所处的地位。”①

汇丰银行开始筹备于 1864 年 7 月,资本定为 500 万银元,先收一半。1865 年 3 月股款已缴足半数,随即开始营业。② 1866 年 8 月在香港注册,正式成立公司组织。在银行成立以后的最初 10 年(1865—1874 年),营业相当顺利。500 万元资本于 1872 年全部招足。③ 10 年中银行资产增长了 2.2 倍,存款增长了 4.2 倍,承兑、贴现和汇付等汇兑业务,也增长了 2.4 倍。④ 在增长的速度上,居于其他外国在华银行的前列。但是,由于 1873 年中国对外贸易发生停滞,汇丰的营业受到成立以来最大的影响,致使 1874 年出现了 10 年中的第一个低潮。股票市价由 80% 的升水一直倾泻到面值以下,8 月间出现 10 年未有的 30% 的贴水。⑤ 年终不但没有分红,而且还把历年积存的 100 万元准备金全部吃掉。⑥ 但是,这时汇丰的根基已立,“这一季的亏折不过是下一季赚钱的预兆”⑦。1875 年以后,形势开始好转,到了 80 年代,汇丰又进入一个高潮时期。

80 年代,英国在华金融活动的一个突出现象,是汇丰银行势力的争速上升。

---

① Herald,1864 年 8 月 6 日,第 126 页。

② Hongkong Mercury,1865 年 3 月 3 日;Herald,1865 年 4 月 3 日。元指银元。

③ Herald,1873 年 2 月 20 日。

④ 汇丰银行营业报告,参阅汪敬虞:《汇丰银行的成立及其在中国的初期活动》,《中国社会科学院经济研究所集刊》第 5 集,1983 年版,第 289—290 页。

⑤ 《申报》1874 年 7 月 29 日;Herald,1876 年 3 月 23 日,第 258 页。

⑥ Herald,1874 年 8 月 22 日;1878 年 9 月 7 日,第 247 页。

⑦ A. Michie:The Englishman in China during the Victorian Era,1900,p.980.

在1881—1890年这10年中,汇丰银行曾经两度增加资本。一次在1882年年底,由500万元增加到750万元[①],于1884年招足。另一次在1890年6月,由750万元再增加到1000万元[②],于1891年招足。上面说过,在汇丰银行成立之时,它的额定资本就是500万元。从1864年成立到1882年,18年中,汇丰银行没有增加资本。我们又知道它的资本由1000万元再增至1500万元,是在1907年6月。[③] 从1890年到1907年17年中,汇丰银行也没有增加资本。只有在这10年当中,它连续两次增资,8年之间,把资本扩充1倍,这充分证明:19世纪的80年代,是汇丰的实力迅速增长的时期。

银行利润的高度扩张,是汇丰一再增加资本的动力,而巨额的银行利润,则是汇丰扩充资本的主要来源。

这10年中,汇丰银行的账面盈利,无论是支付出去的股息或保留下来的准备金,都相当可观。到期末的1890年,股息支付达200万元,较期初增加了2.3倍,保留的准备金达670余万元,较期初增加了2.5倍。[④] 增长的速度和规模都是非常惊人的。拿两次增资的1882年和1890年来说,这两年的盈利,分别达到资本额的25%和27%,这样高的利润,就是"汇丰银行的创始人也从来没有料到"[⑤]。

在迅速上升的盈利中,一个突出的现象是准备金提存保持更高速度的增长。在这10年中,账面盈利平均增长率是26%,而准

① Herald,1882年11月10日,第1214页;《申报》1883年1月9日。
② Herald,1890年6月6日。
③ Herald,1907年6月。
④ 《汇丰银行营业报告》,1881年,1890年。
⑤ Herald,1882年8月25日。

备金提存的平均增长率则是35%。① 在进入80年代的前夕，银行的准备金已经达到150万元的高峰，这一年董事会却提出一个250万元准备金的目标，公开宣布，在达到这个目标之前，不再增加股息。② 不到3年（1882年），这个目标就已经达到。③ 就在这一年，汇丰实现了第一次增资。

准备金提存，实际上是利润的资本化。它的增长同时又是原有资本增值的主要因素。这一点在上面论述麦加利银行的时候，已经提到。汇丰银行同样如此。当银行准备金第一次达到250万元、同时银行第一次增资的时候，股票升水由1881年年底的119%上升到167%。④ 而在汇丰第二次增资同时提出750万元准备金的奋斗目标时，股票升水又由前一年的186%上升到255.5%⑤，而股票的升水，转过来又移存于准备金项下。利润的资本化，资本的扩充和资本的增殖彼此促进，相互提高。

进入90年代以迄20世纪，汇丰的实力得到持续的增强。如果说，80年代的汇丰已经"无可争辩地成为在中国沿海地区活动的最大银行"，那么，90年代以后，汇丰就被人看做是"一家在全世界具有影响的银行"了。⑥

汇丰实力的增强，这是显而易见的。在1895—1927年这一段时期中，汇丰曾在1907年和1921年两次增加资本，第一次从1000

---

① 根据汇丰营业报告计算。

② Herald，1880年2月26日，第172页。

③ Herald，1883年3月7日，第267页。

④ Herald，1883年1月10日。

⑤ Daily News，1891年1月1日，第3页。

⑥ King：Hongkong Bank，I，p. 6.

万元增加到1500万元,第二次从1500万元增加到2000万元。①也就是说,32年中,资本翻了一番。但是在同一个时间跨度上,资本的盈利由160万元上升到1400万元,增加了7.8倍,而盈利的资本化——银行准备金则由550万元上升到7500万元,增加了12.6倍之多。② 这些数字,说明汇丰银行的实力,无论在扩展的规模和增长的速度上,都是前此所不能比拟的,也是其他的外国在华银行所望尘莫及的。③

当然汇丰作为在全世界具有影响的一家银行,在第一次世界大战以后的20世纪20年代,还不如第二次世界大战以后那样明显。汇丰银行之成为一个世界性的银行集团,那是在第二次世界大战结束以后日趋明显的历程。在第二次世界大战结束以后的40年间,汇丰已经发展成为一个在55个国家中有1200个分支机构的全世界第14大银行。④ 作为银行、保险、投资、信托、航空、海运,以至新闻、出版等领域的控股集团公司,它的资本在90年代初,已经达到1500亿美元的天文数字。⑤ 20世纪20年代的汇丰银行,作为世界性的银行而言,与80年代、90年代比较,自然还是处在它的幼年期。但是,从中国的角度上看,汇丰银行在进入20世纪以后,已经可以明显地看出它在全世界具有的影响。对比是最能说明问题的,这里不妨将它和其他在华各国银行,做一些具体的对比。

汇丰银行从成立之日起,就自诩为一个国际性的组织。这是

---

① King:Hongkong Bank,I,p.7. 此时额定资本为5000万银元。参阅Maguire:China Stock & Share Handbook,1926,p.64。

② King:Hongkong Bank,I,p.474;llI,p.120.

③ Tamagna:Banking and Finance in China,p.29.

④ King:Hongkong Bank. I,p.1.

⑤ 《汇丰银行营业报告》,1992年。

因为它的发起者是同在中国通商口岸、而国别各异的洋行。由于这一点,汇丰又常为一部分英国人所诟病。汇丰与德国资本的关系,就是最突出的一面。在英国,很多人认为它代表了外国的利益而忽略了本国的利益。在与德国关系的问题上,有的人甚至直说汇丰不是英国银行而是一家德国银行。① 这种看法,当然没有涉及问题的实质。事实上,汇丰正是通过这种国际性来扩大自己的影响,从而达到壮大自己的目的。就汇丰与德国的关系来说,当1889年德国的德华银行准备在中国打开局面占领一块地盘的时候,汇丰银行立即计划在德国汉堡设立一个分支机构。如今还保留下来的1889年2月14日汇丰董事会的议事记录中,就这么说道:"鉴于(德华)这家德国银行在中国开业,我们讨论了在汉堡开设一家特别代理处的可行性。"②为什么德华一进入中国,汇丰就想起要去汉堡设立自己的据点呢?原因很简单,包揽德国对华贸易的金融周转,是一个最重要的原因。当汇丰最初成立的时候,德国在中国还没有银行,汇丰自然而然地成为德国对华贸易金融周转的枢纽,这是不足为奇的。汇丰抢在德华之前而在汉堡设立据点,以维护这部分生意于不坠,这也是不足为奇的。奇怪的是,当德华银行于1906年也在自己的国土内的汉堡设立分行以后③,德国在华的洋行,却仍然看好汇丰。他们"发现汇丰银行更容易接触,汇丰的条件更加有利"④。我们在上面提到,20世纪初上海的25家德国洋行中,只有9家和德华银行有业务往来,其余16家,

① 参阅 Lo Hui-min: The Correspondence of G. E. Morrison, No. 1, pp. 505-524。

② King: Hongkong Bank, Ⅱ, p. 532.

③ King: Hongkong Bank, Ⅱ, p. 540.

④ King: Hongkong Bank, Ⅱ, p. 530.

却弃本国的银行于不顾,仍然维持着与汇丰的联系。而在德国直接控制下的青岛,虽然已经有了德华银行的机构,但仍然不能阻止汇丰银行的楔入。而要求汇丰楔入的,却正是置本国银行于不顾的德国洋行。不但在华德国商人如此,德国本土的对华贸易商人亦莫不如此。1900 年汉堡与不来梅两处经营对华贸易的商人组织了一个东亚联合企业(Ost-Asiatischer Verein),从一开始,汉堡汇丰银行的经理布鲁舍尔(Julius Brüssel)就是其中的主角。他主管企业的财务,企业资金都通过他存放于汇丰银行。① 所有这些,说明汇丰在 20 世纪初,已经显示出了它在世界范围内所具有的影响力量。

汇丰的实力,既反映在它的影响力上面,更反映在它的竞争力上面。20 世纪初汇丰在东北的活动,给我们提供了一个具体而微的缩影。

人所共知,进入 20 世纪以后,我国东北大地,已先后纳入俄国和日本的势力范围,美国则伺机跃跃欲试。然而,在金融活动领域中,汇丰的力量,则始终未可轻视。不论是俄国势力还没有退出的哈尔滨,或日本势力已经进入的大连以及美国试图跟进之整个东北,汇丰银行的领先地位,都未曾动摇。从 1910 年起,东北主要农产品大豆的出口,成倍增长。在这场"令人震惊"的出口争夺战中,汇丰就是一个主角。在这一年的营业报告中,汇丰以极其自信的口吻说道:"近期罕见的大豆贸易的增长,给这一项得未曾有的资源出口,提供了一个生动的向前发展的例证。"②10 年以后,在哈尔滨的汇丰代表说:"机会终于来了。"在与大连、海参崴两地分行合作之下,汇丰哈尔滨分行控制了这一特殊贸易的全部金融周

① King:Hongkong Bank,Ⅱ,p.540.

② King:Eastern Banking,1983,p.273.

转,为收购这一特殊产品投放入大量的资金。① "汇丰银行终于在哈尔滨的商业大世界中崭露头角。"②它的势力的迅速扩张,使得在哈尔滨的美国花旗银行不得不一度考虑撤退。③ 以后虽然保留了下来,但在东北大豆贸易中,却始终屈居在汇丰的下面。④ 沙俄、日本则等而下之。如果不是由于后来日本武力霸占东北,"改变了这个地区的政治命运",汇丰银行自信在这块有"巨大经济潜力"的土地上,"会更加坚强地成长起来"⑤。

在东北如此,在整个中国也是如此。1926 年间,人们对汇丰银行的地位,已经有了这样的评价:"以它的财力和在中国以及全世界的众多分支机构而言,很明显,汇丰银行这样一个机构,在国际汇兑的掌握方面,占据了一个有利的地位。"⑥有的评价更是一针见血:"通过长期发展取得的实力地位,这家银行实际成为中国外汇市场上白银汇率的独裁者,就像它对中国国际贸易所起的作用一样。"⑦说这些话的人,都是与汇丰有共同语言的金融、货币和财务行家,看来汇丰的这种地位,至少在 20 世纪的 20 年代,已经建立了起来,这是毋庸置疑的了。

除了汇丰等银行以外,19 世纪 90 年代中,又有两家新的英国银行的成立,这就是 1890 年成立的大东惠通公司(The Trust and Loan Company of China, Japan and the Straits)⑧和 1891 年成立的中

① King: Eastern Banking, 1983, p. 345.
② King: Eastern Banking, 1983, p. 267.
③ King: Eastern Banking, 1983, p. 273.
④ King: Eastern Banking, 1983, p. 274.
⑤ King: Eastern Banking, 1983, p. 278.
⑥ Lee: Currency, Banking, and Finance in China, p. 92.
⑦ Arnold: China, p. 173.
⑧ Herald, 1890 年 8 月 22 日, 第 233 页;《申报》1890 年 11 月 23 日。

华汇理银行(The National Bank of China)。①

大东惠通公司并不是一个纯粹英国资本的企业。它的发起人除了英国的洋行以外,还有美、德两国"在中国经营贸易的首要洋行的代表"。② 美国旗昌洋行(Russell and Co.)、公平洋行(Iveson and Co.)和德国恩利洋行(André Reiners and Co.)同是该公司的发起人,并且担任董事。③ 但实际大权,操在英国怡和洋行和汇丰银行手里。怡和洋行的老板凯锡(W. Keswick)是这个公司的董事长,汇丰银行的麦格林(D. Mclean)既是它的董事,又以整个汇丰作为它的代理人。④

大东惠通公司是以中国、日本以及英国的(马六甲)海峡殖民地这一片广大地区为其活动范围,而其主要对象则是中国。它最初以信托投资为自己的业务中心。它的英文名称特别标明为信托和投资公司,以示与一般汇兑银行有所区别。它的发起书中写道:"最近中国的事态,会在那个国家里面引起重大的变化,给商业繁荣开辟一个新的世纪。不仅一般商业获得新的动力,而且随之而来的资本的伸入中国,会给中国的广大自然资源造就难以估量的发展。"因此公司的财力,就是要在中国现有的银行和保险公司活动范围之外,再"为英国资本获得一个新的、有利可图的场所"。⑤ 这里所说的在中国引起重大变化的"事态",实际上就是外国财政资本在中国的最初活动。大东惠通的成立,预示着财政资本的大规模活动,很快就要到来。

---

① Daily News,1891年9月8日,第239页。

② Herald,1890年1月17日,第53页。

③ Herald,1890年8月22日,第233页;《申报》1890年11月23日。

④ Herald,1890年8月22日,第233页;London and China Express,1889年12月13日,第iv页;《申报》1890年11月23日。

⑤ London and China Express,1889年12月13日,第iv页。

但是,大东惠通本身却没有完成这一任务。这个投资银行虽然名义上资本定为100万英镑,但是实际上只收12.5万英镑。[①]这样小的资本,和它的庞大目标,显然是不相称的。因此在成立之初,人们已经觉察出:公司的董事们只"希望从其他公司的周转中获得利益"[②],实际上这是做股票投机生意的代称。

1889年12月公司在伦敦进行登记。[③] 第二年公司的上海委员会(Shanghai Committee)和香港分行同时宣告成立。[④] 1890年这一年,在实际营业的6个月中,盈利87000镑,相当于实收资本的70%,而每股面值1镑的发起股竟分派了8镑股息,股息率达到800%[⑤],这是当时所有的外国银行望尘莫及的。

但是转眼到了第二年,情形就开始恶化。银行在伦敦以三分利借入,在中国以七分或八分利借出,看来似乎很有赚头。然而,实际上,在伦敦借入的是黄金,在东方贷出的是白银,因此在利息差额之中,必须提出一部分作为白银价格继续下跌的准备[⑥]。在银价激烈下降的袭击下,大东惠通在4年之中,接连进行了两次改组。

---

① London and China Express,1889年12月13日,第iv页;Herald,1889年12月27日,第770—771页;1890年8月22日,第233页。

② Herald,1889年12月27日,第770—771页。

③ London and China Express,1891年2月13日,第173页。

④ Herald,1890年8月22日,第233页;《申报》1890年11月23日;London and China Express,1891年2月13日,第173页。

⑤ Herald,1891年1月30日。按公司普通股共99875股,每股10镑,发起股为1250股,每股1镑。参阅London and China Express,1889年12月13日,第iv页。

⑥ Herald,1889年12月27日,第770—771页;Daily News,1895年1月18日,第4页。

第一次是在1891年。这一次把原来的投资信托公司改称银行①,虽然董事会声称:更名银行"并不意味公司营业性质的改变","也不是企图伸入汇兑业务",只是由于信托公司"在本国不如从前那样受欢迎",改为银行,在英国本国借款有其便利之处,可以处于"比较有利的地位"。② 但是,也有人说:公司不经营汇兑是接受了"本地一家银行的规劝"③。而这家本地银行,就是它的后台汇丰银行。汇丰支持它扩充新的活动领域,却提防它侵入自己的传统活动领域。④

改组以后的大东惠通,把额定和实收资本分别增加到200万镑和25万镑。⑤ 新股认购,很快满额,据说上海有不少向隅的申请者。⑥ 这一年银行在厦门、福州、天津已经开设了自己的分支机构⑦,当年银行出现了17000多镑的盈利,分配了8%的股息。⑧ 银行股票也出现了诱人的升水,成为股票市场中的猎取对象。

但是,这只是昙花一现。到了1892年,在银价剧烈下跌的风浪中,银行又一蹶不振。它的股票市价直线下泻。票面损失达235.4万元之巨,居所有发生损失的东方企业的第二位。⑨ 为了弥补银价下跌的损失,银行不仅填进去了当年的全部盈余,而且把历

---

① Herald,1891年2月20日,第191页;《申报》1891年2月15日。

② Herald,1891年2月20日,第191页。

③ Herald,1891年2月20日,第191页。

④ King:Hongkong Bank,Ⅰ,pp. 560-561;Eastern Banking,pp. 61-62.

⑤ King:Hongkong Bank,I,pp. 560-561;Eastern Banking,pp. 61-62.

⑥ Herald,1891年3月26日;Dailyr News,1891年3月26日,第271页。

⑦ Herald,1892年1月29日,广告;《申报》1893年3月7日。

⑧ Herald,1892年4月1日,第421页。

⑨ Daily News,1892年3月31日,第291页。

年的准备金也全部贴了进去。①

在要求股东追缴资本遭到拒绝以后,银行在1894年进行了第二次改组。这次改组,缩小了银行的规模和活动的范围,额定资本由200万镑调整为180万镑②,业务则集中于中国与日本,放弃了在海峡殖民地的活动。③ 同时也不再标榜自己是投资信托的专业机构,把1893年就实际经营了的汇兑业务当做自己的业务中心。但是所有这些措施,并没有能够从根本上改善银行的处境,以后除个别年份外,银行始终处于失利亏损的状态,终于在1902年停闭。④

中华汇理银行成立于1891年4月。⑤ 它被认为是一个投机股票的产物。⑥ 它的成立,在反映外国银行在中国的相互竞争方面,有两点值得注意:第一,这也是一个模仿汇丰的组织形式的银行。它在伦敦和上海分设了所谓顾问委员会(Advisory Committee),而把总行设在汇丰总行所在的香港。⑦ 香港出现了第

---

① London and China Express,1893年2月10日;Supplement,第3—4页。

② Daily News,1895年1月18日,第4页;Herald,1895年1月18日,第84页。

③ 它的英文名称,也相应改为Bank of China and Japan,Ltd. 中文名称仍未变动。

④ Baster:The International Banks,p.175,例如1899年大东惠通的营业报告,还津津乐道营业较上届有所改善。但不到3年,就以倒闭闻。参阅Herald,1899年11月6日,第934页。《辛丑和约订立以后的商约谈判》,1994年版,第25、35页。

⑤ Daily News,1891年9月8日,第239页。

⑥ King:Hongkong Bank,Ⅰ,p.404.

⑦ Daily News,1891年10月21日,第385页;Baster:The International Banks,p.177.

二个英国殖民地银行的总行,这是汇丰成立以来的第一次。第二,它的成立,是在丽如银行酝酿停业的时刻。丽如银行的骨干,如今都成了它的重要组成人员。[①] 可以看出,被汇丰挤垮了的丽如银行,力图从汇丰的新对手那里寻找恢复自己的力量。

在英国银行资本家以外,美国资本家也投入了这一场激烈的竞争活动。曾经作为大东惠通公司主要发起者之一的旗昌洋行,如今又成为中华汇理银行的重要角色。[②] 当银行成立的时候,这个美国洋行就担任了银行的"秘书",规定在50年内,为银行提供"特殊的劳役",而从银行的利润中分取佣金,作为"提供劳役的报酬"。[③] 银行在中国的第一个据点——厦门分行,最初就由旗昌代理。[④]

银行的资本,额定为100万镑,先收一半。[⑤] 5月起在伦敦、上海两地同时发行,1个月当中,已招足10万镑。[⑥] 就在这个时候,旗昌洋行忽然倒闭。银行内部出现了分裂,伦敦的股东们主张收歇,中国的股东则出而反对。[⑦] 从此以后,股款的募集,逐渐落在中国方面。资本也按每3先令合1元折算,实际改为银元。到1891年

---

① 如汇理的代总经理麦坚(W. J. Mackeen)原是丽如的副经理,总经理卑厘啡(W. F. Playfair)也是丽如的重要成员。参阅 Herald,1891年6月19日;《申报》1891年11月6日。

② J. K. Fairbankel 等编:The I. G. in Peking,1975,p. 843;King:Hongkong Bank,I. p. 405.

③ Daily News,1891年9月8日,第239页。

④ 《申报》1891年4月25日。

⑤ Daily News,1891年10月21日,第385页。有的后期记载说它的额定资本为699475镑,到1903年前已招足七分之六。参阅 R. O. Hall:Chapters and Documents on Chinese National Banking,1917年版,第11页。

⑥ London and China Express,1891年7月31日,第732页。

⑦ London and China Express,1891年7月31日,第732页。

年底,资本已经收到96.8万元。① 1892年1月正式开业。②

在以后的3年中,银行业务逐渐开展。3年间,它在厦门(1891年)、上海(1892年)和福州(1893年)设立了分支机构。③发行了47万元的钞票。④ 实收资本在1895年也已经达到218.5万元。⑤ 实力的扩充,使得这家后起的银行,骎骎乎追上汇丰,问鼎甲午战后清朝政府的借款和发挥中国币制改革的核心地位的作用。⑥ 银行也给它的资本家提供了一些利润。但是,在中国战胜汇丰的目的,却远远没有达到。正如旗昌倒闭时伦敦的股东们所预料的:"这一门生意绝大部分已由汇丰银行独占",如果中华汇理继续经营下去,它"只能变成那一个经营顺利的企业"的毫无希望的牺牲者。⑦ 因此,银行虽然继续存在了若干年,但基础始终没有巩固,终于在1911年倒闭。⑧

除此以外,在90年代的初期和末期,还分别出现过两家筹划中的银行。90年代初期的两家,一是与大东惠通同时出现的帝国与国外投资和代理公司(Imperial and Foreign Investment and Agency Corporation),一是与中华汇理同时出现的中国银行有限公司(Banking Corporation of China, Ltd.)。前者成立于1889年,董

---

① Herald,1892年9月16日,第413页。

② Herald,1892年9月16日,第413页;《沪报》1892年9月19日。

③ Daily News,1891年10月21日,第385页;Herald,1892年9月16日,第413页;《沪报》1892年9月19日;《申报》1891年4月25日,1893年4月6日。

④ Herald,1895年8月30日,第363页。

⑤ Herald,1895年8月30日,第363页。

⑥ King: Hongkong Bank, Ⅱ, pp. 278-279; Hall; Chapters and Documents on Chinese National Banking, p. 11.

⑦ London and China Express,1891年7月31日,第732页。

⑧ Baster: The Intemational Banks, Ⅱ, p. 177; King: Hongkong Bank, Ⅰ, p. 406.

其事者,同为大东惠通后台的汇丰银行和沙逊洋行。在筹组过程中,200 万镑的额定资本已缴 671490 镑,然不过 3 年(1892 年)即宣告停歇。“没有产生像大东惠通那样大的社会效应。”①

与中华汇理同时出现的中国银行有限公司,是由伦敦柏因公司(Paine,Son and Pollock)发起的。它在 1891 年进行登记的时候,声称它要在“英国、中国、日本、印度和英国在东方的殖民地、附属国以及美国、菲律宾等地经营银行和其他金融代理业务。”②奇怪的是,这样一个计划庞大的银行,它的登记资本,却只有 100 万英镑。③ 因此,当时就有人说:“这个登记只是为了保护设立权,目前并没有马上成立的打算。”④不久就合并为中华汇理银行了。⑤

至于 90 年代末的两家银行,一是在香港成立的中国抵押放款公司(The China Provident Loan & Mortgage Co.),一是在英国本土筹划的中英银行。

中国抵押放款公司是一家额定资本为 100 万港元的金融机构。它的业务和大东惠通有近似之处,即一般银行尚未大量插手的信托投资业务。它的资本实力不算强,但竭力渲染公司的美妙前景。说它既能“对中国顾客带来福音”,又能给“银行的投资者带来好处”。⑥ 话虽如此,银行最后还是站不起来。它虽然在成立

---

① King:Hongkong Bank,Ⅰ,p.403.

② Herald,1891 年 3 月 20 日。

③ Herald,1891 年 3 月 20 日。

④ Herald,1891 年 3 月 20 日。

⑤ 当时有人把它与中华汇理看成是一家银行。参阅 King:Hongkong Bank.Ⅰ.p.404。

⑥ Herald,1898 年 3 月 7 日,第 354 页。

的第一年(1898 年)给股东们提出了“一个上好的营业报告”①,但以后却默默无闻,在中国境内的外国银行中,始终没有它的地位。

和中国抵押放款公司比较,英国本土筹划中的中英银行更无插足余地。这家被称为“辛迪加雏形”的银行,是曼彻斯特的一家商行进行筹建的。既称“辛迪加雏形”,大约也是以投资为目标的。但是,此时上海的外国银行已经相当拥挤了,这个想打进上海的雏形辛迪加,看来实力不济,不那么容易了。因此,传了一阵,即再无下文。②

但是,这方面活动的信息,仍不绝如缕。贸易中心的上海,虽然有些拥挤,内地口岸的重庆,仍是大片空白。就在同一时期的 1899 年年初,在重庆的外国人,就发出“需要有一个好的外国银行”的呼声。③ 尽管这也没有成为事实,但是,联系到川江的开放,这一股西进的动力,包括金融势力的西进,是始终存在的。

进入 20 世纪以后,新的挤入者仍然不断涌现。如今为人所知者,至少有大英银行、东方银行和上海银公司 3 家。

大英银行的老板苏石兰(Thomas Sutherland)和汇丰银行有长期的历史渊源,他所在的大英轮船公司(P. & O. Steam Navigation Co.),曾经是汇丰银行的发起者。但是他的金融活动,又不限于此。还在 19 世纪之末,当大东惠通公司成立之际,他就对之极力加以鼓吹,认为这是对英国的发展“至关重要和最有价值的契机”。④ 大东惠通失败了,但大英轮船公司的鼓吹却没有停止。1920 年,一个完全由轮船公司出头并以轮船公司命名的大英银行

---

① Herald,1899 年 2 月 27 日,第 338 页。

② Herald,1899 年 1 月 30 日,第 165 页。

③ Herald,1899 年 1 月 23 日,第 114 页。

④ King:Hongkong Bank, Ⅰ,p. 399.

(P. & O. Banking Corporation)终于挤入了中国。①

大英银行的总行设在伦敦。它的参加者包括路易银行(Lloyds Bank)、西敏斯特银行(Westminster Bank)和国民省银行(National Provincial Bank)这样一些英国著名的金融机构以及在中国有巨大势力的麦加利银行。② 资本额定为500万英镑,1926年实收2594160镑。③ 它既代表英国在远东航运企业的利益,又是英国在华金融势力的新生的竞争者。而原来由它发起的汇丰银行,而今却首当其冲。大英轮船公司私下给予大英银行在买卖中的优惠,给汇丰银行的营业构成威胁。④ 也引起汇丰当局的不满。⑤ 此外,在与香港殖民政府的关系和来往方面,大英银行的出现,也造成汇丰银行原来的独享地位的动摇。1923年汇丰的老板斯蒂芬(A. G. Stephen)抱怨说:皇家代理人的地位"看来掌握在大英银行的手中。"⑥就在这个时候,长期在汇丰银行担任董事的大英轮船公司代表退出了银行的董事会。⑦ 造成这样一个事实的原因,人们并不讳言,这是由于"他们现在有了自己的银行"。⑧ 退出汇丰以后,大英银行一跃而与汇丰、麦加利、有利并列成为英国在华的四大银行之一。⑨

然而,在剧烈的竞争中,大英银行的营业也并不如预期的那么

---

① Tamagna:Banking and Finance in China,p. 31.

② Mackenzie:Realms of Silver,p. 262.

③ Maguire:China Stock & Share Handbook,1926,p. 76.

④ King:Hongkong Bank,Ⅲ,p. 195.

⑤ King:Hongkong Bank,Ⅲ,p. 294.

⑥ King:Hongkong Bank,Ⅲ,p. 103.

⑦ King:Hongkong Bank,Ⅲ,p. 42.

⑧ King:Hongkong Bank,Ⅲ,p. 44.

⑨ King:Hongkong Bank,Ⅲ,p. 414.

美好。随着时间的推移,大英银行的权力逐渐移入麦加利银行的掌中。原来就参有股份的麦加利银行,1927 年开始取得股份的控制权。① 12 年后(1939 年),资本一度达到 260 万镑的大英银行,终于被麦加利兼并②,总共存在不到 20 年的时间。

另一个企图与汇丰银行争胜的金融机构,是 1909 年成立的东方银行(Eastern Bank)。③ 这是以沙逊洋行(E. D. Sassoon & Co.)为主体的一家投资银行。它与比利时的华比银行合作组成一个英比辛迪加(Anglo-Belgian Syndicate),以求分享由汇丰银行参加的英、美、法、德四国银行团对华借款的权利。它的起步,虽然晚于四国银行团,但却部分地实现了自己的目标。1912 年的华比借款,就是它的锋芒小试。④ 这笔借款,原定 100 万镑,虽然在四国银行团的压力下只借出 25 万镑⑤,但已使英国汇丰银行感到困扰。因为由于东方银行的活动,一度使得英国外交部动摇了支持汇丰的信心。⑥

当然,整个说来,大英和东方是竞争不过汇丰的。在北洋军阀统治下的中国,东方银行的活动,可以说是昙花一现。但是在英国的东方殖民地上,它们仍不失为汇丰的对手,至少在 20 年代以前是如此。例如 1920 年汇丰银行在科伦坡营业的滑坡,就是受了大

① Mackenzie:Realms of Silver,p. 261.

② Mackenzie:Realms of Silver,p. 262;参阅吴承禧:《中国的银行》,附录二;Maguire:China Stock & Share Handbook,1926,p. 76.

③ Mackenzie:Realms of Silver,p. 207. 亦作 Eastern Banking Corporation,参阅 Lo Hui-min:The Correspondence of G. E. Morrison,No. 1,p. 773.

④ 徐义生:《中国近代外债史统计资料》,第 114 页。

⑤ 参阅上文,第 277 页。

⑥ King:Hongkong Bank,Ⅱ,p. 247.

英银行竞争的影响①,这方面的情况,已经越出我们考察的范围,这里就不多所论述了。

至于1918年成立的上海银公司(Shanghai Loan & Investment Co.),也是一个在中国有长期历史的老资格洋行创办的。② 它在香港注册,资本为125万两,经营投资、放款及相关代理业务。它在中国的存在,至少在20年以上。但在中国的活动,却始终没有崭露头角。③

现将本期外国在华主要银行之基本情况,列为表33,以便省览。

第二节 外国在华金融活动的特点

本期外国在华金融活动,有以下四个特点:一是本国政府支持的强化;二是中外合办形式的突出;三是金融活动的领域的变动;四是多国银行团的兴起。

一、本国政府支持的强化

外国在华银行作为本国政府推行对华政策的工具,受到本国政府的支持,这是随西方资本主义国家之进入中国以俱来的。这是它的固有特点。在20世纪30年代,来自西方的一本研究所谓"国际银行"的著作中说道:"各国海外银行扩张的一个带有一般性的特点,是隐现程度不一的政府支持,随着银行带到国外。特别

① King:Hongkong Bank,Ⅱ,p.525.

② 黄光域:《外国在华工商企业辞典》,第54页。

③ Maguire:China Stock & Share Handbook,1932,p.185.

表 33　外国在华主要银行总表

1895—1927 年

国别	银行名称		总行所在地	总行成立年份	进入中国年份	成立时资本		1926 年资本		停闭年份	1926 年在华分支机构数目
	原文名称	中文名称				额定	先付	额定	先付		
	Corporation	汇丰银行	香港	1865	1865	5000000 银元	2500000 银元	50000000 银元	20000000 银元		11
	Bank of China & China	大东惠通银行	伦敦	1894	1894	1800000 镑	250000 镑			1902	
	National Bank of China	中华汇理银行	香港	1891	1891	1000000 镑	100000 镑			1911	
	P. & O. Banking Corporation	大英银行	伦敦	1920	1920	5000000 镑		5000000 镑	2594160 镑		2

注:1. 本表所列银行,系外国在华之主要银行,并非全部。

2. “1926 年资本”栏内,道胜银行系 1903 年之数字。

3. “1926 年在华分支机构”栏内,大英银行系 1926 年以后之数字。

4. “停闭年份”,指 1895—1927 年期间内停闭之年份,1927 年以后停闭者不列,如中华汇业银行、大英银行、美丰银行等是。

5. 本表所据资料,均散见正文中。

	横滨正金银行	横滨正金银行	横滨	1880	1893	30000000日元	3000000日元	100000000日元	100000000日元		9
	朝鲜银行	朝鲜银行	汉城	1909	1913	[illegible]	25000000日元	80000000日元	50000000日元		24
日本	台湾银行	台湾银行	台北	1899	1912	5000000日元		60000000日元	52500000日元		7
	三井银行	三井银行	东京	1876	1917	20000000日元		100000000日元	60000000日元		4
	三菱银行	三菱银行	东京	1895	1917	1000000日元	[illegible]	50000000日元	30000000日元	1921	1
	住友银行	住友银行	大阪	1895	1916	15000000日元		70000000日元	50000000日元		2
	中华汇业银行	中华汇业银行	北京	1918	1918	10000000日元	5000000日元	10000000日元	7361000日元		3
俄国	Русско-Китайский Банк	华俄道胜银行	彼得堡	1895	1896	6000000卢布	6000000卢布	15000000卢布	15000000卢布	1926	13
美国	International Banking Corporation	花旗银行	纽约	1901	1902	3000000美元	3000000美元	6500000美元	5000000美元		8
	Asia Banking Corporation	友华银行	纽约	1918	1918	4000000美元	4000000美元			1924	
	Park Union Foreign Banking	华美银行	纽约	1919	1919	4000000美元	2000000美元			1922	

是在落后的国家如此。"①这里的所谓"落后的国家"，当然包括当时的中国在内。

资本主义殖民地银行的活动，自始就离不开本国政府的支持。但是，银行作为执行本国政策的工具，受到本国政府的直接支持，在目标的明确和组织的严密上，却是资本主义国家进入帝国主义阶段以后才特别显著的现象。19世纪90年代以后进入中国的一批日、俄、法、德的新的外国银行，就是具体的例证。

首先是日本横滨正金银行。这家银行居日本七大特殊银行之首②，是日本藏相大隈重信的政策的直接产物③，也是他的后任藏相松方正义的专业银行计划中"最重要的一个专业银行"④。它是一个雏形的"官方对外贸易银行"⑤。从一开始，日本政府对这家银行，既提供周密的保护，又执行严格的监督。目的都在于保证正金银行的运营，必须沿着政府规定的业务轨道。在这个银行中，国家供给了三分之一的资本，存放了数百万日元的国库准备基金。⑥财政部有权指派银行的总裁和副总裁。⑦ 董事的选举，必须得到

---

① Baster：The International Banks，p. 36.

② 所谓特殊银行，是指依照特别法设立的、依法规定了经营方向和业务范围的银行。7家特殊银行是正金、劝业、农工、北海道拓殖、兴业、台湾和朝鲜。

③ Sarasas：Money and Banking in Japan，p. 158.

④ Allen：Western Enterprise in Far Eastern Economic Development，China and Japan，p. 213.

⑤ Baster：The International Banks，p. 7.

⑥ Sarasas：Money and Banking in Japan，p. 160；付文龄：《日本横滨正金银行在华活动史料》，第40页；郭予庆：《日本横滨正金银行在华金融活动》，第13页。

⑦ Baster：The International Banks，p. 36；Allen：Western Enterprise in Far Eastern Economic Development，China and Japan，pp. 213-214.

财政部的批准。[1] 全部股东必须是属于日本国籍的公民。[2]

正金银行在外汇市场上,从一开始就享有特殊的地位。[3] 当1883年作为国家银行的日本银行(Bank of Japan)成立以后,政府又规定国家银行贷给它2000万日元的长期低利(年息2%)贷款,供正金银行支配。[4] 此外,为了特殊的目的,还有临时性质的贷款。上文提到,1897年为了扩张日本棉纱在中国的市场,日本国家银行一次向正金银行拨款300万日元,转贷日本纱厂,以"促其将壅塞大阪市场的棉纱运往中国"[5],就是一例。除此以外,日本政府还以极低的贴现率贴现正金银行手中的外国汇票。日本政府卖给它的日元[外汇]价格,比卖给外国人的要便宜得多。[6] 1884年起,正金银行又获得办理日本政府外债和对外支付业务的全权。[7] 所有这些措施,目的都在于增强它在国外的竞争力量和"支持它在公众中的威信"。[8]

同样,道胜银行也是沙俄政府财政大臣维特(С. Ю. Витт)的

---

① 《正金银行章程》第二十四条,转见付文龄:《日本横滨正金银行在华活动史料》,第9页。

② Baster:The International Banks, p. 36; Allen: Western Enterprise in Far Eastern Economic Development, China and Japan, pp. 213-214.

③ Allen:Western Enterprise in Far Eastern Economic Development, China and Japan, p. 214.

④ Sarasas:Money and Banking in Japan, p. 160; Allen: Western Enterprise in Far Eastern Economic Development, China and Japan, p. 214;付文龄:《日本横滨正金银行在华活动史料》,第40页。

⑤ Herald,1897年12月31日,第1157页。

⑥ Herald,1886年12月15日,第639页。

⑦ 1884年以前此项业务由英国丽如银行代理,参阅 King: Hongkong Bank, Ⅱ,第146页。

⑧ Sarasas:Money and Banking in Japan, p. 160.

"远东政策实验室"的产物。19世纪90年代俄国对中国所执行的"积极政策",原来就依靠"圣彼得堡与财政部的更加密切的联系"。① 当1890年彼得堡的大资本家所组成的辛迪加进行在中国设立俄亚银行的试探时,他们就曾经要求沙皇政府通过外交途径取得中国政府的允许。② 等到道胜银行成立的时候,彼得堡政府和银行资本家的结合就更加密切起来。在1895年4亿法郎的俄法大借款还在谈判的过程中,原来就是"一个最大而收益最多的铁路股份公司经理"现在"穿上大臣制服"的维特,已经把在俄国的大银行家霍丁盖尔(Готтиигер)、涅茨林(Недлин)和勃里斯(Брис)召到自己的身边,在借款合同签订的第二天,他马上"在外交大臣的公事房中,对上述三位银行家作了一个郑重的提议,要他们参加俄国银行之创设工作"。包含在这个"郑重提议"之中,"不仅有财政大臣之种种允诺",而且"还有外交大臣的正式参与"。③

有哪些"种种允诺"?前面我们已经提到,这就是:在中国经营商业、货运、经理国库、承包税收、发行货币、修筑铁路、安设电线等等一系列的广泛权利。也就是:"银行可得到一种完全的庇护,以便在一广大的区域中进行无限制的活动。"④

用什么来"庇护"?维特自己说得很清楚。他要以"他的国家之信用与财政系统都黏着于这些诺言的执行上"⑤。在银行成立以后两年间(1897—1898年),俄国政府不顾财政困难,连续两次

① 罗曼诺夫:《帝俄侵略满洲史》,序言,第4页。
② Herald,1890年9月12日,第304页。
③ 罗曼诺夫:《帝俄侵略满洲史》,第73页。
④ 罗曼诺夫:《帝俄侵略满洲史》,第73页。
⑤ 罗曼诺夫:《帝俄侵略满洲史》,第74页。

向银行投资200多万卢布①,便是明证。

目的何在?维特也回答了。这就是要使这个银行“处在圣彼得堡内阁的完全控制之下”②,成为“俄国政府之最方便的工具”③。

结果如何?也很清楚。这就是我们在前面所说的,道胜银行已经成为一个政治、金融的混合机构。④ 它既是俄国“在中国的国家银行”⑤,又是俄国“在中国的中央政府”⑥。

法、德两国政府在这方面也毫无逊色。他们的海外殖民地银行,从一开始也是在本国政府的坚强的支持下进行活动。上面讲过,1895年以前进入中国的法兰西银行,在国外设立分支机构,首先需要得到法国财政部的批准。⑦ 与此同时,它也获得了政府的特殊照顾。它能在法国国家银行办理自己的期票贴现和以自己的有价证券为抵押取得借款。⑧ 1894年以后进入中国的东方汇理银行则更进一步,作为法国在印度支那的殖民地银行,它和法国政府保持非常密切的联系⑨,安南总督是这个银行的直接主宰。而它之得以扩充势力于法国东方殖民地以外的地区,则又是由于法国

---

① Quested:The Russo-Chinese Bank, pp. 6-7;罗曼诺夫:《帝俄侵略满洲史》,第74页。

② Baster:The International Banks, p. 36.

③ 罗曼诺夫:《帝俄侵略满洲史》,第74页。

④ Weale:Manchu and Muscovite, p. 123.

⑤ Quested:The Russo-Chinese Bank, p. 30;Herald, 1896年7月24日,第143页。

⑥ Herald, 1899年4月24日,第712页。

⑦ Kauffman:La Banque en France, p. 209.

⑧ 参阅马克思:《法国的危机》,见《马克思恩格斯全集》第12卷,1962年版,第379页。

⑨ Baster:The International Banks, p. 36.

政府的特许。和日本正金银行一样，东方汇理银行董事会的选举，也受到法国政府的干预。董事会必须安插“法国的卸任大使和财政部的退休官员”①。

同样，德华银行从开始酝酿到最后成立，也始终是在德国政府的直接支持下进行的。我们在前面提到最初发起这家银行的3个公司，据说就是“在政府的恳切要求之下”才同意共同组织一个新的辛迪加的。② 因为最初原有两个不同的集团同时进行，只是“由于政府的劝说，他们才合而为一”③。而政府的目的，则是要把“所有资力雄厚的德国银行联合起来”④。在中国，德国驻北京的公使巴兰德（M. A. Brandt）对银行的组织，也给予了“特殊性质的鼓励”和积极的帮助”⑤，而巴兰德本人“就是那些在中国兜揽有利可图的定货或交易的公司和商号的大股东”⑥。当时上海的一家英国报纸以一种妒忌的心情说道：“新银行能够得到政府的支持以协助它加强德国产业在中国的努力，这是很可能的。”⑦而一个研究欧洲大陆银行历史的英国学者后来也说道：“在德华银行的背后，站着德国政府。无论是德华本身的活动也好，或者是德华作为国际银团的成员也好，只要一有需要，政府就会站出来，并且鼓励它在分享中国金融利益方面所作的坚定而富有成效的努力。”⑧

---

① Feis: Europe: The World's Banker, 1870—1914, p. 159.

② Herald, 1887年12月8日，第611页。

③ Herald, 1888年3月2日，第255页。

④ Feis: Europe: The World's Banker, 1870—1914, p. 179.

⑤ Herald, 1888年3月2日，第255页；С. Л. Тихвинский движение за реформы в китае в конце ⅩⅨ века и кан ю-взй, 1959年版，第37页。

⑥ Тихвинскпй，上引书，第40页。

⑦ Daily News, 1888年1月27日，第83页。

⑧ Feis: Europe: The World's Banker, 1870—1914, p. 179.

英、美两国在华银行同样得到本国的官方支持,只是表现形式略有差异。

美国花旗银行的进入中国,第一个任务就是被委派为"驻华美国国库的代理机构"①。具体地说,就是被赋予中国对美庚子赔款的管理权。② 由于美国政府的这一付托,花旗银行才得以"进一步采取措施在东方扩大其代理机构,以便为其在那一地区从事一般银行业务铺开道路"③。

应该指出,在1913年以前,美国的海外银行,还只限于在州里注册的少数几家。1913年联邦政府授权美国国民银行从事国外业务,美国的海外银行才取得了长足的进展。④ 由此可见,开辟道路的动力,来自政府,扩展进度的动力,也来自政府。

美国政府在这方面所发挥的能量,最集中地表现在它对美国银行团的推动上。众所周知,20世纪初以争夺中国铁路权益为目标的英、德、法、美四国银行团的成立,标志着外国在华金融活动的一个新阶段。⑤ 四国之中,美国是一个后来者。它是在英、德、法三国分赃已定的形势下硬挤进来的。正如美国对外关系文件中所承认的:美国银行团"是在塔夫脱总统执政期间在美国政府直接要求之下组成的。在那个时候,英、法、德三国的银行团实际上业已组成,并且业已与当时的中华帝国政府签署了一项借款合同,计划为修建所说的湖广铁路提供资金。我国政府,出于它自己的主

---

① Herald,1902年2月12日,第293页。

② Herald,1902年2月12日,第293页,1902年12月31日,第1398页。

③ Herald,1902年2月12日,第294页。

④ 《美国花旗银行在华史料》,第23—24页。

⑤ 关于这一点,下面还要集中加以叙述。

动，建议中国政府邀请美国财团参加这项湖广铁路借款，最后，通过塔夫脱总统和庆亲王之间进行电报直接联系以后，才达成协议，在湖广铁路借款合同中规定修建铁路所需借款，美国资本应占四分之一”。① 有人为美国政府辩解说：“有很多证据可以证明，美国政府只是在美国私人方面采取了相当的主动以后才制定了它的银行团政策”②，但也不得不承认：“一旦那个政策制定了以后，国务院无疑地就居于带头人的地位，而银行家作为美国外交政策的代理人，不过是一个次要的角色。”③总而言之，“美国政府为了推进其政策，发现利用金融界人士作为它的代理人是方便的，而私人银行家由于他们本身的利益与国务院的利益一致，也愿意这样地被利用”④。

英国也不例外。“对私人企业的不加干预，这是大英帝国的传统。”⑤这其实也是大英帝国新闻媒介为他们的主人辩护的传统。具体到英国在华银行的主角——汇丰银行，这样的辩护就更司空见惯。“汇丰银行在中国的主导地位，并不依靠政府的支持——一点也没有。”⑥这是一部由汇丰银行组织的有关汇丰银行历史的权威著作所下的结论。然而，真相并不能完全被掩盖。即使在他们的自己人当中，有的也能道出一点真实的情况。专门研究英国海外殖民地银行的巴斯特（A. S. J. Baster）虽然坚持认为英国“官方对海外银行的支持，并不那么显著”，但是也不得不承认

---

① U. S. Foreign Relations, 1916, p. 134；转引自 Field: American Participation in the China Consortiums, p. 36. 庆亲王应为醇亲王。

② Field: American Participation in the China Consortiums, p. 35.

③ Field: American Participation in the China Consortiums, p. 35.

④ Field: American Participation in the China Consortiums, p. 35.

⑤ Herald, 1898 年 1 月 7 日，第 2 页。

⑥ King: Hongkong Bank, Ⅰ, p. 536.

在“有显然而迫切的需要”的时候,这种支持却是“及时而强有力的”。① 具体到汇丰银行,他还说:“在与中国借款的协议中,汇丰银行总是用英国政府的声音讲话。”②反过来当然也一样。19世纪90年代末,英国一家了解圈子里情况的新闻媒介就公开传播,汇丰银行的伦敦经理嘉谟伦(E. Cameron)是英国外交部最可靠的心腹和顾问,能够施加巨大的影响。③

当然,也有表面上看来相反的情况。例如,在他们的圈子中,有人就抱怨英国政府对在华银行的支持,并不是一体看待的。对有的银行,不但没有支持,甚至还有拆台的举动,有的行动,甚至是在支持外国银行以损害英国银行的利益。英国政府之全力支持汇丰银行,正是一例。因为汇丰银行本身有大量的德国资本,支持汇丰就是支持德国的利益。④ 说汇丰代表德国资本利益,这是一偏之见,上面也已论及。至于说英国政府只支持汇丰,这也不符合历史。当英国第一个进入中国的银行——丽如银行还处在领袖外国银行群的阶段,英国官方对它的支持,显然胜过后起的汇丰。⑤ 可见英国对汇丰的选择,有一个历史的变化过程,并非历来如此。这种选择,只有一个原则,就是看它是不是英国政府的最大利益。

当然,也应该看到,标榜自由经济的英国银行家们,在要求

---

① Baster:The International Banks,p. 37.

② Baster:The International Banks,p. 37.

③ Herald,1899年7月3日,第2页。

④ 这一论点的代表人物,是英国《泰晤士报》驻华记者莫理循。参阅Lo Hui-min:The Correspondence of G. E. Morrison,No. 2,pp. 297-303,及其他各页。

⑤ 这种态度,在海关总税务司赫德的言论行动中,得到鲜明的反映。参阅汪敬虞:《赫德与近代中西关系》,1987年版,第240—250页。

政府的支持时,在外观上不像他们的大陆同行那样露骨。汇丰银行是如此,它明明得到英国政府的全力支持,却总被说是超越国家的机构。① 汇丰以外的英国在华银行也是如此,即使内心有炽烈的要求,外表却尽量加以淡化。切望政府支持以期一显身手的后起者——大东惠通公司,在它的发起书中,在涉及这个问题的时候,只是轻描淡写一句:"总督的下级政府对开发这个国家所提供的欧洲情报和资本,一定会给予衷心的支持。"②措辞的确谦和平淡。但是,人们一眼也看得穿。连"欧洲的情报"都在政府的支持范围以内,还有什么比这种支持更理想、更完美的么?

有一位西方的中国问题研究者在20世纪的初叶说道:"中国是一个奇异的国家,那里银行家能变为外交家、外交家又能变为劫掠家。"③银行家、外交家、劫掠家三位一体,的确是很奇异的。这种银行家,在中国领土上的外国银行中,是所在多有的。在政府控制的银行中有,在民间自由的银行中也有。道胜银行的璞科第(Д. Д. Покотилов)④、汇丰银行的阿迪斯(C. S. Addis)⑤,就是这

① 上述莫理循就以"A Cosmopolitan Bank"称呼汇丰。见 Lo Hui-min: The Correspondence of G. E. Morrison,第2卷,第45页。

② London and China Express,1889年12月13日,p. iv。

③ R. R. Gibbson:Forces Mining and Undermining China,1914年版,第117页。

④ 璞科第,俄国外交官,1887年进俄国外交部,1888年来华,1898年任道胜银行董事,并曾任天津分行经理,1905年任驻华公使。

⑤ 阿迪斯,英国银行家,1883年来华,先后在汇丰银行天津、上海分行和香港总行任职,1905年起任汇丰伦敦分行经理,1922年起任汇丰伦敦咨询委员会主席,英国银行团首席谈判代表。

两类银行中的佼佼者。我们在上面刚刚提过的嘉谟伦①,也算得是其中杰出的一个。他们都是一路人物,都是既代表自己的银行,也代表自己的政府,君临中国这"一个奇异的国家"。这种局面,至少在20世纪初叶已经是清晰可见了。

二、中外合办形式的突出

外国在华银行采取中外合办的形式,并非自1895年以后始。但是,只有到了这个时候,中外合办的形式,才显得十分突出。

对中外合办或合作道路的鼓吹最先来自英国。而其发动,则始自第一家总行设在中国的汇丰银行。

从汇丰开办的第一天起,它就十分强调与中国商人的合作。在汇丰银行正式成立的年会报告中,银行董事会就大力宣传"整个商业界以及许多中国商人现在都对本行有利益关系,并且都给予全力的支持"②,"中国方面的财力"是"一个很有价值的整体"。③ 表现之一就是在筹集资本中特别着重所谓"华人股份"。④后来熟悉中外商情的郑观应在他的著名的《盛世危言》中说道:"昔年西商在香港、上海招集中外股本,创设汇丰银行。"⑤中国的

---

① 嘉谟伦,英国银行家,1866年来华,1873年起任汇丰上海分行经理,1890年起任伦敦分行经理,1896年和1898年英、德借款和英、德续借款谈判代表。

② Herald,1866年8月25日,第135页。

③ 这是英国当时在华银行界的共识,参阅Daily News,1872年1月17日,第49页。

④ 《上海新报》1864年9月6日。

⑤ 见该书第4卷,银行上,1893年版,第22页。

官方文件中也说:“英国之汇丰银行,粤东绅商多购其股票,以为世守之业。”①这都是符合事实的话。

继承汇丰银行这一传统的,是将近30年以后成立的大东惠通公司。

大东惠通虽然没有公开宣布要把“中国方面的财力看做一个很有价值的整体”,但是实际上“本地人”的资本在其中却占据最主要的地位。当1891年公司第一次增资的时候,新股的发行,在上海一地很快地就被超额认购。② 等到1893年银行要求再次加缴资本的时候,中国股东的实力已经增强到不能不考虑他们的意见的地步。从反对加缴资本的中国股东李贯之等人口中,我们知道这时银行的股本,中国股东所占“已及其半”③。有人甚至说中国人占去了十分之八,“洋董只握有少数几张股票”④。而在公司董事长凯锡的正式报告中,也公开承认,截至1895年,银行的10万份股本中,中国股东占52600股,超过了半数。⑤ 显然,中国方面的财力在外国银行中构成了“一个很有价值的整体”,是从大东惠通开始的。

到了中华汇理银行的成立,事态又向前发展了一步。这家银行之所以成立,据说就是由于“中国有实力的金融家希望他们的金融活动和外界取得更密切的联系”⑥,而外国洋行的参与,不过是“应香港和通商口岸的中国商人领袖的请求”⑦。事理的颠倒,

---

① 王彦威编:《清季外交史料》第154卷,1935年版,第2页。

② Herald,1891年3月26日。

③ 《申报》1893年12月28日。

④ Herald,1893年12月15日,第961页。

⑤ Herald,1895年1月18日,第84页。

⑥ Daily News,1891年9月8日,第239页。

⑦ Baster:The International Banks,p.177.

到了令人难以置信的地步。

中华汇理银行中究竟参加了多少“中国方面的财力”,没有遗留确实的记载。但是,这家银行香港总行董事会的7名董事席位中,中国董事却占了3席。而上海的顾问部,则全部由中国委员——许春荣、马建忠、刘镛、徐茗香、汤癸生组成。① 从这里可以看出“中国方面的财力”。此外,我们还知道,在重要的股东中,还有广东十三行时期著名行商伍崇曜的后代②,从这里又可以看出中国股东和外国关系的经历。英国的新闻媒介竭力渲染这家银行的“主要控制权,共同操在中国人和外国人的手里”③,这也是夸大其辞。但从汇丰到汇理,经历了近30年的“合作”历史,中国方面从实际上的从属关系过渡到形式上的平等地位,这是合乎客观历史的发展逻辑的。

除此以外,还有一些没有实现的合作,也值得注意。例如90年代末在香港出现的中国抵押放款公司,也是一家中外合股的银行。它的6名发起董事中,中外各半。中国方面的三位董事,一名是香港的糖商,一名是一家大商号的老板,另一名则同时兼任中华汇理银行的董事。这家银行虽然没有办起来,但是当时的新闻媒介也竭力渲染:“中国人对这个计划,做了最自发而全力的支持。”④

90年代末,当外国势力延伸内地之时,外国银行进入内地的呼声随之日趋高涨,中外商人联手的局面也呼之欲出。1899年上

---

① Daily News,1891年10月21日,第385页;《申报》1891年11月6日。

② King:Hongkong Bank,Ⅰ,p.405.

③ Daily News,1891年9月8日,第239页。

④ Herald,1898年3月7日,第354页。

海《字林西报》的重庆通讯员报道说:“这个口岸和上海银行有联系的人,过去一段时期大赚其钱,无论是本地和外国银行的汇票,都非常吃香。在这样一个时机,显然需要一家外国银行来满足要求。”①可以设想,如果这一步走成功,中外“合作”的局面也就水到渠成。因为“这个口岸和上海银行有联系的人”,显然包括中国商人在内。

19 世纪末叶开始,中外合办银行,除了民间的合作以外,又出现了官方合作的形式,它给中外合办的银行赋予了新的内容。首开其端的,是我们在上面提到的华俄道胜银行。②

华俄道胜银行是中国政府用正式合同承认了的第一个中外合办银行,是沙俄争夺中国铁路权益的产物。

这个合同是道胜成立之次年,即 1896 年 9 月 2 日由中国驻俄公使许景澄与道胜银行正式签订的。合同的第一条就规定:“中国政府以库平银五百万两与华俄道胜银行伙做生意,即自给付该银行此款之日起,所有赔赚照股摊认。”③

伙做什么生意呢?500 万两股银从哪里来的呢?这从许景澄签订的另一合同中就可以找到答案。

在同年 9 月 8 日签订的中俄合办东省铁路公司合同章程中,开头就这样写道:“中国政府现定建筑铁路,与俄之赤塔城及南乌苏里河之铁路两面相接,所有建造、经理一切事宜,派委华俄道胜银行承办。”④这个“伙做生意”的内容就很清楚了。章程的最后

---

① 转见 Herald,1899 年 1 月 23 日,第 114 页。

② 在此以前,1887 年美国筹设的华美银行,1889 年德国设立的德华银行,均有过类似的活动,不过都未实现。

③ 《中外旧约章汇编》,I,第 671、672、674 页。

④ 《中外旧约章汇编》,I,第 671、672、674 页。

一款又写道:“路成开车之日,由该公司呈缴中国政府库平银五百万两。”①所谓伙开生意的股本来源也很清楚了。这一出好戏的内幕,应该由研究中国路权丧失历史的人来写,在这里,我们只须指出:作为清政府拍卖中东铁路报酬的500万两银子,也并不是沙俄政府白送的。因为铁路合同中又规定:中国要想把铁路赎回自办,不但要等到“开车之日起三十六年后”②,而且“到了赎路时,这笔款子当然也应包括于赎路费中”。③ 不仅如此,500万两银子还发挥了两重作用:它“一方面使中国无力赎路,另一方面,如万一赎路,则有1000万卢布的款子能转入俄国国库”。④ 而这1000万卢布,正是500万两白银的原本加上利息的折价。

至于承办的道胜银行,它是“一点险都不冒”的。不仅如此,它“同时又能得到该路之利益,因为他是与中国政府缔结租借合同之银行家。在这种情形之下,把500万两作为中国政府存在华俄银行的款子,……这实在把银行的地位弄得更巩固了”⑤。

人们都知道:道胜银行是以执行沙俄政府的所谓“铁路征服政策”为其至高无上的任务的。⑥ 请看,在这个任务的完成上,这种形式的合作,起了多么至高无上的作用。

实际上,这种合办,对中国而言,只是徒具形式。道胜银行有中国的股份,却没有代表中国股份的董事。不要说日常事务中国方面无置喙的余地,就是涉及大政方针,中国政府也只是在二门口

---

① 《中外旧约章汇编》,I,第671、672、674页。

② 《中外旧约章汇编》,I,第671、672、674页。

③ 罗曼诺夫:《帝俄侵略满洲史》,第93页。

④ 罗曼诺夫:《帝俄侵略满洲史》,第92—93页。

⑤ 罗曼诺夫:《帝俄侵略满洲史》,第93页。

⑥ 马士(H. B. Morse):《中华帝国对外关系史》(The International Relations of the Chinese Empire),中译本第3卷,1960年版,第89页。

听炮。当1910年沙俄一手将道胜银行与诺得银行(Banque du Nord)即北方银行合并,改俄华为俄亚①,中国政府完全被蒙在鼓里,事先一无所知。等到清廷驻海参崴总领事打电报到北京,这个合办银行的中国一方,方才如梦初醒。② 总而言之,"中国政府对于银行的进展情况,实际上完全处于黑暗之中"③。

进入20世纪以后,中外合办的这两种形式,都有所发展,而随着时间的推移,两种形式,又变得难以严格区分。这从以下的事实分析中,可以清楚地看得出来。

这一阶段的中外合办银行,全都成立于北洋军阀统治时期。其中主要有中法合办的中法实业和中法工商银行,中日合办的中华汇业银行,中美合办的中华懋业和美丰银行,以及中意合办的华义银行和中挪合办的中国—斯堪的纳维亚银行。关于中法的两家合办银行,为了保持历史的连贯和叙述的便利,我们在前面叙述法国在华的金融活动中,已经一并论及。现在再就其他国家,主要是日、美两国与中国合办的银行,略加申述。

日本在中国,也早有合办银行的企图。1897年,也就是在横滨正金银行进入中国不久,日本在华商人就曾计划设立一中日合办的日清银行。根据当时的新闻媒介透露:这家计划中的银行,资本定为500万日元,在日本和中国各征集一半。为了吸收中国股份,规定中国入股者可得股息有优惠待遇的优先股。④ 然而,不到

---

① 即将Русско-Китайский改为Русско-Азиатский,法文名作Banque Russco—Asiatique,中文名称未改。

② 《清季外交史料》,宣统,第12卷,第36页;参阅Quested:The Russo-Chinese Bank,p.9.

③ Quested:The Russo-Chinese Bank,p.9.

④ Herald,1897年11月5日,第813页。

3 个月,这个计划即宣告搁浅。[①] 可是,尝试的企图,却不绝如缕。1907 年,天津就有人计划集资 200 万两开设一家中日合资的银行[②],就是已被公开之一例。但是所有这些,都无下文。看来时机尚未成熟。

中华汇业银行是在此以后 20 年(1918 年)方才出现的。[③] 它的产生,是适应当时以共同开发中国资源和兴办中国实业为名的西原借款的需要。事实上,在中华汇业银行筹组之前 3 年(1914 年),日本大限内阁就有过专门"开发"中国的东洋银行方案的酝酿:计划以 2 亿日元为开办资本,由中日共同建立,双方各出资 1 亿元。中国方面的出资,由日本贷给。[④] 这个方案曾和中国驻日公使陆宗舆进行过磋商,并且有了眉目。但由于日本内阁的更迭而搁浅。[⑤] 中华汇业银行的成立,实际上是这个方案的继续。主其事者,中国方面为段祺瑞政权下的曹汝霖、陆宗舆和章宗祥,日本方面则为西原借款的主角、高唱"融合日华经济为一体"的西原龟三。[⑥] 这个银行总行设在北京。天津、上海和沈阳都设有分行。

---

① Herald,1898 年 2 月 20 日,第 277 页。

② Herald,1907 年 10 月 18 日,第 151 页。

③ 该行发起于 1916 年,筹组于 1917 年,开业于 1918 年 2 月。参阅魏振民:《中华汇业银行的资本结构及其营业概况》,见《历史档案》1981 年第 1 期,第 107 页。

④ 胜田主计:《确定对中国借款方针》,见《近代史资料》,1981 年,总第 45 号,第 203、211 页。

⑤ 胜田主计:《确定对中国借款方针》,见《近代史资料》,1981 年,总第 45 号,第 203、211 页。

⑥ 胜田主计:《确定对中国借款方针》,见《近代史资料》,1981 年,总第 45 号,第 211 页。

银行的开办资本为1000万日元，中、日各半。第一次先收500万日元。[①] 日方出资者主要为日本兴业和台湾三银行，与之相对应，中方则由中国、交通两银行出面。然而实际上，中、交两行出资只占华股的20%，其余绝大部分为段祺瑞、王克敏、曹汝霖等军阀官僚所有。[②] 这些人既以私人身份入股，又具有官方的政治实力。这家民间为表、官府为里，中国主动为名、日本导演为实的合办银行[③]，至少为日本政府和财阀提供了以下三个方面的业绩。

一是顺利完成了西原借款在金融上的周转和经营。西原借款，前后共计高达18000万日元。[④] 在1928年的中华汇业银行的资产负债表中，资产项下，仅北洋政府欠款一项即达10417万日元，占全部资产的89.5%。[⑤] 这几个简单的数字，充分显示了中华汇业银行在经理西原借款中的作用。

二是扩大了日本银行对中国国际汇兑业务的参与。这是由经管西原借款所派生的另一项重要业务项目。在上述的1928年资产负债表中，汇业银行经手的对外汇兑款项达到153682余万日元[⑥]，相当于西原借款总额的8倍，于此可见银行外汇业务扩张的

---

① 魏振民:《中华汇业银行的资本结构及其营业概况》，见《历史档案》，1981年第1期，第107—108页。参阅Lee:Currency, Banking and Finance in China, p. 89.

② 魏振民:《中华汇业银行的资本结构及其营业概况》，见《历史档案》，1981年第1期。

③ 日本藏相胜田主计曾说:这家银行是"不以政府之注意，而从中国方面发议"，这正是欲盖弥彰。参阅魏振民:《中华汇业银行的资本结构及其营业概况》。

④ 徐义生:《中国近代外债史统计资料》，第144页。关于西原借款总数，有各种不同统计，此处所采，只是其中之一。

⑤ 徐义生:《中国近代外债史统计资料》，第145页。

⑥ 徐义生:《中国近代外债史统计资料》，第145页。

程度。

三是为实现控制中国货币、金融、财政创造条件。这是日本在侵略中国的过程中早就觊觎的目标。在中华汇业银行成立以前,中日之间就曾有过变交通银行为中日合办以实现这个目标的酝酿。[①] 由于中国政局的变化和出于对国际反应的考虑,这个计划没有实现。但计划本身并没有放弃,它寄希望于中华汇业银行,以此作为最终兼并交通银行的过渡,从而达到控制中国币制、金融以至整个财政的目的,"奠定日中经济联系的坚实基础"。[②]

除此以外,银行本身也赢得了巨额利润。从银行的账面数字看,1918—1927 年间,平均年利润达 1316587 日元,其中 1919 年高达 1733559 日元,股息高达 16%。[③] 这在当时在华的外国银行中,也是罕见的。

然而这家和北洋皖系军阀关系密切的银行,在中国的立足时间终究是很短暂的。虽然皖系下台,它又和奉系搭上关系,但整个北洋军阀政权已面临末日。随着北洋军阀的瓦解,这家银行在 1929 年年底,也就被迫宣布休业整理了。[④]

和日本一样,美国在中国进行中美合办银行的活动,在中华懋业银行和美丰银行成立之前,也早已开始试探。1887 年轰动一时的米建威(Mitkiewicz)计划,就是它的第一步。这个计划中的华美

---

① 中国社会科学院经济研究所藏:《日档》,第 82—207 页;参阅裴长洪:《论西原借款》,见《经济研究所集刊》,10,1988 年版,第 115 页。

② 铃木监修:《西原借款资料研究》,转见裴长洪:《论西原借款》,第 116 页。

③ 徐义生:《中国近代外债史统计资料》,第 145 页。

④ 参阅魏振民:《中华汇业银行的资本结构及其营业概况》,见《历史档案》1981 年第 1 期。

银行(American Chinese Bank)①,就是中美资本各占一半的合资银行。② 然而中国政府摊认的一半,除了借款抵充以外,还可以发行年息3%的长期公债,在美国推销,以为偿付。③ 也就是说,银行全部资本,实际上都来自美国。这个计划虽然没有实现,但以后各式各样的类似活动,并没有停止。其中1910年美国西部大资本家大来(R. Dollar)筹划的中美联合银行,是比较引人注目的一个。这个银行计划资本1000万银元,中美也是各半。总行设于上海,分总行设于旧金山。它得到中国商界的广泛反应,但后来还是陷于流产。④ 一直到20世纪20年代中华懋业银行的出现,才最终实现了美国政府30多年来的期待。

中华懋业银行被美国官方誉为"在中国惟一的一家有美国资本的合办银行"⑤。它继承了30多年前米建威计划的衣钵。像当年米建威计划被说成是美国驻华公使杨约翰(J. R. Young)建议的翻版一样⑥,中华懋业银行也被说成是接受了当时美国驻华公使芮恩施(P. S. Reinsch)的"政治激情的哺育"。⑦ 同样,如果说,华美银行中的中方合作者是权倾一时的北洋大臣李鸿章和他手下的

① 该行最初定名National and International Amalgamated Bank,后改称此银行。参阅Herald,1887年8月12日,第186页;8月5日,第142页。

② 银行章程第二条。参阅Herald,1887年10月13日,第406页。

③ Herald,1887年8月12日,第186页。

④ 《时报》1910年12月15日,转见《近代史研究》1988年第3期,第111页;华中师大历史研究所、苏州市档案馆合编:《苏州商会档案丛编》第1辑,1991年版,第356页。

⑤ Lee:Currency,Banking,and Finance in China,p. 86.

⑥ Herald,1887年8月12日,第186页。

⑦ King:Hongkong Bank,Ⅲ,p. 83. 有关芮恩施的中美合办银行计划,请参阅P. S. Reinsch:An American Diplomat in China,1922年版,第72、227页。

一批官僚策士①,那么,现在中华懋业银行的中方合作者则是以直系军阀为首的一批政客官僚。② 如果说,米建威计划的对象,针对当时领袖外国在华银行的汇丰,矛头指向地位巩固的大英帝国,那么中华懋业则亦步亦趋地模仿中华汇业,以与势如旭日东升的日本一比高低。

但是,这家银行的美国主持人,却力图淡化美国官方的影响,竭力强调它的民间色彩,尽量作出以中国为主体的友善姿态。表现在以下几个方面。

1. 这家银行成立之初,英文名称原为 Bank of Commerce, China。③ 成立不久,即改称 The Chinese-American Bank of Commerce④,如果说,按前一名称,中文可译为中华懋业银行,那么,按后一名称,则应译为中美懋业银行。由中华到中美,显然是要打出“合办”的招牌,强调“合作”的性质。

2. 这家银行特别声明“依据中国法律进行活动”⑤,这是在华其他外国银行所鲜见的。它的资本,最初定为 1000 万美元,先收一半。1923 年后又改为 1000 万中国通用的银元,先收 750 万。⑥ 中方股份不得少于总股份的一半。⑦ 公司董事会 11 名董事,中方

① Herald,1887 年 8 月 5 日,第 154 页。

② 参阅徐义生:《中国近代外债史统计资料》,第 146 页。虞和平:《商会与中国早期现代化》,1993 年版,第 267—269 页。

③ 银行成立章程,第 1 条,见 Lee:Currency, Banking, and Finance in China, p. 183。在此之前,曾短期称为 China Development Bank。

④ Lee:Currency, Banking, and Finance in China, p. 183、p. 86.

⑤ Lee:Currency, Banking, and Finance in China, p. 183、p. 86.

⑥ Lee:Currency, Banking, and Finance in China, p. 86、p. 186;参阅天津《大公报》1927 年 2 月 7 日;Maguire:China Stock & Share Handbook, 1926, p. 59。

⑦ Lee:Currency, Banking, and Finance in China, pp. 86-87.

占6名,美方只占5名。中方董事任银行总理,美方董事任第一协理。① 所有这些,显然都在于表明银行对中国法律和中方权益的尊重。

3. 银行成立于1920年2月6日②,总行原设北京。然而不过3年(1923年),又决定移往上海。③ 其所以如此,为的是"使银行少受政治方面的需索,以便更自由地进行纯商业性质的营业活动"④。

然而,所有这些,又都是字面上的东西,和实际并不都能吻合。例如,银行章程中规定总理由中方担任,美方担任第一协理。但是银行的实际经营管理权并不在总协理手中,真正执掌大权的是另设的业务委员会和驻美评议部两个机构,而在这里,中方显然居于配角的地位。⑤ 其中业务委员会5人,美3华2,而驻美评议部则全由美方股东代表组成。⑥

当然,也有照规定办的事情。例如银行的总行的确在1923年后由北京迁往上海了⑦,"纯商业性质的营业活动"可能增加了。但是,"政治需索"的承受,不但丝毫没有减少,却继续乐此不疲。

---

① 银行成立章程,第21条、第23条,见上书,第185页。

② N. H. Pugach: Keeping and Idea Alive, the Establishment of a Sino-American Bank, 1910—1920, 载 Business History Review, 第56卷, 第2期, 1982年版, 第288页。参阅 King: Hongkong Bank, Ⅲ, p. 83。

③ Lee: Currency, Banking, and Finance in China, p. 183、p. 87.

④ Lee: Currency, Banking, and Finance in China, p. 183、p. 87.

⑤ 据北京档案馆藏:《中华懋业银行档案》,转见虞和平:《商会与中国早期现代化》,第264页。

⑥ Pugach: Keeping and Idea Alive, the Establisment of a Sino-American Bank, p. 286、p. 288; 虞和平:《商会与中国早期现代化》,第272页。

⑦ Lee: Currency, Banking, and Finance in China, p. 87. 但1927年总行又设在天津,北京则设总管理处,参阅《大公报》,1927年2月7日。

甚至在北洋军阀政权瓦解前夕的1926年,银行的实际掌权者美方协理卫家立(C. L. L. Williams)还主动贷款给发不出薪水的财政部,帮助它"解脱困境"。[①] 这当然不是白效劳。只需看一看卫家立的历史,就能一目了然。早在1919年,波士顿财团的太平洋拓业公司就曾假提供贷款之机,企图把持中国的烟酒税务。这个贷款中的一个重要条件,就是要由美国人担任烟酒税署的稽核会办,而内定充当这一角色的,就是这位卫家立。[②] 由此可以窥测,银行的第一任协理之所以由英美烟公司的经理担任,可以说是由来有自,顺理成章的。这些都是从字面上的东西所看不到的。

附带指出,在中华懋业银行之前成立的美丰银行,虽然没有打出合办的招牌,但它的资本中,由中国人认购的达到48%。[③] 在创办人的心目中,它是一家要与英国汇丰争胜的银行。它的资本后台,是美国有名的拉文信托公司(Raven Trust Co.),但银行总行却设在上海,其所以如此,是要享受汇丰那样"就地决策"的好处。[④]

银行成立于1917年,资本为55万美元,外加125万银元[⑤],合计约为100万美元。它在天津设有一个分行[⑥],又于1921—1922年先后在重庆和福州各设一联营机构——四川美丰银行和

---

① 《顾维钧回忆录》第一分册,1983年版,第287页。

② Pepers Relating to Foreign Relations of the United States,1919年,pp. 505-552;中国社会科学院经济研究所藏《日档》,97/252;参阅徐义生:《中国近代外债史统计资料》,第146页。

③ Lee:Curreney,Banking,and Finance in China,p. 96、p. 97.

④ Lee:Curreney,Banking,and finance in China,p. 96、p. 97.

⑤ 吴承禧:《中国的银行》,附录二,这是一个后期的记载。

⑥ Lee:Currency,Banking,and Finance in China,p. 97.

福建美丰银行。① 它们又各有自己下属机构的设立和设立能力：福建美丰于1924年在厦门设立分行。② 四川美丰虽未组建分行，但银行章程中规定它可以在中国任何地方设立分行。③ 它们又各有自己的资本：两行均各有资本100万美元，均各先收一半，其中52%亦均为拉文公司所有。余下的48%均由中国人认购。④ 这些规定是否付诸实施，后来没有下文。

这两家银行存在的时间都不长。1925年都合并于上海美丰。银行的名称也由American Oriental Banking Corporation改为American Oriental Finance Corporation⑤，表示活动范围有所扩大了。⑥

然而，无论是美丰还是中华懋业，它们都没有丰懋起来。进入30年代以后，先是1935年，美丰由于经营失败而停业⑦，至于中华懋业银行则在1929年已被清算，面临破产的命运⑧。

中外合办的银行，可能还有一些，不过详情已不为人所知。但是1910年成立的北洋保商银行⑨还是值得提一下。这家银行是

---

① Lee：Currency，Banking，and Finance in China，pp. 97－p. 98. 有人径直称它们为分行，参阅杜廷绚：《美国对华商业》，1933年版，第80页。

② Lee：Currency，Banking，and Finance in China，p. 98.

③ Lee：Currency，Banking，and Finance in China，p. 97、p. 98.

④ Lee：Currency，Banking，and Finance in China，p. 97、p. 98.

⑤ Finance and Commerce，1932年12月21日；参阅Tamagna，Banking and Finance in China，p. 30。

⑥ 美丰初办时，"业务仅限于汇兑"。参阅Reinsch：An American Diplomat in China，p. 67。

⑦ Tamagna：Banking and Finance in China，p. 90.

⑧ Pugach：Keeping an Idea Alive，the Establishment of a Sino－American Bank，p. 293.

⑨ 英文名称为Commercial Guarantee Bank of Chihli。

由德国人和法国东方汇理银行与中国合办的。它的设立分别得到德、法两国驻华使馆的批准。[①] 而合办的目的却是要中国政府保证中国偿还应付的欠款[②],特别是辛亥革命时期的债务。[③] 通过合办而要达到这个目的,这真是把合办的目的发挥到极致了。[④]

总起来看,中外合办银行的确是走俏一时的。1926 年,美国商业部的一份官方报告中说道:"这个机构(指合办银行)力量之所在,在于和那些独资的外国银行比起来,它们能够在较大的范围内参与中国的内部事务。"这道出它之所以走俏的一面。"但是,它们的一个大弱点是,它们大部分是在中国法律制约之下活动的。它们无法避开强加给它们的政治需索,不能免于中国内部政治的干预。"这是它之所以只走俏一时的一面。因此,报告认为"在现行的政治和财政条件下,这种中外合办的银行是否能获得独资的外国银行所获得的信用,那是值得怀疑的"[⑤]。这种怀疑,是有根据的。许多银行失败了(如中法实业)或者至少并不很成功(如中华懋业和美丰);也有的走俏一时,终难持久(如中华汇业);有的干了一阵,又转回头来,如中意合办的华义,在成立之后的第四年(1924 年),又由合办改回意大利独办,行名改了[⑥],资本也由银元

---

① Lo Hui-min:The Correspondence of G. E. Morrison, No. 2, p. 300.

② King:Hongkong Bank, Ⅱ, p. 533;参阅徐义生:《中国近代外债史统计资料》,第 156—157 页。

③ Lo Hui-min:The Correspondence of G. E. Morrison, No. 2, p. 300.

④ 1920 年银行改为中国自办,资本为 600 万元,董事为周自齐(董事长)、王克敏、徐世昌等人。参阅《银行周报》第 200 号增刊,1921 年 5 月,第 40 页。

⑤ Lee:Currency, Banking, and Finance in China, p. 90.

⑥ Tamagna:Banking and Finance in China, pp. 30-31.

改为意大利金里拉①；"现在所有的董事，都是意大利人了。"②看来，在殖民地化加深的条件下，还是独资干起来顺手。虽然如此，合办在外国金融势力对中国政治经济的卷入中，有其优越的所在。特别是在军阀割据的局面中，外国在华银行由独办到合办，由民间合办到官方合办，仍是一个带有规律性的走向。它是帝国主义和军阀统治进一步相互作用在金融领域中的反映。

三、金融活动领域的变动

进入19世纪90年代以后，外国银行在中国的活动，出现了新的变化。在汇兑和投资两大主干业务中，投资领域中的活动，逐渐上升到主要的地位；原有的贸易领域中的汇兑周转业务，则得到力度上的强化。外国银行在中国外汇市场上的控制地位，稳固地建立了起来。投资市场的扩大和外汇市场控制力量的强化，这是19世纪90年代以后外国银行在中国活动的两个主要特征。

应该首先指出，外国银行这两大主干业务，既有主导地位先后承启之分，又有平行发展互相促进之效。而且不仅主干业务如此，所有银行业务的各个构成部分，亦莫不如此。这里仅举一例：

众所周知，外国纸币在中国的发行，这也是外国在华银行的一项主要业务。然而，它所发挥的作用，就不仅限于流通领域，它对银行的投资活动，也有相互促进之功。道胜银行在东北的活动，就是一个见证。当1898年沙俄在东北开始修建中东铁路时，一切收支都用当地的银元。等到中东路正式通车、道胜银行基础巩固之

① Lee：Currency，Banking，and Finane in China，p. 89、p. 90.

② Lee：Currency，Banking，and Finane in China，p. 89、p. 90.

后,所有客运、货运运费,就一律改收卢布。① 进入民国时期,道胜银行甚至在哈尔滨发行与铁路联合的卢布债票②,因为这个时候"在边境的经济结算中卢布占着统治地位。一切交易,不仅在中东铁路沿线,而且在内地其他许多地方,也使用卢布"③。中东铁路收用卢布,这是银行投资支持货币发行;银行发行铁路卢布债票,这是货币发行支持银行投资。两者相互为用是再明显不过了。发钞如此,其他银行业务,亦莫不如此。我们在考察外国银行金融活动领域的变动之前,首先应有这样的全局观点和总体意识。

下面我们再来分别考察投资与汇兑两大主干业务的变动轨迹。

外国银行在中国的投资活动,包括对中国政府的贷款和对在华外国企业的投资、融资,以及对其他中外商人的短期融资行为,早在19世纪60年代就已开始出现。1862年呵加剌银行对上海地方当局的两次借款,是外国银行对中国政府借款的序幕④,而外国银行对在华洋商兴办的企业进行投资或发生借贷关系,在公用事业、船舶、码头、堆栈企业以及出口加工企业等行业中,在60年代也已趋于活跃。⑤ 这两方面的活动,在90年代以后,仍然保持

---

① 中东铁路局编:《满洲杂志》,1925年第3—4期,第86页;转引自中国人民银行参事室编:《中华民国货币史资料》第一辑,1986年版,第934页。

② 哈尔滨《远东日报》1916年9月8日,引自《中华民国货币史资料》第一辑,第936页。

③ 哈尔滨《远东日报》1916年9月8日,引自《中华民国货币史资料》第一辑,第934页。

④ 参阅汪敬虞:《十九世纪西方资本主义对中国的经济侵略》,第241页。

⑤ 参阅汪敬虞:《十九世纪外国在华金融活动》(未刊稿)。

发展的势头。如果90年代以后,有什么新的,那就是在外国企业投资方面,带有投机性质的房地产投资和股票投资特别突出;在对中国的投资方面,除了对政府贷款以外,对中国企业的贷款、融资,也渐渐成为他们的资金投向的一个方面。

在房地产投资方面,上海最早在1888年,成立了一个资本100万两的业广地产有限公司(Shanghai Land Investment Co.)[①]。接着在1889年和1891年,香港又先后成立了香港置地及代理有限公司(Hongkong Land Investment and Agency Co.)和中国地产金融公司(China Land and Finance Co.)[②]。在这方面,外国银行也大显身手。以汇丰而言,它同上海业广和香港置地都有密切的联系。汇丰担任了业广的代理银行,并进行了巨额的投资。[③] 它的董事凯斯维克(J. J. Keswick)同时兼任了香港置地公司的董事。[④] 到1912年止,汇丰银行在中国各大口岸的房地产投资达到2727400元,遍及香港、上海、汉口、厦门、福州、天津、北京、广州各大城市。投资数额将近占各项企业投资的三分之一(参见表34)。[⑤] 这种情形,在汇丰以外的银行中,都有不同程度的存在。[⑥]

---

① Daily News,1888年12月5日,第539页;《申报》1888年12月15日。

② Chronicle,1889年;Daily News,1891年11月4日,第435页;Herald,1891年11月6日,第625页。

③ Daily News,1888年12月5日,第539页;1891年1月1日,广告;1892年3月3日,第196页。

④ Chronicle,1895年,第236—237页。

⑤ King:Hongkong Bank,Ⅱ,第85—87页。

⑥ Daily News,1891年11月4日,第435页;Herald,1891年11月6日,第625页。

表 34　汇丰银行在华房地产投资(1912 年止)

城 市	投资总成本(千元)
香港	958.7 *
上海	1130.4 **
汉 口	28.4
厦门	52.4
福州	18.5
天津	231.3
北京	229.7 ***
广 州	78.0
合计	2727.4

注:* 原统计为 1201.6,与细数不合。
** 原统计为 1130.5,与细数不合。
*** 原统计为 229.6,与细数不合。

资料来源:《伦敦档案馆殖民局档案》,129/391,第 256—259 页,转引自 King: Hongkong Bank,Ⅱ,第 85—87 页。

在股票投资方面,同样地增加了新的活力。随着 1891 年上海股份公所(Shanghai Sharebrokers' Association)和 1892 年香港股票经纪人联合会(Stockbrokers' Association of Hongkong)的建立①,香港上海的股票市场空前活跃。上面提到,在此以前成立的以信托和投资为业务中心的大东惠通公司,就是一个以汇丰银行为主宰的投资机构。继大东惠通之后,1891 年香港、上海又同时成立了两个专门经营股票的机构,一个是上海的信托放款公司(Trust and

① 杨荫溥:《中国交易所论》,1930 年版,第 37 页;Chronicle,1892 年,第 243 页。

Loan Company)[①],另一个是香港的股票债券投资公司(The Stock Share and Debenture Investment Company)[②]这两个公司的代理业务,都由汇丰银行一手包办。[③] 汇丰银行对两个公司的资本关系,我们从香港股票债券投资公司的发起书中,可以得到一些概念。这家公司的额定资本为97.5万元,实收一半。[④] 也就是说,公司手中的资本不足50万元。但是,在公司的发起书中,却宣称公司实际运用的资金,可以达到300万至500万元。这个6倍乃至10倍于公司实收资本的营运资金,据发起书中说,是"得之于本地银行和金融机构的周转。""这笔资金是其他单个的经纪人和行号无法取得的。"至于供给营运资金的银行,反过来又可以从公司那里取得有保证的证券,这些证券,"从别的地方是无法取得的"。[⑤] 双方互利互惠,水乳交融。

在香港股票债券投资公司的发起书中,还有这样一段话:"香港的股票,是一笔巨大的财产,它大到这样的程度,以致纯粹投机的经纪人,即使在银行提供便利的条件下,还是赶不上形势,供应不上许多股票持有人〔的资金〕以适当的出路。"[⑥]这是一个多么诱人的前景!

股票交易,它的确是19世纪90年代外国银行资本家最向往的一项生意。在1895年的香港行名录中,人们可以看到银行界许多集各行企业董事职务于一身的人物。这是股市吸引力的一个反映。我们在上面提到的汇丰银行重要股东之一的凯斯维克,就同

---

① Daily News,1891年1月1日,广告。

② Daily News,1891年6月6日,第513页。

③ Daily News,1891年1月1日,广告,1891年6月6日,第513页。

④ Daily News,1891年6月6日,第513页。

⑤ Daily News,1891年6月6日,第513页。

⑥ Daily News,1891年6月6日,第513页。

时参加了9个企业的投资。他同时担任了香港火烛保险公司(Hongkong Fire Insurance Company)、香港九龙码头及货仓公司(Hongkong and Kowloon Wharf and Godown Company)、香港置地及代理有限公司、西营盘建做有限公司(West Point Building Company)、中华火车糖局(China Sugar Refining Company)的董事会主席,又担任了省港澳火船公司(Hongkong, Canton and Macao Steamboat Company)、香港黄埔船坞公司(Hongkong and Whampoa Dock Company)、西营盘水手馆(Sailors'Home, West Point)的董事。① 80年代末期,香港的一家报纸曾经这样写道:香港所有的企业,包括船坞公司、制糖公司、保险公司、堆栈公司、轮船公司等等,由不足一打的富翁统治着。他们"像榕树一样地盘根交错"②。对比凯斯维克的情况,这个比喻倒是完全恰当的。而凯斯维克的活动,实际上不过是90年代所有的外国银行巨头投资活动的一副缩影。汇丰银行的另一个重要股东奈雷(P. Ryrie)在1887年说:"股票生意在这个殖民地是一项非常重要的生意,没有它,我们就没有法子过。"③这个"我们",就是一批银行巨头。而这个"它",在90年代以后,就显得更加重要。

在投资他们本国在华企业之外,外国银行的注意力也投向出生不久、为数不多的中国企业。在这里,经济上有利可图当然也是一个重要原因,但除此之外,对中国企业的贷款,又有更大的利益在。

外国银行在这方面的活动,在90年代以前,也已经开始有所

① Chronicle,1895年。

② Daily Press,1887年8月29日;The Chinese Times,1887年9月17日,第751页转载。

③ 汇丰银行股东年会记录,1887年。

试探。这个时期的主角,还只限于根基深厚的汇丰银行。这方面的贷款,共有6次,涉及轮船招商局①、平度金矿②、开平煤矿③、湖北织布局(先后两次)④和湖北铁政局⑤五家企业。贷款总额为240万两。⑥

甲午战争以后,外国资本对中国企业的渗透,明显扩大:一方面是更多的外国银行插足其中;另一方面是在银行之外,又有更多的洋行参加进来,形成一个新的局面。

华商纱厂是外国资本注视的一个主要目标,这方面的活动也就十分突出。甲午战后兴办的一批华商纱厂,几乎都躲不过外国资本的渗透。作为战后上海出现的第一家华商纱厂——裕晋纱厂,自始便靠向道胜银行透支借贷度日⑦。战后苏州出现的第一家华商纱厂——苏纶纱厂,开办不久,即拟转包洋商办理。⑧ 其后积欠洋款"轇轕不清,洋人来厂踞索,几至不可收拾"⑨。继湖北织布局之后于1890年开工之湖北纺纱局筹办之时,机器设备几全部依靠借款购买。开工未久,即因"销路欠佳,积亏甚巨",既想向洋

① 徐义生:《中国近代外债史统计资料》,第8—9页。

② 李秉衡:《李忠节公奏议》第10卷,1930年版,第27页。

③ King:Hongkong Bank, Ⅰ,p.310.

④ 张之洞:《张文襄公全集》第135卷,电牍14,1928年版。

⑤ 张之洞:《张文襄公全集》第135卷,奏议,第27页,第1—4页;第133卷,电牍12。

⑥ 参阅汪敬虞:《十九世纪外国在华金融活动》(未刊稿)。

⑦ Decennial Reports on Trade, Industries, etc. of the Ports Open to Foreign Commerce and on the Condition and Development of the Treaty Port Provinces(以下简称Decennial Reports),1892—1901, No. 1, p. 515.

⑧ 《中外日报》1898年11月27日。

⑨ 《谕折汇存》,光绪三十年六月十三日,第29—30页。

商“筹借银四十万两,以资周转”①,又想索性“暂由洋行筹款代办”。② 而杭州第一家商办纱厂——1897年开工的通益公纱厂,则在辛亥革命以后,也向日商“息借规元二十万两”,才能得以“续办厂务”。③

第一次世界大战以后,外国资本在这方面的活动十分突出,由此而产生的对华商纱厂的兼并频繁出现。1917—1927年10月中,华商纱厂和外国资本发生债务关系的共有22家,其中接受日本资本的14家,英国的6家,美国的2家。④ 举债的结果,绝大多数都因无力偿还而被外国资本所兼并。⑤ 有的纱厂转手之快,令人难以想象。例如1921年成立的上海华丰纺织公司,开厂次年即向日本东亚兴业会社借款以偿还购机欠项,再过一年,又因无力偿还借款利息而不得不把产权出让,委托日华纺绩会社经营,终于被日华收买。⑥ 由建厂到出让,不过两年时间。

同样的情况,出现在中国民族工业的另一个主要部门——缫丝工业之中。中国早期出现的两家丝厂——苏州苏经丝厂和上海绢丝公司,一个与苏纶纱厂同其命运⑦,一个在开办之时,即被打入外国资本⑧。1914年上海的一家外国新闻媒介说道:“维持上海丝厂的开工,已经有了可能,主要的是由于有外国银行的帮助。

① 《中外日报》1901年7月2日。

② 《中外日报》1901年5月21日。

③ 《时报》1913年3月1日。

④ 严中平:《中国棉纺织史稿》,1955年版,第197—198页。

⑤ 严中平等编:《中国近代经济史统计资料选辑》,1955年版,第137—138页;参阅《中国棉纺织史稿》,第197—198页。

⑥ 严中平:《中国棉纺织史稿》,第194—195页。

⑦ 《渝折汇存》,光绪三十年六月十三日,第29—30页。

⑧ 《第一次农工商部统计表》,农业,各局厂公司表,1908年版,第20页;《时报》1905年6月15日。

后者已经贷出款项数百万元。从不能确定银行什么时候才能取得生丝这样一个事实看来,银行贷款的条件是非常合理的,利息以及和借款有关的条件无疑地是对中国人有利的。”“实际上,如果丝厂和丝厂主是讲公道的,他们是能够从外国银行那里得到他们所需要的全部资金的。”①

中国一位棉业史专家就早期中国棉纺织工厂借用外资的问题,说过这样一段话:“棉纺织工厂利用外资的尝试,不用说都是资本难筹使然。可是当时资本负息之悬殊,实也是一个重要的诱力。上海织布局拟借德华银行之款,年息不过六厘,同时拟借钱庄的款项却要负息一分有余;张之洞向李瀚章索还湖北织布局原来闱姓捐款,允许付息六厘,可是以此项捐款为担保的借款,则止认息五厘。湖北纺纱局的购机贷款止认息六厘,而织布局借山西善后局款项,则负息达九厘之多。”②

资本主义竞争机制下的信贷之优于封建高利贷,这是不争的事实。但中国棉纺织厂因借用外资而遭遇被兼并、拍卖的处境,也是不争的事实。这一对矛盾的统一,正反映半封建半殖民地社会经济的特点,纱厂如此,丝厂恐怕也不例外。

除此以外,外国银行对中国企业的贷款,还伸向其他工业部门以及采矿、交通运输和水电等公用事业中来。其中有不少和银行对中国政府的贷款连在一起,我们在下面叙述银行团的活动,将集中起来一并讨论。剩下的一些,影响较小,这里就不一一论列了。

外国银行在扩宽投资活动领域的同时,原有的贸易上的金融周转业务,在数量上仍然在继续扩大,而通过贸易的周转以控制中

---

① Herald,1914 年 10 月 3 日,第 51 页。

② 严中平:《中国棉业之发展》,1943 年版,第 161 页;参阅《中国棉纺织史稿》,第 192 页。

国金融市场的力度,更加明显地呈现在人们的面前。试以麦加利和汇丰为例,略加申论。

麦加利银行在20世纪初叶的中国,已属于历史最久、资格最老的一家外国银行。在其创办的第一年(1854年)中,包括反映贸易周转在内的各种票据,一共不过92000英镑,半个世纪以后的1903年,单是直接反映贸易周转的汇票经营额,就达到600万镑①,期末较期初,扩大了60多倍。

如果说,麦加利的活动范围,包括整个东方,不仅限于中国,那么,专门以中国为对象的汇丰银行,其金融活动的情况又是如何呢?可以说,汇丰的走向,与麦加利并无二致。为了便于说明,请先参阅下面的统计(表35)。②

从表35可以看出:代表贸易周转的汇兑业务量,在汇丰银行成立以后的1865—1925年,由555万元上升到2亿多元,60年间,增长了36倍。其增长速度,虽不及麦加利,但绝对量则大大超过之。③ 外国银行在扩展投资活动领域的同时,原有的贸易金融周转业务,在数量上仍然在继续扩大着。这是无可置疑的。无论其总行在不在中国的外国银行,都是如此。

---

① Mackenzie:Realms of Silver,pp. 322-323.

② 参阅King:Hongkong Bank,Ⅰ,p. 80、p. 192、p. 196、p. 290、p. 317、p. 432、p. 478;Ⅱ,p. 56、p. 57、p. 567;Ⅲ,p. 126、p. 182。

③ 由于统计期内,港元对英镑的汇率,波动较大,无法做精确的比较。但多数年份,港元对英镑,都在1港元=0.1镑上下,以此汇率为准,可知汇丰的汇兑绝对量的增长,大大超过麦加利。关于汇兑统计,请参阅King:Hongkon Bank,Ⅰ,p. 454;Ⅱ,p. 42、p. 561;Ⅲ,p. 71。

表 35 汇丰银行汇兑、放款在资产中所占比重

1865—1925 年

年份①	汇兑②		放款		资产		汇兑在资产中所占比重(%)	放款在资产中所占比重(%)
	实数(百万元③)	指数(1865=1)	实数(百万元③)	指数(1865=1)	实数(百万元③)	指数(1865=1)		
1865	5.55	1.00	3.14	1.00	13.40	1.00	41	23
1870	16.67	3.00	8.11	2.58	38.05	2.84	44	21
1875	18.15	3.27	9.25	2.95	34.63	2.58	52	27
1880	28.30	5.10	12.80	4.08	48.01	3.58	59	27
1885	46.58	8.39	40.79	12.99	104.80	7.82	44	39
1890	57.90	10.43	61.23	19.50	149.70	11.17	39	41
1895	84.07	15.15	53.86	17.15	187.10	13.96	45	29
1900	68.55	12.35	71.24	22.69	211.50	15.78	32	34
1905	113.70	20.49	91.10	29.01	290.80	21.70	39	31
1910	121.90	21.96	125.30	39.90	346.30	25.84	35	36
1915	150.70	27.15	133.50	42.52	436.20	32.55	35	31
1920	215.30	38.79	161.80	51.53	554.80	41.40	39	29
1925	206.10	37.14	267.20	85.10	703.80	52.52	29	38

注:①汇丰营业报告,大都每年年中 6 月和年终 12 月各公布一次,本表采年终数字。

②“汇兑”(Exchange Remittance),1878 年改称“应收汇票”(Bill Receivable)。参阅 King:Hongkong Bank,I,p. 196、p. 290。

③指香港元。

当然,还应该补充几点具体的分析:(1)90 年代中期以前,汇兑一直保持增长,此后,虽然长期趋势仍维持增长势头,但各年之间,则盈缩互见。(2)和代表投资活动的放款比较,在 1880 年以前,汇兑增长的速度高于放款增长的速度。1885 年以后,汇兑则反过来落在放款的后面。(3)和资产总额的变动趋势相比,也大

体相同。即在80年代中期以前,汇兑的增长速度,超过资产总值的增长,20世纪开始,也反过来落在资产总额的后面。(4)尽管如此,从汇兑与放款二者在资产总额中所占的比重看,基本上仍是汇兑占据优势,这种势头,在进入20世纪以后,才开始减弱。

现在,我们再进而考察外国银行对中国通商口岸金融市场控制力度的变化。这里需要回顾一下历史的全过程,需要联系对外贸易市场控制权的变化,做一个比较全面的观察。

在19世纪的中西经济关系史上,70年代初期发生的两个巨大变化,对外国银行在控制中国金融市场方面的作用和地位上,产生了重要的作用:一是中西交通方式的变化,二是世界银价的变动。

关于中西交通方式的变化,1870年苏伊士运河的正式通航,不但把欧洲和中国之间的航程缩短了1/4,而且大大加速了轮船对帆船的取代,使实际的航行时间缩短了一半以上。继航程大大缩短之后,中国和欧洲之间的电讯交通,也在1871年由于上海、伦敦间海底电线的敷设而正式建立。随着交通方式的变化,贸易周转的时间,大大缩短,从而贸易上的金融周转,也产生了相应的变化。这表现在两个方面:

一方面,随着电讯交通的建立和贸易方式的变化,外国在华银行资金的运用,有了更大的灵活性。“从前上海外国银行总要准备大量资金,或入口现银,或调拨伦敦、印度存款,以应付旺季需要。”①现在,贸易上的这种呆滞资金的需要,大大地缩减了,而资金拨汇的灵活性则大大增加了。这就给外国银行在运用资金以操纵中国金融市场,带来了很优越的条件。

---

① Celestial Empire: Six Essays on the Trade of Shanghai, No. 6, Banking, 1874, p. 69.

另一方面，随着电讯交通的建立，上海金融市场的脉搏，也紧随着世界金融中心伦敦而跳动了。孤立地从上海的外国银行看，它们似乎不如从前隔离世界金融中心那样得以自由地操纵上海金融市场。事实上则正相反。因为只有到了这个时候，它们的伦敦主脑，才真正对上海金融市场进行“有效的控制”。在70年代以前，对总行远在伦敦的上海外国银行而言，当上海分行经理根据自己的判断，认为市场出现了必须放宽贷款条件的有利时机，等到向总行请示得到总行同意之后，这个有利时机却已成过去。① 电讯交通建立以后，上海金融市场的脉搏，随时都在伦敦金融巨头的掌握之中，总行董事和分行经理的眼睛，同时注视着中国市场的变化，及时作出适应市场变化的措施。这无疑会加强它们的控制的完整性和严密性。

关于世界银价的变动，19世纪70年代以后，世界市场上的白银价格，出现了长期大幅度下降的现象。原因主要是白银产量的增加，而银本位国家的转向金本位，则同时是白银价格下降的原因和后果。

受世界银价的影响，中国银两的汇价，也随之出现下降的现象。从70年代初至90年代中，则愈演愈烈。1890—1895年中英之间的汇价，从每两4先令9便士直线下跌到2先令11便士，5年之中，下降了将近40%②，这是前所未有的。整个19世纪90年代，银两汇价都停留在这样一个低水平上。③

汇价下跌直接对外汇市场产生影响，它使外国银行在外汇市场上日益居于主宰者的地位。90年代在对外贸易的金融周转方

---

① Mackenzie：Realms of Silver，p. 66.

② Diplomatic and Consular Reports on Trade and Finance（以下简称Consular Reports），1894，Shanghai p. 17.

③ King：Hongkong Bank，Ⅰ，p. 454.

面出现的所谓预订制度(Indent System)①,就是外国银行这种地位变易的具体体现。

所谓预订制度,是指贷款在订货之时即予以结算,而不是在交货时才进行结算的一种制度。商人们在订货的时候,就和银行议定一个固定的汇率,货物成交以后,不管汇率怎样波动,仍按原定汇率计算货款。在直观上,这是进出口商人把汇兑的风险转移于汇兑银行的一种制度。它保证进出口商人在汇率发生波动时能获得固定的本国通货,避免由于汇率波动所发生的意外损失。

单纯从一笔交易看,银行的确承担了汇兑上的风险。但是,从银行的总体经营看,它又无什么风险可言。在大量的汇兑交易中,银行总是能够"通过买进和卖出同样数额的汇票以保护自己。因此,无论汇率如何变化,这项业务在一方面的损失总是可以被另一方面的相应获利所抵消"②。"机灵的汇兑银行家",总是有办法来"保证自己的安全"的。③

不仅如此,这种场合的出现,实际上为外国银行控制中国金融市场提供了一个极好的机会。因为只有在这个时候,中国对外贸易的金融周转,才一步一步地纳入外国银行的掌握中。"汇兑银行家"不仅有办法保卫自己,而且正好通过预订制度把外汇行市的操纵权,更有效地控制在自己的手中。因为"银行的牌价总是根据银元涨落的趋势来规定的"④,而这个涨落的讯息,现在除了

① Consular Reports,1892 年,上海,第 4 页;Herald,1893 年 11 月 24 日,第 818 页。

② Consular Reports,1892 年,上海,第 4 页。

③ P. H. B. Kent:The Twentieth Century in the Far East,1937,p. 217.

④ A. Wright:Twentieth Century Impressions of Hongkong, Shanghai and Other Treaty Ports of China,1908,p. 117.

"汇兑银行家"以外，谁也没有办法预先知道。① "一切看外国银行的牌价"②，这个日子的到来，已经为期不远了。

进入20世纪以后，外国银行在中国金融市场上控制力度的发挥，又获得了一系列新的条件，其中最主要的是对中国财政的控制。

还在20世纪的初叶，美国的一位资深的驻华商务代表就针对英国汇丰银行在中国外汇市场上的能量，写就了如下一段文字："它的力量之所来自，首先在于它是一个本地的机构。它的总部就设在香港而不是伦敦。它的董事会也设在当地，对于中国银行业务的细节，了如指掌，从而对影响利益的方方面面，都能获得及时的情报，作出迅速的判断，采取行动。银行拥有的第二个有利条件是：它的股票广泛分配于有产的英国人和中国实业公众之间，因此在中国的商界中，拥有大量的顾客。这些人在金融方面关心它的成功，从而也自然为它的生意作出了贡献。第三，通过它在英国金融界中的有力地位，它已被英国金融利益的有关方面看做是在涉及对华贷款和其他金融交易融通方面理所当然的代表。结果，这家银行就成了作为英国贷款抵押的一些中国铁路资金的存放所在。此外，由于英国在掌握中国海关和盐务行政中的主导地位，这家银行也就成了一部分关税和盐税的存放银行。所有这些存款，每年平均余额达到1000万两白银，其中有一部分供银行白用，一文利息也不付。由于它长期处在这样一个有力的地位，这家银行实际上已成为中国外汇市场中影响对外贸易的白银汇率的独裁者。"③

① King：Hongkong Bank，Ⅲ，pp. 342-343.

② Baster：The International Bank，p. 177.

③ J. Arnold：China，A Commercial and Industrial Handbook，1926，p. 173.

这一段针对英国银行的议论，难免带有美国人的感情。但文中第三点指出20世纪以后汇丰银行所获得的一系列新的特权，指出它“已成为中国外汇市场”的“独裁者”，却是合乎事实的。

实际上，进入20世纪以后，这种“独裁者”的角色，已非汇丰一家独占。40年代初出版的一部西方有关中国银行和金融的著作中说道：20世纪初“外国在华银行势力的增长，主要是由于它们是在这个领域中惟一的国际机构。对外贸易的金融周转，国外汇款的划拨，海关税款和政府债款的经理，所有这些，都是经它们之手进行的。因此，作为一个集团，外国银行在外汇市场上享有实际垄断的地位”。“这些外汇交易周转数额之大，在某些场合中，直足以构成银行利润的惟一重要来源。”①这就是说，外国银行控制中国金融市场的经济力量已经起了变化。不仅如此，“作为国际机构的外国银行，从这一地位中又得到其他的利益。它们是在治外法权的体制中进行运作的。这一法权使得它们免于中国当局的管辖和干预，而它们自己国家的法律和银行条例，又不会严格地予以履行。结果是它们享受着一种最最非同一般的独立地位”。“只要治外法权继续被承认，只要外国社会公众在中国实业界中继续占据主导地位，外国银行在中国外汇市场中，就必然扮演一个起决定性作用的角色。”②这就是说，新的经济条件的运用，得到了政治上的条件的充分保证。正是政治与经济的结合，增强了外国银行控制中国金融市场的力度。

由此也就出现了一个新的前景。进入20世纪以后，中国金融市场上的“独裁者”，已非一家银行（例如汇丰银行）独占。在金融市场上实际享有的垄断地位，已经转移到多国银行组合的“集团”

---

① Tamagna: Banking and Finance in China, pp. 33-34.

② Tamagna: Banking and Finance in China, p. 34、p. 118.

手中。新的形势要求与之相适应的新的组织局格。研究者面临一个全新的课题,这就是多国银行团的出现。

四、多国银行团的兴起

多国银行团的出现,是进入20世纪以后外国在华银行活动的新特点。银行团,这是外国在华金融活动的新工具,是列强在华权益争夺激化的必然产物。由银行的垄断到银行团的垄断,是进入20世纪外国在华金融活动的主流。

(一)银行团的形成过程

众所周知,多国银行团的正式出现,是从1910年成立的英、德、法、美四国银行团开始的。在以后的10年中,先是有1912年由于日、俄两国的加入而扩大成立的六国银行团,接着是1913年由于美国的退出而改称的五国银行团,最后是第一次世界大战以后的1920年由美、英、法、日重新组合的新四国银行团。也就是说,多国银行团的变迁史,就在1910—1920年这10年当中。当然,它形式上的存在,延续了一段很长的时间,一直到第二次世界大战结束以后的1946年,多国银行团才结束了它在中国的历史。①

但是,研究20世纪外国在华的多国银行团,需要一个比较开阔的广角镜,需要把它放在世界资本主义发展的全过程中,进行考察。

从广义的角度看,银行团的出现,是资本主义走向垄断阶段的

---

① Mackenzie:Realms of Silver,p.270;King:Hongkong Bank,Ⅱ,p.275.

一个标志。它本身有一个形成的过程。也就是说,在四国银行团正式成立之前,银行团的雏形已经出现在外国在华银行的活动中。有的银行本身就是众多银行的组合,可以说,它本身就是一个银行团。德华银行就是较早出现的一个。组成德华银行的股东中,有德意志银行(Deutsche Bank)、贴现公司(Diskonto-Gesellschaft)、北德银行(Norddeutsche Bank)和巴燕抵押汇兑银行(Bayerische Hypotheken-u. Wechsel Bank)。其中德意志银行和贴现公司所占的股份,即占全部股本的四分之一①。有人说:"德华银行把所有在中国进行资本投放感兴趣的德国银行成功地联合起来了"②,这丝毫没有夸张。

如果说,90年代初的德华银行的组成者,还只限于本国银行,那么,1895年成立的华俄道胜银行,则是一个地地道道的多国银行团。这家银行的发起资本中,有一半以上是法国的资本。它主要来自里昂信贷银行(Credit Lyonais)、霍丁格尔银行(Hottinguer Bank)和巴黎荷兰银行(Banque de Paris et des Pays Bas)这几家重要金融机构。③ 不仅如此,法国的银行资本中,实际上还掺入了比利时的银行资本。而下余不足一半的资本中,也主要来自德国贴现公司的子公司圣彼得堡国际银行(St. Petersburg International Bank)。④

所有这些,都是发生在19世纪90年代的事情。它和后来的多国银行团比较,两者的成立条件、组织模式,特别是内外部的关系,并不完全一样。但是,两者都是以投资为主要目标,则是基本

① P. B. Whale:Joint Stock Banking in Germany,p. 73.

② King:Hongkong Bank,Ⅱ,p. 535.

③ Quested:The Russo-Chinese Bank,p. 3.

④ Quested:The Russo-Chinese Bank,p. 3.

相同的。从这个角度来看,德华和华俄道胜的出现,可以说是多国银行团的先导。

即使以1910年成立的四国银行团为多国银行团的起点,它的形成也有一个过程。而这个过程的开始,恰恰是紧接道胜银行成立之后。促成它的起步的,是中日甲午战后3年间清朝政府的三次大借款:即1895年俄法联合的4亿法郎贷款,1896年和1898年英德联合的两次数额各为1600万英镑的贷款。

1895年的俄法借款,几乎是与道胜银行的设立同步进行的。这个借款合同中开列的办理借款银行,就包括了道胜银行中的法国股东霍丁格尔银行(合同中称霍丁格尔银号)、巴黎荷兰银行(合同中称巴黎和兰银号)、里昂信贷银行(合同中称利杭银号)以及德国的圣彼得堡国际银行(合同中称森彼得堡各国商务银号)。[①] 如果说,俄法借款名义上还是由沙俄一家出面和清政府签订合同,那么,英、德两次借款,则不但由两家出面,而且英德两家主要贷款银行汇丰和德华之间,也为此签订了相应的协议。[②] 这两家银行的总部,一在香港,一在上海,但是协议的准备和签订,却是在德国的柏林。[③] 这就说明了两国银行团的高层次性质,成为以后的定期"银行团会议"的先声,为银行团总部的成立,提供了最初的依据。

由此可见,多国银行团的诞生,严格地讲,并不是自四国银行团始。事实上,不但在四国银行团正式成立之前,有一个俄法和英德两个两国银行团活动的先导时期,而且在两国银行团和四国银行团之间,还有一个英、德、法三国银行团的过渡阶段在。这个银

---

① 《中外旧约章汇编》,I,p.627.

② King:Hongkong Bank,Ⅱ,pp.273–274.

③ King:Hongkong Bank,Ⅱ,p.273.

行团的建立,先是1906年英、法的联手,后是1909年德国的介入,前后迁延了3年之久。

众所周知,1910年正式成立的英、法、德、美四国银行团,是列强争夺中国铁路权益高潮中的产物。具体对象是以粤汉铁路为主的华中地区的铁路权益。作为这一特征的标志,是银行与铁路公司的联手。因此,早在三国银行团的阶段,这一联手的构架,就已经开始出现。在1909年三国银行团签署的总协议(Entente Générale)中,包含着两套基本协议:一是代表英国的汇丰银行、代表法国的东方汇理银行和代表德国的德华银行之间的协议;二是英国的中英公司(British and Chinese Corporation)、华中铁路公司(Chinese Central Railways)、德国的中华铁路公司(Chinesische Eisenbahn Gesellschaft)[①]和东方汇理银行之间的协议。[②] 前者主要规定银行出资的比例,后者则涉及铁路权益的分割,即诸如总工程师和其他关键性职位在贷款国之间如何分配等铁路控制权的问题。[③] 这种严密合缝的配套措施,当然也不自三国银行团始。俄国在还没有参加银行团之时,它的道胜银行和东省铁路公司,也是一个完整的配套。相反,美国参加了四国银行团,但它在中国的两家铁路公司——合兴公司(American - China Development Company)和裕中公司(Siems and Carey Company),一个的成立,是在它参加四国银行团之前,一个的建立,则是在它退出六国银行团之后。具体情况,存在着差别。尽管如此,三国银行团的这两条协议的订立,为我们透视多国银行团的实质,提供了一个直观的窗

---

① 亦作Deutsch-Chinesische Eisenbahn Gesellschaft,汉译为德华铁路公司(参阅吕浦译:《美国参加中国银行团的经过》,1965年版,第34页)。

② King:Hongkong Bank,Ⅱ,p.415.

③ King:Hongkong Bank,Ⅱ,p.415.

口。为了说明这一配套工程在银行团中的作用和地位，我们不妨选取其中的中英公司作为例证，加以剖析。

中英公司亦称中英银公司，成立于 1898 年 5 月，总部设在伦敦，北京、上海先后设有代表处。创设时资本定为 25 万英镑。它的目的是要"在中国获得各项权益、推动公共工程企业、进行金融周转"。① 它的出现，对"周转和推动英国在华企业而言"，是一个"最有希望的征候"。② 然而，在它开办之时，实付资本不过额定的 5%，即 1.25 万英镑。一直到 1907 年才付足了一半，即 12.5 万英镑。③ 这么小的资本而有那么大的口气，奥秘就在于它的后面有两大实力雄厚的支柱：一个是英国在华的商业巨头怡和洋行，另一个就是主动与之联手的汇丰银行。公司章程第三条就写着："怡和与汇丰共同担任中英公司的经理代理人，各自任命一人担任公司董事。"④在同年 6 月中英公司与汇丰银行签订的协议中，明确规定汇丰是公司的委托银行。公司所有资本、证券的发行，除了另有规定以外，一律由汇丰经手。⑤ 正如当时英国驻华公使朱尔典（J. N. Jordan）所说的那样，"中英公司不过是汇丰银行的外号"⑥。

因此，中英公司本身的资本虽小，但却被人看做是有财团意义的辛迪加。⑦ 作为汇丰银行的代表担任公司首届董事的嘉谟伦，

---

① King：Hongkong Bank，Ⅱ，p. 295.

② Lo Hui-min：The Correspondence of G. E. Morrison，No. 1，p. 81.

③ King：Hongkong Bank，Ⅱ，p. 295.

④ King：Hongkong Bank，Ⅱ，p. 295.

⑤ King：Hongkong Bank，Ⅱ，p. 298.

⑥ King：Hongkong Bank，Ⅱ，p. 381.

⑦ 肯德著，李抱宏等译：《中国铁路发展史》，1958 年版，第 145 页；King：Hongkong Bank，Ⅱ，p. 299。

在它成立之前一个月,就预言公司将成为一个有"代表性和影响力的强大辛迪加"①,这充分显示了中英公司后台的实力。

事实上,外国辛迪加之出现于19世纪后期的中国,特别是涉及路矿方面,可以说是司空见惯。② 拿英国来说,在1897—1899三年当中,就至少出现了4个辛迪加。除了上述的中英公司以外,还有1897年成立的北京辛迪加(Peking Syndicate),即中国通称的福公司,1899年6月成立的扬子江上游辛迪加(Upper Yangtze Valley Syndicate)和同年10月成立的扬子江流域辛迪加(Yangtze Valley Syndicate)。除此以外,1904年成立的华中铁路公司,则是一个集辛迪加的大成的组织。③ 所有这些辛迪加,背后都有汇丰银行的支持。而它们彼此之间,又相互渗透,既有联合,又有摩擦。

福公司是先于中英公司而成立的一个辛迪加。它与中英公司齐名,前者在华北,后者在华中,并称为英国在华路矿活动的两大主角。和中英公司一样,它与汇丰银行的关系也非常密切。公司的董事长梅耶尔(C. Meyer)同时兼任汇丰银行伦敦咨询委员会(London Consultative Committee)委员。④ 公司成立之后,首先在山西进行活动。1900年为开发山西煤矿而发行的股票,全部由汇丰一手包办。⑤ 1905年清政府为赎回福公司修建的道清铁路反过来向福公司进行的借款,也是由汇丰银行经理的。《借款合同》规定借款本息的偿付,由公司或公司指派的银行经理。⑥ 不言自明,这

① King:Hongkong Bank,Ⅱ,p. 296.

② 肯德:《中国铁路发展史》,第142—145页。

③ King:Hongkong Bank,Ⅱ,p. 331.

④ King:Hongkong Bank,Ⅰ,p. 468;Ⅱ,p. 28、p. 298.

⑤ King:Hongkong Bank,Ⅱ,p. 303.

⑥ 《中外旧约章汇编》第二册,第315页。

个银行，就是汇丰。

1899年一年之间成立的扬子江流域辛迪加和扬子江上游辛迪加，顾名思义，它们的活动领域都是华中地区。也就是说，它们活动的范围和目标，同中英公司有交叉。但和福公司则是界限分明的。然而，这并不妨碍二者在资本上的联系。扬子江上游辛迪加成立之际，福公司便是它的股东之一。① 这说明它们之间资本互相渗透的程度。至于扬子江流域辛迪加，则更是和汇丰银行直接发生联系。② 1901年两个辛迪加合并成立扬子公司，这时它转过头来在中英公司组建的华中铁路公司中搭上了股份。③

1904年成立的华中铁路公司，是福公司和中英公司联手的产物。它成立于1904年1月，登记资本为10万英镑，由福公司和中英公司两家平均分摊。汇丰银行作为中英公司的投资者而进入该铁路公司。曾经作为中英公司首届董事的嘉谟伦，现在成了新的铁路公司的董事。④ 1905年公司又进行一次改组，吸收了法、比两国的资本。代表法国资本的是东方汇理银行和法国铁路公司（Régie Génerale de Chemins de Fer），代表比利时的，当为华比银行和比国铁路公司（Sociéte Belge d'Etudes de Chemins de Fer en Chine）。⑤ 在法、比两国之中，法国势力绝对优于比利时，而在英、法、比三国之中，英国又无疑居于主导的地位。改组以后的华中铁路公司，董事会主席的职务，仍然保持在英国的手中，他拥有投决

① King：Hongkong Bank，Ⅱ，p.303.

② King：Hongkong Bank，Ⅱ，p.303.

③ King：Hongkong Bank，Ⅱ，p.335. 参阅Herald，1903年8月21日，第401页。

④ King：Hongkong Bank，Ⅱ，p.331.

⑤ King：Hongkong Bank，Ⅱ，p.254.

定性一票的权力。①

80年后,一部专门研究汇丰银行历史的著作就此写道:汇丰银行"通过中英公司和华中铁路公司的董事们联系上了扬子公司和福公司,再通过他们的董事们又联系上了总部设在伦敦、布鲁塞尔和巴黎的国际金融企业"。这样一个"网络","把汇丰银行推到国际金融的前沿"。② 现将这个网络,列图于下,然后再从银行的角度略做几点说明。

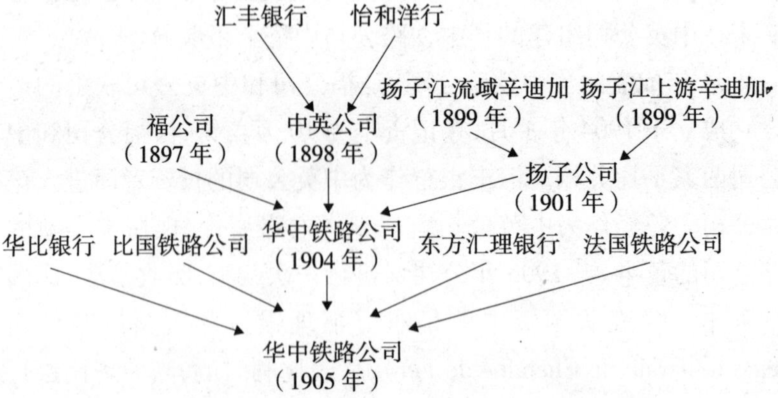

图2　中英公司关系企业(1898—1905年)

第一,多国银行团中银行与企业的联手,是一个普遍的现象。也就是说汇丰银行和中英公司所形成的模式,代表一种结合的必然趋势。不但银行团中之银行如此,银行团以外之银行亦复如此。正如我们刚刚看到的,英国有了汇丰银行和中英公司,参加银行团的法国就有了东方汇理银行和法国铁路公司,未参加银行团的比利时也有了华比银行和比国铁路公司。人们常说,站在中英公司

① King:Hongkong Bank,Ⅱ,p.254.

② King:Hongkong Bank,Ⅱ,p.50.

身后，有参加银行团的汇丰银行，人们更加常说，站在东省铁路公司身后的，有尚未参加银行团的道胜银行。当然，并非所有参加银行团的国家都采取这种一成不变的模式。例如日本的横滨正金银行和美国的花旗银行，就没有这样固定的或特定的企业关系，或有这种关系而并不显著。但是，不管哪一种模式，银行都无疑居于主导的地位，它是惟一的神经中枢。

其次，多国银行团中银行与企业的联手，既是单线联系，又是多头联系，而更多的是后者。在汇丰银行与中英公司的联手中，核心是汇丰与怡和的联系，而在汇丰银行、中英公司之外，既有福公司与扬子公司的参加，又有华中铁路公司的出台。它们之间的相互关系，显得十分复杂。这种多重联手的情况，在德华银行和东方汇理银行与企业的关系中，都有不同程度的存在。德华银行既保持与它同时出现的亚洲代理银团（Konsortium für Asiatische Geschäfte）①的联手，又是众多德国铁路公司的后台。其中有 1898 年承办胶济铁路的山东铁路公司（Schantung Eisenbahn Gesellchaft）②、1902 年参加津浦铁路修建的德国铁路公司③和 1909 年参加粤汉铁路修建的中华铁路公司。④ 而东方汇理银行则在法国铁路公司之外，又是滇越铁路公司的主要金融支柱⑤，被称

---

① 亚洲代理银团为德国的大实业财团，内有德华银行 10% 的股份。D. J. S. King：On the Relation of the Hongkong Bank with Germany，1864—1948，第 16 页；King：Hongkong Bank，Ⅱ，pp. 535–536.

② 肯德：《中国铁路发展史》，第 139 页；淄博矿务局、山东大学编：《淄博煤矿史》，1985 年版，第 51 页。

③ 宓汝成：《中国近代铁路史资料》第二册，1963 年版，第 792 页。

④ King：Hongkong Bank，Ⅱ，p. 415.

⑤ 宓汝成：《中国近代铁路史资料》第二册，第 655 页。

为专门与铁路公司合股的“法国股实银行”。①

最后,也是最复杂的,是多国银行团内各银行之间的相互渗透。我们在上面看到,成立刚刚一年的英国华中铁路公司便已渗入了法国和比利时的银行资本。事实上,这种渗入,在中英公司以前的福公司中,便已经开始。② 到了第一次世界大战的前夕,当中英公司和福公司的关系日趋淡化之时,法国则逐步深入,致使此时的英国福公司已“实质上处于法国控制之下”。③ 我们在上面曾提到1913年成立的中法实业银行,人们已经习知,这是一家中、法双方合办的银行。但是,如果名实相符,它应该是中、法、英三方合办。因为银行章程中,一开始就宣称“英国会社之福公司”,是签订章程之一方。④其所以口称中、法合办,适足以证明这里所说的福公司已“实质上处于法国控制之下”,并非毫无事实根据的夸张。

这种相互渗透,在当时是普遍存在的。华俄道胜银行本身既有法国、比利时以及德国的银行资本,而在六国银行团的俄国成员中,则在道胜银行之外,又包括了比利时的华比银行、比国铁路公司和比国合股公司(Société Générale de Belgique),还有英国资本的东方银行(Eastern Bank Ltd.)和著名的许乐德公司(J. Henry Schroeder & Co.)。⑤

同样,在英国的汇丰银行中,也渗入了德国的大量的资本。尽管汇丰银行是银行团中英国的惟一代表,从四国银行团到六国银行团,这个位置,一直由汇丰银行独占,连经济实力不亚于汇丰而资历尤有过之的麦加利银行,也被排斥在银行团之外。但是德国

① 《中外旧约章汇编》第二册,第203、211页。

② King:Hongkong Bank,Ⅱ,p.334.

③ King:Hongkong Bank,Ⅱ,p.514.

④ 《中外旧约章汇编》第二册,第857页。

⑤ F. V. Field:American Participation in the China Consortiums,p.40.

资本的利益却可以通过汇丰在银行团中得到体现。因此这种情况，在当时就受到一部分英国舆论的非难。有的说，在汇丰银行的德国董事是德华银行的工具，它们为德国的利益效劳，以反对英国的利益。① 有的则径直把汇丰说成是一家德国银行，或者说至少是一家"在德政策控制之下"或"德国影响之下"的英国银行。②

事实上，不仅多国银行团内部有多种多样的组合，而且在多国银行团之外，也有各种不同的组合。在四国银行团正式成立之后，出现在对华贷款中的具有银行团性质的辛迪加或四国银行团以外的非正式银行团，就难以数计。举其荦荦大者就有1910年的英比辛迪加(Anglo－Belgian Syndicate)③，1911年的英、法、比辛迪加(Anglo－French－Belgian Syndicate)④，1913年的奥、比辛迪加(Austro－Belgian Syndicate)。⑤ 还有俄比银团⑥和非正式的比、法、俄、日四国银行团的实际存在。⑦ 尽管(一)在历史的演变过程中，参加正式的银行团的成员银行日益增加，如英国由当初的汇丰1家，最后增加到包括麦加利银行在内的7家，日本由正金1家增加到包括朝鲜、台湾等银行在内的17家，美国由当初的4家增加到37家⑧；(二)各国政府

① Lo Hui－min：The Correspondence of G. E. Morrison，No. 2，p. 71.

② King：Hongkong Bank，Ⅱ，p. 253；Lo Hui－min：The Correspondence of G. E. Morrison，No. 2，p. 297.

③ Mackenzie：Realms of Silver，p. 297.

④ Field：American Participation in the China Consortiums，p. 46.

⑤ Field：American Participation in the China Consortiums，p. 54.

⑥ Field：American Participation in the China Consortiums，p. 77.

⑦ 《天津商会档案汇编》，1903—1911年，上册，1989年版，第633页。

⑧ Field：American Participation in the China Consortiums，pp. 39－40、pp. 165－166. 美国最后参加银行数，一说为31家。参阅Herald，1920年4月10日，Mackenzie：Realms of Silver，第269页。

对正式的银行团给予独享性的支持,以前由个别银行或财团所享受的政府支持几乎都归银行团所独享①,但银行团以外的借款活动,仍然不时涌现。事实上,在多国银行团存在的整个时期,除了1913年善后大借款以外,多国银行团与中国政府达成的贷款协定寥寥无几。发人兴味的是:在英、法、德、美四国银行团经过长期协商正式成立之次年(1911年),天津却出现了一个以华比、东方汇理、华俄道胜和横滨正金四银行为代表的又一临时凑合起来的四国银行团,并为救济天津市面金融恐慌向天津商会进行的100万两的贷款。② 正宗的银行团独享贷款权的困难,引起了他们的极大失望。汇丰银行的总经理斯蒂芬(A. G. Stephen)和伦敦分行经理斯吝布(N. Stabb)的反应,就是最明显的例证。他们一个抱怨"银行团的生意连捞回花费在打电报上的开销都不够"③。一个则径直"希望银行团干脆死掉埋掉"④。这两位英国银行家的话,虽然都是在多年以后讲的,但是,这个尴尬的局面,应该说,从多国银行团成立的第一天就已经注定了。

因此有必要约略涉猎一下相互渗透和各种组合中存在的冲突和矛盾。

(二)银行团的内外矛盾

银行团中各银行相互渗透和各种组合的变异频繁,反映了竞争的激化和矛盾的普遍存在。剧烈的竞争,不仅存在于多国银行团内部各国之间,也存在于每一个参加国内部各银行之间,还存在

---

① Field:American Participation in the China Consortiums,p. 177、p. 191.

② 《天津商会档案汇编》,1903—1911年,第633页。

③ King:Hongkong Bank,Ⅲ,p. 84.

④ King:Hongkong Bank,Ⅲ,p. 84.

于一家银行或一家辛迪加内部各组合成员之间。这三种竞争，层次不同，实质一致。一家银行内部不同组合的竞争，可以普遍涉及多国集团利益的冲突。

让我们仍从汇丰银行谈起。它的历史，在这方面仍然是一个雄辩的证明。

如上所述，中英公司、福公司、扬子公司以及由它们组成的华中铁路公司，都有汇丰银行的金融背景。“汇丰银行既是中英公司和华中铁路公司的代理银行，又是福公司某些活动的代理者。”①而扬子公司和汇丰银行也有过密切的交往。② 因此，由汇丰支持的这一集团，按理应该有共同一致的利益。然而，事实却并不如此。对中英公司和福公司这两个主角而言，华中铁路公司的组成，不过是它们在华势力范围的临时划分和利益冲突的暂时妥协。也就是说，两个公司把各自取得的势力范围确定下来，而把不能确定的推给合办的华中铁路公司。具体办法是：“福公司保持着它已在进行修建的河南铁路（指道清铁路）中的独享权利。中英公司的活动范围则划定为北起山东、南至长江、东临海滨、西达四川边境的范围内。”这样，“中英公司在保留山东至长江的活动权以外，可以通过出售或协商的方式，把天津至浦口、浦口至信阳以及信阳、汉口至四川成都的铁路修建权，转给华中铁路公司，而福公司则在保有某些矿区的同时，同意不再在达成协议的地区，谋求新的铁路修建权”③。至于扬子公司，它的活动地区，更是直接与中英公司相抵触。它虽然也在华中公司搭了股份，但是在中英公司的眼中，它始终是一个“潜在的竞争者”。④

---

① King：Hongkong Bank，Ⅱ，p. 332、p. 303.

② King：Hongkong Bank，Ⅱ，p. 332、p. 303.

③ King：Hongkong Bank，Ⅱ，pp. 331–332.

④ King：Hongkong Bank，Ⅱ，p. 311.

存在于汇丰集团内部的矛盾,也广泛存在于汇丰与英国其他银行之间。同为新四国银行团的英国成员——汇丰和麦加利,在对中国政府的贷款活动中,却曾经是一对互不相让的对手。为人所习知的1912年克利司浦借款,就是一个具体的例证。

这笔借款的主角克利司浦(C. B. Crisp),是一名伦敦股票交易所的掮客。[①] 1912年他从另一名英国金融掮客白启禄(E. F. Birchal)手中接过了向北洋政府进行1000万英镑的贷款权,主持的机构也由白启禄的姜克生万国财政社[②](Jackson International Financial Syndicate)转到由1家伦敦股票掮客行和3家银行[③]组成的克利司浦公司(C. B. Crisp & Co.)手中。[④] 因此人们把它看做一个财团,称之为克利司浦辛迪加。实际上它的后台是在中国长期与汇丰银行争胜的麦加利银行。它是克利司浦借款的实际支持者,对借款的成立"作出了可贵的努力"。[⑤] 借款协议达成之日,正当六国银行团对北洋善后大借款艰苦谈判之时。当克利司浦抢先取得借款协议,并成功地在《借款合同》中获得优先条款时[⑥],汇丰银行在六国银行团的主角阿迪士(O. S. Addis)的反

---

① King:Hongkong Bank,Ⅱ,p. 490.

② 《中外旧约章汇编》第二册,第828页。亦作华英普兴公司,参阅《三水梁燕孙先生年谱》上,第124页。

③ 三银行为Lloyds Bank,London County & Westminster Bank,和Capital & Counties Bank,参阅Mackenzie:Realms of Silver,p. 208.

④ 参阅 Lo Hui-min:The Correspondence of G. E. Marrison,No. 2,pp. 64-65;King:Hongkong Bank,Ⅱ,p. 490。

⑤ Mackenzie:Realms of Silver,p. 208.

⑥ 《合同》第十四款规定:"在本项借款全数未经发出之前,中国政府允许不再以较本合同从优之条款订借外债,本项借款告成之前,中国政府如欲添借洋款,而承办条款,本资本团所许亦与别家相等,则仍当先尽本资本团承办。"(《中外旧约章汇编》第二册,第831页)。

应是:“这一拳终于打过来了”;“所有历经艰辛的工作,毁于一旦”;“我们是给彻底打垮了”。①

当然,六国银行团的实力是不可轻估的。他们虽然挨了一掌,但是并没有被打垮。最终还是克利司浦退出了战场。借款合同取消了,他为执行这一笔借款而设立银行的计划也停摆了。② 麦加利银行为此而在北京设立办事机构的劲头也泄气了。③ 一切损失都推到北洋政府头上,由债务人付给债主 15 万英镑补偿费,方才了事。④

摩擦暂时结束,矛盾继续存在。在克利司浦借款合同撤销 10 年之后,新四国银行团又面临着克利司浦的新挑战。1923 年间,一项新的 1000 万英镑贷款,又被克利司浦公司提到北洋政府的面前。⑤ 然而,这一次借款还没有出台,就被银行团扼杀于幕后。“银行团再一次提出了反对,它反对把它保有权利的一项担保品移交给一个独立财团。”⑥这里所说的担保品,指的是主要由汇丰银行掌管的中国海关关税。因此,新四国银行团的反对,十之八九仍然是来自英国本土。

存在于英国汇丰银行和麦加利银行之间的摩擦和矛盾情况,在其他参加银行团的国家中,也所在多有。法国的东方汇理和中法实业银行、日本的横滨正金银行和朝鲜、台湾、兴业三银行,它们之间,就存在着类似的情况。

---

① King:Hongkong Bank,Ⅱ,p. 492.

② Lo Hui-min:The Correspondence of G. E. Morrison,No. 2,p. 300.

③ Mackenzie:Realms of Silver,p. 226.

④ 徐义生:《中国近代外债史统计资料》,第 109 页。

⑤ 徐义生:《中国近代外债史统计资料》,第 200—201 页。一说为 2000 万英镑。参阅 Field:American Participation in the China Consortiums,p. 195。

⑥ Field:American Participation in the China Consortiums,pp. 195-196.

众所周知,中法实业银行是在东方汇理银行推动之下设立的。① 它与东方汇理银行可以说有同室之雅。② 然而,它成立之后,却长期被排斥在多国银行团之外。其所以如此,原因在于中法实业银行成立不久,在多国银行团之外,单独同北洋政府达成了一笔1.5亿法郎的巨额借款合同。③ 接着又在第二年(1914年)签订了总额达6亿法郎的钦渝铁路借款合同,并由此取得了由广东钦州通过广西、云南直至四川重庆,全程3000英里的铁路修建权。④ 这个计划虽未实现,但合同的签订,对企图包揽中国政府借款和铁路修建的多国银行团而言,不啻遭受一次重大的挫折。作为多国银行团中法国首席代表的东方汇理银行,这个时候与中法实业银行的关系,也就由友善变成了敌对。⑤ 一位熟悉内幕的英国名记者在中法实业银行成立的时候曾经提醒他的同胞、英国驻华公使朱尔典说道:“我们再也不能闭着眼睛不看中法实业银行已经得到东方汇理银行和法国驻华公使的支持。”⑥然而,到了1920年,他的提法来了个180度的转变:中法实业银行变成了东方汇理银行的“对头”。⑦ 对包括东方汇理银行在内的银行团而言,这是一个危险的信号。⑧ 如果说,中法实业银行和东方汇理银行原来有同室之雅,现在可以说是同室操戈了。

---

① 徐义生:《中国近代外债史统计资料》,第111页。

② Lo Hui-min:The Correspondence of G. E. Morrison, p. 300.

③ 《中外旧约章汇编》第二册,第930。实际贷款1亿法郎,参阅徐义生:《中国近代外债史统计资料》,第120—121页。

④ 《中外旧约章汇编》第二册,第984页。

⑤ Lo Hui-min:The Correspondence of G. E. Morrison, No. 2, p. 794.

⑥ Lo Hui-min:The Correspondence of G. E. Morrison, No. 2, p. 300.

⑦ Lo Hui-min:The Correspondence of G. E. Morrison, No. 2, p. 794.

⑧ King:Hongkong Bank, Ⅱ, p. 516.

现在再来看看日本的情况。

和汇丰银行之代表英国一样，横滨正金银行原来是日本参加多国银行团的惟一代表。然而，在第一次世界大战爆发以后，正金银行这一地位，受到来自日本国内强大金融势力的挑战。挑战的主角，是举世闻名的西原借款的三大金融支柱——朝鲜、台湾、兴业3家银行所组成的另一银行团。①

西原借款是继1913年多国银行团对华善后大借款以后而又在多国银行团以外的惟一巨额借款。其所以能够实现，有许多中国内部和日本内部方面的因素。但是，第一次世界大战爆发以后西方金融势力暂时腾不出手在中国进行大规模的金融活动，给日本金融资本留下了一片前所未有的活动空间，至少是其原因之一。

这项借款打着实业借款的招牌②，它之所以能绕过正金银行，落到银行团以外的3家银行手中，惟一的口实是：多国银行团包揽的贷款，只限于政治性的贷款，经济性的实业贷款，不在多国银行包揽范围之内。③ 这本是多国银行团原有的协议，按理不会出现分歧。④ 然而纠纷却实际存在。症结在于怎样划分政治性借款和经济性借款，因为政治性借款往往是以经济性借款的面目而出现的。⑤

---

① 《西原借款资料研究》，转见《近代史资料》1981年第2期，第172页。

② 中国社会科学院经济研究所藏《日档》，1916年2月28日小田切报告书；参阅裴长洪：《论西原借款》，见《经济研究所集刊》第10集，第106页。

③ 《胜田家文书》第108册，第20号，转见《近代史资料》1981年第2期，第162页。

④ King：Hongkong Bank，Ⅱ，p. 247、p. 508；Field：American Participation in the China Consortiums，p. 52.

⑤ King：Hongkong Bank，Ⅱ，p. 247.

可以说,从西原借款的第一笔开始,纠纷便已在预料之中。

西原借款的第一笔,是1917年的交通银行借款。这一笔借款先后分两次贷给。第一次是1917年1月,数额为500万日元。第二次是同年9月,数目为第一次的4倍,是2000万日元。[①] 也许这一次数目太大,惊动了多国银行团,因此,第二年(1918年)北洋政府打算再以中国银行的名义向西原提出2000万日元的借款时,引起了参加多国银行团的横滨正金银行的反对。主持这笔借款的中方代表、驻日公使章宗祥后来回忆说:“自交通银行借款成立,其后有续借之议。梁任公长财政与西原商借日金2000万,作为整理中国银行之用。”“嗣此事为四国银行团所闻[②],遂有小田切函质财长之事。是月(八月)十三日,梁来电云:‘小田切来书谓中行借款涉及政治性太重,前与西原所谈,势难进行,请缓辞之。惟他种需款仍请其帮忙。’西原闻此甚岔。”“当初梁与西原如何接洽,未知其详。惟西原与小田切一派素不相容,今为小田切之言所阻,故尤不满意耳。”[③]这里所说的小田切,就是多国银行团的日本代表、横滨正金银行总裁小田切万寿之助。由于正金的反对,这一笔眼看到手的生意就没有做成。结果转到正金银行手中,以善后续借款的垫款名义借出,满足了北洋政府的渴望。[④]

章宗祥所说的“西原与小田切一派素不相容”,这是有一定根据的。西原自己就说:“在日本国内,包括驻华公使林权助在内的

---

① 徐义生:《中国近代外债史统计资料》,第152—155页。章宗祥:《交通银行借款记实》,转见《近代史资料》1979年第1期,第16—21页。

② 按此时四国银行团已先经扩大为六国银行团,后又由于美国之退出改为五国银行团。

③ 章宗祥:《中国银行借款》,转见《近代史资料》1979年第1期,第106—107页。

④ 徐义生:《中国近代外债史统计资料》,第160页。

外务省一部分人及正金银行首脑等，对于寺内内阁的对华亲善政策心怀不满，它们甚至策划搅乱由兴业、朝鲜、台湾银行组成的共同对华投资团和中国方面曹汝霖、陆宗舆等人的联系。”①比较客观的西方有关这个问题的著作中，也有类似的看法：“西原的行动，似乎完全与旧银行团中日本银团正式代表正金银行及北京日本公使馆的意见相左。正金银行曾与其他银团银行联合对于西原活动的结果表示反对；而日本公使馆有几次也反对谈判的进行，甚至谈判告成订结合同以后，亦加反对。”至于西原一方，事前也“曾有种种准备。如限制横滨正金银行的活动，授予朝鲜银行新权利，改组日本兴业银行，并由日本政府担保其债务。此外，又创设中日合办的中华汇业银行。”②横滨正金银行是在这种形势下才“联合多国银行团其他银行起来反对西原先生的某些活动的”。③

汇丰银行反对麦加利银行，东方汇理银行反对中法实业银行，横滨正金银行反对朝鲜、台湾和兴业银行。“血浓于水”，不但看不出来，也且截然相反。那么，事实究竟如何？

不容否认，资本的流向是以获取最大利润为目标的。只要能获得最大的利润，它的移动就不受国界和国籍的限制。我们在前面看到，在多国银行团中，英国汇丰银行有德国的资本，俄国的道胜银行有法国的资本，也有德国的资本，而在六国银行团的俄国成员中，则有来自英国资本的东方银行和许乐德公司。需要补充的

---

① 西原龟三：《西原借款回忆》，转见《近代史资料》1979年第1期，第148页。

② 雷麦著，蒋学楷、赵康节译：《外人在华投资》，1959年版，第405—406页。

③ Tamagna：Banking and Finance in China，p. 29. 参阅 C. W. Yong：Japan's Special Position in Manchuria，1931，pp. 242-244。

是:这家英国的许乐德公司,既是俄国银行团的成员,又是英国银行团的主要参加者。[①] 既有英国银行团中占有14%的份额[②],又帮助俄国在伦敦资本市场推销俄国在多国银行团中所承担的债券发行。[③] 资本的活动,广泛地超越国籍的限制。利益与共,似乎是多国银行团的现实。

但是所有这些,并不能掩盖多国银行团中各国之间的竞争和矛盾。竞争和矛盾,这是银行团中各国关系的主流。

多国银行团,归根到底,是列强争夺中国权益的产物。它的出现,反映各国之间利害冲突的暂时妥协。它维持表面的一致,而在和谐一致的表层下面,充满着各式各样的纠葛、猜疑和明争暗斗。多国银行团内部的斗争,反映列强在华利益冲突的客观存在。它既使一国独领风骚不可能,又使多国共同行动不现实。因此,在多国银行团内部,我们可以看到一些离奇万状的情景。

首先看美国。美国是在英、德、法三国银行团组成之际积极要求加入,将三国银行团变为四国银行团的。其后美国又积极拉俄、日进来,将四国扩大为六国。然而在六国银行团几经波折才获得一笔善后大借款之际,美国却一反常态,主动要求退出,六国变成五国。其后,在五国银行团的活动实际陷于停顿之时,美国又出面积极组织美、英、法、日的新四国银行团,而成立之后,却又一无事功,什么也没有捞到。美国出面撮合新四国银行团的代表拉门德

---

① King:Hongkong Bank, Ⅱ, p. 486, Field: American Participation in the China Consortiums, p. 166.

② King:Hongkong Bank, Ⅱ, p. 495.

③ King:Hongkong Bank, Ⅱ, p. 484.

(T. W. Lamont)就曾表白说:“不要自己吃不上,也不让人家吃。”① 这似乎是表示美国的慷慨与无私。而先前主张退出六国银行团的美国总统威尔逊更显示出美国维护中国主权的高尚原则,认为善后大借款“近乎损害中国本身的行政独立”,因为“借款条件不仅包括以特种捐税作为抵押,其中有些是陈旧的和苛重的,而且包括由外国代理人来管理这些捐税的行政”。② 然而,尽人皆知,美国当初之拉拢俄、日,是企图利用银行团来捆住他们的手脚,打破他们在东北的垄断,以加强自己在中国的地位。但是,事与愿违,俄国参加银行团以后,反而利用法国在银行团的巨大影响,操纵银行团的动向,使美国利用银行团作为扩大在华势力的工具成为泡影。③ 应该说,这是美国之所以进退的主要考虑所在。至于美国后来又为筹组新四国银行团卖力,标榜“不要自己吃不上,也不让人家吃”,那正好说明原来美国是要首先“自己吃得上”。这一点,英国的银行团代表阿迪斯当时就直截了当地捅了出来:美国的目的是“主宰银行团”。④ 可谓一针见血。

其次再看沙俄。在六国银行团中,沙俄是美国要加以钳制的对象。反过来,美国也被沙俄看做是必欲去之而后快的对手。美国宣布退出善后借款交涉被认为是“沙俄终于实现了将美国排挤出银行团的夙愿”。⑤ 事实上,在中国东北享有特殊权利的沙俄,在参加六国银行团的全过程中,一直是心怀二意。它一方面想参

① 据夏良才:《四国新银行团和湖广铁路续借款案》,见《近代史研究》1987 年第 6 期,第 61 页。

② Field:American Participation in the China Consortiums,p. 111.

③ U. S. Foreign Relations,1913 年,pp. 158-163.

④ King:Hongkong Bank,Ⅲ,p. 86.

⑤ 刘蜀永:《沙俄与在华国际银行团》,见《近代史研究》1983 年第 3 期,第 203 页。

加银行团,让银行团为己所用;另一方面又想拆散银行团,另起自己的炉灶。它的外交大臣沙查诺夫(С. Д. Сазанов)在六国银行团成立之际说:“我们有道胜银行辛迪加作为在华奉行独立金融政策的工具,可以利用这一工具要挟银行团。”①然而在此之前,它却一再企图拆散原有的四国银行团,先是分别组织俄、日、法和美、德、英两个集团,划分投资范围,后是组织一个由俄国占优势的银行团,与四国银行团平分秋色。② 所有这些计划,目的都在于瓦解以美、英为主体的四国银行团。它极力动员法国退出四国银行团,认为“通过使法国财团退出四国辛迪加的途径搞垮这个辛迪加,是完全符合我国利益的,我们应该朝这个方向努力”③。当它参加了六国银行团之后,对银行团的活动,又处处加以阻挠。六国银行团的惟一巨额借款——1912 年的善后大借款,在最后一分钟,仍然受到沙俄的梗阻。④ 因为它坚持“善后借款条件,不应包括任何损害俄国在北满、蒙古和中国西部特殊权益的内容”⑤。事实上,“所有六国银行团的贷款,都给俄国代表郭业尔⑥卡住了,理由统统是俄国不能参与那种用来作为反对俄国的军事准备的贷款”。⑦ 拆台与阻挠并举,这里何尝有一星半点和谐协作的影子。

---

① Международны отнощения в эпоху империализма,第 2 编,第 19 卷,第 684 号文件,转见刘蜀永:《沙俄与国际在华银行团》,第 191 页。

② 刘蜀永:《沙俄与国际在华银行团》,第 189 页。

③ 这是财政大臣科科弗佐夫(В. Н. Коковцов)的话。转见刘蜀永:《沙俄与国际在华银行团》,第 190 页。沙查诺夫也有同样的意见,参阅 Field:American Participation in the China Consortiums,p. 104。

④ King:Hongkong Bank,Ⅱ,p. 501.

⑤ 刘蜀永:《沙俄与国际在华银行团》,第 194 页。

⑥ 郭业尔(Д. Гойер)是华俄道胜银行经理。

⑦ Lo Hui-min:The Correspondence of G. E. Morrison,No. 2,p. 72.

阴一套、阳一套，对日本也是适用的。在对待新四国银行团的问题上，它玩的就是典型的两手把戏。①

在这个问题上，反应最强烈的，是日本的对手英国和美国。1919 年 7 月，当新四国银行团提上议事日程之时，一位常驻北京的英国权威人士透露："日本在欧洲的代表向各国宣布亟愿参加新银行团，然而在北京，他们却运用全部的影响力量阻止银行团的建立。"②1920 年 2 月，北京的美国花旗银行作出了同样的反应。它的经理给总行的电报中说："日本人正在玩弄一个极为'巧妙'的花招。"他们"在纽约同意每一件事"，"而把阻挠的花招搬到这里来了"。③ 它参加新四国银行团的第一件事，就是"在没有和其他银行团商量、没有就拟议中的借款和中国政府取得任何协议，也没有对借款规定任何监督的情况下"，向北洋政府提供一笔 900 万日元的垫款。④ 所有这些，对其他三国，特别是对英、美两国而言，既是两面三刀，又是独行其是。

以银行团领袖自居的英国，也有见不得人的两面心态。在新四国银行团成立之时，它的首席代表汇丰银行的阿迪斯在公开的场合中冠冕堂皇地说："如果有人要我用简单的一句话阐明新银行团的建立原则，我应该说，它是用在华的国际合作取代国际竞争。"⑤然而在私下的秘密谈话中，阿迪斯却像换了一个人。他吐露真情说："扯淡，我们银行的合法业务，要受那五家敌对银行的

① Lo Hui-min: The Correspondence of G. E. Morrison, No. 2, p. 767.

② Lo Hui-min: The Correspondence of G. E. Morrison, No. 2, p. 767.

③ 《美国花旗银行在华史料》，第 170—171 页。

④ 《美国花旗银行在华史料》，第 180 页；徐义生：《中国近代外债史统计资料》，第 174—175 页。

⑤ King: Hongkong Bank, Ⅲ, p. 84.

否决!”①请看,他这种真情,在新四国银行团成立之前就早已有了。简简单单一句话,揭示了多国银行团内部之间的深刻矛盾。

受俄国拉拢以对付美国的法国银行团,它的眼睛又同时盯住英国的一举一动。当1915年北洋政府举办民四内国公债时,由于条例中规定委托外国银行参加公债的偿本付息,而受委托者实际上由汇丰一行承担②,这就触动了法国东方汇理银行的神经。法国驻华公使立即向北洋政府提出质询,抗议英国汇丰银行的单独行动,破坏了六国银行团内部机会均等的协议。③ 经过许多口舌,才平息了这一场争执。④ 但它却暴露了多国银行团内部各国之间勾心斗角的严重程度。原来是以外债为争夺的中心,现在连内债也不放过了。

对多国银行团的作用,西方历来有两种不同的评价:一种认为它是“列强自我约束的一种设计,它不再剥削中国;相反,它把对中国借款的提供加以合理化”⑤。因此,鼓励各国银行集团的合作,以“控制中国的借款”,可以减少中国主权遭受侵犯的危险,“保护她免于政治完整受到威胁的压力”。⑥ 另一种认为银行团的成立,使得中国“不得不接受灾难性的借款,而所有的好处,都为外国竞争者席卷以去”。银行团“已经把中国推到毁灭的边

---

① Lo Hui-min:The Correspondence of G. E. Motrrison, No. 2, p. 34.

② 参阅千家驹编:《旧中国公债史资料》,1984年版,第47页。《三水梁燕孙先生年谱》上,第248页。

③ King:Hongkong Bank, Ⅱ, p. 481.

④ King:Hongkong Bank, Ⅱ, p. 579.

⑤ King:Hongkong Bank, Ⅱ, p. 260.

⑥ King:Hongkong Bank, Ⅱ, p. 251.

缘”。[1] 当然,也流行一种折衷的看法,即一方面认为银行团所承袭的,是“外国在一个世纪的剥削期间在中国建立起来的总的名声”;另一方面,又认为银行团的目的,是为了中国的开放和完整,它为“加强中国的财政状况”作出了自己的成就。[2] 不管他们自己之间的看法上的差异如何,有一点是共同的,即他们都承认银行团之所以有这样或那样的力量,都是由于在它们的身后,有各自本国的支持。“它在各国的对华外交政策中占有重要地位。”[3]也就是说,在多国银行团的活动中,终究是“血浓于水”的。多国银行团是一个经济性很强的组合,但它的政治性又远在经济性之上。经济与政治的统一,决定了多国银行团的“血浓于水”的个性。“新银行团公开地依仗参与其中的本国政府。因此,任何施加于中国的控制,不管是出于合法的保障债券持有人的利益,也不管它怎样符合正常的银行活动准则,在它的后面,总是有列强权威的存在。正由于此,它总是带着政治色彩的”。[4] 在这一点上,新四国银行团的主角、汇丰银行的首脑阿迪斯一语中的:“金融和政治不能分家。”[5]这也许是一个能够取得人们共识的结论。“银行团是欧洲外交的有效武器。”[6]对新四国银行如此,对所有的外国银行团而言,亦复如此。对欧洲国家如此,对美国、日本这些非欧洲国家而

---

① Lo Hui－min:The Correspondence of G. E. Morrison, No. 2, p. 302, p. 303.

② Field:American Participation in the China Consortiums, p. 189、p. 192, p. 194.

③ Field:American Participation in the China Consortiums, p. 1.

④ King:Hongkong Bank, Ⅲ, p. 92.

⑤ D. Mclean: International Banking and its Political Implications: The Hongkong and Shanghai Banking Corporation and the Imperial Bank of Persia, 1889—1914,见 F. H. H. King 编:Eastern Banking, 1983, p. 4.

⑥ Mclean:上引书,第 8 页。

言,同样是如此。

当然,政治上的支持是为了经济上的利益。金融利润,这是所有外国在华银行追逐的最终目标。在本章结束之际,我们把所能搜集到的在华外国银行的利益情况,列表于后(见表36)。数字本身最能说明问题①,除了对统计系列的不尽完整以及个别统计数字的不尽完备在表下作出说明以外,用不着再附加任何文字。

① 我们当然要考虑到有些银行的活动范围不仅限于中国,但在我们现在所考察的时段内,绝大部分外国在华银行,是以中国为其主要对象的。

表 36　外国在华银行资本和利润示例

1909—1927 年

银行名称	货币单位	1909	1910	1911	1912	1913	1914	1920	1921	1922	1923	1924	1925	1926	1927
正金银行	千日元		30000	30000	30000	30000	30000	30000	30000	30000	30000	30000	100000	100000	100000
			3501	3838	4324	4349	4368	27965	20196	20169	17605	18298	18388	18336	18081
朝鲜银行	千日元								25000	25000	25000	25000	25000	25000	25000
									7041	4750	3377	3294	1631	1542	683280
台湾银行	千日元		7500	7500	7500	7500	10000	52500	52500	52500	52500	52500	52500	52500	13125
			967	1021	1027	1133	1278	6075	6228	5784	6298	5510	1371	2434	-28171
三井银行	千日元								60000	60000	60000	60000	60000	60000	60000
									10959	14757	16275	16717	11198	14070	13506
住友银行	千日元										50000	50000	50000	50000	50000
											7897	8195	7149	6452	6998
汇业银行	千日元								5000	5000	5000	5000	5000	7361	7361
									1150	768	814	1112	1790	608	315
道胜银行	千卢布			35000	35000	45000									
				3184	6104	6520									

续表

银行名称	货币单位	1909	1910	1911	1912	1913	1914	1920	1921	1922	1923	1924	1925	1926	1927
花旗银行	千美元			6500	6500	6500	6500								
				740	628	1475	1694								
懋业银行	千银元										7500	7500	7500		
											294	451	560		
华比银行	千法郎	30000	30000	30000	30000	30000			160000	160000	160000	160000	75000	75000	146988
		922	1005	842	1057	1444			9687	8009	8922	11253	12280	18099	18082
荷兰银行	千法郎	45000	45000	45000	45000	45000	50000	80000	80000	80000	80000	80000	80000		
		4782	4710	5092	5047	5757	4618	28424	16362	7830	10799	6959	8902		
安达银行	千法郎									55000	55000	55000	55000	55000	55000
										3492	4841	6183	6230	6246	6250
东方汇理银行	千法郎		12000	12000	12000	12000		68400	68400	68400	68400	68400	68400	68400	68400
			6114	6411	6520	6783		20642	22855	24420	28093	32333	36309	45061	53533
中法实业银行	千法郎					11250	11250								
						336	3386								
德华银行	千两	7500	7500	7500	7500	7500									
		709	704	375	449	651									

续表

银行名称	货币单位	1909	1910	1911	1912	1913	1914	1920	1921	1922	1923	1924	1925	1926	1927
有利银行	千英镑							1050	1050	1050	1050	1050	1050	1050	1050
								225	228	232	224	219	154	216	222
麦加利银行	千英镑	1200	1200	1200	1200	1200		3000	3000	3000	3000	3000	3000	3000	3000
		183	251	226	325	351		627	738	740	733	721	631	739	699
汇丰银行	千港元		15000	15000	15000	15000	15000	20000	20000	20000	20000	20000	20000	20000	20000
			6580	6036	7947	6318	7329	8841	10821	12932	13234	13005	15847	14108	8339
大英银行	千英镑									2594	2594	2594	2594	2594	2594
										159	139	136	136	136	136

说明：1. 本表系根据各银行营业报告编制，转见 C. R. Maguire：China Stock & Share Handbook，1914—1915，1925—1926，1929—1932。由于资料不齐，有些年份断档，有待以后继续补充。目前仅为示例。

2. 各银行第一行数字为已付资本额（Capital paid up），第二行数字为净利额（Net profits）。只有花旗银行例外，它的第一行为额定资本（Capital authorized），第二行为毛利（Gross profit），其中 1912 年为下半年之毛利。此外，中法实业银行 1913 年净利系 3 个月的统计数字。

第三章

列强强权政治挟制下的中国外债

在列强强权政治挟制下的中国政府外债，是帝国主义掠夺中国的一种重要手段，也是它们相互之间剧烈争夺中国政治、经济、军事各种权益的工具。近代中国政府在1895—1927年这一期间的外债，鲜明地反映出这一特色。

1895—1927年这一段时期的外债笔数，根据初步的统计和大致的匡算，大大小小将近600笔；债款总额，悉以国币（银元及钞票）计，超过30亿元。这些外债，按其用途，大体上可以分为两类：一类是用来弥补财政赤字，通称财政借款或泛称政治借款；另一类是用于各种实业支出，如为修建铁路和开采矿山的借款，通称实业借款或泛称经济借款。这种划分只能是相对的；很多借款，兼有两种性质。贷款者的出贷动机，除了一般的赚取利息外，通过上述两种借款，都是为了实现一个目的，即通过借款达到扩大在华的势力和影响，掠夺、控制中国的各种权益。

在这一时期，财政借款是外债的主要部分，依次分清末、辛亥鼎革和民初三个阶段进行叙述；接着专论实业借款。最后则对1894—1927年间的全部外债，做一个量化的小结。

第一节　清末的财政借款

一、围绕甲午战争的借款

1894 年 7 月 25 日，日本先对中国挑起侵略战火，8 月 1 日正式宣战；清政府从着手被迫应战起，即发现此前经 20 年的“经军振武”，远不足以应付局面。它急谋增强江海防务，购置军械弹药，在竭尽本国财力犹处于“非有洋款，万难支持”①的困境中，先后由地方和中央筹措五笔借款以济急需。第二年 4 月 17 日，清政府批准《马关条约》结束战争，又须为清偿日本勒索的赔款而急筹巨额经费，在不到 3 年的时间里接连借了三笔巨额外债。前者是“战费借款”，后者是“赔款借款”，分述如下。

（一）战费借款

在日本对我宣战的次月，福建台湾巡抚邵友濂为备防日舰侵袭东南海域，向上海洋商筹借规元银 50 万两以资应用。这是这次战争中中国政府举借的第一笔外债。接着，总理衙门在海关总税务司英人赫德（R. Hart）的怂恿下，于 11 月 9 日向英商汇丰银行借款 1000 万两，名曰“汇丰银款”。第二年 1 月，总理衙门又由赫德经手，再次向汇丰银行借款 300 万镑，名曰“汇丰镑款”。当战争末期，南洋大臣张之洞谋解“饷乏”之困，几乎同时要求驻英公使龚照瑗和上海道刘麒祥分别在国外和国内筹措借款，结果在战争

① 张之洞致总署电，见《清季外交史料》第 109 卷，1934 年，第 21 页。

结束后不久的6月20日和28日,先后形成德商瑞记洋行经手向德国国家银行和英国麦加利银行经手向伦敦克萨银行的借款各100万镑共两笔,分别名曰“瑞记借款”和“克萨镑款”。战费借款折合成库平银总计达4150余万两,撮要列为表37。

表37　战费借款概况

年月	借款名称	款额		年利率	折扣	期限(年)	担保
		借额	实收额				
1894.9	上海洋商借款	规元500000两(库平银456204两)	规元500000两(库平银456204两)	7%		20	关税
1894.11	汇丰银款	库平银10000000两	库平银9945255两	7%		20	关税
1895.1	汇丰镑款	英金3000000镑(库平银18653962两)	英金2865000镑(库平银17118871两)	6%	95.5%	20	江苏省盐厘
1895.6	瑞记借款	英金1000000镑(库平银6217987两)	英金960000镑(库平银5736166两)	6%	96% 95.5%	20	盐课厘金
1895.6	克萨镑款	英金1000000镑(库平银6217987两)	英金955000镑(库平银5716290两)	6%		4	
总计	按库平银计	41546140两	38962786两				

资料来源:据徐义生:《中国近代外债史统计资料,1853—1927》,第28—29页“表”改制。

战费借款基本上沿袭了旧时借款成规,同时又出现了三个新的特点:(1)就成债程序说,以往为筹办军务而借洋款,一般或由统兵大臣自行定议,或由各省督抚先行洽商,奏报清廷备案。现在出现了新的情况:“皇上明降谕旨”,“总理衙门会同户部代中国国家”①举借,如

① 《汇丰镑款合同》,王铁崖编:《中外旧约章汇编》第1册,第599页。

"汇丰镑款"就是这么处理的。由中央政府出面举债,说明国债性质的增强。(2)债款的筹措在以往几乎都由贷方自行承担,罕有向金融市场发行债券来筹集的,现在则贷方只是作为经手人。如《汇丰银行300万镑款合同》第一款载明:"总理衙门准汇丰银行权衡为中国国家经手人,或由该行一行,或由该行选择会同他人",代中国国家公开发行债券来筹集。① 这一变化,说明国际金融市场在中国外债发行中作用的增强。(3)甲午战前借款条件尚未涉及主权问题,战费借款中则开始出现损及中国主权的规定。如汇丰银行款债约中规定清政府允准银行或其代理人,"倘遇关税项下应偿该借款本息未能照付时,得在任何通商口岸,一地或数地,征收足以抵偿欠付款额之关税"。② 这就表明已经出现贷方企图直接干预中国税收的形迹。

战费借款中开始出现的新规定、新要求,转眼成为定例;在以后的赔款借款中,更是变本加厉,超过一般借款通常必要的条件。争揽贷款的权益,实际变成争夺中国权益,控制中国财政、军事,增强在华政治威势和影响,以致在事实上俨然把中国当做自己的保护国的一种手段。

(二)赔款借款

结束甲午战争的《马关条约》规定,中国赔偿日本军费库平银20000万两;又据《另约》规定,中国对暂驻威海卫的日军军费,年资助即所谓"贴交"库平银50万两。另据同年11月8日李鸿章和日本代表林董签订的中日《辽南条约》,规定日本退还辽南地方,

---

① 王铁崖编:《中外旧约章汇编》第1册,第604页。

② 魏尔特:《关税纪实》,海关总税务署,1936年,第209页。

中国于当月给以“酬款”库平银3000万两。① 上述赔款分8次在7年内交清。第一次5000万两在条约成立后6个月内交清,第二次又5000万两在12个月内交清;其余“均分6次递年”交讫。第一次交清后对余款按年加5%的利息;辽南日本占领军的撤退,在中国交清“酬款”后3个月内履行。这样,清政府第一次该交的赔款、“酬款”就高达库平银8000万两! 否则,辽南的“归还”就要落空。

在1891—1894年间,清政府财政收入年平均为库平银8000余万两。这里需要指出一点:这也是在当时既存的经济结构基础上所能容忍征取的最大量。同一期间,年平均财政支出为库平银7800余万两②,收支相抵,略有盈余,平均年约460余万两。战火既起,所耗帑金,单计战费为库平银5800万两,相当于战争爆发前全年财政支出的75%。不难想见,战争前一些年间的结余全部花光,只得连续举借外债以资挹注。

当这次战争还在进行中,英国估计到中国势必战败,战争结束后必定要为清偿军费赔款而举借外债,因此,在1894年年底,它就已在抓紧计划怎么承贷款项,以增强自己在华的威势和影响。它渴望有关各国注意到英国对华贸易量比任何国家都大的事实,共组财团并由汇丰银行充当经理人,商定一个使各个国家都能满意的承揽贷款的计划。它在法、德、俄三国反应冷淡之后转谋独揽贷款的权益。作为中国海关总税务司的赫德心向英国;在1895年3月上旬,他指示在伦敦主持中国海关办事处的金登干(J. D. Campbell)询问汇丰银行能否为中国政府发行债券5000万镑到

① 王铁崖编:《中外旧约章汇编》第1册,第614—615、636、637页。

② 参看 Б. А. Романов: Очерки дипломатической истории Русско-Японской Войны, p. 34。

6000万镑,以便时机成熟即迅速付诸行动。他还设想出提供贷款的条件:“由总税务司(兼行)管理常关税收”,或把“盐税、厘金或田赋”作为行将举借的外债的“额外担保”,又“或以海南岛或舟山群岛作抵”,作为借款条件。① 几乎与之同时,俄国也展开了同样的活动,并千方百计力谋阻止英国的行动。沙皇尼古拉二世(Николай,Ⅱ)于3月10日亲自主持中日战争期间特设的中日事务特别会议中作出决议:“即与中国开始谈判”,“提供”俄国的“帮助”,使清政府有可能清偿对日的赔款;并负责与法国的巴黎银行、巴黎荷兰银行等家联系,组成财团,共同承担贷款,“以俄国的资源作为中国借款的担保”。② 原则一定,迅即展开外交活动。它的外交部一方面向中国驻俄公使许景澄表示了俄国乐意以最优惠的条件贷款给中国,另一方面训令其驻华公使喀西尼(А. П. Кассини)向总理衙门表示同样意向,并敦促该衙门授权许景澄在圣彼得堡办理借款事宜。③ 俄国的战略意图是“不让英国扩大它在中国的影响”,并“使中国处于依附于”俄国的状态。④ 两国行动表明它们都在加紧准备,以“帮助”为名,通过贷款控制中国税收和中国财政,以致控制中国的某些领土,甚或把整个中国置于自己的政治控制之下。

俄国把中国的东北地区视若突入俄国领土的一只钝角。日本

---

① 赫德致金登干电,1895年4月14日,海关总署研究室编:《帝国主义与中国海关》,七,《中国海关与中日战争》(简称《帝国主义与中国海关》七),第49页。

② 参看叶慕林斯基译编:《维特回忆录》(Yarmolinsky, ed: The Memoirs of Count Witte),第84页。

③ 施阿兰:《出使中国记》(A. Gerard: Ma Mission en Chine),第69页。

④ 俄外交大臣罗拔诺夫致驻法大使莫伦海姆电,1895年5月23日,见菲律浦·约瑟夫(胡滨译):《列强对华外交》,1959年版,第176页。

在战争中占领了辽东半岛,于媾和谈判中竟据为己有,俄国认为危害了它的利益,从地缘政治角度看,构成一种经常的威胁。它运用处交手段,联络法、德两国作出三国"干涉还辽"一举,在顿即取得清政府的十分好感之余,谋求使占领辽南的日军能早日撤退,立即向清政府表示愿"代筹款项,以备周转"。[①] 与此同时,它与法国政府磋商,保证履行与法国合作的诺言。5月底,财政大臣维特(С. Ю. Витте)派他的心腹圣彼得堡国际银行行长罗启泰(А. Ю. Ротштейи)到法国,商妥了法国银行家与俄国同行一起参加对中国的贷款。

6月10日,俄国向清政府提出贷款方案,数量为4亿法郎,约合银1亿两,"由俄主颁谕加保",中国"海关作押",嗣后关税"先尽拨付俄款",若不足以资清偿届期本息,中国"应预告俄国以何项抵押"。清政府得悉后,不敢轻予应允。俄国便以"兵端不难再起"进行威胁,迫使清政府不得不接受它的安排,由许景澄与"俄国各银号商董"于1895年7月6日,签订中俄《四厘借款合同》,又《声明文件》及《担保合同》各一件。[②]

上述文件,都是由俄国准备,许景澄所能作为的只是对一些特别刺眼的字句,在文字上做了一些修饰。譬如,清政府对俄之愿担保贷款偿付之责,未尝不意识到俄国在此中别具用心,再三与之交涉,结果改成"如付款愆期,由俄国国家垫付"。实质并无改动。再如,它原要求中国发表声明:"中国如许他国预收关税,监守稽察地方刑名,制造、商务等项,亦准俄国同得",改成由中国政府发表声明:"无论何国、何故,决不许其办理照看税入等项权利","如

① 许景澄:《许文肃公遗稿》,奏疏,第2卷,第8页。

② 《中外旧约章汇编》第1册,第626—629、630页;J. MacMurray: Treaties and Agreements with and Concerning China, No. 1, p. 42.

中国经允他国此种权利，亦准俄国均沾”。[1] 也就是允许俄国参加管理中国海关。嗣后，中国海关中，俄、法两国的参与人员（各关税务司等）事实上也提高了地位。[2] 此外，还规定：（1）在本合同签订后6个月期内，即在1896年1月15日以前，除与本借款贷方——“银行商董”商明外，不得另向他国银行借款；（2）作为借款文据之一的《声明文件》，“与条约一例看重”。这样实际把组成借款合同的所有文件，都变为束缚中国的整个不平等条约体制的一个组成部分。

俄法借款的成立，激起英国强烈的不满和嫉视；说什么俄国“为中国帮了〔干涉还辽〕的大忙，已使中国人的眼睛再也看不到别的”，“英国人并不像俄、德、法所想象的那样，会轻易地被人赶走”。[3] 赫德对有关税务的条款特别敏感，认为这“是俄国企图控制〔中国〕海关的楔子”。他立即作出反应，要求总理衙门“勿挠其权”，并决心也以贷款的手段，回击俄国的挑战。

德国对俄、法借款也甚为不满。它的驻华公使绅珂（F. Schenck）为此向总理衙门提了抗议。最初，俄国财政大臣维特曾经表示对华借款愿联合德国一起行动。德国贴现公司经理韩赛满（A. Hansemann）在德国政府示意下，即组织起一个强有力的财团，准备承募债款。可是，俄国旋以法国反对作借口，自食诺言。德国有鉴于此，乃转而寻求与英合作。

英国原对三国“干涉还辽”一举，视若对自己在华霸权的一种

---

① 总理衙门奏折，光绪二十一年九月十三日；军机处录付奏折，中国第一历史馆藏。

② 参看施阿兰：《出使中国记》，第69页；赫德致金登干电，1895年8月4日，《帝国主义与中国海关》七，第190页。

③ 赫德致金登干电，1895年5月19日，《帝国主义与中国海关》七，第174页。

挑战。俄法两国在中国领土上的南北交侵,更认定是对它在长江流域的利益构成威胁。它在重申对华政策是所谓保持中国的独立完整,保障英国的条约权利并坚持“贸易自由”的原则之余,改变策略,转与德国联络,共同向清政府提出警告,并声称:“将不惜一切牺牲”,“保持[英国]资本家在华的财政和商业投资的利益。”①这样,英国汇丰银行和德国德华银行各在本国政府指示下达成协议:在1901年前共同承担所有对华的贷款,首先是联手提供英德借款。

俄法针对这个动态,立即作出反应:提议由俄、法、德、荷四国联合出借,把英国排除在外。这个提议遭到英国的断然反对。俄国转谋支持法国独揽借款权益的同时,加紧对华的政治进攻。它利用沙皇尼古拉二世举行加冕礼的机会,指名要求李鸿章参加。赫德闻讯,驰电英伦,要求英国政府担保借款,降低利息,以求能够一定夺得贷款的利益,进而借此“取得政治上的优势”。他又表示了自己的看法:“如容〔忍〕了俄法联合继续下去,则他们得利,英国吃亏,以后将造成同盟和军事上的优势,危害是无穷的。”②法国虽仍有意于与英德争一短长,俄国则由于维特的“为使英德对俄之西伯利亚铁路计划保持中立”的主张,未再与法国共同行动。在这一轮的外交角逐中,以英国取得优势告一段落。

英德两国反击了竞争对手,转身对清政府寸步不让地要求按照它们提出的条件来签订借款合同,以致一时传出英德的贷款有可能破裂的讯息。日本代理外相西园寺公望闻悉后,为了回报日

① 参看:A. Л. Нарочницкин:Колониальная политика капиталистпческих держав на далная востоке,1860—1895,1956年,第768页。

② 赫德致金登干电,1896年3月1日,《帝国主义与中国海关》七,第205页。

本发动侵华战争时英国的支持，更是为了日本本国的利益，于1896年2月8日以电报训令驻华公使林董，要后者“强烈地提醒中国政府，倘不履行支付赔款的义务，将造成严重后果”；并“质问”“将从何处得到款项”。① 对清政府横施压力。

日本的插手干预，加速着英德借款谈判的进度。1896年3月11日达成英德商款草合同，3月23日《英德借款详细章程》终经清廷正式批准成立。此“商款”习称“英德借款”，或称“英德正借款”，总数为英金1600万镑，汇丰、德华两行各出一半。

根据合同规定，清政府被迫接受与俄法借款相似的额外条件：从发行债票之日起6个月内，不得另借他款；“此次借款未付还时，中国总理海关事务应照现今办理之法办理”。换句话说，中国海关仍由英人管理，顿使俄法借款合同中有关一款，相形见绌。

清政府连续两次举借巨额外债，在清偿部分赔款后，还欠7300多万银两。根据《和约》，赔款等费如3年期内不能付清，预付利息不退还，而且驻扎威海卫的占领军也不撤回日本。清政府惟恐出现这样的局面，只得赶在《马关条约》换约3周年前，再筹措一笔借款。

1897年年中，李鸿章经过权衡，转向俄国求助。维特提出须允俄筑中东铁路的南满支线和租借旅顺、大连为条件。同年11月，德占胶州湾，清政府幻想俄能出面干涉，再向俄表示愿借银一

① 日驻华公使林董致日代理外务大臣西园寺公望，1896年2月6日电；西园寺复电，1896年2月8日。中国社会科学院经济研究所藏日文档案。对该档案中夹有的非日文文件，注明其原文种。

万万两。俄国则提出条件:即海关总税务司出缺时,任命一位俄国人充任。[①] 赫德闻讯,认为"形势危迫",火速电致在伦敦的金登干告知外交部官员柏蒂(F. Bertie):"如果英国政府不帮助,俄国借款谈判就会成功;中国就会变成俄国的一个州,海关也不再在英国人的手里了。"[②]他提议,由英格兰银行会同汇丰银行发行债券,由英国政府担保,或由英国政府声明在必要时保护债券持有人的利益。[③]

1898年1月8日,英国提出了借款条件:中国保证不将长江流域的领土割让给任何其他国家,开辟大连湾和南宁为通商口岸,缅甸的铁路得延展到中国境内,中国同意准免厘区域扩展到租界以外,海关总税务司必须由英国人担任[④]。英国欲插足于中国的东北和西南两个地区以扩张其势力的企图,引起俄法两国的注视。对这个借款条件,俄国立即作出反应,以最强硬态度警告总理衙门不得接受,声称"大连若开口岸,俄与中国绝交",当心俄国的报复行动[⑤]。英国财政大臣针锋相对地发表演说:"英国政府有决心绝

---

① 参见金登干致赫德电,1897年11月9日、12月24日,参看《帝国主义与中国海关》八,《中国海关与英德续借款》(简称《帝国主义与中国海关》八),第25、26页。

② 参见金登干致赫德电,1897年11月9日、12月24日,参看《帝国主义与中国海关》八,《中国海关与英德续借款》(简称《帝国主义与中国海关》八),第25、26页。

③ 转引自金登干致赫德电,1899年12月24日,《帝国主义与中国海关》八,第26页。

④ 窦纳乐致沙士伯里电,1898年1月16日、21日,2月5日,Blue Book,China,1898年第3号,第15、23、33页。

⑤ 窦纳乐致沙士伯里电,1898年1月25日,Blue Book,China,1898年第3号,第24页;金登干致赫德电,1898年1月18日,《帝国主义与中国海关》八,第32页。

对不使中国市场对外关闭,即使诉之战争也在所不惜。”①清政府在英国战争恫吓下,续与商谈借款。俄国在华代办巴夫罗福(А. И. Павлов)提出抗议,威胁总理衙门:“借款若中国不借俄而借英”,俄国“必问罪”。② 清政府夹在英俄两国激烈的外交角斗之中,一度曾想谁的贷款都不要,窦纳乐立即向清政府提出严重警告,不得排斥英国借款,否则,中英间的两国友好关系,势必受到严重损害。③ 在清政府走投无路之际,赫德向总理衙门提出举借“商款”的建议,并推荐了汇丰银行。

清政府迫于形势采纳赫德的建议,于2月19日交由赫德经手与汇丰银行签订借款合同一件。21日,赫德电告金登干:“总理衙门已听从我的意见,应允我管理盐税和厘金,以每年500万两的收入,作为借款担保,并允将来扩大管理范围。”汇丰与德华早有共同提供对华贷款的协议。这样,总理衙门在与汇丰签订草合同时还包括德华,名曰《续借英德商款合同》,终于在3月1日正式成立,借款总数又是1500万镑。

“英德续借款”的条件比前两次更加苛刻,不单扩张了海关总税务司控制中国海关的权力,而且取得了督征、代收苏州、松沪、九江、浙东四处货厘和宜昌、鄂岸、皖岸三处盐厘的特权。不但如此,还明文规定在借款的45年期内,不得改变海关目前行政管理办法;潜在含意,即让予英国垄断控制中国海关45年。英国实现了它预期的目标,感到十分高兴! 中国的国家权益则遭到严重的侵犯和损害。

总计“俄法借款”、“英德借款”和“英德续借款”三笔借款,折

---

① 赫德致金登干电,1898年1月18日,《帝国主义与中国海关》八,第51页。

② 翁同龢:《翁文恭日记》,光绪二十四年正月初三日。

③ 沙士伯里与窦纳乐的往来电,1898年2月5日、21日,Blue Book, China,1898年第3号,第34页;《帝国主义与中国海关》八,第36页。

合库平银达30900多万两,扼要列表38如下。

表38 赔款借款概况

年月	借款名称	款额		年利率	折扣	期限(年)	担保
		借额	实收额				
1895.7	俄法借款	400000000法郎 (98968370)	376500000法郎 (90517517)	4%	94.125%	36	关税
1896.3	英德借款	16000000英镑 (97622400)	15040000英镑 (91425152)	5%	94%	36	关税
1898.2	英德续借款	16000000英镑 (112776780)	13280000英镑 (80727078)	4.5%	83%	45	苏州、松沪、九江、浙东货等处及宜昌、鄂厘岸、皖岸盐厘
总计 (按库平银计)		309367550两	262669747两				

注:括号中数字系库平银两,折合率时有高下不同,以借款形成当时为准。据徐义生:《中国近代外债史统计资料,1853—1927》,第28—31页表改制。

总起来说,三笔战债借款,没有一笔不是贷款国施行强权政治的产物。尽管他们都力谋把这些借款说成是"商业"的,非"政治"的,其实这只是一种障眼法。如俄法借款是为了避免列强之间争夺色彩过于浓烈,才"改荐俄法银行合办"作掩饰。英国也是这样。它在两度取得与德联合贷款利益之余,"竭力避免使借款带有政治色彩"①。所有经理借款的银行,只是有关国家执行其本国

① 英财政副大臣寇松语,转引自金登干致赫德电,1898年3月11日,《帝国主义与中国海关》八,第39页。

的帝国主义、殖民主义政策的一种工具,“政府叫他们〔怎么〕做,他们就[怎么]做”。[1] 所有名曰“商款”的借款,无论像不像“以刺刀尖强迫借款人吞下的借款”[2],都先天地具有帝国主义列强侵略、压迫中国的性质。

(三)借款对国计民生的冲击

围绕甲午战争借款的本息支付,构成清政府财政的沉重负担。经过甲午战争,“岁出”“骤增”不下2000万两。从1899年起,为清偿借款本息的财政支出,则远不止此数。这从表39中可以清楚看出。

在中央政府“既无余款可拨”,又无闲钱可挪的情况下,为偿付本息筹款之责,由中央推给地方;再由各省想方设法,向民间征取。

举俄法借款为例,被责成分认的有奉天、直隶、山东、河南、江苏、安徽、江西、浙江、福建、广东、广西、湖南、湖北、四川、山西、陕西和云南17省。被摊数量最多的是广东、江苏、湖北3省,分别每年为库平银100万两、100.75万两和62万两。户部特别声明:这些派款,与每年上交“正供”无涉,成为各省额外负担。派额既定,有关地方当局纷纷上奏诉述苦情。例如,护理陕西巡抚布政使张汝梅奏称:该省“司库岁入各款,综计每年不过一百六十万上下”,“平时准照户部指拨各款,仅敷支解”,而今“责令”陕西于每年派

---

① 英格兰银行正副总裁语,转引自金登于致赫德函,1896年4月5日,《帝国主义与中国海关》八,第5页。

② 吉乐尔:《远东问题》(V. I. Chirol: The Far Eastern Question),第76页。

数二十二万两,实在无从筹措。① 四川总督鹿传霖也有类似奏陈:“综计川省常年岁入之款仅五百一十六万两有奇,而岁出之款,已有五百四十二万两之多”,“每年不敷甚巨”,而今为支还各国借款,指拨“需负担九十四万两”,实属无从措设。② 纷纷要求“减拨”或“改拨”,户部明知各省处境陷于“无米之炊”,但仍要求清廷严令各省“认还”。

表39 甲午战争中七笔借款每年本息清偿情况

1895—1901年　　单位:库平两

年份	汇丰银款	汇丰镑款	瑞记借款	克萨借款	俄法借款	英德借款	英德续借款	合计
1895	696168	979333						1675501
1896	696168	1098252	366084	366084	5106128	1525350		9158066
1897	696168	1228813	409604	409604	5713142	6572616		15029947
1898	696168	1298739	422913	422913	5898768	6784722	2537478	18031701
1899	696168	1216058	405353	405353	5653844	6501501	5625158	20503525
1900	696168	2489699	393110	393110	5483090	6353288	5472332	21262297
1901	696168	2525486	855776	855776	5743272	6635907	5732003	23044388

注:“汇丰银款”前10年付息不还本,表中所记全系息金数;“汇丰镑款”前5年付息不还本,1900年起为本息合计;“瑞记”、“克萨”两借款,前5年付息不还本,1901年才为本息合计数;“英德”两借款的借款当年仅付息,1896年和1898年分别为该两借款的付息数。又甲午战争8笔借款中上海洋商借款未计入。据徐义生:《中国近代外债史统计资料,1853—1827》,第245后的插页“表五”改制。

① 张汝梅奏,光绪二十二年六月初三日,军机处录付奏折,中国第一历史档案馆馆藏。

② 鹿传霖奏,光绪二十二年六月初七日,军机处录付奏折,中国第一历史档案馆馆藏。

截至19世纪末，通货仍以银两、制钱为本位，大宗出入以银为本位。受国际市场银价下跌的影响，中国银两的法郎或英镑价格，日趋下跌。当1895年订借俄法借款时，每四法郎合银1两；到1899年则“合银一两二钱有奇”。英镑在1896年1镑“约合银六两零”，到1899年则“合银七两六七钱有奇”①。清政府举借的外债系以外币为本位，用银折合来支付本息的随着银价下跌而增多。户部为此奏准清廷，责令各省接受“加摊”。清政府面对汇率受亏，只图苟且一时，不知因应变局在货币制度方面作出应有的兴革，这更加重着民间的负担。

各地方当局在既成的经济结构和财政体制的制约下，要想别筹清偿借款的摊派量，只得从传统的所谓“开源”、“节流”上来找出路。所谓“节流”，无非是挪东补西。所谓“开源”，则各显神通，一般都在原有的赋税上增加征取。如在江西，决定“每地丁一两”，责令各属“加解”银7分，每“漕采一石”，“加解”银1钱。其他省份大同小异，只是增加幅度有些差别。盐课则在增强盐厘的征取上打主意，并补充以盐斤加价。有的还恢复70年代中期以前农民起义期间一度征取的捐费，如恢复商捐。结果带来了一系列的消极影响。中国国民经济在甲午战争前夕，正出现起步向前发展的征象，正需从国内筹集更多资金，投向产业。而今因战败之故，悉索敝赋地搜刮来的民脂民膏，却流向国外，变成他国的原始积累。国内资金的枯竭，更不能不使中国社会经济发展势头遭到严重打击。

---

① 户部奏，光绪二十五年九月十一日，军机处录付奏折，中国第一历史档案馆馆藏。

二、庚子赔款的债务化①

1900 年,俄、德、法、英、日、美、意、奥八国在共同镇压义和团反帝爱国斗争中,组成联军,大举侵犯,迫使清政府无条件地接受他们的所有要求;其结局便是 1901 年 9 月 7 日(辛丑年七月二十五日)缔结的《辛丑和约》。巨额赔款就是其中的一项。中华民族在历史上遭到一次最惨重失败之余蒙受最深沉的凌辱和剥夺。

(一)赔款和赔款的债务化

1901 年 12 月 24 日,组成侵略联军的八国,联合未参加联军行动的西班牙、比利时和荷兰三国,联合向清政府提出被称为"议和大纲"的照会,由西班牙驻华公使葛络干(B. J. de Cologan)面交庆亲王奕劻,声称所有各条都"不能更改",强制清政府全盘接受。主持谈判的奕劻、李鸿章上奏清廷,认为列强"会商已成,翻腾不易",逃到西安的清廷复以"敬念宗庙社稷,关系至重,不得不委曲求全",所有要求"应即照允"。②

中外间的议和交涉,事实上把交涉一方的中国代表甩在一边,听候发落③;实际紧张展开的活动是列强之间对在华权益的角逐。

美国当年在所谓"太平洋帝国"论的政策思潮主导下,为追求在争夺中国市场中取得领导地位,出于避免陷清政府于破产境地、

① 参看宓汝成:《庚子赔款的债务化及其清偿、"退还"和总清算》;《近代史研究》1997 年第 5 期。

② 上谕,光绪二十六年十一月初六日,中国史学会主编:《义和团》第 4 册,上海,神州国光社 1951 年版,第 76 页。

③ 《义和团运动史料丛辑》第 1 辑,第 142 页。

避免刺激中国人民对外人增强反感的动机，对于赔款，倾向于不要索赔过多，索赔原则应限定在中国财源所能承受的范围之内；具体数额认为以15000万美元（约合关平银2021.56万两）较为合理，然后在列强间“公平”分配。① 德国其时正加紧扩军备战，亟谋从中国勒索所得中补充其经费，声称索赔须体现出严厉惩罚的原则，认为在数额上“不必过于慷慨”，“务达最高限度”。② 俄国的主张与德国类似，在原则上同意索赔应以“中国财力为限”，对于具体数额的限定，认为“为时过早”，真实的意图是想多要。日本在此前不久的甲午战争中，刚从中国勒索一笔巨额战争赔款，产生“战争可以发财”③的想法，又谋乘机榨取一笔“无偿收入”。它对赔款原则不表示异议，但认为中国的偿付“能力实际超过”已提出的一些数量额度，言外之意也是必须增加数量。英国从维护其在华既有的优势地位和增进对华贸易利益出发，认为赔款数量不应超过“合理”的限度。它以中国的保护人和列强的政治领袖自居，对赔款数额、偿付方式和担保品等等，做了通盘的筹划。外相兰斯当（Landsdowne）先训令英驻华公使萨道义（E. Satow）调查中国偿付能力，接着指示中国海关总税务司赫德提供资料，以资确定中国力能支付的赔款数目和有利于一般

---

① 美国国务卿海约翰（J. Hay）致驻华公使康格（E. H. Conger），1900年12月29日，1901年1月29日，Papers Relating to the Foreign Relation of U. S.，1901年，“补遗”，第356、359页。

② Papers Relating to the Foreign Relation of U. S.，1901年，“补遗”，第141—143页。《瓦德西拳乱笔记》，中国史学会主编：《义和团》第3卷，第7页。

③ 参见宓汝成：《甲午战争借款试析》；周忠海编：《和平、正义与法——王铁崖先生八十寿辰纪念论文集》，中国国际广播出版社1993年版，第173页。

利益的最好筹款方式。[1] 1901 年 1 月 28 日,萨道义提出方案:索赔额不超过 5000 万英镑(合关平银 3333.33 万两),并使赔款债务化,即分年摊付,年息 4 厘,每年 400 万镑,由常关、漕粮、盐税三项收入作为担保。[2]

为了协调一致,列强于 1901 年 2 月 22 日,授权美、德、比、荷四国驻华公使,即柔克义(W. W. Rockhill)、穆默(A. von Mumn)、姚士登(M. Jostons)和克罗伯(F. M. Knobel)四人组成"赔款索偿委员会"(The Commission for Payment of Indemnities)处理索偿事宜。[3] 这个委员会在考虑了有关国家提出的索赔清单,咨询若干专家特别是赫德的意见[4],还把随同中国议和代表办事的官员徐寿朋、那桐、周馥三人找去问讯中国财税状况和每年能够摊还若干[5]后,于 3 月间向公使团提出一份报告,确定赔款范围限于 1900 年义和团运动中直接遭受的损害。5 月 1 日,它又提出一份文件,历述中国可供赔款的财源,可以作为担保的税项,开列了海关、常关的税入和漕米、盐税、江浙田赋等等。关于清偿方式,提出四种以供抉择:(1)中国自行一次偿清;(2)借债清偿并对债务自行担保;(3)借债清偿而由各国共同担保,分期摊还;(4)发行债券,按赔款额分配给各国,分年偿付。28 日,该委员会由穆默具函向各

---

① 兰斯当致萨道义,1900 年 12 月 29 日、1901 年 1 月 1 日,英国外交部档案,F. O. 405/98,第 13 页;405/102,第 1 页。

② 萨道义致兰斯当,1901 年 1 月 28 日,英国外交部档案,F. O. 405/102,第 137 页。

③ 《中国海关与义和团运动》,第 18 页。

④ 赫德致赔款委员会意见书,1901 年 3 月 25 日,《中国海关与义和团运动》,第 64、69 页。

⑤ 会议赔偿事宜述略,光绪二十七年三月初一日,《西巡回銮始末记》第 4 卷,第 277—278 页。

国公使通报了索赔清单，并按1901年4月1日中国关平银与各国货币（统称为“金”，下同）的汇率，折合关平银总计为46253.81万两的索赔额①。

赔款的清偿方式，俄德两国“都要求赔付现款”②，日本一度也主张付现。俄国并竭力反对2、3两种方式，因为它认定，若责成清政府借款清偿，无论是由中国自行担保，还是由各国担保，势必增强英国在中国的影响和地位③。英国也并不认为使清政府借债偿款是最佳的抉择，它谋求的是长期控制中国财政，扼制中国财政命脉，因而力主使赔款债务化，也就是采取上述的第4种清偿方式。英国当年在华事实上占据着左右局势的中心地位，赔款要求分期清偿的方式终被确定了下来。至于计量单位，美国主张统一以海关两为准，其他多数国家则要求以各该国货币为准。1901年7月26日，公使团会议以便于计算，最后确定以中国海关银的“两”为准，并谋求合一整数，按当年中国人口数4.5亿以每人1两计，对原索偿数进行按比例的调整，确定索赔总额为关平银4.5亿两，然后只待清政府的画押定案。

清政府在侵华列强忙于分赃的同时，紧张地筹谋怎么来清偿赔款。它一切倚重赫德，赫德也就势提出条件：“若令效劳，须将全案卷宗随时赐看”，“并请嗣后来往各地文件均随时抄送”④，于是，包括赔款问题在内的整个交涉进程，完全落入他的视野之中。

---

① 穆默致各国公使函，1901年5月28日，北京，Papers Relating to Foreign Relation of U. S.，1901年，附刊，第225页。

② 金登干致赫德电，1901年5月8日，《中国海关与义和团运动》，第21页。

③ 柔克义致国务卿函，1901年3月28日，Papers Relating to Foreign Relation of U. S.，1901年，补遗，第113页。

④ 《中国海关与义和团运动》，第25—26、35、40—41页。

赫德以"效劳"清政府的便利,更易于为列强、特别是他的母国谋取利益。如他在接受英外交大臣调查中国偿债能力的指示以后,立即向李鸿章建议"调查各省财政情况"。清廷收到李鸿章的有关奏章,即以谕旨命令各省督抚、将军迅即查明所治"地方进出款实数具报"。赫德"效劳"清政府,反过来清政府则惟赫德之命是从。

为"效劳"清廷,赫德迭以《条陈》、《备忘录》和面谈,提出总是与列强、特别是英国的意旨相吻合的建议。他认为关税虽已用作多笔借款的担保,但仍有余力,可再充作赔款的担保。日后"额外收入部分,更适宜于此项用途"。他又认为盐税、常关税是两种最好的担保品,如果这两项税收统"由税务司经理",加上漕粮折征等等,每年"足敷三千万两",完全可以应付赔款之需。接着,他更进一步,要求提供赔款担保的某些税种,如盐课、常关等税收,"统由海关税务司代征"。① 以此逼清政府交出常关行政主权,由海关总税务司来行使,此后不久,相继不同程度地成为事实②。

1901年2月13日,清廷对列强的要求表示全面接受之余,只对赔款请"允""宽定年限",并承诺:当"开通不竭之利源"来"清偿赔款"。③ 第二天的谕旨里更有所谓"量中华之物力,结与国之

① 《中国海关与义和团运动》,第41、43、45—46、52页。

② 外务部札行赫德(1901年10月24日),常关归总税务管理的有山海、津海、东海、江海、镇江、芜湖、浙海、瓯海、九江、江汉、宜昌、重庆、闽海、潮海、北海、琼海、胶海、沙市、金陵、福海、厦门、三水、梧州各关共23关,旋又增加粤海常关,共24处。于是,除了少数边僻各关,所有常关,都在海关总税务的控制掌握中了。

③ 驻英、德、俄、法、美、日、意七国公使致驻在国国书中语,光绪二十六年十二月二十五日,见《西巡大事记》第4卷,第36页;李鸿章《李文忠公全书》,"电稿",第31卷,第41页;《日本外交文书》(日文),第33卷,别册,三,第464页。

欢心”一语,这并成为此后这个行将崩溃的王朝处理外务的政策原则。

在“悉心筹度不遗余力”的诏谕下①,京中内外官员就怎么清偿赔款议论纷纷。有主张提高关税税率的;有主张另设税种或对已有的盐税、厘金加倍征收的;还有主张发行公债、开征印花税和丁口捐的。但有的怕外国不赞成,有的怕人民反对,无一成为事实。

既然无法立即偿付现款,紧接着便得考虑以什么做赔款担保或分期偿付,于是又引起一番议论。

有的认为关税、盐税都可充作担保,地丁一项则须慎重。但也有人申辩:作保并非代收,“丁漕有何不可”? 无论何款,似乎都可取作担保。更甚者,有人竟主张以国土和国家资源作抵押。如张之洞认为,可以考虑把新疆、西藏作为赔款的抵押。② 陶模认为,可以新疆的矿藏作抵。③ 李鸿章则有意以蒙古和喀什噶尔的矿产资源作押。④ 待清政府得悉列强准备提出的《和约大纲》有规定“中国须审定各国所能允从之理财办法以为担保”的讯息,军机处若有所悟地认定,“既曰理财,则并不在常年税赋上着想”,除了开发地利矿产,其他如“增加进口税,亦可与商,洋药税厘,更当措意”。于是赶紧寄谕议和大臣奕劻等,宣布据户部所筹,海关已无款可抵,惟将盐课、盐厘、漕折、漕项及常关税备抵。这个办法正符

---

① 上谕,光绪二十七年三月十五日,《清实录》德宗朝,第481卷,第11—12页。

② 张之洞:《张文襄公全集》第170卷,1928年刊,第18页。

③ 见盛宣怀:《愚斋存稿》第55卷,1931年刊,第3、5页。

④ 罗曼诺夫著,民耿译:《帝俄侵略满洲史》,商务印书馆1937年版,第219、226—227页。

合赫德长期试图攫取常关的野心,因此,签订和约的准备,得以顺利执行。

这样,1901年9月7日(光绪二十七年七月二十五日),以奕劻、李鸿章为一方,与德、奥、比、西、美、法、英、意、日、荷、俄11国所派全权大臣为另一方,签订了《辛丑和约》及一系列的附件。关于赔款,规定总额为关平银4.5亿两,限39年内(1902年1月1日至1940年)还清,年息4厘。本息预计总共关平银98223.815万两。下述三项财源作为担保:(1)海关关税除已承保的借款本利付给后的余数和把进口货税增至切实值百抽五所增加的收入;(2)所有常关的各项进款,并把常关归由海关管理;(3)所有盐政各种进项,除了归还泰西借款一宗外,余数全充担保。赔款分为14份,除了其中一份名为“杂费”或作“未列名各国”外,其余13份摊给签约的11国,再加上葡萄牙和瑞典、挪威(合一份)3国。摊给的关平银两数是依据1901年4月1日的汇率折合成各该国货币量,以及各该国摊得量在总额中所占比重。参见表40。

表40　庚子赔款摊分情况及其在总量中比重

国名	关平银正本数(单位:两)	每两关平银折合外国货币数	各国货币正本数	比重(%)
德国	90070515	3.055 马克	275165423.325　马克	20.02
奥地利	4003920	3.595 克勒尼	14394092.400 克勒尼	0.89
比利时	8484345	3.750 法郎	31816293.750　法郎	1.89
西班牙	135315	3.750 法郎	507431.250　法郎	0.03
美国	32939055	0.742 美元	24440778.810　美元	7.32
法国	70878240	3.750 法郎	265793400.000　法郎	15.75
英国	50620545	0.150 英镑	7593081.750　英镑	11.25
葡萄牙	92250	0.150 英镑	13837.500　英镑	0.02

续表

国名	关平银正本数（单位:两）	每两关平银折合外国货币数	各国货币正本数	比重(%)
意大利	26617005	3.750 法郎	99813768.750 法郎	5.92
日本	34793100	1.407 日金	48953891.700 元	7.73
荷兰	782100	1.796 佛罗林	1404651.600 佛罗林	0.17
俄罗斯	130371120	1.412 卢布	184084021.440 卢布	28.97
瑞典、挪威	62820	0.150 英镑	9423.000 英镑	0.01
杂费又称未列名各国	149670	0.150 英镑	22450.500 英镑	0.03
总计	450000000	—	—	100.00

资料来源:据财政整理会编:《财政部经管有确实担保外债说明书》下编“各国庚款说明书”,第2—3页(甲)表改制,1928年。

如表40所示:俄、法、英、美、比5国在赔款总额中摊得的份额共占65.18%。即使根据他们自己在事后承认的,多索数额少则超收7.67%,多则达54.64%。平均计算超收16.76%(参看表41)。奥、西、比、意4国用款很少,亦索巨款①,其超收幅度,估计计接近赔款总量的半数(44.4%)。最可笑的是葡萄牙丝毫未受损失,也得到一份赔偿。他们之间的互相争吵和自我暴露,都反映了这次赔款的高度掠夺性。英国奚落法国索赔得逞,不过比公然抢劫略好一些(a little better than a piece of plunder)。法国对此不以为耻,反而辩称这是一种“战争贡品”(War Tribute)。② 沙俄外

① 李鸿章:《李文忠公全书》,电稿,第35卷,第31页。

② 萨道义致兰斯当,1901年12月31日,英国外交部档案,F.O.17/1731;哈定(Harding)致英外相寇松(Curzon),1922年1月30日,英国外交部档案,F.O.405/236。

长拉姆斯道夫(Lamsdorff)承认俄国参加联军侵华,是一次在"历史上少有的最够本的战争"①,如此等等。说明这次索赔,是一种暴力的掠夺,中国遭到一次空前的浩劫。

表 41 俄、英等 5 国赔款"溢额"

单位:关平银万两

国别	摊得数	溢额	溢额比重(%)
俄	13037.11	1000.00	7.67
英	5062.05	557.63	11.02
法	7087.82	1233.80	17.47
美	3293.91	1661.64	50.46
比	848.43	463.60	54.64

资料来源:据王树槐:《庚子赔款》第 41 页表改制。

(二)镑亏与赔款量的事实追加

帝国主义列强勒索巨额赔款到手,仍未餍足。它们利用清王朝的落后和愚昧,窥探机会,随时企图追加实际赔款量。"镑亏"和"金法郎案"的解决,是它们谋而得逞的两着。

"镑亏"一词在 1900 年前即已出现。清政府在甲午战争中举借以外币为单位的外债后,因银价日渐下跌,还本付息银数一无例外都比应付银数来得多,此中差额便被称为"镑亏"。② 庚子赔款在《辛丑和约》第六款载明:"大清国大皇帝允定付诸国偿款海关银四百五十兆两",即 4.5 亿两,明确规定系以海关银为准。约文

① 罗曼诺夫著,民耿译:《帝俄侵略满洲史》,第 218 页。

② 参见徐义生编:《中国近代外债史统计资料,1853—1927》,中华书局 1962 年版,第 23 页。

补充说明:“此四百五十兆系照海关银两市价……按诸国各金钱之价值易金”,又“此四百五十兆按年息四厘……本息用金付给,或按应还日期之市价易金付给”。约文既规定以银为准,本无出现镑亏可能,可是在偿付上,却变得可以有两种解释:以银为准按市价换算成“金”来清偿和按“金”的汇率折合成银数来付给。列强以这个破绽为借口,坚持要求采取后一种偿付办法,从而使以银为准债务化了的赔款,在银价相对于“金”价的日跌下,也出现了镑亏问题。

清政府为了维持统治,惟恐再开罪于列强,不敢理直气壮地明确以银为准来付给,除了命令两江总督刘坤一转饬上海道就近与各国经手银行“详细辨明”外,只有求教赫德。赫德回复“赔款原非银数,乃系以‘金’核计”。①《和约》上本以银为准的赔款,竟被解释成为以“金”为准了。

然而,在如何执行的问题上,列强之间也出现矛盾。最后他们共同接受了比利时公使于1903年10月提出的折衷方案。其要点是:各国继续接受中国以银为准偿付的赔款,金银汇价间的差额留待最后清偿到期后再调整解决。银价若跌,“则此项差额视作〔中国〕欠付各国之金额”,反之,“多付之款”退还中国。② 它貌似公正,可是在银价日跌的趋势下,掩盖着赔款强要以“金”为准的真

① 赫德致外务部总办函,1901年12月28日;《中国海关与义和团运动》,第61页。刘坤一于光绪二十七年十一月二十二日(1902年1月1日)电“寄行在户部及庆亲王、李中堂”,认为细绎约文,应以还银为准,见《刘忠诚公遗集》,电信,第2卷,第24页。外务部奏,光绪二十八年三月三十日,《军机处题本抄档·赔款及内外债》第316册,中国第一历史档案馆藏。

② 美国驻华公使康格致国务卿海约翰,1903年11月23日附件;Papers Relating to Foreign Relation of U. S. ,1904,pp. 177-178。

意。这个方案于1904年7月26日向外务部提出①,要求清政府接受。

据户部估计,截至1904年,以银为准与以金为准的差额,“已逾千万”。但清政府在收到联名照会后,不敢据理声辩。第二年7月2日,清政府在英、法等国准备再占天津的恫吓声中,终于同意按“金”偿付。② 事实上等于对《和约》做了一次改定。美国原对比利时方案“既不赞同,又不反对”,也没有列名于上述联名照会,但却声明“不予各国立异”③,结果也同享其利。

至于镑亏的支付,由于国力已竭,只好再借外债填还。于是,在1905年4月26日,由户部出面向英商汇丰银行举借100万英镑(合银676.06万两),作为“镑亏借款”,予以了结④。

法国在解决镑亏时,选定嗣后以法郎为准接受偿款。过了10余年,它却以法郎贬值,强横要求改以实际并不存在的金法郎为准,实际是要求按美元的汇价折算。法国的无理要求,得到比利时和意大利两国的附和;到20世纪20年代中,共同炮制了举世闻名的“金法郎案”。北洋政府初予抵制,终又屈服,使法、意、比三国追加赔款量的无理要求得逞。

(三)庚款的清偿

清政府为履行《辛丑和约》有关赔款的义务,首先是在公使团

---

① 康格致海约翰函,1904年7月26日,附件;Papers Relating to Foreign Relation of U. S. ,1904年,第178—179页。

② 北洋政府财政部公债司档,赔洋款总卷,中国第二历史档案馆藏。

③ 康格致海约翰函,1904年7月26日,Papers: Relating to Foreign Relation of U. S. ,1904年,第178页。

④ 《清季外交史料》光绪朝,第185卷,第26—28页;第140卷,第7—11页,又“镑亏借款”于1927年还清,历年本利合计为英金141.25万镑。

草拟、经赫德修改而后定稿的文本上，由全权议和大臣奕劻、李鸿章签押，规定以清政府户部的名义，签发名为“总保票”和“分保票”，也就是总债券和分债券的证券，分别交给公使团和参与签约的德、俄等11国全权代表。票上载明赔款数目，担保财源，并清偿手续，即每月将各项进款“付给诸国所派之银行董事收存各该国应收之款”①的数量。

列强谋求统一步调，增强对华压力，早在和约签订前，经英国提议，由有关国家设在上海的银行董事组成收款委员会，赋予两项职责：(1)“向中国领取每次应付各国的赔款总额”；(2)按“照成数摊分”给各有关国家。② 这样的委员会于1902年2月成立，也就是上文提到的“诸国所派之银行董事”。

根据收款委员会的章程，签字于和约的列强都有权派遣代表1人参加，但事实上委员会最初系由德国的德华、俄国的道胜、英国的汇丰、日本的正金和法国的东方汇理5银行经理组成。它把所接收的中国清偿款项，平分存入5家银行，在应付赔款本息到期时，分别摊付给各国。过了3年和5年，美国的花旗和比利时的华比两银行，也先后加入该委员会。民国成立以后，变动较多。1913年2月，荷兰银行参加，专门保管荷兰部分的庚款。1917年3月，德华银行在中德绝交情况下，从委员会中撤出。1925年，意大利的华义银行加入，专门收存该国部分的庚款。1926年9月，道胜银行自动清理，退出委员会。该委员会除接收、分拨赔款外，实际经理的重点是监督征收中国常关的税入。1931年6月1日，中国政府既裁撤常关，而庚款的经理当辛亥革命爆发时已由中国海关

---

① 《庚子赔款总保票原文》，魏尔特：《关税纪实》，上海，海关总税务署，1936年，第787—788页。

② 《各国监督收存赔款银行委员会》；《关税纪实》，第346页。

在代理,银行委员会既失了效用,也随着结束。①

为清偿庚款的急需,清廷按各省大小、财力强弱,谕令分摊,认筹赔款的数额。各省当局反应不一,既有根据地方实情认筹的,也有为了邀宠把认筹之数大大超过分摊之数的,更多的则是叫苦不迭,争取减成。最后,清廷摊给各省实际分担数额,有如表 42 所示。

表 42 各省年分摊庚款数

单位:库平银万两

省别	数量	省别	数量	省别	数量	省别	数量
直隶	85.80	河南	126.80	福建	99.00	四川	261.80
江苏	297.25	贵 州	20.00	浙江	156.40	广东	231.90
安徽	125.70	陕西	70.40	江西	216.60	广西	30.00
山东	99.30	甘肃	30.00	湖北	160.40	云南	30.00
山西	116.30	新疆	40.00	湖南	100.40	合计	2298.05

资料来源:财政整理会编:《财政部经管有确实担保外债说明书》下编,各国庚子赔款说明书,第 6—7 页。

至于各省偿付庚款的取给来源,主要来自添征新税和加重征收旧税两个方面。根据近人研究,各项来源在拨解庚款中所占的比重,约如表 43 所示。

当然,各省情况各不相同,各种税捐的开收日期也先后不一,因此表中的比例数,只能看做大体如此。

① 参见《各国监督收存赔款银行委员会》;《关税纪实》,第 347—349 页。

在民穷财尽的情况下，有的省份不得不暂借洋款以资应付①，有的则向清廷请求减交或停解。以广西、云南两省为例，光绪二十九年，广西巡抚柯道时以该省“匪患”为由，请停解赔款，户部允自同年十月起，停解5个月。三十二年、三十三年先后任巡抚的林绍年、张鸣岐以同样的理由，各被准停解一年。事实上则从三十二年起即由停解而不再解。对于云南，清廷则采取另一种办法，光绪三十四年该省以铁路巡防营饷及新军常年经费过重为由，表示无力解交分担赔款之数，经谕旨允准在为供营饷等需所指拨的云南土药税50万两中，截留40万两凑解。这样，云南的分摊额，事实上从宣统元年起就停解了。

表43　各省拨解偿付庚款的取给来源

序数	项目	比重(%)
1	田赋附捐(包括亩捐、随粮捐、丁漕折钱、差捐、清查地粮等)	20.53
2	盐捐(包括盐斤加价、盐斤口捐、盐务溢收、盐商包缴及报效)	27.41
3	营业税(包括牙税、典税、商税、闱姓捐、房铺捐等项)	8.70
4	货物税(包括酒、烟、茶、糖各税，米、杂粮、丝绸等捐和厘、百货厘金等)	22.10
5	契税(包括田、房典卖契税)	5.75
6	杂入(包括鼓、铸铜币盈余等)	1.73

① 例如，1911年6月30日(宣统三年六月初五)，福建布政使尚其亨向日本台湾银行举借以银元计和日元计各75万，期限1.5年，月息0.9%。以应该年2—5月所分担额。参见徐义生编:《中国近代外债史统计资料，1853—1927》，第50—51页。

续表

序数	项 目	比重(%)
7	节支及挪用(包括裁兵节饷、停支世俸、酌提盈余、清理漕费、并官员报效和挪用炮台经费、驿站经费和海关代付等项)	13.78
	总 计	100.00

资料来源:据王树槐:《庚子赔款》,第145—150页所记改制。

辛亥革命爆发,除了广西、云南两省已经停解,其他各省也都不再解款。与此相关,清政府从1911年10月起,暂停付赔。英国为首的列强利用这个机会,意图全盘控制海关及其税收,由驻京外交使团出面,迫使外务部同意改以关税收入清偿中国所有外债赔款。此后,总税务司便把所收关税,全部存入汇丰、道胜、德华三银行。庚子赔款由他在留存的款项中按期清偿。① 从此以后,洋税务司不但掌握关税的征收,而且掌握了关税的存放和使用。

欧战发生,中国于1917年对德先绝交,后宣战。对奥地利则宣布处于战争状态,停止清偿这两部分的庚款。② 协约各国同意中国要求,由在华公使于同年11月30日函告中国外交部,从12月1日起缓付5年,免加利息。③ 但俄国以赔款量大(在总量中占28.11%),并向以此款拨供它远东地区的经费,只允缓付其中10%,其余18%在其国内战争期间,北洋政府于1920年7月做了

---

① 庚子赔款既从关税收入中清偿,各省也就不再摊解;1916年9月起,关税收入已足资按期清偿,停止从盐课中支拨款项。

② 德国部分庚款,截至1917年2月底,计已清偿18400.03万马克,折合关平银为6022.92万两;奥国部分截至与上述同时止,共清偿962.52万克勒尼,折合关平银为267.52万两。

③ 对外贸易部海关总署研究室编译:《帝国主义与中国海关》第十编,《中国海关与庚子赔款》,1983年版,第40页。

“停付”的处置。荷兰、西班牙、挪威和瑞典等国未加入协约国，在大战期间，仍予按期清偿。

所谓缓付，其程序是每月底由各有关银行把“分保票”交给上海关税务司，由后者代表总税务司出具收据，说明数额，作为来日有关国家索偿的根据。

1918 年 1 月，庚款的杂款部分被偿清了。经过大战，奥地利一分为二。1917 年 9 月 10 日协约各国在与奥签订的《和平条约》中，由后者放弃从 1917 年 8 月 14 日起的庚子赔款。1920 年中国与匈牙利签订和平条约，匈牙利放弃其原在奥地利赔款部分中的份额。中德间于 1921 年 5 月 24 日签订的《中德协约》，德国承认《凡尔赛和约》规定德国“放弃”1917 年 3 月以后庚款这一条款等有效。这样，德国部分庚款也归于消灭。庚款原为 14 部分，截至此时，减至 11 部分。

1922 年 12 月中国恢复清偿，至 1938 年期间，都按期偿付。① 从 1902 年起，历年清偿情况见表 44。

表 44　历年偿付庚子赔款量

1902—1927 年　　　　单位：海关银，两

年份	量	年份	量	年份	量
1902	21829500	1911	18562904	1920	2158447
1903	21829500	1912	1858337	1921	3541548
1904	21829500	1913	41482644	1922	3842258
1905	26834750	1914	24018973	1923	5508072

① 《中国海关与庚子赔款》，第 228—234 页；王树槐：《庚子赔款》，第 571 页。

续表

年份	量	年份	量	年份	量
1906	17791653	1915	26632647	1924	5399848
1907	17932857	1916	20827872	1925	22418569
1908	23536875	1917	13124239	1926	12406159
1909	24140384	1918	2672085	1927	13265436
1910	23390683	1919	2309117	总计 419144873	

注:海关银,两以下数字未计,但计入总数之中。

表44数字表明,单为清偿这一笔由赔款转成的债务,相当于同期财政年支出量(不包括这笔数量在内)的四分之一到三分之一。

三、地方借款的开始盛行

义和团运动在中国北方迅猛展开期间,南方的湖广总督张之洞、两江总督刘坤一等人在英国的策动下,弄出一个“东南互保”的局面。在这一活动中,张之洞力谋增强他所治理地区的保安实力。为了解决湖北筹措军饷的急需,在各国驻汉口领事“争来询商,愿借巨资”①之时,他接受了英国汉口领事法磊斯(E. D. H. Fraser)的意见,决定向汇丰银行融通资金。双方谈妥原则,督署即与该行于1900年秋(九月)订定借款一笔,计英金7.5万镑(折合汉口洋例银507042.25两)。这笔借款由法磊斯“电禀英国政府允为担保”,“以鄂省川盐江防加价钱文作抵”,十年期,年息四

① 张之洞奏折,光绪二十六年九月初六日,《张文襄公全集》,奏议,第51卷,第21页。

厘半。低息贷款表示英国政府对中国“给予有效支持”①的一着。

众所周知，当年俄军派遣军队除一支与其他七国组成联军入侵津京一带外，还有一支则入侵东北地区，并对这一地区实施军事占领。1900 年年底，俄国占领军总司令阿列克谢也夫(К. А. Е. И. Алекшеев)，胁迫受其劫持的盛京将军增祺所草签的《奉天交地暂且章程》和第二年 1 月 30 日通过换文所确认的《交还东三省地方专条》中规定：“奉省办理善后需款孔亟暂行向俄借银三十万两”或“撤散兵勇并开销别项”，“准向道胜银行借款三十万两”②。增祺把这些情况向议和全权大臣奕劻、李鸿章做了通报，并缕述“奉省沦陷，粮饷无资”，“盗贼遍地，厘税无收，兵民需饷尤亟”，“为济眉急”已先后向该银行提借银 8 万两和 20 万两，年息八厘。③ 借约规定一年归还，届期还本，加利息银 22400 两共计银 302400 两，于 1902 年 4 月 13 日总交该行，清偿讫。④

上述在英、俄两国支持、指使下所形成的地方外债开了头，嗣后一些省份动辄以种种原因，举借外债。

《辛丑和约》于 1901 年 9 月的订立，标志着八国联军侵华事件的终结。中央财政的匮乏，再把该由中央支拨的款项“摊派”即转嫁给地方，地方又为了应付中央制定的所谓“新政”、“立宪”等

---

① L. K. Young：British Policy in China，1970 年，伦敦，第 162 页；对外贸易部海关总署研究室编：《中国海关与义和团运动》，第 80、81 页。

② 盛京将军增祺与俄国水师提督阿列克谢也夫往来照会，光绪二十六年十二月初九日、十二日，《光绪二十六年拳匪起祸，李鸿章外交文件》，转引自中国人民银行参事室编：《中国清代外债史资料》，中国金融出版社 1991 年版，第 686—688 页。

③ 奕劻、李鸿章致行在军机处电，光绪二十七年正月十九日，转录增祺电，《文献丛编》第 8 辑，第 4 页。

④ 增祺折，光绪二十八年三月二十七日，《军机处题档抄本·赔款及内外债》，中国第一历史档案馆藏。

需用,便以举借外债作为筹款的捷径。各省不约而同群相仿效,终至成为一种习惯动作似的。分述于下。①

1901 年 11 月中旬,闽浙总督许应骙因库款支出,拟向日本台湾银行商借银 300 万两,经与日本驻厦门领事上野专一、该行买办施增商定,于同年 12 月 21 日由该行提供贷款银 150 万元。这笔借款,年息 6.5%,期限 15 年,以福州附近常关税厘充作担保。1905 年,闽浙总督、船政大臣兼管闽海关税务崇善,以船政局旧欠外国厂商的料价亟待清偿,又须重新采购一些新料,由于"关库奇窘,无可腾挪",经奏准,于该年 6 月与汇丰银行签订合同,借银 30 万两,期限 3 年,年息 7%。以涵江、铜山、泉州三处常关年征税饷约 35 万两和在建的马江闽关铜币总局及该局日后所得之利作为抵押;如果到期本利欠付,则上述税饷即交与海关办理,汇丰银行则将铜币总局的产业出息作抵。1909 年 1 月 4 日,福建布政使尚其亨为弥补本省财政亏空,用福建省厘金作担保,又向台湾银行借取按日金和银元计各 5 万元,月息率 0.9%,借期 1 年。此后,福建地方外债全由日本台湾银行独家承揽。如 1911 年 4 月,由福建度支公所出面,借库平银 5 万两,以福建省厘金担保,用以弥补该省地方财政亏空。6 月 30 日由布政使尚其亨出面,再向同一银行举借银元和日元各 7.5 万元,拨还本省当年 2—5 月份应解庚子赔款汇往上海的费用。这家银行通过对贷款的担保品的控制,实际控制着福建地方财政,进而增强日本在福建的势力和影响。

俄国长时期以来,蚕食着中国西北边陲——新疆的土地,把这里视为俄国拓展势力的范围。英国势力渗入于西藏之后,为与俄国在中亚争霸,也把这里视若战略要地。正由于此,新疆地方举借

① 以下各省借款资料,除加注者外,均据徐义生编:《中国近代外债史统计资料,1853—1927》。

外债,也由该两国银行配合各自政府的政策,争先提供。如1903年,新疆巡抚潘效苏谋求增强地方统治力量,维持社会治安而准备整编省内军队,俄国给予积极响应,由道胜银行出面,以全疆矿产及垦荒权益作抵,于该年6月1日提供库平银200万两借款一笔。日俄战后,俄国势力有所削弱,给英国提供了机会。1907年1月,伊犁将军长庚为改组新疆伊犁军队,筹措饷款,向来把活动重点置于中国东南地区的汇丰银行,立即给予积极回应,提供库平银100万两的借款。

广东地方外债多由汇丰银行承揽。1904年1月,两广总督岑春煊为筹措慈禧生日节礼的采办经费及整编省内军队费用,向汇丰银行举借港币140万元。1907年6月11日又借一笔,计库平银200万两,充作广东省军政费用。张鸣岐继任总督后,情况依旧,先后共借三笔:(1)1910年10月28日为弥补广东财政赤字,向该行借港币300万元,并开始以厘金作保;(2)第二年6月,为供作广东官银钱局兑付纸币基金,向日本台湾银行借日金160万元,以广东小饷押、硝磺捐等杂税、杂捐作担保;(3)同年8月30日向汇丰、汇理、德华3家银行共借港币500万元,就中为清偿前借汇丰之款的本利,先扣除其中大部,余则充作兑换省钞基金。此时因清政府颁布铁路干路国有令,在广东激起民间反对,风潮中有人倡议拒用纸币,以致人心惶惶,市面一日数惊。汇丰等3家银行及时提供贷款,这是对广东地方当局的极大支持,也使后者付出了极大的代价。除了以广东厘金银240万两为第一抵押外,又规定必要时,"将广东省他项已核准的税收补足厘捐收入"。① 这意味着广东地方财政命脉,由是被控扼在这些外籍银行手里。

---

① 《清季外交史料》,宣统朝,第22卷,第49—50页;《宣统政纪》,第35卷,第11页。

首创地方借款的湖广总督张之洞于1906年又为湖北举借一笔借款。

1906年年初,湖北督署声称要为修建汉口的道路筹措经费,实际则是决定新建武昌炮兵营和扩大陆军小学堂,为解决建设费用的"急需"。先是派人向日本三井洋行要求贷款,后者认为这种"仅属单纯借贷","不伴随特殊权利",索要年息8厘4的高利,不积极于承揽。这时英国麦加利和德国德华两银行乘虚而入,愿以年息6厘承揽这一借款,事为日本外务大臣林董所察觉,当即指示横滨正金银行总行安排汉口分行速与湖广督署进行直接交涉,并于同年7月25日正式签订湖北善后总局借款合同。其中详细规定借款额洋例银40万两,年利率7%,借期5年,以汉口城内肖家垸一带及城关等处善后局的427亩地皮契纸作为抵押。如借款未能按期清偿,这些地皮应听贷方"一律售出,变价偿还"。签署者除了借贷双方代表,还有日本驻汉口领事,并盖用善后局关防,以示郑重。接着,9月4日又达成借用洋例银200万两的协议,年利率8%,10年期,先3年还本,后7年兼还本息。善后局所收盐厘改从加价项每年进款40万两作抵,如届期不能照付本息,兼以大冶矿山作保。这笔款项的用途,口头上是用于新设机器、呢绒、针、钉等4个工厂的兴建,实际用途是备清偿前向日本川崎造船厂订购的炮舰、水雷艇等价款的余欠。8月14日新任湖广总督瑞澂为弥补湖北省财政的亏空,向四国银团的成员银行——汇丰、汇理、德华、花旗4行,合借洋例银200万两,以本省的筹饷银和酒、烟草、砂糖等货税厘充作担保。9月21日由该省度支公所和工赈所出面,向华俄道胜银行各借洋例银10万两,共计20万两;瑞澂援前任举借新债偿还旧欠例,于1911年3月底奏请拟借外债200万两,以资归还。度支部复议结果,认为并零欠为整欠,转重息为轻息,变短期为长期,"尚无不合"。瑞澂为一方,与汇丰、德华、东方汇理3银行和美国财团为另一方，于该年8月14日订立湖北省宣统三年七厘银借款合同，规定借额为洋例银200万两，10年期，年利7%，分10批偿还；以宜昌盐厘为第三次抵押，并以他项税收作为补充，如果不能按期还本付利，作为担保的税收交给海关管理。

1908年7月1日江苏为筹措赈灾用款，由江苏裕宁官钱局向日本正金银行借洋例银100万两，提供安徽省境长江以南茶厘作为担保。1910年上海发生橡皮股票风潮，为救济沪上市面银根奇紧局面，两江总督张人骏经向清廷奏准，由上海道蔡乃煌与汇丰、德华、东方汇理等9家银行商妥，于8月10日由后者提供贷款规平银350万两。接着，为偿付源丰润等号对外商与外国银行的欠款，由张人骏与汇丰、汇理、德华3家银行商妥，于12月11日再提供贷款规银300万两，以江苏省盐厘充作担保。

东三省总督赵尔巽先于1910年5月21日，向横滨正金银行借款日金150万元，用以购买军械和收回奉天纸币——官帖；一个月以后，又借日金70万元，以抵收回官帖经费的不足。

山东巡抚孙宝琦为弥补本省财政的亏空，于1910年11月30日向德华银行借规银40万两，12月30日又向同一银行举借规银15万两。

从上述不难看出，时至清王朝临近崩溃之时，不仅中央，而且地方财政也深深陷入于债务的恶性循环。

在这种情况下，有些地方大员曾经有过改外债为内债的设想，然而试行结果，却又使内债外债化。①

袁世凯为增强自己的军事实力和政治地位，于1904年年底，以实行“新政”的名义，决定增练新军二镇一协。他预计招募经费

① 参见《清朝续文献通考》第68卷，国用六，考第8251。

和军火、器械、营房地价、工料等等,需银500万两,考虑到直隶当年可筹之款年约480万两,乃决定以此充基金,招募国内公债银480万两以应此需。他在上清廷奏折中,力陈“此事系属创行”。这次拟募公债,如蒙准予“试办”,“拟请降旨作为永远定案”。“倘有违改定章,……照误国病民论,予以应得之罪”。旋获谕旨照准①。

袁世凯所立章程,一时被人盛赞为“完善”之举。招募办法是将全省州县分为三等,派定数额分别为24万两、18万两和12万两,然后进行“劝募”。在贪婪成性的县官书吏经手下,发行公债对他们来说,无异于得一“诛求”的新口实。名为“劝募”,实际是勒捐和苛派。售出债票只百余万两,民间则已怨声载道。此项以长芦盐税和直隶税入作担保的内债,转被觊觎芦盐之利的日本看中,由日本横滨正金银行趸购去余额中的300万两,质变成为外债。

湖广总督陈夔龙以湖北历年筹办新政,用项浩繁,陆续挪借,积欠华洋商款达300余万两;认定改募内债确是一种办法,乃援用直隶章程,发行国内公债240万两。1909年10月26日得到清廷批准,募债办法与直隶基本相同,结局也与之类似。债票总额中的96.5万两分别由横滨正金银行(76.5万两)和华俄道胜银行(20万两)所承购,于是也蜕变为外债。

安徽巡抚朱家宝于同年年底也以“库款奇绌,援案试办公债”上奏清廷。他在折中称:安徽岁入在500万两上下,岁出超过600万,年有赤字。近年“添练陆军、增认海军经费”等等,加上为立宪

① 直隶总督袁世凯奏拟试办直隶公债票折,附上谕,光绪三十年十二月。《东华续录》,光绪朝第56册,第26—27页。《论中国“外债”之真相》,《东方杂志》第8卷第2号,译自日本报纸,1911年6月。

“八年预备事宜”，如设咨议局、审判厅等等经费，“预计又岁须100余万（两）”，只有募公债为弥补之计；何况直隶创于前，湖北继于后，“皖省事烦款绌”，只有援照直隶章程，参酌湖北办法，发行公债银120万两。清廷发交度支部议复，后者以朱家宝奏事属实，且已有例在先，建议“自应准予照办，以资要用”。1910年2月25日上谕：“依议”。发行结果，所有债票几乎全为怡大洋行（Samuel & Co.）所认购①，内债也变成了外债。

同年8月21日，湖南巡抚杨文鼎也以该省“财力殚竭，积亏过巨”向清廷要求援案试办公债120万两，清廷批令度支部复议，后者认为“所称财政困难，自系实在情形”，要求“试办”与“直鄂事同一律”，“姑允所请”。清廷于9月5日朱批“依议”②。发行结果，省内承购的只有20万两。事为日本驻长沙副领事堺与三郎所探悉，即向驻华公使伊集院彦吉报告：为了日本“势力之伸展”，由日本人“全部承募”其未出售部分“是非常有利的”，要求“加以援助，以便获得成功”。日本正金银行、三井洋行便在其本国使领人员的“援助”下，在与德国礼和洋行做了一番激烈的竞争后如愿以偿③。他们的目光所注实在债外，最直接具体的是指作此项公债担保品的水口山铅矿。

以发行内债取代外债，出发点是好的，可是，实行的结果又没

---

① 户部议复安徽巡抚朱家宝试办公债票折，宣统二年正月十六日，户部奏档抄本，中国社会科学院经济研究所藏。凌文渊编：《省债》（安徽），第8页。

② 户部议复湖南巡抚杨文鼎试办公债折，宣统二年八月初二，《户部奏档抄本》。

③ 日本驻汉口总领事松村贞雄致外务大臣小村寿太郎报告，1911年1月5日，又致驻京公使伊集院彦吉报告，1911年1月10日；中国社会科学院经济研究所藏，日文档案。

有一次不质变为外债。这表明当年地方财政也已掉进致命的陷阱而难以自拔。

第二节　辛亥鼎革之际的财政借款

辛亥鼎革之际的时限,一般指从武昌起义的1911年10月10日起,到1912年4月1日中华民国南京临时政府结束之日止。南京临时政府在其存在期间,追认此前同盟会人所举借的外债;在其结束后的留守府,发行过几笔外债;这些外债虽然形成于上述时限之前和之后,也包括在内。

南京临时政府及其结束后的留守府以及宣布独立各省军政府,这是一个方面;与之对立的方面是北京行将瓦解的清政府、受命于清室的袁世凯内阁和接受民国(第二任)临时大总统职位的袁世凯政府,而形成南北两方。

一、南北两方的困窘财政

辛亥革命前夕,清朝财政已到山穷水尽地步。武昌起义爆发前数年,每年赤字都在2000—7000万两之间。① 平均赤字额超过同时年均岁入的三分之一,财政困窘的深度于此可见。还须指出一点,武昌起义一爆发,列强借口中国关税在此之前充作多项借款等的担保,悍然宣称:这笔税入"确系各国债券所有人的财产"②,

① T. W. Overlach:Foreign Financial Control in China,p. 154.

② 朱尔典致格雷函,1911年11月23日发,12月12日收,Blue Book,China(第1号),1912年,第121件。

予以扣留。关税一项,在当时财政收入中是仅次于田赋的大宗收入①;一旦被列强劫持,对南北两方困窘的财政,尤其是对南方的财政②,更是雪上加霜。

先述北方实况。

武昌起义敲响了清王朝的丧钟。日益增多的独立各省,先后不再解交"京饷"。依然接受其统治的一些省份,则乘机各为各自地方谋,多以筹办戒严、设防为借口,截留例解中央的税收。少数照常征解的,也鲜有解足的。与此同时,清廷力谋作垂亡前的挣扎,决心大动干戈,抵制革命,应需饷械,用款浩繁。在收入剧减,支出激增的交迫中,户部向清廷奏报警讯:财政"势将不支"③。这未始不是实情,但也需指出一点,清王室在268年的统治中,毕竟积累了难以估计的巨额财富。财政在一定意义上虽属难以为支,远不意味着便库空如洗。辛亥革命爆发前的三数十年间,中国历经外患内祸,如支应中法战争、中日战争、八国联军战争等侵略战争的军费以及其他紧急需要,为数甚巨,而"内帑"从来没有触动过。这时,清室作出了非常之举,抬出"三十三箱黄金"④。据估计,这些黄金折合银约300万两,交给度支部变卖了三分之一,转交陆军部供作购买枪械、军火和支付兵饷的国用。当年知情者认

① 参见陈诗启:《中国近代海关史》"晚清部分",附录十,人民出版社1993年版,第596页。

② 对南方治区海关征收所得,在北京的公使团决定绝不解交临时政府。对"北方"治区某些海关税收,解交部分给"北方"当局。参见朱尔典致格雷函,1911年11月23日发,12月12日收,B1ue Book,China(第1页),1912年,第121件。

③ 度支部大臣载泽奏折,宣统三年九月初六日,《清宣统朝外交史料》第23卷,1932年,第22页。

④ 朱尔典致格雷函,1911年12月1日收,Blue Book,China(第1号),1912年,第101件。

定:这些黄金在慈禧太后"所遗留下来的财产"中,只占"一个很小的比重"。[①] 从这一点看,清朝财政又可以说是犹似百足之虫,死而不僵。

南方则完全不同。一方面是库存空虚,它从清朝地方政府金库中接收的,几乎是一文不名;而另一方面税收又几陷于断绝。最简捷易集的关税既被列强所劫持,其他税项匆促之间又难以征集。独立各省掌握实权的都督,在财政上除了个别的以外,不单不予临时政府以支持,反而频频索取饷项。临时政府事先注意到财政问题,设想发行内国公债来缓解,据此,在其成立的当月,即经临时参议院通过,向公众发行民国元年军需八厘公债1亿元。可是,债票发行需要一定时间,事实上又未能如所预期,承购者寥寥无几。南京临时政府为保障军政大事的运作,决定举借外债,实在是一种迫不得已的选择。

响应武昌起义的一些省份,继宣布独立于清王朝的统治,先后组成以省(或地方)为名的军政府。一般说来,它们都能从原清地方政府的藩库和银钱局等库存中,多少不等地接收到一些库款。但遗存的库帑,无论多少,都只能是一次性的。在大动荡的岁月里,赋税中如田赋、钱漕以及厘金等,由于种种原因,或需作出一些"豁免",或因税源壅塞,征取减少,而需支出的经费能够减省的往往有限。这样,财政拮据也成为地方军政府的普遍现象。

总之,辛亥鼎革之际,中国的南方和北方财政承袭清末的困窘之余,又横遭列强的控扼,都处于竭蹶难堪的境地;就南北两方而言,南方又甚于北方,再就南方一方而言,中央又甚于地方。双方都只有一条出路,举借外债。

---

① 朱尔典致格雷函,1911年12月1日收,Blue Book,China(第1号),1912年,第101件。

二、列强的贷款策略

面对中国发生大变革的形势，以英、法、德、美、俄、日为首的帝国主义列强，力求保持其在华已形成的威势和既得权益的基础上，进一步增强其在华势力，控制中国，以影响这次革命的进程和结局。

英国国势相对地说，此时已远不如前，但加上历史的积淀，使它在中国仍占优势。武昌起义爆发后不久，它宣布不但要在中国保护英国及其臣民的利益和生命财产安全，"也要保护那些未受保护的外国臣民的生命安全"。① 另一方面，它又"希望看到中国的完整得能维持"，不致被"别具野心的国家所吞并"。② 它谋求维持中国的秩序，需要在中国"保持一个政府，一个基本行政结构"，并早已把此时成为革命对象的清政府驯化为它所需要的那样"一个行政机构"。当清王朝的末日来临之际，它从主观愿望出发，最初的反应，认为这个王朝"决不会被推翻"；待革命星火迅成燎原之势时，它才警觉到清王朝"在本国人民中间很不得人心"，"面临的前景是黯淡的"，"结果很可能是朝廷的垮台"，但它仍说什么"中国人的教育程度不足以适应政体中如此激烈的一项变故"③，更不愿中国以这一"变故"为转折点而"发达起来，扩充国

---

① 法国外交部长柏梯（F. Bertie）致格雷函，1911 年 12 月 5 日，Blue Book，China（第 1 号），1912 年，第 108 件附件。

② 熙礼尔（E. G. Hillier）与周学熙语，参看黄远庸：《远生遗著》第 2 卷，第 214 页。按英国在此实指俄国。

③ 朱尔典致格雷电，1911 年 10 月 29 日收，又函，同年 10 月 30 日，B1ue Book，China（第 1 号），1912 年，第 23、25 页等件。

权”。它不只是“拒绝与起义军保持任何联系”,还幻想目前的乱事,即辛亥革命,“能被镇压下去”①。与此同时,它抓紧在中国寻找用以取代清王朝而能为它所利用的代理人,这样的人首先被美国驻华公使嘉乐恒(W. J. Calhoun)所相中②;英国驻华公使朱尔典(J. N. Jordan)同声叫好,认为是个“理想人选”,即“拥有军事实力”的袁世凯。当年10月底,朱尔典致英外交大臣格雷(Gray)函中力予推荐:“谁也不可能比袁世凯更好地在中国人和清王朝之间起中间人的作用。”③格雷所见略同,表示了“我们对袁世凯怀有很友好的感情和敬意”,我们希望看到“作为革命的结果,有一个强有力的能与各国公使交往并维持内部秩序”的政府。这样的政府执掌者非袁莫属。我们应对这样的政府“给以外交支持,以期在中国已经建立起来的贸易获得进展”④。支持袁世凯替换清政权,从此定为英国的政策。

政治上、经济上利益的一致,法、美、德三国认同英国的政策,相互间保持着密切联系,协调着行动。俄、日两国对此不表示异议。用俄国驻华公使廓索维慈(H. Я. Коростович)的话说,也就是“不可能去明显地反对法、英两国的意图”⑤。但由于地缘政治上的差异,它们又别有谋算,各按照自己的谋划来活动。

① 朱尔典致格雷函,1911年10月30日收,Blue Book,China(第1号),1912年,第23件。

② 参看C. A. Тихвинскии:Новая история Китая,莫斯科1972年版,第503页〔以下简称:齐赫文斯基主编:《中国近代史》(俄文)〕。

③ 朱尔典致格雷函,1911年11月17日收,Blue Book,China(第1号),1912年,第60件。

④ 格雷致朱尔典电,1911年11月15日发,Blue Book,China(第1号),1912年,第58件。

⑤ 转引自齐赫文斯基主编:《中国近代史》(俄文),第504页。

俄国其时正力求在中国的东北地区和蒙古地方增强其殖民势力,攫取新的特权和利益。它把中国发生的辛亥革命看做是占领与俄国接壤的中国的几个省份——首先是把外蒙古肢解出去的绝好机会,公开"欢迎蒙古王公们为解放他们的土地所作的努力"①,全力策划、上演所谓蒙古"自治"和"独立"的闹剧。日本最初不反对中国的革命运动,指望中国在持续内战中,自我削弱,以利其在东南、华南、中南各地突出自己的势力。它野心极大,但其经济、实力尚远不足以相符,作为英国在东亚的盟友,它为避免招致"列国的恶感","暂时观望形势的变化",并作出了在与英国协调行动中,"倘若可以扩张我之权益,则不要失去可乘之机"的决策。日本亟求实现的目标有三:(1)不能"以得到南满洲为已足,还应该占据直隶、山西地方";(2)就是在南满洲,应"设法使别国承认日本在该地区的优势地位";(3)"占有清国中部资源,扼制扬子江口,夺取该江之利益和资源及大冶等矿山"。其中,对最后一项特别加以着重,认为与日本之关系最深,如有必要,可以兵力加以保护,进行军事上的占领。②

英、法、俄、日、美、德六国具体情况虽各不相同,但对财政信贷都被取作实现其目标的一种战略性措施则一。其中英、法、美、德四国政府在此之前早已示意、支持各该国财团联合组成国际银团作为贯彻实施其本国政策的工具,并企图垄断对中国的贷款。四

---

① 《列宁全集》第 17 卷,1959 年版,第 457 页;英国驻俄公使布坎南(G. W. Buckanan)致格雷函,1912 年 1 月 3 日收,Blue Book,China,(第 1 号),1913 年,第 11 件。

② 山县有朋:《对清政府概要,1911 年》;日本海军当局的方针外省的主张;皆转引自[日]依田意家著,卞立强等译:《日本帝国主义与中国》,北京大学出版社 1989 年版,第 112—117 页。中国社会科学院近代史研究所:《日本侵华七十年史》,中国社会科学院出版社 1992 年版,第 116—119 页。

国银团紧跟列强的行动方针。随着列强贷款策略的演变,它也在1911年11月8日巴黎会议上,制定策略,暂时不向清王朝提供财政援助,但绝不反对“向一个能负责任的中国政府提供贷款”①。到了12月6日,它又声称为了促成南北“和谈的利益”,决定给袁内阁以信贷援助。四国银团的这一转变,对袁内阁说来无异是传达一个讯息:列强承认它是一个“能够负起责任的中国政府”。②俄、日两国当即表态支持:如俄国自我标榜“在一系列头等重要的问题上,我们跟英国、法国是休戚相关的”;日本则先于11月17日的内阁会议上作出“给予清政府以相当援助,包括财政援助在内”。③ 这些事实表明,尽管帝国主义的上述六强相互间由于利害上存在差异而时有矛盾,总的说来,在谋算中国上更是互相照应,合力行动。

三、南北两方的借款

在内部和外部都有迫切要求的形势下,南北双方的对外举债活动都十分频繁。具体过程,分别叙述如下。

---

① Papers Relating to Foreign Relation of U. S. ,1912,p. 103.

② Papers Relating to Foreign Relation of U. S. ,pp. 102-1040. 安徽、山东及江西等11省代表于1911年12月3日通过《中华民国临时政府组织大纲》的译本,朱尔典于12月14日致格雷函中作为附件寄出,Blue Book,China(第3号),1912年,第3件附件。

③ 驻华公使廓索维慈语,转引自齐赫文斯基主编:《中国近代史》,第504页。[日]外务省编:《日本外交年表并主要文书》(日文),1978年版,第186页。

(一)北方借款

北方的债项有地方和中央两类。

地方督抚在武昌起义的震慑下,纷纷奏陈清廷,要求举借洋债,以济急用。最先提出的是两江总督张人骏。起义爆发后第三天,即10月13日,他急电清廷,要求息借洋款银500万两。24日又以"招勇购械","不敷应用","拟加借200万两",均获照准。[①]山东巡抚孙宝琦为融通资金,于同月17日从德华银行以年息8.5%的重息借到济平银100万两。[②]接着在20日又电奏清廷,以"东省事机紧迫,库存现银不敷备用",提出续向德华银行借银300万两的请求,都经廷议认可。此后山东当局又通过奥地利商人戴玛德转与法国男爵勾堆(Baron Cuttu)商定举借英金40万镑,于11月21日草签一份借款合同,但戴玛德旋"以中国乱事日紧,借款情形亦日见其难"为口实[③],不再过问。这一笔借款也就没有成为事实。

同月中,直隶总督陈夔龙以武昌起义的警讯给予天津市面以极大冲击,电奏清廷准其与各洋行商借银200万两,一年归还,以本省各实业股及烟酒税作抵。他的借款活动在前,奏请在后,清廷同样照准。[④]这笔贷款旋由法国东方汇理银行通过大清银行经

---

① 上谕,宣统三年八月二十二日,又,九月初三日,《宣统政纪》,第61卷,第29页,第62卷,第9—10页。

② 五国银行团1913年6月23日致代理财长梁士诒函送各省地方借款明细表,中国社会科学院经济研究所藏日文档案(以下简称"日文档案")。

③ 度支部片,宣统三年八月二十九日,户部奏档抄本,宣统三年分,下卷,中国社会科学院经济研究所藏。孙宝琦致外务部函,宣统三年,十月初五日,又同月十七日,外务部档案,中国第一历史档案馆藏。

④ 宣统三年九月十六日谕寄陈夔龙,《宣统政纪》第40卷,第47页。

手,于10月25日连续提供行平银105万两,用作救济天津市面紧急危机。①

借款活动也波及东北三省。总督赵尔巽一得知武昌起义讯息,立即先后向日本正金、俄国道胜两银行"商借钞币各500万,专备东省非常缓急之用",然后补行奏报,于10月27日获准。②

以上地方督抚借款虽经奏准,实际上只借成山东省借款和天津市面救济借款两笔,其余几起都以失败告终。

至于中央借款,清户部在遵旨筹借"洋款""以资急需"后,当即迅速行动起来。首先对已有成议的项目,进行落实。一是加速签订"海军借款"合同;二是催促贷方"从速"发行"币制实业借款"的债票。

早在1910年8月,载洵以筹办海军事务大臣身份在美国考察时,曾与伯利恒钢铁公司(Bethlehem Steel Corporation)首脑席洼布(C. M. Schwab)初步议定一笔英金500万镑的"海军借款"。此时,席洼布谋求落实细节,其所遣代表约翰逊正在北京活动。海军部为获得此项借款,不惜出让大批权益,把中国拟建的海军、军港和兵工厂、造船厂等,都归美国厂商承办经营,从而迅即于1911年10月21日签订了借款合同一件。同年4月,户部与东三省总督为一方,与四国银团签订英金1000万镑的"币制实业借款"一笔,当即收下垫款英金40万镑。借款合同中规定,该借款债票,应尽速发行。户部即据此要求贷方履行合同,尽速兑付垫款以外的余额。但所有这些要求都以失败告终,未能实现。

几乎与上述的借款活动同时,户部还向四国银团提出从新举

① 1913年6月23日五国银行团致代理财政部长梁士诒函,附件,中国社会科学院经济研究所藏,日文档案。

② 上谕,宣统三年九月初八日,《官统政纪》第62卷,第45页。

借一笔巨款的要求，遭到拒绝后，转与四国银团以外的财团接洽，也都未成功。

1911 年年底，为了扑灭革命烈火，清政府不得不多方采购军械，而价款又不能全部付清。因此，价款的全部或一部，由欠款而衍变成借款。这种特殊形式的借款，也值得略加述及。

武昌起义后三天，即 10 月 13 日，陆军部秘密恳托在北京的日本大仓洋行支店向泰平组合采购军火，并要求代垫价款。该洋行在日本政府的指使下，即于 1912 年 2 月 5 日与清廷陆军、度支两部签订了价款欠额 182.18 万日元的借款合约。袁世凯一被清廷起用，当即派遣北军南下汉口与民军作战，亟须充实装备。代表德、奥军火工业集团的军火商们迎合其需要，由瑞记洋行经手，并于 1912 年 1 月 29 日与袁内阁度支部尚书绍英，按价款加倍，两次签订合约，共计英金 75 万镑，期限一为 5 年，一为 10 年，利息 6%，以崇文门商税作为担保。其实际用途一半充作付给斯柯达厂的军火价款，一半挪作北洋保商银行发行兑换券的准备金。与此同时，德商西门子厂（Siemems & Co.）和英国厂商威克斯厂（Vickers Works）等厂，也把向海军部供应无线电器材和船只价款的未付部分，改成借款。①

1912 年年初，袁世凯在孙中山荐袁以自代为临时大总统而尚未履任前，仍以清室的内阁大臣身份向四国银团驻京代表要求贷款；不久，转以南京临时政府需银 700 万两为借口，取得库平银 200 万两的借款，构成日后被习称的善后大借款第一次垫款。②

2 月 29 日，袁世凯派遣内定的内阁总理唐绍仪，又向四国银团提出一份垫款及借款的全盘计划，另外，袁为拒往南京履任制造

① 参见徐义生编：《中国近代外债史统计资料，1853—1927》，第 52—53、114—115 页。

② 参见丁名楠等：《帝国主义侵华史》第 2 卷，第 367 页。

借口,在津、保一带策动兵变,紧接着于3月2日他派阁员周自齐在与四国银团代表会晤中,以有“迫切需要”为词,要求紧急提供垫款一笔。这个消息传到伦敦,汇丰银行就向英国外交部陈述意见,取得加强中国的实际政权在“过渡时期的急需”,“维持其不致垮台”①的共识,于3月9日垫付周自齐所要求的110万银两,即习称的“善后借款第二次垫款”。这个还是受清室之命所组成的袁内阁,将此垫款用来充作安抚清室遗老的旗饷,处置被炮制出来的动乱和采购军械以震慑南方革命势力。银行团方面则在交付支票的同时,取得了袁内阁的“谅解和同意”,今后“保证赋予银行团以提供”“将来大改组时需要的一笔巨额借款的优先权”②,从而为日后达成善后借款设下伏笔。

3月11日,袁世凯在新任临时大总统的第二天,再向四国银团要求提供垫款银500万两;14日,他又与一个英、比、俄、法财团(由道胜银行在俄国政府指使下,张罗了法国巴黎毕抽尔公司、比利时总公司联合会和英国的东方银行等组成的财团)签订了“英金1000万镑以内”的借款草合同。并先后于同一天和4月6日分别由该财团垫支100万镑和25万镑的款项(习称华比银行借款)③,这件事引起四国银行团的强烈抗议,并由有关四国驻华使

① 朱尔典致格雷,1912年4月11日,Blue Book,China(第2页),1912年,第22件。四国银团与袁世凯的往来函,1912年3月9日,日文档案。

② 参见F. V. Field:American Participation in the China Consortium,1931,pp. 75-76。

③ “参议院修正华比借款草约全文”,《中国日报》1912年4月3日,《政府公报》1912年7月20日,第81号“公文”。朱尔典致格雷函,1912年5月6日,Blue Book,China,(第3号),1913年。此项借款系由华比银行经手,习称“华比借款”,又以借款合同上贷方签字者除了华比银行代表陶普施(Robert De Vos),英国东方银行的劳森(H. F. Lawson)副署,因此,又称“英比借款”。

节施加外交压力,要求废除华比银行借款。袁世凯政府做了牵强的自我辩护后,终于4月27日予以废除。

一场风波既过,四国银团在原则上同意继续进行垫款磋商。5月17日双方达成协议,设立核计处(又作核算处),由四国银行团和中国政府各任一人组成,负责审核垫款的提取。

四国银行团在迫使袁世凯政府接受垫款用途监督的同时,又应俄、日两国银行代表的要求,邀请他们共同讨论对华借款、垫款问题,并同意参与垫款的分摊。这样,国际银团由四国扩大成为六国。其后,连续三次提供了数额都为银300万两的垫款,也就是后来被习称的善后借款第三、第四、第五的三次垫款。这些垫款用途,半数充北京政府经费,半数交南京留守府使用。就后一部分说,被袁世凯政府视为心腹之患的驻在南京附近的十几万军队的遣散等费用,就是从中取给的。

综上所述,北方从1911年10月中旬起8个月里,先后对外借款12笔,折合银元近3940万元。详情有如表45。

表45　北方外债表

序号	年月	名称	贷款者	数量
1	1911年10月17日	山东省借款	德华银行	济平银100000两
2	1911年10月25日	天津市面救济借款	东方汇理银行	行平银150000两
3	1912年2月5日	陆军部借款	大仓组	日金1821760元
4	1912年	海军部借款	西门子厂 威克斯厂等厂	德金117482马克 英金337428镑
5	1912年1月29日	瑞记第一、第二次借款	瑞记洋行	英金750000镑
6	1912年3月9日	善后借款第二次垫款	四国银团	规平银1100000两
7	1912年3月14日	华比借款第一次垫款	英比俄财团 (华比银行经手)	英金1000000镑

续表

序号	年 月	名 称	贷款者	数 量
8	1912年4月6日	华比借款第二次垫款	英比俄财团（华比银行经手）	英金250000镑
9	1912年5月1日	直隶借款	东方汇理银行	行平银100000两
10	1912年5月17日	善后借款第三次垫款	六国银团	规平银3000000两
11	1912年6月12日	善后借款第四次垫款	六国银团	规平银3000000两
12	1912年6月18日	善后借款第五次垫款	六国银团	规平银3000000两

注:统一折合成银元。各种成色的银,统作库平银。库平银1两,折银1.34元,日元与银元等值,1马克折成银0.48元,1英镑折成银9.8元。

资料来源:据徐义生编:《中国近代外债史统计资料,1853—1927》,第52—53页和第114—116页表的有关项目改制。

(二)南方借款

武昌起义爆发后不久,革命军代大元帅黄兴以“军事需财孔亟”,委任广东军政府顾问何天炯,东赴日本,试探“借募巨款”①。孙中山早年在海外也多次考虑到对外借款的问题。② 他在1911年年底从海外归来时,在上海会晤了日本三井物产会社理事山本条太郎,商洽借款。后者于次年1月27日函复孙氏,表示了愿“设法借款”,示意以中日合办汉冶萍公司作为交换条件。③ 已于1月1日成立的南京临时政府经审慎考虑,认为采纳中日合办,恐有流弊,“不若公司自借巨款,由政府担保”。把筹款方策,转以发行内

① 陈旭麓等编:《盛宣怀档案资料选辑之一——辛亥革命前后》(以下简称《辛亥革命前后》),上海人民出版社1979年版,第233页。

② 杨天石:《读孙中山致纽约银行家佚札》,载《近代史研究》1983年第3期。

③ 《辛亥革命前后》,第237页。

国公债作为重点。① 但鉴于时间仓促，缓不济急，又决定采取外债国债化用相配合。办法是向治区内大型企业如"汉冶萍及招商局管产之人商请将私产押借〔国外〕巨款，由彼得款后，以国民名义转借于政府，作为一万万之国债内之一部分"。这个办法，见于临时大总统致参议院的咨文中②，以后南京临时政府也力图这样去做。

南京临时政府的外债中，还包括它所追认的同盟会人为筹措革命经费以个人名义早先举借的外债，以及政府结束后留守府时期的一些外债。

同盟会人谭人凤在辛亥革命爆发前，曾和宋教仁等人组织了中国中部同盟会，以统筹领导长江中游各省革命活动。为展开活动筹措经费，谭人凤于 1911 年 6 月 10 日、7 月 15 日先后签具借据，由日人北辉次郎经手，向日本今野洋行借取日金各 10 万元共 20 万元，年息 6%，借期 1 年，许以待新政府成立后，把苏杭及湖南所产之稻米由其独家输出，并给予采掘长江流域矿山的优惠。南京临时政府一成立，谭人凤以北面招讨使的名义，又与之商洽借款，并于 1912 年 2 月 15 日连前所欠，与该洋行改定借款金额为日金 30 万日元，月息 1%，半年期，以民元军需公债国币 30 万元作为担保。③

当清军在南京负隅顽抗时，黄兴因进攻急需订购军械等物资，

---

① 汉冶萍公司代表陈萌明电，1912 年 1 月 17 日，《辛亥革命前后》，第 231 页。

② 《孙中山全集》第二卷，第 106 页。

③ 谭人凤与斋藤德次、石桥重太郎、蒲生剑沃于 1911 年 6 月 10 日、7 月 16 日和 1912 年 2 月 15 日签订的借据；又 1914 年 10 月 24 日今野晋三呈财政部文，附件和 10 月 31 日、11 月 20 日复函，中国社会科学院经济研究所藏日文档案。

由日本大仓洋行经手,后将价款余欠数于1911年11月31日转成京平银54.3万余两的借款一笔,年息7.5%,期限1年。①

几乎与南京临时政府成立同时,实业总长张謇鉴于政府财政匮乏,以私人名义出具保证,向日本三井洋行借款国币30万元,以应急需,借期1个月。1912年1月24日签订借约,30万元改成日元,借期展长为半年。接着,南京临时政府以采购军械、被服等物品,三井洋行为促成这笔交易,垫支借款,后于同年3月18日达成包括规平银8.6万两、日金7.9万元和银元192.232万元的借款一笔。

临时政府谋求较好地解决经费问题,拟定两办法:(1)招商局局产为担保,向日本资本组织商洽借款银1000万两;(2)汉冶萍公司的股票为担保,向大仓洋行洽借日金500万元。结果都未成为事实。

其时,俄国道胜银行对贷款也有所活动。临时政府鉴于它想以"赋税之所入",作为"付息及偿本之用"的条件,拒与深入商洽。②

各种借款的未能实现,使临时政府的财政境况一直陷于山穷水尽的困境。苏、沪军政府和张謇(他既是政府中的实业总长,又孚时望)有鉴于此,决定由苏路公司以该公司产业作担保,出面举借外债一笔,转借给南京临时政府。日本财团如太仓组、三井洋行等,在其本国政策作用下乘机活动,企图攫取中国的路矿权益,于

① 《中央政府短期内外债报告册》,外债,第5页,又《短期外债关系杂件》,中国社会科学院经济研究所藏日文档案。[日]对支功劳者传记编纂委员会编:《续对支回顾录》(日文),下卷,1936年,第326页。

② 《民兴报》1912年3月15、23日;高劳:《临时政府借款记》,《东方杂志》第8卷,第11号,第18—19页。

1月18日,双方在上海签订了借款为300万日元的草合同一件。英国对此项谈判自始即密切注意,力图加以破坏,但暂时未能如愿。

袁世凯在已当选而未就任中华民国临时大总统之际,为提高自己的政治声威,派遣周自齐向四国银团要求急垫一笔款项转让给南京临时政府应用;其后,由银行团驻上海代表与临时政府财政总长陈锦涛于2月28日签押,提供日后被称为善后借款的第一次垫款,计规平银200万两。

此后,临时政府的对外借款,多半是为了结清旧欠,计有如下数笔:(1)上海总商会谋求收回先前分别垫给宁、沪军政府的款项,由它经手,以南京临时政府留守府名义,于1912年4月27日与德商捷成洋行签订款额为德金500万马克借款一笔,除了归还该总商会垫支银180万两的本和息外,余数充作留守府的经费。(2)留守府为结清前购军械等余款和应新购一些物资以及保障本身运作的需要,先后于同年5月13日与沪军都督一起,和三井洋行签订数额为规平银35万两的借约。(3)10月,留守府与德商礼和洋行商定,把旧欠变为借款,计德金420万马克。(4)11月,与此相似,与英商怡大洋行达成借款规平银19.17万两一笔。①

此外,湖南和沪宁等六省两地军政府,在临时政府成立之前以至撤销之后,为采购军械、发放军饷等急需,也向在华外国企业举借过一些外债:(1)早在1911年12月8日,沪军都督与招商局为一方,以招商局所有各埠栈房及市房等财产作担保,向汇丰银行借款规平银150万两。其中,40.23万余两归沪军都督运用,余则充招商局添置轮船等的经费。第二年4月20日、6月1日和13日,

① 参见徐义生编:《中国近代外债史统计资料,1853—1927》,第96—101、102—104页。

沪军都督陈其美和黄兴、朱佩珍等,为筹措军政经费,连续向三井洋行通融短期、少量资金应急,分别为规平银15万两和两次各10万两,共35万两。此外,由沪军都督府成员、荷兰鲁意洋行买办虞洽卿经手,于6月18日向荷兰银行借规平银1万两,充发沪军军饷。(2)湖南军政府以湖南矿务总局名义,为筹措军政费用,以水口山铅锌矿砂10万吨作为担保,与德商礼和洋行洽商,拟借银326万两。1912年2月24日达成协议,款额改定为长(沙)平银100万两,年息5%。(3)约略与之同时,福建都督孙道仁与日本台湾银行商洽借款300万元,以供该省军政经费。同月达成协议借款日金50万元,以省内盐税及内地常关税、茶税和福建省造币局财产作为担保,日息0.287‰,为期2年。7月为筹措补发闽军5月、6月两月的军饷,孙道仁又向美国美孚石油公司借款30万元,年息5%,为期3年。(4)浙江都督蒋尊簋为筹措部分浙军退伍费,以及筹办平粜、防疫等费用,以向德国克虏伯厂订购军械为条件,并以浙江丝捐及国库证券160万元为担保,于该年5月5日向礼和洋行借定德金600万马克。(5)安徽都督柏文蔚为筹措该省军政经费,与三井洋行接洽,拟借日金150万元。商洽结果,于5月6日与矿务总局窦以钰一起,与该洋行签订借约,以中日合办铜官山铁矿为条件,并以铜官山矿山为担保,由后者提供贷款日金25万元,年息8.5%,期限1年。(6)湖北都督黎元洪为筹措官钱局资金和龙角山锑矿购置器械等费,于6月26日与德商捷成洋行签订借约,以给予该洋行采购器械优先权为条件,以汉口销场税等为担保,提供贷款洋例银300万两一笔,年息6%,期限2年。①

综上所述,南京临时政府和各省军政府所借外债共计23笔,

① 参见徐义生编:《中国近代外债史统计资料,1853—1927》,第95—101页。

折成银元约为2810余万元,参见表46。

表46　南方借款表

序号	时间	名 称	贷款者	数 量
1	1911年11月31日	*大仓洋行借款	大仓洋行	京平银543420两
2	1911年12月8日	招商局汇丰借款	汇丰银行	规平银1500000两
3	1912年1月24日	*三井洋行借款	三井洋行	日金300000元
4	1912年2月15日	*今野洋行借款(三次)	今野洋行(北辉次郎经手)	日金300000元
5	1912年2月24日	湖南礼和借款	礼和洋行	长平银1000000两
6	1912年2月26日	*汉冶萍抵押借款	三井洋行	日金2000000元
7	1912年2月28日	*善后借款第一次垫款	四国银团	规平银2000000两
8	1912年2月	*苏路借款	大仓洋行	日金3000000元
9	1912年2月	闽省台湾银行借款	台湾银行	日金500000元
10	1912年3月18日	*三井借款	三井洋行	规平银86000两 日金79500元 银元1922315元
11	1912年3月18日	*寿屋洋行借款	寿屋洋行	银元13016元
12	1912年4月20日	沪督三井借款	三井洋行	规平银150000两
13	1912年4月27日	*捷成洋行借款	捷成洋行	德金5000000马克
14	1912年5月5日	浙省礼和借款	礼和洋行	德金6000000马克
15	1912年5月6日	安徽借款	三井洋行	日金250000元
16	1912年5月13日	*三井借款	三井洋行	规平银350000两
17	1912年6月1日	沪督三井借款	三井洋行	规平银100000两
18	1912年6月13日	沪督三井借款	三井洋行	规平银100000两
19	1912年6月18日	上海和兰银行借款	和兰银行	规平银10000两
20	1912年6月26日	湖北捷成借款	捷成洋行	洋例银3000000两
21	1912年7月	福建美孚石油公司借款	美孚石油公司	银元300000元
22	1912年10月	*南京留守府礼和借款	礼和洋行	德金4200000马克

续表

序号	时间	名称	贷款者	数量
23	1912年11月26日	*南京留守府怡大洋行借款	怡大洋行	规平银191717.18两
总计**		银28111982元		

注:表中名称左角有*者,借者为南京临时政府及留守府;余为各省军政府。

**折合率同表45。

资料来源:据徐义生编:《中国近代外债统计资料,1853—1927》,第96—100页,表1改制。

南、北两方借款合计35笔,总计约为国币6750万元。其中,北方占58%,南方占42%。北方借款中属于地方政府借的不多(因为所辖地方已渐趋于无),只占总数的0.4%,南方借款中属于各地军政府的则占41%。

四、借款透析

辛亥鼎革之际,中国外债作为一个总体,固然出于南、北双方都谋求缓解财政困境的需要,但更是帝国主义列强强权政治的产物。在短短的一年之中,出现了为数达6750万元的30多笔外债,在中国的外债史上,可以称得上是一个不平常的时期。对此加以透析,可得而言者有以下四点:

(一)当年南北双方财政都拮据不堪,决定着其在借贷关系中都处于劣势的地位

虽然如此,由于双方外债政策的不同,又决定着各自在怎么借这一点上出现根本性的区别。北方一心指靠国际信贷,以求拯救自己,增强自己,并伴随贷款的取得以博取列强的支持;这样,只求

款能到手，什么国家主权、民族利益都可以扔在一边。在已成的借款上表明着这一点，在拟借而未成的活动中，也暴露出这一点。如上述与美国财团签订而未成立的海军借款合同中所表明的：为了得到借款，不惜把中国海军军港和兵工厂、造船厂统统交出，归美国厂商承办经营，就是一例。南方则不同，它的政策是即使外债非筹措不足以济急，也务使之外债国债化。对为筹措军政经费而负主权债务所可能产生的后果，深具戒心，力主慎重。即使迫不得已，着手举借，也力求恪守利权不外溢这个分寸。违背此原则，即使终须废止，也在所不惜。招商局借款事在垂成而终于废止，就是一个著例。

（二）帝国主义列强面对辛亥革命形势，制定对华行动方针之余，规定了对华贷款策略

它们以国际银团作工具，运用信贷的杠杆，作为实现其既定方针的一个方面。列强明白宣布"支持"国际银团的活动，又声称不禁止国际银团以外的财团的活动。所谓不禁止者，实际也是在他们所支持的范围以内，转为己用。设若他们认为超越了他们所设定的对华政策的范围，有碍于推行他们的既定方针，随之而来的便是施加影响，使对方的活动归于失败，勾堆借款终归无成，就是一个例子。他们变换着运用支持银团和不禁止其他财团的两手，使其他财团作为银团的必要补充，以银团为轴心来转动。银团外的商行如德国瑞记洋行和日本大仓洋行等向北方也向南方或以军火价款余欠衍变成借款，或为促成军火交易提供价款借款，基本上都属于这一类。瑞记洋行的第一、二次借款是对袁世凯内阁策划军事镇压汉口一带民军的支持，恰与列强的以战迫和对策相吻合，事实上也成为南方的民军与北军达成停战协议并由此而展开南北和谈的一个促成因素。所有外债中，除了一些量少、期短、应一时之急周转性的债项以外,与当年剧变着的政治大事,几乎笔笔紧密相关,这些外债在中国当年政情的演变中,实起着不可忽视的,有时是其他手段所不能起的独特作用。

(三)北方所借款项,在与贷方磋商中,从来是听命于后者提出的条件和要求

当然有时候也做一些表面文章。举善后借款第三次垫款为例,借款用途规定的具体和细密是前所未有的。为了这点,借贷双方磋商多次,而后敲定。然而这只是做给局外人看的,实质是借贷双方有着默契,贷方以直接插手遣散被北方认为心腹之患的南方军队,换取深入监督借款用途的权益。而借方则正谋假手贷方——帝国主义列强的直接参预监督遣散南方军队,双方心照不宣。然而人们一望而知,这些借款,对当年在瓦解革命势力中的作用是不容低估的。

(四)在对南方的贷款中,日本的地位特别突出

这里不排除同情革命的可能性,但即使如此,只要日本政府的行为一经介入,借款的实质莫不随之改变。对每笔借款都一无例外地被当做推行其对华政策全局中的一着,日本积极参加汉冶萍借款,目的就是企图以“合办”之名达到兼并之实。至于以此而贷出的款项究竟做什么用,虽非绝不考虑,实际上,则置于极其次要的地位。它之所以支持日本民间企业向南京临时政府贷放款项,是谋以此实现其势力的扩张,“毫无援助南京政府之意”①。而且,通过借款的手段,可以避免采用军事的手段,所得的结果犹似采取

① 中国第二历史档案馆编:《中华民国档案史资料汇编》第二辑,第280页。

军事的手段且胜过军事的手段。

第三节　北洋政府时期的外债

在军阀混战的北洋政府时期，国家财政状况江河日下，终致山穷水尽的地步。当袁政府初年，国家财政，就经常国用而言，尚能得到保证，使收支相抵，略有余裕。可是，袁世凯迷信武力，野心勃勃，逆历史潮流，自为帝制。为了消灭异己势力，无论是军事上的动武，还是政治上的收买笼络，在在需款，以致陷入“仰给外债以度岁月”的地步。帝国主义列强在辛亥革命爆发之时，即不失时机，策划通过贷款以控制中国财政，增强在华势力，左右中国政治，直至支配中国的未来。它们应袁政府的要求，通过国际银行团，提供善后借款。同时，把当年中国岁入主要来源的关盐两税，控制掌握在手。后继的皖、直、奉三系，混战不休，政潮迭起，社会动荡下生产破坏，经济停滞，税源日就枯竭，加上割据的地方军阀截留国税，帝国主义列强以拥有债权而控制、预扣除了上述盐、关两税并及其他税收和厘金等，致国家财政状况更急趋恶化。20 世纪 20 年代初，中央政府为维持其正常运行，月需 1700 万元，而每月收入仅 500 万元，不及支出所需的三分之一。“财政收入更形短少，支出更形浩繁”，“逢年过节，更属难以度日”，“纯恃借款以度难关”。[①] 本节就这一期间借款方面的几件大事，分述如下。

---

① 卸任财政总长潘复通电:《任内借款经过情况,1922 年 3 月 29 日》;《民国日报》1922 年 4 月 2 日。按:引文中的“债”,兼指内外债,由于政府无债信,债票承购者少,主要乃是外债。

一、国际银团与善后借款

1911 年 11 月,袁世凯受清室之命,作为内阁总理大臣以“善后”的名义,向国际银团在华代表试探借款的可能性。次年 2 月,他以当选而尚未履任的中华民国临时大总统的身份,再度向国际银团提出财政支援的要求,后者给以积极响应,标志着双方对善后借款磋议的开始;时经一年两个月,到 1913 年 4 月,《善后借款合同》正式签订。在此期间,借方的决策者始终是袁世凯,执行者相继为唐绍仪、熊希龄和周学熙。贷方主体是国际银团,但其成员构成时有变动,最初为英、法、德、美四国财团,继增日、俄两国扩大成为六国银团,最后以美国财团的退出而变为五国银团。袁世凯以“善后”之名求取外债,作为图谋巩固强化其权位在财政方面的一着。西方国家则将“善后”改为“改造”(Reorganization),突出重新改组中国以适应西方要求之意。

(一)善后大借款的“名”、“实”

袁世凯在清王朝遭到武昌起义的致命袭击之际,受命组阁,以收拾残局自负;在财政方面,指望取得外力支援。1911 年 11 月 31 日,他向美国财团,也是四国银团的代表司戴德(W. D. Straight)试探取得借款的可能性,提出了“善后”这个名目。次年 2 月 15 日,袁世凯当选为临时大总统,在履任之前,筹谋解决辛亥革命所产生、遗留的问题和建立新的统治秩序所需的经费,先派遣度支部副首领周自齐向四国银团做了借款试探,继由不久后就任内阁总理大臣的唐绍仪于 2 月 26 日向该银团提出紧急垫款要求,更希望能尽快提供一笔 6000 万英镑的大借款,并告以愿意整顿盐税,以之作为借款的担保;言明借款的用途,是用作今后 5 年内年需 1200

万英镑的行政费用；如有富余，以其80%用于生产性事业，20%用于陆海军及教育方面。①

4月29日袁世凯第一次，也是惟一的一次出席临时参议院会议，宣布施政纲领，中心内容为裁兵和借款。他说，南北既已统一，国民希望和平而倡议“裁军”；当年财政本已拮据异常，裁军需大量经费，非借债不足以济急，而且结合实际，只能借用外债。他说得似乎无懈可击，实则包藏着极大祸心。这个总统对裁军所专注在心的，是剥夺资产阶级革命派的主要实力，即解散忠于民国、共和理想的南军；所借外债实际还准备用之于扩充和加强忠于他的北方军队。打着“善后”的旗帜，为建立他的军事封建独裁做准备。②

袁世凯的借款决策既定，便放手让政府有关部门首脑如国务总理、财政总长以及外交总长去执行，由他们“便宜行事”；也就是只要借款有成，什么条件都可以接受。

借款以“善后”之名而举借，款到手之后，实际用途却完全是另一回事。签署借款合同的全权代表之一周学熙就承认虽然借款“所订用途极严，尤以办理裁兵为急务”，但“赣宁事起，战端重开，军糈浩大，裁兵之费，竟以此用兵”；国家因此蒙受“晦气”。③

继辛亥革命而南北和议告成，国家至少在表面上归于统一，以此而有善后借款的磋议。然而，这笔借款的达成，却又转用之于使

---

① Papers Relating to the Foreign Relations of the United States，1912年，第117页。四国银团的备忘录，1912年3月25日（原件英文），中国社会科学院经济研究所藏，日文档案（F. V. Field：American Participation in the China Consortiums，1931年版，第74页）。

② 参见С. Л. Тихвинский：Новая история Китая，莫斯科，1972年版，第509页。

③ 周学熙：《年谱》，第46页。

中国重新走向分裂的所谓“赣宁之役”,亦即袁政权武力镇压二次革命的内战。善后借款在导致中国再度分裂上,起了助燃剂的作用。

(二)国际银团构成的变动

以汇丰和东方汇理两银行为主的英法两国一些金融组织,为协调它们对华中地区铁路投资的利益,早在1907年①组成一个国际投资公司——华中铁路公司。这个公司为了与德国银行协调投资粤汉铁路的利益,旋即吸收德国财团,扩大成为三国银团。美国于1898年占领菲律宾而“意外地取得在东方的立足点”,把以中国为重心的“广阔的东方”当做自己渴望开拓的市场。当英、法、德三国财团与清政府谈判湖广铁路借款行将达成协议之时,美国运用外交手段,向中国强行要求平等分享此项借款的利益;另一方面,它又由摩根公司驻伦敦代表出面,与英、法、德三国财团代表进行谈判,要求平等参与。他们于5月23日达成协议;四国财团共同均享湖广铁路借款权益;同时使三国扩大为四国的国际银行团,也就“自然”地组成了。

四国银团设立宗旨,是谋求对华贷款时在相互间避免“无益的竞争”,并对贷款本身能取得“充分的担保”和掌握“必要的控制”②;贷款项目,初以资本需求量大、利润厚的铁路为主,尔后则

---

① 华中铁路公司在1904年即已成立,原为英国公司。以后吸收法、比资本,成为国际投资公司。

② 英国外交部致贝尔福勋爵函,1912年3月14日。南开大学经济研究所经济史研究室编:《中国近代盐务史资料选辑》(以下简称《盐务史资料》,第14—15页。原注:译自海关总署所藏档案:《英国国务文件》(1912年)第2卷,《关于中国借款谈判往来之件》。

扩及中国的币制改革和地区性(如东北)的实业开发,并迅即转注于财政信贷上。

国际银团的产生,是世界资本主义发展的产物,是"随着资本输出的增加,随着各种国外联系和殖民地联系的扩大,随着最大垄断同盟的'势力范围'的扩张,'自然'会引起这些垄断同盟之间达成国际协定,形成国际卡特尔"①。专谋垄断对华贷款权益的国际银团正是这样一种组织。

四国银团不是有关四国政府间的一个政治组织,只是各该国银行等金融机构的联合体。各该国政府所以热衷于使本国财团与其他国家的财团联合成一国际银团,目的并不限于组成银团的本身,而在于使之成为执行各自对华外交政策的机关。银团的每一成员财团与其本国政府都有密切关系。它们的每一个行动,都体现着各该国的和四国共同的政策;并以此取得各该国政府的全力支持,并由后者经常运用外交手段,直接参与干涉,相互配合。

随着形势的演变,有关各国的政府既可以保持对华政策的趋同,怂恿本国银行组成财团,与其他国家的财团联合组成国际银团,也会因政策、策略上的歧异,示意本国财团宣布退出,从而使国际银团的成员结构出现了时而扩大、时而缩小的演变。

国际银团的成员财团理论上都是平等的,事实上它们在银团中的地位、作用和影响,却受有关各国经济、实力强弱的制约而存在着差别。当四国银团形成之时,英国势力虽然已经失去绝对的优势,但仍居于主导的地位。它的对华战略目标:是通过国际银团掌握对华贷款的大权,以此为杠杆,监督、控制中国的财政,进而左右中国的政治趋向。这个目标,基本上也为法、德、美三国所认同。

---

① 《列宁全集》第22卷,1958年第1版,第238页。

俄、日两国经济实力不敌上述四国,缺乏可供输出的“过剩”资本,但在地理上与中国毗连和邻近,因此,它们都力图控制与之毗邻的中国领土以补其经济实力等的不足。具体到贷款问题,它们认为拟议中的善后借款,一旦成为事实,势必增强中国中央政府,不利于它们当时正企图加紧蚕食、肢解中国北疆的行动。因此,沙皇政府公开声称:“俄国决不能参加为反对俄国的军事准备的借款”①;不单不参加,它还加紧指使道胜银行张罗一个俄、法、比财团,竞争对华贷款的权益,向四国银团挑战。

日本在本世纪初战胜俄国之后,立即与之化敌为友,以牺牲中国为代价,从中国东北地区向西扩展到内蒙古东部一带,扩张它的势力范围,虽然如此,日俄之间一直互存戒心。俄国念念不忘既失的优势,伺机卷土重来。日本则时时加以提防,并谋求能续有扩展。从这点出发,也为了适应英国远东政策的需要,它一再与之结成同盟,以求有利于扩大它在中国的势力,特别是突入势力于长江流域,它虽缺乏“过剩”资本可资输出,却亟谋参与对华贷款,以自抬身价。

英、法、美、德四国在1912年年初决定通过银团向中国提供贷款的同时,为了遏止俄国指使道胜银行组成俄、法、比财团的活动,破坏其行将与中国达成借款的协议,曾试图邀请俄国参加,然而俄国的反应却非常冷淡。而日本未受邀请,却表示了相当高的热情。四国银团在与俄、日展开紧张外交活动的同时,于其内部也深入考虑是否吸收俄、日两国参加银团。美国财团以曾几次企图投资东北,一再遭到日、俄阻挠而失败,乃推出了利用银团约束俄、日的策略,希图以此突破俄、日两国对“满蒙”地区实际存在的垄断局面,欢迎两国组织财团参加。德国正谋在远东,主要是在中国扩张势

① 参见 Lo Hui-min:The Correspondence of G. E. Morrison,第1册,1976年版,第72页。

力,为求有利于与英、法两国进行较量,认为没有必要反对日、俄两国的参加。英、法两国与日、俄两国正分别结成联盟关系,都希图以后者的参加来增强各自在银团中的影响。所有这些因素交织在一起,异中求同,最后是一致同意吸收俄、日两国财团参加,扩大既有的国际银团的规模。

有关四国政府肯定了银团的决定,给予外交支持,但在做法上又有区别。德、英、美三国相继作出邀请俄、日两国政府授权其银行家参与对华贷款的试探。法国则明确劝告该两国参加银行团来维护它们在华的利益。① 体现了法国在中国、至少在银团内部,准备依靠日、俄的力量,与英国一较短长。

俄国原来想通过道胜银行组成的财团与袁世凯政府洽谈贷款,并终于达成了"华比借款"的协议;但是,在四国银团的压力下,旋以袁世凯政府撤销此项借款而受挫。沙皇政府注意到这个现实,意识到自己单枪匹马竞争不过四国银团,更重要的是它不想也"不可能明显地反对英、法两国〔对华贷款〕的终极意图",因此只好对银团的持续邀请,回应以有条件的参加,即银行团的借款,不得有碍于俄国"在北满、蒙古以及中国西部的权利和特殊利益"。② 日本早已倾心于四国银团准备的对华贷款,并认定此举具有强烈的政治性质。它以"决不能让对华财政监督权完全操纵在四大国手里"③的意志,援俄例,也要求以拟议中的贷款不能损害

---

① 参见丁名楠等:《帝国主义侵华史》第2卷,第372页。

② Papers Relating to Foreign Relation of U. S. ,1912年,第124页。齐赫文斯基主编:《中国近代史》,第504页。

③ 《帝国主义时代的国际关系——红档文件选辑,1878—1917》(Международные отнощения в эпоху Империализм-Доументы из Архивов Иарского и временного правительстов,1878—1917)第二辑,第19卷,第2部分,第321页。

它"在南满以及邻近南满的内蒙古东部地区的特殊权益"①为条件,参加四国银行团。

俄、日两国参加的条件,在初步获得四国银团愿意给予考虑以后,于 1912 年 4 月 7 日,俄国指定道胜银行为代表、日本指定横滨正金银行为代表,与四国银团磋议细节,6 月 18 日达成谅解,默认了日、俄两国的参加条件,接受了它们的参加。② 四国银团从而扩大成为六国银团。

在六国银团组成协议中,主要出于俄国的动议,列有俄、日财团"有权退出本协定"的一个条款,表明俄国刚参加就并不打算充当这个银团的永久伙伴。此举得到日本的附议。英、法、德、美财团为相对应,也各自做了"有权退出"③的保留。

俄、日两国财团成为六国银团成员后,为执行各自国家的既定政策,表现各有不同。俄国生怕它所保留的特殊利益受到损害,对六国银团的活动经常掣肘;俄国财团代表郭业尔(Д. Гойер)一再"卡"银团 的行动,直到拟提供的贷款最后达成前的一分钟,几乎时时说"不"④。日本则表现得异常积极。其驻华公使伊集院彦吉不时直接介入贷款谈判,对袁世凯政府威胁、愚弄兼施,一再挟持中国当局屈从于银团要求,借此增强着日本在银团内部和在中国的影响。

六国银团内部成员之间在分享所得到的权益上,也展开了抢

① Papers Relating to Foreign Relation of U. S. ,1912,p. 137.

② J. V. A. Macmurray: Treaties and Agreements with and Concerning China,1894—1912(以下用中文称做《中外条约汇编》)第 2 卷,第 1023 页。

③ 《中外条约汇编,1894—1912 年》第 2 卷,第 1024 页。

④ F. H. H. King: The History of the Hongkong and Shanghai Banking Corporation,第 2 卷,第 501 页。刘蜀永:《沙俄与在华国际银团》,载《近代史研究》1983 年第 3 期。

占优势的激烈竞争。对监督借款用途而规定的中国政府必须聘请外籍顾问职位的争夺,便成为各方注意的焦点。分赃结果是:英人1名,为盐务署稽核总署会办;法、俄两国各1名,为审计局顾问;德人2名,一为稽核处外债室稽核员,一为盐务副稽核①。

美国对未能获得任一关键职位引为不满,其驻华公使嘉乐恒(W. J. Calhoun)在致国务卿诺克思(P. C. Knox)的报告中认为,眼前的六国集团中,除了美国以外,都成为“具有共同利益的大国联合起来以实现其自私自利的政治目的”,从而美国是否“脱离国际银行团”应该是考虑的时候了。同样,美国驻法公使也持类似见解,认为六国银行团的活动,正背离着美国对华的“门户开放”、“机会均等”的政策原则,应该作出决断,或解散国际银行团,或从这个银行团退出②。

这时正值美国新旧总统交接之际,威尔逊(T. W. Wilson)就任总统,以银行团的贷款条件“非常接近于侵犯中国本身的行政独立”为由,宣布退出银行团。③ 具有讽刺意味的是在借款谈判过程中,为了从中国榨取严重侵犯中国主权的条件,美国财团活动的卖劲程度至少并不逊于其他各国的财团。

英国财团在收到美国财团的退出通知并转知其他四国财团后,于1913年4月2日复信美国财团。信中既玩弄外交辞令,即“同人们对于美国银行团的断绝联系感到遗憾”;紧接着表示,“但仍将尽最大努力使美国银行团希望完全退出借款团的愿望得以实

---

① Papers Relating to Foreign Relation of U. S. ,1913,p. 180.

② Papers Relating to Foreign Relation of U. S. , 1913, p. 160、p. 164、p. 168.

③ 威尔逊声明,1913年3月20日(原件英文),中国社会科学院经济研究所藏日文档案。

现”,并要求美国银行团仍“应受六国银行团协定条款的约束”。除非善后借款已经发行或已放弃、或者时间已过5年,否则美国银团不得“与五国〔银团〕对华借款作竞争”。①

与之对应,美国财团宣布,虽然退出了国际银团,但对在参加期间所分享的权益(如在湖广铁路借款,币制实业借款上所获权益),绝不放弃,并授权花旗银行代表美国财团全权处理②。

美国退出以后,六国银行团随之改称为五国银行团。

(三)借款的磋商和交涉

善后大借款虽是袁世凯政府提出的,但由于各成员银行都得到各自政府的全力支持,同时借款又适应了袁世凯政府的迫切需要,因此,在磋商借款的全过程中,国际银团始终占据主导地位。整个谈判、交涉进程,按其内在的演变,大致可区分成前后两个阶段。

第一阶段为1912年2—8月,主要是磋商临时垫款和形成借款的条件。国际银团作出对袁世凯政府给以财政支援的决策,但对后者究竟能否存在下去、巩固起来,一时未尽消除疑虑。同时,也为了谋求能够攫取最大限度的贷款权益,采取的策略是步步为营,先行垫借小量应急款项,以为试探。

1912年3月9日,四国银团在提供第二次垫款时,取得了袁

---

① 汇丰银行致摩根公司函,1913年4月2日(原件英文),中国社会科学院经济研究所藏日文档案。这三条限制根据六国银行团的借款协定,参阅《中外条约汇编,1894—1912年》第2卷,第1022页。

② 美国银行团致其驻华特别代表麦克纳特(Mcknight)电,1913年3月19日;中国人民银行金融研究所编:《美国花旗银行在华史料》,第120—121页。

世凯政府的“同意”,对中国政府“将来大改组时需用的一笔巨款,保证给予银行团借款的优先权”①。四国银行团既定策略初试得逞,接着考虑提供贷款的总方针。3 月 12 日,它在伦敦会议上,本着英国蓄谋监督中国财政以左右中国政情的战略,确定在已经取得的贷款优先权以外,再增加三项新的要求:(1)鉴于盐税在当年中国财政收入中占有 20% 的比重,就势要求以盐税作为借款的担保;(2)对盐税本身,则要求中国政府采纳海关总税务司的建议,聘任外国专家予以整顿;(3)四国银团从中国政府取得进一步保证,在此后还须提供垫款期间,及其尚未偿还和日后拟贷给的借款债票尚未发行完毕前,中国承诺“除了通过四国银团的中介,决不商谈其他任何垫款和借款”。这三项要求由银团驻京代表向袁世凯政府转达,并另提出六项所谓“建议”:(1)提高关税税率,继续实施把关税税金收入存于在华外国银行的办法;(2)在铁路和会计部门增聘外籍人员;(3)在外国专家指导下,整顿盐税和土地税;(4)聘任外籍财政专家等人员到财政部工作,协助制定一套近代会计制度和预算编制;(5)鼓励利用外资以促进中国工矿企业的发展;(6)把中央、地方所拖欠的外债,在拟借的款项中悉数偿还。②

5 月 11 日,英国政府发出一“备忘录”给英国财团,指示谈判策略,《备忘录》中称“陛下政府认为,目前是谋求中国总的财务行

① 英、法、德、美四国银行团备忘录,1912 年 3 月 25 日(原件英文),中国社会科学院经济研究所藏日文档案。

② Papers Relating to Foreign Relation of U. S. ,1912 年,第 126—127 页。唐绍仪与银行团代表两次会谈记录,1912 年 4 月 30 日和 5 月 2 日,财政部档案,中国第二历史档案馆藏。孙瑞芹编译:《德国外交文件有关中国交涉史料选译》第 3 卷,第 294—295 页。

政改革的有利时机",在要求同意接受"任何类似国际财务管理"时,要讲究策略,务必不致引起中国人民的"反抗";"如果在这方面做得过分,就有破坏借款的根本目的——在中国建立一个强有力的中央政府——的危险"。① 这个指示实际上是重申提供贷款所要追求实现的目标——支持、增强袁世凯政府成为中国的一个强有力的中央政府,必须很策略地来推进。

《备忘录》中指出:中国的"一切改革,无论如何均应由中国方面自行提出,而且应该采取任用外国顾问作为中国政府官员的方式,而不是采用外国人管理的办法"。具体说,就是(1)"由中国政府根据外国政府或银行团的提名","任用一名外国财政顾问,对中国总的财政政策提供意见";(2)"在政府其他部门",如商业部、交通部、教育部等,采取同样程序,"任用外国顾问,并在铁路或其他国有企业中",扩大聘用外国人员。② 这就是英国政府的所谓"不过分"的做法。

国际银团接着在5月14—15日的伦敦会议和6月18—20日的巴黎会议上,两次讨论借款条件,决定了基本原则和要点。主要是:国际银团作为贷方有权查明动用借款的目的,中国应建立一套审计制度,并聘任外籍人员不仅充当顾问,而且享有行政权力,以便保证所借外债的有效使用;盐税作为借款的担保应交由海关管理,或新设一由外籍人员指导下的类似中国海关的机构来管理;重申在借款债票发行完毕前,中国不得向其他财团另谋借款,中国应任命国际银团的金融代表在借款商定后5年内接受他对"善后"

① 英国政府备忘录,1912年5月11日(原件英文),中国社会科学院经济研究所藏日文档案。

② 英国政府备忘录,1912年5月11日(原件英文),中国社会科学院经济研究所藏日文档案。

工作的“协助”。①

银团目中无视中国主权，它的代表——汇丰银行的熙礼尔(E. G. Hillier)更是骄横无忌。在与袁世凯政府的磋商中，他以其殖民主义者的傲慢放肆揶揄：中国“现在政体已定，犹如新立公司必须招纳资本”，股东对公司该有监视之权。“今各本国投资于中国，亦必有监视之权方得公允”②；明目张胆地妄想参与主宰中国行政实践。

讯息传出，舆论哗然；认为银行团所提出的监督条件是列强对清政府“尚且没有提出过”的条件，断难接受。杰出的民主革命家黄兴通电各省，揭示监督条件辱国殃民，更指出“现时”根本没有举借巨额外债的必要，即使为应一时之急，尽可向各方筹措小额借款，“极力节约”，“渡过难关”。一时间南方各省展开了国民捐运动，北方省份也群起响应。

中国人民的爱国热情引起了列强的戒惧。英国驻华公使朱尔典(J. N. Jordan)就认为这些行动，“与那场成为辛亥革命前奏的反对湖广铁路借款的运动”具有同样的“不祥”征兆。③

北洋政府财政总长熊希龄作为商议借款的主持人，认为自己承办的事项在政治上既遭到人民同声反对，拒绝接受银团的要求，并向总统袁世凯提出了辞呈；但在未准辞前，仍在袁世凯的挟制下，与银团代表周旋，准备以减少借额，换取放松借款条件，要求尽速解决，否则，“即各自由”。④ 7 月 9 日，与银团有关的六国驻华

① MacMurray，上引书，第 2 卷，第 1021—1023 页。

② 唐绍仪与银团代表谈话记录，1912 年 5 月 2 日，财政部档案，中国第二历史档案馆藏。

③ 参看丁名楠等：《帝国主义侵华史》第 2 卷，第 377 页。

④ 熊希龄致银行团函，1912 年 7 月 1 日(原件中文)，中国社会科学院经济研究所藏日文档案。

公使径向国务总理兼外交总长陆徵祥和熊希龄施加压力,声称要么接受银团提出的借款条件,要么是面对停止这次借款并各该六国不再批准各自公民向中国提供贷款的局面。

借款谈判一时陷入僵局,银团为防此事自我搞"砸",由伊集院彦吉紧张活动,他直奔总统府、径往外交部打听动静,刺探讯息,既做"转圜"工作,又下"解释"工夫,使借款谈判没有陷于破裂。

第二阶段为借款磋商和外交交涉的交错,时间是 1912 年 9 月—1913 年 1 月。

为了摆脱银团的钳制,袁世凯政府转而谋求多辟借款渠道,从而引起了一场克利斯浦借款的纠纷。

还在 5 月间,一个以美国垄断资本洛克菲勒集团为后盾的姜克生国际银团(The Jackson International Syndicate)代表白启禄(E. F. Birchal)与袁世凯政府接洽贷款;7 月 12 日,签订了向中国政府提供英金 1000 万镑的借款草合同。他旋即把此项权益转让给英国伦敦证券交易所的一名经纪人克利斯浦(C. B. Crisp)。后者则说合伦敦三家银行[①]组成一个财团,即以他的名字命名为克利斯浦公司(C. B. Crisp & Co.)[②],并由它接受了上述权益。克利斯浦作为该公司代表,在伦敦就近与中国驻英公使刘玉麟洽谈,于 8 月 30 日由刘代表北洋政府财政总长周学熙与克利斯浦公司代表签订了借款合同。该合同规定,借额英金 1000 万镑,供作中国政府该清偿而未清偿的外债、整顿政务以及兴办实业之用。八九扣,实交年息 5%,1913 年 9 月 30 日前把贷款付讫,借期 40 年,以盐课羡利余款作担保,如不足数,由中国政府另行筹款补足。中国

---

① 这三家银行的英文原名为 Lloyds Bank,London County & Westminster Bank 和 Capital & Counties Bank。

② 克利斯浦财团,或作克利斯浦公司,中文名称亦作"华英普兴公司"。

政府给与优惠,此后若添借外债,克利斯浦财团所提出的条件若与别家相等,享有优先权。此外,双方约定:在本借款债票发行前,中国不得订借其他外债。①

克利斯浦借款的成立,给六国银团以极大的震动。正如汇丰银行董事阿迪斯(Sir. C. Addis)所说,它给善后借款谈判以摧毁性的一击。②

克利斯浦借款的成立,也是对英国政府的挑战。英国在推动银团承揽善后借款之初,即给了只支持汇丰的承诺,为了推行其既定政策,英国外相格雷(E. Grey)在9月初接连指示朱尔典,令其转告银行团各国代表,"尽速"与中国政府"取得必要联系","准备重开谈判",并决定策略,"首先使由中国提出",并以"终止对其他方面的一切谈判作为恢复谈判的一个条件"。袁世凯应朱尔典要求,亲自许诺:如果六国银行团同意放宽借款条件③,就可以取消克利斯浦借款。

周学熙不审辨国际银团的策略。16日,他主动先向银团代表熙礼尔提出了重开借款谈判的意见,后者迅即作出积极响应,两天后就势端出形成合同各款雏形的条件:(1)本借款主要用途,应为偿付拖欠的庚款,归述银行团的临时垫款,各省举办的外债和华比银行经手的借款,遣散军队的费用和支付军警的薪金和给与已"逊位"了的清皇室的津贴;(2)供本借款担保的税项由海关管理

---

① 《合同》见《中外旧约章汇编》第2册。

② 伦敦六国银团总代表,汇丰银行董事长阿迪斯(C. S. Addis)语意,参看F. H. H. King著,前引书,Ⅱ,第492页。

③ 朱尔典致格雷电,1912年9月3日;又函,9月4日;又电,9月8日;格雷致朱尔典电,1912年9月9日、10日、11日(原件英文);伊集院彦吉致日本外务大臣内田康戴电,1912年9月16日,中国社会科学院经济研究所藏日文档案。

或新设一个受外人指导海关那样的机构,征收的税金存入国际银团各银行;(3)本借款的支用应受银行团代表的监督,所有需要支用借款的申请书,应由经银行团认可、财政部任命的稽核处长草拟并提出;(4)本借款由银行团发行,应给与所规定的佣金和发行一切中国公债的取舍权;(5)于相当时期内规定今后实业借款的用途须经银行团同意,并应雇用银行团同意的外籍技术专家和稽核处长分别在中国政府指导下,办理此种企业和监督企业的开支;(6)财政部同意银行团充任中国政府的财政经理人,期限5年;如开发资源而建立机构及关于改革税收的征收及改革,应与诸银行团磋商。①

不难看出,条件非但没有减少,反而有所增添,不仅仅意图控制中国政府财政,还妄图控制中国整个国民经济的发展。

对于这些条件,周学熙只提出两项原则性的意见,即:(1)勿碍中国政府行政权;(2)勿致激起中国百姓反对风潮。至于具体对案,则正如银团内部经分析后所认定,与银团原案基本一致,没有实质不同。只是他以急需筹措发放"欠饷"的经费为由,要求先垫支若干,并"正式保证撤销"克利斯浦借款。②

但是,周的目的并没有达到。银团不但拒绝垫款,而且明确表示今后将不再给予临时垫支款项的便利,并坚决要求恢复借款谈判须以"首先"废除,而不是"保证撤销"克利斯浦借款为前提,使

① 六国银团向财政总长周学熙提出的《借款条件节略》,1912年9月18日,中国社会科学院经济研究所藏日文档案。

② 银团对克利斯浦借款,不以"正式保证撤销"为已足,要求此词改为"首先撤销"。财政总长周学熙致六国银团节略和说明书,1912年9月19日(原件中文);伊集院致内田电,1912年9月19日,中国社会科学院经济研究所藏日文档案。

袁世凯手中的牌,化为乌有。

伊集院彦吉认定这正是压袁世凯政府屈从银团意旨的绝好机会。他在驻京有关国家公使圈中游说:六国公使应"有所行动",以"保持六国的威势和压力";"抓住足以充分刺入中国的机会和要害问题",予以猛烈冲击,用以实现自己的目的。① 他的主意被其同僚所认同。借款磋商迅即转变成为外交交涉。

六国集团的使节心照不宣地协调着行动。伊集院彦吉和法国公使康德(A. R. Conty)充当先锋,接连发动攻势。10 月中,他们终使新任国务总理赵秉钧发表口头声明:中国政府"现拟敦聘"的外国顾问,是"币制、财政、审计、盐务、银行、农林和工商七方面的顾问"②。法国公使康德等得此讯息,立即通报给英、德、俄、美四国公使,并旋在六国公使会议上决定增提要求:中国政府所拟设立的审计院的组织章程,在公布前理当将草稿先交与法国公使,转致五国公使传阅,并提出意见;聘请顾问的合同,也照此办理。整顿盐务除了在中央设立盐务顾问外,外省也应有相应的人选;并要求派出"全权代表"来商谈借款事项,等等。

迫不及待的袁世凯政府旋即委任国务总理赵秉钧、外交总长陆徵祥和财政总长周学熙为全权代表于 11 月 15 日与银团恢复磋商,27 日正式开议,为期整整 1 月。据财政总长周学熙后来在致临时参议院说帖中所写,银团方面"种种要挟,愈逼愈紧",尤"集中于监督问题"。磋商中屡陷僵局,几致决裂者数次,结果则都

---

① 伊集院致内田密电,1912 年 9 月 22 日,中国社会科学院经济研究所藏日文档案。

② 赵秉钧与康德谈话纪录,1912 年 10 月 17 日(原件中文),中国社会科学院经济研究所藏日文档案。

“不得不降心忍气”地接受了下来。① 中方代表为免夜长梦多,力谋能尽快签字定案,特地安排了日程,准备在两节(元旦和春节)前后,最需钱用的1913年2月29日完成借款的批准等手续。②

借款本身的问题已告解决,六国公使又节外生枝,要求一并解决属于外交的问题。

12月31日,康德、伊集院彦吉求见中国外交、财政两总长,提出根本与借款无关的两个要求:(1)因辛亥革命外国侨民所受损失应给与赔偿并载入借款合同之内;(2)中国政府应聘用国际银行团所推荐的人作为财政顾问等职。康德强硬表示,这次借款就是“具有政治性质,无需讳言”;不先解决赔偿问题,就不同意借款。伊集院彦吉同声附和,以相催逼。③ 在康德和伊集院彦吉的压力下,两位总长竟贸然同意“查明情形,酌予赔偿”,并表示在这次借款中“划出”200万镑备充此项赔偿之用。④

过了半个月,即1913年1月15日,康德又单人闯进外交部,会见外交总长陆徵祥。要求中国财政部聘请顾问时,必须“使法人应聘〔于〕重要位置,得直接发议办事,不仰人鼻息”。

国际银行团看透了当年中国执政掌权者可以任意欺压,予求予取;也因为其银团内部对从中国即将攫夺到手权益的分配,争攘

① 财政总长周学熙提交临时参议院的借款情形说帖,1912年12月27日;《盐政杂志》第6期,民国二年(1913年)6月。

② 财政总长周学熙提交临时参议院的借款情形说帖,1912年12月27日;《盐政杂志》第6期,民国二年(1913年)6月。

③ 日、法两使与陆、周两总长谈话记录,1912年12月31日,财政部档案,中国第二历史档案馆藏。

④ 法使与陆总长谈话记录,1913年1月15日;财政部档案,中国第二历史档案馆藏。陆徵祥分致六国集团各国公使函,1913年1月15日(原件中文),中国社会科学院经济研究所藏日文档案。

不定；还想再压袁世凯政府做出进一步让步，如托辞欧洲金融市场因巴尔干战事而奇紧，要求增加利率等等。当各自所求不能全部满足时，乃玩弄另一花招，托辞签订借款合同，需要电告各国政府做最后定夺，向中国代表提议推迟借款合同的签字。

面对这种局面的周学熙感到“智能俱竭，笔舌俱穷”，更慑于“周学熙误国”①的舆论，只好离开北京，避风天津，借款之事一时又悬了起来。

（四）借款合同的签订及其直接后果

国际银团执行着有关列强的政策，决定贷款给袁世凯政府就是准备用来强化这个“现政权”，以对付它的反对势力的。就借款条件本身说，它已达到了自己的目的，之所以一度要求暂缓签订正式合同，主要原因在于银团内部对所攫取到手的权益还没有得到完全满足。同时，它也体察到中国的政情，深恐“国民党领袖对于任何未经新国会通过的借款合同，都可能拒不承认”，因而在1913年4月16日又秘密通知成员财团，以突击的形式尽速把借款敲定②。

袁世凯政府获此讯息，喜出望外，两天以后（18日），就由财政总长周学熙出面，通知银团的英、日两国财团代表：“在众议院议长尚未选出，国会未组成前，中国政府有权直接签订借款协定”；否则，“借款协定在签字前必须先提交国会通过”；因此中国政府“急于希望是否可能在最近几天内签订借款协定”。通知中还表示：“鉴于立即完成借款协定的重要性”，中国政府“准备满足各公

① “周学熙误国”系1913年1月9日上海《时报》社论题目。

② 熙礼尔致德、法、俄、日四国代表密函，1913年4月16日（原件英文），中国社会科学院经济研究所藏日文档案。

使的要求,立即解决外籍人员担任顾问职务的问题”。[1] 借款合同的正式签订,顿时呈现急转直下的势态。

4月22日袁世凯以总统令:“任命赵秉钧、陆徵祥、周学熙全权会同签字。”[2] 23日,银团的北京代表收到伦敦来电:“五国银行团批准你们所采取的行动。”[3] 26日,善后借款合同在北京由国务总理和外交、财政两总长即赵、陆、周三人代表中国政府为一方,与由汇丰、德华、东方汇理、道胜和横滨正金五银行代表五国银团为另一方签订成立[4]。

合同规定了借款用途,详列成七项,其中有三项用于清偿旧债,即:(1)业已到期的中央政府债款;(2)即将到期的中央政府债款;(3)各省地方债款。有四项用于政府开支,即:(1)裁减军队;(2)整顿盐政;(3)现时行政费用;(4)中国政府与银行团商允之他项行政费。在借款合同签订的同时,又由五国银行团向袁世凯政府融资40万英镑,作为善后借款的垫款。垫款合同与合同组成一个整体,一次签订。此外,袁世凯政府在谈判过程中,顺应银团的要求,早于1912年11月15日公布实施的《暂行审计规则》和《暂行审计国债用途规则》两项规则,也作为借款合同的附件,与合同具有同等效力。

---

① 回译自汇丰银行致伦敦五国银行团电,1913年4月18日(原件英文),中国社会科学院经济研究所藏日文档案。

② 大总统命令,1913年4月22日(原件英文),中国社会科学院经济研究所藏日文档案。

③ 爱迪斯致北京银行团代表电,1913年4月23日(原件英文),中国社会科学院经济研究所藏日文档案。

④ 借款合同及附件等件。参见《中外旧约章汇编》第二册,下文中引自该合同等件者,不再加注。

借款合同额为英金2500万镑①,由五国银行代中国政府把这笔借款的债票,向公众发售。贷方八四扣实交,年息5%,借期47年,即以1960年为终借期。从订借之日起17年之后,32年之前,中国政府可以将未到期的全部或部分债款提前清偿,每100镑须加付2镑10先令。如过了32年,提前清偿欠款,则加款可免。债票的发行,由五家银行承办,但规定各该银行可将"应有之权利、权力及裁断权"的全部或部分,"转让或托付于无论英、德、法、俄或日本公司,或董事等,或代理人等",而且再给予后者"以再行转让或委托之权"。以此,俄国日后在本国承募的实际不到一半,余额在英、法、德、比各国分销;日本所承担部分,全部在伦敦、巴黎、柏林三地分别发行。

借款以中国全部盐税、关税之除了已提供作为外债担保后的余额以及河北、山东、河南、江苏四省中央税款作为担保。与此相关,中国政府须接受债权者推荐的洋员的"襄助",整顿、改良盐税征收办法,在中央政府财政部盐务署特设一盐务稽核总所,以国人为总办,洋员为会办,所有发给引票款项收支,无洋会办签字不发生效力;在产盐各地设立盐务稽核分所,以国人为经理、洋员为协理,两人"职权均相平等",所有秤放盐斤、盐税的征收存储需征得协理同意,方属有效;征收所得的税金必须入存于银行团的成员银行或经其认可的存款处,非有会办签字不得提取。

领取借款的凭单,必须由中国政府特设审计处所属稽核外债室的华洋稽核员会同签押,才能向银行提取款项。借款指定专供下述四项用途:(1)交付中国政府业已到期应清还的外债本息,赎回各省现有全部借款,还清最近数次提供的垫款和赔偿各国因辛

① 此数折合德金51125万马克,法金63125万法郎,俄币23675万卢布和日金24490万日元。

亥革命所受的损失;(2)裁遣全国各省的军队;(3)行政费用;(4)整顿盐政经费和中国政府与银行团互相商定的其他行政费。这些在借款合同中都已做出规定。

善后借款成立之日,恰是"宋教仁案"真相被揭露之时,袁世凯的用心,已属"路人皆知"。合同签订讯息传出,举国哗然。反对和谴责的电报,如雪片飞向北京。根据当年《临时约法》,举借外债,须经参众两院通过,才能成立。为此,参议院率先集会,在出席者 172 人中,有 110 人压倒多数通过决议:"此次所签订的借款合同,未经参议院议决,违法签字",认为"当然无效"。该院正副议长则通电全国,指斥政府"擅自签押"的"违法专行"的恶行,"关系民国存亡"。① 众议院在 5 月 15 日的特别会议上,抨击休会期间乘隙仓促签押的邪道,并通电全国,"决不承认"②,国民党人黄兴也通电全国,在同声声讨之余,历述合同百般迁就,导致国家权利的损失③。湘、赣、皖、粤四省都督谭延闿、李烈钧、柏文蔚、胡汉民联名通电全国,指陈"借巨款不交两院议决为违法",属于"私借";并痛陈"许外人为审计局总理,盐务顾问等要求",势必"财权先亡,国本随之","前清专暴之不敢出者,竟见诸民国之政府",要求"立罢前议";并警告袁世凯:"人心一失,窃恐虽有大力",也将"无以善其后"。④ 孙中山则致欧洲各国政府书,呼吁速止此项借款,抑制北京政府仗其财力与人民为敌。⑤

① 伊集院彦吉致外务大臣牧野仲显,1913 年 4 月 30 日电;又,附件:参议院正副议长通电,1913 年 4 月 26 日(原件中文),中国社会科学院经济研究所藏日文档案(原件中文)。

② 《上海日报》1913 年 5 月 11 日。

③ 《上海时报》1913 年 4 月 23 日。

④ 《上海时报》1913 年 5 月 13 日。

⑤ 《上海时报》1913 年 5 月 23 日。

尽管舆情汹涌，反对声浪湍急，为了巩固一己政权的财政需要，袁世凯政府仍然一意孤行，置民意于不顾。

尽管2500万镑的借款总额按规定八四扣，实交量仅为2100万镑，还要扣除手续费、汇费等等，到手只有2072万镑。但袁世凯政府却奉为珍宝，不惜饮鸩止渴。

银团拨付贷款分两大部分，一是预扣和提留；二是实拨。前者总计约为1145万镑（参阅表47），后者不过927万镑。

表47　善后借款预扣、提留简表

单位：万英镑

项目	数额
预扣：本借款第一期利息	67
提留：中央政府到期借（垫）款本息	432 *
中央政府不久到期借款本息	159 *
清偿各省部分借款本息	287 *
预备赔偿外人因革命损失之款	200
共计	1145

注：带*者，均系约数，万以下四舍五入。

国际银团通过提供借款，取得了极大利益。首先，借款实交八四扣，未出手即获得按合同额计为16%的利益。借款利率规定为5%，这是按借款合同额计的，由于第一次利息在首次兑付贷款时预行扣除，若以扣除后的数字计，这个利率，还得增加一个百分点。此项借款债票，在伦敦等地证券市场上，头两年市价始终保持在87.5%—93%之间。而在第一次世界大战以后，一直坚挺，最高达101.25%（1937年），贷款既交付，但在袁世凯政府提用前，按规定，须入存于银团的成员银行或其他指定处所，只支3%利率，这样，不过一次转账就可赚取2%的差额利息。其次，被取作担保的盐税,本是随征随存于中国的银行。借款成立后,全部被转存于银团的成员银行。这是一笔巨额收入,每年从四五千万元迅增至一亿元上下;其中,用以清偿债款本息的,只占总数三分之一多一点,其余的款项都被外国银行无偿加以运用。

最后,也是最重要的,帝国主义列强以银团作工具,用贷款手段,通过监督控制中国财政,谋求实现其控制中国政治的目的。中国财政收入,主要来自田赋、盐税、关税和厘金四大税收。在善后大借款以前,盐税仅次于田赋居第二位,此后即超过田赋跃居第一位。盐关两税合计在税入总量中超过三分之一。中国关税早已被控制在列强手里,如今又加上盐税,对中国财政说来,可谓雪上加霜,更日趋艰难了。

二、日本侵华战略中的贷款活动

武昌起义后,日本政府于 1911 年 11 月 24 日重新决定对华政策。这一政策的基本内容有三:(1)与其他强国协同步调,在中国于保持既得权益的基础上相机逐步扩大,为吞并我国东北地区作积极准备;(2)不失时机地在中国进行全面渗透;并借"反对党之手",助长"叛变分子",促成南北之间以及各个地区、各省之间的分裂局面,以求有利于条件成熟时的分而治之;(3)尽可能地采取"不伤害"中国的感情的行动,以求得中国对日本的"信赖"①。在日本侵略中国的总战略中,经济政策是与军事、外交政策置于同等重要地位的。贷款政策又是经济政策的一个重要的组成部分。日本在参与国际银团的活动之外,又有它自己的活动。

① 邹念之译:《日本外交文书选译——关于辛亥革命》,中国社会科学出版社 1980 年版,第 109—110 页。

在中国近代外债史上，继“善后借款”之后的又一大借款，是世人习称的“西原借款”①。它不是一笔而是一组借款。它不是突然发生的，而是日本对华总战略下所制定的对华贷款政策在一个特定形势下的产物。既有它的前行活动，又有它的后续活动，需要分别进行叙述。

（一）前西原借款的日本贷款活动

日本谋华策略既定，伺机施展它的贷款政策，重点对象最先是中国东北辽东半岛的所谓“关东”地区，而辐射于整个东北，亦即他们的所谓“满蒙”地区。还在1913年5月至9月之间，日本南满洲铁道株式会社（以下简称“满铁”）与奉天都督张锡銮达成协议，贷予后者日金260万元，充作军政经费，包括所谓“征蒙费”，就势取得了对沈阳电灯厂、电话局及商埠地带的土地道路的设施权，并以奉天省的烟酒、牲畜等税为抵押。另一方面，它又愚弄、挟制内蒙科尔沁左翼后旗阿穆尔灵圭和巴林王，先后于1914年2月和4月，分别贷给日金8万元和2万元各一笔。这些借款以这些王爷所管土地的地租作担保，供作他们采购军火和私人花销。其中，前一笔名义上的用途是供作经营张家沟、鹰手沟的石棉矿和科尔沁左翼境内其他矿山的查勘费用，借约中规定必须聘用日籍技师，而且预从借款8万日元中提留一笔，备作技师的薪水、旅费，事实上成为日人拥有经营这个石棉矿和查勘该境所有矿藏的特权。张作霖在日本的支持下，在东北挤走了袁世凯心腹段芝贵后，日本改把张作霖为重点扶植对象。为弥补其军政费用的不足，由朝鲜银行出面，与奉天财政厅长王树翰用救济银行准备兑换基金的名义，于

① 西原龟三是一个商人，受寺内正毅器重，以私商之身份被委以寺内内阁对华贷款策略的执行人。

1916年6月和8月,分别提供日金100万元和200万元各一笔;条件是朝鲜银行及其他日本银行所发行的钞票得按行市缴纳赋税公款,并以奉天境内的契税、酒税以及电灯厂、电话局、商埠地带的房产作为担保①,就势使日本享有在我东北地区流通其货币的特权,并控制了东北的货币金融及地方部分财源。

综计在1913年5月到1916年8月这一段时间内,日本贷款之涉及东北地区的,除了所谓实业借款外,至少有六笔(见表48),折合银元近600万元。贷方主体都是与日本政府有密切关系的机构,即所谓"国策"会社、殖民银行和与官方有紧密联系的财阀组织。利率虽与当时通行利率持平,但关键在于借款的条件和担保,严重损害了中国的行政主权。

表48 日本对"满蒙"地区的贷款

(1913年6月—1916年8月) 单位:日金万元

年月日	借款名称	借者	贷者	数额	担保物	条件	用途
1913.5.29	奉天满铁借款(1)	奉天都督张锡銮	满铁	60	电灯厂、电话局等财产		行政费、征蒙费及其他军事费
1913.9.17	奉天满铁借款(2)	奉天都督张锡銮	满铁	200	烟、酒、牲畜等杂税		行政费
1914.4.14	内蒙巴林王满铁借款	内蒙巴林王	满铁	2	地租		采购军火等

① 参见徐义生编:《中国近代外债史统计资料,1853—1927》,第112—113、144页。

续表

年月日	借款名称	借者	贷者	数额	担保物	条件	用途
1914.10.19	奉天大仓借款	奉天巡按使张元奇等	大仓洋行	150	本溪湖煤矿公司和安东采木公司的全部资产、奉天省股本等	让予贷方在太子沿河岸合办一矿	军政经费
1916.6.9	奉天第一次银行救济借款	奉天巡按使张作霖等	朝鲜银行	100	电灯厂、电话局全部资产等	贷方得参加整理改善中国各银行及在市面流通该行货币	整理当地华方各银行的基金
1916.8.1	奉天第二次银行救济借款	奉天财政厅长王树翰	朝鲜银行	200	契税、酒税全部		名义上充作奉天各银行的兑换准备金，实际挪作军政经费
总计				712			军政经费

资料来源：据徐义生：《中国近代外债史统计资料，1853—1927》，第114—127、148页，有关数字，说明改制。

日本密切注视着中国政局的变化，在东北地区以外，也常以贷款活动以渗透势力。

当袁世凯称帝，护国军举起讨袁旗帜，日本贷款的目标，立即由东北转向西南，对承揽护国军政府及南方独立各省的贷款，一时表现出高度的热衷，几乎全被包办。这些借款，其贷方除了日本银行外，还有个人出面的。如1916年2月26日，孙中山以护国军代表身份，为补充发动反袁军用的不足，以在胜利后对债权者企业予以善意考虑作酬报，借支日金70万元，贷方就是一个日商——久原房之助。同年3月、5月、6月，护国军政府先后三次所借近日金220万元；贷方主体也是日本商人个人。某些商人的一些举动，就其个人说,不排除出于同情和支持中国进步势力的动机,即使如此,也是在客观上正吻合于日本的总策略才能使这些借款成为事实。

在1916—1918年间,日本为在中国“助长叛变”势力,支持“反对党”,对护国军政府及其根基所在的广东等省,一再提供贷款。除了上述由个别的商人作为贷方外,多数是由台湾银行贷出,也有两笔分别由正金银行和三井洋行作为贷方,总额日金979万元。这些银行的活动,不是它们自动配合日本政府的政策,就是直接奉日本政府之命而始行事的。

日本政府通过其国内金融资本势力,甚至个人在贷款给中国的“反对党”的同时,也不放松对政府中枢的财政支持。相反相成,它认定只有这样,才能在中国出现它所期望出现的内斗混乱局面。

首先是对皖系军阀的支持,当段祺瑞继袁世凯之后执政,实掌国权,日本立即提供借款以示支持。1916年5月12日和6月12日,两次提供日金100万元的贷款;日后又假托实业名义,一再提供贷款。如1916年9月9日,由日本兴亚公司提供的兴亚实业借款日金500万元;同年11月11日由中央实业公司提供的汉口造纸厂借款日金200万元。所有这些借款,实际都是充作军政经费。当然,贷款者觊觎于实业经营,这也是事实。他们要求合办湖南水口山铅矿、太平山铁矿和汉口造纸厂,并以这些单位作为借款担保,意图是非常明显的。此外,1918年1月5日,段祺瑞政府部属印刷局用偿还积欠名义,还向三井洋行订借日金200万元,年息8%,九八扣,期3年,即以该局所有财产作担保,并以让与贷方提供器材优先权和招聘日籍技师一名为条件,所得借款,半数供本局用,半数由财政部提用,充作收购开滦煤矿公司股票的资金。以上各项借款总计不下银1000万元。

（二）贯彻中国对日附属化方针的西原借款

日本把第一次世界大战当做“发展”日本“国运”的良机，认为天赐福祜而加紧活动。首先是谋求确立日本在东亚的利权和“确立在华的优势地位”。①

1916年组阁的寺内正毅在前此朝鲜总督任上，就抨击当时的大隈内阁所执行的偏重武力胁迫的对华政策，不利于贯彻中国对日附属化的战略目标。他主张：“不可无取中国之心”，但要改变策略。这一主张，后来被内阁外相本野一郎做了很生动的阐释，那就是要坚持“夜叉心肠”，但得出以“菩萨面孔”。②

寺内为其取代大隈重新上台组阁做准备，于1916年6月下旬，派遣西原龟三来到中国，进行实地的侦察活动。经过一番投石问路的试探，西原提出了自己的见解，认为当务之急在于“首先打下一个经济基础”。他一回国，立即向时在东京准备组阁的寺内送上一份题作《在目前时局下对华经济措施》的政策建议书，另外还写了一份《改进对华外交，加强中日经济提携》的文稿。他认定，为求实现日本在华势力“万世不衰”，目前至为紧要的一点在于确定目标——“融合日中两国经济浑为一体”，使日本所需“原料均可仰给予中国，制造品以中国为市场”，用此以实现日本的“自给自足”。他进而建议采取下述部署：(1)把日本的“有力之银行与中国关系密切的纺织公司和实业家组织起来，结成团体，实行对华实业投资”，以确保日本“在华的经济基础”；(2)为救中国目前执政者即段祺瑞内阁之急，以“利息和条件尽量从宽”，但以京

---

①　日本当年政界元老井上馨欢呼第一次世界大战是“大正时代的天祐”，呼吁停止竞争，举国一致对华扩张。

②　转引自波多野善大：《西原借款的基本设想》，中译文，见中国社会科学院近代史研究所编：《国外中国近代史研究》第1辑，第141页。

绥铁路等作为担保,由上述对华实业投资团体提供巨额借款;(3)为了稳定中国财政,促使中国政府采取下列具体措施:a. 整顿金融,发挥交通设施的作用,对京奉、京张、京汉等国有铁路及其联接路线加强管理;b. 改革币制,先在东三省、直隶、山东各省设立省银行,尔后随着交通事业的发展逐渐推广,最后在全国各省普遍设立;c. 省立银行所需资金,由日本对华实业投资团以贷款抵充,此项借款该由中国中央政府和省政当局作双重担保;d. 省立银行应听取贷方所推荐的顾问的意见,以推行其业务;e. 为整理中央及各省财政,中国政府应根据日本政府的推荐,聘请日人为财政部及各省财政厅的顾问,听取其意见整顿业务;f. 改革币制,中国政府应颁布法令,在现行银本位货币的同时,"并行一种金本位的货币,其形状、成色、名称应与日本现行金币划一",等等。此外还附注:"上述省立银行之设立,原为促进日本货币混合并用之有效方法,但目前交通银行业已停止兑现,陷于困境,如能加以整理救济,使其储积现金资本发行金币兑换券,当较新设省立银行更为便捷。"①

西原的总体方案和入手办法深受寺内的赏识。西原更卖劲效力。在大隈内阁向寺内内阁过渡而"诸事繁乱、头绪未清"的 8 月中旬,他会见中国驻日公使章宗祥,谋以当时交通银行停业,严重影响中国金融经济秩序作为突破口,与之交换了"救济交通银行"的意见。② 10 月初,寺内组成内阁;12 月,即以"内命",也就是非正式地派遣西原龟三作为"改善国交,力图友好"的所谓亲善使节

① 西原龟三撰,章伯铎译,邹念之校:《西原龟三回忆》(以下简作《西原回忆》),中国社会科学院近代史研究所近代史资料编辑组编:《近代史资料》1979 年第 1 期,第 118—120 页。

② 《西原回忆》,《近代史资料》1979 年第 1 期,第 123 页。

来华。西原在北京经人介绍,与亲日派政客陆宗舆恳谈,透露他的设想;如:促进中日货币的混合并用,设立发行金币的银行,并使之与日元挂钩以统一中国的币制;又中国铁路自行建设经营,“不许它国夺取”,“所需资金尽量由日本银行设法提供”,等等。他临别时,又似情挚意切地表示,日本一定“给中国以诚意的支援”。

在东京,寺内内阁于1917年1月9日,通过了关于对华政策的“决定”,这个政策标榜以“尊重并拥护中国独立和领土完整”,“不干涉〔中国〕的一切内政纠纷”,并“与列强保持协商”等为原则,对中国“将诚意给予指导和启发”,增进两国的“友好”。内阁并宣布了提供新的贷款方针,“避免过去那种以获取权利为主,赤裸裸地强迫中国接受的态度”,要“以稳妥条件提供贷款,在增进邦交亲善的同时,采取能促其主动向我提供有利权益的手段”。①

在决定贷款策略之后,日本政府鉴于横滨正金银行时为日本财团参加国际银行团的代表银行,又鉴于国际银行团曾作出决议独揽实业借款以外的所有政治贷款,为避免国际银行团的牵掣和限制,采取两项对策:(1)把本国的兴业、朝鲜、台湾三银行联合组成贷款团,不与正金牵连,以利于实施它的单独对华贷款策略;(2)不管贷款的性质属于政治的还是实业的,一律用实业借款的名目。所需出贷的资金,另行决定。由大藏省拨付1亿日元发行兴业银行债券充作周转基金。西原虽未入阁做官,特选定他作为贷款政策的执行人。

西原受命后,即频繁来华,按照以“菩萨面孔”来实现“夜叉心肠”的策略,由他亲自经手达成的借款,先后计有八笔;还有两笔,则以寺内内阁倒台,未成事实。

---

①　日本外务省编:《日本外交年表并文书》(日文)上,1978年版,第424—425页。

日本据其既定策略,选取当时处于瘫痪状态的交通银行为突破口;名曰救济,真意所在是通过贷款控制该行,进而在中国金融业渗透势力,进行全面的控制。西原再次来华,经章宗祥介绍,向亲日派政客陆宗舆表示“亲善”的“恳谈”中,提出了或实行中日合办,或由日本提供贷款的方案;最后决定采取后一办法。西原以优惠的贷款条件作诱饵,第一次交通银行借款迅即达成,于 1917 年 1 月 9 日,由交通银行总理曹汝霖、协理任凤苞为一方,与日本兴业银行总裁代理二宫基成代表兴业、台湾、朝鲜三银行联合组成的财团为另一方,签订了《交通银行借款合同》(第一次)一件;规定此项借款额为日金 500 万元,充作交通银行整理业务——主要是钞票兑现的基金,年息 7.5%,三年期,以聘请该借款团所推荐的人作为交通银行的顾问,并配置该顾问在业务处理上所需的辅助人员为条件。根据这个规定,日人藤原正文即受聘为交通银行顾问,监控该行的业务。这样,交通银行事实上一度被掌握在日人手里。

上述借款形将签订之际,西原又向段祺瑞内阁提出了一个筹设中日合办银行的备忘录,陆宗舆随即主动倡议设立一家中日合办银行。在第二次交通银行借款合同签订之前数天,这家命名为中华汇业的中日合办银行,就批准设立正式开业,并授予发钞的特许。这家银行的一项特殊使命,是充当由兴业、朝鲜、台湾三家银行所组成的贷款团的在华代表,经理借款的汇兑、存放等事项。银行由陆宗舆充任总理,实权则操纵在常务理事柿内常次郎手里。从此参与西原借款活动的作为贷方主体,除了日本的那个贷款财团外,还有这家挂名中日合办的小伙伴。事实不止如此,按照西原的设想,一旦时机成熟,交通银行也并入进去,以形成一个改革中国币制的大本营,进而夺取对中国货币金融的支配权,从经济上实现控制中国的终极目的。

交通银行借款(第一次)签订后的次月,美国宣布对德绝交,并怂恿中国采取类似行动。日本则策划中国在它的领导下参与对德作战,其外务大臣本野一郎"委托"西原再来中国进行"劝说",并迎合段政权准备武力统一中国的意向表示将"作出最大善意的支持",由在华日本银行给与财政贷款,"如果中国政府权衡得失机宜,要求供给武器及其他军需品,也将予以友好考虑"。

西原衔命而来,一切按计划执行。8 月 14 日,中国对德、奥宣战。西原决定再以"整理业务"为名,续贷交通银行 2000 万日元。于同年 9 月 28 日,签订了第二次《交通银行借款合同》。合同内容与第一次的基本相同,但新增添了将来交行若需借款,日本财团享有优先提供权益的规定。

这次借款数目为第一次借款的 4 倍,引起了其他强国的严重关切。日本也注意到这点。为此,本野一郎还在这个合同签订前特地约晤章宗祥,假惺惺地表示,这次交行借款如果确系实业性质,自然赞同;如果含有政治性质,则该由国际银行团按照成规来办理了;应请借方切实证明"确系为整理交通银行之用"。曹汝霖获悉这一情节,当即电致章宗祥:"此次'交通'借款,弟以银行总理资格商借,纯系整理银行之用,绝无政治关系";并保证:一定像前此 500 万日元那笔一样,"绝对不借供政费"。① 双方都心照不宣地做妥手脚,待款项一交割,立即由财政部挪用其中半数,作为军政经费。作为回报,段内阁在此项借款达成前几天批准了上述中华汇业银行的设立,并授予发钞等特许。这种交易虽然是暗中进行,但脉络还是很清楚的。

1918 年 3 月 18 日,日本在中国政局动荡之际,为了对段祺瑞

① 章宗祥:《东京之三年》,《近代史资料》1979 年第 1 期,第 21—22 页。

政权尽力支持一把,又派西原作第五次中国之行。他一到北京,除了与陆宗舆、曹汝霖"恳切交谈"所谓"日中提携根本方策"之余,还进一步游说段祺瑞,说什么当前中国的现状,"只要能灵活运用权力、兵力与财力,天下事何不可为"!?"阁下既已掌握兵力,只需掌握权力,倘财力不足,本人可设法资助"。交通银行日籍顾问藤原正文第二天即反馈讯息:"段氏已为西原之言所动。"4 月 30 日,即由新组成的也是第三次组成的段内阁交通总长曹汝霖出面,为遮人耳目,日方改由中华汇业银行代表日本贷款财团出面,以改良和扩建有线电信的名义,商定有线电信借款日金 2000 万元一笔。可是,曹汝霖兼任着贷方中华汇业银行的总理,不好同时代表双方,自己借给自己,乃改由交通次长叶恭绰代行签字。这次借款一成立,西原就对曹汝霖说:"此款彼此心照,不限定用于电信。"事实上,这笔借款,与"改良和扩建有线电信"风马牛不相及。其中至少有半数是充作对南方发动内战的费用。① 曹汝霖日后承认,除了拨 500 万元给交通部,"余则全挪为政费"。② 实际上拨给交通部的 500 万元,也并非事实。据叶恭绰后来追述:拨给交通部的哪有那么多! 经他"争取","曹不得已留下 200 万元,但不到一星期又拨走一百几十万元给了财政部"。③ 也就是说,留给交通部的充其量也不过几十万元。

随着协约国的胜利在望,日本在中国的部署加紧了步伐。

---

① Langdon: Japan's Failure to Establish Friendly Relation with China, 1917—1918,载 Pacific Historical Review,1957 年 8 月号。

② 曹汝霖:《西原借款之原委》,《近代史资料》1979 年第 1 号,第 174 页。

③ 叶恭绰:《西原借款内幕》,全国政协文史资料编辑委员会:《文史资料选辑》第 3 辑(1960 年),第 107—108 页。

西原在办妥电信借款准备回国前，为使段祺瑞内阁有个思想准备，交给陆宗舆一个备忘录，题作《中日政府代表为两国亲善商定具体措施》。“具体措施”的主要内容有“创立中国国营炼铁厂以实现中日钢铁自给”，“确定中国铁路化及实施办法”，“中国实行金本位的币制改革”等项。

西原一踏上自己的国门，寺内又要他立刻返回中国，并亲自下了一道题为《借款问题及其他》的训令。单就借款而言，训令中开列了五条：(1)以黑龙江、吉林两省金矿及森林为担保的借款；(2)吉会铁路借款；(3)烟酒专卖借款；(4)建立国营炼钢厂及其借款问题，同时就中日两国间签订供应铁矿砂合同问题进行商谈；(5)组织中国铁道资本团问题，并拟定中国铁路建设计划及其有关协定。①

西原受命，立即启程。他在估量了这些问题的难易程度以后，决意从他认为比较容易解决而与日本的对外扩张关系密切的问题，即上述的1、2、3三项入手。他于到达北京的第二天(5月20日)就会见曹汝霖，提出了以2项为重点的上述三项问题，要求中国接受日本贷款。同时，还要求中国政府聘用日人为采金局、森林局的技师；嗣后创设开发林矿的新企业时借用日款或组织中日合办公司来经营；以及在本借款有效期内，中国政府若向国外举借新债而涉及吉、黑两省的金矿、森林及其收入，需先与日本商议后再行决定。

曹汝霖鉴于此前的活动，尽管力守秘密，终归有所泄露，并激起民间的反对。这次又提出如此广泛的要求，深恐外界的反对导致段内阁的不稳，因此表现出有所戒惧迟疑。西原立即变脸恫吓，

① 《西原借款回忆》，《近代史资料》1979年第1期，第155—156页。

说什么这些问题不解决,“等于抽去了日中友好的实际内容”,并将影响及其他问题的解决。① 他在临回日本前的8月3日,径访段祺瑞,与之“恳切交谈三小时”,他面对这个当年中国内阁总理就中国“财政经济、军事等问题”放言无忌。段在提出解决山东问题中表示“希望把青岛港口建成中国的一个军港”,西原立即接过来认为:“青岛不仅要成为军港,还应该建成为凌驾于上海的一大贸易港。同时,延长山东铁路〔即胶济铁路〕,使之经甘肃通新疆伊犁;还应进一步考虑,把这条铁路建成为穿过中亚直通欧洲的横贯铁路。”段表示赞成,还请西原“大力促其实现”②。西原转身与曹汝霖商议,并于他离开北京的前一天(8月6日),在曹的私宅,交换了涉及铁路和关于军事借款的议定书等一系列文书,约定这些交涉拟待西原回国与其政府有关部门磋商后再行正式订立借款合同。

日本政界这时对寺内屡派私人代表对外进行秘密活动,把外交系统撇在一边,早已表示不满,认为是“武断外交”而加以抨击。这意味着日本政界中已有人认识到世界形势的变化③,已不允许日本继续独断专行,在对华策略上需要做一番调整。而支持这种“武断外交”的胜田主计也不得不自我表白说:以西原借款为标志的内阁对华政策是战时措施;随着战争停止,一切政策自须加以改变。④ 然而,就在这种表白声中,已经决定辞职的寺内内阁却在交权之最后一天(9月28日),以突击的速度与北洋政府成立了三项

① 《西原借款回忆》,《近代史资料》1979年第1期,第195页。

② 《西原借款回忆》,《近代史资料》1979年第1期,第152页。

③ 协约国军队于1918年7月18日向德军发动反攻起,已迫使德军退至兴登堡防线,至9月26日,德军全线崩溃,决定了德国的败局。

④ 参见丁名楠等:《帝国主义侵华史》第2卷,第513页。

借款。即:(1)与中国驻日公使章宗祥签订参战借款合同①;(2)与曹汝霖签订满蒙四铁道借款合同;(3)济顺高济铁路借款合同。这三笔借款,都由日本兴业、台湾和朝鲜三家银行出面贷放。每笔借款均为日金2000万元,共计6000万元。所谓西原借款从此告一段落。这里把历次借款,表列如下(表49)。

表49　"西原借款"

单位:万日元

合同日期	借款名称	金额	备注
1917.1.20	交通银行借款,第一次	500	
9.28	交通银行借款,第二次	2000	
1918.4.30	有线电信借款	2000	
6.18	吉会铁路借款、垫款	1000	
8.2	吉、黑林矿借款	3000	
9.28	满蒙四铁道借款、垫款	2000	
9.28	山东两铁道借款、垫款	2000	
9.28	参战借款	2000	
	国营制铁厂借款	10000	议有眉目,卒未成立
	币制改革(发行金券)借款	8000	议有眉目,卒未成立

日本通过"西原借款",从中国取得了炮舰政策所未能攫取到手的一系列的权益。寺内在卸任后坦承:"本人在任期间,借予中国之款三倍于从前之数,其实际上扶植日本对于在中国之权利,何止十倍于'二十一条'"②;胜田主计则奚落他的政敌,不过是一些

① 参战借款另有附约,规定所谓"参战军"由日本军官训练。

② 转引自刘彦:《帝国主义压迫中国史》下卷,第137页。

“只顾眼前区区小利”,“不顾将来大利”①的鼠目寸光者。

寺内内阁首相的决策,藏相胜田主计的“赞襄”,由西原执行完成的一系列对华贷款交涉,是从日本侵华总战略出发,有计划、有步骤、周密而有序地推进的。但是,这只是主导的一面。另一方面,根据它的既定战略,因应中国政局的变化,它又听任其民间资本组织,对华进行放款活动,以与作为主线的西原借款起着相辅相成的作用。

这一类的民间借款的特点,往往是应急迫需要,数量较小,而笔数甚多,借款名目也多与实际不符,举数例以资说明。

1917 年上半年,中国政局由于“府院之争”动荡不定,先是段祺瑞被总统黎元洪免除总理职务,旋又以张勋复辟,黎元洪被迫引咎辞职。当此之际,日本内阁决议:“不反对日本财团单独或与他国财团协议对中国政府进行财政援助”,“如果中国政府……要求供给武器及其他军需品”,也可以“予以友好考虑”②。民间一些“财团”闻风而动。7 月 12 日,北京正金银行向段祺瑞部东路司令段芝贵等提供银 8 万元贷款一笔,充作收编张勋复辟失败后驻扎在北京天坛部队的经费。同日,天津三菱洋行向直隶财政厅提供日金 100 万元一笔,说是为补助金融费用,实际则是充作收拾张勋失败后事的经费。接着,段祺瑞政府财政部与正金银行磋议善后借款,于 8 月 2 日由后者首次垫给日金 100 万元。第二年 1 月 6 日,再次垫给一笔,数额增至日金 1000 万元。前一笔垫款的绝大部分充作发放军饷,后一笔则主要供段祺瑞政府拨还中国银行曾

① 铃木武雄编:《西原借款资料研究》(日文),东京,1972 年版,第 292 页。

② [日本]内阁决议:对华外交政策,1917 年 7 月 20 日通过,《日本外交年表并主要文书》,上,第 437—438 页。

垫支的军政费用,并充作该行收回所发钞票的基金。7月5日,又是一笔垫款(第三次),日金1000万元。加上其他零星贷款,总计日本一时通过各种渠道给予段祺瑞掌权的北洋政府的零星借款垫款近日金2.7亿元①,超过“西原借款”总数。

在支持北洋政府中枢的同时,日本的银行等经济组织,各有专注地向地方实力派的军阀和政客,进行贷款活动。在华南和长江中游地区,活动的主角是台湾银行。九江的台湾银行先后于1917年7月26日、11月19日和1918年8月13日三次向中国银行江西分行和江西省财政厅提供了日金100万元、50万元和30万元各一笔,分别充作地方财政经费和整顿省内币制。福州的台湾银行于1917年8月和第二年3月15日,香港的台湾银行于1917年8月、12月11日,也分别向福建财政厅、福建督军先后提供了台伏票50万元、日金25万元和日金140万元(总计折合约银200万元)。满铁和朝鲜银行则注目于东北地区。前者于1918年2月10日为接济收买内蒙巴林王以耕地2500亩作担保,贷予日金15万元。这笔借款于六年期满还清后,“满铁”对这些土地享有“暂租”或“永借”的优先权。4月1日,它又施其惯技,向内蒙古扎鲁特王贷银1.6万元,年息10%,期5年,以土地“八十方”作担保。朝鲜银行以觊觎并吞本溪湖煤铁公司,以对奉天借款给予优先权为条件,贷予奉天财政厅日金300万元,供作东三省官银行整理并发行奉票的资金。此外,中日实业公司和古河洋行等,则狼奔豕突地到处乱窜,有机可乘、有空可钻,便以贷款为饵,牟求大利。如中日实业公司两次向山东地方当局提供贷款以换取特殊权益。第一

① 日本大藏省理财局编:《日本兴业等三银行一亿元对华贷款经过及三行债务整理始末,1924年》,见铃木武雄编:《西原借款资料研究》(日文),1972年刊。日本大藏省整理的数字,细加辨证,有溢数,实际没有这么多。

次是于1917年7月23日与督军张怀芝、省财政厅王璟芳签订合同,以山东实业借款为名,实为接济军费,包括收编异己部队的费用等项,提供贷款日金150万元。次年9月1日,张怀芝仍以山东实业借款为名,由该公司提供贷款日金350万元。日本东亚兴业公司和大仓组企图垄断陕西棉花专卖等利益,与陕西省督军陈树藩、省长刘镇华商妥,准由大仓组专权承办陕西铜元局、纺纱局,并赋予全省棉花专卖权为条件,于1918年6月30日与之签订借款合约,提供日金300万元。所有这些借款加在一起,数亦不少。这些借款,零散细杂,似乎互不相关,有的且属纯粹民间组织的一种交易,实际上却又没有一个不是主动配合日本的国策,或是日本既定国策支配影响下的产物。

(三)后西原借款的日本贷款活动

"西原借款"之所以受到寺内内阁政敌的指斥,主要是针对其行动方式而言,至于日本对华总战略,则双方是完全一致的。寺内内阁倒了,西原借款消失了,但它的阴魂持续不散,不单直接取代寺内的原敬内阁期间是这样,历经从高桥是清起到若槻礼次郎的七届内阁期间,一直是这样。

综观从1918年秋起到1926年①这一期间,中日间新成立的借款,不下150笔,总数达银5亿元。其中,最大量的是与西原借款直接、间接有关,不是它的补充和继续,就是它的衍生物。其次,是随着形势的演变,适应其"取"华战略的需要并满足中国掌权执政者的渴求,形成一些新借款。日本以此在中国各个地区步步增强其势力,也用以加剧中国统治集团内部的矛盾使中国战乱不息。

① 1927年未成立新日债。

就与西原借款直接、间接有关的借款说：一是为补西原借款的不足所形成的一些借款。例如，为补参战借款的不足，陆军部与日本泰平公司把装备名实不符的参战军的军械等价款，转成购械借款。此类借款，不下30笔，总计折成银元，超过3000万。二是西原借款的直接延续，这类借款，有加转利作本构成的，也有以欠息为主，经双方磋议添借一些，构成整数一笔，还有一些则变了名目，实际是旧有某项借款的延续，至少是部分的继续。以上各种沿袭西原借款而成的借款，笔数不少，以日金为准，约为1.3亿元；折合成银元，接近1亿元，构成中国其时对日债项中的大宗。

日本在资金上继续向北洋政府中枢输血，相当多的部分系由采购军火等价款所转化。如1918年海军部向日本三菱洋行采购军火，即由海军总长刘冠雄向三菱洋行借款日金150万元作为价款的支付。1920年因年关难过，财政总长李思浩为张罗发放薪饷经费向正金银行求援，以春节前后日本有权在中国各地购买米粮输出为条件，连续向中国政府提供贷款共日金500万元，以济急需。中央财政的匮乏和日本贷款之无孔不入，可以说都到了极点。

与此同时，日本还继续向地方实权人物提供财政支持，借以在各地加强渗透自己势力和控制地方的财源。直隶邻近首都，与中央联系最为密切，从而也为日本各家银行所共同关注。1918年，省内银根紧张，日本兴业、台湾、朝鲜三银行与省长曹锐等谈妥，以开滦煤矿的直隶官股10.1万股作担保，于该年11月23日提供日金150万元贷款一笔，正金银行则于1924年9月12日向京兆财政厅提供贷款银5万元，供作行政费用。在南方，尤其是福建、江西、广东等省，与台湾银行的借贷关系，最为密切。1918年12月下旬，在福建的台湾银行向该省财政厅、福建省银行提供贷款日金6.83万元；1919年2月27日，又提供贷款一笔，日金40万元，以福建地方税、茶税、厘金充作担保。在这方面，日本商人也参与其间,客观上形成了对台湾银行活动的补充。在九江的台湾银行,于1920年前后,连续向江西财政厅融通资金,以应其急需,最终成为长期借款。朝鲜银行则以东北地区为活动重点。1919年5月12日,向黑龙江省府提供贷款日金500万日元,除以其中十分之一归省方使用,其余十分之九解归财政部,实为替财政部代借。6月27日又向吉林省官银号贷款日金500万元,作为整理吉林大洋票的经费和汇兑基金。1921年复向热河都统汲金纯提供贷款日金100万元,以热河区内烟酒税作担保,充作财政经费。满铁则超"功能"地发挥它的作用,于1925年5月30日向张作霖提供贷款日金100万元充作军政经费,而以吉长铁路余利作担保。其他各省,如山东、广东、陕西等省,也有一些日本金融组织和个人,订立地方借款的事例,不一一细述。总计日本在中国这一期间投资于"地方借款"的数量约计3000万日元。其中,最多的是东北,约占五分之二。随着这些借款的成立,日本在各该地的势力急剧增强起来。

三、欧美列强的贷款活动

日本贷款活动的升温,并不意味其他列强活动的消歇,美国的行动,就是最好的证明。它虽然退出了国际银团,但并不意味它就此放弃此项活动。它的国务卿兰辛(R. Lansing)在出任以前就不加掩饰地说:"任何试图把我们的银行家排斥出合理参与中国事务的行为,都将遭到美国政府的断然反对。"这实际上也是其他欧洲列强的态度。日本的对华贷款活动,普遍引起其他强国的警觉。只缘于力所未逮以及各国情况的变迁,才有着不同的动态。

首就俄国说,当日本的贷款侧重于在东北地区以增强其影响和势力时,俄国也开始加强活动。1914年1月22日,华俄道胜银行与黑龙江都督毕桂芳,达成协议,提供俄金400万卢布,充作该省军政经费，而以黑龙江省内金矿作为担保。这是俄国从东北北部入手，以与日本在南部增强势力相抗衡的一笔贷款，也是沙俄对华施展贷款侵略中，与稍后签订的滨黑铁路借款一起的最后两笔中的一笔。

此后不久，十月社会主义革命既在俄国取得胜利，清除了沙俄帝国主义势力，其对华贷款活动也就此宣告终结。尽管此后华俄道胜银行在法国势力的左右下，仍有些零星活动，但已时过境迁，今非昔比，随着道胜的清理，活动也随之结束。

法国的对华贷款活动，几乎都与中法实业银行有关。该行名为中法合办，实则大权全控制在法方手里。规定创业资本法方出三分之二，中方出三分之一。中国在交了第一期股金以后便无力再交。以后各期股金，均由实业银行代付，转作它对中国财政部的借款。既是借款，便需付息，利息无力付清，又变为“本”。如此循环往复，在两年多的时间里，款额像滚雪球似地达到法金 2630 万法郎，外加英金 5 万镑，比原始本金还要多得多。此外，该行为财政部垫付钦渝铁路借款息金和为该部清偿与中法保商银行经常来往账中的余欠，分别为法金 41.67 万镑和行化银 30 万两。1919 年 3 月，又承募当年北洋政府发行的内国公债转成的外债，为银 80 万元①，可以说外债与内债无不插手。

在活动比较频繁的贷款者中，值得一提的是比利时的华比银行，当中国财政部紧急需款时，从 1923 年起二年里，它曾先后提供多次贷款。其中，有 1923 年 9 月 1 日与交通、财政两部签订的“交财华比借款”银 170 万元，以正太铁路余利的三分之一作为担保；第二年 4 月 2 日，再提供一笔银 70 万元，除以正太余利，加上“盐

① 以上参见徐义生：《中国近代外债史统计资料，1853—1927》，第 166 页。

余”作为担保;1925年6月24日和10月1日,两次与财政部单独签订合约,分别提供贷款银240万元和150万元。

老牌的贷款大国英国政府,相对说来,一时无大动作。当北洋政府直系掌权时,陆军总长靳云鹏从传闻中感知空军在作战中的重要性,侈言要建置空军,要买军用飞机,英国以大战已经结束,颇有一些剩余军品待处理,双方一拍即合。于1919年10月1日,由英商费克斯公司(Vickers & Co.)出面与靳云鹏签订合同,订购飞机100架和相关设备,以及其他军火;把价款转成十年期的借款,合英金180.32万镑。① 此外,在20年代初,汇丰银行先后向直系中央和地方军阀做过多笔贷款生意,数额由几十万元至一二百万元不等。

德国和英国大体相似。它在平等分享善后借款的权益后,集中精力于为在欧洲挑起战火做准备,除了私营组织如礼和洋行做过一笔小借款交易外,未见再有别的活动。战后中德复交,为解决旧时债务,德国又进入中国。

最后是美国的活动。它在退出国际银行团的当年,即1913年12月,美国伯利恒钢铁公司即企图重温旧梦,向袁世凯政府海军总长刘冠雄提出要求:承认清末草签的海军借款草合同;第二年3月9日改订了一个新合同,由该公司提供贷款美金3000万元,充作在福建修建三都澳军港船厂之用。② 但在日本的反对下,这次

---

① 购机借款信息传出,江苏省教育会、上海县教育会、中华职业教育社等九团体于1919年9月16日联名致电大总统及陆军部和海军部中称:“南北决裂在即”,政府“掷巨金于外洋”,“购他国废弃妨碍和平之战具”,“少数军人政客欲延长此非战非和之岁月,攫民财以自肥而已”,要求“迅即宣布取消”。北洋政府档案,中国第二历史档案馆藏。

② MacMurray,前引书,第2卷,第1236—1237页。

借款终未成为事实。[①] 1914 年,美国李希金逊公司(Lee,Higginson & Co.)代美国红十字会承募导淮借款也未成功。1916 年 4 月 7 日,再与袁世凯政府财政部签订借款 500 万元,准备充作袁政府的军政费用。当时中国已经发生突变的政局,终使这笔借款除了在签字后提供 100 万美元的垫款外,根本没有发行债票,变成一笔宕账。1916 年 11 月 16 日,段祺瑞政府财政部由驻美公使顾维钧经手,与芝加哥大陆商业银行签订借款合同一件,借额美金 500 万元,以烟酒公卖税为直接抵押品,以河南、安徽、福建、陕西四省货物税为附加抵押品。1919 年 10 月 11 日改订续借展期合同,连息改订为美金 550 万元。当财政部特派国务院参议徐恩元往美拟与芝加哥大陆银行另借一笔 2500 万美元遭拒绝;另一美商太平洋拓业公司代表白鲁斯愿意承揽,以烟酒署税收全数为直接抵押品因而名为"烟酒借款",于 11 月 26 日签订合同,债额为美金 550 万元,供段政府发放军饷用。

北洋军阀当国执政期间,滥借外债,传统的大宗税源除了田赋[②],都已充作担保。在此情况下,消费税的烟酒税,年有增加,又被竞争贷款利益的外国经济组织,视若志在必得的猎物。日本西原借款原有有关烟酒专卖借款项目,成因之一,即在于此。而它之终未提出,则又与美国公使芮恩施当年以美国资本家已优先取得烟酒税作担保而提出抗议有关。

当第一次世界大战形将结束时,美国政府预为战后谋求重整

---

① 中国社会科学院经济研究所日文档案,P. S.:Reinsch:An American Diplomat in China,pp. 99-100。S. K. Hornbeck:Contemporary Politics in the Far East,1916,p. 396.

② 即使是田赋,当年国际财政资本组织即有谋取此作为担保,以提供贷款;北洋军阀统治集团也曾拟以此为担保,举借外债的,只是在全国舆论的抨击、痛斥下,才未成为事实。

列强对华贷款秩序,在1917年11月美国国务院即考虑重新参加时已支离破碎的国际银行团;1918年获得总统同意,在加紧展开外交活动的同时,支持国内一时组织起来的财团与英、法、日三国财团磋商,并于1920年5月从新组成了由该四国财团组成的新银行团。新银行团"野心勃勃",以大笔贷款为目标,但由于内部本身矛盾重重,中国民间对国际财政资本组织企图以贷款控制中国,又予以反对,终于一事未成。

在财政借款之中,还有一些层次较低、期限较短、数额较小、以应付临时需要为主的零星借款。这种类型的借款比较集中在民国以后的北洋政府时期。它的大量出现,反映了军阀割据条件下中央政权地位的陵替和国家财政的实际处于破产境地。

应该指出,近代中国的外债最初也是由层次较低的地方政权举借的。19世纪50—60年代外债开始阶段,少数几笔地方官员举借的外债,数额也比较小,期限也比较短,也都属于临时周转的用途。① 但这和上述北洋借款性质大不相同;是外债试探阶段的现象,与北洋政府时期外债举借权力的下移有着本质的不同。在北洋政府统治的年代里,地方政权和中央政权的下级机构竞相举借外债,成为常事;1913年是袁世凯政府举借善后大借款获得成功的一年;就在这一年里,地方借款就不胜数计。仅就记录在案者而言,有1月18日江北护军使的台湾银行借款,4月4日直隶都督的比证券银行、安华士银行借款,4月11日福建民政长的台湾银行借款,5月29日和9月17日奉天都督的两次满铁借款,以及日期尚未查明的奉天都督的沙逊等洋行借款。至于代表中央政权的借款,则举借单位的层次,也逐渐分散下移。国务院下属之部院

① 参见徐义生编:《中国近代外债史统计资料》,第4—5页。

可以举借，部、院之下属单位也可以出面举借。1921 年外交部为交涉收回山东胶济铁路，特设机构专司其责，可是经费不足，只好由这个机构的督办向谈判对手借款来加以解决，形成不伦不类的所谓“鲁案督办正金借款”。举一事，借一债，无所谓地方与中央，无所谓下级与上级，这种情形，可以说比比皆是。这个现象，除了反映了中央政权地位的陵替，也是国家实际处在分崩离析状态在外债方面的一种表现。

这种零星借款，一般数额较小，债期也较短。如上述江北护军使的台湾银行借款，债额不过 10 万元，债期不过 3 个月，事实上，这还不是最突出的个例。就债款额而言，1914 年内蒙巴林王的满铁借款，不过日金 2 万元；就债期而言，1912 年江苏都督的台湾银行借款，偿还期不过 2 个月。债额之小，反映了借债者已到饥不择食的程度，而债期之短，则反映了贷款者临时救济的姿态。期限虽短，但多到期不还，旧债本息转成新债，成为惯例。这种情形，在军阀混战，财政支绌的北洋政权后期，表现得尤其突出。当时政府财政几乎到了离开外债的救济就无法度日的境地。经常行政开支，靠外债，临时军费开销，更靠外债。政府职工工资，靠外债，军队士兵饷给，更靠外债。甚至逢年过节的赏钱，过节费，没有外国银行的接济，政府也一筹莫展，渡不过难关。至于对外派出一个使团，设立一个机构，驻外使馆的经费，留学生的费用，都得经常乞求外国的借款。所有这些，无不反映了北洋政府的财政运作，已经走到穷途末路的尽头。①

① 以上债项资料俱见徐义生编：《中国近代外债史统计资料，1853—1927》，第 118—121 页。

第四节　实业借款

20 世纪初,执政者中有尝试举借外债以开发国土发展经济的,东北地方当局表现得最为积极。但在国际国内形势环境的制约下,都功败垂成。因为一涉及国权,实业借款的结局往往是债权国在中国发展它们的实业,而不是作为借方的中国通过借债引进外资以促成实业的发展。

一、实业借款的开始和结局

东北地方辽阔沃饶,资源丰富,早被美国一些扩张主义分子看做是“新的海外边疆”。[①] 日、俄两国经日俄战争在这里所形成的南北分据局势,使美国经济扩张势头遭到阻遏。美国亟谋有所突破,企图通过贷款以“在中国夺取一个坚固立足点”[②]。与此同时,东北地方当局以“介居〔日俄〕两强”之间,深有“势成逼处,积薪厝火,隐患日深”的痛切感觉,认定“莫如广辟商埠”、“厚集洋债”,开拓实业,为巩固边陲之计。[③] 双方各有所谋,出发点不同,希图实现的目标也不同,但在贷借款项这点上,却有着相通之处,实业借款的商谈,乃从这里开始。

1907 年 8 月,奉天巡抚唐绍仪在美国驻奉天领事司戴德(W. Straight)的影响下,与之订立一件借款备忘录,约定向美国资

---

① M. H. Hunt:Frontier Defence and Open Door,1973,p. 21.

② 孙瑞芹译:《德国外交文件有关中国交涉史料选辑》第 3 卷,第 174 页。转述美国总统塔虎脱(W. H. Taft)语意。

③ 锡良、程德全致军机处电,宣统六年八月十八日;《清宣统朝外交史料》第 9 卷,第 33—34 页。

本家借美元2000万,设立一家东三省银行,赋予该银行的使命之一是开发矿业、森林等实业。第二年,唐绍仪受清廷委派作为专使赴美与坤洛公司(Kuhn, Loeb & Co.)初步谈成借款2000万美元,充作发展东三省实业、官银号等改革币制费用。不过,这些活动结果都未成为事实。

1910年5月24日,清政府公布《币制条例》,准备对紊乱的币制作番改革。所需经费,清廷谕令度支部"借一巨款"来解决,并迅即具体化,准备向美商借银5000万两,由帮办币制大臣盛宣怀向美国驻华公使嘉乐恒(W. J. Calhoun)提出,进行试探。① 与此同时,东三省总督锡良计划兴办东三省实业,在与一家美国辛迪加初步谈成由该辛迪加提供贷款后奏陈清廷,要求准由东三省自筹外债充作开发实业之用。② 清廷谋求不使财权流失,谕令统一由中央借款来办理。美国国务卿诺克思(P. G. Knox)闻讯于9月29日作出积极反应,指示有关方面尽快做成这笔交易。10月2日,清廷向嘉乐恒提出了借款美金5000万元的要求,他迅即报告国务院,并通报给早于6月里组成的美国财团(由摩根公司、昆洛公司、花旗银行等组成),并进而要求清政府切实阻止东三省当局的借款活动。美国财团则委托在北京的花旗银行总办梅诺克(D. A. Menocal)代表财团与清政府展开借款谈判,于10月27日签订借款5000万美元的草合同一件,"作为已定之局"。③

---

① Papers Relating to the Foreign Relations of United States, 1912, pp. 89–90.

② 参见徐义生编:《中国近代外债史统计资料,1853—1927》,第56—57页。

③ 户部密陈与美国借款草拟草合同经过;《户部奏档抄本》,宣统二年,第3卷,转引自李丹阳:《司戴德与币制实业借款》,《近代史研究》专刊:《近代中国对外关系》。

美国的行动在其他强国——英、法、德和俄、日各国的注意下遭到嫉视。为此,美国国务院于草约签订后两天,训令美国驻在上述五国的使节向驻在国通报,并要求给与“热忱的支持”。[①] 英、法、德三国以美国让其平等参与条件下表示支持。俄、日两国则以这四国已结成一体,自己又处于劣势,因此,虽不热忱地支持,也只有隐忍听之。于是,此项借款改定以四国银团而非美国一国财团为贷方,但仍由司戴德为银团代表与清政府做进一步磋商。

司戴德既得授权,乃于 11 月 27 日来到北京,与中国谈判代表[②]几经交涉,由清政府提交拟在东北地方兴办实业说明书。其中说明,从待订定的借款中,除了首先提取 30 万英镑偿还曾为防疫而向官民各方所借款项外,其余用途分别为:(1)充作开发农业的事业费;(2)建立工业试验站,诸如对制糖、造纸、野蚕丝的织染,建材生产等等的试验;(3)炼铁厂的设计工作,以便制造农具及其他器械、机器等的生产;(4)用于创设畜牧场。银行团同意这个说明,于 1911 年 4 月 15 日与度支部、新任东三省总督赵尔巽正式签订币制实业借款合同一件。合同中规定,提供贷款英金 1000 万镑,并应清政府要求,先提供垫款 40 万镑,以资启动。可是,在时移势易下,这笔借款根本没有发行债票以筹集款项,所谓发展实业,也就随着落空。

美国资本集团的投资意向,旋移注于一项项地来进行。先是美国红十字会与袁世凯政府农商部水利局总裁张謇,签订导淮借款美金 2000 万元,供作修浚河南、安徽、江苏三省境内淮河用。换个角度,这也可以说是张謇设想借用外资投入水利产业的基本建

---

① Papers Relating to the Foreign Relations of United States, 1912, p. 92.

② 谈判代表为度支部尚书载泽、邮传部侍郎(签约时已晋升为尚书)兼币制督办盛宣怀、大清银行副监督陈锦涛和外务部右侍郎周自齐等人。

设。其次，美国美孚油公司垂涎于陕西延长油矿，兼及热河油矿，拟组织中美实业公司来开采，于 1914 年 2 月与袁世凯政府的财政、交通等总长熊希龄、周自齐、朱启钤等签订美金 3500 万元借款合同。所有这些，最后都没有成为事实。

继美国之后法、日等国也在不同程度上群相仿效。也用实业借款之名，希图取得贷款的实益。这些行动，即使有成，也多名不副实。如 1916 年 9 月，日本兴亚公司应段祺瑞政府筹措政费的需要，与财政、农商两总长陈锦涛、谷钟秀签订的以让予贷者经营开采湖南水口山铅矿和太平山铁矿为条件的一笔借款，就是日本借提供实业借款之名，达到掠夺中国的矿产为己所用的目的。

实业借款，在 1912 年前后 10 年间，一度成为热门话题。中外间有关方面虽屡有磋商，结果几乎都没有成为事实。即使偶有一些成为事实的，则转被贷方利用当作掠夺中国资源的一种方式。

二、铁路、电信、航业借款

在铁路、电信、航业借款中，铁路借款居于主要的地位，其重要性远远超出电讯和航业借款之上。

（一）铁路借款

铁路外债习分两类：一是为筹措建设资金而形成的借款；二是路成后在经营中购买车辆、铁轨、枕木及其他材料未曾偿付价款，或只偿付部分而余额积欠未清的料债。后者事属一种商务行为，与借贷关系有别。这里专述前一种外债。凡由外国银行、公司承借或经理发行的债款，以及交付外国政府的国库券统统都是。

铁路外债不只是在当年的“实业借款”中占居首位，而且在中国全部借款中，也占了很大比重，粗略估计约占四分之一。路债损害中国主权和民族利益更是异常深重。

铁路建筑耗资巨大,采取发行公债办法募集资金于外国或国际金融市场,在世界各国铁路史上,事所常有。它是一种信贷经济的商事行为,不含什么政治性质。建成之路,更不受制于人,从而收到各得其利的结果。

甲午战前,清政府试办铁路中,如修建或应采购路料需要,或一时融通资金,曾向英、德两国商号、银行先后几次借款,计银140余万两。这些债项都按期偿清。尽管贷方别含扩张势力心态,在借方则尚能以主权为重,终未丧失利权。因此基本上属于正常借贷行为。

中国经甲午一战的失败,在国际、国内形势的制约下,情况突变。虽然清廷于1896年派胡燏棻督办"(天)津芦(沟桥)"铁路,后者受命之际,处于官款未能及时拨到、商股霎时间又难"凑集"的局面中。在请准"暂借洋款"之后,于1896—1897年间,分别向英国汇丰银行、麦加利银行和俄国华俄道胜银行先后共举借行平银100万两和库平银30万两的外债。① 这些债项仍属一时融资行为,与甲午战前所借外债还属同一类型。但嗣此以后,直到1927年的整个历史时期里,铁路外债却陷入完全不同的境遇。

1897年10月20日铁路总公司成立。盛宣怀作为督办大臣受命擘划芦汉、沪宁等路敷设事宜。在经费方面,他秉承清政府的官款、华股、洋债三者并举方针,先借用部款1000万两,由南北洋拨官款300万两;招集商股700万两;借洋款2000万两。② 并做了

---

① 胡燏棻奏折,光绪二十一年十二月二十四日,邮传部编:《轨政纪要初编》轨七,光绪三十三年刊,第55—56页。

② 总署奏,光绪二十二年八月初九日;王彦威辑:《清季外交史料》第123卷,第6—7页。

“先官款，后洋债，次商股”的安排。可是，他又认为：“商股必在路成之日，有利可收，方能招集”，事实上把商股置于路成之后。又道：“洋债亦须……有路可指，方能抵借”。先寄希望于官款的及时拨给。但户部迟迟未拨，也无款可拨，乃转由总理衙门决定，先从南北洋库储中拨官款300万两作为启动经费，并责成北洋先承摊50万两。可是，北洋实际拨付的只有银24万两，还不到半数。盛宣怀认为杯水车薪，难济于事。在国内资金骤难筹集的情况下，决定先借用外债以济用。

帝国主义列强利用中国新败的困境，竞相在中国划分势力范围，群向中国索取铁路权益，企图以铁路线路显示其势力的范围和巩固其在自己范围内势力的存在。它们除了压迫清政府让予铁路的建筑权以外，还支持和指使其国内金融资本集团提供贷款给清政府，用来修建它们所要控制的线路。

上述局面一经形成，便基本上延续了下来。这也就是说，此后中国铁路外债，既有出于中国的主动，也有出于外国的主动；总的趋势，主动在我的日少，几至于无；主动在彼的日多，几揽全部。它们挟制中国政府按照它们提出的条件，向这些国家金融资本集团举借款项。如津浦铁路之借英、德两国之债是这样，广九、沪宁两路借取英债，以及吉长、四洮、四郑、郑洮等路与日签订借约等等也都是这样。还有一些，中国本不需乎借款，而在列强的外交压力下，被迫接受。道清、沪杭甬两路的英国借款，就是这般形成的。

在以铁路为名的借款中，还有一种借款值得注意，它虽然是谋求取得某种铁路权益，但并不准备即予修建，只是迎合中国当权者的需要，便借铁路名义提供借款，而先支付少量垫款供借者取作军政费用，以求达到自己的政治目的。1918年中日间签订的吉会、满蒙等四路和高徐、顺济等路的借款预备合同，都属于这一类。这类借款若循名责实，并非铁路借款，而是一种政治借款，在统计铁路借款时,剔除不计。

综计1894—1927年这一期间形成的铁路借款有60笔,减去上述假铁路名义的政治借款,仍有56笔。借款总量折合银元达6.3亿元。① 按各国提供的贷款量及其在总量中所占比重,略如表50所示。

表50　英、日等国在华路债中所占的比重

1894—1927年　　单位:%

英	德	法	比	荷	俄	美	日
30.3	12.5	11.9	14.1	4.3	2.9	4.7	19.3

说明:剔去徒有铁路名义而非用于铁路的债项。

资料来源:宓汝成:《帝国主义与中国铁路,1843—1949》,第662—669页。

为建设某路而与某国、某一经济机构签订的借款合同里,往往有设若款项不敷工程需用或需接做支路,这个经济机构应享有贷款的优先权,以此而束缚了中国借款的自由。这里就国中诸路所负债量,及其在借款总量中所占的比重制成表51,表明占路债总额约三分之一的债项(即表51中的"其他"栏),未转化成线路。

中外间签订的铁路借款合同,按借贷常例,列有利率折扣、还本期限、担保或抵押品等项。就利率说,举借外债通例,一般参照借贷两造各自国内的利率水平,并在金融市场的自由竞争中"自然"地形成。这和中国铁路借款的利率的形成,呈现明显的反差。

① 这个数字系以徐义生:《中国近代外债史统计资料,1853—1927》中的有关铁路借款的记载和宓汝成:《帝国主义与中国铁路,1843—1949》,第662—668页的"铁路外债细目表"为依据,剔去如文中所记假铁路名义举借的铁路借款,改按本节统一的中外币折合率重新折合计算得出。

表51　铁路各线所负债量在总债量中的比重

1894—1927年　　单位:%

京奉	京汉	陇海①	沪宁	津浦	沪杭甬	广九	洮昂	吉敦	南浔	胶济	其他	
											Ⅰ②	Ⅱ③
5.6	16.5	16.1	4.8	15.3	2.5	2.5	2.5	2.9	2.0	6.2	14.9	8.4

注:①陇海全路截至1927年尚未建成;又,含汴洛线在内。

②指已成而债量在总量中在1%以下者,如道清等线,以及动工而成线不多者,如粤汉线。

③指虽一度筹备动工,但迄未修建或虽开过工而旋中止之路,如浦信、宁湘、钦渝等线。

资料来源:宓汝成:《帝国主义与中国铁路,1843—1949》,第662—669页。

截至第一次大战发生时,欧美各国通行利率,一般在2%—4%之间。据日人测算中国利率水平,在1910年前后为12.5%—14.8%之间。[1] 当年铁路借款利率,在辛亥革命前,基本上是5%。其后三四年,更向着6%—7%的水平提高,到20年代中,竟达到9%。据近人研究指出:在1895—1914年间,中国所发生的铁路外债,如果在竞争的条件下而不是在列强专权控制下来募集,利率最高支付5.5%就可以取得贷款了。[2] 由此可以测知,当年铁路外债是支付了一定程度的高利。折扣更是如此。从1895年起近20年里,欧美金融市场的折扣惯例为97左右,日本当年举借外债的折扣大致是95上下。同一时期中国路债的折扣却大大超过这个水平。如芦汉、关内外、粤汉、正太、沪宁、汴洛、道清等等铁路外债竟至90折。第一次

① 参见张瑞德:《中国近代铁路管理事业的研究》,1991年台北版,第11页。

② R. W. Huenemamn: The Dragon and the Iron Horse: The Economics of Railroads in China, 1876—1937, p. 119.

世界大战后,虽有95折的,一般以91折居多。还本期限,多数以50年为期,若提前偿还,每100元须另加若干(一般是2.50元)。绝大多数借款合同,都规定了铁路本身的资产和营运收入作为担保,也有少数几笔作为担保的却是中央、地方的某些税项。如京汉铁路的1908年《汇丰、汇理银行借款合同》中规定,以浙江房、酒、当、契各捐及新旧盐斤加价,江苏盐斤新票加价及房捐,以及他项杂项进款作为担保。同样,津浦铁路1908年合同中规定,以直鲁两省及江宁厘金局、江苏淮关等盐税银作为担保等等。这就侵及中国内地税饷了。

上述这些基本上属于"利"的范畴,更严重的是在借款合同里几乎无一不让予这种或那种与"利"有密切关系的特殊权益。

一是控制经营制。在中外间签订的铁路借款合同中,最初债权者直接要求对建成以后的铁路让予管理经营大权。芦汉、正太、汴洛等路借款在签订一份借款合同之外,同时又另签一份所谓"行车合同",迫使中国"委托"债权人代理经营,实质由其一手包办。留给中国的只有一个所谓"稽核"的虚名。尔后改变策略,需索任用债权者所推荐的或经其认可的人员充任工程、车务、会计等的技术、管理人员,并通过他们对以该借款所建之路实施控制。如津浦、吉长等线在所缔结的外债合同里,对有关工务、车务、会计的总会计师、总工程师等人员,规定了或需经债权公司的"同意",或需与它"会同"选派等等字样。这些占据技术要职的人员,听命于债权公司,或在债权国驻华使领的影响下对中国政府的法例、政令或拒不接受,或阳奉阴违。此外,还有规定必须任用债权国人为"顾问"的,如在南浔线上。这样的"顾问"在有关的线路上,便颐指气使一切。沪宁、沪杭甬两路相连,都借有英款,英方凭此在本世纪20年代组织联合总管理处,由中方2人、英方3人共5人组成,并由英方人员任总管。此两路的经理营运大权,势所必至,完全落入这个洋总管的手里。

二是分取余利权。贷出款项博取利息，事属正常。外国经济机构提供铁路贷款，却额外勒索分取利润，则是一种特权了。比利时银公司在提供芦汉路贷款的有效期间内，年提余利五分之一。汴洛、正太、吉长等线，根据合同对贷方也让与以类似的额外权益。沪宁路上，贷方更享有不问该路盈余与否，事先按铁路成本的20%预给“余利凭票”，年年支取。广州铁路上则以“津贴”名义，事实上也是一种利润，年给贷款公司英金1000镑。而津浦、沪杭甬等路竟从首次发售的债票中，预提若干抵充红利。

三是购料权。关于此项特权最初的借款合同中规定“向外国购买材料，必须公开投标”。这个规定，貌似公正，实际上则完全不是这样。由于贷方推荐任职的技术人员位居线路上的要职，他们上下其手，公开投标，罕有不被弄成“名为竞争”，“实同专卖”，往往为与贷方有关的厂家、或贷方国籍的厂家所得。① 到了1908年，中英间订立津浦铁路借款合同，则明确规定铁路材料由贷方公司供给；此后，便成定例。尽管在某些铁路借款合同中也有规定所需材料，应尽量采购中国所产，紧接着总又列上一句但书，即：“料质价量总以合宜为是。”此词在字面上固无可指摘，在实践中又由于债权国籍的会计师、工程师等仰承原借款贷方意旨，经常在是否“合宜”上钻空子，使之等于具文。

四是继续提供贷款和展筑支路的优先权。如英国凭广九铁路借款合同中有不得建与该路平行之路的规定，竟持作以广州为中心250公里范围内的线路都该由英国提供贷款修建的依据。比利时银

① 参见宓汝成：《帝国主义与中国铁路，1847—1949》，第372—374页。

公司对芦汉线提供建筑贷款,取得对其支路的优先贷款权,先为修建“汴洛”,由它提供贷款;该线修成,又按展线例,再度取得贷款权,用以修建洛阳至潼关的路,尔后更演变成为包括这些线路在内改名为陇秦豫海铁路,即“陇海”这一横贯国中东西的一大干线。

总之,中国当年借用外债修建铁路,固然建成了一些线路,更付出了国家主权遭侵犯、民族利益受损害的沉重代价。

(二)电信、航业借款

电信、航业借款,数量远远少于铁路借款。其中电信借款又可细分为电报、电话和无线电台三类。至于航业借款,事实上只是招商局的借款,原本属于商办企业的私债,由于招商局与交通部有着密切的关系,一般也被视为公债。现依次叙述如下。

1. 电报借款

义和团运动期间,国内南北间电报不通,音信隔阂。英国的大东和丹麦的大北这两家在华经营电报有年的公司,在各该国的纵容支持下,践踏中国领土、领海主权,擅行在北起大沽、南至吴淞的近海水域,安设电报水线。这一事件过后,清政府鉴于此事与主权有关,责成中国电报总局总办盛宣怀向该两公司提议收回自办。1900 年 8 月 4 日,盛宣怀与大东、大北两公司订立沪烟沽水线合同,把上海—烟台—大沽水线作价收回,价款转作借款,计英金 21 万镑,借期 30 年,以该水线的财产和收入为担保,并以收回后的水线仍由两公司代办代管为条件。接着,于 1901 年 2 月 9 日又续订烟沽副水线合同①,由中国收回大沽至烟台的

① 交通部财务司编:《交通部债务汇编》第六册,《电政航政内外债》,“引言”,1943 年 11 月。两合同见王铁崖编:《中外旧约章汇编》第 1 册,第 970、983 页。

水线，作价转作借款英金4.8万镑，借期29年，担保条件如同上一件。这正副两线名义上是收回了，但电信大权仍操在两公司手里。

1911年邮电部以该部所管路电两政需有巨额经费以资保证，于4月10日与大东、大北两电报公司订立预付报费借款合同，借额为50万镑，分两期交付。第一期30万镑于该年5月1日交清，第二批20万镑于第一批交清后6个月内交付。借期19年，以中国应得的欧美各国摊分给中国的报费收入作担保。此款原拟取作收回各省商办电报并扩充各省电报、改善电信设备用，以后时势变迁，除了拨付邮传部充作行政等费外，完全没有用在电信事业上。

进入民国，交通部谋求维护既设的电报线路，以“扩充及改良”有线电报业的名义，于1920年2月10日与日本东亚兴业会社为另一方，订立垫款合同一件，由后者垫支采购电信材料价款总额日金1500万元，年息9%，期限13年，最初三年只付利息，从第四年起，本利分十年摊还。以中国全部有线电报全部财产及收入作担保，以日本享有供应电信材料优先权和聘用日籍顾问为条件。

此外，又有所谓有线电报借款，即1918年4月30日与中华汇业银行借款。这笔借款，只是以电信为名，实际上都挪作别用，不能算作电信借款。

2. 电话借款

北洋政府以扩充电话事业为名，由交通部于1918年10月25日与中日实业股份公司订借日金1000万元借款一笔，折扣97.7%，借期3年，以交通部所辖电话局、长途电话局现有及将来扩充后的全部财产、营业收入及营业权，已设立的吴淞、武昌、福州、广州、张家口、北京6处无线电台及其收入和价值日金500万元的国库证券三项作为担保，并以古河、住友两会社享有材料供应优先权,聘用日籍技师2名合办电料加工厂以及给与借款优先权作为条件。① 如此担保,如此条件,其苛酷程度开前此未有的先例。

上述这笔借款,用于清偿该公司旧欠本息已占去一半,真正用于电信的,即电信材料价款和预留创设电气公司的股金,还不到200万日元,剩余之数被财政、交通两部朋分,挪作他用。这样,这笔以发展电信业而举借的款项,事实上也没有真正用在发展电信的事业上,营业收入因之无法增加,事实上不但没有增加,而且使拮据不堪的电话业更加陷入债务负担之中。

日本满望中国对这笔借款不能如期清偿。驻华公使小幡酉吉就任(1921年)后,几次向中国政府提出企图攫夺担保品的要求。交通部在舆论的谴责、反对下,不敢贸然同意,日本也不敢鲁莽从事,始于1923年12月通过换文,成立展期3年的合同。这个展期合同期满,总以电政收入枯窘,再行延期,成为一笔宕账。

3. 无线电借款

无线电台的设置,起因于谋求有利于军事通讯。1918年2月,海军部在北京郊区双桥设立无线电台。为此,总长刘冠雄与日商三井洋行以极端苛刻的条件——30年内不许其他国家染指同类利益——借款英金53.63万镑,作为设置电台的费用,年息8%,借期30年,即以双桥无线电台财产作为担保。接着,陆军部为建筑西北三台——兰州、喀什噶尔和迪化电台,于同年8月27日,同陆军总长段芝贵派委丁锦为代表与英商马可尼无线电报有限公司订借英金60万镑,半数作为订购无线电机200架的价款,半数由财政部挪用,借期10年,年息8%,以国库券作担保。此

① 合同由交通总长曹汝霖与中日实业公司签订;贷方所需款项,系由日本兴业、朝鲜、台湾及第一这四家银行和住友、古河两财团供给。

后,中国政府与这家公司屡有往来,如10月9日由交通总长曹汝霖和他订立20万镑的垫款一笔,充作购无线电机3台及装设、运输,并在喀什噶尔、恰克图、西安等地设置无线电报台等经费,年息8%,期四年。第二年5月24日,丁锦又代表陆军部与马可尼公司再次订立借款10万镑的合同,充作陆军部与该公司在中国合办中华无线电公司应出的股本,年息8%,10年期,以国库券作担保。到了1921年2月8日,财政部以无力偿还前欠马可尼公司借款利思,以国库券作担保,签订英金5.6万镑用资清偿。

综合电报、电话、无线电三项借款,总计约达银4000万元。北洋政府财政当局也承认电政借款真正用于电信事业的"尚不及全额之八九",而用之于电信事业的也未能按计划付诸实施。这就是说,该利用的十之八九未能利用,而得到的十之一二利用了,又未尽发挥它能够、也应该发挥的效益。这就使国营电信事业长期陷入不能得到发展的困境。

4. 航业借款

中国自营的历史最久、规模最大的一家航运公司轮船招商局原是"官款商办"。1905年以后改成商办,但规定"商办隶部",即隶属于邮传部,因此,事实上"诸承旧贯,毫无变更"。[①] 1912年才改成完全商办。即使如此,由于它的情况特殊,交通部仍不时予以直接过问。所借外债原是一家商办企业的私债,却也视若国家的公债。

招商局在商办后,举借外债固非所愿,但迫于环境以及本身经营的不善,不得不一再举借外债以资急需。如1912年年初,该局为应付政府押借局产,向汇丰银行借款银150万两;1918年为添

① 交通、铁道(两)部交通史编纂委员会编:《交通史航政编》第1册,1931年版,第159—160、187—188页。

造船只,向英商德利洋行押借银50万元;1923年因时局不靖,营业亏损,董事会常会决定与汇丰银行商定,在1912年合同的基础上,加借银500万两,于12月27日签订合同。合同中规定把上海各栈房和天津、宁波、温州、汕头、宜昌、沙市、汉口、九江、芜湖、镇江各局产以及江海各轮船作为抵押,导致部分局产的所有权遭到侵蚀①;使得中国仅有的一家规模较大的航运企业,长期处于营运不振的局面。

三、工矿企业借款

这一时期有关工矿企业的借款,最早的一笔是萍乡煤矿借款。盛宣怀于1896年受张之洞的托付,接办汉阳铁厂,为谋求保障该厂的燃料供应,于1898年决定开采萍乡煤矿。为引进当年较先进的技术和聘用技术人员,与德商礼和洋行商定,由后者经理采购一切机器设备,雇聘技术人员所需费用,转作借款德金400万马克,于1899年8月15日,与之签订了萍乡煤矿借款合同。嗣后,为扩充生产规模,该矿继续借了几笔外债,如1904年向俄华道胜银行举借库平银13.2万两一笔,1906年、1907年两年,与日本大仓组借了日金30万元和20万元各一笔。与此同时,汉阳铁厂也多次举借外债。但贷方都是日本财政资本组织。如1902年为采购铁厂设备,首次向大仓组借款日金25万元;第二次于1904年8月,由日本兴业银行贷款日金300万元;第三次于1906年2月,向三井物产会社借款日金100万元。

汉阳铁厂(包括大冶铁矿)在张之洞的官办下,经营"不得法,

---

① 参见张后诠主编:《招商局史(近代部分)》,人民交通出版社1988年版,第352—353页。

徒糜费”，且在列强——德、俄、比、日、英等国争夺下，“几为洋人得”。① 盛宣怀接手管理经营后，在1908年把萍乡煤矿与汉阳铁厂、大冶铁矿整合成一体——汉冶萍公司。这个公司设立后继续大量借用日款。到1927年止，共借日金近5000万日元，规元银390万两、洋例银82万两。②

汉冶萍以外的工矿企业借款，多属分散零星。如1902年闽浙总督许应骙为在福建倡办熬制樟脑的“樟脑局”，向日商三五公司（实则由台湾银行出资）订立“闽省樟脑局借款”一笔；1908年东三省总督徐世昌为中日合办鸭绿江木植公司，为筹集分摊的股金而向汇丰银行订借“东三省借款”一笔；1918年陕西督军陈树藩等在西安创设纺纱局等工厂，向日本东亚实业公司借款一笔，构成“陕西省实业借款”；1919年财政部为与法商在上海合办求新铁厂，以合办股金无所出，向该法商施乃德公司和法国邮船公司借支，形成“财政部施乃德、法邮公司借款”；1919年河南督军赵倜、财政厅长郑焯拟入省股于“东豫实业公司”而向日本东洋拓殖会社借款一笔。更有外国——主要是日本——垂涎中国的资源利益，企图托名中外合办公司把中国该出的资本由它借给中国抵充。1918年吉林濛江林业局与日本大仓组、王子制纸会社所签订的200万日元“吉林濛江林业借款”，就是一例。③ 当年很多中日合办的企业就是这样组成的。此外，某些企业或因增添设备，或为融通流动资金，也有举借外债的。如1918年财政部为山东铜元局

---

① 盛宣怀：《复鄂臬恽松云函，光绪二十二年正月十九日》，转引自夏东元：《盛宣怀传》，四川人民出版社1988年版，第191页。

② 参见代鲁：《汉冶萍公司所借日债补论》，载《历史研究》1984年第3期。

③ 参见徐义生编：《中国近代外债史统计资料，1853—1927》，第160—161页。

(实为铸币厂)添置机器而向日本东亚兴业公司、大仓组所订立的"财政部东亚兴业借款",等等。所有这些借款,就单项说,数额微细,十数万、三四十万元不等,都没有取得什么积极效果。其中,有的企业特别是中外合办的单位,由于中方受债务的束缚,最终全为外方所掌握。

外债涉及矿业的也有几笔。有的是中国已开采之矿,在外国资本的要挟利诱下改成合资经营。如1905年临城煤矿为举借债款而与比利时资本合办芦汉煤矿公司(La Sociètè des Mines du Luhan)。也有因一时缺乏流动资金而举债的,如井陉矿局与东方汇理于1910年订立"井陉煤矿借款"一笔,充作该矿周转资金。还有因添购采矿设备而形成借款的,如1916年10月云南个旧锡务公司与美商旗昌洋行所订立的港币24万元的一笔借款。可以看出,矿业借款与工业借款,几乎是走上同一道路和走向同一结局。

* * *

对这一期间外债的总额,做一比较接近事实的统计,并提出若干主要的量化分析,借做本章小结。

1895—1927年的中国外债,前人曾做过比较翔实的统计[①];在此基础上,做了一些调整和补充。这段时期中,中国的举借外债次数,近600起。债权主体,共有15个国家。[②] 除了英、德、法、美、日、俄六个主要国家外,是比利时、荷兰、意大利、西班牙、加拿大、挪威、瑞典、葡萄牙和奥匈帝国9个国家;此外,还有一些国际组织

---

① 其中最为详尽的,应为徐义生编:《中国近代外债史统计资料,1853—1927》;它为我们的统计分析,提供了一个坚实的基础。

② 这里的国家包括国籍,即:除以一个国家为主体,还包括某一国家的公私组织,而且绝大部分是这些公私组织。

的几个国际银行团。债款数额计量单位极不一致。既有以中国的货币为准,又有以外国的货币为准。中国的货币单位,既有银元,又有银两。① 而银两因成色不同,名目各异,又有近十种之别。外国货币单位则有英镑、法郎、马克、卢布等等,为存真,先不以某一币种为准,而依据成债文书中据以为准的币种各汇总相加,算其总量,如表52所示。

表52　中国外债数量:按各种货币计

1894—1927年　　单位:万

币名		数量		
		1894—1911年	1912—1927年	合计
外币	英镑	7006.8	5101.6	12108.4
	法郎(法)	56894.9	35339.0	92233.9
	法郎(比)	4050.0	4258.6	8308.6
	马克	411.7	1520.0	1931.7
	弗罗令	—	5000.0	5000.0
	卢布	—	550.0	550.0
	美元	697.4	7817.7	8515.1
	加元	—	200.0	200.0
	日元	3878.9	57514.4	61393.3
	港币	940.0	40.1	980.1

① 银两并非铸币,但却广泛流通。在中国当时外债中,以中国货币为单位者,银两居于重要地位。

续表

币名		数量		
		1894—1911年	1912—1927年	合计
国币	银两(两)库平	2918.3	200.0	3118.3
	规元	1189.5	4414.0	5603.5
	关平	45000.0	0.3	45000.3
	行化	480.9	1046.5	1527.4
	京平	690.0	108.6	798.6
	洋例	910.3	652.7	1563.0
	长平*	198.0	441.0	639.0
	铸币及纸币(元)银元	182.5	7001.9	7184.4
	广东毫洋	—	361.2	361.2
	吉林小洋	—	200.0	200.0
	台伏票	—	100.3	100.3
	奉票	—	2.0	2.0

注:*沈平、济平、公砝、台棒等银两,都并入其中。

资料来源:本表以徐义生编:《中国近代外债史统计资料,1853—1927》(中华书局1962年版)所列债项为基础,参考财政整理会编:《中国内外债整理资料》等有关史料编制。

为求得一个总量,并有利于比较,这里试以国币银元作为惟一的计量单位;即:将所有不同的中外货币,一律换算为银元。银两与银元的比价,以库平银为准,按1两=1.4元换算。库平银以外的银两,有的与库平两相差无几,如规元、行化银等,即视与库平银等价;有的与库平银有较大差距,如长平、济平等,则按当年惯例折成库平银,每两折合0.6元、0.7元不等。至于银元与外币之比价,则以北洋政府财政部1919年预算"债款岁入岁出"所核定的数字为基础,参考其他机构如国会(1919年)、财政整理会(1924年)所决定的数字;又对第一次世界大战之前和以后的某些债项,依据当年汇率折合结果,进行比较①,得出以下结果。

1 英镑=9.60 元

1 法郎〔法〕=0.35 元

1 法郎〔比〕=0.30 元

1 马克=0.47 元

1 卢布=0.70 元

1 弗罗令=0.80 元

1 美元=1.80 元

1 加元=1.70 元

1 日元=0.90 元

1 港币=0.44 元

根据以上的银两、外币与银元的比价折算②,1895—1927 年中国的外债总量为 30 亿余元;取其大数简作 30 亿元。参看表 53。

表 53　中国外债量:按银元计

1894—1927 年　　单位:万元

时 段	1894—1911 年	1912—1927 年	合 计
外债数量	167198	133700	300898

有需要指出:中外各币种本身之值,时有涨跌;不同币种之间的折合率,更易变动。这里把 30 余年间简单化成一个比价所得出

① 参阅北洋政府财政部:《民国八年度债款岁入岁出预算专表说明书》,《财政整理会试拟 1924 年度中央各省区国家岁入岁出预算表》等文书;见中国第二历史档案馆藏,财政部档案。

② 一笔债务在形成文书中以外币为计量单位而又记明折合当时银两或银元量者,则即以此量为准,不再改折。

的数量,显然不可能是一个确数;但似可这么说:30 亿元这个数字,该是比较接近事实的一个近似值。

从表 53 看,1894—1911 年所借外债,高于 1912—1927 年的外债额。这与实际情形有出入。其所以如此,主要由于前一阶段的外债中,包括了一项债务化了的巨额赔款——庚子赔款在内。单单这一项债务,折合银元,即高达 6.3 亿元。单只减去这笔赔款所形成的债务,则北洋政府时期所借的外债量,大大超过清朝末年所借的。

在外债总额之中,从债权这个角度看,各国所占的比重是:前期英国居于首位,依次是德(奥)、俄、法、日、美、比;后期日本跃居首位,英国退居第三。但由于历史的积淀,总的来说,英国仍未失去最大债主的地位。详细情形,参见表 54。

表 54　中国对外债务分国统计

1894—1927 年　　　　数量单位:百万元

国别	1894—1911 年		1912—1927 年		1894—1927 年	
	数量	比重(%)	数量	比重(%)	数量	比重(%)
英	498	29.8	194	15.2	692	23.1
德(奥)	363	21.7	125	6.3	488	16.3
俄	258	15.5	96	5.8	354	11.8
法	240	14.4	206	16.3	446	14.9
日	105	6.4	540	37.4	645	21.6
美	78	4.7	68	6.5	146	4.8
比	76	4.6	102	9.4	178	5.9
其他	41	2.9	10	3.1	51	1.6

这一时期中国外债 30 亿元中,有三分之一(10.07 亿元)由偿

付甲午赔款而借款和庚子赔款的债务化所造成;其余近20亿元借款的用途,在正文中已经做了一些评析。这里根据统计数字,再做一些比较。且将全部借款按用途的不同分为财政经费、军需经费、铁路、电讯、航运、工矿等实业经费,其他经费和积欠息金的偿付五大项。这种分类,只能是相对的。例如财政经费固然有一部分用之于日常行政费,但绝大部分是耗之于政争;军需经费中固然有购买军需品的支出,但也包括军阀混战中的善后经费;而铁路航运、工矿等实业经费也多有挪做他用的。至于其他经费,主要指赈灾及救济市面等用费。积欠息金则不过是息金转为新债,严格地说,谈不上用途。各项用途的金额和在总借款额中所占的比重,参见表55。

表55　外债用途及其数量和所占比重

1894—1927年　　单位:百万元

年度	财政经费		军需等经费		路电航工矿		其他		积欠息金	
	金额	比重(%)	金额	比重(%)	金额	比重(%)	金额	比重(%)	金额	比重(%)
1894—1911年	43	6.39	115	17.21	414	61.58	2	0.34	97	14.48
1912—1927年	416	31.28	304	22.87	309	23.29	26	2.06	273	20.50
1894—1927年	459	23.00	419	21.00	723	36.20	28	1.40	370	18.50

从表55看,一、二两项之和,亦即债款用之于政争和战争的部分,占据主要的地位。就1894—1927年这一时期而言,这两项支出占全部债款的44%,而就1912—1927年一段时期而言,则超过了借款总额的一半。铁路、航运、工矿等实业经费,表面上看,也是一个大数,特别是1894—1911年这一时段,竟占债款总额将近三分之二,但正如已在上文中提到的,所谓实业借款,主要是铁路借

款,而铁路借款正是列强争夺在中国的势力范围的具体反映。

总而言之,这一时期的外债,对国计民生说,谈不上有什么效益;有一些也微不足道。相反,它对国家的尊严和经济的成长,却带来了极大的损害和后患。

第 四 章

外国在华工矿交通业投资

在上一章中，我们看到：作为外国在华间接投资的对华贷款是一个庞大的数量。尽管如此，在整个1895—1927年间，外国在华投资的主体，还是以工、矿、交通企业为中心的直接投资。这无论是从绝对的数量和增长的速度两个方面看，都是如此。从1894年到中华民国成立之前的1911年，清朝政府历次借款虽然达到16.7亿银元，但其中有10亿元是甲午、庚子两次赔款的债务化，真正的贷款不过6亿多元。① 而在第一次世界大战开始的1914年，外国在华的工、矿、交通等企业的直接投资，总计达12.8亿美元。这一年中国政府的"普通外债"，不过3.3亿美元，只相当于外国在华直接投资的26%。② 从增长的速度看，1914—1931年间，直接投资由12.8亿美元增加到28.8亿美元，中国政府的"普通外债"由3.3亿美元上升到不足4.3亿美元。直接的"企业投资仍旧维持原有的增加率继续上涨，而政府债款的增加率则比较小多了"。③ 这一特点，贯穿于工、矿、铁路、航运各个行业之中，它们各自的具体情况，又随时间、地区和投资者的不同而千差万别。

---

① 参阅上文第三章。

② 雷麦：《外人在华投资》（蒋学楷、赵康节译本），1959年版，第51页。

③ 雷麦：《外人在华投资》（蒋学楷、赵康节译本），1959年版，第63页。

第一节　外国在华工业投资的整体实力和四大支柱工业的发展形势

一、工业投资的整体实力

帝国主义国家在中国取得口岸设厂权,是由 1895 年的《马关条约》正式确定的。但是外国在华设厂的事实,在此以前,就早已出现。在广州、宁波、上海这几个最早通商的口岸中,19 世纪 40 年代中期以后,就有了这方面的零星记载。虽然那个时候大部分工厂是为商品输出(如船舶修造)和原料汲取(如生丝缫制)以及传媒布道(如印刷出版)服务,但其中也有一部分带有输出资本的性质。然而只有在 1895 年以后,以资本输出为目的的设厂活动,才成为引人注目的时代特征。

首先,从面上量的角度观察,两个时期外国在华工业投资的总体力度是大不相同的。在甲午战争以前的半个世纪,外国在中国通商口岸设立的厂矿,规模较大,资本在 10 万元以上的,经过比较广泛的考察,一共不过 23 家,资本估计为 7600 万元。而在甲午战争以后至第一次世界大战的不足 20 年间,根据不完全的统计,同样规模的厂矿,就达到 136 家,资本在 1 亿元以上。① 厂数超过近 5 倍,资本则超过了 12 倍。到 1927 年为止,外国在华工业已经遍及木材、机械、金属品、电器用具、交通用具、建筑材料、水电气、化学品、纺织品、服装用品、胶革制品、饮食品、制纸印刷、饰物仪器、

① 参见汪敬虞编:《中国近代工业史资料》第二辑,1895—1914 年,1957 年版,第 1 页。

杂项物品等 15 大行业。其中占重要地位的是纺织品工业中的棉纺织,机械工业中的船舶修造,饮食品工业中的卷烟,以及属于公用事业的水电气工业。这四项支柱工业,我们将在下面进行专门叙述。这里仅就两项不为人所注意的工业部门,即食品工业中的蛋品和建筑材料中的砖瓦,看一看外国资本在其中的活动情况,借以窥测外国在华工业投资的总体力度。

食品工业中的外国工厂,在甲午战争以前,还只集中在出口砖茶等少数行业中。甲午战争以后,范围迅速扩大。到 1927 年止,已发展到卷烟、面粉、碾米、精盐、酿酒、汽水、制冰、冷藏等众多行业,甲午前开始涉足过的榨油、制糖,此时也进一步得到发展。而蛋品加工这样一个原来很不起眼的行业,这时却十分引人注目。到 1927 年,蛋品加工中的外国工厂,已分布在上海、汉口、九江、芜湖、镇江、福州、胶州等口岸,其中汉口一地的外国蛋厂,最多时达到 5 家。① 而德国一国在 1896—1897 年间就在汉口、镇江设立了 3 家蛋厂。② 和蛋品厂之于食品业一样,砖瓦厂在建筑材料业中,原来也是一个很不起眼的行业。然而,在甲午战争以后,外国资本在这里的活动,也陡然兴起。苏州刚刚开埠,就出现了一家专为租界供应建筑需要的年产火砖 50 万块的砖厂。③ 20 世纪初,在日本控制下的大连,"由日本人办的砖厂",竟有 16 家之多。"对砖瓦

① China Maritime Customs, Decennial Reports on the Trade(以下简称 Decennial Reports),1892—1901,汉口,p. 303;G. C. Allen:Western Enterprise in Far Eastern Economic Development,1954 年版,第 76—77 页。

② Allen,上引书,第 76—77 页;North China Herald(以下简称 Herald),1896 年 10 月 2 日,第 570 页。

③ Herald,1896 年 8 月 14 日,第 260 页。原文未书明是外商砖厂,但估计与外商有关。

的无限需求,使该业蓬勃发展,至今已成为关东工业中最重要的工业之一。”[①]与此同时,一家英商在安徽芜湖创办的砖瓦厂,占地竟达50亩之广。[②] 至于在上海、天津、汉口这样一些大的通商口岸中,势头更加火爆。汉口的一家德国砖瓦厂,被称为本埠“最兴旺的产业之一”,工厂除供应本地的需要以外,还“接受来自北京的大批订货”。[③] 天津的一家外国砖厂,“按照最新式的科学程序设计”,有年产1000万块砖的生产能力。[④] 而以生产耐火砖闻名上海的毕第兰公司(A. Butler Cement Tile Works),它的老板毕第兰伯爵(Count von Butler)被他的同行誉为“中国新工业最著名的开路先锋之一”。[⑤]

相对于中国民族工业资本而言,帝国主义在华工业资本处在大资本的地位。在1895—1913年中,中国境内资本在100万元以上的厂矿中,华资17家,资本共计3173万元,平均单位资本为187万元,外资22家,资本共计6379万元,平均单位资本为290万元。[⑥] 外资厂矿规模平均高出民族资本厂矿规模的55%以上。

帝国主义在华工业资本,不但是大资本,而且带有垄断性。在许多行业中,外国工厂垄断了整个行业。一家外国大厂的资本,往往超过全行业中的华厂资本。机器造船业中的上海耶松船厂,在

---

① Decennial Reports,1902—1911年,大连,第128—129页。

② Herald,1906年10月5日,第14页。

③ A. Wright:Twentieth Century Impressions of Hongkong, Shanghai and other Treaty Ports of China(以下简称Impressions),1908,pp. 710-712。

④ A. Wright:Twentieth Century Impressions of Hongkong, Shanghai and other Treaty Ports of China(以下简称Impressions),1908,p. 740。

⑤ A. Wright:Twentieth Century Impressions of Hongkong, Shanghai and other Treaty Ports of China(以下简称Impressions),1908,p. 586。

⑥ 参阅汪敬虞编:《中国近代工业史资料》,第401页。

1900年合并了另外两家船厂以后，资本由75万两增加到557万两，为中国当时大大小小22家华商船厂资本的5倍多。① 1902年成立的英美烟公司，在开办以后的10年中(1902—1912年)，工厂由1个扩充到4个，工人由百余人扩充到近万名，资本由10.5万元扩充到1100万元，超过了当时中国所有烟厂资本的7倍②。在公用事业中，1882年成立的上海电光公司，开创资本不过5万两，到1928年改组为上海电力公司的前夕，资本已增加到3500万两③，成为当时全国最大的发电企业。同样，被称为大英自来火房的英商上海煤气公司，创立之初，资本也不过10万两，到1928年止，资本扩大到250万两④，为开办资本的25倍。早在此以前，它就被认为是"历史上任何煤气公司绝无仅有的发展速度"⑤。

外国在华工业资本的垄断性，还表现在资本集团的出现上，许多原来以经营进出口贸易为主的外国洋行，逐渐发展到包括工业在内的多种经营，形成了集工贸于一体的大资本集团。这种现象，在甲午以后，表现得特别显著。以资格最老的英国怡和洋行而言，它所投资和经营的工矿企业，绝大部分是在甲午战争以后，其中为人所熟知的，有1897年的怡和纱厂，1898年的以投资路矿为主的中英公司，1901年的香港染织厂⑥，1905年的怡和制材厂和振华

---

① 参阅汪敬虞编:《中国近代工业史资料》,序,第5页。

② 参阅汪敬虞编:《中国近代工业史资料》,序,第5页。

③ 雷麦:《外人在华投资》(蒋学楷、赵康节译本),第214页。

④ The China Stock and Share Handbook,1929年,第154页。

⑤ Herald,1909年12月24日,第717页。

⑥ 英文名为The Hongkong Cotton Spining Weaving and Dyeing Co.亦说成立于1898年,参阅严中平:《中国棉纺织史稿》,1955年版,第352页。

纱厂①,1907 年的怡和源打包厂②,1910 年的公益纱厂、1914 年的杨树浦纱厂③,1919 年的怡和打包厂④,1920 年的怡和冷藏厂,1923 年的怡和机器公司⑤和 1927 年以后成立的怡和啤酒厂。⑥20 世纪初的一部中国商埠志中说:“在中国的贸易中,有一只手可以数得过来的极少数公司,他们的分支机构就像一只网似的分布在整个中国的沿海地区”,“他们活动的范围,正不断地在扩充。在这些促进中国和外界贸易的大企业中,怡和公司保有着一个非常显赫的地位”。“现在它的企业多面化了。他们已经创办并且有效地进行一些工业企业”的经营。⑦ 如果说,19 世纪的怡和还只有一个“分布在整个中国沿海地区”的贸易网,那么,进入 20 世纪以后,它就已经有了一个包括工业在内的比较完整的经济网络。其中,工业投资占据了重要的地位。

在这一工业网络中,有的部分已形成了严密的组织体系。作为怡和工业投资重点所在的棉纺织工业,就是一个例证。它以上海怡和纱厂为起点,在这个纱厂顺利发展的基础上,一方面把原在香港的染织厂集中到上海,另一方面把原属它的买办创办的公益纱厂拉进来,先是中英合办,进而全归怡和,然后是三厂组织联营,

---

① 系怡和大班与华人合办。亦说成立于 1907 年,参阅严中平:《中国棉纺织史稿》,第 349 页。

② 与中国人合办。

③ 系由香港染织厂改组而成。

④ 系由怡和源打包厂改组而成,由合办改为怡和洋行独办。

⑤ 进出口机器兼营相关工程业务,由怡和洋行机器部扩大改组而成。

⑥ 以上各厂资料来源,参阅汪敬虞编:《中国近代工业史资料》,第 330—339 页。黄光域编:《外国在华工商企业辞典》,1995 年版,第 441—444 页。

⑦ Impressions, p. 602.

由怡和洋行全权经理，注册为资本达1100万两的怡和各纱厂有限公司①，具有一定的垄断实力。

当然，怡和洋行的活动，虽然带有普遍性质，但它的成就，却不是所有的外国在华洋行都能达到。有成功的，也不乏失败的，这是竞争的规律。但淘汰的结果，大的更大，这也是竞争的规律。同样是老资格的两家洋行——安利和沙逊，它们在发展过程中相互地位的变化，说明了这一点。沙逊洋行在中国有一百多年的历史，它以鸦片和房地产起家，这是人所共知的。安利洋行（Arnhold Brothers & Co.）虽然成立于1915年②，但它所自出的瑞记洋行（Arnhold，Karberg & Co.）在19世纪60年代中期，就已在中国出现。安利洋行在经营贸易的过程中，也逐步涉足工业企业。通过“掌握一定数量的股权或以签订协议方式，控制了一些企业”。其中，比较著名的有瑞镕船厂、祥泰木行、瑞记纱厂和汉口打包厂。然而它们的经营却始终停滞不前。到了20世纪20年代初，竟至濒临破产。1923年以后，股权渐为沙逊洋行所控制，成为沙逊集团的附属公司。③ 经过清理以后，安利洋行的资产负债表上，出现了1722499两的亏损。④ 安利洋行变得默默无闻了。但是从外国在华工业投资的角度看，这并不意味着外国势力的撤退，而是由势力更大、投资更多的洋行的代之而起。因为在以后的历史中，我们

① 以上参阅严中平：《中国棉纺织史稿》，第349、351、352页。汪敬虞编：《中国近代工业史资料》，第332—337页。黄光域：《外国在华工商企业辞典》，第442页。

② 成立时行名为Arnhold，H. E.，1917年注册时改称是名。

③ 参见张仲礼、陈曾年：《沙逊集团在旧中国》，第68页；黄光域：《外国在华工商企业辞典》，第309页。

④ 沙逊档案，甲429，转见张仲礼、陈曾年：《沙逊集团在旧中国》，第68页。

看到,这个以做鸦片、房地产乃至妓院生意起家的沙逊洋行,除了接受安利洋行的工业投资以外,又陆续开辟了对耶松船厂、中国钢车制造厂(China Car & Foundry Co.)、上海啤酒厂(Union Brewery Co.)和正广和汽水厂(Caldbeck, Macgregor & Co.)的投资。①

帝国主义在华工业资本的垄断性,还表现在他们的政府对在华工业的直接支持上。在这方面,日本军国主义政府羽翼下的满铁,具有鲜明的特色。

1906年成立的南满洲铁道株式会社,是日俄战后日本政府"经营满洲"政策的产物,是日本对东北进行殖民统治的工具。它以扩大日本对东北的侵略权益为最高原则,"必要时可以不计盈亏,以其经济利益服从日本侵略扩张的政治或军事要求"②。公司的开创资本,即为2亿日元,其中,一半出自日本政府。③ 不到15年,资本就增加到4.4亿日元(1920年),被称为"与寻常公司大异"的"满铁王国"。④ 它虽以"满铁"为名,实际上范围漫无止境。举凡矿山、冶炼、航运、电力、煤气以及仓栈码头等等,无不囊括在内。其中属于工业投资的,就分布在船舶修造、水电气供应、毛棉纺织、油脂、面粉、食糖、谷类精选以及砖瓦、玻璃制造等部门。这些企业,当然不都是满铁的经营重点,而且有的经营并不成功。例如毛、棉纺织业中的满蒙毛织株式会社和满洲纺绩株式会社,经营都不很理想。到了30年代初,一个资不抵债,处于破产状态,一个

---

① 参见 Lo Hui-min: The Correspondence of G. E. Morrison, No. 2, 1978, p. 70。张白衣:《远东金融巨子沙逊论》,载《财政评论》第5卷,1941年第4—5期。

② 苏崇民:《满铁史》,1990年版,第37页。

③ 苏崇民:《满铁史》,1990年版,第18页。

④ 日本朝日新闻社:《满蒙问题》,1932年版,第73页。

勉强经营,但不得不将资本减少一半。① 然而即便如此,满铁仍多方给予支持,对满蒙毛织株式会社,不但认购股份,而且在批租厂基、供应电力等方面,给予减费优待。② “不计盈亏”,在这里得到生动的体现。一句话,不这样做就看不出“满铁王国”的气魄。然而人们从这里也清楚地看出:这个新生的资本集团,其侵略手段的露骨程度,比它的前辈如大英帝国的怡和集团等,又向前跨了一步。

外国在华工业的垄断性,当然主要表现在资本的巨大上,表现在生产的垄断上。但又不仅如此,它不仅表现在生产规模的巨大上。而且在由原料收购到产品推销,亦即在流通的各个环节上,都显示着强大的实力和优势。

流通环节的控制,这是外国资本主义入侵中国行之有效的一套老手法。但是,把这一套移植到外国在华工业投资中来,则是甲午以后的新现象。

在四大支柱工业中,以农产品为主要原料的卷烟和纺纱,表现得最为突出。在这里,垄断卷烟生产的英美烟公司和棉纺织业中后来居上的日本纺织集团,提供了两个具体的实例。在原料采购方面,他们都从最根本的地方——烟草和棉花的生产抓起。先是向烟农、棉农发放优良种子,而以收买他们的烟草、棉花为条件。加上工厂方面设置完备的收购网络,使得处于垄断地位的买主不但得心应手,控制工厂所需的原料供应数量,而且可以上下其手,进而操纵这些原料的收购价格。在工厂产品的推销方面,这一网络更加严密周备。它们内有完整的一套推销机构、组织层次和区域划分及华商经销网络的利用,外有各自国家金融势力的周转、运

① 苏崇民:《满铁史》,第275—277页。

② 苏崇民:《满铁史》,第275—277页。

输和贸易部门的配合,使得这一推销渠道,更加畅通无阻。它们的具体情况,下面在谈到四大支柱工业中的棉纺织和卷烟两个行业时,还要分别加以叙述。

垄断性的大资本,总是和高额利润率联系在一起的。因此,具体地考察一下外国在华工业资本利润的高度,有助于进一步阐明它的垄断性质。

科学地计算资本的利润率,要受到统计材料的限制,因而是比较困难的。《中国近代工业史资料》(1895—1914年)卷中所计算的47家外国厂矿的利润率,实际上是账面的纯利对已缴资本的百分比。它没有包括各种形式的变相利润和隐藏利润,因此,它一定远远低于实际的利润。但即使根据这样计算的结果,47家厂矿的账面盈利率,在这20年中,平均达到14.14%,而个别厂矿,则可以高达30%—40%。① 人所共知,在同一时期,资本主义国家本国工业的利润率很少超过10%,我们拿日本这样一个后起的资本主义国家加以比较,同一纱厂,"上海分厂的利润要比在日本的纱厂平均超过10%至15%。② 有的报道说:日本在中国所设之纺织厂,1912年以后3年中,获利之数,超过资本全部。③ 在三井洋行系统中的上海纺织株式会社1914年的股东大会上,它的主席就公开向股东宣布:1910—1914年5年中,公司的盈利等于实收资本的135%。④ 内外棉株式会社的高利润,则更加惊人。在第一次世界大战和战后时期,连续五年(1918—1922年)盈利在110%以

① 汪敬虞编:《中国近代工业史资料》,第360、383—397页。

② R. M. Odell: Cotton Goods in China, 1916, p. 161.

③ 《东方杂志》第15卷第1号,1918年1月,第45页。

④ Herald, 1914年3月14日,第777页。

上,其中,最高的一年(1920 年),达到 259.2%。[①] 这样高的利润,当然不能代表全体外国纱厂,但也决非绝无仅有,英国怡和纱厂,在这方面,就并无逊色。这家纱厂在 1912—1914 年的 3 年中,"所获盈利,已与全部资本相等"[②]。在 1914 年以前的 8 年中,有 3 年账面盈利超过 40%,其中,最高的一年(1906 年)达到 48.62%。[③] 在 1914 年以后的 8 年中,有 6 年超过 40%,其中,最高的一年(1920 年)达到 152.1%。[④] 在棉纺织业以外,也可以看到类似的情形。在 19 世纪末的上海耶松船厂和 20 世纪初的上海煤气公司中,盈利率几乎都在 20% 以上。[⑤] 而在面粉工厂中,上海增裕 4 年(1902—1905 年)中的盈利,就超过它的资本的 6%。[⑥] 汉口和丰根据 1906 年的盈利判断,"在一年零两个月中,就可以将全部所投的资本收回"[⑦]。

高利润,这是大资本追求的目标,也是它得以实现的手段。所谓"不计盈亏",是不能长久存在的,即使是像满铁这样的"以其经济利益服从于日本侵略扩张的政治或军事要求"的公司,仍然不会放弃"攫取最大限度利润"的目标。尽管它在"必要时可以不计盈亏",但从长远的目标看,实现最大限度的利润,仍然是满铁株式会社的总体最高准则。[⑧] 满铁账上的"政府分红"、"股东红

---

① 据《内外棉株式会社五十年史》,转引自杜恂诚:《日本在旧中国的投资》,1986 年版,第 207 页。

② 《东方杂志》第 15 卷第 1 号,1918 年 1 月,第 45 页。

③ 汪敬虞编:《中国近代工业史资料》,第 389 页。

④ 据《英商怡和纱厂调查材料》,转引自陈真等编:《中国近代工业史资料》第二辑,1985 年版,第 851 页。

⑤ 汪敬虞编:《中国近代工业史资料》,第 384、388 页。

⑥ 汪敬虞编:《中国近代工业史资料》,第 391 页。

⑦ 日本外务省通商局:《清国事情》第一辑,1907 年版,第 857 页。

⑧ 参看苏崇民:《满铁史》,第 37 页。

利”、“股东第2红利金”清楚地表明了这一点。从它启动的1907年到1927年,公司的账上纯利由202万元上升到5637万元,20年中增加了近27倍。不仅利润量增加,利润率也呈上升趋势。在1917—1927年的10年间,利润率也由多年停滞不前的10%左右上升到17%左右。① 和英美等国在华公司比较,毫无逊色。相反,正如他们自己所说:由于日本国内利率高于欧美各国,因此,当“欧美人士之在华企业获利7%—8%,已颇为满足”时,“日本人却不能以此为满足”。②

最后,需要专门讨论一下隐蔽利润的问题。

上面提到,我们所能计算的外国在华工业利润,是他们公布的账面盈利。这里面做手脚、变花样,千方百计隐蔽利润,不是圈里人是察觉不出来的。但是,有些隐蔽利润是明摆着的,连拿股息的一般股东也受到影响,发出抱怨,这里不妨略举一二。

首先,这些工厂的账面盈利,一般都是剔除利息付出之后的余额,而利息的支付,显然是利润的组成部分,它在工厂的营业账中,往往是一笔很大的支出。仅在纺纱织布一业中,我们所看到的公司股东的抱怨,就为这一点提供了无可置疑的佐证。在1900年,美商鸿源纱厂的股东大会上,股东们对纱厂连续3年的亏损提出了质疑。因为企业利润在分配给股东之前就以银行借款利息的形式付给了贷款银行。因此,有的股东就抱怨“我们付出的利息,简

① 佐田弘治郎:《满铁20年略史》、《满铁第二次10年史》,转引自陈真等:《中国近代工业史资料》第二辑,第894页。这里的数字,自然是以铁路收入为主。

② 东亚同文会支那经济调查部:《支那经济报告书》1910年第49期,第27页。

直使我们成了为银行和中间人而工作，而不是为股东而工作”①。同样，英商协隆纱厂在1897—1901年的4年之中，共付利息108000两，可是账面却出现了亏损，最后工厂被银行拍卖。原因是“可怜，这笔利润完全为利息所吞没了”②。然而，这些吞没公司利润的银行利息，是毫无疑问的应该计入工厂的利润之中的。利息如此，在付出股息之前，从利润中扣除的董事酬金、总经理的车马费、查账人的酬劳等等，也是如此。德商瑞记纱厂在1903年的营业报告中，账面盈利只有81146两，而董事、经理等人的酬金为20660两，加上利息支出20004两，超过了账面盈利的一半③，也就是账面盈利不及实际盈利的2/3。这个比例，具有相当大的代表性。

在各项隐蔽利润中，数目最大、最令人触目的是各项准备的提存。准备金的设置，如果严格按照资本设备的折旧率计算，当然不能看做是隐蔽利润。问题是外国在华工业的准备提存，大大超出了生产过程中资本折旧的正常范围。它一方面大大提高折旧率，更主要的是在资本折旧之外，又另立了五花八门的准备项目。仅就我们从一部分外国在华工厂的营业报告中，就可以看到众多的离奇准备。它既有“一般准备”（General Reserve），又有特别准备（Special Reserve）；既有折旧准备（Depreciation Reserve），又有修理更新准备（Repair and Renewal Reserve）；既有土地准备（Land Reserve），又有土地购买准备（Land Purchase Reserve）；既有股份准备（Stock Reserve），又有股息平衡准备（Equilization of Dividends Reserve），还有股份升水准备（Share Premitum Reserve）；此外，还

① Herald，1900年12月5日，第1197页。

② Herald，1902年1月8日，第10页。

③ Herald，1903年2月18日，第326—327页。

有呆账准备(Bad and Doubtful Debt Reserve)、投资波动准备(Investment and Fluctuation Reserve)、汇兑波动准备(Exchange Fluctuation Reserve)、海事金融准备(Marine Finance Reserve)、保险准备(Insurance Reserve)、救急准备(Relief Reserve)、产品波动准备如糖厂的食糖波动准备(Sugar Fluctuation Reserve)、原料波动准备如纺织厂的棉花波动准备(Cotton Fluctuation Reserve)等等①,名目之繁多,令人炫目。在各色各样准备金掩盖之下,企业不论有多少盈利,都可以化为乌有。即使账面上有看得过去的,甚至是令股东十分满意的丰厚利润,在庞大的准备金面前,也显得黯然失色。

这种现象是普遍存在的。这里仅以外国在华两大支柱工业——轻工业中的棉纺织和重工业中的船舶修造为证。1927年,上海两家盈利丰厚的外商纱厂——英商怡和纱厂②和日商上海纺绩株式会社,它们的账面盈利,一个是512623两,一个是517672两。③ 这在当时的外商纱厂中,已是位居前列。可是它们的各项准备金加在一起,一个是3515531两,一个是1484350两④。高下悬殊立见。同样,在船舶修造业中,英商两大船厂——耶松和瑞镕,一向就用准备金的障眼法掩蔽真实利润。在1914年的两厂的股东大会上,瑞镕的主席当众公开地说:"把新发行的股票的升水放到准备金账上之后,这一笔准备金就达到342952两。也就是说,比我们的资本还要多25000两。但是尽管这样,董事会还主张转入股息平衡基金15000两,折旧提存10000两,移交下届

① 参阅China Stock & Share Handbook,各年外国工厂营业报告。

② 包括杨树浦厂和公益厂在内。

③ China Stock & Share Handbook,1930,pp.256-257.

④ China Stock & Share Handbook,1930,pp.256-257.

9356.08两。换句话说,在我们付出优厚股息的同时,我依旧尽可能地积累资金。”①从这里可以看出瑞镕厂的隐蔽利润的厚度。至于耶松厂,报告人似乎要人相信,工厂没有任何隐蔽利润。他在股东大会上说:“关于折旧,你们在查账人的报告中会注意到:他们认为提存500000两的折旧准备,完全足以清偿公司固定资产的任何折旧费用。全部的机器修理和维持费,都是从收入中开支的。”②也就是说,只有折旧准备一项,其他的准备,再也没有了。但是,且不问机器修理维持费都已经“从收入中开支”了以后,为什么还要提存折旧准备?更令人不解的是:在它的营业报告中,除了500000折旧基金(Depreciation Fund)外,却又冒出另一个为数也是500000两的准备基金(Reserve Fund)。③ 这一准备基金,除了隐蔽利润以外,得不到任何解释。

掩盖利润的各种准备金和企业的账面利润,本质上相同而所起的作用却大不一样。正如上述瑞镕船厂股东大会主席所说:提存准备是为企业“尽可能地积累资金”,也就是尽可能地使利润向资本转化。提存准备,这是外国在华工业扩大资本的重要手段,是大资本形成的重要途径。这一现象愈到后来愈趋明显。30年代初,那个以“不计盈亏”相标榜的满铁株式会社,账面的公积金,据说竟达18860万日元之巨④,为上述以准备充足著称的怡和、耶松等大型企业所望尘莫及。可以断言,如果说甲午以前原始积累还是西方入侵者积累资本的主要手段,那么,在甲午以后,资本主义积累则明显地引人注目。这是近代中外经济关系中的一个重要特

① Herald,1914年4月4日,第45页。

② Herald,1914年7月25日,第278页。

③ China Stoctk & Share Handbook,1915,p.70.

④ 吴承明:《帝国主义在旧中国的投资》,1956年版,第89页。

点,也是近代中国社会经济由封建向半殖民地半封建转化的历史必然。

二、四大支柱工业的发展形势

(一)轻工业投资中心的棉纺织业

棉纺织业是外国在华工业的主体,是外国资本最集中的所在,也是中国民族资本承受压力最大的所在。

马关条约签订以后,外国正式取得在华通商口岸设厂的权利。根据这一条约,首批进入中国的工厂,便是外国入侵者觊觎已久的棉纺织厂。① 1897 年一年之内,英国一口气在上海设立了怡和、老公茂两家纱厂,美、德两国则分别设立了鸿源和瑞记两家纱厂。怡和、鸿源和瑞记三厂开办时,纱锭均为 40000 枚,老公茂为 25000 枚。加上同年英商接办华商裕晋纱厂而成立的拥有 15000 枚纱锭的协隆纱厂,一年之中,上海就出现 5 家外国纱厂,纱锭 160000 枚。② 超过了已有 7 年历史的上海华商纱厂纱锭的总和。③ 老公茂老板威厚阔(C. J. Dudgeon)在纱厂开车典礼上说:4 家新建外商纱厂"标志着中国历史和中国工业界的新纪元"。④ 从外国资本主义对中国的经济侵略由商品输出向资本输出的转换这一角度看,的确可以称得上是一个"新纪元"。

---

① 关于甲午以前外国在这方面的活动,参阅汪敬虞:《十九世纪外国资本对中国棉纺织工业的入侵》,见《十九世纪西方资本主义对中国的经济侵略》,1983 年版,第 390—410 页。

② Decennial Reports,1892—1901 年,第 1 卷,第 513—514 页。

③ 1897 年上海华商纱厂纱锭为 137000 枚。

④ Herald,1897 年 3 月 26 日,第 547 页。

但是，这个"新纪元"在马关条约签订的时刻，条件并没有完全成熟。一位研究中国棉纺织业的专家指出：两次鸦片战争以后，外国资本主义把中国开辟成为一个自由销售其过剩工业产品的国际商品市场。经过了中日甲午战争，外国资本主义又把中国开辟成为一个自由投放其过剩资本的国际资本市场。"所以甲午以后，压迫中国棉纺织业资本主义之发展的，既有洋货，又有外资。不过衡量起来，在第一次世界大战以前，洋货的压力远比外资为大。"①

"洋货的压力远比外资为大"，一个生动的例证是：亲手签订《马关条约》的日本，它在中国的工业投资，严格说来，是在第一次世界大战以后。正如上面这位专家所说："日本虽是第一个获得来华设厂的国家，在 1895—1913 年这 18 年悠久的岁月里，其主要的侵华方式，始终不得不限于棉纱布倾销。若言投资，得纱机 111936 锭，布机 886 台而已。"②

单就日本而言，这里还可以补充几件不为人所注意的事实：

1. 在马关条约签订之后，在英、美、德的 4 家纱厂还未动手之前，一家名为东华的日本纱厂，就在上海杨树浦购定厂址。"工厂的基础工程已破土动工，锅炉也运到工地现场，公司并向英国订购了机器，直到这时，经理们才意识到，他们自己国家同中国签订的条约对关税的规定，使得他们在日本生产棉纱能获得更多的利润。因而，他们放弃了在这里建厂的计划，并把从英国订购来的机器转运到日本去了。"③转到日本的机器在神户落户，后来建成钟渊纺

① 严中平：《中国棉纺织史稿》，1955 年版，第 121 页。

② 严中平：《中国棉纺织史稿》，1955 年版，第 174 页。

③ Decennial Reports，1892—1901 年，第 1 卷，第 514 页。译文，据徐雪筠等译编：《上海近代社会经济发展概况（1882—1931）》，1985 年版，第 105 页。

绩株式会社所属的第二工厂。① 一直到 1906 年钟渊才正式来华投资设厂,1922—1923 年间才发展成为日本在华棉纺织业巨头之一。②

2. 在 1906 年以前,日本的棉纺织业资本,也可以说有过在华投资的行为。具体地说,就是上述的 111936 锭纱机和 886 台布机的拥有。但是,正如另一位专家所说:以后来居上的姿态出现的日本资本家,并"不急于创建设厂",而是收买或租办上海已有的华商纱厂。③ 和钟渊纺绩会社同属三井财团的东洋棉花会社,就是通过这种方式于 1908 年建立起它的上海纺绩株式会社的。而当上海纺绩株式会社立定根基、积极扩充、建立一系列纱厂之日,第一次世界大战已经爆发。④ 此外,在日本国内已有雄厚基础的内外棉株式会社,1911 年也开始进入上海,但其在华设厂高潮,也是在第一次世界大战爆发之后。⑤

3. 日本在东北的投资活动,又比关内晚了一步。一直到 1922 年以前,日本在东北地区执行的政策,是日本国内棉纺织品向东北的廉价倾销。名震一时的所谓"三线联运",亦即曰本国内铁道、朝鲜铁道和满铁安奉支线铁道的联运,就是为了大幅度降低日本国内生产的棉纺织品运销东北的运费,以达到占领东北的广大棉

① 严中平:《中国棉纺织史稿》,第 149 页。

② 严中平:《中国棉纺织史稿》,第 362 页,(86)上海公大纱厂条;第 363 页,(93)青岛钟渊纱厂条。

③ 张国辉:《中国棉纺织业 1895—1927 年的发展和不发展》,见《中国社会科学院经济研究所集刊》第 10 集,1988 年版,第 193 页。

④ 严中平:《中国棉纺织史稿》,第 344 页,(8)上海大纯纱厂条。

⑤ 严中平:《中国棉纺织史稿》,第 351 页,(31)上海内外棉株式会社第三厂条。

纺织品市场的目的[①]。这一政策,在第一次世界大战结束以后,才开始发生变化。三线联运,在1922年寿终正寝。[②] 而以日本国内三菱财团为背景的富士瓦斯株式会社就在这一年在交通方便,劳动力低廉,又处于棉花产地中心的辽阳,成立了一家资本500万日元,设备3万纱锭,在当时东北处于领先地位的大型纱厂——满铁纺绩株式会社。[③]

事实上,不仅日本如此,比日本先行进入中国的英、美、德等国的棉纺织工厂,一开始从他们的角度看,也并不尽如人意。怡和、鸿源两厂在1902年因营业发生亏损,同时缩减资本。怡和纱厂资本原为175万两[④],鸿源纱厂资本原为100万两。[⑤] 1902年两厂同时将资本缩减为75万两[⑥],"将已亏蚀的或并不代表实有资产的部分予以取消"。减资25万两的鸿源纱厂,在它的营业报告中说道:"按照正常的收益,大约还需两年甚至三年才能弥补现在账面上的亏损。"[⑦]减资100万两的怡和处境自当等而下之。老公茂营业略优,"但也和其他纱厂一样,有许许多多的困难"[⑧]。至于刚刚改组的协隆纱厂,接手不久,就面临着"垮台的灾祸"。营业四年来,账面上虽然有"可观的利润",但是,老板却说:"可怜,这笔利润完全为利息所吞没了。"[⑨]事实上,早在1900年,这家纱厂的

---

① 苏崇民:《满铁史》,1990年版,第102—103页。

② 苏崇民:《满铁史》,1990年版,第105页。

③ 苏崇民:《满铁史》,1990年版,第276—277页。参阅严中平:《中国棉纺织史稿》,第179页。

④ Herald,1902年7月2日,第25页。

⑤ Herald,1902年7月9日,第76页。

⑥ Herald,1902年7月2日,第25页;7月9日,第76页。

⑦ Herald,1901年11月27日,第1015页。

⑧ Impressions,1908年版,第573页。

⑨ Herald,1902年1月8日,第10页。

资本就已损失 21%,接着不得不再度被迫转手①。因此,尽管有 1897 年的一拥而入,但并不是皆大欢喜。活动开始了,期望值是巨大的,但条件还没有完全成熟。1897 年老公茂纱厂老板所说的"新纪元",实际上是在说这句话以后过了差不多 15 年的漫长时间,才真正开始,"一个国际投资市场上的棉纺织业"才真正成为现实②。

在 1913 年 3 月上海的一家外国报纸上,发表了一篇有关上海棉纺织业的重要评论。文章一开头就兴奋地点出:"本市棉纺织工业的情况,有史以来从来没有像今天这样光明。""目前,所有纱厂今年上半年的订货都已足额了,销路非常之好,结账情形很令人满意,价格也很有利。值得提到的一项重要事实是本市纱厂的棉纱,在内地许多市场上排斥了印度棉纱。"③这最后一句话,点明了事情的实质。外国在华纱厂生产的棉纱,排斥了由外国进口的棉纱。"洋货压力远比外资为大"的局面,开始发生变化。

在新的一轮投资高潮中,主角是后来居上的日本。这个后来者的活动,表现出如下的特点。

1. 强大的财阀背景

日本在实现自身产业化和进行海外扩张的过程中,财阀起着极其重要的作用。没有大财阀的背景,日本就难以在海外进行大规模的投资。这在棉纺织业中,表现尤其突出。"日商在华纱厂,大都是在华或日本国内的棉花或纺织大会社所投资的,而这些大会社又各以日本大财阀为其母体。"④因此,在华日本纱厂,一般都有一个四级结构的模式。最底层是在华的纱厂,纱厂之上有在华

① 《东西商报》,光绪二十六年,商 66,第 6 页。

② 参看严中平:《中国棉纺织史稿》,第 163 页。

③ Herald,1913 年 3 月 8 日,第 691 页。

④ 严中平:《中国棉纺织史稿》,第 180 页。

的纺绩会社,其上有在日本的投资会社,最上层是支持投资会社的财阀。例如上面提到,上海纺纱厂之上有上海纺绩会社,其上是本国的投资公司东洋棉花会社,最上层是支持和控制东洋棉花会社的三井财团。① 而且财阀又往往是交叉共同投资于一个或几个企业,既互相竞争,又互为支援。

当然,也有个别纱厂不属于这种类型。例如著名的内外棉纱厂,就只有纱厂和纱厂之上的会社两级,会社也无财团背景。但是,人们都知道内外棉进入中国之前,在日本大阪和兵库,已设有一、二两厂,25 年以后才来上海进行投资。因此,凌驾纱厂之上的株式会社,既可视为管理纱厂之“在华会社”,又可视为投资纱厂之“投资会社”,而会社之上再没有财团,则正说明“势力雄厚”的内外棉本身,就是一个财团实体。

2. 资本积累能力的重视

日本纱厂不但重视资本运营的外部条件,而且特别注意资本积累的内在能力。如果说,财阀背景是企业资本运营的外部有力支撑,那么,公积准备则是企业资本积累的内部重要支柱。

缺少财团背景的内外棉,在这方面表现得十分突出。

内外棉最初不过是一家经营印度棉纱贸易的商业公司。当1887 年它在大阪创设第一家纱厂时,实收资本不过 12. 5 万日元,到 1911 年来上海设立第一家纱厂时,资本已上升为 187. 5 万日元,公积亦同步增长为 186. 1 万日元。而在 1911 年至 1925 的 15年中,实收资本扩大为 1325 万日元,增加了 6. 1 倍,公积则更超越资本达到 1434 万日元,使实际可以运用的资本有更大的增加。②

① 严中平:《中国棉纺织史稿》,第 179 页。

② 《内外棉株式会社五十年史》,转引自杜恂诚:《日本在旧中国的投资》,第 207 页。

内外棉的设厂情况,印证了这一点。从它在大阪设立第一家纱厂到最初在上海设厂的25年间,它仅在日本兵库设立过一家纱厂。然而进入中国以后的15年中,却一口气设立了15家纺纱或织布工厂。其间1911年在上海所设之厂,称第三厂,接着1913年设第四厂,1914年设第五厂,均在上海。1916年设第六厂于青岛,1918年设一布厂于上海,称第七厂。同年又收买上海华商裕源纱厂。1919年设第八厂于上海,前一年收买之裕源,则列为第九厂。同年又在青岛设第十、第十一两厂,1921年再设第十二、第十三两厂于上海,同年又在第九厂中加设布厂。1923年设第十四、第十五两厂于上海,1925年在东北金州设金州支店一、二两厂。至此共设厂15家,平均每年一厂。① 这种速度,在世界棉纺织史上,也是罕见的。

内外棉的情况,虽然比较突出,但日本纱厂对自身内在的资本积累的重视,则并非个例。一位研究日本棉纺织业的专家指出:日本纱厂在"大战以前,每公司平均资本为250万元,公积金为100万元。大战发生后的第一、二年,营业已略有起色,公积金增加了15%。等到大战结束后最兴盛的时候,资本金增到了535万元,公积金增到了243万元,比之前5年,各增1倍有余"。② 拿华商纱厂与在华日商纱厂进行比较,论据更加有力。根据20世纪30年代初的统计,华商纱厂资本与公积之比例为1∶0.03,日厂则为1∶0.17③,中、日纱厂资本加公积的每厂平均数,在1930年分别

① 严中平:《中国棉纺织史稿》,第351页,(31)。

② 王子建:《日本之棉纺织工业》,1933年版,第32页。

③ 根据华商纱厂联合会的材料计算,参见杜恂诚:《日本在旧中国的投资》,第215页。

为171万元和346万元①,在1933年分别为187万元和478万元。② 上面那位研究日本棉纺织业专家说:日本企业家非常注意公积金的积累而少分红利,这是一种有长远眼光的做法。相比之下,中国企业那种分光吃光“官利”的传统,证明是一种对企业发展极为不利的做法。③ 专就企业资本积累的内部条件而言,这个结论是可以接受的。

3. 投资结构的严密和系统的完善

日本在华棉纺织工厂,不仅着眼于生产的提高,而且重视原料供应和产品运销系统的完善,形成了一个产、供、销一条龙的体制。

在原料供应方面,“由纺织工业界与棉花供给者勾结而成的棉业托拉斯是日本特有的产物”④。日本三大棉花商社——日本棉花会社、东洋棉花会社和江商株式会社,控制和操纵棉纺织厂棉花的供应。在中国,也组成了一个庞大而严密的原棉采购与销售的网络。日棉在中国的分店有13处,东棉有14处,从南到北,从香港、广州,到上海、汉口以至长春、沈阳,都在这网络之内。此外,为了扩大棉源,减轻原棉成本,还以中国各地日籍纱厂和上海日籍棉商为骨干,成立了一家印度棉花的专营机构——“印棉运华联益会”,垄断了印棉采购的独占权。⑤

在制品的运销方面,日本在华棉纺织业也有其独特的有利环境和优越地位。就棉纺织品的深入中国市场而言,进入20世纪以后,单是水运一项,就有长江主航道上的日清汽船会社,支航道上

---

① 据方显廷:《中国之棉纺织业》提供之材料修正计算,参见杜恂诚:《日本在旧中国的投资》,第214—215页。

② 杜恂诚:《日本在旧中国的投资》,第215页。

③ 参阅王子建:《日本之棉纺织工业》,第36页。

④ 王子建:《日本之棉纺织工业》,第45页。

⑤ 以上参阅严中平:《中国棉纺织史稿》,第182—183页。

的湖南汽船会社①,以及以外洋航线为主的"大阪商船之于华南各口,大连汽船之于华北、东北各口,久已有雄厚的势力,就是包办全部日商纱厂的水运需要也绰有余裕"②。此外,作为在华棉纺织业后台的日本财阀,也自有其一连串为产销服务的配套设施。如三井财阀除通过日清、丰田、钟渊诸纺绩会社投资于纺织业外,又有东洋棉花与三井物产各支店从事贸易,更有三井物产船舶部投资于航运、码头和仓库,复有三井银行各支店从事于金融周转。三菱财阀除通过长崎纺绩、富士瓦斯诸会社在中国设立纺织工厂外,还有三菱商事会社从事贸易的经营,更有三菱仓库会社在上海设立菱华仓库会社,复有三菱银行在上海设立支行,进行资金融通。形成一套完整的供销网络。③ 一言以蔽之,投资系统的完善,这是日本对华棉纺织业投资取得成功的一大有利条件之所在。

4. 高利润和大兼并

日本在华纱厂的高利润和对其他纱厂的大兼并,是它后来居上的两大表现。

日本纱厂的高利润,可以从两个角度加以考察。一是日本纱厂本身利润变动的分析,二是日本纱厂和其他中外纱厂利润高下的比较。

从日本纱厂本身看,作为日本在华最大棉纺织公司之一的内外棉,提供了可据以分析的较为完整的材料。从内外棉进入上海的1911年起,到我们所要考察的终点时期1927年止,17年间,公司的利润率超过20%的,有15年,超过50%的有8年,超过100%的有5年,集中在1918—1922年间。其中,最高的一年(1920年)

① 日清汽船会社成立后,湖南汽船会社即合并于日清。
② 严中平:《中国棉纺织史稿》,第184页。
③ 以上均据严中平:《中国棉纺织史稿》,第184—185页。

达到259.2%（参看表56）。当然，内外棉被认为是日本在华棉纺织业中营业情况最为顺利的一家企业，这样高的利润，不可能很普遍。但也并非仅有的个例。以三井财阀为背景的上海纺，它的利润率就不一定在内外棉之下，30年代以后，甚至越内外棉而上之①，可为明证。

其次，和日厂以外的中外纱厂比较，问题看得更加清楚。为了比较是否处于一个水平上，我们选择了两家同样是营业较好的纱厂，与内外棉进行对比。一家是英商怡和纱厂，另一家是中国民族资本的大生纱厂一厂。

从表56可以看出：在第一次大战和战争初期，怡和的盈利状况，要略胜于内外棉，而1916年以后，则是内外棉占据长期大幅度的明显优势。至于大生一厂，则在全过程中基本上处于劣势地位，即使在它营业鼎盛的时期（1922年以前），也未能扭转这种落后的形势。而在1922年以后，大生系统的纱厂一直没有摆脱走下坡路的困境②，我们的统计表虽然只有1922年和1927年两年的数字，但与日厂的优劣异势，只能更加明显，这是可以肯定的。

日本纱厂的优势地位，决定了它的迅速膨胀，也随之出现了它对中国纱厂乃至其他国家在华纱厂的兼并。

中国纱厂是日本兼并的主要对象，它集中在中国棉纺织业两大中心的上海和天津。

---

① 参阅中国国民经济研究所编：《日本对沪投资》，1937年版，第58、59页；杜恂诚：《日本在旧中国的投资》，第213—214页。

② 参阅《大生资本集团史》，第280页。

表 56　内外棉、怡和、大生一厂利润率

1911—1927 年

年份	内外棉	怡和	大生一厂
1911	0.3	17.7	17.8
1912	54.1	29.5	28.9
1913	29.6	48.0	32.5
1914	13.2	32.2	30.8
1915	26.5	46.1	13.8
1916	36.8	10.9	3.1
1917	89.1	73.9	39.8
1918	125.7	49.1	31.9
1919	193.0	126.3	105.8
1920	259.2	152.1	83.1
1921	116.4	64.9	34.6
1922	127.3	31.5	−15.8
1923	63.1	15.9	
1924	48.7	−0.4	
1925	16.0	5.9	
1926	20.7	20.8	
1927	21.0	13.2	5.0

资料来源：内外棉：据《内外棉株式会社五十年史》，转引自杜恂诚：《日本在旧中国的投资》，第 207 页。原统计 1914—1922 年分上下两期，此处加以平均。其余各年均为下期数字。怡和：据《英商怡和纱厂调查材料》，转引自陈真等编：《中国近代工业史资料》第二辑，第 850—851 页。大生一厂：据《大生资本集团史》（二稿）油印本，上册，第 135—136 页，下册，第 282—283、310 页。

在上海的第一批民族资本纱厂中，1894 年成立的裕源纱厂是历史最老的厂家之一。它经营了 24 年，在民族工业繁荣的 1918 年，却被日本的内外棉收买以去。1895 年同时成立的裕晋和大纯两家纱厂，也算是两家老资格的厂家。然而一个在成立后，几经转手，于1902年归于三井会社。另一家在1905年也由三井租办，第二年亦被收买以去。它们最后都改换了门庭，成为三井系统下的上海纺绩会社一、二两厂。进入20世纪繁荣的尾声时期，兼并活动又趋于频繁。1920年成立的宝成一、二两厂，成立不过两年，即以负债累累将工厂抵押给日商东亚兴业会社，随后被日商日华纱厂所兼并。1921年成立的华丰纺织公司，不到3年也被日华接管。①

在天津的第一批民族资本纱厂中，1918年成立的裕元和华新是两个先行者。② 这两家纱厂后来都成了日本钟渊纺织会社的猎取对象，最后双双变成了钟渊下属的公大六厂和公大七厂。和裕元、华新鼎立的两大华商纱厂——1921年成立的裕大和1922年成立的宝成，都与裕元、华新同其命运。裕大建厂工程方半，资本即已告罄，开工生产之前，就背上日商东洋拓殖会社的债务包袱。开工以后，又赖东拓借款，以资周转。终于成立不足5年，就转归东拓经营，"无异为日资所办"③。宝成在成立之次年，就因机价未能清偿，归债权人慎昌洋行经理。后来停停办办，始终无力清偿债务。最后还是拍卖给早已吞并裕大的东洋拓殖会社。至此，1927年以前成立的天津六大华商纱厂，除恒源、北洋两家以外，都进入日本纱业资本的囊中。④ 不仅如此，1922年天津华新在唐山设立

---

① 以上俱见严中平：《中国棉纺织史稿》，第343—358页。

② 在此之前6年，天津曾出现一家"直隶模范纺纱厂"，系官办企业。参阅严中平：《中国棉纺织史稿》，第352页；《天津商会档案汇编》（1912—1918）第三分册，第2660页。

③ 严中平：《中国棉纺织史稿》，第360页。

④ 郑森禹：《中国棉纺织业的危机》，见《东方杂志》第33卷，第20号。

的一家分厂,由于接受日商的投资,也在后来改为中日合办,“实已成为日资工厂”①。

在吞并华商纱厂的过程中,对于外国在华纱厂,只要有机会,日本纱业资本,一概照吞不误。在最先进入中国的 4 家老牌外国纱厂中,除了德国瑞记纱厂在欧战爆发后转归英国以外,有两家纱厂就没有逃过日本资本的袭击。英商老公茂纱厂在 1924 年出现较大的亏损,纱厂既无公积准备可供抵补,股东也不愿再为维持企业而增资。结果为钟渊纺绩会社所属的上海绢丝会社所收买,成为上海公大二厂。② 美商鸿源纱厂则早在 1918 年即出售与日华纺绩会社,改称日华一厂。这个由富士纺绩、日本棉花和伊藤忠商事三个会社所组成的日华纺织会社,即由收买鸿源发迹,成为“在华发展之始”③。在此后 7 年中,由一厂发展为七厂,与内外棉几乎并驾齐驱。

截至 1927 年,日本在华设立的纱厂,包括兼并者在内,综计在 40 家以上。④ 纱锭数在 129 万枚以上,占当时全国中外纱厂纱锭总数的 36.7%。布机数近万台,占总数的 40%。在抗日战争爆发以前,纱锭的最高峰达到 213.5 万枚,占全国的 41.8%,布机的最高峰为 2.9 万台,占总数的 49.5%(均为 1936 年数字)。⑤ 也就是说,中国纺织业的半壁江山,掌握在日本财阀的手里。

应该加以补述的是英国怡和纱厂一枝独秀。我们在上面谈

---

① 严中平:《中国棉纺织史稿》,第 362 页。

② 严中平:《中国棉纺织史稿》,第 345 页;《银行周报》第 9 卷第 12 期,第 6 页。

③ 严中平:《中国棉纺织史稿》,第 346 页。

④ 严中平:《中国棉纺织史稿》,附录一之材料统计。

⑤ 据丁昶贤:《中国近代机器棉纺织工业设备、资本、产量、产值的统计和估量》,见《中国近代经济史研究资料》(6),第 88—89、93—94 页。

到,最初进入中国的4家外国纱厂,到了20世纪20年代中期,只剩下怡和一家。其余3家,都先后被兼并。

第一次世界大战大伤了大英帝国的元气。老公茂纱厂之并入日本钟渊纺绩会社,就是一个信号。但是另一方面,这个老大帝国终究还有老本可吃。怡和纱厂在日本巨大压力之下,其他外国纱厂纷纷落马之际,不但没有动摇根基,反而增强了实力,这也是一个信号。它仗着自己也有一个强大的后台——资本雄厚的怡和洋行,瞄准时机,把怡和洋行在香港的一家经营不尽如人意的香港染织厂及时转移到上海,改称杨树浦纱厂。① 又与原怡和洋行买办创办的上海公益纱厂一起,合并于怡和纱厂。② 大大充实了怡和纱厂的基础,也迅速扩充了怡和纱厂的实力。在三厂合并之前的1919年,怡和纱厂已付资本为115万两,杨树浦和公益两厂分别为150万两和75万两③,合计为340万两。而合并之后,资本立即增为600万两(已付540万两)④。而公司的注册资本则为1100万两。营业看好。以报道上海外商行情为主的《中国股份检查书》在1929年就怡和纱厂的行情说道:"1927年必须看做是非常令人满意的一年。因为〔怡和纱厂〕公司是在不断内战、混乱和政治紧张所造成的那么严重的逆境中获得利润的。"⑤而在这一年前的营业报告中,公司取得了创利润近百万两的记录。⑥

当然这个令资本家看好的前景,并不是英国所有在华的纱厂

---

① Herald,1914年10月7日,第109页,参阅China Stock & Share Handbook,1914,p.246。

② 严中平:《中国棉纺织史稿》,第351页。

③ 上海市棉纺织工业同业公会:《中国棉纺统计史料》,1950年版。

④ China Stock & Share Handbook,1925,p.251.

⑤ China Stock & Share Handbook,1929,p.268.

⑥ China Stock & Share Handbook,1929,p.268.

所能共有的。由安利洋行(Arnhold Brothers & Co.)接收的德国瑞记纱厂,在改名东方纱厂(The Oriental Cotton Spinning and Weaving Co.)继续经营之时,却连年出现巨额亏损①,最后只得以出卖告终。②

终20世纪20年代之世,外国在华棉纺织业中,日本资本独占的局面,不但没有变更,而且日益令人注目。

(二)重工业投资中心的船舶修造业

船舶修造是外国在华工业历史较久的一个部门。在这个领域中,直到20世纪初,仍然是称雄海上的英国的一统天下。

早在19世纪40年代中期的广州和50年代初期的上海,都出现了修理船只的英籍船坞。到1895年止,上海两家有30多年历史的英籍祥生(Boyd & Co.)和耶松船厂(S. C. Farnham & Co.),都已各自成为拥有资本80万两和70万两的大型企业,在上海造船业中,形成了两强垄断的局面。广州的最大和历史最久的一家船厂——香港黄埔船坞公司(Hongkong and Whampoa Dock Co.),此时则已移至英国的殖民地香港,并且兼并了许多小船厂,成为资本达156万元的巨型企业。③

甲午战后,随着对外贸易和航运的扩大,上海外商船厂继续得到发展。战争结束后的第二年(1896年),一个大型的英籍和丰船厂(Shanghai Engineering, Shipbuilding and Dock Co.)在祥生和耶松之外出现,初步改变了两强垄断的局面。进入20世纪以后,上

① China Stock & Share Handbook, 1926, p. 333.

② 严中平:《中国棉纺织史稿》,第346—347页。

③ 以上俱见汪敬虞:《十九世纪西方资本主义对中国的经济侵略》,1983年版,第338、347、348—349、358页。

海外商船业资本,一方面有新的生成,形成了新的竞争;另一方面原有的资本垄断,又有进一步的集中,形成了新的垄断。总的形势是:在激烈的竞争中,垄断的趋势日益明显。

新的船厂中,比较具有规模的是1900年成立的瑞镕船厂(New Shipbuilding & Engineering Works)和1905年成立的万隆铁工厂(Vulcan Iron Works)。① 这两个工厂都以设备先进闻名一时,瑞镕船厂"安装了最新式的设备。其中,包括水力铰钉机、蒸汽工具和电力钻孔机的装置,以利于修理工作的迅速执行,并不惜一切工本以求效率的提高"。② 万隆铁工厂"整个工厂机器是由摩托推动的","发电引擎每分钟转550次"。在"同类工厂中,很少能有这样新式和重型的设备"。③

与新船厂的生成并行的,是原有船厂的兼并。就在瑞镕船厂出现的同一时刻,原有的耶松船厂,正在进行着对和丰和祥生的"吞并"。在1900年9月耶松船厂举行的股东大会上,主席在致辞中说:"我们已经把东方船坞拿过来了,我应该说,已经把它吞并过来了。它现在已经变成我们企业的一部分了。"④这里的东方船坞,指的就是祥生的船坞。而在此以前,和丰船厂已经归并于耶松。⑤ 通过这一兼并,新的耶松公司定名为S. C. Farnham, Boyd & Co.,拥有的财产包括祥生厂、新船坞、老船坞、引翔港船坞、和

① 据汪敬虞编:《中国近代工业史资料》第二辑,1957年版,第7—8页。瑞镕之成立亦作1903年,参阅张仲礼、陈曾年合著:《沙逊集团在旧中国》,第75页。

② Impressions, pp. 590-594.

③ Impressions, p. 590.

④ Herald, 1900年9月19日,第605页。

⑤ Herald, 1900年9月19日,第605页;Impressions, p. 456、p. 458; Decennial Reports, 1892—1901, p. 517.

丰厂船坞、董家渡船坞等。① 资本扩大到232万两②。1906年又进一步改组和扩大,把码头和堆栈业务也包括进来,成为一个拥有资本557万两的超大型企业。③ 它虽然保留了原来的中文厂名,但英文厂名却更为The Shanghai Dock and Engineering Co.,不再满足以个别的洋行行名称呼自己,因为他们认为自己"已经控制了这个口岸的所有造船和船坞事业"④,他们已"处于所向无敌的地位"⑤。

兼并的活动,同样发生于新生船厂之间。万隆铁工厂存在不过7年,便于1912年被瑞镕船厂兼并。而兼并万隆以后的瑞镕,第一年便有了一个使股东兴奋的"好年景"。"1913年的营业结果说明了万隆铁工厂的合并使瑞镕公司得到了好处。股息从1912年的14%,增加到16%。"⑥到1920年为止,已有8艘货轮下水,不但自制船身,还制造船用引擎。1920年造船6800吨,引擎5500匹马力。1921年国内其他船厂业务清淡,该厂仍造船5800吨,引擎5700匹马力。⑦

此外,适应美孚油公司的需要,美国摩托艇制造业者也有过插足上海造船业的企图。美国的一位驻沪总领事在1913年的一个报告中写道:"如果美国的摩托艇制造业者希望继续和上海本地

---

① Impressions, p. 458.

② Herald, 1906年11月30日,第490页。

③ Impressions, p. 456、p. 458; Herald, 1906年11月30日, p. 490。

④ Decennial Reports, 1892—1901, p. 517.

⑤ Herald, 1900年9月19日,第605页。

⑥ Herald, 1914年4月4日,第55页。

⑦ Decennial Reports, 1912—1921,转引自徐雪筠等编译:《上海近代社会经济发展概况》1882—1931年,1985年版,第213页。

的制造者竞争，那么，很明显，他们应该立刻采取在上海兴建船坞的政策。”①事实上，这个时候上海已有两家船厂兼营或专营这项业务，一是上面提到的瑞镕船厂，一是由一家挪威顺亨洋行（Thoresen & Co.）主办的信亨总机器公司（China General Engineering Co.）。瑞镕为英国人所有②，不闻有美国资本；信亨中是否有美国资本，也难以判定。但瑞镕的确为美孚公司修建过几艘摩托驳船，而信亨则对东方摩托艇的要求，作了长期的研究。③

进入20世纪以后，上海以外的通商口岸，外商船厂的设厂活动，也日益引人注意。在日本势力积极入侵的东北，1907—1908年，也就是大连租借权转入日本手中之后二年，在这个口岸先后出现了两个规模较大的日籍船厂——西森造船所和川崎船厂大连分厂。1922年在华北第一大口岸天津，也出现了一家规模不小的英籍东方机器厂（Eastern Engineering Works）。川崎船厂总厂在日本本土神户，1906年曾计划在上海设分厂，未能实现。④ 大连分厂成立于1907年。在开办以后的5年间，首次在大连建成500吨轮船一艘。1912年对船坞进行扩建，扩建以后的船坞，可以修理5000吨的大轮船。⑤ 1923年以后，随着日本势力在东北的增强，作为日本“经营满洲”的“国策会社”——满铁，自己出面建立了规模巨大的满洲船渠会社，以64.3万日元收买了川崎船厂大连分厂的全部资产，随后于1931年9月合并于规模更大的大连汽船会社，成为

① Herald，1913年6月7日，第703页。

② 一说为德国资本所有，因其后台为德国瑞记洋行（Arnhold，Karberg & Co.），参阅《中外日报》1901年12月7日。

③ Herald，1913年6月7日，第703页。

④ 《时报》1906年7月11日。

⑤ 《关册》1912年，中文本，大连湾口，第20页。

大连汽船会社的船渠部①。西森造船所成立于1908年,规模较川崎为小,但营业却不稍逊。1919年以一个600员工的中型船厂,修理了72艘各式船只。② 至于天津的东方机器厂,在1927年以前,也曾有过营业鼎盛的时期。它原为一私人合伙企业,成立以后之第三年(1925年),即改为公开的股份公司。以额定资本50万两上市,当年实收资本即达到24万两,全年净利58672两,利润率达到24.4%。③

1895—1927年,这是外国资本在华船舶修造业中活动的鼎盛时期。无论是从船业中心的上海看,或者是从全国的范围看,外商在华船厂的形势,相对于中国的民族资本船厂而言,都处于压倒的优势地位。

在这一时期中,最初和外商船厂发生直接竞争的惟一中国民族资本船厂,是由江南制造局划分出来、以"揽修商家各轮"为主要业务的江南造船所。这家半官半商的中国船厂的出现,立刻触动了外商船厂的神经。他们口头上承认江南造船所"打破一直为耶松船厂所垄断的专利权,受到了普遍的欢迎"。眼睛里却盯着江南造船所的"大量订货"。④ 1905年当江南造船所刚刚起步之时,各洋商船厂就翻出江南制造局不得修造商船以换取洋厂不准修造兵船的承诺这一陈年旧案,要求清朝商部遵照旧章,否则他们就要以"各洋厂亦须制造军装〔舰〕,以免亏折"相要挟。⑤ 耶松船厂的老板更是气势汹汹,他在1906年的股东大会上威胁说:"如果

---

① 满铁:《大正十五年十二月帝国议会说明资料》,第286页,参阅苏崇民:《满铁史》,1990年版,第146、572页。

② 《满蒙全书》第4卷,1922年版,第460页。

③ The China Stock & Share Handbook,1929,p.108.

④ Herald,1905年5月19日,第353页。

⑤ 《时报》1905年4月21日。

他们的对手们削价竞争，他们也必须还之以削价竞争。”“如果需要的话，他们在价格上可以比他们的对手降低5%，如果有必要，他们宁愿终年赔本，不要一文股息。他们有的是钱，公司有的是后台，他们最后还是会胜利的。”①

事实证明了耶松船厂老板的预料。在进入20世纪20年代前后的几年中，耶松船厂为美国政府承造了轮船27艘，其中1920—1921年间又为英国承造3艘标准C型巨轮，为中国招商局承造2艘优质汽轮，此外还为意大利海军设计制造炮舰一艘。② 而在同一时期，江南造船所接受的订货合同，最引人注目的，只有美国运输部签订的4艘货轮和3000匹马力的发动机。③ 然而，仅仅这一点，外国人的眼睛就红了。尘埃未定，中国就被认定“纳入世界常年造船国家的行列”，“对中国这个国家的发展前途，要加以密切注意”④。

值得外国船业资本家“密切”加以“注意”的，当然不止于江南造船所。和江南造船所同时起步的，在全国范围内，规模较大的还有1902年成立的上海求新造船厂⑤和1907年成立的汉口扬子机器厂⑥。扬子机器厂以制造“铁路车辆、桥梁、叉轨以及附属物件”

---

① Herald，1906年7月20日，第140页。

② Decennial Reports，1912—1921年，转见徐雪筠等编译：《上海近代社会经济发展概况》，第213页。

③ Decennial Reports，1912—1921年，转见徐雪筠等编译：《上海近代社会经济发展概况》，第212页。

④ Decennial Reports，1912—1921年，转见徐雪筠等编译：《上海近代社会经济发展概况》，第213页。

⑤ 山本喜一郎：《中日实业家兴信录》，1936年版，第241页。亦作1905年，参阅《中外经济周刊》1924年7月12日。

⑥ 《东方杂志》1907年12月，第179页。

为主,兼营小轮船及其附属机件之制造,成绩一般。① 求新造船厂从1907年起开始制造轮船。“翌年,又开始承造浅水轮船,而造船基础以定。”以后“汉冶萍招商局以及长江、内河各轮船公司皆先后向该厂订造船只”②。总起来看,中国民族资本造船工业,在20世纪之初,有一段比较明显的发展。在第一次大战中,“世界货轮由于遭德国潜艇的严重破坏,极需补充,给上海的造船工业带来了难得的良机”。1912—1921年海关的十年报告中说道:“上海各船厂5年前只限于制造汽艇、拖驳和少数吃水较浅的轮船。现在的设备能力不但能接受国内公司的订货,而且还能接受外国政府和公司的订货,承造大型远洋轮船。”③这主要是指外商在华船厂,但也包括像江南造船所和求新造船厂这样的民族资本造船工业在内,是不言而喻的。

然而,中国民族资本的造船工业又注定不能充分地发展。外国资本的优势,是一个客观的存在。就在中国民族资本造船工业得到一定发展的20年代初,单是一家耶松船厂的资本就超过包括船厂在内的22家比较大型的华商机器工厂的全部资本。④ 它们所承受的压力是可以想见的。与此同时,中国民族资本造船工业本身的弱点,也是一个客观的存在。它与国内封建势力和外国资本主义势力有保持着密切联系的一面。江南造船所为官办的江南制造局所分出,改为商办之后,“官场旧习”尚未见扫除,而经营却已完全处在外国经理和工程师控制之下。⑤ 惟一得到一些发展的

---

① 胡涣宗:《湖北全省实业志》第3卷,1912年版,第68页;《东方杂志》1907年12月,第179—181页。

② 《中外经济周刊》1924年7月12日。

③ 译文据徐雪筠等编译:《上海近代社会经济发展概况》,第212页。

④ 参阅汪敬虞:《中国近代工业史资料》,第384、920页。

⑤ Herald,1905年5月19日,第353页。

求新船厂，创办者则是一个出身法国银行买办的人物，他有发展民族工业的愿望，却又有依靠外国势力以求发展的幻想。1918 年 4 月，终于将工厂出卖给法国资本家，其后又改为中法合办，厂名也随之更改为中法求新机器制造厂。① 求新如此，等而下之的小厂，更是困难重重。当时间进入 20 年代中期以后，尽管上海"华资船厂增设很多"，但在激烈的竞争中，窘态毕露。面对强大的外资船厂，只好靠零敲细打的修理散活维持艰难度日的场面。②

（三）垄断中国烟草市场的卷烟工业

1902 年进入中国的英美烟公司，是垄断近代中国卷烟市场的主角。在 1927 年以前，英美烟公司在中国卷烟市场上的占有率，最高达到 82%（1924 年），整个 20 年代后期的年销量都在 60 万箱上下③，按支数算达 300 亿支，按全国 5 亿人口计，平均每人每年吸食英美烟公司的纸烟在 60 支左右。这个数字是惊人的。

在英美烟公司进入中国之前，外国资本在这个领域中已经有过若干试探。在上海，美国的茂生洋行（American Trading Co.）在 19 世纪 90 年代初，就曾先后替老晋隆洋行（Mustard and Co.）和美国纸烟公司（American Cigarette Co.）进口美国邦萨克卷烟机，

---

① Decennial Reports，1912—1921 年，转见徐雪筠等编译：《上海近代社会经济发展概况》，第 212 页。《中法求新造船厂调查报告》，见陈真等编：《中国近代工业史资料》第二辑，1958 年版，第 728 页。求新的外文名称为 Societe Franco-Chinoise de Constructions Metalliques et Mecaniques，参看《中华民国实业名鉴》，1934 年版，第 856 页。

② Decennial Reports，1922—1931 年，转见徐雪筠等编译：《上海近代社会经济发展概况》，第 280 页。

③ 根据颐中卷烟公司档案，参阅上海社会科学院经济研究所编：《英美烟公司在华企业资料汇编》（以下称《汇编》），1983 年版，第 1643—1644 页。

“进行设厂,以便开工制造”。[①] 然实际设厂开工,一直拖到1897年。其中美国纸烟公司资本不过75000两,工人115人,机器10具,“然其常开用者,实不过三四具”[②]。可知是个小厂。至于老晋隆洋行的烟厂,则购机不过3具[③],规模更等而下之。在东北的哈尔滨,1898年也出现了一家俄商经营的老巴夺烟厂(A. Lopato & Sons Ltd.),这家工厂在1903年以前,还只是一个手工作坊,规模很小。它主要生产俄式的有嘴纸烟,推销范围亦仅限于北满。[④] 此外,在华北京津地区,外国洋行也开始了输入卷烟机活动的试探。[⑤] 所有这些活动,对外国建立在华卷烟工业的基础而言,还没有形成气候,离垄断中国卷烟市场的前景,还有很长一段距离。

当然,英美烟公司成立以后,仍然面临着新的竞争者出现的局面。在它把势力伸入东北的当口,立刻引起了日本势力的阻挠。1909年,当英美烟公司在沈阳设立一家分厂时,日本马上在营口设立了一家日生产能力据说达到1000万支的东亚烟草株式会社[⑥],“对英美烟公司展开猛烈的竞争”。一直到20世纪40年代初,日本人还骄傲地宣称:“直到最近为止,在其他任何地方都看

---

① Herald,1897年5月7日,第840页。

② 《东西商报》1900年,商47,第9—11页。

③ 《东西商报》1900年,商47,第9—11页。参阅Herald,1897年5月7日,第840页。

④ 《英美烟公司月报》,21周年纪念刊,1923年9月,第121页;《老巴夺烟草公司调查》,见《工会情况》第2期,转见《汇编》,第25—26页;黄光域:《外国在华工商企业辞典》,第247页。

⑤ 小林庄一:《英美烟草托拉斯及其贩卖政策》,1943年版,第57—59页。

⑥ 小林庄一:《英美烟草托拉斯及其贩卖政策》,1943年版,第61—62页,参阅汪敬虞编:《中国近代工业史资料》,第235页。

不到的激烈的烟草战，在日本与英、美之间一直继续下来。”①然而，对英美烟公司的全局而言，日本在东北一隅的活动，并没有构成真正的威胁。

应该指出：英美烟公司的出现，本身就是英、美两国卷烟托拉斯为排除竞争而妥协的产物。它在中国的目的，就是要以卷烟生产的垄断取代竞争。因此在设厂的同时，即着手剪除英美烟公司以外的外国势力。在1902—1914年这一段时期内，它一面在各地纷纷设立烟厂，一面又对1902年以前在中国出现的烟厂以收购的方式进行兼并。这些被兼并的烟厂，在英美烟公司手中，得到了迅速的发展。不但上海的美国纸烟公司和老晋隆洋行如此，就是远在东北哈尔滨的老巴夺烟厂，转手以后，立刻出现新的气象。当1913年英美烟公司接手之前，老巴夺仅仅“租小房一所，作为工厂，一切机器均系旧式，且不完备”。接手以后，不到10年，这一落后的小型烟厂，就变成了“基址宽阔、建筑美观、完全备有新式机器”的大型烟厂。②

当然，英美烟公司实力的增强，主要还是表现在它的自建烟厂上面。从1903年的上海浦东烟厂起③，在以后的22年中，英美烟公司先后在汉口、沈阳、香港、天津、青岛等地建立烟厂9家。④ 还在重庆、昆明等地进行调查、考察，准备“购置地基，以为造烟处所”。⑤ 不过计划未能实现。这些工厂，有以下三个特点：一是规

---

① 小林庄一：《英美烟草托拉斯及其贩卖政策》，1943年版，第62页。

② 《英美烟公司月报》，21周年纪念刊，1923年9月，第121页。

③ 小林庄一：《英美烟草托拉斯及其贩卖政策》，第59页。

④ 参阅《汇编》，第1614—1618页。

⑤ 《关册》，1913年，重庆口，第443页。Herald，1914年7月4日，第23页。

模较大,如1908年开工的汉口烟厂,每日产量超过100万支[①],有的报告甚至说是1000万支,“在规模上是首屈一指的”。[②] 雇用工人“仅女工一项即需用五千名之多”。[③] 二是不断更新。上海浦东烟厂设立之初,机器设备只有卷烟机2部,工人数百人。[④] 1907年后“历年逐渐发达”,但公司仍嫌陈旧,1914年又增设浦东二厂。卷烟机增加到74部,“还拥有一个大规模的、最新式的印刷厂,印刷所有该公司所产卷烟用的包装印刷品”[⑤]。汉口烟厂本来规模较大,但也不断更新改进。1910年增设新厂,陆续安装标准卷烟机[⑥]。三是自成体系,生产上有明确分工。如1909年设立的沈阳烟厂专门收购烟叶,进行压制,供其他烟厂进一步制造卷烟。[⑦] 此后,在大量收购烟叶的产区,还专门设立烤烟厂,以保证卷烟工厂的原料需要。20年代以后,上海、汉口、天津和青岛备烟厂还附设印刷厂,1922年上海又专设中国装包品公司,1926年更设立红印影片公司,为卷烟包装宣传服务。[⑧] 环绕卷烟销售,建立了一系列附属设施,门类齐全,自成体系。

由此可见,英美烟公司为了垄断中国卷烟市场,不仅注重卷烟生产技术和设备的更新,而且注意销售手段的运用。为了开拓卷烟的销售市场,它建立了一套行之有效的销售体制,在销售的监督

① Herald,1911年5月6日,第372页。

② Decennial Reports,1902—1911年,汉口,第358页。

③ 《关册》,1906年,汉口,第25页。

④ 上海卷烟厂档案,参阅《汇编》,第162页;《英美烟公司月报》,21周年纪念刊,1923年9月,第13—14页。

⑤ 《汇编》,第162页。

⑥ 《关册》,1910年,汉口,第58页;Decennial Reports,1902—1911年,第358页,参阅《汇编》,第167页。

⑦ Herald,1909年3月6日,第582页。

⑧ 《汇编》,第1615—1618页。

管理上，实行部（Department）、区（Division）、段（Territory）三级制。① 最底层的段由遍布各地的销售点构成。② 由点及面，组成几个区，最后形成总公司下属的几个部。从 1914 年开始实施到 20 年代初形成定制时，全国共有 5 大部，15 个区，14 个段。兹图示于下③：

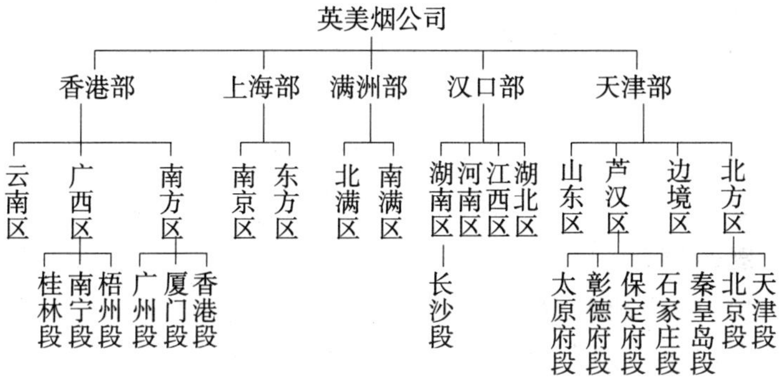

图 3　英美烟公司的三级推销管理机构

部、区、段的职能，总的说来，是“督销”二字，体现在区、段两级的任务中。段设置办事处，“办事处的任务是专门向同行推销商品，将商品运往各地方城市，对同行接洽订货，收集货款，监督段以下的各地方仓库和报告每周、每月的地方情况”④。还根据下面推销员的报告“参考当地人民购买力及人口分布，吸者心理，定出推销办法”⑤。区设督销员，其职能：一是对经销店的设立和变更，应设在何地，应由什么人开设，成绩不好的经销店应改易何人等问

① 段以下有的还设有分段（Sub-Territory）一级。

② 有的区以下无段，直接由销售点构成。

③ 参阅汪敬虞编：《中国近代工业史资料》，第 220 页。

④ 《汇编》，第 521 页。

⑤ 《汇编》，第 525 页。

题,“握有最大的发言权”。① 一是对所担任的区韵商品种类和数量的预算提案及其对销售预定数量,承担“所负的责任”。② 通过区、段的双重督销,形成了英美烟公司产品的一个有效的推销网。

英美烟公司在扩大它的产品销售网方面,还有一个得力的工具,那就是利用中国原有的传统烟草销售系统,建立与中国商人直接打交道的经销制度,由华商就地开辟英美烟公司卷烟的销售点。公司创始人之一的托马斯(J. A. Thomas)从一开始就强调:对一个有4亿人口的国家,“应该尽可能地接近他们并按照他们的观念和这些人做买卖”。简单地说,“只有一个字,——适应”。③ 所谓中国的“观念”,就是在中国商业中已经形成的传统商业习俗、商业制度、商业网络等等;所谓“适应”,就是利用中国传统的商业习俗、制度和网络,为推销英美烟公司的卷烟服务。这种代理经销,最先还只限于个人。在1923年9月的《英美烟公司月报》中,我们可以看到许多具体的事例。《月报》中说:“英美烟公司之在山西及直隶南部之大部分营业,完全由一中国之三和烟公司代理。”三和之经理崔尊三,“少而就商,中年经营商业于保定”。1907年“在保定承办英美烟公司烟栈,为京汉沿路烟栈之首创”。1912年“又在河间开办烟栈,营业更见发达。英美纸烟所以得占势力于保定一带数百方里之范围,他烟不得侵蚀于间者,实崔君之力也”④。在天津,有50余年历史的玉盛合号,支店遍直、鲁二省,在1903年被“英美烟公司任之为经理处”。“经理成绩极佳。”⑤而

① 《汇编》,第529页。

② 《汇编》,第530页。

③ S. G. Cochran: Big Business in China: Sino Foreign Rivalry in the Cigarette Industry 1890—1930,1980,p. 249.

④ 《英美烟公司月报》,21周年纪念刊,第59—60页。

⑤ 《英美烟公司月报》,21周年纪念刊,第48页。

1907年在张家口开设德全永号的杨德富，最初“在街市零售烟卷”，后来经销英美烟公司卷烟，“每日亲到公司批单，银行交款以及桥东栈房起货，均来往步行，日不下二十余里。将所取之货，分与各小贩，且与各分销家竭力提倡英美各种纸烟，结果甚佳”。被公司派为张家口大经理，“生意日见兴隆”①。在东北辽阳一个叫利顺德商号的经理刘金声，在1905年被英美烟公司委任“经售各种纸烟”。“其时辽阳风气未开，吸纸烟者寥若晨星”，“刘君昼夜筹划，竭力提倡，雇用小儿，沿街叫卖，乡间小贩，寄顿出售等等进行方法，不遗余力”。销路始“渐见兴旺”。② 在偏远的福建和边陲广西、云南，同样有一批长期为英美烟公司推销的中国商号。在福建闽侯，世业商贾的秦松宽1907年应“英美烟公司之聘，充城段售烟员”。“时下江各镇，纸烟未见风行，经秦君前往推广生意，骤见发达。”③广西梧州的陈泰记，“开设已逾三十载”。至1906年任公司在梧州的大经理，“自是以后，即极力推销纸烟往乡村各处，提倡鼓吹，迄今十有八载，成绩卓著”④。而云南大理的炳兴祥号主丁煜堂，在代销英美烟公司纸烟的15年中，最初“常躬往省城[昆明]，本公司购买驮运前来”，进行推销，被公司任为大理府的总代理。⑤

在个人代销的基础上，英美烟公司又将代销制度进一步加以强化：出资与华商共同组织代销公司。其中1921年组成的永泰和烟草公司，是利用这种形式取得成功的样板。永泰和的主持人郑

① 《英美烟公司月报》，21周年纪念刊，第56页。

② 《英美烟公司月报》，21周年纪念刊，第81—82页。

③ 《英美烟公司月报》，21周年纪念刊，第113页。

④ 《英美烟公司月报》，21周年纪念刊，第114页。

⑤ 《英美烟公司月报》，21周年纪念刊，第116页，附页。

伯昭是长期推销英美烟公司产品的永泰栈老板。在这个基础上成立的永泰和公司,英美烟出了51%的资本①,大大加强了永泰和的经销实力,但总经理却是郑伯昭。显然,这是英美烟公司“将一部分重要营业付托华人公司经理之试验”②。取得了远较英美烟公司自己经营运销要大得多的地盘。③ 到1937年,仅永泰和一家的销量就占英美烟公司全部在华销量的28%。④

当然,个人也好,公司也好,都脱离不了英美烟公司的控制。因为所有代销华商都必须服从英美烟公司的一项绝对规定,即不许经营英美烟公司以外的“敌牌香烟”。以个人而言,1923年芜湖市场上的14名经销商中,有7名被英美烟公司取消了经销权,原因是他们“拒绝放弃经营敌牌香烟”。⑤ 而永泰和与英美烟的合约中,一上来就规定了永泰和必须遵守的条件,那就是在合约有效期间,永泰和“不得出售任何其他公司的产品”。⑥

应该指出,英美烟公司对中国烟草市场的垄断,采取了双管齐下的政策,即不但控制了产品的销售市场,而且控制了原料的收购市场。为了达到后一目的,公司采取了一系列的步骤。

首先是对中国的烟叶产区进行广泛的调查,以供选厂地址的参考。从1904年起,公司先后选取了湖北、河南、江西、湖南、吉林、辽宁、浙江、安徽、广东、四川、云南、甘肃、陕西、山东14个省、49个烟叶产区和集散地,进行实地考察。提供了设厂地址的实证

---

① 颐中档案,转见《汇编》,第622页。

② 英美烟公司:《英美烟公司在华事迹纪略》,参阅汪敬虞编:《中国近代工业史资料》,第221页。

③ 参阅小林庄一:《英美烟草托拉斯及其贩卖政策》,第108—111页。

④ 《汇编》,序言,第18页。

⑤ 颐中档案,引自《汇编》,第610页。

⑥ 颐中档案,引自《汇编》,第622页。

根据。例如1905年对汉口的调查,认为汉口是“烟叶产区中民船可通达的最大城市”,“具有最有利的货运条件”①。因此公司在1908年就在汉口设立了第一个分厂。1911年的一则有关这家分厂的报道说:“在扬子江上的任何一个轮船里面,你可以看到来自附近各省运交到英美烟公司的大包烟叶。走到江边,你就会看到民船装载的货物,全是运交这一家大公司的未加整理的烟叶。”②又如1907年对沈阳的调查,认为那里的烟叶,“适合卷烟配方”③,于是专门烤烟的沈阳烟厂就于1909年成立。“它自吉林、开原等地收集烟叶,用机器进行压制”,然后“运往汉口,制成卷烟。这些卷烟随后又将运回沈阳发卖”。④ 这些都证明烟叶产地的考察对英美烟公司的设厂选址,起着决定性的作用。

烟厂和烟叶产区及供销中心的邻近,烟草原料渠道畅通的保持,这是控制原料市场的首要条件。

其次是公司原料基地的建立。这是控制原料市场的重点所在。它围绕着一个中心,即烟叶良种的引进和推广。包含着以下几个步骤:一是向烟农发放美国烟叶良种,在中国烟农中推广良种种植。在山东、安徽、河南等地,公司向“种烟农民免费供应烟叶种子和肥料,并借给他们温度计和烤烟管”。还许诺“给予最好的价格”。⑤ 二是租赁土地,建立公司自己的种子试验站,用示范作为推广的手段。这种试验,在山东威海、青岛、潍县等处曾经付诸

---

① 《汇编》,第242页。
② Herald,1911年5月6日,第372页。
③ 《汇编》,第251页。
④ Herald,1909年3月6日,第582页。
⑤ 陈翰笙:《产业资本与中国农民》,引自《汇编》,第256页。

实行。[1] 三是扩大就地烤烟的设施,以降低流通费用。在1914—1920年间,山东的威海[2]、潍县二十里堡(亦作二十里铺),安徽的门台子,河南的许昌[3],都有较大规模的烤烟厂的设立。例如二十里堡的烤烟厂,每月复烤能力达到800万磅[4],生产能力大大超过前此各厂,使这一地区的烤烟厂后来发展成为一个相当巨大的群体。最后,是以金融的融通加强对烟农的控制。即对于"依靠自力不能种植的农民"予以大量的贷款,而以所生产的烟叶必须卖给英美烟公司为条件。具体的操作,则通过买办来进行。[5]"农民在表面上好像是因为种植美国烟叶获得了好处",实际上买办通常以高利贷的手段,赊销烟农生产所需的豆饼和煤炭。在农民出卖烟叶时,不仅将本钱和利息全部收回,而且可以获得高额的利润。给农民"带来的是苦难"。[6]

然而英美烟公司却顺利地实现了他们的目标。在1915—1924年的10年间,公司收购中国农民生产的美种烟叶,由49万磅上升到5779.6万磅。[7] 10年中收购量上升了将近11倍,大大满足了英美烟公司扩张生产以控制中国卷烟市场的要求。

(四)垄断中国大通商口岸公用事业系统的水、电、气工业

水、电和煤气供应也是外国在华的一个支柱产业。一般说来,

① 《汇编》,第258—260页。

② Herald,1914年3月14日,第760页。

③ 以上三处见《汇编》,第1615—1616页。

④ 陈真等编:《中国近代工业史资料》第二辑,第124页。

⑤ 陈真等编:《中国近代工业史资料》第二辑,第145页。

⑥ 芦田繁雄:《英美烟草托拉斯概况》,引自陈真等编:《中国近代工业史资料》第二辑,第141—142页。

⑦ 《汇编》,第369页。

公用事业起着工业动力供应和居民生活服务的双重作用。具体到半殖民地的中国，这一双重作用，给它的出现带来一系列的特点。

首先，在19世纪外国资本主义势力进入中国各项工业领域的活动中，它是属于一个打头阵的角色。之所以充当这一角色，则首先是由于它适应外国在华建立租界的需要。

五口通商以后，外国租界相继在通商口岸中出现。其中上海迅速取代广州成为外国在华贸易和其他经济活动的中心。租界的建立和扩充，也以上海为最早和最频繁。从19世纪40年代中期到60年代初，将近20年间，英、美、法三国在上海的租界，经过一再扩建，已经基本定型。就在这个时候，上海，同时也是整个中国第一家属于公用事业性质的大英自来火房（Shanghai Gas Co.），于1864年出现在英、美两国租界合并以后的上海公共租界之中。① 其后，在1866年的法租界又出现了法商自来火行（Compagnie du Gaz de le Concession Francaise du Shanghai），1881年和1882年先后又出现了英商的上海自来水公司（Shanghai Waterworks Co.）和上海电光公司（Shanghai Electric Co.）。②

当大英自来火房最初出现的时候，上海的外商工厂，已经有了不下20家，分散在船舶修造、印刷、食品、医药等部门。③ 但是，仔细分析起来，这些所谓工厂，实际上都算不上真正的制造工业。它们有的根本不能归入工业一类，例如1853年设立的老德记药房（J. Llewellyn & Co.），最初只是出售药品，并不制造。1855年设立的埃凡馒头店（H. Evans），显然属于饮食业。有的虽然属于工业，但只是其他行业的附属物，也不能算独立的工业部门。如1843年

---

① Herald，1896年4月2日，第521页；1909年12月24日，第717页。

② 以上均见孙毓棠：《抗戈集》，1981年版，第128、130、131页。

③ 参阅孙毓棠：《抗戈集》，第125—127页。

设立的墨海书馆(London Missionary Society Press),1850 年设立的字林报馆(North China Herald Office),一个是教会的印刷所,一个指报馆的印刷机构。而且在 19 世纪 50 年代以前,生产设备也非常简陋。例如墨海书馆,“馆中印刷机器拙笨得很”。“以牛曳之,车轮旋转如飞。”①看来以牛曳之,当系实情,而“车轮旋转如飞”,则显然有些夸张。

不仅印刷、食品、医药等行业如此,甚至当时上海外国工业的主力军——船舶修造厂,最初也是极其简陋,谈不上新式工业的模型。最早的外国船坞“仅仅是一座泥坞,即在河岸上挖的一个空槽”,“连拉拽船只出入坞门的绳索都没有”。“坞门里总有一滩淤泥。”②可以想见它的原始状态。

原始状态的改变,是在上海公用事业出现之后。根据大量的遗存历史资料,1864 年成立的大英自来火房,开始建造时就在汉口路设立厂房,“开业后不到一年半,便把汉口路的机器厂迁移到现在的新闸路的厂址 1891 年,购买法租界的法商自来火行以后,规模又有所扩大。③ 到了 20 世纪,煤气制造厂已具有最新式的机器,每天约能制造 300 万立方英尺的煤气。“煤气管道长达 76. 5 英里。”④工厂名称,也由大英自来火房改为上海煤气公司。⑤ 如果说,煤气厂建立之初,是为了解决租界街道照明的需要,那么,这个时候,已经扩大到供应工业用气和居民生活之所需了。

其次,正是由于公共事业的水、电、气厂本身所具有的特殊性

---

① 半玥:《墨海书馆》,见《档案与历史》创刊号,1985 年。

② G. Lanning and S. Couling: History of Shanghai, 1921, pp. 384-385.

③ Herald, 1890 年 3 月 14 日, 第 316 页。

④ Impressions, p. 139.

⑤ 参阅汪敬虞:《中国近代工业史资料》第二辑,第 263 页。

质,它所起的作用,又有与一般外国在华工业有所不同的独特之处。一个明显的特征是:它最初都和外国在华的租界当局保持密切的联系,或者径自成为外国租界的必不可少的组成部分。继大英自来火房而于1866年成立的上海法租界法商自来火行,就是由法租界公董局董事米勒提议,另外两名董事斯密德和巴朗附议而成立起来的。在自来火行中,米勒被推为经理,斯密德被推为董事长,巴朗和另外的公董局董事都一律成为自来火行的董事,"总之,公董局的董事会全体都兼任自来火行的董事就是了"①。在租界当局的庇护下,自来火行享有25年的专利和8%的专利利益的保证。② 租界的公董局既是自来火行的主人,同时又是它的主要顾客,两位一体。

比法商自来火行与法租界的两位一体表现得更为直接而彻底的是,1893年由上海公共租界工部局接办新申电气公司而改组成立的工部局电气处。③ 上海之有电灯厂,始自1882年为取代煤气灯照明而成立的上海电光公司(Shanghai Electric Co.)。从1882年到1893年,12年间公司经历了两次改组,先是1888年由上海电光公司改组为新申电气公司(New Shanghai Electric Co.)④,最后是以工部局的直接出面而结束私人商办的局面。⑤ 从此以后,这家电厂获得了一个空前发展的机会。电厂容量、售电度数和营

---

① 董枢:《法租界公用事业沿革》,见《上海市通志馆期刊》,第二年,第1131页。

② 董枢:《法租界公用事业沿革》,见《上海市通志馆期刊》,第二年,第1131页。

③ 在此以前,工部局曾经有接办大英自来火房的打算,但未实现。参阅Herald,1896年4月2日,第521页。

④ 参阅孙毓棠:《中国近代工业史资料》第一辑,1957年版,第196页。

⑤ Report of the Shanghai Municipal Council,1893,pp.220-224.

业收入都呈直线上升。① 1913 年新电厂落成,正式发电,电力用户陡增,成为电厂全部历史上发展最速之一年。② 当时间进入 20 世纪 20—30 年代之际,上海已经成为中国最大的工业城市。在外国人的眼中,上海的工业发展"在很大程度上应归功于工部局电气处的远见与努力"。③ 外国人为工部局电气处评功摆好,正好说明了外国在华公用事业的双重作用。它的确对上海工业提供了充足的动力来源,但也的确加强了外国租界在中国的地位。

外国在华公用事业所起的特殊作用,远不止于此。如果说,英、法、美等国在上海租界的公用事业中的活动,有巩固和提高外国在华租界的影响和地位的一面,那么,日本军国主义者在东北公用事业中的活动,则又前进了一步,使公用事业的发展成为扩张日本军国主义势力的一种有效方式。

1905 年日、俄战争结束以后,东北南部进入日本势力范围。以战胜者姿态出现的日本军国主义者不惜用一切手段扩大它在"南满"的统治。发展以电气为中心的公用事业,在日本扩张整个统治势力的过程中,占据了一个相当重要的地位。

自俄战争以前,沙俄在其租借地的大连,已经建立了一所主要供应船厂用电的发电厂。战争结束以后的 1907 年,作为日本经济活动总部而建立的南满洲铁道株式会社,顺理成章地接受了这座发电所。以此为起点,电力工业就成为日本政府指令满铁经营的一项重要附属事业。④

1907—1911 年 5 年间,在满铁系统之下,除了原来接收的大

① 参阅汪敬虞:《中国近代工业史资料》第二辑,第 260 页。

② 《上海市公用局业务报告》,1930 年 7—12 月,第 204 页。

③ Decennial Reports,1922—1931,转见徐雪筠等编译:《上海近代社会经济发展概况》,第 277 页。

④ 苏崇民:《满铁史》,第 255 页。

连发电厂以外,又先后建立了奉天(1908 年)、长春(1910 年)和安东(1911 年)3 个发电厂。① 到 1926 年“合并南满沿路之电厂而成立南满洲电气株式会社之时,在这一系统之下的发电厂,共计有 15 家。它的发展方针是以大连租借地和铁路附属地为根据,依靠电力供应网向四周附属地以外扩展,达到以下三个目的:“(一)在满洲电气事业所及的广大范围内,使中国当局承认按照以下三种方式经营:1. 作为日本方面的事业经营;2. 作为中日合办的事业经营;3. 由日本方面借款经营。(二)为经营附属地内的电气事业使中国当局承认得沿铁路线在附属地外架设输电线。(三)为了满洲电气事业的发展,使中国官民经营的电气事业同日本方面经营的电气事业保持相互联系,并进行电力的通融和交换。”②“希图据此方针伺机向中国内地渗透扩其势力范围。”

在上述三种经营方式中,中日合办是主要的一种。处于南满洲电气株式会社系统之下的 15 家电厂,属于中日合办的就有 7 家。③ 尽管这些合办电力公司经营并不理想,但这一步骤,却并未因此而停止。例如,第一个用满铁名义与中国合资的铁岭电灯局,“为了占领铁岭以外中国内地的电业阵地,从 1917 年起的几年内,满铁给予铁岭电灯局以贷款,支持它向郑家屯、西安北山城子、窑门、北镇等地扩张势力”。但“由于设备不良,经营不善或市面萧条,这些电灯公司的营业成绩都不能如意”,多以亏蚀告终。“偷

---

① 苏崇民:《满铁史》,第 255—257 页,其中,奉天电灯厂成立年亦作 1910 年,长春电灯厂成立年亦作 1909 年。参阅《南满洲铁道株式会社十年史》,1919 年版,第 645、646 页。

② 满铁文书,引自苏崇民:《满铁史》,第 265 页。

③ 苏崇民:《满铁史》,第 258、259、260、262 页。

鸡不成反蚀把米。”①但这并没有停止满铁的接济。“截至1926年3月,满铁通过铁岭电灯局对各中国公司的投资总额已达441577.25元。”②这说明为了政治上的目的,经济利益的暂时牺牲,亦在所不惜。先蚀把米,最后把鸡偷过来。例如1906年日本根据交还营口条约而创立的中日合办营口水道电气株式会社,由于经营不利,日本方面的股东相继抛售股票。出于“防止中国方面占优势”的动机,满铁不惜冒亏本的风险,大量购入原属日人的股份,最后扭转了亏损。从1912年起,每年都有4厘至5厘的红利,1923年以后,更进而提高到8厘至1分。更重要的是“满铁通过这个会社,把持了营口地区的自来水、电话和供电事业”,使交还营口条约成为一纸空文。③

但是,这并不是否定外国在华公用事业投资的经济动力。应该说,经济上的动力同样是巨大的。公用事业的丰厚利润同样引人注目,它的利润率,有时甚至超过外国在华企业的平均利润。大英自来火房在1894年的账面盈利率高达24.7%,居外国在华各项工业的首位。④ 1900年扩大为上海煤气公司以后,账面盈利率曾经高达27.6%(1903年)以至28.6%(1902年)。⑤ 同样,上海自来水公司的账面盈利率,在20世纪之初,曾经达到过28.2%(1907年)以至29.4%(1906年)。⑥ 这在所有的外国在华工业企业中,都是罕见的。

高额的资本利润和快速的资本积累同步。这些后来以巨型企

① 苏崇民:《满铁史》,第261—262页。

② 苏崇民:《满铁史》,第262页。

③ 苏崇民:《满铁史》,第259—260页。

④ 孙毓棠:《中国近代工业史资料》第一辑,第248页。

⑤ 汪敬虞:《中国近代工业史资料》第二辑,第388页。

⑥ 汪敬虞:《中国近代工业史资料》第二辑,第387页。

业闻名的水、电、煤气工厂，当其创业之初，资本是小得令人难以置信的。在上海3家大水、电、气工厂中，开办之初，只有大英自来火房资本额达到10万两①，属最大的一家。其余两家中，上海自来水公司是以资本3万两起家的②，上海电光公司创办时，资本比自来水公司稍多一点，为5万两③，但一直到改组为新申电气公司之时，资本实缴不过3万两。④ 然而，它们的成长速度却是惊人的。到1928年止，这3家公司的资本，分别达到250万两⑤、460万两⑥和34905961两。⑦ 分别为其最初开办时资本的25倍、153倍和698倍！

原有的迅速扩张之外，新生的又不断涌现。在东北，除了上面提到的日本南满洲电气株式会社的活动以外，北部的重镇哈尔滨和南部的港口大连分别于1918年和1925年又出现了资本为120万日元的北满电气株式会社⑧和资本达930万日元的南满洲瓦斯株式会社。⑨ 它们的下属机构又难以数计。如南满洲瓦斯株式会社之下属工厂，除大连厂外，至少还有沈阳、长春、安东三厂以及鞍

---

① Impressions, p. 139.

② Herald，1875年4月1日，第302页。

③ Herald，1882年9月1日，第233页。

④ 孙毓棠：《中国近代工业史资料》第一辑，第196页。

⑤ The China Stock and Share Handbook, 1929, p. 154.

⑥ The China Stock and Share Handbook, 1929, p. 158，原为100万镑，换算为460万两。

⑦ 雷麦：《外人在华投资》，第214页。此时已改名为上海电力公司（Shanghai Power Co.）。

⑧ 黄光域：《外国在华工商企业辞典》，第195页。

⑨ 黄光域：《外国在华工商企业辞典》，第474页。按南满洲瓦斯株式会社系由1908年成立的满铁煤气作业所改组而成。参阅苏崇民：《满铁史》，第266页。

山瓦斯作业所等煤气供应机构。[1] 内地的外资公用事业,则为数更多,然内情细节,多不为人知,记载亦颇多出入,但是,综观全局,应该加以补充的是法、美两国的活动。

法国在上海公用事业中的活动,几乎是与英国同步的。当大英自来火房成立之第三年,法商自来火行即接踵而起。这家煤气公司虽然在1891年合并于大英自来火房,但法国在上海的公用事业并未因此而停步。1896年上海法租界自来水厂开始租地设厂[2],1902年竣工开业。[3] 与此同时,法租界电灯厂也由租界公董局创立。[4] 1907年前后与法商电车公司合并成立上海法商电车电灯公司(Compagnie Francaise de Tramways et d'Eclairage Electrique de Shanghai),资本300万法郎[5],自来水厂亦随之于1908年租与法电。[6] 其后20年,公司三次增资,加上股票增值,到1928年成为拥有资本5000万法郎的大型企业。[7]

在华北第一大口岸的天津,英、法在公用事业中的活动,也几乎是同步的。英商天津煤气公司(Tientsin Gas Co.)和天津自来水公司(Tientsin Waterwork Co.),分别成立于1890年[8]和1897年。[9]

---

① 苏崇民:《满铁史》,第266—267页。

② 姚文枏编:《上海县续志》第2卷,1918年版,第50页。

③ 《上海市通志馆期刊》,第二年,第1149—1151页。

④ 《上海县续志》第2卷,第50页。

⑤ 《上海市公用局业务报告》,1930年7—12月,第199页。《支那年鉴》,1927年,第956页。

⑥ 《法商电车电灯公司调查报告》,引自陈真等编:《中国近代工业史资料》第二辑,1958年版,第731页。

⑦ 陈真等编:《中国近代工业史资料》第二辑,第732页。

⑧ Herald,1889年10月11日,第444页。

⑨ China Stock & Share Handbook,1915年,第122页。黄光域:《外国在华工商企业辞典》,第93页。

20世纪之初,煤气公司发展成为电气兼营的天津汽灯公司(Tientsin Gas and Electric Light Co.)①,自来水公司则发展为工部局水道处②,规模都有所扩大。法商天津电灯房(L'Energie Electrique de Tientsin)成立于1902年,开办时资本不过119000元③,1910年获得法租界工部局的专利合同,1912年完成新厂建设。④ 1916年资本扩大为25万元⑤,以后发展成为"天津全市最大的电厂"。⑥

当然,进入20世纪以后,在中国公用事业中活动的国家,已不限于英、法和日本。例如,1906年,小小的比利时就曾在天津设立了一家天津电车电灯公司(Compagnie de Tramways et d'Eclairage de Tientsin),它的开办资本为25万英镑,按当时的汇率计算,就是一个"约合华币二百五十万元"的大型企业。⑦

然而真正后来居上的力量,是美国大资本在中国的勃起。

1928年8月,美国的电业巨擘国际电气债券股份有限公司(The International Electric Bond and Share Co.)通过控股的办法,以8100万两的高价,一举买下有46年历史的上海工部局电气处的全部财产。以一个新的上海电力公司(Shanghai Power Co.)的面目出现于上海。这时工部局电气处所属的杨树浦发电厂的发电

---

① 黄光域:《外国在华工商企业辞典》,第92页。

② 黄光域:《外国在华工商企业辞典》,第94页。

③ 黄光域:《外国在华工商企业辞典》,第450页。

④ 《天津法商电力股份公司调查报告》,转引自陈真等编:《中国近代工业史资料》第二辑,第725页。

⑤ 陈真等编:《中国近代工业史资料》,第726页。

⑥ 陈真等编:《中国近代工业史资料》,第725页。

⑦ 吴蔼宸:《华北国际五大问题》,天津电车电灯公司问题,1929年版,第1—2页。

容量为 121000 千瓦,全年售电超过 5 亿度,居中国全国所有发电厂的首位。转入上电以后,这两个数字迅速上升,到 1935 年,发电容量和售电量分别达到 183500 千瓦和 7.2 亿度。各自增加 52%和 44%。① 而在资金的筹集方面,又得到以汇丰银行为首的英国资本的大力支持。② 当然,所有这些,都是发生在 1927 年以后的事情,我们在这里只是点到为止。

第二节 英、德、日三国对中国煤、铁矿的攫夺

甲午战后列强对华经济侵略的方式日益注重于以资本输出代替商品输出。工商航运企业的活动日益趋于扩大;势力范围的攫取日益趋于激烈。在这种新形势下,外国对中国矿业、特别是煤矿的攫夺,便成为一个非常突出的现象。因为,无论是外国在华设立的工业企业,或从西方来华的远洋轮船和在中国沿海以及埠际之间航运的大小轮船,都十分需要就近获取燃料动力,以支持它们的生产和运转。在当时的生产技术条件下,煤炭是第一能源,它是现代工业和航运业赖以生存和发展的物质基础。因此,外国资本对中国矿冶业、特别是煤矿业的开发和投资,便成了资本帝国主义国家资本输出的重点。而以煤矿为中心的矿业攫夺,就成为列强在中国争夺势力范围的一项重要内容。本节选取几个重点企业,略作分析。

---

① 上海电力公司调查材料,引自陈真等编:《中国近代工业史资料》第二辑,第 339—340 页。参阅罗志如:《统计表中的上海》,1932 年,第 66 页。

② H. H. King: The History of the Hongkong and Shanghai Banking Corporation. Ⅲ, 1988, pp. 388-390.

一、日本资本对抚顺、烟台煤矿的掠夺

（一）抚顺、烟台煤矿的开发与俄、日势力的争夺

抚顺煤矿位于我国辽宁省抚顺县境，东距沈阳20公里，中隔浑河，与县城相对。矿区面积东西长约15公里，南北宽约5公里，煤层厚度平均43米左右（最厚度在140米），储煤量预测约达10亿吨。该矿煤质优良，属高度烟煤，具有高度的挥发分、含油率和瓦斯含量，是一罕见的佳矿。① 烟台煤矿矿区在辽宁省辽阳县境，距南满铁路烟台车站约14公里，煤质属无烟煤，蕴藏总量约达4000万吨。

在1901年，有候选经历王承尧和候选知县翁寿会衔向奉天将军增琪禀请，表示各愿交报效银1万两，请求在抚顺境内开发煤矿，经增琪向清政府奏请获准。不久因矿界争执，王、翁之间产生严重矛盾。经核准以杨柏堡河为界，河西千山台煤矿归王承尧领采；河东杨柏堡、老山台、腰节子等矿归翁寿领采，以光绪二十六年十月二十九日（1900年12月20日）禀请清政府外务部路矿局允准。②

王承尧为开发千山台煤矿进行集股16万两的活动中，集得华商资金10万两，另由华俄道胜银行认股6万两。遂于1902年1月17日（光绪二十七年十二月初八日）组成“华兴利”煤矿公司，开工采掘。

但道胜银行名义上虽认股6万两，实际上只交27500两，其余的延不交纳；并且在1903年派来俄兵进驻矿山，敷设铁路；矿中所采

① 《东北绝大富源之抚顺煤矿》，《大公报》1931年2月22日。

② 汪敬虞编：《中国近代工业史资料》第2辑，科学出版社1957年版，第39页。

掘的煤炭几乎全部无偿由俄人利用火车运走,每百斤只偿付华兴利公司京钱二吊八百文,作为采掘工资①,实际上是无偿的掠夺。

归翁寿承领的抚顺煤矿公司在筹建期间,由于无力筹集华资,遂攀附外国商人,与华籍俄商纪凤台及俄国退伍军人陆宾诺夫结合,组成"抚顺煤矿公司",实际上公司的生产管理完全控制在帝俄势力手中。

位于奉天(辽宁省)辽阳县的烟台煤矿,原属奉天当局的官办企业。它聘请矿师比利时人皮特辛从事开采。当时烟台煤矿共分8个区,分别租给获得清政府许可开采执照的井主,按每年规定额向政府缴纳井区税。1898年,帝俄势力开始渗入,按每区10000银元收买了8个区中的5个区,并且铺设铁路。1904年前后,该矿每天使用职工500人,所产煤斤,全部由俄人运与中东铁路使用。② 1904年,日俄战争爆发,沙俄战败。次年,日军占领抚顺,便强称抚顺、烟台煤矿均系俄人财产,加以占领。

(二)日资控制下抚顺、烟台煤矿的生产

日本攫取抚顺煤矿后,便在已经开发的千金寨、杨柏堡、老虎台等矿日产300吨的基础上,进而开发大山、东乡两大直井。1906年8月,日本宣布组织南满洲铁道株式会社,以经营南满铁路及开发沿线煤铁矿资源为中心。于是抚顺、烟台等矿改由满铁经营。1909年,在日本政府的压迫下,清政府与日本公使订立《东三省交

① 参见汪敬虞编:《中国近代工业史资料》第2辑,科学出版社1957年版,第39页;解学诗主编:《满铁史资料》第4卷,中华书局1987年版,第16页。

② 东亚同文会编:《支那经济全书》第10辑,1908年版,第544—545页。

涉五案条款》,其中第三款订定:中国政府承认日本国政府开采抚顺、烟台两处煤矿之权。①

日本政府设立满铁株式会社,目的在锐意“经营满洲”。事实上它是以殖民公司的形式,执行日本政府全力侵略我国东北为其宗旨的。“满铁”为自己规定的经营方针是:“表面上经营铁路,暗地里实行种种设施。”②而开发铁路沿线的煤矿乃是它的经营重点之一。所以,抚顺煤矿在满铁会社的经营下,1908 年以后在生产上便出现较大的变化,到 1912 年,它的日产量已达 5000 吨。1912 年到 1918 年,又先后完成龙凤斜井、万达屋斜井及古城子露天矿,1918 年的日产量跃达 20000 吨。③ 1923 年又着手开采东岗露天矿,次年又制订综合大露天矿采掘计划。

在满铁会社的严格控制和投资经营下,抚顺煤矿从 20 世纪一十年代以后,生产和销售都出现了明显的发展。从我国东北地区煤炭工业的总体上看,抚顺煤矿的产量经常居东北煤炭总产量 70%—90% 的水平,反映了它在东北煤炭工业中具有非常重要的地位。从 1907 年以来,抚顺煤矿生产发展的具体情况,有如表 57 统计资料所反映。

表 57 统计表明:抚顺煤矿年产量从 1907 年以后表现为逐年上升景象。尽管各年增长幅度略有差异,但从未呈现重大波动。试以 1911 年的产量作为基数,抚顺煤矿历年生产趋势大致是:

---

① 王铁崖:《中外旧约章汇编》第 2 册,三联书店 1959 年版,第 599 页。

② 儿玉源太郎、后藤新平:《满洲经营策梗概》,转见苏崇民:《满铁史概述》,《历史研究》1982 年第 5 期,第 6 页。

③ 参见徐梗生:《中外合办煤铁矿业史话》,1947 年版,第 245 页;侯德封编:《第三次中国矿业纪要》,1929 年版,第 193 页。

表 57 抚顺、烟台煤矿产量统计

1907—1927 年　　　　单位:千吨

年份	抚顺	指数 1911=100	烟台	指数 1911=100
1907	233	17.5	—	—
1908	490	36.8	3	7.7
1909	693	52.0	12	30.8
1910	899	67.5	29	74.4
1911	1331	100.0	39	100.0
1912	1497	112.5	43	110.3
1913	2219	166.7	94	218.6
1914	2191	164.6	97	248.7
1915	2266	170.2	71	182.1
1916	2176	163.4	91	233.3
1917	2461	184.9	115	294.8
1918	2671	200.6	106	271.8
1919	2890	217.1	106	271.8
1920	3335	250.5	82	210.3
1921	3072	230.8	51	130.7
1922	4163	312.8	65	166.6
1923	5348	401.8	99	253.8
1924	5950	447.0	108	276.9
1925	6355	477.8	122	312.8
1926	7223	542.6	138	353.8
1927	7646	574.5	146	374.4

资料来源:《抚顺炭矿统计年报》,昭和 17 年,第一编,第 5 页,转见解学诗主编:《满铁史资料》第四卷,煤铁篇,第一分册,第 214 页。

1914—1919 年增长速度较为明显。从 1913 年起,年增长速度维持在60%左右，到1927年，增达4.7倍，可视为该矿生产发展的新的突破。其后矿山又陆续添置先进的新设备。例如，在开凿坑井、坑道方面，矿山购置了苏尔赛唧子式压气机（Sulzel Piston Type Air Compressor）2台，容积1500立方英尺，320马力电动机，一在龙凤坑供开掘新坑之用，一在东乡坑供掘岩石中运搬干坑道之用；此外又购置了容积较小之英加尔沙尔压气机（Ingersoll Air Compressor）6台；又苏利文钻岩机（Sullivan Rock Drill）数架，阿脱洛斯希克洛勃钻岩机（Atlas Cyclope Rock Drill）12架，及福洛脱姆式钻岩机（Flattmann Type Rock Drill）12架等等。1920年10月，在千金寨坑之西部开始掘土，使用了日本新潟铁工所制造的俾克开脱掘凿机（Bucker Excavator）5台，每台每时容量160立方码，运土石的车辆有百吨重之蒸汽机关车11辆，及20码之李特财胡特台车（Lidgerwood Flatar）80辆等。① 使用这些先进的生产设备，矿山产量的增长速度更见加速上升。到1923年，为日本势力牢牢控制的抚顺煤矿的年产量已上升为1911年的3倍左右；1927年更升居5倍以上，年产量突破700万吨，成为当时我国新式煤矿产量中首屈一指的单位。②

先进生产设备的引进和使用，不但提高了抚顺煤矿的生产能力，而且也使产品的单位成本相应地有所降低。1925—1928年的记载反映：抚顺采矿工每工出煤能力平均在1.5吨以上，每吨煤的

---

① 虞和寅：《抚顺煤矿报告》，1926年，农商部矿政司印行，第69—74页。

② 在1923年以前，我国煤矿中，居年产量最高的是华北的开滦煤矿。到1923年，抚顺煤矿年产量达530余万吨，超过当年开滦产量88万吨以上，并日在此以后，抚顺煤矿的年产量均居全国之首。

生产成本在 1.5 元—1.7 元之间。① 而关内投产的各大煤矿的生产成本,据 1930 年前后的可靠统计反映:晋冀豫平绥、北宁、平汉三铁路沿线各大煤矿每吨成本为 2 元—4 元余;江苏、山东津浦沿线各大矿每吨成本在 4 元—5 元左右;山东胶济铁路沿线各煤矿吨煤成本也在 5 元—6 元之间;长江沿岸煤矿即使在正常情况下,吨煤成本更在 5—8 元之间。② 由此可见,由于产品的单位成本居低,抚顺煤矿便能经久地控制东北的煤炭市场;并且在向关内市场进行渗透竞争时,也常能居于有利的地位。

(三)抚顺煤矿的市场开拓

抚顺煤矿是在日本满铁会社长期统治下发展起来的,它所产煤炭夙以东北地区为其主要市场。从 1908 年以后,历年统计数字表明:抚顺煤矿销流于东北地区的煤炭数量经常浮动在年产量的 50%—80%之间,20 年中年平均在 57%左右。为了确保抚顺煤能够在东北市场畅销,满铁会社曾为该矿的销路制定下列方针:"除满铁本身铁路、船舶、各工厂及其他方面用煤外,首先供满洲各地,满足需要后,再将余量拨为轮船用煤,并且向海外比较有利地方输出,而且要一直沿袭下来,实行不渝。"③从 1908 年以后抚顺煤矿历年销量的统计中,人们不难发现,大致在 1920 年以前,抚顺矿在东北市场的销售量约占年产量的 60%—80%左右;其后,由于东北的华资煤矿相继投产,使抚顺煤在东北市场的销售数量受到影响,但仍然维持在年产量的 50%左右。它说明满铁会社所制定的

① 参见侯德封编:《第三次中国矿业纪要》,1925—1928 年,第 197 页。

② 参见侯德封编:《第五次中国矿业纪要》,1932—1934 年,第 70 页。

③ 满铁会社:《南满洲铁道株式会社十年史》,大连,1919 年,第 608 页。

方针，即保证抚顺煤的销量在东北占据垄断地位的要求，是充分得到实现的。

表 58　抚顺煤矿东北销量及其供应满铁会社用煤量

1908—1927 年　　单位：千吨

年份	抚顺产量	销售总量（包括输出）	占产量%	东北销量	占销售销量%	其中：满铁用煤量	占东北总量%
1908	490	436. 9	89. 2	399. 5	91. 4	269. 5	67. 4
1909	693	712. 9	102. 8	516. 2	72. 4	298. 2	57. 7
1910	899	960. 9	106. 8	585. 8	60. 9	285. 3	48. 7
1911	1331	1064. 2	79. 9	755. 4	70. 9	357. 9	47. 4
1912	1497	1548. 7	103. 4	848. 8	54. 8	372. 9	43. 9
1913	2219	2377. 2	107. 1	693. 4	29. 2	469. 1	48. 7
1914	2191	2280. 8	104. 0	1056. 9	46. 3	517. 6	48. 9
1915	2266	2101. 8	92. 7	1172. 8	55. 8	550. 5	46. 9
1916	2176	2876. 5	132. 2	1255. 0	43. 6	540. 1	43. 0
1917	2461	2567. 3	104. 3	1633. 0	63. 6	842. 6	51. 6
1918	2671	2720. 7	101. 8	1847. 1	67. 9	921. 5	49. 9
1919	2890	2868. 7	99. 1	2230. 3	77. 7	1205. 7	54. 1
1920	3335	2624. 3	78. 6	1939. 1	73. 8	1117. 4	57. 6
1921	3072	3463. 0	112. 7	2075. 9	59. 9	1077. 8	51. 9
1922	4163	5290. 8	127. 0	2691. 3	50. 9	1581. 5	58. 7
1923	5348	5192. 8	97. 1	2592. 9	49. 9	1174. 7	45. 3
1924	5950	5807. 6	97. 6	2830. 3	48. 7	1371. 1	48. 4
1925	6355	6212. 9	97. 8	2871. 7	46. 2	1360. 3	47. 3
1926	7223	6991. 4	96. 8	3186. 1	45. 6	1516. 1	47. 5
1927	7646	7475. 7	97. 7	3385. 0	45. 3	1566. 2	46. 3

资料来源：《抚顺炭矿统计年报》，昭和 17 年，第 5、132 页，转见《满铁史料》第 4 卷，第 214、238 页。

另一方面,令人注目的是,抚顺煤矿在东北地区的销量中,满铁会社的消费量长期居于举足轻重的地位。表58统计材料反映,从1908年以后的20年中,满铁会社所消费煤炭占抚顺在东北销量的46%—67%,平均每年在50%左右。

当抚顺煤矿处于开发的初期,满铁会社所经营的铁路、船舶、工厂、各地方事务所以及矿区消费,合计所耗煤炭数量,几占抚顺矿在东北地区销量的60%—70%。1911年以后,抚顺的产量有了明显增加,同时它在东北各地逐步开拓市场取得了一定成效,以致满铁及其经营的企业所消费的抚顺煤在东北销量的比重相应见减,即使如此,它的年销量仍保持在43%—57%之间。

在东北地区之外,抚顺煤的去向:在国外则输往日本、朝鲜和南洋一带,其中以日本为主;在国内运销于关内各地,而以华中地区为主要的销场。表59的统计充分说明了这一历史情况。

日本原是远东煤炭输出国之一,但因抚顺所产之煤质地优良,被日本称为"东洋标准煤";日本海军甚至有必须使用抚顺煤的特别规定;在价格上又因满铁对中国廉价劳动力的极度榨取,抚顺煤矿生产成本大为低廉,单位成本低于日本国内煤炭生产成本的二分之一。① 因此,日本一方面向亚洲各国输出质量较低的煤炭,同时又不间断地从抚顺输入优质煤。试观1908年以后的20年中,输往日本的抚顺煤各年数量虽有小幅度的起伏,总的趋势则表现为每隔短暂的三两年之后,便会出现一个较大的上升幅度。特别是从1918—1927年的统计数字所反映的景象更为突出。这10年

① 1926年,抚顺煤的单位生产成本为3.34日元,日本国内产煤的单位成本为7.35日元;1927年,抚顺煤的单位成本降为3.17日元,日本煤却上升为7.67日元,相差更大。见昭和16年度《抚顺炭矿统计年报》,第60页,转引自《满铁史资料》第4卷第1分册,第245页。

表 59　抚顺煤矿对日本、朝鲜输出量和向关内运销量

1908—1927 年

单位:千吨

年份	向东北境外运销总量	输往日本	占境外总销量%	输往朝鲜	占境外总销量%	运销华北	占境外总销量%	运销华中	占境外总销量%	运销华南	占境外总销量%	关内销量占东北境外总销量%
1908	20.7	1.8	8.7	0.2	0.96	6.9	33.3	7.7	37.1	3.9	18.8	89.3
1909	162.9	2.6	1.6	39.8	25.4	23.6	14.5	47.7	29.3	37.4	23.2	67.0
1910	324.4	9.3	2.9	86.9	26.7	56.9	17.5	77.1	23.7	78.6	24.2	66.4
1911	244.7	55.4	22.6	5.0	2.0	39.4	16.1	55.6	22.7	55.6	22.7	61.5
1912	568.6	112.2	19.7	141.3	24.9	55.0	9.7	106.7	18.7	104.0	18.3	46.7
1913	1231.5	388.2	31.5	231.5	18.8	77.6	6.3	135.0	10.9	139.9	11.4	28.6
1914	1005.0	360.7	35.8	210.2	20.9	69.1	6.9	80.5	8.0	73.7	7.3	22.2
1915	742.7	122.4	16.4	252.6	34.0	66.1	8.9	89.7	13.3	95.9	12.9	35.1
1916	939.6	179.6	19.1	298.6	31.7	92.1	9.8	105.8	11.3	99.4	10.6	31.7
1917	773.2	148.8	19.2	344.1	44.5	66.3	8.6	37.1	4.8	55.1	7.1	20.5
1918	737.6	159.3	21.6	397.9	53.9	49.5	6.7	54.2	7.3	19.9	2.7	16.7
1919	554.6	114.5	20.6	358.6	64.6	24.4	4.4	46.2	8.3	10.7	1.9	14.6
1920	499.6	63.8	12.8	318.6	63.7	11.5	2.9	50.0	10.0	18.6	3.7	16.6
1921	957.4	287.6	30.0	335.1	35.0	45.3	4.7	102.8	10.7	24.2	2.5	17.9

续表

年份	向东北境外运销总量	输往日本	占境外总销量%	输往朝鲜	占境外总销量%	运销华北	占境外总销量%	运销华中	占境外总销量%	运销华南	占境外总销量%	关内销量占东北境外总销量%
1922	10854.2	909.7	49.1	388.6	20.9	76.7	4.1	245.3	13.2	94.8	5.1	22.4
1923	1919.9	921.9	48.0	391.7	20.4	102.4	5.3	199.5	10.3	93.6	4.9	20.5
1924	2383.8	1170.8	49.1	340.1	14.3	109.4	4.6	374.8	15.7	149.9	6.3	26.6
1925	2611.1	1239.7	47.5	322.3	12.3	151.5	5.7	705.8	27.0	83.4	3.2	35.9
1926	3181.9	1447.3	45.4	362.6	11.4	217.0	6.8	749.8	23.5	171.2	6.1	36.4
1927	3388.1	1693.6	49.9	407.9	12.0	177.4	5.2	696.10	20.5	221.1	6.5	32.2

原编者注:上表统计东北境外运销除上列5处之外,还向其他国家运销一部分,故表中运销总量并非上述5项之和。

资料来源:《抚顺炭矿统计年报》,昭和17年,第33页,转见《满铁史料》第4卷,第246页。

中输往日本的抚顺煤从占抚顺煤输出总量的20%而不断上升到50%左右。应该指出,这一时期正是第一次世界大战之后,欧洲各国疲于恢复元气,日本则利用这一时机,积极发展轻重工业,积蓄侵略力量,煤的消耗量急剧增加,以致在日本煤炭进口总量中,1926年和1927年来自抚顺的输入量竟高达60%—70%的比重①。抚顺煤矿已成了日本帝国主义扩充侵略力量,予取予求的重要源泉了。

至于抚顺煤的关内市场,从统计材料上看,则以华中市场的销量占最大比重,华北居次,华南市场所占无几。形成这一现象是有其历史原因的。

1900年,我国在抵抗外国武装侵略的过程中,英帝国主义以欺骗的手段霸占了华北的开平煤矿,华北的煤炭市场一向是开平的禁脔。抚顺煤虽不断向天津市场渗透,但无力扩展其范围。特别是到了1911年,开平以兼并者的姿态与滦州煤矿"联营",成立开滦煤矿后,产量大增。在销售上它既已囊括华北市场,还要不断向关外开拓。大约在1913年,当抚顺煤在当地销量达到60万吨时节,垄断东北市场的日本势力代理人发现开滦煤的不断到来,以及当地华商煤矿次第开发,引起了严重警惕。他对东北煤炭市场行将出现变化的前景,作了颇有见地的分析,指出:大量出现的东北华商小煤矿,其产品挤向市场,与抚顺争销路所产生的影响虽也"不可忽视",但是,它们"规模都小,出煤量也很少,并且大多为劣质煤,因此并不足惧";而极需重视的是侵入辽西、奉天和营口的开滦煤,乃是抚顺在"当地销售煤的忧患"。他指示满铁会社"经

① 满铁经济调查会:《满洲的矿业》,昭和8年11月,第207页,转引自《满铁史资料》第4卷第1分册,第243页。

常观察其动态,随时采取与之对抗的方策"①。这意味着英、日势力在争夺东北煤炭市场的矛盾即将趋于尖锐化。为了避免对抗加深,招致两败俱伤的后果,英、日双方终于采取了分割市场的办法来缓冲它们之间的冲突。

事实表明,各作为日本和英国的代理人,满铁会社和开滦矿务局通过协商,对东北和华北的煤炭市场采取了划分地域的办法,缓解双方愈演愈烈的竞争。签订于 1918 年 12 月 10 日的"煤炭销售协定"便成了满铁和开滦之间进行妥协的产物。"协定"的主要内容有:

第一条 开滦矿局指定满铁会社为满洲和京奉铁路沿线(包括新民府和奉天)煤炭和焦炭的代销店;满铁会社不得在下列地区直接销售满洲产或其他煤矿的煤炭:(1)天津及其附近;(2)新民府以西的京奉铁路沿线(包括新民府)。

第二条 满铁会社指定开滦矿局为下列地区抚顺煤和其他满洲所产煤炭的代销店:(1)天津及其附近;(2)包括新民府的京奉铁路西部沿线。

第三条 开滦矿务局不得在下列地区进行煤炭的直接销售:(1)牛庄港;(2)大连;(3)安东。如果开滦矿局在六个月以内能够证实,因芝罘柞蚕丝业的移植安东而使芝罘的煤炭销售受到影响时,南满会社应重新考虑从上述地区取消安东。②

"协定"暂时缓和了抚顺和开滦在关外和华北煤炭市场上的竞争;抚顺煤销往华北市场的数量之所以低于华中,其基本原因即在于此。不过从另方面观察,华北煤炭市场英、日势力争夺的缓

---

① 见《满铁史资料》第 4 卷第 1 分册,第 231 页。

② 《满铁档案》第 13 册第 1 号,转引自《满铁史资料》第 4 卷第 1 分册,第 236—237 页。

和，却突出了它们在华中煤炭市场的逐鹿。

华中地区经济中心在上海。到本世纪一二十年代，上海地区的近代工业、航运、铁路及通讯设备都已迅速发展起来，成为中外贸易、金融和轮船运输业的中心。在这里煤炭的消费量浩大，且呈现频年递增的势头。从1911年到1921年，十年间耗煤量从年需100万吨增长到200万吨的水平。①

输运到上海的煤斤有多方面的来源，来自国外的有英国煤、日本煤和安南煤等；国内生产的则有开滦、淄博、抚顺、中兴、井陉、六河沟、贾旺和长兴等矿。其中资力雄厚，年产量在200万吨的国内大型煤矿如抚顺和开滦都异常重视上海市场的重要性。因此，它们在上海市场的争夺就成了无法避免的事实。

在对上海市场的竞争上，开滦公司在运输方面明显地占有优势。它虽然也远处华北，但只要经过短距离的铁道运输，便可将其煤炭从矿区输送到秦皇岛，然后利用海上运输工具，直达上海；相形之下，抚顺煤的输送过程便大为周章，它先须利用铁路从矿区输送到辽河，然后经水路运抵营口，嗣后又借铁路输送到东北主要海港大连，然后再海运抵达上海。如此多次周转，势必增大了运输费用。所以，尽管在抚顺煤的冲击下，开滦煤在上海市场上仍然能以较廉的售价博取消费者的青睐，牢牢掌握住它在上海所占据的地盘。况且在1912年以后，设在上海的开滦公司的办事处又以全力开拓上海周围中小城市的煤炭市场，取得了很大成功。所以，1918年12月，开滦公司在和满铁会社签订协定之后，它几乎停止了对东北的安东、牛庄和大连等地输送煤炭，但更加加大了对上海市场的投入。1918年，开滦输送到上海的煤炭还只有30万吨，占当年

① 参见英商壳件洋行1923年6月30日及1927年6月30日编的《上海煤炭存销报告》，转见《刘鸿生企业史料》上册，第8页。

上海输入煤炭总量的30%;可是1919年,开滦煤输沪数量便激增到81万吨,占当年输沪煤炭总量的47%,并在以后几年基本上都维持在这个数量上;到1927年,开滦煤的输沪数额甚至接近到100万吨。同期中抚顺对上海市场的追逐,并未放松,也是力图竭尽所能地扩大销路的。它在对沪输送量从1918年的6万吨(占上海总输入量的6%)逐步增加到1924年的26万吨和1927年的56万吨。开滦煤和抚顺煤在上海煤市场数量比较见表60,这些数字的变化,充分反映了开滦和抚顺在上海市场上剧烈竞争的景象。不过,从总的情势上看,抚顺煤在上海销售量虽有进展,但无力改变开滦煤在那里已经确立的优势。这个基本状况在1914—1927年开滦煤矿公司总经理年报上常常有所反映。

表60 输入上海煤市场的开滦煤和抚顺煤数量比较

1918—1927年 单位:千吨

年份	上海输入煤总数	%	其中:开滦煤	占总数%	抚顺煤	占总数%
1918	970	100	300	30.9	60	6.2
1919	1720	100	810	47.1	30	1.7
1920	1600	100	720	45.0	30	1.8
1924	2239	100	789	35.2	259	11.6
1927	3108	100	937	30.1	560	18.0

资料来源:谢家荣编:《第二次中国矿业纪要》,1918—1925年,第80—81、82页;《第三次中国矿业纪要》,1925—1928年,第265—266页。

此外,长江上游工业城市武汉,以及华南的广州在现代工业日益发展的历程中,抚顺煤炭也都在那里找到一定的市场。不过就抚顺在关内销售总量的变化而言,武汉和广州所占比重是非常有限的,在这里也就不多作申论了。

二、英国势力对开平、滦州煤矿的兼并

（一）开平煤矿被诈夺的由来

直隶开平煤矿从1876年经唐廷枢经营以后，到甲午战争前夕，历年基础建设不断扩充，产销正常，并且逐年扩大，已成为晚清引进西方先进技术和设备具有突出成效的一个大型企业。

开平煤矿是一个官督商办企业。在它的创建过程中曾得“官”的扶持。因此，在企业的组织经营上难以排除封建政府的干扰。即使在唐廷枢主持时期，他虽然一直以全力经营资本主义企业方式自命，但也难以摆脱封建旧势力对新型企业的包围。

一方面开平矿务局计划经营，卓著成效，在较大范围内鼓励了有志于从事新式企业的工商业者；另一方面，它的成效也引起西方侵略势力的觊觎。在1885年秋冬之交，开平矿务局曾因资金周转紧张，一度向英商怡和洋行洽商贷款，怡和经理机昔（J. Keswick）就别有用心地提出以开平矿务局“所有局务归该洋行经办”作为成立贷款的条件①，表明了英国势力早就存有染指开平煤矿的野心。

1892年10月，开平总办唐廷枢因病去世，李鸿章指派江苏候补道张翼继任。张翼系醇亲王奕谖侍役出身。刘坤一说他曾办理江苏正阳关盐务，还“屡办赈务”②，但是，他对于近代矿山企业的经营，懵然无知。在张翼主持下，企业衙门化和闲散冗员充斥的现

---

① 《沪报》1885年12月8日；参见E. Lefevour：Western Enterprise in Late Ching China, A Selective Survey of Jardine Matheson & Co's Operation, 1842—1895, 1970, p. 97。

② 《刘坤一遗集》，中华书局1959年版，第886—887页。

象日趋严重。1901 年的一项调查称:在开平矿本来只需 60 人就可以完成的工作,却用了 617 人;在矿务局工资单上虚报的名额达 6000 名之多;负责出仓、验收采矿工作、采购原材料、售卖煤斤、航运、出租矿局所有土地的办事人员,只顾私利,不问矿局盈亏,他们每人每年据估计收受贿赂平均在 2 万两左右。① 处在如此混乱和腐败状况下,矿务局的开支剧增,收入锐减。郑观应当时目睹矿务局种种劣迹,曾尖锐地指出:"张〔翼〕系醇邸之随员,故北洋大臣不问其材具如何,遽升为督办〔1898 年张翼升任督办〕。张恃有护符,营私舞弊,不一而足,闻曾将公司所购之香港栈房、码头改为私产,售与别人,攫为囊中物。办建平金矿私弊尤多,其最著者:一以局款十数万起造大洋楼,备欢迎醇邸到津阅操之用;一以不集股商会议,私招英人入股合办,得洋人酬劳费五万镑;一开平矿局与华商合资所买广州城南之地,经理 10 余年,绝不纳税,致被充公,所失约计二百余万。虽经股东控诸当道,均置不理。"②

这种毫无制度可循的企业管理状况,必然为开平矿务局带来危机。尽管在张翼主持矿局的最初几年,矿局的产销因得益于前一时期经营余绪,仍见上升,但危机终于通过 1897 年开始的建造秦皇岛码头的活动而日趋于明朗化。

开平矿务局由于经营管理严重混乱,在国内逐渐丧失往日崇高声誉。张翼无力招集扩建秦皇岛码头所需资金。他只得放弃该局一向以集股扩充设备的方法,转而径向外国势力乞求贷款。1907 年,他通过德国人、津海关税务司德璀琳(Gustav Detring),以

① 《胡华致布鲁塞尔开平公司董事部的报告》,开滦档案,M—0767/52。转见刘佛丁:《开平矿务局经营得失辨析》,《南开学报》1986 年第 2 期。

② 郑观应:《盛世危言后编》,见《郑观应集》下册,上海人民出版社 1988 年版,第 621 页。

天津、上海等地的港口设备作抵押，向德华银行（Deutsch－Asiatische Bank）借款60万两。嗣后，他又于1898—1899年请求英商墨林（C. A. Moreing）为开平矿务局经办发行秦皇岛债券20万镑（合行平银140万两），而以开平局全部产业作为抵押。墨林派美国矿师胡华（Herbert Hoover）来华，被张翼任为开平矿山工程师。在这次贷款活动中，外国势力代理人德璀琳和墨林对开平煤矿怀有不可告人的目的。他们密谋利用贷款关系，变开平矿务局为中英合资公司。为此，墨林着手组织东方辛迪加（Oriental Syndicate）作为投资开平的财团。1900年一二月间，墨林再次来华与德璀琳、胡华准备实现密议的计划，恰逢义和团运动爆发，无法进行。对于此项阴谋活动，张翼是难以辩解自己事先完全无所了解。1901年5月，他在蒙混清政府的奏折中说："缘开平一矿，久为各国垂涎、窥伺之机，蓄志已非一日。"①说明他也是有所觉察的。然而他不仅不作任何防范，反而屡次向其举借贷款，实在是自觉、不自觉地干着与虎谋皮、开门揖盗的活动。

（二）英国势力以欺诈手段对开平煤矿的攫夺

1900年，帝国主义联军借机镇压义和团农民运动侵入直隶，开平矿务局的矿山及其所属产业全部被占。该局督办张翼在外国势力胁迫下，竟委托德璀琳为代理总办，"并予以便宜行事之权，听凭用其所筹最善之法，以保全矿产股东利益"②。稍后又两次给

---

① 张翼：《开平矿局加招洋股改为中外合办折》，光绪二十七年（1901年）五月，见魏子初编：《帝国主义与开滦煤矿》，神州国光社1954年版，第5页。

② 张翼给德璀琳的"保矿手据"，光绪二十六年五月二十七日（1900年6月23日），该件原系英文，后经严复翻译，转见《开滦矿权史料》。

予札委,准其“广招洋股”及其所拟的“中外合办章程”。① 于是一幕离奇丑恶的交易随之出现,这就是由德璀琳代表开平矿务局作为卖方,胡华充当英商墨林的代理人作为买方,于当年7月30日在天津签订“卖约”,把开平矿务局所有财产和权益都交给胡华,由后者再将其移交给按英国公司法注册的开平矿务有限公司。每股面值100两的开平旧股换给每股面值1镑的英国有限公司新股25股,作为旧公司移交给新公司一切权利、利益的完全补偿。② 在“卖约”上签字的有德璀琳和墨林两人;张翼以“卖约”上未列明他的权益,拒不签署。1901年2月,在伦敦注册的开平矿务有限公司是以英、比资本为后盾的组织。为了攫取占有开平煤矿的充分依据,它再次派胡华返天津会同德璀琳胁迫张翼签署开平财产移交给新公司的“移交约”。在谈判过程中,为了敷衍张翼的要求,双方订立“副约”,作为签署“移交约”的先决条件。“副约”写明:“为国家暨保全股东之利益起见,意将该局改为中英公司,按英例注册”,“华洋股东,利益均沾,盈绌同享”,“张大人翼仍为该公司住华督办,与在华各外国人充总办者,权力一般无异”,公司之管理将由两个董事部定夺,“一在中国,一在伦敦”。③ 张翼由于个人私利得到满足,便于1901年2月19日在“移交约”和“副约”上签字画押。事实上这不过是进行一轮新的骗局。外国势力之所以极为重视张翼亲自画押,设下圈套,其原委正如参加该两约签字的见证人顾勃尔在签字后于2月25日向英公司报告中所作的供述:“张大人如不签字,矿务局产业的所有权就不能到手,而且无论是

① 光绪二十六年五月二十八日(1900年6月24日),《张翼札德璀琳文》,周学熙等辑:《开平矿局交涉事汇》,1910年版。

② 参见熊性美:《论英国资本对开滦煤矿经营的控制》,《南开经济研究所季刊》1986年第2期。

③ “副约”全文见魏子初:《帝国主义与开滦煤矿》,第16—18页。

从德璀琳先生和其他人那里想要得到合法的补救,都将会非常困难”,接着他又坦白承认:“我敢说,就中国同等重要的产业来说,没有一家外国公司曾获得过这样完善的一份契约。”①显然,顾勒尔完全交代了“副约”和“移交约”对外国势力霸占开平的意义和作用所在。

两约签字后,张翼便于同年 6 月以“开平矿务局加招洋股,改为中外合办有限公司,以保利权而维商本”为辞,蒙奏清廷。颟顸的清政府全然不知其中曲折,对之不置可否。英国势力便轻易地骗取了开平矿务局所属各矿井和秦皇岛码头,以及一应地契和历年账册等等,确立了对开平矿务局的统治。及至 1902 年,直隶总督袁世凯因矿区不准悬挂象征清政府的龙旗,才发现问题严重。当他向清廷揭发张翼勾结外国势力盗卖开平煤矿及其一应财产时,英国势力已经牢牢掌握开平矿务局经营管理大权数年之久了。此时,尽管清政府责令张翼“设法收回”开平,还批准他于 1904 年远去伦敦高等法院投诉,实际上不过是演了一幕可耻的闹剧而已!

(三)英国资本控制下的开平与开滦矿务局

1900 年,英国势力从开平督办张翼手中诈占开平煤矿后,随即在生产上着手排除矿井积水,于当年 10 月 25 日复工②,并开始从欧洲雇用技师,从事于生产技术改革。在经营管理方面及时采用西方的簿记方法,堵塞贪污浮报、消灭工资账目上的空额。③ 开平煤矿的生产逐渐恢复并步入正轨。1901 年,开平公司着手改进和补充唐山和林西两矿生产设备,对 1898 年建造的唐山第 3 号矿

① 开滦档案,M0767/51,转见《开滦矿权史料》。

② 《捷报》1907 年 8 月 17 日,第 394 页。

③ 《捷报》1901 年 7 月 31 日,第 203 页。

井进行加深,并更新机器设备。① 1906 年,开平矿务局又装置了发电机,以电力代替蒸汽,用于矿内提升和抽水等方面的运作。② 这种更新和充实机器设备的工程大体到 1907—1908 年初步完成。因此,开平煤矿的产量在当时已经达到年产 200 万吨的生产能力。至于在此期间,直隶总督袁世凯一面进行收回开平煤矿的活动,一面又札委周学熙积极筹建滦州煤矿,并且于 1907 年投产。于是在直隶省内存在着开平、滦州两大煤矿争夺销售市场的尖锐斗争。延至 1912 年,终于出现了两煤矿以所谓"中外联合"名义,成立了开滦矿务总局,统一领导经营。而筹建于 1902 年的滦州煤矿,一应机器设备都是从德国购置的最新式的机器。所以,1912 年两矿"联合"后,开滦煤矿的机器设备在全国煤矿工业中便具有最为新颖和优越的特点。而且在经联合后的调整,劳动组织更趋于合理。在工资制度上开始逐步试验以计件工资制代替计时工资制,鼓励工人熟练技术。尤其是由于两矿联合,自然地也消除了彼此争夺销场的斗争。从而开滦煤矿的销售市场便从华北一隅迅速地向我国东南各口岸和华南广大地区拓展。随着两矿联合,企业内部机制在调整过程中日益趋于完善,促使开滦煤矿产销出现崭新景象,它充分反映在表 61 所列的统计数字中。

表 61 反映,作为一种能源工业,开滦煤矿产销数字的浮动从一个侧面显示了社会经济发展变化的某种迹象。如果就 1912—1927 年开滦煤矿产销数量的变化趋势来考察,这一时期中,它尽管出现过升降的变动,但在总趋势上大致都呈持续上升的势头。若将这 16 年分为前后两个阶段来考察,那么在 1912/13—1921/22 年的 10 年中,它的产量呈直线上升状态,10 年中增加了

① 《捷报》1901 年 7 月 31 日,第 202—203 页。

② 《海关贸易报告册》,1906 年,天津,第 28 页。

1.5倍,这在近代中国煤矿工业的发展中可说是罕见的速度。这期间爆发了第一次世界大战,和战后1919年在我国发生了规模空前的五四运动。这两大历史事件对中国资本主义的发展都起了积极的促进作用。国内各行各业新工厂的涌现,和原有企业的扩充,成了这一时期经济发展的主要特征。它们急切需要大量能源的供给和补充,开滦煤矿的产销活动自然也受到积极的推动。而后一阶段的6年,即1922/23—1927/28年,开滦矿产销发展则表现起伏多变的波浪式状态。导致这种升沉现象的主要原因之一,在于国内社会政治形势的动荡。本世纪20年代,在我国长期存在的由帝国主义导演、扶持的军阀割据战争,此伏彼起;爆发于1922年的第一次直奉战争陷华北地区于动荡不安,导致社会金融严重不稳,工商生产深受其害。其后还不到两年,即1924年夏秋,江浙两省军阀宣战厮杀;紧随之第二次直奉战争再起,京汉、津浦铁路因之中断。运输瘫痪造成了市场萧索,工、商各业生产经营都不能不陷于停顿。这些都直接影响到煤炭的生产、运输和销售。开滦煤矿在这6年中,从整体上看,产量上虽然仍有微弱的增长,但其速度已远不能与前此10年相比拟了。

表61　开滦矿务局的产销统计

1912/13—1927/28年

年度	煤产量（吨）	指数 1912/13=100	煤销量（吨）	指数（吨）	销量占产量 %
1912/13	1693196	100	1728296	100	102.0
1913/14	2532166	149	2411038	139	95.2
1914/15	2877498	169	2690135	156	93.5
1915/16	2884976	170	2667743	154	92.5
1916/17	2932109	173	2766141	160	94.3

续表

年度	煤产量（吨）	指数 1912/13=100	煤销量（吨）	指数（吨）	销量占产量 %
1917/18	3254018	192	2996669	173	92.1
1918/19	3398375	201	3128677	181	92.1
1919/20	4201888	248	4010980	232	95.5
1920/21	4363899	258	3775536	218	86.5
1921/22	4085510	241	3536027	205	86.6
1922/23	3874975	228	3712925	214	95.8
1923/24	4464814	263	4284157	247	95.9
1924/25	4204850	248	3230808	186	76.8
1925/26	3581714	212	3227214	186	90.1
1926/27	3683299	218	3993520	231	108.4
1927/28	4958368	292	4220062	244	84.6

资料来源：开滦档案：《开滦煤矿历年总稽核年报》，转见王玉茹：《开滦煤矿的经营效益分析》，《中国经济史研究》1993 年第 4 期。

根据开滦煤矿历年总产量的统计，进而考察开平和滦州两矿在开滦矿总产量构成上各自所占比重时，我们将从表 62 所列的统计上看到，它们在开滦历年总产量构成中所占地位是随同岁月迁移，起着不同变化的。

表 62　开滦矿务局的产量构成

1912/13—1927/28 年　　单位：吨

年度	开滦矿务局煤总产量	开平公司煤产量	占总产量 %	滦州公司煤产量	占总产量 %
1912/13	1693196	1290010	76.2	403186	23.8
1913/14	2532166	1653832	65.3	878334	34.7
1914/15	2877498	1419859	49.3	1457639	50.6

续表

年度	开滦矿务局煤总产量	开平公司煤产量	占总产量%	滦州公司煤产量	占总产量%
1915/16	2884976	不详	—	不详	—
1916/17	2932109	1396708	47.6	1535401	52.4
1917/18	3254018	1626040	49.9	1627978	50.1
1918/19	3398375	1466553	43.2	1931822	56.8
1919/20	4201888	1629474	38.8	2572414	61.2
1920/21	4363899	1713290	39.3	2650609	60.7
1921/22	4085510	1738685	42.6	2346825	57.4
1922/23	3874975	1618836	41.8	2256139	58.2
1923/24	4464814	1779891	39.9	2684923	60.1
1924/25	4204850	1650566	39.3	2654284	60.7
1925/26	3581714	1367090	38.1	2214626	61.9
1926/27	3683299	1324441	35.9	2358818	64.1
1927/28	4958368	171326	34.6	3245107	65.4

资料来源：开滦档案：《开滦煤矿历年总稽核年报》，转见丁长清：《开滦煤矿的储量、质量和产量》（待刊）。

表62中统计数字说明：开平、滦州两矿联合之后的16年中，开平的年产量在头几年在开滦总产量中尚占较大比重：但从1916/1917年度后，它在总产量中所占比重便退居次要地位。同期中滦州煤矿产量在总产量中所占比重却在稳步递增。到了1923/1924年度，它的年产量已占开滦总产量60%以上，1927/1928年度甚至达到65.4%。因此，统计数字的变化说明：开平、滦州两矿在开滦总产量构成中所占地位从1916/1917年度以后是以逆反方向变化的，它们的反差程度也是随岁月迁移而愈见加深。这就是说，在英国势力控制的开滦煤矿中，长期维持高额产量运作中，起着主导作用的是滦州煤矿。

(四)开滦矿务总局对国内市场的全力开拓

开滦矿务总局是在辛亥革命爆发的1911年成立的。这场不彻底的资产阶级革命在一定程度上推动了中国近代资本主义工商企业的发展。稍后,在国际上又爆发了第一次世界大战,西方参战国家的工业生产都受战时经济约束,无法维持正常的产销业务。于是在中国资本主义工矿企业面前展现一个顺利发展的环境。开滦矿务局紧紧掌握这个时机,及时调整生产和运销,在提高产量的同时,又锐意经营和改善秦皇岛港口的吞吐能力。在华北地区则以天津为重镇,努力向相邻的中小城镇扩大销售市场。同时又加速开拓东南沿海口岸,确立了以上海为中心,进一步向长江中上游拓展新市场。此外,华南的广州市场也成了它伸手捕捉的目标。

本世纪一二十年代,中国煤炭市场的货源,基本上可划分为三个方面:首先,一个是直接自国外进口,如日本煤、安南煤、印度煤等等,其中以日本煤的输入量所占比重最大;其次属于外国势力控制下在国内生产的煤炭,如东北的抚顺、华北的开滦煤等;最后是由民族资本经营的煤矿,它们虽已兴起有日,但规模狭小,设备能力相对薄弱,产量受到制约,在市场竞争上不居重要地位。

为了不失时机地开拓销煤市场,开滦矿务局着手调整了开平和滦州两矿在天津市场的原有阵地,以便向天津以外的华北市场扩充。在1914年之前,由德国势力控制的井陉煤矿曾力求在天津占领销场,与开滦展开激烈竞争。但是,在地理位置上,开滦煤田距天津仅80公里,近在咫尺;在运输手段上,它既有铁路可供利用,又自备轮船畅达津门,在交通运输上占有很大优势。反观井陉煤矿远距天津280公里,运输上虽也有铁路可资利用,但须经正太、京汉和京津三路转运,无法直达,大费周折,特别是在利用正太和京汉两路时，必须在石家庄重行装卸，运费因之增加①，在销售价格上自难与开滦煤在天津市场争衡。在第一次世界大战结束后，输入天津市场的开滦煤在1918—1925年，年达70万吨左右；1925—1928年，年达60万吨；但同期中井陉煤输往天津的数量频年减少，没有留下可供查阅的数字。② 至于民族资本煤矿如山西阳泉、大同等矿，这时也已在天津开辟销路；但它们的销售量很小，在开滦矿销量面前，实无足轻重。所以，在20世纪20年代，华北天津煤炭市场几乎被开滦煤所独占了。

当开滦煤牢固地掌握天津销场后，开滦矿务局迅即将目光转向华东地区的上海煤市。这一地区不仅工厂林立，商业繁盛，交通便利，一向是中外贸易和轮运转输的中心，而且还因为上海可作为沿长江上溯，经汉口向更遥远的内地城镇销流煤斤的理想枢纽。同时上海还可作为沿海运输销往华南各地的中转站。所以，从1900年英国势力盘踞开平煤矿以后，上海便成了它急欲拓展的销场。但是，在19世纪90年代，上海所消耗的燃煤主要依靠国外输入，其中以日本来煤占比重最大。20世纪初，开平矿务局力图扩大它在上海的销售额，但该局驻沪办事处经理、英国人葛尔德却表现为无能为力。及至1912年，开滦矿务公司成立。该公司上海经理处在多方物色下，发现了一位从1909年以来便在经理处充当跑街的刘鸿生，是一位富有推销经验和能力的职员。那时在上海市场畅销的煤炭有山东淄博煤、博山煤，东北的抚顺煤，华东的贾旺

① 当时由于正太、京汉两路不同轨，正太路采用3.28英尺的狭轨，京汉路则用4.85英尺的宽轨，所以必须在石家庄换车，重行装卸。见《第二次中国矿业纪要》，第33页。

② 参见谢家荣编：《第二次中国矿业纪要》，1926年版，第32—33页；侯德封编：《第三届中国矿业纪要》，1929年版，第267页。

煤、淮南煤;国外输入的则有越南的鸿基煤和日本煤等等,竞争激烈,都有相当的销路。惟独开滦煤市场十分狭窄,客户不多,销流不畅。① 在这种状况下,开滦公司上海经理处在了解刘鸿生的能力后,便逾格重用,提拔为公司买办,责以全力开创新局面。刘鸿生便深入调查上海煤市的销售状况。他以户数多、耗煤量大的老虎灶和华商纱厂作为扩展开滦煤消费的突破口;同时向经理处反映用户的合理意见,即开滦供煤不分等级,优劣混杂,难于合用;建议将统煤分级出售,按质论价,用户可以根据需次,采购不同档次的煤炭,既使售价趋于合理,又有利于广泛招徕。这个措施迅即博得用户欢迎,从而为开滦煤迅速打开上海的销路。嗣后,他又将开滦煤销售范围"扩展到宜兴、溧阳等地的烧窑业中去"②,并且还代表开滦矿务公司向津浦铁路局推销煤炭。时值第一次世界大战,开滦矿务局自备轮船被英国政府征用,致令秦皇岛码头滦煤山积,无法外运。刘鸿生却能设法,租用轮船数十艘,包括租用到招商局行走天津—上海的轮船在内,陆续将秦皇岛码头积煤输运到上海销售。此项活动前后竟达 3 年之久③,使开滦矿务局在运输条件极其困难的 1914—1918 年,仍能在上海煤炭市场充分供应,年销 40 万吨左右。④ 从而有效地维持了滦煤在上海销场的坚挺地位。

自 1912 年刘鸿生担任开滦买办以后,十年中他经常活动于上海及长江中下游,为开滦公司拓展煤炭市场作出了不少贡献 1922 年年初,他的业务成绩受到了开滦上海经理处经理巴汉的表扬:

---

① 参见许敏:《实业家刘鸿生》,上海地方志办公室编:《上海研究论丛》第 5 辑,1990 年 5 月,第 244 页。

② 《刘鸿生企业史料》上册,第 4—5 页。

③ 《刘鸿生企业史料》上册,第 7、9 页。

④ 参见《刘鸿生企业史料》上册,第 8 页,统计表。

“刘鸿生为人颇有才智，他对上海——更重要的是对上海周围地区——的煤业知识，很少人能和他相比。……对我来说，他的意见经常是十分宝贵的”；特别是由于上海及长江下游一带的“中国大型企业宁愿通过他们本国的同胞才来和我接洽的为数不少。他在最近6个月中曾经为我们介绍了3位新纱厂经理，其煤斤的年需量分别为10000、10000和7000吨”。① 事实上到20年代初，开滦煤在上海及长江下游各口岸的销售量在1923年已达1112051吨，占开滦矿务局当年总销量的25.01%，1924年上半年的销售量所占比重也大致相似。②

为了更有效地为开滦煤拓展京（南京）沪沿线销路，并瞩目新兴工业城市无锡、常州等地的煤炭市场，刘鸿生于1926年决定在江阴兴建一座可供3000吨轮船卸煤用的码头。码头建成后，开滦煤便可以由水路径运江阴卸货，然后由江阴运往无锡、常州一带。这样既可节省运费，降低滦煤成本，又能以更低售价打退当地市场上一直占有优势的峄县和贾旺煤的竞争，取而代之。③

经过多年剧烈的市场竞争后，开滦公司在上海地区既从华商手中夺取煤炭市场，同时也有力地冲击了久踞上海的日本来煤的优势地位。表63的长序列的统计数字系统地反映了它们之间互为消长的变化历程。

---

① 《开滦上海经理处经理巴汉致总经理那森函》，1922年1月14日，见开滦档案，M-10400，转见丁长清：《开滦煤矿的市场经营策略》，《南开经济研究所季刊》1986年第1期。

② 《刘鸿生企业史料》上册，第22页。

③ 参见《刘鸿生企业史料》上册，第64、65页。

表63　上海煤市开滦煤和日本煤销售量比重统计

1911—1924年

年份	上海煤市的总销售量		开滦煤		日本煤		其他煤	
	数量(吨)	指数 1913=100	销售量(吨)	占煤市总销售量%	销售量(吨)	占煤市总销售量%	销售量(吨)	占煤市总销售量%
1911	1099821	78.79	154839	14.08	819126	78.48	125856	11.44
1912	1189378	85.06	185734	15.64	887131	74.71	114513	9.65
1913	1395959	100.00	281999	20.20	917172	65.70	196788	14.10
1914	1467585	105.13	399442	27.22	854543	58.23	213600	14.55
1915	1337287	95.80	415664	31.08	743767	55.62	177856	13.30
1916	1461531	104.70	480196	32.86	814857	55.75	166478	11.39
1917	1515155	108.54	513194	33.87	791587	52.24	210374	13.89
1918	1315006	94.20	384977	29.28	733034	55.74	196995	14.98
1919	1458529	104.48	606949	41.61	650033	44.57	201547	13.82
1920	1696275	121.51	885258	52.19	554326	32.68	256691	15.13
1921	1935962	138.68	906420	46.82	637319	32.92	392223	20.26
1922	1838869	131.73	756819	41.16	562860	30.61	519190	28.23
1923	2083219	149.23	976457	46.87	610193	29.29	496569	23.84
1924	2073502	148.54	977592	47.15	588369	28.38	507541	24.47

原注：日本煤一栏不包括日本在中国所控制的各煤矿运销量在内。

资料来源：根据英商壳件洋行1923年6月30日及1927年6月30日所编的上海煤炭存销报告整理，转引自《刘鸿生企业史料》上册，第8页。

历史地考察上海销场开滦煤和日本煤销售量变化状况时，人们可以发现：1911—1912年，当开滦矿务公司成立之初，上海煤市场上开滦煤所占地位远在日本来煤之下。它的年销量不过占上海煤市总销量的14%—15%，日本煤(不包括日本控制的抚顺煤)则稳占鳌头，占总销量的74%；嗣后由于开滦上海经理处的积极经营,两者在销量上所占比例逐渐出现有利于开滦煤的变化。在不到10年中,到1919年,即世界大战结束后的第二年,尽管开滦煤在上海煤市的销量还略低于日本煤,但两者之间行将持平的倾向已越来越见明显。从1920年起,开滦煤在上海煤市的销量终于跃居首位。造成这种变化的原因是复杂的:它既与开滦上海经理处锐意经营取得成效密切相关,同时也由于欧战期间海上运输困难的限制,特别是日本政府利用欧战时机,积极发展国内轻重工业,耗煤量猛增,对华输出煤炭量相应减少。此外,另一个更加重要的因素是,20年代前半期,日本加紧侵华,中国人民则多次掀起抵制日货运动,自然影响了日本煤输往上海的数量。比如,1924年,输运到上海的煤斤总量达2239495吨,来自日本的仅有718315吨,只占输沪煤炭总额的32%,同年开滦煤的输沪量则增加到789599吨,占35%的比重。① 尽管到20年代后期,如1927年和1928年,日煤输沪量有所增加,各达114万余吨,各占当年输沪煤炭总额的36.6%和33.5%,略胜开滦煤输沪的数量和比重。但这种现象并未维持多久,到30年代初,便又完全改观了。②

对于开滦煤矿公司来说,上海口岸的重要意义不但在于它

① 参见《第二次中国矿业纪要》,第82页。

② 侯德封编:《第五次中国矿业纪要》1934年版,第121页,载有1931—1934年输入上海煤市的日本煤和开滦煤的统计,可资佐证:

单位:吨

年份	输入上海煤市总量	%	日本煤输入量	占总量%	开滦煤输入量	占总量%
1931	3259905	100	614953	18.8	1283971	39.4
1932	2790847	100	369173	13.2	1266932	45.4
1933	3314554	100	520458	15.7	1117841	33.7
1934	3184788	100	255054	8.0	1132308	35.5

是滦煤在东南地区销售中心,而且还是它向长江中上游销流的枢纽。前面提到开滦公司上海经理处在通州、苏州、无锡、常州、江阴、镇江、南京和芜湖等地设立的分销机构,都有利于输到上海的滦煤顺利地内销于长江流域中游各地,进而销流到上游若干工业城市。

比如,一向是长江上游工商业中心的武汉在迈入20世纪以后,近代工业有较大的发展,新工厂不断涌现,煤炭的消费量日见其增。据估计:当时武汉每年煤炭的消费量大致和天津相近,年达100万吨左右。① 其中一部分虽然仰给予萍乡、大冶、六河沟和临城等地煤矿供应,但大宗的货源则依赖“由上海运来的开滦煤”。② 因此,以武汉为据点,开滦煤在华中地区也牢固地建立起重要的销售市场。

又如,我国华南重要的工商业城市广州也有开滦煤涉足的记录。广州相邻地区向不产煤,长期仰赖省外供应;开滦矿务局利用自备海运力量,使滦煤能够远涉南疆。1926年出版的《中国矿业纪要》反映:广州煤市的货源以往主要来自日本控制的抚顺和台湾两地,开滦虽也有来煤,但为数不多。例如,当年来自抚顺煤为8.7万吨,台湾煤为7.4万吨,两者合计,占当年广州煤市输入量47万吨的33.6%,而开滦来煤年仅7.4万吨,只占输入量的15%。③ 可是到20年代末,在广州开展的抵制日货运动比较彻底,严格禁止了日货流通。开滦公司则利用“中外合办”名义,自称国产煤,向广州政治当局要求取代台湾、抚顺在广东省的煤炭供

① 《第二次中国矿业纪要》,第84页。
② 《第二次中国矿业纪要》,第83页。
③ 侯德封编:《第三次中国矿业纪要》,1929年版,第274页。

应。[①] 此外，在开滦矿务公司拓展广州煤市的同时，也曾涉足汕头，据称年销量大抵在5万吨左右。[②] 由此可见，开滦煤不避长途跋涉，经过多年竞争，到30年代初终于在开拓华南煤市的努力中获得了一定的成效。

综合开滦公司在上述各口及其相邻地区开拓市场的业绩来看，天津和上海无疑是公司在南北两地的主要销场，而上海所占地位更为突出。据公司统计，如以1912年的销售量为基数，经20年努力，天津地区的销量扩大了1.12倍，上海地区则扩大了4.36倍。[③] 国内市场的扩大，促进矿山生产的正常发展，同时也保证了矿务公司在20世纪20年代维持着繁荣的局面。但是，在这个繁荣的"中英合办"的企业中，合办的双方是怎样分割其利润？这个问题在旧中国由于种种原因，未曾进行详细的研究，现在又因史料散佚，也使分析的深度受到一定的限制，目前我们还只能就某些基本资料做一点简略的探索。

（五）开滦矿务局的利润与分配

开滦矿务总局是以开发和经营煤斤为主的大型近代企业。它从1912年成立迄至20世纪20年代末，在近20年中，产销不断上升，企业的资本变化和利润升降状况根据矿务局档案记载，有如表64统计。

试将表64统计结合矿务局历年产销情况做综合考察时，它可以给我们提供几点启示。

---

① 《矿业周报》第2集第32号，1929年，第520页。

② 《第三次中国矿业纪要》，第267页。

③ 据1931/1932年开滦矿务总〔经〕理年报。

表64 开滦矿务局利润统计

1912/13—1927/28年

年度	资本(元)	指数 1912/13年 =100	利润 (元)	指数 1912/13年 =100	利润率%
1912/13	28286671	100	2934737	100	10.4
1913/14	29491208	104	4786259	163	16.2
1914/15	29973461	106	5448606	185	18.2
1915/16	30555071	108	5201094	177	17.0
1916/17	31099551	110	5776339	196	18.6
1917/18	31730304	112	8703355	296	27.4
1918/19	32719641	115	8424101	287	25.7
1919/20	33638144	119	12067814	411	35.9
1920/21	35411514	125	10426808	355	24.4
1921/22	41593651	147	7173126	244	17.2
1922/23	42433937	150	9205492	313	21.7
1923/24	41779090	148	10830008	369	25.9
1924/25	43167190	153	5644272	192	13.1
1925/26	43778264	155	5336409	182	12.2
1926/27	44343067	157	9504716	324	21.4
1927/28	45533087	161	12554555	427	27.6

注:资本包括实缴资本、借入资本、公积和未分配利润。

资料来源:《开滦煤矿历年总稽核年报》,转见王玉茹:《开滦煤矿的资本集成和利润水平的变动》,《近代史研究》1989年第4期。

首先,在资本积累的数量上,开滦矿务局一直保持着持续增长的势头。从1912年以后的相近20年中,企业资本积累的变化表示了前10年(1912—1921年)进展比较缓慢,10年中只增长50%;而1922—1928年,积累的速度稍见提高。同时从历年利润变化的情况来看,可知开滦资本积累的来源并不由于新投资的到来,而完全得之于利润的转化。这是在半殖民地社会条件下,由外国资本控制的在华企业资本积累的通例,而开滦公司资本运动的状况更具体地反映了这一类企业完全属于“一本万利”的基本事实。

其次,如果以1912/1913年度利润为基数,将其相近20年中利润变化联系产销升降状况来考察,那么在第一个10年中,在产量增加1.5倍和销售量上升1倍左右时,利润的波动则呈现为:增加1倍的有5年,2倍以上的则有2年,1919—1920年度居于最高峰,竟达3倍以上;而在利润率的变化上则表明:在20%以下的有6年,超过20%的有4年,最高一年(1919—1920年)的利润率竟达到35%。其后,从1922年到1927年,企业的产销由于客观原因呈现为波动状态,不如前此10年频年上升状况,反映在利润的指数变化和利润率变动上,不仅是升沉互见,而且上升的趋势也不若前此10年那样坚挺。尽管如此,从1912年以后的16年中,它的年平均利润率仍维持在20%的水平,表明了开滦煤矿公司所达到的利润率与其他同类企业相比较,是明显地处于偏高地位的,其状况更非民族资本煤矿企业所能企望的。例如,我国山西平定保晋煤矿是一家具有一定声誉的企业,它在1912年到1927年16年的生产经营中,便有7年(1912—1914年、1925—1927年)处于亏蚀状态,根本无利润可言;1916—1921年经营虽见起色,实现了若干利润,但6年的平均利润率仅在4.7%,只有极个别年份,如1916年,一度曾达15%,但这是该矿经营中绝无仅有的一年①,与开滦煤矿相比较,真是不可同日而语的。此外,即使与外资在华企业的

① 参见《中国近代经济史统计资料选辑》,科学出版社1955年版,第166页。

盈利作比较时,开滦的盈利也是非常突出的。20 世纪 20 年代后期,外资在华企业的年利润率为 10%—20%①,而英国本国公司的年利润率在 1909—1914 年为 9.5%,在 1923—1929 年则为 10.6%②,相形之下,开滦利润之丰厚和利润率之偏高,显然是不言而喻的。

至此,我们还可进而追索,在开滦矿务总局的利润分配中,作为参加联营的滦州煤矿公司又是处于怎样的地位?

1912 年,在开平和滦州两公司进行联合时,曾在合同中订明:"每年净利在英金 30 万镑以内,开平公司股东应得百分之六十份,滦州公司股东应得百分之四十份。超过 30 万镑部分则由两公司股东平分。"据此,两公司的股东从联合之日起到 1927 年,在净利润的分配状况有如表 65 所列。

表 65 开滦矿务总局净利润分配

1912/13—1927/28 年　　利润单位:元

年度	营业总利润		两公司分配的净利润					
			净利润		开平公司		滦州公司	
	实数	指数 1912/13 =100	实数	指数 1912/13 =100	实数	指数 1912/13 =100	实数	指数 1912/13 =100
1912/13	2934737	100	1655749	100	993449	100	662300	100
1913/14	4786259	163.1	2928336	176.9	1757032	176.3	171354	176.9
1914/15	5448606	185.6	3286416	198.5	1971850	198.5	1314566	198.5
1915/16	5201094	177.3	3177539	191.9	1875422	188.8	1271016	191.9

① 雷麦(C. F. Remer):《外人在华投资》,纽约 1933 年版,第 293—294 页。

② 《经济学家杂志》(*The Economists*),1937 年 2 月 23 日和 4 月 24 日增刊,转见吴承明:《帝国主义在旧中国的投资》,人民出版社 1955 年版,第 84 页。

续表

年度	营业总利润		两公司分配的净利润					
			净利润		开平公司		滦州公司	
	实数	指数 1912/13 =100	实数	指数 1912/13 =100	实数	指数 1912/13 =100	实数	指数 1912/13 =100
1916/17	6776339	196.8	3791987	229.1	2146974	216.1	1645013	248.4
1917/18	8703355	296.8	6211569	375.2	3299398	332.2	2912171	439.8
1918/19	8424101	287.1	5995734	362.2	3162910	318.4	2832824	427.1
1919/20	12067814	411.3	8917456	538.7	4851805	488.5	4335651	654.8
1920/21	10426808	555.3	7313448	441.8	3850013	387.7	3463435	523.1
1921/22	717316	244.5	4593785	275.8	2528683	254.5	2065102	311.9
1922/23	9205492	313.7	6109768	369.1	3313180	333.6	2769588	422.3
1923/24	10830008	369.1	7330372	442.9	3927004	395.4	3403368	514.0
1924/25	5640272	192.2	3116238	188.2	1816415	182.8	1299823	196.2
1925/26	5336409	181.8	2839290	171.5	1663361	167.4	1175929	177.4
1926/27	9504716	323.9	6004093	360.5	3322938	334.5	2681155	404.9
1927/28	12554555	427.8	8368558	502.5	4503393	453.4	3865165	583.8

资料来源:开滦档案,据开滦矿务总局总经理年报编制,转引自丁长清:《旧中国开滦煤矿的财务管理制度和财务状况》(待刊)。

表65统计表明:开滦矿务总局成立之后,由于生产正常,产销两旺,营业总利润虽有时出现波动,但增长的趋势长期未变,有的年度上升幅度在3—4倍,净利润变动幅度基本上和总利润的增幅保持一致。至于开平、滦州两公司分配总利润的情况,仍不妨将其分阶段考察。在第一个10年(1912/1913—1921/1922年度),开平公司的净利从99万余元递增到252万余元,增达1.5倍以上:滦州公司则从66万元增达206万余元,增加2倍以上。在第一个10年中,开平净利润年平均在264万余元,滦州则在216万

元。第二阶段即1922/1923—1927/1928的6年中,开平公司的净利润年平均在309万余元,滦州公司只有253万余元。这说明净利润的较大部分归于开平公司,即归英国资本家所攫取,这是一方面的情况。另一方面,如将开平、滦州两矿历年产量变化联系净利润分配时,问题更显得突出:因为在第一个10年,开平的年产量从1916年以后便步入下坡路了,而滦矿的产量却一直在稳步上升。因此,向开滦总局提供剩余价值的总量中,大部分得自滦州煤矿也是不言自明的。然而在净利的分配上,滦矿却只能分取少数,其不合理已显而易见。到了第二阶段,即1922年之后,滦矿产量在总局所占比重更见提高,可是它在净利润的分配上所居劣势地位,不但无所改善,反而更加厉害了。尽管这是由于1912年不合理的"合同"制约所致,但令人意外的是,以追求最大限度利润为目的的滦矿资本家,16年来对此竟噤若寒蝉,不闻有任何异议和要求,显然是极不正常的现象。对这一极不合理现象的分析已越出本子目所需讨论的范围,因此就不做进一步论述了。

三、德、日资本先后对淄川煤矿的侵夺

(一)德资淄川、坊子煤矿的创立

1898年,德国以曹州教案为借口,强迫清政府签订《胶澳租界条约》,攫取胶济铁路沿线两侧15公里以内的各种矿山开采权。①

① 《胶澳租界条约》第二端,铁路矿务等事,第4款规定:"于所开各道铁路附近之处相距30里内,如胶济北路在潍县、博山等处,胶沂济南路在沂州府、莱芜县等处,允德商开挖煤斤等项及须办工程各事,亦可德商华商合股开采,其矿务章程,亦应另行妥议。"见王铁崖:《中外旧约章汇编》第一册,三联书店1957年版,第739页。

为了实现上述特权,1899 年,德国在创办山东铁路公司的同时,又组成“德华山东矿务公司”(以下简称德华矿务公司)。通过德国公使,公司向清总理衙门要求“勘办沂州、沂水、诸城、潍县、烟台五处矿务”。总署以“所占地段太广,核与定章不符,初次未经核准”。①

1900 年,义和团运动被镇压后,德国势力在山东地方政府的纵容和协助下,开始进行勘探和开发矿山的活动。德华矿务公司遂设总局于青岛,预定资本 1200 万马克。它在经营山东矿务期间,主要在开发坊子和淄川两处煤矿。

根据德国探矿队的查勘,德华矿务公司在 1899 年 10 月首先着手开采潍县坊子煤田。1901 年,它在坊子车站以南 2 公里处开凿了第一个竖井,称“坊子竖井”,次年 9 月开始出煤。10 月间便有坊子矿所产煤炭出现在青岛市场上。其后,在 1904 年和 1905 年,又在坊子车站附近开凿另两个竖井,即“安尼井”和“明纳井”。这两个矿井在生产方法上开始运用机械,如在煤的提升、矿内排水和通风,以及地面上设置的洗煤机和炼焦厂等,都引进新式机械设备。但井下的采掘仍没有离开繁重的体力劳动,全部依靠手工开采。

1904 年 6 月,胶济铁路张博支线通车,德华矿务公司又着手进行淄川煤矿的开凿。它首先在淄川车站东南方距铁路 6 公里余处开凿了第一个竖井,即“淄川竖井”,1906 年开始出煤。淄川煤田蕴藏量丰富,煤质优良,引起德华公司重视。在淄川竖井出煤的同年,公司便又在矿区开凿另一竖井,以公司的柏林首席董事名字命名,称之为“海特尔井”,当地人称为“北大井”。1910 年,德华

---

① 《光绪三十三年八月山东巡抚杨士骧奏》,《清季外交史料》光绪朝,第 205 卷,第 3 页。

公司又开凿一个煤井和一个通风井,即淄川第二竖井和第三竖井。同时在矿井的地面上也进行建设,筑成从淄川车站通往矿井的铁路支线。到这时,淄川煤矿的设备和规模都已在坊子煤矿之上了。

(二)德华公司的经营和盈利

考察德华矿务公司历年投资和经营时,可知,1899 年,公司初创时,投资额在 152.7 万元,随着经营活动的开展,投资额年有增加,到 1913 年,扩大到 758.8 万元,几增 4 倍。与当年外国在华投资的 7 家主要煤矿的投资额相比较,德华仅次于开滦、抚顺和福公司,居第四位。① 与公司资本逐年扩大的同时,它所经营的坊子和淄川两煤矿的年产量也频年递增。淄川煤矿从 1906 年投产后,产量年年猛增;坊子矿从 1902 年投产后,最初几年的产量也直线上升;不过它在 1907 年发生瓦斯爆炸,1913 年又出现透水事件,以致年产量呈现波动状态。但从生产量的总趋势上看,仍然是处于长期增长的势头。就两矿历年产量合计数量及其增长的状况,以及与当时外资在华各大煤矿的产量相比较时,它仅次于开滦和抚顺,居第三位。这在表 66 的统计中可以得到清楚的反映。②

在德华公司经营下,坊子和淄川两矿在销售上是由公司自设机构推销。它在上海和青岛分别设立销售点,沿胶济铁路则由铁路局各站站长负责帮助销售,实际上青岛的煤炭市场是供应全省煤炭的中心,而两矿销往上海的煤炭也是从青岛转运而去的。就两矿所产煤炭的用途看,1913 年的记载反映:当年两矿产煤总计

---

① 汪敬虞:《中国近代工业史资料》第 2 辑,第 37 页;外资在华七大煤矿系指:开滦、抚顺、福公司、山东德华、本溪湖、临城和井陉。

② 外资在华七大煤矿产量比较可参见汪敬虞:《中国近代工业史资料》,第 37 页。

在613000吨，其中用于本矿耗费的约占10.5%（64400吨），在两矿周围销售的约占12.5%（76400吨），胶济铁路销用的占5.5%（34000吨），而胶济铁路沿线和青岛等地销售的，合计在268000吨，约占43.7%，由外国船舰消费及出口的在170000吨，约占27.7%。① 此项记载虽然只是1913年的消费状况，但与矿山开发以来的供需变化情况，基本上相符。

表66　山东华德公司历年投资及坊子、淄川煤矿产量统计

1902—1914年　　单位：资本：千元　产量：吨

年份	资本		产量					
	资本	指数 1899=100	坊子	指数 1902=100	淄川	指数 1906=100	两矿合计	指数 1902=100
1899	1527	100	—	—	—	—	—	—
1900	1479	96.8	—	—	—	—	—	—
1901	1548	101.3	—	—	—	—	—	—
1902	1764	115.5	9178	100	—	—	9178	100
1903	1744	114.2	60601	660	—	—	60601	660
1904	3201	210.0	100631	1096	—	—	100631	1096
1905	3045	199.4	136990	1492	—	—	136990	1492
1906	2782	182.1	164437	1781	14646	100	179083	1951
1907	2807	183.8	149307	1626	40899	279	190206	2072
1908	6823	446.8	250214	2726	72467	494	322681	3515
1909	7029	460.3	273354	2478	183449	1252	456803	4977
1910	6774	443.6	193497	2108	237544	1621	431041	4696
1911	6798	445.2	205185	2235	283208	1933	488393	5321

① 参见《淄博煤矿史》，第60页。

续表

年份	资本		产量					
	资本	指数 1899=100	坊子	指数 1902=100	淄川	指数 1906=100	两矿合计	指数 1902=100
1912	5992	392.4	126215	1375	299652	2045	425867	4640
1913	7588	496.9	198988	2168	414000	2826	612988	6678
1914	—	—	122040	1329	322000	2198	444293	4840

注:1914年产量只统计到7月。

资料来源:1. 资本:见汪敬虞编:《中国近代工业史资料》第2辑上册,科学出版社1957年版,第37页。

2. 坊子矿:原据满铁关系会社:《山东矿业》第55册之二,第3号;《中国经济年鉴续编》(1935年)。

3. 淄川矿:据[日]山东铁道管理部:《淄川炭矿志》;浅田龟吉:《山东省矿业资料》。

2、3转引自:淄博矿务局、山东大学编:《淄博煤矿史》,山东人民出版社1989年版,第59页。

德国势力在山东无偿开发煤矿,而德华矿务公司的经营却不十分顺利。从1904年开始经营后的10年间,它的盈亏状况有如表67所载。

表67　德华矿务公司盈亏情况表

单位:马克

年份	盈利	亏损
1904	39032.12	
1905	34947.17	
1906	232680.83	
1907	308612.47	
1908	46086.85	
1909		443353.59
1910		599272.94

续表

年份	盈利	亏损
1911		963331.37
1912		1237111.23
1913	1147366.59	
合计	1808735.03	3243049.12

资料来源:日本山东铁道部管理部编:《淄川炭矿志》第1部第3章第2节,大正六年。

根据表67反映,从1904—1913年,德华矿务公司的盈利在180余万马克,而亏损却达320余万马克。造成亏损的原因,有说是矿务公司在矿上安装较多先进设备,进行机器生产,但缺乏熟练劳动力,不能发挥先进设备的作用,生产成本因之提高;而在省内市场则遇到了投资少、成效快的中国民营煤矿在价格上的顽强竞争,打不开省内城乡销路;另一方面也因胶济铁路煤炭运价规定过高,使矿务公司的煤炭运到青岛或转运到上海等较大的煤市,都因成本加重,不得不高价出售,无力与来自开滦的煤及日本煤相竞争,销路因之大减;兼以坊子煤矿几次发生生产事故,严重影响生产,遂使矿务公司经营出现亏蚀。然而煤炭是火车动力的来源,又是胶济铁路主要的货运品,在军事上还有供应德国船舰的任务,因此,德国的董事们决定于1913年年初将德华矿务公司全部资产并入德华山东铁路公司,换成铁路公司的股票。当年煤炭销售情况便有较大好转,煤矿盈利空前增多,竟是过去最高盈利年(即1907年)的3倍以上。①

① 参见王守中:《德国侵略山东史》,第233—236页。

(三)日、德资本对淄川、坊子煤矿攫夺的交替

1914年8月,第一次世界大战爆发,西方列强忙于厮杀,无力顾及远东,遂为日本帝国主义妄图独霸中国提供了绝好机会。日本借对德宣战为理由,悍然出兵山东,于11月上旬占领青岛,控制胶济铁路沿线据点,坊子、淄川煤矿遂易手为日本势力所统治。

日本在接办山东德管煤矿时,鉴于坊子煤矿生产不正常,本拟暂时闭歇;后因煤炭需求殷切,便将坊子矿区分为东西南北中五区,招日本私人资本家包工开采。年产量不高,约在10余万吨。① 至于淄川煤矿,由于蕴藏量丰富,而且质量优良,经日本海军专家试验,认为火力旺盛,蒸发力强,煤烟稀薄,甚至无烟,具有重要的军用价值,日本统治者遂将淄川煤矿交由军事机构直接采掘和管理。1915年3月宣布淄川煤矿归日本守备军铁道管理部统制。

日本接管淄川矿后,立即将停歇中的3个竖坑恢复生产。同时因煤炭需求量增长,又开凿几个无须大量投资,也不运用机械开发的小竖坑,以应军事急需。实则这是一种不计后果、单纯掠夺式的开采。1914年以后,淄川煤矿在日本势力控制下,执行粗放的经营方式,使产量频年提高(见表68)。

在日管时期,淄川矿所产煤炭总量中约40%供应军需,其余的都投放市场。据(日本)山东铁道管理部的调查统计,从1915—1921年,淄川矿每年都有相当大的盈利;盈利较大的年份如1916年和1920年,各在500余万日元;最低的是1919年,盈利也在62万日元;一般年份如1915年、1917年、1918年和1921年则在100余万到400余万日元之间。7年合计,盈利总额在2200余万日元,据说这还是一个被有意缩小了的数字。②

---

① 参见《第二次中国矿业纪要》(1918—1925年),第37页。

② 参见《淄博煤矿史》,第97页。

表 68 日管时期淄川煤矿产量统计

1914—1923 年 单位:吨

年份	产量	指数 1915=100
1914	17827	6. 8
1915	259611	100
1916	448368	172. 7
1917	457543	176. 2
1918	402814	155. 2
1919	468828	180. 6
1920	485989	187. 2
1921	574169	221. 2
1922	619550	238. 6
1923	200047	77. 1

注:1914 年系 8—12 月产量,1923 年系移交鲁大公司前的产量,均非全年产量数。
资料来源:转见《淄博煤矿史》,第 92 页。

1918 年,第一次世界大战结束。在巴黎和会上,日本无理要求继承德国在山东的权益,欧美列强袒护日本,压迫中国接受巴黎和约。消息传来,引起中国人民强烈反对。声势浩大的“五四”运动随之爆发。中国代表拒绝在凡尔赛和约上签字,山东问题遂成悬案。

3 年后,由美国发起在华盛顿召开的以协调海军军备和对华关系为主题,进行重新瓜分势力范围的国际会议(1921 年 11 月 12 日至 1922 年 2 月 6 日)。时任美国总统哈定及美国驻华公使舒尔曼向北京政府施加压力。① 于是在 1922 年 2 月 4 日,中日代表签

① 吴世湘编:《秘笈录存》,中国社会科学出版社 1984 年版,第 497 页;Foreign Relations of U. S. ,1922,第 1 卷,第 274—275 页。

署了《解决山东悬案条约》,其中第22条涉及山东矿山,称"淄川、坊子、金岭镇各矿山,前由中国以开采权许与德国者,应移归按照中国政府特许状所组织之公司接办。日本人在该公司之股本不得超过中国股本之数"。[1] 这就是说,对于德国霸占的淄川、坊子等矿,日本有投资这些矿山的特权。同年12月10日,中日双方签订了《山东悬案细目协定》,其内容更为具体。其中第8章规定:"按照中国政府特许状所组织之公司成立时,日本政府应将淄川、坊子及金岭镇各矿山及该矿山之附属财产移归该公司接办"(协定第22条);"前条所开之公司为中日合资公司,其资本由中日两国人各承受其半,公司增加资本时亦同"(第23条);"前条公司应付日本政府之偿价总额为日金五百万圆"(第24条)。综合这三条就是说,虽然作为欧战胜利国之一的中国,在理应收回山东矿权上还须将淄川、坊子等矿矿权的一半无偿地送与日本,而且还要向日本交上500万日圆作为"偿价"。这项协定竟完全抹煞了两矿在日本控制的10年期间无偿掠夺了至少在2200余万日元盈利这一事实。日本帝国主义的横暴和北洋政府的懦弱至此成了极其强烈的对照,而西方列强呶呶不休的所谓"信义"显得何等的苍白和虚伪。

(四)日资操纵的"中日合办鲁大公司"的产生和经营

1922年2月4日,《解决山东悬案条约》签订后,北洋政府一些卸任官僚对中日合办事业表现了格外的热情。1921年冬卸任的内阁总理、山东籍的靳云鹏,伙同潘复、吕海寰等政客官僚发起组织中日合办公司,取名"鲁大矿业股份有限公司"(以下简称"鲁

---

① 王铁崖:《中外旧约章汇编》第三册,第210—211页。

大”），确定资本为1000万元，分为20万股，中日各半，经营淄川、坊子、金岭镇各矿山及其附属事业。当年3月16日，经农商部特许。而日本一方于1923年5月7日在东京成立“山东矿业会社”，向日本国内、朝鲜和我国的东北、青岛各地日商中招集股金。日本的财阀如三井、三菱、住友及大仓、东亚、兴业等都成了山东矿业会社的主要股东。随之，山东矿业会社派代表来华同靳云鹏等谈判协商。1923年8月12日，筹划经年的鲁大公司在天津正式成立。

当鲁大公司尚处筹备阶段时，山东省议会在1923年4月对中日合办矿山公司的活动提出强烈反对。它要求将鲁大公司的华股收归省有。此项收归省有的运动从1924年4月发动，前后三次（第二次在1925年7月；第三次在1929年10月），历时6年之久，但都未成为事实。①

鲁大公司成立后，按照公司章程有关规定：公司设董事9人、监察2人，从董事中互选总理1人，协理2人，在董事中又推定专务董事2人。其人选按规定都是中日各半。在中日双方商议下，总公司设在青岛，另在天津设总理办事处。不言而喻，这样设置有利于日方力量的控制，而总理办事处的设立，不过为笼络中方的主要股东，后者大多是在天津作寓公的北洋政府退职官员，其中靳云鹏被推为公司总经理，王占元为中方协理。②

公司成立后，对坊子和淄川两矿维持原来的经营方针。坊子煤矿仍旧承包给私人采掘；公司以全力经营淄川煤矿。为追求增加产量，公司对已开凿但尚未投产的竖坑进行整修。在运销上得日本控制下的胶济铁路全力支持，使得淄川煤在上海煤炭市场占

① 有关鲁大公司华股收归省有的详细情况可参见徐梗生著：《中外合办煤铁矿业史话》，商务印书馆1947年版，第203—208页。

② 参见《淄博煤矿史》，第151—153页。

据了相当地位。公司利润随同各矿产量上升,销路顺畅,年复一年扩大。

表69 淄川煤矿产量与鲁大公司利润变化

1923—1930 年

年份	淄川煤矿产量(吨)	指数 1923年=100	利润额(银元)	
			盈	亏
1923	584310	100	180652	
1924	706959	120.9	223472	
1925	527168	90.2	140123	
1926	528745	90.5	314009	
1927	567361	97.1	241515	
1928	531622	90.9		388.454
1929	467318	79.9		488828
1930	360581	61.7		199997

资料来源:产量:参照《博山炭矿业概况》和《鲁大公司二十年史》第7章;利润:满铁关系会社:《山东矿业》,第55册之16,第3号。转引自:《淄博煤矿史》,第150页。

表69统计数字反映,从1928年到1930年,淄川矿产量出现缩减,公司遂呈亏蚀状态。这与当时山东省政局动荡密切相关,同时也另有其他原因。据当时了解内情的观察家分析,主要是淄川矿的销路遇到了来自日本方面人为的干扰。淄川煤矿的销售主要依靠上海市场。而鲁大公司日方资本集团中如三井、三菱等洋行在日本本国的煤矿产品,一向是以上海为最主要的销场。现在鲁大公司的淄川煤畅销上海,严重影响到日本输华煤炭在沪的销路。日方资本集团在权衡利弊后,便强制淄川减少产量,给日本输华煤炭让出上海的大部分市场,造成

了淄川销路受阻而陷于减产。在鲁大公司日本一方考虑,公司因减产出现亏蚀,势必要贷借日款维持,日方仍可从巨额利息中获得利益;而公司华方的主持人,原来只图分润,本未考虑民族利权之得失。更何况1927年国民革命军北伐成功后,公司的华股主要理事如靳云鹏、王占元等人都名列通缉,不敢出头。只因日本庇护,国民党政府虽然宣称靳、王在鲁大的股份为逆产,但也未敢轻易处置。在这种形势下,靳、王等对鲁大日方的举措惟有俯首依顺,犹恐不及,焉敢表示异议。鲁大的经营管理大权事实上早就完全操纵在日方之手。所以,鲁大公司在连续5年获取丰厚盈余之后,意外地继之以连年巨额亏蚀。这种大起大落的变化很难单纯地从公司的经营方面去分析,而要联系中、日两国经济关系变化上探求其更为内在的原因。这是半殖民地社会条件下的特殊状况,鲁大的亏蚀显然是政治和经济交错变化的综合结果。

四、英资福公司对焦作煤矿的侵夺

1896年,中日战争后的第二年,有意大利商人罗沙第(Commendatore Angelo Luzatti)以代理牧师身份来到北京,借口“调查战后情形”,到山西、河南一带进行探测矿藏活动。一年后,1897年3月,罗沙第在伦敦邀集英、意两国资本家合组一公司,取名福公司(The Peking Syndi Cate),在英国注册,集股本2万镑。作为股东之一的罗沙第摇身一变,便以福公司代表的名义,开始了在中国从事获取经济权益的种种活动。

(一)福公司对山西煤炭资源的窥伺和被迫撤退

罗沙第在福公司成立后又来到中国。经多方钻营和奔走,他与山西省巡抚胡聘之搭上关系。1898 年 5 月 21 日,由山西商务局代表曹中裕与福公司代表罗沙第在北京签立合同,即《山西商务局与福公司议定山西开矿制铁及转运各式矿产章程》,主要的内容有:

1. 山西商务局禀奉山西巡抚批准,专办盂县、平定州、潞安、泽州与平阳府属煤、铁以及他处煤油各矿,今将批准各事转请福公司办理,限 60 年为期(第 1 条)。

2. 山西商务局禀奉山西巡抚批准,自借洋债不得过 1000 万两。如所派勘矿师以此数不敷于用,仍专向福公司续借(第 2 条)。

3. 凡调度矿务与开采工程、用人、理财各事,由福公司总董经理,山西商务局总办会同办理(第 3 条)。各处矿产应用华洋董事各一人:洋董管工程,华董理交涉;银钱出入,洋董经理,华董稽核(第 4 条)。

4. 每年所有矿产按照出井之价,值百抽五,作为落地税,报效中国政府。每年结账盈余,先按用本,付官利 6 厘,再提公积 1 分,逐年还本,随本减息。一俟用本还清,公积即行停止。此外所余净利,提 25 分归中国国家,余归公司自行分给。如有亏折与中国国家无涉(第 6 条)。

5. 公司所开之矿,以 60 年为限,一经限满,公司所办各矿,无论新旧,不论盈亏如何,即以全矿机器及该矿所有料件并房产、基地、河桥、铁路凡系在该矿成本项下置办之业,全行报效中国国家,不求给价(第 9 条)。

6. 各矿遇有修路、造桥、开浚河港,或需添造分支铁道接至干路或何口以为转运该省煤铁与各种矿产出境者,均准福公司禀明山西巡抚,自备款项修理,不请公款。其支路应订章程届时另议。至正定至太原铁道,已由商务局另行借款修理,该路左右各 100 里内,福公司不得另造铁道以杜争端(第17条)。①

福公司在取得开采山西矿权后,便着手查勘地势。它注意到在利用近代机器开采矿山之前,必须先期解决矿产品的顺利外运。修筑铁路便成了先行解决的问题。根据上述章程第17条,英国公使萨道义(Satow,Ernest Mason)为福公司于1901年照会中国外务部,要求准予从山西矿山所在的泽州(今晋城,位于山西省东南端)修建一条铁路到襄阳(湖北北部,汉水经此注入长江)。英国资本主要考虑的是,泽州矿区距长江支流汉水边的襄阳仅240英里,而长江可以行驶载重2000余吨的轮船,这一流域一向是英国势力所企望控制的商业场所。② 但是,当福公司派人前往襄阳附近了解汉水情况时,发现汉水太浅,行驶长江的载重量较大的轮船不能在那里航行,只好放弃修建泽襄铁路,改为要求修建泽浦铁路,即从泽州起,经豫北怀庆(山西、河南交界的怀庆府今沁阳所在)到江苏南京对岸的浦口。当时清政府铁路总公司督办盛宣怀正以全力为建造南北干线芦汉铁路向国外贷款。而福公司要求修建的泽浦铁路一旦修通,必将夺去芦汉铁路自河北、河南到长江下游的运输业务③。因而坚决反对,拒绝福公司的要求,使之不能实现。

到了1905年7月,正太铁路通车,路过著名矿区平定、阳泉附近。福公司见有利可图,便不按原章程应先经山西巡抚批准购买

① 章程共20条,详见王铁崖编:《中外旧约章汇编》第1册,三联书店1957年版,第764—766页。

② 《昌言报》,上海商务印书馆代印,第3册,《山西矿务》,转见全汉升:《中国经济史论丛》第2册,第757页。

③ 参见"盛宣怀致外务部电"(光绪二十八年正月二十日),见宓汝成:《中国近代铁路史资料》第2册,第896页。

矿地的规定,径自到处插旗,声言开矿。福公司总工程师利德致函山西商务局,要求开办平定矿务,及封闭当地开办的土窑。殊不知山西山多田少,耕种常不足以自给,农民平日全恃土窑挖煤补助生计。因此禁止开窑消息传出后,群情随即汹汹,民气更见沸腾,迅即爆发了一场历时数年,愈来愈见波澜起伏的收回山西矿权的群众运动。在这种动荡的情况下,福公司在山西已无法修建运煤铁路,而群众运动的反抗程度日见严重。它不得不在严峻的情势下考虑:面临群众不卖矿地,不当矿工的客观条件下,公司根本无法开矿。于是它便改以讹诈手段,对准清政府及其所隶属的山西矿务局施加压力,以商谈"赎回"矿权为名,要求提供"赎款"。相持到 1908 年,终于由山西商务局和福公司在外务部参预下,于当年 1 月 20 日在北京订立《赎回开矿制铁转运合同》,迫使山西商务局付予福公司"赎款"行平化宝银 275 万两作为了结。① 于是福公司在山西便只有偃旗息鼓,改向其他省份钻营渗透机会。

(二)福公司对河南煤矿的掠夺性开发

福公司在侵夺山西煤矿的同时,也将侵略触角伸入与山西省相邻、地处我国中原的河南省。当时它利用买办刘鹗等施展活动,由后者贿买翰林院检讨吴式钊等人,虚拟"豫丰公司"名称,向河南巡抚刘树堂禀请向福公司借款办矿。事得刘树堂同意。吴式钊遂以"豫丰公司"名义,于光绪二十四年(1898 年)和福公司代理人罗沙第订立《河南开矿制铁以及转运各色矿产章程》20 条,其主要内容有:

1. 豫丰公司禀奉河南巡抚批准专办怀庆左右、黄河以北诸山

---

① 王铁崖:《中外旧约章汇编》第二册,第 466—467 页。

各矿，今将批准各事转呈福公司办理，限60年为期。（第1条）

2. 豫丰公司向福公司借1000万两。如所派勘矿师以此数不敷于用，仍专向福公司续借。（第2条）

3. 凡调度矿务与开采工程用人、理财各事，由福公司总董经理、豫丰公司总办会同办理。（第3条）

4. 各处矿产应用华洋董事各1人，洋董管工程，华董理交涉。银钱出入，洋董经理，华董稽核。（第4条）

5. 每年所有矿产按照出井之价，值百抽五作为落地税，报效中国国家。每年结账盈余先按用本，付官利6厘，再提公积1分，逐年还本，仍随本减息。俟用本还清，公积即行停止。此外所余净利，提25分归中国国家，余归福公司自行分给。再此系商人筹借开办矿务，如有亏损，与国家无涉。（第6条）

6. 福公司所开之矿以60年为限。如60年限满，所有福公司在成本项下置办之产业，全行报效中国国家，不求给价。（第9条）①

《河南矿务合同章程》订立后，福公司取得了采矿权。1907年，公司投资1300余万元②，开矿筑路。事实上福公司在未取得清政府发给的开矿凭单时，便在焦作煤矿（福公司称谓“哲美森厂”）开凿1、2、3号矿井，井深100—140米不等，井径为3.33米，井口安装有绞车、水泵、抽风机等机械设备。由于这一带地下属于岩溶大

① 《河南矿务合同章程》详细内容见王铁崖：《中外旧约章汇编》，第一册，第770—772页。

② 《北华捷报》1913年1月25日，第257页。另据有关史料称：在光绪二十八年（1902年），福公司就已开掘1、2、3号煤井，次年因大水停工。1905年续开4、5号井，到1908年，4、5两井出煤。见侯德封编：《第五次中国矿业纪要》（1932—1934年），1935年印行，第383页。

水矿区,地涌水量特大。为此,福公司将1、2号井定为出煤井,3号井定为排水井。1905年,续开4、5号井;1906年3月,4号井建成投产。最初日产煤炭量约500吨;同年开凿的5号井在4号井西北42米处,于1907年凿成投产,日产煤炭也约500吨,但是到1912年,4、5两号井均被地下水淹没报废。此外,建于1904年的6号井,1906年投产;建于1907年的7号井和1907年开凿的8号井,也均于1908年投产。这3口井日产煤炭500—800吨,后来也相继报废。① 这一时期福公司"哲美森厂"(焦作煤矿)已雇用矿工3000余名,年产煤炭、所获盈利和盈利率经统计见表70所列。

表70　福公司煤矿历年产量、盈利和盈利率统计表

1908—1912年

年份	产量(吨)	资本(千元)	盈利(千元)	盈利率(%)
1908	61094	13986	1614	11.54
1909	231631	13986	1282	9.17
1910	357205			
1911	417877	13986	1940	13.87
1912	549877	13986	286	2.06

资料来源:1. 各年产量:1908年系4个月产量数字,见《关册》,1909年,中文本,天津,第17页;1909年、1910年见《关册》1910年,中文本,天津,第27页;1911年、1912年见《关册》,1912年中文本,天津,第32页。均转见汪敬虞编:《中国近代工业史资料》,第91—92页,惟该第38页所列福公司产量数字与本表所列不同,恐系计算上疏忽。

2. 各年资本、盈利和盈利率见汪敬虞编:《中国近代工业史资料》,第383页。

① 焦作矿务局史志编纂委员会编:《焦作煤矿志》(1898—1985年),河南人民出版社1989年版,转见薛毅:《英国福公司在中国》,武汉大学出版社1992年版,第36—37页。

福公司煤矿由于使用近代机器采煤，效率较高，产量逐年增加。同时福公司重视交通运输，它的矿区在河南修武县焦作镇西北隅，距道清铁路之焦作车站较近，仅1.7公里，且有支路直达矿厂。而道清铁路为福公司所筑，自清化至道口，经平汉路之新乡站，专为运煤用。因此，凡行销河北省东部及天津一带的煤炭，都先运到道口镇，然后装驳船沿卫河而下，直达天津，在交通运输方面颇具优势。①

至于该矿所产煤炭的销售情况，据1909年的一项记载说：焦作煤矿在1908年2月底产煤总量在24000吨。在矿山附近出售的煤有3000余吨，半供当地商人，半供道清铁路。运往天津、北京、汉口及京汉铁路出售的，计在9000余吨。焦作煤斤在北京的售价，据称块煤每吨14元；而在井口，上等块煤每吨4.5两，屑煤每吨2两，粉煤1两。② 另据《东方杂志》1909年的"纪事"称：福公司所采之煤，每百斤成本为制钱80文，通过道清铁路运至集散地——道口，每百斤售价为130文；但当地土窑所采之煤，每百斤成本便需100文，辗转运至道口，每百斤需卖二百四五十文，才够成本。③ 因此，当福公司矿厂产量逐步增加时，当地的大批土窑则日益陷于倒闭的危机。但民窑是附近数十万农民赖以维生的衣食之源。福公司不考虑土窑的死活，一味加紧扼杀。结果它就不能不面对数万窑户的强烈反抗，福公司也便不能有一个比较稳定的生产环境。上述产量统计表反映：从1908年到1912年，福公司的产量虽见一定增加，但利润额却不见相应提高，1912年的利润反

① 参见胡荣铨：《中国煤矿》，商务印书馆1935年版，第330页。

② 东亚同文会支那经济调查部：《支那经济报告书》1909年第30期，第7—8页。

③ 《东方杂志》，第六年第9号"纪事"。

而降至28万元,这中间自然存在着各方面原因,而福公司与千百窑户的尖锐矛盾所产生的各种形式的抵制和反抗,肯定是其中重要因素之一。如果与同期外资在华煤矿如开滦、抚顺等所实现的利润或利润率作比较时,福公司的收益就难以与它们相提并论了。

1911年,豫北民族资本家和中小地主经营的民窑在福公司的压迫、倾轧下,为了生存,纷纷合并,组织起较为著名的中州、豫泰和明德三家及其他小型的煤矿公司,力图与福公司抗衡。辛亥革命后,它们在南京临时政府"振兴实业"政策的鼓励下,增强了发展图存的决心。这时中州等3公司的矿区面积也都有扩大。中州公司矿区从原来的870亩扩大为7.5平方公里,明德的矿区则从140亩扩大为2.5平方公里,豫泰的矿区也扩大到5平方公里,合计约在15平方公里。① 但中州等3公司这时在生产方法上仍未完全脱离传统的采煤技术。3家公司在产量和销场上虽都有所发展,但其规模不能不受到限制。

在日趋激烈的竞争中,福公司利用它所控制的道清铁路,禁运中州等3公司所产之煤炭,致使后者"存煤滞销",于是纠纷随之再起。时值1913年袁世凯登上大总统职位,英国代理公使朱尔典(John Newell Jordan)乘机向袁建议:"福公司开采矿山一案,可否照开滦办法,均沾利益。即将红黄两界一律并入,似于两国商民均有裨益。"②袁为讨好英国势力,遂表同意。他敕令河南都督张镇芳、民政长张凤台选派代表来北京,与福公司代表商谈解决问题。这次商谈还涉及合办问题。参与讨论的除河南省方、福方代表外,还有外交部和英国驻华公使代表。双方经3个多月40多次会谈,

---

① 参见薛毅:《英国福公司在中国》,第101—102页。

② 《胡石青(汝麟)王搏沙(敬芳)福公司交涉辩诉书》,存河南省档案馆福公司案卷,转见薛毅:《英国福公司在中国》,第104页。

于1914年3月7日达成协议，商定各民矿与福公司订立“分采合销合同”。同时由胡石青策划联合中州、豫泰、明德3个民矿公司于1914年组成中原公司，由胡石青任经理。中原公司共有矿区3处，即寿寺河村、桐树沟和老君庙，矿区面积扩大到59平方公里，与福公司仅差1平方公里。1915年6月，福、中两公司正式订立合同，于焦作成立总公司。袁世凯策立原河南都督张镇芳为福中总公司督办，袁克文为副督办。实际上所谓福中总公司不过是中、福两公司的专销机构①，它的主要职责是按比例销售中、福公司的煤炭，订立不同时期“售煤比例合同”，确立两公司的售煤比例。②

中原公司成立后，即以主要力量从事生产。它“以5井出水，22井出煤，每日平均约出煤1000吨有奇，雇用工人4000名”③。1916年，将旧有各场停工，仅余寺河一处④。1922年，中原公司在盘龙河附近开凿1、2号大井，1924年7月又开凿3、4号大井。1923年7月，1号井正式投产；同年12月，2号井投产；3、4号井也于1924年相继出煤，各井都用新法开采，生产进展比较顺利，煤炭产量逐年增加。

福公司在1908—1912年的生产情况已如前述。这家公司的生产设备则以提升、排水、通风三项最为主要。当时福公司焦作矿厂有蒸汽锅炉32座，大卷扬机4座，发电机8座，大水泵1座，选

---

① 徐梗生:《中外合办煤铁矿业史话》，商务印书馆1947年上海版，第109页。

② 《中国近代煤矿史》编写组:《中国近代煤矿史》，煤炭工业出版社1990年版，第105页。

③ 曹世禄、王景尊编:《河南矿业史》，转见薛毅:《英国福公司在中国》，第111页。

④ 侯德封编:《第五次中国矿业纪要》(1932—1934年)，第383页。

煤机1部,修理厂1所,设备相当完善。① 1913年,福公司开24号井,同时将被淹各井进行抽水恢复。1915年,福中公司成立后,1920年,开李封大井,1925年,开王封大井。李封、王封二矿厂各有锅炉10余座,卷扬机2部,修理厂1所。总计福公司所属各矿共有大小水泵30余座,每小时可排水90余万吨。② 从1915年以后,生产步入正常,产量稳步上升。历年来福公司焦作煤矿及中原公司的产量有如表71所载。

表71　福公司、中原公司历年煤炭产量统计表

1912—1927年

单位:吨

年份	福公司	中原公司
1913	421803	—
1914	252767	—
1915	425942	—
1916	449242	416627
1917	506087	340385
1918	627927	431635
1919	494742	832762
1920	561834	734895
1921	648716	245290
1922	505109	391847
1923	694143	568404
1924	670835	949339
1925	338877	564200
1926	116673	54000

① 均见胡荣铨:《中国煤矿》,第332页。
② 均见胡荣铨:《中国煤矿》,第332页。

续表

年份	福公司	中原公司
1927	—	83000

资料来源:据侯德封编:《第五次中国矿业纪要》,第47表。

在销售市场方面,福公司的市场已如本文前面所述,20余年来它的销量随产量发展有所增加,但缺乏对新市场的开拓。1925年五卅运动怒潮波及南北各省,福公司产销因之大幅度下降,1927年以后,更因全矿罢工,长期陷于停工状态。而中原公司向在新乡、道口、郑州、开封、郾城各处设有分销处从事销售。在1925年以前,年销6万—7万吨。1926年后,内战频仍,干戈时起,河南处四战之地,每一次战役发生,立即影响车辆供应,矿山销路随之阻绝。1927年产量只有83000吨,销量也只售出15万吨,产销均陷于不正常状态。

五、日资借“中日合办”形式对辽宁鞍山铁矿的垄断

鞍山位于辽宁省南部,地处今辽阳市、海城市之间,历史上是我国东北南部重要的交通枢纽。这里素以蕴藏铁矿资源著名。20世纪初,东北矿政局的一个主要官员曾向日本商人透露:“从鞍山站九张岭和海城县到辽阳县、凤凰县(今凤城县)一带有铁矿脉,如果加以经营,则不次于〔湖北省〕大冶的大铁矿。”①另据我国农商部在1916年的有关批示中称:鞍山铁矿矿区包括东西鞍山、王家堡、樱桃园、对面山、铁石山、关门山、小岭子等8处,分隶辽阳、海城两县。1921年又增加大孤山、小旦山、白家堡子3处,共11

① 解学诗主编:《满铁史资料》第4卷第3分册,中华书局1987年版,第944页。

区,凡23方里。其藏量含贫矿计凡4万万吨,……铁藏量富但质贫;4万万吨铁藏中,含铁50%—60%的富矿仅十余万吨,余皆含铁35%之贫矿①。东北地区富饶的铁矿资源在晚清末年曾是帝俄和日本帝国主义所垂涎和攫夺的对象。

1905年,日俄战争后,日本从帝俄手中夺取了从长春到旅大之间的南满铁路和旅大租借地。嗣后日本政府直接控制的南满洲铁道株式会社(简称满铁)于1906年8月成立。这是以经济侵略为主的日本在我国东北进行掠夺的主要殖民机构。

满铁历来把攫取鞍山铁矿和经营鞍山制铁所视为重要事业之一。1909年,它开始对鞍山一带进行铁矿的勘查。据1916年的调查报告称:它搜集到从鞍山站到千山山脉以北九张岭之间露出的矿石,经关东都督府中央试验所化验,含铁量在86.74%,其质量优于当时著名的本溪湖铁矿。②

满铁在全力进行铁矿勘测的同时,又密切窥测我国社会政治、特别是东北情势的变化。在1911年4月至1912年11月,赵尔巽任奉天都督期间,满铁认为当地"官界排日气焰很高",对中国权益蚕食不宜于急切进行。及至1912年12月,原直隶总督张锡銮调任奉天都督,次年2月兼吉林都督。政治敏感性很强的日本驻奉天总领事落合谦太郎注意到张锡銮"极力主张中日友好,官界的亲日势力也似乎日趋得势"③。同时在北京方面据日前〔日本公使〕伊集院所了解到的情况说:"袁大总统等对日中双方共同有利

---

① 徐梗生:《中外合办煤铁矿业史话》,第228页。

② 《市原源次郎向满铁提交的谋取鞍山铁矿开采权活动始末说明书》,1916年,转见《满铁史资料》第4卷第3分册,第944—945页。

③ 《日本驻奉天总领事落合谦太郎致外务大臣加藤高明函》,1913年12月12日,转见《满铁史咨料》第4卷第3分册,页951页。

的实业也很愿意协商。”①据此，满铁会社遂请求日本驻奉总领事对开采铁矿事进行商洽。总领事落合谦太郎便在1913年2月7日会见张锡銮，采取由虚而实，试探性地向张提出：“日中两国在满洲进行合作”，“具体办法就是依靠日本方面的力量，或者由日中两国人合办，经营有实利的事业，这不仅对日本方面有利，而且对开发中国的富源也颇为有利”。当张锡銮对此表示同意后，日领便进一步提出：“此次南满洲铁道会社发现了在辽阳海城间铁路沿线附近各处藏有铁矿，如果中国方面同意，最好交给满铁开采；如果办不到，能够同意满铁和中国的资本家合办开采，对双方都会有很大好处。”面对落合谦太郎貌似谦恭态度，张锡銮表示赞成，并指出此事除都督外，还“必须呈请北京国务院批准”，而在省内“还要报告省议会，……如省议会完全同意，就再没有必要同其他方面交涉”。② 日本势力为了更稳妥地取得铁矿开采权，又主动地拉拢掌握奉天军权的陆军第27师师长张作霖，企望取得帮助。对此，张作霖的反应也十分积极，甚至向满铁献策：“现在是筹划矿业的最好时机”，在进行的方法上，他建议：“在现在办理这种事业，如由总领事公开向都督提出，或者作为南满铁道会社的事业，恐怕都会引起民间的非议。但如果作为适当的日本人个人事业，策划中日合办而着手进行，省议会也不一定特别反对。”③张作霖的建议和满铁谈得十分投机；而且他还自我表态：“为了使这些事业能够办成，本人也不惜给予

① 《日本驻奉天总领事落合谦太郎致外务大臣加藤高明函》1913年12月12日，转见《满铁史咨料》第4卷第3分册，第951页。

② 《满铁史资料》第4卷第3分册，第951页。

③ 《日驻奉天总领事落合谦太郎致外务大臣牧野伸显函》，1913年9月4日，日本外务省档案，转见《满铁史资料》第4卷第3分册，第954页。

相当的协助。”①这无异为满铁划策,以“中日合办”名义绕过可能来自省议会和其他方面(如商会)的反对。

进入1915年1月,日本帝国主义乘袁世凯梦想复辟帝制的时机,向袁政府提出狠毒的“二十一条”。该条约共分五号,其中第2号有7条包括“中国允将在南满东蒙各矿开采权许与日本”的内容②。“二十一条”虽由于全国人民激烈而坚决反抗,迫使袁政府宣布无效,但仍有大量经济权益为日本侵略者巧取豪夺,鞍山铁矿即为其中之一。

这时满铁仍继续向各方摸底,窥测形势变化,并决定申请成立中日合办振兴公司,经营鞍山一带铁矿。

同年3月,北洋政府撤销设在各地的矿务监督署,各省矿务改由各省财政厅兼管。此项变动对满铁图谋窃取鞍山铁矿有较大的方便。到8月,亲日派皖系军阀段芝贵督理奉天军务兼奉天巡按使,满铁日方代表镰田弥助乘段举行的午餐会上面请段芝贵对合办振兴公司事“特别关照”;随后日本驻奉天总领事也从旁协助,请段“尽速予以许可”,博得了段的“慨然承诺”,表示“可速令张财政厅长详加调查,进行处理”。③ 1916—1917年,段芝贵调京畿警备司令、陆军总长,张作霖继任奉天将军兼奉天巡按使。与满铁早

---

① 《日驻奉天总领事落合谦太郎致外务大臣牧野伸显函》,1913年9月4日,日本外务省档案,转见《满铁史资料》第4卷第3分册,第954页。

② 《中国外交部致特派奉天交涉员密函》,1915年5月13日,见辽宁省档案馆藏档,第4290号,转见解学诗、张克良编:《鞍钢史(1909—1948年》,冶金工业出版社1984年版,第33页。

③ 《日本驻奉代总领事致外务大臣函》,1915年12月10日,吉林省社会科学院存抄件,转见《鞍钢史(1909—1948年)》,第39页。

有瓜葛的张作霖选用与日本侵略者勾结很深的民族败类于冲汉①为奉天省公署高等顾问，以便于他奔走于奉天军阀（张作霖）、奉天财政厅、北京农商部矿政司司长（张轶欧）、农商部总长（周自齐）等人之间，肆其如簧之舌，随机应对，为满铁窃取鞍山铁矿效命②。于冲汉利用一切机会为满铁向清政府及奉天省的权势者不断进行贿赂。终于到了1916年3月，在奉天订立了以镰田弥助代表日方、于冲汉代表中方，订立了“中日合办辽阳海城县下鞍山站一带铁矿合同，所设公司定名为“中日合办振兴铁矿无限公司”③，并于1917年取得“农商部发给采矿执照”④。在公司设立时，创办资本仅有日金14万元，规定“由中日两国商人各募集一半”⑤。实际上公司的创办资金是由满铁会社全部出资，形式上则采取订立“兴业资金借贷合同”，由满铁分别向中日商人于冲汉和镰田弥助

---

① 根据史料记载：于冲汉1871年生于辽宁本溪，是晚清秀才，曾任直隶提督衙门文案和候补知县。1897年去日本，在东京外国语学校任教。1904年日俄战争中在日军满洲军总司令部任职，从事高等翻译、汉文文牍、交涉和特务工作。日俄战后，因日军“推荐”，被任命为辽阳交涉局长。后又任长春道台衙门帮办，奉天交涉司随办、辽阳州知州等职。辛亥革命后调任外交部奉天交涉员，及与27师师长张作霖结识后，被聘为该师顾问。他参与满铁一手设立的中日合办振兴铁矿公司，被安置为中方代表，积极参与窃取鞍山铁矿权益的全部过程，是一个十足的民族败类。参见《鞍钢史（1909—1948年）》，第40页。

② 详见“于冲汉日记摘抄”，1916年2月10日—3月15日，3月16日—5月30日；转见《满铁史资料》第4卷第3分册，第983—988、991—994页。

③ 《满铁史资料》第4卷第3分册，第995、998页。

④ 《满铁史资料》第4卷第3分册，第995、998页。

⑤ 《满铁史资料》第4卷第3分册，第1008页。

各贷款7万日元①,实际上此项“贷款”即是振兴公司的资本金。后来又经几次追加,到1924年10月订定贷款以增加到600万日元为限,并规定:“在本合同期限内,〔振兴〕公司所开采之铁矿、石灰石等一切矿石,均归〔南满洲铁道株式〕会社收购。”②

振兴公司辖有采矿总局,初设于千山。1918年8月迁至鞍山。该总局和振兴公司实为一体,照鞍山制铁所的说法就是“采矿总局的工作人员对外是振兴公司的工作人员,对内则是满铁的社员”③。日本侵略者在得意之余也表示:“振兴公司创立以来,资金、经营及人事等完全处在满铁控制之下,它与满铁简直可以说是异名同体。”④这个绝妙的自我画供再次证明了借“合办”之名,行垄断独占之实,历来是外国侵略者对经济落后国家得心应手的伎俩;所谓“振兴公司”不过是日本侵略者小施侵吞末技而已!

1917年振兴公司开场,次年鞍山制铁所成立。无论是振兴公司或鞍山制铁所都得到张作霖的庇护和于冲汉的效劳。公司和制铁所各在辽阳和鞍山强购大量民地,仅辽阳一县,振兴公司在1917、1918年两年购占民地达22028亩零7厘⑤,当地人民被迫丧失了衣食之源,群起抗争,屡遭迫害。

---

① 于冲汉向满铁所交资本7万日元时曾出具借款证书:“今借到日金7万元整,利息及偿还期限另行决定。此款事实为向鞍山铁矿振兴无限公司出资。恐后无凭,特立借用证一纸为证。此致

南满洲铁道株式会社。

大正六年九月十五日于冲汉”

见《满铁史资料》第4卷第3分册,第1006页。

② 《满铁史资料》第4卷第3分册,第1008页。

③ 《满铁史资料》第4卷第3分册,第1009页。

④ 《满铁史资料》第4卷第3分册,第1005页。

⑤ 《满铁史资料》第4卷第3分册,第1095页。

满铁控制的振兴公司在鞍山攫取矿区共有 11 处，它们分布在以鞍山市区为零心的、半径为 16 公里的半圆形范围内。矿区的总面积共约 1300 多万平方米。① 在 11 处矿区中主要的如东、西鞍山矿区距南满铁路较近，交通便利，在 1916 年便曾作试验性发掘，1918 年 7 月正式开采。东鞍山矿区长 2500 米，西鞍山矿区长 3500 米，矿石大部分是赤铁矿，磁铁矿很少。樱桃园矿包括两个矿区，即樱桃矿区和王家堡子矿区。它们是鞍山 11 个矿区中最北部的两个矿区，距市区 12 公里。它们在 1918 年和 1919 年开采，主要是富矿。到 1929 年止，这两矿区共采富矿 80 万吨；两矿的贫矿藏量也较丰富，仅王家堡子一个矿床水平线以上的藏量即达 8000 万吨。大孤山矿区大规模开采较晚，1921 年 5 月，满铁曾邀请美国科技专家对鞍山铁矿、抚顺煤矿进行调查研究，据其报告称：东、西鞍山铁矿石几乎无磁性，而樱桃园、大孤山的矿石较佳，特别是大孤山大部分矿藏是磁铁矿，易于处理。及至 1921 年 8 月，日本技术专家梅根常三郎等在解决贫矿处理办法上获得成功。以提供贫矿为主的大孤山矿区便增长了开采的意义。据 1920—1921 年调查，该矿区的藏量达 1 亿多吨，以每年开采 20 万吨计算，可连续开采 120 年②。

鞍山铁矿自 1918 年 7 月正式投入开采后，各矿区矿石采掘量如表 72 统计所列：

---

① 详见《鞍钢史（1909—1948 年）》，第 132—133 页。

② 详见《鞍钢史（1909—1948 年）》，第 133—134 页。

表 72　振兴公司铁矿石产量统计表

1918—1927 年　　单位:万吨

年份	富矿	贫矿	合计
1918	2.31	6.51 *	8.83
1919	5.21	11.50 *	16.71
1920	12.23	2.86	15.10
1921	13.66	1.95	15.61
1922	12.21	1.85	14.06
1923	16.45	2.36	18.82
1924	13.55	1.95	15.51
1925	13.37	0.22	13.60
1926	11.44	37.72	49.16
1927	9.65	49.80	59.45

原注:* 中等矿

注:本表所列各年矿石产量,因各种原始资料统计数字有出入,本表产量数字与《满铁史资料》第 1194 页,在个别年份稍有不同。

资料来源:1. 1918—1919 年见满铁经济调查:《满洲的矿业》,第 51—52 页;
2. 1920—1927 年见《满铁三十年略史》,第 439—440 页,转见《鞍钢史(1909—1948 年)》,第 139 页。

表 72 统计说明,振兴公司开采铁矿石的产量从总体上看,频年上升,势头强劲。自 1918 年发掘到 1925 年,8 年间产量增长幅度浮动在年产 10 万吨到 18 万吨之间,主要的来源出自对富矿的开采;1921 年后,公司在处理贫矿的技术上有重要的突破,遂使全矿在 1925—1927 年的生产速度又有显著的提高。但富矿经连年掠夺性采掘后,产量难以为继,不能不有所下降。因此,公司大幅度增长的铁矿石绝大多数来自贫矿的提供,主要依靠对大孤山矿区的开采。该矿区在 1926 年到 1928 年年产量被提高到 50 万—92 万吨之间,居各矿区产量之首。历年各矿所产铁矿石,在销货

册上，虽也作“售卖”形式的记载，但主要是供应鞍山制铁所，占年产量的70%至100%，犹恐不足，所以鞍山铁矿不需另辟销场。见表73。

表73　振兴公司铁矿石产量与鞍山制铁所需要量

1918—1928年　　单位:万吨

年份	矿石产量	供应制铁所矿石量	占公司产量%
1918	8.83	2.29	25.9
1919	16.55	6.38	38.5
1920	15.10	11.19	11.9
1921	15.94	10.60	66.5
1922	13.98	12.52	89.5
1923	18.82	15.81	84.0
1924	15.49	20.12	129.9
1925	15.59	14.88	95.4
1926	49.16	42.96	87.4
1927	64.15	57.91	90.3
1928	57.35	57.37	100.0

原编者注:各年矿石产量，各种原始资料数字略有出入。

资料来源:《振兴公司交涉纪要》，第301页，转见《满铁史资料》第4卷第3分册。

值得注意的是，自鞍山铁矿1918年投产以后，次年它的产量便超过比它先7年开采的本溪湖铁矿。这两大铁矿乃是东北地区铁矿石产量的主要构成者。到1928年，这两铁矿的年产量都不断增长，而鞍山铁矿的增长率显然在本溪湖之上。如果从全国范围观察时，东北地区与关内各省铁矿石产量在1918—1928年10年间都不断发生升降的变化。不过，从统计数字上看，在1918—1922年的5年中，关内各省铁矿石的年产量原在东北地区5倍左右;不料过了3年,到1925年,关内铁矿石产量与东北地区相较便从原来的5倍降落为4倍;又两年,关内各省铁矿石产量便只能勉强维持在东北地区的1倍左右了。① 这种剧烈的升沉变化有力地说明了东北铁矿石年产量在大踏步地发展,以致它在全国的地位年复一年地上升。但是,极端严峻的事实是,不论关内各省和东北地区生产的铁矿石,在当时几乎全部地控制在日本侵略者的手中。试看经过专家细致研究和计算的下列统计(表74)便是这一痛心现象极其有力的反映。

人所共知,日本是一个自然资源、特别是铁矿石资源极其贫乏的国家。可是从明治维新以后,日本又成为一个资本帝国主义国家,野心勃勃,侵略成性,对相邻国家不断进行掠夺。甲午战后,它更是虎视鹰瞵,对中国丰富的铁矿资源,早已垂涎欲滴,恨不得一朝囊括,据为己有。

20世纪揭幕以来20余年间,日本侵略势力变本加厉,不惜运用硬软兼施伎俩,进行掠夺。于是我国东北地区的庙儿沟、弓长岭、鞍山等铁矿,经抢夺和霸占,先后落入日本侵略者之手;长城以内,日本势力或以贷款诱惑,或运用租赁方式,次第操纵了长江流域的大冶、当涂、桃冲各铁矿。第一次世界大战后,在华盛顿会议期间(1921—1922年),日本又得美、英列强偏袒,强使曾为德国侵占的山东金领镇铁矿以中日"合办"方式,为日本掠夺开方便之门。不但止此,华盛顿会议之后,日本侵略者还不断向江苏凤凰山和直隶省铁矿伸手②。日本所进行的这一切侵略行止,集中起来就是我们在表74所列出的日本占有全中国铁矿石产量99%的具

① 参见《满铁史资料》第1卷第3分册,第1192页。

② 本段所述各铁矿情况,参阅:K. L. Hsueh, E. M., S. M.:The Iron and Steel Industry in China, Chinese Economic Journal,第2卷,1928,第9—10页。

体内容,所有这99%被开发出来的中国铁矿石资源,几乎全部地输往日本。日本侵略者对中国铁矿资源的掠夺已经达到无所不用其极了。

表74　日本帝国主义对中国铁矿生产的垄断势力

1912—1927年　　单位:万吨

年份	全国总产量	日本帝国主义控制下					
		合计	占全国总产量%	参加投资	占全国总产量%	贷款	占全国总产量%
1912	22.1	22.1	100	—	—	22.1	100
1913	45.97	45.97	100	—	—	45.9	100
1914	50.5	50.5	100	—	—	50.5	100
1915	59.5	59.5	100	5.1	8.6	54.4	91.4
1916	62.9	62.9	100	7.1	11.4	55.7	88.6
1917	63.9	63.9	100	9.8	15.3	54.1	84.7
1918	99.9	99.9	100	19.2	19.3	80.6	80.7
1919	134.9	134.9	100	44.3	32.8	90.7	67.2
1920	133.6	133.6	100	35.9	26.9	97.6	73.1
1921	100.9	100.9	100	29.4	29.2	71.5	70.8
1922	85.9	85.9	100	16.5	19.3	69.3	80.7
1923	124.3	124.3	100	23.1	18.6	101.2	81.4
1924	126.5	126.5	100	22.0	17.4	104.6	82.6
1925	101.9	101.9	100	20.3	20.0	81.5	80.0
1926	103.3	102.3	99.0	56.5	54.8	45.7	44.2
1927	118.1	117.2	99.3	63.1	53.4	54.2	45.9

资料来源:1912—1917年,见《中国铁矿志》1918—1927年,《第五次中国矿业纪要》,转引自《中国近代经济史统计资料选辑》,第129页。

第三节　外国在华铁路权益的扩张

铁路这一工业革命的产物,被称为"历史上最具革命性的工具"。① 在帝国主义者眼里,铁路则是对外实施"征服"的一种手段。早在19世纪60年代末,英国外相史丹雷(Lord Stanley)就考虑到要对中国施行这一手段;如,他在一份文件上批道:"关于我们开发东方帝国的政策,以新辟的道路和交通来代替旧时的战争和吞并领土的政策,成为我国越来越明显的真正政策。"②随着时势的推移,到19世纪末,中国以在甲午战争中遭到惨败处于危殆至极困境,帝国主义列强乘机妄图瓜分中国——所谓要"根本解决"中国问题,更把在华设置铁路作为"和平征服"中国的要着。它们之间的剧烈争夺在展开所谓路权"掠夺战"中,各从中国攫夺了一系列建筑铁路的权益。尔后30余年间,帝国主义各国虽有盛有衰,列强内部关系出现一系列的变化,但作为推行强权政治的一方,其攫取中国路权的行径,则始终未曾消失。

一、帝国主义列强对建筑中国铁路权益的争夺

(一)欧洲四国对中国路权的争夺

欧洲列强参与"掠夺"中国路权的主要是俄、法、德、英四国。③

---

① Max Weber:General Economic:History,1950,p. 297.

② 英国外交部档案,第17组,第471卷,史丹雷1866年7月25日批语;转引自伯尔考维茨著,江载华、陈衍等译:《中国通与英国外交部》,第143—144页。

③ 此外尚有比利时,但它是以向清政府提供贷款修路为主,详细情形在本书第三篇第三章第一节中叙述,此处不专门论列。

1. 俄国

俄国在越乌拉尔山东向拓殖的过程中，亟谋在东方找一出海港口。长时期中，俄国一直不断地蚕食着中国北部边陲的领土。从1890年前后起的四分之一世纪里，随着岁月的推移，形势的演变，更是野心毕露，企图把与中国接壤的南边界线，置于“从〔新疆西边的〕腾格里峰到〔俄国的〕海参崴画一直线”之上。也就是说，把中国的新疆、蒙古的北部和东北的绝大部分统统变成“俄罗斯帝国的组成部分”。① 为了要实现这一目标，它把铁路当做一种最有力的工具。它蓄谋以其境内的西伯利亚铁路为主干，分四五支南下，伸入中国境内，以逞其“和平征服”的野心。

当甲午战争爆发时，俄国的西伯利亚铁路已经修到贝加尔湖近旁，为了谋使中国东北地区首先“黄俄罗斯化”，沙皇政府决定斜穿这个地区向东延展。作此抉择，它认为不仅地形有利，可以大大缩短线路，更重要的是无论在政治、经济和军事上，都具有重大的意义。当年沙皇政府权臣、财政大臣维特（С. Ю. Витте）坦率承认这一点。他说，建成此路，将“使俄国能在任何时间内，在最短的路线上，把自己的军事力量运到海参崴及集中于满洲、黄海海岸和离中国首都的近距离处”，从而“大大增加俄国在中国，乃至在远东的威信和影响”。又说：这样一条线路具有巨大的经济意义：“一方面，对俄国港口的联结；另一方面，面对西伯利亚和欧俄的联结，会提供非常有利于俄国商业的条件”。“海参崴会成为满洲大部分地区的主要港口”；而且，从上海到欧洲，若经过苏伊士运河，要45天的行程，如果通过这一线路，预计可以缩短到18天至20天。此线路必将使欧洲、东亚之间的交通发生巨大的变化，而

① 库罗巴特金致尼古拉二世奏折，1916年；《红档》（Красный Архив）第34期，第74页。

且必将是起有利于俄国的变化,有利于俄国参与太平洋上正在迅速展开的经济斗争,使它“能够控制太平洋上一切国际商业活动”。①

沙皇政府计议既定,当甲午战争一结束,于1896年秋,它自称在中日战争时对日干涉使之交还辽东有功,谋求酬报,提出了所谓“借地筑路”的要求。与此同时,它派出勘路队四起,私自擅入东北内地查勘。接着,俄国驻华公使喀西尼(А. П. Кассини)向总理衙门以递“说帖”的方式,提出铁路由俄国设一公司来承造;并威胁说,中国如不应允,是“不顾邦交”,俄国将“与日本联络,另筹办法”。1897年,尼古拉二世加冕,沙皇政府示意清政府派李鸿章作为特使前往俄国。李鸿章一到彼得堡,维特亲自和他秘密交涉,吹嘘俄在中日战争时“帮了中国不少的忙”;“我们必须要有一个在紧张情况下能给中国以军事援助的地位”,而坚持要求由一家俄国公司承办东省铁路。② 维特同时向沙皇请准拨款300万卢布,“作为使事业进行方便”的经费。李鸿章在维特的诱骗摆布下,终于在该年夏和他达成秘密协议,用中俄结成军事同盟对付日本做幌子,应允俄国以华俄道胜银行的名义另组公司,建筑一条从西伯利亚铁路通过中国领土到海参崴的东省铁路,即后来习称的中东铁路。

维特同李鸿章的秘密谈判,不只涉及横贯中国东北北部的东省铁路,并且包括从这条干线往南另修直贯东北南部到达“黄海

---

① 维特节略,1896年4月12日,《红档》第52卷。罗曼诺夫著,民耿译:《帝俄侵略满洲史》,第44—47页。

② Yarmocinsky:The Memories of Count Witte,第76—77页;李鸿章致总署电,光绪二十二年三月二十四日,王彦威辑:《清季外交史料》第120卷,第21—22页。

岸上的某一海港”的铁路。① 1898 年 3—5 月间，中俄间在所签订的《旅大租地条约》、《续订旅大租地条约》里，除了迫使中国出让其他权益外，又允许东省铁路公司“由该干路某一站起至大连湾”，或“由该干路至辽东半岛营口、鸭绿江中间沿海较便地方，筑一枝路”②，取名为“东省铁路南满洲枝路”。此外，俄国还压迫清朝政府承允：“此枝路经过地方，不将铁路利益给与别国人”。

维特在同李鸿章进行秘密谈判前不久，于该年 4 月所拟的一件《节略》中写道：“对于由北京向北设计的路线不致落在我们竞争者手中的关心是非常有意义的。”旋即制定从西伯利亚铁路某站南下修建一条枝路，越入中国境内直到甘肃兰州的方案。1899 年初，俄国先后由驻华公使格尔思（М. Н. Гирс）和华俄道胜银行代表，以建筑南满枝路的支路的名义，要求清政府让与从沈阳以北某地修造一条铁路直达北京；经过几番交涉，于同年 6 月 1 日终于迫使清政府以互换照会方式，作出承诺，即“将来如添造铁路由北京向北或向东北俄界方向，除用中国款项及华员自行造路不计外，设或有托他国商办造路之意，必应将此意先与俄政府或公司商议承造，而断不允他国或他国公司承造之”。③

1900—1901 年之际，中俄间为解决俄军从东北地区撤出的问题，俄国提出的条件之一是中国必须与东北“连界各处，如满、蒙

① 罗曼诺夫：《帝俄侵略满洲史》，第 10 页。

② 这个“枝路”，事实上也是一条干线，别有“支路”或“支线”，则系附属于一条干线的一段较短的线路。本节及第二篇第三章“枝路”、“支路”并用，但有此区别。

③ 《北京以北建造铁路来往照会》，王铁崖编：《中外旧约章汇编》第一册，第 908 页。

及新疆等处矿路及他项利益,非俄允许,中国不得自造铁路”①;接着,它玩弄花招,作了一些修改,把“非俄允许,中国不得自造”和“让〔予〕他国或他国人”建造铁路的地区中原“满、蒙及新疆”改成“在满洲全境内”;把从东北造一铁路“直达北京”改成“至直隶、满洲交界处之长城为止”。②

俄国在与日交战(1904—1905 年)失败后,一时在东北北部的活动稍有收敛,待与日本签订了几次密约,又力谋卷土重来,增强它在所谓“北满”的存在。1914 年,俄国驻华公使库达摄夫(Н. А. Кудащев)向北洋政府外交部面递节略,要求将俄境铁路展至黑河,再分别一至哈尔滨,一至齐齐哈尔建筑两条铁路;到 1916 年 3 月,终以由它拨付一笔垫款,取得了贷款修建从哈尔滨至黑河的滨黑铁路的权益。而于此之前,俄国迫使北洋政府在 1915 年 11 月 6 日达成的关于呼伦贝尔条约中,又确认在这个地区里日后若敷设铁路,俄国享有优先投资的权益。③

此外,当辛亥革命发生,俄国认为有机可乘,加紧活动企图肢解中国,在其驻库伦领事导演下,由外蒙古封建领主中一些民族分裂分子,于 1911 年年底宣布成立所谓“大蒙古国”。当其倒台前夕,沙皇政府于 1914 年 8 月 11 日与之签订密约,以“担保”、“襄助”、“共同修建”的措辞,自认为取得了建筑下述三条铁路线路的权益,即:(1)从恰克图经库伦到张家口;(2)从俄境孟得(贝加尔附近西南处)到乌里雅苏台,再南下甘肃;(3)由唐努乌梁海入科

① 《电庆邸、李相,光绪二十六年十二月三十日》;杨儒辑:《中俄会商交收东三省电报汇钞》,第 28—29 页。

② 《致西安行在军机处电,光绪二十七年正月二十九日》,张之洞:《张文襄公电稿》第 45 卷,第 11 页。

③ 王铁崖编:《中外旧约章汇编》第二册,第 1125 页。

布多,横贯新疆。① 这个密约的签订,连在它卵翼下的那些民族分裂分子当局,也“实非本愿,”②更从来没有取得中国政府的同意;而只表明俄国实有的猖獗野心。

2. 法国

法国从侵占了中南半岛对越南等国实施殖民统治时起,力谋向北扩张至中国境内,和俄国一样,以干涉日本还辽有功自居,迫使清政府于1895年6月同意越南现有或计划中的法国铁路,“由两国酌商妥订办法,接至中国界内”③。两个月后,又进一步具体要求中国允许法商费务林公司修建从越南谅山经同登到龙州的铁路。当清政府深感为难之际,其驻华公使施阿兰(A. Gérard)在该国炮舰游弋中国海面的同时加强外交压力,终于在1897年年初,在“酌用法国工料”的饰词下,迫使清政府让与法国享有从越南修建铁路到广西龙州的特权。法国此着得逞,立即将“接”字偷换为“接长”,说什么中国界内铁路可由越南接长,不但接到龙州,而且百色也“在计划中”。④ 清政府再一次屈从其意旨,于1897年6月12日以互换照会的方式,满足法国的要求,进一步规定费务林公司在筑竣龙州铁路后,还可以把铁路“接造往南宁、百色”。

1898年年底,在德租胶澳、俄租旅大之后,法国借口要求“均

---

① 都护使驻扎库伦办事大臣陈毅致大总统、国务院、边防处等电,1919年9月16日,北洋政府档案,中国第二历史档案馆藏。另,宓汝成:《帝国主义与中国铁路》中第232页注作“陈毅后改名陈仪”,误,实系两人。附作更正。

② 都护使驻扎库伦办事大臣陈毅致大总统、国务院、边防处等电,1919年9月16日,北洋政府档案,中国第二历史档案馆藏。

③ 王铁崖编:《中外旧约章汇编》第一册,第623页。

④ 总署奏折,光绪二十二年二月初七日,《清季外交史料》第120卷,第12页。

势”,训令施阿兰向清政府提出云南、广东、广西不得让与他国等四项要求,要挟中国应准许法国或法籍公司从越南边界修造一条铁路到昆明,并由中国承担备妥铁路所需地段的义务。清政府认识到此路关系边防,可是在法国公使的强索和“派舰重办”的恐吓下,到底又是俯首承诺。

1899年5月25日,法国新任公使毕盛(S. J. M. Pichon)照会清政府,要求让与法国“由北海至西江修造铁路一条”,并要求以北海为起点的其他线路,不得“让给非法国或法华公司”①。不过半月,清政府接受了法国的要求。同年11月,法国在迫使清政府签订的《广州湾租界条约》中规定:中国政府允许法国“从广州湾地方赤坎至安埔之处建造铁路”。② 1902年,法国又图谋攫取两广境内建筑铁路的权益,并于1906年照会外务部,“非经法国允许”,中国不得自建铁路,而终于在1913年9月,以北洋政府外交总长孙宝琦致法国公使康悌(A. M. R. Conty)照会里确认,此后广西省内如有修造铁路,“为格外表示睦谊”,“需用外资时,极愿首先借用法国资本”③,给予满足。

在1913年前后,法国除了以炮舰做后盾,向中国政府攫取路权外,在策略上渐向着以提供贷款间接攘夺铁路权益转变。1913年7月,它利用袁世凯为镇压“二次革命”亟须筹措军费之机,用垫款100万英镑的代价轻取了建筑同成铁路,即从山西大同起经太原迄于四川成都这条铁路的权益。1914年年初,袁世凯帝制自

① 毕盛致总署照会,光绪二十四年四月初六日收,《政艺通报》,光绪丁未年,“皇朝外交政史”第2卷,第1—2页。

② 王铁崖编:《中外旧约章汇编》第一册,第930页。

③ 孙宝琦致康悌函,1914年9月26日,抄件(中文),中国社会科学院经济研究所藏日文档案。

为，亟须国外财政支持，法国又炮制成法，取得了贷款建筑“钦渝”，即从广西钦州起，经南宁百色和贵州兴义、云南昆明和四川叙州（今宜宾）到成都和从南宁到龙州的两条铁路的特权。

3. 德国

德国为在东亚急剧扩张势力，早在其本国统一前的 1860 年，就派出普鲁士远征队来华做实地考察。此后 20 年间，曾是远征队成员的地理地质学家李希霍芬（F. P. W. Richthofen）深入中国内地进行广泛的实地调查，德国政府据此确认山东的胶州湾是德国在中国、也是在东亚建置军事和商业中心的最理想据点。中国在甲午战争中既遭惨败，德国首相毕鲁（Otto von Bülow）认定中国将被瓜分，公然声称为着将来可能发生的事情，德国要“做好准备”。①

1897 年发生山东教案，德国派出军舰登陆胶州，向清政府提出定罪、缉凶、租借胶澳、修建铁路等六项要求作为结案条件。清政府虽然意识到德国要求修建山东铁路，是企图控制山东全省，“深入豫省中原”；但在德国重兵压境下，马上屈服，对德国提出的“嗣后山东如开办铁路及铁路附近矿务，先令德国人估办”的要求，竟一声不吭。②

1898 年 3 月 6 日中德《胶澳租界条约》中，清政府允许“嗣后在山东兴造铁路”，“均先与德国商办”。此外，又规定：德国有权建筑从胶澳经潍县往济南迄于山东界和从胶澳经沂州、莱芜到济南的两条铁路。③ 德国凭借炮舰威力，一举便把山东路权囊括尽净。

---

① 转引自肯德著，李抱宏等译：《中国铁路发展史》，第 138 页。

② 总署奏折，光绪二十三年十二月三日，《清季外交史料》第 128 卷，第 14 页。

③ 《中外旧约章汇编》第一册，第 739 页。

德国继与英国达成妥协,分别享有投资修建津浦的北段、南段之后,鉴于津浦路建成会减少胶澳铁路的重要性,同时,为了有利于实现它的以山东为根据地深入中原的既定方针,于1907年当津浦铁路借款行将“商妥”之际,以中国在1915年、1922年之前分别建成从兖州至开封和从德州至兖州的两条铁路并归并于津浦线为条件,换取德国交还胶济延长线的建筑权。① 津浦铁路一建成,德国又加紧一步,由其驻华公使哈豪森(E. von Haxhausen)与北洋政府经过多次商议,于1913年12月取得了修建高徐(高密—徐州)和顺济(安阳—济南)两路的权益。②

1914年3月初,德国驻华代办夏礼辅(E. Krebs)面晤外交总长孙宝琦,要求按照“高徐”、“顺济”办法,由德国公司再承办四路:(1)延长“顺济”线至大同;(2)把“高徐”线从徐州一端展筑至汉口;(3)兖州至襄阳;(4)烟台至潍县。这些线路走向,清晰表明它的用心,使德建铁路在山东以至中原地区更臻稠密,并为进一步北向长城,南达长江中游流域扩张势力预做准备。接着,这个代办和使馆参赞马尔参(A. G. Maetzan)轮番向外交部进行要索,只因欧战旋即爆发,此案才不了了之。

4. 英国

英国从1840年以暴力打开中国大门之后,经半个世纪,其在华势力已根深蒂固。当其他国家为瓜分中国竞逐中国铁路权益时,它认为这是对它在华既有优势的挑战,也力谋取得铁路建筑权以求更加巩固和增强其在华势力,特别是图谋形成一个受它支配的“扬子江流域保护国”。③ 因此,英国掠夺中国路权在地区对象

① 德国公使致外务部照会,1905年5月6日,清外务部档案。
② 德国公使致外交部照会,1913年12月31日,北洋政府档案。
③ 英人伯尔考维茨:《中国通与英国外交部》第八章的标题。

上，重点是中国的长江中下游流域，又广泛涉及中国的东南西北。

英国紧接清政府让与法国龙州铁路的权益之后，于1897年2月强制清政府给与补偿，取得了缅甸铁路越境入滇直至长江的权利。1898年，英国得悉法国取得建筑滇越铁路的特权时，其驻华公使立即照会总理衙门，要求云南境内铁路“也必须一律准英国修建”，并旋即组织一家“云南铁路公司”，准备从中缅边界滚弄起，经弥渡、下关、大理直达昆明，并在大理、昆明之间某一地点通往长江沿岸——叙府或纳溪的路线进行勘测。

在华中、华东和华北方面，英国先于1898年2月强迫清政府承诺不把长江流域租与他国；6月，又以比利时银团取得对芦汉路的贷款利益，认为是对英国在华利益的挑战，特别是对它在长江流域利益的“侵犯”。据此，它一方面派遣远东舰队游弋中国海面，一方面训令其驻华公使窦讷乐（C. M. MacDonald）责难总理衙门，并提出备忘录，要求清政府“准英国公司承办”①下述五路：“一、由天津至镇江；二、由河南、山西两省至长江；三、由九龙至广州府；四、由浦口至信阳（此路乃推广沪宁铁路）；五、由苏州至杭州或展至宁波。”②清政府被迫照单全收，让与英国“承办”上述五路的特权。

1880年，英国在印度西北部的铁路修到距西藏不远的大吉岭，随即组织考察团，于1885年进入拉萨，研究在西藏修建铁路的可能性。③ 从这时起，英、俄两国都互谋在西藏扩张势力而明争暗

---

① 总署与窦讷乐谈话记录，光绪二十四年七月初四日，《苏杭甬铁路档》第1卷，第3页。

② 窦讷乐致总署函，附件，光绪二十四年七月初五日，《苏杭甬铁路档》第1卷，第4页。

③ 列昂节夫：《外国在西藏的扩张，1888—1919年》（中文版），第25—26页。

斗,待到20世纪初,英国注意到俄国正倾全力与日本交战,乃乘机于1904年8月派军入侵拉萨,挟持西藏三大寺住持喇嘛,于11月在它所准备的《英藏条约》文本上签字画押,非法规定西藏境内铁路的权益,"不许各外国或隶各外国籍之民人享受"。清政府理所当然地不予承认,但在英国强迫之下,却于1906年4月27日订立的中英《续订藏印条约》称做《正约》,除把上述所谓《英藏条约》作为附约外,还特别规定西藏铁路权益,"除中国独能享受外,不许他国国家及他国民人享受"①;以中国独享的措辞掩盖英国限制中国行使主权的实质。

辛亥革命爆发,中国内部动荡。英国以此作为支持达赖集团进行分裂活动的良机,在铁路方面,它又有所动作。1913年2月,其驻华公使朱尔典(J. N. Jordan)照会中国外交部要求修建川藏铁路,拟定的线路是从四川的成都起,经邛崃、雅安、康定,渡雅砻江经理塘、巴安,渡金沙江进入藏境,再经昌都、谢隆宗通至拉萨。外交总长陆徵祥立予拒绝,但英国仍派遣工程师在西藏私与达赖及三大寺喇嘛会议于色拉寺,进行活动。②

与此同时,英国又加紧在长江流域攫取建筑铁路的权益。英籍保林公司(Pauling & Co. Ltd.)在英国政府的支持下,于1913年7月4日从北洋政府手中取得了承办从广州至重庆的"广渝"路的权益;旋又反悔,改为"沙兴"线,即从湖北沙市起,经湖南常德、沅州等地,止于贵州兴义;另增常德、长沙枝线一段。这次改线交涉

---

① 《续订藏印条约·正约,1906年4月27日:附约》,"附约"即《英藏条约》,1904年11月11日;《中外旧约章汇编》第二册,第345—349页。宓汝成著:《帝国主义与中国铁路,1847—1949》,第139页。

② 宓汝成编:《中国近代铁路史资料,1912—1949》(未刊稿),第一章第三节七之(1)。

正在进行中,英国又要求准予英国公司通过借款形式,投资承办以广州为起点,一至南昌,一至潮州两条铁路的利益。北洋政府再一次屈服于英国的压力,于1914年8月,允给英籍公司对此两路提供贷款的优先权。

(二)美国资本巨头投资中国铁路的企图和美国政府推出的国际共同投资策略

早在19世纪80年代,美国资本巨头认定中国的东北地区是一块尚待开发的处女地,又以从其本国阿拉斯加西来,远较越洋而来较为近便,因而渴望在这里展开其投资活动。甲午战争后,欧洲列强在华展开了铁路的"利权掠夺战",美国合兴公司参与争夺华中、华东地区有关铁路权益又连连失利乃转注于东北地区的铁路权益。1896年,公司作出决策,先从以下两线入手,即:(1)以辽东半岛上某一海港为起点,经牛庄向北经沈阳、吉林、齐齐哈尔以与西伯利亚铁路某站相接;(2)从沈阳往南伸向朝鲜边境。其在华代表柏许(A. W. Bash)考虑到俄国在这里的势力和影响,认为宜与俄国合作进行才有成功的可能。于是,他即与俄驻华公使喀西尼联系,表示美国在建设"铁路事业中是俄国最可靠的同盟者"①,并提出上述计划,谋求俄国的合作。他一再表白,美国对这个地区丝毫不掺杂有政治野心,"美国的资本和经验,将被用于扩大和平性质的经济部门","此项计划的目的是为了巩固西伯利亚铁路,为了开发满洲富源"。② 柏许还暗示,在东北修建铁路与现有或将来的华北地区铁路连接,将使当时取道南方海路的中国和欧洲之

---

① 罗曼诺夫:《帝俄侵略满洲史》,第81—82页。

② 毕德格致喀西尼函,1896年4月16日;福森科著,杨诗浩译:《瓜分中国的斗争和美国门户开放政策,1895—1900》,第180—181页。

间的贸易,由北方陆路所取代。① 然而,俄国当时正在谋求实现对中国东北地区的“和平占领”,反应冷淡,使合兴公司的这一计划“胎死腹中”。

合兴公司转而谋求在关内能取得某些利益。为此,它托曾任国务卿的福斯特(J. W. Foster)函致李鸿章私人秘书美人毕德格(W. N. Pethick),向李鸿章进行游说,但也无结果。

美国于是又转向日本。资本巨头萨缪尔·罗斯福(S. Roosevelt)在其堂兄美国总统赛奥多·罗斯福(Th. Roosevelt)的支持下,一度与时在美国和俄国谈判媾和条约的日本代表小村寿太郎做成一笔交易,由他张罗组成一个财团,对日本提供贷款3000万至4000万日元,供作修整南满铁路之用。但旋以日本反悔,又未成事实。

与此同时,号称美国“铁路大王”的哈里曼(E. H. Harriman)收买南满铁路的计划,也宣告失败。在他的影响下,美国任命司戴德(Willard Straight)为驻奉天领事,在铁路方面继续活动,先是计划在南满路之外别筑新线,力图突破这时已形成的日俄势力分据南北的局面。他迎合新任东三省总督徐世昌、奉天巡抚唐绍仪颇有依靠美国资本以制俄日的幻想,先与之商定,由美国提供贷款,修建从新民府起,直上齐齐哈尔的“齐哈”铁路。旋考虑到此线工巨费多,并为避免日俄的阻挠,改定先修新民至法库门一段,即“新法”铁路,作为京奉线的支线。由美方商请英国保林公司承包工程,两年内完工。然而,由于日本的反对,这一计划也未实现。②

过了一年,保林公司与中国东北地方当局约定,为避免再遭日

---

① 毕德格致喀西尼函,1896年4月16日;福森科著,杨诗浩译:《瓜分中国的斗争和美国门户开放政策,1895—1900》,第181页。

② 参看宓汝成:《帝国主义与中国铁路,1847—1949》,第151—153页。

本的阻挠，改建锦瑷线，即把“新法”南端终点西移至锦州起北上，经洮南、齐齐哈尔直至瑷珲。美国资本巨头闻讯，旋即组成由摩根公司、坤洛公司、第一国际银行、纽约银行等参加的美国财团，准备对此提供建筑资金。日本当即由其驻华公使伊集院彦吉面告中国外务部，此线与“新法”一样，仍与南满铁路“平行”，“未经日本许可，不许轻率动工”。并以断绝邦交相威胁。① 俄国也出面干涉，由其驻华公使廓索维慈（И. Я. Коретовец）照会外务部，提出所谓“非先与俄国商议，万勿从事”锦瑷线建设的警告。②

在这种形势之下，美国国务卿诺克斯（P. C. Knox）从美国的既定的对华国策，即“门户开放”、“机会均等”的原则出发，提出了通称“诺克斯计划”的“满洲铁路中立案”。这个计划的具体内容如下。

把中国东北地区所有铁路置于由愿意参加的国家共同组成的一个“经济的、科学的、公正的管理机关之下”。

由这些国家提供款项给中国，让中国赎回东北地方现有的不同线路系统的铁路。有关各国承认中国对这些铁路的所有权，但在借款期间，中国政府须把这些铁路交由这个机关监督经理。

如果这个计划一时不能全部实现，则先从锦瑷铁路做起，以英、美两国为中心，取得中国、日本、俄国的合作，“邀请赞同满洲完全在商业上中立化的有关国家，共同参加投资建筑该路”；并以此作基础，推及“将来商业发展所需要的其他铁路”。“同时贷款给中国以赎回愿归入这一系统的现有铁路”，以求逐步达到实现

---

① 日本驻华公使伊集院致外务部照会，1910 年 1 月 31 日，《清宣统朝外交史料》第 12 卷，第 47 页。

② 俄使廓索维慈致外务部照会，俄历 1910 年 2 月 2 日。《清宣统朝外交史料》第 12 卷，第 47 页。

东北所有铁路中立化或国际化的最后目的。①

诺克斯吹嘘这个计划将能“确保中国在满洲享受政治权利，不受侵扰，并在门户开放和商业机会均等政策实施下，促进满洲发展的最有效方法”，既可以避免各国银行家与中国直接谈判时发生利害冲突，又可以“在中国造成巨大的共同利益，便利合作”。他认为这个计划“对日、俄两国有利是很显然的”，即两国可以“把过去为了保护”在东北的殖民利益所“负担的义务、责任与费用，移交给一个由各国、包括它们自己在内，依照利益大小联合组成的机构去担任”②。

美国为谋实现诺克斯计划，竭力拉拢英国，并企图和英国结成实现这个计划的核心力量。可是，英国对美国的热切追求，只给与原则赞同，并建议美国“展期考虑，较为明智”。③ 法国则谴责“美国近来之政策，转向狂热的帝国主义，且以清国的保护者自居企图实现美国的扩张；若同意此次提案，结果将使满洲实际上无异归美国所有”④。在英、法两国之外，美国的外交活动只博得德国的半心半意的赞同。日俄“两国利害则完全一致”，经过“相互披沥胸襟，交换意见”⑤，各自声明“不赞成这一计划”。在这种情况下，诺克斯的计划也以胎死腹中告终。

---

① 诺克思备忘录，1909 年 11 月 6 日。Papers Relating to Foreign Relations of the United States, 1910, pp. 234-235.

② Papers Relating to Foreign Relation of the United States, 1910, pp. 234-235.

③ 英国外交大臣致美国驻英大使照会，1909 年 11 月 25 日，Pepers Relating to Foreign Relation of the United States, 1910 年，第 235—236 页。

④ 法国外交部长接见日驻法大使语，转引自日本外务省致伊集院训令，1910 年 1 月 21 日，中国社会科学院经济研究所藏日文档案。

⑤ 日外务大臣小村寿太郎致驻俄公使落合谦太郎电，1909 年 12 月 20 日，中国社会科学院经济研究所藏日文档案。

第一次世界大战爆发，美国一些资本巨头亟谋取代欧洲的同行，大举投资中国。1915 年年底，"美国国际投资公司"的一个成员组织——裕中公司，由其经理卡莱(W. F. Carey)率领大批技术工程等人员来到中国，首谋取得承包铁路工程的利益，经美国驻华公使芮恩施(P. S. Reinsch)的撮合，这家公司与袁世凯政府达成了提供贷款的协议，并于 1916 年 5 月 17 日与新成立的段祺瑞政府签订了《裕中公司承造铁路合同》，一举攫取了在湘、桂、晋、甘等 7 省内建造 5 条线路，总长 1500 英里的铁路权益。①

这个计划也遭到各国的反对。特别是日本对段政府施加压力，使后者向裕中公司表示"失权过重"，要求重议。美国察悉日本意图所在，转与之做了一番交易，以日本承诺不干预"裕中"的投资筑路活动为条件，承认日本在中国的"满蒙""有特殊利益"。美、日双方达成妥协，裕中公司同意对原合同做一些修改，于 1917 年 9 月另行签订《增订合同》一件，把承包铁路里程由原 1500 英里缩短为 1100 英里，线路则由 5 线改为 3 线。日、美双方都得到满足，中国的"失权"则依然如故。

(三)日本侵华政策中的路权攘夺

日本以战争手段割据了台湾，当欧洲列强在华展开路权"掠夺战"时，又以"建立均势"为词，迫使清政府承诺"福建省内及沿海一带""断不让与或租给"其他国家②，把福建以及浙江、江西视若自己的势力范围，包括三省之内的铁路修建权在内。在此基础上，形成了它的"铁路灭华策"，也就是所谓"欲使支那亡而不知其

---

① 《中外旧约章汇编》第二册，第 1194 页。

② 王铁崖编:《中外旧约章汇编》第一册，第 750—751 页。

所以亡,分割而不知其所以分割,其惟,铁道政策”①;把攘夺筑路权作为武力灭华的辅助,同时又是先行的一着。

日本对中国铁路建筑权益的觊觎,从华南开始,其后楔入华中,最终落脚东北。

1898 年 5 月 5 日,日本由其驻华公使矢野文雄照会总理各国事务衙门,要求按“别国成例”,“独准”日本建筑福建省内铁路。后者迫于日本压力,做了日后拟在福建省内兴造铁路“当先向日本政府筹商”的口头承诺。② 矢野把这个口头承诺做成书面记录,送交总理各国事务衙门,并片面认为日本已经取得专权办理福建铁路的特权。第二年,日本就派遣工程师小川资源率领人员在福建踏勘线路,而且深入到江西踏勘。此外,日本又派人潜往浙江、广东、湖南等省活动。1900 年 6 月,日本外务大臣训令驻华公使西德二郎,照会清政府,具体要求如下 3 线,由中日两国商人创设所谓“合股公司”,并由日本“承揽开办”:

1. 从厦门对岸内地起,经福州、邵武以及江西抚州(今临川)、南昌,至汉口止;

2. 从福州起,经罗源,至三都澳止;

3. 从江西南昌,经浙江衢州,至杭州止。③

清政府不敢严正拒绝,但在国内正展开反对帝国主义瓜分中国的形势下,也不敢答应。由于日本不久把“铁路灭华策”侧重于

① 日本驻华公使内田康哉语;转引自曾鲲化译《游学译编》,第 267—270 页。

② 西德二郎致总署照会,1898 年 5 月 5 日;[新任]日本公使矢野文雄致[新任]日本外务大臣西德二郎电,1898 年 5 月 9 日,中国社会科学院经济研究所藏日文档案。

③ 西德二郎致总署照会,1900 年 6 月 5 日,并附件。中国社会科学院经济研究所藏日文档案。

“北进”，乃一时搁置下来。

第一次世界大战爆发，日本又乘机旧事重提。先有日本公使山座圆次郎于1914年2月向外交总长孙宝琦重提前事；接着在1915年1月提出的“二十一条”中，再次要求将连接武昌与南浔铁路及杭州至南昌、南昌至潮州各铁路的建筑权一总让与日本。在福建省内筹办铁路则需先与日本协议，阻挠中国在这些省境内自主筑路的行动。

在扩大南进的同时，又配合“中间楔入”的路权攘夺。

第一次大战中，日本一对德宣战，即派遣军队登陆山东；所谓中间楔入，就是以1914年9月下旬强占德建胶济铁路为起点。

山东在日本人的心目中，地理上与大连一衣带水，指顾相望。大连、龙口间的航路，在日本已早为准备，认为若由龙口至胶济线上潍县站，敷设联络线，便可把南满铁路的势力伸入山东中部，还可以扩张到河北、河南、山西等地，并与东北地区联成一体。① 为了达到这个目的，它于1915年1月，要挟北洋政府允诺承袭此前德国所攫取的路权之余，还要求让与建造烟台或龙口接连胶济铁路的线路②，增加中间楔入的深度。

然而日本“谋”华的重点是北进；攘夺东北地区路权的活动也最猖獗，最为不择手段。

日本于1905年既从俄国夺得俄建南满支路，转身强迫清政府保留它在日俄战争期间、在东北地区擅自修建的新（民屯）奉

---

① 筹办龙口商埠事宜，蔡国器密陈，1915年4月，附：日商龙口银行监事田中末雄：《关于开发山东利权之意见》。

② 日本提出的“二十一条要求”第一项，关于山东省之件。

(天)、安(东)奉两路①,组成钳形控制态势②,并要挟清政府接受其建筑经费的半数以修建"吉(林)长(春)"铁路。1909年建成以后,又在所谓解决"关于东三省六案"中"要求将吉长铁路展修至韩国会宁"③。清政府在日本挟制下,被迫同意。

1913年日本借口辛亥革命中南京日侨遭到杀伤,以重兵压境提出一系列政治要求,勒索东北地区的4路建筑权益,这4线是:从四平街屯至洮南的至四洮线,从开原至海龙的开海线,从长春至洮南的长洮线和从吉林至海龙的吉海线。袁世凯政府屈从其意旨,于10月5日用互换照会方式,让与日本以提供贷款的优先权,使日本取得建筑这些铁路的特殊权益。

1915年1月,日本在向袁世凯政府提出的"二十一条"中,要求在东北的"南满"、"东蒙"地区,一旦中国建筑铁路,必须承担先向日本"商借"款项的义务。

1918年秋,日本再提"满蒙四路"问题,但线路与前所攫取的有别,"开海"、"长洮"两线依旧,新增"洮(南)热(河)"和从洮热线某站至某海港的一线路。

此后,日本为在东北地区铺设铁路,除了以武力为后盾,金钱为诱饵,采取外交手段攫取中国路权外,还指使其本国殖民主义分子窜入东北进行窃取铁路权益的活动④。

最后,当奉系军阀张作霖执掌的北洋政府面临崩溃,准备退往

① 中日会议记录,1905年12月22日;王铁崖编:《中外旧约章汇编》第1册,第554—555页。

② 上田恭辅:《满铁创业当初的回忆》,见《满洲铁道建设秘话》(日文),第6页。

③ 外务部收伊集院节略,宣统元年正月十六日,王彦威辑:《清宣统朝外交史料》第1卷,1932年版,第13—17页。

④ 参见宓汝成:《帝国主义与中国铁路》,第243—245页。

关外前夕，日本又以与之结成“政治经济同盟”相引诱，从1927年秋起到第二年5月间，不到一年，取得了承包修建“敦(化)图(们)”、“洮(南)索(伦)”、“长(春)大(赉)”、“吉(林)五(常)”、“延(吉)海(林)”五路①的权益。

二、帝国主义列强在华铁路的铺设和营运

(一)铁路的铺设

帝国主义列强从中国攫取的铁路敷设特权，大约有一半，因种种原因，没有付诸实现。实现的部分，采用了两种方式：一是由列强自行修筑；二是贷款给中国政府，在中国国有铁路的名义下进行修筑。这里只谈第一种方式。第二种方式留待本书第三篇中论述。

1. 俄国对东清铁路和南满枝路的铺设

俄国既强迫清政府让与它在东北大地上“借地筑路”的特权，于1896年9月8日由中国驻俄兼驻德公使许景澄与华俄道胜银行总办罗启泰(А. Ю. Ротштеин)，在柏林签订《建造经理中国东省铁路合同》一件，继于8日又签订一件《入股伙开合同》。② 前一合同规定，华俄道胜银行另设一“中国东省铁路公司”负责建造并经营东省铁路；后一合同规定清政府以库平银500万两入股与华俄道胜银行合伙做生意，赔赚照股摊认，从而使东省铁路在形式上做成中俄“合办”。

---

① 参见宓汝成：《帝国主义与中国铁路》，第267—268页。

② 这两件章程、合同，见[国民政府]交通史路政编编纂委员会编：《交通史路政编》第17册，1935年南京，第3—14、18—31页。下文引用合同中语，不一一加注。

上述《建造经理铁路合同》详细规定:东省铁路轨距“应与俄国铁轨一式”,即1.524米的宽轨;“凡公司建造、经理、防护铁路所需的土地”,“在铁路附近开采砂土、石块、石灰等所需的土地”,如属中国国有土地,由中国政府无偿让与;如属私有,以相当代价转让于公司。又规定:为“公司所有的铁路地段,不向中国政府交纳土地税”。若“开出矿苗处所,另议办法”。中国政府以“合办”而选派的东省铁路公司“总办”,其专责“在随时查察该银行及铁路公司于中国所委办之事,是否实力奉令”。此句写得冠冕堂皇,实际情况必须倒过来理解。即利用这个“总办”,按铁路公司的要求,促使中国清政府来照办。日后事实也正是这样。而且一待铁路建成,以首任总办(许景澄)已在义和团运动中受害,便不再提出华方“总办”的职司,而长期虚悬,明目张胆地夺了中国的任命权。

上述合同又规定:“自该公司路成开车之日起,以八十年为限,所有铁路所得利益,全归该公司所得。”“八十年限满之日,所有铁路及铁路一切产业全归中国政府,毋庸给价。”“从开车之日起三十六年后,中国政府有权可给价收回,按计所用本银,并因此路所欠债项并利息,照数偿还。”这一规定的前半句,在俄国是明知清政府做不到“给价收回”而故意做此表示,以示公允;而后半句,则是防万一,届时中国真准备“给价收回”,便预行开列可计入价中的项目,以利于届时把弄不清、道不明的所谓“所欠债项并利息”,统统包括了进去,而终使中国无法公允地收回自己的铁路权益。

上述合同签订不久,俄国另弄一套。它的督办西伯利亚铁路事务大臣库洛木金(А. Куломзинь)于同年年底,颁布经沙皇批准的《东省铁路公司章程》,不经中国同意,单方面作出种种侵犯中国主权的规定。如将原合同规定的“开出矿苗处所另议办法”,擅改为“中国政府准许公司开采煤矿，无论与铁路合办或单独办法”，并“准在中国组织一切工商矿务之实业”。又，原合同规定“发生命盗诉讼案”，“由地方照约办理”，现擅改为：“凡东省铁路界内之一切民刑事诉讼各案件，由中俄两国当地官署，按照约章会同审理。”第三，原合同规定铁路人员“皆由中国政府设法保护”，擅改“为防卫铁路界内的秩序起见，由公司委派警察人员担负警卫之职任，并由公司特定警察章程，通行全路遵照办理”。如此等等，都片面地强加给中国。

1897 年 3 月，公司正式成立，总公司设于圣彼得堡，分公司设在北京（华俄道胜银行内）。同年年底于哈尔滨设立铁路工程局，由茹格维奇（А. И. Юговицы）和依格纳齐乌斯（С. В. Игнациус）分任该铁路的总监工和副监工，主持修建全路工程，在中俄东段边境三岔口举行开工典礼。第二年 6 月，该路在绥芬河、哈尔滨、满洲里同时开工，齐头并进。9 月又增添南向工程，与从大连北向施工的相呼应，并力接筑时称东清铁路及其南满枝路的线路。

俄国借口“合办”，挟制中国地方当局在关外、关内代为招募筑路工人，把他们置于俄籍监工和哥萨克的皮鞭、马刀之下，强迫着在千里冰封、彻寒入骨，或赤日炎炎、酷严难熬的条件下，赶工修建。每日只给俄币 10 戈比的生活费。① 筑路工人的“伤毙人命”事件，屡屡发生，俄国公司根本置之不顾。到 1903 年年底，全线铺轨工程大致完成。

1905 年 9 月 5 日，结束日俄战争的和约规定：“俄罗斯帝国政府当以长春、旅顺间之铁道及其一切枝线及在该地方所属之一切权利、特权及财产之属于该铁路者，不受一切补偿，而以大清国政

---

① 参看《中国的战争》，《列宁全集》第 4 卷，第 336 页。

府之承诺,移转割让与日本帝国政府。”①这一枝路,经过日本挟制清政府给予的“承诺”,便转归日本所有。

2. 德国对胶济铁路的修建

德国于 1898 年迫使清政府签订《中德胶澳租借条约》取得山东全省路矿开发权益后,即加紧活动,由德华银行为代表的 14 家德国银行,联合组成一家辛迪加——山东铁路和矿务公司,负责具体执行。根据德国政府颁给公司的营业条款,公司最初设在柏林,6 个月内移于青岛;公司资本定为 5400 万马克,由中德两国人认缴。经营铁路,设铁路管理所于青岛。该所所长和营业所长的选任,须经德国帝国政府的赞同,该政府并保留任命一代办人的权利。铁路的选线,特别注意于与潍县、淄川的煤矿以及青岛、济南等重要都市间的联系。济南车站的设置,“兼顾与黄河的联络,以及一方至瓜州(镇江)方面的山东南境和他方至天津、正定方面的山东北境的联络”。“公司应此目的须在胶州境内建筑铁路时,应得〔德〕帝国总督的认可”,“在此范围外,须经驻在北京帝国公使的认可”。铁路可以先筑“单线,但须多准备余地”,为将来建筑复线预做准备。轨距采用德国标准的 1.435 米型;建筑材料“尽量购用德国”出产。铁路建设工期从青岛至潍县,限 3 年内完成,全路包括支路的建成和通车限 5 年内完成,“因有不可抗阻的障碍而发生〔公司〕不能履行责任时,得适当延长所规定的期限”。设在青岛的德国胶州总督府,“应建筑铁路的必要”,“将租借地内土地”,按时价让给公司,但以不超过 12.5 万马克为限,该总督府并“尽可能地协助公司,取得在租借地内或在山东省境内的必需的广大土地”。“条款”最后规定:“帝国政府从给与特许日起,六十年后,得保留购还由公司建筑的铁路的权利。”“公司根据本件所

① 《日俄战纪》,附录,“日俄交涉”,第 3 页。

得特许权的全部或一部，不得转让给非德国人或非德华人的其他公司。"①

《中德胶澳租借条约》原规定拟设的胶州济南间铁路，应由华、德两国商人"各自集股，各派人员领办，并应另订合同"。可是，还在这个合同"另订"之前，德国政府先已颁发这样一个特许状。而山东铁路公司即据此于1899年春起，"遣工四出"，深入省内腹地，横冲直闯，终于激起各地居民的义愤，屡屡酿成冲突、斗殴事件，特别是在高密、潍县等地，发生的次数最多，抗争得最为激烈。

德国殖民主义分子遭到惩罚，意识到"赢得居民的好感就等于在推动今后工作中取得了一半的胜利"。② 乃采取策略，挟制地方当局，以为己用。到1900年3月21日，促使山东巡抚袁世凯与山东铁路公司总办锡乐巴(H. Hildebrandt)签订《中德胶济铁路章程》，以求有利于工事的展开。它的主要内容是：(1)"胶济铁路先由德人暂时经理"，待华股集至超过银10万两时，"再由山东选派妥员入公司，详订章程，会同办理"；(2)铁路人员"在山东省内地往来，均须请领两国官员会印护照"，由中国地方官给以保护；(3)铁路建设"有须兵保护"之处，"应由山东巡抚派兵前往，不准派用外国兵队"，"山东巡抚允将竭力保护"；(4)购买土地一节，在中国官府的协助下，"仍照以前一律迅速，一律安静，以免地主藉端留难，致使耽延工程"；(5)该公司在查勘线路到建成投入营运，"倘因事禀请山东巡抚派兵保护，应立即查核情形，准如所请，并遣派敷用数目兵丁，前往须用之处；至该公司应给此项卫队若干津贴，将来另行商议"；(6)"此段铁路将来中国国家可以收回，其如

① 《交通史路政编》第18册，1935年，南京，第5014—5018页。

② Herald，1900年2月7日。

何购买之处，应俟将来另议”。①

如此规定，字句堂皇，而被掩盖的实质却是德国殖民主义者尽可挟制中国当局派出兵丁为其效力，并凭借中国官威，来压制民间的不平和义愤。当年山东地方当局如袁世凯，也甘受其指使和利用，至于“入股”一节，山东省库曾拨银 12.5 万两，购买股票，根据章程，可“选派妥员”去“会同办理”路事，这样的官员也曾指派过一名；但是公司只让他驻于潍县，作为“管理员”，负责就地办理铁路交涉之事，实际上是被利用专为公司就地解决各种纠纷，与“会同办理”路事根本是两回事。而且，就是这么一个“管理员”，待铁路一建成，也不再见存在，从此消失踪影。

在德国政府的特许和庇护之下，山东铁路公司于 1899 年 6 月开始勘测选线，同年 9 月 23 日从青岛一端向西修建。1901 年 4 月 1 日青岛至胶州段竣工通车。次年 6 月 1 日展筑至潍县；1903 年 9 月 22 日展至周村；1904 年 6 月 1 日青岛至济南的干线和张店至博山、淄川至洪山两支线，全部建成通车。

1914 年第一次世界大战爆发；中国政府于 1917 年 8 月 14 日对德宣战，同时废除在此之前对德的一切让与，包括铁路权益在内。先于这个时候，日本对德宣战后即派兵擅在山东登陆，强占胶济铁路；后于这个时候的 1919 年巴黎和会上，在英、法等大国的操纵下，竟将理该由中国收回的过去被德国在山东抢占的一切权益转让给日本。中国代表坚决予以拒绝，形成未解决的所谓山东悬案。1921 年华盛顿会议上，就此“悬案”对铁路作出的解决办法，是由中国偿付日本在此路上支出的一切费用予以赎回。1922 年 12 月，中日间签订《山东悬案铁路细目协定》中，具体估定赎价为

---

① 该章程见宓汝成编：《中国近代铁路史资料》第 2 册，第 391—393 页。

4000万日元,“中国不得付现”,以国库券如数支付后,才予“赎回”。日本凭着所得到的国库券仍然占据着车务、会计等要职,以至“赎回”后改为中国国有的胶济铁路继续处在日本势力的支配之下。

3. 法国对龙州、滇越铁路的修建

1895年6月20日,法国胁迫清政府签订《续议商约》,其中规定“越南铁路或已建筑者或日后拟添者,彼此议定,可由两国酌商妥订办法接至中国界内”。在此之后,法国驻中国公使施阿兰于9月9日照会总理各国事务衙门,声称法商费务林公司“奉我国家之命”,承办从广西龙州起展筑至百色的铁路,以与越南境内同登地方的铁路相联接①。嗣后几个月里,他多次“催促办理”。总理衙门在与施阿兰的谈判中,步步退让,从最初的“再三驳阻”,到“酌用法国工料,由中国自行建造”,终至同意费务林公司一手“承办”广西龙州至镇南关铁路工程②。根据上述合同,费务林公司不只承办铁路工程,而且还承包成路后的营运,中国政府只能进行“稽察”;此外,在敷设过程中,所需用地,由中国有关当局根据工程蓝图提供;日后线路交付营运,客货运价由公司拟定。在收支结算实存项下,“酌偿公司花红若干”。清政府在法国公使要挟下,设立龙州铁路官局,由广西提督苏元春兼任督办,专门配合费务林公司的筑路工程。可是,后者在把线路选定后,提出承包造价(库平银599万余两)远远超过官局的估计数(227万余两);经多次磋议,在关于该路的《续立合同》中(1899年9月15日),减至320万

① 总署奏折,光绪二十二年二月初七日朱批,《清季外交史料》第120卷,第11—12页。

② 《光绪条约》第41卷,第11—13页。

两左右,始行定局①。该公司然后分段修筑路基。但动工不过9个月,法国又改计赶筑滇越铁路,龙州铁路工程从此停搁一边。

1898年4月初,当中国“允准”法国把越南铁路越境修至云南省城昆明“尚未最后定局”时,法国代理公使吕班(G. Dubail)迫不及待地要挟总理衙门以互换照会方式,挟制清政府同意建筑这一铁路。中国“所应备者”是建路所需的土地和“路旁应用地段”;铁路工程,则交由法国“殷实银行”所组成的公司承包。② 紧接着又签订了《中法滇越章程》(以下简称《章程》)一件。其要点是:(1)法国在现地查看定线后,绘成详图,分段“指明各地段宽窄”,“作何用项”,“送交滇省大吏查阅”并“预为购置”,“陆续拨交”;(2)轨距宽窄,与越南铁路同采法型,为1米;(3)筑路工人,尽量招本省人民充当,也“可招募他省人民充当”,“由地方官查看,编立姓名册籍”。“倘该工人等或高抬工价、或齐行罢市”,地方官对公司“应设法尽力相助”;(4)该公司可“自行出资招募本地土民,充当巡丁”,以保护工地的“平安”,也可以“延请中国人或外国人充当巡捕长、管带,择要驻扎,以资弹压”;如果遇有“事故”,他们“不能弹压”,“滇省大吏”,“一经公司人员禀请”,“即当派遣官兵前往弹压”;(5)铁路工程开始时,滇省大吏即应按照法国领事照会,派遣大员,“襄助铁路公司人员办理事务”,“每月由铁路公司”向滇省当局“兑交银4450两”,作为这些“大员”并“各属员”的薪水、伙食之费;(6)中国在该路运营“八十年期限将满”前,可与法国“商议收回铁路及其一切产业”。③

上述《章程》签订讯息一传至法国,引起议会里一片欢呼的喧

① 《清季外交史料》第140卷,第10—11页。
② 《清季外交史料》第140卷,第4—7页。
③ 《外交报》,光绪二十九年,27号,第4—8页,译法兰西报。

闹。为了在云南与英国抢占优势,议会必须赶紧批准修建包括上述拟设线路在内的所谓印度支那铁路所需的款项。法国的印度支那总督杜梅(Doumer)则径行派人闯入云南,在蒙自城外中越边境一带,“搭棚钉桩”,“到处测量”,企图立即开张,让滇越铁路提前上马。

对于法国殖民主义分子的猖獗活动,云南人民深表愤慨!蒙自附近个旧锡矿3万余工人,采取暴力的反抗斗争,焚毁了蒙自法国领事馆;迫使法国在滇境活动,一时中止。

1900年年初,杜梅回国述职,要求政府拨款修建滇越铁路。经议会议决:“招商承办,由法国国家认保。”杜梅紧张活动,纠集了东方汇理等4家银行共同参与,并于1901年6月4日签订合同,具体规定如下要点:(1)印度支那总督把中国“允许”法国建筑滇越铁路的“权利转让与上列诸银行”,由后者“筹款修造”;(2)合同批准后3个月内,诸银行“应集股金1250万法郎,立一公司”,“将此合同的权利义务,概行交托公司”,这个“公司应照法国律例办理”;(3)该公司“自行筹款修造”滇越路,并“筹备开办时需用的各种车辆”,“一切亏折险阻,概由公司担任”;(4)印度支那总督府“允给该公司津贴1250万法郎”,又,“岁给公司保利款300万法郎,以75年为期”;(5)铁路运行中的盈余,按其量的多寡,规定一定比例,在公司和印度支那总督府间分配。如:年盈余若在100万法郎以内,由两者“均分”;如有300万,则以100万由公司与总督府间均分,“其余200万,前者得三分之一,后者得三分之二”。如盈余超过300万,则300万以上之款,前者得四分之一,后者得四分之三。① 合同签订后,4家银行随即筹备设立法国滇越铁

① 《海防云南府铁路合同》,见《外交报》,光绪二十九年27号,第4—8页。参看宓汝成编:《中国近代铁路史资料》第2册,第656—658页。

路公司,并于同年8月10日正式成立。

滇越铁路分为南北两大段。南段在越南境内,起自海防,经河内到中越边界的老开,习称越段,长389公里;北段在中国云南境内,在老开越红河至云南河口,经碧色寨至昆明,习称滇段,长469.8公里。1903年越段完工后,1904年起接修滇段。此段工程远较越段艰巨,尤其是南溪河沿岸一带,峡谷深邃,两岸高峰峻峭,气候恶劣,潮湿炎热,多瘴气。筑路华工"昕夕操作",遭到苛待,更说不上有什么劳动保护设施。因此,"死于瘴于病者",以万计。有不堪忍受,"逃亡饿毙者,实不能以数计"。在滇越铁路整个敷设期间,真可谓僵尸盈野,"漂流满河"! 当该路基本完成,据不完全的统计:"平均每一华里,约死二百余人。"据此估计,滇段近470公里筑路工人含冤而死者至少有18万余人。真可谓"一根枕木一条命"!①

整个滇越铁路于1910年完工通车。

4. 英国对"道清"铁路的"承办"

英国掠夺中国路权时提出了"承办"这样一个冠冕堂皇的名词。1898年9月英国驻华公使窦讷乐向清政府要求"承办"津镇等五路特权,准备了一份《承办铁路合同范本》备用。《范本》规定,英国为在中国"承办"铁路即设一英国有限公司,由它"纠集股份",承办"铁路一切事宜";所需土地由中国当局按照这家公司的要求"交与公司",后者付给地价;所造铁路可投入营运时即逐段投入营运,直至"全路开车"。公司经营,必须"视如己产"。中国如果要"接收","须先一年备函知照"。如果是在通车日起十年内接收,"所付路价"按造路成本,每100两另加15两;如在"十年以

① 曾鲲化:《中国铁路现势通论》上,乙编,第247页。参见宓汝成:《帝国主义与中国铁路》,第359页。

后”,“须按末后三年进款之数,加价十二倍半”。如公司与中国当局“遇有辩论合同之事,均听英国商务衙门办路司所派之员秉公讯断,一经断定,即当遵行,不能更改及上控”①。

以英资为主而与意大利合资组成的福公司这时正在全力争夺开采中国矿产的权益,并取得晋东南和豫西北一带的开采特权。英国要求“承办”的第二条,明说是要使福公司矿产“得一通河口捷径”,暗中谋划伺机延长成为与芦汉铁路足相抗衡的一大干线。

几乎与此同时,福公司又就地向河南巡抚提出修筑运矿支路的要求,并获准从煤矿所在地的泽州至清化,再通至获嘉,与芦汉衔接,向东至卫河的出水口三里湾附近的道口的支路一条。由福公司筹款自造,满 60 年后,无偿归中国所有。1902 年 7 月动工修建,至 1904 年修至侍王镇,即难以为继。福公司陷入“股本已经用完,支撑不住”的困境。英国驻华公使向清政府施加外交压力,把这只“包袱”扔给中国,由该公司把在建而未完成的线路作价成借款让与中国。1905 年 7 月 3 日,盛宣怀与该公司代理人哲美森(G. Jamieson)签订了《道清铁路借款合同》一件,又《行车合同》一件,把已成之线转作中国国有铁路,但仍由福公司代为管理经营,中国只能从旁“稽核”。

5. 日本强行铺设的铁路

日本谋图在华铺设铁路,更是耍尽手段,或一切手段都干得出来。

首先,它要求让与闽赣间铁路,即从厦门对岸内地西北向经邵武入赣境至临川或再展至汉口的路权;当 1903—1904 年间,中国民间自办“潮汕”、“南浔”两路时,日本即乘机加以利用。在它看

① 《中外旧约章汇编》第一册,第 823—827 页。

来,设若把"潮汕"朝西北展筑,引"南浔"东南向延展,而联成一线,虽与上述日本预定之线经过地方不同,走向却是一致的;于是乃由日本国家出资,嗾使本国国民和公司出面,用"联办"和贷款的方式进行渗透。

1904—1905年日俄战争期间,日本不顾中国政府抗议,擅自修建了"新奉"、"安奉"两路。战争一结束,又擅自修建中朝界河的鸭绿江上的江桥。

从1917年起,在"满铁"策划下,日本先后完成了"四(平街)郑(家屯)"、"郑洮(南)"两线。接着合此两线为一,改名为"四洮"。尔后,"满铁"又依据日本内阁以及军部、参谋本部协调决定的铁路修建计划,从1925年起,着手克期完成"吉(林)敦(化)"一线。

除此以外,日本政府还一手策划,从国库拨款,以日商泰兴会社经理出面,勾结中国劣绅,组成所谓中日合办天图轻便铁道公司,于1922年8月动工,至1924年11月断断续续地完成了从天宝山矿区的老头沟至图们江边开山屯和从朝阳川至延吉的窄轨铁路。而关东都督府为谋求"加强朝鲜与满洲的联系",加速推行其殖民政策,决定在全州与安东之间,建设一条铁路,大力宣传为"朝鲜与满洲铁路开辟一个新纪元",以求实现所谓"日满共荣"①,也就是促使东北地区加速化为日本的殖民地的最后目标。此路于1926年5月动工,1927年10月完工通车。

(二)铁路的管理营运

俄、法、德、日诸国各自在华铺设的铁路,一旦竣工,都把原设

---

① 满铁编:《满洲交通史稿》,转引自吉林省社会科学院满铁史资料编写组:《满铁史资料》第2卷,路政篇,第3分册,第803、807页等。

公司的职能从建设线路转变为管理经营。这些机构以“公司”为名，无一不受命于其政府，并按所颁给或批准的章程行事。它们抵制中国法权的管辖，实质是各该国在华特设的殖民机关。

1. 铁路的管理

俄国“借地”建筑的是中东铁路及其南满支路。除了南满路建成不久，即以战败让与日本外，它对名义上合办的中东铁路一直实施着独断专权的管理。

中东铁路创设时，俄国政府规定：所有“该公司章程，应照俄国铁路公司成规一律办理”；由于公司之成立，“全赖俄政府之助力”，经营中“弥补常年经费之进款，发行铁路债票之偿付”，也都“由俄政府担保”，铁路公司对俄国政府也必须负担相应的义务；主要有：

（1）凡中东铁路全线及一切设备，都应齐全，以备随时应用。

（2）中东铁路行车“手续”，应与相联的俄国铁路秩序一律。

（3）凡从俄国的后贝加尔和乌苏里铁路“两面来往开行”的客货车辆，应由中东铁路“全部接管”，联运到预定地点，“不得迟误”。如双方“有意见不合之处”，须遵从俄国政府的“训令”行事。

（4）客货运费，遵照俄国政府规定的“最低运费率”，“由公司呈准俄政府”核定。①

除此以外，俄国在迫使清政府签订的《合办合同》中，还规定中东铁路的客货运价以及装卸费率，一概“由该公司自行核定”。“凡公司转运客货等项收益”，以及“修理铁路所需物料”，“俱免纳一切税厘”。经由该路运输进出中国国境的货物，按中国海关税率减三分之一缴纳。进入中国国境运往中国内地的商货，只一次

① 《交通史路政编》第17册，第18—31页。

交纳正税的半数即可通行。[①]

中东铁路及其南满枝路全部竣工转入营运后,原来职司在于修建铁路的东省铁路公司也随着转变其职能,改名为中东铁路管理局。

中东铁路管理局的活动,从一开始就不止限于管理经营铁路的本身业务,而是旁及司法、民政、军务、警务、市政、税务、地亩等事务。[②] 1909年起,在沿铁路地带一些城镇,组织有决定各地地方事务之权的所谓“自治会”;规定这些自治会必须接受中东铁路管理局的“监督”,有所决定,必须先经这个管理局的“核夺”,然后才能付之“施行”。俄国在中东路沿线建置的一个实施殖民统治的机构,更成系统,更臻完整。

德对胶济铁路、法对滇越铁路与俄对中东铁路基本相同。

德国的山东铁路公司受德国政府的特许,经营胶济铁路,除铁路运输及营业方面的主管人员的任用,须经德国政府的同意以外,铁路客货运价率及行车时刻表的制定和变更,也都必须得到德国驻胶澳总督的认可。公司每年所得的铁路纯利,必须按规定的百分比提交德国胶澳总督府,作为胶州港的建筑和其他行政费用。事实上成为胶澳总督府的一个下属部门。此外,德国或压迫中国按受、或由德澳胶州总督擅自订立章程,为铁路和铁路管理机构攫取了治外法权的特权。如铁路局的外籍人员如果违法犯禁,享有“按照洋例究办”的特权;铁路财产倘有人破坏,必须“捉拿”到胶澳总督府接受审讯[③],不许中国当局过问。

---

① 《交通史路政编》第17册,第3—14页。

② 参看《解决悬案大纲协定》,1924年5月;中俄交涉公署编:《中俄会议参考文件》。

③ 德国胶澳总督《订立禁止闲人行走铁路章程》,1900年8月8日;谋乐辑:《青岛全书》,第30—31页。

法国滇越公司对滇越铁路的管理经营同样如此。它是根据法国律例设立、接受法国政府和在印度支那的法国殖民当局的双重监督。在经营中,关于客货运价的核定、行车时刻的制定,也须经法国政府及印度支那殖民当局的批准才能实施。铁路公司则在营运期间,接受法国印度支那总督府的"保利",年额300万法郎。这与德国山东铁路公司须向德国胶澳总督府年交一定比例利润,形式有异,实质相同,目标都是共谋取得更大的殖民利益的保证。

日本管理经营其在华铁路,与上述三国既有相同之处,又有自己的特点。在日俄战火方熄,和平尚未恢复的1905年夏天,日本的台湾总督府民政长官后藤新平即匆忙赶赴中国东北地区进行实地考察,在他所写的政情报告中提出了以经营铁路为中心的所谓"满洲经营策"。策议所述的终极目标是谋图通过日本对铁路的控制经营,把中国的东北地区,"开垦成为北美式的大农地","除农产物以外",再"设立如像台湾那样的调查机关和中央试验所"来开发尚未被尽知的"许多天然资源"①。通过铁路把中国这块未开发的大地拓殖成为日本的经济附属地。

日本内阁采纳这个策议,同时又一再考量经营铁路的机构,究竟"是官营好,还是民营好"。在多方衡量之后,最后的处置是,既非完全"民营",也不是完全官营,而是政府与财阀紧密结合并定性专为推行日本殖民主义国策的一家所谓"国策公司"。

计议既定,日本政府当即抓紧行动,继1906年1月,组织一个"满洲经营委员会"之后,于6月7日以"敕令"公布了《南满洲铁道股份公司条例》。8月1日又以递信、大藏、外务三省大臣联署发布关于管理南满洲铁道公司一切事务的命令;9月13日公司召

① 转引自上田恭辅:《满铁创业当初的回忆》,《满洲铁道建设秘话》(日文),第6页。

开成立大会,调任后藤新平为首任总裁;12 月 7 日经注册,该公司(简称“满铁”)正式成立。这家公司虽以经营南满支路为主,但公司名称不是“南满铁道股份公司”,而是“南满洲铁道股份公司”。其中减省一个“洲”字便不是就线路取名,而是就地区取名;此中即包藏着借铁路以殖民“经营满洲”的极大祸心!

根据上述敕令,“满铁”资本总额日金 2 亿元,其中,半由日本“政府出资”,以已成的铁路及其附属产业“抵充”;半向“中日两国民人和中国政府募集”。公司设总裁一人,副总裁一人,“经日皇”“敕裁”,由日本政府任命。政府另置南满洲铁道股份公司监理官以监视公司的业务。又对公司的事业发布“必要的命令”。日本在大连的殖民军首脑——关东军的司令官,“对公司的业务认为与军事上有必要时”,有权进行指示。又规定公司于“沿线各大站,须设备旅客食宿及存储货物等事”,“线路达于港湾之处”,须经营“水陆联运的设备”;同时,“为铁路便利计”,得经营一系列附属事业,如矿业、水运、仓库、电气和铁路附属地及房屋和“其他受政府许可的事业”,以至“关于土木、教育、卫生等”,还可以“对铁路及附属事业用地内的住民征收手续费”①;至于行车、运费等具体事项都必须遵照日本政府所制定的有关章程、规定等行事。

日本政府把“满铁”股票限于中日两国政府及两国民人“持有”,对中国而言这是一个陷阱。设若中国方面径行承购股票,那就等于承认由日本单方面炮制出来的一家公司,就势使其非法行为合法化!且不说根据其设立章程中整套规定,作为股东的中国政府和民人根本没有一丝一毫的权利。

《日俄和约》第六款载明:俄罗斯帝国政府把南满洲支路无偿

---

① 《南满洲铁道股份公司章程》,《关于管理南满洲铁道股份公司事务的规定》(复印件),中国社会科学院经济研究所藏日文档案。

让与日本帝国政府须经大清国政府的承诺。中日两国接着在《会议东三省事宜正约》中，以日本"承允"按照中俄两国所订造路原约为条件，中国给与上述转让以"允诺"；并规定"嗣后遇事随时与中国政府妥商厘定"。这个《正约》正是日本着手筹备设立"满铁"时签订的。当"满铁"一设立，日本驻华公使林权助在日本国内已招集了"大约超过定额"的股本，然后通知中国，故作姿态"咨询"清朝政府在中国"应否招集股本"，"并黏抄公司章程"，要求答复。外务部以日方的行为蔑视成约，很多违背中日间达成的协议（如：不再认定原南满支路为中日合办而由日本政府单方面命令设立"满铁"，铁路及其附属财产"悉充为日本政府资本"，原约规定"铁路总办由中国政府选派"而今片面改定"该公司总裁等员由日本政府任命"等等），复以断难承认，并提出抗议，要求"仍按照中、俄原约，实力遵行，以符地主而兼合办之义"。① 日本根本置之不理。

这样，日本在南满铁路上，不但继承俄国曾经有过的"一切权利、特权"，而且在中国领土上又多了一个以铁路为名的外国殖民主义机关——"满铁王国"。"满铁"第一任理事、法学博士冈村参太郎在其《论南满洲铁路公司的性质》一文中所写的，日本"政府欲假公司之名而行机关之实，欲使南满铁路公司代替政府经营南满洲"。这就是日本政府赋予"满跌"的使命。

2. 经营方针和营运概况

列强在中国建设铁路，除了追求实现其军事和政治的目标外，还有经济的目的。从经济的角度看，它们的经营方针通过运价而体现了出来，也就是将运价持作杠杆，影响货流、货量，以求达到自

① 外务部致日本公使林权助复照，光绪三十二年九月二十四日，林权助致外务部复照，1907 年 3 月 16 日，林权助致日本外务大臣林董函，1907 年 3 月 17 日，中国社会科学院经济研究所藏日文档案。

己的目的。

列强无视中国主权尊严,不接受中国律例、政令的约束,各为本路的局部利益、各该国的总体利益,来制定各自的运价。首先,为榨取最大可能的投资利润,一般采取高运费率的原则。中东铁路原是俄国西伯利亚铁路的延长线,运价本应与西伯利亚铁路一致,但中东线所定运价,实际上大大高于西伯利亚铁路,平均高出40% 以上。[①] 法国的滇越线以云南境内水流湍急,不利航运,山径崎岖,陆运为难,便利用其技术优势所形成的垄断地位,采取高运价政策,谋求大利。不单如此,它还滥用垄断,根本不以运输成本为依据规定运价,却以接受托运的某种货种赢利能力的大小来决定该货种的运费负荷。如对滇锡的运价,在从 1906 年起 20 年间,竟按市价看好的趋势,逐年增长。从 1906 年的每吨 16 元增至 1909 年的 45 元,终至 1926 年前后的 100 元。20 年间运价增涨近 7 倍。这种做法实质是从中国矿业资本家手里以运价作手段强制占取由锡矿矿工所创造的部分剩余价值。

这些铁路当局在实施高运价率的前提下,进而结合各该国政策的需要,制定多种运价规则,以掌握、调整货运的流量、流向,为本路及其本国的利益服务。

举德国经营的胶济铁路为例。为求压倒天津在对外贸易中的地位,使青岛成为进出华北地区的主要港口,德国在胶济铁路上执行的运价政策遵循一个原则,即经青岛输入的商货运价比商货在内地转运的为低廉,从内地准备经青岛输出的商货运价又比上述输入运价为低廉。并随时灵活决定运费率来收货运运费;在它认为有必要时,再辅之以特廉的运价。从而,使舶来品的主要货种如

① 宓汝成:《帝国主义与中国铁路》,第 455—456 页。

煤油、棉纱、布匹、糖等经青岛入口，日益增多地倾销于山东全省，并深入于广大华北平原。国际市场上所需要的农矿产品，如花生、煤等，由铁路像巨大吸管似的从广大华北平原和山东各地吸入胶济路上，转输至青岛出口。日本在一次世界大战中一度占领胶济，实施军事管理，沿袭德国的做法，而且更为露骨。至于它在南满铁路上，除了一般运价，还实行所谓“海港发到特别运费率”的运费制度。这个“海港”主要指大连，同时也包括安东，其实质与胶济路上所曾实行的完全相同。再加上在“必要时”采取“低减”运价的优待收费办法，促成东北地区与日本的贸易向着有利于后者的急剧扩展。

日俄两国还在其各自控制经营的“中东”、“南满”铁路上展开长期的运价战。

俄国失去南满支路之后，在中东路上，降低东线（哈尔滨至绥芬河）、西线（满洲里至哈尔滨）运价的同时，提高南线（哈尔滨至宽城子）的运价，以阻遏东北北部产品流向大连，力图导向东流，以有利于俄境滨海省的开发，增强参与太平洋商业竞争中的实力。日本则针锋相对地反其道而行之，大幅度降低南满铁路上从宽城子南下的运价，以争取北地的货物，仍源源趋向大连再运到海外各地和日本本土，增强本国的国力。

中东、南满、胶济、滇越四路营运实绩简述如次：

中东铁路在部分通车的 1902 年，货运总量为 24 万吨；第二年全线通车，运量增至 33 万吨；日俄战争期间货运剧减，在 1904 年、1905 两年，分别降至 14 万和 23 万吨。战争结束，从 1906 年起，开始回升，至 1911 年达 123 万吨。此后 10 年间（1912—1923 年）货运情况起伏不定，总的趋势是上升的。参看表 75。

表 75　中东铁路历年货运情况

1912—1923 年　　单位:万吨

年份	货运量	年份	货运量
1912	112	1918	127
1913	117	1919	128
1914	109	1920	153
1915	181	1921	204
1916	209	1922	246
1917	202	1923	278

资料来源:据《东省铁路概论》,第 13、18、25 页有关资料改制。

南满铁路于 1907 年由日本政府交由“满铁”营运。历年货运甚旺,远远超过客运。货运以农、矿产品为大宗,农产品以大豆、高粱为最多;矿产品绝大部分为煤和铁;工业品大多来自日本或当地日资企业生产的生丝、棉布等纤维织品,以及香烟、酒类、火柴、蜡烛等等。1907—1925 年间客货运量如表 76 所示,运输业绩远远超过中东铁路。

表 76　南满铁路客货运量

1907—1925 年

年份	货运(万吨)	客运(万人)
1907	135	151
1910	356	235
1915	532	371
1920	921	812
1925	1365	911

资料来源:据《满洲开发四十年史》(日文)上卷,第 92 表改制。

胶济铁路于1903年通车，第一次世界大战期间被日本强占，经营至1922年始由中国赎回，改为国有铁路。无论是德营或日营期间，除了受第一次世界大战影响外，客货运输都呈上升趋势。货运量在第一次世界大战前夕已年达90余万吨，日本控制期间，更有急剧增长。1921年货运量增至197万余吨，比1913年超过了1倍多。①

滇越铁路最初几年的运输情况不详。1915年起10年间，无论是货运还是客运，都成倍地增长。就载货数量而言，1915年为11.6万吨，1920年为17.1万吨，到1924年增至25.4万吨。客运人数增加得更多一些，在1915年、1920年、1924年，分别为196.7万人、622.6万人和400.1万人。②

客货运输的顺调促成收益的增多和利润的增长。

中东铁路的经营，除了开头几年，特别是在日俄战争期间有较大的亏损外，其余年份都有盈余。该路管理局1914年发表的“对政府负债一览表”显示，当时路局共负债7.3亿卢布。这主要是由于大量经费花在非铁路经营上的支出，将铁路盈余拨作强化殖民统治的费用。即使如此，从1910年起至1927年间，年年都有数量不等的盈余，少则100万卢布，多则高达3310万卢布，换算成银元17年间共盈余2317万元，平均年达136.29万元。

日本经营南满铁路，客货旺发，收入丰厚。尽管在20年代中，它别有用心地大肆渲染铁路处于“危机”状态，实际上不过是盈余量一时稍有减少。总的看来，在1907—1927年20年间，盈余总额近8亿日元，平均年达400万日元。这个数字表明，长度千余公里的南满铁路所得的盈余，比长达7000余公里的中国国有铁路的盈

① 宓汝成:《帝国主义与中国铁路》，第499页。

② 宓汝成:《帝国主义与中国铁路》，第501页。

余总额还要多。

胶济铁路于 1904 年 6 月全部建成通车。在德国经营的 1905—1913 年 9 年间,账面盈余计银 1951 万元,年平均 216.78 万元;在日本经营的 1915—1921 年 7 年间,账面盈余计银 1886 万元,年平均为 269.42 万元,高于德营时期的 24%。滇越铁路当法国政府特许本国银团出资建筑时,考虑到铁路所经地区的地理社会经济状况,估计单凭铁路营运本身,难以获利,特给与在 75 年内每年保利 300 万法郎,若营业获利超过这一定额,则按规定的比例,交给法国在越南的殖民当局。铁路建成以后,银团充分运用其垄断地位给与法国商货以大举输入云南的便利,账面盈余丰厚。1916—1920 年间,盈余为银 463.80 万元,平均年盈余银 92.76 万元;1921—1923 年,则年年超过保利额,这 3 年盈余依次为 538.83 万、703.08 万和 861.55 万法郎,年平均盈余 704.49 万法郎,超过法国政府和滇越铁路公司预期盈利数 1 倍还多。不但毋须政府逐年拨款保利,而且还为法国旋行殖民主义的举措提供了可观的资金来源。①

第四节　外国在华航运势力的消长

一、甲午战后帝国主义航运势力的蜂拥而入

(一)《马关条约》签订后开放内河的不平等规定

19 世纪末 20 世纪初,世界资本主义的发展进入了从自由资

① 本段数字转引自宓汝成:《帝国主义与中国铁路,1847—1949》,第 491、495、497—498、502 页。

本主义向垄断资本主义过渡的阶段。要求瓜分中国、建立独占市场和自己殖民地的意图更加明显。1894—1895年中日甲午战争，就是英、美利用日本削弱俄国在华势力和日本勾结英美实现其侵华野心的结果。在中国战败后被迫签订的《马关条约》中，攫取更多更大的航运特权，把势力进一步伸张到中国内江内河和广大腹地的条款，就是新老资本主义列强确保在中国攫取资源、扩张市场、建立自己势力范围的重要手段之一。因此，《马关条约》的条款中除第六款第一项规定增开湖北省荆州府沙市、四川省重庆府、江苏省苏州府、浙江省杭州府为通商口岸外，第二项又进一步规定："日本轮船得驶入下列各口，附搭行客，装运货物：一、从湖北省宜昌溯长江以至四川省重庆府。二、从上海驶进吴淞江及运河以至苏州府、杭州府。"①这两项规定不仅把列强过去攫夺的长江航行权从宜昌延伸到重庆，同时打破了外国轮船过去不能驶入长江主线以外内河的限制，为列强进一步在中国扩张航权开拓了新的起点。

由于过去在不平等条约中，都有"利益均沾"的规定，所以日本从《马关条约》中获得的特权，其他列强也得以享受，并且激起它们向中国索要新的更多更大特权的欲望。《马关条约》签订后的几年，是中国航权在列强逼迫下步步交出以致完全丧失的几年。其中，比较重要的约款还有以下几项：

1897年2月，英国借续议缅甸条约附款的机会，取得在西江通商行船的权利专条。这项专利规定："广西梧州府、广东三水县城江根墟开为通商口岸，作为领事官驻扎处所"，同时准许外国轮船"由香港至三水、梧州，由广州至三水、梧州往来，由海关各酌定

① 王铁崖:《中外旧约章汇编》第1册，三联书店1957年版，第616页。

一路,先期示知,并将江门、甘竹滩、肇庆府,及德庆州城外四处,同日开为停泊上下客商货物之口,按照长江停泊口岸章程一律办理”。[①] 1899 年 1 月,英法两国又多次要求并迫使清政府将南宁开为“自设口岸”。[②] 从 1901 年起,英国轮船开始在梧州上游航行,西江的航行权遂完全落入外国之手。[③]

在南部的西江航行权落入英国之手时,北方松花江的航行权也被俄国用欺诈方法所攫取。先是俄国于 1896 年引诱清政府订立《合办东省铁路公司合同章程》,其中订有“凡该公司建造铁路需用料件,雇觅工人,及水、陆转运之舟、车、夫、马并需用粮草等事”,中方“皆须尽力相助”[④]。此后俄国即据此胁迫清政府驻俄公使许景澄订立使用轮船拖带运料船只通过松花江的办法六条,准许东省铁路公司在松花江用轮船拖运建筑铁路材料。这本是临时性质,铁路建成后即应停航,但俄国却借机成立东省铁路公司船舶部,购置大批轮驳,除运输铁路建筑材料外,兼运旅客和货物。虽经中国多次抗议,亦置之不理。1898 年俄国强租辽东半岛后,将东省铁路展筑至旅顺、大连,又用同样的办法非法侵夺了通行辽河和营口的航行权。[⑤]

1898 年 2 月,英国利用贷款给清政府归还日本赔款的机会,由英国驻华公使向清政府提出三项条件,其中第二条就是“开放

---

① 王铁崖:《中外旧约章汇编》第 1 册,第 690 页。

② 王彦威辑:《清季外交史料》第 136 卷,第 25 页。

③ 东亚同文会:《支那省别全志》广西省,第 400 页。

④ 王铁崖:《中外旧约章汇编》第 1 册,第 673 页。

⑤ 王铁崖:《中外旧约章汇编》第 1 册,第 784 页。并参见樊百川:《中国轮船航运业的兴起》,四川人民出版社 1985 年版,第 318 页。

内地航行于外国船只"。[①] 清政府知不能拒，遂"许四月以内开办"[②]，同时命总税务司赫德拟定内港行轮章程。此后，经赫德拟定并由清政府在1898年7月13日颁布的《内港行船章程》中明确宣布："中国内港，嗣后均准特在口岸注册之华、洋各项轮船，任便按照后列之章往来，专作内港贸易"，并特别说明，"'内港'二字，即与烟台条约第四端所论'内地'二字相同"。[③] 而《烟台条约》所说的"内地"，却是这样界定的："沿海、沿江、沿河及陆路各处不通商口岸，皆属内地。"[④]如此一来，即不管是否通商省份，所有的内河和内港，都向外国开放了。也就是说，通过《内港行船章程》，外国轮船已取得了航行中国各处通商和不通商口岸的权利。

1902年和1903年，列强利用镇压义和团运动后的余威，又胁迫清政府先后签订了中英《续议通商行船条约》，中美《通商行船续订条约》和中日《通商行船续约》等条约以及附件[⑤]，进一步攫取到一批特权，这些约款的主要内容有：

1. 增开湖南长沙、四川万县、安徽安庆、广东惠州及江门等城市为通商口岸，并增加一批内河轮船停泊处所。

2. 允准外国在内河内港两岸租设轮船码头和栈房。

3. 中国课外国轮船货物之税，不得比课本国轮船之货税为重。

4. 凡禁止外国轮船行驶之内河，"华轮亦应一律禁止"。[⑥]

---

① 英国蓝皮书，1898年中国第1号，见樊百川：《中国轮船航运业的兴起》，第318页。

② 倚剑生：《中外大事汇记》交涉汇第4，第13页。

③ 王铁崖：《中外旧约章汇编》第1册，第786、349页。

④ 王铁崖：《中外旧约章汇编》第1册，第786、349页。

⑤ 王铁崖：《中外旧约章汇编》第2册，第101—114、181—200页。

⑥ 王铁崖：《中外旧约章汇编》第2册，第113页。

5. 凡能走内港之外国轮船,“均可照章领牌,往来内港,中国不得藉词禁止”。①

至此,通过甲午战争后这些不平等条约的先后订立,中国的航权逐步丧失殆尽。造成的结果是,中国的轮船在自己的领水内反而不能自由航行,不能享受轻税权利,外国轮船反可不受禁阻地行驶。这种不合理的离奇局面,在20世纪之初,已经达到了登峰造极的程度。

推究中国航权旁落的原因,除了资本主义列强向外侵略扩张以外,当然还有清朝政府的腐败无能和昏聩愚昧这一因素。试举一例于此:清朝政府压根就不清楚国际间直接贸易与本国沿海内河航运在航权上的区别。以长江的航运通商而言,假定限于国际间的直接贸易,在近代国际惯例上,未尝不可以相当条件而容许,可清朝政府初则深闭固拒,等到了一败再败不得不允许时,竟连内河航行权也不惜一并抛弃,似乎既已允许外轮入江,则任其在沿江各口岸间运输货物,已理所当然无足轻重。② 当然,清朝政府在外国要求内河行船这个问题上,也是有顾虑的,但它所顾虑和害怕的,一是影响木船船民生计,导致统治不稳,二是厘税偷漏减少财政收入,并非注重于航权丧失。所以前后所订章程,都在征税防弊方面着眼。例如1876年烟台条约,英国要求添开长江口岸以备行轮时,全权商约大臣李鸿章在奏折上对增开口岸的看法即是:“似不在停泊处所之多寡,要在口岸内地之分明……如此办理,该总税司敢保洋税毫无偷漏,厘课并无耗损。”③不仅如此,清朝政府中还有人不顾主权丧失,单纯从“增税裕饷”的角度把它说成是“足国

① 王铁崖:《中外旧约章汇编》第2册,第197页。
② 参见王洸:《中华水运史》,1982年版,第245页。
③ 《李文忠公全书》奏稿,第27卷,第41页。

年份	中外	其他外国		外国合计	
	吨	吨数	%	吨数	%
1895	29715	999511	3.36	24516957	82.45
1896	33430	1281479	3.83	26239565	78.35
1897	33725	1029636	3.05	25932382	76.83
1898	34223	893580	2.61	26046008	76.08
1899	39256	963568	2.45	29919083	76.19
1900	40863	847394	2.08	32943025	80.73
1901	48451	1138203	2.35	41981844	86.71
1902	53954	1800467	3.33	44648920	82.70
1903	57206	2242522	3.91	47379180	82.70
1904	63798	1991079	3.12	49006735	76.84
1905	72734	3833211	5.27	56348195	77.45
1906	75812	2851680	3.76	59633137	78.65
1907	80139	2110434	2.63	63423119	79.17
1908	83904	1928395	2.30	67045429	79.82
1909	86757	2964737	3.42	68910999	79.42
1910	88755	3312990	3.73	69178867	77.92
1911	85758	3289877	3.84	67890431	79.15

说明:①中

②其

③各

资料来源:

足民”的好事。[1] 如1898年总理衙门奏议内港行轮章程折上说：“中国自与各国通商以来，江海口岸轮船畅行，商务因之日盛”，又说“拟将通商省份所有内河，无论华商洋商，均准驶行小轮，藉以扩充商务，增收税厘”。[2]

就这样，在资本主义列强侵略扩张和清朝政府昏聩愚昧的共同作用下，中国的江海直至内河内港航线，均无可避免地迅速成为列强攫夺中国权益而角逐争斗的重要场所。

（二）帝国主义航运势力的激烈竞争

19世纪末20世纪初，资本主义列强在中国进入了争夺权益、划分势力范围的时期。与此相配合，从上述各种约款中攫取到一系列航运特权的资本主义列强，纷纷在中国设立航运公司，开辟新的航线和增强航运实力，从而在广阔的中国水域中掀起了新一轮的争夺战。

在此以前，英国在中国的轮船航运中占据着绝对优势的地位。从表77看（见单插页），1895—1911年，中国各通商口岸登记的进出口船舶吨位数总数中，外国轮船平均约占80%，其中英国雄踞第一位，最高时占总数将近70%，最低时亦在40%左右。英国之所以独占垄断地位，除了远洋航线中的欧亚航线几被其独占外，更重要的是，英国在中国的老牌航运公司太古（The China Navigation Co.,Ltd）、怡和（Indo-China Steam Navigation Co.）两大轮船公司早已稳占长江和南北沿海航运的垄断地位。长江航线还有麦边洋行（MacBain & Co.）、鸿安轮船公司（Huug An Steam Navigation Co.）行驶。省港澳轮船公司（Hongkong, Canton and Macao

① 《光绪朝东华录》，光绪二十四年三月，第4062页。
② 转引自王洸：《中华水运史》，1982年版，第247页。

Steamboat Co.)垄断着香港、广州、澳门间的轮船航运。德忌利士轮船公司(Douglas Lapraik & Co.,1883年改为Douglas Steamship Co.)垄断着香港到台湾间的航线。只有香港以西经琼州、北海至越南海防的航线,由德国的捷成洋行(Diederichsen,Jebsen & Co.,亦作Diederichsen & Co. H.)和法国的孖地洋行(A. R. Marty)两家较小的企业掌握。德国的禅臣洋行(Siemssen & Co.)、瑞记洋行(Arnhold Karberg & Co.)、美最时洋行(Melchers & Co.)虽都有轮船航行于南、北沿海,但都远不能同英国抗衡。

1898年后,局面迅速出现了变化,攫取在中国的航运权,增强在中国的航运实力,日益成为列强争夺和确立在中国的势力范围的重要手段之一。其中,最突出的变化出现在日本。日本在甲午战争获胜后,为了改变在中国权益争夺中落后的局面,首先发动了攻势。1898年1月,日本的第二大轮船企业大阪商船株式会社在政府的支持和授意下,派船驶入长江,开始了上海至汉口间和汉口至宜昌间的航行,此举不仅拉开了列强航运势力争夺战的序幕,同时也使日本在中外船舶总吨数中所占的百分比,从1897年的1.96%一举上升到4.58%。接着,德国在租得胶州湾后,立即开设上海经胶州、烟台到天津的定期航线。另一家航运企业亨宝轮船公司(亦称汉美轮船公司Hamburg-Amerika Linie)在买并原有的金星线轮船后,与美最时洋行经营的北德路易轮船公司(The North Deutscher Lloyd)一起分置轮船,于1900年闯入长江,并同时扩大沿海和远洋航运的轮运实力,使德国在中外船舶吨位总数中的百分比从1899年的4.72%猛增到9.88%,翻了一倍还多。法国于获取广州湾的租借权后,在加强华南西段沿海航运势力的同时,也组织东方轮船公司(Compagnie Asiatique de Navigation),于1906年进入长江,参与竞争,并在西江与英国进行角逐。在中外船舶吨位总数中所占的份额首次超过4%。英国为了保持它在中国航运中的垄断地位，一面强迫中国开放西江和全部内港航运，极力攫取宜昌以上川江的航运权，力图夺占湖北以上至四川的长江上游航运①，一面加强原有轮船公司的实力，增设新的轮船公司，与其他列强展开激烈角逐，力图保住自己在长江流域的势力范围。俄国在组织中东铁路公司船舶部，侵入松花江和华北沿海后，又新组东海轮船公司（Russian East Asiatic S. S. Co.），和原有的黑海义勇舰队轮船公司（Russian Volunteer Fleet）一起，派船远航远东，加强新占夺的辽东半岛同本国的联系，并力图寻找机会继续南下。其余美国、挪威、荷兰、丹麦、西班牙等国或加强自己在中国的航运实力，或增强远洋线上航行中国的航运力量，窥视机会参与中国内江内港的竞争，在角逐中国权益的争夺中获取一杯羹的意图也十分明显。

因此，正如表77所示，在1895—1905年的10年中，中国各通商口岸进出口登记的轮船吨位数从2973万吨跃增为7275万余吨，10年中增长了1.45倍。其中，除中国所占的份额大体不变外，其余主要列强如英、德、日、法的吨位数都有较明显的增长。英国虽然净增吨位数达1457万余吨，在列强中遥遥领先，但在吨位总数中的比例却从69.02%下降到48.24%。居第二的德国净增吨位数574万吨，10年间增长2.35倍，增势强劲。但更明显的变化却在日本，日本虽然吨位数仅增611万余吨，但增长的幅度却位列第一，10年间增长50.27倍，一跃跻身于列强第三位，在总比例数中达到8.58%，仅比德国落后不到4个百分点。实际上，还在1902年时，日本的轮船吨位数就已超过德国，位列外国航运势力的第二位了，只是因1904和1905年日俄战争使部分船只移作军

① 参见聂宝璋：《川江航权是怎样丧失的?》，载《历史研究》1962年第5期。

用,才退居德国之后。然而,在日俄战争结束之后,日本的轮船转瞬之间即猛增500多万吨(1906年),超过德国近6个百分点,此后一直保持着领先德国的地位。此间法、美等国虽有所增长,但均不如德、日尤其是日本明显。

进入民国时期,中国各通商口岸船舶进出口吨位总数继续增加,1911年达到8577万余吨,与1905年相比,6年间又净增1302万余吨。其中,英国虽然保持着领先的地位,但吨位数却比1905年时下降了38万余吨。德、法、美等国在激烈的竞争中实力也有所下降。引人注目的现象依然是日本,日本在大多数列强势力有所削弱的时候,仍然保持着持续强劲的增长势头。在1905年的基础上又净增吨位数1294万余吨。增长幅度在列强中绝无仅有,这不仅因为日本在南满、华南和沿海的航运势力都持续增长,更由于日本在长江流域的航运势力迅速扩展的缘故。如以1911年与1895年相比,日本的吨位数从1895年微不足道的12万余吨持续增长至1911年的1917万余吨。17年间增长约158.75倍。这种速度不可谓不惊人。中国虽然由于清政府在向列强拱手交出航运权的同时不得不解除对华商行轮的限制,使得大批华商小轮公司在此期间出现,而使中国的轮船总吨位数从1895年时的522万余吨增加至1905年的1640万余吨,又增加到1911年的1788万余吨,但值得注意的是,中国自有的船舶吨位在1908年以前,一直领先于日本,此后则退居日本之后。而且由于中国增加的绝大多数都为小公司和小轮船,多数基础不稳,旋起旋落,其中还包括部分帆船,因而总体实力根本无法与列强尤其是老牌的英国和后起的日本相抗衡。这一点在下一节中还要谈到。

可以说,在19世纪末20世纪初的这段时间里,世界上各主要帝国主义国家的航运势力几乎都参加了在中国的权益争夺。从轮船公司看,英国的怡和、太古、麦边,德国的亨宝、北德,法国的东方，日本的大东、大阪、日邮、湖南以及由这4公司合并组成的日清汽船株式会社，是这场航运势力争夺战中的主要角色。从地区看，长江流域是列强争夺的焦点。这不仅因为长江流域位于中国的腹心地带，水运条件极为方便，更因为长江流域是中国经济最发达的地区，贸易量最大，因而必然成为列强在中国扩展侵略势力最重要的目标。

在这场激烈的争夺战中，日本航运势力的崛起和迅猛增长，成为列强航运势力竞争中最突出的现象。在日本航运势力的增长过程中，突出反映了日本向外侵略扩张的特点，反映了新兴帝国主义国家日本与老牌侵略势力英国及其他列强在争夺中国权益中的矛盾冲突。因此，有必要将日本势力的崛起及与其他列强势力的竞争做一重点叙述，使我们对这一时期外国在华航运势力的角逐演变，有一个更加具体和清晰的认识。

二、日本航运势力的迅速崛起

（一）势在必争的中国航运

甲午战争后，从中国获取的巨额战争赔款进一步刺激了日本资本主义的发展。日本开始了以扩充军备为中心的产业革命，并由此实行金本位制，打开了通向国际市场的大门。日本国内垄断资本的统治确立下来，对外扩张的欲望也愈益强烈。地理邻近而又积弱的中国，是它的首选目标，而航运势力的扩张，则是其下大力的入手之处。日本政府作出此决策，不仅因为考虑到自身是个岛国，输入原料、输出产品都离不了船运，更重要的，还是因当时的国际形势所致。1899年日本邮船会社社长近藤廉平在对俄国符拉迪沃斯托克，以及韩国和中国进行一番实地考察后提交给日本内阁的报告书，就鲜明地反映了这一点。书中认为，甲午战争以后,列强各国竞相在中国进行扩张贸易、敷设铁路、开设航路、建立金融机构、开掘矿山等争夺权益、划分势力范围的活动,其原因是当时世界上可供列强扩张、瓜分之处仅剩中国一地,致使列强各国"倾其全力于此,亦不足怪"。并针对日本在争夺中国权益中已落后的状况,提出从何着手急起直追十分关键。在做了一番分析后认为,当前"需急速施行者有二:一曰扩张东洋航路,二曰设立日清间之金融机构"。

近藤廉平把扩张以中国沿海内河为中心的东洋航路置于头等地位的理由有三:

首先,是对抗俄罗斯在远东的扩张。他认为俄罗斯在远东和中国建成铁路后,进一步的计划是"把东洋沿海的航业握于手中",且已开始了行动,在俄罗斯海陆相呼应之下,"东洋近海航路俄罗斯已成一大势力"。而俄罗斯势力在远东和中国东北的扩张,对于日本竭力把这一地区纳入自己势力范围的企图,已构成了明显的威胁。因此,近藤廉平认为对抗俄势力的扩展,是"今日我国必须尽速扩张东洋航路之第一理由"。

其次,针对列强竞相在中国扩展轮运,夺取贸易实权的状况,近藤认为,欧美各国"无不锐意扩张其航路",在中国仅"定期船即约有 200 艘"的情况同样对日本的扩张意图形成了明显的威胁,更严重的是,一旦列强的扩张计划得以逐步实现,"长江的航权成为英、德垄断的场所,华北华南航路成为列强汽船会社横行之处"时,日本的处境就会更加不妙。他针对当时日本"不仅中国陆上的交通权毫厘未得,海上的交通权亦落于人后"的局面强调,对抗列强势力在中国的扩展,是"今日必须尽速扩张我国东洋航路的第二理由"。

最后,对华贸易是日本必须尽快扩张东洋航路的第三个理由。近藤认为,中国是供给日本原料、倾销日本产品的大市场,日本今后的对外贸易必然最为依靠中国，而且，随着日本在西伯利亚和韩国贸易量的逐日增长，“我势力在以上东洋各地的贸易上伸张独占，必将成为我国富国的要策”。而为达此目的，“紧要手段应是使我国尽快在东洋扩张航权”。因此，在近藤看来，这是“不得不尽速扩张东洋航路的第三个理由”。

根据以上三点，近藤认为应趁甲午战后中国不少内河刚刚开放，列强对这些地区尚未来得及经营或羽翼尚未丰满之际，“迅速着手以占机先”，并且，在扩张发展上应制定总体计划，“努力做到首尾相应，南北相通”。①

近藤廉平的这份建议书，不仅全面暴露了后起的日本在准备与老牌列强争夺中国权益，进而实现其独占中国时的野心和计划，而且表明了扩张发展中国沿海内河航运在日本决策人物心目中所占有的重要位置。甲午战后第一个在中国设立航运公司，被日本誉为扬子江航路开拓者的侵略分子白岩龙平，对扩张中国航运势力的重要性就有一段很典型的表述。1900 年，他在为开拓湖南航路而向贵族院议长近卫笃麿呈递的《湖南视察之我见》的报告书中写道，中国“河湖的航运，是条约各国得以均沾的贸易上的公有通道，其性质与铁路和矿山等具有的独占权不同，不管哪一国的船舶都可在同一水道上航行”。他针对日本在争夺中国权益中已落后于列强的状况建议：“在对清的贸易政策上，我国应充分利用扬子江水域扩张商业”，他认为当时扩张本国势力“没有比利用此河

① 以上均见近藤廉平：《关于扩张东洋航路及日清间金融机构的建议书》（明治 32 年（1899 年）12 月向内阁大臣提出），引自《近卫笃麿日记》（附属文书），日本鹿岛研究所出版会昭和 44 年（1969 年）版，第二部，第 209 页。近卫笃麿（1863—1904 年），日本政治家、公爵，其时任贵族院议长，枢密顾问官，日本对华侵略的重要决策人物之一。

湖航通权更有效的办法”,因为,“只要充分利用此权利,即不管是城镇还是乡村,均可直接推销产品和采购原料”。① 事实上,在陆地上的交通权争夺中屡遭挫折的日本,已把中国沿海和内河为中心的东洋航行权尤其是内河航行权,看成可以改变在争夺中国权益中落后局面,迅速扩展自己势力的最有效途径。这一点,在随后不久涩泽荣一等十多位财界政界著名人士向日本政府所上的《关于补助湖南航路的请愿书》中,说得更加清楚和具体。他们强调指出,中国的“铁道矿山等各种有利的事业如今概落入列强之手而着着进行,几乎不留什么余地”,只有新开放地区的“内河轮船航运事业犹处于创始之期,以待于将来之经营……”②故此,“如果我们今天不尽速抢占机先,那么我国至今惟一能收的遗利内河航业也成他人所占之所时,恐怕我们在对清经营上就什么利益也得不到了”③。

实际上,下大力发展航海造船事业,为向外扩张做好准备早已成为日本政府决策层的共识,还在甲午战争刚刚结束的1896年,日本政府就制定了倾其全力鼓励发展航海造船事业的“航海奖励法”和“造船奖励法”,用巨资鼓励推动本国造大船和向海外航路扩张。其中,对千吨以上,时速10海里以上的铁壳船,特别给予补贴。④ 据此当年日本政府支出的航海奖励费和航路扩张补助费就达314.2万日元,以后逐年增长:1900年上升到1273.5万日元,

① 白岩龙平:《湖南视察之我见》,见《近卫笃麿日记》第3卷,第37页。

② 《关于补助湖南航路的请愿书》,引自《近卫笃麿日记》第二部“附属文书类”,日本鹿岛研究所出版会昭和44年(1969年)版,第233、234页。

③ 《关于补助湖南航路的请愿书》,转引自《近卫笃麿日记》第二部“附属文书类”,日本鹿岛研究所出版会昭和44年(1969年)版,第233、234页。

④ 日本递信省编:《递信事业史》第6册,第812—815页。

1908 年增为 1895.8 万日元,1913 年更增加为 2176.3 万日元。[①]在 1896 年到 1913 年短短的十几年中,增长了近 6 倍,平均每船吨津贴补助为 12.3 日元,而当时头号海运大国英国政府的船吨津贴补助,每船吨仅合 0.56 日元[②],只及日本的 4.5%。日本大力发展航海造船事业之不遗余力,于此可见。

日本政府这种异乎寻常的奖励措施的目的十分清楚。在制定"航海奖励法"和"造船奖励法"的同年,日本政府召开了第一次农商和工商会议,置于头等地位的第一个议题,就是关于向中国长江派遣调查员的议案。议案一开始即强调:"长江是横贯中国腹部最富庶地区的大河,不仅上海位于其河口,过去的开埠城市镇江、九江、芜湖、汉口、宜昌以及马关条约新开的沙市、重庆皆位于沿岸,是中国货物旅客集散的第一大要河。"针对长江流域已有欧美和中国的几家会社以汽船往来航行获取优厚利润的情况,议案指出,"而今我邦虽依马关条约而获扩张此河航路之特权,然于此航路能否获厚利尚有疑问",此中原因"不仅因天然之困难,更可预期的是人为的妨害",因此,要"派遣专门的技师进行充分的调查,以收该条约之实效"。[③] 因此,议案进而讨论了建造适合长江航线的江轮和建设长江线上的仓栈、码头等陆上设施,制定与英国怡和、太古和中国招商局等既存会社进行较量,排除"人为妨害"的对策。[④]

---

① 小风秀雅:《帝国主义形成期的日本海运业》表 1,载日本《史学杂志》第 92 编第 10 号,1983 年 10 月。

② 《北华捷报》1908 年 5 月 28 日,第 527—528 页。

③ 均见日本农商工高等会议会编:《农商工高等会议议事录》第 1 回,东京明治 30 年(1897 年),第 40—42 页。原件藏东京大学经济学部图书馆。

④ 均见日本农商工高等会议会编:《农商工高等会议议事录》第 1 回,东京明治 30 年(1897 年),第 40—42 页。原件藏东京大学经济学部图书馆。

日本的注意力之所以首先集中于长江,不仅因为长江有极为方便的水运条件,长江流域又是中国经济最为发达的地区,更重要的,还在于日本政府认为这个地区是控制整个中国的关键地区,它的重要性,甚至超过日本久已垂涎的满洲。正如日本派驻汉口的总领事水野幸吉所说:"满洲,为支那问题之一部而非全部","最大而未决之清国问题,系中央支那即扬子江流域利权之竞争"。① 关于这一点,我们至少可以追溯到19世纪的80年代。还在1887年日本参谋部拟定的《征讨清国策》中,就有占领长江流域的计划②,但一直未能得逞。1895年签订的《马关条约》,为日本侵入长江流域打开了大门,而扩张在长江流域的轮船航运势力,正是进入这个大门的关键。特别是当日本在这一地区的铁路利权争夺战中一再受挫后③,发展长江航运业更成为日本必须全力争夺的重点。但是,在中国航运业中雄踞第一的英国,这时已在长江流域的轮船航运业中占据着绝对的优势。以太古、怡和轮船公司为首的英国航运势力,从19世纪80年代起,就开始垄断了长江的航运。90年代中期长江各口进出的英国轮船吨位年平均达到7168000吨,占各国轮船吨位总数的72%。④ 中国在这里的最大轮船公司轮船招商局,在帝国主义、封建主义的内外压迫下,已经失去生

① 水野幸吉:《汉口》,湖北嘤求学社译,1908年版"自序"。

② 参见金基凤:《关于中日甲午战争的起因问题》,载《世界历史》1981年6期。

③ 日本在甲午战后即积极进行攫取长江流域铁路权益的争夺,但在列强的干预和中国人民的反抗下,一再受挫。迟至1907年,日本仅得到以借款的方式渗入和逐步控制江西九江至南昌之间128公里南浔铁路的路权。

④ 参见樊百川:《中国轮船航运业的兴起》,四川人民出版社1985年版,第356页统计表。

气和收回中国航权的进取心，并从1878年开始，先后与太古、怡和两公司多次订立“齐价合同”，满足于既得的利益。英商麦边洋行的轮船公司，鸿安轮船公司，也只惟太古、怡和的马首是瞻。在这种情况下，以太古、怡和为首的英国轮船公司，必然被日本视为发展航运势力的最大障碍。因此，推动政府利用邻近中国这样一个为“英国及其他外国人可望而不可即”①的有利条件，与英国为首的航运势力进行实力的较量，一时成为日本朝野的共同呼声。曾任日本贵族院议员、满铁株式会社总裁的山本条太郎即认为，在中国富源扬子江上，“无论如何……必须保有足以与英国竞争的力量”，“在中国海运问题上，即使和英国打一仗也在所不惜”。②

为了争取长江航运的制胜权，日本政府首先从财政上拨出大量款项用于长江航运业的发展补助费用。在日本政府制定的近海航路补助费用表中，中国长江航路的补助费数额居于首位，金额远远超过其他航路，如把日本邮船的上海航路（日本至上海）计算在内，总数则远超过其他航路补助费的总和。日本轮船公司行驶的中国航线全被定为“命令航路”③，全都享受日本政府的财政补助，无一例外（见表78）。这就十分清楚地表明了日本政府对中国航线尤其是长江航线的特殊重视。

---

① 白岩龙平：《湖南视察之我见》，见《近卫笃麿日记》第三部，第37页。

② 中岛真雄：《续对支回顾录》下卷，《山本条太郎传》，大日本教化图书株式会社昭和16年（1941年）版，第153页。

③ 由日本政府给予财政津贴，根据日本政府命令通航的航线称为“命令航路”。

表 78　日本递信省所管近海命令航路补助费用表

单位:千日元

航路	受命企业	1901 年	1903 年	1906 年	1907 年	1911 年
长江航路	大阪商船	292	327	355	800	800
长江航路	大东汽船	58	51	37	800	800
长江航路	湖南汽船		26	41	800	800
上海	日本邮船	250	250	300	300	300
神户华北	日本邮船	100	100	130	130	130
神户韩国华北	日本邮船	25	25	25	25	25
韩国	大阪商船	36	37	60	56	52
海参崴	日本邮船	25	25	25	25	25
日本海	大阪商船	60	111	126	300	300
大连	大阪商船			140	140	140
库页岛	日本邮船			25	25	50
合计		846	952	1264	1801	1822

说明:从 1907 年起,大东、湖南、大阪、日邮长江航路合组为日清汽船株式会社。

资料来源:小风秀雅:《帝国主义形成期的日本海运业》表 2,载日本《史学杂志》第 92 编第 10 号,1983 年 10 月。

其次,日本政府从扩充航运实力、制定对策等方面进行了一系列准备。上述农商工商等会议讨论的议案即为一例。另外,建造适合长江使用的浅水轮船以备与列强竞争的工作也在加紧进行。鉴于过去没有建造过内河航用的浅水轮船,技术资料缺乏,日本政府不惜多方派人收集资料,甚至派人化装为旅客搭乘外国船,秘密量取船上有关部件的尺寸,终于在 1899 年 5 月首次造出专供长江航线使用,载重为 1694 吨的最新式轮船"大元号"①,投入汉口—

① 浅居诚一:《日清汽船株式会社三十年史及追补》(以下简称《日清汽船会社史》),昭和 16 年版,第 23 页。

宜昌水段航行，第二年即揽载了沙市口近一半的货运。[1] 在刚刚开放和外国势力薄弱的内港地区，日本政府则先发制人，捷足先登，或派人收集物产、货运等经济情报，或派船秘密量取航线水深，制作航道水文图籍。同时与中国政府交涉通航和码头、仓栈用地等事宜[2]，以期一举取得领先地位。

最后，从外交和军事上给予支持。“取得外务省和陆海军省的充分援助”[3]，这在下述日本开拓湖南航线和1911年辛亥革命的炮火中日本军舰对本国商轮护航，使日本轮船得以坚持定期航行的事例上，得到了充分的体现。

凡此种种，均表明后起的帝国主义国家日本，在把中国轮船航运业视为势所必争的领域时，各种准备工作正在节节进行。万里中国航线上，一场新的争夺利权的激烈斗争即将全面展开。

（二）长江流域的日本四公司

实际上，《马关条约》墨迹未干，通商行船条约尚未签订，日本轮运势力侵入长江流域的活动就已经迫不及待地开始了。当甲午战争的炮火一停熄，上面提到过的被日本侵略分子誉为扬子江航路开拓者的白岩龙平即赶到上海，开始着手进行开拓中国内河航运的事宜。首先是开辟上海—苏州间、上海—杭州间、杭州—苏州间的三角航路。[4] 1896年5月，还在苏州、杭州正式辟为商埠之前4个月，白岩龙平就发起成立了日本大东新利洋行，经过一番准备，9月间，在苏州、杭州开埠的同时，首先开辟了上海—苏州间

---

① 《关册》，1900年，沙市口。

② 尤以汉口—湘潭线和汉口—常德线的开拓为最典型。

③ 《近卫笃麿日记》第四部，第331页。

④ 中岛真雄：《续对支回顾录》下卷，《白岩龙平传》，大日本教化图书株式会社昭和16年（1941年）版，第342页。

148 公里的航线,尽管遇到了中国政府的反对和华商戴生昌、公记、大和等轮船公司的竞争,1897 年 1 月,又实现了计划的第二步,开辟了上海—杭州间 278 公里的航线。

白岩龙平对开辟中国内河航线之十分积极,是因为他知道,获得航行权并将之实施,是保证条约特权得以实现的前提和有力手段。为此,他在给日本政府的上书中说道:“苏杭两州开埠之际,据《马关条约》获得此间汽船通航权是十分紧要不可或缺之事,此正应感谢当局诸公的先见之明。若当时此两地开港而我未获通航权,则开港实际上等于有名无实。”①正因为“贸易及殖民必然有待于交通运输线的扩展伸张”②,白岩龙平的行动,从一开始就得到了“政府当局和近卫笃麿等朝野有识之士”的赏识和支持。③ 1898 年 10 月,在大东新利洋行改组为大东轮船合资会社的同时,日本政府就将大东公司的航线指定为命令航线,给予年额 3 万日元的补助,大东会社的总社也由大阪移至东京。1900 年 4 月,在大东轮船合资会社改组为大东轮船株式会社,资本金增为 10 万日元,增辟苏州—杭州间 235 公里航线的同时,日本政府又增拨年额 2 万日元的补助金④,使大东会社的补助金年额达到 5 万日元。至此,在大东轮船会社势力逐渐壮大的同时,上海、苏州、杭州间三角航路的计划也终于得以全部实现。

为日轮势力侵入长江流域发挥了先锋作用的大东轮船会社,

---

① 白岩龙平:《关于上海苏州杭州间航通实况及扩张改良的请愿具情书》见《近卫笃麿日记》第二部“关系文书类”,第 194 页。

② 白岩龙平:《关于上海苏州杭州间航通实况及扩张改良的请愿具情书》见《近卫笃麿日记》第二部“关系文书类”,第 194 页。

③ 《日清汽船会社史》,第 18 页。

④ 《日清汽船会社史》,第 19 页。

虽然是一个资本金只有10万日元的小企业,但却是一个典型的殖民企业。它不仅享受日本政府的补助金,用这笔相当于其资本总额半数5万日元的补助费来增置轮船,使其有可能把各条航线由隔日班改为日班,同时得以降低运费,增强竞争力,很快成为沪苏杭三角航线上的霸主。更重要的是,在它的背后,还有日本政界、财界的有力支持,它的股东名单中,有日本贵族院议长、枢密顾问官近卫笃麿,有被称为日本"实业之父"的涩泽荣一,还有日本最大轮船公司邮船会社社长的近藤廉平和野崎武吉郎等政界财界著名人物。① 所以,在改组为大东轮船会社后不过两年,1902年7月,又得以开辟苏州—镇江间269公里的航线。1905年5月,再开辟镇江—清江浦航线267公里,镇江—扬州航线37公里,使其航线总长达到1222余公里,成为这些航线上最大的小轮船公司。到1907年合并于日清汽船株式会社时为止,历时不过12年,大东便拥有小轮船15只和拖船15只,在上海设有分社,苏州、杭州设有支社,镇江、嘉兴、湖州、清江浦等14个地区设有代理店,其船舶一年行驶的里程总计已超过56万公里。②

打进长江主流航线的第一家日本轮船公司,是成立于1885年(明治17年),资本金120万日元的大阪商船株式会社。该公司得到日本政府大力支持,于1896年、1897年两次增资,将资本扩充至550万日元。1897年10月,日本政府指定上海—汉口、汉口—宜昌为命令航线③,给予10年的长期航行补助费,第一年即补助9万日元。在接到日本政府开辟长江主流航线命令书后仅仅

---

① 中岛真雄:《续对支回顾录》下卷,《白岩龙平传》,第342页。

② 以上均见《日清汽船会社史》,第21、22页。原资料为海里,这里按1海里等于1852米折算成公里。

③ 《日清汽船会社史》,第22页。

过了1个月,大阪商船会社即专门派出高级职员石原市松等到长江一带实地考察,进行航线开辟的准备。经过调查后他们提出了三点意见:(1)扩充水陆设备;(2)增加船舶数量;(3)开辟同长江航运相连接的营口、天津、香港等沿岸航线。[①] 1898年1月1日,经过一番精心准备的大阪商船会社,在专为长江线上使用的浅水轮船造出之前,将原濑户内海航线上行驶的小吨位轮船"天龙川"和"大井川"号(均为658吨)派出,开始了上海—汉口间的航行,沿途停靠镇江、芜湖、九江,同时并在通州、江阴、天星桥、仪征、南京、大通、安庆、武穴、黄石港、黄州等地停船。每月航行6次,还在汉口设立分公司,上海设立代理店。这样,在大东新利洋行之后1年零3个月,长江的主干线上也扬起了太阳旗。[②]

1899年5月,大阪公司所属由日本川崎造船厂建造的专供长江航行的浅水轮船"大元"号加入了汉口—宜昌线的航行,年获日本政府补助金5万日元。每月航行3次,途中停靠沙市,并在新堤、荆河口停船接客。这样,在一年多一点的时间里,日本轮运势力就从长江口扩大到了川江口。

1900年1月,大阪商船会社在日本政府支持下,进一步把资本增加1倍,达到1100万日元,并把增资总数近一半的250万日元专门用作扩充长江航线的费用。其中162万日元作为建造4艘吨位均在2000吨以上,结构坚固、装饰美观、吃水量浅的专供长江航行使用的轮船。剩下的88万日元用于陆上的设备投资。同年9月,新造的两只轮船大利(2246吨)和大亨(2245吨)号竣工下水,代替天龙川和大井川号航行上海—汉口线。日本政府的航行

---

① 牧野良三编:《中桥德五郎》下册,1942年同翁传记编纂会,第99—102页。

② 《日清汽船会社史》,第22页。

补助费也随之增加:上海—汉口线增为16万日元,汉口—宜昌线增为6万日元。1901年,新造的大贞(2711吨)、大吉(2076吨)号又竣工下水,同年10月根据递信省命令,大贞加入上海—汉口航线,大吉加入汉口—宜昌航线。① 这4条轮船加入长江航路,使大阪商船会社在长江的吨位猛增至11100吨,一度超过了这条航线上其他任何轮船公司。航行次数也随之增加,上海—汉口航线增为每月8次,汉口—宜昌航线每月6次。进入20世纪后,日本在长江航线上的实力,已明显居于中外各公司的前列,这从表79中可以清楚地看出来。

从表79看,1901年时,上海—汉口线共有中、日、英、德4国8家公司25只轮船航行,汉口—宜昌航线有中、英、日3国4家公司8只轮船航行。其中上海—汉口线的大阪商船会社虽然仅有3只轮船7200吨,在总只数和总吨位数上均不如英国和中国,但其总吨位数及单船平均吨位数却超过了任何一家公司。汉口—宜昌线日本大阪商船会社轮船虽仅有2只,但其平均单船吨数却不仅超过英、中两国的任何一家公司,而且总吨位数甚至超过了英国和中国的总和,显示了飞跃的发展速度和强劲的潜力。仅仅3年多一点的时间,大阪商船会社就以自己迅速的发展成为长江线上有力的竞争者了。

表79　1901年沪汉、汉宜线各公司营运轮船只、吨数统计表

公司名	国籍	船只数	吨位数
上海—汉口线			
大阪	日	3	7200

① 《日清汽船会社史》,第22—25页。

续表

公司名	国籍	船只数	吨位数
招商局	中	4	5800
鸿安	中	4	2700
太古	英	3	5500
怡和	英	3	5500
麦边	英	2	1600
美最时	德	4	不详
瑞记	德	2	不详
汉口—宜昌线			
大阪	日	2	3900
招商局	中	2	1200
太古	英	2	1000
怡和	英	2	1500

资料来源:据《日清汽船株式会社史》,第25、26页表编制。

日本轮运势力进入长江主流航线后,英国怡和、太古即再一次利用“齐价合同”拉拢中国的招商局采取一致行动进行抵制。他们除了划定统一运价,以图挤垮大阪商船会社外,在其他方面也同样结成同盟对付大阪商船会社,如汉口—宜昌航线春天水枯时江底很浅,经常出现船舶胶沙的情况,“招商局、怡和、太古相约不救济日本轮船胶沙,违约者罚违金一万五千元”。① 但是,得到日本政府雄厚财政补助金支持的大阪商船会社,不仅敢于在运价上同三公司对抗,甚至还能以比三公司更低的运价进行竞争:在货运运费方面,“沪汉线招商、太古、怡和三公司同,大阪商船会社则低一

① 《扩张中国航路计划》,译时事新报,三月,东西商报商三十九,光绪二十六年(1900年),第12页。

成,汉宜线各公司大致相等,惟大阪低二成”。[1] 在给货主的回扣方面,三公司为10%,大阪则为15%。[2] 1901年年底,大阪商船会社将上海代理店改为分公司,同汉口分公司一起统辖整条航线,并在镇江、芜湖、九江、沙市、宜昌各港设立了代理行。随着各地码头、趸船、仓库等水陆设备的逐步完备,大阪会社的基础也日臻稳固。此后,大阪商船会社进一步在重庆、宜昌开设商行,大力揽载货物[3],以图进一步发展。此时的大阪商船会社,虽然还没有力量开辟如石原市松等调查员建议的营口、天津、香港等航线,但在长江线上,对原有的外国航运公司而言,已无可置疑地成为一家咄咄逼人的竞争对手了。

1905年5月,大阪商船会社开辟了从日本大阪直达汉口的航线,减少了在上海装卸货物的周折,降低了运输费用。同年7月,又购进了吨位为2800吨的轮船“大福”号,加入沪汉线,并将航行次数增为每月12次,进一步增强了竞争能力。与此同时,又积极进行宜渝线航行的准备工作,以图染指川江。

如果说,在长江主流航线上,大阪商船会社依靠日本政府的雄厚补助金即迅速奠定了基础,那么,在长江支流湖南航线的开拓上,日本政府则是财政补助与军事外交支援双管齐下了。

湖南省一向被认为是“排外风气最盛”的地方,过去英国和许多其他外国人想在这里发展轮运势力都没有成功。1898年清朝政府被迫公布了《内港行轮章程》后,日本国内对华扩张轮船航运的要求更为强烈。继大东、大阪轮船公司进入长江主支流航线后,

---

① 《中国经济全书》第7卷,第61—62页。

② 东亚同文会:《支那经济全书》第三辑,第364页。

③ 参见小风秀雅:《帝国主义形成期的日本海运业》,日本《史学杂志》,第92编第10号。

尚无外国势力侵入的湖南省,便成为日本扩张轮运势力的又一个重要目标。

在开辟湖南航线中打先锋和发挥骨干作用的,还是白岩龙平。1899年,他带了同伙河本矶平一起潜入湖南进行航路、物产和城镇经济等各方面情况的调查。经过50多天的考察后,白岩龙平于1900年1月先后向近卫笃麿呈递了《湖南视察之我见》和《湖南省见闻一斑》两篇报告。在报告中他认为至今尚未被外国人染指的湖南省是后起的资本主义国家日本入侵的最适宜的对象。① 此后,白岩龙平同近卫笃麿、日本邮船会社副社长加藤正义、政界要人犬养毅等人就开发湖南航路进行了多次会谈,得到了他们的一致支持。义和团运动兴起后,白岩龙平向外务省建议,在日本出兵镇压义和团后向清朝提出开放长沙、湘潭和常德的要求。建议书中指出:苏沪杭航路的实践证明,“在其他外国人还没有来得及着手的地方开辟我们的市场,进行起来比较容易”。② 与此同时,他还送上了航路计划书和湖南见闻书。这样,作为开发湖南市场先锋的轮船航运业,正式提到了日本政府的议事日程上。

有日本政府做后盾,白岩龙平这时又完成了一件“耸动日本朝野的功绩”,他在连传教士也难以入境的湖南省,在码头上百姓“杀洋鬼子”、“杀外国人”的呼喊声中,“官服乘轿而过,直抵长沙城内巡抚衙门,终于在洞庭湖航线这一极为难办的问题上取得了中国官宪的允诺,奏凯而归”。③ 随后,1901年10月,日本邮船会社副社长加藤正义视察湖南航线,白岩龙平以东道主的身份导游长江主流和洞庭湖。正是在这次视察中,共同作出了几条重要决

---

① 《近卫笃麿日记》第三部,第39页。

② 《近卫笃麿日记》第三部,第320—321页。

③ 《续对支回顾录》,第343页。

定，即确定了长沙湘潭航线；决定建造浅水轮船“湘江”和“沅江”号；还作出了以后要设法购买英商麦边洋行的船舶和设备，并添造4000吨级新船出入长江的决定。① 1902年2月，加藤正义、大仓喜八郎、大谷嘉兵卫、岩永省一、田边为三郎、园田孝吉、中桥德五郎、安田善次郎、益田孝、近藤廉平、男爵有地品之允、浅田正文、男爵涩泽荣一、白岩龙平等财界政界要人发起成立了“湖南汽船会社发起人会”。在其联名向日本政府提出要求帮助建成湖南航线的请愿书中说：“就某等之所见以及前后数次亲自实地之调查，我们选定将来在清国内河航权中理应成为主力的湖南航路，并发起成立湖南汽船株式会社，目下正在进行开业的准备。”他们一致认为“湖南省水运之利，物产之富，长江未开发之宝藏均不亚于四川省。以洞庭湖为中心贯通省内的湘江沅江二水航路是清国河湖各航线中最有希望的航路”，“对此，我们着手的快慢甚至关系到我们对一般内河航行权的得失。本会社（湖南汽船会社）将先以汉口为基点，开辟至长沙、湘潭的航线，其后开辟常德航线，再达于其他各线”，最后达到“垄断其内河航行权”②的目的。

至此，日本政府也将湖南航线确认为“日本贸易上最重要的航线”，极有赶在其他国家之前，“急速创立之必要”。③ 在湖南汽船会社正式成立之前，贵、众两院就匆匆通过了给予湖南汽船会社补助的议案，决定按照6%的平均利润率给予补助。日本当局采取这种异乎寻常的步骤，充分反映了日本朝野之间对扩大中国内

---

① 《近卫笃麿日记》第四部，第331页。

② 《近卫笃麿日记》第二部“附属文书类”，第234页。

③ 《第十六议会众议院委员会议录》预算委员会第4分科会，第19回（1902年3月4日），转引小风秀雅：《帝国主义形成期的日本海运业》，日本《史学杂志》第92编第10号。

河航运势力的“热烈的情绪”。[①] 接着,日本政府特派军舰爱宕号测量洞庭湖水路并完成航路图。又派遣驻汉口总领事山崎桂多次去长江反复交涉码头和仓库的用地事宜[②],为湖南汽船会社的通航做好准备。在湖南航路的开拓过程中,日本政府、财界、军界全都行动起来,齐头并进,极好地说明了日本政府对开拓中国内河航运的重视。湖南航路开拓成功这件事,被日本首相桂太郎称赞为“是比邮船会社万吨级的轮船开拓欧洲航线对我国有更加重大意义的事情”[③]。日本政府还认为这是“迫使英国开始追随我国的一次外交政策上的胜利”[④]。

1902 年 9 月 13 日,湖南汽船会社正式召开成立大会,资本金定为 150 万日元,发起人和股东中“网罗了我国(日本)一流财界之士”[⑤],特别值得提出的是,日本皇室也以“内藏头”即以内务省和大藏省首脑的名义购买了股票成为该社股东,这件事使得“关系者皆感激莫名”。[⑥] 第二年,日本特意为湖南航线设计的浅水轮船“湘江”号和“沅江”号(吨位均为 935 吨)在大阪竣工。1904 年 3 月,“沅江”号开始了汉口—湘潭间的航行,每月航行 8 次,途中停泊长沙,并在新堤、宝塔州、城陵矶、岳州、芦林潭、湘阴、靖港等处停船,这是日本在洞庭湖航路上定期航行的开始。1906 年又建造了轮船武陵号(1458 吨),1907 年 2 月加入湖南航路,使湖南航路的轮船数达到 3 只,总吨数 3328 吨。[⑦] 此时怡和、太古虽已尾

① 《日清汽船会社史》第 29、31 页。
② 《日清汽船会社史》第 29、31 页。
③ 《续对支回顾录》下卷《白岩龙平传》,第 343、344 页。
④ 《续对支回顾录》下卷《白岩龙平传》,第 343、344 页。
⑤ 《日清汽船会社史》,第 30 页。
⑥ 《日清汽船会社史》,第 30 页。
⑦ 《日清汽船会社史》,第 32—33 页。

随其后各以一船进入汉口—长沙航线①，但和日本的湖南汽船会社相比，已瞠乎其后。

另外，原以远洋运输为主的日本邮船株式会社，也于此时插足进来。1903 年 5 月，当英商麦边洋行的轮船公司在长江航线的激烈跌价竞争中因实力不支而企图退出之时，日本邮船会社立即采取行动，于同年 6 月以日金 250 万元收买了英商麦边洋行在长江航线的轮船、码头和一切水陆设备，轻而易举地开展了长江线上的业务。并迅速扩大在长江线上的规模，1906 年，日邮会社在日本川崎造船所预订了 3 只 3500 吨级的轮船准备投入长江航运②，其资本也已增涨至 2200 万日元③。至此，在不到 10 年的时间里，长江流域主支流航线上，已相继出现了 4 家日本轮船公司。

此时，老牌的帝国主义法国，也不甘落后。继 1902 年以 110 万两资本金成立东方轮船公司后，1906 年新造成总吨各为 2867 吨的 3 只轮船“立茂”、“立丰”、“立大”号，以前两只投入上海—汉口航线，另一只航行上海—宁波航线④，使长江航线轮船公司间的竞争更趋激化，但基本上仍是英、日争雄的局面。

截至 1906 年年底，长江主支流共有各国轮船 48 只，计登簿吨 54794 吨（下引轮船数均为登簿吨，登簿吨一般为总吨的 63%）。其中，沪汉线上有日本船 6 只，7364 吨；其他各国船 23 只，35803 吨；汉宜线上日本船有 2 只，2147 吨；其他各国船 5 只，4384 吨；汉口湘潭线上日本船有 3 只，2064 吨；其他各国船 7 只，2221 吨。另有行走苏、杭、扬、镇及清江浦等地的小轮船 65 只，其中有日本大

---

① 《北华捷报》1906 年 12 月 21 日，第 644 页。

② 《日清汽船会社史》，第 32—33 页。

③ 《北华捷报》1906 年 12 月 14 日，第 599 页。

④ 《日清汽船会社史》，第 15 页。

东轮船公司的约 20 只。① 从上述统计看,无论是在长江主流航线,湖南航线还是以沪、苏、杭为中心的长江支流航线上,日本轮船航运势力的增长都十分显著。如拿 1906 年日本在长江各口进出船舶吨位总数与 1898 年相比,则这 8 年时间里日本轮船进出口吨位增长了 12.5 倍。同期中国的增长速度是 1.9 倍,英国是 1.7 倍。② 但是,由于日本航运势力的起点较低,因此,"统计总数,日本船虽居四分之一,然其吨数则犹未达四分之一"。③ 显然,这与日本政府的要求尚相差甚远。并且,这 4 家日本轮运公司还都处于一种分立门户、各自为战的状况,在与其他列强轮运势力展开激烈竞争的同时,自身之间的竞争也日趋激化。特别是 1905 年日俄战争后,这种趋势更加明显。

企业间为争夺利润而激烈竞争,这乃是资本主义经济发展的基本规律。由于短短几年间日、德、法等国轮运公司相继挤入长江,与原有的中、英轮运公司之间以及各国的不同轮运公司之间为争夺权益利润展开激烈竞争,带来的后果必然是:伴随着长江线上轮船吨位总数的逐渐加增,各轮船公司的运费却呈逐步减少。到 1906 年时,"这样高的吨位已远远超过本年货运量减少的需要"④。1907 年时,更达到"无论是江、海船只,都仅能付出行船经费。虽然仍有一定的货运量,但运费却低得毫无利益"⑤。处于这种激烈的竞争环境中,日本的轮船公司在与外国轮船公司竞争的同时,自己内部的竞争也激化起来。1905 年 6 月,大阪商船会社

---

① 日本《外交时报》1907 年,第十卷第百十号"杂报",第 68 页。

② 据樊百川:《中国轮船航运业的兴起》,四川人民出版社 1985 年版,第 356 页表计算。

③ 日本《外交时报》1907 年,第十卷第百十号"杂报",第 68 页。

④ 《关册》1906 年,芜湖口,第 196 页。

⑤ 《关册》1907 年,上海口,第 296 页。

开辟了大阪直达汉口的直通航线，由于日本货物直达汉口，成本降低，航期缩短，利润随之增加。面对这种情况，日本邮船会社也于1906年开辟了从日本神户直达汉口的直通航线，以对抗大阪商船会社，同时准备进一步加强长江主流航线的力量，开始着手订造3只3500吨级以上的长江线上前所未有的第一流轮船，准备投入长江航运，使得日邮和大阪之间的竞争顿时呈现白热化。而此时，其他国家特别是英国在华航运势力仍然是日本轮运公司的主要竞争对手，如湖南线上英商太古、怡和均有通过汉口与上海至华南间的航路联络，而日本的湖南汽船会社虽然在汉口使用着大阪公司的码头，但航路却止于汉口，缺乏与上海、华南间的航路联络，货物不能直达上海和华南等地，因而被英商太古、怡和公司所压倒。1906年4月，法国资本的东方轮船公司准备使用新造的高速船舶投入长江线并与京汉铁路进行联运，使得各国轮运势力间的斗争进一步激化时，日本政府对日本轮运公司间的这种互相竞争的状况就再也不能容忍下去了。还在1905年5月，当时日本的政友会总裁西园寺公望就亲自巡视了长江流域各地，向日本政府提出了改变现状的建议。日俄战争结束后出现的经济不景气，进一步刺激了日本对处于竞争旋涡中的4家公司的关注，“停止自己互相间的竞争，全力对抗外国”①的呼声在日本盛极一时。日本政府此时明确表示：“如各航业经营者之间不能取得一致的话，迄今为止国家给予补助、正在发展的航路就有丧失之虑……对于外国公司，只要日本各航业公司互相联络一致，充分利用共同的设备进行营业，即能极大的增强对付它们的力量。”②

① 《日清汽船会社史》，第34页。

② 《第二十三议会众议院委员会议录》，预算委员会第六分科会，第三回（1907年2月11日），转引自小风秀雅：《帝国主义形成期的日本海运业》。

1906 年,日本政府指令当时递信省航运局长内田嘉吉负责解决这一问题,并委托涩泽荣一、近藤廉平、中桥德五郎、竹内直哉、白岩龙平等 12 人为创立新公司委员,与长江线上的 4 家日本公司进行协商,使之合并组成新公司。1907 年 2 月,日本第二十三次议会对新公司提出了航路补助案,成立新公司的各项工作正在加速进行。至此,在日本当局的直接推动和支持下,一家新的轮船公司出现了,这就是日清汽船株式会社。

(三)日本航运界的国策会社——日清汽船株式会社

1907 年 3 月 25 日,大东、湖南汽船会社和大阪、日邮会社的长江航路合并组成的新公司——日清汽船株式会社在日本东京正式宣布成立。这家公司拥有资本金 810 万日元,总社设于日本东京,分社设于上海和汉口,其规模在日本仅次于日本邮船、大阪商船和东洋汽船会社而位居第四。日本政府特派递信省航运局监理科长石渡邦之丞担任社长。土佐孝太郎、白岩龙平、竹内直哉为专务,涩泽荣一、近藤廉平、中桥德五郎为董事,有地品之丞、田边为三郎、田中市兵卫为监事。日本政府年给予资本金总额十分之一即 80 万日元的巨额补助金,补助的第一阶段即为期五年①,明确表示了对这家公司的长期扶助态度。

1907 年 4 月 1 日,日本政府向日清汽船株式会社颁布了“政府命令书”,对日清汽船会社的组织、经营和业务各方面作出了明确的规定。在行船方面,日本政府规定,日清汽船会社的船只总吨位必须保持在 28000 吨以上,如因船只遇难或其他原因使总吨位减少时,必须在递信大臣指定的期限内补足。目的就是要始终保

---

① 《日清汽船会社史》,第 36、37、56 页。

持一支足以与任何其他国家竞争的雄厚力量。其次，对每条航线使用多少船、速率、吨位以及每月多少航次，均有具体规定。只有完成每年的航行班次和里程，才能得到全年的补助金。当日本政府认为有必要时，只须付给一定的调用费，即可任意收买日清汽船会社的船只和调用它的船只。在管理方面，日清汽船会社章程的制定和修改必须得到递信大臣的认可。公司会计的规章及预算等项目，递信大臣甚至要参预制定。公司的客货运费的厘定和调整也必须得到递信大臣的批准。递信大臣和该管官吏还可随时对会社的各项业务进行监察。不仅如此，日清汽船会社还需承担日本政府关于收集中国经济情报的任务，诸如对各航线通商状况、物产状况等等都在它的调查范围之内。“调查报告”必须一年二次上报递信大臣。①

日清汽船株式会社的成立，使日本在我国内河的航运势力“集中于日清，而日邮、大阪则注力于南北洋及外洋”②。这种分工使我们可以看出，日本政府通过攫夺航权进而向海外扩张的战略，已进入了一个新的阶段。在对中国的权益争夺中，日本政府通过委派社长、颁布命令书和给予补助金等措施，已将日清汽船会社置于自己的严格控制之下，使它完全成为日本国家政权代理机关性质的殖民性企业，成为一家为日本对外扩张“国策”服务的特殊股份公司——国策会社。它和同年成立的南满洲铁道株式会社一样，是日本扩充在华交通运输实力的左右手，二者一北一南，遥相

① 上引均见《日清汽船会社史》，第56—57页，“日本政府命令书”。

② 张心澄：《帝国主义者在华航业发展史》，上海日新舆地学社1930年版，第92页。

营业情况为标准的核算要求,遭到日清的再次拒绝。此后,“深切感到自己的势力范围遭受蚕食”①的英国轮业资本,不得不再次采取行动把运费减少四成。除此之外,怡和等三公司为夺取日清的中国货主,还采取了增加粮食的回扣率和驳船免费运输的措施。

在如此激烈而长期的运费争夺战中,德国轮运势力首先经受不住竞争造成的损失。还在1906年秋,亨宝公司即把两只江轮出售给省港澳轮船公司。1907年建造的河海两用的“瑞茂”轮(总吨2396吨)也从长江线上撤出②,“专门从事中国沿海航路”。③ 另一家北德轮船公司,自1903年从长江撤出1只轮船后,1911年又有1只轮船出售给湖南的中华汽船会社。④ 剩下的3只轮船已经远远不能和英日轮运势力抗衡。法国的东方轮船公司同样经受不住竞争带来的损失,于1911年秋停业,将轮船出售给共同结算的怡和、太古、招商局三公司,退出了长江航线。⑤ 日清汽船会社之所以能与怡和、太古为首的英轮相抗到底,归根结底,是因为有日本政府的大力支持特别是有巨额财政补助金撑腰的缘故。“靠着每年80万日元的津贴”,“用减低运费率、打折扣和给托运人及旅客一些其他减价的办法,以攫取最大部分的长江贸易”。对于这家目的在于“驱逐成立已久的(英国)公司于贸易之外”⑥的日清汽船会社,英国人也只好自我解嘲地说道:“如果不是他们有津

---

① 《扬子江日清汽船会社与三公司间竞争状况的报告文件》,转引自小风秀雅上述文。

② 《关册》,1907年,汉口,第145页。

③ 马场锹太郎:《支那经济地理志》,第222—223页。

④ 马场锹太郎:《支那经济地理志》,第222—223页。

⑤ 《关册》,1911年,汉口,第317页。

⑥ 《北华捷报》1908年11月21日,第444、445页。

贴,他们早就被逐出长江了。”①由于竞争造成的损失有政府补助金的贴补,尽管“仓库和码头实际上是租用其他公司的,航行范围也仅局限于扬子江流域以内,但公司没有收益的情况是极少见的”②。我们把日清汽船会社1907年成立到1914年的收支情况作成统计表80,借助于表80,可以更清楚地说明问题。

表80　1907—1914年日清汽船会社收支一览表

单位:日元

年份	收入				支出	利润		对实收资本的利润率
	运费		补助金	连其他收入总计		含补助金	不含补助金	
	货运	客运						
1907	1031209	811028	791943	2701463	2561767	139695	-652247	1.7%
1908	1010870	685268	796588	2570656	2367734	202922	-593666	2.5%
1909	1245588	640538	799266	2747783	2256840	490943	-308323	6.1%
1910	1280308	665512	799159	2824652	2261174	563477	-235681	7.0%
1911	1285281	807833	799525	2996299	2410250	586048	-213976	7.2%
1912	2505323	833355	756228	4227237	3345001	882236	126008	10.2%
1913	2298672	760388	758480	4019628	3063045	956582	198103	11.8%
1914	2008636	632734	758625	3606935	2780863	826072	67447	10.2%

资料来源:据《日清汽船会社史》,第377页和387页之间插表制作。

从表80可以看出:第一,从日清汽船会社正式成立的1907年到1911年的5年中,如不包含补助金,日清会社每年都有巨额超支,5年亏损累积达200多万日元,相当于日清会社总资本的四分之一。但因有政府补助金的支持,日清并未因巨额亏损而影响它

① 《北华捷报》1908年11月21日,第444、445页。

② 《扬子江日清汽船会社与三公司竞争状况的报告文件》,转引自小风秀雅《帝国主义形成期的日本海运业》一文。

的正常运营,仍然能有利润,在亏损最高的1907年,仍能维持1.7%的利润率。在这里,日本政府的巨额补助金无疑发挥了决定性的作用。不言而喻,日本政府的目的,正是通过支持日清汽船会社争夺在中国的权益,之所以如此,也正因日清汽船会社是日本政府在中国扩张侵略势力总体计划的重要组成部分的缘故。第二,1912年日清会社在扣除政府补助金后第一次获得了利润,并在包含补助金计算时利润首次达到了两位数,使得日清会社命运发生如此转变的原因,同样是日本政府和日本军方发挥了决定性的作用。1911年中国爆发了辛亥革命,汉口成了交战双方的主战场,长江一带商业交易因战火的波及受到极大影响,列强各国的轮船大多停航或只能从事少量的不定期航行。此时清政府也由邮传部出面知会各家商轮,为安全计,长江"沿路小码头概不装货搭客"。① 但日本政府认为这正是一个大力扩展客货运业务,提高日清汽船会社地位的好时机,遂一面由日本领事照会清政府此事"碍难照办"②,一面命令日清汽船会社不准停止航行,同时派出日本海军保护,用军舰护航,即使是空船也要坚持定期航行,并加强招揽货源的工作。③ 结果,日清会社的货运收入从1911年的1285281日元一跃增加到1912年的2505323日元,一年间整整增长了近1倍。这种努力是相当有成效的,例如,汉口的日本船货物受理量1914年达到52588000两,比1907年时的10552000两增

① 清外务部档案"中英关系"、"中日关系"卷号721、2577,原件藏第一历史档案馆。

② 清外务部档案"中英关系"、"中日关系"卷号721、2577,原件藏第一历史档案馆。

③ 《日清汽船会社史》,第78页。

长了近4倍。[①] 在汉口的贸易总额中，日本船的"货物受理量从1907年占总额的8%，增长到1914年的32%"[②]，在湖南航线上的长沙、湘潭、岳州、常德等4港，日本船的货物受理量也从1907年的1786000两迅速增长到1914年的9586000两，增长了近4.5倍。[③] 很明显，在日本政府政治、经济和军事力量的支持下，日清汽船会社的势力获得了迅速的扩展。

经过十余年的竞争，日本航运势力在长江流域站稳了脚跟，获得了迅速扩展，成为仅次于英国的第二大侵略势力。十余年间，日本轮运在长江线上从无到有，从不足千吨的小轮发展到进出口近千万吨的船队。1911年同1898年相比，轮船总吨位增长了将近22倍[④]，为任何列强所不及。日本轮运势力的迅猛增长，成为19世纪末20世纪初外国在华航运势力中最引人注目的现象。

三、第一次世界大战和战后列强在华航运业

（一）第一次世界大战和战后列强在华航运势力的消长变化

正当列强航运势力在中国江海航线上纷斗争雄，日本势力迅猛增长直逼英国霸主地位之际，1914年，欧洲爆发了两大资本主义国家集团之间的第一次世界大战，这次大战持续4年有余，影响遍及各方面。其中，在交通和军事方面均扮演重要角色的轮船航

① 日本外务省通商局:《在支那本邦人进势概览》,1915年,中支那之部,第93、109页。

② 日本外务省通商局:《在支那本邦人进势概览》,1915年,中支那之部,第93、109页。

③ 日本外务省通商局:《在支那本邦人进势概览》,1915年,中支那之部,第93、109页。

④ 据樊百川:《中国轮船航运业的兴起》,第356页表计算。

运业,不可避免地受到战争的巨大影响。战争爆发前,世界各国航运界还饱受船吨过剩之苦,可战争的爆发却迅速使船吨过剩一变而为不足的局面。这不仅因为战争的爆发使轮船运输的需求加大,更主要的还在于:(1)战争爆发不久,德国和奥国所有的615万吨轮船即从世界航运市场上消失。(2)俄国所有的80万吨船只,绝大部分也因黑海和波罗的海被封锁而不能出航。(3)英、美、法、意等国出于军事上的目的,不仅征调本国的大部分船只,而且租赁了大量中立国的船只以作军用。(4)大战初期,由于德国使用快速巡洋舰和伪装巡洋舰大量袭击破坏商船,采取所谓"破坏贸易战略",因而使得每月损失的商船数量都在数万至数十万吨以上。特别是从1917年2月开始,德国宣布实行无限制的潜艇战,不管是协约国还是中立国的船只,均采取不发警告即予击沉的战略,使得商船损失的数字每月竟达50万至80万吨之多。第一次世界大战4年中损失的船舶合计竟达1200万吨以上。① 另外,再加上为躲避德国潜艇袭击,许多船只不得不绕道航行,在通过危险区域时迂回曲折而使航海里程拉长。海损受伤的船只,和战争中受伤的船只又因造船厂忙于军事工程以及大批熟练工被征召入伍等关系,而无法及时得到修复。港口停泊地、仓库等被军事征用,港口劳动力严重不足致压港严重等等原因,都使得船只供应出现了空前严重的短缺。这种种状况也必然影响到列强在华航运的各个方面。首先是列强来华的船只和在华航行的船只数都出现了明显的减少。从表81看,第一次世界大战前,外国船只进出中国通商口岸的数字还呈增长状况,1913年比1912年增加450万吨左右,但大战开始后即逐年递减,1914年比1913年减少51万多

① 神田外茂夫:《大阪商船株式会社五十年史》,昭和9年(1934年)版,第80、81页。

吨,1915 年锐减 641 万多吨,此后每年均递减 200 万吨以上,到 1918 年达到最低点,全年轮船吨位总数只有 5800 多万吨,比 1913 年绝对数字减少了约 1500 万吨,下降的幅度在 20% 以上。但从 1919 年大战结束开始,外国轮船的进出口吨位数马上呈回升状态,1919 年即回升到 1912 年的水平,1920 年比 1919 年净增约 800 万吨,此后每年均以几百万吨的幅度递增:1921 年比 1920 年增加 600 多万吨,1922 年比 1921 年又增 844 万多吨,1924 年首次突破亿吨大关,1925 年因五卅惨案引起全国抵制外国船和外国货,才初步遏制了外国轮船凶猛的增长势头。但第二年即 1926 年就又突破亿吨水平,直至 1927 年国内战争频发,才使外国轮船的进出口吨位数回落到 9457 万吨左右。如从外国轮船进出口吨位数所占的百分比来看,从 1912 年至 1927 年,外国轮船的吨位数在中外轮船吨位总数中的比例始终不少于 71%,1919 年最低,也在 71. 8%。1925 年全国抵制外国船时,外国船的吨位比例数也在 74% 以上。1927 年国内战争虽使外国船的吨位数回落到 9457 万吨,位因战争对国内航运业的影响更大,因此这年外国船在中外船吨中的比例数却反升至 81. 3%,成为 1912 年至 1927 年中的最高比例数。也就是说,从总体上看,无论是战前、战时或战后,外国在华航运力量的垄断地位均没有发生过动摇,外国在华轮船吨位数及其在中外船舶吨位总数中所占的比例就充分说明了这一点。

但是,在外国轮船吨位数占绝对优势的状况下,第一次世界大战前和战后列强各国间的力量对比却出现了一些变化。这些变化集中反映在美国和德国身上。战前,德国是外国在华航运势力中仅次于英国和日本的第三大势力。1912 年绝对数字有 617 万多吨,占中外船吨总数的 7. 16%,而这年美国的绝对数字只有 71 万多吨,仅占中外船吨总数的 0. 83%。此后德国呈明显的下降趋势,1913 年下降至占总比例的 6. 77%,1914 年占 4. 11%,1915 年陡降至0.06%。从1918年开始竟有3年空白,1921年即大战结束后第三年才开始有船只出现于中国水域,但数字微不足道,此后尽管有所增长,但直到1927年,绝对数字也没有超过300多万吨,在总比例中仅占2.81%,再也没有能够恢复到战前的水平。相反,美国却有一种急起直追的趋势,从1920年开始,船吨绝对数字就没有少于450万吨,从1923年开始更在600多万吨上下徘徊。在中外船吨总数中的总比例数也从1912年的0.83%上升到1927年的4.8%,俨然取代了德国而稳占外国航运势力的第三位。而一度参与中国水域中激烈竞争的法国,则已失去了往日的咄咄气势,绝对数字除大战期间外,始终在一二百万吨上下徘徊,总比例数也仅占1%多,再也不能有什么大的作为了。只有英国和日本,始终稳占战前、战时和战后外国航运势力的第一、二位。英国虽然从1915年轮船吨位数开始下降,且每年递减的绝对数字都在200万吨以上,1918年比1917年更下降366万吨,但英国在华轮船吨位总数却依然保持在2991万吨,比其他所有外国轮船的吨位总数2855万吨还多135万吨,且1919年马上回升到3628万吨,此后并以每年几百万吨的速度持续递增,1924年达到创纪录的5571万多吨,与1918年的2991万吨相比,6年时间几乎增加1倍,其速度不可谓不惊人。至于日本,却是惟一一个在华船运吨位数字不受一战影响而持续增长的国家,从1913年开始,轮船的绝对数字始终在二三千万吨以上浮动,1926年最高时达3894万吨,1927年甚至仅比第一位的英国少451万吨,在中外轮船吨位总数中的比例也仅比英国少不到4个百分点,成为惟一能对英国地位形成威胁的外国船运势力。

下面,借助于表82,我们可以进一步分析1895年后成为列强航运势力争夺焦点地区的长江流域,在第一次世界大战及战后的演变趋势。

拿表82与表81作比较，可以看出，从总体趋势上观察，两个表显示的基本情况大体是一致的。例如，英、日分占外国航运势力第一、二位的状况一致，美国在长江流域中势力迅速增长，取代德国成为第三大势力的趋势一致，法、德两国的演变状况也与表81显示的情况一致等等。但值得注意的是，与战前相比，意大利航运势力在外国列强中出现，并大体接近德国水平的状况，却是第一次世界大战后出现的新格局，再加上瑞典力量的加强，以及意大利1917年开设岳州航线，1923年开设重庆航线，瑞典于1925年开设重庆航线的情况考虑①，均显示出更多的列强势力企图染指长江流域，攫夺这块宝地利益的新动向。

表82显示的另一个特点，是长江流域依然是外国列强在华航运业争夺的中心。拿表82与表81比较，可以看出：长江流域14口进出的外船吨位数始终占外国在华各口岸进出口总吨数的60%以上。1912年长江流域外船吨位总数占同年中国各口外国轮船进出口吨位总数的62.59%，此后均大抵在此水平上浮动。1918年是长江流域外船数字最低的一年，为3976万多吨。可它在该年外国在华轮船进出口总吨数中却占到68.02%，1926年是长江各口外船数字最高的一年，占外船总数的62.98%。1924年是外船在华总吨位数最高的一年，可这年长江14口的外船进出口数依然占总数的60.51%。这种现象同时也说明，无论是战前、战时还是战后，长江流域依然是外国轮船在华活动最集中、最频繁和争夺也最激烈的地区。

① 实业部国际贸易局编纂：《最近三十四年来中国通商口岸对外贸易统计》，商务印书馆1935年版，第217、207页统计表。

（二）英、日持续分霸中国航运业

从上述分析可看出，1895 年后外国在华航运势力中，英国始终稳居第一位，其霸主地位无论是第一次世界大战前、战时和战后均没有发生变化。在中外船只进出中国通商口岸吨位总数中，其比例数也常年保持在 40% 左右。在长江流域的外国航运吨位数总数中，更一直保持着 50% 以上的比重。日本从 1895 年后势力持续膨胀，在长江流域更是从无到有迅猛发展，势力直逼英国的霸主地位，第一次世界大战期间又成为惟一一个在华航运势力未曾减退的国家，战后也始终保持着仅次于英国的第二大航运势力的地位。因此，分析第一次世界大战及战后英、日两国航运势力演变过程中的特点，探查英、日航运势力保持优势地位的措施，最能反映出这一时期外国在华航运势力的状况，有助于进一步说明外国航运势力保持在华垄断地位的特征。

请先看英国。

如前所述，第一次世界大战开始后，英国在华进出轮船吨位总数虽然从 1915 年开始下降，且每年递减的绝对数字都在 200 万吨以上．至 1918 年降到最低点 2991 万多吨，1915 年至 1918 年 4 年下降的总吨数合计达 888 万多吨，比德、奥两国原有的吨位数总和还多。但因其原来进出口吨位数巨大，即使 1918 年吨位出现 2991 万多吨的最低数字，也比其他所有外国轮船的吨位总数 2855 万吨还多 136 万吨，因此其垄断地位并未因大战的缘故而有所动摇。更加值得注意的是，英国在总体力量有所减少的时候，在某些领域却进行了明显的扩张。例如，英国乘战时德国力量西撤的机会，立即占领了德国北德轮船公司原来垄断的汕头、香港、琼州至曼谷、新加坡的航线，其中，太古公司设立香港—曼谷线，用 5 只轮船约 1 万多吨 10 天一次在汕头、香港、海口、曼谷之间往来。怡和公司则设立汕头—香港—新加坡航线，用 3 只轮船共 5000 余吨在其间航行。同时太古接办北德公司的中澳航线，用2只轮船设立澳东轮船公司，3个月两次定期在香港和墨尔本之间往来。怡和也接替亨宝轮船公司的日本航线，同它新由中印航线延长的神户—加尔各答线，交叉往来于中国。两线单用和共用的轮船合计7只，共约26000吨。此举不仅使英国取代了德国在这些航线上的势力，填补了空缺，加强了它在中国远洋航线上的霸主地位，而且使这两家公司加上原有的香港—菲律宾线（太古有3船，怡和有2船），香港—山打根线（怡和有2船），厦门—马尼拉线（怡和有1船），由原来垄断中国国内航线，进而加入垄断中国远洋航线的行列。①

在中国的沿海航线上也同样如此，尽管怡和、太古两公司约有30余只共约6万余吨的轮船被抽调到欧洲，但在总体实力有所下降的同时，英国航运公司一方面从英国占夺德国的船只中得到部分补充，另一方面同样迅速占领德国航运势力的地盘，像战前捷成洋行占优势的香港—海口—北海—海防航线，战争发生后即被太古、怡和所分占，各以二只或三四只轮船加入航行。1913年琼州进出的英船吨数为129906吨，1914年德船退出后，“其地位由英船代之，英船几增加1倍——共257848吨”。② 直到1921年，英船所占的比例数仍达61%。③ 1916年行驶北海口的轮船，“几全操诸太古洋行之手……”④。除南方沿海航线外，北方沿海航线英

① 参见樊百川：《中国轮船航运业的兴起》，四川人民出版社1985年版，第544、545页。

② 《海关十年报告》1912—1921年，第四次，第二卷，第312—313页。

③ 《海关十年报告》1912—1921年，第四次，第二卷，第312—313页。

④ 《民国五年北海口华洋贸易情形论略，关册贸易统计及报告》1916年，第1315页。

船势力同样有所增强。如天津口1913年“因欧洲战事,所有德国商轮,自7月底起从未入口”,在德国商轮后撤之时,英国轮船却乘虚而入,“本年本口太古轮船公司又增一客舱宽大之新轮,名曰通州”。①

更值得提及的是,1916年欧洲大战正酣之时,英船势力却侵入了长江航运的上游地区——川江。川江航权是西方列强早就垂涎的一块领域,早在19世纪60年代,列强就开始对川江航道上的水流险滩、木船运输及川滇黔三省商品贸易等各方面进行探查,并累次提出备忘录报告书等议案,胁迫清政府开放川江航运。英国商人立德1887年即策划过试航计划,1898年并驾驶小轮“利川”号试航重庆成功。然而声势浩大的义和团运动打破了英国侵略者建立“正规的轮船交通”的计划,此后直至一次大战期间依然无所作为。外国列强之所以始终期待打开川江航运这块宝地,乃是因此地具有巨大的商业价值。此外,一旦得手,便可使列强争夺中国势力范围的余地大大加大。1888年英国的《泰晤士报》针对立德策划行轮川江一事发表评论说:“假如立德成功,则七千万人口的贸易就送到门上来了。兰开夏、米地兰及约克郡的制造商就能从伦敦、利物浦用一次简单转口,缴付从价税5%运入深入1500海里的亚洲心脏地带或几乎是中亚高原的脚下。”②正因为“在长江上游轮船通航以后,将给外国贸易带来巨大的利益!”③所以,长期

① 《天津口华洋贸易情形论略,关册贸易统计及报告》1913年,第280页。

② 转引自聂宝璋:《中国近代航运史资料》第一辑上册,上海人民出版社1983年版,第398、399页。

③ 转引自聂宝璋:《中国近代航运史资料》第一辑上册,上海人民出版社1983年版,第398、399页。

以来列强始终没有放弃过打开川江航运的努力。这个梦想，最终是由英国在第一次世界大战期间的1916年变成了现实。这一年，英国的轮船5次驶进重庆，正式奠定了在川江发展航运的基础。此后，美国、日本于1917年，法国于1919年接踵而来，开始了在川江的航运。① 到1922年年初，行驶在这段江面上的列强轮船增至14艘之多。美国捷江，英国太古、怡和、安利洋行，日本日清和鸿江公司，法商吉利洋行和聚福公司，都在这里开始了新的角逐。②

再一个值得注意的现象，是一次大战期间随着在华外国航运势力的减退，轮船吨位总数日益不敷运输需求，导致中国通往远洋及中国各口间的航运运费持续狂涨。1915年上海运往欧洲或美洲之载脚，"较诸欧战未开之前，价格几多1倍"。③ 福州口"当年头一月间，各货物之运往轮敦〔即伦敦〕者，每吨仅须(需)运费英金五十先令六便士。迨年终时，竟涨至一百十一先令"。而"运往义国〔即意大利〕所属之热拿亚〔今热那亚〕及奥国所属之的里雅斯德〔今的里雅斯特〕各货，每吨运费须〔需〕英金四十九先令六便士，至年底则运往热拿亚者，每吨亦涨至一百三十四先令。而运往义〔意大利〕属之那不勒斯者，且须〔需〕一百五十四先令之多"。④ 随着欧战的持续，这种运费猛涨的情况有增无减。以上海至美国和上海至伦敦间的杂货运费为例，1914年上海至美国的运费每吨

---

① 参见《最近三十四年来中国通商口岸对外贸易统计》(中部)，商务印书馆1935年版，第206—207页。

② 参见聂宝璋:《川江航权是怎样丧失的》，载《历史研究》1962年第5期。

③ 《民国四年上海口华洋贸易情形论略，关册贸易统计及报告》，1915年，第751页。

④ 《民国四年福州口华洋贸易情形论略，关册贸易统计及报告》，1915年，第966页。

10 美元,1917 年涨至 55 美元。1914 年运往伦敦每吨英金 3 镑,1917 年涨至 40—50 镑。① 再以大连至日本门司和大连至横滨间的煤炭运费为例,1914 年大连至门司间煤炭每吨运费为 0.7 日元,1916 年涨至 6.5 日元,1917 年 8 月涨至 9 日元。大连至横滨间的运费也由 1914 年的每吨 1.2 日元涨至 1916 年的 8.7 日元和 1917 年 8 月的 13 日元。② 这种狂涨,同样影响到长江的载脚。汉口在欧战爆发以前运欧水脚每吨约 25 先令,1914 年 8 月后涨至 60—80 先令,1915 年年底平均涨至 125 先令。③

欧战期间运费的狂涨,必然使航运力量最强的英、日大获其利,使其有能力在战争期间大造新船和扩大自身实力,从而使两国进一步稳固了战后在华航运霸主的地位。仅以英国的太古和怡和为例,这两家公司战时即新造了 11 只航行中国的海轮共计 26388 吨④,这还不包括其所造的江轮在内。战争结束后,英国势力的发展势头更加强劲,这从太古及怡和的实力发展上可以得到同样的反映。1922 年太古在华的沿海航线共有 8 条,轮船 34 只,共 68810 吨,在长江的航线共有 3 条,轮船 12 只,共 27855 吨,合计沿海和长江航线共 11 条,轮船 46 只,共 96665 吨。⑤ 到 1927 年时,太古的沿海、航线增加到 10 条,行驶的轮船达 46 只,共 90652 吨,在长江的航线也增加到 5 条,轮船数目达 28 只,共 44529 吨,沿海

① 《关册》,1917 年上海口,第 832 页。

② 《1917 年大连湾口华洋贸易情形论略,关册贸易统计及报告》,1917 年,第 172、173 页。

③ 《民国五年汉口口华洋贸易情形论略,关册贸易统计及报告》,1916 年,第 556 页。

④ 樊百川:《中国轮船航运业的兴起》,第 546 页。

⑤ 据《交通史航政编》第六册,第 2921—2923 页的数字合计计算。

和长江航线合计共15条,轮船数目增加到74只,共135181吨。① 怡和的情况也同样如此。1922年,怡和沿海航线有4条,轮船15只,共18657吨,长江航线有3条,轮船10只,共20787吨,二者合计航线7条,轮船25只,共39444吨。② 1927年时怡和的沿海航线为5条,轮船17只,共49468吨,长江航线也是5条,轮船20只,共41958吨,两者合计航线10条,轮船增加到37只。共91426吨。③ 这里需说明的是,1922年怡和的轮船有6只吨数未计入合计数,而1927年时只有1只未计入合计数,因而合计数字不是十分准确。尽管如此,怡和公司1927年比1922年实力大有扩展这一点是完全可以肯定的。同样,除太古、怡和外,其他在华英国航运公司的实力也都有程度不同的扩张。

至于日本在第一次世界大战中,虽然名义上是协约国一方的参战国,但因地理位置及其他原因,除在战争初期乘机出兵夺占了德国在我国强租的胶州湾外,只派出过一支规模很小的舰队,在地中海东部协助封锁爱琴海时给英、法船只护航,实际并未真正参战。可是,日本在战争期间却多方获利。仅从战争期间轮船运费暴涨的影响来看,就使日本海运界进入了一个"空前的黄金时代"④,对日本的海运界产生了深刻的影响。首先,它使日本获得了前所未有的巨额收入。5年战争期间,"运费和出租轮船的出租费合计实达二十二亿元之巨"。如再加上战争期间出卖给外国的

① 据张心澄:《帝国主义者在华航业发展史》,1930年版,第65—69页的数字计算,其中有8只轮船不知吨数未计算在内。

② 据《交通史航政编》第六册,第2924—2925页的数字计算。

③ 据张心澄:《帝国主义者在华航业发展史》,1930年版,第73—75页的数字计算。

④ 神田外茂夫:《大阪商船株式会社五十年史》,昭和9年(1934年)版,第82页。

船舶 195 只所收入的二亿元,总数已达到“二十四亿元的惊人数字”。而这些收入绝大部分是非贸易性的纯收入。轮船运费暴涨及产生的连带利益,使得此举成为“增进国富的划时代事件”。其次,是使日本的海运业整体上有了更迅猛的发展。仅从船舶数字来看,战前即 1913 年年末,日本拥有 3286 只轮船,1528264 总吨,但是到了 1918 年年末,船舶数增为 4775 只,总吨数增为 2337679 吨,5 年净增吨数约 80 万吨。这样,使日本由战前在世界海运界排名第六而“一跃成为世界第三的海运国”。再次,是使日本的海运业有了一个千载难逢的扩张的好机会。由于当时无论是交战国还是中立国的船只大部分都因军运需要而被征用或租用,使得许多过去的航路停航或受到削弱,因而导致航运力量不仅未削弱反而增强的日本公司在趁机进行扩张或侵入其他国家传统航线时,“如同进入无人之境”,“扩张航路之容易,犹如新设线路一般”。得此机会,不仅以日本邮船会社和大阪商船会社为首的两大汽船会社一方面扩张已有的航路,另一方面积极开设新的航路,“实现了向世界的大飞跃”。① 其他新的日本航运公司也趁机纷纷设立。据不完全统计,第一次世界大战期间,仅在中国北部沿海由日本设立的轮船公司至少就有 5 家(见表 83)。而且,由于地理接近和日本对东北怀有的野心,日本航运势力的扩张趋势此时期在中国北部显得尤为突出。这从表 84 统计的 1913 年至 1927 年中国北方 7 个港口中,日本、中国和英国船舶所占百分比数字的变化可以清楚地看出来。在此期间,英国所占的比重呈逐渐递减的趋势。1913 年英国的比例为总数的 26.5%,第一次世界大战期间降为 22.9%,战后降到 20.4%,到 1927 年时降到最低点,仅占 16.3%。

① 以上均见神田外茂夫:《大阪商船株式会社五十年史》,昭和 9 年(1934 年)版,第 82 页。

与英国相反,日本在7个港口中所占的比重始终在44%以上,而且在总体上呈增长趋势。1913年为44.8%,第一次世界大战期间猛增至56.8%,战后虽有所降低,但也占45.7%,一直到1927年依然保持着48.9%的比重。

表83　第一次世界大战期间日本在中国东北创办的轮船公司

名称	资本(日元)	创立年	所在地	备注
大连汽船会社	2000000	1915	大连	
长春运输	500000	1918	长春	转运业
辽东汽船	250000	1912	大连	
大连东和汽船	2000000	1916	大连	
山东运输	300000	1918	大连	

资料来源:裕孙:《日人在华事业之现状》,《银行周报》五卷三十八号总218号,1921年10月4日,第15页。

表84　日本、中国、英国在北中国七港口航运业中所占百分比

<table>
<tr><th rowspan="2">年份</th><th rowspan="2">国家</th><th colspan="7">港口城市</th><th rowspan="2">各港口百分比平均</th></tr>
<tr><th>安东</th><th>大连</th><th>牛庄</th><th>秦皇岛</th><th>天津</th><th>芝罘</th><th>青岛</th></tr>
<tr><td rowspan="3">1913</td><td>日本</td><td>68.4</td><td>77.5</td><td>49.8</td><td>37.1</td><td>29.7</td><td>31.3</td><td>17.5</td><td>44.8</td></tr>
<tr><td>中国</td><td>17.0</td><td>1.4</td><td>17.2</td><td>4.4</td><td>18.0</td><td>24.8</td><td>2.2</td><td>11.4</td></tr>
<tr><td>英国</td><td>14.6</td><td>11.1</td><td>29.1</td><td>35.4</td><td>36.3</td><td>34.1</td><td>31.0</td><td>26.5</td></tr>
<tr><td rowspan="3">1915年至1919年平均</td><td>日本</td><td>56.8</td><td>83.7</td><td>46.3</td><td>54.7</td><td>39.1</td><td>11.5</td><td>74.2</td><td>56.8</td></tr>
<tr><td>中国</td><td>28.8</td><td>5.3</td><td>24.4</td><td>12.5</td><td>18.3</td><td>43.0</td><td>1.4</td><td>15.4</td></tr>
<tr><td>英国</td><td>13.8</td><td>7.1</td><td>25.1</td><td>21.1</td><td>37.7</td><td>40.8</td><td>17.3</td><td>22.9</td></tr>
<tr><td rowspan="3">1921年至1925年平均</td><td>日本</td><td>34.2</td><td>67.4</td><td>27.1</td><td>38.0</td><td>33.0</td><td>11.5</td><td>53.0</td><td>45.7</td></tr>
<tr><td>中国</td><td>45.1</td><td>11.4</td><td>37.1</td><td>17.0</td><td>19.5</td><td>43.0</td><td>7.5</td><td>19.9</td></tr>
<tr><td>英国</td><td>20.5</td><td>8.7</td><td>28.7</td><td>20.0</td><td>29.3</td><td>40.8</td><td>19.7</td><td>20.4</td></tr>
</table>

续表

年份	国家	港口城市							各港口百分比平均
		安东	大连	牛庄	秦皇岛	天津	芝罘	青岛	
1927	日本	26.5	68.5	27.4	27.3	39.3	19.9	53.9	48.9
	中国	10.1	10.1	48.5	16.1	17.8	32.6	5.5	16.9
	英国	7.7	7.7	15.5	12.2	26.0	35.7	18.2	16.3

说明:本表不包括其他国家船舶,故日、英、中三国百分比合计不等于100。

资料来源:《在中国的各国海运势力》,满铁庶务部调查科昭和4年(1929年)12月5日发行。(原件存辽宁省档案馆)

当日航势力在北方大肆扩张的同时,长江流域的日清汽船会社实力也获得了非凡的增长。仅以其收入而言,第一次世界大战开始时的1914、1915两年,日清汽船会社的总收入都不过360余万日元,但从1916年开始出现了连年的猛涨。1916年达到600余万元,1917年上升到730多万元,1918年及1919年更分别猛涨到1022万和1029万余元,分别与其实收资本数相当。① 如将1919年的总收入与1907年日清会社成立时的总收入270万元相比,则增长2.81倍。如此丰厚的收入,自然使其更有能力大肆构造轮船进行扩张。据统计,从1915年6月到1927年年底,其新造和购买的轮船即有16只共29188吨。② 与1907年创立时期轮船14只共29353吨相比,不论轮船只数还是吨数,都增加了1倍。③其中1915年7月竣工的“凤阳丸”,重3977吨,为当时长江线上最大的客货两用轮船。在实力增长的同时,日清汽船会社开始实行

① 见《日清汽船会社史》,第373页及第376页后“各收入累年表”。

② 据《日清汽船会社史》,第226—228页统计表数字计算。

③ 1907年日清会社数字见《日清汽船会社史》,第226页统计表。

其走出长江向外扩张的计划。这一点，正如日清自己所说："我社创立之宗旨，固然在于实现扬子江航路本国的大团结，然此决非最终目的，航行中国沿海，乃至以中国为起点进入外洋航路，必然是我社将来之使命。"①

日清汽船会社实现这个计划的第一步，是使长江航路与日本航路直接通达。1915 年 6 月，日本政府将没收德国亨宝公司的河海两用轮船"瑞茂"号（2396 吨）下放给日清会社，日清会社将其改名为"巴陵丸"。瑞茂号的下放，使日清会社第一次获得了航海船，从而"为将来的飞跃踏上了第一步"。② 1918 年，日清会社抓住中日间贸易逐年增进的机会，决定开设大阪至汉口间的定期航路，并于同年 8 月以巴陵丸和新造的轮船"永陵丸"（1565 吨）从大阪出航，开始了该社的外洋航路，此航路定为 4 周 1 次，途中停靠神户、门司、上海，从而实现了日清会社走向外洋的开始。

日清汽船会社的第二步，是扩张势力至中国沿海各线，进一步与英国和中国竞争。为此，日清会社进行了一系列准备，一是增设各项公积金，到 1919 年各项公积金已达 430 万元，超过当时资本金总额的一半。二是为进一步充实力量，由股东总会在 1918 年 5 月提出增资一倍的议案，并获得满场一致赞成，决定当年 7 月实收增资总额的四分之一，使资本金实收达到 1012.5 万日元。③ 所有这些，都是为了进行"开始沿岸（即中国沿海）航路的准备"。④ 在做好各种准备后，1920 年，日清汽船会社决定首开华南的沿海航线，于同年 10 月 30 日以轮船巴陵丸从上海出发，开辟上海至广东

---

① 《日清汽船会社史》，第 75 页。
② 《日清汽船会社史》，第 75 页。
③ 《日清汽船会社史》，第 78 页。
④ 《日清汽船会社史》，第 79 页。

的航路[第二年1月和3月分别以新造的轮船庐山丸(2531吨)、嵩山丸(2529吨)取代巴陵丸航行]。日本政府也不失时机地将此航线确定为命令航线,给予航行补助金,指定其使用船2只,每月3次定期航行,并沿途停靠汕头和香港。① 日清汽船会社的轮船打入历来为英国垄断的华南航线并站稳脚跟这一点,表明日本航运势力的发展又往前迈进了一大步。

在确保南方沿海航线后,1925年,日清汽船会社又开始了为开拓华北沿海航线的准备工作,1926年4月7日,日清汽船会社首次开行了上海天津的北方航线,这条航线同样成为日本政府的指定命令航线。日清会社使用了新造的轮船华山丸和唐山丸(分别为2089吨)每月3次分别从上海天津出发定期航行。② 在此之前,日清会社为开辟川江航线也进行了大量准备,1922年4月,为此而特别设计的、具有特殊构造的轮船云阳丸(1037吨)竣工下水,同月26日从宜昌出发,航行重庆,实现了久已拟议的川江航线。③ 至此,日清汽船会社已完成了从长江上游开始直达大陆沿海南北1600余海里的航线,并与日本的航路相连接,"实现了创立以来的宿望"④。

在上述的分析中,我们可以看到,英国依靠其长期在中国发展扩张奠定的基础,远超过其他国家的航运实力,依靠第一次世界大战期间获得的高额运费和大造新船,以及迅速抢占大战期间退出的德、奥等国的航线,继续保持了其在中国航运界称霸的地位。日本则是第一次世界大战期间未受多大损失而大获其利的国家,战

① 《日清汽船会社史》,第80页。

② 《日清汽船会社史》,第82—83页。

③ 《日清汽船会社史》,第83页。

④ 《日清汽船会社史》,第88页。

前其扩展的势头即远超过其他列强，战争期间又利用巨额的收入建造和购买新船，在华北沿海航线上的扩张尤为引人注目。而且，日本航运势力的扩张具有明显的政府全力支持的特征，是日本政府总体向外扩张计划中的重要组成部分。因此，在日本政府利用补助金、命令航线和其他措施的统一安排下，日邮、大阪商船、大连汽船、日清会社等公司的扩张各有分工和重点，战时和战后势力都有明显的扩展。但因系后起资本主义国家，过去基础起点较低及与英国实力相差过大等原因，所以虽然航运力量迅猛膨胀，与英国实力逐渐接近，却并未能从根本上动摇英国的霸主地位，只形成了英日持续分霸中国江海航线的格局，这种格局一直持续到 1927 年，没有变化。

人·民·文·库
人文科学·撰著

中国近代经济史

1895-1927

【中册】

汪敬虞 主编

人民出版社

第 二 篇

中国传统封建经济主体地位的延续和推移

上　农业中封建经济的基本维持和部分变化

第五章
地权分配和租佃关系

清末和北洋政府时期，地权分配和租佃关系方面出现了一些新的因素：官田旗地加速向民地转化，民田、私田在全国土地面积中的比重增大；军阀地主的兴起和商人地主阶层的扩大，加剧了一些地区的土地兼并和地权集中程度；随着城乡商品经济和商业性农业的发展而出现的农民内部两极分化，也使越来越多的农户丧失土地。因此，这一时期的地权分配态势，虽然从全国范围看，仍然是集中和分散并存或交替出现，但一些地区地权进一步集中的趋势十分明显。与此相联系，租佃范围有所扩大，自耕农减少，佃农和半佃农的数量增加。在商品经济和商业性农业的作用下，租佃期限、租佃形式和地租形态等也在朝"自由租佃"的方向继续变化。随着押租制和预租制的扩大，地主对佃农的超经济强制继续削弱，但佃农所遭受的地租剥削则有进一步加重的趋势。

第一节　地权形态和地权分配

地权形态方面，随着官田旗地的大规模拍卖和官田旗地民地化过程的基本完成，旗地名目消失，各类官田也所剩不多，民田中公田同样不断减少，私田在数量上已占绝对统治地位。随着一些地区土地兼并和农民失地的不断加剧，地权分配更加不均，加上人口的增加，人地矛盾和农民的土地饥荒愈趋严重。

一、官田旗地的民地化

官田旗地向民地的转化,在甲午战争前早已开始。先是官田佃户隐匿或私相顶退,八旗地主也将旗地私卖汉民。官府虽一再申禁、清查,迄无成效。太平天国后,“物是人非,更难根究”①。浙江嘉善屯田,久已不清,太平天国后,“土民隐匿,客籍占垦,屯田之存,益寥寥无几矣”②。旗地的违禁买卖同样十分严重。奉天锦州的官庄地亩,早在鸦片战争前,即被庄头隐没和私典盗卖。③ 顺天、直隶旗地,也是“暗相授受,以预交租息立券,所在多有”。直隶近畿80余州县,原有八旗王公、官员、兵丁各项旗地15万余顷,到光绪后期,辗转典卖,变为无粮黑地者,多至七八万顷。仍在旗人手内交租的,“大抵十无二三”④。

禁者自禁,卖者自卖,买者自买,清政府无可奈何。加之咸丰同治以后,清政府财政日益窘迫,只好因势利导,承认官田旗地买卖的合法化,并通过售卖官田旗地和提高租税征额,增加财政收入。

旗地买卖的合法化进程开始较早,但经历了几次反复。1852年,清廷谕准户部奏议,规定除奉天外,顺天、直隶等处旗地,无论老圈、自置,也无论京旗、屯居及各项民人,“俱准相互买卖,照例税契升科”。从前已卖之田,“业主、售主均免治罪”⑤。正式承认

① 光绪《续纂句容县志》第5卷,田赋,第20—21页。
② 光绪《嘉善县志》第10卷,第32页。
③ 《满铁调查月报》第13卷第5号,1933年5月,第26页。
④ 王传璨:《王庆云文勤公年谱》,第18页。
⑤ 《户部井田科奏咨辑要》上卷,第1页。

了旗地买卖的合法化。

旗地买卖弛禁的一个重要目的是“筹饷裕课，藉充经费”。但弛禁后，由此派生的产权纠纷则“层见叠出”。结果，“虽有税契升科之名，但“绝无纳赋之实”，未达预期目的。因此，户部于1859年又提出恢复旧禁，这一奏议获得清廷允准。① 但清朝统治者中不少人反对这一决定。只过了3年，即1863年，御史裘德俊提出，旗人、汉民都是皇上子民，“遐迩一体”。如果只准旗人典买民地，而不准汉民典买旗地，未免“有畛域之分”，建议规复1852年成案。又经清廷批准，旗地买卖再次开禁。②

1863年的弛禁决定执行了20多年，旗地买卖十分活跃，先后有50多万亩旗地转入汉民手中。当时的外国调查者预测，“这种特殊形式的军田，或许不久就会完全消失”③。户部也看到了这一点，认为长此开禁，旗地日少，而八旗人口日繁。他们除了俸饷，别无恒产，生活日见艰难。这对维护清王朝的“根本”极为不利。因此，又于1889年奏请仍复旧制，嗣后京屯旗产，“永远禁止卖与民人”。④ 旗地的合法买卖又一次中止了。这种状况一直维持到1907年。至于官地的合法买卖则是甲午战争以后的事。

甲午战争后，国内外的经济政治形势发生了巨大变化，对外贸易加速增长，商业性农业和农村商品经济有了新的发展，农村的土地买卖日益频繁，官田旗地的非法转让比以往更加普遍。现耕者多系用价承买而得，早已视同己产，与民田已无多大差别。如江苏

---

① 《户部井田科奏咨辑要》上卷，第13—14页。

② 《户部井田科奏咨辑要》上卷，第15—17页。

③ Journal of the China Branch of the Royal Asiatic Society, No. 23, 1889, p. 64.

④ 《户部井田科奏咨辑要》下卷，第51—52页。

南汇习惯,屯田和民田一样买卖,虽契约不写“绝卖”,而以“过田”代替。但在民间,二者“实有同等之效力”。① 湖北、湖南各卫所屯田,“皆已辗转易主”②。江西九江卫所屯田,也“可以自由顶退,一如所有者。百数十年,习惯成风,牢不可破”。③ 旗地的情况也大致相似。直隶清苑的一些旗地,“名虽官圈,实则用价辗转典质,累世相承”,耕者“久已视同永业”④。浙江萧山的旗地,原为汉籍旗民所有,业主执有“龙批”,太平天国后,“旗籍多式微,竟将龙批抵押民户”。⑤

进入民国,情况又有了新的变化,一些地区的屯兵已失去原有作用,变为耕作农民。如川西雷波、马边、犍为、宁南、松潘、茂州等处,清代原有重兵把守,屯兵按户拨有屯田,但随着时间的推移,日形松疏。辛亥革命后全变成专事耕作的农民,屯田则子孙世守,渐成私田。学田和其他官府机关田产,也多被官绅提卖。⑥ 甘肃毛目县在雍正年间开创的屯田,其目的原为“民领官地,官分屯粮”,官民两利。但历时既久,私下买卖增多。到清末民初,“屯民子孙视与己产无异”⑦。辛亥革命后,八旗地主已无清政权的保护和原有的特权,经济加速没落,被迫以卖地为生。如直隶京汉沿线地区,“旗室陵夷”,旗地被纷纷贱卖。⑧ 江苏南京一带,辛亥革命后

---

① 《中国民事习惯大全》第二编第三类,1924 年版,第 25 页。

② 张之洞:《张文襄公电稿》第 31 卷,第 29 页。

③ 罗正钧:《劬庵官书拾存》,第 14 页。

④ 罗正钧:《劬庵官书拾存》第 4 卷,光绪二十九年,第 13—14 页。

⑤ 张鸿:《量沙纪略》,第 5 页。

⑥ 《四川经济参考资料》,第 411 页。

⑦ 国民党司法行政部:《民商事习惯调查报告录》第 2 卷,1930 年,第 1261 页。

⑧ 陈伯庄:《平汉沿线农村经济调查》附录一,1936 年,第 6 页。

旗人逃亡殆尽，旗地被佃户据为己有；后旗人归来，亦不承认其所有权。①

由于相当一部分官田旗地已经变成事实上的民田，清政府不得不改变有关政策，允许官田自由买卖，对旗地买卖则第三次开禁。1901 年，两江总督刘坤一、湖广总督张之洞联名上奏提出，各卫所屯田，辗转典当，久已屡易其主，视同民业。建议由买主报官税契，将屯田改为民田，屯饷改为地丁。屯丁、运丁名目，“永行删除”②。次年，清廷采纳了刘、张建议，谕令各省对屯田“认真清查，改归丁粮，以昭核实，而裕赋课”。屯户报官税契后，听其管业。即使“盗卖私售者，亦饬据实报明，完纳正供，不究既往”。③ 不久又谕令各省督抚迅速认真清理，“毋稍延宕”④。自此，各省相继成立机构，制定章程，以屯田和其他官田进行清丈，令耕者税契升科。湖北于 1902 年设立“清理卫田局”，拟定章程和办法，派员分赴各地，会同地方官进行勘丈，令屯户限期缴清契税，发给印契，准其永远管业。⑤ 江苏从 1903 年开始，分别对苏北、苏南两地的屯田、运田进行清理，令耕者缴价承买，无论军执民执，分则缴价，发给印照管业。但田赋仍照屯田科则缴纳。⑥ 只因缴价和赋税太重，卫民群起反对，“纷纷乞恩求缓”。江苏以及浙江官府被迫宣布缓至 10 年后实行。故江、浙两省对屯田的清理拍卖，1911 年才正式进行。⑦ 安徽也在光绪末年开始拍卖屯田，令各卫指挥及千总、百总

---

① 万国鼎：《南京旗地问题》，第 42 页。

② 《光绪朝东华录》第 4 册，第 4749—4750 页。

③ 《光绪朝东华录》第 5 册，第 4829 页。

④ 《光绪朝东华录》第 5 册，第 4878 页。

⑤ 张之洞：《张文襄公奏稿》第 40 卷，第 1 页。

⑥ 《光绪朝东华录》第 5 册，第 5027—5028、5035—5036 页。

⑦ 《大公报》，宣统三年七月初四日。

后代缴价领照,变官田为私田。①

旗地买卖也因1889年二度封禁后,“民间仍多私相授受,终属有名无实”,1907年经度支部奏准第三次开禁,同时准许外出居住营生的旗人,“在各省随便置买产业”②。这样,八旗和汉民之间的土地买卖最终全部对等开放。

辛亥革命后,北洋政府进一步加速和扩大了官田旗地的清理和拍卖。

1914年9月,北洋政府财政部成立“清理官产总处”,各省设官产处,着手官田旗地和其他官荒地亩的清理和拍卖。11月制定颁发《国有官荒承垦条例》。自此,全国官地官荒的清理拍卖进入了一个新的阶段。

各省屯田、官荒以及其他官公地亩的清理拍卖也在加紧进行。1913年,江苏、湖北等省,因财政支绌,相继提出变卖官地,以济燃眉之急。3月,江苏决定将该省官房、官地、营地和各种屯田、学田估价,招标拍卖,以为“救济政策”,并将变卖方法交省议会公议。③湖北也因“军需浩繁,罗掘无穷”,决定将该省官房、学卫屯田、营地、马厂、芦苇官湖等各项公产,“一概变卖”。④浙江余姚、上虞、萧山、绍兴等沿海沙田灶地,1913—1927年间,曾多次清理和拍卖招垦。1913年冬至1914年春,先后在余姚、上虞、绍兴、萧山设立“清查沙地总局”和分局,着手清卖沙田。1915年,北洋政府财政部颁行处分官产条例后,复在杭州设立“清理浙江官产处”,在各属分设“官营产事务所”。其清理和拍卖范围,也由沙田扩大到灶

① 华东军政委员会土地改革委员会:《安徽省农村调查》,1952年,第49页。

② 《谕折汇存·经济选报》,第10—11页。

③ 《大公报》1913年3月22日。

④ 《大公报》1913年4月5日。

地和其他官有田产。1923年复设“浙江沙灶地垦放总局”，专门负责沙田、灶地的清理和垦放拍卖，其他官有田产的清卖转归省财政厅办理。垦放局成立后，一面派遣人员赴各地调查沙灶地；一面相继于杭州、萧山、嘉兴、温州、绍兴等12处设立分局，分局下复设事务所和报丈处，开始了全省范围的沙灶地清查拍卖。直至1927年国民党政府成立后，垦放局的活动才暂告一个段落。① 江西萍乡拍卖的是军田。在清代，该县充差承运军粮的“军家”所管领的军田，早已在军家内部买卖，逐渐失去官田性质。辛亥革命后，北洋政府宣布将此项军田“收为国有”，由官府主持发卖与原军籍后裔。② 湖南洞庭湖滨官田的清理，清末即已开始，后因辛亥革命一度搁置。1917年，湖田局再度开始于湖滨各县实行丈量升科，规定以前所领官田执照，一律向财政厅缴费换取民业执照，湖田产权自此由官业变为私业。③ 广东潮州地区的屯田初为屯丁自种，后改招佃户。佃民辗转相承，地权性质已逐渐演变。1919年，广东省政府宣布屯民按照屯租额的10倍缴价，改为民田，仍照原田科则升科纳粮。④ 四川的学田和其他官府机关田产，也多被官府或地方豪绅拍卖。⑤

到1919年，全国大部分官田已经拍卖或清理完毕。同年7月，北洋政府宣布各级官产处全部裁撤，未了事宜交由各省财政

---

① 潘万里:《浙江沙田之研究》,《民国二十年代中国大陆土地问题资料》第69册,第36201—36202页。

② 国民党政府司法行政部:《民商事习惯调查报告录》第1卷,1930年,第994页。

③ 彭文和:《湖南湖田问题》,《民国二十年代中国大陆土地问题资料》第75册,第39473页。

④ 民国《大埔县志》第6卷,经政志,第38—41页。

⑤ 《四川经济参考资料》,第411页。

厅负责,有关官地的拍卖、换照活动继续进行。如吉林桦甸的太平仓田,原由省城官庄处经理出租,租户有官仓处所发认租数目执照,世代承种,也有的转租招佃。至1925年,吉林省取消承租,由省财政厅会同县署丈放,尽先由原租户缴价换照,发给丈单管业。① 奉天开原也继续拍卖官地,收缴地价。1926年3月还专门成立"开原收价事务所",收缴三陵、官荒、边壕、伍田、学田等官田地价。②

北洋政府在清理和拍卖官田的同时,也开始着手对旗地的清查处理。

辛亥革命后,旗地的产权和租佃纠纷严重。佃户和庄头普遍抗欠地租,清皇室诸王、都统和旗人地主要求北洋政府严令佃农缴租,严惩抗租佃农。而佃农则要求归还旗地产权。1915年2月,京兆地区大兴、宛平、天津等7县旗佃发起成立"七县收回产权联合会",上书袁世凯,要求由佃农直接升科纳粮。袁世凯为维护清皇室和旗人地主利益,没有批准请愿书要求,还下令地方官停止该会活动,保护旗人地主收租。但也有部分佃户以所租旗地到县署报荒升科,缴价领照。自此,旗地的地权关系更加复杂和紊乱,地主收租十分困难。在这种情况下,北洋政府开始并加快了旗地的整理步伐。

起初,旗地的清理系由清理官产总处和各省官产处兼理,1919年官产处裁撤后,直隶、京兆等地的旗地清理事宜也由财政厅办理,后因旗地纠纷频繁,1920年6月,直隶和京兆区又分别成立"旗产官产清理处",协助清王公及八旗都统等清理宗室和八旗庄田。基本方针是由原租佃户缴价留置,将旗地变为民地。并拟定了缴价标准

① 民国《桦甸县志》第6卷,食货,第7页。

② 民国《开原县志》第7卷,财赋,第29—30页。

和价额分割办法。[①] 同时也允许清内务府出售皇室庄田。

1924 年以后，北洋政府清理旗地的政策措施有所改变。是年 11 月，冯玉祥回师北京，驱逐溥仪出宫，没收内务府旗地，交由直隶、京兆两旗产官产清理处负责清理，其余王公、八旗庄田，也改由该处专办，令旗人地主将册籍全部交出。并规定，因旗地地主原本只能食租，不能卖地，故不能称“业主”，改名为“租主”，只能得地价的 30%，名为“租主价款”。又重新修改章则，明确规定“以原有佃户或承租人承领为原则”。地价为上则 5 元，中则 4 元，下则 3 元。如佃户一次缴价有困难，可分期付款。只有佃户或现租人声明放弃，方可由其他人承领，但须加缴 20% 的地价。新办法降低了地价，明确了佃户承领的优先权和价格优惠。这一办法公布后，加快了旗地的清理进程，在半年多的时间内，共卖出旗地 270 余万亩。[②]

东北和其他一些旗地较多的省份也都由官府成立机构，对旗地进行清理和变卖。

奉天自 1907 年奏准旗民交产，旗地开始自由转让。进入民国，买卖更加频繁。官府在清丈和放垦的同时，对旗地进行清理拍卖。开原将八旗王公庄地同三陵官荒、边壕伍田、学田等官地一起丈卖。到 1926 年，收价结案，该县旗地全部变为民田。[③] 吉林规定，除确系旗人私产外，凡原由旗署承管的全部地亩，一律照章变卖，皇室私有地也由内务府委托省政府代行价卖。至 1923 年夏，

---

① 河北省规定，旗地分上、中、下三则，地价上则 8 元，中则 6 元，下则 4 元。地价 40% 归地主，38% 归省库，10% 备作八旗贫民和失业佃户救济，12% 作为有关清理人员奖金。京兆区规定，地价 45% 归业主，20% 归国家，其余分别作为庄头、收租人和清理人员劳金奖金，以及救济八旗贫民之用。

② 鞠镇东：《河北旗地之研究》，《民国二十年代中国大陆土地问题资料》第 75 册，第 39705 页。

③ 民国《开原县志》第 7 卷，财赋，第 29—30 页。

除个别县外,全省旗产变卖完毕。①

清政府和北洋政府推行的官田旗地清卖政策,大大加速了这两类土地的民地化进程。尤其是直隶、奉天、吉林、黑龙江、热河、察哈尔、绥远等官田旗地较多的省区,大部分官、旗土地迅速变为民田私产。直隶原有旗地1755万余亩,占全省耕地的26%。通过各种形式的非法或合法买卖,到清末,真正的旗地减至1200余万亩,到20世纪30年代初,只剩103万余亩,不到全省耕地面积的2%。② 官荒最多的吉林、黑龙江两省,官地更是急剧减少,私有地迅速增加。据调查,仅1917—1920年的3年间,吉、黑两省的官地即从43%减至27.9%,而私有地自50%增至63.5%,民田公有地自7%增至8.6%。③ 黑龙江自1905年至1929年的24年间,95%的土地转归私人所有。从全国范围看,官地在耕地总额中的比重急剧下降,而民田私田比重明显上升。据估计,甲午战争前夕,官地约占全国耕地面积的25%,民地占75%;到20世纪30年代,官地比重降至10%,而民地比重上升到90%④,已占绝对统治地位。

二、军阀地主的兴起与地权兼并

军阀地主是握有军权,直接凭借军事势力兼并土地、对农民进行地租剥削的军人地主,对近代农村地权分配及其走向,有着重大

---

① 民国《桦川县志》第5卷,田制,第17—18页。

② 鞠镇东:《河北旗地之研究》,《民国二十年代中国大陆土地问题资料》第75册,第39789—39790页。

③ 瞿明宙:《日本移民急进中的东北农民问题》,《东方杂志》第32卷第19号,1935年10月,第67页。

④ 陈翰笙:《现代中国的土地问题》,《中国土地问题和商业高利贷》,第24页。

的影响。

军阀地主形成于辛亥革命后,但起源于19世纪中叶。当时在镇压农民起义的过程中,出现了湘军、淮军和各省团练等一批地主武装。他们自行建制,自筹饷需,自造军火,自有地盘,拥兵自重。以后又逐渐掌握了地方乃至中央的一部分政权,羽翼更加丰满。农民起义失败后,这些武装以及清末新成立的练军等,逐渐蜕变为私人武装,为后来的军阀割据准备了条件。

辛亥革命虽然推翻了清王朝的统治,但被袁世凯篡夺了胜利果实,丝毫没有触动封建土地制度,未能完成反帝反封建的历史任务。1916年袁世凯称帝失败,帝国主义列强失去了共同统治中国的总代理人,各自急于物色和培植新的工具。在这种情况下,直、皖、奉、桂、滇各系以及其他各地的大小军阀,对外投靠帝国主义,对内互相火并,争霸称雄,并在各自的势力范围内实行独裁统治,发钞收税,敛粮派款,征兵抓夫,搜刮民财,并用所发纸币或搜刮来的钱财,大肆强买和贱买土地,或直接凭借手中军政大权,赤裸裸地掠夺田产,成为新兴的大地主。

一般中小庶民地主扩大田产的方式,尽管也带有这样那样的封建强制性,但主要还是价买,使用的是经济手段。军阀地主则不同,他们占有和扩大田产,主要是依靠军事上和政治上的权势,采用暴力手段,勒买贱买甚至强行霸占民田是他们兼并土地的基本途径。如湖北督军王占元,在任湖北军务帮办、湖北督军兼省长等职的8年中,搜刮民财8000万元,再用这笔钱财在其老家山东贱价购买土地,发展为田地横贯4县的大地主。每亩地价竟低至2元。① 军阀

① 饭田茂三郎著,洪炎秋、张我军译:《中国人口问题研究》,1934年版,第195—196页;田中忠夫著,汪馥泉译:《中国农业经济研究》,1934年版,第14页。

萧耀南以为沪汉案(即1925年上海五卅惨案、汉口6月10日太古公司惨杀华工案)救济会捐款为名,搜刮钱财5000元,实际仅捐了2000元,其余3000元则派人送回老家黄冈勒买土地,建造"将军府"。① 直隶军阀津京警备司令陈光远在天津附近一次就买进土地3000亩。那里原是一片荒野,后被一韩姓大地主圈占,招雇逃荒农民开垦成田。1917年陈光远将这片土地买了去,取名"陈家圈",立营房,派管家,设公堂,俨然成了陈光远的独立王国。② 曾经充任北洋军阀旅长的安徽巢县大地主丁香涛,用在广东南雄抢劫的钱财在老家购进大量土地,成为当地豪富。当地还流行这样的顺口溜:"故旅长,丁香涛,抢南雄,成富豪。"③四川的刘存厚、曾南夫、黄逸民等川军军、师长,也都用在军阀混战中抢劫的钱财,在郫县等地购置了3000亩以上的田产。④

为了兼并土地,军阀不惜采取各种欺诈、暴力强占乃至谋财害命的残酷手段。如广东军阀陈炯明,在老家海丰仗势随意侵占民田。其手法是利用陈年老契文字含混,土地方位和界址不太明确的弱点,贱价买下些许土地,然后叫兵士造了竹签,上写"将军府"三字,按着契约上仿似的田土插下去,一面贴出布告,宣布竹签所插之处,如无人凭契认领,即为"将军府"所有。那些土地被圈插的自耕农民,或地系祖遗,地契遗失或破损不全,或有地契,但文字不甚完备,根本无法认地。即使地契文字清晰明确,也没有斗胆到

① 一之:《湖北近状之一瞥》,《向导周报》第123期,1925年8月10日,第1133页。

② 天津人民出版社编:《十年凯歌》,1960年版,第131页。

③ 中共曹县县委宣传部编:《一个贫农的经历——唐家义翻身史》,《历史研究》1965年第2期。

④ 薛绍铭:《黔滇川旅行记》,1938年版,第210页。

“将军府”认地。“有契约的亦等于无。”①这样，陈炯明的竹签插到哪里，他的土地疆界就延伸到那里。安徽军阀柏文蔚管家所经营的枞阳美脍赛鱼湖，也霸占了沿湖36个湖汊2000余亩的农民土地。② 军阀张督更是采用卑鄙、残忍的谋财害命手段掠夺田户。他在创办大有晋垦殖公司时，为贱价归并唐姓名下的两处荡田，竟诬陷唐氏纵火焚烧公司草舍，将其逮捕杀害，162亩荡田全部由公司没收，唐姓房舍亦被拆毁，随即改建成公司办公房舍。唐家另一成员因呼号无门，走诉他乡，愤激自尽。③ 就这样，张督为了162亩荡田而把唐家弄得家破人亡。四川刘文彩更是凭借其家族在四川的军政权势，掠夺农民土地达到了无所不用其极的地步。他手上拿着盖有“四川省财政厅”大印的空白官契，想占有谁家的田产，只需在空白官契上填写“刘文彩”三个字，那家的田产立即归刘家所有。这叫做“买飞田”。还有一种方法是让其狗腿子冒充卖主，用伪造卖田契的方法抢夺民田，称为“卖野田”。除伪地契外，刘文彩甚至使用暗杀、抓壮丁等更凶残的暴力手段侵占农民土地。

各地军阀在贱买勒买和掠夺民田的同时，还大量圈占官地官荒，霸占公田。民国初年，北洋政府为了增加财政收入、减轻关内人口压力和充实边防，在东北、内蒙古地区推行放荒招垦和“移民实边”政策。地主、商人大肆包揽，大小军阀也乘机大量报领和圈占荒地。在东北，张作霖，及其家人、师长和黑龙江省长吴俊升以及鲍贵卿、孙烈臣、杨宇霆等都是成千上万亩地侵占官、旗荒地。

---

① 彭湃：《海丰农民运动报告》，《中国农民》第1期，1926年1月，第50—52页。

② 华东军政委员会土地改革委员会：《安徽省农村调查》，1952年，第29页。

③ 《农矿公报》第7期，1928年12月，第73—74页。

1916年,张作霖强迫开放达尔汗亲王旗辽河南岸肥地4000余方①,张及其岳母、鲍贵卿、冯麟阁等分割了其中千余方;1922年,张作霖又圈占通辽以西好地2800余方;1924年,吴俊升强迫租借博多勒格台旗斯卜海土地2000垧,租期99年;次年又按每垧奉票50元(合每亩5元)强迫租借博多勒格台旗阿林塔拉最上等耕地5000垧;是年,吴俊升和杨宇霆侵占该旗松林哈塔耕地二千二三百垧。② 此外,吴俊升还随着铁道的敷设,在四平—洮南、洮南—昂昂溪铁路沿线占买了大量土地。特别是车站附近的土地,多为吴俊升所独占,仅在洮南就有土地2万亩。其他一些军阀,也都趁东北放垦之机,大肆报领和收买荒地。这些荒地多在铁路沿线或预期铁路经过之地。并在铁路修筑时,在自己土地范围内决定车站的位置。③

表1具体反映了大小军阀在东北地区侵占官、旗荒地和兼并民田的大致情况。军阀占有的土地,多的达10余万至数十万垧,合百余万至数百万亩。土地种类除耕地、荒地外,还包括森林、果园。需要特别说明的是,表1所列只是举例,远非东北地区大小军阀占有土地的全部。

这些土地,绝大部分都是无偿占有,即使少数缴价承领、购买或租借,价格也极低。如上述吴俊升租借的土地,租价仅为当地地价的10%左右,实际上等于“白借”。张作霖等军阀兼并土地的惯用手法是,凭借军政权势,按特别低廉的价格将有前途的地点买进,再慢慢侵吞四邻。因此,凡是军阀所有地的附近,地价常比时价低廉,但是一般百姓都不敢购买。

---

① “方”即方里,每方合45垧,450亩。

② 满铁经济调查会:《满洲经济年报》,1934年,第43页。

③ 长野郎著,强我译:《中国土地制度的研究》,1932年,第177页。

表1　东北地区军阀占地情况示例

1928年3月调查

姓名	职务	占有地面积(垧)	估计价额(元)	所在地
张作霖	奉天督军兼省长	1100+	(未详)	北镇县
		500+	(未详)	黑山县
		2800+	(未详)	通辽以西
		150000	(未详)	(未详)
杨宇霆	参议顾问	350+	20000	法库县
于国翰	军事部参谋次长	500+	400000	铁岭县
张学良	东三省保安总司令	18000	(未详)	一面坡附近
韩麟春	参议	200+	120000	在其老家
		80+	(未详)	一面坡附近
齐恩铭	奉天清乡督办	80+	60000	彰武
潘桂庭	奉天陆军被服厂长	200+	(未详)	吉林省
		200+	150000	锦州县
保康	东三省陆军粮秣厂总办	(未详)	300000	沈阳县、铁岭县
陈奉璋	省城军警联合办副处长	(未详)	160000	铁岭县、法库县
张作相	督办兼省长	100	(未详)	锦县、北镇县
张焕相	东省特别区行政长官	200	50000	吉林桦甸县
		1200	400000	抚顺县
王树翰	前省长	100+	50000	沈阳县
		225000	150000	吉林省
邹作华	奉军炮兵司令	500	200000	吉林县
李桂林	吉林第26旅旅长	200+	12000	八面城附近
丁超	滨江镇守使	700+	250000	(未详)
吴俊升	前黑龙江省督办兼省长	2000	(未详)	洮南县

续表

姓名	职务	占有地面积(垧)	估计价额(元)	所在地
吴俊升 杨宇霆	}	2200+	(未详)	博多勒格台旗
张作霖 鲍贵卿 冯麟阁	}	1000+	(未详)	达尔汗亲王旗
陶宇廷	团长、商会会长	675	(未详)	黑龙江鸡宁县
张子书	警察厅长	990	(未详)	黑龙江鸡宁县
张宗昌	绥宁镇守使	10000+	43000	吉林东宁县

资料来源:章有义:《中国近代农业史资料》第2辑,第1—18页;李尔重、富振声等:《东北地主富农研究》,第2—4页;以及本书有关各页资料整理编制。

这些军阀在占有的土地上,“各自形成部落”。尤其是张作霖,竟派遣“地政委员”经常管理其事,张的胞兄及义弟常驻当地担任总管,“其势力足以颐使地方官吏。如通辽县知事者,简直可以说事事受其压迫,仰其鼻息,仅得维持一己地位而已”。①

在热河、察哈尔、绥远和关内许多地区,军阀都大量侵占官旗荒地和公田。在热河北部,军阀强迫蒙旗王公割让大片肥沃土地,并派军队将蒙族平民驱逐,由他们与官僚、豪绅合资开垦。汤玉麟、阚朝玺、米振标、张连通等军阀和官僚由此攫取的土地面积难以估计。② 绥远托克托旗等地,军阀也各自割据,“时谋侵占”。③

① 中国社会科学院经济研究所藏日文档案,转见章有义:《中国近代农业史资料》第2辑,第19页。

② 《热河土地状况之报告》,《中国农民》第2卷第1期,1927年6月。

③ 国民党政府铁道部财务司统计科编:《包宁线包临段经济调查报告书》,垦务,第G15页,1931年调查。

一些地区的公田,也不少被军阀攫夺而成为其私产。湖田、沙田等更是大小军阀侵夺的重要目标。安徽郎溪的花赛圩,本是清政府工、吏两部修筑的公圩,有田地万余亩。辛亥革命后,军阀们在那里组织"湖丰公司",由张之洞的盐栈经理计兴芳兼任经理,地方公产变成了军阀小集团私产。1924 年又由计经手,以 3 万元的低价卖与卢永祥部的一名团长吴南陔。吴为避免地方绅民反对,从中拨出 1800 亩"赠与"郎溪育婴堂。这样,花赛圩完全成了吴南陔一人的私产。① 南方地区的一些大型湖泊如太湖、洞庭湖以及其他大湖泽的新淤土地,也大部分为军阀、官僚等所圈占。②庙田、学田和其他公产同样逃不出军阀之手。如军阀韩复榘的族叔韩世蔚就霸占了所在村庄火神庙的 54 亩香火地。③ 吉林官商合办的东宁屯垦公司,也落入军阀手中。该公司创设于清末,民国初年倒闭后,段祺瑞凭借权势,在该公司经营的土地上又开办裕宁屯垦公司,轻而易举地将原本属于东宁公司的官公田地万余垧变成了自己的私产。1922 年,段又以 4.3 万元的价格将公司转让给了时任绥宁镇守使的张宗昌。④

军阀通过上述各种暴力和非法手段,大肆侵夺和兼并官田民田,其田产迅速膨胀,占地规模明显超过原有的官僚豪绅和商人地主,成为占地最多的新兴的大地主阶层。

军阀占有的土地数量往往同其割据地盘、握有军权的大小成正比。一些大军阀占有的土地动辄万亩乃至数十数百万亩。如张

---

① 祝向群等:《大地主剥削花赛圩农民的纪实》,转见华东军政委员会土地改革委员会:《地主罪恶种种》,第 15—16 页。

② 董成勋:《中国农村复兴问题》,1935 年,第 191 页。

③ 《"台山韩"地主家族的罪恶》,《历史教学》1965 年第 1 期。

④ 吉迪:《北洋军阀政客资产纪闻》,《近代史资料》1978 年第 1 期。

作霖在东北占有的土地,有数字可查的即达150余万亩。段祺瑞在东北东部边境有地20万亩。① 吴俊升在任黑龙江省长时,据说攫取的土地更是“遍及全省”,难以数计。另外在奉天洮南(现属吉林省)尚有土地2万亩。② 袁世凯在彰德、汲县、辉县等地,约有田产400顷。③ 另有资料记载,袁世凯家占有彰德全部土地的三分之一。④ 冯国璋的华成垦殖公司(与张謇合办),占地达75万亩。⑤ 曹锟则是天津静海地区的最大地主,不但占有巨额土地,而且垄断了那里的水利设施。⑥ 阎锡山在老家山西五台县等地占有的土地,累积总价额在600万元以上。⑦ 如平均以每亩30元计算,占地面积超过20万亩。

其他一些地方,军阀占有的土地数量也十分惊人。如广西督军陆荣廷、谭浩明,据说得势时占有的土地占全道的三分之一。⑧ 曾任湖南督军、张作霖属下司令的张敬尧,曾任安徽都督、巡按使的倪嗣冲,1927年前,分别在其老家安徽霍丘、阜阳拥有土地七八

---

① 张载华:《东北农村经济鸟瞰》,《新创造》第2卷第1、2期合刊,1932年7月,第151页。原文单位的“顷”可能系“亩”之误。

② 陈翰笙:《现代中国的土地问题》,《中国土地问题和商业高利贷》,第24页。

③ 穆岩:《华北农村经济问题》,《政治月刊》第1卷第4期,1937年4月。

④ 田中忠夫著,汪馥泉译:《中国农业经济研究》,1934年,第12页。

⑤ 李积新:《江苏盐垦事业概况》,《东方杂志》第21卷第11号,1924年6月,第67—70页。

⑥ 穆岩:《华北农村经济问题》,《政治月刊》第1卷第4期,1934年7月,第142页。

⑦ 田中忠夫著,汪馥泉译:《中国农业经济资料》,1934年,第353页。

⑧ 叶非英:《中国之封建势力》,转见陶希圣编《中国问题之回顾与展望》第一编,1930年,第13页。“道”为民国初年建置,相当于现在的专区。

万亩。[①] 历任福建镇守使、护军使、巡按使、督军和省长等职的李厚基，在苏北有地200多顷。[②] 曾任云南总督的刘楷堂，在老家河南罗山拥有土地2700多石，约合25000亩。据说他买地"买心不买边"，占有的全是好地。[③] 此外，湖南水陆军总司令、省长赵恒惕，四川陆军总司令兼省长刘湘、督军刘存厚、成都卫戍总司令刘文辉等，也都占有大量土地，是当地有名的大地主。

大小军阀的一些部属，诸如参谋、师长、旅长乃至团长、营长等，也都分别拥有土地数百、数千亩，及至上万亩不等。如前述张作霖的部属军事部参谋次长于国翰、奉军炮兵司令邹作华，各有土地5000余亩，旅长李桂林有地2000余亩。四川刘湘的部属刘存厚、曾南夫、黄逸民、白驹等军、师长，仅在郫县一处，每人就有3000亩以上的土地。其余旅、团长百亩千亩的，"更不可胜计"。[④]

总之，各地大大小小的军阀及其部属，无不占有巨额土地，他们和各级官僚构成了辛亥革命后农村大地主阶层的主体。如四川郫县，约有耕地34万余亩，有20万亩被操在地主手中，其中大地主均为川军中旅长以上军官。[⑤] 广西合浦（现属广东），20年代末收买田产的，"军政界人物占十之八"。[⑥] 陕西武功，占有地权的，虽军政商农各界都有，但军政界"多为较大之地主"。[⑦] 其他地区

---

① 郭汉鸣、洪瑞坚:《安徽省之土地分配与租佃制度》,1936年,第46页。

② 吴寿彭:《逗留于农村经济时代的徐海各属》,《东方杂志》第27卷第6号,1930年3月,第78页。

③ 国民党政府农村复兴委员会:《河南省农村调查》,1934年,第89—90页。

④ 薛绍铭:《黔滇川旅行记》,1938年,第210页。

⑤ 薛绍铭:《黔滇川旅行记》,1938年,第210页。

⑥ 陈翰笙:《广东农村生产关系与生产力》,1934年,第60—61页。

⑦ 马玉麟:《武功县土地问题之研究》,《民国二十年代中国大陆土地问题资料》第68册,第35496页。

的情况也大致相似。正如当时论者所指出,“几乎在有名的大地主中,找不出几个不是出身于军阀、官僚的”①。

三、地权分配的分散与集中

地权流动和地权分配态势,主要受到两个因素的影响:一是土地买卖;二是田产的分割继承。二者对地权变动趋势所起的作用各不相同。前者无论古代或近代,主要表现为地主豪绅、商人的土地兼并和中小土地所有者的贫困破产,因而导致和加剧地权集中;而田产的分割继承,则毫无例外地促成地权的分散。在实行诸子均分制的情况下,一户有地200亩的中小地主,如不添置田产,通常经过一至两代的分割继承,就会下降为一般自耕农或半自耕农。在长期的历史发展过程中,正是这两种因素同时作用和相互制约,使地权分配既不会长期不变地分散,也不是无止境地集中下去,而往往是分散与集中并存或交替出现。但是,在某一特定历史时期,除了上述两个基本因素外,还会有其他因素存在。甲午战争和辛亥革命后的一个时期,军阀地主的兴起和商人地主阶层的进一步膨胀,农民内部两极分化的扩大,加剧了一些地区的地权兼并,而这一时期土地自由买卖的发展,为地权的自由转移,亦即军阀、地主、商人和农民阶层中少数富裕者的地权兼并提供了便利条件。太平天国后一些地区一度出现的地权分散态势基本消失,地权集中成为这一时期地权分配变化的主要特征。

---

① 李立三:《中国的封建势力与封建制度》,转见朱新繁:《中国农村经济关系及其特质》,1930年,第174页。

(一)土地自由买卖的进一步发展

甲午战争后,随着商业性农业和城乡商品经济的发展,封建宗法关系继续松弛,土地自由买卖有了新的发展。这主要反映在两个方面:一是通过清政府和北洋政府对官田旗地的清理、拍卖,这部分土地的性质发生变化,成为可以自由买卖的民田私田,扩大了自由买卖的土地范围和数量;二是土地买卖中的宗法关系束缚进一步被打破,地权的转移更加自由。这对一些地区的土地买卖和地权变动产生了重大的影响。

自从旗地买卖弛禁和清政府、北洋政府对官田旗地进行大规模的清理拍卖后,这部分土地很快成为地主、官僚、商人的兼并对象,同时进入了自由买卖的行列。原来隐蔽和非法的买卖也随即公开和合法化。由于这部分土地加入流通,一些农村土地买卖明显地活跃起来。

在旗地集中的顺天、直隶等地,旗民交产弛禁后,旗地买卖越来越普遍,在整个土地买卖中所占的比重越来越大。这从当时一些地主的置产账册可以清楚地反映出来。如直隶滦县开平镇商人地主利合堂,1880—1922 年间共买地 422 宗,计 4953 亩,其中旗地 1148 亩,占 28.6%。按时间计算,1880—1895 年买地 1728 亩,内旗地 319 亩,占 18.4%;1896—1910 年买地 2053 亩,内旗地 637 亩,比重增至 31.0%;1911—1922 年买地 1172 亩,内旗地 462 亩,比重复增至 39.4%。① 北洋政府在清理和拍卖旗地的过程中,虽然推行由佃户备价留置的方针,甚至强令佃户留置,买主身份受到限制。拍卖旗地的 90% 被佃户留置。但是被留置后,这些旗地也同其他民地一样自由买卖。

东北的旗地和内蒙古的蒙旗地买卖,虽然直至清王朝覆亡前,

---

① 据中国社会科学院经济研究所藏:《利合堂地亩老账》计算,转见《经济研究》1957 年第 2 期。

尚未弛禁,但那里的土地买卖同样十分活跃,甲午战争后尤为普遍和频繁。东北内务府旗地的买卖,虽然性质上只是佃权的转移,但买卖程序和契约形式同普通民地买卖完全一样。所不同的是为了规避私卖官田旗地的罪名,通常采取典当而不是绝卖的形式。①内蒙古热河一带蒙旗地的买卖则明显地分为收租权和佃权两项,其内容和形式同江浙皖地区永佃制下的土地买卖大致相似。而且收租权和佃权的分离更为彻底。收租权已与土地脱钩,即所谓"认租不认地"。收租权的买卖,契约直接标明为"卖租子"或"退租子"。价格的确定则是以价为本,以租为息,视当时当地借贷利率的高低为转移,而与土地的面积和肥瘠无关。为了规避私卖蒙地的罪责,地主在出卖租权时,往往要留下少量租额,保留对土地名义上的所有权。而佃权则直接称为"地",其买卖在内容和形式上,除载明纳租义务外,同普通的土地买卖毫无二致,十分自由和普遍。②

在东北和关内地区,各类官地、官荒被拍卖和放垦后,也随即同其他民地一样自由买卖。清政府和北洋政府为了加快东北的土地开发和"移民实边",鼓励官僚、地主、商人大面积领垦和揽垦。官僚、地主、商人以个人或"公司"的名义领到荒地后,往往并不直接开垦,而是转手倒卖。其他官地转为民地后,亦同民地一样买卖。如奉天营口的苇塘,原由奉天工部发给五姓龙票,官租由五姓包纳,龙票每5年更换一次。到1906年,龙票注销,土地由垦务局丈放,民间缴价报领。此后苇塘买卖也与普通民地无异。③ 苏北、

---

① 参见南满洲铁道株式会社编:《满洲旧惯调查报告书》有关契约。

② 参见刘克祥:《清代热河的土地开垦和永佃制度》,《中国经济史研究》1986年第3期。

③ 国民党政府司法行政部:《民商事习惯调查报告录》第1卷,1930年,第51页。

内蒙古和其他一些地区的大型垦牧公司,也大都是以倒卖官荒为其主要职能。此外,在内地,学田、祠田、庙田、会田以及其他公有土地、旷地、林地等,也都被官卖或私卖。如四川,据说进入民国后,公共田地被官卖、私卖、提卖殆尽,使三分之一的土地完全加入自由买卖之商品化过程。① 广西永淳等地,由于政府奖励造林,1921 年后明确宣布"旷地造林准许自由竞争",原来不准买卖的村有、族有等公共旷地、林地,相继被地主和富裕农民割取或购买。②所有这些,都加速了土地自由买卖范围的扩大。

土地买卖过程中的封建宗法关系束缚也进一步被打破。

中国封建社会的土地买卖一直受到封建宗法观念和封闭经济自给自足习俗的限制,突出表现在两个方面:一是亲族、地邻和原业主的"优先购买权";二是卖主漫无限制的"加找权"和"回赎权"。到明代后期和清代前期,这种传统习俗的限制开始受到不断发展的城乡商品经济和土地商品化趋势的冲击。③

进入近代,尤其是甲午战争和辛亥革命后,随着城市新式工业和农村商品经济、商业性农业的加速发展,土地进一步商品化,地权转移日益频繁,土地价格也成倍上涨,族邻先买权尤其是加找回赎权越来越成为土地自由买卖和农村商品经济发展的障碍。各地因先买权和加找回赎权而引发的案件层出不穷,也严重妨碍社会安定和封建秩序的巩固,因而为封建政权所不容。新兴军阀、官僚、商人地主,更把族邻先买权和加找回赎权视为他们兼并土地的

① 吕平登:《四川农村经济》,1936 年,第 131 页。

② 黄子爵:《广西永淳县的林地》,《中国农村》第 1 卷第 9 期,1935 年 6 月,第 67—68 页。

③ 参见李文治:《明清时代封建土地关系的松解》,1993 年,第 17、508—509 页。

主要障碍而强烈反对。先买权和回赎权已丧失其存在的社会条件。

辛亥革命后,北洋政府先后通过审理案例、颁发律例等途径,明确宣布一些地区的族邻、原主先买权习惯,不具有法律效力。土地买卖是所有者的“自由”,第三者“无故声述异议,实为法所不许”。“亲房栏产”更为法律所明文禁止。① 在官府的干预下,一些地区的族邻和原业主先买权明显衰落。如四川,原来亲族先买权习惯十分盛行,出售田产,必须绝对优先卖与同族;绝产亦不归公,而由家族继承或分割。故家族田产不容易外流。但进入民国后。随着商品经济的发展和土地买卖的频繁,这种宗法限制已日益被打破。② 东北吉林、黑龙江一带,原来也有亲族先买权的惯例,但到20世纪初,随着大量外来垦民的移入,很快衰落。③ 直隶顺义、大兴各村,清代时,同族、四邻有优先购买权,并有严格顺序,依次为同族、承典人、本村人、外村人。进入民国后,情况发生了很大变化,有的已逐渐衰落;有的名义上存在,但实际上没有了。④ 直隶宛平的亲族先买权也消失了。土地卖契中的“先尽亲族,不欲承受”换成了“如有亲族人等争竞、户口不清等情,俱有卖主、中人一面承担”。⑤ 还有一些地区,虽然亲族、邻里、典主都保留着先买权,但最终由所出价格决定。湖北汉阳、郧县、兴山、竹溪、麻城、五峰等县,即属于这种情况。在这些地区,各种先买权人均可依习

① 参见北洋政府大理院编辑处:《大理院判例要旨汇览》第1卷,民法,1926年再版,第90、106页。

② 吕平登:《四川农村经济》,1936年,第131页。

③ 东省铁路经济调查局:《北满农业》,1928年,第49—50页。

④ [日]中国农村惯行调查会编:《中国农村惯行调查》第1卷,概况篇,第32—48页。

⑤ 参见北京市丰台区档案馆藏晚清和民国时期有关土地买卖契约。

惯顺序优先购买，但不得"掯价"。如先买权人故意掯价，卖主"即得不拘顺序，径卖他人"。① 以往那种"绝对先买权"没有了。江西赣南地区，虽然土地买卖契约上载有"先尽亲房人等，俱各不受"等语，实际上完全以出价高低决定，过去的亲族优先权，不过成为契约具文。②

契价加找和土地回赎权也在加速消失。

在传统农业社会，土地是农民的命根子。农民不到走投无路的地步，决不会出卖土地，即使出卖，也不是全价一次卖绝，而是往往采用只收部分价款和留有"活尾"的典、当、活卖等形式，梦想有朝一日将土地赎回。实在不行，也要找齐价款。由于地价不断上涨，货币不断贬值，加上农民对土地的依恋，找价也往往是一而再，再而三，永无终止。一些地区回赎期限之长、找价次数之多，达到了令人吃惊的程度。如直隶徐水，典当回赎期长达 80 年，契约往往载明"八十年许赎"字样；陕西朝邑一带，无论经过多少年，只要出当人有力回赎，受当人即不能拒绝，故有"当地千年活"之谚；福建政和的土地出典，也多不设定期限，无论数十年或数百年，也不论地价涨落，出典人均可按原价取赎。建阳、霞浦等地，同族之间买卖土地，更是永不结断，故有"至亲无断业"、"同族无断业"之说。在其他许多地区，也都有"不拘年限，钱到许赎"的典当习惯。找补差价方面，如福建政和，土地典卖后往往又再加典卖者；既典卖又有再三找价而不绝卖者；既绝卖又有一找、二找、三找的惯例。从典卖到绝卖，最后到"永断瓜葛"，找价不下八九次之多；南平由典而卖，由卖至尽卖，由尽卖而再尽卖，由再尽卖而再借款。这样

① 国民党政府司法行政部：《民商事习惯调查报告录》第 1 卷，1930 年，第 578 页。

② 《中国民事习惯大全》第一编第三类，1924 年，第 10—11 页。

不断反复,俗谓“九尽十八借”。古田同样是土地卖断后,又索价“尽卖”,甚至有“一田尽卖数次者”。① 如此无限期地回赎,无止境地找价,以致土地卖断数十年乃至上百年,当事人早已亡故,产权也已多次转移,“原业主”的子孙还在要求回赎或找价,为此而争讼不休。② 显然,一些地区的加找回赎权对土地自由买卖所造成的障碍更甚于亲族优先购买权。

为了逐渐消灭加找回赎权,清政府和北洋政府都采取了相关的限制措施。清律例规定,典契的回赎期限,最长为30年,期满不准回赎。明显短于各地流行的回赎年限。1906年,奉天针对当地旗民典当田产,不规定年限,往往捏卖作典,纠葛成讼等弊端,规定嗣后典当契约,概以20年为限。逾期不赎,即作绝卖论。③ 辛亥革命后,北洋政府又将典当回赎期限缩短为10年。1915年颁发的《清理不动产典当办法》规定,嗣后典当期间以不过10年为限。业主届限不赎,听凭典主过户投税。④ 对于以前的土地买卖行为则规定,如系非绝卖契而卖主无力回赎,准许补价并另立绝卖契纸;如已立绝卖契,则不许回赎或找价再立新契。而所谓绝卖,“只须当事人间之原约有可认为绝卖之意思表示,并非限于契纸字面上之注明”⑤。北洋政府关于契约解释的这一新规定,使一大批按当地习惯可以找价或回赎的活卖契或卖契变成了绝卖契。被

① 参见《民商事习惯调查报告录》第1卷,第29、645、504、511、551、504、507—508页以及有关各页。

② 《中国民事习惯大全》第二编第二类,1924年,第5页;郭卫:《大理院释例全文》,1926年再版,第171—172页。

③ 章有义:《中国近代农业史资料》第2辑,1957年,第80页。

④ 吴经熊编:《中华民国六法理由、判解汇编》(增订本)第2册,第67—71页。

⑤ 《大理院判例要旨汇览》,民法,1926年再版,第91页。

取消了加找权或回赎权,使一些地区长期流行的找补和回赎习惯加速衰落。某些继续流行的地区,后来也被强令取消。如山西,土地买卖契约习惯上分为“死契”和“活契”两类,写明卖主无权回赎的叫“死契”,否则叫“活契”,卖主在数年乃至数十年后,均有权按原价回赎。1927 年,山西省长为保护买主利益,规定凡未声明原业主有权回赎者,均为“死契”。[①] 这样一来,原来的“活契”全部变成了“死契”。当地普遍流行的回赎习惯最终被消灭了。

总之,由于城乡商品经济的冲击,特别是清政府和北洋政府行政、法律手段的直接干预,甲午战争后尤其是辛亥革命后,土地买卖中的亲族优先权和加找回赎权习惯加速衰落。到 20 世纪 20 年代,除少数经济闭塞、土地商品化程度较低和封建宗族势力相当强大的地区外,这种传统习惯已经基本消失。据 1930 年国民党政府行政司法部对直隶、河南、山东、山西、江苏、浙江、安徽、福建、江西、湖北、湖南、陕西、甘肃、热河、绥远、察哈尔、奉天、吉林、黑龙江等南北 19 省区 562 县的调查,载明有亲族先买权的 24 县,有加找回赎权的 32 县,分别只占调查总数的 4.3% 和 5.7%。[②] 先买权和回赎权习惯流行的范围大大缩小,标志着近代的农村土地商品化进程步入了一个新的阶段。

(二)土地兼并和地权的集中趋势

官田旗地的民地化,官荒蒙荒的大规模招垦和拍卖;军阀地主的兴起,官僚和商人地主阶层的膨胀;土地买卖中封建宗法束缚的

---

① 长野郎著,强我译:《中国土地制度的研究》,1932 年,第 216—217 页。

② 据国民党政府司法行政部:《民商事习惯调查报告录》有关各页统计。

被进一步突破;农民内部两极分化的扩大,等等,所有这一切为土地兼并创造了更有利的条件,使一些地区的地权分配呈现程度不同的集中趋势。

1. 土地兼并的加剧

清末民初,东北和内蒙古的大规模放垦,给官绅和商人地主的土地兼并提供了一个广阔场所,清政府和北洋政府为了加快荒地放垦,达到增加财政收入和“移民实边”的双重目的,鼓励大面积领垦,在一段相当长的时期内,不仅不对垦户的领荒数量予以限制,反而以官爵、功名奖赏相招徕,并一再降低荒价,于是,大小军阀、官僚、豪绅和商人地主,纷纷以个人或公司名义,低价承揽甚至无偿占有荒地。1898 年黑龙江通肯的一本放荒账册显示,115 户领荒旗人,共承领荒地 118400 垧,平均每户 1030 垧,合 1.03 万亩。① 更多的情况是,荒地单位以“方”(即方里)计。当放荒之际,有势力、有关系者,“择地之肥美而交通便利者,若者数百方,若者数十方”。此外所谓“荒把”者,亦“竭其资力,领必数百方”。②

东北和内蒙古各地都有地主兼并巨额荒地的大量实例。军阀侵占荒地的事例已如前述。其他官僚、豪绅、富商等对荒地的攫夺,也不稍逊色。如农工总长莫德惠在吉林珲春和其老家共占有荒地和森林千余垧;奉天纺织厂总理孙祝昌在黑龙江庆城县等处占有荒地、森林 300 方③;奉天辽中县某大地主、大商人在黑龙江

① 转见孙占文:《黑龙江省史探索》,第 258 页。

② 《东三省荒务概况》,转见《农商公报》第 14 期,选载,1915 年 9 月,第 9 页。

③ 转见章有义:《中国近代农业史资料》第 2 辑,1957 年,第 17—18 页。

密山县领荒100方,密山县商会会长杨荫堂领荒80方。[1] 一些官绅和商人地主,还用公司的名义大片占领荒地。在松花江流域各县,官府极力劝导地方豪富组织开垦公司,以招募移民,并从地方公费中拨出款项予以支持。[2] 一些主要以垄断和倒卖荒地为目的的垦殖公司也就应运而生。1907年6月成立的瑞丰农务公司,在黑龙江讷谟尔河南岸领荒21"井",合34万多亩;广东新会职商陈国圻于同年8月成立的兴东垦务公司,在汤原县也买下大量土地。[3] 先后于1902年和1906年成立的兴华、天一两垦务公司,也分别在奉天锦州府大凌河一带和图什业图旗占有10余万亩和6万亩(133方)土地。[4] 至于领荒或占荒十几方或几十方的地主富户,数量更多,如吉林省密山县(现属黑龙江)平阳镇一地,领荒超过10方的就有7人。领荒总数达274方[5],合123300亩。这些人在当地最有势力,也领荒占荒最多。据说当时密山的"放荒委员"一下来,这些有头脸的人便都拉上去,平阳一带的土地,便都落到了他们手中。[6] 其他地方的情况也大致相似。

这些军阀、官僚、富商、地主合法或非法占有荒地后,又以它为基点,不断向四周侵蚀和扩张。由于早期所放荒地多是人迹罕至的旷野,地阔价廉,且多以河流、沟壑、岭脊、山谷等为界标,面积既不精确,地名、界标亦多含混。这些都给地主豪绅和其他有权势者

---

① 李尔重、富振声等:《东北地主富农研究》,东北书店1947年版,第3页。

② 长野郎著,强我译:《中国土地制度的研究》,1932年,第144页。

③ 兴东公司的土地数额不详,但其资本额比瑞丰公司雄厚,其占地数量当不比瑞丰少。

④ 李文治:《中国近代农业史资料》第1辑,1957年,第216页。

⑤ 参见李尔重、富振声等:《东北地主富农研究》,第3—4页。

⑥ 参见李尔重、富振声等:《东北地主富农研究》,第4页。

的侵蚀、兼并提供了方便。因此,领荒占荒以后,地主对农民的土地兼并就开始了。随着荒地的垦辟和移民的不断增加,地价上升,这种侵蚀混占式的兼并愈加激烈。除了混占,地主豪绅还采用所谓“盖照”的方法霸占农民土地。北洋政府时期,吉林、黑龙江签发的荒地执照,有“省照”、“县照”之分。如吉林荒照,名义上由“巡抚部院和总督部堂”发放,但实际上不少是由县代办。因此,省里可以直接发照,县里也可以代表省里发照。虽然都是正式执照,但其权威性差异很大。一般农民小户只能领到县照。如果地主看上了这些农民的土地,即从省里弄来一张地照。这就称为“盖照”,也叫“盖被子”。结果,农民凭县照执掌的土地被地主用省照这床“被子”盖去了。同时。封建政权为了增加收入,放荒以后即不断丈量,清查私垦,地主则往往同清丈人员相勾结,利用丈量扩充地界。①

这样,放荒招垦和土地开发的过程,同时也是一个数量庞大的大地主阶层的孕育过程。据1923—1925年对黑龙江流域嫩江、讷河等21县的调查,占地5000亩以上的大地主,在150户以上,超过万亩的不下100家,其中桦川县占地2万亩以上的即达43户,密山县占地4.5万亩以上的达18户,通河县占有土地22500—180000亩的大地主,竟占全县土地所有者的四分之一。占地千亩以上的地主更是成千上万。仅克山一县。千亩以上的地主即达五六百人;宾县占地1000—5000亩者500人;肇州县千亩以上的地主更多达900人。此外如同宾县,2000亩以上的地主有100余户,双城县自耕地3000—10000亩的也有100个单位。② 表2具体

① 李尔重、富振声等:《东北地主富农研究》,第2—4页。

② 孙占文:《黑龙江省史探索》,黑龙江人民出版社1983年版,第322页。

反映了各县的大土地占有情况。

表2　黑龙江流域嫩江等21县大土地占有情况简表

1923—1925年调查

县别	大土地占有情况摘要
嫩江	9000—28000亩10户(共计173800亩)
讷河	6750—20250亩(15—45方)15户
克山	50000亩1户,16000—20000亩4户,6000—10000亩2户,1000亩以上者500—600户
木兰	1000—10000亩12户
通河	土地所有者的四分之一各领有22500—180000亩(50—400方)
宾县	5000亩以上20户,1000—5000亩500户
方正	40000亩1户
依兰	8500亩1户,5000亩者数人
勃利	18000—36000亩(40—80方)6户
桦川	20000亩2户,20000亩以上者43户
肇州	17000亩1户,6000—10000亩者3户,1000亩以上者900户
双城	自耕地3000—10000亩者100个单位
五常	45万亩1户(在他县尚有225万亩),90000亩1户
阿城	12000亩者数户
珠河	90万亩1户,45万亩2户
宁安	112万亩1户,30000亩1户,20000亩、15000亩各1户
穆棱	12000亩2户
密山	90000亩4户,45000亩14户
虎林	18万亩1户(吉林官银号),6300—45000亩者4户
饶河	45万亩以上者4户
同宾	7000—8000亩者二三户,2000亩以上者100余户

资料来源:据雅施诺夫:《中国农民的北满移民及其前途》,转据章有义:《中国近代农业史资料》第2辑,第64—66页编制。

黑龙江、吉林其他地区和奉天也不乏大地主的存在。如奉天梨树,“乡村间富以田亩对,有多至一二万亩者”①;洮南(今属吉林)“地主土田之多,有逾百方者、数十方者”②。据1908年的调查,奉天承德、辽阳、铁岭等14州县,占地3000亩以上的大地主达59户,共有土地38万余亩。③

内蒙古放垦以后,土地也多为官僚、豪绅和富商所兼并。

1901年年底,兵部左侍郎贻谷被任命为垦务大臣,主持家哈尔、绥远地区的蒙地放垦。次年8月,贻谷奏设官商合办的东西垦务公司。西路公司设于包头;东路公司分设于张家口、丰镇厅等处,分别从事绥远、察哈尔地区放垦蒙地的包揽承领。该公司商股主要由贻谷及其下属认购,“垦局委员悉充公司委员”。他们凭借职权,以每亩缴押荒银3钱的象征性价格,从垦局领得荒地,然后以每亩8钱至3两多的价格转手倒卖。而且是先收地价,后缴押荒。故当时论者谓其“不费一钱而坐致巨万”。东西两公司从成立至1908年撤销,共领地2万顷,绝大部分转手倒卖。④ 买主绝大部分仍然是地主、商人。其中的一部分优质土地,则直接落入贻谷及其属员之手。⑤

绥远河套地区的土地兼并还伴随1910年大规模的筑渠垦荒而展开。先是一些与蒙人做生意的商人,利用流窜股匪驱赶蒙民,

---

① 民国《梨树县志》丁编,人事,第2卷,第13页。

② 民国《洮南县志》第4卷,农业,第27页。

③ 据奉天农业试验场:《奉天全省农业统计调查报告书》第2期第1册,第15—20页统计。

④ 甘云鹏:《调查归绥垦务报告书》第5卷,1916年,第1—2页。

⑤ 鹿传霖、绍英:《奏为查明垦务大臣被参各款谨分别轻重据实胪陈并保荐贤员办理善后事宜以绥蒙藩而收实效折》,转见《中国近代农业史资料》第1辑,第222页。

霸占荒地，从事开垦。继而又有来自内地的"流氓财主"，成百上千地雇用流民，或组织哥老会，啸聚流亡塞外的浪人，加入夺地垦荒行列。这些商人、恶棍很快发展成为河套地区的新兴地主。他们利用流氓武装，圈占的土地面积各达"数千顷至万顷之多"。因此，河套土地一开始就集中在少数地主手中。因当地气候干燥，雨量稀少，农业生产主要依赖黄河水灌溉，一些地主在垦荒的同时，也开始修筑灌渠。由于灌渠工程浩大，非一般贫苦垦民所能为，势非由大地主经营不可。结果灌渠也成为地主私产，而灌渠流经的土地亦全被地主占有。一些后来的垦民，也有的从大渠引凿小渠开垦荒地，但一旦荒地垦熟，渠主即采用强行没收或迫交地租、渠租的手段，将土地兼并。因此，灌渠的修筑和私有，又加速了土地的兼并和集中。①

察哈尔、热河一带的官地、蒙旗地和新垦地，同样大多为地主富商所兼并，"地权昔操于满蒙族之庄头"，"今则半转移诸豪商之手"。②

关内地区，官僚豪绅和地主商人对官公土地的争占兼并，虽然在数量和规模上不及东北和内蒙古地区，但同以往比较，由于商业性农业加速发展和兴办公司热的刺激，地主商人的土地占有欲空前膨胀，他们对官公地的争占和兼并也比以往更加猖獗，手段更为繁多，范围更加广泛。

有的以公司名义大面积低价购买或包揽官荒。如湖北候补道汪凤瀛，纠集股本成立"茂达公司"，贱价购买江苏镇江南门外一带荒山；江苏金坛李树昌等合股成立"崇本树艺有限公司"，购进该县荒山30余顷；丹徒杨星房兄弟集股购置金坛荒地5000亩，开

① 戴林：《后套临河县农村实况》，《益世报》1934年5月26日，转见《中国近代农业史资料》第2辑，1957年，第43—44页。

② 民国《隆化县志》第3卷，生计，第2—3页。

办“广生畜牧有限公司”;杨良骏集资10万元,在溧阳开办“吉金树畜公司”,购地20600余亩;安徽万方卿和芜湖商局提调刘某集股创设开垦公司,购得田地3000余顷;无为州乡绅高慕德集资8000元,购得荒地万余亩;另一豪绅赵继椿,在东流县设立“安阜公司”,在县属八都湖一带买地垦荒;粤商曹嘉祥等集股成立“福兴垦务公司”,到天津小站买荒试垦私田;等等。①

有的以个人名义购买或领垦。北京南苑皇家苑囿,1900年遭八国联军洗劫和破坏后,清政府因无力恢复,于1902年丈放,一些清宫太监、官吏以及地主商人纷纷前往圈地认垦。结果,苑内闲旷地亩绝大部分落入了这些人手中。天津小站一带有大片官荒,庚子后,富绅大贾争往购地垦田,其中官僚张建勋一人,即买走了300余顷;江苏靖江有大量沙田,约占全县面积的四分之一。据说当沙田初现时,即被“内地的大小资本家豆剖瓜分的围买了去”②。1904年,湖南设局招垦洞庭新涨湖田,曾国藩女婿、浙江巡抚聂缉槼花3000余缗垦照费,领得4万余亩淤田。③

更有的依仗权势,巧取豪夺,强行霸占。江苏甘泉、高邮交界湖泊,有新涨沙地3000余亩,悉数被当地豪强侵占;另有学田1700余亩,则为土豪华业高所占;川沙横沙的沙地,由于土质极肥,成为当

① 《时报》,光绪三十三年六月十四日;《东方杂志》3年第12期,实业,光绪三十二年十一月,第234页,又4年第4期,实业,光绪三十三年四月,第82页;《汇报》第135号,光绪二十五年十二月九日,第279页;《北洋公牍类纂》第2卷,第12—13页。

② 《北洋公牍类纂》续编第20卷,第39—40页;汪适天:《各地农民状况调查——靖江》,《东方杂志》第24卷第16号,1927年8月,第119页;北京市丰台区档案馆藏“四清”档案:《阶级成分登记表·家史简述》有关各表。

③ 中国科学院上海经济研究所、上海社会科学院经济研究所:《恒丰纱厂的发生发展与改造》,1958年,第26—27页。

地豪强夺争和兼并的重要目标。他们只要向"沙务局"纳上一笔钱，便获得了公开抢夺沙地的权利。一些恶霸及帮会头子更用武力和雇用打手争夺和霸占沙地；湖南洞庭湖东南湘阴县境一处可开田6万余亩的淤洲，则全部落入曾国藩后裔之手；广东东莞、番禺等地的沙田，一经淤出水面，甚至尚在水下，即被当地豪右瓜分圈占。东莞的万顷沙田全部归该县豪绅黎家崧一手经理，"无人敢过问"；番禺富豪，因为沙田利大，不仅霸占和垄断了本县的全部沙田，且"多有报承他邑沙坦，延及沿海者"；在浙江、广西、贵州等丘陵和山区，地主豪强的霸占范围还由耕地、荒地扩大到官公山林。如20世纪初的浙江天目山区，有钱有势者争相向官府"报粮认税"领取山林，或依仗权势"指山为界"，将大片"无主"山林归并在自己私造的契约内。分水县在1917年段祺瑞执政时，勒令各乡建立"清山局"，让村民领山认税，地主豪绅乘机把持该局，大面积霸占无主山林。蠡湖乡清山局总董事、清朝拔贡即霸占了该县四分之一的山林。①

当然，除了东北、内蒙古、直隶，其他地区到清末民初，官公地和旗地的数量已经不多。在这些地区，地主兼并的主要对象还是民田私田。即使在东北、内蒙古、直隶一带，随着官旗荒地的招垦、拍卖和官田旗地的民地化，官田的数量越来越少，地主的兼并对象也自然由官田旗地转向民田私田，逐渐以中小土地所有者的田产为主了。

这一时期兼并农民土地的，除了军阀、官僚、地主以外，还有中小庶民地主、商人高利贷者以及从农民中分化出来的少数富裕户。在新的历史条件下，这些土地兼并者的数量和对土地的贪欲都明

---

① 《时报》，光绪三十二年四月十七日，又十一月二十七日；华东军政委员会土地改革委员会：《地主罪恶种种》，1951年，第1页；《时报》，光绪三十二年正月十五日，又八月初一日；民国《番禺县续志》第12卷，第2—3页；华东军政委员会土地改革委员会：《浙江省农村调查》，1952年，第9页。

显增大了。

甲午战争后,随着农产品出口贸易的扩大和某些以农产品为原料的新式工业的兴起,在一段时间内,某些经济技术作物的产品价格上涨,从事这些作物的种植、贩运和初级加工获利较厚,由此孕育出一批富裕者。当时一些地区不乏关于经营蚕桑、棉花、烟草、花生、甘蔗以及蔬菜、果树等园艺作物获利丰厚的记载:如蚕桑,广东东莞,植桑养蚕,“家有十亩,可以致富”①;在江苏,因茧价上涨,“养蚕的利息很不差”,桑树更被称为“黄金树”。② 如棉花,20 年代前后的湖北,种棉成为农户“大利”③;直隶文安,植棉“所获尤厚”,成为“阜民之一助”。④ 种烟之利更超过桑棉。早在同治光绪之际,江西、湖南一些地区,种烟已“几成美利”。⑤ 甲午战争后,随着市场需求的扩大,种植日广,获利仍厚。如广东四会,种烟“利逾种稻”;罗定种烟“利润最丰”。⑥ 种花生之利亦不亚于种烟。广东东莞,花生种植“利甚薄”;湖南新宁,农民种花生以榨油,“获利最多”。⑦ 山东烟台农民从花生获得的收益,据说比其他任何作物都更为有利。⑧ 在一些通商口岸和城市郊区,蔬菜、水

① 宣统《东莞县志》第 15 卷,第 7 页。

② 焦龙华:《我国蚕丝之回顾与前瞻》,《农村经济》第 1 卷第 12 期,1934 年 12 月,第 8 页。

③ 《中外经济周刊》第 110 号,1925 年 5 月 2 日,第 1 页。

④ 民国《文安县志》第 1 卷,第 71 页。

⑤ 同治《兴国县志》第 12 卷,第 19 页;同治《赣县志》第 8 卷,第 2 页;光绪《龙南县志》第 2 卷,第 52 页;光绪《善化县志》第 16 卷,第 23 页。

⑥ 光绪《四会县志》,第 88 页;广东大学农科学院编:《广东农业概况调查报告书》,罗定县,1925 年,第 256 页。

⑦ 宣统《东莞县志》第 13 卷,第 11 页;光绪《新宁县志》第 8 卷,第 13 页。

⑧ Decennial Reports on the Trade,1922—1931,No. 1,p. 427.

果、花卉等园艺作物的种植，获利同样相当可观。如上海郊区宝山县，菜圃之收获，岁可七八次，“获利颇丰”。故“菜圃地价，视农田几倍之”。广东汕头的橘农，据说单位面积收入比投入的资本多1倍以上；宝山等地的果树和花卉经营，“亦颇获利”。①

当然，并非所有从事经济技术作物或园艺作物经营的农户都会获得丰厚利润。相反，由于市场竞争异常激烈，市场行情变幻莫测。多数农户受土地、资金、劳力、技术等多种因素的限制，不能适应市场的变化，在激烈的市场竞争中处于劣势，只有少数条件较好的农户，获得较好收益，并通过兼并破产农民的土地，逐渐扩大生产和经营规模。正是由于农产品的加速商品化和激烈的市场竞争，农民两极分化加剧，农村的土地兼并更加激烈。

值得注意的是，由于某些农产品的市场需求扩大，价格上涨，土地收益增加，地主的贪欲更加膨胀，愈加不择手段地兼并土地。如江苏海门、启东一带，随着棉花种植的推广，土地“收获既多，而收入亦多”，故“绅宦官商之稍有积蓄者，莫不争先以重金购地”。② 山西离石，20世纪20年代前后，因汽车路贯通县境，运费降低，米麦、杂粮皆可东行西走，粮价渐高。地价逐年升涨，地主高利贷者的贪欲也随之膨胀。他们变换花样，通过抵押贷款的手段，吞并农民土地。③

这一时期商人地主对土地的兼并也加强了。随着进出口贸易

---

① 民国《宝山县续志》第6卷，第1—3页；Decennial Reports on the Trade，1922—1931，No. 2，pp. 159－160.

② 沈时可：《海门启东之佃租制度》，《民国二十年代中国大陆土地问题资料》第60册，第30843页。

③ 李晓初：《山西离石县高利贷方式的演进》，《益世报》1934年7月14日。

和农产品商品化的发展,地主经商热继续升温,从事商业活动的地主越来越多。有的因邻近口岸,或交通条件改善,商业有利可图,纷纷弃农经商。地处上海郊区的宝山,较大“田主”均经商沪上及湘、鄂一带①;江苏昆山县,因修筑铁路,交通便利,“多数田主,咸弃耕而经商”。② 海门、启东因与上海仅一江之隔,近在密迩,故“一般地主,每有弃其耕地,给佃承种,集资贩运棉、麦、猪、鸡,以图厚利者”③。安徽芜湖一带的地主,更是“恒以农商业自娱”,经商之风尤甚。④ 北京郊区宛平等地,地主经营商业的情况也十分普遍。他们大多贩卖煤炭、青灰,或在北京城内和邻近市镇开设煤铺、粮店、杂货铺,不少由此起家。⑤ 有的由于农产品商品化和某些手工业的发展,纷纷从事这些产品的贩运或加工,以图厚利。如直隶濮阳某村,1923 年以前,从事花生贩卖和开设花生榨油作坊的,都是村内的无业贫民和小手工业者,1923 年后,随着花生种植的推广,花生交易兴旺,花生买卖和榨油作坊相继转入地主手中。⑥ 又如内丘县,20 世纪以前,手工纺织业不甚发达,妇女纺纱获利綦微。1916 年,以机纱为原料的手工织布业勃兴,所织土布销往山西各地,获利甚巨。于是地主富户多兼为土布经纪人,开设

① 瞿明宙:《各地农村经济概况访问笔记》,1930—1932 年;《宝山县农村经济概况调查表》,1933 年,转见《中国经济年鉴》,1934 年,第七章,第 G88 页。

② 乔启明:《江苏昆山南通安徽宿县农佃制度之比较以及改良农佃问题之建议》,1926 年,第 10 页。

③ 沈时可:《海门启东县之佃租制度》,《民国二十年代中国大陆土地问题资料》第 60 册,第 30841 页。

④ 民国《重修芜湖县志》第 8 卷,地理志,风俗。

⑤ 据北京市石景山区、丰台区“四清”档案资料。

⑥ 纪彬:《农村破产声中冀南一个繁荣的村庄》,《益世报》1935 年 8 月 17 日。

布铺,卖线买布,转售于大布庄,或直接运销山西。① 东南沿海地区,则有不少地主经商国外。据1929年对广东新会慈溪村191户地主职业的调查,经商国外和香港的达115户,占总数的60.2%。② 濒临南海的赤溪(今属台山县),据说“其人稍具远志者,多经商外洋”③。

这样,地主或以经商起家,依靠商业盈利积累土地而成为地主;或以地租和土地收益为资本经营商业,复以商业盈利兼并土地。地主、商人一身二任,地租和商业利润辗转增殖,商人地主成为这一时期封建地主的一个重要组成部分。据对山东光绪年间46县31户经营地主的经济风貌调查,兼营商业(包括开设自产自销的手工业作坊)者达85户,占总数的64.9%;靠经商起家者64户,占48.9%。④ 另据调查,直隶宛平县1895—1927年存在的103户经营地主中,靠商业、高利贷和农副产品加工业起家者23户,占总数的22.3%。⑤ 一些通商口岸附近和东南沿海地区,商人地主所占比重更高。前述广东新会慈溪191户地主中,商人达138户,占72.3%。⑥ 又据金陵大学1922年对安徽芜湖36户地主的职业调查,商人23户,占63.9%。⑦

---

① 和泰:《河北省内丘县农村副业今昔观》,《东方杂志》第32卷第16号,1935年8月,第97页。

② 赵承信:《广东新会慈溪土地分配调查》,《社会学界》第5卷,1931年6月,第87页。

③ 民国《赤溪县志》第1卷,风俗,第48页。

④ 据景甦、罗仑:《清代山东经营地主底社会性质》附录二统计。

⑤ 刘克祥:《中国近代的地主雇工经营和经营地主》,《中国经济史研究》,1994年增刊,第17页。

⑥ 赵承信:《广东新会慈溪土地分配调查》,《社会学界》第5卷,1931年6月,第87页。

⑦ 长野郎著,强我译:《中国土地制度的研究》,1932年,第178页。

由于商人地主大多恪守“以末起家,以本守之”的信条,对土地的贪欲十分强烈,同时在经营和理财方面,采取商业和农业彼此挹注,商业利润和地租相互转化、辗转增殖的手段,财力比其他单纯从事土地经营的地主相对充裕,财力运用更为灵活,土地兼并手段更奸狡,土地积累速度更快捷。这一时期,各地不乏商人地主疯狂兼并和快速积累土地的事例。如直隶宛平衙门口村(现属北京石景山区)翟振钧、翟振刚兄弟,甲午战争前只有 16 亩地,后将其中的 8 亩地典出,买了两头骆驼,贩运煤炭,很快发家,不断买进土地,到 20 世纪 20 年代,已积累土地 1300 亩。① 宛平老古城村棚匠陈凤昆,甲午战争前后,用进宫搭戏台赚来的钱开粮店,再用粮店利润兼并土地,到 1914 年已积累土地 2200 亩。② 宛平八角村(现属石景山区)周海,原仅有地 10 亩,辛亥革命前后到北京马甸倒卖牲口牟利,并用以兼并土地,十数年间即在本村先后买进土地 200 余亩,成为村内的暴发户。③

宛平和北京周围各县,类似上述以商起家和商人地主疯狂兼并土地的情况十分普遍。其他地区的情况也都大同小异。如天津同居镇郭某,有地 120 亩、骡子 2 匹,种地兼做买卖,民国初年与本村一财主合开烧锅酿酒,并以其盈利购置田产,土地面积很快增加到 300 余亩。④ 热河赤峰张殿关,是个有 2 顷旱地的小地主,甲午战争前后,其长子开设旅店,次子当信差:以商业利润和工薪收入

---

① “四清”档案:《北京市石景山区阶级成分登记表》,衙门口大队上街三队 56、58、59 号。

② “四清”档案:《北京市石景山区阶级成分登记表》,古城六队 68 号。

③ “四清”档案:《北京市石景山区阶级成分登记表》,八角村七队 64 号。

④ “四清”档案:《北京市丰台区阶级成分登记表》,大红门三队 13 号。

兼并土地,1900年土地增至7顷。1910年更在林西县购进土地50顷。① 直隶保定刘行,原来只有9亩地,1911年用闯关东修铁路赚的钱买了6亩地,并开始做小买卖,先后开办轧花厂、榨油坊,卖花生、馅饼,又与人合伙包缴市场牲口税,以所获盈利购买土地,到20年代末30年代初,土地猛增到300余亩。② 江苏海州殷克勤,向开粮儎牙行,包揽出口,兼并和占有土地七八千亩。③ 陕西米脂县杨家沟的马家大地主,同治光绪年间,最初也是靠经营商业高利贷起家,以土地抵押放债取利,没收到期无力偿还的债户田地,招佃取租,或直接租给原主耕种。如此反复兼并和积累土地,实现利息、田租的辗转增殖。到20世纪二三十年代,杨家沟附近六七十里以内的土地,都成了马家的田产,马家上升为陕北最大的地主。④ 吉林榆树县商人许鸣周,清末民初在该县开设油坊、钱庄,用所得利润累积兼并土地3000余亩。⑤

地主以商起家和商人地主对土地的兼并、积累如此快捷,既是由于商人地主特殊的经营和理财手段,同时也和甲午战争后城乡商业、农产品商品化和农村两极分化的加速发展有关。正因如此,这一时期不少商人地主的土地兼并、积累速度明显加快。如直隶滦县利合堂刘家,1880—1920年间累积购买土地4967亩,其中1880—1895年买进1897亩,平均每年买地119亩;1896—1920年

---

① "四清"档案:《北京市丰台区阶级成分登记表》,南苑新宫六队27号。

② "四清"档案:《北京市丰台区阶级成分登记表》,南苑槐房义顺庄68号。

③ 《东方杂志》,7年第6期,中国大事记补遗,宣统二年六月,第40—43页。

④ 观山:《陕北惟一的"杨家沟马家"大地主》,《新中华》第2卷第16期,1934年8月。

⑤ 中共中央东北局宣传部编:《东北农村调查》,1947年,第125—126页。

买进3079亩,年均买地123亩。[①] 山东章丘旧军镇商人地主矜恕堂孟家,1854—1927年间累积购买土地789亩,其中1854—1894年买进91亩,年均买地2.2亩;1895—1927年买进698亩,年均买地21.2亩。[②] 宛平南苑(现属北京丰台区)运输商范德常,雇人赶车给北京一家木场拉货,因运输生意好,于1905—1921年分5次在南苑买进土地274亩。[③]

2. 自耕农的破产与部分地区的地权集中趋势

土地兼并加剧的结果,是地权的进一步集中。

当然,土地买卖所导致的地权流向是多种多样的:有的买卖在中小农户内部进行,也有的发生在地主阶级内部,还有个别买卖是破产地主将土地卖与小自耕农。但是,更多的土地买卖是在农民和地主之间进行,是自耕农的小块土地为地主所兼并,标志着大量自耕农的破产和地权的集中。

甲午战争后,特别是到了20世纪一二十年代,由于城乡商品经济的发展,生产生活费用的升高,尤其是军阀连年混战,赋税捐摊和地主、商人、高利贷者盘剥日益加重,以及频繁的天灾人祸等多种原因,一些地区的自耕农乃至一部分中小地主,经济状况明显恶化,不断丧失土地,甚至完全破产。如江苏嘉定丁家村的张成洲,本是有24.4亩地的富裕自耕农,但在1906—1920年的15年间,因丧葬嫁娶,先后分七次典出土地24亩,最后仅剩0.4亩[④];直隶宛平杏石口村的牛财,有地60亩,父子均有裱糊手艺,“经济充裕”,但在光绪宣统之际,因连续婚丧,相继典出土地50多亩,

① 据李文治:《中国近代农业史资料》第1辑,第191页计算。

② 据景甦、罗仑:《清代山东经营地主底社会性质》,第83—86页计算。

③ “四清”档案:《北京市丰台区阶级成分登记表》,南苑新宫六队28号。

④ 满铁上海事务所调查室:《上海特别市嘉定区农村实态调查报告节》,1939年,第143—144页。

濒于破产边缘①;同村姚德润,自有土地 80 余亩,另租种坟地 9 亩,并在北京开设磨行,家中地雇短工耕种,“农商兼顾,经济富裕”,属于小商人地主。但在 1900 年左右,磨行生意亏本,其母病故,被迫连续卖掉了 60 亩土地。② 这是三个较典型的例子,但类似情况,在全国各地普遍存在。江苏海门、启东,因高利贷盘剥,绅宦官商兼并,中小农民“每多纷纷将土地出卖”。其中海门八区,据 1932 年的调查,在过去 10 年中,仅因高利贷而全部丧失土地者即达 18 家,丧失部分土地者 33 家。③ 20 年代的河南光山,因驻军捐派粮款和柴草,“颇使自耕农难于担负或竟至破产”④。同时期的四川南充,因田赋税捐不断加重,素无积蓄的中下农户“颇形困惫”,以各种方式典卖田产:“有将产业尽行当与他人耕种而租无颗粒者;有将产业当与他人,复或佃回全股或佃回半股耕种而当户转得多取租者;有将田产分股当与他人,而或自留数挑十余挑田亩耕种者;有将产业佃与他人耕种,而收租极少者,是为明佃暗当。”⑤广西据抽样调查统计,20 年代末至 30 年代初全省农民约有十分之三失去土地。⑥

随着地主对土地的激烈兼并和农民的不断失地破产,一些地

① “四清”档案:《石景山公社西黄村大队杏石口生产队阶级成分登记志》,第 37 号。

② “四清”档案:《石景山公社西黄村大队杏石口生产队阶级成分登记表》,第 34 号。

③ 沈时可:《海门启东县之佃租制度》,《民国二十年代中国大陆土地问题资料》第 60 册,第 30845 页。

④ 曾鉴泉:《各地农民状况调查——光山》,《东方杂志》第 24 卷第 16 号,1927 年 8 月,第 136 页。

⑤ 民国《南充县志》第 12 卷,艺文志,第 83 页。

⑥ 薛雨林、刘端生:《广西农村经济调查》,《中国农村》,创刊号,1934 年 10 月,第 74 页。

区的自耕农数量明显减少。长江下游地区,20年代的江苏靖江,由于土豪、劣绅、官僚、驻兵等肆无忌惮的盘剥和生活费用不断高涨,自耕农所入无多,而吸吮无穷,被逼得虽欲不变卖田产而不可得。因此"自作农日渐减少,佃农增多"①。过去自耕农甚多的无锡,也因生活费用增高,农民经济日见支绌,土地相继落入豪绅之手,到20年代,"自耕农恐十不存一矣"②。宜兴滨湖、山林各区,同样因乡村地主和城镇富户的不断兼并,自耕农"日见减少"。滨湖圩乡,10户之庄,自作农不过一二。③ 昆山、南通两县,据1925年的调查,农户中的自耕农比重,分别从1905年的26%和20.2%减少到1924年的8.3%和13%,分别减少了三分之二和三分之一以上。④ 海门在20年代以后,因粮价上涨,导致地权兼并加剧,多数自耕农沦为佃农或半自耕农。⑤ 长江中游鄂西一带,自耕农比重更是大幅度下降,由1920年以前的45%降至1921年以后的10%。⑥

华南和华北等地的资料显示,自耕农数量也在不断减少。广东的地权原来就十分集中,自耕农数量甚微,而这一时期尤其是

① 汪适天:《各地农民状况调查——靖江》,《东方杂志》第24卷第16号,1927年8月,第119页。

② 容庵:《各地农民状况调查——无锡》,《东方杂志》第24卷第16号,1927年8月,第110页。

③ 徐方干、汪茂遂:《宜兴之农民状况》,《东方杂志》第24卷第10号,1927年8月,第86页。

④ 乔启明:《江苏昆山南通安徽宿县农佃制度之比较以及改良农佃问题之建议》,1926年,第9页。

⑤ 沈时可:《海门启东之佃租制度》,《民国二十年代中国大陆土地问题资料》第60册,第30855—30856页。

⑥ 监生:《鄂西农民痛苦状况与土地问题》,《双十月刊》第4期,第6页,转见田中忠夫著,汪馥泉译:《中国农业经济研究》,1934年,第30页。

20年代，又有进一步下降的趋势。有资料显示，1925—1926年度与1921—1922年度比较，广东的佃农和半佃农的数量正在增长。① 广西自从洋纱、煤油输入，"中产阶级"生计日蹙，田租日贵，"自耕农多变为佃农，半自耕农多为雇农"。② 桂林、苍梧等农产商品化程度较高的地区，自耕农比重分别递减至33.1%和42.8%。③ 在北方黄淮流域，山西阳高在辛亥革命前，自耕农占绝大比重，地主和雇农、佃农"简直微乎其微"，但到30年代初，佃农、雇农已占农户总数的41%。④ 同样，陕西在辛亥革命前也是自耕农经济占统治地位，租佃很少。1880年外国牧师调查时，在陕西只偶尔见到几个佃户，但到1927年，20%的农民都成了佃农。而在陕中地区，40%—50%的农民是军阀、官僚、商人的佃户。⑤ 20年代初河南光山的普遍情况是，自耕农因失地破产，大半不得不租种别人田地而变为半自耕农，少数甚至积债累身，被逼得卖掉全部田产，而变成完全的佃农。⑥ 豫西南的浙川也是"以前自耕农较多，近则佃农日增"。⑦ 安徽皖北宿县因土地瘦瘠，田价低贱，原来自耕农比重较高，进入20世纪后也在明显下降，由1905年的

---

① 佛林、约克：《广东农民运动》，1927年，转见章有义：《中国近代农业史资料》第2辑，第55页。

② 民国十六年国民党农民部报告，转见冯和法编：《中国农村经济资料》，1933年，第1158页。

③ 国民党农村复兴委员会：《广西省农村调查》，1935年，第60页。

④ 范彧文：《现阶段阳高农村经济的鸟瞰》，《新农村》第20期，1935年1月，第9页。

⑤ 马札亚尔著，陈代青、彭桂秋译：《中国农村经济研究》，1930年，第261页。

⑥ 曾鉴泉：《各地农民状况调查——光山》，《东方杂志》第24卷第16号，1927年8月，第136—137页。

⑦ 国民党农村复兴委员会：《河南省农村调查》，附录，第87页。

59.5%降到了1924年的44%。①

破产农民的土地,绝大部分落入各类地主手中。安徽天长县,30年代初有调查说,“在五年前,买田的人很多,尤以一百石种上下的地主为最多;卖田的大多是堕落的中小地主及自耕农”②。直隶文安的情况是,“豪富广购良田,贫者贱价求沽”③。都是农民土地流向地主。因此,随着自耕农及其占有土地数量的不断减少,地主及其占有土地的数量则日益增加。如江苏靖江,一方面“自作农日渐减少,佃农增多;他方面地主也渐渐的增大”④。浙江义乌,更是“地主阶级年年增加”⑤。也有的地区是全部土地向少数大地主集中。如二三十年代的湖南溆浦,自耕农和佃农无法维持生计,“中小地主在凌落,而大地主却在兴盛”⑥。这种变化从一些地区的地权分配资料更清楚地反映出来。如前述广东新会慈溪村,1926年同1919年比较,占地4亩以下的小土地所有者,从142户增加到168户,增长了18.3%;20—39亩的自耕农从61户减少到48户,下降了21.3%;而160亩以上的地主从1户增加到2户,占地面积从238亩增加到371亩,上升了55.9%(详见表3)。

---

① 乔启明:《江苏昆山南通安徽宿县农佃制度之比较以及改良农佃问题之建议》,1926年,第9页。

② 娄家祺等:《安徽天长县的南乡》,《新中华》第2卷第17期,1934年9月,第83页。

③ 民国《文安县志》第12卷,第13页。

④ 汪适天:《各地农民状况调查——靖江》,《东方杂志》第24卷第16号,1927年8月,第119页。

⑤ 楼俊卿:《各地农民状况调查——义乌》,《东方杂志》第24卷第16号,1927年8月,第128页。

⑥ 韦东:《湖南溆浦县的农村经济状况》,《中国农村》第1卷第2期,1934年11月,第69页。

表3　广东新会慈溪村农户地权分配分组统计

1919，1926年　　1919＝100

土地面积分组	1919年				1926年			
	农户		占地面积		农户		占地面积	
	户数	指数	亩数	指数	户数	指数	亩数	指数
4亩以下	142	100	462	100	168	118	438	95
5—9亩	74	100	530	100	87	118	601	113
10—19亩	70	100	946	100	94	134	1309	138
20—39亩	61	100	1685	100	48	79	1275	75
40—79亩	39	100	2129	100	32	82	1770	83
80—159亩	16	100	1596	100	14	88	1524	95
160亩以上	1	100	238	100	2	200	371	156
总计	403	100	7475	100	445	110	7288	97

资料来源：据赵承信：《广东省新会县慈溪土地分配调查》，《社会学界》第5卷，转见冯和法编：《中国农村经济资料》，第946—947页。

有的地区由于太平天国农民起义或其他原因，地权分配一度趋向分散，这一时期则明显逆转。如苏南一些地区，由于太平天国起义的沉重打击，据说19世纪80年代前后，90%的土地被掌握在个体小农手中。但到20世纪20年代中，据金陵大学的调查，只有33.1%的土地仍为土地所有者所耕种，而佃农和半佃农耕种的土地分别占39.7%和27.2%。在40余年间，各类地主从个体小农手中夺走了35%以上的土地。① 浙江汤溪，太平天国后，“富室多中落，田易佃而主，自有而自耕之者，什且七八”。进入20世纪，

① 马札亚尔著，陈代青、彭桂秋译：《中国农村经济研究》，1930年，第408页。

已"复乱前之旧"。耕者"多佃富室之田","其有田而耕者什一而已"。[①] 太平天国失败后的60年间,全县60%—70%的土地由个体农民转入了地主手中。

(三)地权分配鸟瞰

这一时期全国的地权分配,不同地区之间,差异颇大。有的地权高度集中,有的相当分散。如1927年前后的广东,从农户构成看,自耕农所占比重最低的只有5%左右(如新丰、乐昌、仁化),最高达90%以上(如封川)。[②] 同时期的湖北鄂城,有的村庄,自耕农比重达80%,也有的仅10%。[③] 豫南地跨淮河的某县,淮河南北迥异:河南80%为佃农、雇农;而河北70%为自耕农。[④]

地主阶级的内部构成和土地占有状况,各地也互不相同。有的大部分土地为极少数大地主所有。如河南彰德、安徽合肥东乡三分之一的土地分别为袁世凯和李鸿章家族所占有;广西军阀陆荣廷、谭浩明在得势时,曾占有了其老家全道土地的三分之一。在山东栖霞,一二家豪富的所有地亩也占全县的三分之一。[⑤] 有的没有大地主,其土地多被为数众多的中小地主占有,浙江衢州即属这种情况。该处没有极大地主,但小地主不少,一半左右的土地为

---

① 民国《汤溪县志》第3卷,民族,风俗,第49页。

② 中山大学农科学院:《广东农业概况调查报告书续编》上卷,1929年,第307—381页。

③ 《鄂城县农村调查统计表说明书》,《湖北建设月刊》第2卷第1期,调查,1927年7月,第3页。

④ 吴炳若:《淮河流域的农民状况》,《东方杂志》第24卷第16号,1927年8月,第51页。

⑤ 山东省政府实业厅编:《山东农村报告》,栖霞县,1931年,第191页。

这些小地主所瓜分。[①] 20世纪初的湖南永明(今江永县),“无大庄巨富,不能连阡累陌,而数十亩百亩之家,比比皆是”。[②] 而更多的是大中小地主俱全,其内部结构成宝塔形。如浙江余姚,“农户所种之田,大半租自富家”,地主有田六七千亩者,全县三四人;四五千亩者10余人;二千亩以上者20余人;其余有数百亩数十亩者,“不计其数”。[③] 湖北当阳,地主约占农户总数的1%,“地盘大小不等,约自熟田三千石乃至三百石为止”。[④] 另据1924年对直隶北部20县的调查,占地六七千亩至1万亩的最大地主,数十村一户;千亩内外的中等地主,一村一二户;三四百亩的小地主,“其数目也不少”。[⑤]

一个地区的地权分配状况,地权的分散或集中,同该地区地主阶级的内部构成有直接关系。一般地说,有大地主尤其是大中小地主俱全的地区,土地兼并激烈,地权集中的程度也最高。只有若干数量中小地主的地区,则地权集中的程度也相对较低。

从全国范围看,这一时期的地权分配态势,大致分为三种类型:第一类,地权比较分散,地主占有土地通常在30%以下,农户绝大部分是自耕农;第二类,地权轻度集中,土地兼并不太激烈,地主占有的土地一般不超过50%,自耕农尚占相当比重;第三类,地权高度集中,地主占有的土地超过一半,甚至高达80%—90%,自

---

① 孤芬:《浙江衢州的农民状况》,《东方杂志》第24卷第16号,1927年8月,第55—56页。

② 光绪《永明县志》第11卷,风俗志,第6页。

③ 王惟乔:《余姚垄亩情形》,《钱业月报》第2卷第8期,1922年9月,第11—12页。

④ 呵玄:《各地农民状况调查——当阳》,《东方杂志》第24卷第16号,1927年8月,第138页。

⑤ 长野郎著,强我译:《中国土地制度的研究》,1930年,第110页。

耕农数量很少,佃农和雇农构成农户的主体。

第一类地区数量不太多,零散分布在那些土地贫瘠、农业生产条件较差和商业性农业不太发达的地区。

从地权分配的变动趋势看,这一时期也有某些关于地权分散的记载,如1930年四川《中江县志》称,“近数十年来,田主颇困,近尤苦科敛,赁耕小户有渐成殷富者”①。又有调查说,察哈尔、绥远地区早期的定居者多是佃农,但后来不少买了地。随着人口的增长和“殖民化”的进展,“土地有不断转入直接生产者手中的趋势”。② 直隶宁津有调查显示,分家析产导致了地权分散。该县东北六村民国以前有百亩以上的小地主一二户,因析产关系,到20年代末30年代初,小地主没有了,只剩40亩的富农1户,30亩以上的3户。③ 江西一些地区据说也因人口繁殖和分家析产,耕地不断细分。1918年同1917年比较,10亩以下的农户,“有极大之增加”,而30亩、50亩以及百亩以上者,“皆日趋减少”。④ 但是,除此之外没有资料显示,出现明显的和大范围的地权分散趋势。一些地区的所谓地权分散,绝大部分都是原来就有的。

在南方地区,地权分散只是个别现象。如江苏苏南地区,地权一向高度集中。因太平天国起义关系,一度出现的分散趋向,这一时期也已恢复旧观。只有丹徒、丹阳两县直至20年代初,地权分配仍然保持着分散状态。丹徒“田多自耕,佃户甚少”。全县8个

① 民国《中江县志》第2卷,风俗,第12页。

② Pawl Wilm: The Agricultural Methods of Chinese Colonists in Mangolia, Chinese Economic Journal, No. 1, Issue 12, December 1927, p. 1029.

③ 《河北宁津县东北六村概况》,《新中华》第2卷第18期,1934年9月,第83页。

④ 国民党江西省政府经济委员会编:《江西经济问题》,第76—77页。

区中,7 个区的自耕农比重在 70% 以上,最高的达 95% 和 99% 。[①] 丹阳地权"大部分均属自耕田主,佃户兼田主者少数,佃户尤少"。除个别乡外,自耕农占百分之八九十。[②] 湖北汉口地方,20 世纪初的地权分配也比较分散,"地主之所有亩段,比例甚平均"。[③] 据 1927 年金陵大学对谌家矶的调查,自耕农占 80% ,半自耕农和佃农分别为 4% 和 16% 。[④] 地权高度集中的广东,个别县属也存在地权分散的情况,据 1928 年对封川的调查,90% 以上的农户是自耕农。[⑤] 南方其他个别地区也都可能存在类似的情况。

在北方地区,地权分散的情况更普遍一些。苏北的铜山、沛县,自耕农的比重都在 80% 左右。[⑥] 山东的博兴、邹平、莘县、武城、德平、日照、齐河、无棣、济阳、益都、昌邑、莱阳等县,地权都比较分散,自耕农所占比重多为 80%—90% ,甚至更高。如博兴的自作农约 39600 余户,佃农不过百户而已;无棣的自作农为 55700 余户,佃农约 300 余户;武城"小农占大多数","一般农家,大抵自作";莱阳耕者"皆为自耕农、半自耕农,而佃农不复有矣"。[⑦] 又

---

① 东南大学农科:《江苏省农业调查录》,金陵道属,1922 年,第 33 页。

② 东南大学农科:《江苏省农业调查录》,金陵道属,1922 年,第 38—39 页。

③ 水野幸吉:《汉口》,附录,1907 年,第 16 页。

④ 金陵大学农林科农业丛刊(第七号):《农村调查表·夏口谌家矶》。

⑤ 中山大学农科学院:《广东农业概况调查报告书续编》上卷,1929 年,第 381 页。

⑥ 金维坚编:《铜山农村经济调查》,1931 年,第 40 页;村治月刊社编:《村治》第 2 卷第 5 期,1931 年 9 月,第 6 页。

⑦ 国民党山东省政府实业厅编:《山东农村报告》,博兴县,第 363 页;邹平县,第 371 页;莘县,第 470 页;武城县,第 459 页;德平县,第 353 页;日照县,第 346—347 页;齐河县,第 451 页;无棣县,第 505 页;济阳县,第 527 页;何廉:《中国农业生产要素之概况》,见方显廷编:《中国经济研究》上,1938 年,第 140 页;民国《莱阳县志》卷二之六,实业,农业,第 57 页。

据国民党农矿部1930年的调查,阳信、嘉祥、广饶、清平、丘县、恩县的自耕农比重超过90%,齐东、茌平、高唐、泰安、桓台的自耕农比重超过80%①,这些地区的地权都比较分散。综计山东全省107县中,地权比较分散的至少占20%以上。直隶地权分散的地区较少,只有成安、南皮两县,前者据说"田地十分之九为耕者所有"②;后者自作农"在全境中占大多数"。③ 陕西有一部分地区的地权也是比较分散的。据1930年前后的调查统计,长安、三原、郃阳、中部、洛川、鄜县等地,普通农户有地20—40亩不等。这些县自耕农的比重都在80%以上,最高达96%。④

需要指出的是,上述所谓自耕农或自作农,无论南北都包括了雇工经营的地主和富农。尤其是北方地区,"自作农"中的富农和经营地主数量更大一些。在这些地区,虽然无地和少地的佃农、半自耕农很少,但却有数量不等的无地雇农存在。因此不能单凭自耕农的数量和比重来判断地权分配的分散程度。

第二类地区远比第一类地区多,黄淮流域则以第二类地区为主。

在南方各省,第二类的分布,各不相同,苏南、皖南、福建、广东、湖南、四川等省,只是个别地存在,湖北、江西、广西、云南等省,略为普遍。江苏溧阳、扬中因太平天国起义的影响,到20世纪20年代前后,尚有三分之一左右的地区以自耕农为主。⑤ 浙江衢州

---

① 满铁经济调查会编:《山东省经济调查资料》第3辑,昭和10年,第175—178页。

② 民国《成安县志》第10卷,风土,第8页。

③ 民国《南皮县志》第3卷,风土志上,第13页。

④ 陕西实业考察团:《陕西实业考察》,陕西农表九,1933年。

⑤ 东南大学农科:《江苏省农业调查录》,金陵道属,第47、51页。

也“以自耕农为最多”。据1927年的调查估计，自耕农约占农户总数的50%，佃农、雇农各占15%。① 临安的地权分配因地理位置和交通条件而异。城镇附近的土地多为地主所垄断，而交通闭塞的贫瘠山区，则小土地所有占优势。② 另据调查，安徽芜湖附近各村，自耕农占55%，半自耕农和佃农分别占32%和13%。③ 20年代的福建平潭，自耕农户数占44.3%，占有土地为50.7%④，这两县的地主占有土地当不超过40%。湖北第二类地区的分布略为广泛。1924年金陵大学对该省武昌、汉阳、大冶、当阳、钟祥、沔阳、黄梅、蕲春等16县114处的调查资料显示，自耕农比重超过50%的有40处，占总数的35.1%。⑤ 另据1928年对鄂城13处的调查。8处的佃农比重为15%—25%。⑥ 这些地区的地主土地比重，都不会超过50%。地处长江上游的云南，据对昆明、嵩明、陆良、师宗、罗平、兴义、安龙、兴仁等8县的调查估计，昆明、嵩明、师宗、罗平、兴义等5县，以自耕农为最多，约占50%，半自耕农约40%弱，佃农占10%弱。⑦ 据此判断，地主占地比重约为30%—40%。

---

① 孤芬：《浙江衢州的农民状况》，《东方杂志》第24卷第16号，1927年8月，第56页。

② 国民党建设委员会调查浙江经济所：《浙江临安调查》，1931年调查。转见冯和法编：《中国农村经济资料》，第591页。

③ 吴子久：《中国农村复兴问题》，《沪农》第1卷第2号，1933年8月，第7页。

④ 民国《平潭县志》第17卷，实业志，第2页。

⑤ 据金陵大学农林科农业丛刊（第七号）：《农村调查表》各表统计。

⑥ 《鄂城县农村调查统计表说明书》，《湖北建设月刊》第2卷第1期，调查，1929年7月，第3页。

⑦ 国民党政府铁道部丛书：《粤滇线云贵段经济调查总报告书》，转见冯和法编：《中国农村经济资料》，第979页。

在黄淮流域各省区,第二类地区的分布更广泛一些。苏北沛县,据说“地权多半属自耕农,半自耕农次之,佃农极少”。① 皖北宿县,1924 年的自耕农比重为 44%,半自耕农和佃农分别为 30.5%和 25.5%。② 这两县的地主土地当在 40%—45%左右。山东除前面提到第一类地区外,第二类地区也占有相当比重。乐陵、临清、德县、新泰、滨县、黄县、历城、馆陶、堂邑等 22 县的自耕农比重都在 50%—80%左右,而半自耕农数量又远大于佃农。据此,农民小土地所有者的土地比重当在 60%—70%之间。地权轻度集中的县份占调查总数 52 县的 42.3%。③

直隶的情况和山东相似,多数县份的地主土地不超过 50%。据 1927 年对该省清苑 10 个村的抽样调查,地主、富农所有地占全部土地的 39.5%。④ 又据 1932 年对河北 26 县 51 村 4309 户的抽样调查,“自耕农”的户数和占有土地分别占总数的 78.1%和 83.7%,半自耕农的自有土地占 7.7%,合计 91.4%。⑤ 扣除“自耕农”中的经营地主和富农土地部分,农民小土地部分当不低于 60%。与清苑大体接近。在河南,据 1928 年对许昌 5 村和辉县 4 村的抽样调查,两县地主富农占有的土地分别占 25.6%和 49.3%。⑥ 农民小土地部分分别达 74.4%和 50.7%。山西

---

① 李克访:《沛县农村经济调查》,《苏农》第 1 卷第 7 期,1930 年 7 月,第 12 页。

② 乔启明:《江苏昆山南通安徽宿县农佃制度之比较以及改良农佃问题之建议》,1926 年,第 9 页。

③ 满铁经济调查会:《山东省经济调查资料》第 3 辑,第 175—178 页。

④ 冯和法编:《中国农村经济论》,第 232 页。

⑤ 杨汝南:《河北省二十六县五十一村农地概况调查》,1935 年 4 月,第 12—13 页,第 7、8 表。

⑥ 据国民党农村复兴委员会:《河南省农村调查》附表统计。

1930年前后的农户结构是，自耕农、半自耕农和佃农的比重依次为72%、15%和13%。① 剔除经营地主，农民土地可能占60%—65%。

察哈尔、绥远和东北地区，地权集中程度普遍较高，第二类地区只是个别存在。绥远归绥县，据说"自耕农居多数。田产多者不过十顷有奇，而兼有水田二顷者，全县六户而已"②。这在农业生产十分粗放的情况下，农民小土地所有制可能稍占优势。奉天义县，1927年全县有农户6万余户，自种户和租种户各2万余户，自种兼租种户1万余户。③ 但自种户的经营规模普遍大于租种户。地主和农民土地可能大体各占一半。同时期的吉林桦川，据统计，全县自种地占61.9%，租种地占38.1%。④ 地主占有的土地亦当不超过50%。

第三类地区，分布更加普遍。长江流域、华南各省和察绥、东北三省，都以第三类地区为主。

在长江流域，江浙皖大部分地区地权高度集中。江苏江阴，全县300万亩土地，约有200余万亩为地主所垄断。⑤ 常熟、宜兴、无锡、昆山、金坛、南通等县的情况大致相似，佃农占农户的绝大部分，自耕农极少。常熟自耕农仅占10%，无锡自耕农亦"十不存一"，昆山、南通两县1924年的自耕农比重分别只有8.3%和

① 华任庸：《山西农业经济及其崩溃过程》，《中国农村》第1卷第7期，1935年，第60页。

② 民国《归绥县志》，产业志，第1页。

③ 民国《义县志》中第9卷，民事志，实业，第72页。

④ 民国《桦川县志》第2卷，实业，第48页。

⑤ 胡川如：《各地农民状况调查——江阴》，《东方杂志》第24卷第16号，1927年8月，第113页。

13.0%,宜兴“十户之庄,自作农殆不过一二耳”。① 这些地区的地主土地比重肯定高达80%—90%。浙江余姚,“农户所种之田,大半租自富家”。② 汤溪也是耕者“多佃富室之田”。③ 嘉兴1925年的自耕农只占33.8%。④ 在这些地区,地主占有的土地远远超过一半。杭县、绍兴、萧山、余姚、镇海等沙田区,地权更为集中,自耕农极少。据1927年对萧山第一区1226户调查,仅有16户自耕农,占总数的1.3%⑤,地主土地应占80%以上。安徽皖南和皖北淮河以南的多数地区,地权集中程度也很高。皖南歙县、休宁、黟县、祁门一带,自明清以来,商人地主势力强大,绝大部分土地一直为地主、商人所垄断。这些地区除地主私产外,被地主士绅控制的族产、庙产、会产以及其他地方公产也占有相当比重。这也是加剧地权集中的一个重要因素。

长江中上游各省的许多地区的地权集中程度与长江下游不相

---

① 兆熊:《常熟农民之经济状况》,《新中华》第2卷第2期,1934年1月,第82页;容庵:《各地农民状况调查——无锡》,《东方杂志》第24卷第16号,1927年8月,第110页;乔启明:《江苏昆山南通安徽宿县农佃制度之比较以及改良农佃问题之建议》,第9页;徐洪奎:《宜兴县乡村信用之概况及其与地权异动之关系》,《民国二十年代中国大陆土地问题资料》第88册,第46345页;徐方干、汪茂遂:《宜兴之农民状况》,《东方杂志》第24卷第16号,1927年8月,第86页;东南大学农科:《江苏省农业调查录》,金陵道属,第43页。

② 王惟乔:《余姚垄亩情形》,《钱业月报》第2卷第8期,1922年9月,第11—12页。

③ 民国《汤溪县志》第3卷,民族,风俗,第49页。

④ 钱承泽:《嘉兴县之租佃制度》,《民国二十年代中国大陆土地问题资料》第59册,第30253页。

⑤ 《浙省农民协会之调查》,《经济半月刊》,汇闻,1928年1月15日,第8—9页;潘万里:《浙江沙田之研究》,《民国二十年代中国大陆土地问题资料》第69册,第36343页。

上下。尤以湖南、四川的地权集中程度最高。1927 年的调查资料称,“湘中农民所耕的田,除极少数是属于自己的外,其余十之八九都是由佃主处领来的”①。另据北洋政府农商部 1919 年的统计,该省的自耕农仅占 19.9%,而佃农比重达 69.9%。这些都说明了湖南地权的集中程度。四川的地权集中程度,自鸦片战争以来,一直居高不下。地主土地比重,低则 50%—60%,高则 80%—90%。如巴县,农户中自耕农仅十之一②;大竹也是“自业仅十之一二”③,农民占有的土地微乎其微。另据 30 年代初对川东荣昌、大足、壁山(今璧山)、涪陵等 17 县的全面或抽样调查,28 处中,25 处的自耕农比重为 40% 或以下,其中 14 处为 20% 或以下。④ 据此,川东地区的地主土地比重当在 60%—70% 左右。湖北、云南、贵州也有相当一部分地区的地权高度集中。前述金陵大学所调查的湖北武昌等 16 县 114 处中,有 63 处的自耕农比重低于 40%(含 40%),占总数的 55.3%。其中 43 处不足 30%(含 30%)。⑤ 这些地区地主土地的比重一般在 60% 以上,少数高达 80%—90%。云南安龙、兴仁等地,“自耕农”仅 20%。且其耕作面积大的达 50—100 亩⑥,显然是雇工经营地主。这样,个体小农占有的土地也就极其有限了。新平的自耕农户数和土地更分别只占

---

① 陈仲明:《湘中农民状况调查》,《东方杂志》第 24 卷第 16 号,1927 年 8 月,第 77—78 页。

② 民国《巴县志》第 11 卷,农别,第 15 页。

③ 民国《续修大竹县志》第 13 卷,第 4 页。

④ 据叶懋、王嘉谟:《川东农业调查》下编各第统计。

⑤ 据金陵大学农林科农业丛刊(第七号):《农村调查表》各表统计。

⑥ 国民党政府铁道部丛书:《粤滇线云贵段经济调查总报告书》,转见冯和法编:《中国农村经济资料》,第 979 页。

5.2%和4.5%①,地权集中程度已近极限。贵州不少地区,除"土司"仍有相当势力,占有相当数量土地外,其余大部分被控制在汉族地主手中。如大定县的情况是,土司私产和县公署管理的土地、地主占有地、未垦耕地各占全县土地的十分之三,而自耕农的土地仅占十分之一。② 其他一些地区地主土地的比重可能没有大定那么高,但也在50%以上。据调查,湘滇铁路贵州段沿线19县,包括雇工经营地主、富农在内的"自耕农"比重一般只有40%。③ 个体小农土地部分当低于50%。

珠江三角洲和华南各省是另一地权高度集中的地区。珠江三角洲地区的沙田几乎全为豪绅地主所霸占。南海、香山、顺德的桑基,据说"为殷富所有者,十居八五,农人自置者,仅得十之一五"。有人调查的175家农户中,仅有4户置有田产。④ 广东耕地除地主私产外,还有由地主豪绅支配的族产和地方公产。有人估计,乡村地主支配的族产即占全部耕地的30%—40%。⑤ 广东各地的土地分配和地权集中程度,可以从当地的农户结构清楚地反映出来。中山大学1927—1928年关于增城、阳江、翁源、乐昌、兴宁等16县的调查显示,各县的自耕农比重均不超过20%。其中20%的3县;15%的1县;10%的8县;5%的4县,平均为11%,89%的农户

---

① 据民国《新平县志》第4卷,农政,第10页计算。

② 杨万选:《贵州大定县的农民》,《东方杂志》第24卷第16号,1927年8月,第15页。

③ 国民党政府铁道部经济丛书:《湘滇线云贵段经济调查总报告》,转见冯和法编:《中国农村经济资料》,1933年,第973页。

④ 考活·布士维著,黄泽普译:《南中国丝业调查报告书》,1925年,第47页。

⑤ 马札亚尔著,陈代青、彭桂秋译:《中国农村经济研究》,1930年,第248页。

是佃农和半自耕农。[①] 在这些地区,地主可能垄断了70%—80%的土地。福建福州一带,据说约60%的土地为不在乡地主所占有。[②] 加上在乡地主的土地,其比重当在70%以上。广西部分地区的地权集中程度也很高。如苍梧东安,地权集中"首屈一指,五十亩以上的地主所有耕地约占全区百分之五十左右"。[③] 马平县一、四、五等区,佃农比重达60%—72%。[④] 显然,大部分土地被掌握在地主手中。

黄淮流域各省区同长江、珠江流域比较,地权集中的程度虽然要低得多,但地权高度集中的情况亦不罕见。苏北铜山,自耕农仅占15%,绝大部分土地为只占农户2%的地主所垄断。[⑤] 河南南部淮河南岸地区,80%的农户为佃农、雇农。[⑥] 农民占有的土地很少。南阳则绝大部分土地为城居地主所占有。直径不满3里的南阳县城,百亩以上的地主竟多达500余家。不少地主每户占有土地五六千亩。[⑦] 山东部分地区,如潍县、诸城、莒县、黄县等,也有不少大地主。潍县的丁、陈、郭、张四大地主,更是遐迩闻名,当地

① 据中山大学农科学院:《广东农业概况调查报告书续编》上卷,第307—381页计算。

② Chinese Economic Bulletin,第232号,1925年8月1日,第61页。

③ 端:《苍梧农村杂记(二)》,《新中华》第2卷第8期,1934年4月,第85页。

④ 实业院:《柳庆区十四属实业概况调查报告书·马平县》,《广西建设月刊》第1卷第6号,1928年11月,第93页。

⑤ 李惠风:《江苏铜山的农民生活》,《中国农村》第1卷第1期,1934年10月,第76页。

⑥ 吴炳若:《淮河流域的农民状况》,《东方杂志》第24卷第16号,1927年8月,第51页。

⑦ 冯紫岗、刘端生:《南阳农村社会调查报告》,1934年,第21—22页。

的绝大部分土地即为此类大地主所垄断。① 沾化县的地权分配也“不均”,一般贫农多以租佃为主。② 前述调查的52县中,汶上、郓城、邹县等3县,自耕农的比重不足10%,峄县、夏津不足20%。③ 上述5县,绝大部分土地为地主所垄断。在直隶,也可找到地权高度集中的例子。如平谷的情况是,“农力耕而苦无田,为富室佃种,出倍息”④。北京西郊罗道庄,据1930年的调查,全村453亩耕地中,属于自耕小农的仅110亩,只占24.3%。⑤ 山西、陕西、甘肃的某些地区,也有地权高度集中的情况。如前述陕北米脂县,大部分土地即为马家等少数大地主所占有。在整个陕西,40%—50%的农民没有土地而沦为“军阀、官僚、商人和将领们的佃户”。⑥ 在这种情况下,地主土地超过60%—70%的地区不会是个别的。

察哈尔、绥远和东北三省,是北方地权最集中的地区。如前所述,在这些地区的放垦过程中,孕育出了一个大地主阶层,在整个察绥和东北地区,半数以上的土地即被掌握在大地主手中。察哈尔自1915年增设新县、大规模放垦后,富商、巨绅、官僚成百上千顷地领垦荒地,结果绝大部分土地即落入这些富商巨贾和官僚豪绅名下。据估计,察哈尔全区自种农仅占6%⑦,绥远尤其是铁路

① 李作周:《山东潍县的大地主》,《中国农村》第1卷第8期,1935年1月,第69页。

② 民国《沾化县志》第6卷,建设志,第22页。

③ 满铁经济调查会:《山东省经济调查资料》第3辑,第175—178页。

④ 民国《平谷县志》第1卷,风俗,第7页。

⑤ 董时进:《罗道庄之经济及社会情形》,北京大学农学院调查研究报告第2号,1930年。

⑥ 马札亚尔著,陈代青、彭桂秋译:《中国农村经济研究》,第261页。

⑦ 《察哈尔建设厅呈送确定人民租借权草案》,《农矿公报》第9期,1929年2月,第43—44页。

沿线地区，土地集中程度也极高。包头至临河铁路沿线土地，“多由少数不肖地商霸持”。沿线普遍情况是，“富者连阡累陌，一家有多至千顷以上者，贫者竟无地可耕”①。五原地主占地有多至5000顷者。四五百顷者更超过百家。全县居民大多租地耕种，“有不动产者甚少”②。临河和包头有的区，自耕农仅占30%。这些地区地主占有的土地都在百分之六七十以上。东北三省，土地集中程度与察绥地区相仿。据估计，1925年前后，吉林、黑龙江两省，地主富农约占农户总数的14%，土地面积约占52%。③ 奉天的情况也应大体相近。具体到某些县属，地权集中程度更高。如吉林桦甸，“自有田者居十之二三，租田约十之七八”④；珠河全县“租种之户，较之地主多至什百千万”⑤；奉天洮南（今属吉林），全县绝大部分土地为各类地主所垄断。数量之多“有逾百方（合4.5万亩）者”。一方面，工商士绅散居乡间者，固然“多有土田”，即居城镇中，于城外有土田者“数亦过半”。前者谓之“大粮户”，后者谓之“窝堡”；另一方面，广大贫苦农民却上无片瓦，下无锥地。在当地，身居乡间而岁易其居者谓之“流门户”，以只身佣工是乡而家居异省异县者谓之“跑腿”。该县完全靠佣工为生的雇农即占农户总数的28%。⑥ 由此可见地权的集中程度。

综合估计，全国第一类地区约占五分之一，二、三两类约各占

---

① 国民党政府铁道部经济丛书：《包宁线包临段经济调查报告书》，垦务，第G12页。

② 刘素训等：《五原县垦务调查》，《山东实业学会会志》第8期，垦殖特号，调查，1923年10月，第2页。

③ 东省铁路经济调查局：《北满农业》，1928年，第85页。

④ 民国《桦甸县志》第7卷，经制，第11页。

⑤ 民国《珠河县志》第11卷，实业志，农业，第2页。

⑥ 民国《洮南县志》第4卷，农业，第27页。

五分之二。据此估计,就全国范围而言,20世纪20年代,约有30%—40%的农民完全没有土地,60%—70%的有地农民约占全国40%—50%的土地,其余50%—60%的土地为地主富农所垄断。

第二节　租佃制度与地租剥削

甲午战争后的租佃关系,也有某些变化。租佃制度作为封建土地制度和封建地主制经济的一个重要组成部分,其范围、形式、习惯和主佃关系、地租形态、剥削程度、佃农经济状况等,直接受到地权分配、地主经济趋向、农业生产尤其是城乡商品经济和商业性农业发展等多种因素的影响:甲午战争后,官田旗地的清理拍卖和民地化导致租佃结构和佃农身份的变化,带有某种农奴性质的官田旗地佃农相继转为身份自由的民田私田佃农;一些地区地权兼并的加剧和地主阶级的膨胀导致广大自耕农的失地破产和租佃范围的扩大;农产品商品化和城乡商业的发展以及一些地区不断升温的地主经商居城热,导致押租制、货币租制和预租制的推广;在北方地区,农民的普遍贫困化和地主的雇工经营趋向导致介乎租佃和雇工经营之间的帮工佃种制(分益雇役制)的扩大;最后,商品经济的加速发展,地主贪欲的恶性膨胀,导致地租剥削的不断加重和佃农经济状况的进一步恶化。这些变化并不都是甲午战争后才有的。但毫无疑问,在甲午战争后,尤其是20世纪一二十年代更加明显和广泛了。

一、租佃制度及其演变

中国封建地主的土地经营主要有招佃收租和雇工耕种两种方

式。其中又以招佃收租为主,雇工耕种始终处于次要地位。租佃关系的范围及其变动,除了地权分配以外,同地主类别和经济动向也有很大关系。

(一)自耕农数量的消减与租佃范围的扩展

租佃关系的范围首先取决于地权分配的状况,自耕农数量愈少,地权愈是集中在少数封建地主手中,租佃关系的范围愈是扩大。大量资料显示,在南方地区,尤其是地权高度集中的江苏、浙江、安徽、福建、广东、湖南、四川等省,绝大部分农民均为佃农。租佃关系构成这一时期农业生产关系最主要的乃至惟一的形式。如江苏,1927 年对一些县乡的调查,佃农、半佃农(半自耕农)一般都占全体农户的百分之六七十以上,高的超过 90%。武进农户 71 万人,佃农和半自耕农分别达 32 万和 25 万,占总数的 45.1% 和 35.2%,合计 80.3%,自耕农不到 20%;吴县佃农占 63%,上海附近一个 43 户的村庄,佃农和半自耕农分别达 35 户和 5 户,占全村的 93%;靖江沙田区,几乎全部土地为仅占人口 1% 的大地主所把持,95% 的农户是租种沙田的佃农。① 无锡、常熟等地,前面已经提到,自耕农只有 10% 上下,80%—90% 是佃农和半自耕农。浙江东部和北部地区,佃农和半自耕农也都构成农民的主体。义乌的佃农和半自耕农分别占农户总数的 25%—30% 和 30% 上下,而自耕农仅占 10% 强;鄞县南区,自耕农仅占 3%,其余全部是佃农和雇农。② 杭县、绍兴、萧山、余姚、镇海等地权高度集中的沙田

---

① 《东方杂志》第 24 卷第 16 号,1927 年 8 月,第 105、118、125、119 页。

② 楼俊卿:《各地农民状况调查——义乌》,《东方杂志》第 24 卷第 16 号,第 129 页;杨荫深:《各地农民状况调查——鄞县南区》,《东方杂志》第 24 卷第 16 号,第 133 页。

区,租佃关系更几乎是农业生产关系的惟一形式。安徽当涂、潜山等地,自耕农只占30%—35%,而佃农比重达50%①;在李鸿章家族即占全县土地三分之一的合肥,70%的农户是佃农,而自耕农不到11%。② 广东据1927—1928年对平远、曲江等16县的调查估计,大部分县的佃农比重都在50%以上,加上半自耕农,其比重高达80%以上,没有一个县的自耕农比重超过20%。③

租佃关系的范围还取决于地主的类别和经济动向。在一般情况下,没有其他职业的乡居地主,大都会或多或少雇工耕种部分土地,而居住城镇的官宦、商人地主或其他不在地主,则较少或不雇工耕种土地。因此,在乡居地主较多的地区,租佃相对较少。如浙江衢州一带,乡居地主大多雇工经营全部或部分土地,纯粹的出租地主不多。虽然地权相当集中,但佃农只占农户总数的15%。④在北方地区,这种情况更为常见。雇农数量和比例往往超过佃农。如1930年调查的山东52县中,26县的雇农数量超过佃农。有8县甚至仅有雇农而无佃农。⑤ 虽然有若干数量的半自耕农,毕竟说明这些地区的租佃关系远不如雇佣关系普遍。另据1957年山东大学对该省光绪后期农村阶级构成的追溯调查,42县197村

① 滕澄:《各地农民状况调查——当涂》,《东方杂志》第24卷第16号,第143页;王恩荣:《安徽的一部——潜山农民状况》,《东方杂志》第24卷第16号,1927年8月,第61页。

② 田庚垣:《各地农民状况调查——合肥》,《东方杂志》第24卷第16号,1927年8月,第146页。

③ 中山大学农科院:《广东农业概况调查报告书续编》上卷,第307—381页。

④ 孤芬:《浙江衢州的农民状况》,《东方杂志》第24卷第16号,1927年8月,第56页。

⑤ 满铁经济调查会:《山东经济调查资料》第3辑,第175—178页。

中,109 村的雇农户数超过佃农,并有 63 村只有雇佣关系而无租佃关系。42 县 192 村(另有 5 村数字不全,舍去)合计,雇农数量也超过佃农。[①] 直隶一些地区的情况也大致相似。1932 年对该省 26 县 51 村的调查,地主大多雇工耕种全部或一部分土地。出租土地超过 30 亩的 49 家农户,出租部分只占自有土地的 55%。出租土地在 30 亩以下的地主,其出租部分所占比重自然更低。农户中佃农数量也明显低于雇农。51 村的 4309 户农户中,仅有佃农 29 户,占总数的 0.7%,而雇农达 222 户,占 5.2%。[②] 这不一定表明地权分散,而是因为地主的相当一部分土地采用了雇工经营方式。

与上述情况相反,在那些官宦、商人地主和其他城居地主、不在地主构成地主主体的地区,租佃关系则成为农业生产关系主要的乃至惟一的方式,佃农也构成农民的主体。如江苏苏州、常熟一带,绝大部分土地为地主所垄断,而 80%—90% 的地主是居住城市的不在地主。[③] 他们的绝大部分的土地是在租佃形式下经营的。在宜兴,因土地(水田)大部分为城市资本家和富户所吸收,故佃农“占全数农民之最多数”。[④] 这种状况不仅南方,北方地区也同样存在。河南淮河南岸地区,地权高度集中于地主,而地主又

---

① 192 村富农、自耕农、佃农、雇农合计 24781 户,其中佃农 3725 户,占总数的 15.0%,而雇农为 4221 户,占 17.8%(据景苏、罗仑:《清代山东经营地主底社会性质》附表一统计)。

② 杨汝南:《河北省二十六县五十一村农地概况调查》,1936 年,第 12—15 页。

③ 何梦雷:《苏州无锡常熟三县佃种制度调查》,《民国二十年代中国大陆土地问题资料》第 63 册,第 33125、33130 页。

④ 徐方干、汪茂遂:《宜兴之农民状况》,《东方杂志》第 24 卷第 16 号,1927 年 8 月,第 86 页。

多居于城镇,土地"鲜有自己耕作者",所以80%的农户为佃农、雇农。① 其他如南阳等地,亦多有类似情况。②

租佃关系范围的进一步扩大,还突出表现在自耕农和佃农的消长上。据江苏昆山、南通和安徽宿县的调查,1905年3县的佃农比重依次为57.4%、56.9%和17.9%,而1924年增加到77.6%、64.4%和25.5%,20年间分别上升了20.2、7.5和7.6个百分点,而同期的自耕农的比重则有相应的下降(详见表4)。

表4　江苏昆山等3县自耕农和佃农的消长

1905—1924年

地区	年份	自耕农(%)	半自耕农(%)	佃农(%)
昆山	1905	26.0	16.6	57.4
	1914	11.7	16.6	71.7
	1924	8.3	14.1	77.6
南通	1905	20.2	22.9	56.9
	1914	15.8	22.7	61.5
	1924	13.0	22.6	64.4
宿县	1905	59.5	22.6	17.9
	1914	42.5	30.6	26.9
	1924	44.0	30.5	25.5

资料来源:乔启明:《江苏昆山南通安徽宿县农佃制度之比较以及改良农佃问题之建议》,1926年,第9页。

① 吴炳若:《淮河流域的农民状况》,《东方杂志》第24卷第16号,1927年8月,第51页。

② 冯紫岗、刘端生:《南阳农村社会调查报告》,1934年,第21—22页。

表5　浙江金华等8县自耕农、佃农消长情况

1918,1929年

县别	自耕农(%)		半自耕农(%)		佃农(%)	
	1918年	1929年	1918年	1929年	1918年	1929年
金华	33.5	24.6	49.2	26.2	17.3	49.2
兰溪	14.1	32.1	1.8	32.1	84.2	32.8
嵊县	7.1	16.2	45.6	32.3	47.3	51.5
绍兴	27.4	6.8	22.2	11.5	55.4	81.7
衢县	14.1	28.5	28.0	23.8	57.9	47.7
东阳	19.5	31.4	59.9	24.6	20.6	44.0
江山	28.8	13.1	35.4	51.3	35.8	35.6
崇德	69.9	22.7	16.2	55.0	13.9	22.3
简单平均数	26.8	21.9	32.3	32.1	41.6	45.6

资料来源:1918年数字据北洋政府农商部:《第七次农商统计表》有关各县统计计算;1929年数字据浙江大学农学院丛刊(第8号):《浙江八县农村调查报告》,第3—4页。

浙江金华、兰溪等8县的两组调查资料也显示,虽然各县自耕农、佃农的消长情况互有差异,但总的来看,也是自耕农减少,佃农增加。表5反映了这8县农户结构的变动。① 此外嘉兴等县,也有类似的情况。②

广西、湖北、四川等省以及其他地区的佃农数量都有不同程度

① 因两次调查的范围不同(1918年为全县调查,1929年为每县4村的抽样调查),资料的可比性受到限制,但从中还是可以看出自耕农和佃农总的消长趋势。

② 钱永泽:《嘉兴县之租佃制度》,《民国二十年代中国大陆土地问题资料》第59册,第30253页。

的增加。广西的佃农比重从 1912 年的 35% 上升到 1931 年的 40%,而自耕农从 39% 下降到 32%。① 湖北鄂西一带,据说 1920 年以前,农民中的佃农比重只有 15%,而 1920 年以后增加到 25%,同时更多的自耕农和半自耕农沦为雇农。②

至于这一时期全国佃农、半佃农在农户中的比重,租地在全国耕地面积中的比重,缺乏全面统计。大体上,长江流域及其以南地区,地权最为集中,招佃收租又是地主土地经营最基本的乃至惟一的方式,富农也往往出租部分土地。佃农、半佃农及其所租土地的比重最高。据北洋政府农商部 1918 年的调查统计,江苏、浙江、安徽、江西、福建、湖北等南方 8 省 2544 万农户中,佃农和半自耕农分别占 35.6% 和 25.2%,合计达 60.8%,自耕农只占 39.2%。租种地占 47.0%,自种地占 53.0%。这一统计中尚未包括地权集中程度最高的湖南大部、四川全省以及地权也相当集中的广西、云南、贵州 3 省在内。如将这 6 省并入统计,佃农、半佃农的比重当达 65% 左右,租种地当超过 50%。

华北、西北地区,相当一部分地区的地权较为分散,地主雇工经营又相对普遍,佃农、半佃农及其所种租地比重较低。北洋政府的调查统计显示,直隶(包括京兆地区)、山东、河南、山西、陕西、甘肃、新疆等 7 省区的佃农、半佃农分别占农户总数的 18.8% 和 16.3%,合计 35.1%,农地中的租地比重为 26.3%。

热河、察哈尔、绥远和东北 3 省,地权集中程度明显高于华北地区,有的甚至与长江流域不相上下,但地主雇工经营较普遍。租佃关系的范围介于江南与华北之间。北洋政府的调查统计显示,

---

① 广西省政府统计局:《广西农林》,1936 年,第 93 页。

② 监生:《鄂西农民痛苦状况与土地问题》,《双十月刊》第 4 期,第 6 页,转见田中忠夫著,汪馥泉译:《中国农村经济研究》,第 30 页。

这6省区的佃农、半佃农分别占25.8%和23.3%,合计49.1%,即将近一半。租种土地部分占39.2%。

以上南北21省区综合计算,佃农、半佃农分别占27.9%和21.4%,合计49.3%。租地占全部耕地的35.5%(详细情况参见本章附表1－1、1－2)。如将湖南大部,四川及广西、云南、贵州等6省并入估计,佃农、半佃农在全国农户中的比重当达55%—60%,租种地比重当超过60%。

(二)传统租佃形式和习惯的延续与变迁

甲午战争后的租佃形式以及租佃习惯方面,从总体上说,仍是原有传统形式和习惯的延续,但也有若干变化。在租佃形式方面主要是永佃制走向崩溃,定期和不定期租佃制不断扩大,同时,在北方一些地区,随着地主经济动向的转换和佃农的加速贫困化,由地主提供生产资料的分益雇役制(或称帮工佃种制)也有较大发展。在租佃习惯方面,契约租佃更加流行,文字契约日益取代口头契约。

永佃制按地权性质可分为官田旗地永佃和民田私田永佃两大类。甲午战争后,随着官田旗地向民地的转化,一些地区的官旗永佃基本消失。在官、旗地拍卖过程中,一部分土地由原来的佃户备价留置,永佃农变成了自耕农;余下的土地被地主或其他农户购买,他们或自耕,或以普通租佃形式出租,永佃制都不复存在。

民田私田永佃制在江、浙、皖、赣一带,太平天国后曾一度有所扩大,但不久即因佃农经济恶化,永佃权(田面权)被纷纷典卖,或被田底主归并,永佃制明显衰落。

甲午战争后,随着土地买卖自由化的迅速发展和地权兼并的加剧,田面权越来越成为地主富户兼并的重要对象,永佃制面临着更大的冲击。

永佃制的基本特征是,佃农如不欠租,地主不得增租夺佃。这不仅使地主丧失了对土地的绝对支配权,而且把地租钉死在一个固定的水平上,自然遭到封建地主阶级的强烈反对,尤其是因垦荒而形成的永佃制,最初租额定得较低,以后随着土地的改良和佃权的多次买卖转让,田面的收益和价格逐渐赶上甚至超过田底。这就进一步刺激了地主增征地租和占有田面的贪欲。一些地区的地主纷纷要求提高地租征额,佃农不允,则要求撤佃。如天津在开埠前,地主招佃垦荒,起初租额甚低,契约内多写明“不准增租夺佃”字样。到清末民初,粮价上涨,佃农土地收益增加,于是地主提出增租,在遭到佃户反抗后,即悍然剥夺佃户永佃权,动议另招别户承种。① 察哈尔张北县,有一批由当地贫民垦熟的清代王公牧厂地,俗称“山主地”。佃农享有永佃权,并可转佃典卖,向无异议。但到20世纪一二十年代,因地价陡涨,而旗人生计日蹙,地主“见此大利可图,屡有将该地夺佃私卖”情事。② 在更多的地区,佃农偶有欠租,地主即宣布撤佃,佃农甚至有所欠租额不到10元,而损失永佃权价格至数十元或数百元之巨者。③ 也有的地区,地主通过变更传统的租佃手续,终止永佃制习惯。如江西横峰惯例,地主招佃名曰“布佃”,佃户承租名曰“讨”,彼此互立字据,“布字”交佃户执凭,而“讨字”交地主收存。同时佃户须缴纳“顶价”,并分别载明于布、讨两字上。顶价既是押租,又是佃权价格。凡佃户执有“布字”者,即享有永佃权,而且不受地权转移的影响。同时佃户可以转租(名曰“脱肩”,由原佃主给“脱肩字”),或将“布字”互

---

① 国民党政府司法行政部:《民商事习惯调查报告录》第1卷,1930年,第17—18页。

② 《中国民事习惯大全》第二编第五类,1924年,第20—21页。

③ 郭卫:《大理院解释例全文》,第709—710页。

相抵押,地主无权过问。20 世纪初,该县东、西、北三乡仍然保留旧时习惯,而南乡则开始变化,地主出租土地,仅由佃户书立“讨字”,自己不立“布字”,顶价较以往减少,佃农也不再享有转佃和抵押租田的权利,而地主则可随时起田。这样,该地的永佃制习惯就被逐渐废除了。

封建地主剥夺佃农永佃权的行径,激起了广大永佃农的强烈反抗。清政府和北洋政府虽未制定明确废止永佃制的法律、法令,但在审理涉及永佃制的租佃案例时,为了维护地主阶级利益,总是偏袒地主一方。北洋政府大理院审理这类案件的基本原则是:(1)佃户拖欠地租或“盗典”土地,准许地主撤佃,不能以佃户应允补缴或赎回,而拒却业主的撤佃要求;(2)地主实欲自种或因其他“必要情形”,永佃人虽不欠租,亦应退佃;(3)即使立有“永不增租夺佃”契约,日后若因经济状况变更,认为原约租额太轻,地主不妨以邻近地方为标准,向佃农提出增租要求。① 这样,本来受习惯法保护或封建地方法规承认的永佃权,完全失去了法律和国家政权的保护。永佃制也就开始由衰落走向崩溃。到 20 世纪 20 年代,相当一部分永佃制已演变为长期租佃。有的甚至发展为短期租佃。如直隶三河一带,因当地流行“租佃三年有永佃权”的习惯,所以租佃期限大多限定为 1 年,期满收地。②

永佃制走向崩溃是甲午战争后租佃形式变化的一个重要方面,但从全国范围看,永佃制在租佃关系中只占很小的比例,大量的还是定期和不定期的普通租佃。大量资料显示,这一时期大部

---

①　参见郭卫:《中华民国元年至十六年大理院判决例全书》,第 184 页;《大理院判例要旨》第 1 卷,民法,第 110 页;郭卫:《大理院解释例全文》,第 709—711 页。

②　张铁梅:《三河县农村的概况》,《益世报》1934 年 7 月 7 日。

分地区仍是定期和不定期两种租佃形式并存,但后者数量不断减少,有逐渐被定期租佃取代的趋势。而在定期租佃中,租佃期限明显缩短,传统的长期租佃有被短期租佃取代的趋势。

定期和不定期租佃在各地分布很不平衡。部分地区直至20世纪初,仍以不定期租佃为主。如浙西通例,租佃无一定年限,苟佃户逐年清租,地主不得任意撤佃。① 江苏溧阳,"租约不定年限"②。福建不定期租佃流行区域最广,全省56%的县份采用这一租佃形式。③ 广东增城、翁源、连平、连县、龙门等地,租佃年限也大多无明确规定,倘能年清年租和无其他特殊情况,一般都能无限期耕种。④ 云南昆明,不定期租佃最多,占总数的百分之八十以上。⑤ 湖北汉口、湖南长沙府属地区,也都以不定期租佃为常规,地主退佃多无明确限制。⑥

然而在更多的地区,定期租佃已经或正在取代不定期租佃。如四川宜宾,据30年代的调查,定期、不定期和永佃三种租佃形式中,不定期租佃流行时间最久,永佃次之,定期租佃则是"最近几年新兴的方法"。⑦ 其他地区,包括上述不定期租佃最为流行的地

---

① 《中外经济周刊》第207号,1927年4月9日,第9页。

② 东南大学农科:《江苏省农业调查录》,金陵道属,第47页。

③ 郑行亮:《福建租佃制度》,《民国二十年代中国大陆土地问题资料》第62册,第32151页。

④ 中山大学农科学院:《广东农业概况调查报告书续编》上卷,第165、294、108、340—341、177页。

⑤ 林定谷:《昆明县租佃制度之研究》,《民国二十年代中国大陆土地问题资料》第63册,第32810页。

⑥ 水野幸吉:《汉口》,附录,第16页;黄星韶:《旧长沙府属租佃制度》,第69—71页。

⑦ 杨予英:《宜宾农村之研究》,《民国二十年代中国大陆土地问题资料》第42册,第21240页。

区，定期租佃也在逐渐增多和取代不定期租佃。如汉口，虽以不定期为“常规”，但如果租佃面积较大，则地主向佃户提供住宅，且多定期限。①

租佃期限，不同地区之间，或同一地区不同租佃个案，差异颇大，最长的可达二三十年，最短的仅一年或一季。如福建福州的租佃年限，“极少一年，多至十数年不等”②。据 1930 年对上海郊区 22 户佃农租佃年限的调查，有长达 30 年以上的，也有短至 4—5 年的。③ 山西的租佃期限，也自 3—5 年到 10—20 年不等。④

长期租佃和短期租佃的地区分布，无明显规律可循，大体在永佃制和押租制流行地区，长期租佃相对多一些。总的来说，到 20 世纪初，中长期租佃已明显为短期租佃所取代。虽然在个别地区，中长期租佃仍占有相当大的比例，如上海上述 22 户佃农中，30 年以上和 10—20 年的分别达 12 户和 14 户，占 54.5% 和 63.6%，4—5 年的仅 6 户，占 27.3%。⑤ 某些地区因种植多年生经济作物的需要，租期也较长。如广东新会，据说农田之改作桑田者，至少须立批约 20 年。⑥ 除此以外，在其他绝大部分地区，10 年以下的短期租佃已占主导地位，其中又以 3—5 年最为普通。如福建，虽

---

① 水野幸吉:《汉口》，附录，1907 年，第 16 页。

② 《福州农佃制度之调查》，《中外经济周刊》第 126 号，杂纂，1925 年 8 月 22 日，第 50 页。

③ 《上海市百四十户农家调查》，冯和法:《中国农村经济资料》，1933 年，第 245 页。

④ 毕任庸:《山西农业经济及其崩溃过程》，《中国农村》第 1 卷第 7 期，1935 年 4 月，第 61 页。

⑤ 《上海市百四十户农家调查》，《中国农村经济资料》，第 245 页。

⑥ 广东大学农科学院:《广东农业概况调查报告书》，新会县，1925 年，第 288 页。

租期有长达30年以上者,但普通为三五年,山西和云南昆明也“以三年为普通”①,汉口以三四年为最长。② 河南固始、商城、潢川等地习惯是,出租土地“必以三年六季为期”。③

还有相当一部分地区,租期已普遍缩短到1年,广西各地,据说租期普通均为1年,3年、5年的极少。④ 山东德县,土地出租都是以1年为期,契约一年一换。⑤ 直隶顺义,租期只限1年,“完全没有”超过1年以上的租期。⑥ 三河的租期,如前所述,也“多是限定为一年”。吉林敦化、额穆一带,租佃订约,同样“往往为一年”。⑦

租佃的短期化,是同土地的商品化、地权转移的日益频仍以及农产品的商品化、商业性农业的加速发展紧密相联的。土地愈是商品化,地主愈是将购买和占有土地等同于商业投资,而不仅仅是将土地本身看成“富有”的象征。同时,农产品商品化和商业性农业的发展,也使土地的价值和效用经常处于不断变动中。地主不仅要想方设法在最短时间内收回购地投资,而且只要划算,还随时

① 《中国农村》第1卷第7期,1935年4月,第61页;《民国二十年代中国大陆土地问题资料》第63册,第32810页。

② 水野幸吉:《汉口》,附录,第16页。

③ 国民党政府司法行政部:《民商事习惯调查报告录》第1卷,1930年,第219页。

④ 国民党行政院农村复兴委员会:《广西省农村调查》,1935年,第151页。

⑤ Techow: An Important Town of Shantung, Chinese Economic Journal, No. 1, Issue 8, August 1927, p. 759.

⑥ [日]中国农村惯行调查刊行会:《中国农村惯行调查》第1卷,第56页。

⑦ 满铁经济调查会:《敦化额穆地方农业调查》(日文打印本),昭和8年,第55页。

准备把土地卖出去。不断缩短租期，正是实现这一目的的手段。正如当时论者所说，地主“每换一个佃户，不但增加他的租额，并且还要增加他的面积”。①

至于租佃手续和契约形式，各地虽然仍是无契约和有契约、口头契约和文字契约并存，但除个别地区外，完全无任何形式契约的租佃关系已不多见，而且文字契约增多，逐渐取代口头契约。

租佃手续、契约形式同地主身份、租佃规模与形式、地租形态等因素都有密切关系。在那些聚族而居，封建宗法统治强固，或经济封闭，所谓“民风淳朴”的地区，乡居或宗族地主出租土地，大多只有口头契约，或完全无须任何契约。如苏北萧县（今属安徽），据说地主招佃耕作，只须一个中间人口头约定，“并不要订立什么契约”。② 反之，在那些五方杂处，封建宗法统治薄弱的地区，特别是农业新垦区，则大多订立租佃契约。如奉天梨树，地主招人租种，必“约中立契，定有期限”。③ 就地主身份而言，江苏海门、启东一带，“孤儿寡妇、退休老农”出租少量土地，均用口头契约，采用书面契约的则多为大地主、不在地主。④ 在广东，内地各县地主，“多系乡耆土著富豪”，不在地主极少，租佃多用口头契约；珠江三角洲的南海、香山、东莞、番禺、增城、顺德等沙田区，地主多为不在地主，租佃无不用文字契约。⑤ 从租佃形式和地租形态看，

---

① 国民党行政院农村复兴委员会：《广西省农村调查》，第151页。

② 卢株守：《江苏萧县东南九个村庄的农业生产方式》，《中国农村》第1卷第5期，1935年2月，第68页。

③ 民国《梨树县志》丁编，人事，第2卷，礼俗，第15页。

④ 沈时可：《海门启东之佃租制度》，《民国二十年代中国大陆土地问题资料》第60册，第30901页。

⑤ 《广东农佃情形》，《中外经济周刊》第175号，1926年8月14日，第21页。

短期不定期的小块土地出租,而地租形态为实物分成租,则通常不立契约,或只有口头契约,如果较大面积的定期租佃,而地租形态为货币地租或实物定额租,并收取押租,则大都写立文字契约。如湖北,大部分租佃只用口头契约,30—50亩以上才用契约书。在上海附近,租佃文字契约很少,据说一个重要原因是租地面积狭小,没有另立契约的必要。① 福建地区,钱租、谷租多有书面契约,"至于分租者,则未必如此"。② 在山西平顺,用文字契约的,都规定年限,用口头契约的多不规定年限。因此,永佃制都订有契约,地主可以随时收地的10年以内普通租佃,则多仅用口头契约。③

甲午战争后,随着垦荒农民的大批出关,内蒙古、东北地区的开发和各地定期租制、押租制、货币租制的发展,一些地区文字契约有逐渐取代口头契约的趋势。山西腹地,1926年有调查说,过去"风俗淳朴,人民无欺诈之虞",租佃只凭口头互约,但"近年以来,书面立契之风渐盛"。④ 察哈尔一带,据说原来风俗敦厚,租佃多由双方口头约定,但到20世纪10年代中,内地移民渐多,民风渐变,租佃争执在所难免,于是"渐弃口头之约而趋重成文之约"。⑤ 关内不少地区更是以文字契约为主。江苏海门、启东两

---

① 长野郎著,强我译:《中国土地制度的研究》,1930年,第340—342页。

② 郑行亮:《福建租佃制度》,《民国二十年代中国大陆土地问题资料》第62册,第32096页。

③ 赵梅生:《平顺县农村经济概况》,《益世报》1934年7月28日。

④ 《山西经济状况之调查》,《上海总商会月报》第7卷第1号,调查,1927年1月,第9页。

⑤ 《察哈尔建设厅呈送确定人民租借权草案》,《农矿公报》第9期,1929年2月,第44—45页。

县,文字契约分别占61%和72%左右。① 浙江全省租佃,"大部立有契约"。② 湖北大冶租田,无论定期、不定期和永佃,都要先由佃户央中说合,订立租约。③ 福建福州一带,佃户求租土地,也都"须人介绍立契"。④ 这些表明,这一时期的封建租佃关系在形式上开始向近代"契约租佃"演变。

甲午战争后,尤其是20世纪一二十年代,在北方一些地区,随着广大农民的加速贫困破产和地主经济动向的转变,由地主提供全部或大部生产资料、佃农只出劳力的分益雇役制(或称帮工佃种制)明显扩大。这是这一时期封建租佃形式一个十分重要的变化。

这一时期大量的资料显示,江苏、安徽淮北地区,河南、山东、河北、陕北以及内蒙古和东北地区,分益雇役制都十分普遍,已经成为这些地区地主经营的一种重要方式。

江苏铜山、萧县、沛县一带,分益雇役制十分流行。据1931年的调查,铜山12个区中,4个区存在分益雇役制的经营方式。⑤ 萧县,据1932年对长安村的调查,全村出租的1175亩土地中,地主提供全部生产资料、佃农仅出劳力的为400亩,占34%。另有625亩是种子、肥料业佃分半负担,收成对半分配。⑥ 这是从普通租佃

---

① 沈时可:《海门启东之佃租制度》,《民国二十年代中国大陆土地问题资料》第60册,第30901页。

② 民国《浙江新志》第七章,浙江省之社会,第15页。

③ 李若虚:《大冶农村经济研究》,《民国二十年代中国大陆土地问题资料》第42册,第21056页。

④ 《福州农佃制度之调查》,《中外经济周刊》第126号,第50页,1925年8月22日。

⑤ 金维坚:《铜山农村经济调杳》,第43页。

⑥ 《长安农村经济调查》,《教育新路》第12期,转见《中国农村经济资料续编》,第19—20页。

关系到分益雇役制的一种过渡形态。在沛县,分益雇役制俗谓“二八锄户”或“锄户”,是地主土地经营的一种重要方式。① 还有调查说,在整个徐海地区,地主出租土地大都是采取分益雇役制的“分种”形式,普通形式的承租很少。②

河南、河北和山东一带,分益雇役制和苏北、皖北一样普遍。

在河南各地,分益雇役制为地主广为采用。此种制度,淮阳俗称“拉鞭种”,意即为地主拿鞭赶牲口,耕种土地。汝南俗称“把户地”,上蔡则谓之“牛把”。南阳、方城等地俗称“批子地”③京汉铁路沿线的鄢陵、许昌、商水、新郑、新乡、滑县、淇县等处,都是分益雇役制比较普遍的地区。在商水,分益雇役制谓之“把牛”。它是当地两种基本的租佃形式之一。民国《商水县志》载,“佃田规矩有二:佃户自备牛车籽粒者,除麦秸养牛马外,所获均分之,俗谓之分种;若仅出力代主种植耘锄者,所获分十之三,谓之把牛”④。新乡、许昌、滑县等地,分益雇役制分别被称为“揽活”、“揽庄稼”或“伙计”。新乡因交通便利,商业性农业十分发达,不但分益雇役制盛行,而且很有几户采用此种制度的大经营者。20 世纪初,该县八柳镇一户大地主,雇有 25 个“揽活”,经营 3000 亩土地。许昌洼孙庄保长孙某,也雇了 3 个“伙计”经营农业。⑤

河北地主的相当一部分土地是雇工经营。但分益雇役制在一

---

① 陈颜湘:《沛县农村见闻记》,《农行月刊》第 1 卷第 2 期,1934 年 6 月,第 32 页。

② 吴寿彭:《逗留于农村经济时代的徐海各属》,《东方杂志》第 27 卷第 7 号,1930 年 4 月,第 60—61 页。

③ 金陵大学农学院农业经济系:《豫鄂皖赣四省之租佃制度》,第 56 页。

④ 民国《商水县志》第 5 卷,地理志,第 19 页。

⑤ 国民党农村复兴委员会:《河南省农村调查》,第 103 页。

部分地区同样相当流行，铁路和公路沿线更多一些。邯郸地主土地以雇工耕作为主，但其东南乡与成安接壤地区，据说因为附近无短工市，地主不便雇工，多采用分益雇役制的形式。① 在固安，佃农租种地主土地有三种基本形式，即租种、分种和"开过伙"。租种是普遍租佃中的定额租制；分种是地主供给土地并一半种子；"开过伙"则系地主提供全部生产资料，佃农"只任耕耘收割之役"。② 河北京奉、津浦沿线，是分益雇役制比较流行的另一个区域。在天津附近，据说土地所有者的出租条件，通常是地主八成、佃农二成分配产品。同时，地主完纳田赋，负担耕畜、肥料、农具及杂项费用，而佃农只出人工。③ 分益雇役制是当地租佃关系的基本形式。安次一带把分益农称为"锅伙"。他们是地主的一支重要耕作力量。据日本人对该县大地主庆安堂的调查，该地主6000余亩土地中，2275亩自种地是由"锅伙"耕种的。④ 津浦铁路沿线的景县、故城、枣强以及南宫一带，分益雇役制在当地租佃关系中都占有一定的比重。景县的分益雇役制出现很早。万历《景州志》和民国《景县志》都有关于分益雇役制的记载。⑤ 从万历到民国的300余年间，它一直是租佃关系的一种重要形式。北京南郊大兴，分益雇役制叫做伙种制、"把头"制或"股份"制，地主称"上股"，只出劳的佃农称"下股"，这是甲午战争后当地新出现的地主

① 《邯郸县之经济状况》，《中外经济周刊》第198号，1926年11月27日，第3页。

② 民国《固安县志》第2卷，经制志，食货，第15页。

③ Decennial Reports on the Trade，1912—1921，No. 1，p. 155.

④ 德武三郎：《安次县白家务村庆安堂的家计调查报告书》，转见草野靖：《中国的地主经济——分种制》（日文本），第198页。

⑤ 万历《景州志》第1卷，风俗；民国《景县志》第2卷，产业志，农业状况。

土地经营方式。该县地主土地原系招佃收租,自营较少。光绪末年,一家张姓大地主最先采用这种经营方式,其他地主纷纷仿效,分益雇役制很快推广开来。①

山东的分益雇役制,据说各县都有②,但主要集中在鲁西津浦铁路沿线一带,德县、武城、恩县、清平、临清、馆陶、朝城、郓城、菏泽等县,都是分益雇役制比较盛行的地区。有的地方,分益雇役制是租佃关系的主要形式。如恩县,佃农仅有当地谓之“招分子”的分益式佃农一种。③ 临清的租佃习惯是,“田赋、牛马、肥料及一切捐摊,均归地主担任”;地主佃户分摊牛马、籽种、肥料诸费者,不过间或有之。④ 在清平,租种农分自备牛种肥料、缴纳货币定额租的“租农”和只出劳力的帮工式佃农两种。据说租农仅在县境西北有之,而佃农全县皆有,“在富庶各村尤占多数”。⑤ 朝城一带,俗称“二八(三七)劈粮食”的分益雇役制是地主经营的基本方式。地主土地并不分散出租,而是雇长工和当地俗称“种地头”的分益农共同耕作。据说除“种地头”外,朝城基本没有佃农。⑥ 菏泽租佃有“课地”、“大种地”、三七分(俗称“小种地”)、二八分(俗称

---

① 柳柯:《近代北方地主土地经营方式三例》,《中国经济史研究》1989年第2期。

② 中山文化教育馆的调查说:“山东各县,二八种地虽似租佃,却非完全之租佃形式,种子、肥料、耕畜概由地主担任,农工只负耕耘收获之责。”(陈正谟:《各省农工雇佣习惯之调查研究》,《中山文化教育馆季刊》,创刊号,1934年8月,第356页)。

③ 《鲁北十县农业调查报告》,《山东农矿公报》,转见《中国经济年鉴续编》,第七章,租佃制度,第169页。

④ 民国《临清县志》,经济志,农业,第30—31页。

⑤ 民国《清平县志》,实业,第5页。

⑥ 刘克祥:《近代农村经济调查札记》(未刊稿)。

“二八锄地”）等四种形式。“小种地”和“二八锄地”都属于分益雇役制。据说“小种地”在当地租佃中“占大多数”。①

山西、陕西也有某些地区实行分益雇役制。山西五台县，帮工佃种制“最为普遍”。② 代县亦有地主供给一切生产资料，佃农仅出人工者。③ 陕西的分益雇役制，主要集中在北部绥德、米脂一带。当地俗谓“安伙子”（“安伙则”）。据调查，米脂县杨家沟马家大地主，从光绪到抗日战争期间，每年都要招若干“伙子”经营一部分土地。④

热河、察哈尔、绥远和东北，主要是清代特别是19世纪末20世纪初发展起来的新农垦区，直接生产者大都是来自河北、山东、山西、陕西等地的破产农民，几乎没有任何生产资料。他们不是给当地蒙旗王公贵族、旗人地主或揽荒汉人地主扛长活、打短工，就是以只出劳力的方式租种地主土地。不论是在清代土地开垦初期，还是进入20世纪以后，分益雇役制都是租佃关系的一种重要形式。而且，愈到后来，随着商业性农业的发展，农民的两极分化愈速，分益雇役制在租佃关系中所占的比重愈大。

这种情况在热河特别典型。从清代前期开始，到20世纪初叶，来自关内的垦荒农民经历了从一无所有的雇工或耪青户到占有生产工具和佃权的永佃农，又破产沦为没有基本生产资料的耪青户的发展过程。他们从耪青开始，经过普通佃农、永佃农的发展阶段，现在又回到了耪青。所不同的是，原来的耪青户只限于汉族

① 《中国经济年鉴第三编》，1936年，第G205页。

② 卜凯：《中国农家经济》，第197页。

③ 国民党政府司法行政部：《民商事习惯调查报告录》，第837—838页。

④ 柴树藩等：《绥德、米脂土地问题初步研究》，第49—50页；延安农村调查团：《米脂县杨家沟调查》，第110—111页。

农民,而现在一部分蒙族贫民也加入了榜青户的行列①;原来的榜青雇主,是以土地所有者身份出现的蒙旗王公贵族,而现在主要是以田面主(尽管当地没有"田面主"这一称谓)身份出现的汉人地主、富农或地主兼商人、高利贷者。②

察哈尔陶林一带,据1926年的记载,每年有好几万农民到那里垦荒。他们春往秋返,农具、耕牛、种子、房屋等都由地主供给。甚至口粮也往往由地主借给。秋后获得30%的粮食。③ 这是以分益雇役制的方式招垦荒地的一个例子。

在东北,不论南部还是北部,都有不少称为"榜青"("办青"、"分种"、"分青")的分益雇役制的记载。辽宁义县、北镇等地,租佃分租种、代种或分种两种基本方式,代种或分种即是佃农基本上只出劳力的分益雇役制。④ 吉林榆树县于家烧锅一带,还在清代乾隆年间垦荒时,即流行一种谓之"劳金青"的分益雇役制。这种制度直到1922年以后,据说由于佃户说地主所得过多,而地主又嫌太麻烦,有流弊,才不再流行。⑤ 该省吉敦铁路沿线一带,出租土地者大多提供全部生产资料,并借给口粮,由春来秋返的关内农民种。⑥

---

① 如敖汉旗前后王子庙雇有的8名榜青户中,即有4名是蒙人。(伪满地籍整理局:《锦热蒙地调查报告》,日文本,下卷,第2026—2027页。)

② 关于热河佃农获得和丧失佃权以及其他生产资料的发展过程,参见刘克祥:《清代热河的蒙地开垦和永佃制度》,载《中国经济史研究》1986年第3期。

③ Chinese Economic Bulletin,第8卷,第263号,1926年3月6日,第124页。

④ 民国《义县志》中第9卷,民事志,实业,第68页;民国《北镇县志》第5卷,实业,第24页。

⑤ 伪满国务院产调资料:《1934—1936年度农村实态调查报告书》,满洲的租佃关系,第205—206页。

⑥ 《吉敦铁路沿线调查录》,《经济半月刊》第1卷第3期,1927年12月1日,专载第11页。

桦甸县属，除普通租佃外，“又有以人力承种田地，由东道供给食宿，余有所需，皆承种者担任”。[1] 敦化、宁安一带，地主将土地租给朝鲜族农民栽种水稻，也有不少是采用分益雇役制的形式。[2]

以地主供给全部生产资料为特征的分益雇役制，虽非始于近代，但在近代，特别是20世纪初叶，有了明显的发展，在北方不少地区已经成为租佃关系的重要形式，分益式佃农是农民的重要成分。

二、主佃关系与地租剥削

甲午战争后，主佃关系和地租剥削也发生了某些变化。在大部分地区，随着租佃契约尤其是文字契约的流行，封建租佃关系继续由农奴型向近代契约型演变。同时，一些地区的押租制、钱租制和预租制明显扩大，经济强制逐渐取代传统的超经济强制，封建依附关系进一步松弛；在北方地区，随着分益雇役制的流行，主佃关系开始由土地租佃关系向劳力雇佣关系演变，佃农开始向雇佣劳动者演变。至于地租剥削，一方面，部分地区的押租制、钱租制和预租制有所发展，地租形态由低级阶段的劳役地租、实物地租继续向高级阶段的货币地租演变，征租方式由分租制继续向定额租制演变；另一方面，随着城乡商品经济和商业性农业的发展，地主贪欲愈加膨胀，地租剥削愈加沉重。

（一）人身依附关系的进一步松弛及其不平衡发展

甲午战争至20世纪初叶，出现了许多影响主佃关系的因素：

---

① 民国《桦甸县志》第7卷，经制，第14页。

② 李琴堂：《北满水田事业之近况》，《东北新建设》第7期，1929年8月，第3—4页。

官田旗地的清理拍卖,官田旗地向民地的转化,八旗贵族地主的衰落和消失;土地买卖中宗法制约因素的进一步消减,地权转移的日益频繁;地主经商居城热的持续升温,商人、城居地主阶层的空前膨胀;商业性农业和城乡商品经济、商业流通的加速发展,土地收益的频繁变动及其不稳定性的加剧;东北、内蒙土地的加速开发和内地大批佃农的流动迁徙,东北、内蒙古新农业区的形成和扩大;各地租佃期限的明显缩短,长期佃农和世袭佃农普遍向短期契约佃农的转化;一些地区押租制、钱租制和预租制的发展,经济强制对超经济强制的取代,等等。所有这些都不同程度地直接或间接导致了佃农对地主封建依附关系的进一步松解。

佃农对地主的封建依附关系是建立在长期稳定的租佃关系基础上的。在封建和半封建社会,租佃期限愈长愈稳定,佃农对地主的人身依附程度愈深。这种情况在官田旗地的租佃关系和某些地区的民田世袭租佃制中尤为明显。按照封建政权的有关法令条例或地方惯例,这些佃农一方面享有长期和"永久"性地耕种地主土地的权利;另一方面,地主和封建政权凭借特权和暴力把佃农束缚在土地上,佃农没有离开地主土地的自由。他们实际上还是农奴。甲午战争后,随着官田旗地的清理拍卖和旗人地主阶层的基本消失,官田旗地的特种租佃演变为普通民田租佃,佃农对地主的封建依附关系也随之大大松解。

在东北和内蒙古农业新垦区,地主和佃农大都来自关内各地,佃农摆脱了原籍封建宗法关系的种种束缚,而地主也不可能在短时间内建立和完善以宗族制为核心的新的宗法统治,那里既没有作为封建宗族制经济基础的族田、祠田,也没有类似封建农奴制性质的世袭租佃制,甚至连长期和不定期租佃制也极少,而以 1 至 3 年左右的短期租佃最为普遍。在这种情况下,自然不可能存在佃农对地主的人身依附关系。

在关内地区，随着土地的进一步自由买卖，以及租佃关系中押租制、钱租制和预租制的扩大，租佃期限明显缩短，文字契约的采用日益普遍。这样，传统的农奴型长期和世袭租佃关系也逐渐为近代契约型短期租佃关系所取代。

短期契约型租佃同样属于封建租佃的范畴，但佃农的地位、佃主之间的关系还是发生了若干变化。此时主佃关系不像以往那样固定，租佃关系的成立和解除频繁而自由。佃农虽然失去了对土地的长期或“永久”耕作权，但地主也同样不再有将佃农长期或“永久”束缚在自己土地上的权力。随着租佃契约的日益流行，契约成为建立、维系租佃关系的主要依据，即所谓”民凭字约”。①

租佃契约有效地保障了地主的收租权。各地契约繁简各异，但都规定佃农必须按期如额纳租，否则任凭地主扣抵押租和追租取田另佃，有的还特别规定租谷的质量、运送地点以及脚力负担等。如1915年湖南长沙周姓地主的一纸佃约载明：每届秋收，佃农将租谷“送至城河东仓交卸，如有毛湿，听其车晒照围，不得短少。船力车力均佃备”。② 但是，也有相当一部分租佃契约在规定佃农纳租义务的同时，对地主的撤租夺佃做了某些限制，并将灾歉年份的租额减让写入租约。直隶定县的佃契通常写明：“租期内地主不许转租他人，佃户亦不许在租期内不佃。”③察哈尔的租约规定，在佃农已经预交地租的契约年限内，不准地主夺地另租。④

① 民国《南溪县志》第4卷，礼俗下，第38页。

② 中国社会科学院经济研究所藏湖南长沙周姓地主契纸。

③ 李景汉：《定县社会概况调查》下，1933年，第630页。

④ 何台孙：《察哈尔农村经济研究》，《民国二十年代中国大陆土地问题资料》第55册，第28575—28579页。

1909年东北南部的一纸地主租契保证,租期内“不许增租”。① 甘肃的一些租约更进而规定,如不欠租籽,“只许佃户退出,不准地主强夺”。② 佃农有了更大的自由。对灾歉年份的租额减让,有的规定由地主踏看决定,上述长沙周姓地主佃约规定,“倘有天年不一,请东验禾纳租”;也有的规定比照邻田或乡俗惯例减让。如浙江兰溪的租札大多写明,“倘遇天灾荒旱,照依大例减租”。③ 1925年江苏苏州的一纸租佃揽约也有同样规定。④ 这类租佃契约的签订,不仅使佃农的某些经济利益得到保证,而且提高了佃农政治和法律地位,将佃农所承担的义务限定在纳租的范围内。“佃户对于田主只有还租之义务,此外并无他项之关系。”⑤

北方一些地区的分益雇役制佃农,租佃期更短,人身更加自由。如山东朝城的“种地头”制,种地头和长工的雇期都是1年。每年中秋节,庄稼收割完毕,地主请种地头和长工一起吃饭,向时决定明年是否续约。如地主、种地头、长工三方都满意,种地合约自然继续,否则,契约即行终止,十分自由。⑥ 直隶安次被称为“锅伙”的分益制佃农,都是从每年二月初一上工,十月初一下工,租期8个月。江苏沛县、铜山等地的“二八锄户”同地主的土地租佃期限更只有一季。⑦ 这类佃农已经不存在被地主束缚在土地上的

① 满铁农事试验场编,汤尔和译:《到田间去》,1930年,第36—37页。

② 国民党政府司法行政部:《民商事习惯调查报告录》第2卷,1930年,第1249页。

③ 冯紫岗:《兰溪农村调查》,1935年,第36页。

④ 福武直:《中国农村社会の构造》(日文),1946年,第49页。

⑤ 《中外经济周刊》第207号,1927年4月9日,第7页。

⑥ 柳柯:《近代北方地王经营方式三例》,《中国经济史研究》1989年第1期,第77页。

⑦ 刘克祥:《试论近代北方地区的分益雇役制》,《中国经济史研究》1987年第2期。

问题。有的在性质上接近个体农民之间的伙种制,佃农和地主之间在肥料供给、作物种植结构等方面尚可讨价还价。山东朝城的"种地头"制,协同耕作的地主长工也归种地头调配指挥。这些都反映出分益农政治和法律地位的提高。总的来看,这一时期北方一些地区流行的分益雇役制表明,佃农占有的生产资料数量减少了,但其人身自由程度提高了。由于租佃期限极短,他们不再像传统佃农那样被地主牢牢束缚在土地上;由于失去了生产资料,他们租种地主土地的收益,也同长工一样只大体相当于劳动力价格,但他们一般不承担地主的家务杂活,因而没有普通长工那样的家庭仆役性质。

应该看到,这种变化,在地区间的发展很不平衡,而地主身份不同,主佃关系和佃农的政治与法律地位也不一样。一般中小庶民地主对佃农的超经济强制相对薄弱,而大地主,尤其是军阀官僚和豪绅地主,对佃农的超经济强制仍然十分强固,在那些军阀官僚地主势力空前膨胀的地区,主佃关系甚至出现逆转。

大量资料显示,直至20世纪初,仍有相当一部分地区,租佃关系中的封建宗法统治和超经济强制延续下来,不论有无租佃契约,佃农都没有完全的人身自由,有的实际上类同中世纪的农奴。辛亥革命前,旗地佃农普遍遭受八旗地主和庄头的残酷压迫。有调查描述当时的情形说:"旗人地主牛马佃人,纵容庄头等行凶,佃人求死不得,视地主如蛇蝎。俗云:种了旗圈地,必定受死气。"①汉人地主统治下的佃农,情况也好不了多少。广东西江地区的一些地主,普遍视佃农如奴仆,对佃农有种种特权。不仅可以随意命令佃农提供无偿劳役,春节向地主贺年,地主死后以"田仆"的身

① 鞠镇东:《河北旗地之研究》,《民国二十年代中国大陆土地问题资料》第75册,第39662页。

份吊孝和祭祀,甚至服装也受到严格限制。① 广西崇善,辛亥革命前,佃农一直是农奴,不得参加科举考试,地主婚丧嫁娶,佃农必须无偿供役,“呼之则来,违者严责”。每届新年,佃农必须给地主送鸡鸭糯米,以为“贺年之敬”,佃农“畏田主有甚于畏官长者”。② 湖南湘西古丈坪厅一带,佃农“田一入手,辄听田主唤用,助力颇勤”③,很快陷入农奴的低下地位。更有甚者,佃农不仅须无偿提供劳役,有时甚至包括妻女的人体和自己的生命。如在浙江某些地方,佃农延迟纳租,须将妻子提供给地主,河南光山佃农必须参加地主的械斗。④ 在这种情况下,为了地主,佃农的命都要搭进去。

同时,地主对佃农的宗法统治和超经济强制的强弱,同地主的身份和政治威势密切相关。有地即有势,地主占有的土地愈多,政治威势愈大,对佃农的政治统治和人身控制愈是强固,佃农的社会和法律地位愈是低下。如豫南淮河流域,假如地主只是一个占地稍多的“自耕农”,主佃之间大都还是一种“平等关系”,如地主系缙绅,则主佃间“常有一种主仆的现象发生”。⑤ 山东潍县西乡和北乡,有不少大地主,有的整个村庄往往为某一姓地主所有,地主设有庄头,管理佃户和村内事务,这些庄头对佃户“操生杀之权”,尤其是住地主房屋的佃户,其身份更类似奴隶,遇地主婚丧喜庆,都必须无偿帮忙。⑥ 直隶静海、青县、沧县等地,大地主也都普遍

---

① 田中忠夫著,汪馥泉译:《中国农业经济研究》,第190—192页。

② 民国《崇善县志》第二编,社会,第29页。

③ 光绪《古丈坪厅志》第11卷,第14页。

④ 田中忠夫著,汪馥泉译:《中国农业经济研究》,第188页。

⑤ 吴炳若:《淮河流域的农民状况》,《东方杂志》第24卷第16号,1927年8月,第52页。

⑥ 李作周:《山东潍县的大地主》,《中国农村》第1卷第8期,1935年5月,第69—70页。

采用"庄头"制管理田庄和佃农，谓之"养佃"。佃户有"活佃"、"死佃"之分。死佃所受人身束缚尤为严重，主佃关系类似主仆，主人有事，须供役使。清代时，佃户子弟不能参加科举考试。①

至于军阀官僚和豪绅地主，更是直接凭借暴力手段支配和统治佃农，催逼地租，佃农的人身自由和生存权利毫无保障。

军阀地主往往通过自备的军队、自设的法庭和监狱，直接对佃农进行暴力统治，对佃农随意施刑、毒打、监禁以至处死。广东陈炯明，在家乡海丰设有"将军府"，除让其叔父监督行政、司法、教育、课税等政府事务外，还动用护兵警察乃至军队下乡催收地租。② 韩复榘在其老家直隶霸县台村庄园设有美其名曰"体育社"的武装团体，对佃农和村民进行暴力统治。③ 四川刘文彩的庄园武装，仅大邑县一地就有一万条枪，并在庄园特制刑具，密造水牢，使用各种酷刑残害佃农。他特制的弹簧钢鞭，抽在人身上能陷入肉里半寸多，特制的铁链，重达120斤。水牢更是阴森残忍至极。所灌臭水深达半人，冰冷彻骨，腥臭难当，水中立有囚人铁笼，上下四周密布铁刺和三角钉，人在里面站不能站，坐不能坐。凡被关进水牢的农民，几乎全被活活折磨而死。④

其他官僚豪绅地主，也几乎无不直接依仗暴力支配和压榨佃农。广东海丰高沙约地方的蔡姓大地主，占有全约百余乡村的土地，用统治奴隶的手段统治和盘剥佃农。他在该约建有租馆，备有长梯、麻绳、锁链、藤条、木板等各色刑具，每年派有壮丁数十人下

---

① 《静海县经济状况》，《经济半月刊》第2卷第8期，调查，1928年4月15日，第13页。

② 长野郎著，强我译：《中国土地制度的研究》，1930年，第429—430页。

③ 《"台山韩"地主家族的罪恶》，《历史教学》1965年第1期。

④ 《万恶的地主庄园》，《文物》，1964年12月。

乡催逼地租,俨然是一个小衙门。①

在豪绅地主势力异常强大的苏松和杭嘉湖地区,催租逼佃的暴力机构和手段,更是花样翻新,层出不穷。苏州豪绅地主,从太平天国前后开始,一直通过"租栈"催逼地租,虐害佃农的手段异常凶狠残忍。② 辛亥革命前夕,苏州豪绅地主为了增强对佃农的威吓力量和地租榨取,又联合成立"田业公会",与县衙共同组织"追租处",各区乡设"追租分处",动用警察和保安队催租逼佃。光福等地还设有"租赋并征处",在"粮从租出"的旗号下,组织粮差为地主催租。吴江、昆山等地并建有专门关押欠租佃农的"押佃公所",地主只要向县署领得一纸空白"长单"(一种变相的拘票),即可随时拘捕佃户。1924 年有人曾参观昆山的押佃所,发现所内拘押佃农 15 人,而他们所欠的租额最多不过 30 元上下。③ 浙江嘉善、平湖、海盐等县衙署,也都附设"催追处"、"租税押追处"等机构,动用不支薪俸的催租吏,专代地主追租。佃农欠租不清,即被关进特设的牢房。④ 很明显,在这些地区,由于豪绅地主阶层的联合行动和地方政权同豪绅地主的加紧勾结,地主对佃农的超经济强制,不仅没有松解,反而有进一步强化的趋势。

---

① 彭湃:《海丰农民运动》,转见《第一次国内革命战争时期的农民运动》,第 136 页。

② 参见章有义、刘克祥:《太平天国后地租剥削问题初探》,《中国社会科学院经济研究所集刊》第 4 辑。

③ 参见陶冶成、杨乐水、梅汝恺:《租栈——罪恶的收租机器》,《地主罪恶种种》,第 80—82 页;张祖荫:《震泽之农民》,《新青年》第 4 卷第 3 号,1918 年 3 月,第 225—226 页;乔启明:《江苏昆山南通安徽宿县农佃制度之比较以及改良农问题之建议》,1926 年,第 50—52 页。

④ 蔡斌咸:《浙江之佃业问题》,《再造旬刊》第 31 期,1929 年 1 月。

(二)地租剥削的加重

甲午战争后,地租剥削的封建性质并未发生根本改变,但是,随着城乡商品经济和商业性农业的发展,地租形态和地主的征租方式却在逐渐发生变化,在某些商业和商业性农业比较发达的地区,实物地租部分逐渐为货币地租所取代;押租和预租继续扩大,日益成为一些地区地主筹集现款和加强搜刮的重要手段;商品生产、商业流通的发展和地主经商热的升温,导致地主贪欲的恶性膨胀,一些地区的地租额和地租率尤其是单位面积押租额呈现不断上升的趋势。

1. 地租形态及其变化

直至20世纪20年代末,在全国绝大部分地区,封建地租的基本形态仍然是实物地租,货币地租和折租处于补充地位,比重不大。同时,在相当一部分地区还程度不同地保留劳役地租的残余,某些交通闭塞、经济发展落后的地区或少数民族地区,劳役地租还占主导地位。

货币地租主要存在于通商口岸附近和城镇近郊、水陆交通沿线、经济技术作物种植和商业性农业比较发达的地区。在某些地区甚至构成基本的地租形态。如棉花集中种植区南通,货币地租占81.8%。① 浙江萧山、上虞、余姚一带沙田区,作物种植以棉麦为主,地租几乎全为货币租。② 江苏常熟常阴沙一带,也以钱租为"最多"。③ 直隶清苑、霸县、定县、深泽等棉麦产区,据1930年的

① 长野郎著,强我译:《中国土地制度的研究》,第390页。

② 潘万里:《浙江沙田之研究》,《民国二十年代中国大陆土地问题资料》第69册,第36344页;杜志远:《浙江上虞农村衰落的一个缩影》,《中国农村》第1卷第6期,1935年3月,第91页。

③ 李炘延:《常熟常阴沙农村经济概观》,《农行月刊》第1卷第5期,1934年9月,第38页。

调查,清苑500家农户中,种租田者64家,纳钱租45家,占70.3%;霸县几乎全为预交租价的钱租制,定县据对55户佃农的调查,纳钱租的39户,占70.9%;深泽的梨元、南宫两村,调查者也发现,钱租“最为通行”。① 广东、福建、奉天一些经济作物和园艺作物种植普遍的地区,货币地租也占有一定比重。据说广东田租“多用货币交纳”;奉天绥中民地地租也多为钱租,海城钱租同样十分普遍。②

但是,在全国大多数地区,货币地租存在的条件各不相同。在南方水稻区,货币地租大多只出现于种植薯、豆杂粮和蔬菜、茶、麻、烟、竹、桐、木等经济园艺作物的旱地及山林。如湖北大冶,旱地主要种植番薯,而地主只吃米,不要番薯,所以旱地租普遍都是钱租。③ 湖南洞庭湖地区的情况是,大体栽培杂粮的土地,盛行纳金;栽培水稻的土地,盛行纳物。④ 四川自流井地区,钱租多属旱地租,故称“干租”;稻租为水田租,故称“湿租”。⑤ 江苏南京,太

① 张培刚:《清苑的农家经济》,《社会科学杂志》第7卷第1期,1936年3月,第25页;民国《霸县志》第2卷,人民志,债权习惯,第29页;李景汉:《定县社会概况调查》,第630页;韩德章:《河北深泽县农场经营调查》,《社会科学杂志》第5卷第2期,1934年6月,第252页。

② 刘大钧:《我国佃农经济状况》,1929年,第22页;国民党政府行政司法部:《民商事习惯调查报告录》上卷,第766—767页;《奉天海城县之农业及矿产》,《经济半月刊》第1卷第4期,调查,1927年12月15日,第5—6页。

③ 李若虚:《大冶农村经济研究》,《民国二十年代中国大陆土地问题资料》第42册,第21050—21051页。

④ 彭文和:《湖南湖田问题》,《民国二十年代中国大陆土地问题资料》第75册,第39380页。

⑤ 张树植:《自流井土地利用之调查》,《民国二十年代中国大陆土地问题资料》第56册,第29026页。

平、朝阳、洪武等门外，土地多种瓜果及蔬菜，地租皆交钱；而神策门外、尧化门内及南乡稻田区，佃农多交稻租。① 广西钱租主要流行于城近郊区菜圃。20世纪二三十年代，苍梧蔬菜区域，已盛行钱租。② 北方一些地区的情况也大致相似。直隶完县，城厢附近菜圃，地租均为钱租。③

货币地租的发生也同地权和地主类别有很大关系。通常各类官田和公田地租，相当部分为货币租；而民田私田则多为谷租。城居地主收租，钱租、折租的比重往往高于乡居地主。如四川成都平原，一般乡居地主征米，而不在地主则常将租米折合银钱征收。④

货币地租的租佃期限一般都较短，而且多为预租，必须在头年或当年春季播种前交清。浙江浦江的货币租，头年旧历七月即须缴纳。上虞、萧山以及广东东江地区的惯例是，订约时先交足一年租银，第二年方能种地，以后都要年初预交。⑤ 贵州天柱的学田钱租概为预租，限每年旧历二月初一日交齐，方准佃种。否则，即另换佃。⑥ 山东武城和直隶故城、枣强、景州一带，钱租缴纳分现期

---

① 《南京城内之农业概况》，《中外经济周刊》第229号，1927年10月1日，第57页。

② 端：《苍梧农村杂记》，《新中华》第2卷第8期，农村通讯，1934年4月，第85页。

③ 民国《完县新志》，食货第五，第27页。

④ 陈太先：《成都平原租佃制度之研究》，《民国二十年代中国大陆土地问题资料》第62册，第32537页。

⑤ 杜志远：《浙江上虞农村衰落的一个缩影》，《中国农村》第1卷第6期，1935年3月，第91页；应墨为：《浙江浦江的农民生活》，《中国农村》第1卷第5期，1935年2月；潘万里：《浙江沙田之研究》，《民国二十年代中国大陆土地问题资料》第69册，第36344页；贺扬灵编：《农民运动》，转见冯和法：《中国农村经济资料》，第913页。

⑥ 光绪《天柱县志》第4卷，学田，第27页。

及分期两种,现期即是在庄稼收获前一次交清的预租。[①] 奉天海城,地租有春租、秋租之分,春租是年前交纳的预租,多系钱租。[②] 黑龙江瑷珲的园地钱租,有先期一次交足者,也有先交一半余俟秋后补交者。[③]

预租兼有押租的功能,它不仅保证了地主的地租征收,避免了因水旱虫荒或其他意外而导致的地租减收,而且因征收日期大大提前而获得了一笔额外的利息收入。相反,佃农不仅要独自承担自然灾害的风险,而且由于在每年庄稼播种或收获以前必须垫付地租而加大了经济困难。显然,由于钱租和预租的流行,租佃条件愈加苛刻了。

实物地租是这一时期最基本的地租形态。其比重除少数地区外,大都在百分之八九十以上。据30年代初的调查估计,山西平顺,十分之七是实物地租;四川的谷租约占80%;福建实物地租占80.8%。[④] 这还是比较低的。高的更在90%以上。如湖南洞庭湖沿岸湖田区,实物地租约占90%,货币地租仅9.5%。[⑤] 安徽宿县的物租比重为97.7%,湖北大冶和江苏昆山的水田区物租更分别

---

① 《德南长途汽车路沿线经济状况》,《中外经济周刊》第230号,1927年10月15日,第18—19页。

② 《奉天海城县之农业及矿产》,《经济半月刊》第1卷第4期,1927年12月15日,第5页。

③ 国民党政府司法行政部:《民商事习惯调查报告录》第1卷,第165页。

④ 赵梅生:《平顺县农村经济概况》,天津《益世报》1934年7月28日;陈太先:《成都平原租佃制度之研究》,《民国二十年代中国大陆土地问题资料》第62册,第32533页;郑行亮:《福建租佃制度》,《民国二十年代中国大陆土地问题资料》第62册,第32197页。

⑤ 彭文和:《湖南湖田问题》,《民国二十年代中国大陆土地问题资料》第75册,第39381页。

达99%和100%。[①]

实物地租的内容和品种繁多，粮食既有稻米、小麦等精粮，也有小米、玉米、高粱、豆类等杂粮和粗粮；纺织纤维有棉花、麻类；油料有大豆、芝麻、花生等，此外还有作物秸秆等耕畜饲料和燃料。一些地区的普遍情形是，地里出产什么，地主需要什么，就征收什么。如民国初年湖北南漳的学田租除钱市外，还包括稻米、小麦、大麦、小米、玉米、高粱、棉花、芝麻等近十种农产品。[②] 湖北郧西的学田租，水田为稻谷，旱地、山地为小麦和谷子、玉米等杂粮。[③] 在北方地区的分益雇役制下，庄稼秸秆也同粮食一样按成分配，或者随牛力走。因多系地主提供牛力，故秸秆大多归地主。由于不同农产品的使用价值和市场价格各异，地主对农产品的类别、品种及其比例都有严格规定。如江苏崇明有所谓"包三担"或"包四石"的征租习惯，即每千步田（合4.166亩）租粮3担或4担，内小麦、玉米和黄豆各1担，或小麦2石，玉米、黄豆各1石。而南通、泰州、高邮、如皋等地，大多为小麦、黄豆各半。因豆价高于麦价，也有些地主提高黄豆比例，规定麦四豆六。[④] 山东也是若干种农产品均纳。如平度粮租有四色（麦、豆、粟、高粱）、三色（麦、豆、高粱）和两色（麦、高粱）之别。品色多寡以田地肥瘠为衡。[⑤] 在东

---

① 乔启明：《江苏昆山南通安徽宿县农佃制度之比较以及改良农佃问题之建议》，第21页；李若虚：《大冶农村经济研究》，《民国二十年代中国大陆土地问题资料》第42册，第21050页。

② 民国《南漳县志》第9卷，学校二，第5—10页。

③ 民国《郧西县志》第4卷，教育志，第1—6页。

④ 沈时可：《海门启东县之佃租制度》，《民国二十年代中国大陆土地问题资料》第60册，第30929页；华东军政委员会土地改革委员会：《江苏省农村调查》，第444页。

⑤ 民国《平度县续志》第10卷，民社志，工商业，第11页。

北各地,大多是玉米、谷子、高粱或大豆、谷子、高粱三色均纳。对某一农产品的规格、质量,也大都有具体规定。在南方水稻区,一些地主对稻租的质量规定十分具体而苛刻。如四川成都地区的稻租,有所谓"拖垫制"和"上仓制"之分。前者只用晒垫略一晾晒,地主即如数照收,而后者须将稻谷晒干扬净方可缴租,以便地主直接上仓。"上仓制"多系上等田,而"拖垫制"多系次等田。① 租谷租米的品种则有籼稻粳稻、籼米粳米之分。一些地主的租约规定,租米必须是上等圆粒米(粳米)。

这一时期的实物地租仍分为定额租和分成租两大类。定额租或分成租的采用,同当地农业生产的发展水平、农业收成稳定程度以及佃农私有经济的发展水平有密切关系。到20世纪初,南方大部分地区,尤其是长江中下游地区和华南闽粤地区以及四川地区,定额租早已占据主导地位。但同时也有部分地区,分租制十分流行,如湖南湘西古丈坪厅,几乎全为分成租。而且是地主临田监分。若地主未到,佃户开镰收割,即以"抢谷具控"。② 永顺县也以分租制为主,俗称"分种田",定额租处于补充地位。③ 整个广西,据说分租制和定额租制"几占同等重要地位",往往两者兼用。如苍梧一带头熟行定额租,二熟则行分成租;桂林等地丰年行定额租,荒年可改行分成租。④ 云南、贵州不少地区,分成租也占有相当比重。

在北方,除个别地区外,分成租仍是实物地租的基本形式,定

---

① 马学芳:《成渝铁路成都平原之土地利用问题》,《民国二十年代中国大陆土地问题资料》第44册,第22520—22521页。

② 光绪《古丈坪厅志》第11卷,第14页。

③ 民国《永顺县风土志》,不分卷,第12页。

④ 薛雨林、刘端生:《广西农村经济调查》,《中国农村》,创刊号,1934年10月,第69页。

额租居次要地位。分益雇役制固然全为分成租,即使普通租佃,也全为分成租,或以分成租为主。苏北、皖北、山东、直隶、河南、山西、察绥和东北有不少地区都属于这种情况。如苏北邳县,几乎全为分租制。① 山东益都,地租均属分租;潍县地主收租只有交钱、分租两种;恩县、齐河也都是分租。② 直隶霸县,地租有钱租、物租,物租即是分租,谓之“分种”。③ 河南项城、商水等地,无论耕牛、农具、肥料等生产资料出自地主还是佃户,都实行产量分成,只是各得成数不同而已。④ 整个察哈尔地区,交租大都用粮食分租法。⑤ 绥远归绥一带,“租佃习惯曰物租,曰金租。物租分粮”⑥。也有的地区,兼行定额租和分成租,或二者并重,或以分成租为主,定额租为辅。如山东牟平,农民租地纳租,或就其所获,与地主平分,或径缴粮与银⑦;奉天抚顺,或主佃均分,或每年春租纳银若干,秋租纳粮若干。⑧ 山西阳曲,据对 18 个乡村的调查,实行分成租的 10 村,定额租 5 村,另有 3 村定额租和分成租并行。⑨ 这些

① 国民党政府行政院农村复兴委员会:《江苏省农村调查》,第 56 页。

② 《山东益都之近况》,《中外经济周刊》第 204 号,1927 年 3 月 19 日,第 5 页;《山东潍县之经济近况》,《中外经济周刊》第 187 号,1926 年 11 月 6 日,第 3 页;山东省实业厅:《山东农林报告》,1931 年,第 445—447 页。

③ 民国《霸县新志》第 4 卷,民生,第 5 页。

④ 宣统:《项城县志》第 5 卷,地理志,第 47—48 页;民国《商水县志》第 5 卷,地理志,第 18 页。

⑤ 何台孙:《察哈尔农村经济研究》,《民国二十年代中国大陆土地问题资料》第 55 册,第 28571 页。

⑥ 民国《归绥县志》,产业志,第 1 页。

⑦ 民国《牟平县志》第 5 卷,政治志,实业,第 12 页。

⑧ 宣统《抚顺县志略》,风俗略,第 1 页。

⑨ 刘容亭:《山西阳曲县二十个乡村概况调查之研究》,《新农村》第 3、4 期合刊,1933 年,第 68—70 页。

地区基本上是分成租和定额租并重。也有某些地区,分成租已不多见,或已退居次要地位。如山东平度,地租多为定额粮租,间亦折钱,而“平分粟、秸者稀”。① 直隶定县,据说钱租与定额粮租外,尚有农产分租法②,分成租只是定额租的补充。黑龙江瑷珲,地租从荒地初垦即是定额缴纳,谷子、小麦、大麦三色均输,谓之“三色粮”。③ 分成租基本消失。不过从整个北方地区看,平度、瑷珲这类地区的情况并不普遍。

在货币地租和实物地租之外,各地还程度不同地存在劳役地租残余。

直至20世纪二三十年代,在一些地区仍可见到以劳役充当地租的租佃事例。江苏宝山、嘉定一带的“脚色田”就是典型例子。宝山的脚色田几乎遍及全境。纳租方法有二:一是包工,即租种若干亩田,为地主完成某些农活(如犁田、插秧、除草、割稻等);二是计时,即租种一亩脚色田,为地主提供若干天的劳役。宝山通常租柙一亩,须出20个工左右,多的须30—40个,嘉定是40—60个,个别70—80个。而且不论农时忙闲,只要地主需要,佃农必须随叫随到,并须自带工具。④ 在江西,有的佃租完全以劳役代替,叫做“工租”。⑤ 直隶景县,有的地主自种地亩,并不雇用长工,而是“以地数亩招人自种自收,即用其力为我作工。有事则来,无事则

---

① 民国《平度县续志》第10卷,民社志,工商业,第11页。

② 李景汉:《定县社会概况调查》下,第635页。

③ 民国《瑷珲县志》第10卷,礼俗志,第11页。

④ 华东军政委员会土地改革委员会:《江苏省农村调查》,第203—205页;顾惠民:《宝山的“脚色田”》,《新中华》第2卷第11期,1934年5月,第83页。

⑤ 田中忠夫著,汪馥泉译:《中国农业经济研究》,第187页。

去”。[①] 青海某些地主也不收地租，惟令佃户为其代耕若干地亩，所有耕耘灌溉、施肥除草，以至于收获，均由佃户自备畜力代为完成。[②]

更普遍的情况是，地主在征收实物或货币地租的同时，强令佃户提供数量不等的无偿劳役。内容包括平时的抬轿、挑水、砍柴、种菜、做饭和其他杂役，以及年节和婚丧喜庆的接客、送信、跑腿、打杂等。这类劳役各地都有，尤其盛行于贵州、广东、湖南、江西、江苏、浙江以及北方各省。并各有其名称：湖南叫“应工”，江苏叫“送工”，山东临清一带叫做“打里工”。据说湖南湘潭的“应工”，每月 8 天，江苏的“送工”，每月 5 天。四川、云南、陕西等地的劳役时间更长。北方的雇役分益农，也有不少须为地主提供额外劳役。山东临清的分益农，农闲期间至少须有一男一女听候地主呼唤，男的赶车搞运输，女的烧饭、洗衣、扫地、带小孩和饲养牲口等，只管饭而无工资。这就是所谓“打里工”。如果不愿或无力提供劳役，经地主同意可以缴纳现款，谓之“包里工”。[③] 菏泽的这类佃农，也须为地主挑水、铡草。河南淇县的佃农，如住地主房屋，则必须为地主提供劳役。陕北绥德、米脂一带的帮工或佃农，不仅为地主提供劳役，甚至还要替地主贩炭经商。[④] 这类劳役，有的是货币或实物地租的补充，有的是充当房租，更多的则是额外剥削。

地租形态和征租方式的发展变化方面，甲午战争后的基本趋势仍是从分成租向定额租、从实物租向货币租或折租演进。

---

① 民国《景县志》第 2 卷，农业状况，第 70 页。

② 陆亭林：《青海省帐幕经济与农村经济之研究》，《民国二十年代中国大陆土地问题资料》第 41 册，第 20779 页。

③ 长野郎著，强我译：《中国土地制度的研究》，第 422—423 页。

④ 刘克祥：《试论近代北方地区的分益雇役制》，《中国经济史研究》1987 年第 2 期，第 68—69 页。

在江浙和南方其他一些商品经济比较发达的地区,货币地租或折租日益通行。江苏宝山各乡的钱租预租田急剧增加,据调查,1923—1932年10年间,各乡预租的田地比重增加10%—50%不等。① 浙江嘉兴、萧山等地,因稻米商品化日益显著,折租进一步推广。到20年代末30年代初,嘉兴折租"相当盛行",萧山缴纳谷米的"为数已甚少"。② 浙江定海水田,原来通行稻租。从清季开始,一些官公田开始改征货币租,年前预收银钱,谓之"便田"。因此法可以避免灾年田租的减收和拖欠,民间纷纷仿效。钱租制迅速发展。③ 福建地区的货币租制,也因商业日渐发达,"大有方兴未艾之势"。④ 广西的折租乃至钱租,同样"已在渐渐通行"。⑤

华北、东北一些地区货币地租和实物定额租的扩大也十分明显。直隶定县一带粮地,一直征纳粮租,到20年代后,钱租已开始流行。⑥ 直隶文安、河南淮阳的一些学田,原来向征谷麦、稻草等实物,到清末民初,开始部分改征钱币。⑦ 在热河地区,蒙旗地租中的货币租比重,一直在稳步上升。据日伪时期收集的租佃契约资料统

① 赵宗煦:《江苏省农业金融与地权异动之关系》,《民国二十年代中国大陆土地问题资料》第87册,第45937—45938页。

② 冯紫岗:《嘉兴县农村调查》,1936年,第45页;徐振亚:《萧山县租佃制度之研究》,《民国二十年代中国大陆土地问题资料》第59册,第30517页。

③ 民国《定海县志》第5册,风俗,第45页。

④ 郑行亮:《福建租佃制度》,《民国二十年代中国大陆土地问题资料》第62册,第32189页。

⑤ 薛雨林、刘端生:《广西农村经济调查》,《中国农村》,创刊号,1934年10月,第68页。

⑥ 李景汉:《定县社会概况调查》下,1933年,第634页。

⑦ 民国《文安县志》第12卷,治法志,第20页;民国《淮阳县志》第5卷,学校,第17—18页。

计，鸦片战争前，钱租比重不足50%，甲午战争后已超过75%，表6具体反映了这一地区1740—1931年近200年间地租形态的变化。

表6　热河地区地租形态变化情况统计

1740—1931年

年度	地租宗数	实物租		实物货币混合租		货币租	
		宗数	%	宗数	%	宗数	%
1740—1839	92	21	22.8	31	33.7	40	43.5
1840—1894	199	35	17.6	17	8.6	147	73.9
1895—1931	463	83	17.9	24	5.2	356	76.9

资料来源：据日伪地籍整理局：《锦热蒙地调查报告》（日文本）各卷统计编制。

整个东北地区，随着土地的开发、铁路的修筑、城市的发展和商品经济的扩大，地租逐渐从低级形态向高级形态演进。这种演进趋势，北部地区是从分成租到定额租，南部地区是从实物租到货币租。在地域上，越是靠近城镇，经济越是发展的地域，这种演进的趋势就越明显。①

2. 地租剥削的加重

19世纪末20世纪初，随着对外贸易、国内商品经济的发展和地主经商、居城热的不断升温，地主的生活费用和家庭开支明显增加。经营商业更是需要大量货币资本。因此，地主对现金、粮食和其他农副产品的需求空前扩大，而增加地租征额成为满足这种需求的主要手段。这一时期日益普遍和加重的押租、预租更是一些地主商业资本和临时筹款的主要来源。据1931年的调查，四川温

① 伪满国务院产调资料：《1934—1936年度农村实态调查报告书》，满洲的租佃关系，第230—234页。

江县城的7家绸缎铺中,4家的本钱来自押租。① 在整个四川地区,凡地主急需款项,即向佃户加收押租,“几成为习惯法”。②

人口增加、地价上涨以及自耕农破产、佃农竞佃,也是地租加重的重要因素。太平天国战争后的一个时期,部分地区因人口下降,人口对土地的压力有所缓解。到19世纪末20世纪初,随着人口的自然增长,人口对土地的压力又明显增大,佃农竞佃愈趋激烈,使地主有条件提高地租征额。同时,在地价不断上涨的情况下,地主也只有通过增租才能维持和提高土地收益率。在江苏,由于地狭人稠,佃农竞佃,地主得以垄断居奇,而导致押租的风行和征额的提高。③ 福建漳浦,在20年代前后,因田地不敷耕种,地主乘机增租,佃农租地每亩非先纳佃金十数元不可。④ 广西融县一带,因地权集中,佃农“抢耕”,竟有未种田而先纳一年地租者。结果“地租便一天一天地涨高”。⑤ 四川南充,同样因“人口日增,土地有限,地主居奇,佃户相轧,遂致租金日高”。⑥ 在整个四川地区,民国以后,因佃户租田不易,“地主加压[押],遂成普遍之现象”⑦。类似情况,在其他一此地区也普遍存在。

在上述因素的作用下,地主采用各种手段,增加正租、押租以

---

① 陈太先:《成都平原租佃制度之研究》,《民国二十年代中国大陆土地问题资料》第62册,第32526页。

② 李铮虹:《四川农业金融与地权异动之关系》,《民国二十年代中国大大陆土地问题资料》第89册,第47024页。

③ 赵宗煦:《江苏省农业金融与地权异动之关系》,《民国二十年代中国大陆土地问题资料》第87册,第45930页。

④ 郑行亮:《福建租佃制度》,《民国二十年代中国大陆土地问题资料》第62册,第32223—32224页。

⑤ 国民党农村复兴委员会:《广西省农村调查》,第166页。

⑥ 民国《南充县志》第11卷,物产志,农业,第36页。

⑦ 吕平登:《四川农村经济》,第199页。

及各种额外浮收，使这一时期的地租剥削，不论南方北方，官田民田，都明显加重。

在南方地区，据对江苏江宁、无锡、松江、宜兴、镇江、武进、高淳等10余县的调查统计，1927年同1922年比较，谷租平均从每亩0.92担米上升到1.27担米，5年间增加了38%；钱租和折租从3.50元上升到7.86元，增加了125%。① 海门、启东两县的钱租额，从20年代初的每亩8—20元上升到20年代末的14—32元不等，增加了60%—75%。② 另据对昆山、奉贤、南通3县的调查，如以1904年的地租额为100，1924年昆山谷租指数为296，奉贤钱租为261，南通谷租和钱租分别为272和316。分别增加了1.5倍以上。③ 安徽来安的钱租，1924年也比1904年提高了50%。④ 20年代中期，广东一些地区，地租比10年前增加了1倍。⑤

在北方地区，安徽宿县的钱租，1924年比1904年增加了53%。⑥ 山西地区的地租也在普遍加重，1925年有调查说，近年上等水地能种美棉者，每亩租金大都涨至10元左右，从前每亩仅收租金一二元的平地，也已涨至三四元。⑦ 增加了2—3倍。东北等农业新垦区，地租增加同样十分明显。奉天辽阳的大双树子、小闯

---

① 赵宗煦：《江苏省农业金融与地权异动之关系》，《民国二十年代中国大陆土地问题资料》第87册，第45926—45929页。

② 沈时可：《海门启东之佃租制度》，《民国二十年代中国大陆土地问题资料》第60册，第30923—30927页。

③ 《民国二十年代中国大陆土地问题资料》第87册，第45925—45926页。

④ 曹鸿儒：《中国农业经济之发展》，1931年，第202页。

⑤ Chinese Economic Monthly，第3卷第7期，1926年7月，第296页。

⑥ 曹鸿儒：《中国农业经济之发展》，第202页。

⑦ 《晋省农佃制度》，《中外经济周刊》第127号，1925年8月29日，第1页。

屯等处,每亩租额由1916年的25—45元增加到1925年的40—85元,同期的沈阳九里台子,也从7—15元增至20—30元,10年间增加0.6—1.9倍。[①] 而且越是劣等地,地租上涨幅度越大。表7所列,具体反映了上述三地的地租增长情况。

表7　奉天辽阳、沈阳地租增长情况表

1916—1925年　　　　单位:元

年份	辽阳大双树子			辽阳小闯屯			沈阳九里台子		
	上地	中地	下地	上地	中地	下地	上地	中地	下地
1916	45	30	25	45	35	25	15	10	7
1921	30	25	17	65	55	30	25	20	15
1925	75	60	40	85	75	50	30	25	20

资料来源:山下肇:《满洲农村经济底研究》,转见冯和法:《中国农村经济资料》,第377—378页。

从表7可见,上等地的地租增长幅度最高不超过1倍,而中、下等地高的达1.5—1.86倍。愈是租不起优质地的贫苦佃农,所受加租之苦愈烈。土地开发较晚的北部地区,地租增加的幅度更大。松花江流域的粮租,1910年时最多每垧2石,到1916年增加到2.5石。[②] 黑龙江东部完达山区,辛亥革命前后,佃农垦荒3年后所交租子,一垧约四五斗,民国七八年涨到五六斗,到民国十几年已达八九斗,十余年间增加了1倍。[③] 黑龙江流域的安达、拜泉、木兰、双城、五常、宁安等地,地租都明显增加了。据调查,1923

① 冯和法:《中国农村经济资料》,第377—378页。

② 徐仁寿:《北满松花江流域的农民经济生活》,《新生命》第3卷第9期,1930年9月,第9页。

③ 李尔重、富振声等:《东北地主富农研究》,1947年,第5页。

年与1911年比较,地租增加25%到300%不等。如安达1911年每垧租额为10斗,1923年增至18—22斗,增加了80%—120%;宁安由2—4斗增加到6—8斗,提高了200%—300%。①

征收和提高押租,也是地主阶级加重地租剥削的一种重要手段。

由于地主愈来愈将征收押租作为筹措各种用款的重要途径,加上佃农竞佃,押租制在南北各地日益盛行。如江苏昆山、南通,征收押租的土地比重,1905年分别为25.5%和72.9%,1914年增至40.9%和76.7%,1924年更达61.8%和88.1%。② 浙江萧山一带,押租制也呈"益趋扩大范围之势"。③ 在南方,尤其是江苏、浙江、安徽、江西、湖南、湖北、四川等省许多地区,缴纳押租已成为佃农租种土地的前提条件。江苏武进,佃农租地,必须出具"承票",并交纳顶首④;盐城惯例,"佃户赁田之始,计亩纳钱为质",谓之"上庄"。⑤ 安徽习俗,"租佃田地多由佃户出押板洋于田东"⑥。江西萍乡,地主批租土地,佃户须缴押金,谓之"押规钱"。⑦ 湖北各地皆有押租,而且佃户愈贫苦,地主征收押租愈严苛,否则即无种田希望。⑧ 湖南全省惯例,佃田必须先立佃约,缴纳"批规"。⑨ 四川

---

① 孙占文:《黑龙江省史探索》,第327页。

② 冯和法:《中国农村经济资料续编》,第512—513页。

③ 徐振亚:《萧山租佃制度之研究》,《民国二十年代中国大陆土地问题资料》第59册,第30583页。

④ 李范:《武进县乡村信用之状况及其与地权异动之关系》,《民国二十年代中国大陆土地问题资料》第88册,第46796页。

⑤ 民国《续修盐城县志》第4卷,产殖,第11页。

⑥ 国民党司法行政部:《民商事习惯调查报告录》第2卷,第930页。

⑦ 国民党司法行政部:《民商事习惯调查报告录》第2卷,第997页。

⑧ 冯和法编:《中国农村经济资料续编》,第510页。

⑨ 国民党司法行政部:《民商事习惯调查报告录》第1卷,第619页。

巴县,地主授人以田,“必索金为质,谓之押佃”。[①] 四川其他大部分地区的情况也都大致相似。原来押租并不多见的华北、东北地区,这一时期也开始出现和流行。奉天锦县、宽甸、安东、西安、东丰等地,押租制都相当流行[②];察哈尔“押租制亦有之”。[③]

押租额也在不断提高。

押租的作用本来是防止佃农欠租,数额高度通常不超过一年租金。但随着时间的推移,押租征收次数越来越多,数额越来越大。江苏嘉定押租,据说“最初尚轻”,后来不断增加,20 年代末 30 年代初已由 0.5 元涨至 2 元。[④] 靖江押租更重,每亩达二三十元。[⑤] 浙江平阳的押租额,同治光绪年间,每亩一二千文,少的数百文,到 20 世纪 20 年代,多则 20 元,少亦 6 元[⑥],增加了大约 10 倍。湖南各地的普遍情况是,地主凡遇现金缺乏,或筹措高利贷资本,即要求佃户加缴押租。长沙、湘潭等地谓之“大批”,益阳、安化等地名为“重庄”,湘乡叫做“伴借”。每亩原缴押租四五元,而“伴借”常达 10 元以上。[⑦] 洞庭湖畔种福垸聂姓地主的湖田押租,

---

① 民国《巴县志》第 11 卷,农别,第 13 页。

② 国民党司法行政部:《民商事习惯调查报告录》第 2 卷,第 759—762 页;民国《宽甸县志略》,风俗略,第 1 页;民国《安东县志》第 6 卷,农业,第 13 页。

③ 何台孙:《察哈尔农村经济研究》,《民国二十年代中国大陆土地问题资料》第 55 册,第 28577 页。

④ 《申报》1932 年 2 月 15 日。

⑤ 汪适天:《各地农民状况调查——靖江》,《东方杂志》第 24 卷第 16 号,1927 年 8 月,第 121 页。

⑥ 詹选之:《各地农民状况调查——平阳》,《东方杂志》第 24 卷第 16 号,1927 年 8 月,第 132 页。

⑦ 黄星轺:《旧长沙府属租佃制度》,《民国二十年代中国大陆土地问题资料》第 59 册,第 30709 页。

最初每亩2元,以后逐年增加,20年代初,达到3—6元,平均4元。① 湖北各地的押租也在不断增加。到20世纪20年代末30年代初,不少已超过地价的一半,甚至和地价不相上下。不仅如此,一些地主还一地数佃,骗取押租。② 在四川,地主把征收押租视为扩大高利贷资本的惟一途径,押租加征更为普遍和严重。押租数额,原来通常上田为地价的5%,山田为1%,民国后,由于累年增加,或采行"明佃暗当",不少地方的押租额已与地价相埒。③ 其他一些地区,押租也都不同程度地加重了。

押租的征收和提高,大大加重了地主对佃农的地租剥削,侵占了佃农的生产和生活资金,加剧了佃农的经济困难。各地押租多为无息,地主将押租充当借贷资本所获利息,即意味着佃农加缴的地租。押租额愈高,地租加缴的比重愈大。据四川《合江县志》载,1925年拨给县立初中的田租53宗学田征有稳银7280两、钱40千文(折银6.15两),年征租谷876石。当地借贷,每银100两,收息谷4石。据此计算,押租可收息谷291.5石,佃农所受地租剥削加重33.3%。又该县另拨学田18宗,计租327.7石予县立高小,收有稳银2461两,押租可生息谷98.4石,加重地租剥削30%。④ 同时,由于物价上涨,货币不断贬值,佃农所纳押租的实际价值也随时间的推移而缩小,到租佃终结,地主即使如数退还,

---

① 中国科学院上海经济研究所、上海社会科学院经济研究所:《恒丰纱厂的发生发展与改造》,1958年,第29页。

② 瞿明宙:《中国农田押租底进展》,《中国农村》第1卷第4期,1935年1月,第26页。

③ 民国《南川县志》第4卷,农业,第28—29页;民国《南充县志》第20卷,文艺志;瞿明宙:《中国农田押租底进展》,《中国农村》第1卷第4期,1935年1月,第26页;吕平登:《四川农村经济》,第199页。

④ 民国《合江县志》第3卷,教育,第14—16、19—20页。

其实际价值已经微乎其微了。在某些地区,地主虽然会按照征收和增加押租数额,相应减少租额,或另拨若干免租地,以充押租利息①,即所谓"重顶轻租"或"增押减租"。但是,所减租额远远低于押租利息。如江苏靖江,通常每亩租额5—6元,另缴顶首银20—30元,至少生息5—6元,正好同应缴租额相抵。但佃户每年仍须纳租1—2元。加上顶首所生利息,佃农实缴租额增至7—8元。② 湖南湘乡的"伴借",按当地借贷利率,每借洋百元,应扣租谷6石,但地主一般仅减租谷2—3石。亦即地主每借洋100元,佃农多纳利息谷3—4石。此种情形在湖南其他地区也都十分普遍。③ 四川成都地区的所谓"压扣"(即按所缴押租相应扣减租谷),在20世纪20年代前,每征押租银100两,一般扣减租谷3.5石,同样大大低于当地借贷利率。而且由于佃户日增,压扣利率呈不断减低之势。④

就单位面积地租额和地租率而言,不同地区乃至地块之间的差异很大,并受到诸多因素的制约。地块的地理位置、水利灌溉条件、土壤肥瘠、收成稳定程度、人地比例和佃农对土地的需求程度,以及地主是否提供生产资料、是否征收押租和押租数额的高低,等等,都对地租额和地租率产生直接影响。在一些商业性农业比较

---

① 如奉天安东,租户出压租钱者(俗名"压头"),地主必按压租钱之多寡,额外与地若干,俗名"体己地",不纳租粮。(民国《安东县志》第6卷,农业,第13页)。

② 汪适天:《各地农民状况调查——靖江》,《东方杂志》第24卷第16号,1927年8月,第121页。

③ 黄星韶:《旧长沙府属租佃制度》,《民国二十年代中国大陆土地问题资料》第59册,第30709—30710页。

④ 马学芳:《成渝铁路成都平原土地之利用问题》,《民国二十年代中国大陆土地问题资料》第44册,第22519—22520页。

发达的地区，往往根据距离城市和市场的远近来确定租额。如吉林桦甸，“视距城市远近及山地平地以定租之多少”，近城之地租高，平地每垧二石五六斗，间有三石者，山地约为一石五六斗。“愈远愈低，最远山地之租五斗或六斗”，只有近城山地租额的三分之一，平地的五分之一至六分之一。① 同一地区沃地和瘠地的单位面积租额也往往相差1—2倍。据调查，广东东莞、连平，上等水田每亩租谷3石，中等田2石，下等田1石；顺德钱租，上等水田约20元，中等约10元，下等1元至数元，中山、宝安、恩平等地情形大致相同。② 肥瘠高低相差一二倍乃至10余倍。单位面积租额同是否征收押租和押租额的多寡也有密切关系。通常未征押租土地的租额较高，而征收押租尤其是押租数额超出正常水平的土地，租额相对较低。如四川安县，有仓贮田220亩，未征押租，平均每亩租额2.08石；另有221亩学田，每亩征收押租7839文，亩租1.19石；又有司法费官租田853亩，每亩征押租17570文，亩租0.96石③，征收押租的单位面积租额分别只有未征押租的57.2%和46.2%。四川金堂有养济院、劝学所等官租水田627亩，平均亩征押租钱6052文，亩租1.39石；另有一宗官田94亩，共征“抵押租”银2400两，“正压租”钱1280千文，年租2.14石，平均每亩仅2.3升。④ 在押租制流行地区，只凭单位面积租额，往往难以判断地租量的水平。

剔除押租因素，这一时期的单位面积租额，南方水田区一般为1—2石稻谷或0.5—1.0石稻米。其中江苏、浙江、福建、广东、湖

---

① 民国《桦甸县志》第7卷，经制，第11—12页。

② 中山大学农科学院：《广东农业概况调查报告书续编》上卷，第151、108、187、208、134、141页。

③ 民国《安县志》第20卷，食货，第3页；第12卷，建置，第2、4—7页。

④ 民国《金堂县续志》第3卷，食货，第15页。

南、四川等省区最高,大多在1.5石以上,并有相当一部分地区超过2石。江苏无锡、宜兴、江阴、昆山、江都、泰兴等地,不论单征米、稻,还是稻(米)、麦、豆兼征,租额多在2石以上。① 广东惠来、平远、兴宁、龙川、新丰、始兴、陆丰等地,连下等水田的租谷也在2石上下,中、上等水田更高达三四石,乃至六七石。② 福建浦江、尤溪、长乐,湖南溆浦、嘉禾等地的个案资料显示(详见本章附表1-3),租额平均在2石左右,甚至超过2石。安徽、江西、湖北次之,大多为1—1.5石。广西、云南、贵州较低,一般不超过1石,不少地区在5斗上下。整个南方地区平均计算,每亩租额约为1石上下。据对江苏、浙江、安徽、福建、湖北、湖南、广西、四川、云南等9省23县的1034宗地租的统计(详见本章附表1-3),平均每亩租额为1.10石。北方旱作区,由于农业集约化程度和土地产量上的差异,单位面积租额普遍低于南方水田区。同时,地区或地块(水浇地和旱地,平地和坡地或山地)之间差异颇大。高的可达1石左右,低则一二斗或三四斗不等,以地之肥瘠为等差。如山东寿光,"租按地之优劣缴粮食四斗至一石"③。河南孟县的纳租惯例是,"大约每亩可收一石四五斗者,则出八九斗,可收八九斗者,则出五六斗"④。直隶定县,上等地纳谷子6—7斗或小麦3.5斗,中等地纳谷子3—4斗或小麦1.5—2.0斗,下等地纳谷子1.5斗,或小麦0.6—1.0斗。⑤ 一般地说,在华北平原地区,每亩租额4—5

① 长野郎著,强我译:《中国土地制度的研究》,第414—420页。

② 中山大学农科学院:《广东农业概况调查报告书续编》上卷,第3、30、67、80、116、241页;下卷,第8页。

③ 山东省政府实业厅:《山东农林报告》,寿光县,第332页。

④ 民国《孟县志》第8卷,社会,农业,第45页。

⑤ 李景汉:《定县社会概况调查》下,第632—633页。

斗为常见。东北地区，每垧（合 10 亩）租额 1—2 石。北部高寒地区有低至二三斗者。① 但东北斗戽容量较大，1 石约合内地 3 石。这样，每亩租额约为 3—6 斗，低的数升至 1 斗。平均约为 4—5 斗，与华北平原大体接近。

至于货币地租，因大多实行于商品经济和商业性农业比较发达、土地比较肥沃、农业收成比较稳定的地区和地块，单位面积租额一般高于实物地租。如广东东莞，上等水田每亩租谷 3 石，约折银 16.8 元，而同类水田的钱租为 20 元。南海、顺德、中山等蚕桑区，上等水田的钱租在 20—30 元，桑田则超过 30 元。新会钱租最高可达 40 元。鹤山的优质烟地，年租也在 20 元以上。而中下等水田租银相对较低，分别自二三元至十数元不等。② 长江中下游地区的钱租额，低则数元，高则 10 余元。据 20 年代中对江苏江宁、无锡、常熟等 28 县和南京特别区的调查，租额最高超过 10 元的有 16 县，综合计算，最高 9.68 元，最低 4.97 元，平均 7.23 元。③ 浙江定海，据对 89 宗、285.5 亩租田的统计，租额最高 8.75 元，最低 1.77 元，平均每亩 3.08 元。④ 湖南岳阳、南县、湘潭、湘乡、邵阳等地，每亩租额自 2 元至 10 元不等，以 5 元上下最为多见。⑤

北方旱地区，每亩租额低则一二元，高则超过 10 元。如山东博山，每亩租银分甲、乙、丙三等，甲等地 12 元，乙等地 8 元，丙等地 5

---

① 如黑龙江萝北县，每垧纳租约二三斗（国民党政府司法行政部：《民商事习惯调查报告录》第 1 卷，第 184 页）。

② 中山大学农科学院：《广东农业概况调查报告书续编》上卷，第 151、126、134—135、141 页；广东大学农科学院：《广东农业概况调查报告书》，第 290 页。

③ 长野郎著，强我译：《中国土地制度的研究》，第 412—414 页。

④ 民国《定海县志》第 3 册，财赋，第 13—15 页。

⑤ 长野郎著，强我译：《中国土地制度的研究》，第 409 页。

元;滨县上等地六七元,中等地四五元,下等地二三元不等。① 河南汜水,据对42宗、1360亩租地的统计,每亩租银最高4.55元,最低0.60元,平均2.35元。② 另据1924年对直隶北京近郊和宛平、大兴、新城、满城、完县、易县等地的调查,每亩租银最低1元,最高5—6元,普通为2—4元。③ 又据1928年对怀柔的统计,丁等地(未见甲、乙、丙等地)每亩3.5元,戊等地2.5元,己等地1.5元。④ 山西省的钱租额,普通地每亩3—4元,棉地可达10元。⑤ 内蒙古乌兰察布盟的蒙地,租银较低,据说每亩二三角不等。⑥

有的租地以银两或钱文计租。银两租每亩自一二钱银子至一二两不等,以三五钱银子的租额较为多见。浙江昌化,福建长乐、尤溪,云南大理等处43宗、1194.6亩的地租个案资料显示,每亩租银最高1.09两,最低0.15两,平均0.27两。⑦ 以钱文计值的单位面积租额,同样高低悬殊。最低的数十文,最高的达10余千文。一般以四五百文较为常见。据调查,甘肃额租多用钱,上地每垧三四串文,中地二三串文,下地一串或数百文不等。⑧ 该地区一垧约合3—4亩。据此,每亩租钱自百文上下至千文而止。东北黑龙江

---

① 山东省政府实业厅:《山东农林报告》,1931年,第380、500—501页。

② 民国《汜水县志》第5卷,教育,第2—5页。

③ 长野郎著,强我译:《中国土地制度的研究》,第408页。

④ 新民会中央总会:《河北省怀柔县事情》,1940年,第93页。

⑤ 长野郎著,强我译:《中国土地制度的研究》,第408页。

⑥ 谭惕吾:《内蒙之今昔》,1934年,第98页。

⑦ 据民国《昌化县志》第3卷,建置,第25页;民国《长乐县志》第13卷,学校,第53—54页;民国《尤溪县志》第3卷,第53—56页;第4卷,第2—6页;民国《大理县志稿》第4卷,财政,第34—39页统计。

⑧ 谢学霖:《甘肃实业调查报告》,《劝业丛报》第1卷第4期,1921年4月,第21页。

流域,每垧约征东钱2000吊,合每亩制钱32吊,折洋1.66元。[①]另据江苏、浙江、湖北、四川、山东、河南、直隶等南北7省16县170宗、84878.4亩旱地钱租的统计(详见附表1－4),每亩租额最高2597文,最低339文,平均1354文。

地租率方面,无论南北,也不论分成租还是定额租,地主佃农对半分成,仍是相当一部分地区最通行标准。这一时期,各地仍不乏地主佃农对半分租的资料记载:如江苏铜山,分种农"以半数纳租"。[②]湖北西北部地区,一斗田收谷1石,完租5斗,名为"二五起租"。[③]湖南洞庭湖畔前述种福垸聂姓地主的租率也一般为产量的50%。[④]广东澄海、饶平、紫金等地,一般都是"主佃均分"。[⑤]广西迁江,地租系"秋收各取其半",靖西习惯,"田主佃户素来各得其半"。[⑥]四川嘉定,"佃租多主佃各半"[⑦]。山东益都,无论种植何物,"皆照现所收数各得二分之一";齐河佃农"以收获之半缴纳于地主";恩县佃农"收获物与地主平分"。[⑧]河南项城、商水,"所获皆均分之"[⑨]。

---

① 陈翰笙、王寅生:《黑龙江流域的农民与地主》,分析表。

② 冯和法编:《中国农村经济资料》,第1页。

③ 严仲达:《湖北西北的农村》,《东方杂志》第24卷第16号,1927年6月,第45页。

④ 中国科学院上海经济研究所、上海社会科学院经济研究所:《恒丰沙厂的发生发展与改造》,第29页。

⑤ 广东大学农科学院:《广东农业概况调查报告书》,第62、94、143页。

⑥ 民国《迁江县志》第1卷,第168页;民国《靖西县志》,油印本,第五编,经济,第27页。

⑦ 《嘉定调查报告》,1936年,第17页。

⑧ 《山东益都之近况》,《中外经济周刊》第204号,1927年3月19日,第5页;山东省政府实业厅:《山东农林报告》,第447、465—466页。

⑨ 宣统《项城县志》第5卷,地理志,第48页;民国《商水县志》第5卷,地理志,第18页。

直隶霸县,地主佃户"各得产量之半,谓之分种";定县有"对半分租法"。[①] 奉天抚顺,"主佃均分"是基本的纳租标准。[②] 等等。

对半租率在租佃中所占比重,地租率的总体水平,地区间的差异很大。地租率的高低受到土地沃度、土地供求关系和租佃形式等多种因素的影响。通常地租率的高低同土地沃度成正比。如广西马平,上等田地,地主与佃户四六分收,中等对成分收,下等三七分收;宜北的纳租标准是,上等田将产量分作5份,地主占3份,佃农2份,即租率为60%,中等田各得其半,下等田与上等田相反,即租率40%。[③] 绥运归绥一带,物租分粮,上地地主得十之五,中地十之四,下地十之三。[④] 吉林珲春,纳租不以垧计,而按所获粮食计算,例如上等地出粮1石,业主与租户均分,次则业主得4斗或3斗,租户6斗或7斗不等。[⑤] 这样,在一些土地瘠薄、产量低下或土地供求关系不十分紧张的地区,地租率相对较低,50%及其以下的租率占有较大比重。有关资料显示,南方的广西、贵州、云南等省,对半分租是最通行的租率,并有一部分租率低于50%。广东、福建、浙江、江苏、安徽、湖北、湖南、江西、四川等南方诸省,虽然也有部分县属通行对半分租,但所占比例很小。其中江西的租率最低,但据20年代中对54县的调查,通行租率在50%及其

① 民国《霸县新志》第4卷,民生,第5页;李景汉:《定县社会概况调查》下,第635页。

② 宣统《抚顺县志略》,风俗略,第1页。

③ 实业院:《柳庆区十四属实业概况调查报告书》,《广西建设月刊》第1卷第6号,调查,1928年11月,第93页;民国《宜北县志》,第二编,社会,第33页。

④ 民国《归绥县志》,产业志,第1页。

⑤ 国民党行政司法部:《民商事习惯调查报告录》第1卷,第59页。

以下的也只有 31 县占 57.4%，租率在 55% 以上的 23 县，占 42.6%。[①] 其他各省的租率大多超过 50%。据对江苏前述江宁等 28 县的调查，通行对半分租的仅江宁、海门等 6 县，且其中 5 县位于苏北，其余各县租率多在 50% 以上。苏南、浙江、福建、湖南、四川等地租率尤高。江浙皖闽一些地区，本来就租额苛重，19 世纪下半叶后，一些永佃农又因不断丧失田面权，必须加纳田面租，导致租额的进一步增高。如浙江衢州的一些佃农，除交纳占产量十分之四五的"大买地主"（田底主）租外，又须缴纳十分之二的"小买地主"（田面主）租，地租占到产量的 60%—70%。[②] 在有些地区，60%—70% 的租率已成为通行租率。福建宁化，"大抵富者有田，坐享七成之利；农民佃其田，终岁勤动，获止三分"[③]。浦江、尤溪、长乐的租佃个案资料显示（详见附表 1－3），地租最高达 13 石余，平均每亩租额接近 2 石乃至 3 石，其租率显然远远超过 70%，甚至 100%。湖南岳阳、临湘、溆浦、湘潭等县，60% 或 70% 是最通行的租率，湘乡即使在凶年，地主也得产量的七成，丰年更高达九成。[④] 广东惠来、兴宁，下等田每亩租额分别约为 4 石，上等田达 6—7 石；龙川、新丰，下等田租额分别为 2 石和 2.2 石，上等田达 4 石和 4—5 石。[⑤] 土地无论肥瘠，其租率当在百分之七八十以上。

---

① 田中忠夫：《国民革命与农民问题》，转见冯和法：《中国农村经济资料》，第 1140 页。

② 孤芬：《浙江衢州的农民状况》，《东方杂志》第 24 卷第 16 号，1927 年 8 月，第 57 页。

③ 民国《宁化县志》第 10 卷，实业志，第 2 页。

④ 长野郎著，强我译：《中国土地制度的研究》，第 405 页。

⑤ 中山大学农科学院：《广东农业概况调查报告书续编》上卷，第 3、67、80、116 页。

在北方大部分地区,50%是最通行的租率,且有相当部分地区的租率低于50%。如山东范县、直隶武清,纳租均占收获量的三分之一。[①] 定县既有对半分租法,又有“四六分租法”,即地主得十之四,佃农得十之六。[②] 山西一些地区的纳租惯例是,地主得三,佃户得七。[③] 绥远、甘肃和东北部分地区的情况大致相似。前述归绥,上地地主得十之五,但中、下地得十之四、十之三。甘肃纳租的一般规则是,主佃按四六或三七成分算。[④] 黑龙江讷河的通行办法,地主与佃户“按三七分劈粮石”。[⑤] 吉林珲春,地主征租得十之三至十之四。[⑥] 在东北大部分地区,地主所得“通常为收获之半至三分之一”。[⑦]

但是,这些都是以地主只供土地、佃农自备一切生产资料的普通租佃形式为限。如由地主供给生产资料,地租额和地租率自然相应提高。地租率的高低,通常视地主所供生产资料的种类、比例而定。如河南项城的租佃惯例是,“农受田代耕者曰佃户,尊授田者曰田主人。主居之以舍,而令自备牛车籽粒者,所获皆均分之;主出籽粒者,佃得十之四;主并备牛车刍秣者,佃得十之三;若仅仅为种植耘锄,则所得不过十二而已”[⑧]。此种惯例,南北各地和关

---

① 民国《续修范县县志》第2卷,经济志,第39页;长野郎著,强我译:《中国土地制度的研究》,第404页。

② 李景汉:《定县社会概况调查》下,第635页。

③ 长野郎著,强我译:《中国土地制度的研究》,第404页。

④ 谢学霖:《甘肃实业调查报告》,《劝业丛报》第1卷第4期,1921年4月,第21页。

⑤ 民国《讷河县志》第10卷,实业志,第34页。

⑥ Decennial Reports on the Trade,1912—1921,No.1,p.30.

⑦ 满铁兴业部农务课:《东省之农业》,1927年,第14页。

⑧ 宣统《项城县志》第5卷,地理志,第47—48页。

内关外皆然。只是租率变动及其幅度略有参差。这一时期,随着广大佃农的加速贫困破产,分益雇役制日益盛行,由地主提供部分乃至全部生产资料的情况越来越普遍,地租率也呈现相应增高的趋势。

南北比较,就普通租佃形式而言,北方地区的地租额和地租率普遍比南方地区低,但在北方的一些分益雇役制流行地区,其地租率又明显高于南方。同时,无论南北,上述有关地租额、地租率高度的标示,都没有涉及押租和预租的因素。如果将押租和预租所生利息一并计算,地租额和地租率即相应增高。事实上,通过征收押租或预租,隐性提高地租额和地租率,正是这一时期地主加重地租剥削的主要手段之一。

此外,上述地租额和地租率都是就正租而言,没有包括地主五花八门的额外浮收、勒索以及田赋、捐摊的转嫁等。而这种额外浮收和勒索历来十分严重。地主用于收租的斗、秤,总比当地通用的斗、秤大出许多。江苏地主收租用秤,有 20 两为一斤的,甚至有 22 两、24 两为一斤的;斗则有加一、加二等名目。无锡地主的收租斗斛至少比漕斛大 5%,多的大 20%。① 广东揭阳、普宁一带地主的斗斛更是逐年加大,甚至有用箩筐当斗收租的。② 安徽天长地主备看加大的专用租斗。据说民国成立后,虽经该县整顿,烙印划一,但“积习相沿,尚未革除”。③ 缴纳钱租同样有浮收。广东地主收取租银,有“小租”、“数毛”、“兑毫”等名目,每

① 1929 年江苏民政厅呈省政府文,转见《中国经济年鉴》,1934 年,第 G109 页;容庵:《各地农民状况调查——无锡》,《东方杂志》第 24 卷第 16 号,1927 年 8 月,第 109—110 页。

② 广东农民协会报告,转见冯和法:《中国农村经济资料》,第 918 页。

③ 《中国民事习惯大全》第 6 编第 2 类,1924 年,第 20 页。

100 元多收 3 元或 5—7 元。① 而且,采用何种地租形态,用粮食还是用现金交纳,完全由地主决定。有人在调查安徽颍州佃农的交租情形后说,"无论是额稞或分稞,佃户要把粮食送到地主家里,以地主的斗为标准量多少,算多少。或者地主不愿要粮食,可以作价,佃户就得按价给钱。……要粮食,他的斗大;作价呢,比市价高,总要多百分之七八"②。颍州地主如此,其他地区的地主也大都如此。

除了实物和折价浮收,还有名目繁多的额外需索和勒索。浙江、江西、湖南、广东、山西一些地区,地主在征租之外,强令佃户送鸡、鸭、鹅、蛋、肉等,名曰"租鸡"、"租鹅"、"田鸡"、"田蛋"、"信鸡"、"租公鸡"或"鸡租"、"肉租"、"蛋租"。江西玉山,仅租谷三五石,即须交"田鸡"一只;广东大埔,租种 1 斗种以上之田,每年须纳"信鸡"1 斤;湖南湘潭,每租谷 1 石,须附送鸡 1 斤,俗有"十亩斤鸡"之称;湘乡每逢三节有须送鸡数只、肉数块、蛋数十个者。③ 浙江除租鸡、租鹅外,还有"东米"、"脚米"、"租力"、"人事"、"田塍豆"、"田婆饭"、"戏租谷"、"谷子利"等额外需索;山西五台僧侣地主收租,除"租公鸡"外,还有"租麻菰"、

---

① 《广东农佃情形》,《中外经济周刊》第 175 号,1926 年 8 月 14 日,第 20 页;冯和法:《中国农村经济资料》,第 925 页。

② 庸人:《各地农民状况调查——颍州》,《东方杂志》第 24 卷第 16 号,1927 年 8 月,第 148 页。

③ 蔡斌咸:《浙江之佃业问题》,《再造旬刊》第 31 期,转见冯和法:《中国农村经济资料》,第 619—620 页;国民党政府司法行政部:《民商事习惯调查报告录》第 2 卷,第 1003 页;《湘省农业概况》,《中外经济周刊》,第 174 号,1926 年 8 月 7 日,第 14 页;黄星韶:《旧长沙府属租佃制度》,《民国二十年代中国大陆土地问题资料》第 59 册,第 30734—30736 页;《五台山的僧侣地主与农民》,《新中华》第 2 卷第 14 期,1934 年 7 月,第 85 页;民国《大埔县志》第 10 卷,民生志,第 3 页。

"租扫帚"、"租笤帚"等。山东潍县,名义上主佃平分粮食,柴草归佃户,实际上分粮之前,在总量中每石先扣除1.2—4.0斗的"柴粮"、"压场粮"及"送仓粮"。① 有的地主还把田赋和捐摊转嫁到佃农头上。如绥远五原一带的惯例是,主佃按分粮比例负担一切田赋捐摊②;察哈尔地区的一些租佃契约也规定,佃农负担正赋以外的税捐。③

名目繁多的额外浮收和需索,以及转嫁田赋捐摊等,进一步提高了地租量和地租率。地主的秤斗一般都要加大5%—20%,即意味着佃农要加纳5%—20%的地租。上述山东潍县佃农,名义上得到一半的粮食,但在先扣除"柴粮"、"压场粮"和"送仓粮"后,实得粮食只有豆、麦44%,高粱35%—37%,谷子30%—35%,地租率分别高达56%、63%—65%和65%—70%。④ 察哈尔一带的地租率名义上为40%—50%,但由于负担额外捐税,佃农实际仅得40%,地租率高达60%。⑤ 这还没有包括前面提到的"田鸡"等需索以及各种劳役。显然,佃农的实际负担比名义地租还要沉重得多。

---

① 李作周:《山东潍县的大地主》,《中国农村》第1卷第8期,1935年5月,第70页。

② 刘嘉训等:《五原县垦务调查》,《山东实业学会会志》第8期,调查,1923年10月,第419页。

③ 何台孙:《察哈尔农村经济研究》,《民国二十年代中国大陆土地问题资料》第55册,第28580页。

④ 李作周:《山东潍县的大地主》,《中国农村》第1卷第8期,1935年5月,第70页。

⑤ 何台孙:《察哈尔农村经济研究》,《民国二十年代中国大陆土地问题资料》第55册,第28580页。

表8　若干地区佃农收支和地租侵占佃农必要劳动情况示例

序号	地区	资料年份	耕作面积(亩)	农业收入(元)	支出(元)	其中		亏空(元)	地租侵占必要劳动(%)
						生活费(元)	地租(元)		
①	江苏无锡	1922	(每亩)	21.32	25.04	10.00	7.00	3.72	37.2
②	上海	1927	10	500	645	515	100	145	19.4
③	武进	1927	12	396	535.75	273.75	144	139.75	77.9
④	福建闽南	20年代末	5	180	215	98	90	35	35.7
⑤	广东	1927	10	162	171	60	80	9	15.0
⑥	广东海丰	1926	1石种	165	202	81	81	37	45.7
⑦	湖南长沙	1924	10	288	336	186	59	48	25.8
⑧	四川成都平原	1926	(23户佃农)	554.15	566.60	120.13	347.95	12.45	10.4
⑨	山东胶州	1913	20	226.8(两)	228.8(两)	97.2(两)	34.6(两)	2(两)	2.1
⑩	陕西三水	1924	20	324	363	197	112	39	19.8
⑪	黑龙江流域	1922—1924	150亩以下	67.19	79.18	49.64	17.22	11.99	24.2

注:①江苏武进、广东海丰佃农支出中,原统计无衣着、房舍维修、教育、医疗和应酬等方面的开支,现分别按食用费50%的标准补入。

②湖南长沙、陕西三水两地资料,原为自耕农,现将其支出中的赋税部分改为地租(按产量的50%计算),权作佃农收支。并将砍樵、佣工等非农业收入从收入中剔除。

资料来源:①⑥⑨⑪章有义:《中国近代农业史资料》第2辑,第114—117页;②③《东方杂志》第24卷第16号,第125—126、107页;④⑤冯和法:《中国农村经济资料》,第904—905、934页;⑦⑩《沪农》第1卷第3号,1933年9月,第10页;⑧*Chinese Economic Journal*,第2卷第1期,1928年1月,第56—58页。

如此残酷的地租剥削,大大超出了当时的农业生产力水平和佃农的负担能力,在绝大多数情况下,它不仅囊括了佃农的全部剩余劳动,而且侵占了相当一部分必要劳动。入不敷出是这一时期各地佃农的普遍情况。如表 8 所示,江苏无锡佃农,收支相抵,每亩亏空 3.72 元。租地越多,负担愈重,亏损越大。其他各地佃农每年亏空金额,少则三五元,多则 140 余元。被地租侵占的必要劳动比重,除山东胶州一例外,全在 10% 以上,最高的达 77.9%。而且,这是按契约数字或当地通行租率和农业正常年成所作的统计。实际上,佃农所交地租远远大于表中数字,而一些地区的农业收成又极不稳定,灾歉频仍,佃农入不敷出的程度也比一般统计严重得多。许多地区的佃农秋收完租后,已无多少剩余,处于饭食维艰的境地。如据调查,江苏武进一户租种 12 亩水田的佃农,完租后的剩余,即使全部用作饭食,也只够维持 8 个月。① 剩下 4 个月的饭食和全年衣着、住房修缮以及医疗、教育、人情应酬和婚丧等全无着落。浙江嘉兴、杭县等地佃农的普遍情况是,每年所产完租以外,“已无余剩”或“所得无多”。因此,农民每种租田,必先向米店借米以餬口食,谓之“债米”。② 安徽潜山的许多佃农,每年春季,口粮即已告匮,只得以秋收抵押借食度日,及谷熟登场,“债甫清而租谷亦尽。地主催租不得,甚至逼之典衣售牛作抵”。此类事“数见不鲜”。③ 广东惠阳,佃农租种一石种的租田,获谷 3500 斤,要用 2500 斤纳租,自己仅得 1000 斤,还不够生产费的开支。因而

---

① 龚骏:《各地农民状况调查——武进》,《东方杂志》第 24 卷第 16 号,1927 年 8 月,第 107 页。

② 金蓉镜:《均赋余议》,1917 年,第 18 页;魏颂唐:《浙江经济纪略》,杭县,第 5 页。

③ 王恩荣:《安徽的一部——潜山农民状况》,《东方杂志》第 24 卷第 16 号,1927 年 8 月,第 62 页。

无不“左支右绌,负债累累”。[①] 四川眉山,佃农除交纳押租外,还要按产量的六成完租。倘遇歉年,地主即扣押他佃,以致佃农“终岁勤动,不得自养”。[②] 在云南南部,佃农纳了田租、牛租、借谷三项,“马上连眼前食的谷粮都不会剩得,由十一月起,再向田主借谷粮直到次年收获时止,年年如此”。因此,时人总结道:“这种佃户无论如何勤苦俭省,究竟一辈子是人家的佃户,子孙也免不了是人家的佃户。”[③]不仅如此,这些佃农的经济状况每况愈下,占有土地以外生产资料的数量日益减少。上述牛租和北方各地空前盛行的分益雇役制就是在这种情况下发生和发展起来的。

附表 1-1　南北 21 省区农户构成统计表

1918 年

省区	农户总数	自耕农		半自耕农		佃农	
		户数	%	户数	%	户数	%
江苏	4542749	2127642	46.8	1032984	22.8	1382123	30.4
浙江	3339556	1131088	33.9	1010416	30.2	1198052	35.9
安徽	2873489	1330620	46.3	623564	21.7	919305	32.0
江西	4064956	1717848	42.2	1141723	28.1	1205385	29.7
福建	1621449	553810	34.2	512274	31.6	555365	34.2
湖北	3636654	1514565	41.6	796549	21.9	1325540	36.4
湖南(部分)	1437797	287553	20.0	143791	10.0	1006453	70.0

① 阮啸仙:《惠阳农民协会成立之经过》,《中国农民》第 1 卷第 3 期,1926 年 3 月,第 18—20 页。

② 民国《眉山县志》第 3 卷,第 18—19 页。

③ 黎保:《各地农民状况调查——云南南部》,《东方杂志》第 24 卷第 16 号,1927 年 8 月,第 150 页。

续表

省区	农户总数	自耕农		半自耕农		佃农	
		户数	%	户数	%	户数	%
广东	3925207	1316500	33.5	1144842	29.2	1463865	37.3
小计	25441857	9979626	39.2	6406143	25.5	9056088	35.6
直隶	4620059	3255951	70.5	709262	15.3	654846	14.2
山东	5350145	3808050	71.2	811361	15.2	730734	13.7
河南	6270050	3458431	55.2	1113949	17.8	1697670	27.1
山西	1530138	1078772	70.5	212475	13.9	238891	15.6
陕西	1308132	750104	57.3	267199	20.4	290829	22.2
甘肃	854129	547948	64.2	155973	18.3	150208	17.6
新疆	460124	344281	74.8	50037	10.9	65806	14.3
小计	20392777	13243537	64.9	3320256	16.3	3828984	18.8
热河	620389	424858	68.5	102884	16.6	92647	14.9
察哈尔	115607	83098	71.9	13899	12.0	18610	16.1
绥远	66505	38729	58.2	12593	18.9	15183	22.8
奉天	1736309	739856	42.6	484250	27.9	512203	29.5
吉林	588551	284717	48.4	136867	23.2	166967	28.4
黑龙江	336497	190835	56.7	58549	17.4	87068	25.9
小计	3463858	1762093	50.9	809087	23.3	892678	25.8
总计	49298492	24985256	50.7	10535486	21.4	13777750	27.9

注：湖南、广东系1917年数字。

资料来源：据北洋政府农商部：《第七次农商统计表》，第4—61页，《农家户数及田圃面积表》；《第六次农商统计表》，第48—49、58—63页综合计算编制。

附表1-2 南北21省区耕地自种和租种面积比较表

1918年

省区	耕地面积(亩)	自种		租种	
		亩数	%	亩数	%
江苏	77738937	45017622	57.9	32721315	42.1
浙江	26993659	12161187	45.1	14832472	54.9
安徽	40646239	24213087	59.6	16433152	40.4
江西	36315101	18219978	50.2	18095123	49.8
福建	10290608	5227796	50.8	5062812	49.2
湖北	45865070	28036225	61.1	17828845	38.9
湖南(部分)	18704926	5611445	30.0	13093481	70.0
广东	22905623	9715306	42.4	13190317	57.6
小计	279460163	148202646	53.0	131257517	47.0
直隶	89645443	68802124	76.7	20843319	23.3
山东	92159117	73825084	80.1	18334033	19.9
河南	124507958	85835045	68.9	38672913	31.1
山西	41896184	31782455	75.9	10113729	24.1
陕西	27642674	18343719	66.4	9298955	33.6
甘肃	26499444	17154724	64.7	9344720	35.3
新疆	10721231	8791785	82.0	1929446	18.0
小计	413072051	304534936	73.7	108537115	26.3
热河	16278056	11094176	68.2	5183880	31.8
察哈尔	11650178	7981205	68.5	3688973	31.5
绥远	6008426	3968067	61.5	2040359	38.5
奉天	44748174	23632037	52.8	21116137	47.2
吉林	40812696	23917221	58.6	16895475	41.4
黑龙江	37600390	24855820	66.1	12744570	33.9
小计	157097920	95448526	60.8	61669394	39.2

续表

省区	耕地面积（亩）	自种		租种	
		亩数	%	亩数	%
总计	849630134	548186108	64.5	301444026	35.5

注:①湖南、广东系1917年数字。

②原表中园圃未区分自种和租种,故本表的耕地面积不包括园圃。

③直隶包括京兆区在内。

④京兆安次,山东莱芜,河南杞县、通许、新郑、鹿邑、息县、淅川、新蔡、叶县、固始、商水10县,山西定襄、忻县、临县、赵城4县,吉林榆树,湖北汉阳、随县、京山、宜城4县,福建建瓯、永安、长汀3县,耕地数字疑有误,全部剔去。

资料来源:据北洋政府农商部:《第七次农商统计表》,第4—61页,"农家户数及田亩面积表";《第六次农商统计表》,第48—49、58—63页综合计算编制。

附表1-3　南方地区水田谷租租额示例

序号	地区	资料年份	地租宗数	面积（亩）	地租总额（石）	单位面积租额（石/亩）		
						最高	最低	平均
①	江苏太仓	1911	66	1212.2	1086.85	1.50	0.05	0.90
②	兴化	20—30年代	58	3993.9	2691.00	1.10	0.21	0.67
③	山阳	1921	1	20.0	30.00			1.50
④	浙江金华	1924	1	2.9	2.31			0.80
⑤	定海	1924	12	32.4	50.92	1.76	1.44	1.57
⑥	丽水	1926	2	35.0	54.11			1.55
⑦	安徽建德	1910	14	821.6	1681.63	2.77	1.89	2.05
⑧	怀宁	1915	18	844.9	1053.99	1.73	0.44	1.25
⑨	太湖	1922	9	274.2	516.69	2.33	1.33	1.89
⑩	潜山	1920	35	1757.8	1658.39	4.55	0.38	0.94
⑪	舒城	1907	80	4351.6	4137.80	1.60	0.56	0.95
⑫	福建浦江	1900	344	2327	4542.52	13.16	0.45	1.95
⑬	尤溪	1927	20	57.4	111.77	7.55	1.38	1.95

续表

序号	地区	资料年份	地租宗数	面积(亩)	地租总额(石)	单位面积租额(石/亩)		
						最高	最低	平均
⑭	长乐	1918	18	49.9	144.52	3.33	1.85	2.90
⑮	湖北南漳	1922	35	1181.7	1789.92	2.28	0.58	1.51
⑯	谷城	1927	2	75.0	45.0	0.75	0.43	0.60
⑰	郧西	20—30年代	5	25.8	33.8	1.60	0.50	1.31
⑱	湖南溆浦	1921	19	665.7	1293.59	4.38	1.40	1.94
⑲	嘉禾	20年代	175	387.7	495.72	4.62	0.71	2.83
⑳	广西信都	20—30年代	4	722.6	178.55	1.17	0.10	0.25
㉑	四川金堂	1921	29	627.3	870.75	1.63	0.57	1.39
㉒	安县	20年代	76	1833.2	2208.7	2.17	0.23	1.20
㉓	云南大理	1916	11	1675.3	645.93	1.04	0.10	0.39
	简单平均数		1034	22975.1	25324.46	3.05	0.74	1.10

资料来源:①宣统《太仓州志》第9卷,学校志,第3—19页;②民国《兴化续志》,学校志,第46—53页;③民国《山阳县志续纂》第3卷,第3页;④民国《金华县志》第4卷,建置,第20页;⑤民国《定海县志》第3册,财赋,第14页;⑥民国《丽水县志》第4卷,育婴,第16页;⑦宣统《建德县志》第7卷,学校,第75—82页;第8卷,武备,第3—7页;⑧民国《怀宁县志》,学堂,第14—20页;⑨民国《太湖县志》第12卷,学校志,第12页;⑩民国《潜山县志》第5卷,公产,第30—34页;⑪光绪《续纂舒城县志》第17卷,食货志,第4—11页;⑫光绪《续纂浦江县志》第5卷,桥田、渡田,第32—58页;第13卷,祠记,第36—37页;第17卷,书院、公车田、义塾,第45—55、74—82页;⑬民国《尤溪县志》第3卷,学校,第52—54页;⑭民国《长乐县志》第13卷,学校,第63—64页;⑮民国《南漳县志》第9卷,学校,第5—10页;⑯民国《谷城县志》第2卷,建置志,第14页;⑰民国《郧西县志》第4卷,教育志,第1—3页;⑱民国《溆浦县志》第10卷,学校志,第15—36页;⑲民国《嘉禾县图志》第15卷,财赋下,第4—17页;⑳民国《信都县志》第3卷,政治上,第28—29页;㉑民国《金堂县续志》第3卷,食货,第17—27页;㉒民国《安县志》第7卷,第11—12页;第11卷,第3页;第12卷,第2页;第13卷,第1—2页;第14卷,第3、5—6页;㉓民国《大理县志稿》第4卷,财政,第32—38页。

附表1－4　旱地货币地租租额示例

序号	地区	资料年份	地租宗数	面积（亩）	地租总额（千文）	单位面积租额（千文/亩）		
						最高	最低	平均
①	江苏泗阳	1926	4	4599.3	1009.54	686	50	219
②	沛县	1918	5	60520.4	16506.54	600	200	273
③	浙江金华	1924	1	533.0	60.00			113
④	湖北南漳	1922	10	69.0	169.6	3800	533	2458
⑤	四川金堂	1921	23	331.1	1372.00	10000	270	4141
⑥	山东临淄	1920	9	157.9	1195.00	9675	2000	15136
⑦	莱阳	1926	1	120.0	350.00			5833
⑧	高密	1896	3	818.2	931.00	1464	476	2276
⑨	寿张	1900	13	1426.6	516.1	600	205	362
⑩	武城	1912	9	628.2	454.5	1000	120	723
⑪	高唐	1907	17	2453.8	1238.6	1250	250	505
⑫	河南商水	1918	6	288.1	95.50	600	254	331
⑬	淮阳	1916	2	118.0	32.00	640	194	271
⑭	永城	1901	19	1412.7	646.50	1400	120	458
⑮	直隶盐山	1916	13	8615.4	1813.60	2643	38	210
⑯	定县	1931	35	2786.7	802.20	2000	29	288
	简单平均数		170	84878.4	27196.68	2597	339	1354
⑰	江苏兴化	20—30年代	58	3229.9	2703.08元	4元	0.33元	1.46元
⑱	浙江定海	1924	59	189.6	391.41	26.41	0.8	2.06
⑲	山东掖县	20—30年代	2	6726.3	6367.96			0.95
⑳	博兴	20—30年代	1	4516.5	9610.00			2.13
㉑	桓台	20—30年代	2	7026.4	35332.86			5.03
㉒	曲阜	20—30年代	2	4898.9	10902.00			2.23

续表

序号	地区	资料年份	地租宗数	面积(亩)	地租总额(千文)	单位面积租额(千文/亩)		
						最高	最低	平均
㉓	河南陕县	民初	1	130.0	110.00			0.85
㉔	汜水	1926	42	1360.0	3189.96	4.5	0.60	2.35
㉕	直隶定县	1931	6	190.2	699.00	14.6	0.18	3.68
	简单平均数		173	28267.8	69306.27	12.4元	0.48元	2.30元

注:原部分租钱单位为京钱,现按京钱1000文等于制钱500文折成制钱。

资料来源:①民国《泗阳县志》第16卷,田赋中,第25—27页;②民国《沛县志》第7卷,学校志,第13页;③民国《金华县志》第4卷,建置,第22页;④民国《南漳县志》第9卷,学校二,第5—10页;⑤民国《金堂县续志》第3卷,食货,第15—29页;⑥民国《临淄县志》第10卷,学校志,第77页;⑦民国《莱阳县志》第2(2)卷,财政,公产,第51页;⑧光绪《高密县志》第5卷,学校,第41—42页;⑨光绪《寿张县志》第2卷,建置,第7—12页;⑩民国《武城县志》第4卷,学校,第4页;⑪光绪《高密州志》第3卷,书院,第65—67页;⑫民国《商水县志》第7卷,建置志,第5—6页;⑬民国《淮阳县志》第5卷,学校,第17—18页;⑭光绪《永城县志》第6卷,第14—15页;⑮民国《重修盐山新志》第5卷,法制略,第5—6页;⑯民国《定县志》第3卷,第18—19页;⑰民国《兴化续志》第5卷,学校志,第48—51页;⑱民国《定海县志》第3册,公款及公产,第14—16页;⑲民国《四续掖县志》第3卷,教育,第61页;⑳民国《博兴县志》第11卷,教育,第15页;㉑民国《新修桓台县志》第2卷,第33—34页;㉒民国《曲阜县志》,政教志,第23页;㉓民国《陕县志》第9卷,教育志,第23—24页;㉔民国《汜水县志》第5卷,教育,第2—5页;㉕民国《定县志》第3卷,第18—19页。

第六章

农产品商品化和商业性农业的发展

农产品某种程度的商品化，在甲午战争以前早已开始。甲午战争后，农产品的商品化出现了新的历史条件，这就是通商口岸的增辟和进一步深入内地，铁路的修建和外国在华工业以及国内民族资本工业的兴起。这些新的条件大大加速了农产品商品化的进程，对商品化的地区和部门分布以及性质变化产生了重大的影响。

第一节　经济作物的推广和粮食作物商品化程度的提高

农产品的商品化和商业性农业的发展，突出表现在经济技术作物种植的推广和粮食作物商品化的发展，而这又是同甲午战争后通商口岸的增设、对外贸易的增长、铁路的修建和新式工业的兴起紧密联系在一起的。

一、口岸、铁路及新式工业对农产品商品化的刺激

通商口岸是帝国主义进行经济掠夺和政治侵略的重要据点。甲午战争前，已先后开放通商口岸 34 处，1895—1927 年又增开通商口岸 69 处。新增口岸中，53 处在内地，占 77%。

随着通商口岸数量的增加,农产品输出量不断扩大,在整个出口土货中所占的比重也不断提高。1893 年,丝、茶以外的农产品输出额为 2842 万余银元,1930 年增加到 62828 万余银元,增加了 21 倍多。在出口土货中所占的比重也由 15.6% 提高到 45.1%。①

铁路是帝国主义对中国进行侵略的重要工具。1894 年前,全国仅有铁路 447 公里。到 1927 年,全国已有铁路 13147 公里,铁路到达地区的人口,约占当时全国人口的五分之一。②

铁路运输大大缩短了内地农村到通商口岸的运输距离和时间,降低了运输费用,随着铁路的修筑和营运,出口农产品的地区扩大,品种和数量增加。

河南 1902 年京汉铁路未筑时,向汉口运出的农产品,每岁不过 200 万元;1907 年京汉路修成,每岁出口陡增至 3200 万元,1910 年夏增至 4700 万元。③ 奉天东部素有"辽宁粮仓"之称,但沈海铁路未通时,所有外运的农产品必须用马车运至开原或四平街等处,再换南满铁路南出大连,"费日既多,需款亦巨",影响外运。沈海铁路修通后,运输条件改观,外运数量大增。20 年代末,该路沿线地区共产大豆、粮食约 142 万吨,输出部分约为 52 万吨。④

东北地区的农产品出口主要是大豆和豆油、豆饼等豆制品。铁路未通时,大多由辽河运往牛庄出口。辽河水浅,而且每年有四个月结冰,运输大受影响,出口数量自然有限。1890 年的输出额

---

① 严中平:《中国近代经济史统计资料选辑》,第 72 页。

② Tang Chi—yu(唐启宇):An Economic Study of Chinese Agriculture,1924,p.206.

③ 《申报》1915 年 6 月 21 日。

④ 介卿:《沈海铁路与其沿线之经济状况》,《中东经济月刊》第 6 卷第 8 号,第 37—43 页。

仅37万余两。后因铁路修建，大连成为东北最主要的土货出口港，大豆和豆制品的出口逐年增加，1900年达白银546万余两，1910年增至3669万余两，1920年更达6961万余两，30年间增长了187倍多。①

资本主义国家新式工业的发展，某些农产品工业用途的扩大；帝国主义对华资本输出的加强和在华新式工业的发展；国内民族工业的兴起，是刺激这一时期农产品商品化的一个最重要的因素。

新式工业和科学技术的发展，导致一些农产品的工业用途和销售市场扩大。

中国的特产桐油，原来只限于农村使用，运输不广，市易不繁。1875年开始输往欧洲，并被用来取代亚麻仁油，用于油漆制造。20世纪开始后，桐油在油漆、染料工业中的用途不断扩大，销路日广，出口大增。到1912年，全国出口量已达58万余担，价值582万余两。1930年更增至116万担，价值3054万余两。在植物油的出口中仅次于豆油。② 由此大大促成了桐油的商品化。

芝麻、苎麻等农产品的情况也大致相似。芝麻原来只用做食品和榨制香油，随着工业的发展，西欧一些国家将它用来制造假牛油、发油，提炼香水，制造肥皂，促成了芝麻种植的发展。苎麻因棉花推广以及洋沙洋布的进口，其重要性早已大大下降。19世纪末20世纪初，日本和欧美一些国家对苎麻的用途扩大，它们利用其纤维细长坚韧、易于漂白、富于光泽以及在水中经久不腐等优点，用以织造帆布、帐篷布、绳网，并与蚕丝混合，织造锦缎、天鹅绒及其他仿丝织物，广泛用于汗衫、衬衫、帽里、西服里的制作。国外市

① 《发展国产与开辟交通之关系》，《商业月报》第8卷第4号，1928年4月，第5页。

② 李昌隆：《中国桐油贸易概论》，第148页。

场对苎麻的需求扩张。中国也用苎麻制成鱼网、蚊帐、绳索等运销东南亚各地,因而促成了一些地区苎麻的商品化。①

甲午战争后,外国资本和全国民族工业的发展,特别是以农产品为原料的棉纺织、丝织、卷烟、面粉、蛋品加工等工业的发展,对这一时期农产品的商品化有着更大的刺激作用,大大推动了有关农产品种植的扩大和商品化的进展。纱厂集中的江苏,1915 年以前,因工业用棉有限,农民植棉“尚形粗放”;1916 年后,随着棉纺织业的发展,农民相率舍稻、豆而专事棉作,棉花产量“几倍于昔日”。② 山东棉花原来大都只供生产者直接消费,欧战及其以后一段时间,日本在青岛大建纱厂,棉花亦转供纱厂消费,或出口及转运他省。③ 机器缫丝业的发展,为蚕茧生产的扩大和进一步商品化提供了条件。原来以土法自行缫丝的蚕农,为弥补因机器缫丝取代土法缫丝而造成的经济损失,就必须生产和出售更多的蚕茧。同时,因无需自行缫丝,也有利于蚕农扩大生产,有利于其他农户兼营蚕桑业。江苏无锡,当茧行未设、丝厂未兴之时,“栽桑之家,甚属寥寥”;1904 年铁路通行、丝厂成立,“栽桑育蚕之家,年年增加”。④ 卷烟和面粉工业的发展,也分别促成了烟草和小麦种植的扩大。蛋品加工业的发展则刺激了农家养禽业的发展和商品化。在河南安阳,农家养鸡过去只供自家食用,并非营利。自 20 世纪

① 《湖北省之麻》,《中外经济周刊》第 103 号,1925 年 3 月 14 日,第 1—2 页;卞默声:《苎麻之现状概述》,《上海总商会月报》第 4 卷第 6 号,调查,1924 年 6 月,第 19 页;章有义:《中国近代农业史资料》第 2 辑,第 135—136 页。

② 章有义:《中国近代农业史资料》第 2 辑,第 147 页。

③ 国民党政府实业部国际贸易局:《中国实业志》,山东省,第 170 页。

④ 卢冠英:《江苏无锡县二十年来之丝业观》,《农商公报》第 85 期,1921 年 8 月,第 45 页。

20年代该地蛋厂设立,饲鸡遂成农家营利性副业之一。①

口岸的增设、铁路的修建和新式工业的兴起,这三方面的条件和因素是相互联系的。其中有决定性影响的是新式工业的兴起。

二、经济作物和园艺作物的推广

在农产品的商品化过程中,经济作物和某些园艺作物的商品化程度是最高的。甲午战争后,经济作物和园艺作物的发展趋势是:茶叶、甘蔗、蓝靛等的种植,有所缩减;蚕桑、棉花、烟草、花生的栽培则进一步推广,商品化和专业化程度提高;原来种植不多、在农业中不占重要地位的芝麻、大豆得到长足的发展,在一些地区的农业生产和土货出口中都占有重要比重。南方一些地区的油桐、油菜籽种植也发展了,特别是出口量和商品率提高。一些地区的商业性果树和蔬菜栽培也有程度不同的扩大。兹分述于下:

蚕桑　植桑养蚕是中国有悠久历史的农家商品性专业或副业生产。鸦片战争前后已有较大发展,形成了江浙太湖流域、广东珠江三角洲、四川盆地等几个有名的蚕桑区。甲午战争后,蚕桑的发展,既有老区的扩大,也有新区的出现。但不管哪一种情况,大多在口岸附近或铁路沿线。

以湖州为中心的太湖流域蚕桑区,明显地朝南京、镇江、无锡等口岸和沪宁、沪杭甬沿线扩展。沪宁线上的无锡、武进、镇江、南京,过去或无蚕桑,或不普遍,到20世纪初,蚕桑业均有迅速发展。1902年的海关报告说,"整个南京栽培着桑树","至少三分之一的

① 民国《续安阳县志》第3卷,地理志,物产,第14页。

人直接或间接以丝业为生”。[①] 1926 年又有记载说,近十数年间,南京城内外桑地扩展,养蚕者约增加了 1 倍。[②] 镇江在民国前,“桑树既少,育蚕亦欠讲求”,民国初年始渐种桑。至民国 10 年后,农民对养蚕表现了“很强烈的兴趣”,农村已大量植桑。[③] 武进、无锡一带,“桑树那样多,也都是民国以来种起来的”。武进育蚕,原仅限东南部少数地方。清末民初逐渐向西北发展,至 1918 年,全县桑田“骤增”42907 亩。调查者发出感叹:“可谓盛矣。”[④] 无锡因交通方便,机器缫丝业发达,蚕桑业的发展尤为迅速。1917 年的蚕茧产量已为“各省之冠”。[⑤] 这时江阴、金坛也都相继发展为重要的蚕桑区。

沪杭甬铁路沿线地区的情况同沪宁沿线大致相似。平湖、海宁、崇德、富阳、新登、余姚等沿线州县,不论原来蚕桑基础如何,这一时期都有了显著发展。蚕桑素盛的海宁、崇德,“近益发达”,各处“植桑益广”;平湖的蚕桑业“近年大有进步”;富阳的蚕桑业过去仅限于长沙、洋浦沙一带,到 20 世纪 20 年代,养蚕之家“已遍全境。”余姚的蚕桑在清末一度被罂粟排挤,辛亥革命后也有了恢复和发展,东、北两乡“最有进步”。[⑥] 据 1928 年的调查,浙江蚕茧产量,以

---

① China Maritime Customs:Annual Trade Reports and the Trade Retrurns of Various Trade Report(以下简称 Trade Report),1902 年,南京,第 311 页。

② 东晖:《南京之蚕丝及丝绒业》,《上海总商会月报》第 6 卷第 1 号,1926 年 1 月,第 1 页。

③ 《丹徒县蚕桑之概况》,《中外经济周刊》第 134 号,1925 年 10 月 14 日,第 40 页;Chinese Economic Bulletin,第 241 期,1925 年 10 月 8 日,第 194 页。

④ 《武进县调查报告》,《江苏实业月志》第 6 期,调查,1919 年 9 月,第 58 页。

⑤ 《苏省茧市之状况》,《农商公报》第 36 期,1917 年 7 月,第 21 页。

⑥ 参见魏颂唐:《浙江经济纪略》有关州县条。

杭州、嘉兴、湖州、海宁、萧山、嵊县、新昌为最，平湖、崇德、诸暨、余杭、临安等县次之。① 除湖州濒临太湖外，其余都在沪杭甬铁路沿线或杭州、宁波两口岸附近。长兴、安吉等老蚕桑区的重要性下降了。

广东珠江三角洲老蚕桑区，因地处广州、三水、江门等商埠周围，粤汉、广三、广九三条铁路在此交汇，又比邻香港，水陆交通得天独厚，蚕桑的生产和商品化在这一时期都得到了迅速的发展。据统计，广东生丝的出口量由1912年的44326包增加到1922年的66937包，在该省出口贸易中的比重由47.5%提高到65.7%。② 据1917年的调查，广东的蚕丝产量，首推顺德，南海、番禺、新会等地次之。③ 顺德、番禺是老区，南海、新会的蚕桑业则主要是这一时期发展起来的。1910年的记载说，南海"近二十年来，遍地皆种桑麻柚"；"傍海疍民，多业桑蚕"。④ 20年代初，农民中植桑者占十分之四，约40%的耕地属于鱼塘桑基，桑基约占耕地的四分之一，产桑量达690万担。⑤ 新会蚕桑也是20世纪初期"新起的事业"⑥，约十分之一的耕地属于鱼塘桑基。⑦ 地处粤汉、广九铁路沿线的花县、清远、东莞诸县，蚕桑业也有了发展。

山东是全国有名的柞蚕和桑蚕产区，津浦路以东、黄河以南各州县几乎都有出产。这一时期，以烟台为中心的胶东半岛和胶济、津浦铁路沿线地区，蚕桑业的发展速度大大超过了其他地区。20世

① 陈真：《中国近代工业史资料》第4辑，第157页。

② 陈真：《中国近代工业史资料》第4辑，第191页。

③ 《粤东丝业调查录》，天津《大公报》1917年4月23、25日。

④ 宣统《南海县志》第4卷，第31页。

⑤ 《广东植桑业之调查》，《中外经济周刊》第153号，1926年3月13日，第29页。

⑥ 广东大学农科学院：《广东农业概况调查报告书》，新会县，第288页。

⑦ 《中外经济周刊》第153号，1926年3月13日，第29页。

纪10年代中,胶济路沿线的益都、临朐、长山、淄川、莱芜以及日照、莱阳等县,成为柞蚕茧的主要产地。据统计,全省年产茧约350万斤,其中益都、长山、临朐、日照4县达255万斤,占73%。① 博山产茧亦丰,其东南、东北各地,“无家不事蚕业”,“墙下田畔无不植桑”。② 20年代后,烟台一带又发展为柞蚕丝的首要产地和输出港口。

在东北,奉天东南部的柞蚕丝生产,19世纪七八十年代已有初步发展。甲午战争后,柞蚕饲养进一步扩大。到20年代中,辽东半岛各县的柞蚕生产,已经是“无地无之,人民多专业之,亦如奉天北部之产大豆者然”。③ 辽阳、安东、凤城、宽甸、岫岩、海城、盖平、金州等州县,是最著名的柞蚕丝产地。安东全境,柞栎、青㭎“弥望皆是”。20世纪初,蚕业发达,各处荒山,满植柞㭎,“居民耕稼而外,无不兼营蚕事”。“专营者亦复不少。”据1926年的调查,全县约有3000余人租山放蚕,放蚕山场面积共2425把剪,年产山茧12000万枚。④ 20年代的岫岩,“蚕场尤日见增多”,居民“惟恃山蚕以为生活”,全县蚕场17000余把剪。“较之十年前之蚕业,可谓极端发达矣。”⑤据1927年的记载,辽阳东、南两部,山多地少,居民多以柞蚕为生计,近年种柞者日多。“蚕场较十年前增多一倍。较二十年前则不止两倍。”⑥20世纪初期的海城,县境东南和正东地区,丝房蚕

① 冈伊太郎、小西元藏:《山东经济事情》(日文本),第210页。

② 民国《博山县志》第7卷,实业志,第6页。

③ 《奉天之山茧情况》,《中外经济周刊》第130号,1925年9月19日,第37页。

④ 民国《安东县志》第6卷,第5、46—47、61页。按:“剪”为该地蚕场面积计量单位。凡够一人放养柞蚕的山场和柞栎林,谓之一把剪。租场纳税亦以剪计,而不以亩计。因树有疏密,叶有多寡,每一把剪的山地面积大小不等。

⑤ 民国《岫岩县志》第3卷,第3、23页。

⑥ 民国《辽阳县志》第27卷,实业志,第24页。

场"比比皆是";东北一乡,"蚕业亦渐次推广"。到20年代,因丝业大昌,山茧骤贵,柞蚕业又得到进一步的发展。①

除上述蚕桑区外,还在口岸附近和铁路沿线地区发展起来一批新蚕桑区,如安徽,"蚕桑向不讲究",产量亦微。19世纪70年代末,芜湖出口的生丝,每年仅300余担。到20世纪初,蚕桑业逐渐在芜湖周围地区推广,据1928年的调查,安徽每年提供给上海丝厂的茧丝达一万数千担。②

湖北的蚕桑生产,甲午战争前后开始普遍推广,到20世纪初,开始形成分别以宜昌和汉口为中心的两个产区。前者以宜昌所在的东湖县和附近的当阳为主,后者则以长江沿岸和铁路沿线的汉川、黄州、沔阳、蒲圻等地产量最多。这些地区所产蚕丝,以供应本地需要为主,但也有相当数量输往国外。据统计,1901—1905年间,湖北每年输往国外的生丝数量在3000余担至7000余担之间,此外尚有废丝残茧1万余担出口。③

河南许昌、渑池等地,过去虽有少量蚕桑,但技术落后。到民国初年,因提倡蚕业,开始栽种湖桑,讲求新法。山蚕亦"较前大见起色"。④ 武陟过去并无蚕桑,清末民初,逐渐发展。到20年代,饲蚕缫丝者"加多数倍"。据说"每岁蚕老茧成,估客麇集,全县获值约数万金"。⑤

---

① 宣统《海城县志》,不分卷,第65—66页;民国《海城县志》第7卷,实业,第58页。

② 《上海丝厂业之调查》,《经济半月刊》第2卷第12期,1928年6月15日,第14页。

③ 日本外务省:《清国事情》(日文本)上,第898页。

④ 民国《许昌县志》第6卷,实业,第2页;民国《重修渑池县志》第7卷,实业,第15页。

⑤ 民国《续武陟县志》第6卷,食货志,第21页。

四川蚕桑老区,由于官府的倡导和推动,蚕桑生产也有进一步的发展。清季,各地曾普遍成立“蚕桑公社”,推广蚕桑种植。20世纪初,一些州县的蚕桑生产有不同程度的扩大。如富顺,由于地方官吏奖励,养蚕“渐渐推广”①;20世纪初,遂宁种桑者日多,蚕业日兴,蚕丝产量较20年前增加10倍②;三台桑地面积从1909年的2.5万亩增加到1919年的5.5万亩,蚕茧产量从213万斤增至319万余斤,分别增加了1.2倍和0.5倍。③

棉花 棉花是鸦片战争前后已有相当发展的一项重要经济作物,1895—1927年间,在南方植棉面积继续扩大的同时,北方地区的棉花生产有了更快的发展。

从全国范围来看,这一时期最主要的产棉区是江苏、浙江、安徽、江西、湖北、直隶、山东、河南、山西、陕西等10省。据统计,1922—1926年5年平均,这10省共有棉田2945万余亩,棉产量740余万担。其中江苏棉田829万余亩,占28.2%,产棉217万余担,占29.3%④。而江苏的棉花种植主要集中在上海周围和沪宁、沪杭沿线地区。这一地区的棉产量约占全省的70%⑤。其中南通、崇明、海门、上海、南汇、川沙、青浦、嘉定等县,棉田约占耕地面积的60%—80%。是全国有名的老棉产区。这一时期又有了新的发展。如川沙,“俗称棉七稻三,近以棉价昂贵,种棉尤多”⑥。

① 东则正:《华中经济调查》上卷,1915年,第412页。

② 民国《遂宁县志》第8卷,第42页。

③ 《农商公报》第72期,选载,1920年7月,第28页。

④ 华商纱厂联合会棉产统计部:《中国棉产统计》,第1—5页。

⑤ 督辉:《中国棉业概况》,《钱业月报》第3卷第10号,1923年11月,第12页。

⑥ 吴清望:《沪海道区实业视察报告》,《农商公报》第66期,1920年1月,第6页。

太仓、奉贤情形亦同。[①] 20 年代的嘉定，农田“二年种棉，一年种稻，稻较棉少。故农家恃棉为生”。[②] 原来产棉不多的江阴，“近年乡民知棉为大利，亦多种棉花者”[③]。

在浙江，甲午战争前后，杭州湾和曹娥江两岸各县棉田有了明显的扩大。全省产皮棉约 40 万担。[④]

这一时期，分别以汉口、沙市为中心的京汉、粤汉路沿线和长江、汉水流域地区，棉花种植的推广和商品化的扩大是十分明显的。1899 年以前，湖北棉花不敷本地之用，每年须由通州（江苏）等地运入棉花 3 万担。但从 1902 年开始，除自给外，已有相当数量的棉花出口。[⑤] 20 年代后，植棉面积进一步扩大。京汉路沿线的黄陂、孝感，汉水两岸的汉川、天门、潜江等地，大量的稻田改种棉花，并由东向西不断扩展。1924 年前后，鄂西农民也将相当一部分土地用于种棉。沙市—宜昌间的长江两岸地区发展为湖北重要的产棉中心。湖北成为仅次于江苏的第二大产棉省份。[⑥]

---

① 太仓“俗称棉七稻三”，“近以棉价昂贵，种棉者日多”。（纪蕴玉：《沪海道区太仓县实业视察报告书》，《江苏实业月志》第 4 期，调查，1919 年 7 月，第 82—83 页。）奉贤，“棉多稻少，向为十与三之比例，近以棉价昂贵。种棉益多”（纪蕴玉：《沪海道区奉贤县实业调查报告书》，《江苏实业月志》第 3 期，调查，1919 年 6 月，第 74 页）。

② 民国《嘉定县续志》第 5 卷，风俗，第 1 页。

③ 民国《续修江阴县志》第 6 卷，实业考，第 6 页。

④ 《浙江之棉业》，《中外经济周刊》第 158 号，1926 年 4 月 17 日，第 11 页。

⑤ 日本外务省：《清国事情》上，第 881—882 页。

⑥ Chinese Economic Bulletin，第 240 期，1925 年 9 月 26 日；Decennial Reports on the Trade，Industries，etc. ，of the Ports Open to Foreign Commerce，and on Conditions and Development of the Treaty Port Provinces（以下简称 Decennial Reports），1922—1931 年，第 1 卷，第 514 页。

湖南产棉区,原来主要是常德、耒阳、道县、南县、平江等,粤汉铁路北段通车后,衡阳、郴县、湘乡、长沙等沿线诸县的棉花生产也有了较明显的发展。①

北方一些地区棉花种植的发展速度更快。种植区域主要集中在京汉、正太、陇海、津浦、胶济、京奉等铁路沿线,或向这些地区发展。

据1910年的调查,河南出产棉花最多的是安阳、邓县、洛阳、通许、孟县,次则商丘、虞城、项城、临漳、武安、灵宝、阌乡、汝阳、新野、罗山等县。② 除邓县、新野外,均在铁路线附近。到20年代前后,铁路沿线地区的棉花种植又有进一步的发展。老棉区的种植面积继续扩大。如安阳的棉花种植,原来仅限于县境西北高阜地区,自1919年推广美棉,东南原隰之地亦成"产棉上田"。③ 棉花种植向"倍于五谷"的陕县,因推广德美棉种,"栽种者尤多"。④ 孟县则出现了棉花专业区。该县的西乡岭坡地专种棉花,被称为"花地"。⑤ 阌乡农作物中,棉产"独多"。铁路和大路沿线,"五谷仅居半数"。⑥ 一些原来产棉很少的地区,植棉面积更是大幅度增加。20年代前后,新乡各地皆种棉花,西南乡七里营一带尤盛。⑦ 新乡—郑州之间的铁路沿线地带,植棉大大扩展,成为河南最重要的产棉区。⑧ 巩县邙岭一带,原来很少植棉,这时棉花也成为"出

① 农工商部:《棉业图说》第3卷,第4页。

② 农工商部:《棉业图说》第3卷,第3页。

③ 民国《续安阳县志》第3卷,地理志,第13页。

④ 民国《陕县志》第13卷,实业,第5页。

⑤ 民国《孟县志》第8卷,第43页。

⑥ 民国《阌乡县志》第2册,第9卷,物产,第5页。

⑦ 民国《新乡县续志》第2卷,物产,第32页。

⑧ 张锡昌:《河南农村经济调查》,转见冯和法:《中国农村经济资料续编》,第175—176页。

产饶裕"、"首屈一指"的农作物。①

在山东，过去棉花种植多在鲁西北的运河东岸、黄河西岸地区。20世纪开始后，逐渐扩展到胶济、津浦沿线一带。② 邻近津浦线的济宁，自光绪季年后，"种棉者渐多"。③ 临清自从民国初年美种输入，"种者日多"。到20年代末，已是"全县土田，种棉者十之六，种谷者十之三"。棉花居农业首位。④ 胶济线北侧的寿光，原来只有北部少数村庄植棉，到20年代前后，随着美棉的推广，植棉面积显著增加。⑤ 青城也是"近种（棉）者颇多"。⑥ 至于广饶县，北乡棉田占耕地的70%。⑦ 由于铁路沿线地区棉花种植扩大，山东由原来的棉花受销区一变而为棉花外销区。过去山东每年要从上海运进3万至5万担棉花，而到1910年，山东输出的棉花已超过1.5万担，第二年更达4万担以上。⑧

直隶是这一时期发展起来的重要产棉区。据1910年的调查，棉产量以京汉沿线的栾城、藁城为最。⑨ 此后逐渐发展为西河（主要是京汉路沿线地区）、御河（主要是津浦路沿线及其西

---

① 民国《巩县志》，民政，实业，第10页。

② 据当时日本人的统计，1914年山东植棉面积365万余亩，棉花总产10724万余斤，其中铁路沿线州县的植棉面积为269万余亩，棉花产量8575万余斤，分别占总数的74%和80%（冈伊太郎、小西元藏：《山东经济事情》，第179—183页。）

③ 民国《济宁县志》第2卷，实业篇，第47页。

④ 民国《临清县志》，经济志，物产，第25页，又农业，第32页，又商业，第49页。

⑤ 民国《寿光县志》第1卷，物产志，第27页。

⑥ 民国《青城县志》第4册，物产志，第44页。

⑦ 民国《续修广饶县志》第9卷，政教志，实业，第4页。

⑧ Decennial Reports，1902—1911年，第1卷，第248页。

⑨ 农工商部：《棉业图说》第3卷，第1页。

南地区)和东北河(京奉路沿线地区)三个产棉区。相当一部分州县的棉花生产是在20世纪发展起来的。如定县,农产向推五谷与豆类,棉花"种者尚不甚多"。到20年代,棉花"销路扩张,棉价陡涨,于是农家盛行植棉,每一顷地竟有百分之五六十栽种棉花,全县产额约在500万斤上下"。① 藁城的大量植棉,大约开始于光绪末年。当时因禁种罂粟,农民即改种棉花。民国以后,由于棉价上涨,植棉业更见发达。② 完县也是"近年来种棉者颇多"。③ 津浦路西侧的南宫,1909年普查时,棉产并不多,到二三十年代,"农产以棉花为最大宗",棉田占耕地的一半以上。④ 文安过去纺织原料仰给予他邑。到20年代前夕,"民习种之,所获尤厚,相沿成俗"⑤。京奉路附近的香河,到二三十年代,不但"产棉最富",而且质量好,"绒长色洁而软",被称之为"线花"。⑥ 昌黎因"年来棉花价昂,农民多喜种棉"。⑦ 三河也是"近来种者日多"。⑧

辛亥革命前,山西很少植棉,所产仅供日常生活所需,绝无余额外销。到20年代前后,由于交通条件的改善和当地政府的推动,棉花生产有了明显的发展。据统计,1924年,全省约有棉田

---

① 民国《定县志》第2卷,舆地志,物产篇,第2、12页;《定县之棉花与土布》,《中外经济周刊》第192号,1926年12月11日,第29页。

② 曲直生:《河北棉花的出产和贩运》,第43—44页。

③ 民国《完县新志》,食货第五,第27页。

④ 民国《南宫县志》,地理志略。

⑤ 民国《文安县志》第1卷,物产,第71页。

⑥ 民国《香河县志》第3卷,实业,第22页。

⑦ 《昌黎县之经济状况》,《中外经济周刊》第211号,1927年5月14日,第7页。

⑧ 民国《三河县新志》第15卷,实业篇,第3页。

150 万亩，产棉 40 余万担。比 1919 年增加 1 倍有余。① 产地主要集中陇海线北侧和黄河东岸一带，晋西南黄河、汾水三角地带发展为重要产棉区。其中解县过去种棉者不过百分之一二。20 世纪初，棉花“日种日多”。1920 年前后，棉田已占耕地的三分之一。以致地方当局担心，“物产惟棉有利”，将来“恐无置五谷之地”。② 荣河农产，向以麦谷为大宗，棉产寥寥。20 世纪以来，棉花种植迅速推广，到二三十年代，棉花已居农产之首。全境“无村无种棉之户。有地百亩者，即种棉六七十亩”。③ 棉田占耕地的一半乃至三分之二。翼城，过去棉花“种者极少”。20 年代后，则“到处皆种，成为出产大宗”。④ 20 年代前夕的虞乡，棉花“境内皆种”，“近数年较前更多”。⑤ 曲沃植棉业“日见发达”。⑥ 新绛，棉花也是“主要之物产”。⑦

晋中和晋北地区，过去认为无法种棉，到 20 世纪 20 年代前后，也“一转而棉田弥望”。⑧ 正太线上的榆次县，“向不种棉”，自 1917 罕省令督饬种植，“颇见推广”。⑨

东北地区在光绪以前，棉花稀少。20 世纪以来，逐渐在铁路沿线地区推广种植。京奉铁路沿线的锦州、锦西一带，是东北植棉

① 《山西之棉业》，《中外经济周刊》第 112 号，1925 年 5 月 16 日，第 9 页。

② 民国《解县志》第 2 卷，物产略，第 28 页。

③ 民国《荣河县志》第 8 卷，物产，第 4 页。

④ 民国《翼城县志》第 6 卷，礼俗，第 18 页。

⑤ 民国《虞乡县志》第 4 卷，物产略，第 8 页。

⑥ 《山西棉业调查记》，《江苏实业月志》第 55 期，调查，1923 年 10 月，第 10 页。

⑦ 民国《新绛县志》第 3 卷，物产略，第 3 页。

⑧ 《山西之棉业》，《中外经济周刊》第 112 号，1925 年 5 月 16 日，第 9 页。

⑨ 民国《榆次县志》第 6 卷，生计考，树畜，第 21 页。

的发祥地。经10年推广,植棉已经遍及各处。宣统年间,昌图年产棉花100多万斤。① 民国初年的沈阳,"产棉甚盛"。② 到20年代前后,南满铁路线上的辽阳,又发展成为奉天"棉产之中枢"。③

这一时期,陕西、新疆的棉花种植也有明显的发展。陕西棉花,素负盛名。20世纪20年代前后,由于陇海铁路的西向延展,改善了运输条件,加上禁种罂粟,棉花产量"有加无已"。④ 陕棉主要产于渭河两岸地区。据1924年调查,该省有棉田167万余亩,年产皮棉47万余担。而据该省有经验的棉花商估计,全省皮棉产额在80万担至100万担之间。⑤

新疆植棉历史较久。19世纪末20世纪初,俄商为了在新疆获得优质廉价的纺织原料,在该省无偿分发美棉种籽,推广美棉种植,从而扩大了棉花种植面积。新疆的棉花种植区域很广,天山南北各地,几乎都有种植。以莎车、吐鲁番、鄯善、巴楚等地出产最多。据1925年年初的调查,莎车等25个主要产棉县的棉产额为25万余担。这些棉花小部分就地织制土布,大部分输往俄国。⑥ 20年代后,吐鲁番棉运天津者渐多。⑦

---

① 宣统《昌图府志》,不分卷,实业志,第67页。

② 民国《沈阳县志》第12卷,物产,第3页。

③ 熙春:《东三省之棉业》,《钱业月报》第7卷第2号,1927年3月,第13页。

④ 《天津之生棉及棉纱厂状况》,《中外经济周刊》第93号,1924年12月20日,第14页。

⑤ 《陕西之棉业》,《中外经济周刊》第139号,1925年11月21日,第8页。

⑥ 《新疆之经济》,《中外经济周刊》第109号,1925年4月25日,第12页。

⑦ 《天津之生棉及棉纱厂状况》,《中外经济周刊》第93号,1924年12月20日,第15页。

烟草　烟草也是甲午战争前已经发展起来的一种商品性经济作物。甲午战争后，随着卷烟业的发展，烟草种植以更快的速度扩张。其中山东胶济铁路沿线的潍县，安徽津浦线上的凤阳，河南京汉沿线的许昌，都是这一时期有名的商品烟产区，是中外资卷烟厂的重要原料供应地。

山东潍县一带的大规模烟草种植开始于20世纪初。1913年，英美烟公司在坊子附近试种美种烟草，成绩甚佳。翌年遂分发烟种，劝导农民种植，渐次扩充。所出烟叶，中外烟公司争相购买，于是种者日多，遂普及于潍县、安丘、昌邑、昌乐、临朐、益都、寿光等县。① 20年代初，济南—潍县铁路沿线地区，烟草种植面积约占耕地十之二三，潍县坊子和二十里堡一带，更遍地皆是。② 据1924年的调查，潍县、安丘、昌乐、临朐、益都、昌邑、临淄等县，年产烟叶2.6万余吨至4.8万余吨。③ 寿光原来只有少量土烟，自美国烟种输入，“种者日多，西乡有一家种数亩者”④。因烟价上涨，青岛附近的烟草产量也在20年代前后大大增加了。⑤ 估计山东全省的烟叶产量每年至少在3000万斤以上。⑥

河南许昌、襄城一带的商品烟种植，开始于1918年前后，最初

① 《山东之烟叶》，《中外经济周刊》第97号，1925年1月31日，第2页。

② 《鲁皖烟草业之发展》，《农商公报》第63期，选载，1919年10月，第31页。

③ 《山东之烟叶》，《中外经济周刊》第97号，1925年1月31日，第2页。

④ 民国《寿光县志》第11卷，物产，第29页。

⑤ Chinese Economic Bulletin，第184期，1924年8月30日，第3页。

⑥ 《山东之烟叶》，《中外经济周刊》第97号，1925年1月31日，第2页。

源于襄城,因获利优厚,很快扩展到许昌,并且后来居上。1918—1919 年间,烟草种植面积还很小,1919 年后很快扩大。农民多停种杂粮,改植烟草。30 年代中期烟草种植衰减后,烟田尚占耕地的 20%—40%。① 邻近的禹县、郏县、临颍等也都是这一时期有名的产烟区。

安徽凤阳是老产烟区,这一时期因种美国烟而出名。这一地区美国烟的种植是 1919—1920 年开始的。因获利丰厚,很快传播开来,到 1923—1924 年间,"种者益多"。南洋、英美、花旗、华成等烟草公司纷纷来此收购。凤阳很快发展成为重要的卷烟原料供应地。② 据估计,凤阳西部约有 60% 的土地用于烟草种植。③

江苏沛县是江苏的主要产烟区,20 世纪初,每年产烟 40 万斤,到 20 年代前后,烟产更是"与年俱增"。邻近的铜山、萧县、丰县、砀山、邳县、睢宁、宿迁等县都有相当种植。据 1920 年的调查,每年的烟叶产量达 1340 万斤。④

浙江、湖北、江西和广东等省的口岸附近和铁路沿线地区的烟草种植都有不同程度的发展。

这一时期发展起来的东北"关东烟"的种植,也主要集中在铁路沿线。位于沈吉线东侧的吉林桦甸,是东北最著名的产烟区之

---

① 陈伯庄:《平汉沿线农村经济调查》,附录一,第 33 页;希超:《英美烟公司对于中国国民经济的侵略》,转见中国经济情报社编:《中国经济论文集》第一集,第 96 页。

② 《皖北凤怀定三县土产烟叶概况》,《农村副业》第 1 卷第 3 期,1936 年 6 月,第 36 页。

③ Chinese Economic Bulletin,第 279 号,1926 年 6 月 26 日,第 348 页。

④ 《调查江苏徐属烟草报告》,《江苏实业月志》第 14 期,调查,1920 年 5 月,第 45 页。

一。据1928年的调查,烟草种植面积占耕地的18.2%,烟产量达1300万斤。① 中东支路东侧的吉林双城县拉林地区,所产烟叶的数量和质量均不亚于桦甸。“每年捆载运输于内省者,轮蹄接踵。”②横跨中东铁路的珠河,所产黄烟,同样“驰名遐迩”。每入冬季,大车运销长春、新城、奉天等处。③ 据满铁20年代中叶的估计,吉林烟叶年产量约3125万斤,奉天938万斤,东北三省合计4875万斤。④

花生　花生是光绪后期发展起来的一种全国性经济作物。最初限于福建、广东两省。19世纪八九十年代,由于国内外市场需求量的增加和美国大籽花生的传入,花生栽培很快由闽粤推广到长江流域和北方各省。京汉、粤汉、陇海、津浦、胶济、京奉等铁路沿线以及烟台周围地区,花生种植的推广尤为显著。

广东老区的花生种植,主要集中在珠江三角洲、粤汉路沿线和汕头附近地区。如东莞,花生为“邑中出产一大宗”。⑤ 乐昌“各乡有之”,东乡“尤夥”。⑥ 汕头地区还有比较明显的发展。20世纪20年代前后,因花生需求量增加,农民纷纷将稻田、蔗田改种花生。⑦

长江流域、北方各省口岸附近和铁路沿线地区的花生种植,也普遍呈现逐年扩大的趋势。据1925年对津浦、胶济、陇海、京汉、

---

① 民国《桦甸县志》第7卷,经制,第18页。
② 民国《双城县志》第9卷,实业志,第38页。
③ 民国《珠河县志》第11卷,实业志,农业,第6页。
④ 南满兴业部农务课:《东省之农业》,第29页。
⑤ 宣统《东莞县志》第13卷,第17页。
⑥ 民国《乐昌县志》第4卷,地理,物产上,第7页。
⑦ 阮湘等:《中国年鉴》第一回,第1124页。

粤汉诸路沿线若干地区和农户的抽样调查①,大多数地区的花生种植都是从无到有,从少到多,种植面积逐年增长。1900年时,半数以上地区尚无花生种植,或数量甚微,而到1924年,半数以上地区的花生种植面积已占到耕地的40%—50%。

河南、山东、直隶三省铁路沿线一带,是北方也是全国花生种植最集中的地区。陇海郑州—商丘一线,过去很少种植花生,1894年后,随着美国大籽花生的传入,种植迅速扩大。中牟、开封、兰封三县出产尤多。② 新乡也因榨油新法的采用和内外商人的贩运,花生种植骤增,成为“出品大宗”。③

山东是这一时期发展起来的最重要的花生产区。据1921年的调查,该省花生播种面积313万余亩,占全国花生播种面积的15%,年产花生1789万余担④,居全国之首。山东花生种植主要集中在胶济、津浦两路沿线各县和烟台附近胶东地区。如津浦线上的泰安,据说火车未通时,“人民无境外之思劳”。通车后,农民普遍种植花生而获利。民国初年,县属大汶口一带发展为山东最著名的花生种植区。⑤ 清平原无花生,20世纪初,东乡、西北乡多种之。⑥ 胶济路北侧的寿光县属,弥水两岸花生

---

① Chinese Economic Journal,第5卷第3期,1929年9月,第787页。

② 《农商公报》第65期,1919年12月,第34页。

③ 民国《新乡县续志》第2卷,物产,第32页。

④ 参见刘家播:《中国花生之生产情形》,《农商公报》第83期,1921年6月,第25页。山东的花生年产量原为178933508担。据此计算,花生亩产为57担,殊不可能。抑或为17893350.8担之误。《胶澳志》的山东花生产量数字来源于刘家璠文,亦误。

⑤ 民国《重修泰安县志》第4卷,政经志,农业,第30页;冈伊太郎、小西元藏:《山东经济事情》,第149页。

⑥ 宣统《清平县志》第5卷,食货,第14页。

出产"甚富,有一家种数亩者";南侧的博山,花生"产量颇丰"。[①] 其他如津浦沿线的德县、恩县,胶济沿线的临淄、昌乐、平度、高密、广饶等县,花生种植都有程度不同的扩大。[②] 胶东一带的花生种植主要是20世纪初发展起来的。据海关报告,20世纪头10年间,花生逐渐成为胶东地区的主要农作物之一。[③]

直隶的花生种植,19世纪八九十年代已有一定程度的发展。20世纪初,京汉、京奉、津浦沿线一带,花生种植愈加普遍。20年代的房山,花生"种者极多"。[④] 定县,花生制油为出品和输出"大宗"。[⑤] 良乡因"近得外洋之种",种者亦"颇多"。[⑥] 在邯郸,花生是两种外销的主要农产品之一。[⑦] 望都县属,"近年以来,花生产量日多"[⑧]。藁城花生亦为主要农产。[⑨] 京汉线附近的濮阳某村,花生种植的发展尤为明显。1920年前,种花生的不过两三户,地不过三数亩。1920年后,花生销路扩大,价格上涨,种植迅速扩大,地主、富农、中农、贫农都以一半左右的土地栽种花生。[⑩] 京奉沿线的滦县、卢龙,花生种植都有了发展。1921年滦县的花生产

---

① 民国《博山县志》第7卷,实业志,农业,第9页。

② 参见有关地方志。

③ Decennial Reports,1902—1911年,第1卷,烟台,第229页。

④ 民国《房山县志》第2卷,物产,第45页。

⑤ 民国《定县志》第2卷,舆地志,物产篇,第2、12页。

⑥ 民国《良乡县志》第7卷,第9页。

⑦ 民国《邯郸县志》第12卷,物产志,第3页。

⑧ 民国《望都县志》第1卷,地理志,物产,第37页。

⑨ 民国《续修藁城县志》第1卷,疆域志,第5页。

⑩ 纪彬:《农村破产声中冀南一个繁荣的村庄》,《中国近代农业史资料》第二辑,第206—207页。

量达14万担,比第一次世界大战前增加了40%。[①] 卢龙年产花生千余万斤。[②] 津浦沿线的南宫,光绪中叶始种花生,这一时期因输出增加,价值日涨,“树艺亦日多”。[③]

江苏、安徽、奉天等省口岸附近和铁路沿线地区,花生种植,也有所发展。江苏江阴县,沙土地带多种花生,白沙港所产“尤著”。[④] 安徽全椒,据1920年的记载,“近年种者颇多,为出产之大宗”[⑤]。奉天辽阳县属,花生亦“种者颇多”。[⑥]

芝麻 中国芝麻种植范围十分广泛。据1917年的统计,全国芝麻种植面积约409万亩,总产量260万担。其中以湖北、江苏种植最广,出产最多。两省的种植面积合计180万亩,约占全国的44%,产量合计168万石,占全国的64%。其次是江西、直隶、安徽、广东、陕西、河南等省。[⑦]

这一时期,芝麻的种植有愈来愈向口岸附近和铁路沿线地区发展的趋势。湖北的芝麻种植主要集中在沙市附近地区和汉水流域。20世纪初,汉水两岸仅由汉口运出的芝麻即达50万担以上。[⑧]

特别值得指出的是,河南和湖北京汉沿线地区、河南陇海沿线地区芝麻种植的迅速扩大。京汉铁路通车后,沿线地区许多原来

---

① Decennial Reports,1912—1921年,第1卷,秦皇岛,第124页。

② 民国《卢龙县志》第9卷,实业,第1页。

③ 民国《南宫县志》第3卷,疆域志,物产篇,第17页。

④ 民国《江阴县续志》第11卷,物产,第7页。

⑤ 民国《全椒县志》第4卷,风土志,第6页。

⑥ 民国《辽阳县志》第28卷,物产志,第10页。

⑦ 《中国芝麻之产销情形》,《中外经济周刊》第72号,1924年7月,第1—226页。

⑧ 日本外务省:《清国事情》上,第907页。

用于种植粮食和罂粟的耕地,纷纷改种芝麻。到20世纪二三十年代,这一地区发展为全国最著名的芝麻产区和世界市场芝麻的主要供应地。

由于京汉沿线芝麻种植的迅速扩大,加上陇海沿线的发展。① 河南成为全国芝麻产量最高的省份。②

大豆　大豆本是一种自给性粮食作物,由于用途的改变,这一时期发展成为一种重要的商品性经济作物。

大豆种植主要集中在东北地区。这一时期,中国大豆约占世界总产量的80%,而中国大豆的60%—70%产于东北。大豆播种面积一般占东北耕地的20%—30%。随着出口的增加和土地的开发,大豆的种植面积不断扩大,在耕地中所占的比重提高。表9反映了东北三省大豆种植面积及其在耕地面积中所占比重的变化情况。③

表9　东北三省大豆种植面积及占七种主要农产耕地比重变化表

1914—1927年　　单位:千亩

省份/年份	奉天		吉林		黑龙江		合计	
	面积	%	面积	%	面积	%	面积	%
1914	9363	23.9	9017	25.5	6910	30.8	25290	26.0
1915	9126	23.5	5720	22.2	6442	21.7	21288	22.6

① 据1931年的记载,地处豫东北陇海线上的归德(商丘)是全国著名的芝麻产区(《中国芝麻之贸易情形》,《工商半月刊》第3卷第4号,调查,1931年2月15日,第1页)。

② 《中国芝麻之贸易情形》,《工商半月刊》第3卷第4号,调查,1931年2月15日,第1页。

③ 谔公:《东三省经济统计概略》,《中东经济月刊》第7卷第4、5合号,1931年4月,第221—224页。

续表

年份＼省份	奉天		吉林		黑龙江		合计	
	面积	%	面积	%	面积	%	面积	%
1916	9151	23.5	3473	16.8	6388	25.8	17012	22.5
1917	6965	19.5	9381	32.2	6084	24.6	22430	25.0
1918	6977	20.1	8628	27.6	6515	24.7	22120	24.0
1926	12180	24.6	17050	30.7	11312	31.2	40542	28.7
1927	12533	23.0	17748	31.6	15988	42.9	46269	31.3

注:(1)七种主要农作物是大豆、小麦、大麦、玉米、小米、高粱、稻子。这七种农作物耕地之和为100。

(2)原面积单位为千英亩,现折成千亩。

(3)原百分比计算有误,业经核正。

第一次世界大战期间,由于大豆出口受到影响,大豆种植面积及其在耕地面积中所占的比重,有所下降。大战结束后,立即回升,到1926年,无论种植面积和占耕地的比重都明显超过了1914年,1927年又进一步增加,种植面积由1926年的40542千亩,增加到46269千亩,在七种主要农作物耕地中所占的比重也由28.7%提高到31.3%。

产量也明显增加。据当时的估计,东北三省的大豆产量,1909年为3304万余担,1919年为3802万担,1921年为5285万担。① 1927年更增加到5770万石。②

① 《中国近代农业史资料》第二辑,第204页。

② 谔公:《东三省经济统计概略》,《中东经济月刊》第7卷第4、5合号,1931年4月,第221—224页。又据记载,东北大豆总产量;1925年约为5200万石,1927年为5900万石,1929年为6600万石(《中东经济月刊》第6卷第3号,1930年3月,第54页)。

整个东北,几乎各地都有大豆种植,而中东铁路、南满支路以及其他铁路沿线,种植尤多,发展尤速。如奉天的沈阳,大豆为"出产大宗,占输出品巨额"。① 辽阳农作物中,"首推大豆"②。抚松大豆"出产最多"。③ 通化大豆"居五谷之首"。④ 安东、铁岭"无处不宜豆",实为出产大宗。⑤ 吉林双城,"有地皆种,十岁九稔"⑥。农安 1914 年的大豆播种面积,据说比 10 年前增加了 1 倍。⑦

由于大豆收益较高,农民在安排播种面积时,大豆往往处于优先的地位。特别是初垦的肥沃土地,大多用于种豆。如吉林珠河,"初垦荒地,农人贪种豆田,谷田仅种十分之一二"。"以种豆利市三倍,开拓达于山峰。"⑧东北北部荒地较多,开垦较晚,大豆种植的发展速度比南部更快,所占耕地比重更高。现将 1910—1928 年南北两部大豆播种面积占耕地比重及其变化情况,列为表 10。⑨

1910 年,南北两部的大豆种植面积均占耕地的 20%,而到 1927—1928 年,南部大豆种植面积占耕地的比重只提高到 23.2%,而北部提高到34.5%。以汉口为中心的江汉平原,河南、

① 民国《沈阳县志》第 12 卷,物产,第 4 页。

② 民国《辽阳县志》第 27 卷,实业志,第 1 页。

③ 民国《抚松县志》第 1 卷,物产,第 66 页。

④ 民国《通化县志》第 2 卷,人民风俗,第 51 页。

⑤ 民国《安东县志》第 2 卷,物产,第 32 页;民国《铁岭县志》第 13 卷,物产,第 18 页。

⑥ 民国《双城县志》第 9 卷,实业志,第 37 页。

⑦ 东清铁路商业部:《满洲富源——吉林省》,第 114 页。

⑧ 民国《珠河县志》第 6 卷,物产志,第 26 页。

⑨ 铃木小兵卫:《满洲的农业机构》(日文本),第 228 页。

表10　东北南北两部大豆播种面积占耕地比重比较

1910—1928年

年份	南部	北部
1910	20.0	20.0
1921	19.1	24.8
1927—1928	23.2	34.5

直隶、山东的京汉、津浦、胶济铁路沿线以及江苏、浙江两省口岸和铁路沿线地区,这一时期的大豆种植,也有了较大的发展。据记载,湖北汉水和长江沿岸平原,大豆"产量颇大"。1901—1905年间,汉口的大豆输出量从57万余担增加到251万余担。① 河南南自信阳,北至临颍,西自泌阳,东至新蔡、光州的京汉线两旁广大地区,既是芝麻种植区,也同时是重要的大豆产区。在西平等处,大豆、芝麻种植面积合计,占耕地的50%—80%。② 正阳县属,据说大豆是惟一的"实业出品"。③ 直隶藁城、盐山、香河,山东临清、馆陶、沾化、昌乐、高密等地,大豆在农作物中都占有重要地位。④ 浙江温州、宁波附近地区,大豆种植虽不如北方广泛,但也有较明显的发展。宁波在1902年尚无豆类出口,到1911年出口的大豆等已达37000余担。⑤

桐油　桐油的大量出口和明显商品化是20世纪初年开始的。

① 日本外务省:《清国事情》上,第888页。

② 陈伯庄:《平汉沿线农村经济调查》,第2页;民国《西平县志》第36卷,风俗,第10页。

③ 民国《重修正阳县志》第2卷,实业,农业,第50页。

④ 参见有关地方志。

⑤ Decennial Reports,1902—1911年,第2卷,宁波,第63页。

桐油的主要产地是四川、湖南，贵州、湖北、广东、广西、浙江等省次之。四川桐油的出产和出口，主要集中在以万县为中心的川东地区。自1917年万县正式开埠，桐油出口数量日增。开埠当年仅3万余担，20年代初即增加到20余万担，1928年达32万余担。桐油销路的扩大，大大刺激了油桐的种植。20年代前后，万县以及附近的奉节、云阳、开县、开江、忠州、酆县、石柱、涪陵等川东各县，种桐榨油者，“激增不已”。①

湖南桐油产于湘、沅、澧三水流域。长沙、常德、津市是湖南桐油的三大集散市场。岳阳、长沙的相继开埠，大大促进了湖南桐油的输出和商品化的发展。20世纪20年代末，每年集散于长沙的桐油约7万担上下。常德最后虽未正式开埠，但在桐油出口方面比长沙有更重要的地位。每年汇集于常德的桐油约在50万担左右。在这种情况下，长沙、浏阳、醴陵、耒阳、祁阳、桂阳、郴州、衡阳等湘江沿岸、粤汉沿线诸县，以及沅澧两水流域的油桐种植都有了明显的发展。②

20世纪一二十年代，湖北沙市、江陵附近地区，鄂西山区，汉水流域以及鄂东长江两岸地区，广西相当一部分地区，油桐的种植和桐油商品化，都有程度不同的发展。20年代，由于桐油行销，广西地方政府采用奖惩办法，鼓励农民植桐。在1926—1928年的3年间，该省大面积的土地栽种了桐树，柳州附近尤多。③ 东部的雒容、榴江，“人民以植桐为业者渐众”。雒容县城及其附近，“土地

① 吕平登:《四川农村经济》，第296页；李昌隆:《中国桐油贸易概论》，附录。

② 参见李昌隆:《中国桐油贸易概论》各页。

③ 参见李昌隆:《中国桐油贸易概论》，第85—92页；Decennial Reports，1922—1931年，第2卷，第284页。

之上,遍植桐茶"。这些桐茶林场,"均属新开者"。① 柳州西部的宜山,桐油亦为出产大宗。②

浙江是19世纪末20世纪初新发展起来的桐油生产和出口区。油桐种植主要集中在离杭州较近和水陆交通比较方便的浙西一带,以及温州、宁波周围地区。由杭州、温州、宁波出口的桐油,1920年前,每年仅二三百担,此后迅速增加,1927年达28730担。出口的增加,刺激了油桐种植的扩大。这时,不但平地、山坡广栽桐树,即"山之高处,亦辟为种植之区"。在分水、于潜、昌化等地,还出现了油桐的专业性种植。该地农民分为"田农"、"山农"两种。以客籍农民为主的山农,就是以开山植桐为业。③

桐庐、建德、遂安、寿昌等县的油桐种植也都是在20年代前后发展起来的。此外,温州附近的永嘉、丽水、缙云等县的植桐业,也都有程度不同的扩大。

园艺作物 在经济作物种植扩大的同时,一些口岸附近和铁路沿线地区的水果、蔬菜等园艺作物种植,也有了明显的发展。

19世纪末20世纪初,福建厦门、福州,广东汕头、江门附近地区,柑橘等果树种植,迅速扩大,出口逐年增加。据1925年的估计,福州附近一带,年产柑橘60余万担,橄榄三四十万担,龙眼20余万担。④ 20世纪初,在汕头及其附近地区,由于水果罐头工业的飞跃发展,开辟了许多新果园,潮安、饶平、普宁、蕉岭、惠来等地发

---

① 周达仁:《调查雒容、榴江一带植桐及榨油近况报告书》,《广西建设月刊》第1卷第3号,调查,1928年8月,第3—4页。

② 胡竟良:《考察宜山河池东兰稻作报告书》,《广西建设月刊》第2卷第2号,调查,1929年2月,第147页。

③ 参见游毅:《浙江省之植物油料》下编。

④《福州生果产额及其进出口情形》,《中外经济周刊》第104号,1925年3月21日,第38页。

展为产橘中心。① 1920年，潮州销往上海和香港的柑子分别为1610万斤和850万斤。② 江门附近地区，这一时期的柑橘和其他水果生产发展很快，出口逐年增加。③

在北方，烟台附近一带的果树栽培，是19世纪80年代才开始的，到20世纪初，已经成为一个重要行业。④ 烟台所在的福山县，苹果、海棠等果树，从前"植仅庭院；近数十年来，以此为业者甚多，每年出口数十万"。⑤ 直隶昌黎一带，过去的果树栽培，仅限于山边或贫瘠土地，自从京奉铁路通车，水果销路大畅，"山间农家恒于农地之内，竞植果树"。又据海关报告，20年代后半期，在昌黎一些肥地上，开辟了许多新果园。⑥ 京汉、津浦沿线一些地区的鸭梨、葡萄、柿子等的种植和商品化也有了发展。奉天京奉沿线和辽东半岛，是这一时期发展起来的水果产区。锦西县大部地区，"居民多以果园为业"⑦。北镇、海城、辽阳、金州等地，果树栽培不但普遍成为农家重要副业，专业性生产也有所发展。如海城，农家园中庭畔，每植果树三五株，"至园林则山中最多"。⑧ 辽阳的果树经营规模，"每处数千百万株，所在多有"⑨。

随着近代工业和城市的发展，城镇郊区和附近农村的蔬菜生产和商品化，也有了相应的发展，通商口岸和铁路沿线农村，尤为

---

① Decennial Reports，1912—1921年，第2卷，汕头，第175—176页。

② 广东大学农科学院：《广东农业概况调查报告书》，潮安县，第84页。

③ Decennial Reports，1912—1921年，第2卷，江门，第245页。

④ Decennial Reports，1902—1911年，第1卷，烟台，第229页。

⑤ 民国《福山县志》卷一之三，物产，第3页。

⑥ 《中外经济周刊》第211号，1927年5月14日，第9页；Decennial Reports，1922—1931年，第1卷，秦皇岛，第328页。

⑦ 民国《锦西县志》第2卷，农业，第28—29页。

⑧ 民国《海城县志》第7卷，实业，第30页。

⑨ 民国《辽阳县志》第27卷，第6页。

显著。主要表现在以下三个方面:

一是专营或兼营菜蔬、瓜果的农户增加。广州附城东北一带,“民多为圃,蔬果瓜豆,因时易种,以供城市”①。江苏宝山,邑城内外以菜圃为业者“甚多”,各乡镇四周“亦属不少”。② 无锡城郊农民,“大都栽种蔬菜,以供给城厢内外之需要”③。河南新乡,素产西瓜,但过去种者有限,自火车通行,“获利颇厚,种者亦繁”。④ 山东福山等地所产白菜,素胜于他省,“近日业此者甚多”。⑤ 奉天辽阳,城厢市镇中专以种菜为业者,“不可胜计”。⑥ 安东县城附近,专以种蔬为业者约530余户,用地3000余亩。⑦ 黑龙江博克图,种菜一业,据说“自有博克图以来,即已盛行,现时兼营菜园者,约占居民50%”。⑧ 20年代中期的绥远包头,业园艺者也有千余人。⑨

二是蔬菜种植面积扩大,城郊原有闲荒瘠地被纷纷辟作菜园,一些原来种植粮食作物的土地,现在也改种蔬菜。如广东三水,20世纪初“出现了蔬菜种植的发展,特别是三水城四周,从前的闲荒瘠地,现在布满了菜园”⑩。奉天辽阳,“城内四隅空地皆系菜园”。⑪ 开原县城“四隅旷土,今已悉改为园圃”。附城厢关农户,

---

① 民国《番禺县续志》第12卷,第1页。
② 民国《宝山县续志》第6卷,农业,第2—3页。
③ 《东方杂志》第24卷第16号,1927年8月,第111页。
④ 民国《新乡县续志》第2卷,物产,第32页。
⑤ 民国《福山县志》卷一之三,物产,第3页。
⑥ 民国《辽阳县志》第27卷,实业志,第6页。
⑦ 民国《安东县志》第6卷,农业,第15页。
⑧ 《中东经济月刊》第6卷第11号,专载,1930年11月,第21—22页。
⑨ 《中外经济周刊》第160号,1926年5月1日,第12页。
⑩ Decennial Reports,1902—1911年,第2卷,三水,第199页。
⑪ 民国《辽阳县志》第27卷,实业志,第6页。

"因获利较巨,不种谷而种菜"①。

一些蔬菜新品种也得到了推广。如上海吴淞江、蒲汇塘两岸间,马铃薯"种植甚富",洋葱、卷心菜、花菜等,"近邑人种植日多"。② 无锡城郊,茭白种植的发展"尤为迅速。原仅个别地方种植,今则四乡多有栽植者"。③ 奉天安东,洋白菜等新品种也都扩大了种植。④

三是蔬菜的商品化程度提高,销售范围扩大,一些地方的蔬菜不仅供应本地,而且远销外县、外省,乃至国外市场。江苏无锡的茭白,大多行销苏、沪及宜(兴)溧(阳)一带。⑤ 直隶完县,城关所产菜蔬,"可供全县之用"⑥。三河邑北灵山等处,蔬菜占农业收入之半,"北平所需葱蒜,恒仰给焉"⑦。滦县大白菜,被加工腌作冬菜后,"分销全国各省"⑧。山东福山的大白菜,"竟成为出口大宗"⑨。察哈尔万全县,所产蔬菜除售卖各乡外,并行销张家口、宣化、张北、怀安等地。⑩ 东北地区的情况也是如此。奉天北镇,"近年菜蔬运销外县者甚夥"⑪。铁岭蔬菜"除供给阖城食用外,并贩销他处"。⑫ 安东的情况是,菘、韭等普通蔬菜供给国内菜市,勾

① 民国《开原县志》第9卷,实业,第7页。
② 民国《上海县续志》第8卷,物产,第2—4页。
③ 《东方杂志》第24卷第16号,1927年8月,第111页。
④ 民国《安东县志》第6卷,农业,第15页。
⑤ 《东方杂志》第24卷第16号,第111页,1927年8月。
⑥ 民国《完县新志》,食货第五,第27页。
⑦ 民国《三河县新志》第15卷,实业篇,第4页。
⑧ 民国《滦县志》第15卷,农产,第6—7页。
⑨ 民国《福山县志》卷一之三,物产,第3页。
⑩ 民国《万全县志》第2卷,物产,第11页。
⑪ 民国《北镇县志》第5卷,产业,第26页。
⑫ 民国《铁岭县志》第8卷,实业,第5页。

帮、洋白菜、萝卜等则专售日本菜市。①

此外,还必须提到的是养禽、养畜等家庭副业的商业化。

禽畜饲养本是中国农村古老的自给性家庭副业,商品化程度很低。20世纪初,由于近代工业、交通、对外贸易和国内商品流通等条件的改变,一些口岸附近和铁路沿线地区的家禽、禽蛋、家畜等,越来越商品化了。例如,广东江门附近,每年有大量鸭、鹅、鸡、猪和鸡蛋投放当地和国外市场。② 二三十年代,清远小贩收买各乡之鸡,运销广州,每年售价数万元。运销广州的鹅亦不少。③ 同时期的江苏川沙,鸡蛋"广销国外,价甚昂;鸭蛋尤多,只销本地"。④ 河南安阳,居民养鸡甚多,但过去只供自食,并非营利。到20年代,由于该地蛋厂的设立,饲鸡遂成为营利性副业之一。⑤ 在邯郸,农民无不养鸡营利,最少数只,多则十数只、数十只不等。⑥房山县属,养鸡产蛋,"为人大利,畜者甚多"⑦。南皮所养洋鸡,以肉肥味美,大量行销天津。鸡蛋亦"近年为出口货物"。⑧ 景县也因鸡蛋价昂,养鸡业发展,"多者三四十只,少者七八只,几乎无家无之"⑨。山东昌乐,鸡蛋每年出口价值"颇巨"。⑩ 寿光的情况是,"鸡比户皆养,鸡卵甲他县"⑪。

---

① 民国《安东县志》第6卷,农业,第15页。

② Decennial Reports,1902—1911年,第2卷,江门,第186页。

③ 民国《清远县志》第14卷,上,物产,第7页。

④ 民国《川沙县志》第4卷,物产志,第16页。

⑤ 民国《续安阳县志》第3卷,地理志,物产,第14页。

⑥ 民国《邯郸县志》第13卷,实业志,农家副业,第10页。

⑦ 民国《房山县志》,物产,第67页。

⑧ 民国《南皮县志》第5卷,政治志上,实业,第38页。

⑨ 民国《景县志》第2卷,农业状况,第71页。

⑩ 民国《昌乐县续志》第12卷,物产志,第2页。

⑪ 民国《寿光县志》第11卷,物产,第29页。

关于养猪业的发展和商品化，直隶邯郸，农家十之八九，多饲一豕或二豕，“端午、中秋两节辗转买卖，获利倍蓰”。① 藁城肥猪，“多沽于北平”。② 河南正阳，猪、羊、鸡等，“间或家畜百数十头，售裕日用”③。吉林双城，“猪为农家产，一户有饲养数头、数十头者”④。广西桂平，自梧州开埠，轮船通行，鸡豚“载之舟中，随大江东去，售诸港粤，日月不休”。⑤ 河南正阳、吉林双城的一部分牲畜饲养，在当时已经是规模较大的商品性生产了。

随着商品性生产的发展，在一些地区相继出现了畜禽，特别是鸭鹅的专业饲养。20 世纪二三十年代，北京有专业养鸭户数十家。1927 年，养鸭户还成立了“北京市鸭业同业公会”。⑥ 上海仅白莲泾河两岸，以养鸭为业者，凡 20 余家。⑦ 江苏里下河一带，专业饲鸭户不少，有的还雇工放鸭。肥鸭和鸭蛋多运销上海。⑧ 湖南常德、汉寿滨湖地区，专业饲鸭户亦不少。⑨ 在成都平原一带，专业饲鸭十分普遍。当地鸭户通常采用成群游牧放养的形式，一群鸭常有好几千只。每年深秋后，稻田已经收割灌水，“鸭群逐田而游，布满整个田野和沟渠，一面觅食，一面向市场方向前进。经过几

---

① 民国《邯郸县志》第 13 卷，实业志，农家副业，第 10 页。

② 民国《续修藁城县志》第 1 卷，疆域志，第 5 页。

③ 民国《重修正阳县志》第 2 卷，实业，第 60 页。

④ 民国《双城县志》第 9 卷，实业志，第 35 页。

⑤ 民国《桂平县志》第 29 卷，第 17 页。

⑥ 张景观、刘秉仁：《北平鸭业调查》，转见千家驹编：《中国农村经济论文集》，第 452、457 页。

⑦ 国民党上海市社会局：《上海之农业》，第 7 页。

⑧ 管春树：《里下河农村副业之生产方法》，《农行月刊》第 2 卷第 12 期，调查，1935 年 12 月，第 144 页。

⑨ 国民党司法行政部：《民商事习惯调查报告录》，1930 年，第 1164—1165 页。

周的旅行喂养,逐渐肥硕壮大,等到达市场时,便可发卖了"①。

商业发达的广东,特别是珠江三角洲、铁路沿线和沿海地区,禽畜的专业饲养更多一些。据20年代的调查,惠阳、博罗、顺德、番禺、开平、中山、紫金、潮安、澄海、南雄、始兴、英德、清远、从化、罗定、新会、茂名、信宜、电白、吴川、海康、徐闻、遂溪,以及海南岛的澄迈、临高、儋县、琼东、文昌、琼山等县,都有数量和规模不等的畜禽专业或兼业饲养户。如遂溪,肉猪饲养有多至五六头者,饲鸡亦多至二三百只。鹅鸭更是专业居多。饲养数目,少者数百,多则上千。而且出现了比较明细的专业和地区分工,在鹅的饲养方面尤为明显。通常养鹅户分为种鹅孵雏、草鹅(瘦鹅)和肥鹅三个专业或阶段。有的专养母鹅产卵孵雏,谓之"鹅厂"。雏鹅孵出三天后,即出售给称为"鹅群"的草鹅饲养户。雏鹅养至六七十天,待其长至二三斤,再卖给肥鹅饲养户催肥后,方才上市出售。养鸭的专业分工亦大致相似。② 专业分工的发展,又反过来促进了畜禽商业性饲养的扩大。

三、粮食作物商品化程度的提高

在口岸附近和铁路沿线地区经济、园艺作物商品性生产不断扩大的同时,粮食作物的商品化也有了进一步的发展。二者彼此关联,互相促进。在农业劳动生产率和耕地面积不变的情况下,一个地区经济、园艺作物种植的扩大,势必减少用于粮食生产的劳力和耕地,使农户或整个地区的粮食自给率下降,经济、园艺作物生

① H. D. Brown and Li Min Liang: A Survey of Farms on the Chengtu Plain, Szechwan, Chinese Economic Journal,第2卷第1号,1928年1月,第54页。

② 关于广东地区禽畜商业性饲养情况,参见《广东农业概况调查报告书》有关各页。

产者对商品粮的需求加多。因此，经济、园艺作物种植的扩大，势必导致粮食作物商品化的发展。

经济作物和园艺作物的种植扩大所导致的粮食商品化，其程度和表现形式，因经济、园艺作物所占耕地面积比重和专业程度而异。当某一个地区的经济作物或园艺作物种植面积有限时，仍可以在该地区内通过余缺调剂，满足粮食供应。粮食商品化仅仅表现为局部范围内经济园艺作物生产者同粮食生产者之间的交换。经济、园艺作物所占耕地面积比重越大，调剂粮食余缺所涉及的地区也越广，越是必须依赖其他地区的粮食供应。这时，粮食的商品化就表现为不同地区之间的粮食运销。一个地区城镇的数目和规模对粮食商品化的影响，情况也一样。

这一时期，由于农业生产力水平和人均耕地面积的制约，绝大多数地区，当经济、园艺作物的种植面积超过耕地的一半或三分之一时，就会出现地区性缺粮。所占比重越高，缺粮情况越严重。江浙、广东一带，本来就地狭人稠，粮食供应紧张，现在经济作物和园艺作物占去了一部分甚至大部分耕地，更加大了依赖外地粮食供应的程度。如江苏太仓，口粮“全恃他县接济”①。南通棉田占十之七，每年须运入粮食 50 万担。② 浙江海宁、富阳、余杭、吴兴等桑棉渔业区，无不缺粮。海宁每年输入的粮食达“十成之五六”，吴兴即遇丰年，亦短粮 30%，定海粮食则仅足供 3 个月，须由宁波、海宁等处运去。③ 广东珠江三角洲地区，桑田占用稻田，粮食“出产殊稀”。

---

① 吴清望:《沪海道区实业视察报告》,《农商公报》第 66 期,1920 年 1 月,第 10 页。

② 张仁任:《南通县农业概况》,《农商公报》第 17 期,1915 年 12 月,第 14 页。

③ 魏颂唐:《浙江经济纪略》,第 13、22、29、106、185 页。

全粤所出,不足供 3 个月之粮。食米“非仰给于镇江、芜湖、广西,则输入于安南、暹逻”。① 二三十年代,广东每年进口的洋米价值达 1 亿元以上。② 福建漳州、泉州一带,大量土地种植柑橘、龙眼,粮食须仰给台湾和长江流域各省。③ 1921 年的海关报告说,厦门地区“大米不敷当地需要,每年必须大量从上海和海外进口”。④

湖北一些地区的农民用相当部分的土地和精力经营丝、麻、茶、棉、油漆等业,导致大面积的粮食短缺。据统计,20 世纪初,全省人口 2700 余万,每年约需米粮 2 亿余石,而稻产和杂粮各仅 6000 余万石,每年约需输入米粮 1 亿石。⑤

北方地区人均耕地面积稍宽,但单位面积产量低,一些经济作物区的粮食同样不敷供应。山东东部盛产花生、烟草、柞蚕丝,而小麦等粮食不能自给,靠鲁西曲阜、泰安、禹城、平原,安徽怀远、蚌埠和江苏徐州等地运进。⑥ 益都农产以水果、蚕桑、烟叶为主,食粮和油料等部分或全部输自邻县。⑦ 直隶昌黎盛产水果,粮食相当一部分依靠外县供应,米面由秦皇岛运来,杂粮来自奉天,仅杂粮一项,

---

① 《广东全省农林试验场成绩报告》,《农商公报》第 18 期,1916 年 1 月,第 53 页。

② 易中:《250 年来中国丝业对外贸易之回顾》,《新广东月刊》第 18 期,1934 年 6 月,转见陈真:《中国近代工业史资料》第 4 辑,第 190 页。

③ 《福建省生产力及其货殖》,《东西商报》第 39 号,光绪二十六年,第 9 页。

④ Decennial Reports,1912—1921 年,第 2 卷,厦门,第 159 页。

⑤ 《鄂省农业经济状况》,《中外经济周刊》第 178 号,1926 年 9 月 4 日,第 1 页。

⑥ 冈伊太郎、小西元藏:《山东经济事情》,第 170 页。

⑦ 《山东益都之近况》,《中外经济周刊》第 204 号,1927 年 3 月 19 日,第 2、4 页。

最多年在30万石以上。[①] 即使像东北这种地阔人稀，有相当数量商品粮外运的地区，少数经济作物种植面积很高的州县，也需要调进粮食。如吉林珠河，主要农作物是大豆。初垦荒地种谷者仅十之一二，以致“每患米荒”，即遇丰年，也必须以豆易米，方可足食。[②] 山多地少、柞蚕业发达的安东县，每年也要从外地运进一部分粮食。

有的地区，由于地狭人稠或其他原因，也必须部分依赖其他地区的粮食供应。如广东潮安、澄海，虽水田占耕地十之八九，但因人口稠密，所产粮食仅足3个月之需。丰顺则仅足两月。[③] 湖北宜昌地区，因山多地少，农产不丰，所产谷物很难满足当地人口的需要，必须经常从四川和湖南等地运进大量的粮食。[④] 江苏仪征，虽农产以米麦为大宗，但仍“不足以供本地之用，尚须仰给于邻邑”[⑤]。直隶井陉，由于土地稀少、贫瘠，口粮不敷，“每年由东西邻村输入杂粮颇多”。[⑥] 卢龙、迁安一带，因“人烟稠密，虽值丰收，亦常缺粮”。[⑦] 山东博山，“通邑地不足二千顷”，再加上花生和蚕桑占去一部分耕地，以致粮食“不足本地人之用，皆恃外县输入”。[⑧]

---

① 《昌黎县之经济状况》，《中外经济周刊》第210号，1927年5月4日，第13页。

② 民国《珠河县志》第11卷，实业志，农业，第6页。

③ 广东大学农科学院：《广东农业概况调查报告书》，第80、97、133页。

④ Decennial Reports，1912—1921年，第1卷，宜昌，第262页；又1922—1931年，第1卷，宜昌，第503页。

⑤ 杜芝庭：《淮阳道区仪征县实业视察报告书》，《江苏实业月志》第8期，调查，1919年11月，第2页。

⑥ 民国《井陉县志》第10编，风土，第4页。

⑦ 《滦县之经济状况》，《中外经济周刊》第216号，1927年6月18日，第21页。

⑧ 民国《续修博山县志》第7卷，实业志，物产，第1、9页；又商业，第12页；《山东博山县之近况》，《中外经济周刊》第217号，1927年6月25日，第24页。

类似情况,在一些地区是不少的。

工商业城市的发展、城市人口的增加,是造成商品粮需求扩大的另一个重要原因。甲午战争后,随着对外贸易、国内商业、新式工业和交通运输的发展,原有城市继续扩大,同时发展起来一批新的工业城市。郑州、青岛、石家庄、唐山、大连、哈尔滨等都是甲午战争后发展起来的。

这些新旧城市的兴起和发展,迅速扩大了对商品粮的需求。

上海是全国最大的工商城市和外贸口岸,每日食米约需万石。每年需米 365 万石左右。而本地非产米区,全恃常熟、无锡、苏州、同里、八坼、泗泾、松江、青浦、朱家角等处的白米,湖南、安徽的各色籼米,暹逻的洋籼等接济。① 北京,据 1927 年的估计,约有人口 140 万,据说其中四分之一以面粉为食。全年需面粉 7690 万斤,合小麦约 9590 万斤。② 天津有人口 110 万,也有相当部分的居民以面粉为食。这些面粉都需要直隶和附近省份农村供应。据 1913 年调查,直隶全省有小麦外销的 36 县中,有 3 县向北京供应小麦,13 县向天津供应小麦,11 县同时向北京和天津供应小麦。③

一些新兴城市对商品粮需求的扩大更加明显。如直隶唐山,本是滦县、丰润两县交界的开平镇所属的小村庄,自 1877 年创办开平矿务局和京奉铁路通车后,遂成重镇,人口移居亦众。人口的增加导致商品粮需求的扩大,每年输入的粮食,仅杂粮即达 30—50 万石,小麦、面粉等细粮尚不在内。这些粮食大部分来自奉天,

---

① 《上海米粮之调查》,《江苏实业月志》1921 年第 3 期,第 81—82 页。

② 麦叔度:《河北省小麦之贩运》,《社会科学杂志》第 1 卷第 1 期,1930 年 3 月,第 88 页。

③ 麦叔度:《河北省小麦之贩运》,《社会科学杂志》第 1 卷第 1 期,1930 年 3 月,第 88 页。

小部分来自察绥地区。①

石家庄、郑州、青岛等，都是这一时期发展起来的重要城市。石家庄直至1903年还是荒僻村落，自从正太、京汉两路在此交汇，现代工业和商业迅速发展，到30年代已有人口10万。郑州在历史上只是一个小县城，虽系军事要地，商业却不甚发达。自从成为京汉、陇海两大铁路干线的交点，迅速发展为中原交通枢纽，人口增加。青岛原来只是胶州湾东岸的一个荒僻渔村。德国修筑胶济铁路的同时，在此开始了筑港工程，山东等地的货物又由此出口，于是迅速发展。人口急剧增加。据统计，1902年的人口不到1.6万，1910年增至16.5万。②

特别是东北，由于铁路运输和新式工业的发展，新兴城市更多。20世纪以前，东北稍大的城市只有沈阳、吉林、长春以及作为与关内联系孔道的营口等少数几处。人口最多的也不超过20万。而且只有两个。到1925年，20万人口以上的城市增加到3个，5万—10万人口的城市由1907年4个增加到9个，1万—3万人口的城镇由24个增加到51个。③

原有城市中，长春、沈阳等继续发展，对商品粮的需求量越来越大。长春在其发展过程中，不但本身需要愈来愈多的商品粮，而且成为重要的粮食集散中心。1907年开埠时，长春每年集散的大豆和粮食总额尚不过30万石，尔后逐年增加，“输出之发达大有一日千里之势”。1909年增至40万石，1910年达50万石，1912

---

① 《唐山之经济近况》，《中外经济周刊》第213号，1927年5月28日，第1—3页。

② 有关石家庄、郑州、青岛的发展情况，参见宓汝成：《帝国主义与中国铁路》，第606、609—610页。

③ 《满洲开发四十年史》编辑委员会：《满洲开发四十年史》（日文本），上卷，第98页。

年一跃而至75万石,次年更达85万石。据说“所有仓库、豆袋、高粱包堆积如山,或无容纳之地”。①

同时,哈尔滨、齐齐哈尔、安东、大连等城市兴起了,进一步刺激了这一地区的粮食商品化。哈尔滨原来只是松花江边一小村,自从1898年俄国人在此开筑铁路,顿成交通枢纽。加上周围土地肥沃,农产丰富,开垦迅速,很快成为东北重镇,1900年已有2万人,1905年激增至10万。商品粮需求大增。同时,哈尔滨的发展又是以面粉业为基础。据1919年的统计,各面粉厂每昼夜耗麦172万斤。集中哈尔滨的粮食每年约在3万车皮(合90万吨)以上。② 大连、旅顺本是一荒凉海滩,自从南满支路修成通车和筑港开埠通商,迅速发展,成为东北粮食和其他工农产品最重要的吞吐港和全国仅次于上海的第二大对外贸易港口,它对粮食商品化的刺激作用是不言而喻的。

一些地区粮食的缺乏,恰好刺激和加速另一些地区粮食外运量的增加和粮食商品性生产的发展。或者说,那些缺粮区之所以能够维持正常的生产和生活,特别是经济、园艺作物的种植和发展,是因为另一些地区粮食商品性生产的存在。湖南、四川、安徽、苏北、江西、广西、直隶、山西、绥远、东北的一部分州县,就是这一时期主要的商品粮供应地。

湖南米谷,据说“不独津沪赖其灌输,武汉尤视为生命”③;20世纪初,由长沙外运的稻谷每年达300万—500万袋(每袋150斤),岳阳每年外运大米一二百万担。1920年最高达230万担。洞庭湖沿岸、粤

① 中国银行总管理处:《东三省经济调查录》,1919年,第233、239页。

② 中国银行总管理处:《东三省经济调查录》,1919年,第217页。

③ 《湖南咨议局呈抚院代奏鄂乱损失湘省不任赔偿文》,转见《近代史资料》1955年第4期。

汉铁路沿线、湘江及其支流流域，是商品稻谷的主要生产地。①

安徽的粮食商品性生产集中在皖北和以芜湖为中心的长江沿岸地区。

皖北津浦路附近的泗县，二三十年代，“农业产品，每年除自给外，麦豆高粱，尚多输出”②。其他一些州县，也有数量不等的商品粮运出。自从津浦路建成，运输条件改善，蚌埠成为皖北小麦、杂粮的集散市场。

安徽长江沿岸的粮食商品性生产，集中在芜湖附近和青弋江流域各县。郎溪和当涂外销稻米分别占产量的80%和60%，繁昌为50%，宣城、南陵、和县也在20%以上。③ 据海关统计，19世纪末至20世纪初每年从芜湖运出的大米在200万—500万担之间，价额占该埠出口贸易总值的40%—80%左右。1925年最高曾达620万担。④ 这些大米的运抵或销售地主要是广州、汕头、上海、烟台、天津以及汉口、厦门、九江等口岸。⑤

江西、江苏和广西，这一时期的粮食商品性生产也有程度不同的发展。

江西鄱阳湖流域和南浔铁路沿线一带，本是重要的粮食产区，1916年，推行多年的谷物出口禁令被废除，进一步刺激了这一地区的粮食商品性生产，谷物种植面积增加。据说抚州、吉安和袁州

---

① Decennial Reports，1902—1911年，第1卷，长沙，第312页，岳州，第335页；又1912—1921年，第1卷，岳州，第295页。

② 民国《泗县志》，经济，第21页。

③ 国民党政府铁道部财务司调查科：《京粤线安徽段经济调查》，第42—43页。

④ 参见 Decennial Reports，1892—1901年，第1卷，芜湖，第379页；又1922—1931，第2卷，芜湖，第559页。

⑤ 据 Decennial Reports，1892—1901年，第1卷，芜湖，第379—381页编制。

地区的大量荒地被开垦和种植了水稻。① 南昌、新建两县产米尤丰,不仅品质为全省之冠,产量亦推各县之最。丰年将所产十之六七输出,而无本县米贵之虞。②

在江苏,这一时期蚕桑、棉花、烟草等经济作物种植的扩大,城市新式工业的发展,大大促进了全省粮食的商品化,使许多地区改变了原来粮食生产的自给自足状态,扩大了不同生产者之间、地区之间、城乡之间的粮食运销。

苏北江都、甘泉、山阳、盐城、东台等都是重要的粮食产区,是苏南桑棉区和城镇口粮的重要供应地,扬州、邵伯是重要米市。据1926年的记载,邵伯"近年米业大兴","中稔之岁,米麦可销银币近百万"。③ 盐城中稔之年可产稻五六百万石,岁可赢余二三百万石,以供外销。④ 江都、山阳除稻米外,还盛产麦豆杂粮。江都每年供给面粉厂的小麦和外销的豆子达数十万石。⑤ 山阳"秋豆尤丰,江南大贾携资贸易,舟载以去,名日豆客"。⑥ 东台米麦杂粮不少,米多运销外埠,麦则大半为各面粉厂所吸收。⑦ 如皋农产以棉花为大宗,但稻米、大小麦、大豆等,仍"兼销邻县"。⑧

毫无疑问,随着上海等城市规模的扩大,蚕桑、棉花种植的推

---

① Decennial Reports,1921—1921 年,第 1 卷,九江,第 336 页。

② 《江西省城之米谷概况》,《中外经济周刊》,第 175 号,1926 年 8 月 24 日,第 55 页。

③ 民国《甘泉县续志》第 6 卷,实业考,第 3 页。

④ 民国《续修盐城县志》第 4 卷,产殖,第 13 页。

⑤ 民国《续修江都县志》第 6 卷,实业考,第 2 页。

⑥ 民国《续纂山阳县志》第 1 卷,疆域,第 4 页。

⑦ 李鹓声:《淮阳道区东台县实业视察报告书》,《江苏实业月志》第 8 期,调查,1919 年 11 月,第 6—7 页。

⑧ 沈启照:《苏常道区如皋县实业视察报告》,《江苏实业月志》第 7 期,调查,1919 年 10 月,第 23 页。

广,苏北地区的粮食商品化程度提高了。正是这些地区保证了苏南、上海和浙江城市居民和棉农、蚕农相当一部分商品粮的供应。

即使在苏南,也有一部分粮食是作为商品粮在本区范围内调剂的。如宝山、吴县、吴江、昆山、宜兴、溧阳等县,米麦等除本地自给外,都还运销无锡、上海乃至浙江等地。丹阳籼稻、杂粮仅供县内,但糯稻、大豆、小麦大都出售。① 无锡稻米供本县民食,而小麦全部作为商品卖给面粉厂。②

广西是广东的大米供应地之一。销售广东的广西米被称为"西江米"。南宁、贵县、梧州每年都有大量的稻米运往广东。据海关统计,1911 年通过梧州常关的外运大米不少于 250 万担。③ 据估计,20 世纪 20 年代以前,广西全省每年运销广东的大米为 300 万担至 500 万担。④

随着经济作物种植的扩大、铁路的修建和面粉工业的兴起,华北京汉、津浦、陇海、京绥、正太等铁路沿线地区的粮食商品化,在这一时期有了特别明显的发展。

河南新乡一带和直隶宝坻、南乐、文安等县是重要的商品小麦产区。据 1913 年的调查,宝坻、南乐、文安是天津各面粉厂的重要原料供应地。《武陟县志》载,"麦为北方食料上品,大河南北,业麦商于京津者甚多,武麦亦与焉"。⑤ 高邑的小米、小麦、高粱、豆子和其他杂粮,除供本地食用外,广泛销售邻近的赵县、元氏、赞

---

① 张汉林:《丹阳农村经济调查》,第 23 页。

② 杜芝庭:《苏常道区无锡县实业视察报告书》,《江苏实业月志》第 6 期,调查,1919 年 9 月,第 29 页。

③ Decennial Reports,1902—1911 年,第 2 卷,南宁,第 229 页,又梧州,第 208 页。

④ 陈启辉:《广东土地利用与粮食产销》下。

⑤ 民国《续武陟县志》第 6 卷,食货志,第 22 页。

皇、柏乡、临城、内丘、邢台以及北京、天津、保定、石家庄、邯郸等地。[①] 定县小麦输出,"每年不下数十万石"。[②] 藁城虽盛产棉花,但仍有余粮出卖。据说五谷及甘薯除供民食外,"随时随地销售"。[③] 盐山产麦"尤丰",二麦有秋,"四方来籴者,毂相击"。小米如值丰年,亦可行销外境。[④]

山西不但有相当部分粮食在本省市场调剂,而且是直隶和豫西陇海沿线产棉区粮食的主要供应地。山西的小米、高粱和小麦,南销河南,东销河北。据1935年的统计,全省有小米外销者54县,输出量达168万余石,其中57%运往外省;有高粱外销者35县,运往外省者占44%。[⑤] 上述统计虽然时间较晚,但大体能反映20年代中后期的情况。

特别值得指出的是这一时期晋中正太路沿线和晋北京绥路沿线一带粮食商品化的明显发展。正太线上的榆次,过去粮食几乎完全自给自足,品种以当地食用的小米、高粱为主,小麦仅占十分之一。自火车通行,小麦行销,种麦者"比岁增加,几占全县禾田十分之三"。[⑥] 阳曲、太谷及其附近地区的小麦亦大量投放市场。北部小麦则多由大同运销京津。[⑦] 京绥路沿线的察哈尔万全、张北等地的粮食商品化,同样有了明显的发展。万全被称为"米粮川",盛产各种杂粮,尤以绿豆为最。铁路修通后,绿豆、高粱、小

---

① 民国《高邑县志》第2卷,物产,第10—11页。

② 民国《定县志》第2卷,舆地志,物产篇,第1页。

③ 民国《续修藁城县志》第1卷,疆域志,第4—5页。

④ 民国《盐山新志》第23卷,故实略,篇十二,物产下,第14页。

⑤ 上海国民党政府实业部国际贸易局:《中国实业志》,山西省,第二册,第16—17、53、66页。

⑥ 民国《榆次县志》第6卷,生计考,树畜,第20—21页。

⑦ 《中国实业志》,山西省,第二册,第16—17页。

米以及稻谷,大量运销外地。[1] 张北县外销的粮食有莜麦、小麦、荞麦、小米、高粱、蚕豆、豌豆、绿豆等20多个品种,销售地区包括察哈尔各地,黄河、长江流域各省以及国外一些地区。[2]

华北铁路沿线地区的粮食商品化,在形式上明显地表现为农民"粜精留粗"、"粜精籴粗"。这一地区的商品粮交易,主要是两种情况:一是粮农同经济作物农、粮产区同经济作物区、余粮区同缺粮区之间的粮食交换;二是城乡之间、工农业之间的粮食交换。如果说在前一种交换中,农民还主要是粜精留粗的话,那么,在后一种粮食交换中,则相当一部分属于粜精籴粗了。京汉路沿线的农民,一方面将小米等细粮卖给城镇居民,小麦卖给面粉厂;另一方面购进玉米、高粱等粗粮以自食。铁路沿线的北京、保定、石家庄、邯郸、安阳、新乡、郾城、许昌、汉口以及天津、开封等,均有机器面粉厂采购小麦,保定、石家庄、彰德、郑州等城镇,居民以小米为第二位主粮,这就使小麦和小米空前行销;同时,由于京汉路与正太、京绥、京奉三线衔接,有利于山西、张家口外和东北地区杂粮的运出。这就为农民的粜精籴粗提供了市场条件。如京汉路东侧卫河流域的龙王庙、大名府一带,是产麦名区,天津面粉厂直接运载高粱入乡,与农民换购小麦。[3] 郑州以北京汉沿线地区,农民大多以高粱、玉米为主食,但在作物种植面积安排上,小麦、小米却占了很大的比重,高粱、玉米居次要地位。

东北是这一时期发展起来的重要商品粮区。随着铁道的敷设、农民的移垦和耕地面积的扩大,粮食的商品化不断发展,北部地区尤为显著。如中东铁路东线地区,铁路起运货物,最初以林木

① 民国《万全县志》第2卷,物产,第9—10页。
② 民国《张北县志》第4卷,物产志,植物,第25—26页。
③ 陈伯庄:《干汉沿线农村经济调查》,第18—19页。

为大宗,后因耕地扩大,粮食运输遂增。到1926年,其数量已超过林木,宁古塔一带还发展为中外有名的小麦种植区。松花江下游地区,耕地面积亦增加甚速,右岸地区尤甚。外运粮食,“大有与年俱增之势”①。黑龙江拜泉、明水、依安3县,1915年还只有熟地22万垧,1919年增至71万垧,1927年更达84万垧。3县所产粮食,大多由呼海铁路输出。②

同其他一些地区相比,东北粮食商品化的程度更高,地区也更广泛。市场交换的粮食品种既有小麦、小米、稻米等细粮,也有高粱、玉米、糜子、稗子等粗粮。就地区而言,不但口岸附近和铁路沿线地区的粮食商品化程度很高,有的还行销国外,如洮南每年运出粮食10余万石,行销各省和日本。③ 就是一些离铁路稍远的地区,也出现了粮食商品化的倾向,如奉天通化,五谷毕备,“除食用外,或车载,或船艚运,大都售之安东”。④ 黑龙江讷河,则大宗输出小麦。⑤

从粮食品种看,东北地区商品化程度最高的是小麦。这一时期全国将近40%的面粉厂设在东北。⑥ 这从一个侧面反映出东北小麦产量的丰富和商品化的程度。据记载,几乎各地都有一定数

---

① 《东三省经济之区划》,《中东经济月刊》第6卷第10号,论著,1930年10月,第68—71页。

② 介卿:《呼海铁路与其沿线之农业状况》,《中东经济月刊》第7卷第2号,1931年2月,第12页。

③ 民国《洮南县志》第4卷,商业,第63页。

④ 民国《通化县志》第2卷,人民风俗,第51—52页。

⑤ 民国《讷河县志》第10卷,实业志,第33页。

⑥ 据不完全统计,到1926年止,全国有大中型面粉厂123家,其中属于东北地区的49家,占总数的39.8%(据陈真:《中国近代工业史资料》第四辑,第381—385页计算)。

量的小麦供面粉厂消费。如吉林宁安，农产以小麦为大宗，播种面积占耕地的47%。所产小麦多为宁古塔各面粉厂所采购，余则运往哈尔滨、乌苏里江等处。[①] 呼兰、瑷珲输往欧洲的小麦，据说每年各达数百万石。[②]

高粱、玉米、小米、杂豆等粮食作物的商品化程度虽不如小麦高，但也都有了发展。由于铁路和海上运输的改善，不少高粱和其他杂粮被运往关内各地销售。如奉天新民的高粱行销直隶、山东[③]；海城高粱通过海运销往山东、上海[④]；辽阳、东丰每年由营口、大连、安东运出的高粱分别达12万石和25万石左右。[⑤] 台安"高粱种者极多，为出口货大宗"[⑥]；辉南所产高粱，"除本地销用外，亦颇能行销内地"[⑦]。其他如奉天锦西、义县、北镇、岫岩、凤城、宽甸、兴京、海龙、铁岭、昌图、梨树，吉林桦甸等地，都有数量不等的高粱运销关内或其他地区。[⑧] 同时还有很大一部分高粱就地酿酒，运销各地。奉天开原一带，除大豆外，以高粱产量"最富"。因其质量颇佳，大多被用来酿酒。[⑨] 宽甸、桓仁、兴京、海龙、新民等县，每年所出高粱酒，都在80万—140万斤上下。这也是粮食

---

① 民国《宁安县志》第3卷，农业，第8页。

② 民国《呼兰府志》第11卷，物产略，第2页；民国《呼兰县志》第5卷，物产志，第25页；民国《瑷珲县志》第11卷，物产，第1页。

③ 民国《新民县志》第5卷，实业，第51页。

④ 宣统《海城县志》，不分卷，第73页。

⑤ 民国《辽阳县志》第27卷，实业志，第16页；民国《东丰县志》第3卷，商业，第11页。

⑥ 民国《台安县志》第1卷，疆域，物产，第59页。

⑦ 民国《辉南风土调查录》，不分卷，第30页。

⑧ 参见有关地方志。

⑨ 据说城东八棵树地方所产之酒，"称为全省之冠"；城内增益涌所造玫瑰酒，曾在巴拿马世界赛会上获奖（宣统《新民府志》，实业志，第66页）。

商品化的一种形式。玉米、小米等的情况和高粱大体相同,只是产量和市场销售量稍低。

东北地区这一时期的水稻种植和商品化也明显发展了。由于稻米价格高①,获利较厚,在一些地区,水稻的生产一开始就是商品性的。随着稻米商品化的发展,还有人在吉林宁安、奉天铁岭等地设立垦牧公司或稻田公司,专门从事水稻的商品生产。②

第二节　农产品商品量、商品率的提高与流通范围的扩大

随着经济技术作物种植的推广和粮食商业性生产的发展,一些地区的农产品商品量、商品率提高,形成了若干范围大小不等的商业性农业区。同时,农产品的流通也发生了某些变化:流通范围明显扩大,并比较普遍地形成了三级市场结构。

一、商业性农业区的形成和农产品商品量、商品率的提高

农产品的商品化过程,通常是从经济作物和园艺作物的商品性生产及其扩大开始,由此推动粮食商品化以及农业区域分工、社会分工的发展。当一个地区商品性的经济作物和粮食作物的种植,生产者达到一定数量,区域达到一定范围,农产品的商品量和

---

① 据一些地区的统计,稻米价格比当地小麦、小米高三分之一至1倍左右,比高粱、玉米高1至3倍不等。

② 民国《宁安县志》第3卷,商业,第2页;民国《铁岭县志》第8卷,实业,第8—9页。

商品率达到一定高度时，原来自给自足的农业区也就转变为商品性的农业区。

1895—1927年农产品商品化的发展，也是遵循这样一个历程。就在经济作物和园艺作物的商业性种植不断扩大，粮食生产进一步商品化的基础上，以各通商口岸为中心、以铁路干线和某些河流为轴线，逐渐形成了若干个范围大小不等的商业性农业区：

在华南，以广州为中心的珠江三角洲和广三、广九两路以及粤汉路南段沿线地区，以汕头为中心的沿海和韩江中下游地区；

在华东，以上海、苏州、无锡、镇江、南京等为中心的长江下游三角洲和沪宁路、沪杭路北段沿线地区，以杭州、宁波为中心的钱塘江三角洲和沪杭路南段以及杭甬沿线地区，温州、福州、厦门等口岸附近地区，以芜湖为中心的长江两岸地区，皖北津浦沿线部分地区；

在华中，以汉口为中心的江汉平原和京汉路南段、粤汉路北段沿线地区，以岳阳、长沙为中心的洞庭湖流域和粤汉沿线地区，九江附近的鄱阳湖和南浔铁路沿线地区；

在中原和华北，以郑州为中心的京汉铁路沿线地区，陇海铁路中段沿线地区，以石家庄为中心的京汉路北段和正太路沿线地区，以天津、秦皇岛为中心的津浦路北段和京奉路沿线地区，以济南为中心的津浦路和胶济路西段沿线地区，青岛附近和胶济东段沿线地区，烟台附近地区，以张家口为中心的京绥路沿线地区；

在东北，是营口、大连、安东附近和沈大、安沈铁路沿线地区，京奉路沿线地区，沈海、吉海铁路沿线地区，南满支路北段、四洮铁路沿线地区，中东铁路沿线地区，瑷珲附近地区；

在西南，则有万县、重庆、成都附近地区，云南滇越铁路沿线地区；等等。

这些商业性农业区，小部分是原有基础上的继续和扩大，如广州、汕头、上海等口岸附近地区,在甲午战争前,农产品商品化已达到了相当高度。至于其他地区,经济作物和粮食作物的商品性生产,原来虽有程度不同的扩大,但就一个地区来说,从事商品性生产的农户在全体农户中所占比重低,农产品中的商品量和商品率不高,自然经济仍居主导地位。作为一定范围的商业性农业区,是20世纪一二十年代才逐渐形成的。华北、东北一些地区尤其是这样。所谓甲午战争后农村自然经济加速解体,主要是指上述商业性农业区。

商业性农业区,明显不同于自给自足农业区,大部分农民的生产目的,主要不再是满足自己的直接消费,而是为了交换。无论单个农户还是整个地区,都有较大数量和比例的农产品进入流通。农民已经普遍被卷入市场。茶叶、蚕桑、烟草、棉花、甘蔗、芝麻、花生、大豆、桐油等经济作物,固然主要是为市场交换而生产的,这些作物种植的兴衰,直接为市场需求的变化所制约,就是一些地区粮食作物生产,也不同程度地改变了原来自给为主、交换为辅的自给自足性质。例如,安徽芜湖地方的一些半佃农,租地生产粮食,"不是要得谷而生活",而是"要作买卖"。① 直隶沧县,"邑之产麦,为田产十之四,而食麦者不及百之一"②。黑龙江呼兰一带,小麦为谷物大宗,而农民食粮以小米、高粱、玉米为主,面粉仅"间一食之"。③ 这些地区的小麦都是为市场而生产的。前述"粜精籴粗"的农民,也可以说是为市场而生产。在这里,商品粮已经不再等于余粮。

在自然经济瓦解、农产品商品化程度提高的情况下,农民对市

---

① 李麦麦编译:《中国经济其发展其现状及其危机》,第74—75页。

② 民国《沧县志》第11卷,事实志,生计,第14页。

③ 民国《呼兰县志》第6卷,物产志,第25页,又第5卷,第36页。

场的联系和依赖明显加深。在奉天开原等地，每届立冬，农民即纷纷将五谷运送市场。"间日一至"乃至"一日一至"。至于大豆，更是争先运送，以为首卖而得善价。① 一些贫苦农民也不得不舍弃自己的直接需要，去生产市场所需要的某些农产品。如京汉路沿线地区，一些土地有限、经营规模狭小的农户，"不得不牺牲谷产自给之安全，以获取商品换钱之购买力"②。

在经营方式上，商业性农业区的一个显著特点是，农业生产或多或少带有专业性生产的性质。

一个自给自足的农民，为了直接满足自己的需要，就必须进行全面种植。由于人均土地面积和经营规模的狭小，生产者用来进行交换的剩余产品数量是十分有限的。只要农民仍然把满足自己的直接需要作为生产的首要目的，农业经济始终只能是一种自给自足的自然经济。因此，在农业生产力没有多大变化的情况下，单个农户或某一地区农产品商品量和商品率的提高，一个地区由自给性农业向商业性农业的转化，惟一的途径是发展农业的内部分工，使单个农户及其所在地区，改变封闭式的、自给自足的生产和经营方式，实现农业的区域化和专业化，由原来的全面种植改为生产一种或几种主要产品，然后通过市场交换，获得自己所需要的其他产品。这就大大提高了单个农户和整个地区农产品的商品量和商品率。同时，也只有这种专业性生产，才能更有效地发挥单个农户和某一区域的人力、技术和自然条件的优势，提高单位面积和劳动力的生产率，加强不同生产者之间、不同地区之间的商品交换和经济联系，并通过这种联系，特别是商品生产者之间的竞争，促进农业生产力和整个社会经济的发展。单从这个意义上说，这一时

① 民国《开原县志》第9卷，实业，第2页。

② 陈伯庄：《平汉沿线农村经济调查》，第39页。

期出现的或加速发展的农业专业性种植和商品性农业,是农业生产力的一种提高。

当然,这种农业专业性生产的出现和扩大,并非单凭人们的主观愿望,而是商品经济逐渐发展、价值规律不断作用的结果。社会生产力的发展,不断改变社会的经济结构和人们的生活需要,从而不断改变市场的需求状况。当一种产品的市场需求扩大,特别是价格上涨,就会成为一股强大的动力,刺激生产者从事和扩大该产品的生产,并使之逐渐发展为专业性生产。“利之所在,不劝而趋。”①甲午战争后,随着机器缫丝织绸、棉纺织、面粉、卷烟等工业的兴起和发展,市场对蚕茧、生丝、棉花、小麦、烟草等的需求大增,价格日涨,蚕桑、棉花、小麦、烟草等的种植,亦随之扩大,不少发展为专业性生产。如山西荣河,因棉价日涨,农民由专种五谷,改为兼种棉花,最后发展为“专赖产棉”为生,“棉花丰收则衣食用俱足,否则立呈艰困之象”。② 解县,由于“花价腾贵,布几如绸”,“人民趋利若鹜,专精此业”。③ 江苏嘉定,“农家恃棉为生”④。广东花县,因“烟价日昂,业此者每获利,故种植多也”。⑤ 山东恩县,先时养鸡者,家只二三只或五六只,“自有专贩鸡卵出口者,价值极昂,多养至三四十只”。⑥ 这是在朝专业性生产的方向发展。

一种作物专业性生产的出现,又会引起其他作物或产品的价格和生产的变化。如浙江余姚,因棉价频涨,农民纷纷将禾田改成

① 民国《博山县志》第7卷,实业志,蚕桑,第6页。
② 民国《荣河县志》第8卷,物产,第4页。
③ 民国《解县志》第2卷,物产略,第28页。
④ 民国《嘉定县续志》第5卷,风俗,第1页。
⑤ 民国《重修花县志》第6卷,实业志,第7页。
⑥ 民国《重修恩县志》第6卷,实业志,农业,第7页。

棉田,米麦出产渐见减少,导致米麦"价格突昂"。[①] 这又必然刺激同一地区或其他地区粮食生产的扩大和专业化。由此形成一种连锁反应。总之,农产品商品化的发展,必然促成农业专业化生产的出现。

广东珠江三角洲这个较早出现的商业性农业区,是全国著名的蚕桑专业区。相当一部分居民以植桑养蚕为业。顺德全境,"悉是桑基",植桑面积约占耕地的70%,专业养蚕农户约占人口的80%。汕头附近和韩江中下游流域则是甘蔗、水果、烟草和花生种植区。由于香港和东南亚市场日益增长的需要,广州、江门、三水和汕头附近地区的蔬菜种植有了迅速的发展,并已相当专业化,而作为这些地区居民主要食粮的水稻生产,则日益受到排挤。

长江下游三角洲是著名的棉花和蚕桑专业区。通州、海门、太仓、嘉定、崇明、上海、南汇、华亭等处,棉花种植面积占耕地的60%—80%。又因棉花多与小麦轮作,这些地区的小麦种植也随之专门化。而水稻这种传统的粮食作物,逐渐退居第二位。太湖沿岸,沪宁、沪杭沿线则更侧重蚕桑的专业种植。特别是浙江,据说全省75县中,完全以植桑养蚕为专业者不下30余县。[②] 杭甬沿线北侧沿海沙地是棉花专业区,南侧和富春江流域主要生产稻米和油菜子,至于丘陵山地,油桐已逐渐发展成为一种专门化生产。芜湖、九江附近和长江两岸、鄱阳湖流域,是稻米、茶叶和油菜子种植区。以汉口为中心的长江中游流域,大致可以分为以下几个专业区:沙市附近一带是棉花产区,汉江流域和京汉路南段沿线,是水稻、芝麻和黄豆种植区,洞庭湖流域和粤汉路沿线,则正在

① 王惟乔:《余姚垄亩情形》,《钱业月报》第2卷第8号,1922年9月,第12页。

② 《中国实业志》,浙江省,第四篇,第八章,1933年,第164页。

发展为稻米、棉花和油菜子的专门种植区。

在河南、直隶、山东以及安徽北部、江苏北部,口岸附近和铁路沿线的商业性农业区,也是明显地由若干农业专业区组成:烟台和秦皇岛附近一带是花生和水果种植区;河南郑州以南铁路沿线是烟草、黄豆和芝麻专业区,后两种作物的种植面积约占耕地的80%;郑州以北京汉路沿线、郑州以西陇海路沿线、直隶山东临界的津浦路沿线地带,是棉花专业区,河南新乡、陕县、阌乡、安阳,直隶定县、藁城、南宫,山西荣河、虞乡、解县,山东高唐、夏津、临清、清平等地,棉花种植面积占耕地的30%—80%不等;郑州以东陇海沿线、山东胶济铁路沿线以及烟台附近一带,是花生专业区;山东胶济铁路沿线是棉花、蚕桑、烟草和花生种植区;正太和京绥路沿线是小麦和杂粮区;等等。

东北是这一时期发展起来的最典型、范围最大的商业性农业区,其专门化程度也最高。整个东北占统治地位的作物是大豆和小麦,可称为大豆和小麦的专门种植区。细而分之,安沈铁路沿线和沈大路东侧山区,以生产柞蚕丝为主,兼种大豆、杂粮;京奉路沿线以生产杂粮为主,兼种大豆、苹果;南满、沈海、吉海、四洮、打通等铁路沿线,以种植大豆为主,兼产杂粮;吉林、黑龙江两省铁路沿线和瑷珲等口岸附近地区,以种植小麦为主,兼产大豆和杂粮。此外,还有局部地区是苹果和烟草种植区。

各个商业性农业区,从某个意义上说,就是农业的专业种植区。在当时的生产力条件下,只有进行专业性种植,才能发展和扩大农业中的商品生产。农业的专门化是发展商业性农业的必由之路。

至于各商业性农业区农产品中的商品量和商品率情况,可从两方面来考察:一是以产品为线索,考察某些经济作物和粮食作物单项产品的商品量和商品率情况;二是以地区为线索,考察某一地区主要农产品的商品量和商品率情况。可惜这两方面都没有全面而精确的统计，只能撷取一些零星记载和数字，加以编排说明，而且相当一部分农产商品数字只限于外销（包括销往外县、外省、外国的农产品），不包括本地市场销售的产品。而某些记载中的所谓“本地销售产品”，又包括市场销售和生产者直接消费两部分。因此，下面所说的商品量和商品率，在概念和数量上并不十分准确，只能用作参考。

先从单个产品看。

蚕桑、棉花、麻类原来都是自给性的经济作物，明清时代已由商品性种植而发展为局部地区的专业化种植，商品量和商品率有所提高。甲午战争后，随着商品化和专业化程度的进一步发展，商品量和商品率达到了新的高度。如浙江海宁，蚕丝“无不全数销售”①，商品率几乎为100%。据1925年的调查，广东年产丝104641担，其中出口占38%，本地销用占62%。② 本地销用部分也大部分织绸输出。20世纪10年代中，山东胶济沿线和日照县等地，年产山茧200余万斤，1914—1917年，每年由青岛出口的茧丝，最低6066吨，最高13918吨③，出口率约50%—90%。奉天安东的柞蚕丝，亦“几悉供输出”。④ 棉花的商品率大多在50%—80%左右。如江苏青浦，年产籽棉约12万担，“自供约四之一，余者全销上海”⑤，外销率为75%。江苏其他棉区亦大致相似。湖北1915年前，棉花多供自用。到1918年前后，据说全省产棉约40

① 《硖石之经济状况》，《中外经济周刊》第215号，1927年6月11日，第17页。

② 考活·布士维：《南中国丝业调查报告书》，第35页。

③ 参见冈伊太郎、小西元藏：《山东经济事情》，第210—211页。

④ 《中国经济周刊》第52号，1924年3月8日，第18页。

⑤ 东南大学农科编：《江苏省农业调查录》，沪海道属，第19页。

万担,销于汉口者即达28万担①,占产量的70%。加上当地市场销售,商品率在80%—90%左右。山东、直隶在1910年以前,棉花亦多供自用。到10年代中后期,出口增加,商品率提高。当时位于津浦沿线的直隶曲周、威县、南宫、吴桥和山东高唐、清平、夏津、临清等8县,年产棉花约84.4万担,经天津、青岛等地出口或销售的约50万担,约占总产量的60%。② 加上本地市场销售部分,商品率当在80%左右。京汉、京奉沿线的情况亦大致相仿。如赵县,年产籽棉约4400余万斤,十之七八由天津输出。③ 据1930年的调查,完县年产棉花约1200万斤,1000万斤销售天津、张家口一带④,外销率约为83%。10年代中期,河南彰德、武安一带,年产棉约11万担,据说半数销往天津,三成运往汉口,二成省内消费。⑤ 1925年,奉天辽阳产棉约60万斤,约有50万斤销往外县外省⑥,外销率为83%。这一时期,因出口增加和机器麻纺织的发展,麻类的商品率也提高了。据统计,10年代中,山东大麻、亚麻、苎麻等的年产量约为300万斤,其中三分之一集散于济南,再加上临城、滕县、博山、莱阳等集散地的销售量,商品率当在70%以上。⑦ 又据1923年的调查,湖北的苎麻年产量约为3400万斤,30%左右供武昌官麻局消费,30%出口日本,20%输往欧美,其余

---

① 《中外经济周刊》第110号,1925年5月2日,第1页;《农商公报》第54期,1919年1月,第31页。

② 冈伊太郎、小西元藏:《山东经济事情》,第173—174页。

③ 刘家墦:《直隶京兆之棉业情形》,《农商公报》第78期,1921年1月,第31页。

④ 民国《完县新志》,食货第五,第38页。

⑤ 冈伊太郎、小西元藏:《山东经济事情》,第194—195页。

⑥ 民国《辽阳县志》第27卷,实业志,第17页。

⑦ 冈伊太郎、小西元藏:《山东经济事情》,第195—197页。

20%售于邻近省区①,商品率几乎达100%。在东北一些地区,麻类的商品率也是很高的。1928年,吉林桦甸产大麻320万斤,运往外地280万斤,外销率达87.5%。② 1913年,奉天海龙产大麻24000斤,市场销售17860斤,商品率为74.4%。③

烟叶的商品量和商品率,虽无统计资料,但可断定,甲午战争后发展起来的专业种植区中烟叶的商品性是最强的,只要市场需求,商品率可达99%以上。其他集中产区,一般在70%—80%。据记载,吉林桦甸1928年产烟1300万斤,销往外地1000万斤④,外销率为77%。

其他如花生、芝麻、油菜籽、大豆、桐油等油料作物的商品率,也都达到了相当高度。据统计,10年代中,河南陇海沿线的中牟、开封、兰封花生专业区,年产量约12万担,销往省外9.3万担,省内消费2.7万担⑤,外销率即达77.5%。山东博山,据说花生和花生油,“皆由青岛外售”⑥,亦即外销率和商品率均达100%。又据1925年对直隶河间等16个铁路沿线地区的调查,花生的当地消费只占24%,销往邻近地区和国外部分占76%。而且,越是花生种植集中的地区,外销率越高。山东章丘、济阳,河南陈留、通许、睢县,花生种植面积占耕地的40%—50%,花生外销率亦高达75%—97%。⑦ 甲午战争前,芝麻和油菜籽多为小面积种植,仅供

① 《中外经济周刊》第148期,1923年12月28日,第3页。

② 民国《桦甸县志》第7卷,经制,第18页。

③ 民国《海龙县志》,不分卷,第26、40页。

④ 民国《桦甸具志》第7卷,经制,第18页。

⑤ 冈伊太郎、小西元藏:《山东经济事情》,第159页。

⑥ 民国《续修博山县志》第7卷,实业志,农业,第9页,又商业,第12页。

⑦ 章有义:《中国近代农业史资料》第二辑,第205—206、232页。

生产者食用和照明。这一时期,商品率也提高了。1899年,沙市附近的芝麻产量约四五万担,仅德商收购额即达三万余担①,即使其他销售部分不计,商品率也在90%左右。直隶望都,年产芝麻六七千担,几乎全销北京、天津。② 又据调查,1921—1925年,直隶平乡等13处芝麻的平均商品率为76.5%。③ 在汉口、芜湖、杭州、宁波、福州等南方口岸,油菜籽是重要出口土货,这些地区的油菜籽的商品率也都比较高。浙江镇海、福建连江、安徽芜湖等地,油菜籽的商品率都在80%以上,甚至高达100%。④ 大豆的市场销售,通常以原豆和豆油豆饼两种形式出现。据1927年的统计,东北地区2500万日石的大豆总产量中,1300万日石为当地榨油坊所消耗,800万日石原豆输出国外⑤,原豆输出率为32%。又据统计,1927年,东北大豆中,本地消费占10.6%,输出部分占89.4%。关内铁路沿线地区的大豆商品率也很高。直隶宁津,据说年产大豆7500余万斤,大部分就地榨油,销往天津。⑥ 其他如安徽怀远,江苏武进、江宁的淳化镇和太平门,浙江镇海等地,大豆商品率都超过50%,最高的达97.9%。⑦ 这一时期的桐油主要供出口。其商品率自然随出口量的增加而提高。四川的桐油产量约为60万担,1917年输出34670担,约占总数的6%,1924年输出399305担,约占67%,到1930年,更增至547076担,占总数的

① 《东西商报》第48号,光绪二十六年,第12—13页。
② 民国《望都县志》第1卷,地理志,物产,第37页。
③ 卜凯:《中国农家经济》,第278页。
④ 卜凯:《中国农家经济》,第278页。
⑤ Chinese Economic Journal,第1卷第12期,1927年12月,第1049页。
⑥ 民国《宁津县志料》,抄本无页码。
⑦ 卜凯:《中国农家经济》,第276—277页。

91%。[①] 这种变化明显地反映出桐油输出率(在这里大体接近于商品率)的迅速提高。湖南常德和沅江流域,年产桐油30余万担,由常德输出者约占十之七八,浙江年产桐油约75000担,除小部分自用外,其余全部销往国外或国内其他地区。1929年的出口量为42322担,约占全省产量的56%。[②]

甲午战争后,水果、蔬菜以及禽畜产品的商品量和商品率也明显提高了。如直隶宁津,年产梨900余万斤,枣450万斤,半数销往天津。[③] 涿县梨、杏、枣、红果等各种干鲜果品的外销率在37.5%—75%之间。[④] 1921—1925年,前述直隶平乡等13处的蔬菜商品率,最低9.9%,最高100%,平均为51.2%。[⑤] 据1930年的调查,直隶完县,年产鸡蛋400万枚,其中307万枚出售,商品率约75%。[⑥] 1927年,察哈尔万全县产蛋457550枚,销往外地者236230枚[⑦],即使本地销售部分不计,商品率也达51.6%。涿县所产肥猪,二分之一运销北京。[⑧] 这些虽系零星记载,但大体反映出口岸附近和铁路沿线一些地区的水果、蔬菜和禽畜产品的销售情况。

至于粮食的商品量和商品率情况,一方面,随着经济作物、园艺作物种植的扩大以及城镇和工商业的发展,粮食商品量和商品率必然相应增长;另一方面,粮食作物的商品量特别是商品率,就全国范围而言,肯定低于经济作物。由于经营规模狭小和劳动生

① 参见李昌隆:《中国桐油贸易概论》。
② 李昌隆:《中国桐油贸易概论》,第109页。
③ 民国《宁津县志料》,抄本无页码。
④ 民国《涿县志》第三编,经济,第1卷,实业,第7—8页。
⑤ 卜凯:《中国农家经济》,第278页。
⑥ 民国《完县新志》,食货第五,第28页。
⑦ 民国《万全县志》第2卷,物产,第22页。
⑧ 民国《涿县志》第三编,经济,第1卷,实业,第6页。

产率低下,生产者在扣除自己的口粮以及其他实物支出外,作为商品投放市场的粮食数量是有限的。这些都从根本上限制了粮食商品量和商品率的提高。

但是,在下列情况下,粮食商品率也可达到相当高度。

一是人均土地面积较宽、经营规模较大,粮食生产者有较多的剩余产品投入市场。东北和京绥铁路沿线部分地区,即属于这种情况。如奉天洮南,据1930年的记载,全县人均土地15亩。经营方式则以地主、富农的雇工经营为主,因而每年有大量商品粮食外销,商品率在50%以上①。1929年,铁岭的高粱、谷子、玉米等9种主要粮食作物的商品率,平均为59.2%。② 京绥铁路沿线,据说所产谷物,只有五分之一是当地消费的,其余都销往京汉等铁路沿线。③ 被称为"米粮川"的万全县,虽然一半以上是城镇人口,仍有30%的谷物运销外地。④ 天津小站一带,是新辟水稻区,且稻米质优价高,主要用于市场销售,据说该地自用的不到五分之一。余概运销京津、保定、唐山以及东北各地。⑤

二是面粉工业的发展造成对小麦市场需求的扩大,以及农民粜精留粗、粜精籴粗,也会出现某些地区某些粮食品种的高商品率。此类情况在京汉、津浦铁路沿线和南方一些地区,都不同程度地存在。如直隶望都,小麦种植面积约占耕地的三成,所产小麦"除种籽外,尽销境外"⑥,商品率为100%。前面提到过沧县以及

---

① 民国《洮南县志》第4卷,商业,第28、63页。

② 据民国《铁岭县志》第8卷,实业,商务,第16—17页计算。

③ Chinese Economic Bulletin,第267期,1926年4月3日,第177页。

④ 据民国《万全县志》第2卷,物产,第23—25页计算。

⑤ 《天津小站食米产销状况》,《工商半月刊》第2卷第15期,调查,1930年8月1日,第25页。

⑥ 民国《望都县志》第1卷,地理志,物产,第35页。

奉天东丰，小麦商品率都接近100%。南方一些地区的小麦商品率也十分高。如江苏江宁淳化镇、福建连江和浙江镇海等地，小麦的商品率都在90%以上，乃至100%。[①] 有的地区尽管粮食不敷，小麦仍然是为市场生产，几乎全部出售。如浙江海宁，米不敷本地民食，小麦20余万石，除少数自用外，余均运销上海各面粉厂。[②] 安徽宿松、太湖所产小麦大部分运销石牌、安庆等地，同时从潜江以及江西等地运进稻米20余万石以供民食。[③] 至于农民粜精留粗而导致高商品率，除前述京汉沿线地区以外，还可举出东北的稻米和南方产稻区的糯稻的商品率情况，作为例证。东北一些地区（延吉地区除外）的稻米商品率一般在80%以上，据1929年的调查，铁岭年产稻米5200石，销往外地4200石，外销率为81%，桦甸年产稻米24000石，销往外地2万石，外销率为83%。[④] 在南方，因糯米是稻米中的精品，商品率也很高。前述江宁镇海、芜湖等地，都在90%以上。[⑤]

三是某些单一的粮食产区，农民无其他现金收入来源，只能通过卖粮换取其他必要的生活资料，从而导致粮食商品率的提高。如安徽泗县，主要出产是小麦、豆类和高粱，棉、麻、丝等"产量甚微，均取材异地"，惟有用粮食交换。因而商品量和商品率较高。据说丰年产小麦约144万石，外销20万石，豆19万石，外销10万

---

① 卜凯：《中国农家经济》，第276—277页。

② 《海宁县物产状况及行销情形》，《工商半月刊》第2卷第4号，调查，1930年2月15日，第48页。

③ 陈赓雅：《赣皖湘鄂视察记》，转见冯和法编：《中国农村经济资料续编》，第92页。

④ 民国《铁岭县志》第8卷，实业，商务，第16页；民国《桦甸县志》第7卷，经制，第18页。

⑤ 卜凯：《中国农家经济》，第276—277页。

石,此外还外销高粱10万石,大豆2万石。① 江西南昌、新建是该省重要的产米区,丰年外销的稻米占产量的一半以上。② 前述安徽主要稻产区的稻米商品率也较高。郎溪的稻米外销率达80%,当涂为60%,繁昌为50%,南陵、宣城各为30%。③ 江苏稻产区溧阳,据说年产籼稻约160万担,运销无锡、上海等地60余万石,外销率超过37%,年产圆稻18万担,运销无锡、上海9万余石,外销率超过50%。④ 又如热河隆化,不产棉和丝,农民布帛和其他用品,"皆取给于商家,至秋以粮抵价"。虽全县产粮不过50余万石,但农民"留以自食不过十之三,余皆由商人运售口内及转贷民间"⑤,商品率为70%左右。

相对于经济作物和园艺作物来说,粮食作物在商品率方面有一个显著的特点,那就是在大多数地区,商品率最高的并不是当地最主要的、种植面积最大的粮食作物。小麦的播种面积北方大于南方,而商品率南方高于北方;稻米则相反,南方的播种面积远大于北方,而商品率北方高于南方。在北方,小麦、小米的商品率一般高于高粱、玉米,而播种面积则相反;在南方,商品率较高的是播种面积有限的小麦、大麦、糯稻、豆类等,而播种面积最大的籼稻,商品率最低。这是因为播种面积最大的往往是生产者的主要食粮。他们在满足自己的直接需要后,投入市场的商品部分相当有限。而那些种植面积小的粮食品种,尽管商品率较高,但商品量有限。因此,既要看到甲午战争后粮食商品化一定程度的发展,又不要估计过高。

---

① 民国《泗县志》,经济,第21—22页。

② Chinese Economic Bulletin,第8卷第275号,1926年5月29日,第290页。

③ 《京粤线安徽段经济调查》,第43页。

④ 《工商半月刊》第3卷第18号,调查,1931年9月15日,第41页。

⑤ 民国《隆化县志》第8卷,生计,第2—3页。

以上对若干主要经济作物和粮食作物商品量和商品率的单项考察,从一个侧面反映了甲午战争后口岸附近和铁路沿线地区农产品商品化的程度,但还不能全面说明某一地区农产品的商品化情况。要做到这一点,就必须对该地区主要农产品的商品量和商品率进行综合考察。

下面再从一些地区农产品商品量和商品率的综合情况看。

一个商业性农业区,就是一个专业性的农业种植区,必定有一种乃至若干种农作物是以商品性生产为主,而一种或少数几种农产品的商品化,又会刺激和推动其他农产品的商品化。因此,作为一个真正的商业性农业区,商品化的农产品不是一种或少数几种,而是很多种,也就是农产品的全面商品化。上述口岸和铁路沿线地区,正是属于这种情况。即使那些蚕桑、棉花、烟草、花生、芝麻、大豆等专门种植区,其农产商品也不限于专业作物,而是包括主要的粮食作物、经济作物、园艺作物以及家庭副业等多种产品在内。如广东增城是珠江三角洲重要的水果专业区,不但所产荔枝、橄榄、香蕉、菠萝、龙眼、柑橘、石榴等水果一千数百万斤,全部外销,而且粮食和其他农副产品的市场销售量也相当大,所产稻米除在本县调剂外,每年外销800—1000万斤,所产小麦30万斤,则全部贩运出口。此外,每年外销黄麻、烟草、酥醪菜各四五十万斤,柴炭数百万斤,猪、牛各数千头,鸡、鸭、鹅30余万斤。纯自给或就地销售的主要作物只有花生、甘薯等少数几种。① 直隶重要产棉区藁城,不但有大量的棉花和土布运销天津和山西、绥远等地,五谷及甘薯亦“随时随地销售”。此外还有相当数量的花生、花生油、肥

① 国立中山大学农科学院:《广东农业概况调查报告书续编》上卷,第168—171页。

猪、羊毛、羊皮销往北京、天津、正定、束鹿等地。① 高邑全县有重要的农作物18种,其中销往邻近各县的有11种。② 望都除了占全县耕地30%的小麦尽销外境,尚年产棉花约三百万斤、辣椒三四百万斤、枣二三十万斤、肥猪万余口以及相当数量的花生,销往北京、天津、察哈尔、汉口、徐州、蚌埠和国外一些地区。③ 这表明这些地区农产品的全面商品化。

在不少地区,农产品的商品部分已经占有相当高的比重。如奉天东丰,据说消耗于本地的农产品仅占20%,运销外境者占80%。④ 铁岭12种主要农产及其制成品中,有8种的外销率在60%以上。⑤ 吉林桦甸,1928年的9种主要农产品的价值额合计968万余元,外销总额为651万余元,外销率为67.3%。⑥ 如果加上当地的市场销售部分,上述3县的农产品商品率当在70%—90%。

东丰、铁岭、桦甸三县的农产品商品率,在东北地区可能是比较高的。但决不是绝无仅有的。从一些记载看,奉天辽阳、沈阳、海城、宽甸、安东、开原、海龙、洮南,吉林双城、宁安、桦川,黑龙江呼兰、瑷珲等地,农产品的商品量和商品率都达到了一定的高度。

在关内,总的来说,农产品的商品量和商品率不如东北地区高,但仍有不少地方的农产品达到了全面商品化的程度。如直隶涿县,相当比例的农产品是为市场而生产的。据统计,各种农产品销往外地的比重,棉花80%,水果60%,稻米、肥猪50%,粉条

① 民国《续修藁城县志》第1卷,疆域志,第4—5页。

② 民国《高邑县志》第2卷,物产,第10—11页。

③ 民国《望都县志》第1卷,地理志,物产,第35—40页。

④ 民国《东丰县志》第3卷,农业,第4页。

⑤ 民国《铁岭县志》第8卷,实业,商务,第16—17页。

⑥ 民国《桦甸县志》第7卷,经制,第17—18页。

40%，小麦33%，玉米25%，豆类20%，此外还有相当数量的芝麻、鸡蛋销往京津。在大量出售粮棉水果的同时，又由张家口等地买进大量小米、高粱，其数量分别相当于本地产量的三分之一和二分之一。各种棉织品则由高阳买进。① 这种农产及其制成品的大买大卖，大进大出，充分利用市场进行品种调剂，利用市场差价决定土地的种植经营，正是农产品高度商品化的一种表现。又据20年代的调查，直隶平乡、盐山，河南新郑、开封，安徽怀远、宿县、来安、芜湖，江苏江宁、武进，浙江镇海，福建连江等12县15处农产品的商品率，最低30.6%，最高83.8%，平均为51.9%。具体情况见表11。② 15处中，农产品出售部分超过50%的达9处，不足50%的6处。盐山1923年调查的一处最低，只有30.6%，这是由于当年作为主要商品作物的小麦歉收的缘故。浙江镇海的出售部分最高，达83.8%。从地区看，南方稍高于北方，市场出售部分已达62.8%。表明在这些地区农业生产中，商品性生产开始占居主导地位。

表11　直隶平乡等处农产品家庭自用和出售部分比重表

1921—1925年

地区	家庭自用部分(%)	出售部分(%)
直隶平乡	45.1	54.9
盐山(1922)	44.4	55.6
盐山(1923)	69.4	30.6
河南新郑	62.4	37.6
开封	67.2	32.8
安徽怀远	64.8	35.2

① 民国《涿县志》第三编，经济，第1卷，实业，第6—7页。

② 卜凯：《中国农家经济》，第275页。

续表

地区	家庭自用部分(%)	出售部分(%)
宿县	59.7	40.3
北部地区平均	59.0	41.0
安徽来安(1921)	45.1	54.9
来安(1922)	43.2	56.8
芜湖	44.3	55.7
江苏江宁(淳化镇)	26.3	73.7
江宁(太平门)	33.6	66.4
武进	53.7	46.3
浙江镇海	16.2	83.8
福建连江	35.5	64.5
南部地区平均	37.2	62.8
总平均	48.1	51.9

列宁在谈到俄国商业性农业的发展时曾经指出:“由于农业本身的性质,农业向商品生产的转变是以特殊的方式进行的,……商业性农业的形式非常复杂,它不仅在不同的地区形式各异,而且在不同的行业也不相同。因此,在研究关于商业性农业增长的问题时,无论如何也不能局限于整个农业生产的笼统的统计资料。”①口岸附近和铁路沿线地区商业性农业发展、农产品的商品量和商品率提高的情况,完全证实了列宁的论断。例如,粮食的商品生产,既有专业型的,也有余粮型的,还有“粜精籴粗”和品种调剂型的。因此,不能把某一农户或地区的余粮率等同于粮食商品率,不能把以调剂品种为目的的粮食交换排除于商品交换之外,更

① 《列宁全集》第3卷,人民出版社1959年版,第275页。

不能用资本主义商品生产的标准来衡量小商品生产。否则就会忽略和抹杀自给性农业向商业性农业转变的基本事实。

二、农产品流通范围的扩大和市场结构的变化

农产品流通范围的大小同农产品的商品化、农业生产的专门化程度成正比。在自然经济占统治地位的闭塞状态下，虽然也有一部分农产品进入市场交换，但除少数地方特产销售范围较大外，一般只限于当地或邻近地区，流通范围很小。随着农产品商品化和整个社会商品货币关系的发展，农产品的流通范围不断扩大。通常农产品的商品化程度愈高，社会分工和商品流通愈发达，生产者愈需要在更大范围内推销自己的产品，同时购买自己所需要的生产和生活资料。甲午战争后，特别是到 20 世纪 20 年代前后，由于农产品商品化和农业专业化程度的提高，对外贸易、国内商业、新式工业和交通运输业的发展，农产品的流通范围显著扩大了。

这一时期，随着对外贸易的发展，一些原来只供生产者家庭消费或在邻近局部范围内销售的农产品，诸如棉花、烟草、花生、芝麻、油菜籽、桐油、蛋品、水果、牛羊皮等，大量远销东南亚、日本和欧美各国。如河南郑州以东陇海沿线地区的花生，过去“仅供本地榨油及茶食之用，无贩运出口之利”。民国后则“渐为出口土货之大宗”。① 直隶濮阳某村所产花生，1920 年前仅由个人推车换油或携篮零售，流通范围只限本村或附近各村三数里内。1920 年后，则由各家组合商行大批运送，由大名、道口等地经天津输出海外。② 东北的大豆，过去一直被生产者充当食粮和牲口饲料，豆油

① 《河南之花生生产》，《农商公报》第 65 期，1919 年 12 月，第 34 页。

② 《中国近代农业史资料》第二辑，第 235 页。

则用来烹调和照明,豆饼用于喂马。到20世纪初,豆饼成为日本一种流行的肥料,豆油则输往欧美①。这种自给性农产品一变而为出口土货,其流通范围的扩大是不言而喻的。国内市场销售的农产品,流通范围也普遍扩大了。

和过去不同,这一时期投入市场的许多农产品,如棉花、麻类、烟叶、小麦、禽蛋等,都是作为工业原料出售的。而这些新式工业主要集中在沿海和内地少数城镇。这样,农产品就纷纷向大中工业城镇集结。如长江流域的棉花,大多集结于上海、汉口;直隶、山东和黄河流域的棉花,则以天津为中心市场。河南、山东、安徽的烟叶,多向上海、汉口、天津、青岛集结。东北的小麦则运往哈尔滨、长春、宁古塔,等等。这就大大延长了运输距离,扩大了流通范围。

随着工业的发展、城市规模的扩大和人口的增加,一些城镇摄取粮食和其他农产品的范围也不断扩大。试以济南为例,20世纪初期济南市场上销售的米麦杂粮的主要产地或发运地,有如表12所示。②

8个品种的米谷杂粮,来自4省24府县或城镇。其中上海、南京、大连、徐州、蚌埠、安东、无锡、大汶口等,显然是发运地而非产地。若完全以产地而论,济南的粮食等的摄取范围就更大了。而且,随着时间的推移,摄取的范围越来越大。20年代后,京绥铁路沿线地区也成了济南杂粮的重要供应地。③ 济南这种中等城市尚且如此,大城市就更不待言了。

---

① Chinese Economic Journal,第1卷第12期,1927年12月,第1049页。
② 冈伊太郎、小西元藏:《山东经济事情》,第36—37页。
③ Chinese Economic Bulletin,第267期,1926年4月3日,第177页。

表 12　济南市场米麦杂粮的主要产地或发运地

品名	产地或发运地
小麦	蚌埠、徐州府、曲阜、东阿、泰安、禹城、平原、张庄、随溪口,安徽怀远
玉米	齐河、泰安、大汶口,安徽怀远
小米	平原、禹城、长清、宁阳、大汶口
高粱	奉天府、大连、安东、齐东、大汶口
稻米	上海、南京、无锡、徐州府、蚌埠
绿豆	长清、齐东、大汶口、平原
黄豆	大汶口、平原、济宁、齐河
芝麻	徐州、沂州,安徽怀远

新式工业和工商业城镇的兴起,使农产品的市场需求急剧增长,促成农产品流通范围的扩大,而铁路和轮船则为农产品的长途运输提供了条件,使这种扩大成为可能。如河南安阳的棉花,在火车未通时,仅由小车或马车运销邻近的卫辉、怀庆以及开封、许昌一带,到 20 世纪,由于铁路的修建和机器棉纺织业的发展,安阳棉花除部分供应该地广益纱厂外,其余北销天津、石家庄,东至青岛、济南,南运郑州、汉口,转销上海。其流通范围之广,“已非往昔之局促于本省者可比”①。价贱量大的粮食,其流通范围的扩大,更是有赖于铁路和轮船运输。前述济南销售的米麦杂粮,绝大部分都是通过火车和轮船运去的。在东北,由于铁路运输的发展,销往

① 民国《续安阳县志》第 7 卷,实业志,商业,第 5 页。

境外的粮食比重,不断增大。

表 13　中东铁路历年粮食运输中输往境外数量所占百分比

1903—1925 年　　单位:千公吨

年度	每年平均运输总量	每年平均输出量	输出占总量%
1903—1905	70.3	10.3	14.7
1906—1910	302.4	225.4	74.5
1911—1915	661.0	561.8	85.0
1916—1920	843.2	705.4	83.7
1921—1925	1769.6	1585.6	89.6

表 13 所示①,运输总量、境外输出量以及输出量占总量百分比,均呈逐年递增趋势。而输出量比运输总量的增长速度更快。23 年间,后者增长 24 倍,而前者增长了 153 倍。输出量在运输总量中所占的比重,也由 14.7% 提高到 89.6%。也就是说,通过中东铁路运输的粮食,绝大部分都是远距离销售。

东北地区的粮食和其他农产品之所以能够进行较大数量和范围的销售,条件之一是有比较方便的铁路运输。据 1918 年哈尔滨总商会报告称:该地区年产大豆、小麦八九百万石,由铁路输出的达 600 余万石。② 又据 1930 年的调查,中东铁路各站附近所产粮食,经火车运销国内外各地市场的比重达 80%—90%。③

过去只供生产者自用或就近销售的鲜果、蔬菜、禽蛋、鱼虾等,

① 表据东省铁路经济调查局:《北满农业》,第 39—40 页编制。

② 转见宓汝成:《帝国主义与中国铁路》,第 617 页。

③ 转见宓汝成:《帝国主义与中国铁路》,第 617—618 页。

流通范围也明显扩大了。山东的莱阳梨,“名驰南北”,但“皮薄浆多不耐久藏”,过去无法远销,20 世纪二三十年代,由于有了火车和轮船运输,莱梨不但行销本省青岛、烟台、济南,而且远及京津、辽沈、沪粤等处。[①] 河南新乡的西瓜,自“火车通行,销路益远”。[②] 奉天北镇,“昔年多种菜蔬,仅销境内,近年交通便利,运销外县者甚夥”[③]。直隶昌黎、唐山一带的鱼鲜,直至 19 世纪 80 年代末,还难得运销天津。自京奉铁路通车,即迅速运往天津销售。[④] 广西桂平一带,自从西江轮船通行,“土物出境倍易于前,山间物产外销,获利不少,而家畜鸡豚亦各载之舟中,随大江东去,售诸港粤,日月不休”[⑤]。

这一时期农产品流通范围的扩大,可从铁路运输中农产品的运输距离不断增长这一事实得到印证。表 14 是 1916—1920 年间全国铁路运输中农产品平均运输距离的统计。[⑥]

从表 14 可以看出,农产品的铁路运输距离基本上是逐年增长的,平均每吨的行程由 1916 年的 260 公里增加到 1920 年的 319 公里。5 年内增长了 22.7%。

随着农产品流通范围的扩大,流通环节和市场结构也发生了重大变化。

---

① 民国《莱阳县志》第二卷之六,实业,物产,第 55 页。

② 民国《新乡县续志》第 2 卷,物产,第 32 页。

③ 民国《北镇县志》第 5 卷,实业,第 26 页。

④ 宓汝成:《帝国主义与中国铁路》,第 590—591 页。

⑤ 民国《桂平县志》第 29 卷,第 17 页。

⑥ 据《中国近代经济史统计资料选辑》,第 211—212 页。据该书统计,1921—1925 年间的农产品铁路运输距离的变化趋势是下降的。这可能同当时一些地区的军阀割据和混战有关。

表 14　全国铁路运输中农产品平均距离变化表

1916—1920 年

年份	吨数	延吨公里	平均每吨行程(公里)
1916	3110000	809240000	260
1917	3260000	886170000	271
1918	4010000	1094520000	273
1919	4190000	1012850000	241
1920	5180000	1649950000	391

在农产品的商品量、商品率和流通范围有限的情况下,流通环节和市场结构都十分简单。相当一部分交换是在生产者和消费者之间直接进行,根本不经过商人。由商贩运销外地的农产品,一般也只有产地市场和销地市场之分。而这种产地市场和销地市场,都是分散的农村原始市场。随着新式工业的兴起及其对农产品原料需求的增长,逐渐形成了某些农产品的消费市场。那些大量出口的农产品,也在一些口岸相应地形成国内终点市场。提供给国内工业和国外市场的农产品,不可能直接由农民卖给工厂或洋商,必须有一个分散收购、集中转运的过程。这就必然在产地形成原始收购或贩卖市场,在交通方便的铁路枢纽或江河口岸形成中级转运市场。这样,农产品的交换,就由原来的产地市场、销地市场的结构,发展为产地原始市场—中级转运或集散市场—消费或终点市场的三级市场结构。

19 世纪下半叶,丝、茶等主要出口土货和某些地区的粮食运输,已经开始形成上述三级市场的结构。20 世纪 20 年代前后,棉花、烟叶、芝麻、大豆、桐油、禽蛋、草帽辫以及一些地区的小麦、稻米、高粱、玉米等粮食运销,也都先后形成了三级市场的结构。

就棉花销售而言,19 世纪末 20 世纪初,已经形成宁波、上海、天津三个出口市场。第一次世界大战前后，随着机器棉纺织业的发展，形成了上海、天津、青岛、无锡、常州等棉花消费市场。武汉、济南、郑州、石家庄则既是消费市场，又是最大的棉花转运市场。比较次要的转运或集散市场则有山东的张店、周村、烟台，山西的榆次、阳曲，河南的安阳、新乡、汜水、陕州，湖北的老河口、沙市，湖南的津市，江西的九江，安徽的芜湖，浙江的宁波、余姚，东北的大连、安东等。在各主要产棉区，则出现了密度不等的原始贩卖市场。

试以直隶为例，说明棉花销售市场的变化。

直隶各地的棉花种植，最初主要是为自己织布，力所不及，才直接卖花，供一些无地种花的穷家妇女织布。织布也首先是家庭自用。自用有余，方才出售。随着棉花和土布生产的发展，在产棉区的中心地带逐渐形成花、布交易市场，在市场进行交易的主要有三种人：一是卖棉和布的棉农兼家庭手工纺织业者，二是买棉卖布的专职织布户，三是收购土布的商人或当地消费者。他们之间的关系．可作图解如下：

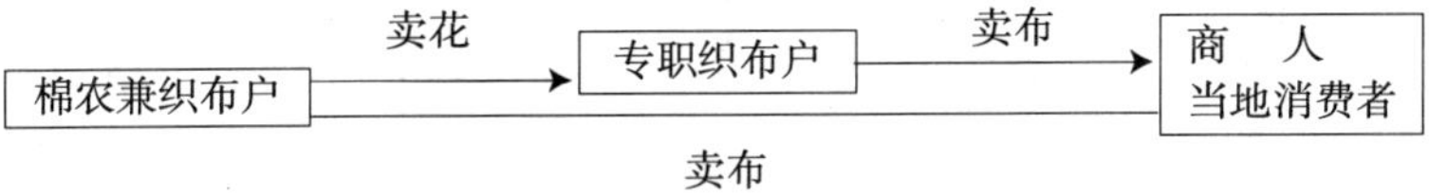

市场上有棉花、棉布两种商品交易，但以棉布交易为主。棉布被当地消费者购买后，即由流通过程进入消费过程。商人所购之棉布，则直接运往山西、绥远等地销售。

这里的棉花、棉布流通环节和市场结构都很简单。

20 世纪一二十年代，机器棉纺织业逐渐取代手工纺织业。在直隶农村，特别是铁路沿线地区，土布市场相对缩小或完全消失，同时出现了专供棉花的市场。再加上棉花出口的增加，原来只限于本地销售的直隶棉,一变而为重要出口商品。产地和销地日远,流通环节加多。棉花从棉农手中到纱厂和洋商手中,大体经过了下列四级市场:

农村小市场 即棉产区村市。直隶产棉比较集中的县区,几乎每村都有村市。每逢棉花采摘季节,棉农在清晨挑棉(籽棉或皮棉)上市出售。在村市上活动的有棉农、小商贩或较大市场委派的商人。此外还有当地经纪人居间介绍,促成买卖双方成交。

原始市场 位于各产棉区的中心集镇。棉商在村市买花后,即运至集镇脱籽、分类、打包。也有一部分较大的棉农将棉花直接运至原始市场出售。在原始市场上活动的有棉农,轧花店,棉花店,棉花贩运商,洋行分庄、纺纱厂、京津棉花店以及其他制棉商店的采购员。这里起重要作用的是棉花店,它不但代客买花,并备有房屋供客商住宿,或直接买花转售。贩运商则往返各地从事棉花的收购和贩运,并起到平衡各处棉价的作用。

中级转运市场 以石家庄最为重要。直隶主要棉区获鹿、正定、藁城、元氏、栾城、赵县等以及山西部分地区的棉花,多在此集中转运。在这里从事棉花交易的主要是贸易货栈和棉花公司。前者的基本业务是代客储运,或代客买卖,收取佣金。部分货栈也兼营打包业务;后者则专门从事棉花收购,或将购自原始市场的棉花,转运他处销售。据1926年的调查,石家庄共有棉花公司4家。

消费或终点市场 即棉花最后进入消费(包括生产、生活两种消费)或直接输往国外的市场。直隶最大的消费或终点市场是天津和北京。运往北京的棉花,经过弹花行、棉花店弹制后,以被套或卷花的形式出售,也有一部分被贩往张家口等地。运往天津的棉花,20年代以前,除一部分被制成被套、卷花就地销售外,其余全部直接输往国外,20年代后,则有一小部分为纱厂所消纳。此外,石家庄和唐山也分别建有纱厂一座,消纳一部分棉花,因而也带有棉花消费市场的性质。

上述四级市场中，农村小市场是原始市场的一部分，实际上仍为三级市场结构。

直隶棉花销售流通环节和市场结构的上述变化，在黄河流域和长江中游等产棉地区，带有一定的普遍性。至于长江下游三角洲产棉区，由于离纱厂集中的上海、无锡、南通很近，运输便捷。在棉花市场结构方面并没有普遍出现类似直隶的变化。相反，有些地方的棉花流通环节和市场结构，反而简单化了。如南汇周浦，原为重要的棉花集散市场，据说“棉市之盛，首推周浦。买者卖者群集行家而听其支配”。贸易操纵于棉花行之手。后来，上海各纱厂纷纷在棉产集中的大团设立分庄，与农民直接买卖。周浦棉市“遂一落千丈”。① 原来充当棉花交易中介入的棉花行，现在被排除于流通环节之外，棉花的流通环节和市场结构都变得简单了。

不过，南汇周浦的这种情况，在甲午战争后的农产品的销售中，似乎并不普遍。相反，更多的农产商品，由于流通范围的扩大，都形成了大体相当于三级市场的结构。

再看桐油的流通环节和市场结构的变化。

过去，桐油全数销行国内，“运输不远，其市不繁”②。流通环节也很简单，无非是油农或脚贩肩挑零卖。到20世纪初，桐油出口量急剧增长，占全国产量的90%以上。国内桐油贩运也空前兴旺。桐油的重要产区湖南，据说从事桐油贸易的牙行，遍于全省，每县多则数十，少亦二三家。③ 桐油由生产者到达输出口岸或国内消费者之手，须经多次交易程序和多级市场。据30年代初的调

① 民国《南汇县续志》第18卷，风俗志，第4页。

② 李石锋：《湖南之桐油与桐油业》，第1页。

③ 李石锋：《湖南之桐油与桐油业》，第69页。

查,湖南的桐油出口和国内销售,分为产区市场、本省各地集中地市场、全国集中地市场和国内消费或终点市场等四级市场。产区市场即原始市场,分布于各桐油产区。本省集中地市场即中级转运市场,位于河流沿岸或铁路沿线。主要有五个:即长沙、益阳、洪江、常德、津市。全国集中地市场主要是汉口、镇江。本省和全国集中地市场都属于中级转运市场性质。消费或终点市场主要是上海和其他城镇。汉口和镇江也同时带有消费或终点市场的性质。①

茶叶、烟草、禽蛋等农产品的销售,有时产地原始市场和中级转运市场的区别不明显,在市场结构上一般可分为集散市场和国内消费或终点市场两级。

粮食销售的三级市场结构形成较早,市场组织和交易程序也比较复杂。

甲午战争前,在非农业人口居住集中的各大中城镇,早已形成消纳量相当大的粮食消费市场,在商品化程度较高的粮食产区形成了以运销外境为主的产地原始市场。在某些交通比较方便的江河口岸则出现了粮食转运市场。长沙、南昌、九江、芜湖、扬州、无锡早已是有名的粮食转运市场。

这一时期,随着粮食商品化程度的提高和流通范围的扩展,各级市场的数目和规模显著扩大。特别是由于新的商品粮产区的出现,面粉工业和铁路运输的兴起,引起粮食运销路线和运销区域的改变,形成了一批新的粮食转运市场和消费或终点市场。济南、蚌埠、邯郸、石家庄、张家口、丰台、新民、铁岭、开原、沈阳、安东、大连、宁古塔等粮食转运市场,就是20世纪初发展起来的。自从津

---

① 李石锋:《湖南之桐油与桐油业》,第43—51页。

浦、陇海、胶济三线通车，鲁西、皖北、苏北的一部分粮食，即集中济南，转运鲁东销售。① 安徽蚌埠在津浦路修筑前，只是一个乡村集镇，津浦路通车后发展为豫东和皖北的粮食集散地，北运天津，南销上海。直隶邯郸位居京汉要道，地点适中。一些商人利用这一有利条件，从湖北、河南等地收购粮食，运至北京等地销售，小商亦"设筐市廛，为买卖双方之绍介，藉抽牙佣"。二三十年代之交，该地有大小粮商 50 余家②，一变而为南粮北销的重要转运市场。湖南的芦陵潭、靖港，江西的涂家埠，江苏的邵伯，河南的渑池、武陟，直隶的沧州、泊头镇，奉天的朝阳镇，其性质介于产地市场和中级转运市场之间，可称为二级运转市场。哈尔滨、青岛是这一时期发展起来的重要消费和终点市场，同时也带有转运市场的性质。

三级市场结构的形成，是农业和整个社会商品生产、商品流通发展到一定程度的必然结果。它有利于农产品销售的扩大和商业性农业的发展。但是，随着流通和转运环节加多，商品的流通费用势必增加，再加上各地关卡林立，税捐繁多，使商品的销售价格提高。同时，农产品的流通环节愈多，市场结构愈复杂，直接生产者对市场的需求情况及其变化愈是闭塞，从而愈是有利于商人对市场的操纵垄断和对生产者的敲诈盘剥。这又反过来阻碍商业性农业的发展和农产品商品化程度的进一步提高。

第三节　农产品商品化的性质

帝国主义对中国农村的经济侵略，对农民的残酷掠夺，不同于本国封建地主阶级，主要手段不是征敛田赋和地租，而是通过商品

① 冈伊太郎、小西元藏：《山东经济事情》，第 170—171 页。

② 民国《邯郸县志》第 13 卷，实业志，商业，第 7 页。

交换。随着帝国主义对农村经济侵略的加深和扩大,农村商品生产势必有所发展,自给自足的自然经济也同时解体。农业商品生产的发展,成为农村经济半殖民地化的表现形式,农产品的商品化被打上了半殖民地和殖民地的深刻烙印,使1895—1927年间通商口岸附近和铁路沿线地区的农产品商品化,在性质上不但根本不同于鸦片战争以前,也同甲午战争以前有着显著的区别。

当然,从全国范围看,农产品商品化产生的原因及其社会作用是复杂的。

有的是由于自然条件的差异和生产者的余缺互济。我国地域辽阔,幅员广大。南方与北方,东部与西部,沿海和内地,平原和山区,自然条件不同,物产各异,需要互相调剂。这种农产商品出现最早,在中国已有数千年的历史。甲午战争后,这种商品生产不但延续下来,而且随着交通运输条件的变化,有进一步的发展。不过这些农产商品主要限于生产者直接消费后的剩余和某些地方特产。

这种农产商品虽然也对自然经济起着某种瓦解作用,但主要还是作为自然经济的补充。鸦片战争后,特别是20世纪初叶,中国自然经济的解体进程明显加快,但解体程度因地区而异。离口岸和铁路交通线较远的内陆地区,自然经济固然相当完整地延续下来,即使在口岸附近和铁路沿线一带,相当一部分地区的自然经济也远没有完全解体,商品经济尚未占据主导地位。这些地区农民的生产目的主要还是满足自己的直接需要。在作物种植上,先安排自给性作物,有多余的土地再种商品性作物;在产品处理上,先满足自己的直接需要,有剩余产品再投放市场(为完租偿债而出卖是另一种性质的问题)。他们出卖的农产品,无论粮食、棉花还是其他农副产品,相当部分仍然是直接消费后的剩余。

有的是由于农民的紧急需要。帝国主义的侵略和封建主义的剥削,使农民的经济状况不断恶化,而洋货的倾销和国内商品经济的发展,又使农民对市场的依赖程度加深。许多原来由农民家庭生产的生产和生活资料,现在却需要向市场购买。这就需要现金。完税、完租(钱租和折租)、还债,也需要现金。为此,不得不将原来直接用于吃穿的各种农副产品,拿来换取现金。他们或者"粜精留粗",将大米、小麦、小米等精粮出卖,而自食高粱、玉米、白薯等粗粮;或者"粜精籴粗",出卖精粮,而买进粗粮自食;或在秋收将粮食尽行出卖,而到冬春季节又借钱买粮,形成粮食返销。至于那些过去一般被用来改善生活、补充营养的家禽家畜,更是无条件地出售。这样,有时尽管农民的生产并无发展,产品并未增加,甚至减少,给市场提供的商品却增加了,出现了一种病态的商业繁荣,如浙江嘉兴,据说"农民于秋收后,因需用现款,将米粜与米行,及至翌年乏米,再向米行购入,故米之营业颇繁"。① 前述北方地区粜精留粗、粜精籴粗的粮食贸易,也莫不如此。

这是就全国范围而言。至于通商口岸附近和铁路沿线地区,这一时期农产品的商品化,主要还是由于对外贸易的扩大和资本主义新式工业的发展。

所谓对外贸易的扩大,无非是帝国主义对中国农副产品和其他工业原料掠夺的加强。而新式工业的发展,主要是以蚕茧、棉花、烟草、羊毛、禽蛋、小麦等为原料的轻工业。这些新式工业中,虽然有数量和比重不等的本国资本,但更多的还是外国资本。这一时期各通商口岸附近和铁路沿线地区提供给市场的主要农产商品,不管是出口,还是国内消费,都是主要满足帝国主义的需要,都

① 《嘉兴之经济状况》,《中外经济周刊》第182号,1926年10月2日,第14页。

是帝国主义加深和扩大经济侵略的结果。浓厚的半殖民地和殖民地性质也就成为这一时期口岸附近和铁路沿线地区农产品商品化的基本特征。这主要表现在以下几个方面：

首先，甲午战争后农产品商品化的发展变化，不但是帝国主义加紧农产品原料掠夺的产物，而且同外国侵略者直接干涉中国农业生产有着密切的关系。

帝国主义对中国农产品的掠夺，早在鸦片战争以后就开始了。不过，直至19世纪八九十年代，中国输出的土货，绝大部分还是丝、茶等国内市场上的传统农产商品。烟叶、蔗糖、棉花、草帽辫等的出口，虽有程度不同的发展，但尚居次要地位。当时帝国主义者主要还是利用中国原有的农业结构，从市场销售的传统商品中，攫取自己所需要的某些农产品。虽然这些农产品出口的扩大，刺激了这些农业部门商品生产的发展，但尚未引起农产品商品化发展趋向特别是农业结构方面质的变化。

八九十年代特别是20世纪初年后，情况就不同了，帝国主义对中国农产品的掠夺范围明显扩大，并且除蚕丝外，已经把掠夺重点转向那些原来种植并不普遍或市场销售不广的农产品。由于帝国主义需要和掠夺重点的改变，引起了这一时期商业性农业发展的变化。棉花、烟草、花生、芝麻、大豆、桐油等种植的扩大和商品化程度的提高，就是属于这种情况。

尤其值得注意的是，帝国主义开始采取调查、建议、推广洋种以及价格刺激等手段，着手改变中国原有的某些作物品种、耕作方法、生产布局等，以适应自己的需要。

对于中国的蚕丝生产，帝国主义曾多次派人调查，向清中央或地方政府提出各种改良方案，以获取它们所需要的蚕丝。对棉花、烟草、花生则大力推广洋种。在许多地区，这些作物种植的扩大、商品化程度的提高，都是伴随着洋种的推广而出现的。如直隶定县,主要作物“向惟五谷与豆类”,棉产不多,且系本地种。到20世纪初,随着美国棉种的推广,棉田面积急剧扩大,占全县耕地的一半以上。① 河南陕县,本属产棉之区,棉花倍于五谷。20世纪二三十年代,“自洋种西来,德美各棉,其收更丰,故栽植者尤多”②。山东寿光,“旧惟邢姚、南河、杨家、柳杭等村有此,近则提倡美棉,绒最长,种者亦日多”③。临清县的植棉面积,也随美棉推广而递增。参阅表15。④

表15　山东临清美棉种植和棉田总面积增长表

1928—1930年

年份	美棉种植面积（亩）	棉田总面积（亩）	美棉亩数占棉田总亩数%
1928	355000	540000	65.7
1929	450000	575000	78.3
1930	490000	630000	77.8

不但如此,棉花商品率也提高了。该县原产本地棉大多自用,“自改种美棉,可供纱厂之用,输出额较前激增”⑤。

烟草、花生以及东北一些地区的甜菜,情况亦大体相同。

1913年,英美烟公司在山东胶济线上的坊子开办了一家小烟厂,并在附近地区推广美烟种植。一方面租地试种,另一方面给当地农民发放种子,传授种植方法,并用较高价格收购其产品,以诱

① 参见民国《定县志》,地图说明,地理志略。

② 民国《陕县志》第13卷,实业,第5页。

③ 民国《寿光县志》第11卷,物产,第27页。

④ 民国《临清县志》,经济志,农业,第34—35页。

⑤ 民国《临清县志》,经济志,农业,第34—35页。

使农民订约承种。果然,烟草种植迅速扩大。几年后,坊子附近的麦田几乎全部变成了烟田。① 同样的方法也被用于湖北西北部的均州,河南京汉线上的襄城、许昌,安徽津浦线上的门台子等地。英美烟公司以湖北均州土质宜种美国烟草,于1913年派人前往分发烟种,鼓励种植,并全部收购当年所获烟叶。② 1919年又派人到河南襄城散发烟种,指导种植,并很快推广到禹县、许昌、长葛等县,1920年又派人到许昌建厂,专为烘烤烟叶之用。许昌农民因种烟利厚,遂多停种杂粮,改种美国烟草,使该地很快成为全国最重要的产烟区之一。③

日本东亚烟草公司则选择奉天适宜种烟之地,劝诱农民栽培,由该公司包购。如有歉收,则给予适当津贴,以消除农民顾虑。到20世纪20年代,凤城、安东交界一带,已有三四千亩地改种烟草。④

一些地区的花生种植,也是随着洋种花生的传播而扩大。约在1890年前,由一个美国传教士将美种花生传播到山东蓬莱县。此后逐渐推广到黄河流域的直隶、河南、山西诸省,长江流域的江苏、安徽以及东北等地。⑤

随着美种花生的传播,不但花生种植面积扩大,商品化程度也提高了。如山东高密,自洋种花生输入,“种者甚夥,为出口货大宗”⑥。平度县因美种花生的传播,花生种植“遂盛行境内”,所产

---

① Decennial Reports,1912—1921年,第1卷,胶州,第218页。

② 《农商公报》第23期,1916年6月,第53—54页。

③ 陈伯庄:《平汉沿线农村经济调查》,附录一,第33—35页。

④ 《银行周报》第4卷第2号,1920年1月13日,第42页。

⑤ 《中国落花生之产销状况》,《银行周报》第5卷第35号,1921年9月13日。

⑥ 民国《高密县志》第7卷,实业,第2—3页。

花生油则大多运销南省及东西洋各国。① 恩县花生分大小两种，“邑人近皆种大者(按即美国种)，为榨油出口之大宗”②。

东北地区的甜菜种植，也是在帝国主义者的直接诱使下发展起来的。

20世纪初，沙俄和日本先后在东北兴建大型糖厂。为了保证原料供应，千方百计引诱和刺激当地农民种植甜菜。俄商阿什河制糖厂每年冬季付给农民种子和现金，并订立收买甜菜契约。③日商糖厂为了诱使农民改种甜菜，除种子、肥料由该厂供给外，每垧地还贷给工本银16元，并承诺，如秋收无利可获，由该厂赔偿农户48元。此外，凡改种甜菜10亩者，给奖券一张，头彩可得奖千元。据说实行这种办法后，当地甜菜种植面积成倍增加。④

第二，农业生产被迫服从帝国主义的需要，中国广大农村，特别是通商口岸附近和铁路沿线地区，日益沦为帝国主义列强的原料供应地。

在通常情况下，优良品种的传播，先进耕作技术的推广，落后的、以自给自足为目的的农业生产布局的改变，农产品商品量和商品率的提高，是农业生产和整个社会经济发展的重要标志和条件。然而，在政治和经济上已经丧失独立的旧中国，这一切都是直接为帝国主义的利益服务的。帝国主义“把中国变成它们的工业品的市场，同时又使中国的农业生产服从帝国主义的需要”。⑤

甲午战争后，市场销售的主要农产品，不再是直接消费品，而是工业原料。这些农产品的销售和工业利用，大体上有两种情况：

---

① 民国《平度县续志》第10卷，民社志，工商业，第3页。

② 民国《重修恩县志》第6卷，实业志，植物，第29页。

③ 大河原厚仁：《满洲之富源——吉林省》(日文本)，第723—724页。

④ 《南满制糖厂之成绩》，《农商公报》第55期，1919年2月，第24页。

⑤ 《毛泽东选集》，合订本，第592页。

一种是大豆、芝麻、花生、桐油等农产品,在国内直接用作日常消费,如食用、照明或涂油家具等,而日本和西方国家则主要充当化工原料,分别用以制造肥皂、假漆和涂料等。这些农产品的市场销售主要是出口,如东北大豆的90%以原豆或豆油、豆饼的形式输往国外市场。① 至于芝麻,如前所述,世界市场三分之二左右的消费量是由中国供给的。花生的销售,前述直隶等6省16处1925年出口占销售总额的52%,当地消费和邻近地区销售部分占48%。桐油则"多输入于美国,约占产额的九成"。② 可以毫不夸张地说,这一时期中国的大豆、芝麻、花生和桐油主要是为帝国主义生产的。

另一种是蚕丝、棉花、烟草、禽蛋等农副产品,甲午战争后,特别是第一次世界大战期间,由于民族工业的初步发展,对上述农产品的市场需求扩大。尽管如此,仍然必须优先满足帝国主义的需要。这些农产品中的大部分乃至绝大部分,不是输往国外市场,就是供给帝国主义在华企业的消费。如蚕丝,据1917年的估计,广东年产量在4万余包左右,1912—1917年,平均每年输出丝45068包③,亦即输出占绝大部分。奉天安东等地的柞蚕丝也"几悉供输出"。④ 棉花的销售,据1923年华商联合的调查统计,是年出口和国内外资纱厂用棉合计307万余担,约占全国商品棉的一半。不但如此,当棉花供应发生困难时,必须优先满足帝国主义的需要。

① 章有义:《中国近代农业史资料》第二辑,第189页。

② 张正成:《中国产之桐油》,《农商公报》第119期,1924年6月,第18页。这个估计可能偏高。桐油出口情况见前。

③ 转见陈真:《中国近代工业史资料》第四辑,第185、191页。

④ 《安东柞蚕丝之楚材晋用》,《中外经济周刊》第52号,1924年3月8日,第18页。

如1922年年底,纱厂用棉供应紧张,中国纱厂面临停工威胁。北洋政府应纱厂联合会的要求,决定暂停棉花出口,不料遭到日本政府的强烈反对,谓中国即使棉花缺乏,也只能向国外订购,而不能禁止棉花出口。在日本帝国主义的强大压力下,北洋政府只得提前弛禁。① 结果,日本就近从中国取得了棉花供应,而中国纱厂被迫远从印度进口棉花。以致出现了这样的奇异现象:一方面是中国棉花商品化程度的提高和棉花出口量的增长,另一方面是本国纱厂对外棉依赖程度的加深。在1920—1921年至1930—1931年的10个年度内,中国棉花消费量提高了199%,而同一时期中国纱厂所消费的棉花中,外棉比重由17.9%增高至37.8%。②

既然中国已经沦为帝国主义的原料供应地,帝国主义的需要与否,也就直接决定着中国农业生产的兴衰,当帝国主义对某种农产品的需求增加时,这种农产品的生产就发展、扩大。这一时期棉花、蚕桑、烟草、芝麻、花生、大豆、油桐等种植的扩大,并形成若干专业性种植区,无一不同帝国主义的农产品掠夺有关。反之,如果帝国主义的需求缩减,或者同帝国主义的同类产品的销售相抵触,不但出口即行下降,连国内市场也无法保持,这种产品的生产也随即衰退。19世纪六七十年代,茶叶、蔗糖是帝国主义掠夺的主要农产品,茶、蔗的种植一度迅速扩张。80年代后,印度、锡兰、爪哇、日本等国的茶叶种植园兴起,法国等地的榨糖业发展,中国的茶叶、蔗糖,不但出口剧减,而且国内市场也为洋茶、洋糖所侵占,茶叶、甘蔗的种植也就一蹶不振。草帽辫也曾是中国的重要出口土货。在一段时间,用光洁度较高的大麦秸编成的草帽辫在西方市场很行销。大麦秸市场需求的扩大,刺激直隶、山东等地的农民

---

① 章有义:《中国近代农业史资料》第2辑,第185—187页。

② 严中平:《中国棉纺织中稿》,第304页。

纷纷废弃小麦,改种大麦。不久,西方市场的草帽款式变了,大麦秸编成的草帽辫滞销,大麦的种植也就随即衰落。至于直接妨碍洋货倾销的那些农产品,则只有绝迹之一途了。最典型的例子就是蓝靛。过去,蓝靛一直是作为中国的传统染料而被广泛种植。19 世纪末 20 世纪初,由于洋靛的大量倾销,各地的蓝靛种植纷纷绝迹。1911 年南京海关就宣称:“土靛为外国苯胺染料所排挤,事实上已归于消灭。”①20 年代后,这种情况更加普遍。

第三,随着农产品商品化程度的提高,内地农村同国际市场的联系加强,但国内各地区之间的联系被削弱了。国内市场被分割、肢解,中国广大农村完全沦为资本主义世界市场的附庸。

在通常情况下,一个国家或地区商业性农业的发展,势必导致市场范围的扩大,最终把农民卷入世界市场。正如列宁所指出:“农民的产品要想出卖,就要受到社会的核算,首先是地方市场的核算,其次是国内市场的核算,最后是国际市场的核算;这样,村野农民过去同整个外界隔绝的状态就被彻底打破了。”②这些国家或地区的农产品进入国际市场后,工农业之间,地区之间的联系更加紧密了,国内统一市场更加扩大和加强了。在这里,一个国家或地区的农产品进入国际市场,只是该国地方市场和国内市场的延伸和扩大。

然而,在甲午战争后的中国,情况则相反,农民被卷入国际市场,是以国内统一市场的肢解和破坏为前提的。为了帝国主义侵略的需要,铁路干线和轮船航线的基本走向都是由沿海口岸经内地口岸、城镇,最后深向腹地农村,并由此形成一种特定方向的商品对流:工业品由沿海口岸输入,经内地口岸或城镇,销往腹地农

---

① Decennial Reports,1902—1911 年,第 1 卷,南京,第 402 页。

② 《列宁全集》第 3 卷,人民出版社 1959 年版,第 276 页。

村;农产品则自腹地农村,经内地口岸或城镇,向沿海口岸集中,最后输出国外。正是这种商品对流,把穷乡僻壤的农民卷入远隔重洋的国际市场。中国农民同世界市场的联系加强了,但这是一种畸形的"单线联系"。随着这种"单线联系"的出现和加强,中国国内城乡之间、工业(包括手工业)农业之间,不同地区之间原有的经济联系被削弱和割断了。对这种状况,当时一些学者早有论述:"港口之开辟,铁路之敷设,海洋及江河航业之发达,乃破坏旧之联系,而创立新之联系。帝国主义的海关政策还是加强去分裂国家之统一",以致"满洲与日本之关系,较上海为密切。南中国与中国北部及中部之贸易,乃经过了香港,云南与印度支那之关系,比对广东的关系,密切得多"①。这些清楚地说明,这时中国已经没有统一的国内市场,各个地区分别以"单线联系"的方式,成为资本主义世界市场的附庸。

诚然,从局部范围看,铁路和内河航运的兴起和发展,也有加强大中城镇(包括一部分内地城镇)同内地农村之间经济联系的一面。在市场结构上形成了前面提到的消费市场或终点市场。对周围农村来说,这些消费或终点市场是中心市场。但是对于资本主义世界市场来说,它只不过是一个中级转运市场。因此,它对国际市场有一种明显的从属性和依赖性,而对国内民族经济有一种特殊的离心力。这种市场的规模越大,联系的地区越广,消纳的农产品越多,对国际市场的从属性和依赖性越强,对民族经济的离心力越大,越是对国内统一市场起着一种分裂和肢解的作用。

由于统一的国内市场被肢解,在市场价格的形成上,也就不可能有自己独立的体系,而是完全以国际市场为转移。例如,湖南的

---

① 马札亚尔:《中国农村经济研究》,第479—480页。

桐油价格,以汉口来电为标准,汉口洋行复以其本国来电为转移。价格形成的具体过程是,湖南各地的洋行分行先将桐油市场情况报告汉口等地总行;总行综合各地情况并汉口存油数量及商情,电告本国,然后由各国油商复电通知需要数量而定其收购价格。① 山东济南的棉花,因大部分输往日本大阪,故价格亦受日本大阪的支配。据说"济南重要之花行,有每日打电报大阪询问行情者"。② 上海、天津诸埠也都是根据纽约、大阪的电讯来决定其棉花价格。即使像河南安阳这种县城的棉花价格,也是每日由棉业公会收听南京电台广播的上海标花市况并参酌天津、济南所传来的棉花供需情况来决定的。③ 其他主要农产品的价格也大致如此。有人根据历年海关十年报告,择取15种基本物品④的价格变化情况,编成1871—1936的长年价格指数,结果表明,中国上述物品的价格指数与美国的基本相同,1895年以后尤为吻合。⑤ 这充分表明中国市场的半殖民地和殖民地性质,以及这种性质在甲午战争后的加深。

第四,这一时期农产品商品化的半殖民地殖民地性质,还明显地表现在外国商人以及为之服务的国内买办和买办化商人直接操纵和垄断各级市场的农产品销售。广大农民在继续遭受原有封建剥削的同时,又加上了洋商以及买办商人、高利贷资本的残酷

---

① 李石锋:《湖南之桐油与桐油业》,第100页。

② 《山东棉业生产及输出状况》,《农商公报》第18期,1916年1月,第3页。

③ 转见严中干:《中国棉纺织史稿》,第308—309页。

④ 15种物品中有11种是农产及其制成品,即粮食类的稻、小麦、面粉,糖、茶类的红茶、红糖,纺织原料类的棉花、生茧、羊毛,杂项类的牛皮、桐油、花生油。其余4种是属于金属类的钉条铁、紫铜锭、生铝块和锡块。

⑤ 转见章有义:《中国近代农业史资料》第二辑,第298页。

压榨。

在农产品的收购中，洋商最毒辣的一手，就是凭借他们手中的雄厚资本和政治经济特权，通过操纵市场价格，盘剥农民。他们的目的是既要运用价格刺激，诱使中国农民大量生产他们所需要的农产品，又要通过压价收购，谋取暴利。汉口茶叶市场的价格变化，很能说明这一点。每年茶季开始时，洋商往往出价较高，以引诱大量的茶叶上市；一旦茶叶成批上市，洋行立即压价；华商为了脱手，被迫贱价出售，这就势必影响产茶区同时进行的茶叶收购的价格。结果，茶农因低价收购而备受损失，洋商达到了谋取暴利的目的。待茶市将要收盘时，洋行忽又提高价格，让华商和茶农朦胧地看到来年茶季的一线希望，而不忍放弃茶叶的经营和栽培。烟叶等的收购，也都是如此。

洋商和买办商人还通过贷款、预购的手段，进行压价收购。如日商收购棉花的办法是，每值青黄不接时，深入腹地，直接向棉农贷款。所产棉花，即概由日商收购，农民“致受压迫”。① 1912 年前后，日本三井洋行在福建龙岩州城外开设烟叶收购所，每到烟叶收成季节，付给烟农部分现款，订约预购。②

贷款、预购实际上是一种残酷的高利盘剥。通常预购的价格都很低，如广东罗定的烟叶预购价只有时价的二分之一。③ 吉林珠河一带的大豆预购亦是“半偿”。④ 河南一些地区的棉花预购价

---

① 穆藕初：《振兴棉业刍议》，《华商纱厂联合会季刊》第 2 卷第 1 期，1920 年 10 月，第 5 页。

② 东亚同文会：《支那省别全志》第 14 卷，福建省，第 527 页。

③ 广东大学农科学院编：《广东省农业概况调查报告书》，罗定县，第 258—259 页。

④ 民国《珠河县志》第 15 卷，风俗志，贷款，第 13 页。

则只有市价的三分之一。如果预购价格只相当于市价的一半,即意味着预购者在货物到手时已经获得了100%的利息。价格愈低,则利率愈高。在这种情况下,商人和高利贷者完全合二而一了。有的地区,即使旧式高利贷,也是通过买办商人经手贷放的,如直隶棉农,大半依靠借款充作植棉资金,藁城有的地主富户,即专以高利贷盘剥棉农为业。但是,他们并不直接同棉农往来,而是假手于棉商。棉商整宗借来,再零星转贷与棉农。并且提高利率一二倍,乃至四五倍,从中渔利。① 而本息归还,又自然以棉花价额折算。在这种情况下,棉商既获得了一笔高额利息,又为压价收购创造了更好的条件。

此外,帝国主义侵略者和国内买办商人还通过扩大工农业产品差价、地区差价、季节差价以及压级、压秤、勒取样品等手段,对农民进行盘剥。

就是这样,农民的劳动成果绝大部分落入了侵略者和国内买办商人、高利贷者的腰包。据统计,前述直隶等6省16处的花生销售,如以农民所得价格为100,则商人所得价格为282。② 农民只得全部价格的26%。在东北,黄豆的市价也只有三分之一落到农民手中。③ 又如安徽一担茶叶的售价为1.5元,而上海市场的卖价为14元,农民所得价格部分还不到11%。④ 很明显,农民根本不可能依靠如此微小的所得价格补偿生产消耗。结果,农民的生产和生活条件不但不因商业性农业的发展和农产品销售的扩大而有所改善,反而愈来愈恶化。这又反过来给侵略者和国内买办

---

① 曲直生:《河北棉花的生产和贩运》,第49—50页。

② Chinese Economic Journal,第5卷第3期,1929年9月,第787页。

③ 陈翰笙、王寅生:《黑龙江流域的农民与地主》,第10页。

④ 波里斯 · 多加谢夫:《产茶的中国》英文本,第80页。

商人、高利贷者扩大贱价预购、抑价勒购和高利贷盘剥提供更好的条件，最后导致农业生产力的进一步萎缩。吉林《珠河县志》有一段关于该地的大豆预购、高利贷剥削和农业生产力衰退的论述，颇有说服力，原文如下①：

"历年收买元豆者，多于春夏之际以贱价或半偿，向农民购定元豆；而农民因迫于生活费用，不得不在豆值低廉之时出售新豆（俗名'买青卖青'），一岁所产之农作物更无余力从事农业之发展。故每届种植时期势必出于举债，又必经重利贷者一曾［再］盘剥，即所谓'捣小月'、'大加一'种种名目。其种植时之不举债者，每届秋收之前往往又迫不及待而辗转入于商人之手。收获之季，供给量多，价格低落，于农民以需款之故，势不得不忍痛出售。及至青黄不接之日，在从事农业生产之农民，又反须出高价以购求食粮。结果所及，必然至农民无法生存，不仅生产不能增加，连原有之生产力亦难保持矣。"

对这段论述，无须再加说明，只要指出，吉林珠河的情况，在前述商业性农业区和其他地区，既不是独一无二的，也不是最严重的。这就够了。

帝国主义的经济侵略虽然刺激了某些地区商业性农业的发展，促成了自然经济的解体，但同时又加剧了农民的贫困化，破坏了原有的农业生产力，因而阻碍着城乡资本主义特别是农业资本主义的发展。

帝国主义对封建主义落后国家的经济侵略，决不是用资本主义的面貌去改造这些落后国家。它们没有也不愿意摧毁或动摇原有的封建土地所有制和整个封建制度。恰恰相反，落后腐朽的封

---

① 民国《珠河县志》第 15 卷，风俗志，贷款，第 13 页。

建生产方式,乃是帝国主义掠夺中国农民的经济基础,封建地主和买办商人则是它们的得力帮手。在这种情况下,尽管一些地区的农产品高度商品化,农民几乎完全为市场而生产,但就经营方式而言,绝大部分仍然是封建租佃关系下分散的、落后的、个体农户的小商品生产。虽然这种落后的小商品生产也给外国侵略者的农产品掠夺带来某些困难,使它们必须像“滚雪球”一样才能搜购到足够数量的农产品①,但是,它们宁肯“滚雪球”,也不愿意看到中国农村出现一个资本雄厚的、与之分庭抗礼的卖主。同时,在农产品的交换过程中,绝大部分利润为帝国主义者所攫取。相对于外国侵略者而言,国内买办商人也不过是分得一杯残羹而已。因此,中国农村随着商品经济而出现的两极分化,主要是贫困一极的恶性膨胀。一方面,广大农民急剧贫困破产;另一方面,并没有人相应积聚足够的货币财富去雇用这些破产农民以从事资本主义的农业经营。这是殖民地半殖民地国家农村两极分化中的“一头沉”。在这种情况下,不仅农业资本主义得不到相应的发展,城市新式工业也因缺乏充足的原料、商品粮以及产品销售市场而被窒息。因此,甲午战争后的农产品商品化,从某个角度或横断面看,似乎也有促进农业生产和整个社会经济发展的一面,但在当时的历史条件下,最终还是导致农业生产和整个社会经济的破坏和凋敝。

① Decennial Reports,1902—1911 年,第 1 卷,汉口,第 354 页。

第 七 章

雇佣劳动的状况及其发展变化

随着地权分配和租佃关系的变化，以及商业性农业的发展，农业雇佣劳动在量和质的方面，都发生了显著变化，包括资本主义性质的雇佣劳动在内的自由雇佣劳动，有了较大发展，但是很不平衡，形形色色的封建性强制劳动乃至奴隶劳动，在一些地区仍然严重残留。同时，更多的农户所使用的雇佣劳动，是以劳力协作和调剂为目的的互助性换工劳动，形成多种雇佣关系或劳动交换并存的局面：前资本主义强制性雇佣劳动与资本主义自由雇佣劳动并存；以追求利润或补充家庭劳力为目的的雇佣劳动与以互助调剂为目的的雇佣劳动并存；雇佣劳动与换工劳动并存。尽管如此，这一时期农业雇佣劳动发展变化总的趋势是，广大农户贫困化加剧，农村雇工队伍扩大。农户间的换工劳动不断向雇佣劳动演变；封建性的强制劳动不断向自由的、资本主义的雇佣劳动演变，农业雇佣劳动的自由性格日益明显。

第一节 换工劳动及其向雇佣劳动的演变

在农户的生产目的以直接满足家庭需要为主的情况下，农业经营规模通常是与家庭成员和劳力的多寡相适应的。劳力来源也以家庭成员为主。这些农户不需要也无力使用大量雇佣劳动。但是，农业生产的季节性强，在农忙期间几乎所有农户都需要补充一定数量的劳动。这部分劳动不少是以农户间换工劳动的形式进行的。甲午以后,一些地区以劳力协作和调剂为目的的换工劳动仍然十分普遍。但是,随着城乡商品经济和商业性农业的发展,越来越多的换工劳动已为雇佣劳动所代替。

一、直接换工劳动的广泛存在

从劳动补偿和报酬支付的情况看,农户间的换工劳动有两种:一种是以雇佣劳动为外形的换工劳动,即按时计劳付酬,一如普通雇工,但雇主和雇工不断易位。今天的雇主,明天变为雇工;今天的雇工,明天变为雇主,即所谓"互佣"。单个农户的雇工和佣工时间也大体相等,收支平衡;另一种是直接换工劳动,即以工还工,不计工资报酬,仅以饭食相待,有的连饭食也不管。这是一种直接的活劳动交换和调剂。

直接换工劳动是最早出现的农户劳动互助和交换形式。长期以来,直接换工劳动在各地都很流行,直至20世纪初叶,仍不乏这方面的记载。

在南方,如湖北,每届插秧,"农人彼此换工,不计工资者甚多"①。据1928年对该省16县113处的调查,79处有比例不等的农户实行换工,占总数的69.9%。换工内容包括插秧、锄草、灌溉、运粪、整秧田、打麦、割稻、插(或挖)白薯、筑堤等主要农活和水利劳动。② 湖南安乡,贫苦农民在农忙时虽然雇用短工,"但主

① 《鄂省农业经济状况》,《中外经济周刊》第178号,1926年9月4日,第6页。

② 据金陵大学农林科:《农业丛刊》(第7号):《村调查表》各表统计。

要的还是由邻近的各个小农户彼此交换帮工”①。澧县的情况是，“农人工作，附乡同村换工，不计工资，以酒食丰者为称说（悦）”②。沅陵县的佃农，农忙时多数采取近邻农家帮工的方式。③

江苏太仓，农户换工谓之“盘工”，据说十分普遍。④ 无锡也有小部分贫苦农民，以换工方式样进行劳动调剂。⑤ 浙江开化，“雇农极少，农忙期间邀邻人互相帮助”⑥。

广东庆德，“普通耕田者互相为助，茶饭供足，少有言及工金者”⑦。在广西，据说除苍梧、邕宁二道外，都盛行直接换工制度。有些地方如农民遇有需要通力合作的巨大工程，可以鸣锣召集邻近农民前来协助，不必支付工资，只要以丰盛饭食款待即可。⑧

在西南地区，四川宣汉，“农人率以换工相辅助，换工者三五比邻协作互助。或彼或此，按日偿还，工资、饮馔不致有多寡丰俭之争执也”⑨。看来这里的换工劳动是互不供饭的。云南昆明、禄

---

① 伍忠道:《湖南安乡县湖田区域中的农田经营》,《中国农村》第1卷第5期,1935年2月,第72页。

② 民国《澧县志》第1卷,《风俗》,第5页。

③ 伍忠道:《湖南沅陵县农村经济的速写》,《中国农村》第1卷第10期,1935年7月,第46页。

④ 满铁上海事务所调查室:《江苏省太仓县农村实态调查报告》,第90页。

⑤ 据《江苏无锡农民地主经济调查表》各表。

⑥ 蔡斌咸:《浙江农业劳动》,转见天野元之助:《支那农业经济论》,第556页。

⑦ 广东大学农科学院:《广东农业概况调查报告书》,第199页。

⑧ 薛暮桥:《广西省农业经济调查》,转见《中国农村经济资料续编》,第77页。

⑨ 民国《宣汉县志》第5卷,职业,农业,第7页。

丰、玉溪、马龙、开远等地,情况大致相似。在昆明、马龙,农户插秧及收割时,均须他人协助,但多数是“交换工作”。玉溪也“大都是互相合作。甲家在插秧或收获时,乙家帮同插秧割稻;乙家在农忙时,甲家亦如此”。据说这是“农村内普遍的状况”。①

在北方,农户换工劳动也相当普遍。河北宛平石景山一带,换工劳动十分流行。播种、耪地、收割都有,耪地更普遍。不过主要发生在贫农中间。该地八角村、高井、麻峪等村的现存农户档案中,多有“农忙时同别人换工互助”;户主“本人和本村几个人在农忙时换工”;“没雇过短工,农忙时请人换工”的记载。② 20年代的河北清苑县,据12个村庄的调查,农户实行换工的有5村,没有换工的有7村。③

山东历城、恩县等地,也都有换工劳动。据调查,历城冷水沟的惯例是,在除草、收割等农忙时节,两家临时组合,换工互助。通常换工农户的耕作面积大体相等。该县潞家庄,有农户131家,有换工农户四五组,每组两户,换工农户约占全村农户总数的6%—8%。恩县夏后寨,同族或邻里间也都有只管饭、不给工钱的换工互助。④

农户间这种直接换工劳动的长期存在是由农业生产季节的紧迫性,单个农户低下的经济力量和劳力调节能力决定的。农业生产的季节性很强,时间紧迫。但是一家一户的劳力有限,这就需要

① 国民党农村复兴委员会:《云南省农村调查》,第100页。

② 分别据八角村《阶级成分登记表·家史简述》;高井《阶级成分登记表·家史简述》;麻峪《阶级成分登记表·家史简述》。

③ 据《河北省清苑县村户经济调查表》各表统计。

④ [日]中国农村惯行调查会编:《中国农村惯行调查》第4卷,第25、357、462页。

其他农户的临时支援,否则就会延误生产季节。

值得特别注意的是直接换工劳动不仅仅是农户间的劳力调剂,它还包含了劳动的简单协作以及由此产生的劳力节省和劳动生产率的提高。浙江衢州的"守牛会"是这方面的突出例证。守牛会是一种农忙期间放养耕牛的换工互助组织。其惯例是,每当插秧以后,凡本村有牛户都入会,将耕牛集中放养,每日轮流由两家负责看守。通常每年五月立会,秋收后解散,为期四至五个月。① 这样,如果一个有20家养牛户的小村,各养牛户即可节省90%左右的放牛劳力。养牛户数量越大,节省的劳力也越多。

如果换工劳动包含了农具、耕畜的联合和相互调剂,更可改善劳动条件,提高农户生产资金的利用率,无形中产生了一种新的生产力。

由于贫苦农民生产资金和工具短缺,加上生产方法本身的限制,部分农业生产环节以及某些水利工程的修护,是单个劳力和农户无法完成的。适当的劳力协作和互助,一家一户劳力单薄、工具不齐的问题即可解决。这是换工劳动之所以具有强大生命力的原因。例如,广西东北、西南的瑶族和苗族农民,由于普遍实行休耕制,隔几年就要开垦新荒。垦荒是农户的艰巨工程,换工互助也就显得异常重要。长期以来,该地的惯例是,如某一农户须开新地,可预定日期,通知村里其他农户。届时,村中男女壮丁须全体出动。他们不取工资,还要自带工具,甚至自备早餐和晚餐,只有午餐由主人供给。他们自己开新地时,方法照旧。② 地处湖南山区的蓝山县,"因一人不便工作,合数人则工半事倍,且农器亦可互用,省费

---

① 孤芬:《浙江衢州的农民状况》,《东方杂志》第24卷第16期,第58页。

② 农英:《广西各地的农业劳动》,《东方杂志》第32卷第22期,1935年11月,第95页。

尤多”,故换工十分普遍。“农忙如插秧、割禾时,甲邀乙、丙、丁换工,乙丙丁邀甲亦如之,但参差时日而已。”①湖北大冶碧石渡地方,如田在一处,均须灌溉,则三两家联合,各出一两个劳力,共用一部水车,按人照线分水,“以省搬车之劳,而免雇人之苦”。阳新情形相似。② 湖北黄梅独山镇一带,播种、灌溉、收割等主要农活,有一半的农户实行换工,据说这样可减少30%的生产费。③

北方一些地区以联合各家劳力、耕畜以及车辆等大型农具为目的的换工劳动,在长期的实行过程中,逐渐形成了一套细密的方法和惯例,有的发展为长年性的劳力交换和互助组织,在农业生产中起着重要作用。江苏萧县的“搁具”和东北一些地区的“插具”,是这方面的典型。

江苏萧县全是旱地,翻地、播种、拉车等都需要大量畜力。牲口的使用以“具”为单位。两三头牲口并在一起使用,叫做一“具”,而且其中必有一牛。一般贫苦农民,喂不起一“具”牲口,往往只有一头小牛或小驴。“孤牛不成具”,因而常常是两三家喂单牛或单驴的农户相互联合,把牲口组成一具,这就叫“搁具”。其成员则互称“具伙计”。重要农具如大车、犁耙、耩子(条播器)等,一般由喂牛的“具伙计”置备,换工范围主要是翻地、播种和收割。搁具期限无一定,合、散自由。据30年代初的调查,萧县东南9个村,搁具的农户达84家,占总数的38%。④

---

① 民国《蓝山县志》第13卷,礼俗三,第14—15页。

② 《农村调查表·大冶县碧石渡》;《农村调查表·阳新县费师铺》;《农村调查表·阳新县壹堡》。

③ 《农村调查表·黄梅县独山镇》。

④ 卢株守:《江苏萧县东南九个村庄的生产方式》,《中国农村》第1卷第5期,1935年2月,第66—67页。

东北的“插具”性质与上述相似。而以辽南地区较为普遍。[①]

换工劳动在一定程度上克服了农民由于生产单位过小而出现的劳力调配灵活性小、资金短缺、耕畜农具不配套等缺陷，保证了农业生产的顺利进行，节约了劳力和资金，提高了劳动生产率。但是，个体小生产者有极大的局限性。历史证明，生产单位、劳动组织和经营规模一定要与生产力发展水平相适应。在私有制条件下，生产单位和经营规模过小所造成的土地、劳力、资金的短缺和浪费，是不可能通过换工互助根本解决的。

二、换工劳动向雇佣劳动的演变

直接换工劳动，从另一个角度看，又是社会经济落后的象征，是农民劳动的价值形态尚未得到充分发展的产物。而且，直接换工劳动在地理区域和劳力调配两方面都受到很大限制。

因此，当农村商品经济、农业雇佣劳动，尤其是流动性雇工和雇工市场有所发展时，直接换工劳动就会受到冲击，逐渐为雇佣劳动所取代。

取代的情形是多种多样的。有的以直接换工为主，差额部分计算工资。如广西北流县，换工只限于无力雇工的贫苦农民，换工通常以户为单位。如今天是这一家工作，换工搭档便全家男女老幼都来帮忙。另一家工作时，亦复如此。但劳动时间不能相互抵消时，仍需计算报酬，支付工资。[②] 又如河北涞水，无牛户和有牛户之间的换工，人工和牛工分别按时间和翻耕面积计价，大部分互

① 满铁：《到田间去》，第 27 页。

② 麦宪：《广西北流县的租佃制度和商业高利贷》，《中国农村》第 1 卷第 2 期，1934 年 11 月，第 74 页。

相冲销,冲销以外的余额则支付现金。

有的雇佣劳动多为外来流动雇工,本地农户之间,仍多为直接换工。如广东德庆,本地农民耕地互助,只要“茶饭供足即可”,很少言及工资报酬。不过换工范围只限于耕田种稻等传统自给性粮食生产。至于商业性的农业生产,如“取桂、采桑、锄山等事,即土人亦有工金也”。① 本地农民的换工劳动也变成了雇佣劳动。这生动地反映了商业性农业经营和外来雇工对传统换工劳动的冲击。

有的地区,换工劳动全部计算和支付工资,换工互助变成了“交互佣作”。如安徽潜山,“力役喜合作,比如春耕夏薅,往往交互佣作。今日在甲,明日在乙,后日在丙”。循环往复。② 合作互助的对象、范围和性质都没有变,但直接劳动交换变成了以货币为媒介的劳动交换,只是雇工、雇主不断相互易位,形成一种循环式的交互雇佣关系。

在更多的地区,不但换工劳动全部计算和支付工资,而且不再限于原有的换工圈子,传统的直接换工劳动变成了更加纯粹的雇佣劳动。但换工的性质没有根本改变。就某一农户而言,他既雇请别人劳动,自己也被别人雇用,而且数量大体相等。如 1929 年对江苏无锡的农民调查,一户农民的调查表这样记载:“忙时雇零工二十余工,在闲时也替人作十余工。故收入可以不算。”③北京西郊的一些农户档案也有类似记载,如“一年要雇十余个短工,本人有时也要给别人干十个工”④;“种地有时雇短工,但夏天也给别

① 广东大学农科学院:《广东农业概况调查报告书》,第 199 页。

② 王恩荣:《安徽的一部——潜山农民状况》,《东方杂志》1927 年 8 月,第 63 页。

③ 《江苏无锡农民地主经济调查表》,任巷,No. 2。

④ 《阶级成分登记表·家史简述》,高井,No. 56。

人打短”①;“农忙时雇两个短工,自己有时也打两天短工”②;“农忙时雇过几个短工,有时也给别人帮几天工”③;等等。在这里,雇主和雇工既不是一对一相互易位,也不是三五家循环往返,“交互佣作”,而是一种纯粹的、任意的自由雇佣关系。但是,无论雇用者还是被雇用者,都是为了调剂劳力。这种劳动可以叫做换工性的雇佣劳动,或者叫做雇佣劳动形式下的换工劳动。

上述的四种情况依次反映了换工劳动向雇佣劳动演变的四个阶段:第一阶段,以直接换工劳动为主,相互抵消以外的剩余部分,支付现金报酬,雇佣劳动成为换工劳动的补充;第二阶段,雇佣劳动取代商业性农业中的换工劳动,外来流动短工的雇佣劳动取代自给性农业中的换工劳动。雇佣劳动开始同换工劳动分庭抗礼;第三阶段,换工劳动在形式上全部为雇佣劳动所取代,劳动的交换和调剂是以货币为媒介来实现的,但其范围尚未超出原来的换工圈子;第四阶段,农户劳动的雇用不再局限于换工的狭小圈子,换工农户通过自由雇工和佣工实现劳动调剂和平衡,在形式上同一般雇佣劳动已无差别。

当然,一个地区的雇佣劳动取代换工劳动,并不一定要经过上述四个阶段。雇佣劳动取代换工劳动,如同商品经济取代自然经济一样,是一个长期而复杂的历史过程。一般地说,那些商业性农业比较发达、农村经济生活中商品货币关系比较普遍的地区,雇佣劳动也会在较大程度上取代换工劳动。相反,在那些自然经济占统治地位的地区,农户间的直接换工劳动也往往比较普遍而难以被取代。

---

① 《阶级成分登记表·家史简述》,高井,No. 54。

② 《阶级成分登记表·家史简述》,麻峪,No. 54。

③ 《阶级成分登记表·家史简述》,杨庄,No. 54;又古城二队,No. 41。

正是由于雇佣劳动取代换工劳动,一些地区雇工农户的数量和比重增加,不少地区都在50%上下,有的甚至高达80%—90%。据1921—1925年对安徽等7省17处的调查,雇工农户的比重接近或超过50%的有8处,其中山西五台、浙江镇海、江苏江宁太平门依次达99.6%、98.5%和86.2%。① 又据1934年对川东荣昌等18县的调查,雇用短工(男工)的农户比重,除渠县、璧山(今璧山)外,均超过50%,18县平均为62.3%。② 但是各地农户的雇工数量并不多,按村庄和地区平均,长、短工合计,每户一般只有50天左右,其中短工大多不超过20天。相当一部分农户雇用少量短工,不是为了补充劳动力的不足,而只是劳动调剂。

在一般情况下,因换工农户的经营规模异常狭小,家庭劳力在总量上供过于求,单个农户的换工数量很小,少则几天,多则十天半月。但是,在雇佣劳动发达、就业机会较多的地区,也不排除部分农户大进大出,通过雇佣劳动进行较大数量的劳动交换和调剂。如运输副业兴旺的宛平麻峪村,有的贫苦农民自己给人扛长活,赶车种地,而家里的地雇短工耕种;也有的自己在城里做苦力,家里雇长工赶车、搞运输。③ 这种劳力大进大出的情况,在东北地区,更是不乏其例。据1922年对该地区30家农户的调查,22家雇有长工的农户,有5户自己外出打短工。时间短的150天,大体相当该地一名长工的劳动日,多的达500天。具体情况如表16。④

---

① 据卜凯:《中国农家经济》,第109页,第39页表计算。

② 叶懋:《川东农业调查》上编,第59页,第4页表。

③ 参见该村《阶级成分登记表·家史简述》No.25、35。

④ 据《满洲农家之生产与消费》,第78页编制。

表 16　东北 5 农户雇工和佣工及其工薪收支比较表

1922 年

农户所在地	经营面积（垧）	家庭男劳力（人）	雇用长工		外出打短工		C/A（%）	D/B（%）
			人数（A）	工资（B）	天数（C）	工资（D）		
奉天安东	24.0	6	4	200 元	500	225 元	83	113
凤城	5.2	3	2	100	300	125	100	125
关东州	18.0	4	1	80	150	60	100	125
吉林怀德	14.5	7	1	80	500	200	333	250
吉林县	8.5	4	1	25	450	157.5	300	630

注：长工全年按 150 个农业劳动日计算。

表 16 所示，这 5 家农户劳力充裕，经营规模没有超出家庭成员的耕作能力，完全没有雇用长工的必要。然而，他们不但雇了，而且有的还不止一人，目的无非是用长工腾出自家劳力外出打短，利用短工、长工薪金高低不同的条件，赚取差额。将各户雇请长工的工资费用和出雇短工的现金收入做一比较，就清楚了。从雇工和佣工的时间看，只有 2 户的佣工天数超过雇工，但从薪金收支看，5 户的佣工收入全部超过雇工支出。按单位时间比较，有 4 户的佣工收入超过雇工支出。最高的如吉林县那家农户，竟超出 5 倍。这大概就是 5 家农户在劳力方面大进大出的奥秘所在。

第二节　资本主义性农业雇佣劳动的发展

在换工劳动不断向雇佣劳动演变的同时，自由的、资本主义的农业雇佣劳动有了明显的发展。

自由雇佣劳动和资本主义雇佣劳动是在性质上既有联系又有区别的两种雇佣劳动。在农业雇佣劳动的范畴内，前者是指农业劳动者有完全的人身自由,同雇主没有任何人身依附关系,可以作为自己劳动力的所有者,完全自由地出卖自己的劳动力,获取某种形式的劳动报酬;后者是指"农业劳动者从属于一个为利润而经营农业的资本家"①,是"自由劳动以及这种自由劳动同货币相交换,以便再生产货币并增殖其价值"。② 也就是说,一般的自由雇佣劳动取决于雇佣劳动者的人身自由,而资本主义的雇佣劳动,除了劳动者的人身自由,还取决于雇佣劳动的使用目的。典型的资本主义雇佣劳动都是自由雇佣劳动,但自由雇佣劳动不一定是资本主义雇佣劳动。自由雇佣劳动是资本主义的一个历史前提,但不能从自由雇佣劳动直接推导出资本主义。甲午战争后,各地存在的主要还是单纯的自由雇佣劳动,资本主义雇佣劳动只占很小的比重。

一、雇佣劳动者人身自由度的提高

这一时期农业自由雇佣劳动的发展,突出表现为雇佣劳动者人身的进一步解放和法律地位、社会地位的提高。

中国农业雇佣劳动者的人身解放经历了一个漫长而曲折的历史过程。

从明末到清末的300余年间,虽然农业雇工的人身解放时有进展,自由雇工所占的比重不断增大,但是,套在广大农业雇工脖子上的封建等级枷锁并未解除。农业雇佣劳动中封建等级制度的废除,农业雇佣劳动者作为一个整体,其人身解放的获得,是在辛亥革命推翻了清王朝的统治以后。1912年颁布施行的"暂行新刑

① 《马克思恩格斯全集》第25卷,第694页。
② 《马克思恩格斯全集》第46卷上,第470页。

律”，才最后废除了“雇工人”的名称和有关条款，取消了“雇工人”这个低下的社会等级，雇佣劳动者最终在法律上获得了与雇主平等的地位。当然，辛亥革命只推翻了清政府，而没有废除封建制度。在农村中丝毫没有触动封建地主的土地所有制，没有改变阶级关系和阶级力量的对比，各种形式的封建雇佣关系长期滞留。尽管如此，“新刑律”的颁行，仍有重大的作用和意义，这就是，封建地主阶级对农业雇佣劳动者的等级束缚和歧视失去了法律依据，完全凭借暴力来统治和摆布雇工的传统手段不能不有所改变，对雇工的残酷压迫和虐待不能不有所收敛。这些都有利于农业雇佣劳动者法律和社会地位的改善。事实上，辛亥革命后，一些地区的农业雇佣劳动者，包括长工在内，取得了在法律上与雇主平等的地位，主雇关系基本上成为自由的劳动力买卖关系。

山东招远，长工“应受雇主指挥，但在法律上地位则完全平等”。① 历城冷水沟村，长工均同雇主一起吃饭，即使该村首富、清代出过两名举人的杨家地主也是如此。② 察哈尔万全县，雇工与雇主“同居共食，无所谓主仆”；若“主人年少，尚有尊之为长辈者”。③ 奉天义县，亦“照年岁定辈分，不论主仆”。④

在南方一些地区，农业雇工的法律地位也明显提高。如浙江德清，不论短工长工，劳资两方“一律平等”。⑤ 安徽当涂，“雇主

① 晓梦：《山东招远县农村概况》，转见千家驹编：《中国农村经济论文集》，第551页。

② ［日］中国农村惯行调查刊行会编：《中国农村惯行调查》（日文本）第4卷，第61页。

③ 民国《万全县志》第3卷，生计，社会概况，第13页。

④ 民国《义县志》中，第9卷，民事志，实业，第70—71页。

⑤ 民国《德清县新志》第2卷，风俗，第11页。

待遇雇工,极为平等,与奴仆绝异”①。湖南蓝山一带的情况是,雇主、雇工按年龄以定尊卑。“雇者如系年轻晚辈,则请被雇者上座,躬身行酒。”②在湖北武昌洪山、戴家湾和南湖壕沟等处,均系雇工、雇主“共桌食饭”,耕作、饮食都与雇主家人相同。③

这一时期,有关雇主待遇雇工“优厚”的记载明显多起来。1928年,金陵大学对湖北省的农村调查提纲中,有关于长工待遇的如下提问:“长工之待遇,是否与农夫之家中人相同?如否,请将其不同之点书出。”结果,在填写答案的13县110处中,回答全部是肯定的,只有“完全相同”、“相同”和“大致相同”的程度差别。其中26处除肯定长工待遇与雇主家人“完全相同”外,还特别指出“待遇好”、“甚好”或“须好”。在说明其不同点时,几乎都是说对长工的待遇“优于家人”,甚至说“与待宾客相等”、“与宾客无异”。④ 其他一些地区的情况也大致相似。

在某些地区,长工上工、下工、年节以及耕种、收割等重大农活开始时,雇主须以酒食款待,并逐渐形成惯例。直隶新河一带,长工所受待遇“甚优美”,“秋麦忙时饭食尤丰美”。⑤ 卢龙县,长工上、下工,以及开犁、开锄、开镰、麦秋、黍秋、四时季节,雇主“均具酒食以犒其劳”。⑥ 顺义沙井村、昌黎侯家营和湖北京山金兰湾地方,长工上、下工分别有“上工饭”和“下工饭”,雇主以酒食相待,并有介绍人作陪。昌黎侯家营的“上工饭”尤为丰厚,席上不但有猪、羊肉和

---

① 《东方杂志》第24卷第16期,1927年8月,第143—144页。

② 民国《蓝山县图志》第13卷,礼俗三,第13页。

③ 《武昌县农村调查统计表说明书》,《湖北建设月刊》第1卷第5期,1928年10月,第6页。

④ 据金陵大学农林科农业丛刊(第七号):《农村调查表》各表。

⑤ 民国《新河县志》第4册,风土考,社会现状,第13页。

⑥ 民国《卢龙县志》第10卷,风俗,第5页。

酒，还讲究“八碟四碗”。[1] 这种情况在雇工获得人身解放以前，自然是不可想象的。另外，在夏秋大忙期间，一些地区的雇工饭食也有某些改善。栾城寺北柴村一带，每届秋忙，除平日三餐外，中间有煎饼、油饼以及馒头、菜等加餐，当地叫“贴日南”。[2] 在湖北京山，每年插秧开始和结束，有当地分别称做“发脚”和“洗泥”的酒菜招待。[3]

当然，雇主这些酒菜招待，以及夏秋大忙期间雇工伙食的某些改善，原因是多方面的。从经济角度分析，无非是雇主笼络人心，换取雇工更多的剩余劳动。也有的地区，农业劳力供应紧张，形成雇佣劳动者的卖方市场，雇主不得不用优厚待遇招徕人手。如湖北武昌傅家店，“长工难雇，待遇颇优”[4]；钟祥城关附近，“因人工缺乏，故待遇颇好”；京山官桥埠，“因人工贵，长工难雇，故待遇颇好”；钟祥牌楼岗，“长工缺乏，故待遇亦优，否则难于雇工”，等等。[5] 因此，雇工物质待遇的某种改善，不能简单地一概归之于法律和社会地位的提高。但也不能只从经济的角度进行分析，而应当把它看成是雇佣劳动者获得人身解放，以及法律和社会地位提高的一个标志。

二、雇工形式、雇佣期限和工资结构的变化

雇工的形式、雇工受雇期限的长短，以及工资结构的变化等，

① 《中国农村惯行调查》（日文本）第2卷，第47页；又第5卷，第172页；《农村调查表·京山金兰湾》。

② 《中国农村惯行调查》（日文本）第3卷，第196页。

③ 《农村调查表·京山金兰湾》。

④ 《武昌县农村调查统计表说明书》，《湖北建设月刊》第1卷第5期，调查，1928年10月，第6页。

⑤ 参见《农村调查表》有关各表。此外，阳新石镇，钟祥斗笠岗、长滩铺、牌楼岗、郑家集等地，都是这类情况。

直接影响和制约雇工对雇主的人身依附关系,从而也影响和制约雇工的人身解放和社会地位。甲午战争后,无论雇工形式、雇佣期限,以及工资结构,都发生了有利于雇工人身进一步解放的变化,标志着农业雇佣劳动在更大程度上由封建性雇佣劳动向自由雇佣劳动过渡。

1. 短工和包工的增加

在雇工形式方面,最突出的特点是短工数量的明显增加。甲午战争后,农户经济状况恶化,越来越多的农民处于半失业乃至完全失业的状态,同时,使用雇工从事商业性农业经营的富裕农户也在增多。这些都有助于短工数量的扩大。到20世纪初叶,在一些城市郊区、铁路交通沿线和商业性农业发达地区,短工往往成为农业雇佣劳动者的主力。如上海郊区,长工少而短工多。① 广东顺德农户几乎全用农忙短工,很少雇用长工。阳江的短工数量也很大,尤其是六月、十月农忙时,"农人作散工者,多百数成群"。而雇主也多愿雇用短工。②

在北方地区,直隶宛平石景山、卢沟桥一带,地主和富裕农民,也大都主要雇用短工,长工主要是带领和指挥短工劳动。③ 定县也是这样。据说家有地1顷者,至多雇长工二三人,农忙时"概系临时雇用短工"。④ 邯郸也是"以短工为最多,长工较少"。⑤

① 《上海市郊区百四十户农家调查》,冯和法编:《中国农村经济资料》,第278页。

② 中山大学农科学院:《广东农业概况调查报告书续编》,第135、354页。

③ 刘克祥:《近代农村经济调查札记》(存稿)。

④ 《定县之棉花与土布》,《中外经济周刊》第192号,1926年12月11日,第30页。

⑤ 《邯郸县之经济状况》,《中外经济周刊》第190号,1926年11月27日,第3页。

关于短工的人数和农业雇工中的长、短工比例，有人设想，早在鸦片战争前后，已是"短工人数远较长工为多"①，但尚无准确数字。甲午战争后，特别是进入20世纪，则有大量的调查统计显示，短工确已在人数上远远超过长工。

江苏铜山，据1930年的调查，雇工中长工占17.3%，而短工达82.7%。② 无锡11村，1929年卖长工的22户，卖短工的150户，后者相当前者的6.8倍。③ 又据1930年对河北清苑11村2096户的调查，出雇长工的268户，出雇短工的662户，后者为前者的2.5倍。④ 宛平县一些地区，也是短工远比长工多。如八角村，1927年前后，全村约170户，扛长活的只有五六户，而打短工的达100多户。⑤ 卖短工户相当于卖长工户的20倍左右。卢沟桥北的大井村，70%—80%的农户给别人打短，但扛长活的很少。东边的小井村，雇工人数中长工只占十分之一，而短工占十分之九。⑥

综合估计，20世纪初叶农业雇佣劳动者中长、短工的人数比例，南方地区，长工约占10%—20%，短工约占80%—90%；北方地区，长工约占20%—30%，短工约占70%—80%。全国平均，长工约占15%—25%，短工约占75%—85%。⑦ 长工在人数上所占的比重已经不大了。

---

① 李文治等：《明清时代的农业资本主义萌芽问题》，第337页。

② 金维坚：《铜山农村经济调查》，第41页。

③ 据《江苏无锡农民地主经济调查表》各表统计。

④ 据《河北省清苑县村户经济调查表》各表统计。

⑤ 刘克祥：《近代农村社会经济调查表·八角村》（个人调查资料）。

⑥ 刘克祥：《近代农村经济调查札记》（存稿）。

⑦ 参见刘克祥：《二十世纪二三十年代中国农业雇佣劳动数量研究》，《中国经济由研究》1988年第3期，第104页。

按劳动日计算,不少地区的短工数量也已超过长工。前述上海郊区140农户,共雇长工7人、月工11人、日工4690天,如每名长工和月工分别以210个和60个劳动日计算,则长、短工分别占雇工总数的21.6%和78.4%,后者为前者的3.6倍。1922—1923年,金陵大学对直隶盐山、江苏江宁太平门、武进和福建连江的调查表明,短工劳动日均多于长工。按农户雇工费用计算,这四个地区短工费用在雇工费用总额中所占的比重依次为66.4%、74.9%、51.7%和73.9%。[①] 前述江苏无锡11村,从农户出雇的角度统计,短工劳动日占出雇长、短工劳动日总数的58.5%。[②] 直隶宛平古城、八角村、大井、小井等地,短工劳动日也都多于长工。如小井村,据估计,二三十年代,雇佣劳动中的短工劳动日约占三分之二,长工只占三分之一。[③]

当然,在更多的地区,长工的劳动日总数仍然多于短工。综合估计,这一时期全国农业雇工中,长工和短工的劳动日比例,南方地区,长工约占60%,短工约占40%;北方地区,长工约占70%,短工约占30%。全国平均,长工约占65%,短工约占35%。[④]

虽然短工在劳动日数量方面超过长工,但短工在人数和劳动日两个方面,无不明显增加,在农业雇佣劳动中,所占的地位越来越重要。这对农业雇佣劳动本身的性质以及整个农业生产,都产生了深刻的影响。

---

① 据卜凯:《中国农家经济》,第333页第3表、第334页第4表计算。需要附带指出,在一般情况下,单位劳动日的短工费用高于长工。因此,短工的实际劳动日比重,应比上述数字略低。

② 据《江苏无锡农民地主经济调查表》各表统计。

③ 刘克祥:《近代农村经济调查札记》(存稿)。

④ 参见刘克祥:《二十世纪二三十年代中国农业雇佣劳动数量研究》,《中国经济史研究》1988年第3期,第105页。

在雇佣形式的变化上，除了短工数量的扩大，一些地区的农业包工也在增加。

包工，有些地区又叫"点工"或"估工"，是按雇工完成的工作量计劳付酬的一种雇佣形式，按承包内容可大体分为垦荒包工、翻地包工、戽水包工、锄地（除草）包工、采摘包工、收割包工、放牧包工等。

这一时期，各种类型的包工开始在一些地区逐渐流行。在东北，从翻地、播种到中耕、收割，都有包工雇佣。有的全包，也有的仅包某种农活；有的由雇主提供牲畜、车辆，也有包工自备牛犋者。① 奉天昌图府属，有所谓"土地包工"，即雇主将土地翻耕、播种和送粪等项农活出包给雇工，每垧地付酬若干，中耕、收割由雇主自理。② 东北北部，锄草、收割皆有包工。③

在华北，直隶南宫、宁津、静海等地，富裕农户的不少农活是由包工完成的。据说南宫一带的小地主，往往"招人包工。或包耕耩，或包为锄草收获，概不管饭，只给工资，名为估工"。④ 宁津东北部，包工制度"各村皆有"，大多行于拔麦、锄地、筛花生等农活。⑤ 在静海，包工是农业雇佣劳动的重要形式。一些地少而人畜有余的小农，往往承包耕耩，谓之"卖力量"。庄稼收割，亦有包为运送到场。其运费或按日计，或论次数。⑥

---

① 满铁：《东省之农业》，第 17 页。

② 宣统《昌图府志》，不分卷，风俗志，第 88 页。

③ 东省铁路经济调查局：《北满农业》，第 249 页。

④ 《德南长途汽车路沿线经济状况》，《中外经济周刊》第 230 号，1927 年 11 月 15 日，第 20—21 页。

⑤ 王友农：《河北宁津县东北六村概况》，《新中华》第 2 卷第 18 期，1934 年 9 月，第 83 页。

⑥ 《静海经济状况》，《经济半月刊》第 2 卷第 8 期，1928 年 4 月 15 日，第 14 页。

在华东,江苏常熟常阴沙(今沙洲县)一带,包工制种类颇多:有的包全部农活,即所谓“包上岸”;也有的只包一部分,如播种、削草、拔秋草、摘棉花等。① 在浙江,开垦、砍伐、翻地等无须精熟技巧而又易于计算工作量的农活,间或采用包工方式。如西安、新登一带,整理竹山,砍伐树木,往往雇用包工。平湖则有“包田”办法,自插秧起至耘耙止,或连灌溉亦包括在内。② 浙江、安徽、江西等茶叶产地,采茶包工尤为普遍。③

在华南,广东珠江三角洲沙田区有称之为“包青”的农业大包工。当地一些沙田佃农或“大耕仔”,并不直接耕种,而是将租来的土地大部分出包给雇工,或种果蔗,或种糖蔗。包工时间自阴历正月初起,九月中停工,将田交还雇主,俗谓“交青”。其计酬方法,或按亩,或按季。④

新兴农垦公司和小型农场,也有采用包工制的。如江苏震泽的一些小型农场,在四周挖塘养鱼、防盗,挖掘工程通常都采用包工制。⑤ 广西柳江地区的一些垦殖公司则使用包工垦荒植桐。具体办法有二:一是开垦一方丈,植桐一株,除草两年,工银七分,外加三分作为借款,两年后偿还。在包种期内,包工还可利用土地种

---

① 李忻延:《常熟常阴沙农村经济概况》,《农行月刊》第1卷第5期,1934年9月,第40页。

② 蔡斌咸:《浙江农业劳动之分析》,转见冯和法编:《中国农村经济资料续编》,第740页。

③ 田中忠夫著,汪馥泉译:《中国农业经济研究》,第263—264页;乔坻:《富春江畔的采茶女》,《中国农村》第2卷第1期,1936年1月,第30页。

④ 陈翰笙:《广东的耕地所有和耕地使用》,《中山文化教育馆季刊》第1卷第2期,1934年11月,第748页。

⑤ 孙云蔚:《浔震两地之桃园调查》,《农村新报》总第288期,1933年8月,第331页。

植杂粮，收获归己，作为补助工资；二是每一方丈植桐一株，包垦、包种、包活，工价一角。①

在各种形式的农业雇佣劳动中，作为包工的雇佣劳动者，有最充分的人身自由。在一般情况下，他同雇主之间没有任何封建依附关系，即使在完全的封建社会，亦复如此。因此，在半封建半殖民地的条件下，一些地区包工制的流行，无疑是自由雇佣劳动发展的一个重要标志。

2. 长工佣期缩短和短工雇用一日化

甲午战争后，雇工的雇佣期限也发生了显著变化，这就是一些地区长工佣期的缩短和短工雇用的一日化。

长工佣期的缩短主要表现在两个方面：一是从多年雇用逐渐向一年一雇演变；二是由全年雇用向生产季节性雇用演变。

在历史上，长工本指将自己劳动力长年出卖给雇主的劳动者。所定年限往往长达三年五年，甚至十几年、几十年，或者终生。这些长工出卖的不只是自己的劳动力，而是包括整个人身自由。连续雇用的时间愈长，长工受雇主的人身束缚愈深。

甲午战争后，长工佣期明显缩短，越来越多的长工由一雇多年向一年一雇转化。契约一年一订，工价一年一议。在一家连续佣工三年五年，十年八年的已不多见。而且雇退和佣退自由。直隶宛平小井村一带，二三十年代，雇用长工一般都是一年一讲。长工干一年的多，十年八年的很少。② 顺义长工也是一年一换。③ 山

① 农英：《广西各地的农业劳动》，《东方杂志》第 32 卷第 2 期，1935 年 11 月，第 96 页。

② 刘克祥：《近代农村经济调查札记》（存稿）。

③ ［日］《中国农村惯行调查》刊行会：《中国农村惯行调查》第 1 卷，第 4 页。

东历城冷水沟、王舍人庄等地,长工雇期均为一年。① 莱芜的惯例是,长工以年计。受雇期间,如不满意,主雇双方都可提出中止契约。② 朝城也是一年一雇。每年八月中秋,雇主即请长工和"种地头"(产品分成制帮工)吃饭,商定明年是否续雇及其有关条件,佣退十分自由。③ 浙江东部沿海地区,二三十年代,虽然连续雇用数年的长工"甚多",但都是一年为一期,没有一次立约雇用几年的。④

长工雇佣由一雇多年变为一年一雇,标志着长工对雇主人身依附关系的大大松弛,甚至完全消失。雇佣劳动者充当长工,只是出卖劳动力,而不再是出卖自己的人身。同时,工价必须一年一定,也反映出劳动力价格随年成丰歉、劳力供求关系等因素而不断变化。长工工资虽以年计,也必须随行就市。长工的劳动力买卖更加接近真正的商品交换。

长工佣期的另一变化是由年初至年底的整年雇用或今年某月某日至次年同月同日的年度雇用逐渐向季节性雇用演变。

农业生产不同于一般工业生产或其他工作,不可能全年均衡使用劳动力,寒冬和春初、秋末对劳动力的需求量很少,如果长工只用于农业生产,没有全年雇用的必要。长工愈是被用于农业生产,其雇用愈是带有季节性。

近代时期,尤其是进入20世纪,随着商业性农业的发展,只用

---

① [日]《中国农村惯行调查》第4卷,第4、152、250页。

② 王毓铨:《山东莱芜农村状况》,转见《中国农村经济资料续编》,第223页。

③ 柳柯:《近代北方地主经营方式三例》,《中国经济史研究》1989年第1期。

④ 林味豹:《浙江沿海一带农业劳动述略》,《新中华》第2卷第11期,1934年6月,第86页。

于农业生产的长工越来越多，按农业生产季节雇用长工的情况也越来越普遍。到20世纪初，大部分长工都是按生产季节雇用了。

山西阳高，所谓长工“乃是从耕地时开始，到秋末收获之后，这期间的长期雇佣”。① 直隶卢龙的情况是，长工“春初召之来，秋末遣之去”。② 江苏铜山，长工也不以年计，只“须雇主工作完毕，即可辞退”。③ 直隶宛平丰台地区，长工有按生产季节雇用和按年度雇用两种，但以前者为主，约占60%—70%，按年度雇用的只占30%—40%。④ 东北南部的情况大致相似。长工有全年的，也有到秋季收割、脱粒完毕，即行下工回家的。⑤ 二者比例不详，但据调查，奉天辽阳的长工按生产季节雇用的居多数。⑥ 这也许能反映东北南部地区的一般情况。

由于各地气候、作物种类和耕作习惯不同，生产季节长短各异，长工的雇佣期限也互有差别。一些资料表明，这一时期北方一些地区的长工佣期，大多已缩短到10个月以内，短的只有八九个月，甚至半年。⑦

南方地区生产季节较长，冬闲时间短，长工一直是按年计算，这一时期也发生了变化。除了原有的月工等季节工外，长工也大都开

---

① 范彧文：《现阶段农村经济之鸟瞰》，《新农村》第20期，1935年1月，第13页。

② 民国《卢龙县志》第10卷，风俗，第5页。

③ 李惠风：《江苏铜山县的农民生活》，《中国农村》第1卷第1期，1934年10月，第78页。

④ 刘克祥：《近代农村经济调查札记》（存稿）。

⑤ 满铁编、汤尔和译：《到田间去》，第40页。

⑥ 刘克祥：《近代农村经济调查札记》（存稿）。

⑦ 参见刘克祥：《甲午战争后自由的、资本主义的农业雇佣劳动的发展》，《中国经济史研究》1990年第4期。

始按生产季节雇用。如浙江吴兴,长工雇期以300天计算,即10个月。安徽当涂、六安,长工或以年为期,或以8个月为期。后者是阴历二月至九月或三月至十月的忙月。① 浙江余姚北乡,长工全以半年为期。② 嘉善长工,佣期自清明起,至秋禾登场止,约为5个月。吴兴以清明、处暑为上、下工日期的长工,其佣期也不超过5个月。③江苏溧水,长工有自正月半上工、端阳节或中秋节下工者。④ 如端阳节下工,则佣期仅4个月,同月工已无多大差别。

还有些地区,按一年中生产季节的阶段性,将长工佣期划为两段。如安徽南陵,有"上季长工"和"下季长工"之分。前者佣期7个半月;后者不足4个月。但两者的起止日期刚好衔接。这是由于不同季节对劳动力的需求数量不同。在该县平原地区,普通40亩需用上季长工一人,下季长工的数量则随下季作物面积多寡而异,通常只有上季长工的三分之一。⑤ 到每年九月初一日,就有三分之二左右的长工被辞退。显然,把长工分为上下两季,既节约了雇主的工薪开支,又免除了因解雇部分长工而可能遇到的麻烦。皖北凤阳,长工佣期素以一年或数年为度,到20世纪20年代,亦多改为半年为期,并分为上半年和下半年两季。两季交接期间,长工可另觅雇主,雇主也可辞退长工,另雇他人。⑥ 盱眙长工也分上

① 陈正谟:《各省农工雇佣习惯之调查研究》,《中山文化教育馆季刊》,创刊号,1934年8月,第348页。

② 陆守怀:《余姚北乡的雇农》,《东方杂志》第32卷第22期,1935年11月,第96页。

③ 冯和法编:《中国农村经济资料续编》,第720页。

④ 《中山文化教育季刊》,创刊号,第348页。

⑤ 刘家铭:《南陵农民状况调查》,《东方杂志》第24卷第16期,1927年8月,第92页。

⑥ 《中山文化教育馆季刊》,创刊号,1934年8月,第349页。

季、下季。上季佣期6个月,下季3个多月。① 天长情形大致相同,长工雇用分春、秋两季。正月上工、立秋下工者为春季;七月上工、秋收完毕下工者为秋季。② 前者佣期7个多月,后者则不足4个月。

浙江许多地区,虽然全年都有长工,但多分上、下两期雇用,嘉兴、余姚、新昌、黄岩、奉化、宁海等县,俱是如此。嘉兴有分为上忙、下忙的所谓"半年工"。两期时间长短接近,但工资上忙较高,下忙较低。余姚分上半年长工和下半年长工两种。黄岩、宁海,大多以春夏和秋冬分别为上、下两期长工的佣期。③

随着长工佣期的缩短,一些地区的长工计酬方法也发生了变化,计酬不再按年,而是按月。如山西阳高、奉天义县、江苏溧水等地的长工,都是按月计算工资。在阳高,长工只有劳动足够一个月,才能支给全部工资。至于将长工佣期分为两段的地区,工资更是按月计算,并视收成丰歉和劳力供需情况上下浮动。两期工资差别很大。如前述皖北风阳,长工供求状况和工价高低随年成丰歉而异。若年成较好,长工即于下半年另觅雇主,抬高工价;反之,雇主也可辞退雇工,另觅工资低廉的长工。嘉兴的"半年工",工资上忙高,下忙低。浙江杭县,长工佣期虽无上、下季之分,但工资是按月计算的,上半年较高,下半年较低。④

长工佣期缩短所反映的农业雇佣劳动性质的变化,可以归纳为如下三个方面:

---

① 《新中华》第2卷第13期,1934年7月,第169—170页。

② 《中山文化教育馆季刊》,创刊号,1934年8月,第349页。

③ 冯紫岗:《嘉兴县农村调查》,第99页;陆守怀:《余姚北乡的雇农》,《东方杂志》第32卷第22期,1935年11月,第98页;《中山文化教育馆季刊》,创刊号,第348页。

④ 刘端生:《杭县皋城乡沿山居民的生活》,《中国农村》第1卷第6期,1935年8月,第89页。

第一,佣期缩短,长工向季节工演变,标志着雇工对雇主人身依附关系的最终消失。在封建生产方式下,长工对雇主的人身依附关系、主雇之间法律地位的差别程度,同雇期长短成正比。尽管雇主榨取了长工的全部剩余劳动,乃至一部分必要劳动,但由于长工全年食宿于雇主家,在形式上反而表现为雇主的“供养人口”。受雇时间长,受剥削深,反而被说成“恩义并重”,老长工甚至等同“红契奴婢”。现在长工由一雇多年改为一年一雇,契约一年一订,而且只在农业生产季节受雇,有的甚至接近农忙季节工。这样,主雇之间传统的人身依附关系也就无形中消失了。

第二,长工佣期缩短,从一个侧面反映出雇主身份的变化。佣期为整年或无明确起讫日期的长工,雇主多为地主官宦;佣期接近于季节工的长工,雇主大多是富裕农户或中小地主。因此,一个地区季节性长工数量愈多,说明雇主中富裕农户或中小地主所占比重愈大。而在同样的社会条件下,雇工受雇于富裕农户、庶民中小地主或官绅地主,其人身自由程度是不一样的。

第三,同雇主身份的变化相联系,佣期缩短也反映出长工本身社会性质的变化,官绅地主所雇长工,虽然也从事一些农业劳动,但往往以家务杂活为主。而且,相当部分的农业劳动,如菜园、果园、鱼池、花园管理等,都是直接为家庭消费服务的。这类长工不论是否从事农业劳动,都有程度不等的封建仆役性质。而类似季节工的长工,一般只用于农业生产,不承担家务杂活。有的地区对干家务杂活的长工,还必须给某种形式的额外报酬。有这样一个事例:在河北宛平古城村,雇工中午歇晌时,短工休息,长工则要给雇主挑水。但雇主给挑水的长工外加“贴垧饭”。[①] 这是对长工挑

① 刘克祥:《近代农村经济调查札记》(存稿)。

水所耗体力的额外补偿,同时也说明挑水这类家务杂活已经不完全是长工的“分内活”。不承担家务杂活的长工彻底摆脱了家庭仆役的性质。从某种意义上说,只有这类长工才同农忙短工一样,是最典型的农业雇工。

短工佣期的变化比较微妙。

作为短工的月工、日工,本来就是按月或按日雇用的。这一时期,月工的佣期还是按月计算,就其佣期本身来说并无明显的变化,只是由于一些地区长工佣期大大缩短,长工和农忙月工的界限已不明显。如东北地区,有一种“定期雇工”,他们“一次工作数月之久”,很难说是长工还是月工。因此,当时论者认为,此系年工“辍工较早,或月工展期数月耳”。① 奉天沈阳附近的“期佣”和安徽、浙江一些雇期只有三五个月的长工,都属于这一类。长工和月工佣期的接近,是这一时期农业雇佣劳动方面很重要的一个变化。

过去,日工虽以天为单位雇用,但并非限定一天一雇,往往是一雇三、五、十天不等。工资按日计算,但每一天的工资额是相同的。这一时期,许多地区的日工雇用都改为一天一雇。30 年代末 40 年代初,日本人关于华北地区农村雇佣习惯的调查资料表明,河北顺义、天津、昌黎、栾城,山东历城等,日工都是一天一雇。如天津小站,每到插秧、割稻季节,短工需求量很大,外来短工也很多,但不管新手、老手,雇主都不固定,全是雇一天干一天。即使连续雇用,也是一天一天地订约。② 昌黎侯家营地方,短工无不一天一天地雇,没有以三天或几天为一期连续雇用的。③

短工由数日一次性雇用演变为一日一雇制,关键的因素是工

① 东省铁路经济调查局:《北满农业》,第 249 页。

② 《中国农村惯行调查》第 6 卷,第 188 页。

③ 《中国农村惯行调查》第 5 卷,第 174 页。

资的确定和支付。过去,短工工资或由主雇双方商定,或由雇主单方面确定,或参照第三者,带有较多的人为因素,但在短时间内的变化不大,因而可以一雇多天。这一时期,由于农业雇佣劳动的发展和劳动力的商品化,尤其是雇佣劳动力市场的增多,价值规律对劳动力的买卖起着越来越大的作用。雇主和雇工都不可能离开劳动力的供求状况和市场的行情任意决定工资。如山东济南,据说短工工资谁也决定不了,而是取决于市场行市。① 上述一些地区,即使连续雇用,也须每天立约,就是因为短工市上的工价天天变动。宛平衙门口村一些种地大户,农忙时每天都到十几里外的大井市上雇请短工,人数多的上百。大多是一天一雇,少数第二天继续雇用的,也须按第二天的市场价格支付工资。② 有些地区,即使在本村雇工,也必须照短工市上的价钱付酬。直隶沧县,农户在村内雇定短工后,照例要声明一句:"听价啊!"所谓"听价",就是听当天短工市上的工价,照市价支付工资。③ 顺义的情况也如此。农户在村内雇工,当时并不讲定工资,以后支付工资时按短工市上的工价计算。④ 有些地区,随着雇佣劳动的发展和劳动力的商品化,在雇用短工时,如遇中途下雨停止劳动,其工资计算和支付都有一定的惯例,约定俗成,无敢违反。⑤

3. 工资结构的变化

随着雇工形式、雇佣期限以及工资确定和计算方法的改变,雇工的工资结构也在发生变化。

---

① 《中国农村惯行调查》第4卷,第167页。
② 刘克祥:《近代农村经济调查札记》(存稿)。
③ 刘克祥:《近代农村经济调查札记》(存稿)。
④ 《中国农村惯行调查》第2卷,第188页。
⑤ 刘克祥:《近代农村经济调查札记》(存稿)。

农业雇工的劳动报酬通常由实物和现金两部分构成。自古以来,长工和绝大部分短工都由雇主供给伙食。这是雇工得到的实物报酬。长工除伙食外,还由雇主提供住宿,有些雇主还发给长工汗衫、汗巾、草帽、草鞋、旱烟等实物。伙食以外的报酬一般为现金,但也有支付粮食或其他实物的。实物和现金比例,因时因地和因雇工形式而异。一般地说,短工,尤其是农忙短工,工资较高,伙食以外的现金报酬比例更大一些;长工、农闲季节的短工,以及女工、童工,伙食等实物报酬在工资中占着更大的比重。

这一时期,雇工工资结构的主要变化是,实物报酬减少,现金报酬相应增加。在一些地区,雇主不再发给长工汗衫、手巾等物,而将其并入工资。① 由雇主供给伙食的雇佣习惯也在发生变化。这一时期在部分地区大量流行的包工,自然不由雇主管饭。普通短工,过去大都是由雇主供给伙食的。鸦片战争前后,这种情况开始改变。到这一时期,有些地区越来越多的短工不再由雇主供给伙食。如广东,20 年代的调查资料表明,商业性农业较发达的南海、顺德的短工,博罗女工,以及遂溪短工,伙食均自理;潮安、揭阳、潮阳、南澳、新会、中山、恩平、陆丰、惠来、大埔等地,对短工或不供膳,或仅供午餐,或仅供两餐。② 江苏上海郊区的情况是,年工无不供膳,月工供膳者多,不供膳者少,日工则不供膳已成"常例"。③ 浙江也

① 参见刘克祥:《甲午战争后自由的、资本主义的农业雇佣劳动的发展》,《中国经济史研究》1990 年第 4 期。

② 各县情况依次参见中山大学农科学院:《广东农业概况调查报告书续编》上卷,第 126、135 页;广东大学农科学院:《广东农业概况调查报告书》上卷,第 23、309、78、108、119、127、289—290 页;《广东农业概况调查报告书续编》上卷,第 141、208 页;下卷,第 9、4、16 页。

③ 《上海市郊区百四十农家调查》,转见《中国农村经济资料续编》,第 229 页。

有一部分日工不供给伙食。① 北方一些地区的短工,也开始改变由雇主供给伙食的习惯。如20年代后半叶的吉林敦化、穆额、宁安等地,日工均不供食。② 北京南郊短工,大多由雇主供给饭食,"然亦有专雇近村之人,不供饭者"③。河北南和的日工也有"管饭吃不管饭吃之别"。④

还有少数地区,由雇主供膳的短工,如不吃晚饭,也可将米带回家自煮。广西即有此类情况。这可看做由雇主供膳向不供膳演变的一种过渡形态。

雇工工资的实物和现金比例,缺乏精确统计。从一些资料反映的情况看,这一时期的现金比重有所提高。清代前期,雇工工资的现金和实物比例,长工大致为1∶2,短工为1∶1。⑤ 到20世纪二三十年代,长工报酬的现金部分已大体接近实物,短工报酬的现金已大多超过实物,高的可达4∶1或3∶1。⑥

伙食和工资都是劳动报酬,但雇工对二者的支配权是不一样的。因伙食由雇主提供,伙食的多寡和好坏,也就完全取决于雇主,雇工只是被动的承受者。事实上,无论古代还是近代,雇主克扣雇工伙食的事例是屡见不鲜的。货币工资则完全由雇工自由支配。因此,劳动报酬的现金比重越高,由雇工自由支配的

---

① 蔡斌咸:《浙江农业劳动之分析》,转见《中国农村经济资料续编》,第742页。

② 章有义:《中国近代农业史资料》第2辑,第463页。

③ 前北平市政府刊:《北平市四郊农村调查》,1934年,第3页。

④ 范琢之:《河北南和县农村情况》,《新中华》第2卷第22期,1934年10月,第84页。

⑤ 参见魏金玉:《明清时代农业中等级性雇佣劳动向非等级性雇佣劳动的过渡》,转见李文治等:《明清时代的农业资本主义萌芽问题》,第489页。

⑥ 详见刘克祥:《农业雇工的工资待遇和劳动生活状况》(未刊稿)。

部分也就越大，表明他的人身自由程度和社会地位越高。又，雇工所获得的劳动报酬是劳动力的价格，其功能是用于劳动力的再生产，包括劳动力的更新。由雇工自由支配的货币（粮食或其他实物也一样）工资比重越大，雇工在劳动力的再生产方面的自主权也就越大，越是以真正的劳动力商品所有者的身份同雇主发生关系。同时，在雇主供给伙食的情况下，不同的雇主，伙食丰啬、优劣各异，意味着在同一地区或市场，同样的劳动力有着不同的价格，无疑不利于劳动力的买卖。为了减少主雇之间的摩擦，有利于劳动力买卖的顺利进行，于是在一些地区，或者不再由雇主供给伙食，改由雇工自理；或者减少供给餐数，部分由雇工自理；或者对雇工的伙食供应标准逐渐形成惯例。这种变化，既是为了适应劳动力买卖的需要，是劳动力买卖得以顺利进行的一个条件，同时也是农村劳动力商品化、劳动力自由买卖的一个标志。

从明清时期到20世纪初叶，在农业雇工的伙食供应方面，先后发生了两个变化：一是从雇工食不敢与雇主共桌到与雇主同桌共食。它标志着雇工取得了法律上同雇主平等的地位，标志着雇工的人身解放；二是从雇主供给伙食到雇工伙食自理。它标志着劳动力商品的部分明码实价发展为完全明码实价，由雇主部分支配雇工的劳动报酬、部分决定雇佣劳动者的劳动力再生产发展为雇工完全自由支配自己的劳动报酬、决定自己的劳动力商品再生产，标志着完全自由的雇佣劳动关系的确立。

当然，直至20世纪初叶，这两个变化都还远没有完成。事实上，绅衿豪富家的雇工，无论长工还是短工，都不可能与雇主同桌共食。至于由雇工自理伙食的比例就更小了。尽管如此，这种变化对农业雇佣劳动社会性质的影响还是重要的。

三、局部性流动短工的增加和短工市场网的形成

这一时期自由的农业雇佣劳动的发展,还表现为一些地区流动短工的明显增加和短工市场网的形成。与本地土著雇工不司,经常流动、进入短工市场的农业雇工,与雇主之间没有任何宗族或地缘纽带关系,人身自由程度更为充分。同时,在短工市场上雇工的雇主,相当部分是从事商品性生产的农业大户。因此,通过短工市场发生的雇佣关系,也就带有更多的资本主义因素。

1. 一些地区流动雇工的增加

农业雇佣劳动的发展,有它本身的固有规律。在雇佣劳动尚不普遍的时候,雇主招雇和雇工出雇的范围都比较狭窄,主雇关系比较固定,雇工流动性较小。虽然很早就有农业雇工的流动,到明清时期更有所发展,但是,直至鸦片战争前后,雇工流动的频率和规模还是十分有限的。① 绝大部分的农业雇工属于本地固定性雇工。

20 世纪初叶,随着商业性农业和农业雇佣劳动的发展,雇主数量增加,雇工队伍扩大,雇主招雇和雇工出雇的范围比以前宽阔。加上封建政权对人口流动的限制放宽和农村封建宗法束缚松弛,一些地区的雇工流动空前频繁,流动的范围也明显扩大。

从地区范围看,有的是当地或邻近地区的流动。

---

① 清代前期的刑部档案中有不少涉及流动雇工或外籍雇工的案件,但是,由于众所周知的原因,流动雇工或外籍雇工的发案率,要比本地雇工高得多。所以,不能由此直接推论流动雇工或外籍雇工的数量和比例。

广东花县,据说流动的雇农“特别多”。① 他们除在本地流动外,还到邻近番禺、南海一带“摆行”出雇。广西全县、兴安、灌阳等地的贫苦农民,不少前往桂林、平乐、荔浦一带充当短工。② 在湖南南部一带,有一种称为“客农”的外来流动雇工,农忙期间从不间断。③ 中部地少人多的地区,每值耕获季节,农民常常成群结队到洞庭湖滨垸子里去打短工。④ 在湖北,每逢收获季节,“有远隔数十里或一二百里之农人,成群结队赴收获区代为芟稻、芟麦者”⑤。四川一些地区,每到插秧、耘稻、打谷等农忙季节,“游工成群,由工头率领,各乡寻工”⑥。

农业短工劳动比较发达的长江下游地区,雇工的流动情况也很普遍。江苏常熟沙洲一带贫苦农民,常前往邻近的无锡佣工。⑦ 崇明岛上的农民在插秧、割稻季节,有渡江到浦东“做忙头”的习惯。⑧ 苏北一些农垦公司,使用的雇工既有附近农民,也有从外地

---

① 陈权:《广东沙田见闻录》,转见冯和法:《中国农村经济资料续编》,第298页。

② 薛雨林、刘端生:《广西农村经济调查》,《中国农村》,创刊号,1934年10月,第72页。

③ 何炎:《各地农民状况调查——湖南南部》,《东方杂志》第24卷第16期,1927年8月,第142页。

④ 陈仲明:《湘中农民状况调查》,《东方杂志》第24卷第16期,第82页。

⑤ 《鄂省农业经济状况》,《中外经济周刊》第178号,1926年9月4日,第9—10页。

⑥ 吕平登:《四川农村经济》,第239页。

⑦ 江菊林:《江苏常熟沙洲市的农民生活》,《中国农村》第1卷第8期,1935年5月,第76页。

⑧ 顾惠民:《高桥北区农村中的季节劳动》,《新中华》第2卷第20期,1934年10月,第85页。

来的“巡回农业劳动者”。① 浙江余姚,每当六七月间南乡禾稻成熟,北乡雇农即成群结队前往该地候人雇用。② 在安徽,江北的一些贫苦农民也渡江到芜湖等地充当短工。③

在黄河流域,直隶一些地区,据说农业雇工“通常是结成五十人至一百人的队伍,远走各地寻找田间工作”。④ 京西门头沟山区的贫苦农民,每到夏秋农忙季节,即纷纷前往石景山、丰台一带佣工。⑤ 在宝坻县,每年耪地、割麦和秋收时,贫苦农民或三五成群,或十个八个一伙,到各村流动待雇。⑥ 邢台东部有来自邻近广宗、巨鹿、曲周一带的流动雇工。⑦ 位于黄河北岸的山东朝城,无地或少地的贫苦农民,每到麦秋和大秋农忙,即大批前往黄河以南打短。⑧ 莱芜县也有不少短工在各村巡回佣工,直至农忙完毕才各自返乡。⑨ 河南、山西、陕西、甘肃等地的流动雇工同样不在少数。麦收期间大范围流动的割麦工“麦客”,更是这类流动雇工的典型。

除了邻近地区的小范围、短时间流动外,这一时期,内地跨省

---

① 田中忠夫著,汪馥泉译:《中国农业经济研究》,第239页。

② 陆守怀:《余姚北乡的雇农》,《东方杂志》第32卷第22期,1935年11月,第100页。

③ 陈正谟:《各省农工雇佣习惯之调查研究》,《中山文化教育馆季刊》,创刊号,1934年8月,第334页。

④ Chinese Economic Bulletin,第294号,1926年10月9日,第207页。

⑤ 刘克祥:《近代农村经济调查札记》(存稿)。

⑥ 刘克祥:《近代农村经济调查札记》(存稿)。

⑦ 《邢台县之经济状况》,《中外经济周刊》第191号,1926年12月4日,第7页。

⑧ 刘克祥:《近代农村经济调查札记》(存稿)。

⑨ 王毓铨:《山东莱芜农村状况》,转见《中国农村经济资料续编》,第226页。

区,或内地和边远地区之间的远距离、大范围雇工流动也明显增加了。如湖南南部的一些贫苦农民前往广西打短工。① 20 年代末 30 年代初,河南的贫苦农民离乡背井外出谋生的一天天增加。滑县、封丘、阳武、原武、延津等地,每年都有大批农民流往山西,除少数租地耕种外,大多以佣工为生。② 陕西农民则不少流往甘肃一带佣工谋生。③

这一时期,山东、直隶以及山西、陕西农民向内蒙古和东北地区的流动,更是达到了空前未有的规模。山西、陕西农民的流动去向一般限于内蒙古,山东、直隶农民除一部分前往内蒙古外,大部分都是去东北。据 1904 年一名外国人的记载,在直隶永平府大道上,步行去北方寻找工作的苦力络绎不绝,其中很多是去满洲的。④ 据估计,山东、直隶等地前往东北的农民总数,1926 年以前,每年约 30 万人,1927 年以后,每年达 100 万人。流徙的地区也逐渐由南向北推移。起初是吉林双城堡、拉林和舒兰一带,接着是黑龙江呼兰地区,再接着是伊尔河流域及长春东部的桦皮甸子等等。到 20 年代,在整个东北北部地区,"此辈漂流工作者之行踪,随处可见"⑤。

每年流往内蒙古和东北的关内农民,小部分在新地区开荒种地,安家立业,更多的还是"春往秋返,佣工度日",属于流动雇工性

---

① 薛雨林、刘端生:《广西农村经济调查》,《中国农村》,创刊号,1934 年 10 月,第 72 页。

② 张锡昌:《河南农村经济调查》,《中国农村》第 1 卷第 2 期,1934 年 11 月,第 62 页。

③ 国民党农村复兴委员会:《陕西省农村调查》,第 33—34、71、77、106 页。

④ North China Herald,1904 年 4 月 8 日,第 736 页。

⑤ 连浚:《东三省经济实况揽要》,第 136 页。

质。[①] 如张家口一带,来自内地的农业雇佣劳动者,“走一个地点,又一个地点;到一个村,又一个村,从南到北,逐渐推进”[②]。据说大部分的蒙古农民,每户一般都要雇用一两名这样的工人。[③] 在东北,特别是北部地区土著雇工很少,几乎全部来自奉天、山东、直隶等省以及吉林南部诸县。每年三、四、五月间,当雇佣劳动者大量涌向北部地区时,长春站由南往北的四等火车票售数陟增。[④] 据统计,20 年代中,每年前往北部地区佣工的人数在 7 万—10 万人之间。[⑤]

由于农业雇佣劳动者频繁而大规模的流动,一些地区的农业雇工的籍贯结构发生了明显变化,即客籍雇工的数量增加,本地土著雇工相对减少,甚至客籍雇工成为雇佣劳动者的主力。

广东珠江三角洲及其附近商业性农业区,农业雇工均以外地人为主。如南海,佣工者“多数是外方之人”;增城的农忙季节工,“多由龙门、河源、惠博等处雇请”;台山雇工多三罗、高州人,“本地绝少雇用者”;赤溪的农忙短工,“皆以来自阳江等处者为多”;仁化的短工则“皆湖南桂阳之人”;乐昌的短工亦多来自湘南。[⑥]

浙江一些地区,情形相似。无锡本地雇工“不可多得”[⑦];丹阳的雇工“本地甚少,外方甚多”。[⑧] 浙江嘉兴,除全年长工多为本地

---

① 汤惠荪:《绥远农垦调查报告》,第 27 页。

② 李文治:《中国近代农业史资料》第 1 辑,第 690 页。

③ Chinese Economic Journal,第 1 卷第 12 期,1927 年 12 月,第 1029 页。

④ 东省铁路经济调查局:《北满农业》,第 247 页。

⑤ 东省铁路经济调查局:《北满农业》,第 248 页。

⑥ 中山大学农科学院:《广东农业概况调查报告书续编》上卷,第 126、165、40 页,下卷,第 31 页,上卷,第 293、279、268 页。

⑦ 容庵:《各地农民状况调查——无锡》,《东方杂志》第 24 卷第 16 号,第 110 页。

⑧ 刘星全:《丹阳农业现状调查》,《农行月刊》第 2 卷第 6 期,调查,1935 年 6 月,第 32 页。

人外,半年工多为温、台、绍三属客籍农民,月工、日工亦相当部分是客籍农民。① 新登县,"土著稀少,匠作来自外邑,雇工均系客民"②。玉环雇工,"多系温岭、台州之贫农"③。

在北方,直隶东光,农忙短工"概来自宁津及山东武宣等处"④;而宁津短工又多为山东乐陵、德平、商河、惠民等县农民。⑤山东牟平,土田虽少,但因赴外营生者多,"雇工恒来自外籍"⑥;胶澳各区,长工"以邻县人为多"⑦;德县短工,"都系东昌府一带所来"⑧。

察哈尔、绥远和东北地区,客籍雇工在农业雇工中所占的比重更大。绥远集宁,农户雇工以短工为主。此类短工大都来自山西。⑨ 包头迤西的中滩地方,农忙短工几乎全部来自外地。该地有农户千余家,雇用外来农工总数多达二三千人。⑩ 在东北,南北

---

① 冯紫岗:《嘉兴县农村调查》,第99页。

② 民国《新登县志》第10卷,风俗,第2页。

③ 林味豹:《浙东沿海一带农业劳动述略》,《新中华》第2卷第11期,1934年6月,第86页。

④ 《东光县之经济状况》,《经济半月刊》第1卷第1期,调查,1927年11月,第15页。

⑤ 王友农:《河北宁津农业劳动》,《新中华》第2卷第24期,1934年11月,第83页。

⑥ 民国《牟平县志》第5卷,政治志,实业,农业,第12页。

⑦ 《胶澳全区之农业概况》,《中外经济周刊》第214号,1927年6月4日,第7页。

⑧ 《德县之经济概况》,《中外经济周刊》第221号,1927年7月23日,第10页。

⑨ 《平地泉集宁县之经济状况》,《中外经济周刊》第148号,1926年1月30日,第19—20页。

⑩ 《中滩农业调查》,《中外经济周刊》第162号,1926年5月15日,第62页。

两地的客籍雇工数量互有差异。南部各地,据说农业雇工中70%是本地人,但农忙季节工(月工、日工)则多来自山东等地。[①] 愈往北,客籍雇工的比重愈高,奉天通化(现属吉林省),因境内人少地多,"辄雇新到客民"。[②] 至于吉林北部和黑龙江全省,据说"本地土著雇工绝少"。各类农业雇佣劳动者"几皆来自奉天、山东、直隶数省及吉林南部之数县"。[③]

雇工流动频繁,农业雇佣劳动者中的客籍雇工数量和比重提高,既是这一时期自由雇佣劳动发展的一个重要标志,又是加速这种发展的一个条件。流动雇工、客籍雇工与传统的土著雇工不同,他们既不受封建宗法统治和人身依附关系的束缚,同雇主之间也没有任何亲族或乡土情谊。这里的主雇关系是一种纯粹的劳动力商品交换关系。雇工的频繁流动、客籍雇工数量和比重的增加,一方面调节了劳动力的市场价格,加速了农业雇佣劳动的发展;另一方面又进一步切断了主雇间传统的亲族或地缘纽带,使雇佣劳动具有更加"自由"的性质。在华北,佣工者"宁愿到别的村子去,而不愿留在本村,因为如果留在本村,与雇主的熟识关系,会使争讲工资成为不可能"。同样,有的雇主宁愿上市雇人,或招徕外来流动雇工,而不愿雇本村人。[④] 主雇双方都不愿意在雇佣关系中掺杂私人情分。因此,从某个意义上说,雇工愈是流动频繁,客籍雇工的数量和比重愈大,农业雇佣

---

① 满铁农业试验场编:《到田间去》,第39页。

② 民国《通化县志》第2卷,人民风俗,第53页。

③ 东省铁路经济调查局:《北满农业》,第247页。

④ 根据作者实地调查材料,另见 Chinese Economic Bulletin,第286号,1926年8月14日,第97页。译文转见章有义《中国近代农业史资料》第2辑,第262—263页。

关系愈是成为真正的商品交换关系，从而愈加具有“自由”的性质。

2. 部分地区短工市场的发展和市场网络的形成

同雇工的频繁流动以及外籍雇工的数量和比重不断增加相联系，20世纪初叶，一些地区的短工劳动力市场也有明显发展，部分地区还形成了比较完整的短工市场网络。

同一般商品一样，劳动力的买卖，也需要一定的市场条件，包括交易场所在内。在早期，农业雇佣劳动者的人数有限，雇工形式以长工为主。雇工就雇的范围狭小，主雇之间往往存在着亲戚、乡邻或东佃关系，即使没有专门的劳动力交易场所，劳动力的卖买尚不致发生困难。随着雇佣劳动的发展，短工数量不断增加，雇工的就雇范围越来越大，其流动也越来越频繁。雇工一旦离开本乡本土，主雇之间传统的亲族或地缘纽带也就随即消失。在这种新的情况下，劳动力的买卖只有通过市场才能顺利进行。因此，随着农业雇佣劳动的发展，随着短工尤其是各种流动雇工的增加，雇佣劳动力市场（短工市场）也就应运而生。①

中国历史上雇工市场的出现很早。到明代，尤其是清代前期，一些地区的雇工市场开始多起来，北方的直隶、山东、山西、奉天、吉林，南方的江苏、浙江、安徽、广东等省区，都有关于雇工市场的记载：或曰，佣工者“当每日日出之时，皆荷锄立于集场，有田者见之，即雇觅而去”；或曰，农民“持荷农具，晨赴集头，受雇短工，名曰人市”，并谓其“习俗称便，由来已久”；或曰，某人“到工夫市上

① 例如，前述河北宁津，外来游行工人虽有直赴村内自找雇主的，也有雇主在路上遇有游行工人，即领赴自己地里工作的。但“游行工人正常的找雇主的方法，是‘上市’，即是上‘短工市’卖日工。”（王友农：《河北宁津农业劳动》，《新中华》第2卷第24期，1934年12月，第83页）。

买工夫”,某人“在墟觅工”,某人“出墟觅工人”,某人在短工市上雇得短工若干人;等等。① 这说明当时雇工市场的存在已不是个别的和偶然的现象。不过,从全国范围看,这类雇工市场仍然只是星星点点,数量不多,规模也有限,在农业劳动力的买卖中不占重要地位,绝大部分的雇佣关系,没有、也不需要通过这种专门的劳动力市场来确立。

甲午战争后,情况发生了很大的变化。一些地区流动短工和客籍短工的数量和比重明显增加。他们需要一个专门的场所来陈列和出售自己的商品——劳动力。而从买主(雇主)方面来说,随着商业性农业的发展,从事雇工经营的地主和富裕农户增多,经营面积也有所扩大,特别是在华北和东北地区,大农户的经营面积动辄在500亩或1000亩左右,个别的甚至超过5000亩。② 这些大面积经营者,每天使用的短工,往往多达百余人,甚至数百人。这样多的短工,自然不可能在本村或邻村零散招觅,而是到短工市上集中雇用。如果没有短工市,从事雇工经营的大农户,没有充裕的短工来源,只得以使用长工为主。如山东德县,因县城外各村镇无短工市,农忙短工的供给得不到保证,种地较多的农户概以雇用长工为主。又因农业季节短,经营粗放,使用长工不经济,也就限制了长工的雇用人数和土地的经营规模。因此,该县农户耕种面积,每户“至多不过一顷半”,大地主多用佃种法。③ 可见雇工市场的存

① 关于清代前期短工市场的情况参见李文治等:《明清时代的农业资本主义萌芽问题》,第66、472—476页。

② 刘克祥:《近代农村经济调查札记》(存稿);刘克祥:《甲午战争后自由的、资本主义的农业雇佣劳动的发展》,《中国经济史研究》1990年第4期。

③ 《德县之经济概况》,《中外经济周刊》第221号,1927年7月23日,第8—10页。

在也是一些农户进行较大规模经营的一个重要条件。

正因为如此，在那些流动雇工和从事雇工经营的农户较多、雇佣劳动需求量较大的地区，每于集市街头、庙前空地、茶馆、凉亭、打麦场、晒谷场、桥头、大路叉口等地方，自发形成各种形式的短工市场。这种劳动力市场，在各地有不同的名称。北方多称“人市”、“工市”、“工夫市”、“短工市”、“穷汉市”、“佣工市”、“招工市”，或直接称“市”。“市”与买卖一般商品的“集”相对应。去集市上买卖货物叫做“赶集”；而到集市上出卖劳力、充当短工叫做“上市”，到集市上雇工叫做“上市叫（雇）人”。在这里，“市”与“集”的含义和功能是不同的。传统集市在名称和内容上区分为一般商品市场和劳动力特殊商品市场两个部分。① 在南方，广东、广西地区，一般称“人行”、“卖人行”。到墟集或桥头、路口等地候人待雇，叫做“摆工”或“摆行”。云南一带则称做“工场”或“站工场”。②

这一时期，雇工市场的发展还表现为市场数量增加，密度扩大。不少资料表明，如果某县有雇工市场，那么往往不是一个两个，而是许多个，分布十分普遍。如山东馆陶，“城镇乡村多有临时工市”③；清平、临清两县的短工市场“所在多有”④；奉天海城，

① 上述区分和习惯说法广泛流行华北地区，尤其是直隶地区。如涞水县，县城有一人市。当地农民上县城或集镇买卖货物叫“赶集”，到人市卖短叫“上市”。约定俗成，十分明确（刘克祥：《近代农村经济调查札记》，据王少文老人提供。宛平、沧县、武清等地，情况大致相同）。

② 陈正谟：《各省农工雇佣习惯及需供状况》，第 2 页。

③ 民国《馆陶县志》，政治志，实业，第 59 页。

④ 民国《清平县志》，实业，农业，第 8 页；民国《临清县志》，经济志，农业，第 31 页。

“城乡均有工夫市”①;盘山的雇工市场也很普遍。② 在许多地区,凡有定期墟集的乡镇、村镇以及某些较大的村庄,都有短工市场。即所谓“有集必有市(短工市)”。广西武宣,各墟集和圩间都有季节性的劳动力市场。③ 安徽宿县,“待雇之农工和其他商品一样,聚集于镇中一定处所,成为劳动者出卖劳动力的特殊市场”④。山东莱芜,全县各重要乡镇都有短工市。⑤ 直隶的雇工市场数目更多。邯郸的一些重要集镇,如南关、苏曹、三里铺、和村以及各大村庄都有短工市。⑥ 宁津短工市场遍布“各市镇以及较富村庄”。⑦ 宛平石景山附近,方圆不过十余里,有五里坨、麻峪、北辛安、古城、八角村、庞村和衙门口等大小短工市场7处。⑧

如同一般的商品交易市场一样,某些地区的雇工市场在其发展过程中,也开始出现市场分工,形成某种专业性市场。如山东历城县城关周围地区,在20世纪20年代以前,已有王舍人庄、大辛庄、沙河、坝子等4处短工市。这4处都是有定期集市的村庄或村

① 《奉天海城县之农业及矿产》,《经济半月刊》第1卷第4期,调查,1927年12月15日,第5页。

② 《奉天盘山县之经济概况》,《经济半月刊》第2卷第18、19期合刊,专载,1928年11月,第32页。

③ 晶平:《广西武宣农业劳动中的游行工人》,《中国农村》,创刊号,1934年10月,第80页。

④ 尹天民:《安徽宿县农业雇佣劳动者的生活》,《东方杂志》第32卷第12期,1935年6月,第108页。

⑤ 冯和法:《中国农村经济资料》续编,第225页。

⑥ Chinese Economic Journal,第1卷第5号,1927年5月,第465页;《中外经济周刊》第190号,1927年11月27日,第3页;刘克祥:《近代农村经济调查札记》(存稿)。

⑦ 王友农:《河北宁津农业劳动》,《新中华》第2卷第24期,1934年11月,第83页。

⑧ 据作者实地调查,有关材料分别由当地老人提供。

镇。到20年代前后，在交通方便、但没有集市的小村杨家屯自发形成新的短工市。由于杨家屯周围水田较多，对水田短工需求量大，原来在王舍人庄等4处上市的水田短工，很快转移到杨家屯。结果，杨家屯逐渐成为水田短工市场，而王舍人庄等4处成为旱地短工市场。① 有的虽然没有明显的专业分工，但在不同生产季节，上市的劳动力商品不同。广西桂林南路的六塘短工市，每到插秧、割稻季节，聚集着大批雇佣劳动者"摆行"待雇。按照当地的劳动分工，插秧是妇女的活，而割稻是男子的活。因此，在插秧季节，"摆行"的全是妇女，形成女工市场；而到水稻收割季节，"摆行"的全是男子，没有一名妇女，这时又形成男工市场。②

另外，在某一地区范围内，各短工市的职能和地位也是不同的：有的是村市，有的是局部地区的中型市场，也有的是更大范围的中心市场。如直隶宛平石景山和丰台地区，古城、八角村、庞村和衙门口村的短工市，都是村市，其职能是满足本村和近邻小村对农忙短工的需要，市场规模很小，开市的时间也很短，雇主和雇工的来源只限于本村或近邻小村。北辛安、麻峪、五里坨短工市场的规模稍大，开市时间较长，雇工和雇主都不限于本村。庞村、八角、古城等地，如村内劳力供过于求，短工就前往北辛安上市；如村内劳力短缺，雇主也去北辛安叫人。麻峪、五里坨的上市短工则有不少来自河西门头沟和北部西山一带，雇主也有门头沟的。这3处短工市场起着调节本地区农业季节工供求关系的职能，属于局部地区的中型市场。而丰台大井短工市场则是丰台、石景山地区的中心市场，在更大范围内起着短工的供给和调节作用。

---

① 参见《中国农村惯行调查》第4卷，第248、153页。

② 暮桥：《桂林六塘的劳动市场》，《新中华》第2卷第1期，1934年1月，第259页。

大井本是一个小村,雇工市场大约形成于光绪中叶。进入20世纪,丰台地区的蔬菜种植扩大①,丰台、石景山地区一些富裕农户的雇工经营也有明显发展,雇佣劳动的社会需求增加。大井村因地理位置适中,交通方便,短工市场迅速扩大,上市的短工尤其是外地短工增加。为了解决外来短工的住宿,村里办起了专供外来短工住宿的简易旅馆。② 这样,外来短工进一步增加。短工的充分供应,又刺激了周围地区雇工经营的发展。西局、郭庄、衙门口、水屯、天顺庄等村,相继出现了耕地面积四五百亩乃至上千亩的种地大户。他们都把大井作为短工的主要供应地。③ 这又反过来促进大井短工市场的扩大。二三十年代,大井的上市短工,平时一千多人,最高可达二三千人④,是这一时期规模最大、上市人数最多的雇佣劳动市场。

这一地区的短工市场,明显地分成村市、集镇市场和中心市场等三个层次。其中短工村市、短工集市同一般商品的村市、集市的地点、职能以及贸易范围基本相同。而中心市场则否,它的位置不在当时作为中心集镇的丰台,而是在一个小村庄。而且,大井也没有因为充当雇佣劳动的中心市场而发展为集镇。村里除简易旅馆和几家烧饼铺,并无其他商店,也未出现定期集市。这反映出劳动力特殊商品与一般商品在交易场所上的背离,尽管这种背离并不

---

① 当时这一地区种植的基本作物是玉米、芸豆和大白菜,当地农民叫做“三大件”。其中两件是供给北京市场的蔬菜。

② 据当地老人回忆,20世纪初叶,大井村有简易旅馆20多家,每家能接待短工50—60人。

③ 如前所述,衙门口村有短工市。西局也有短工市。但这两个村的种地大户都不在本村雇人,而是直接到大井招雇。

④ 以上情况据作者实地调查,由当地多名老人(包括上市短工和雇主)提供。

普遍。

丰台、石景山地区这种多层次雇工市场网是比较典型的，但不是独一无二的。

随着一些地区雇工市场数量的增加和市场网的形成，劳动力商品的市场交易半径，同时朝着缩短与延长两个方向发展。一方面，由于雇工市场增加，尤其是村市的出现，雇佣劳动者可以就近、甚至在村内上市候雇。同样，一般雇主也可在村内或就近雇觅短工。这意味着市场半径缩短；另一方面，由于劳力供求关系和市场价格的不断变化，又必然引起不同市场和地区间劳动力商品的频繁流动。特别是随着一些地区大型市场和中心市场的出现，劳动力商品的供给地扩大，不少地区的大型和中心市场，上市短工都以外地人为主。上面说到的大井，以及江苏萧县、直隶宁津、天津小站和察哈尔、绥远、东北地区，上市短工几乎全是外地人。① 雇主中也不乏十几里以外的种地大户。这又意味着市场交易半径的延长。正是这种双向发展，便利了劳动力的自由买卖和流动，调节了地区间劳动力的供求关系和市场价格，在雇工形式上加速长工向短工的演变，使农业劳动力进一步商品化。

在不同地区，雇工市场的数量、密度、规模、上市人数、开市时间和交易习惯，互有差异。有些地区"有集必有市"，甚至无集也有市，雇工市场的数量和密度甚于普通集镇。但在多数地区，雇工市场的数量不会多于普通集镇。少数地区只有县城或主要集镇才

① 参见卢株守:《江苏萧县东南九个村庄的农业生产方式》,《中国农村》第1卷第5期,1935年2月,第86页;王友农:《河北宁津县东北六村概况》,《新中华》第2卷第18期,1934年9月,第83页;《中国农村惯行调查》第6卷,第188页。

有雇工市场。① 市场规模,多数不大,村市的上市人数,少则一二十人,多的四五十人。开市时间也很短,一年大多不足两个月。集镇市场特别是某些中心市场,规模较大,上市人数达数百,少数上千。开市时间也较长,一般4至5个月。而且是每天开市,不像集市有间隔,但每天开市的时间很短,一般黎明前后开市,上午八九点钟散市。也有个别地方全日开市的。在多数市场,工价由主雇双方当面议定,但有行市,其低昂视劳力供求状况而定。也有少数地区由中介人决定工价。如直隶霸县,有主雇直接协商者,"亦有由乡长、地牌说价者,各随其市之习惯"②。固安、永清、文安、大城等地,工价也大都由中介人规定。此类中间人系选自村民或乡勇,并经当地地主们认可。③ 在吉林怀德大泉眼子,则由当地"花子头"规定工价。据说在"工夫市"开市期间,花子头大体每3天一次"喊市",并将工价写在小纸片上。雇主从花子头那里领取纸条,据此计算工价。花子头根据市场劳力供求情况决定工价,但要听取雇主们的意见,秋收后从雇主家中收得一二升至一二斗不等的高粱作为报酬。④ 总之,确定工价的方式因地而异,但决定工价低昂的主要因素是市场的劳力供需状况。

第三节　封建性雇佣劳动不同程度的残留

尽管有上述资本主义性农业雇佣劳动的一些发展和变化,但是,农业劳动力的商品化进程远远没有完成。一方面,在多数情况

① 如直隶涞水,仅县城有人市。

② 民国《霸县志》第2卷,第39页。

③ Chinese Economic Bulletin,第294号,1926年10月9日,第207页。

④ 天野元之助:《怀德县大泉眼农家经济调查》,转见天野元之助:《支那农业经济论》(日文本),第613—614页。

下，家族劳动仍是农业劳动的基本形式，雇佣劳动只是一种补充和调剂；另一方面，相当一部分雇佣劳动也不具有自由性格，前资本主义色彩仍然十分浓厚。同时，各地区的发展极不平衡。在一部分地区，自由雇佣劳动已占据主导地位，而在另一些地区，封建性的乃至奴隶式的雇佣劳动仍然相当普遍。即使同一地区，雇佣劳动的性质也往往因雇主身份而异。同一雇主也可使用不同性质的雇佣劳动。这反映了甲午战争后农业雇佣劳动的复杂性。

一、奴隶性、封建性、强制性劳动的残存

这一时期的农业雇佣劳动中，奴隶性、封建性、强制性劳动种类很多，主要有卖身劳动、佃奴式劳动和债务劳动等三种形式。

第一种，各种形式的卖身劳动。这些劳动者出卖的不是自己的劳动力，而是自己的人身。他们不是自己劳动力的所有者，他们的整个人身都属于雇主所有。在山东安丘，一些大地主的世袭制雇工，其祖先就是将本身以及子孙的劳动力一次卖给地主，子子孙孙都为地主做工。这些雇工的名字被刻在地主的石碑上，石碑反面写有“海枯石烂”四个大字。① 广西、云南、贵州一些偏僻地区，一直存在着奴隶劳动。据调查，直到20世纪30年代初，广西河池、思恩、南丹等地，还有不少地主蓄养奴隶，从事田间以及家庭服役性劳动。② 这些奴隶的来源主要有两个：一是从小买来的男孩，长大以后变成奴隶；二是忠实而年轻的长工，同雇主婢女结婚（这

① 葛懋春：《从昌潍土改工作中看封建剥削》，《文史哲》1951年第15期。

② 薛雨林、刘端生：《广西农村经济调查》，《中国农村》，创刊号，1934年10月，第72页。

本身往往又是多年无偿劳动所得到的报酬)以后,夫妻同在主人家里终生服役。有些奴隶结婚以后,过着较独立的生活,但仍然要经常到主人家里从事各种无报酬的劳动。①

在北京西郊八大处、八宝山一带,有一批特殊的卖身劳动者。那里有不少清朝王府、贵族和其他达官的坟茔,看坟人中不少是坟主的家奴。也有当地贫苦农民卖身为奴,就地照看坟茔。他们从坟主那里领取月银,同时垦耕坟茔周围的荒地,从事农业生产。直到 20 世纪 20 年代,农奴身份的看坟人仍占一定比例。②

第二种,佃奴式劳动。在不少地区,地主有权力驱使佃农从事低酬或无酬劳动。如江苏崇明地主经常使用此类劳动。据说“有事时一定要来,没事赶走,工资也不高”。③ 广西“农忙时节,地主可以自由召集佃农来替自己犁田插秧。有些除掉膳食以外,毫无报酬,有些虽然照给工资,但仍具有强制性质”④。如果佃农是由卖身长工演变而来,其劳动的强制性就更为明显。广西一些地区,青年长工往往在替地主工作七至十年左右,不取工资,期满后领得一个婢女作为报酬,但大多仍住在主人的小屋里,并领得几亩田地。其身份即由卖身长工变为佃奴,但仍须随时替地主服役。⑤

河南洛阳、陕州一带,佃农往往同时是地主的雇工。遇地主婚娶丧葬,佃农必须无偿提供劳役。也有的地主自营部分土地,但不

---

① 薛暮桥:《中国农业中的雇佣劳动》,《中国农村》第 2 卷第 5 期,1936 年 5 月,第 54 页。

② 据作者实地调查,并参见有关村庄《阶级成分登记表·家史简述》。

③ 华东军政委员会土改委员会:《江苏农村调查》,第 444 页。

④ 薛雨林、刘端生:《广西农村经济调查》,《中国农村》,创刊号,1934 年 10 月,第 72 页。

⑤ 农英:《广西农村中的劳动妇女》,《东方杂志》第 32 卷第 6 期,1935 年 3 月,第 99 页。

雇长工或月工,凡种菜、打谷、耕耘、收获等农活,大都驱使佃农完成。这些都是作为佃农义务在订立租佃契约时确定的。①

在北方地区,一些由地主提供生产资料的帮工式佃农,也往往要为地主提供强制性劳动。如直隶东部故城、枣强以及邻近的山东武城一带,"三七分收"或"二八分收"的分益农,均须为地主干家内杂活。前者无饭食工资,后者供给饭食,但无工资。② 山东菏泽的分益制佃农,须为地主挑水、铡草。③ 临清的分益制佃农,"在男子操作期中,其妻子必须至地主家中听指挥。田中操作完毕,方能回家"④。陕西绥德、米脂一带被称为"伙子"的分益制佃农,都要为地主服劳役,甚至替地主贩炭经商。据统计,各种劳役每月误工五天。⑤

奉天洮南被称为"里青"的耪青户,必须给地主服劳役。⑥ 热河土默特右旗(朝阳县)被称为"外青"的耪青佃户,在农闲期间,须为地主修理农具、粉刷墙壁、积肥以及准备牲畜饲料等。由地主提供住房和伙食的"里青",则不管农闲、农忙,都必须听从地主使唤,提供各种劳役。⑦

这些佃奴式劳动有两个共同特点:一是具有明显的强制性。由于地主占有土地,甚至房屋、耕畜、农具、肥料、种子等生产资料,

---

① 孟光宇:《洛阳陕州之租佃制度》,《民国二十年代中国大陆土地问题资料》,第34272—34273页。

② 《南德长途汽车路沿线经济状况》,《中外经济周刊》第230号,1927年10月15日,第18—19页。

③ 《中国经济年鉴》第三编,1936年,第G205页。

④ 《中国经济年鉴》续编,1935年,第七章,第169—170页。

⑤ 柴树藩等:《绥德米脂土地问题初步研究》,第49—50页。

⑥ 民国《洮南县志》第4卷,农业,第29页。

⑦ 日伪地籍整理局:《锦热蒙地调查报告》上卷,第263—266页。

不但凭借超经济强制手段将贫苦农民束缚在土地上,而且直接进行人身奴役;二是劳动报酬低于当地自由雇佣劳动者。如上述崇明地区,这类佃农劳动的工资就特别低。陕北地主叫"伙子"干活,大多只管饭,而不给工资。有时做工太多,也给点工钱,但比普通雇工要低一半以上,显然是象征性的。

第三种,债务劳动。在一些地区,农民由于经济窘迫,向地主富户借贷粮食或现金,届时用劳动偿还本息,或单还利息。债务劳动又可以分为三种基本形式:一是定期的典身或当身;二是以工偿债或偿息;三是短期的劳力预卖。

典身或当身是劳动者将自身或妻子儿女典(当)给地主富户,在典(当)期内听从受典(当)人役使,偿还典价或当价利息。这种制度在广西和西南某些地区相当普遍。如广西思恩县,有的贫苦农民立契典身,出佣十年八年,或三年五年不等,工资一次收清。也有的将其子女出典,交雇主养育,并为其服役,若干年后无条件脱离关系。典身是以劳动偿还债款本息,而当身则只能以劳动偿还债款利息,须另还本金。直至本金偿清,方能恢复自由。据说典当人身的债务劳动,思恩县"几乎各处都流行",相当普遍。①

值得注意的是,这种典身或当身雇佣制,在当时是完全合法的。据1918年《大理院判例》载:"嗣后贫民子女不能存活者,准其议定年限,立据作为雇工;先给雇值多少,彼此面订,雇定之时,不问男女长幼,总以扣至本人二十五岁为限。其限满后,女子如母家无人,并无至近亲属者,由主家为之择配。"②它充分反映了当时农业雇佣劳动制度的极端落后性。

---

① 端:《一个落后社会的素描——广西思恩县》,《新中华》第2卷第10期,1934年5月,第79页。

② 转见章有义:《中国近代农业史资料》第2辑,第468页。

季节性的偿债劳动比典身或当身劳动更为普遍。直至20世纪,仍无根本改变。如崇明,短工很多"不是自由请工,而是春天借粮,忙时抵工"。① 浙江慈溪的农业雇工,遇有急需,恒向农户借贷,而以就佣于该农户为条件。② 江西余干邹源村等地,劳役是贫苦农民偿债的补充方式,是地主富户"惠而不费"的剥削手段,而且同封建地租剥削紧密相联。该村佃农在青黄不接时向地主借钱借谷,多于秋收后以谷抵偿,或随时帮地主做短工扣还。③ 河北清苑也有以工偿债的事例。很多贫农冬天或秋天"借钱,春天或夏天给人家做工"。④

在山东、奉天等地,债务雇工的雇佣期限更长一些。山东恩县有"杠伙(扛活)还债"的借贷雇佣习惯⑤,这种雇工既有季节性短工,也有长工。奉天西安、西丰和东丰等地,也有所谓"佣还"制度。贫苦农民向地主富户借钱,答应一年、二年或三年的雇佣期限,抵偿债款。⑥ 他们的劳动时间比普通短工长,但同前面所说的典身和当身雇工还是有某些区别,故归于短期偿债劳动。

短期的劳动力预卖,也是偿债劳动的一种。普通偿债劳动是借债后当即用劳役偿付,而劳力预卖是雇工先期得款,约定若干时间以后用劳役偿还。

---

① 华东军政委员会土地改革委员会:《江苏农村调查》,第444页。

② 陈正谟:《各省农工雇佣习惯之调查研究》,《中国文化教育馆季刊》,创刊号,1934年8月,第353页。

③ 张明善:《一个乡村的概况——邹源村》,转见《中国农村经济资料续编》,第714页。

④ 《河北省清苑县农户调查表·傅端然》。

⑤ 《中国农村惯行调查》第4卷,第508页。

⑥ 天野元之助:《满洲农村之借贷制度》,转见冯和法:《中国农村经济资料续编》,第1031页。

随着农民经济的贫困化,一些地区的劳力预卖更加普遍。在浙江,有所谓“忙月钱”。贫苦农民在年底向地主富户预先支钱,到第二年农忙时做工还债。这是当地忙月的主要形式。① 山东峄县有所谓“工夫账”。即雇短工的农产,冬季将现金或粮食贷给贫农,到农忙期间役使之。② 这种制度在江苏萧县则叫“吃工粮”。差不多每个富农,都有好些“吃工粮”的短工。③ 在安徽宿县,也有在春荒时由富裕雇主先贷与雇农以粮食或现金,约定农忙时以劳力偿还者。④

债务劳动兼有高利贷盘剥和剩余劳动榨取的双重性质,比普通雇佣劳动的剥削更加残酷。马克思指出:“这种借款和通常的高利贷造成同样的后果,劳动者不仅终身是债权人的债务人,从而被迫为债权人劳动,而且这种从属关系还要传给他的家庭和后代,使他们实际上成为债权人的财产。”“自由人变成奴隶,从商品所有者变成商品。”⑤在他偿还全部债务以前,只能俯首听命于债主。如上述萧县,农忙期间“债主需人孔亟时,吃工粮的人,不得替别人工作或作自己的工,必须履行其吃工粮的诺言,毫无通融”。⑥ 奉天西安等地的“佣还”者,一旦契约成立,“他的身体既被佣于地

① 杨开渠:《浙江省农村工人工资之研究》,《新中华》第3卷第6期,1935年3月,第83页。

② 满铁经济调查会编:《山东省经济调查资料》第3辑,第210页。

③ 卢株守:《江苏萧县东南九个村庄的农业生产方式》,《中国农村》第1卷第5期,1935年2月,第68页。

④ 尹天民:《安徽宿县农业雇佣劳动者的生活》,《东方杂志》第32卷第12期,1935年6月,第108页。

⑤ 《马克思恩格斯全集》第31卷,人民出版社1972年版,第562页;马克思:《资本论》第1卷,人民出版社1975年版,第191页。

⑥ 《中国农村》第1卷第5期,1935年2月,第68页。

主,其契约期间的工钱,也便永无增加的希望,并不得被雇于他人了”。因此,当时论者认为,“此种长期劳役,实则也就是一种短期的农奴制度”①。

债务劳动在经济上剥削的极端残酷性也是很明显的。由于借债人是在需款极端紧迫而又没有偿还能力的情况下被迫采用工偿方式的,债主往往把条件定得十分苛刻,把债款利息定得很高,把债务人的工价压得很低。广西典身雇工,每年的身价为 10 元,而当时普通长工的年薪为 20—30 元,前者只有后者的一半到三分之一。该省思恩、河池等地,如用劳动支付利息,通常借洋 1 元,每月做工 1 天;借米 1 石,每月作工 5 天。② 当地农忙短工日薪约为 0.3 元。借洋 1 元,每月做工 1 天意味着:如按通常借贷利率月息三分(3%)计算,抵债雇工的月薪只有 3 分钱,相当于普通雇工的十分之一;如按普通雇工的工资计算,那么借贷利率为月息大 3 分,即 30%,比一般借贷利率高出 9 倍。

至于劳力预卖,同当时的农产品预卖一样,比正常价格低得多。广西一些地方的做法是,讲明工作几天,借给现金或谷米若干。工作日期由债权人随时指定,而工资一律按农闲时工价计算。③ 浙江借“忙月钱”的贫苦农民,农忙期间偿工的工资也和平时一样。须知,农忙短工的工资比农闲期间高出二三倍至一二十倍不等。这样,雇主就可以用极低的农闲工价随时雇用急需的农忙短工。因此当时的调查者认为,这“实则是贫者被剥削的一种

① 转见冯和法:《中国农村经济资料续编》,第 1031 页。

② 薛雨林、刘端生:《广西农村经济调查》,《中国农村》第 1 卷第 1 期,1934 年 10 月,第 71 页。

③ 薛暮桥:《广西农村经济调查》,转见《中国农村经济资料续编》,第 789 页。

借重利的变相罢了”。①

二、人身依附关系的残余与部分家庭仆役性劳动

这一时期农业雇佣劳动的封建性和非自由性质,还表现在雇工对雇主人身依附关系残余的继续存在和雇工劳动的部分家庭奴仆性。

雇工的人身解放同雇工形式、佣期长短有着密切的关系。20世纪初叶,农业雇工中的短工数量和比重明显提高,一些地区长工的佣期也明显缩短,有演变为季节工的趋势。这是雇工人身解放的一个重要标志。但各地发展极不平衡。在雇工形式上,长工在许多地区仍然占有很大比重,是农业雇工的基本形式。虽然从人数上看,短工已超过长工,但按劳动日计算,长工仍然居多数。长工的佣期,虽然在一些地区已普遍缩短,契约大都一年一订,雇退和佣退十分自由。但一雇多年的情况也不少见。某些地区甚至“多有终身役于一家死而后已者”。一句话,情况是多种多样的。②

雇工对雇主的人身依附关系同雇期的长短成正比。雇期愈长,雇工对雇主的人身依附关系愈深。在封建土地占有关系、封建的农业生产关系占统治地位的社会条件下,一雇多年,或一年一雇但连续多年雇用的长工,对雇主的人身依附关系是不可能完全消失的。特别是那些多年雇用而又无家室的老长工,被雇主榨干了全部剩余劳动乃至一部分必要劳动,而在形式上往往表现为雇主

① 杨开渠:《浙江省农村工人工资之研究》,《新中华》第3卷第6期,1935年3月,第83页。

② 参见刘克祥:《甲午战争后的中国农业封建性雇佣劳动》,《中国经济史研究》1992年第1期。

的“供养人口”，对雇主的人身依附关系更深。当然，在有的场合，人身依附关系的存在，又是长期连续雇用的主要原因。如浙江，长工“往往以封建的主从关系很深，服务至十余年者，亦很为寻常”。① 在这里，封建依附关系是因，长期雇用是果。但是，长期雇用又会反过来成为维持和巩固这种封建关系的条件。因此，这二者是互为因果的。

长工在一年中的受雇时间，在一些地区有普遍缩短和演变为季节工的趋势，但仍有相当数量的长工是全年雇用的。一些资料表明，河北新河、南和，山东历城、招远，河南新郑，安徽六安，江苏金坛、溧阳，浙江嘉兴，湖北当阳，湖南南县，四川涪陵等地，长工大都是全年雇用。

全年雇用的长工，其劳动内容和性质不但与农忙短工大不相同，和按农业生产季节雇用的长工也有某些差别。一般地说，长工由于在雇主家住宿，除了农业生产外，还必须承担大量的家务性杂活，包括护卫宅院，砍柴挑水，充当车（轿）夫，递送柬帖，以及接送亲友等等。这时，长工完全成了家庭仆役。

直至20世纪初叶，仍不乏有关长工尤其是整年长工从事家庭服役性劳动的记载。如浙江，长工的劳动范围，并非全为田间劳动，据说凡是耕种收获等野外工作、动物饲养、农产制造，以及家内事务，“无不可使之担任”。② 又说，因长工居住于雇主家内，所以必须“兼助主人处理家庭内一切琐碎细事”。当时论者把这类长工称为“家仆的农业劳动者”。广东五华，一些豪强地主及其后代，通常将田地租给无地或少地农民，“或雇农耕作，同时并得为

---

① 蔡斌咸：《浙江农业劳动之分析》，转见《中国农村经济资料续编》，第739页。

② 《新中华》第2卷第11期，1934年6月，第86页。

家庭中之仆役”。[①] 在广西,整年住在雇主家的长工,除田间一切工作外,还要担任若干家庭劳动。[②] 四川的情况也一样,巴县、成都等地,长工“除服田务外,尚需为主人服役”。当时有人说,这种长工“等于奴隶”。[③] 另外有部分多年雇用的长工,本来就是被用来“看家”、“打杂”,而“不是耕地(至少主要目的不是为耕地)”。[④] 他们更是典型的家庭仆役了。

北方的雇工经营地主较多,长工更多地被直接用于农业生产。尽管如此,一些长工的家庭仆役性质也仍然十分明显。在河南,据说终年住在雇主家的长工,一经被雇,“便失掉身体的自由,除农田工作外,东家一切的服役,都须担负”。因此,当时论者认为,这些长工“与其说像现代的农村工人,还不如说像家奴或农奴要正确些”。[⑤] 山东一些地区的长工,也都要从事家务杂活,存在程度不同的仆役性质。如朝城的长工,“既干农活,也要承担家务杂活”[⑥]。还有调查说,该省长工除大伙计外,其他如二伙计、牛倌、羊倌、猪倌、小觅汉或女做饭,除了分内工作,地主可以任意支配他

① 陈友鹏:《嘉应农民状况调查》,《东方杂志》第24卷第16期,1927年8月,第66页。

② 薛暮桥:《广西省农村经济调查》,转见《中国农村经济资料续编》,第779页。

③ 王国栋:《巴县农村经济之研究》,《民国二十年代中国大陆土地问题资料》,第27581页;马学方:《成渝铁路成都平原之土地利用问题》,《民国二十年代中国大陆土地问题资料》第44册,第22508页。

④ 陈太先:《成都平原租佃制度之研究》,《民国二十年代中国大陆土地问题资料》第62册,第32457页。

⑤ 西超:《河南农村中的雇佣劳动》,《东方杂志》第31卷第18期,1934年9月,第69页。

⑥ 柳柯:《近代北方地主经营方式三例》,《中国经济史研究》1989年第1期,第158页。

们从事跑腿、送信、带小孩、做针线活、看管场园、收拾庄稼、清扫庭院、护送亲属等琐碎家务。无论白天黑夜,或晴天下雨,"都必须唯雇主之命是听"。长工稍有怠慢或差错,挨打受骂被认为是"合法"的。① 所谓"端谁家的碗,服谁家管"。不单指雇主对长工劳动力的使用权,还包括雇主对长工某种程度上的人身奴役和支配。

此外,长工的劳动范围、性质,长工的社会地位,同雇主的身份和社会地位密切相关。通常雇主的身份和地位愈高,长工的社会地位愈低下,愈带有家庭仆役的性质。如奉天义县,"普通农家待长工以家人礼,同案而食之,食无等差,居处亦无分别,称谓则照年岁定辈分,不论主仆";而"富家之长工,则情形大异,有主人、活[伙]计之等,而感情则不甚浓挚"。② 这些说明,在现实生活中,一部分长工仍然没有获得同雇主平等的法律地位。他们离现代意义的"农业工人"的距离仍很遥远。

三、落后的工资形式和束缚于土地的人身

农业雇佣劳动的封建性,还表现在雇工劳动报酬的计算和支付手段的落后上。

1. 以代为娶妻或养老送终为劳动报酬

这实际上是典当雇工的一种形式,所不同的是,这类雇工不是在被役使前获得若干数量的现金或实物,而是在被役使若干年以后得到一个妻子,或在丧失劳动能力以后获得最低限度的生活条件。

由雇主代为娶妻成家的雇工,受雇期间雇主仅供食宿,而无工

---

① 景甦、罗仑:《清代山东经营地主底社会性质》,第162—163页。

② 民国《义县志》中第9卷,民事志,实业,第70—71页。

资,若干年后方由雇主代为娶妻完婚。据30年代初的调查,此类雇工,广西、云南、贵州、青海以及广东海南某些地方都不同程度地存在。他们有的是成年男子,与雇主约定,当长工若干年,不支工资,雇主出钱为其娶妻;有的是童工,典身出雇,长大成人后由雇主代为娶妻;有的雇主用使女招一雇工无偿耕作,若干年后,令其完婚,独立生活。也有的收雇工为"义子",无偿作工,若干年后为之完婚,并给少许土地。

这类雇工,不但在性质上比一般的债务雇工更加落后,而且往往卖身时间更长,所受剥削更深重。有的要为雇主无偿工作10年或20年,方能获得一个妻子的代价。而娶妻费用不过50元左右。20年的劳苦,才换得50元的报酬,平均每年不过2.5元。①

部分雇工在娶妻成家后,和雇主脱离关系,恢复了自由,但也有相当数量的雇工,娶妻后仍不能恢复自由,特别是那些与雇主婢女、生女结婚,或招为"义子",以及由雇主提供土地、房屋的雇工,同雇主之间仍然存在着封建宗法关系或土地依附关系,有的甚至沦为雇主的家奴或农奴。至于那些所谓"招亲"、"义子"、"抱儿子"之类的长工,雇主代为完婚后,不论是否独立生活,在性质上都与家奴无异。

另有一些长工,起初是自由雇佣劳动者,但受雇的时间长了,无形中形成某种人身依附关系。以后又由雇主代为娶妻,人身依附关系进一步加深。据调查,云南石屏县,富户长工如"忠实可靠,工作年久",雇主为之完婚,并给四五石谷子的田产,而不索偿。但雇工仍须就雇于原雇主;文山县某些"忠实而得雇主信赖"的雇工,三五年或十余年后,雇主亦可能为其娶妻。这些雇主通过

---

① 参见刘克祥:《甲午战争后的中国农业封建性雇佣劳动》,《中国经济史研究》1992年第1期。

为雇工娶妻的手段，形成或加深了对雇工的人身控制，使原有的自由雇佣劳动蜕变为封建性的雇佣劳动。

养老雇工是雇工终身出雇于某一雇主，平时不要工资，年老丧失劳动能力以后，由雇主养老送终，并把这种关系用契约形式固定下来。如四川云阳、丰都，陕西渭南等地都有这类养老长工。① 又据 1930 年对江苏金坛、溧阳 103 名丧失劳动能力的老长工的调查。其中有 3 名仍然寄居雇主家。② 可能也属于上述性质的养老雇工。

2. 以提供若干免租土地为劳动报酬

有些地区，雇主付给雇工的不是货币或实物工资，而是若干数量的土地，由雇工或其家庭成员自种自收，雇工不纳地租，雇主不另付或只付少量工资。这里，雇工得到的不是生活资料，而是作为农业基本生产资料的土地。他一方面是雇佣劳动者；另一方面，他凭借出卖劳动力使自己或其家庭成员继续保持小生产者的地位，同雇主之间存在着某种形式的封建土地依附关系。

这类雇佣形式大多发生在耕地较多、地价和产量较低的地区。在直隶景县，“或以地数亩，招人自种自收，即用其力为我作工。有事则来，无事则去”③。山西平顺，有些雇主完全以出租土地的应纳租额来代替工资，而且条件十分苛刻。然而，那些人口特别多、家庭十分贫困农民，被迫接受这样的雇佣条件。④ 绥远蒙地，

① 陈正谟：《各省农工雇佣习惯之调查研究》，《中山文化教育馆季刊》，创刊号，1934 年 8 月。

② 陈午生：《金坛溧阳雇农生活的调查》，转见冯和法：《中国农村经济资料》，第 512 页。

③ 民国《景县志》第 2 卷，农业状况，人工，第 70 页。

④ 赵梅生：《山西平顺县农村经济概况》，转见千家驹：《中国农村经济论文集》，第 561—562 页。

有的汉人“专助田主或富农耕作”,主人拨地若干交其耕种,以代工资。但在租种期,“佃户”须代负差徭等役之劳。① 这很像劳役地租,但又不似领主制下的劳役地租。这种农民为地主干活是全年性的,而不是按照耕种的土地面积来计算劳役。他在本质上是雇工,而不是佃农。湖北也存在类似的情况。如枣阳南乡,农户雇工有给田4—6亩,不另付工资者,名为“干(赶)工的”。据说该县的“赶工”相当普遍。②

也有的付给雇工部分工资,再拨给若干免租土地,或者以其代替伙食。直隶东光有一种长工,每人给地3亩及钱30吊,作工时给饭吃,无工时则另谋生计。也有每人给地5亩,令其自种自食,作工时仍按日给资。③ 江苏涟水,雇主所给土地很少,约相当一名雇工耕作面积的五分之一,只充作伙食费,工资则另给。④ 还有的地方是按所给土地的数量扣减工资。如山西平鲁、江苏萧县、安徽芜湖、山东利津、绥远萨拉齐等地,俱有此种雇佣习惯。

这种以免租土地抵偿工资的雇佣方式,同劳役地租十分相似,但有质的区别。第一,二者的人身依附关系程度不同。劳役地租是封建地租的低级形态,佃农对地主有很深的人身依附关系。地主不凭借超经济强制就无法强迫佃农服劳役。而上述雇工对雇主的人身依附关系已基本消失,劳力雇佣完全是一种契约关系。雇期大多只有一年。即使延续数年,解约也相当自由。第二,报酬的

① 《中国经济年鉴》,1934年,第G10页。

② 《襄花汽车路沿线经济状况》,《中外经济周刊》第122号,1925年7月25日,第21页。

③ 《经济半月刊》第1卷第1期,调查,1927年11月,第15页。

④ 陈正谟:《各省农工雇佣习惯之调查研究》,《中山文化教育馆季刊》,创刊号,1934年8月。

计算方法和依据的标准不同。劳役地租是根据出租的土地面积来计算和确定佃农必须提供的劳役时间,具体方法大致有三:一是按照佃农租种的土地面积,规定佃农全年在地主土地和本人租种土地的劳动时间比例,不妨称之为“劳役分成租”;二是包工,即佃农按所租土地,包干地主若干土地的全部或部分农活;三是按出租面积确定佃农劳动天数。不妨称之为“劳役定额租”。而以免租土地折抵工资的雇佣关系,一般是以当地长工应得工资的标准来确定应拨的土地数量。第三,两种形式下的劳动者社会属性不同。劳役地租制下的农民大部分时间在租种的土地上劳动,是独立的生产者;而以免租土地代替工资的农民,全部或大部分时间在地主家里劳动,只在业余时间或征得地主同意时,才能去耕种租来的土地。或者完全由家庭其他成员耕种(如山西平顺那样)。也有的由“雇主捎带耕种”。① 总之,他是一个雇佣劳动者,是以本人充当雇佣劳动者的代价来维持家庭小生产者的地位。

3. 以耕畜、农具租金为劳动报酬

一些占有少量土地的贫苦农民,缺乏耕畜、农具、车辆等生产资料,但劳力有富余。于是用富余劳力换取地主富户的畜力和农具,这就是许多地区通行的人工换牛工的雇佣关系。这从农民的角度看是出卖劳力;而从地主富户的角度看,则无异是耕畜、农具的出租,只不过他所获得的租金不是货币或实物,而是租赁者的活劳动。

这一时期,由于农民的日趋赤贫化和耕畜的严重缺乏,这种

① 所谓由“雇主捎带耕种”,也是由雇工本人耕种,即雇工在耕种雇主土地的过程中,把雇主拨给自己的那份土地也“捎带”耕种了。这样,雇工耕种雇主土地和自己受拨的土地,在时间分配上没有明显的界限,在形式上表现为“雇主捎带耕种”。

雇佣关系在有些地区相当流行,甚至成为农业雇佣劳动的基本形式。在山东临沂、峄县、滕县等地,有一种称为“大佃”的富裕佃农,大都以耕牛、农具、车辆换取贫苦“小佃”的劳力。一名大佃通常拥有数名小佃。① 类似的雇佣关系,在江苏萧县称之为“帮手”。该县种地十亩左右的农民,一般无力喂养牲口,只能以人力换取富农或其他富裕农户的耕畜,充当后者的帮手。通常雇主和帮手之间,凭中立有契约,规定:帮手的田地由雇主的牲口帮同耕种、收获,帮手用人力偿还。② 在河南内乡,人工与畜工的交换也“很盛行”。③

有的地区,无牲口的贫苦农民,除用人工偿还牛工外,平时还须负喂养之责。如广西天保县,大农将牛交小农喂养,小农可随时使用,但到阴历四月农忙时,小农须为大农工作,有饭食而无工资。广东高明县的情形是:甲牛交乙喂养,乙可使用甲牛,但甲有农事,乙与牛同往工作。甲不要牛租,乙不要工资。④

人工换牛工的惯例和比例,各地不同。一般地说,农民愈是贫困,缺乏耕畜的农户比重愈大,人工对牛工的比值愈低。从一些资料反映的情况看,少数高的可达1:2或1:1。如江苏清江县,借用牛工1日,还人工2日;浙江缙云,人工1日换牛工1日。更多的是1:3、1:4,甚至更低。四川绵阳的惯例是,“一牛抵三工”⑤。河

① 黄鲁珍:《鲁南临、峄、滕三县的租佃制度》,《东方杂志》第32卷第4期,1935年2月,第88页。

② 卢株守:《江苏萧县东南九个村庄的农业生产方式》,《中国农村》第1卷第5期,1935年2月,第67页。

③ 国民党农村复兴委员会:《河南省农村调查》,附录,第116页。

④ 孙晓村:《现代中国的农业经营问题》,《中国土地问题和商业高利贷》,第134页。

⑤ 《中国土地问题和商业高利贷》,第134页。

南内乡，牲口犁田1亩，可换人工4工。[1] 黑龙江富锦、宝清一带，一副由3头牲口和一个劳力组成的犁杖，一般换7—9个人工，宝清一副4马1人的犁杖，要换12个人工。这样，借牲口铲一垧地，至少要还两三个人工。[2]

这一时期，随着城乡商品经济和农业自由雇佣劳动的发展，部分地区以耕畜、农具租金折抵工资的雇佣劳动在形式和性质上开始发生变化。如河北涞水县，20世纪二三十年代，短工劳动和短工市场都有明显发展，人工和畜工的交换，也不再是以时间为单位，而是用现金计算：牲口犁地按亩算钱，人工按天算钱，互相抵消，差额部分用现金找补。[3] 不过总的来说，这种情形似乎还不普遍。

上述人工和牛工的交换，都是短工。除此以外，也有以长工换牛工的。一些自有少量土地而又无牲口、农具的贫苦农民，给附近富户充当长工，同时借用雇主的牲口和农具附带耕种自己的小块土地。如直隶新河县，无力养牲畜者，“或为他人作长佣，借主人之力以耕己之田”。[4] 此类长工几乎各地都有。从一些调查资料看，浙江、江苏、湖北、湖南、广西、山东、河北、陕西等省都不同程度地存在。

雇工带地的数量限额，雇主提供的耕畜、农具、种子、肥料等生产资料的范围及其条件，各地互有差异。

带地数量，浙江武义，雇工可带三五亩。广西中渡，雇工带田不能超过30斤种子。一般地说，雇工所带土地不能过当地壮年劳

---

① 国民党农村复兴委员会：《河南省农村调查》，附录，第116页。

② 李尔重、富振声：《东北地主富农研究》，第67页。

③ 刘克祥：《近代农村经济调查》（存稿）。

④ 民国《新河县志》第2册，食货，经政考四，第39页。

力耕作面积的一半。如山东清平和河北霸县,壮农耕作面积均为20亩,雇工带田分别不能超过10亩和8亩。山西灵丘和陕西三原,壮农能耕30亩,雇工可带10余亩。等等。①

雇工所带土地,除耕畜、农具一般由雇主提供外,也有由雇主提供种子、肥料的。不管哪种情况,都要从雇工应得工资中扣除有关耕作费用。广西中渡县,每斤种扣除耕牛、农具费1元。因当地长工工资一般不超过30元,故带地数量不能超过30斤种。② 山东肥城、博兴、嘉祥,山西猗氏、翼城、应县,陕西渭南、三原等地,情况相似。三原雇工可用雇主牲口耕种所带田地,但少得工资;渭南由雇主提供畜力,相应降低雇工工资的几分之一至一半;猗氏以雇工所带田地的耕作费用抵付工资,不足部分才由雇主支给现金;翼城雇工所带土地的全部耕作,均由雇主负担,但雇工全无工资。③

总之,雇工为了换取雇主耕畜、农具耕种自己的小块土地,付出的代价是高昂的。他们所带的土地不到本人耕作能力的一半。广西中渡县,耕作2.5亩的畜力费竟等于雇工的全年工资,雇工可以说是白白地给雇主干上一年。在某种条件下,交换方式越落后,剥削越残酷。

4. 以土地产量分成充当劳动报酬

有些地区,特别是北方地区,地主雇用贫苦农民耕种土地,但不支付货币工资,一般也不供给伙食,只在秋收后分给一定比例的

① 陈正谟:《各省农工雇佣习惯之调查研究》,《中山文化教育馆季刊》,创刊号,第356页。

② 在广西苍梧等地,一般12斤种为1亩。(据中国农村经济研究会编:《农村通讯》,1934年,第48页。)据此,30斤种约合2.5亩。

③ 陈正谟:《各省农工雇佣习惯之调查研究》,《中山文化教育馆季刊》,创刊号,第356—357页。

粮食作为劳动报酬。在这种生产关系中,由地主供给包括土地、耕畜、农具、种子、肥料在内的一切基本生产资料,而农民只出劳力,或外加锄头、镰刀等小型农具。这种制度通称“帮工佃种制”或“分益雇役制”。它是从封建租佃关系到自由雇佣关系、从传统佃农到农业雇工的一种过渡形态。由于地主提供生产资料的种类、数量、方式、条件和农民在生产中所处的地位不同,这种制度的社会性质也不完全一样,有的仍然属于土地租佃关系;有的更接近劳力雇佣关系;而更多的是二者兼而有之。个别地区,长工也有部分劳动报酬来自产量分成。如河北宛平庞村的长工,只拿部分工资(约七八元钱或3—4 石玉米),另由雇主拨给五六亩地,由长工自己耕种,称为“伙种地”,经营办法与一般伙种制相同。翻地、播种由雇主提供牲口,种子也由雇主垫借,秋后偿还。收获后,长工分得一半粮食,柴草归雇主。这种伙种地的作物品种由雇主决定,而且实际上只能种番薯和花生。①

产品分成制雇工在人身方面是完全自由的。双方按照自愿的原则订立契约。契约期限一般为 1 年,短的只有一茬。雇工的劳动范围只限于田间农业劳动。从这个角度看,它是比普通长工更纯粹的农业雇工。产品分成制雇佣关系的封建性,不是表现为封建的人身依附关系,而是由产品分成这种劳动报酬形式派生出来的雇工对雇主(地主)土地的依附关系。自由的、资本主义的农业雇工,同其他自由雇佣劳动者一样,“既不属于私有者,也不属于土地”②。然而,产品分成制的农业雇工,由于其劳动报酬直接同

① 柳柯:《近代北方地主经营方式三例》,《中国经济史研究》1989 年第 1 期,第 158 页。

② 马克思:《雇佣劳动与资本》,《马克思恩格斯全集》第 6 卷,第 479 页。

土地产品挂钩,为了增加劳动报酬,雇工就必须增加劳动时间和劳动强度,提高土地产量。这种雇工没有生产资料,对土地的经营管理没有自主权。从这个角度说,他们是纯粹的雇佣劳动者。但由于产品分成和农业生产对自然条件的依赖,以及土地产量在不同年份的大幅度波动,雇工必须同雇主共同承担风险。从这个角度说,他们又不仅是雇佣劳动者和直接生产者,而且同时是土地的经营者。但他们决不是土地的主人,而是土地的奴隶。雇主凭借产品分成的报酬形式,仍然把他们束缚在土地上。他们同佃农一样隶属于土地,尽管有充分的人身自由,但还称不上真正的自由雇佣劳动者。这是在封建租佃关系作为农业生产关系基本形式的历史条件下,封建性的租佃因素在农业雇佣关系中的一种反映。

第四节　农业雇佣劳动的数量估计

甲午战争后,农业雇佣劳动在数量上明显扩大,雇工的农户和农户的雇工数量、雇农及其在农户中的比重、雇佣劳动在农业劳动中所占的比重,都有不同程度的增长。但是从整体上看,农业雇佣劳动的数量发展水平仍然相当低,在农业生产中不占主导地位。

一、雇工农户和农户的雇工数量

由于农业生产所固有的季节性和个体农户在劳力供给、调配方面的局限性,农户即使完全按家庭劳力确定经营规模,也往往需要若干数量的雇工,包括换工性的雇佣劳动。而土地兼并,农民两极分化,尤其是商业性农业的发展,则使雇工农户和农户雇工数量增加。

这一时期,在相当一部分农户中,雇佣劳动已成为田场劳动不可缺少的一部分。江苏武进,比较富裕的自耕农,“未有不用雇工者”①。在南通,“雇他人佣工以补其不足,乃农家之常事”②。广西地区,虽然经营规模狭小,但因是水田,所需人工较多。地主富农多用长工管理田场,至于农忙短工,“更连多数中农甚至若干贫农也在所不免”③。云南昆明、禄丰、玉溪等地,一般农户多以换工方式插秧、收割,较富裕的农户则雇用长工耕耘,“忙时,尤须添雇短工”④。

在北方地区,苏北铜山,“田亩较多之农户,往往因自家人工不敷分配,乃有雇农之办法”⑤。山东临清、馆陶等地,农户若地多而人手较少,则“分招佃租或出资雇工”⑥。在陕西,“饶富者必有雇工”⑦。河南南阳一带,不但经营规模较大的自耕农多用雇工,佃农亦“常有雇用工人之必要”。⑧ 奉天开原的情况是,“财产丰富之家,出佣资雇农工以事田亩”⑨。

雇工农户的数量和比重,各地差异悬殊。关于长工的情况,据

① 龚骏:《各地农民状况调查——武进》,《东方杂志》第24卷第16号,1927年8月,第106页。

② 张仁任:《南通县农业概况》,《农商公报》第18期,调查,1916年1月,第8页。

③ 薛雨林、刘端生:《广西农村经济调查》,《中国农村》,创刊号,1934年10月,第66页。

④ 国民党农村复兴委员会:《云南省农村调查》,第100页。

⑤ 江苏省农民银行刊:《铜山农村经济调查》,转见冯和法:《中国农村经济资料》,第372页。

⑥ 民国《临清县志》,经济志,农业,第31页;民国《馆陶县志》,政治志,实业,第59页。

⑦ 倚剑生:《中外大事记》,兵防第五之三,第23页。

⑧ 冯紫岗、刘端生:《南阳农村社会调查报告》,第70—71页。

⑨ 民国《开原县志》第9卷,实业,第1页。

金陵大学1928年对湖北武昌、沔阳、当阳、黄梅等13县106处的调查,农户中雇用长工户的比重,高的达60%,低的只有1%。其中不足10%的57处,占53.8%;11%—30%的20处,占18.9%;30%以上的29处,占27.3%。① 该校1929—1933年对南北22省144县152处的调查,情况大致相同。高的如河北、辽宁、安徽、四川,雇长工户的比重超过20%,其中河北10处最高达29.5%,低的如福建,只占1.4%。② 又据川东18县若干村镇的调查,雇用长工户的比重,最高40%(永川),最低为零(綦江)。③

总的来看,雇用长工户的比重在15%—20%上下。上述湖北13县106处77546农户、南北22省144县152处15316农户以及川东18县,雇长工户的比重依次为14.9%、17.1%和15.8%(男工)。④ 也就是说,农户中雇用长工的一般不超过五分之一。

雇用短工农户的数量和比重更大一些。川东18县,雇日工(男工)农户的比重达62.3%,比雇长工高3倍。前述江苏无锡11村716户和河北清苑11村2096户中,雇短工的分别占总数的49.7%和14.8%。⑤ 比雇长工的分别高出4.7倍和0.5倍。当然也有相反的情况,如浙江兰溪1890农户中,除237户同时雇用长工和短工外,另有374户单雇长工,而单雇短工的只有171户,后者只有前者的45.7%。⑥ 但这种情况不多见。综合计算,雇长工

---

① 据《农户调查表》(金陵大学农林科农业丛刊第七号)各表统计。

② 参见卜凯:《中国土地利用》,统计资料分册,第303—304页。

③ 参见《川东农业调查》上编,第59页第43表。

④ 分别据上引材料综合计算。其中川东18县数字原计算有误,业经更正。

⑤ 分别据《江苏无锡农民地主经济调查表》、《河北省清苑县村户经济调查表》各表综合计算。

⑥ 据《兰溪农村调查》,第61、111页计算。

户(包括兼雇短工户)同雇短工户(不包括兼雇长工户)的比例为1∶1.15。雇短工户的实际比重也许还要更高一些。

各类雇工农户合计所占比重,一般在30%—50%上下,高的可达70%—80%,乃至90%以上。如安徽怀远、直隶盐山等7省17处中,即有3处的雇工户比重超过80%。其中浙江镇海67户、山西五台226户,雇工户的比重分别达98.5%和99.6%。[①] 又如川东18县,雇用长工、月工、日工等各类农户累积占总数的89.5%。[②] 扣除重复计算部分(一部分农户可能同时雇用两种或两种以上雇工),其实际比重仍应在70%左右。同上述情况相反,少数地区雇工农户的比重不足20%,甚至更低。河北清苑11村2096农户中,雇工的只占19.4%。金陵大学调查的福建5处,雇工农户的比重很可能在10%以下。

南、北比较,南方地区雇工农户的比重略高于北方地区,但无甚轩轾。金陵大学调查的全国17处中,南方8处的雇工农户比重为58.7%,而北方9处为49.6%。根据包括南北26省区323处26169农户[③]在内的各宗调查材料进行综合计算,南北两区雇工农户的数量和比重如下:长江流域及其以南地区,211处14563农户中,雇工的5576户,占总数的38.3%;黄淮流域及其以北地区112处11606农户中,雇工的4355户,占37.5%。二者相差极微。南北两区平均,雇工农户的比重为37.9%。[④] 这就是说,全国三分之

① 《中国农家经济》,第109页第39表。

② 据《川东农业调查》上编,第59页第43表计算。原表计算有误,业经更正。

③ 其中湖北武昌13县106处调查的农产数(77546户)缩小了99%,以免过分偏重湖北,影响综合平均数的代表性。

④ 详见《二十世纪初叶农业雇佣劳动的数量估计》(待刊稿)。本章以下凡未注明出处的综合统计均源于此稿。

一以上的农户程度不同地使用各种形式的雇佣劳动。

农户的雇工数量,地区间的差别也很大。

经营规模是决定农户雇工数量的重要因素。南方稻田区,富裕农户每10亩左右须雇长工1人,北方小麦杂粮区则30—50亩左右雇1名长工。某些经济作物的种植或畜禽饲养,所需雇工数量更多一些。江西东乡、乐平、鄱阳、德兴以及赣州各属,据说1名农工管种蔗田12亩,灌溉期间另须加雇短工。① 广东清远,1名长工只能管3000株烟苗,摘芽、收晒再加短工。② 阳江的家禽专业饲养户,养鹅三四百只,须雇放牧工1人,外加购买饲料及打扫鹅舍杂务1人。③

农户雇工数量,少数地区如浙江鄞县南区平均每户可以达到2人或2人以上。④ 四川成都平原,平均每户达到2.8人。⑤ 北方,尤其是东北地区,农户雇工的数量更多一些。据东北南部30户抽样调查,共雇长工87人,短工1845天,二者合计(短工按150天折成长工),并按22家雇工农户平均,每户雇工达4.5人。⑥ 北部70户农户分别雇有长工196人和短工18066天。68家雇工农户平均每户有雇工4.65人。⑦

不过这些调查取样过少,且往往偏重富裕农户,不能据以说明

① 《江西省糖业调查报告》,《农商公报》第1卷第4期,报告门,第5页。

② 广东大学农科学院:《广东农业概况调查报告书》,第706页。

③ 中山大学农科学院:《广东农业概况调查报告书》续编,第671页。

④ 杨荫深:《各地农民状况调查——鄞县南区》,《东方杂志》第24卷第16号,1927年8月,第133页。

⑤ H. D. Brown and Li min-liang: A Survey of 50 Farms on the Chengtu Plain, Szchwan, Chinese Economic Journal,第2卷第1期,1927年1月,第49、51页。

⑥ 据《满洲农家之生产与消费》计算。

⑦ 据《北满农业》,第102页计算。

农户雇工数量的一般水平。总的来说,按雇工户平均,每户不会超过1名长工或相当1名长工的短工。前述7省17处2866户农户,共雇有长工663人,另有相当于378名长工的短工①,合计1041人。按1535家雇工户平均,每户0.68人。广西藤县等3县321户,共雇长工35人和相当于20.9名长工的短工,按127家雇工户平均,每户0.44人。② 又据1934年对云南昆明等5县590户农户的调查,共雇有56名长工和相当于61名长工的短工③,合计117人。按208家雇工户平均,每户0.56人。④

南、北比较,南方地区雇工户的比重稍高,但单位农户的雇工数量较少;北方某些地区则相反,雇工农户的比重略低,而单位农户的雇工数量较高。江苏无锡和河北清苑两个典型调查显示:前者雇工农户的比重为51.8%,按雇工户平均,每户只有0.45人;后者的雇工农户比重为19.4%,按雇工户平均,每户雇工达0.95人。⑤ 清苑雇工农户的比重比无锡低62.5%,而单位农户的雇工数量高1倍多。这反映南北地区农业雇佣劳动的不同特点。这是由于北方一些地区使用雇佣劳动的农民很少,而使用较大数量雇工的经营地主较多。

按全体农户平均,大部分地区单位农户的雇工数量在0.1—

---

① 这些农户支出的雇工费用结构是,长工费用占63.7%,短工费用占36.3%。如据此推算农户的雇工人数,则应有相当于378名长工的短工。

② 据《广西省农产经济调查表》各表计算。

③ 广西、云南两地的短工,按210个劳动日折成长工。

④ 据《云南省农村调查》,第101—102、155—157、203、239—240、265页计算。

⑤ 分别据《江苏无锡农民地主经济调查表》、《河北省清苑县村户经济调查表》各表计算。其中无锡短工按210个劳动日折成长工,清苑短工按180个劳动日折成长工。

0.4 人左右,少数地区不足 0.1 人或在 0.5 人以上。江苏无锡 11 村 716 户农户和河北清苑 11 村 2096 户农户,平均每户的雇工数分别为 0.23 人和 0.18 人。广西藤县等 3 县 48 村 328 户农户和云南昆明等 5 县 26 村 590 户农户,平均每户分别为 0.18 人和 0.17 人。① 数量差别不大。又据金陵大学对 22 省 144 县 152 处 15316 户农户的调查,平均每户 0.1—0.4 人的 107 处,占 70.4%,其中又以 0.2 人最多,共 46 处,占总数的 30.3%。另外,0.5 人的 17 处,0.6 人及其以上的 18 处(其中 4 处雇工 1 人以上),不足 0.1 人的 10 处。152 处平均,每户雇工 0.3 人。② 前述安徽怀远、直隶盐山等 7 省 17 处 2866 农户,平均每户 0.36 人③,比 152 处农户的雇工数量略高。

根据各种调查材料综合计算,按全国农户平均,每户约雇工 0.25 人。如果每人平均以 200 个农业劳动日计算,约折合 50 天。这就是 20 世纪二三十年代农业雇佣劳动数量的一般水平。

雇佣劳动在各类农户中的分配极不平均。从阶级成分的角度看,无论雇工的农户数还是农户的雇工数,都主要是集中在地主、富农两部分农户,中农、贫农很少。仍以江苏无锡和河北清苑两个典型调查为例:按调查者划分的成分计算,无锡 11 村地主、富农雇工农户比重分别为 91.7% 和 100%,而中农、贫农分别只有 75.4% 和 35.9%;清苑 11 村地主、富农雇工农户的比重分别为 85.5% 和 96.2%,而中农、贫农分别只有 23.5% 和 3.2%。从这里可以看出

---

① 分别据《江苏无锡农民地主经济调查表》、《河北省清苑县村户经济调查表》、《广西省农户经济调查表》、《云南省农村调查》计算。

② 据《中国土地利用》,统计资料分册,第 464—470 页第 1 表、第 305 页第 2 表计算。

③ 据《中国农家经济》,第 332、333 页第 3 表、第 334 页第 4 表计算。

一个基本规律，即雇工农户的比重依富农、地主、中农、贫农的次序递减。上述递减规律也反映在单位农户的雇工数量分配上。但是富农、地主的次序颠倒；地主、富农同中农、贫农之间的差异愈加悬殊。如无锡 11 村地主、富农平均每户的雇工数为 288.7 天和 260.1 天，而中农、贫农分别只有 47.8 天和 5.9 天；清苑 11 村地主、富农平均每户的雇工数分别为 371.4 天和 190.1 天，而中农、贫农分别只有 16.3 天和 0.7 天。① 贫农的雇工数已经微乎其微了。这是就全体农户而言。如按各自的雇工户平均，则中农、贫农的雇工数分别大致相当于地主的 20% 和 5%。这就是农业雇工在各阶级间分配的大致比例。

农业雇佣劳动受到农业生产的季节性特点和农户劳力数量、经营规模的制约。由于农业生产季节紧迫，单位农户在劳力使用、调配方面的伸缩性很小，在农忙季节往往人手紧张，需要添加若干数量的雇佣劳动。同时，随着商品货币关系的发展，邻里间传统换工劳动，也有不少变成了雇佣劳动，这就大大提高了雇工农户的数量和比重。但是，由于大多数农户是按照家庭成员的耕作能力和生活需求确定经营规模，再加上人多地少、资金短缺等种种原因，经营规模普遍狭小，一般农户所使用的雇工数量也就十分有限。因此，雇工农户的数量较多，比重较大，而单位农户的雇工数量很少。这是这一时期农业雇佣劳动的一个显著特点。

二、雇农数量及其在农户中的比重

雇农是完全或主要依靠出卖劳动力为生的农村无产者，是农

---

① 分别据《江苏无锡农民地主经济调查表》、《河北清苑县村户经济调查表》各表计算。

业雇佣劳动的主体。他们几乎完全不占有和经营土地,即使占有或经营土地,也是少量的、附带的,往往是利用佣工以外的闲暇时间或家庭次要劳力。雇农的数量及其在农户中的比重,直接反映这一时期农业雇佣劳动的数量和发展程度。

一个地区雇农的数量及其在农户中的比重,受到下列因素的制约和影响:首先是地权分配。占有小块土地的小农多,则雇农少;否则,雇农增多。其次是租佃关系范围和农户经营规模。如果租佃制度发达,无地农多为佃农;反之,无地或少地的农民多为雇农。如果农户经营规模较大,则少地和无地农民成为雇农的可能性增大,雇农数量较多;反之,农户经营规模狭小,不论自耕农或佃农,都从事小块土地的零散耕作,则雇农数量较小。第三是农业外就业机会的多寡。在工业、手工业、商业和运输业等就业机会较多的地区,雇农会相应减少;反之,只有从事农业雇佣劳动一途,雇农则会增加。不过这些雇农不一定全在本乡本土佣工。因此,那些雇佣劳动普遍的地区,未必就是雇农比重高的地区。反之亦然。由于上述三种因素的交互作用,各地农户中的雇农数量和比重情况甚为复杂。

甲午战争后,尤其是到20世纪初叶,随着商业性农业的发展、地权兼并和农户两极分化的加剧,农户中的雇农数量和比重一直在不断增加。山西阳高,辛亥革命前,尚属地权分散,自耕农占绝大比重,据说地主和赤贫佃农、雇农“微乎其微”,最多只占百分之八九。而到30年代,无地户已占农户总数的41%,其中雇农占到总数的15%。① 有些地区的雇农比重已达20%—30%,据1927年的调

① 范彧文:《现阶段阳高农村经济的鸟瞰》,《新农村》第20期,1935年1月,第9页。

查，安徽潜山和河南淮北地区，雇农比重均在20%左右。① 20年代的奉天洮南，全县25500人中，雇农7140人，占总数的28%。② 据30年代初对江苏、浙江、湖南、山东、山西等5省415县的抽样调查，33县的雇农比重在20%以上，其中浙江象山、松阳、景宁和山东莘县更超过50%。③ 江苏宜兴的雇农也高达56%。④

当然也存在雇农数量和比重下降的情况。如川北地区，1927年有调查者说，该地区的雇农比重，1912年为37%，1921年下降到31%，1926年更降至24%。其原因是人口增加，人均耕地面积和农户经营规模缩小，加之社会不靖，一些原来雇工经营的地主富农，纷纷将土地出租，雇农变成了佃农（也有部分自耕农破产沦为佃农），结果导致佃农的增加和雇农的下降。⑤ 这种情况在其他某些地区，也可能不同程度地存在。

雇农的数量和比重，地区间的差异悬殊。高的达20%—30%，乃至超过一半。低的不足5%，更多的地区则在5%—15%左右。据1933年对广东38县的抽样调查，雇农比重不足5%的13县，占34.2%，超过15%的8县，占21.1%，其余17县则为5%—15%。⑥ 同年对广西11县42村的调查，雇农比重不足5%的6县，其余5县在5.4%和14.9%之间。⑦ 又如江苏等5省415

① 《东方杂志》第24卷第16号，1927年8月，第16、51页。

② 民国《洮南县志》第4卷，农业，第28页。

③ 据国民党实业部国际贸易局：《中国实业志》，有关各省。

④ 徐方干等：《宜兴之农民状况》，《东方杂志》第24卷第16号，1927年8月，第86页。

⑤ 黄主一：《川北农民现状之一斑》，《东方杂志》第24卷第16号，1927年8月，第134页。

⑥ 《广东农村生产关系与生产力》，附录一，第71—72页。

⑦ 千家驹等：《广西省经济概况》，第63—64页。

县,雇农比重不足5%的175县,占42.2%,15%以上的54县,占13.0%,其余186县为5%—15%,占44.8%。①

由于各种因素的影响,雇农的高比重情况,可能出现在条件截然相反的两类地区:一类是交通方便、商业流通和商业性农业比较发达的地区。这类地区地权集中,农民两极分化严重,但商业性农业的扩张,刺激和加速了雇工经营的发展,雇农在农户中占有很高的比重,甚至成为农民的主要成分。前述江苏宜兴以及浙江鄞县南区(雇农比重为46%)等地是其典型例子;另一类是交通闭塞、商品经济和农业生产十分落后的地区。这类地区土地产量低下,地租额和地租率不高,但劳动力价格便宜,而占地较多的又大都是乡居地主或富裕农民,加上各种传统的或变相的债务奴隶劳动的残留,使地主往往倾向于雇工经营,而不愿轻易将土地出租。在这类地区,不论地权集中程度如何,雇农往往构成农业生产者的重要成分。黄河上游一些经济落后地区,农户中的雇农比重反而高于其他一些经济相对发展地区,就是这个道理。在黄河中下游和长江流域一些偏僻地区,也有这种情况。如山东滨县、山西平鲁、湖南会同等偏僻地带,农户中的雇农比重都高达30%以上。②

从全国范围看,黄河流域及其以北地区,雇农的数量和比重略高于长江流域及其以南地区。长江流域地区同珠江流域及华南地区比较,雇农比重基本接近,而后者稍高于前者。据中山文化教育馆的调查,广东、广西、福建3省,雇农人数占农业人口的8.8%,而长江流域的江苏、浙江、安徽、江西、湖南、湖北、四川、云南、贵州

① 《中国实业志》,有关各省。

② 参见《中国实业志》,有关省份。

等9省的雇农比重为8.7%。① 又据其他调查材料综合,广东、广西两省的雇农户数占农户总数的8.6%,江苏、浙江、云南等长江流域3省的相应比重为8.4%。相差甚微。黄河流域地区的雇农比重,则明显高于长江流域和珠江流域。据中山文化教育馆的同一调查,河南、山东、河北、山西、陕西、宁夏、甘肃、青海、察哈尔、绥远等10省区,雇农人数占农业人口的11.4%。又据其他调查材料综合,河南、山东、河北、山西、陕西等省的雇农户数占农户总数的13.9%。比长江流域和珠江流域地区相应比重高出3—5个百分点。

东北地区有关雇农比重的调查统计极少。除前述洮南一例外,只见到宣统年间奉天新民府属一宗统计。据说该府有农业成丁148643人,其中佣工9131人,占农业成丁的6.2%。② 限于资料,难以对整个东北地区的雇农比重作出估计。但从该地区这一时期商业性农业和农业雇佣劳动的发展情况看,农户中的雇农比重应高于黄河下游地区,与察绥一带大致相近。

关于这一时期全国的雇农数量和比重,曾有人做过估计:1927年,谭平山估计农业雇佣劳动者占农业人口的6.86%。③ 日人田中忠夫推算中国全国雇农人数占农村人口的16.23%。④ 这两个

---

① 中山文化教育馆的调查统计在进行分区综合时,将雇农人数比重较低但应属于长江流域的云南、贵州两省划入珠江流域,使珠江流域的雇农比重降低,长江流域的雇农比重提高,并得出珠江、长江、黄河三流域的雇农比重依次递增(8.13%、9.27%、11.41%)的结论。本书将云、贵两省划回长江流域。因此,雇农比重的地区平均数与中山文化教育馆的统计稍异。

② 宣统《新民府志》,不分卷,第17页。

③ 谭平山:《中国农民经济状况》,转见《国民革命与农民问题》,第11页。

④ 田中忠夫:《国民革命与农民问题》,第215—216页。

估计,时间相近,但数字相差1倍以上。根据各项调查材料综合估计,全国雇农人数约占农业总人口的10%,户数约占全国农户的11%。

雇农虽是农业雇佣劳动者的主体,但远不是农业雇佣劳动者全部。在近代农村,自己无地而又不租种土地、完全依靠出卖劳力为生的雇农,无论在农户中还是在农业雇佣劳动者中,都是少数。更多的是一方面耕种自有的或租来的小片土地,另一方面以多余的劳力出卖,农暇时则从事砍樵、捕捞、挑脚、贩卖或其他副业。这种情况在全国各地带有普遍性。广东番禺10村,贫农中以佣工为主的占11.7%。[①] 江苏邳县6村,172户贫农中,大部或全部时间出雇于人的48户,占总数的27.9%。[②] 无锡11村,只有雇农6户,但出卖长、短工的达167户,相当于雇农的27.8倍。这些佣工户,既有贫农,也有中农。[③] 北方一些地区佣工的贫苦农民比重更高。前述河北清苑11村2096户中,只有雇农163户,占总户数的7.8%,但出卖长、短工的达864户,相当于雇农的5.3倍。这些佣工户中有贫农540户、中农135户,分别占总数的57%和21%。[④] 从无锡和清苑这两个典型调查看,在佣工户中占比重最大的不是雇农,而是贫农。分别占佣工户总数的64.7%和62.5%,而雇农只占3.6%和18.9%。

从土地占有关系看,南方地区的雇佣劳动者大多是无地的贫

---

① 余霖:《中国农业生产关系的检讨》,《中国农村》第1卷第5期,1935年2月,第13页。

② 国民党农村复兴委员会:《江苏省农村调查》,第49页。

③ 据《江苏无锡农民地主经济调查表》各表统计。佣工户中有贫农108户、中农25户,分别占这两类农户总数的64.7%和15.3%。其中还有一户中农出雇长工。

④ 据《河北省清苑县村户经济调查表》各表统计。

苦佃农,而北方地区更多的是自有小片土地的贫苦自耕农。以无锡和清苑为例:无锡11村,中农、贫农中的佃农或半佃农比重分别为80.6%和81.5%,自耕农分别只占19.4%和18.5%。出卖劳动力的肯定主要是那些经济条件更差的佃农或半佃农。① 清苑11村的情况则不同,中农、贫农主要是小自耕农,佃农和半佃农分别只占这两类农户总数的7.3%和11.4%。而两类农户中的佣工户比重分别达21%和57%。可见雇佣劳动者大多为贫苦小自耕农无疑。

上述情况表明,这一时期大部分农业雇佣劳动者,还没有从生产资料中完全"解放"出来,不是马克思所说的双重"自由"人。

这就产生了一个十分矛盾的现象:一方面,长工佣期的缩短和短工数量的增加,是商业性农业发展、从事商品生产的中小地主和富裕农民增加的产物。它标志着农业雇工人身的进一步解放,标志着农业雇佣劳动由生活服务型或自给自足生产型向商品生产型的转变。这无疑说明了这一时期农业雇佣劳动资本主义性质的增长。另一方面,短工和相当部分长工,尽管在人身上是完全自由的,但在生产资料占有方面,又不同程度地受到土地的束缚,还没有"自由"到一无所有的程度。尤其重要的是,随着长工佣期的缩短和短工数量的增加,占有少量土地的贫苦小农大量加入雇工行列,导致这一时期农业雇工队伍中非双重"自由"人数量和比重的扩大。这又冲淡了农业雇佣劳动的资本主义色彩。

这种矛盾是这一时期农业资本主义以及整个城乡资本主义有

---

① 在通常情况下,佃农的佣工户比重大于自耕农,如前述四川成都平原50农户中,22户自耕农中只有佣工户5户,占22.7%,而23户佃农中有佣工户17户,占73.9%(Chinese Economic Journal,第2卷第1期,1928年1月,第60页)。

所发展但又发展不足、而且受到严重压抑的一种反映。

商品货币经济和商业性农业的发展,城市新式工业的出现,导致和加速了农业资本主义因素的成长,对农业雇佣劳动的需求也随之增加。但在半殖民地半封建条件下,无论是城市新式工业,还是农业资本主义本身,都远没有发展到足以摧毁和取代农村封建生产关系的程度。农民向两极分化,但尚未分解为货币所有者和劳动力所有者两极;带有某种资本主义性质的雇工经营在发生发展,但没有形成、也不需要一支自己专有的雇工队伍,而主要是利用封建生产方式的"剩余"劳力。而人口的增长,户均、人均耕地面积的下降,恰恰在不断提供并增加这种"剩余"劳力。这样,随着农业资本主义生产关系某种程度的发展,占有少量土地等农业生产资料的贫苦小农大量加入雇工行列并扩大其比重,也就在所必然。

三、雇佣劳动在农业劳动中的比重

雇佣劳动在农业劳动中的比重,从两个方面测定:一是雇工经营或以雇工经营为主的农户耕地面积占全体农户耕地面积的比重;二是雇佣劳动在各类农户农业劳动中的比重。

前一个方面,据1922年对浙江、江苏、安徽、山东、直隶等5省9县13万余亩土地的调查,雇工经营的土地比重,以直隶邯郸最高,占27.1%,浙江鄞县、直隶遵化次之,分别占15.6%和15.5%,山东沾化、江苏江阴最低,分别只有3.3%和1.4%,9县平均为11.2%。南、北比较,南方4县较低,平均为5.6%,北方5县较高,平均为12.6%。[①] 又据1934年对广西10县24村的调查,1302户

① C. B. Malone and J. B. Tayler: The Study of China Rural Economy, 1924, p. 25. 原计算诸多错误,业经核正。

经营的13310亩土地中,849户经营的5555亩土地是完全靠家庭劳力耕作的,其余部分则程度不同地使用雇佣劳动。其中322户、4512亩土地只使用短工,不大可能以雇工经营为主,另外131户、3243亩土地则全部使用长工(包括年工、季工、月工)①,则可能全靠雇工经营或以雇工经营为主。从低估计,其户数比重应在三分之二左右,经营面积则应不低于四分之三。据此推算,雇工经营面积约占调查总面积的18%。

前述浙江兰溪5区1890农户中,163户“地主兼自耕农”是完全或主要依靠雇工经营的,其经营面积占总面积的17.5%。加上“自耕农”等的雇工经营部分,完全或主要由雇佣劳动经营的土地或许超过20%。② 嘉兴5乡镇4312农户经营的土地中,也有20%左右是完全或主要依靠雇工经营的。③

一些地区雇工经营的土地面积比重,还可根据农户经营规模加以推算。因为在家庭规模和劳力有限的情况下,当农户经营面积超过一定限度,通常都会由家庭劳力经营为主转变为以雇工经营为主。根据这个原理,并结合农户雇工情况,推算得出:前述安徽怀远、直隶盐山等7省17处中,北部9处1615户雇工经营的土地约占总面积29%,南部8处1251户雇工经营面约占总面积的23%,17处2866农户平均,雇工经营面积比重约为27%。④ 金陵大学1929—1933年调查的22省168处16786农户中,北方小麦杂粮区71处7136户的25万余亩土地约27%完全或主要靠雇工

① 薛雨林、刘端生:《广西农村经济调查》,《中国农村》,创刊号,1934年10月,第67页。

② 据《兰溪农村调查》,第79、110页推算。

③ 据《嘉兴县农村调查》,附表91—153推算。

④ 据《中国农家经济》,第134—139页,第1、2、3表推算。

经营,南部水稻区 97 处 9650 农户的 18 万余亩土地,雇工经营部分约占 16%,168 处平均,雇工耕种面积约占 22%。①

这一时期各地雇工经营比重高低不一。一些通商口岸附近、铁路沿线、湖河淤积平原地区和商业性农业发达或农户经营规模较大的地区,农户雇工经营的土地比重较高,甚或超过耕地面积的一半。其他地区,特别是人口、地权双集中而又租佃制度发达、农户经营规模异常狭小的地区,则雇工经营面积比重极低。南、北比较,北方雇工经营面积比重略高于南方。综合估计,北方地区完全或主要靠雇工经营的土地约占 20%—30%,南方地区约为 15%—25%,全国平均,雇工经营面积比重约为 20%—25%。

后一个方面:雇佣劳动在农业劳动中的比重,直接受到农户家庭劳力数量、经营规模等因素的制约。这一时期对大多数农户来说,雇工只是农忙期间劳力的补充和调剂,雇佣劳动不可能占很高的比重。但这并不排除局部地区雇佣劳动的高比重情况。如据金陵大学的调查,湖北武昌、沔阳、钟祥、南漳、当阳一些地区,农户中雇长工户的比重高达 40%—60%。② 再加上农忙短工,雇佣劳动所占的比重不会太低。四川成都平原 50 农户,按人工费用计算,雇佣劳动占农户田场劳动的 42.4%。③ 东北地区 30 农户和东北北部地区 70 农户,按劳力计算,雇佣劳动分别占农业劳动的 40.4% 和 57.1%。④ 不过这些都是局部地区,而且调查对象往往

---

① 据《中国土地利用》,统计资料分册,第 279—290 页第 4 表、第 291 页第 5 表等综合推算。

② 参见《农村调查表》(金陵大学农林科农业丛刊第 7 号)有关各表。

③ Chinese Economic Journal,第 2 卷第 1 期,1928 年 1 月,第 56 页。

④ 分别据《满洲农家之生产与消费》,第 9—11、105—107 页;《北满农业》,第 102 页计算。

偏重富裕农户，不能据以推论全国。

总的来看，由于农户经营规模的狭小和经济能力的脆弱，农业劳动中的雇佣劳动比重一般不高。前述安徽怀远等17处，按人工费用计算，雇佣劳动比重超过30%的只有江苏武进、江宁淳化镇和浙江镇海等3处，超过20%的只有5处，17处平均为19.5%，亦即五分之一弱。

又据金陵大学对22省152处15316农户的调查，农业劳动中的雇佣劳动比重，以绥远、河北、四川、云南最高，依次为25.6%、24.2%、24.1%和21.6%。苏北、湖北、山东、辽宁、山西、湖南、浙江、宁夏次之，雇佣劳动比重在15%—20%之间，苏南、皖北、甘肃、皖南、河南、陕西、江西、贵州、青海、广西又次之，其比重10%—15%之间，广东、福建则不足10%，其中福建仅2.2%。上述数字，除四川、云南偏高和辽宁偏低外，其他大体符合实际。152处平均，雇佣劳动比重为15.8%。这一时期全国大多数省区，雇佣劳动约占农业劳动的15%—20%，少数省区5%—15%。全国平均约为15%—20%。

农业劳动中的雇佣劳动比重，既因地区而异，更随农户经济状况，尤其是经营规模而不同。在通常情况下，农业劳动中的雇佣劳动比重同农户经营规模成正比。浙江嘉兴5乡镇4312农户，调查者按其经营面积大小，将农户分为“过小经营”、“小经营”、“中经营”和“大经营”四组，各组农户的雇佣劳动比重依次为9.2%、23.5%、51.9%和61.9%。① 云南昆明、禄丰等2县12村332农户②，如将其耕作面积按0.1—4.9亩、5—9.9亩、10—19.9亩和

① 据《嘉兴县农村调查》，附表91—153综合计算。

② 原调查为5县27村590户，因玉溪、马龙、开远等3县资料不全，无法统计，故略去。

20 亩以上的标准分成四组,各组农户的雇佣劳动比重是 1.8%、7.9%、13.1% 和 14.9%。① 根据东北的两个抽样调查,如将耕作面积按 15 垧以下、15—30 垧、30—75 垧和 75 垧以上的标准分成四组,各组农户的雇佣劳动比重分别依次是:10.1%、32.5%、44.1%、54.9% 和 39.2%、44.1%、64.0%、64.7%。② 雇佣劳动比重都随经营规模递增。

农户的雇佣劳动比重不但随其经营面积递增,而且同后者有着某种相对固定的比例关系。在农业生产条件和集约化程度大体相同的情况下,经营规模相同的农户,雇佣劳动比重大体接近。如河北深泽梨元、南营 2 村,调查者将农户经营规模分成 9.9 亩以下、10—19.9 亩、20—29.9 亩、30—59.9 亩和 60 亩以上五个组。两村的各组农户,雇佣劳动比重依次分别为 1.1%、1.8%,9.5%、3.3%,6.5%、5.4%,21.0%、22.8%,43.8%、40.9%。除 10—19.9 亩组的雇佣劳动比重(9.5% 和 3.3%),两村有较大差异外,其余四组都十分接近。

在农业生产条件和集约化程度不同的地区之间,虽然同一经营面积的农户,雇佣劳动的比重各不相同,但如果同当地农户平均耕作面积比较,则不同地区相应农户的雇佣劳动比重是接近的。如安徽怀远、直隶盐山等 7 省 17 处 2866 农户,参照当地农户经营规模,将其分成小、中、大三个田场组。北部 9 处三个组的经营面积依次为 25.3 亩、50.8 亩和 104.1 亩,南部 8 处三个组的经营面积依次为 11.5 亩、28.3 亩和 52.7 亩。北部各组农户的经营面积比南部大 1 倍左右。尽管如此,南、北两区各对应组农户的雇佣劳

① 据《云南省农村调查》,第 94—102、146—157 页综合计算。

② 分别据《满洲农家之生产与消费》,第 9—11、53—55、105—107 页;《北满农业》,第 102 页综合计算。

动比重却十分接近。北部三个组农户的雇佣劳动比重依次是4.1%、13.0%和31.8%，而南部三组依次是4.5%、15.7%和31.4%。① 相差大的差2.7个百分点，小的仅0.4个百分点。

这种现象带有一定的规律性。在大多数农户按照家庭生活需要和劳力供给确定经营规模的情况下，农户的雇佣劳动数量和比重，同当地农户平均耕作面积有着某种比例关系。一般地说，当农户的经营面积小于当地农户平均耕作面积的50%时，不但不使用雇佣劳动，反而要出卖相当一部分劳力。他们是农业雇佣劳动者的主要组成部分；当经营面积低于当地农户耕作面积平均数但大于其50%时，既要出卖部分劳动力，也同时使用少量的雇佣劳动，但属于换工互助性质，其比重一般不过5%；经营面积大于当地农户耕作面积平均数但不足其2倍时，大都要使用若干数量的雇佣劳动，但相当部分属于补充和调剂性质，其比重一般为5%—15%，少数可达20%；当经营面积达到当地农户平均耕作面积的2—3倍时，雇佣劳动已构成其农业劳动的一个重要组成部分，其比重一般为15%—30%，少数可达30%—50%；当经营面积超过当地户均耕作面积的3倍时，除少数例外，已经是以雇佣劳动为主了。从数量上看，后两类农户所使用的雇佣劳动占全部农业雇佣劳动的一半乃至三分之二以上。从这里可以看出这一时期农业雇佣劳动的主要性质。

---

①　据《中国农家经济》，第336页第5表、附录第1—17表综合计算。

第八章
资本主义性的农业经营

甲午战争以后,随着城市新式工业的兴起,农村农产品的加速商品化和农业雇佣劳动的不断扩大,资本主义性的农业经营,也有所发展:一些地区的地主雇工经营和经营地主明显增加,富农经济扩大,采用近代企业组织形式的农牧垦殖公司相继出现,在一些通商口岸和城市郊区,还创办了若干小型资本主义农场、林场、果园和养殖场。这些都反映农业生产关系和经营方式的某些变化。但是,总的来看,资本主义性的农业经营形式,在全国农业经济中所占比重极小,而且它本身有着浓厚的封建性。

第一节 地主雇工经营和经营地主

中国的地主制经济,从整体上说,是建立在佃农经济基础上的一种寄生经济。封建地主凭借其土地占有权,不参加农业劳动和经营管理,而是将土地出租给佃农耕种,榨取高额地租。鸦片战争后,随着城乡商品经济的发展和自然经济的部分解体,尤其是经济作物种植的扩大和农产品的逐渐商品化,以传统租佃关系为载体的中国封建地主经济和地主结构开始发生某种变化,地主营利性雇工经营和经营地主都有所滋长,甲午战争后到20世纪二三十年代,更为明显。

一、地主雇工经营的滋长

农产品的商品化和城乡商品货币经济的发展,对地主和地主经济会同时产生相反的两种影响:一种是在商业利润和城市豪华生活的刺激下,一些地主把注意力由农业转向商业或农产品加工业,有的本人或全家迁居城镇。他们一方面以地租为资本,从事和扩大商业或农产品加工业经营;另一方面又将商业利润用来购买土地,增殖地租,从而扩大了农村租佃关系,加大了不在地主在地主阶级中的比重。另一种是农产品的商品化,刺激一部分地主投资农业,从事土地的雇工经营,使地主土地的自耕部分比重增高,租佃关系的范围相对缩小。这两种影响同时存在,在某些地区,第二种影响更为明显。一些地区不乏有关地主因农业有利可图而雇工经营土地的记载和事例:

机器棉纺织业的发展,引起棉花需求的增加和棉价上涨,是刺激地主自营土地的一个显例。江苏南通刘桥一带是良棉产区,因“棉价腾贵,获利极厚,多数地主皆退佃自耕”。① 海门、启东、太仓等产棉区情形相似。在海门,不但“小本地主”自营土地的多,即使大地主,雇工自种“也是极普通的情形”。② 太仓的地主也同普通自耕农一样直接经营土地。以致被人们称为“有田较多的小农”。③

---

① 乔启明:《江苏昆山南通安徽宿县农佃制度之比较以及改良农佃问题之建议》,第 11 页。

② 黄孝先:《海门农民状况调查》,《东方杂志》第 24 卷第 16 期,1927 年 8 月,第 25 页。

③ 周廷栋:《各地农民状况调查——太仓》,《东方杂志》第 24 卷第 16 期,1927 年 8 月,第 122 页。

一些地区粮食价格的上涨,也刺激了地主雇工经营的扩大。安徽宿县在20世纪20年代,因粮价昂贵,加上农产品出口增加,地主开始对农业经营发生兴趣。“地主退佃问题,亦因之而发生。”[①]河南获嘉在20世纪初叶,也因“粮价日昂,凡有地之家,类皆自耕,或佣工代耕,佃租已日见减少”。[②]

在通商口岸和大中城市郊区或附近农村,城市的发展,城市人口的增加,和随之而来的对粮食、蔬菜等需求的扩大,也成为刺激地主雇工经营的重要因素。如上海郊区,因蔬菜紧俏,一些地主即扩大经营,“雇用了许多长工短工,经营大块的农场”,从事蔬菜生产。[③] 四川重庆,自辟为商埠后,周围地区商业性农业迅速发展,地主“自营果园、树圃及其他新式园圃者亦多”。[④]

北京郊区的一些地主雇工经营则是随着运输副业的扩大而发展的。甲午战争后,北京、天津的煤、灰的市场需求激增,一些地主富户大量饲养骆驼和骡驴,从事煤、灰贩运,多的达一二百头。一方面,骆驼为农业生产提供了充足的肥料,骡驴更是北方农户的主要耕畜。骆驼和骡驴的饲养为农业生产创造了条件。另一方面,骆驼和骡驴需要大量饲料,而这些饲料不可能全部从市场购买。炒花生和烤白薯是北京市场上的畅销食品,随着城市人口的增加,西郊的花生和白薯种植面积扩大,而花生和白薯的藤茎正是骆驼和骡驴的优质饲料。从事运输业的农户,不但可以、而且应当进行

① 乔启明:《江苏昆山南通安徽宿县农佃制度之比较以及改良农佃问题之建议》,第11页。

② 民国《获嘉县志》第9卷,风习,习惯。

③ 徐洛:《黄渡农村》,《新中华》第2卷第1期,1934年1月,第264页。

④ 吕平登:《四川农村经济》,第181页。

适度规模的农业经营。再从劳动力的使用看,煤、灰贩运和农业生产一样有明显的季节性,冬季和秋末春初,煤、灰的市场需求量大,运输特别繁忙。其余时间相对空闲,甚至完全停运。这样,恰好和农忙季节错开,不会同农业生产争夺劳力。这也同骆驼的特点相适应。骆驼怕热,每年夏季必须赶往内蒙古草原避暑。每到阴历四月十五日,各家把骆驼送往草原,运输即行中止。八月十五日牵回,运输再度开始。停运的4个月恰值农忙高峰,那些骆驼运输工雇佣期满被辞退后①,少数回家进行农业生产,多数则变成农忙短工,为农业生产提供了充足而廉价的劳力。因此,在北京西郊,运输业和农业彼此依托,互相促进,联系十分紧密。运输业和农业这种内在的有机结合,明显地推动了地主雇工的发展。一些地主在扩大运输副业的同时,总是千方百计地增加土地,扩大雇工经营规模。有的将运输业的利润用来购买土地,雇工经营;有的将原来出租的土地收回自种。这样,随着运输业的发展,地主的雇工经营也有了显著的扩大。②

上面几个类型的例子,其他地区也可以找到。在全国大部分地区,都有数量和比例不等的地主雇工经营部分土地。乡居地主尤其如此。

甲午战争后,地主的雇工经营有所滋长,但各个地区的发展很不平衡。

不同地区,由于地主中居乡地主以及居乡地主中雇工经营的

① 在北京西郊,骆驼把的雇用期限、工资待遇和普通长工不同。长工按年或按农业生产季节雇用,工资较低;骆驼把按月或按运输季节雇用,工资稍高。四月十五日骆驼出场,雇用期满,即行辞退,而不留下当做长工使用。

② 据作者实地调查,又参见柳柯:《解放前五十年八角村农户经济的变迁》,《中国经济中研究》1990年第1期。

地主比重不同,地主自营土地的比例差异悬殊,低的不到3%,高的可达80%—90%。南北比较,北方地区的地主自营土地比重明显高于南方地区。以江苏无锡和河北清苑为例。20年代后期,无锡11村的24户地主,共有土地2053.4亩,全部或部分出租的20户,面积达1669.5亩,占81.3%,直接经营的只有397.9亩,占19.4%。如果加上不在地主的土地,地主自营部分的比重只有15.6%;清苑11村的70户地主,有地6901.9亩,全部或部分出租的15户,计800.8亩,占11.6%,直接经营的达6278.1亩,占91%。① 这两项典型调查统计大体反映了南北地主土地经营方式上的差异。

地主土地的自营比重,由南往北呈递增趋势,长江流域及其以南地区约10%—20%。少数地区不到10%;淮河流域为20%—30%,少数地区超过30%;黄河流域和东北地区为30%—40%,少数地区不足30%,或超过50%。全国平均,估计为20%—25%左右。② 因此,直至20世纪初叶,中国地主的雇工经营虽有某些发展,但是,招佃收租仍然是地主土地最基本的经营方式,在这方面,中国封建地主阶级,从总体上说,没有发生实质性的变化。

二、经营地主的发展和分布状况

所谓经营地主,就是"土地所有者自己花钱耕种,占有一切生产工具,并剥削不自由的或自由的、付给实物或货币报酬的雇农的

---

① 据前中央研究院社会研究所:《江苏无锡农民地主经济调查表》、《河北清苑村户经济调查表》各表统计。

② 各地有关地主自营土地比重的详细情况,参见刘克祥:《中国近代的地主雇工经营和经营地主》,《中国经济史研究》,1994年增刊,第5—12页。

劳动的大地主经济。在这里,土地的所有者,和生产工具的所有者,从而和包括在这种生产要素里的劳动者的直接剥削者,是合而为一的。地租和利润也是合而为一的,剩余价值的不同形式的分离是不存在的。在这里体现为剩余产品的劳动者的全部剩余劳动,都直接被全部生产工具(其中包括土地,在原始奴隶制度形式下也包括直接生产者本身)的所有者所榨取"。① 这对中国近代的经营地主而言,也是适用的。当然,中国近代的经营地主又有自己的特殊之处。

(一)经营地主的发展及其主要途径

经营地主的大量出现和明显发展,是在20世纪初叶。

经营地主产生的具体途径是多种多样的:或领垦荒地,或购买土地,或撤佃自耕,进行较大规模的土地直接经营,都会滋生出一批经营地主。同时,在那些经济地位持续上升、经营规模不断扩大的富农或其他富裕农民中,也有一部分演变为经营地主。

在农业新区,经营地主的产生,主要来自对荒地的领垦。

领垦、揽垦、价买或霸占荒地,一直是地主豪强兼并土地的一种重要手段。如果地主使用雇佣劳动者开垦和经营这些荒地,就会产生出一批经营地主。如浙江杭州陈某,招工开垦城东至钱塘江一带的荒地,"分别地势高下,栽种果蔬、杂粮、桑麻、木棉之属"②。安徽繁昌县境,有一长30里、宽25里的芦苇沙洲,属姚姓地主所有。1906年,有桐城绅士徐海秋,备资"万金",会同姚姓禀请开垦,以作民田,改种稻麦。③ 湖南湘乡李笃真,也在此前后买

---

① 马克思:《资本论》第3卷,1975年版,第906页。

② 《东方杂志》第3卷第3期,实业,光绪三十二年三月,第83页。

③ 《东方杂志》第3卷第10期,实业,光绪三十二年九月,第192页。

得南洲厅“新淤万顷”,其中“数百顷辟作桑园,以收蚕桑之利”。① 直隶宛平,则有叫张乾允的,投资5500两银子,在石景山引淤修坝,垦种永定河淤滩荒地。② 这些规模都比较大,非富绅豪强不能为。更多是小规模的。直隶正定府杨荫棠只购买荒地2顷,用以植树。③ 在南苑的放垦过程中,也产生了一批中小经营地主。南苑又名“南海子”,是元、明、清三朝的皇家苑囿,1900年遭到八国联军的洗劫和严重破坏。清政府无力恢复,只好于1902年将苑内地亩丈放招垦。于是一些清宫太监、官吏以及地主商人纷纷圈地认垦,雇用河北、山东来的贫苦农民垦种经营。如太监杨万起,1907年到南苑买得500多亩荒地和100多亩熟地,由其弟经管。到1917年,荒地全部开垦成熟,并雇工耕种。南苑新宫的一小官吏黄永利,雇工开垦和经营了240亩荒地。另一名官吏尹恒秀,也雇工经营了2顷土地。大车运输商范德长,给皇宫运木料和在南苑垦荒发家,到1924年发展为有地300余亩、长工八九人、短工50人的经营地主。④

察哈尔、绥远和东北,在荒地的开垦过程中,也产生了一批经营地主。他们一般都是在垦荒中直接发展起来的。因此,当时的调查者测算察哈尔地区的垦荒费用和收益,即以领荒百顷、雇工开垦的大地主为准。⑤ 绥远情形大致相似。东北在这一时期的土地开发中,也有经营地主的产生。如吉林虎林县(今属黑龙江省),因人烟稀少,地价低廉,垦荒中的纯粹租佃关系“殊不多见”,凡有

---

① 《东方杂志》第3卷第3期,实业,光绪三十二年三月,第83页。

② 李文治:《中国近代农业史资料》第1辑,第681页。

③ 李文治:《中国近代农业史资料》第1辑,第681页。

④ 以上材料参见北京市丰台区档案馆藏“四清”档案。

⑤ 何光澄:《张家口外开垦纪要》,《农商公报》第6卷第2期,选载门,第3—4页。

能力置备牲畜、农具的垦民,都购买荒地自垦自种。这些垦民有小部分是经营地主。位于虎林东北的饶河县,在县境东部乌苏里江沿岸,北部小夹河、大夹河流域和西北的小根菜嘴子等地,也“有许多地主自行垦种”①,其中当有数量不等的经营地主。奉天洮南县(今属吉林省),“荒田招垦之地主居十之七八”,但“地主自垦者”,亦居十之二三。② 此外,20 年代中还出现了少数使用机器垦种的“新式大农”。③ 不过总的来看,这一时期东北的土地开垦,主要还是在封建的租佃形式(包括介乎租佃和雇佣之间的分益雇役制)下进行的。直接由垦荒产生的经营地主,其数量和比例似乎不如察绥地区多。

在农业老区,地主雇工经营规模的扩大,经营地主的产生,有些是通过撤佃,把原来租出的土地收回自种,如前述江苏南通、安徽宿县,因棉价、粮价上涨,一些地主即退佃自耕。这些改出租为雇工自种的地主中,可能有一部分由出租地主演变为经营地主。但更多的资料显示,农业老区经营地主的产生,主要不是原有的出租地主撤佃自耕,而是商人、官吏、富裕农户购买和积累土地,不断扩大雇工经营规模的结果。章丘县东矾硫村太和堂李家,乾隆三十年代开始买地发家,土地一直以雇工经营为主。随着土地的积累,经营规模不断扩大,鸦片战争前后上升为经营地主。到 1905 年,已积累土地 515.5 亩,除在外村的 43.5 亩以分成租形式出租外,在本村的 472 亩土地全部雇工直接经营。淄川县树荆堂毕家,

① 《吉黑两省移垦之调查及指针》,《中东经济月刊》第 6 卷第 7 号,调查,第 2—5 页。

② 民国《洮南县志》第 4 卷,农业,第 29 页。

③ 南阳:《垦殖东北与民生国计》,《中东经济月刊》第 7 卷第 1 号,论著,第 49 页。

雍正年间还是一个只有30多亩地的小自耕农,鸦片战争前夕发展为占地300余亩的经营地主。此后,土地积累和经营规模扩大的速度加快,到1905年前后,已有地900亩,其中在外村的300亩出租,在本村的600亩全部雇工经营。①

河南、直隶一带,这一时期出现的经营地主,也大多是通过不断买进土地、扩大经营规模而发展起来的。河南新乡八柳镇杜来相、杜来安兄弟,是光绪以后发展起来的大经营地主。据说在光绪年间还只有二三顷地。因兄弟俩善于经营,兼放高利贷,加快了土地积累,扩大了经营规模,到20世纪初全盛时,成为占有和经营30顷地的大地主。② 直隶宛平衙门口村翟振钧兄弟,年轻时只有16亩地,后运煤发家,买地自种,农副并重。到20世纪20年代全盛时,占有土地1300多亩,全部雇工经营。③ 同村的张某也是运煤起家,攒钱买地经营,到1900年时发展为占有并雇工耕种10多顷地的大经营地主。④ 热河赤峰关仑张某光绪初年时靠种租地起家,逐渐置地,到1900年时,土地增加到7顷,有50多头牲口,雇有6名长工,进入了经营地主的行列。

这些原来占地不多的贫苦农民或不从事农业经营的其他居民,积累土地,扩大经营规模,最后上升为经营地主的途径或原因,归纳起来有以下几类:

---

① 景甦、罗仑:《清代山东经营地主底社会性质》,第50—54、69—70页。

② 国民党农村复兴委员会:《河南省农村调查》,第103—104页。

③ "四清"档案:《北京市石景山区衙门口大队阶级成分登记表》,上街三队第59号。原表记载翟家土地最多时为1020亩,但据翟振钧嫡孙翟世杰(1918年生)说,翟家土地最多达1300亩。

④ "四清"档案:《北京市石景山区衙门口大队阶级成分登记表》,南街第56号。

第一种是"以农致富"，完全依靠土地收入来积累土地，扩大经营规模，前述热河赤峰张某就是属于这种情况。北京南苑的伊某。原籍山东，幼时来京，先扛活，后种地，逐渐有所积蓄。约在1901年，其子在南苑买了40亩水田，又租进50多亩水田和旱地，雇6名长工，进行富农式经营。以后又几次买进水田和旱地。土地占有数量和农业经营规模进一步扩大，长工增加到14人，由富农上升为经营地主。①

第二种是农副并重，或者主要依靠农村副业积累土地最后上升为经营地主。在北京西郊和西南郊农村，这一时期相当一部分经营地主是靠养骆驼、搞运输发展起来的。如西郊八角村的梅某和牛氏兄弟，都是靠种地兼养骆驼，在光绪末年至民国初年的几十年的时间内，由中农上升为占有200多亩土地、几十头骆驼的经营地主。② 前述衙门口村的翟家和张家大地主，也是靠养骆驼发的家。北京南郊南苑的吴永斌，以养鸭为生。甲午战争前后开始发家，由自养而雇工饲养，并攒钱买地。截至1924年，已置地210亩，年养鸭500—1000只，自己不劳动，种地、养鸭全雇长工、短工。③ 在30年左右的时间内，吴永斌由一个小养鸭户上升为种植和养殖并重的经营地主。

第三种是靠某种专门技艺或出外佣工卖苦力，攒钱买地，并把重点转向农业经营，成为经营地主。西郊天顺庄陈凤昆，年轻时当

---

① "四清"档案:《北京市丰台区南苑公社阶级成分登记表》，槐房四队第71号。

② 参见柳柯:《解放前五十年八角村农户经济的变迁》，《中国经济史研究》1990年第1期。

③ "四清"档案:《北京市丰台区南苑公社阶级成分登记表》，马家堡三队第48号。

棚匠,开过棚铺,约在光绪十年前后,经人引荐到宫廷挂灯,在戏台后台当"承办",用赚来的钱在村里开粮店、买土地,粮店、土地由儿子经营,到1914年时,共有22顷(一说30多顷)土地和数家店铺,成为远近有名的大地主。① 八宝山有个名叫张兴的厨师,家里只有10亩地、3间房,并不宽裕。清末到宫内做了3年御厨,回家陆续买了12头骆驼,雇两个人运煤,由此发家。到20年代末,共积累土地563亩,骆驼最多达96头。土地大部分雇工经营。② 辽宁北票县的于盛轩,伯父是木匠,父亲是织布匠。辛亥革命前后,兄弟俩凭借手艺买地发家。到30年代分家前夕,已经有5顷地,全部雇工耕种,由手艺人变成了经营地主。③ 直隶保定的刘行则是靠卖苦力起家的经营地主。刘行年轻时只有9亩地,因无法生活,1906年闯关东,修了5年铁路。1911年返回老家,用积攒的400元银洋买了6亩地,剩下的钱做小买卖,并与人合伙包收集市牲口税,又开轧花厂、榨油坊,赚钱积累土地。到1933年,土地猛增到300多亩,雇用7名长工耕种。另有房屋100多间。④ 在不到30年的时间内,刘行由一名苦力上升为农工商综合经营的地主。

第四种是靠商业、高利贷或投机倒把发家,积累土地。北京西郊八角村的周海是民国初年发展起来的经营地主。他原来只有

① "四清"档案:《北京市石景山区阶级成分登记表》,古城六队第68号附页。

② "四清"档案:《北京市石景山区阶级成分登记表》,八宝山上庄北队第44、48、50、51号。

③ "四清"档案:《北京市石景山区阶级成分登记表》,西黄村大队于盛轩表。

④ "四清"档案:《北京市丰台区南苑公社阶级成分登记表》,义顺庄第68号。

10亩地，早年到北京城里煤铺当店员，后转入北郊马甸牲畜交易市场，靠倒卖牲口发家，十数年间买进土地200亩，成为村里的暴发户。[①] 北京南郊南苑王国林，懂得蒙语，清末时经常到外蒙古做买卖，并充当蒙古朝觐者的翻译，这样，他"通过买卖和巴结王爷成了有钱有势人家"。除了店铺，另有土地100多亩，雇工耕种。[②] 主要甚至完全靠高利贷盘剥起家的经营地主也不罕见。直隶静海大地主杨秀风，据说家里的10顷地完全是他父亲用高利贷盘剥农民的手段置下的。时间则大约在清末民初。杨家的土地除部分出租外，雇用四五名长工耕种。[③]

根据北京郊区原石景山、卢沟桥和南苑等三个公社（原属直隶宛平县）现存"四清"档案进行统计[④]，1895—1927年间有发家原因可考的103户经营地主或经营性地主，主要靠农业（土地种植）收入发家的32户，占31.1%。农副并重或主要靠副业收入发家的19户，占18.4%。二者合计51户，占总数的49.5%。也就是说，这一时期产生的经营地主中，将近一半是"以农（副）致富的"。

103户经营地主中，还有13户是靠某种专门技能或外出佣工、卖苦力发家的。他们同"以农（副）致富"的51户不一样，自己没有或很少生产资料，完全靠出卖劳力为生，大多是节衣缩食，用

---

① 参见柳柯：《解放前五十年八角村农户经济的变迁》，《中国经济史研究》1990年第1期。

② "四清"档案：《北京市丰台区南苑公社阶级成分登记表》，南苑马家堡第576号。

③ "四清"档案：《北京市丰台区南苑公社阶级成分登记表》，大红门三队第3093号。

④ 详见刘克祥：《中国近代的地主雇工经营与经营地主》，《中国经济史研究》，1994年增刊。

积攒微薄的工薪收入的办法跻入经营地主行列的。他们的发家历程自然比自有少量生产资料的小农更艰难。

此外,有23户是经营商业、高利贷或农副产品加工业发家而成为经营地主的,占22.3%。比重不算太高,但相对于从事这项职业的人数而言,他们成为经营地主的比例要比前三类人大得多。

又据山东大学的调查,甲午战争前后,山东46县131户经营地主的发家原因,靠经商的64户,占48.9%,靠种地的56户,占42.7%,靠做官的8户,占6.1%。另外,还有3户分别靠经营炭井、种地兼放高利贷和种地兼放粮。①

和北京郊区一样,经商、种地也是山东经营地主起家的两个最主要的途径。不同的是,山东经营地主中靠经商起家的比重更高,将近总数的一半。

另外,在上述分类统计中,高利贷剥削没有得到充分的反映。尤其是山东地区,上述131户经营地主中,有88户从事高利贷活动,占总数的三分之二强②,却只有2户靠农业兼高利贷(1户放钱、1户放粮)起家,殊难令人相信。这些经营地主,当然不可能都是在成了经营地主以后才开始高利贷剥削的。相反,他们早就十分熟悉和经常使用这一剥削手段,通过高利借贷,使家中的余钱余粮不断增殖,当达到一定数额时,再用来购买土地。或者直接通过土地抵押借贷,当进、典进和最后买进土地。这种情况,无论山东、北京郊区还是其他地区,都是普遍存在的。除了前面提到的静海大地主杨秀风外,北京西郊经营地主李克俭是这方面的一个典型例子。李克俭小时候家里很穷,约在光绪宣统之交开始挑担卖油,后又开杂货铺,并略有积蓄,随即开始放债,进行高利盘剥。放钱

① 据景甦、罗仑:《清代山东经营地主底社会性质》,附录二统计。

② 据景甦、罗仑:《清代山东经营地主底社会性质》,附录二统计。

月利3—5分,放粮月利5分,过期不还,即利上加利,且须以地契、房契作抵。据说村里80%的人借过他的钱。一些贫苦农民因无力还债,被迫以土地、房屋作价抵偿。李通过上述手段,很快兼并了120亩土地和一些房屋,成为村里的暴发户。① 总之,高利贷剥削在经营地主的发家过程中所起的作用是不可忽略的。

还有少数经营地主的土地和资财是通过横行霸道、敲诈勒索、巧取豪夺、坑蒙拐骗等不正当手段积聚起来的。北京郊区农村的一些现存档案,在这方面也提供了不少材料。如南苑胡寿田,是一个有950亩土地、常年雇用五六名长工和大量短工的经营地主。胡寿田原籍山东昌邑,其父在北京开布庄,并替别人代管田租,开始发家。胡寿田除子承父业、继续经商外,又从20年代起,出任南苑乡乡长和保卫团头目一二十年,在任期间大肆敲诈勒索、鱼肉乡里,先后侵占农民土地550亩,雇用长工耕种。② 衙门口村的经营地主武殿奎,其土地则是通过坑蒙拐骗和霸占兄弟财产的手段积累起来的。他给城里拉白灰时,同掌秤人勾结,一袋白灰几次过秤得价,又先后将四个兄弟赶出家院,霸占或强行贱买他们的房地产。这样,武殿奎很快发展为有2顷多地、20多只骆驼的经营地主。③ 上面提到的李克俭,放高利贷的同时,在村里开杂货铺,卖酒掺水、加鸽子粪,坑骗消费者。后来又当上了村长,依仗钱财和权势,横行霸道,无恶不作,扣压和侵吞;强征独子当兵,勒索钱财;

---

① "四清"档案:《北京市丰台区卢沟桥公社阶级成分登记表》,小屯直属苗辅第51号。

② "四清"档案:《北京市丰台区南苑公社阶级成分登记表》,南苑八队第48号。

③ "四清"档案:《北京市石景山区阶级成分登记表》,衙门口西街西队第73号。

等等。所有这些,都对李克俭的土地积累起着十分重要的作用。

以上资料显示,这一时期经营地主的产生和发展,途径多种多样:有靠农业、运输业、手工业或某种专门技能发家的;也有靠商业、高利贷发家的;还有少数是靠依仗权势、敲诈勒索、侵占他人财产或获取其他不义之财而发家的。不过多数还是靠农副或农商起家,其中又以农业为主。他们或者只经营农业;或者大部分时间从事农业生产,只在农闲时间从事商业贩卖、运输业或其他副业;或者家庭多数成员从事农业生产,少数成员外出经商或从事其他职业。不论哪种形式,基本上都是以农业为依托。已经同农村和土地脱离关系的商人世家,买地雇工经营而成为经营地主的,这一时期尚不多见。

城乡商品货币经济和商业性农业的发展,农村土地买卖的进一步自由化,加速了农民的两极分化,也促进了地主阶级内部的新陈代谢和结构变化。在半殖民地半封建条件下,个体农民作为小商品生产者,如果他的经济地位不断上升而又不改变商品生产者的身份,那么其归宿必然是富农—经营地主。由于外国侵略者的掠夺和国内封建阶级的压榨,以及商品生产本身固有的规律,绝大多数农民愈来愈陷入赤贫化的苦难深渊,但总有少数“幸运者”跻入富农—地主(经营地主)的行列。而旧有的地主,或因经营不善,或因分家析产,或因奢侈腐化,相当一部分经济衰微,被挤出了地主行列。大量资料表明,甲午战争后,地主阶级内部的新旧更替明显加快了。尤其经营地主,大部分是甲午战争后新出现的。根据上述三个公社“四清”档案统计,1895—1927 年期间存在的 198 户经营地主中,原有的 84 户,占 42. 4%,甲午战争后新产生的 114 户,占 57. 6%。这一数字在全国范围内有多大的代表性,尚待其他地区统计资料的验证。

(二)经营地主的地区分布

经营地主数量不多,地区分布也很不平衡。一个地区经营地主数量的多寡,同地主雇工经营的普遍程度成正比。南方地主雇工经营的土地比重很低,经营地主数量很少;在北方地区,地主雇工经营比较普遍,经营地主的数量较多。同时,由于多数经营地主的产生,并非原有的出租地主退佃自耕,而是由中小农民或其他居民发展而来,在其发展演变的过程中,往往经历了一个或长或短的富农式经营阶段。在成为经营地主以后,又可能因分家析产或其他原因,占有土地和经营规模缩小,又回到富农式经营。北京郊区的"四清"档案显示:一家农户在二至三代的时间内,由贫农、中农上升为富农、经营地主,又由经营地主回复为富农的情况,是屡见不鲜的。事实上,甲午战争后,无论富农还是经营地主,经济地位都很不稳定,经常处于升降变化中,导致经营地主和富农相互对流,使经营地主和富农保持一定的比例。因此,经营地主的地区分布,往往同富农是一致的。凡是富农经济比较发达的地区,经营地主也多一些。反之亦然。

一般地说,经营地主大多分布在这样一些地区:商品货币关系和商业性农业比较发达,而地主中的乡居地主比重较大。这些地区,往往有若干数量的乡居地主从事较大规模的商业性农业经营;地权相对分散,或集中程度尚不十分严重,自耕农在农户中占有一定比重,可能从众多的自耕农中分化和滋生若干经营地主;人地矛盾尚不十分尖锐,农户经营规模尚不十分狭小,地块的分割还不十分零碎,某些农户有地块成片、进行相对集中经营的条件,刺激和促成了经营地主的产生。这样,在符合上述某一条件的地区,如那些水陆交通方便、商品流通发达地区,尤其是某些商业性农业发达、农产品商品化程度较高的通商口岸附近、江河两岸、铁路交通沿线和滨湖沿海地区,以及某些地理条件较好的农业新垦区,经营地主的分布比较普遍,在地主和整个农户中占有一定比重。

广东珠江三角洲地区,商品经济和商业性农业都十分发达,但由于绝大部分土地,尤其是沙田,都为宗族和集团地主所占有。土地全部招佃收租,极少雇工经营。富农式经营则以佃富农为主,因而经营地主没有得到相应的发展。但在三角洲非沙田区的增城、四会、新兴等县,沿海的阳江、阳春、合浦(今属广西地区)等县,邻近梧州的封川等地,都有多寡不等的经营地主存在。增城农户中,经营规模在30亩以上的"田主"约占5%。其中当有少量经营地主。四会县农户的经营规模更大一些,据说耕田50亩以上的约占百分之一二,耕田30—50亩的约占百分之八九。据此推断,占农户总数1%—2%的经营地主的存在是完全可能的。阳江、阳春的农户经营规模又普遍大于四会。阳江农户耕种30—60亩者最多,10—30亩或60—100亩者次之,不足10亩或超过100亩者最少;阳春农户耕种50—100亩者占10%,100亩以上者最少。[①] 如统计可靠,这两县的经营地主很可能占到农户的5%,甚至更高。此外,合浦有个别农户耕田面积达百亩左右,耕田50亩左右的有几十户;新兴县耕田50亩以上的也"间有少数"。封川县的自耕农比重超过90%,并有少数农户的耕田在50亩以上。在这些地区,都可能有少量经营地主的存在。

不过,就广东全省而言,经营地主的分布并不普遍。

在钱塘江三角洲、长江三角洲和中上游地区,经营地主的发展和分布,大多和富农经济同步。浙江鄞县南区,商业性农业和雇佣

① 上述各县经营地主的发展和分布情况依次参见中山大学农科学院:《广东农业概况调查报告书续编》上卷,第164页;下卷,第95、59页;上卷,第356、381页;下卷,第121、72页。

劳动十分发达,平均每户自耕农和佃农都有两名或两名以上的雇农。① 这些使用雇佣劳动的自耕农和佃农,不少是富农,但使用大量雇佣劳动的自耕农中,也包含若干经营地主。据金陵大学对镇海3村67家农户的调查,按经营面积分组,其中"最大组"21户,户均耕地31.4亩,大多以使用雇佣劳动为主,雇佣劳动在田场总劳动中的比重平均为52.9%。② 这中间不能排除完全使用雇佣劳动的经营地主。

位于浙江中西部的兰溪、汤溪、龙游、衢州一带,由于太平天国战争的影响和地理上的原因,农户经营规模稍大,乡居地主比重较高,雇工经营更普遍一些。在这些雇工经营的乡居地主中,不少就是经营地主。从30年代初兰溪2045家农户的调查材料中,可以大致推测出经营地主的一些情况。该调查把农户分为地主(土地全部出租者)、地主兼自耕农、自耕农、自耕农兼佃农、佃农和雇农等几种类型。经营地主主要存在于地主兼自耕农和自耕农两类农户中,根据这两类农户的土地占有和经营面积,以及雇农劳动的使用情况,估算经营地主的总数当不少于99户,占这两类农户总数的12%,占调查农户总数2045户的4.8%。③

浙北重要商业性农业区嘉兴,也有若干经营地主的存在。据对该县5乡镇的调查,4312农户中,有地主兼自耕农166户,自耕农803户。如按兰溪的标准进行估算,共有经营地主28户,占调查农

① 杨荫深:《各地农民状况调查——鄞县南区》,《东方杂志》第24卷第16号,1927年8月,第133页。

② 据卜凯:《中国农家经济》,第336页第5表。

③ 据冯紫岗:《兰溪农村调查》,第66页第53表、第110页第95表、第111页第96表、第84页坐标图等计算。计算过程和方法详见刘克祥:《中国近代的地主雇工经营和经营地主》一文(下同)。

户总数的 0. 6% 。① 这一比重略高于国民党农村复兴委员会的调查数字。据该机构调查,1928 年,龙游、东阳、崇德、永嘉、兰溪等 5 县 33 村 1155 农户中,有经营地主 6 户,占农产总数的 0. 5% 。②

长江两岸地区,经营地主也稀疏地存在,下游三角洲、太湖流域、运河两岸、安徽长江南北部分地区、湖南洞庭湖流域,以及湖北、四川某些地区,经营地主的数量稍多一些。

上海郊区有些地主雇用许多长工、短工,经营大块的农场;南通地主退佃自耕;太仓、海门、启东地主,大都直接经营土地。他们中有些就是经营地主。又如泰县、东台一带,“一家耕种的土地,多者百数十亩,少者亦在三四十亩以上”③。这些农户,多数似属富农,但也包括一部分经营地主。地处太湖之滨的宜兴,湖滨和山林地区,土地多自耕,且经营规模较大。如和桥一带,自耕农的耕地面积有多到百亩左右甚至二百亩以上的。④ 经营地主应占一定数量和比重。金坛、溧水的情形大致相同,那里的“中产阶级而乡居者”多雇工耕作,人数“自一人至六七人不等”。⑤ 其中雇工三四人至六七人的农户,则多属经营地主无疑。武进、江宁等县也有若干经营地主的存在,这可从 20 年代金陵大学的调查材料中得到反映。该校调查的 3 处 720 家农户中,约有经营地主 26 户,占调查农户的 3. 6% 。这在苏南地区显然是算高的。

---

① 据冯紫岗:《嘉兴县农村调查》,第 92、98、121 页计算。

② 据国民党农村复兴委员会:《浙江省农村调查》统计。

③ 王南屏:《江北农村实况》,转见千家驹编:《中国农村经济论文集》,第 614 页。

④ 李珩:《宜兴和桥及其附近的农村》,《中国农村》第 1 卷第 2 期,1934 年 11 月,第 70 页。

⑤ 陈午生:《金坛溧阳雇农生活之调查》,转见冯和法编:《中国农村经济资料》,第 502 页。

安徽长江两岸地区，农户经营规模比皖南山区大，农业的商业化程度较高，是重要的商品粮产区。部分地区的富农经济和经营地主都有相当发展。如南陵北境，农户田地，“多不招佃代耕”。耕作“50 亩以上者，每有自家一二人负领导与指挥佣工之责，亦有纯用佣工耕种者”。① 纯用佣工耕种的大农，应属经营地主无疑。江南芜湖、江北来安两县的经营地主分布，则有金陵大学的调查材料可供参考。据该校调查的 303 家农户经营规模和雇佣劳动使用情况判断，当有经营地主 19 户左右，占农户总数的 6.3%。

长江中游流域，只在江汉—洞庭湖淤积平原和其他少数地区，有若干经营地主的存在。如湖南洞庭湖滨的安乡，农户经营规模普遍较大，“使用 100 亩到 300 亩的农户，并不是稀见的事”。据对一个有耕地 6000 亩的垸子的调查，175 家农户中，经营面积 100 亩以上的有 8 户，70 亩以上的 6 户，50 亩以上的 36 户。这些农户大量使用雇佣劳动。② 其中经营面积 70 亩、100 亩以上农户中，应有一定比例的经营地主。

湖北江汉平原的汉阳、沔阳部分地区，都有经营地主的存在。如汉阳范家湾、阎家湾、袁家湾一带，农户中等田场面积，从五六十亩至七八十亩不等，大田场超过百亩。这两类农户的耕地面积占一半左右；沔阳的小市院、观音堂、蒋湾、北乡一带，农户中等田场面积，分别从 80 亩至百余亩不等，大田场可达百亩至二三百亩。中、大田场的耕地面积超过总面积的 60%。这些地区雇佣劳动也比较发达。汉阳袁家湾 35% 的农户雇用长工，沔阳蒋家湾、北乡

---

① 刘家铭：《南陵农民状况调查》，《东方杂志》第 24 卷第 16 期，1927 年 8 月，第 92 页。

② 伍忠道：《湖南安乡县湖田区域中的农田经营》，《中国农村》第 1 卷第 5 期，1935 年 2 月，第 71 页。

两地,雇长工户比重达45%—50%。[①] 那些雇用长工的中大田场主中,有一部分即是经营地主。又鄂北枣阳,北乡多大地主,田地往往多至万余亩,千亩左右者为“寻常”。这些地主的耕作面积多为二三百亩。通常雇长工五六人,农忙时加用散工;南乡地主雇佣劳动的使用以长工为主,通常每田10亩雇用一名长工,农业集约化程度也高于北乡。[②] 这样,北乡经营土地百余亩、南乡经营五六十亩以上的地主,属于经营地主的可能性较大。

长江上游的四川、云南、贵州三省,也有少量经营地主。其中四川经营地主的数量稍多一些。由于农产品的商品化,重庆周围地区和川西成都平原,都有不少地主自营土地,种植烟叶、甘蔗、西瓜、蔬菜以及果树等。他们中应有若干经营地主。据1926年对成都平原50农户的调查,其中“自耕农”22户,经营规模颇大,使用雇工较多,平均每户1.1人。从上述情况看,22户“自耕农”中,大概有3—4户经营地主。[③] 据金陵大学的调查,云南南部的蒙自、北部川滇交界的永仁,都可能有经营地主的存在。[④]

整个长江流域及其以南地区,经营地主的分布状况,根据金陵大学对这一地区的典型调查,结果显示,在所调查的87处中,40处有经营地主,占46%。其中最高的为皖南,8处中7处有经营地主。最低的是贵州,调查的5处全没有经营地主。按户计算,也是皖南最高,789家农户中,有30户经营地主,占3.8%。南方13省区平

① 参见金陵大学农科学院丛刊:《农村调查表》有关各表。

② 《襄花汽车路沿线经济状况》,《中外经济周刊》第122号,1925年7月25日,第21页。

③ H. D. Brown and Li Minliang:A Survey of 50 Farms on the Chengtu Plain, Szechwan,Chinese Economic Journal,第2卷第1期,1928年1月,第49、51页。

④ 参见《中国经济史研究》,1994年增刊,第25页。

均,8683 农户中,有经营地主 123 户,占 1.4%。① 如以地主占农户 5% 的比例计算,那么,不到 4 户地主即有一户是经营地主。

黄淮流域及其以北地区,经营地主的分布比南方地区更广泛一些,在地主和全体农户中所占的比重更高一些。

江苏、安徽淮北地区,经营地主的数量和比重大都高于长江流域地区。江苏沛县、萧县、铜山一带,都有数量不等的经营地主。1930 年有一组关于沛县农户经营规模的估计数字。该县农户多半属自耕农,其中一半农户是 30 亩以下的小经营,但也有部分农户耕地面积在 60 亩以上。60—100 亩者占 15%,约 7000 余户;100—300 亩者占 2%,约 1000 户,另外还有 6 户在 300 亩以上。② 100 亩以上的大部分是经营地主,60—100 亩的农户中也有若干是出租部分土地的经营地主。经营地主可能占农户的 3%—4%。

皖北淮河南岸的盱眙(现属江苏)东乡一个约 1200 户的地区,地主数量及其土地经营情况是:有地 100 石种③以上的四五户,其中自营部分土地的一二户,每户种一二石种,提供自用蔬菜和棉花;占地 50 石种以上的 20 余户,自营土地的 10 余户,每户耕种七八石种至 10 余石种不等。他们都要雇用两三名长工,农忙再大量雇用短工,最多可达 10 余人。④ 显然,这部分地主已进入经营地主行列。此外,30—50 石种的有 40 余户,经营方式不详。但从上述占地愈少、自营土地比重愈高的规律看,这部分农户的土地

---

① 据卜凯:《中国土地利用》,统计分册,第 57—59 页第 22 表、第 289—294 页第 4—6 表,第 305 页第 2 表综合计算。

② 李克访:《沛县农村经济调查》,《苏农》第 1 卷第 7 期,1930 年 7 月。原调查只有百分比,农户数据 1928 年调查的全县农户数计算。

③ 一石种的面积不一,由 6 亩至 9 亩余不等。

④ 邹万屺等:《安徽盱眙东乡的农村概况》,《新中华》第 2 卷第 13 期,1934 年 7 月,第 169 页。

应以自耕为主。他们也有一部分是经营地主。

20年代金陵大学关于怀远、宿县的农家经济调查,则为安徽淮北地区经营地主的考察提供了某些材料。根据农户经营规模分组和雇佣劳动情况估计,该校调查的怀远124家、宿县284家农户中,分别有经营地主7户和22户,占调查农户总数的5.6%和7.7%。①

黄河中下游流域,不少地区的地主都以雇工经营为主,或雇工经营与招佃收租并重,经营地主占有较大比重。如山东莱芜、临清、馆陶、莘县、朝城、范县、清平、东平、德县,直隶邢台、邯郸、临城、东光、静海、沧县、南宫、高阳、武清、安次、大兴、宛平等地,都属于这种情况。

山东德县、东平、朝城等县,三四顷以下的小地主,"大概自种自田"。其中种地100亩以上的,不少就是经营地主了。朝城农户的经营方式是,有地100亩左右,除一名长工外,另雇一名产品分成制的"种地头"指挥和管理生产,雇主不参加生产管理和田间劳动。这就进入经营地主行列了。② 德县、东平占地100亩左右的自营者,大概也有不少是经营地主。至于占有和经营土地200至三四百亩,则全部属于经营地主了。莱芜也是如此。凡是占地100亩以上者,自己都不再参加劳动,只靠长工耕种。由于该县商业性农业比较发达,加上耕地有限,农户大多从事集约化经营。该县农户的经营规模分组情况如下:400亩左右的占1%—2%,200—320亩的占10%,80—200亩的占15%,20—80亩的占20%,20亩以下的占50%以上。③ 这些农户中,200亩以上的当全

① 据卜凯:《中国农家经济》,第50、135、336页各表综合计算。

② 参见柳柯:《近代北方地主经营方式三例》,《中国经济史研究》1989年第1期,第158、77页。

③ 王毓铨:《山东莱芜农村状况》,转见冯和法:《中国农村经济资料续编》,第219—223页。

部是经营地主,80—200 亩的,经营地主也占一半左右。经营地主的比重当不低于 15%。

根据山东大学对山东省 42 县 197 村清末地主经营方式的调查,租佃和雇工经营并存的 133 村,只有雇工经营的 64 村,没有发现地主土地只用招佃收租一种经营方式的自然村。地主中 39.6% 属于经营地主。其分布情况有如表 17。①

表 17　清末山东省 5 区 42 县 197 村地主经营方式和经营地主统计

区县	调查村数	总户数	租佃和雇工经营并存的自然村						只有雇工经营的自然村			
			村数	户数	经营地主		出租地主		村数	户数	经营地主	
					户数	%	户数	%			户数	%
济南—周村区 10 县	80	11779	45	7348	90	1.2	182	2.5	35	4431	27	0.6
运河区 6 县	25	3415	22	2701	17	0.6	73	2.7	3	714	1	
鲁北区 7 县	38	4809	16	1846	15	0.8	6	0.3	22	2963	23	0.8
胶东半岛区 8 县	30	5168	28	5053	75	1.5	54	1.1	2	115	—	—
鲁西—鲁南区 10 县	24	2766	22	2429	76	3.1	190	7.8	2	337	7	2.1
合计	197	27937	133	19377	273	1.4	505	2.6	64	8560	58	0.7

注:①原调查规定,雇长工 4 人以上的为经营地主;出租土地 50 亩以上的为出租地主。

②只有雇工经营的各村,仅鲁北区博兴县龙河村有佃农 130 户,其余各村既无佃农,亦无出租地主。

③原表运河区德县 1 村经营地主数目不详;鲁西—鲁南区濮县 1 村总户数不详;济南—周村区长山县梅家庄、淄川县王洞村、运河区夏津县王太来庄、鲁北区博兴县龙河村村户总数与细数不符,本表按细数统计。

① 据景甦、罗仑:《清代山东经营地主底社会性质》,附表一计算、编制。

虽然从总体上看,出租地主仍是封建地主的主体,其户数相当于经营地主的1.5倍。但值得注意的是,出现了一批只有雇工经营、而无出租经营的自然村,其村数和户数分别占调查总数的32.5%和30.6%。而且,有的地区经营地主的数量已经超过出租地主。如鲁北和胶东半岛两区,经营地主分别占地主总户数的86.4%和58.1%。5区42县合计,经营地主占农户总数的1.4%。这个比例在19世纪90年代末,应当说不算低。

直隶前述地区,由于地主土地以自种为主,经营地主往往构成地主的主体。沧县、南宫、东光、静海、定县等地,尤为明显。定县完全坐食租税的地主,"全县不过一二户"①。从当时关于土地占有和经营情况调查材料,可以推断出经营地主的分布情况。如1928年对定县东亭镇地区62村10290农户的调查表明,大部分农户是"自耕农",佃农极少。② 有2.1%的农户,耕作面积超过100亩。这类农户至少有一半是经营地主。70—99.9亩农户中,也不排除小部分经营地主的存在。如以10%计算,应有经营地主62户。这样,10290户中至少有经营地主172户,约占农户总数的1.7%。又据对河北26县51村4309家农户和43县242村24568家农户的调查材料分析估计,分别有经营地主185户和644户,占调查农户总数的4.3%和2.6%。③

河南、山西以及陕西、甘肃等黄河中上游各省,经营地主的数量和比重,明显低于河北、山东,但在某些地区,也不乏经营地主的

① 参见刘克祥:《中国近代的地主雇工经营和经营地主》,《中国经济史研究》,1994年增刊。

② 据对其中6村790农户的统计,自耕农、半自耕农和佃农的比重依次为70.8%、27.8%和1.4%。

③ 参见《中国经济史研究》,1994年增刊,第9—10、28页。

记载。

在河南,1929 年关于新郑唐河村的调查,在谈到该村的雇工情况时说,雇工分长工、短工两种;长工有“大把”(喂牲口赶车者)、“领庄稼”(领导耕种者)、“粉匠”(磨绿豆粉、白薯粉者)以及“二把”、“三把”、“小把”等名目。① 长工名目如此繁多,说明该村及其周围地区雇用多名长工的经营地主不在少数。滑县、鄢陵、辉县、新乡、许昌等地,乡间地主大都有采用长工和产品分益农共同耕作的土地经营方式。② 这也是经营地主的一种类型。

山西晋中一些地区有一种村长、高利贷者、雇主“三位一体的大地户”。其田产少则 100 多亩,多则 300 亩。这类“大地户”大部分属于经营地主范畴。

陕西和甘肃也有少量经营地主。前述陕西米脂县杨家沟马家就是陕北有名的经营地主。又据国民党农村复兴委员会的前述调查,渭南 4 村 3 户地主,共占有土地 243 亩,雇工经营 138 亩,占所有地的 56.8%;绥德 4 村 5 户地主,有地 436.4 垧,雇工经营 232 垧,占所有地的 53.2%。③ 虽然各户雇工经营面积不详,但可以肯定,其中应有若干户经营地主。甘肃陇南地区,据 1927 年的调查,那些“坐拥良田一二百亩”,靠总管指挥长工耕作,自己“不劳而食的大户”,也应列入经营地主之列。④

---

① 卢锡川:《新郑县唐河村的调查》,转见冯和法:《中国农村经济资料》,第 688—689 页。

② 西超:《高利贷支配下的滑县农村经济》;作周:《从许昌到鄢陵》,转见冯和法:《中国农村经济资料续编》,第 210—214 页;国民党农村复兴委员会:《河南省农村调查》,第 103—104、93 页。

③ 据国民党农村复兴委员会:《陕西省调查》,第 2、13、79、96 页。

④ 雷士俊:《陇南农民状况调查》,《东方杂志》第 24 卷第 16 期,1927 年 8 月,第 102 页。

察哈尔、绥远和东北三省,是经营地主分布比较集中的地区。

察哈尔集宁一带,占地数十顷至数百顷的大地主很多,他们的土地基本上是雇工耕种。这些大地主自然是经营地主。绥远和东北地区的情况同察哈尔相似。由于是农业新垦区,地价低,土地成片,而山东、直隶一带贫苦农民的大量流入,为地主和富裕农户提供了充足的劳动力,这就为地主的大面积雇工经营,亦即经营地主的产生和存在提供了条件。所以,无论绥远还是东北,一些调查者考察土地开垦、经营的收支状况,都是以经营地主作为基本模式。这从一个侧面反映出经营地主在土地开垦和农业经营中所占的地位。

一些调查数字也说明这种情况。如奉天盘山县,农户耕作面积大小不一,自三四天地至六七百天地不等,"普通以五六十天地至一百天地者为最多"。据说该地一名长工(另加若干农忙短工)可种4天地。这样,耕种五六十天地的农户,一般都是雇有10名以上长工的经营地主。① 也就是说,经营地主不仅是地主的主体,也是当地农业的主要经营方式。不过类似盘山这样的情况在奉天不会太普遍。海城也有相当数量的经营地主。② 吉林、黑龙江地区,由于开发较晚,人口少,农户经营规模较大,从总体上看,经营地主的比重更大于奉天。据20年代中的调查估计,两省52县,经营地主和富农占农户的14.3%,土地占52%③,可惜经营地主和富农各自所占的比例不详。

---

① 《奉天盘山县之经济概况》,《经济半月刊》第2卷第18、19期合刊,调查,1928年1月,第32页。

② 《奉天海城县之农业及矿产》,《经济半月刊》第1卷第4期,1927年12月,第5页。

③ 转见满铁调查部:《关于支那土地问题的调查资料》,第579页。

根据金陵大学的调查,北方12省区中,经营地主比重最高的是皖北和河北,分别占调查农户的4.3%和4.2%;最低的是山西、陕西、甘肃和宁夏,经营地主只占农户总数的0.8%—1.0%。12省81处平均,经营地主占农户总数的2.1%,比南方地区高三分之一。①对这一时期全国范围经营地主的分布状况做一大概的估计,可以看出,经营地主的发展和分布极不平衡,数量和比重最高的是皖北、河北和皖南3省区,超过农户总数的3.5%;其次是四川、苏北和绥远,其比重为2.5%—2.7%;再次是湖北、广东、苏南、云南、河南、山东、青海、宁夏,其比重为1.2%—1.9%;其余各省区,经营地主占农户的比重均未超过1%,最突出的如贵州,5处506家农产中,竟无1户经营地主。南北25省区168处平均,经营地主占农户总数的1.7%。如果以地主占农户总数的5%计算,那么,经营地主占地主总数的34.6%。也就是说,大约每3户地主中即有1户经营地主。这就是20世纪20年代经营地主发展和分布的总水平。②

三、经营地主的经营状况与性质

同时占有地租和雇工的剩余劳动,是经营地主的基本特征。从整体上说,经营地主是带有某种资本主义因素的封建地主阶层,但具体到某一地区、某一单个的经营地主,经营方式和剥削手段,并不完全一样,其资本主义因素也有多有少。经营地主的社会性质比较复杂。

① 据卜凯:《中国土地利用》,统计分册,第57—59、289—294、305页各表综合计算。

② 据卜凯:《中国土地利用》,统计分册,第57—59、289—294、305页各表综合计算。

(一)经营方式与规模

经营地主最基本的经营方式,是雇用工人耕作自有的土地,从事商业性农业生产,榨取雇工的剩余劳动。但榨取的手段各式各样,它从一个侧面反映出不同地区或单个经营地主之间经营方式上的差异。

一般地说,长江流域及其以南地区,经营地主的土地(不包括出租部分)经营方式比较单一。即根据需要,雇用长工和短工,从事耕作。尽管雇工身份不一,除了人身完全自由的雇工,还有各种形式的卖身和债务雇工。雇工的报酬形式更是多种多样。除了货币工资和实物工资,有的由雇主拨出若干土地,交给雇工自己耕种,免纳地租,以抵偿工资,或者允许雇工带耕自己若干土地,按带耕的土地面积扣抵工资。无论采取何种报酬形式,都有一个共同点,那就是雇工所得报酬数量同地主土地产量的高低无关。

北方地区则不同,除了普通的雇工经营外,不少经营地主使用产品分成制雇工经营土地,或者同时使用产品分成制雇工和支付货币工资的雇工一起耕作。产品分成制雇工的基本特点是,劳动报酬的多寡同雇主的土地产量高低密切相关。

这里的所谓产品分成制雇工与通常说的帮工式佃农有相似之处,都是由地主提供土地以及耕畜、种子、肥料等生产资料。他们所获得的那一部分产品,只是劳动力价格。但从劳动组织和生产单位的角度看,他们之间又有很大的差别。在后一种情况下,地主将土地分散交给佃农使用,佃农及其家庭构成一个相对独立的生产单位,可以相对自由地支配自己及其家庭成员的劳动力,各佃农之间没有横向协作关系;而在前一种情况下,地主的土地不再分散交给直接生产者,而是集中统一经营管理,产品分成制雇工(或者外加若干支付货币工资的长工)在地主及其代理人的直接监督和指挥下进行生产劳动,和普通长工没有什么区别。单个的分成制雇工及其家庭不再构成一个相对独立的生产单位。因此，使用帮工式佃农，地主土地仍然是分散的佃农个体经营，这类地主属于出租地主或由出租地主向经营地主演变的一种过渡形态；而使用产品分成制雇工，地主土地已经是集中统一的直接经营，这类地主应属于经营地主或经营性地主的范畴。

在北方，经营地主使用产品分成制雇工，或分成制（或称分益制）雇工与普通长工相结合经营土地的情况相当普遍。江苏沛县、萧县、铜山一带的“二八锄户”，山东东平的“小锄”，朝城的“种地头”，菏泽的“二八锄地”，河南商水的“把牛”，许昌、滑县的“伙计”，鄢陵的“外班儿活”，新郑的“牛把”，淇县的“包锄”，新乡的“揽活”，鹿邑的“二八代耕”，河北南部地区的“种地”，安次的“锅伙”，固安的“开过伙”，大兴的“把头”，宛平的长工伙种制，热河吐默特右旗等地的“里青”和“半青半活”，奉天通化的“内青”，洮南的“里青”和“半青半伙”，吉林桦甸的“青份”或“平分账”，等等，都属于这种经营方式。①

这种经营方式的内部关系比较复杂，在劳动组织、雇工待遇和产品分配等方面，各地都有自己的特殊惯例。

在雇工结构和劳动组织方面，有的使用单一分益制雇工；有的使用部分支付货币工资、部分产品分成的混合报酬雇工；也有的按一定比例同时雇用分益制雇工和普通长工。分益制雇工和普通长工在生产过程中的协作关系，各地也不完全相同。在多数场合，这两种雇工协同劳动，贯穿农业生产的全过程；在少数地区，分益制雇工只承担从播种或中耕到收割、上场等部分生产环节的劳动，采

---

①　参见刘克祥：《试论近代北方地区的分益雇役制》，《中国经济史研究》1987 年第 2 期；柳柯：《近代北方地主经营方式三例》，《中国经济史研究》1989 年第 1 期。

用的是“流水作业法”。当这两种雇工协同耕作时,有的是长工处于指挥和监督的地位;也有的是分益制雇工指挥和监督长工。

经营地主主要分布在北方地区,而使用分益制雇工或分益制雇工与长工相结合耕种土地,又是北方地主普遍采用的一种经营方法,这反映了经营地主在土地经营方式上的多样性和过渡性。

经营地主使用的土地,通常以住宅附近或本村自有土地为限,但也有租进部分土地的。这种情况在北方地区较多。租地多为官公地或不在地主的成片土地。如河北宛平的黄村,相当一部分官公地和不在地主的成片土地为地主所租种。① 又据调查,河北43县242村606户经营面积为100—200亩的地主中,有3户租进土地380亩,平均每户126.7亩。也有少数地主在出租部分土地的同时,租进若干土地。这些地主或因对土地只有所有权(田底权),而无耕作权(田面权),不能收回自种,只好另行租地经营;或出租远地、次地,租进近地、好地。有某些地区,租地耕种是地主扩大经营规模的一种手段。

经营地主的经营规模,受到多种因素的制约,农业生产条件、耕作习惯、作物结构和农产品商品化程度,交通运输和市场条件,人口密度和劳力供需状况,出租与自种的收益比较;地主的土地经营传统,地主占有的土地数量和本身的经营管理能力等等,都对地主的经营规模产生不同程度的影响。一般地说,在那些人口相对稀疏、地形平坦、地块成片、农业粗放、作物结构单一、交通运输和市场条件较好、农产品商品化程度较高的地区,尤其是农业新垦区,地主经营规模较大,否则较小。

---

① 柳柯:《西黄村〈土地清册〉所见》,《中国经济史研究》1989年第4期,该文反映的时间系1949年土地改革前夕,但地主大量租进土地情况在清末民初时早已出现,其数量甚至比土改前夕还要大。

从地区看,自南至北,经营地主的土地经营规模呈递增趋势。

华南地区,除珠江三角洲及其周围一带,经营地主的经营规模大多在50亩上下,上100亩者少见。据广西师专对苍梧等22县48村2705户的调查,62户经营部分土地的地主中,只有11户的经营面积超过50亩,4户超过100亩,最大经营面积为205亩。① 柳州雅中村,贾姓地主雇工耕种土地150亩,据说在当地已是有名的大经营。②

长江流域地区,经营地主的土地耕作面积多为50—100亩,安徽南陵,“纯用雇工耕种”的经营地主都在50亩以上。浙江龙溪等5县6户经营地主,耕地面积最小的24.5亩,最大的130亩,平均56.6亩。③ 又前面根据金陵大学等的有关调查材料进行推估,浙江兰溪,江苏江宁,安徽芜湖、来安等地,经营地主的耕作面积也都在50亩以上,少数超过100亩。太湖和洞庭湖流域,地主经营面积高的可达200—300亩。

黄淮流域地区,经营地主的耕作面积以100—300亩居多,但局部地区和单个地主之间差异颇大。如山东德县,农户(自然包括经营地主)耕作面积最多不过150亩④,东平最多也只有三四百亩。⑤ 而山东大学的调查材料显示,地主经营面积在500亩或1000亩以上者,不乏其人。⑥ 直隶情形大致相似。沧县、故城,地主耕作面积最多达500亩,“然亦属罕见”,而武清、大城一带,地

① 广西师专:《广西农村经济调查》,转见冯和法:《中国农村经济资料续编》,第669页。

② 国民党农村复兴委员会:《广西省农村调查》,第52—53页。

③ 国民党农村复兴委员会:《浙江省农村调查》,附表。

④ 《德县之经济概况》,《中外经济周刊》第221号,1927年7月28日,第8页。

⑤ 民国《东平县志》第8卷,实业,第1页。

⑥ 景甦、罗仑:《清代山东经营地主底社会性质》,附表二。

主虽有地十顷八顷,“亦必自种,不肯出租于人”,东光的最大耕作面积更达2000亩。① 表18系根据一些零散调查材料汇集而成,说明直隶地区经营地主的经营面积上限。不同县区之间,地主的经营面积极限,相差10倍以上。但在多数县区,地主的最大经营面积是大体接近的,即500—1000亩左右。这些县区都处于铁路交通沿线和平原地区,交通运输和市场条件较好。因此,千亩左右大概是在华北平原农业中度集约化条件下,以家庭为基本生产单位、以手工劳动和简单协作为基本生产手段的经营地主,耕作面积所能达到的极限。河南、山东一些地区的情形,也大致相似。如河南辉县瓦房店张姓大地主和新乡八柳镇大地主杜氏兄弟的耕作面积分别为1000多亩和3000亩。② 山东46县131户经营地主中,最大耕作面积为2000亩。③

表18　20世纪20年代河北若干地区经营地主最大耕作面积示例

县别	最大耕作面积(亩)	摘要
邯郸	1000	“耕作面积有多至10顷者”(《中外经济周刊》第190号,1926年11月27日,第3页)。
静海	1000以上	“一家之耕作面积有多至10顷以上者”(《经济半月刊》第2卷第8期,调查,1928年4月,第12页)。
沧县	500	“一家最多可种5顷”(《经济半月刊》第1卷第2期,调查,1927年11月,第23页)。

① 《中外经济周刊》第230号,1927年6月15日,第18页;《经济半月刊》第1卷第4期,调查,1927年12月,第5页,又,第1卷第1期,调查,1927年11月第14页。

② 国民党农村复兴委员会:《河南省农村调查》,附录,第92—93页。

③ 景甦、罗仑:《清代山东经营地主底社会性质》,附录二。

续表

县别	最大耕作面积（亩）	摘要
东光	2000	“一家种地最多者，面积多至20顷而止”（《经济半月刊》第1卷第1期，调查，1927年11月，第14页）。
任丘	3000	该县大地主南小征卢氏兄弟的耕作面积（作者调查）
高阳	600	“最大之耕地面积，有至6顷者”（《中外经济周刊》第184号，1926年10月16日，第10页）。
故城	500	“有种至5顷之多者，然亦罕见”（《中外经济周刊》第230号，1927年10月15日，第18页）。
宛平	1300	该县衙门口村翟家大地主的耕作面积（作者调查）
武清、大城	1000	大地主“虽有地十顷八顷，亦必自种，不肯出租于人”（《经济半月刊》第1卷第4期，调查，1927年12月，第5页）。

耕作面积能达到或接近上述极限的经营地主数目是极小的。在华北地区，大部分经营地主的耕作面积都在100—300亩左右，在某些地稀人稠或集约化程度较高的城市郊区，耕作面积不足100亩、甚至不足50亩的，也不乏其例。表19所列经营地主耕作面积的3组统计资料①，可以帮助我们进一步了解华北地区经营地主的经营规模。

如表19所示，经营地主的耕作面积差异悬殊，从不足50亩到

① 分别据前社会研究所：《河北省清苑县村户经济调查表》各表；“四清”档案：《阶级成分登记表·家史简述》；景甦、罗仑：《清代山东经营地主底社会性质》，附录二，结合整理和编制。

1000 亩以上,但接近半数的经营面积在 100—300 亩左右。3 组统计中,这类地主的户口比重依次为 39. 1% 、55. 8% 和 43. 5% ,3 组平均为 49. 3% ;经营的土地面积比重依次为 69. 3% 、46. 8% 和 19. 5% ,3 组平均为 34. 0% 。经营地主的户均耕作面积,3 组依次为 102 亩、210 亩和 368 亩,3 组总平均为 253 亩。3 组材料中,山东组覆盖的范围大,但抽样明显偏重于大中地主;河北两组覆盖的范围相对小一些,却是对调查范围内的经营地主进行逐户统计,因此更能反映当时的一般情况。如将河北两组进行综合统计,经营面积 100—300 亩的经营地主,户数和土地面积分别占 52. 5% 和 49. 2% ,全部经营地主的户均耕作面积为 189 亩。这就是当时华北平原地区经营地主经营规模的一般水平。

察哈尔、绥远和东北地区,经营地主的经营规模更大一些,一般不低于 300 亩,以 500—1000 亩居多,察哈尔、东北北部以及其他局部地区,1000 亩以上的经营地主也不在少数。绥远局部地区农户经营规模较小①,但从全区看,经营地主的耕作面积应同察哈尔相仿。东北三省,经营地主的耕作面积,南北两部互有差异。南部少数地区,经营地主的耕作面积普遍较大,如奉天盘山县,经营地主的耕作面积多在五六百亩至千亩上下。其余各县也有少量种地千亩以上的经营地主,据 1908 年的调查,奉天占地 3000 亩以上的 50 户大地主中②,自种千亩以上的有 14 户,占 28% ,耕地面积占自耕总面积的 65% 。③ 统计说明,50 户地主中,经营面积超过

① 韩德章:《绥远的农业》,《社会科学杂志》第 2 卷第 3 期,1931 年 9 月,第 365 页。

② 原调查为 59 户,其中 9 户纯出租地主未计在内。

③ 据奉天农业试验场:《奉天全省农业统计调查报告书》第 2 期第 1 册,第 15—20 页计算编制。

表 19　河北、山东 48 县 367 户经营地主耕作面积分组统计

1895—1930 年

经营面积分组	河北清苑				河北宛平、大兴				山东 46 县				合计			
	户数		经营面积		户数		经营面积		户数		经营面积		户数		经营面积	
	户	%	亩	%	户	%	亩	%	户	%	亩	%	户	%	亩	%
50 亩以下	17	37.0	605	12.8	15	7.9	557	1.4	1	0.8	30	0.06	33	9.0	1192	1.3
50—100 亩以下	11	23.9	841	17.9	44	23.2	3270	8.2	9	6.9	655	1.4	64	17.4	4766	5.1
100—300 亩以下	18	39.1	3266	69.3	106	55.8	18711	46.8	57	43.5	9580	19.5	181	49.3	31557	34.0
300—500 亩以下					14	7.4	5341	13.4	38	29.0	13338	27.7	52	14.2	18679	20.1
500—1000 亩以下					6	3.2	3463	8.7	17	13.0	11449	23.8	23	6.3	14912	16.1
1000 亩以上					5	2.6	8650	21.6	9	6.9	13106	27.2	14	3.8	21756	23.4
合计	46	100.0	4712	100.0	190	100.0	39992	100.0	131	100.0	48158	100.0	367	100.0	92862	100.0

500 亩的 32 户,占 64%,土地面积占 88.9%。不过这是少数大地主的土地自营情况,不能完全代表整个经营地主土地经营的一般规模。一般地说,东北南部地区,尤其是辽南地区,经营地主的耕作面积超过五六百亩的已不多见,大体以三五百亩为常。

东北北部地区经营地主的耕作面积普遍大于南部。据 20 年代的调查,在北部,大部分农户的耕作面积在 50—100 垧,即 500—1000 亩左右。① 在全东北地区,如果将农户分为大农、中农、小农、最小农四等,其耕作面积,大农在一百四五十垧以上,中农约百垧,小农 40 垧内外,最小农则为十一二垧。但南北差异很大,北部农户耕种一百五六十垧到 200 垧的不少,南部则少有超过五六十垧的。② 据此可知,作为"大农"和"中农"主体的经营地主,耕作面积应在 1000 亩上下。

再看雇工人数。经营地主的雇工数量同经营规模和当地的农业集约化程度、单位劳力的耕作面积密切相关。长江流域及其以南地区,一个成年劳动力的耕作面积约为 10 亩。通常每 10 亩左右须雇长工 1 人,外加若干数量的农忙短工。但是,经营规模越大,劳力越节省,平均每个长工管理田场面积相应增加。同时可能更多地使用短工,降低长工在雇工中的比重。在华南地区,经营地主使用的长工大多不超过 3 人。如广西,据对前述 22 县 48 村的调查,包括经营地主在内的 131 家雇用长工的农户中,雇 3 人者 8 户,2 人者 13 户,1 人者 110 户。③ 据此推断,该省经营地主雇用的长工多为 2—3 人。在长江流域,由于经营地主的耕作面积一般在 50—100 亩上

① 满铁:《吉林省东北部松花江沿岸地方经济事情》,第 24—25 页。

② 满铁农业试验场编(汤尔和译):《到田间去》,第 33 页。

③ 广西师专:《广西农村经济调查》,转见冯和法:《中国农村经济资料续编》,第 670 页。

下,所雇长工多为3—5人。江苏宜兴、浙江兰溪、湖南洞庭湖滨地区耕作面积200亩以上的经营地主,雇工可达10人以上。

黄淮流域及其以北地区,单位劳力的耕作面积为20—40亩不等。内蒙古和东北一些地区,一名长工耕种的土地面积更大。如绥远后套地区,雇主加二名长工,能够"不费力地照管300亩土地"①;一个拥有万亩土地而雇工经营的田场主,需雇长工30人,短工60人。② 一名长工管耕的土地比南方高10倍以上。也就是说,这里一个耕种四五百亩地的经营地主,并不比江南一户耕种四五十亩地的经营地主使用更多的雇佣劳动。然而,从总体上看,黄淮流域及其以北地区,尤其是察哈尔、绥远和东北三省,经营地主的耕作面积远比南方地区大,使用的雇工也比南方地区多。在黄淮平原,经营地主的耕作面积大多为100—300亩,按30—40亩雇一名长工计算,其雇工数量一般为3—8人左右。据山东大学对山东42县197村330户经营地主的调查,雇长工4—8人者231户,占70%,9人以上者99户,占30%。③ 察哈尔、绥远和东北地区,经营地主的耕作面积比黄淮地区大,但耕作较粗放,其雇工人数与黄淮地区相近,或稍高于黄淮地区。

需要指出的是,在北方部分地区,存在着若干数量的农业大经营,单个经营地主之间,雇工数量的差异比南方地区更加悬殊。在南方不少地区,雇用七八名长工已是凤毛麟角,而在北方地区,使用二三十名长工的例子并不罕见。如河南辉县瓦房店张姓地主有长工二三十人,新乡八柳镇杜氏兄弟雇有长工10多人、分益制雇工25人。山东章丘太和堂李家,1904年前后有长工13人,另外经常雇有短工20—40人、月工3—5人;淄川树荆堂毕家,1894年前后雇有长

① The Chinese Economic Bulletin,第147号,1923年12月16日,第2页。

② The Chinese Economic Bulletin,第139号,1923年10月20日,第4页。

③ 据景甦、罗仑:《清代山东经营地主底社会性质》,附表一计算。

工30余人,经常有短工50多人,农忙时最多达120多人;章丘进修堂孟家,光绪末年雇有长工37人,农忙短工常达50多人。① 河北宛平衙门口村"二合公"翟家,20年代有长工30多人,短工"不计其数"。② 任丘南小征村卢氏兄弟,各有长工几十人,每天雇短工五六十人,据说耪地时,"五六十人一字排开,甚是气派"。③ 奉天辽源郑家屯王有良,1922年有长工21人④;海城经营地主雇用的长工最多可至五六十人⑤;盘山最大的一户经营地主雇有长工150余人。⑥ 热河下洼大地主张三,1895年前后有种地工200余人,成全五有种地工300人,王臣的种地工更达五六百人。⑦

以上这些大经营,虽然数量不多,在经营地主中所占比例很小,但也不是个别的。在近代农村小生产的汪洋大海中,它们是令人瞩目的"大生产者"。这些经营大地主的产生,反映了城乡资本主义对封建地主经济的冲击和影响,以及在这一冲击和影响下地主经济发展变化的某种新趋向。

(二)资本构成与运营

经营地主首先是土地所有者,是以地主身份经营农业。在这

---

① 据景甦、罗仑:《清代山东经营地主底社会性质》,附表一计,第55、71、77页。

② "四清"档案:《北京市石景山公社阶级成分登记表·家史简述》,衙门口上街三队第56号。

③ 刘克祥:《近代农村经济调查札记》(存稿)。

④ 满铁:《满洲农家之生产与消费》,第9页。

⑤ 《奉天海城县之农业与矿产》,《经济半月刊》第1卷第4期,1927年12月,第5页。

⑥ 《奉天盘山县之经济概况》,《经济半月刊》第2卷第18、19期合刊,1928年11月,第32页。

⑦ 徐润:《徐愚斋自叙年谱》,第39页。

里，土地的所有者，同生产工具的所有者，从而同包括在这种生产要素里的劳动者的直接剥削者，是合二为一的。地租和利润也是合二为一的。虽然土地不是资本，也不能成为资本；同时，经营地主仍然是以家庭为生产单位，雇工经营的那一部分农业并未成为一个独立于家庭的企业。在这里，生产的消费和生活的消费是无法区分的。而且，经营地主的土地除雇工直接经营，往往兼行出租，并经营商业、农产品加工业、金融业和高利贷。这些不同的经济体也不一定是完全独立核算。尽管如此，经营地主毕竟是使用雇佣劳动的商品生产者，大部分产品必须投放市场，参与市场竞争，这中间有一个成本核算和盈利问题，同时还有同土地出租以及商业、金融、高利贷经营的收益比较问题。因此，不论其农业经营是否完全独立核算，其本身是否具有完全的资本主义性质，实际上都有一个资本构成和投资收益问题。因此，不妨沿用或借用有关资本分析的一些概念或范畴，考察一下经营地主的资本（或资金）构成和运营情况。

在近代中国，由于农户经营规模狭小，资金短缺，生产工具落后，设备简陋，农户的农业实际投资数额很少。有人估计，1920 年前后，中国农户的田场面积平均为 4.15 英亩（合 25.2 亩）。每一农户的农业投资额，华北为银元 500—1200 元，华中为 1000—2000 元，华南为 1500—2500 元，全国平均为 1000 元。① 这些投资中，70%—80% 甚至更多是土地和农舍。1930 年，原北平社会调查所在对河北深泽县两村调查后，得出结论说：农户资本中，“固定资本”占十之九，“流动资本”占十之一；固定资本中，土地价值占资本总值的 75% 左右。大小农户土地价值占资本总值的比重大致

① Tang Chi-Yu（唐启宇）：An Economic Study of Chinese Agriculture, p. 369.

相等,惟田场愈大,流动资本占资本总值的比重愈低,固定资本所占比重愈高。①

经营地主在农业投资方面与普通农户有所不同:一是占有土地较多,土地投资额较大;二是依靠雇工经营,雇工费用在流动资金中占着较大的比重。

表20是根据当时的一些农户典型调查和有关综合材料,对20世纪20年代华南、华北和东北三个地区经营地主的农业投资所作的估计。这里选定的经营规模分别是水田50亩和旱地200亩、1000亩。如表20所示,在南方地区,一户经营50亩水田的经营地主,农业投资总额为银元5650元,其中土地价额(按每亩80元计算)占70.8%,农舍占17.7%,合计88.5%,耕畜、农具、种子、肥料、饲料和雇工费用等仅占11.5%。华北、东北经营地主,土地价额(每亩分别按35元和25元计算)所占比重更高,分别为72.9%和76.9%。但农舍所占比重较低,因此耕畜、农具和雇工费用等所占的比重高于南方,分别为19.8%和18.5%。

表20　20世纪20年代经营地主农业投资数额估计

地区	土地			农舍		耕畜			农具		种子肥料饲料等		雇工			合计	
	面积(亩)	价额(元)	%	价额(元)	%	头数	价额(元)	%	价额(元)	%	价额(元)	%	人数	价额(元)	%	金额(元)	%
华南	50	4000	70.8	1000	17.7	2	140	2.5	100	1.8	200	3.5	3	210	3.7	5650	100
华北	200	7000	72.9	700	7.3	4	450	4.7	150	1.6	550	5.7	5	300	3.1	9600	100
东北	1000	25000	76.9	1500	4.6	15	2000	6.2	500	1.5	2000	6.2	20	1500	4.6	32500	100

① 韩德章:《河北省深泽县农场经营调查》,《社会科学杂志》第5卷第2期,1934年6月,第217页。

从田场固定资产的构成看，南北也略有差异。如表21所示，华南经营地主的田场固定资产中，土地、农舍分别占76.3%和19.1%，耕畜、农具等设备仅占4.6%，华北和东北的经营地主，耕畜、农具等设备所占的比重分别为7.2%和8.6%。但总的说，不论南北，经营地主的生产设备都十分落后，生产设备在固定资产中所占的比重远远低于当时的西方资本主义国家。据统计，1920年的美国，农场固定资产中，土地价值占70.4%，建筑物占14.7%，其他设备（如机械等）占14.9%①，比中国经营地主高73%—224%不等。

表21　20世纪20年代经营地主固定资产构成情况

地区	土地		农舍		耕畜农具		合计	
	金额（元）	%	金额（元）	%	金额（元）	%	金额（元）	%
华南	4000	76.3	1000	19.1	240	4.6	5240	100.0
华北	7000	84.3	700	8.4	600	7.2	8300	100.0
东北	25000	86.2	1500	5.2	2500	8.6	29000	100.0

经营地主生产设备的落后状况，还反映在资本的有机构成上。如果将固定资产中不属于资本的土地价值剔除，又假定农舍中场院、仓库、牲口棚、车棚、肥料房等生产用建筑占整个建筑的五分之一，一并列入资本。其资本的有机构成略如表22。

① 孙晓村：《现代中国的农业经营问题》，《中国土地问题和商业高利贷》，第139—140页。

表 22　20 世纪 20 年代经营地主资本构成情况估计

单位:元

地区	不变资本(A)					可变资本(B)		A/B (B=1)
	农舍(部分)	耕畜农具	种肥饲料	小计	%	金额	%	
华南	200	240	200	640	75.3	210	24.7	3.05∶1
华北	140	600	550	1290	81.1	300	18.9	4.30∶1
东北	300	2500	2000	4800	76.2	1500	23.8	3.20∶1

不论南北,经营地主的资本有机构成都很低。不变资本与可变资本之比,低的为 3.05∶1,高的也只有 4.30∶1。表 22 的数字虽系估计,但离实际情况不会太远。可以认为,这一时期经营地主资本的有机构成大致为 3∶1—4∶1。

关于经营地主的运营情况,缺乏全面的综合性材料。下面根据几个调查实例,考察一下这一时期经营地主的年度投资及其运营情况:

据 1933 年的调查,广西玉林县洋桥塘村周燕生,全家 6 口,有水田 850 升种(合 85 亩),出租 600 升种,自种 250 升种,栽培水稻等农作物,雇有 3 名长工,外加农忙短工 160 天。周本人经商(开杂货铺),妻、妾和儿媳参加部分辅助劳动。

周燕生自营部分的农业投资如下:土地价额(出租部分除外)银元 1500 元;房屋 1040 元(其中生产用房占五分之一,计 208 元);耕畜(水牛 1 头)70 元;农具 25.5 元;种子、肥料、饲料和杂项共计 147.1 元;雇工费用 177.5 元。

周家的主要固定资产是土地,占固定资产总值的 83.2%,加上农舍,更高达 94.7%,而耕畜、农具等生产资料仅占 5.3%。就资本构成而言,不变资本为 450.6 元,可变资本为 177.5 元,二者之比为 2.54 : 1,且低于表 21 华南经营地主的比值。

1932—1933 年度,周家农业经营的各项支出总计 404.19 元;农业收入有两项:田间作物及其副产品价值 536.92 元,家庭副业收入 134.80 元,合计 671.72 元。扣除成本,净余 256.35 元。这就是该地主雇工经营 25 亩水田和少量园地所获得的利润。如将参加农业生产的家庭成员的人工费用(50 元)以及相应比例(28%)的资金占用和应得利润扣除,可得出该地主雇工经营的利润率和剩余价值率:

$$利润率(P')=\frac{m}{c+v}=\frac{256.35-(256.35\times0.28)}{214.39-(214.39\times0.28)+177.5}$$

$$=\frac{184.57}{331.86}=55.6\%$$

$$剩余价值率(m')=\frac{m}{v}=\frac{184.57}{177.5}=104.0\%$$

这样水平的利润率和剩余价值率应当说是不低的。

以上计算利润和利润率时,都没有考虑土地价额。但在土地私有和自由买卖的条件下,地主的土地,无论祖传还是自置,都被认为是一种投资。地主考虑的不只是纯生产投资收益,而是包括土地价额在内的全部投资收益。如将土地价额计入投资,则:

$$土地收益率=\frac{利润}{土地价额+生产投资}$$

$$=\frac{184.57}{(1500\times0.72)+331.86}=\frac{184.57}{1411.86}=13.1\%$$

13.1% 的土地收益率略高于通常所谓"什一之利"。然而,所谓"什一之利",是指土地出租,并非自种。那么,出租部分的收益如何呢?不妨仍以周燕生为例作一比较:

表 23　广西玉林周姓地主土地自种和出租收益比较表

1932—1933 年　　单位:元

经营方式	面积(亩)	投资额				收益		土地收益率(%)
		地价	生产投资	小计	平均每亩	总额	平均每亩	
雇工耕种	25	1500	404.19	1904.19	76.17	256.35	10.25	13.5
招佃收租	60	3600	—	3600	60	194.40	3.24	5.4

从表 23 可以看出,出租与自耕比较,每亩纯收益,前者为 3.24 元,后者为 10.25 元,相当前者的 3.16 倍。土地收益率,出租为 5.4%,自耕为 13.5%。自耕比出租高出 1.5 倍。雇工自种的收益明显优于出租。

其次是玉林县屋背山村的李宝贤,他全家 17 人,自有水田 33.8 斗,当进 6 斗,租进 16.2 斗,经营面积合计 56 斗(合 56 亩)。雇有长工 2 人,短工 190 天。家庭成员中本人农忙期间参加一些辅助劳动,长子经商,二子教书,其妻、儿媳、侄媳等妇女也参加部分辅助劳动。

按照前述标准计算,李宝贤的固定资产中,土地占 86%,如加上农舍,则占 91.6%;耕牛、农具等生产资料仅占 8.4%。其资本构成是:不变资本为 447.35 元,可变资本为 146 元,二者之比为 3.06∶1。

1932—1933 年度农业雇工经营收支情况如下:各项生产支出为 422.79 元;收入有两项:农田收入(包括粮食作物、经济作物、蔬菜及其副产品)为 646.58 元,家庭副业(包括畜禽产品和水产品等)收入为 156.9 元,合计 803.48 元。扣除成本外,又缴纳地租 60.75 元,净余 319.94 元,平均每亩 5.71 元。其利润率和剩余价值率分别为 66.2% 和 219.1%,如扣除租种土地的收入 232.44 元及其成本 122.31 元,其自有地和当进地的纯收入为 270.56 元,这部分自有地（包括当进地）的收益率为13.2%，同样高于通常的“什一之利”①，和周燕生的土地收益十分相近。

第三个实例是河北清苑大祝泽村的韩养全。据1930年的调查，韩家6口人，有土地110亩，全部自种，雇有长工2名，农忙时雇用短工。

韩养全的农业固定资产中，除土地、耕畜和普通农具外，还有4口灌溉井有4部水车，但土地仍占固定资产的81.1%，加上农舍，占87.5%。从资本构成看，不变资本为1751.72元，可变资本507.5元，二者之比为3.45∶1。

韩家的经营范围只限于农业，1929—1930年生产年度的农业投资总额为1314.22元，农业收入包括农业主产品1109.28元，副产品679.20元，家庭副业收入（包括卖猪和肥料折价）463.11元，合计2251.59元。扣除成本，净余937.37元，平均每亩8.52元。利润率为71.3%，剩余价值率为184.7%，土地收益率为18.2%。

第四个实例是奉天辽源郑家屯的王有良。据1921年的调查，该地主有324.2垧土地，合3242亩，出租2000亩，雇工自种1242亩。全家20人，有4个劳动力，参加经营管理或辅助劳动。共雇有21名长工，另雇短工150天。农业总投资56693.67元，其中固定资产51221.98元，占90.3%，流动资金5417.69元，占9.7%。固定资产中，土地价值47431.98元，占92.6%。同内地比较，东北经营地主的土地以及固定资产在农业投资中的比重更高。资本的有机构成也更低。王家地主的农业经营资本中，不变资本为5833.69元，可变资本2610元，二者之比为2.24∶1。

---

① 李宝贤租种的16.2亩地，其纳租16.2石，折价81元。其地价如按李宝贤自有地（每亩50元）计算，共810元，出租人的土地收益率恰好为10%。

1921 年各项农业生产支出总计 5116.69 元,农副业收入 10358.93 元,其中谷物等主产品 8980.94 元,秆草等副产品 767.99 元,家畜饲养和马车运输等副业 610 元。扣除成本,净余 5242.24 元,平均每亩 4.22 元。这家地主农业经营的利润率、剩余价值率和土地收益率依次为 102.5%、200.9% 和 10.2%。

由于王有良的大部分土地系招佃收租,也可以对该地主两种经营方式的收益做一比较。王家出租的土地全部是分成租,地主得土地产量的 40%。全年租额折款 7638.4 元,平均每亩 3.82 元。自耕部分每亩收获谷物折款 7.23 元,比出租地多 3.14 元。但其单位面积产量似乎还不如出租土地高。当然,地主从自种地上还获得了秆草等副产品以及由此而产生的家畜饲养和运输副业等项收入。这样,每亩收入可达 8.34 元。但如上所述,扣除成本后的净收入,每亩仅 4.22 元,比出租地只多 0.4 元。其土地收益率比出租地只高出 0.2 个百分点,差别极微。

另一家大地主,辽南盖平县正黄旗达子营的汪纯泰,雇工经营的效益要好一些。该地主有 302.5 垧土地(合 3025 亩),出租 2820 亩,雇工自种 210 亩。全家 7 口人,雇有 5 名长工,20 天短工。自营部分的农业总投资,包括土地价额,共计 12386.09 元,其中固定资产 11359 元,占投资总额的 88.5%,流动资金 1477.09 元,占 11.5%。土地价额 10374 元,又占固定资产的 91.3%。资本的构成情况是:不变资本 1670.84 元,可变资本 765 元,二者之比为 2.18∶1。这些都与王有良基本相同。

1921 年,汪纯泰的各项农业支出为 1558.09 元,收入谷物等折款 2990.12 元,秆草折款 217.27 元,副业获款 216 元,合计 3206.92 元,扣除成本,净余 1648.83 元,平均每亩 7.65 元。其利润率、剩余价值率和土地收益率依次为 105.8%、207.7% 和 13.8%。同王有良比较,利润率和剩余价值率接近,但单位面积纯收益和土地收益率,汪纯泰明显高于王有良。这可能与当地的农业生产条件有关。从汪家本身来看，自营的收入也明显高于出租。后者平均亩租收入为4.45元，只相当于自营地的59.3%。自营地的土地收益率比出租地高3.8个百分点。这说明汪家土地直接经营的效益较好。①

以上5例大致反映了华南(也可包括长江流域)、华北和东北地区经营地主的土地经营情况。为便于观察和比较，综合列成表24。

表24　周燕生等5户经营地主经营情况统计表

姓名	地区	年份	耕地面积		当年生产投资额		收入			盈利情况		
			占有面积(亩)	经营面积(亩)	总投资(元)	平均每亩(元)	毛收入(元)	净收入(元)	平均每亩(元)	利润率(%)	剩余价值率(%)	土地收益率(%)
周燕生	广西玉林	1932—1933	85.0	25	404.19	16.17	671.72	256.35	10.25	55.6	104.0	13.5
李宝贤	广西玉林	1932—1933	33.8	56	442.79	7.90	803.48	319.74	5.71	66.2	219.1	13.2
韩养全	河北清苑	1929—1930	110.0	110	1314.12	11.95	2251.59	937.37	8.52	71.3	184.7	18.2
王有良	奉天辽源	1921	3242.0	1242	5116.69	4.12	10358.93	5242.24	4.22	102.5	200.9	10.2
汪纯泰	奉天盖平	1921	3025.0	210	1558.09	7.42	3206.92	1648.83	7.65	105.8	207.7	13.8

统计显示，各经营地主土地经营规模和单位面积的生产投资额，差异悬殊。每亩的当年生产投资金额，最低4.12元，最高16.17元，相差2.9倍。每亩的纯收入也随投资额而升降，二者大

① 以上5例的资料来源和计算过程详见刘克祥:《中国近代的地主雇工经营和经营地主》;《中国经济史研究》,1994年增刊,第29—43页。

体上成正比。因此,各地主的投资利润率差异并不太大。尤其是在同一地区,利润率相当接近。广西玉林的两户地主只差10.6个百分点,奉天两户地主利润率的差异更小。剩余价值率除玉林周姓地主外,都在200%上下。土地收益率,则除奉天的王有良较低外,均超过13%,河北清苑的韩养全更高达18.2%。所有这些说明这5户地主的经营效益还是不错的。

(三)社会性质和历史地位

经营地主的社会性质比较复杂,具有资本主义和封建主义的双重性。而且,经营地主的土地并不一定全部用于雇工经营,使用的雇工不一定是自由雇佣劳动者,生产的产品不一定全部转化简要地说,近代经营地主是具有某种资本主义性质的地主经济,是中国封建主义农业向资本主义农业演变的一种过渡形态。

近代经营地主是对传统的封建地主经济的某种否定。如前所述,中国封建地主经济是建立在佃农经济基础上的寄生经济,地主土地的基本经营方式是分散出租,雇工经营只是出租经营的一种补充。而作为典型的或完全意义上的经营地主,其土地大部乃至全部是雇工经营,而不是招佃收租。生产的主要目的不是直接满足家庭消费,而是投放市场,谋取利润。这种雇工经营不是作为出租经营的补充,而是对它的否定。

经营地主因其家庭成员不参加主要劳动,被称为地主,但从其土地雇工经营的角度看,它和传统的封建出租地主有明显的区别,在性质上更接近于富农(自耕富农),是富农经济地位的上升和富农经济的进一步发展。

一些调查资料表明,甲午战争后,某些地区固然不乏地主撤佃自耕的事例,并由此产生若干经营地主。但更多的经营地主并非源于老的出租地主退佃自耕,而是其他农户以及商人、手艺人、官役等逐渐积累土地和扩大雇工经营规模的结果。以前述直隶宛平1895—1927年间产生的103户经营地主中有出身可考的74户为例①:其中,33户出身于小农(包括9户佃农),12户出身于农业雇工,合计占总数的60.8%。他们完全是"力农起家"。此外还有6户出身于手艺人。小农、雇工和手艺人合计51户,占总数的68.9%。他们都是由农村社会的底层跻身经营地主行列的。其余23户为商人、店员、牙人、自由职业、运输专业户和太监、官役。这74户经营地主,除个别领垦大片荒地的太监、官役和商人外,土地都是一小块一小块积累起来的,在其上升过程中,大多经历了一个或长或短的富农式经营的发展阶段。这反映了经营地主同富农的某种渊源关系。

这种情况并不限于直隶宛平,北方其他地区也大体相同。南方也有一些经营地主来自富农,不过数量远比北方少。在农民的两极分化过程中,少数经济地位上升的农户,在南北地区各自沿着不同的方向发展:在南方,富裕农户上升为富农后,随着占有土地面积的扩大,出租土地的数量增多,雇工经营的土地比重下降,由富农而半地主式富农最后蜕变为纯粹的出租地主。出租地主是南方富农和富裕农户的奋斗目标和最后归宿;在北方,富裕农户上升为富农后,随着占有土地数量的增加,进一步扩大雇工经营规模,由富农而经营地主。经营地主是北方富农和富裕农户的奋斗目标和最后归宿。这是南方经营地主少,而北方经营地主较多的一个直接原因。

富农和经营地主的资本主义性质都是由它们使用雇佣劳动进行商品生产的经营方式决定的,而经营地主耕种的土地面积、使用的雇佣劳动比富农多,在通常情况下,它生产和出售的商品也多,其农业经营更具有商业性。单就这一点而言,经营地主比富农具

① 据前引《阶级成分登记表·家史简述》有关各表。

有更浓厚的资本主义色彩。至于经营地主的家庭成员减少甚至完全不参加农业生产劳动,是划定其阶级成分的一个重要因素,但不影响其农业经营的资本主义性质。无论从其发展过程还是土地经营情况来看,经营地主的社会性质更接近于富农,是具有同富农一样的资本主义性质的地主经济,而和封建出租地主有着质的差别。

当然,经营地主同出租地主一样,仍然是封建地主阶级的一部分。经营地主首先是封建土地所有者,有些还是大土地所有者。经营地主之所以能够榨取雇佣劳动者的剩余劳动,首先是由于他对土地所有权的垄断,而不仅仅因为他握有货币资本。他获得的土地收益包括地租和利润两个部分。这是经营地主同资本主义租地农场主的主要区别之一。经营地主和出租地主一样,由于是封建的土地所有者,因而带有封建性。

更重要的是,经营地主的土地并不全部用来雇工经营,而是往往兼行出租,榨取佃农的剩余劳动。在土地经营方式上,经营地主同富农一样,也有一个普遍的规律,即占有的土地数量越多,雇工经营的比重越低,出租部分的比重随占有的土地数量递增,见表25。①

表25　河北清苑等4个地区经营地主雇工经营土地比重表

地区	户数	占有土地(亩)		雇工经营面积(亩)	
		总面积	每户平均	总面积	为占有地%
河北清苑	45	4537.3	100.8	4681.6	103.2
宛平	198	45172.0	242.9	39852.5	88.2
山东	131	232234.0	1772.8	47158.0	20.3
奉天	59	382168.0	6477.4	49578.0	13.0

① 据前引有关资料综合计算编制。

表25的统计数字说明了这种关系。河北清苑的45户经营地主几乎全是小地主，不但不出租土地，还租进少量土地耕种。宛平198户经营地主占有的土地数量稍多，已有少量土地出租，雇工经营面积的比重为88.2%。山东131户经营地主中，大地主占有一定比重，平均每户占地面积达到1772.8亩，雇工经营的土地比重降至20.3%，已是出租为主。奉天59户地主，全是占地3000亩以上的大地主，平均每户占地高达6477.4亩，而雇工经营的土地比重只有13%，87%的土地出租。

这4组经营地主分属于4个不同的地区，可比性相对差一些。为了进一步揭示上述规律，不妨对同一地区的经营地主，按其土地占有数量进行分组统计。仍以山东131户经营地主为例，见表26。①

表26　山东131户经营地主土地占有和经营方式统计

1897年以前

占地面积分组	户数	占有土地（亩）	全部雇工经营户数		雇工经营面积		出租面积	
			户数	%	亩数	%	亩数	%
300亩以下	32	6126	20	62.5	5078	82.9	1048	17.1
300—499亩	39	14253	21	53.8	10913	76.6	3340	23.4
500—999亩	25	16529	10	40.0	10704	64.8	5825	35.2
1000—2999亩	21	33086	1	4.0	12203	36.9	20883	63.1
3000亩以上	14	162240	0	0	8260	5.1	153980	94.9
合计	131	232234	52	39.7	47158	20.3	185076	79.3

① 据景甦、罗仑：《清代山东经营地主底社会性质》，附表二计算、整理编制。

无论从土地全部雇工经营的户数还是从经营面积看,都是随占地面积上升而递减。占地300亩以下的32户经营地主中,20户完全不出租,全部雇工经营,32户的雇工经营面积相当于占有土地的82.9%;300—499亩的39户经营地主,土地全部雇工经营的比重和雇工经营的土地比重分别降至53.8%和76.6%;土地达到1000—2999亩,其相应的比重已猛降至4%和36.9%;土地超过3000亩的14户经营地主,则没有一户不出租土地,雇工经营面积仅占5.1%,已低于当时全国地主自营土地比重(约10%)的平均数。严格地说,他们已经是出租地主了。

经营地主的封建性还表现在它的资金投向和经营范围上。经营地主的投资和经营范围并不限于农业,大多还包括养殖业、农产品加工业和其他手工业、餐旅服务业和商业、高利贷,并以商业、高利贷为主。地主、商人和高利贷者三位一体,是中国封建地主的基本特征。经营地主也不例外,在这方面完全继承了封建地主阶级的剥削手段。他们有的靠经商或放债起家,用商业利润和借贷利息兼并土地,进行雇工剥削;有的用雇工剥削所得经营商业和高利贷;也有的在成为经营地主之前就是地主兼商人高利贷者。因此,经营地主兼营商业高利贷的现象十分普遍。热河大经营地主王臣、成全五都兼营烧锅、当铺。王臣的烧锅、当铺多达十余处。①河北沧县的经营地主,据说大多在城里开有店铺。该县有名的"四大金刚"之一、雇工种着300亩大田和80亩菜园子的经营地主姚金山,在城里开有烧锅、布店和菜店,收割的小麦、高粱自己酿酒出售,种的蔬菜也在自己店里卖。烧酒、蔬菜都以批发为主。②陕北米脂县有名的杨家沟马家,这个靠经商起家的经营地主,更是

① 徐润:《徐愚斋自叙年谱》,第79页。

② 刘克祥:《近代农村经济调查札记》(存稿)。

农商并重,既在城里开着几处大商店,又“雇着大群的长工经营本村的田地”。① 山东的经营地主,章丘太和堂李家、淄川树荆堂毕家、章丘进修堂毕家等,无不兼营商业高利贷或农产加工业。太和堂同时或先后开设酒店、杂货铺、药铺、赁货铺、估衣店、当铺、钱铺等,据说村里农户生老病死所需的小农具和日用品都可从太和堂所开商店买到。高利贷活动更是十分频繁。仅据 1906—1908 年的账目记载,在此期间,太和堂就同 12 个地方基层组织、3 个宗教会社和 38 家商号发生长年银钱借存关系,同 456 户居民发生借贷关系。进修堂在北京、天津、济南、青岛、上海、汉口等城市开有多家大商号。树荆堂则是经营地主兼丝织机坊主和毡帽作坊主。②

一些统计数字颇能说明经营地主兼营商业高利贷的普遍程度。前述山东 46 县 131 户经营地主中,专营农业的仅 18 户,占 13.7%。兼营商业的 84 户,占 64.1%,兼营高利贷的 88 户,占 67.2%,同时兼营商业和高利贷的也有 60 户,占 45.8%。直隶宛平,专营农业的经营地主多一些,又因地处北京郊区,兼业以运输业为主,但兼营商业、高利贷的经营地主也不在少数。据对有经营范围可考的 123 户经营地主的统计,专营农业的 54 户,占总数的 43.9%;兼营商业高利贷的 28 户,占 22.8%。③

此外,经营地主仍然是以家庭为生产单位的经济组织,家庭人口大多同占有土地面积成正比。某些占有和经营土地较多的大经营地主,就是一个人口众多的封建大家族。在东北地区,人口多的

① 观山:《陕北惟一的“杨家沟马家”大地主》,《新中华》第 2 卷第 16 期,1934 年 8 月,第 85 页。

② 景甦、罗仑:《清代山东经营地主底社会性质》,第 64—68、79—80、68—74 页。

③ 据前引有关档案资料统计。

"每户有至数十名,或超过百名的"。① 这种大家族不但仍然凭借封建宗法约束家庭成员和进行生产管理,而且相当一部分产品是供家庭成员和雇工直接消费,因而带有较大的自给性,有的甚至近乎中世纪的地主庄园。其他经营地主的生产经营,也都具有程度不等的自给自足性。在雇佣劳动方面,这一时期,虽然自由雇佣劳动已占主导地位,但仍有部分经营地主使用各种形式的前资本主义雇佣劳动。这也是近代经营地主具有封建性的一个重要表现。

总之,近代经营地主的封建主义性质是十分明显的。同时,单个经营地主之间的差异颇大,有的接近于富农,有的接近于出租地主,还有的近乎中世纪的地主庄园,不可一概而论。

近代经营地主的历史地位和作用也比较复杂。因为它具有资本主义性质,在当时历史条件下也就有某种进步性。但从根本上看,它又没有超出封建地主的范畴,其进步性又是极其有限的。主要表现在以下四个方面:

第一,经营地主是对封建出租地主的否定。出租地主把资金全部用来购买土地,完全凭借地权垄断榨取佃农的剩余劳动,对农业的生产过程不闻不问。出租地主经济是建立在佃农经济基础上的寄生经济,出租地主是典型的寄生虫。经营地主除把资金主要用来购买土地外,还将一部分用来购置耕畜、农具、肥料、种子等农业生产资料,参与农业生产的组织和管理。相对完全不劳而获的出租地主而言,这是一种历史的进步。

第二,中国封建土地所有制的基本特征是土地占有的高度集中和使用的极端零碎分散,这是阻碍中国农业生产力发展的重要原因。经营地主的农业经营规模较大,土地使用相对集中,有利于土地的合理利用。同时,由于经营地主的耕畜农具相对优良、齐

---

① 满铁农业试验场编,汤尔和译:《到田间去》,第 34 页。

全，资金和劳力充足，土地产量大多高于其他中小农户。这是对农业生产的促进。

第三，由自给自足的自然经济向商品经济的演变是社会经济发展的一次飞跃，而经营地主在一定程度上促进了商业性农业和城乡商品经济的发展。在商品经济发展不充分、市场机制不完善的情况下，多数农户的生产仍以自给性生产为主，用于市场交换的产品只是家庭直接消费以后的剩余。经营规模的大小，生产能力的高下，直接决定农户的商品量和商品率。经营地主的经营规模较大，生产能力较高，因而生产的商业性较强，能为市场提供更多的农产商品，产品的商品率也高于普通农户。

第四，地主土地在由出租经营向雇工经营演变的过程中，出现了多种多样的土地经营形式。在当时广大佃农贫困破产、不断丧失生产资料、生产无以为继的情况下，一些由地主提供全部生产资料、农民只出劳力的土地经营办法，不但保证了农业生产的正常进行，其中某些土地经营办法，如河北大兴的股份制、山东朝城的"种地头"制、江苏沛县的"二八锄地"等，在调节和制约地主同分成制农民、分成制农民同地主长工之间的关系方面，形成了一套行之有效的惯例，调动了农民的生产积极性，有利于农业生产的恢复和发展。①

近代经营地主相对于出租地主而言，确有若干历史进步作用，且有优越于个体小农之处。但是，经营地主这一经营方式由于它本身的致命弱点，以及封建经济结构和半殖民地半封建历史条件的制约，不可能完全摆脱封建地主的窠臼，完成由封建主义向资本主义的演变，成长为新型的资本主义农业企业。作为单个的经营

① 参见刘克祥：《试论近代北方地区的分益雇役制》，《中国经济史研究》1987 年第 2 期；柳柯：《近代北方地主经营方式三例》，《中国经济史研究》1989 年第 1 期。

地主,总是在不断地向出租地主或自耕农蜕变。

经营地主是以家庭为单位的生产经营和消费组织,而不是独立于家庭之外的股份制企业。它的投资范围和经营规模直接受到家庭财力和物力的限制。而且,一切权力集中于家长,封建大家长是这个经济实体的主要支柱。封建大家长一死,紧接而来的是分家析产,土地由诸子分割,这一经济实体即宣告瓦解。分家析产后。多数走下坡路,成为中小农户或破落地主,少数重新积累土地,又朝分家前的方向发展,但若干年后再次分家析产,周而复始。作为生产经营单位的家庭躯壳和土地的多子均分制传统,是影响经营地主朝资本主义方向进一步发展、演变的重要障碍。

封建土地所有制和封建租佃关系占绝对统治地位,高额封建地租剥削的普遍存在,是制约经营地主发展的又一重要因素。

经营地主的雇工经营是对传统的出租经营的否定,但从整个封建地主来说,经营地主的雇工经营又只是地主出租经营的一种补充。在多数情况下,经营地主使用的雇佣劳动仅限于封建土地所有制的过剩劳动力。无论在封建社会还是半封建半殖民地社会,土地的多子均分制都会在客观上促成人口的增长,不断加重人口对土地的压力,从而加剧农民竞佃,给地主的高额地租榨取提供条件。残酷的地租剥削使越来越多的农民贫困破产,丧失原有的少量土地和其他生产资料,有的甚至被挤出土地,成为所谓“浮口”。经营地主就是靠兼并破产农民的土地、并低价雇用破产农民耕作来维持和发展的。经营地主的这些活动,不会对传统的封建租佃关系和封建土地所有制构成任何威胁,而是起着一种缓冲的作用。经营地主的雇工经营,一方面解决了部分破产和失业农民的就业问题,在一定程度上缓和了封建生产关系内部的矛盾;另一方面,由于雇工的工资待遇极低,无力养家活口、娶妻生子,大部分雇工只有一代人,从而抑制了人口的高速膨胀,有助于人地矛盾的些许缓解，使濒临垂死阶段的封建生产关系得以继续维持。这实际上是中国封建经济结构自我调节机制的一种表现。

还必须看到，雇工经营和出租经营、经营地主和出租地主本身就是密切联系、相互渗透和不断转化的。“你中有我，我中有你。”出租地主往往雇工经营少量土地，经营地主则往往兼行土地出租；某些大地主，从雇工经营的土地数量看，可称为经营地主，但从自营土地在全部土地中所占的比重看，又应当算作出租地主；今天的自营地明天可能出租，今天的经营地主明天可能蜕变为出租地主。一户地主的土地是雇工耕种还是招佃收租，以及自营土地和出租土地各占多大比重，取决于多种因素。但最重要的还是收益比较，即自种和出租哪样更合算。高额地租的存在，加上封建地主本身的寄生性格，无疑严重阻碍经营地主和地主雇工经营的发展。不过事情也不是绝对的。租额过高过重，会加剧农民的贫困破产，使原有租佃关系无法维持；也有的农民因不堪忍受残酷的地租压榨，宁可佣工，也不愿租种土地，从而扩大了农村的雇工队伍，为地主提供了大量廉价劳力，使雇工经营有利可图。这就刺激了经营地主和地主雇工经营某种程度的发展。这种发展又反过来抑制封建地租的恶性膨胀。但是，如果经营地主发展过快，雇工经营的土地比重过高，对雇佣劳动的需求过旺，则导致工价上升，雇工经营的收益下降，甚至无利可图。这时雇工经营又会蜕变为出租经营，经营地主蜕变为出租地主。在封建土地所有制和封建租佃制占统治地位的半封建半殖民地条件下，经营地主和地主雇工经营的发展，之所以不会对传统的封建生产关系构成威胁，就是这个道理。

经营地主不可能正常发展，逐步完成从封建主义向资本主义的演变，还因为在半封建半殖民地条件下，中国的资本主义新式工业不能获得顺利和长足的发展，并达到大量吸收农村过剩劳力、减轻农村人口压力、缓和人地矛盾和直接装备农业的水平。

农业资本主义作为一种生产方式,同工业资本主义一样,不仅仅是使用自由雇佣劳动的生产关系,更主要的还包括现代化的生产力。经营地主要完成从封建主义向资本主义的演变,成长为完全的资本主义农业企业,在生产力方面,必须完成由畜力人力向机械动力、由手工生产向机器生产的转变。而要做到这一点,除了经营地主本身有相当经营规模和充裕的资金外,还必须有强大的资本主义工业、金融业和发达的交通运输业。经营地主的资本主义化,必须以发达的资本主义工业及其对农业的装备为前提。但是,在半封建半殖民地的近代中国,国内资本主义新式工业,在外国帝国主义和本国封建主义的双重压迫下,始终得不到顺利发展。由于资金的普遍短缺和发展水平的异常低下,城市工业不仅不能在资金和技术设备上支援、扶助农业,反而总是通过工农产品的不等价交换,用剥夺农民、牺牲农业的办法来维持自己的生存和发展。结果,伴随农产品商品化而来的是农民生产条件和经济状况的不断恶化、农业劳动生产率的下降和整个农业生产、农村经济的日益萎缩,工业也因此而失去了必要的原料供应和产品销售市场,失去了发展的基础,工业农业两败俱伤,城乡资本主义都不可能顺利发展。资本主义的生命力在于不断增长的劳动生产率,而近代中国农业生产停滞、萎缩的最主要标志是劳动生产率的不断下降。也就是说,从总体上看,近代中国的城乡资本主义是建立在不断下降的社会生产力和劳动生产率基础上的。这就从根本上抑制了城乡资本主义的发展,堵塞了经营地主顺利发展和向资本主义农业企业演变的道路。

第二节　富农经济的发展

近代富农可分为自耕富农和佃富农两部分。甲午战争后,这两类富农都有较大程度的发展。

一、富农经济的滋长和发展概况

在商业性农业不断扩大、农民两极分化加剧、农村雇佣劳动日益普遍的情况下，一些地区的富农经济明显地滋长和发展起来。

（一）农民富裕户与富农经营的滋长

甲午战争后，经济作物和其他商品性作物种植的扩大，农产品商品化程度的提高，给农业生产和个体农民带来新的刺激，少数农民富有者首先在一些经济作物区和商业性农业区涌现出来。

广东增城，宜植甘蔗、花生。两项均为日用必需品，销售甚广，“以农兼商，邑中业此致富者甚众”。① 在东莞，农民植桑养蚕，据说“家有十亩可以致富”。② 一般自耕农都有发家致富的可能性。浙江平阳，盛产茶叶，全县一年总计不下数十万金之收入，“于是农民中亦有面团团作富家翁者矣”。③ 山东高密，盛产棉花、花生，“以取值厚，田者利之”。④ 泰安多山陬水滏之地，原植五谷，产量低下；后种花生，“收入顿增”。种者日多，“民间经济力遂因之而涨”⑤，一批农村富裕者应运而生。莱芜一些种植姜、麻、蚕桑的农民，也“屡获厚利，多有因此致富者”。⑥ 城市郊区的某些农民则通

---

① 民国《增城县志》第9卷，实业，工商，第20页。

② 宣统《东莞县志》第15卷，第7页。

③ 詹选之：《各地农民状况调查——平阳》，《东方杂志》第24卷第16号，1927年8月，第131页。

④ 宣统《高密乡土志》，第41页。

⑤ 民国《泰安县志》第1卷，第44页。

⑥ 王毓铨：《山东莱芜县实况》，转见千家驹编：《中国农村经济论文集》，第534页。

过园艺起家,如江苏南汇,地近上海,菜蔬畅销,平均一亩菜地年收入在百元以上,故"以种圃起家者,颇不乏人"。①

由佃农和其他贫苦农民上升为富有者的可能性更小一些,路途也更艰难,但毕竟还是存在的。据20年代中对江苏昆山、南通和安徽宿县的调查,由佃农而能上升为"田主"的约占百分之二三。② 湖北当阳也有一部分富有者来自佃农。③ 也有的内地破产农民流往察绥、东北,通过佣工或垦荒而成为富有者。山东德县一王姓农民,在绥远武山耕垦10年,即置有熟地6顷,房屋两所,牛马二三十匹。④ 1917年秋,直隶大水,灾民纷纷逃往绥远,据说"阅五六年而积蓄近万元者,已指不胜数"⑤。

还有一些贫苦农民通过某种手工业或副业而改善了经济状况,跻入小康之列。20世纪初,直隶高阳、枣强等地的土布业一度有所发展,一些家庭妇女日夜纺织,由赁机领纱织布,逐渐发展为购机购纱织布,买地置产,变为小康之家。⑥ 20世纪20年代,直隶濮阳某村,因官盐价昂,硝盐业应运而生。据说该村因制盐致富的贫苦农民在30户以上。他们"或购田置房,或转营他业,均已家

---

① 东南大学编:《江苏省农业调查录》,沪海道属,第14—15页。

② 乔启明:《江苏昆山南通安徽宿县农佃制度之比较以及改良农佃问题之建议》,第63页。

③ 呵玄:《各地农民状况调查——当阳》,《东方杂志》第24卷第16号,第139页。

④ 黄锡哲:《调查绥远武山县日记》,《山东实业学会会志》第8期,垦殖特号,杂俎,1923年10月,第8页。

⑤ 李武桐:《绥远农垦情形》,《山东实业学会会志》第8期,讲演,第8页。

⑥ 《高阳之布业》,《中外经济周刊》第195号,1927年1月8日,第7—8页;《中国近代农业史资料》第二辑,第438页。

给人足”。①

这些农村富裕者不一定就是富农，但富农正是从他们中产生的。从这一时期的情况看，一般经济地位上升的富裕农民大都是朝雇工经营的方向发展，即使演变为经营地主或收租地主，也往往经过一个富农经营的阶段。这样，在农民的两极分化和自由雇佣劳动的扩大过程中，富农经济逐渐滋长和发展起来。

从严格的意义上说，富农应当是租地雇工经营，自己是没有土地的。即只有雇工剥削，而无土地剥削。这才是典型资本主义性质的富农，如果是雇工耕种自有的土地，在雇工剥削的同时兼有地租剥削，就带有了地主的某种性质。近代中国的大多数富农正是属于后一类。据 20 年代末 30 年代初的一些实地调查，广西、浙江、苏南、豫南、陕西、山西、直隶等省，几乎全是自耕富农，其他地区自耕富农的比例也很大。

近代中国富农一般是从经营自有土地开始。

但是，与此同时，一些地区租地经营的富农即佃富农，也有程度不同的发展。广东番禺 10 村，有 18% 的富农全部是租地经营，还有一些富农租有部分土地，二者合计占富农总户数的 47%，租种的土地占富农经营总面积的 59%。② 苏北和豫北地区，佃富农也占有一定的比重。苏北邳县、盐城、启东三县 21 村 76 户富农中，至少有 9 户是全靠租地经营的佃富农，占富农总数的 11.8%，另外至少有 15 户租进部分土地，二者合计占总数的 31.6%，租地面积占富农全部经营土地的 33.1%。③ 豫北辉县 4 村 38 户富农经营的 4063 亩土地中，2062 亩是租进的，后者为前者的 50.8%。

① 《中国近代农业史资料》第二辑，第 428 页。

② 陈翰笙：《广东农村生产关系与生产力》，第 3 页。

③ 据《江苏省农村调查》附录各表计算。

而当地贫农只有三分之一的土地是租进的。又豫西镇平6村19户富农经营的1161亩土地中,63%是租进的。① 北京西郊罗道庄,据1930年的调查,4户富农中,有3户是佃富农。②

在其他一些地区,也都有关于佃富农的记载。山东东平,有一种“大佃”,租种面积达七八十亩至百余亩不等。他们“车牛坚肥,农具完备,人力资本均能充足”。据说“虽系佃户,颇有中农气象”。这里的所谓“中农”,系指有地50亩至三四百亩的中小地主。③ 奉天宽甸,“一人可佃数人之地,每一人出粮八九石不等,有种十人八人之地者,即为大粮户”④。此种大粮户就是佃富农。东北北部中东铁路沿线地区,据说佃农按户数计算,约与自有田地之中等农户相等,甚或超过。按经济实力言,“颇有家道殷实,为许多小地主之所不逮者”⑤。又据前述东北三省30户农家的调查,可以大致确定为富农的17户,其中3户是佃富农,占17.6%。⑥ 热河、察绥地区,富农经营的土地,有购自垦局者,有自蒙旗永租者,或租自大地主者。而在绥西各地,因修有渠道灌溉的土地,几乎全为大地主所有,故这一地区的富农亦几乎全为佃富农。⑦ 如包头西面的中滩,土地全为大地主所垄断,而作为直接生产者的佃农,百分之六七十是经营面积过百亩、雇工多人的富裕佃农。⑧ 他

① 据《河南省农村调查》附录各表计算。

② 北平大学农学院农业经济系:《罗道庄之经济及社会情形》,附录。

③ 民国《东平县志》第8卷,实业,第2页。

④ 民国《宽甸县志略》,风俗略,第1页。

⑤ 《北满农业》,第86页。

⑥ 参见《满洲农家之生产与消费》各页。

⑦ 《绥远农垦调查》,第27页;《锦热蒙地调查报告书》各卷。

⑧ 参见《中滩农业调查》,《中外经济周刊》第162号,1926年5月15日,第62页。

们当中不少就是佃富农。湖北当阳,四川北部,湖南湘潭、长沙和安徽芜湖等地,都有相当比例的富农是租地经营。①

即使在前述广西、浙江、苏南等自耕富农占统治地位的地区,也有少量的佃富农存在和发展。如广西博白,据说“有许多的佃农,性质上是种别人的田,同时他却雇用雇农来协助他的工作”。②这种有雇农协助工作的佃农中,不少属于佃富农。思恩有一种“富的佃农”,起初是家人父子自种,以后逐渐发展为租种大批土地的雇工经营,亦即由一般佃农发展为佃富农。③ 浙江绍兴一乌姓农民,到嘉兴租田 60 亩,雇工 3 人经营,也显然是一个佃富农。④ 龙游某些乡村,也都有少量的佃耕富农存在。⑤

从某个意义上说,佃富农是一种比自耕富农更带有资本主义性的农业经营。一些地区佃富农数量的增加,标志着这一时期富农经济的发展进入了一个新的阶段。

这一时期还出现了一种新型的富农经营。其经营者不同于上述自耕富农和佃富农,不是仅有实际耕作经验的旧式农民,而大多是有书本知识或专门技能的读书人。他们大都懂得并试图采用资本主义企业的管理方法,进行农业经营。如河南淇县冯绣,本人是秀才,儿子是庠武生。光绪末年废止科举后,改务农业。雇长工 5 人、童工 3 人,经营自田 18 亩,租田 30 亩,采用古代区田法,并因地制宜,对某些部分加以改进,采用选种、杀虫、合理密植和施肥、

① 《东方杂志》第 24 卷第 16 号,第 139、33 页;卜凯:《芜湖附近一百零二农家之经济的及社会的调查》;长野郎著,强我译:《中国土地制度的研究》,第 431 页。

② 《广西省农村调查》,第 157 页。

③ 国民党实业部:《中国经济年鉴》,1934 年,上卷,第 G244 页。

④ 徐珂:《康居笔记汇函》,闻见日抄,第 17 页。

⑤ 参见《浙江省农村调查》,附录。

合理安排茬口等科学方法,还进行成本核算,探索新型的耕作和经营方式。[①] 其他一些地区也有类似的富农经营。

(二)富农经济的发展状况

富农经济的发生发展,受到多种因素的制约,其发展速度和水平,在整个农业经济中所占比重,不但因地区而异,即在同一地区,差别也很大。

由于富农经济的发生发展,是以城乡商品经济特别是商业性农业的发展和个体农民的两极分化为条件的,因此,一般地说,在那些水陆交通方便、商品流通发达、农产品商品化程度较高的地区,特别是某些通商口岸附近和铁路沿线地区,富农经济比较发达,富农在户口和土地的占有、使用方面占有较大的比重。

广东珠江三角洲是有名的商业性农业区,富农经济相当发达。据对这个地区番禺县10村的调查,1928年,富农户数占农户总数的12.7%。在土地占有方面,由于该地宗族和集团地主势力很大,绝大部分耕地特别是沙田,属于宗族和集团地主所有,富农的土地只占全部耕地的14.9%。但是,如前所述,番禺富农经营的土地半数以上是租来的。因此,它的经营面积占到全部耕地的35.4%。[②]

在芜湖、南京、宁波、杭州、烟台等通商口岸附近地区和长江三角洲某些地区,随着经济作物的种植不断扩大,农产品商品化程度提高,这一时期的富农经济有了较大程度的发展。

芜湖周围地区,一部分农民通过商业性农业的经营,逐渐变成“农村的小资本家”,亦即富农。他们“租种土地,一面经营着商

① 冯绣:《区田试种实验图说》,第1—4、15—16页。

② 据《广东农村生产关系与生产力》,附录,表6计算。

业，一面剥削雇佣劳动，日渐富裕起来”。[①] 据1922年对芜湖附近102家农户的调查，经营面积为21—30亩者17家，31亩以上者20家，雇长工者24家，平均每户雇长工1.7人。据说这些长工“皆住于场主家中，与场主同食，饮食同等”。[②] 由此推知，这些雇主大概不是地主，而是富农。根据上述经营规模和雇工数量推算，富农为占调查总户数的四分之一，经营面积则在五分之二以上。

关于南京附近富农经济的发展情况，有20年代初金陵大学的两个调查材料：一是关于江宁淳化镇203户农家的调查，从农户经营规模和雇佣劳动使用情况推断，富农总数当不低于被调查户数的30%，其耕作面积则可能超过一半。二是江宁太平门217户农家调查。该处的富农经济的发展程度当低于淳化镇。总的看来，南京附近的富农经济还是比较发达的。[③]

宁波、杭州附近地区是重要的蚕桑、棉花、茶叶和稻米产区，宁波所在的鄞县南区，平均每户自耕农和佃农有两个或两个以上的雇农。各类农户的比重是：自耕农3%，佃农36%，雇农46%。地主只占5%，且大多是商人，对土地只占有田底权，而无田面权（耕作权），因而无雇工。[④] 根据这种情况估算，富农可能占到农户总数的20%左右。又据金陵大学对宁波东北部镇海3村67家农户的调查，富农可能占到农户总数的30%—40%。经营面积则可能超过一半以上。不过这些抽样调查偏重于富裕农户。杭州附近地

---

① 李麦麦编译：《中国经济其发展其现状及其危机》，第74—75页。

② 《芜湖附近一百零二农家之经济的及社会的调查》，第17、75页。

③ 详见刘克祥：《论中国富农经济（1895—1927）》，《中国社会科学院经济研究所集刊》第9辑，第160—161页。以下凡未注明出处者，均见此文。

④ 杨荫深：《各地农民状况调查——鄞县南区》，《东方杂志》第24卷第16号，1927年8月，第133页。

区的富农经济也相当发达。据说杭县雇用长工的富农“很多很多”。① 桐庐县富春江两岸,有着“广漠无边”的茶山。这些茶山多半是外来富裕农民雇工经营的。每年春夏聚集着成千上万出卖劳力的采茶女。② 这里的富农经济随着茶山的开发而不断发展。

太湖流域的宜兴、武进,是有名的鱼米之乡。20世纪30年代前,这里的富农经济因商业性农业的扩大而一度发展。据说宜兴的农户经营规模普遍比邻县无锡来得大,不但自耕农有耕种到100亩左右甚至200亩以上的,一些佃农的经营面积也达三四十亩。“这些较大的佃农和自田农,如果自己的劳力不够,都还雇工耕种,都蓄养耕牛一二头或五六头。”③可以肯定,这些富裕农民基本上都是富农。武进的富农经济可能比宜兴更发达。据金陵大学对该县300家农户的调查,富农可能占到农户总数的35%—45%,耕地面积可能超过50%。当然,这只是一个村的典型调查,但大体还是反映出这一地区富农经济发展状况。

在山东烟台一带,据说“农民们是很富裕的”。该地因拥有的土地超过自己劳力限度而雇工耕作的自耕农民“很多”,雇工需求量大,农忙季节经常缺乏劳力,农民不得不从邻县雇请帮工。④ 可见富农经济相当发达。

粤汉、京汉、陇海、津浦、胶济铁路沿线某些地段,是富农经济较为发达的又一地区。

---

① 刘端生:《杭县皋城乡沿山居民的生活》,《中国农村》第1卷第7期,1935年3月,第89页。

② 乔坻:《富春江畔的采茶女》,《中国农村》,1936年1月,第60页。

③ 李珩:《宜兴和桥及其附近的农村》,《中国农村》第1卷第2期,1934年11月,第70页。

④ 英文《中国经济杂志》第3卷第1期,1928年7月,第612页,转见《中国近代农业史资料》第二辑,第441页。

在粤汉路沿线的湖南湘潭、长沙一带，地主和佃农之间滋长起来一批"小资本家"。他们向地主租得数亩乃至二三百亩土地，雇工耕种，牟取利润。据说这种人占农户总数的十分之三。① 京汉沿线的河南中部许昌等烟草种植区，富农经济也占有一定的比重，而北部的新乡、辉县、滑县一带，据说富农又"比中南部来得发展。② 据1928年对辉县4村的调查，富农户数占农户的9.7%，拥有的土地占耕地面积的26.5%，经营面积更占总面积的42.8%。③ 直隶邯郸，据20年代的调查，在农民不断的分化过程中，"一方面形成富农（农村小资本家）；另一方面，形成破产的农民，脱离自己的经济，出卖自己的劳动力以维持生活"④。富农经济就这样滋长和发展起来了。又据1930年的典型调查，保定、清苑一带，富农人口和土地所占的比重，分别在7%和20%以上。⑤ 北京西郊罗道庄，据1930年的调查，富农户口占11.4%，土地占村户所有地的48.4%，经营面积更占该村农户耕地面积的61.8%。⑥

陇海沿线的江苏铜山、萧县、邳县和河南开封等地，富农经济均有相当发展。铜山因铁路线贯穿其境，交通方便，商业发达，"具有都市色彩"。农民亦因之分化，大部分农民失去或放弃原来占有和经营的土地，成为城镇或农村的雇佣劳动者，而少数农民则

---

① 长野郎著，强我译：《中国土地制度的研究》，第431页。

② 国民党农村复兴委员会：《河南省农村调查》，第5页。

③ 据《河南省农村调查》附表计算。

④ 李麦麦编译：《中国经济其发展其现状及其危机》，第74页。

⑤ 陈翰笙：《现代中国的土地问题》，《中国土地问题和商业高利贷》，第11页；张培刚：《清苑的农家经济》，《社会科学杂志》第7卷第1期，1936年3月，第10页。

⑥ 北平大学农学院农业经济系：《罗道庄之经济及社会情形》，附录。

扩大经营规模,雇工耕作。据说当地富农雇用长工"颇多,普通一至二人,多者可达七八人"。由于富农雇工经营普遍和劳力离乡外流。这里也出现了农忙季节雇工缺乏的情况。① 萧县,据1934年对9个村庄的调查,那里的农民两极分化相当厉害,四分之三左右的农民沦为各种类型的自由或半自由雇佣劳动者,地主经营"很不发达",而富农经营已占有相当比重。富农户口和土地分别占8.1%和24.1%。② 邳县富农经济的发展程度更高于萧县。据1933年对该县6村的调查统计,富农户数和占地面积分别占5%和46.1%。经营面积占耕地面积的39.4%。③

河南开封是重要的花生种植区,富农经济随花生种植的扩张和农产品的商品化而发展。从1923年金陵大学关于该县149家农户的调查统计看,富农可能占调查户数的30%左右,其耕作面积可能占60%左右。

津浦、胶济沿线一些地区的富农经济,这一时期也在不断发展中。根据金陵大学对津浦沿线直隶盐山,安徽宿县、怀远、来安等4县6处的4家农户的调查材料推断,盐山150家农产中,富农至少占3%,可能还有少数雇用散工的富农,富农或许占到总户数的5%左右。来安两处,因调查对象多为当地经营面积较大的农产,难以估计富农比重,至于宿县、怀远和盐山另一处,随经营面积和雇佣劳动比重增大,富农所占比重势必增高。宿县、怀远两处的富农户数当不低于10%,耕作面积当不低于20%。盐山另一处的富

---

① 李惠风:《江苏铜山的农民生活》,《中国农村》,创刊号,1934年10月,第78页。

② 卢株守:《江苏萧县东南九个村庄的农业生产方式》,《中国农村》第1卷第5期,1935年2月,第65—68页。

③ 据国民党农村复兴委员会:《江苏省农村调查》附表计算。

农户数和耕作面积比重亦当在5%—10%和10%—20%左右。

前述山东德县地方，据说农户耕作面积，最多不过150亩。“普通小地主，概系自种”；“种地一百五六十亩者，须用长工六七名”。① 这些雇工自种的“小地主”，当有不少是富农。胶济沿线的章丘旧军镇，据估计，民国初年有各类农户1300户，其中富农约100户。即约占8%。有耕地11400亩，富农每户的占地规模大致为45—60亩。即使以45亩计算，100户富农当占地4500亩，约占耕地面积的40%。②

某些沿湖、沿海淤积地和盐垦地以及边远省份农业新垦区，是富农经济有较大发展的第三类地区。

这些地区，由于开发较晚，封建租佃关系的历史较短，人均耕地面积较宽，农产品商品率较高，地块的分割也不像老垦区那样零碎，便于较大规模的集中经营。这样，随着垦区的开发，富农经济也就较快地滋长和发展起来。

湖南安乡湖田区，地势平坦，土地成片，很适于大农经营。随着湖田的开发，富农经济“以较快的速度建立起来”。据对一个有6000亩土地的垸子的调查，28.6%的农户耕作面积在50亩以上。③ 这部分农户，除极少数属于自己完全不参加劳动的经营地主，一般都是雇工经营的富农。此外，据说许多农户兼耕几个垸子的田亩。这样，在经营面积不足50亩的农户中，还可能包括一部分兼耕几垸田亩的富农。据此推算，富农户数可能占到农户总数的30%—40%，经营面积当在60%以上。

---

① 《中外经济周刊》第121号，1927年7月23日，第8、10页。

② 景甦、罗仑：《清代山东经营地主底社会性质》，第87页。

③ 伍忠道：《湖南安乡县湖田区域中的农田经营》，《中国农村》第1卷第5期，1935年2月，第70—71页。

苏北盐垦区的富农经济也是比较发达的。那里的雇工经营相当普遍。如海门、启东,不但许多自耕农多兼佃农,租入土地,雇工经营,“所谓地主者,亦每多雇工,自营耕作”。① 在农业经营中,富农占有相当比重,盐垦区的某些区域,富农经济已成为农业经营的主要形式。

绥远、察哈尔、热河和东北三省,主要是鸦片战争后发展起来的农业新垦区。这些地区的特点是,土地辽阔,人口稀少,耕作粗放,居民五方杂处,封建宗法关系相对松弛,自由雇佣劳动十分普遍。甲午战争后,商业性农业又有明显扩大。这些都有利于富农经济的发展。

同内地一些地区比较,察绥、热河和东北地区,富农经济的发展程度可能更高一些,比重更大一些。如察哈尔集宁一带,据说“农家自有耕地面积二三顷者最多”。此等农户,除雇有一二名长工外,农忙时尚须雇用短工。② 包头西面的中滩地方,据说农户的耕地面积以顷余者居多,约占50%,二三顷者占百分之十五六,二三顷以上者占百分之三四。这些农户每当六七月农忙时,须由外地雇来农工多人协同耕作。③ 富农的户数、经营面积,从低估计也不会在50%以下。可见富农是当地农业经营者的主要成分。还有记载说:“奉天、热河、绥远之大农人家,往往雇用直隶、山东、山西之无业人夫,充当客作。”④这些雇工经营的“大农”,当然包括

① 沈时可:《海门启东县之佃租制度》,《民国二十年代中国大陆土地问题资料》第60册,第30822—30823页。

② 《平地泉集宁县之经济状况》,《中外经济周刊》第148号,1926年1月30日,第19页。

③ 《中滩农业调查》,《中外经济周刊》第162号,1926年5月15日,第62页。

④ 章有义:《中国近代农业史资料》第二辑,第443页。

经营地主在内，但更多的还是富农。据1908年对奉天沈阳10户农民经营情况的调查，从其耕作面积、耕畜和“期佣”（季节工）数量看，可以大致肯定，这10家农户全是富农。① 又1921年满铁调查的前述东北三省30家农户中，17户是富农，占总数的56.7%。虽然不能直接从这两个典型调查数字推论出该地区富农和富农经济的比重，但它毕竟反映出该地区富农经营的普遍性。

此外，还有一些地区的富农经济，在这一时期也有程度不同的发展。如湖北枣阳北部，盛产粮食、棉花、芝麻，土地兼并和农民分化十分严重。农户明显地分为经营者和雇佣劳动者两部分。农户耕地面积多为二三百亩，雇有五六名长工，农忙时再雇散工。南部水田区的富农经营也相当发达。② 鄂西襄阳，据说富农虽然在农村人口中比重不大，但占有的土地达四分之一。③ 山西武乡，据1922年金陵大学对4村251户农家的调查资料推断，富农户数可能占到调查户数的20%以上，经营面积则占到耕地面积的一半左右。

陕西渭南、凤翔、绥德3县13村，据1928年的调查，渭南富农的户数和土地占有百分比最高，分别达7.4%和21.8%，凤翔次之，分别为5.6%和17.6%；绥德最低，分别只有3.4%和16.4%。④ 这三县大致可以代表陕西东、西、北三个地区富农经济发展的基本状况。

---

① 奉天农业试验场：《奉天农业生产费用调查报告书》第2期第2册，第29—44页。

② 《襄花汽车路沿线经济状况》，《中外经济周刊》第122号，1925年7月25日，第21页。

③ 章有义：《中国近代农业史资料》第三辑，第824页。

④ 据国民党农村复兴委员会：《陕西省农村调查》各表。

(三)富农经济与商业性农业发展程度的背离

富农经济是伴随着商业性农业的扩大和农民两极分化的加剧而不断发展的。但是,富农经济的发展并非在所有地区都同农产品的商品化、农民的两极分化程度成正比。相反,在不少商业流通和商业性农业相当发达的地区,富农经济的发展却十分微弱,在农业中所占比重很小。例如,苏南和浙江的商品经济和商业性农业的发展程度,显然高于苏北,但富农经营除前述少数地区外,远不如苏北普遍。如前所述,苏北海门、启东、盐城、邳县、萧县、铜山等地的富农经济都比较发达,已经在农业经营中占有一定的比重。而苏南和浙江不少地区则相反,富农雇工经营并不普遍,富农人口、土地所占比重都很小。据对上海郊区某村的调查,全村 43 户,35 户是佃农,5 户是自耕农兼佃农,没有雇农。土地占有者则仅小地主 1 户,自耕农 2 户。① 可见土地都被掌握在外村或城居地主手中,农业几乎全部是在封建租佃关系的形式下经营的。在商业性农业十分发达的松江,土地占有者极少直接经营,农民也很少雇工。其他不少地方的情况也大致如此。据 20 年代末 30 年代初的调查,江苏无锡、常熟,浙江龙游、东阳、崇德、永嘉、兰溪等 7 县 63 村,富农在各县农户总数中所占比重,最高 8.3%,最低只有 0.5%,半数在 2% 和 2% 以下,平均为 4.1%。可见富农人口很少。至于富农占有土地面积的比重,有的县村很高,如常熟 7 村为 35.1%,兰溪 2 村更达 55.6%。这是因为大部分土地被外村或城镇地主占有而造成的假象。在这些地区,真正能够说明富农经济发展状况的是富农人口以及经营面积在当地耕地面积中的百分

① 吴一恒、陈淑英:《各地农民状况调查——上海附近》,《东方杂志》第 24 卷第 16 号,1927 年 8 月,第 125 页。

比。常熟富农的使用面积的比重仅6.2%,兰溪只有20%。[①] 在这些地区,富农经济的发展都相当微弱。

同样,广东和广西比较,也存在类似情况。广东商业性农业的发展、农产品的商品化程度高于广西,但富农经济在农业中的比重似乎比广西低。除珠江三角洲地区外,广东的富农经济发展微弱。据1933年的估计,广东全省富农共约22万户,占该省农户总数的4%,占有土地约546万亩,占全省耕地的13%。[②]

而广西,据1929年对苍梧、桂林、思恩等3县22村的调查,富农占农户总数的7.3%,占有和经营的土地分别占耕地面积的26.1%和25.7%。[③]

又据1933年对苍梧、邕宁、桂林、柳江、田南、镇南等6道22县48村的调查,富农占农户总数的6.4%,占有和经营的土地分别占耕地面积22.3%和19.8%。[④]

从以上两宗调查材料看,虽有部分地区富农的户口和占地比重低于广东全省水平,但从总体看,均高于广东全省数字。

南方地区同北方地区比较,这种情况也同样存在。

形成上述差异的因素是多方面的:

首先,在一些商业性农业和商品流通发达地区,地权兼并异常剧烈,土地大多集中在地主手中。而这些地主又往往身为官宦,或

① 据陈翰笙:《现代中国的土地问题》,《中国土地问题和商业高利贷》,第13—14页;韦健雄:《无锡三个农村底农业经营调查》,《中国农村》第1卷第9期,1935年6月,第55—59页;《江苏省农村调查》,附表;《浙江省农村调查》,附表。

② 陶直夫:《中国现阶段的土地问题》,《中国土地问题和商业高利贷》,第74页。

③ 据《申报年鉴》,1936年,第871、879页计算。

④ 广西师专1934年调查,转见《申报年鉴》,1935年,第701—702页。

兼营商业,或闲居城镇,不事农业经营,其土地几乎全部出租,直接生产者多为贫苦佃农,故富农经营很不普遍。

其次,土地所有者有一个不同经营方式的收益比较问题。在某些商业性农业和商品流通发达地区,一方面由于生活水平较高,或农村雇佣劳动者能从附近城镇找到部分工作,因而农业雇工工资稍高,影响雇工经营的收益;另一方面,由于佃农竞佃或其他原因(如地权垄断等),导致地租额和地租率上升。在这种情况下,招佃收租显然比雇工经营更为合算。而在某些商品性农业和商品流通不太发达的地区,雇工工资很低,甚至使用前资本主义的雇佣劳动,从而导致富农经济的相对发展。

最后,南方与北方、水田区与旱田区比较,南方和水田区,通常人口密度大,人均耕地面积狭小,地块非常分散零碎,且相互穿插交错,极不利于集中经营,同时,经营的集约化程度高,农业劳动和耕作技术细微、琐碎、繁杂,对经营者的耕作技术和经营能力的要求高,这就加大了集中经营的难度;而北方和旱田区,人口密度较小,人均面积稍宽,地块稍大,相对成片,且经营较粗放,农业劳动和耕作技术较为简单,集中经营的难度较小。在许多地区,富农经营的发达程度往往同人口密度、农业集约化程度成反比。这是旱地区和北方地区富农经营往往比水田区和南方地区普遍的重要原因。

总的来说,1895—1927 年间,我国的富农经济有一定程度的发展,但地区之间极不平衡。某些地区,富农占有或经营的土地,超过当地耕地面积的 50% 以上,而在某些低的地区还不到 5% 。一般地说,在商业性农业区,经济作物的集中种植区,富农经济的发展速度较快,在农业经济中占有较大比重;在自给性农业区,单一的粮食作物种植区,交通阻塞和商品流通不发达的地区,富农经济的发展相对微弱,在农业经济中所占的比重很低。从大的区域看,北方地区,自耕农较多,农民雇工经营较普遍,贫农多为雇工,富农经济较发达;南方地区,自耕农较少,农民雇工经营不甚普遍,贫农多为佃农,富农经济不如北方发达。当然这只是就大体情况而言,并不是绝对的。如前所述,从局部地区看,非商业性农业区、商业和交通不发达区、南方水稻区富农经济的发展程度超过商品性农业区、商业和交通发达区、北方经济作物区的例子并不少。与资本主义发达国家比较,中国富农经济很不发达,在农业经济中不占重要地位。

二、富农经营的规模和性质

富农的经营规模受到多种因素的影响和制约:一个地区人口和土地的比例关系,人均土地面积的多寡;地权的分配状况和集中程度;农业劳动力的供求状况;雇工工资水平;劳动工具和生产技术发展程度;地理环境、水利灌溉和耕作、经营习惯;交通运输、商品流通和农产品商品化程度;社会秩序、税捐负担和地租剥削状况;富农本身的资金供给、经营能力等等,都对富农经营规模的大小发生影响。

由于具体条件不同,富农的经营规模差异甚大。土地经营面积,少的只有10多亩,多的可达数百乃至数千亩。对雇佣劳动的使用,少的无长工,仅雇若干数量的季节工,多的雇有长工十多人,并同时使用大量散工。从地区看,同一地区的富农经营规模固然不完全相同,但南北地区之间的差异更大。在南方许多地区,一户经营上百亩水田的富农就相当引人注目了;而在北方,特别是察绥、东北一带,土地经营面积上千亩的富农,亦不罕见。

一般地说,富农的土地占有和经营面积,由南向北呈递增趋势:长江流域及其以南地区,富农的土地占有和经营面积,一般不超过50亩,通常为20—40亩;淮河和黄河中下游地区,多为30—60亩,小部分达100亩左右;察绥,热河和东北南部地区,大多为

100—200 亩,一部分达 300 亩以上;东北北部一带,大多在 200 亩以上,不少超过 500 亩乃至千亩以上。同当地的中农、贫农比较,富农的占地面积,大体相当于中农的 2—5 倍、贫农的 5—15 倍,或更多一些;经营面积相当于中农的 2—3 倍、贫农的 5—10 倍,或更多一些。这一时期全国若干地区富农平均每户占有和经营的土地面积及其同当地中农、贫农的比较情况,见表 27。

见表 27 所列,因为只是若干村庄的典型调查,范围过窄,有一定的偶然性,但还是能大体上反映出各个地区富农的土地占有和经营规模。除个别例外,长江及其以南地区,富农每户的占地面积在 20—30 亩上下,平均为 33. 7 亩,经营面积平均 31. 5 亩,略小于占有面积。黄淮流域富农的占地面积在 40—60 亩上下,平均为 48. 7 亩,明显大于长江及其以南地区;经营面积平均为 73. 3 亩,明显大于占有面积。同当地中农、贫农比较,如果排除江苏常熟、启东等少数例外,长江及其以南地区,富农的占地面积相当于中农的 3—5 倍,贫农的 10—20 倍;经营面积相当于中农的 3—5 倍,平均 2. 4 倍,贫农的 4—6 倍,平均 5. 8 倍。黄淮流域富农的占有面积和经营面积均相当于中农的 2—3 倍,分别平均为 2. 5 倍和 2. 6 倍;相当于贫农的 5—10 倍,分别平均为 9. 4 倍和 10. 8 倍。

察绥和东北地区富农的占地和经营规模更大一些。察哈尔集宁县境,有地二三百亩的农户最多。据此估计,当地富农的土地占有和经营面积一般都在 300 亩以上。绥远地区富农的经营规模亦大体相当,甚或更大一些。20 年代初,有人在调查绥远农垦,估算当地农户投资和田场收支时,即假定富农的经营规模为租地 500 亩。① 又从 1926 年关于包头西面中滩的农户经营面积的记载看,

① 参见汤惠荪:《绥远农垦调查报告》,第 14—15 页。

富农每户的耕作面积一般不低于二三百亩。①

表27　20年代末30年代初全国若干地区富农每户平均占有和经营土地面积表

地区	占有土地面积			经营土地面积		
	平均亩数	相当中农倍数	相当贫农倍数	平均亩数	相当中农倍数	相当贫农倍数
广东番禺10村	11.8	3.1	13.0	26.6	2.2	4.7
广西苍梧6村	25.5	3.8	22.4	21.8	1.9	4.5
桂林9村	34.0	2.3	9.9	34.5	2.2	5.6
思恩7村	31.1	2.6	7.2	27.5	2.3	5.0
浙江龙游8村	46.5	5.5	26.7	37.7	2.2	4.6
东阳8村	9.0	3.3	13.0	15.4	1.4	4.0
崇德9村	99.2	10.2	11.4	51.2	4.6	7.7
永嘉6村	33.5	3.5	18.7	26.5	1.3	5.4
兰溪2村	28.1	3.9	16.1	31.6	2.1	3.1
江苏无锡3村	27.5	5.8	23.3	17.6	3.0	3.4
无锡20村	20.8	3.0	14.9	—	—	—
常熟7村	33.3	30.6	46.9	26.7	1.7	10.2
启东8村	38.3	9.8	85.1	60.9	3.6	11.2
平均	33.7	6.7	23.7	31.5	2.4	5.8
江苏盐城7村	60.9	5.1	15.4	107.6	3.9	18.6
邳县5村	38.2	3.1	19.0	80.8	3.1	26.9
河南许昌6村	51.0	2.5	8.4	51.3	2.4	6.5
镇平6村	27.8	2.0	5.0	61.1	1.8	9.1

① 《中滩农业调查》,《中外经济周刊》第162号,1926年5月15日,第61页。

续表

地区	占有土地面积			经营土地面积		
	平均亩数	相当中农倍数	相当贫农倍数	平均亩数	相当中农倍数	相当贫农倍数
辉县 4 村	58.5	2.0	9.1	106.9	3.1	11.9
直隶清苑 500 农户	38.9	1.9	5.4	—	—	—
北京 1 村	30.0	3.9	11.8	70.0	6.1	16.0
陕西渭南 4 村	80.2	2.3	5.1	80.2	2.3	4.8
凤翔 5 村	63.7	1.7	4.4	63.7	1.7	4.4
绥德 4 村	37.9(垧)	2.2	12.4	38.2(垧)	2.6	4.3
平均	48.7	2.7	9.6	73.3	3.0	11.4
总平均	40.2	4.9	17.6	49.9	2.7	8.2

资料来源:陈翰笙:《广东农村生产关系和生产力》,附表;《申报年鉴》,1936 年,第 871、879 页;《浙江省农村调查》,附表;《中国农村》第 1 卷第 9 期,第 53—55 页;陈翰笙:《现代中国的土地问题》;《江苏省农村调查》,附表;《河南省农村调查》,各表;张培刚:《清苑的农家经济》上,《社会科学杂志》第 7 卷第 1 期,1936 年 3 月,第 10 页;北平大学农学院农业经济系:《罗道庄之经济及社会情形》,附录;《陕西省农村调查》,各表。

至于东北,南北两部富农的经营规模又有很大差异。据记载,北部农户的耕地面积不少在七八百亩上下,一千七八百亩的也不少,而在南部辽东半岛,则很少有超过三四百亩的。① 这里虽然不是专指富农,但可以间接推测富农的经营规模。据 1908 年对沈阳 10 村 10 户富农的调查,经营面积最低 85 亩,最高 275 亩,平均 182 亩。② 又前述东北三省 17 户富农,占地面积最低零垧,最高

① 满铁:《东省之农业》,第 13—14 页。

② 奉天农业试验场:《奉天农业生产费用调查报告书》,第 29—44 页。

324.2 垧,即 3242 亩,平均 76.6 垧,即 766 亩。经营面积最低 11 垧(110 亩),最高 124.2 垧(1242 亩),平均 53.2 垧(532 亩)。① 从整个东北看,富农的经营面积当在 200—400 亩左右。

富农所拥有的耕畜、农具,不同地区或同一地区单个农户之间,都有很大差异。据 1933 年对广西 10 县 24 村的调查,富农耕畜多为 1—3 头,少数达 5—10 头,平均为 2.7 头。② 江苏宜兴,据说经营土地 100 亩至 200 亩的富农或富裕农民,有耕畜一二头至五六头不等。③ 苏北盐城一带,种地 200 亩上下的富农,有耕畜二三头,但这种富农不多。④ 一般在 3 头以下,以 1—2 头为多。据金陵大学对安徽怀远、宿县、来安、芜湖;江苏江宁、武进;浙江镇海和福建连江等 4 省 8 县 10 处的调查,当地最大田场组(富农或富裕农民)平均每户耕畜,5 处在 2 头以下,2 处为 2—3 头,只有 3 处在 3 头以上。⑤ 又河南许昌 5 村和镇平 6 村,分别为 1.7 头和 2.3 头。⑥

黄河流域及其以北地区,特别是察绥和东北等地,由于经营规模较大,有较多一部分富农的耕畜在 3 头以上。据调查,前述河南辉县 4 村,富农平均每户有耕畜 4.9 头。一李姓富农大户有耕畜 24 头。⑦ 绥

---

① 《满洲农家之生产与消费》,第 53—55 页。

② 薛雨林、刘端生:《广西农村经济调查》,《中国农村》,创刊号,1934 年 10 月,第 72 页。

③ 李珩:《宜兴和桥及其附近的农村》,《中国农村》第 1 卷第 2 期,1936 年 1 月,第 70 页。

④ 参见国民党农村复兴委员会:《江苏省农村调查》,第 10 页。

⑤ 据《中国农家经济》附录一计算。原表无耕畜头数,但有每户畜工单位和每一役畜的畜工单位。前者除以后者即得耕畜头数。

⑥ 国民党农村复兴委员会:《河南省农村调查》,第 17 页。

⑦ 国民党农村复兴委员会:《河南省农村调查》,第 14 页。又调查者在调查日记中说,该富农有牲口三十余头(《河南省农村调查》,附录,第 96 页)。

远河套,据调查者估计,一户种地4顷的富农,须有耕牛三犋6头。[①] 奉天沈阳前述10户富农,平均每户有耕畜4.1头。[②] 东北北部地区富农拥有的耕畜更多。据说那里的“大农”。“一人有一车七马,乃至二车十五马。”[③]又据调查,东北三省前述17户富农(大部分在北部),耕畜最少者2头,最多者19头,平均9.3头。[④]

畜力是近代中国农业的主要动力,也是富农经营的主要动力。富农的耕畜拥有量虽然明显高于其他个体农民,但其动力装备水平仍然很低。据金陵大学对江苏、直隶等南北7省14县17处的调查,最大田场组(富农主要集中在这一组)农户拥有的畜力,平均每户为2.2头,每38.8亩耕地才摊一头耕畜。畜力工作量只大体相当一个成人劳力的工作量,占人工田间总工作量的31.6%。[⑤] 大大低于同期西方资本主义国家的平均水平。

生产工具和耕作技术方面,这一时期某些地区的富农或富裕农民已开始使用机器或改良农具及化肥。如江苏无锡、常州和浙江、福建一些大城市郊区,富农和富裕农民置备或租用柴油抽水机或电动抽水机抽水,东北北部某些富农租用拖拉机开荒、翻地,河南南阳、湖南安化等地开始试制或试用“浇田机”、“螺旋搅水车”等改良灌溉器具,两广、闽浙和鲁直等省少数地区,富

---

① 汤惠荪:《绥远农垦调查报告》,第14—15页。

② 奉天农业试验场:《奉天农业生产费用调查报告书》,第29—44页。其中一户无耕畜头数,但有饲料费用。其耕畜头数系根据饲料费求得。

③ 《吉林省东北部松花江沿岸地方经济事情》,第24页。

④ 《满洲农家之生产与消费》,第99—101页。这17户富农拥有的耕畜品种和质量亦较好:共有马77匹,平均每户4.5匹,骡30匹,平均每户1.4匹。骡马合计107匹,占全部耕畜的67.7%。此外每户平均有驴1.8头、牛1.6头。

⑤ 参见刘克祥:《论中国富农经济(1895—1927)》,《中国社会科学院经济研究所集刊》第9辑,第191页。

农和富裕农民开始使用化肥，等等。但是，地区和数量很少，只是刚刚开始。如前述无锡3村富农的机械工费用只占农业生产费用的13.8%。① 绝大部分地区的富农使用的仍然是旧式犁耙、大车、锄镐、抽水辘轳等手工工具，使用的肥料则是人粪尿、厩肥、灰肥、绿肥、饼肥等传统有机肥料。

农业中的资本有机构成低，而不变资本的主要部分又是土地价格，是当时世界各国的普遍情况，中国更突出。一些地区的调查估计表明，富农或其他农户的固定资产中，土地价格往往占四分之三以上。可变资本与不变资本之比，据对前述无锡三村的调查，10户富农的资本构成是，可变资本占40%，不变资本占60%。② 撇开土地价格，农产品成本的主要部分就是人工费用。据1930年对直隶深泽两村的调查，耕作面积60作物亩以上的富农或富裕农民，人工费用在农业生产费用中所占比重，梨元村为63.6%，南营村为71.3%。③ 其他地区亦大致如此。

富农经济的存在和发展是以剥削雇佣劳动为前提的。雇工数量是反映富农经营规模的重要标志。

富农的雇工数量，同其土地占有和经营面积以及耕畜拥有量一样，地区之间、单个农户之间差异很大。少的只有工名长工，或雇若

① 参见韦健雄：《无锡三个农村底农业经营调查》，《中国农村》第1卷第9期，1936年6月，第63页；《中国近代农业史资料》第一辑，第588、590页；《中国近代史资料》第二辑，第512—515页；《中东经济月刊》第6卷第12号，1930年12月，第34页；《中外经济周刊》第209号，1927年4月30日，第5页，又第220号，1927年7月16日，第6页；《河南省农村调查》，第102页。

② 韦健雄：《无锡三个农村底农业经营调查》，《中国农村》第1卷第9期，1935年6月，第63页。

③ 韩德章：《河北省深泽县农场经营调查》，《社会科学杂志》第5卷第2期，1934年6月，第236页。

干数量的短工,多的雇有长工一二十人,并有相当数量的短工。

从全国范围看,同经营面积的差异相适应,北方富农的雇工数量通常多于南方。一般地说,南方大多数地区和北方某些富农经济发展微弱的地区,富农雇工(包括长工和短工)多在工人左右,在北方相当一部分地区和其他某些富农经济较发达的地区,富农雇工可达2至3人,或者更多一些。

在广西,前述苍梧、桂林、思恩3县富农使用的雇佣劳动,平均每户多的(如思恩)为192天,相当于一个半长工;少的(如桂林)不足100天,不足1名长工的劳动日①,按经营面积分摊,每亩只2.5—7.5天。② 广东番禺的富农雇工稍多,但前述10村107户富农,也只有长工76人,平均每户0.7人,另平均每户有散工99个劳动日。③ 如以每名长工折合250个劳动日计算,平均每户雇佣劳动274天,每亩10.8天。又据调查,前述江苏无锡3村10户富农只有长工4人,半数以上的富农并无长工,只使用若干数量的散工。④

在北方某些地区,如河南镇平,陕西渭南、绥德等县,富农雇工也不多。镇子1.1人,渭南和绥德分别为0.9和0.4人,直隶清苑为1.1人。⑤

---

① 桂林一个长工每年以120个劳动日计算。

② 薛雨林、刘端生:《广西农村经济调查》,《中国农村》,创刊号,1934年10月,第68页。

③ 陈翰笙:《广东农村生产关系与生产力》,附录,第86页。

④ 韦健雄:《无锡三个农村底农业经营调查》,《中国农村》第1卷第9期,1935年6月,第57页。

⑤ 张锡昌:《河南农村经济调查》,《中国农村》第1卷第2期,1934年11月,第55页;《陕西省农村调查》,第38、110页;张培刚:《清苑的农家经济》,《社会科学杂志》第7卷第1期,1936年3月,第33页。

与此相反，一些商业性农业较发达、农业经营面积较大的地区，不少富农也较大量地使用雇佣劳动。如广东沙田区，不少富农雇有长工五六人，农忙时再加数十名短工。收工吃饭“以鸣螺或敲锣为号”。因此类规模的富农经营很多，以致“早午晚到处都闻得到角声和锣声”。① 湖南安乡湖田区，富农也都使用大量的雇佣劳动，一户经营300亩水田的佃富农，就雇有长工14人。② 湖北枣阳县，其北部旱地区，富农的耕作面积多为二三百亩，使用的雇佣劳动，虽长工少短工多，一户也有长工五六人；南部水田区，富农则多雇长工。大抵每田10亩雇长工工人。③ 前述浙江鄞县南区，平均每户自耕农和佃农有两个或两个以上的雇农，雇工三五人的富农当不在少数。江苏海门富农，常年雇用的男女雇工少则一两个，多则3个不等。④

在北方地区，特别是一些商业性农业较发达的地区，富农雇工数量更大一些。前述河南辉县4村35户富农，有长工67人，平均每户将近2人，此外还有散工。一经营面积为600余亩的富农大户，雇有长工9人。⑤ 苏北陇海沿线的铜山、萧县一带，富农雇工数量都不少。铜山普通1—2人，多的可达7—8人；萧县富农，“大

① 陈权：《广东沙田见闻录》，《中国农村经济资料续编》，第297—298页。

② 伍忠道：《湖南安乡县湖田区域中的农田经营》，《中国农村》第1卷第5期，1935年2月，第72页。

③ 《襄花汽车路沿线经济调查》，《中外经济周刊》第122号，1925年7月25日，第21页。

④ 黄孝先：《海门农民状况调查》，《东方杂志》第24卷第16号，第25页。

⑤ 张锡昌：《河南农村经济调查》，《中国农村》第1卷第2期，1934年11月，第55页；《河南省农村调查》，第96页。

多雇三两个长工”。这两县的富农都还大量雇用农忙散工。① 直隶定县一些富农的雇工数量亦相当可观。因长工数量多,故有“大把儿”(领工)、“帮使”(副领工)、“领青”(短工领工)、“跟做儿”(普通长工或短工)等名目。②

察绥和东北地区,因为经营面积大,富农的雇工数量也普遍高于内地。绥远河套一带的富农一般都雇四五个长工。③ 在东北,据1930年的调查,辽南普兰店地区经营面积150—307亩的农户,平均每户雇工1.3人,300亩以上的农户,平均每户4.8人。④ 这些农户中可能包括部分经营地主,估计富农平均每户雇工数当为2至3人左右。又前述奉天、吉林、黑龙江三省17户富农,半数以上的雇工人数在4人或4人以上,平均每户4.6人。⑤ 北部地区富农的雇工人数更多,据对该地区70家农户的调查,平均每户有雇工2.8人。⑥ 估计其中富农每户的雇工数当在5至7人左右。察绥和东北地区的富农还大量雇用散工,其数量亦多于内地。

上述情况表明,无论是地区还是单个农户之间,富农的经营规模都存在着明显的差异,而且大多数富农的经营规模不大。但同当地贫苦农民分散零碎的小块土地经营比较,富农又是一种相对集中的资本主义性质的经营。

同中农贫农一样,富农也是以家庭为经营单位。但是,富农的

---

① 李惠风:《江苏铜山的农民生活》,《中国农村》第1卷第1期,1934年10月,第78页;卢株守:《江苏萧县东南九个村庄的农业生产方式》,《中国农村》第1卷第5期,1935年2月,第67页。

② 陈伯庄:《平汉沿线农村经济调查》,附件一,第17—18页。

③ 参见汤惠荪:《绥远农垦调查报告》,第14页。

④ 转见冯和法编:《中国农村经济资料续编》,第380页。

⑤ 《满洲农家之生产与消费》,第9—11页。

⑥ 《北满农业》,第101—102页。

家庭通常比中农贫农为大。“家庭人多是农民富裕的因素之一。”①富农的一个特点是家庭劳力比一般贫苦农民更多。如广东番禺10村，富农每户平均6.47人，而中农和贫农分别只有4.89人和4.70人。②浙江龙游、崇德、东阳、永嘉、兰溪等5县32村，富农平均每户8.02人，而中农、贫农分别为5.39人和4.55人。③河南许昌、辉县、镇平等3县15村，富农平均每户9.51人，而中农、贫农分别为6.83人和3.99人。④在直隶南皮，据说“种地四五十亩以上者，多为大家庭”。⑤

富农不仅劳动力充足，人手齐全，经营面积较大，可以在生产过程中实行某种程度的“家庭协作”，还使用和剥削雇佣劳动。它使原有的“家庭协作”变为资本主义协作。⑥富农经营虽仍未超出家庭的范围，但已带有某种程度的企业性。所以，列宁说，“富裕户在变为企业主”⑦。

为了扩大经营，富农不但没有因家庭劳力充裕而减少雇工，相反。雇工数量往往随家庭人口和经营面积递增，雇佣劳动的数量同经营规模成正比。不仅如此，雇佣劳动在田场总劳动中所占的比重也随经营面积递增。⑧

---

① 列宁:《十九世纪末俄国的土地问题》,《列宁全集》第15卷，人民出版社1959年版，第72页。

② 陈翰笙:《广东农村生产力和生产关系》,附录。

③ 据国民党农村复兴委员会:《浙江省农村调查》附录各表计算。

④ 据国民党农村复兴委员会:《河南省农村调查》各表计算。

⑤ 民国《南皮县志》第3卷，风土志，第12页。

⑥ 列宁:《十九世纪末俄国的土地问题》,《列宁全集》第15卷，人民出版社1959年版，第94—95页。

⑦ 列宁:《十九世纪末俄国的土地问题》,《列宁全集》第15卷，人民出版社1959年版，第94—95页。

⑧ 参见《中国社会科学院经济研究所集刊》第9辑，第199—204页。

这一切都说明,富农的经营面积越大,雇工数量越多,从而“企业性”越强。

总之,富农雇工的目的是为了扩大经营,为了赢利。而且,作为一种资本主义性质的农业经营,雇佣劳动在田场总劳动中占有相当比重。当然也有某些富农进行小面积的蔬菜或其他特种作物的集约经营,可能投资多,投工少,雇佣劳动的比率较低。但这是一种纯粹以赢利为目的的商品生产,其资本主义性质并不亚于以雇佣劳动为主的大面积经营。

三、富农经济的特点和历史地位

近代中国的富农经营是资本主义的雇工经营,富农经济是农业资本主义的一个组成部分。这是同西方资本主义发达国家富农经济的性质一致的。另外,中国富农经济又受到本国特殊历史条件的影响和制约,具有自己的特点。那就是:“中国的富农一般地带有很重的封建和半封建剥削的性质。”①

首先,一部分富农有程度不等的封建地租剥削。在近代中国,大多数富农的经营限于自有土地,租地经营者虽有发展,但仍较少,不少富农且将一部分土地出租。从地区看,南方富农出租土地的比重高于北方,越是富农经济不发达的地区,富农出租土地的比重越高。

从单个农户看,出租土地的数量和比重,随占有土地的数量递增。这种情况不但南方地区相当普遍,就是在雇工直接经营比较发达的东北地区也是存在的。前述东北三省 17 户富农,占地面积

① 毛泽东:《目前形势和我们的任务》,《毛泽东选集》合订本,第 1147 页。

50垧以下的7户,都不出租土地,50—100垧的7户,出租部分占13.7%,100垧以上的3户,出租比重更达60.7%。① 北部70户农户中,占地15—30垧的24户,出租部分只占4.7%,30—75垧的22户,出租部分占21.8%,75垧以上的11户,出租部分高达59.2%。②

当然,从户数比例看,出租土地的富农只是少数。如江苏邳县、盐城、启东、常熟等4县79户富农中,出租土地的只有4户,占5.1%。③ 有的地区富农出租土地的比重相当大,但出租者主要是少数占地较多的大富农。浙江龙游等县37户富农共出租土地468.8亩,占全部土地的32.3%,其中三分之二分别来自占地400亩和180亩的两户半地主式富农,占富农全部出租土地的66.1%。④ 有的富农既有租出,也有租进。即租出次地、远地和零碎地,租进好地、近地和整块地,以利集中经营。还有的由于永佃制所造成的所有权同耕作权的分离,他们只能将自己的土地出租,而另行租进土地耕种。如永佃制盛行的浙江兰溪皂洞村的3户富农,自有的64亩土地全行出租,而自己经营的102.5亩土地,又全部是租来的。⑤ 所以,对富农的土地出租,也要作具体分析。

尽管如此,各地富农出租土地的情况是普遍存在的。富农招佃收租的行径,反映出部分富农向封建地主转化的某种动向。透过一些地区富农的占有土地面积和出租土地的面积及比重同步增

---

① 据《满洲农家之生产与消费》计算。

② 《北满农业》,第190页。

③ 据国民党农村复兴委员会:《江苏省农村调查》附表计算。

④ 参见国民党农村复兴委员会:《浙江省农村调查》,附表。

⑤ 参见国民党农村复兴委员会:《浙江省农村调查》,附录,第442页。

长的趋势,可以找到富农逐步向封建地主转化的轨迹。

在半封建半殖民地条件下,即使以租地经营为主或全靠租地经营的富农,也不是纯粹资本主义的租地农场主。虽然他在田场内部进行的是资本主义的雇工经营,但交纳的地租仍然是封建地租,而不是资本主义地租。佃富农通过使用雇佣劳动,自然获得一定数量的利润,但是,"这个利润的量并不决定地租,相反地,它本身是由作为它的界限的地租决定的"①。在这里,不是利润限制地租,而是地租限制利润;是地主获得传统的高额封建地租,租地富农获得交纳地租后的余额。这些富农还不是真正的农业资本家,而只是开始把剥削雇佣劳动作为自己重要经济来源的农村富裕户。即使经营规模再大,也还不是农业资本家。

其次,一些地区富农的雇佣劳动,也不完全是资本主义性质的自由雇佣劳动,而是存在着某种农奴或债奴的残余,因而带有封建或半封建剥削的性质。特别是在那些交通闭塞、商品经济不甚发达的地区,这种封建性更为明显。如广西思恩,富农使用的长工很多是 20 世纪 20 年代前后贵州灾荒时期收买下来的奴隶和农奴。② 也有的地方的富农采用高利贷性质的偿债劳动。这是一种类似于卖青苗的劳动力预卖。如江苏萧县一带通行的所谓"吃工粮"的雇佣办法,就属于这一类。在春荒时,富农把粮食借给贫苦农民,到中耕及收获时由借粮人以劳力偿还。粮价照春季最高价计算,而工资待遇与普通短工相同。按照当地惯例,凡债主急需劳力时,吃"工粮"的人就必须无条件地满足,"毫无通融"。据说当

① 马克思:《资本论》第 3 卷,人民出版社 1975 年版,第 902 页。

② 薛雨林、刘端生:《广西农村经济调查》,《中国农村》,创刊号,1934 年 10 月,第 68 页。

地每个富农都有好些这样的固定短工。①

富农还利用自己的牲口、农具等对贫苦农民进行半封建剥削。山东临沂、峄县、滕县等地，有一种称为"大佃"的佃富农，大都以耕牛、车辆、农具换取贫苦"小佃"的劳力。小佃必须"听从大佃、或大佃的大领（领工）指使。耕耘收获，都要完了大佃的事，方才可以来做自己的工作"。一名大佃通常拥有数名小佃。② 类似性质的雇佣关系，江苏萧县称之为"帮手"。一般无力喂养牲口的农民，只能以人力换取富农或其他富裕户的耕畜，充当后者的帮手。通常雇主和帮手之间凭中立有契约，规定：帮手的田地由雇主的牲口帮同耕种收获，帮手用人工偿还，"雇主有工则去，无工则返"。有的帮手除担任田间劳动外，还须兼做雇主的家务杂活。③

最后，富农大多还兼放高利贷，对贫苦农民进行封建性的高利盘剥。直隶广宗件只镇，据说百亩以上的富农，多半是农村的高利贷者或商业资本家。他们一方面用贱价收买农产品；另一方面以年利二分或三分的高利率，剥削一般中小农民。④ 湖北襄阳、江苏启东的富农也大都兼营高利贷事业。⑤ 在江浙、广东一带，有时即使资本主义性质最明显的佃富农，也同农业高利贷和包纳捐税等

---

① 卢株守：《江苏萧县东南九个村庄的农业生产方式》；《中国农村》第1卷第5期；1935年2月，第66—67页。

② 黄鲁珍：《鲁南临峄滕三县的租佃制度》，《东方杂志》第32卷第4号，1935年2月，第88页。

③ 卢株守：《江苏萧县东南九个村庄的农业生产方式》，《中国农村》第1卷第5期，1935年2月，第65—66页。

④ 郭异之：《破产声中的一个冀南农村》，《中国农村经济论文集》，第518页。

⑤ 章有义：《中国近代农业史资料》第三辑，第824页；《江苏省农村调查》，第9页。

前资本主义剥削联系着。①

富农在剥削方面表现出来的封建性、半封建性和不断向封建地主转化的趋势,在生产目的上某种程度的自给性,生产规模的狭小,在整个农业生产中所占比重的低下,充分说明了这一时期和整个近代中国富农经济的落后性和虚弱性。

中国是一个经历了漫长封建制时代的国家,封建的经济和政治制度本来就根深蒂固,进入半封建半殖民地社会后,原有的封建土地占有关系又没有被摧毁或动摇,而是被完整地保留下来,成为帝国主义统治中国的经济基础。富农经济长期保存着半封建的特征,是十分自然的。但是,近代中国富农经济毕竟是一种新型的农业资本主义生产关系,是对封建生产关系的否定,是近代中国一种进步的经济成分。富农经济的发生发展,标志着农业中的封建主义生产关系向资本主义生产关系的演变。

近代中国富农经济不但同封建地主经济有着本质的区别,就是同一般小农经济比较,也有某种程度的优越性。富农经济的滋长和扩大,有助于当时农业经济和社会生产力的发展。

同中小农民比较,富农有较好的生产条件。

富农占有和经营的土地较多、较好。如前所述,各地富农占有和经营的土地相当于当地中农贫农的二三倍乃至二三十倍,而且土地质量较好。在南方,富农的土地主要是水田,而其他小农的土地则相当一部分是旱地。在北方,富农的土地多为平地、水浇地或阳坡地,而中农贫农的土地不少是坡地、阴坡地。从地块看,富农土地通常整块成片,而中农贫农的土地大多畸零破碎,不便于集中经营管理。②

① 章有义:《中国近代农业史资料》第二辑,第446页。

② 参见《中国社会科学院经济研究所集刊》第9辑,第213—214页。

地块零碎，是农业生产发展的严重障碍之一，它不但因过多的疆界、地边和通道而造成土地使用上的浪费，而且妨碍畜耕、灌溉、作物布局、土壤改良和平整、肥料和收获物的集中运输等。在这方面，富农无疑有着小农经营所没有的优越性。

富农的耕畜农具也比中农贫农充裕、完备。如广西苍梧等10县24村平均每户耕畜数，富农为2.7头，而中农贫农分别只有1.74头和0.82头。① 河南许昌、辉县、镇平等3县15村，平均每个农户占有的耕畜数，富农3.14头，而中农和贫农分别为1.79头和0.67头。② 富农的耕畜，不但数量多，而且质量好。南方富农的耕畜主要是水牛，而中农贫农的耕畜主要是黄牛。③ 在北方，骡马等好牲口一般只有地主富农才有，而中农贫农大多是牛驴等赖牲口。河南辉县，富农的耕畜中，骡马占73%，而中农贫农60%—80%的牲口是黄牛和驴子。④

富农的资金也比中小农户充裕。

富农大多是在从事商品生产的过程中分化和发展起来的，积累了一定的资金，因而有能力购买或租进一定数量的土地，雇请工人，置备耕畜、车辆、农具、肥料、种子。也只有他们能够改良和充分利用水利灌溉，采用当时较为先进的技术。如直隶涿县，20世纪初叶，井灌一度有所发展，但凿井和置备抽水器械，需要上百元资金，且需骡马推挽，故“非富农不能胜任”。⑤ 二三十年代的广西

① 据广西师专调查，转见陶直夫：《中国现阶段的土地问题》，《中国土地问题和商业高利贷》，第74页。

② 据《河南省农村调查》附录各表计算。

③ 薛雨林、刘端生：《广西农村经济调查》，《中国农村》，创刊号，1934年10月，第66页。

④ 《河南省农村调查》，第17页。

⑤ 陈伯庄：《平汉沿线农村经济调查》，附件一，第3页。

佃富农,据说“大都最能采用新式农业知识,以经营农业。如用肥田粉壅田,为彼等最先采用”。① 江苏无锡流行的改良打谷器,也只有富农购置。② 河南淇县富农冯绣的经营和栽培试验,更是一个典型。他在农业经营和耕作技术方面的探索和改革,开始被当地农民笑为“书呆子”,后来终于被逐渐推广。③

基于上述因素,富农的单位面积产量和收益通常高于其他中小农民,如广西思恩的佃富农,“因为资本足,农业经营上各种动力又丰富,故禾稻之收获量比一般贫苦佃农为多”④。冯绣用经过改良的古代区田法种植,高粱每亩产量在 5 石上下,谷子旱年亦达 3 石 5 斗,据说均较他人收获“加倍”。⑤ 据对东北北部地区 52 家大小农户的调查,1922—1923 年度,平均每垧地的收益,15 垧地以下的小农户为 62. 7 元,而 30—75 垧的大农户为 148. 2 元,75 垧以上的富裕大户更达 200 元。两类大农户每垧收益分别比小农户高 1. 4 倍和 2. 2 倍。⑥

富农不但经济条件优越,产量较高,而且由于经营规模较大,在人力、耕畜、农具以及资金的分配使用上,比一般中小农户更合理、更经济,利用更充分,因而劳动生产率较高,经济效益较好。

富农每个劳动力的耕作面积通常不同程度地高于当地中农贫农。前述江苏无锡 3 村,各类农户每个耕作壮丁(富农的耕作壮丁包括雇工)的耕作面积,贫农为3. 2亩,中农3. 6亩,而富农为

① 《中国经济年鉴》,1934 年,上卷,第 G244 页。
② 《中国土地问题和商业高利贷》,第 75 页。
③ 李文治:《中国近代农业史资料》第一辑,第 614—617、681 页。
④ 《中国经济年鉴》,1934 年,上卷,第 G244 页。
⑤ 李文治:《中国近代农业史资料》第一辑,第 616 页。
⑥ 《北满农业》,第 198 页。

5.9 亩。[①] 富农比贫农和中农分别高出 84.4% 和 63.9%。又据金陵大学对安徽怀远、直隶盐山等 7 省 17 处 2866 家农户的调查，每个男劳动力的耕作面积（作物亩）依田场规模递增，大田场组比小田场组大 15% 至 211% 不等，17 处平均大 111%。与此相联系，大田场的劳动力利用率也比中小田场高，小田场平均每个劳力每年做 84 个农业劳动日，中等田场为 120 个农业劳动日，而大田场达 156 个农业劳动日[②]，比小田场将近高出 1 倍。

富农对耕畜、农具的利用率也高于中小农户。一般贫苦农民，因经营面积过小，或无力喂养耕畜，或不能充分利用。在资金的使用上，也既表现为资金的匮乏，又表现为资金的浪费。而富农则一般没有这个问题。

在资金的分配上，富农比一般贫苦农民更合理、更经济。江苏无锡 3 村的调查资料显示，富农和中农、贫农在资金分配上有着明显的差别。富农用于农具和肥料的资金高于中农、贫农，说明其农具齐备，肥料充足。而种子秧苗方面的资金，中农贫农反高于富农。这是由于中农贫农因经营面积过小被迫加大"保险系数"，造成种子秧苗方面的浪费。直隶盐山也有类似情况。该地 10 亩以下贫苦农民的资金分配，属于生产性的家畜（包括役畜和肉畜）和农具，分别只有 1% 和 1.2%，而非生产性的建筑和燃料等费用，分别占 34% 和 5.7%。31 亩以上的富农或富裕农民则相反，牲畜和农具分别占 5.7% 和 2.8%，建筑和燃料分别占 21% 和 3.6%。[③]

① 韦健雄：《无锡三个农村的农业经营调查》，《中国农村》第 1 卷第 9 期，1935 年 6 月，第 57 页。

② 参见《中国社会科学院经济研究所集刊》第 9 辑，第 217 页；卜凯：《中国农家经济》，第 171—172 页。

③ 《河北盐山县一百五十农家之经济及社会调查》，第 39—40 页。

这说明富农有更大比例的资金直接投入生产。

有的场合,中农贫农和富农在单位面积种子秧苗和农具、肥料费用支出方面不一定呈现明显的递增或递减趋势。但单位面积的农业收入和赢利是递增的。以东北三省30家农户为例。各类农户主要资金分配和赢利情况见表28①:

表28　东北三省30家农户每垧资金分配及赢利比较表

1922年　　单位:墨西哥银元

农户类别	经营总面积(垧)	每垧资金分配(部分)			每垧农业收入	每垧赢利
		种秧	肥料	农具		
富农(17户)	904.10	2.64	1.72	0.89	108.41	70.78
中农(3户)	60.00	2.65	3.03	1.26	100.88	63.25
贫农(8户)	53.40	2.03	2.85	2.85	93.28	21.91

注:30户农户,一户为地主,另一户贫农,全家4口,种租地4.8垧,大部分时间在外打短工,平均每垧农业收入340.53元。比其他农户高出2倍以上,疑其统计有误。这两户均剔除不计,故实为28户。

在这里,是另一种反比例,富农的肥料和农具投资少于中农和贫农,种苗亦不如贫农节省,但其单位面积农业收入高于中农和贫农,特别是单位面积赢利大大高于贫农。直隶盐山150家农户的经营情况也表明,田场愈大,人工、畜工、农具、建筑等的使用效率,相应增高,因而可以降低生产费用,使赢利增加。经营面积10亩以下的贫苦农民,每作物亩的工本为5.25元,赢利0.13元,而经营面积31亩以上的富农或富裕农民分别为4.24元和0.45元。②成本比前者降低19.2%,赢利比前者提高246%。金陵大学曾对

① 据《满洲农家之生产与消费》,第109—113页编制。

② 《河北盐山县一百五十农家之经济与社会调查》,第43—44页。

前述17处2866家农户的投资、成本、产量、收入、赢利、投资利息、人工畜工的工作效率等多项指标进行分组比较，最后得出结论说，大田场是“效能较大的经济单位”，“小田场殊不及大田场之有利”。①

所有这些，都从一个侧面反映出富农相对集中经营的某种优越性。

富农还是这一时期农村重要的商品生产者，是农产品商品的重要提供者。

在农产品的商品化过程中，富农凭借他在劳力、资金、技术和经营经验方面的优势，更有条件从事和发展商品性生产。不少商品性较强、收益较高的经济作物和园艺作物，比其他作物需要更多的劳力、资金、设备和技术，只有富农和富裕农民才能从事较大规模的生产。例如，果树的种植，不但年限长，资金回收慢，而且比一般粮食作物需要更多的劳力和技术，进行稍大规模的栽培，就需要雇用长工和短工。因此，一些地区的果树栽培往往为富农所垄断。据番禺10村的统计，富农果园用地为672亩余，占该类农户耕地面积的24.6%，而中农和贫农分别只有182亩和191亩多，各占该两类农户耕地面积的8%和6%。② 烟叶种植也一样。据当时调查者说，烟叶收益较大，普通每亩产烟可值30元，最多时达100元。“但成本很大，等到烟草采下来以后，必须用煤烤，煤是很费的。中等以上的农户才种得起烟，贫农种的很少。”③

有的仅仅由于收获期长，贫农就无法生产。如直隶定县高头村，有一种药材大黄，可利用瘠地种植，收益也比其他作物为高，但

① 卜凯：《中国农家经济》，第156页。

② 陈翰笙：《广东农村生产关系与生产力》，附录，第82页。

③ 国民党农村复兴委员会：《河南省农村调查》，附录，第120页。

须生长3年,方能收获一次,一般贫苦农民无空闲土地,又不能以3年后的收益来救燃眉之急,无法经营。所以,此种药材"非拥有多地之富农不能种"。①

有的则因种子多而贵,收成保险系数低,只有具备一定经济实力的富农才敢于种植。如东北地区,小麦和大豆是两种最主要的商品作物,小麦收益尤高。因此,当地富农和其他富裕农民种小麦多而种大豆少,贫苦农民则相反。

对直隶深泽梨元、南营两村的调查也表明:农户的生产目的和作物安排直接受到经营规模的制约:小田场主要种植自给性的谷子、番薯和蔬菜,而大田场除谷物、菜蔬自给外,"可有余力多种棉麦等商品作物"。②

富农出售农产品的品种、数量和比例都同贫苦农民有重大的差异。在东北北部地区,据说丰年,富农出售的小麦和大豆,常占全部收获量的80%,贫苦农民很少出售的玉米、高粱等,也占有一定比重。玉米的出售率约55%,高粱、杂豆约为45%,谷子、稷类分别为30%和20%,大大高于一般贫苦农民。上述70家农户中,各田场组平均每垧农产品的出售金额依次如下:15垧以下者35.7元,15—30垧者40.8元,30—75垧者86.3元,75垧以上者123.8元。③ 经营面积30—75垧和75垧以上的富农或富裕农民,每垧农产品的出售额比15垧以下的贫苦农民分别高出142%和247%。直隶清苑,据对前述500家农户的调查,出售农产品的富农占该类农户总数的79%,中农占77%,贫农和雇农分别只占

① 陈伯庄:《平汉沿线农村经济调查》,附件一,第15页。

② 韩德章:《河北省深泽县农场经营调查》,《社会科学杂志》第5卷第2期,1934年6月,第234、258页。

③ 《北满农业》,第193、198页。

49%和15%。从出售的品种看,富农主要是玉米、高粱、小米等大田粮食作物,而中农、贫农和雇农大多为菜蔬、瓜果等园艺或零星种植的作物。①

由自给性农业向商业性农业的转化,农产品的商品量和商品率的增长,农业生产专业化程度的提高和社会分工的扩大,是农业生产发展的重要标志,是农业和整个社会经济发展的必由之路。近代中国富农既是商业性农业发展的产物,又反过来促进了商业性农业的进一步发展,从而对近代农业生产和社会经济的发展起着一种推动作用。事实上,富农经济发展较快、在农业经济中所占比重较大的地区,大多是农业生产力水平和农产品商品化程度较高的地区。

第三节　农牧垦殖公司和资本主义中小农场

除了经营地主和富农经济外,采用近代资本主义企业组织形式的农牧垦殖公司和各式中小农场的兴起,也引起人们的注目。

甲午战争后,资本主义近代工业初步发展,新式企业不断涌现,但农牧业却呈现出停滞不前的状态。一些官僚士绅和改良主义者提倡革新图治,垦荒树艺,要求政府允许和鼓励绅民组织公司从事垦耕,"凡民间有独出资本,或纠合公司以大开耕植树艺","国家视其可行,则给以官地,略抵薄值,界其永业"。② 清王朝为了维持其统治,也不得不搞些"新政",调整传统的农商政策。所

① 张培刚:《清苑农家经济》下,《社会科学杂志》第7卷第2期,1936年6月,第253—257页。

② 何启、胡礼垣:《新政论议》,转见石峻主编:《中国近代思想史参考资料》,1957年,第204页。

有这些都为新式农垦企业的产生创造了条件。

一、农牧垦殖公司的兴起

农牧垦殖公司(通称农垦公司或垦牧公司),在形式上是一种仿照资本主义新式企业组织的一种农业企业,大多是股份制,规模较大,占地较多,但除少数雇工经营外,绝大部分仍是分散招佃收租。

创办这一新式农垦企业的尝试开始于19世纪80年代。首开其端者,为1881年创立于天津附近的沽塘耕植畜牧公司。但昙花一现,未成气候。[1] 新式农垦企业的大量出现,则开始于20世纪初的苏北盐垦企业,以及随之而来的其他地区的农业企业。

(一)苏北盐垦企业的发生发展

苏北沿海一带,是历史上有名的两淮盐场所在地。由于江河泥沙的淤积,千百年来,苏北疆域一直在不断变化,特别是15世纪末,黄河全流南下以后,滨海淤积面积增加更快。到清末民初,海岸线离宋代所修防御海潮的"范公堤"已有数十里乃至一二百里远。这些新涨的土地,初为不毛斥卤,但经雨水长期冲刷,土地碱性逐渐减退,野草滋生。同时,随着海岸东移,原有的盐场离海日远,产量日减。在这种情况下,煎盐灶民和附近贫苦农民开始私垦。到清朝末年,基于财政困难和其他原因,开始了苏北沿海盐区的放垦,1901年张謇创办的通海垦牧公司是其嚆矢。

苏北盐垦,其范围西起范公堤,东迄海滨;南自南通吕四镇,北

---

① 参见郑观应:《盛世危言》第6卷,第7页,第8卷,第42—43页,第11卷,第30页;又见汪敬虞:《唐廷枢研究》,第202—203页。

至涟水县灌河，总面积约1900万亩，占江苏全省面积三分之一强。① 据不完全统计，在上述区域内，再加上灌河以北赣海地区，1901—1927年间，先后成立的大小农垦和盐垦企业约有66家，有资本可查的44家，原定资本2376万余银元，实收2092万余元；有土地面积可查的61家，占地面积合计429万亩，已垦约169万亩。② 这期间苏北盐垦公司的发生发展，大致可分为萌动、勃兴和勉强维持三个阶段。

1. 萌动时期（1901—1913年）

进入20世纪，上海和长江三角洲地区，新式工业特别是机器棉纺织和面粉工业迅速兴起，对棉花、小麦等原料的需求增加，而苏北盐垦区适于棉花和小麦的种植。同时，清政府因支付赔款、举办"新政"，需款孔亟，企图通过苏北荒地的放垦，获得一些收入。这些无异是苏北盐垦企业的催生剂。1901年，张謇开办的大生纱厂已于两年前投产，"根基渐渐稳固，营业也渐渐有了起色，于是就立刻把眼光转到农垦上边去"，"实行他的第二步的农垦事业"。③ 他凭借政治势力，低价领得吕四一带沿海无主滩地12万亩，集资围垦，创立通海垦牧公司。原拟招股22万两，后因工程浩大，增股4万两，并以可垦之地招佃，征收押租4万两，凑足资本30万两，1911年又增至40万两（合56万元）。通海只垦殖而不制

① 江苏省垦殖设计委员会、中央大学农学院：《苏北滨海垦殖区沿海土壤研究报告》，1937年，第1页。

② 据江苏省垦殖设计委员会：《苏北滨海垦殖区各盐垦公司概况》有关各表；章有义：《中国近代农业史资料》第2辑，第348—349页；民国《阜宁县新志》第12卷，农业志，垦殖，第3页；孙家山：《苏北盐垦史初稿》，第35—37页；《江苏实业月志》第71期，第70—71页，1925年2月，综合统计页。

③ 张孝若：《南通张季直先生传记》，1930年，第75页。

盐。从1903年开始垦种,到1910年已垦地3万余亩。①

1903年,张謇又筹资2工万元,在吕四成立同仁泰公司,制盐兼农垦;1909年创办阜海开垦股份公司,资本额不详。

张謇作为创办新式工业的实业家,将一部分资本由工业转向农业,创办新式农垦企业,实行工农业并举的方针,这是一个有远大眼光的举措,对近代农业资本主义的发展也有某种促进作用。但是,第一次世界大战前,响应者尚不踊跃。直至1913年,除张謇外,苏北申办的垦牧公司只有2家:一是1905年沈云沛发起成立的海赣垦牧公司,资本30万两,计划招垦赣榆、东海、灌云三县交界的鸡心滩荒地②;二是1913年有人在灌云成立的大田垦牧公司。

2. 勃兴时期(1914—1920年)

辛亥革命后,清王朝封建专制统治被推翻,中国资产阶级开始登上政治舞台,开办新式企业的政治环境有所改善,北洋政府也把拍卖官旗地亩作为筹款的重要门路,并着手办理苏北盐区荒地的放垦。1914年成立"淮南垦务局",制定颁发(垦务章程),宣布范公堤内原额灶地草荡,范公堤外原额续升正余草荡,离海较远、卤气已淡的沙荡新淤及各盐场废婷、荒墩、仓基等,一律缴价放垦。③

《垦务章程》公布不久,第一次世界大战爆发,中国民族工业有了较快的发展,在一些城市和地区,出现了新式企业投资热。在这种形势下,投资盐垦的官僚地主和工商资本家也大大增加。苏北盐垦公司有如雨后春笋,遍地破土而出。1914—1920年的短短

① 李文治:《中国近代农业史资料》第1辑,第704页。

② 《东方杂志》,2年第7期,实业,光绪三十一年七月,第126页;俞训渊:《东海道区灌云县实业视察报告书》,《江苏实业月志》第10期,调查,1920年10月,第23页。

③ 据南京史料整理处档案,转见孙家山:《苏北盐垦史初稿》,第25—26页。

7年间，先后开办的盐垦公司达40余家，其中有名可稽的44家，相当于1901—1913年所建公司的11倍。由于社会上认股踊跃，资本来源亦较前充裕。当时不少人“几视垦殖事业为致富捷径”，若成立新公司，“只须有人号召，股本筹集立时可就”。① 一时间，整个盐垦区呈现一派繁荣景象。在这股盐垦投资热中，张謇及其家族更是一马当先。据不完全统计，1914—1920年间创办的44家盐垦公司中，张謇及其胞兄张詧、子张孝若独办或与他人合办的达13家。

1914年，张詧创办大有晋公司，成立资本50万元（1922年增至80万元），土地包括原来南通州的三个制盐区，共26万余亩，兼行垦殖和制盐。1916—1920年，又相继创办大豫、大赉、大纲、大丰、中孚、遂济等6家垦牧公司。其中大豫、大赉原定资本分别为150万元和80万元，各有土地48万亩和13万亩，到20年代中，据说已分别投资369万元和163万元，分别垦地13万亩和6万亩。大丰是苏北盐垦区投资最大、占地最多的盐垦公司，成立于1919年，原定资本195万元，有地85万亩，到1925年，实际投资446万元，垦地20万亩。张謇、张孝若父子参与创办的盐垦公司主要有华成、大佑、新通、泰和、通遂、海丰、新南等7家。有些公司，原来不是张謇家族所办，后来也转到了他们手中。

除张謇家族外，其他一些官僚地主和商人，也在苏北争创盐垦企业。据不完全统计，有名可稽的有31家。但大多规模较小。其中规模稍大的有华丰、福记、东兴、泰源、合德、阜余、大新、成丰、通益等，各有资本数万元至数十万元不等。此外则多为小公司，有的仅有资本数千元，土地数千亩至数万亩，且多未开垦或改良。只是

① 张保丰：《淮南垦殖的过去与未来》，《新中华》第3卷第24期，1935年12月，第25页。

将土地低价买进,以便将来卖给大公司。

这一时期不仅创办的盐垦企业数量多,新开的盐垦公司占1901—1927年有名可稽66家公司的三分之二,而且规模比较大,在30家有资本可稽的公司中,资本额在50万元以上的有9家,其中5家超过100万元。30家资本总额为16164750元,平均每家达538825元。在31家有土地面积可稽的公司中,占地10万亩以上的18家,其中7家超过30万亩。在垦殖方面稍有建树的,除通海外,也都是这一时期创办的。

3. 调整和勉强维持时期(1921—1927年)

第一次世界大战结束后,西方列强卷土重来,日本侵略势力更是大肆扩张,中国民族工业的"黄金时代"很快成为过去,苏北盐垦企业投资热也随之消失。1919—1920年曾出现盐垦公司开办高潮,两年中共新办公司27家,但1921—1927年的7年间,新开办的公司仅7家,还不到1920年一年所开办公司的三分之二。① 而且有5家是由原有公司改组或分离独立出来的。如分别成立于1922年和1926年的裕华垦殖公司及成丰垦团,原来都是大丰的一部分。守耕堂原以土地参加大佑公司垦辟,垦成后即分地独立门户,庆丰仓是从阜通公司分离出来的。另有调查说,张孝若于1921年开办的新农公司是由张謇的新南公司改组而成。② 因此,这期间真正新成立的公司实际只有2家。

---

① 当然新公司的开办,受到多种因素的制约,其中一个重要因素是荒地数量。由于可垦荒地不断减少,新公司不可能无止境地增加。不过这一时期新开公司骤然减少,并非无荒可领,因为直至解放前夕,两淮未放领荒地尚有1400万亩(参见全国水力发电工程总处:《苏北盐垦区说明及初步调查建议》,1949年油印本,第5页)。

② Chinese Economic Bulletin,第151号,1924年1月12日,第11页。

原有的公司则大多处于勉强维持、苟延残喘的状态，有的甚至名存实亡。

前一阶段由于社会上一些人视盐垦为致富捷径，一哄而起，成立公司过多，许多公司规模过大。因此，各公司无不面临资金短缺的困境。一些公司因大量争购土地，大部乃至全部股本被用于支付地价，根本无余资进行围堤、开渠、排碱、垦地等垦殖活动，因而普遍处于停顿状态，或仅靠制盐获利；严重的则靠借债度日，并靠变卖地产偿债。1923 年有调查说，为了还债和改善灌溉系统，华成、大纲、大豫、新南等淮南盐垦公司，都准备变卖地产。① 同时，由于缺乏统一规划，尤其是各公司为扩充地盘，争购土地，以致各公司之间，公司同民户之间，土地犬牙交错，互相牵制，不断发生地权纠纷，有的甚至对簿公堂。所有这些，都直接阻碍着公司围垦和其他经营活动的顺利进行。

（二）其他地区垦殖公司的产生

1901 年通海垦牧公司成立后的一段时间，虽然在苏北盐垦区未立即掀起公司投资热，但在苏南和其他一些地区，却引起了很大的反响，接踵仿效者数以百计，大大小小的垦殖公司和农林股份公司纷纷涌现，创办公司很快成为一种时髦，各类垦牧公司数量逐年增加。据不完全统计，1902 年只有 4 家，1904 年增至 8 家，1908 年为 17 家，到 1912 年，全国登记注册的各类垦牧公司已达 171 家，已缴资本 635 万余元。1919 年的已缴资本额为 1247 万元，相当于 1912 年的 2 倍。② 不过这些出自北洋政府农商部的统计，并

① Chinese Economic Bulletin，第 132 号，1923 年 9 月 1 日，第 6 页。

② 李文治：《中国近代农业史资料》第一辑，第 697 页；章有义：《中国近代农业史资料》第二辑，第 339 页。

不完全可靠。

从地区看,这一时期的垦牧和一般农业公司主要分布在商业性农业比较发达的沿海省份和农业新垦区。

江苏苏州、松江、太仓、常州、镇江、江宁地区,浙江杭州、嘉兴、湖州、绍兴、温州、严州地区,商业性农业和城乡商业比较发达,又是原太平天国起义地区,由于战争的影响,直到20世纪初,仍有相当数量的荒地荒山未被垦辟。垦殖公司首先在这些地区发展起来。

在苏南,苏州商人朱文瀚等集股2万元,1908年在浒墅关创办永利垦牧公司;同年,又有绅商筹股16万元,购地3.3万余亩,组织垦牧公司,并附设蚕事试验场。① 在松江,商会议员姜望溪等集股创办兴纶蚕桑公司,开垦城内外闲荒,种桑养蚕。② 上海、川沙、宝山、青浦一带,也先后有官僚、绅商、工业资本家招股开办垦牧和农业股份公司,上海有穑宝、三大、通海、蘖生等公司;宝山早在1903年就有粤商开办畜牧公司,集股万余元,圈地30余亩,饲养鸡鸭,兼种棉花、蔬菜;青浦则有利农公司。③ 常州、镇江、江宁各地,更是垦牧公司最集中的地区,而且其中有一部分公司规模较大。如宜兴的阳羡垦牧树艺公司,溧阳的吉金树畜公司、溧阳垦牧树艺公司,镇江的大有农业公司,镇江、江宁的宁镇实业垦牧公司,金坛的茅麓明农公司,句容的浮麓公司等,各有股本数万元乃至数百万元,土地数千亩至数万亩。如阳羡有股本10万元(实收5万

① 《申报》,光绪三十四年四月十五日,又同年十二月二十四日。

② 《东方杂志》,3年第12期,光绪三十二年十一月,第233页。

③ 《农商公报》第66期,选载门,1920年1月,第2页;民国《宝山县续志》第6卷,实业志,农业,第4—5页;《申报》1907年1月20日,又同年1月23日。

元），吉金有股本10万元，土地2万亩，宁镇更计划招股500万元，全面垦发江宁、镇江闲旷荒地。①

在浙江，杭州商人张文熊等于1910年发起创办和济树畜公司，领垦原乍浦旗防营地；商人孙祖培等集股设立豫丰农商股份公司。② 嘉兴有当地资本家创办的植物公司，还有一家规模不小的畜牧园艺公司。③ 在湖州德清县，1909年有人申办公司，改良栽桑养蚕方法，振兴蚕业。次年，长兴县有绅商开办原生垦荒有限公司，集股万元，垦山造林。④ 慈溪、鄞县、宁海、临海、乐清、永嘉等沿海各县，都有人兴办垦牧企业。1908年，慈溪有名为"奋兴大会"的树艺畜牧公司的创立，1906—1908年间，鄞县相继有永裕垦务、钱湖实业等3家垦牧树艺公司的开办。⑤ 1908年，台州地区有人创办台州垦牧有限公司，招民垦辟临海、宁海、黄岩、太平（温岭）4县沿海滩涂。温州有人集股2万元，创立温州垦务有限公司，开发瑞安、平阳、永嘉沿海山区和海上岛屿荒地。⑥ 在严州、衢

① 《农商公报》第69期，选载门，1920年4月，第4页；《申报》1907年2月23日，又1905年12月9日；《大公报》，宣统二年六月二十六日；《东方杂志》，3年第6期，实业，光绪三十二年六月，第131页。

② 《申报》1910年1月23日，又同年6月26日；《安徽实业报》第4期，宣统元年九月初十日，第8页。

③ Chinese Economic Bulletin，第8卷第262号，1926年2月27日，第118页，又第39号，1922年8月26日，第7页。

④ 《农工杂志》第4期，宣统元年四月，第85页；《申报》1910年1月30日。

⑤ 《东方杂志》，5年第4期，光绪三十四年四月，第65页，又3年第10期，实业，光绪三十二年九月，第192页，又4年第4期，实业，光绪三十三年四月，第82页。

⑥ 《东方杂志》，5年第4期，光绪三十四年四月，第65—66页；《申报》1908年5月27日。

州等浙西山区,也有开办垦牧企业的活动。早在 1905 年,严州就有回国留日学生与当地绅富动议集资 10 万元,设立垦牧公司,采用新法发展种植和畜牧事业;常山、开化也先后有垦牧公司和林业公司的创办。①

在江浙地区,开办垦牧公司的除本地官僚绅商外,还有华侨商人。前述计划兴办的宁镇实业垦牧公司,即主要由南洋华商梁祖禄、蔡碧川等发起和集股投资。另外,侨商吴作镆曾计划集股墨银 100 万元,创办浙江全省农业公司。②

地处华南亚热带的闽粤两省,商业性农业尤其是水果商业性生产比较发达,又是出国华侨集中地,资金来源比较充裕,垦牧公司的发展也比其他地区来得更快。

在福建,早在光绪宣统之交,即有人倡导垦牧公司的成立。1905 年,陈鼎元集股 3 万元,在厦门创办畜牧公司,饲养牛羊鸡豕。③ 这可能是福建最早的垦殖公司。次年,著名茶区顺昌,教谕高登鲤,“以开辟地利,提倡垦务自任”,招集股本 1.5 万两设立顺昌垦务公司;刘悦岩等集资 5 万元,在闽县创办广福种植公司,租买荒地,种植树木。④ 1909 年年初,漳州绅富集资 10 万两,发起组织漳州垦牧公司,拟仿西法栽培洋种果树。⑤

进入民国后,“因为提倡国货、振兴实业的口号在政府和民众

---

① 《东方杂志》,2 年第 7 期,实业,光绪三十一年七月,第 127 页;《申报》1908 年 8 月 2 日;《中外经济周刊》第 216 号,1927 年 6 月 18 日,第 38 页。

② 《申报》1910 年 6 月 5 日,又 1911 年 1 月 11 日。

③ 《农工商部统计表》第 2 册,农政,第 25 页。

④ 《东方杂志》,3 年第 8 期,实业,第 169 页;《农工商部统计表》,农政,第 31—35 页。

⑤ 浙江《农工杂志》第 2 期,宣统元年二月,第 101 页。

间影响颇大,福建省内农垦公司接连出现”。据1916年的不完全统计,全省主要的农垦公司共有16家。从地区看,这些公司大部分集中在厦门附近和闽南地区。① 在福州周围和闽北地区,也先后建起了一批垦殖公司。这些公司主要植茶造林,时间则多在1914年以后。20年代末有调查说,1914年以后,福建地方政府和民众,渐感木材缺乏,提倡造林。1917年又颁发《福建推广造林章程》,奖励官民植树。在这种情况下,各种垦殖造林公司“相继创办。极为一时之盛”。仅闽侯一县,即有东范林业公司、森林模范场、震东垦殖公司、启东林业公司等数家。只是好景不常,1918年后,由于战争频仍,社会动荡,盗匪猖獗,“山野之区,半为匪窟”,各造林公司随即衰落。②

广东地区的商业性农业比福建发达,投资侨商更多,垦殖公司的创设更胜于福建。

早在光绪末年,从潮汕、惠州、广州到雷州、廉州、钦州沿海一线,就有各类垦殖公司的成立。雷州半岛南端徐闻,先是邑绅杨廷桂等领垦荒地,嗣因经费不济,于1905年招股集资设立东兴农牧公司,资本50万元。③ 1907年,广州海外垦牧渔业公司、潮州兴利公司、钦廉开垦公司也相继成立。④ 到宣统年间,垦殖公司开始在海南岛出现。最早是侨商开办的橡胶种植公司。1910年,南洋侨商何麟书从南洋带回胶树种子和秧苗,在安定县开设琼安公司,辟地250亩,试种成功。内地商人随即仿效,新的橡胶种植公司接踵

① 日本外务省通商局:《福建事情》,1917年,第139—141页。

② 国民党政府铁道部财务司调查科:《京粤线福建段福州市县经济调查报告书》,第75页。

③ 《东方杂志》,2年第7期,实业,光绪三十一年七月,第127页。

④ 《东方杂志》,4年第2期,实业,光绪三十三年二月,第49—50页。

成立。那大的侨植公司、石壁市的南兴公司、加赖园的茂兴公司、铁炉港的农利发公司等,都从南洋购种栽培,获得成功。不久又发展到东沙群岛。但该岛一度被日本占据,采取磷肥和鸟毛,获利甚丰。后几经交涉,始得赎回,迭次饬令招人承办,迄无效果。1913年方有南洋侨商陈武烈,组织公司,雇请内地工人前往垦辟。①

第一次世界大战和20年代前后,沿海一线的垦殖公司进一步增加,并逐渐扩展到粤北山区。珠江三角洲地区,这一时期成立的垦殖公司很多:仅香山就有大星畜植有限公司和植益、同兴、香山农业等多家公司。香山农业公司的资本达16万元,备有总容量200万担的米仓两座。② 新会有合股造林公司,东莞有林业振兴公司,番禺有植牧公司。宝安也在1925年建立了裕民垦牧公司。③广州城内则有岭南农业公司,主要饲养乳牛,生产乳制品及其他食品。据1926年的记载,广州共有牛奶公司5家。④ 在海南琼州,1920年前后,香港华商曾同地方当局合作,计划成立"广东爱国垦牧股份有限公司",资本200万元,发展造林和其他事业。⑤ 1923年,广州商人也在那里创办了亨义实业公司,种植橡胶、咖啡和椰子。⑥

广东内地和北部山区也相继建起了一批垦殖企业。从化早在

---

① 《集资开辟东沙岛》,《直隶实业杂志》第14期,杂俎,1913年6月,第2—3页。

② 章有义:《中国近代农业史资料》第二辑,第352页。

③ Chinese Economic Bulletin,第8卷第265号,1926年3月20日,第160页。

④ Chinese Economic Bulletin,第8卷第269号,1926年4月17日,第202—204页。

⑤ Decennial Reports on the Trade,1912—1921年,第2卷,琼州,第317页。

⑥ Chinese Economic Bulletin,第142号,1923年11月10日,第8页。

宣统时即有人组织公司，承垦荒山，从事农林牧业。中间一度停歇，至1918年又有人再组公司接办①；始兴则有罗坝象山、成城乡联兴、杨公岭茂兴、兴仁里陈氏、流田水群兴、新村维新等造林公司数家，“或种杉，或栽松，颇著成效”。和平县大碓坑地方，1927年也曾建有养鸡公司一处。②

估计广东全省，先后成立的各类垦殖公司，当在100家以上。

察哈尔、绥远和奉天、吉林、黑龙江等农业新垦区，是另一个垦牧公司比较集中的地区。

察哈尔绥远地区，早在1902年，垦务大臣贻谷即主持成立了官商合办的垦务公司，额定股本12万两，官商各半。公司章程规定对所领荒地采用自垦和招佃两种方式，不过实际上并未垦地，只是垄断和包揽对荒地的转放。③ 辛亥革命后，官绅和商人资本的垦殖公司大量涌现。1911年成立的华兴垦牧公司，有资本20万元，承领察哈尔多伦附近土地，从事农牧业经营。④ 1916年，张家口某富绅联合蒙古王公集资，发起成立张家口垦牧公司，计划承领张家口外荒地4000顷，就地招民从事垦牧。⑤ 这期间察哈尔地区创办的垦牧公司还有惠丰、丰裕、京汉实业、宝丰、华裕、大陆、兴业、顺成、务本、立本等。这些公司大多领有荒地1万至数万亩不等。如宝丰、实业、兴业各有土地8万亩；顺成4万亩；大陆2万

① 广东大学农科学院：《广东农业概况调查报告书》，1925年，第234—235页。

② 中山大学农科学院：《广东农业概况调查报告书续编》上卷，第252页。

③ 李文治：《中国近代农业史资料》第一辑，第822—836页。

④ Chinese Economic Monthly，第1卷第6期，1924年3月，第11页。

⑤ 《农商公报》第24期，选载门，1916年7月，第35页。

亩;务本、立本各有土地1万亩。①

在绥远,大地主王同春联合张謇、张相文,于1915年发起成立西通垦牧公司,由王同春拨地10.8万亩,张謇、张相文各出活动资本2000元,从事土地开发。② 1923年,徐世昌主持成立了有注册股本1000万元的天赉公司;从事察绥和内蒙古地区的土地及畜牧开发③;金晓峰等以200万元资本组织了集成实业公司,计划兼营土地垦殖和工业企业。④ 在这前后,山东人成立了中华垦殖公司,并从家乡招来300名随带家小的农民,准备开垦五达召的3万亩土地;由王鸿一组织的山东另一家公司,也领到8万亩荒地,以供山东移民开垦。⑤ 绥远有不少垦殖公司集中在阴山南麓的陶林一带。仅1923—1926年间,在该地成立的大型垦殖公司即有大有丰、大陆、大成、大北和永大5家。这些公司大多是由孔祥熙、武尧卿、乔普霖等山西籍官僚富商主办的。据调查,这5家公司共领有土地18万亩。有的已经购备拖拉机,开始垦种,并取得了较好的效益。⑥

东北地区创办垦牧公司的活动,在光绪末年就开始了。1904年,兵部郎中李原祐筹集股银60万两,奏准成立盛京天一垦务公司⑦,这可能是东北地区首家垦牧公司。1906年,开原县知县王佑

---

① Chinese Economic Bulletin,第143号,1923年11月17日,第9页。

② 顾颉刚:《王同春开发河套记》,第18页。

③ Chinese Economic Bulletin,第122号,1923年6月23日,第6页;《申报》1923年6月4日。

④ Chinese Economic Bulletin,第130号,1923年8月18日,第6页。

⑤ Chinese Economic Bulletin,第183号,1924年8月23日,第12页。

⑥ 《陶林县西北地方之垦殖公司》,《中外经济周刊》第156号,1926年4月3日,第48页;Chinese Economic Monthly,第2卷第12期,1925年9月,第11—12页。

⑦ 《申报》1905年3月6日。

臣集股组织务本实业有限公司，以振兴该县农牧业。1908 年镇安县曾计划招商组织牧养公司，价领官荒 6 万余亩，“兼种兼牧”。①同年，旅美华侨陈某在黑龙江汤旺河购得荒地数井，联合同乡同族创办兴东公司，计划招股 20 万元，自备火犁垦荒；布特哈总管福全齐与城内绅商集股 10 万两，创设瑞丰火犁公司，置备火犁、割麦机等农机具，专代佃户垦荒收割。② 吉林也曾有人提出，仿照黑龙火犁公司办法，在省城集股创设垦种公司。又有人申请设立垦务有限公司，“专收商股，不收外股”。但吉林巡抚以该申请“迹近垄断”，未予立即批准。③ 直到 1910 年，吉林才出现首家垦牧公司，即长岭县天利农林蚕牧股份有限公司。④

北洋政府时期，东北地区的垦牧公司数量进一步增加，并开始了专业化和机械化经营。在奉天，1913 年有人集股 1.6 万元，在北陵附近设立溥丰农业公司，试种水稻⑤；在铁岭和法库两县交界处则有铁法稻田公司的创办。⑥ 吉林长春城北的种稻公司和宁安的东北垦牧公司，也都是栽培水稻。⑦ 黑龙江则建起了一批机械化的垦殖公司。如创立于 1915 年的呼玛三大公司（因最初为三人

---

① 《东方杂志》，3 年第 8 期，实业，光绪三十二年七月二十五日，第 168 页；《申报》1908 年 7 月 16 日。

② 《东方杂志》光绪三十四年第 4 期，第 61 页。

③ 《大公报》1908 年 5 月 26 日，又 6 月 13 日。

④ 东清铁路商业部编著，大河原厚仁译：《满洲富源——吉林省》，1917 年，第 158 页；《大公报》1911 年 8 月 8 日，8 月 10 日，8 月 12 日，8 月 13 日，8 月 14 日，8 月 16 日。

⑤ 《农林公报》2 年第 14 期，调查，1913 年 7 月，第 23 页。

⑥ 民国《铁岭县志》第 8 卷，实业，第 8—9 页。

⑦ 《农商公报》，第 2 卷第 3 册，第 15 期，选载门，1915 年 10 月，第 19 页；民国《宁安县志》第 3 卷，商业，第 2 页。

合伙,故名),资本60万元,土地3.6万亩,备有7台大型拖拉机、8台播种机、8台割禾机、3台打谷机、3台大型犁等农机具。1916年设立于绥滨的农业公司,1926年设立于泰来的泰东公司,也都备有拖拉机等农业机械。其中泰东公司有事业费15万元,经营的8.7万亩土地中,900亩完全实行机械化耕作。① 东北三省中,以黑龙江的垦牧公司数量最多,规模最大。据不完全统计,1913—1926年间,黑龙江先后设立的垦牧公司有16家,占有土地202万余亩,平均每家公司12万余亩,最大的如绥滨的火犁公司和广信公司,分别有57万亩和45万亩。②

除上述两类地区外,在其他各省,也都数量和规模不等地相继建起了一批垦牧公司。如广西,先后建起了数十家以垦山造林为目的的垦荒公司。据当地政府报告,1927年以前全省共发放荒地113处,其中72处被公司领垦,共领荒地约7000方里(合315万亩),平均每公司近4.4万亩。72家公司中,除12家资本不详外,其余60家公司共有资本100万元,平均每家1.6万余元。投资万元或万元以上的有34家,最大一家公司投资12万元。栽种树种除松杉等普通林木外,也有的从事油桐、茴香、肉桂等特种经济林的栽培经营。③ 另据调查,广西全省有农业垦殖公司100多家。④ 安徽早在1899年,即有商人招股创办宣城咸育垦务公司,购垦圩

① 章有义:《中国近代农业史资料》第二辑,第359—360页。

② 孙占文:《黑龙江省史探索》,1983年,第289—290页。

③ 广西省立师范专科学校:《广西农村经济调查报告》,1934年,第55—57页;Decennial Reports on the Trade,1912—1921年,第2卷,南宁,第302—303页。

④ 薛雨林、刘端生:《广西农村经济调查》,《中国农村》,创刊号,1934年10月,第73页。

荒5000余亩。[①] 1905年又有贵池垦务、芜湖利农两公司的创立。[②] 此后到20年代初,先后成立的大小垦殖公司约有10多家,分布在休宁、泾县、宣城、繁昌、芜湖、安庆、当涂、滁县、全椒、绩溪、凤台等10余州县。其中规模最大的是分别于1923年和1925年设立的繁昌垦殖和当涂华兴垦务两公司。前者计划开垦一片10万亩以上的低洼草地,后者有资本40万元,计划垦地8万亩。[③] 江西、湖南、湖北、四川、贵州等省,也都创办了若干垦殖公司。在地区上,有的已经从汉族地区扩展到某些少数民族地区。1913年,王荣廷等10人"集股数百",在四川马边租垦兄弟民族荒地,发展边地农务。[④] 这一地区同期开办的还有雷(波)马(边)屏(山)垦殖公司和(崇)宁雅(安)邛(崃)拓殖公司。[⑤]

在北方的山东、直隶、河南、山西等地,也有若干官绅商人投资开办垦牧公司。1908年,山东登州劝学会集股1200串,创办树艺公司。[⑥] 同年,有人发起成立崂山森林公司,因集股不齐,公司停顿,到1911年,经理换人,公司面貌改观,股本很快增加到5万元,经营的林地扩大到4.5万亩。[⑦] 山东的垦牧公司中大部分是造林公司。据1931年的调查,仅临沂一县,即有森林公司6家。[⑧] 全省较大的森林公司,除上述崂山外,还有高苑清河、新泰两恒、莒县

---

① 《安徽实业报》第6期,宣统元年十月初十日,第11页。

② 《申报》1905年3月2日,又同年3月10日。

③ Chinese Economic Bulletin,第135号,1923年9月22日,第6页,又第8卷第256号,1926年1月16日,第36页。

④ 《直隶实业杂志》第14期,杂俎,1913年6月,第1页。

⑤ 《农林公报》,2年第4期,报告,1913年2月,第24—25页。

⑥ 《东方杂志》,4年第4期,光绪三十四年四月,第62页。

⑦ 民国《胶澳志》第5卷,食货志,林业,第19页。

⑧ 山东省政府实业厅:《山东农林报告》,1931年,第439—440页。

森大、德平广利、恩县知兴、禹城森林、蓬莱天元、临朐广业、黄县大有、临沂厚生等 10 家。① 直隶垦殖公司的兴起开始于光绪末年,首家垦殖当属 1907 年设立于天津的北洋种植园。在这前后成立的还有天津小站的福兴垦务公司。② 位于天津和大沽之间的另一家垦殖公司,据说有 5.7 万亩耕地和完善的灌溉系统。③ 1920 年,邱润初等 50 余人发起组织华北垦牧公司,在北京南苑等处购租土地,并有燕京大学校长司徒雷登(美国人)为之“参赞一切”,聘用美国技师,全部照搬美国方法。④ 此外,北京、正定等地还先后办起了若干专门从事植棉、养鸡、养蜂的公司。河南最早的垦殖公司是 1905 年成立的溥利公司,有股本 2.5 万两。⑤ 次年,汝州商人汪某,集股 10 万两,开办植树公司,利用汝州、洛州一带旷地,种植果树和建筑用材树。⑥ 此后直至 20 年代初,又先后有祥符、富华、振业、三星,遂平大利永和安阳植棉等数家垦殖公司成立。安阳自 1919 年河南实业厅发放美棉种子后,先后有两三家植棉公司问世。其中一家系广益纱厂经理袁心臣与当地人马绍庭合作,集资 10 万元组建,有土地 50 顷,凿水井 100 余口,购水车 30 余架,专植美棉。⑦ 此外,

---

① Chinese Economic Bulletin,第 134 号,1923 年 9 月 15 日,第 4 页;《山东农林报告》,第 439 页;《农商公报》第 81 期,政事门,1921 年 10 月,第 9 页。

② 《安徽实业报》第 2 期,宣统元年八月,第 8 页;《申报》1911 年元月 22 日。

③ Decennial Reports on the Trade,1912—1921 年,第 1 卷,天津,第 155 页。

④ 《中国实业新报》第 11 期,1920 年,第 7 页。

⑤ 《申报》1905 年 3 月 12 日。

⑥ 《东方杂志》,3 年第 10 期,实业,光绪三十二年十月,第 192 页。

⑦ 民国《续安阳县志》第 3 卷,地理志,物产,第 13 页,又第 7 卷,实业志,第 1 页。

在豫南信阳，20 年代前后，办起了一批茶庄，开辟荒山广种茶树。① 山西垦殖公司的数量很少，从一些资料反映的情况看，仅有沁县一家家禽饲养场和晋北富有牧畜公司、文水光农牧羊场 3 家。而且规模很小，如家禽饲养场仅有鸡 1500 只，光农牧羊场只有资本千余元。②

二、中小型资本主义农场的出现

在各地股份制垦牧公司普遍兴起的同时，一些地区独资或合伙形式的中小型资本主义农场、果园、饲养场也大量涌现。

从地区分布看，这部分中小农场大都集中在通商口岸和城市郊区，以及部分商业、交通和社会经济比较发达的地区。经营范围主要是特种经济技术和园艺作物的栽培，以及家禽家畜、蜜蜂和淡水鱼等的饲养。

上海郊区、太湖流域和长江、钱塘江三角洲地区，是中小型农场、饲养场、蜂场、果园和营利性花园等最为集中的地区。

随着对外贸易、国内商业、近代工业和轮船、铁路交通运输的发展，上海、苏州、南京、无锡、杭州等的城市规模迅速扩大，城市人口增加，外国侨民及其流动人员的数量也与日俱增。各城市对肉、禽、蛋、乳和蔬菜、水果、花卉等的需求不断扩大，作为农民家庭副业所提供的上述副食品，在品种、数量上都已无法满足市场需要。至于外国侨民所需要的牛奶、奶制品和某些蔬菜、水果、花卉，还尚

---

① 《信阳植茶之成绩》，《中外经济周刊》第 137 号，1925 年 11 月 7 日，第 41 页。

② Chinese Economic Bulletin，第 162 号，1924 年 3 月 29 日，第 11 页；《中外经济周刊》第 80 号，1924 年 9 月 20 日，第 36 页，又第 107 号，1925 年 4 月 11 日，第 42 页。

未进入传统小农的家庭副业生产。在这种情况下,一批以专供城市市场需要为目的的中小型综合农场或专业农场、饲养场等应运而生。

早在1884年,即有人在宝山殷行开设牧场,饲养大约20头奶牛,将牛奶卖给停泊在松江的外国兵舰。四五年后因兵舰停泊不常,销数渐减,牧场几至歇业。到20世纪初,因铁路通车,运输便捷,江湾南境又多外国侨民,牛奶销售已不限于外国兵舰,营业又渐见发达。① 不仅如此,新的牧场、饲养场接踵问世。1903年,一名广东人在江湾创设畜植公司,集股万余元,圈地30余亩,专养鸡鸭,兼种棉花、菜蔬;1916年,又有福建人在彭浦开办江南养鸡场,集股3万元,圈地27亩,仿照德国鸡场式样建筑铁网鸡场及新式鸡舍百余间,畜鸡万余只,多为洋种。并建有牛棚,计划养牛。② 到20年代初,宝山邻近上海一带,已是"畜牧公司林立,畜牛及养鸡者,日多一日"。③ 20年代中后期又出现了一个创办鸡场的热潮,1925—1928年间,每年都有一家新鸡场问世。除了畜牛养鸡,宝山各地还有专行养鸭者,每年约产鸭数万只,专供上海各菜馆之用④,其间亦不乏类似养鸡场的资本主义性质的鸭棚产生。上海东郊川沙,也在20年代初建起了两家畜牧场,即分别创设于1921年和1923年的大丰畜植试验场和泳源畜植场。两场除畜鱼牛鸡豕外,还兼种棉桑蔬果。⑤ 据不完全统计,宝山、川沙等上海郊区,到20世纪20年代后期,共先后建有资本主义中小型畜牧场或饲

① 民国《宝山县续志》第6卷,农业,第4页。
② 民国《宝山县续志》第6卷,农业,第4—5页。
③ 《江苏省农业调查录》,沪海道属,1924年,第49页。
④ 民国《宝山县再续志》第6卷,农业,第2页。
⑤ 民国《川沙县志》第5卷,实业志,第36—37页。

养场9家,见表29。

以经营蔬菜、果树和花卉为业的中小农场、果园、花园数量更多。在宝山,因菜圃获利视农地为丰,县城内外以种菜为业者甚多,到20世纪初,杨行、江湾、彭浦、真如等乡,业此者亦复不少。其中有的就是资本主义的中小农场。如成立于1909年的金氏农场、1918年的江苏农场、1925年的管生农场,各有地30余亩至40余亩不等,都主营或兼营蔬菜,用汽车运售,供应上海市场。① 上海、川沙两县也有经营蔬菜的资本主义农场。20年代初,穆湘瑶和农学博士葛敬中创办于上海杨思乡的东大蔬菜农场,资本2万元,租用土地180余亩,并准备扩充到300余亩,共有雇工40余人,专种洋种蔬菜瓜果,使用化学氮肥,"栽壅悉用西法,收获最早,为市上时鲜最"。租界各菜市均有承销贩卖部,据说"侨沪西人,咸乐于购食"。② 这在集约型的蔬菜农场中,可能是经营规模最大的,也是较为成功的。

表29　上海郊区(宝山、川沙)中小型畜牧场、饲养场示例

1884—1928年

名称	成立年份	地址	创办人	面积(亩)	经营范围	年产量
陈森记牧场	1884	宝山殷行	陈森记		乳牛约20头	日产乳30余磅
江湾畜植公司	1903	宝山江湾	粤人某	30余	养鸡鸭,兼植棉、蔬	

① 民国《宝山县再续志》第6卷,农业,第1—2页。

② 张益三:《上海县纪略》,《江苏省农业调查录》,沪海道属,1924年,第4页;民国《上海县志》第4卷,农工,第4—5页。

续表

名称	成立年份	地址	创办人	面积(亩)	经营范围	年产量
江南养鸡场	1916	宝山彭浦	何拯华	27	养鸡万余只	每只鸡年产卵160枚
大丰畜植试验场	1921	川沙高昌乡	陈有容等	20余	养鱼鸡牛豕兼种植	
泳源畜植场	1923	川沙	黄琮等		养鱼,植棉、桑、蔬	
彭浦养鸡场	1925	宝山彭浦	林泽民	4	养洋种鸡	蛋万余枚
德园鸡场	1926	宝山江湾	黄中成等	15	养白色单冠来亨鸡	雏鸡5000只
品园	1927	宝山彭浦	沈创明等	4	养洋种鸡	雏鸡百余,蛋千枚
高氏农场	1928	宝山夜12图	高伯俊	10余	养洋鸡、蜜蜂	700元

资料来源:据民国《宝山县续志》第6卷,第4—5页;民国《宝山县再续志》第6卷,第2页;民国《川沙县志》第5页,第36—37页。

同时,也有不少农场专营或兼营果园、花圃。宝山的勤益果园、维亚农场、殷氏桃园、寿星农场,川沙的南洋公司,上海县的南华园、小离垢园等,相继成立于20年代以前,专种各种桃、杏、梅以及葡萄等。自有土地75亩的川沙顾氏植物园,则专种杉木、香樟、松树等用材乔木。① 这些农场、果园的创办和经营情况,详见表30。至于营利性花园,数量更多,据不完全统计,1895—1927年间,上海、郊区先后创办营利性花园或花卉试验场147处,各投资

① 民国《宝山县续志》第6卷,农业,第5页;民国《宝山县再续志》第6卷,农业,第1—2页;民国《川沙县志》第5卷,实业志,第37页;民国《上海县志》第4卷,农业,第5页。

数百元至一两万元、占地一二亩至八九十亩不等，均以种植和出售观赏花木、花卉为业。①

表 30　上海郊区资本主义中小型农场果园举例

1909—1927 年

名称	成立年份	地址	面积（亩）	创办人	经营种类	年产量
金氏农场	1909	宝山真如	30 余	金颂声	洋种蔬菜、花木、棉、稻	400 元
江苏农场	1918	宝山真如	30 余	徐友青	树木、球根植物	6000 元
维亚农场	1919	宝山大场	不详	胡维亚	果树	
东大蔬菜农场	1924 年以前	上海杨思乡	200 余	穆湘瑶等	洋种蔬菜、瓜果	
顾氏植树场	1923	川沙八团	75	顾氏	杉、松、樟、杏、柏	
殷氏桃园	1924	宝山吴淞	8	殷兆麟	桃、葡萄、杏、梅	3200 斤
管生农场	1925	宝山真如	40 余	陈应谷	花木、蔬菜	5000 元
寿星农场	1926	宝山彭浦	15	德和公司	桃	700 担
南洋公司	1925	川沙三王庙	6 亩余	顾济白	桃	出品推销甚广
南华园	1923	上海 21 图、31 图	20	刘东海等	水蜜桃、除虫菊	
小离垢园		上海 28、29 图	12	刘李平	桃、桑	

资料来源：据民国《金山县再续志》第 6 卷，第 1—2 页；民国《川沙县志》第 5 卷，第 37 页；《江苏省农业调查录》，沪海道属，第 4 页；民国《上海县志》第 4 卷，第 5 页综合编制。

---

① 据上海市社会局：《上海之农业》，第 196—207 页，1932 年。

江浙太湖流域、钱塘江三角洲和沪宁、沪杭铁路沿线地区,也都先后出现了一批资本主义的中小型农场、林场或养殖场。

在浙江慈溪南乡,研习农学的陈小圃,早在1904年就开辟自田百余亩,办起了独资农场,种植桑树和果树。① 杭州、萧山则分别建有西城树艺园、王氏植物园和萧氏陈氏果园。② 向以蚕桑闻名的江苏震泽和浙江南浔,本无果树栽培,20年代前后,因蚕桑日渐失利,一些有财力者把人力和资金转向果树经营,相继办起了一批采用资本主义经营方式的果园,如震泽的紫阳植园(1922年)、醒农场(1924年)、好友农场(1928年),南浔的湖阳公司(1923年)、南林果园(1926年)和张氏桃园等。这些果园以栽培桃树为主,同时兼种李、梅、枇杷等,产品销往苏州、无锡、常州、湖州、上海等地。③ 无锡大约在第一次世界大战期间,先后有3人创办农场和果园。分别占地40余亩至130余亩不等。经营范围包括养鸡、养蜂、植桑和桃、梨、杏等果树栽培。20年代以后,又有富商合股开办桃园,"实行资本主义方式的经营"④。南京的天宝树木公司则是这一地区规模最大的资本主义合股造林场。1919年,由旅居南京的直隶人陈子兰发起,联合连升成和另一陈姓集资3万元,共分3股,每股1万元,购买长30里、宽10里的官有荒山天宝山,垦

---

① 开办五年后,因规模扩大,独力难为,遂组建南园树畜有限公司(《农工杂志》第4期,宣统元年四月,第50—52页)。

② 《东方杂志》,5年第4期,光绪三十四年四月,第65页;又6年第3期,调查,宣统元年闰二月,第40页。

③ 孙云蔚:《浔震两地之桃园调查》,《农林新报》总第288期,1932年8月21日,第329—333页。

④ 杜芝庭:《无锡县实业视察报告书》,《农商公报》第58期,选载,1919年5月,第2页;施琦:《无锡开原乡的农村经济》,《中国农村》第1卷第9期,1935年6月,第71页。

种桃、李、梅、杏、梨、石榴等各色果树以及其他经济林。到1924年，已全部开垦完毕。① 丹徒在1909—1920年也先后办起了祥生、震兴、森牲园、育苗圃4家农场和林场、果园，栽竹、种桑、养鱼和栽培果树。其中森牲园规模最大，占地1000余亩，分设林场、农场和畜牧场。育苗圃则全力培育桑苗，推动当地蚕桑业的发展。②

华南珠江三角洲地区，对外贸易和商业性农业的发展，也刺激了资本主义中小农场的滋长。同江浙地区一样，这里的中小农场同样集中在果园和家禽饲养两业。1904年，花县江联富、严朝辉等集股2100元，租得严姓荒地70余亩，租期55年，取名"萃芳园"，栽培荔枝、杨梅等果树。不过据说由于土地硗瘠，收获不丰。直至20年代初，"仍无成效可睹"③。番禺则集中了一批营利性花园，据20年代末的调查统计，共有醉观园、万芳园、纵香园、翠林园、合记园、长春园、馥荫园、永春园、顺记园、梁园、余香园、评江园、成林园、美兰园等14家。其中最大的如醉观园，有资本四五万元，花果树木500余种。同时还有20余处专门栽培花果树苗的"围头"，每个围头面积都在3亩以上。各围头和花园出产物，每年销于本地及外洋者总在10万元以上。④

珠江三角洲既是有名的水乡，又紧连香港、澳门，鸭鹅等家禽的商业性饲养十分发达。而随着鸭鹅商业性饲养的发展，采用资本主义方式经营的鸭鹅饲养场在家禽饲养业中也占有越来越大的

---

① 《中外经济周刊》第109号，杂纂，1925年4月25日，第41—42页。

② 蒋汝正：《金陵道区实业视察报告》，《农商公报》第65期，选载，1919年12月，第2页；《丹徒县蚕桑业之概说》，《中外经济周刊》第134号，1925年10月17日，第40页。

③ 民国《重修花县志》第6卷，实业志，第5页。

④ 中山大学农科学院：《广东农业概况调查报告书续编》下卷，1933年，第22页。

比重。在花县沙田区,据说鸭都是由“资本家”经营,而且都有相当规模。鸭群最少几千只,至多可达几万只。因为放牧鸭群的水田都要向地主缴租,而贫苦农民纳不起租,没有资格养鸭。养鸭业也就为“资本家”所垄断。① 在三角洲其他地区,也有从事鸭鹅饲养的新式饲养场。如龙门县,有专门饲养母鹅孵雏的“鹅厂”两家,共养母鹅约 1000 只,两厂均配有工人室、储藏室、孵卵室和鹅舍等设备。② 从化的养鹅业分为母鹅、草鹅、肥鹅等 3 个专业,全县有鹅厂 8 家。据说米店大抵都养鹅,其数量由几十只至三四百只不等。米商所经营的三四百只的鹅厂,已属于资本主义方式的小型饲养场了。番禺则有小型新式养鸡场。罗岗的垦殖公司和河南的繁殖牧场,养鸡都在 1000 只以上。③

北方地区资本主义中小农场、果园、养殖场数量较少,只零星分布于少数地区。如直隶正定,商人杨荫棠于 1907 年独资购买府属荒地 200 亩,开办“林业公所”,陆续栽植桑、柏、桃、杏、葡萄、杨柳等树万株。④ 在果树业比较发达的奉天海城、辽阳、关东等地,均有官绅商人和农学界人士创办各种果园。海城钟家台钟某,约在 1920 年前后开办果园,栽植葡萄、果树百余亩,其规模为该县“果园之最大者”。⑤ 在辽阳,果园通常为农家副业,只在地傍宅畔栽植,但也不乏专业果园。县内东南山最多。该地每一林园栽植

---

① 陈权:《广东沙田见闻录》,参见冯和法:《中国农村经济资料续编》,第 298 页。

② 中山大学农科学院:《广东农业概况调查报告书续编》上卷,第 178 页。

③ 广东大学农科学院:《广东农业概况调查报告书》,第 241 页;中山大学农科学院:《广东农业概况调查报告书续编》下卷,第 21 页。

④ 《农工商部统计表》第 2 册,农政,第 32 页。

⑤ 民国《海城县志》第 7 卷,实业,第 30 页。

各色果树“数千百株至万株所在多有”。其中有些即是用资本主义方式经营的果园。另外，约在1920年前后，军阀王大中在县南乡购地300余亩，栽植西洋梨、苹果等多种果树，当是一个规模可观的果园。[①] 安东在一二十年代也相继办起了一批新型果园。其中有的规模较大，创办者本人精通园艺学，雇有技工，果园办得颇有声色。如1922年开办的知悔果园，创办人之子系园艺学校毕业生，面积达180亩，土质优良，并自有苗圃，直接从日本、美国等地购进种苗，栽培进展顺利，开办不到3年，即栽种果树苗木27.2万余株，收入胜于支出。[②] 其他果园的创办情况，见表31。

表31　奉天安东果园情况表

1914—1924年

名称	创办年份	创办人	面积（亩）	果树种类
曲东省堂果园	1914	曲恒谦	200余	山楂、葡萄、苹果、梨、桃、栗、杏、樱桃
关氏果园	1920	关文斌	8	苹果、梨、桃、鲁桑，另有苗圃
知悔果园	1922	周正伟	180	桃、梨、杏、李、葡萄、樱桃、杂果、杂树
张氏果园	1922	张元夫	1000余	果苗万余株，另有苗圃
日甡旭堂果园	1922	刘长甲	42	专植各种苹果，另有梨百余株
韩氏果园	1923	韩树棠	32	梨、苹果、桃，另有桑苗、洋槐苗
温氏果园	1924	温先礼	9	苹果

资料来源：据民国《安东县志》第6卷，林业，第66—68页综合编制。

北方某些地区还办起了少数新式养殖场。20世纪初叶，北京

① 民国《辽阳县志》第27卷，实业志，第6页。

② 民国《安东县志》第6卷，林业，第67—68页。

地区随着养鸭业的发展,出现了数十家专业养鸭户,并于1927年成立了"北京市鸭业同业公会"。这些养鸭专业户中有的养鸭数量多达一二千只至三四千只,多数是采用资本主义方式经营的养鸭场。① 直隶香河、山西河津相继有人创办新式鸡场。② 1924年前后,山西农林学校毕业生李光远、冯炎展合资千余元,在文水县创办光农牧羊场,购买种羊二三百只及美利奴羊数十只,进行繁殖。当地行家认为,光农虽然资本不多,但创办者对畜牧素有研究,"将来成绩可预卜焉"。③ 黑龙江哈尔滨同记商场,曾于1917年在该市江北购地300余垧,创办了一处大型的繁殖牧(猪)场,可惜因经营不善而倒闭。④

此外,20世纪初叶南北各地还出现了一大批新式蜂场。

在引进西方养蜂方法以前,养蜂只是一种农家副业或业余爱好。20世纪初,西方养蜂方法的引进和传播,使养蜂成为一种有利的营生。在许多地区,不仅农民养蜂很普遍,而且出现了一批有一定规模的新式蜂场。如民国初期,华绎之创办于无锡的养蜂场,投资超过5万元,养蜂800箱以上;1925年开办于宝山真如的青青养蜂场,也有资本1.5万元,蜜蜂800箱;相继成立于1925年、1926年的宝山中华和乐群两家养蜂场,分别有蜂150箱和300箱。南京受谦养蜂园也是著名的新式蜂场。据统计,南京共有19家养蜂场,其中14家使用新法。湖北有多家养蜂场或养蜂试验场,创办于

---

① 张景观、刘秉仁:《北平鸭业调查》,转见千家驹:《中国农村经济论文集》,第452、457页。

② 民国《香河县志》第3卷,实业,第25页;Chinese Economic Bulletin,第187号,1915年9月20日,第12页。

③ 《中外经济周刊》第107号,杂纂,1925年4月11日,第42页。

④ 哈尔滨市整理私营工商业历史资料委员会办公室编:《同记商场五十年概况》,1958年,第1—2页。

1922 年的麻城养蜂试验场，有 100 多箱蜂，据说“利润很高”。在北方，直隶各县都有 100 箱以上的大养蜂场；北京的新式蜂场也不少，1926 年成立于北京交道口的先声养蜂场，装备有全套现代设备。察哈尔怀来县，有蜂场 15 家，年产蜂蜜 2 万余斤。东北尤其北部中东铁路沿线地区的新式养蜂业和蜂场也有长足发展。①

这些蜂场的创办者和经营者，大都具有较高的文化素养和有关专业知识。他们不仅养蜂谋利，而且致力于蜂种的改良、国外优良品种和新式方法的引进传播，以促进新式养蜂业的发展。如北京西山某农场开办养蜂试验场，邀请人们免费学习新式养蜂法；北京吴某成立了中国蜂改造社；南京受谦养蜂园的创办者徐受谦发起组织了益群养蜂会；北京兴农养蜂场还出版了有关华北养蜂的杂志，等等。②

资本主义中小型农场、林场、果园、养殖场、养蜂场是一种既不同于富农经济和传统小农经济，又同农牧垦殖公司有明显区别的新型农业企业。它们虽然规模不大、资金和劳力不多，但一般不再隶属于某个家庭，而是独立于家庭之外，单独进行核算的经济实体，利用有限的资金和土地等资源进行集约化经营。创办者和经营者大都是具备相关知识技能的知识分子，不少是农业学校毕业或留学回国人员。他们在生产和经营管理中，力求采用国内外的新品种、新方法和新技术，并对传统方法和某些作物及禽畜品种进行改良。因此，这一时期各地的资本主义中小农场、林场、果园、养

① 参见 Chinese Economic Journal，第 4 卷第 2 期，1929 年 2 月，第 126—130 页；Chinese Economic Bulletin，第 8 卷第 264 号，1926 年 3 月 13 日，第 141—142 页；民国《宝山县再续志》第 6 卷，农业，第 2 页；李延墀、杨实：《察哈尔经济调查录》，1933 年，第 52—53 页；上海市社会局：《上海之农业》，第 269—273 页。

② Chinese Economic Journal，第 4 卷第 2 期，1929 年 2 月，第 126—130 页。

殖场等,虽然数量很少,经营范围也很窄,但在引进、传播国外某些优良品种和新型技术,改造传统农业和促进新型农业的发展等方面,还是有一定作用的。

三、垦牧公司的土地经营与社会性质

垦牧公司的经营范围十分广泛,农林牧渔四业俱全,但具体到每个公司,经营范围、经营方式和状况,各不相同。一些规模较小的公司,特别是以林牧渔业为主的小公司,土地几乎全部集中统一经营,而一些大公司和以农业为主的公司,并不统一经营,而是将土地分散出租,甚至进行垄断投机。

在农业老垦区,尤其是一些人口稠密的丘陵山区,垦牧公司购买或领垦的土地多是荒山秃岭,既不宜于耕作,也不可能分散出租。由于客观条件的限制,这些公司大多以振兴树艺畜牧为宗旨,利用荒山野坡,雇工进行林牧业生产,或开辟果园,或营造经济林和普通林,或放牧牛羊。有的还取得了一定成效。如成立于1906年(一说1908年)的江苏宜兴阳羡垦牧树艺公司,集股5万元,购买民山8000余亩,山田100余亩,"雇工垦牧,以安无业游民"为宗旨,招募客民,高山种植松柏和其他杂树;平地栽培稻谷、茶、桑、毛竹、芝麻、山芋等。历数年经营,初见成效。到1920年时,成活8年以上的松柏、杂树超过140万株。据说面积6万余亩的荒山,"遍地生财。高岭幽谷,既非濯濯童山;荒径险途,悉作采樵熟地。宜邑森林,斯推第一"。茶粮种植和猪羊牛牧养亦有收获。所产茶叶在巴拿马赛会上,还获金色奖牌。① 金坛的坛溧,句容的种

① 《光宣宜荆续志》第6卷,公司,第2页;姚日新:《宜兴县实业视察报告书》,《农商公报》第6卷第9册,第69期,选载门,1920年4月,第4页。

植、浮麓，丹阳的通益、厚生、大盛，丹徒的森牲园等公司，也都成效显著。坛溧公司占地3000余亩，植有松树50余万株，并广植杂树，到1919年，整个林场“已无余地”。[①] 相继成立于1907年的种植、浮麓两公司，均因句容县境荒芜不治，人民贫苦，振兴树艺，“纯系提倡”。两公司各有地数千亩，植树七八十万株。据说“费省而效著，为近来办公司者所仅见”。[②] 通益、厚生、大盛3公司，都以栽桑为主，“虽资本无多，而积极进行，实事求是，尚非徒具空名者可比”。[③] 森牲园兼营农林牧三业，办有农场、林场和畜牧场。不仅公司各业都有成效，而且带动了丹徒全县蚕桑业的兴起。民国以前，镇江的丝织业的蚕丝均赖他处供给。本地桑树既少，育蚕亦欠讲求。自森牲园成立，从事蚕桑，丹徒旱田，始渐种桑。到1920年，全县已有桑地2500余亩，年产桑叶1.8万余担，蚕桑业有了初步发展。[④]

苏北的一些规模较小的垦殖公司，也有不少集中统一经营。成立于1920年的大茂垦殖公司，将所垦2000余亩土地，全种棉花，使原无棉产的淮安，衣棉所需始得有所供给。[⑤] 淮安、宝应交界的长湖垦殖公司，垦荒2000多亩，“经营多年，成效卓著”。[⑥] 在高邮，成立

① 蒋汝正:《金坛县实业视察报告书》,《农商公报》第6卷第5册,第65期,选载门,1919年12月,第9页。

② 蒋汝正:《句容县实业视察报告书》,《农商公报》第65期,1919年12月,第12页。

③ 蒋汝正:《丹阳县实业视察报告书》,《农商公报》第65期,选载门,1919年12月,第5页。

④ 《中外经济周刊》第134号,杂纂,1925年10月17日,第40—41页。

⑤ 刘家璠:《各省棉产情形》,《农商公报》第87期,译著,1921年10月,第17页。

⑥ 《农商公报》第55期,选载,1919年2月,第2页。

于1913年的九里荒垦殖公司,集股契买荒田2万余亩,“筑圩开沟,验土性之所宜,以施种植”。① 江浦的江华垦荒公司,据说专收江滩荒地,随收随垦,由公司统一经营,只是效益不佳,“经营数年,颇有折耗”。② 官督民办的灌云树艺公司,开始也是直接经营,栽培茶树和其他杂树,所产云雾茶,在1917年巴拿马赛会上曾获金奖。③

福建、广东和其他地区的一些中小型垦牧公司,都有不少是雇工直接经营。福建福州的启新、南光两家畜牧公司,均由公司择地开辟牧畜场所,饲养猪牛羊和鸡鸭等禽兽。④ 上杭裕源公司,垦山造林,于栽种竹木外,又注重桐、茶。据说“经营数年,竹木颇有成绩,桐实亦渐有收获”。⑤ 广东澄海的强原垦殖公司,筹股10万元,承垦该县桑浦、莲花、笔加3座荒山,植树造林,并定有计划,将每山分作6段,每年种植一段,立下保证,6年种完,“届时如有未垦之地,听凭由官收回”。⑥ 潮阳茂毓公司,占地千余亩,栽种山松、台湾相思树甚多,并经营果树。⑦ 香山大星畜植有限公司集中经营蚕桑业,还试种蘑菇。据说该公司在沙土上种植蘑菇的实验,非常成功。⑧ 地处崇山峻岭的粤北始兴,20世纪初相继成立的一

---

① 民国《三续高邮州志》第8卷,实业,第32页。

② 蒋汝正:《江苏江浦县视察实业情形》,《农商公报》第45期,选载,1918年10月,第10页。

③ 江苏省长公署第四科:《徐海道区灌云县实业视察报告》,《农商公报》第53期,选载,1918年12月,第2页。

④ 《中外经济周刊》第151号,杂纂,1926年2月27日,第41—42页。

⑤ 民国《上杭县志》第10卷,实业志,第2页。

⑥ 《农商公报》第1期,选载,1914年11月再版,第5页。

⑦ 广东大学农科学院:《广东农业概况调查报告》,1925年,第125—126页。

⑧ Chinese Economic Bulletin,第166号,1924年4月26日,第11页。

些森林股份有限公司，如罗坝象山、兴仁里陈氏、流田水群兴、成城乡联兴、杨公岭茂兴等公司，都致力于垦山和植树造林，或种杉，或种松，均“颇著成效”。① 集中分布在广州郊区和珠江三角洲地区的植果公司、牛奶公司和畜牧公司等，自然也都是全部统一经营。福建闽东东山农林公司，除由公司直接经营果林场，种植桃、李、柿、橘和地下兰、黄梨、葡萄外，还开办种子公司，与乡民联合经营林场，由公司出苗木、肥料，乡民出林场、劳力。成林后，余利对半分配。②

广西、江西、浙江、山东等省的农林公司，也有不少致力于荒山造林，并取得了相当成效。据统计，广西前述 72 家垦牧公司，共领有山坡荒地 7000 方里，几乎全部用于造林。林种除松杉等普通林木外，还包括油桐、茴香、肉桂等经济林。有的已取得初步成效。如南宁的正气、企永、崇本等 3 家种植公司，分别种有茴香、肉桂和其他杂树数十万株至百余万株不等，所产八角子和茴香油相继大量上市。③ 1915 年成立于江西修水的一家种茶公司，集资 20 万元，购地经营茶场，改良茶叶，到 1917 年已开始播种。据说因入股者众，公司决定将资本增加到 50 万元，扩大茶场面积。④ 在浙江，全省 12 家民间森林公司，都坚持垦山植树。据 30 年代初的统计，12 家公司所占有的 58306 亩山地，已全部植树造林。⑤ 山东也有

① 民国《始兴县志》第 4 卷，实业，第 37—38 页。

② 《东山农林公司将次发现》，《农商公报》第 58 期，选载，1919 年 5 月，第 21 页。

③ 广西省立师范专科学校：《广西农村经济调查报告》，1934 年，第 55—57 页；Decennial Reports on the Trade，1912—1921 年，第 2 卷，南宁，第 302—303 页。

④ 《江西修水县茶业》，《农商公报》第 31 期，选载，1917 年 2 月，第 39 页。

⑤ 《中国实业志》，浙江省，第 4 编，第 15 章，第 425—426 页。

若干家森林公司从事植树造林工作。其中胶州崂山森林公司最有成效,到20年代后期,经营的林地面积达4.5万亩。所植树木,除松树外,还有楸柳、核桃、杏、桃、栗等。①

贵州境内的垦殖公司不多,但在集中经营油桐方面,却取得了相当成效。台拱的兴利公司,种植油桐2万余株,可年收桐籽500石,邛水的协兴油桐公司,集股5万元,植桐百万株;另一家公司植桐、杉各8万株。1916年成立的镇远兴利垦殖公司,集中栽植桐杉的成绩也不错。②

从事粮食或其他作物种植的垦殖公司中,也有进行集中统一经营的。

成立于1919年的广东香山农业公司,有资本16万元,雇用100名工人、役使70头水牛从事大规模的水稻生产。③ 在雷州半岛的徐闻县,有复畴、务本两家公司,集资开垦荒地,集中种植蔗麻麦豆和其他杂粮等。④ 在福建,不少垦殖公司采用集中经营的方式,生产棉、麻、蔗等经济作物和豆粟杂粮等粮食作物。1916年调查统计的16家垦殖公司中,即有7家公司专种美棉,另有4家公司兼种美棉和粮食水果等。⑤

在北方,河南遂平的大利永公司占有的5000亩地,全部集中经营,除千余亩作为农场,种植普通作物外,另有2000多亩分别辟

① Chinese Economic Bulletin,第134号,1923年9月15日,第4页;民国《胶澳志》第5卷,第19页。

② 周文辉:《调查贵州林业报告》,《农商公报》第66期,选载,1920年1月,第13—15页。

③ 章有义:《中国近代农业史资料》第二辑,第352页。

④ 《北京报》,光绪三十年十一月十六日。

⑤ 日本外务省通商局:《福建事情》,1917年,第139—141页。

作桃园和种植用材林。[1] 山东高密的一家种棉公司,“专募无业贫民,佣为工役”,利用不宜五谷的砂地集中栽种棉花,并取得良好成绩,据说其产量较寻常所种高 10% 。[2] 位于直隶天津与大沽之间的“模范农场”,也准备将开垦的 2 万亩土地,集中栽培稻米和棉花。[3] 绥远陶林的大有丰、永大两家垦牧公司,所领土地都是由公司雇人开垦和直接经营,种植菜籽、莜麦、胡麻、小麦、大麦、小米、豆类、马铃薯等农作物。大有丰用机器垦地,5 台机具可日垦地 4 顷,已垦出的 200 顷地全部统一经营。永大有地 2.4 万亩,1924 年垦出的 3200 亩,雇用 27 名工人统一耕作。据说“成绩非常令人满意”,每年每亩纯收益可达 4 元。[4] 黑龙江呼玛的三大公司,有土地 3600 垧,其中垦熟的 600 垧,全部采用“大农式经营”,雇用 45 名工人,并备有拖拉机、割禾机、打谷机、播种机等全套农机具,作物主要是小麦和燕麦。公司还建有制粉厂,进行农产品加工。小麦和燕麦收获后,即在公司制粉厂中磨成面粉,行销县内外。[5]

同中小垦牧公司的情况相反,大型的垦牧公司,尤其是苏北盐垦公司,虽然资本数额庞大,但主要用于争购土地,真正用于垦辟和农牧业生产经营的资本很少,公司往往只雇工经营小部分土地,而将大部分土地分散出租;有的甚至不事垦种,仅以土地垄断投机为业。荒地拍卖完毕,公司即行解散。在苏北盐垦区,不少小的垦殖公司,也专门从事土地投机,低价购得土地后,期待地价上涨时,再

① Chinese Economic Bulletin,第 147 号,1923 年 12 月 15 日,第 9 页。

② 《直隶实业杂志》第 13 期,杂俎,1913 年 5 月,第 9 页。

③ Decennial Reports on the Trade,1912—1921 年,第 1 卷,天津,第 155 页。

④ 《中外经济周刊》第 156 号,1926 年 4 月 3 日,第 48 页;Chinese Economic Monthly,第 2 卷第 12 期,1925 年 9 月,第 11—12 页。

⑤ 章有义:《中国近代农业史资料》第 2 辑,第 359 页。

以高价转售与大公司。20 年代中,此类小公司竟多达 40 余家。①

苏北盐垦区是滨海冲积盐渍土区,土地开垦利用之前,必须修建堤闸和沟渠,抵挡海潮侵袭,并排出土壤中多余的水分和盐碱。盐碱太重的地区还必须蓄淡养青,经过若干年后,待盐碱逐渐减退,方能开垦种植。整个盐垦区的水利排灌设施,是一项巨大的系统工程,必须统一规划和各公司相互协调,非单独某一公司所能为。因此,一些公司的普遍做法是,在统一修筑简单的排水设施后,即划区分奥(每奥面积 20—60 亩,以 25 亩为常),并以奥为单位出租给农民。由于各公司普遍资金短缺,统一修筑排灌设施和开垦的土地面积很少。据 1924 年对苏北 10 多家垦殖公司的调查,除通海、大赉、合德等 3 家公司的已垦地达到或超过公司地亩总数的一半以外,其他垦殖公司垦辟的土地很少。还有的公司,或因地价未清,或缴完地价后已无余款,或因各种地权纠纷等种种原因,成立数年,排灌工程未修,土地一亩未垦。东兴、泰源、中孚、通兴、遂济、通遂等公司都属于这种情形。② 如表 32 所示,这些公司地亩总数达 195 万亩,但没有一亩地开垦。通海等 23 家垦殖公司合计,共占有土地 601 万余亩,开垦的不到 80 万亩,只占土地总面积的 13.2%。

这些开垦的土地,有一小部分由公司雇工直接经营。通海、大有晋、大赉、大豫、大丰、大祐、合德等公司都直接经营一部分土地。但数量不多,大多只有几百亩或一两千亩。主要生产棉花和小麦、豆类,每年收棉四五千担至一二万担不等。

---

① 东晖:《江苏省北部之盐垦公司》,《上海总商会月报》第 5 卷第 1 期,调查,1925 年 1 月,第 16 页。

② 李积新:《江苏盐垦事业概况》,《东方杂志》第 21 卷第 11 号,1924 年 6 月,第 72—79 页。

表 32　苏北垦殖公司土地开垦情况表

公司名称	创办人	成立年份	资本（元）		土地开垦情况		
			额定	实投（收）	地亩总数（亩）	已垦（亩）	已垦地（%）
通海	张謇	1901	560000	1300000	123277	91761	74.4
同仁泰	张謇	1903	210600	210000	13000	7380	56.8
海赣	沈云沛、张謇	1905	420000		200000	数千	
大有晋	张謇	1914	500000	2260000	260000	86000	33.1
华丰	邵铭之	1915	400000		20000	—	
大豫	张謇	1916	1600000	3690000	480000	129000	26.9
大赉	张謇	1917	800000	1630000	130000	66000	50.8
华成	冯国璋、张謇	1918	1250000	2080000	700000	10000	1.4
大丰	张謇	1919	1950000	4460000	850000	200000	23.5
太和	岑春煊、周孝怀	1919	1200000		600000	60000	10.0
大纲	张謇	1919		1230000	240000	—	
阜余	章静轩	1919		700000	70000	30000	42.9
东兴	张东甫	1919			100000	—	
泰源	韩国钧	1919			300000	—	
中孚	张謇	1920		800000	520000	—	
大祐	张孝若	1920	650000	900000	200000	20000	10.0
通兴	韩奉持	1920		200000	100000	—	
合德	束勋严	1920	500000	500000	60000	30000	50.0
新通	张謇	1920		200000	120000	—	
新南	张謇	1920	400000	490000	150000	20000	13.3
遂济	张謇	1920		300000	150000	—	
通遂	张謇	1920		450000	400000	—	

续表

公司名称	创办人	成立年份	资本(元)		土地开垦情况		
			额定	实投(收)	地亩总数(亩)	已垦(亩)	已垦地(%)
裕华	陈仪	1922	2500000	1250000	227000	46000	20.3
总计			12940600	22650000	6013277	796141	13.2

资料来源:据李积新:《江苏盐垦事业概况》,《东方杂志》第21卷第11号,1924年6月,第72—79页;《通泰各盐垦公司之调查》,《江苏实业月志》第69期,1924年12月,第24—29页;同刊第71期,选录,1925年2月,第70—71页;江苏省垦殖设计委员会:《苏北滨海垦殖区各盐垦公司概况》有关各表;章有义:《中国近代农业史资料》第2辑,第348—349页,综合编制。

公司自营小部分土地种植棉花,主要带有"示范"推广性质。苏北大部分地区原无植棉习惯,农民不懂植棉技术,不通过公司示范,无以在苏北广大地区推广棉花种植。事实上,一些公司的植棉活动也确实起到某种示范推广作用。如盐城一带,本不产棉。大纲、泰和、大祐等公司从海门、崇明招募雇工,到盐城植棉,经多次试验,"成效大著,连获丰稔"。崇、海人来者益众,同时"灶民仿效,棉区日广"。① 公司利用部分土地自种棉花,据说还起着一种收益"均衡"作用。棉花是一种紧俏的商品作物,但受天时的影响很大。如风调雨顺,棉价高昂,自营获利大;反之则出租获利。因出租不论年成丰歉,照例收租。但困难在于无法预测年成,所以最好的办法是一部分自营,一部分出租。这是一些公司自营部分土地的重要原因。② 这种雇工经营,相对于公司的占地和垦地面积

① 民国《续修盐城县志》第4卷,产殖,第3、10页。

② 陈洪进:《江苏盐垦区农村经济速写》,《中国农村》第1卷第12期,1935年9月,第91页。

而言，多数仍然是小规模的，其运转主要凭借垦区极低廉的土地和垦区外由于土地饥饿而大量存在廉价劳力。只要工价上涨，或棉价下跌，自营就会转为出租。事实上，一些曾划出若干土地自营的公司，不久即因自营不利，都宣告停止自营，仍将成片耕地分割租与佃农耕种。① 因此，苏北各垦牧公司土地经营的基本方式无一不是招佃收租。

表 33　苏北垦牧公司租佃情形示例

公司名称	放垦土地（亩）	佃户数	地租剥削情形	
			每亩押租	每亩正租
通海	119675		顶首 6 元	小熟 0.6 元/亩，大熟主四佃六，沟草 1 担/亩
大有晋	90315	2000+	顶首 8 元，写礼费 0.3 元	春熟 0.15，秋熟主四佃六分租
大豫	111600	4400+	8 元/奥，写礼费 0.25 元/奥	大熟主四佃六，小熟 3.6 元/奥，草 600 斤/奥
大赉	30000+	1700	3 元	大小熟均主佃对半分租
大丰	150000+	4100	3 元，写礼费 7.5 元/奥	棉租麦按公司定例
华成	56000	300+		麦杂粮对半分，棉稻主四佃六

资料来源：据《中国实业志》，江苏省，第 2 册，第 266—269 页；《上海总商会月报》第 6 卷第 8 号，调查，第 10—11、25 页，同刊第 6 卷第 9 号，调查，第 12、15、37 页综合编制。

租佃形式和手续方面，垦牧公司仍沿用传统办法，和封建地主毫无二致。公司土地大都以奥为单位出租，一奥一户，每奥面积

① 《中国经济年鉴》，1934 年，第七章，第 G87 页。

20—25 亩。如通海公司的办法是,每 100 亩分为 5 奥,每奥容 1 户,计地 20 亩。亦有 2 户合租 1 奥,或一佃兼领 2 奥者,但每佃不得超过 2 奥以上,以示限制。① 其他公司的办法大致相同。但大有晋公司有 1 户领至七八奥者。各公司拥有的佃农数目,因放垦和出租地亩多寡而异,少者二三百户,多者超过 4000 户(见表 33)。佃户承租公司地亩,除须由殷实商人担保外,还必须缴纳押租和写礼规费。如表 33 所示,每亩押租(顶首)高达 3—8 元。如不欠租,退佃时押租可发还,但写礼费被没收。各公司所定租佃期限长短不一,但公司一般都有权随时收回土地②,佃农并不因缴纳押租而获得较稳定的土地使用权。不仅如此,佃农在居处、作物种植方面也受到公司的严格限制。如裕华垦殖公司的承租田亩规则规定:佃户住屋自行建造,其地点由公司指定;承佃之地须种苜蓿,俾作肥料,违者议罚;作物由公司指定,不得种植公司所指定以外的作物;春熟作物须遵公司限制,不得任意种植,等等。③ 地租征收则往往采用货币租与实物租、分成租与定额租并行的方法。如表 33 所示,小熟(春熟)和沟草一般分别为货币租和定额租,而大熟(秋熟)为分成租。分成比例则或主佃对半,或主四佃六。这在新垦的苏北盐碱区,租额和租率都不轻。

苏北垦殖公司的土地经营方式表明,这些垦殖机构虽然采用了股份公司的近代企业形式,但其职能不过代表股东管理佃农,征

---

① 张仁任:《南通县农业概况》,《农商公报》第 17 期,调查,1915 年 12 月,第 17—18 页。

② 如大和公司的租期较长,但公司有随时收回的权利(农村复兴委员会:《江苏省农村调查》,第 90 页)。

③ 陈海石:《中国的垦殖问题》,《中华月报》第 2 卷第 4 期,转见冯和法:《中国农村经济论》,第 310—311 页。

收地租,实际上是一个集团地主。当时论者认为,苏北垦牧公司同苏南流行的地主租栈相似,与广东的“包农制”亦无大轩轾。[①] 有的公司干脆将土地分给股东。如通海垦牧公司,开垦的土地,开始时由公司招佃耕种,若干年后,即按股本分配给股东。[②] 东兴盐垦公司的章程更明确规定,公司垦地成熟至每股足敷分派一奥时,即行分地一次。到最后一次分地时,公司即将全股份应得之地,连同地契、佃户全部交给股东。[③] 土地分派完毕,公司也就完成了它的使命,宣布解散,集团地主又回复到了传统的个体家族或家庭地主。

其他地区的一些大型垦牧公司的土地,也大都采用招佃收租的经营方式。如广东宝山的裕民垦牧公司,1924 年以年租 2000 元的代价租得 5000 余亩滩涂。公司统一修筑防水堤后,即分散租给大约 50 户佃农,栽种稻米。[④] 广西不少垦牧公司的土地都是出租。投资 12 万元的邕宁济福有限公司,就是采用“借资出租”办法,公司的经营资本变成了借贷资本,公司变成了地主债主的结合组织。[⑤] 1906 年成立于奉天图什业图王旗的华兴垦务公司和 1911 年成立于吉林长岭的天利公司,对所领荒地采取的同样是招佃分散承垦的传统做法,公司所做的基本工作就是规划村屯、贷给佃农若干生产生活资金。[⑥] 这同封建政权的屯垦在方法上没有任

---

① 《中国经济年鉴》,1934 年,第七章,第 G87 页。

② 张仁任:《南通县农业概况》,《农商公报》第 17 期,1915 年 12 月,第 17—18 页。

③ 转见孙家山:《苏北盐垦史初稿》,第 54 页。

④ Chinese Economic Bulletin,第 8 卷,第 265 号,1926 年 3 月 20 日,第 160 页。

⑤ 广西省立师范专科学校:《广西农村经济调查报告》,第 59 页。

⑥ 满铁经济调查会:《满洲经济年报》,1934 年,第 47—51 页。

何区别。

在内地和内蒙古、东北地区,还有一些大的垦牧或垦务“公司”,更是直接包揽和高价倒卖荒地。江苏青浦县,当地豪绅勾结县长,于1926年组织一公司,以每亩3元的价格领得荒地,随即以每亩12元卖给农民。① 又如1921年由地方豪绅组建的热河建平富润公司,从热河垦务总局低价领得敖汉旗王子庙荒地一段,随即转手高价零卖。据资料记载,该公司以75895.1元的价格领得荒地3102.5顷,每顷单价24.5元。而该公司倒卖的价格为上则62.2元,中则43.6元,下则24.9元,沙荒12.4元。如售价平均以中则计算,价格提高了78%。到1927年,所揽荒地全部倒卖完毕,该公司即宣告解散。② 显然,这类所谓垦殖公司,不过是地主豪绅垄断和倒卖土地的机构和手段而已。

总之,垦殖公司的经营方式和社会性质,因公司规模、经营范围和创办者的身份而有很大差异,情况比较复杂。一些投资规模较小的农垦公司,尤其是从事林、果、牧、渔业生产的公司,大多进行雇工经营,属于独立于家庭的资本主义性质的农牧企业,或者向这个方向发展。而一些规模较大的垦牧公司,尤其是从事大面积垦荒和农业生产的公司,虽然也有部分公司的少量土地进行雇工经营,个别公司还购置了拖拉机、收割机、打谷机等农机具,实行小面积机器垦荒和耕作,但垦辟的绝大部分土地还是分散出租,或者直接将荒地分散招佃开垦。这些大公司中也有少数属于资本主义性质的农垦企业,或带有某些资本主义性质,但更多的大公司,徒

① 润之:《江浙农民的痛苦及其反抗运动》,《向导周报》第179期,1926年10月25日,第1870页。

② 伪满地籍整理局:《锦热蒙地调查报告》(日文本)中卷,第1385—1386、1392页。

有资本主义近代企业的组织形式，实质上是集团地主。

需要指出的是，各农垦企业在规模、经营方式和社会性质上的差异是同创办人的身份密切相关的。一些小的农垦公司的创办者大都是乡居地主、商人，以农商自娱的乡绅，或者受过新式教育的知识分子。他们精通或熟悉农牧业生产，而且公司规模较小，因而愿意并且能够采用雇工生产和统一经营的形式，从而带有较多的资本主义性质。而一些大的垦牧公司，创办人大多是军阀和官僚豪绅，他们虽然凭借权势，包揽和霸占了大量荒地，但他们的寄生性和对农牧业生产经营的隔膜，决定了他们不可能对公司土地采取雇工统一经营的形式，而只能是分散出租或直接倒卖荒地。因此，这些垦牧公司也不可能成为真正的资本主义性质的农牧企业。

第九章

农业生产、农业改革和农业的兴衰格局

这一时期的全国农业仍然是传统的封建性个体农业。商业性农业虽然明显扩大,但产品仍以家庭自给为主,市场交换为辅;农业雇佣劳动和带有资本主义因素的经营地主、富农经济虽有发展,但基本依靠家庭劳力的个体小农经营仍占绝对统治地位。至于农业生产力,依然停滞不前,甚至倒退,仅局部有所发展。从全国范围看,无论农业生产条件、生产结构、单位面积产量还是农业生产技术、劳动生产率,都无突破性进展。诚然,这一时期的农业生产也出现了一些新的变化,如东北、内蒙古个别地区的土地开发和农业生产的发展,经济技术作物种植的扩大,某些作物新品种的引进和推广,个别地区或单位对生产工具、作物品种、农业技术的研究和改良,少量农业机器、化学肥料的进口和使用,农业教育的举办和国外近代农业科学知识的传播等。但这些发展变化是局部的和个别的,对当时农业生产和全国经济的发展所起的作用十分有限。

第一节 农业生产的基本状况

甲午战争后,随着外国侵略势力的不断扩张,中国农村经济日益半殖民地和殖民地化,但从生产力的角度看,这一时期的农业生产并无显著变化,其基本状况可以用狭小的经营规模、落后的生产技术、种植业为主的单一结构和低而不稳的土地产量加以概括。

一、狭小的经营规模

农业经营方式和经营规模是农业发展水平的重要标志。农户经营规模直接受到耕地资源、农业人口、农业技术装备和社会就业机会等多种因素的制约。耕地资源愈少，人口愈多，人均耕地面积愈小；农业生产工具和技术装备愈落后，农业生产者的耕作能力愈低，剩余产品愈少，再加上农业以外的就业门路稀缺，愈是迫使更大比例的社会人口为谋求衣食而直接从事土地耕作，结果导致农村人均耕地和农户经营规模的缩小。同时，由于土地供不应求，农业劳力大量过剩，农民只好不断加大单位面积土地的劳力投入，提高农业生产的集约化程度。在畜力和手工工具时代，这种集约化的农业经营模式，反过来制约农户经营规模的扩大。

早在清代前期，随着人口的大幅度增长，人均耕地面积持续下降，人多地少、土地供不应求的矛盾日益突出。据估计，到太平天国起义爆发的1851年，全国人均耕地面积仅2.47市亩。此后由于农民战争和光绪初年的华北大旱，人口大量死亡，加上东北和内蒙古等地的荒地开发，人均耕地面积略有回升。1887年全国人均耕地面积为2.99市亩。19世纪末20世纪初，人口增长速度加快，耕地的扩大有限，人均耕地面积又呈下降趋势。1912年，全国耕地12.59亿市亩，比1887年增长11.8%；人口4.55亿，增长21.0%，人均耕地面积降至2.77市亩。[①] 如果全国农业人口所占比例按80%计算，农民人均耕地只有3.46市亩。再每一农户平均以5人计算，则全国有农户7284万户，平均每户耕作面积为17.29市亩。这就从耕地资

① 参见章有义：《近代中国人口和耕地的再估计》，《中国经济史研究》1991年第1期，第24—29页。

源上决定了农户经营规模的总体水平。

传统农业是以家庭为单位、家庭成员为主要劳动力来源。这一时期,一个成年男劳力,在长江流域及其以南水稻种植区,约耕作5—10亩。① 如集约化程度稍低,耕作面积可相应加大。安徽芜湖,据说1人可耕约15亩。② 江西抚州,“旱稻田用力最多,一夫之力,可种20亩”,单季稻田则可种30亩。③ 不过这种情况在南方稻作区并不普遍。

黄河流域及其以北小麦杂粮区,农业生产相对粗放,农夫耕作面积较宽,一般1人可达15—30亩,甚至更多一些。直隶昌黎一带,“农夫三人可种地百亩”④,即每人30亩左右。在东北,奉天西安的耕地面积以“天”计算,“上农一人年种5天,次者三四天”。⑤ 当地一“天”地合6亩,即大体相当于20—30亩。吉林、黑龙江耕地以“垧”计算。吉林桦甸,“劳农一人,每年可种地二垧”⑥;在黑龙江,“壮健单夫治二三垧地”。⑦ 当地1“垧”合10亩,亦即一个农夫的耕作面积大致为20—30亩。个别地区农夫耕作面积也可达百亩以上。如陕北葭州,“农夫牛一头约耕二三百亩”。⑧ 在这里,农夫的耕作面积和农业生产的粗放程度均已臻极限。

普通农户的家庭有1至2个成年劳力。在土地满足供应的情

---

① 参阅民国《信都县志》第2卷,社会,第39页;民国《云阳县志》,礼俗中,农工,第18页。

② 田中忠夫:《中国农业经济资料》,上海大中书局1934年版,第235页。

③ 何刚德等:《抚郡农产考略》上卷,第2—3页。

④ 民国《昌黎县志》第4卷,实业志上,第18页。

⑤ 宣统《西安县志》,实业编,第1页。

⑥ 民国《桦甸县志》第7卷,经制,第17页。

⑦ 徐宗亮:《黑龙江述略》,《小方壶斋舆地丛抄补编》,第1帙。

⑧ 《民国续陕西通志稿》第196卷,风俗二,第2页。

况下，中等农户的经营面积，就是按照家庭成员的耕作能力和生活需要确定的。但在相当一部分地区，由于人稠地稀，耕地不足，以及资金、耕畜、农具短缺等原因，农户实际经营面积往往低于家庭成员耕作能力和生活需要。在南方多数地区，农户经营面积大都不足10亩，二三十亩者已不多见。据北洋政府农商部1918年的调查统计，广东、福建、浙江、苏中南、皖中南、江西、湖北等南方7省区，60.8%的农户经营面积在10亩以下，江西、广东这类农户的比例更分别高达74.1%和69.2%。经营面积在30亩以上的农户只占13.1%。在某些人多地少的地区，农户经营面积更普遍低至三五亩甚至一二亩。①

北方旱作区，农户经营面积比南方稍大。北洋政府的统计显示，上述南方7省区农户平均耕作面积为11.1亩，而苏北、皖北、河南、山东、直隶、山西、陕西、甘肃、新疆等黄淮流域和西北10省区的农户平均耕作面积为26.2亩，比南方地区大1.4倍。但农户之间、不同地区之间的差异颇大。部分地区农户经营面积在二三十亩上下，也有的可达50亩左右。而在黄淮流域，经营面积不足10亩的农户仍占40.3%。田场面积超过50亩或100亩，在黄淮流域就算是较大经营或大经营了。但这部分农户的比重很小，仅占14%。②

在长城以北的察哈尔、绥远、热河和关外的东北地区，由于气候寒冷，一年只能一熟，又是新垦区，人口密度较低，土地供求矛盾相对缓和，农户经营规模比关内地区稍大。据北洋政府的调查统计，户均经营面积为48.3亩，比黄淮地区大0.8倍，比南方地区大

① 据《农商统计表》，第六次，第58—63、93—95页；第七次，第30—48、77—86页计算。

② 以上据《农商统计表》，第七次，第4—10、16—30、48—58、64—67、70—77、86—91页计算。

3.4倍。其中绥远和黑龙江,户均经营面积分别达94.5亩和115.8亩。在那里,100亩以上的田场非常普遍。察哈尔、奉天、吉林3省,50亩以上的田场也为数不少。然而,相对于这些地区干旱或寒冷的气候和低下的土地产量而言,小经营仍然占绝对优势。耕作面积不足50亩的农户占总数的63.1%,其中还有18%的农户经营面积不足10亩。①

从全国范围看,农户经营规模由南至北呈递增趋势。这种地区间的差异,主要是由农业的集约化程度和人地比例关系、土地供求状况决定的。在通常情况下,农户经营规模同农业集约化程度、人口密度成反比。近代时期,由于农民战争、自然灾害等因素,中国农村人口经历了一个由下降到恢复、增长的变化过程,与此同时,部分地区的农户经营规模也经历了一个由略微扩大到再次缩小的过程。据金陵大学1929—1933年的调查,北方小麦区29处农户田场平均面积,1870年为10.05亩,1890年增加到10.62亩,而1910年又下降到7.92亩;南方水稻区26处的农户田场面积,由1870年的4.02亩增加到1890年的4.86亩,复降至1910年的4.62亩。表34反映了1870—1910年各地田场面积的变化情况。

表34　南北16省55县55处农户田场面积变化表

1870—1910年　　单位:亩

地区	1870年		1890年		1910年	
	调查处数	田场面积	调查处数	田场面积	调查处数	田场面积
合计	34	8.22	46	8.10	55	6.36

① 以上均据《农商统计表》,第七次,第10—16、58—61、67—70,91—92页计算。

续表

地区	1870 年		1890 年		1910 年	
	调查处数	田场面积	调查处数	田场面积	调查处数	田场面积
北方小麦地带	22	10.05	26	10.62	29	7.92
陇青春麦区	2	2.88	2	3.06	2	3.96
豫晋陕冬麦小米区	6	3.84	8	7.68	8	5.82
鲁冀豫冬麦高粱区	14	13.14	16	13.08	19	9.18
南方水稻地带	12	4.02	20	4.86	26	4.62
长江水稻小麦区	6	4.62	12	5.94	15	5.04
湘赣水稻茶区	3	2.52	3	2.52	6	4.56
四川水稻区	2	4.92	2	4.56	2	3.84
福建水稻两获区	1	3.48	1	3.24	1	3.30
贵州水稻区	2	—	2	3.12	2	2.88

资料来源:据卜凯:《中国土地利用·统计资料》,第288页,表3计算编制。

20世纪20年代,一些地区农户经营规模缩小的趋势愈加明显。据对江苏无锡3个村庄的调查,户均耕作面积由1922年的15.5亩降至1927年的14.5亩。耕作面积在10亩以下的农户比重由38.4%上升至41.5%。镇江某村,耕作面积在20亩以下的农户比重,由1923年的29.2%上升到1928年的55.1%。湖北应城某村,1923年,耕作面积不足5亩、5—20亩以下和20亩以上的农户比重依次为31.7%、39.7%和28.6%,到1933年,前两类农户的比重分别上升到48.8%和51.2%,20亩以上的农户则全部消失。① 浙江嘉兴,在1925年,耕作面积15亩以下的农户比重为

① 陈翰笙:《现代中国的土地问题》,《中国土地问题和商业高利贷》,第39—41页。

27.8%,1930年即上升至35.3%,而耕种16亩以上的农户比重由72.2%降至64.7%。[①] 湖北武昌等地,农户经营规模也都普遍变小。有的村庄耕作面积缩小的农户,占到农户总数的40%。[②] 其他地区的情况也大致相仿。

同农户狭小的经营规模相联系,每一农户的地块分割也极其零碎。农户所耕的数亩土地,往往由十几块乃至几十块组成。经营规模愈小,地块分割愈零碎。南北比较,北方平原地区,地块稍大,但通常也在5亩以下。如直隶深泽,地块面积平均为4—5亩,最小的仅0.2亩[③];定县某村,面积不足5亩的地块占68.9%。[④] 长江流域及其以南水稻种植区,地块更小。据对苏南松江、吴县、昆山、武进、宜兴、镇江6县的调查统计,水田田块平均面积为1.92亩;旱地仅1亩。[⑤] 丘陵山区的地块更是畸零破碎。如广西全县,梯田依山而开,往往“四五丘一亩,或七八丘一亩,或十余丘一亩,埂高田狭”,畸零异常,每丘田块甚至不足0.1亩。[⑥] 地块破碎已近极限。

各地不仅地块支零细碎,而且由于家产的反复分割、土地的频繁买卖和租佃关系的不断变动,同一农户耕作的地块往往互不连接,形成多种插花地,有的还离家窎远。据调查,云南昆明、马龙等

---

① 钱承泽:《嘉兴县之租佃制度》,第13页。

② 《武昌县农村调查统计表说明书》,《湖北建设月刊》第1卷第4期,调查,1928年9月,第10—11页。

③ 韩德章:《河北省深泽县农场经营调查》,《社会科学杂志》第5卷第2期,1934年6月,第224页。

④ 李景汉:《定县社会概况调查》,第623—624页。

⑤ 赵宗煦:《江苏省农业金融与地权异动之关系》,《民国二十年代中国大陆土地问题资料》第87册,第45811页。

⑥ 民国《全县志》第二编,社会,第102页。

地,农户土地往往“分散四处,零碎不堪”,到处“田埂纵横”,而且有的距离农舍二三里之远。① 直隶深泽,耕地离农舍距离平均一二里,最远达五六里。②

狭小的经营规模、畸零破碎的地块分割和农户间地块的犬牙交错,给农业生产造成严重困难和障碍:由于家庭人口少,劳力单薄,资金不足,无法形成适度的生产规模。耕畜农具或不配套,或配套但利用率低,很不经济;劳力在农忙时不足,农闲时过剩,无法适应农业生产季节性强、需求不均衡的特点;至于地块的零碎分割,则使田埂、地边、沟渠、通道占去大量土地,使本已有限的耕地进一步缩小,同时也无法对土地进行合理的规划和利用。在私有制条件下,各家土地犬牙交错和大量插花地的存在,则不但影响水利设施的修建、养护和使用,而且容易诱发各种水利和地界纠纷。所有这些,都严重阻碍着这一时期农业生产的正常发展。

二、落后的生产工具和生产技术

中国的传统农业,有着悠久的历史,创造和积累了丰富的经验,但是生产工具陈旧、落后,长期未能改进和创新,清中叶后更几乎处于停滞不前的状态。甲午战争后,由于农村和农民经济状况的恶化,不但没有改变生产工具和耕作技术落后、停滞的局面,甚至有进一步加剧的趋势。

清末和北洋政府时期,农业的基本动力仍然是畜力和人力。

---

① 王心波:《云南省五县农村经济之研究》,《民国二十年代中国大陆土地问题资料》第52册,第26707页。

② 韩德章:《河北省深泽县农场经营调查》,《社会科学杂志》第5卷第2期,1934年6月,第224页。

长期以来,耕畜短缺始终是困扰广大农户和地方封建官府的严重问题。

甲午战争后,尤其是20世纪一二十年代,一些地区耕畜减少、农业动力短缺的状况不仅没有好转,反而愈趋严重。外商大肆搜购和牛皮、牛肉出口的增加,水旱灾荒和瘟疫的频仍,植被的破坏和草场面积的缩减,农民经济的日益贫困和耕畜饲养能力的低落,都导致了这一时期耕畜数量的下降。

19世纪末叶起,西方市场牛皮走俏,需求陡增。海关报告甚至夸张说,"欧洲市场对这种商品的需求是无限的"①。在这种情况下,洋商和华商买办大肆搜购牛皮,牛皮出口不断增加。1892年的全国牛皮出口量为62911担,1901年增加到234509担,10年间增加2.7倍。到20年代更达27万余担。1928年最高达42万担,比甲午战争前增加6.7倍。② 这些出口的牛皮,除少量为正常死亡牛只外,大部分来自宰杀的耕牛。与此同时,供洋商食用而宰杀的耕牛也日益增加。20世纪初,仅镇江一地,每天为此屠宰的耕牛,即达三四十头。③ 这些洋商不仅在中国消费牛肉,还四处搜购耕牛,设厂宰杀,制成牛肉罐头出口(如和记洋行),或直接将牛只运出国外。宣统年间,一洋商在各地雇人搜购牛只,运往海参崴,每星期多达600头,导致一些地区牛价骤涨3倍。④ 福建地区贩牛出口的外国洋行数量更多。⑤ 在华洋商中,日商搜购和宰杀

① Decennial Reports,1892—1901年,第1卷,宜昌,第183页。

② Decennial Reports,1892—1901年,附录,第34页;萧良林:《中国国际贸易统计手册》,第78页。

③ 《申报》,光绪三十年十二月二十日。

④ 《大公报》,宣统二年八月初二日。

⑤ 《大公报》,光绪三十二年二月十七日。

耕牛活动最为猖獗。1923 年日本发生大地震，震后国内鱼类等食品短缺，于是日商以邻为壑，到山东等地四处搜购耕牛，宰杀加工运回国内，以牛肉代替鱼类食品。结果，是年青岛的牛肉出口达 230 万元，比上年增加将近一半。① 1926—1928 年，山东连续两年大旱，农业收获最高不及二成，许多地区“草根树皮，掘食殆尽，数十里内，不见树木”。日商又趁火打劫，于高密、日照、青岛等地收买耕牛，运往日本，致使这些地区的耕牛几乎绝迹。②

当然，水旱灾荒和瘟疫本身会造成农户耕畜更大的损失：洪水直接将大量耕畜冲走或淹毙；旱魔则使耕畜因草料不继而饿死；残存的耕畜又往往因饲养者为活命而变卖，或宰杀充饥。瘟疫同样导致大范围的耕畜损失。如 1924 年的牛瘟曾蔓延山东、河南、湖北等南北数省，瘟牛大半死亡，仅开封一地，一月之内即死毙耕牛约 5 万头。③ 水旱、瘟疫等自然灾害给农户造成的耕畜损失，可以从一些通商口岸灾年牛皮出口的变化折射出来。通常，某一地区发生自然灾害，邻近口岸的农产品出口下降，而牛皮出口则上升。以芜湖为例，1893 年 9、10 月间，芜湖和安徽其他地区发生大瘟疫，禾稻无人收割。这一年芜湖的大米出口由上年 316 万担减少到 209 万担，下降了 34%，而牛皮出口由 138 担增加到 696 担，上升了 401%，第二年更增加到 2255 担，比 1892 年增长了 15.3 倍。1896 年瘟疫再次流行，1897 年又发生特大水灾。1897、1898 两年的大米出口由 1896 年的 313 万余担减少到 152 万余担和 165 万余担，分别下降 51% 和 47%；而牛皮出口分别由 2122 担增加到

① 《申报》1924 年 1 月 25 日。

② 刘雨若：《东省移民问题》，《中华农学会丛刊》1928 年第 63 期，第 25—26 页。

③ 《农商公报》第 10 卷第 10 册，近闻，1924 年 5 月，第 6 页。

5127 担和 5235 担,上升 142% 和 147%。1898、1899 年连续两年丰收,于是出现大米出口的大幅度回升和牛皮出口急剧下降。1899、1900 年的大米出口量分别比 1898 年增长 197% 和 200%,而牛皮出口分别下降 35% 和 59%。① 各年牛皮和大米出口数量及环比指数见表 35。显然,牛皮和大米这两种出口商品之间,存在着此升彼降的反向运动,愈是大灾年份,粮食歉收愈严重,大米出口的降幅愈大,耕牛因灾死毙和宰杀的数量愈多,牛皮出口的增幅也就愈大。上海、汉口、天津等口岸也大体相似,只是市场的辐射范围较大,情况不如芜湖典型。因此,牛皮、大米出口的反向运动和灾歉年份牛皮出口数量的急剧上升,从一个侧面反映出农村在遭受自然灾害后,耕牛数量的大幅度下降。

表 35 芜湖牛皮和大米出口消长比较

1892—1901 年　　单位:担

年份	牛皮		大米	
	数量	环比指数	数量	环比指数
1892	138	100	3159763	100
1893	696	504	2091020	66
1894	2255	324	3142874	150
1895	2599	115	806176	26
1896	2122	82	3132734	389
1897	5127	242	1521912	49
1898	5235	102	1654714	109
1899	3427	65	4922746	297
1900	2187	64	4970810	101

① Decennial Reports,1892—1901 年,第 1 卷,芜湖,第 367—368、381 页。

续表

年份	牛皮		大米	
	数量	环比指数	数量	环比指数
1901	3099	142	2324424	47

资料来源：牛皮出口参见 Decennial Reports，1892—1901 年，第 1 卷，芜湖，第 381 页；大米出口量，第 379 页。

运动和灾歉年份牛皮出口数量的急剧上升，从一个侧面反映出农军阀混战，盗贼蜂起，森林毁坏，草场面积缩减，农民经济状况和耕牛饲养条件恶化，等等，无不导致这一时期一些地区耕畜数量的下降。如广西，“连年兵燹，盗贼满山，直接间接，戕牛至巨”，农民既不敢多养耕畜，也无从多养耕畜。[①] 四川、湖南军阀混战，“叛兵土匪，宰牛为食”，以致有些地方“牛将绝种”。[②] 直隶等地同样盗匪充斥，到处劫掠耕牛，“效尤愈众，屠宰愈多，所属各镇，几无处无之，以故耕牛愈少，牛价愈高”[③]。草场面积缩减、农民贫困也是导致这一时期耕畜数量下降的重要原因。一些地区由于漫无限制地砍伐森林，开垦山地、草荒，破坏植被，耕畜赖以生存的山地、草场不断缩减，原来用作饲料的作物秸秆，也越来越多地改作燃料。结果，耕畜因草场和饲料短缺无法正常生长和繁殖，甚至因营养不良而病毙。据调查，在广西，草地减少和兵匪交加，无法正常放牧，是这一时期耕畜减少的重要原因。[④] 家庭经济的日益困顿，

① 廖斗光：《广西耕力之危机》，《广西建设月刊》第 1 卷第 2 号，论著，1928 年 7 月，第 15—16 页。

② 《农商公报》第 10 卷第 11 册，近闻，1924 年 6 月，第 6 页。

③ 《华北新闻》1923 年 12 月 13 日。

④ 廖斗光：《广西耕力之危机》，《广西建设月刊》第 1 卷第 2 号，论著，1928 年 7 月，第 17 页。

更是迫使越来越多的农户变卖耕牛。如江苏青浦,“农民每当农隙时,为省草食计,由牛头串通变卖,宰割渔利”,以致牛只日少。[①]耕畜数量愈少,单位耕畜承负的耕地面积愈大,役使愈重,愈是加速耕畜的衰老和死亡,由此形成一种恶性循环。

这一时期的耕畜数量,据北洋政府1914年的统计,全国共有各类耕畜31325380头,平均每一农户仅0.53头,49.1亩才摊有1头耕畜。[②] 不同地区间畜力资源差异很大,少数人口密度较低、放牧条件较好的地区,耕畜相对充裕,如山东胶东半岛的文登县,乡俗以硗确山田荒地为公共牧场,“或一二村一场,或三五村一场”,农户耕牛可在本村牧场自由放牧,故“乡民蓄牛颇蕃”。[③] 处于农牧交界地的陕西横山,“农家牛马驴骡,户必饲养”[④]。东北因是农业新垦区,可充牧场的闲荒隙地较多,农户的耕畜拥有量也相对较大。据20世纪初的调查统计,奉天11府厅(另洮南府疑数据不实,未计)平均每20亩耕地摊有1头耕畜,其中兴京府和凤凰厅分别平均每8亩和10亩即有1头耕畜。[⑤] 然而,在其他绝大多数地区,农户拥有的耕畜数量极少,畜力短缺异常严重。如光绪末年的直隶望都县,平均75.5亩才摊1头耕畜。其中丘庄全村120户,2400余亩耕地,仅有耕畜20头,平均每6户、120亩耕地才有1头耕畜;孙家庄40余户,饲养耕畜的不过四五户。[⑥] 任县全县,宣统

---

① 纪蕴玉:《沪海道区青浦县实业考察报告书》,《江苏实业杂志》第3期,1919年6月。

② 据北洋政府农商部:《第三次农商统计表》计算。

③ 光绪《文登县志》第1卷,下,风俗,第13页。

④ 民国《横山县志》第3卷,实业志,第34页。

⑤ 据奉天农业试验场:《奉天全省农业统计调查报告书》统计。

⑥ 光绪《望都县乡土图说》,第5—10、41、102页。

年间有耕地60余万亩，各类耕畜6471头，约100亩才有1头耕畜。[①] 冀鲁交界的德县—南宫公路沿线各县，通常种地三四十亩的农户才养1头牛或驴。[②] 事实上种地30亩以上的农户是少数，养牛户的比例是很低的。

南方地区同样如此。湖北大冶，据对160家农户的调查，虽有128户养牛，但都是三五户甚至七八户共养1头，平均每户仅有耕牛0.25头。[③] 广东南雄，仅十之三四的农户养牛，而且大多为二三家合养，一家独养者仅十之一二[④]，户均耕牛约为0.3头。四川峨眉山区，据对25家农户的调查，仅有5头黄牛，平均每户为0.2头。[⑤] 比较富庶的成都平原，据对50农户的调查，也有26%的农户没有养牛。[⑥] 云南玉溪，全县有耕地10.8万余亩，耕牛6500余头[⑦]，平均16—17亩耕地摊有1头牛。这在南方山区算是较高的；而福建霞浦，畜牛之家仅"百之三四"[⑧]，农户的耕畜拥有量可能是全国最低的了。

由于耕畜短缺而又分配不均，许多贫苦小农不得不向地主富

---

① 宣统《任县志》第1卷，物产，第42页。

② 《德南长途汽车路沿线经济状况》，《中外经济周刊》第230号，1927年10月15日，第21页。

③ 李若虚：《大冶农村经济研究》，《民国二十年代中国大陆土地问题资料》第42册，第21068—21069页。

④ 广东大学农科学院编：《广东农业概况调查报告书》，1925年，第163—164页。

⑤ H. D. Broun and Li Min-liang: A Survey of 25 Farms 0n Mount Omei, Chinese Economic Journal，第1卷第12期，1927年12月，第1063页。

⑥ 章有义：《中国近代农业史资料》第2辑，第389页。

⑦ 民国《云南省地志·玉溪县》，第36、39页。

⑧ 民国《霞浦县志》第17卷，实业志，第5页。

户高价租用耕畜。山西永和,“贫者无力畜牛”,只得“赁之牛多者”。[①] 北京近畿,“乡间小农,贫窘无力买牛者,类皆向邻近雇牛耕田”[②]。广东南雄,向富户租用耕牛的农户占“十之六七”。[③] 无牛可租或租不起牛的地区和农户,则被迫以人代牛曳犁,或干脆由犁耕倒退为锄耕。如直隶望都一些地区,“东南其亩,徒恃人力”[④];山东胶澳一带,“耕牛之使用,大率为田多富户。各田少无牛之户,皆恃人力锄掘”[⑤];陕西吴堡,也是“牛耕者即为富室”[⑥];光绪晚期的灾后川东地区,更是“牲畜已尽,所有耕作等事,均以人代”[⑦]。租牛耕地,不仅因租价高昂,加重了农民的经济负担,而且往往延误生产季节。江苏一些地区的普遍情况是,“农家数户共养一牛,依次耕种;或独养一牛,待其己田犁毕,然后租给他人耕作,惟决不能同时下种”[⑧]。至于人力曳犁或用锹锄掘挖,更是效率低下,结果往往因人力不及,只得任其荒芜。这种情况在南北各地十分普遍。如直隶,“耕牛渐少,牛价愈高,地方穷民,多有因无力购牛,而田亩荒芜不治者”[⑨]。四川、湖南一些地区,因“牛将绝

① 民国《永和县志》第 5 卷,礼俗略,第 9 页。

② 《近畿农民之生活》,《中外经济周刊》第 196 号,1927 年 1 月 15 日,第 10 页。

③ 广东大学农科学院编:《广东农业概况调查报告书》,1925 年,第 163—164 页。

④ 光绪《望都县图志》,东路,第 16 页。

⑤ 《胶澳全区之农业概况》,《中外经济周刊》第 214 号,1927 年 6 月 4 日,第 8 页。

⑥ 民国《续修陕西通志稿》第 196 卷,风俗二,第 23 页。

⑦ 都永和:《联名以弭乱论》,《皇朝畜艾文编》第 6 卷。

⑧ 《农商公报》第 10 卷第 11 册,近闻,1924 年 6 月,第 6 页。

⑨ 《华北新闻》1923 年 12 月 13 日。

种，人力耕种不及，荒芜亦常有之”。① 畜力的短缺严重阻碍了农业生产的正常进行。

生产工具方面，从全国范围看，种类颇多。砍伐、垦荒有刀、斧、锯、镐、山锄等；翻耕、平地、整地有犁、锹、板锄、铁耙、木耙、盪磙、砘子、耙耢等；播种有耠、耧、耱（北方干旱地区播种后压地用）等；中耕有钩锄、小锄、耥耙、两齿耙、有齿推耙、有齿滚轴推耙等；浇水灌溉有水车、手车、踏车、牛车、水力筒车、戽斗、桔槔、辘轳等；收割、脱粒有镰刀、禾桶、稻床、连枷、碌碡、竹簟、木锨、风车等；运输有马车、牛车、驴车、手车、箩筐、扁担、箕篓、麻袋等；脱壳、磨面有舂、杵、碓、臼、碾、石磨、筛等，门类颇为齐全，但“均备而不甚精美”。甲午战争以后，这些工具已沿用了几百年乃至一两千年，其式样、规格、材料、质量、制作和使用方法，都无明显改进。正如当时评论所说，“一切耕种器具，固守旧章，牢不可破，均以为舍此古法不足以为农”②。构造简单、笨拙，效率低下，是这类工具的基本特点。有人描述湖北武昌、大冶一带的农具说：“齿耙、锄、犁等具，均甚笨拙，翻土既不能深，碾土又不能细；所用耕牛大车，蹇缓无力。”③又如广西平乐，犁耙锹锄等各式农器，“陈陈相因，一成不易，类皆粗笨”。④ 来宾的农具同样“半属粗劣，除通常所谓犁耙者外，无他利器”。⑤ 四川巴县，农人“僻处一隅，未睹新式农器为何物。即或见之，亦茫然不知所用。其所握持犹千百年旧物也”。⑥北方地区也同样如此。山西农具“大概多系旧式”；察哈尔一带农

---

① 《农商公报》第 10 卷第 11 册，近闻，1924 年 6 月，第 6 页。

② 《全国农会联合会第一次纪事》，1913 年，第 67 页。

③ 《农学报》第 16 期，光绪二十三年十一月下页。

④ 民国《平乐县志》第 7 卷，产业，第 410 页。

⑤ 民国《来宾县志》下篇，食货二，第 108 页。

⑥ 民国《巴县志》第 11 卷，农桑，第 9 页。

具“简单”;黑龙江等地的农具“异常笨拙”①;等等。

值得注意的是,从全国范围看,工具种类似乎相当齐全。但具体到一个地区,尤其是到一家农户,则种类单调,很不配套。南北比较,南方水稻种植区农业集约程度较高,耕作程序繁复,农具种类较多,也相对精巧,但除水田翻耕外,几乎全部依靠人力,播种全靠徒手撒籽、莳秧;中耕除个别地区使用耘耙外,全靠双脚蹬泥、双手薅草;收获脱粒则靠徒手掼稻;运输除少数地区使用牛车或小船外,全赖肩挑背驮。劳动强度大,而效率十分低下。北方旱作区农业相对粗放,耕作程序简单,农具种类较少,除播种所用耠、耧外,比南方地区更为粗笨,但使用畜力较多,通常收获打场、粮食脱壳、磨面,以及运输等,都可利用畜力,生产效率较高,而劳动强度相对较低。

然而,不论南北,具体到每个农户,农具普遍种类不全,数量不足。由于经营规模狭小和经济贫困,无论从生产成本核算还是实际支付能力的角度考虑,绝大多数农户都不可能付出大量资金置备齐全的生产工具。据 20 年代初对江苏、直隶等南北 7 省 17 处 2866 农户的调查,各处农户的农具资产,最高银元 87. 2 元,最低 10. 8 元,17 处平均 45. 9 元,在家庭各项生产费用中所占比重,最高 4. 6% ,最低只有 0. 6% 。② 每年用于添置和修缮农具的流动资金,则通常只有几元钱。据 20 年代对江苏宜兴,广东海丰、惠阳等佃农家庭收支状况的调查估算,每年用于农具修补的费用均为 5 元,还不到当时 1 石稻谷的价格;四川嘉陵江地区的一个经营面积

① 《中外经济周刊》第 127 号,1925 年 8 月 29 日,第 4 页;何台孙:《察哈尔农村经济研究》,《民国二十年代中国大陆土地问题资料》第 55 册,第 28505 页;《东方杂志》,3 年第 2 期,实业,光绪三十二年二月,第 52 页。

② 卜凯:《中国农家经济》,第 80 页。

为36亩的“中农”，每年的农具添置和维修费用也只有17元，仅占全部支出的2.9%。[①] 还有不少农户，由于经济状况不断恶化，既无力添置缺失的农具，使其配套；对已有的农具又不能及时修缮、更新，只得勉强超期使用。遇有天灾人祸或租税催逼，而又告贷无门时，“惟有出卖生产工具以济眉急”[②]，连原有的几件简陋工具也不复存在。因此，生产工具不足是这一时期各地普遍存在的严重问题。据调查统计，江苏昆山、南通和安徽宿县三地自耕农中，有足用良好农具的农户比重，自耕农依次为69.5%、65.3%和60.5%；佃农依次为40.0%、56.8%和45.2%。[③] 也就是说，30.5%—39.5%的自耕农和43.2%—60.0%的佃农不同程度地存在农具短缺问题。其他地区的情况也相差不远。从全国范围看，大约有40%—50%的农户农具不足。

在土壤耕作、作物种植、选种育苗、灌溉施肥、病虫害防治和农产品的初级加工等方面，也都只是凭传统经验，缺乏近代科学知识和方法，更无先进设备。

由于自然条件、耕作传统和农业生产发展水平等方面的差异，这一时期的土壤耕作和作物种植制度，大致分为四类地区，即东北和长城以北地区，华北和黄淮流域地区，长江流域地区，珠江流域和华南地区。

东北和长城以北地区，土壤耕作一般采用翻穮交替，即翻耕与免耕相结合的轮耕制。据宣统奉天(西安县志略)载，当地耕播的

---

① 章有义:《中国近代农业史资料》第2辑，第478—480、484页。

② 李铮虹:《四川农业金融与地权异动之关系》,《民国二十年代中国大陆土地问题资料》第89册，第47187页。

③ 乔启明:《江苏昆山南通安徽宿县农佃制度之比较以及改良农佃问题之建议》,1926年，第65页。

基本方法(即“镏法”)有二:一是翻镏法,即以牛犁翻土破块,随犁下种,待犁调头返回,即成新垄,将原来的垄沟互换,以轮番利用地力;二是耲镏法,即牛挽耲耙,划开旧垄,一人下种,随播随覆成垄。这是只就原垄开沟而不翻耕的免耕播种法。东北地区基本上是两种方法轮流采用。

作物种植安排,东北地区实行的是以大豆为中心、一年一熟的豆谷轮作制和混作制,粟、黍、豆依次轮换,3 年循环一次。至于耕播方法,通常大豆、玉米用翻镏法(即“扣种”法),谷子、高粱、小麦用耲镏法。前者称“硬茬”、“翻茬”,后者称“软茬”、“耲茬”。同时,东北部分地区也流行大豆与玉米、高粱与小豆、大麦(或小麦)与大豆的间作套种,可以一年两熟。内蒙古地区的轮作循环期通常为 4 年,大致次序是:头年种大、小麦;次年种糜子、谷子、荞麦;第三年豆类、高粱;第四年种杂粮;第五年复种大、小麦。在人口稀少和土质硗瘠地区,则采用休闲法,当地称之为“息地法”。通常是一年耕播,一年休闲,也有耕播数年休闲一年的,借以恢复地力。

华北和黄河中下游地区,农业集约化程度稍高,土壤耕作一直沿用久已形成的以耕、耙、耱、压为基本环节的耕作体系。针对全年降水量较少、分布不均匀的特点,土壤翻耕讲究春耱秋压,春耙秋犁,以减少土壤水分蒸发,蓄水保墒。耕耙“以多为贵”,当地有“耕三耙四锄五遍,八米二糠再没变”之谚。可见对土壤耕作的重视。

作物种植方面,华北多数地区采行小麦、大豆、玉米(或高粱)轮作的二年三熟制。即头年秋季种麦,次年初夏割麦种大豆或玉米、绿豆,秋季收割后短期休闲,第三年春天种谷子或高粱,秋季再种小麦。也有部分地区实行麦、豆或麦、荞等轮种的一年二熟制。陕西汉中一带和淮河流域,一年二熟制较为普遍。除了轮作,部分地区还有多种形式的混作和间种套作。如高粱或玉米与大豆混种,或干脆将种子搀和杂种,名为"满天星";或麦畦间播种大豆,即麦、豆间作;或秋后种麦,翌春垄间种谷子,割麦后接种绿豆,即麦、谷、豆间作套种。这样可一年三熟。

长江流域和珠江流域与华南地区,农业集约化程度最高,土壤翻耕更加细腻,水田翻耕一直沿用以犁、耙、耖、平为基本环节的耕作制度。为了使泥土全部粉碎和渍水糜烂,犁耙必须多次反复进行。通常秋季禾稻收割后,即以犁翻土,将稻茬野草埋入田底,沤烂成泥。次年开春后再犁,犁后耙耢,将泥块破碎,使之泥水交融成糜;耙后复耖,将底层板结泥块翻出耖松,再次耙碎。如此反复进行,一般须经三犁三耙三耖,最后用宽齿木耙或带齿木滚荡平,方能莳秧。这种犁、耙、耖、干紧密配合的水田耕作制度通行于整个南方水稻种植区。由于水田有冬浸田(不论种植和休闲均用水浸泡)和旱田(水稻成熟即放水干涸,种植旱地作物或休闲,次年开春再灌水犁耕)之别,又有一熟和二熟、三熟连作之分,土壤翻耕的程序和次数多寡,也略有不同。在长江流域稻、麦两熟区,采行水田耕作与旱地耕作相结合的耕作体系。当水田用于栽稻时,采用犁、耙、耖、平的水田耕作体系;水稻成熟后,将水排干,水田成为旱地,采用一犁一耙的旱地耕作体系,种植大小麦或油菜籽、苜蓿等。在珠江流域和华南水稻连作两熟,稻、稻、麦连作三熟或水稻套作三熟地区,则采用繁耕和简耕相结合或翻耕与免耕相结合的水田耕作体系。

作物种植制度,长江流域地区多为一年两熟制或二年三熟制。前者主要是稻麦或稻菜(油菜籽)、稻豆轮作。浙南、赣南部分地区,也有采用套种方法实行水稻连作的。如浙江平阳,"春夏之交,先分早秧插田,疏其行列,浃辰乃插秧于其行中,名曰补晚,亦曰间晚"。收获早稻后,以河泥壅之早稻根,以培晚稻,"及丰而获,名曰双收田”。[①] 后者主要是稻、麦、棉轮作。如江苏川沙,“向行两年三熟制。麦为小熟,棉、稻为大熟。谷雨种稻,秋分白露间收获;寒露种麦,次年芒种收获;随种棉,秋分立冬间收获。经数月之荒芜,使地力稍得休息,至明年谷雨再种稻,周而复始”[②]。有的为了恢复地力,稻麦或稻菜轮作后的第二年,只种一季水稻,休闲过冬后,第三年再行稻麦轮作,也是二年三熟。还有少数地区实行一年一熟或一年三熟。如安徽建德,“有水田旱田之殊,又有一熟二熟之别(或谓之一毛田、二毛田)”[③]。云南新平,“春种夏收,夏种又秋收,年可栽插两次。然亦极其少数”[④]。多数农田均为一年一熟。四川成都平原,普通为一年二收,“亦有一年三熟者”。[⑤] 云南盐丰,通常稻麦或稻豆两熟,但兄弟民族以种植荞麦为食,“岁可三熟”。[⑥]

珠江流域和华南地区,平原水田多种植双季稻,旱田采行水稻和豆、薯杂粮轮作,均一年两熟。少数地区和田块为一年三熟或一年一熟。据民国《续广东通志稿》载,“南中五谷惟饶稻……一岁中率再熟。其三熟、一熟者亦间有之”。福建、广西情形大致相同。如福建上杭,“稻田两熟者多。早稻刈后再莳者,曰番稞。莳早稻后,于其距离间插之,曰傀子,皆霜降后收获,均两熟也”。县境东部产烟区,实行烟草、番薯、油菜籽轮作,可一年三熟,而北部

① 民国《干阳县志》第19卷,风土志一,第8页。

② 民国《川沙县志》第5卷,实业志,第14页。

③ 民国《建德县志》第2卷,农田,第18页。

④ 民国《新平县志》第4卷,农政,第2页。

⑤ 陈太先:《成都平原租佃制度之研究》,《民国二十年代中国大陆土地问题资料》第62册,第32384页。

⑥ 民国《盐丰县志》第4卷,农业,第42页。

水田，岁只一熟。① 龙岩也是“稻田率岁二获。山田水次则一获，三获者则多种麦”。② 长乐则通过连作和再生稻的方法，达到水稻一年三熟的目的。“早稻既获，复发，俗谓：稆早稻；获后再种，至十月获，名曰晚稻。”③明溪县平原地带，同样“田皆三收”，但除一季水稻外，第二、三两季均为豆类和小麦、油菜等旱地作物。④ 广西容县、贺县、贵县、平乐、陆川、荔浦、来宾、田西等地，或早、晚稻连作，或早、晚稻混种套作，或水稻和杂粮轮作，均一年两熟。陆川、荔浦除早、晚稻连作外，又有所谓“懒人禾”，即将晚稻种子夹于早稻内，“一并栽秧，获早稻后，仍留所夹种子原苗发生”。晚稻无须单独下种，亦有收成。荔浦则是将晚禾插于早禾缝中，多用于水温较低的山冲田。属于早、晚稻套种。⑤ 桂西北和一些高寒山区，由于气温较低，大都只有一年一熟。

选种育苗、施肥灌溉和田间管理，虽然在集约化程度较高的南方地区，受到农民的重视，但缺少科学知识和技术指导。选种的方法，多不讲究。“大概稻、麦等种，均取打在稻床中间者，即可为种籽，以其无杂物相糅也。”⑥若遇天灾人祸，或田间无收，或早已粜卖、果腹，一到播种季节，只得到处借贷，种籽质量更无保障。

作物的种子处理和下播也都沿用旧法。水稻育苗一般用撒

---

① 民国《上杭县志》第 10 卷，实业志，第 1 页。

② 民国《龙岩县志》第 17 卷，实业志，第 2 页。

③ 民国《长乐县志》第 10 卷，物产志，第 1 页。

④ 民国《明溪县志》第 3 卷，物产志，第 1 页。

⑤ 光绪《容县志》第 4 卷，舆地志，风俗，第 20 页；民国《陆川县志》第 20 卷，物产类，第 1 页；民国《荔浦县志》第 3 卷，物产，第 10 页；民国《来宾县志》，下篇，食货二，第 107 页；民国《田西县志》，第五编，经济，第 141 页。

⑥ 《浙江农佃制度之调查》，《中外经济周刊》第 207 号，1927 年 4 月 9 日，第 15 页。

播。江浙一带的做法是将稻种放入木桶,用水浸泡约一昼夜,将水滤干后,均匀撒入整治好的秧田。待秧苗长至四五寸,再行分莳。① 芝麻、油菜籽等因种子颗粒细小,则拌以灰土进行撒播或点播。小麦、高粱、玉米、豆类、棉花等通常均为点播。但小麦、棉花也有实行条播的。如江苏川沙,部分农户实行麦、棉套种。麦未收割,麦地即行种棉,谓之"攒花"。据说此棉早种早获,不受深秋风雨之害,但麦须条播。② 宝山县的棉花种植向用撒播,20 世纪 20 年代有农户仿行条播,据说"试验结果,工作便利,产量增加"。③

施肥和灌溉是中国传统集约农业的中心环节,历来受到生产者的高度重视,各地都有诸如"种田没有巧,一要肥二要早"、"庄稼一枝花,全靠肥当家"一类的农谚。④ 肥料的来源和种类颇多,既有人粪尿、厩肥、灰肥、泥肥、饼肥、绿肥、沤肥、骨肥、杂肥等有机肥料,也有石灰、硝石、卤金、海盐等无机肥料(多用于南方酸性土壤),但制造和施放,仍然沿用传统方法,未有明显改进。进入 20 世纪,虽然已有化肥进口,国内也有个别工厂开始生产,但两者数量都很少。每年的化肥进口量,最多 100 余万担,少仅数万担或数十万担。据海关统计,1910—1927 年共进口化肥 1639 万余担,平均每年约 91 万担。⑤ 国内所产化肥更是微不足道。因此,化肥的使用,除农业试验场、农业学校和农场外,仅广东新会、花县,浙江温州,湖北黄陂、孝感,山东济南,直隶昌黎等个别地区的富裕农民

---

① 《浙江农佃制度之调查》,《中外经济周刊》第 207 号,1927 年 4 月 9 日,第 15 页。

② 民国《川沙县志》第 5 卷,实业志,第 14 页。

③ 民国《宝山县再续志》第 6 卷,农业,第 10 页。

④ 民国《固安县志》第 2 卷,经制志,食货,第 17 页。

⑤ 据历年海关报告统计。

使用，而且主要是用于某些经济和园艺作物。① 化肥的少量进口和使用，对这一时期的肥料结构变化没有产生多大影响。至于运用近代科学手段对土壤和肥料的成分，各种肥料成分对作物所起的作用，以及针对不同土壤和作物进行合理施肥等问题的研究，尚处于萌芽和起初阶段。

农田水利灌溉方面，地区间的差异很大。少数地区由于自然条件优越，水资源丰富，灌溉便利。如山东桓台，县境东有时水，西有少奴河，中有郑潢沟，三水汇流，北入锦秋湖，“滨河各村，皆引水灌田，坐享大利”。时水沿岸农户还掘地道将河水注入井中，并使各处水井互相联贯，彼此挹注，源源不绝，“为他处所罕见”；离河较远的农田，则于田中凿井以资灌溉。② 江苏金坛，“四乡水利颇善”③。福建永泰，山间河谷低地，大都利用山泉蓄水灌溉，“顾一泓之泉，可溉数亩”。④

然而，在更多的地区，由于森林毁坏，水土严重流失，加之长期水利失修，致使农田灌溉日益恶化。如江苏山阳，原有运河、淮河、汶沂泗河和微山湖之利，农田水利得天独厚。自漕运废止，运河以及淮河、汶沂泗河闸坝不修，启闭失节，水无容留之时、节渲之用；微山湖亦淤浅日甚，加之淤滩放垦，水少停蓄。以致水利大坏。⑤

---

① 广东大学农科学院：《广东农业概况调查报告书》，新会县，第 278 页；江莘：《广东花县农村经济概况》，《中国农村》第 1 卷第 4 期，1935 年 1 月，第 66 页；《温州之经济状况》，《中外经济周刊》第 209 号。1927 年 4 月 30 日，第 5 页；《鄂省农业经济状况》，《中外经济周刊》第 178 号，1926 年 9 月 4 日，第 5 页；《东方杂志》第 3 年第 10 期，光绪三十二年十月，第 191 页；《昌黎县之经济状况》，《中外经济周刊》第 211 号，1927 年 5 月 14 日，第 9 页。

② 民国《新修桓台县志》第 2 卷，法制，实业篇，第 36 页。

③ 民国《金坛县志》第 2 卷，水利，第 10 页。

④ 民国《永泰县志》第 7 卷，礼俗志，第 36 页。

⑤ 民国《续纂山阳县志》第 1 卷，风俗，第 3 页；第 3 卷，水利，第 1 页。

浙江东阳,因“水利不修,山无林木,以致水灾时起”。不仅农田得不到灌溉,而且被洪水冲没而变为沙滩者“日渐增多”。① 湖北枣阳,农田灌溉原多大陂,到民国初年,“强半就湮”。结果高田“恒苦旱干”,近山低田“又患沙水冲压”,两无所避。② 在华北、西南、西北的相当一部分地区甚至根本无水利和农田灌溉可言。如直隶怀安,“旱地最多,未凿井泉,全恃天雨”③;山东博山,“田多沙瘠,灌田绝少,旱灾易成”④;河南渑池,“山高水深,向无水利”⑤;淮阳“水利不开,无沟渠可资。既播种,旱涝专恃天时”⑥。水资源比较缺乏的华北旱作区如此,水资源丰富的西南一些水田区也莫不如此。20世纪20年代的四川名山,“迩来原隰冈陵童童若薙。森林既尽,复鲜巨塘巨堰以蓄泄之,偶值水旱遍灾,往往束手无策”⑦;三台县虽有涪、凯二江流贯境内,但两岸开堰者少,“偶有小旱,立见涸竭”⑧;云南建水,田土多半是全靠雨水灌溉的所谓“雷鸣田”。耕播“惟视雨水为早迟”⑨;思茅也是全境田高河低,“水利缺乏,其田亩必俟雨泽,方能栽种”⑩;贵州开阳的情况是“山多田少,水源复缺”,不少稻田属于“毫无水源之干田,而惟望天雨之渗

① 《浙江八县农村调查报告》,国立浙江大学农学院丛刊第8号,1930年,第23—24页。

② 民国《枣阳县志》第14卷,农工商业,第15页。

③ 民国《怀安县志》第3卷,农业,第31页。

④ 民国《博山县志》第7卷,实业志,第8页。

⑤ 民国《重修渑池县志》第7卷,实业,第15页。

⑥ 民国《淮阳县志》第2卷,风土,第13页。

⑦ 民国《名山县新志》第8卷,食货,第2页。

⑧ 民国《三台县志》第13卷,物产,第1页。

⑨ 民国《续修建水县志》第2卷,风俗,第38页。

⑩ 《云南省地志》,思茅县,第4页。

注”。[1] 至于西北地区，除陕西汉中地区、新疆和甘肃（黄河两岸）少数地方外，绝大部分地区气候干旱，地面和地下水资源缺乏，地方官府又多不重视水利，甚至“直不知水利为何事”。[2] 耕播收获惟赖天时。

三、以种植业为主的单一结构

中国农业历来以种植业为主，畜牧、养殖居于次要地位。晚近又有进一步向单一种植业结构发展的趋势。

从地区看，内蒙古和东北西部内蒙古沿线地区、新疆、青海、西藏和川西部分地区，大多以畜牧业为主，或农牧并重。其他地区基本上属于纯农业区，农户以种植业为主，畜牧养殖，通常仅以家庭副业的形式存在。进入近代，尤其是19世纪末20世纪初，一些通商口岸和大中城市相继出现了乳中业，有的地主、商人或新型农学专业人员办起了中小型畜牧场或养殖场，专门从事猪、鸡、鸭、鹅或淡水鱼的商业性饲养，还出现了养蜂专业户。个别地区也有饲养菜牛的习惯。[3] 但在广大农村，养牛仍以役畜为主，乳牛和菜牛饲养没有什么发展。羊的饲养一般只限于山区和丘陵地带，平原地区很少。饲养较为普遍的是猪和鸡鸭等家禽。

19世纪晚期和20世纪初叶，由于东北、热河、察哈尔、绥远和新疆、川西等地荒原的相继开垦，一部分草原变为耕地，一部分游牧民变为农耕民，畜牧区域缩小，畜牧业在全国农业中的比重进一

① 民国《开阳县志稿》，农业，第26页。

② 《光绪朝东华录》第4册。总第3863页，光绪二十二年八月壬辰华辉奏。

③ 如聚居广西环江县的毛难族，即普遍饲养菜牛，素有“菜牛之乡”，的美誉，所养菜牛还大量出口香港等地。

步降低。

这一时期,在华北和东北,农业沿着直隶、山西北部和奉天、吉林、黑龙江西部一线,不断向北、向西推进。内蒙古的牧地逐渐缩小,牧群不断北移,蒙民畜牧业日渐衰落。

内蒙古南部沿直隶、山西的热河、察哈尔、绥远一线,以筹措驻防八旗军粮为目的屯垦,以"借地养民"为目的移民招垦,以及流民私垦,早在清代前期就已断续进行,蒙民牧群和聚居地的北移也就随之开始。庚子以后,清政府对察哈尔、绥远地区的蒙旗荒地开始了有组织的大规模放垦,1909 年秋,清廷更谕令内外蒙古各旗,选择沃壤,"次第开垦,练习稼穑"。① 从而加速了蒙古地区荒地的开垦和由畜牧业向农业的转化。位于绥远的土默特旗,早在 19 世纪 80 年代中,蒙民"以耕牧为生产者十之二三,借租课为生者十之七八"②;位于热河的翁牛特右旗,早在光绪初年,蒙古牧民已全部变成了农业民,到光绪末年,全旗土地已开垦无余。③ 察哈尔右翼四旗等地蒙旗贵族生计,也已"不在牧而在租"。他们原来的牧地,"或抵价而指卖与人,或图利而私放肥己"④。草原变成了耕地,大型牧群也继续北移。⑤ 热河的马厂地也相继放垦,官牧马群消失。

内蒙古东部沿奉天、吉林、黑龙江一线,随着甲午战后东北边境危机的加剧和土地开发规模的扩大,蒙地的大规模放垦也被提

① 《安徽实业报》第 5 期,宣统元年九月二十日。

② 张之洞:《张文襄公奏稿》第 6 卷,第 11 页。

③ 刘克祥:《清代热河的蒙地开垦和永佃制度》,《中国经济史研究》,1986 年第 3 期。

④ 《申报》,光绪二十八年七月初九日。

⑤ 安斋库治:《清末绥远的开垦》,《满铁调查月报》第 18 卷第 12 号,1938 年 12 月,第 32—33 页;贻谷:《垦务奏议》第 3 册。

上日程，开始了这一地区畜牧业向农业的转化。先是黑龙江地方官员提出丈放蒙地，并首先在扎赉特旗划出1000万亩荒地招民认垦。接着，清政府于1902年正式宣布解除蒙地禁令，准奉天、吉林、黑龙江三将军设局主持各旗蒙地丈放，鼓励汉民到蒙区开荒种地。黑龙江扎赉特、都尔伯特、郭尔罗斯后旗等三蒙旗松花江以北、嫩江和呼尔达河两岸、铁路沿线地区的蒙地相继丈放。由盛京将军督办的科尔沁右翼地区，也于1902年设局着手丈放。1903年，理藩院改为理藩部，委派民政部外城巡警厅厅长朱启钤为督办内蒙东部地区垦务专员，扎催各蒙旗加快放荒速度。1908年又设立"东三省蒙务局"，将未垦蒙地之开放置于政务之首。凡未垦各旗，令相应边省及将军大臣，商同蒙旗奏请开放。① 督办奉天垦务大臣赵尔巽为加速蒙荒放垦，1905年在省城成立了"蒙荒总局"，全力督办科尔沁六旗的蒙荒勘放。据统计，自蒙地解禁至清朝覆亡10年间，科尔沁6旗共放荒2430万余亩，整个东蒙一线共放荒4548万余亩。通过放垦，东蒙北部形成了以嫩江及其支流流域、松花江北岸沿线及其支流流域、中东铁路西段沿线为中心的新农业区，南部形成了以洮南府为中心，包括洮儿、交河、那金三河两岸地区的新农业区。同时，位于科左前旗的永、昭、福三陵养息牧地也于1897年以后丈放开垦，沿柳条边墙外，形成了以昌图府为中心，北起怀德、南至彰武的新农业区。② 东北农垦区由东向西，朝内蒙古地区大幅度推进。

由于蒙地的不断放垦，内蒙古地区的草原面积和放牧范围越

① 稻叶君山著，杨成能译：《满洲发达史》，第376页；《宣统政纪》第41卷，第104—108页。

② 参见刘克祥：《清末和北洋政府时期东北地区的土地开垦和农业发展》，《中国经济史研究》1995年第4期。

来越小,牲畜数量日益下降。据20年代初的调查,内蒙古东部地区,农耕地占十分之五,农牧地占十分之三,牧畜地仅占十分之二。① 整个内蒙古地区,纯牧区只有锡林郭勒盟以及哲里木盟的西北部。除此以外,"到处皆见有农耕地"。而纯牧区的畜牧业,"亦不能如昔日之盛"。不仅牲畜数量减少,牛马亦"不及从前之硕大"。② 据1919年的调查统计,哲里木、昭乌达、卓索图、锡林郭勒等盟和喇嘛王旗合计,仅有骆驼、羊、牛、马等各类牲畜416万余头。哲里木盟和锡林郭勒盟作为内蒙古惟一的两个纯牧区,分别只有牲畜140余万头,昭乌达盟和卓索图盟牲畜更少。整个游牧区仅有骆驼4458头,羊222万头,牛马分别不足百万头。③ 虽无前后统计对比,但从当时有关文献记载,尤其是南蒙、东蒙牧区大面积放垦和农耕化,无数蒙民由放牧转为"食租"这一事实,可以肯定,这一时期内蒙古地区的牲畜数量大幅度下降,畜牧业明显衰落了。这种变化对全国农业结构产生了重大的影响。

新疆牧区出现了同样的趋势。畜牧业本是新疆哈萨克、柯尔克孜族居民最主要的经济部门。这一时期,由于牧主的残酷剥削和频繁的自然灾害,牧民丧失牲畜,被迫改营农业。许多丧失牲畜的牧民,一部分迁到农耕区,在维吾尔族农民的帮助下,开始垦荒种地。新疆建省后,天山南北麓外来移民增加,土地开垦加速,1915年省府为"实边"起见,更呈准该省西北部荒地"一律开放,不

---

① 彭望恕:《内蒙古以东东三省以南之牧羊业》,《农商公报》第82期,著译门,1921年5月,第15页。

② 雨时:《满蒙之农业》,《农商公报》第58期,选载门,1919年5月,第10页;《多伦诺尔抚民同知卢司马鼓励畜牧工艺示》,《申报》,光绪二十七年十月初六日。

③ 雨时:《满蒙之农业》,《农商公报》第58期,选载门,1919年5月,第10页。

论官民均可承领，以期垦务之发展”。而这一地区正是以畜牧为主业的哈萨克、蒙古两族聚居区。据说宣布放荒后，“官民领荒者颇多”，一年即丈放荒地131万余亩。① 这更加速了新疆农业结构的变化。

在内地农业区，原有的养殖业也越来越衰落。内蒙古畜牧业繁盛时，除自食自用外，每年都要向邻近华北和东北地区运销大量牛马，供两地农耕、运输之用，相当一部分种马、种牛、种羊也由蒙古牧区提供。蒙古畜牧业衰落后，运销华北、东北两地的牛马羊数量大减，直接影响了这两地农民家庭养殖业的正常发展。在内地山区和丘陵地带，由于森林和水草资源不断遭到破坏，牛羊的放牧条件越来越差，或为其他经济林所取代。如奉天安奉铁路沿线地区，原来牧羊业颇为兴盛。20世纪初，随着柞蚕业的迅速发展，山林旷地日益为柞桐林所取代，牧羊业明显衰落。② 加上农民经济的日益恶化，各地农户的家畜占有量出现不断下降的趋势。到清末民初，每一农户占有的耕畜平均只有0.5头上下，羊只有三分之一头，猪也只有1头左右。据1914年北洋政府的统计，平均每一农户的耕畜和猪羊占有头数，耕畜除黑龙江、吉林、新疆、云南外，其余各省均不足1头，直隶、山西、山东、江苏、浙江、安徽、湖南、福建等9省则不足0.5头，河南和浙江分别只有0.12和0.15头。猪、羊超过1头的分别只有福建、广东、广西、四川、云南、奉天、吉林、黑龙江、热河9省区和山西、新疆、热河3省区；山西、山东、河南、新疆4省区，每户猪的占有量不足0.5头；直隶、山东、河南、江苏、浙江、安徽、湖南、湖北、福建、广东、四川、奉天12省区，每户羊

① 《农商公报》第28期，近闻，1916年11月，第19页。

② 彭望恕：《内蒙古以东东三省以南之牧羊业》，《农商公报》第82期，著译门，1921年5月，第15页。

的占有量均不足 0.5 头。[①] 在各地不仅很大一部分农户养不起牛,而且相当一部分农户养不起猪。在上述猪的户均占有量不足 0.5 头的山西等 4 省区,无猪户的比重即远远超过 50%。而且这部分农户的比重还在继续增加。

惟一有所扩大的是农户的家禽饲养,尤其是养鸡副业。一些无力饲养猪牛等大型牲畜的贫苦农民,往往将更多的精力投入到家禽饲养。加上这一时期鲜蛋、冻蛋和蛋制品出口迅速增加,中外商人纷纷建立蛋厂,大力收购和加工鸡蛋,加上城镇的发展,对家禽和禽蛋的市场需求明显扩大。这就刺激了一些地区,尤其是城镇郊区和水陆交通沿线地区农户家禽养殖业的发展,并涌现出一批专业养殖户和养殖大户。然而,这远不能抵补这一时期畜牧业和农户家畜养殖业的缩小,更无法改变全国农业向单一种植业结构转变的总趋势。

在种植业内部,粮食作物的栽培占着绝对统治地位。诚然,甲午战争后,棉花、蚕桑、烟草、大豆、花生、芝麻、油菜籽等经济技术作物的种植明显扩大,一些地区茶叶、甘蔗种植也曾一度兴旺。通商口岸和城镇郊区的蔬菜、水果等园艺作物栽培也有所发展,部分地区的种植结构逐渐发生变化。但是,从全国范围看,粮食作物占统治地区的基本格局并未改变。个别地区由于某些经济作物的种植衰落,粮食作物的种植面积和比重还有上升的趋势。如著名的茶叶种植区江西,在 19 世纪 90 年代初,稻田约占耕地面积的四分之三,茶园占耕地面积的六分之一[②];而到 20 世纪 10 年代初,茶园比重已降至三十六分之一强,而稻田上升到五分之四弱。[③] 19

① 据北洋政府农商部:《第三次农商统计表》各表计算。

② Decennial Reports,1882—1991 年,第 1 卷,九江,第 222 页。

③ 据北洋政府农商部:《第三次农商统计表》计算。

世纪末20世纪初，广东一些地区由于茶叶、甘蔗、花生等经济作物种植的减少，粮食作物种植面积也有上升的趋势。

就全国范围而言，直至清末民初，粮食作物仍占整个种植面积的85%左右，高的地区超过90%。据1914年北洋政府对全国24个省区（缺绥远、宁夏、青海、西藏）的调查统计，全国种植面积为15.2亿亩，其中粮食作物达13亿亩，占85.3%。其余分别为纺织原料、油料、烟茶蔗和瓜果园艺作物等。表36是主要作物种植结构的分区统计。它大体反映了清末民初的情况。

表36　7大区24省（区）主要农作物结构统计表

1914年

地区	种植面积（千亩）	粮食作物		纺织原料作物		油料作物		烟茶蔗作物		瓜果园艺作物	
		千亩	%	千亩	%	千亩	%	千亩	%	千亩	%
华北区（直、鲁、豫、晋、察、热）	355426	293910	82.7	13345	3.8	34700	9.7	728	0.2	12743	3.6
华东区（苏、浙、皖）	192804	155547	80.7	12836	6.7	12134	6.3	1671	0.9	10616	5.5
华中区（鄂、湘、赣）	391021	363754	93.0	5831	1.5	4990	1.1	6168	1.6	70778	2.8
华南区（闽、粤、桂）	79996	62467	78.1	1039	1.3	2497	3.1	1825	2.3	12168	15.2
西南区（川、云、贵）	304653	283297	93.0	1545	0.5	3740	1.2	4412	1.4	11659	3.8
西北区（陕、甘、新）	59417	53936	90.8	3060	5.2	955	1.6	227	0.4	1239	2.1

续表

地区	种植面积(千亩)	粮食作物		纺织原料作物		油料作物		烟茶蔗作物		瓜果园艺作物	
		千亩	%	千亩	%	千亩	%	千亩	%	千亩	%
东北区(奉、吉、黑)	140529	87616	62.3	6880	4.9	39935	28.4	912	0.6	5136	3.7
总计	1523846	1300527	85.3	44536	2.9	98451	6.5	15943	1.0	64389	4.3

资料来源:据北洋政府农商部:《第三次农商统计表》各表计算编制。

如分省分组统计,粮食作物面积比重以吉林最低。为55.3%,湖南最高,达96.1%。其余各省,粮食作物面积比重低于70%的有福建、黑龙江、贵州和奉天;70%以上、不足80%的有河南、江苏;80%以上、不足90%的有浙江、山东、直隶、广西、广东、安徽和陕西;湖北、新疆、察哈尔、云南、四川、热河、甘肃和湖南都在90%以上。

在粮食作物中,稻谷种植面积约占30%,小麦和玉米、高粱、谷子等杂粮约各占25%,其余为豆类和甘薯。

各种粮食作物的地区分布,南方以稻谷为主,北方以小麦和玉米、高粱、谷子为主。这一时期的重要变化是,稻谷种植逐渐向北延伸,19世纪末20世纪初,华北、东北某些地区都开始稻谷栽培;而小麦种植迅速向南扩展。随着机器面粉业的发展和水稻种植区一年两熟制的推行,小麦成为南方地区一年两熟轮作制的主要作物,栽培地区和种植面积明显扩大。同样的原因,小麦在北方一些地区粮食作物中所占的比重也有不断增高的趋势。另外,无论北方和南方,随着人口的增加和一些地区山坡地的开垦,甘薯、玉米等杂粮种植面积也有所扩大,在部分山区和丘陵地区,甚至发展成为最重要的粮食作物。

在粮食作物以外的其他作物中,居首位的是油料作物,种植面积达9845万余亩，在粮食以外其他各类作物中占到44.2%，在全国种植面积中占6.5%，其中东北区更高达28.4%。油料作物的品种，北方以大豆为主，其次为花生、芝麻；南方以油菜籽为主，其次为花生、芝麻和茶籽。除油料作物外，依次为瓜果园艺作物、纺织原料作物和烟茶蔗作物，在全国种植总面积中所占比重依次为4.3%、2.9%和1.0%。园艺作物的种植面积比重除华南地区较高外，其他各区所占比重相差不甚悬殊，多为3%—5%。纺织原料作物主要是棉花和麻类，大部分集中在华北、华东两区，华中、东北两区次之。烟茶蔗作物的种植则集中在华中、华南和西南三区。

从上述作物结构和人类社会正常需要看，粮食作物的比重明显偏高，而纺织原料、油料（其中大豆、花生尚有相当部分用作食品）和园艺作物的比重明显偏低。这是由这一时期人口的巨大压力所造成的。从某个意义上说，以粮食作物种植为主的单一农业结构，是人口对土地的巨大压力在农业生产上的反映。人口愈多，耕地愈紧张，人们愈是被迫尽可能用最多的土地生产粮食，以解决最紧迫的吃饭问题，从而愈是强化农业的粮食种植单一结构。而粮食种植的单一结构愈是强化，农业生产的自给自足性愈高，市场愈是萎缩，从而阻碍和制约城市工业和整个经济的进一步发展。

四、低而不稳的农业收成和土地产量

农业收成和土地产量受到气候、土壤、生态环境、水利灌溉条件、生产工具和技术、作物品种、肥料和田间管理、生产者抵御自然灾害的能力等多种因素的制约。这一时期，由于森林破坏，水土流失，农田水利年久失修，生态环境和农业生产条件恶化，加上农民经济贫困，生产资金和耕畜、农具、肥料短缺，生产技术保守落后，作物品种退化，地力衰竭，生产者抵御自然灾害的能力愈来愈低，结果,各地土地产量普遍低而不稳,农业收成每况愈下,相当一部分地区的单位面积产量呈现递减趋势。

森林植被是调节气候、减少水旱灾荒、防止水土流失和保护耕地的首要因素,保护森林和土地植被,大力建造人工林,是维持和发展农业生产的重要前提。但是,甲午战争以后,封建政权日益腐败,根本不重视森林植被的保护,更谈不上人工造林,正所谓"树艺之经,阙而不讲;劝道之术,阒焉不闻"。① 民间原有的一些乡规民约也大多废弛,山林树木任凭乱砍滥伐,再加上一些地区为不断增长的人口所迫,任意毁林开荒。结果,森林植被的破坏愈来愈严重,无论南北,莫不一望童山,满目赤野。气候无以调节,水土失其屏障,以致各地水旱频仍,水土流失严重。

在南方,原本山清水秀的江苏太湖之滨宜兴,入民国后,因林木砍伐,河渠不浚,圩堤失修,加以排灌仍恃人畜之力,以致"水旱灾荒,纷至沓来"。② 安徽建德,早在清代由于林政不修,已是"山皆童白",进入民国后,更是"旱潦频仍,丰收罕见"。③ 浙江丽水,也因玉米"多种山中,山经垦善崩,良田多被害"。④ 江西南北公私各山,因盗窃戕伐,牛羊践害,结果"茂林丛山,转瞬濯濯",每届雨季,"壅田塞溪,决堤胶舟,水旱频仍,无一不受其害"。⑤ 福建宁化一带,原来森林茂密,松杉"向颇饶足",19 世纪末 20 世纪初,木材生意兴旺,各地客商入山大砍杉木,"于是四乡之山,强半皆童"。⑥

---

① 《研求农政》,《申报》1897 年 11 月 29 日。

② 徐洪奎:《宜兴县乡村信用之概况及其与地权异动之关系》,《民国二十年代中国大陆土地问题资料》第 88 册,第 46349—46350 页。

③ 民国《建德县志》第 2 卷,地理,第 12 页。

④ 民国《丽水县志》第 4 卷,物产,第 23 页。

⑤ 《录赣省请兴实业条陈》,《申报》,光绪三十年十二月初四日。

⑥ 民国《宁化县志》第 10 卷,实业志,第 1—2 页。

广东、广西许多地区，也“多系童山，绝少树木”①，如广东花县，有木之山，仅“居十分三四”②；清远山场造林者“不及十之一”③；广西贺县，“山皆出泉”，水资源颇为丰富，但因森林保护不力，焚山不禁，“遂至山枯而泽竭，故田多旱”。④ 西南四川、云南、贵州不少地区也都是山童水竭。四川简阳，20 年代中的调查说，20 年前，“林园弥望皆是；近则满目童山”⑤；云南全省，“向来树木茂盛”，“万绿如帷”。回民战争期间，森林大多“毁于兵火，绝鲜存者”，直至 20 世纪初也未能恢复，到处“荒凉不堪，一望濯濯”。⑥ 农业生产条件大为恶化。

在北方，森林破坏、水土流失、旱涝肆虐的程度愈加严重。河南全省的情况是，“堤防沟渠之设置失修，山林川泽之禁令未备；河道淤塞，有山皆童，洪水大旱之为患，无年无之”⑦。直隶无论平原山区，绝少森林，尤其是各河流发源地，“类皆濯濯童山”。每逢大雨，洪水挟带泥沙，直泻中下游平原，结果河道淤塞，河流涨溢，堤岸溃决，动辄数县数十县被淹。论者分析 1924 年直隶特大水灾说，其原因固由于河道失修，群流泛滥，实为“森林缺乏所致”。⑧ 西北地区更是“赤地千里，一望童山；旱涝为灾，风沙扑面”，耕地

---

① 《申报》1898 年 6 月 22 日。

② 民国《花县志》第 6 卷，实业志，第 6 页。

③ 民国《清远县志》第 14 卷，实业，第 3 页。

④ 民国《贺县志》第 2 卷，风俗，第 12 页。

⑤ 民国《简阳县志》第 22 卷，礼俗篇，第 4 页。

⑥ 《申报》1902 年 11 月 14 日；《农商公报》第 16 期，选载，1915 年 11 月，第 18 页。

⑦ 刘茂增:《河南农业金融与地权异动之关系》，《民国二十年代中国大陆土地问题资料》第 88 册，第 46563 页。

⑧ 《直实厅令各县造林以防水患》，《华北新闻》1924 年 12 月 4 日。

"泉源枯竭,硗确难耕"。[1] 原来农业生产较好的甘肃河西走廊一带,到这一时期也是"童山濯濯,平原荒芜,气候无以调和,农田失其保护",加之民国以来,水利愈坏,"故渠失修,时浚时淤,且多坍坏;新渠更无从添设",以致水、旱、雹、风各灾频繁而至。往往"非旱魃为虐,即洪水肆灾;或冰雹打毁田禾,或飞沙掩没田土。每年农产损失之巨,不可数计"。[2]

在那些水利灌溉设施缺乏的地区,作物能否及时播种,播种后是否有收,以及收多收少,都取决于天公是否"作美"。湖北大冶,"几乎无灌溉系统可言","蓄水设备是一点没有的"。因此,"大雨来了便是潦,半月不雨便是旱"[3]。播种和收获,皆听于天。又如前述云南建水的"雷鸣田",无论"高高下下",耕播"惟视雨水为迟早"。禾苗栽播后,惟视雨水调匀,"时雨偶愆,龟坼之形随见焉",禾苗即行枯槁;禾苗长到夏至,又望天气晴好,否则"土膏凝而根难畅遂,阴气伏而穗不发荣,即使有收,仅仅及半"。[4] 然而,此类"雷鸣田"竟占该县耕地的一半。这种情况在全国其他地区也都比比皆是。贵州开阳,不少是毫无水源之"干田",耕播收获"惟望天雨","一遇天旱,直无收成可言"。[5] 20年代的四川名山,"迩来原隰冈陵童童若薙。森林既尽,复鲜巨塘巨堰以蓄泄之,偶值水旱遍灾,往往束手无策"[6]。

南方如此,北方尤甚。河南淮阳,"水利不开,无沟渠可资"。

---

① 《时务通考续编》三,第17卷,商务三,第21页。

② 李扩清:《甘肃河西农村经济之研究》,《民国二十年代中国大陆土地问题资料》第52册,第26532页。

③ 李若虚:《大冶农村经济研究》,《民国二十年代中国大陆土地问题资料》第42册,第21009—21010、21044页。

④ 民国《续建水县志》第2卷,风俗,第38、41页。

⑤ 民国《开阳县志稿》,农业,第26页。

⑥ 民国《名山县新志》第8卷,食货,第2页。

庄稼“旱涝专恃天时，雨集则禾饱鱼腹，亢旱非播种失时，即坐视苗槁”。[①] 宜阳“诸田无非洛浦山冈，山田旱涝难禁，洛滩每苦河伯为患”。即使丰收，“较他处亦常减数”[②]。直隶怀安，“未凿井泉，全恃天雨。如遇春旱，即不能如期下种；若遇秋旱，便就成灾，无法补救，惟有仰天兴嗟而已”[③]。文安则全县“地势低下，恒患水灾”。[④] 宁晋、昌黎也是“土瘠民薄”，不修水利，“旱涝听天”。[⑤] 山东博山，全境皆山，“往往冈陵濯濯，山洪为害，又地势不平，田多沙瘠，灌田绝少，旱灾易成”[⑥]。

值得注意的是，甲午战争后，由于乱伐森林、滥垦荒地以及水利设施长年失修，致使气候和生态环境日益恶化，水旱灾荒更加频繁，所造成的危害也比以往更加严重。

从历史上看，中国本是一个自然灾害频繁和严重的国家。甲午战争后，一些地区自然灾害的间隙更是明显缩短，频率加速。从当时的报道看，一些地区的水旱灾荒几乎接连不断。如江苏宜兴，“水旱灾荒，纷至沓来”[⑦]。山阳“水利失修，非旱则涝”。[⑧] 苏北淮、徐、海诸属，“频年灾歉，积困未苏”[⑨]。安徽庐

① 民国《淮阳县志》第2卷，风土，第13页。

② 民国《宜阳县志》第3卷，风俗，农功，第24页。

③ 民国《怀安县志》第3卷，农业，第31页。

④ 民国《文安县志》第12卷，治法志，实业，第33页。

⑤ 民国《宁晋县志》第1卷，风俗，第45页；民国《昌黎县志》第5卷，风土志，第22页。

⑥ 民国《博山县志》第7卷，实业志，第8页。

⑦ 徐洪奎：《宜兴县乡村信用之概况及其与地权异动之关系》，《民国二十年代中国大陆土地问题资料》第88册，第46350页。

⑧ 民国《续纂山阳县志》第1卷，风俗，第3页。

⑨ 《申报》，光绪二十四年九月二十七日。

州地区,1901—1903 年连续 3 年成灾。[①] 浙江东阳等地,“水灾时起”[②]。山东临淄一带,“亢旱频年”[③]。直隶献县诸属,1894 年的洪水“尚未消涸”,次年四月又遭狂风大雨,“禾麦被淹,房屋倒塌,困苦异常”。[④] 陕西 1877—1878 年连续遭受特大旱灾,到 1899—1901 年,又是 3 年不雨,1922—1923 年再次连续两年大旱,小麦无收、棉苗枯槁。[⑤] 甘肃和四川西充等地也都是“连年苦旱”、“连年叠旱”。[⑥] 有的堤埝决口刚刚修复,或工程只及一半,第二年洪水就来了。这固然是由于封建政权财政困窘、农政废弛的结果,同时也反映水灾的频仍。有的非旱即涝,旱涝接踵而至。如江西高安,1900 年“苦旱”,次年又遭特大洪灾[⑦];湖北武昌、蒲圻、崇阳等地,1901 年入夏后一直亢旱,五月底陡降暴雨,“经旬未止”,酿成特大洪灾。[⑧] 有的大旱大涝继以特大瘟疫。1898 年湖北沙市大旱和 1901 年陕西大旱后,都曾出现大规模的瘟疫流行,陕西 900 万人口死亡 200 万。[⑨] 一些过去较少水旱灾荒的地区,这一时期也多了起来。如广东的广州、肇庆两府属,过去很少水灾,“数年、数十年而一见”,但到光绪以降,几乎无岁无之。[⑩] 愈到后来,各地水旱灾荒愈频仍,几成加速

---

① 《申报》,光绪二十九年三月二十六日。

② 《浙江八县农村调查报告》,国立浙江大学农学院丛刊第 8 号,1930 年,第 23 页。

③ 民国《临淄县志》第 13 卷,实业,第 24 页。

④ 《谕折汇存》,光绪二十一年八月二十三日王文韶奏折。

⑤ 《申报》,光绪二十八年正月初四日,1923 年 6 月 19 日。

⑥ 《申报》,宣统元年四月二十四日,光绪二十九年四月初一日。

⑦ 《申报》,光绪二十七年十月初二日。

⑧ 《申报》,光绪二十七年六月十五日。

⑨ 《申报》,光绪二十七年十二月二十六日。

⑩ 张之洞:《张文襄公奏稿》第 13 卷。

度发展趋势。

水旱虫风等灾荒的日益频仍，导致农业产量不稳和收成递减。在许多地区，丰年和正常年成已经罕见，灾年和歉年反成常经。如安徽建德，进入民国后，“旱潦频仍，丰收罕见”[①]。直隶文安，“以十年计之，所稔不过二三”[②]。湖南耒阳等高阜地区，往往“十年五旱，五年三旱，高高下下，只收一半”。[③] 地处江汉平原的沔阳等州县，更是几乎连年淹涝，故有“湖北沔阳州，十年九不收”之谚。湖南衡山，也是“近水诸农，其田常苦水潦，十种而九不收”。[④] 在这些地区，获取丰收年成，已成为一种奢望。事实上，在一个地区内，由于各个局部范围或地块的地形和水源条件不同，对气候、雨水的要求和适应性也互有差异，梯田高地怕旱，坝田滩地怕涝，无水源低地既怕旱又怕涝。因此，即使风调雨顺，一个地区也往往很难全面丰收。如直隶怀安，种河地者，因有充足的河水可供灌溉，怕涝不怕旱，甚至希望天旱，“倘遇旱年，产量既多，价亦昂贵，更觉十分得计矣”。而种高地旱田，则盼雨而不怕涝。[⑤] 广东南康的情况是，“洋田忌旱，坑田忌涝，往往此丰则彼歉，鲜得两利”[⑥]。广西全县也是“五日雨则低田必淹，十日晴则高田即旱”。因此，“纵遇丰收，亦难全熟”[⑦]。类似怀安、南康、全县这样的情况，在南北各省都十分普遍。

---

① 民国《建德县志》第2卷，地理，第12页。

② 民国《文安县志》第12卷，治法志，实业，第33页。

③ 光绪《耒阳县志》第7卷，风俗。

④ 光绪《衡山县志》第7卷，风俗。

⑤ 民国《怀安县志》第3卷，农业，第31页。

⑥ 民国《南康县续志》第5卷，食货二，土货，第16页。

⑦ 民国《全县县志》第1册，社会，第88页。

这一时期南北各地作物的单位面积产量,情况比较复杂,不同地区之间,同一地区的不同地块之间,不同农户之间,同一作物的不同品种之间,尤其是不同年成之间,单位面积产量高低悬殊,变化无常。加之资料缺乏,很难作出全面而精确的统计。只能根据一些零星资料,对若干主要作物的单位面积产量分地区作一些粗略的描述和估计。

粮食作物类,水稻是南方地区最主要的农作物,品种颇多,不同品种和地区、地块之间的单位面积产量差异颇大。

从品种看,湖南地区的200个水稻品种中,据说以“粒谷早”质量最好,产量最高,一般亩产稻谷4—5石,而其他稻种产额多在三至四石之间。① 江西抚州地区,水稻分单季稻和双季稻两大类,又各有多个品种。其中以单季早稻中的“铁脚掌”产量最高,最多每亩可达五六石。其他各稻种通常为2—4石左右。单季稻的产量一般比双季稻略高。② 江苏江阴有一种早晚稻,收获比一般晚稻早十日,“粒短而阔,穗长几及尺”,据说“亩可得米3石”,合谷6石。③ 不过这种高产品种很少,一般亩产多在2—3石,即260—390斤左右。

从地区看,长江中下游地区、钱塘江流域、闽江流域、珠江流域以及西南部分地区等,水稻产量较高。如上述湖南水稻亩产为3—4石,地处江汉平原的湖北沙市,稻谷亩产一般为4石④,江苏苏州、常熟一带,每亩稻田可收米2石,即谷4石;无锡、上海等地,

---

① 李振:《湖南土地利用与粮食问题》,《民国二十年代中国大陆土地问题资料》第55册,第28222页。

② 何刚德:《抚郡农产考略》上卷,第5—8、21—30页。

③ 民国《江阴续志》第11卷,物产,第1页。

④ 李文治:《中国近代农业史资料》第1辑,第621页。

中等田亩产稻谷2—3石,上等田可达3石或3—4石。① 浙江余姚、蒙山一带,早稻亩产约四五担②;闽江流域,中上等田,每亩可产米4—6石,但下等田仅有一二石左右。③ 平潭县亩产平均为粳米3石。④ 广东东莞,水稻亩产一般为400斤,粤北的连山,水稻常年亩产也是300—400斤,水田丰年可达500斤。⑤ 云南某些地区的水稻产量也较高,如玉溪全县水稻种植面积10.7万亩,常年总产23.2万石,平均每亩2.2石。当地每石合京斗3石,亦即亩产达6.6石。⑥

除上述地区外,从一些记载看,南方其他地区的水稻产量都比较低。亩产通常为1—2石上下。如皖北滁州,稻麦两熟,每亩产谷约1石。⑦ 广西贺县,水稻一年两季,每季亩产约300斤,合2.2石。⑧ 贵州开阳,水稻亩产,一般中田2石,下田则仅1石。⑨ 连原本土地肥沃、水稻产量较高的四川成都平原,二三十年代的亩产量也只有2石上下。⑩

---

① 何梦雷:《苏州无锡常熟三县租佃制度调查》,《民国二十年代中国大陆土地问题资料》,第32999—33001页。

② 王惟乔:《余姚垄亩情形》,《钱业月报》第2卷第8期,调查,1922年9月,第11页;民国《蒙山县志》第13卷,实业考,第3页。

③ 日本外务省:《清国事情》,转见《中国近代农业史资料》第1辑,第621页。

④ 民国《平潭县志》第17卷,实业志,第1页。

⑤ 宣统《东莞县志》第15卷,第14—15页;民国《连山县志》第3卷,第12页。

⑥ 《云南省地志·玉溪县》,1922年版,第36页。

⑦ 李文治:《中国近代农业史资料》第1辑,第619页。

⑧ 民国《贺县志》第2卷,社会问题,第94页。

⑨ 民国《开阳县志》,第九章,社会,第23页。

⑩ 陈太先:《成都平原租佃制度之研究》,《民国二十年代中国大陆土地问题资料》第62册,第32380页。

综观南方各地水稻亩产,低则1石,高可达4—6石,但4石以上的高产并不普遍,一般多在1.5—2.5石之间,大体平均2石,约合260斤。

北方地区的水稻产量,一般比南方略低。天津水稻亩产为1.4—1.5石,怀安8斗至1石。[①] 奉天安东,平年水稻亩产平均为1石,辽阳为1石有余。[②] 不过两地石斗容量比京斗大1倍多。约合每亩2石多,超过260斤。另据记载,奉天水稻平均亩产奉天石1.5石。[③] 1奉天石合0.69安东石,1.5奉天石约合1安东石。两处所载产量相近。吉林、黑龙江地区,由于是新开地,土壤肥沃,水稻产量比奉天高。如吉林宁安,每亩可产稻谷1.6石,约合304斤。[④] 黑龙江省的牡丹江沿岸、松花江下游、嫩江讷河沿岸、哈尔滨郊区和阿什河沿岸等地,水稻每亩产量在2.8石至3.6石之间,比吉林宁安约高出1倍。又据调查,1928年东北三省共有水稻种植面积611万余亩,共产稻133万石,平均每亩1.36石,合277斤。[⑤] 综合估计,华北东北水稻亩产分别约为150斤和250斤。

小麦是北方旱作区的主要粮食作物,这一时期在南方地区尤其是长江流域的粮食作物中也占有越来越重要的地位。小麦亩产,南北相差不甚悬殊,大多在100—200斤左右。在南方,江

---

① 李文治:《中国近代农业史资料》第1辑,第619页;民国《怀安县志》第5卷,第35页。

② 民国《安东县志》第6卷,农业,第14页;民国《辽阳县志》第27卷,实业志,第5页。

③ 荻原昌彦:《奉天经济十年志》(日文本),1918年版,第200页。

④ 李琴堂:《北满水田事业之近状》,《东北新建设》1929年第7期,第4页。

⑤ 《东北新建设》1928年第2期,第13页;1929年第8期,第2页。原为公亩,现折算为亩。

苏苏州、常熟地区，小麦亩产一般为 7 斗[①]，即 140 斤。另据估计，1929 年江苏全省小麦平均亩产 132 斤。[②] 湖北咸宁、安徽滁州、四川成都平原一带，小麦亩产均在 100 斤上下。[③] 以上均为稻麦轮作，以稻为主。个别地区产量较高，如湖北沙市，小麦亩产一般为 2 石，福建平潭，平均亩产 3 石。闽江流域的上等田，亩产也可达 2 石。[④] 这些产量均超过 400 斤，可能是小麦一季，或以小麦为主。南方地区通扯计算，小麦亩产当在 5—6 斗上下，平均约 110 斤。

在北方，直隶任县、房山、怀安等地，常年或丰歉平均，小麦亩产 5 斗或 5—6 斗[⑤]，折合 150 斤或 150—180 斤。而昌黎、霸县等，丰年才能达到这一水平。[⑥] 山东德县、潍县，河南孟县、获嘉等地，小麦亩产同直隶不相上下。德县寻常地四五斗（每斗 20 斤，合 80—100 斤），潍县平均 110 斤[⑦]；孟县丰年中地亩产小麦七八斗或

---

① 何梦雷：《苏州无锡常熟三县佃租制度调查》，《民国二十年代中国大陆土地问题资料》第 63 册，第 32999—33001 页。

② 张心一：《各省农业概况估计报告》，《统计月报》第 2 卷第 7 期，1930 年 7 月，第 34 页。

③ 周世彦：《咸宁土地分配之研究》，《民国二十年代中国大陆土地问题资料》第 67 册，第 34965 页；李文治：《中国近代农业史资料》第 1 辑，第 619 页；陈太先：《成都平原租佃制度之研究》，《民国二十年代中国大陆土地问题资料》第 62 册，第 32380—32381 页。

④ 李文治：《中国近代农业史资料》第 1 辑，第 612 页；民国《平潭县志》第 17 卷，实业志，第 1 页。

⑤ 宣统《任县志》第 1 卷，物产，第 41 页；民国《房山县志》第 5 卷，实业，第 22 页；民国《怀安县志》第 5 卷，第 31 页。

⑥ 民国《昌黎县志》第 5 卷，风土志，第 22 页；民国《霸县志》第 4 卷，民生，第 5 页。

⑦ 《德县之经济概况》，《中外经济周刊》第 221 号，1927 年 7 月，第 7 页；民国《潍县志稿》第 24 卷，农业，第 18 页。

五六斗(18 桶斗)不等。常年四五斗,即 80—100 斤为常。获嘉小麦产量,一年两熟者,每亩三四斗,一熟则五六斗。① 这些地区的小麦常年产量都在 100—150 斤左右。亩产 200 斤以上的地区也有,但不多。如山东清平,小麦亩产一般为 200 斤;河南孟县,上地丰年可达一石四五斗,合 250—270 斤,直隶保定地区更达 2.91 石②,应在 500 斤以上。产量低的地区则只有五六十斤。如直隶望都、河南滑县以及山东烟台的中地,小麦亩产均在 2 斗上下③,合 50—60 斤。东北的小麦亩产和华北平原相近,但地区间的差异相对较小,大多在 100—150 斤上下。北部地区据 1923 年的调查,小麦亩产最低 110 余斤,最高 150 余斤,平均约 140 斤。④ 南部地区,奉天辽阳,小麦亩产一般 3—4 斗,合 90—120 斤,抚松小麦亩产平均 3 斗,约合 100—150 斤。⑤ 另据估计,奉天小麦平均亩产 0.4 奉天石,约合 120 斤。⑥

纵观华北、东北两地小麦亩产,华北多数地区为 60—120 斤,平均约 80 斤;东北多数地为 90—150 斤,平均约 125 斤。

谷子、玉米、高粱、番薯等杂粮的产量比小麦略高,而绿豆、豌豆、蚕豆等豆类作物的产量略低。如江苏海门、启东一带,每千步

---

① 民国《孟县志》第 8 卷,生活状况,第 43 页;民国《获嘉县志》第 9 卷,习惯,第 16 页。

② 民国《清平县志》,农业,第 6 页;民国《孟县志》第 8 卷,第 43 页;李文治:《中国近代农业史资料》第 1 辑,第 621 页。

③ 光绪《望都乡土图说》;民国《滑县志》第 10 卷,实业,物产表;李文治:《中国近代农业史资料》第 1 辑,第 621 页。

④ 据《农商公报》第 107 期,近闻,计算,1923 年 6 月,第 1 页。

⑤ 民国《辽阳县志》第 27 卷,实业志,第 5 页;民国《抚松县志》第 4 卷,农业,第 10 页。

⑥ 荻原昌彦:《奉天经济十年志》(日文本),1918 年版,第 200 页。

(合4.17亩)的小麦产量为3.5—4担,而玉米、高粱分别为5担和5—6担,蚕豆为2.5担。① 每亩产量,小麦为84—96斤,玉米、高粱分别为120斤和120—144斤,蚕豆为60斤。福建平潭,番薯亩产20石,比小麦高5.7倍。绿豆、豌豆和蚕豆分别为2.5石和3石,比小麦略低或相等。② 在华北,直隶怀安,小麦亩产5斗,谷子6斗至八九斗,高粱五六斗至1石,绿豆、豌豆则二三斗。③ 山东清平,小麦每亩200斤,玉米、高粱为250斤,番薯则在1000斤以上。④ 河南获嘉县小麦、玉米轮作,每亩小麦三四斗,玉米可达1石。⑤ 察哈尔万全一带,"不丰不歉之年",谷子、高粱等"粗粮"平均亩产8斗,绿豆、马铃薯等"细粮"亩产5斗。⑥ 东北的谷子、玉米、高粱的产量,比华北地区略高。如奉天安东,谷子、玉米和高粱的平年平均亩产分别为6斗和5斗,约折合180斤和150斤。⑦ 开原玉米5斗,高粱和谷子可达9斗。⑧ 辽阳亩产,谷子6—7斗,玉米3—5斗,高粱4斗至1石。该地1斗高粱重30斤零。如都以30斤计算,谷子、玉米、高粱亩产依次为180—210斤、90—150斤、120—300斤。⑨

杂粮的单位面积产量,总的说略高于小麦。南方地区平均约为135斤(番薯按5斤折1斤折成细粮);华北地区平均约为110

---

① 沈时可:《海门启东之佃租制度》,1934年,第38页。

② 民国《平潭县志》第17卷,实业志,第1页。

③ 民国《怀安县志》第5卷,第31—35页。

④ 民国《清平县志》,农业,第6页。

⑤ 民国《获嘉县志》第9卷,习惯,第160页。

⑥ 民国《万全县志》第3卷,生计,第28—30页。

⑦ 民国《安东县志》第6卷,农业,第14页。

⑧ 民国《开原县志》第3卷,第10页。

⑨ 民国《辽阳县志》第27卷,实业志,第5页。

斤;东北地区平均约为 140 斤。

作为纺织原料的纤维作物,主要是棉花和麻类。棉花的单位面积产量,因地区、品种不同而有很大差异。据 20 世纪初的调查,湖北棉花亩产一般为皮棉 20 斤,沙市地区 20—25 斤;而直隶保定府属达 151 斤①,相差 6—7 倍。即使同一地区,棉花产量也因耕地类别和品种不同而相差甚远,如浙江处州,余姚棉种,旱地亩产 60 斤,旱田 10 斤;本地土种旱地亩产 13 斤,旱田仅 5 斤②,最高与最低相差 12 倍。一般地说,无论南北,棉花集中产区和专业种植户,单位面积产量较高,其他地区和农户的产量较低。从地区看,长江和钱塘江三角洲、华北平原和东北辽西南地区等棉花集中栽培区,产量较高。如江苏常熟,一般亩产棉花 100 斤,海门、启东每千步棉花产量分别为 3 担和 2. 5 担,合亩产 72 斤和 60 斤。③ 浙江余姚,每亩约 1 担。④ 在华北,如前述直隶保定棉花亩产 151 斤。山东清平,中棉、美棉,均可亩产 100 斤;临淄亩产 50 斤。⑤ 河南孟县,西乡岭坡专种棉花的"花地","亩可七八十斤,次则五十斤上下";获嘉更高,每亩可达 100 斤上下;滑县 1929 年的棉花亩产平均 79 斤。⑥ 在东北,奉天义县,棉花亩产 20—100 斤,平均 60

---

① 李文治:《中国近代农业史资料》第 1 辑,第 621 页。

② 李文治:《中国近代农业史资料》第 1 辑,第 620 页。

③ 李文治:《中国近代农业史资料》第 1 辑,第 620 页;沈时可:《海门启东之佃租制度》,第 38 页。

④ 《余姚垦亩情形》,《钱业月报》第 2 卷第 8 期,调查,第 11 页。另有记载说,余姚棉花亩产 360 斤(李文治上引书),疑其有误。

⑤ 民国《清平县志》,农业,第 6 页;民国《临淄县志》第 13 卷,实业,第 24 页。

⑥ 民国《孟县志》第 8 卷,生活状况,第 43 页;民国《获嘉县志》第 9 卷,习惯,第 16 页;民国《滑县志》第 10 卷,实业,物产表。

斤;兴城棉花亩产 75 斤。①

与棉花集中产区的情形相反,零散种植区的产量很低。如邻近保定的霸县,植棉不多,产量也较低,美棉亩产 50 斤,中棉“黑铁蛋”亩产只有 30 斤。② 奉天辽阳,棉花亩产一般为 40 斤,全县平均 30 斤,昌图府 1909 年棉花平均亩产仅 15 斤。③ 因此,高低通扯计算,棉花亩产仍然很低。如江苏 1929 年的全省棉花平均亩产只有 28.1 斤。④ 这既同年成有关,但也说明棉花平均单位面积产量的低下。按地区平均估计,这一时期的棉花平均亩产量,华南地区约 10—20 斤,长江流域 25—35 斤,华中、华南两地平均约 25 斤,华北、东北分别约为 35 斤和 20 斤。

麻类作物,南方主要种植苎麻,其单位面积产量,据调查,闽江流域上田每亩可达 2 担,下田 1 担。⑤ 这可能是最高的。湖北咸宁平均亩产仅 0.22 担⑥,则可能是最低的地区之一。南方平均亩产在 75 斤上下。北方主要是大麻和黄麻,亩产量均比苎麻高。直隶保定地区的大麻一般为 176 斤。⑦ 奉天辽阳,青麻约 100 斤,线麻除麻皮 50 余斤外,另可得籽 5—7 升。⑧ 河南滑县,麻的产量较

---

① 民国《义县志》(中)第 9 卷,民事志,实业,第 65 页;民国《兴城县志》第 7 卷,实业,第 6 页。

② 民国《霸县志》第 3 卷,实业,第 9 页。

③ 民国《辽阳县志》第 27 卷,实业志,第 6 页;宣统《昌图府志》,实业志,第 67 页。

④ 张心一:《各省农业概况估计报告》,《统计月报》第 2 卷第 7 期,1930 年 7 月。

⑤ 李文治:《中国近代农业史资料》第 1 辑,第 621 页。

⑥ 周世威:《咸宁土地分配之研究》,《民国二十年代中国大陆土地问题资料》第 67 册,第 34966 页。

⑦ 李文治:《中国近代农业史资料》第 1 辑,第 621 页。

⑧ 民国《辽阳县志》第 27 卷,实业志,第 6 页。

低,全县平均亩产为 45 斤。[①] 华北、东北麻类作物平均亩产分别约为 70 斤和 75 斤。

油料作物以大豆、花生、菜籽、芝麻为主。大豆的单位面积产量,南北比较,差别不太明显。在南方,江苏海门、启东大豆亩产一般为 60 斤左右,江苏全省 1929 年为 118 斤;湖北地区通常亩产可达 8 斗,约合 160 斤;四川、贵州一带的产量很低,每亩只有 60 斤。也有较高的,如湖北沙市地区,亩产一石五六斗,约 300 斤左右;浙江余姚约二三担;福建平潭更达 2. 5 石,约合 500 斤。不过在南方多数地区,大豆多为小面积零散种植,单位面积产量不高,多在 100 斤以下。高低平均计算约为 90 斤。在北方,大豆亩产也大多在 100 斤上下。直隶怀安约 4—6 斗,合 80—120 斤;山东潍县亩产 92 斤;清平约 150 斤;察哈尔万全县,常年 5 斗,约合 100 斤。[②] 华北地区平均约为 100 斤。东北大豆产量较高,一般多在 100 斤以上。如奉天海城,亩产低的约 5 斗,高的 1 石,平均 0. 62 石[③];开原、兴城、安东、义县和昌图府亩产依次为 7 斗、4 斗、6 斗、3 斗和 7 斗。[④] 各县斗量不尽相同,多数在 30 斤上下,大豆亩产大体折合 100—200 斤。吉林宁安,每垧(10 亩)3 石[⑤],每石 600 斤,平均亩产 180 斤。黑龙江和吉林北部地区,据 1923 年对齐齐哈尔、安达、哈尔滨、松花江下游、扶余等 7 个地区的调查估计,每亩低的

---

① 民国《滑县志》第 10 卷,实业,物产表。

② 民国《万全县志》第 3 卷,生计,经济状况。第 28 页。

③ 祉译:《东省与日本岐阜县农业经营法之比较研究》,《中东经济月刊》第 6 卷第 9 号,译述,第 17 页。

④ 民国《开原县志》第 3 卷,第 10 页;民国《兴城县志》第 7 卷,第 6 页;民国《安东县志》第 6 卷,第 14 页;民国《义县志》中第 9 卷,第 65 页;宣统《昌图府志》,实业志,第 66 页。

⑤ 民国《宁安县志》第 3 卷,农业,第 8 页。

131斤，最高达213斤，平均约185斤。[1] 东北地区平均亩产约150斤。

花生、芝麻等的单位面积产量资料较少。花生亩产一般在200—400斤左右。据统计，1929年江苏花生亩产为279.8斤。[2] 福建平潭约4石（可能为“担”之误）；山东清平在300斤以上；河南滑县平均为230斤。[3] 另从1921年对全国花生种植面积和产量的调查统计，可计算出若干地区的花生亩产。惜该调查颇多谬误。但其中直隶、江苏、湖北、广西以及其他各省，据以计算出来的花生亩产依次为2.2担、2.9担、3.9担、3.0担和3.1担[4]，可能大体接近事实。从以上资料看，各省和南北两大地区之间，花生亩产差别不甚悬殊。综合估计南方地区约270斤，北方约250斤。

芝麻亩产，有关资料更少。据20世纪初的记载，湖北沙市，芝麻亩产一石四五斗，约合280—300斤，湖北地区为6斗，约合120斤。湖北京汉铁路沿线和江汉平原是这一时期重要的芝麻产区之一，湖北的芝麻亩产额可以大体反映南方地区的芝麻单位面积产量水平。在北方，直隶怀安，亩产芝麻2斗，约合40斤；河南滑县约80斤。[5] 河南京汉铁路沿线是全国芝麻种植最集中的地区，滑县亩产能大体反映这一产区芝麻单位面积产量水平。不过豫南部分地区的芝麻亩产可能不同程度地高于滑县。北方地区的芝麻亩

---

① 《农商公报》第107期，近闻，1923年6月，第1页。

② 张心一：《各省农业概况估计报告》，《统计月报》第2卷第7期，1930年7月，第34页。

③ 民国《平潭县志》第17卷，实业志，第1页；民国《清平县志》，农业，第6页；民国《滑县志》第10卷，实业，物产表。

④ 据刘家播：《中国落花生之生产情形》，《农商公报》第83期，译著，1921年6月，第25页计算。

⑤ 民国《滑县志》第10卷，实业，物产表。

产估计约为 90 斤。

综合以上材料,可将这一时期全国主要粮食作物、纺织原料作物和油料作物的亩产估计列为表 37。

表 37　几种主要农作物单位面积产量估计

单位:斤/亩

地区	粮食作物			纺织原料作物		油料作物		
	稻谷	小麦	杂粮	棉花	麻	大豆	花生	芝麻
华中华南区	270	110	135	25	75	90	270	120
华北区	150	80	110	35	70	100	250	90
东北区	250	125	140	20	75	150	—	—
平均	260	105	130	28	72	120	255	100

表中数字是在参考若干年份实际产量的基础上,对常年产量所作的综合估计。需要指出的是,表中稻谷是原粮,而小麦、杂粮是成粮。如按 7∶10 的比例将成粮还原成原粮,则小麦、杂粮的全国平均亩产分别为 150 斤和 186 斤。前面提到,稻谷、小麦和杂粮种植面积所占比重依次约为 30%、25% 和 45%。这样,根据表 37 所提供的粮食单位面积产量,即可计算出全国的粮食总产和单产结果列为表 38。这一时期全国的粮食亩产为 199 斤,说含糊一点,也就是 200 斤左右。纺织原料作物主要是棉花,其亩产为 28 斤。麻类 72 斤。油料作物中,大豆、花生、芝麻亩产依次为 120 斤、255 斤和 100 斤。这里的花生是带壳花生。如以 100 斤花生剥花生米 65 斤计算,则花生米亩产 166 斤。参照有关统计资料估计,油料作物内部大豆、花生、油菜籽、芝麻等 4 种作物种植面积之比大致为 5∶2.5∶2∶0.5。据此估算出包括大豆、花生、油菜籽、芝麻在内的全国油料作物平均亩产为 133 斤。这里虽然缺油菜籽

的亩产数字，但因其亩产大致介于大豆和花生之间，对现有的计算结果影响不会太大。

表 38　粮食产量估计

品种	种植面积（千亩）	单产（斤）	总产（千斤）
稻谷	390158	260	101441080
小麦	325132	150	48769800
杂粮	585237	186	108854081
合计	1300527	199	259064961

第二节　转折时期的农业改革与振兴

清末民初，中国农业正处于开始由传统农业向近代农业发展的转折时期，商业性农业有了新的发展，农业中的资本主义因素有所增长，农业生产力方面也开始发生某些局部性变化，西方近代农业科技知识的介绍、传播，个别地区化学肥料、农业机械的少量进口和使用，标志着新的农业生产力已经开始萌发。

然而就整体而言，这一时期的中国农业生产关系和生产力并无多大改变，生产力水平并无多大提高。不仅如此，一些地区的农业生产条件进一步恶化，农业生产力尤其是农业劳动生产率有所下降。

农业是国民经济的基础，始终是近代中国最主要的经济部门。农业生产的日益衰退和凋敝，从根本上制约和阻碍新式工矿业、商业、交通运输业和整个国民经济的发展，制约和阻碍封建政权财政状况的改善和国力的增强。甲午战争后，中国完全被卷入了世界市场，成为资本主义世界市场体系的一个组成部分。这时，西方各主要资本主义国家已相继完成第二次工业革命,工业、农业和农产品加工业有了飞跃的发展。而中国的农业和农产品加工业停滞不前,同西方发达国家的差距越拉越大,在中外贸易关系上处于更加不利的地位:中国丝茶等传统出口农产品在国际市场上越来越受到国外同类产品的严重挑战,市场价格往往被压到最低水平,甚至被挤出市场;洋商廉价收购中国的农产品,进行机器加工后,再高价返销中国,赚取超额利润。农民的所付价格大大高于所得价格,大大加速了农民的贫困化,加剧了农村金融的枯竭和农业生产的衰退。

封建统治阶级、新兴资产阶级以及社会上的有识之士有关农业的一些改革主张,正是在这一背景下提出来的。

一、发展近代农业的各种主张

甲午战争后一个时期,从清廷、六部九卿到各省督抚、农工商矿总局局董及州县官吏、地主开明士绅和资产阶级新型知识分子,提出了一系列"兴农"主张和改革思路。归纳起来,可大致分为两类:一类是基本上沿袭古代的"农本"思想和传统农业政策的套路。按照这种主张和思路发展起来的农业,仍然不可能越出封建性的个体传统农业的范畴。1903 年商部尚书载振等提出的振兴农务折是这类思路的代表;另一类是主张大力吸收西方的农学和农艺学,借鉴和推行西方国家发展农业的经验和政策措施,改变传统农业的模式,发展资本主义的新型农业。提出这种改革思路的主要是一些洋务派官僚和资产阶级知识分子。

1903 年商部设立不久,商部尚书载振等人提出了"清地亩,辨土性"等两项振兴农业的政策主张。因农民战争后,各省鱼鳞册籍轇轕不清,土地荒熟、已垦未垦情况不明,田亩多有隐匿,故载振要求清廷谕令各省将军督抚通饬所属，“躬行履勘，确实丈量”，编造地亩册，将熟地列为一册，官荒、民荒各列一册，并绘图贴说，汇报商部备核。各省从前封禁山林，亦一律弛禁，招民开垦。同时辨别各地土性，编造土性表，将某地宜于某种植物栽培，某地已经种植或尚待试验，列表说明，报部备查，一面劝导，广兴艺植。载振还要求各地植树木、兴水利、广畜牧，以及开办学堂、试验场，传播农业知识等。载振的兴农主张得到光绪帝的肯定，谓其“所陈不为无见”，令各省大吏“认真确查，极力讲求，一律切实兴办”。①

载振的这些主张，并没有多少新内容，其主要目的仍然是清丈增赋。因此立即遭到一些人的反对，认为“清丈地亩一事，最易扰民”。而且从各省情况看，江苏业已办理清赋，田亩无复隐匿，没有重议清丈的必要；安徽、广东也曾相继举办，但“均以有扰民之弊，无增赋之利，旋即中止”。② 其余各省情形大抵相同。没有必要重弹老调。

同载振相反，一些洋务派官吏和资产阶级知识分子所提“兴农”主张，则把引进和推广西学、西法放在首位，强调革除陈规旧习，发展近代新型农业。

1901 年八月，刘坤一、张之洞在整顿中法、推行西法的联合条陈中，提出欲兴农务，“首在修农政；欲修农政，必先兴农学”的主张。刘张所说的“农学”，是日本和欧美的新式农学。为了有效地引进和推广西方农学，改造传统农业，刘张提出了“劝农学”、“劝官绅”、“导乡愚”和“垦荒缓赋税”等四项具体办法。建议在京师和各省城分别设立农务大学校和农务学校，选拔和培养农业专门人才；鼓励和派遣学生赴日本和欧美农务学堂学习，毕业回国后，

① 《光绪朝东华录》第 5 册，第 5102—5103、5105—5107 页。

② 《光绪朝东华录》第 5 册，第 5102—5103、5105—5107 页。

视其学业,奖给官职。各省地方广为译刻西方农书,并结合本地情形,依法试种,认真总结,届年汇报,“有效者奖,捏报者黜”。每县设“劝农局”,邀集各乡绅董来局讲求农学。绅董和地方官行之有效者给奖,不举办农业者,照溺职例参革。同时,各省兴办试验场,进行新式农具、作物、肥料、病虫害防治等试验。

刘坤一、张之洞不赞成垦荒升科以增收财赋的做法,谓“今日筹度支者,多以垦荒为言。夫垦荒而责以升科,此荒之所以不垦也”。认为“欲兴农务,惟有将垦荒升科之期,格外从缓”。海滩垦辟升科,“尤须从宽”。种植使用,亦不加限制,“种杂粮种草木,俱听其便,断不必强令开作稻田”。并建议将这些滩涂作为试验农业新法之地,责成开垦者自行试验,或种美棉、甜菜、芦粟,或仿照美洲牧牛牧豕、机器耕作之法,或其他相宜耕牧新法,不予限制。数年后如有成效,土地即给予管业,且予奖赏;如不遵行或苟且欺饰,即行罚令入官。①

刘张的上述主张,大体反映了洋务派高级官吏振兴农业的观点和思路。

除此以外,一些有政治远见和抱负的地方官吏、地主阶级开明士绅和忧国忧民的各类知识分子,也就如何改变农业的落后面貌提出了各种看法和改革思路:有泛论和综合的,也有针对某个方面或行业的;有涉及全国的;也有专论某一地区的。但不论其具体思路如何,有一点基本相同:大力发展农业是富国强民的必由之路;而要改变中国农业落后现状,加速农业的发展,就必须效法西方,引进和推广日本、欧美先进的农业科学技术和经营方式。其主要内容或观点,可以大致归纳为以下几个方面:

---

① 《光绪朝东华录》第4册,第4758—4761页。

1. 明确和强调农业是“立国之本”,即农业在国民经济中的基础地位

中国原本以农立国,以农为“本”,以工商为“末”,“重本抑末”是历代封建政权传统的农业政策和经济政策。19世纪末20世纪初,由于国内外历史条件的变化,尤其是民族危机的空前加深,“实业救国”的呼声日益高涨。这里的“实业”主要是指工业和商业,其中商业又占有特别重要的位置。认为鸦片战争后的社会是一个“商战社会”,中国一切失败,归根结底是“商战”的失败。要挽救目族危亡,重振国威,惟有大力发展商业,“以商界保国界,以商权张国权”①,甚至有人提出“以商为立国之本”的政策主张。② 清政府的政策也明显向工商业倾斜。1903年三月,光绪帝降旨说:“通商惠工,为古今经国之要政。自积习相沿,视工商为务,国计民生,日益贫弱,未始不因乎此。亟应变通尽利,加意讲求。”③这标志着清政府“重本抑末”传统经济政策的重大转变。此后又颁发了一系列优惠工商业的法令、法规、则例和政策措施。长时期以来。清政府早已不修农政,现在把发展工商业放于优先的地位,农业愈加被冷落,也愈加凋敝。正如刘坤一、张之洞所言,“近年工商皆间有进益,惟农事最疲,有退无进”④。

在这种情况下,一些要求振兴农业的朝野人士重新提出了农业为“立国之本”的主张。认为“天下大利,首在兴农”。这是摆脱民族危机、改变中国落后面貌的根本途径。在农业和商业的关系

---

① 张謇:《张季子九录》,实业录,第1卷。

② 《钦差商务大臣李谢恩折》,《江南商务报》第3期,转见《清代全史》第10卷,第388页。

③ 《光绪朝东华录》第5册,第5013页。

④ 《光绪朝东华录》第4册,第4758—4761、4758页。

上,他们仍然坚持“农为本富,商为末富”的观点。① 不过这不等于说,他们主张继续推行古代的“重本抑末”政策。他们“重本”,但不“抑末”;而是把农业作为商业、工业和整个国民经济的基础,即所谓“农业为工商之母。”②

他们也深知商业的重要性,认为“商务窳败,则必不立足立国于商战之世”,赞成清政府创商部、立商会、兴商业、培商力的有关措施,主张“力变向者贱商病末之积习”。但同时强调,如果“劝农、考工之政不举”,则兴商之道“固有未尽”。认为“今日欲振商业,非先兴农工诸业不可。③ 商必须以工为后盾,“欲以商胜人,先须以工胜人”;而“工必须物,万物皆根于土,则工又资于农”。因此,“商者,末也;农者,本也。使不尽土地之宜,无物产之富,即精于商务,何以懋迁”?只有大力发展农业,方为“务本之要”④。刘坤一、张之洞也说,“无农以为之本,则工无所施,商无所运”⑤。一句话,“工为商之本,农为工之本”,“工商之盛衰,亦视农产为转移”。⑥ 没有农业的高度发展,就谈不上工业和商业的繁荣。

2. 建立在地域上包括全部国土、地尽其利,在行业上农林牧副渔全面发展的大农业

“兴农”论者认为,农业在地域上不应该只限于现有耕地,而

① 《申报》,光绪二十六年二月十三日,光绪二十一年十月十六日。

② 《论考察农业》,《羊城日报》,光绪三十二年三月十八日。

③ 《时报》,光绪三十一年四月二十四日,《论振兴商务当先兴农业工业》,《时报》,光绪三十四年四月二十四日。

④ 《论农为工商之本而农人识字尤为农务之本》,《申报》,光绪二十二年十二月初三日;《论垦务》,《申报》,光绪二十八年十一月初七日。

⑤ 《光绪朝东华录》第4册,第4758页。

⑥ 《赣兴农业》,《申报》,光绪二十九年十一月初六日。

应该包括全部国土，做到地尽其利。[①] 国家和人民的富裕程度，同地力的发掘程度成正比。他们认为，“美国之富，在能尽地力”；“中国之贫，则在不能尽地力”。[②] 美国每10方里所产，可养200人，远远超过欧洲，因而“富甲环球”。中国不但无法同美国相衡，即使同欧洲、日本比较，亦瞠乎其后。因此，中国“欲振兴一切物产，则尤在尽其地利”。[③] 但使“东南各省讲求水利，俾无旱潦之虞；西北各省讲求垦牧，俾无荒废之地，则每岁所收，何止亿万计”。[④]

“兴农”论者认为，中国农业之所以不能尽地力，一个重要原因是受自给自足传统农业模式的制约。长期封闭的自给自足农业经营模式，使中国官民“遵古节制，流为风俗，而好古、守古、泥古之性质[格]遂印入脑筋之内，而难于改化”[⑤]；在生产范围上，则形成单一的粮食种植模式，“惟以五谷为民食。高亢污泽，辄以为不宜五谷，弃之如遗”[⑥]。这都限制了土地的开发和利用。

突破传统的单一粮食种植模式，是加速土地开发。对于综合性农业来说，没有不可利用的土地，“下隰宜稻，高原宜桑；山林宜树果，堤岸宜栽柳……”凡地皆有用。[⑦] 这样，荒地的垦辟也就显得异常重要。“开荒种植乃天地自然之利，国家致富之源”，振兴农业的第一步。并从西方国家找到根据，认为“太西各国无不以

---

① 《请兴树艺》，《申报》，光绪二十四年四月二十日。

② 《广种植议》，《申报》，光绪二十九年五月十一日。

③ 《广种植议》，《申报》，光绪二十九年五月十一日。

④ 《改良中国农工业问题》，《申报》，民国五年六月二十一日。

⑤ 张光裕：《中国商业不能发达之原因》，《大公报》，光绪三十四年正月初九日。

⑥ 《广种植议》，《申报》，光绪二十九年五月十一日。

⑦ 《研求农政》，《申报》，光绪二十三年十一月初六日。

垦荒拓土为先务”。① 法国遣犯人开垦荒地,大获其利,英国筑堤开发海涂,以机器抽水开发牢隰岛田,用鸟粪使不毛之地成为膏腴的经验更值得借鉴。② 在具体措施上,除宽限升科外,还主张参照西法,集股纠款,组织公司,使用机器。并对荒地进行登记,分清有主无主,如业主无力开垦,准归公司价买垦辟,业主“不得居奇”。③刘坤一、张之洞还针对东北荒多地腴的特点,拟请特定章程,给一人能开田若干顷或助资借本者,从优奖给实官,以期鼓舞。④

开垦的目的是为了种植。主张突破粮食单一种植传统模式的人强调要广为种植。中国古代农业,作物主要限于五谷桑麻,品种太少,“今则风气日开,嗜好日增,五谷桑麻而外,其所当务者,正不可以偻指计”。因此,除五谷桑麻外,要大力推广其他经济技术作物和园艺作物的种植。此外,英美诸国各种土产、作物,凡能获利者,“中国务宜访求佳种,广为栽植”⑤。有人建议推广美国广种马铃薯的经验。美国广种薯,立薯商,设薯行,贩售各国,“获利无算”。中国若能照办,其利“亦必可以操券待”,并可取代日益价昂的大米以为主食。⑥

在广种植上,有人特别强调植树造林,发展林业、果业的重要性和紧迫性。认为植树造林不仅可以防止水土流失,改善气候,减少水旱、风灾等自然灾害,树艺本身有极高的经济价值,而且可以改善民风和社会治安。中国“于树畜之道,素不讲求,素不推广,

① 《论垦荒废种屯田亦为农务之本》,《申报》,光绪二十一年六月十六日。

② 《论垦务》,《申报》,光绪二十八年十一月初七日。

③ 《申报》,光绪二十一年六月十六日。

④ 《光绪朝东华录》第4册,第4761页。

⑤ 《申报》,光绪二十一年十月十六日,光绪二十六年二月十九日。

⑥ 《申报》,光绪二十九年五月十一日。

惟恃五谷以为足用之源”,以致各处“童山濯濯,年甚一年”。[①] 尤其是西北各省,“赤地千里,一望童山,旱潦为灾,风沙扑面。其地则泉源枯竭,硗确难耕;其民则菜色流离,饥寒垂毙”。改变这种状况的唯一办法,就是大力植树造林。“有主之地,民种之;无主之地,则官种之”,同时严禁乱砍滥伐。地方官则以种树多寡为考成。“持以十年,而中国土地不肥,人民不富者,未之有也。”[②]

畜牧业、渔业和副业也在大力发展之列。主张突破粮食单一种植结构的人强调,必须改变过去“只注意于田功,而不旁及于树畜”的片面观念和做法。羊、猪、鸡、鸭、鹅和鱼鲜,“皆华人日用之常品”,故“鱼池之凿不可缓矣,牧地之开不可缺矣”。[③] 马牛等的牧养,其利更厚。在畜牧业基础较好的北方,其水草相垂之处,均宜大兴牧务。当然,畜牧业的兴办,不能只限于北方,南方也要兴办。[④] 为了发展沿海蠔蚬养殖业和海上捕鱼业,刘坤一、张之洞还提出了奖励绅富集资兴办公司的政策主张。[⑤]

3. 兴办优质高效农业,发展农产品加工业,实现产品转换,提高农产品的附加值

随着商业性农业的发展,越来越多的农产品由原来的生产者直接消费转入市场交换。决定农民收益和经济状况的不仅仅是农产品的数量,更主要的是农产品的交换价值或市场价格。衡量农业的标准也不仅仅是产量,更主要的是产值。在新的条件下,一些

---

① 《刘幼吾司马署湖南桂阳州临武县劝民种植告示》,《申报》,光绪二十七年十月二十二日;《赣兴实业》,《申报》,光绪二十九年十一月初六日;《讲求树畜说》,《申报》,光绪二十九年五月十九日。

② 《时务通考续编》第17卷,商务三。

③ 《讲求树畜说》,《申报》,光绪二十九年五月十九日。

④ 《申报》,光绪二十九年五月十九日。

⑤ 《光绪朝东华录》第4册,第4761页。

稍有商业和经济学头脑的朝野人士,提出了打破传统习惯,发展产值高的优质高效农业的改革思路。

事实上,前述有关突破粮食单一种植结构、实现耕牧并重、农林牧副渔全面发展的政策思路,都是从农业本身的经济效益来考虑的。在江西德化,有人建议改变单一的粮食种植结构,广种苎麻,认为种麻之利,“较种稻不下二十倍”。其荒山隙地,多栽桐樟等树,“获利亦不可胜言”①。山东临清等地历来有种桑卖椹的营生,但收益不高。为了提高经济效益,该省劝业公所建议将种桑卖椹变为种桑养蚕,这样可“利增数倍”。②

罂粟是一种害国害民的毒品作物,但因获利丰厚,屡禁不绝。行政手段无效,于是有人试图用经济手段来解决问题,即动员用经济收益更高的作物取代罂粟。这就是蚕桑。据说“种植之利过鸦片者莫如种桑”。种桑亩可获值五万余文。若自己养蚕,“利且倍,每亩之获将十万”。而种罂粟,亩得万余钱已罕见。印度已有部分烟田改为桑田或茶田、棉田。他们认为中国也应照此办理。③

在粮食作物内部,也有精粗和产值高低之分。有人建议用价格和产值高的精粮作物取代产值低的粗粮作物。在东北,多种质轻价昂的黄豆、小麦,取代质重价轻的高粱,以减少运费在价额的比重,提高经济效益。在北部人稀地广而又平坦的地区,尤宜推广小麦种植。④

兴办畜牧业也可大幅度提高经济效益。论者认为东北垦区应兴办牧羊业。其最大优点是羊毛质轻价高,省人工、省运费,不忧

① 《教民兴利》,《申报》,光绪二十九年八月初三日。

② 山东省劝业公所:《戊申己酉年报告书》,农务科文牍,第26页。

③ 《种烟不如种桑》,《时务通考续编》第17卷,商务三。

④ 陈振先:《东三省垦殖意见书》第1卷。

远途运销之难。因此，牧羊比高粱乃至黄豆、小麦种植获利更大。①

实现农产品的转化，发展农产品加工业，提高农产品的附加值。在一些人提出的振兴农业、挽回利权的政策思路中，占有重要的分量。

实现农产品的转化，主要是用粮食或庄稼青苗喂养猪、牛、羊和家禽，把粮食转化为肉、乳、蛋、毛和皮革，提高农产品的使用价值和交换价值。有人提出应借鉴美国经验，在东北地区“广种包米，畜牧牛豚”。据说美国之富，“富以农”，但农产的三分之一是玉米。绝大部分（96%）作为饲养牛、羊、猪之用。使量重值轻的玉米转化为量轻值重的乳、肉诸品。东北中、南部适宜种植玉米，以之饲养牛、猪、羊，再加工成冻肉、腌肉或乳、肉罐头，运往他处销售。因“畜产之所值，十倍于等重之普通谷产”，可大获厚利。②

由于我国的加工业不发达，在对外贸易中，绝大部分农产品是以农产原料或初级加工品的形式出口，外商贱价收购后，进行加工，又高价返销中国，使我备受双重剥削。对此，朝野爱国人士无不痛心疾首于“以我国所出之产而夺我国之财”。③ 在这种情况下，国人要求发展农产品加工业的愿望愈益强烈。只要我们能改良工艺，使用机器，工速品良，则“足与客货颉颃”。且我工价最廉，成本更轻，材料就地取给，无远贩之劳，“以视彼之贩生而去，沽熟而来，劳尤少而费尤省”。如此，中国“不特敌外货之内流而

① 陈振先：《东三省垦殖意见书》第1卷。

② 陈振先：《东三省垦殖意见书》第1卷。

③ 张光裕：《中国商业不能发达之原因》，《大公报》，光绪三十四年正月初九日。

可以为守,且争外市之销场而可以为战"。①

前面那位主张在东北广种包谷、饲养牛猪,把粮食转化为乳、肉的论者,同时提出在东北大力发展农产品加工业,"制生货成熟货,变粗货成精货",提高农产品附加值的主张。这些加工业计有:面粉业、甜菜制糖业、纸烟业、织呢业、缫丝业、屠制业、肥料制造业、制革业、皮工业、制胰业、罐肉制造业、罐乳制造业、乳油酪饼制造业、酿酒业、榨油业、酒精制造业、淀粉制造业、制纸业、饴糖制造业、高粱菰子碾磨业、制绳业、制麻业等20余种。这些加工业除变生为熟、变粗为精,提高产品质量、耐储性能和价值外,还可扩大就业机会,解决农业劳动力的均衡使用问题。②

察哈尔晋化垦务公司的"经营事业方针书"也提出,鉴于该公司地处僻壤,交通不便,各物运费,所费甚巨,认为将所有农产、畜产、林产全数加工制造,缩小其容积,则便于运输,"价格不增自贵,获利自厚"。该公司拟办的农、畜、林产品制造有:制油、制粉(麦粉、淀粉)、酿造(烧酒、酒精、酱油)、制肉(火腿、熏肉、盐肉)、制乳、制皮、制罐头、制炭、制醋酸、锯木、制林等,如将来事业进步,还准备酿造啤酒。③

其他一些主张扩大种植、进行农业综合开发的人士,也都是将增加作物品种和进行有关农产品的深加工结合起来考虑的。如有人提出在南方和北方分别发展桑、茶和葡萄、棉花四种高效作物,就是考虑到养蚕缫丝、制茶、酿葡萄酒、棉纱纺织有较高的经济效益,并通过其产品加工,获取更高的货币收入;提出在江西德化一

① 《论振兴商务当先兴农业工业》,《时报》,光绪三十一年四月二十四日。

② 陈振先:《东三省垦殖意见书》第1卷。

③ 范运枢:《晋化垦务公司经营事业方针书》,第3页。

带广种苎麻的主张中，也包括苎麻加工即麻纺织业的兴办。在内蒙古，多伦诺尔抚民同知提出发展畜牧工艺、进行畜产品深加工的主张，加工范围包括制造皮革骨角、罐藏肉酪奶油、织制呢绒等，办有成效者给奖。① 山东劝业公所建议在通过嫁接改良鲜果品种的同时，"兼施酿造之工"，"讲求酿造之法"，桃李则"宜学罐藏之术"。认为果品就地酿造、罐制，"非特可遏利源之外溢"，而且通过酿造比较，可以进一步改良品种。② 还有人提出在全国范围内进行农产品深加工的"树艺八利"的主张，即植桑养蚕，缫丝织绸；种葡萄酿酒；种棉花纺纱织布；种甘蔗榨糖；种竹编制竹器；种樟树熬樟脑；种橡胶树制橡胶；种烟草制卷烟，外加种咖啡树制咖啡。据说种制咖啡如能成功，"其利较种茶尤厚"。③

4. 大力发展农业商品生产，促进农产品的商品流通

随着历史条件的变化，人们的商品和市场意识明显增强。

这一时期有关振兴农业的绝大部分改革主张和各种论说，无论是强调以农立国、农业为工商之本，还是主张扩大种植、发展经济作物和林牧渔业、兴办农产品加工业、进行农业综合开发，无一不是立足于市场，以发展商品生产、开拓市场，满足市场需要为目的。

发展商品生产的作物种类和范围，自然不限于经济技术作物和果林园艺作物，历来商品率最低的粮食作物也在其列。"兴农"论者对中国粮食生产长期停滞不前、甚至日益衰退的状况，十分忧

---

① 《多伦诺尔抚民同知卢司马鼓励畜牧工艺示》，《申报》，光绪二十七年正月初六、七日。

② 山东全省劝业公所：《戊申己酉年报告书》，农务科文牍，第25—26页。

③ 《请兴树艺》，《申报》，光绪二十四年四月二十日。

虑。尤其是稻米,中国栽培历史最长,食米人数最多,本应“考求此业独精”,但实际情况却是“广土抟抟,占地无数,内地仅供自用,邻米之来源一绌,且惧不敷”。以致运米出洋之禁终不能弛,还不如地少人多、但有稻米出口的日本。他们认为,“以我中国粮食所登,不能与彼争粮,固已足羞,而又查之究之,若恐流一粟出洋,致赢彼毫米之利,此尤可为长叹息者也”。因此,“兴农”论者主张撤销运米出洋禁令,发展商品生产,参与国际市场竞争,通过市场竞争,促进和加速稻米生产的发展。①

在主张发展商品生产的前提下,“兴农”论者一方面以“获利”为动力和是非取舍的依据,认为在农业耕作、作物品种、产品加工方面,“无论守旧更新”,均须以是否“确能获利”为依归,俾收“一人获利,众人争趋”之效②;另一方面也不满足于某些短缺农产加工品的高价高利,而主张扩大生产,以充分满足市场和消费者的需求。如在一段时间内,国内外市场对蚕丝的需求兴旺,中国蚕丝“仅顾外洋销数,而不敷内地丝货之用,以致绸缎之价日增一日,虽丝商之利可以内外兼收,而华人日用之需,其费亦殊不省”。他们认为,出现这种情况,“总由蚕利未兴,出数太少,且不知讲求,俾臻精美所致”。因此强调大力推广蚕桑之利。“若销数日多,而所出只有此数,即使逐日加价,终非振兴商务之道。”③

为了促进农业商品生产和农产品流通的发展,一些“兴农”论者呼吁废除禁止某些农产品尤其是粮食流通的法令,取消对某些农产品流通的限制。如有人主张撤销运米出洋禁令。江西有人在“请兴实业条陈”中提出了“弛谷禁以通民财”的主张。认为江西

① 《论考察农业》,《羊城日报》,光绪三十二年三月十八日。
② 山东全省劝业公所:《戊申己酉年报告书》,农务科文牍,第28页。
③ 《论议兴蚕利》,《申报》,光绪二十五年十月三十日。

致贫之由,“鸦片而外,漕折为大宗”。漕折纳钱,农民只能运谷出口,易钱完缴,而各府县乡皆岁有禁谷出口之习,这无异于“缚人手足而驱之走也”。由于粮食不能自由流通,致使丰歉差价悬殊,丰年乡斗常跌至四五百文,而荒年常涨至一千四五百文,农民“不获沾流通之益”,既苦丰年谷贱,复苦荒年谷贵,“虽欲不贫,得乎”?谷禁非撤不可。① 为了促进内蒙古畜牧业和马匹商品生产的发展,刘坤一、张之洞提出取消蒙古与内地马匹交易的有关限制。按清政府的章程规定,每年内地省区到口外买马,须在兵部请领马票,进口后尚需赴部烙验。章程严密,手续繁琐,道途亦多波折。购马费用既多,则马价必求省减,故内蒙古马匹销路不旺,畜牧业发展缓慢。基于这种情况,刘、张奏请改定章程,取消限制,此后不论蒙民贩马入口贸易,内省商民出口购马,“均听其便”。这样,“口马之销路既旺,而蒙古生计,亦可稍纾矣”②。

5. 兴办教育,开启民智,效法西方,引进和推广外国先进的农业科学技术,实现农业的生产和经营近代化

清末民初,中国农业生产在装备和生产技术上远远落后于西方发达国家,必须效法西方,迎头赶上,已在朝野成为共识。有人进行中西对比说,西人农具,咸用新式机器,中国之犁,一人一牛,入土仅得五寸;西国之犁,一人两马,入土既深,而又快捷过之。他如镰耙斧铲,皆利便适用,故以播种,“一日可及数百亩”;以刈禾,“一人可兼数百工”。水利灌溉方面,西国以机器除水患,以挖泥船去淤疏浚河道,抗旱则有凿井机、抽水机。汽机车水,“非若中国徒用人力,劳而鲜功”。种子培育、土地粪壅、病虫害防治、蔬果栽培、畜牧孳育,以及饲蚕、养蜂、养鱼等等,“莫不殚心考求,备收

① 《录赣省请兴实业条陈》,《申报》,光绪二十九年十二月初一日。

② 《光绪朝东华录》第4册,第4761页。

天时、地利、人事之益”。反观中国,“新法不知,物理不讲,坐令田野不辟,树艺不广,微特种植垦牧之利;远逊欧洲,即颉颃东邻,亦瞠乎其后”①。

中国农业为何如此落后?“兴农”论者认为,根本原因在于长期“农政不修,以本富大计付诸终岁勤动、目不识丁之愚氓”。② 农民没有文化,思想保守,不懂科学,只能按传统经验办事;而谈农务的士大夫之流,只能“按图索骥”,隔靴搔痒,无济于事。这就根本谈不上农业技术的改进和农业的发展。有人以浙江瑞安为例,全县农田 50 余万亩,“野无惰农,地无旷土”,然而中稔之年才足自给;稍有歉微,人心惶遽,“懦者折粒而忍饥,强者攒食而煽乱”。问何以至此,曰“不辨土质也,不考热力也,不察物性也,不讲肥料也;选种不精也,取材不广也,利用之器不备也,种植之书勿读也,防害之法不周也,除虫之术勿习也”。③ 一句话,生产装备和耕作技术保守落后。

“兴农”论者认为,要改变这种状况,必须使农民掌握先进的农业科学知识和耕作方法,而这又以农民识字、有文化为前提。因此,“不讲农务则已,若讲农务,须先俾农人识字为第一要义”。他们强调,要想振兴农业,就要推行新法,让农民识字,并掌握有关作物、土壤、肥料等知识,合理浇灌、粪壅。这样,“瘠土可成沃壤,更倍增腴美。虽有旱潦,可免荒芜”。因此,他们的结论是,“农为工商之本,而农人识字尤为农务之本”④。

除了让农民识字以外,他们还主张兴办农业教育,设立各级农

① 《时务通考续编》第 16 卷,农桑上。
② 《时务通考续编》第 16 卷,农桑上。
③ 《时务通考续编》第 16 卷,农桑上。
④ 《申报》,光绪二十二年十二月初三日。

业学校，培养农业专门人才，学习和传播农业知识，并向日本和欧美派遣留学生，回国量才录用；翻译、出版日本和欧美各类农学书籍；在各省建立农业试验场，对一些新的作物品种和耕作方法进行试验，取得成效后加以推广。而这又只有识文断字的士大夫才能办到。因此，他们特别强调，要劝导和奖励官绅热心农务，掌握农业科学，进行农事试验。

在土地开垦、农业耕作、经营管理和农产品加工等方面，一些"兴农"论者主张完全参照西法，借鉴欧美经验。"各省地方均宜仿照西法，设立垦荒公司，纠股集款，大兴耕作。"垦荒一切事宜，"均宜参以西法"，凡地之卑湿者，以机器竭其水；地之硗瘠者，以粪壅其土；更宜以西国耕具机器济之。作物品种方面，凡欧美诸国有的，中国都要"访求佳种，广为栽植"。育蚕、缫丝、焙茶、烘茶诸事，"一律参用西法，以臻美善而合时好"。① 民国元年，北洋政府农林部也决定，改良农林种植法和农业器械，扩大种植规模；农械的改良，"其形式参仿美俄英法等国"，并选派干员多人赴各国考察农林两业，以便归国后"研究"。②

不言而喻，按照上述改革思路发展起来的中国农业，应是欧美式的近代化大农业，前景是诱人的。就这些主张本身而言，多有精辟和科学合理之处。但也有一个共同的和根本性的缺陷，即单纯从生产力的角度观察和思考问题，没有看到当时封建土地所有制、农村封建生产关系、帝国主义的野蛮侵略和中外反动派的联合统治，已成为中国农业生产力发展的桎梏。因此，这些"兴农"主张在当时历史条件下，大多只能是纸上谈兵，根本无法付诸实施。

① 《论垦荒废种屯田亦为农务之本》，《申报》，光绪二十一年十月十六日。

② 《农林部规定六大计划》，《申报》，民国元年十一月十七日。

二、土地开发的鼓励

在清末和北洋政府时期,由于作为全国国民经济主要支柱的传统农业,生产力没有出现突破性的进步,以开垦荒地为主的土地开发,仍然是扩大和发展农业的基本措施,也是维持和增加国家财政收入的重要途径。因此,清政府和北洋政府颇为重视垦殖政策的推行。

这一时期清政府和北洋政府垦殖的重点是东北和内蒙古地区。

早在19世纪50年代,清政府为了筹措军饷,已着手开放口外和奉天、吉林牧厂,围场禁荒,招民认垦。太平天国起义失败后,清政府把东北、内蒙古地区的放荒招垦放在更加重要的地位,一方面扩大对围场、马厂、牧厂禁荒和其他官旗荒地的放垦;另一方面对各地流民私垦地的处理采取了更加现实和“规范”的政策。1867年,清政府应私垦流民代表的请求,开始了对“东边外”土地的查勘升科,承认流民私垦土地所有权。吉林于1880年成立“荒务总局”,着手进行新旧放垦荒地的清丈。黑龙江则早在1862年制定了“查出私垦地亩,就地安置,当年升科”的清丈原则。① 在察哈尔、绥远地区,清政府也对各属旗荒、官荒、马厂地亩进行了清查,将原由清廷宗室和满蒙王公贵族自行招商承垦的旗官荒地改为官办。并于19世纪80年代先后两次进行全面勘查,加强了对垦荒农民的户籍编审和管理。

甲午战争后,清政府垦殖政策进入了一个新的阶段。

---

① 民国《黑龙江志稿》第8卷,第16页。

经历了甲午和庚子两次外国侵华战争，东北、内蒙古和全国的内外形势发生了新的重大变化。日俄两国大大加剧了东北、内蒙古势力范围的争夺和领土的直接占领，导致日俄战争的爆发和两国对东北势力范围的重新瓜分。同时，日本还加快了向东北的移民，东北的日侨和日本统治下的韩侨数量迅速增加。他们不仅从事工商业等活动，还进行土地开垦和农业经营。日本借保护韩民为名，还擅自设官管理，明目张胆地侵犯我主权。[①] 东北、内蒙古已陷入深重的主权危机之中。

就关内和全国而言，巨额的战争费用和赔款，使清政府的财政处于崩溃状态，东北、内蒙古的土地清理和垦殖，对解救清政府的财政危机有着更加重大的意义。同时，关内人口压力不断加大，自然灾害愈加频繁，越来越多的农民流往关外，东北和内蒙古土地私垦比以往更加严重，清政府传统的封禁政策更难维持。

东北地区本身的经济环境也发生了重大变化。进入20世纪，东北出现了较大规模的铁路修筑，筑路劳工数量大增，对粮食和副食品的市场需求扩大。另外，铁路的修筑和运营，大大缩短了荒漠地区同城镇和原有居民点的距离，减轻了往垦农民的人员、家什以及外销农产品的运输困难，使有计划有组织的土地开垦成为可能。因此，铁路修筑对这一时期清政府制定和施行东北尤其是其北部土地垦殖政策也是一个巨大的推动力。

为了加速东北的土地垦殖，甲午战争后，清政府在有关垦殖方式、垦民招徕、荒价缴纳、地权获取等政策措施上，做了较大幅度的调整，由禁止、限制关内农民出关垦地转变为招徕、鼓励关内农民认垦；对旗丁、旗户等领垦优惠条件逐渐减少；对汉族垦户、垦民获

---

① 李廷玉：《奉天边务辑要》第10卷，1917年，第16页。

取地权方面的限制逐渐放宽。

第一,逐渐减少对旗丁、旗户和京旗闲散的优惠待遇,放宽汉民垦地和地权获取的限制。起初,旗丁和京旗闲散对荒地的开垦和占有不但是无偿的,而且是无偿获取熟地,即由兵丁或汉民垦熟后,无偿移交给迁来的京旗闲散。甲午战争后,情况有了改变。1896年规定,旗户必须缴价,即扣抵应发俸饷,抵作荒价款。而且对荒段的认领时间,只限1年。1年限满,如无旗户认领,即行招放民户。

在地权获取问题上,经历了一个旗领旗垦到旗领民佃民垦、"互为恒产",再到佃户补价作为"己产"的演变过程。起初,旗垦是旗丁屯垦,旗户领垦也是自垦自营,汉民只许佣工,不许自行垦地。1896年通肯放荒章程首先允许旗户承领,招民佃垦。具体办法是旗人"按旗分领,旗交押租,民人承佃"①,从而由旗领旗垦演变为旗领民垦。为了解决旗户招民佃种过程中发生的各种矛盾,1898年制定了《招民代垦章程》,规定:如佃户现交押契,每垧完课粮6斗;未交押契者完课1石。均由官府刷发印契,并注明"永不增佃[租?],互为恒产"字样。② 这样,垦荒汉民获得了所垦土地的永佃权。1904年,黑龙江奏准全省开放,同时宣布变通原定旗领民佃办法,改由垦地民户补交荒价作为己产。具体办法是:已交押契者,每垧再交4200文,未交押契者,每垧补交6300文,散户所领之地已经私卖者,令其减半,每垧3150文。其维持原有东佃关系确无异议,或彼此愿意转兑者,均听其便。到1906年十二月,补价全部完竣。这样,一部分汉族垦民佃户通过缴价获得了土地所有权,垦荒方式也由旗领民垦变成了民领民垦。

---

① 《光绪朝东华录》第5册,第5244页。

② 民国《黑龙江志稿》第9卷,经政,第28页。

第二,逐渐降低押荒价格。这既是由于愈到后来,出放的荒段愈加偏僻贫瘠,同时也是为了扩大招徕。

1896 年出放通肯等处荒地时,每垧押荒 2100 文,1899 年出放扎赉特蒙荒曾增至 4200 文(折合库平银一两四钱),1905 年出放郭尔罗斯后旗铁路以西蒙荒,因领户非常踊跃,竞争激烈,押荒曾一度高达 6300 文。但其他多数荒段,因领垦不甚踊跃,押荒较低,而且逐渐下降。1905 年九月重新规定,免收肥田押租,无论肥瘠,每垧概收经费 400 文。对兴安岭附近绰勒尔河、淘尔河一带荒地,1907 年十二月也决定减价招徕,每垧仅收银七钱。兴东道岭东、岭西荒地,原定每垧收经费五钱,因垦户难招,1908 年三月奏请酌量变通,其岭西与通肯北段纳谟尔河毗边荒地,仍照五钱征收,岭东边荒则减为每垧三钱。1908 年七月,有人进而奏请,三姓及黑龙江一带荒地,改为招佃开垦,只收租而不取荒价。① 1909 年正月奏准的黑龙江招民垦荒章程规定,每垧一律收经费银四钱,七月又奏准北部沿边荒地减价收费,以广招徕。

第三,采取各种奖励措施。

1909 年正月,黑龙江为了加速沿边荒地的开垦,制定招民垦荒章程 24 款,并将章程和荒段图说,咨送各省督抚,转饬各属出示晓谕,广为指导。又在汉口、上海、天津、烟台、营口、长春各处拟设黑龙江边垦招待处,负责接待各省招送垦户前往领垦。同时,烟台至营口的招商局轮船减收船价;哈尔滨至松花江、黑龙江之官办轮船,昂昂溪至齐齐哈尔之官办铁路,垦户车船票一律只收半价。为鼓励垦民到垦区安家落户,其随带眷口,概免收费。对各省招待员招徕垦户有功人员,代为请奖。章程规定,各该省所属招送垦户在

① 《清德宗实录》第 594 卷,第 855 页,光绪三十四年七月庚子。

5000 人以上、领地过 60000 垧,或 2500 人以上、领地过 30000 垧者。准其呈请各该督抚咨报黑龙江,照异常劳绩请奖;各处招待员除各该省招送垦户外,如自行招致垦户达到上述数量者,亦准照异常劳绩请奖。有招徕不力者,随时撤换。垦户方面,领荒地主独力招募佃户垦辟升科地至 500 垧以上者,赏七品顶戴,800 垧以上者赏六品顶戴,1000 垧以上者赏五品顶戴。凡创立公司招募佃户垦辟荒地者,亦援例请奖。如公司能招民逾 2 万,辟地 10 万垧以上,分别奏请优奖。① 1910 年还在报刊上刊登招垦广告,宣称黑龙江沿边地区肥美,一经播种,无不丰收。产品容易销售,荒价和垦荒工本低廉。到该处开地者,不数年皆成富户。并以奖给官职相招徕。这次不再是奖给品秩,而是实官。垦户能垦地 30 顷(300 垧)至 100 顷以上通文艺者,即相应奖给知县、县丞、守备等官。②

此外,还采取了保护垦民的有关措施。如松花江、黑龙江汇流处的拉哈苏苏江地方,土地膏腴,但地旷人稀,胡匪出没,垦户生命财产没有保障,该地所在的兴东道呈请江抚,招募保卫队 200 名驻扎该地,以资保卫。③

在不断扩大对东北各项官荒垦殖的同时,对内外蒙古和新疆等蒙荒的封禁也相继解除,清中央和奉天、吉林、黑龙江、新疆等地方官府纷纷制定章程、成立机构,开始了蒙旗荒地的大规模垦殖。

1895 年,署理黑龙江将军增祺在奏陈兴利大端折内,提出将蒙荒一律由官查核丈放的主张。1899 年,副都统寿山陈奏 6 条,内有请放蒙古各旗荒地一节。将军恩泽则力陈蒙荒放垦的必要性和紧迫性。认为扎赉特、都尔伯特、郭尔罗斯后旗等蒙古部落,地

---

① 《农工杂志》第 2 期,第 8—13 页,宣统元年闰二月。

② 《大公报》,宣统二年三月二十九日。

③ 《大公报》,宣统二年八月初七日。

面辽阔，土脉膏腴，近年牧不蕃息，不但闲置可惜，而且铁路直注三族之地，他日横出旁溢，未必不有侵占之虞，加之全省“帑项奇绌”，本地所出粮食不敷本地之用，以致粮价奇昂，非多开荒地，无以救此燃眉。因此多次派员劝商蒙旗放垦，扎赉特旗也“欣然认从”，划出南接郭尔罗斯前旗、东滨嫩江之四家子、二龙梭口等荒地放垦，估计毛荒达1000万亩，并随即拟定了章程，拉开了甲午战后大规模放垦蒙地的序幕。①

1902年，清政府正式宣布解除蒙地禁令，准奉天、吉林、黑龙江三将军设立官局，主持各旗蒙地丈放，鼓励汉民到蒙区开荒种地，以达“移民实边”的目的。同年，黑龙江成立“总理黑龙江扎赉特等部蒙古荒务总局”，主持三蒙旗放荒事务。在三蒙旗放荒地区先后分别置设大赉、肇州、安达三个直隶厅。由盛京将军督办的科尔沁右翼地区，也于1902年十一月设立行局，制定章程，开始丈放。

1902年，理藩院改名理藩部，委派大臣督办东北垦务，札催各蒙旗加快放荒速度。1906年设立东三省蒙务局，将未垦土地之开放置于政务纲目之首，认为“开浚利源，莫重于辟地利”，凡未经招垦各蒙旗，令各边省督抚及各路将军大臣，商同蒙旗奏请开放。②督办奉天垦务大臣赵尔巽、盛京将军增祺也都强调，“富强蒙部，必以放荒为先”，“固藩实边，非扩开蒙荒不可”。为了加紧蒙荒放垦，1905年在省城设立了“蒙荒总局”，全力督办科尔沁六旗的蒙荒勘丈。③ 据统计，蒙地解禁至清朝覆亡10年间，科尔沁六旗共

① 《光绪朝东华录》第4册，第4478—4479页。

② 稻叶君山著，杨成能译：《满洲发达史》，第376页；《宣统政纪》第41卷，第104—108页。

③ 《光绪朝东华录》第5册，第5457—5458页；《东方杂志》，2年第7期，实业，第2—3页。

放荒2430万余亩。新垦的区域先后置设洮南、辽原、彰武、开通、靖安、安广、醴泉、镇东等一府一州六县。整个东北地区,10年间共放蒙荒4548万余亩。①

内蒙古南部和西南部地区的蒙荒丈放曾一度停歇,“丰宁垦荒局”也于1882年撤销。甲午战争后,南蒙荒地的放垦重新提上日程。1899年恢复“丰宁垦荒局”,庚子八国联军侵华后,绥远河套各旗,先是将蒙地拨赔教款,以后又筹款赎地,需款孔亟。于是大开灌渠,广招垦户,加快了蒙地的放垦进程。清政府为了加强对蒙地放垦的管理,1902年派兵部左侍郎贻谷为垦务大臣,设立“垦务行辕”和“归化垦务总局”等机构,督办蒙旗垦务。贻谷为进一步加快蒙旗荒地的放垦速度,成立官商合办的“蒙旗垦务公司”,将放荒办法由原来的官放民领改为官商包领,并采取各种威逼利诱的手段,劝导蒙旗王公贵族放垦。直到1908年贻谷因误杀丹丕尔案被革职查办,绥远、察哈尔地区的蒙荒放垦才暂告停歇。

从1906年起,蒙荒的正式放垦范围开始由内蒙古扩大到外蒙古。是年,清廷电令科布多办事大臣,饬将外蒙阿尔泰左近一带荒地,“委员勘丈明确,一律招佃开垦”。② 1909年夏,清廷宣布各处蒙地一律放垦,谕令内外蒙古将军、都统会同各旗蒙古王公等,“选择沃野,督催蒙人次第开垦”。③ 至此,东北和内外蒙古各旗荒地,全部开放。

汉民获取蒙地地权方面的限制也放宽了。1910年理藩部奏准,凡旧例内禁止汉民出边开垦地亩,禁止民人典当蒙古地亩及私

① 参见田志和:《清代科尔沁蒙地开发述略》,《社会科学战线》1982年第2期;田志和:《清代东北蒙地开发述要》,《东北师大学报》1984年第1期。

② 《申报》,光绪三十二年十一月初五日。

③ 《安徽实业报》第5期,宣统元年九月二十日,第7页。

募开垦牧场地亩治罪诸条，酌量删除；对已经招垦的各盟旗的地权处理，则参照内地旗民交产之例，许各蒙旗与民人交易，报官核办。① 蒙地在加速开垦的过程中，其地权性质也在逐渐发生变化，即由原来带有官地性质的旗地慢慢变成了汉民私有地。

清政府旨在加速东北、内蒙荒地开发的政策措施，在一定程度上促进了这一地区土地的垦辟。但也因此带来了新的问题，这就是荒地滥放，荒照滥发，不少荒地领而未垦。这种情况在东北北部地区尤为突出，如吉林的放荒人员恐荒照不能发出，无以覆命，于是到处请人领荒。领照又漫无限制，每照仅付照费1元，或并此1元亦免之。而照内所载地段四至又不精确，山川名称随时改变。一照所放面积之大，或为百数十里，以至数百里。领荒者并不垦辟，也无大面积垦辟的能力。为免纳税升科，都急于转售。② 也有的将荒地垄断居奇。黑龙江一些地区，“已放各荒，原领之户，或因无力开垦；新来垦户，欲领而不能得”③。荒地放出多年，一直未垦。如1913年萝北设治委员报告说：“黑龙江下游沿岸一带，荒地放出多年，迄未到段开垦，以致新来垦户亦复无从插足。”通北全境有荒地162万余亩，放出并早逾升科年限，但垦熟者不过10万余亩，尚不及十分之一。杜尔伯特、扎赉特两旗和甘井子、嫩江等处，“到垦之户，更属寥寥”④。放出的荒地多，实际垦熟的少。在整个东北地区，相对于十分丰富的荒地资源来说，已经开垦的土地

① 《宣统政纪》第41卷，宣统二年八月丁亥，第2页。

② 南阳：《吉林省土地所有权之取得及垦殖》，《中东经济月刊》第6卷第3号，1930年3月，第14页。

③ 《黑龙江志稿》第9卷，经政，垦丈，第1页。

④ 据黑龙江行政公署档案卷宗，转见孙占文：《民国时期黑龙江省的土地开发》，《北方论丛》1982年第5期。

更只占全部荒地的一小部分。据1914年统计,东北三省共有耕地9534万亩,而荒地达11.2亿亩,相当于耕地的11.7倍。尤其是吉林、黑龙江两省,已垦地比例更低,该两省的荒地分别达40500万亩和67500万亩,而已垦地分别只有3250万亩和2200万亩①,耕地与荒地之比分别为1∶12.5和1∶30.7。

辛亥革命后,北洋政府的土地垦殖政策在清政府的基础上有了新的内容和发展,除了有关某一地区或荒种的垦殖措施和章程外,开始着手制定全国性的土地垦殖条例、办法,试图将全国的土地垦殖纳入法制化的轨道。1913年制定了《国有荒地承垦条例》29条,对全国国有荒地的范围、承垦者的资格、承垦手续、所领荒地垦竣和升科年限以及相应的奖惩办法等,都做了明确规定。②以后相继制定了《修正条例》、《违反制裁条例》和《垦辟蒙荒奖励办法》、《禁止私放蒙荒通则》等。对蒙旗荒地,一方面鼓励蒙旗和其他民人垦辟,按报垦或开垦面积大小,分别给予勋章、爵衔以及匾额或别项荣典等奖励;另一方面严禁私放。规定除照章划留领照土地外,无论公有私有蒙荒,一律应由扎萨克行文该管行政长官报经中央核准,由政府出放③,用法令的形式进一步明确了国家对蒙旗荒地的最高所有权。

在东北、内蒙古地区的荒地垦殖方面,辛亥革命前夕,清政府为了将东北荒地留作屯垦之用,东北的土地开垦一度中停。辛亥革命后不久,北洋政府很快恢复了对东北土地的开发。针对清末东北土地开发过程中出现的勘放粗糙、放而不丈、领而不垦、荒地

① 《农商公报》第1卷第2期,选载门,近闻,民国三年十月,第4页。原单位为垧,现按每垧10亩化为亩。

② 《农商公报》第3册,政事门,法规,第1—3页。

③ 中华民国印铸局:《法令辑览》第8册,农商,1917年,第81—82页。

放出的多但实垦者少等诸多问题，对各类荒熟地亩着手进行清查、丈量，采取限垦、催垦、抢垦和全面招垦措施，把东北的土地开发推向一个新的发展阶段。

民国成立不久，吉林针对一部分垦户领荒后长期不垦这一情况，颁发《新订限制垦荒章程》13 条，规定凡领而未垦各荒，自公告之日起，限半年垦齐。“逾限撤佃，并不发还已缴荒价、照费。其余已过升科年限而仍未开垦者，不问其地属何人，由垦殖会协同地方官派员招各处垦户实行垦辟，原领地主不得阻挠、干预。”

同时，对新招垦户、新开荒地，有计划有组织地进行遣送、划拨。规定凡就垦者在 10 户以上，须呈由该省垦殖会或实业机关、团体，或垦户自举代表，函电通知吉林垦殖分会，接洽一切，引领到段。零星散户可随时附入多数垦户。如各省官府、团体有能力招集垦户或集资招民欲往吉林垦荒，须函电通知吉林垦殖分会，或派专员接洽，以便该会预为调查实在地点。俟计划确当，即行着手移送。到后即指引地段，计户授荒，并于适当地点酌留村镇、街基，编列号数，以便聚族而居。不能由垦户随意指垦，以免零星散处，日后难以“保护”①。

为了加快对沿边地区荒地的清查和放垦，吉林于 1913 年制定了沿边 15 县清丈规划。1913—1915 年在依兰、桦川、宁安、桦甸等 15 县进行全面清丈。由于领荒仍多为军政官僚、地方士绅和富商，领荒者既无力自垦，自关内招徕垦民，又非旦夕可办，荒地仍荒如故。在这种情况下，吉林省政府进而制定“抢垦章程”，规定不论已放、未放及有主、无主之地，凡荒芜未垦者，任何人皆可报县领照认垦。同时对认领面积予以限制：凡以人力垦者，每人准抢垦

① 吉林省垦殖分会提议、吉林省行政公署修正：《新订限制垦荒章程》，参见《垦殖分会筹办调查吉省东北沿边移垦计划报告书》。

10 垧(100 亩);有牛犁一具者,准抢垦一方(45 垧);用机器犁者,不予限制。抢垦荒地,限 3 年升科纳赋,其地亩以十分之四归原主,余十分之六归已有。① 章程颁布后,1913—1914 年间,先后出放自依兰至密山官道间大小五站和勃利、虎林、、一面坡等处荒地 1190 余万亩。

1916 年冬设立同宾、五常两县荒务处,制定《勘放同宾五常县荒熟地亩单行章程》20 条,除继续勘放两县境内前已确定出放生熟官荒中的"浮多无主官荒"外,同时指定勘放小老爷岭、太平沟及蚂蜓河两岸、大小亮珠河两岸等 27 处官荒。不久又在一面坡、苇沙河分别设立珠河、苇河两个设治荒务局(后改为县治),续放大青川、大肚川两处官荒,再订清厘同五 27 处官荒办法,催促领垦者 5 年垦完。自 1916 年开办至 1923 年 9 月底止,同宾、五常共丈放官荒 711 万亩。②

吉林在加速勘放边远成片荒地的同时,继续丈放省内腹地零星夹荒,并于 1917 年颁布《吉林省勘放官荒试办章程》18 条,规定在省内腹地和东南部 20 县范围内,所有零夹官荒,全面出放。

黑龙江省也根据该省各处荒地垦殖的不同情况,采取了相应的政策措施。对垦熟地较多的龙江、大赉、呼兰、讷河等 13 县段。重点进行清丈;对未垦者如西布特哈、安达、呼玛、瑷珲等 12 处,重点在放荒招垦③,并制定了有关章程和规则。

1914 年 3 月,黑龙江民政长朱庆澜,拟定了办理清丈兼招垦章程,以及放荒规则、招垦规则、清丈规则等,呈请农商部核准施

① 见《垦殖分会筹办调查吉省东北沿边移垦计划报告书》。

② 孙占文:《民国时期黑龙江省的土地开发》,《北方论丛》1982 年第 5 期。

③ 《农商公报》第 36 期,著译,第 1—3 页。

行。荒地丈放仍采古代井田法。各县结合本县情况还制定了具体办法。放荒范围不仅限于未垦官荒，而且包括已放未垦民荒。

为了加速出放荒地的开垦，提高放垦的实际效果，黑龙江和各县地方政府对认垦者的资格、认垦数量、垦熟时间等都做了规定和限制，制定了催垦、抢垦、招垦措施和优惠条件。如木兰县规定，垦户只准领荒 4 方（180 垧），以防包揽，且须赶备牛犁一犋，由局验明后方能拨地；铁骊县规定，垦户每牛犋一副，准其承垦 150 垧，或壮丁 1 名，准承垦半方（22.5 垧），牛犋或壮丁多者，依次递增，但须由局验明牛犋或真正农人属实，方准给票到段。领地后限 3 年垦齐。为了解决垦民资金短缺，无钱缴价或缴价后又无资垦地的问题，熏龙江省提出了“缴价从缓、垦地从速”的方针。1914 年省行政公署发出布告，强调“现在江省提倡招垦，与从前情形大不相同。从前公家重在筹款，现在公家重在垦地。只要能实力开垦，荒价则可以分别从缓”。如垦户认领未放界外荒地，“准其先行开垦，地价可以继续带交”。1921 年，黑河道尹进一步呈准，对乌云、萝北、绥东 3 县荒地，无论已放未放、有主无主，一律免缴荒价，特许耕种，不仅“垦田得田，概免领费；变荒为熟，权归所有”，而且大租、三费、粮石各租，概予免除。

对领而不垦的民荒，黑龙江省署和州县地方政府采取撤佃另放，准“实垦户”认垦的强硬措施。省署布告规定，“无论已放未放，均准其择定地点，任便开垦。”如属有主荒地，“开垦成熟，彼此照章分劈”。① 萝北县鉴于黑龙江下游一带，“荒地出放多年，迄未到段开垦，以致新来垦户亦无从插足”的情况，呈准将沿江流域划出边界 30 里，“一律撤佃放给实垦户认领”。此项办法施行后，领

① 民国《黑龙江志稿》第 9 卷，经政；孙占文：《民国时期黑龙江省的土地开发》，《北方论丛》1982 年第 5 期。

垦者颇为“丛集”,招垦大有进展,于是进而规定,无论30里内外,“凡属领而未垦者,应一律办理”。此后各县大都采取了类似办法。如通北稽垦局1914年的催垦通告规定,若垦户至本年五月仍不到段,所领土地,概行撤销;其已到段之户,则以民国四年五月为止,若垦熟之地不及所领之半,其余所领荒地亦一律撤销,“决不稍涉迁就”。1917年克山县发出布告说,领荒业主统限于本年旧历十二月二十九日以前到县注册、具结,务于3年后垦齐。逾期不到,生荒在4方以上者,即代为招户分开。龙江县也于1919年规定,凡未到段各领户,一律撤佃另放。对逃亡佃户的土地,也采取了归官另放的办法。1920年10月,黑龙江省财政厅针对一些县段佃户大量逃亡的情况,制定了《欠租逃佃各地撤归官放办法》10条,规定各县查明逃亡户数、地数,由官分拨各省来江难民领种。①

北洋政府时期,黑龙江放垦地区主要集中在松花江北岸、嫩江及其支河流域,其中讷谟尔河、诺敏河与嫩江交汇的东、西布特哈地区,即放荒2360万余亩,位于讷谟尔河上游的龙门镇先后出放荒地518万亩。

至于奉天,成片的荒地已经很少,这一时期垦殖政策的重点主要是对各类官地熟地的清查丈放。1913年在省城设立丈放官地局,制定《丈放随缺伍田章程》,由局派员分往各城,对随缺、伍田两项土地进行丈放,一律当年升科。丈放范围只限熟地,而不涉及生荒。② 此后至1925年,又先后制定公布了《奉省丈放内务府庄地章程》、《查丈王公庄地章程》、《改订丈放王公庄地章程》和《丈

① 参见占文:《民国时期黑龙江省的土地开发》,《北方论丛》1982年第5期。

② [日伪]土地局:《土地关系旧法规·奉热两省单行之部》,第43—47页。

放省有三陵内务府各种官地房基章程》等。丈放的内务府庄地和王公庄地也只限于正额熟地和私垦浮多地。领种的基本原则是谁种谁领，无论祭田、庄地，一律不许各王公府申请自留，以杜争端。省有三陵内务府官地的范围和门类较广，既有熟地，也有山林生荒。章程规定，无论荒熟，一律丈放，归户价领。①

东北的蒙地放垦，原系三省各设机构，分散进行。张作霖为加强对蒙荒放垦的管理，加快放垦速度，1923 年在东蒙设立垦务局，并向垦民发放旅费、种子和农具。1925 年又在天津组织移民局，办理出关垦民的移送及资助事宜。北洋政府交通部也宣布，京奉、京绥两铁路对前往前东北和察绥地区的移垦农民实行减价优惠：移民及其家属票价减半，12 岁以下孩童及移民农具完全免费。②

对内蒙古南部荒地的放垦，北洋政府于 1915 年 11 月制定了奖励垦辟和禁止私放的办法、通则，作为总的规范准则。同时成立机构、委派官员办理蒙荒放垦事宜。绥远自 1902 年以后一直设有垦务局，总局设在绥远城，都统兼任督办。除东胜县外，其余 9 个县均设有分局。但从 1908 年贻谷被查办后，垦务局及垦务公司的活动随即停顿。1915 年北洋政府两次派员办理察绥垦务，但迄无进展。1925 年，西北防务督办冯玉祥办理察绥屯垦，从河北等地先后招兵万余人，运往张家口等地，一面习武，一面屯垦。③

对西北、西南等地的官荒，北洋政府也曾颁发某些政策措施，着手进行垦辟。青海从清末已开始少量放垦。1918 年甘肃特设

① ［日伪］土地局：《土地关系旧法规·奉热两省单行之部》，第 61—68、77—81 页。

② 《农商公报》第 129 期，近闻，1925 年 4 月，第 1 页；第 130 期，近闻，1925 年 5 月，第 3 页。

③ 《农商公报》第 130 期，近闻，1925 年 5 月，第 5 页。

屯垦专使,宣布青海各旗以及宁夏等地,除留若干地亩以备军队屯田外,所有荒地悉行开放,任听商民领垦,并尽量放宽荒地定价和升科期限。次年,甘肃省府在皋兰设立青海屯垦使署;1924年,宁海镇守使马麟复在西宁设立甘边宁海垦务总局,将青海划为19个垦区,每区设立分局,积极筹划,据说一度"颇有成效"。① 西南四川,光绪宣统之际,省劝业道曾通令各地调查荒地,以备开垦。据说有37处提出调查报告,统计荒地约二三十万亩。辛亥革命后,省实业司在此基础上制定垦荒规则,并令成都农事试验所开办"垦牧养成所",作为垦荒准备,将四川垦务逐渐付诸实施。② 贵州也在光绪末年创办的垦殖局基础上,继续垦荒植树。③

北洋政府的上述措施,对当时内蒙古、东北尤其是东北北部地区的土地开发还是有促进作用的。据不完全统计,北洋政府在吉林推行催垦、抢垦政策期间,先后放荒1900余万亩;黑龙江在1914—1927年间共出放官荒、蒙荒和撤佃民荒5097万余亩。④ 北洋政府时期,东北耕地面积有较大幅度增长,内蒙古耕地也明显扩大。但是,由于种种原因,尤其是国力衰微、吏治腐败、财政困难和军阀混战,许多政策并未认真实施,或者实施而未获预期效果。《国有荒地承垦条例》明文规定,"非有中华民国国籍者,不得享有承垦权"。然而在东北地区,日本殖民主义统治下的韩民越垦浪潮始终未能遏制;在内蒙古等地,许多洋教堂非法领垦和霸占大量

① 《农商公报》第16期,选载,1915年11月,第17页;第48期,近闻,1918年7月,第18页;周振鹤:《青海》,1939年4月再版,第208—209页。

② 东则正:《华中经济调查》上卷,1915年,第441页。

③ 《农商公报》第33期,调查门,1917年4月,第9页。

④ 民国《黑龙江志稿》第9卷,经政;孙占文:《民国时期黑龙江省的土地开发》,《北方论丛》1982年第5期。

耕地。据20年代初的记载，绥远内套一带，有洋教堂9所，“各领蒙地数百千顷，分租与信教贫民，筑室耕田，宛然成邑；行政首领，教士主之，俨然为化外之独立国焉”①。对垦民给予经济资助和车船票价优惠等措施也少有实行。各地的垦殖机关，不少机构臃肿，效率低下，毫无生气。有人评价绥远垦务总局说，该局官僚不少，“都统兼任督办，其次有总办、会办、分局长之名称，实则责无专属，委靡因循，弊端未除，滞碍如故，且款项支绌，诸事停顿”。② 又有人揭露说，“该局的职能只是在作为地主的蒙古王公和喇嘛庙与作为佃农的农民之间充当一种居间人，对于实际的土地开垦或农业条件的改良是毫不关心的”③。其他地区的垦务机构也都大致相似。总的说，北洋政府制定的有关土地垦殖的政策措施，付诸实施且有收效的不多。

三、农业技术的推广

清政府和北洋政府在逐渐放宽垦荒的同时，也采取若干推广农业技术的措施。

甲午、庚子后，朝野有识之士深感中国农业生产和技术的落后，呼吁兴办农业教育，学习西方经验，引进外国先进农业知识和技术。1894年孙中山上书李鸿章，力陈发展农业、创办农业学堂的重要性。1895年倡导并建立农学会，还在《创立农学会征求同

---

① 《佥事上任事陆滐条陈》，《农商公报》第105期，政事，1923年4月，第48页。

② 《咨议王承朴条陈》，《农商公报》第106期，条陈，1923年5月，第9页。

③ Chinese Economic Monthly，第2卷第8期，1925年8月，第26页。

志书》中提出了翻译农桑新书、会中设立学堂的倡议,这是近代农业教育和科研推广相结合的先声。康有为、梁启超等也力主兴办农业教育,推广农业技术。康梁等在1895年的《公车上书》中提出翻译、出版国外农书的主张。康有为写有开办农业学堂的奏折,梁启超在1897年为《农学报》所写的序中,提出革除"学者不农,农者不学"的积弊,应就农理、动植物学、农园作物、果桑茶林渔产品加工和化学产品、农用器具等科目,分门别类进行专业研究。

在朝野有识之士的推动下,1896年清政府设立"官书局"。提出"凡有益于国计民生与交涉事件者,皆译成中国文字"的要求。①1897年诏令兴农学,命各学堂翻译农学书籍。次年,总理衙门在《遵筹开办京师大学堂折》中,正式提出在学堂中设立农学科。1901年,两江总督刘坤一、湖广总督张之洞联名上奏,提出修农政、兴农学的主张。1902年、1903年,《钦定京师大学堂章程》和《奏定大学堂章程》相继出台,前者将农业科分为农艺学、农业化学、林学、兽医学等4个目;后者载有农科大学有关款目。自此,振兴农业、兴办农业教育和推广农业技术成为"新政"的一项重要内容。由此开始,成立机构,创办杂志,翻译农书,兴建学堂,进行种植试验等活动,陆续展开,少数地区还取得了初步成效。

1898年,清廷谕令各省设立"农务局",掌管督课农务事宜。在此前一年,以"整顿农务"为宗旨的"农务总会"在上海成立。该会《试办章程》规定,其主要活动是立农报、译农书、延农师、开学堂、储售嘉种、试制农具肥料和进行种植试验等。1910年,由南洋第一次劝业研究会发起,组织成立第一个全国性的农业民间机构——"全国农务联合会"。该会(章程草案)规定,"以联络全国农业机关,调

① 孙家鼐:《官书局开办章程》,《中国近代出版史料》,第46页。

查全国农业状况，规划、劝导全国农业改良与进行为本旨”，以交换农产品种、农器用法为“入手改良方法”。① 1897 年，中国第一份农学期刊《农学报》在上海创刊。自此开始了国外农学著作和论文的翻译、介绍。据统计，该刊先后发表农学译文 1151 篇(部)②，在介绍和传播国外农业科学知识方面起了开先河的作用。光绪后期编辑出版的《农学丛书》100 多种，比较全面系统地介绍了国外尤其是日本的农业综合知识和作物种植物术。③ 20 世纪初翻译出版的《普通百科全书》100 册中，也有不少是日本农校教材。

在翻译和介绍国外先进农业科学技术的同时，又开始向国外派遣留学生。从 1900 年起，大批选送公费留学生，大部分是派往日本。短短几年时间，中国留日学生骤增至近两万人。其中不少人是专攻农学，后来在农业科学方面作出了巨大贡献。1980 年清政府利用美国归还的“庚子赔款”，恢复了自 1881 年中断的留美学生选派工作。留美之风随即兴起。

此外还聘用外国农学家来华担任教习，传授农学知识。1898 年创办的京师大学堂农科和湖北农务学堂，都“博延外国名师”任教。20 世纪初，各地农校纷纷兴办，聘用的外籍教习人数也大大增加。据统计，清末先后在直隶、湖北、山东、山西、江苏、江西、四川、贵州、云南、奉天、吉林 11 省农业学堂任职的日本教习即达 45 人。④ 一些农业试验场也有外国人充任技术顾问。

① 《东方杂志》，7 年第 8 期，章程，宣统三年八月，第 15—17 页。

② 王业遴、曹幸穗：《我国近代园艺教育科技发展述评》，《中国农史》，1991 年第 1 期。

③ 李文治：《中国近代农业史资料》第 1 辑，第 868—870 页。

④ 据王笛：《清末民初我国农业教育的兴起和发展》，附录一，《中国农史》1987 年第 1 期。

开办农业学堂和农业试验场,是清政府培养农业技术人才、推广农业技术的一项重大措施。

农业学堂设立最早的是1898年张之洞在湖北创办的农务学堂,设农、林、牧三科。同年,浙江杭州知府在杭州开设的官立蚕学馆(1909年扩充为农业学堂),是最早的蚕桑学堂。紧随其后的有1901年创办的江南蚕桑学堂和1902年创办于保定的直隶高等农业学堂。

1903年起,清政府陆续制定和颁发了一系列有关发展农业教育的规章,具体规定了初等、中等、高等农业学堂的开设办法和专业、课程设置。1906年学部提出,“实业教育为今日之急务”,并在北京设立高等农业学堂,“以为全国模范”。① 自此,各种农业学堂以及诸如蚕桑学堂、蚕桑传习所、农业教员讲习所等农业教育机构,在全国各地相继建立,其中以湖北、山东、江苏、直隶等省,成绩较为显著。如湖北,截至1910年,有各类农业学堂47所和农业教员讲习所1所,占全省各类实业学堂67所的71.6%;1911年,四川全省有农业学堂33所和蚕桑传习所130余处。据统计,1909年全国共有高等农业学堂5所,中等农业学堂31所,初等农业学堂75所,合计111所。1912年,全国各类农业学堂达到263所。这些农业学堂一般设有2至4个专业不等,传授农业基础知识和有关专门技能。各校学制长短、招生人数多寡不一。据统计,1907年各类农业学堂共有学生2866人,两年后就发展到6028人②,为农业培养了一批初级和中级技术人才。

随着农业学堂的创办,农业试验渐成风气,一些地区相继出现

---

① 《清朝续文献通考》第112卷,学校十九。

② 王笛:《清末民初我国农业教育的兴起和发展》,《中国农史》1987年第1期。

了附设于农业学堂或农务局的农业试验场，作为学生实习和进行作物品种改良试验的基地。1902 年开办的直隶农事试验场和湖北农务学堂试验场是其嚆矢。此后京师和山东、福建、奉天等省相继设立。据 1911 年统计，仅四川一省就有农业试验场 74 处。规模较大的农业试验场，全国约有 20 余处。这些试验场的目的和任务是，调查土壤，搜集、引进和培育良种，进行作物栽培和动物饲养试验，取得成绩，而后推广。福建和奉天农事试验场还规定，乡农如有佳种、新法，准到场试验；如有成效，由农桑局给予奖励。直隶农事试验场除引进外国良种外，还进行多种农产品的加工试验，在推广农业技术方面取得了初步成绩。

在良种引进和某些作物种植技术的传播方面，稍有成效的是蚕桑和美棉种植的初步推广。

蚕桑种植先进技术的引进和推广，早在同治光绪之交，有些地方官吏，就已开始着手进行。甲午以后，清政府对蚕桑的推广更加重视。江苏、安徽、江西、湖北、湖南、四川、广西、云南、福建、河南等省，原来不事蚕桑的许多州县，官府纷纷筹款购买湖桑，招民领种，并用各种方式传授种植技术：或官建桑园示范，或办班培训，或出示告谕。部分地区取得成效。1905 年江宁藩司购湖桑 15 万株，分发长江南北 15 州县，据说领种“颇不乏人”；湖南一次即购 70 余万株；河南于 1907 年购桑 20 余万株，领种共 40 余州县；连长城古北口地区，到光绪季年也栽桑 20 余万株，“蔚然成林”。①

美棉的引进和推广始于光绪后期。随着洋纱洋布的倾销和国内机器棉纺织业的兴起，清政府认识到要提高纱布质量，堵塞漏卮，非引种优质美棉不可。张之洞在筹建湖北纺织局时，即购买美

① 《东方杂志》，2 年第 5 期，光绪三十一年五月，第 89—90 页，又 4 年第 4 期，光绪三十三年四月，第 75 页；民国《密云县志》第 2 卷之 7。

国棉种,分发棉农试种。1903 年湖北农业学堂成立,又拨地 2000 亩为试验场,分别种植外国棉、外省棉和本省棉,进行比较研究。山东、直隶、河南等省以及两广个别地区,也相继引进和推广美棉种植。其中山东试种推广美棉成绩颇佳。所种美棉,棉桃“十倍于中国所产”,产量大增,棉花一上市“即悉被购尽”。农民均乐于种植,东昌府试种早期,因不得法,多次失败,一些农民纷纷改种罂粟,被山东巡抚严厉禁止,1909 年再次试种美棉,终获成功。① 到宣统年间,山东西北和直隶南部各府县植棉区,已全部改种美棉。②

辛亥革命后,北洋政府在清政府的基础上,继续筹设农事机构,颁布兴农法令,开办和发展农业教育,推广某些农业技术。

1912 年民国政府成立后,中央设有农林部(1914 年改名农商部),各省设有劝业道(1913 年改为实业司,以后又改名实业厅),掌管全国和各省农林牧政;中央又设有全国水利局,各省设有分局,管理全国水利及水道沿岸垦辟事宜,并通令各省筹设农会,不时召开农产品评会,以资观摩。为了加速土地开发和农林畜业的全面发展,北洋政府颁布了若干农林法令和奖励条例。1912 年 9 月颁发了《农林政要》;1914 年制定和颁布《国有荒地承垦条例》,次年 1 月先后出台《垦辟蒙荒奖励办法》和《禁止私放蒙荒通则》。为了推广棉花、甘蔗、甜菜等经济技术作物的种植和牧羊业的发展,1914 年 4 月和 7 月相继颁布了《植棉制糖牧羊奖励条例》和《植棉制糖牧羊奖励条例施行细则》,根据当地自然条件和农业生产结构,在全国范围内指定若干省份为植棉、植蔗区和甜菜试种

---

① 《山东种植美国木棉之成效》,《大公报》,宣统二年六月初一日。

② 张之洞:《张文襄公公牍稿》第 11 卷;《谕折汇存》,经济选报,《东方杂志》,7 年第 3 期,中国调查录,宣统二年三月,第 27—28 页。

区，再在植棉、植蔗区内，每省勘定若干县作为适宜植棉植蔗地。凡经勘定的植棉植蔗县份，如有未垦荒地，县知事必须设法招垦，以扩充棉、蔗种植。同时对扩种、试种棉花、甘蔗、甜菜，改良棉种、羊种者，按面积或羊只给予补贴和奖励。①

在农业试验和农业教育方面，北洋政府在清政府原有的基础上，先后建立了中央农业试验场和直隶、奉天、广东、四川、安徽、山东、湖北、浙江、江西、吉林、河南等11省的农业试验场。同时新设林业试验场和种畜试验场。1912年8月，从天坛外坛划出土地2500余亩，作为植林试验之用，是为农商部第一林业试验场，以后又在北京西山创设分场，并成立第二、三两个林业试验场。② 为改良畜种和发展畜牧业，《农林政要》曾提出引进纯种牛、马、豚、羊，在北边荒地放牧，一面繁殖佳种，一面改良土种，以后相继建起多处种畜试验场，较重要的有北京农科大学种畜场，农商部第一、二、三种畜试验场（场址分别位于察哈尔、北京西山门头沟和安徽凤阳、盱眙交界的石门山），一些省份自行设立的有奉天农事试验场、山西太原模范牧场、山西静乐县模范牧场和湖北汉阳黑山畜牧试验场等。不过这些试验场饲养的主要限于羊只，牛、马、骆驼很少。

农业教育也有某些发展和变化。学制方面，北洋政府对清政府原有农业学堂的结构、学制作了某些改革和调整，将原农业学堂的初等、中等、高等三级调整为乙种农业学校、甲种农业学校、农业专门学校和大学农科四级。并进一步明确了办学宗旨和培养目标。规定乙种农校招收12岁以上初小毕业生，学制3年，以增进农家子弟的知识技能为办学宗旨；甲种农校招收14岁以上高小毕

① 《农商公报》第5期，政事，1914年12月，第24—25页。

② 《农商部林业试验场要览》，1914年。

业或同等学力者,学制为预科1年本科3年,以培养农业实践人才和农村自治人员为宗旨;农业专校招收中学毕业或同等学力者,学制预科1年本科3年,以培养农业专门人才为宗旨;大学农科分别招收中学毕业或同等学力(预科)、预科毕业或同等学力者(本科),学制预科3年本科3至4年,以为国家培养农业方面的"硕学闳材"为宗旨。学校数量也有所增加,据统计,1914年全国有乙种农校270所,甲种农校41所(甲、乙两种农校未包括四川、贵州、广西三省数字),农业专门学校8所,共计319所,比1909年增加187.4%。在校学生人数达18710人,比1909年增加44.5%。①同时,南京金陵大学也于1914年增设农科,翌年增设林科,后农、林两科合并为农林科。1917年,南京高等师范为培养中等农业学校师资而开设农业专修科。1920年,南京高师改建为东南大学,农业专修科也改组为大学农科,学制4年。

清末和北洋政府时期所办的农业教育,对早期培养农业方面的技术人才,介绍和传播近代农业科学知识,发挥了一定的作用。开办初期,各类学校的教学普遍脱离生产实际,进入民国后,开始有所改进,不少农业学校逐渐开展有关农业的调查试验活动。金陵大学、南京高师和后来的东南大学农科,一开始就着手进行某些粮食和经济作物的良种选育试验,到20年代中后期,金陵、东南两校农科已陆续推广育成的小麦和棉花良种,其他农业学校在农业调查和试验方面也有所行动。②

① 据章楷:《八十年前的我国农业教育》,《中国农史》1994年第4期;王笛:《清末民初我国农业教育的兴起和发展》,《中国农史》1987年第1期综合统计。

② 参见章楷:《八十年前的我国农业教育》,《中国农史》1994年第4期。

随着近代农业科学知识的传播和茶叶、蚕丝等农产品在国际市场地位的低落，朝野有识之士倍感作物品种改良的迫切。北洋政府也把改良品种和推广佳种作为振兴农业的重要措施。中央和各地先后建立的综合性农业试验场和棉花、茶叶、蚕桑等专业试验场，都把改良品种放在首位。如农商部设立的正定、南通、武昌、京兆等棉业试验场，第一项业务就是选种及传播。曾任正定试验场技师的刘子刚还以官办私资的方式建起了华北棉作育种场。① 北洋政府农商部和一些地方政府也直接或通过农业试验场收集、购买和分发种子②，直隶、湖南等省政府或农会还按部章规定，分别建有种子交流站和种子购换处，进行种子发售和交流。如直隶种子交流站曾于1923年夏季向全省各县分发种子；湖南种子购换处备有各种良种，并订有《种子购换章程》，购买者可照章预先函定。③ 在改良茶叶、水稻、棉花等作物品种方面也采取过某些措施，如1915年在政府主持下，在汉口、上海、福州组织茶叶调查局，设立茶叶试验场，对按农商部所定栽培方法植茶的茶农，给予某些补贴；责令产茶各县限期更新茶树。同年云南巡按使也饬令省农林局多购优良茶籽，培育茶秧分发宜茶各县种植，对植茶确有成效者给予褒奖。④ 为了在全国范围内推动种子改良活动，提高水稻

---

① 参见曲直生：《河北棉花之生产及贩运》，第279—280页。

② 如京兆尹王达曾于1919年以3000美金购得美棉种子2000斤，分发京兆区20县属试种。中央农业试验场也于同年向北京西郊散发美棉种子，每户1升，并令收获时拔取数株送场陈列，以资比较（《农商公报》第56期，近闻，1919年3月，第30页）。

③ Chinese Economic Bulletin，第156期，1924年2月16日，第9页；《农商公报》第34期，近闻，1917年5月，第14页。

④ China Year Book，1921—1922年，第147页；《农商公报》第13期，政事，1915年8月，第14页，又第16期，选载门，1915年11月，第17页。

等作物品质,农商部还在各地征集稻种,检定优劣,通行各省择要试种;复饬令部辖农事试验场和棉业试验场,搜集中外棉种进行比较试验,选出隆司泰、脱里斯等美棉优良品种,分别刊印浅说,发给各地仿种,又于 1922 年 9 月印发《选种办法八条》,咨行各省执行。① 云南地方政府为了改良棉种和推广植棉,在阿迷、元江、宾川等适合棉花生长的地区都建立了棉花试验站,发给植棉者每亩五角钱的补贴,并责令地方长官采取措施鼓励棉花栽培,如能引导农民提高 40% 以上的棉花年产量,则可延长任期。②

在传播近代农业知识、推广优良品种和农业技术方面,一些机构和地方官府还采取了讲演会、讲习会等灵活多样的形式。如京汉铁路局利用铁路交通的有利条件,曾组织"游行农林讲演会",会同农商部特派专员赴京汉各站,携带标本、良种以及各种照片,在露天或车内开演讲大会,灌输新式农业知识。③ 奉天铁岭县知事曾于 1924 年召集各村长副及农会会员,举办夏季农事讲习会,聘请留美农学士为"讲员",宣讲东北和国内外农业发展现状、改良方法、东北农特产与世界之关系以及有关东北果树、柞蚕、蜜蜂、畜鸡等养殖栽培技术等。并编印讲义,按人发给,以便传播。据说效果不错,"有益于农事甚多"。④

这一时期,一些中外工商团体和实业界人士也参与了改良农产、推广技术作物种植等活动。江浙皖丝茧总公所出资在皖南运送桑秧,推广蚕桑良种,创办茧行,改良养蚕和植桑技术;湘赣鄂茶

① 阮湘等编:《中国年鉴》第一回,1924 年,第 1104 页。
② Chinese Economic Bulletin,第 156 期,1924 年 2 月 16 日,第 9 页。
③ 《农商公报》第 51 期,近闻,1918 年 10 月,第 23 页。
④ 民国《铁岭县志》第 8 卷,实业,农务,第 27—28 页。

商成立茶业公所，讲求种植、制造、包装各法，祛除奸商掺杂作伪情弊①；上海面粉厂商协会请东南大学建起了小麦试验场，在筛选、改良小麦和水稻品种上取得了成绩。在900个小麦品种和280个水稻品种中分别筛选出武进“无芒”、南京“赤壳”、日本“赤皮”等小麦良种和江宁“洋籼”、“东莞白”等水稻良种。据说改良的小麦和水稻品种亩产分别比普通品种增加2斗和3斗。② 机器棉纺织业厂商在改良棉种、推广棉花种植方面所作的努力更为突出。在南方，穆藕初、聂云台等发起组织“中华植棉改良社”，建有多处植棉试验场，引种美棉，改良棉种，据说“成绩颇佳”，华商纱厂联合会捐款成立“棉作改良推广委员会”，聘请专家，培养人才，扩充试验场，加强棉种改良试验和棉作推广活动，并捐款资助东南大学和金陵大学农学院的棉种试验，均一度取得成效。③ 在北方，周学熙发起成立“棉业整理处”，附设“棉业传习所”，培养棉业专门人才，改良中国棉种，又和财政部盐务署共同成立“棉垦局”，试图推广棉花种植；华商纱厂联合会以及荣宗敬等先后出资由美国购进棉种，在陕西、河南等地发放，青岛华新纱厂、奉天纺纱厂等，也分别散发美棉种子或集资以作奖励棉花种植之用，并派人分赴各县劝导和指导植棉。④

---

① 《农商公报》第24期，选载门，1916年7月，第40页，又第16期，选载门，1915年11月，第17页。

② Chinese Economic Bulletin，第287期，1926年8月21日，第117页。

③ 上海华商纱厂联合会编：《中国棉产改进统计会议专刊》，报告，第75—76页；《商业月报》第8卷第7号，1928年7月，第3—4、7页；《农业周报》第1卷第25期，1931年10月16日，第969页。

④ 曲直生：《河北棉花之出产及贩运》，第179页；上海华商纱厂联合会编：《中国棉产改进统计会议专刊》，演讲，第10页，又报告，第20页；《农商公报》第109期，近闻，1923年8月，第1—2页。

清政府和北洋政府有关推广农业技术的一系列措施,其中尤其是兴办农业教育,培养农业专门人才,传播近代农业科学知识,介绍和引进国外优良品种,调查、筛选和改良国内作物品种,以及推广某些经济技术作物的种植等有关措施,逐步建立早期的农业科技和管理队伍,改变国内某些作物的品种结构,提高部分地区的作物产量,给传统农业注入了某些新的活力。所有这些,对当时的农业生产是有作用的。但是,由于清政府和北洋政府的吏治腐败,财政拮据,人才缺乏,尤其是20世纪20年代前后的军阀混战,使这些措施不可能贯彻落实。如中央和各省所建农业试验场,虽然为数不少,但大多不是虎头蛇尾,半途而废,就是因为人才、经费和设备短缺,无法正常开展试验活动。位于河北正定的农商部第一棉业试验场,每年经费仅五六千元,技术人员连场长在内不过6人,“故不能有良好之成绩”;位于北京海淀的第四试验场,也因“设备不整,成绩未能显著”。① 其他各试验场,情况大体相仿。当时有人总结说,“国内的各试验场,第一是缺乏人才,第二是缺少经费。所以十余年来,对于农民一点没有效果产生”②。北洋政府农商部也承认,“各省设立农事试验场,数年以来,所费不赀,而于农事尚无明效大验”③。有的试验场虽然耗费巨资,但培育的产品不合规格要求,如浙江省立蚕种制造场所制蚕种,病毒丛生。④ 有的试验场甚至变成了官吏、政客贪污舞弊、争权夺利的场所。如耗资30余万元的山东省立蚕桑试验场,成了省议会党派相互争夺的

---

① 曲直生:《河北棉花之出产及贩运》,第278—279页。

② 吴觉农:《中国的农民问题》,《东方杂志》第19卷第16号,1922年8月,第16页。

③ 《农商公报》第5期,政事,1914年12月,第12页。

④ 《钱业月报》第4卷第8号,杂纂,1924年9月,第9—10页。

目标。有些县设试验场，则“不过岁耗巨款，以供一二人之挥霍”。甚至成为地主豪绅“鱼肉平民，勾结官吏，恣其欲而徇其私”的工具。① 一些县里农会也成了“装饰品”和“绅士会”，其惟一事务是争会长，“对于农业的设施等于零”。② 清政府和北洋政府的农业措施不少成为具文。

第三节　农业的兴衰格局

清末民初，全国农业的发展，步履艰难，地区和部门之间极不平衡：东北、内蒙古等农业新垦区，由于大量移民和放荒招垦，农业有较大发展；内地老垦区，在一些通商口岸附近和铁路沿线地区，某些经济技术作物的种植得到推广，商业性农业有所扩大，资本主义的农业经营方式有所滋长，而在远离通商口岸和铁路交通的其他广大地区，农业生产没有多大变化。同时，在相当一部分地区，森林植被破坏，农田水利失修，农业生产条件恶化，水旱灾荒频仍，农业收成不稳，土地产量下降，农业生产处于衰退和萎缩状态。从全国范围看，这一时期农业的发展，局部进步，整体停滞、衰退。

一、东北、内蒙古地区农业的发展

从地区看，这一时期农业发展比较明显的是东北、内蒙古等农业新垦区。清政府和北洋政府的放荒招垦和“移民实边”，使这一

---

① 《蚕丝改良事业工作报告·山东省蚕丝业之近况》；艾延年：《农学录》第7卷，1920年，第1页。

② 刘家铭：《南陵农民状况调查》，《东方杂志》第24卷第16号，1927年8月，第93页。

地区的人口和耕地面积大幅度增长,农业生产发展迅速。

甲午战争后,清政府和北洋政府为了垦地和"实边",相继采取了鼓励向东北移民的措施,再加上关内频繁的自然灾害和战争破坏,大量难民流向东北,到20世纪20年代,形成向东北移民的高潮,导致东北人口的迅速增加。关于东北地区历年的人口数字,多系估计,不同的估计数字差异颇大。多数估计认为,甲午战争前夕,东北人口为200—300万,1900年为900—1000万。1927—1930年间为3000万。30多年间增加了10倍左右。新增加的人口中,除小部分为自然增长外,大部分是关内移民。

流往东北的关内移民,大约70%来自农家。他们到达东北后,除小部分从事修路、开矿和商业性劳动外,大部分从事农业生产。据1926年的估计,中东铁路沿线各区人口为930—950万,其中800万从事农业①,占85%。离铁路线较远的地区,农业人口比重更高。

人口的增加,为农业提供了充足的劳力,这就大大加速了东北的土地开发和农业发展。清末和北洋政府时期,东北三省的耕地面积都有较大幅度的增长,吉、黑两省更为突出。

甲午战争后,奉天大面积官荒的招垦,虽已接近尾声,但因蒙荒弛禁放垦,耕地面积仍在继续扩大,除了大凌河东、西牧厂荒地的垦辟,增加上100万亩耕地外,奉天农业区主要向河淤、海滩、山区和科尔沁蒙旗地区延伸。清末,辽河和大、小凌河下游和沿海一带,河淤、海退、苇塘、山荒诸地,"悉为绳丈,得田至富"。② 奉天耕地的扩大主要在西北部科尔沁左、右翼蒙旗地区。光绪初年,科尔沁左翼各旗开始了较大规模的放荒招垦,耕地扩大,人口增多,1877年昌图撤厅升府,并先后置奉化(即梨树)、怀德(1877年)和

① 吕荣寰:《北满与东省铁路》,第43页。

② 民国《奉天通志》第107卷,第1页。

康平(1880 年)3 县。到 1902 年蒙地解禁止,科尔沁左翼 3 旗和科右前旗共招垦土地 1104802 垧。同时,位于科左前旗南部的永、昭、福 3 陵养息牧地也于 1897 年准垦,1902 年置彰武县,隶属新民府。这样,沿柳条边墙外,形成了以昌图府为中心,北起怀德、南至彰武的新农业区。蒙地解禁后,科尔沁左翼各旗,尤其是科右前旗地区,开始了大规模的放垦,到清王朝覆亡,科尔沁 6 旗共出放荒地 2431512 垧,在洮儿、交河、那金 3 河两岸,开辟出以洮南府为中心的又一农业区。① 奉天东北部的抚松,1915—1926 年,共出放荒地 11 万余亩,农业也有了较大发展。②

吉林、黑龙江两省,耕地增长、农业发展的幅度更大。基本的发展态势是:在原有的垦发区,甲午战争后继续出放、垦辟零星夹荒和周围余荒,由点向线(铁路沿线和沿河流两岸),由点向面发展,由南向北,由腹地向边境地区推进,农业区域持续扩大。

吉林到民国初年,松花江上游流域和中游南岸地区,已形成一个重要的农业发展区,它以长春、哈尔滨和铁路干线为中心,包括双城、榆树、德惠、农安、扶余、长春、吉林、舒兰等 17 县,覆盖吉林整个西部地区。据 1914 年统计,该农业区共有耕地 4036.5 万亩,占吉林耕地总面积的 84.5%,相当于 1887 年吉林耕地的 26 倍。③ 这一区域的大部分适垦荒地都已被开垦,垦殖率达 74.9%。④

同时,吉林的土地开发和农业区域迅速向东部边境地区推进,

---

① 参见田志和:《清代科尔沁蒙地开发述略》,《社会科学战线》1982 年第 2 期。

② 民国《抚松县志》第 2 卷,荒务续放,第 4 页。

③ 据光绪《大清会典》载,1887 年吉林耕地面积为 14979 顷。

④ 据东清铁道商业部:《满洲の富源——吉林省》(日文本),附表一计算。

这一地区的耕地也有明显增长。如依兰(三姓)直至1900年,耕地还很少,此后人口和耕地迅速增加,到1914年已有耕地120万亩。桦川耕地从1910年的19.6万余亩增加到1913年的26.8万余亩,3年增幅达87.7%。[①] 据不完全统计,沿松花江南岸地区的阿城、宾县、勃利、桦川等11县,1908年仅有耕地71.9万亩,1918年达1068.6万余亩,10年间增长了14倍。[②] 东部边境地区的土地开发也有明显进展,如宁安,1909年耕地面积为99.3万亩,1914年达162万亩,5年间耕地增长63%。穆棱从19世纪70年代开始放垦,19世纪末耕地迅速增加,到1914年年初,已有耕地14.8万亩。密山的耕地面积从1911年的1.2万亩增加到1914年的21万亩,3年间增加了75%。东南边境的珲春、汪清、延吉、和龙等县,土地开发和农业生产都有不同程度的进展。[③]

据1912—1914年的调查统计,吉林全省共有耕地4775.9万亩,比1887年增长30.9倍,荒地垦殖率达到48.6%。[④] 此后每年都有新垦土地投入耕作。据海关统计,1917—1921年间,投入耕作的新地不少于174800英亩(合1061385亩)。[⑤]

黑龙江省的土地垦辟和农业发展,主要集中在嫩江及其支流

---

① 东清铁道商业部:《满洲の富源——吉林省》(日文本),第637—638、663页。

② 满铁总务部调查课:《吉林省东北部松花江沿岸地方经济事情》(日文本),大正十年,第30—30页。

③ 东清铁道商业部:《满洲の富源——吉林省》,第408—409、458、491—492、703、721—722页。

④ 据光绪《大清全典》第17卷,第184—185页;《满洲の富源——吉林省》,附表一有关资料计算。后者延吉的已垦地和适垦地两数分别为170203垧和91000垧,疑两数颠倒。本文计算时已将其重新颠倒过来。

⑤ Decennial Reports,1912—1921年,第1卷,龙井村,第40页。

流域、松花江北岸沿线及其支流流域、中东铁路沿线地区和黑龙江沿岸地区。位于通肯河、呼兰河流域的安达地区，主要是在中东铁路修建以后垦辟和发展起来的，20世纪20年代成为黑龙江省农业最发达、“产粮最富之区”。据1926年的调查，共有耕地3085万亩，占土地面积的29%。呼兰地区是咸丰十年放垦以后发展起来的重要农业区。1926年有耕地1395万亩，占整个土地面积的34%。嫩江流域的土地开发和农业发展相对缓慢。出放的荒地，多数未垦，荒地垦殖率很低。嫩江、松花江交汇处的肇州、大赉、泰来和相邻吉林省的扶余、乾安二县，是又一个农业发展区域，1926年共有耕地1180万亩，占土地总面积的20%。① 松花江下游和黑龙江流域，土地垦发较晚，但进展明显。松花江北岸木兰、通河、汤原3县，到1926年约有耕地400万亩。② 松花江、黑龙江交汇处和黑龙江沿岸地段，也都开辟出若干面积不等的农业区。20年代有调查报告说，“瑷珲附近村屯，为一大农业地带”；“由瑷珲县城起，至黑河止，陇亩相望，长达三十四俄里(1俄里合1.85华里)”。整个黑龙江沿岸地区，“种植面积，与年俱增”，耕地面积可达70万亩。这一地区从事农业的主要是满人和达斡尔人，汉族移民居少数。③ 黑龙江省西部呼伦贝尔地区，农业也有一定程度的发展。

---

① 南阳:《垦殖东北与民生国计》,《中东经济月刊》第6卷第9号，论著，1930年9月，第9—12页。

② 据调查统计，1926年，包括上述3县和吉林宾县、方正、依兰、勃利、松川、富锦等6县在内的松花江下游区域共有耕地1245万亩。又另据统计，吉林6县1918年有耕地850万亩。据此计算，木兰等3县约有耕地400万亩(据南阳:《垦殖东北与民生国计》;满铁总务部调查课:《吉林省东北部松花江沿岸地方经济事情》，第30页计算)。

③ 《吉黑两省移垦之调查及指针》,《中东经济月刊》第6卷第9号，调查，1930年9月，第2页。

农业发达区域集中在铁路沿线和刚河、结尔布勒河、霍伦河、额尔古纳河沿岸一带。①

黑龙江全省,1887 年仅有耕地 81600 亩,1927 年猛增到 5017.4 万亩,40 年间耕地面积增加了近 614 倍。在东北三省中增幅是最大的。

关于东北全境的耕地面积及其增长情况,只有来自不同渠道、互有出入的一些断续数字。从一些资料反映的情况看,东北耕地面积在咸丰十年部分放垦,光绪二十八年全面放垦,光宣之交和北洋政府后期,有几次大幅度的增长。表 39 反映的是 1887 年至 1927 年 40 年间东北耕地面积的增长情况。②

表 39 东北三省耕地面积增长情况

1887—1927 年　　1887 年=100

省别	1887 年		1894 年		1914 年		1927 年	
	面积(亩)	指数	面积(亩)	指数	面积(亩)	指数	面积(亩)	指数
奉天	28495900	100	28495900	1200	51412710	180	55373000	194
吉林	1497900	100	22690000	1515	47810059	3192	66218000	4421
黑龙江	81600	100	9902290	12135	34806648	42655	50174000	61488
合计	30075400	100	61088190	203	134029417	446	171765000	569

如表 39,东北耕地面积从 1887 年的 3007 万余亩增加到 1927

① 《中东经济月刊》第 6 卷第 7 号,调查,1930 年 7 月,第 2—3 页。

② 表中数字,1887 年据光绪《大清全典》第 17 卷,第 184—185 页;1894 年,奉天暂用 1887 年数字,吉林、黑龙江见本文;1914 年据北洋政府农商部:《第三次农商统计表》,第 1 页;1927 年据连浚:《东三省经济实况揽要》,第 131 页。

年的1.7亿余亩，增加了4.7倍。其中黑龙江增幅最大，达615倍，而吉林增加耕地最多，达6472万亩。奉天新增的耕地面积也达2687万余亩，不过基本上是在1914年以前。而吉林、黑龙江则相反，土地开垦的潜力仍很大，1914年后的耕地面积仍在继续大幅度增加。1927年同1914年比较，两省耕地分别增长50.9%和45.0%。尤其是1925年后，随着关内移民数量的猛增，耕地面积的增长速度也随之加快。据调查，自1925年后，东北每年都有五六百万亩耕地的增加。1925年至1927年年底的3年间，东北全境的耕地约增长14%。①

广大移民以惊人的毅力和艰苦创业的精神，将人迹罕至的荒莽原野开辟成良田，将农业区由南向北迅速推进，将华北乃至江南地区的作物品种和耕作技术带入东北，并加以推广。到19世纪末20世纪初，华北地区所有的主要农作物品种，包括蔬菜瓜果在内，都已引入东北。光绪十七年开始修纂的《吉林通志》所载植物中，谷属计23种，蔬属计42种，瓜属计9种。民国八年修纂的《黑龙江志稿》所载植物中，谷属计28种，蔬届42种，草属39种，瓜属10种，果属34种。作物品种又有新的增加。不仅旱地作物门类齐全，而且由南至北，开始引种和推广水稻、旱稻。光绪前期，吉林已有记载说，稻，“初来自奉天，近则种者甚多”，伊通河一带所出为佳。② 到清末民初，黑龙江巴彦、呼兰、汤原等地也相继种稻。巴彦漂河东岸有水稻，呼兰河西岸有旱稻。汤原的粳稻（旱稻），据说“其为食用，不减二湖之稻”。③

尤其值得注意的是，大豆种植迅猛发展，东北成为中国和世界

① 《中东经济月刊》第6卷第3号，论著，1930年3月，第52—53页。

② 光绪《吉林通志》第33卷，食货志六，物产上，第3页。

③ 民国《黑龙江志稿》第14卷，物产，植物，第4页。

最重要的大豆生产地。同时小麦、玉米、高粱、谷子以及黄麻、烟草、柞蚕丝等的产量也都相当可观。

从总体上说,东北农业是关内传统农业的延伸,传统农业的一些基本特点,如地块分割零碎,农户经营规模狭小,生产工具简陋,技术装备落后,劳动生产率低下,生产以自给性为主,等等,也都不同程度地存在于东北农业。但东北是新垦区,与关内传统农业又存在着某种程度的差异。

第一,东北人地矛盾远不如关内尖锐,部分荒段的放垦是有组织有规划地进行的,土地相对成片,农户的经营规模比关内地区大。据1914年的统计,直隶、山西、山东、河南等华北4省户均经营面积为22.1亩,而东北3省达54.6亩,其中吉林、黑龙江分别达86.8亩和126.2亩①,比华北地区高出3—5倍。

第二,东北的农业装备水平略高于华北和其他地区。耕畜严重短缺是这一时期全国的普遍情况。按1914年的资料计算,全国平均,每一农户仅有耕畜0.49头,36.6亩才有一头耕畜,而东北的耕畜相对充裕,平均每户有耕畜1.18头,吉林、黑龙江两省分别达2.2和3.96头②,比全国平均数高出1—7倍。

东北的耕畜效能和质量也较高。关内地区的耕畜多为效能较低的牛、驴,而东北地区的耕畜中,马占有较大比重。据1911年的统计,马占62.2%,其中吉林、黑龙江分别占64.3%和75.6%。③

东北除了耕畜数量较多、质量较高以外,还开始使用农业机器。这一时期全国进口的农业机器中,东北占70%以上。并出现

---

① 据《第五次农商统计表》计算,其中山东、河南耕地面积系采用1913年数字。

② 据《第三次农商统计表》、《第五次农商统计表》计算。

③ 据《第五次农商统计表》计算。

了用机器进行垦荒、耕作的农垦公司。如1907年创办于黑龙江汤原县的兴东垦务公司置备有全副“火力开荒耕割机器”，同年成立的立丰农务公司，也“购买外国火犁开垦”。① 民国初年创办的黑龙江绥滨、东井、智远、近思、广信等5大公司，均以火犁、油犁开荒，耕地面积近万垧；1914年创办的呼玛三大公司有大中型拖拉机7台，打谷机、割谷机、播种机19台；泰来县的泰东公司，有地3715垧，其中90垧系机械农业，备有拖拉机1台，开垦犁、耕耘机、耙、镇压机、播种机、刈草机共45台。②

由于东北地区农户畜力较充足，马车运输较普遍，且经营规模较大，劳力利用较充分，因而农业生产力和劳动生产率均明显高于关内地区。清末民初，一个成年劳力的耕作面积，江南地区为5—10亩，以每亩产粮500斤计算，年可生产原粮2500—5000斤，华北地区为10—20亩，以每亩产粮250斤计算，年产原粮2500—5000斤；东北地区为40—50亩，以亩产粮180斤计算，年产原粮7200—9000斤。东北的农业劳动生产率比江南和华北地区高出1—2倍。而且，这一时期东北的收成比华北和江南地区相对稳定。

第三，东北农业的商业性较强，农产品的商品量、商品率较高。而且，在农业生产的发展过程中，商业性较强的农作物，发展速度大于普通作物。

东北的主要农作物是大豆、高粱、谷子、小麦、玉米、稻子、杂豆以及黄麻、烟草、柞蚕等。其中大豆、杂豆、小麦、稻子和黄麻、烟草、柞蚕等是最重要的商品作物。这些作物比自给性作物获得了更快的发展。表40反映的是1924—1927年间东北主要作物种植

① 李文治:《中国近代农业史资料》第1辑，第215页。

② 孙占文:《民国时期黑龙江省的土地开发》，《北方论丛》1982年第5期。

面积的增长情况。①

1927年同1924年比较,各种作物的种植总面积增加了46%,而商品性强的大豆、其他豆类、小麦、水稻、旱稻依次增长了63%、174%、53%、121%和50%,程度不同地高于平均数。

表40　东北地区主要作物种植面积统计

1924—1927年　　1924年=100

作物种类	1924年		1925年		1926年		1927年	
	面积(亩)	指数	面积(亩)	指数	面积(亩)	指数	面积(亩)	指数
大豆	35279347	100	43594318	124	54314049	154	57547775	163
其他豆类	2394592	100	4430358	185	6564909	274	65581313	274
高粱	36654959	100	40819271	114	38694565	109	43183516	121
谷子	25207858	100	30707428	122	31092242	123	34117966	135
玉米	11361033	100	16735346	147	17895565	158	16346013	144
小麦	12125495	100	14316703	118	14562538	120	18522856	153
水稻	925392	100	1515203	164	1803490	195	2047872	221
旱稻	1271450	100	1761683	139	1914705	151	1907118	150
其他杂粮	8393419	100	11203492	133	12556957	150	13149205	157
合计	132613545	100	165083802	124	179400002	135	193480451	146

由于增长速度较快,这些商业性作物的种植面积在种植总面积中所占的比重进一步上升,大豆和其他豆类从1924年的28.4%上升到33.1%,小麦从9.1%上升到9.6%,水稻和旱稻从1.7%上升到2%。②

其他如柞蚕、烟草等,也莫不迅速扩大。奉天东南部的柞蚕丝

① 据《实业杂志》第180号,第8页计算、编制。

② 椐《实业杂志》第180号,第8页计算。

生产,19世纪七八十年代已有初步发展。甲午战争后,柞桑种植和柞蚕饲养进一步扩张。到20年代中,辽东半岛各县的柞蚕生产。已是“无地无之,人民多专业之,亦如奉天北部之产大豆者然”。辽阳、安东、凤城、宽甸、岫岩、海城、盖子、金州等州县,更成为最著名的柞蚕丝产区。据1927年的记载,辽阳的蚕场“较十年前增多一倍,较二十年前则不止两倍”。① 岫岩蚕场“尤日见增多”,县民“惟恃山蚕以为生活”,与10年前比较,“蚕业可谓极端发达矣”。② 烟草种植方面,19世纪末20世纪初,东北发展成为有名的“关东烟”产区。作为产烟中心的吉林桦甸,据1928年的调查,其烟草种植面积竟占整个耕地面积的18.2%。③

随着土地的开发和农业的发展,东北不仅吸收和消化了关内地区部分过剩人口,而且成为关内重要的农产商品供应地,并取代关内而发展为最重要的农产品出口地。

东北的一些主要农产品和农产加工品都有不少外销。作为东北最主要的特产和农产商品大豆,本区自用只占30%,其余70%输往关内和国外。1909年,大豆第一次成为大宗出口品。是年出口原豆、豆油、豆饼173万吨。1910年为151万吨,其价额约占该年全国农产品出口额的20%。此后不断增加,1919年为203万吨,1927年达440万吨,比1909年增长了1.5倍。④ 小麦也大部分供输出。据统计,1929年东北小麦总产为230.1万吨,当地消

---

① 民国《辽阳县志》第27卷,实业志,第24页。

② 民国《岫岩县志》第3卷,第3、23页。

③ 《农业周报》第1卷第1期,1931年5月1日,第38页。

④ 《农业周报》第1卷第1期,1931年5月1日,第38页;余沛华:《东北对外贸易之分析观》,《国际贸易导报》第2卷第11号,1931年11月,第9—10页。

费约70万吨,其余以原麦或面粉的形式销往境外。高粱、小米、玉米的外销率比大豆、小麦低,但数量也相当可观。如1929年,全东北产高粱3500万石,输出780万石;产小米2900万石,输出425万石。[①] 据估计,在20年代,东北的农产总量,每年均在2000万吨上下,本地自用不到四分之三,运销境外的农产品比例在四分之一以上。其中吉林、黑龙江两省的外销比例更高。据吉林省农矿厅统计,该省1929年共产五谷粮食25975631石,本境实用15409868石,外销10565763石,外销率为40.7%;共产烟、麻、靛等特产74473785斤,本境实用35701865斤,外销38771920斤,外销率达52.1%。[②]

东北的对外贸易,1894年的进出口总额仅239万余两,只占全国贸易总额的0.8%,1927年增至4.69亿两,33年间增长了194倍。在全国对外贸易中所占比重也提高到24.3%。[③] 和关内不同,东北出口的增长速度快于进口,正当全国贸易处于日益严重的入超状况时,东北则由入超转为出超,成为全国惟一保持出超的地区。1918年后,随着欧战的结束和土地的加速开发,外贸形势为之一变,直至"九一八"事变前的1930年,不但出现了长期连续出超,且数额迅速扩大,与关内地区形成强烈的对比,见表41。

由表41[④] 可见,1918—1927年的10年间,全国(实际是关内地区)的外贸入超额由6901万海关两增加到9431万余海关两,

① 《农业周报》第23号,1930年3月23日,第610页。

② 刘爽:《吉林新志》下编,辽东编译社康德元年再版,第204—205页。

③ 据余沛华:《东省对外贸易之分析观》,《国际贸易导报》第2卷第11号,1931年11月,第5—8页。

④ 东北出超据余沛华:《东省对外贸易之分析观》,《国际贸易导报》第2卷第11号,1931年11月,第7—8页;全国入超据杨端六等:《六十五年来中国国际贸易统计》,第1表。

1921 年更高达 3 亿两。与此相反,东北的外贸出超则由 815 万余海关两增加到 11083 万海关两。1927 年比 1918 年增长了 12.6 倍。这 10 年间,全国入超累积达 18.44 亿海关两,东北出超累积达 5.28 亿海关两。这就是说,关内地区的入超实际高达 23.72 亿海关两,东北的贸易出超使全国的贸易入超下降了 22.3%。由此可见东北对外贸易在全国贸易中的特殊地位和作用。而东北之所以能起到如此重要的作用,应归功于这一时期东北土地的垦辟和农业的发展。

表 41　东北外贸出超与关内地区入超对照表

单位:海关两

年份	东北出超		全国入超	
	实数	指数	实数	指数
1918	8152696	100	69010051	100
1919	13069364	160	16188270	23
1920	25449666	312	220618930	320
1921	38571044	473	304866902	442
1922	25427804	312	290157717	420
1923	75268470	923	170485471	247
1924	81937888	1005	246426209	357
1925	63345381	777	171512007	249
1926	86009761	1055	259926482	377
1927	110827778	13594	94311962	137
合计	528059852		1843504001	

内蒙古的一些地区,这一时期,农业也有长足的进展。自 20 世纪初对这一地区开始大规模的移民和开发后,农业区域由南向

北、由东向西不断扩展,耕地面积迅速增加。到20年代前夕,除锡林郭勒盟及哲里木盟之外,“到处皆见有耕地”。[①] 1927年“几乎有一半的地方都住满了人”。[②] 万全、张北等县发展为塞北重要的商品粮基地。万全更号称“米粮川”。京绥铁路修通后,万全、张北等地的稻谷、小麦以及小米、高粱、绿豆等杂粮大量运销黄河、长江流域各省,绿豆还远销南洋地区。[③] 绥远河套的农耕区域也继续扩大,光绪宣统年间,在东西长六七百里、南北宽400余里的河套地区,修筑灌溉干渠80条,支渠无数,荒原顿成沃野,当时有“塞北江南”之称。

二、内地农业的局部发展与整体停滞

同东北内蒙古地区相反,这一时期内地农业普遍处于停滞和衰退状态。

当然,这一时期的内地农业也不是没有发展、进步的一面。由于农产品商品化的推动和封建政权、实业团体等的倡导,部分地区的蚕桑、棉花、烟草、花生、芝麻、桐油、果树等经济和园艺作物种植明显扩大,使这些地区的作物种植结构和农户生产经营模式发生了某种变化。一些地区的农业生产专门化程度提高,蚕桑、棉花、烟草、大豆、花生、芝麻、小麦等商品作物种植区域化趋向更加明

---

① 雨时:《满蒙之农业》,《农商公报》第58期,选载,1919年5月,第10页。

② Chinese Economic Monthly,第1卷第12期,1927年12月,第1026页。译文转见章有义:《中国近代农业史资料》第2辑,第662页。

③ 民国《万全县志》第2卷,物产志,第9—10页;民国《张北县志》第4卷,物产志,第25—26页。

显。同时,某些优良品种,如美棉、美烟、美国大籽花生等的种植,得到推广,提高了这些作物的品质和产量。这是清末民初时期农业发展变化的一个显著标志。但是,商业性农业的发展和某些优良品种的引进推广,在地区上主要限于通商口岸附近和铁路沿线一带,至于内地其他地区,尤其是交通闭塞的丘陵山区和少数民族地区,农业生产面貌变化不大。

这一时期农业发展变化的另一个重要标志是农业中的资本主义因素有较大增长。经营地主、富农经济的发展,农牧垦殖公司、资本主义中小农场的兴起,不仅是农业生产关系和经营方式的变革,而且包含了新的生产力。但是,经营地主等带有资本主义性质的农业经营,同样主要集中在通商口岸附近、铁路沿线和沿海一带等商业性农业比较发达的地区,资本主义中小农场则几乎全部集中在通商口岸或其他大中城镇郊区。而且,资本主义性质的农业经营在全国农业中所占比重很小,传统个体小农和以家庭为生产单位、以家庭成员为基本劳力的分散细小经营始终占绝对统治地位。

20 世纪初期,个别地区、机构、工厂或私人曾尝试引进、使用、推广拖拉机、柴油抽水机等国外先进农业机械,在对某些旧式农具进行改良的基础上,研制或仿造某些新式农具。但是,除江苏无锡、武进等地对抽水机的使用推广外,都未见任何成效。20 世纪初,黑龙江曾有农垦公司进口拖拉机开垦荒地,但因缺乏有技能的拖拉机手和柴油、机油,使拖拉机“在很短时间内就变成了一堆废铁”,到 20 年代末,“又回到了原始的耕作方法”。[①] 在广东江门附近,也有人用拖拉机耕田,用抽水机灌溉,虽然效率远比用水牛和

① Decennial Reports,1922—1931 年,第 1 卷,哈尔滨,第 212—213 页。

老式水车高,但二者的成本相差悬殊。由于劳动力价格低廉,人们认为用水牛和水车更为经济,拖拉机和抽水机也得不到推广。[①]安徽芜湖一家华商公司1926年从英国进口了几台拖拉机,并想购进和介绍江苏制造的抽水机,但农民因无力购买,宁肯使用旧式农具,该公司只得作罢。[②] 此外,20世纪初,天津、南京、湖南湘潭和山东潍县等地曾有工厂或私人生产或研制成功人力(或畜力)吸水机或新式水车,山西阳曲有人研制出不用牛马牵引,而效率比旧式高3倍的"三足耕具",河南省城机器局应禹州知州之请求仿造打井机器,上海求新机器厂制造打谷机,等等。其中除潍县新产吸水机在当地获得推广、求新厂新产打谷机"销行甚广"外,其余均无下文。[③] 上述使用推广农业机械、研制生产新式农具和改良传统农具的活动,对这一时期全国农业生产的发展没有多大实际效果。

在选种育苗方面,也不是完全没有变化。如南方水稻区,因稻种调换和交流颇受重视,这一时期一些地区的水稻品种数量有不同程度的增加。据20世纪30年代对湖南长沙、岳阳、湘潭、湘乡、益阳、南县等21个主要产稻县的调查,水稻品种(包括变种和亚种)多达200余种,每县的稻种多者10余种至30余种不等。从名称看,有些稻种显然从外县或外省调换来的。如"云南白"、"云南红"、"云南早"、"贵州公"、"湖北群"、"广东麻"、"川谷"等,显然

---

① Decennial Reports,1922—1931年,第2卷,江门,第244页。

② Decennial Reports,1922—1931年,第1卷,芜湖,第603页。

③ 《大公报》1912年12月2日;《农商公报》第9卷第7册,近闻,1923年2月,第55页;《申报》,宣统二年十月初一日;《中外经济周刊》第87号,1926年11月6日,第2—3页;《农商公报》第5卷第4册,近闻,1928年11月,第16页。

分别来自相应各省。[①] 其他各省的情形也大致相似。如浙江富阳“稻种繁多,不能枚举”[②];嵊县稻种多达60余种,其中“泰州红”、“徽州白”显然分别来自江苏和安徽。[③] 江苏上海县的稻种也由原来的8种增至民国初年的12种。[④] 广西全县,稻种多至50余种,其中的“云南糯”、“桂阳糯”、“广东麻”、“四川齐”,显然分别来自云南、湖南、广东、四川。[⑤] 但是,由于缺乏科学的管理和选育方法,水稻品种虽多,而优良纯种很少,大多为混杂变种。据20世纪初的报告,检查中国某一品种的水稻,混杂种类达80余种之多。[⑥] 茶叶、棉花、桑蚕等也都很少优良品种。各地茶树的老化更是普遍问题,据说江西宁州的茶树,多为三四十年前的老树。湖北、湖南、浙江、福建茶树,也多是二三十年前所种。[⑦] 棉花产区虽广,而优良品种无几,“品质之恶劣者,实居大半。其纤维之短,直径之粗,蜡质之多,向为纺织家所诟病”。[⑧] 因此,20年代有人评价说,“现在的品种,不但没有进步,而且是逐渐的退化”[⑨]。

---

① 李振:《湖南省土地利用与粮食问题》,《民国二十年代中国大陆土地问题资料》第55册,第28219—28220页。

② 光绪《富阳县志》第15卷,风土,物产,第9页。

③ 民国《嵊县志》第13卷,风土志,第10页。

④ 民国《上海县续志》第8卷,物产,第1页。

⑤ 民国《全县志》第六编,经济,第358页。

⑥ 吴觉农:《中国的农民问题》,《东方杂志》第19卷第16号,1922年8月,第13页。

⑦ 陆溁、楼祖诒:《世界茶叶需给之状况及我国所当改良种制之方法》,《农商公报》第20期,译著,1916年3月,第3—4页。

⑧ 刘家璠:《改良棉业意见书》,《农商公报》第99期,译著,1922年10月,第2页。

⑨ 吴觉农:《中国的农民问题》,《东方杂志》第19卷第16号,1922年8月,第13页。

这一时期,个别地区对某些作物的传统播种方法,也有大胆的改革尝试,如直隶栾城的“冻谷”和山东桓台的“改麦”等,但未能加以科学总结和普遍推广。冻谷播种法系1878年栾城知县陈序冬所发明,其方法是头年将小米种子放入瓮内,以稀布封口,于冬至前后将瓮口朝下埋于南墙地下约3尺深处,次年春分前后挖出播种。普通谷子的成熟期在寒露前后,而“冻谷”在夏至即成熟,不仅大大缩短了生长期,避开了处暑前后北方地区常见的蝗灾高发期,而且产量提高。据说1924年山西的“冻谷”产量比普通谷子提高四成左右。① “改麦”据系桓台“特产”,是将冬小麦改为春小麦的种子处理方法,即冬至日将麦浸入冷水中,旋即取出晾干,以后每9日浸一次如前法,至次年春天解冻后播种。芒种前后即能成熟,“种晚而熟早”。② 可惜这两种方法都没有受到重视。

这一时期,一些地区的耕作制度也有某些变化,主要是轮种、间种套作和多熟种植的发展,使某些地区的复种指数有所提高。通过地区间的种子交流和调剂,一些地区的作物种类和品种更加多样,给轮作提供了更丰富的作物资源。轮作制对于保持地力、减少作物病虫害、提高土地产量都有十分重要的作用。民国江西《分宜县志》总结当地的轮作制说,“对于各项植物种子,凡属老农老圃,均饶有更换经验,所以甲地今种西早,明夏即换浏阳之稻;乙地今种荞麦,明秋即换番薯等物;或种木棉者,必换植芝麻;种花生者,必勿植大豆;植蒜者改植韭;栽芋者改栽瓜。其叶蓬蓬,其实累累;含水分者其汁淋淋,有坚性者其质径径,莫不从换种得来。观测近城各村农产物,比乡村提前收获,虽得地利,实赖人力。甚有不耕一田,

① 《山西试种冻谷成绩》,《中外经济周刊》,第96号,1925年1月17日,第39页。

② 民国《新修桓台县志》第2卷,实业篇,第36页。

不插一秧，专事园圃，以谋生活，其得力之处，实不外乎换种”①。由此可见轮作制度（换种）对这一时期农业生产的重要性。

轮作和间种套作过去主要用于旱地作物。这一时期，随着南方地区小麦、油菜籽、豆类作物和双季稻种植的推广，水稻同小麦、大麦、油菜籽、豆类等旱地作物的轮作日益普遍，在同一田块实行水田耕作同旱地耕作的密切结合。在双季稻种植区，对那些水温较低、不能水稻双季连作的田块，则通过混种或间种套作，使水稻栽培由单季变为双季。浙江定海，福建长乐和广西陆川、荔浦等地，都属于这种情况。使南方水田的轮作和混种、间种套作更加多样化。

不过这种以提高复种指数为主要标志的农业集约化经营，并非表明农业生产力有质的突破，而主要是由于日益加大的人口压力使然。一些地区因为人口增加，土地和粮食供应紧张，导致地价、粮价日高，迫使农民在有限的土地上投入更多的劳力，以提高产量，满足粮食需求。如山东蒙阴，“因近来人口益增，田地窄狭，农产物价格渐高，渐由粗放进于集约的经营”②。东平县也因“近年来以地价之昂贵，生齿之繁衍，浸浸乎有人多地少之虞。一般农民为环境所迫，颇知奋励，对于垦殖耕作，不惜劳资，务尽地力。故现在农产之收获较之三十年前无形中已增加不少”。当时论者认为，这也是该县农业的“少许进步”。但对全县农业总体状况做了如下评价：“本邑农业所有耕耨、播种、耘耔、肥田诸法，以及各种农用器具，率多恪守数千年相沿之旧习，间有改革，亦多本老农经验之所得，或异地传习之采取，非科学新发明也。”③这一评价无疑

① 民国《分宜县志》第13卷，实业志，第4页。

② 山东省政府实业厅编：《山东农林报告》，蒙阴县，1931年，第375页。

③ 民国《东平县志》第8卷，实业，第1页。

是切合当时实际的。

正因为如此,这种集约化经营实质上是一种掠夺式经营,复种指数的提高即意味着地力的加速耗竭。随着劳动投入边际效益的不断递减,最终降低为零,原来已经升上去的复种指数又会降下来。如安徽怀宁,早在鸦片战争前后,一些地方的水稻栽培已实行双季稻连作。到清末民初,由于"地质大异",土壤日益瘠薄,"每种晚稻,所入犹不足偿耕薅之费,是以皆易早晚两季为中迟一季"。① 因此,不论人口密度、土地供求状况如何,只要有可能,拓展耕地以增加农业产量总是农民的第一选择。直隶文安,因人口尚未饱和,土田宽广,故"为农者多贪,得者务广而荒",因薄收而广种。② 四川北部地区,人稠地狭,耕地早已垦辟无遗。但农民因"无力多备肥料",惟赖"天然收成"。同样把期望寄托于耕地的增加,因此,"有暇就谋农场之扩张,于是山陬土角,锄痕殆遍",以致稻田"长不及丈,宽仅盈尺",种杂谷的旱地则"更小"。古墓间的空地也都绝少荒废。③ 精耕细作、一地多用、一年多获则无资金可供投入,增加耕地、薄收广种则无余荒可垦,这一时期一些地区传统农业耕作制度的发展陷入了进退维谷的艰难境地。

农业生产的停滞和衰退,表现最突出的还是肥料的日益短缺和农田水利的破坏。

这一时期肥料的来源、种类、制造和施放,均无明显变化。虽有少量化肥进口,但对全国农田肥料的结构和资源都没有发生多大影响。相反,由于农民经济的普遍贫困和生态环境的不断恶化,

① 民国《怀宁县志》第6卷,物产志,第2页。

② 民国《文安县志》第7卷,风俗志,第2页。

③ 黄主一:《川北农民现状之一斑》,《东方杂志》第24卷第16号,1927年8月,第34页。

许多地区的肥料资源萎缩，肥料施放量减少。光绪后期，有人评论当时农民贫困和农田粪力不足的问题说："昔日之农，家给人足，有无相通，百亩之粪，自易为力；今日之农，生计已蹙，一家数口，馇粥不给，更何力以粪田？"①人粪尿和猪牛等家畜厩肥是最主要的农家肥料。对农民来说，养猪的经济效益，积肥增产更高于卖肉得钱，故一些地区有"养猪不寻钱，回头看看田"、"种田不养猪，秀才不读书"的农谚。② 耕牛则既是农业动力，又是肥料"加工厂"。但是，农民由于经济窘迫或其他原因（如放牧草地减少、饲料腾贵等），往往无力或无条件饲养猪牛，导致猪牛数量下降和肥料缺乏。同时，由于森林的乱砍滥伐和荒地的盲目开垦，土地植被和生态平衡受到破坏，一些地区的绿肥灰肥也随之减少。不仅如此，农民因柴薪奇缺，把庄稼残梗、叶片以及枯草统统充作燃料，不能秸秆还田养地。在家哈尔、绥远等燃料奇缺地区，更以牛粪马粪代替柴薪。③ 结果，土壤中的腐殖质等有机物成分越来越少，土地板结、瘠薄。肥料的短缺，严重阻碍了农业生产的正常进行。然而，在这样的情况下，一些优质高效肥料，如各种饼肥、牛骨粉、硫铵、磷矿石、兽骨筋以及其他优质杂肥等，被洋商大量搜购出口，有时一个月就多达三四十万吨，价值三四千万元。④ 一方面是不论南北，"无处不感缺肥之苦"⑤；另一方面是优质肥料大量出口，为人作嫁衣。这正是近代中国半殖民地殖民地农业的悲惨处境。

---

① 张振勋：《张弼士侍郎奏陈振兴农务条议》，第14页。

② 陈庆年：《丹徒》，《农学报》第31期，光绪二十四年四月上。

③ 何台孙：《察哈尔农村经济研究》，《民国二十年代中国大陆土地问题资料》第55册，第28507页。

④ 《中国肥料运日之激增》，《新闻报》1923年7月10日。

⑤ 民国《固安县志》第2卷，经制志，食货，第17页。

至于农田水利,大量记载显示,这一时期修复或新修的农田灌溉工程很少,多数地区的水利设施因年久失修,或灌溉能力下降,或完全湮废。农田灌溉每况愈下。

少数地区,由于推广经济作物或其他经济政治因素,地方官绅和农民对农田灌溉较为重视,水利灌溉状况有所改善。如山西,据志乘记载,有水利灌渠的县份仅 30 余处,且"仅具名称,创兴湮废略而弗详"。1917 年,山西省政府制定章程,倡修农田水利,至 1923 年,仅 7 年时间,修复和新开灌渠 1562 条,可灌田 374. 5 万亩,加上议开或施工未竣的 252 条,两共 1814 条,可灌田 454 万余亩。[①] 直隶、河南某些地区,由于棉花、小麦等商品作物种植的推动,不少农民凿井开渠,农田灌溉有所改善。如直隶定县,农民"穿井日多,讲求粪溉"[②];任县"农则颇勤陇亩,耕耘以时,穿井开渠,随地灌溉"[③];邢台"畎亩多井,不时灌溉",部分村落更是"堤闸栉比,粳稻青葱,得水利焉"。[④]

然而,更多地方的情况是,官府不修农政,农民则因经济困窘,无力兴修水利。结果水利灌溉设施大多淤塞废弃。如湖北枣阳,灌田大陂,"强半就湮",以致高田"恒苦旱干"。福建顺昌,据民国《顺昌县志》载,陂前志有名者十,今存八,废者二;井有名者九,今废者五。该县修建于明洪武年间的张公渠,据说"引水九里,官民利之",也都废塞。[⑤] 宁化全邑,灌井"二十有六,而塞者十有三"。[⑥] 四川

① 《农商公报》第 105 期,近闻,1923 年 4 月,第 1 页。
② 民国《定县志》第 16 卷,社俗篇,风俗,第 11 页。
③ 宣统《任县志》第 1 卷,风俗,第 45 页。
④ 光绪《邢台县志》第 1 卷,舆地,风俗,第 55 页。
⑤ 民国《顺昌县志》第 5 卷,水利,第 1—2 页。
⑥ 民国《宁化县志》第 3 卷,水利志二,第 23 页。

中江,素称膏腴。农田灌溉"率恃古凿大塘,广或十亩以及数十亩",但都"年久淤塞,小旱即歉收,阖邑情形皆同"。① 河南项城,境内原有沟渠,亦全部"积久淤塞",以致"旱涝皆听于天"。② 某些地区,甚至连这一时期新修的水利灌渠也大都淤废,如绥远后套清末新修的八大灌渠,原可灌田万顷左右,因长年失修,大部分淤塞。到20年代中,仅能灌田2000顷。"向称膏腴地方,顿成赤地。"③

水利失修,农田排灌设施湮废,大大降低了抵御自然灾害的能力,结果各地水旱等自然灾害日益频仍,频率加快,范围扩大,给农业所造成的损失越来越严重。这一切直接表现为农业收成的持续下降。清政府曾令各省官府按年呈报农业收成分数。现将呈报资料时间序列较长的直隶、河南、山西、陕西等北方4省,浙江、安徽、江西、湖北、湖南、福建等南方6省份南北两区、按10年平均计算,列为表42。

表42　南北10省夏、秋收成分数统计

1841—1911年　　　　10年平均数

年度	夏收成数				秋收成数			
	北方4省		南方5省		北方4省		南方6省	
	成数	指数	成数	指数	成数	指数	成数	指数
1841—1850	7.1	100	7.2	100	7.0	100	7.1	100
1851—1860	6.1	86	7.3	101	6.6	94	7.1	100
1861—1870	6.1	86	6.6	92	6.1	87	6.7	94

① 民国《中江县志》第3卷,建置一,水利,第14页。

② 宣统《项城县志》第5卷,地理志,第48页。

③ 《后套农垦之现状》,《中外经济周刊》第171号,1926年7月17日,第20—21页。

续表

年度	夏收成数				秋收成数			
	北方4省		南方5省		北方4省		南方6省	
	成数	指数	成数	指数	成数	指数	成数	指数
1871—1880	5.9	83	6.5	90	5.9	84	6.5	92
1881—1890	6.0	85	6.6	92	5.8	82	6.3	89
1891—1900	5.9	83	6.2	86	5.5	79	6.2	87
1901—1911	5.9	83	6.2	86	5.5	79	6.3	89

注:原表"8+"(8成有余)以8.5成计算,余类推。

资料来源:据李文治:《中国近代农业史资料》第1辑,第755—760页计算编制。夏收栏缺浙江,故为5省。

如表42,在1841—1911年的70年间,无论夏收秋收或南方北方,农业收成均呈持续下降趋势。鸦片战争后的最初10年间,南北两地的夏秋收成平均尚有七成左右,到20世纪的头10年间,已降至六成左右,乃至五成半。如以1841—1850年的年成分数为100,那么1901—1911年则为79—89,60年间下降了11—21个百分点。南北比较,不论夏收或秋收,北方的年成分数均比同期的南方地区低,且下降速度比南方更快,秋收尤为明显。这是由于这一时期北方地区的自然灾害更为频繁,水土流失、土壤沙化和地力枯竭的程度比南方地区更为严重。需要指出的是,从表中看,到1891—1911的两个10年间,农业收成的持续下降似乎到达谷底,下滑势头已得到遏制,并有回升的迹象。实际并非如此。上述假象的造成,主要是这两个10年间资料不全,某些收成特别低的省份漏报。如南方的安徽,太平天国起义前的夏、秋收成均在六成以上,太平天国后则降至六成以下。1869—1897年间的收成均为五成多。1898年以后各年均未呈报。如果仍按五成半的分数加入统计，则1901—1911年南方6省的夏、秋收成分别为5.9成和6.1成，而不是现在的6.2成和6.3成，比1891—1900年下降了4个和1个百分点。北方4省中，1875年以后各年缺直隶、山西两省统计，表中数字也有一定局限性。前面所引的大量资料表明，进入20世纪后，北方地区的农业收成显然还在继续下滑。

这一时期，少数地区因人口增加、集约化程度提高、耕作技术改良等因素，作物产量有所提高。如山东东平、蒙阴、招远等地都有这种情况。东平因人口繁衍，导致地价昂贵，农户“垦殖耕作不惜劳资，务尽地力”，提高收益。据说农产收获“较之三十年前无形中已增加不少”①；蒙阴也因人增地狭，农产品价格渐高，农业经营渐由粗放而进于集约，作物收获量“较前大有进步”。② 招远因人口稠密，耕作集约化程度不断提高，土地产量“较前大增”。以往亩产6斗即为丰年，到20年代末，遇风调雨顺，亩产总在一石三四斗左右。③

另有一部分地区，通过开办农田水利，调换或改良品种，改革种植制度，实行轮作套种和提高复种指数等各种措施，提高了作物单产或总产。如直隶定县，自1920年华北大旱后，普遍凿井灌田，讲求粪溉，作物“产量大增”。④ 山东莱芜，井灌迅速普及，且灌溉工具也有明显进步，相继由单人辘轳改为双人辘轳，再改为畜力水车。灌溉效率提高，产量随之增加。⑤ 20世纪初，山东、直隶、河南

---

① 民国《东平县志》第8卷，实业，第1页。

② 山东省实业厅编：《山东农林报告》，蒙阴县，1931年，第375页。

③ 晓梦：《山东招远县农村概况》；千家驹编：《中国农村经济论文集》，第549—550页。

④ 李景汉：《定县社会概况调查》下，第611页；民国《定县志》第16卷，礼俗篇，风俗，第11页。

⑤ 王毓铨：《山东莱芜农村状况》，冯和法编：《中国农村经济资料续编》，第227页。

等地,随着美国棉种的引进和推广,棉花产量明显提高。① 在南方稻产区,经常调换品种,或实行稻麦、稻豆、稻菜(油菜籽)轮种,以及双季稻的连作、套种等,是部分农户保持和提高作物单产、总产的重要措施。在实行轮作套种、提高复种指数的情况下,单产有所下降,但总产提高。如前述河南获嘉,小麦一季亩产五六斗,和玉米轮作,减至三四斗,下降40%—50%,但可增收玉米1石②,全年总产明显增加。同样,双季稻连作单产低于一季稻,但其总产则较一季稻提高。如江西抚州地区,一季稻上田亩产3—5石,双季稻只有3石,但全年总产可达6石③,明显高于单季稻。

然而,在更多的地区,由于生态环境和水利灌溉条件恶化,水旱等自然灾害频繁,农民经济贫困,资金、肥料短缺,地力衰竭等多种原因,作物产量,无论单产或总产,都明显下降。如广西信都,民国元年以前,"年多丰收,每谷种百斤,可生谷二千斤,豆蔗瓜子收入亦丰,牲畜蕃息"。进入民国,尤其20世纪20年代后,水旱荐臻,瘟疫流行,农业产量大幅度下降,"平均每种百斤,仅可收谷五六百斤,而牲畜亦不能蕃殖"。④ 江西一些地区,由于森林破坏,农业生产条件恶化,不论田亩、山林,产额剧减。据20世纪初的记载,复种指数下降,单产、总产均大幅度减少。田地"昔皆一岁二艺三艺,今皆一艺矣"。即使一艺,也因"耕薅不时,肥料不备,水旱听天",产量"又减于昔时十之二三"。山产原本木竹、茶油、桐油、松柴、茶叶、果品甚丰,"今则童山濯濯,年甚一年"。综计"田亩所产,十失其四;山林所产,十失其六"。⑤ 安徽怀宁,作物产量

① 《大公报》,宣统二年六月初一日。

② 民国《获嘉县志》第9卷,习惯,第16页。

③ 何刚德:《抚郡农产考略》上卷,第5—8、21—30页。

④ 民国《信都县志》第2卷,社会,经济生活,第39页。

⑤ 《赣兴农业》,《申报》,光绪二十九年十一月初六日。

同样大减。到清末民初，因地力衰竭，“每种晚稻，所入犹不足偿耕耨之费，是皆易早晚二季为中迟一季”①，可见产量下降幅度之大。皖南地区的农业产量，自太平天国起义失败后，一直呈持续下降趋势，到这一时期仍未得到遏制。皖南某县一地主租簿显示，一块稻田的小麦和稻谷产量均呈波浪式下降（详见表43）。小麦从1894年的6斗降至1900年的2斗，下降67%；水稻从1894年的320斤降至1903年的270斤，下降16%。类似情况在皖南地区相当普遍。南方一些经济作物的产量也明显下降。如浙江新昌，素盛产蚕桑，每年产额达40万元，到20世纪初，因“地力稍减，农民不知改用新法，栽桑渐见退步”。② 江西、福建、云南等地的茶叶产量，这一时期无不急剧减少。义宁州本是江西有名的老茶区，但茶树全是六七十年老树，从无新种，又不松土和耘草施肥，任其自生自灭，“以致收成锐减，价格陡低”③；福建茶农种茶，原本定期耘锄，至清末民初，因茶叶销售萎缩，茶园亦疏于管理，“多不栽培，且多倒园”，故“产额日见短绌”④；云南各地茶园，也因茶农不讲求栽培方法，茶树“荣枯生灭，听其自然；且贪图重价，专卖茶尖”，树木受伤，渐多枯萎，以致茶叶产量陡降。如1912年全省茶叶产量尚有180万斤，到第二年即减至110余万斤，降幅竟达40%。⑤ 广东一些地区的花生产量也由于地力耗竭、病虫害丛生而大幅度减少。据调查，清远潭源附近，过去年产花生三四十万斤，到20世纪一二十

① 民国《怀宁县志》第6卷，物产，第2页。

② 魏颂唐：《浙江经济纪略》，新昌县，第4页。

③ 陈兆焘：《上农林部条陈改良茶务呈》，《民国经世文编》，正编36册，实业二，第31—32页。

④ 陆溁：《调查浙闽茶业报告》，《农商公报》第2期，报告，1914年9月，第13页。

⑤ 《云南茶业之整顿》，《农商公报》第16期，选载，第17页，1915年11月。

年代,不过10万、8万斤;罗定的花生产量也“大不如前”。①

表43　皖南某县一稻田历年产量统计

1894—1903年　　1894年=100

年份	小麦		稻谷	
	产量(斗)	指数	产量(斤)	指数
1894	6.0	100	320	100
1895	8.0	133	360	113
1896	10.0	166	270	84
1897	3.6	60	340	106
1898	4.0	66	300	94
1899	3.2	53	280	88
1900	2.0	33	184	58
1901	(不详)		340	106
1902	(不详)		260	81
1903	(不详)		270	84

原注:据景记租簿,佃户陶忠寿佃田1.5亩,采分租制,租额为产量的50%。上表产量数字,系据历年分收租额计算而得。

资料来源:李文治:《中国近代农业史资料》第1辑,第754页。

北方一些地区农业产量下降的情况更为普遍和严重。水、肥是农作物正常生长的两个基本的条件。这一时期北方不少地区正是由于严重缺水缺肥而导致歉收减产。山西临晋,水源稀少,且无水利,以致“收获恒苦不丰”。② 河南渑池,“山高水深,向无水

① 广东大学农科学院编:《广东农业概况调查报告书》,清远县,第212页,罗定县,第261页,1921年调查。

② 民国《临晋县志》第4卷,生业略,第1—2页。

利”,“一遇旱暵,束手待毙”①,随着旱灾的日趋频仍,土地产量也愈来愈低。绥远河套地区,农作物全赖河水灌溉,旱地和水浇地的产量相差1倍以上。一般水浇地每亩平均可收5斗,河淤水浇地可收8—9斗,而普通旱地仅收2斗。② 但灌渠因长年失修,大多淤塞湮废,后套八大渠的灌溉面积由清末的800万亩减少到20世纪20年代的30余万亩。这等于说近770万亩的产量由原来的每亩5斗以上减少到2斗左右,甚至“顿成赤地”,颗粒无收。③ 因为缺乏水利灌溉设施,即使有水也无法蓄积和利用。只有水害,而无水利。“非旱魃为虐,即洪水肆灾”,不论有水无水,都成为减产歉收的因素。在甘肃河西走廊,因水旱灾荒或冰雹飞沙,每年所造成的“农产损失之巨,不可数计。”④

表44　东北北部地区主要农作物产量比较表

1909—1910年与1915—1916年

单位:垧,石

县别	大豆		小麦		高粱		谷子		平均	
	1909—1910年	1915—1916年	1909—1910年	1915—1916年	1909—1910年	1915—1916年	1909—1910年	1915—1916年	1909—1910年	1915—1916年
宁安	5.0	5.0	4.0	3.5	7.0	6.0	7.0	6.5	5.8	5.3
穆棱	5.5	5.0	4.0	2.0	7.5	5.0	7.5	6.0	6.1	6.0

① 民国《重修渑池县志》第7卷,实业,第15页。

② 《调查大黑河原委及灌溉现状》,《绥远建设季刊》第1期,第11—12页,1929年3月调查。

③ 《后套农垦之现状》,《中外经济周刊》第171号,1926年7月17日,第21页;绥远垦务总局编:《绥远垦务辑要》,1929年,第5—6页。

④ 李扩清:《甘肃河西农村经济之研究》,《民国二十年代中国大陆土地问题资料》第52册,第26532页。

续表

县别	大豆		小麦		高粱		谷子		平均	
	1909—1910年	1915—1916年	1909—1910年	1915—1916年	1909—1910年	1915—1916年	1909—1910年	1915—1916年	1909—1910年	1915—1916年
敦化	5.5	5.0	4.0	2.0	7.5	5.0	7.5	4.0	6.1	4.0
扶余	4.0	4.5	3.0	3.5	5.0	6.0	5.0	5.0	4.3	4.8
五常	4.5	3.0	1.5	3.0	3.0	4.0	3.0	4.0	3.0	3.5
榆树	4.5	4.0	3.5	4.0	5.5	5.0	5.0	4.5	4.6	4.4
额穆	5.0	4.5	4.5	3.0	6.5	3.0	6.5	4.0	5.6	3.6
同宾	6.0	5.0	4.0	4.0	7.0	6.5	6.0	5.0	5.8	5.1
双城	4.5	4.0	3.5	4.0	5.5	6.0	5.5	5.0	4.8	4.3
依兰	6.5	5.0	4.0	4.0	6.0	6.0	5.0	4.0	5.4	4.8
呼兰	5.0	5.0	4.0	1.5	7.0	6.0	7.0	6.5	5.8	4.8
巴彦	6.0	5.0	4.0	4.0	7.0	6.5	7.0	?	5.7	5.2
兰西	5.5	4.0	4.0	2.0	7.5	5.0	7.5	6.0	6.1	4.3
青冈	5.5	4.0	4.5	3.0	6.5	3.0	6.5	4.0	5.8	3.5
绥化	4.0	7.0	5.0	4.0	8.0	7.0	8.0	6.0	6.3	6.0
海伦	7.5	4.0	5.5	3.0	7.5	6.0	10	6.0	7.6	4.8
平均	5.3	4.6	3.9	3.6	6.5	5.4	6.4	5.1	5.5	4.7

资料来源:据《新生命》第3卷第9号,1936年9月,第7页;《中国近代农业史资料》第2辑,第672页综合计算编制。

因肥料缺乏而造成的作物产量下降同样十分明显。直隶固安,土质硗瘠,农作物“专恃施肥”,而现实却是“环顾全境,无处不感缺肥之苦”。① 农作物产量的低下和递减是不言而喻的。北平郊区,据30年代的调查说,“迩来年岁不收,虽云天年,亦缘肥料

① 民国《固安县志》第2卷,经制志,食货,第17页。

不足”。[①] 东北尤其是东北北部地区，因为是新垦区，不注重施肥，随着土地肥力的递减，单位面积产量也不断下降。据对宁安等16县的调查，大豆、小麦、高粱、谷子4种主要作物的单位面积产量，除个别县份外，均呈下降趋势（详见表44）。1915—1916年度同1909—1910年比较，6年间每垧产量下降了7.7%—16.9%。4种作物综合计算，下降了14.5%。其中幅度最大的是谷子，下降了20.3%。按县份考察，除扶余、五常两县外，14县的产量均不同程度地下降。其中敦化、额穆、青冈3县的下降幅度竟超过30%。在这么短的时间内，单位面积产量如此大范围和大幅度下降，令人吃惊。

总起来看，这一时期中国农业的发展，有进步，也有停滞。但进步是局部的，而停滞是整体的。

① 北平市政府刊：《北平市四郊农村调查》，第17页，1934年调查。

下　国家传统经济政策的承袭和更张

第十章

财政税收与内国公债

第一节　甲午战前的清代财政

甲午战后的财政是此前财政的发展。因此，叙述这一时期的财政，有必要首先对此前财政的沿革变化做一概要介绍。

一、财政体制与财务管理

清初的财政体制袭承明代，以高度中央集权为其特征。财务行政以户部为全国总汇，掌管全国土田、户口、财赋收支及相关政令。在各省，由"掌一省之政"的布政使司管理全省财政，"司钱谷之出纳；十年会户版，均税役，登民数、田数，以达于户部"。[①] 司以下，守道职司钱谷，府、州、县各级行政机构亦皆管理所属财务，州、县负责赋税（田赋、杂赋等）的征收，皆汇总于布政使司。漕运、盐务、关税等特殊财务，除由户部统理外，另设专官管理：漕运设漕运总督、督粮道等；盐务设盐政、盐运使及盐法道等；关税征管设监督或海关道（津海关）等。皇室财政由内务府管理，与户部掌管的国家财政分别收支。

---

① 《清朝文献通考》第85卷，《职官考九》，商务印书馆万有文库《十通》本，考5617。

这一自上而下的财务行政系统,在清初高度中央集权的政治体制之下,其职能只是管理具体的财政事务,而无财政决策权力。如户部虽为全国财政最高主管机关,也只能依照定例管理财务行政,且须依例向皇帝奏报。有关财政兴革的事宜、重要的财政政策和措施,户部无权自行决定,只能向皇帝建议由皇帝作出最后裁决,而这种建议权并及于其他部院乃至翰詹科道,并非户部所独有。至于各省布政使司,更是只能贯彻中央政令,并接受中央监督,不能自作主张。

清初税收不分中央与地方,支出也无中央经费与地方经费的明确划分,而是由地方按中央政令总征各项赋税,然后通过存留起运、冬估报拨、钱粮奏销等项制度,在中央统一筹划和监督下开支各项经费。按照这套制度,各省州县于征收的赋税(地丁、漕粮、杂赋等),除例应由本州县坐支的小部分款项外,其余都要解交藩库即布政使司库(粮米解交漕运单位或粮道)。布政使司汇总全省钱粮,除去本省留支,剩余部分听候户部调拨,或运解邻省,或上解中央。上述程序,各处预留钱粮称“存留”,解出钱粮称“起运”。各省解出的钱粮,上解中央供京师应用者称“京饷”;运解邻省或中央指定的其他地点者称“协饷”。冬估、报拨和钱粮奏销则是中央用以监督各省财税收支的一套制度。清制,各省例于每年冬季预估下年本省官兵俸饷等项经费数额,造册送户部,是为“冬估”(亦称“冬拨”)。至次年春、秋二季,各省再分两次造送本省库存银两实数册,称“报拨”(亦称“春秋二拨”)。户部根据各省册报复核后,除按上年冬估册所开各项经费数额准其存留支用外,剩余部分分别指拨京、协各饷。各省各项钱粮款项的征、支、拨、储各数,每年按规定期限向中央册报请销,由户部详加审核,有定额的根据定额,无定额的依循旧案,与定额或旧案相符者覆奏准销,不符者据原册指驳,限期更正。年底,户部汇齐全国总数具奏。这就是钱粮奏销。

上述以高度中央集权为特征的财政体制及财务管理制度,一直维持到鸦片战争无大变化。鸦片战争以后，随着外国资本主义势力的侵入，特别是随着太平天国起义以后清王朝在镇压起义过程中发生的权力结构由中央集权逐步向地方分权的演变，清前期的这种财政体制及财务管理制度，就再也不能照原样维持下去，在许多方面都逐渐发生了重要变化。清政府在镇压太平天国起义的过程中，由于八旗兵和绿营兵的蜕化，早已归于无用，不得不依靠一批汉族武装力量，如曾国藩的湘军、李鸿章的淮军等。这批拥有自己武装的“中兴名臣”为镇压太平天国起义、拯救清王朝的统治立下了汗马功劳，也因此得到了清政府的重用，分别成了坐镇一方的封疆大吏，依靠自己的实力地位，拥有远较过去的督抚大得多的处理地方事务的权力。中央政府虽然在名义上仍掌握着全国政权，但已不能像过去那样事事专权，不容地方置喙，由此出现了清后期权力结构上“外重内轻”的局面。

随着权力结构上的地方分权，原来集中在中央的财权也逐渐向地方转移。这种变化在咸丰军兴以后不久就开始出现。咸丰以前遇有军需，筹款全由户部主持，军需款项的收支及报销由中央委派专员设立粮台经管，各省负责按照部拨解款。太平天国起义使这一传统的筹款方式无法继续维持。这次起义来势凶猛，数省同时告急，需款巨大，又恰逢清政府自道光后期以来财政竭蹶、库储空虚之时。故战争一开始，中央户部立即陷入了极为困难的境地。虽开捐输以济急，又屡颁内帑及多方开源节流，还破天荒地发行纸钞并铸大钱、铁钱，实行通货膨胀政策，仍无法满足各路军需并缓解中央财政的困窘。在这种情形下，户部根本无力再主持筹款，不得不放任各省及领兵大臣自筹饷需，不但“兵由外募”，而且“饷由外筹”①。

① 曾国藩：《曾文正公奏稿》第4卷，湘军第五案报销折（同治七年十一月）。

各省既可以自筹饷需,这就实际上获得了自由支配地方财政的权力。于是借军需之名,纷纷奏留钱粮;又自行设局收捐,加征旧赋、创办新税,几乎完全脱离了中央的监督和控制。待战事结束,地方财政大权早已控制在各省督抚手里。此时中央对各省财政的实际情形早已相当隔膜,不仅无力过问,而且无由过问了。

清朝后期,原来中央用以管理全国财务的一套制度如冬估、报拨、京饷、协饷、奏销等,虽然表面上仍维持着,但已经貌是神非,有其名而无其实了。如京饷、协饷解款,在咸丰、同治之前,各省大都能遵照部拨按限按数年解年清;延宕、短解的现象也有,但并不经常、普遍。咸丰、同治之后,则不仅军兴时期各省常将应解之款奏请留支或改解军营,多不依限报解,甚至短解、不解;即承平之后,此类事也屡见不鲜。同治、光绪时期的京饷就年年不能依限解足,以致户部每年都要"循例"请旨饬催。① 京饷尚且如此,协饷就更不必说。同治末左宗棠率军西征,户部指拨各省(主要为东南几省)每年协解西征甘饷820余万两。然而据左宗棠光绪元年(1875年)奏报,甘饷历年短解甚多,元年之款截至十月止,更"只收过各省、关协饷实银二百六十余万两,仅逮常年解款之半",历年积欠之数多达"二千七百四十余万"。② 京、协饷制度本是清代中央集权财政体制下视全国为一体,由户部主持每年

---

① 如同治二年(1863年)十一月上谕云:"历年京饷,向系预拨各省地丁、盐课、关税、杂款,以备次年开放之用。咸丰十一年以后,每年均拨七百万两。……惟山西年清年款,他省多不能依限报解,且有逾限不解者。……前经户部于八月间奏提本年京饷,复经奏咨叠催,各该省报解仍属寥寥",见《清穆宗实录》第85卷,第44页。现存同治、光绪时期军机处录副奏折,差不多年年都有户部请旨饬催京饷的折件。

② 朱寿朋:《光绪朝东华录》,光绪元年十二月丁丑条,中华书局1958年校点本,总第166—168页。

分配各省财政收入，酌盈剂虚的一项制度，清后期这一制度日益有名无实，虽与当时各省财政不充裕而中央派解款项又日渐名目繁多的实际情况有关，但主要是各省财权增大，户部指挥不灵的一个反映。

奏销制度亦复如此。清前期各省财务，入有额征，动有额支，无额者也有旧案可循，历年变化不大，是以中央户部可以依照定例、旧案，通过一系列奏销规定来执行对各省收支的审计。而咸丰、同治以后，各省无论收、支，都比以前有了很大变化，如光绪十年（1884年）户部疏奏所说："自咸丰、同治年来，各省出入，迥非乾隆年间可比。近来岁入之项，转以厘金、洋税为大宗；而岁出之项，又以善后、筹防等为巨款。"①这种变化，必然使历来以定例、旧案为基础的奏销制度无法严格执行。同治三年（1864年）清军攻陷天京后，各省面临军需报销，但此次军事"兵由外募，饷由外筹"，报销难以照例定章程执行，迫使清廷规定：三年六月以前之案，"将收支款目总数，分年分起，开具简明清单，奏明存案，免其造册报销"。虽说当时即声明此次变通只是"特恩"，"自本年七月起，军需有例可循者，当遵例支发，力求撙节；例如不及，有应酌量变通者，亦须先行奏咨备案，事竣之日，一体造册报销，不得以此次特恩，妄生希冀"②；但实际上，在清后期，随着地方财权增大，各省收支日益为督抚所把持，大部分地方财政事务已非户部所能过问，在这种情况下，各省的"照例"奏销只能是例行公事，真实与否全不可问。各省奏销于收入尽量少报，于支出则尽量浮开，已是公开的秘密，而户部既无法掌握地方详情，明知不实也无可奈何。此外，

① 户部：《进呈解办年例汇奏出入会计黄册疏》，载《皇朝道咸同光奏议》第26卷下，上海久敬斋光绪二十八年石印本，第23页。

② 《清穆宗实录》第108卷，同治三年七月戊申，第48—50页。

咸丰、同治以后,各省"外销"经费大量增加①,这部分支出根本就不报告户部,就更非户部所能查核了。

通过京饷、协饷统一分配全国财税收入,通过奏销严密控制各省经费支出,这是清前期财务管理上中央集权体制的基本特征。清后期这些制度的动摇,也就是财务管理上中央集权体制的动摇。

二、财政收入

财政收入方面,清代前、后期也有很大变化。

清前期的财政收入主要为田赋、盐课和关税三项,此外还有杂赋、捐输等款。

田赋是当时国家最重要的税收,包括地丁、耗羡、漕粮几项。地丁是田赋的主体②,称为"正供",按田亩征收,主要为银两。雍正以后,地丁收数每年约为银2900万两左右。耗羡是地丁征收的附加,理由是民间以散碎银两交纳田赋,须熔铸成统一规格的元宝才能解运交库,不无损耗,且解运亦需费用,故而加征。此项加征在清初原不合法,但政府予以默认,各地加征时多取盈余,以充地方办公经费及中饱官吏私囊。雍正以后实行"耗羡归公",各省酌定加征分数,所征提解司库,以给各官养廉及充地方公费,且纳入奏销,于是耗羡成为田赋的法定附加。乾隆时期,耗羡收数每年约为银300万两,即占地丁的十分之一左右。漕粮为田赋中运解京

① 当时各省的外销经费主要为一些新增的例外开支,包罗极广,有军事费、工程费、行政费、司法费、治安费、慈善事业费等等。外销经费的来源,大部分为厘金。

② 地丁在清初原为田赋("地")和丁银("丁")两项分开的税收,前者征于田亩,后者征于人丁(16—60岁的成年男子)。雍正时实行"摊丁入地",各省丁银合并于田赋征收,二者遂合称"地丁"。

师,供各衙署及八旗支放官俸兵米之用的实物粮米,征于山东、河南、江苏、安徽、浙江、江西、湖北、湖南8省,岁额400万石。但实际上,漕粮除征粮米外,后来也部分折收银钱,称"折征",如所谓"永折米"、"灰石米折"等;也有由原定本色改征他种实物的,称"改征",系出于特旨,无常例。普通漕粮以外,还在江苏苏州、松江、常州、太仓4府州及浙江嘉兴、湖州二府征一部分糯米,称"白粮"(与漕粮合称"漕白"),随漕运京,供皇室及王公百官食用。凡征漕粮,皆随征耗费,有正耗、船耗、轻赍、席木、运军行粮月粮、赠贴杂费种种名目,统谓之"漕项",以为漕运、贮仓折耗及所需经费之用。漕项征收,往往超过正粮。

盐课是对制、贩食盐课征的税收。清初仍沿袭前代纲法,内地设产盐区11个,所产之盐各划分一定行销地域(引岸),互相不得侵越;政府向特许的世袭商人("总商")总颁盐引,按引征课,实行食盐专卖。普通运盐商人("散商")贩盐须向总商购买窝单并向政府纳课,才能按引额领盐贩运。盐课有场课和引课两种,前者包括滩课、灶课、锅课、井课等,征于制盐之灶户及在盐场收盐的场商;后者则按引数向承运商人征收,也有摊于引地地丁项下征收的。正课之外另有种种杂课和陋规,名目繁多,各地不同。盐课收数,乾隆以后定额年征750万余两①,但常有减免,故实征往往不及此数。

清前期所征关税主要为常关税,即国内流通货物的通过税和船税("船料",按船只的梁头大小征收)。税关有户关和工关两种,分别隶于户、工二部,以前者较多,分布于全国各水陆要津及一些商品集散地,货税占其收入的绝大部分。关税在清初不

① 王庆云:《石渠余纪》第5卷,《直省盐课表》,第37页。

十分受重视,岁收常不足额。雍正以后令各关不但报解“正额”,而且报解“盈余”,并定以额数。乾隆时期进一步加严对关税征解的考成,遂使每年报解之数增加到四五百万两。常关税之外,清前期也有海关税,但直到鸦片战争前,所征远低于常关税。

杂赋指国家正赋即地丁钱粮以外的杂项税课,主要有官房地租、芦课、渔课、矿课、茶课、契税、落地税、牙税、当税等,名目不少,所征无多。杂赋总收入,约为银一百几十万两。

捐输亦称捐纳,即用钱买官。从国家方面说,就是卖官鬻爵,以之作为收入来源之一。捐输有常例捐输和暂行事例之分。“常例”捐输指俊秀及文武生捐纳贡、监,官员捐升衔加级或捐请封典,平民捐官衔或封典,属现行事例,可随时报捐。“暂行事例”指为军需筹款、兴办工程、灾荒赈济等事而临时开办的捐例,事竣即停。清前期捐输收入,常例捐输每年约二三百万两;暂行事例多寡不定,有时一次捐例即可收银数百万两,甚至上千万两。①

以上几项收入的总和,自乾隆以后,每年大体为银四千几百万两。兹以乾隆三十一年(1766年)岁入示例,列为表45,以觇其时各项收入的概数及收入结构。

清后期,除沿袭上述各项收入以外,又新增加了厘金、洋税(海关税)等项收入,从而不仅收入总数,而且收入结构,都发生了很大变化。表46是光绪十七年(1891年)各项收入的情况。

---

① 如嘉庆初年为镇压白莲教起义而开的川楚善后事例共收银3000余万两,九年的衡工例收银1120万两,其他如土方、续增土方、工赈、豫东诸例,收银也都有数百万两。见魏源《圣武记(附录)》第11卷《武事余记·兵制兵饷》,中华书局1984年点校本,下册,第474、472页。

表 45　乾隆三十一年（1766 年）的各项收入及其占岁入总数的百分比[1]

单位：万两

项目	银数	占岁入的百分比（%）	备注
地丁	2991+	61.62	地丁、耗羡共银 3291 万两，占岁入的 67.8%
耗羡	300+	6.18	
盐课	574+	11.83	
关税	540+[2]	11.12	
芦课、渔课	14+[3]	0.29	杂赋共银 149 万两，占岁入的 3.06%
茶课	7+	0.14	
落地杂税	85+	1.75	
契税	19+	0.39	
牙、当等税	16+	0.33	
矿课（有定额者）	8+	0.16	
常例捐输	300+	6.18	
共计	4854+[4]	100	

注：（1）此表各数又见魏源《圣武记（附录）》第 11 卷，但魏氏所记未标明年份。且地丁银数误为 2941 万两（《清史稿》数字与《清朝文献通考》同）。经与各书核对，是年各数原有万位以下数字。《清史稿》皆略去，仅作“××万两有奇”。又据《清朝文献通考》第 4 卷、第 10 卷，是年田赋，民田于地丁银外另征粮 8317735 石有奇（含漕粮），屯田征屯赋银 784902 两有奇、屯粮 1097064 石有奇，此外还有草束。又《清史稿》于记各项入款后声明：“而外销之生息、摊捐诸款不与焉。”

（2）《圣武记》作 5415000 两。

（3）《圣武记》作芦课 122500 两，渔课 24500 两。

（4）原文仅作“四千数百余万”。

资料来源：《清史稿》第 125 卷，《食货六》，中华书局标点本，第十三册，第 3703 页。

表 46　光绪十七年(1891 年)的各项收入及其占岁入总数的百分比

单位:两

项目	银数	占岁入的百分比(%)	备注
常例征收	43317385	48.30	
地丁	23666911	26.39	田赋共征银 30934726 两,占岁入的 34.49%。(地丁、粮折、耗羡三项)
粮折	4262928	4.75	
耗羡	3004887	3.35	
盐课	7172430	8.00	
常关税	2558411	2.85	
杂赋	1810144	2.02	
租息	841672	0.94	
新增征收	34532599	38.51	
厘金	16326821	18.21	
洋税	18206777(1)	20.30	
本年入款(2)	11833865	13.19	
节扣	2004944	2.24	
续完	7232079	8.06	
捐缴	2596842	2.90	
总计	89684854	100	

注:(1)刘锦藻:《清朝续文献通考》于引录刘表后按云:"所列洋税,照海关统计表,年各短收,……十四至十九年均少五百余万,……必有舛误,不甚可凭,但观大略而已。"参见该书第 66 卷《国用考四》,考 8228。

(2)节扣、续完、捐缴三项,原表以"无关岁额"入表,本表作"本年入款"系据光绪七年户部奏案。

资料来源:刘岳云:《光绪会计表》第 1 卷,《入项总表》,光绪辛丑教育世界社印,第 2 页。原表数字有"两"以下尾数,今皆略去。又原表分项数字之和与所记总数略有出入,现仍依原表各数列入。

与表 45 比较,光绪中期岁入的一个显著特点,是沿袭下来的旧税收入较之乾隆时期有所减少。尤其地丁、常关税两项，减收很多：地丁减收600余万两，常关税不到原来的二分之一。表46中的田赋银数，包括“粮折”在内①，仍远少于乾隆时期的地丁、耗羡二项之和；在总收入中的比重，更由乾隆时期占岁入的三分之二强下降到仅约占三分之一。盐课虽有所增加，但在总收入中的比重却由11.83%下降到8%。

另一个特点是厘金、洋税两项重要新税的推出。厘金创设于咸丰三年(1853年)。当时因镇压太平天国起义，军费常苦不给，在扬州帮办军务的太常寺卿雷以诚乃于仙女庙、邵伯、宜陵、张纲沟等镇设局，劝谕米行捐钱助饷，每米1石收捐50文，称为厘捐。其后一二年，江苏、湖南、江西、湖北、四川等省相继仿行，咸丰末更推行于全国(少数省同治、光绪时才兴办)，征课范围亦扩及于各种商货，厘金遂成为清后期各省地方一项重要的税收。当时各省均设厘金总局、分局，下设卡及分卡，由督抚委派亲信主持厘务，收入主要用于省内开支。厘金税率名义上为值百抽一，实际远不止此。正税之外又有数不清的规费和需索，加之厘卡林立，重复征收，对商民造成极大扰害。厘金收数，光绪时期每年有一千几百万两，仅次于地丁和洋税，占岁入总数的近五分之一。②

被称为洋税的海关税，在清前期即已存在，但直到鸦片战争以后才在国家岁入中占重要地位。第一次鸦片战争以后清政府被迫

① “粮折”是田赋中原征实物粮米部分的折银。清后期，由于多种原因，田赋征银的趋势有进一步发展，不仅一般赋粮，就是漕粮自太平天国起义使运道受阻以后，也多已改折，到清末就只剩江、浙二省仍有漕粮之征了(年共100万石)。

② 这仅是就各省册报中央之数而言，实际收数远不止此。其时厘金的收支，完全掌握在各省手里，并不向中央实报。一般估计，厘金的实际收数为册报数的2—3倍。

开放五口通商并承认外国强加的“协定税则”,第二次鸦片战争后又被迫进一步增开口岸,并允许外国人深入长江各口及内地经商,从此对外贸易激增,海关税遂成为一项重要税收。同治十年(1871年),海关税收数为1121万余两,光绪中期增加到2000余万两①,几乎与地丁相当。

厘金和海关税还不是新增税收的全部。咸丰、同治以后,各省以筹办军饷或扩充地方政费为名而开设的新税收名目还有很多,如田赋有“按粮津贴”、“按粮捐输”等项加征,盐税在盐课外又有“盐厘”一项新增征收,鸦片合法化后有“洋药税厘”、“土药税厘”的征收。其他烟、酒、茶、糖、丝茧等货品也都有以厘金为名目的特别征收,有的且逐渐发展为独立税种。新税的不断增加说明清前期“岁入有常”、“不加赋”的征税原则已被抛弃。新税多如牛毛、税额不断加重,是清后期财政收入上的一大特征。

清后期的新增税收绝大部分为工商税。从表46看出,光绪中期,厘金、海关税与旧有的常关税、盐课一起,四项主要工商税收已占岁入总数的一半左右,超过了土地税收;如果计入杂赋(杂赋的大部分为工商税),则其比例还要大。而在清前期,如表45所示,土地税约占总收入的三分之二,居绝对优势。一方面传统的土地税收退居次要地位;另一方面工商税的比重增大,这里清后期收入结构变化的又一特点。

收入结构的变化与这一时期支出的变化及各省财政自主权增大有直接关系。咸丰、同治时期,先是镇压太平天国起义的巨大军需,后来是善后、筹防及兴办各项“新政”,使清王朝每年的财政支出在原来的“经制开支”之外又新增加了许多非经制的项目。旧有收入需要用于经制项目的开支,因而大量的新增支出不得不另

① 参见吴兆莘:《中国税制史》下册,台湾商务印书馆1976年版,第101页。

辟财源,厘金等新税的开办即是为此。当时新增的支出项目主要由各省地方兴办,经费筹措也主要由各省负责,因此各种新税(海关税除外)的征收和支配权从一开始就掌握在各省手里,与各省的财政利益密切相关。各省也因此对新税远比对旧税重视,当新、旧税收发生矛盾时,甚至不惜牺牲旧税而保全新税。① 其时新税不断增加而旧有税收在一定程度上萎缩,就同各省地方对新、旧税的不同态度有一定关系。至于这一时期工商税的比重上升,则显然是反映了社会经济情况的变化,即反映了鸦片战争以后伴随着自然经济某种程度解体而来的工商业的发展。

三、经费支出

经费支出的变化,仍以乾隆三十一年(1766 年)和光绪十七年(1891 年)的支出示例,并结合其他材料,作些分析。这两个年份的支出情况,分别见表 47、表 48。

从表 47 看,清前期的经费支出,以八旗、绿营兵饷居首位,约占支出总数的一半。② 其次为官员俸廉,即官俸和养廉(俸外津贴),共银 500 余万两(各省官俸不在内)。兵饷、俸廉合计,占其时岁出的三分之二。

---

① 参见何烈:《清咸、同时期的财政》,台湾“中华丛书”本(1981 年,台北),第 291—292、295—296 页。

② 乾隆时的兵饷开支中,还应包括每年加赏旗兵一月钱粮共 38 万两,八旗养育兵饷银 42. 2 万两(参见《圣武记(附录)》第 11 卷,《武事余记·兵制兵饷》)。此外,乾隆四十六年,令各省武职照文职例以正项支给养廉,其原来所扣兵饷空额令挑补足数,又令赏恤兵丁红白银两亦以正项开支,共岁增正饷支出 200 余万两(参见王庆云《石渠余纪》第 2 卷,《纪列朝各省兵数》)。这样,到乾隆后期,实际兵饷支出约在 2000 万两上下。

表47 乾隆三十一年(1766年)的各项支出及其占岁出总数的百分比

单位:万两

支出项目	银数	占岁出的百分比(%)	备注
满汉兵饷	1700+[1]	49.26	
王公百官俸	90+[2]	2.61	俸廉共银529万两,占岁出的15.33%
外藩王公俸	12+	0.35	
文职养廉	347+	10.05	
武职养廉	80	2.32	
京官各衙门公费饭食	14+	0.41	中央行政各费及皇室供应共银122万两,占岁出的3.54%
京师各衙门胥役工食	8+	0.23	
内务府、工部、太常寺、光禄寺、理藩院祭祀、宾客备用银	56	1.62	
采办颜料、木、铜、布银	12+	0.35	
织造银	14+	0.41	
宝泉、宝源局工料银	10+	0.29	
京师官牧马牛羊象刍秣银	8+	0.23	
各省留支驿站、祭祀、仪宪、官俸、役食、科场、廪膳等银	600+	17.39	
东河、南河岁修银	380+[3]	11.01	
更定漕船岁需银	120	3.48	
	3451+[4]	100	

注:(1)《圣武记》作17037100两有奇。

(2)《圣武记》作938700两。

(3)《圣武记》作东河80余万两,南河300余万两。

(4)原文仅作"三千数百余万"。

资料来源:《清史稿》第125卷,《食货六》,中华书局标点本,第十三册,第3703—3704页。本表各数亦见魏源《圣武记(附录)》第11卷,项目互有详略。

在以上两项之外,支出之大宗当为中央及各省行政费,约占岁出的五分之一。中央行政费主要为京师各衙署的公费饭食和胥役工食,前者是官员的办公费用,按品级支给,实际也是官员的俸外津贴;后者是支给各衙署官役的工价饭食银。此外,各衙署还有些特别支款,也属中央行政费。①

表48　光绪十七年(1891年)的各项支出及其占岁出总数的百分比

单位:两

项目	银数	占岁出的百分比(%)
常例支出	37091128	46.74
陵寝供应等款	88021	0.11
交进银两	180000	0.23
祭祀	336733	0.42
仪宪	74879	0.09
俸食	3841424	4.84
科场	105270	0.13
饷乾	27938777(1)	22.61
驿站	1734709	2.19
廪膳	112029	0.14
赏恤	525216	0.66
修缮	2209748	2.78
采办	4033903	5.08
织造	1031353	1.30
公廉	4575783	5.77

① 这些支款除表47所开列者外,还有兵部馆所钱粮、刑部朝审银、国子监膏火银、钦天监时宪书银、理藩院外藩入贡赏银等等,但均为数无多。参见《清朝文献通考》第40卷,《国用考二》,考5227。

续表

项目	银数	占岁出的百分比(%)
杂支	303278	0.38
新增支出	25273981	31.85
勇饷	18268313	23.02
关局经费	3144616	3.96
洋款	3861051	4.87
其他	16990131	21.41
补支	12775525	16.10
预支	1742073	2.20
解京各衙门饭食经费	2472533	3.11
总计	79355241	100

注:(1)此数高于前、后各年数甚多,且与其时旗、绿营饷支发的实际情况不合。据本年常例支出总数核算,应为 17938777 两之误。本栏百分比,按修正之数计算。

资料来源:刘岳云:《光绪会计表》第1卷,《出项总表》,第4—5页。

表47的中央支出中,有些属皇室内用的开支。如内务府等衙门支领的祭祀、宾客备用银,以及采办、织造等项开支,其中就有相当一部分是供皇室使用的。不过,清前期皇室开支的大部分还是从内务府入款中支销,而不依赖于国库。内务府收入主要来自皇庄地租、各地岁贡和内外官员的报效。内务府的岁支,乾隆时约为银60余万两。

地方行政费,如表47所示,总计为银600余万两。但这并不是由地方支出的经费的全部。按照清代制度,国家经费开支除京师八旗官兵俸饷、王公百官俸食、中央各衙署公费、役食等项应从各省解户部京饷内支出外,其余大部分岁费包括各省驻防兵饷、文武职养廉在内,都在各省库开支。据统计,乾隆以后每年由户部支出的款项约为银954万余两,由各省支出者约2580万余两。①

河工等工程费也是清前期支出的大宗。河工费每年三四百万两,主要用于黄河和运河的修治,以保证漕粮运道的畅通。河工除经常费(岁修及抢修)外,遇河决或兴建较大工程,还有临时拨款,即所谓"另案"。另案支出没有固定数额,而是专案请款,实报实销。

以上各项支出,到清后期仍然延续下来,形成所谓"常例支出"。从表48看出,光绪中期的这部分支出虽然在总额上仍维持在清前期的水平上,没有很大变化②,但在国家岁出中的比重仅占到46.74%,即当时大部分支出已非旧时所有,这是清后期经费支出方面一个突出的变化。这还是仅就奏销数字而言。实际上,在清后期,由于大量新开支的增出和经费拮据,不少常例支款其实是经常支不足额的,尤以兵饷和俸廉最为突出。

八旗、绿营饷给的支不足额在咸丰、同治时期最为严重。当时战事紧张,各省为首先保证勇营饷需,经常扣减旗、绿营兵饷,有的省额兵饷给连二三成都领不到。承平之后,虽情况有所好转,但因八旗、绿营早已被视为无用之冗兵,其额定饷给仍然没有保证:"所发兵饷或七成、八成不等";"辗转核扣,不足以赡一身"③。

自咸丰军兴,官员俸廉也一直减成支发。咸丰六年以后定制:外省养廉,文职一、二品发七成,三、四品发八成,五至七品之正印

---

① 萧一山:《清代通史》中卷,中华书局1986年影印本,第二册,第433—435页。

② 清前期的岁出,道光末比乾隆时稍有增加,达到三千八九百万两(军机处档案:道光三十年四月十一日管理户部卓秉恬等奏折。见《中国近代货币史资料》第1辑上册,中华书局1964年版,第170页)。光绪中的常例支出,与道光末大体持平。

③ 参见朱寿朋:《光绪朝东华录》,光绪元年五月丁酉,总第77—78页。

官及武职三品以上发九成。① 此项规定到光绪时仍然执行。二十年更规定:文官养廉一律核扣三成充饷。② 此外如官俸之"扣荒"、"罚俸"及养廉之"摊捐"等,更是经常的事。有的地方且"各官编俸,不支领者居多,大部存留司库,以备抵扣罚俸"。③

与一些经制项目因经费支绌而被扣减形成对照的,是皇室供应费用呈上升趋势,这是清后期支出的又一个特点。对照表46、表47可以看出,光绪时期,不仅采办、织造两项与皇室供应有关的费用较乾隆时大为增加,而且还出现了"陵寝供应"、"交进银两"两个新项目。陵寝一款始于何时不详,交进银则最早见于光绪七年户部奏案。④ 此项银两每年由户部交进,专供慈禧太后及光绪帝私人应用。其数额,据刘岳云《光绪会计表》,光绪十二年(1886年)为14万两,十三至十七年增为18万两,十八至二十年再增为28万两。此外,从同治五年(1866年)起,户部每年都向各省、关指拨"内务府经费",由各省、关直接解内务府充用。此项银两,初为每年30万两,同治七年以后每年添拨30万两⑤,光绪二十年起又再添拨50万两⑥,从而总数达到每年110万两。然而这仍不能满足清后期,特别是慈禧太后那拉氏当国后日益膨胀的宫廷花费之需。同治、光绪时期,内务府在每年的额定经费之外,还常以

---

① 朱寿朋:《光绪朝东华录》,光绪六年正月甲午,总第866页。

② 《湖南省财政说明书》,岁入部,杂收入类,第13页。

③ 《山东省财政说明书》,岁出部,行政总费,第12页。

④ 此奏案原文未见,但在光绪十年户部《进呈解办年例汇奏出入会计黄册疏》中曾加以引述(《皇朝道咸同光奏议》第26卷下)。又刘岳云:《光绪会计表》第1卷《部库支款》亦从光绪七年起开列交进银。

⑤ 军机处录副奏折:光绪十九年十二月户部片,胶片,盒502:0504—0506。

⑥ 此事定议于光绪十九年,二十年起执行。参见军机处录副奏折:光绪十九年十二月总管内务府奏。胶片,盒502:0359—0362。

“经费不敷”为由向户部借款。同治末每年多则借一百三四十万两，少亦八九十万两，致使户部不堪需索，于同治十二年上疏请划清内府、外库界限。① 遇有内廷临时开销，户部及各省更要额外奉献。同治十一年、光绪十三年两次皇帝大婚，都耗掉国库巨额帑项。光绪“亲政”后为那拉氏“颐养”而挪用海军经费重修颐和园，更是尽人皆知，毋庸赘述。

但支出方面更重要的变化还是大量新的项目的增出，其中主要有“勇饷”、“关局费”、“洋款”三项。勇饷即咸丰、同治时各省招募的营勇的饷需。当初招募营勇，是为镇压农民起义。迨太平军、捻军相继平定之后，这些地方军并未像过去那样予以遣散，而是大部分保留下来，成为各省督抚所倚重的武装力量，勇饷也随之成为国家在原有额兵饷给之外又一项沉重的财政负担。光绪中期，勇饷支出每年近2000万两，超过了额兵饷。但这还不是新增军费的全部。其时经常军费支出为旧时所无者，还有购置洋枪洋炮的军火费用及筹建新式海军经费。购置洋枪洋炮的费用从同治时起已渐成经常支出，但具体数额无从稽考。海军经费自光绪初正式筹建新式海军，每年额定拨款400万两。各项新增军费总数，光绪中每年至少为银二千数百万两，加上旧有的额兵饷则岁出军费在4000万两以上，占当时岁出总数的一半还多。

关局费指新设海关及各省各种局、所经费。海关经费系从海关税收中按一定比例提取，光绪中每年约开支一百七八十万两。②

① 户部尚书宗室载龄等：《请清内府外库界限，量入为出疏》，载《道咸同光四朝奏议》，台湾商务印书馆影印故宫博物院藏本1970年版，第2440—2443页。

② 参见刘锦藻：《清朝续文献通考》第71卷《国用考九》，考8273。并参见汤象龙：《中国近代海关税收和分配统计》，1992年版，第262页。

局所费是咸丰、同治以后,随着各省筹捐筹饷及举办“新政”而增出的。宣统元年(1909年)度支部奏:“国初定制,各省设布政使司,掌一省钱谷之出纳,以达于户部,职掌本自分明。自咸丰军兴以后,筹捐筹饷,事属创行,于是厘金、军需、善后、支应、报销等类,皆另行设局,派员管理;迨举办新政,名目益繁,始但取便一时,积久遂成为故事。”①这些新设机构的开支从表47看仅为银一百三四十万两(关局费总数减去海关经费),但实际上,由于各省局费大多外销不报户部,报户部者也多不实,其真正支出多少根本无从稽考。

洋款包括对外赔款和外债偿还两种。甲午战争前清政府对外付出的大宗赔款有:第一次鸦片战争后对英赔款2100万银元,约合1470万银两;第二次鸦片战争后对英、法各赔兵费800万两,又恤金共50万两;同治末日本侵台之役后赔款50万两;光绪初平定新疆后,为收回伊犁向俄国偿付兵费900万卢布,合银600万两。以上几宗赔款,总计为银3770万两。

举借外债始于咸丰朝。以后因财政窘迫,中央及地方都曾向外国借款,以之用于镇压农民起义、应付对外战争、偿付赔款或兴办洋务。据迄今比较可靠的统计,从咸丰三年到光绪十六年(1853—1890年),清中央及各省共借外债43笔,折合库平银4592万余两。② 不过,这一时期的外债尚多属临时应急性质,主要是向

---

① 度支部:《各省财政统归藩司综核折》,宣统元年四月,参见《政治官报》,台湾文海出版社影印本(台北,1965),第20册,第565号,第164页。

② 徐义生:《中国近代外债史统计资料(1853—1927)》,中华书局1962年版,第4—10页。又中国人民银行参事室编:《中国清代外债史资料》(中国金融出版社1991年版)一书统计,甲午战争前清政府共借外债62笔,总金额合库平银6709万余两,参见该书第136—140页。

外国银行、洋行商借，随借随还，到甲午战争前已连本带息基本偿清，未对国家主权和财政产生重大不利影响。

清后期的新增支出中还有很重要的一项，即洋务新政费用。自咸丰末、同治初洋务运动兴起，一直到光绪时期，在中央及各省一批洋务派官员主持下，陆续兴办起一些近代军工、工矿、交通企业和洋务学堂，并开始向海外派遣留学生和遣使长驻外国，为此每年均支出大量专项经费。洋务费以兴办军工企业所用最多。如同治四年(1865 年)成立于上海的江南制造局，创办经费即达 54 万余两，同治六年以后又每年从江海关洋税项下拨支造船经费，初为一成，后改二成，约计年支银 40 余万两。又如同治五年开办的福州船政局，创办经费 47 万两，常年经费初定每月 4 万两，后增为 5 万两，年支银共 60 万两，在闽海关洋税内拨给；同治十二年以后，再每月从茶税项下拨给 2 万两，年共拨 24 万两。从开办到同治十三年六月底，8 年间该局共支销造船经费 535 万两，加上养船经费，耗用经费总数达 600 万两左右，平均每年 70 余万两。其他几处机器局的经费虽不如上二局之多，但合之费亦不赀。

以上各种新增支出，许多与旧有的支出相重叠，如勇饷与额兵饷相重叠，关局费中的大量开支与旧有的行政费支出相重叠。这些并非必不可少的开支的增出，除与清代制度上的因循、增新而不废旧有关外，也同地方权力的膨胀密切相关。咸丰、同治以后，各省为巩固和扩大自己对中央的独立性，总是尽力维持勇营的地位；管理地方行政则往往撇开旧有的机构，叠床架屋地增设各种新机构，位置私人，以便于控制。这样，就凭空增出许多新的开支，使经费支出较之清前期更形芜杂、冗滥。在支出原则和方式上，无论中央还是地方，都不再顾及“量入为出”、“常例收入供经制之出，临时收入供不时之需”、“全国统筹”、“户部制天下之经费”等旧有的一套规制、定例，而是各省经费(主要是新增经费)由督抚自筹自专，中央经费由户部与各省讨价还价，增一事便增一款，甲款乙用，乙款丙挪，今年预支明年收入，明年补发今年之欠，敷衍补苴，得过且过。面对这种混乱局面，经费日益支绌的中央户部虽屡欲整顿，但终因地方督抚专权之势已成，中央又不甚明了地方财政的实际，无从下手。这种情况一直延续到甲午战争以后，直到清亡也无改观。

第二节 甲午战后的晚清财政

甲午战后清朝的财政是鸦片战争后财政的延续和发展。本期财政的变化，突出表现在三个方面：第一，随着帝国主义侵略和控制的加强，清王朝丧失了财政自主权，独立的中国财政变成了受制于帝国主义的半殖民地财政；第二，随着清王朝统治的更加腐朽没落，其财政也陷入了内外交困的空前危机，为了支付对外债赔款和应付不断增加的国内开支，从中央到地方都加紧了对人民的搜刮；第三，随着外国影响的增大和国内资本主义的发展，清王朝财政开始具有了某些近代的因素，尽管其封建主义的本质并没有改变。这三个方面互相联系，反映了甲午以后晚清财政的主要特点和基本内容。

一、财政主权的旁落

以财政主权的旁落为内容的晚清财政的半殖民地化，主要表现在国家重要税收受制于帝国主义和空前沉重的对外债务负担所形成的财政绞索上。这一变化是同本时期先后进入帝国主义阶段的资本主义列强加紧对中国进行侵略和控制相联系的，尤其同清王朝在甲午、庚子两次帝国主义侵略战争中战败，被勒索巨额战争赔款直接相联系。这两次赔款的数额均高达白银数亿两，远远超过了清政府的财政负担能力。主要是为偿付赔款，清政府在这一时期被迫以关、盐等重要税收作为担保抵押，一次又一次举借巨额外债，从而使帝国主义以债权人的资格控制了中国财政的命脉，独立的中国财政由此变成了受制于帝国主义的半殖民地财政。大量的外债还使清王朝背负上了沉重的债息负担，成为引发晚清严重财政危机的最主要因素之一。严重的财政危机一方面导致了清王朝对人民变本加厉的搜刮；另一方面，反过来使清王朝财政更加依赖于帝国主义。

（一）受制于帝国主义的税收

1. 关税

这里说的关税，主要指海关税。上节已提及，海关税自鸦片战争以后，逐渐成为清王朝的重要税收之一，甲午前，年收数达到银2000余万两，已几与占第一位的地丁收数相当。但是，清后期的这一重要税收从一开始就不完全是中国独立自主的，在税则和海关行政两个重要方面都被外人所控制。

在税则方面，自第一次鸦片战争后，中英订立《南京条约》、中美订立《望厦条约》、中法订立《黄埔条约》，列强就把中外“协定税则”的条款，实际是由它们片面规定税则的权力，强加给清政府。《南京条约》签订次年所订中英《五口通商章程》公布的海关税则中，绝大部分货物的税率都比战前粤海关的实征税率为低。① 第二次鸦片战争期间订立的《中英天津条约》更规定关税抽收“均以

① 新旧税率的比较，参见严中平编：《中国近代经济史统计资料选辑》，科学出版社1955年版，第59页表1。又可参见莱特：《中国关税沿革史》，姚曾廙译，三联书店1958年版，第10—11页。

价值为率,每价百两,征税五两"①,从此,"值百抽五"成为中国海关对进出口岸的外商货物课税的法定税率。②

"协定税则"还侵及到对外商货物课征的其他税项,如内地子口税、口岸间贩运土货的复进口税以及外商货船所纳的船钞等。子口税和复进口税在第二次鸦片战争以后,通过《天津条约》,均规定为只纳海关进口正税的一半,即值百抽二点五。船钞在第一次鸦片战争后协定的税则中定为150吨以上船每吨纳银5钱,150吨以下船吨纳1钱,已较战前减少;至《天津条约》,又将150吨以上船每吨的船钞数减为4钱,更加低于旧征。

此外还有"洋药税"即进口鸦片税一项,也是协定关税。鸦片战争以后,非法的鸦片贸易实际成为合法。1858年,根据《天津条约》新订的海关税则规定,进口鸦片每100斤抽收税银30两(税率大体为值百抽五)。1886年《中英烟台条约续增洋药专条》又规定:每100斤鸦片在30两税银外再加征厘金80两,一并在海关支纳,此后即可自由运销内地,不再重征。

协定税则不仅使中国丧失了自主规定关税税率,以之调节进出口贸易,限制外货倾销,保护和发展民族工商业的权力,也直接影响到清政府的关税收入。《天津条约》规定关税值百抽五,而实际征收却是多按从量原则,即系按订约时的货价,将该税率下的应征数额转化为从量计征。在这种情况下,当物价有所变动,税则表本来应作相应修改,但协定关税制度下的税则是由中外条约规定的,不得外国同意

---

① 《中英天津条约》指此项内容为《南京条约》第十款所载,但实际上无论《南京条约》还是次年公布的《五口通商章程》的海关税则,都没有作"值百抽五"的明确规定。"每价百两,征税五两"一语,是英国硬塞进《天津条约》,又强迫清政府接受的。

② 陆路贸易关税由特别条约规定,常较这一税率更有所减免。参见吴兆莘:《中国税制史》下册,台湾商务印书馆1976年版,第97—99页。

不能变动，而“外国商人们所感兴趣的惟一修订，就是减低税率的修订”。这样，当19世纪后半期出现金贵银贱趋势，从而导致进口洋货价格上升时，清政府就只能蒙受关税实征税率下降的损失。《天津条约》协定的税则一直沿用了40多年，直到1902年，列强为使中国能付出《辛丑和约》勒索的巨额赔款，才不得不允许再一次修订，将进口税率恢复到值百抽五①，而且附带了许多条件。

海关行政权被侵夺是鸦片战争后中国丧失关税主权的又一个方面。这一变化是咸丰以后发生的。② 先是1853年上海爆发小刀会起义，英、美驻上海领事乘机干预上海关税收，并于次年由英、法、美3国领事各派1人组成上海关税管理委员会，夺取了该关行政权。接着，在第二次鸦片战争期间及其以后，英国等又借口《中英通商章程善后条约》有通商口岸关税“各口画一办理”及“邀请英人帮办税务”的规定，强行将上海关的制度推行于其他口岸。从1859年上海关的英人李泰国被任命为总税务司起，李泰国和他的继任、从1863年起担任总税务司近半个世纪之久的英国人赫德陆续在各口岸组建了新海关，由外籍人担任税务司，统归上海总税务司管辖(1865年总税务司署改设于北京)。这样，就从上到下建立了中国海关的税务司管理系统。名义上，当时各海关仍设关道，全国海关归总理各国事务衙门兼辖；但实际上，在“掌各海关征收税课之事”③、“综理全国关税行政与关员任免事务”④的总税务司把持下，海关一切事务都由

① 参见莱特：《中国关税沿革史》，第176—177页；《中外旧约章汇编》第一册，第1006页。

② 五口通商之初，曾一度由外国领事代征关税，但海关的行政管理仍由清廷派委的监督负责，领事代征关税也在1851年废止，改由清朝官员自任征收。

③ 光绪《大清会典》第100卷。

④ 刘锦藻：《清朝续文献通考》第118卷，《职官考四》，考8786。

外籍税务司全权管理,税务司所设各部门也都是洋员主管,总理衙门和各关监督于关务毫无实权可言。1906 年,清政府设立税务处管理全国海关,规定总税务司以下均归税务大臣节制,亦只是形式,外人控制海关行政的局面并无改变。

以上是甲午战争以前中国关税主权被侵夺的大致情况。不过,当时关税的支配权即关税的使用还是由清政府控制。甲午战争以后,帝国主义不但进一步攫取了关税支配权,而且最后连关税保管权也一并夺取在手,从而形成中国关税主权全面被剥夺的局面。

关税支配权的丧失是同关税一次又一次作为巨额外债的担保抵押品相联系的。甲午战争以前,清政府历次所借外债大部分也是以海关税担保,但那时借款数额不大,期限较短,每年的还债支出只占海关税收的较小比例,因此尚不能构成对中国关税支配权的重大威胁。① 而甲午战争以后的情况就大不相同。首先,这一时期以海关税担保的债款数额巨大。甲午战争期间及其以后几年清政府为筹措战费和战后赔款共借外债 8 笔,总金额合库平银 3.5 亿两以上,远远超过甲午以前的外债数额。这其中,除战争初起时福建一笔为数不多(规元 50 万两,约合库平银 45 万余两)的闽台海防借款外,其余 7 笔都是以海关税作全部担保或担保品之一。② 庚子赔款更高达银 4.5 亿两,其后又有“镑亏借款”英金

---

① 据徐义生统计,1885—1894 年间,外债本息支出最多的年份(1892 年)还债支出占海关税收的比例也不过为 19.6%,最少的年份(1894 年)仅为 12.1%,10 年平均为 15.8%。参见《中国近代外债史统计资料(1853—1927)》,第 21 页表 5:《1885—1894 年间外债在清政府财政收支上的情况》。

② 这 7 笔外债,汇丰银款、汇丰镑款、克萨镑款、俄法借款、英德借款 5 笔全以海关税担保。另两笔瑞记借款主要是以江苏盐厘担保,但关税亦为担保品之一;英德续借款以通商各口洋税及苏州、松沪、九江、浙东等处货厘和宜昌、鄂岸、皖岸盐厘共同担保。

100 万镑(合库平银 676 万余两),也都以海关税为主要担保品之一。其次,这些外债的偿还期限较长:甲午战费几笔借款为 20 年,以后为筹赔款而借的俄法、英德两笔债款均为 36 年,英德续借款为 45 年,庚子赔款为 39 年。这些外债又是在短时期内连续借的,这就是说清政府在以后长达数十年的期间,要同时偿还巨额的债款和支付沉重的利息。自然,作为这些外债担保品的关税,也就要长期地抵押给帝国主义了。

事实上,还在庚子赔款之前,清政府为筹措甲午战费和对日赔款的借债,就已将海关税几乎扫数抵押。当时海关税的年收数约为银 2300 万两,其中 2100 万两要用于抵偿外债,剩余不过一个尾数。到议定庚子赔款,不仅这些剩余全部用来担保新的赔款,而且帝国主义议和代表还不得不同意修订沿用了 40 余年之久的海关税则以增出之款弥补现有关款担保之不足。这样,到庚子赔款,清政府就完全丧失了对关税的支配权,在偿付债息和赔款的名义下,把持着海关大权的外籍总税务司可以直接处理关税收入。

关税保管权的丧失是在辛亥革命爆发以后,当时帝国主义各国惟恐关税落于革命军之手,擅自扣留税款。并于 1911 年冬,由各债权国在华银行组成了“海关联合委员会”直接保管关税现款,并决定由总税务司代收关税、代付债款。从此,关税收入一律存入英国汇丰、德国德华、俄国道胜、法国东方汇理、日本横滨正金等 5 家银行。中国政府只能分润到一点偿付债款本息剩下的“关余”,没有其他任何权利。

还应该指出:中国原有的常关收税的主权也因赔款而受到损害。这是因为《辛丑和约》规定,常关税同为赔款担保,距海关 50 里以内的常关由海关兼管。这样,中国的常关税收和一部分常关的管理权也落入外人之手。

2. 盐税

清后期的盐税包括盐课和盐厘两项。盐课征收在清后期主要实行道光时开始推广的票盐法。与此前所行引盐制比较,票盐法虽仍为一种专卖制度,但它取消了引盐制下纲商引窝世袭特权和销盐的引岸限制,使商人贩盐较为方便,销盐成本有所降低,从而有利于官盐销售,增加盐课。票盐法推行后,盐课收数有所增加。乾隆、嘉庆时期,盐课每年实征约500余万两,光绪时期增加到700余万两。

盐厘是推行厘金后增出的新税。与一般货厘一样,盐厘征收的情况各省不同,极为混乱。征收次数有征一二次者,也有征三四次者。征收名目有入境税、出境税、落地税等。税率亦各地不同,大体上,每百斤盐征厘在2—5钱银左右。盐课、盐厘合计,光绪中后期每年的收数约为银1300万两①,在国家岁入中位于地丁、关税、厘金之后居第四位。

用盐税担保外债始于甲午战争中的德商瑞记借款。以后英德续借款及1900年湖广总督张之洞向汇丰银行借的军饷债款也以盐税担保。不过,在庚子赔款之前,盐税担保外债还只限于个别地方的盐款,以盐厘为主(湖广军饷借款则为鄂省川盐江防加价),数额也不算大。可是到了庚子赔款,因关税已连续做了几笔巨额外债的担保,余剩部分连同常关税一起也不足抵偿新的赔款,盐税便作为另一项"最容易取得的"、"可靠的"税收被列入了新赔款的担保品名单。自此,盐税便同关税一样,在担保外债和赔款的名义下被外国控制了。

光绪辛丑之前,清政府的岁入总数约为8820万两,其中关税、

① 吴兆莘:《中国税制史》下册,第59页。

常关税和盐税合计4000万两左右，占岁入总数的45%。① 帝国主义控制了这几项税收，就为掌握中国财政的命脉提供了条件。

（二）沉重的债息负担

对外债务是晚清财政最严重的问题之一。这一时期外债的增加有两个高峰。第一个高峰出现在甲午后至辛丑前的几年。前已述及，从甲午中日战争一开始，为筹措军费，清政府中央和地方即多次向外借债；战后为偿付赔款，又连续借了3笔总数合库平银3亿余两的大额外债（俄法借款和英德正、续借款）。仅3笔赔款外债，就使清政府每年要付出1700余万银两的本息。② 加上其他债款的本息，到辛丑前，清政府每年偿付外债本息的总数达到2400万两左右，几十倍于甲午以前；占国家岁出的份额，也从甲午前的每年10%以下增加到25%左右。③

第二个高峰出现在辛丑以后。这首先是由于庚子赔款的增出。庚子赔款本非外债，帝国主义债权人并未借给中国一分一厘。但它却是按照借债的方式，由清政府出具债券，交由各国收执，分年偿本还息，事实上等同于外债。庚子赔款的偿付，根据《辛丑和约》附列的还本付息表，自1902年起至清末，每年应付本息银1882.95万关平两。而实际上，由于开始偿款的头3年需摊付辛丑下半年的利息900万两，又由于自1905年起赔款改按金价支

---

① 据1901年3月25日赫德致北京公使团赔款委员会意见书，参见《帝国主义与中国海关》第9编，《中国海关与义和团运动》，科学出版社1959年版，第65页。按赫德的数字来自"户部从残存案卷所编制的最近财政收支清表"（同书第64页）。

② 这三笔借款每年应偿本息合计，为英镑263万余镑，按庚子前后每英镑约合库平银6.5两计，共库平银1700万两左右。

③ 庚子前后，清政府岁出连外债本息在内，约为银1亿两左右。

付,其时金价上升,银价跌落,庚子赔款的历年支付数,多数年份都在2000万两以上[①],即庚子赔款使清政府的偿债支出较辛丑前差不多又增加1倍。此外,辛丑后,清中央和各省地方还陆续借了一些别的外债,致使偿债支出进一步增加。据宣统二年年底度支部提出的试办3年(1911年)预算案数字,清末外债债息的年支出总数达5164万余两[②],为辛丑前的2.15倍。

辛丑后最初几年清政府每年的收支规模仅为银1亿两左右,如据记载,1903年收入银1亿两多一点,支出银1.3亿多两。[③] 而该年庚子赔款的实付额为2182.95万两,旧欠外债应付本息为2330万两[④],合共4512.95万两,占该年收入的43%、支出的33%。

清末经过清理财政,岁出入数有了较大增加。1908年的统计。岁入24191万余两,岁出24490万余两。[⑤] 宣统三年预算案的数字,度支部定岁入29696万余两,岁出37635万余两,资政院的修正数则出入均在3亿两上下(入略多于出)。[⑥] 这些数字并不十分准确[⑦],但还是能反映出清末岁出入的大体规模。由于收支总数增大,这一时期的外债支出在国家财政中的比重有所降低:按

① 参见王树槐:《庚子赔款》,附录,《历年偿付庚子赔款表》,台湾“中央研究院近代史研究所专刊(31)”,第570—571页。

② 《清史稿》第125卷,《食货六》第13册,第3709页。

③ 周棠:《中国财政论纲》,上海政治经济学社1912年版,第21—23页。

④ 庚子赔款实付额据前引王树槐表;旧欠外债应付本息据《光绪财政通纂》第1卷,《国债年表》,第6页。

⑤ 刘锦藻:《清朝续文献通考》第67卷,《国用考五》,第8233—8234页。

⑥ 军机处录副奏折:宣统二年十二月二十七日资政院总裁溥伦等奏。胶片,盒559:000630—000634。

⑦ 1908年数字是当年清理财政,派到各省的财政监理官报告数字的简单汇总,对各省间彼此拨、收的重复数字未加剔除,且不包括中央的收、支数字。1911年数只是预算,而非实际收支。

单位:两

省份	汇丰银款	汇丰	税厘捐分类数额	
			关税与洋药税厘	盐课、盐厘
			23.21%	18.83%
合计	1342000	262	10907750	8847093
直隶	—		1360000	381000
奉天	—		31250	—
山东	—		150000	357500
河南	35000	5	—	300000
江苏	—	10	1976500	2114500
安徽	—	12	487000	266000
江西	—	26	638000	493617
湖南	—		—	700000
湖北	—		1145000	270000
福建	—	20	964000	—
浙江	200000	21	1170000	879000
广东	635000	160	2568000	532000
广西	—	4	100000	—
山西	—		—	322000
陕西	—		—	172440
四川	440000		168000	1649036
云南	27000		50000	40000
贵州	—		—	200000
甘肃	5000	3	100000	—
新疆	—		—	170000

资料来源:《各省应解京其所在省的解数内;欲求各省解
额,由各该省应解总,未分析列出。

		总数内[illegible]	
[illegible]	[illegible]	地丁、厘金、杂项税捐	[illegible]
	100.00%	57.96%	
[illegible]	[illegible]	[illegible]657	[illegible]
18750	[illegible]	—	—

1908 年的数字计算,约占 20% 左右;按宣统三年预算案的数字计算,更在 20% 以下。但这样的水平,仍然远远高于甲午以前。

晚清外债支出的陡增对财政的影响至少有两点:一是破坏了财政收支的平衡,引发了晚清严重的财政危机;二是加剧了清王朝财政的混乱和不统一。前一个问题留待下面分析晚清收支的情况时再一并讨论,这里只对后一个问题略加申说。

财政混乱和不统一的加剧始于外债和赔款的摊派。甲午战争前的清政府财政只能勉强维持国家经常费用的开支,因而当甲午战争后突然增加了常年巨额外债支出,清政府立感经费筹措为艰,迫不得已,只能向各省分派,“酌量各省岁入之多寡,定为分认之等差”。最初是 1896 年户部奏准由各省、关分认摊解俄法、英德两笔借款的本息。① 以后,英德续借款、庚子赔款以及甲午期间几笔大的战费借款的每年应付本息,也都派令各省、关分认摊解(部分款额由户部从原解其他款项内改拨)。表 49 是清末各省常年摊解 7 项借、赔款(包括庚子赔款)本息的情况。

外债和赔款的摊派使各省骤然增加了数千万两的支出,这对于早就因各种名目的京、协饷派款不断增加及自身支出膨胀而感到支绌万分的各省财政,无疑是极其沉重的负担。在这种情况下,甲午以前就已出现的各省财政东挪西垫、寅吃卯粮及短解、缓解甚至不解中央派款的混乱现象进一步加剧。例如每年都照例向各省、关指拨的总计 800 万两的原、续拨京饷②,虽在甲午前就几乎

---

① 光绪二十二年五月户部折,《光绪政要》第 22 卷,第 15—18 页。

② 清代京饷,从咸丰六年起改原来的预拨制为摊派解款,由户部于每年冬指拨派定各省、关下一年份的应解数额。其定额自咸丰十一年(1861 年)以后每年为 700 万两,同治六年(1867 年)起每年又再额外增拨 100 万两,分别称为原、续拨京饷。

不能"年清年款",但大部分还是能够解到;若再除去每年都有的"划拨"、"奏准截留"的数目,确属欠解的数目一般不是很多。可是自1896年摊派外债本息后,京饷解数即大为减少。据该年户部奏,是年京饷"截至九月底,除划拨、截留、解到、报解起程等款外,尚有未解共银二百二十二万两"。① 按解送京饷的规定,每年五月前应解到一半,年底全部解清。而这一年直到九月底仍有200余万两未解,这在此前是不多见的。

关于这一时期各省向中央解送派款的情况,我们找到的一份19世纪末户部的清单尤能说明问题。此清单记载的是1898年各省、关奉拨应解部库各款及实解情形,如表50所列。

表50 光绪二十四年(1898年)各省、关奉拨应解部库各款及实解情况

单位:万两

奉拨应解款目	应解数	解到数	报解起程数	划拨、截留数	未解数
京饷	800.00	325.35	76.00	47.40	351.25
筹备饷需	200.00	37.60+	14.00	—	148.30
东北边防经费	200.00	76.00	20.00	—	104.00
固本京饷	81.00(1)	20.50	—	—	60.50
旗兵加饷	133.75	51.60+	—	4.00	78.10+
西征洋款改为加放俸饷	100.00	5.00	—	40.00	55.00
抵闽京饷改为加放俸饷	20.00	0.90	1.60	4.40	13.10

① 军机处录副奏折:光绪二十二年十月二十日大学士管理户部事务宗室麟书等奏。胶片,盒502:2784—2786。

续表

奉拨应解款目	应解数	解到数	报解起程数	划拨、截留数	未解数
京官津贴改为加复俸饷	26.60	3.29+	1.05	—	22.25+
铁路经费	80.00	1.80	5.50	30.00	42.70
海军海防各经费、新增经费改为新建陆军月饷	100.00	4.00	—	—	96.00
提督雷正绾军营协饷改为海防经费	37.70	—	—	—	37.70
总计	1779.05	526.04	118.15	125.80	1008.90

注:(1)本款应拨66万两,加闰月5.5万两,带解旧欠9.5万两。

资料来源:军机处录副奏折:光绪二十五年户部清单。胶片,盒503:1609—1629。

如表50所示,本年各省、关总共奉拨应解银1779.05万两,但到年底解到数仅有526.04万两,即使连报解起程数算上也才644.19万余两,不过占应解总数的36.2%;其余银除划拨、截留125.8万两外,未解数高达1008.9万余两,占应解总数的56.7%。此外,在这份清单内,还有应解常年经费400万两,内除已划拨南、北洋经费者外,应解部库部分也绝大多数未解(应解部库有定数者114万两,仅解到7万两)。

协饷的局面更等而下之。例如自光绪初起就居各省协款中最大一宗的甘新协饷(主要供甘肃、新疆驻军军费),据1908年陕甘总督升允奏称:"向章每年估银四百八十万两,承协各省、关均系年清年款,并无蒂欠。庚子以后,各省骤加偿款,筹办新政,均有兼顾不遑之势,以致欠饷积至六百余万。"①又如北洋海防经费的协

① 宫中朱批奏折。胶片,盒53:002382—002385。

款,辛丑前每年均由户部向各省、关指拨124万两,各省、关也只是"偶有短解"。而辛丑以后,因"各省加摊洋款,饷源同一艰窘",将各省年协拨数减为93万两。但即便如此,也仍然不能解足。据1906年北洋大臣、直隶总督袁世凯奏称,其时北洋海防经费中的外省协饷及本省自筹部分(定额64万两)并计,不过100万两上下。① 其他协款也大多如此。当时各省对待中央派款的态度是:"京饷、赔款系顾根本重地、交涉要需,仰体时艰,不敢轻言减免。惟协饷一项,必以此省有余,始能助彼省之不足。"②这种心态,决定了协饷的局面,更加难以维持。

外债和赔款负担的增加及随之而来的债、赔款的摊派,还使清王朝财政的紊乱进一步尖锐化。晚清时期的外债摊派,特别是庚子赔款的摊派,是在各省财政已经极其拮据的情况下硬性强派的。为了使各省能如数筹出巨额摊款,清政府不得不在摊派的同时,把筹款的权力也交给各省。1901年,行在户部在奏准摊派庚子赔款时就规定:"各省自奉文派定以后,应均按臣部单开裁减加增各办法,妥速筹办。倘单开各条内,有与该省未能相宜及窒碍难行之处,各该督抚均有理财之责,自可因时制宜,量为变通,并准就地设法另行筹措。"③允许"就地设法",这就进一步扩大了各省的财权。从此,各省便在"筹款"的名义下,省自为政,任意扩大税收范围、提高税率、改变征收方法,从而造成了清末苛捐杂税空前增加、各省财政制度极度紊乱和不统一的局面。

---

① 军机处录副奏折。胶片,盒505:1210—1214。

② 宫中朱批奏折:光绪三十四年十二月二十六日四川总督赵尔巽奏。胶片,盒53:002584。

③ 《西巡大事记》第10卷,第21页。

二、财政危机和捐税苛征

甲午战争以后的清王朝财政，在沉重的对外债、赔款负担和国家经常经费支出日益膨胀的双重压力下，陷入了长期收不抵支的空前危机，并由此导致了晚清变本加厉的捐税苛征。这也是清朝本期财政的重要特点。

（一）支出的膨胀和收支状况

1. 支出的膨胀及主要支出项目

晚清财政危机的发生，除去外债和赔款负担骤增的因素以外，国内经费支出的膨胀也是一个重要原因。

国内经费支出的膨胀主要发生在庚子八国联军之役以后。清王朝连续遭受甲午、庚子两次帝国主义侵略战争的重创，国势更加衰微，变法、革新的呼声日高，革命也已逐渐迫近。为了挽救自己风雨飘摇的统治，庚子以后，清政府被迫实行了一系列模仿外国资本主义的"新政"，如建立新式陆军，兴办学堂、巡警，改革司法制度，提倡工商并举办官营工、矿、铁路等实业，改革官制，筹备立宪，等等。这些"新政"没有改变清王朝封建统治的本质，因而没有、也不可能挽回其最终灭亡的命运。但新政的举办大大增加了国家的经费开支，加之许多旧有的支出也不断增加，从而使晚清国家的经常经费支出迅速膨胀，成为导致当时严重财政危机的又一重要原因。

晚清的国家岁出，主要有皇室费、军事费、行政费、财政费、外交费、典礼费、民政费、教育费、司法费、实业费、交通费、工程费、农业支出及内、外债务支出等项。外债本息支出已如前述，内债将在第四节专门讨论。其他各项支出的数额和变动情况，大致如下：

皇室费 皇室费在晚清时期又有较大增加。首先是户部每年向各省、关指拨的“内务府经费”从光绪二十年(1894年)起在原来60万两的基础上又再添拨50万两,从而总数达到每年110万两。其次,户部及各省每年支出的其他宫廷费用也不断增多。户部在这一时期每年支出的宫廷费用包括:交进银,内务府及其他内廷机构支领的办公经费、俸饷、工食、麦折、草价、马价、赏银、要差各项,各处宫殿、园庭、陵寝的经费和工程修缮费,等等;此外,太常寺、光禄寺、鸿胪寺及礼部等衙署的部分支款也属宫廷费。由部库支出的这些宫廷费用,在光绪后期每年不下三四百万两。① 各省于岁解内务府经费之外的每年宫廷费支出有:江宁、苏州、杭州三处织造经费,看守各行宫经费,解送宫中的“内务府参价”,“内务府帑利”,“内务府盈余”,“内务府饷银”,“内廷经费”等等,名目甚多。其中有一种名为“额贡”,以缎匹为大宗,“岁费动以万计”。本来在咸丰年间,因军兴饷绌,此项已奉谕停减,但自光绪中期以后,又“逐渐加增,有盈无绌”。②以上都是例支。遇有临时大差,还要额外摊派。如1901年慈禧太后和光绪帝由西安“回銮”,直隶办理差务,修盖行宫、雇备车马、置办铺垫陈设、供应饮食、租赁公馆、搭盖棚座、采买杂物等等,总计用银151万余两,内70万余两由江苏、广东、江西、浙江、山东、四川、安徽、湖南、湖北9省协济,其余81万余两“在于

① 如据周棠:《中国财政论纲》从光绪二十九年(1903年)户部出款表统计,是年部库支出属宫廷费用者计62款,合计银3512218两,再加上内务府包衣三旗粮饷644550两,共4156768两,参见该书第90—94页。

② 见军机处录副奏折:光绪二十一年九月七日河南道监察御史宋承庠奏。胶片,盒502:1576—1577。

直隶落库地粮项下陆续动支”。① 清末修建崇陵(光绪帝后陵)的经费也是向各省摊派。晚清皇室费的岁支规模,据宣统三年度预算,仅度支部所管项下的宗人府及内务府等署经费就达614万余两②;再加上陆军部所管项下的虎枪处和善扑营经费,以及民政部所管项下的礼部和钦天监经费中属于皇室费的部分,总数当不下1000万两。

军事费 甲午战后,清王朝开始建立新式陆军,清末又计划恢复海军,同时旧有的旗、绿营和勇营(防营)仍然保留,新旧并存,遂致军费支出大为膨胀。

旗、绿营和勇营在晚清时已完全是虚设之冗兵,因而屡有裁减,或改编为新军,但直到清末仍保留有数十万人③,每年空耗国家钱粮。度支部的宣统三年预算,旧军费支出共3134万两④,比甲午前仅减少约1000万两。⑤

---

① 军机处录副奏折:光绪二十八年六月九日北洋大臣直隶总督袁世凯奏。胶片,盒504:1375—1377。

② 军机处录副奏折:宣统二年十二月二十七日资政院总裁溥伦等奏附宣统三年总预算案清单。胶片,盒559:000635—000656。以下凡引此次预算数字未注出处者,均出自这个清单,不再注。

③ 据《清史稿》记载,清末八旗仍有兵丁12万余人,职官6600余人(第130卷);绿营兵46.2万余人(第131卷)。防营人数,光绪二十四年连练勇在内共36万余人;光绪中叶后防、练军改为巡防队,光、宣之际又改为陆军,但直至宣统三年,各省巡防队仍未尽裁(第133卷)。

④ 其中旗营886万余两,绿营386万余两,防营1862万余两。此外,另有绿营、防营裁遣费658万余两,未计在内。此预算经资政院审议,旗营基本维持原数,绿营全裁,防营裁一半。

⑤ 甲午前的旗、绿营及勇营兵饷支出,据刘岳云《光绪会计表》第1卷《出项总表》统计(“饷乾”、“勇饷”两项合计),光绪十一至十六年为4000多万两(十五年为3933万两);十七至十九年为3600—3800万两;二十年可能因战争关系,回升到4167万两。

仿照外国军制建立新式陆军始于甲午战后,如张之洞在南方编练的江南自强军,袁世凯在天津督练的新建陆军、定武军等。庚子以后,1903 年正式设练兵大臣,次年成立京师练兵处,各省亦相继设立督练公所,又划定新军区为三十六镇,编练新军活动遂在全国展开。1907 年,京师及各省新练陆军除禁卫军外,共有官兵 17.9 万余人。1911 年,总计成军二十六镇。① 是年新军军费的度支部预算数,直接经费为 5876 万余两,加上筹备军装、军事教育(陆军学堂)、制造局所、扩充兵工厂、炮台等项,总数在 8000 万两以上。

海军自北洋舰队在甲午战争中全军覆没,有十余年时间一蹶不振,连海军衙门也于战败的当年裁撤。光、宣之际计划恢复海军,于 1907 年设立海军处,隶陆军部兼管。1909 年,海军处由陆军部分出,改称"筹办海军事务处",次年改为海军部。度支部的宣统三年预算,海军部经费连同各省海军水师经费总共 1050 万余两。

以上新、旧军费,宣统三年预算总共开列 1.37 亿余两,超过甲午以前军费支出 2 倍多,占预算总数的三分之一以上。

行政费 为中央及地方各级行政衙署的办公支出,包括官员俸给、养廉、公费及胥役工食等项目。这部分经费,庚子以前与光绪中期相比变化不大,或尚有所减少。② 光绪末改革官制,筹备立

---

① 《清史稿》第 132 卷,《兵三》第十四册,第 3945—3947 页。

② 据刘岳云:《光绪会计表》第 1 卷,《出项总表》,光绪十几年间,每年"俸食"、"公廉"及各省"解京各衙门饭食经费"三项支出总计为 1100 余万两(个别年份不足此数)。庚子时数,据光绪二十五年十月十一日户部预筹二十六年度支折,以上各项支出共为 983.2 万余两。庚子时行政费减少,与其时财政紧张,官员俸廉等项不能支足有关。

宪,行政费乃迅速扩张。1909 年,不包括中央各部门,仅各省行政费支出就达 1565 万余两①,超过庚子时 1 倍还多。② 宣统三年预算,全国行政费总支出经常 2606 万余两,临时 125 万余两。③

财政费　用于财政管理及税收机构的经费。据宣统三年预算所列,1911 年财政费属中央支出的包括:度支部及所辖造币厂、印刷局、造纸厂经费,税务处、盐政处、仓场衙门及崇文门、左右翼税务衙门等机构的经费,共计 438.9 万余两;属各省支出的包括:清理财政局经费、藩司度支司财政公所经费、厅州县征收赋税经费及粮道衙门、盐务衙门局所、厘捐局卡经费等,共计 1648.2 万余两;此外,还有各洋关经费 575.7 万余两、常关经费 150 万余两。全国财政费的预算总额,共 2813 万余两。

外交费　这是清后期新增加的开支。鸦片战争后,清王朝初设五口通商大臣办理对外通商交涉。英法联军之役后,1861 年设立"总理各国事务衙门"为专门外交机构。八国联军之役后,按照列强要求,改总理衙门为外务部,"特设员缺"(此前所派总理衙门王大臣多系兼差),并规定外务部"班列六部之前"。④ 此外,从光绪时起,清政府开始派遣常驻外国使节,到清末共有驻使国 15 个,设 10 个使臣,并在世界各地设总领事 12 人、领事 14 人、副领事 2 人。⑤

设外交专款始于光绪初遣使常驻外国以后(此前仅每年有为

① 据吴廷燮:《清财政考略》,第 27—30 页,附《宣统元年岁出岁入等表》。

② 庚子时各省"廉俸薪工"支出约 700 万两,见光绪二十五年十月十一日户部预筹二十六年度支折(据罗玉东:《光绪朝补救财政之方策》,《中国近代经济史研究集刊》第一卷第二期(1933 年 5 月),第 216 页)。

③ 《清史稿》第 125 卷,《食货六》第十三册,第 3708 页。

④ 刘锦藻:《清朝续文献通考》第 118 卷,《职官考四》,考 8781。

⑤ 据故宫明清档案部、福建师范大学历史系合编:《清朝中外使领年表》。

数不多的总理衙门经费)。初定每年自海关六成洋税内提一成,1878 年后改提一成半,即提全部洋税的 9% ,作为出使经费的专项基金。光绪中叶,此项专款每年约计为银 100 万两,但实际支销不过五六十万两;甲午以后,逐渐增加到每年七八十万两乃至 100 万两以上。① 宣统三年的外交费预算,包括外务部经费、驻外使馆经费及各省外事交涉经费三项,共计 354 万余两。

典礼费 即旧有支出中的祭祀、仪宪等费。此类支出,光绪中约为 40 万两。宣统三年预算数,各省祭祀、庆贺、时宪、旗赏支出及中央礼部、钦天监经费合计,共 79 万余两。

民政费 用于京师及各省地方自治、巡警、户口、疆理、风教、保息、荒政、营缮、卫生等项事务及管理这些事务的相应机构的支出。管理上述事务的中央机构是 1906 年在"筹备立宪"的标榜下,仿照西方,对旧有官制进行改革而新设立的民政部。这个部的职掌是分别从户、礼、工等部所管部分事务中分离出来的,此外还接管了前此设立的巡警部的职掌,是一个集中管理治安、内务和民政的机构。

民政部所管诸事中的巡警一项,是庚子以后的新政之一。清朝的地方治安管理原为军队职责,如京师设有步军统领衙门,统领八旗步军和京城绿营马步兵(巡捕营),负责京师地区的治安保卫。庚子八国联军占领北京后,一些绅商在京内分地段设立公所,雇觅巡捕,"协缉盗贼"。联军撤军前后,奕劻、李鸿章奏准裁并公所,成立了京城善后协巡总局,稍后又在内城设立了工巡局,以巡捕维持地面治安。1905 年夏,外城也成立工巡局,并将五城练勇改为巡捕,原设巡视五城及街道御史裁撤。秋天,正式在京师设立

① 据陈文进:《清季出使各国使领经费(1875—1911)》,载社会调查所《中国近代经济史研究集刊》第 1 卷第 2 期(1933 年 5 月),第 294 页。

巡警部，总管全国警政（其时各省也都先后举办巡警），并将原内、外城工巡局改为内、外城巡警厅，隶于该部。民政部成立后，警政归其掌管，巡警部撤销。

清末归民政部管辖的部门还有禁烟总局。清后期经过两次鸦片战争，鸦片进口及国内生产、贩卖、吸食实际上已经合法化，光绪时且以征收洋、土药税厘作为增加政府收入的一个手段。直到光绪末，才再度提出禁烟问题。1908 年，正式设置禁烟大臣并在京师成立禁烟总局，各省也先后成立禁烟公所。根据当时订立的禁烟章程，禁烟事务归民政部统管。

根据宣统三年预算，中央民政费（民政部及京师巡警厅、步军统领衙门、禁烟公所等机构的经费）共 256 万余两。各省民政费，该预算案清单仅在"国家行政经费"项内列支 166 万余两。这大概只是各省民政机构（民政司、巡警道、警务公所等）的行政费。①实际各省的民政支出，根据有关材料，至少也在 2000 万两以上。②

教育费　废科举、办学堂亦为晚清新政之一。戊戌维新时已经提出兴办新式教育，并成立了京师大学堂这座中国近代最早的大学。庚子以后，改革旧的教育制度重新提上日程。1901 年，设管学大臣（1903 年改为学务大臣）管理大学堂事，并谕令各省、府、县分别设立大、中、小学堂。1905 年，经袁世凯奏准，停止科举，以广学校。接着设立学部，掌理全国学政；各省改学政为提学使司，"掌教育行政，稽核学校规程，征考艺文师范"。③ 清末的教育经费

---

① 该预算案清单于"国家行政经费"之外，还另列有"地方行政经费"一项，共 3770 万余两。根据民政费的性质，绝大部分的地方民政支出，均应在此项内。

② 参见周棠：《中国财政论纲》，第 340—341 页。

③ 《清史稿》第 119 卷《职官六》第十二册，第 3472 页。

支出,1909年仅各省支出数已达1314万两。① 度支部的宣统三年预算,学部及直辖各学堂的中央教育费共为184万余两;各省教育费列入"国家行政经费"的共152万余两。全部教育费的预算支出,据资政院某议员审察该预算案的报告,为1700余万两。②

司法费 光绪末改革官制,在司法方面改刑部为法部,掌全国司法行政;改大理寺为大理院,配置总检察厅,专司审判;各省按察使司改为提法使司,管理地方司法行政;同时,京师及各省分别成立各级审判厅、检察厅,京师并设修订法律馆,专司修订各项法律。改革后,法部和大理院分掌司法行政和审判,都察院不再参加会审案件,三法司制度从此废除。宣统三年预算列法部、大理院及京师各级审判厅、检察厅经费共107万余两,各省司法费共663万余两。

实业费 1898年的维新运动中,曾设矿务铁路总局,又设农工商总局,以大臣综之,但未久即同"百日维新"一起告吹。1903年又设商部,1906年将工部并入,改称农工商部,掌农工商政令和推演实业。1908年以后,各省陆续设置劝业道并附设劝业公所,掌管地方农工商及交通事务(包括原由按察司管的驿传事务)。清末的所谓"实业费",实即上述各机构及其附属机构(如部属的即有商律馆、商报馆、公司注册局、工艺局、劝工陈列所、京师实业学堂等)的行政经费,真正用于各项实业的并无多少。宣统三年预算,中央及各省实业费合计203万两。③

交通费 用于轮船、铁路、电报、邮政各项事业及其主管机构的支出。光绪末以前,以上各项事业虽已在中国先后兴办,但没有

① 吴廷燮:《清财政考略》,第27—30页,附《宣统元年岁出岁入等表》。

② 周棠:《中国财政论纲》附录,第66页。

③ 此仅为在"国家行政经费"内支出者。全部实业费的预算支出为700余万两,见刘议员审察该预算案报告,周棠:《中国财政论纲》附录,第66页。

统一的管理机构，而是船政、招商局由北洋大臣管，内地商船由工部管，邮政归总税务司，路政、电政另派大臣管。1907年设邮传部，统一掌管各政。清末交通费支出，1908年为2354万余两，其中铁路经费最多，连办公经费、学堂经费在内共1971万余两，占全部交通费的83.7%；其余为邮传部经费17万两，电政局经费203万两，邮政局经费163万两。① 度支部的宣统三年预算，邮传部经费并轮、路、邮、电各经费共约5384万两，各省交通费130万余两，合共5514万余两。

工程费 指河工、海塘及其他工程的修缮费。此项经费，光绪中每年约支200余万两，宣统三年预算数为451万余两。

官业支出 清末试办预算，官办各项产业（制造局厂、盐务官运、官银钱局以及官办铁路、矿务等）属于营业性质的，其经费不列入实业、交通各费，而以"官业支出"单独列支。宣统三年预算在度支部所管经费内列出的各省官业支出共560余万两。

上述之外，宣统三年预算还另有"边防经费"一项。此项经费不在军政费内列支，而是归入理藩部（光绪末由理藩院改）经费。据该预算，是年理藩部经费40万两，西藏经费130余万两，合共170余万两。

2. 收支状况

甲午战争前的光绪前、中期，清王朝财政虽然已经呈现东补西缀的窘状，但大体尚能维持出入平衡。从1885年至1894年，历年岁入除1885年为7700余万两外，其余都在8000万两以上；岁出则仅个别年份（1887年、1888年、1894年）稍稍超过8000万两，其余各年均为7000多万两，即收支相抵尚有盈余。② 然而这种情况自甲午中

---

① 周棠：《中国财政论纲》，第132—133页。

② 刘岳云：《光绪会计表》第1卷，《入项总表》、《出项总表》。

日战争之后即不复存在,直到清末,始终是入不敷出的赤字财政局面。收支平衡的长期破坏,是甲午战争以后晚清财政的特征之一。

晚清财政的危机始于甲午中日战争。由于甲午前清政府的岁入仅能维持日常开支,此次战争的军费及战后赔款几乎全靠举借外债才得以支付。① 总计中日甲午战争的战费借款和赔款借款,高达银3.5亿两以上。虽然靠着这些借款,清政府暂时渡过了战争中和战后的财政危机,但却由此背上了沉重的债息负担。据户部1896年奏报,当时所借外债的本息偿还,加上战争中"息借商款"的本息支付以及袁世凯等新军军饷,已使清政府岁增支出不下2000万两。② 到1898年英德续借款成立,又岁增支出500万两。③ 其时清政府的岁入,历年加税所得,较战前不过增加数百万两,远不足以抵偿岁出的增加。因此,从甲午到庚子之前的几年,清政府除千方百计增加收入外,还不得不在节支方面采取诸如核扣俸廉、裁减兵勇、放款减平等措施,以应付巨额新增支出的需要。但即便如此,这一时期每年仍有一千几百万两的收支缺口。这种情形,在1899年御史熙麟的一个奏折中有很切实际的概括:

"国家岁入之款,自同治以来,每年除灾歉蠲缓各项外,

---

① 清政府筹措甲午战费,除借外债外,还曾于1894年首次对内借债,即所谓"息借商款",共借得银1102万两,详见本章第四节。此外,还曾采取颜缎库折价减成、典当各商捐输、茶叶糖斤加厘、土药行店捐输、盐斤加价等办法筹款,但所得有限,参见罗玉东:《光绪朝补救财政之方策》,社会调查所《中国近代经济史研究集刊》第1卷第2期(1935年5月),第210—211页。至于战后赔款及赎辽费的偿付,则全靠外债。

② 《光绪政要》第22卷,第15页。

③ 光绪二十五年十月十一日户部预筹二十六年度支折,见罗玉东《光绪朝补救财政之方策》,社会调查所《中国近代经济史研究集刊》第1卷第2期,第216页。

已增至八千余万，为数实不为不巨；而岁出之款，每年亦适相抵，未能积有存余。迨甲午以后，每年陡增息债偿款二千余万，部臣多方罗掘，如盐斤、烟酒加价等项，亦止复增五百余万，而每年出入相权，实仍亏短一千数百余万。闻乙未迄今藉以支持者，二万万两息债外，又添借一万万两之数耳。然以之改修江防，重购兵轮，重整局厂，当时已用去五六千万。所余之款敷衍至本年秋冬，亦已不支，明年则亏短千数百万之巨款全无着落。……伏查近今之大费有三：曰军饷，曰洋务，曰息债。息债虽逐年可以渐减，而减数甚微，近二十年，岁皆约需二千余万；洋务则仍递增，而岁已约需二千余万；军饷则虽经略减，而岁仍约需三千余万，统此三项，已七千余万矣。此外国用常经，则京饷、旗兵饷需及内务府经费之一千九百余万，又各直省地方经费、东三省、甘肃、新疆边防及黄河、运河、海塘各工经费之八九百万，统此常经，亦几三千万。”①

从甲午到庚子间的清政府岁入岁出没有正式的官方统计可据，但根据各种资料判断，至晚到庚子前后，岁入应已达到 8800 万两左右，岁出计入外债本息等新增支款，约为 1 亿两稍多，收不抵支的财政赤字在 1300 万两上下。② 具体收支各数，根据光绪 1901 年初辛丑和约谈判中海关总税务司赫德向北京公使团赔款委员会提交的中国

---

① 据罗玉东：《光绪朝补救财政之方策》转引，见社会调查所《中国近代经济史研究集刊》第 1 卷第 2 期，第 230 页。

② 甲午至庚子之间，据说户部仅有一次出入奏案（周棠：《中国财政论纲》，第 15 页），但其原文至今未见。庚子前后的岁出、入数字，除表 49 所引赫德向北京公使团赔款委员会提交的报告可据外，吴廷燮：《清财政考略》记光绪二十五年的岁入岁出总数，与赫德数相同，也可为一证。吴廷燮的记载未注明来源，且收、支各款的合计数与所开列总数不符（岁入少 100 余万两，岁出少 200 余万两），故在此未加引用。

政府财政状况报告,有如表51。

辛丑和约订立以后,从光绪1902年起,直至清末,清政府每年又须支付庚子赔款2000多万两。这2000多万两赔款,除少部分由户部在旧款内改拨外,有1880万两摊派于各省筹解①,系旧有支出之外的新增支出。此外,这一时期,编练新军、兴办学堂、巡警、改革官制诸项新政相继出台,岁增支出更远过于赔款。② 这就使清政府财政收不抵支的危机更加严重。

表51　庚子前的清政府岁入、岁出统计

单位:万两

岁入		岁出	
项目	银数	项目	银数
地丁钱粮	2400	各省行政费	2000
同上(1)	250	陆军	3000
漕折	130	海军	500
同上(2)	180	京城行政费	1000
各省杂税	160	旗饷	138
各省杂项收入	100	宫廷经费	110
盐课盐厘	1350	海关经费	360
厘金	1600	出使经费	100
常关税	270	河道工程	94

① 光绪二十七年八月二十一日行在户部奏折。载《西巡大事记》第10卷,第18—21页。

② 辛丑以后举办新政,中央所需经费摊于各省筹解,各省所需均就地自筹。其中,仅中央历次新政摊派就不止千余万两。各省自筹之数尤巨。如据记载,当时仅奉天一省的巡警费支出,就达300余万两;湖北拨提地丁钱价盈余充学费者,达到60万两,见吴廷燮:《清财政考略》,第23页。

续表

岁入		岁出	
项目	银数	项目	银数
海关税:一般货物	1700	铁路	80
洋药	500	债款开支	2400
土药	180	准备金	330
总计	8820	总计	10112

注:(1)根据本栏银数,此项应为耗羡。
(2)根据本栏银数,此项应为漕项。

资料来源:1901年3月25日赫德致北京公使团赔款委员会意见书,载《帝国主义与中国海关》第九编《中国海关与义和团运动》,科学出版社1959年版,第64—65页。按据赫德在此意见书中所说,他的数字系“根据户部从残存案卷所编制的最近财政收支清表”。据此,这些数字反映的应是庚子或稍前一二年的情况。

庚子以后的清政府岁出入数仍无官方统计。仅据估计,1903年岁入10492万两,岁出13492万两①;1905年岁入10292.4万两,岁出13649.6万两。② 这两个估计,岁出比庚子前又增加3000多万两,远超过庚子赔款的增出数,反映出庚子后国家军、政费支出的膨胀。③ 正是由于内外支出全面增加,清政府的收支赤字在庚子以后短短几年就又增加了1倍多,达到每年3000万两以上。

光绪末清理财政,对各省的出入款项进行全面整理核实,特别是将各省向不报部的外销款也纳入统计,于是岁出入数大为增加。

---

① 周棠:《中国财政论纲》,第21—22页。按周氏征引本年岁出入数,未注出处,仅云“据外人之调查”。

② Srinivas R. Wagel:Finance in China,1914年版(上海),第339、347—348页。

③ 周棠:《中国财政论纲》所记1903年岁出数比表50赫德的统计主要是增出了两款,一为赔款2000万两,另一为练兵处经费1040万两。仅此二项,就使岁出增加了3000余万两。

据当时各省册报,1908 年总计岁入银 24191 万余两,岁出银 24490 万余两。① 次年,度支部在汇查各省确数的基础上,将银、钱不一及平色不齐者一律折合成库平计算,综计各省入款 26321 万余两,出款 26987 万余两。② 这两个统计均只是各省的岁出入数,未包括中央收支在内,因而所反映的出、入差距远不是当时财政的实际情形。据记载,1909 年的中央收支,入款(不包括各省解款,仅中央各衙门自己征收者)为 3801 万两,出款为 9800 万两。③ 因此,将中央出、入数记入,是年全国岁入总数应为 30122 万余两,岁出总数应为 36787 万余两,赤字高达 6665 万余两。1911 年年初(宣统二年底),度支部就是在此次调查的基础上,提出宣统三年全国财政预算案的。该预算如前文所引,岁入 29696 万余两,岁出 37635 万余两,收不抵支近 8000 万两,反映出清末财政的极度窘迫。

(二)捐税的苛征

由于一方面日益陷入财政困境的中央政府不断向各省摊派种种巨款(外债、赔款、新政费等等),另一方面各省筹办新军、巡警、学堂、自治诸新政需款浩繁,结果必然是田赋、盐税、厘金等旧税进一步加重,新兴税捐更层出不穷。而这一切负担,最终都落在了劳动人民身上,成为激化阶级矛盾,引发经济危机,加速清王朝灭亡的主要原因之一。

1. 田赋及其加征

田赋在晚清仍为占第一位的税收,是中央和各省财政收入的重要来源。晚清田赋的收数,庚子之前与光绪中相比变化不大,连

① 刘锦藻:《清朝续文献通考》第 67 卷,《国用考五》,考 8233—8234。
② 刘锦藻:《清朝续文献通考》第 67 卷,《国用考五》,考 8233—8234。
③ 吴廷燮:《清财政考略》。

地丁、耗羡、漕折、漕项都在内，大约每年实征不超过3000万两。① 庚子以后，各省因摊解赔款及筹措地方新政费用，大都在田赋中加征种种名目的附加税，遂致田赋不断加重。如据户部1903年报告，该年仅地丁一项实征即达到2800余万两，丁漕各项连同粮折、杂项租课合计则超过3700万两（见表52）。光绪末清理财政后，1909年各省田赋收数达到4396万两。② 1911年的预算数更达到近5000万两③，较庚子前增加几近三分之二。

表52　光绪二十九年（1903年）田赋实征统计

单位：两

项目	银数	备注
地丁	28086771	
耗羡	4645310	
粮折	464411	
漕折、漕项	3097000	另有本色漕粮约1400000石
租课	894633	另有钱202500串
总计	37188125	

资料来源：周棠：《中国财政论纲》，第165—176页。按周书各数系据光绪二十九年户部报告。

晚清的田赋加征主要用于摊还庚子赔款及各省自筹的新政经费。为筹还所摊庚子赔款而加征田赋的计有12省，总共加征银

① 参见本篇表51。又据罗玉东《光绪朝补救财政之方策》引光绪二十五年十月十一日户部预筹二十六年度支折，光绪二十六年田赋的预计征数为2900万两，见社会调查所《中国近代经济史研究集刊》第1卷第2期，第216页。

② 据吴廷燮《清财政考略》附《宣统元年岁出岁入等表》各分省数字合计。

③ 度支部预算数为4810万余两，资政院修正数为4966万余两，见宣统二年十二月二十七日资政院总裁溥伦等奏附宣统三年总预算案清单。

400余万两,如表53所示。

表53　各省为筹还庚子赔款加征田赋的情况

省份	名称	收数(万两)	加征办法
山东	地丁改钱	50	每正银1两折收京钱4800文;原不及4800文者一律照数征收
河南	酌复钱粮旧价	8	原减征300—900文者一律规复300文;原减不足300文者照旧加复
陕西	规复差徭	40	每正银1两加征4钱
新疆	加收耗羡	4	不分本、折统按一五加征
江苏	规复丁漕征价	30	苏属地丁每两折价规复200文;宁属地丁每两加100文,漕粮每石加200文
安徽	丁漕加捐		
福建	随粮捐	4	每地丁银1两、粮米1石各加捐400文
浙江	粮捐	80	每银1两加捐300文
江西	规复并加征丁漕钱文	30	银每两规复100文,加征100文;粮每石规复140文,加征160文
广东	新加三成粮捐	20	照银米正额带收三成
	沙田捐	20	每亩征银0.2两,主八佃二,后减为每亩0.144两
湖北	规复丁漕征价	10	银每两规复100文,粮每石规复140文
四川	新加粮捐	50	

资料来源:中国人民银行参事室编:《中国清代外债史资料》,第967—1006页。个别地方据原资料做了修订。

筹办新政的加征以巡警、学堂经费的加征最为普遍,庚子以后不少地方都在田赋中摊派了这两项附加。如东三省,奉天有警学亩捐，按地每 6 亩征捐银一角、五分至八九分不等；吉林和黑龙江有警学垧捐，吉林每地 1 垧征捐钱数百至 2000 文不等，黑龙江每垧征警捐钱 300—1100 文不等、学费 200—500 文不等。① 内地则如直隶有地丁改钱加征，共银 10 万两，供学费。② 他如河南、山西、广东等省，也都有地方警、学费的田赋附加。其他新增开支随田赋征收的也不少。如山西因本省教案赔款，于 1901 年开办地亩摊捐，每粮银一两加征银一钱五分，共加征 42 万余两，后又以此项银改充本省路、矿经费。③ 又如云南在庚子后加征随粮团费，供地方团练之用。④ 此外，一些地方还有随粮自治捐、铁路捐、筑路费等等，名目繁多，难以一一列举。

种种名目的附加固然使晚清的田赋征额大大增加，征收中的浮收苛索更使实际收数远过于名义征额。如一则关于广东田赋"浮收之弊"的记载说："近时民间完银一两，连一切杂费共需银二两上下。计州县解银一两，应补纹水、倾销大锭等项银二钱有零，而其征之于民也，则杂费之外，复有官羡以及书吏办公费、账友厘头、家丁厘头、差役饭食等项目，层累加计而浮收之，杂费乃与正额相倍矣。"⑤这种情况当然不仅仅限于广东。可以说，田赋的加重，是晚清人民负担增加最为突出的一个表现。

2. 盐税的加征

甲午以后加征盐税主要采用"盐斤加价"的办法。从甲午到光绪末，全国性的盐斤加价计有三次。第一次在 1894 年，因中日

① 吴廷燮：《清财政考略》，第 31 页，《各省粮捐各目银数表》。
② 吴廷燮：《清财政考略》，第 31 页，《各省粮捐各目银数表》。
③ 《山西全省财政说明书 · 沿革利弊说明书》，第 17、86 页。
④ 《云南全省财政说明书 · 岁入部 · 田赋》，第 7 页。
⑤ 《广东财政说明书 · 岁入部 · 田赋》，第 22 页。

战争筹款,清政府决定实行盐斤加价,结果淮南、四川、两浙、河南等地所销之盐每斤加价 2 文,其他省加 1 文或半文不等。此即所谓"海防筹饷加价",计共增收银一百数十万两,战后被拨作偿还因赔款所借的外债。① 第二次为筹还庚子赔款加价,各省盐斤普遍加收 4 文(个别省不足 4 文)。最后一次在 1908 年,当时因实行禁烟,土药税收减少,度支部乃奏准各省再每斤加价 4 文,以一半解充练兵经费,一半归各省自用,谓之"抵补药税加价"。这三次之外,许多省还有其他名目的加价,如湖北等省有要政加价,湖广有江防加价,湖北、湖南、江西、安徽等省有练饷加价、军需加价,河南有自办铁路加价,等等。

由于一再加价,清末许多地区的盐斤加价都远超过食盐正课,成为盐税的主要组成部分。如在芦盐销区,直隶每引盐的正课为 0.63 两。而加价为 4.05 两,达正课的 6 倍以上;天津每引正课为 0.21 两,加价亦为 4.05 两,竟达正课的 19 倍多。淮南四岸,加价为正课的 13—16 倍。川盐销区,有的地方加价甚至超过正课 20 余倍。② 食盐价格也因不断加价而上涨。如江西淮盐销区之盐,据记载,从 1895 年到 1908 年共加价 8 次,每斤增加 22 文,致使每引的官价由 21 两上涨到 28.36 两,零售价更上涨了 1 倍还多。③ 直隶、河南两省的芦盐销区在 1912 年以前十余年中,共加价 5 次,前后每斤共加价 22 文,官价由每包 12 两上涨到 17.5 两,增加 45.8%,零售价则上涨几近 2 倍。④

---

① 光绪二十二年五月户部折,《光绪政要》第 22 卷,第 16—17 页。

② 丁长清主编:《民国盐务史稿》,人民出版社 1990 年版,第 17 页。

③ 《江西盐政纪要》第二编第四章。

④ 《中国近代盐务史资料选辑》第 1 卷,转引自丁长清主编:《民国盐务史稿》,第 17 页。

盐斤加价之外，还有许多其他加征，如盐引加课、盐厘加增、土盐加税、行盐口捐等等，名目很多。据不完全统计，清末各地食盐的税目多达700余种，征收极为混乱。大量的附加税使清末我国盐税的平均税率远超过世界其他国家①，成为离不开盐的普通人民的一个无可躲避的负担。

晚清的盐税收入，在光绪末清理财政之前只有各省每年报解中央的数字，大约为银1300余万两。② 但这远非全国盐税收入的全貌。当时各省征收的盐税绝大部分都是外销不报部的，故不能确知全部收入为多少。清理财政以后，1909年数为4985万两。③ 这个数字可能偏高，因为据次年督办盐政处的统计，包括正杂课捐、盐厘、加价以及官运余利都在内的盐税岁入总额，只为4542万余两；宣统三年度的度支部预算数字，盐、茶税合计也只为4631万余两。这些数字都不是精确的统计，但反映出清末的盐税岁入，至少在4000万两以上。④ 其中属晚清时期历次加征所得的，应占一个不小的比例。

3. 厘金的加课

清代自咸丰、同治时期创办、推广厘金以后，到了光绪朝，厘金局卡已遍布全国大小市镇及货物往来水陆交通要道。厘金对于当

---

① 参见《民国盐务史稿》，第19页。

② 庚子前的数字，见本篇表51。庚子后数，据周棠：《中国财政论纲》引光绪二十九年户部报告数，为银11269865两、钱2240044串（该书第200页）。按这个报告缺安徽、江西、吉林、黑龙江等省数。

③ 据吴廷燮《清财政考略》附《宣统元年岁出岁入等表》各分省数字合计。

④ 1912年7月六国银行团驻北京的代表为向中国提供善后借款，在向伦敦总部报告其对20世纪最初10余年间中国盐税收入的估计时，亦认为若将中央和地方正杂各项全部包括在内，每年当在4000万两以上。

时许多省都是一项相当大的收入来源,且因此项税收从一开始就控制在各省手里,征收、使用比较自由,故加课厘金成为各省筹饷的重要手段。其征收的混乱、不统一的程度也远超过其他税收,被视为妨害商务、加重人民负担的一大恶税。

晚清各省加课厘金的方法,既有增订厘则即提高税率,也有加抽货物即扩大征课范围,还有专就某些货物提高税率的加征。增订厘则如湖南省,在1894年以海防筹饷,百货厘金按照原征率加抽二成(20%)。又如河南省在1902年为筹解庚子赔款,将货厘征率提高30%。山西省也在1901年改订厘则,并添抽货物,使全省厘金收数从每年数万两增加到1902年以后的20余万两。此外如浙江于1894年在货厘中加征"储备公款"、湖北于1900年在货厘中加征"筹防捐",等等,都属用提高税率的办法增加税收。①

加抽货物也比较普遍。如江苏从1896年起抽收米捐、棉花捐;浙江于1895年抽收茧灶捐,1899年在丝捐内附抽柳浦塘工捐,1902年附加丝偿款、绸绉偿款,1907年复加征"厂纱捐";湖南于1906年复征内地米谷厘金②,等等。此外如直隶、河南、山西等省的煤厘,直隶、河南、湖北、广东等省的火车货捐,等等,也都是甲午以后开始抽收的。

专就某些货物的加征,各省所在多有,其中以茶、糖、烟、酒4种货物厘金的加征最为普遍。这4种厘金,甲午以后各省不但普遍开办,而且一再提高税率。如浙江在1906年将糖、烟、酒厘金加征二成,1900年烟、酒厘续加二成,1901年茶、糖、烟、酒厘普加三成,1904年烟、酒厘再加五成。总计茶加一次,加征30%;糖加二

① 以上叙述据各该省财政说明书并参考罗玉东《中国厘金史》(1936年商务版)关于各省厘金的各章。以下所述,多引自此书,不再一一注明。

② 湖南于1876年曾奏准境内米谷免厘,至此复征。

次,加征 50%;烟、酒加四次,加征 120%。又如广东,1895 年加抽烟厘、酒厘 2 倍,1899 年再加 1 倍,1902 年茶、糖、烟、酒厘各加三成,前后烟、酒厘共加征 330%,茶、糖厘加征 30%。其他省一般茶、糖厘加收 20%—30%;较重者山东各加二次共加征 70%,又糖厘陕西加 40%,四川加 50%(均加二次)。烟、酒厘则至少加征 20%,多者加至 1 倍以上(陕西、四川、云南等省)。由于连续加征,清末这四种货物厘金的征率普遍较一般货厘为高。如广东,一般货厘的征率为 7.5%,而茶、糖加征后为 9.75%,烟、酒更高达 32.25%。

对于厘金的种种弊端,中外早有议论。尤其厘金与由条约规定外商享有的内地子口半税制度并存,在一方面使华商在同外商的竞争中处于不利地位;另一方面,由于这两种内地通过税的税率不一致,并且在收入支配上存在着地方和中央利益的冲突,在征收中也引起了多种矛盾和混乱。[①] 甲午战争以后,日益陷于严重财政危机的清政府曾设想以废除厘金为条件来换取外国同意增加关税,以解决财政困难,因而有 1900 年中英商约第二次修约届期前的"裁厘加税"之议。当时设想的方案是:"将进出口货一面照时价核估,扯平修改,一面专指洋货,援照洋药税厘并征办法,于核估时价正税值百抽五之后,并连子口半税二五,统加厘金 1 倍,总共

---

① 例如某些地方当局为增加本省厘金收入,对进口洋货规定课以低于子口税的厘金,使运货的中外商人愿纳厘金而不纳子口税(子口税收入归中央支配,地方难以染指);而对出口货,则将因子口税而受的厘金损失转嫁于生产者,是即当时在丝茶产区内所通行之"先捐后售"办法。在商人方面,则由两种税收税率的不一致,引发了华商通过冒领或买卖子口税单规避应纳厘金的弊端(光绪后期始允许华商贩运土货出口得与洋商一例请领出口三联单,以纳子口半税代替内地厘金)。

值百抽十五,俱在海关并征。”①但此方案尚未及与英国交涉即发生了义和团运动和八国联军入侵,修约遂中断。辛丑和约订立后,中英始再议修约并于1902年订立新约即《马凯条约》。此约允许中国将关税税率提至12.5%,但以中国裁厘及他国也同意加税为条件。这个条约后来并未履行,成为一纸空文。

《马凯条约》订立后,为准备裁厘,清廷曾企图在各省推行统税制度。所谓统税,即将原来多次抽收的厘金改为一次性征收,此后他卡仅验票而不再征。此事创始于江西,于1902—1903年间开办,卓有成效(约增加收入30%),至1904年年初乃由户部奏准咨各省一体筹办。② 但结果并不理想,直到光绪末,只有广西、湖北、甘肃、山西、奉天、吉林、新疆等少数几省改办,其他省或以原来征厘办法与统税无异为理由,或以本省情形特别,改办必致影响税收为辞,拒绝改变。这样,大部分省份的厘金制度就一仍其旧,清廷也再未提出过新的整顿措施。

晚清的厘金收数,同其他税收一样,因各省并不将全部收入实报中央,故无确实统计。其每年报解中央之数,大约为一千几百万两。③ 清理财政以后,度支部预算1911年的厘金岁入时,提出的数字为4318万余两,应是较接近于实际的一个全国总数估计。当然,

---

① 《光绪朝东华录》,光绪二十六年二月己亥,总第4491页。按此方案系由大理寺少卿盛宣怀、江苏布政使聂缉槼奉旨与总税务司赫德会商后提出的。

② 见光绪二十九年十二月二十七日户部折,载《光绪政要》第30卷,第46页。按《光绪政要》将此折列在光绪三十年十一月内,据罗玉东考证,实应为上年十二月二十七日折(《中国厘金史》,第54页注96)。

③ 参见本篇表51。又1903年户部报告数为:银11795576两,钱3324448串(周棠:《中国财政论纲》,第228页)。又罗玉东:《中国厘金史》根据各省厘报等资料,列有1869年至1908年历年厘金收数(仅限于报解中央者)的统计表(该书第463—469页),也可参看。

这个数字仍然不包括以种种“规费”形式进入经征人员私囊的部分。

4. 土药税厘

第二次鸦片战争以后，随着洋药税的开征，各省也开始对国内生产的鸦片征收土药税；不产鸦片的省份则对由他省运销本省或过境的鸦片课征土药厘金。① 甲午战争前，每年土药税厘的收数约为银一百数十万两，当时就已经是清政府的重要岁入项目之一。

甲午战争后，以土药为对象的筹款，最早是1894年户部为筹措中日战争军费在各省推行的土药行店捐输。此项措施的结果，据户部次年奏称：“各省均遵办”，惟甘肃“按所种土药地亩加以亩税”，云南“照茶、糖加厘之法，加收土药厘金二成”，作为变通办理。② 其后，1897年，清廷又欲大幅度增加土药税厘收入。当时经总税务司赫德调查，全国吉林、直隶、陕、甘、鲁、豫、云、贵、川、江、浙、皖、闽等十三省年产土药共33万担，因拟按税厘并征办法，每担（100斤）征银60两，在各产药繁盛处设总局一次征足，约计年可收银2000万两。③ 但此举因各省顾虑“土药税量过重，洋药更易畅销，专在总局并征，亦不免绕越偷漏”，而未获响应，“遂仍按旧章征收”。④ 不过，到1899年，户部就又以洋债、军饷需款为理由，奏请饬各省“就向来征收章程，于原定税厘数目之外，再行加收三成”，专款解部。⑤

庚子后，因筹赔款，土药又再加征。主要有两种情况：一种为

---

① 土药厘最初在一般货厘内征收，1890年后由货厘内分出，而与土药税合成为一独立税项。

② 户部光绪二十一年十一月十三日折，《光绪政要稿》，财政，第2册。

③ 《光绪朝东华录》，光绪二十三年五月庚子，总第3963—3964页。

④ 《光绪财政通纂》第51卷，光绪二十五年九月十四日户部折。

⑤ 《光绪财政通纂》第51卷，光绪二十五年九月十四日户部折。

土药税及土药厘捐的增收。如直隶、湖北、湖南、广东、四川等省在庚子后分别对所征土药税厘加收一至三成。江苏、江西、河南、山西、广西、云南、贵州各省也都实行了土药厘税加征。另一种是对土膏的零售和吸食课征土膏捐、牌照税、烟灯捐等税捐。如浙江规定每售膏1两捐钱20文,福建膏捐每两收50文,山东烟灯捐每盏收20文,安徽每灯、每枪各日捐10文,湖北每土膏1两抽牌照税100文,等等。

庚子后的土药税征额,1903年为银219万余两①,较庚子前约增40万两。光绪1906年,各省实行土药统税②,税率提至每百斤征正税银100两、经费银15两,土药税收入遂更增至900余万两③,达到清代土药税征收的高峰。

但这时清廷也受到了内外禁烟舆论的巨大压力,又值已经宣布预备立宪,不得不有"图新"的表示,故于1906年下谕禁烟,定以10年为期禁绝鸦片。为抵补禁烟的税收损失,最初曾议定开办印花税,还制定了税则和有关实施章程,但因推行阻力甚大,到清亡也未付诸实行。于是在1908年改行盐斤加价,作为土药税损失的补偿;不足之数,则令开办土膏营业牌照等税补足。如湖北省即于1909年初开征了土膏"营业凭照"和"吸户牌照捐"两种新的税项,前者按资本额征照费2—5元不等,一年换照一次;后者为每购土药1两收捐钱40文,购土膏1两收捐钱60文。④ 所以,禁烟以

① 周棠:《中国财政论纲》,第240—241页。

② 此事的发端是湖北、湖南、江西、安徽四省合办土膏税捐,因成效显著,户部于光绪三十一年奏请改为八省土膏统捐,设总局于宜昌,各省设分局,仍援四省成案办理。至是年,改为统税,归部局征收。

③ 此项收入,以370万两为溢收,解部供练军军费;余剩560万两划拨各省,供新案赔款之用,见《光绪朝东华录》第209、212卷。

④ 《湖北全省财政说明书·岁入部·土药税》,第13页。

后,土药税收实际仍以土膏营业及吸食税捐的形式继续存在,这在当时被美其名曰“以征为禁”。

5. 其他税捐

田赋、盐税、厘金以外,晚清各省还有统名之为“正杂各税”、“正杂各捐”的大量税捐,名目繁多,往往一省内即多达数十种,甚至几百种。其中有独立的税目,更多的则是历次筹款增出的附加征收。杂项税课清前期即已存在,咸丰、同治以后逐渐增多,但直到甲午以前仍不占岁入的重要地位。甲午之后,尤其庚子之后,一方面中央和各省需款迫切,另一方面地方获得了自由筹款之权,这些以前并不重要的收入就也成为重点的筹款对象,不仅旧有各税的税率提高,而且新的税目大量增出,在民间造成极大的扰害。

旧税的加征可以契税和当税为例。契税在庚子前,各省还是多按旧例征收,一般按契价每两征税银 3—4 分不等,每年收数多的 10 万两上下,少的仅几万两,甚至不足万两。① 但到庚子以后,赔款、练兵经费各种摊派接踵而来,各省不得不多方筹措,于是纷纷加征,有的提高了税率(如四川、湖北、湖南、广西、广东等省),有的在正税外加费加捐(如江苏、浙江、河南、山西等省)。1909 年,度支部奏定契税新章,规定卖契每两征银 9 分,典契征 6 分。经过加征和整顿,不少省契税收数大幅度增加。如广东原征额每年 10 万两,1904 年提高税率后增至年收 60 万两以上,为原征额的 6 倍。② 湖北于 1902 年、1909 年两次加征后,也收至 60 余万两,成为“本省进款一大宗”。③

① 光绪二十五年九月十四日户部折,《光绪财政通纂》第 51 卷,第 11 页。

② 《广东全省财政说明书·岁入部·正杂各税》,第 19、21 页。

③ 《湖北全省财政说明书·岁入部·正杂各税》,第 19、20 页。

当税在甲午前,各省征率一般为每间当铺年征银 5 两左右,有的尚不及 5 两,多的也不过 10 两。1897 年,经户部奏定新章,税率提至每间每年征银 50 两①,较原来税率增加 5 倍到 10 余倍,火耗、帖捐等等附加尚在其外。庚子后,许多省又加收当捐,所征往往超过正税,如湖北当捐每间当铺年征银 100 两②,山东更多达 350 两(初为 400 两)。③

新税以房捐开办得较为普遍。房捐即对民间店铺及住屋抽税,早在咸丰、同治时就曾作为一项地方性杂税在京师及江苏、广东等省的个别地方实行过,甲午后湖广总督张之洞也曾于 1896 年行之于汉口镇。1898 年,户部正式议征房捐,奏请饬顺天府及各省查明城厢、市镇之铺户行店数目,均按其月租价的 10% 抽捐;自建经商用铺屋,虽无租折,亦令比照同行所缴银数照收一成。④ 不过,此次议征当时未克实行,直到 1901—1902 年间,因摊解庚子赔款,各省才纷纷开办。其时各省所征,有称"房捐"者,一般按租金抽收,其比例多为房租的 10% 或每年抽 1 个月房租⑤;征于店铺者则多称"铺捐",一般按其资本厚薄、经营规模大小分别等则抽收,如湖北铺捐最高则月抽钱 4000 文,最低则抽 200 文,安徽铺捐分六则征收,钱庄另分三则办理,票号月捐漕平 15 两,等等。

房捐之外,晚清各省普遍开办的新税还有一些,如牲畜屠宰税就在不少省份开征,其名称各地不一,有"猪捐"、"肉捐"、"肉厘"

① 《光绪政要》第 23 卷,第 10 页。

② 《湖北全省财政说明书 · 岁入部 · 正杂各税》,第 19、20 页。

③ 中国人民银行参事室编:《中国清代外债史资料》,第 974 页。

④ 吴兆莘:《中国税制史》下册,第 118 页。

⑤ 也有抽收比例较高者,如江苏宁属房捐,系照租金抽一成五,即征 15%。又广东房捐初办时仅抽租金 5%,但后来又抽 5% 的"房铺警费",总比例便也提至 10%。

等等名目。仅在个别省或少数省征收的新增税捐，则不胜枚举。其中有的也是大宗入款，如广东的赌饷，最多时岁入在200万两以上。但更多的还是收数零星，名目则不胜其烦的地方性杂捐。清末，各省州县兴办新政（学堂、警务等等），都是就地筹款，因而开办种种地方杂捐。如广东的此类杂捐就有木排杉捐、鱼捐、糖捐、米捐、秤捐、柴炭捐、麻纱布捐以及纸簿捐、鸡鸭蛋捐、爆竹捐、花舆捐、人力车捐、粪捐等等，名目不下二三十种。这些杂捐各地自定章程，征及锱铢，财务极端混乱，经征人员勒索中饱，为害地方最烈。

以上种种新旧税捐，虽然每一种的收数都远不能同田赋、盐税、厘金等大宗收入相比，但合起来的总收数亦颇可观。宣统三年预算列在“正杂各税”项下的岁入为2616万余两，占全部岁入的8%以上，已经远非甲午前甚至庚子前那种年征杂赋仅一二百万两，占国家岁入比例微不足道的情况了。这是晚清财政收入结构的一个变化，反映出陷于严重财政危机的清王朝对人民变本加厉的搜刮。

三、清末的财政改革

晚清时期的财政，虽然在根本性质上仍然是封建主义的，但也具有了某些近代的因素。这一时期，西方对中国的影响进一步加深，国内资本主义经济也更加发展，这些不能不在国家财政上有所反映。其实，早在同治时期洋务运动兴起以后，清王朝财政每年用于洋务的开支，特别是其中用于兴办近代工矿和交通运输业的那一部分，就已经不完全是封建主义性质的了。甲午以后，特别是庚子以后，清政府在内外压力下不得不变革维新，推行种种新政，财政中这类支出的比例进一步增大。另一方面，随着资本主义经济的发展,财政收入中也增加了新的内容。特别是来自各种国家投资的官营近代企业的收入即所谓“官业收入”,渐渐成了国家岁入的一个项目,反映出财政收入中近代因素的成长。到清末光绪、宣统之际,作为新政措施之一,清政府又模仿资本主义国家对原来的财政管理制度进行改革,如设立财政处、编制财政预算、建立国家金库制度即成立大清银行(初称户部银行)等等,使王朝财政进一步具有了近代色彩。

上述体现了晚清财政中近代因素成长的几个方面,有关新政费支出的情况上面已经谈到,以下仅就官营企业收入和清末财政改革情况作一些介绍。

(一)官办企业及其收入

这里所说官办企业,包括完全由政府投资的官办企业和由政府垫款或投资的官督商办、官商合办企业。后两种企业的官款收益也构成当时官业收入的一部分。

晚清官办企业涉及的领域大致有军用工业、民用工矿业、交通运输业、金融业几个方面,现分述如下:

1. 军用工业

军用工业在甲午后无大发展,新建几处军火厂除创办于1902年的山东德州机器局具有一定生产规模外①,其余都是规模不大的小厂,仅能承担修理任务和少量枪炮子弹的生产。军火生产仍主要依靠原来几家大的制造局厂,特别是老牌的江南制造局和

① 此局系北洋大臣袁世凯利用毁于八国联军的原天津机器局的残有设备,并添购部分新机器建立的,开办费68.9万余两,分12厂,职工300余人,生产仍以弹药为主,品种及生产能力均相当于原天津局,亦被称为北洋机器局。

1895年正式建成投产的湖北枪炮厂；造船则靠福州船政局和1905年从江南制造局分出来的江南船坞。

军用企业都是官办，生产也不以营利为目的。这类企业对于清政府财政基本上只是支出，谈不到收益。不过在甲午后，因清政府财政困难，拨款不足，部分企业也有改行商业化经营及生产民品的尝试，尤以江南船坞较为突出。该坞自从江南制造局划分出来后，即"仿照商坞办法"独立经营，承造及修理各式船只，到清亡时总共盈利76万元，与当初独立时所核定的资产额大略相等。[①] 独立经营后，江南船坞除每年向制造局缴纳租金外，最初所借江南粮道库20万两开办费至1912年也已陆续还清。其他如福州船政局自光绪二十四年建成大坞后开始承揽中外轮船修理业务，并推行承造商轮订货办法（后更推广到兵船）；江南制造局曾试造矿务、农务机器，又曾拟铸铜元，等等，但均无大成效。到清末，多数军用企业因政府拨款不足及经营不善、贪污中饱而处在收不抵支的亏损局面，有的且大量负债或停产、半停产。

2. 民用工矿业

与军用企业全由官办不同，官营民用企业有官办、官商合办和官督商办不同形式，而尤以官督商办为最多。官督商办本意是由官主持，商人出资，但实际因商股招徕不足，这类企业大多有官款垫借为开办经费，一般由企业在一定时期内偿还。官方从这类企业除得到垫款的官息外，通常还享有产品或服务的优先供应及价格上的优惠。甲午后，因经费支绌及经营管理不善，官营民用工矿企业有不少招商承办，最终转化为民营。如纺织业中的上海华盛纺织总厂，原为盛宣怀在李鸿章上海机器织布局基础上办起的官

① 独立时核定资产额为77.3万余两。

督商办企业,1901年盛以经营亏损奏请“招商顶替”,由官产变成为盛氏私产。张之洞在甲午前后创办的湖北织布、纺纱、缫丝、制麻四个官局,也在1902年以租期20年、年租银10万两为条件租给商人,以后历经改租,最终发展成著名的裕大华纺织资本集团。又如钢铁工业方面的大型企业汉阳铁厂,建成仅两年多即因不能正常生产,又缺乏改造设备的巨额资金,而连同所属大冶铁矿一起“招商”,于1896年交给盛宣怀承办,由官办企业变成为官督商办;1908年盛将汉阳铁厂、大冶铁矿与萍乡煤矿合并组成汉冶萍公司后,更转变为完全商办。张之洞开办汉阳铁厂和大冶铁矿总共耗银580余万两①,交盛承办时曾规定自铁路局购买该厂钢轨之日起,“所出生铁售出,每吨提银一两”,以还官局用本;“官用还清后,每吨仍提银一两,以伸报效”。② 而实际盛接手后一两也未缴过,白领了巨额官产。也有些企业虽经营效益不错,却被外资恃强骗占或吞并。前者如甲午前开办的开平煤矿,后者如1907年开办的滦州煤矿。黑龙江的漠河金矿和观音山金矿也曾在八国联军之役后一度为帝俄侵占,1906年才收回主权。上述官营企业在发生变化过程中,有的收回了官款投资,有的却流失了。

尽管招商承办成为甲午后官营民用工业的一股潮流,这一时期新办的官营企业仍很不少,尤以采矿业方面为突出。甲午后,清政府及各省当局视采矿为利薮,兴起一股开矿热潮,不少省成立了

① 此据孙毓棠:《中国近代工业史资料》第1辑的统计,见该书1957年版,第885—887页。张之洞自己的说法,则为5687614两,见《张文襄公全集》第47卷,第17—19页,查明炼铁厂用款咨部立案折(光绪二十四年闰三月十三日)。

② 《张文襄公全集》第44卷,铁厂招商议定章程折(光绪二十二年五月十六日)。

矿务总局或矿务总公司，企图全面开展矿务活动并加以控制。如在较早设立此种机构的湖南省，自 1895 年奏准设矿务总局后，先后开办官矿 19 处；又设有官矿总公司，集巨款购买矿山数百处，10 余年间核准兴办了一批官商合办及商办矿厂。新办各矿，虽多数经营不善，有的且不久即停办，但有的也颇有成绩。如常宁县的水口山铅锌矿，1896 年巡抚陈宝箴设立官局，初以土法开采，1906 年后购买机器改用西法，所产矿砂一直很旺，每年盈利计规银百余万两，成为湖南岁入一大宗。其他省也有办得好的，如光绪 1904 年成立的云南个旧官商有限公司（官商合办），通过向各炉号贷款收锡经销，获利不少。

这一时期各省地方政府还创办了一些小型民用工业和公用事业。如湖广总督张之洞和陈夔龙曾在湖北兴办皮革、造纸、印刷、针钉等厂。又如两广总督岑春煊曾在广东兴办水泥厂、增源纸厂①、官纸印刷局等工厂和自来水公司，继任的张人骏又收回原由英商旗昌洋行办的电灯公司，拨官款并招商股开办官商合办的广东电力股份有限公司。这些地方企业的收入，有的就直接用来充作兴办新政的经费。如广东的水泥厂和增源纸厂都归提学司管理，以岁得赢余充学费。大有赢利的官纸印刷局也一度归提学司经管。

3. 交通运输业

（1）铁路。甲午以后交通运输业方面的最大成绩是铁路建设的大步推进。中国修建铁路始于 1881 年，但直到甲午时仅建成天津至山海关和台北至新竹的线路 400 余公里。甲午后，清廷以缺乏铁路为战争失败原因之一，于 1895 年冬发布上谕，命广筑铁路。

① 此厂原名宏远公司，系商人钟星溪创办，1905 年以关库革书周荣曜在该厂有股本及附存银两，由官接收作为官商合办并改名增源纸厂。

1897年,任命盛宣怀为铁路督办大臣主持修路。到清亡时共修建铁路4300余公里,不仅超过同期外国在华所筑,而且也超过后来北洋政府和国民党政府的筑路里程。

官建铁路之外,自从庚子后清政府开放路权,各省民办铁路也出现热潮,到清末总共有民营铁路900余公里。但清政府在1911年又接受盛宣怀建议,宣布铁路干线国有,收夺已经允许商办的铁路建筑权。这引起了四川等省人民的保路运动,加速了清王朝的灭亡。

晚清官修铁路除京张线以京奉余利举办外,余均系借外债筑成。据统计,从1898年到清亡,为修铁路共借外债22笔,合银元近4.56亿元。① 这些铁路借款是列强为控制中国路权而出借的,都程度不同地附有购料、工程、财务、用人等方面的苛刻条件,甚至要求由外人直接管理所筑之路。至清末,除京汉路提前偿还债款赎回外,余均未及赎还。铁路营业收入,宣统初年约计为银2000万两。②

(2)电信。中国自办电报始于光绪初李鸿章在大沽北塘海口炮台至天津间设线通报。以后陆续架设,有官线、商线之别,官线由各省管理,商线则设中国电报总局(官督商办)经营。1902年,清廷将商线收归官办,引起商人激烈抗议,至1908年才由邮传部借拨路款赎清商股。1911年,各省官线也收归邮传部经理。电报在电报局经营时期,年有盈余。据1908年邮传部尚书陈璧奏,电报"历年获利,约计五六百万"。③

电话事业,自1899年盛宣怀奏准中国自办,京师及一些通商

---

① 参阅宓汝成:《帝国主义与中国铁路》。

② 《清史稿》第149卷《交通一》第16册,第4426页。

③ 《清史稿》第151卷《交通三》第16册,第4468页。

口岸和省会城市陆续开设了电话局所,有商办的,也有由地方政府经营的。清政府曾计划由电报局统一经办电话,但未能实现。

宣统初,中国共有电线90000余华里,年收入1000万两。①

(3)邮政。中国官办近代邮政最初是由海关办起的,创设于光绪初。在此之前,北京、天津、上海等海关已附设有邮递代理业务,收递各国使领馆及海关公私文件,并为外侨服务。1876年,赫德应李鸿章之请由海关试办中国国内邮政,于1878年在北京、天津、烟台、牛庄、上海等地设局,收寄华洋信件。以后渐次推广,各口海关相继设立邮局。1896年年初,清廷批准张之洞建议正式开办大清邮政,但仍以海关兼管,总邮政司由赫德兼任,邮政总局亦设于总税务司署内,赫德委派法国人帛黎(A. T. Pirg)为邮政总办。1906年邮传部设立以后,清政府拟收回邮权自办邮政,多次与海关交涉,至1911年正式接管,由李鸿章之子李经方任邮政总局局长,但实际上邮政总办帛黎仍总管一切。

清政府开办国家邮政后,原设官文书局撤销。民间信局虽仍准继续经营,但在官局竞争下也渐次停歇。惟各口岸列强私设的客邮仍然存在并负责经转清政府官局收寄的国外邮件。

清末,官邮区域已几遍全国。据宣统三年统计,全国共设邮政局及代办处6201所,邮路里数达38.1万华里,平均每100平方里通邮线路7.49里。这一年总共收寄邮件3.62亿件、包裹302万余件,又汇兑业务汇入银393.6万两、兑出银398.42万两。营业收入,经常、临时合计共936.43万余两,支出共929.43万余两,收支相抵盈余69900余两。②

以上所述之外,在轮船航运方面,本期无大发展。同治末创立

---

① 《清史稿》第149卷《交通一》第16册,第4426页。

② 《清史稿》第152卷《交通四》第16册,第4479—4480页。

的官督商办的轮船招商局基本上处在维持状态,营业情况大不如前。尤其原来大有利益的漕运业务,因津河日浅,驳力耗费增加,以及运漕回空免征出口税二成被取消等原因,这时已不仅无利可图,而且成为招商局一大负担。计从1899年到清末,漕运共亏损98.4万余两。[①] 其他航运业务也因外资竞争激烈及内部管理不善而难有振作。但清政府对招商局的苛捐勒索却有加无已。仅以"报效"为名的勒索一项,从1896年起,招商局每年就要捐助北洋大学规银2万两、南洋公学及达成馆6万两。1899年以后,招商局每年再报效北洋兵轮经费6万两,连前南北洋公学等经费共14万两,称"酌提盈余二成"。从1900年到清末,仅此一项即报效规银55.16万两。[②] 又从1905年起,招商局每年捐助商部经费5000两。官方的勒索,使本就营业不振的招商局面临雪上加霜的局面。

4. 金融业

甲午以后,受外国银行势力扩展的刺激及出于官办实业和财政上的需要,官营事业也开始扩及到近代金融业,先后成立了中国通商银行、户部银行(大清银行)和交通银行。其中成立最早的中国通商银行1897年正式成立了,在名义上是商办,但该行从一开办就由户部借银100万两,作为生息公款存入,带有附本性质。[③] 又该行经清政府批准享有存解官款和发行钞票特权,在户部银行成立前实具有某种国家银行色彩。户部银行成立于1905年,带有国家银行的性质,有发行纸币、代理国库和代募公债等特权。该行

---

① 《交通史航政编》第1册,1935年版,第265页。

② 《国营招商局七十五周年纪念刊》,据吴承明的计算。参阅许涤新、吴承明主编:《旧民主主义革命时期的中国资本主义》,人民出版社1990年版,第611、612页。

③ 此款分5年摊还,至1902年还清。

初成立时定资本库平银400万两,其中户部官股占一半,另一半为商股,准官民人等购买。1908年改称大清银行,股本增为库平银1000万两,官股仍占一半。交通银行系由邮传部在1908年奏准设立,目的在便利轮、路、邮、电四政的资金周转。该行股本定为500万两,邮传部认购200万两,余300万两招商认购,为官商合办。三行中,以大清银行营业状况较好,自开业历年都有盈余,最高一年(1909年)达到1525505两。每年盈余以七成派分红利,年均在50万两以上。①

这一时期各地还开设了一些省银行和官银钱局(号),到清末查明者有22家之多。这些地方银行和官钱局多由省库拨款,也有的招有商股。其经营除一般银行的存放款业务外,更主要是以印发钞票解决地方财政困难为目的。辛亥革命后,它们有的倒闭,有的改组。

清末官业收入总数,度支部制定的宣统三年预算为4660万余两,约占全部预算岁入的15.7%。

(二)清末的财政改革

财政改革是庚子以后清政府推行新政、筹备立宪的一部分,包括三个方面的内容:改革财务行政,加强中央集权;清理全国财政,试办财政预算;开设大清银行,建立国家公库制度。

1. 改革财务行政,加强中央集权

如上节所述,自从太平天国起义以后清王朝政治权力结构发生由中央集权向地方分权的变化,各省财权就逐渐增大,财务收支愈来愈独立,中央对各省财务不仅再无力稽核,而且愈来愈不甚了

① 据大清银行总清理处编:《大清银行始末记》所列历年账目报告。

了。到晚清时期,外债、赔款和新政经费大量增出,中央户部无力主持筹办,只能摊派到各省分别筹措,同时各省也诸政繁兴,新增支款率由自筹,省自为政,甚至州县也各自为政,遂致国家财政不统一的状况更加严重。其时的中央户部虽名义上仍为"全国财政总汇",但于各省财务,因奏销制度早成虚文,外销不报部之款又不断增多,故根本不能掌握;即使是在京各衙门经费,亦因许多系各衙门自筹自支,而不能确知其数。因而,当庚子后清政府宣布"变法",推行新政,在财政方面的首要步骤,就是改革财务行政,加强对全国财政的管理。

为加强对财政的管理,最先是在户部外又特别设立一财政处。光绪二十九年(1903年)三月关于设财政处的上谕称:"从来立国之道,端在理财用人。方今时局艰难,财用匮乏,国与民俱受其病,自非通盘筹划,因时制宜,安望财政日有起色。著派庆亲王奕劻,瞿鸿机,会同户部,认真整顿。"①显见设财政处的目的,是在"通盘筹划",整顿全国财政。当时规定:财政处与户部会奏财政事务,衔列户部之上。财政处的内部组织及属官设置未见记载,清理、整顿财政在当时也未实际开展,但这个机构的设立是清末财政改革的先声。

光绪三十二年(1906年)七月,清廷宣布预备立宪。九月,厘定官制、改组部院衙门,户部改称度支部,并将财政处并入。这以后,全国财政的清理、整顿事宜便归度支部统一主持。

改度支部后,清廷以"清理财政为预备立宪第一要政",经反复核议,于光绪三十四年(1908年)十二月批准了《度支部清理财政章程》,并在度支部设立清理财政处,各省设清理财政局,"专办

---

① 《光绪朝东华录》,总第5013页。

清理财政事宜”。根据清理财政章程，度支部清理财政处及各省清理财政局的主要职责，是清查、统计各省出入款项，调查财政利弊，并负责财政预、决算的编制及册籍造送、稽核。清理财政处由度支部选派司员分科办事；各省清理财政局除由各该省藩司、度支司任总办外，另由部派监理官 2 人负责稽查、督催。①

为加强中央财权，清末在财务行政方面还有税务处及督办盐政处和盐政院的设置。税务处是 1906 年由外务部、户部分设的一个机构，目的在加强对关税事务（包括常关税）的管理。当时规定：各关事务除牵连交涉者仍归外务部核办外，凡“关系税务以及总税务司申呈册报各事宜，应经达本处核办”。② 还规定：“各海关所用华洋人员统归节制。”③但这引起了外国的“抗议”，认为“海关有担保外债关系，不能任意变更”。④ 清政府不敢坚持，遂声明海关内部并不更动，即不改变外人把持中国海关行政的局面。该年厘定官制时，原拟将税务处并入度支部，也因恐触犯洋人未果。后税务处单独设官，有督办大臣、会办大臣（1911 年改为副大臣）各 1 人。

督办盐政处设于 1909 年，意在统一盐政管理。以贝子衔镇国公载泽为督办盐政大臣，“凡盐务一切事宜统归该督办大臣管理”。其产盐各省督抚兼会办盐政大臣，行盐省份督抚亦均兼会办盐政大臣衔，以便就近考核疏销、缉私事宜。⑤ 督办盐政处是为统一全国盐政管理权而设，然而多年来各省盐务“自为风气”、“自保藩篱”，积重难返。这时虽设专管大臣，仍未能完全摆脱各省分

① 本段叙述，参见《清末筹备立宪档案史料》下册，第 1028—1029 页。

② 中国第一历史档案馆藏外务部全宗档案。

③ 《光绪朝东华录》，总第 5513 页。

④ 江恒源编：《中国关税史料》第三编，第 47 页。

⑤ 《宣统政纪》第 26 卷。

治局面。至宣统三年(1911 年)八月,又将盐政处改为盐政院,设盐政大臣 1 人统管全国盐政并统辖盐务各官。设盐政院后,各省督抚撤去会办盐政兼差;各盐运司、盐道及督销局、盐厘局改为正监督或副监督,均为盐务专官实缺。此一改革仅实行 3 个月,至是年十一月,又以盐政院事务较简为理由,命归并度支部办理,盐政院遂裁撤。

2. 清理全国财政,试办财政预算

清理全国财政及试办财政预算是清末财政管理改革的一项最重要的措施。清理财政之议在 1906 年宣布预备立宪以后不久即已提出。是年底先有御史赵炳麟奏请由度支部"制定中国预算、决算表,分遣司员往各省调查各项租税及一切行政经费,上自皇室,下至地方,钩稽综核,巨细无遗",以期全国财政归于统一。[①] 接着度支部议覆此折,奏准从清理各省奏销、核定外销款项入手,同时稽核各部经费。但此案咨行各省后,未得回报,遂不了了之。直到光绪三十四年(1908 年),赵炳麟又上疏请清理并统一财政,同时是年八月清廷宣布了 9 年立宪预备期及逐年应行筹备事宜,清理财政才真正进行。这年十二月,度支部先后奏定了清理财政章程及清理财政办法六条,就统一事权、划分调查年份的新旧案界限(光绪三十三年底以前为旧案,光绪三十四年及宣统元年、二年为现行案,此后为新案)、调查方法等事作出规定;又成立了度支部清理财政处及各省清理财政局,由度支部简派的财政监理官也先后分赴各省。

此次清理首先调查了全国各省岁入、岁出款目及其数额,以前向不报部的外销款一律纳入统计,结果便产生了 1908 年各省岁入、岁出总数均达银 2.4 亿余两,远高出以往统计的数字(此统计

---

① 《光绪政要》第 32 卷,第 70 页。

未剔除各省彼此协款的重复收支数)。虽然这个调查仍然不可能完全反映各省收支的真实情况,但较之以往的统计无疑要精确得多。宣统以后的收支,根据清理章程的规定,各省应建立月报、季报及年度预算、决算制度,这样在统计规定上也比以前完善多了。

《清理财政章程》第十条规定:"清理财政局应将该省财政利如何兴,弊如何除,何项向为正款,何项向为杂款,何项向系报部,何项向未报部,将来划分税项时,何项应属国家税,何项应属地方税,分别性质,酌拟办法,编订详细说明书,送部候核。"①据此,各省清理财政局在调查整理的基础上,于宣统年间先后编成了本省财政说明书,对岁入、岁出款目、数额及沿革利弊等项,做了颇为详尽的记述。这也是清末清理财政的一个成绩。

清理财政是为最终实行财政管理上的预算和决算制度。在初步清查了各省财政之后,从 1910 年起,清政府开始试办预算。这一年,先是各省清理财政局及在京各衙门按照度支部颁定册式分别编制成各自的次年出入款项预算报告,接着度支部在汇核各省及各部预算基础上,编制成宣统三年岁入、岁出总预算。这个预算案经内阁会议政务处集议,交资政院审议,1911 年年初资政院覆核修正后议决通过②,遂成为中国历史上第一个近代形式的国家预算。③

---

① 《清末筹备立宪档案史料》下册,第 1030 页。

② 军机处录副奏折:宣统二年十二月二十七日资政院总裁溥伦等奏,胶片,盒 559:000630—000634。

③ 光绪二十五年十月,户部曾根据盛宣怀奏请"将来年实在进出各款预先筹议,开缮清单,并刊行各省,使人民周知财政公开"的建议,拟定过一个光绪二十六年部库出入各款及各省出入各款的清单,可算是预筹度支的第一次尝试,但还称不上是真正意义上的财政预算。此事见罗玉东:《光绪朝补救财政之方策》,《中国近代经济史研究集刊》第 1 卷第 2 期,第 231—232 页。

宣统三年预算只是试办。在它编制之前,清廷并未制定明确的财政方针。当时各省财政仍然还是各行其是,未能统一;拟议中的国家税和地方税划分也尚无头绪。在这种情况下编制的全国预算,不过是将各省及中央各衙门分别预算的数字汇总,杂凑拼合,作形式上的统一而已。度支部的预算数,如前文所述,包括经常、临时两项共岁入库平银29696万余两,岁出库平银37635万余两,预算赤字高达7939万余两。资政院在覆核时为求得表面上的出入平衡,于岁入增加为30191万余两,岁出削减为29844万余两,从赤字变为略有盈余,其实毫无根据,也根本行不通。这个预算因实行的当年即发生辛亥革命,清王朝被推翻,因而没有决算。

1911年,在上年编定第一个预算案基础上,清政府还试办了一个宣统四年预算。这个预算根据年初公布的《试办全国预算暂行章程》、《特别预算暂行简章》、《主管预算各衙门事项清单》等文件编制,在方法上较第一个预算有所改进。此预算总计国家岁入库平银23395万余两,岁出库平银21891万余两;又岁出另有补助地方经费1265万余两、备额外支出之预备金600万两。地方财政出入及划归"特别会计"的官营事业款项系另行预算,不包括在上述各数内。①

3. 开设大清银行,建立国家公库制度

以新式银行代理国库亦为清末财政改革的一项内容。1904年筹办户部银行时奏定的《试办银行章程》第二十二条规定:"户部出入款项,均可由本行办理。"②1908年,户部银行改为大清银行,度支部厘定银行则例,谓"管理官款出入"为国家银行"应尽之

① 军机处录副奏折:宣统三年八月二十七日度支部试办四年全国预算并办理情形由。胶片,盒559:002136—002144。

② 周葆銮:《中华银行史》,台湾文海出版社1984年版,第7页。

义务”，因于新订《大清银行则例》第六条规定：“大清银行得由度支部酌定，令其经理国库事务及公家一切款项，并代公家经理公债票及各种证券。”①1910年资政院会同度支部订立的《统一国库章程》又规定：国库分为总库、分库、支库三种，总库设于京师，分库设于各省，支库设于地方；凡国库，由度支大臣管理，其保管出纳则由大清银行任之；国家收支各款，均须汇总于国库。以上，均是清末试图建立起由特设国家银行统一代理的公库制度的努力。不过，因其时财政尚未统一，各省仍各自为政，故虽然户部银行——大清银行设立后经理了一部分官款事务，但仍远谈不上统一的公库制度。当时的各省官款仍多存于各省自办的银行或官钱局、官银号中；私人票号也继续经营着相当一部分官款的存储和汇兑业务。

清末的财政改革虽然模仿了西方资本主义国家管理财政的某些形式，但它没有、也不可能改变清王朝财政的封建主义本质；其所要达到的统一财权、挽救日益严重的财政危机的目标，也没有实现。

第三节　民国北洋政府时期的财政

北洋军阀统治时期，由于全国统一的政权实际上已经瓦解，大小军阀各霸一方，且连年混战，这一时期的财政较之晚清时期更加混乱和不统一，入不敷出的财政危机及由之引起的一方面国家财政仰赖外人，受帝国主义控制，另一方面统治者对内横征暴敛，苛捐杂税层出不穷的情况，也更为严重。

---

① 周葆銮：《中华银行史》，台湾文海出版社1984年版，第12页。

一、北洋政府时期财政的一般情况

(一)财政管理

1. 财务行政机构

民国成立以后,在财务行政上中央设财政部作为全国最高主管机关,管辖赋税、会计、出纳、公债、帛币、专卖、储金、银行及其他一切财政,并监督地方公共团体之财政。财政部的内部组织,1914年7月修正官制规定为设一厅五司,即总务厅和赋税、会计、公债、帛币、库藏五司;部首长为财政总长,承大总统之命管理本部事务并对各省地方执行本部主管事务行监察指示之责。

财政部之外,设税务处主管海关税务,设盐务署主管盐务。税务处系沿袭清末税务处而设,名义上为指挥、监督总税务司管辖海关税务的总机关,实际上海关一切事务均由总税务司把持,税务处并不能节制。盐务署是1913年善后借款成立后设置的,掌理全国盐务,由财政总长领之。但这也是名义上的,善后借款合同规定盐务署设稽核总所,由华员总办(盐务署长兼)和洋员会办(兼盐务署顾问)共同主持,又于各产盐地方设立稽核分所,亦以华员经理和洋员协理共同管理,盐务的真正管理权实掌握在外人操纵的这一稽核系统手里。

中央财务机关还有烟酒署、印花税处和官产处三个专门机构。民国初元,各省均分别成立这三项事务的专办机构,因于中央设立统辖机关,但并不独立,而隶于财政部。

地方财政机关,各省在民国初于都督府下设财政司,置司长一人综理正杂各税。嗣袁世凯为集财权于中央,于1913年春在中央财政部设国税厅总筹备处,各省份设国税厅筹备处直隶财政部,掌理国税,财政司仅管地方收支。次年秋,因地方收入渐广,又将财政司与国税厅职权合一,在各省正式设财政厅总理一省财政,仍直隶于财政部。

专门财务,各地海关、常关设监督,直隶财政部,但海关和50里内常关实际由税务司制度下的外人控制,中国政府不能管辖。盐务在产盐省分设盐运使署,产盐大区并设运副署,销盐省份或产盐无多地方设榷运局;又各处均设稽核分所或稽核处,或于榷运局内额设洋员,均直隶于中央盐务署内之稽核总所。烟酒公卖事务在各省设烟酒公卖局,下设分局、分栈、支栈,省局长由中央简派。印花税事务和清理官产事务分别由各省的印花税分处和官产处管理,其长官亦由中央派定。

基层县级机构,多于县署下设财政局或科总理全县财政,此外又有经征局、征收局、常关分关、税务所、场知事署或盐场局、盐税局、烟酒分局分栈支栈、印花税所、官产分处等等,机构重叠纷乱,各地设置不一。大体上说,县区内税项,有由县署直接办理的,有另设机构委员征收的,还有招商承办的,章则不一,又因时因地而各不相同。

上述财务行政系统在初期确实是着意于中央集权的,如各省财政厅及各专门财务机构均规定直辖于中央财政部或中央专管机构,其长官皆由中央派委。但是这种局面只维持了一个短时期。1916年袁世凯死后,各省军阀纷纷割据称雄,中央财权随之旁落。当时各省财政厅用人行政多操于地方军阀之手,甚至中央专款也由军阀派员接管。后来一些省还插手盐务机关,盐运使、运副、榷运局皆位置私人。军阀割据时期,各省财政厅等财务机构实际由军阀掌握,无异于督府军需处,中央根本不能控制,不仅派定的解款不到,即中央专款亦多被截留,最后完全变成为拨款。这种省自为政的局面到后来更发展到县自为政。北洋政府时期财权不统一和财政混乱的情况更甚于晚清。

2. 财政管理体制

清末立宪改革的一个目标,就是划分国家、地方财政,分别收支,但未来得及实行。民国建立后继续推行这一政策。先是在1912年冬,由财政部拟定了一个《国家地方政费标准》,规定官俸费、海陆军费、外交费、司法费、国债偿还费、清帝优待费等为国家支出,卫生费、救恤费、自治费、地方债偿还费等为地方支出,立法费、内务费、教育费、实业费、工程费、征收费等为国家和地方共同的支出项目。1913年冬,又订立了《国家地方税法草案》,次年稍加修正颁布。其内容是:现行税目以下列各项为国家税:田赋、盐课、关税、常关税、统捐、厘金、矿税、契税、牙税、当税、牙捐、当捐、烟税、酒税、茶税、糖税、渔业税;下列各项为地方税:田赋附加税、商税、牲畜税、粮米捐、土膏捐、油捐及酱油捐、船捐、杂货捐、店捐、房捐、戏捐、车捐、乐户捐、茶馆捐、饭馆捐、肉捐、鱼捐、屠捐、夫行捐、其他杂税杂捐。将来拟征税项下列为国家税、印花税、登录税、继承税、营业税、所得税、出产税、纸币发行税;下列为地方税:房屋税、国家不课税之营业税、国家不课税之消费税、入市税、使用物税、使用人税、营业附加税、所得附加税。此外还规定了征收地方税的若干限制。

然而划分国、地财政分别管理在当时条件下并不实际可行。故1914年又将各省国税厅与财政司合并组成财政厅,统一管理各项租税。同时恢复各省向中央解款制度,并于1915年经袁世凯批准颁布了《中央解款考成条例》。所谓"解款",乃系承袭前清遗制,由各省将本省财政收支盈余部分上解中央财部。1915年的解款考成条例规定,各省每年应解款总额"以大总统命令定之,由财政部按照每年应解总额,匀定每月报解之数",各省财政厅须按月照数报解,依报解情况实行奖惩。① 各省收支如有不敷,则由财政部拨款补助,谓之"协款"。这与清代从收支有余省份协款给收支不敷省份的办法不同,意在通过中央拨款控制各省财政。

此外还实行了"中央专款"制度,即指定若干税项作为中央专

---

① 见贾士毅:《民国财政史》上册,第一编,第55—60页。

有收入，由各省代征解交。此制始于1915年，当时只规定了印花、验契、烟酒牌照、契税增收、烟酒税增收五项税款，因称“五项专款”。次年扩大范围，增加田赋附加、所得税、牙税增收、厘税增收、牲畜及屠宰税增收、均赋收入六项，连前共十一项，始称“中央专款”。1917年重加调整，以烟酒税、烟酒增加税、烟酒牌照税、契税、牙税、矿税六项为专款，各省认定解额，超额归本省，短少由省补足。1919年以后，与烟酒有关的三项划出归专署办理，遂只剩契税、牙税、矿税仍为中央专款。

在收支管理上，北洋政府时期在清末试办预算的基础上也编制过几个预算，有民国二年预算、三年预算、五年预算、八年预算、十四年预算，共计五个年份。① 然而在当时政变不断、官制法令屡屡修改，特别是袁世凯死后统一政权瓦解、军阀割据混战的情况下，政府收支既不稳定，又不统一，实际上不可能实行严格的预算制度。这几个预算都只是形式上的，与实际收支情形差异甚大。其他财政管理制度，如会计制度、审计制度、统一金库制度、统一货币制度等等，在这一时期或根本未曾建立，或虽有若干法规也只是徒具形式。北洋政府时期的财政管理始终未走上有秩序的轨道。这是与当时政权分裂、变动频仍的混乱政治局面分不开的。

（二）收支概况

随着北京政府对各省控制能力强弱的不同，本期财政可以

---

① 其中民国十四年预算（“暂编国家预算案”）系财政整理会征集当时中央及各省自编之部分预算草册，加以汇编而成，“以备财政当局之参考”，而非正式颁行之政府预算。其他预算案也只有五年度预算曾经参政院代行立法院议决，八年度预算曾经新国会通过公布；二年度预算初于1913年7月下旬编定并咨交众议院审议，不久撤回，12月将修正案再交众议院，又因两院停会未能议决；三年度预算仅由财政部呈准袁世凯通行，未经立法机构审议通过。

1916年6月袁世凯之死为界,划分为前、后两个时期。这两个时期的财政状况不完全相同;在每个时期之内,由于政局变化,又可以区别若干小的阶段。

1. 袁世凯统治时期

辛亥革命后以孙中山为首的南京临时政府只存在了短短3个月,革命果实就被北洋军阀头子袁世凯篡夺。从1912年3月袁世凯在北京就任临时大总统职到1916年6月他死去的4年多中,前两年北京政府财政面临极为窘迫的局面。当时各省独立,停止向中央解款,中央政府几无收入,全靠向外举债才勉强得以维持。赣宁之役以后,袁世凯以武力集权于中央,政局相对稳定,通过整顿,财政状况趋于好转。1915年下半年以后,因袁世凯加紧复辟帝制,政局再次动荡,财政状况也随之逆转。

1912—1913年两年是袁政府财政最困难的时期。此时袁氏政权初建,政局动荡不安,因各省独立,中央收入主要来源的各省解款基本上中断。据1913年10月财政部向副总统黎元洪报告:"各省在前清时协解中央款项年有定额。迨国体改革,解款顿停,虽经本部累次电催,而协解之金终属寥寥无几。总计由民国元年以迄于今,所收齐、豫、湘、粤等省之解款不过二百六十万余元,车薪杯水,无补于艰。"①这区区解款,甚至不足以应付其时北京政府1个月的行政常费所需。② 主要收入来源的断绝使当时北京政府的财政捉襟见肘,极为支绌,以致连以往中国政府不敢拖欠的对外债、赔款

① 《政府公报》1913年10月。

② 1912年袁氏政权初建时,每月支出政费300余万元,入秋后增至400余万元。次年春以后,因南方各省军队陆续改归部辖及各部行政费增加,按月应支军、政两费再增至500余万元。参见贾士毅《民国财政史》上册,第一编,第45页。

也无法如期偿付。据贾士毅记述，至1913年春，“洋、赔各款积欠累累，计赔款一项，上年结欠二百万镑；而洋款之过期及届期者，共五百九十余万镑，各省历欠外债又二百八十七万镑，综欠英金有一千一百万镑之多。斯时入款之大宗，仅恃奉、直、齐、晋等省之盐税、部辖之常税及其杂款，尚不敷政费之需，遑论清偿债务耶？”①

入不敷出的财政使袁政府只能不断地大量举借外债。根据有关资料统计，1912—1913年两年，袁政府共借财政外债4亿多元，占其存在期间所借此类外债总额的91%左右。② 这些外债，款额较大者有1912年的瑞记第一、二次借款，华比借款、善后大借款垫款、克利斯浦镑款，1913年的瑞记第三次借款，奥国第一、二次借款，善后大借款，中法实业借款等。这些借款对维持袁氏政权的财政及助其进行内战，铲除异己，建立对全国的专制统治起了莫大作用。然而这些帝国主义借款都是以抵押中国的种种主权为条件的。尤其善后大借款，不仅折扣大、用途规定苛刻③，而且以盐税担保，使中国继失去关税主权之后又失去了对盐税的管理、支配、保管全部主权。

袁世凯统治头两年的财政收支至今未有准确数据。民国二年

---

① 参见贾士毅：《民国财政史》上册，第一编，第46页。

② 据徐义生《中国近代外债史统计资料》，第114—129页表一《袁世凯统治时期北洋军阀政府所借外债表》计算。此处所谓“财政外债”系指用于财政金融、军械军饷、外债本息的债款。袁统治时期所借此类外债总额约为4.38亿元。

③ 此项借款系九折发售，八四实收，故名义为英金2500万镑，袁政府所得仅2100万镑（又扣除手续费、汇费等项，实收仅约2071万余镑）。其中规定用于偿付中央和各省所欠赔款、外债者共860万镑，由银行团直接划扣；又有约700万镑规定用于赔偿辛亥革命外人损失、裁遣各省军队及整顿盐务等专门用途，真正能由袁政府用于政费开支的只有500多万镑。

度预算,包括经常、临时在内,岁入总数为55703万余元,岁出为64223万余元,出入相抵不敷8520万余元。中央收支则岁入为41266万余元,岁出为49787万余元,出入亦亏8500余万元。① 实际亏空远不止此。本年度预算在编制时为求缩小赤字,于岁入有的项目抬高了数额,有的纯属不能实现的虚列之款;岁出各项目的数字则竭力核减,有的支出还没有列入。例如收入方面的各项旧有入款(田赋、厘金、正杂各税等)多系比照清宣统四年预算之数列入的,远较各省原报之数为高,这在当时各省历经兵燹动乱的情形下是难以完成的。新增收入如印花税、所得税、验契费等,总共列入833万余元,实则当年仅印花税收入5万余元②,所得税、验契费均未实行。又如中央收入中列入各省解款3241万余元,而实际情形正如上文所说,此项收入在当时几近于零。据贾士毅说,1913年各省解款实收560余万元③,只有预算数的17%。在支出方面,除军政常费竭力核减外,像赣宁之役军费这样的临时特别支出根本不在预算之内。正因为收支有巨大缺口,本年度预算将年度内收入的善后借款等外债及预备发行的内债也都列入(这是本年度预算数额特别高的原因),共计22337万元,其中外债20837万元,占全国预算岁入的37.4%、中央预算岁入的50.5%。由此也可见外债对于当时袁政府的财政是多么重要,它确实是"仰给外债以度岁月"。

赣宁之役以后,袁世凯凭借武力建立起对全国的独裁统治,各省军政首脑大都委派北洋亲信,政权日渐稳固。1914年、1915年两年,袁政府大力整顿财政,一方面千方百计增加收入,另方面减少支出,压缩军政费用,遂使财政形势趋于好转。

---

① 见贾士毅:《民国财政史》下册,附录:《民国二年度岁入岁出总预算表》。
② 吴兆莘:《中国税制史》下册,第261页。
③ 《民国财政史》上册,第一编,第49页。

在增加收入方面，主要采取了如下几项措施：

（1）恢复各省向中央的解款及建立中央专款制度。编制民国三年度预算时，即已严核各省收支，令各省将收支盈余部分解送中央。次年又颁布《中央解款考成条例》，加强对各省解款的考核。三年度预算定各省解款数为2973万余元，实收1400余万元，虽尚不及预算数的一半，但较之前二年几乎没有解款的情形已不相同。1915年改会计年度为历年制，夏间与直隶等12省重新核定解款数额，共派解2178万元，实收1795万余元。

中央专款制度如上文所说始于1915年。此项制度指定若干税项为中央专用财源，实行以后即与解款一起成为中央固定收入。1915年共派解5项专款1898万余元，实解1874万余元。与解款合计，这一年各省共向中央解送3669万余元，大大缓解了中央财政的压力。①

（2）整顿税收。在旧税方面，主要是对田赋、厘金、常关税三项大宗收入进行了整顿。田赋在民国初年因旧制变更，收数遽绌。但到1914年时，经过一系列整顿，收数有了起色。据财政总长周自齐1915年年初向袁世凯报告，上年整顿田赋"统计增收之数，在五百六十二万元以上"。② 厘金在1912—1913年两年亦短收不少。1914年，财政部拟定整治办法通行各省，又颁布《征收厘金考成条例》，以资惩劝，使收数恢复到1911年预算旧额并略有增加（实收3865万余元）。常关税最初除口岸50里以内各关由海关税务司征收作为偿付赔款之用外，其余多由各省地方派员经征，款

---

① 以上叙述所引各省解款和中央专款的派解数及灾解数据贾士毅《民国财政史》，见该书上册，第一编，第50、52—54、60页。杨汝梅：《民国财政论》所记略有不同，见该书第二编第一章第三、四节。

② 贾士毅：《民国财政史》第一编，第215页。

归外省。1913—1915年,沿江沿海50里外常关及内地常关均陆续改归中央直辖,由中央简派监督,所收税款径解部库;对税则、征收方法、关员考成等也作了一系列改进,从而收数渐有增加。据周自齐报告,常关税(按此处仅指50里外常关及内地常关所征)在1913年仅为557万余元,而1914年共收入627万余元,增加一成以上。

在新税方面,印花、验契、烟酒牌照3种税的推行较有成绩。印花税从1913年正式推行,当年仅售出印花2.7万元。1914年推广后,收入40余万元,1915年又增至300余万元。烟酒牌照税和验契费分别始于1913年和1914年。1914年,烟酒牌照税收入40余万元,验契费收入更高达3182万余元,其中由财政部直接动用者达1740余万元。

(3)发行内国公债。1914年欧战爆发后,袁政府外债来源受到影响,因而在募债以弥补财政方面由借外债转向以借内债为主。当时政局相对稳定,也有利于内债的发行。民国三、四两年公债的实发额都在2500万元以上,于财政助力不小。

(4)整顿金融。1914年二月袁政府颁布了《国币条例》,规定货币铸发权"专属于政府",由政府发行银元及小额银币、镍币、铂币等统一货币。同时宣布改组原大清银行为中国银行,和交通银行一起作为国家银行,两行有权用发行兑换券的办法逐步收回各地滥发的纸币。至年底,广东、浙江两省的纸币已经收回,吉林、黑龙江、江西等省也收回了一部分。金融的整顿有利于增强人们对政府的信任感及政府对财政的管理,从而增加财政收入。

除此以外,关余、盐余的支持也是当时袁政府财政较为稳定的原因。关税、盐税自主权丧失之后,税收控制在外国手里,各省不能任意截留,因而抵偿外债、赔款之后的关余和盐余反倒成为中央政府较有保证的收入。关税自从欧战爆发受到一些影响,但盐税经整顿后收数增加。1914年上半年,中央政府盐税的月收入一度达到300万元,成为支持其时财政的一大财源。① 此外,欧战以后,不少华侨及国内富户的海外资产转移到国内,1914年间仅从外国银行转入中国银行的存款就有4000万元②,这也使国库有所充实,有利于财政的稳定。

在缩减开支方面主要从开支最大的军、政两费入手。1914年三月定中央军费支出每月300万元、政费支出220万元,由财政部"权衡缓急,均匀支配",从而改变了1912—1913年支出漫无限制的状况。据财政总长周自齐估计,军、政费两项,全年约共减支1200余万元。外省支款自1914年二月召开各省财政会议后,亦按会议确定的支出概算方针,将各省原开预算"逐款勾稽,痛加削减,共节省一万六千万有奇"。③ 对外省支出的限制,一方面保证了各省向中央的解款,另方面也减少了中央对外省的协款支出。

以上增收减支的结果,使1914年、1915年两年的收支状况大为好转。1914年中央预算岁入25474万余元,岁出22926万余元,收支相抵盈余2547万余元。④ 虽然实际情况未必如此乐观——在岁入方面各省解款及印花、烟酒牌照、契税增收、烟酒税增收等专项税款均未能如额,岁出方面不但各部实支额多有超过预算者,一些额外支出如平定白朗暴动的军事费用更不在预算之内,以致瑞记借款等到期债款无力偿还,不得不签订延期偿付合同,原预算中对外省的协款1830余万元也仅于沿边各地实发了

---

① 《花旗银行档》第4027卷,转引自《近代史研究》1982年第1期,第212页。

② 《护国军纪事·财政纪事》。

③ 贾士毅:《民国财政史》上册,第218页。

④ 贾士毅:《民国财政史》上册,第50—52页《三年度中央岁入岁出预算表》。

300 余万元,反映出财政状况还是十分支绌;但是,总的说情况已比头两年不同,这是无疑的。1915 年的情况,据记载,国库实收银元 13067 万余元,实支 13903 万余元[①],仅有 800 多万元赤字,这在整个袁政府时期,是最好的财政记录了。

然而,这种财政状况好转的势头随着袁世凯复辟帝制引起政局再次动荡而被破坏了。首先是帝制活动消耗了大量国家经费。从 1915 年 8 月筹安会成立、帝制派公开活动到次年 3 月帝制失败,袁政府先后开支的帝制活动经费据估计不下 6000 万元之巨。[②] 由于这笔费用不能列入财政部的正式开支,只好挪用其他经费。如 1913 年 10 月订立的中法实业借款实付额的大部分、1914 年 1 月成立的中法实业银行钦渝铁路借款垫款、1916 年 2 月杨度出面借的英国三妙尔公司(怡大洋行)建筑汉口商场垫款等,就都被挪作了帝制活动费之用。其次,因复辟帝制引发了南方云南等省的护国运动,袁政府为"征南"导致军费支出大增,据说征南军费每月需 500 万元[③],而其时政府每月行政费支出也才不过 200 万元左右。

在支出大增的同时,收入却因政局动荡而大幅度减少。如各省解款,1916 年度预算原定为 4230 万余元,因各省纷请减免改定为 2573 万余元,而上半年各省实解仅 865 万余元,只约为改定数的三分之一、原预算数的五分之一。又如中央专款,本年增加项目,原预算数为 6462 万余元,后改定为 3660 万余元,而上半年实解仅 1029 万余元,不及改定数的三分之一、原预算数的六分之一。烟酒公卖、官产收益及公债收入也远低于预算数:烟酒公卖预算收

---

① 贾士毅:《民国财政史》上册,第一编,第 60—66 页《四年度国库实收实支表》。

② 黄毅:《袁氏盗国记》上编,第 138 页。

③ 《护国军纪事·财政纪事》。

入1168万元，上半年仅实收200余万元；官产收益预算数列1705万余元，但在当时“商业凋敝，银根紧迫”的情形下，据估计全年也至多只能实收800余万元；公债于夏初开募，计划发行2000万元，然而募集3个月，收入还不及30万元。

按照公布的1916年度预算，中央岁入31578万余元，岁出31517万余元，收支相抵约盈余60万元。而实际情形如上所说，自袁世凯复辟帝制，政局再次动荡以后，一方面支出大增，另方面许多预算岁入成为画饼，这就使本年再次成为北京中央政权财政收不抵支的一个年份。尤其在上半年即袁世凯统治的最后6个月，中央财政极度窘迫，每月入不敷出之数常在几百万元以上。为了筹款，袁政权曾以种种手段进行搜刮，如强征各种苛捐杂税，搜求提取中、交两行兑换券及现银准备金并令两行大量增发纸币，强迫各级政府官员认购公债等等，还曾企图求助于外国借款，但均收效不大，对内的加剧搜刮并引起了各阶层对其统治的强烈不满与反抗。1916年上半年的严重财政危机是袁世凯复辟帝制的倒行逆施引起的，而这一财政危机反过来又成为导致袁世凯帝制失败及其统治最终结束的重要原因之一。

2. 军阀割据时期

袁世凯死后，全国统一的政权瓦解，各省地方大小军阀割据称雄，互相争权夺利，不断发生混战。在北京，北洋皖、直、奉系军阀交替把持中央政府（有时互相联合），但都未能有效控制各省政权。在这种变化无常的纷乱政治局面下，袁以后时期北京政府的财政状况虽也有若干阶段的不同，但总的趋势是不断走向混乱和恶化，故下面不再分阶段叙述，而是作一概括的总体考察。

本时期北京政府财政状况恶化首先表现在岁入的各项来源日渐枯竭。当时北京政府的岁入主要有各省解款、中央专款、印花税、烟酒税、常关税以及关余、盐余、内外债款几项。这些收入，随着政局的日益混乱、中央政府威望下降和对各省控制力的不断减弱,均呈江河日下之势,有的后来甚至于无收。

(1)各省解款。各省解款在1916年即已大幅度减少,1917年虽派解省数从上年的14个增加到16个,派解总额也有增加,但却只有5个省向财政部实解96万余元。从1918年起,派解省数和派解额连年迅速下降,实解更是一文不名。不过,直到1921年止,各省每年截留的解款仍有一部分是以"抵拨"的名义用在中央军费支出上。而自1922年以后,此种"抵拨"亦几不复存在,解款制度遂在事实上消亡。1916年以后历年解款的摊派、实解及抵拨情形见表54。

表54　1916—1921年各省解款的摊派、实解及抵拨情况

年份	派解省数	派解数额(万元)	实解				抵拨			
			省数	占派解省数的%	数额(万元)	占派解数的%	省数	占派解省数的%	数额(万元)	占派解数的%
1916	14	2603.9	12	85.7	548.5	21.1	12	85.7	1342.1	51.5
1917	16	2801.7	5	31.3	96.9	3.5	8	50	1363.6	48.7
1918	12	1252.0	0	0	0	0	4	33.3	604.3	48.3
1919	3	556.3	0	0	0	0	3	100	555.3	99.8
1920	3	385.0	0	0	0	0	3	100	491.7	127.7
1921	2	366.0	0	0	0	0	2	100	295.9	80.8

资料来源:杨汝梅:《民国财政论》,上海商务印书馆1927年版,第31—34页《历年各省解款比较表》(据原表改制)。按贾士毅记载的这一时期解款数字有些与此表有差异,具体如下:1916年:派解省数13个(缺四川),派解额2573万余元,实解数(上半年)865万余元,见《民国财政史》上册,第一编,第71—72页。1917年:派解省数15个(缺奉天),派解额1859万余元,抵拨数1450万余元;1918年:派解省数11个(缺湖南),派解额1215万余元;1919年:派解额426万元(各省派数与杨书同,此总数当为计算之误);1920年:派解额426万元(江西、浙江两省派数与杨书同,江苏派数贾书作190万元,杨书作19万元。按贾书各省派数合计,派解总数应为556万元);1921年:派解省数3个,派解额383万元(多出江苏,派17万元),以上各数见《民国续财政史》上册,第一编,第77—78页。

(2)中央专款。中央专款制度如前所述始于1915年,初仅5项,称“五项专款”;1916年扩大范围,始有“中央专款”之称。专款项目,从1917年起定为烟酒税、烟酒增加税、烟酒牌照税、契税、牙税、矿税6项,按当时各省认定的数额,每年共应解1280余万元。1919年1月,与烟酒有关3项归专署办理,仍归专款者遂只剩下契、牙、矿税3项,年额减为630余万元。实解情况与各省解款一样从未解足过,1922年以后更全数被各省截留或抵拨中央应发各省军费。① 历年中央专款的解送情况见表55。

表55　1915—1923年中央专款各省认解及实解情况

年份	认解数额(万元)	实解	
		数额(万元)	占认解数的%
1915	1899.0	1874.8	98.7
1916	3660.0	2440.0	66.7
1917	1287.9	1036.0	80.4
1918	851.3	575.5	67.6
1919	634.9	424.5	66.9
1920	634.9	424.5	66.9
1921	634.9	424.5	66.9
1922	628.9	0	0
1923	628.9	0	0

资料来源:贾士毅:《民国财政史》上册,第一编,第54、60、73—75页(1915年认解、实解数及1916年认解数);《财政年鉴》上册,商务印书馆1935年版,第3页(1916年实解数);杨汝梅:《民国财政论》,第35—37页《历年中央专款认解及实解总数比较表》(1917—1923年各数)。按杨书记民国四年度各省区认解1384万余元,实解1115万余元;五年度认解3048万余元,实解1760万余元;新五年度(民国六年上半年)认解843万余元,实解509万余元。贾氏《民国续财政史》上册所载1917—1923年各数同杨书,但多有错位情况。

① 当时中央应发各省军费多由专款划拨,往往款未收足,先由各省借垫,至年度终了再归专款结算,“甚至辗转咨查,经年累月,尚未抵拨清楚者。留拨之款日多,解部之款日少”。参见杨汝梅:《民国财政论》,第35页。

(3)印花、烟酒、常关各税。这几项税收均为中央直接收入,1916 年以后每年征收总数在二千几百万元以上,但多数被各省截留,解送财政部由中央直接支配的只占一小部分。如印花税。1916 年以后每年收数均在二三百万元以上,但实解到财政部的,1919—1921 年平均每年仅为 34 万余元,分别占各该年收数的 12.4%、11.4%和 10.4%。1924 年解部 72 万余元,也只占该年收数(304 万余元)的 23.7%。① 又如烟酒税(烟酒税捐、烟酒公卖费、烟酒牌照税),1917—1921 年间除 1918 年为 1253 万余元外,其余年份收数均在 1400 万元以上,且逞递增之势,1922 年更达到 1506 万余元;而解部之数,设专署后的 1919 年为 267 万余元,1920 年为 222 万余元,1921 年为 178 万余元,1922 年为 144 万余元,被截留的比例高达征收数的八九成。② 常关税每年约收入六七百万元,"在(民国)六、七年间,为中央直接收入,政、军各费赖以挹注"。然而在这以后,先是"因三、四年公债基金不敷,加拨常关税补充,由是各关监督将所收税款径交附近税务司收存";后虽另筹公债基金,"然军事屡起,初则边远之省就地截留,继则近畿之省亦纷纷留用,财部每年所得常关税收入日渐减少,迨至十一年以后,实际归诸中央收入者,仅京师税务监督署所收之款而已"。③

(4)关余、盐余。关余直到 1920 年以前还是北洋政府每年一项可观的收入。1917—1920 年间,北洋政府总共收入关余 5125.9 万元,约占其时关税收数的 18.8%;最高的年份(1920 年)收入

① 杨汝梅:《民国财政论》,第 39—40、50—52 页。
② 杨汝梅:《民国财政论》,第 53—54 页。
③ 贾士毅:《民国续财政史》上册,第一编,第 73—74 页。

2566.9万元，占当年关税收数的32.2%①。然而从1921年起，关余因全数充作内债担保而不复存在。从1921年到1926年，每年关税收入约有百分之五六十用于外债支出，百分之二十左右用于内债支出，再加上百分之二十左右的海关经费及其他支出，已基本没有剩余。

盐余在1921年以前为支撑北洋政府财政的大宗财源，多时一年收入五六千万元，约占盐税总数的百分之六七十。当时虽已出现外省截留盐款现象，但只限于南方少数省份。20年代以后，军阀混战加剧，北京政府首脑频繁更替，已几乎完全不能控制各省，截留盐款遂成为普遍现象，截留数额每年达3000万元以上，1926年、1927年两年更分别达4700万余元和4600万余元。② 同时这一时期陆续又有以盐税担保的外债，还开始用盐款担保内债（盐余库券、整理公债基金、盐余借款等）。这样，北京政府可自由支配的盐款就愈来愈少。1925年以后，北京政府的盐款来源"仅存长芦一区，所得入款只敷盐税项下外债之本息，而盐余殆无存焉"。③

（5）内、外债收入。靠借债过活是北洋政府时期财政的一大特点。袁世凯统治时期主要是借外债，但自欧战爆发后，因外债来源受到影响，也开始打内债主意，如发行民国三、四年公债等。1916年以后，北京政府仍陆续借有大量外债（大部分为日本债款）。尤其在1917—1919年，总共借外债2亿多元，约占1916年以后所借

---

①　参见本篇表60。

②　参见《中国近代盐务史资料选辑》第一册，第375页。按当时各省截留盐税有"奉准截留"和"自行截留"两种情况，前者是在各省武力割据的情况下，经使团抗议无效，由盐务稽核总所与各省当局协议，允许其截留者；后者是各省强行截留。大体上说，在1920年以前以前者较多，以后则后者的数额远超过前者。

③　贾士毅：《民国续财政史》上册，第一编，第75页。

外债总数的一半;其中仅1917—1918年间的一系列西原借款的债额就约1亿元,为其时外债的最大宗。西原借款以东北等地的路、矿、森林及电报、电话局的财产和收入作抵押,所得之款绝大部分被用来开支当时段祺瑞政府的军、政经费(主要是军费)。1921年以后,外债作为财源日渐枯竭,除去一些零星小额借款,基本上是旧债延期借款或偿息垫款借款,于国库收入并无助益。

内债在本期财政筹款中的作用更超过外债。据不完全统计,1917—1926年间北京政府共发行公债和具有公债性质的国库证券5.4亿多元,各种短期国库证券8648万余元,内债总额在6.3亿元以上(不计银行短期借款及垫款),远多于同期外债之数。其中以1917—1921年间发行最多,计有公债4.15亿余元、库券等6600余万元,总计4.8亿余元,占全期内债发行数的76%。这几年中,北京政府滥发内债,以充军、政各费之用,仅1918年一年就发公债1.39亿元,为本期发行公债最多的年份。滥发的结果是偿债基金不敷,很多债款难以按期偿本付息,债信日坠,不得不在1921年进行一次整理。该年总计发行公债1.15亿元,其中8000多万元系为收回元年和八年两种公债而发行的整理债票,新发公债仅3000多万元。1922年以后,内债发行趋于停滞,新发债额很大部分是用于整理、清偿过去的旧债(如1922年发行的九六公债即系用于清偿以前的盐余借款),用于军、政各费的新债不计各种短期库券,不过8000多万元,远少于前一时期,说明内债作为财源到这时也已成为强弩之末了。①

在岁出方面,1916年以后北京政府历年支出的统计也反映

---

① 上述关于内债的各项数字据王宗培:《中国之内国公债》,上海长城书局1933年版,第20—21页《逐年债券发行数明细表》和第26页《国库证券、有奖公债逐年增减统计表》。

出这一时期财政状况的不断恶化。其时北京中央政府的岁出可大致区分为军事费、政务费和债务费3项，其中军事费包括陆军费和海军费，而以前者为主；政务费包括外交、内务、财政、教育、司法、农商、交通等费；债务费为内、外债务偿还费。表56是1917—1925年间这3项支出及其占北京中央政府岁出总数比例的统计。

表56　1917—1925年北京政府历年支出情况

年份	岁出总数（万元）	军事费		政务费		债务费	
		数额（万元）	占岁出的%	数额（万元）	占岁出的%	数额（万元）	占岁出的%
1917	13064.7	8392.8	64.2	4671.9	35.8	—	—
1918	23981.9	13753.0	57.3	5777.9	24.1	4451.1	18.6
1919	21230.1	11298.6	53.2	4588.7	21.6	5342.8	25.2
1920	20697.5	10773.3	52.1	4581.0	22.1	5343.2	25.8
1921	21769.7	9798.5	45.0	4099.1	18.8	7872.2	36.2
1922	18780.3	7289.2	38.8	3617.4	19.3	7873.7	41.9
1923	17182.2	4843.7	28.2	4265.4	24.8	8073.2	47.0
1924	14914.3	2937.4	19.7	3438.0	23.1	8538.9	57.3
1925	9969.1	5940.5	59.6	4028.7	40.4	—	—

资料来源：据贾士毅：《民国续财政史》上册，第一编，第111—114页各项数字制成。

从表56不难看出：1917—1925年间，北京政府岁出的最大宗为军事费和债务费，两项支出合计在历年岁出中所占比例高达75%以上，最高的年份（1921年）为81.2%；而政务费即国家日常行政费，只占岁出的五分之一到四分之一左右。① 这种情况，正是

① 1917年、1925年两年因无债务费统计，故政务费比例较他年为高。

当时军阀割据混战,北洋政府把大量经费投入军事方面,又在岁入不足的条件下,不得不靠向外向内借债以支撑财政并为此每年大量偿付债息,从而形成的畸形支出结构的鲜明反映。

分别来看,军事费在1921年以前一直是三项支出中最高的。其中1918年达1.37亿余元,占岁出的57.3%;其后两年也达1亿多元,占岁出的50%以上。1918年军费支出较上年陡然增加,是因北洋政府1917年对德"绝交"、"宣战"以后,借"参战"之名向日本大量借款,以之扩军购械所致。欧战结束后,1919年军费支出有所减少,但1920年直皖战争爆发,故该年军费支出仍维持在1亿多元的高水乎上。1921年以后,军费的绝对数及其占北京政府岁出的比例不断下降,最少的1924年只为不足3000万元,占岁出的19.7%。这种情况,主要是由于随着当时各省独立性的增强,军费的支出方式发生了变化。前文提到,1921年以后,各省截留中央款项的现象益发严重,不仅中央解款早就停解,而且从1922年起中央专款也全数被截留;此外如印花税、烟酒说、常关税等中央直接收入以及盐余,都大量被截留。当时各省截留中央款项,有部分是用于各省地方经费开支,但也有相当大数量用于开支中央应发各省军费,谓之"抵拨"。因此,当时中央财政部账面上军费支出的减少并不意味着实际军费的减少,而只是反映了在中央政府对各省控制力减弱的情况下,中央与各省军费支出上的互相消长。

实际上,在1916年以后的军阀割据时期,由于政局纷乱,军阀混战的规模不断扩大,中央和各省都大量扩军,军费支出始终是增长的,其情形在有案可查的几个年份的国家岁出预算中反映见表57。

表 57 1916—1925 年财政支出预算中军费增长的情况

年份	岁出总数（百万元）	军费支出数（百万元）	军费占岁出总数的%	军费增长指数（1916 年=100）
1916	471.5	159.4	33.8	100
1919	495.8	217.2	43.8	136
1925	634.4	297.7	46.9	187

资料来源：贾士毅：《民国财政史》下册，附录，第 51—70 页《民国五年度岁入岁出总预算表》；《民国续财政史》上册，第一编，第 58—62 页《民国八年度国家岁入岁出总预算表》，第 65—67 页《十四年度国家岁入岁出总预算表》。

表 57 中各年预算的军费数编列得并不完全。如 1919 年预算："广东、广西、云南、四川四省，当时册报未到，系照五年度预算数编列，实际上军费之支出尚需增多。"①又如 1925 年预算："西南各省军费，因中央无案可稽，只能照录八年度预算数，而各该省八年度预算又多系照抄五年度预算数。现时西南军费，实已超过五年度数倍"；"奉军经费，在十一年战事以前，原有一部分奉军军饷由中央拨发，后经几次战争，该军改编，情形变迁，已无从知其详数，只能仍照陆军部核定有案之奉军饷数开列，然以与现在之实数比较，当必缺漏甚多。此外各省情形亦多类此"；又一些历经战争被政府明令取消的军队"被他方面收编成军者不在少数，且实际并未消灭者亦复甚多"，此类军队的开支虽不能列入预算，但实际上是存在的。② 考虑到上述种种情形，1916 年以后军费支出的增长比表 57 所反映的还要严重。

军事费之外，债务费为当时北京政府岁出的又一大宗。如表 56 所示，1917 年以后北京政府的债务费支出是持续上升的，占岁出的比例愈来愈大，到 1924 年竟有 57.3% 的支出要用在还债上！

① 贾士毅：《民国续财政史》上册，第一编，第 58 页。

② 杨汝梅：《民国财政论》，第 157—158 页。

上文说到，本时期北京政府举借内、外债主要集中在1921年以前，由表56看出，这也正是北京政府岁出数最高的几年。当时为了应付庞大的军、政费开支，北京政府不惜大量举债，许多债款甚至没有确实基金担保，完全不顾及日后的偿还能力。1921年以后，北京政府因失去对各省的控制而各项收入来源日趋枯竭，又因收入枯竭而失去再借新债的资本，从而不得不紧缩开支，军、政各费都因以缩减（军费减少有各省以截留的中央款项“抵拨”的因素）。在这种境况下，债务负担却因历年积累而愈来愈重，这对已经几乎山穷水尽的北京政府财政，无异于雪上加霜。

需要指出的是，表56所列债务费仅是就有确实基金担保的内外债款历年应付本息统计的。这部分债款的本息偿还或从海关税、常关税指拨，或从盐税指拨，故有保障。此外有大量债款并无确实基金担保（以内债为多），其还本付息就没有保证，每多拖欠。1921年以后，对此类内债进行过一次清理，有的以新发债券换回了旧债券，又每年从关、盐、烟、酒等税中指定2400万元为整理基金，以充各债还本付息之用。对难以清偿的外债则或另订延期借款，或借付息垫款。这些，虽弥缝于一时，但却给以后的财政造成了更大的压力。

至于政务费，由表56看出，从1918年达到5777万余元高峰后，便基本上呈下降趋势，1921年以后降到4000万元上下甚至3000多万元的水平。这一情况是与本时期北京政府财政危机的逐步发展相一致的。事实上，到北洋后期，财政极度窘迫的北京政府已无法保证政府各部门的日常经费所需，教育、司法、农商、外交、内务等费常被挤占“改充军事之用，由是所属员司索薪怠工相继而起，而各项政务复缘以停顿焉”。[①] 此类事例在当时报章上反

① 贾士毅：《民国续财政史》上册，第三编，第390页。并参阅《顾维钧回忆录》第一分册，1983年版，第289—293页。

映是相当多的。

以上分别概述了袁世凯以后军阀割据时期北京政府的岁入、岁出情况。这一时期财政盈亏的总情况无确实统计可据,但从几个年份的预算数字上仍可看出大概的趋势。兹以 1919 年、1925 年两个预算案的出入盈亏连同 1916 年预算盈亏情况列表 58,以作比较。

表 58　1916 年、1919 年、1925 年预算出入盈亏情况

单位:万元

年份	岁入		岁出	出入盈亏		备注
	内外债款在内	不计内外债款		内外债款在内	不计内外债款	
1916	47212.5	45212.5	47151.9	+60.6	-1939.4	本年预算公债收入 2000 万元。
1919	49042.0	43947.2	49576.3	-534.3	-5629.1	本年预算国债收入共 5094.8 万元,其中内债 5000 万元,外债 94.8 万元
1925	—	46164.4	63436.2	—	-17271.8	

资料来源:1916 年数据贾士毅:《民国财政史》下册;附录,第 51—70 页《民国五年度岁入岁出总预算表》。1919 年、1925 年数分别据贾士毅:《民国续财政史》上册,第一编,第 58—62 页《民国八年国家岁入岁出总预算表》;第 65—67 页《十四年度国家岁入岁出总预算表》。

如表 58 所示,3 个预算在岁入方面相对变化不大,但岁出数一个比一个大,因而出入缺口也愈来愈大。在不计公债及借款收入的情况下,入不抵出数 1916 年预算仅为 1900 余万元,1919 年预算增加到 5600 余万元,1925 年预算更增加到 17200 余万元,反映出这一时期国家财政状况的不断恶化。由于这几个预算于岁入多有抬高数字的情况,于岁出则往往编列不全,当时财政危机的实际程度,自然比预算数字反映出来的还要严重。

(三)封建割据下的地方财政

民国北京政府时期,除去袁世凯统治下的一个短时间外,国家政权四分五裂,各省军阀依靠武力独立于中央政府,形成为一个个封建割据的小王国。在这种政治局面下,本时期实际上不存在全国统一的财政,各省地方的财政独立性相当大。因此,叙述这一时期的财政不能不对地方财政的情形也稍加考察。由于当时地方财政的情况极为复杂、混乱,各地不同,这里只指出其最主要的几个特点。

1. 军事费压倒一切的岁出

北洋军阀统治时期的地方财政的最大特色就是它的浓烈的军事色彩。由于军队是大小军阀们借以维持其统治的基础以及此起彼伏的军阀之间的战争,用于养兵及战争的军事费便成为当时各省财政支出的最大部分。这种情况在 1919 年、1925 年的两个财政岁出预算中反映得相当清楚,如表 59 所示。

表 59　1919 年、1925 年各省预算的军费数及其占岁出总数的百分比

年份	岁出总数(万元)	军费数(万元)	军费占岁出的%
1919	14100.0	7708.6	54.7
1925	25379.7	18241.9	71.9

资料来源:贾士毅:《民国续财政史》上册,第一编,第 187—190 页《八年度(各省)岁出预算分表》、第 195—197 页《十四年度预算各省岁出分类表》。按表中军费数系按原表陆军费、海军费两项合计得出,其中海军费在两个预算中均为 551186 元。

表 59 中两个年份的岁出预算,除军费外,其他项目为外交、内务、财政、司法、教育、农商、交通等行政费(1919 年预算另有少数

“蒙藏费”,为协款性质)。不难看出,1925 年预算比 1919 年预算岁出总额的增加绝大部分来自军费的扩张;如果不计军费,则其他行政等费支出几乎没有变化。由于军费的扩张,不仅各省岁出总规模 1925 年比 1919 年增加几近 1 倍,而且军费占岁出总数的比例也由 1919 年的 54.7%增加到 71.9%。这还是就各省预算的总数计算的。分省来看,则许多省的军费比例都远远超出此平均比例,如江西为 75.4%,山东为 79.7%,福建为 80.5%,河南为 84.8%,四川为 87.5%;吉林、黑龙江、湖北、广东、广西等省也都高于各省平均数。这两个年份的各省预算岁入总数变化不大,1919 年为 16757 万余元,1925 年为 17333 万余元。① 然而由于军费扩张导致预算岁出总数大大增加,出入相抵之后,就由 1919 年预算的盈余 2657 万余元一变而成为 1925 年预算的共亏 8046 万余元了。1919 年预算除一些边远省区外,大多数省都入大于出;1925 年预算则仅奉天、陕西、江苏、安徽几省出入有盈,其余全都入不抵出,与 1919 年预算情形迥不相同。

上述预算军费数字自然还远不是当时军费开支的实际情形。在军阀割据时期,中央政府对各省军队的编制及军费支出根本不能掌握,即各省自己也没有准确的统计,所谓预算往往只是根据零星不全的册报及陈年旧案做出,徒具形式,与实际情形差距甚大。但是,从上述预算数字仍然可以看出,在军阀统治下各省财政岁出的绝大部分是消耗于军费,而且这种情况愈到后来愈趋严重。

2. 无所不用其极的财政搜刮

主要是为了应付庞大的并不断膨胀的军费支出,当时各省的军阀政府完全打破一切规制,为筹款而无所不用其极。这是北洋

① 见贾士毅:《民国续财政史》上册,第一编,第 186—187 页《八年度预算各省岁入分类表》和第 193—195 页《十四年度预算各省岁入分类表》。

时期地方财政的又一特点。

(1)肆意截留中央款项。上文已经提到,自从袁世凯死后,随着地方割据的发展,各省不仅停止了中央解款,而且全数截留了中央专款;印花税、烟酒税、常关税等中央直接收入,甚至盐余,也大部分被截留。这些截留最初还是借口军需紧急,请求就近留用并划抵中央应支军费,后来更连请准手续也不履行即自行提用,全然不顾中央需要。地方与中央的财政隶属关系从晚清以来就日渐削弱,到北洋后期更近乎完全断绝,中国真正分裂成了一个个封建割据的独立小王国。

(2)滥增税捐,加强对人民的搜刮。北洋时期各省在军阀统治下,税收完全失去控制,种种巧立名目的旧税加征和新增税捐层出不穷,名目之多、征收之无规则超过了历史上任何一个时期。

旧税加征以田赋和盐税最为普遍和突出。田赋在北洋时期已成为中央政府无法过问的地方收入,因而各省搜刮经费无不首先向田赋开刀。常用的办法是随正带征种种附加。例如四川省,北洋后期各种田赋附加税目达 26 种,全省 1925 年的田赋附加税比清时增加了 148%。其他省田赋附加税目达数十种的也不鲜见,有的甚至多达上百种、几百种。如农村复兴委员会统计江苏有 105 种,浙江有 739 种。[①] 各种附加税累计起来往往远超过正税。如在奉系军阀张宗昌统治下的山东,每田赋银 1 两附加"军事特别捐"大洋 2.2 元,"军鞋捐"0.3 元,"军械捐"1 元,"建筑军营捐"1.8 元,合计 5.3 元,大大超过了正税。[②] 江苏有的县附加税超

① 见陈登原:《中国田赋史》,商务印书馆 1936 年版,第 239 页。

② S 生:《张宗昌治下的山东》,见《向导周报》第 92 期,1924 年 11 月 19 日。

过正税二三十倍。[①] 附加税目的层加叠累使附加税额不断增长，如直隶定县的田赋附加税 1927 年比 1912 年增长了约 3.5 倍，江苏南通同期增长了 5 倍。

北洋后期各省还普遍实行了田赋预征。如在直系军阀萧耀南治下的湖北，1924 年就通令各县征解 1925 年、1926 年两年的田赋。[②] 张英华在河南于 1926 年预征 1927—1929 年 3 年田赋。[③] 其他省如湖南郴县在 1924 年预征到 1930 年，福建汀州在 1926 年预征到 1933 年，山东德州在 1927 年预征到 1930 年，直隶南宫在 1927 年预征到 1932 年。四川有的地方更预征十几年、几十年，最长的梓桐县在 1926 年就已经预征到了 1957 年。[④]

盐税加征主要是在 20 年代以后。当时内战加剧，各省愈加脱离中央，大小军阀们于是凭借武力，一方面向各地方稽核机构强行截留盐税，另方面向商民强征各种附加税捐，名目五花八门，什么护送费、护商费、某某防费、教育费、银行股本、整理金融捐、路捐、口捐、食户捐、地皮捐、伤兵抚恤捐等等，绝大部分都被军阀们拿去充作招兵买马及内战的经费。以四川为例，据 1927 年年底调查，所征盐斤税捐共有 27 种，税额约 124 万元。当时自贡盐运经军阀刘文辉、赖心辉、杨森三个防区，每傤（900 担）需交三次附税总共 1250 元，长江沿岸江防费一类的捐税尚不在内。又川盐运往贵州

---

① 陈登原：《中国田赋史》，第 239 页。

② 若愚：《吴佩孚铁蹄下之湖北》，见《向导周报》第 92 期，1924 年 11 月 19 日。

③ 守愚：《直系军阀余孽对河南民众之剥削》，见《向导周报》第 186 期，1927 年 1 月 31 日。

④ 见章有义编《中国近代农业史资料》第 2 辑，三联书店 1957 年版，第 577 页。

所经两省关卡每担需缴纳杂税 11 元以上,而正税仅为 2.5 元。① 除了固定的各科附加,各地军阀还常有临时性的征派和强行借款,如 1924 年吴佩孚为进行第二次直奉战争曾要长芦盐商和久大精盐公司一次交纳 150 万元的"报效"②;又如 1923 年 10 月一个月内,湖南各军政机关总共向盐商强借了 60 余万元巨款。③ 这种种额外加征,使人民头上的盐税负担更加重了。

附加税之外,独立名目的杂税杂捐也大量增出,如张宗昌曾在山东按人头抽"人捐",按狗头抽"狗捐",又按运出境外的牛只抽"牛捐",等等,各地名堂繁多,难以枚举。更有许多临时性的筹饷硬派,如 1922 年第一次直奉战争时,曹锟为筹战地饷需,按属下各县大小,分别派款 3 万—5 万元,又小米、高粱各 2000—4000 石。④

兵差尤其是各地方人民的一项无比沉重的负担。所谓兵差,乃是以军事需要名义对农民的一种临时不固定征派,本质上属于古代徭役性质,但在军阀混战时期,兵差的征派比在清王朝时期还有过之而无不及。在清代,兵差主要是逢战争有军队过往时才进行征发,所要提供的也只是人夫和车辆、牲口、船只等运输工具。但到北洋时期,兵差发展成了军阀们筹措军需的一种简便方法。由于战争不断,军队扩充,军饷不足,发下来的军饷也多为军官们所克扣,且常久拖不发,军队衣食住行的一切必需品便都由地方供应。北洋后期随着战火扩大,兵差愈加漫无限制,往往不仅战区有

① 《中国近代盐务史资料选辑》第一册,第 359—363 页。

② 《中国近代盐务史资料选辑》第一册,第 349 页。按此款因吴军很快败退,仅实交 20 万元。

③ 《中国近代盐务史资料选辑》第一册,第 364 页。

④ 《六月十三》下编,中华书局 1924 年版,第 937 页。转引自来新夏:《北洋军阀史略》,湖北人民出版社 1957 年版,第 143 页。

兵差，就是备战地区，甚至不打仗的地区，也派有兵差。繁重的兵差不仅劫夺了农民的大量财物，而且出夫供役影响了正常的生产。

(3)滥铸硬币和滥发纸币。这是用通货贬值的办法盘剥人民，实等于变相的捐税。在铸造硬币方面，清末各省已经滥铸铜元，从中获取利益作为财政收入来源之一。民国以后，特别是在军阀割据混战加剧以后时期，各省又继续大量鼓铸，而且愈铸质量愈低、币面价值愈大，导致铜元价格不断下跌，物价高涨，广大劳动阶层大受其害，各省军阀们却因此而大获其利。当时铸造当十的单铜元每百枚至少可获利银洋1角余，当二十的双铜元则可获利至少2角6分。1921年起，四川、陕西等省又铸当五十、当百、当二百的铜元，获利更多。此外，四川军阀还将一元银币改铸为半元银币，其他省也纷纷铸造一角、双角银币，都比铸银元获利多，其中四川的半元银币据说可获80%的厚利。①

各省还滥发没有兑换准备的纸币，以应付不断膨胀的支出，给人民造成了极大的祸害。在纸币发行最滥地区之一的东三省，张作霖所发奉票(大洋票)1917年的发行额为1700万元，1925年增发到51400万元，由于不能兑现，失去信用，价格不断跌落，1926年时只及原价的四分之一。② 东北的其他纸币如吉林官帖、黑龙江官帖、哈大洋票等也都因滥发而不断贬值。张宗昌在山东发行的大量军用票最后跌到面额的二三折，还有2000多万元的省银行券根本不能兑现。③ 吴佩孚在河南发行的钞票到1926年6月止计有银钞1200余万元、铜元钞1800余万吊，均因战事影响而停止兑现，结果银钞成为废纸，铜元票跌到四折，河南民众因此倾家丧

① 参见章有义编:《中国近代农业史资料》第2辑，第589—590页。

② 章有义:《中国近代农业史资料》第2辑，第597—598页。

③ 罗从豫:《我国今日不兑换纸币问题》，见《银行月刊》第八卷第一号。

命的不知有多少①,军阀们却因此发了大财。

(4)种卖鸦片,以充军费。军阀割据时期,一些省又开放烟禁,以鸦片收入作为重要财源。如陕西自陆建章统治时期开放烟禁以后,便迫使人民广种烟苗。后来陈树藩、刘镇华均靠烟税扩充军队。刘镇华所辖不过十几县,每年烟税收入却高达1500万元以上,超过陕西全省田赋1倍有余。② 在四川,军阀们公然以烟税与盐税并列,额定征收3000万元,列作岁入预算。湖北的烟税也经常达2000万元,约占全年收入的一半。③

3. 公私不分,公财转入私囊

公私不分也是军阀割据下地方财政的一大特点。在北洋时期,各省地方的军阀实际是一个个为所欲为的土皇帝,所统治地区就如同他们的私产家业。在"地盘"内,军阀们凭借武力把持一切,不仅任意榨取豪夺,而且把很大一部分公财转入自己的囊橐,因而在不长的时间内便都积累起巨额的私人财富。据一个统计,当时71位北洋要人的私产总值多达6.31亿元,其中奉天督军张作霖、直隶督军曹锟(后经贿选成总统)、山西督军阎锡山、湖北督军王占元、安徽督军倪嗣冲、山东督军田中玉、河南督军赵倜、江西督军陈光远、福建督军李厚基、江苏督军张勋10名地方大军阀的私产都在1000万元以上:张作霖、曹锟各5000万元,阎锡山、王占元各3000万元,倪嗣冲2500万元,田中玉、赵倜各1500万元,陈光远1200万元,李厚基、张勋各1000万元。④ 这个估计其实还是

---

① 章有义:《中国近代农业史资料》第2辑,第595—596页。

② 武陵:《直奉战争期间陕西各方面之情况》,见《向导周报》第145期,1926年2月10日。

③ 转引自来新夏:《北洋军阀对内搜刮的几种方式》,见《史学月刊》1957年第3期。

④ 《北洋要人私产之大略统计》,见《近代史资料》1962年第4期。

很保守的,如另有资料说倪嗣冲死后有遗产8000万元,湖北督军王占元去任时有现银5000万—6000万元,河南督军赵倜卸任时有私产3000万元①,均远比上一估计数字为高。如此巨额的私产,都是这些土皇帝们凭着自己的权势、地位对人民残酷榨取,又大量地化公财为私财的结果。

总之,北洋时期的地方财政是军阀割据混战下各省地方各自为政的极端混乱而无秩序的财政。这种地方财政以一个个分裂的、由为所欲为的军阀们统治的独立小王国为范围,在小王国内部,用于征兵、养兵和战争的军事费占财政支出的绝大部分;为了筹措军费,军阀们不顾一切对人民横征暴敛,肆意搜刮;同时,由于各个小王国事实上成了军阀们的私人领地,其财政又是公私不分的,公财大量被军阀们转化为个人的私财。在小王国外部,军阀割据切断了他方财政对中央财政的隶属关系,断绝了中央的财源,迫使中央财政只能主要依靠大量不断地举借内外债,以及分得一些外人把持下的关、盐税款来加以维持,从而导致中国财政更深地陷入了依附于外国帝国主义、受其控制的不独立地位。就其对外依附于帝国主义和内部分裂不统一的程度而言,还更超过晚清时期。清末开始的带有某些资本主义色彩的财政改革在这一时期非但没有进一步向前推进,而且就改革的政治条件而言,可以说还大大倒退了。

二、北洋政府时期的税收

北洋政府的财政收入包括赋税收入、内外债收入和官产(官

---

① 转引自来新夏:《北洋军阀对内搜刮的几种方式》,见《史学月刊》1957年第3期。

办铁路、轮船、邮电、工矿、银行等)收入三部分。后两部分分别在本书有关章节叙述,这里着重介绍各种税收。

北洋时期的税收除开征了少数新税外,对沿袭下来的税收如田赋、盐税等,也曾进行了某些整理和改革。但因政局动荡、政权不统一,不是成效不大,就是取得的成果很快即又丧失。在税收制度上,这一时期曾一再企图划分国家税和地方税,分别管理,如1913年冬由财政部制定《国家地方税法草案》(次年公布)、1923年又由财政整理委员会根据当时宪法关于划分国、地税的规定制定并公布《整理税制计划书》等,但都是一纸空文,实际上仍然沿用由地方征税并向中央解款制度(新增中央专款)。总的来看,北洋时期的税收和税制与清末相比没有根本的变化;发生了变化的,只是国家重要税收或是更进一步为外国所控制(如盐税),或是完全为地方所把持(如田赋及包括厘捐在内的货物税等),此外就是因政权不统一,各种税的征收都比清代更加混乱。

(一)关税和盐税

关盐两项税收在本期内都处在外国管理和控制之下。北洋政府已失去了对关、盐税征收和使用的主权,只能分润扣除了二税所担保的债赔款应付本息以后的余款,即所谓"关余"、"盐余"。尽管如此,这两项税收是外债的保证,它仍是北洋政府财政的支柱,仍然受到北洋政府的高度重视。

1. 关税

这一时期,北洋政府出于严重的财政危机无法解决并迫于国内要求收回关税主权舆论的压力,曾经多次对外交涉,要求修改协定关税税则并恢复关税主权,但除使进口税率大体达到值百抽五以外。废除协定关税、恢复关税主权的努力没有取得实质性进展。

税则的交涉最初是在第一次世界大战期间。当时北洋政府提出三点作为参加协约国作战条件:(1)缓付庚子赔款5年;(2)改正评价表,实行值百抽五;(3)裁撤厘金,提高进口税率到值百抽十二点五。前两条得到各国同意,于1918年1月在上海召开了有15国参加的修订关税税则会议,议定以民国元年至五年的平均物价作为新税则的货价标准,从而使税率有所提高(实际仍未达到值百抽五)。这期间,1917年年底北洋政府还颁布了一个"国定关税条例",按必要品、资用品、无益品、奢侈品不同类别分别规定了进口税则。但在当时同我国贸易的主要国家都与我国订有协定税则条约的情况下,这个条例不可能实施。

第一次世界大战结束后,中国作为战胜国参加巴黎和会,提出关税自主要求,但未获采纳。1921年的华盛顿会议上,中国代表再次提出恢复关税主权、改正关税的议案,经多方协议于次年2月订立了九国关于中国关税条约。具体实施分三个步骤:第一步将进口税切实值百抽五;第二步在值百抽五外增课2.5%的附加税(奢侈品可加到5%);第三步实行裁厘增税,将进口税率调增为12.5%。据此,作为第一步于当年4月在上海召开了修改税则会议,确定以1921年10月至1922年3月的上海平均市价为货价标准,并以指数核定之。此次所定税则,进口货品分15类、582目。

按照九国关于中国关税条约的规定,1925年10月又在北京召开了关税特别会议,继续讨论中国关税主权问题。会议经激烈争论,把中国恢复关税自主权、实行国定税率定在1929年,且以中国裁厘为条件。但此次会没有开完,列强在次年春借口中国"内乱"中断了会议,代表星散,这次会议便以不了了之告终。

总之,北洋时期虽然多次对外交涉,但除了进口税率有所调整(根据实际物价值百抽五)外,在恢复关税自主权方面未取得任何实际结果。直到国民党南京政府时期,这一问题才获得解决。

北洋时期的关税收数,海关税在第一次世界大战前1912年为3997万余两(关平两,下同),1913年为4396万余两;一战期间收数减少,每年只为三千七八百万两(1915年为3674万余两);一战结束后,1919年达到4600万余两:此后逐年递增,1926年达到7812万余两,约比1912年增加1倍。海关征收的50里内常关税变化不大,每年约为四百几十万两(个别年份达500万两以上)。

由于关税控制在外人手里,地方军阀无法染指①,此项税收便成为北洋政府最可靠的收入。1917—1918年间,关税收入偿付外债本息并扣除海关经费后,每年都有按银元计600多万元关余归北洋政府支配。1919、1920年两年,虽然由关税偿付的债务除外债外又增加了内债(三、四年公债及七年短期公债等),但因关税总收入大幅度增加,北洋政府所得剩余反而增多:1919年为1200余万元,1920年为2500余万元。但是从1921年起,由于整理内债,关余全数充作整理基金,这一项收入便不复能为北洋政府利用了。② 1917年以后历年关税收数及其分配情况,如表60所示。

2. 盐税

盐税在清代已因担保外债和赔款而部分为帝国主义所控制,但盐税主权的彻底丧失是在民国初年善后大借款成立之后。此项以盐税为担保的总数近2.5亿元(2500万镑)的帝国主义大借款,

---

① 北洋末期,地方军阀因军费不足。有随意征收2.5%附加税情况,即所谓"不当课税",但关税正额,他们无法染指。

② 这期间关税内缓付5年的庚子赔款及一战后停付的德、奥、俄国庚子赔款仍继续是北洋政府的一项财源并被用来抵押新发内债。但这不属关余范围。

表60　1917—1926年关税实收及其分配情况

年份	关税实收(关平:万两)	折合银元(万元)	外债支出		内债支出		海关经费及其他支出		北洋政府所得剩余	
			数额(万元)	占实收的%	数额(万元)	占实收的%	数额(万元)	占实收的%	数额(万元)	占实收的%
1917	3818.9	6110.3	4346.1	71.1	—	—	1073.3	17.6	690.9	11.3
1918	3634.5	5815.2	4033.7	69.4	—	—	1165.8	20.0	615.7	10.6
1919	4600.9	7361.4	3461.2	47.0	719.3	9.8	1928.5	26.2	1252.4	17.0
1920	4981.9	7971.1	3091.7	38.8	863.7	10.8	1448.8	18.2	2566.9	32.2
1921	5446.2	8714.0	5429.9	62.3	1889.5	21.7	1753.0	20.1	—	—
1922	5863.4	9381.4	5436.3	57.9	1632.1	17.4	2047.1	21.8	—	—
1923	6350.4	10160.6	5699.1	56.1	1414.7	13.9	1990.0	19.6	—	—
1924	6959.5	11135.2	5528.3	49.6	2199.3	19.8	1805.7	16.2	—	—
1925	6987.0	11179.2	8220.9	73.5	2702.2	24.1	1956.0	17.5	—	—
1926	7812.2	12499.5	7541.3	60.3	—	—	4598.6	36.8	—	—
总计	56454.9	90327.9	52788.5	58.4	—	12.6	19766.8	21.9	5125.9	5.7

资料来源:关税实收关平两数及其折合银元数分别见贾士毅:《民国续财政史》上册,第二编,第142页附《历年各海关实收数目表》及同书第一编,第73页。贾书所缺1926年关税银元收数按1关平两=1.6元折率算出(贾书其他各年数均按此折率)。

外债、内债、海关经费等项支出数据下列两种材料:贾书第一编,第111页《海常关指拨债款实数》;长野朗:《支那之财政》,日本万里阁书房“中国大系列丛书”本,第51页关税收入一览表。

1917—1920年各年关余数按本表关税实收折合银元数减去内外债及海关经费等项支出得出。按本表各年关余只为约略数字,若精确计算,由于内外债支出各数内包括有由50里内常关税支出的数字,关税实收总数内应该计入50里内常关税收数,同时各关经费等支出一栏也应包括50里内常关经费。

其贷借合同规定中国的盐务管理除中国人主持的行政系统外，须另建一套实际由外国人操纵的稽核系统，这套系统包括北京的稽核总所和各产盐地方的稽核分所，总所以中国人为总办，外国人为会办，所有发给引票、汇编盐款报告及表册各事均由其共同监理，总分各所的华洋人员任免由其会同定夺；稽核分所由“职权均相平等”的华员经理和洋员协理主持，所有给发引票及称放盐斤、征收存储盐税各事宜均需经洋协理同意并会同签字。合同还对盐税的保管及支配作出规定：征收之盐款存入银行团之银行或其认可之存款处，“非有总、会办会同签字之凭据，则不能提用。该总、会办有保护盐税担保之各债先后次序之责任”。① 以上种种规定，完全剥夺了中国盐务的管理权及盐税的保管权和支配权。在根据借款合同组建稽核所的过程中，帝国主义又一方面迫使袁政府按照他们的要求尽力提高稽核所的地位，由盐务署长兼任稽核所总办，稽核所会办则兼任盐务署顾问，总、会办直接隶于财政总长，从而使洋会办实际成了中国盐务的最高长官；另一方面在合同规定之外肆意扩大稽核所的机构，如增设稽核处、收税总局等机构，在各地稽核分所下增设支所等，从而更加严密了稽核所组织，使之成为完全平行于中国盐务行政系统的又一套盐务系统。这后一套系统，事实上是当时中国盐务管理的中枢。

北洋时期，主要是在掌握稽核所实权的洋员推动下，盐政管理和盐税征收都实行了某些整顿改革(这是中国政府在善后借款合同中作出的承诺)。盐政管理改革的中心是废除引岸专商制度，实行自由贸易政策。中国盐政在旧有的引岸制度下，食盐的收购、运销由政府特许的盐商垄断把持。大盐商凭借自己握有引票的特

① 以上内容见善后借款合同(1913 年 4 月 26 日订立)第五款，载《中国近代盐务史资料选辑》第一册，第 102 页。

权地位，不但在场低价收盐，在岸高价售盐，从中获取暴利，而且与政府官员勾结，大量走私偷税。引岸制度人为抬高了食盐价格，造成私枭遍地，也使政府税收受到严重影响。针对这种情况，当时的盐政改革企图破除特权盐商的世袭引权，实行自由贸易，方法是就场征税，税后之盐允许不按引地自由贩运。但是这一改革受到大盐商及与之利益相关的北洋政府官员的反对和抵制，因而只是一些边远地区、官运引地及盐商势力历来不大的地区先后开放了自由贸易①，其他大部分地区仍然实行引岸制。已开放地区也还不是真正的自由贸易。为了防止开放地区之盐侵销引岸，盐商只能从指定地点运输盐斤到指定地区销售，一些开放地区还规定运盐商人必须事先注册、交保，甚至限定销售数量，结果不过是变原来的少数专商为许多散商。诸多的限制还使一些大投机商钻了空子，在某些地区出现了大投机商垄断食盐运销，成为居于场商和运商之间坐享利益的中转商的情况。

盐税方面的改革主要是取消过去种种名目的盐课厘杂，实行划一税率（实际仍有地区差别）、以元/担为单位的统一税（正税）②，同时采取就场征税、先税后盐、废除耗斤等项措施并加强场产管理、缉私和对盐税收支的稽核。这些措施在一个时期里颇见成效，不仅盐税收入增加，而且清末以来混乱不堪的盐税征收大为简化，各地高下不齐、悬殊甚大的税率也有逐渐统一之势。但是自从袁世凯死后，由于中央权力式微，各省独立性增强，特别是随着

---

① 参见丁长清主编：《民国盐务史稿》，第78—79页《历年开放引地表（1914—1928年）》。

② 1914年颁布的《盐税条例》规定每100斤盐征税2元5角，1918年增加为每100斤征3元。当时都规定这是政府课征的惟一盐税，取消其他一切杂征。

20年代以后军阀混战加剧,盐税的征收又趋于混乱,前期的整顿改革成果几近丧失。北洋后期各地军阀一方面截留盐税,另一方面任意在正税之外强征种种附加,其杂乱无章的程度不亚于清末。

北洋时期盐税的收数,善后借款后的第一年即1914年为6848万余元,以后不断增加,到1926年为13398万余元;1927年(1—10月)稍减,为10620万余元。与关税一样,这些盐税北洋中央政府所能得到的只是一小部分:在1916年以前,每年盐税偿付所担保的债款本息并扣除还债准备金①,及开支盐务经费等项之后,剩下的部分才是盐余,由北京政府支配;从1916年起,各省开始截留盐税,从而也参加到盐税的分割中来。北洋时期历年盐税的总收入及其分配情况见表61。

表61 1914—1927年盐税(正税)收入及其分配情况

年份	总数(万元)	各省截留		偿还债赔款		盐务经费、还债准备金及其他支出		北洋政府所得剩余	
		数额(万元)	占总数的%	数额(万元)	占总数的%	数额(万元)	占总数的%	数额(万元)	占总数的%
1914	6848.3	—	—	2110.7	30.8	1607.1	23.5	3130.5	45.7
1915	8050.3	—	—	3459.9	43.0	1838.1	22.8	2752.3	34.2
1916	9293.3	1186.8	12.8	2491.2	26.8	1579.4	17.0	4035.9	43.4
1917	8974.3	749.7	8.4	851.3	9.5	1261.7	14.1	6111.6	68.1

① 善后借款合同中没有从还债后的盐税余款中再提取此项"准备金"的条款。这是1914年年初稽核所会办英国人丁恩提出的,后来即固定下来,声称此系为"防备革命性质之各强意外事情而设(一为现在之乱事者),俾持票人其利息可由盈余税款放还,并使中国政府对于各债务亦可得以时常从速全数拨付"(《中国近代盐务史资料》,第189页)。准备金的数额,大体为1000余万元。

续表

年份	总数（万元）	各省截留		偿还债赔款		盐务经费、还债准备金及其他支出		北洋政府所得剩余	
		数额（万元）	占总数的%	数额（万元）	占总数的%	数额（万元）	占总数的%	数额（万元）	占总数的%
1918	10403.0	1563.6	15.0	416.5	4.0	2810.4	27.0	5612.5	54.0
1919	11416.4	2634.1	23.1	1162.2	10.2	2735.9	24.0	4884.2	42.8
1920	11396.4	2391.2	21.0	1387.6	12.2	3606.8	31.6	4010.8	35.2
1921	11329.7	1841.4	16.3	552.6	4.9	3729.7	32.9	5206.0	46.0
1922	12977.5	3166.8	24.4	805.1	6.2	4286.3	33.0	4719.3	36.4
1923	12125.4	3020.7	24.9	949.2	7.8	4001.1	33.0	4154.4	34.3
1924	13137.6	3346.7	25.5	811.2	6.2	5854.0	44.6	3125.7	23.8
1925	12496.2	3303.0	26.4	864.2	6.9	5035.4	40.3	3293.6	26.4
1926	13398.9	4767.2	35.6	907.4	6.8	6837.5	51.0	886.8	6.6
1927	10620.3	4605.0	43.4	578.6	5.4	5206.7	49.0	230.0	2.2
合计	152467.6	32576.2	21.4	17347.7	11.4	50390.1	33.0	52153.6	34.2

资料来源：历年盐税总数据丁长清主编：《民国盐务史稿》，第104页《盐税收入（正税）统计表》“正税总额”一栏数字（原表数据稽核总所报告）。各省截留、偿还债赔款、北洋政府所得剩余各数据同书第107页《1913—1927年盐款分割统计表》A、D、E各栏。盐务经费、还债准备金及其他支出一栏数系用各年盐税总数减去各省截留、偿还债赔款、北洋政府所得剩余各数计算得出。

由表61可以看出：第一，盐税总额大体上是按年递增的，北洋末期已比清末增长约1倍。这主要是由于盐税改革后平均税率提高的缘故①，说明当时改革的着眼点还是在增加税收，结果是人民的负担加重。表60中还只是正税的统计，北洋中后期各省普遍加

① 参见丁长清主编：《民国盐务史稿》，第119页表和第120页表，并参见该书第113—114页对盐税增加的分析。

征的各种附加税未计在内。如果计入,则盐税的收数还要大得多。

第二,各省对盐税的截留也不断增加,其占盐税总收数的比例,在1921年以前多数年份只有百分之十几,1922年以后增加到约占四分之一,1926年、1927年两年更分别占到35.6%和43.4%。地方截留盐税在很大程度上抵消了这一时期盐税增加本应给中央财政带来的好处。实际上,如果减去各省的截留数,则盐税收数最高的1926年属中央政府收入的也只有8631.7万元,比1914年收数(当时没有截留)仅增长26%。

第三,除各省截留外,每年盐税还须偿还债务并开支盐务经费等项费用,剩余部分才是北洋中央政府的"盐余"收入。偿债支出,由表61看出,1917年以前几年较高,最高的1915年约为3460万元。占该年盐税总数的43%。但是1917年以后,由于从这年7月起善后借款本息改由关余偿付(镑亏仍归盐税),此项开支便大幅度减少,多数年份不到1000万元,占各年盐税的比例在10%以下。本来在这种情况下,北洋政府的盐余收入可望增加,但表61反映,盐余收入除1917年达到6000万元以上,占该年盐税总数的68.1%外,以后便不断减少,到北洋后期还不如1917年以前,最后两年更仅有几百万元,与同时期盐税总数的增加形成鲜明对照。其所以如此,首先自然是由于各省大量截留盐款。其次盐务经费等支出的增加也不容忽视。盐务经费在北洋初期大体占盐税总收数的20%左右,但后来随着盐政日益败坏,形成一笔烂账,每年真正开支多少无从得知。此外,银行团强留还债准备金及经办偿债收取的高额手续费并各银行往来的汇费、贴水、因银价跌落造成的"镑亏"等项,也使中国政府的盐余收入受到影响。不过,尽管如此,在20年代初以前,北洋政府每年的盐余收入仍然至少在4000万元以上,多时到五六千万元,成为支撑财政的一大入项。当时北洋政府为渡过财政困难借的不少内外债,就是以盐余抵押担保的。

据统计,1916年9月至1921年年底,北洋政府以盐余抵押的外债共26笔,约合银元3000余万元;同期以盐余担保的短期内债则达100余项,共计7400多万元。又1922年年初发行的九六公债及一四库券,也是以盐余担保,两项共计1.1亿元。由此,可以看出当时北洋政府财政之困窘及其对盐余依赖之深。

(二)田赋和货物税

1. 田赋

田赋在1913年制定的《国家地方税法草案》中仍规定为国家税,但实际上在北洋时期,特别是在袁世凯死后的军阀割据时期,田赋已成为完全由地方把持的税收,中央政府无法过问,所以1923年财政整理委员会制定的《整理税制计划书》将其划归地方税,而不再作为国税。

民国初年曾对田赋进行整理,主要内容有:(1)归并税目,将清代繁杂的征收名目整理合并为地丁、漕粮、租课、附加四大类①;(2)取消折色、本色的区别,一律折为银元征收;(3)限制征收经费,规定其数额不得超过正税的10%;(4)规定附加税不得超过正税的30%;(5)改用公历征收,取消遇闰加征;(6)在部分地区调查租赋数额,整理税册;(7)核减江浙部分地区过重的赋额。此外,还曾准备清丈田地,于1914年筹设全国经界局,1915—1916年在北京地区设局试行,但终因缺乏经费及其他种种原因而中辍。正式实行了清丈的,只有黑龙江及江浙两省的个别县,成绩亦不理想。

袁世凯死后,全国四分五裂,不仅田赋的整顿再无条件,而且

---

①　西北等少数地方仍存有耗羡、差徭、垦务、杂赋等征收名目。

其征收日益混乱,尤其各省滥征附加,举一事便派一款,致使附加税往往远超过钱漕正额,北洋后期还出现了田赋预征,这些,上文均已叙述。各省征收到的田赋,除有部分在纸面上抵充代付国家支出的项目外,其余全被地方留用,北京政府根本无法分润。

田赋的征额,本期内几个年度的财政预算均列数八九千万元,占内外债除外的全国预算岁入总数的四分之一到五分之一,占各省预算岁入的比重则约为50%,见表62。

表62 北洋时期财政预算田赋征额及其分别占内外债除外全国岁入总数和各省岁入总数的比例

预算年度	田赋数额(万元)	占全国岁入总数(内外债除外)的比例		占各省岁入总数的比例	
		全国岁入总数(万元)	田赋占%	各省岁入总数(万元)	田赋占%
民2(1913)	8240	33366	24.70	17678	46.61
民3(1914)	7923	35742	22.17	15750	50.30
民5(1916)	9755	45212	21.58	19865	49.11
民8(1919)	9055	43947	20.60	16757	54.04
民14(1925)	9008	46164	19.51	17333	51.97

资料来源:民2、3、5年度数据贾士毅:《民国财政史》下册附录,各该年度总预算表及该书上册第一编第二章各年度预算各省岁入分类表;民8、14年度数据贾士毅:《民国续财政史》上册第一编第三章,该二年度国家岁入岁出总预算表和各省岁入分类表。

2. 货物税

北洋时期征收的"货物税"主体仍为以前的厘金或其变种。厘金在晚清时就不断受到内外舆论的抨击,同时庚子后清政府与英、美等国所订商约均提出将来实行裁厘加税,因而清末在江西等部分省试办统捐,东北奉天等地则改办出产、销场两税。民国以后,裁厘之议虽也一再提出,但从未真正实行。当时的货物税,有仍以厘金名之的,如在直隶、山西、河南、山东、安徽、湖南、福建、广东、云南、贵州等省;有称统捐的,如在江西、湖北、陕西、甘肃、浙江、广西、四川、新疆等省;有称产销税的,如在奉天、吉林、黑龙江及江苏等省;此外,还有认捐、包捐、落地捐、货物税等等名称。以上种种,名称不同,征收方法也不完全相同;即使相同名称,由于历史沿革不同,征收范围、方法也往往省各异制,十分混乱。税率更不统一,少的为1.5%左右,高的达到10%以上。正税以外,有的地方还随征杂捐。税卡人员的勒索更无一定标准。

货物税与田赋一样,在北洋时期成了地方存留收入,中央政府不能染指。袁世凯统治时为解决中央政费不足,编制1916年度预算时曾通饬各省厘金照原定比额增收一定比例,名之曰"厘税增收",作为中央专款之一解送中央,但1917年专款重新调整后就没有这一项了。货物税的征额,1913年度预算列数3688万余元;1914年度预算列3418万余元;1916年度预算列4029万余元,连同列在中央直接收入内的厘金增收共4639万余元;1919年度预算列3925万余元;1925年度预算列4569万余元。① 各数占各该年度预算全国岁入总数的比例约为10%;占各省岁入的比例为20%或稍多,1925年预算占四分之一强。

(三)常关税、印花税、烟酒税

1. 常关税

北洋时期,口岸五十里内常关仍归海关税务司管理,所征税款与海关税一起充作偿付对外债赔款之用。五十里外常关在民

---

① 各数所据资料见本篇表62。

国之初一度由各省派员征收,1913 年起由各海关监督兼管,税款直接解送部库。内地常关除崇文门左右翼及张、绥各边关仍继续直隶中央外,其他由外省经征的税关亦在民国初年次第改由中央简派监督。常关税则也在 1914 年秋加以修订,规定按海关税则折半征收,原征不及海关税则之半者改按新则,原征与新则相等或高于新则者均仍其旧,五十里内、外及内地常关一律办理。此后,各关经过调查物价,绝大多数拟定了新的税则,先后呈准施行。

常关税收不计税务司所征,每年约为六七百万元(连同税司所征在内则在一千二三百万元左右),历年变化不大。① 这部分税款在 1918 年以前为中央政府直接收入,此后则先因拨充民国三、四年公债基金而由税务司经管,改拨基金后又逐渐被各省截留,至 1922 年以后实际归中央政府收入的仅剩下京师税务监督署所收之款,每年所收,不过二三百万元而已。

2. 印花税

印花税在清末已筹议开征,但未能推行。民国以后,北洋政府于 1912 年 10 月在清印花税则基础上修订公布了印花税法,次年 3 月首先在京师实行,随后各省也相继开征。开始只对商事及产权凭证征收,委托海关监督、邮政局、中国银行、电报局及商会等机构发售印花税票。1914 年 8 月,颁布《人事凭证贴用印花条例》,规定出洋游历护照、国内游历护照、官吏试验合格证书、学校毕业证书等人事凭证也一律粘贴。以后,1914 年年底和 1920 年又对 1912 年的税法作了若干修订,一直沿用到南京国民政府成立

① 历年常关税的收数,见贾士毅:《民国财政史》上册,第二编,第 502—508 页;《民国续财政史》上册,第一编,第 73、74、212 页;第二编,第 521—526 页。

之时。

印花税初行时收数不多,截至 1914 年年底仅收 40 余万元。从 1915 年起税法实行渐严,当年收至 363 万余元。以后 1916 年度预算列数 567 万余元,1919 年度预算列数 815 万余元,1925 年度预算列数 586 万余元,但历年各省册报的实收数仅为二三百万元。实解财政部之数更少。1919—1921 年间的平均解数只有 34 万余元,余款除开支经费、支付税票印刷成本外,全被地方截留。①

3. 烟酒税

北洋时期的烟酒税大体有烟酒税捐、烟酒公卖费和烟酒牌照税三种。其中的烟酒税捐在清代久已征收,但非独立税种,而是混列于关税、厘金及杂项税捐之内,所征无多。清末各省筹饷,烟酒收入受到重视,出现了专门的烟酒税捐名目。民国以后,烟酒税益受重视,成为独立专税。当时所征此类税捐,名目繁多,性质复杂,有出产税性质的烟叶税、酿造税,通过税性质的厘金和常关税,销场税性质的卖钱捐、买货捐、门销捐、坐贾捐,原料税性质的曲税,熟货税性质的烟丝税、条丝税、熟丝税,特许税性质的刨烟捐、烧锅课,以及外烟外酒运至内地时征收的落地税、正额外的附加抽收等等。这些税捐,各省征收不一,或征一二种,或征三四种,税率及征收办法亦各地不同。1915 年,令各省于原征税额外加征增加税,列为新设的中央专款之一。

烟酒公卖制始于 1915 年,成立了全国烟酒公卖事务所(初设时称烟酒公卖总局)为总管机构,各省设烟酒公卖局、分局、分栈及支栈,并先后制定公布了关于公卖机构组织、公卖费征收、公卖稽查及考核等一系列相关的法规章程。当时所行公卖制,采用

① 参见贾士毅:《民国续财政史》上册,第二编第二章,第 654—660 页;杨汝梅:《民国财政论》,第二编第一章第五节,第 39—40、50—52 页。

“官督商销”办法,由政府根据烟酒的产运销费用加上政府抽收的一定比例的公卖费,制定公卖价格,令商家遵行。实际执行中,公卖费有由政府直接征收的,也有商人包缴的(广东)。公卖费税率各省不同,高的达30%(京兆)、25%(江西),低的仅10%(山东)、6%(奉天)、4%(甘肃),多数省为12%—20%。

营业税性质的烟酒牌照税始征于1913年。当时将烟酒经营按整卖营业(批发)、甲种零卖(专营)、乙种零卖(兼营)、丙种零卖(无一定店铺,摆摊或走街串户零卖)四种发给特许牌照,每年分别收税40元、16元、8元、4元不等。

烟酒税收数,1913年、1914年、1916年3个预算分别列1417万余元、1585万余元、2799万余元。1919年、1925年两个预算更达到3660万元左右①,为国家大宗岁入之一。不过,各省册报的实收数没有这么多,1917—1923年间每年只有一千四五百万元(1918年为1200余万元),其中烟酒税捐约六七百万元,公卖费约600余万元,牌照费100万元左右。这1000多万元的实收也并非全解中央,而是绝大部分被各省截留。实解中央之数,1919年为267万余元,1920年为222万余元,1921年为178万余元,1922年为144万余元。②

① 民国二年度预算烟酒税捐(有部分糖税在内)共1199万余元,烟酒特许牌照税217万余元;三年度预算烟酒税捐1073万余元,中央专款烟酒税318万余元,牌照税192万余元;五年度预算烟酒税捐1025万余元,中央专款烟酒税404万余元,牌照税201万余元,公卖费1168万余元;八年预算烟酒税1651万余元,公卖费1741万余元,牌照税269万余元;十四年预算烟酒税1645万余元,公卖费1743万余元,牌照税270万余元。

② 杨汝梅:《民国财政论》,第二编第一章第六节,第53—54页;贾士毅:《民国续财政史》上册,第二编,第289—291、615—617页。

(四)契税、矿税、牙税

1. 契税

契税在清末已渐重要,北洋时期成为政府主要税收之一,征数仅次于关、盐、田赋、厘金及烟酒各项。但此项收入能为中央政府支配者,仅列入中央专款的一小部分,到后期连这一部分也被各省截留。1928 年,南京国民政府将契税与田赋一起划归地方收入。

北洋时期的契税,1914 年 1 月颁布的《契税条例》规定税率仍沿清末卖九典六旧制,另征契纸费每张 5 角。但不久考虑税率过高会影响收入,又电令各省可在卖契征 2%—6%、典契征 1%—4% 的幅度内自定税率。其后,1915 年、1917 年又两次修订税率,最后规定卖六典三;各省如因调整税率影响收入,可另征最多不超过正税三分之一的附加税抵补。① 契税征数,1913 年预算列 1222 万余元,1914 年预算列 1621 万余元,1916 年预算列 1531 万余元,1919 年预算列 1517 万余元;其中属中央专款的"契税增收",1914 年、1916 年预算分别为 492 万余元和 411 万余元,约占全部征数的 30% 左右。

契税之外,民国初年还以"验契"为名,征有验契手续费,对当时财政补助不小。此事发端于 1913 年公布的《划一契纸章程》,规定凡该章程施行以前之不动产旧契,无论已税未税,均须呈验注册,换领新契纸,其价格在 30 元以上者每张收纸价 1 元、注册费 1 角;30 元以下者只收注册费;验契期限 6 个月,逾期呈验加倍收费。此章程公布后,适值赣宁事起,人心浮动,未能推开。1914 年 1 月,再颁《验契条例》,始得施行。期满后,逾期呈验的先是实行分期加倍征收验费办法,至 1915 年 3 月作了变通:经特别许可的

① 参见朱偰:《中国租税问题》,商务印书馆 1936 年版,第 586—588 页。

大契仍依旧办理,小契收验费5角;其他大契收验费2元、注册费2角,小契减半。验契费收入,1914年为3182万余元,1915年为1654万余元,1916年为450余万元。①

2. 矿税

矿税为国家税,1917年列入中央专款。根据1914年颁行的《矿业条例》及后来的《统税暂行简章》,当时矿税分为三项:(1)矿区税,按矿区亩数征收,采矿每亩每年征税3角或1角5分,探矿征5分,税款缴各省实业厅转解农商部;(2)矿产税,按出产地平均市价,依矿种之不同,课税5‰或10‰,各省实业厅征收;(3)统税,亦依产品市价计算,税率5%,每年分4期由矿务公司预估运销额向财政部缴纳,部给完税凭证,此后除海关出口税、五十里内常关税、船料税及京师崇文门落地税仍照缴外,沿途厘金、常关税及各项杂捐一律免征。矿税收数不多,历年预算及实收均只一二百万元,即使算上海关出口税、复进口税及厘金等项所征,总数亦最多不超过五六百万元。

3. 牙税

北洋时期牙税仍分费和税两种,前者近于登录税,于领换牙帖时交纳(颁给牙帖有一定年限,到期须换新帖);后者系常年税,每年分期或按季交纳。此外还有牙捐,各省征收不一。民国初曾对牙税进行整顿,1914年3月电令各省按照本地情形妥拟章程报部,1915年9月颁布整顿大纲8条,规定无帖私开及仍持前清旧帖者一律领取新帖并补交税款;牙帖营业年限最多不超过10年;牙税税率以直隶为准,超过者仍沿旧制,不及者加增;牙税应专款存储,解济中央。此后,1916年将牙税增收列入中央专款。牙税

① 吴兆莘:《中国税制史》下册,第281页。

征数，清宣统四年（1912年）预算为95万余元，民初经过整顿，1916年预算增加到168万余元，另列中央专款牙税增收775万元，但实收多少不得而知。

以上为北洋时期主要税收的情形。此外还有些税目，如遗产税、所得税、通行税、特种营业执照税等，有的已经公布法规，有的曾短期个别地方试行，但因内外种种关系，结果均未实行。

三、北洋政府时期的财政支出

北洋政府岁出的概要情况上面已经做了叙述。现在再对各项具体支出项目作些说明。

（一）军事费

北洋时期的军事费包括陆军费和海军费，而以前者为主，海军费在全部军费支出中只占很小比例。

1. 陆军费

主要是中央及各省陆军官兵的饷需费用，也包括陆军管理机关（陆军部、参谋本部、各省将军行署、镇守使署等）的行政费及陆军附属的学堂、医院、法庭、监狱、军需局所工厂等机构的经费。

北洋时期的陆军编制，曾拟以50师为限，但当时政权不统一，战争迭起，各地军阀不断扩军，军队人数从未得到有效控制，军费支出亦不断增长，成为国家财政的沉重负担。民国初，全国陆军官兵总数约为95万余人，年需饷额1.1亿余元，军费数与清末预算尚大体相当。① 以后，1913年预算为1.6亿余元，1914年预算因

① 参见贾士毅：《民国财政史》下册，第三编，第55—65页。

赣宁之役后遣散南方军队减为 1.3 亿余元,但至 1916 年预算,由于编练新军,又增加到 1.4 亿元以上。不过,总的说这一时期军队的扩充尚属有限,军费支出较之清末也还没有大的增加。

1916 年袁世凯死后,全国统一政权瓦解,南北分立,战争连绵,军队人数和军费都持续增长。1918 年秋上海南北议和会议时,全国陆军编制已在 100 师以上,总人数 129 万余人,军队饷需预算 2.08 亿元;连同陆军部等军事各机关经费及当时独立的两广、云、贵、川各省新增军费并计的军费总数,则至少在 2.4 亿元左右①。在此之后,经过 1920 年的直皖战争、1922 年的第一次直奉战争和 1924 年的第二次直奉战争,到 1925 年北京善后会议时,全国陆军总人数已增至 150 余万人,军费总数陆军部有册可稽者为 2.6 亿余元,实际则至少为 2.8 亿元②,比袁世凯统治后期翻了一番。

以上只是正式在编军队及其费用。实际上,在北洋后期的混乱局面下,各地军阀大肆扩充军队,新增兵额往往并不报部,中央无册可稽。当时军队的经费,除由国家财政负担之外,有相当部分系各省自筹,甚至由军队"就地筹办",所以军费的真正数额无从考据。又正规部队之外,各地还有民防、团练等非正规武装,其人数及经费就更无从统计了。

2. 海军费

北洋时期,政局动荡,内战迭起,国家绝大部分军费用于不断扩充的陆军。虽北洋政府沿袭清末继续设海军部,但海军费支出与陆军费相比微不足道,根本谈不上海军的扩充和海防建设。历年预算

① 参见贾士毅:《民国续财政史》上册,第一编,第 221—226 页(南北议和会议上朱启钤报告关于政府岁出的军费部分)。

② 参见上书第三编,第 107—110、118—172 页。

的海军费支出,1913 年为 897 万余元,1914 年为 481 万余元,1916 年为 1720 万余元,1919 年为 937 万余元,1925 年为 1905 万余元。以上各年预算,除 1916 年、1925 年两年接近或略为超过清末编制的宣统四年(1912 年)海军费预算数(经常、临时共 1828 万余元)外,其余均远低于清末。① 海军费占全部军费的比例,1916 年预算最高,为 10.8%,其余年份仅占百分之三四至百分之五六。

(二)政务费

政务费包括外交、内务、司法、教育、农商、交通、财政等 7 项费用,分述于下。

1. 外交费

包括中央外交费和各省外交费两部分。前者为外交部及其直辖机构(驻外使馆、领事署等在内)的经费;后者为各省交涉署、交涉员、特派交涉员、会文处、铁路交涉局、洋务局、会审公堂等涉外机构、人员的经费。外交费的数额,经常、临时合计,1913 年预算为 430 万余元(中央费 331 万余元),1914 年预算为 422 万余元(中央费 334 万余元),1916 年预算为 410 万余元(中央费 335 万余元),1919 年预算为 597 万余元(中央费 517 万余元),1925 年预算为 777 万余元(中央费 680 万余元)。然而实际支出变化不大。1917 年以后中央外交费历年实支仍为 300 多万元(1921 年为 477 万余元),最少的年份(1924 年)更只有 281 万余元。与预算

① 民国以后海军费预算减少,部分原因是清末在海军费内编列的各省水师经费改入内务部所管的经费内(水上警察经费)。1914 年预算数比 1913 年更少,是由于临时支款未列入。1916 年数增加,同以前从外国订购的军舰陆续归国有关。1919 年预算再次减少。主要由于当时南北政府分立,部分海军舰只归于广州政府,经费由其支给。

数比较,1919 年中央外交费实支 364 万余元,仅为预算数的 70%;1925 年实支 322 万余元,不到预算数的一半。① 这种情况,是由于当时政局动荡,军费大量挤占其他经费。因外交费被挪充军费,北洋后期外交部和驻外使馆、领署经费时常拖久,致使这些机构难以正常工作。

2. 内务费

包括京师及各省用于警察、卫生、救恤、典礼、营缮等项事务及其主管机构的经费。这些事务,清末设民政部统理。民国以后,民政部改称内务部,职掌大体相同。各省则为各级行政官署(省长公署、道尹公署、县公署、县佐公署等)职责,其经费亦归入内务费内。内务费数额,清末编制宣统四年(1912 年)预算全国仅列支 630 万余元。民国以后大幅度增加,1913 年预算为 4388 万余元,1914 年预算为 4267 万余元,1916 年预算为 5175 万余元,1919 年预算为 4817 万余元,1925 年预算为 5163 万余元。中央内务费支出,历年预算为四五百万元,实支数 1917—1925 年间每年为五六百万元,是除军费、财政费以外北洋政府最大的一项岁出。

3. 司法费

用于司法机构及事务的支出,包括:中央司法部、大理院、总检查厅及法律编订机构经费,京师高等及地方审判厅、检查厅经费,京师监狱、看守所、司法讲习所等机构经费(以上属中央司法费),各省各级审判厅、检查厅、监狱、看守所经费以及各县兼理司法经费等(以上属各省司法费)。司法费的历年预算数,1913 年为 1504 万余元,1914 年为 725 万余元,1916 年为 771 万余元,1919 年为 1032 万余元,1925 年为 1371 万余元;中央预算除 1925 年为

① 外交费的历年预算数、实支数均据贾士毅:《民国财政史》、《民国续财政史》。下文各费同,不一一注明。

304万余元外，其余年份为100多万元。中央司法费的实支数，1917—1920年每年为100余万元，1921—1925年每年为200余万元。

4. 教育费

包括中央及各省教育行政机关（教育部、各省教育厅等）经费、公立各级普通、师范、专门学校经费，私立学校补助经费、留学经费以及图书馆等社会教育机构经费等项。历年预算支出数，1913年为690万余元（中央费577万余元），1914年为327万余元（中央费187万余元），1916年为1283万余元（中央费230万余元），1919年为652万余元（中央费355万余元），1925年为771万余元（中央费443万余元）。以上预算，1913年、1914年两年数编列不全①，其余年份，最高的1916年数占该年预算岁出总数（47151万余元）的比例为2.7%；1919年、1925年两年数更仅占各该年预算岁出总数（分别为49576万余元和63436万余元）的1.3%和1.2%，还不及宣统四年预算教育费占岁出总数2%的水平。即使这为数不多的教育费，在1916年以后，也是常常被挪充军费，致使教师欠薪、学校停课甚至被迫关门，成为司空见惯之事。

5. 农商、交通费

为政府用于农工商及交通邮电事务的行政管理费。北洋时期于这些事务设农商部和交通部分别主管。前者的前身为清末设立的农工商部，民国初一度分为农林、工商二部，旋仍合一，称农商部，掌理劝业行政；后者系清末所设邮传部的改称，掌理路、电、邮、航四政。

---

① 1913年教育费预算缺奉、吉、黑、鄂、陕、滇、黔、甘、新等省及特别区域的数字。1914年预算中央教育费按实支开列并缺吉、黑、闽、浙、陕、甘、滇、黔等省数字。

农商费包括农商部及其所辖全国水利局、地质调查所、中央权度检定所、权度制造所、商品陈列所、商标局、农业传习所、劝业场、各农林棉牧试验场、保息奖励农会等机构的经费,以及各省有关农事、垦务、林业、畜牧、矿务、商务、工业制造各种机构的经费。农商费历年预算数,1913 年为 604 万余元(中央费 466 万余元),1914 年为 217 万余元(中央费 138 万余元),1916 年为 413 万余元(中央费 140 万余元),1919 年为 369 万余元(中央费 195 万余元),1925 年为 548 万余元(中央费 203 万余元)。

交通费的历年预算主要为中央交通部及其所辖各学校经费和东西洋留学费,各省交通费为数无多(大部分改由地方开支)。具体为:1913 年 139 万余元(中央费 105 万余元),1914 年 193 万余元(中央费 127 万余元),1916 年 169 万余元(中央费 127 万余元),1919 年 202 万余元(中央费 147 万余元),1925 年 388 万余元(中央费 311 万余元)。这些费用只是纸面上的。实际上,北洋后期几乎没有交通费支出,应支款项绝大部分都被挪作军需之用了。

6. 财政费

包括两类支出:一类是政府行政各部以外的中央国家机关经费和清皇室优待费,另一类是财务行政机关的财务经费。这两类支出在历次预算中均列在财政部所管经费项下。

(1)中央国家机关经费及清皇室优待费。财政部所管的中央国家机关经费包括公府经费(大总统、副总统的年俸、公费、交际费及总统府的各项支出)、议会费(国会等立法机构的经费)及政府行政各部以外的各机关经费(1914 年以后,因蒙藏事务局改为蒙藏院,蒙藏经费从财政部所管经费项下分出,在该院项下单独开列)。这部分经费的总额,1913 年预算列支 796 万余元(其中公府经费 178 万余元,国会参、众两院经费 300 万元),1914 年预算列支 712 万余元(其中公府经费 234 万余元,约法会议费及参政院费共100万余元;又总数中包括蒙藏费在内,以下各年同),1916年预算列支772万余元(其中公府经费226万余元,参政院经费67万余元),1919年预算列支1295万余元(其中公府经费329万余元,国会经费730万余元),1925年预算列支2186万余元(其中临时执政府经费460万余元,国会经费602万余元)。

清皇室优待费是辛亥革命后清帝退位时与南京临时政府达成的优待清室八款中规定的,初定岁费银400万两,合600万元;1915年1月起改发国币400万元;1924年北京政变后溥仪被驱逐出宫,优待条件随之修改,每年补助清室家用费降为50万元。除以上清皇室的直接费用外,东、西陵经费等与清室有关的费用也由民国政府拨款补助。这些费用的总数(包括清皇室经费、东西陵经费、八旗俸饷、米折等项),1913年预算为1563万余元,1914年预算为790万余元(未列八旗俸饷),1916年预算为1358万余元,1919年预算为1360万余元,1925年预算为1010万余元。

(2)财务经费。包括中央财政部及其直辖各机关,各省财政厅,各专门税务机关如海常关、盐务各机关、烟酒公卖机构等等的经费、赋税征收费以及其他与财务行政有关的费用。财务经费的历年预算数,1913年为6758万余元,1914年为3938万余元,1916年为6973万余元,1919年为4730万余元,1925年为4801万余元。

以上外交、内务、司法、教育、农商、交通、财政各项政费的总数,1913年预算为16875万余元,1914年预算为11605万余元,1916年预算为17327万余元,1919年预算为15055万余元,1925年预算为17016万余元;占各该年预算岁出总数的比例,1913年为26.3%,1914年为32.5%,1916年为36.7%,1919年为30.4%,1925年为26.8%。需要指出的是,历年政费的实支数与预算数是有差距的。以中央政费来说,北洋时期的5个预算除

1914 年预算仅列支 5914 万余元外。其余预算的中央政费支出都在八九千万元以上(1913 年预算为 10161 万余元,1916 年预算为 9526 万余元,1919 年预算为 8267 万余元,1925 年预算为 9234 万余元);而实际支出,有统计的年份 1915 年为 6126 万余元,1917—1925 年除 1918 年达到 5000 万元以上外,其余年份均只有三四千万元(见表 63),远远低于预算数字。政费支不足额是因为当时北京政府财政困难,一方面收入来源随着军阀割据的发展而日益枯竭,另一方面军费支出不断增加,在这种情况下,政费常常被军费挤占,以致学校没有足够的办学经费,政府机关欠发薪水,废弛政务,成为普遍现象。

表 63　1917—1925 年北京政府政务费实支情况

年份	外交费	内务费	司法费	教育费	农商费	交通费	财政费	总计
1917	342.98	616.92	141.28	271.25	109.47	—	3189.96	4671.9
1918	331.43	646.96	149.49	311.86	117.77	—	4220.43	5777.9
1919	364.92	595.71	150.57	305.17	119.22	—	3053.11	4588.7
1920	374.21	672.03	183.20	318.48	165.67	1.63	2865.74	4581.0
1921	477.25	442.05	200.07	348.43	163.55	1.82	2465.39	4099.1
1922	363.57	588.44	259.77	418.28	153.25	1.33	1832.74	3617.4
1923	359.02	587.98	249.50	459.82	141.98	—	2467.05	4265.4
1924	281.80	541.02	234.66	404.46	134.26	—	1841.81	3438.0
1925	322.45	626.22	260.94	543.47	116.91	—	2158.66	4028.7

资料来源:据贾士毅:《民国续财政史》上册,第一编,第 111—114 页各项数字制成。

军、政两费之外,北洋政府的岁出还包括内外债务偿还费。其时的债务支出,属国家债费的列入财政部所管经费项下;路、电债费归交通部管,由路、电营业收入内支出;各省地方的内外债则由地方筹还,不在国家财政列支。归财政部管的内外债务费的历年预算数字为:1913 年外债支出 25363 万余元,内债支出 4710 万余元,共计 30073 万余元(本年债费内包括应在 1912 年偿付而未付,转入本年偿付之款);1914 年外债支出 7979 万余元,内债支出 1876 万余元,共计 9856 万余元;1916 年外债支出 12655 万余元,内债支出 1112 万余元,共计 13768 万余元;1919 年外债支出 8905 万余元,内债支出 3890 万余元,共计 12796 万余元;1925 年外债支出 9029 万余元,内债支出 7617 万余元,共计 16646 万余元。

以上就是北洋政府时期各项财政支出的大体情况。

第四节　晚清和民国北洋政府时期的内国公债

中国政府借内债挹注财政发端于晚清,但以之作为一种重要的筹款方式经常、大规模地举行是在民国以后。下面分晚清、民国两个时期,分别叙述①。

一、晚清的内债

本时期是中国内债的创始期。清政府自甲午战争起,模仿外国,先后共发行过 3 种内债,即息借商款、昭信股票和爱国公债。其中息借商款虽为中国内债之嚆矢,但尚非真正意义上的近代公债,而是在很大程度上还带有过去捐输、报效的痕迹。至昭信股票和爱国公债,中国才有较具近代公债形式的内债。

---

①　本节叙述,以当时财政部(清末以前为户部)经管的中央内债为限。这一时期的内债还有交通部(清邮传部)经管的铁路内债和各省发行的地方内债,但均数量不多,影响亦不大。故不做专门论述。

(一)息借商款

此为清政府第一次借内债,时在光绪二十年(1894年)中日战争爆发以后。当时海防吃紧,需饷浩繁,户部除奏请采取一系列传统的筹款措施外,还奏准比照历来借外债办法向国内富商巨室募债,即所谓"息借商款"。据该年八月户部奏定的章程,此次借款未限定数额,只规定分限两年半偿还本息,以6个月为一期,第一期只付息,第二期起本、息并偿(至末期每期各还本四分之一,息随本减而递减);利息每月7厘,一年按12个月计,遇闰照加;官给印票,每票银100两;借、还均以库平足色纹银;偿还财源,京师所借准于将来外省汇到京饷内扣抵,直省准于地丁关税项下归还;集款至万两以上,筹集之人给予虚衔封典,以示鼓励。①

借款先在京师进行,共向银号、票号各商借银100万两。继之外省仿行。至次年四月户部奏准停办,计广东借银500万两,江苏借银184万两,山西借银130万两,直隶借银100万两,陕西借银38万余两,江西借银23万余两,湖北借银14万两,四川借银13万两,连同京师所借,总共约借银1102万两。②

此次募款,各地官府强派勒索,弊端百出,名为借款,实同强迫捐输,在官绅商民中造成了很大苛扰,成绩亦不理想,因而推行未久(前后8个多月)便草草收场,于光绪二十一年四月经户部奏请停办了。

(二)昭信股票

光绪二十四年(1898年),中国第四次偿付对日赔款到期。当

① 《光绪朝东华录》,光绪二十年八月癸丑,总第3454—3455页。

② 《光绪朝东华录》,光绪二十一年四月乙巳,总第3582页。参阅S. F. Wright:China's Customs Revenue Since the Revolution of 1911,1935,p. 232。

时列强争对中国借款,清廷无所适从,同时它也不愿多借外债致被勒索,乃决定再募内债,因之有“昭信股票”的发行。此次募债,在户部设昭信局,各省设昭信分局主持其事。拟发债额为库平银 1 亿两,年息 5 厘,以田赋、盐税担保,分 20 年偿还本息,所发股票准许抵押售卖(须报户部昭信局立案)。[①] 募款从年初开始,清廷要求在京自王公以下,外省自将军督抚以下,大小文武、现任候补候选官员,“均领票缴银,以为商民之倡”。然而民间仍应者寥寥,到戊戌维新中停办时,实发额尚不及 500 万两。[②] 到期的对日赔款,最终还是靠外债才得以偿清。此次募债,各地强逼硬派、勒索苛扰更甚于息借商款。不过,就户部奏定的章程而言,昭信股票已经更加具备了近代公债的形式,可算是中国政府发行的第一个近代公债。

(三)爱国公债

此债在清亡前夕发行,专备军费之用。定额 3000 万元,年息 6 厘,以部库担保偿还,期限 9 年,前 4 年付息,后 5 年开始抽签还本。公债募集及偿付本息诸事宜由大清银行经理。当时武昌起义已经爆发,全国骚动。南方省份已不在清政府控制之下,京内富商巨室亦多逃离,是以此债大部分由清皇室以内帑购买,少部分系向王公世爵及文武官员派售,共计 1016 万余元;外省(直隶、山西、河

---

① 《光绪朝东华录》,光绪二十四年二月甲子,总第 4052—4055 页。

② 王宗培:《中国之内国公债》上卷,第 1 页。按千家驹编:《旧中国公债史资料(1894—1949 年)》(中华书局 1984 年版)第 366 页附表一列此债实发额为“一千数百万两”。周育民在《试论息借商款和昭信股票》一文中,亦认为“发行额约在一千万两左右”。参阅《上海师范大学学报》1990 年第 1 期,第 72 页。

南)也售出一部分,但为数有限,仅100余万元。① 清亡后,此债由北洋政府接续办理,除清室及王公世爵所购者归于另案外,民间债权民国政府仍旧承认,分期归还。

上述3种中央内债之外,清末一些行省出于地方财政需要,亦曾发行内债,计有:直隶公债480万两(1905年),湖北公债240万两(1909年),安徽公债和湖南公债各120万两(1910年)。这些地方公债额小期短(均为6年),后来都如期偿清。

二、北洋时期的内债

北洋时期,内债成为国家财政的重要一部分,大致有两类:一类为政府发行的公债(包括具有公债性质的国库证券)和各种短期的国库证券,另一类为银行短期借款。北洋政府的财政自始至终未离开过这些内债。

(一)公债和短期国库证券

1. 公债(包括公债性质的国库证券)

北洋政府发行内国公债大体分为1912—1916年、1917—1921年和1922—1926年三个时期,情况各有不同:第一期最初两年北洋政府仍以借外债为主,至第一次世界大战爆发因外债来源受到影响,内债始受到重视,成立了内国公债局,为以后大规模发行内债打下了基础;第二期北洋政府因财政困难滥发内债,最终导致偿债基金不敷,政府债信受到影响,不得不对已发各债进行整理;第三期公债的发行已成强弩之末,陷入了相对停滞状态,但仍以改头换面的国库证券形式苦苦支撑着北洋政府的财政。

① 贾士毅:《国债与金融》第二编,商务印书馆1930年版,第2—3页。

(1)1912—1916年

如上所说,本期分前、后两段。前段即1912—1913年,这时内债尚不占重要地位。袁世凯统治头二年的财政困难主要是靠借外债渡过的。这一段正式发行或公布条例拟发行的公债计有3种,即民国元年八厘军需公债、中华民国爱国公债和民国元年六厘公债。其中八厘军需公债是辛亥革命以后由南京临时政府发行的,充临时军需及保卫治安之用。此债定额1亿元,但债票多由各省都督预先领去,或以贱价出售,或以抵发军饷,南京临时政府直接募得之款不到500万元。南北统一以后,北洋政府接办此项公债,至1916年8月发行停止,总共发行了737万余元。爱国公债是从前清继承下来的,1912年5月北洋政府发布条例接续办理。除去清室以内帑购买及王公世爵所购之数不计,此债在民间总共只发行了164万余元。元年六厘公债于1913年年初公布条例准备发行。当时善后借款谈判中止,垫款亦停止交付,袁政府乃拟发行此债,定额2亿元,备充中国银行资本及整理各种零星短期借款和各省从前所发纸币。但因善后借款随之即告成立,此债未正式发行。后来因赔偿南京和汉口商民损失、收买烟土、收回爱国公债、军需公债及抵拨欠饷、政费等项之需,北洋政府曾以此项债券随时贱售或抵押,到1921年整理内债前总共发行了1.3亿余元。以上3种公债在1912年、1913年的发行情况:1912年发行军需公债463万余元(南京临时政府发行)、爱国公债161万余元,合计发行624万余元;1913年发行元年公债512万余元、军需公债172万余元,合计发行684万余元。① 比起同期的外债,这些内债可以说是无足轻重的。

---

① 王宗培:《中国之内国公债》上卷,第20—21页《逐年债券发行数明细表》。以下引据的历年各债发行数均据此表,不一一注明。

北洋政府大量发行内债是从1914年开始的。这年下半年欧战爆发,外债不再靠得住,北洋政府乃把募债重点转向国内。从1914年8月到1916年袁世凯统治崩溃,连续发行了3种公债,即民国三年内国公债、民国四年内国公债和民国五年六厘公债。三、四两年公债的发行定额各为2400万元(三年公债原定发行1600万元,后扩充800万元),而实际发行都超过定额。① 连同元年军需公债和爱国公债的继续发行数,1914年共发行公债2497万余元,1915年共发行2583万余元。五年公债定额2000万元,但因发行时已是袁氏统治覆亡前夕,政局动荡,此债当年仅发行777万余元;连同继续发行的元年军需公债数,1916年共发行公债877万余元。总计1914—1916年北洋政府共发行公债近6000万元,远远超过了民国最初两年。

为推动公债的发行,从募集三年公债起还成立了内国公债局。这是一个主持公债劝募、收款及还本付息诸事的专设机构,由财政部1人、交通部1人、税务处派税务司洋员2人、中国银行总裁、交通银行总理、中法银行经理洋员、保商银行经理洋员、华商殷实银钱行号经理2人及购买债票最多者6人,总共16名"华洋人员"组成董事会,又从董事中推选总理1人、协理4人主持日常局务。② 当时为昭示信用,推定协理总税务司英国人安格联(Francis Aglen)为"会计协理",所有公债局收存款项、预备偿本付息及支

① 王宗培:《中国之内国公债》上卷,第6—7页《二十年来内国债券一览表》列三年公债实发2492万余元,四年公债实发2583万余元(连1922年4月追加公布之3000元在内)。贾士毅:《国债与金融》第二编,则谓三年公债实发2543万余元(第11页),四年公债实发2600余万元(第13页)。

② 《内国公债局章程》(民国三年八月),见徐沧水编:《内国公债史》,商务印书馆1923年版,第37—38页。

付存款均由安格联经理,“一切关于公债款项出纳事务,除经总理签字外,仍均由安格联副署”。① 又在公债条例内载明,公债的还本付息之款均交指定的外国银行存储。这样,北洋政府便把公债款项的出纳管理和公债基金的保管权都交给了外国人。然而也正是靠着外国的信用,加之采取了一系列仿自外国的近代公债发行办法,才使得三、四年公债的发行较为顺利。内国公债局在1917年5月以后一度裁撤,其董事会并入财政部。至1920年3月,经财政部呈请,仍旧恢复。

1912—1916年,北洋政府总共发行内国公债7266万余元,占北洋时期所发内国公债总数(截至1926年共约61807万元,见表64)的11.7%,是3个时期中最少的。但是,1914年以后几种公债的大量发行,已经为1917年以后内债滥发开了先河。

(2)1917—1921年

1917年以后,随着地方割据的发展,北洋政府日渐失去对全国的控制,各省解款、专款及中央直接税收大量减少,财政益发困难,不得不更加依赖借债度日。滥发内债的政策,从此不可收拾。这期间新发行的公债,不计1921年为整理旧债发行的债票计有:民国七年短期公债4800万元,民国七年六厘公债4500万元,民国八年七厘公债3599万余元(定额5600万元)和整理金融短期公债6000万元,民国九年赈灾公债212万余元(1922年发行的4万余元不在内,又此债定额400万元)。本期新发各债连同继续发行的前一时期债票按年统计的发行数,1917年为1051万余元,1918年为13936万余元,1919年为2835万余元,1920年为12196万余元,1921年不计整理债票为3400万余元,加上整理债票则为

① 《财政部呈报公债局董事推定专员经理出纳公债款项并定名为会计协理文》,见徐沧水编:《内国公债史》,第36页。

11536万余元。5年间总共发行公债41556万余元,为1912—1916年发行数的5.7倍,占整个北洋时期发行数的67%。

滥发的结果是偿债基金不敷。截至1921年年初,北洋政府共发行公债11种(包括从前清和南京临时政府继承下来的爱国公债和元年军需公债),发行总额在3亿元以上。这些公债,虽发行时各指定有偿还基金,但实际上除三、四年公债和七年短期公债外①,其他各债的担保都不确实,不仅抽签还本时有愆期,甚至应付利息亦常常没有着落。例如元年军需公债,原规定自发行后第二年起每年抽签还本五分之一,至第六年(1917年)还清,然而直到1920年,只还本3次。五年公债原定自1917年起分3年6次抽签还本,到1920年只抽过1次。元年公债自发行后到1921年年初不仅从未还本,而且"每逢发息之期,即发生一度恐慌","随时挪借,困难万分"。② 这种情况严重影响了政府的债信,致使多数公债票的价格日趋低落。发行最滥的民国元、八两年公债债票的市价,在内债整理案前,甚至跌到只有票面价的十分之二三。

为了挽回信用,避免因国家信用丧失可能引发的金融恐慌,北洋政府不得不对内债实行一次整理。1921年3月底,财政部呈准了对已售出的尚无确实担保的各公债债票的整理办法,规定:民国

① 三年公债原指定交通部铁路余利及左右翼商税为付息担保,京汉铁路为还本担保,四年公债原指定以未经抵押之常关税、张家口等征收局收入及山西全省厘金为本息担保,但均未履行,于1918年2月由财政部指定常关收入700万两交税司为还本基金。后因常关收入多为各省截留,所余不敷,先曾以关余凑补,最终以停付德、俄庚子赔款加入偿债基金,均交税务司专款存储。七年短期公债以延期偿付的庚子赔款指充基金,交总税务司拨存上海中国银行。

② 徐沧水:《内国公债史》,第144、142页。

元、八两年公债债票因价格已严重低落，由政府分别发行“整理六厘公债”和“整理七厘公债”两种新债票按四折予以收换，并自本年起抽签还本，分10年偿清；元年军需公债、爱国公债、五年公债的未清偿部分各定以新的偿还期限办法，七年长期公债和整理金融短期公债的偿还仍依原定条例不变；案内各债的偿本付息，每年指拨总计2400万元的整理公债基金，交由总税务司经管。①

除售出的债票外，当时还另有抵押在各银行、机关的按面额计总共8600万余元的元年和八年公债债票。对这部分抵押债票，财政部另外发行了“元年公债整理债票”和“八年公债整理债票”按四折收回，并规定每年从烟酒收入项下总共提拨220万元为整理债票的付息款，还本则俟10年后整理公债办理完竣，以原指定基金归还。②

通过上述办法，1921年以前发行的各项公债得到清理，还本付息基本有了保证。

（3）1922—1926年

由于前一时期的滥发，政府债信低落，本期内债发行趋缓。5年中，以1922年发行较多，计新发债券4种、总额8319万余元；另外，续发旧债票4万元。不过，这4种新发债券中，九六公债和民国四年内国公债特种债票都属整理旧债性质，前者发行额5639万

① 上述整理办法参见徐沧水：《内国公债史》，第149—153页载民国十年三月三十日财政部呈大总统文。按此案所定整理公债基金，原以常关税和海关税余款、盐税余款以及烟酒税的一部分拨充，烟酒税不敷指拨之数时每月暂由交通事业余利内借拨50万元。然而后来烟酒税、盐余和交通余利或则完全未拨，或则未能如期照拨，而关余则较为宽裕，因而从1922年以后改行关余变通拨付办法，将每年关税扣存外债和庚子赔款本息后的余额概归总税务司提充公债基金，不敷时仍从盐余等款项下提拨足数。

② 见徐沧水：《内国公债史》，第154—156页，载财政部呈文。

余元(银元部分),后者发行额280万元,故本年发行的真正新债仅2种(一四库券和民国十一年公债),发行额2400万元。以后各年,共发行新债券9种,总额4860万元。总计5年所发,连同九六公债和四年公债特种债票都在内共1.3亿余元,不及前一时期发行数的三分之一。

本期发行的内债,多数是以欧战以后停付的俄、德、奥等国庚子赔款作为担保(共计7种,总发行额3960万元),基金确实,偿本付息因以得有保证。但也有几种如1922年发行的一四库券和九六公债、1925年发行的交通部借换券、1926年发行的秋节库券等,担保基金不确实,致使本息无着,不能按期偿还。这其中,九六公债的发行额最大,造成的影响也最坏。

九六公债的正式名称为“偿还内外短债八厘债券”,因其发行额为9600万元,故又称“九六公债”。发行此债系为抵偿当时一大批以盐余为抵押向内外银行举借的零星短期借款。原来,在这之前几年,北洋政府因盐余较多①,遇需款孔亟,往往便指此款分向各方(主要是各银行号)抵借各种款项,即所谓“盐余借款”。当时这类借款相当多,积累起来远远超过了盐余数额,加之盐余还要提出一部分充政府军政各费,遂使偿债难以保证,每逢发放盐余,政府与各债权银行间便发生争执。1921年冬,各债权银行联合向政府要求清偿,次年初达成协议,由财政部发行九六公债,对前此债务进行一次清理。九六公债分为两部分,一部分是抵偿日本盐余借款债务的,面额按日金计,共3960.87万元,这部分属于外债。另一部分按银元计,面额共5639.13万元,其中4353万元用于抵

① 1918年前后,北洋政府关税增加,原在盐税项下偿还的一些外债如善后大借款等改由关税拨付,又当时各省截留盐税尚少,因之在一段时间里北洋政府所得盐余较多。

偿国内盐余借款，另有1000万元由财政部拨付军政各费或抵押借款。根据1922年2月发布的条例，九六公债的偿还期限为7年，每年付息两次，第一年下半年起还本，每年两次；本息基金第一年1200万元，以后每年2000万元，先由盐余拨付，俟关税值百抽五后由所增关余项下拨充（关余不敷时仍以盐余补足）。① 然而发行以后，国币银元部分的基金未能照拨（日金部分由正金银行坐扣盐余），第一期付息即再三延迟，最后经各银行凑垫才勉强付出（共225万余元），此后各期便一直本息无着，数千万元的债券成为市面上买卖投机的筹码，价格一再跌落，几至形同废纸，不少银行因而倒闭，一时有“九六风潮”之称。北洋后期严重扰乱金融的内债，以“九六”为最。

1922年以后，北洋政府因滥发之公债已不受欢迎，改而主要采取库券形式。这些库券的特点是发行的频率高而每次发行的数额小。数额最大的一种也只有1400万元，其余都是几百万元甚至只有一二百万元，多半用于临时的应急支出，如有的应付使领馆经费，有的为发放积欠的学校薪金，有的充旧历年关或春节、秋节时政府急需的军政费及治安维持费，可谓名副其实的借债度日。反映出当时北洋政府财政的极度窘困。

以上为北洋时期发行公债的概要情形。兹依各债发行的先后，详列见表64。

表64反映的情况有两点值得注意。首先是这些公债、库券的用途问题。根据表64“用途”一栏的内容，可得北洋政府内债用途统计，见表65。

---

① 《偿还内外短债八厘债券条例》（1922年2月16日公布），见徐沧水：《内国公债史》，第110—113页。

表 65　北洋政府内债用途统计 *

用途项别	次数	%
军费	6	15.0
政费	14	35.0
整理及偿还旧债	13	32.5
整理及调剂金融	4	10.0
其他	3	7.5
总计	40	100

注:* 本表统计系根据表 64 各债的"用途"一栏逐项计次,如元年军需公债的用途计为军需 1 次、政费 1 次,九年整理金融短期公债的用途计为整理及调剂金融 1 次、整理及偿还旧债 1 次,等等。"其他"一项,包括元年公债赔偿宁汉商民损失、收买烟土两项用途和九年的赈灾,各按 1 次计。

如表 65 所示,当时的内债,用于军、政费的次数最多,两项合计占各项用途总次数的一半。整理及偿还旧债的次数居次,占总次数的 32.5%。这部分债务其实也是用于军、政费,因为其所整理及偿还的那些旧债主要是为军、政用途而借的,为解决旧债而借的新债乃是对过去军、政费欠账的偿还。为整理及调剂金融的借债同样与政府财政有关:1918 年和 1920 年几次发行的此类公债(七年长、短期公债和整理金融短期公债)主要是用于收回滥发的中、交两行不兑现京钞,以平息由此引发的金融风潮,而当初两行滥发不兑现纸币正是北洋政府军、政费严重不足,财政破产的恶果;从另一方面说,金融的紊乱又会对政府财政产生不利影响,因此政府借债整顿金融,从根本上说还是为了巩固自己的财政。北洋时期的内债绝大多数都是直接间接用于财政目的,这既反映出其时财政对内债的深深依赖关系,也是北洋内债自身的一个突出特点。

其次是当时内债的利率问题。由表 63 看出,所列 28 种内国债券利率最低的也为年息6厘(11种),高的且到年息7厘(4种)、8厘(12种),最高的一种为月息1分5厘。这还只是票面上的名义利率。由于其时公债多系折价发行,银行代理发售又有诸如回扣、手续费以及补水、汇水等费,再加上需支付债券成本种种耗费,从而政府到手之款是大打折扣的,当时公债的实际利率往往更远在名义利率之上。以民国三年公债为例,该债的名义利率为年息6厘,但因系九四折发行,又有加奖一年利息并预付第一期利息,再扣除经手费、补水、汇水等项,政府净收实只有发行面额的80%左右,以此净收计算,实际利率达到年息7厘6毫(按一年付两次计),远高于名义利率。① 三年公债在北洋时期公债中属名义利率较低而发行价格又较高的一种,其他或名义利率就较高,或发行价格很低,或两者兼而有之的债券,利率水平更在此之上,自不待言。事实上,北洋时期公债有不少实际利率都在年息1分以上,且有高达2—3分的。这种高利率不仅在财政上导致了政府过重的债息负担,促使其财政状况更加恶化,而且在社会经济方面,因其抬高了金融市场的一般利率水平,使过多的社会资金被吸纳到公债买卖的投机中来,对产业资本的发展也产生了十分不利的影响。

2. 短期国库证券

在大量发行公债的同时,北洋时期还先后发行过数十种记名和不记名的国库证券。表66是一个并不完备,但大致尚可反映其时库券发行情况的统计。

---

① 参见王宗培:《中国之内国公债》上卷,第53页《三年公债收支报告表》。

表66　北洋政府发行国库证券统计

年份	种数	发行数额(元)[(1)]	当年发行额(元)[(2)]
1913	2	2230000	2230000
1914	3[(3)]	10100000	10100000
1915	1	444444	444444
1916	8	1802180	1802180
1917	2	300000	200000
1918	9	6941269	6991269
1919	7	11158131	5273014
1920	22	20453902	24706426
1921	22[(4)]	27292400	28974993
1922	3[(5)]	2200000	2200000
1923	5[(6)]	3483750	3483750
1924	1	81019	81019
总计	85	86487095	86487095

注:(1)本栏为各该年新发库券发行总额的统计。
(2)本栏为各该年发行库券实额的统计(新发库券的本年发行额与以前年份库券的本年发行额之和)。
(3)包括新华储蓄票1种在内。
(4)包括4种特种库券:崇文门津浦货捐特种库券、特种烟酒库券、上海造币厂特种库券和特种盐余库券。
(5)包括特种盐余库券1种在内。
(6)包括2种特种库券:特种盐余库券和秋节支付券。

资料来源:王宗培:《中国之内国公债》上卷,第13—15页《国库证券有奖公债储蓄票明细表》;第26页《国库证券有奖公债逐年增减统计表》。

由表66看出,库券的发行,也以10年代后期至20年代初较多,尤其以1920年、1921年两年最滥,说明这一时期北洋政府滥发内债的政策在库券的发行上也有明显体现。

库券的滥发还体现在许多库券并不严格依照有关规定发行。作为一种主要用来弥补政府临时岁计不足的短期债券,库券在发行上本来是有一定限制规定的。按照当时的规定,政府于岁计必要时方得发行国库证券,发行额不得超过预算岁入额,利息不得超过7.5%,收回时期不得超过一个年度。然而实际上,对于经常处于极度财政困窘中的北洋政府来说,发行库券与举办公债一样只不过是弥补财政的一种方式,因此在发行上毫无限制,往往遇有急需支款,应付不过来,便即发行,以为一时补救之计。北洋财政素无预算,个别年度虽有预算,也只是形式上的。支出无度,也造成了库券的滥发。当时的库券,在用途上五花八门,或充政费,或抵借款,或补助公益慈善事业,还有工程、善后等种种名目,而尤以拨充军费者为最多,仅用于发放军饷的就有20余种,占库券总数近三分之一。在数额上,发行额小的虽仅数千元、几万元,而大的则可达数百万元乃至上千万元。利率和期限也很不一致:有的有息,有的无息,有息的一般为年息5—6厘,但高的可达月息1—2分;期限上多数为1年内外还清的短期(共58种,占总数的三分之二强),但也有不少在2—3年以上,最长的有达十几年的,要之皆随所发之券的性质、用途等等的不同而各异,并无一定之规。

北洋政府发行的库券多数没有抵押,加之滥发,偿还无保证。表66统计的85种库券中,如期清偿的仅15种,部分偿还的25种,全未偿还的达45种,占一半以上。在总计8648万余元的发行额中,未清偿部分为4054万余元,约占总发行额的46.9%。另一项口径稍微不同的统计:到1925年年底止,总计73种无确实抵押库券共积欠本息5911万余元,占其总发行额的73.4%。① 这无一

① 据北京财政整理会1925年10月编印的《财政部经管无确实担保内债表·国库证券欠款一览表》计算。按此表的73种库券,有69种记入表66的统计,未记入的4种为:1922年2月发行的特种盐余库券(一四库券)、10月发行的有利兑换券、1923年2月发行的有利流通券和6月发行的特别流通券。

不反映出当时财政状况的困窘。

(二)银行短期借款

此种借款可分为3类:以盐余抵借的所谓盐余借款、一般内国银行短期借款和内国银行垫款。

1. 盐余借款

前文已提及,10年代后期至20年代初,由于盐税增加以及原在盐税项下偿付的有些外债(善后借款等)改由关税偿还,北洋政府分配到的盐余较多,便常以此款为抵押向内外银行等处贷借短期款项,以应急需,从而形成了所谓"盐余借款"。此类借款最初数量不大,每月发放盐余时尚足分配。但后来愈借愈多,偿还渐生困难,银行与政府常为盐余分配争执不休,终于有1921年冬各债权银行联合要求政府清偿及次年初北洋政府决定发行九六公债之事。九六公债意在将当时积欠的总额约计1亿余元的盐余抵押零星内外短债(其中外债3000余万元,余为内债)化零为整,化短为长,以资结束。然而此债担保不确,尽管所发债券历经周折最后为各银行接受,但是本息无着(内债部分仅付过一次息),盐余债务还是未能解决。表67是根据1925年财政整理会公布的《财政部盐余借款一览表》统计的截算到当年年底的盐余借款积欠情况。

表67 到1925年年底止的未清偿盐余借款及其积欠本息情况

借款年份	笔数	债额			实收折银元(1)	截至1925年年底的积欠本息(元)
		借款单位	数额	折合银元(1)		
1920	4	银元(元)	2050000	2050000	1965760	1208590

续表

借款年份	笔数	债额			实收折银元(1)	截至1925年年底的积欠本息(元)
		借款单位	数额	折合银元(1)		
1921	66 {49	银元(元)	28452608	28452608	27568327	26171171
	1	规银(两)	167670	230000	230000	140222
	13	法金(佛郎)	67000000	10212203	8657346	8313265
	2	日金(元)	800000	724000	724000	596228
	1	意金(吕耳)	12000000	1192792	1081206	1822583
1922	6 {5	银元(元)	3324851	3324851	3324851	2941766
	1	规银(两)	350000	484429	484429	150973
其他:	1(2)	银元(元)	6750000	6750000	6750000	2273250
	1(3)	银元(元)	810000	810000	810000	381348
	1(4)	银元(元)	240000	240000	240000	112992
总计	79			54470883	51835919	44112388

注:(1)原表列有折数者依原表,无折数者按当时各货币单位与银元的比价近似估算。

(2)此为中国、交通银行自1918年12月起陆续代垫的民国七年长期公债利息款,1922年3月由偿还内外短债委员会审定归入盐余借款案内办理。

(3)此款为北京盐业银行1919年、1920年、1921年3年内陆续借垫。

(4)此款系1921—1922年向金城银行陆续订借。

资料来源:北京财政管理会编印:《财政部经管无确实担保内债表·财政部盐余借款一览表》(1925年10月)。

2. 一般内国银行短期借款

指盐余借款以外的其他内国银行短期借款。此类借款出现的时间比盐余借款要早一些,在袁世凯时期就已经开始。但借款集中的年份也是在20年代初,尤以1921—1923年最多。从担保情况看,有的有抵押品,有的没有。但无论有无抵押,偿还情况都很差,有的自借后就一直本息无着,成为呆债。根据财政管理会的计算,截至1925年年底,历年没有清偿的此类借款积欠本息已达3890万余元,超过原借额近700万元,见表68。

表68 到1925年年底止的未清偿内国银行短期借款及其积欠本息情况

借款年份	笔数	债额			实收折银元	截至1925年年底的积欠本息(元)
		借款单位	数额	折合银元		
1915	1	银元(元)	1159970	1159970	1159970	1619119
1918[(1)]	1	日金(元)	10000000	7600000	7600000	6994483
1919	3{2	银元(元)	707880	707880	650000	439478
	1	洋例(两)	870.63	1262		1647
1920	3{2	银元(元)	730000	730000	730000	549783
	1	美金(元)	20000	36000	36000	39291
1921	12{11	银元(元)	12508000	12508000	12464330	18379060
	1	日金(元)	250000	191408	191408	106595
1922	9	银元(元)	2977000	2977000	2938320	4371555
1923	20	银元(元)	5892099	5892099	5858433	6182589
1924	3	银元(元)	185288	185288	185288	220681
总计	52			31988907	31813749	38904281

注:(1)交通银行日金1000万元借款,1917年9月28日订借,1918年1月26日签订合同。

资料来源:北京财政整理会编印:《财政部经管无确实担保内债表·财政部内国各银行号短期借款一览表》。

3. 内国银行垫款

这是银行为政府垫付款项,从而形成的政府对银行的债务。垫款不同于普通借款,它不需逐笔订立借款合同,所有代垫之款都只记入政府在银行的一个垫款账户,偿本付息在账户内随时冲抵,因此垫款统计没有垫付笔数和所谓借额,而只有在某一时期欠某银行的一个总数。根据财政整理会1925年公布的资料,到当年年底止,和北洋政府有垫款关系的银行、官钱局共计20家,积欠总数为3033万余元。其中,欠中国银行最多,达2373万余元;其次为交通银行和盐业银行,分别为265万余元和189万余元;其余17

家银行、官钱局之积欠额，共为204万余元，见表69。

表69　到1925年年底止内国各银行垫款欠数统计

银行别	到1925年6月止的本息数(元)	1925年7—12月应付息银数(元)	共数(元)
中国银行	22777723	956664	23734388
交通银行	2547958	107014	2654972
盐业银行	1796764	98806	1895570
其他(共17家)	1930310	118160	2048469
总计	29052755	1280644	30333399

资料来源：北京财政管理会编印：《财政部经管无确实担保内债表·内国各银行垫款欠数表》。按据原表说明：表内到1925年6月止的本息数为财政部清单所开，该年7—12月应付息银数系财政整理会按银行借款结算办法(原月息1分以上者按1分计，不足1分者按原利率计)计算得出。

以上3类银行短期借款到1925年年底止的积欠合计，共11335万余元。① 由于不包括1925年以前已经清偿的债额，1925年以后的借款也不在内，这个数字自然远不能反映北洋政府向银行借款的真实水平。但即令从1925年的积欠来看，也足以看出北洋政府在融通资金方面与银行的密切关系。北洋时期中国银行业迅猛发展，私营商业银行大量增加，这种情况不完全是由于工商业发展融通资金的需要，而是与政府财政融资也有很大关系。事实上，当时大量开设的私营银行，尤其是开设于北京这样并非工商业中心的银行，许多同工商界并没有多少联系，而是主要做政府公债

① 另据杨汝梅：《民国财政论》，到1925年年底止的这3类银行短期借款的积欠本息分别为：盐余借款本息4568.8万余元，内国银行短期借款本息4216.8万元，各银行垫款本息3490.2万元，合共12275.8万元，见该书第四编第二章第一节，第187—188页。

和向政府放款的投机生意。成批与政府财政融资相联系的投机银行的出现,从一个侧面反映了其时北洋政府财政的特点和对资金的渴求。

银行对北洋政府短期借、垫款的利率是相当高的。由表70看出,借款利率在1分以下的很少;1分以上的借款,月息1分7厘和1分8厘的占了绝大多数,最高的且有列月息1分9厘以至2分的。垫款的情况如表71所示,多数银行的利率也都在月息1分以上,最高的为1分9厘。这还只是借款合同上的名义利率。由于许多借款还另有折扣、预扣利息以及汇水、手续费等等收益,实际利率在月息二三分以上的也很普通。这与经营公债的情况是一样的。正是这种高利率的引诱,才刺激了大量专做向政府融通资金生意的投机银行的兴起;当然,由于北洋政府信用甚差,经常拖欠债务,由此而赔本倒闭的私营小银行也不在少数。

表70 盐余借款和内国银行短期借款利率情况

利率	盐余借款		内国银行短期借款		合计	
	笔数	借额	笔数	借额	笔数	借额
月息2分	—		1	银元:20000	1	银元:20000
1分9厘	2	银元:250000	1	银元:1827633	3	银元:2077633
		佛郎:5500000				佛郎:5500000
1分8厘	41	银元:15747415	21	银元:5159500	62	银元:20906915
		佛郎:3250000		日金:250000		佛郎:3250000
		日金:800000				日金:1050000
		规银:350000				规银:350000
1分7厘	17	银元:6639545	3	银元:190000	20	银元:6829545

续表

利率	盐余借款		内国银行短期借款		合计	
	笔数	借额	笔数	借额	笔数	借额
		佛郎:55850000				佛郎:55850000
		吕耳:12000000				吕耳:12000000
1分6厘	4	银元:925360	4	银元:10730000	8	银元:11655360
		佛郎:2400000				佛郎:2400000
1分5厘	4	银元:4222000	6	银元:1123000	10	银元:5345000
1分4厘	2	银元:3058238	1	银元:100000	3	银元:3158238
年息1分3厘	—		1	银元:189316	1	银元:189316
1分2厘	—		2	银元:1317650	2	银元:1317650
月息7厘—1分	6	银元:1755000	5	银元:2301288	11	银元:4056288
		规银:167670				规银:167670
年息5厘—8厘	—		6	银元:1258850	6	银元:1258850
				日金:10000000		日金:10000000
				美金:20000		美金:20000
				洋例:871		洋例:871
共计	76		51		127	

资料来源:北京财政管理会编印:《财政部经管无确实担保内债表·财政部盐余借款一览表》(1925年10月)。北京财政整理会编印:《财政部经管无确实担保内债表·财政部内国各银行号短期借款一览表》。按表67统计盐余借款共79笔,其中2笔的利息系归入垫款内结算,又1笔原不计息,这3笔盐余借款本表未作统计。表68统计内国银行短期借款共52笔,其中1笔财政整理会原表注利率未定,这笔借款本表亦未作统计。

表 71　内国银行垫款利率情况

利率	银行数	利率	银行数
月息1分9厘	1	月息9厘	1
1分5厘	2	7厘	2
1分4厘	2	50万元以内月息7厘,50万元以外月息1分2厘	1
1分2厘	8		
1分1厘	1		
1分	2	银行总数	20

资料来源:北京财政管理会编印:《财政部经管无确实担保内债表·内国各银行垫款欠数表》。按据原表说明:表内到1925年6月止的本息数为财政部清单所开,该年7—12月应付息银数系财政整理会按银行借款结算办法(原月息1分以上者按1分计,不足1分者按原利率计)计算得出。

在借款数额上,北洋政府“细大不捐”,数额小的仅几万元,甚至几千元,大的上百万元乃至几百万元。这也是当时北洋政府财政罗掘俱穷的生动写照。

表 72　盐余借款和内国银行短期借款数额大小统计

数额	盐余借款		内国银行短期借款		合计	
	笔数	占总数的%	笔数	占总数的%	笔数	占总数的%
1万元以下	—		3		3	
1⁺—5万元	5	19.0	6	36.5	11	25.9
5⁺—10万元	10		10		20	
10⁺—30万元	22		18		40	
30⁺—50万元	17	62.0	5	50.0	22	57.3
50⁺—100万元	10		3		13	
100⁺—200万元	11	19.0	4	13.5	15	16.8
200万元以上	4		3		7	
总计	79	100	52	100	131	100

资料来源:北京财政管理会编印:《财政部经管无确实担保内债表·财政部盐余借款一览表》(1925年10月);北京财政整理会编印:《财政部经管无确实担保内债表·财政部内国各银行号短期借款一览表》。

在向北洋政府融资活动中，作为国家银行的中国银行和交通银行起着十分突出的作用。表73是对1925年年底尚未清偿的各种银行借、垫款原借额和积欠中两行部分的数额及其分别占总额的比例的统计。

表73　各种银行借垫款原借额和积欠中两行的数额及其占总额的比例

借款种类	借额			积欠		
	Ⅰ:总额（万元）	Ⅱ:中、交部分（万元）	Ⅱ/Ⅰ %	Ⅰ:总额（万元）	Ⅱ:中、交部分（万元）	Ⅱ/Ⅰ %
盐余借款	5447.1	2148.8	39.4	4411.2	1880.6	42.6
内国银行借款	3198.9	1933.9	60.5	3890.4	2590.5	66.6
内国银行垫款	—	—	—	3033.3	2638.9	87.0
总计	8646.0	4082.7	47.2	11334.9	7110.0	62.7

资料来源：北京财政管理会编印：《财政部经管无确实担保内债表·财政部盐余借款一览表》（1925年10月）；北京财政整理会编印：《财政部经管无确实担保内债表·财政部内国各银行号短期借款一览表》；北京财政管理会编印：《财政部经管无确实担保内债表·内国各银行垫款欠数表》。按据原表说明：表内到1925年6月止的本息数为财政部清单所开，该年7—12月应付息银数系财政整理会按银行借款结算办法（原月息1分以上者按1分计，不足1分者按原利率计）计算得出。

如表73所示，中、交两行的借、垫款在北洋政府的全部银行借、垫款中占着极大的份额，1925年年底北洋政府积欠的1亿多元借、垫款本息中，中、交两行部分高达7110万元，占总额的62.7%！而这些借、垫款还只是两行对政府融资的一部分，除此之外，它们还都大量经营政府公债，对地方官厅也有数额不小的借款。事实上，在北洋时期，中、交两行的资金始终是大部分为政府所占用，为其弥补财政亏空。这是它们当时的主要业务。至于作为国家银行应起的调节金融及辅助工商业发展的作用,由于大量资金为政府所占用,基本上谈不到。这也是当时北洋政府内债政策下银行业发展并不正常的一个例证。

第十一章
经济政策和措施

第一节　清末经济政策和措施

甲午战前数十年间，清政府举办史称洋务运动的自强新政，这一标榜“图强”“求富”的新政，在日本发动侵略中国的战争之后，遭受到严重的挫折。面临甲午战后的严峻局势，内外交困的清朝政府，不得不调整其经济政策。虽时间跨度不及20年，但对中国资本主义的发展产生了一定影响。本节首先论述甲午战后清政府转换经济政策的背景，然后分两个时期叙述清末经济政策与措施的主要内容。

一、清政府转换经济政策的背景

甲午战前数十年间，清政府推行“自强新政”。“图强”、“求富”，就是新政的总方针和总目标，也是指导经济活动的总政策。在这一政策的指导下，清政府在经济上以“制器”和“浚饷源”为中心，佐以“分洋商之利”和“富民”的设想，相继采取了举办新式军用工业和民用工业等重大措施。但自强新政并没有达到预期目标。中国在甲午战争中遭到失败，标志自强新政的破产。而战前及战后民间商人、企业家及知识分子对新政的不满和批评，也表明新政中的种种做法，并没有顺应幼年时期的中国资产阶级的利益要求。

(一)民间的不满和要求

当外国资本主义侵入中国之后,中国的商人确实希望得到清政府的支持,投资于新式产业,享受新生产方式在积累私人财富方面的效益。他们还希望清政府为他们筑起保护之网,给予种种优待,以便与洋商竞争。然而清政府的意图和商人的愿望,实际上是南辕北辙。打着自强新政招牌的清政府,口头上声称要图强、求富,实际的目标却是要“浚饷源”。当时负责新政实施的洋务派首脑李鸿章说:“欲自强必先裕饷,欲浚饷源莫如振兴商务。”①沈葆桢则称:“筹饷为自强之纲。”②所谓“求富”,原来主要是为“裕饷”;“振兴商务”不过是“浚饷源”的一种手段。那些满怀希望而来的投资者,不过是清政府利用来“浚饷源”的工具,不但不加保护,相反,大小官僚都视新式企业为私利之源,都想从中获利。凡此种种,严重损害了商人的正当权益。

民间商人则力图实现自己的目标。

早在他们不得不投身于“官督商办”企业的创办活动时,就试图按自己的意愿行事。轮船招商局筹办之初,朱其昂、朱其诏兄弟拟定的招商章程,计划由机器局兼造商船,每只船按造价定出股份,由商局分招散商认领,船成之后,再由商局租用,以解决机器局经费不足的迫切问题;要求招商局如同外国的公司,除却官厂习气;商人按商定的价格承租商船;无人承租的商船,“准由商局承领各口揽载以开其先”;“轮船机器一切,由商局随时监督,以集精思而防损坏”;商局还负责提供港口设施、报关手续等方面的服务。③ 可见,招商局主

① 《李文忠公全集》奏稿,第39卷,第32页。

② 沈葆桢:“复奏洋务事宜疏”,葛士浚编:《皇朝经世文续编》第101卷,洋务一,第20页。

③ 《海防档》购买船炮,第911—915页。

要是为机器局和商人提供服务，同时兼搞营运的商业组织。按这个设想，衙门式的局厂部分市场化了；商人可以独立经营，并享受种种服务。这个方案是有其合理性的。但却遭到官方的冷遇，无由实现。后来实际实行的官督商办，主要是由李鸿章定的调子，即所谓“由官总其大纲，察其利病，而由该商等自立条议，悦服众商”①；“商为承办”、“官为维持”②，等等，含含糊糊，没有明确的法律来规范官商双方的责、权、利关系。但有一点是明确的，即企业的控制权掌握在洋务派手中，官僚衙门的腐败习气也随之渗入新式企业中。

但参与企业的商人们并不就此低头，仍要努力减少或摆脱官方的“钤制”，按西式企业制度和市场规则来经营企业。当1873年轮船招商局第一次改组时，入局主持工作的徐润、唐廷枢等人就强调“商务由商办之”；“似宜俯照买卖常规，庶易遵守”。③ 1877年唐廷枢奉李鸿章之命去开平煤矿主持筹办工作，他接受股商的要求，在招商章程中承诺“仍照买卖常规”，“请免添派委员，并除去文案、书差名目，以节糜费”。④ 另一位企业家经元善，始终强调要按经商之道经营企业。他在参与上海机器织布局的筹办活动中，表示要公开招集商股，在海内外分设36处收股点；声明“万一股份不齐，事机中辍，先收五成银两并息，均由本局如数奉还”；强调“芟除官场浮华习气”，董事由“股份人公举”，“凡有公事，邀请咨商”。⑤ 他们的“在商言商”式的努力，对新式民用企业的发展

---

① 《李文忠公全集》译署函稿，第1卷，第40页。

② 《李文忠公全集》奏稿，第30卷，第31页。

③ 《交通史航政编》第1册，第142页。

④ 孙毓棠编：《中国近代工业史资料》第1辑下，中华书局1962年版，第629页。

⑤ 参见《申报》1880年10月13日至15日的《招商集股章程》。

是起了积极作用的。

不过,在官督商办中,商是敌不过官的。在这些企业中,普遍存在多重领导和责任关系,责、权、利关系十分混乱,产权不明晰。企业内部的经营、管理人员,是由矛盾着的两方组成的。一方是官方委派的督办,代表上级督抚行使"钤制"之权,同时他们也利用这一职位谋取私利;另一方是"承办"的商人,他们既是官方认可的经理人员,也是企业的大股东。他们较为关心企业的效益,但也有损害其他股商权益的行为。在这个矛盾的经营管理集团之上,是掌握大权的洋务派大官僚。他们受中央政府(皇帝)的委托来实施新政,主持企业的兴办及其他经济活动。无论是督抚级的洋务大官僚,还是官方督办、民间大商人,他们都各有各的利益需求,使企业的发展严重受阻。当督抚们决定将企业的实际经营权交给大商人时,企业的效益一般要好一些;当企业的实际经营权落入官方督办之手时,企业的效益便大受影响。不过,那些大商人有时也不正当地谋取私利。徐润等人就曾挪用招商局款投机,给企业造成不小损失。这些,都是当时无明确的法律来规范官商双方行为的恶果。

面对这种矛盾重重的局面,原来对洋务企业寄有厚望的商人、股民,大都"望影惊心,谈虎色变"[①],对兴办新式企业的态度也变得消极起来。1887年,中国铁路公司到天津招股,竟"没有一个人附股"。[②] 1889年,李鸿章派人到天津为漠河金矿招股,响应者寥寥无几。[③] 当初那种人人争购,"以得股为幸"的局面已难以再现了。徐润、唐廷枢离开招商局后,一些与他们有联系的股东也相继

① 陈炽:《庸书》外篇,上卷,1986年版。

② 宓汝成编:《中国近代铁路史资料》第一册,中华书局1963年版,第135页。

③ 中国史学会编:《洋务运动》七,上海人民出版社1961年版,第138页。

提款、退股。清政府的行为，无疑阻碍了社会资金向新式产业的流动。

清政府的种种措施，在甲午以前就引起社会上的广泛议论。甲午战争爆发后，民族危机空前严重。商人、实业家和思想家们，更加强烈地要求放开商办、设厂救国、以商为战，直至变法维新，建立适合资本主义发展的政治、经济制度。郑观应刊行14卷本《盛世危言》，突出强调“商战”的重要性，要求清政府努力“将平时所立和约，凡于国计民生有碍者，均可删改”①；“亟宜一变旧法，取法于人，以收富强之实效”②；“俯顺商情，……凡通商口岸、内省腹地，其应兴铁路、轮舟、开矿、种植、纺织、制造之处，一体准民间开设，无所禁止，或集股，或自办，悉听其便”。③《盛世危言》5卷本也被江苏布政使推荐给光绪皇帝；光绪帝命总理衙门印刷两千部发给大臣阅看。郑观应的主张，对清政府的政策可能会有影响。改良派首领康有为发起“公车上书”，要求光绪帝变通旧法，富国为先，并提出富国六法，建议设官银行；铁路兴筑“一付于民”；机器制造和轮船航运“纵民为之，并加保护”；整顿矿务；自铸银钱；设立邮政。又进一步要求“以民为本”，行养民之法，务农、劝工、惠商、恤穷、教民、振兴商务。还要求革除内弊。④ 这些主张后来又写入《上清帝第三书》⑤，到了光绪帝手中。康有为后来参与百日维新，对清政府的政策有了直接影响。

代表新兴生产力的中国资产阶级的崛起，给清政府以巨大压

---

① 夏东元编：《郑观应集》上册，上海人民出版社1982年版，第596页。

② 夏东元编：《郑观应集》上册，上海人民出版社1982年版，第597页。

③ 夏东元编：《郑观应集》上册，上海人民出版社1982年版，第612页。

④ 中国史学会编：《戊戌变法》二，神州国光社1953年版，第131页。

⑤ 《戊戌变法》二。

力,不过,真正影响清政府经济政策与措施的决定性因素,还是战争的打击和战后的严峻局势。

(二)清政府的反省与对策

甲午战前,清政府内部对自强新政的种种问题,并非毫无察觉。顽固派从极端守旧的立场出发,也道出了诸如糜费、中饱等实情。大理寺少卿王家璧反对购买和制造轮船的理由之一,就是"杜浮冒之门"。① 翰林院编修丁立钧也说:"广购外洋船炮,创设机器各局,岁糜数百万帑金,以供千百委员中饱之用,以广外洋销售钢铁木植杂物之路。"②内阁学士徐致祥则说:"自南北洋设有机器局,福建设有船政局,十余年来,糜费帑项不下二三千万,迭次边衅,终归无用。过此以往,故辙依旧,不求变计,实积隐忧。"③

洋务派官僚对官方直接插手经费的弊病,也非一无所知。李鸿章曾担忧:"若官自办,恐有法无人,不可持久";商务"不能由官任之,轮船商务牵涉洋务,更不便由官任之也"。④ 左宗棠也承认:"以官经商,可暂不可久","一经官办,则利少弊多,所铸之器不精,而费不可得而节"。⑤

对新政中的问题,清政府也有过修补措施。例如,为限制军用企业的滥用用费,清政府于1883年改变过去由各局开单向户部实报实销的办法,实行由各局事先细开项目价格报销。⑥ 这一带有

① 《洋务运动》一,第133—134页。

② 《洋务运动》一,第252页。

③ 《嘉定先生奏议》上卷,宣统二年刊行,第3页。

④ 《李文忠公全集》海军函稿,第3页;奏稿,第36卷,第25页。

⑤ 《佐文襄公全集》奏稿,第63卷,第54页;札批,上卷,第11页。

⑥ 《船政奏议汇编》第33卷,第8—11页。1888年船政衙门编。

“预算”性质的措施，似乎能够形成对企业的财政硬约束。但是，只要那些机器局仍靠行政拨款维持生产、脱离市场、企业制度也不完善、不能成为真正的商品生产者，那么，问题也就得不到根本解决。仅在行政性措施上转圈子，是没有出路的。之所以如此，与清政府、洋务派的认识有一定关系。他们以为“西学为用”仅仅是借西方技术来“制器”，只是高大的厂房、耸立的烟囱和隆隆作响的机器，却没有认识到这个“制器”不仅仅是物质技术方面的革新，也包含制度方面的革新，即变衙门式生产为近代机器生产的组织形式——近代工厂制度、企业制度及相应的市场制度。清政府、洋务派忙忙碌碌，其实连所谓“末技”也未真正学到手，甚至根本没有意识到被视作“末技”的西学中还有那么丰富的内容。认识的偏颇，造成企业制度和市场制度的被忽视。官办企业如此，官督商办企业也是如此。李鸿章在申述兴办机器织布局的理由时说：“出口土货，年减一年，往往不能相敌，推原其故，由于各国制造均用机器，较中国土货成于人工者，省费倍蓰，售价既廉，行销愈广。”[①]在他看来，洋货的优势来自机器制造。他却没有明白，洋货在价格、质量上的优势，不仅来自机器的使用，更与先进的企业制度和相应的市场制度密切相关。简单的认识，带来不合理的举动。徐润等人挪用招商局款造成损失，显然是企业制度不完善、市场制度不健全的结果，本应因势利导加以解决。但李鸿章的办法是派官僚出身的盛宣怀取代买办出身的徐润，并未触及病根，当然不会有好的结果。就在甲午战前相当一段的所谓“中外和好”时期，清政府明知新政弊端丛生，也未采取有效措施，更不敢中止新政，处于无所作为的状态，错过了追求富强的机遇。

① 《李文忠公全集》奏稿，第43卷，第43页。

甲午战争给清政府击一猛掌。它突然发现,搞了数十年的自强新政,并未显出富国强兵的效果来。尽管中国“创办海军已及十载”,而日本“加意练兵,此次突犯朝鲜,一切兵备居然可恃。而我之海军,船械不足,训练无实”①,确实令人失望。

战争的失败,迫使清政府“反省”过去的政策措施。顺天府尹胡燏棻尖锐批评官办企业“于制造本源并未领略,不闻某厂新创一枪一炮能突过泰西,不闻某局自制一机器能创垂民用。一但有事,件件仍须购自外洋”。他认为“病源”是所聘洋匠水平太低;经费限制了技术创新;经营管理人员都是外行。结论是:“中国欲藉官厂制器,虽百年亦终无起色。”②给事中褚成博也指出:“中国制造机器等局不下八九处,历年耗费不赀,一旦用兵,仍须向外洋采购军火,平日工作不勤、所制不精,已可概见。福建船厂岁需银六十万,铁甲兵舰仍未能自制。湖北枪炮炼铁各厂经营数载,靡费已多,未见明效。”③最高统治者对此也表示同意。

比上述言论更进一步的,是一些官员对当时总的经济、政治、教育制度及经济政策,也出现了“反省”的态度。洋务派的后起首脑张之洞,承认清政府“但有征商之政,而少护商之法”。④ 胡燏棻认为,洋务办了几十年,成效不显著,“固由仅袭绪余未窥精奥”,同时也由于八股取士的科举制度,使“天下豪杰所注重者,仍不外乎试帖楷法之属,而于西学不过视作别途”。⑤ 新疆巡抚陶模对当

---

① 《清实录》第56册,中华书局1978年影印本,第402页。

② 沈桐生辑:《光绪政要》第21卷,第15页。宣统元年上海南洋书局刊行。

③ 《光绪朝东华录》,总第3637页。

④ 《张文襄公全集》第37卷,奏37,北平文华斋1928年版,第30页。此折为张謇代拟,见《张季子九录》政闻录,第1卷。

⑤ 《光绪政要》第21卷,第15页。

时的人才培养制度、进而对当时的官吏选拔制度,提出了尖锐批评。① 不过,更多的官僚还是认为自强新政之所以成效不大,恰恰在于新政不够深入、全面。他们认为,像铁路、银行、邮政、制造、开矿等等新政,有的"屡议屡废",有的付诸阙如。以为病根在此,还没有进一步认识到落后的"政教"对实现富强目标的阻碍作用。

促使清政府改弦更张的直接原因,还是甲午战争及战后的严峻局势。

首先是困窘至极的财政带来沉重的压力。战时用兵需款,战后赔款需款,落实自强要政需款,而且都是数目巨大,都是刻不容缓。如何筹款?这是一个非常迫切的问题。

战争伊始,清政府不得不临时抱佛脚,沿用由各省"就地筹款"支持中央财政的老办法,命各省"通盘筹划,何费可减,何费可兴,何项可先行提存,务需分筹的款",同时许诺"如其军事速平,仍准该省留用"。② 两江总督刘坤一建议"倡劝捐资",让官员、绅富、典当商等认捐济饷,附加条件是"将来如能集有成效,拟以一半留备部拨,一半留为本省筹防之用"。③ 主持财政的户部,先后开出了种种筹饷措施。如暂停工程、核扣俸廉、预缴盐厘、酌提运本④;息借商款⑤;颜缎两库折价减成、典当各商捐输、茶叶糖斤加厘、土药行店捐输⑥;等等。战后,为偿还外债本息,户部在此之外,又要求各省考核钱粮、整顿厘金、裁改兵制、停放八旗兵丁米

① 《戊戌变法》二,第269页。

② 《清实录》第56册,第409—410页。

③ 刘坤一:"拟议筹款济饷折",《刘坤一遗集》二,中华书局1959年版,第809—810页。

④ 《清实录》第56册,第411页。

⑤ 《光绪朝东华录》,总第3454页。

⑥ 《光绪朝东华录》,总第3462页。

折、盐斤加价、裁减局员薪费、重抽盐厘等。① 这些措施,无非是克扣、挪用和加派的老套路。尤其是为赔款而借的大笔外债,必须不折不扣地按期偿还本息,丝毫不敢拖延。

此外,自强新政还得继续举办,对财政的压力也不小。正如胡燏棻所说,"添兵购械"固属急需,"此外奉直两省善后事宜仍须节节增修,次第兴办;北洋海军亦不能不重新创办,以图补苴","入者只有此数,出者骤然加增,虽日责司农以筹划,度支亦恐无从应付"。②

至于《马关条约》订立后的严峻局势,更迫使清政府苦思对策。数十年以妥协退让换来的所谓"中外和好"局面被日本侵略者击碎,中国国力严重受损。列强掀起瓜分中国的狂潮,经济侵略也更加深入。尤其是《马关条约》对中国政治、经济上的危害,在清政府内部引起较大反响。

一再反对中日和议的湖广总督张之洞的言论,具有相当的代表性。他说:"此次和约,其割地驻兵之害,如猛虎在门,动思吞噬;赔款之害,如人受重伤,气血大损;通商之害,如鸩酒止渴,毒在脏腑。"具体而论,赔款的结果,"势必尽以海关洋税作抵,而又提厘金丁赋以足";"且洋人制造之土货概免厘金,则进款益绌,此后国用更何从出?"他断言:"百方掊克以资仇敌,民穷且怨,土匪奸民藉口倡乱,而国家以饷绌兵弱,威力不足以慑之。……是赔款之害,必由民贫而生内乱。"另外,"向来洋商不准于内地开设机器、制造土货、设立行栈,此小民一线生机,……今通商条约一旦尽撤藩篱,喧宾夺主,西洋各国援例均沾,外洋之工作巧于华人,外洋之商本厚于华人,生计尽夺,民何以生?小民积怨,断不能保相安无

① 《光绪朝东华录》,总第3633页。

② 《光绪政要》第21卷,第15页。

事。……是通商之害，必由民怒而启外衅”。① 这份由张謇代拟的奏折，在一定程度上也代表了民族实业家们的观点。

自强新政受挫；民间强烈不满；赔款及战后重建等造成巨大的财政压力，《马关条约》带来政治、经济等国家利权的严重丧失，在迫使清政府寻找续命的新途径。

一些官员在“反省”过去之后，开出了各自的“药方”。

御史管廷献的上奏，代表了保守势力的意见。他坚持认为：“居今日而理财，不在开源也，亦节流而已；不必变法也，亦法祖而已。”具体办法是：“将现在岁支之款，与乾隆以前岁支之款彻底清查，认真比较，”“其昔无而今有者概从裁撤，即今昔同有而其事徒为具文无关实用者，并可酌量暂行停止。”如此一番裁停之后，估计“每年可省银四五千万两，则二万万之赔款四五年即可全清”。他请求将现有机器制造等局“全行裁撤”。② 这一彻底复古的方案，自然不会被采纳。

重臣张之洞提出了9条建议。③ 除练陆军、治海军、分设枪炮厂、广开学堂、多派游历人员等建议外，在经济方面，则有亟造铁路、速讲商务、讲求工政等建议。张之洞一向倾向官办工业，不怎么愿意把重要工业交给民办，所以主张修铁路“由洋商垫款包办芦汉一路”，限期3年完工，“年限满后悉归中国”。讲求商务，要求有“护商之法”，具体措施是在各省设商务局；奖励集巨资多股组成大公司的商民；令驻外使臣“随时考究”各国商情。讲求工政，先要认识到“富民强国之本实在于工”，然后仿效日本等国，在各省设工政局，扩大出口货物的制造，兴办替代洋货的工业，招商

---

① 张之洞：“吁请修备储才折”，《张文襄公全集》第37卷，奏37。

② 《光绪朝东华录》，总第3626—3627页。

③ 《张文襄公全集》第37卷，奏37。

设局,力求“于工艺一端蒸蒸日上”。张之洞认为,这几项措施关乎清政府“安身立命”,“万难缓图”,不能等待“筹有巨款始议施行”,误了时机。他的办法是举借外债,将来自强实现,还债不难。张之洞的建议,无非是要将从前的自强新政搞得更全面、更深入,而且不怕借外债。靠借外债来“安身立命”,成为日后清政府经济政策的重要环节。

胡燏棻的意见也颇有代表性。他提出了一个“咸与维新”的方案。① 认为“目前之急”是筹饷练兵;而筹饷练兵的本源“尤在敦劝工商,广兴学校。办法是仿行西法”。敦劝工商的具体措施,一是开铁路以利转输。由民间自立股份公司,官为保护。二是铸钞币银币以裕财源。在各省口岸设局,自铸金银铜币;在京城设官银行,省会设分行,印行钞币。三是开民厂以造机器。“准各省广开各厂,令民间自为讲求。国家欲购枪炮船械机器,均托民厂包办包用”。四是开矿产以资利用。要求选好矿师、矿地,细考矿质,厚集矿本;要招大股、官股。他特别强调,“招股开矿实今日之最大利源”。此外,还有折南漕、减兵额、设邮政、练陆军、整海军、设学堂等措施。他所建议的措施,相当一部分是在洋务新政中已办或办无成效、或议而未办的。只有军工包给民办的建议较有新意;开设学堂已触及传统教育制度的改革。而政治制度如何改革,却在这套“咸与维新”的方案中没有涉及。

两江总督刘坤一也设计了一套图富强的方案。② 他的看法是,“究之富强之本,求其收效速、取利宏,一举而数善备,则莫如铁路”。但铁路“断断不可轻许”“西人承办”,而应设立一家铁路商务公司,责成该公司“借洋款三四千万金,或以铁路押抵,或南

① 《光绪政要》第21卷,第15—24页。

② 《刘坤一遗集》二,第882—886页。

北洋作保”。不仅如此,还可“兼招中外股资”,允许洋人入股。后来,刘坤一又遵旨提出了一份全面的“时务”方案。① 在他看来,长远的对策是“仿照西洋新法,整顿中国旧法”;近期必须施行的措施,“以铁路、矿务为最紧要”。此外,对搞了几十年的军用工业,他主张采纳徐桐的意见,“如商民中自行筹费仿造,准其领牌开办,完纳厘税;倘能另出新奇,准照外洋从优给奖。官局如需大批枪炮子药,亦准商民分办”。又主张按张百熙的意见裁减绿营;按陈炽的意见广译西学诸书,中西学兼用,培育人才;等等。

种种主张表明,过去清政府力图通过洋务派牢牢控制住新政,而现在一些高级官僚则有意将富强要政之门稍稍打开一点,让普通商民参与进来,甚至军火也可由民间制造,认识转变的幅度并不算小。但同时又对洋商寄予很大希望,严重缺乏自力更生的信心。至于如何改革腐败的政治制度,则几乎没有提出什么具体措施,只在培育人才方面,稍有涉及。

面对战败求和的困境,根据“中外臣工”的意见,清政府先是摆出忍辱负重的样子,发誓要“痛除积弊,于练兵筹饷两大端实力研求,亟筹兴革”。② 后来又在光绪二十一年闰五月二十一日(1895 年 7 月 19 日)发布上谕,公布了它在新形势下的对策,表示:“惟以蠲除积习力行实政为先。”“如修铁路、铸钞币、造机器、开各矿、折南漕、减兵额、创新政、练陆军、整海军、立学堂,大约以筹饷练兵为急务,以恤商惠工为本源。此应及时主办。至整顿厘金、严核关税、稽查荒田、汰除冗员各节,但能破除情面,实力讲求,必于国计民生两有裨益。”③

---

① 《刘坤一遗集》二,第 890—894 页。

② 《光绪朝东华录》,总第 3595 页。

③ 《光绪朝东华录》,总第 3631 页。

上谕列举的 14 条措施,核心是“以筹饷练兵为急务,以恤商惠工为本源”。这是甲午战后清政府基本的经济政策。户部制定了多项筹饷办法,清政府也曾要求“中外臣工”拿出意见。怎样才能找到“可兴之利、可裁之费,能集巨款以应急需”①,心情急迫。练兵是维持统治必不可少的急务,也不能耽误。大肆搜刮的老办法,并不能保障筹饷练兵两项急务,还必须开辟利源,通商惠工,利用主办新式工商业来扩大财源。从前洋务派“浚饷源”的思路,此时仍在延续。清政府虽要求“筹饷练兵”“恤商惠工”,但又不得不寄希望于地方官,要求他们“各就本省情形悉心妥议,酌度办法”,并上报中央。至于地方政府是否真的“实力讲求”,恐怕清政府也是心中无数。况且,清政府所能动员到的物力、财力十分有限,要确保按期赔款、整练军备,就会限制恤商惠工的投入。在急务和本源、短期和长远利益之间如何平衡,又是摆在清政府面前的难题。

下面,将对清政府的经济政策与措施的主要内容,分 1895—1900 年和 1901—1911 年两个时期,加以叙述。

二、甲午战后经济政策的变化(1895—1900 年)

甲午战后到庚子义和团起义的 5 年间,围绕“以筹饷练兵为急务,以恤商惠工为本源”这个基本政策,既有修铁路、铸钞币、造机器、开各矿、折南漕、创邮政等设想,又有厘金、关税、荒田、汰冗等方面的整顿稽核工作。要实现这些大大小小的目标,维持旧有局面已不合时宜,加上民间已有“设厂自救”的行动和“商办”的呼

① 《光绪朝东华录》,总第 3617 页。

声，官僚层中又有“咸与维新”的倡议，最高统治者根据一些官员的建议，认为“亟应从速变计”。①

总起来看，甲午战后经济政策上的变化，主要体现在以下几个方面：一是倡导振兴工商，放松限制。二是以路矿作为“要政”，维持衰弱的经济。三是在维新派的推动下，试图变祖宗“成法”，以期建立振兴工商的激励机制。

（一）振兴工商的举措

振兴工商的重要内容，一方面是维持和改造原有的企业，同时向新领域扩张国家资本；另一方面则是放松对私人资本的限制，允许他们在某些领域的发展，甚至给予一定的资助。

1. 原有企业的维持、改造与扩张

首先，对官办军用工业，主要是维持与扩充并进。

军用工业对清政府具有极端的重要性。甲午战后，军工生产是“筹饷练兵”的重要一环，是作为“急务”之一来对待的。此时，清政府采取了维持与扩充并进的措施。所谓维持，是延续旧的经营管理机制，略加整顿之后，继续开工生产。所谓扩充，既有原有企业的规模扩大，也包括新建一些企业。整个看来，旧的体制并无多大变化。

当然，朝臣之中，有人也有一些新的设想，前面提到的胡焰棻有“令民间自为讲求”“托民厂包办包用”之议；给事中褚成博也主张将各省船械机器等局招商劝办。② 清政府根据户部“仿照西例，改归商办”的议复，谕令将原有局厂“招商承办”，要求有关省份的督抚派人赴海外招徕华商，“该商人如果情愿承办，或将旧有局厂

① 《光绪朝东华录》，总第3637页。

② 《光绪朝东华录》，总第3631页。

令其纳赀认充,或于官厂之外,另集股本,择地建厂。一切仿照西例,商总其事,官为保护。若商力稍有不足,亦可借官款维持”。①

乍一看,似乎军用工业都可交由商办。实则不然。从实际措施来看,武器制造这部分的生产经营方式,仍是完全官办的老办法,毫无“变计”可言。重臣张之洞就主张,军火应“多设局厂,速行制造”;“凡冲要之地,根本之区,均宜设局,尤宜设于内地”;原有局厂也应“各就本省情形,量加扩充”;各厂军器应“择定一式”,统一规格②;等等。这些办法,从前自强新政时早就讲过,现在不过旧话重提。在生产经营机制的转变上,没有任何创新,只是走老路,增加经费投入。

张之洞一面为朝廷出谋划策,一面身体力行,对他“竭力经营”若干年的湖北枪炮厂,制定了一个扩充计划。核心是增加常年经费,引进德国技术设备。他仗着甲午战后自己地位的上升,力求解决数年来“经费有限,力量未充”的难题,要求朝廷允许他“由江南筹款,再加开拓”。③ 除了以往的宜昌土药税、川淮盐江防加价等专款,以及陆续筹捐、筹借、垫拨等款项之外,他又在光绪二十四年(1898 年)向朝廷要求“准于江汉关洋税项下,每年拨银十万两,另在洋税畅旺之海关分拨银三十万两,共银四十万两,以为添厂制造常年经费”。④ 这样,湖北枪炮厂的常年经费便增加到 75 万—76 万两之多。经过张之洞的大力扩充,湖北枪炮厂发展为中国最大的军工厂。虽然它是清政府的维持与扩充措施中较为成功的一例,但此时清政府财政已困窘至极,无力加大投入;加之生产

① 《光绪朝东华录》,总第 3627—3638 页。

② 《张文襄公全集》第 37 卷,奏 37,第 26—28 页。

③ 《张文襄公全集》第 37 卷,奏 37,第 26—28 页。

④ 《张文襄公全集》第 47 卷,奏 47,第 18—19、14—15 页。

经营方式也一成不变,军火生产无论是维持还是扩充,都困难重重。其他一些老的局厂,规模的扩充都很有限,更无论新建的几家军工企业了。

那么,能不能在生产经营机制上有所创新呢?看来军器制造这方面,尤其是枪炮火药的生产,旧的局面是难作改变的。当然,在“整顿”之中,也有过“招商承办”的尝试。

让我们看一下福建船政局的“整顿”情况。最初主张“海军宜从缓议复”①的两江总督刘坤一,提出的办法是“加意考求,认真振顿”,建议“饬令沿海沿江各省,以后需用木壳兵轮及商轮、差轮,概归福建船政局承办”。② 这种行政“推销”,虽然扩大了船政局的业务,却丝毫未涉及招商二字。后来兼任船政大臣的闽浙总督边宝泉,也主张围绕整顿二字做文章。主要措施是招募洋员,通筹经费,钦派大臣督办。③ 这些仍是老办法。其中提出的赏罚制度,“南北洋大臣及沿海沿江各督抚应定何项快船、甲船,绘成图式,估价若干,奏明由臣衙门会同户部指款分期派拨,其造不如式以及延期告成者,应请将该大臣及在事人员分别议处。果有限内告竣及坚固速率如法者,亦准择尤优奖”④,似在财政及奖罚上有一些硬约束的味道,但还不具备资本主义合同的性质,还不能从根本上改变生产经营机制,还是官款、官办、行政奖罚那一套。何况这套奖罚制度并未见实施。

---

① 《刘坤一遗集》二,第890页。

② 《刘坤一遗集》二,第894页。

③ 《船政奏议汇编》第46卷,转引自林庆元:《福建船政局史稿》,福建人民出版社1986年版,第268页。又总署议复折,见《光绪朝东华录》,总第3823页。

④ 《船政奏议汇编》第46卷。

但是既然清政府谕令招商承办,船政局的整顿措施总得有一些新内容。值得一提的是,边宝泉曾会同两广总督谭钟麟奏请将船政局招商承办,试图改变一下旧有的产权关系。但因种种原因,招商的设想并未落实。

产权关系既得不到调整,只能在经营方式上稍作改变。御史陈璧建议"为船政开自然之利",方法是:开煤铁矿,供自用和民用;铸造洋钱赢利;设招商局,搞商业性营运;利用局中设备广为制造民用品。[①] 这个计划,是要将船政局办成军工兼作民用的企业集团。在经营管理方式上,他主张广立公司,招聘南洋富商中善理财者辅同经理,"或借资集股,或即令包办";必要时"权借洋债,以应急需"。[②] 陈璧的建议,不仅有经营方式的改变,而且已触及产权关系的变革,与招商承办的旨意相合。后来,船政局确曾搞了商品化经营,但并未招商。而商品化经营,成效并不明显。

概而言之,甲午战后对官办军用工业采取的"变计",计划是招商承办,实际仍以维持旧的生产经营方式为主,加以扩充;个别的采取过一点商品化措施,成效不大。

至于宫办、官督商办形式的民用企业,清政府在维持的同时,也采取了一些整顿、改造措施。

洋务派所主持的民用工业问题严重,早已遭到民间的批评。官僚集团内部对此也作过"反省",提出了一些改进措施。最后清廷发出"招商承办"谕令,许诺"商总其事"、"仿造西例";"官为维持"有困难的商家。看上去,商办的形式和商人的作用均得到重视,给人一种"重商"的印象。那么,实际措施又是如何的呢?

清政府确曾用招商承办的措施来改造和维持困难重重的洋务

① 陈璧:《望嵓堂奏稿》第1卷。

② 《光绪政要》第22卷。

企业。甲午之后这段时期,较有影响的举动有汉阳铁厂交由盛宣怀承办。至于著名的武昌纱布丝麻四局租给商人、轮船招商局改为完全商办等,已是20世纪的事情了。从汉阳铁厂招商的过程中可以看出,招商的主要目的是解决投资方面的严重困难(因“户部必不拨款”,“罗掘已穷”)。而承办商盛宣怀“并无如许巨款”,他的如意算盘是“铁路若归鄂办,则铁有销路,炼铁之本,可于铁路经费内挹注”。当清廷命王文韶、张之洞督办芦汉铁路时,盛氏立即“甚踊跃”地表示“愿招商承办”。① 拿计划中的铁路作他个人承办铁厂的“信用”,再拿承办铁厂来染指计划中的铁路,以空对空。这种“招商”,并没有招来多少私人资本,却招来一堆后患。最明显的是,并无多少资本的盛氏,不断向日本借债度日,使后来的汉冶萍公司一步步落入日本资本的魔掌。而标榜恤商惠工、官为保护的清政府,对这么一家重要的企业落入外人控制的严重之事,竟无动于衷!这就是清政府对一家在国民经济中举足轻重的大型企业的维持举措。

另一家老的民用企业轮船招商局,在这一时期中,清政府不但没有采取任何资助、维持的措施,相反,它却增加了对招商局的勒索。先是在甲午战时向招商局借款41.1万两,又接受了报效西太后的寿辰规银5.5万余两。从1896年起,清政府又强制规定招商局每年捐助北洋大学规银2万两,南洋公学及达成馆6万两。1899年,清政府又派大学士刚毅钦差大臣,南下彻查招商局账目,企图从中捞一笔,使得招商局不得不答应以后按年酌提盈余二成报效。

甲午战后值得注意的一大“变计”,就是国家资本向银行金融领域的扩张。

---

① 张之洞致砚斋中堂,北京大学经济系藏原稿。转见汪敬虞编:《中国近代工业史资料》第2辑上,科学出版社1957年版,第471页。

1897年10月,盛宣怀上奏,就练兵、理财和育人向清廷献策。论及理财,盛氏认为:"西人聚举国之财为通商惠工之本,综其枢纽,皆在银行。中国亟宜仿办,毋任洋人银行专我大利。"[①]此时他已将铁厂、铁路抓在手中,以"今因铁厂不能不办铁路,又因铁路不能不办银行"[②]为由,又不失时机地向银行伸手。这样,清廷于11月"责成盛宣怀选择殷商,设立总董,招集股本,合力兴办,以收利权"。[③] 半年之后,即1897年5月27日,中国通商银行总行在上海开业。实行的基本上是官督商办的组织形式,得到清政府不少的"护持"。如拨存生息公款200万两(该行本金共500万两);要求京外拨解之款交该行汇兑;公中备用之款交该行生息。不过,既然有商股,该行经营方式还是想与西式银行惯例合拍。"用人办事悉以汇丰为准参酌之,……除却官场风气。"[④]

可见,甲午之后,国家资本并未收缩,而是有所扩张。尤其是向金融银行领域的扩张,影响深远。

2. 民间资本的倡导、宽允与扶持

清政府在采取措施维持、改造和扩张国家资本的同时,也放宽了对私人资本的限制,允许他们在一些领域中的发展,个别的还给以一定的资助与扶持。这多多少少是对当时社会上"设厂自救"和"商办"呼声的顺应,更是迫于《马关条约》给予外商设厂制造权和财政困难的沉重压力而采取的一个"变计"。

清政府中有些大臣,对民间的呼声确有"顺应"的表示,对商

---

① 盛宣怀:"条陈自强大计折",《愚斋存稿》初刊(100卷本),第1卷。

② "寄王夔帅、张香帅",《愚斋存稿》第25卷。

③ 《清实录》第57册,第173页。

④ "公议中国银行大概章程折",见中华书局《强学报、时务报》合订本2,第1263页。

民投资设厂确曾显示出倡导的态度。前面提到，张之洞主张改变征商之政，增加护商之法，奖励集巨资组成大公司的商民；胡燏棻主张仿行西法，敦劝工商，准许民间自行办厂，甚至军器也可“托民厂包办包用”；刘坤一也认为准许商民仿造的办法可行；褚成博则主张机器局招商承办；等等。清政府也终于允诺“以恤商惠工为本源”，并把招商承办作为“从速变计”的首要举措。这些，自然会在社会上造成一些宽松的气氛。当时，“官为商倡”是官方文件中常见的用语。

官方的“倡导”，也有一些具体措施。1895 年 7 月，清廷令张之洞招商，多设织布织绸等局，广为制造。① 同年底，又就芦汉铁路兴建一事颁谕，允许能集资千万两以上的富商设立公司筑路，赢绌自负。② 1896 年 2 月，总理衙门根据御史王鹏运的建议，奏请准各省设立商务局，以显示“恤商之诚”，“行护商之政”③，得到皇帝批准。3 月，总理衙门又根据王鹏运准民招商集股开矿、官吏认真保护不得阻挠的奏折，奏请咨令有关省份厘定章程，地方官不得勒索，得到皇帝同意。④ 1897 年年初，褚成博奏请筹划抵制洋商改造土货，主张官府对华商“力为护持”，“痛除向来官商隔膜痼习”，总署议复，主张官商合力、广筹巨款，要求各省落实有关多设织布织绸等厂和设立商务局的谕令，不得徒托空言。⑤ 这年，清政府还对中外商人开放内河航运。⑥ 但早在 1895 年 7 月，清廷就电令张之

---

① 《清实录》第 56 册，第 830 页。

② 《光绪朝东华录》，总第 3688 页。

③ 《光绪朝东华录》，总第 3723 页。

④ 《光绪朝东华录》，总第 3744 页。

⑤ 《强学报、时务报》合订本 2，第 1805—1807 页。

⑥ 聂宝璋编：《中国近代航运史资料》，上海人民出版社 1983 年版，第 1400 页。

洞“筹款购备小轮船十余只,专在内河运货以收利权”。① 1898 年维新变法运动的高峰期,清政府颁布《振兴工艺给奖章程》,第一次以法规的形式鼓励商民讲求工艺;又在京师设农工商总局,第一次在中央有了专门的近代经济行政部门。1899 年,清政府令在沿海省份设立保商局,保护回国侨商。② 等等。这些都是来自中央政府(或得其采纳)的倡导措施。

不过,这些措施究竟有多少落到实处,还是个疑问。官为商倡一般多属表态性质。但也有得到扶持、资助的。像业勤、大生、通久源、通益公等纱厂,在创办之初,有的就得到过官款的支持。这些机制纱厂一般享有关税上的优惠待遇,按照上海机器织布局从前的成案,在海关报完正税一道,其余厘税概行宽免。③ 但到后来洋纱进口冲击等原因导致一些纱厂陷入危机时,清政府并未采取切实措施予以扶持,而是听其出售给洋商或招洋股。结果,民族纺纱业的发展陷入低潮。当然,这也与清政府没有关税自主权,无法运用税率的调整来控制洋纱进口量大有关系。或许一些大的绅商如张謇等得到的扶持要多于普通商人,在竞争中占有优势,甚至带有垄断的成分,但平心而论,当时华商间的竞争所产生的不良后果,远远比不上洋商挟特权而来所造成的冲击。换言之,洋商与华商间的不公平竞争,严重制约了华商的正常发展。如何争取公正的中外经济环境,以便与洋商平等竞争,这正是华商最迫切希望清政府能“实力讲求”的,而这又是清政府最无能为力的。

不过,清政府的一番倡导,在一定程度上顺应了广大商民的利益要求,再加上《马关条约》订立不久,外资尚未大规模进入中国,

---

① 《清实录》第 56 册,第 830 页。

② 《光绪朝东华录》,总第 4365 页。

③ 参见“通海设立纱厂请免税厘片”,《张文襄公全集》第 42 卷,奏 42。

种种因素,使甲午战争后民族工业的兴办,出现了一个短暂的高潮。

但也应注意到,甲午战后清政府为寻求可兴之利而采取的种种举措,虽以恤商惠工相标榜,在执行中却摇摆不定。在视作"要政"的路矿部门,就是如此。在这里,获益最大的是列强,而恤商惠工则得不到任何体现。

(二)路矿要政的提出

对中国在甲午战争中的失败,有些官员认为铁路太少是一个重要原因。张之洞就曾感叹"使铁路早成,何至如此!"①加上俄、法两国的铁路已展筑到中国边境,将侵入中国腹地,这就迫使清政府不得不立即筹划铁路的兴建工作。至于开矿,则是清政府解决战后财政困难的一项可兴之利,既是通商惠工的需要,又是筹饷急务的重要内容。于是,路政、矿政就成为战后清政府的要政。它有以下两个特点:一是在集资方式上,试图充分利用官款、商款和外国资本,铁路的兴建,矿山的开采,也就在官力、商力、官督商办、中外合办以及外资独办等多种形式间摇摆不定,但最终结果是路权、矿权大量外泄,外国资本获利最大,民族利益严重受损。二是在经营形式上,采用公司形式,试图实行市场化经营;在宏观管理上,尝试运用法规。但这些也成为加强国家控制、压抑私人资本以及个人谋取私利的手段。

1. 集资方式上的多种尝试

铁路、矿山都是需要较大投资和较高技术的产业部门。尤其是巨大的投资由何而来,是摆在清政府面前的首要难题。

---

① 《张文襄公全集》第24卷,奏24,第5页。

在筑路问题上,采用哪种投资方式,官僚集团内部意见并不统一。有的主张“劝立公司,准民间自招股本”①;有的主张请洋商垫款包办,规定年限②;还有的主张“必归商办”,但须招洋股加入。③1895年年底,清廷颁发上谕,命胡燏棻督办津芦铁路,“所需经费,著户部及北洋大臣合力筹拨”。至于芦汉铁路,“道路较长,经费亦巨,各省富商,如有能集资千万两以上者,著准其设立公司,实力兴筑。事归商办,一切赢绌官不与闻”④。可见,官办、商办是可以同时并存的。

不过,华商筹集巨额资本,也并非易事。商办受阻,清政府只得采用借款官办的措施,企图“利用”外资与招集商股并行。1896年9月,受命主持芦汉路的张之洞、王文韶会奏,主张暂借洋债造路,陆续招股分还。他们天真地认为,借洋债比招洋股有利,“路归洋股,则路权倒持于彼;路归借债,路权仍属于我”。他们还建议设铁路总公司,官督商办,以盛宣怀为督办。⑤此议得到清廷同意。

盛宣怀的计划是由铁路总公司出面借洋债2000万两,招商股700万两,入官股300万两,借官款1000万两,先筑芦汉,再办苏沪、粤汉等路。他特别解释道,由总公司借洋债2000万两,商借商还,不会弄成政府间的外交干涉。他满以为这是纯粹的商业交易,不会涉及国家主权。筹集路款的程序,是先借官债千万,造成一段;再以此为抵押,续借洋债;待路成之日,有利可收,方能招集商

---

① 《光绪政要》第21卷,第18页。

② 《张文襄公全集》第24卷,奏24,第25页。

③ 《刘坤一遗集》二,第882—886页。

④ 《光绪朝东华录》,总第3688页。

⑤ “芦汉铁路商办难成另筹办法折”,《张文襄公全集》第44卷,奏44。

股。至于官款，也是将所借洋债挪拨。总署同意就英德款内提存银1000万两备拨。① 不过，这里的“商借商还”中的“商”，实为官办公司，在人们眼中，还是官办。

由于招集商股没有成效，作为官股的南北洋存款300万也没有落实，最后只有借洋债一条路可走了。清廷设想商借商还，权自我操，但前提是外国平等对待中国。而正乘中国战败力衰、大举掠夺中国的列强，岂能放过侵夺中国路权的时机！结果，外国公司根本不把铁路总公司视为商业机构，借款合同都要由清政府批准、担保。商业性的贷款合同带上了国与国之间条约的性质。不仅如此。中国甚至不能自主地决定向哪国借款、建哪条铁路，而要受列强瓜分中国势力范围的支配。而且，路权也由债权国操纵，外国公司享有行车管理权、稽核权、用人权和购料权等多种权利，以及相当高的利息、折扣和佣金。

因此，种种集资方式，摇摆不定，最终变成举借外债的结局。外国资本凭借强权，攫取了大量权益。清政府的铁路政策，严重缺乏自主性，带上了浓厚的半殖民地色彩。

在开矿问题上，如何集资、投资，清政府的措施同样也是摇摆不定的。

1896年年初，御史王鹏运奏请通饬开办矿务，建议清廷“特谕天下，凡有矿之地，一律准民招商集股，呈请开采，地方官认真保护，不得阻挠”。② 户部和总署虽然议奏照准，但又担心“股款能否凑集，有无弊混，应由臣部再行咨令各产矿省份厘定章程，切实奏

① 总署奏，附盛宣怀说帖，《清季外交史料》第123卷，第6—13页；又《时务报》第18册。

② 《戊戌变法》二，第291页。

明报部”。[①] 最后结果,一是允许民间集股开采;二是要求有关省份制定章程加强管理。

较诸铁路,采矿业中的商办效果差强人意,私人投资较为活跃。据统计,自1896—1900年,资本额在1万元以上的商办采矿企业,新增14家[②],远远超过甲午战前20年的数量。同时,官办、官督商办采矿企业也有15家。[③]

不过,中国本国的资本仍然有限,管理和技术水平都较落后,加上列强掀起瓜分中国的狂潮,一如争夺中国铁路权那样,疯狂地争夺中国矿权,外资闯入中国采矿业,已势不可挡。一些官员也企图利用外资,变不利为有利。张之洞认为:“中国各矿,若无洋人合股代开,既无精矿学之良师,又无数百万之巨本,断不能开出佳矿。”[④]他主张准英国人承造山西、陕西路矿及中英合开滇边各矿,一如招洋商承造芦汉路的措施。御史陈其璋则主张由华商自借洋款开矿,官府但予保护,不问盈亏。[⑤] 左中允黄思永建议成立矿务、铁路两大公司,所有路矿事务“统归公司筹款主持,无论华商洋商皆准附股,勿专借一国之债,专附一国之股,股本统由公司招集,转发各省次第兴办。而一切管辖之权,朝廷主之,公司任之,各国不得干涉”。[⑥]

总的思路,或借外债,或招洋股,都是要借用外国资本。而

---

① 《光绪朝东华录》,总第3744页。

② 见杜恂诚:《民族资本主义与旧中国政府(1840—1937)》附录之四十三、四十四,上海人民出版社1991年版。

③ 见杜恂诚:《民族资本主义与旧中国政府(1840—1937)》附录之四十三、四十四。

④ 《张文襄公全集》第79卷,电奏7,第24页。

⑤ 《皇朝道咸同光奏议》第12卷,第6—7页。

⑥ 中央研究院近代史研究所编:《矿务档》,第2255—2256页。

“朝廷主之”的设想,实际并未实现。如山西的晋丰公司、河南的豫丰公司,以招集中外资本的名义成立,但华资多徒有其名,外商却享有调度矿务与开采工程、用人理财等多种权利。[①] 至于德国夺占山东胶济铁路沿线矿权,则纯属赤裸裸的暴力强制。清政府的矿业政策,不得不从属于不平等条约,毫无自主性可言。1898 年颁行、宣称要“示洋股之限制,保华商之利权”的《矿务铁路公共章程》,规定须先有己资或华股十分之三,才能借用外资。[②] 但这也意味着外资有可能占到十分之七,存在明显的漏洞。经修订后的章程,仍给外商留有一半股权的可乘之机。[③] 更何况,与列强争夺中国势力范围有利害关系的矿权,清政府的法规毫无约束力可言。像德国在山东、俄国在东北的矿权,就是如此。

总之,“利用”外资的结果,是中国权益的大量外泄。矿山、铁路,莫不如此。

2. 经营管理方式的变化

经营管理上的变化,主要有两个方面:一是经营方式上采用公司组织,向市场化靠拢;二是宏观管理上尝试运用法规,并试图集权于中央。

洋务派兴办的民用企业,一般称为局,带有浓厚的衙门色彩。商人们一直要求“仿公司成例”,建设规范的新式企业。甲午后,清廷也要求企业组织“一切仿西人成例”。在路矿要政中,也出现了公司化的经营管理形式。

对铁路,胡燏棻主张“劝立公司,准民间自招股本,而一切窒

---

① 参见《矿务档》,第 1404、2979 页有关矿章。

② 《矿务档》,第 47 页,章程第 10 款。

③ 《矿务档》,第 50 页。

碍之处,如买地勘界等类,必须官为保护”①。这指的是民办公司。刘坤一则请设铁路商务公司,“择一廉明公正之员,熟悉中外商情,素为西商所信服者,……派为铁路公司督办”②。张之洞主张借款官办,理由之一是“国家大政,……不可令商操此道路之权”。③ 最后清廷决定,津芦路的兴建仍用老办法,派胡燏棻为督办;芦汉路商办,凡能集股千万两以上的富商,可以设立公司,实力兴筑,“一切赢绌官不与闻”。但后来成立的铁路总公司却是官督商办性质的,野心勃勃的盛宣怀被王文韶、张之洞保荐为督办。

按设计,总公司不是一个官衙门,而是独立的商业公司,具法人资格,可以招商集股,举借外债。公司组织悉照公司章程办理,“遴选各省公正殷实声望素著之体面绅商,举充总董12员,又选身家殷实熟悉商务之帮懂24人,公同招股。再由36人公举银钱总管、工程总管、参赞、监察诸执事,俱按西国规模,尽除官场习气。如有丝毫弊窦,准由有股商人指实究办,并由户部及直、湖两督随时派员到工查察;如果查出员董有弊,即可随时指发究办,一面由督办另议撤换”④。

盛宣怀的说帖,勾勒了铁路公司的概貌,初具近代股份公司的组织形式。但到后来,商股没有着落,只得靠借外债筑路。债权国比利时藉列强的强权干预,通过借款合同攫取了芦汉路的大量利权。这样,原先的公司组织形式,成为一纸空文。实际情形是,“代为营造”的比国工程司,拥有海关税务司那样的事权,“一切购料、办公、用人、理财,悉资经理”,总公司不过加以“核定”而已。⑤

① 《光绪政要》第21卷,第16页。

② 《刘坤一遗集》二,第882—887页。

③ 张之洞致总署电,《张文襄公全集》第78卷,第36页。

④ 《清际外交史料》第123卷,第6—13页。

⑤ 《愚斋存稿》第2卷,第34—38页。

公司化经营打上了半殖民地化的烙印。

不仅如此。铁路公司也是盛宣怀积累个人力量、实现其办大事、做大官野心的工具。李鸿章失势后，盛氏迅即投入张之洞的保护伞下，承办了汉阳铁厂。铁路总公司本为造芦汉路而设，而盛氏为把“东南商股”也控制起来，得寸进尺地要求承造苏沪、粤汉等路，不再另设公司。① 但华东华南地区的华商、侨商并不买账，最后盛宣怀只能完全依赖外债。在当时华商资本还不充裕、商人对官方督办的公司心存疑虑的情况下，盛氏的做法，只会使商人望而却步，失去投资的积极性。而盛氏反倒指责华商“眼光极近，魄力极微”。②

采矿业中，也有不同形式的经营管理机构，较有代表性的是湖南矿务总局和矿务总公司。1895 年冬，湖南巡抚陈宝箴奏设官矿局，又设南路、西路、中路 3 家公司，组织形式有官办、商办、官商合办三种；商办矿山也归矿务总局，实为官督商办③。矿务总公司则晚在 1903 年前后设立，管理全省矿产（官矿仍归矿务总局）。④ 但在甲午战后几年，其他省份未见有全省性的矿务局或总公司存在。

与此同时，一个统一管理全国路矿的机构，也在清政府考虑决定之中。1898 年 8 月，矿务铁路总局在北京成立，由王文韶、张荫桓负责，“所有各省开矿筑路一切公司事宜，俱归管理”。⑤ 11 月，路矿总局制定了《矿务铁路公共章程》22 条⑥，奏准颁行。依其内

---

① 参见“盛宣怀说帖”。

② “盛宣怀说帖”。

③ 汪敬虞：《中国近代工业史资料》第 2 辑上，第 540 页；《矿务总局章程》见《时务报》第 20 册。

④ 《矿务档》，第 2414、2379 页；《光绪朝东华录》，总第 5109—5110 页。

⑤ 《光绪朝东华录》，总第 4150 页。

⑥ 章程全文见《矿务档》，第 44—49 页。

容,有几点值得注意。

一是,如何充分吸引国内各种形式的资金,转化为投资,并建立相应的激励机制。章程在规定路矿分头由官办、商办和官商合办的同时,特别强调商办,强调"总以多得华股为主,官为设法招徕,尽力保护",第一次以法规的形式承认了商办的地位,并将利用私人资本置于首要位置。章程又规定:"各省凡有矿路地方……如有地方阻挠、工役聚众等事,一经公司呈报该地方官,即妥为晓谕弹压,毋得推诿,尤应严禁胥役讹索情弊。如不切实保护,准公司呈诉总局,查实奏参。"这就是要求国家政权应为经济活动提供一个良好的外部环境,这也是保障、激励商民积极投资的一种表示。章程还规定:"凡华人承办矿路,独立资本至50万两以上,查明实已到工,办有成效,或出力劝办,实系华股居半者,应照劝赈捐之例请给予优奖。""无论督办、集股,均准专利。"这也是鼓励投资的一种表示。

二是如何利用外资。章程规定,洋商应按照章程办理手续,不准援引从前旧案。因为此前东北、山东等地,中国丧失权益太多。章程又规定:"集款以多得华股为主,……必须先有己资及已集华股十分之三以为基础,方准招集洋股或借用洋款。……专集洋股与洋款者,概不准行。"借用洋款须报总局核定批准,才能取得借款权,并声明商借商还,国家概不担保。未获批准私借洋款的,总局"概不作据",不承认其借款契约的合法性。借款草合同须先送总局复核,不合乎章程的要重议。获准借款的公司,还应由总局咨明总署,照会债权国驻京大臣照复后,方为定准。又规定:"凡办矿路,无论洋股、洋款,其办理一切权柄,总应操自华商,……该公司所有账目,应听与股洋商查核以示公平。"这些规定,虽说注意到不得援引已订的不平等的合同、章程,强调由华商操办理权柄,但仍有重大漏洞。规定华股最低占十分之三,意味着洋股最多可占到十分之七。这样一来,华商何来自主之权?所谓“示洋股之限制,保华商之利权”成了一句空话。这一规定后来改为华洋各半。① 但这同样不能保障华商的自主之权。因而,章程对如何利用外资,在关键处存在缺陷。但总算对洋款、洋股有了一些限制。德国人在山东胶济铁路谋占五处矿产,路矿总局也想稍作抵制,以所指地段太广,有违奏定章程,批驳不准”。不料,德国公使克林德出面干涉,一再向总理衙门施压。一向对外交涉心存畏惧的总理衙门“既不查明路矿总局批驳原案,立予驳斥,又不行查明公司原指五处地段,究于本省地方有无窒碍情形,仅就同时开办暨先行开办一处两项办法,断断剖办,而于回环数百里之矿界,应如何照章驳斥,明定限制之处,始终未置一词”。② 总理衙门的一味退让,使路矿总局的“驳斥”劳而无功。可见,个别部门的某些举措,要受当时中外关系的总格局支配,无法扭转国家政策缺乏自主性的局面。

三是注意到人才培养,规定:“凡承办矿路,俱须设立学堂,以为储材之地。”如何将八股取士的科举制度,转变为培养有用之材的新式教育制度,章程作了初步试探。

章程还规定了总局的其他一些权限,目的是想将总局办成主管路矿要政的中央机构。但对铁路总公司和各铁路督办与路矿总局的关系,章程并无明确规定,这自然会削弱总局统一管理路矿的权力。故而,路矿总局形式上是一中央机构,实际并不具备相应的权力。但尝试运用法规来指导、管理全国的路矿工作,表明在新形势下,清政府也试图将摇摆不定的经济政策固定下来,减少不确定

---

① “申明增订矿务章程”,《矿务档》,第50页。

② 兵部尚书徐会沣等奏,清户部档案抄本。转引自汪敬虞:《中国近代工业史资料》第2辑上,第54页。

性,尝试建立起保障重大建设的制度,形成一定的激励本国资本成长的机制。这一尝试也使其经济政策带上了资本主义色彩。

(三)"变成法"的初步尝试

甲午战后"从速变计"的高潮,是维新运动中的"变成法"。上述设路矿总局和颁《矿务铁路公共章程》,就是这一活动的重要内容。现在再将与振兴工商有关的变法措施,撮要加以叙述。

1. 立商政

振兴工商的工作,过去视为"洋务",与外交等事务混在一起,一般由总理衙门负责,中央没有专门的行政部门。一些商人和进步的知识分子,强烈要求清政府应有护商之政。1894 年郑观应就主张"特设商部大臣总其成","设商务局以考其物业"。[①] 1895 年他再次提出:欲振兴商务,"莫若奏请朝廷增设商部","并准各直省创设商务局","各处行商择地自设"分局。[②]

甲午战后,清政府内部也意识到"但有征商之政,而少护商之法",的状况不能继续下去。张之洞奏请"于各省设商务局,令就各项商务悉举董事,随时会议,专取便商利民之举,酌济轻重,官为疏通之";"于各省设工政局",加意讲求工政。[③] 御史王鹏运也建议在各省会"各设商务局一所,责令督抚专政。局中派提调一员,禀督抚而行之。事关重大者,督抚即行具奏"。总理衙门议奏说:"不如官为设局,一切仍听商办以联其情。拟请饬下各督抚,于省会设立商务局,由各商公举一般实稳练素有声望之绅商,派充局董,驻局办事。""再由各府州县于水陆通衢设立通商公所,各举分

---

① 《郑观应集》上册,第 588—589 页。

② 《郑观应集》上册,第 605—606 页。

③ 《张文襄公全集》第 37 卷,奏 37,第 30、32 页。

董以联指臂”。商务局的职责是“将该省物产行情，综其损益，逐细讲求。其与洋商关涉者，丝茶为大宗，近则织布、纺纱、制糖、造纸、自来火、洋胰子诸业，考其利病，何者可以敌洋商，何者可以广销路，……经督抚为之提倡”。通商公所的职责是“所有各该处物产价值涨落，市面消长盈虚，即由各分董按季具报省局，汇总造册，仿照总税务司贸易总册式样，年终由督抚咨送臣衙门以备参考”。此外，商务局还要调查华商间的不正当竞争及各种违法行为，查实禀官处理。① 得旨如所议行。

从总理衙门的奏折来看，商务局除了由官方设立，它的职权性质并不是一个行政机构，而是向督抚提供信息的咨询机构，主要工作就是调查研究，宣传提倡。但各省的商务局又可从事经营活动。1896 年年初，张之洞奏准动用息借商款 60 万两，另加息借官款，作为设立苏州商务局的股本。拥有 60 万两借款的商人，摇身一变成了商务局的股东。② 山西商务局根据它的集股章程，负责“一切招商集股事宜”。③ 这样的商务局，又像是一个官督商办的公司。

1898 年百日维新前夕，侍郎荣惠奏请设商务大臣，以“联络商情上下一气”，总理衙门没有同意，只是请求“饬下各督抚”实力遵行商务局的创办。④ 于是清廷便谕令各省“认真讲求，妥速筹办”。⑤ 不久，在康有为的呈请下，清廷再颁上谕，令刘坤一、张之洞选派通达商务、明白公正之员绅，“试办商务局事宜，先就沿海、

---

① 《光绪朝东华录》，总第 3722—3723 页。

② “筹设商务局片”，《张文襄公全集》第 43 卷，奏 43。

③ 麦仲华编：《皇朝经世文新编》(21 卷本)第 10 卷下，商政，第 38—39 页。

④ 《光绪朝东华录》，总第 4095 页。

⑤ 《光绪朝东华录》，总第 4096 页。

沿江如上海、汉口一带,查明各该省所出物产,设厂兴工”;并切实讲求商学、商报、商会及各省物产等。① 两个月后,张之洞奏准设汉口商务局,并拟定了 8 条“应办之事”。②

1898 年 8 月,清廷在康有为的陈请下,设农工商总局,任命端方、徐建寅和吴懋鼎为督理,准其随时具奏一切事件。各省由督抚设立分局,遴派绅士二三员总司其事。③ 上谕未说总局与分局有否隶属关系,只是说农工商方面的事务统归端方等人“随时考查”、具奏。可见,这个农工商总局还不具备统一管理全国农工商事务的权力。

在设立农工商总局的同时,清政府还设立了矿务铁路总局,统一管理全国的铁路、采矿事务。

护商之政是“变成法”的重要内容。但清政府所采取的措施,还远不能满足广大商民的要求。进步的知识分子在甲午战前就要求设商部、定商律。康有为也要求设商官、商律,在看到设商部无望后,他退而“乞即以总理衙门领之,令各省皆设立商务局,皆直隶于总理衙门,由商人公举殷实谙练之才数人办理”。④ 他还是想设一个直接管理全国工商事务的机构。但农工商总局不是这样的机构。“戊戌政变”后,农工商总局遭裁撤。“变成法”的措施中,更没有定商律的影子。所以,标榜护商之政的措施,并没有完全满足恤商惠工劝农的要求。

至于各省商务局的工作,也没有完全达到“实力讲求”的要求。虽然苏州商务局在创设纱厂过程中起了一定作用,南通商务

---

① 《光绪朝东华录》,总第 4142 页。

② “汉口试办商务局酌拟办法折”,《张文襄公全集》第 49 卷,奏 49。

③ 《光绪朝东华录》,总第 4160 页。

④ 《戊戌变法》二,第 246、249 页。

局在张謇经理下创办了大生纱厂，汉口商务局“拟办”启发、倡导、合力、塞漏、祛习、保护、体恤和奖励等八事，但宣称“随时推广”可兴之利的山西商务局，却在巡抚胡聘之的指令下，出面举借洋债，使山西矿权严重受损。①

2. 定奖章

变成法的另一项重要内容，是制定经济法规和奖励章程。除了前述的《矿务铁路公共章程》，重要的法规还有《振兴工艺给奖章程》。

1898年7月，清廷颁谕，表示要奖励创新人才：“各省士民若有新书以及新法制成新器，果系足资民用者，允宜奖赏以为之劝。或量其才能，授以实职；或锡之章服，表以殊荣。所制之器，颁给执照，酌定年限，准其专利售卖。有能创建学堂，开辟地利，兴建枪炮各厂，有裨于兴国殖民之计者，并著照军功之例给予特赏，以昭鼓励。”②不久，总理衙门拟订的《振兴工艺给奖章程》奏准颁行。

章程共12款，规定：“如有自出新法，制造船、械、枪、炮等器，能驾出各国旧时所用之上”；“或出新法，兴大工程，为国计民生所利赖”，均可考虑破格优奖，并授权集资设立公司开办，专利50年。“如有能制造新器，切于人生日用之需，其法为西人旧时所无者”，奖给工部郎中实职，授专利30年。能仿造尚未传入中国的西式旧器者，奖翰林院编检实职，或派任各省学堂总教习。著新书发明专门之学者，奖庶吉士、主事、中书实职。对捐资办学、兴办公益事业的，也定有奖励标准。③

---

① 参见胡聘之奏：“晋省筹办矿务拟先修铁路折”，《变法自强奏议汇编》第8卷，上海书局1901年版，第9页；《光绪朝东华录》，总第4051页。

② 《光绪朝东华录》，总第4115页。

③ 《光绪朝东华录》，总第4128—4130页。

章程是政策的法规化。用章程来指导和管理经济活动,刺激发明创造和兴办实业(包括制造军事装备这样的"禁品")的积极性,是改革传统经济制度的一种尝试,有助于形成推动经济发展的机制,并促进国防工业的发展。

这是清政府第一次制定专门奖励发明和经济活动的法规,但实际未见有人获奖。而在此前的1897年,浙江巡抚廖寿丰曾以"精于织造之学,能以旧机作新式东洋西洋等布",奖给鄞县人王承怀五品顶戴。①

此外,清政府在变革旧的教育制度,兴办实业教育等方面,也作了一些尝试。这也是变成法的重要内容。甲午战后,胡燏棻、张之洞、陶模、李端芬、胡聘之等人,都对旧的教育制度提出了批评,要求推广学校,广立报馆,选派游学,开译书局等。② 1898年年初,清政府决定开经济特科,分内政、外交、理财、经武、格物、考工六门。《矿务铁路公共章程》也规定:"凡承办矿路,俱须设立学堂,以为储材之地。"张之洞为汉口商务局拟定的八项事务,就有设商报、商会、商学一条,还规定新创机厂暨捐资兴办商报、商会、商学及在外洋学成回华可资实用者,奏明请奖。张之洞为南京储才学堂拟定的教学内容,分交涉、农政、工艺和商务四大部分。"交涉"包括律例、赋税、舆图、译书;"农政"包括种植、水利、畜牧、农器;"商务"有各国好尚、中国土货、钱币轻重、各国植物衰旺;"工艺"有化学、汽机、矿务、工程。③

设学堂、立报馆等措施,对开启民智,培养有用之才,是有一定作用的。但不合形势的科举制度仍旧存在,旧的教育制度从总体

---

① 《强学报、时务报》合订本4,第3267—3268页。

② 有关各折,见《戊戌变法》二。

③ "创设储才学堂折",《张文襄公全集》第40卷,奏40,第34页。

上未见改变。

总起来看,甲午战后清政府为实现筹饷练兵、恤商惠工的目标,不得不调整过去的经济政策,采取一些“变计”,维持、改造和扩充官办、官督商办企业,以期国家资本延续下去,并向新领域扩张;宽允私人资本的发展,给予有限扶持,对商办要求作一些顺应;将铁路、矿务视为富强要政,在集资、经营和宏观管理上尝试新形式;在护商之政、保商之法方面,也采取了设置近代经济职能部门、制定奖励章程等措施,在形成振兴工商的激励机制方面,迈出了一小步。

然而,这些措施都存在程度不同的缺陷,实际效果也不如设想的好。恤商惠工的活动,总要受筹饷练兵的制约。清政府既要不折不扣地偿还外债和战争赔款,又要整练军备,就不得不罗掘全国的财力,能用在振兴工商上的资源极为有限。加上衰朽的政治、教育制度,低效率的官僚机器,都严重束缚了经济活动的手脚。因此,清政府的政策措施对资本主义工商业的促进作用,不能高估。资本主义工业能在甲午战后形成一次发展高潮,固然与清政府的恤商惠工有一定关系,但也与广大商民要求“设厂自救”和“商办”以及维新运动的日益高涨很有关系。

进而言之,甲午战争后清政府本可以在“变计”上迈出更大的步伐,因为此一时期是“亟筹兴革”、“变祖宗成法”的较好时机。当时中国进步的知识分子、资产阶级,都在积极推动维新变法,寄希望于清政府;反清革命还没有形成燎原之势。相反,民族危机激起中国人变法自强的紧迫感和决心,多少有些“上下一心”的气象。此时,变法维新,建立富强的制度基础,正是时候。起初对“变成法”持默认态度的慈禧太后,为维护个人的权威,在顽固派的鼓噪下,竟不顾大局,扼杀了变法运动。到了20世纪最初10年,形势剧变,清朝政府沦为“洋人的朝廷”,反清革命已势不可挡。此时再谈变法,已失去了社会基础。由此看来,“从速变计”的意图虽然切中了要害,实际成效却极为有限。在经济领域是如此,在政治领域更是如此。腐败的清政府,需要再经历一次更惨重的打击,或许会拿出一些新的举措。

三、新政时期经济制度的兴革和经济政策的摇摆(1901—1911年)

维新运动遭到慈禧太后的镇压,但清政府面临着更险恶的局势。八国联军大举侵华,将《辛丑条约》强加在中国人民头上。为了延续自己的统治,清政府既要“量中华之物力,结与国之欢心”①,又不得不重新祭起“变成法”的旗帜。1901年1月,清廷下变法诏,要求内外大臣“各就现在情弊,参酌中西政治”,“各抒己见”,在两个月内“条议以闻”。② 不久,又设立督办政务处,负责变法事宜,包括经济方面的变法在内。地方督抚中,参与过“东南互保”的刘坤一、张之洞和袁世凯先后奉谕对政务处的工作“遥为参与”。他们的意见,对清政府的决策影响较大。

戊戌政变后地位迅速上升的袁世凯,首先提出了10条建议。在经济方面,围绕“裕度支”主张“亟兴商务,以保利权而厚民生”;改变“官尊商卑、上下隔阂”,提倡“官商一体,情意相投”。具体措施有:“在各商萃聚之处,设立商会”;“有抑制凌铄者官为保护之,其有财力不逮者官为助成之”;办理商务的官员应经常到各口岸“访询”,相机兴革,并与出洋人员互通声息;应赶造银元,“慎择”

① 《清实录》第58册,第292页。
② 《光绪朝东华录》,总第4602页。

各国赋税制度汇录奏闻,交各疆臣会议增减。① 建议并无多少新意;关键的"官为助成"更无切实办法。

这年的7、8月间,两江总督刘坤一和湖广总督张之洞联衔三上奏折。在第一折中,他们认为中国贫弱的根子在于人才、志气的贫弱,应从育才、兴学两大端入手,大加兴革。具体措施有:设文武学堂;酌改文科;停罢武科;奖励游学。意在改革旧的教育制度,仿效西方和日本的教育制度。② 第二折主要提出了"整顿中法"的12条措施,较多地涉及官僚体制的兴革问题。③ 第三折则就采用西法提出了11条建议。④ 其中有"修农政"、"劝工艺"、"定矿律、路律、商律、交涉、刑律"、"用银元"、"行印花"、推行邮政等条。关于"修农政",主张"先兴农学";切饬各省举办农务局,京师设农政大臣和农务大学校;采用垦荒缓赋税等"劝导"办法。关于"劝工艺"主张设工艺学堂和劝工场,良工奖以官职,从实业教育和鼓励创新入手。关于定法律,主张聘请各国著名"律师"(法学家),充当该衙门编纂法律的教习,博采各国法律著作,为中国编纂四律,请旨核定后颁行天下。即便是"交涉"之案,也要按新律审断。两人还特别提醒,应用之财必须用,不能顾惜迟疑;既要筹赔款之款,尤宜筹办事自强之款。标榜"力图复兴"的慈禧太后,再次表示"惟有变法自强为国家安危之命脉",要求各督抚按二人所陈择要举办。⑤

背负着沉重赔款负担的清政府,为了解救危机,一方面要推行新政,一方面又要加紧搜刮。因此,我们一方面看到新政的推行,

---

① 《袁世凯奏议》上册,天津古籍出版社1987年版,第268—277页。

② 《张文襄公全集》第52卷,奏52。

③ 《张文襄公全集》第53卷,奏53。

④ 《张文襄公全集》第54卷,奏54。

⑤ 《光绪朝东华录》,总第4771页。

在变革的范围和层次上,都较前一时期有所扩大和提高,由局部和临时措施扩大到政府部门的部分改革和经济法规的系统制定。另一方面,我们看到在实际执行过程中,出现较前一时期更明显的游移摇摆和矛盾混乱,以致加速了清王朝的倾覆。

(一)经济行政部门的设立

1. 商部的设立

清政府曾于1898年设立路矿总局和农工商总局等新式职能部门。当时的农工商总局级别不高,主持局务的端方等人只是赏三品衔的道级官员,与各省分局亦无隶属关系,实权仍掌于各省督抚手中。新政时期,为了加强中央的权力,清政府打算在传统的六部之外,设一商部,以示加意讲求工商。

1902年1月,清廷派庆亲王之子载振前往欧美和日本考察商务。载振回国后,立即奏请设立商部。清廷于1903年4月22日颁谕,派载振、袁世凯、伍廷芳"先订商律,作为则例,俟商律编成奏定后,即行特简大员,开办商部。其应如何提倡工艺,鼓舞商情,一切事宜,均着载振等悉心妥议,请旨施行"。[①] 此前,清廷已在上年3月谕令妥定矿律、路律、商律,令袁世凯、张之洞慎选熟悉中西律例者来京,听候简派,开馆编纂。1903年9月7日,商部正式设立,载振为尚书,伍廷芳、陈璧为左、右侍郎。[②] 此外,左、右丞为袁世凯的亲信徐世昌和唐文治,左、右参议为绍英和王清穆。商部成立后不久,路矿总局裁撤。

商部的内部结构,主要是四司一厅。

保惠司:专司商务局、所、学堂、招商一切保护事宜,赏给专利

---

① 《光绪朝东华录》,总第5013—5014页。

② 《光绪朝东华录》,总第5063页。

文凭，译书译报，聘请外籍工程师及本部司员升调补缺各项事宜。

平均司：专司开垦、农务、蚕桑、山利、水利、树艺、畜牧一切生殖事宜。涉及传统的农林牧副等业。

通艺司：专司工艺、机器制造、铁路、街道、行轮、开采、矿务、聘请矿师、招工等事，以工矿、交通为主。与工部的部分职权重叠。

会计司：专司税务、银行、货币、各业赛会、禁令、会审词讼、考取律师、校正度量权衡等事。与户部职掌也有交叉。

另有司务厅负责收发文件、缮译电报等事项。此外，商部还有律学馆、商报馆、商务学堂、工艺局、注册局、京师劝工所等附属机构。商部也曾打算将原有各省的商务局变成它的直属分支机构，但未能贯彻执行。各省商务局大都由督抚选派候补道府各员作为驻局总办①，而商部则主张由它来“遴选通达时务，熟悉商情人员”充当。② 最后商部只好同意，仍由督抚选派商务局总办，报请商部批准任命；商部同时委任总办为该部商务议员，遇有公事准其直接呈报商部。③ 为此，商部于 1904 年专门制定了商务议员章程④，规定：“商务议员有提倡考查之责，凡属农工路矿应兴应革之事务，当悉心体察，随时报部”；商务议员应将各省商品、市场状况及进出口情况分门别类按期申部；应将各省农工商诸政每年按季详报，年终汇报一次；应转递商人报部呈文及注册禀呈（商标注册除外）；遵照商律保护已注册公司；调解普通商事纠纷，申报重大纠纷；推广商会；保护回国侨商；核查、申报符合奖励条件的商人等。

---

① 《东方杂志》第一年第 10 期，商务。

② 《东方杂志》第一年第 9 期，商务。

③ 这一点随后在商务议员章程中加上了“一面仍应详报本省督抚查核”的规定。

④ 《大清光绪新法令》第 16 册，第 36—37 页。

由此看来,商务局要受商部和各省督抚的双重领导。

在此前的1903年10月,商部还奏准在各省设矿政调查局,并制定了《矿政调查局章程》24条。[①] 章程规定:矿政调查局的总协理由各省督抚遴选,报由商部酌量加札为商部矿务议员;矿政调查局应按部颁表式,调查各省矿产,核查已开各矿,限制外资矿场的规模;查获未开或开而已废之矿,禀明严重的私挖情况;对违法者查明报部,并禀请地方政府严惩;设公验处;会同地方官查勘商民请开之矿报部,等等。

从商部的机构设置和有关对商务局和矿政调查局职责的规定,可以看出,商部也想在振兴工商上有所作为。其中比较具体的,是制定了一系列的经济法规和奖励章程,使清政府的经济政策在法律化、规范化上迈出了一小步。

2. 农工商部和邮传部的设立

1906年9月,清廷颁布宣示预备立宪谕,将工部并入商部,改为农工商部;原属商部管辖的轮船、铁路等交通业和邮政、电报分离出来,另设邮传部管辖。[②]

农工商部的内部机构有:农务司(原平均司),专司农政,"旧隶户部之农桑、屯垦、畜牧、树艺等项",以及"旧隶工部之各省水利、河工、海塘、堤防、疏浚事宜",均归并该司办理。下设番殖、宣防、劭农、劝稼等科。工务司(原通艺司),专司工政,负责工艺制造、矿务、实业学堂等事项,下设矿务、劝工、惠工等科。商务司(原保惠司),专司商政,负责商会、商埠、赛会、保险、专利、招商、银行、词讼、各类公司、各商务学堂等事项,下设商业、商政等科。

① 《大清光绪新法令》第16册,第86—89页。

② 《清末筹备立宪档案史料》上册,中华书局1979年版,第471页。

庶务司(原会计司),专司经费报销、人员升迁等事项。①

邮传部的内部机构主要有:承政、参议两厅,负责机要、考绩、会计、法制等事项。船政、电政、邮政、路政等司,分别负责相关事务。此外,还先后辖有电政总局、邮政总局、铁路总局、交通银行、上海高等实业学堂、唐山路矿学堂、商船学堂等机构。

此外,清政府还于1907年7月决定在各省增设劝业道,并于次年6月由农工商部会同邮传部制定了劝业道职掌章程。② 该章程经宪政编查馆复核后颁布。劝业道的职责是管理全省农工商矿及各项交通事务;劝业道归督抚统辖,农工商部和邮传部只能"随时考查"。③

商部、农工商部和邮传部等经济行政部门的先后设立,是1900年以后风雨飘摇中的清政府为维护统治而实行的"新政"的主要内容之一。它所制定的一系列法规有顺应商民要求、移植西方制度、适应当时新生的资本主义发展的一面。这方面的内容下面还要专门加以叙述。但在政策的实际执行上,并不能得到有效贯彻。在清政府内部,中央和地方出现了权力的争夺。商部设立后,各地督抚仍各行其是,并无统一规划和步骤,更很少看到新的气象。一些重要的企业如轮船招商局和电报局,成为实权人物袁世凯、盛宣怀辈争夺控制权的对象,商部形同局外。新成立的邮传部和农工商部,一个把持在地方实力派的亲信手中,一个成为安插皇亲贵族的处所。他们的头脑中想的是争权夺利,谁也没有去想怎样创造一些条件发展民间实业。相反,在列强逐步进逼和国内

---

① 《清末筹备立宪档案史料》上册,中华书局1979年版,第481页;李鹏年等编著:《清代中央国家机关概述》,紫禁城出版社1989年版,第304页。

② 《商务官报)第二册,合订本,台北故宫博物院1982年印行,第250页。

③ 《皇朝续文献通考》第134卷,职官考20。

革命形势高涨之际,清政府结与国之欢心超过了对民间实业的鼓励。这个问题后面还会谈到,这里就不多说了。

(二)经济法规的制定

作为“变法自强”的门面,有关经济法规的制定,在新政时期是作为重头戏来做的。庚子之前已有《矿务铁路公共章程》和《振兴工艺给奖章程》的颁行。进入20世纪,清政府意识到大清律例“非参酌适中,不能推行尽善。况近来地利日兴,商务日广,如矿律、路律、商律等类,皆应妥议专条。著各出使大臣查取各国通行律例,咨送外务部。并著责成袁世凯、刘坤一、张之洞,慎选熟悉中西律例者,保送数员来京,听候简派,开馆编纂,请旨审定颁发”。① 通过不平等条约将清政府牢牢控制在手的列强,也要求清政府“改革”其法律制度,英、日、美等国与清政府签订的《续议通商行船条约》就规定应保护商标、图书版权和专利等。中国商人也一直要求改变“无法之商”的局面。② 因此,清政府决定成立商部之前,即先期拟订商律,待商律编成奏定后,即行开办商部,自此开始了新政时期大批制定经济法规的工作。

新政时期的经济法规,大致可分三类:一是保障商人权益的综合性法规,如《商律》。二是行业管理方面的法规,包括经济社团方面的章程。三是奖励和实业教育方面的章程。清末主要的经济法规列为表74。

---

① 《光绪朝东华录》,总第4833页。

② 《上海商务总会致各埠商会拟开大会讨论商法草案书》,《申报》1907年9月10日。

表74　清末经济法规一览表

类别		法规名称	颁布时间
综合性法规		商人通例、公司律	1904. 1. 21
		公司注册试办章程	1904. 5. 2
		商标注册试办章程	1904. 6. 23
		改订商标条例	1904
		呈请专利办法	1904
		破产律	1906. 4. 25
行业管理法规	财政金融业	试办银行章程	1904. 4—5
		试办京津上海等处银行章程	1906
		印花税则	1907
		推广度量衡制度暂行章程	1908. 4. 27
		银行注册章程	1908
		大清银行则例附银行通行则例	1908. 2. 17
		清理财政章程	1909. 1. 11
		通用银钱票暂行章程	1909. 7. 23
		商设银钱业注册章程	1909. 10. 30
		厘定币制则例	1910. 5. 23
		兑换纸币则例	1910. 6. 16
		试办全国预算暂行章程	1911. 2. 12
	农业	改良茶业章程	1905. 8
		推广农业简明章程	1909. 4. 28
	矿业	矿务铁路公开章程	1898. 11. 19
		筹办矿务章程	1902. 3. 17
		矿务暂行章程	1904. 3. 17
		矿政调查局章程	1905. 11. 23
		大清矿务章程	1907. 9. 20
		酌拟续订矿章	1910. 9. 29

续表

类别		法规名称	颁布时间
行业管理法规	交通业	重订铁路简明章程	1903. 12. 2
		路务议员办事章程	1905. 10 制订，1906. 4 颁行
		铁路总表	1905
		铁路月计表程式	1905
		路轨统一章程	1905. 11
		铁路购地章程	1906
		铁路免价减价章程及免价变通章程	1907;1908
		铁路雇佣洋员合同格式	1908
		运矿铁路办法	1908
		铁路地亩纳税章程	1908
		轮船公司注册给照章程	1911
	商务	商部接见商会董事章程	1904
		商部议派各省商务议员章程	1904
		新订出洋赛会章程	1906
		京师劝工陈列所章程	1906. 10
	经济社团	商会简明章程	1904. 1. 11
		商会章程附则	1906. 3
		商船公会章程	1906. 2. 11
		农会简明章程	1907. 10. 20
		中国铁路公会章程	1909
		工会简明章程	1910. 1. 25
奖励及实业教育章程	奖励章程	振兴工艺给奖章程	1898. 7. 13
		奖励公司章程	1903
		奖给商勋章程	1906. 10. 7
		改订奖励公司章程	1907. 8. 31
		华商办理实业爵赏章程	1907. 8. 31
		奖给章牌章程	1907. 9. 20
		奖励棉业章程	1910. 1

续表

<table>
<tr><th colspan="2">类别</th><th>法规名称</th><th>颁布时间</th></tr>
<tr><td rowspan="7">奖励及实业教育章程</td><td rowspan="7">实业教育</td><td>奏定实业学堂通则</td><td>1903</td></tr>
<tr><td>奏定初等农工商实业学堂章程</td><td>1903</td></tr>
<tr><td>奏定中等农工商实业学堂章程</td><td>1903</td></tr>
<tr><td>奏定高等农工商实业学堂章程</td><td>1903</td></tr>
<tr><td>奏定实业补习普通学堂章程</td><td>1903</td></tr>
<tr><td>奏定实业教员讲习所章程</td><td>1903</td></tr>
<tr><td>奏定艺徒学堂章程</td><td>1903</td></tr>
</table>

资料来源:《大清光绪新法令》、《大清宣统新法令》、《光绪朝东华录》、《中国近代工业史资料》第二辑、《中国近代教育史资料》中册、《矿务档》、《清末筹备立宪档案史料》、《商务官报》、《东方杂志》等。

1. 综合性法规

清末仿效西式法律,较早出台的便是商律中的《商人通例》和《公司律》。

清政府原本打算制定一部完整的商律。但负责这项工作的载振、伍廷芳等人,觉得“门类繁多,实非克期所能告成。而目前要图莫如筹办各项公司,……则公司条例亟应先为妥订,俾商人有所遵循,而臣部遇事维持,设法保护,亦可按照定章核办。是以赶速先拟商律之一门,并于卷首冠以商人通例”。《商人通例》和《公司律》于 1904 年 1 月 21 日“奉旨依议”,正式颁布。①

《商人通例》共 9 条,简明地规定了商人的身份、享有的权利、应遵循的通行规则等。“凡经营商务贸易买卖贩运货物者均为商人”;“商人营业或用真名,或另立某店某记某堂字样,均听其便”;商人须有规范的簿记制度。但在身份问题上,却规定已婚女子等

① 《大清光绪新法令》第 16 册。

为商,须先呈报商部备案。

《公司律》共11节,131条。规定公司的组织形式有合资公司、合资有限公司、股份公司和股份有限公司四种;公司的创办呈报办法主要是按规定呈报商部注册。《公司律》还对经营管理方式和股东权利作了详细的规定,基本是近代企业制度的搬用。又规定洋商股份权利与华商一律,等等。有限责任制的实行,减少了投资风险,有助于促进传统的封建性收入转化为资本主义的投资。注册制的实行,减少了创办公司时的不必要环节,原则上保护了华商的设厂经营权。

引起争议的是关于洋商入股的规定。甲午战后的情况是,洋股在内地只存在于路矿等少数部门,而设厂制造只限于通商口岸。《公司律》只讲洋股应遵守章程(第35、37条),却不提洋商不得在内地入股,这很可能引起后患。为此,商部特发咨文,表示洋商附股只限于口岸。① 但清政府并不敢在《公司律》中补充这一规定。

1904年,还颁布了《公司注册试办章程》18条,规定"无论现已设立与嗣后设立之公司局厂行号铺店,一经注册,即可享受一体保护之利益"。具体事项由商部的注册局专办。②

同年,商部又在外务部饬总税务司所拟的商标注册章程的基础上,修订颁布了《商标注册试办章程》28条。规定由商部商标注册局办理商标注册事宜,又以津、沪海关作为商标挂号分局,便于就近呈请。还规定了商标的有效年限、商标使用权的保护办法等。此外,又有细目规定了办事程序和格式。③ 但由于列强的无理阻挠,有关商标的法规未能实施。

① 《大清光绪新法令》第16册,第12页。

② 《大清光绪新法令》第16册,第26—28页。

③ 《大清光绪新法令》第16册,第20—26页。

1906年,清政府颁布了《破产律》。此前的1899年,两江总督刘坤一曾奏请将奸商倒骗按京城钱铺定例分别治罪。但对因经营不善倒闭的商人未与诈伪倒骗的奸商区分开来,与保商之道不尽贴合。有鉴于此,商部经过调查东西各国破产律及各埠商会条陈和商人习惯,参酌考订成《破产律》。因当时民法尚未订定,《破产律》不仅供处置商人破产之用,处置普通民人的破产时,也可比照该律办理。所以该律规定民间财产可赴商会注册,以备稽查。可见当时的《破产律》部分行使了民法的功能。① 奏定的《破产律》共9节69条,分呈报破产、选举董事、债主会议、清算账目、处分财产、有心倒骗、清偿展限和呈请销案等项,详细规定了处置破产的办法。② 该律颁布后,上海钱业界对第40条提出异议,主要是担心银行等金融机构一旦倒闭,公款受损。于是,商部奏请第40条暂缓实行。③

2. 行业管理法规

行业管理法规体现清政府的产业政策。在被视为要政的铁路、采矿业中,以及国家资本日益活跃的金融业中,清政府为制定相关的法规,还是很费了一番心思的。

铁路方面,商部于1903年12月奏准颁行《重订铁路简明章程》24条。④ 章程规定,无论华洋官商,禀请开办铁路,均照该章程办理。章程鼓励商办铁路,规定华人请办铁路,如系独立资本至50万两以上,查明路工实有成效者,由商部专折请旨给予优奖。

---

① 《商部修律大臣会奏议订续破产律折》,《大清光绪新法令》第16册。

② 《大清光绪新法令》第16册。

③ 《大清光绪新法令》第16册。

④ 《大清光绪新法令》第17册。

其招集华股至50万两以上者,俟路工告竣,即按照商部奏定的十二等奖励章程核办。

章程还规定了利用和管理外国资本的办法。规定华商铁路中有附搭洋股的,要禀商部批准,并由外务部查核。洋商出面请办的,应呈交外务部批示,并由商部察夺;洋商无论集股多少,都得留出股额的十分之三,任华人随时照价附股。

关于华商铁路与洋股、洋款的关系,章程进一步规定,集股以华股获占多数为主,洋股不能超过华股数量。华股在搭附洋股后,不准另借洋款。华人办路超过预算时,可用机器和房屋抵借洋债,但最多不能超过预算的十分之三,且不得以土地作抵;以商借商还为原则。华人不得与洋人私订合同,以请办之路抵借洋款;也不得将路工私卖与他人。一旦查明,除将路工充公,注销全案外,还将视案情轻重酌罚。

章程还对官府的责任、公司内部的争执等作出了规定。要求地方官一体保护,切实弹压。公司内华商之间的争执由就近地方持平办理,直至呈请商部核办;华洋商人之间的争执通过调解解决,两国政府均不干预。

章程还规定路、矿分别办理,不得援引沿路开矿旧案。这也是试图对外人凭借不平等条约强占矿区的行径作出限制。

看来,这个章程能否得到切实执行,关键就在于对洋股、洋款的利用和限制的措施能否落实。而这又是一份章程所不能解决的。而且章程对外资占主的铁路,也只规定应留出十分之三的股额给予华商;合资铁路中,洋商可占一半股权。这些,都使洋商有了进一步攫取路权的条件。进而言之,问题不在于洋股、洋款所占份额的多寡,而在于种种形式的外资,虽为中国所急需,但在当时的中外关系格局下,常常成为列强瓜分中国势力范围的有力工具。正常的商业性的资本流动带上了浓厚的政治性,国际惯例在这里毫无作用。至于华商能否得到官府的切实保护,也要视吏治能否"振刷"一新。

为加强对铁路的管理,清政府还制定了《路务议员办事章程》。1905 年 10 月,商部奏请饬下各铁路大臣和各督抚,将在路供差各员造具履历清册,咨送商部,由商部酌情加札为路务议员。遇有要事,准其径行呈报商部核办。① 次年 4 月,章程正式颁行。② 章程共 12 条,规定:路务议员的职责是整顿路务;路务议员的产生是由各铁路大臣和办路地方督抚提供在路供差各员的履历清册报部,由商部择优委任;各省自办铁路的总协理、华工程师等也由商部委任。商部有权直接派遣部内章京和毕业学生以路务议员的资格帮办路务;有权行使对路务议员的奖罚。这样一来,商部完全掌握了各路的人事大权。这自然引起地方实力派如袁世凯的强烈不满。商部只好作出让步,将章程修改为:商部派出的章京和毕业学生,须经铁路大臣和地方督抚的同意,才能派为路务议员;路务议员的奖罚也由铁路大臣和督抚主持;铁路大臣和督抚还有权将路务议员调派别项差使。③ 这样一改,导致路务议员对铁路大臣、地方督抚和商部的多重隶属关系,商部还是没有完全实现对路政的统一管理权。

至于路务议员的具体职责有:遵照商部札派办理各事,并视路之远近、事之繁简,按期迅速径复商部;办事须遵照奏定路章和历次成案。这意味与外商订立的合同必须履行。路务议员对工程之优劣得失,材料之良莠贵贱,华洋员役之贪廉勤惰,岁出之撙节,岁

---

① 《商部奏请饬铁路大臣将历办情形报部折》,《东方杂志》第一年第 10 期。

② 章程全文见《商务官报》第一册第 2 期。

③ 《商务官报》第一册第 10 期。

入之增益,商旅货物之招徕保卫等具体经营管理业务,均统筹兼顾,设法整顿,随时禀报商部及铁路大臣、地方督抚。

此外,还有一些规范铁路经营的规章,如:商部制定有《铁路购地章程》、《铁路月计表程式》;邮传部制定有《铁路免价减价章程及免价变通办法章程》、《中国铁路轨制章程》、《铁路地亩纳税章程》、《铁路雇佣洋员合同格式》、《运矿铁路办法》①,等等。

这些法规,只有在理顺了中央与地方的关系,提高了官僚机构的办事效率,尤其是理顺了中外关系后,才有可能顺利实施。否则,只能成为具文。

这一时期的重要法规,还有矿业方面的法规。如同铁路事务,如何解决吸收和“控制”外资,是一大难题。有关的矿务章程也作了一些尝试。

1898 年颁布的《矿务铁路公共章程》允许华洋各商会同集股,设立公司办矿,但须由华商领办,且至少集有十分之三的华股(后修订为华洋各半)。专集洋股和洋债的,概不准行(第 10 款)。1902 年 3 月,外务部与路矿总局奏准《筹办矿务章程》19 条②,放宽了对外资的限制,规定华人自办、洋人承办和华洋人合办“均无不可”。章程对申请执照、购买矿地、矿产出井及出口税、开工期限等,也作了简要规定。由于洋商有权自行办矿,从前有关对外资的限制变得毫无必要,所以章程没有这方面的规定。按照这个章程,中国矿产全面对外开放,尽管有 12 个月内必须开工的限制。这反映庚子之后清政府对外极为软弱的现实。刘坤一、张之洞都对此提出异议,要求修改,增加对外资的限制;而外人以洋商享有开矿权,认定洋人可入内地居住贸易。对此,外务部作了一番苍白

① 《大清光绪新法令》第 17 册。

② 章程全文见《矿务档》,第 87—90 页。

无力的辩解。①

外人得寸进尺。来华谈判商约的英人马凯，蛮横地要求将外人矿权列入商约。清政府被迫让步，在中英商约第9款承诺，中国将修订矿章，“于招致外洋资财无碍，且比较诸国通行章程于矿商亦不致有亏”②。这样，外国人在中国享有开矿权竟然成了受条约保障的特权。而清政府的国内经济政策受半殖民地化进程的制约，毫无自主性可言。

为履行条约义务，清政府立即着手修改矿务章程，命刘坤一、张之洞将各国办理矿务情形，悉心采择，会同妥议章程。此时中英商约尚未正式签订。到1904年4月，因张之洞尚未拿出矿章，商部先颁布了一个《矿务暂行章程》38条③，待张之洞辑有专书，再归并办理。

章程承诺，从前已办各矿及业经议定之处，仍照原定合同办理。这就保障了外国资本已经获取的矿权。章程规定，华商承办和华洋商人合办，在请领探矿或开矿执照时，应详细禀明商部，或禀由该省地方督抚，听候确查于地方情形有无窒碍，有无违背定章，由商部酌核准驳。还规定，请办之矿不得逾30方里，矿区须连成一片，长度不得超过宽度4倍；禀办之矿地，若有人禀准在先，或系公家要地，均不能给照。获准办矿者，应于批准之日起，限6个月开工。这是试图抵制外人藉强权广占矿区。

章程进一步规定，“集股开矿总宜以华股占多为先。倘华股不敷，必须附搭洋股，则以不逾华股之数为限”；“不准于附搭洋

① 《光绪朝东华录》，总第4871页。

② 王铁崖编：《中外旧约章汇编》第二册，三联书店1959年版，第108页。

③ 章程全文见《矿务档》，第100—109页。

股之外另借洋款”(第16条)。这是企图将外资限制在资本额的50%以内。章程还规定,不准与洋商私订合同,不准将矿山工程密售外人,等等。这些限制措施,与当时的收回利权运动有关。

暂行矿章颁布后,外人仍不满足,德国公使表示拒绝遵办。①

1905年12月,湖广总督张之洞督导编成矿律74款,附章73款,专折奏呈。② 据他讲:“查各国通例,凡属土地,分为地面地腹两层,民间产业止能管及地面,其地腹则概为国家所有。故虽本国人民开矿,其准驳之权,咸听命于官。至五金之属及宝石等贵重矿质,更非官不得开采。”他很强调官府的管理和垄断权。谈到外资,他说:“至他国人民断不准承办本国矿务,或设立公司。间有外国人附股,而事权仍是本国人民为主,股份仍是本国人民为多。”这讲的是国际惯例。但具体到中国,他不得不承认:“惟中国于未定矿章之前,已准洋商在内地开矿,此时自未便概加拒绝。……是此次所订矿务章程,无论新旧矿商,但使洋商不致有亏,其于华民生计,中国主权,地方治理,必当设法保持,修改完善,用资补救,不宜过于迁就,坐弃远大无穷之利权。……自无妨藉资于外国富商,要之必令其有利可图而不令外人独专其利,斯为最平妥之方。”按他拟定的利用外资办法,洋商必须与华商合股,不得独自开矿。

对张之洞所呈矿章的核议工作,拖了很久。直到1907年9月,农工商部会同外务部,正式奏准《钦定大清矿务章程》。章程共74款,另有附章73条。③

① 李恩涵:《晚清的收回矿权运动》,台北1978年版,第108页。
② 《张文襄公全集》第65卷,奏65。又《矿务档》,第112—165页。
③ 线装本《大清矿务章程》(一函),无出版年月。

与历次奏定矿章相比，这份矿章在形式上相对严密些；对外资也作出了一定限制。章程规定，“如从前所订合同条款，有占夺华民生计及有碍中国主权、地方治理者，仍应妥为修改，期与新章不致违背”（第8款）；“外国矿商不能充地面业主。中国人民遵照国法向例执有地面者为该地业主；与华商合股之洋商，在中国之地方合股开矿，止准给予开采矿务之权，以矿尽为断，……不得执其土地作为己有”（第9款）。又规定，凡与中国有约各国之人民而愿遵守中国法律的，皆得在中国与华商合股禀请办矿。合股办法有二。一是业主以地作股与洋商合办，则专分余利不认亏耗，按矿质等差分收三成或五成余利。二是华商以资本入股与洋商合办，则利权均分，盈亏与共，华洋股份以各占一半为度（第10款）。第13章还专门对外人合股所涉及的诉讼事项作出规定，要求洋商遵守中国法律，由中国执法官秉公剖断，或按各国通例并参酌中国法律情形，公平斟酌办理。章程在适用哪国法律上，含糊其辞，更不敢否认外人的治外法权。

1910年9月，外务部拟定了一份经过修改的续订矿章，但未正式颁行，清政府就垮台了。

行业管理方面的法规，比较重要的还有金融业中的一系列章程、则例，这里就不一一介绍了（参见清末经济法规一览表〈表74〉）。

此外，清政府还颁布了有关赛会和经济社团方面的法规。商部于1906年颁布《出洋赛会章程》①，鼓励华商参加国际博览会，以开阔眼界，拓展国际市场。对民间经济社团，商部在1904年初颁布《商会简明章程》26条，1906年又颁布了一个章程附则。② 章

① 《大清光绪新法令》第16册。

② 《大清光绪新法令》第16册。

程规定,凡属商务繁富之区,不论省垣或城埠,宜设商务总会;商务稍次之地则设分会。业已存在的商业公所和商务公会一律改为商会。官办的保商局也由各督抚酌量留撤。关于商会的职责,章程规定,商会总理、协理应为无法申诉各事的商人于地方衙门代为伸诉,直至禀告商部核办;总理应按年列表汇报各地商务及进出口情况;会董与总理每周会议一次,接洽各商近情;总理应招集有关人员商讨关系商务大局事件;定期召集会董公断商事纠纷,酌行剖断华洋商人间的交涉;商会还应稽察、制止商人的不正当行为,直至移送地方官惩治。商会还有考核发明创造之责,等等。而商会自身的组织及办事程序,颇有点民办、民主的意味。中国资产阶级自此才有了自己的近代化组织。1907年,农工商部颁布《农会简明章程》,规定在省会设农务总会,在府厅州县酌设分会,乡镇、村落、市集等处酌设分所。凡一切蚕桑、纺织、森林、畜牧、水产、渔业等项事宜,农会都应酌量地方情形兴办。[①] 此外,为保护华商航运业,商部在1906年正式颁布《商船公会章程》[②],以期保护华商免受关卡留难和官差需索,减少华船冒挂洋旗的难堪局面。

3. 奖励章程

新政时期的“保商之法”还有一个重要内容,这就是奖励章程。

上文提到,清政府在1898年就制定过《振兴工艺给奖章程》,但实际未见实施。进入新时期后,形势有所改观。1903年,商部成立不久,就制定了《奖励公司章程》,按投资规模,分别给予奖

① 《大清光绪新法令》第16册。

② 《大清光绪新法令》第17册。

励。其对应的奖励等差如下①：

5000 万元以上　准作商部头等顾问官，加头品顶戴；特赐双龙金牌，子孙世袭头等议员（至三代止）；

3000 万元以上　准作商部头等顾问官，加头品顶戴；特赐匾额，子孙世袭二等议员（至三代止）；

1000 万元以上　准作商部二等顾问官，加二品顶戴；

800 万元以上　准作商部三等顾问官，加三品顶戴；

500 万元以上　准作商部四等顾问官，加四品顶戴；

300 万元以上　准作商部头等议员，加五品衔；

200 万元以上　准作商部二等议员，加五品衔；

100 万元以上　准作商部三等议员，加六品衔；

80 万元以上　准作商部四等议员，加六品顶戴；

50 万元以上　准作商部五等议员，加七品顶戴。

章程还规定，商人原有职衔在所定等第之上的，准其递加一等。获奖商人遇有关系商务利弊应行建白之事，可随时具函径达商部。

不过，这些顾问官、议员都是虚衔，均毋庸到部“当差”。而且要取得这类虚衔，至少得有集资 50 万元的实力。但无论如何，这是清政府重视商政的一种姿态。

1906 年，商部又制定了《奖给商勋章程》②，对那些创制新法新器，以及仿造各项工艺，确能挽回利权，足资民用的，分别给予奖励，自一等商勋加二品顶戴至五等商勋加六品顶戴不等。对那些寻常工艺制作精良的，也奖给商牌。

---

① 《政艺通报》，光绪二十九年第 16 号，政书通辑，第 7 卷。转见汪敬虞：《中国近代工业史资料》第 2 辑上，第 640—641 页。

② 《商务官报》第一册，第 384 页。

1907年颁布的《改订奖励公司章程》①,降低了获奖所需的集股规模,最高的改为2000万元以上,最低的为20万元以上,分12个等差给奖。但要取得获奖资格仍很困难。

1907年,还颁布了《华商办理实业爵赏章程》②,以资本之大小、雇工之多寡为爵赏等差,"以振非常之实业"。应得爵赏等差如下:

2000万元以上　赏一等子爵;
1800万元以上　赏二等子爵;
1600万元以上　赏三等子爵;
1400万元以上　赏一等男爵;
1200万元以上　赏二等男爵;
1000万元以上　赏三等男爵;
700万元　赏三品卿,逾800万元者并赏花翎;
500万元　赏四品卿,逾600万元者并赏花翎;
300万元　赏五品卿,逾400万元者并赏加二品衔;
100万元　赏六品卿,逾200万元者并赏加二品顶戴;
80万元以上　奖二品衔;
50万元以上　奖三品衔;
30万元以上　奖四品衔;
10万元以上　奖五品衔。

章程还规定,凡设立局厂,其所出资本核与特赏五品卿以上合格者,雇用工人应以500人以上为率;核与三等男爵以上合格者,雇用工人应以1000人以上为率。

这个章程虽将最低的获奖资格定在10万元,但一般商人仍不

① 《商务官报》第二册,第379—380页。
② 《商务官报》第二册,第367—368页。

具备如此实力。有鉴于此,清政府不得不决定,援照军功外奖酌给功牌成例,对商人出资营业达 1 万元至 8 万元以上的,分别奖给七品、八品和九品奖牌。①

此外,清政府还于 1910 年制定过《奖励棉业章程》。②

一系列的奖励章程,虽然标准定得过高,以至很少有人达到获奖资格。但在重农抑商的社会传统中,给实业家、商人以奖励,这种表示本身就是一种进步,如同 1903 年《奖励公司章程》所说,有破除官商隔阂、不分畛域、合力讲求、广开风气之功。

由于标准悬革过高,实际获奖人数不多。根据《商务官报》所载,补充其他资料,初步统计有 43 人获奖,列为表 75。

新政时期的制度兴革,除了设立新型经济行政部门、制定经济法规以外,还有改革旧的教育制度,增加实业和技术方面的教育分量,值得附带提出。

1901 年,清政府下兴学诏,正式废除古老的书院制度,在全国推广学堂制度。③ 张百熙、张之洞奉旨拟定的各级学堂和实业学堂章程也陆续颁布。④ 到 1905 年,落后于形势的科举制度终于废除。基础教育制度的重大改革,实业、技术教育的讲求,对开通民智、推广技术和"工商知识",都有积极作用;在为经济发展提供人力资源方面,也不无裨益。

---

① 《商务官报》,第 446 页。

② 《商务官报》第五册。第 547 页。

③ 《光绪朝东华录》,总第 4719 页;《张文襄公全集》第 61 卷,奏 61,第 15 页。

④ 舒新城编:《中国近代教育史资料》中册,人民教育出版社 1981 年版。

表75　清末获奖商人一览表

得主	奖赏	事由
张煜南	候补三品京堂	集股200万元以上,开办潮汕铁路
张謇	头等顾问官,二品衔(曾赏三品衔)	集股100万元以上,开办江苏耀徐玻璃公司、上海轮步公司
袁树勋	头等顾问官	
丁宝铨	二等顾问官	
周廷弼	三等顾问官、二品顶戴	独资50万元,创办裕昌缫丝厂
李厚祐	四等议员、四品顶戴	集股60万两,创办盛京天一垦务公司
叶　璋	四等议员	
严义彬	二品衔	集股80万元以上,创办浙江通久源轧花纺织厂
许鼎霖	正二品(军机处存记、候补道)	集股60万元以上,创办江苏海丰面粉公司、赣丰饼油公司
楼景辉	三品衔(候选州同)	集股40万元以上,创办浙江通惠工纺织公司
顾　钊	二品衔(中书科中书)	集股40万元以上,创办浙江和丰纺织公司
萧永华	二品衔(兵部郎中)	集股40万元以上,创办汕头自来水公司
马吉森	四等议员加六品顶戴	集股40万元以上,创办河南六河沟煤矿公司
蒋汝坊	四等议员加六品顶戴	集股40万元以上,创办江苏济泰公纺织公司
刘世珩	正二品(度支部右参议)	集股20万元以上,创办安徽贵池垦务公司
史履晋	五等议员(御史)	集股20万元以上,创办京师华商电灯公司
程恩培	正二品(浙江候补道)	集股20万元以上,创办安徽裕兴榨油公司
曾　铸	五等议员加七品顶戴(候选道)	集股20万元以上,创办镇江机器造纸公司

续表

得主	奖赏	事由
程祖福	正二品、三等议员（福建补用道）	集股20万元以上，创办河南清华实业公司
顾思远	五等议员加七品顶戴（候选道）	集股20万元以上，创办山东博山玻璃公司
顾润章	五等议员加七品顶戴	集股20万元以上，创办湖北扬子机器公司
黄兰生	五等议员加七品顶戴	集股20万元以上，创办硼北汉丰面粉公司
祝大椿	二品顶戴	集股200万元以上，创独资公司两所、合资公司两所，雇工4000人以上
吴金印	五等商勋加六品顶戴	仿照西式藤帽，改良畅销
杨占甲 杨占儒	三等商牌	制陶新工艺
林尔嘉	头等议员（二品顶戴、五品京官）	集股150万元，创办福建信用银行
孙多森	三品衔、头等议员	集股100万元，创办上海阜丰机器面粉公司
冯恕	四品顶戴、五等议员	续招股银15万两，合计20万元，扩充京师电灯公司
林汝舟	道员衔（五品衔、侨商）	热心教育，保护华侨
郭承立	三等商勋、四品顶戴	独立种树60万株，成材10万株
谭学裴	头等议员（二品衔）	集股100万两，创办溥利呢革布服公司
李煜瀛	头等议员加四品顶戴（三品衔、度支部郎中）	集股120万元，创办豆腐公司
严良沛	四等议员（三品衔）	集股50万元，创办巩华制革公司
石盛球	七品功牌	垦荒种树，成效已著
王鸿图	三等顾问官（二品顶戴）	办理实业

续表

得主	奖赏	事由
罗乃馨	三等顾问官(二品顶戴)	出洋考察、创设垦务公司
王清穆	头等顾问官	
张振勋 刘人祥 宋炜臣	二品顶戴	
吴懋鼎	头品顶戴	集资 50 万元,创办天津织绒硝皮厂
黄思永	开复原三品衔、翰林院侍读学士	集股银 10 万两,创办北京工艺商局

资料来源:《商务官报》、《光绪朝东华录》等。括弧内来原有联衔。

(三)经济政策的摇摆和混乱

新的经济行政部门的设置和经济法规的制定,是清末经济政策较具积极意义的内容。人们本来可以期望经济政策发展到较高的层次上,体现规范化、公开化、易操作的特点,以便有效地实现恤商惠工的意图,促进资本主义的发展。但实际的执行,却背道而驰,出现了游移摇摆和矛盾混乱。

1. 实力讲求与大肆搜刮

清政府在设立新型经济行政部门和制定相关法规的同时,也曾采取过一些措施来发挥制度变革的效用。它曾多次就通商惠工、劝农兴学等颁谕,对各地作出宏观的指导。

1903 年 9 月,商部奏请设立铁路、矿务、农务和工艺各项公司,请求朝廷饬下各省将军督抚会同筹划,赞助维持。① 官办、官督商办等新式公司,过去"无一非地方大吏之责成",多由地方政

① 《光绪朝东华录》,总第 5073 页。

府具体负责兴办。现在商部积极出面倡导工商，也是意在借中央权威排除“牵制抑勒等弊”，同时加强中央政府对国内资源的控制。对这个“事权归一”的计划，清廷自然赞同，并要求“倘有推诿因循，仍前漠视，该部即行据实奏闻，力除壅蔽，毋稍迁就”。① 这年11月，商部尚书载振又奏请通饬各省振兴农务，具体办法有清丈地亩，调查官荒民荒，广为开垦；省会设立农务学堂，繁盛商埠设农事试验场，乡村多设半日学堂。上谕要求各省“一律切实兴办”。② 这个计划的中心就是垦荒与兴学。由张百熙、张之洞等人拟定的实业学堂章程也正式颁行。清廷还多次颁谕，要求“力行保商之政”；要求保护归国侨商。还在全国推广商会、农会等新式民间社团，以消除官商隔阂，鼓舞商情。

清政府也有一些具体的扶持、体恤举措。对“机器制造”，因洋商一直享有值百抽五、子口半税等特权，于华商极为不利。清政府只得给予华商部分机制品完过正税一道，沿途概免重征的“优惠”。一些新式纱厂就得到这种权利。而在收回利权运动中纷纷成立的各省铁路公司，据理力争，也获得些许体恤。清政府借用外资修建的京汉、正太、汴洛、道清、龙川、滇越和沪宁等铁路，按中外间的合同，其铁路材料机器等物资享有免税的特权。而江苏、浙江、福建、江西和安徽等五省计划集资自办的铁路，所需进口材料，清政府的铁路大臣却打算统照商民货物，一律征税。对这个很不明智的计划，五省铁路公司极为不满，要求与洋商同享优待。对这一抗争，清政府内部反应不一。税务大臣认为前此只有官办铁路进口材料免税，商办的广澳和潮汕等铁路则照章纳税。因而五省铁路公司的要求不能成立。而农工商部接到五省铁路公司的呈文

① 《光绪朝东华录》，总第5073页。

② 《光绪朝东华录》，总第5102—5103页。

后,认为铁路要政"决无优待外人苛待国人之理";"商人不恤投其血汗之资本,以经营铁路,正所以杜外患于将来"。"乃以其事非官办,遂责以苛细之税,何以作其气而服其心?"农工商部担心"倘各省以不能免税之故,自生疑沮,集股开办迄用无成,是税收亦终属虚悬,而路政则隐贻灾害"。因此农工商部为五省铁路公司恳请皇帝恩准免去材料税。最后得到同意。① 1907年9月,赵尔丰、张之洞会奏,计划在武昌城外择地建厂,专为湘、鄂、川三省铁路制造桥梁、车辆、铁轨、机器等钢铁器材。对这些产品,他们请求给予暂免出口税的权利。经农工商部奏准。②

在矿业中,也有免税的优惠。1905年年底,商部奏请不得于奏定矿章所定完纳出井、出口税外,别有征收。③ 1908年3月。两广总督张人骏奏准广东新出矿产援案暂免井口两税和官股红利各5年。同年5月,山西巡抚宝棻也奏准晋省煤矿暂免井口两税。④

这些企业关系要政,因此多少得到一些实惠。

一些与官方联系较多的绅商,也程度不同地得到官方的"扶持"。就资本来源看,以官督商办、官商合办形式得到过官方"资助"的厂家,1901—1911年有25家。⑤ 不过,有的企业与其说是官助商本,不如说是官借商资。如1906年成立的北洋滦州官矿公司,名为官办,其实也招集了不少商股。所以官方对商人的扶持,也是一种利用与控制。也有一些商办企业,虽无官股,但也得到官

---

① 《光绪朝东华录》,总第5662页。

② 《农工商部会奏各省商办铁路所用材料请照官路一律免税折》,《邮传部奏议类编》,路政,第33页。

③ 《光绪朝东华录》,总第5451页。

④ 《清朝续文献通考》第44卷,征榷考16。

⑤ 根据杜恂诚前引书附录统计。

方的支持和优惠；有的创办人本身就是官僚，由官而商，甚至官商合一。如接办唐山启新水泥厂的周学熙，曾任天津道、长芦盐运使、直隶按察使，是袁世凯北洋集团的重要人物。他招股创办的另外一家企业京师自来水公司，享有农工商部保息、需用材料全部免税等特权。汉口的一家大企业既济水电厂，其创办人王予坊曾经是张之洞的幕僚，在张的积极倡导下，他才经商办厂。① 后台为端方和瑞澂的江西景德镇瓷器公司，也得到免去沿途厘税的待遇。②

此外，1910 年还在南京举办了有一定规模的南洋劝业会，以示对工商实业的提倡与讲求。

但是，就在这薄薄一层的恤商惠工下面，人们仍能看出清政府的第一要务筹款的无所不在。在庚子赔款的重负下，清政府不得不沿用以筹饷为急务的老政策。搜刮、聚敛也就不可避免。

清政府筹措巨额赔款的措施，是将赔款硬性分摊到各省，强令他们按期逐月汇到上海。例如，第一期应付赔款高达 21829500 两，其中从中央收入项下拨出仅 300 多万，而由各省分摊的达 1880 余万。户部提出的筹款办法，仍然不外是加税和节用。如裁减虎神营、骁骑营和护军营津贴；裁减神机营经费和步兵营练兵口分；暂停官吏和兵丁米折；酌汰沿海沿江各防营及水陆勇营、练营；试办房间捐输和按粮捐输；酌提地丁收钱盈余，剔除中饱；盐斤再加征 4 文；土药茶糖烟酒厘再加 3 成。③ 由于“种种筹款之法，历年皆已办过，久已竭泽而渔”④，各省督抚只有想出种种花招，“痛加搜刮”。例如，浙江省的“搜刮”措施有：粮捐每两加钱 300 文；

① 见汪敬虞：《中国近代工业史资料》第二辑下，第 1043 页。

② 《光绪朝东华录》，总第 5671 页。

③ 《光绪朝东华录》，总第 4725—4726 页。

④ 《光绪政要》第 27 卷，第 71 页。

盐斤加征 4 文;盐课每引加 4 钱;房捐值百抽十;膏捐售银 1 两收钱 20 文;酒捐加征 3 成外,再征印花税。即使这样,浙江巡抚仍然觉得"是否足数抵解,尚无把握"。① 但赔款必须不折不扣,容不得丝毫的讨价还价。其结果是民生穷困,购买力萎缩,更谈不上什么恤商惠工讲求实业了。

在赔款筹措之外,练兵筹饷也是急务之一。为维持其统治,清政府在财力空前紧张的局面下,仍坚持编练新军,经费也主要分摊各省承担。它要求各省从整顿烟酒税,酌提丁漕钱文,切实报解田房税契;严核钱漕,酌提优缺优差,各官报效等方面入手。地方督抚中也有出新招的人。张之洞说:"惟是各省情形不同,即办法不能一律,……但期有益国计不扰民生,即不必限定何项名目,转滋借口。"②他提出的办法是在铜币赢余项下"竭力腾挪"。这个办法立即被各省纷纷仿效,掀起一阵兴办铸币局、大铸铜元之风。导致市场上铜元严重过剩,制钱严重短缺,金融秩序混乱,市场动荡不已,工商业者大受其害。另一位实力派人物袁世凯,又进一步。他不但大铸铜元,猎取铜元余利,而且以铜余为担保,试图发行公债。当清政府限制铜元数量时,他又先斩后奏,用铁路余款还债。好不容易积累起来的铁路余利,却不能用之于发展铁路事业,而被袁世凯用作练兵之需。尽管度支部对他的要求"屡次驳议",但最后还是同意了他的奏请。③ 到 1906 年年底,清政府从各省搜罗的练兵费,达 600 万两之多。④

即使是那些打着"变法自强"旗号的新政措施,花了大笔的经

① 《光绪朝东华录》,总第 4857—4858 页。

② "筹拨练兵的款折",《张文襄公全集》第 62 卷,奏 62。

③ 《光绪朝东华录》,总第 5650 页;又参见《袁世凯奏议》中册,第 1429 页。

④ 《光绪朝东华录》,总第 5464 页。

费，许多项目不过是建高大的房屋，设更多的机构，任用更多的“委员”。1907年徐世昌任东三省总督，有一份上书说，自他来奉天后，940万款项“未及三月，库藏如洗。民间新政之说洋洋盈耳，以为虽去此款，而吾民从此必有焕然一新之象，有识之士无不乐观。其成乃迟之又久，并不见新政者为何事。第闻经济困难必募外债以给，而后知新政发端固在于是，不禁惊心动魄，奔走相告”。[①] 又有人说，徐世昌督东三省3年，“越二年而资已罄，仅造成宏丽之公署，他唯电灯马路之类”。[②]

赔款、练兵，加上“新政”，都是大项目，都需要大笔款项。而赔款对清政府关系尤为重大，必须保证筹有的款。所谓筹款急务，首要的任务就是不折不扣地为列强征税。能用于振兴实业上的财力，实在有限。而清政府始终拿不出无损于国计民生的筹款办法来。除了大借外债，就是痛加搜刮。腐败的吏治，更加重了这种搜刮的残酷性。有位官员批评说：“不肖之士人，见官家志在筹款也，每假地方办公之名，以济其鱼肉乡里之私。于是争赴本处及上宪各衙门，呈请创设某项捐税而包办，每年交款若干。现在民间之物，向之无捐者，官家从而添加之；官家未加议及者，士人出而包办之。彼捐米豆则此捐菜果；彼捐鱼虾则此捐猪羊；彼捐木石则此捐柴草；彼捐房屋则此捐车马。不但无物无捐，且多捐上加捐。”“稍与分辩即诬为抗捐，从重议罚。”“今闻办捐者，每项交官只千金左右，而其所侵蚀者恐加倍不止。”“对上宪则曰商民乐从，并非苛派；对商民则曰奉官开办，谁敢抗违。”那些办捐者，“设分局，募巡役，又集数十无赖之辈，四出巡察，所有车马酒食薪金等费，无不取

① 《赵尔巽全宗》，中国第一历史档案馆藏。

② 费行简：《当代名人小传·徐世昌》，上海崇文书局1926年版。

给于捐”[1]。苛捐酷税滥行的结果,是民生凋敝,市场动荡,严重制约了广大商民的消费和投资能力。苛捐杂税提高了商业的成本,使物价腾昂,购买力本来就低的平民百姓,更加龟缩于自给自足的保护圈中。农业税的提高,不仅加重小农的负担,也损害了土地所有者的利益。一些自办铁路的省份,如四川有所谓“租股”,即“凡业田之家,……收租在十担以上者,均按该年实收之数,百分抽三”。[2] 虽属强制集股,但封建收入用于现代铁路的投资,也不失其积极意义。但农业税的一再增加,加上其他捐税,无疑会损害土财主的利益。绅士支持抗捐的事件在清末并不少见。如此一来,小农穷困不堪,难有作为;绅士的投资积极性备受打击。但筹措赔款却成效显著,帝国主义的利益丝毫也未受到损害。

可见,清末经济政策在筹款、聚敛与恤商惠工之间的摇摆,最终受益的是列强。

2. 新政中的倒行逆施

清末经济政策的摇摆和混乱,还与清政府不愿伤筋动骨地变革旧的政治和经济制度有关。制度兴革的严重缺陷之一,便是清末的政治体制未能实现适应资本主义经济发展的根本性转变,吏治腐败如故。资产阶级不能有力地影响经济决策,真正分享国家权力,本阶级的利益得不到有效维护。

商部、农工商部等新型部门的设立,虽然多多少少表示封建政府的职能已经有了转变的动作,但从整体上看,清末的政治制度仍然是封建专制的延续,而且带有王朝末期特有的衰败性。甲午后的戊戌变法,本来是一次变革政治制度的尝试,却被顽固势力绞杀,错失了一次机遇。庚子后的“变法自强”,却是在巨额赔款压

---

① 《光绪朝东华录》,总第5824页。

② 戴执礼编:《四川保路运动史料》,科学出版社1958年版,第35页。

顶,清政府决心“结与国之欢心”的局势下开场的,而且直到日俄战争后,清政府内部才意识到政治制度改革的重要性,决定“仿行宪政”。但此时反清革命已掀起高潮,革命党人成了清政府的心腹大患;在“东南互保”中已显示出力量的地方实力派,也让满清皇权集团忐忑不安。这样,所谓仿行宪政的闹剧,始终被巩固皇权、集权于皇族亲贵的企图所左右。

从酝酿仿行宪政开始,他们就对宪政作片面的理解,甚至有意曲解。对预备立宪活动颇有影响的皇族亲贵镇国公载泽,就对英、法等国的政治制度歪曲理解。他先是说:“大抵英国政府,立法操之议会,行政责之大臣,宪章掌之司法,君主裁成于上以总核之。……其兴革诸政,大都由上下两院议妥,而后经枢密院呈于君主签押施行。”也即君主的作用只限于“签押”。但他转而引申出这样的结论:“一事之兴,必经众人之讨论,无虑耳目之不周;一事之行,必由君主之决成,无虑事权之不一。”①他把议会说成是一个“讨论”的场所,而君主则有“决成”的大权。其实,载泽本人很清楚英国代议制的特点是君主并不干政,从不批驳议院的立法。②但他仍然得出合乎皇族利益的结论。载泽等人对天皇制的日本的政治制度,尤其感兴趣。他们欣慰地看到,“日本立国之方,公议共之臣民,政柄操之君上,民无不通之隐,君有独尊之权”。这很合他们的口味,可作“择善而从”的重点对象。③ 但日本的“大权政治”(大权由君主独裁)在实际实行中,天皇很少运用他的“大权”。载泽等人却认定大权统于君上的信条不放。他们的实际想

① 《清末筹备立宪档案史料》上,第11页。

② 参见载泽:《考察政治日记》,光绪三十二年三月初三日(1906.3.26);钟叔河主编:《走向世界丛书》第九册,岳麓书社1986年版,第596页。

③ 《清末筹备立宪档案史料》上,第6页。

法是:“宪法者,所以巩固君权,保护臣民也。”①在这种思想指导下的预备立宪,不可能使资产阶级真正参与决策,分享权力。不在其位难谋其政的资产阶级,其财富的增长是难以受到认真的保障和扶持的。沿用专制制度的清政府,其经济政策势必以筹款、搜刮为中心。腐败的吏治也得不到认真的“振刷”。

清末吏治的腐败,清政府内部也是承认的。刘坤一、张之洞在“会奏三折”中,对吏治提出了尖锐批评。但吏治腐败如故。一些打着讲求工商旗号的机构,也是败絮其中。商部尚书载振在余园等处朋聚宴饮,被人揭发后,清廷只作了一番“有则改之,无则加勉”的训诫,淡化处理了事。② 厦门保商局本以保护归国侨商为职责,但实际情况却恰恰相反。保商局本身就是“以市侩混充,有名无实;委员司事人等,半支乾修。商人被人欺凌,投诉不理”;“商人往来,任意勒捐,请领执照,多方留难。敛取商民之资财有名无实,半归糜费。南洋华商至以勒商局目之”。③ 这表明,保商局毫无护商之心,办事人员几乎不受监督,处于失控状态。在清末,像这类油水颇丰、约束极小的机构并不少见。许多还是以新政的面目出现的。至于地方官将商事纠纷视作钱债细故不予理睬、对农工路矿等要政虚言塞责得过且过、不思进取的颓败风气,虽经谕令催促,也不见改观。显然,传统官僚制度,腐败习气愈来愈浓,而且迅速侵袭于那些新式机构中;它已完全不适应资本主义的发展。而制度兴革恰恰在这方面没有实质性的动作。

---

① 《清末筹备立宪档案史料》上,第54页;有关这一问题的较详细论述,见徐卫国:《满族权贵对预备立宪的认识及设想》,载《原学》第5辑,中国广播电视出版社1986年版。

② 《光绪朝东华录》,总第5101页。

③ 《光绪朝东华录》,总第5115页。

就是那些讲求工商的措施，也经常表现出抑商的一面。张之洞拟将川汉铁路沿线两旁30里内的煤矿统统划归铁路公司开采，得到清廷同意。① 一位绅商在江苏幕府山勘有煤矿，禀明地方政府后，集资试办。开工后，矿苗颇旺，只是资本不足，未能扩充。两江总督端方得悉后，竟乘人之危，硬将该矿改归官办，称为阜宁煤矿。② 这样的垄断性规定，尽管也有限制外资进入的意图，但也限制了华商的投资活动。袁世凯、盛宣怀这两位清末的风云人物，为争夺轮船招商局的控制权，明争暗斗，严重干扰了招商局的正常发展。新式产业不仅是清政府裕饷兴利的重要手段，也成为封建官僚向上爬的资本。

新式法规也未得到认真执行。奖励章程对普通商民并无实在意义。就是按照《公司律》申请开办企业，也会受到限制。一位商人呈请在京津地区开办制碱公司，商部认为这会损害直岸引商的利益，不予批准。③ 甚至某商人申请在武强县开办工厂，制造煤油灯具和玻璃制品，商部也以同样的理由不准。④ 能给清廷巨额捐资的封建盐商的利益受到如此周密的保护，风险较大的新式产业只能让路。另有一位商人王永昌，禀清开办承德黄花沟煤矿，商部以有碍风水为由不准。⑤ 以妨碍皇家寝陵风水为由而不准开矿的事，还有数起。清政府虽对机器工业有一些税收上的减免措施，但对“改造土货”却顽固地坚持不予优惠。一位商人禀请设立上海

---

① 《时报》1907年6月22日。

② 《时报》1907年9月24日；《华制存考》，端方奏，第5页；张人骏奏，第11页。转见汪敬虞：《中国近代工业史资料》第2辑上，第553—554页。

③ 《商务官报》第二册，第146页。

④ 《商务官报》第二册，第147页。

⑤ 《商务官报》第二册，第205页。

宏兴织布公司,要求免去沿途重征,只缴5%正税,却遭拒绝。[①] 湖北公安一位茶商要求降低茶税,也遭拒绝。[②] 清政府的做法,对传统农副业的振兴严重不利。中国茶业的衰落,直接与厘捐苛重有关。一些公司都有"报效"的规定。如新宁铁路章程第4条规定:"公司将来办有成效,核算余利,每一万元报效公家五百元,即将此款呈缴商部。"[③]不通过正常的税收却搞"报效",封建性做法渗入到新式公司中来。此外,清廷还因非经济原因蛮横地干涉公司事务,甚至强行罢免商办公司负责人的职务。浙江铁路公司总理汤寿潜因反对清政府借英国款项筑路,就被一纸谕令免职。在列强的压力下,清政府视本国法律如同具文。

制度兴革的缺陷还表现在,虽有商律等近代经济法规的颁行,但旧的经济制度的基石地主土地所有制,几乎未受触动。劝农兴学垦荒的谕令,基本不涉及土地所有制的变革;"永不加赋"的传统政策被一再出笼的田赋加征所破坏。旧的土地制度的延续和无以复加的搜刮,加上天灾频仍对农业生态环境的破坏,小农的境遇极为恶劣。清末抗捐、抢米等风潮愈演愈烈,就是这一状况的反映。在振兴农业方面的无所作为,表明清末政府的经济政策,既未取得重商的效果,又未在传统的"重农"方面超过前人。

3. 挽回利权与依赖外资

清末经济政策还在挽回利权、自主发展与依赖外资、屈从于列强压力之间摇摆不定。

甲午战前,清政府的经济政策更多地是在官办还是商办之间

① 《商务官报》第三册,第190页。
② 《商务官报》第四册,第6页。
③ 《商务官报》第一册,第51页。

摇摆，官督商办形式就是这一矛盾的产物。所以民间也一直在呼吁商办。甲午战后商办成为潮流，此时又出现另一种现象。清政府对外资的态度，或者说列强对清政府的施压程度，严重影响清政府的国内经济政策。为“利用”外资，清政府常常运用官办手段，认为这样简单、直接；并由此走向极端，迫于列强输出资本的压力，竟置本国商民的利益和国家权益于不顾。这在作为清政府要政之一、对资本和技术要求较高的铁路业中，表现得尤为突出。

前面已经提到，清政府在兴办芦汉铁路等干线时，曾专门成立了铁路总公司负责修建。开始时还计划以利用本国资本为主，采用了商办的组织形式。但因华东华南富商不愿将资本投到以盛宣怀为督办的铁路公司，结果，这些商人未能获准由他们自己来兴办当地的铁路，铁路总公司也无法招集到所需的商股。加上外国资本势力极力侵入中国，不断向清廷施压，最后商办变成了借比国资本兴办，官商双方受损，外资获利。所谓“商借商还”的一厢情愿式的设想，变成了“路利在人，路害在我”，路权大量丧失。①

进入 20 世纪，一方面是列强进一步控制了清政府，另一方面，中国人民收回利权运动也蓬勃兴起。不敢稍拂与国之欢心的清政府，决定将路权彻底开放，华资、外资均可进入铁路业。1903 年底颁布的《重订铁路简明章程》虽然将原定华三洋七的股份比例修订为洋股不超过华股，但规定可以外资为主筑路，只是加了一个“总须留出十分之三，任华人照价随时附股”的苍白无力的限制。受收回路权运动的推动，清政府也批准一些省份自办铁路的要求。江西、安徽、浙江、福建、江苏、陕甘、山西、宁夏、潮汕等多家商办、官督商办铁路公司先后获准成立。不过，

① 《愚斋存稿》第 30 卷，第 24 页。

商办铁路在列强和封建势力的干扰和摧抑下,成效极微。主要原因是清政府不敢抵制列强的压力,无法自主决策。“开放”政策的结果,是外国资本唱主角,本国资本虽也挤进一席之地,但只是不起作用的配角。

然而即使这样,也填满不了列强的胃口。受其压力,清政府的对内“开放”政策大踏步倒退。凡是外国资本立意进入的铁路,清政府都排斥民族资本的进入。允许商办的政策迅速变成借款官办,最后走向极端,于1910年宣布干路国有政策,置商办铁路于绝境。

既要恤工商于国内,又要结欢心于国外,清政府的经济政策势必陷入一系列摇摆与矛盾之中,始终无法制定出调整不合理的中外经贸关系的规则来。它想通过条约将外人设厂权限制在通商口岸,但它所颁行的系列铁路、矿务章程,都毫无例外地允许外资进入。列强通过清政府的国内法规,攫取了国际条约所没有的侵略权益。它幻想“利用”外国资本,结果往往落入列强的圈套和锁链之中。所谓“商借商还”、“权自我操”的设想,在强权面前,只能是一厢情愿。

不仅在经济方面依赖外资,为维持摇摇欲坠的统治,清政府也寄希望于列强的政治力量和资本优势“代为维持”。八国联军侵华期间,沙俄乘机向东北大举出兵,将清王朝的发祥地置于它的势力范围之中。清政府惊慌失措,只得扯起“以夷制夷”的旗帜,盼望列强共同维持。1901年3月,张之洞向清廷电奏救急三策,主张发电旨请英、日、美、德代向俄国恳请推迟中俄签约期限;将东三省全行开放,所有矿务工商杂居利益,俱准各国任便公享;用英国将领练北洋水军,日本将领练山海关奉天陆军;认定中国生机全赖“各国牵制”四字。张的主张得到刘坤一和盛宣怀的赞同。这三位策划过东南互保的重臣联衔上奏,重申开放通商、参用“客卿”

（外人）治理东北的主张。① 但恳请各国牵制的活动没有任何成效，却发生日本和俄国争夺中国东北的战争。战争之后，英、俄、日、法4个帝国主义国家之间，通过一系列的协定，形成共同瓜分中国之势。美国为插手宰割中国，祭起“门户开放”的大旗。在这种险恶局势下，清政府仍寄希望于“以夷制夷”。1907年8月，首任东三省总督徐世昌上奏，力主东三省速行开放，使之成为各国通商重镇，并大借外债，用于银行、铁路、开矿、垦荒。② 继任的东三省总督锡良力主挽救东北危局“惟有借债一法”③，认定借债筑路“可为我国第一救亡政策”，达到“债主代为维持”的目的。④ 1911年4月，清政府与四国银行团签订“改革币制和振兴东三省实业”的贷款合同。美其名曰“改革”、“振兴”，实则希望借列强力量维持其统治。但这个“代为维持”的“救亡政策”，正好满足了列强瓜分中国的侵略权益。曾为帝党中人的志锐悲叹道：“财政机关早为外人所持，吾国人无日不在债累中，此生不能逃出矣。”⑤不过，这个“第一救亡政策”并没有将行将崩溃的清王朝挽救过来。

总之，清末经济政策的摇摆不定、矛盾百出，既是受帝国主义列强侵略影响的结果，也是清王朝顽固地维持其腐败的政治、经济制度的结果。

综观新政时期的经济政策，可以看到，确有一些资本主义色彩

---

① “致西安行在军机处”；“致江宁刘制台、上海盛大臣、济南袁抚台”；“俄约要盟贻害请将东三省开门通商折”，《张文襄公全集》第82卷，电奏，第9—13页；第171卷，电牍50，第11页；第55卷，奏55。

② 参见“密陈三省切要办法折”、“附单”，《退耕堂政书》第10卷，第15—17页。

③ 《宣统政纪》第25卷，第18—19页。

④ 《东方杂志》第7卷第9期。

⑤ 《赵尔巽全宗》。

的内容,但效果有限。资本主义的发展,与广大商民开展的收回利权、抵制外货运动密切相关。资产阶级地位的有所上升,也主要得益于其自身力量的壮大和不断的抗争。清政府虽许诺恤商惠工,但并未放弃筹饷练兵的目标。相反,由于局势的变化,它更加依赖于聚敛和外资的维持,帝国主义列强的利益需求得到极大满足。政治上虽宣称“变法自强”“预备立宪”,但动机主要是巩固皇权、消弭革命;所采取的手段也以集权于皇族为主,一家一族的利益被置于首要地位。结果是资产阶级参与决策、分享政权的要求完全落空。无论是从动机、手段和效果来看,清末新政都丝毫不能满足资产阶级的要求。资产阶级需要建立起自己的、新型的民族国家。

第二节　民初经济政策和措施

一、民初经济政策的特征与导向

(一)政策形成的背景与起步

辛亥革命以后至北洋军阀统治结束,这一时期的政府的经济政策措施,是在中国资本主义经济初步发展的条件下制定的。这是民初经济政策形成的背景中的首要因素。新生的资产阶级,在其初步发展的过程中,必然引发特定的政策需求。如果说晚清政府维新变法的尝试和力图挽回颓局的“新政”的出台,较早地正面反映出甲午战后新经济因素的发展和新的阶级力量的兴起对政策的需求,那么,政策由放松而退缩以至终结的迅速蜕变,则不但呈现了这一政策滞后于需求的局限与矛盾,而且从反面表明了需求本身的增长与旺盛。清王朝因“铁路国有”的失策所引发的风潮而终遭覆灭,对于甲午战后期望设厂自救、挽回利权,但自感经“数十年之经历,可为艰苦备尝”、“幸胜之日少而败绩之日多”的广大民族工商业者来说①,意味着失望苦闷和动荡不安。但是,资产阶级革命派领导的辛亥革命与民国的建立,为他们的政策需求提供了合理的依据和实现的可能性。始于清末盛于民初的实业救国与建国热潮,对此作了充分的展示,而南京临时政府的经济政策与措施,则是其集中的体现。

何谓"实业"? 对于近代出现的新的生产方式,国人继目为"洋务"之后曾赋予"工艺"、"商务"等等称呼。应该说,这样的概念未能脱离中国传统思想的移植。1893 年郑观应提出了"实业"的新概念。他说:"查工艺一道向为士大夫鄙为末技,谓与国家无足轻重。不知富强之国,首在振兴实业。"②这里虽然仍将实业与工艺并称,但其后国人便很快接受和惯于使用实业这一外来的新概念。这时的《东方杂志》上出现了"实业救国之悬谈",纵论"国家振兴实业之要道"③;梁启超更就"政治与实业之关系"发表演说,谓"中国今日欲振兴实业,以救国难而舒民困,自不可不效 19 世纪之欧洲各国,先改良本国之政治,然后始可以抵御外国之经济势力。"④1905 年秋,年轻的孔祥熙与孙中山会晤,就表明其此生志向在于"提倡教育,振兴实业"。清末民初实业巨子张謇,对实业概念作了更准确和完整的阐释:"实业者,西人赅农工商之名,义兼本末,较中国汉以后儒者抑商之说为完善,无工商则农困塞";"实业在农工商,在大农大工大商"。⑤ 可见实业概念较之商

① 1907 年上海总商会,《申报》光绪三十三年八月七日。

② 郑观应:《盛世危言后编》第 7 卷,第 1 页。

③ 《实业救国之悬谈》,《东方杂志》第七年第六期。

④ 梁启超:《莅北京商会欢迎会演说辞》,《民国经世文编》实业(三)商矿,上海经世文社 1914 年版。

⑤ 《张季子九录·文录》第 2 卷,第 4 页;《自治录》第 4 卷,中华书局 1932 年版,第 18 页。

务、工艺,更为确当地体现了资本主义的经济关系,同时又是对传统的经济观念和经济关系的批判和否定。至辛亥革命时期,“实业为立国之本,尽人皆知”①,振兴实业、实业救国口号所表达的新观念和愿望,已成为资产阶级和广大民众的迫切要求。

就近代政府的主管部门而言,晚清政府最初设商部,后改为农工商部,到了南京临时政府改设实业部,北京政府则由农林、工商部合而为农商部,又于1927年改为农工、实业部并设。各省所设相应机构为实业司。这表明实业概念逐渐为统治者所接受和运用。如果将经济的近代化概括为实现“大农大工大商”的工业化,那么实业政策即是近代经济政策的主要和中心的内容。

武昌起义爆发后,一向主张人尽其才、地尽其利、物尽其用、货畅其流的孙中山,回国途中由巴黎致电国民军政府,指出“此后社会当以工商实业为竞点,为新中国开一新局面”②。他在就任临时大总统时宣言:“中华民国缔造之始……建设之事,更不容缓。”③他命令外交总长伍廷芳对外发布公电,历数满清政府“阻国内商务之发展,妨殖产工业之繁兴”,“不知奖护实业之过”。④他多次批示“亟当振兴实业,改良商货,方于国计民生有所裨益”⑤。命令实业部电饬各省都督速行设立实业司,“实业为民国将来生存命脉,今虽兵战未息,不能不切实经营,已成者当竭力保存,未成者宜先事筹划”⑥。这些思想代表了新政府干预经济运行、规范经济行

① 《武昌起义档案资料选编》上卷,第331页。

② 《民立报》1911年11月17日;《孙中山全集》第1卷,中华书局1981年版,第547页。

③ 《临时政府公报》第1号。

④ 《申报》1912年1月7日。

⑤ 《临时政府公报》第27号。

⑥ 《临时政府公报》第8号。

为的政策总方针，指导着一系列有利于振兴实业、发展经济的政策措施的出台和实施。

经过激烈的政治斗争而制定和颁布的中华民国《临时约法》，第一次以近代国家宪法的形式，宣告中华民国是一个领土完整、主权独立、统一的多民族国家。它规定国家主权属于国民全体，人民一律平等，享有人身、言论、著作、出版、集会、结社等各项自由和权利，特别是“人民有保有财产，及营业之自由”。因此，它不但极大地激发了国民的爱国心和民族自豪感，而且切实地破除了他们从事社会政治经济活动的桎梏，为资本主义经济活动提供了根本的法律保障。而在振兴实业、发展经济以救亡建国这个问题上，资产阶级革命派、改良派等各政治派别和团体具有最大程度的一致性，比较能够达成共识，也成为全社会的关心焦点和带有普遍性的社会潮流。

成立于 1912 年年初的“中华民国工业建设会”，在它最早登录于《临时政府公报》上的“旨趣书”中，清楚地反映了历史的巨变赋予有志之士的高涨热情和热切期望：“往者，忧世之士亦尝鼓吹工业主义，以挽救时艰，而无效也，则以专制之政毒未除，障害我工业之发达，为绝对的关系，明达者当自知之。今兹共和政体成立，喁喁望治之民，可共此运会，建设我新社会，以竞胜争存。”甚至急切地宣布“所谓产业革命，今也其时矣。”在这种情形之下，“群知非实业不足以立国，于是有志于实业者项背相望”①。很快在全国范围内掀起了实业救国与建国的热潮。

实业热潮的活动主要包括三个方面：第一，演讲、撰文和办刊宣传。孙中山不再任临时大总统后，依然与黄兴、宋教仁等同盟会

---

① 《临时政府公报》第 12 号，1912 年 2 月 10 日。参阅《中华实业界》第 1 期。

骨干及革命党人一起,从事促进实业的各种活动,仅民国元年就身兼全国铁路督办、中华民国铁道协会会长、上海中华实业联合会会长、中华实业银行名誉总董、永年保险公司董事长等许多职事。他在中华实业联合会的演讲中说:"余观列强致富之源,在于实业。今共和新成,兴实业实为救贫之药剂,为当今莫要之政策。"①又在该会欢迎会上重申,"仆之宗旨,在提倡实业,实行民生主义"。同会的江苏都督陈其美也表示"工商之发达必须鼓吹实业"。② 由日本避难归来的改良派巨头梁启超,也在北京总商会的欢迎会上表示,"在今日尤为一国存亡之所关者,则莫如经济之战争"③。前立宪派东南地方领袖张謇在安徽实业协会演说时强调,"今欲巩固民国,非振兴农工商各项实业不可"④。1912 年至 1915 年,不仅新创办的实业报刊如《中华实业界》等达 50 种以上,分布于全国 18 个省区,一些原有的报刊如《东方杂志》、《大公报》等也新增了大量的实业文论与报道的栏目内容,都成为了广泛宣传实业救国与建国思想,唤起民众的意识与积极性,普及实业知识、通报实业状况、推进实业界联合,探讨并敦促政府厉行实业政策的舆论阵地。

第二,组织各种实业团体。民初实业团体的崛起同政治团体的涌现一样有如雨后春笋。据不完全统计,仅民国元年成立的实业团体即达 40 多个。其发起旨趣虽各异其词,但正如中国实业共济会那样,它意在"集合五大民族,共筹振兴实业,开拓国家之富源,发展民族之经济"。⑤ 振兴实业、强国富民乃是它们共同的宗

---

① 《孙中山全集》第 2 卷,中华书局 1982 年版,第 340 页。

② 《申报》1912 年 4 月 18 日本埠新闻。

③ 《梁任公先生演说集》第 1 辑,第 37 页。

④ 《民立报》1912 年 9 月 27 日。

⑤ 《大公报》1912 年 5 月 21 日。

旨。其中持续时间较长且影响较大的有：中华民国工业建设会、拓殖协会、中国实业会、中华实业团、中国实业共济会、民生团、华侨同仁民生实业会、经济协会、西北实业会、安徽实业会、黑龙江省实业总会、苏州实业协会、镇江实业会等。从全国性的总分会制，到各区域、省市的地方性集合方式，从实业总汇到以行业另组，不仅遍及全国22个省区，且有较强的专业性质。尤以海外华侨实业联合组织及上海神州女界协济社、中华民生实进会等女子团体，更有宽阔的地域性和广泛的群众性。这些团体招集同志，齐心合力，虚实兼顾，常年不懈，是继文论演讲之后更为持久、有规模和具效的活动形式。

第三，创办各种企业。孙中山、黄兴等革命党人，除在上海创设中国铁路总公司，以示对实业之母的交通特别重视，创办中华实业银行，“为振兴实业之总机关”外①，还先后致力于集资创办国民银行、中华汽船公司、湖南五金矿业股份公司、富国矿业股份公司等企业。这些领风气之先的举动很快得到了积极的响应。首先是多数的实业社团，如民生团和中华实业团，都致力于“开设各种实业公司”以“振兴百端实业”②，继而在实业热潮舆论宣传和社团组织的影响下，兴办实业很快成为更为广泛的社会性的行为。据统计，民国元年和二年全国新办企业分别多达2001家和1249家③，尽管其中有些工厂是旋生旋灭，但也有许多因战事而停顿的企业纷纷重新开业。此外，中国资产阶级在热潮中还极力提

① 沈云荪：《中华实业银行始末》，《近代史资料》1957年第6期。

② 《民生团发端辞》，《中华实业团篇章》，汪敬虞编：《中国近代工业史资料》第二辑下，中华书局1962年版，第863页。

③ 陈真、姚洛编：《中国近代工业史资料》第1辑，三联书店1957年版，第10页。

倡实业教育,兴办工商实业学校,作为传播知识、培育人才的基地。为实业发展争取市场的提供国货的宣传和鼓动,又使得"提倡国货、挽回利权之说,洋洋溢溢万口同声"。[①] 实业救国与建国热潮中的这些文化、政治与经济活动,产生了相当大的社会与经济效应。

实业热潮之所以具有这样的规模和声势,在于它上下一心、官民一致的特点,与革命党人及南京临时政府的号召和倡导密切相关。早在武昌起义后的第二天,革命军就发出严厉的公告:"虐待商人者,斩。扰乱商务者,斩。繁荣商业者,奖。"[②]随后政府陆军部颁发12条军律,详细具体地重申:任意抢掳者枪毙;硬搬良民箱笼及银钱者枪毙;无长官命令,窃取名义擅封民屋财产者枪毙;勒索强买者,论情抵罪;私入良民家宅者罚;行窃者罚。[③] 内务部发布《保护人民财产令》,宣布原清政府官产归国民政府享有;除死心塌地继续效忠于清政府的敌对分子的逆产外,一切国民私有财产归属于原所有者享有,"以安民心而维大局"。[④] 其后又由大总统一再申令各都督保护人民财产。[⑤] 孙中山还发布命令,民国法律议定颁布之前,"所有从前施行之法律及新刑律,除与民国国体抵触各条,应失效力外,余均暂行援用"[⑥]。这些措施既恢复和稳定了因战事而动荡的社会秩序和民心,又是对清末经济法规建设成果有选择的继承,避免了经济领域中无政府状态延续的消极

---

① 《中华实业界》第11期。

② 《汉口中西日报》1911年10月12日,转引自《国外中国近代史研究》第2期,第166页。

③ 《临时政府公报》第2号。

④ 《临时政府公报》第6号。

⑤ 《临时政府公报》第52号。

⑥ 《申报》1912年3月13日,要闻一。

影响。

南京临时政府成立不久，主管农工、商矿、山林、渔猎和度量衡事务的实业部，即奉孙中山命令通告汉口商民，建筑市场，恢复因南北战争而遭受破坏的商务贸易，并审定了土地使用缴租纳税的具体办法。同时电令各省都督从速设立实业司。后实业部又咨各省都督饬各省实业司详细呈报筹办实业情形，强调指出“战乱之后，小民生计维艰，国家元气未复，若不亟图实业振兴，何以立富国裕民之计。望贵都督确体斯意，饬实业司官关于农工商矿诸要政，凡已经创办者，或急需筹办者，或暂从缓办者，分别详细呈报本部，以便确定经济政策，统筹进行方法”。① 这反映了以孙中山为首的南京临时政府为振兴实业发展经济，决意制定和实施一系列经济政策的态度和计划。

事实上，从内务、实业、财政、交通各部到各地方政府，都制定并部分实施了一批振兴经济的方针政策和措施。从现在见到的共58天的《临时政府公报》看，其中有关的大总统令批等公文29件，内务部批咨等文8件，实业部46件，另有一批关于轮船公司、办理航运，财政部关于中央、地方及民间设立各类银行的公文。主管户口、田土及水利事业的内务部，继发布《保护人民财产令》后又编定《禁止人口买卖暂行条例》，废除和禁止买卖人口。“从前所结买卖契约悉予解除，视为雇主雇人之关系，并不得再有主奴名分。”②对于变封建主义人身依附关系为资本主义的雇佣契约关系有重大的意义。内务部“劝导冠服须用国货”，在民国服制更定问题上顺应广泛的社会要求，作为倡导使用国货、有利于民族经济的

① 《临时政府公报》第8号。

② 《临时政府公报》第27号。

开端。[1] 除孙中山特批黄兴等人呈请,拨款30万元作为组织拓殖协会的大宗经费外[2],内务部批准了一些垦殖项目的设立和拓殖与垦牧公司的创办,并奉大总统令通令各省慎重农事、劳来农民[3],扶植农商事业的发展。实业部拟定《商业注册章程》,准许各商号自由注册,取消前清规定的注册费,便利了大批实业的集股创办和申报注册,也为保护和提倡兴办工商矿业、农村渔牧及垦殖等实业,确定官产范围、交还被强行没收的商产,作了一些具体的工作。交通部与实业部相协作,在发展交通航运、便利工商方面有所努力。财政部则进行改革币制和整顿金融的尝试,在筹设中国银行为中央银行、讨论采用贵金属本位制度以改铸新币的同时,"先后拟订中央、商业、海外汇业、兴农、农业、殖边、惠工、贮蓄及庶民"等各银行则例[4],以利于民间融资并兴农惠工。此外,湖北、上海、杭州、宁波、温州、福建、广州等地方政府甚至一些县政府,都曾宣布废除厘金苛税及减赋免税,成为这一时期政府经济举措不容忽视的组成部分。

南京临时政府的经济政策和措施,为民国元年经济的复元和再兴提供了一定的条件,可视为民初经济政策的先行部分。正如《中华实业界》杂志所言,"民国政府厉行保护奖励之策,公布商业注册条例、公司注册条例,凡公司、商店、工厂之注册者,均妥为保护,许各专利。一时工商界踊跃欢忭,咸谓振兴实业在此一举,不

---

① 《申报》1912年3月13日,要闻一。

② 《临时政府公报》第51号。

③ 《临时政府公报》第37、45号。

④ 《财政部拟订庶民银行则例请咨交参议院议决呈稿》(1912年3月22日,二史馆编《中华民国史档案资料汇编》第1、2辑,江苏古籍出版社1991年版,第447页。

几年而大公司大工厂接踵而起”①。

毋庸讳言,“军兴”之后造成了社会经济相当程度的破坏,中华民国初立虽为万象更新,却也是百废待兴,恢复和建设的任务非常艰巨。尤其显得危难的是依然南北对立的政治军事斗争及革命政府本身的财政窘境。因此,南京临时政府在 91 天的生存期里,所能制定和实行的经济政策,乃是在为发展资本主义开辟道路的总方针指导下,一些远非成熟配套的法令条例,以及许多权宜性的应急措施。这些法令条例的进步性质与即时效用难以一致,而应急措施的意义受其临时性的局限,与孙中山的民生主义理想更是相去甚远乃至彼此背离。然而,它们与实业救国建国的热潮相互激荡和促进,造就了对于新经济因素有利的社会环境。它们对于后来的民国历届政府制定经济政策,具有一定的示范效应。这应是辛亥革命功不可没的一个方面。

民初实现南北统一的代价,是孙、黄等革命党人退出北迁政府而袁世凯窃取了政权。在此后的北京临时政府及其他历届政府中,北洋军阀魁首袁世凯和以北洋直、皖、奉各派系军阀为主的北洋军事政治集团,居于统治地位。袁世凯与北洋军阀的政治属性,决定了它本质上是一个独裁、军事专制、反动乃至分裂的,封建性极强的政权。但是,在北洋政权的早期,民国民主共和的政体,《临时约法》的约束,以及资产阶级始终存在的一支独立的革命力量,还足以使袁世凯不敢贸然行事,而对资产阶级采取或打或拉分别对待的政治手段。

清朝末年,袁世凯曾经依靠周学熙等人在华北地区实行“新政”,兴办了一批实业。在此过程中,北洋集团继续洋务派对官办、官督商办各重要近代工矿业的控制,并以此为其自身的壮大提

① 《中华实业界》第 2 卷第 5 期。

供了经费来源,继而成为它取清代之及进而建立北洋政权的部分经济基础。这说明北洋政权所赖以支撑的经济基础,在单一的封建经济中加入了资本主义经济的成分。分析袁世凯政府时期财政收入的预算情况,关税和货物税的收入超过了田赋收入的份额,资本主义财政杠杆性质的国债,也占有很大的比重;而事实上,关税、货物税、印花税、牌照税、契税、烟酒税等项税收不能实收,或未能征足预定增收额,对于同期财政严重入不敷出,也是重要的原因之一①,内国公债则起了一定的弥补作用。另据魏明对45名军阀官僚私人资本主义活动的考察,军阀官僚受经济规律支配的投资活动,与民初工业的结构及兴衰的节律相吻合;对金融业的大量投资,又表现出其经济活动与国家政权有着密切的关联。② 这里不涉及它们应定性为官僚资本或是民族资本的分歧,应该说这些大多"名义上为商办"的投资活动③,加入了近代经济结构的形成过程,与民族工商业者的投资和经营在相当程度上是同命运共兴衰的。更为重要的是,这些资本的持有者由于其政治军事地位,在向大地主大资产阶级多重身份转化的同时,也具有了影响国家政策的可能。

这样,在政治上,袁世凯拉拢和笼络资产阶级的做法,使这一政治力量名义上具有了参政、议政和行政的权利,从而结合成为确具"合诸界一炉而冶"面貌的民初政府。历届内阁中农林、工商(农商;农工、实业)、交通、财政、教育、司法等与资产阶级

---

① 贾德怀:《民国财政简史》下册,附录,商务印书馆1941年版。

② 魏明:《论北洋军阀官僚的私人资本主义活动》,《近代史研究》1985年第2期。

③ 严中平等编:《中国近代经济史统计资料选辑》(科学出版社1955年版),表32"中国煤矿生产中官僚资本的垄断势力(1912—1927)"编者注。

利益攸关的部门，均有兼具多重身份的资产阶级代表人物的参加；在经济上，北洋政权的统治者不能也不是完全排斥近代实业的发展。

袁世凯上任伊始，发布命令："现在国体确定，组织新邦，百务所先，莫急于培元气兴实业。"①继而在参议院开院演说中表示，"共和成立，尤以振兴实业为第一要事。故分设农林、工商诸部，俾可以分门办事，以鼓励各项实业之进行，并可由部拨款补助商民，及设立学校培养人才等类。"矿律"亦拟重修，并将编订完善之商律"②。民国元年9月25日，由孙、黄、袁三人会谈拟定的八条《内政大纲》公布，其中第四、五、七条宣布：开放门户，输入外资，兴办铁路矿山，建置钢铁工业，以厚民生；提倡奖助国民实业，先着手于农林工商；迅速整理财政。③ 它表明窃取辛亥革命果实的袁世凯，在对待近代经济的方针政策上，依然打出了资产阶级革命党人所树立的旗号。

民初与经济政策密切相关的政府部门，有农商（农林、工商；农工、实业）、财政、交通等部。实业方面先后共有5个部。这些部的主持人，也就是总长，除去一些北洋系军阀及旧式政客外，相当一部分是接受新式教育、参加反清革命并供职民元临时政府的人④，大体上均应属于资产阶级各阶层的范畴。资产阶级参与政府的情况是显而易见的，而尤以经济政策制定关键阶段的袁世凯

① 《申报》1912年4月18日，大总统命令。

② 《申报》1912年5月1日，要闻一。

③ 凤冈及门弟子编：(三水梁燕孙先生士诒年谱)，民国元年九月二十百日，1940年版。

④ 历任总长学历及经历背景，可参见刘寿林编：《辛亥以后十七年职官年表》，中华书局1966年版，第149—194页。

政府时期最为突出。当时这些部门的主要执掌者有张謇、周学熙和梁士诒等人。张是民初的"东南实业领袖",曾膺选南京临时政府的实业部总长(未就任);周协助袁世凯主持北洋实业卓有成绩,以致民初实业界首推南张北周二巨子;梁则是发源于清末邮传部的交通系首领,权倾一时,世称"财神",同时他也是以官僚身份进行私人资本主义经济活动的范例。他们都具备了官与商两种身份,足以成为某些利益集团的代表。资产阶级人物组阁,应是参政的最为集中和典型的例子。这方面有民初第一任陆徵祥"同盟会中心内阁"和民国二年熊希龄的"第一流人才内阁"两例。此外,负责各类法规编制的民国法制局,"其所调用人员,均系东西洋留学生",共 11 人①;在各省政府的实业司中,也有一些新派人物任职。这些参与政府的资产阶级人物,由于其显赫的出身和不凡的经历,加上民初政策制定中的个人色彩浓重的行政程序,成为所谓"政策精英"②,是民初经济政策形成中的骨干力量。其中,尤以张謇的个人作用异常突出。

综上所述,民国初年的实业救国与建国热潮中表现出的发展资本主义的强烈呼声与政策需求,南京临时政府经济政策的示范效应,民初北洋政权经济基础的变化,及其统治之下出现的准联合政府,以及参与组成政府的资产阶级代表人物,他们在政策形成过程中可能起到的重要作用,这些方方面面的因素,构成了民初经济政策形成的社会背景。

在这种背景下,民国元年 11 月 1 日,工商部召集各省代表百余人,连同各部代表及来宾百余人,在北京召开首届全国工商会

---

① 《申报》1912 年 5 月 1 日,要闻一。

② [日]大岳秀夫:《政策过程》,傅禄永译,经济日报出版社 1992 年版,第 35、36 页。

议。会期原定1个月,后又展延5日。这是经过充分酝酿和准备的政府与全国工商实业界的一次盛会。工商总长刘揆一在开幕时演说“选择基本产业”、“划定保育期间”和“解决资本问题”三大政策。确定丝、茶、磁(瓷)、煤、铁、纺织等原有及新兴产业为“吾国之基本产业,切实提倡,全力注之”;“拟于简易之事业,以普及全国为要义,繁重之事业,则以政府经营为提倡”,以此作为仿效日本在矿业上“由政府新法采冶,及有赢利,仍归诸民”的保育办法;对于资本问题,“拟于腹地则斟酌利用外资,于边地则实行门户开放”。在预定计划、妥定条文的基础上和不妨害主权的前提下,利用外资发展本国经济。总之,“凡所以调查研究提倡保护之计者,思虑所及不敢不勉”①。这是会议开幕之际政府实业政策的主导方针。

会议的主要内容,是讨论工商部百余件预备议案和代表自备的大量议案。据民国二年工商部出版的《工商会议报告录》,会议共有议决案31件,参考案17件,否决及未决案分别为9件和17件。由于讨论时议案多分类归并,因此数量上与民间所报道者出入较大。② 政府提案基本上得以议决,会后经整理发表的部长开幕演说概括了其主要内容,即“三大政策”下一系列具体的、处于筹备实施中的举措,有以下各项:“对于工业,则设工业试验所,以资技术之考镜;设模范工场,以期制造之改良;普及手工业,以维贫民之生计;提倡工业工场,减少生产之费用;裁撤内地厘金,以轻其运输之成本;补助输出品工场,以厚其经营之财力。对于商业,则设工商访问局以资指导;设出口货检查局,以验良窳;整理商会,修

① 《工商会议报告录》,民国二年三月工商部出版,开会式及演说,第2—4页。

② 《申报》1913年1月6日,来件。

订商法及各种单行法规,以除商业之障碍而施实力之保护。对于矿业,则编订矿法实力维持;对于勘矿则设地质调查所,对于采矿则设矿山监督署,对于冶矿则设中央制炼厂。”其他如“兴业银行、劝业银行之组织,度量衡制度之划一,全国及地方博览会之筹划,领事及驻外商务员报告之改良,整顿关税,修改商约”①,也都体现了提倡保护的宗旨。

议案中为数居多而分量更重的,还是出自确具实际代表性的工商代表。他们在会上,既总结了以往经办实业的经验得失,更进而对政府提出了多方面的政策要求。第一,迅速制定各种经济法规。其中最主要的是:“请速定商法案”并“请速定商律以救时弊”,“请速定商法公司律以资保护而图振兴”,“请速定商政严定商律以维内外贸易”。代表们一致认为,“商法、公司律一日不定,则商人一日无所适从”,“拟请工商部咨司法部,参酌中外工商习惯,速定商律、公司律,颁布施行以资遵守。俾固有之工商可逐渐改良,而后来之工商自能及时兴起”。②

第二,改变垄断政策,许民自由经营,并尽保护提倡之责。在提供审查的“组织茶叶总公司”与“实行茶叶保育政策”两案中,由于前者主张由政府出面“组织全国统一之茶叶公司”,以利茶叶出口和改良工艺;后者也提出国内官收和国外官卖,因而受到代表们的群起反对。理由之一是他们认为“组织茶叶总公司办法,是官商合办性质”。而前此中国官商合办事业流弊甚多,“嗣后中国事业不应再有官商合办之事实”。理由之二是“此公司似乎脱拉斯性质,有垄断独登之意”,“际此时代,当用保护主义,不能用垄断办法”。他们认为有必要组织团结的茶商团体,

① 《工商会议报告录》,开会式及演说,第3—4页。

② 《工商会议报告录》,参考案,第91、87页。

"由商人自由组合,政府只能尽保护提倡之责,不能加以干预"。讨论过程中,尽管原提议者一再声明原案"拟借政府之力为之提倡","并非垄断独登,实隐寓维持之意",但审查报告和议决条文,均指出"两案一主张商办公司,请助官款,一主张国内官收,国外专卖","以为设立公司,要求政府提倡、保护、奖励、补助则可,政府专卖则不可",且将两案合并,按议员要求作出了相应的修正。①

第三,确立特别保护法,实行补助和保息。"制铁业保护法建议案"的提议者(工商会议副议长吴鼎昌),对工商总长以丝、茶、煤、油、钢、瓷等作为与国计民生密切相关的基本产业的提法,作了重要的补充。认为纺织、制铁、采矿关系国家兴亡,应是选择基本产业的关键。同时对工商总长"保护政策宜归国有或官办"的说法提出异议,认为应吸取外国经验,采用特别的积极的保护政策,"出口予以奖励,进口课以重税","或年予若干之补助金以维持之,或予以相当之保息以劝诱之"。此次工商会议的许多提案,突出了许多民族资本工业行业的重要性,或者说工业行业中民族资本的重要性,要求政府在原料进口和产品出口税收上予以减免优遇,拨出资金予以补助或首倡。还特别针对"中国之银号票庄年息多系六厘"的利率水平,提出对具有一定规模的公司的保息方法:"每年结算时。对于股本实收全数,若无年息或年息不及六厘时,由政府补足六厘之率。"②

第四,裁免厘税,改良税则。"实行免厘加税案"由五案合并而成,即:"实行免厘增加输入税施行奢侈品消费税之计划案"、"裁撤厘金常关筹议抵补方法案"、"禁设铁路厘卡实行寓征于

① 《工商会议报告录》,议决案,第250—268页。

② 《工商会议报告录》,议决案,第319—328页。

运以除商害案”、“请裁厘金案”、“免厘增税请并案汇议案”。厘金常关为不良税则、实业大害,应予彻底裁撤,是工商代表们痛切的共识。“非改良税则,工商业决无发达之希望”。讨论中广泛地涉及海关、常关与厘金等税则的方方面面,对于裁撤厘金后财政收入如何抵补的问题也各抒己见。此案议决,要求政府工商、财政、外交三部协作,首先裁撤厘金,增加海关输入税,施行奢侈品消费税,并逐渐开办营业税、印花税、所得税,改良并完善税则。①

第五,提倡国货,仿制洋货,振兴本国制造业。“维持国货案”共合并六件议案。代表们围绕国货的改良、仿制、奖励、资本、陈列、商标、税则、商法,乃至国货教育、实业人才,纷纷出谋献策。他们指出,在洋货充斥实业不振之际,要维持国货“端赖政府,政府有提倡奖励之实心”,要求政府补助、奖励,实行提倡。议决应由政府着手提倡的切实有效的办法:“凡编辑中小学教科书,须提倡爱用国货的心理,以期普及”;“各地商会于商品陈列所内务设国货研究所,并调查外人之嗜好,以期改良制造”;“严订保护商标专律以防冒滥”;政府各部门“凡有需用物品,应先由本国制造厂承办,以保利权”;“各省实业行政官征集各地出品,实能抵制外货者,得随时送部考验,酌与奖励”。②

此外,工商代表们还提出了统一币制、设立银行、整顿金融、利用外资、实业教育、培养人才、划一度量衡制度等政策要求与建议。

首届全国工商会议,是一个历史的衔接点。它既是对实业热潮的一次总结,又促成了热潮的延绵不绝。它既是民初经济政策的背景,又是其开端。政府部门与实业界上下一心的良好气氛,为政府

① 《工商会议报告录》,议决案,第329—361页。
② 《工商会议报告录》,议决案,第397—414页。

初步形成并进一步完善其经济政策创造了条件。就工商部召集此会的用意而言，政府在一定程度上反映了资产阶级的政治要求，代表和维护了资产阶级的经济利益。刘揆一在闭会时希望代表们"回家将本部与民兴利、上下一心之诚意，报告于全国父老子弟。凡民间兴办各项新事业者，本部断无不竭力维护保护，助其发达。"他指明政府的职责并坦言工商一部单独努力的局限。"工商部成立以来，对于国内应注重之基本产业及种种补助工商业之机关、保育工商业之政策计划甚多。所以见诸实行尚少者，一则各省秩序尚未恢复旧观，一则中央财政全无收入，借款复久无成议，所以本部政策徒托空言。"虽然他表示"但使中央政权渐归统一，财政稍为活动，则本部所有计划，各必次第施行"①。但是由此也能够看出，民初经济政策的制定与实施正可谓任重道远，前景并不明朗。

（二）政策法规的制定

民国初年的经济政策，首先并突出地表现为一系列经济法规则例的颁定。1912 年 5 月 14 日，袁世凯命令工商部"从速调查中国开矿办法及商事习惯，参考各国矿章、商法，草拟民国矿律、商律，并挈比古今中外度量衡制度，筹定划一办法"②。首届全国工商会议的召开，是法规制定的准备与铺垫。资产阶级代表人物刘揆一和张謇担任工商、农商总长期间，即 1912 年 8 月—1913 年 7 月和 1913 年 9 月—1915 年 9 月这段时间，是民初比较有系统地制定与颁布经济法规则例的主要时期。根据初步统计，北洋政府时期颁布的经济法规共计 76 项，其中有 47 项是 1915 年 9 月以前颁布的（见表 76）。

---

① 《工商会议报告录》，开会式及演说，第 29、30 页。

② 《大总统府秘书厅交工商部拟订矿律商律等文》，《政府公报》第 14 号。

表76　民初经济法规概览表

1912—1923年

类别	名称	颁定及修正时间
工商矿业	暂行工艺品奖励章程	1912.12.5
	农商部奖章规则	1915.7
	公司条例	1914.1.13,1923.5.8修正
	公司保息条例	1914.1.13
	公司注册规则	1914.7.19,1923.5.7修正
	商人通例	1914.3.2
	商业注册规则	1914.7.19
	矿业条例	1914.3.11
	矿业注册条例	1914.5.3
	征收矿税简章	1914.7.23
	审查矿商资格规则	1915.5.24
	调查矿产规则	1915.6.14
	小矿业暂行条例	1915.7.11
	电气事业取缔条例	1918.4.11
	侨工出洋条例	1918.4.21
	募工承揽人取缔规则	1918.4.21
	侨工合同纲要	1918.5.3
	不动产登记条例	1922.5.23
	登记通例	1922.5.26
	暂行工厂通则	1923.3.29
	商标法	1923.5.4
农林牧渔	农林政要	1912.9.30
	国有荒地承垦条例	1914.3.3
	边荒承垦条例	1914.11.6
	禁止私放蒙荒通则	1915.11.21

续表

类别	名称	颁定及修正时间
农林政要	垦辟蒙荒奖励办法	1915.11.21
	森林法	1914.11.3
	东三省国有林发放规则	1912.12,1914.8.8 修正，1920.6.9 再修正
	造林奖励条例	1915.6.30
	大总统注重林业令	1917.2.4
	植棉制糖牧羊奖励条例	1914.4.11
	公海渔业牧羊奖励条例	1914.4.29
	渔轮护洋缉盗奖励条例	1914.4.28
	种畜试验场暂行规则	1915.8.25
	狩猎法	1914.9.1
交通运输	修正轮船注册暂行章程	1914.5.22
	航业奖励条例	1920.11.21
	民业铁路条例	1914.3.31
	民业铁路法	1915.11.12
	长途汽车公司条例	1918.7.29
	长途汽车公司营业规则	1918.7.29
银行金融	国币条例	1914.2.7
	劝业银行条例	1914.4.17
	农工银行条例	1915.10.8
	取缔纸币条例	1915.10.20
	典当业条例	1914.6.14
	证券交易所法	1914.12.29
	证券交易所法施行细则、附属规则	1915.5.5
权度	权度条例	1914.3.13
	权度法	1915.1.6

续表

类别	名称	颁定及修正时间
权度	权度营业特许法	1915.1.6
	官用权度器具颁发条例	1915.2.15
	权度委员会章程	1915.3.19
特别税则与减税特典	所得税条例	1914.1.11
	印花税法	1912.10.21,1914.12.7 修正
	特种营业执照税条例	1914.7.24
	国定关税条例	1917.12.15
	交通部直辖铁路输运教育品特别减价条例	1913.6.27,1921.4.13 修正
	华商机制土面粉领用空白运单办法简章	1916.11.1
	津浦路管理局改正联运专价面粉算给特别回扣暂行专章	1917.8.28
	海常关与厘金各口卡发给机制洋货运单办法简章	1915.11.15,1916.3.10 修正
	机制各种洋式棉货征税办法	1917.4.23
	改订国内机制洋式棉货现行纳税办法	1919.10.29
	准刊用机制洋式货转口免重征执照	1917
经济社团	农会暂行规程	1912.9.26
	全国农会联合会章程	1912.11.7
	修正农会规程	1923.5.26
	商事公断处章程	1913.1.28,1913.7.28 修正,1914.11.19 再修正
	商事公断处办事细则	1914.9.18,1919.6.7 修正
	商会法	1914.9.12
	修正商会法	1915.12.14

续表

类别	名称	颁定及修正时间
经济社团	商品陈列所章程	1914. 9. 22, 1917. 11. 23 改定
	林业公会规则	1917. 2. 6
	工商同业公会规则施行办法	1918. 4. 27
	修正工商同业公会规则	1918. 4. 27, 1923. 4. 14 修正
	全国国货展览会条例	1923. 4. 14

资料来源:《法令辑览》,第十三类农商,中华民国印铸局 1917 年版;施泽臣:《新编实业法令》,上海中华书局 1924 年版;农商部:《农商法规》,北京和济印书局 1925 年版;沈家五:《张謇农商总长任期经济资料选编》,南京大学出版社 1987 年版。

表 76 中各项法规则例多有施行细则或附则,另有一些行业性章则条例,如出版、电气、烟酒、药业、盐业、仿制洋货、屠宰、茶业等,未予详录。所录从条文上看,有以下几点内容:

第一,鼓励倡导兴办公司,扶植保护幼稚民族工矿企业。

破除官营的垄断与障害,放松对民办近代企业的限制,是全国实业热潮和首届工商会议所反映出来的强烈的政策需求。南京临时政府的《商业注册章程》,即准许各类商号自由注册,并取消前清规定的注册费,以表明保护和提倡的态度。1912 年 12 月 5 日,北京临时政府工商部颁布《暂行工艺品奖励章程》,规定凡发明或改良之制造品称为工艺品,经部考验合格应分别等差给予奖励。奖励办法分为营业与名誉两种,前者发给执照,许其制造品在五年内专卖;后者则给予褒状以示奖励。① 该章程既便利于民间筹集资金广泛兴办公司,并且鼓励新办企业对工艺技术及产品质量的

① 《政府公报分类汇编》(三四)。

创新与改进。张謇第一次就任农林、工商总长,于 1913 年 10 月 24 日向部员宣布政策,表明了他的“民办官助”的自由资本主义思想。他说:“自今为始,凡隶属本部之官业,概行停罢,或予招商顶办。惟择一二大宗实业,如丝茶改良制造之类,为私人或一公司所不能举,而又确有关于社会农商业之进退者,酌量财力,规划经营,以引起人民之兴趣,余悉听之民办,此謇对于官业之主张。至于扩张民业之方针,则当此各业幼稚之时,舍助长外,别无他策。而行此主义,则仍不外余向所主张之提倡、保护、奖励、补助,以生其利,监督制限,以防其害而已。”①11 月 8 日,张謇又在国务会议上发表《实业政见宣言书》,提出对近代实业“扶植之、防维之、涵濡之而发育之”的四条政策:“一当乞灵于法律”,“故农林、工商部第一计划,即在立法”;“一当求助于金融”,“农工商业之能否发展,视乎资金之能否流通”;“一当注意于税则”,“农工商之政策,惟藉税法为操纵,或轻减以奖励之,或重征以抑制之”;“一当致力于奖助,“奖励补助,宜有制限,奖励须课其成效,补助则莫如保息”。②

张謇在任期间制定和颁行一系列经济法规则例,采取了非常的途径。鉴于法律建设刻不容缓与政府法制局正常编纂程序的迁延,他向袁世凯呈准由所部先期制定和颁布各种单行法令。其中《公司条例》(251 条)、《商人通例》(73 条)及各施行细则,转之前清《公司律》(131 条)和《商人通例》(9 条),在详密程度和可行性上都有很大的提高和创新。两条例分别偏重作为法人的公司或法人代表及其雇聘用人,明确公司受国家法律保护的法人地位,规定代表人的资格与条件。《公司条例》对公司的各种组成形式、设立的条件、集

① 沈家五编:《张謇农商总长任期经济资料选编》,南京大学出版社 1987 年版,第 8—9 页。以下简称《选编》。

② 沈家五:《选编》,第 11—13 页。

股手续、股东人权利和义务、对外营业的法律责任、公司章程、变更乃至解散与债务清算等各方面各阶段事项,都做了详细的规定。《商人通例》虽名为"商人",其内容包括买卖、制造、水电、文化、银行、信托、保险、运输、牙行等一切行业主体人,义兼工商实业。两条例的出台,对于维护公司的信用、保障投资者的权益意义重大,使人们认识到"无公司法,则无以集厚资,而巨业为之不举"。①

公司、商人两条例,以防止假冒欺诈的规定为前提,明确注册的资格与条件。改前清规定商人必须通过商会转呈注册为直接在营业所在地官厅呈报注册,简化了注册手续。《公司注册规则》、《商业注册规则》严格限定注册用时,公司注册"限县知事于五日内"详转核办,商业"注册自当事人禀请之日起,须于三日之内,将注册事务办理完竣"。1915 年 2 月 27 日,农商部专就注册规则的有关规定,通咨各巡按使、都统、京兆尹等官员,强调注册规定"在使商人就地禀请,不致有烦难之虑";县知事署有关办公费,准由商缴注册费内扣留。为防止"官吏办理或有未善"、"故意耽延,不遵照法定日期详转,或在投禀领照时,于法定应缴册费之外另加勒索",一方面请严饬各属依法按时办理,另一方面也准许被额外勒索者向上级该管地方官厅或农商部禀诉,以便"尽法惩办,藉警官邪而维商政"②。注册费用方面,比较 1913 年 6 月《公司注册暂行章程》、1914 年 7 月《公司注册规则》及 1923 年 5 月《修正公司注册规则》,可见这样几个趋势:其一,分类及分级渐趋细致;其二,企业资本有增多之势;其三,资本越多,注册费用所占比重越小;其四,呈多一少一多态势,因企业由收费少而发展增多,收费随之提高。但以收费较少的规则执行时间较长,也是提倡鼓励较为受重

① 沈家五:《选编》,第 12 页。

② 《申报》1915 年 3 月 8 日,要闻二。

视和得力的时期。①

北洋政府规定地下矿藏皆为国有,不同于一般工商业,但也准许民办。从《矿业条例》、《矿业注册条例》及其施行细则看,它改变了前清《矿务章程》的宗旨,表现出轻地主之权而重矿商的利益与优先权。对于金银铜铁煤等第一类矿,“无论地面业主与非地面业主,应以呈请矿业权在先者,有优先取得矿业权之权”;水晶、石棉、石膏、大理石等第二类矿,虽“地面业主有优先取得矿业权之权,但地面业主声明不愿取得矿业权,或注册一年以后尚未开工者”,“得另准他人取得其矿业权”。矿区若占用他人之土地,只需“给予相当之赔偿金”。《矿业条例》还取消了《矿业章程》规定的矿商对政府占余利二点五成的“报效”金,矿产税则由原来的3%、5%、10%,降低到按产地平均市价的1%—1.5%。矿业法规的颁行,解除了封建土地所有制对矿业发展的阻力,起到了鼓励商民投资矿业的积极作用。

公司、商人则例,包括渐趋完备的注册制度,是政府鼓励倡导兴办企业的政策体现,促使了民国早年大量公司企业的集股创办和注册登记,形成“一时工商界踊跃欢忭,咸谓振兴实业在此一举,不几年而大公司大工厂接踵而起”的局面。以法制建设方式表现的鼓励倡导和规范作用,对于中国近代(股份)企业制度的形成和规范化,有其重大而深远的意义。

第二,确立保息、专利、示范与奖励制度。

1914年1月2日和8日,张謇向国务院提议保息法案和奖励工商业法案,指出对于民营业的“奖励之道,盖有种种,应时势之要求而又为中央政府财力之所能及者,莫如保息。保息之法,需费

① 中国第二历史档案馆编:《中华民国史档案资料汇编》第3辑农商(一),江苏古籍出版社1991年版,第13、54—55、97—98页。

无多而收效甚大。"对民营业与国家财政均大有益处。当时"吾国利率常在六厘以上,银行钱庄定期贷付之款,有多至九厘或一分以上者。各种公司招股,有定为官利七厘或八厘者",为"祛除企业者障碍,消释投资者疑沮",应由国家给予公司以4厘的保息津贴,作为政府应尽的提倡实业的责任。① 数日后袁世凯批令将保息率定为甲种6厘,即6%,乙种5厘,即5%。《公司保息条例》正式出台。具体执行的办法是,首先由政府拨存公债票2000万元作为保息基金,每年用其利息借助予甲、乙两种公司,作为公司的股本保证其获得利息。甲种公司为棉织、毛织、制铁业等类,乙种为制丝、制茶、制糖业类。呈请保息的公司资本实收额必须分别在70万元与20万元以上。保息期为新办公司开机制造始3年,从第6年起每年按所领保息金总额的1/24逐年摊还。条例还规定,被保息公司非实有盈余时,不得于保息定率外分派官利。

同样是出于吸引和维护实业投资的目的,保息制度与盛行于清末的官利制度,有着很大的不同。官利是企业经营者不论其营业盈亏,都必须支付给企业股东的一般在8%以上的股息。"这样,股东对于公司的关系,并不是单纯的企业投资人,而是投资人又兼债权人"。官利的利率依当时当地高利贷利率而定,"产业利润成为借贷利息以上的余额"。② 保息条例的制定,则正是针对民办公司因官利而3年无利可图的遗留问题。两者最大的不同在于政府的介入和它所担任的角色。政府主动的补助保息,目的在于使财政收入的增加如同"源头活水来"。同时保息有抵消企业因官利而不堪重负的作用,是提倡奖助实业的切实良方。虽然仅一保息条例并不能根本改变近代中国"商大于工"、高利贷资本统治

① 沈家五:《选编》,第17、18页。

② 严中平:《中国棉纺织文稿》,第158—159页。

投资市场从而投机盛行的局面,但是毕竟保息金作为无息的股本为一些行业企业注入了血液,宽松的摊还条件使它能继而转化为新办企业相当于借贷利息额一大半的产业利润。当民国初年官利制度逐渐取消后,保息方法更有助于端正股东作为企业投资者的关系,有利于近代企业的正常经营。保息和官利两种制度,一利一害,是显而易见的。

1912 年 12 月 5 日颁布的《暂行工艺品奖励章程》,规定"工艺上之物品及方法首先发明及改良者,得呈请专利",对发明或改良的制造品即工艺品给予 5 年的保护期。据统计,从 1913 年 5 月至 1916 年 3 月,农商部办理专利 34 件。① 这种专利和晚清实行的封建性垄断的设厂专利是截然不同的。对于封建垄断性的专利,政府基本上未予支持。湖南华昌纯锑炼厂在前清购置法国机器仿其炼法,当时立案专利 25 年。民国成立后在各省渐次取消此种专利的情况下,因杨度等人的上下活动,仍得以在工商部立案专利 10 年,无论何种机器与新法,一概不准在省内设厂制炼。1913 年年初,此举在湖南招致强烈反对,该省矿商迅速集股 100 万,另设炼炉专用英国炼法,组织新公司具呈都督及实业司立案;同时由湘督及实业司长呈请工商部取消原案,"民国正宜提倡实业,许人民营业上自由竞争,断无此一人垄断而抛弃全省权利之理。"但是,工商部对新公司的成立迟迟未予批准立案,又在湖南各界引起公愤。② 后因新设炼锑公司在湖南陆续兴起,"华昌公司专利权因此无形丧失"。③ 从这一案例上看,工商部是能够依据《暂行工艺品

① 阮湘等编:《第一回中国年鉴》,商务印书馆 1924 年版,第 1421—1422 页。

② 《申报》1913 年 2 月 27 日,要闻二。

③ 《大中华民国日报》1913 年 1 月 16 日。

奖励章程》而有所为和有所不为的。1915年周学熙、李士伟等人创办华新纺织公司，向农商部呈请在直隶、山东、河南3省设厂专利权30年，此举“外间啧有烦言”。① 10月29日《申报》转引北京《国民公报》一文，揭露华新公司呈请过程中，种种非正常程序的内幕，还历数周学熙兄弟在实业过程中凭借官位谋取特权的所作所为。指出此举“其用意（在）摧残民业，独享厚利，处心积虑已非一日。“该文进而表示，“国家对于纺织业之保护自为当然应有之事，考诸各国成例，或对于若干资本以上者为若何之保护，或对于若干机锤以上者为若何之奖励，从未闻有对于一公司为单独之奖励，而不许他公司之同享，且更进一步不准他公司之存在者；保护方法各国虽种种不同，然亦未闻有划全国为若干之区域，一公司得专利于三省，使一国之内四分五裂彼疆此界者。资本则是保息矣，货物材料则免税矣，且免运费矣，更得专利三十年，以开各国未有之先例。”“诸公藉官权以图私利，自谋则优矣，其如国家何？”斥责与说理兼而有之，在南北舆论界造成一定影响。在这种情况下，“反对最烈”的农商部认为，“该公司章程明设限制，与现政府提倡实业之宗旨难免背道而驰。”②且“直鲁豫三省旧设此项工厂尚属不多，不应限制经营，致阻进步，所请碍难照准。”③结果，华新公司不得不撤回该项专利要求。

《暂行工艺品奖励章程》的颁布与实行，表明近代专利制度在政府政策与社会意识趋于明晰与一致的过程中，逐渐地得以确立。

多年经办实业的经历使张謇深切地认识到，中国“农的种植，

---

① 《申报》1915年11月2日，要闻二。

② 《申报》1915年11月2日，要闻二。

③ 《农商部呈复华新纺织公司专办年限碍难照准文》，《东方杂志》第13卷第1号。

工的技术,商的运售,都有待于改进、发展的讲求和试验。而这种责任政府应负起来,从试验上竖起一个可以做人民效法的榜样”①。他担任农商总长期间,陆续建立起商品陈列所、工业试验所、工商访问所、工艺传习所、权度制造所、权度检定所等试验和示范机构。常设的商品陈列所负责向国人展示本国工业制造品的优新品种,不定期举办大型国货展览会,以广见闻,通情况,并提高国人振兴工商的志趣;工业试验所职掌工业分析试验及鉴定事务,同时应工商业者的请求派员到企业予以技术等方面的指导;工商访问所负责调查国内工商业状况及海外贸易情形,接受业者的访问并提供事务及技术性的指导,还负责介绍各种最近商事消息,研究商业的公共利害,以利于商品拓宽销路及商业兴革。1915 年 6 月,农商部拟定劝业委员会章程 40 余条,以商品陈列所联合工业试验所及工商访问所,组成劝业委员会,旨在促进国内工商及外贸的振兴和发展。此外,由部设立棉、糖、林、牧等试验场的计划,也在实施之中。原定共 11 所,后因经费短缺而先行试办 8 所,分别为第一(河北正定)、第二(江苏南通)、第三(湖北武昌)棉业试验场;第一(直隶张家口外东牛群地方)、第二(京西门头村)、第三(安徽凤阳、江苏盱眙两县间的石门山)种畜试验场及林艺试验场(北京天坛)和林业试验场(山东长清)。

劝业委员会各所及各种试验场的设立,对提倡实业,交流商情,研究新产品,改良和引进农工商各业先进经验技术与品种,起了示范的作用,产生了一定的可资考鉴的实效。

民初政府先后公布《农商部奖章规则》(1915 年 7 月)及《农商部奖励实业办法》(1917 年 4 月)等规定,主要是对经营实业成绩显

① 张孝若:《南通张季直(謇)先生传记》,上海中华书局 1931 年版,第 186 页。

著的个人和团体给予荣誉奖励。“奖章规则”的奖励范围为：(1)建设工厂制造重要商品者，其资本金在5万元以上，营业继续满3年以上；(2)经营直接输出贸易者，其每年货价总额在10万元以上，营业继续满3年以上；(3)承垦大宗荒地依限或提前竣垦者，其竣垦亩数在3000亩以上；(4)发明或改良各种便利实用之工艺品者，视其种类有一二特色以上；(5)开采大宗矿产纯用本国资本者，其每年矿产税额在2000元以上；(6)从事公海渔业者，其汽船吨数在5000吨以上，帆船吨数在30吨以上，营业继续满3年以上；(7)捐款或募款设立商品、农产、水产等陈列所，农事、林艺、畜牧等试验场，实业补习学校及其他与此相类之事业者，捐款在1000元以上，募款在5000元以上，事业继续满1年以上；(8)办理商会或农会固有之职务，确有裨益于农工商各界者，其经办满3年以上。①

可以看出，奖励的对象偏重于中小商人，比之清末赏戴花翎等奖励措施的可望难及的高标准大有改进。既鼓励了创办新企业和开发新产品，同时广泛涉及农商工矿牧渔外贸及实业教育、实业团体等各个方面，有利于造成重工商兴实业的社会风气。

“奖励实业办法”的公布正值欧战期间，可以看做前者的强调与补充，而其重点则在于振兴国货、替代洋货，补救市场货源的急性短缺并加强对外贸易。其5条办法为：(1)每年能将国货运往外国销至10万元以上，而营业时期继续已逾3年者，给予一等奖章；(2)设立工厂资本在5万元以上，营业确有成效者，给予二等奖章；(3)发明有实用之物品或器械，给予三等奖章；(4)以中国资本发起开矿、放垦、渔牧等实业，及提倡设立实业学校者得体察情形，分别给予奖状；(5)商会农会能实心提倡商务或农业，著有成

① 施泽臣编：《新编实业法令》上编，上海中华书局1924年版，第195—196页。

绩者,得体察情形,分别给予奖章。①

上述两项基本奖励规则与办法之外,尚有《暂行工艺品奖励章程》、《植棉制糖牧羊奖励条例》、《造林奖励条例》、《奖励国货办法》(1924 年 4 月)②等单项奖励办法。其给奖形式,也不限于名誉奖励,而是营业上给予执照许其专卖的奖励方法,与给予奖金的方法同时并举。1914 年 11 月,由农商部呈请经袁世凯批准,对 11 家成绩显著的工厂颁给匾额和褒状,以示鼓励和提倡。

第三,鼓励垦荒,规划水利,奖励植棉、制糖、牧羊、造林、捕鱼等农副业生产。

垦殖问题关乎国安民利,在民初实业热潮中得到充分的重视,涌现出一批致力于垦殖的团体,有关垦殖的建议也层出不穷。张謇早年从事于垦牧,对荒地的大量存在以及如何鼓励承垦以开辟地利,有深切的认识。由他主持考察制定的《国有荒地承垦条例》和《边荒承垦条例》,规定"国有荒地范围为江河湖海涂滩地、草地或树林地,新涨的或旧废无主未经开垦的,以及平原、高原山地、干地、湿地",边荒的范围为"直隶边墙外,奉天东北边界,吉林、黑龙江、川滇等边界,陕西、甘肃、山西、新疆、广东等省边墙外",属此范围的草原地、树林地或沙积地。除政府有特别用途外,均许民间依法承垦。为鼓励垦荒以发达农业,政府予承垦者以优惠的地价。如能提前竣垦,则又将地价减少三至六成。农商部还根据中国南北地区差异较大的情况,明定各边远省份可据情自行编定承垦章程,报部核准施行。此举促使了《黑龙江招垦规则》、《吉林全省放荒规则》、《黑龙江放荒规则》、《绥远清理地亩章程》、《奉天试办山荒章程》等切合具体情况的地方性法规的出台。

---

① 《申报》1917 年 4 月 18 日,本埠新闻。

② 《申报》1924 年 4 目 6 日,本埠新闻。

与工业、商业的示范制度相应，农业方面也设立了中央及各省农事试验场，提倡科学种田；在颁布选取良种方法、推广和改良蚕丝、改良茶产①，及防治病虫害方面作了一定的努力。张謇执掌农商部期间兼任全国水利局总裁，在全国筹设河海工程测绘养成所，并力谋筹借美款，修浚淮河，“冀以治淮为全国水利之先导”。②1915年夏全国水患成灾，暴露出“视水利为可重可轻”的隐忧。张謇力主救灾与治水并重，重申在各省设立水利分局等机构刻不容缓。③ 帝制议起，张謇请假南归时依然请求兼任全国水利局副总裁。他个人对水利事业的重视，是值得称道的。

“农产品为各种制造品之原料，不有以增殖之，则工商业之发展，永无可望。”④基于这种认识，张謇提出了“棉铁主义”的号召，将保育主义移之于与工业发展密切相关的农副业生产。《植棉制糖牧羊奖励条例》奖励对农产、畜牧的扩充和改良。规定：凡扩充植棉者，每亩奖银2角，凡改良种植者每亩奖银3角；凡种植制糖原料，蔗田每亩补助蔗苗银3角，肥料银6角，甜菜田每亩补助甜菜银1角，肥料银3角；凡牧场改良羊种者，每百头奖银30元。条例还着重棉花、甜菜及甘蔗种的改良，要求引进国外的优良品种。

鉴于各地滥伐树木“随地自为风气”的现象，《森林法》及其施行细则规定了国有森林的范围和权利，同时规划在黄河、长江、珠江上游地区营造保安林。《造林奖励条例》明定对造林有成绩者，依其造林面积及成活年限，分别核给四至一等奖章，最高者可由部

① 章有义编：《中国近代农业史资料》，三联书店1957年版，第二辑第二章。

② 《申报》1913年12月3日，要闻二；1914年2月1日专电、译电。

③ 沈家五：《选编》，第401—402页。

④ 《奖励植棉制糖牧羊提案》，沈家五：《选编》，第356页。

呈请大总统特别给奖,而经营特种林业作用重大者则由部按面积株数,核给一定的奖金作为补助。树种的扩充及林业试验场也有可供考鉴的实绩。张謇在任期间由农商部呈请批准,确定自1916年始每年清明节为"植树节",以期形成一种风气。

第四,提倡国货,裁厘减税,鼓励出口。

国货在国民心中的地位,是衡量民族经济兴衰的尺度。民国伊始,服制问题的讨论首先为此提供了一个有力的宣传。建言者所主张的民国服制虽五花八门、人言言殊,但无一不主张抑制舶来品的衣料,南京临时政府也"劝导冠服须用国货"。在首届全国工商会议上,维持国货的诸提案有很多建议,其中的共识则是此举端赖"政府有提倡奖励之实心"。

1914年帝国主义列强间爆发战争,对中国经济的影响首先是入口锐减、出口呆滞,各商埠一片短缺与萧条,商工业损失惨重。然而欧战也成为民国政府致力于提倡国货,同时也是全国性国货运动的突出背景。1914年12月5日,农商部向各省发出长篇通饬,指出欧战"未始非工商发达之转机。凡各省种种实业,俱应切实整顿,所有大小工厂悉予竭力维持。一面趁外货入口稀少之时,改良土货仿造外货",挽回利权,强调"通商惠工,在此一举"。并附"维持工厂办法大纲七条",凡糖类、瓷造、麦粉、纸张、文具、罐头食物、玻璃、线织衫袜、肥皂、蜡烛、棉毛织物等制造厂家,均在应行维持之列。该大纲责令各地方长官在抵押贷款、产品改良、运输费用、拓展销路等方面提供条件并给予补助,并向地方公私团体介绍上述工厂所产国货以供购用,将足抵外货的精良产品送部考验,以资奖励。① 1917年8月农商部又通令各地,"嗣后所有公共机关

① 《申报》1914年12月5日,本埠新闻。

日用消耗各品，除特种无国货可代用者外，务请专购国货以示提倡”①。1924 年 4 月农商部更将《发明品奖励办法》三项通知各省实业厅，对新发明的国货制品给予奖励金。②

除设立全国性商品陈列所及通令各省定期举办国货的展示、研究外，民初政府还开办国货展览会，并参加国际性的博览会。自民国元年三月收到美国政府举办巴拿马博览会的通知后，农商部即订立《外国博览会中国出品简章》，并为参赛物品的征集、运输提供便利。巴拿马博览会于 1915 年 1 月开幕，中国有 18 个省提供物品赴展，共获大奖 57 个，名誉优奖 74 个，金牌 258 枚，银牌 337 枚，铜牌 258 枚，奖状 277 份，总共获奖 1211 项，大奖及优奖在 25 个参赛国中居首位。③ 随后农商部于 1915 年 10 月又在北京召开国货展览会。④ 参展的出品和售品一律豁免税厘，轮船、铁路运费按七折支付，从而扩大了展览会的展示面。特设物产品评会为 10 万件展品选优评奖，评选出了一批名实相符的国货精品⑤，较之 1910 年中国第一次博览会——南京南洋劝业会大有改进。民初政府还组织参加了日本大正博览会及法国、意大利等国主办的国际博览会。与此同时，在全国范围内兴起了一场提倡国货、抵制洋货的社会运动。这一爱国运动，至 1919 年五四时期走向高潮。

农商部在提倡国货方面虽然作了一系列的努力，但是就当时本国经济而言，对实业倡办、奖励和补助的同时，去除厘金苛税的痼疾乃是当务之急。为此农商部也作了一些努力。“由土布免税

① 《申报》1917 年 8 月 9 日，本埠新闻。

② 《申报》1924 年 4 月 6 日，本埠新闻。

③ 《农商公报》第 15、16 期。

④ 《农商公报》第 22 期。

⑤ 沈家五：《选编》，第 277—278 页。

入手试办,以次推及其他"①,其后陆续出台的裁厘减税规定有:(1)机械制西式货物之输出外国者,免除一切税厘;(2)机械制西式货物之运销国内者,于经过第一税局(海关、常关或厘金局)纳一次之正税后,除京师崇文门落地税外,免除一切税厘;(3)机械制品或货物之正税,或依现行输入税率以纳之,或纳从价5分,由纳税者自由选择,但棉制品照咸丰八年之输出入税率,及光绪二十八年之输入税率以征收之。这样,机制西式货物只要纳一次正税,就可获特别运单,免除除崇文门落地税外的一切税厘,比普通国货课税负担有所减轻,比外国输入品也少了子口税负担;棉制品虽然加算子口税额,但旧税率与现行税率的差额,又是它所减轻的负担。

对于矿业也实行减税。矿业条例规定,矿产税按出产地平均市价纳1%—1.5%,较之前清大为减低;矿区税为开采之地每年每亩纳银3角或1角5分,未开工地照探矿区例每亩每年纳银5分。对于一些特别商品实行更加优惠的税则。如机制面粉、麸皮、监狱出品、教育制造用品等,均免征一切税厘。对于机制西式货物以外的产品特别规定:(1)手织棉布,减轻出口税并免除内地税厘、50里常关税及贸易税;(2)由芝罘输出之野蚕丝制品免除出口税;(3)对于草帽辫及地席,减半征收出口税;(4)纽带、发网及罐头免除出口税及沿岸贸易税。

此外,对于原料的课税新规定,可见以下实例:(1)上海制粉工厂所用小麦,至民国十一年四月末止,一律豁免通商港口的关税;(2)中华民国制糖公司所用原料粗糖,免征落地税;(3)国产棉花,一律豁免沿岸贸易税;(4)溥益制糖公司所用原料甜菜,豁免

① "关于整饬国货办法给大总统呈文",沈家五:《选编》,第273—276页。

一切税厘；(5)龙烟铁矿公司所用煤炭，豁免一切税厘。①

至1916年4月，已有生产棉布、麻布、水泥、皮革、卷烟等37个行业的179家工厂，不限于特殊制品的64家工厂，及生产火柴、面粉的一般工厂，获准缴纳一次正税后免除崇文门落地税外一切税厘的特殊待遇。② 目的都在于维持和振兴国货，使之具有抵制洋货及与之公平竞争的税制条件和实力，并鼓励出口。它与以裁撤厘金、减轻出口税、增加输入税、增收消费税、开办所得税、印花税等为主要内容的税制改革，有着密切的关系。

第五，引进外资，吸引侨资。

袁世凯就任民国大总统宣言中，宣称"以开放门户，利用外资，为振兴实业之计"。由孙、黄、袁共同拟定的8条《内政大纲》也宣布"开放门户，输入外资，兴办铁路矿山，建置钢铁工业。"首届全国工商会议开幕时，刘揆一演说解决资本问题的政策，表示"拟于腹地则斟酌利用外资，于边地则实行门户开放。苟能事前预定计划，临时妥定条文，于领土主权不生妨害，即借外资营业正自无妨"③。"人才内阁"总理熊希龄宣布政府大政方针，"我国产业幼稚，故宜采保护主义；我国资本缺乏，故又宜采开放主义。斟酌两者之间，则须就各种产业之性质以为衡，若棉若铁若丝若茶若糖，其最宜保护者也；若普通之矿业，其最宜开放者也"④。该内阁农商总长张謇也表示，矿业发展"需本尤重，非用开放主义，无可措手。但使条约正当，权限分明，既借以发展地质之蕴藏，又可以

① 阮湘等编：《第一回中国年鉴》，第1420页；沈家五：《选编》，第175、179页；《申报》1919年2月11日，本埠新闻。

② 阮湘等编：《第一回中国年鉴》，第1423—1424页"免税特典工场"表。

③ 《工商会议报告录》，开会式及演说，第3页。

④ 林增平、周秋光编：《熊希龄集》上册，湖南人民出版社1985年版，第556页。

赡贫民之生活。其由钢铁而生之机械铁工厂,亦可听欧美人建设,于工业可省远运之资,于工学尤得实习之地”。①

由此可见,开放门户引进外资,是民国早年政府为振兴实业解决资金短缺问题的基本政策。政府还注意到引资约定的公平正当,避免损害国家主权;在保护幼稚产业的同时实行开放,以利于外资充分为我所用。与此同时,政府外交与实业部门,还为此共同制定了有关洋商的方案,一方面对合法洋商进行保护,另一方面禁止洋商擅入内地,还严禁华商私入外籍以逃避债务。②

1913 年 12 月,张謇在《关于利用外资振兴实业办法给大总统呈文》中,进一步拟定了利用外资的具体办法。主张采用合资、借款、代办三种形式,所办公司营业项目可专一可宽泛;同时规定外资运用必须遵守有关的中国法律,按照公司条例呈验资本,以杜绝掮客之流冒称、虚假的欺诈行为。张謇曾尝试向美国借款导淮,借外资筹建衡量制造所,并促成了《公司条例》颁布后第一家合资公司——中日实业有限公司的章程拟订和注册成立。

自 1872 年泰国华侨陈启源创办继昌隆缫丝厂,侨商及侨资一直是近代中国经济领域中不容忽视的一支力量,是中国民族资产阶级和民族资本的一个组成部分。因此,民国二年国会选举时,即请海外各埠华侨公推 500 多名代表来京,组成华侨选举会选出 6 名参议员,参与议政、管理国家。大总统徐世昌继之发布《保惠侨民》令,通令“各省军民长官于籍隶于该省之侨商,均应设法招徕,随时拊喻,并晓谕国外各中华商会,切实劝导各商,集资回国兴办

① 沈家五:《选编》,第 9—10 页。

② 《申报》1913 年 10 月 16 日,1914 年 3 月 12 日,1913 年 2 月 24 日,本埠新闻。

实业。其已经归国者,尤必悉心保护。务使安居乐业,各泯猜虞”①。其后,徐世昌在1919年4月给赴南洋考察的“华侨劝慰员”的训令中,也要求“将国内应行兴办银行、航业、铁路、矿产各端及一切实业计划,劝导各侨民集资兴办,并将政府优待侨民共跻利乐之意,详谕周知”②。1922年1月为侨务局成立而发布的大总统令,和1927年根据大元帅张作霖令拟订的《保育侨民办法》,也都一再重申招徕、优惠和保护华侨回国兴业。据林金枝统计,1912年至1927年华侨投资国内企业数和资本额约占1862年至1949年总量的27.2%和34.5%,并且拥有中南银行、永安纺织公司、新新百货公司等大型企业。③ 这与民初政府保护归侨及侨资企业的方针政策,不能不有一定的联系。

第六,改革币制,提倡新式金融业。

为改变由清朝延续而来的币制紊乱和芜杂的情况,民初政府特设币制委员会。在国务总理兼财政总长熊希龄与农商总长张謇的组织下,1914年制定出《国币条例》及其施行细则。由政府统一掌握国币的铸发权,开铸新币,规定凡公款收支须用国币,民间债项改以国币单位为计算方法及名称,旧用货币依期收回改铸。银元本位币制度的确立,在统一币制上迈出了一大步,有助于改善民初经济发展的金融环境。其后,北洋政府曾继续试行由银本位向金本位或金汇兑本位制的过渡。并于1918年8月由财政部公布《金券条例》9条,作为改制的准备,但终未能实行。④

发展新式金融业,也是一项重要举措。张謇在实业政见宣言书

① 《农商公报》第56期。

② 《福建华侨档案史料》上册,档案出版社1990年版,第443页。

③ 《华侨华人史研究论集》一,海洋出版社1989年版,第288、300页。

④ 朱斯煌主编:《民国经济史》,银行学会编印1948年版,第207页。

中所列示的四项方案,法律、税则、奖助之外,尚有“求助于金融”一条。因为“农工商业之能否发展,视乎资金之能否融通”,所以选择政策,“惟有确定中央银行以为金融基础,又立地方银行以为之辅;励行银行条例,保持民业银业、钱庄、票号之信用;改定币制,增加通货,庶几有实业之可言”。① 财政总长周学熙也呈请倡议创办民国实业银行与农工银行。周意实业银行拟采取官商合办的方式,其2000万元资本分别由中国银行筹集及商股招募各一半。此外,农商部还会同财政部拟定了《劝业银行条例》,以经营实业抵押放款为主。财政部还拟定了《农工银行条例》,主要为农副业生产融通资金。两行之设在民初由周学熙主持实施,成为后来中国实业银行与中国农工银行的前身。对民营新式金融业同样采取了提倡和鼓励的政策,使得民营新式金融业在本期有较大的发展。此外,证券物品交易所、典当业法规的颁定,也具有提倡并规范新式金融业的意义。

第七,改组商会,规范经济社团。

商会是中国资产阶级的团体组织,也是资产阶级及其经济活动获得合法化的标志之一。商会之设始于1903年,有商务总会、分会、分所的分级设置,近于官办性质。民初为改组商会,规范日益增多的工商界民间团体,以适应新的形势要求,北洋政府工商部参照日本商业会议所法,依据本国实情制定了《商会法》(草案)。后农商部在此基础上修定并颁布《商会法》及其施行细则。

《商会法》明确“商会及商会联合会得为法人”,规定:省设商会联合会,县设商会,县以下的商业繁盛区设事务分所;商会的职务,为“研究促进工商业之方法”,“调查工商业之状况及统计”,并进行调处争议等;所有旧商会必须于6个月内按规定改组。人们

① 沈家五:《选编》,第12页;《申报》1913年12月2日,要闻二。

期待着商会由官方组织向民间团体的转化。

然而商会法的制定与实施过程是颇为艰难的。在制定过程中，农商部就以不能"以商事公断处之名，行商事裁判所之实"为理由，批复否决了江西省商会联合会事务所修订的"商事公断处章程草案"的要求。① 继而全国商会联合会第一次大会致张謇呈文，认为"商会系义务团体……对于官厅有义务而无权利，自应重感情而轻仪等"，反对对于官厅行文程式中用呈及用批、用令的规定，遭到张謇"岂能擅改"的回复。② 1915 年 12 月经修改后的《商会法》公布，补充了关于总商会和全国商会联合会的规定，更改了商会组织形式，明确商会的职务、选举、任期、解职、处罚、经费、解散及清算等事项。虽然《商会法》附则规定，设在地方最高行政长官所在地或工商业总汇之各大商埠的原有商务总会，可依法继续办理，其他均须改组或裁撤，但是其施行细则依然严格规定各级商会与各级行政官厅间的行文格式；中央农商部及各级政府对商会有查核及较强的监控权。此后"各地商会纷纷以现商会法不适用，向部呈请暂予变通办理者，无虑数十百起"，都被农商部以"不得不予维持"为由驳回。③ 其他如《农会暂行规程》、《全国农会联合会章程》、《工商同业公会规则施行办法》、《修正工商同业公会规则》等，也都含有政府对经济社团予以规范并加以控制的因素。同样，在所有的经济法规与其实施状况之间，在官方意图与商民愿望之间，事实上都存在着差距。

以上是民初经济法规则例所反映的经济政策的若干主要内容。事实当然不止于此。例如在度量衡的统一方面，农商部也初

---

① 沈家五:《选编》，第 185 页。

② 沈家五:《选编》，第 189—193 页。

③ 阮湘等编:《第一回中国年鉴》，第 1539 页。

步制定了一些法规。不过没有得到全面实施,这里就不加细述了。

民初政治,以洪宪帝制复辟丑剧的短时上演为界,明显地分为两个时期,即1912年至1916年袁世凯政府时期,和1916年至1927年袁以后各系军阀政府时期,由南北统一后的短时稳定走向连年混战、干戈扰攘。在经济法规的制定方面,袁政府时期为集中与多产期。袁以后时期,除1923年公布《商标法》外,基本上是沿用前期所制定的条例法规,在原有基础上作零星的修正,或拟定一些具体办法作为补充。例如,1917年4月农商部"关于振兴实业奖励办法",8月"提倡国货之训令",1919年2月财政部"维持土货之训令",1924年4月农商部"新发明物品给予奖励金"等。《票据法》(清末)、《破产法》(民四)和《公司法》(民五)等遗留草案,或数易其稿终无定案,或未经立法机关议决,都未公布实施而一仍其旧。袁以后时期政府部门公报所公布者,多流于琐碎,或限于农商部(农工部)内部官制及"办事规则",与前期相比较,在建树或创新方面乏善可陈。

二、民初经济政策的动机与利益目的

(一)财政本位的政策出发点

中国古代经济政策思想所沿袭的传统特征,是以国家为本位,以财政为中心。国家财政是经济政策思想的轴心,凡地赋、水利、工商、货币等方面的政策思想,都以国家财政作为其出发点、归结点和考虑问题、制定政策的立足点。而这种财政本位倾向的形成,是由政策思想的主体及封建国家的性质决定的。①

---

① 马伯煌主编:《中国经济政策思想史》,云南人民出版社1993年版,第867—875页;张忠民:《古代中西方经济政策历史导向之比较》,《社会科学》(沪)1994年第2期。

北洋军阀军事政治集团所把握的民初政权,其封建性、反动性和日益分裂与衰败,是显而易见的。北洋政权的最高统治者在政治上镇压革命、复辟帝制、连年混战、祸国殃民。然而在经济上,它作为最高决策者,却宽允维持国货、振兴实业的政策建议,使一批具有开明导向与进步特征的经济政策以法规则例的形式由政府公布出台,形成复杂的矛盾现象。在这些矛盾现象的背后,无疑有着政权性质、政府构成的传统与非传统性的影响,而解释这些现象的关键则在于财政。

在袁世凯以下充当经济政策思想主体的人物,以刘揆一、张謇、周学熙和梁士诒等最具代表性。作为身历清末民初两个时代并身兼官与商双重身份的历史人物,他们有一点是共同的,即国家财政在其经济政策思想中占有重要的位置。例如张謇在提出保息基金筹措方法时,很注意说明保息对于财政有益无损。首先是短期内具保息资格的公司不可能开业,其次是按照"递保递还"的办法,前11年为借款保息,后11年为还款保息,"是政府施行保育政策,合二十二年之通计,实未费去一钱"。其后便进入财政盈余时期。[①] 这些人物也有着很多的不同,即他们有各自的实业经历、政治面目及其与军阀魁首袁世凯关系的亲密疏远,还有他们分别执掌的不同政府部门。这些不同足以促使他们在经济政策的全过程中各行其是。

民初财政思想已开始了"赋出于田"向"赋出于工商"的转变。两任财政总长的周学熙和全国税务总办梁士诒,认为"今日理财,须以培养税源为第一义;而培养税源,须以保护产业为第一义","个人皆得生计,则负担国税之力以增,而国富因以丰厚"。[②] 张謇

① 沈家五:《选编》,第21—23页。

② 周叔帧:《周止庵先生别传》,1948年版,第67页;《三水梁燕孙先生年谱》下,第62—63页。

在向袁世凯呈请减低矿区税时,也指出“言财政者,维持岁入,常托定额以取盈;言实业者,斟酌商情,每苦岁收之过重。二者恒事相反,不知收入实基于生产”。[①] 财政思想的这一转变,既将充裕财政与发展工商实业在政策上直接联系起来,而财政与实业着眼点的不同,又表明二者在有关政策上可能导致矛盾和冲突。

民初财政,除早期寥寥数年尚能收支基本相抵外,其余时期均陷于捉襟见肘的状态,以致论者讥为“破落户的财政”。[②] 造成这种艰窘状况的原因,首先是前清所遗留的烂摊子,如刘冠雄接收清海军部,现金仅得银元10枚、银10两及铜元1000余枚[③],更重要的是民初在偿付内外债的沉重负担的同时,军政费用的超常膨胀,以及财政收支体系的紊乱支离。其中“经济行政费”一项岁出,直接关系到经济政策的实施,可以作为一个例证。

经济行政费是指“保护农工商务,及邮、电、路、航所需之经费”。就负有劝业之责的农商部而言,则包括其所辖的水利局,煤油矿事务处,农事、棉林、糖业及畜牧各试验场,权度制造所,劝业场,商标局,巴拿马赛会事务局,商品陈列所,各工场,垦务局,森林局,采木局,劝工局,督办矿务处,及矿业联合会、农会补助费等所需经费。表现在财政预算中,民国二年至五年的农商部经费,由227万余元至604万余元不等。[④] 该项支出,由于在管理使用过程中“业务之进行甚迟,而机关之用费日增”的弊病,可以说在一定

---

① 沈家五:《选编》,第173页。

② 千家驹:《旧中国公债史资料》,财政经济出版社1955年版,第10页。

③ 《申报》1912年5月13日,要闻一。

④ 贾士毅:《民国财政史》下册,上海商务印书馆1917年版,第1000、1001页。

意义上算是增加了财政负担。但是另一方面,经济行政费只占到预算中很小的份额,尚不及庞大的军费开支的零头。从以实业为财源的观点看,经济行政费使用时不够妥当,并不能抹杀其必需和急需的程度,因而其额度相对而言不是过多而是太少。例如,民国伊始,农林、工商两部分设时,就“建设之事颇多,均以费绌未行”;其后的部辖事业规划及预列费用也“旋因费绌未办”。[①] 这是财政枯竭和紊乱的状况,对经济行政严重的局限。由此也可以看出,财政状况势必对经济政策从制定到实施的全过程产生制约。

(二)步履维艰的实业前途

1. 官产官业处置与国家资本主义

国家资本主义在北洋政府时期日见没落,这已成为论者的共识。据估值,北洋时期官办和官商合办企业的资本由 1911 年的近 5. 23 亿元增至 9. 02 亿元,增幅超过 72%。其中以银行、邮电业增长最快,而工矿业则几乎陷入停顿,它们主要分布在接办的清末的洋务派企事业之中,本身甚少创建。[②] 所以,与同期民族资本(上引估计年增长率为 13. 8%)比较而言,即使绝对值未见减少,也无法否认其日见衰微的局面。

民国初年,面临清政府遗留的财税枯竭与紊乱的烂摊子,从南京临时政府开始,就转而谋求以借债摆脱窘境。“舍借债二字,无以立国”之声、甚嚣尘上。[③] 北洋政府更走向极端,百废俱兴上的

---

① 贾士毅:《民国财政史》下册,上海商务印书馆 1917 年版,第 1000—1002 页。

② 参阅许涤新、吴承明主编:《中国资本主义发展史》第二卷,人民出版社 1990 年版,第 13、786 页。

③ 《申报》1912 年 4 月 28 日,评论。

力不从心乃至背道而驰的状态,更加突出。

这里不妨看看各省的窘态。湖北省在民国二年编制了支出312万元实业行政经费的预算,颇是令人鼓舞。但在当年只剩下四分之一时,又对原有兴办实业的计划作出重大改动,大批项目改为缓办或作归并。模范牧场、林产陈列所、农艺化验所、工艺技师养成所、地质研究所及龙角山等处矿务一律缓办,另将制革厂改属军政府,马鞍山煤矿移交汉阳铁厂,韩家山铜矿改为招商承办。这样原计划几成了一纸空文。① 湖北官钱局在川粤汉铁路官办中,收有商股114万余元,路局支用84万余元,政府则挪用30万元作为经费。川粤路收归国有,商民要求发还商股。鄂政府求助于外债之余,只得计划将官钱局地皮及其他两处房地产变卖。② 山东省署督到任伊始,藩库一空如洗,只得以公宅作抵押向德商捷成洋行借款50万两。济南西关铜元局当时已改作商办造纸厂,山东布政使乃借口财政困难,胁迫造纸厂搬迁,意图重开滥铸铜元的恶例。③ 贵州省实业司长上任后提出在商办元记制革厂及织布厂中加入官股,"以为实业先导"。似乎有所振作。而黔督面临财政的困难,把工作重心放在对烟土举办印花税上④,将鸦片业合法化作为弥补财政的手段,实业计划的实施自然更是遥不可期。四川省的厘金征收清末已经停免,省会及川西北的局卡一律裁撤。但当民初"中央财政困难达于极端"之际,省政府又不得不"遵照财政部电咨,特将全省厘金一律规复,一切税则均照旧章稍加损益"。⑤

---

① 《申报》1913年9月20日,要闻二。
② 《申报》1914年12月19日,要闻二。
③ 《申报》1912年5月12日,要闻二。
④ 《申报》1912年5月30日,6月5日,要闻二。
⑤ 《申报》1912年9月26日,要闻二。

福建“光复”后厘金也曾减收三成，但国税厅不顾商民强烈反对，图谋恢复前清征例。① 广东杂捐则名目繁多，草鞋有厘，巫戏有捐。② 云南都督蔡锷以“滇省财政之困难，实无余资可以助兴实业”。要求中央筹拨1000万元巨款，以免向英法等国筹借外债，以免开发增收计划落空，反而造成利权外溢。③ 新疆也有着丰富的矿藏和其他利源，但“当局者不与以便利，地方官诛求过甚”，“官吏不谋植产兴业之道”，因而无人投资开发，致使“官与民共陷于穷境”。④ 在这种情况下，发展国家资本主义只能是徒托空言。

因此，民初政府制定和实施经济政策，首先面临着如何处置前清遗留的官产官业的问题，进一步说即是将国家资本主义置于怎样地位的问题。

见诸实施的清查和处理官产的政策措施，正式开始于1914年。事实上早在1912年拥有官产较多的江苏省已创议清查官产。1914年，财政部咨令各省财政厅将官有财产详细调查列表并估价。其中一类是沙田、荡地、盐场、屯田、学田、营地、官荒、各官署衙门地基等，属于国有土地范围；另一类是官银号抵押满期后没官的各房地产业，存有官款因倒闭而自抵的商人银号，官款存典的本金及利息，各项官营实业如垦牧公司的基金等。⑤ 至1915年，各省陆续报告官产价值，由数百万元至数千万元不等，总计在2亿元左右。⑥ 后由财政部派员主持各省“官产筹卖处”，将这一部分国

① 《申报》1913年6月17日，要闻二。

② 《申报》1914年10月15日，要闻二。

③ 《申报》1912年3月19日，9月11日，要闻二。

④ 《申报》1913年2月14日，要闻二。

⑤ 《申报》1913年3月14日，1915年4月11日，要闻二。

⑥ 《申报》1914年11月24日，本埠新闻；1915年2月19日，9月21日，要闻二。

有资产分类估价标卖,招商民承买,得款则由中央掌握。虽然各地官产价值巨大,但售卖形势却不尽如人意。以江苏省为例,财政部限定官产处当年提解80万元,次年120万元。时局动荡,投资者彷徨,令官产处大费周章。[①] 松江、金山、青浦三县为卖湖荡涨滩,因需款情急导致对原垦户利益的侵夺,还引起商民的上诉。[②] 其他省份也多有类似情况。如四川为完成限额,允许卖公产按比例搭收军票。[③] 湖南8月份尚未着手变卖,已须提交2万元,只得先由财政厅挪款垫付。[④] 民国四年即1915年时各省报告首期官产收入为800余万元,到民国七年七月至民国八年六月年度财政预算,则全国28省区官产收入项合计已剧减为21万余元。[⑤] 由此看来,从清末的设置官产到民初的变卖官产,都是出于财政的需要,但又都难于达到预期的目的。

民初政府所接办的清王朝遗留的官产业的另一宗大项,是官业即洋务派企业。民初实业界充满了反对官办的呼声,认为官营业的垄断破坏营业自由、与民争利,因而无不低效乃至失败。所以,早在民国二年熊希龄组阁时就宣布,“官营事业惟择其性质最宜者乃行开办,其他皆委诸民,不垄断以与争利,但尽其指导奖励之责而已。”表示要整理固有之官产业。[⑥] 张謇掌管农商,也发布通告“自今为始,凡隶属本部之官业,概行停罢,或予招商顶办。惟择一二大宗实业,如丝茶改良制造之类,为私人或一公司所不能

① 《申报》1915年10月2日,要闻二。
② 《申报》1916年1月1日,要闻。
③ 《申报》1915年1月5日,要闻二。
④ 《申报》1915年10月22日,要闻二。
⑤ 《第一回中国年鉴》,第586—587页。
⑥ 《申报》1913年11月14日,要闻一。

举办，而又确有关于社会农商业之进退者，酌量财力，规划经营，以引起人民之兴趣，余悉听之民办”①。这是政府中处置官业和扩张民业的政策倾向之一。

但是这些动听的言辞却没有变为现实。实际上很少见到将官营工商企业以售卖方式改归民营的例子。而整个北洋时期官营实业的状况却又普遍不佳，非但不能对财政拮据稍有缓解，反而成为垫拨维持款的无底洞。例如南京的官营实业，有电话、电灯、印刷、铁路4项，其中官本有100多万元。然而民国以来“日以改换名称为事”，以致“百事俱废”。② “掌行政者不谙推行实业为何事，实业政策为何物，唯日孜孜于筹款，以官营业为宗旨，获利而剖食之为目的。”对于大小官僚而言，实业行政只是化公为私谋取私利的手段。③ 又如，1925年北洋政府决定将经营恶劣的清朝重要官办企业江南制造局交商承办，但当上海总商会计划将其变卖以收回以往的维持垫款时，却发觉它已所值无几，最终政府只得将该局收回，听其自生自灭。④ 即使这样，民初政府对同是国有资产的官产与官业，仍采取不同的态度。对官产奉行出租不如出卖的政策，对官业则正好相反。实在难以为继时也倾向于招商承租，吝于放弃控制移交民营。

变卖官产的主持者周学熙，是参与民初经济政策的一个关键人物，对上述北洋政府对官产官业两种不同态度的表现，有重大的干系。民国元年周氏初掌财政，面临既紊乱又枯竭的财政局面，提

---

① 沈家五:《选编》,第8—9页。

② 《中华实业丛报》第1期(1913年5月1日),第45页。

③ 《申报》1914年12月18日,要闻二。

④ 陈真编:《中国近代工业史资料》第3辑,三联书店1961年版,第83—84页。

出先整治而后发展的方针。第一是清理旧案以规复固有之财源,第二是筹划新政以为实施各种政策之预备。在实业与财政的关系上,周学熙是一个"赋出于工商"的论者。他认为工商业是除田赋外作为国家重大财源的几项主要税收的第一次缴纳者,因此理财必须以保护产业、培养税源为头等要务。产业的兴废盛衰牵涉着金融机关的死活以及公债、币制、银行政策之能否顺利执行,所以产业政策居于开源之本的重要地位,振兴实业是整理财政的必由之路。周学熙在他的"经济政策"的实施方案中,表明要"实行国家社会主义,使各种产业勃兴,大开利源"①。他雄心勃勃地规划了包括云南铜矿、延长石油、利国铁矿、漠河金矿、秦皇岛商埠、海塘船坞、口北铁路、各省铁路、纺织工厂及在沿江一带实行森林法在内的十大实业、交通建设项目。

周学熙在当时的财政状况下确于实业有所措意和着力,对以实业补足财政也较为乐观。这在他对民二、民五财政的两次预估中有明确显示。② 非但如此,周氏兴办实业以整理财政,改善财政以发展实业的经济政策思路,及其所进行的整顿税制、整理田赋、整顿场产、招商承办烟酒公卖、清理官产和创办特种实业银行等一系列财政改革,对于实业发展有着积极的意义。和民初制定经济政策的另一个实权人物张謇有某些一致之处。首先,它起着整顿经济秩序,尤其是货币、金融秩序,创造一个较为稳定的投资环境的作用,与张謇在农商部颁布权度、国币、劝业银行、典当、证券交易、公司矿业商业等方面的法规条例,应是互有呼应、相得益彰的;其次,周氏施政方针内实业部分在一定程度上也含有民初实业政

① 周叔媜:《周止庵先生别传》,第71页。

② 徐建生:《民初实业政策与周学熙》,《北京档案史料》1993年第1期。

策中倡导、鼓励的精神，特别是对实业发展有高度的重视和积极的设想。笼统地说，周氏执掌的财政部与张謇所在的农商部都在试图为发展实业提供资金帮助，且在利用外资振兴实业方面颇有共识。

然而，周学熙和张謇之间也存在巨大的差别，即在官产官业与国家资本主义问题上的首要及根本性的不同。他们之间的区别不仅是理财或生产之间各司其职、各谋其政的差异，更是由于一系列复杂背景及关系所导致的发展资本主义的不同思想和政策主张。晚清以后，由“商战”、“重商”等思想衍发出大量强调政府在社会经济生活中宏观作用的主张，至民初称之为“国家主义”。如1914年民国参政院代行立法院曾咨请袁世凯，表示“今日国家主义盛行进代，非复重农单纸制度之可用，亦非斯密亚当自由学说之足恃”，要求厉行国家主义的经济政策。① 张謇也曾视好政府为实业“有所怙恃而获即安”的坚强依靠，但他的目的在于最大限度地发展自由的私人资本主义，即“民办官助”，所以他可以将农商部隶属的12家官营企业概行停罢或招商承办。而自清末至民初一直被袁世凯倚为账房先生的周学熙，则欲“举个人所难办，公司所难成之事业”，如路矿、航运乃至纺织等行业，“均由国家直接经营之”②，以实现他的所谓“国家社会主义”的庞大计划。他在财税和经济诸方面都表现出强烈的国家主义、中央集权主义倾向，“其平日政策、主义，固以计划经济，与实业建设为主体，亦犹如当日（指清末——引者）以北洋工艺局推动北洋实业之方略”③。可以

① 《参政院代行立法院咨请大总统厉行经济政策整饬国货文》，《农商公报》第1卷第5期。

② 贾士毅：《民国财政史》，第168页。

③ 《周止庵先生别传》，第36页。

认为周学熙的政策最能代表袁世凯政府的立场[①],或者说他最能为北洋集团的利益做理性的策划和选择。周氏后人回忆道:“吾祖复长财政,不及期年而库有余蓄,因建议项城,每年积国库之所余,兴办工业。先办民生工业,再办军事工业。”[②]周学熙所要发展壮大的实业,实为“兴办公业”即官营业[③],也就是压制和排挤民族资本的国家资本主义经济。贾士毅分析导致民初财政岁出变异的7条原因中,即有“中央集权之说盛行”和“国有事业恒随时势而增进”两条。[④] 由此可见在官产官业处置问题上的差异由来,以及民初经济政策中并不放松控制,并由“财政本位”而必然导致聚敛的重要动机和利益目的。

2. 收归国有的倾向与民族资本的困境

收归国有之说,一方面是出于中央集权的需要,将各省分割的权益收回,然而更主要的,则是相对于晚清后伴随政府的放松宽允而逐渐扩展开来的商民所办实业而言。其实,清末就出现过“干路国有”及收夺电报局的逆流,并成为迅速导致清王朝覆灭的导火线。北洋政府的收归国有倾向,是军阀政权加强控制近代经济的表现,其目的在于补助财政和壮大国家资本主义。下面我们就从“机、船、路、矿”,亦即清末国家资本主义的4项主体行业开始考察。

“机”主要指兵器工业。它在清末民初均为民间工业的禁地。在民初财政极其困难的情况下,官办工业大多陷于停滞,上海江南制造局经费由清末每月40余万元,减为16万元,1915年又进而

---

① [日]渡边惇:《袁世凯政权与周学熙》,1991年未刊会议论文。

② 《周止庵先生别传》,第114页。

③ 汪敬虞编:《中国近代工业史资料》第二辑下册,第933页。

④ 贾士毅:《民国财政史》,第1048—1049页。

减为5万元，以至于经营困难重重、资不抵债。即使如此，北洋军阀对军工仍不释手。1912年至1913年间，先后共向汉阳兵工厂拨款300万两用作恢复和扩充之用。袁世凯还计划将江南制造局并入汉阳兵工厂，扩充为全国军火工业中心基地。黎元洪继起，又拟增其经费为1200万元，虽均因厂址地近南方未果，后改在袁世凯原籍建成河南巩县兵工厂，而汉阳兵工厂也成为军阀政权的主要军火生产基地。至于另外一家官办的福州船政局，则因经费竭蹶和贪污浪费，终致一片残破，而经营见好的江南造船所却始终为英国人毛根一手把持。

对于清末辗转改归商办的轮船招商局，北洋政府始终没有放弃控制和占有的企图。袁世凯和盛宣怀，一个要拿，一个不给。先是盛想仿照日本邮船会社办法，由他来承顶改组招商局，袁世凯乘机于1914年指派亲信杨士琦为招商局督理，王存善为稽查，企图以彻查之名行控夺之实。于是盛又将该局资产由400万两升值为800万两，作为航业股票，再将房地产业另设积余产业公司，资本作价400万元，给袁世凯的企图设置巨大的资金障碍。但是袁世凯指使交通部以命令方式破坏了新股的发行。① 1919年和1922年，北洋政府分别借机派员对招商局进行整顿和查办，延至南京政府时期，招商局终于未能逃脱被收归国有的厄运。此外，商办烟台政记轮船公司因直奉战争损失巨大，北洋政府乘机提出加入100万元官股予以控制，并企图将官股强迫"奉方资本家"出资充任。②军阀政权强夺民产的行径，受到舆论的普遍谴责。当时的《中华实业丛报》连续载文，指责政府既不能像西方列强那样予航商以巨额补助，又无能自置大船，"以为航商之导引，以挽回航业之漏

---

① 尤质居：《我在招商局见闻》，《文史资料选辑》第64辑。

② 《大陆银行月刊》第3卷第2号。

厄",反而大行"择肥而噬之私","纱吾辛苦备尝商民之臂而夺之食,以斩吾国内不绝如缕之航业之生机"![1]

在铁路方面,袁世凯的"统一路政"政策与清王朝"干路国有"一脉相承。至1914年4月,除赣路渗有日资、粤路势力未及和闽路偏在一隅外,各省民办铁路公司均被收归国有。按照政府与各铁路公司的协议,须付还股款本息共6800余万元。但是事实上,除袁世凯原籍的豫路付给股本约400万元现金外,其余均不顾商民的反对[2],统统以债券抵偿,这些债券至1924年已由迅速贬值而彻底停止付现。到1926年年底付还的股款,仅为本金的一半和利息的三分之一[3];实欠近3600万元。[4] 北洋政府收回路权的目的,在于满足各帝国主义国家投资铁路的要求,用以取得借款。19年间北洋政府与各国及国际财团共签订铁路借款合同39件,总金额为3.88亿元。[5] 铁路收益成为北洋政府的一大财源,仅袁世凯当政时就从铁路提取"特别解款"4000万元,1921—1926年历届政府提款共达7045万元。[6] 北洋政府以铁路、实业名义所借外债,大都用于军政费用。其所借款额仅略低于清末同类借款,但修筑的铁路3186公里比之清末的5107公里相去甚远。[7] 所收路权重新纳入帝国主义贷款修筑的计划,正如清末时人评论:收归国有

---

① 《中华实业丛报》第7、12期。

② 《申报》1912年3月20日,要闻二。

③ 宓汝成:《帝国主义与中国铁路》,上海人民出版社1980年版,第225页。

④ 《交通史·财政编总务编》,第二章财政。

⑤ 宓汝成:《帝国主义与中国铁路》,第670—671页。

⑥ 宓汝成:《帝国主义与中国铁路》,第513—514页。

⑦ 宓汝成:《帝国主义与中国铁路》,附录一、二。

不如直称“收归外有”恰当。① 另一方面，清末兴起的民办铁路事业已被摧残殆尽，经政府批准开工的，仅云南个碧石和广东新宁两条限于一隅的短线轻便铁路。事实上，外国学者根据认真的测算也指出，中国完全有能力依靠本民族力量而非必借外债修建。② 因此，“铁路干路国有化，不只是沉重地摧残了中国民间的铁路创业活动，而且极大地削弱了正处在发展中的民族资本的实力”③，阻碍和破坏了近代实业的发展。

在矿业方面，1914 年 8 月张謇拟定“官营矿业办法”，表示虽然新颁的矿业条例定食盐、煤油二种为国有，其他各矿持开放主义，“原无与民争利之心”，但铁铝关系军需、金银铜镍关系币制，所以应增“定为可以官营之业”；尤其铁矿，应先“明定官营铁业之策”，尽可能先将安徽铜山经铜公司、当涂宝兴公司、天长冶山长合公司等已批准的商办铁矿酌予津贴一并收回，继而收回江苏、河南各矿，以免重蹈汉冶萍的覆辙。1914 年 12 月农商部又奉大总统批令宣布，“本部以铁矿关系重要，拟定仿照食盐、煤油之例，作为国家专营。嗣后矿商请领铁矿执照，一律不准发给”。其从前曾经领照之矿，除“大总统批准特许外，或将其矿权设法收回，或将矿砂由官收买，以示限制”④。商矿活动余地，实际所存无几。

北洋政府与中国当时最大的采冶综合矿业企业汉冶萍公司的关系，可视为典型的事例。汉冶萍公司于清末由官督商办改为商

① 宋教仁：《论近日政府之倒行逆施》，《民立报》1911 年 5 月。

② B. W. Huenemann（许内门），The Dragon and the Iron Horse: The Economics of Railroads in China, 1867—1937, Harvard University Press, 1984. p. 128.

③ 宓汝成：《中国近代铁路发展史上民间创业活动》，《中国经济史研究》1994 年第 1 期。

④ 《中华民国史档案资料汇编》第 3 辑，工矿业，第 651 页。

办,南京临时政府曾以其作抵向日本借款共250万日元,并准许中日合办,后因国人反对合办未成。汉冶萍本身因清末南北战事遭受损失,不但营业困难、债台高筑,且鄂省议会有没收汉阳铁厂动议,赣省有派员监理萍乡煤矿举动。公司董事会遂于1912年8月20日呈请北洋政府将其收归国有。然而面对汉冶萍高达4648万元的资本和借款总额(1911年),及一笔接一笔的巨额日债①,还有日本政府的威胁警示,北洋政府有心无力,以拨给500万元南京临时政府所发公债票了事,汉冶萍公司也未完全达到借国有谋支援的真正目的。继之公司董事王子展又提出了将三部(交通、工商、财政)三省(湖北、湖南、江西)共同作为公司股东,辅以大宗外债的"变相国有之议",但在股东大会上被一致否决。② 1914年2月和4月,盛宣怀分别以公司董事会和股东会名义呈请北洋政府将汉冶萍改为官商合办。当时正值张謇拟定"官办商办矿业办法",他在将汉冶萍收归国有不能实现时退而求其次,"惟有以国有政策,定他日之方针,以官商合办,为此时过渡之办法。"张氏先后两次提出合办方法,分别由政府筹付1000万元和500万两(700万元)③,作为铁业国有乃至建立矿业中国家资本主义体系的重大步骤。然而,此方案在政府捉襟见肘的窘境和日本强烈反对的压力下迅速流产。不但如此,袁世凯1915年5月9日所承认的"二十一条"中,第二条即"俟将来相当机会,将汉冶萍公司作为两国

① 武汉大学经济系:《汉冶萍公司史》,1962年原稿,第3—25页;《旧中国汉冶萍公司与日本关系史料选辑》,1985年版,第1112—1118页。

② 武汉大学经济系;《旧中国汉冶萍公司与日本关系史料选辑》,第374—375页。

③ 《张季子九录·政闻录》,《旧中国汉冶萍公司与日本关系史料选辑》,第507页。

合办事业”。25日外交总长陆徵祥照见日本公使,声明“不将该公司收归国有”,再次确认中日合办的屈辱条件。6月,周学熙、梁士诒和孙宝琦等人又策划由孙多森的阜丰企业集团发行债票筹集1200万元,向汉冶萍公司贷款,也因日本反对而作罢。北洋政府对汉冶萍公司收归国有、变相国有及官商合办的所有企图至此完全失败,这对其铁矿国有政策是一个极大的讽刺,而汉冶萍被日本帝国主义渗透以至吞并的险恶处境丝毫未得改善。

南洋兄弟烟草公司是中国近代卷烟业中最大的民族资本企业,它的发展经历了多次的危险和困境。其中既有外国资本英美烟公司1914年、1917年和1922年3次并吞的侵袭,也有北洋政府借“合办”为名企图垄断控制的威胁。合办之议起于政府计划自办烟厂(中国烟草总公司),以直接插足市场广大、利润丰厚的卷烟业,如果得逞则南洋公司势必孤立无援、地位渐失。双方在一因乏财一图依靠的情形下,于1916年和1917年两次谈判,但终因政府“坚持要占总理权”而未能达成协议。① 南洋简氏兄弟原意认为“合‘政府’及国人之力”与外国资本对抗,“未必一定失败”②,对种种合办的条件和企业权益向来是据理力争。然而代表国家资本并应维护民族利益的政府,在民族资本发展与外国资本侵扰的激烈斗争中,非但不能分别起到扶助和抑制的作用,反而甚至趁火打劫,助桀为虐。在卷烟业问题上,政府的烟草专卖和加税政策,在遭到日本及英美势力的阻挠刁难后即踌躇不前,英美烟公司甚至要求在政府烟草委员会中有该公司两名代表。政府在烟草专卖和

① 上海社科院经济所:《南洋兄弟烟草公司史料》,上海人民出版社1958年版,第123—131页。

② 汪敬虞编:《中国近代工业史资料》第2辑下册,第108页。

增收印花税及自设烟厂三项方案中逐步退让到选择自设烟厂一项①,且无能到只有借控制和夺取民族资本企业来实现。在这样的背景之下,民营公司与军阀政府的合办事例,无不类似于与虎谋皮。

收归国有、官有、公有倾向还与政治斗争密切关联。“二次革命”后,许多省份有大兴“党狱”、没收(国民党)党人产业之举。例如湖南军阀汤芗铭即下令严密调查各实业公司内党人股产,并予以没收入官。统计涉及湖南玻璃公司、震发煤产公司、南阳印刷局及楚材钱号数家企业,其中玻璃公司原由国民党人集资开办,已遭杀害或被拘捕的6名党人持有股银4680两,没收入官后仍暂存“办理尚有成效”的该公司中维持经营,可谓化商为官的妙法。②另为防止党人遁迹于实业及学校,又令一律暂停开办公款参与的实业、学务。③ 这是军阀政府政治反动性在经济领域的表现,可称之为经济暴政。

北洋政府加强控制的倾向,促使了多种矛盾的产生和加剧。

其一为中央和地方的矛盾。这是封建政权具有延续性的痼疾。在中央政府欲控制又力有不逮,地方军阀派系左右动荡政局的力量逐渐加大时,则更加突出。民国伊始,湖北省即拟将汉冶萍煤铁三厂矿收归官办,认为它是盛宣怀的私人营业,完全应予充公,不承认其商办性质。这一计划得到代表湖北地方利益的副总统黎元洪的支持,袁世凯则由于汉冶萍头绪纷繁,不予支持。而工商部以该部官本400余万,倍于鄂省官本200余万为由,“拟将三

① 二史馆:《中华民国史档案资料汇编》第3辑,工矿业,第276—283页。

② 《申报》1914年1月3日,要闻二。

③ 《申报》1913年12月7日,要闻二。

厂提归部办”。在湖北省内部,又有纯粹商办的呼声。① 其后又有三部三省参与汉冶萍股东之议,明争暗夺,纠缠不已。又如湖南官矿收归国有一事,在该省各界引起轩然大波,群起力争,取消国有。湘矿督办陶思澄在湖南巡按使前任内曾表示“湘省官矿万不可改隶中央”,但此番职责显然与其原先的姿态相矛盾,遂因舆论激愤而很快被迫辞职。② 财政、农商两部通过继任者提出两项办法,其一仍由湖南办理,每年向国家银行上缴余利,其二由中央督办,每年补助湖南行政费若干。这等于和稀泥,毫无结果。此事延而不决,致使与外人订有购销合同的公私各矿矿务停顿,“不惟湘省与中央生无穷之障碍,且有酿成交涉之虑”。③

中央和地方的矛盾在财政困难的前提下,势必集中表现为对财政来源的争夺。民国初始的南京临时政府时期,除中央外,各地方也大范围募集所谓地方公债。起初约定所得债款由中央和地方对半平分,继而中央难以兼顾掌握,各地方复不断向中央索取债票。孙大总统遂通令各省统一财政,在中央债票发行后各地一律停发债票。④ 北京政府时期,各地政府依然以实业经费为名不断向中央请求拨济,或以迫不得已只能举借外债相要挟。而中央政府在连年举借内外债的同时,由财政部会同外交、工商、农林共四部及单独由财政部先后制定《实业借款条例》、《暂准自由借款规程》、《取缔民办事业借款办法》,严格限制滥借外债并集权于中央。⑤ 各地政府岂有让中央独占借款、税收之利以致坐而待毙之

① 《申报》1912 年 7 月 27 日,1913 年 1 月 17 日,要闻二。

② 《申报》1915 年 12 月 19 日,要闻二。

③ 《申报》1915 年 11 月 4 日,要闻二。

④ 《申报》1912 年 3 月 20 日,要闻一。

⑤ 《申报》1913 年 3 月 7 日,12 月 6 日,要闻一;1914 年 2 月 5 日,要闻二。

理,于是在搜刮、截留等方面人莫予毒,随着中央政府势力的衰微而愈演愈烈。中央集权和地方分权无休止的争斗,“究其实不过大小军阀之祸国殃民耳”,而“所谓财政,早已变成大小军阀穷兵黩武之经济基础”。①

其二为军政、军民之间的矛盾。北洋时期军人干政、气焰嚣张,军阀们不仅霸占政府财政支出的绝大多数份额,其私利和黩武所需也促使他们插手于各项实业。铁矿业国有的政策就是以军需、国防等为主要名目出台的。欧战开始,各种矿产行情见俏,其中钨矿石价值倍增,乃至每吨近1万元。我国钨矿始发现于1914年,1918年产量已高达万吨,居世界首位,据农商部统计有矿28处。② 1916年,直隶(今河北)迁安县鹦鹉山村鸡冠山发现优质钨矿,其后围绕开采权的经年累月的激烈争夺,典型地反映了军地、军民矛盾。

此矿最早由地面业主呈请开采未得核准,很快有商人向农商部报告日本人窃采盗卖情形。1916年10月,陆军部致函农商部,表示钨矿深合造枪及钢条、钢板之用,拟派员着手开采。继而直隶省长向农商部说明取缔日本人、广东人盗采私掘情况,提醒农商部防止“不肖之徒”蒙请发照。农商部遂同意由陆军部派员开采,“他商禀请自应作为无效”。直隶省地方迅速作出反应,要求农商部撤销决定,将该矿由直隶收归省办。其理由是矿址为省有官荒,依法应由直隶开采,而陆军部的所谓与军事有关的理由站不住脚。但陆军总长段祺瑞态度强硬,表示没有商量余地。此事件发生之前,钨矿鲜为人知,也未列入1914年《矿业条例》中所列两大矿质

① 朱斯煌主编:《民国经济史》,银行学会1947年编印,第175页。

② 二史馆:《中华民国史档案资料汇编》第3辑,工矿业,第657—659页。

种类。至此陆军部要求钨矿列为第一种矿质。《矿业条例》规定此类矿“以呈请矿业权在先者,有优先取得矿业权之权”。于是矿商张如渊呈请农商部改定由商开采,有证据表明他于数月前即向直隶省财政厅报领,后又有 7 人陆续禀请。段祺瑞进而要求依照铁矿办法,将钨矿定为国家专营,交由国务会议讨论。农商部乃制定《中国钨矿计划书》和《钨矿国有计划案》,将钨矿定为第一类矿质,应由国家专营。但考虑到钨矿与铁矿相比量小易尽、矿小易采、价贵易售而又难于勘探,若完全收归国营,禁止商民探采,势必妨碍矿业,所以:计划政府有探采优先权,由政府专买专卖,奖励商民发现且收归官办的矿藏,已经注册的商矿可由政府购回;其他情况准由商民探采,后将商民探采的矿区面积限定在 50 亩以下。这一变相国有政策,与陆军部原意有些出入,但鸡冠山钨矿已确定由陆军部新设的钨矿官局开采。其后矿商多次呈请开采钨矿,认为所谓军用矿产不定范围,“则凡开采稍有成效者随即以为国有,置商民之惨淡经营于不顾,群将视采矿为畏途……若此则实业前途万难发达,国家财用奚自丰饶”,然而并没有得到政府的关注与许可。

关于钨矿探采办法的争议一直延续到 1922 年。此时段祺瑞已因第二次直皖战争而失势,钨矿也因欧战结束而有所贬值。1922 年 7 月,陆军部与农商部重申上年 4 月决定的钨矿商采官销办法 5 条,并会订了《全国钨矿商采官销暂行章程》25 条、《全国钨矿总局暂行编制章程》23 条,基本沿用了前述 1918 年国有计划。事情到此应算告一段落,但钨矿局的开办费及第一月经费,随即又成为陆军、农商和财政部三者间新一轮磋商即扯皮的对象。① 在由鸡冠山钨矿开采权案开始的这一系列事件中可以看到,国家法

---

① 二史馆:《中华民国史档案资料汇编》第三辑,工矿业,第 638—673 页。

规对军阀缺乏约束力,他们可以按自己的利益需要随意更改法规和政策,“他们的号令,就是法律”①,地方政府也蒙上欺下争权夺利,结果是处在最底层的商民的利益要求得不到任何保障。

其三是官商矛盾。官商矛盾是诸多矛盾的集中体现和集点,带有根本性和普遍性。前述事例中无一不包含官商矛盾,即中央、地方政府及军方与商民之间的矛盾,而民族资本中军阀官僚私人资本与商人资本的结合,更加深了这种矛盾的复杂程度。官商矛盾的产生和发展,源于政府对经济实行干预的不合理,即政策的失误乃至反动,例如“与民争利”、夺民之业的问题。从清末袁世凯得势,主持华北“新政”,并于1908年主持将电报局收为国有开始,收夺商民权利就成为一股自清末延至民初的逆流。在政策上也表现出与公诸于众的法规则例的宽允精神背道而驰的,重聚敛轻建设的、加强控制垄断的偏好和取向。民初许多重大的实业项目如铁路、矿业、电信、航运,沦为军阀政府抵借外债和混战政争的工具,广大商民的经营权利和财产权遭受严重的剥夺。在官商矛盾激化的背景下,实业领域企业官办近乎意味着腐朽衰败,官商合办企业中商股力量的大小成为决定经营成败的重要因素,商办企业必须时刻提防官府的侵扰和觊觎,而在众多收归国有官有、改为官商合办的事例中,又可见由商民提出申请的情况。这些商民之中或有厚望于政府的国家主义信徒,或有期望官商一家、成为官商的投机者,但由清末以来对官商矛盾有深切体验的人则认为,“国家之于实业,太上扶植,其次任其自由而弗妄加干涉,最下者与之争”,不幸的是“今之为政者,皆争之徒也”。②

民初实业陷于困境,官办部分毋需多论。而由于政府在政策

① 李权时:《中国经济问题纲要》,世界书局1927年版,第40页。

② 《中华实业丛报》第5期,1913年9月1日。

执行中的反动,商办实业在帝国主义与军阀封建性统治的夹缝中生存,无异于腹背受敌。民族资本中有相当一部分军阀官僚私人投资,其来路与运行都与投资者政治军事势力有密切关系。名噪一时的周学熙企业集团,凭借周本人与北洋派系的渊源关系,得以在企业中贯注大量官款,并可获利报效军阀。他先借强权以启新洋灰公司并吞湖北水泥厂①,又以财政总长威势为华新纺织公司争取"在直隶、山东、河南三省专办10年,在此限内……如有他商愿办纱厂,可附入本公司合办。倘愿独立自办者……每出纱一件,给本公司贴费若干",以后还将扩大到山西、陕西;又为华新公司中官股四成请得保息、免税特权。② 依靠政治势力取得特权后,周学熙资本集团形成垄断倾向,以排挤和驱逐其他投资者为其发展创造条件。因此一旦政治靠山崩摧,其庞大的家族实业不免迅速溃散离析,或为外国资本所吞没。在商办金融等行业的领域中,因"喜与政府结缘"而留下惨痛教训者,也比比皆是。政府的控制聚敛政策及其加剧的官商矛盾关系,是近代实业发展的一大障碍。

总的说来,民初政府的主动控制政策很快归于失败,以至于每一个加强控制的举措都会有若干失控的事例紧随其后。控制是动机和目的,而失控是实际效应即结果,正如以财政为中心是因,财政终至破产是果一样。在评价民初政府的经济政策时,固然不可将政策法令与经济实际相互等同,更要进一步遵循"与经济分析的逻辑相反的经济政策的逻辑"③,即在分明因果的前提下着重考

① 《程定夷关于创办湖北水泥厂经过及周学熙并吞该厂情形呈》,《中华民国史档案资料汇编》第3辑,工矿业,第334—335页。

② 二史馆:《中华民国史档案资料汇编》第3辑,工矿业,第196—199页。

③ [荷]J.丁伯格著,张幼文译:《经济政策:原理与设计》,商务印书馆1988年版,第4页。

察政策出发点,同时把与政策目标未必相符的综合结果纳入我们的视线以内。

3. 由控制到失控及其对经济的阻碍和破坏

袁世凯政府5年间是民初相对稳定的时期,也是民初经济政策集中制定和实施的时期,对全国政局及社会经济尚有一定的控制力。袁氏称帝自毙后,北京中央政府沦为"五日京兆尹",作为推进经济政策施展的权力和财力两大手段丧失殆尽。以权力而言,军阀割据、轮流下台、政潮扰攘,各部官职员日以索取欠薪为事,政令不出都门;以财力而言,民国三四年因借债顺利尚有过低水平稳定,民五以后,"进入到军人割据的局面,截留烟酒税、截留关盐税,划地称雄,财政完全独立,收支不能相抵,不得不转而乞怜于内债和外债"①。然而由于信用扫地,筹借款已非易事,各部官职员则陷于无米为炊的困境。经济政策随中央政府的名存实亡而形同虚设。中华民国进入失控无序的黑暗时期。

以政府公债为背景的证券交易所的兴衰过程,是政府失控的一个有力见证,值得在这里加以分析。

早在清末,梁启超、袁子壮等人已有仿照西商众业公所和日本取引所创办交易所的倡议。1913年,民国工商总长刘揆一召集全国工商界巨头会商决定在通商大埠酌量设立交易所。1914年,财政总长周学熙提出交易所应由官商合办。在商民的奔走吁请下,北京证券交易所于1918年6月5日正式开业,上海证券物品交易所和上海华商证券交易所也分别于1920年7月和11月相继开张。近代交易业终于由茶会、公会阶段进入交易所时期。

上海证券物品交易所开业仅半年,就以125万元的实收资本

① 朱斯煌:《民国经济史》,第200页;贾士毅:《民国财政问题今昔观》,台北正中书局1954年版,第3页。

盈利50多万元。1921年,在全国较有近代经济根基的地区迅速兴起交易所的热潮。到11月,仅上海一地设立的交易所就达112家,汉口、天津、广州、南京、苏州、宁波等地也有交易所52家。名目繁多的交易所进行着种类繁杂的证物交易,交易时间也达到夜以继日的状态。其中交易所本身的股票又成为人们竞相买卖的热门货,交易所之间互营各自的股票,甚至荒唐地炒作自己的股票。但是,真正依法领有农商部执照的屈指可数,如在上海仅有6家,其他有的在外国领事馆注册,有的从工部局领取执照,或由淞沪军使署、法庭或公廨核准。各显其能,貌似合法。短短几个月内,对交易所经济机能认识浅薄而又不惜东拆西借狂热追逐,导致争先恐后设立的近200家交易所似乎成为领社会经济潮流的宠儿,泡沫经济的隐患从一开始便显现出来。

交易所的极盛已值北洋军阀统治中后期,财政上寅吃卯粮、朝不保夕的北洋政府,1912年至1927年16年间共发行公债27种,总额达61206万元。为使公债得售,不惜在发行中大打折扣并许以重息厚利,从而吸引着银行、交易所、信托公司等新式金融业一哄而上,竟造成虚假的极度繁荣。证券市场上除荣损与俱的交易所自身股票外,政府公债券占据了绝对的多数。公债信用的日见虚幻和行市无可逆转的暴跌,终于使交易所热遭受1921年至1922年年关的信交风潮,又经过1924年的公债风潮,以致连锁倒闭不可收拾,只有9家劫后余生。随着北洋政府的覆灭,北京证券交易所一蹶不振,陷于停顿,上海证券物品交易所也难以为继,其证券部并入上海华商证券交易所。

民初在张謇主持下曾于1914年12月颁布《证券交易所法》35条及其施行细则26条,1915年公布其附属规则26条。1921年3月至4月又颁布了《物品交易所条例》及其施行细则和附属规则。然而,政府并未能因有法可依而实现引导和控制,法规中有关交易所设置及营业范围等的限制性规定,因政府的无心无力而形同虚设。在这次交易所大起大落的过程中,企业股票很早就迅速退出证券市场。这固然有民族实业发展受阻、不能引人注目的原因,但更重要的则是超常规模的公债的冲击和泛滥。它使证券交易所一开始就陷入了公债交易所的歧途,对资本主义的发展起着抬高利率、争夺资金的负面作用,本身也因缺乏产业根基而在风雨飘摇中兴衰起伏。近代证交业几度兴衰的全过程,与政府的公债政策始终密切关联,全面地反映出近代政府经济政策中的破坏性的一面及其反动传统。①

民国初年中国资本主义获得了一个短期发展的“殖产兴业”的机会,不少学者倾向于认为:原因之一是在“国家无力图之或无全力图之”之后。② 这不仅证实了民初曾有过政府控制相对较强的时期,而且失控之后资本主义有所发展的事实也反证了其控制政策的阻碍和破坏作用。当然,失控并不意味着有利于发展的自由放任。先就财政来说,以整顿财政和税制改革为主要内容的财政政策,固然如同可能产生正负面效应的两刃刀,但当财税改革寸步难行而改以公债发行作为填补财政亏空的专门工具时,破坏作用便肆虐无阻了。而由所谓经济政策、财税政策的综合方案走向单一孤行的公债政策,恰恰正是政府控制失灵的一种表现。进一步就社会经济而言,中央政府稍有权威时,经济政策中积极的一面尚能产生有限的规范和引导作用,相反,失控则一切全无。所以,控制固然有阻碍和破坏作用,一旦失控则又会出现其他方式的阻碍和破坏。失控时各级军阀政权的反动性恶性延伸、变本加厉,由兴实业

① 徐建生:《证券交易所近代兴衰记》,《中国经济体制改革》1993 年第 1 期。

② 参见汪敬虞:《中国近代经济史中心线索问题的再思考》,《中国经济史研究》1990 年第 2 期,第 3 页。

养税源变成剜肉补疮、竭泽而渔，由力有不逮的控制聚敛变为不加掩饰的压榨和抢掠。所不同的，是这些破坏因素已不再源于统一国家的政策，因而不具备强制、稳定和连续性；作为分裂所造成的政策缺乏的结果，转而带有非政策化的随意性和断续性，变得零碎和散乱。它们又构成资本主义发展必须奋力抗拒的艰难险阻。

袁世凯统治时期，失控便已现端倪。贵州、四川、福建、广东等省恢复罂粟种植加工和售卖、重开厘捐及征收苛捐杂税的情形，前已述及。1907 年清政府曾下令 10 年内禁绝鸦片进口和国内种植，至民初虽鸦片进口骤减，但国内种植却急剧扩大，“除晋、鲁、直、江、浙五省外，殆无不有鸦片之种植”①，各地军阀依靠烟土经营获取军政费用，甚至派兵保护。甚者禁烟机关兼作贩烟机关，致使烟毒流传，祸害社会，破坏经济。政府一再标榜的裁厘减税也流于老生常谈，各省以经费无继为由纷纷恢复已经裁撤的厘卡，并抗拒裁厘的进行②，甚至出现因强征厘捐酿成命案及罢市的恶例。③在中央和地方的财政矛盾中，财政部曾严令各省征收机关报明并上交“较之国家正供款项尤多”的非正当收入④，置“上好之下必甚”的常情于不顾。“二次革命”期间，张勋因镇压革命有功任江苏都督，乃将“所有税务事宜仍沿用前清厘捐名目”，并擅自免去上海税务所所长职，委任上海厘捐局总办。中央为此竟与张反复讨价还价，近乎无计可施。⑤ 全国税务督办梁士诒为筹措袁世凯

① 《东方杂志》第 23 卷第 20 号。

② 《申报》1916 年 1 月 8 日，要闻二。

③ 《申报》1912 年 10 月 6 日，要闻二。

④ 《申报》1916 年 2 月 24 日，本埠新闻。

⑤ 《申报》1913 年 9 月 24 日，9 月 26 日，10 月 2 日，10 月 11 日，本埠新闻。

"登极"所需巨额费用,启用蔡乃煌任江苏、江西、广东三省禁烟特派员。当时香港和上海关栈存有印度烟土6000箱,因土烟盛行而难销。蔡与洋商商定除照原约纳税外,每箱烟土"报效"4500元,这样预计可得2700万元,禁烟遂变为烟膏专卖。① 袁世凯称帝的当年(1916年)与1913年相比,印花税增加了8倍,烟酒税增加了3倍,统捐统税竟增加了60倍。② 上海总商会通电表示,"旧税未除,新税垒增,苛捐巧取,层出不穷,脂膏已竭,何堪再剥"?"政府欲置商民于死地,商民有何能力,惟辍业待毙而已"!③

袁世凯死后社会经济所受破坏,除来自公债、纸币、捐税等方面外(以中交两行纸币暂停兑现命令为开始),更直接来自大小张勋们的连年混战。由于失控,上自总统印绶下到乡村城镇,由铁路、航运、公路到厂矿集市,一概成为可资争夺、割据或毁坏的对象。这已是尽人皆知,不多赘述。

三、民初经济政策的总评析

(一)政策法规的实行局限

民初制定颁布的经济政策法规,广泛涉及工商矿业、农林牧渔、权度、银行金融、交通运输、特别税典及经济社团等各方面。从形式上看,这一时期正在进行并在一定程度上达成了近代经济政策的根本转折,即近代政府以系统性的法规、宽允扶植的倾向规范和引导本国资本主义的发展。从清末到民初既继承又突破的关系

---

① 周志俊:《袁世凯帝制活动与粤皖系之争》,《文史资料选辑》第13辑。

② 谢本书等:《护国运动史》,贵州人民出版社1984年版,第71页。

③ 《申报》1916年1月3日,本埠新闻。

上讲,“民国初期的产业政策就是要使清末中国资产阶级向清朝政权提出的要求,通过自己的双手而得到实现”①,这一目标在表面上部分得以实现。民初通过资产阶级人物颁布的《商人通例》(73 条)和《公司条例》(251 条),较清末的《商人通例》(9 条)和《公司律》(131 条),有很大的提高,且产生了一批清末“新政”时期还没有提出过的新法规。周学熙乃至自诩其《财政方针说明书》中的筹划,“后来国民政府关于财政诸所施为,如银行、币制、税则,皆不出此编所拟之外”②。民初的经济法规建设在近代经济法发育及完善过程中无疑自有其一席之地,发挥了承前启后的作用。

张謇将农商部务划分为法律时期、技术时期和经济时期,期望有财政就绪、大兴经济建设的一日。然而即便处在“无权利之可争”的法律时期,制定各种法规依然困难重重。③ 政策法规的实行则大打折扣。熊希龄人才内阁曾提出颇具气魄的大政宣言,终因“孤立无援”并与各官僚派系相抵触而于数月内倒台④,“所谓大政,所谓方针者,不过一场春梦”。⑤“保息条例”是民初经济政策中可能最具实效的部分之一,然而其出台过程却十分艰难。据民初著名记者黄远庸专访,张謇提出的筹备实业奖励基金和保息基金两方案,受到财政总长、交通系成员周自齐的冷遇和刁难,以经费无着及手续太繁为由不准列入预算,迫使张謇直接向袁世凯呈

---

① [日]野泽丰:《辛亥革命与产业问题》,《纪念辛亥革命七十周年学术讨论会文集》下册,第 2491 页。

② 《周止庵先生自叙年谱》,民国二年,出版时地不详。

③ 《申报》1914 年 7 月 30 日,要闻一。

④ 黄远庸:《远生遗著》第 4 卷,商务印书馆 1984 年版,第 16 页。

⑤ 《申报》1914 年 2 月 7 日,时评。

请批准。张謇一再解释保息方法在于表明政府姿态及培养税源,所定保息资格对于当时公司也几至高不可攀,非但不会增添财政负担且可望起到支持财政的作用。他还斥责财政部的行为如同"牧羊者以剪羊为利,日冻馁其羊而剪其毛,羊且旦夕待毙何有于毛"。[①] 即使这样,也无助于改变保息方法实施条件欠缺的状况。张謇执掌农商部之初,便深感"现在中央政府之事权,尚不能如一外省之都督。论事权则不能统一,论财政则库空如洗,借债则条件严酷,不借则无米为炊"。[②] 所以他公开预言:"以现状论,补助已不能行,保护奖励或可得半。"[③]他在为《第一次农商统计》作序时,流露出"所成者条例焉耳,而犹未尽能无自疚。夫政策之行不行,或亦有天命存焉"的失望和悲观情绪。[④] 1922 年一位研究晚清以来 50 年中国工业史的学者,将民初 10 年称为"黑暗时代",认为袁世凯统治时期保息和奖励的表面文章"与帝制同灭",而"继任之执政者,并此纸上空谈之预算,亦不可复闻矣"。[⑤] 这是对民初政府补助和奖励民族工商业的政策法规未能切实施行的真实反映。

裁厘免税是另一可能最具实效的内容。虽然曾在一定范围内裁除厘金和减免出口税,但北洋政府始终未能将厘金恶税彻底裁撤,在裁厘问题上因困难重重而反复无常。裁厘的先决条件是加税以弥补财政收入的缺口,然而由此进行的税制整顿和改革并不

---

① 《申报》1914 年 3 月 24 日,要闻一。

② 《申报》1914 年 1 月 7 日,要闻一。

③ 沈家五:《选编》,第 9 页。

④ 沈家五:《选编》,第 23 页。

⑤ 杨铨:《五十年来之中国工业》,陈真、姚洛:《中国近代工业史资料》第 1 辑,第 8—9 页。

成功。首先是关税难以自主,其次民国二年对于中央税地方税系统的划分,因中央与地方在“分权”中的矛盾而得不到实行。袁世凯为称帝而收买各省军阀,将各省国税厅、财政司合并为兼管国地两税的财政厅,也骤然加剧了中央对税收的失控。即以新增税种为例,1914 年公布《所得税条例》,官员俸给在抽取之列。“各部人员得此消息,异常惊恐,纷纷具呈本部总长,请为力争,以示体恤”,袁世凯乃以加俸“两相比较决不吃亏”搪塞。其实,财政部也无力于此,因此施行细则一直未能拟定,“以致实行无期”。① 又如 1912 年公布《印花税法》,确为政府开辟了一条财路,但在烟草等行业中也由于外国势力的干涉而未得实行。另一方面,财政的困乏又使该税征收屡屡滑出合理的轨道。因此商人因官吏强迫购用印花票而罢市的事件时有所闻。② 据曾任全国印花税处总办的李景铭回忆,印花税法原定 10 元以上贴印花 2 分,后改为 1 元以上 1 分,“各省借口违法,抗而不贴,租界则推行尤难。”1917 年张勋复辟,清废帝发布的首道上谕即是撤除民国新设的印花税。1923 年政府公债政策路末途穷,非主管部门甚至“私印私运私押私售”印花票 500 万元,“欲以印花代现金使用”③,税政至此已无法规法制可言。

就经济法规三个层面的政策内容来看,保护、扶植和奖助类法规实行最差,造就公共手段和设施条件类次之,如保息的流于空谈,奖励和裁厘减税限于狭窄的时空范围,币制改革也只走出铸就袁头币的一步。这与政府的财力匮乏密切相关;界定和规范类的

---

① 《申报》1914 年 1 月 31 日,5 月 14 日,要闻一。

② 如 1915 年山东济宁即发生了 2000 余家商号大规模罢市的事件。见《申报》1915 年 5 月 1 日,要闻二。

③ 李景铭:《一个北洋官员的生活实录》,见《近代史资料》第 67 号。

法规产生了一定效力,并为后来所沿用和修补。虽然此类法规的实行更多地依赖政府的权力而非财力,缺乏财力的政府行使权力时必然受到严重的局限,由此而来的政局频繁变动依然对法规实行产生了消极的影响。例如洪宪帝制时期农商部提出对《公司条例》进行修改,除涉及公积金及每股股份下限额外,将阻碍企业经营的官利制度重新恢复。① 这无疑是政治逆流对经济行政的反动影响,是全面倒退的反映。

所以,从实质上看民初并没能实现近代经济政策的根本转变。虽然产生了一定数量的政策法规,但也仅仅停留在张謇所说的"法律时期",并不具备根本转变的核心标志——走上以发展资本主义为宗旨的法制化轨道,离法规完备和依法干预经济仍然有巨大差距。

民国元年首届全国工商会议,对民初经济政策法规的颁定和成型有着重大的推动作用。时隔 13 年后,1924 年 9 月农商部再次召集全国实业会议。两次会议一前一后,可资比较。

全国实业会议代表百余人,会期 15 天。会议通过议案 158 件,这是因为此类会议迟迟再开,实业界已久受阻碍与破坏之苦。实业会议处于准备阶段时,即有磁(瓷)业界代表以湖南醴陵瓷业公司为例,提议政府裁撤厘金、改收统税作为维持之计;又有矿业商人要求政府针对沿边各省区矿务修改法则,阻止"官办矿局所蒙混垄断、巧取豪夺",简化发照手续,暂免一切杂征,以利商民。实业代表们依然希望政府尽到应尽的责任,如后起的实业巨子荣宗铨等南方纱、丝、粉业代表在"提请政府实力维持实业"案中表示,"政府之于实业,犹如家人父子,休戚相关。政府应予实业以

---

① 《申报》1916 年 1 月 27 日,本埠新闻。

优厚之培植，以发展其精神能力，使达于巩固自立之境”。他们要求迅速划一币制，国家轻利以重实业，取缔损害实业的交易所，进口货增加营业税，整顿国有铁路。实业会议的提案“或期全局之改良，或谋各业之发展”，未尝不是强国富民的合理建议。然而，正如该会议长、曾任内阁总理和农商总长的颜惠庆在闭幕式上表明的态度，“当此时局艰难，一切政事尤不能不酌分缓急，并顾兼筹”①。又如当年一位官员在调查全国金融后所发的议论：“欲期制度之实行，其先决问题在使政治改善，如政治不能改善，虽有良法美意，亦无由施行。”②北洋军阀政权对轻重缓急的选择，及其政治表现的良善或劣败，到1924年已经十分明显了。

1924年全国实业会议原定分实业代表会议和实业行政会议连续召开，设想将代表议决的提案由各省实业长官迅速会商付诸实施。但在当时政局不靖、交通不畅的情况下，不但实业行政会议被迫取消，实业代表会议也草草收场。此次会议与1912年全国工商会议反差巨大，不仅源于背景的不同，而且表现在会议过程及结果上。实业会议提案除涉及币制、厘金、官营商办、增加进口税等老问题外，又反映了新的问题，如交易所的泛滥成灾、铁路交通四分五裂、兵匪扰商等等。这首先说明经济法规的实施及其产生的积极效用十分有限，而经济行政作为经济政策的重要组成部分早已涣散乏力，其次表明由于失控而导致了经济政策消极面的恶化及肆虐。从经济政策与经济发展关系的角度看，实业会议时期中国资本主义的处境与工商会议时期相比，非但没有进步，反而更形困难，其原因即在于经济政策的衰微、停滞甚至倒退。

① 二史馆：《中华民国史档案资料汇编》第3辑，工矿业，第160—174页。

② 二史馆：《中华民国史档案资料汇编》第3辑，金融(一)，第224页。

(二)由经济到政治的二元性

民初中国社会处在转型初期,其二元性质尤为普遍和突出。不仅表现在文化、经济等领域,而且作为经济集中表现的政治,也在一定时期内和一定程度上呈现出明显的双重性质。比如南京临时政府的焕然一新,北洋时期历届政府的貌新实旧,它们与晚清政府已大不相同,这应当是一个基本的事实。"貌新实旧"是对北洋政府面目的一种相对而言的简单勾画。其中貌新,是因为它冠有民主共和美名的体制,是软弱的民族资产阶级依傍北洋军阀集团的统治、与之妥协并相结合的产物。不论从政治体制、经济基础到人员的组成,民初政府都曾产生过一定的近代转型。之所以判定其为实旧,是因为不论袁世凯及其部属如何笼络资产阶级加入"合诸界一炉而冶"的政府,毕竟是北洋军阀军事政治集团把握着政权,在军阀统治和控制下政府可以走马灯似地一届届更换,甚至于将议员视为猪崽,政府形同傀儡。北洋政权与民初政府并不是一个统一的一元化的整体。在貌新实旧的格局中,新质微弱而又去留不定。貌新实旧的政治与挣扎求生的新经济因素之间,传统经济领域与新经济萌发地之间,深刻的矛盾并未获得化解的可靠契机。经济政策既是联系政治与经济的纽带,也是政治与经济交互作用的主渠道,所以上述由经济到政治的新旧体制的二元并存,势必使该期经济政策具有了双重性质。

经济政策的制定,虽面向全社会,但某项特定政策的后面,必有起推动作用及作为政策目标受体的势力集团存在。民初经济政策之所以具备扶植与奖励的特征和主要导向,与民族资产阶级的地位和命运密切相关。中国的民族资本家受到外国资本及国内封建势力的沉重压迫,迫不及待地争取生存和发展的空间,转而将希望寄托在袁世凯所窃取的民国政权之上。特别是以张謇为代表的一批清末民初兴革的骨干及实业热潮的中坚,他们既在一定程度上得以充任经济政策的制定者和执行者的主体①，同时又是经济政策目标的受体。他们通过斗争和努力使得经济政策具有了保护扶植与鼓励奖助、审时度势以合理干预的面目。这同时也是在致力于促成一个理想的"善良政府"作为"怙恃"，期望它建大功于幼稚的民族新经济，参照已有的成功范例走上中国资本主义的兴盛之路。这些努力曾经产生了一定的实际效果。民初中国资本主义"黄金时代"的出现，应是以经济法规颁定后社会经济秩序、投资环境的相对稳定和好转，激励机制的初步建立，近代企业制度形成中的有效规范等为基本条件的。

北洋军阀政治上对资产阶级的拉拢容纳和它对新经济的宽允扶植，同样是出于维护统治的需要，使资产阶级安心归附的条件，既在于予其一定的参政议政权，更在于对其经济利益和政策需求作出宽允的姿态。但前者重在政治权力的分配，后者则又关系到财政需要的满足。在民国初年的统治者眼中，财政成为新经济与政治间最有价值的连结点，其重要程度即使并非独一无二也足以压倒一切。因此在新经济的发展问题上，北洋军阀官僚与资产阶级代表尽管各有打算、貌合神离，仍能够暂时走到一起，在工商、实业会议上共作议决提案或划分轻重缓急的文章，袁世凯也乐于作出公司保息基金及实业奖励基金等空头许诺。北洋军阀的财政目的，是民初经济政策的另一重要成因。北洋军阀集团的全部经济行为表明，振兴实业作为财源的正常途径是无法满足其急迫且超常的军政需索的，而由清末到民初既继承又突破的政策关系还应有另一面，即北洋军阀对洋务派垄断控制习性的继承，军阀政权对封建王朝政策逆流的继承。所以这一成因本身具有了财政本位、

① 周炼石、张祖国:《经济政策学》，重庆出版社 1991 年版，第 236 页。

非经济导向的特质,它赋予民初政策的,是以聚敛与控制为引动机制和利益目的的潜隐性一面。政策的最大功用在于维护特定的政治制度和利益格局,反动乃至衰败的政治,不可避免地给经济政策打上深刻的烙印,并造成致命的内伤。

民初政治以袁世凯之死分为前后两个阶段。前期政治上尚较稳定,经济政策基本成型,其中的新旧机制及矛盾尚处于并存中抗衡的过程中,而袁世凯复辟帝制在民初政治的一系列反动事件中登峰造极。曾经表示"本部与民生利,上下一心"的"同盟会中心内阁"成员刘揆一,早已随临时约法失效及宋教仁之死而去职;帝制丑剧中袁氏众叛亲离,不但北洋集团中派系分化和纷争猛然加剧,而且苦心孤诣于棉铁主义的张謇、为北洋集团筹谋财源的周学熙等一大批人物,也因为帝制与他们的初衷大异其趣、互不相容,相继离开了政界。袁氏自毙后军阀统治的地方割据化和中央政府的失控,使原有的经济政策停滞不前甚至出现倒退。其中的法规条例成为具文,特征模糊、导向失效,而其聚敛控制的倾向则走向极端,变为对社会经济的直接抢掠和破坏。此时政策中新旧矛盾的抗争以反动政治的肆虐横行而告结束,但军阀统治的覆灭之日也为时不远。

(三)政策分析与评价

新旧机制的二元并存,使民初经济政策具有双重性质;而新旧力量的悬殊对比,又使其动力不足而阻力有余,成为政策本身诸多矛盾和自我羁绊的根源。经济政策的矛盾状态,还从特定的角度关系到民初中国资本主义的发展与不发展。政策矛盾具体表现在以下方面:

其一,动机目的与导向特征。聚敛控制与扶植奖励的矛盾,自清末"新政"甚至洋务运动以来就已存在。从广义而言,这对矛盾是普遍的历史事实。不同的是时而调处得当,时而冲突剧烈。清末的宽允与聚敛,何者为先决定了新政的命运。民国也是这样,何者为先密切关系着政策成败与资本主义的兴衰。促使矛盾激化的主要原因是财政枯竭与军事政治的反动,次要的原因则为社会资金的匮乏与参政阶层的无力。北洋政府不论其早期如何融合各界,毕竟离资产阶级近代政府的标准相去甚远,而且每况愈下。最高统治者并无发展资本主义的主观愿望,更谈不上丝毫的使命感。支配他们行为的是军事政治的野心和私欲,甚至丧失理性地沉溺于封建皇帝的迷梦。这在根本上决定了矛盾双方的强弱。因此张謇始终处在忧患、焦虑和失望之中,周学熙的理性筹划和预期终于一再成为一厢情愿,兼管内债和税务但无兵权的梁士诒也便在政界沉浮无常。显示出进步导向的经济政策,是由多种因素所促成,其发动机制及利益目的原本就存在歧异,矛盾激化使其表里不能始终如一的状况尤为突出,前景黯淡。

其二,权宜之计与长期规划。受上述主要矛盾的支配,政策规划中缺乏近、远期目标的合理安排,权宜之计占主导的地位。张謇在政策法规制定过程中,经常被迫打破正规、从权行事。社会经济对法规的急需程度使他不能坐等政府法制编纂局按部就班的行事,不能容忍它必然导致的低效无能。在得不到协同合作反而备受冷遇和刁难之后,他只能一再向袁世凯具呈请命,而所得到的也只是一种敷衍和应付。最为典型的是在公司保息问题上,张謇所能坚持的,只是在符合条件的棉毛铁业公司"一时实无开办之望"的情况下,"然必须列入预算,令实业家知所观感,宁可临时无费时再议借款"①。这样,张謇苦心营造、贯穿于法规内容之中的,以

① 《申报》1914 年 3 月 24 日,要闻一。

棉铁业带动全国经济崛起的一贯主张陷入落空的局面。同样,在周学熙的政策思路中,财政改革被认为是最急迫、最直接和最基本的,公债、金融和产业政策则被认为是缓不济急的间接办法,其中产业政策则更是期之久远,放在滞后的地位。尽管他也规划出整治之后发展的10大建设项目。但一旦权宜之计与长期规划的矛盾激化,则前者与后者的接轨或因困难过大、或因急功近利而偏入歧途,无法无望与后者接轨,乃至本身异化升级为最终目标,置后者于遥遥无期的虚设状态。民初经济法规,载负着殷厚的期望和久远的使命,然而政策的出台与成型,却在很大程度上带有权宜之计的色彩,走不出短期行为的阴影。

其三,政策需求与发育程度。外力作用下得以发生的近代新经济,是在夹缝中偏畸地生长的。新经济需要国家政权强有力的倡导和扶助,需要积极主动、全面细致的"保育"和规范,以弥补先天不足和早年的失调。但是民初法规的发育程度与这些需求相去甚远。1914年4月张謇致全国商会联合会函中指出:"今法律已颁行者十之二三,未颁行者十之七八"①,反映了总量上的不足。民初法规在种类构成上有许多缺门,如地租、公债、航海、保险、劳动等类尚为空白,票据、破产、公司诸法草案始终未能议定公布。洪宪帝制后占全期三分之二的12年内,政策法规更几无建树与发育可言。其事后制法方式、个人色彩浓重的制定程序、对习惯势力和既成事实的迁就(如厘金、地制、商会),都造成其片面、滞后、被动的缺陷。"公司"与"商人"两条例分别侧重企业法人与法人代表及其使用人,其中以"商业"泛指不限于工业和商业的近代企业,存在着法律名称不正式不严格的局限。原因在于士农工商之

① 《申报》1914年4月2日,来件。

“商人”、“商行”习称笼统含混的历史遗留问题，及当时近代行业分工尚未发达、各行业近代化新旧交替尚未告成的实情。政策于此缺乏足够的明细水准和引导意识。还应该指出，发展资本主义的迫切意识促成了清末以来重工商而轻农业的风尚。民初的农业法规相对薄弱，且局限于垦荒、良种、农具和水利等方面，缺乏针对土地所有权的制度创新内容。热衷于主导产业（棉铁等业）而对基础产业（农业）未予应有重视，是民初产业政策结构性的缺失，而且是一个农业大国近代化要害部分的缺陷。

其四，预期使命与实际效应。经济政策应具有进步、稳定、公正和自由四项目标。民初经济政策肩负为资本主义创造宽松自由而有利的投资及运作环境，公平正规的竞争机制和发展机会，持续稳定的生息条件，以期经济发达社会进步，引导中国完成近代工业化，走上资本主义兴盛道路的使命。

民初政策在一定程度上表现出了这样的导向和特征，并促使一次大战期间的民族工商业在喘息之余，尚能够借机暂时崛起。但是正如张謇的预言，实际效应多是事倍功半或终于无能为力。国有、官有的控制垄断揽夺了商民的权益，破坏了宽松自由的环境；保息不能行则近代“商大于工”的状况难以改观，投资较之投机处于相对劣势；外资、官营和封建势力的多重压迫并未消除，公平正规名不符实；政局动荡战火频仍日甚一日，走向了持续稳定的反面。所有这些都使政策法规原有的积极进步意义和作用大打折扣。非但如此，经济政策中聚敛控制的一面及其极端化，更是产生了与预期使命背道而驰的巨大负效应。

民初经济政策中的这些矛盾冲突，是相互包容、相互影响的。从中既能看到积极的特征与进步的倾向，也可认识其被动性、短期行为、缺乏连续性及实效等特点，更能揭示其财政本位、非经济导向的最大部分本质。上述一系列矛盾中，矛盾双方的对立集中表现在发展与不发展中国的资本主义;而矛盾双方力量对比与抗争的结果,不论从经济政策到经济实际看,又是不发展的一面居于主要和主导的地位。

人·民·文·库
人文科学·撰著

中国近代经济史 1895-1927

【下册】

汪敬虞 主编

人民出版社

第 三 篇

中国资本主义在各产业部门中的发展状况

第十二章
工　矿　企　业

第一节　近代民族工矿业初步发展的历史背景

甲午战争后,中国民族资本工矿业有了初步发展的机会。它既是在人民群众反帝救亡运动直接推动下的产物,又有社会政治的历史背景。

一、清政府对工矿企业体制的改弦更张

甲午战争前,中国近代工矿企业是在官的倡导和约束下进行运转的。在官办、官督商办、官商合办和商办四种经营形式中,以官督商办为主体。战后一方面列强对中国的经济侵略开始过渡到了以资本输出为主的新阶段,中国面临被列强肢解的严重危机。在19世纪末列强争夺势力范围的高潮中,外国资本争相拥入,这种岌岌可危的情势引起了社会动荡,也引发了群情激奋。在工业领域中的“设厂自救”,便成为应付危急情势、救亡图存的对策。另一方面,战争失败后的沉重的赔款和每年偿还的外债本息,极其严重地破坏了清政府在此前10年间勉强维持的财政平衡。战后清政府财政捉襟见肘的狼狈景象集中表现在:“言常用则岁出岁入不相抵,言通商则输出输入不相抵,言洋债则竭内外之

力,而更无以相抵。”[①]在这种现实条件下,清政府再也不可能对官办或官督商办企业注入新资本;同时它也不能不对历年奉行的经济政策进行反思、调整和改变。在1895年8月,光绪皇帝发布的“上谕”说:“中国原有局厂经营累岁,所费不赀,办理并无大效;亟应从速变计,招商承办,方不致有名无实。”[②]于是“恤商惠工”、“振兴工艺”政策开始被提升到治国“本源”的地位。[③]

事实上,清政府历年推行的官办、官督商办体制到甲午战争前夕,已经充分暴露了它们自身无法克服的弊病。就官督商办制度而言,在甲午战前的20多年中,商人在这种类型的企业里陆续投注了相当数量的资本,然而操企业经营大权的,是为数不多的洋务派官僚及其亲信。这种官无资而有权、商出资而无权的极不合理的现象,严重地挫伤了民间资本的积极性。社会舆论对“本集自商,利散于官”[④]的指摘,折射出这一期间民间资本家的愤懑。所以到19世纪90年代,企望发售股票招徕社会资本的活动,不能不遭到商人资本的强烈厌恶和抵制。比如,1896年,张之洞将官办汉阳铁厂改为官督商办体制,他满以为通过盛宣怀可以调动长江中下游沪、汉商人资本的到来;不料沪、汉商人报之以极大的冷淡,以致汉阳铁厂改变体制时所需资金,几乎全是盛宣怀筹划的个人资本。[⑤] 1895年具有官绅双重身份的张謇为创办大生纱厂,也因资本筹集上遇到了重大困难,迫使大生纱厂的筹建过程经历了

---

① 盛宣怀:《愚斋存稿初刊》第1卷,第6页。

② 朱寿朋:《光绪朝东华录》第128卷,中华书局1958年版,第11页。

③ 朱寿朋:《光绪朝东华录》,中华书局1984年版,第3831页。

④ 汤震:《危言》,光绪十六年(1890年)刊本,开矿篇,第2卷,第16页。

⑤ 参见代鲁:《再析汉阳铁厂的招商承办》,《近代史研究》1995年第2期。

"商办"、"官商合办"和"绅领商办"三个阶段;特别是在"官商合办"期间,由于纱厂领用官机,引起了一部分已入股的商人"疑畏"官方的干预,观望不前,"各有退志";未入股者更存"戒心"。① 张謇在集资建厂过程中所遇到的难以状述的重重困难②,也充分说明官督商办和官商合办企业在甲午战后声名狼藉已经到了无以复加的地步。民间资本对"官"的"疑畏",已经是根深蒂固。面临如此严峻的现实,清政府在推行"振兴商务"、"恤商惠工"方针时,除了把商品性的生产事业向民族资本家广为开放外,已无其他出路。甲午战争后,广大工商业者纷纷要求破除官府垄断,自由发展近代工矿企业的行动已经成为不可阻挡的潮流。清政府的"恤商惠工"政策不过是顺应这一时势。

二、民族工商业组织的兴起和资产阶级力量的增强

从中国社会经济全局变化来看,以民间商人为主体的民族资产阶级的力量也得到进一步的加强。反映民族资产阶级力量增长的商会和其他经济团体的产生和蓬勃发展,是民族工商业的发展要求在阶级组织上的体现。

我国民族资产阶级及其代表人物是在同外国接触过程中逐渐了解商会作用的。他们目击西方资本主义国家的商务活动中都有

① 参见大生系统编写组:《大生系统企业史》,江苏古籍出版社 1990 年版,第 4—14 页。

② 参见《通州兴办实业史》,第 111 页;《张季子九录,实业录》第 1 卷,第 11 页。

商会参预其间,“凡官设商肆,定税则,皆必与商会相商”①;即使是旅居中国的外商,也都在其居留地组织商会,影响或干预各地商情。有说“凡各大埠皆西商为主,而华商听其调度,凡市面行情银价,一皆听于西人”。② 这个说法容或有些夸张,不过在华西商商会所起的作用是人所共见的。所以,经济势力日见增长的各大埠的华商,不断呼吁迅速建立商会,为的是“以集商议,以重商权”。③

在戊戌变法期间,维新派多次提出创办商会的主张,曾为光绪所采纳。1898 年,清政府责成刘坤一、张之洞在沿海沿江城市设立商务局。当时上海一部分工商界代表人物张謇、经元善、徐润等在当地筹设商学会;旋因维新变法失败而消散。

官设商务局名义上也倡言振兴商务,可是清政府规定商务局只任用候补官吏,不得任用商董。晚清以来,官、商长期隔阂,积不相能,工商界对这种官办商务局多持不合作态度,商务局根本不能发挥联络工商的作用。在这方面,张之洞、盛宣怀都深具同感。他们也认为“局为官设”的局面如不改变,振兴“商务”的要求无从奏效。

1901 年,清政府商务大臣盛宣怀在上海主持修订对外商约,痛感谈判中的许多具体问题,需要有一个商人组织协助,以了解经济力量日益增长的上海商界的意见和主张。在当时的急切情况下,盛宣怀通过时任上海道袁树勋会同上海著名绅商严信厚等,于1902 年 2 月 22 日成立上海商业会议公所;又经盛宣怀、张之洞奏准,派严信厚为总理,为进行中的商约谈判起咨询作用。④ 嗣后天

① 汪康年:《论华民宜速筹自相保护之法》,《时务报》第 47、52 册。

② 汪康年:《论华民宜速筹自相保护之法》,《时务报》第 47、52 册。

③ 汪康年:《论华民宜速筹自相保护之法》,《时务报》第 47、52 册。

④ 参见徐鼎新、钱小明著:《上海总商会史》,上海社会科学院出版社 1991 年版,第 38 页。

津绅商于1903年仿照上海商业会议公所，经直隶总督袁世凯批示同意，成立天津商务公所①；同年，经张之洞奏准，汉口也创设商业会议公所。②

1903年9月7日，清政府设商部，专司工商事宜，宣称“以保商为己任”。③ 翌年，清政府又核准颁行《商会简明章程》26条，规定“凡属商务繁富之区，不论系会垣，系城埠，宜设立商务总会，而于商务稍次之地，设立分会，仍就省份隶属于商务总会”；并命令“凡各省各埠如前经各行众商公立有商业公会及商务分会等名目者，应即遵照现定部章，一律改为商会，以归划一”。④ 按照此项规定，成立已达2年又3个月的上海商业会议公所，遂于1904年5月正式改组为上海商务总会。同年11月，天津商务公所也改组为商务总会，随之全国各通商大埠相继创立商会；外洋各埠华侨商人聚集之处，纷纷设中华商务总会。

至此，人们不难看到，与社会经济相应发展的是，地区性的商业会议公所逐步地嬗变为全国性的工商统一组织即商会。民族资产阶级从此有了为本阶级利益呼号奔走的社团；它又进而揭出“联商情、开商智，以扩商权”的宗旨，起着沟通官府以及与其他社会势力相联络的作用。

在商部推动下，1904年，在全国各地成立的商会和商务分会有29家。又经过两年，到1906年，各省累积便在100家以上，到

① 天津市档案馆、天津社科院历史研究所、天津市工商业联合会编：《天津商会档案汇编》第1辑，天津人民出版社1989年版，第2页。

② 张之洞：《张文襄公全集》第105卷，第8页。

③ 朱寿朋：《光绪朝东华录》，1984年版，第5253页。

④ 据光绪二十九年商部：《劝办商会酌拟简明章程折》，原件藏天津市档案馆，转见徐鼎新等：《上海总商会史》，第59页。

1912年,历年累积已达1000家左右①,显见商会及其分会发展速度之迅速。

于此应该指出,商会的产生和初期发展虽得助于清政府商部的"劝办",但是,商会在短期内之所以能迅速发展,主要的还是由于它所揭示的宗旨和所力行的方针,如兴办实业、抵制洋货、挽回利权等等,实际上都曾是民族工商业者多年营营以求的目标。现在他们期望借商会的推动,达到促进地方经济的发展。1903年下半年,天津30余行业、61家行董集体要求从速成立商会时,一致认为:"天津商埠为总会〔汇〕之区,彼沿海各商埠总会现皆举办,天津独瞠乎其后,无惑乎商务之收效迟也。"②天津商人把当地商务的不振归咎于商会之不及时设立,正是有力地反映了他们对成立商会的作用寄予殷切心情。应该说天津商人在当时的急切要求是具有普遍意义的,这才是商会在全国范围内迅速发展的主导原因。

各地商会及其分会成立以后,在社会经济和政治活动方面都发挥了积极作用。在国内商业活动中,它们通过维持市面,活跃商业运作。尤其当市面头寸告紧、出现金融风潮的苗头时,商会则尽力利用它与各方面的关系,参与缓解金融危机的活动,最大限度地减轻社会金融的损失;此外,如遇有商讼则进行调解;抵制苛捐杂税,敦促政府改良税制;同时"维持公益,改正行规,调息纷难,代诉冤抑以和协商情"。③ 至于在抵制外货扩张上,商会的作用也是十分明显的。如1905年抵制美货运动、1908年抵制日货运动,都

① 参见《各省商会详表》,《中国年鉴·第一回》,第1544—1570页;《中华民国二年第二次农商统计表》。

② 《天津商会档案史料汇编》(1903—1911年)第1分册,第30页。

③ 《上海商务总会章程》,转见徐鼎新等:《上海总商会史》,第62页。

波及全国十几个省大中城镇,各省商会及其分会在这些运动中都起了有力的作用,使抵制运动发展成为全国性的规模。

在商会组织之外,1910 年又建立了由资产阶级组织的实业团体。当年 10 月,随着南洋劝业会召开,在上海、天津实业界和商会代表的推动下,一个全国性的中国实业协会在上海成立。会议通过的章程强调"以联络实业各界调查全国实业,研究进行方法,以发达国人之企业能力为主要宗旨"。① 这次盛会有 29 省商会代表和实业界一百余名代表参加,是实业界一次空前的大规模集会。

1911 年 10 月,武昌起义,辛亥风云驰骤,南京临时政府遂于 1912 年 1 月成立,旧邦新造,社会上更兴奋地掀起振兴实业热潮。这时民族资产阶级渴望政治革命带来"产业革命"的愿望,于是 1912 年年初,便有"中华民国工业建设会"在上海成立,开宗明义,揭出了一个富有时代意义的旨趣,说:"政治革命,丕焕新猷,自必首重民生,为更始之要义,尤必重工业,为经国之宏图。夫社会经济,坠落久矣,金融也,交滞;机关事业也,悉成荆棘。……今兹共和政体成立,喁喁望治之民,可共此运会,建设我社会。而所谓产业革命者,今也其时矣。虽然,欲事建设,须萃人才,抑不有团体,亦无以厚其努力。"②这种热情提倡群策群力,众志成城的思想反映了这一时期人心向背的倾向。

同年 10 月,由一批工商界人士发起,成立"中华实业团",揭示宗旨,为"谋国民经济之发达,助共和政治之进行",同时结合国内具体情况,指出"民国光复以来,库藏空虚,民储刮尽,国困民窘,莫盛斯时,实业一门岂可再忽"? 主张在全国"提倡厚集资本,

① 徐鼎新等:《上海总商会史》,第 108 页。

② 《民声日报》1912 年 2 月 28 日,转见汪敬虞编:《中国近代工业史资料》第 2 辑,第 861—862 页。

振兴百端实业,创办民立银行,以维持金融,提倡出口,以挽回外漏利权”等等。① 中华实业团在成立过程中,曾获得各阶层人士的响应,工商界人士纷纷加入实业团。

除了上述成立的全国性实业团体之外,各地也纷纷建立起地方性的实业团体。如西北实业协会、安徽实业协会、苏州实业协会、镇江实业协会以及黑龙江省实业总会等等,特别是上海的同仁民生实业会,是由华侨银公司总经理徐锐、华侨联合会会长吴世荣、新加坡代表丘醒火、旧金山代表邝尧阶等爱国侨胞发起成立的。揭出的宗旨在注重民生,强调“对于已办之实业极力保护,未办之实业设法提倡”,在国内外都发生重大影响;国内如安徽、江西及江苏扬州等地,都着手设立分会,到1913年,国外华侨入会者已有20余万人之多。②

辛亥革命胜利后,实业团体在国内工商业重要城市风起云涌,并受到工商各界及各行各业热情推动和鼓励,一时间在全国掀起实业建设的高潮。它为这一时期民族资本主义的初步发展做出了鼓舞人心的积极贡献。

三、抵制外资、收回利权对民族工矿企业的促进

甲午战争后10余年中,与国内商业和对外贸易日见发展的同时,国内外市场处于持续扩大的过程中。海关贸易统计表明:从1895年到1910年,我国进出口贸易总值从31500余万关两扩展到84400余万关两,15年中,进出口总值增加近1.7倍。分别来

① 参见汪敬虞:《中国近代工业史资料》第2辑,第862—863页。

② 《时报》1913年3月29日,转见汪敬虞编:《中国近代工业史资料》第2辑,第867页。

看,同期中进口净值从 17100 万关两扩充到 46300 万关两,增达 1.7 倍;出口值则从 14300 万关两上升到 38100 万关两,也增达 1.66 倍,说明进出口值的发展速度几乎是同步提高的。

这一时期,在国际上正是西方列强从自由资本主义向垄断资本主义阶段过渡。资本帝国主义国家过剩资本急于向殖民地、半殖民地国家寻求出路。列强在中国进行划分"势力范围"的争夺,实质上就是为各自的过剩资本追逐出路的集中表现。它们力图开发中国矿藏、抢筑铁路的行径,理所当然地激起了中国人民广泛开展以收回路矿主权为中心的反帝爱国运动。这一运动在短时间内迅速地在全国广泛地展开,它标志了民族资本主义力求突破帝国主义构筑的垄断局面,求得自身的发展。

在开展收回利权运动的同时,在我国又爆发了全国性的抵制洋货的运动。

发生于 1905 年的抵制美货运动就是最先掀起的一个浪潮。为了反击美国资产阶级加剧排华暴行,中国人民在全国范围内掀起了反美爱国运动。这次运动在经济斗争上则以抵制美货为其主要内容。全国主要工商业城市如上海、天津、广州和汉口等地民族工商业者在商会领导下,集会决定"不用美货,不订美货"。① 影响所至,迅速地使美国商品的输入量自运动开展以后,频年不断下降。海关统计数字反映:1905 年,我国对外贸易上全国净输入总值在 4.4 亿余关两,其中由美国输入值达 7600 万余关两,占当年我国外贸进口净值的 17.2%。抵制美货运动开展起来后,美货输入迅即下跌,1906 年全国输入总值为 4.1 亿余关两,美国商品输入值便降为 4400 万余关两,占当年我国输入总值的 10.8%;

---

① 《时报》1906 年 2 月 3 日。

1907—1909年,美国输华商品总值无论在绝对数值上或占我国当年输入总值的比重上,均呈现为不断跌落的景象。1910年,情况更为严重,当年我国对外贸易的输入总值为4.6亿余关两,其中美国商品的输入值只有2400万关两,仅占我国输入总值的5.3%。①美国商人目击该国商品输华值连年剧烈跌落,极为焦急。他们忧虑,如果"中国不用美货之举动坚持不懈,美国各厂家须闭歇六个月。现下所出之货只可运销于本国及南非洲,远东销路业已大坏"。②

在抵制美货运动高潮迭起的过程中,清政府受到美国,以及由美国策动下的英、法、俄、日等帝国主义施加的压力下,不但不敢支持,反而在1905年8月21日和31日接连向各省督抚下达命令,镇压各省群众的抵制外货运动。8月31日的"上谕"甚至说:"中美两国睦谊素敦,从无彼此抵牾之事。所有从前工约,……自应静候外务部切实商改,持平办理,不应以禁用美货,辄思抵制,既属有碍邦交,且于华民商务,亦大有损失。著再责成该督等,认真劝谕,随时稽查,……倘有无知之徒,从中煽惑,滋生事端,即行从严查究,以弭隐患。"③于是直隶总督袁世凯、两江的周馥、两广的岑春煊等为讨好美国势力,都先后进行镇压、制止的活动,袁世凯甚至向天津商人"示禁","令勿附和上海商会抵制华工禁约之举"。④

但是,在人民群众反帝觉悟不断上升时节,清政府的镇压显得软弱无力。当一些执行清政府命令的官员在目睹抵制运动中群众

① 贸易统计数字均见杨端六等:《六十五年来中国国际贸易统计》,第105、106、110、118、121页。

② 《时报》1905年11月9日。

③ 《清实录》,德宗朝,第548卷,第1—2页。

④ 和作辑:《1905年反美爱国运动》,《近代史研究》1956年第1期。

力量如此团结和强大，也使他们认识到“强加禁止，不特抵抗愈坚，转恐激而生事”。① 尽管美帝国主义不断威胁清政府：“它必须对于‘抵制美国货的阴谋’所造成的任何损失负责。”②但是，事情的发展正如一个美国人所说的那样，“即使有那种刺激〔压力〕，它〔清政府〕的措施还是没有充分效果”③。这次抵制外货运动的深远意义使得某些美国人在事实的教训下获得清醒的认识。上面提到的美国人马士（H. B. Morse）就比较坦率地承认，抵制美货运动“的确是一个伟大的民众运动”。④

开展“抵制外货”、“自保利权”的民族自救运动的直接效果，就是外国商品对华倾销遇到了有力的抵抗。在客观上这十分有利于我国民族资本的发展。在运动发展的过程中，单纯抵制外货的活动也次第发展为制造国货所取代。在1905年，上海商务总会举行的有4000人参加的大会上，民族资本家代表人物张謇上台演说，认为仅仅不用美货而易用他国之货，不能称为“抵制”；“必也人人奋起，工厂日兴，迨夫物皆自造，货不他求，然后方可谓为抵制”。⑤ 在这种思潮推动下，1905—1908年，中国资本主义经济发展再次形成一个新的高峰。这一次高峰所表现的特点，不仅是新设厂矿企业的规模和资本较前往的有明显的扩大和增长，个别新设厂矿所拥有的资本已有高达100万元以上的，而且民族资本的

---

① 丁又：《1905年广东反美运动》，《近代史资料》1958年第5期。

② 《美国公使柔克义（W. W. Rockhill）致国务院函（1905年7月6日至11月25日）》，转见马士：《中华帝国对外关系史》第3卷，三联书店版，第462—463页。

③ 马士：《中华帝国对外关系史》，第462—463页。

④ 马士：《中华帝国对外关系史》，第462—463页。

⑤ 《山钟集》第4册，第469—470页，转见徐鼎新等：《上海总商会史》（1902—1929年），第94页。

投资范围也在不断扩大,除了棉纺织业和缫丝业仍保持着领先的地位以外,面粉、火柴、卷烟和机器制造各业,以及与近代工业发展密切相关的、近代煤矿工业的开发等,都陆续成了民族资本热烈追求的对象。与此同时,新设工业企业的配置也开始较多地越出沿海、沿江口岸,积极地向腹地城市延伸,成为19世纪后半期我国兴办现代企业以来少见的新现象。凡此种种,都标志了民族工矿企业发展的广度和深度在不断扩大和加深之中。以下我们试就甲午战争以后30年间民族资本主义若干具有代表性的行业的发展及其升沉起落的过程,进行具体的分析,借以说明1895—1927年这一阶段,中国资本主义民族工矿业在新的历史条件下有所发展,而又因内外因素的局限而不能充分发展的景象。

第二节　近代民族工业的初步发展

一、棉纺织工业

在中国民族工业的兴起和发展过程中,机器棉纺织业一直居于举足轻重的地位。从1894年到1927年这30余年中,它经历了迅速兴起、蓬勃发展和在困难中挣扎几个阶段,它的起伏变化,从一个侧面富有代表性地反映了中国近代民族工业发展过程中的若干特点。

(一)机器棉纺织工业的兴起

19世纪90年代,在“设厂自救”呼声的激励下,中国民族工业在1896—1899年和1905—1910年的时期,曾经出现两次创业浪潮。机器棉纺织业在这两次浪潮中都有比较突出的表现。经营棉纺织业的企业家从参与1893年上海机器织布局的生产实践中,了解到创办织布厂“资巨而任重”,而经营纺纱厂,“资本可以稍轻”,

纱厂的规模可以“随其资本之大小而设立”。① 所以，从 1895 年以后，不计原已成立的华盛、裕原、华新和武昌织布等企业，新建的并迅速投产的纺织企业几乎都是新式纺纱厂，一共有 10 家。它们所拥有的机器设备和资本数量，见表 1。

表 1　1895—1899 年民族资本新设纺织厂概况

成立年份	厂名	厂址	纺锭数（锭）	布机数	资本额（元）	创办人	资料来源
1895	裕晋纱厂	上海	15000	—	350000	不详，有说道胜银行买办	《中国工商考》，第 14 页。
1895	大纯纱厂	上海	20000	—	400000	盛某（上海富商）	《中国工商考》，第 14 页。
1896	通久源纱厂	浙江宁波	18000	400	300000	严信厚（曾任督销长芦盐务）	《海关十年报告》(1892—1901 年)，宁波，第 64 页；《关册》，1894 年版，宁波，第 72 页。
1897	业勤纱厂	江苏无锡	10192	—	336000	杨宗濂（长芦盐运使）、杨宗瀚（总办台北商务）	严中平：《中国棉纺织史稿》，1955 年版，第139页；汪敬虞：《中国近代工业史资料》，1957 年版，第 892 页。

① 《中外日报》1898 年 10 月 15 日。

续表

成立年份	厂名	厂址	纺锭数(锭)	布机数	资本额(元)	创办人	资料来源
1897	通益公纱厂	浙江杭州	15000	—	533000	庞元济(四品京堂)	《支那经济报告书》,第31号,第4页。
1897	苏纶纱厂	江苏苏州	18200	—	420000	陆润庠(国子监祭酒)	严中平:前引书,第129页;汪敬虞:前引书,第893页。
1898	裕通纱厂	上海	18200	—	210000	朱幼鸿(浙江候补道)	严中平:前引书,第129页;汪敬虞:前引书,第893页。
1898	湖北纺纱官局	湖北武昌	50064	—	1200000	张之洞(湖广总督)	汪敬虞:前引书,第893页。
1899	大生纱厂	江苏南通	20350	—	699000	张謇(翰林院编修)	汪敬虞:前引书,第893页。
1899	通惠公纱厂	浙江萧山	10192	—	559000	楼景晖(候选同知)	汪敬虞:前引书,第893页。
小计			195198		500700		

表1的统计表明:新设10厂中只有通久源纱厂置有布机400台外,其余各厂专业纺纱。10厂共有纱锭19万余锭,和资本额500万余元。就新设10厂的资力和规模来看,只有湖北纺纱官局拥有资本120万元,纱锭5万余枚外,其余各厂资本大抵在30万—70万元之间,置备纱锭在1万到2万余锭。表明中国近代棉纺织业在其兴起阶段,是以一批中小型规模的工厂为先导的。

在上述10家纱厂筹建过程中,我国国内市场对于机制棉纱的需求量一直处于不断增长的状态中。海关统计反映,在1889年以前，机制棉纱的年进口数量大约在 60 万担上下，到 1890 年，棉纱的进口量便突破了 100 万担，6 年以后又提高到 160 万担，到 19 世纪终了的那一年，甚至超过了 200 万担。① 棉纱进口数量递年赓续增加，表明国内市场对机制棉纱的消费能力存在着深厚的潜力。与这种需求数量日益增长的同时，棉纱生产和销售所实现的丰厚利润，有力地推动了 10 家新设纱厂积极投入生产热潮。从 1896—1899 年，新投产的 6 家纺纱工厂都能在不同程度上获得令人称羡的利润。创设在产棉区、并有充沛供应劳动力的宁波通久源纱厂在 1896 年 6 月开车纺纱以后，昼夜开工，少有间断，每月出产 10 支、12 支、14 支及 16 支的棉纱共计 25 万磅。其产品绝大部分为邻近城乡积极消纳，只有小部分为福建省市场所吸收。当时棉花价格虽然渐见上升，但"纺纱生产仍然极为有利"。② 又如以供应常州、江阴、镇江和无锡本地消费的业勤纱厂，在 1897 年年初投产后，生产一直繁忙。起初这家纱厂只有细纱机 38 台，轧花机 38 台，纱锭 10192 枚，动力设备只有 1 台 350 匹马力的蒸汽引擎。生产 12 支、14 支和 16 支纱，而以 14 支纱为主，年产纱约 7500 件。③ 尽管它日夜开工，但其产品仍不能满足上述各地市场对它提出的需要量。据无锡当地人反映，"这家纱厂的盛况是少有的，它的股息最少将是 25%"。在丰厚利润刺激下，业勤纱厂业主杨宗濂、杨宗瀚准备在已有生产能力的基础上，扩充生产，再增设纱锭 15000 枚。④ 设立在古运河西岸的杭州通益公纱厂，和萧山县

① 参见有关各年《海关贸易统计》。

② North China Herald（《北华捷报》，以下简称《捷报》）1897 年 7 月 2 日，第 45 页。

③ 无锡市工商联档案室藏：《业勤纱厂回忆录》（未刊稿）。

④ 《捷报》1897 年 5 月 28 日，第 945 页。

的通惠公纱厂,都从本省市场取给原料,推销产品,连年经营都很见起色,即使在花价上升的年份,据说也有利润可得。① 由此可见,出现于甲午战争后第一次创业浪潮期中,民族资本纺纱工厂是在国内市场消纳能力日益增长的鼓励下蓬勃兴起的。

但是,推动民族资本棉纺织业勃兴的各种积极的经济因素,对于通过《马关条约》攫取特权的外资棉纺织工厂,同样产生强烈的刺激作用。1897 年,在上海便出现了德、英、美等 4 家外国资本的棉纺织厂,它们共拥有纱锭 145000 枚,更兼资本雄厚、设备新颖,经营管理方法先进,它们在 1897 年成立之后,与民族资本纺纱业争夺原料和产品市场,使后者的处境逐渐从兴旺转入劣势。这期间又因原棉供应紧张,价格上升,如 1893 年以前,华棉一担售价 12—14 两,1895—1896 年,棉价因需求量增加而暴涨,每担售价在 14—16 两之间浮动,遂使华商各纱厂为储备原棉而痛感资金拮据。一度形成的华商设立纺织厂的热潮在 1899 年大生纱厂勉强创办之后,便转为沉寂。从 1900 年到 1905 年,6 年中民族资本棉纺织厂在全国竟无一家成立。

(二)抵制外货运动与民族棉纺织业的初步发展

20 世纪初,正当民族棉纺织业兴起遇到障碍,徘徊不前时节,在全国主要省市为反对外国侵略而掀起了收回利权和抵制外货的斗争运动,它为全国民族工矿企业的发展提供了一个极有意义的转机。

1900 年,在资本主义世界发生了经济危机,列强间对海外市场的争夺更加激烈起来,它们已经不再掩盖垄断市场和垄断利权的野心。尖锐的利害矛盾和争夺终于酿成了 1904—1905 年在中

---

① 《东西商报》,1900 年(光绪二十六年),第 15 页;《中外日报》1900 年 1 月 15 日。

国东北领土上爆发的日俄战争。交战国双方都急忙地为支持厮杀而聚敛军需物资。这使日本棉布不得不减少对华输出：它从1904年输华315160捆降至1905年的232666捆，到1906年，再减为142219捆。[①] 与此同时，日俄双方在交战期间又都急切地就近向中国购买大量布匹充实军需。这个偶然的因素再次刺激了中国织布业的发展。在1905年一年中，在北京、安徽、江苏和河北等地为适应布匹的急需而新设了9家织布厂，1906年又增加5家；不过这些匆忙兴建的布厂规模都不大，多数只拥有资本在5万两以内，属于中小型的企业。[②]

这期间，在国内接连发生了反对外国侵略的运动。继1903年收回利权运动之后，1905年发生了美国虐待华工、迫害华侨事件，美国国会通过了新排华法。于是全国人民为反对美国暴行和霸道行径，广泛开展抵制美货斗争；延至1908年，又发展为抵制日货的运动。全国主要工商业城市如上海、广州、天津、汉口等地的民族工商业者一致执行"不用美货，不订〔购〕美货"的决议，使美国输华商品值从1905年的7600万余关两，下降为1906年的4400万余关两，1907年更降为6690万余关两。这种输入额逐年下降的趋势一直持续到1910年。这一年美国输华的商品值仅有2400万余关两，为1905年的31.5%。同期，其他主要资本主义国家输华商品值虽不像美国那样剧烈下降，但也明显地出现了对华出口值有所趋低的倾向。例如，英国输华商品值从1905年到1909年便从8640万余关两下降为6820万余关两，减少了21%左右；日本在1908—1909年的输华值也较1905年减少了3%。全面地

---

① 王子建：《日本之棉纺织工业》，附录，统计表LVIII。

② 参见汪敬虞：《中国近代工业史资料》第2辑，科学出版社1957年版，第894页。

审查,这期间外国输华商品总值从1905年的4.47亿关两下降到1908年的3.94亿关两。① 在进口商品中一向居于重要地位的棉纺织品,在开展抵制洋货运动的几年中,其进口值显然在不断下降。

表2 中国棉纺织品进口值统计

1905—1910年　　单位:关两

年份	棉纱进口值(1)		棉货进口值(2)		小计(1)+(2)	进口净值	棉纺织品占进口净值%
	值	指数	值	指数			
1905	67208997	100	114243956	100	181452953	447100791	40.58
1906	65140767	96.9	87587078	76.7	152727845	410270082	37.25
1907	57514731	85.2	61401192	53.7	118915923	416401369	28.56
1908	46173328	68.7	64725051	56.7	110898379	394505478	28.11
1909	62464160	92.9	74821270	65.5	137291430	418158067	32.83
1910	62830514	93.4	67852120	59.3	130682634	462964894	28.23

资料来源:杨端六、侯厚培等:《六十五年来中国国际贸易统计》,国立中央研究院社会科学研究所专刊第4号,1931年版,第1、20页。

表2的统计表明:从1905年到1910年,随同外国进口总值下降,棉纺织品的进口值也同步趋低,其中棉织品(主要是布匹)较棉纱的进口值减少更为明显,1910年的进口值只占1905年的59.3%。它意味着抵制外货运动使中国棉纺织品市场在承受外国商品的压力较前有所减轻,民族织布工业的处境相应地有所改善。以产品与美国粗斜纹布相仿的上海各织布厂,在1905年以前过的

① 详见杨端六等编:《六十五年来中国国际贸易统计》,第118、106、110页。

是“连年亏折,久不闻有余利”的日子;抵制外货运动开展后,使销路缓滞的沉闷景象为之一变,变成了“生意之佳为往年所未有”。显然,这种变化“实因各处相诫不用美货,是以本市销场,顿形畅旺”①。经营布业的利润伴随销路“畅旺”而到来。它在很大程度上鼓动起民族织布业资本家投放新投资的兴趣。从通商口岸到内地城镇,在短时间内都出现了择址设厂,购置机器,从事织布的生产活动。一批专业的机器织布厂和织布工场先后争相成立。从1905年到1909年,在上海、北京、广州、安徽、江苏、河北、福建和山西等地,设立的织布工厂计达23家,共拥有资本55.9万元;其中拥有资本在5万元以上的为数不多,只有4家,即在1905年设立的广州亚通织布局和江苏如皋因利染织厂,1907年的广州黄埔织造社合资有限公司和上海宏兴织布厂等,其余的大都为小型工厂,资本额大多在3万元以下。② 此外,还有浙江绍兴厚生织染所③和湖南湘潭瑞锦机器织布公司④,估计是中型企业,惜资本额不详。至于手工织布工场,这时成立的就更多。从1905年至1910年新设的工场有61家之多,大多购置国外制造的手织足踏铁轮机,分布在江苏、四川、广东、直隶、山西、奉天、湖北和福建等省,其中拥有资本在5万元以上的只有2家,即1908年兴办的奉天锦县私立第一工厂和1909年的直隶饶阳协成元织布工厂,其余的大都是二三万元以下的小型工场。⑤

---

① 《时报》1906年1月4日。

② 详见汪敬虞:《中国近代工业史资料》,第894页。

③ 《东方杂志》,1906年5月,实业,第134页。

④ 《时报》1906年1月31日。

⑤ 详见彭泽益编:《中国近代手工业史资料》第二卷,三联书店1957年版,第369—371页。

应该指出,这一时期,作为中国棉纺织业重心的机器纺纱业在上述政治经济条件变动的刺激下,在原有基础上也有了较大的发展。

在抵制外货运动的有力影响下,外国棉纱输入量频年下降,但消费市场对机纱的胃纳始终保持旺盛,甚至明显地表现为有增无减。这便促成了国内在1905年以后再次出现建造新纱厂的浪潮。当年就有候补道出身的朱幼鸿在江苏常熟创建裕泰纱厂;次年随之兴建新纱厂增为3家,它们是郎中蒋汝坊在太仓建济泰纱厂、退职尚书孙家鼐在河南省安阳首创广益纱厂、中书顾元琛在浙江宁波建和丰纱厂;1907年由翰林院编修张謇经多方集股,购买山西官机12000锭和英国纱机14000锭,在江苏崇明兴建大生第二厂;同年商人荣宗敬、荣德生等在江苏无锡创建振新纱厂;1908年由朱志尧、沈仰高合资在上海创办同昌纱厂;施子美、严惠人集资在江阴创办利用纱厂;1910年,在直隶省宝坻县有利生祥纱厂创立,其创办人不详。6年之间在国内接连不断,陆续创建民族资本新纱厂9家①,为新生产力的跃起提供了积极的新天地。总计民族资本纺纱业在这短短的几年间新增资本约近500万元,新增纱锭129597枚。②

回顾这一次民族资本纺织业再次出现投资热潮以及在新纱厂兴建的持续过程中,有以下几个特点可供进一步研究和探讨。

首先,从这次民族工业全面发展的景象来看,民族棉纺织业虽

① 不包括1907年中英合资的振华纱厂、中日合资的九成纱厂和1910年中英合资的公益纱厂。

② 有关上述各新纱厂的创办人和资本额见汪敬虞编:《中国近代工业史资料》,第892页;各厂所置的纱锭数见严中平:《中国棉纺织史稿》,附录一,中国纱厂沿革表。

然还是走在各业的前头，但与19世纪90年代第一次热潮作比较，它的发展幅度并未表现为更加壮观，也不曾形成波浪式地推进而坚持下去。但值得重视的是，这期间民族棉纺业的发展，基本上是以抵制外国同类产品的压迫，谋求国家经济独立，企图通过自身的成长和发展，使之成为中国社会经济发展的有机组成部分。这种努力，从根本上说，是为中国近代社会经济独立发展作出了有益贡献的。其次，通过这次努力，在民族资本纺织厂的生产配置上出现了比较合理的调整。实践帮助企业经营者较深刻认识到，就近购买原料和销售产品，是保证企业顺利发展的有力因素。新设纱厂开始分别设在与上海相邻的江、浙两省交通比较便利的县城；但广大的内地还只有河南安阳和直隶宝坻两地设立了新纱厂。所以，就全国范围来看，纱厂配置不平衡的特点并不曾发生重大的变化。

此外，这一时期新设的纺织厂还因政局不稳，得不到企业发展所必需的稳定条件。当时推翻清王朝的民主革命运动正处于日益广泛而深入的时期，政局动荡多变；社会经济生活又因对外贸易入超年复一年扩大，民族工业商品市场受挤压，更兼归还外债，偿付战争赔款，常常因银根紧张引起金融混乱。凡此种种不利的外部条件，都给新设棉纺织厂带来消极的影响。就新设纱厂主观上的弱点来看，纱厂的创办人多半来自退职官员，他们一时受优厚的纺业利润的驱使，但不曾审慎周详地考虑本身并不具备经营新式企业所必需的新知识，特别是现代生产技术和经营管理方法。他们醉心于运用封建管理的落后方式来领导和组织新式企业的供、产、销业务，以致经常出现矛盾而不自觉。譬如他们在工厂管理上习惯地保留着落后的工头制，造成了原料、机物料、动力、人力的很大浪费，而且生产效率低下，产品质量难有保证。所以，在新纱厂投产后不久，创办人便发现他们的产品在进口洋纱和外资在华纱厂的产品面前,显得缺乏竞争能力,难以实现原来期望的高额利润。这一时期的实际情况反映了:新设纱厂中只有南通大生纱厂经营比较顺利,生产经营规模频年有所扩大,而其他纱厂多数境况不佳,有的甚至出现亏蚀。有记载称:常熟裕泰纱厂初创的几年中,完全无利可得;太仓济泰纱厂,开工未及两年,亏折已在10余万两;宁波和丰纱厂初创几年,尚可勉力维持,1911年因原棉失收,原料不继,被迫停工,次年复工后仍然困难重重。江阴利用纱厂创建后的次年,便出现资本周转不灵,不得不抵押于苏州厚生公司。① 杭州通益公纱厂从1905年秋后因市面转滞,销路受阻而无所进展。② 无锡振新纱厂大股东荣瑞兴从事投机,将厂房地契押入汇丰银行,旋因股票投机失败,无力赎回,工厂几遭查封抵偿。③ 据不完全统计,从1905—1911年,7年中新旧纱厂之改组、出租、出售的竟达8家11次之多④,充分反映了这一时期新创纱厂的经营状况,远不如1895—1898年那样生机勃勃。

(三)第一次世界大战与棉纺织业的短暂繁荣

第一次世界大战时期,海上运输发生重大困难。欧洲各交战国厉行战时经济生产法规,轻工业生产受到一定的限制。因之,外国输华棉纺织品相应缩减。这个现象在海关统计报告中明显地反映出来,见表3。

---

① 以上各厂的情况参见严中平:《中国棉纺织史稿》,附录一,第348—350页。

② 海关总税务司署编印:《通商各关华洋贸易总册》(中文本),1905年版,杭州口,第60页。(以下简称《关册》,中文本)

③ 上海社会科学院经济研究所编:《荣家企业史料》,上海人民出版社1980年版,第26页。

④ 严中平:《中国棉纺织史稿》,附录一,第351页。

表 3　外国输华棉纺织品历年进口值变化

1913—1918 年

单位:千关两;指数:1913 年=100

年份	棉纱		棉织品	
	进口值	指数	进口值	指数
1913	72537	100	109882	100
1914	67091	92.5	111168	101.2
1915	68415	94.3	80885	73.6
1916	63977	88.2	72705	66.2
1917	65501	90.3	93449	85.0
1918	55573	76.6	95807	87.2

资料来源:有关各年海关统计报告。

与外国输华棉纺织品进口值频年递减的同时,欧洲资本主义各国在华纱厂也因战争进行而无力增加投资,扩充生产。民族棉纺织业生产的外部压力明显地有所减轻。但民族棉纺织业的生产和经营在欧战初起的两年并未表现为迅速改观。这是因为在1914 年到 1915 年,在国内出现了棉价上升和纱价跌落的现象,使民族棉纺织业的运作难有重大作为。据推算:生产 16 支纱,在1914 年,每包尚有利润 14 两可得;1915 年因棉价上翔,每包纱反而要亏折 3.13 两。① 1916 年虽然稍见转变,但每包纱的生产仍只有 5.4 两薄利。直到 1917 年,棉业生产经营才出现重大的转机。

① 据记载:1914 年每担棉花售价为 21 两,1915 年上升为 23 两,同期中每包棉纱的售价却从 99.5 两降为 90.5 两。参见严中平:《中国棉纺织史稿》,第 186 页。

当时棉和纱的价格虽然都在上升,但棉价上升幅度比较缓和,而纱价则大幅度提高。纺纱业开始出现了高额利润。例如,1917 年,生产一包棉纱可实现利润 26.4 两,1919 年更递升为 50.5 两,这种高额利润的趋势一直维持到 1921 年。① 这几年就成为经营棉纺业资本家获致高额利润的大好时光。原来处于"奄奄不振"的民族资本纺纱厂,到此时"顿然起色,盈〔利〕年百余万"。② 一些设有纱厂的工商业城市也因为纱业产销活跃,带动了某些与纱业有联系的行业转向繁荣。在上海,与纺纱业有直接联系如纱号、花市,据说都因纱业产销两旺而获得"颇为可观"的盈余,年达 10 万至 30 万元不等。③ 华北工业城市天津,1918 年秋后,每包棉纱市场价格增长 10 余两,买主在市情看涨声中争先恐后,促使天津工商业活动更为忙碌和繁荣。④ 至于各纱厂在这期间的盈利状况,其景象若与欧战前相比,简直是不可同日而语。

例如,创建于 1899 年的南通大生纱厂原有资本仅 44.5 万两,开办之初,利用通州"人工较贱,采运物料亦易"的有利条件,虽也稍见成效⑤,但是它在 1913 年以前的 5 年间,每年所实现的纯利润大抵在 20 万两左右,最多时曾达 36 万余两。第一次世界大战发生后,该厂纯利润遂逐年上升,1919 年最高时达 264 万余两,当年工厂扩充资本,从 200 万两增资为 250 万两。1920 年除大生一

---

① 严中平:《中国棉纺织史稿》,第 186 页。

② 张则民:《三十年来之中国纺纱业》,《茂新、福新、申新总公司卅周年纪念册》,1929 年编印。

③ 《银行周报》第 2 卷,第 4 期,1919 年 2 月 18 日,第 30 页。

④ 《银行周报》第 2 卷,第 50 期,1919 年 12 月 24 日,第 4 页。

⑤ 《大生系统企业史》编写组:《大生系统企业史》,江苏古籍出版社 1990 年版,第 127 页。

厂获纯利200余万两外,崇明大生二厂的纯利也达108万两。[①] 1906年创建、1907年3月开工生产的无锡振新纱厂,在投产后最初的七八年中,进展缓慢。第一次世界大战爆发后,情况有所改观,1914年该厂资本从30万元扩充为50万元。1919年有说该厂获利达130万元[②],这两年(1919—1920年),该厂在高额利润的刺激下,分配给股东的红利高达6分之多。[③] 与振新纱厂同年创办的宁波和丰纱厂,1913年虽曾将纱锭设备由21600枚增加到23200枚,但在经营上颇感困难。可是到了1919年,这家只拥有资本90万元的纱厂,却实现了125万元的纯利,为资本额的138%;1920年的纯利润比前一年更为丰厚,1921年虽稍见减少,但纯利仍在70万元左右。[④] 1908年集资30万两创建的江阴利用纱厂,开办后的第二年,曾因资金周转困难,一度出租给苏州厚生公司经营;1915年,原股东在优厚纱业利润推动下,续招新股,收回自办。到1921年,6年间资本从初创时的30万两增加到72万两,纱锭设备也有所增加,获取利润高达300余万元。[⑤] 1912年以租办武昌纱、布、丝、麻四局为创业基础的湖北楚兴公司,在初办几年,业务并不起色。欧战发生后,国外商品输来湖北数量锐减,而武汉当时尚未创办其他纱厂,楚兴公司的产品遂有了宽广的市场保证。它所产的棉纱、布匹运销湖南、陕西、四川以及西南云、贵各地。1914—1916年,每年盈余据称都在45万两,1917年上升到60

① 《大生系统企业史》编写组:《大生系统企业史》,江苏古籍出版社1990年版,第129页。

② 《银行周报》第4卷,第7期,1920年3月9日,第52页。

③ 严中平:《中国棉纺织史稿》,附录一,第349页。

④ 严中平:《中国棉纺织史稿》,附录一,第349页。

⑤ 严中平:《中国棉纺织史稿》,附录一,第350页。

万两,1919 年又猛增到 200 万两①,1920 年获利最高,有说净利润在 350 万两。② 另据参与经营楚兴公司的当事人回忆:到 1922 年楚兴公司结束时,10 年之中,盈余总额在 1100 余万两,股东共分红利在 800 万两,如按原始 70 万两股额摊扯,平均每 1 万两股本,可得 114000 余两。③ 1915 年创建的申新一厂,额定资本 30 万元,实收 21.7 万余元,1916 年投产,1917 年和 1918 年盈利额各在 11.8 万元和 22.2 万余元。1919 年企业扩充规模,增资到 80 万元,当年盈利达 104 万元,盈利率为 130%;1920 年,再度增资到 150 万元,当年实现利润 127 万元;1921 年又扩大生产,增资到 240 万元,但当年利润量见减,仅在 72.8 万元。④ 天津裕元纱厂创建于 1917 年,初创时实收资本 200 万元,次年投产,正逢纱业经营进入繁荣时期;到 1922 年,该厂在 5 年内盈利累积达 600 余万元。其中除了提存折旧和少量公积金外,提取股息、分派花红,或转账发给股东股票合计达 500 余万元,1922 年固定资本已达 800 余万元。⑤ 天津华新纱厂也于 1917 年由周学熙、杨味云等创办,初创时有资本 200 万元,购置纱锭 25000 枚,经营年余,1919 年盈利便达 150 万元。⑥

以上事例是就第一次世界大战时期若干典型纱厂获致厚利所作的反映。如果就纺纱业全业动态来审察,它提供给人们的印象,

① 《湖北实业月刊》第 1 卷,第 7 期,1924 年 5 月刊。

② 《湖北实业月刊》第 1 卷,第 8 期,1924 年 8 月刊。

③ 《裕大华纺织资本集团史料》编辑组:《裕大华纺织资本集团史料》,湖北人民出版社 1984 年版,第 25 页。

④ 参见《申新一厂历年年结及会计决算表》,《荣家企业史料》上册,第 58、84 页。

⑤ 严中平:《中国棉纺织史稿》,附录一,第 353 页。

⑥ 严中平:《中国棉纺织史稿》,附录一,第 354 页。

自当更为全面和深刻。中国市场上的棉纱需求一向以 20 支纱以下的粗纱为主。所以,有日本人滨田峰太郎曾以生产 16 支纱每包所耗费的生产成本和市场的销售价格作了比较系统的统计,以说明这一时期纺纱业的盈利状况。见表 4。

表 4　第一次世界大战前后中国纱厂盈利情况

1914—1922 年

年份	棉价（每担银两）	生产费用（16 支纱每包银两）	纱价（16 支纱每包银两）	盈利（16 支纱每包银两）
1914	21.00	85.50	99.50	14.00
1915	23.00	93.63	90.50	-3.13
1916	24.00	97.56	103.00	5.45
1917	31.25	125.60	152.00	26.40
1918	37.00	143.18	158.50	15.33
1919	34.25	149.55	200.00	50.55
1920	33.75	147.75	194.20	46.45
1921	32.50	143.20	150.50	7.30
1922	35.85	155.25	140.50	-14.75

资料来源:据滨田峰太郎:《支那汇於ける纺绩业》,1931 年版,第 16 页数字计算,转引自严中平:《中国棉纺织史稿》,第 186 页。

表 4 的统计表明:从 1917 年到 1921 年,是纱业生产盈利累累的 5 年,形成这一现象的主要原因是这几年棉价变动相对缓慢,而纱价则因国外进口锐减,市场需求殷切,因之,纱价更从 1917 年起扶摇直上,居高不下,而且两者之间的反差一直维持到 1921 年。于是,这 5 年便成了华商纱厂创办以来获利最为丰厚的时期。

资本的本能在求不断增殖。资本家作为人格化的资本在优厚纺织业利润强有力的刺激下,为了追求更大利润的到来,势必以最大的热情从事于纺织事业的擘划和发展。一时间华商纷纷通过英、美在华洋行,转向国外生产厂家订购机器,其中“尤以纱厂机器为特甚”。1919 年,上海慎昌洋行“在几个月中便接到订购机器合同 20 件,价值数千万两”。① 不过欧美各国在战时对机器输出采取严厉的限制政策,英国“限制每年以其全国所成纱机 50 万锭,于十分之一售与中国,即 5 万锭也”②,美国在 1917 年参战后,也“严行取缔机器之输出”③。因此订购纺织机器的订货,往往要延至次年,甚至更晚一些时候才能取货。这一情况可以从欧战发生后,我国历年购置纺织机器进口值的数字变动上得到具体的反映。见表 5。

表 5　中国棉纺织机器进口价值统计

1914—1924 年　　单位:关两

年份	棉纺织机进口净值	指数 1913=100	全国机器进口总值	棉纺织机占进口机器总值%
1914	2035644	100	8549527	23.8
1915	1412842	69.4	4744919	29.8
1916	1930657	94.8	6321530	30.5
1917	1216153	59.7	5695878	21.4
1918	1650074	81.1	7436851	22.2
1919	3744011	183.9	14710551	25.5
1920	6903610	339.2	23281538	29.7
1921	26723011	1313.2	56295342	47.5

① 《银行周报》第 3 卷,第 32 期,1919 年 9 月 2 日,第 51 页。

② 张謇:《复北京国民外交协会发展棉业说》(1918 年),《张季子九录》,实业录,第 6 卷,第 3 页。

③ 《关册》,中文本,上海口,1917 年版,第 827 页。

续表

年份	棉纺织机进口净值	指数 1913=100	全国机器进口总值	棉纺织机占进口机器总值%
1922	30480376	1497.3	50192499	60.7
1923	12316486	605.2	30166791	40.8
1924	5510631	270.8	23059724	23.9

资料来源:根据有关各年关册统计报告数字编制。

表5说明:从1915—1918年,棉纺织机器进口值虽有浮动,但其基本趋势是下降的。这显然是与当时我国棉纺织业处于徘徊不前,少有起色,遑论增添设备。1919年及以后各年,情况出现变化,纺织机器进口值也迅见上升,较1914年增加在83%;以后各年更是一往直前,1921年和1922年各猛增达12倍和13倍。但1922年酝酿达半年之久的直奉战争,终于在当年夏天爆发①,华北各省,政局动荡。战争造成铁路交通忙于兵差;有说京奉线上运输兵员数达一百数十万人。于是商人无法向内地发运棉纱,纱厂也难以获得原棉供应。棉纺织业暂时陷入进退两难境地,纺织机的进口值在1922年之后自亦因之低落,这种状况大致延续到1925年。

至于民族资本创建新纺织厂的热潮在1914—1922年间,表现为一共建起了新厂44家,其中30家(居新建厂的68%)是建立在1920—1922年之间。1921年和1922年建造新厂最为突出,两年中共有新纱厂29家投入生产,占1914—1922年全部新建纺纱厂的三分之二。全国纱锭设备则由1914年的503104枚增加到1922

① 参见李剑农著:《戊戌以后三十年中国政治史》,中华书局1965年版,第319页。

年的1632074枚,9年之中增添1128970枚,达2.3倍左右。各厂锭数增加最快的年份也在1921年和1922年,两年中各厂所增纱锭均各在39万枚以上,占9年中全部新增纱锭的69.6%。① 由此可见,人们习惯上把第一次世界大战期间称为民族棉纺织业的"黄金时代",其着眼点显然是就民族棉纺业在这期间利润丰厚而言的;实际上从民族棉纺业的生产能力成长和扩大而言,应该说1921—1922年才是它发展过程中最具关键意义的时期。这可说是民族棉纺织业的发展在这一时期不同于其他行业的一个特点。至此,有必要将第一次世界大战前后我国民族棉纺织业历年生产能力增长的全面情况做一简要统计,以便对这一时期棉纺织业的发展有一整体的了解,见表6。

表6　第一次世界大战前后民族资本纺织业发展情况

1913—1927年　　　　1913=100

年份	华商纱厂			纱厂附设布机台数		
	厂数	锭数(枚)	指数	厂数	台数	指数
1913	21	503852	100	4	2316	100
1914	21	503104	99.8	4	2566	110.7
1915	22	519996	103.2	5	2966	128.1
1916	26	578240	114.7	7	3456	149.2
1917	26	576552	114.4	8	3860	167.0
1918	29	669608	132.8	9	4260	183.9
1919	29	715324	141.9	9	4010	173.1

① 根据丁昶贤:《中国近代机器棉纺工业设备、资本、产量、产值的统计和估量》,《中国近代经济史研究资料》(6),上海社会科学院出版社1984年版,第88页。

续表

年份	华商纱厂			纱厂附设布机台数		
	厂数	锭数(枚)	指数	厂数	台数	指数
1920	36	842894	167.2	11	4540	196.0
1921	51	1238882	245.8	14	6675	288.2
1922	65	1632074	323.9	18	7817	337.5
1924	67	1803218	357.8	21	9481	409.3
1925	68	1846052	366.3	24	11121	480.1
1927	72	2018588	400.6	24	12109	522.8

资料来源:丁昶贤:《中国近代机器棉纺工业设备、资本、产量、产值的统计和估量》,《中国近代经济史研究资料》(6),第88、93页。

这时期,民族棉纺织业发展过程中的另一特点,表现在新建的纺织厂在地区分布上已不像前期之集中于上海,并且逐渐越出江、浙两省,向腹地城市扩散,比较有效地改变了过去集中于苏沪一带的畸形现象。本期中直隶、湖北、湖南、山东等省,都分别创办了2家到8家纱厂①,西南边陲的云南省在1919年也积极筹集资金创设纺织厂。② 特别值得着重指出的是天津、武汉两大城市在本期中陆续创办了几家颇具规模的纺织厂。在天津有恒元、裕元、华新、北洋商业第一及宝成等5家民族资本纱厂,共拥有资本1600余万元,置备纱锭达17万余枚,织机800台;在武汉则有楚兴公司、汉口第一纺织厂、裕华、震寰和申新第四等纺织厂,共有资本600余万元,纱锭22万余枚,织机1400余台。从而这两大城市逐渐发展成为华北、华中棉纺织业的中心,其详细情况见表7。

---

① 《中国年鉴第一回》,1924年版,第1444页。

② 《银行周报》第3卷,第28期,1919年8月5日,第52页。

表7　天津、武汉纺织业发展情况

1914—1922年

开办年份	厂名	资本(千元)	已设锭数	开工锭数	计划中或尚未运到锭数	织机(台)
天津						
1914	恒元北厂	4000	30000	10000	10000	300
1916	裕元纱厂	5100	70000	47500	—	500
1920	华新纱厂	2000	25000	25000	—	—
1920	北洋商业第一纱厂	2000	25000	25000	—	—
1920	宝成纱厂	3000	25000	25000	25000	—
	小计	16100	175000	132500	35000	800
武汉						
1913	楚兴公司	700	50000	50000	—	660
1915	汉口第一纺织厂	3000	40000	40000	—	500
1919	裕华纺织有限公司	1200	10000	5000	30000	300
1922	震寰纺织公司	1000	20000	20000	—	—
1922	申新纺织公司第四厂	285	15000	15000	—	—
	小计	6185	225000	130000	30000	1460

资料来源:(1)天津各厂见《中外经济周刊》第43期,1924年1月5日。
(2)武汉各厂分见《中外经济周刊》第31期,1923年10月6日;楚兴公司资本及裕华公司见《裕大华集团史料》,第5页;申新第四厂见《荣家企业史料》,第86页。

此外,这一时期中新建纱厂所拥有的资本和设备,都较前设纺织厂为雄厚和先进。特别是在管理上,它们认真吸收和学习从社会实践中积累起来的经验,力求摆脱落后的封建残余管理方式的束缚。上海的若干纱厂在进入20世纪20年代以后着手废除封建工头制,聘用由有关专业学校培养出来的技术人员;在厂内则逐步加强车间的技术力量,建立起产品检验和机器检修制度;对工人管理也逐步采取按照科学生产要求,推行一些新措施,注重于劳动生产率的提高。凡此都次第反映出民族资本纺织业的生产和经营管理开始步上新的轨道，刻意追求生产力水平的提高。这是中国近代棉纺织业在繁荣时期所取得的最为宝贵的成就。

（四）20 世纪 20 年代中国棉纺织业发展的挫折

中国棉纺织业经历了第一次世界大战期中几年短暂的繁荣之后，到 1922 年的下半年及其后几年，它就愈来愈严重地暴露其萧条的景象了。

1922 年夏，国内军阀火并，直奉战争使铁路交通瘫痪；更兼当年 4 月间，上海市场出现棉纱价格跌落，并表现为持续下降的倾向。它从 4 月间每包平均银 144.07 两跌落到当年 10 月间的 129 两。与纱价不断跌落的同时，原棉市价却高翔猛涨。1922 年 10 月以后，上海市场所售通州棉花每担从 29 两上涨到当年 12 月的 37 两，而 1923 年全年的花价，每担也都在 40 两上下波动，最高时竟达 48.5 两（纱价、花价变动情况，详见本节附表一、二）。花与纱的市价出现如此相反方向的变化，立即影响到民族棉纺织业在产销上陷于极其不利的境地。美国棉纺织专家皮尔斯（Pearse，Arno，S.）曾就当时华商纱厂 16 支纱每包所需的生产成本与上海市场的售价，做了一个比较系统的调查，见表 8。

表 8　华商纱厂 16 支纱每包价格和生产成本

1921—1924 年　　　　单位：每包 400 磅

季度截止日期	上海棉纱价格 包/两	每包纱成本（棉花、劳力及间接费用）	盈 包/两	亏 包/两
1921 年 1 月 15 日	133.00	110.75	22.25	—
4 月 15 日	133.20	107.25	25.95	—
7 月 15 日	153.70	123.00	30.70	—
10 月 15 日	162.20	156.25	5.95	—
1922 年 1 月 15 日	144.40	144.00	0.40	—
4 月 15 日	145.80	151.00	—	5.20
7 月 15 日	141.60	149.25	—	7.65

续表

季度截止日期	上海棉纱价格 包/两	每包纱成本(棉花、劳力及间接费用)	盈 包/两	亏 包/两
10月15日	127.20	126.50	0.70	
1923年1月15日	148.00	161.50		13.50
4月15日	145.90	158.00	—	12.10
7月15日	148.70	163.25	—	14.53
10月15日	158.00	166.75	—	8.75
1924年1月15日	180.27	188.65	—	8.45
4月15日	174.30	184.95	—	10.65
7月15日	159.80	159.95	—	0.15
10月15日	151.90	149.95	1.95	—

资料来源:Pearse, Arno, S.:The Cotton Industry of Japan and China, Manchester, 1929, p. 157。

此项调查表明:在1921年秋季之前,纱厂产纱1包,尚可获利润22—30两;进入冬季以后,生产成本因原棉涨价而增加,每包纱的利润相应而降为6两左右。1922年的情况也不乐观,春冬两季生产虽薄有微利,夏秋两季产纱1包要亏赔5—7两;1923年的纱厂生产更加困难,竟全年都处于亏赔状态,产纱1包要亏赔8—14两上下;1924年也不见有利的转机。连年困顿,导致民族棉纺织业的萧条景象有加无已!

民族资本棉纺织厂在萧条期中非常突出地暴露了资本不足的致命弱点。在第一次世界大战期中和战后新建的棉纺织厂,大多数是在战时利润有力刺激下匆忙起家的;它们在筹建过程中就不曾认真注意招集足够资本的重要意义。当时棉业利润优厚,企业在金融市场掉转资金并不困难,这便隐藏了资本不足的弱点。及至企业投产后,在1918—1921年正是获利累累时节,多数厂家只着眼于丰厚股息的分配,忽视或不认识企业内部积累的重要性。本章在前面述及棉业繁荣时期各厂分配股息、红利的具体情况,正是证明了各纺织厂“所得盈余大都派作股东红利，对于厂家公积金未尝顾及”。[①] 企业所需的营运资金大多依靠银行、钱庄的短期信贷。这在棉业繁荣时期尚可维持，一旦出现了棉涨纱落，销路壅滞的年代，企业立即暴露由于流动资金短绌，资金掉转困难，无法及时适应花纱价格急骤变化，作出相应的调整措施。比如1922年9月，上海各纱厂充分认识到棉价势将上翔的前景，亟想“将棉花购办备足”，但这时节既是棉花、杂粮上市，市场银根紧俏，又是传统的中秋节结账时期，各纱厂所欠银行、钱庄的短期信贷，必须如期清偿。各企业均深感流动资金不裕，难以利用棉价松动的有利时机，购足原棉备用。[②] 于是纱厂不能不经常处在“纱已抛售，棉待急购”的应急状态中，只好在棉价步涨中，忍受成本不断提高的苦恼。[③]

在棉业萧条期中，棉业资本家曾想方设法，作了不少摆脱困难的努力。

成立于1917年的华商全国纱厂联合会，在1922年企望从棉纱销售价格上，协商一个能为各厂认可的售价，它规定从当年8月起在两周内，每包棉纱售价以135两为最低限价。然而棉纱价格变动有其自身内在的规律，它怎能以纱厂联合会的主观意志为转移？到8月下旬，纱价不但不能从最低限价上上升，反而每包下跌至124两左右，宣告了此项规定的失败。[④] 随后不久，联合会又企图通过供求关系对市场施加影响，决定从缩小生产额上维持棉纱价格，使其不致继续跌落。当年9月底，纱厂联合会遂分向全国各省纱厂征求意见。在取得部分地区纱厂的赞同后，它便作出决定：

① 《银行周报》第7卷，第47期，1923年12月4日，第23页。
② 《银行周报》第7卷，第8期，1923年3月6日，第10—11页。
③ 《银行周报》第8卷，第3期，1924年1月15日，第17页。
④ 《华商纱厂联合会季刊》第3卷，第4期，第219页。

"自1922年12月18日起停止〔生产〕工作四分之一,以三个月为限,届时设市面仍无起色,续停四分之一。"①为执行这个决议,各厂或取消夜班,或停开部分纱锭,以减少棉纱产量。但依靠消极的减工、停工以减少产量,维持棉纱价格,也未能收到预期效果。因为旧中国棉纺织品的市场构成上,华商纱厂的产品在数量上原不居于主导地位,与它同时并存的既有外资在华纱厂的产品,更有源源从国外输入的棉纺织品。因此仅仅减少华商纱厂的产量,便企望能够提高纱价的目的,无异于缘木求鱼,其实际结果恰好为外国在华纱厂和外国输华的棉纺织品提供了获取厚利的良机。当时的舆论非常正确地指出:华商纱厂实行减工之后,棉纱产量必随之而减,正好为日本棉纱输华创造坦途。倘将来纱价转涨,势必造成"华厂已无存货,欲售不能;日厂未停纺,积货甚丰,乘机输入,源源不绝,市面必尽为日商所垄断,涨落唯其所欲"。② 至于外国在华纱厂自然不理睬纱厂联合会的决议,它们甚至利用这一时机,动用贮备进行生产,期待纱价回升。可见,这种在华商纱厂中自我限制生产的措施,显然是很不明智的。在执行后不久,也就销声匿迹了。

在执行上述临时措施的同时,华商纱厂联合会还作了其他多项努力。(1)采纳了企业家穆藕初提出的建议,发行棉业公债,计划发放3000万两债券,以纱厂的房产和设备作抵押,于18年内偿还;(2)向北洋政府请求禁止棉花出口。但是,前者虽经多方奔走,因得不到北洋政府的支持,空忙一阵,无疾而终;后者虽然一度得到政府赞同,但各国外交使团迅即提出抗议。依附外国势力的北洋政府立即噤不出声,并于1923年5月急忙宣布取消禁棉出口

① 《华商纱厂联合会季刊》第4卷,第1期,第63页。

② 《银行周报》第8卷,第27期,1924年7月15日,第14—15页。

令。[①] 从而谋求减轻棉纺织业困难的种种努力，到头来“均以事多掣肘，托诸空谈”[②]，毫无实际结果。

从1923年起，处境日益艰难的民族棉纺织业便不断透露出改组、拍卖和闭歇的消息。纱厂中如常州、大中华、德大、宝成第一、宝成第二、久安、利民、广新和华丰等厂，先后宣布破产，纷纷登报拍卖。[③] 纺织厂中有向外国洋行或银行告贷的单位，由于无力偿还贷款，几乎都被外国资本所吞并。如上海华丰纱厂1923年无力偿还东亚兴业会社30万日元的贷款，被迫委托日华纺织会社经营，到1926年终于被日华会社所吞并，改称日华第八厂；上海宝成第一、第二两纱厂，1925年无力偿还东亚兴业会社530万日元贷款，被迫拍卖，也由日华纺织会社买去，改名喜和第一、第二纱厂；天津裕大纱厂1925年积欠日本东洋拓殖会社债款达299万日元，无力偿还，被东拓接收经营。[④] 天津宝成第三厂1923年无力归还美商慎昌洋行借款300万元，遂被该洋行接管；郑州豫丰纱厂在购置纱机时曾向慎昌洋行贷借200万元，到1923年仍无力清偿债务，也被慎昌洋行以“租办”名义，接收经营。[⑤] 这时期中因亏蚀而易主的还有德大、常州和大丰等纱厂；因经营困难而改组的就更多，有大纶、裕泰、苏纶、振华、太仓等纱厂；完全关闭歇业的则有福成、鼎新和久安等厂。[⑥]

---

① 《银行月刊》第3卷，第7期，1923年7月。

② 《银行周报》第8卷，第3期，1924年1月15日，第10—11页。

③ 《银行周报》第9卷，第12期，1925年4月7日，第6页。

④ 严中平：《中国棉纺织史稿》，第197—198页；另参见《银行周报》第10卷，第7期，1926年3月2日，第13页。

⑤ 严中平：《中国棉纺织史稿》，第197页。

⑥ 参见朱兴邦等编：《上海产业和上海职工》，上海人民出版社1984年版，第15—16页。

到1926年,中国棉业生产虽因原棉价格略为降低而渐见转机;“无如北方战事,直鲁苦旱,东三省钱荒”等消极因素,使棉纱销路仍呈疲软迟滞。至于南方又因江阴、扬州各常关及江西省境重征纱税,影响所至,造成江苏省各纱厂“几无日不在亏折赔累之中”。①

即使到了1927年,棉纺织业生产仍然不曾取得显著的成效。内战扰攘成了遏抑棉业发展生机主要因素之一。这一年,郑州陕棉因军运频繁,不能外运,导致上海原棉供应匮乏,不得不仰求印、美原棉供应。成本增高,销路迟滞,上海的华商纱厂在重重困难中,向社会各界力陈华商棉业历年生产日趋凋敝的种种缘由,言辞剀切而沉痛:“纱厂以买卖棉纱为主要营业,然棉贵而纱贱,营业自然亏损。棉何由贵?国产不足,供不敷求一也;交通阻滞,内地之棉不能完全输出二也;捐税重叠,外人有享用三联单之利益(外人以三联单在内地采办土货,沿途概免税厘),而华商则否三也;不能直接购买外棉,多假手于外人,四也。纱何由贵?内战不已,人民生计已穷,购买力薄弱,销路阻滞,苛税繁兴而已。其最痛苦者,则棉价随世界市情为左右,而纱市则一视国内销行滞畅以为断,其疾徐进退,每非并行,而厂商之筹计盈绌,遂至毫无把握,其营业之不能谋利,尤可显见。即就最近市面以言,每16支纱一包,需棉355斤,棉价每担33两,计银117两,外加工资开缴每包银30两,共计成本银147两,而售价平均只得一百三十四五两,每包损失辄在12两上下。加之国内金融贷款息重,厂商辛苦经营,谋偿银行钱庄欠款子金,犹虞不足,日积月累,母子相乘,只有出于售厂之一法。长此不振,不出三年,现存各厂势将无不憔悴以尽!”②兴旺一时的民族棉纺织业自1922年后遂日益陷于苟延残喘的境地。

---

① 《银行周报》第10卷,第29期,1926年8月3日,第11—12页。

② 《银行月刊》第11卷,第8期,1927年5月,第10—11页。

附表一

上海标准棉纱(人钟牌16支纱)每月价格及交易额

1921—1923年

单位:包/两

月＼年	1921				1922				1923			
	最高	最低	平均	交易额(包)	最高	最低	平均	交易额(包)	最高	最低	平均	交易额(包)
1					155.4	140.9	147.17	76450	161.4	142.0	152.29	515550
2					149.7	139.6	145.39	155550	169.5	152.2	160.55	210050
3					149.8	143.4	147.14	154350	167.3	138.4	151.79	1047250
4					151.2	132.9	144.07	260400	149.4	141.5	145.26	427300
5					146.8	138.2	143.14	211100	152.2	141.4	146.12	293200
6					144.5	138.5	141.54	146600	151.6	145.3	148.61	293450
7	158.3	148.1	151.96	268350	144.3	138.3	141.37	107950	153.1	141.3	148.20	406200
8	164.1	146.7	153.59	268500	145.5	131.6	139.91	282950	147.8	141.4	144.48	415450
9	174.4	160.9	167.48	417850	138.7	124.0	130.76	485800	155.6	142.9	149.60	615300
10	168.5	149.6	160.26	279450	133.2	121.3	129.03	558350	173.5	149.3	161.51	945850
11	151.4	132.0	141.56	361750	140.5	130.5	135.55	504100	184.3	165.1	174.38	1270950
12	153.9	135.8	144.79	186550	153.0	131.0	142.72	505000	197.8	134.1	176.76	638400

资料来源:方显廷:《中国之棉纺织业》,1934年版,统计附录表10(丁)。

附表二

上海通州棉花价格

1922—1924 年　　　　　　单位:担/两

月＼年	1922	1923	1924
1		41.00	47.00
2		45.50	46.00
3		35.50	46.25
4		39.50	48.00
5		38.60	48.00
6		40.50	49.00
7		41.00	50.00
8		39.50	47.50
9		39.00	37.50
10	29.00	41.00	37.00
11	32.50	48.50	23.80
12	37.00	47.00	40.00

资料来源:方显廷《中国之绵纺织业》,统计附录表 8(乙)。

二、缫丝工业

中国民族资本现代缫丝工业兴起于 19 世纪 70 年代。它在初创时期深受清政府的封建压抑,进展迟缓。甲午战争失败后,民族矛盾激化,在“抵制外货,自保利权”政治运动开展起来后,民族工业有了较大的发展机遇。中国现代缫丝工业在这样的历史背景下,随着世界生丝市场的扩大,和资本帝国主义加紧掠夺落后国家原料等多种因素下,出现了某种程度的发展景象。

中国近代缫丝业的基本状况,大体上以江南的上海、江浙两省和华南的珠江三角洲两大地区所兴办的机器缫丝厂为其主要依据。内地各省则以四川省稍有成绩。进入20世纪后,江南缫丝工业在上海对外贸易日益发展的推动下,在生产和经营上都有了新的突破和建树;同时,起步最早的华南缫丝工业,也在原有基础上,一直保持着向前发展的势头。所以,稍为详细地考察这两大地区现代缫丝工业的演进和变化,基本上可以反映近代中国缫丝工业发展的曲折历程及其经营方式上的特点。

(一)甲午战后30年间缫丝工业成长的基本状况

1. 江南地区的现代缫丝工业

江南地区的民族缫丝工业首先出现于上海,其后逐步发展到江苏省的镇江、苏州、无锡、丹徒,和浙江省的萧山、杭州、湖州以及绍兴等地。

江南民族缫丝工业的发端允推浙江丝商黄宗宪于1882年在上海创建的公和永缫丝厂。到1894年又陆续设立4家丝厂,进展相当缓慢。甲午战争后,从1895—1899年5年中,全国又新设机器缫丝厂66家,共计资本725.1万元(内有6家缺资本记载),平均每家约有资本12.08万元;其中设在江南地区的有40家,以设在上海为多,计有18家,其余22家分布在浙江的富阳、绍兴、海盐、萧山、嘉兴、嘉善、平湖、杭州、硖石;江苏吴县、苏州、镇江、塘栖等地,共有资本526.3万元(内有5家缺资本记载),每家平均在15.03万元。上述统计表明,江南地区新设丝厂数占全国新设丝厂总数60.6%,但资本额则占丝厂新投资的72.5%。因此,从总体上看,设立在江南地区的新丝厂具有比较雄厚的资力。至于具体到各家丝厂,仍是多寡不一;多数丝厂的资本额大抵在15万—30万元之间,拥有资本30万元以上的只有4家,所置丝车各在

300—500 部左右。[①] 这几家可算是当时丝厂中最具规模的丝厂了。

20 世纪第一个 10 年,江南地区又陆续增设丝厂 36 家,新投资在 447.6 万元;其中仍以设在上海居多,计有 21 家。惟新设各厂资本额均属中小型规模,大多数在 20 万元以内,只有 1904 年由祝大椿创办的源昌丝厂,拥有资本 50 万元,是当时丝厂中资力最见雄厚的单位。[②] 这又表明:这 10 年中,丝厂虽然日见其增,但丝厂的生产能力和规模却未见明显的发展。

引人注意的是,19 世纪末江南地区现代缫丝厂除在上海设立之外,镇江、苏州和杭州等地都曾比较活跃,但进入 20 世纪第一个 10 年,却转为徘徊不前,无所建树;而并无基础的江苏无锡县,却呈现了前所未见的积极性。10 年中先后成立了 7 家丝厂,共有资本 62.3 万元,占同期江南地区缫丝业新投资的 14%。[③] 特别是无锡现代缫丝工业从 1904 年起步以后,便以比较稳健的步伐进入发展阶段,逐步成为江南地区仅次于上海的现代缫丝工业的另一重镇。与镇江、苏州、杭州等地缫丝业情况相比较,无锡的缫丝工业同样经历了诸多困难,但成绩卓著,成为后来居上者。所以,在考

---

① 根据杜恂诚:《历年所设本国民用工矿、航运及新式金融企业一览表(1840—1927 年)》,见《民族资本主义与旧中国政府(1840—1937 年)》附录,上海社会科学院出版社 1991 年版,第 323—327 页;另参照汪敬虞编:《中国近代工业史资料》第 2 辑,科学出版社 1957 年版,第 896—898 页。

② 根据杜恂诚:《民族资本主义与旧中国政府(1840—1937 年)》,附表,第 327—331 页;另汪敬虞编的《工业史资料》中载:1900 年成立之上海振纶、顺记、仁昌各丝厂,各拥有资本都在 50 万元以上,但杜编《一览表》未录,其原因不详。

③ 根据杜恂诚:《民族资本主义与旧中国政府(1840—1937 年)》,附表,第 327—331 页。

察江南地区现代缫丝工业的发展历程时,上海和无锡的缫丝工业无疑具有典型意义。

开港以来,上海一直是江南地区蚕丝贸易中心。从 19 世纪 70 年代起,上海外资经营丝厂所产机缫丝的价格与民间手缫丝异常悬殊,平均每担高扬 200 两左右,即高出 20% 到 50%。① 机缫丝丰厚可羡的利润,势必成为华商丝厂兴起有力的推动因素。根据文献记载和档案史料,甲午战争后 30 余年来,上海华商经营的现代缫丝工厂及其主要设备的基本状况有如表 9 统计所述。

表 9　上海华资丝厂及设备统计

1895—1927 年

年份	丝厂数	丝车数(部)		资料来源及附注
		实数	指数 1897=100	
1895	12	?	—	Chinese Economic Monthly,1925 年 3 月号,第 3—7 页。
1896	17	?	—	Chinese Economic Monthly,1925 年 3 月号,第 3—7 页。
1897	25	7500	100	Chinese Economic Monthly,1925 年 3 月号,第 3—7 页。
1898	24	7700	103	Chinese Economic Monthly,1925 年 3 月号,第 3—7 页。
1899	17	5800	77	Chinese Economic Monthly,1925 年 3 月号,第 3—7 页。

① 《字林西报》(North China Daily News),1888 年 5 月 21 日,第 463 页;亦见《英国领事商务报告》(Great Britain Foreign Office: Diplomatic and Consular Reports On Trade and Finance, China,1885—1894)1892 年版,上海,第 18 页。(以下简称《英领报告》)

续表

年份	丝厂数	丝车数(部)		资料来源及附注
		实数	指数 1897=100	
1900	18	5900	79	Chinese Economic Monthly,1925年3月号,第3—7页。
1901	23	7830	104	Chinese Economic Monthly,1925年3月号,第3—7页。
1902	21	7306	97	Chinese Economic Monthly,1925年3月号,第3—7页。
1903	24	8526	114	Chinese Economic Monthly,1925年3月号,第3—7页。
1904	22	7826	104	Chinese Economic Monthly,1925年3月号,第3—7页。
1905	22	7610	101	Chinese Economic Monthly,1925年3月号,第3—7页。
1906	23	8026	107	Chinese Economic Monthly,1925年3月号,第3—7页。
1907	28	9686	129	Chinese Economic Monthly,1925年3月号,第3—7页。
1908	29	10006	133	Chinese Economic Monthly,1925年3月号,第3—7页。
1909	35	11085	148	刘大钧:《中国丝业》(英文),第94页。
1910	42	12554	167	《上海市缫丝工业同业公会档案》(以下简称《上海丝档》)第90卷。
1911	48	13738	183	刘大钧:前引书。
1912	48	13392	179	刘大钧:前引书。
1913	49	13392	179	刘大钧:前引书。
1914	56	14424	192	刘大钧:前引书;《上海丝档》第132卷,记:有厂数56家,丝车数不详。
1915	56	14424	192	刘大钧:前引书。

续表

年份	丝厂数	丝车数(部)		资料来源及附注
		实数	指数 1897=100	
1916	61	16692	245	刘大钧:前引书。
1917	70	18386	245	刘大钧:前引书;《申报》,1918 年 7 月 29 日记丝厂 71 家,丝车 18802 部。
1918	68	18800	250	刘大钧:前引书。
1919	65	18306	244	刘大钧:前引书;《上海丝档》第 139 卷称:丝厂 65 家,丝车 17752 部。
1920	63	18146	242	刘大钧:前引书;《申报》1921 年 3 月 11 日记:丝厂 61 家,丝车 18214 部;《上海丝档》第 103 卷,记:丝厂 66 家,丝车不详。
1921	58	15770	210	刘大钧:前引书。
1922	65	17260	230	刘大钧:前引书;《上海丝档》第 194 卷,记:丝厂 68 家,丝车不详。
1923	74	18546	247	刘大钧:前引书。
1924	72	17554	234	刘大钧:前引书;《华中丝工业调查》记:丝厂 68 家,丝车 18576 部。
1925	75	18298	244	刘大钧:前引书。
1926	81	18664	248	刘大钧:前引书。
1927	93	22168	295	刘大钧:前引书。

表 9 的统计表明:在 1911 年以前,上海缫丝工业在 1896—1898 年和 1907—1910 年两段时期,曾有较快的发展;而这两段时期正是中国近代工业兴起过程中出现的两次设厂高峰岁月。上海缫丝工业的发展体现了当年设厂高峰的部分内容。但在 1911 年后的几年,上海缫丝工业发展速度转于缓慢,丝车设备几乎不见增加,大概与当时剧烈的政局动荡有关。及至 1914 年,第一次世界

大战爆发,国际航运线上运输力量显见下降,影响我国机缫丝的外销;但在另一方面,由于欧洲各国因军需紧迫,造成棉织品严重短缺,不得不仰赖丝织品的供应以满足社会需要。上海机缫丝的输出因之反而有所增加。1914 年,上海出口的厂丝为 20974 担,次年上升为 33359 担;1916—1918 年 3 年,则各为 30173 担、30316 担和 29330 担。① 它们都在 1914 年出口量之上。与此相应,上海缫丝工业在这几年的生产则呈现为缓慢上升的势头。华资缫丝厂从 1914 年的 56 家增加为 1918 年的 68 家;投入运转的丝车从 14424 部增加为 18800 部。但是,欧战结束后的 3 年间(即 1918—1921 年),情况又见变化,这主要是与 1920 年国际市场丝价一度下跌有关②;特别是当年 2 月间开始白银汇率下跌③,不利于用银国家的商品在国际市场的竞争力量,使我国生丝出口受到严重影响。当时"上海的丝厂在汇率不利于其产品的出口,和国外又无其产品销路的情况下,面临严重困难,不少丝厂宣告破产"④。上海开工丝厂在这几年中的波动,也明显地反映在表 9 的统计中:1921 年丝厂从上年的 63 家减为 58 家,投产丝车则从 1.8 万余部减为 1.5 万余部。到 1923 年这种情况才见转机,运转的丝车恢复到 1918 年的水平。此后 7 年中,上海缫丝工业投资环境步入比较

① China Maritime Customs: Returns of Trade and Trade Reports, 1914—1918 年, Part Ⅱ, Shanghai, 有关各年。

② China Maritime Customs: Decennial Reports on the Trade, Navigation。Industries, etc., of the Ports Open to Foreign Commerce. 1912—1921 年,上海,第 20 页。(以下简称《海关十年报告》)

③ 1920 年,关两与美元的平均比价为 1∶1.24 美元,1921 年则为 1∶0.76 美元,见"Synopsis of the External Trade of China, 1882—1931 年",第五次《海关十年报告》,1922—1931 年附录。

④ 《海关十年报告》(1912—1921 年),上海,第 30 页。

顺利的时期，新丝厂开设逐年见增。到1927年，缫丝厂从1923年的74家增加到93家，丝车则从1.8万余部增达2.2万余部，被称为缫丝工业的繁荣时期。但是，这种兴旺景象并未维持多久，到30年代初，在世界性经济危机冲击下，特别是日本缫丝工业在世界市场频频发动对华丝倾轧，中国缫丝工业的产销从1931年后步入了下坡路。上海的缫丝工厂也在严重不景气中落入普遍的经营亏蚀局面，成为20世纪30年代经济萧条期中一个十分突出的现象。

上海以外，江苏省无锡县是江南地区民族缫丝工业发生、发展比较顺利的典型。

无锡现代缫丝工业发轫于清末当地商人周舜卿的创举，其历程颇具戏剧性。据记载：周舜卿原供职于上海一家外商洋行，稍积资力后自设行号，代销洋行商品，并在牛庄、汉口、镇江、常州、苏州和无锡等地，先后设立分号。约在1895年前后，周在家乡开设裕昌祥茧行，专为英商怡和洋行收购原茧。1902年，怡和洋行见丝市不振，便借口蚕茧不佳，拒收裕昌祥收购的原茧。周为减少损失，乃向上海华纶丝厂购买旧丝车96部，安装在裕昌祥茧行楼上，自缫自销。开工后恰值丝市回升，竟收厚利，遂引起继续生产的兴趣。旋因茧行失火，丝车全部被焚毁。但缫丝业的丰厚利润推动周舜卿另筹资5万两（有说8万两），重购丝车98部，修建厂房，取名裕昌缫丝厂。为无锡现代缫丝工业兴起迈出了可贵的第一步。①

20世纪初，为外国洋行购销生丝的买办商人都知道经营缫丝利润丰厚。周舜卿的实践引起了更多旅沪无锡商人的冲动。1906年，便有另一位在上海营生的买办、无锡商人王文毓，歆羡丝厂厚

① 钱钟汉：《周舜卿》，《工商经济史料丛刊》第4辑，文史资料出版社1984年版，第105—107页。

利,挪用洋行资金,购买丝车 40 部,准备也在无锡西门外筹建锡金〔经〕丝厂,但未及完工,为洋行告发中止。大约在 1909 年,王文毓筹建的厂址和设备转让给一位徐姓商人手中,但也未开工。到 1912 年,终由无锡缫丝业资本家薛南溟租办,改称锦记丝厂,拥有资本 7.5 万元(有说 3.8 万元),丝车 410 部,开始投产。①

继锡金丝厂之后,无锡商人逐渐重视现代缫丝业的经营。1909 年,商人顾敬斋在无锡黄埠墩创建源康丝厂,投资 7.7 万两(有说 4.5 万两),置备丝车 320 部。② 1910 年,当地商人孙鹤卿筹建乾甡丝厂,置备丝车 208 部,于 1911 年投产。③ 与孙鹤卿筹建丝厂的同年,一位曾在上海公和永丝厂黄佐卿处任账房的许稻荪,凑集资本 10 万两,也在无锡创办振艺机器缫丝厂,购备坐缫丝车 520 部,为当时无锡县规模最大的一家丝厂。④

上述诸事例说明:清末,在通商口岸现代工业有所发展的影响下,在邻近口岸的中等城市中,具有一定新倾向的商人,把他们所掌握的商业资本开始从流通领域转向生产领域流注,这是一种进步的现象。它意味着资本主义关系向内地延伸并扩大其影响;对当地社会生产力的发展起着积极的推动作用。无锡县新丝厂在短短几年中陆续问世可作为有力的证明。

不过,从 1909 年到 1917 年,无锡缫丝业成长的速度还比较缓慢。表 10 的统计表明,它的重大发展是在第一次世界大战结束

---

① 高景岳、严学熙编:《近代无锡蚕丝业资料选辑》,江苏人民、古籍出版社 1987 年版,第 51 页(以下简称:《无锡蚕丝业资料》);汪敬虞:《中国近代工业史资料》第 2 辑,第 900 页。

② 《无锡蚕丝业资料》,第 50—51 页;汪敬虞:《中国近代工业史资料》,第 900 页。

③ 《无锡蚕丝业资料》,第 38 页。

④ 《无锡蚕丝业资料》,第 42 页。

（1918 年）之后，并延续到 20 世纪 20 年代，特别是二三十年代之交，进入它的发展巅峰。

表 10　无锡华商丝厂及设备统计

1904—1931 年

年份	丝厂数	丝车数（部）		资料来源及附注
		实数	指数 1904＝100	
1904	1	96	100	汪敬虞：《中国近代工业史资料》，第 900 页；《近代无锡蚕丝业资料选辑》，第 51 页。
1909	3	826	860	高景岳等：《近代无锡蚕丝业资料选辑》，第 51 页。
1910	5	1914	1993	高景岳等：《近代无锡蚕丝业资料选辑》，第 51 页。
1913	6	2170	2260	高景岳等：《近代无锡蚕丝业资料选辑》，第 52 页。
1914	8	2746	2860	高景岳等：《近代无锡蚕丝业资料选辑》，第 52 页。
1916	9	2530	2635	《江浙皖丝茧公所调查》，转见曾同春：《中国丝业》，第 61—62 页。
1917	8	4532	4720	实业部国际贸易局：《中国实业志》（江苏省），第 8 编，工业，第 100 页。
1919	12	3116	3245	《上海丝档》第 139 卷。
1921	15	4282	4460	陈重民：《今世中国贸易通志》第二编，第 7 页。
1922	19	6340	6604	高景岳：《无锡缫丝工业的发展与企业管理演变》，《中国社会经济史研究》1983 年第 1 期。
1924	18	5536	5766	The Shanghai International Testing House: A Survey of the Silk Industry of Central China, 1925, p. 94.

续表

年份	丝厂数	丝车数(部)		资料来源及附注
		实数	指数 1904=100	
1925	22	7320	7625	《银行月刊》第 8 卷,第 2 号,1928 年 2 月,第 46 页。
1927	25	7980	8312	高景岳:前引文。
1928	37	10158	10581	《无锡各缫丝厂同业公会档案》第 113 卷。
1929	46	12862	13397	《无锡各缫丝厂同业公会档案》第 113 卷。
1930	50	15846	16506	《无锡各缫丝厂同业公会档案》第 113 卷。
1931	51	15678	16331	《无锡各缫丝厂同业公会档案》第 113 卷。

表 10 的统计表明,无锡缫丝工业从 1919 年以后,几乎年年都添新丝厂和新设备,也就是说年年都有新投资的到来。如果仅从发展速度来考察,在 20 年代的 10 年中,无锡缫丝工业发展速度似乎超过了同期中的上海缫丝工业。试观:1921—1929 年,上海缫丝工厂从 58 家发展 104 家,增加了 79%,丝车从 15770 部递增为 24423 部,增加了 54.8%;同期中无锡丝厂则从 12 家发展为 46 家,增加了 283%,几近 3 倍,丝车则从 3116 部上升为 12862 部,增加了 313%,超过 3 倍。这里自然不能忽略两者基数的重大不同。不过体现在两地的发展速度上,比较强烈地说明了,从 1919 年"五四"运动以后的 10 年中,包括无锡县在内,国内的投资环境显然有了相当程度的改善。但是,如果就无锡缫丝工业发展情况作具体分析时,我们将发现它的大踏步发展乃是有其内部(主观上)的优越条件和外部(客观上)的有

利环境。

无锡地处江南平原，南滨太湖，河道处处与太湖相通，水源洁净。这对缫丝业的生产具有十分重要的意义。其次，太湖沿岸的苏州、宜兴、江阴、吴江、扬州、金坛和溧阳等地夙来都是盛产蚕茧的地区；无锡与它们密迩相邻，不仅原料取给远较上海为便利，而且无锡丝厂还能比上海丝厂提前半月到一个月时间收到蚕茧。这种在时间上提前取得原料的优越条件，对竞争性和投机性都非常强烈的现代缫丝业来说，其意义是非同一般的。① 不仅止此，无锡的丝厂还可以在每年春、夏、秋三季新茧收成时，可将鲜茧烘焙三四小时，称为"半烘茧"，随即上车，所缫出的丝量较之全烘茧可增加4%到5%。这更是上海丝厂无法与之比拟的。②

无锡广大农村劳动力资源丰富，大量的手工缫丝工人身手灵巧，技术娴熟，而且劳动工资低廉。据1924年的一份关于无锡、上海两地缫丝工人日工资调查报告说：无锡丝厂各工种工人的日工资都较上海为低，其幅度约在3%—7%之间（见表11）；而在工时上，又较上海为长，每日需劳动$12\frac{1}{4}$小时，上海的缫丝工人每日工时为11小时。工资水平低而工时长，仅就此而言，无锡丝厂每包丝的生产费用就可比上海减少15%。③

① 参见Lillian M, Li: China's Silk Trade: Traditional Industry in the Modern World 1842—1937年, Cambridge, 1981年版，第167页。

② 《蚕丝史料杂编》（未刊稿），转见《无锡蚕丝业资料》，第107页。

③ The Shanghai International Testing House: A Survey of the Silk Industry of Central China, Shanghai, 1925, p. 33.

表 11　无锡、上海缫丝厂工人日工资比较

单位:元

工别 / 地区	正车工	替车工	盆工	抄茧工	丝间工	拣废丝工
无锡	0.40	0.32	0.24	0.40	0.44	0.24
上海	0.43	0.33	0.25	0.37	0.45	0.27

资料来源:A Survey of the Silk Industry of Central China,1925,p.33。

其次,在税负上,无锡丝厂的负担也较上海为低。1924 年的调查反映:在无锡,丝厂可以按干茧交付厘金,也可以按制成的生丝交付。当地政府规定:干茧 1 担(100 斤)征厘金税 8 元;如按生丝交付厘金,则按干茧 460 斤制成生丝 1 担的标准交税,只须交厘金 36.8 元。实际上缫制 1 担生丝需干茧在 600 斤或稍多一点,远在 460 斤以上。因此,如果把缫制 1 担生丝所需蚕茧运往上海时,最少也需支付厘金 48 元左右。可见在每担厂丝的成本上,仅厘金一项,无锡丝厂又可较上海减少 11 元的负担。① 而这种税负上的差额到 1928 年甚至扩大到 16.93 两。② 另就运输费用上,无锡所产厂丝须集中到上海出口;而运输生丝到沪的运费远比运送蚕茧到上海缫制后出口要低廉得多。据一位从事厂丝产销的日本行家,综合各方面的情况,作估计后说:无锡所产厂丝较上海所产的

① A Survey of the Silk Industry of Central China,pp.33-34.

② 日本蚕丝业同业组合中央会编纂的《支那蚕丝业大观》称:1928 年上海丝厂所产每担生丝需负担的税额是,茧厘金税 45.36 两,子口半税 10.03 两,合计 55.39 两,而无锡丝厂所产每担生丝的税负是:厘金税 32.89 两,子口半税 5.57 两,合计 38.46 两,其差额为 16.93 两。东京,1929 年版,第 353—354 页。

在成本上每担可减少30两。① 这就是为什么在20世纪20年代，一些从事丝厂经营的资本家，愿意放弃上海而到无锡择地建厂的内在原因。如1896年在上海租地设厂的永泰丝厂，到1926年在租期30年届满后，厂主薛南溟毅然决定将全部机器设备拆迁至无锡。这其间沪、锡两地生产成本悬殊，肯定是他作出决定的重要依据之一。

无锡所具有的优越条件，促使当地的缫丝工业在20世纪20年代进入了繁荣时期。这10年中，新建丝厂35家之多，丝车设备从1919年的3000余部增加到1922年的6000余部，1928年又见上升，突破了1万部。这样的增长速度在国内其他产丝地区是颇为罕见的。

由于史料湮失，无锡县的丝厂在初创时期的产量，已无从查考。现在但知：1928年，无锡所产厂丝为21210担，1929年上升为26666担，各约占当年全国生丝出口量的11.7%和14.04%②；此项数量如果与当年厂丝出口总额作比较时，所占比重更高。据海关《关册》记载：1928年，全国厂丝出口量为123170担，1929年为123045担，那么无锡所产厂丝则各占17.22%和21.67%。③

当无锡缫丝工业处在繁荣时期，从事操作的工人在43200人，占全县各业工人67888人的63.6%④，足见它在当地生产事业中占有十分重要的地位。本世纪20年代，无锡县曾以轻工业发达见称，其中以棉纺、面粉和缫丝三业为全县工业中的三大支柱，实际上则以缫丝业最为突出。

---

① 《支那蚕丝业大观》，第360页。

② 原载《锡报》1930年1月30日。转引自《无锡蚕丝资料》，第63页。

③ Synopsis of the External Trade of China，1882—1931年，第5次海关十年报告附录，第191页。

④ 国民政府实业部：《中国劳动年鉴》，1932年版，第11页。

在缫丝业繁荣时期,几乎所有无锡的丝厂,尤其是资力较强、轻营有方的丝厂,年年都能实现颇为可观的利润,见表12。

表12 无锡部分丝厂利润统计

1927—1928年

		裕昌、慎昌	永泰、锦记	振艺	泰孚	乾甡、乾丰、五丰	乾元	义丰
营业资本(万元)		9.8	14	14	7	24.6	6	5
利润(万元)	1927年	约15	13	9	4.2	约28.0	1	3—4
	1928年	10	7—8	11	4	4—6 *	?	?

注:*1928年利润统计仅包括乾甡、乾丰两厂。

资料来源:原载《锡报》1928年1月28日,1929年2月23日,转见《无锡蚕丝资料》,第64、65页。

表12所列,并不能全面反映无锡众多丝厂所获利润的实况,但可以作为了解这一情况的部分参考。

1929年,爆发了世界经济危机,国际市场生丝贸易萧索,严重打击了中国生丝的产销。无锡缫丝业的盛况因之迅速减退;原先获利的众多丝厂都因丝市不振,次第出现亏蚀。进入30年代后,中小丝厂或停工减产,或破产闭歇,少数大型丝厂虽或勉力维持,但也欲振乏力,无锡缫丝业遂处于不景气时期。

2. 广东珠江三角洲的现代缫丝工业

广东珠江三角洲是中国民族资本现代缫丝业的另一重心。这里河网纵横,土壤肥沃,气温高,雨量充足,一年四季都宜于植桑育蚕,年可收茧达6造到8造之多。① 这里的手工缫丝业长期享有盛誉。

① The Chinese Repository,1848年,第8号,第427页。

从1873年侨商陈启沅于南海创建继昌隆缫丝厂之后，现代缫丝业便在珠江三角洲起步，并且在相邻各县扩散，其中以顺德县发展最为迅速，也最见成效。此外，番禺、三水等地陆续创立丝厂，但发展迟缓。

19世纪90年代初，在珠江三角洲已建立起50—60家缫丝厂。[①] 到20世纪初，有说机器缫丝业已经成为珠江三角洲的主要工业[②]，仅顺德一地在1902年，就已有丝厂86家，置备丝车34600部。[③] 但也有记载说：1903年（癸卯年）到1904年（甲辰年）春，广东丝厂一度处于不景气状态，“亏本至一二万〔两〕者，十居其九”。[④] 另据日本人的一项调查称：1906年在广州附近的机器缫丝厂有厂名、厂址和工人人数可据的有174家，不过经常发生开办和闭歇的变化。[⑤] 1910年的材料则反映，三角洲的丝厂在当年为109家，丝车有42100部。[⑥] 辛亥革命成功后，三角洲在1912年增建丝厂达162家，丝车增加到65000部。[⑦] 及至第一次世界大战爆发后，海运艰难，影响了华南生丝外销；但在另一方面，欧洲交战各国军需急切，消耗了大量棉、毛原料，人民日用衣着转求于丝制品，丝价频涨，相应地也影响到三角洲的丝价随之上升。据记载，珠江三角洲丝价在1915年，每担约在港币600元，到1920年，每

---

① 《海关十年报告》（1882—1891年），广东，第577页。

② 《海关十年报告》（1892—1901年），三水口，第264页。

③ 《珠江三角洲蚕桑生产历史概况》，《顺德县档》，顺德档案馆藏，第38页。

④ 桂坫等：《南海县志》，1910年刊，第4卷，第40页。

⑤ 《清国事情》，日本外务省通商局1907年版，第771—781页。

⑥ 《珠江三角洲蚕桑生产历史概况》，《顺德县档》，第38页。

⑦ 《珠江三角洲蚕桑生产历史概况》，《顺德县档》，第38页。

担上涨至港币1550元。① 这自然也刺激了三角洲丝厂的生产。在丝价上涨过程中,三角洲丝厂数虽不立见增加,但运作中的丝车却从1912年的6.5万部,增加为7.2万余部。到了20世纪20年代上半期,三角洲现代缫丝业随着国际生丝市场的恢复和拓展,生丝生产再度表现为持续上升的势头。到1926年,丝厂增加到202家,缫丝车更增为9.5万余部,成为三角洲缫丝业发展的巅峰。

表13　珠江三角洲华商丝厂及设备统计

1890—1930年

年份	丝厂数(个)	丝车数(部)		资料来源及附注
		实数	指数 1910=100	
1890	50—60	?		《海关十年报告》(1882—1891年),广东,第577页
1900	约100	?		《海关十年报告》(1892—1901年),广州,下卷,第262页
1902	86 *	34600		*仅指顺德一地;上原重美:《支那蚕丝业大观》,东京1929年版,第943—944页;亦见《珠江三角洲蚕桑生产历史概况》(未刊本),顺德县档
1910	109	42100	100	《珠江三角洲蚕桑生产历史概况》(未刊本),顺德县档
1912	102	65000		上原重美:前引书,第943—944页
1918	147	72200		《广东建设厅生丝检查所四周年年报》,1935年刊,第6页
1921	180	90064		《广东建设厅生丝检查所四周年年报》,1935年刊,第6页

① 李本立:《顺德蚕丝业的历史概况》,《广东文史资料》第15辑,1964年。

续表

年份	丝厂数（个）	丝车数(部)		资料来源及附注
		实数	指数 1910=100	
1926	202	95215		《广东建设厅生丝检查所四周年年报》,1935年刊,第6页
1928	167	?		《银行月刊》第8卷,第5号,1928年5月,第3页
1929	141	72455		《广东建设厅生丝检查所四周年年报》,1935年刊,第6页
1930	121	62292		《广东建设厅生丝检查所四周年年报》,1935年刊,第6页

表13的统计反映了三角洲在甲午战争后30余年间缫丝工业逐步发展的基本状况。如果进一步从三角洲丝厂的地理配置方面作考察时,我们可以发现,它与江南地区存在的显著不同是,这里的缫丝厂大多设在乡间,邻近蚕户,便于丝厂较好地控制原料的质地,而在劳动力的取给上也有很大的便利。在与广州相邻的县城中,顺德和南海两县是缫丝业最发达的地区,尤以顺德为突出。20世纪20年代初,当三角洲丝厂发展到180家和丝车9万余部时,顺德一地便设有丝厂135家和丝车5.5万—6万部左右,雇用工人不下6万人。① 其后备年,丝厂、丝车虽有升降的变化,但顺德县所占的优势地位长期未变,而南海的情况则较逊色。

1926年以后,国际市场丝价日趋低落。粤丝运销欧美市场,在1925年每磅平均价格为5.64美元,1926年则降为4.71美元,

① C. W. Howard and Buswell: A Survey of the Silk Industry of South China, 1925, p. 18.

1927 年再降为 4.02 美元。① 同期中厂丝的国内价格也表现为同步下落,在广东,14/16 丝在 1925 年每百斤为港币 1160 元,1926 年为港币 980 元,1927 年虽略升,每百斤为港币 1000 元,但 1928 年又跌落为港币 970 元。② 可是在国内外丝价跌落的同期中,国内对丝厂征收的捐税反而不断加重,试以厘金为例,1924 年 5 月,粤丝每百斤出口,厘金原额及附加为 9.89 元,同年 9 月增加为 11.02 元,1926 年 1 月又增为 12.75 元,1927—1928 年再增加到 14.32 元。③ 这便使不少资力薄弱的丝厂不得不停产或报歇。三角洲缫丝业发展的势头明显地受到压抑。在 1926 年以后,在三角洲主要产丝地顺德县和南海县停歇的丝厂和丝车各在 80% 和 70%,这种强烈的变化表示了广东生丝生产和贸易日趋于衰落状况。

(二)缫丝工业的独特经营制度——丝厂租赁制简述

当我国现代缫丝业进入初步发展时,在江南地区和珠江三角洲,都曾实行过一种独特的经营制度,称谓"租赁制"。这种制度的特点集中表现在:拥有丝厂固定资产(包括厂房、缫丝机械和其他设备)的业主和直接从事缫丝生产的实际经营者,往往分属于不同的资本家。丝厂的所有权和经营权并不一定掌握在同一资本家的手中。所以,在缫丝业中有所谓"产业股东"和"营业股东"的区分。他们根据双方订立的租赁合同:营业股东在承租期限内按月向产业股东支付租金;丝厂在经租期间,盈亏概由营业股东负责,与产业股东无关。租期大抵以 1 年为期的居多,也有以 1 季或半年为期的。上海的习惯是:当"新茧(春茧)上市后,自旧历六月

① 《珠江三角洲蚕桑生产历史概况》,(未刊本),顺德县档。

② 国外贸易委员会丛刊:《广东工商业——丝》,1934 年刊。

③ 《广东建设厅生丝检查所四周年年报》,1935 年刊。

初一日至翌年五月三十日止为一年期，订租交接，即在此时。”①这种经营制度在中国主要的产丝地区都广泛存在。上海、无锡的丝厂中奉行租赁制的几乎占当地全部丝厂的90%左右②，珠江三角洲丝厂推行租赁制虽不若江南地区普遍，但据估计也不低于50%。③

在丝厂的租赁经营中还存在另一种方式，即承租者既是产业股东，同时又在承租丝厂里投资附股，兼作营业股东，成为集双重身份于一身的丝业资本家。这类资本家大抵资力雄厚。④ 有说这种方式最初是由无锡丝业资本家薛南溟所创。大约在20世纪初，薛在经营永泰丝厂获取丰厚利润后，为了笼络主要助手，特将厂房和机器设备作为实业出租，按月收取租金，不负担丝厂经营上风险；同时薛又以营业股东的身份，与其主要助手合伙，承租他自己的产业。在这种租赁方式中，营业股东一方在承租期中往往要支付较高的租金；而这种方式对资力比较雄厚的资本家来说，是非常有利的。如果丝厂获得盈利，他们不过是从即将实现的盈利总额中，预先以租金形式抽提一部分利润；万一营业欠佳，甚至亏蚀，作为产业股东，他们的固定资产可以超然事外，不受牵连，仍有租金可得。所以，人们把这种方式称之为“封建性租金剥削和资本主义剥削混合一体”的一种落后的经营方式。

在无锡，这种兼产业股东和营业股东于一身的经营方式相当

---

① 《银行月刊》第8卷，第7期，1928年7月，第56页。

② 上海情况见《上海市缫丝业同业公会档案》第140卷；无锡的见全国经济委员会蚕丝改良委员会编：《蚕丝改良事业工作报告》，民国23年。

③ 乐嗣炳：《中国蚕丝》，世界书局1935年版，第259页；李本立：《顺德蚕丝业的历史状况》，《广东文史资料》1964年第15辑，第115页。

④ 参见实业部中国经济年鉴编委会：《中国经济年鉴》下册，商务印书馆1934年版，第(K)258页。

流行。据无锡缫丝业同业公会1930年的档案反映:当地48家丝厂中,兼产业股东和营业股东于一身的丝厂主不下于17家,占全县丝厂三分之一左右。① 薛南溟在1912年所经营的永泰、锦记、隆昌、永盛和永吉5家丝厂(运转丝车共1814部),就是其中的一部分。另一位在无锡县最早经营缫丝厂的企业家周舜卿,在1912年以后也曾将他的裕昌丝厂的全部资产分成“产业”和“营业”两部分,当丝市在1912—1914年表现为很不景气的情况时,他也将裕昌的厂房、丝车出租给他人经营。但1914年后,丝市逐步回升,我国出口生丝在国际市场出现了供不应求的景象,各缫丝厂都获致丰厚的利润,他便将裕昌丝厂收回自营,也就是集“产业股东”和“营业股东”于一身了。②

在上海,这种兼产业股东和营业股东于一身的经营方式也并不罕见,出租的产业主大多“一面收取租利,一面又往往再在承租的丝厂里投资搭伙,分润红利”。③ 不过,从丝厂租赁的总情况上看,上海的丝厂则是以所有权和经营权相分离的形式为多。

丝厂租赁制的固有性质和特点,决定了丝厂的产业股东和营业股东,都不会、也不愿去重视机器设备的保养、维修和更新,更谈不上技术改造的试验和创新。对产业股东来说,兴建丝厂,置备丝车及其他设备,其目的在于出租。在江南地区,计算丝厂租金以丝车为单位(实际上是将厂房及其设备分别摊算在每部丝车租金之内)。从上海几家丝厂的“租厂合同”的内容来看,20世纪第一个

---

① 参见《无锡蚕丝业资料》,第67—70页。

② 钱钟汉:《工商经济史料丛刊》第4辑,第108页。

③ 徐鼎新:《试论清末民初的上海(江浙皖)丝厂蚕业总公所》,《中国经济史研究》1986年第2期。

10 年间,每部丝车每月约需租金 2 两到 3 两①,稍后增加到 4—5 两。② 1928 年发表的调查报告中曾对丝车租金演变作了说明:"向例每〔部丝〕车月租约需规银 2.5 两,近年逐渐增加。如厂屋狭窄,生财不甚完备之厂,每车月租在 3.5 两上下,如厂屋宽敞,生财完备者,月租约 4 两上下。倘租客竞争,更有高至 4.5 两者。但租额每月以 3.5 两至 4 两为多数。"③无锡丝车的租价与上海大致相近,每部丝车月租在 3—4 两。④ 但珠江三角洲丝厂出租的办法与沪、锡两地不同,它不以"丝车"作为计价的单位,而以全厂笼统计价,按年计租,通常丝厂年租在 8000 元至 10000 元,也有说在 6000—8000 元的。⑤

就江南地区丝车出租收入而言,如果每部丝车租金从低计算为月租 3 两,年收入便在 36 两。据有关方面调查,每部丝车的投资在 250—260 两。因此,产业股东出租丝厂,只要经过 7 年,便可收回全部投资(无锡的记载称,一般在 5 年内即可收回全部投资)。实际上每部丝车至少可以使用 30 年。所以,即使在缫丝业处于动荡不稳的岁月,产业股东的所得也是"丰厚而稳定"的。丝厂租赁制这一特点吸引了形形色色的资金拥有者向它投资。在江南地区,既有蚕丝业界的头面人物,如上海丝茧总公所首任总理杨

① 参见《上海丝档》:《德润公司与永利丝厂租厂合同》,《富润缫丝公司与大纶丝厂租厂合同》第 404 卷;《合股租开祥成丝厂合同》,《合股租开洽盛丝厂合同》第 394 卷。

② 《上海丝档》:《上海丝厂协会委员会致上海特别市政府社会局函》,民国 17 年 12 月 24 日。

③ 《上海丝厂调查》,《经济半月刊》第 2 卷,第 12 期,1928 年 6 月 15 日。

④ 《无锡永泰丝厂片断》,《无锡文史资料》第 2 辑。

⑤ 李本立:《顺德蚕丝业的历史状况》,《广东文史资料》第 15 辑;李威士:《广东省蚕丝业的贸易及其衰落》,《广东文史资料》第 16 辑,1964 年版。

信之在上海建立延昌恒丝厂出租,继任总理沈联芳建造上海振纶洽记丝厂和恒丰丝厂,该所协理黄搢臣创设上海坤记丝厂。在无锡有薛南溟、周舜卿;买办商人中有祝兰舫、吴子敬、王亦梅等。此外,还有无锡荡口地主华绎之、经营鸦片买卖起家的常熟商人苏嘉善。在广州则有经营丝庄、银号出身、掌握十余家丝厂的岑国华,丝商出身的邓裔卿、顺德地主苏氏和容奇地主杨鉴轩,银号业巨头谭玉泉、陈海东等,以及不少与他们有广泛联系的侨商。① 所有这些投资者都热衷于设厂出租,企望"年年出租,岁岁收息",把投资现代缫丝工业视同地产投资一般,甚至认为比"置田收租"的收入为更丰厚、更为可靠的营生。对于这些投资丝厂的产业股东来说,他们的观念中自然不存在如何改善技术设备、改进企业管理和提高生产效益等等的要求。

至于资力较弱的营业股东也乐意接受租赁制。因为这种制度使他们无需筹集大量资金,也能从事于厂丝生产。所以,每逢国外丝市报涨,销路顺畅时,营业股东便急不可待地拼凑资金,收茧租厂,尽快挤入缫丝生产行列。这时,即使产业股东索取高额租金,也难以冲淡他们期望丰厚利润的兴趣。但如果丝市转疲,他们便赶紧停工收缩。出现于1919年的一些情况便是生动的例证。当时,正当第一次世界大战结束不久,欧洲各国改变战时限制的措施,市场恢复对外开放,对各种商品的需求都表现为十分急切。国际市场丝价也在看涨,营业股东便跃跃欲试。处于休歇中的上海

---

① 分见"上海丝档"第392卷;徐鼎新:《试论清末民初的上海(江浙皖)丝厂茧业总公所》,《中国经济史研究》1986年第2期;《上海文史资料选辑》1979年第1辑,第130页;李本立:《顺德蚕丝业的历史状况》,《广东文史资料》1964年第15辑,第115页;《近代无锡蚕丝业资料选辑》,第68页。

缫丝厂在很短时间内"均被租赁",即使地处偏僻的丝厂,也无一向隅。① 引人注目的是,在这次生产活动中,每家营业股东支出二三万两的营运资本,却进行了高达二三十万两的营业额②,使当年上海缫丝工业形成一个生产高潮。但国际市场变化无常,繁荣的现象中隐藏着哄抬和虚假。1920 年,国际市场便出现丝价猛跌,上海的丝厂还由于当时汇率不利于出口,重又遭遇严重难关。③为数众多的营业股东便想尽办法挣脱合同的约束,不少在匆忙中着急投产的丝厂,仅在短期开工之后,重归于闭歇。中国现代缫丝工业常被指为投机性十分强烈的行业,这可以从丝厂租赁制运行轨迹中找到原因和答案的。

不过,丝厂租赁制仍然是具有双重性格的,它与世界上一切事物的存在和发展无不具有正反两面的特点一样,丝厂租赁制的作用既有其消极的一面,同时也存在着积极的另一面。它的消极面早就为人们所揭露,不断受到非议。但租赁制却并未因此被排斥在社会经济运动之外。相反,它却在自身的运行中也展示了若干积极的成分。从根本上说,这可能是因为半殖民地半封建的旧中国,不论在生产领域或流通领域,在社会平均利润率未能真正形成的条件下,丝厂租赁制却能够起到动员最大限度的商业资本和社会闲在资金,使之注入生产领域,为社会创造财富,在发展社会生产力方面发挥一定的作用。丝厂租赁制是适应现代缫丝工业资本短绌而产生和存在的,它的使命在于推动资本力量不足的现代缫丝厂能够在有利的情况下投入社会生产活动。从这一意义上说,丝厂租赁制又是对中国现代缫丝业的发展起了一定的积极作用

① 《民国日报》1919 年 4 月 23 日。

② 《沈骅臣致上海市社会局第二科函》,"上海丝档",第 143 卷。

③ 《海关十年报告》(1912—1921 年)上海,第 27 页。

的。但是,租赁制的固有弱点顽强地束缚了企业再生产规模的扩大,阻碍了缫丝工业生产的持续发展。它的存在和运作恰是暴露了中国现代缫丝工业在发展过程中所残存的落后性。

三、面粉工业

(一)面粉工业的兴起

甲午战争以前,中国只有少数几家使用机器的磨坊,还不曾建立起现代意义上的民族资本面粉工业。1898 年开始筹备、1900 年投产的上海阜丰机器面粉厂是我国最早成立的华商现代机器面粉工厂。这家面粉厂是由安徽寿州官僚家族孙多森及其胞兄孙多鑫集资规银 30 万两创办的。据说孙多森 1893 年在长江一带经营食盐运销业务,家财丰饶。

1896 年前后,孙多森昆仲在了解了上海英商增裕面粉厂试产情况后,决定仿照,在上海创办机器面粉厂。孙多森留在上海选购厂址,筹集资金,其兄则携译员一起到美国各地考察机器面粉业,并以优惠价格购置了美国爱立司厂(Allis Chalmer Co.)生产的面粉机器一套,聘请该厂一名技师负责安装,于 1900 年投产,每日夜出粉能力为 2500 包。① 早年通商条约中曾规定:进口面粉输往通商口岸可免征正税。孙多森借庇封建官府,也获得免税特权。

阜丰创办后,经营颇见起色。在与外商竞销中逐步打开销路。到 1900 年,日产面粉达 5000 包,运销营口、青岛、烟台、天津、福

---

① 中国科学院经济研究所、中央工商行政管理局编:《旧中国机制面粉工业统计资料》,中华书局 1966 年版,第 210 页。

建、浙江和广东等地[1],连年都获丰厚利润。

机器面粉工业利润虽然优厚,但当时南北商人习惯于对旧有行业兢兢业业,思想保守,随起仿行的不多。银钱业出身的无锡商人荣德生时在广东河口三水厘金局工作,往来沪粤两地,平日目睹耳闻那些从事新兴事业的商人"占大利者已不少",颇存歆羡之意。1900 年,八国联军入侵,京、津遭劫。荣德生从广州厘金局销差返回江苏无锡,在路过上海时,正逢"沪上风声鹤唳,一日数惊,地价、物价大跌,惟小麦装北洋颇好"。同时他也知道通商条约规定"粉是无捐税之货"[2],大可仿制。于是决定与其兄长荣宗敬共同筹划,集资 3. 9 万元,在无锡创办保兴面粉厂。

保兴面粉厂于 1901 年破土动工,次年 3 月投产。当时(1902 年年底)全国已开工的面粉厂,据统计,共有 12 家,其中民族资本面粉厂有 8 家。[3] 保兴建厂初期,购置法炼石石磨 4 套。所需原料一般在本地收购,一部分来自苏北高邮一带。石磨一日能容纳一百三四十石小麦,出粉约 300 包左右。成品主要供应本地市场,也有少量运销上海。[4]

与保兴面粉厂同年开业的有张謇创办的南通大兴面粉厂,资本 2 万元。此外,还有祝大椿集资 30 万两(折合 41. 7 万元)在上

---

① 张业赏:《孙多森》,载孔令仁主编:《中国近代企业的开拓者》,山东人民出版社 1991 年版,第 134 页。

② 荣德生:《乐农自订行年纪事》,光绪二十六年条,第 18 页。(以下简称《乐农纪事》)

③ 《旧中国机制面粉工业统计资料》,第 7、11 页。

④ 上海社会科学院经济研究所编:《荣家企业史料》(1896—1937 年)上册,上海人民出版社 1980 年版,第 13 页。

海创办华兴面粉公司,1904年正式生产。[①] 1903年在江苏镇江有合兴面粉厂成立;1904年,朱幼鸿在上海创办裕丰、裕顺两面粉厂;严信厚在浙江宁波设立通久远面粉厂;在吉林宁古塔(今宁安县)则有当地商人创办裕顺和裕顺利两家粉厂,这是东北民族资本建立机制面粉厂的起点。

1904—1905年,日俄两国为争夺殖民权益,在我国东北领土进行厮杀。这时,俄国人在东北开设的面粉厂大都停工减产,但交战国双方都为就近获取军需补给,急切需要供应大量面粉。于是出现了南粉北销,市场十分通畅。日俄战争后,1905年,全国掀起抵制美货运动,国外面粉输入顿时减少。凡此诸端,都刺激了上海民族面粉工业利用机遇,争先发展。当时设备先进、产量居高的面粉厂如阜丰、华兴、裕丰等"大为得利"。[②] 这种客观情势也推动小面粉厂急起直追,增添新设备,扩大生产规模。如1903年,由保兴面粉厂改组的茂新面粉厂虽也以东北为其销售市场,获有余利。但设备落后,产量不高,在大面粉厂的竞争下,显见羸弱无力。而日益坚挺的面粉市场形势有力地推动茂新主持人荣德生决心改善设备。经种种努力,他以分期付款方式,向英商怡和洋行订购18英寸英制钢磨6部,并且自力仿造其他辅助机器,经过3个月的努力,于1905年8月完成扩充计划,正式投产后,每日夜可出粉500包,连同原来的石磨粉,日产面粉达800包,生产能力较原来的提高了1.5倍。所产面粉大部分由上海发往东北销售,仅仅3个月,便销出20余万袋面粉,获利两万余两。[③] 畅旺的销售市场和难得

---

① 华兴公司成立年份有列为1900年,也有列为1902年的,《上海粮食局调查资料》称创设于1902年。参见《旧中国机制面粉工业统计资料》,第261页,注11。

② 《乐农纪事》(1904—1905年),转引自《荣家企业史料》,第15页。

③ 参见《荣家企业史料》,第15—17页。

的有利时机,既为上海的华资面粉工业的发展提供了诱人的前景,同时也引发了其他地区的冲动和尝试。华中武汉的面粉工业就是在这样有利形势的推动下起步的。

在武汉,民族资本面粉工业创始于1905年,最初创办的有汉丰、恒丰两家面粉厂。前者由买办出身的黄兰生主持,资本28万元,备有钢磨12部,日生产能力在1200包;后者则由浙江铜元局总办朱畴创办,也集有资本28万元,置备200匹马力蒸汽机作为动力,有钢磨9部,日产面粉约700包。①

武汉地居长江中游,又是长江汉水交会之处,地理位置优越,它坐落在富庶的江汉平原,与湖南、江西、四川、安徽、河南等省毗邻,水陆交通便利。1905年,横贯南北的京汉铁路通车后,更加密切了它与河南、河北两省的经济联系。无论在小麦原料的取给和产品的销售,较前更加便捷畅通。1906年的海关关册的记载说:武汉面粉厂购用陕西、河南小麦,"麦价每吨40元,出粉一千五六百磅,每50磅价洋1.80元,货美易售"②。据有关专家按此计算,每吨小麦的面粉售价约55元,麸皮的产值为面粉产值的10%左右,暂按5.5元计算,共可售得60.5元,因此,每吨小麦磨粉出售,可得毛利20.5元。③ 这样优厚的利润自然给从业者很大鼓励。所以,紧随汉丰、恒丰两粉厂之后,1905年下半年,便有一位在上海经营纱厂的朱士安投资设立和丰面粉公司,同时汉口商人胡德隆、朱益敬等也投资成立瑞丰面粉公司。前者拥有资本10万元,

① 《旧中国机制面粉工业统计资料》,附录,第212页。

② 海关总税务司署历年编印:《通商各关华洋贸易总册》(中文本),1906年版,汉口,第25页。

③ 徐新吾主编:《中国近代面粉工业史》,中华书局1987年版,第257页。

置钢磨6部,日产面粉500包;后者系一合伙公司,集资本22.2万元,所置机器设备不详,但知日生产能力达面粉700包。翌年,又有买办景庆云投资15万元,建立金龙面粉厂,置钢磨4部,日产面粉300包。仅仅在两年之中,在武汉便创建5家民族资本面粉厂,日生产能力总计达3400包①,使当地面粉市场在短期内近于饱和。到1906年夏秋间,有消息报道"北地面粉滞销,市价步落,各处粉厂存货山积"②;同时,外国面粉源源输入武汉,以致当地民族资本面粉工业进一步发展的势头受到了遏制。

我国东北地区的面粉工业在1905年以前控制在帝俄势力的手中。1905年,日俄战争以帝俄失败而告终,战后形势的变化使得帝俄势力逐渐减弱,俄国商人经营的面粉厂纷纷倒闭。特别是面临日本帝国主义势力的争夺,沙俄对远东地区作了策略性调整,决定以大力扶植西伯利亚地区面粉工业的发展,从而减弱了它对我国东北黑龙江省面粉工业的控制。于是我国东北民族资本面粉工业因势利便,迅速地迈开脚步。1908年,俄资哈尔滨的歇杰斯制粉厂转让给由李祖盛、王联卿主持的盛泰益面粉公司,日产能力达1450包;而日产能力在2200包的俄商满洲第一面粉公司则为华侨张伯阳收购,改名为广源盛火磨。③ 有说从1908—1913年,在清政府政策扶植下,黑龙江省曾先后建立起民族资本的面粉厂达14家之多④,为我国东北面粉工业初奠基础。

---

① 1905年武汉各面粉厂的基本情况参见《旧中国机制面粉工业统计资料》,第211—212页。

② 《申报》1907年4月28日。

③ 参见徐新吾:《中国近代面粉工业史》,附录,第402页。

④ 陈凤宝、陈志明:《解放前黑龙江机制面粉工业简述》,《北方论丛》1986年第3期。

同期中，我国北方口岸天津虽然早已成为华北重要的面粉市场，年销量达2000包左右，但是，天津市场所销面粉除了来自当地机器磨坊的产品之外，主要是销售进口洋粉，以及转销从上海、武汉而来的面粉。到1906年，才有刘经泽创办的涌源面粉厂，有资本4万元，日生产能力仅480包。① 但继起者寥寥，一直到1912年，才又出现另一家民族资本面粉厂、即独资经营的增兴厚面粉厂，置备钢磨4部，日产能力也只有480包。② 表明了天津民族资本面粉工业起步既晚，发展又非常缓慢。

从以上所述可知，我国近代面粉工业在清末10年间虽然在一些重要口岸或城市，已经兴起，但各地发展很不平衡。据有关的综合统计，在辛亥革命前的11年中，全国有21个城市创办了新式面粉工厂38家，主要集中在江苏和东北两个地区，其中江苏省有18家，东北宁古塔和哈尔滨共有5家。辛亥革命促进了近代工业的发展，民族资本面粉工业在1912—1913年内建立了新面粉厂20家，仅1913年1年内就成立了15家，其中大多数仍设立在上海、无锡和哈尔滨等原来比较集中的地方。就总体上看，我国起步时期的民族面粉工业的特点是以中小资本和置备为数不多的新式设备的面粉厂为主，而在生产配置上比较集中在少数地区，这种偏颇现象为它进一步的发展隐伏下很大困难。

（二）面粉工业的发展

1914年，第一次世界大战爆发，战争的重大消耗导致西欧市场物资匮乏，粮食更形短缺。为保证军糈给养，欧洲各国争向国外采购必不可缺的面粉和其他食物。这便为正在兴起的中国面粉工业提供了广大的国外市场。

---

① 参见《中国近代面粉工业史》附录11，第420、424页。

② 参见《中国近代面粉工业史》附录11，第420、424页。

1914 年以后的 8 年中,中国小麦产量稳定增产,年维持在 3.8 亿到 4.2 亿市担之间。原料供应充沛,有力地保证了面粉价格平稳。每包面粉年平均价格维持在 2.0—2.75 元之间,价廉物美,一时间成了欧洲交战国主要争购的对象。1914 年和 1915 年,我国对外贸易报告册上尚载有少量外国面粉进口的记录,但 1916 年以后到 1921 年,我国面粉输出量递年上升,表现为连续 7 年的出超(见表 14)。

表 14 中国面粉进出口数量统计表

1914—1921 年 单位:关担

年份	进口数量	出口数量出	出超(+)入超(-)
1914	2197241	69932	-2127309
1915	177367	196596	+19229
1916	* 233464	289747	+56283
1917	* 678849	798031	+119182
1918	* 4551	2011899	+2007348
1919	* 271328	2694271	+2422943
1920	* 511021	3960779	+3449758
1921	* 752673	2047004	+1294331

原注:* 包括少数杂粮粉在内。
资料来源:《海关中外贸易统计年刊》。

表 14 说明,我国输往国外面粉在 1914 年尚不足 7 万关担,第一次世界大战爆发后第二年便增加到近 20 万关担,嗣后频年递增,1918 年超过 200 万关担,1920 年几近 400 万关担。如果进一步考察输往地的国别变化时,人们可以看到,第一次世界大战前期,我国面粉以输往帝俄的数量为最多,1917 年计达 632488 关

担，占当年我国面粉输出总额的79.3%[①]；俄国发生革命后，则改以英国为主要输出对象，输往数量从1917年的10782关担增加到1919年的323845关担[②]，猛增29倍以上。引人注目的是，日本在这期间竟也成为我国面粉重要输出地之一。1917年，中国面粉输往日本的仅1061关担，仅居当年面粉输出总量的0.1%；到1919年，竟猛增为898704关担，达当年面粉总输出量的33.1%。[③] 原来日本在当时争先采购中国面粉并非出于本国的需要，乃是为了转销欧洲各国，乘机牟取厚利。

在国内，这一时期面粉的销售量也有较大的增长。据关册记载：1913年，全国各关运进国产面粉的数量为206万余担，嗣后逐年上升，到1921年达396万余担，1924年又上升到585万余担，较1913年，增达1.84倍。[④] 此外，这一时期小麦价格见低，有利于面粉工业的生产。1914年，每担小麦的年平均价格4.99元，每包面粉的年平均价格2.08元，一担小麦可换得面粉2.4包；到了1921年，小麦的年平均价格下降为每担4.85元，而面粉的年平均价格却上升为每包2.95元，每担小麦就只能换得1.64包面粉了。[⑤] 这种种因素促使我国机制面粉业在20世纪10到20年代进入蓬勃发展的时期。

从1913年到1921年，全国开办了123家面粉工厂，平均每年新设面粉厂13.7家；其中属民族资本经营的有105家，占新设面粉厂总数的85%；这105家面粉厂拥有生产能力203585包，占全

---

① 见《海关中外贸易统计年刊》。

② 《中外经济周刊》第34期，1923年10月27日。

③ 《海关中外贸易统计年刊》。

④ 《海关中外贸易统计年刊》。

⑤ 社会经济调查所编：《上海麦粉市场调查》，1935年6月。

部新设面粉厂生产能力的 82. 5%;其中有资本可查的计有 80 家,共拥有资本 2318 万余元,平均各厂资本在 28. 9 万元;在这 80 家中,拥有资本额在 10 万—49. 9 万元的计有 49 家,占 60. 5%;拥有 50 万—99. 9 万元的有 9 家,占 12%;拥有 100 万—199. 9 万元的只有 7 家,占 8. 6%;资本额在 200 万元以上的,则不见记载。如果,就生产设备情况考察,这 105 家民族资本面粉厂中,有统计记载的只有 29 家,它们共有钢磨 378 部,平均每厂 13 部;如果进而分析备厂设备构成状况时,那么备有钢磨 4—10 部的粉厂共有 13 家,计钢磨 88 部;备有钢磨 11—15 部的共有 10 家,计 129 部;备有钢磨 16—30 部的只有 5 家,计 99 部;有钢磨在 31 部以上的只有 1 家,计 62 部。① 而从各厂的日生产量的记载上看,1912 年,全国面粉厂计 44 家,每日生产面粉共计 34375 包,每一家的日生产都不曾达到 5000 包;到了 1921 年,面粉厂增为 131 家,日产面粉达 215340 包,能日产 5000 包以上的粉厂便已有 7 家之多。② 由此可见,就全国面粉厂的基本状况的变化而言,无论从资本力量的增长、生产设备的增加,以及生产能力的提高上,这一时期(1913—1921 年)明显地较前一时期(1896—1912 年)有了重大的发展,几可称为飞跃。

在这个大发展的进程中,如果简要地分地区来看,上海的发展景象无疑是最为突出的。在《海关十年报告(1912—1921 年)》中,有这样一段比较具体而生动的记述,它说:"上海的面粉厂约占全国的三分之一。1911 年,上海只有 8 家面粉厂,现已发展到 21 家,日产面粉共约为 100000 袋。面粉工业的中心看来有从满洲移至长江流域的趋势。津浦铁路沟通北方产麦各省,这对上海

① 《旧中国机制面粉工业统计资料》,第 2、15、21、26 页。

② 《旧中国机制面粉工业统计资料》,第 44 页。

的面粉工业来说，是一个发展的动力。上海的面粉厂大多拥有美制机器，几家最新式的工厂，无论在装备或管理上，都可与西方最好的面粉厂相媲美。最近几年的趋势是大家都在争购最先进的面粉厂设备。”①

当时与上海并称为我国面粉两大工业中心的哈尔滨，在日俄战后到1913年，已经建立起4家颇具规模的民族资本面粉厂。它们所具有的生产能力接近全东北民族资本17家面粉工厂生产能力的半数。② 1914年沙俄卷入世界大战，嗣后不久，又发生了1917年的社会主义革命，帝俄资本在哈尔滨面粉工业中的垄断地位迅速削弱，民族资本面粉工业相应地获得顺利发展的机会。到1921年，哈尔滨民族资本机器面粉工业已发展到25家，约占东北地区民族资本面粉厂57家的44%，日生产能力达41020包，为当地民族资本面粉工业进入最兴盛的时期。③

同期中，无锡、济南、汉口和天津等城市的面粉工业也都有较大发展。

无锡面粉工业中具有代表性的企业首推以荣宗敬、荣德生昆仲为主体的茂新、福新面粉公司。该系统的茂新一厂自1903年投产以后，经过1905、1909、1913和1918年4次增添设备，扩大经营，日生产能力达到8000包。1918年，收购惠元面粉厂，并加以扩建，改称为茂新二厂。1926年冬，该厂机器及机房“尽毁于火”，次年春“收拾烬余，另在原址建造钢骨水泥机房，定购美国

---

① China Maritime Customs: Decennial Reports On the Trade, Navigation, Industries, etc., of the Ports Open to Foreign Commerce, 1912—1921, Shanghai, 1924, p. 30.

② 参见《中国近代面粉工业史》，第233页。

③ 参见《中国近代面粉工业史》，第238页。

最新式钢磨18座"①,日生产能力从8000包增加到10000包②,成为无锡最大的面粉厂。

在无锡,另一家也负有盛名的面粉厂是九丰面粉厂。它创建于1910年,由上海信成商业银行无锡分行经理蔡缄三和唐保谦等集资10万两创办的。有说蔡、唐都是金融业者,所创九丰面粉厂的创办资金的一部分,是唐利用自己经营的益源堆栈向银钱业抵押贷款,并以8厘利息吸收存款50万元以上,作为九丰面粉厂流动资金。③ 九丰粉厂在创办时有钢磨20部,用450匹马力蒸汽发动机带动,日产量在5000包左右。1918年,增建新厂房,加装钢磨15部,改以电动机为原动力,日产能力提高到8000包。嗣后又继续进行技术改革,提高了粉机的效率,日生产能力提高到10000包左右,所产面粉质量也有所提高。④ 这两家面粉厂的发展状况基本上反映了无锡面粉工业繁荣时期的景象。

在华北,1914年以后,天津和济南两地也逐渐发展成为我国北方面粉工业的中心。

天津在1912年创办的增兴厚面粉厂是当地民族资本面粉厂的起点。它仅有资本5万元,置备钢磨4部,日生产能力仅480包,是一家小型的面粉厂。当时天津市场所销面粉除从国外输入外,主要依赖上海面粉内销。1914年第一次世界大战爆发后,洋

---

① 《茂新、福新、申新总公司30周年纪念册》,1929年印,转见《荣家企业史料》,第184页。

② 《乐农1925年纪事》,转见《荣家企业史料》,第184页。

③ 尤学民、汤可可:《商业资本向工业资本的转化》,载茅家琦等编:《无锡近代经济发展史论》,无锡企业管理出版社1988年版,第85页。

④ 季金根:《近代无锡的食品工业》,参见江苏省中国现代史学会编:《江苏近现代经济史文集》,1983年版,第141页。

粉来源中断,上海各粉厂则以全力从事于对外输出,对天津的供应量锐减。市场需要有力地推动当地商人创办机器面粉厂。1919年,有北京粮商佟德夫以20万元资本,接办了原在1915年于天津设立的中日合办寿星面粉股份有限公司,置钢磨25部,日生产能力达3000包。① 进入20年代,天津的面粉工业继续在发展。1920年有倪嗣冲投资创办的大丰面粉有限公司,资本额在100万元,日生产能力达4200包②;同年又有曾任吉林税务局长的刘鹤龄和张良模集资30万元设立福星面粉有限公司,日生产能力也达4200包。③ 1921年则有华商桑铁生、莫志南等以资本61.8万元成立民丰天记面粉股份有限公司,置钢磨15部,日生产能力达5000包。④ 1922年,华商张梦江集资30万元,设立三星面粉有限公司,日生产能力达3500包。⑤ 1923年后,由于洋粉卷土重来,华资面粉工业的销路出现壅滞现象。但天津在1923—1925年中仍先后增设了面粉厂7家,加上原有4家老厂,共有11家之多,日生产能力约达39000包,成为华北面粉工业的重镇。

山东济南位于京沪、胶济铁路的交叉点,西北濒临黄河,交通便利,是沿海港口的腹地货物集散的重要市场之一。当地居民以面食为主。但是,近代面粉工业在这里起步较晚。直到1913年才出现第一家民族资本顺兴福面粉厂,而且规模不大,仅有资本5万元,日生产能力500包。第一次世界大战发生后,进口面粉中断,

---

① 《中外经济周刊》第198号,1927年1月刊;参见《中国近代面粉工业史》,附录,第436—437页。

② 参见《中国近代面粉工业史》,附录,第436—440、442页。

③ 参见《中国近代面粉工业史》,附录,第436—440、442页。

④ 参见《中国近代面粉工业史》,附录,第436—440、442页。

⑤ 参见《中国近代面粉工业史》,附录,第436—440、442页。

一向以济南为销场的上海面粉厂则以全力从事出口,对济南的供应量锐减。于是市场需要推动了济南面粉工业兴起。从1913—1921年,在山东全省陆续创设华资面粉厂10家,其中有9家都设在济南。① 1915年由孙维翰创办的丰年面粉有限公司,拥有资本100万元,备有钢磨22部,日生产能力达5700包,是济南大型面粉企业之一。嗣后在1919年和1920年继起的4家面粉公司多为中型的粉厂,日生产能力大抵在1800—2500包之间。1920年前后几年,经营面粉厂利润丰厚。因此,在1921年一年内,在济南便涌现成丰、正厚利、华庆和茂新面粉公司第四厂;其中除正厚利1家资力较弱,日生产能力仅在400包外,其余3家均系大型的面粉公司,日生产能力各在1800—3000包之间。1922年,济南面粉工业也面临洋粉倾销、市场争夺剧烈的情势,尽管在当年还有何宗莲等集资60万两,创建民安面粉公司,日生产能力达7000包②,但全面地衡量,济南的面粉工业已深感销路减缩,处于发展乏力的景况。

综观上述各地区民族资本面粉工业产生和发展的历程,可知1914年到1921年是这一行业发展迅速,进入了繁荣的时期;在这期间不但形成了如上海、哈尔滨等几个重要的面粉生产中心,并且在全国各省也创建了数量不同、规模不等的近代面粉工厂。1921年是这一行业进入全盛的年代,表15的统计反映了它所达到的发展水平。

---

① 《胶海关十年报告,1912—1921年》,青岛市档案馆编:《帝国主义与胶海关》,档案出版社1986年版,第180页。

② 1915年到1922年,济南各面粉厂的基本状况,均参见《旧中国机制面粉工业统计资料》,附录1。

表 15　民族资本机器面粉工厂实存厂资本、生产能力

1921 年　　单位:资本额:千元

生产能力:包

地区	厂数	资本额	日生产能力	(%)(日生产能力)
全国合计	137	32569	312643	100
六大城市小计	71	18320	216890	69. 38
上海	20	5872	93500	30. 20
哈尔滨	25	3985	45170	14. 59
济南	9	3500	22700	7. 33
无锡	5	1475	21000	6. 78
汉口	7	1500	17500	5. 65
天津	5	1988	17020	4. 53
其他各地小计	66	14249	95753	30. 62
东北	32	6887	43703	14. 12
江苏	12	2069	19200	6. 20
河北	6	1345	9200	2. 97
山东	3	1400	8000	2. 58
河南	4	780	7860	2. 52
江西	1	300	2000	0. 65
山西	3	570	2200	0. 714
安徽	1	350	1000	0. 323
湖南	1	160	880	0. 284
湖北	1	50	600	0. 19
四川	1	238	600	0. 19
云南	1	100	500	0. 16

资料来源:《中国近代面粉工业史》,第 43—44 页;详见该书附录 11,第 418—442 页。

(三)面粉工业发展的困难

在前面,我们曾指出:1914—1921 年我国面粉工业的繁荣,主要是依靠国外市场的开拓和扩大。面粉外销市场的扩大,同时也在一定程度上带动国内运销的开展。具体地说,当时我国面粉业的外销业务主要集中在上海进行。据有关记载:外商在沪采购面粉,一般是通过其在沪洋行向厂家直接订购。因为直接订购能够达到大批订货和定期交货,比向市场零星收购减少许多麻烦。所以,有时外商宁愿以比市价每包多出 2 角到 3 角的价格向厂家订购。但这样的额外利润,通常只有几家大厂如阜新、福新、华丰等厂能尽先享有;在大厂供不应求时节,较小的厂家才能有所分润。当大厂集全力于供应外销时,它也就不能不让出一部分国内市场。所以在面粉工业处于繁荣时期,中、小型粉厂的产、销业务也都相应增加。① 比如,无锡、镇江、淮阴等城市的面粉厂因时利便,借道上海转口北销,远及天津市场,其中一部分又转销北京、营口等处。不仅止此,当时上海本地的面粉市场也曾出现货源不足现象,无锡的茂新、九丰、泰隆等厂面粉便乘虚而入,起填补上海粉市缺货的作用。此外,实力充实的无锡粉厂如九丰、茂新等还曾取道太湖,运销产品于浙江杭州及其相邻城市;镇江、常州等地的面粉厂也都有销往安徽各地的踪迹。②

但是,这种产销盛况到了 1922 年便不断出现不利的变化。这是因为,欧战结束,西方国家经几年恢复后,从 1921 年起便再度向我国倾销洋麦和洋粉。于是争夺中国市场的斗争重又剧烈起来,我国面粉工业再度陷入不利的困难地位。1921 年,洋粉进

---

① 《上海市粮食油脂公司调查资料》,1962 年油印本,转见《荣家企业史料》上册,第 41—42 页。

② 参见《中国近代面粉工业史》,第 218 页。

口还只有75.7万关担,次年便迅速增至360万余关担,增加3.7倍,洋粉的输入量已大大超过第一次世界大战前的水平。① 同时,我国面粉的输出量也频年跌落,自1922年后,面粉入超量大幅度扩大,到1928年,入超竟达580万关担以上,表明在欧战期间我国在国外拓展的市场也已被迫退出。表16的统计反映了这种情况。

表16　中国面粉进出口数量统计表

1921—1928年　　单位:关担

年份	进口数量	出口数量	出(+)入(-)超
1921	*752673	2047004	+1294331
1922	*3600967	593255	-3007712
1923	5733503	131553	-5601950
1924	6577390	157285	-6420105
1925	2811500	288060	-2523440
1926	4285124	118421	-4166703
1927	3824674	118099	-3706575
1928	5984903	85633	-5899270

原注:*包括少量杂粮粉在内。

资料来源:《海关中外贸易统计年刊》。

就输入洋粉的国家来看,以美国为最多,日本、加拿大次之。1920年,美国输入我国面粉尚仅2.7万关担,1921年迅即增加到24万余关担,1922年又猛增至198万余关担,1923年达350万关

① 关册记载:第一次世界大战前,1912年,洋粉输入量为3202501关担,1913年为2596821关担。

担,1924 年突破 400 万关担。① 我国南方的广州、汕头、福州和厦门等地市场,几乎大部分为美国和加拿大面粉所侵占;华北和东北市场则面临大量涌来的日本面粉的倾轧。

洋粉挟其低廉售价进行倾销。1923 年,上海市场上美国和加拿大面粉每包各以低于上海粉 0.137 两和 0.183 两的价格发动竞争,有力地操纵了市场;华北天津,日本面粉从 1926 年以后,每袋以低于津粉 0.37 元出售,嗣后又继续将售价降低,到 1928 年每袋面粉甚至以低于津粉 0.70 元出售,从而垄断了天津市场。② 兼以这一时期我国城乡又多次遭受军阀割据和分裂战争的社会灾害,兵连祸结,造成交通阻梗,各地运输几陷停顿,农村纵有若干收获,也无法输往城市。1922 年,各地运往上海的国产小麦达 42 万余担,1923 年骤然减少到不足 8 万担。小麦价格便因来源不继而上涨,面粉价格则受洋粉倾销的牵制而不得不下跌③,这种情况迫使长江以南的大型面粉厂面临减产,中小型粉厂处于更加困难境地。而在东北地区,1924 年后,不但日本资本的面粉厂加紧扩张,美国和加拿大的面粉也向东北地区倾销,美国面粉销售价格特低,几与黑龙江小麦收购价格相近。④ 与此同时,苏俄又改变了它的远东贸易政策,中止了黑龙江省面粉输往苏联的贸易,使当地华资面粉厂陷入困境。据 1924 年的调查:在哈尔滨的 25 家面粉厂中,有 8 家处于破产状态,其余的也都面临停工和半停工的景象;

① 《旧中国机制面粉工业统计资料》,第 78—79 页。

② 巫宝三:《中国粮食对外贸易,其地位、趋势及变迁原因(1912—1931)》,南京,1934 年版,第 58、59 页。

③ 参见许维雍、黄汉民:《荣家企业发展史》,人民出版社 1985 年版,第 54 页。

④ 满洲文化协会:《满洲经济指针》,昭和 8 年,日本版,第 20 页,转见陈凤宝等:《解放前黑龙江机制面粉工业简述》,《北方论丛》1986 年第 3 期。

1925—1928 年间，黑龙江省有 13 家民族资本面粉厂先后歇业倒闭。① 1925 年，由于“五卅”惨案激发的反帝爱国抵制外货运动的推动，据海关统计，当年东北、华北、华中、华南各关洋粉进口量曾一度锐减，从 1924 年的 660 万余关担下降到 280 万关担左右；但 1927 年又迅速回升至 400 万关担，1928 年再次猛增到 598 万余关担。② 洋粉对民族面粉业的排挤和打击力量有增无已。

1928 年，国民党政府以免除重捐需索诸弊为名，实行裁厘改革，对面粉和卷烟两业开征“特税”。所订“面粉特税条例”普遍引起不满，内地面粉业者的反感尤为强烈。内地的面粉厂指出特税条例规定的“出洋面粉照追半税，上海与内地各厂同受其惠”是“面粉特税最不公平之点”。他们认为“上海各厂魄力雄厚，产额巨大，故有余力输粉出洋，坐收退回五分之利益；而内地厂家则规模狭隘，交通不便，因之无力承受外洋大批订货，利益既不均沾，负担反而相等”，实是“欺人之谈”。③ 这是不同地区面粉业者对税负不公平所作的抗议，但是更重要的是“特税”的征收并未真正达到纠正“苛捐杂税”的效果；相反，面粉业者的税负较之以前有过之而无不及。所以，在 1928 年之后，民族面粉工业既面临洋粉充斥之打击，又深受“特税”繁苛之勒索，不能不陷于欲振乏力的状态。

---

① 陈凤宝等:《解放前黑龙江机制面粉工业简述》。

② 《海关中外贸易统计年刊》，转见《旧中国机制面粉工业统计资料》，第 74—75 页。

③ 《内地面粉厂公会致麦粉特税局函》，转见《银行月刊》第 8 卷，第 8 号，1928 年 8 月，第 40—41 页。

四、其他民族工业

(一)火柴工业

1879年,我国广东省佛山县创办了巧明火柴厂,标志了中国民族资本火柴工业的起步。然继起者寥寥,全行业进展非常缓慢。迄至甲午战争时,全国先后设立了火柴工厂不过12家,实存的只有8家,大多资力薄弱,技术落后,合计资本约在50万元左右。①甲午战后10余年间,全国曾出现两次兴办工业热潮,火柴工业在客观形势推动下,也有了一定的发展。全国新设火柴工厂增加到56家(不包括创办后旋即歇业的火柴厂),拥有资本共计286万余元,平均每家约有资本5万余元,其中拥有资本额在5万—10万元的火柴厂已有6家之多。② 与前一时期相比较,火柴工业在20世纪初,其规模已稍见扩大。在地区分布上,它也有了相当的发展。除了在原来设有火柴厂的四川、广东、上海等地续增设新厂之外,还陆续扩充到北京、天津、河南、云南、山东、江苏、浙江、湖北和湖南等地。但是,这些新设的火柴厂在生产设备上,都还是十分简陋的。如拥有资本42万元的汉口燮昌火柴厂,在1897年雇用工人已经达1000余人,但仍然没有购置动力设备,在技术指导上几乎完全依赖外国技师,主要的原料也必须仰赖国外输入。我国民族火柴工业到1914年前,尽管已经经历了35年漫长岁月,但其生产基础仍是十分薄弱的。由于我国火柴工业产品质量不高,难以满足消费者的要求。因此,我国火柴消费市场在较长时期内,先后

① 青岛市工商行政管理局编:《中国民族火柴工业》,中华书局1963年版,据附录一统计。

② 见《中国民族火柴工业》,附录一。

被日本和瑞典两国火柴所盘踞,表 17 的统计可作证明。

表 17　历年火柴进口情况统计表

1900—1927 年

年份	进口火柴总计		其中:日本火柴		其中:瑞典火柴	
	数量(罗)	%	数量(罗)	占进口总量%	数量(罗)	占进口总量%
1900	9274108	100	9166247	98.8	—	—
1901	13157659	100	13052008	99.2	—	—
1902	15206140	100	15126123	99.4	—	—
1903	15863860	100	11113370	70.1	—	—
1904	20310256	100	15498430	76.3	—	—
1905	25976536	100	21421753	82.5	—	—
1906	22998830	100	17878802	77.7	—	—
1907	22434168	100	17199529	76.7	—	—
1908	23789800	100	18448793	77.5	—	—
1909	26651414	100	20737247	77.8	—	—
1910	24727231	100	18575015	75.1	58	0.0002
1911	24170105	100	18449999	76.3	50	0.0002
1912	30090020	100	23405643	77.8	—	—
1913	28448155	100	21827988	76.7	150	0.005
1914	23835776	100	18198659	76.3	—	—
1915	20973434	100	16198251	77.2	26	0.0001
1916	20620717	100	17331531	84.0	—	—
1917	15594320	100	12968412	83.1	—	—
1918	13340821	100	10784744	80.8	—	—
1919	16598943	100	13778508	83.0	3250	0.01
1920	8484296	100	6036648	71.1	125000	1.50
1921	4306879	100	2592044	60.2	100000	2.32

续表

年份	进口火柴总计		其中:日本火柴		其中:瑞典火柴	
	数量(罗)	%	数量(罗)	占进口总量%	数量(罗)	占进口总量%
1922	2702996	100	983815	36.4	186667	6.9
1923	2229050	100	375924	16.8	401.000	17.9
1924	2739456	100	655320	23.9	447244	16.3
1925	2855296	100	839474	29.4	184400	6.45
1926	3703130	100	1752286	47.3	785607	21.2
1927	6025810	100	1573225	26.1	1134234	18.8

资料来源:胡毓鼎:《六十七年来我国外洋火柴进口统计及日本火柴瑞典火柴进口额比较》,载中华全国火柴同业联合会编:《火柴月刊》第25期,1934年9月,转见《中国民族火柴工业》附录三,第303—304页。

表17的统计说明,20世纪最初20年中,进口的日本火柴较为长期地独占中国的火柴市场。它在我国火柴进口总量中所占比重在最高时占99%(1902年),最低时也在75%(1910年)。外国火柴如此大量输入,几乎使民族火柴工业无法维持,更遑论发展。不过在1914年到1920年日本火柴对华出口数量有了明显的降低。这是因为大战期间,欧洲交战国火柴业产销出现严重失调,价格昂翔。日本遂乘机以主要力量向欧洲拓展火柴市场,争夺销路;同时它又向东南亚和南洋一带扩张,所以输入到我国的火柴数量不能不有所减少。即使如此,其输入量仍然占当时我国火柴输入总量的70%到80%之间。

1915年1月,日本帝国主义向袁世凯北洋政府提出旨在灭亡中国的“二十一条秘密条款”,激起了我国强烈的反对。随后不久,我国又爆发了反对列强侵略的“五四运动”,迅速提高了全国人民的政治觉悟。包括火柴在内的日本输华商品遇到了有力的抵制,其强烈之程度,前所未见。例如,1919年,日本火柴进口数量为1377万余罗,1920年则猛减为603万余罗,锐减56%以上,其后几年的输入量也持续下降,1923年降低到只占1919年输入量的2.7%。[①] 民族火柴工业遂在空前有利的政治形势下,扩大了产品市场,增加了销售利润。从1915年到1924年的10年中,全国新设火柴厂累积达93家,一共拥有资本为6537200元,平均每家资本在70292元;这10年中尤以1920年新设火柴厂的数目最为突出。当年新设23家火柴厂中,能查知资本数额的有19家,共有新投资在1837000元,平均每家资本达96684元。[②] 因此,无论从民族火柴工业新厂竞起,和各厂资本数量扩大等情况来看,这一时期是民族火柴工业进入迅速发展的时期。

为大家熟知的鸿生火柴厂就是在1920年1月在苏州创办的。它的发展历程似可作为民族火柴工业发展的典型。这家工厂资本12万元,其中刘鸿生个人投资9万元,另向亲友筹资3万元。刘原是开滦矿务局上海买办,长期从事商业流通活动。他创办"鸿生火柴厂"是将商业领域中的积累转向民族工业投资的起点,具有进步意义。当时,他注意到欧战期间,经营工业企业的资本家都获得丰厚利润,产生了从事工业的兴趣。他选择火柴工业是考虑到火柴是日用必需品,所需资金少,风险小,机器设备简单,大部分可使用手工劳动,筹办比较容易,火柴的单价虽小,但薄利多销,仍能有较高利润。例如,天津北洋一厂创办资本不过2万元,但在1917年和1918年两年,竟实现纯利10万余元,工业界普遍认为"其利之厚,可谓罕见"。[③] 刘鸿生在筹建火柴厂的过程中,有意选择上海以外的中小城市,以苏州作为他兴办第一家火柴厂的基地。

① 参见表17。

② 详见《中国民族火柴工业》,附表一。

③ 国民政府经济委员会:《火柴工业报告书》,第3—5页。

他重视企业的经营管理;初创时机器设备如排板车、拆板车等大部分从日本购置,一部分则采用国内仿造。但火柴原料则分别从日本、德国、英国、美国和瑞典等国输入。当时正是欧战告终,在长江流域先后开办火柴厂的不下10多家,华资火柴厂之间竞争甚为激烈,造成供过于求,以致在长江流域几乎有半数的火柴厂因亏蚀相继歇业。鸿生火柴厂也因销路滞涩,资金周转出现困难。刘鸿生为之陆续垫款20余万元。

1926年,为了与外国产品争夺火柴市场,鸿生火柴厂扩大资本到50万元,将原来的股份无限公司改组为股份有限公司。当时市面上行销质量稍佳的是瑞典"凤凰牌"和日本"猴牌"火柴。为了保持和扩大华资火柴市场,刘鸿生以全力提高本厂火柴制造的质量。他不惜以月薪1000元的丰厚待遇,于1927年聘请化学专家林同骥教授以科学的方法,改良鸿生火柴厂产品质量,重点是解决火柴在霉雨季节保持不潮的难题。据说这个难题在瑞典是经过60余年的研究才取得成绩的。① 林同骥在研究克服火柴不潮的实验期间经历了多次失败,并非一帆风顺,一度引起"周围的轻视";鸿生厂的经理甚至托人授意,"讽其自辞"。② 但刘鸿生不为所动,继续支持林的试验,终于经1年多的时间于1929年6月取得圆满成功。当时在苏州正是霉季"还潮甚烈"时节,林同骥指导下所制造的火柴"并不还潮,药头亦极坚固"。嗣后又进一步在林的指导下,又购办磨磷机,以改良火柴头的磷边,使之更趋完善。③ 在这种情况下,刘鸿生作出"提高质量,压低价格"的决定。于是设在

① 《刘鸿记账房存卷》,转见《刘鸿生企业史料》上册,第96页。

② 《1928年11月14日,黄敏伯致刘鸿生函》,《刘鸿生企业史料》上册,第95页。

③ 《刘鸿生企业史料》上册,第96页。

苏州的鸿生火柴厂的产品得以畅销苏北、无锡、常州、江阴、溧阳、丹阳、湖州和吴兴等地，从此在长江下游地区的众多火柴厂中扎下了坚实的经济基础；至于他于1920年在九江开办的裕生火柴厂，“日出火柴百箱”，其规模虽较苏州厂为小，但也在长江中游地区，成为“惟一大厂”。①

然而，20年代后期，就在鸿生火柴公司经营日见兴旺时节，资力雄厚而贪婪成性的瑞典火柴业施展其跌价倾销伎俩，开始对我国火柴市场大举入侵。在前面，我们曾从火柴历年进口统计表中指出：在1920年以前，中国火柴市场主要控制在日本火柴业的手中，瑞典火柴当时对华虽也有输入，但为数不多，尚无足轻重。但在欧战后的10余年中，瑞典火柴公司（Swedish Match Co. Jonkoning，Sweden）通过廉价倾销手段，抢夺了日本在东南亚、印度支那和南洋一带的火柴市场。并且在1923年9月，乘日本关东大地震和接着发生的烧毁了大半个东京的火灾，日本的工业面临极大困难，瑞典火柴垄断集团便乘机一面收买日本的“东洋”和“日本”两家火柴公司，一面又同铃木、小林等20余家火柴厂搞联合，成立大同磷寸株式会社（其中瑞典火柴公司占60%的股权），在东京设立东亚总账房，控制了日本的火柴工业。嗣后便向我国扩张势力。当时，日本在华的火柴工厂大多与其国内的火柴工业有着资本联系。瑞典火柴公司既已控制了日本国内的火柴工业，自然也就比较容易收买日本在华的火柴工厂，而且手法非常隐蔽，常常在收买之后仍以日商的招牌对外经营。例如，1928年，瑞典火柴垄断集团在收买设在上海和镇江的日商燧生火柴厂，对上海燧生仍用日商原名继续从事制造，而对镇江燧生则以内河贸易公司

① 《大中华火柴公司档案》，转见《刘鸿生企业史料》上册，第151页。

(The River Trading Co.)名义买进,改为专门推销上海燧生火柴厂的代理机构。①

在1924年以后,由于瑞典火柴垄断集团已经完成了控制日本火柴业的任务,次第收买了日本在华的火柴工厂,使之加工赶制,跌价倾销,我国华北各火柴厂立即感受深重的压迫;与此同时,它又在香港、上海等重要港口,囤积大批瑞典火柴,对华南、华中开展倾销。因此,到1929年下半年,东北各火柴厂几乎全数倒闭,广东火柴厂亦倒闭过半,苏、浙、皖各厂虽根基较固,而停业亦及小半。信誉最著之江苏荧昌、鸿生、中华3厂合并成立大中华火柴公司,以加强其竞争能力②,国内民族资本火柴厂无不在困难重重中顽强挣扎。

(二)卷烟工业

中国民族资本卷烟工业起步较晚。它是在19世纪末外国卷烟工业传入和外国在华设立卷烟厂的刺激下开始兴办的。在外国卷烟厂纷至沓来,不断叩击中国烟草市场的过程中,中国人旧有的烟草消费方式和生产结构,不期而然地出现了变化。1902年,我国华北主要口岸天津出现了一家"官商合办"的北洋烟草厂,创办人黄暻,集资9万元,其中有官股2.7万元。③ 次年,山东兖州成立了一家琴记雪茄烟厂,拥有资本1.4万元。④ 这两家卷烟厂资力虽不见厚,却是创办民族资本卷烟工业的先声;而北洋烟草厂在1905年还曾在烟台开设自己的分厂。

---

① 详见《中国民族火柴工业》,第25—26页。

② 国民政府全国经济委员会:《火柴工业报告书》,1935年版,第3页。

③ 《农工商部甲辰记事》,转见汪敬虞:《中国近代工业史资料》,第913页。

④ 《山东全省劝业公所戊申、己酉年报告书》,转见汪敬虞:《中国近代工业史资料》,第913页。

继天津、兖州之后，1904 年，在上海有由刘树森和盛宣怀合股投资 10 万两，由刘树屏任总经理的三星烟公司，是上海地区较早设立的 1 家民族资本烟厂。它置备卷烟机 8 台，日夜开工，月产卷烟 200 余箱(5 万支装箱)，经营颇有起色。① 同年设厂的还有德隆烟厂，初创时只有卷烟机 1 台，规模很小，不久便关闭了。到了 1905—1906 年，在抵制美货运动的推动下，民族卷烟工业有了一个喘息和发展的机会。上海、烟台、广州和北京四地在 1905 年 1 年内，便曾创设了 11 家卷烟工厂，其中资本在 5 万元以上的便有 7 家。② 此外，较为突出的如由侨商简玉阶、简照南兄弟主持的广东南洋烟草公司，也是在 1905 年集资港币 10 万元在香港创办的。③ 当时抵制美货运动已进入高潮，"不用美国货，不吸美国烟"的口号，深入人心。人们都改吸北洋烟公司的香烟代替美国烟。所以，简玉阶后来回忆说：他们当时"看到北洋烟厂的龙球牌卷烟，生意颇好"。因此，他们"决心创办烟厂"。④ 进入 1906 年，设立卷烟工厂的热情在国内仍在持续，当年新建烟草工厂 8 家，其中由广东商人创办的物华纸烟公司，拥有资本 30 万元，是当时新设卷烟厂中规模最大的一家。⑤ 不过就卷烟工业发展总历程来看，

---

① 方宪堂主编：《上海近代民族卷烟工业》，上海社会科学院出版社 1989 年版，第 13—14 页。

② 汪敬虞：《中国近代工业史资料》，第 912 页。

③ 上海社会科学院经济研究所编：《南洋兄弟烟草公司史料》，上海人民出版社 1958 年版，第 2 页(以下简称《南洋烟草史料》)。

④ 《南洋烟草史料》，第 2 页。

⑤ 分别参见汪敬虞：《中国近代工业史资料》，第 912 页；皮明庥主编：《近代武汉城市史》，中国社会科学出版社 1993 年版，第 193 页；杜恂诚：《民族资本主义与旧中国政府(1840—1937)》，上海社会科学院出版社 1991 年版，第 384 页。

上海乃是该业发展较快和较为集中的地区。1904 年,民族资本卷烟厂在上海还只有 1 家,1905 年便猛增至 8 家,1906 年又新设 2 家,原设烟厂中报歇 1 家,仍有 9 家之多。① 它们中有厂名和创办人可查的,大抵是:由苏绍柄等人发起组织的中国纸烟公司、朱畴创办的中国四民纸烟厂、曾铸创办的福寿纸烟公司,以及大东、大通、泰来、大隆、自新等烟厂。② 这些卷烟工厂在初创的几年中,乘抵制外货时机,一度呈现营业兴旺景象。但是,到 1907 年年后,随着抵制外货运动转入低潮,便深切地感受到英美烟公司的敌视和压迫特别是产品在市场销售上不断受到排挤,无法维持生产。1909 年年底,投资三星烟厂的盛宣怀面对英美烟公司的强大压力,不胜愤懑地指出:英美烟公司在市场上"不惜重资,招摇垄断","内地行店均受其饵,各订小合同,不准代卖中国烟卷",使"自〔光绪〕二十九年〔1903 年〕以后,华商制烟公司大小约三十余家,现在〔指 1909 年年底〕能幸存者寥寥无几"。③ 至于在香港经营,通过改进烟质,逐步打开销路的南洋烟草公司,正当它的产品"白鹤牌"卷烟日有进展时,也不能躲过英美烟公司的敌视和摧残。后者借口"白鹤"包装纸的颜色与英美烟公司出品相同,恶意诬为影射。它勾结香港巡理府,强行集中价值 2000 余元的南洋公司成品,在巡理府前烧毁,使南洋公司业务受到沉重打击。其后南洋公司新产品"双喜牌"香烟在 1908 年年初又同样受到英美烟公司的打击,"营业遂至一蹶不振"。至此,南洋烟草公司前后开工

---

① 《南洋烟草史料》,第 254 页。

② 参见汪敬虞:《中国近代工业史资料》,第 912 页;方宪堂:《上海近代民族卷烟工业》,第 14—15 页。

③ 盛宣怀:《致载泽、绍英、陈邦瑞函》(及附件)(宣统元年十一月初八日),《盛宣怀未刊信稿》,中华书局 1960 年版,第 188、199—200 页。

13 个月,负债 10 余万元,虽经种种努力,"终因业务无法打开,而外欠重重",被迫于 1908 年 5 月宣告清理拍卖。①

但是,简氏兄弟在经营不利的状况下总结经验,认识到这次失败的原因在于"资本之不足及制造之未精"。② 他们没有丧失再创烟厂的决心。于是重定章程,规划改组,于 1909 年 2 月第二次正式营业,改名为"广东南洋兄弟烟草公司",资本 13 万元,在香港注册为无限公司。③ 为开拓销路,简玉阶重新走赴马来亚一带经商,同时推销南洋公司香烟。复业后的南洋烟草公司最初营业也不见佳;直到 1911 年,经改良制作,产品质量渐见提高,经营情况才有较大好转。不久辛亥革命爆发,大大鼓舞了长期旅居国外华侨的爱国热情。复业不久的南洋烟草公司很得爱国侨胞热情帮助,公司产品深受欢迎。它所产的"飞马"牌香烟仅爪哇一地,月销 1000 箱左右。1912 年到 1914 年,分别获得利润自 4 万元、10 万元到 16 万元,产销业务都见迅速发展④,简玉阶遂返回香港,全力以赴地经营南洋公司。

不过,在国内市场,外国烟草业在此时所受到的冲击还是有限的。英美烟公司的销货量在 1911 年之后仍在逐年见增。在 1910 年,它的销货量为 105584 箱(每箱 5 万支装),1911 年则增为 129933 箱,增加 23%;1912 年再增为 142933 箱,较前一年又增 10%;1913 年情况虽不详,但 1914 年,该公司的销货量增为

① 《简玉阶的回忆》,《南洋烟草史料》,第 3 页。

② 陈坦然:《中国南洋兄弟烟草公司小史》,《时事新报》1931 年 6 月 9 日,转见陈真、姚洛合编:《中国近代工业史资料》第 1 辑,三联书店 1957 年版,第 490 页。

③ 《简玉阶的回忆》、《南洋烟草史料》,第 4 页。

④ 《南洋烟草史料》,第 4 页。

187969箱,较1912年又增加31%以上。[①] 这表明民族卷烟工业在辛亥革命后的最初几年虽然稍有起色,但从国内市场开拓上看,它仍然还难有效地抵制外国卷烟势力的扩张。

民族卷烟工业的较大发展是在第一次世界大战爆发之后。当时上海以其优越的地理位置和便利的交通条件,从而不仅拥有广大腹地能够稳定地向它提供必不可少的工业基本原料,而且它的产品除了满足当地居民需要外,还有宽阔的长江流域作为它的广大的销售市场。所以,20世纪前期,上海已经成为我国民族卷烟工业最为发达的地区。据1915—1922年调查:仅上海一地先后新设卷烟厂有17家,特别是1920年一年中便新设了7家;各烟厂当年共有卷烟机达105台,和职工5568人。[②] 1921年,上海出口的卷烟价值已达1100万关两,运销到国内各地的卷烟价值达5000万关两。[③] 作为民族卷烟业中最具代表性的南洋兄弟公司在这几年的发展更加引人注目。在产量的增长上它表现为:1912年该公司的年产量为4758.61箱(每箱5万支),1915年则增为18609.26箱,增长速度几达3倍,1917年更增为33825.31箱,为1912年产量7倍以上。[④] 这时向以广东和南洋为主要销场的南洋烟草公司由于受到国内市场进一步拓展的鼓励,认识到在上海设厂对公司的发展必然具有更加重要的意义。于是在1916年,原以香港为据点的南洋烟草公司开始在上海设厂。并在筹备设厂同时,正式成立上海分公司,表示企业的重心将逐渐从香

① 上海社会科学院经济研究所编:《英美烟公司在华企业资料汇编》,中华书局1983年版,第254页。

② 见《南洋烟草史料》,第254页。

③ 《海关十年报告,1912—1921年》,参见徐雪筠等译:《上海近代社会经济发展概况》,1985年版,第215页。

④ 《南洋烟草史料》,第19页。

港转移到上海来；不久它又进一步在汉口、南京、镇江、青岛、济南、杭州、苏州、张家口等地陆续设立分公司。① 由于营业范围扩大，业务发展更加迅速。1927 年南洋公司沪厂开工投产，所制卷烟销往内地后，博得社会好评，甚至被社会认为南洋所产的卷烟在质量上还胜过英美烟公司的产品。② 各处市场都出现了对南洋烟“求过于供”的现象，这给南洋公司扩大生产以有力的推动。南洋公司于是在 1918 年，又将上海、香港两厂“重行翻建，添购机器”，并且同时在安徽凤阳、山东潍县，建造楼房收购烟叶，指导当地农民改良种烟。③ 据新闻报道，当年南洋上海分厂投产的卷烟机已增加到 70 余台，每机每分钟能成烟卷 300 余支，每日生产以 10 小时计算，日产烟达 1000 余万至 2000 万支（合 200—400 箱）。④

为谋求企业进一步发展，南洋烟草公司于 1918 年改组为股份有限公司，向北洋政府农商部注册，额定资本为 500 万元。⑤ 1919 年又在生产日益扩大，资金周转渐见不足的情况下，为增加资本实力，再次改组，向社会公开招股，决定招集资本 1500 万元。⑥ 改组以后，公司所属生产单位又有扩充，计“香港方面制造厂凡 3 所，上海方面制造厂凡 5 所，山东坊子、河南许州、安徽刘府均有焙叶

---

① 《简玉阶的回忆》，《南洋烟草史料》，第 52 页。

② 参见《1917 年 2 月 12 日简照南致简玉阶函》，《南洋烟草史料》，第 55 页。

③ 《简玉阶的回忆》，《南洋烟草史料》，第 52 页。

④ 《中华国货调查会编辑主任宋似我参观南洋上海厂记》，《民国日报》1919 年 9 月 12 日，转见《南洋烟草史料》，第 56 页。

⑤ 《简玉阶家藏文件》，《南洋烟草史料》，第 13 页。

⑥ 《南洋公司扩充招股弁言》，《南洋烟草史料》，第 134 页。

厂,汉口新设制造厂,正在准备开机”。[①] 在生产逐步发展的基础上,公司实现了丰厚的利润。1920—1922 年,公司的纯利润均各在 400 万元以上,各年的盈利率分别为 32.2%、26.97% 和 27.23% [②];公司的固定资产在这几年也有明显的扩充。1920 年公司固定资产的价值为 422 万余元,1922 年增长为 815 万余元,几增 1 倍[③],为公司创办以来所未见的速度。

与所有的民族资本企业创业的艰难历程一样,南洋烟草公司的初步发展也是经历了复杂而尖锐的斗争取得的。20 世纪一二十年代,正是英、美、日列强在我国极力扩张政治经济势力的时期。当南洋烟草公司在国内创办并初步站定脚跟时,它便不断遇到以英美烟公司为首的外国势力的排斥和倾轧。依靠广大人民群众的热情支持,公司建立起若干可靠的原料基地,开拓了以华南各省和长江流域为主要销路的国内市场。更加值得赞扬的是,从 1911 年以后,公司领导集体顽强地抵制了英美烟公司先后伺机发动的 4 次(即 1911 年、1917 年、1918 年及 1922 年)收买和兼并南洋公司的阴谋活动。特别是在 1922 年英美烟公司发动第四次与南洋公司谈判合并的活动。当时在上海和香港两地的南洋公司主要负责人(亦即主要股东)之间出现了不同意见。以简玉阶为代表的香港部分股东以高屋建瓴姿态,极力强调“公司自独资至合资,内以国货为号召,外仗社会赞助,渐有今日。倘一联合,不但先敌后降,为社会所唾弃,……故众意以联合为根本大患”[④],终于阻止了该

① 中华商业协会等 6 团体:《参观南洋兄弟烟草公司记》,1926 年,单行本,《南洋烟草史料》,第 144 页。

② 《南洋烟草史料》,第 276 页。

③ 据南洋公司有关年度资产负债表计算,见《南洋烟草史料》,第 145 页。

④ 见《南洋烟草史料》,第 255 页。

公司上海部分主要股东出于畏惧英美烟公司强大势力的倾轧，企望避难趋易，寻求“保姆护卫”的懦夫之见，使英美烟公司在当年4月间提出与南洋合并的草议办法无法实现。

不过，20年代最初几年，民族卷烟业营业平淡，基本上处于不景气状态。直到1925年，由于帝国主义暴行酿成了“五卅惨案”，激起人民群众愤怒，各地群众再次在爱国热情激荡下，全国开展抵制外货运动，民族卷烟业因势利导，广泛宣传改吸国产卷烟，进一步开拓了国产卷烟市场，民族卷烟业在外资卷烟业务萎缩，销量锐减状况下，又获得迅速发展的时机。据有关统计反映：1924年，上海民族资本卷烟厂还只有16家，1925年在抵制外货运动推动下，新烟厂一下子便开设了38家，除了旧有烟厂中停业的3家外，增为52家；1926年又增加到64家，1927年，虽然旧烟厂中有19家停业，但新设烟厂仍有22家之多，全市烟厂仍增为67家。① 当时较著名烟厂仍以南洋烟草公司规模最大，设备比较完备，其次如1920年由戴耕莘等筹设的华成烟公司虽尚属初创，规模尚小，但后来发展成为仅次于南洋公司的一家大厂。此外新设的如福新、大东南、大东、福昌、和兴、瑞伦、华东、华菲、三兴、华兴等厂，都因抵制外货运动也获得了一定的发展。② 至于南洋公司，则在抵制外货运动期间业务发展更为突出。例如，它的销货金额在1922年到1924年起落不定，1922年达2823万元，1923年稍增为3191万元，1924年又降落为2521万元。但是，1925年抵制外货运动起，

---

① 见《南洋烟草史料》，第255页；但另据中南、盐业、金城、大陆银行调查称：五卅运动前，上海民族资本烟厂有14家，1927年增加到182家，见中南银行等编印：《上海烟草业之战前情况及现在概况》，1937年9月编印，录供参考。

② 参见方宪堂主编：《中国近代民族卷烟工业》，第42—46页。

销货金额迅速上升为3645万元,为历年销货金额之高峰,1926年和1927年稍减,但也都维持在2872万元和2772万元[①];它的固定资产在1924年还只有846万元,到1927年则增加到1207余万元,增长42%。[②] 所以,具有爱国主义思想的企业家简玉阶所说的民族卷烟业"内以国货为号召,外仗社会之赞助",才是它健康发展的必由途径,确是不易之论。不过令人痛心的是旧中国是一个半殖民地半封建的国家,抵制外货运动所发挥的历史作用不能不受到一定的局限,待到"五卅运动"高潮逐渐消退时,民族资本卷烟工业在1928年之后又不得不落入业务不振的沉闷景象之中。

(三)机器制造修配工业

在我国民族资本近代工业中,机器制造修配业曾较早出现,但基础浅、规模小、设备简陋,从修配业务的基础上逐步获得成长机会。比如,以我国机器工业最为发达的上海地区为例,这里原有的锻铁、冶铸、铜锡器及造船等手工作坊,便是上海民族机器工业产生的初始形态。这些作坊中的一部分,从19世纪40年代上海开埠以后的二三十年中,通过为外国船厂代制机器配件,或为外国来华轮船进行零星修理业务,与外国机器工业发生了业务联系,逐步掌握新技术,积累起一定数量的资本,购置一两部简单车床,从而逐渐地发展成为我国早期的民族资本机器工厂。

根据有关研究的综合记述,上海在1894年之前建立有机器厂12家,其中以船舶修理和小火轮制造的企业为多,计有7家;其次为轧花机制造和其他农机如碾米机、榨油机制造,占有3家;缫丝机制造和公用事业修理各有1家。这12家小型机器厂共拥有创

① 参见《南洋烟草史料》,第220、145页。

② 参见《南洋烟草史料》,第220、145页。

办资本合计有3600元。① 这可说是我国民族资本近代机器工业起步阶段的基本状况。

中日甲午战争失败，举国震动。不少人从战败的教训中发出了"设厂自救"、筹办近代企业的呼声，在国内逐渐形成为一个投资办厂的浪潮。从国外进口的机器设备中，有相当的一部分是用于加强和扩充民族资本机器制造厂的。所以，从1895年到1913年第一次世界大战爆发，19年间上海民族资本机器制造厂，便从先前的12家发展到86家；其间除了7家先后歇业的以外，1913年实存的机器制造厂有91家之多，共有资本达87010元。其行业构成则以印刷机器修造业和其他机器修造业为多，两者共35家，居全行业的39%，先前比较发达的船舶修造业已相应下降为19家，只占全行业20%的比重。就这些企业的组织性质看，则以独资为主；91家机器工厂中独资的有72户，占79%，合伙的仅有19户，占21%；这时在机器制造业中尚不闻有公司组织形态。②

在我国民族工业初步发展过程中，棉纺织工业和缫丝工业最见发达。当时缫丝机械大多从意大利输入，设备构造并不复杂，仿造比较容易。有人说，在1890年左右，上海有一家原以修理船舶为业的永昌机器厂已经仿造缫丝车。它日夜制造意大利式缫丝车和供丝厂用的小马力水汀引擎。③ 稍后又有大昌机器厂继起仿制。所以，在1896年刊印的陈炽《续富国策》中所载的《论缫丝业》一文，便曾提到："此项缫机，上海铁厂均能自制。"④

1914年以前，我国民族资本机器工业进入初步发展时期，当

① 上海市工商行政管理局等编：《上海民族机器工业》，中华书局1970年版，第196页。

② 《上海民族机器工业》，第196、197页。

③ 《上海民族机器工业》，第99页。

④ 陈炽：《论缫丝业》，载瑶林馆主：《续富国策》第3卷，第45页。

时仍以中小型厂家居多。办有成效的厂家如上海的大隆、求新,武汉的扬子、周恒顺,南通资生等工厂在民族资本机器工业的成长过程中,都具有一定的代表性。

大隆机器厂是1902年由严裕棠在上海创办的。初创时的主要业务,是为来华外轮的修理机件的工作。严裕棠曾在外国洋行工作过,谂知交接洋人经验,擅长兜揽修理外轮生意,但并不熟习生产技术。因此,严在创设大隆厂时特邀约一位铁匠工人,合伙经营。开业时大隆厂的机器设备比较简单,只备有车床8部,牛头刨床和龙门刨床各1部,作为动力设备的只有20匹马力的水汀炉子引擎设备1套。工厂开张后,修配外轮机件的生意非常兴旺,利润优厚。"据估计,该厂当时的利润,少则50%,多则可达200%。"①

在修配外轮业务之外,大隆机器厂还承接一些简单的机器制造业务。1905年开展起来的抵制美货运动,使得美、英、日等国输华商品量明显减少。我国商品市场承受包括外国棉纺织品在内的外国商品的压力,大为减轻。民族资本纺织厂乘机获得发展时机。大隆机器厂也便从修理外轮为主的业务转向修配和制造纺织机件为主。当时大隆机器厂工人经过长年的装配、制造机器零件的锻炼,已经具有较高的技术水平。它曾为日商经营的内外棉株式会社修好了英商瑞熔船厂无法修好的锅炉发电机,在工商界赢得了较高的声誉。英商恒丰洋行出于对大隆厂技术力量的信任,更重要的是为了减轻从国外进口机器的昂贵运费负担,向大隆厂提供设计图纸和技术指导,请该厂包工制造传动装置。经过此项业务的实践,使大隆厂的生产技术人员对机器的传动装置性能、结构和制造工艺有了全面的了解和提高,为该厂由修配机器发展为制造

① 中国科学院上海经济研究所编:《大隆机器厂的发生、发展与改造》,上海人民出版社1968年版,第1—5页。

机器奠定了技术基础,从而逐步地发展成为大型的机器厂。①

又如求新机器制造厂,它是企业家朱志尧于1904年筹划而于次年创办于上海的。初创时,该厂只置备大小车床10余台,主要从事于机器修配业务;嗣后则发展为制造数百吨小轮船的业务。②求新厂设立在上海南市,相邻之处,陆续开办了不少工厂,如榨油、纺纱、面粉、锯木及自来水厂等等。这些工厂常常要求求新机器厂帮助制造或修理各种机器。③

从1906年到1908年,求新机器厂制成了300匹马力立式引擎;1908年为苏路公司制造了载重300吨的铁路货车;到1910年又最先试制成功火油引擎,用作碾米、抽水、轧棉等农产品加工机械动力。④ 在火油引擎问世后,该厂又将这一技术引入机器制造工业中去。此外,由朱志尧设计制造的新式小功率煤油抽水机具有多种用途,既可用于矿山排水,又可为农田灌溉服务。⑤ 嗣后该厂规模逐步扩大,业务内容也随之增多。它又先后制造过铁路客车、电车、拖车、工作母机、脚踏织布机、织袜机、打包机、打桩机和起重行车等等。⑥ 而在轮船的修理和制造方面,该厂曾于1907年为大通公司制造"大新"轮船,船身长138英尺,舱面宽20英尺,舱深10英尺,吃水8英尺,每小时速率达10海里。次年又曾承造

---

① 参见《大隆机器厂的产生、发展和改造》,第5—8页;夏晓兰:《严裕棠》,载在孔令仁主编:《中国近代企业的开拓者》,第373—374页。

② 《上海民族机器工业》,第141—142页。

③ 参见吴承洛编:《今世中国实业通志》下册,商务印书馆1929年版,第271页。

④ 《上海机器工业》,第158页。

⑤ 魏明康等主编:《中国近代企业家传略》,上海人民出版社1989年版,第55页。

⑥ 参见朱文炜:《朱志尧》,载孔令仁主编,前引书,第244页。

浅水轮船,都有较好的成绩。于是,我国不少大型企业如汉冶萍公司、轮船招商局以及航行于长江及内河各轮船公司,都相继来厂订造船只①,业务日见兴盛。

在我国机器工业兴起时期,除了上海的机器厂大隆、求新等厂,作出了一定成绩外,其他沿江中等城市也间或作过兴办机器工业的试探。比如,1906 年由张謇创办的南通资生铁厂(资本 7 万元)、1907 年由侨商顾润章、王光及李维格等创办的汉口扬子机器制造公司,由周广春、周仲宣创办的从武汉炉坊发展起来的周恒顺机器厂(资本 4.8 万元)等,都曾从不同方面对机器工业的擘划作了若干试探,但因主客观条件不足,都在短期间遇到种种困难,不曾顺利地发展起来。

第一次世界大战爆发后,进口机械货源骤减,价格猛涨,使民族资本机器工业获得了一定的发展机会。这时又因国内纷纷设立五金工厂,对车床的需求不断增加。战争期间,外国车床不但价格昂贵,而且也无法进口。适应市场的急需,国产车床遂起而代之。上海荣铝泰机器厂大约在 1915 年所制造的 4 英尺脚踏车床,就是在这种情况下投入市场的,该厂亦成为上海第一家专门制造车床出售的机器厂。② 嗣后这家机器厂在生产同类产品的技术力量日益提高,并在本行业中较先掌握了制造 8 英尺和 12 英尺车床的能力。该厂所制之小车床主要为满足本市需要,较大的车床则以供应上海以外的客户为多,一度还曾销往东南亚一带。第一次世界大战的 10 年中,上海一地相继发展起来制造机床的专业工厂多达 10 家。③

---

① 吴承洛:《今世中国实业通志》下册,商务印书馆 1929 年版,第 271—272 页。

② 《上海民族机器工业》,第 203—204 页。

③ 《上海民族机器工业》,第 303 页。

此外，这一时期机器工业生产中另一个重点，是仿造内燃机的业务。这是因为内燃机使用灵活，价格较低，很受小型厂家欢迎。同时，内燃机又适用于农产品加工业务，因之，它能逐渐开辟沿江一带的内地市场。所以到了1924年，上海的动力机和农产品加工机器修造专业，短期内已由16厂发展到48家①，颇为迅速。还须一提的是，1918年，不少机器厂陆续制造了火油引擎，并在这个基础上又逐步发展到仿制柴油引擎。后者的优点在于使用价格低廉的柴油来代替高价的火油，因此柴油引擎得以陆续推广。使用火油、柴油引擎的重要意义，在于对内地工业的发展能够起较大的推动作用。

在第一次世界大战期间，我国纺织工业曾有很大的发展。因之，从事于纺织、针织、缫丝等制造和修理的专业机器厂也随之兴盛。纺织、印染、缫丝专业机器厂遂从1913年的13家，到1924年发展为50家。② 可是当棉纺织业在1922年下半年以后面临不景气，出现萧条景象时，服务于棉纺业生产的机器工业也不可避免地受到沉重的打击。而发生于1925年的“五卅”运动曾使民族卷烟工业有了较大的发展机会，它也推动了民族机器制造卷烟机业务；在1925—1927年间，机器卷烟机生产业务一度呈现繁忙景象，惜为时短暂。到1928年，当民族卷烟工业因外资烟厂的倾轧再次陷入衰落景况时，制造卷烟机的业务也随之而消沉。这些现象更番出现，强烈地反映了生产业务的不稳定，成了基础薄弱的民族机器工业难以迅速成长的原因，它延缓了机器制造修配工业发展的应有速度。

① 《上海民族机器工业》，第202，303页。

② 《上海民族机器工业》，第303页。

第三节　民族资本近代煤、铁矿冶业的开发和发展

一、近代煤矿业发展过程概述

甲午战争后,中国近代煤矿工业开始进入初步发展阶段。开发煤矿需要巨额资本,更需要地方政府的支持。中小民族资本家虽有意于煤矿业的开发,往往或因资金难筹,或因无法取得地方当权者的支持,有的甚至受到排挤,难以有所作为。到了清末推行新政时期,各省成立矿务局,合法地垄断了本省区煤矿的开采。比如湖南省矿务局规定:除该省"矿局及总公司并编号之分公司外,不准有私开之矿"。[①] 矿务章程也有规定资本在1万两以下者,不允许有领照开采之权。此外,有些地方当局甚至擅自定章:"非资本10万金者,不准开办。"[②]1907年,在划分官、商办理矿时,又规定了所有商办各矿归矿政调查局管辖。两年后,矿政调查归并劝业道矿科。1911年辛亥革命后,成立矿务总局。[③] 总之,名称尽可经常变异,垄断的实质则毫无二致。所以民族资本家的中下层在辛亥革命前矿业的开发上是很难作出贡献的。

辛亥革命后,这种情况略见改善。国内煤矿开发的基本情况大体上以辽宁、河北、山东三省为较盛,其次则有山西、热河、吉林、

① 光绪三十年十二月四日,湖南巡抚陆元鼎致湖广总督张之洞,《张文襄公全集》第191卷,第27页。

② 《政艺通报》,光绪三十一年,下编,《艺书通辑》第2卷,第2页,转引自汪敬虞:《中国近代工业史资料》,序言,第37页。

③ 参见《经济杂志》,1年第4期,国内调查录,1912年12月,第30—40页。

河南、四川、湖南、安徽及江苏等省。惟上述各省中，东北三省煤矿资源在甲午前后，早已为帝俄、日本巧取豪夺，视为禁脔，民族资本在这些地区几无插足余地。以下我们根据有关史料，试择要编列各省创办的民族资本煤矿，对其基本情况稍作勾勒，以反映20世纪20年代民族资本煤矿在各地开发的状况（见表18）。

表18　民族资本近代煤矿基本情况简表

1895—1927年

矿名	所在地	成立时间及简略沿革	资本	产量	销售地区
临城煤矿	河北临城	1882年开办，1905年有比利时资本参加，1920年收回，官商合办。	不详。	年产20万吨左右。	销平汉铁路沿线。
萍乡煤矿	江西萍乡安源及柴家冲等处	1897开办。	详见本书有关子目“汉冶萍煤铁厂矿公司”。		
中兴煤矿	山东峄县	1899年商办，1902年有德国投资，1908年招华股退还德国股本。1926年受军阀内战影响，1928年8月停工，1929年1月复工后，营业渐次恢复，年有盈余。	1909年招足资本300万两，1922年改定资本1000万元，先招足750万元。	年产80万—100万吨。	供津浦铁路用外，运销浦口、台庄、徐州、蚌埠、济南、上海等处及运河沿岸。
滦州煤矿	河北滦县	1907年开办。	200万元。	日产400吨。	详见本书子目“直隶滦州煤矿”。

续表

矿名	所在地	成立时间及简略沿革	资本	产量	销售地区
六河沟煤矿	河南安阳县	1907 年开采,先后借有德、比资本,1919 年由华商收回。	600 万元。	年产约 70 余万吨。	供平汉、陇海两铁路销用外,另销平汉路南段各地。
锦西大窑沟煤矿	辽宁锦西县	1907 年开采。	初创时资本 28万元,1914 年增资达 100 万元。	年产 2 万吨(1920 年)。	销北宁铁路锦州段一带。
烈山煤矿	安徽宿县	1904 年开采,1917 年后营业发达。	1914 年增资到 100 万元。	年产约 6 万—7 万吨。	销矿厂附近为主,年约 4 万吨。次为浦口、蚌埠,余销津浦路沿线。
大通煤矿	安徽怀远县淮河南岸	1911 年开办,1922 年改组为大通保记公司。	初办时历年亏累,1922 年改组资本 50 万元。	日产 540 吨,改组后年产曾达 10 万吨。	主要销场为蚌埠、浦口、上海等地。
华丰煤矿	山东宁阳县	1909 年开办,1920—1930 年营业见佳。	初创时资本 4 万元,1924 年增至 25 万元。	年产约 18 万余吨。	销济南、德州、泰安、济宁、徐州等地。
正丰煤矿	河北井陉县	1912 年用土法开办,1918 年改用新法开采。	660 万元。	年产 30 余万吨。	销石家庄、天津及平汉路沿线。
怡立煤矿	河北磁县	1908 年土法开采,1919 年改用新法开采。	100 万两(1918 年)。	年产约 30 万吨。	销平汉路沿线及沿滏阳河各地。

续表

矿名	所在地	成立时间及简略沿革	资本	产量	销售地区
柳江煤矿	河北临榆县	1913 年开办，总公司设在上海。	140 万元。	初期日产量500 吨—600 吨，1931 年年产 25 万吨。	由秦皇岛运出，销长江流域各埠。
鄱乐煤矿	江西乐平县	1916 年。	前后投资约 60 万元。	年产约 2 万吨。	销场在南昌、九江等地。
华东煤矿公司	江苏铜山县	1912 年使用机器开采；该矿前身是 1898 年开办的贾汪煤矿。1927 年停工，旋于 1930 年，刘鸿生投资 80 万元，原有资产作股 80 万元，改名华东煤矿公司。	额定资本 200 万元，招足 80 万元，1927 年因战争停工。	1917—1921 年日产 500 吨—600 吨；1922 年后年产约 10 万吨。	销售于徐州、浦口、上海等地。
长兴煤矿	浙江长兴县	1913 年商人刘长荫独资开办，1918 年改为股份公司。	股额 200 万元。	年产约 20 万吨。	销于无锡、苏州、常州、上海、杭州沿太湖各埠。
悦升煤矿	山东博山县	1918 年开办。	初集资 20 万元，继增至 50 万元。	年产约 40 万吨左右。	销胶济铁路沿线。
保晋分公司	山西大同阳泉等地	1918 年开办。	不详。	年产约 2 万—7 万吨。	销大同本地天镇、阳高至张家口等地。
斋堂煤矿	河北宛平县	1918 年开办。	100 万元。	年产烟煤 8500 吨，无烟煤 38000 吨。	运销北平。

续表

矿名	所在地	成立时间及简略沿革	资本	产量	销售地区
同宝煤矿	山西大同	1920 年开办。	150 万元。	年产约 8 万吨	销大同本地及平绥路沿线。
宣城水东煤矿	安徽宣城	1923 年开办。	80 余万元。	日产 100 余吨。	销于宣城、芜湖等地。
贵池协记煤矿	安徽贵池	1923 年开办。	不详。	日产 70 余吨。	销本地、南京、镇江、芜湖、安庆等地。
晋北煤矿	山西大同	1924 年开办。	初创时资本 30 万元,1932 年增至 150 万元。	年产约 10 万吨。	销往平绥路各地。
民生煤矿	河南陕县	不详。	额定资本 100 万元先收 50 万元。	年产约6万—7 万吨。	销陇海铁路沿线自郑州至西安间。

资料来源:第 4 次及第 5 次《中国矿业纪要》;胡荣铨:《中国的煤矿》,商务印书馆 1935 年版;全国矿冶地质联合会编:《民国矿业要览》第 1 编,1936 年出版。

表 18 的内容在不同程度上反映了 20 世纪初、特别是从 1903 年开展收回路矿运动以后,一部分民族资本家受“救亡图存”爱国运动的推动,对新式煤矿的创办表现了较大的积极性。不少有识之士深刻认识到惟有“经营企业,是收回利权的最好手段”;在社会上也广泛宣传“苟有爱国之心,应起而响应股份之招募”,“能认购一股,就等于收回一分权利。”因之集股开发煤矿的活动趋于活跃。到了我国资产阶级民主革命在 1911 年取得胜利时,社会政治形势的有利变化更把此项活动推上高峰。这时正是中国近代煤矿工业发展过程中出现的一个十分难得的有利时机。

我国煤炭资源质地优良,蕴藏量丰富。全国大煤田相对集中在长江以北的华北、东北、西北、中南的豫西、华东的苏北等地区，以及长江以南的黔西、滇东和川南一带。惟20世纪20年代受生产技术水平和交通运输条件的限制，在全国范围内，土法生产的小矿产量尚占有相当比重。1912年，土法小矿的煤产量占全国煤炭总产量43%，1916年降为40.7%，1920年又降为33.7%，1927年再降为26.8%。[①] 这些百分比数字的变动，表明土法产量频年见减，机器开采的煤产量的比重相应地提高。这是包括民族资本中、小煤矿在内的中国煤矿工业在20余年来有所发展的基本事实。

但是，在考察我国各省煤炭资源的生产和运输的特点时，不能不指出：在滇、黔、川、陕、甘诸省，烟煤虽富，但交通条件十分落后，输运极其困难；蕴藏量夙称丰富的河南、湖南两省却以无烟煤居多，烟煤特少，两省煤矿对近代工业及出口外销上所具有的价值，颇受限制。山西为我国煤炭资源最富之区，省内分布，烟煤多偏在西部，交通条件也不便利。至于烟煤多而地理条件又较为良好的煤炭资源，在我国北方则有河北省、辽宁省和山东省，在南方则有江西省，这些地区富有发展前途。江苏、安徽和浙江等省，虽然交通条件比较优越，但据当时勘测，或蕴藏量较低，或煤质不很理想。这些现象可说是中国近代煤矿在生产上的另一基本特点。[②]

根据以上所述，在本书涉及的时期，我国民族资本煤矿产量变化的基本情况，可从表19的统计中得到反映。

---

① 《中国近代经济史资料选辑》，第104页。

② 参见丁文江、翁文灏：第一次《中国矿业纪要》，1921年农商部地质调查所印行，第25—26页。

表 19 中国民族资本煤矿产量统计

1912—1927 年 单位:万吨

年份	全国机械开采煤产量	其中:民族资本煤矿产量	占全国煤产量%
1912	516.6	41.7	8.1
1913	767.8	54.1	7.0
1914	797.4	82.6	10.4
1915	849.3	87.6	10.3
1916	948.3	187.6	19.8
1917	1047.9	215.6	20.6
1918	1110.9	252.2	22.7
1919	1280.4	312.2	24.4
1920	1413.1	328.0	23.2
1921	1335.0	322.0	24.1
1922	1406.0	306.1	21.7
1923	1697.3	358.4	21.1
1924	1852.5	445.1	24.0
1925	1753.8	445.8	25.4
1926	1561.8	338.3	21.7
1927	1769.4	418.4	23.6

资料来源:根据严中平等编:《中国近代经济史统计资料选辑》,1955 年版,第 124 页表 15 数字编制。

表 19 的统计说明:民族资本煤产量基本上是与全国机械开发的煤产量的升降起着同步变化的。就产量变化看,民族资本煤矿在 1912—1915 几年中始终徘徊在年产 40 万—80 万吨之间,缺乏奋进的劲头;到 1916 年才出现了明显上升的现象。揆其由来乃是与第一次世界大战爆发密切相关。欧洲战争阻碍了列强工业品的

输入,国内消费品市场转而仰赖国内生产,民族工业蓦地受到刺激而兴奋。为了满足各地工厂急切需要,煤炭的产销随之而繁忙起来,民族资本煤矿遂步入前所未有的繁荣时期。可惜这种景象未能维持多久,到1922年,国内工业品的销流遇到了战后外国工业品卷土重来的倾销和打击,在棉纺织业方面甚至出现了危机。更兼这几年内战不断,在战火波及地区,交通阻塞,城乡工农业生产频遭毁灭性破坏。在这种客观条件下,企求民族资本煤矿业还要有更大的作为,已是势所不能。所以联系全国机械煤年产量变化的形势来看,民族资本煤矿产量在1912—1927年这几年里,还能维持在全国产量的21%—25%的比重上,已经是来之不易了。

二、近代铁矿业产生述要

我国铁矿资源的蕴藏量远不如煤矿富饶。据第五次《中国矿业纪要》所载:全国铁矿的蕴藏量约在120600万吨,其分布状况大抵是:东北4省占有72%以上,关内各省占有27%强,约32200万吨。就含铁量言,贮藏丰富的东北铁矿绝大部分含铁量在30%左右,其他各省的铁矿砂,含铁量大多在50%乃至60%以上。① 就关内各省言,则以华北地区铁矿蕴藏量较富,主要的分布地区在察哈尔(今河北省西北部及山西省北部)之宣化龙关、河北之滦县、绥远(今内蒙古自治区)白云山及山东之金岭镇等地;长江流域的主要铁矿区则有大冶、宝兴、裕繁各矿及湖北省之象鼻山等。现试就国内比较重要铁矿的开发情况列为表20。

① 侯德封:第五次《中国矿业纪要》(1932—1935年),绪言,第1页。

表 20　民族资本近代铁矿基本情况

1895—1927 年

矿名	所在地	开发年代及产、销等基本情况
龙烟铁矿	原察哈尔省(今河北省西北部及山西省北部)龙关县辛窑、三岔口一带。	该矿质量优富为华北冠。1918 年成立官商合办之龙烟公司,拟进行开发,并在北平西郊石景山自设炼厂,建化铁炉 2 座,于 1922 年布置就绪。资本 500 万元,官商各半。官股分别由交通部出资 122 万元,农商部出资 128 万元;商股由中华汇业银行募集。公司曾将矿石 4 万吨运至汉阳铁厂试炼,结果甚佳。嗣以铁价暴落,运汉冶炼得不偿失;又以资本筹集困难和时局多变,遂停顿。
大冶铁矿	湖北大冶县西北之铁山铺、野鸡坪一市。	大冶矿至石灰窑江边有铁路 28 公里,距汉阳 120 公里。倡办之初,设炼铁厂于汉阳,置有化铁炉 4 座,炼钢炉 7 座;1919 年又于大冶袁家湖建化铁炉 2 座。1922 年,汉阳铁厂停工,化铁炉子 1924 年 11 月停炼。1925 年年末,大冶炼厂亦停顿。大冶铁矿因与日本有售砂合同,继续维持生产,年约三四万吨。详见本书汉冶萍煤铁矿公司子目。
象鼻山铁矿	湖北大冶	象鼻山铁矿为湖北官办。1920 年开采,所产矿砂供应扬子铁厂及运销日本,年产约 10 余万吨,营业尚佳。
宙尔沟铁矿	辽宁本溪县。	矿为本溪湖煤铁公司所办。该矿东距安奉路南贲站约 8 公里,年产矿石约十三四万吨。除供本厂炼铁外,亦运销日本。炼铁厂设在本溪湖煤矿附近,有 150 吨及 200 吨熔铁炉各 2 座,平均年产铁 7 万吨左右。
裕繁铁矿	安徽繁昌县桃冲。	1911 年发现该矿后,即开办裕繁公司。与日商中日实业公司订有售砂合同,订明每日供给中日实业公司矿砂不得过 1000 吨,矿砂成分为 50%,期限 40 年。中日实业公司先交定洋 20 万元,周年 6 厘行息,矿厂用款均由中日实业公司供借。
宝兴铁矿	安徽当涂北乡之大凹山及大东山。	宝兴公司于 1917 年开发该矿,至 1920 年共产矿砂 22 万吨,运销湖北扬子机器厂、上海和兴钢厂及输往日本。1927 年因战事停工,1928 年复工,到 1931 年,共开采矿砂 70 余万吨,全数销往日本。

续表

矿名	所在地	开发年代及产、销等基本情况
保晋铁矿	山西平定阳泉。	保晋铁矿附设铁厂于平定县阳泉站北，资本约70万元，建有熔铁炉1座，日能炼生铁20吨。该厂自1918年开办，1922年投产，嗣后工作时有间断，所需焦炭取自井陉矿石家庄焦厂，石灰石取于厂东数里，矿石亦取给予附近数十里内，向由农民开采。因矿床极不规则，故开采之处也零星散漫。产品销于华北各地。
利国驿铁矿	江苏津浦路利国驿站及微山湖之间。	1882年商人胡国澂拟事开发，因上海发生金融风潮，未能集资搁置。民国初年，袁世传设利国驿煤铁矿公司，计划利用贾汪之煤炼利国之铁，以收两矿并举之利。经初步核算，仅开发利国驿铁矿，便需集资120余万元，方能济事，当时筹资十分困难，只得放弃开发计划。

资料来源：参见第五次《中国矿业纪要》；全国矿冶地质联合展览会编：《全国矿业要览》，1936年版；另龙烟铁矿和利国驿铁矿分别参见《近代史研究》1986年第1期和《民国档案》1989年第3期。

表20简要地叙述了民族资本铁矿业产生过程的基本情况。甲午战争后，在帝国主义压迫下，我国铁矿业的开发主要地在东北地区的辽宁省和长江流域各省。但它们的发展非常不平衡。就全国铁矿产量言，在1912年，全国只生产了20余万吨，嗣后经过15年的艰难跋涉，在产量上增加到110万吨。从各省情况分别来看，惟有辽宁省的产量稍高，集中在鞍山和本溪湖两矿区；沿长江各省所开发的铁矿，产量多寡很不平衡。铁矿生产上的突出问题在于历年的产量全部为日本势力所垄断；统计数字表明，1918—1926年，铁矿产量的全部都输往日本，1927年后仅有不到1%的产量供应国内的需要。这个极不正常的现象从根本上揭露了我国铁矿业长期处于不能迈开步伐的根本原因。从严格意义上说，我国近代铁矿业并未进入应有发展的历程。

三、直隶滦州煤矿

在民族资本煤铁矿冶业中,开滦煤矿和汉冶萍煤铁厂矿公司是两个影响较大的企业,应该分别做一点比较详细的叙述。现在先述滦州煤矿。

1900 年,我国华北办理最有成效的开平煤矿,在英、德、日、俄等八国联军入侵中国的战争中,被由英国政府支持下的欧洲财团使用欺诈伎俩强行霸占。其后华北地区的公私企业经常遇到燃煤供应困难。如直隶工艺总局周学熙主持下的北洋银元局就深受其苦。该局在开平煤矿被霸占之后,“数年之间几无日不以催煤为事,往往任催不应,几至不能开工”,而且煤价高昂,矿局“故意要挟”。① 因此周学熙特向直隶总督袁世凯建议在唐山附近另创新煤矿,以抵制开平矿务局垄断华北煤炭市场。

周学熙,封建世家出身,他在 1887 年 7 月曾任开平矿务局驻上海分局监察,负责江、浙、粤各省开平局煤炭销售业务。1898 年,他报捐候补道,并受北洋大臣裕禄札委会办开平矿务局,同年 10 月升任该局总办。② 因此,他比较熟悉煤矿的生产和经营。在英国势力代理人骗占开平煤矿的过程中,他反对张翼向英国势力屈服出让开平矿务局,并拒绝在有关合同上“副署”,直至辞去矿务局职务。③

1906 年年底,袁世凯札委周学熙筹办滦州煤矿。当时周正任

---

① 《开平煤矿之过去、现在和未来》,《工商半月刊》第 3 卷,第 12 号。

② 周志俊:《北方实业家周学熙》,见周小鹏:《周志俊小传》,附录一,兰州大学出版社 1987 年版,第 83 页。

③ 周叔媜:《周止庵先生别传》,第 23 页。

天津官银号督办，因请袁准由官银号办理滦州矿招股垫款等事宜。1907年6月，北洋滦州官矿有限公司成立。在袁世凯支持下，滦州煤矿公司从官方获得各种优惠和经营特权。例如，按照清政府《矿务章程》，每矿面积不得超出30方里。但滦州矿例外，因该矿"系为北洋官家用煤便利而设，与他矿事件不同"，北洋总督批准矿区占地面积宽展为330方里，并声明"他矿不得援以为例"。① 同时创办"滦州矿地公司"，规定："无论官地民地，凡关系矿产者，概归本公司收买后再转给矿商开采，作为地股。如有私相授受者，由滦州地方官查究充公，将该矿封停。"②"滦州矿地公司，应允照滦州官矿现定之矿界330方里，以及将来推展之矿界，随时将开矿应用之地购办，如数拨与滦州官矿公司，作为地股；即以拨地之日，作为入股之期。"③实际上这是官方为滦州公司垄断与矿脉相连的一切未开发的土地而作的规定。在筹办资金方面，袁世凯札饬天津官银号办理，原定股额200万两，1903年增资300万两，合共500万两；但实缴股不过300万两，其中官股80万两，即直隶盐斤加价银50万两，学款银30万两，约占商股三分之一。④ 税厘方面统照开平成案办理。开平煤矿每煤1吨仅完税银1钱，库银84文，滦矿也依例办理⑤，并免缴矿照费。⑥ 十分明显，滦州煤矿所

---

① 袁世凯：《札准滦州煤矿立案文》（光绪三十三年五月十三日），见魏子初编：《帝国主义与开滦煤矿》，神州国光社1954年版，第25页。

② 《滦州矿地有限公司章程》（光绪三十四年五月初一），见魏子初：《帝国主义与开滦煤矿》，第177页。

③ 《北洋滦州官矿矿地两公司地股合同》（光绪三十四年八月二十六），转见魏子初：《帝国丰义与开滦煤矿》，第122页。

④ 徐梗生：《中外合办煤铁矿业史话》，商务印书馆1947年版，第10页。

⑤ 徐梗生：《中外合办煤铁矿业史话》，商务印书馆1947年版，第10页。

⑥ 河北矿务整理委员会：《河北矿务汇刊》，调查，1936年版，第40页。

享受的优惠是当时投产的其他矿山无法比拟的。

在直隶总督支持下,滦州煤矿初创时期进展比较顺利。到1907年,它已开采的煤矿有马家沟、陈家岭、赵各庄等处。在开发马家沟矿时,滦州矿局积极安装从德国订购的新式机器,如汽机、锅炉、抽水机、绞车及汽钻等,同时在赵各庄设立机器修理厂。计划马家沟矿在开发1年后,每日可产煤200—300吨;2年后,日产额可达600—700吨;产煤成本估算每吨不到2元,可略低于开平矿(开平矿每吨成本在2元以上)。当时唐山末煤售价每吨5元,块煤每吨8元,通扯作为5元,则滦矿每产煤1吨可获利3元有余;每年如能售煤120万吨,即可实现三百数十万元之利润,除公积、厘税及官利等项,约可实现净利200万元。这仅是马家沟一处的预算,若连陈家岭、赵各庄等处统计,其利润自远不止此。① 所以,滦矿公司投产初期颇存乐观情绪。

滦州矿区蕴藏丰富,煤质良好。据档案记载,最初几年滦矿产量迅速增加,1908年产煤12648吨,1909年迅即增加到231731吨,1910年又增达357205吨②,3年之间,增加产量竟达20余倍。

滦州煤矿的销售市场最初还只限于矿区附近,1909年起开始运销天津,并且逐渐地以天津作为主要的销场。1910年运输到天津市场达35972吨,1911年再增为98296吨。③ 天津一向是开平煤矿独占的销煤市场,如今滦州矿煤炭源源输来,有增无减,迅即引起开平矿务局的强烈不满。1911年,开平矿务局在举行年会

---

① 《北洋滦州官矿公司预算马家沟第一正矿出煤获利说略》,《北洋公牍类纂续编》第19卷,矿务,光绪三十三年(1907年)版,第42页。

② 开滦档案,转见南开大学经济研究所编:《开滦矿权史料》(待刊)。

③ 《海关贸易报告册》,1911年,天津,第153页。

时,它的主持人愤愤地说:"这种竞争影响到那一向是我们最赚钱的市场。"①于是一场旨在击垮滦州矿煤的竞争不可避免地激烈展开。开平矿务局决定:凡是滦州煤矿煤斤所到的地方,开平煤的售价便降低到滦州煤生产和运输成本以下的价格。显然,开平矿务局进行价格战的目的就是为了置滦州煤矿公司于绝地,使其无法继续经营。因为无论就企业的资力、生产规模、设备状况、运输条件、市场开拓以及与各方面的经济联系等作比较时,滦州矿无不逊于开平煤矿。当 1911 年滦州煤矿实收资本达 300 万两时,开平的全部资产已达 150 万镑,折合银 1000 万两以上;在生产力配备方面,滦州矿是新创企业,虽然从德国购买新式机器,但数量有限,而开平矿经 30 余年的经营,陆续增购采煤的先进设备,生产能力处于上升状态;在运销方面,开平公司享有铁路运费优惠权,更兼秦皇岛港口经开拓后所提供优越的运输条件,足以保证煤的销售成本较滦州矿为低,有充分能力在对滦州矿发动市场竞争时处于优势地位。特别是经过多年开拓之后,开平公司到 20 世纪初已经在沿海、沿江许多城市,包括天津、塘沽、烟台、牛庄、上海、香港、广州、杭州、苏州等地,都设置了码头和货栈。因此,它可以在竞争过程中采取扩大远方销售市场的手段,以全部盈利抵补与滦州矿争夺天津地区市场减价销煤所受到的损失,这就更不是滦州矿务公司所能招架的。此外,受英国势力控制的开平公司的背后还有欧洲财团的支持,它有力量在财政上对滦州公司进行破坏,阻挠后者进行国际贷款的活动。1911 年夏秋间,这两家矿业公司在争夺销售市场达到尖锐阶段,滦州公司曾向华俄道胜银行和法商东方汇理银行商洽贷款,都遭到开平公司后台英国势力的破坏,未获成功。这也就是滦州矿总〔经〕理周学熙所说的:"滦矿抵制竞争,势

① 《捷报》1911 年 11 月 25 日,第 526 页。

不得不宽备行本,而官府既补助为难,商号亦通挪殆遍,不得已议发债票150万两,以资周转。事已垂成,又复为开平所破坏,无米为炊,困窘殆不可言喻。"①

在开平公司发动削价倾销的冲击下,滦州矿局迅即蒙受巨大损失。该矿自1908年投产以来,几年都不曾实现利润,原有资本在3年削价竞销中消耗殆尽,负债累累。在公司赔累不堪的景况下,滦州煤矿公司股东之间明显地出现分化。1911年3月,滦矿部分股东提出与开平公司商议和解;开平便乘机提出以"协商联合"代替"和解协商"②,并且为达到"联合"的目的,加剧了对滦州矿的倾轧,迫使滦州矿当权资本家周学熙、李希明等和开平总经理英人那森(Major Nathan)进行谈判。正在谈判进行期间,恰逢震撼全国的辛亥革命爆发,政局剧烈动荡。滦州矿股东对革命形势的发展,深怀疑惧。他们忧虑,"政局纷纷如此,将来托谁宇下?"③与此同时,开平公司的英国势力代理人对辛亥革命的驰骤形势也是处于"彷徨审虑"状态。但当他们知悉滦州矿股东的不安情绪时,便乘机施展重利诱惑的伎俩。④ 全部谈判过程的焦点概括起来便是:滦州矿代表一心关注的是联合后的财政利益;而开平公司则宁愿付出较高的代价换取联合后企业的经营管理权力,达到吞并全部企业的目的。这个特点充分反映在1912年1月双方签订

---

① 《滦矿总理周学熙呈署理直隶都督张锡銮文》,1912年6月,见《河北矿务汇刊》,调查,第70页。

② 《滦矿总理周学熙呈署理直隶都督张锡銮文》,1912年6月,见《河北矿务汇刊》,调查,第70页。

③ 开滦档案,《1911年11月27日李士伟致周学熙函》,《提议开滦合办案》第1卷,转见郭士浩主编:《旧中国开滦煤矿工人状况》,天津人民出版社1985年版,第26页。

④ 参见杨鲁:《开滦矿历史及收归国有问题》,1932年版,第46页。

的《开滦矿务总局联合办理草合同》上。根据此项草合同，仅有近300万两的滦矿股本可以升值为100万镑，与开平股本相同（见《草合同》第2条）；滦矿公司可以得到开平公司代为募集的新债券150万两，以便滦矿公司摆脱财政困境；在利润分配上，双方达成协议："所有净利在30万镑以内，开平公司股东应得百分之六十分，滦州公司股东应得百分之四十分；过此赢余之数，由两公司股东平分（见《草合同》第3条）。"对于处身亏蚀地位的滦矿资本家，这些条款对他们无疑产生了重大的诱惑力，满足了他们急切追求的眼前利益。实际上合同的要害恰是集中在保证开平公司囊括联合后的开滦总局的经营管理大权，在这一点上，滦矿的资本家却不曾有足够的认识和重视！表明了民族资本家在涉及国家经济的利益上是如此的缺乏深思远虑的精神！

在名义上，开平、滦州两公司联合后双方维持平等地位，实际上远非如此。草合同第6条虽然做了规定："总局在天津设一议事部，由开平、滦州两公司各举董事3人会议总局之事，并随时将总局办事情形报告于开滦两董事部。……会议时以多数决定。"但是合同附件第4款却作了一个有力的限制，即"议事部会议如因可否均数不能解决时，应由开平、滦州两公司担任已发债票占多数者所派之议董中，推一人加一数以决之"。这个"已发债票占多数者"显然是英国势力控制的开平公司。可见草合同第6条所述内容不过是制造所谓"平等"的假象而已。此外，英国势力最用心计的该合同第17条所作规定："自本合同签订之日起十年后，滦矿公司应有权可将开平公司全产，由两造商定公道价值购回。"但是，在处于半殖民地地位的中国和暴戾成性的英帝国主义势力之间哪里会存在"公道价值"的可能。这不过是英国资本为了便于霸占开平矿山所制造的另一个幌子。它的真实意图则如合同附件第7款所表述："最后合同签字后，除滦矿公司照草案第17条将开平公司产业购回外,应永远遵守。”将此两款对照起来考察,人们便不难看穿英国势力的阴险用心所在了。开平公司英国势力代理人对此曾做过淋漓尽致的表白,他说:“列入这一款的目的,就是要消除在将来再讨论开平公司的权利的可能性。关于〔开平〕公司所据有的实际权利的整个问题,终于在这个合同中,靠这一办法而予以解决了!”①由此可见,所谓“公道价值购回”一词很有点深文周纳的内涵。拆穿了说它实是英国势力为了掩饰骗占开平矿山的非法行径而制造的一个合法借口,以便其“合理地”永久据有开平矿山的一切权益。滦州公司资本家在分沾丰厚利润的诱惑下,拱手让出了滦州矿的全部权益。1912 年 1 月底,双方签署了《开滦矿务总局草合同》及《草合同附件》,并经袁世凯内阁批准。当时华方股东推周学熙为开滦督办,但周深以多年奋斗,终未能实现“以滦收开”的夙愿,固辞不就。于是袁世凯长子袁克定被物色为开滦矿务总局第一任督办。这个选择,非常投合英国势力的期望。那森窃窃自喜地对他的同伙说:“他〔指袁克定〕同总统的关系将来对于开滦矿务总局是极为有用的,可以利用他来向政府提出矿务局的各项需要。”②这就是说,那森将以袁克定作为更加得心应手的工具,利用他为联合后的开滦矿务局争取更多更大的特权。于是双方于 6 月 1 日签订了正合同,并且迅速地获得了袁世凯的批准。从此一个经历了千辛万苦、生产管理和经营都已见成效的民族资本滦州煤矿,终于在帝国主义势力更番倾轧和压迫下,被迫在所谓“中英联合”办理的形式下,完全落入了英国势力控制

① 开滦档案,《那森致特纳函》,1912 年 4 月,转见熊性美:《论英国资本对开滦煤矿经营的控制》,《南开经济研究所季刊》1986 年第 2 期。

② 开滦档案,《那森致特纳函》,1912 年 4 月 15 日,转见郭士浩:《旧中国开滦煤矿工人状况》,第 30 页。

的开平煤矿公司的手中。人所共知,从此以后,“取得开滦煤矿全部控制权的乃是开平煤矿经理那森少校”①,而滦州矿在天津议事部的董事,充其量不过是一个滑稽而漂亮的摆设而已。

四、汉冶萍煤铁厂矿公司

汉冶萍公司包括汉阳铁厂、大冶铁矿和萍乡煤矿三大骨干企业,是一个煤铁联营、工矿结合的大型企业联合体。从它的前身汉阳铁厂于19世纪90年代创办之后,在半殖民地半封建的历史条件下,它为开拓中国现代钢铁工业起了筚路蓝缕的作用。现代钢铁工业的产生和发展,往往被认为是一个国家向资本主义近代化过渡期中具有重要意义的标志。19世纪90年代到20世纪20年代汉冶萍公司的产生、发展和沦落的历史,既充分体现了近代中国人积极进取、艰苦创业的产业革命精神,又反映了半殖民地半封建条件下中国近代工矿业荆棘满途、曲折崎岖的发展历程。这一段时期汉冶萍公司的遭遇,对于考察近代中国民族工矿企业来说具有重要的典型意义,因此我们以较多的笔墨,对其进行较为详细的分析。

(一)官办时期的汉阳铁厂

汉阳铁厂成立于1893年10月。这是一家现代钢铁煤焦的联合企业,拥有生产生铁、熟铁、贝色麻钢、西门士钢、钢轨和铁货等6大厂;机器、铸铁、打铁、造鱼片钩钉等4小厂,“统计全厂地面,东西三里余,南北大半里”。② 此外还有大冶铁山开矿机器、运矿

① 《捷报》1912年6月15日,第759页。

② 张之洞:《炼铁全厂告成折》(光绪十九年十月二十二日),《张文襄公全集》奏议,第34卷,1928年刊,第1—2页(以下简称《张集》)。

铁路(通至黄石港)、汉阳水陆码头,以及马鞍山、王三石煤井工程等,规模宏伟。它的预期产量为日产生铁100余吨;精钢、熟铁100余吨,年可产3万余吨。①

主持和推动此项工程的湖广总督张之洞确是怀有建立钢铁厂的宏图远略和重大决心,但缺乏周密计划和充分准备,同时也缺少对现代科学技术知识的必要准备,以致在钢铁厂的选址、购置机器和燃料基地的开拓上都出现程度不同的失误,使铁厂在建造过程中遇到了重重困难。

张之洞在两广总督任内原拟在广州筹办铁厂,他并未查清铁矿石和煤炭燃料的所在,便急忙致电驻英公使刘瑞芬及继任的薛福成,代为承购炼铁厂机炉。承办机炉的英国梯赛特机器厂告知清驻英使馆:"欲办钢厂,必先将所有之铁石、煤焦寄厂化验,然后知煤、铁之质地若何,可以炼何种之钢,即可以配何种之炉,差之毫厘,谬以千里,未可冒昧从事。"②薛福成据以转告张之洞,但未引起张的重视。他复电说:"以中国之大,何所不有。岂必先觅煤铁而后购机炉?但照英国所用者购办一份可耳。"③结果梯赛特厂照英国所用酸法配置大炉(贝色麻炼钢炉),另以碱法制一小炉(小马丁炉),交与汉阳铁厂。不想大冶铁矿石的成分中含磷量较高,贝色麻炉在冶炼中难以排除,以致所炼产品不符要求。汉阳铁厂正是带着这个致命的弱点于1894年5月投入生产的。

汉阳铁厂开工后,由于焦炭供应困难,原来设计两个化铁炉同

---

① 张之洞:《查复煤铁枪炮各节并通盘筹划折》(光绪二十一年八月二十八日),《张集》,奏议,第39卷,第7页。

② 叶景葵:《卷庵书跋》,转见《洋务运动》第八册,第526页;亦见汪敬虞编:《中国近代工业史资料》第2辑,第468页。

③ 叶景葵:《卷庵书跋》。

时齐开的计划不能实现，只能有一座化铁炉投入生产。① 这座化铁炉从1894年5月25日升火，27日产铁，日夜出铁8次，共50余吨。到10月间，终“因焦炭炉工未成，又因经费不能应手”，被迫“暂行停炼”②。到了1895年8月，赖远道运来开平煤矿焦炭与马鞍山所产焦炭掺和使用，“始将生铁大炉重复开炼”③。终以煤铁不能相辅为用，勉强支持到12月5日，又因开平焦炭不继，重又“封炉”。④ 这种时开时停的不正常生产状况，使铁厂所拥有的巨大生产能力远未能发挥出来。铁厂从1894年5月开工，在相近一年半的时间里，仅仅生产了生铁5660余吨，熟铁110吨，贝色麻钢料940余吨，马丁钢料550余吨，钢板、钢条1700余吨。⑤ 即使对产品的质量存而不论，这5660吨的生铁产量不过相当于两座化铁炉两个月的生产能力而已。至于创建汉阳铁厂的全部经费，据张之洞奏称：至1896年5月，铁厂“改归商办”为止，“统共实收库平银五百五十八万六千四百十五两；实用库平银五百六十八万七千六百十四两”。⑥

1894年，中日战争爆发，随后又因战败签订了《马关条约》。清政府既耗用了庞大的军费，又被迫支付巨额赔款，财政困窘万分。它再也无力为各省官办企业提供财政拨款。1895年8月2

---

① 张仲炘等纂：《湖北通志》第54卷，1911年修，1921年刻本，第21页。

② 张之洞：《张集》，奏议，第39卷，第18页。

③ 张之洞：《张集》，奏议，第39卷，第18页。

④ 《蔡锡勇致张之洞电》（光绪二十一年十月十九日），《张之洞电稿》（抄本）。

⑤ 《铁政局致张之洞电》（光绪二十一年八月二十七日），《张之洞电稿》（抄本）。

⑥ 张之洞：《奏明炼铁厂用款咨部立案折》（光绪二十四年闰三月十三日），《张集》，奏议，第47卷，第16页。

日,清政府发布"上谕"说:"中国原有局厂经营累岁,所费不赀,办理并无大效;亟应从速变计,招商承办,方不致有名无实。"①当时汉阳铁厂每月支出"总需七八万金"。张之洞正焦虑"以前欠债无从筹还,以后用款无从罗掘"②。清政府中央颁发"招商承办"的指令正好为他卸却重累。

在"招商承办"名义下,张之洞最先瞩望于洋商。1895 年 12 月 12 日他指示铁厂总办蔡锡勇:"望速分电比国、德国各大厂,速派洋匠前来估包。"③同年 12 月 19 日,他又电蔡锡勇,指摘华商"类多巧滑,若无洋商多家争估比较,定必多方要挟,不肯出价",并说"已分电许星使〔许景澄〕及上海瑞生洋行,转询英、德各大厂,派人来鄂省看估面议"。④ 第二天,他再电蔡:"既包铁厂,则大冶铁山及江夏、大冶、兴国各煤矿均拟一并与铁厂包与商办。望告各洋行知之为要。"⑤反映了张之洞亟欲将铁厂包与洋商的急切心情。但是,刚刚经历了中日战争创痛的人民大众对外国侵略者深恶痛绝。当汉阳铁厂将"包与洋人"的消息传出后,不仅社会舆论哗然,群起激烈反对,统治阶级内部也议论纷纭。为张之洞联系洋商的蔡锡勇在"揆度时势"后,也劝告张之洞:铁厂"包与洋人似不

① 朱寿朋编:《光绪朝东华录》第 128 卷,中华书局 1958 年版,第 11 页。

② 《张之洞致蔡锡勇电》(光绪二十一年十月二十六日),《张之洞电稿》(抄本)。

③ 《张之洞致蔡锡勇电》(光绪二十一年十月二十六日),《张之洞电稿》(抄本)。

④ 《张之洞致蔡锡勇电》(光绪二十一年十月二十六日),《张之洞电稿》(抄本)。

⑤ 张之洞:《铁厂招商承办议定章程折》(光绪二十二年五月十六日),《张集》,奏议,第 44 卷,第 2—3 页。

如包与华人为宜”。[1] 在各方面的压力下，张之洞不得不放弃了原来的打算，转向盛宣怀招手。

盛宣怀原是淮系势力的代理人。他长期在李鸿章的扶持下从事近代企业活动，掌握着轮船招商局、电报局和华盛总厂；同时与英、美、日势力广有接触。甲午战后，李鸿章一时失势；盛本人在天津道任内也因“采买军米，侵蚀浮冒”，受到官方弹劾，“意甚自危”。当他获知张之洞邀办铁厂，表示“欣然愿办”，并亲自到湖北“汉阳铁厂、大冶铁山、马鞍〔山〕煤井等处”做调查。在商洽过程中，盛宣怀提出以兼办铁路作为承办铁厂的条件。他认为如果掌握了铁路的修筑，便可为铁厂所产钢轨找到可靠销路，则铁厂所需的运营资本便“可在铁路经费内挹注”。张之洞也认为“盛若办铁路，则铁厂自必归其承接，如此则铁厂全盘俱活”。[2] 恰在这时，清政府决定将芦汉铁路交由直督王文韶和张之洞“督率商办”。在张之洞急于摆脱巨累的心情下，盛宣怀的要求获得了完满实现。

1896 年 5 月 14 日，张之洞札委盛宣怀督办汉阳铁厂。声称“湖北铁厂即归该道招集商股，官督商办。”在“招商承办章程”中就若干主要方面议定：铁厂“嗣后需用厂本，无论多少，悉归商筹”；官办时期的用款，“拟自路局购办钢轨之日为始，所出生铁售出，每吨提银一两，按年核计，共出生铁若干，共应银若干，汇数呈缴，以还官局用本”；“俟官用还清之后，每吨仍提捐银一两，以伸报效。”而在铁厂销路方面要求“现今议造各省铁路，所需钢轨及

① 《蔡锡勇致张之洞电》（光绪二十一年十月二十八日），《张之洞电稿》（抄本）。

② 《张之洞致砚斋中堂》（光绪二十二年），转引自汪敬虞编：《中国近代工业史资料》，第 471 页。

应用钢铁料件,系属大宗,拟请奏明,无论官办商办,必要专向湖北铁厂随时定购";在税负上要求"所有湖北铁厂自造钢轨及所出各种钢铁料,并在本省或外省自开煤矿,为本厂炼铁炼钢之用,应请奏明免税十年"。①

1896 年 5 月 23 日,盛宣怀到汉阳铁厂任事,汉厂遂从官办过渡到官督商办企业。当年 7 月,经张之洞、王文韶奏请设铁路总公司,保举盛宣怀充任督办。9 月间得清政府批准,铁路总公司遂于年底在上海成立,盛便以督办身份奏明先造芦汉铁路,次第展造苏沪、粤汉铁路。②

(二)官督商办时期汉阳铁厂的扩充和萍乡煤矿的开发

概括地说,官督商办时期的汉阳铁厂在盛宣怀主持下,主要完成了两项基础工程:查清了铁厂主要产品钢铁质量不符合规格要求的根本原因,进而对铁厂的重要设备进行改建和扩充;其次,为铁厂建立可靠的燃料基地而全力开发江西省萍乡煤矿。在盛宣怀十余年的经营下,这两方面都取得了比较满意的成效。

1. 招徕汉厂资本

盛宣怀接手汉阳铁厂后,亟待解决的是企业资本的筹集。他原寄望于社会的支持,在招商章程中着重宣扬对早期投资者格外优待。章程申述:"拟先招商股银一百万两,仍以一百两为一股。自入本之日起,第一年至第四年按年提息八厘,第五年起提息一分。此为本厂老商,必须永远格外优待。办无成效,额息必不短欠;办有成效,余利加倍多派。嗣后气局丰盛,股票增价,其时推广

① 张之洞:《铁厂招商承办议定章程折》(光绪二十二年五月十六日),《张集》,奏议,第 44 卷,第 2、10、11、12 页。

② 参见胡钧:《张文襄公年谱》第 3 卷,第 18 页;盛同颐:《盛宣怀行述》,《洋务运动》(八),第 56、59 页。

加股,必先尽老商承认,有旧票呈验,方准其纳入新股,以示鼓励旧商而杜新商趋巧之习。"①但是,甲午战后几年中,江南资本市场对投资工矿企业深存疑惧。上海资本市场的流动资本宁愿大量地进出于外汇,金银买卖的投机活动上,而对工矿投资则趑趄不前,况且官办时期的汉阳铁厂,少有成效可言。盛接办后仍因"化铁无煤",生产很不正常,半年后便亏本20余万两。② 到1897年年底亏空达70余万两。③ 所以,章程虽以额息、余利"格外优待"相招引,但务实的投资者则报以冷淡,用盛自己的话说就是"商股闻风裹足"。盛只得利用个人关系,调动他所控制的轮船招商局、电报局、中国通商银行等企业的资金,作为商办铁厂初期的资本。

统计说明,汉阳铁厂在官督商办初期的资本构成中(见表21),90%左右得自盛宣怀所掌握的洋务企业,只有5%左右的资本集自民间。民间投资大抵是盛个人的或其亲友的资金。1906年,盛宣怀向张之洞追述汉厂集资情况时说:"侄从前敢于冒昧承办〔汉厂〕,所恃招商、电报、铁路、银行皆属笼罩之中,不必真有商股,自可通筹兼顾。"④这一自白恰好为上述铁厂资本构成作有力的印证。同时也表明沪、汉两地拥有资金的富商巨贾对汉厂集资的反应是非常冷淡的。

---

① 张之洞:《铁厂招商承办议定章程折》(光绪二十二年五月十六日),《张集》,奏议,第44卷,第8页。

② 盛宣怀:《寄北京翁叔平尚书张樵野侍郎》(光绪二十二年十月二十五日),《愚斋存稿》第25卷,电报二,第18页。

③ 《盛宣怀寄张之洞函》(光绪二十五年十二月初六日),《汉冶萍公司》(二),第180页。

④ 《盛宣怀致张之洞函》(光绪三十二年正月初六日),《汉冶萍公司》(二),第538页。

表21　官督商办汉阳铁厂初期资本构成

投资者	数额(库平银,两)	占总额(%)
轮船招商局	250000	25.0
电报局	222000	22.0
中国通商银行	328500	32.8
萍乡煤矿	100000	10.0
钢铁学堂	39000	3.9
南洋公学	6000	0.6
古陵记	36500	3.7
上海广仁堂	20000	2.0
总计	1000000	100.0

原注:古陵记是盛宣怀家族化名;广仁堂是盛以办慈善为名的单位。

资料来源:《汉冶萍公司所存创始老股账》,转见武汉大学经济系:《汉冶萍公司史》(油印本)。

2. 开发萍乡煤矿

为了整顿铁厂,盛宣怀聘请经验丰富的郑观应为汉厂总办。在整顿工作中,郑观应和盛宣怀持有相同见解,首先要解决汉厂燃料供应问题。并经亲自调查,了解到"萍乡煤最好,可成上等焦炭"①。当时汉厂所用焦炭主要来自开平煤矿和英国来货,成本奇重。萍乡煤焦因技术不过关,质量不稳定。郑观应建议"速派妥谙之员前往认真整顿"。他指出如果萍焦在化铁、炼钢上合用,按时价计便较开平和英焦每吨可便宜五六两之多,"现在〔汉厂〕生铁成本每吨总在十八九两之数,若能全用萍焦以代开焦和英焦,则生铁成本亦不过十二三两而已。生铁成本合宜,制出钢铁料之成

① 郑观应:《致督办汉阳铁厂盛京卿书》,夏东元编:《郑观应集》下册,上海人民出版社1988年版,第997页。

本亦因之可减”①。也就是说焦炭成本的轻重决定着铁厂产品的盈亏。而汉厂当时每月消耗焦炭在5000吨左右②,决不是一个轻微的数额。所以整顿汉厂首先应从焦炭供应入手。1898年4月,他建议盛宣怀委派张赞宸为萍乡煤矿总办,积极购置机器设备,进行大规模开发。

与汉厂商办初期集资情况酷似,开发萍矿开始也遇到了资本招集不易的难题。萍矿初创时所有需用资本,都是向钱庄和商号借贷的。③ 1899年,萍矿才开始集股,股金陆续缴交。因此有所谓创始老股(即首次入股)和续招老股(即第二次入股)的区别。到1904年,招集资本达库平银100万两(见表22)。投资者仍不外乎盛宣怀所能控制的几家企业和少量私人资本。④

表22　萍乡煤矿创办资本构成

投资者	数额(库平银,两)			占总额(%)
	首次入股	二次入股	小计	
汉阳铁厂	200000		200000	20

① 郑观应:《上督办汉阳铁厂盛京卿条陈》,《郑观应集》下册,第1050页。

② 参见郑观应:《整顿汉阳铁厂条陈》,《郑观应集》下册,第1039页。

③ 张赞宸:《奏报萍乡煤矿历年办法及矿内已成工程》,《萍乡煤矿调查本末》,转见陈真编:《中国近代工业史资料》第3辑,第443页;另参见张赞宸于1901年11月25日《致盛宣怀密函》称:“萍矿创办之初,礼和未借款〔1899年8月15日〕之前,专赖外间挪移,并无丝毫股囊。”见《汉冶萍公司》(二),第260、75、76页。

④ 参见1901年7—8月《萍乡煤矿有限公司招股章程》中称:“查萍乡煤矿创办两年有余,经之营之,规模业已粗具,矿务已见成效。查创之初,尚未招集商股,惟轮、电两局及零星附股,共已收得库平银一百万两。”参见《汉冶萍公司》(二),第250页。

续表

投资者	数额(库平银,两)			占总额(%)
	首次入股	二次入股	小计	
轮船招商局	150000	80000	230000	23
铁路总公司	150000		150000	15
电报局		220000	220000	22
香记等商户	100000	100000	200000	20
总计	600000	400000	1000000	100

资料来源:张赞宸:《奏报萍乡煤矿历年办法及矿内已成工程》,《萍乡煤矿调查本末》,转见陈真编:《中国近代工业史资料》第3辑,第441页。

表22统计中首次入股的“香记等商户”大抵是盛宣怀自己的及其亲友的投资。张赞宸在1901年在致盛的密函中提到:“前宪台所入现款萍股十万两,其上海股票所填姓名、籍贯,伏乞赐示,以便照缮册报。”①

1901年,萍矿继续发布招股章程,企望续招库平银250万两。② 同时它还委托郑观应向广州、澳门招徕股份,结果也并不理想,只集得广州商人大约1000股以内的股份,而澳门则因“富商已落如晨星,其后人多出外贸易”③,入股者不多。看来私人资本对于基础工业如铁厂、煤矿的投资仍然顾忌很深。所以,到1907年,盛宣怀电告张之洞说:“萍矿资本系五百数十万,只有股份一百五

① 《张赞宸致盛宣怀密函》(光绪二十七年十月十五日),《汉冶萍公司》(二),第261页。

② 《萍乡煤矿有限公司招股章程》(光绪二十七年六月),《汉冶萍公司》(二),第250页。

③ 《郑观应致盛宣怀密函》(光绪二十七年十二月二十九日),《汉冶萍公司》(二),第265页。

十万，余皆借贷，以礼和、大仓两款为最巨。”①

萍矿的开发无疑是一项庞大的工程。它既急需引进多种新式采掘机械，改变落后的生产方法，又必须赶快修建水陆交通，配备运输工具。这就不是初期陆续集腋的100万两资本所能应付。因此，为购置机器，盛宣怀于1899年向德商礼和洋行借款400万马克（实收库平银130万两），以轮船招商局财产及萍乡煤矿所属财物作担保，而以借款中的四分之三仍存礼和洋行，作为支付国外购置机器设备的款项。②

开发萍矿的工作有轻重缓急之分，而改善矿山对外交通，以利机械设备运入和煤焦尽快外运，显然是刻不容缓的工程。盛宣怀完全同意汉厂、萍矿负责人关于燃料、钢铁和交通三者之间连锁关系的看法，“有萍，乃可炼钢铁、减开焦；有路，乃能开洋矿，免搁本”③。但为资力所限，拟议中修建铁路改善矿区对外交通的计划，只能枝枝节节进行。所以决定从“安源至〔萍〕河十四华里，先用厂轨运造。”现因“萍无现银，先赊厂轨，将来只可作为厂商附搭萍股。”而安萍路修成后，“煤焦可出，机器可入”，估计每吨运费可节省8钱。与此同时，盛又强调此后不宜再掷巨款用于土法开矿，而“洋矿亦须从减省办法，由渐而来”。④

---

① 《盛宣怀寄张宫保》（光绪三十三年四月初三日），《愚斋存稿》第72卷，电报49，第19页。

② 参见徐义生编：《中国近代外债史统计资料》，第32页。

③ 《盛宣怀致张赞宸函》（光绪二十四年十一月十三日），《汉冶萍公司》（二），第75页。

④ 张赞宸：《奏报萍乡煤矿历年办法及矿内已成工程》，《萍乡煤矿调查本末》，转见陈真编：《中国近代工业史资料》第3辑，第443页；另参见张赞宸于1901年11月25日《致盛宣怀密函》称：“萍矿创办之初，礼和未借款〔1899年8月15日〕之前，专赖外间挪移，并无丝毫股囊。”参见《汉冶萍公司》（二），第260、75、76页。

不过,仅仅修造安萍一段铁路,仍然难以发挥运输上的效益;萍矿只有竭力用分期修建铁路的办法,克服资本拮据的困难。1901年5月,矿局将安萍铁路向醴陵延伸,于1903年2月完成;同年又向株洲伸展,于1905年竣工。当时粤汉铁路铺轨尚未到达株洲。株洲以下的运输则利用矿局自备的30余艘轮船(吃水3.5英尺)和雇用民船,取道湘江,输运到汉阳。综计萍矿每年借轮船运送煤焦约占总数的四分之一,其余四分之三则专赖大、小民船(每船约装五六十吨)分送。① 结果出现了船户舞弊,严重影响煤焦质量。1906年,从湘潭运送煤焦12万吨,其中9万吨交民船输运,沿途搀杂、灌水,使优质煤焦运到汉阳时竟成劣货。② 主持萍煤运输业务的卢洪昶一再要求添购轮驳,强调"局驳一日不添,煤质一日不能一律,而〔萍〕煤之声名一日不能起,即起亦必致败坏"。③ 对此,盛宣怀的认识也逐步加深。1907年,他从汉厂总工程师赖伦处了解到:"煤焦一吨装车以前,中含水质百分之四,至抵汉阳往往增至百分之十四矣。而煤焦吨数亦仍其旧,并不增加。""汉厂洋工师以应用下炉吨数试验,每见炭质不足,火力减率,屡经化验,均谓水质过多,是沿途偷漏加水似有可据。"据估算:"一年所运,其以水易去之煤焦约及十分之一,即价值十余万金。"④因此,他也深感问题严重。然而从根本上解决这个矛盾也只有期待粤汉

---

① 参见顾琅:《中国十大矿厂记》,商务印书馆1916年初版,第49—50页。

② 《卢洪昶致盛宣怀函》(光绪三十二年二月十五日),《汉冶萍公司》(二),第550页。

③ 《卢洪昶致盛宣怀函》(光绪三十二年二月十五日),《汉冶萍公司》(二),第550页。

④ 《盛宣怀致卢洪昶函》(光绪三十三年八月初七日),《汉冶萍公司》(二),第632页。

铁路从株洲段以后的延伸。

萍矿就矿山的全貌而言，它以江西省萍乡县东南7公里的安源为中心，从1898年创办后，矿局还陆续购买附近用土法开采的煤井、田山约1300余亩。矿区周围共长92.7165公里。① 到1904年全部工程主要有机矿平巷3条，直井1口，安装矿轨、煤车、电车、钢缆、起重、打风、抽水、砧石各种机器；又有矿山基地，总局与各厂栈房屋、大小机器制造厂、大小洗煤机、洋式炼焦炉、造火砖厂、电灯、电话等设备；在矿外置有栈房、码头、轮驳（其中深水轮船大小4号，浅水轮船4号，钢驳船4号，大木驳船3号，小木驳船17号）等，工程浩大。当时直井每日可生产煤300余吨，上、东、西三平巷每日产煤在300—400吨，一、二号洋式炼焦炉每日炼焦达60余吨，机矿有土炉50座，月可炼焦3000余吨，连同各土井厂，合计每月可炼焦炭13000吨。从1898年创办迄至1904年年底，共已运交汉厂焦炭321000余吨，出煤191000余吨；仅就焦炭价一项计算，萍矿所产每吨只需洋例银11两，较以前购用开平焦炭，每吨连同运费需银十六七两，7年中便已为汉厂节省开支160万—170万两。② 1904年之后，它的生产状况仍在不断改善。1908年的一则报道称：萍矿煤井窿口除废弃者外，尚有7处。每昼夜可出煤1300吨；炼焦方面不计土炉数十座外，另有炼焦洋炉36座，每日可炼焦炭600吨。③ 所有这些记载，表明了萍矿在官督商办期间，取得了一定的成效，见表23。

---

① 参见傅春官：《江西农工商矿纪略》，转引自陈真编：《中国近代工业史资料》，第452页；《汉冶萍公司》（二），第583页。

② 张赞宸：《奏报萍乡煤矿历年办法及矿内已成工程》，转见陈真编：《中国近代工业史资料》第3辑，第443、447、448页。

③ 《时报》1908年2月18日。

表 23　萍乡煤矿煤焦产量

1898—1907 年　　单位:吨

年份	煤炭产量	焦炭产量
1898	10000	29000
1899	18000	32000
1900	25000	43000
1901	31000	63000
1902	56000	82000
1903	122000	93000
1904	154000	107000
1905	194000	114000
1906	347000	82000
1907	402000	119000
合计	1359000	764000

资料来源:侯德封编:《第五次中国矿业纪要》,第 483—484 页。

表 23 有力地反映了萍矿在官督商办期间产量稳步上升的趋势;而 1903 年和 1906 年由于萍株铁路的萍醴和醴株两段陆续建成后的刺激,产量上升的比数更见明显。不过就总体而言,萍矿生产潜力仍因运输力量的制约,不曾充分发挥。1907 年春,在钻通紫家统大煤槽后,安源机矿日产量进展到一千六七百吨,但运输能力未曾同步提高,矿山堆积煤焦达数万吨。盛宣怀只得指示:"暂勿尽量采挖,每日以出煤一千一二百吨为限。"①同年 9 月,盛在验收汉阳新钢厂的同时,亲到萍乡矿山考察,"乘窿内电车,约四里许,始达正槽"。他发现:萍矿每月能炼焦炭 1 万吨,而且在质量

① 《盛宣怀咨端方、瑞良文》(光绪三十三年二月二十三日),《汉冶萍公司》(二),第 584 页。

上胜过开平和日本来焦。如炼铁1吨，用萍焦只需1吨，而以前用开平或日本焦则需2吨，相比之下，“大相悬殊”。而且萍矿现又添造洗煤机、炼焦炉，所产煤炭“月计可出三万吨，足供添炉之用，兼销日本等处”。一旦“昭山〔即易家湾〕铁路接成，并造成浅水轮船，便可每日出煤三千吨。以二千吨炼焦炭，一千吨售块煤，并能制造火砖以济厂用”。① 至此，萍乡煤矿的开发基本上可告完成。计其全部投资，自1898年开办到1907年，共达500余万两②，差不多与汉阳铁厂的创办费相同。然而萍乡煤矿所提供的效益决不是这500余万两的资本所可衡量的。首先从局部上看，萍矿建成，比较彻底地解决了一直困扰着汉厂的燃料供应矛盾。特别是从1900年英国势力以讹诈手段强占开平煤矿以后，江南数省使用机器采煤的，就只有萍乡煤矿“脉旺质佳”。一旦中外形势发生突变，列强对华封锁时，“则沿江一带兵商轮船、工厂、铁路，皆将惟萍煤是赖”。所以，萍矿开发及其成功，“东南缓急有可恃之煤，地方无外权侵入之害”③；既是中国现代煤矿采掘工业发展的一个可贵的转折，又是推动中国资本主义工业、交通进一步发展的有力保证。

3. 扩充汉阳铁厂

与萍乡煤矿开发和建设的同时，汉阳铁厂适应国内外形势的要求，力图扩充。当时清政府兴建芦汉铁路，任盛宣怀为铁路总公

---

① 《盛宣怀致张之洞密函》（光绪三十三年十月二十五日），《汉冶萍公司》（二），第650页。

② 《商部尚书载振等奏》（光绪三十一年四月十二日），《清户部抄档》，转见汪敬虞编：《中国近代工业史资料》，第495页；参见盛宣怀：《寄武昌张中堂》（光绪三十三年六月二十二日），《愚斋存稿》第72卷，电报49，第25页。

③ 《盛宣怀咨端方、瑞良文》（光绪三十三年二月二十三日），《汉冶萍公司》（二），第582页。

司督办,汉厂钢轨的销路有了可靠的保证。然而,一向妨碍汉厂发展的燃料问题,虽因萍矿效益日著,逐步获得解决;但钢料生产量少质低的难题,始终未能突破,迫使汉厂在亏蚀中逡巡不前。

1901年5月,盛宣怀擢用译员出身的李维格为汉厂总稽核①,责成他考核铁厂经费,"杜绝内外糜费"。李维格分析汉厂局面不能开拓的症结在:办事缺乏章程,厂事散漫;技术人才未及时培养,技术上受外国挟制;原料(锰精、火砖等)不能自造,炼钢成本难以减轻;而销路不畅,则因铁厂产品种类太少,除钢轨、生铁外,别无可售,亟须派人出国调查欧美各国产销情形。② 到次年9月,他又在致盛宣怀的说帖中建议以铁就煤,在萍矿创立炼铁厂;利用兴国煤矿自制锰精,以节省购买外国原料费用;又强调"外洋铁厂积数十百年之阅历,可法必多",再次自荐出国考察。③ 经盛宣怀同意,于1902年10月间出国。他目睹日本炼铁业发展景况,向盛宣怀极力建议:"及早整顿。"④正当他准备离神户绕檀香山赴美国时,接到盛宣怀急切召回的命令,只得"废然而返"。⑤ "折回以后,知

---

① 李维格系译员出身,光绪二十二年四月(1896年5月),盛宣怀任李为汉厂总翻译;1897年4月又札委铁路总公司职务。其时李还在《时务报》馆兼职,在苏、沪间往来。1901年升任汉厂总稽核,实际上居会办地位,当时总办是盛宣怀之侄盛春颐。参见《汉冶萍公司》(一),第583页,(二),第244页。

② 详见《李维格致盛宣怀函》(光绪二十七年三月二十日),《汉冶萍公司》(二),第236—247页。

③ 《李维格致盛宣怀说帖》(光绪二十八年八月二十五日),《汉冶萍公司》(二),第292—293页。

④ 《李维格致盛宣怀函》(光绪二十八年十月初四日),《汉冶萍公司》(二),第295页。

⑤ 《李维格致盛宣怀函》(光绪二十八年十二月初一日),《汉冶萍公司》(二),第304页。

时局不可为,此心遂灰。”①1904 年 1 月,盛宣怀再次派李维格“出洋考查铁政,采办机器,选雇洋匠”,以振兴汉阳铁厂。李遂于 2 月 23 日启程,径赴美国,转往欧洲,于同年 10 月 21 日回国,前后历时 8 个月。② 这次考察收获丰富,对汉厂的发展起了关键作用,最主要的是找到了汉厂产钢质量不符标准的根本原因所在。

李维格出国时携带大冶铁石、萍乡煤焦及汉厂所炼的钢铁,请英国伦敦钢铁化学专家史戴德(Soad, J. E.)化验。化验结果表明:大冶铁石、白石,萍乡焦炭并皆佳妙。铁石含铁量 60%—65%,胜过英国、德国、西班牙各主要钢铁国家,“大冶之铁,实世界之巨擘”;焦炭则等于英国最上之品。可见汉厂所产钢轨、钢料不符标准全在于“炼不合法”。原来汉厂购置的贝色麻炉系酸法,不能排除铁石中的磷质,而大冶矿石又是含磷较高。因此所炼钢轨含磷多,含碳少;磷多则脆,碳少则软。汉厂工程师卜聂在炼钢过程中,减少含碳成分,使其柔软,以免断裂。但柔则不耐磨擦,又易走样,往往不到使用年限,就必须更换。所以沪宁铁路公司化炼轨样后,拒绝收用。而用马丁炉碱法炼成的鱼尾板等钢,沪宁公司称为上品。可见汉厂如采用碱性马丁炉炼钢,便可炼出优质钢。③经过周密的调查研究,李维格接受了史戴德建议,决定废去原来的酸性贝色麻炉,全部改用碱性马丁炼钢炉;新聘 4 位工程师,分别

---

① 《李维格致盛宣怀函》(光绪二十九年正月初七日),《汉冶萍公司》(二),第 304 页。

② 据档案,李维格出洋考察前后计有两次。近年出版的专著对此都未作分辨。

③ 详见李维格:《出洋采办机器禀》(光绪三十年十二月十二日)《汉阳铁厂调查本末》,转见陈真编:《中国近代工业史资料》第 3 辑,第 408 页;《李维格记汉冶萍》,《东方杂志》7 年第 7 期,调查第 1、61—63 页,转见汪敬虞编:《中国近代工业史资料》,第 476 页。

负责生铁炉、钢厂、轧轴厂、修理机器厂的业务。李回国后向盛宣怀详细报告改造汉厂的各项措施,都得到盛的支持。同时盛又在批示中宣布:任李维格为汉厂总办,“即日驰赴汉阳总办厂务”,“用人办事”给予李维格全权办理。① 于是汉阳铁厂进入了改造和扩充阶段。这期间,拆去原有的贝色麻炼钢炉和10吨小马丁炉,安装30吨碱性马丁炉4座,150吨大调和炉1座;同时改建轧钢厂、钢轨厂、钢板厂、车辘厂和竣货厂;扩建机器修理厂和电机厂。到1907年全部工程竣工。② 当年冬10月开始出钢。③ 汉厂生产呈现一番新景象。为满足汉厂生产发展需要,大冶矿石产量也相应提高。在盛宣怀督促下,大冶铁矿矿区尽力向外扩充。1904年,他指示大冶矿“以增建栈厂为名,或以展设运路为言,将界线以外产铁之山多多圈购,即附近铁路两旁有铁之处,亦应设法购入”④。所以,在官督商办期间,汉厂、冶矿的产量随生产调整和改革有了明显的提高,见表24。

表24 汉阳铁厂、大冶铁矿主要产品产量

1894—1907年　　单位:吨

年份	汉阳铁厂		大冶铁矿石
	生铁	钢	
1894	4635.900		

① 《中外日报》1905年3月28日。

② 丁格兰著,谢家荣译:《中国铁矿志》,1923年版,第246页。

③ 《东方杂志》7年第7期,转见汪敬虞编:《中国近代工业史资料》,第476页。

④ 《盛宣怀致解茂盛密函》(光绪二十九年十一月二十八日),《汉冶萍公司》(二),第390—391页。

续表

年份	汉阳铁厂		大冶铁矿石
	生铁	钢	
1895	4362.300		
1896	10532.855		17600
1897	23423.955		39000
1898	22486.450		37500
1899	24028.360		40000
1900	25890.500		59710
1901	28805.330		118877
1902	15800.500		75496
1903	38873.180		118503
1904	38770.570		105109
1905	32314.350		149840
1906	50622.175		197188
1907	62148.250	8538	174612

资料来源:(1)1894—1895 年产量见《盛宣怀档案资料选辑之四》,《汉冶萍公司》(二),第 105—106 页。

(2)1896—1907 年见《汉冶萍商办调查历史》,第 40 页,第 1 册,1913 年造册。

(3)大冶铁矿石和钢产量见丁格兰:《中国铁矿志》下册,第 209、399 页。

从汉阳铁厂投产后的总趋势来看,1894—1895 年,事属初创,又处在官办时期,难期成效;1896 年改为官督商办后,生产能力呈逐步上升,1904 年 10 月以后,汉厂改建工程全面铺开,影响了次年的产量,但到 1906 年便见转机,且有较大上升,生铁产量达 5 万吨以上,说明改建的措施是必要而成功的。生产生铁主要是为改炼成钢,1907 年以前,汉厂原已产钢,但因史料散佚,迄今未见确切而系统的记录;大冶矿山的开发,主要在满足汉厂需要,其产量大致随汉厂生产提高而相应上升。惟1904年日债借款成立,除供应汉厂之外,输往日本的矿石数量增加,较大地刺激了矿石产量的提高。

1907年,一位外国记者比较具体地报道了汉厂的生产设备和已经达到的生产能力,详尽地报道了铁厂的成就,同时也为铁厂的前途做了十分乐观的判断,甚至认为"湖北省在不久的将来成为中国的匹茨堡"。① 其实他并不了解横在汉厂发展面前的重重困难。在这方面,汉厂总办李维格在1909年4月"汉冶萍煤铁厂矿有限公司第一届股东会"上所作的报告,是值得重视的。他说:"去年〔1908年〕只有钢炉三座,现第四座五月间可以告竣,第五座年内亦可蒇事。……目前每日约可出钢175吨至200吨;五月第四炉成,约250吨至275吨。第五炉成,约325吨至350吨。而第三号生铁大炉其机器于〔光绪〕三十三、三十四年〔1907—1908年〕陆续运到,现已十成八九,约九十月开炼。是则年内全工告成后,共有大钢炉五座,小钢炉一座,生铁大炉一座,生铁小炉二座,于此作一小结束,以待时会之来再作扩充。"然而,完全实现上述计划,"约尚需银八十万两另"②。因此,这80万两的运营资本如何比较顺利地获得,便成了汉厂生产力进一步发挥必须克服的一重难关。尽管盛宣怀在1907年受汉厂扩建工程次第完成的乐观气氛所浸染,认为:"明年以往,大利将见,商股争投如水趋壑,二千万元〔股本〕已操左券。"③但这毕竟只是一个想象。汉厂的前

① Wnght, A.: Twentieth Century Impressions of Hongkong, Shanghai and other Treaty Ports of China, 1908, pp. 707-708.

② 《汉阳铁厂总办李维格报告》,《汉冶萍煤铁厂矿有限公司商办第一届账略》,第22—23页,出版年不详。

③ 盛宣怀:《致翰林院侍读学士》(光绪三十三年十月十四日),《盛档·丁未亲笔函稿》,转引自夏东元:《盛宣怀传》,第390页。

景无疑又处在资本之能否顺利招徕的十字路口上。

（三）商办汉冶萍煤铁厂矿有限公司的成立、发展与日本势力的楔入

1. 汉冶萍公司的成立和发展

迄至1907年，作为我国最早建立的现代钢铁工业——汉阳铁厂在繁重的改建过程中扩大了生产能力。当时正值国内各省纷纷筹划修造铁路，殷切地需要钢轨、桥料；同时国际市场也对汉厂提出要求。正如盛宣怀所说："现今各省铁路开造，需用钢轨、桥料甚多；美国太平洋及日本、香港各处均来购铁。"①可见市场开拓已不成为汉厂发展的难点。但是，资本不足的难题却长期困扰着汉厂，而且越来越成为它前进的障碍。

当时汉厂、萍矿所费投资已达1300余万两，但所招股本不过250万两。厂矿所需支出，除了预支日本矿价、预支京汉轨价两项，合计银300万两外，其余的主要依赖钱庄、商号的借款，计达，700余万两，年需支付利息六七十万两之多。② 在如此沉重的利息负担下，一遇金融市场出现紧张时，汉厂、萍矿便面临"追呼勒逼"，"性命绝续于呼吸"之间。③ 特别是维持汉厂现有的生产，还必须继续添置机器设备。就是说在汉厂、萍矿已支付投资1300余

---

① 《盛宣怀致岑春煊函》（光绪三十三年三月中旬），《汉冶萍公司》（二），第509页；另《汉冶萍制铁采矿公司公启（光绪三十三年八月二十二日）》中称："本国如浙、皖、闽、粤等省，外国如日本、北美洲、南洋群岛定购汉轨、萍焦者，现亦踵趾相接。"《汉冶萍公司》（二），第633页。

② 盛宣怀：《致张中堂》（光绪三十三年七月初六日），《愚斋存稿初刊》第72卷，第29页。

③ 《盛宣怀致袁世凯函》（光绪三十三年十月下旬），《汉冶萍公司》（二），第658页。

万两之外,“尚需添炉,将来非2000万两不成”①。

为了减轻厂、矿沉重的利息负担,盛宣怀立图扩招资本。当时上海金融界对投资民族资本现代企业的情绪日见提高。1905年以后的几年中,不但轻工业中的民族资本棉纺业、面粉业和新创的卷烟业,而且重工业中的山东中兴煤矿公司、山西保晋公司、安徽铜官山矿区、四川江北厅矿区等,都先后从社会上征集到相当数量的私人资本。这个现象使盛宣怀感到鼓舞。但他毕竟有多年经营现代企业的经验,“深知附股衰旺,只问〔企业〕有利无利”,而金融市场流通的股票价格,“亦以给息之多寡定票价之涨落”。② 可是汉厂、萍矿自官督商办以来,10年都未发放股息;现在招股对私人资本究有多大号召力,确实是很难预测的。况且到1907年,厂矿的经营实况表明,汉厂亏本,萍矿见盈;结算到1906年的账略载明:汉厂亏商本240余万两,萍矿结至同年闰四月盈余银30余万两。社会上普遍认为“制铁不如采煤得利之速”。③ 针对这种现象,盛宣怀指出:如将铁厂和萍矿分别集资,“则萍煤招足甚易”,而“汉厂人皆震惊于旧亏太巨,成本过重,虽老股亦不肯加本,新股更裹足不前”④。在处理这个矛盾上,盛宣怀的对策是“将萍乡

① 《盛宣怀致王锡绶函》(光绪三十三年七月初一日),《汉冶萍公司》(二),第610页;如果单就汉阳铁厂而言,其情况是:“本厂〔汉厂〕所用商本已七百数十万两,照李郎中〔李维格〕预算,尚需添本二百万两。是铁厂用银一千万两,方能成就。”《盛宣怀致张之洞函》(光绪三十三年七月十一日),《汉冶萍公司》(二),第616页。

② 《盛宣怀致李维格函》(光绪三十三年四月二十八日),《汉冶萍公司》(二),第598页。

③ 《盛宣怀致张之洞函》(光绪三十三年七月二十一日),《汉冶萍公司》(二),第616页。

④ 《盛宣怀致张之洞函》(光绪三十三年七月二十一日),《汉冶萍公司》(二),第616页。

有利之煤矿，并入汉阳亏本之铁厂，方可多招商股”①。

在取得张之洞和后任湖广总督赵尔巽的支持后，盛宣怀便于1908年3月向清政府奏准设立商办汉冶萍煤铁公司。为使集股工作顺利开展，盛决定截至1908年，清理汉厂、萍矿和冶矿的全部开支账目，同时对它们所拥有的资产，分别进行估算，并且在第一届股东大会上公布，其具体内容见表25和表26所列。

表25　汉、冶、萍煤铁厂矿产业估值

1908年

名称	款项(两)
汉阳铁厂	12270000
大冶铁矿	11300000
萍乡煤矿	15500000
码头、轮驳	1690000
扬子江公司〔扬子机器公司〕股份银	50000
共计	40810000

资料来源：《汉冶萍煤铁厂矿有限公司商办第一届账略》，第17—20页；亦见全汉昇：《汉冶萍公司史略》，香港1972年版，第128页。

表26　汉、冶、萍煤铁厂矿支出款项

1890—1908年

名称	款项(两)
产业正本	16748400+
煤、铁、货物、材料往来及转账活本	5712000+
共计	22460400+

资料来源：《汉冶萍煤铁厂矿有限公司商办第一届账略》，第11—16页；原账略所列总数为：22460538两余。

① 《盛宣怀致吕海寰函》(光绪三十三年七月二十日)，《汉冶萍公司》(二)，第615页。

表25的估值和表26的厂矿支出的情况表明,厂矿的资产较其支出款项几高出1倍,说明汉、冶、萍厂矿具有相当雄厚的经济实力。

至于集股办法,经盛宣怀及其亲信和新股发起人反复磋商后,议定章程:“公司应由老股创办人与新股发起人合招二千万元,每股五十元,合成四十万股”;“老股库平银二百万两〔指官督商办时期所集股金〕,照折银元后,由老股创办人,招收银元足成五百万元之数”;“新股一千五百万元,由新股发起人担任招足”。① 另在《呈农工商部注册文》中又特地申明:经奏准“老商〔即老股〕必须永远格外优待,如办有成效,余利多派,嗣后推广加股,必先尽老商承认,以示鼓励”;并宣称“老股银五百万元现已收足;新股银一千五百万元尚未开招”②。

1908年,汉冶萍公司开始招集新股。恰在这时,清政府改电报局为官办。持有电报局股票的各省商人多愿售出电局股票,避免与邮传部轇轕。③ 同时向盛宣怀探询汉冶萍商办及集资情况。盛在答复中不乏渲染。他说:“汉冶萍煤铁现已发达,其利之溥必更胜于轮电。现已注册永归商办,以后必能成一完全商办公司,总协理董事均照商律,悉由股商公举。……现在股份甚为踊跃。即如电报商人,皆愿卖去电票买此汉冶萍股票,目下尚未开始,而纷纷投股,已经收足八百万元。”④“不久即可收足。”⑤并宣扬:“如得

① 《盛宫保奏改汉冶萍煤铁有限公司之条件》,《时报》1907年11月18日。

② 《汉冶萍公司呈农工商部注册文》(光绪三十四年二月)《汉冶萍公司》(二),第675页。

③ 参见《盛宣怀复香港电局温》(光绪三十四年四月二十日),《盛宣怀未刊信稿》(以下简称《未刊信稿》),中华书局1960年版,第104页。

④ 《盛宣怀致温佐才再启》(光绪三十四年四月),《未刊信稿》,第105页。

⑤ 《盛宣怀致温佐才再启》(光绪三十四年四月),《未刊信稿》,第105页。

电价〔电票价〕一百七十五元，便可买汉冶萍〔股份〕三股半，官利八厘，已可收十四元，只要余利四厘，便可得三十四元。若照〔汉冶萍〕预算表，将来二三分利操券可得，即以一百七十元官余利二分计之，便可得三十四元。比较死守电票，安险厚薄，不待智者可决。”①但集股的实况却不像盛所宣扬的那样动人。从《盛宣怀档案》的记载中，人们看到：到 1908 年 9 月，汉冶萍公司还只招集到股本 800 余万元；同年 11 月下旬（旧历十一月初二日），又陆续招集到 100 余万元。② 到 1909 年 2 月，仍只“集成真实商股一千万”元③；同年 4 月底，集股款额才突破 1000 万元，达 1014 万元。④ 于是汉冶萍公司于同年 5 月 16 日在上海召开第一届股东大会，会后据说商股反应“亦甚踊跃”⑤；到 7 月，集股达 1100 余万元，其中优先股为 1000 万元⑥；但到 12 月初，实收股份仍不过 1200 万元。⑦在 1909 年的第一次股东大会上，盛宣怀在报告集股情况时说：“截至戊申〔1908〕年年底，头等老股库平银二百万两，合银元三百万元；二等新股二百五十八万六千余元；三等新股二百四十一万三百余元，共八百万元。己酉春〔1909 年〕，续收二等新股二百一十余

① 《盛宣怀致温佐才再启》（光绪三十四年四月），《未刊信稿》，第 105 页。

② 《盛宣怀致陆凤石尚书》（光绪三十四年十二月二十日），《未刊信稿》，第 147 页。

③ 《盛宣怀致河南抚台吴重意再启》（宣统元年二月初二日），《未刊信稿》，第 155 页。

④ 《盛宣怀致宗子载函》（宣统元年三月初十日），《未刊信稿》，第 164 页。

⑤ 参见《未刊信稿》，第 170 页。

⑥ 《盛宣怀致吴蔚若阁学函》（宣统元年六月初四日），《未刊信稿》，第 176 页。

⑦ 《盛宣怀致袁珏生函》（宣统元年十月二十四日），《未刊信稿》，第 186 页。

万元,共成一千十余万元。”①另据1913年造册的《汉冶萍商办调查历史》的记载,公司从1908年到1911年辛亥革命,各年招集商股的演变情况,见表27。

表27 汉冶萍公司新招股本统计

1908—1911年　　　单位:银元

年份	新招股本	湖南公股	股息拨作股本	合计
1908	1631583			1631583
1909	3135836			3135836
1910	1226835			1226835
1911	89552	724800	627754	1442106
合计				7436360

资料来源:《汉冶萍商办历史调查》,第28—29页。

综合上述各方面的记载,都表明汉冶萍公司成立前后,招集商股的进程颇为迟缓;到1910年,充其量只招集到股金1200余万元,与原期集股2000万元的目标相去甚远。这不能不影响到汉冶萍公司的发展速度。

在资本严重不足的条件下,汉冶萍公司在1909年4月召开了第一次股东大会。盛宣怀被推选为公司总经理,被选担任公司各厂矿总办的有:汉厂李维格,冶矿王锡绶,萍矿林志熙。他们各就所掌管的企业在大会作了有关生产经营的报告。李维格强调汉厂所炼生铁的质量已被“欧美行家称为极品”,国外销路远至美国、日本和南洋群岛;在国内,“上海翻砂厂已惟汉阳生铁是用。”从1905年到1908年,生铁的销售量最低时为产量的52.4%,最高时达88.9%;钢轨的销量也见增加,在1907年还只销2224吨,1908

① 《汉冶萍煤铁厂矿有限公司商办第一届账略》,第2页。

年便增为14942吨,增加5.7倍以上;而1909年业已在订的销售量已达58943吨。[①] 大冶总办王锡绶称:冶矿自盛宣怀接办后,逐年扩充,年产量已达30万吨,其中供应汉厂的已达20余万吨,其余的销往日本。更可贵的是冶矿在浮面所藏之铁,"俯拾皆是,工省利厚",而矿藏丰富,"全山皆铁,取之无尽"。"供汉厂则绰绰有余。"[②]论及萍乡煤矿的产销远景更是乐观。据林志熙称:萍矿在开通小坑大槽以后,外销数量日见上升。它有力地抵制了日本来煤对汉口市场的占领。据江汉关统计,1906年,汉口进口的东洋煤达12万吨;萍矿投产并加扩充后,1907年,汉口进口洋煤便减为8万吨,次年再度缩减为35000余吨,而萍煤在汉口市场销售量则相应增长。更令人注目的是,过去往来长江的商轮,一向在上海启程时,便将往返所需的煤炭一次备足,到汉口后便不作补充。现在由于萍煤质佳价廉,商轮遂一变过去在上海上水时预装下水所需之煤,反而在汉口下水时并备上水之煤,这个变化无疑是意味深长的。此外,平汉路火车过去一向赖开平、临城等处煤炭供应。现在则从黄河以南,全部改用萍煤了。所以,萍矿的销售市场已不仅仅囊括武汉,而且逐步扩充到上海,抵制开平和东洋来煤的销流。[③] 这不能不是另一个令人为之鼓舞的现象。

上述三位总办所提供的内容难免有渲染的成分,实际情况是:

1908年,汉厂在使用新机器的情形下,每日可产生铁250吨,

---

① 参见《汉冶萍煤铁厂矿有限公司商办第一届账略》,第23、25、26—27页。

② 参见《汉冶萍煤铁厂矿有限公司商办第一届账略》,第23、25、26—27页。

③ 参见《汉冶萍煤铁厂矿有限公司商办第一届账略》,第23、25、26—27页。

但还只能满足本厂制钢的需要,它不得不在当年退掉不少外单位的订货要求;预料1909年第3座化铁炉投产后,生铁产量可翻番上升,那时便可接受本厂以外的订货。1908年,炼钢车间的产量达800吨,其质量经化验表明超过欧洲的上等产品;为汉厂需要而开发的大冶铁矿,1907年日产上等矿砂在1000—1500吨①;萍乡煤矿1907年日产煤约达1000吨。当时正添置新机器和改善开采方法,估计在装配工程完成后,日产量可上升到3000吨左右。据说到那时,“扬子江流域必无乏煤之虑”了。② 转入1909年,汉厂新化铁炉于二三月间投产,当年生铁产量猛增到130000吨,质量保持优良。为供应国内各铁路需要而制造的钢轨、搭钉等所用生铁在33250吨,较上一年增加5000吨。这一年大冶铁矿的产量达303000吨,其中输往日本的在10万余吨。不过冶矿当时亟须新投资,为进一步扩充作准备。萍矿当年产量达64万吨,其中17万吨制成焦炭,基本上满足了汉厂的需要。萍矿所产之煤,供汉厂消费的,在当年为78000吨,而销流于汉口市场的则达215000吨。③

随同产量的增长,公司所属厂矿在市场的销路也日见拓展。据公司账略所载,1908年,汉厂供应京汉、苏、浙等路钢轨、钢料的销售额仅为77万余两,但次年供应面便有所扩大。浙路、苏路之外,闽路、广九、南浔、津浦、长株等路都来求货,销出钢轨零件达3100余吨,销售额达149万余两,比上年几增1倍;到1910年,销售额又上升为202万余两。在生铁方面,1908年销售额仅89万余两;而1909年,在国内供应津、沪、粤、汉、浔、蜀、湘、豫等省,国

① 《通商各关华洋贸易全年清册》,中、英文本,1908年,汉口,第43页。(以下简称《关册》)

② 《关册》,中、英文本,1908年,长沙,第38页。

③ 《关册》,中、英文本,1910年,汉口,第57页。

外则销往美国、日本、澳洲、西贡、香港等地，总共4.4万余吨，收进销售金额上升到113万余两，较上年增加26.9%；1910年，销售额又见新景象，达142.8万余两，与1908年相比较，增加了60.4%。萍矿在1908年，售煤收银在82万两，次年则增为150.2万余两，较上年增加83%；1910年则收银183万余，为1908年的两倍以上。该矿焦炭的销售额在1908年为107万余两，1909年则为113万余两，所增不多；但1910年却陡然增加到188万余两。所以，1909年和1910年，公司的总收支上便出现盈余，1909年为1.09万两（合银元15400元），1910年为4.5万两（含银元64151元），两年共余5.59万两（合银元79551元）。① 公司开始进入了稳步发展状态。1911年头9个月，"公司出货顺利，销场畅旺，各省铁路……纷向汉厂定轨"②。10月间武昌起义，汉阳虽居战略要地，但战事发生后，汉厂并未立即遭到损失。可是公司及所属厂矿的主持人却惊慌失措，擅离职守。汉厂、冶矿总办先后逃离武昌，避居上海。在群龙无首的情况下公司急忙遣散外国技术人员和本国工人。正在生产中的化铁炉仓皇中竟被弃置，"火熄炉冷，其中所存铁水凝结成块。"以致后来复工时，不得不用炸药炸开，才能从事修复；同时又须更换炉中火砖，而火砖必须从欧洲购买，运输费时。直到1912年11月和12月才先后修复两座化铁炉；炼钢炉也于同年12月复工。所以，1912年，汉厂所产生铁便只有8758吨，生熟钢2527吨。③ 另据1912年4月13日公司的营业报告称：汉阳铁厂和萍乡煤矿结算至1911年10月21日（即旧历八月底）止，总共出售生铁77756吨，收入1909851.63两；铁轨23491.933吨，

① 详见《汉冶萍公司商办第二届、第三届账略》有关各页。

② 《汉冶萍公司第四届账略》，第1页。

③ 均见《关册》中、英文本，1912年，汉口，第64—65页。

售价为 1246183.69 两;钢板等 1374 吨又 835.5 公斤,售价 89688.22 两;出售煤斤及焦炭得价 2575216 两。四项共计 5820939.54 两。大冶铁矿的账表结算至 1912 年 2 月 17 日(即旧历年底)为止,销货收入为 213679.41 两。3 家厂矿合计为 6034618.95 两。而 1910 年销售的总收入则为 7810000 两,减少了 170 余万两的收入。① 当年公司亏空达 287 万余两(详见本章附表 3)。大约到 1913 年后,公司所属各厂矿生产情况才比较正常。当年生铁产量估计在 13.5 万余吨,各种钢货约共计 9.8 万余吨;萍矿出煤 56 万吨,其中 16.5 万余吨炼为焦煤;大冶产矿砂 48 万吨。这一年公司各厂矿略见扩充,在汉阳添造新化铁炉 1 座,新炼钢炉 1 座,并适当扩充了钢板厂、钢轨厂及耐火砖厂;在大冶又添建新铁矿;在萍乡则进行新的开采。② 公司总收支的差距虽见缩小,但仍难以扭转亏空的状况。

1914 年,第一次世界大战爆发,钢铁为交战国重要军用物资,需要量激增,供不应求。更兼欧亚之间海运出现重大困难,外国输华数量顿见减少。海关统计称:1914 年,我国钢和铁的进口量为 230551 吨,1915 年减为 125658 吨,仅为上一年的 54.5%;1916 年为 145874 吨,1917 年又降为 123268 吨,1918 年略见增加为 149117 吨③,仍只是 1914 年进口量的 64.6%。国外钢铁进口量下降,明显地减轻了国内钢铁市场竞争压力。与此同时,钢铁的市场价格也因战争而步步上升。自 1916 年到 1918 年欧战结束,生

① 《捷报》1912 年 4 月 20 日,转见汪敬虞:《中国近代工业史资料》,第 498 页。

② 《关册》,中、英文本,1914 年,汉口,第 494—495 页。

③ 《关册统计》,有关各年。

铁市价最低时每吨约160元,最高时达260元;钢的价格也相应上涨。[1] 这就是说,欧战期间中国钢铁工业生产的外部条件有了相当大的改善,有关企业理应有重大的发展。然而汉冶萍公司的生产却不见重大的突破,见表28。

表28　汉冶萍公司主要产品产量统计表

1914—1919年　　单位:吨

年份	生铁	钢	矿石	煤	焦炭
1914	130000	55850	505140	694764	194414
1915	136531	48367	544554	927463	249165
1916	149929	45043	557703	950000	266419
1917	149664	42651	541699	946080	239798
1918	139152	26994	628878	694433	216014
1919	166096	3684	6868888	794999	249016

资料来源:1. 生铁、钢、矿石见丁格兰:《中国铁矿志》下册,第399、209页。
2. 煤、焦炭,参见侯德封:《第五次中国矿业纪要》,第484页。

考察表28的统计,欧战期间汉冶萍公司主要产品中,生铁和煤的产量有小幅度的上升,便呈现为起伏不定状态;钢的产量则逐年下降,铁矿石的产量呈逐年上升。它们之间的变化颇不协调。从总趋势来看并无重大发展。这种现象的形成自然有多方面的原因。但其要害则是与日本在1904年以后历次贷款合同的制约密切相关的。本世纪初,日本金融势力多次利用汉冶萍公司营运资本拮据的困难,想方设法,渗透侵略力量,严重损害了公司独立自主的地位,最后被迫降为日本势力的附庸而无法自拔。为了说明这个重大转折的由来,有必要对汉冶萍公司经由外债与日本势力

① 全汉昇:《汉冶萍公司史略》,第189页。

所产生的瓜葛作一追索,借以了解一个经历了千辛万苦而已见发展前景的煤铁联合企业,是怎样丧失了有利时机,反而以日益衰落败坏作为自己的历史结局。

2. 汉冶萍公司的外债与日本势力的扼杀

1898年,盛派卢洪昶向德国华泰银行(Warschauer)代理商礼和洋行(Carlowitz & Co.)借款400万马克(约合银132.9万余两),为期10年。这是汉冶萍公司举借外债的嚆矢。

但萍乡煤矿在使用这笔贷款时很不得当,"款项随到随即浪费净尽"①。当时美国、日本、比利时各国都存染指萍矿的企图,尤以日本势力为急切。到1902年,盛宣怀续向礼和洋行商洽新贷款,因双方条件悬殊,延未成立。日本势力急忙以"购运大冶矿石预借矿价"名义,主动与盛联系,从而开始了日本与汉冶萍公司之间愈来愈为密切的经济关系;而且从此以后,日本贷款基本上垄断了汉冶萍公司对外举借资金的渠道。

1904年由日本兴业银行经手,向汉冶萍提供了300万日元的"预售矿石借款",这是日本侵略势力向汉冶萍渗透的第一步。为这项借款进行联系、商洽的,并不是一般商人,而是日本驻上海总领事小田切。而小田切的一切行动又要严格听从日本外务省的指示。日本外务大臣小村寿太郎对贷款的数额、利息、年限及担保品等方面都向小田切做了具体指示,例如,他在贷款期限上一再强调要尽可能延长,"无论如何,三十年的期限必须予以坚持",其目的在于长期控制大冶铁矿。② 日本势力利用各种方法,终于在1904

① 《汉冶萍之历史及借款沿革》,《大陆银行月刊》第1卷,第3号,1923年9月,第49页。

② 《日本外务大臣小村寿太郎致驻沪总领事小田切万寿之助》(明治三十五年十二月二十七日),《日档》,1976/1968年。

年1月与盛宣怀签订了《大冶购运矿石预借矿价正合同》。《合同》从若干方面制约了大冶铁矿与汉阳铁厂的活动。它首先标明借款期限为30年，年息6厘。接着规定借款以大冶的矿山、铁路、设备、房屋等为担保，"此项担保在该期限内不得或让、或卖、或租与他国之官商，如欲另作第二次借款担保，应先尽日本"；在偿还贷款的方法上则规定，以大冶所产铁矿石作价偿还，其价格低于市场价格，头等矿石每吨3日元，二等每吨2.2日元。《合同》还特别规定每年还本付息的限度，不得多还，以便长期控制大冶。《合同》还对聘用日本技师做了规定。① 这一借款拉开了日本以借款方式迫使汉冶萍长期向日本供应廉价钢铁原料的序幕。

1910年10月日本方面派八幡制铁所长官中村雄次郎来与盛宣怀进行密商，其主要内容是更有效地由汉冶萍向日本提供质优价廉的生铁和矿石。因为日本急于需要中国的生铁，当年11月就很快达成"预借生铁价值借款"草合同，次年3月签订了正合同。而且在合同中未提出有关担保或抵押要求，这在历来日本与汉冶萍订立的借款合同中是罕见的。合同规定由日本横滨正金银行向汉冶萍贷放600万日元借款，年息6厘，以15年为期；规定了在这15年每年汉冶萍作为还债向日本提供的生铁数量、质量和价格，及每年增加供应的矿石数量。② 通过这次借款合同，日本势力进一步加强了对汉冶萍的控制。

---

① 武汉大学经济系：《旧中国汉冶萍公司与日本关系史料选辑》（以下简称《汉冶萍与日本关系史料选辑》），上海人民出版社1955年版，第113—115页；亦见《汉冶萍公司》（二），第387—388页。

② 详见《日本外交文书》第43卷，第2册，文件号660，转见《汉冶萍与日本关系史料选辑》，第169—175、183页。

紧随“预支生铁贷款”签约之后，公司又与日本进行一千二百万日元续借款的磋商。进行这项借款活动，有人说是盛宣怀鉴于公司股本不足。但据日本正金银行驻北京董事小田切所了解，这是因盛宣怀鉴于汉冶萍公司历来在营业上负债不少，而主要债权人之一就是盛自己。现在盛在铁厂事业已逐步得到整顿，而他也渐入老境，拟于此时通过募集公司债的手段，以其中一部分作为收回他本人的“通融款项”，另一部分充作“事业扩张之资金”。① 在磋商过程中，盛表示要分向各国举债的意向。这是日本方面最所顾忌的。恰在这时，盛宣怀因铁路国有问题受到各方面责难，一度表示暂且搁下借款的活动，但不能取得日方同意。日本方面考虑：“今日如失此机会，将来或将产生对我不利之事故，也难逆料。”于是小田切积极建议：“以制铁所生铁矿石价款作抵偿，进行一千二百万元以下借款之秘密谈判”，其条件则以“汉阳、大冶财产全部不能为他国借款之担保，如以之作借款担保，则须先同日本商谈”。② 这时日本驻华公使伊集院对此更是忧心忡忡：生怕“从前经过种种苦心与策划所逐渐赢得的我方对汉冶萍公司的特殊地位，亦将难免毁于一旦”。③ 他们尽管对盛宣怀在商洽借款过程中的游移态度深感不满，但“为我国〔日本〕与汉冶萍公司间的前途关系着想，除非万不得已，不能粗暴从事”，要“灵活使用他。以此

---

① 《日本正金银行驻北京董事小田切致总行代理总经理山川勇木函》(明治四十四年二月十五日)，《日本外交文书》第44卷，第2册，转见《汉冶萍与日本关系由料诜辑》，第188页。

② 《日正金银行驻北京董事小田切致总经理高桥电》(明治四十四年四月二十一日)，转见《汉冶萍与日本关系史料选辑》，第195页。

③ 《日驻中国公使伊集院致外务大臣小村第164号电》(明治四十四年四月二十六日)，转见《汉冶萍与日本关系史料选辑》，第193页。

手段谋求局面之圆满解决最为得计”。①

在伊集院、小田切和西泽等人的积极策划下，此项1200万日元的借款，终于在1911年5月2日完成了草合同的签字手续，但在此过程中，爆发了辛亥革命，清政府的统治土崩瓦解，盛宣怀也在仓皇中逃亡日本。这期间，日本乘中国国内局势动荡，南京临时政府财政极度困难，便又以提供贷款为手段，勾结盛宣怀妄图实现“合办汉冶萍公司”的梦想。于是1912年1月29日发生了“汉冶萍公司中日合办草约”签订事件。“草约”在全国激烈的抗议和反对下被迫取消，日本阴谋遭到暂时的失败。

1912年2月，南京临时政府下令废除“中日合办汉冶萍公司草约”。过了半年多，国内反盛声浪有所缓和，盛宣怀于9月间悄悄自日本回到上海。依靠他的一班亲信奔走，1913年3月末，在汉冶萍公司特别股东大会上，盛又当选为公司总经理；会后又被选为董事会会长，重新掌握公司大权。5月下旬，公司在上海召开股东常会，提出为厂、矿投入生产，“筹借轻息大宗款项，圆活金融机关”。② 7月间，董事会授权盛宣怀承办对日本借款的权限；同时委任正金银行上海分行的高木陆郎为代表，前往东京商洽借款事项。③

公司这一活动正投合了日本希图更有效地控制公司的要求。1913年10月，日本外务大臣牧野伸显致驻华公使山座的极密电中透露：为了“进一步加深该公司与我国关系之方针”，在10月14日内阁会议决定：“帝国政府令横滨正金银行，大体根据下列条

① 《日正金银行驻北京董事小田切致总经理高桥函》（明治四十四年八月六日），转见《汉冶萍与日本关系史料选辑》，第213页。

② 《汉冶萍有限公司商办历史》第二册，第13页。

③ 《公司董事会委任高木赴日接洽借款函》（1913年7月18日），转见《汉冶萍与日本关系史料选辑》，第398页。

件,贷给汉冶萍公司一千五百万日元,作为该公司事业扩充及债务清理之用”。主要条件有:(1)事业改良及扩充费为900万日元,高利旧债转换新债费为600万日元,均分三年支付;(2)本利还清,主要以铁矿〔石〕及生铁购价充当,约40年还清;(3)以公司之全部财产作为担保品;(4)日本政府推荐日本人为采矿技术顾问(1名)及会计顾问(1名),由公司聘请,以监督公司事业及会计事务。① 这些条件都在这次借款合同的条款中得到具体实现。

这次借款合同,按照款项用途,在名义上分作两笔,订立甲、乙两合同。甲合同即“扩充工程借款合同”,金额为900万日元;乙合同即“偿还短期欠债或善后借款合同”,金额600万日元,借款期限均自合同生效时起算至40年为限;偿还的方法都“以公司售与制铁所矿石、生铁价值作抵”。因此,这两笔借款实际上仍是预借矿价和预借铁价方法的延续。不过也有与过去借款合同重大不同之处。一是明白规定日本对公司今后具有借款优先权,在两合同的第九款中都分别载明:“公司如欲由中国以外之银行资本家等商借款项及其他通融资金之时,必须先尽向〔正金〕银行商借。如银行不能商借,公司可以另行筹借。”这就是说公司在举借外债时只有与日本联系,不能与其他国家进行任何融通资金的活动。其次表面上同意公司可以提前偿还借款,实际上又做了种种限制。两合同的第四款都对这个问题做了规定:“惟如公司以中国自有资本确实招得新股,该股款内拨支所需经费,并偿还新旧一切债款尚有余款,或公司所获利益金内扣除相当官红利及公积金尚有余额,公司愿将本合同借款之本利金数或未经偿还之款全数付还银

---

① 《日外务大臣牧野伸显致驻中国公使山座第577号极密电》(大正二年十月二十二日),转见《汉冶萍与日本关系史料选辑》,第408页。

行时,银行允可照办,惟公司须于6个月前预先知照银行。"①衡量公司当时的生产经营及其公私债务情况,企望公司提出偿还借款,是完全不可能的事。然而合同中着意载上这些条款,据说是为了"预防股东中之反对意见以及政府之干涉"②,显见日方的处心积虑。在甲、乙两合同之外,正金银行和公司"均各同意订立别合同"。"别合同"的要害在以下诸款,即第三款规定:"公司应聘日本工程师一名为最高顾问工程师";第四款:"公司一切营作、改良、修理工程及购办机器等,应允与前款所载最高顾问工程师协议而实行";第五款:"公司应聘日本人一名为会计顾问"。第六款:"公司一切出入款项应允与会计顾问协议而实行"。③ "别合同"迫使公司及其所属厂矿从生产到经营的一切重要活动,都必须取决于日本势力的决定了。

此项合同正式签订后,公司内外啧有烦言,北洋政府也很表不满。日本势力便出面直接干预。日驻华公使山座向北洋政府代理国务总理、外交总长孙宝琦送去充满威胁的警告书,极言此次借款合同对正金银行、汉冶萍公司及日本制铁所三方都有利,三方"互相辅依,各享其利",而"世论纷传之损失利权等语,毫无所据"。接着警告孙宝琦"勿为他人僻见谬言所惑,漫然破坏已成之议,致酿国际轇轕"。④ 同时山座考虑到汉冶萍借款一事"属农商总长主管范围,对总长张謇加以警告,亦颇为重要"。遂于2月23日特为

① 均见《九百万扩充工程借款合同》,《六百万偿还短期欠债或善后借款合同》,《汉冶萍与日本关系史料选辑》,第439—446页。

② 《汉冶萍与日本关系中料选辑》,第427页。

③ 《汉冶萍与日本关系史料选辑》,第447页。

④ 《日驻中国公使山座致北洋政府代理国务总理外交总长孙宝琦警告书》(大正三年二月二十一日),转见《汉冶萍与日本关系史料选辑》,第491页。

合同事往访张謇,强词夺理,反驳当时舆论对日本的指摘,最后甚至声明:“合同现已成立,现在若加以废弃,于理断不允许;若擅自强行,必致酿成国际纠纷而后已,故提请充分注意,勿出此无谋之措施。”日本公使反复以酿成国际纠纷相威胁,迫使张謇最后表示“愿采取适当办法以维持此次之借款合同”。① 日本外交大臣在获悉山座与张謇谈话内容后,再次指示:“日后不论中国方面如何提出,须断然主张合同有效”;“以适当方法,说服中国当局,并提出警告,不得轻举妄动,以免累及邦交。”②在日本更番施展的压力下,北洋政府被迫停止了干预。1500 万日元大借款就在这样的情势下成立。

1500 万日元大借款成立之后,公司还常因运营资本不足或其他临时困难,曾继续向日本举借债款。但从公司举借日债的全部历程来看,大体上在第一次世界大战之前,当公司尚处于相对发展阶段,所举债款在公司的改建和扩建中虽多少起了一定的作用,然而苛刻的条件已使公司深感受束缚之苦。1918 年欧洲大战结束之后,国际上钢铁价格呈急剧跌落,公司经营一向落后,所遇困难更加严重。兼以国内政局动荡,内战频起,大冶、萍乡都经常面临南北兵差供应不绝的境地。公司所属各厂矿生产滑坡,几难维持。这期间向日本借款,条件自然更加苛刻。

日本提供贷款的目的在为八幡制铁所获取可靠的原料供应,大冶矿石是日本的主要猎取对象。1904 年的合同以最低的价格和 30 年的漫长期限为保证制铁所的原料来源开其端;1911 年的

---

① 《日驻中国公使山座致外务大臣牧野第 81 号机密函》(大正三年二月二十四日),转见《汉冶萍与日本关系史料选辑》,第 492—495 页。

② 《日外交大臣牧野致驻中国公使山座第 106 号密电》(大正三年二月二十八日),转见《汉冶萍与日本关系史料选辑》,第 497 页。

"预支铁价合同"虽是以售购生铁为目的，但附件中特别注明"加购公司矿石10万吨"；1913年的借款合同也订明以"所订矿石生铁价值归还"，并在合同及其附件中规定，在40年的期限中，公司每年要交付日本制铁所优质矿石60万吨，生铁30万吨。可见长期而大量提供矿石乃是日本提供贷款的要害。

为了保证合同的执行，公司的生产方向从1904年以后明显地出现变化，这就是大冶铁矿石生产迅速上升。1904年，预借矿价合同订立的当年，大冶矿产量为105109吨，如以此作为基数，到1910年便增加到343076吨。为1904年的2倍以上。这7年间，除了个别年份，输往日制铁所的矿石大抵占冶矿产量的50%，最高时达73%。1911年及1913年两次合同先后订立，大冶矿石产量在公司的各项主要产品中更见突出了。1915—1920年的年产量已经是1904年的4—7倍。同期中公司生铁产量虽然也见增加，但它显然不是刺激矿石产量剧升的主要因素；主要的是这几年输往日制铁所的矿石量频年上升，均在各年产量半数以上。到1925年，公司生铁生产虽已停歇，但铁矿石产量仍维持在1904年的2倍到3倍的数量，几乎全部输往日制铁所（详见本章附表2）。矿石的生产和输往日本数量的演变过程充分表明了：在商业外衣掩护下，我国矿石资源被掠夺的景象是极其触目惊心的。

其次，公司生铁产量的变化虽不如矿石那样突出，但也有类似之处。1911年预借铁价合同成立，汉厂生铁产量也在逐年增加，输往日本的生铁数量也是直线上升。试以1911年公司生铁产量83337吨和当年输日数量19164吨各作为基数考察时，到1915年，生铁产量仅增63%，而输日数量却为1911年的265%；又如1920年生铁输日数量居当年铁厂生产的59.7%；1922年更见尖锐，当年汉厂生铁产量不过148424吨，较1911年仅增78%，而输日数量却达116346吨，为1911年输日量的6倍以上。1924年，生铁产量下降为26977吨,输日数量却高达122306吨,这表明即令穷铁厂全年生铁生产,也不足以充日本当年的需索。反顾公司自身钢的生产,从1911年生产3.8万吨以后,10年中不见进展,长期停留在5万吨以下,到1922年之后,更是处于停顿状态了(参见本章附表3)。

论及公司生产设备的变化,人们所见到的乃是生产结构的不合理的变动。汉阳铁厂的开办原是以"造轨制械"为目标。1894年投产后,虽然经历了改建、扩建,在1910年增开250吨炼铁炉1座,同时加开30吨炼钢炉1座,1914年再添30吨炼钢炉1座,炼铁、制钢的生产能力大体上互相适应。可是1904年预借矿价合同成立后,冶矿产量连年增加,而冶炼能力未有重大扩充,形成了采掘能力和冶炼能力的严重失衡。及至1911年预借铁价合同签订后,15年内须供应日本生铁114万吨,又迫使公司不得不扩充炼铁设备。1915年在汉厂增建了250吨炼铁炉1座,同时在大冶开办新铁厂,建450吨炼铁炉两座,可是炼钢的生产能力并未相应扩充,使炼铁和制钢之间生产能力的合理比例也遭到破坏。① 其后果就成了原以生产钢轨、钢料为主的汉冶萍公司逐步变为以采矿石及炼生铁为主要生产任务的企业了。

此外,还可以从矿石和生铁的价格问题进行考察。1904年以后,历次订立的日债合同都规定了十分低廉的矿石和生铁的售价,严重损害了公司的利益。特别是在第一次世界大战期间,公司矿石和生铁的售价不合理问题更加尖锐。

第一次世界大战爆发,钢、铁消耗剧增,市场供不应求,价格高涨。国内在大战前,生铁价格每吨约为20两左右;到1916年1

① 参见代鲁:《汉冶萍公司所借日债补论》,《历史研究》1984年第3期。

月，已上涨到每吨40两，到1918年8月，更升至每吨190余两。①就日本市场而论，战争使日本无法从英美及海外进口钢铁制品；同时，日本国内的造船业和机械工业当时正趋于全面发展，钢铁耗费量大，价格猛涨。1914年上半年，生铁价格每吨为46日元，1918年7月到9月，东京市价上升到每吨480日元，上涨达9倍之多。②然而公司运交日本的矿石和生铁价格，受历次借款合同价格的约束，不能随市场价格变动而改变，长期维持在头等矿石每吨3日元，生铁每吨36日元。这便使公司的售价收入长期受到重大的损失。虽经公司多次交涉，1917年和1918年，矿石交价略增至3日元40钱和3日元80钱；生铁交价加至92日元和120日元。即使如此，仍远在东京市价每吨480元之下。从1914—1918年5年内，公司运交日本矿石达150余万吨，生铁20余万吨，仅卖价与市价的差额一项，损失至巨，一般估算大抵在1亿元左右。③

第一次世界大战期间，公司的收支状况由于钢铁价格剧升出现了转机。公司在1909年和1910年曾略有盈余，共计银元79551元。1911年因战争损失，由盈转亏，当年亏空230余万元，5年中共计亏

---

① 战前生铁价格见全汉昇著：《汉冶萍史略》，香港中文大学1972年版，第189页；1916年的价格见《盛宣怀未刊信稿》，第265页；1918年8月的价格见麓健一：《日本钢铁工业概论》，第206页，转引自代鲁：《汉冶萍公司所借日债补论》，《历史研究》1984年第3期。

② 1914年上半年日本市场生铁价格见代鲁：《汉冶萍公司所借日债补论》，《历史研究》1984年第3期；1918年7—9月东京市价见《第二次中国矿业纪要》，第135页。另据楫西光速等在《日本资本主义的发展》中称："与1913年相比较，1918年，〔日本〕生铁价格暴涨10倍以上。"

③ 参见侯厚培《中国近代经济发展史》，上海大东书局1929年版，第129—130页；吴景超：《汉冶萍公司覆辙》，《新经济半月刊》第1卷，1939年第4期；陈真：《汉冶萍煤铁厂矿大事年表》，见陈真编：《中国近代工业史资料》第3辑，第517页。

银720余万元。转入1916年,公司财务才由亏转盈,当年盈余180余万元,到1919年,历年盈余合计在11378735元(详见附表1)。1915年,公司有鉴于日债使公司吃亏太大,也曾想作改变这种状况的尝试。当年6月间,孙宝琦被推选任董事长后,酝酿募集内债偿还日债的计划。日本正金银行上海分行经理小田切对此立即威胁孙宝琦说:"夫所借之款到期不还不可,期不到强还之亦不可。还款方法,合同具在,不得容易更改。倘拟违约还款,必致牵动局面。"①一声"牵动局面"的恫吓,提前归还日债的拟议便无疾而终了。如果人们注意到八幡制铁所战时利润率由1913年的11.4%递增到1918年的112.6%这一事实时②,就可以意识到这个企业战时利润量的剧增,其中很大的一部分就是来自汉冶萍公司低价提供的矿石和生铁的转化。日本势力是无论如何也不会允许汉冶萍公司提前偿还债务的。

第一次世界大战结束,国际市场钢铁价格跌落。1918年,汉阳一号生铁在东京的市价每吨曾达435日元,1919年则下降为170日元,1920年再跌为119日元,钢的价格也相应跌落。③ 汉冶萍公司短暂的战时繁荣景象到1920年便已一扫而空了。

但是,公司日债借款累积结欠额却愈积愈巨,每年的利息负担也随滚随大。第一次世界大战结束及20年代,公司长期日债结欠额达3000多万至4000多万日元,每年单在利息支付上常达一百数十万银元。④ 从1920年起,公司的收支状况重现亏空。随后几

---

① 中央研究院近代史所藏:《小田切来函》(民国4年6月7日)见汉冶萍公司案及附件,转见全汉昇:《汉冶萍史略》,第170页。

② 楫西光速等:《日本资本主义的发展》,第116页。

③ 《第二次中国矿业纪要》,1926年12月,第134页。

④ 代鲁:《从汉冶萍公司与日本经济的交往看国家近代化的政治前提》,《中国经济史研究)1988年第4期,第119页。

年虽然做了种种努力，力求从扩充销路上找出路，但得不偿失，以致到1922年，亏空额竟增达366万余元（参见附表1）。从1920年到1923年，4年的亏空额累积达841万余元；而战时所实现的利润盈余处理非常不当，除了以相当大的部分作为历年股息分配外，还以1000万元的代价购买永和废矿及鄱乐煤矿等。① 所以，一旦重现收支不抵的情况时，便陷于减产或停产。1921年年底，汉厂炼钢炉被迫全部停产②；翌年，日产250吨的化铁炉“以陈旧不堪用”，也于年底停炼。③ 新建的大冶铁厂两座炼铁炉虽先后在1923年4月和1925年5月投产，但都维持不到1年，各在1924年和1925年年底先后停炼。④ 只有为供应日本制铁所需要的大冶铁矿在日本顾问直接管辖下，继续维持开工。⑤ 至于萍乡煤矿的生产则因汉阳铁厂和大冶新厂的停工，煤焦需要量锐减，产量随之降低，1926年以后煤和焦炭的产量都明显跌落，再也不曾恢复旧日兴旺景象。

附表1　汉冶萍公司历年盈亏额统计

1909—1923年

年份	盈		亏	
	洋例银（两）	合银元（元）	洋例银（两）	合银元（元）
1909	10934.375	15400.53		
1910	45547.713	64151.71		

① 参见陈真编：《中国近代工业史资料》第3辑，第517页。
② 《第二次中国矿业纪要》，第126页。
③ 《第二次中国矿业纪要》，第126页。
④ 丁格兰著，谢家荣译：《中国铁矿志》下册，第248页。
⑤ 《第三次中国矿业纪要》，第142页。

续表

年份	盈		亏	
	洋例银(两)	合银元(元)	洋例银(两)	合银元(元)
1911			1634065. 603	2301500. 85
1912			2039173. 615	2872075. 52
1913			1092256. 772	1538389. 82
1914			71687. 261	100967. 97
1915			275555. 213	388105. 93
1916		1878496. 83		
1917		2801872. 20		
1918		3779904. 47		
1919		2918463. 63		
1920				1279588. 44
1921				511835. 03
1922				3666876. 36
1923				2952609. 86

资料来源:1. 1909—1915 年洋例银盈亏数字见《汉冶萍公司商办历届账略》(第1届至第8届,光绪三十四年至民国四年)。

2. 1909—1923 年银元盈亏数字见《第二次中国矿业纪要》,第126—127页。

附表2 汉冶萍公司历年运交日本制铁所矿石和生铁数量

1900—1927年 单位:吨

年份	矿石			生铁		
	产量	输日制铁所数量	占产量%	产量	输日制铁所数量	占产量%
1900	59710	15476	25. 9			
1901	118877	70189	59. 0			
1902	75496	48169	63. 8			

续表

年份	矿石			生铁		
	产量	输日制铁所数量	占产量%	产量	输日制铁所数量	占产量%
1903	118503	51268	43. 3			
1904	105109	59268	57. 0			
1905	149840	72000	48. 1			
1906	197188	105800	53. 65			
1907	174612	100000	57. 3			
1908	171934	127000	73. 9			
1909	306599	95600	31. 2			
1910	343076	96210	28. 1			
1911	359467	121000	33. 7	83337	19164	22. 9
1912	221280	192980	87. 2	7989	15752	197. 2
1913	459711	273900	59. 6	97513	14800	15. 2
1914	505140	292400	57. 9	130000	15000	11. 5
1915	544554	298350	54. 8	136531	50936	37. 3
1916	557703	284500	51. 0	149929	40950	27. 3
1917	541699	323495	59. 7	149664	49684	33. 2
1918	628878	321100	51. 1	139152	50000	35. 9
1919	686888	356730	51. 9	166096	60000	36. 1
1920	824490	385950	46. 8	126305	75460	59. 7
1921	560000	249900	44. 6	124360	63300	50. 9
1922	580000	294144	50. 7	148424	116346	78. 4
1923	486631	303650	62. 4	73018	57345	78. 5
1924	448921	331011 *	73. 7	26977	122306	453. 3
1925	315410	361067 *	114. 4	53482	32297	60. 4
1926	85732	105215 *	122. 7			

续表

年份	矿石			生铁		
	产量	输日制铁所数量	占产量%	产量	输日制铁所数量	占产量%
1927	243632	183193 *	75.2			

注:*原编者注:1924年、1925年和1927年输往日制铁所矿石中包括象鼻山矿石,其数量各为84872吨、116818吨和29474吨。

资料来源:1. 矿石:1900—1922年见丁格兰:《中国铁矿志》下册,第209页;1923—1930年及1931—1934年分见侯德封:第四次、第五次《中国矿业纪要》,第267、500—501页。

2. 生铁:1911—1922年见丁格兰:《中国铁矿志》下册,第399页;1923—1925年转见陈真编:《中国近代工业史资料》第4辑,第746页。

3. 矿石、生铁输往日制铁所数量均据汉冶萍公司档案《杂卷》,转引自《汉冶萍公司与日本关系史料选辑》,第1122、1123页。

附表3 汉冶萍公司主要产品产量

1896—1927年　　单位:吨

年份	生铁	钢	矿石	煤	焦炭
1896	10532		17600		
1897	23423		39000		
1898	22486		37500	10000	29000
1899	24028		40000	18000	32000
1900	25890		59710	25000	43000
1901	28805		118877	31000	63000
1902	15800		75496	56000	82000
1903	38873		118503	122000	93000
1904	38770		105109	154000	107000
1905	32314		149840	194000	114000
1906	50622		197188	347000	82000
1907	62148	8538	174612	402000	119000

续表

年份	生铁	钢	矿石	煤	焦炭
1908	66410	22626	171934	392000	108000
1909	74405	39000	306599	557670	117000
1910	119396	50113	343076	610447	172000
1911	83337	38640	359467	610014	170000
1912	7989	2521	221280	225711	29835
1913	97513	42637	459711	686855	176825
1914	130000	55850	505140	694764	194414
1915	136531	48367	544554	927463	249165
1916	149929	45043	557703	950000	266419
1917	149664	42651	541699	946080	239798
1918	139152	26994	628878	694433	216014
1919	166096	3684	686888	794999	249016
1920	126305	38260	824490	824500	244919
1921	124360	46800	560000	808971	206087
1922	148424		580000	827870	225000
1923	73018		486631	666939	208900
1924	26977		448921	648527	190100
1925	53482		315410	286232	96400
1926			85732	75715	11400
1927			243632	183349	8000

资料来源:1. 生铁:1896—1922 年见丁格兰:《中国铁矿志》下册,第 399 页;1923—1925 年参见谷源田:《中国之钢铁工业》,转引自陈真编:《中国近代工业史资料》第 4 辑,第 746 页。

2. 钢:丁格兰:《中国铁矿志》下册,第 399 页。

3. 矿石:1896—1922 年见丁格兰:《中国铁矿志》下册,第 209 页;1923 年参见侯德封:《第四次中国矿业纪要》,第 367 页,1924—1934 年参见《第五次中国矿业纪要》,第 500—501 页。

4. 煤、焦炭:侯德封:《第五次中国矿业纪要》,第 484—485 页。

第十三章
手　工　业

第一节　总体评析

一、甲午战争前手工业的变化

中国的手工业生产，门类极多，长期以来，一直是社会商品生产的主要形式，同时又构成了传统经济的一个重要方面，在社会经济结构的历史发展中，占有显著的地位。

外国资本主义对中国手工业生产的影响，早在鸦片战争以前就已经开始了。英国棉布的对华输出，开始于 18 世纪 80 年代之初，而棉纱对华输出的试探，甚至还要更早一些。① 然而，经历了大约半个世纪之久，这种贸易一直处于停滞不前的状态，直到 1827 年，曼彻斯特棉布才第一次在广州能以获得盈利的价格卖出②，5 年后则已经成为对"中国贸易中的一个重要部分"。③ 当时

① 现有材料表明，1777 年，港脚商人曾试销棉纱 13 担于广州。参见 E. H. Pritchard: The Crucial Years of Early Anglo-Chinese Relations, 1936, p. 161.

② B. H. Morse: Chronicles of the East India Company Trading to China, No. 4, 1926, p. 146.

③ M. Greenberg: British Trade and the Opening of China, 1951, p. 102.

的广州附近,已经有些织户“用洋纱上机织布”。

棉花的进口,又早于棉纱、棉布,英国商人即试销印度棉花于中国,到 19 世纪 30 年代时已经常在 40 万担以上。① 有些布商开始投资织布工场,利用进口棉花,雇用场外手工劳动者从事纺纱,场内则雇工专业织布,再将棉布出口。据说 19 世纪 30 年代初,出现在广州的这种织布工场多达 2500 家,平均每家有 20 名场内工人。②

鸦片战争以后,外国资本主义凭借政治强权,楔入了中国社会经济的运行轨道,逐渐地把中国卷入世界资本主义市场体系之中。作为一种比较敏感的社会生产部门,中国的传统手工业不可能不感受到这种影响而发生着相应的变化。

从鸦片战争到甲午战争的 50 余年间,占主导地位的是外国资本主义对华商品输出,这一时期进入中国的外国机制工业品品种越来越多,数量越来越大,价值也越来越高,与中国传统的手工业生产发生了全面的冲突。在中国销售的洋货,除了鸦片、棉、毛纺织品等大宗外,还有肥皂、化妆品、火柴、胶制品、樟脑、蜡烛、酸碱类制品、煤油等“化学工业制造品”和家具、钟表、镜子、纽扣、洋扇、洋伞、灯具、乐器、衣箱、衣帽等“家用品”,又有金属原材料、工具、机械配件、建筑材料等五金洋货,种类之多,不胜枚举。这些洋货,大都经由通商口岸,逐渐向内地城乡渗透。鸦片战争结束不久的 50 年代,广州售卖洋货的商店就已经在经营“红毛洋灯”、“红毛洋针”。上海在 1850 年后也出现了一批洋货商店,经营的洋货几乎无所不包。③ 天

① B. H. Morse: Chronicles of the East India Company Trading to China,各页。

② The Chinese Repository,1833 年 11 月,第 305—306 页。

③ 上海社会科学院经济研究所等:《上海近代百货商业史》,1982 年油印本,第 19 页。

津虽然开埠较晚,但70年代前也已经出现了“洋货街”。1870年刊印的《续天津县志》,就曾辑入一首题名《洋货街》的诗,诗中有“洋货街头百货集”之句。① 在新开口岸和内陆城镇,洋货的露面也日见频繁。1881年,武汉三镇开设的洋货商店已有10家,经营品种包括外国玩具、工具、铅笔、图画、装饰品、伞、利器、珠宝、肥皂等。② 连一些农村乡镇也感受到了进口洋货的影响。南浔镇上,营建的楼房已有不少“仿洋式者,其中器具,即一灯一镜,悉用舶来品,各出新奇,借以争胜”。③ 直隶《玉田县志》也载:“洋舶互市……我之需于彼者,至不可胜数,饮食日用日洋货者,殆不啻十之五矣。”④说洋货已达十分之五,显属夸大,但这些进口洋货品种中,许多是中国原亦有相应的手工生产,则是明显的。

这与鸦片战争前的情况,形成了鲜明的对比。鸦片战争前,中国对于洋货无甚需求,外国对于中国的手工业品,却需求甚殷。从中外贸易的内容看,中国出口以茶叶、丝绸、瓷器等手工业品为主,进口则主要是农畜、金属、矿物等原材料,棉毛织品数量有限,钟表等物只作贡品,对城乡手工业生产和社会生活影响不大。鸦片战争后,这一贸易格局逐渐被颠倒过来,形成了中国出口农产品和原料,进口机制消费品的外贸基本结构。在这一时期的进口商品中,生产资料仅占8%左右,消费资料则占90%以上,其中直接消费资料又占到80%上下。⑤ 这对中国传统的手工业生产,不可能不产

---

① 同治《续天津县志》第19卷,“艺文”4。

② 英领事商务报告,1881年,汉口,第19页。又见武汉市商业局:《商业志、百货行业志》1984年油印本。

③ 温鼎:《见闻偶记》,民国《南浔志》第33卷。

④ 光绪《玉田县志》第5卷,1884年刊行。

⑤ 严中平等:《中国近代经济史统计资料选辑》,1955年版,第72—73页。

生极大的影响。这一时期中国的手工业生产大体上表现为以下几种不同的形态。

第一,那些因外国商品输华而首当其冲的手工行业,开始受到了强劲的冲击。在这方面,可以传统棉纺织手工业为代表。西方资本主义国家的棉纺织品曾经在国际贸易中和中国的手织布长期较量,当英国的棉纺织品同样处于以手工生产为主的阶段时,它在中国就没有市场;而当英国进入到机器棉纺织业阶段后,中国手工棉纺织品的竞争能力就相形见绌了。鸦片战争后不久,不仅在广州,而且在其他的通商口岸周围也感受到了洋布、洋纱排挤土布、土纱的压力,随后,更由通商口岸向附近地区扩散。第二次鸦片战争后,外国资本主义侵略者攫取了更多新的特权,控制了海关,再次降低了税率,获得了内河航运和内地通商的权利,通商口岸从5处增辟到19处,对华商品输出急剧扩大。占外国输华货物大宗的棉纺织品,输入数量的增加尤为迅速,并且逐步向内地渗透。

但是,纱和布两者之中,又有区别。洋纱在中国销行增长的速度和势头,远远超过了洋布。从进口贸易的统计来看,鸦片战争爆发的1840年输入洋纱1.81万担①,到甲午战争爆发的1894年已经越过百万担大关,为115.96万担②,半个多世纪中,增长了64倍。

相对于洋纱来说,洋布进口的增长则显得缓慢得多。鸦片战争前夕为53万匹,1845年一度达到309万匹的高峰③,通商口岸地区立刻感受到它的压力。其实,这只是一时一地的盲目输入,时

① 严中平:《中国棉纺织史稿》,1955年版,第58页;英国制棉纱1840年输华数量为2419560磅,合18147关担。

② 姚贤镐:《中国近代对外贸易史资料》第三册,1962年版,第1368页,1894年进口洋纱116.17万担。此据徐新吾《江南土布史》,第220页。

③ 姚贤镐:《中国近代对外贸易史资料》,第259、631页。

过不久,即存货山积,不得不大幅度贬价销售。到1894年,洋布进口达到1379.59万匹,折合标准机制布1334万匹,折合标准土布9169.7万匹①,虽然增长了26倍多,但仍大大落后于洋纱的增长速度。

出现这种差别的原因,是洋纱比洋布进口更能适应中国社会经济生活的需要。引进洋纱代替土纱进行手工织布的报告,在19世纪80年代的历史文献中,已经频繁出现。从特定角度看,洋纱的进口,正给中国的手工棉织业提供了某种自存乃至求得发展的条件。甚至可以说,正是洋纱进口在价格上的大幅下降和数量上的迅速膨胀,阻遏了洋布进口的增长。

这一时期进口的洋纱,大多销于沿海一些非植棉地区的手织户,即首先在那些已经出现"纺织分离"的地区打开缺口。华南8港进口的洋纱,1867—1871年占全国的97.9%,1884—1888年占63.6%,降至1893—1894年,仍然高居第一位占44.76%。② 在广东、福建一带,植棉事业早已衰落,当地农民和手工业者纺纱所用的棉花,先是来自江南和华北,其后改用印棉。这里纺织结合的环节本就比较脆弱,易于使自纺与自织分离,实际上正如前述,鸦片战争前已有"用洋纱上机织布"的事情发生,此时大面积地以商品纱代替商品棉,也就不会发生太大的阻力。1894年时,闽广地区的农家手织布已经基本上是洋经洋纬了,手纺业"已有如风流云散",以致"觅一纺纱器具而不可得"。③ 当地人民舍土纱而用洋

① 进口洋布匹数,见姚贤镐:《中国近代对外贸易史资料》,第1368页,折合标准机制布、土布匹数,见徐新吾主编:《江南土布史》,第220页。

② 据历年海关贸易统计及报告,华南8港为广州、汕头、厦门、福州、北海、九龙、拱北、蒙自。

③ 丁仁长等:《番禺县续志》第12卷。

纱，道理很简单，因为洋纱便宜。以1887年广州的市场价格为例，一包重300斤的印度纱售价57海关两，同等重量的土纺纱则售87海关两①，差距之大，实令土纺纱难以竞争，这里地处通商口岸，长期受到外洋风习影响，人们的消费心理与内地迥然不同。这里的方志说："洋纱幼细而匀，所织成之布，自比土布可爱，而其染色更娇艳夺目，非土布所能望其项背。"②

经过50余年的苦心经营，洋纱洋布在中国的销行已经显示出数量上越来越多、范围上愈推愈广的趋势，缓慢地但是逐步地克服着小生产者的执拗偏见和顽强抵抗。洋纱洋布已经开始由沿海城市向边远腹地扩散，90年代上半期，华中九港进口的洋纱已占年输入量的27.38%，销往四川、湖南等省份。1890年，四川购办洋纱7万担，"均于重庆销售"③；1895年洋纱进口量增至11万担，"通都大邑，销数日多"。④ 1891—1892年间，湖南长沙、道州、常德、永州、宝庆、衡州等11个城市，经由汉口转运的洋纱年均2.40万担。⑤ 60年代后期，洋纱在中国土布生产中的使用率尚只占0.56%，90年代中已经上升到18.94%。⑥ 洋布在中国年用布总

---

① 连浩鋈：《晚清时期广东的对外贸易及其对农村社会经济的影响》，《中国社会经济史研究》1990年第3期，第85页。

② 丁仁长等：《番禺县续志》第12卷。

③ 《通商各关华洋贸易总册》下卷，宜昌口，第51—52页。

④ 《通商各关华洋贸易总册》下卷，重庆口，第10页。

⑤ 森时彦：《中国近代における机械制绵系の普及过程》，《东方学报》第61册，1989年3月，京都大学人文科学研究所，第498页。

⑥ 有研究估算，1860年中国农村土布用纱总量为6285530关担，该年进口机纱35380关担，占0.56%。1894年中国农村土布用纱量为6123870关担，进口机纱1159600关担，占18.94%。加上国内机纱产量342170关担，再减去非织布用纱等共占农村土布用纱总量的23.42%。参见徐新吾主编：《江南土布史》，第225页。

量中的比率,也从60年代的3.2%上升到90年代中的13.39%。① 已经对中国的社会经济生活、对传统的棉纺织手工业产生了严重的影响,"洋纱出而纺事渐疏,洋布兴而织工并歇"②,这在有些地区,已经成为严酷的事实。

然而,这只是问题的一个方面,如果不看到事物的另一方面,事物过程的复杂性,就会被人为地简单化,"这就是说,考察这个问题,既要看到西方机制棉纺织品入侵的一面,又要看到中国手工棉纺织业抵抗的一面"③。中国农村家庭棉纺织业在激烈竞争下而每况愈下,这是毋庸置疑的,但对这种破坏的程度,则应有清醒的估计。有些历史材料,实际在很大的程度上反映提供者的心态。如1883年《英国驻华各口领事报告》说:"(上海)棉纱线消费的巨大增量是一个值得注意的重要现象。不仅上海邻近地区如此,全中国也都如此。在每一个村庄里都有英国棉线出售,每一个商店的货架上都可看到英国棉线。"④1886—1887年的烟台海关报告也称:"烟台进口的印度棉纱,无疑比山东生产的更便利。据说棉纱进口的增加,严重地影响了山东的纺纱业。据了解本省土纺织业几乎全部停歇。"⑤1867年的《关册》说:"洋布在中国已日益广泛使用了。"⑥19世纪70年代初的浙江宁波,"过去中下层人因土

---

① 估计按折合标准土布计算,1860年全国棉布应有消费量约为61965万匹,进口机制布1988.4万匹,占3.2%;1894年全国棉布应有消费量为68475万匹,进口机制布9169.7万匹,占13.39%。参见徐新吾主编:《江南土布史》,第223页。

② 彭泽益编:《中国近代手工业史资料》第2卷,第224页。

③ 汪敬虞:《从棉纺织品的贸易看中国资本主义的产生》,《中国社会经济史研究》1986年第1期,第6页。

④ 彭泽益编:《中国近代手工业史资料》第2卷,第208页。

⑤ 《海关贸易报告册》,1887年,烟台口,第43页。

⑥ 彭泽益编:《中国近代手工业史资料》第2卷,第224页。

布比洋布价廉耐用而偏好土布，现在这一层理由可说已不存在了。洋标布主要流行于本省贫瘠和人口稀少的区域，如衢州、余姚、金华便是”①。如果不慎重地引用这样的历史资料，自然容易造成甲午战争以前，中国传统棉纺织手工业已被破坏殆尽的印象，而实际上，上述材料即使所言非虚，也只是反映了一时一地某一方面的情况，且不无片面性和夸大之处，远非事情的全部。大量的历史材料表明，事物还存在着另外一面。

与上述英国领事报告所说每个村庄、每家商店都有洋纱出售的情形相对，《上海县续志》记载：“光绪二十年（1894 年）以前，沪上未有纱厂，织布纱线均手车所纺。”②《吴县志》也说：“光绪二十年以前，沪上未有纱厂，苏地盘门外苏纶纱厂亦未兴筑。织布纱线，均手车所纺。”③可见上海及附近地区，手纺纱仍唱主角。当时布庄收布，即使有极少数掺入洋经，一经发现，便须剔除，不难看出洋纱在江南棉纺织业中的实际地位和时人心目中的尴尬形象。

山东情况也是如此。直到宣统三年（1911 年），考察胶州商务的人还说：“外来棉纱减少，系因本省产棉甚富，内地乡民当冬令农事完毕，皆从事于纺纱。”④20 世纪 20 年代后，威海农村也还是“妇女用旧式木机纺织自用，间亦有销于当地市镇”⑤；长山县人“仍有着窄面粗布，即手摇纱布尚未绝迹”⑥。既然如此，那么所谓 19 世纪 80 年代山东土纺纱业已几乎全部停歇的说法，显然也就

① 彭泽益编：《中国近代手工业史资料》第 2 卷，第 231 页。
② 姚文枬：《上海县续志》第 8 卷，第 28 页。
③ 曹允源等：《吴县志》第 51 卷，第 15 页。
④ 《通商各关华洋贸易总册》下卷，胶州口，第 43 页。
⑤ 《胶济铁路经济调查汇编》三分编，威海县，第 11 页。
⑥ 《胶济铁路经济调查汇编》六分编，长山县，第 2 页。

难以为凭了。

其他地区也是同样。1894年的江苏南通,“乡人尚未行用机纱,……其时布商收布,凡见掺用洋纱者,必剔除不收”①。僻处内地的广西,“清光绪中叶以前,衣料多用土货,县属比户纺织,砧声四起。一丝一缕,多由自给。于时以服自织布为贵。布质密致耐用,平民一袭之衣,可御数载”②。在中国销用棉纱量中只占四分之一不到,且主要集中在闽、广通商口岸及附近地区的洋纱,在大多数地方还受着人们的冷眼,尚未扮演主要的角色。

至于洋布取代土布,如前所述,成绩又远逊于洋纱取代土纱。南京条约签订后,英方代表朴鼎查曾兴奋地宣称:庞大的市场已向英国棉货敞开,倾兰开夏纺织厂的全部产量亦未必能供中国一省之需。③ 但是这种乐观的预想很快就成为泡影,英国的布厂始终未能获得过这个想象中的庞大市场。在《关册》所说洋布已在中国广泛使用的1867年,其实洋布进口只占全国消用棉布量的0.7%,微不足道。直到甲午战争爆发,洋布进口量尚未超过全国年消用棉布量的3%,侵占土布商品市场的绝对量也不多,那种“迄今通商大埠,及内地市镇城乡,衣大布者十之二三,衣洋布者十之七八”④的论断,实在令人难以置信。当是时,真实的情况更可能是“时以服自织布为贵”。⑤ 同样是浙江的材料,显示购用洋

① 张謇:《经理大生纱厂十二年历史》,《通州兴办实业之历史》上册,1910年版,第111页。

② 梁崇鼎等:《贵县志》第2卷,第127页,“社会生活状况”,1934年铅印本。

③ China Mail(Hong Kong). Dec. 2. 1847.

④ 郑观应:《盛世危言》第7卷,纺织,第20页。

⑤ 梁崇鼎等:《贵县志》第2卷,第127页,“社会生活状况”,1934年铅印本。

布的多系“士庶之家”，“农家尚用土布，以为非此不暖且不厚实也”。① 土布厚实耐穿，使它受到普通劳动者的青睐，“穿洋布的主要是各城镇的商人和富裕阶级，穷苦的城市贫民和乡下居民都穿土布”。②

当时，英国的纺织厂商曾经派遣考察团来华研究洋布难以推开的症结之所在，结论之一也是中国消费者喜好土布的暖而耐用。这种偏好，当然不是外国商人短期内所能改变的。英国厂商曾经着力搜集中国的土布货样，以寻求对策。其实，中国土布的厚重温暖毫无秘密可言，手工纺制的只能是6—10支之间的粗纱，织成之布自然要比用20—30支纱织成的洋布重得多。单就技术而论，英国的纺织厂很容易就能纺制粗纱织布以适应中国消费者的口味，但是这样一来，布匹的成本就要提得很高，在价格上将无法与中国的土布竞争。

说到底，洋纱洋布之所以未能畅行无阻，根本原因是它遭到了中国农民家庭手工棉纺织业的顽强抵抗。中国农民“自己种棉花，或以自己田里的生产物交换棉花，自己做成简单的织布机，梳棉纺纱，全部自己动手。除了家庭成员的帮助以外，不要其他帮助，就把棉花织成布”。只要“较棉花略高的价格把布匹卖出，就能把再生产维持下去”。③ 虽然“曼彻斯特的制造家看到（中国）农舍这种简单的织布机及其附件也许会发笑”，“但这种织机能够完成这一工作，而这个民族不倦的勤劳则代替了蒸汽力”，甚至

① 民国《平阳县志》第19卷，“风土志”。

② 姚贤镐：《中国近代对外贸易史资料》，中华书局1962年版，第1354页。

③ 姚贤镐：《中国近代对外贸易史资料》，中华书局1962年版，第1337页。

“胜过了蒸汽动力”。[①] 60年代末期，英国驻汉口的领事曾把洋布和土布的价格作过一番比较，得出的结论颇令他丧气，洋布价格按重量计算虽然低于土布，但相差有限，随着棉花价格的下降，土布会更加便宜，洋布终将被赶出市场。[②] 当然，历史并没有像他所预言的那样发展。小农业和家庭手工业相结合的自然经济，造成了巨大的节约和时间的节省，对大工业产品进行了最顽强的抵抗。这种抵抗尽管在一定时期内阻止了外国工业品的输入，延缓了自然经济解体的过程，但毕竟是没有前途的。其原因，除了外国资本主义所享有的一切特权以外，机器大工业生产率高，商品物美价廉，起着重要作用。小农自然经济单凭本身的力量，企图长期阻止外国工业品的输入，或者与外国工业品在国际国内市场上竞争，无论如何是不会成功的。此后的历史发展，一再证明了这一点。

第二，那些世界市场有所需要的行业，则因外贸大畅而益形繁荣，获得了一定的发展。在这方面，大致可以缫丝业、丝织业为代表。中国是丝绸的祖国，在历史上长期扮演着丝绸技术和产品输出者的角色，直到鸦片战争爆发前夕，中国仍然是世界上生丝和绸缎的最主要的生产者和供应者。由于丝绸生产的特殊条件和独特技艺，欧洲农业中蚕桑事业发展迟滞，能取得的原料茧有限，近代缫丝工业尽管从19世纪上半期开始起步，但一直受到蚕桑业的制约而未能得到充分发展。19世纪五六十年代，更由于欧洲蚕瘟病流行，防治乏术，原料来源益形紧张，近代缫丝工厂很多被迫停业关闭，生丝原料更加仰赖于东方的中国。织绸业则是欧洲纺织业

---

① 姚贤镐:《中国近代对外贸易史资料》，中华书局1962年版，第1335页。

② Great British Foreign Office: Commercial Reports from Her Majesty's Consuls in China. 1869—1870年，汉口，第171页。

中工厂化比较落后的部门，在19世纪中叶左右，才开始出现动力织绸机①，一时难以普及，占主要地位的仍然是手工工场式生产，不可能从根本上排挤中国的丝织手工业。因而，当鸦片战争后的一段时期内，在外国棉纺织品汹涌而来，冲击着中国传统棉纺织业，挤占了中国棉纺织品市场的同时，中国的丝绸产品依然源源输出，甚至还因闭关状态的打破和国际市场需求的增长而使外销日渐扩大，表现出“益呈蓬勃”②的情景。

鸦片战争前的1830—1837年间，每年平均从广州输出生丝9058担。③ 海外各国对中国生丝本有更多的需求，中国生丝出口原不难进一步扩大，却受制于清政府的严厉禁限。清王朝对海禁一事，屡开而复禁。乾隆二十四年(1759年)，“将丝斤严禁出洋；并准部议，将绸缎绢一律严禁”。“令江浙各省督抚转饬滨海地方文武各官，严行查禁。倘有违例出洋，每丝一百斤，发边卫充军；不及百斤者，杖一百，徒三年；不及十斤者，枷号一月，杖一百。……船只货物俱入官。”④乾隆二十七年，英国商人要求来购丝绸，“情词迫切”，两广总督苏昌奏准：“循照东洋办铜商船搭配绸缎之例，每船准其配买土丝五千斤，二蚕湖丝三千斤，以示加惠外洋之意”，但仍然规定，“其头蚕湖丝及绸绫缎匹，仍禁如旧，不得影射”。⑤ 这样，

---

① 波梁斯基：《外国经济史》(资本主义时代)第十二章，中译本1963年版。

② 苏州档案馆藏：《云锦公所各要总目补记》。

③ 徐新吾主编：《中国近代缫丝工业史》，上海人民出版社1990年版，第55页。

④ 杨廷璋：《请复丝斤出洋旧使疏》，《皇清名臣奏议汇编》，初集，第55卷。

⑤ 尹继善等：《复议弛洋禁丝斤以便民情折》，《皇朝文献通考》第33卷，“市籴考”。

就把丝绸商品的市场,人为地局限于国内。

鸦片战争后,蚕丝出口迅速蹿升,1845 年已有 2 万担,1874 年上升为 6.84 万担,值 1946 万关两。1894 年又增为 8.32 万担、2728 万关两,减去其中的厂丝 2.25 万担、1205 万关两,土丝出口为 6.07 万担、1523 万关两,较之 1840 年前,增加了 5.7 倍。① 生丝输出在中国出口总值中的比重,1843—1845 年约为 17%—28%,1852—1858 年上升为 31%—45%。② 60 年代后,丝绸类出口一直在出口总值中占很高比重,1860 年为 60.10%,1869 年为 32.41%,1879 年为 39.60%,1889 年为 37.55%,1894 年为 33.29%③,均居于举足轻重的地位。

进一步分析比较生丝国内外市场销售量值的消长,更能表明对外贸易对缫丝手工业生产的促进。1840 年前夕,生丝内外销总量 6.4 万担、总值 1067 万关两,1894 年增长为 16.02 万担,5166.14 万关两。其中生丝内销量值 1840 年前夕为 5.5 万担、864.83 万关两,分别占当年总量值的 85.94% 和 81.05%;1894 年量值上升为 7.7 万担、2438.13 万关两,比重却下降为当年的 48.06% 和 47.19%。相反,生丝出口量值 1840 年前夕为 0.9 万担、202.17 万关两,分别占总量值的 14.06% 和 18.95%;1894 年生丝出口量值增至 8.32 万担、2728.01 万关两,比重更上升到当年的 51.94% 和 52.81%。④ 不难看出,鸦片战争前后,生丝内外

---

① 《中国近代缫丝工业史》,附录(21)《1859—1948 年全国桑蚕丝出口品种数量表》,附录(22)《1859—1948 年全国桑蚕丝出口品种价值表》。

② T. R. Banister: A History of the External Trade of China, p. 45.

③ 据历年《海关关册》计算。

④ 参见《中国近代缫丝工业史》,《1840 年前与 1894 年生丝内外销量值比较表》,第 110—111 页。

销的比例已发生逆转,生丝产量的增加明显得益于出口的刺激。同时,内销生丝1894年比1840年前增加了2.2万担,但绸缎的内销量折合生丝只不过增加0.43万担,绸缎出口量折合生丝则增长了1.77万担①,反映了内销生丝的增加也主要用于生产外销绸缎,说明这一时期生丝生产的增长,基本上都是由于丝绸出口扩大的缘故。

柞蚕丝生产的发展,同样反映了这一事实。中国的丝绸生产除主要是桑蚕丝绸外,还包括柞蚕丝绸。② 中国柞蚕丝绸生产的历史亦很悠久,但一直未有多大起色,只是在近代才较快地发展起来。全国柞丝总产量,1840年前后估计不过4000公担,1871年已增长了1倍多,为8265公担,1894年又增长了1倍多,为18895公担,其中用于出口9822公担,内销柞丝中也有相当数量织成柞绸后再行出口。③ 在产值上与桑蚕丝相比也在不断提升,1860年为27.71万关两,在丝绸类出口值中占1.17%;1869年上升为45.18万关两,占2.32%;到1894年又上升为193.96万关两,占4.55%。④ 可见柞丝生产在中国整个蚕丝事业中的地位日渐重要,这主要也是来自柞丝和柞绸外销的增加,而且由于柞丝绸作为中国的特产在世界市场上并无竞争对手,“世界野蚕丝的需要,几乎全部仰给于我国”⑤,其增加的幅度,犹较桑蚕丝为大。

另一方面,传统丝织手工业也在这一时期达到了鼎盛。其中

---

① 参见《中国近代缫丝工业史》,“全国土丝产量表”,第55页。

② 桑蚕是在蚕农家内饲以桑叶,收茧缫丝的,故称家蚕丝;而柞蚕则放养在野外的柞、栎等树上,收茧缫丝,亦称野蚕丝。

③ 《中国近代缫丝工业史》,附录(18)《1871—1937年全国柞蚕丝生产量和值估算表》,第662—667页。

④ 据历年《海关关册》。

⑤ 《中国实业志》,山东省,第五编第十一章(戊),第222页。

的某些年份,由于生丝出口的增加影响了内销供应,危及部分丝织手工业者的生计,某些地区曾经发生过丝织手工工人捣毁丝厂的暴动。广东南海县,本为手工丝织业繁盛之区,“江浦、九江、西樵一带,机工不下万余人”。① 1881年,江浙蚕茧歉收,又有豪商胡雪岩囤购居奇,上海生丝出口剧减,欧美商人于是转向广东求购。广东土丝大量输出,内销不足,“土庄丝愈寡,至市上无丝可买,机工为之停歇”②,遂迁怒于专营出口的蒸汽缫丝厂。光绪七年八月十三日(1881年10月5日),“机工云集”,“倡言机器害其本业,不如聚众前往拆毁,一唱百和,当场纠集机工二三千人,……拥往学堂乡将该村陈植桀、陈植恕开设之裕昌厚丝厂缫丝机器尽行捣毁”③,又打算捣毁同乡的继昌隆及其他几家丝厂。风潮扩大,后为官府各打五十大板所弹压。④

这次事件为人们所习知,但充其量只是一时一地的局部现象,并不能就此说明丝织生产已陷入困境。即使太平天国战争时期,中国丝织手工业中心江南地区处于战乱之中,“大宗商贩裹足不前”,机户或被编为“营”、“衙”,从事生产,大多则“纷纷停织”,星

---

① 徐赓陛:《学堂乡滋事情形第一禀》,转见《中国近代工业史资料》第一辑(下),第960页。

② 宣统《南海县志》,民国《顺德县续志》,转见《中国近代手工业史资料》第2卷,第45页。

③ 徐赓陛:《学堂乡滋事情形第一禀》,转见《中国近代工业史资料》第一辑(下),第960页。

④ 当暴动者捣毁丝厂事态蔓延之时,南海知县徐赓陛一面派兵前往弹压丝织手工工人,一面将各处丝偈一一查封,声称:“各省制办机器,均系由官设局,平民不得私擅购置”,并且下了“自应永远勒停,前项机器依限自行变价”的禁令。参见徐赓陛:《学堂乡滋事情形第一禀》,转见《中国近代工业史资料》第一辑(下),第960页。

散逃亡，遂使“各路绸缎滞销，机多歇业”①，丝织生产几近瘫痪。但是，这毕竟也为时不长，传统手工业特有的韧性，使之不久就恢复了过来。从总的情况看，这一时期，丝织生产处于不断发展，日益繁荣的状态。正如苏州丝织业者所说：“吾苏丝织业历史悠久，出品精良，海通以还，外销大畅，益呈蓬勃。有清一代，苏垣东半城几全为丝织业所聚居，万户机杼，彻夜不辍，产量之丰，无与伦比，四方客商，群集于此，骎乎居全国丝织业之重心，而地方经济之荣枯，亦几视丝织业之兴衰以为断。”②

根据《海关关册》的统计，1860 年绸缎出口值 212.38 万关两，1879 年为 449.9 万关两，1894 年则达 841.55 万关两，为 1860 年的 3.96 倍。③ 在全国出口货物总值中所占比重，也呈上长趋势：1860 年为 5.34%，1879 年为 6.22%，1894 年为 6.57%。④ 从鸦片战争前夕到 1894 年间，丝织品的出口量折合生丝，由 0.44 万担增至 2.21 万担，增加了 1.77 万担，增长了 4.03 倍。同期，丝织品的内销量折合生丝从 5.06 万担增至 5.49 万担，只增加了 0.43 万担，不过增长 8.50%。绸缎内销与外销的比例，也已由 1840 年前的 1∶0.086 上升为 1∶0.402，比前增加了 3.67 倍。⑤ 凡此种种，均表明尽管这一时期丝织品内销还大于外销 1 倍以上，但丝织业生产的发展主要与国际市场的需求扩大有关。

柞丝绸的出口，甚至表现得更为明显。柞绸出口，主要销往法国、美国、瑞士，1890 年尚不过 775 公担，5 年后即翻了一番，达

---

① 彭泽益编：《中国近代手工业史资料》第 1 卷，第 590 页。

② 苏州档案馆藏：《云锦公所各要总目补记》。

③ 据历年《海关关册》。

④ 据历年《海关关册》计算。

⑤ 参见《中国近代缫丝工业史》，《1840 年前与 1849 年生丝内外销量值比较表》，第 110—111 页。

1585公担。同期柞蚕丝的内销量由8467公担上升为9072公担①,增加的部分全部是用来织造柞绸出口的。

中国丝绸业长期来具有“谋国外之发展”的内在要求,近代中国被卷入世界市场,客观上与诸如丝绸这些行业扩大海外贸易的需要相适应,诚如丝绸业人士所说:“绸货销路为最多,销地为最广,……吾人所造之绸货,惟有恃国外各市场为挹注之地。”②庞大的丝绸生产能量和发展潜力,绝非人民生活贫困落后的国内市场所能包容,能否不断开拓和长久维持世界市场,决定着中国丝绸手工业的盛衰。但是,这样一来,国际市场也就左右了中国丝绸业的发展,并且一步步地按照自己的面貌对之加以改造。随着欧洲织绸业工厂化生产的进步,对生丝品质提出了越来越高的要求,与中国小农土法缫制的生丝以及生丝市场交易与经营上的落后性之间的矛盾日渐突出,中国近代缫丝工业,就是在这样的背景下开始起步的。到1894年,广东各地有丝厂75家,上海有蒸汽动力丝厂12家③,无论在家数、雇工数和资本总额上,都在此期中占有最大比重。

近代机器工业是作为传统手工业的替代物而出现的,它一发展起来,就开始挤占了手工缫丝的出口份额。1881—1882年,广东出口土丝11526关担,尚无厂丝出口的记载,次一年度,厂丝出口1254关担,已占广东生丝出口总量的13.12%。两年后,厂丝出口量增加为3437关担,所占出口总量比重也超过半数,达52.45%。此后一路上升,到1894—1895年,厂丝已出口18179关

① 据《中国近代缫丝工业史》,第493页表。

② 苏州档案馆藏:《丝织业云锦公所致苏州总商会函》。

③ 参见《中国近代缫丝工业史》,《1894年全国近代缫丝工厂表》,第143页。

担，占 89.38%；而土丝的外销则不断下泻，此时只有 2159 关担，仅占 10.62%。① 同年，由上海出口的厂丝也首次在《海关关册》上列载，为 4344 关担，价值 232.43 万关两。② 但是截至 1894 年，在全国生丝出口量中，厂丝仍不过 2.25 万关担③，只占外销总量 8.32 万关担的 27%；在全国桑蚕丝总产量的 16.02 万关担中，厂丝的比重尚不过 14.06%。④

与缫丝业相比，丝织业则仍然在传统的轨道上发展，尚未出现引人注目的变化。其间外国商人和洋务大员曾经几度设想举办机器织绸工厂，试图以此提高丝绸质量，打开欧洲销路，结果没能成功。

第三，那些既不与西方机制工业品争夺市场，又未与国际市场发生联系的传统手工业，大多仍沿着传统轨道运行。这种类型的手工行业，可以四川井盐业为代表。

四川井盐的开采，历史悠久。由于井盐生产的特殊需要，18 世纪时已经形成了较大规模的工场手工业。鸦片战争后，井盐生产能力得到进一步提高，19 世纪中期，已能开采千米左右的深井浓卤和普遍采用高压天然气。此时四川井盐产区，井深普遍达到 200 丈以上到 300 丈，而明代井深只六七十丈，清代前期亦不过百

---

① 《海关十年报告》(1882—1891 年)，(1892—1901 年)，广口。

② 《中国近代缫丝工业史》，附录(23)《上海桑蚕丝出口品种数量统计表(1857—1946 年)》。

③ 系广东出口厂丝量与上海出口厂丝量相加。参见《海关十年报告》(1892—1901 年)，广州；《中国近代缫丝工业史》附录(21)《1859—1948 年全国桑蚕丝出口品种数量表》。

④ 《中国近代缫丝工业史》，附录(17)《全国生产土丝、厂丝数量比较表(1840—1948 年)》。

丈。"井浅者咸轻,井深者咸重"①,盐井深度是与卤水咸量成正比的。同时,"深井出大火"。清道光初年,利用天然气煎盐者尚少,"时烧盐者率以柴炭,引井火者十之一耳。至咸丰七八年而盛,同治初年而大盛"②,自此,以天然气煎盐日盛一日,"取火为烧料者占十分之九,炭灶占十分之一"。③ 井盐的劳动生产率提高了数倍,一个工人平均日产食盐,已由20—40 斤增至百斤左右,遂使井盐产量大幅度提升,加上太平天国农民战争的影响,川盐取代了淮盐在两湖的销区,给井盐生产以强有力的刺激,年产销总额达到8 亿多斤。

生产的扩大,促使井盐业资本积累加速。90 年代时,平均年利黄卤井为5590 元,黑卤井达 13837 元,甚至有高达5 万元以上的④,于是出现了一批"富甲全川"的盐业巨头,资本额从数十万两到百余万两不等。商业资本投向手工业生产的情况也进一步发展起来。咸丰年间,陕西商人控制了犍乐盐场生产"济楚盐"的 10 大井灶中的6 个。⑤ 同治以后,更是"川省各场井灶,秦人(陕西商人)十居七八"。⑥ 雇佣劳动也得到了普遍发展,犍乐盐场的"吴景让堂"雇工"总数在千名以上"⑦;"王三畏堂"亦雇工 1200 多人。⑧ 富乐盐场的"李四友堂"雇用的各类劳动者竟有 2000 余人。⑨

---

① 丁宝桢:《四川盐法志》第1卷,"井厂"1。

② 李榕:《十三峰书屋文稿》第1卷。

③ 张肖梅:《四川经济参考资料》,第86页。

④ 据《自贡文史资料选辑》第5辑"表"计算。

⑤ 李从周:《犍场济楚十提的由来》,《五通桥盐业史料选辑》第2辑。

⑥ 刘容:《奉请筹办川省盐厘折》,《续文献通考》第37卷,"征榷九"。

⑦ 张端甫:《犍乐地区首屈一指的大场商——吴景让堂》,《井盐史通讯》总第6、7、8期。

⑧ 罗筱元:《自流井王三畏堂兴亡纪要》,《自贡文史资料选辑》第1辑。

⑨ 黄植青等:《自流井李四友堂由发轫到衰亡》,《四川文史资料选辑》第4、5辑。

出卖劳动力者通过“人市坝”与资方进行两相情愿的交易，两者之间仅有雇佣关系，并无人身依附。① 佣工自食其力，“日取酬值，可以食五口”②。

井盐生产过程的专业化分工已经十分细密，“其人有司井、司牛、司篾、司梆、司漕、司涧、司灶、司火、司饭、司草，又有医工、井工、铁匠、木匠”③等等。工人专操其业，“为烧匠者，好为煎烧；为筒匠者，好为转水”④。19世纪70年代，一个日推卤水20余担的盐井，“雇工四十名，水牛十五条，月产盐八千斤到一万斤”。⑤ 若是一口日产百担卤水的盐井，从汲卤到煎烧共有工种37个，需用工人近100名。⑥

总之，时至19世纪后期，四川井盐业的独立发展，已经具备了工场手工业发展成熟的全部要素，向资本主义机器工业的过渡，应是它的内在要求和历史趋向。我们好像看到资本主义的机器生产就要从这里产生出来了，但是遗憾得很，直到甲午战争爆发为止，近代机器生产仍然一直没能在四川井盐业中露面。

第四，一些中国本来没有、或未形成生产规模的手工业，由于国际市场的需要而勃兴草辫业是一个典型。“草帽辫业，非中国古法，其传入中国也，当在道光咸丰之交。或云烟台英国洋行之指导，或云法国传教士之口授，然自来为农家妇女之职业。”又有一

---

① 同治二年《嘉定府告谕石碑》，原碑存五通桥盐厂。

② 道光《乐至县志》第3卷。

③ 温端柏：《盐井记》，《清朝经世文编》第15卷。

④ 同治二年《嘉定府告谕石碑》，原碑存五通桥盐厂。

⑤ 引自凌耀伦：《论清代自贡井盐业资本主义手工工场的发展》，《中国盐业史论丛》，中国社会科学出版社1987年版，第521页。

⑥ 据张学君：《论近代四川盐业资本》，《中国社会经济史研究》1982年第2期，第59页计算。

种说法,认为同治年间,福建省有外人传授制法,用于当时福建水师制作草帽,“是为吾国草帽辫业之嚆矢”。无论其创于何时,起于何地,传于何国,有一点是明确的,即它并非中国所固有,而是近代以后由外国人介绍到中国来的手工行业。

世界上草帽辫的制作,以西欧为早,随之传到美国。到19世纪中期,欧洲的草帽辫业,以意、德、瑞(士)3国为盛。60年代前后,草帽辫业传来东方,开始在中国发展起来。最初开始于山东沿海,后经外国传教士组织大批农家妇女从事编织,逐渐推广于全省各地。外人将草帽辫编织技术介绍到中国来,是看中了中国劳动力极其充足,价格十分低廉,同时也具备熟练的手工技能,麦草来源又非常丰富。而草辫业传来中国之时,正是农村经济凋敝,传统棉纺织手工业受到冲击,迫切需要从事任何一种新手工业以维持生计的时候,草辫业自然具有极大的吸引力。草辫的编结方法简单,易于操作,又使许多急于谋生者不致望洋兴叹。于是,草辫手工业在中国迅速兴起,“产地甚广,南起闽、浙,北至豫、冀、鲁、晋,无不产之”。①

草辫业仍然采取农民家庭手工业的生产形式,但却是完全的商品生产,而且是外向型的商品生产。在草辫生产发达的地区,常由包买商组织生产,发放原料给散处乡间的村民,编结成辫后领取工资。也有一些出产草辫的地区,农民每于秋收之后从事编结,成品由商贩收买转卖于辫庄、辫行。收购来的草辫均由辫庄、辫行打包运至通商口岸,经外国洋行之手输往国外。草辫的出口,始于60—70年代之交,由于品质强韧而价格低廉,颇受欧美市场欢迎,出口量一路上升。1874年,输出草辫16616担,1884年为78166

① 杨大金编:《现代中国实业志》第二册,制造业(下),华世出版社印行,第1003页。

担,1894 年已达 120609 担,20 年间增长了 6.26 倍。① 一时间,草辫成为仅次于丝、茶的重要出口商品,“为吾国出口货之大宗”。②郑观应因此说:“就我夺回利益言之,大宗有二:日丝茶……次则北直之草帽辫。”③

草辫业的兴起和发展,对于改组农村经济结构,促进自然经济向以市场需要为目的的商品经济转化,起到了一定作用。有一部分农民从传统经济中分离出来,其产品最终流入国际市场,具有了非同以往的特点。在有些地区,草辫业甚至似乎成为农村经济的支柱。从烟台开埠起,草辫业就成为“山东省北部和中部大部分人民收入的主要来源之一”④,龙口、登州、莱州农民“几无户不兼操斯业”。⑤ 据说农家妇女以每天赚取 50 文计,可以使他们的生活过得较为舒服。⑥ 也许有点过分其词,但不无小补则是可能的。草辫生产吸收了农村剩余劳力,利用了农隙空闲时间,给贫乏的农村经济以某种扶危济困之助,所以有人著文称:山东、直隶等地农村的这一副业,“是我国财政上一大助力”。⑦

在草辫产区的集镇,草辫贸易蔚为大观。上海、天津、烟台等地的商人也来此购买,或通过行庄向农家预定。甚至出现了一些专业性的草辫市场,如山东掖县沙河镇,居民以草辫为惟一营生⑧,不仅

---

① 历年《海关关册》。

② 《论直隶亟宜提倡草帽辫业》,《农商公报》第 3 卷,第 11 册,1917 年版,第 25 页。

③ 参见姚贤镐:《中国近代对外贸易史资料》,第 1454 页。

④ 李文治:《中国近代农业史资料》第 2 辑,第 246 页。

⑤ 彭泽益编:《中国近代手工业史资料》第 2 卷,第 698 页。

⑥ 李文治:《中国近代农业史资料》第 1 辑,第 923 页。

⑦ 《麦秆辫制造法》,《农商公报》第 2 卷,第 9 册,1916 年。

⑧ 《掖县志》第二册第 5 卷,1935 年铅印本,第 60 页。

每年自产草辫4万包,价值500万元,也成为附近地区草辫的集散中心。① 镇上有辫庄五六十家,年集散草辫1.5万担,“该县商人,如张、杜、丘、徐诸姓,皆以此起家”。② 适应着草辫生产和外贸的需要,出现了专业的草辫行庄商人。他们在内地村镇收购草辫,运往通商口岸出口,虽与外国洋行有着千丝万缕的联系,却并非洋行雇员,亦非附属于洋行的买办商人。

草辫手工业的勃兴还刺激了一些城市经济的繁荣。烟台开埠以后,商业逐渐发达,其功首推土产出口,土产之中,又以经营草辫、花边、发网者资金雄厚,决定着烟台城市经济的荣枯。尤其是草辫,为早期烟台港出口贸易的代表性货物。1887年出口值占烟台出口货物总值的38.1%,1894年更上升为82%。在胶济路通车,青岛港崛起之前,烟台一直是中国草辫的最大输出港口。经由烟台输出的草辫,1874年为13176担,1884年为34796担,1894年为60238担,分别占当年全国草辫输出量的79.30%、44.52%和49.94%。③ 到青岛港取而代之成为最大的草辫输出港以后,烟台经济“几有江河日下之忧”,可见草辫业的影响之巨。

但是,完全为了国际市场的需要而兴起的草辫业,它的盛衰也就完全视国际市场的行情为转移,也就必然更多地受制于外国资本主义。在草辫业务中占据统治地位的是外国洋行。这些洋行享受着种种特权的保护,通过控制草辫的市场价格操纵着草辫业的生杀大权。外国商人低价购取中国生产的草辫出口,每担不过售银十六七两,制成草帽后再运回中国销售,则每打就售银十余两。

① 《山东草帽辫调查记》,《东方杂志》第8卷第2期,第22页。

② 《山东商业之今昔观》,彭泽益编:《中国近代手工业史资料》第2卷,第699页。

③ 据王传荣:《近代山东草辫业发展探析》,《中国社会经济史研究》1991年第1期,第79、84、85页“烟台、青岛与全国草辫出口对照表”计算。

一进一出，价格悬殊，颇堪惊人。中国的廉价劳力和丰富资源助成了外人财富的增长，但外国商人并不想发展中国的近代工业，而是使草辫生产始终维持在家庭劳动的低级水平，因为对于外国资本来说，采取这种形式的生产最便于对中国的经济掠夺。另一方面，草辫的出口贸易也并未给中国人民带来多少福利，“编制者并无厚利之可言，每日所获不及银元二角”。① 草辫的生产者和贩卖商都要受到洋行的盘剥，洋行常常百般刁难，压价收买。他们经常使用的手法之一，就是国外市场若实际需要5万担草辫，订货时必订10万担，到期收齐后，则故为挑剔，多方吹求，即使合式也要退货，结果当然是经营草辫的生产者和商人遭受损失。华商资本薄弱，只求尽快将货物脱手，一旦受到洋商刁难，既不了解国际市场行情，另找买主也有很多困难，不得不任人宰割，忍痛以低价出卖。近代中国适应国际贸易需要而开发出来的新手工业的经济利源，几乎全为外国资本所垄断，它作为外国资本的一种进益源流，溢出了中国自身经济发展的渠道。诸如草辫业、花边业这样的新手工业，既受国际市场左右，又受外国商人控制，实难获得正常发展，旋兴旋灭是其难以摆脱的宿命。在下一个历史时期，我们很快就会看到这样的结果。

最后，一些手工行业无力抗拒洋货的竞争，生产急剧萎缩，终至销声匿迹。在这一时期遭遇了灭顶之灾的，是传统的土针、土钢手工业。

中国土法制针，是用钢丝凿孔磨尖，耗工费时，代价高昂，而进口的机制洋针，质量精美，价格极廉，且不断降价。1860年进口价每千根0.51关两，1894年降至0.14关两，不到原来的三分之一，销至内地，一文钱可买洋针两根，很快就挤占了土针的市场。洋针进口量1868年为51789.8万根，1894年增至242172.4万根，增长

① 《商务官报》戊申第23册，第25页。

了3.68倍,中国原有的制针手工业随之迅速凋敝。苏州制作的"苏针",质坚不脆,遐迩闻名,但与洋针相比,成本高,售价贵。制针作坊清中叶时已有多家,在洋针倾销下停闭相寻,20世纪初只剩下一二家仍无法维持。① 滇西鹤庆的手工制针,在"洋针未入口之前,鹤制为各属所需,嗣以洋针物美价廉,浅见者遂自弃其所制而用之,利权遂为外溢"。② 山西晋城县大阳镇本以制造土针为业,所出"大阳针"行销各省,远至中亚,洋针倾销后,勉力挣扎到80年代,终因成本较高,价格不能降到90根售50文以下,逐渐淘汰。安徽宿松"专制成衣匠及妇女刺绣需用之针,从前所出亦广,近因洋针销售日多,制针营业日渐衰落,业此者遂寥寥焉"。③ 广东佛山也是手工制针业的一个中心,鸦片战争前曾盛极一时,已有商人资本支配下的家庭劳动形式,50年代还维持着土针作坊二三十家,从业人员数千人,后在洋针排挤下急剧败落,到20世纪初只剩下寥寥几家④,土针生产实已微不足道。

中国的土钢生产,历史也很久远,形成了安徽芜湖,湖南湘潭、邵阳等土钢生产中心。鸦片战争后,中国的土钢手工业面临着外国钢材的强劲冲击。人们最初以洋钢质量不如土钢,不愿使用,有些地方还禁其入境,但是终因洋钢价廉质优,规格划一,便于再加工,土钢实无法与之竞争,所以尽管"中国商人很感到它的品质可疑,但是贫穷阶级制造工具时就很需要这种钢"。⑤ 洋钢输入量与

① 曹允源等:民国《吴县志》第51卷,第23页。

② 《云南近代史》,第157页。

③ 《宿松县志》第17卷,民国十年刊行。

④ 《民国佛山忠义乡志》第6卷,第15页。

⑤ 《海关贸易报告册》,1988年,天津,第19页,转引自彭泽益编:《中国近代手工业史资料》第2卷,第173页。

年俱增,1860 年为 27 万担,1880 年增至 80.7 万担,20 年中增长近两倍。在第一个十年中,沿海口岸的土钢市场已全为洋钢夺占。此后洋钢深入内地,土钢受其挤压,地盘越发缩小。芜湖出产的芜钢,明万历前即已闻名,钢产品如刀剑、剪刀、犁头等亦为人称道。清乾嘉间为芜钢极盛期,“居市廛冶钢业者数十家”。① 19 世纪 60 年代时,芜湖钢坊尚有 14 家,自光绪初年芜湖辟为通商口岸,洋钢进口激增,土钢坊大都歇业,到 1884 年仅剩 1 家,90 年代末连这硕果仅存的 1 家也归于消灭,盛极一时的芜钢成了历史上的陈迹。② 湖南的土钢业亦未能苟延残喘多久,50—60 年代,湘潭有苏钢坊 40 多家,邵阳有条钢坊 20 余家,因洋钢排挤,土钢没有销路而接踵倒闭,到 20 世纪初期只剩下湘潭的 3 家和邵阳的 8 家,不久即告绝迹。③ 中国的土钢生产终于在洋钢的打击下败落殆尽,“通商以后,洋商以机炉炼出之钢输入,此业遂辍”。④

综上所述,从鸦片战争后到甲午战争前的这段时间,由于中国被卷入世界资本主义的市场体系,由于进口机制工业品的猛烈冲击,中国传统的手工业生产已经在发生着深刻的变化,表现出复杂的状况。商品之间出现竞争的前提是彼此在效用上的相似性,就是说商品之间在一定程度上可以相互替代。商品之间的效用替代率愈高,竞争就愈剧烈。例如,洋针、洋钢、洋纱等,在效用上几乎可以百分之百替代土针、土钢、土纱,这些手工产品自然就面临着剧烈的竞争;而煤油只能在照明上替代植物油,不可能在食用上替代,相对而言替代率就要低得多,竞争也就缓和一些;还有一些手

① 嘉庆《芜湖县志》第 1 卷,嘉庆十二年刊行,第 18 页。

② 民国《芜湖县志》第 35 卷,民国八年刊行,第 6 页。

③ 《中国实业志》(湖南省),1935 年版,第 117、349—350 页。

④ 民国《芜湖县志》第 8 卷,民国八年刊行。

工产品,一时尚没有相应的洋货来替代和排挤,因而暂时尚未面临竞争,相反还会由于对外贸易的刺激而兴盛起来。同时还要看到,洋货输入有一个不断累积和扩散的过程,而与小农经济结合得异常紧密的中国手工业生产又在顽强地抗拒着机制产品的进攻,所以,在这一时期中,尽管传统手工业的地盘已被不断侵袭削弱,尽管手工业者已经“痛感无生活安定如前之逸乐”①,但是除了个别行业一败涂地以外,大多数手工行业一时尚得以勉强维持于不坠。

更为深刻、复杂的变化,出现在甲午战争之后。

二、甲午战争后手工业的危机

19 世纪末 20 世纪初,世界资本主义从自由资本主义阶段进入到垄断资本主义阶段。它使中国的传统手工业在甲午战争后面临着新的国际国内情势。

(一)外力冲击的进一步加深

中国传统手工业与外国资本主义商品侵略的全面接触,开始于资本主义列强用武力强迫中国开放的通商口岸。甲午战争前的 50 余年间,共辟有通商口岸 35 处,从沿海沿江逐渐向内地蔓延,已经使中国的手工业生产感受到沉重的压力。甲午战争后到 1914 年的 20 年间,列强强迫清政府新开放的口岸就多达 53 处②,达到了开埠通商的高潮。此后又陆续增开 10 余埠,使中国的通商口岸共达 100 余处,外国商品已经几乎没有它们不可以到达的地方。

---

① 纱缎业云锦公所文件:《纱缎业沧桑回忆录》,藏苏州市档案馆。

② 严中平等:《中国近代经济史统计资料选辑》,1955 年版,第 44—47 页。

伴随着甲午战争后列强的中国瓜分势力范围的狂潮，资本主义各国竞相攫取修筑铁路的权利。另一方面，帝国主义又在中国大力经营远洋航运和沿海、内河航运，外国轮船开始侵入到长江上游和运河流域。铁路运输和轮船航运业的发展，大大便利了帝国主义对中国推销机制工业品和掠夺原材料。

如果说甲午战争前，国际资本主义还处在以商品输出为主要特征的自由竞争时期，它们对中国的侵略主要还是通过商品输出以获取高额利润的话，那么，甲午战争以后，外国资本主义对中国的经济侵略就已经不再满足于只是输出商品，而开始日益注重于资本输出。《马关条约》不仅给予了外国人在通商口岸的设厂制造权，而且给予其在中国制造的商品和进口洋货以同样的特权和优惠。到1902年的《中英续议通商行船条约》，则更进一步将设厂制造的地点从"通商口岸城邑"实际上扩展到内地任何地方了。本来，进口洋货在中国推销，中国的手工产品已经很难与之竞争，如今又在中国设厂制造，并同样享有洋货进口的种种特权，结果自然是置中国传统手工业于任人宰割的境地。

这一时期，外国商品更加强了在中国的促销活动，其财大气粗、声势夺人固已为前一阶段所罕见，而具体的实施亦无所不用其极。例如，煤油是这一时期扩张得最快的一种进口商品，其中一半以上是美孚油。19世纪90年代中垄断了美国石油事业的美孚油公司，1894年来华设立办事处，1901年后在上海占地建油栈，1904年开始正式营业。短短几年间，就使美孚油销量由每年平均200万加仑增加到近600万加仑。在推销过程中，美孚油公司特别注意利用中国旧有的商业网络，它在各大城市设分公司，在内地城镇设销售点，利用与城乡粮店、坐庄有关系的粮栈或与村镇小杂货铺有业务往来的杂货店，作为"经理处"或"代销店"，将分公司批发的美孚油再作批发，乡下的小铺、小贩则作零售业务。为了促销煤油,美孚油公司起初还制作了一种铁皮座玻璃罩的煤油灯,刻上“请用美孚煤油”字样,采用买两斤油送一盏灯的办法招徕顾客。遂使美孚煤油深入穷乡僻壤,即使边远小镇,也可看到挂着经销美孚油牌子的小店。云南城乡的榨油业,原来一部分供食用,一部分供照明,滇越铁路通车后,美国的美孚公司、英国的亚细亚公司大量运入洋油,“两公司在云南每月进口数量,总计为 1.275 万箱。以当时价值每箱 20 元计之,合 25.5 万元,每年合 306 万元”。如此一来,云南榨油业顿感危殆,民国初年,昆明福星等三家油料商号呼吁:“窃以油行开设,原为利商便客,近因油料稀少,又为洋油充销,电灯时行,现在三行生意困难至极。”①在广东汕头,1892 年进口煤油 249.78 万加仑,1896 年增至 347.86 万加仑,1901 年再增至 709.60 万加仑。② 土产可作照明用的花生油销路因此大受影响,踏入 20 世纪,广东省落花生的种植亩数呈明显锐减之势。

另一家英美烟业大资本合组的托拉斯——英美烟公司,在对华经销上也是不择手段。它于 1902 年成立于伦敦,随即取得在中国的烟草经销权,推销纸烟、雪茄和烟叶。1902—1914 年间,它陆续收买和建立了上海、汉口、天津、沈阳等 6 家卷烟工厂,并取得了其产品在华销售时与中国土烟同等纳税的特权,使应纳税率由 7.5% 降至 2% 左右。它划中国为 15 个区域,设 5 个部分辖,而实际的推销工作则完全由中国的代理商号和买办进行,远至腾越、思茅,小到周村、枣庄,都有其代理商,有的自行设号,有的组织公司,有的“到处讲演,竭力提倡”,也有的肩挑车推,沿途叫卖。就这样,英美烟公司的销售网遍布各地,垄断了中国的卷烟生产和销售。

① 转引自《云南近代史》,第 157 页。
② 海关《十年贸易报告》(1892—1901 年),汕头。

比较起来，日本商人的推销术更要胜一筹。1906 年，日本 5 大棉纺织公司——大阪纺绩、金山制织、天满织物、冈山纺绩和三重纺织，结成了棉布输出组合，在日本政府的财政支持下，委托三井物产会社统一在中国市场上经销棉纺织品。它在中国许多内地城市设立办事处，直接交货给零售商，避免了大量中介人的佣金费用，同时尽量压低单位商品的利润率，以争夺市场。有人曾经做过计算，日本商人售卖本色布，大约打出 1% 的利润，且将货物直接交到消费区的零售商，而欧美商人售卖同样的织物，则先要打出 3% 的利润，再付 1.5% 的佣金给买办，转运批发的中间商号还要再加上一些转手利润。两相比较，日本棉纺织品要便宜得多①，自然在市场竞争中占有优势。更绝的是，与欧美商人坚持现金交易不同，日本商人熟悉中国的商业习惯，准许中国零售商赊账买卖，并可以用土产，如大豆、豆饼等，抵充购买棉纺织品的价款。② 这种以信用方式进行买卖的手法，对于中国商人来说是很有吸引力的。横暴的特权加上狡猾的伎俩，很快就使日本在短时间内囊括了中国的洋纱洋布市场。"其棉布贸易之大部分，最初集中于东三省及北部各省，渐次扩充于中部及南部各省，着着均奏成功。"③

实际上，这种对中国传统商业渠道的尽量利用，对中国消费者心理的竭力揣摸，是各家外资厂商的共同手法。"(外国)制造业者和商人认为要生产合乎中国市场需要的商品，必须不顾一切地摹仿本地的样式，甚至摹仿他们的缺点，摹仿驰名的牌号和商标。"④80 年代中期，伦敦的一家棉纺织厂主就曾试用丝光布代替

① R. M. Odell：Cotton Goods in China，1916，pp. 102-119.

② R. M. Odell：Cotton Goods in China，1916，p. 107.

③ 杨大金：《现代中国实业志》，第 80 页。

④ 《英国领事报告》，1886 年，芝罘，第 4 页。

中国的绸缎,仿制中国民间的寿衣布。到后来,外国商人甚至连包装是用红纸还是蓝纸,捆扎是用白带还是黑带,都要考虑中国消费者的心理,投合中国消费者的习惯。当时在中国比较畅销的"洋绸",就是仿造中国产品或者吸取中国经验制成的:洋宁绸是仿制的南京绸,洋累缎是仿制的苏州缎,洋湖绉则是摹仿湖州特产。日本的棉纺织厂商还曾专门派人到江苏南通、山东潍县等地刺探,搜集当地出产的各种土布货样,然后改进工艺,用机器仿织土布,在市场上跌价销售,以与南通、潍县土布竞争。

与此同时,外国厂商又充分运用近代科学技术的优势,提高品质,降低成本。例如,输华洋绸一般纯丝者少而丝绵交织者多,混用低于生丝价格的原料,进行化学新工艺处理,又系机器制造,门幅较宽,价格低廉,为普通消费者所乐用。有一种"泰西缎",亦称"羽毛绸",经纬均系丝光棉纱织成,成本极低,然而经过烧毛轧光新工艺处理,外观极像纯丝织物。幅宽 32 英寸的"泰西缎"售价,在内地每市尺约为 0. 17—0. 22 元,上海附近仅 0. 12 元,只及国产绸缎的三分之一到十分之一,一时间,"几致无处不售泰西缎者,亦几致无人不服泰西缎者"。① 还有一种"来自日本丝经棉纬之'东洋缎',销路最广,外观优美,不亚丝货,而价格又廉"②,成为盛销一时的舶来品,严重威胁着国产绸缎的市场。苏州的特产纱缎,原来"销路以北五省为大宗,自庚子以后,该处盛销'东洋缎',而销路遂夺于日商"。③ 浙江濮院镇出产的"濮绸",形如湖绉而轻便过之,向来价廉销广,亦为"东洋缎"所攘夺而销路日滞。

在 1894—1914 年间,进出口商品绝对值均有所增长,但是进

---

① 《海关华洋贸易情形论略》,杭州。

② 《绸缎业调查》,《东方杂志》第 22 卷第 19 号。

③ 苏州档案馆藏:《云锦公所各要总目补记》。

口值增长大大超过出口，根据海关的统计计算，这20年中，外贸入超增长5.3倍。这一方面反映了中国农产品输出的偿付无力，机器工业尚在襁褓之中，而传统手工业历来担负的平衡外贸的功能也不复存在；另一方面，也不难看出，大量倾销的外国机制工业品将在市场上对中国幼稚的机器工业、尤其是衰惫的手工行业形成何等巨大的压力。

另外，中国的民族资本主义工业，在这一段时期内，有了初步的发展。从本质上说，机器大工业是作为传统手工业的对立面和替代者而出现的。中国近代的民族工业之于手工业，原则上同样如此。例如，在此期间，国产机纱逐渐成为瓦解农村土纺业的主力，而民族资本的缫丝工业，也夺去了中国蚕丝生产的半壁江山。甚至连小小的制鞋业，也经历着同样的情况。例如，20世纪以后，“福州的制鞋手工业正遭遇到剧烈的恐慌。制鞋业中有事可做的仅500人，失业者则达1000人。来自上海的成品鞋正成为传统制鞋业的竞争者，再加上来自国外的进口鞋，遂压垮了福州原有的制鞋业”①。

当然，中国的民族工业和手工业一样，同样受外国资本势力的排挤。在某些方面有着共同的命运。因此，在民族工业和手工业之间，并非仅止于单纯的排斥与被排斥，也有彼此之间的相互依存和相互促进，维持着一损俱损、共存共荣的局面。例如大生纱厂和南通的手工织布业，就反映这种关系的实际存在。在这里手工织布业的原料棉纱，为大生纱厂提供了有利的商品市场。手工织布业的存在直接维系着大生纱厂的发展。当然，在外国资本大举入侵的条件下，这种局面只能是暂时的，最终仍是手工业和民族工业

① Chinese Economic Bulletin, No. 10, 1928, p. 118.

的共损。20 世纪 20 年代南通土布业的衰落和大生纱厂的危机,充分证明了这一点。①

(二)生产经营方式的落后

在国内外机制工业品大举进攻、步步紧逼之下,中国的手工业生产仍然在传统的轨道上颠踬徘徊。

1. 工具因循守旧

直到这一时期,绝大多数手工行业仍然一直使用着早已定型并广泛使用的旧式工具,沿袭了数百年而毫无改进,操作方法也一仍其旧。丝织业使用的依然是明代即已定型的旧式木机,"织造提花缎纹织物要有两个人上机,织匠常常使唤他的学徒作为助手,织匠在下面进行梭织,助手则坐在织机顶端配合提拉通丝线",费工多,效率低,"织成一匹长五十英尺的成品缎,需要 10 天至 12 天"。② 当时仿制门幅 2.2 英尺,长度 25 码的"泰西缎",3 人协力共织,甚至需要 3 个星期才能完成。而在国外,法、日等国使用手拉提花机,工效为旧式木机的 4 倍;使用电力织机,工效更达 10 倍以上。棉纺织业中的旧式投梭织机,大致与丝织业中的"腰机"相同,亦在明代即已定型,"从此以后,织布机的结构大体固定下来,直到清末民初,未有任何重大改进"。③ 这种织布机有几大缺点:一是织工不时地要停下来,把织好的部分卷到身前的布轴上,使织布的操作常常中断;二是织布的速度很慢,大约每分钟平均仅可打梭 30 次左右;三是织工以双手投梭,不但两臂极易疲倦,而且布幅

① 参见林刚:《试论大生纱厂的市场基础》,《历史研究》1985 年第 4 期。

② Imperial Maritime Customs Ⅱ. Special Series No. 103. Silk.

③ 赵冈等:《中国棉业史》,台北联经出版事业公司印行,1977 年版,1983 年第 2 次印行,第 94 页。

宽度也受到限制。丝织业中的“花机”,则因与棉纺织手工业的农民家庭副业的生产条件不相符合而遭摒弃。旧式手工纺车的效率就更为低下,每三四小时所纺之纱只能供一小时织布之用,成为严重制约中国棉纺织生产发展的“瓶颈”。不少研究者比较过机制纱与手纺纱的劳动生产率,赵冈认为“新式纺纱机与旧式纺车的生产力,真有天壤之别。用旧式纺车一人每天十一小时可产半磅纱,而使用20世纪30年代的纺机,每个工人可以一天生产十六支纱22磅。即使不计算纺前与纺后各项工序的时间节省,双方生产力之差异至少是44∶1”。① 严中平则计算机纺的劳动生产率约为手纺的80倍。甚至还有估计得更高的。艾尔·马查尔在1930年出版的《中国经济概要》一书中写道:“上海棉纺厂的工人,与以自家纺车劳动的农民相比,劳动生产率要高出200—300倍以上。”②估计尽管不同,差别甚至很大,但是机纺比手纺生产率高出许多则可断言。

2. 产品质量低劣

中国传统手工业中,自然不乏颇可称道的精良技术和精美制品,但由于生产条件、技术设备等方面的差距,与外国机制工业品相比总体上处于技术落后、品质窳败的劣势。以棉纺织业而论,利用纺车纺出的手纺纱不但粗细不匀,而且抗张力弱,用作经线时长度有限,因而所织土布匹长很短,织工每织成短短的一匹布,都要再次重复调纱、穿综、度经等费时费力的工作,不胜其烦。等到较木机张力远为强大的铁轮机被采用后,手纺纱的缺陷就成了致命

① Kang Chao: The Development of Cotton Textile Production in China. 1977, p. 180、pp. 184-185.

② エル・マヂヤ-ル著,安藤英夫译《支那问题概论》,泰山房,昭和14年版,第57页。

伤,显得格外严重。① 而使用投梭机织出的土布,布幅狭窄,“每匹布料不切实用,通布(南通土布)的长度,做两件男长袍,不够裁制;做一件男长衫和一件女旗袍,又有余料。门面长度,两不经济,自难受顾客欢迎”。② 同样的问题,在丝织业中也很严重。国外丝织品以电力织造,门幅较阔,而国产绸缎限于人力抛梭,门幅较窄,“不合外国妇人裁衣之用”③,自然日渐遭人冷落。

技术上的墨守成规,亦令中国的手工产品处于不利境地。国外丝织品早已花样翻新,纯蚕丝织品、人造丝织品、蚕丝与人造丝交织品、蚕丝与棉纱交织品、人造丝与棉纱交织品等等,层出不穷,“不仅成本低廉,而且美丽鲜艳,更能充分发挥丝绸轻柔坚美的特长”④;而国产绸缎仍然全以农家手工缫制的土丝为原料,主要生产纯真丝熟织物,先染后织,工序繁复,产品虽有一定特色,但“定价高昂,行销不易普及,亦为大病”。⑤ 时人指出:“我国之绸,仍用土法所织,西人虽亦爱之,然终嫌其质粗色黯,经纬线缕粗细不匀,挑丝疙瘩触目皆是,稍一揉弄,即已起毛。凡此诸弊不能改良,绸缎一业无望行销于外国也。”⑥

在蚕丝产区,“许多乡村农家,还是用旧式的手摇机缫丝,都尚未知道新式缫丝的方法”⑦。缫制的土丝,由于“品质不纯,货样

① 赵冈、陈钟毅:《中国棉业史》,第208页。
② 《海门农民状况调查》,《东方杂志》第24卷第16号。
③ 《西湖博览会与吾国丝绸业》,《东方杂志》第26卷第10号。
④ 苏州档案馆藏:《工展特刊稿》。
⑤ 《西湖博览会与吾国丝绸业》,《东方杂志》第26卷第10号。
⑥ 《商务官报》第2册第12期。
⑦ 乐嗣炳编:《中国蚕丝》,第238页。转引自《中国近代缫丝工业史》,第113页。

不符”①,在国际市场上一落千丈。1869 年 5 月的《上海新报》上,曾刊出一位英国华侨丝商的痛切提醒:“缘在中国办去丝经,价既高昂,路又遥远,兼之办去丝经到得西国,大半霉坏,即或有可用者,而粗细不匀,实难应用。……加之外国机器既利人工,亦精所纺之丝,与中国丝相较,每一百元西人愿加三十元买外国所纺者,非西商不欲与华人共交易也。”②然而言者谆谆,闻者藐藐,到 19 世纪末不仅未见好转,反而更加严重,土丝“条分不匀,或粗或细;线支多病,质脆易断;丝质不净,常杂乱头;扎缚不合,丝纹错乱。欲以此于世界生丝市场为剧烈之竞争,胜利之机会盖亦鲜矣”。③反观日本蚕丝业,则“殚精竭虑,营业蒸蒸日上,阅时仅三十年,已骎骎乎执世界丝业之牛耳。……人进我退,相形见绌”。④

3. 生活时尚变化

西风东渐的不断浸淫,外来洋货的愈推愈广,对中国社会的生活时尚和人们的消费心理产生了强烈的影响。在服饰上,随着西装革履的逐渐流行,毛织物日益受到人们的青睐。中国本有毛织手工业,但多是织造毡、毯等物,至于以制绒织呢,或取以与棉交织,则向乏此种制造能力,惟有仰给于外货。据海关报告清光绪初年,毛织品的输入额约值 400 余万关两,到民国初元,增加了 1 倍,从民国九年起,更超出了 1000 万关两,且“继长增高,势乃靡已”,到 1926 年,更达到 4127.7 万关两之多,以致引起了在华英商公会的莫大兴趣:“近年中国贸易中可注意现象之一,即为某数种毛货输入增加之速。……此事在以棉毛货为输入中国大宗

① 《海关十年报告》(1859—1871 年),第 4 章,关一,第 44 页。

② 《上海新报》第 200 号,1869 年 5 月 20 日。

③ 《商务官报》第 2 册,第 12 期。

④ 苏州档案馆藏:《调查国外人民对丝绸好尚表》。

之英国实为重要。”①毛货输入激增的原因在于,民国以后,知识分子中穿西服的越来越多,军队、学堂之外,邮电、警察、铁路,以及其他一些公用事业单位用呢绒作制服的也在增加。“又可注意者,即毛货销路增加之一原因,为中国政局之不安,殷实之家多移租界,……沾染外人风习,多服呢绒。”②呢绒开始作为普通衣料了。传统的毛织手工业不能提供人们现代生活对毛、呢织品的需求,又受到进口洋呢和国产机织呢绒的竞争,越发风雨飘摇。

制革手工业亦是如此。中国旧有的制革手工业,制作方法比较原始。19 世纪末以后,国人改服西装之风日盛,无论男女,皆以穿着革履为一时风尚,凡皮制之鞋、靴、箱、包,皆销路极畅。但是,传统的制革手工业“墨守旧法,制品日劣”,既不能提供适合需要的皮革,也无法造出人所乐用的皮革制品,因而在输出生皮的同时,“熟革及其制品之输入,则年有增加,损失颇为不赀”。

民国成立,人们的生活时尚愈趋愈新,如果说社会风气的变迁需要经过较长时段的话,那么,因政权的更替而造成的突变则往往来势迅猛,令人猝不及防。辛亥革命军兴,清朝土崩瓦解,一些服务于这一特定阶层的手工行业立即受到严重威胁。辛亥前,人们视玉石为最考究的装饰品,帝王、贵族、官僚的衣帽装饰不可或缺。辛亥后,清廷倾覆,风尚转换,玉石手工业市场大为萎缩。苏州的玉作手工业,本“冠绝一时,远胜他处”,“工匠技巧熟练,产品美轮美奂,且比他处价廉”③,辛亥年间,“玉石作若干家,以及他项生

---

① 《论英国棉毛货对华输入的消长》,《在华英商公会月报》1925 年 5 月。

② 《中外经济月刊》第 121 期,第 29—34 页。

③ 日本外务省通商局编纂:《清国商况视察复命书》,明治 35 年 7 月 23 日印刷,明治 35 年 7 月 26 日发行,第 247 页。

理，悉于是时停罢，失业者数千人”。[1] 在江浙丝织品中占有很大比重的供皇室、贵族和各级官僚享用的绸缎，乏人问津，销路顿失，“圆金、版金为前清旗装用品，业已天然淘汰”。[2] 另一方面，南京临时政府甫经成立，“革命执政诸公，首先提出剪发易服，以革陈腐”。[3] “剪辫易服”是民国初年革旧布新的一项重要内容，具有革除清朝陋习，传布文明新风的重要社会意义。“发辫既去，而易服之说朋兴”，“群欲乘景运之维新，洗冠裳之陋制”，社会上“急趋风气者遂不免崇尚西装”。[4] 一时间，“辫发一物，顿觉稀罕，西式冠帽，风行一时”[5]，丝绸织品由于本身柔软细薄的性质，难以充作衣料，势必要被质料厚实坚挺的毛呢织品所取代。丝绸业界不由得大起恐慌：“自毛织品盛行，竞尚新奇，炫人耳目，以致国货大受打击。苏地纱缎行销各埠，向称大宗，亦为舶来品侵夺殆尽”[6]；瞻念前程，更加忧心忡忡：“近来剪发后所易之服，洋货多而国货少，则将来自由易服之群趋于外国原料，不问可知。”[7]其后虽经相关行业的商民请愿抗争，政府于民国元年 10 月颁布了“仍以维持本国绸业为宗旨”[8]的《服制案》，把丝绸定为礼服用料，强调“在呢

---

① 《苏州口华洋贸易情形论略》，宣统三年，《通商各关华洋贸易总册》下卷，第 88 页。

② 苏州档案馆藏：《苏州纱缎业报告今昔出绸种类表》，民国五年。

③ 苏州档案馆藏：《云锦公所各要总目补记》。

④ 苏州档案馆藏：《中华国货维持会缘起》，《中华国货维持会章程文牍汇录》，民国元年。

⑤ 《苏州口华洋贸易情形论略》，宣统三年，《通商各关华洋贸易总册》下卷，第 88 页。

⑥ 苏州档案馆藏：《中华国货维持会缘起》，《中华国货维持会章程文牍汇录》。

⑦ 苏州档案馆藏：《中华国货维持会上参议院请愿书》，民国元年。

⑧ 苏州档案馆藏：《署理工商总长王正廷批复》，民国元年 7 月 2 日。

货未能自造之日,仍应遵用丝织品,俾国货得以维持,金钱不致外溢"①,算是暂时缓和了丝绸业的恐慌。但是,《服制案》留下了"学生、军人、法官及其他官吏之制服,有特别规定者,不适用本制"②的缺口,对民间常服更无约束力,社会时尚毕竟不是一纸法令就能改变得了的。20年代的中华国货维持会的传单写道:"现在市面上盛行东西洋来的哔叽、直贡呢,起初不过是一时流行品,后来却渐渐盛行起来了,无论女界同胞和普通社会,统统用起来了,以致我国绸缎布匹各种物品的销路,大受影响"。原因呢,自然是"东西洋各国的商人,晓得我国人的心理,专门制造可以替代国货的东西,运销我国,我国人偏偏欢迎它,爱用它,……外货畅销了,国货自然少销了,实业也自然不兴了"。③ 道理是不错的,但是,仅仅责怪国人"大半都穿着外国货,这种现象未免太没有爱国的观念"④是不公平的,"大凡人之用物,必求其价廉而质美,非强权威力所得而挽也,非令名美誉所得而诱也"⑤。生活时尚具有多变的特性,而时尚的变化有时足以导致不同行业的骤然兴衰,中国的传统手工业如果无法适应社会生活变化的潮流,"舍国货而用洋货"⑥迟早会成为消费者无奈的选择。

① 苏州档案馆藏:《云锦公所请通令服用国货由》,民国元年。
② 苏州档案馆藏:《服制案》,民国元年10月参议院公布。
③ 苏州档案馆藏:《敬告各界同胞乐用国货书》(传单),民国十四年。
④ 苏州档案馆藏:《敬告各界同胞乐用国货书》(传单),民国十四年。
⑤ 娄凤韶:《策进振亚公司商榷书》,藏苏州市档案馆。
⑥ 苏州档案馆藏:《云锦公所代表为组织支部维持国货呈请备案》,民国元年。

三、中国手工业的不同命运

甲午战争以后,在国际性商品竞争和世界科学技术进步的刺激下,中国的手工业生产挣扎图存,力求发展。由于各行业的生态环境各不相同,所表现出来的具体过程和最后结局也千差万别,这种千差万别,体现于地区之间、城乡之间、行业内部之间乃至同一企业内,以致人们很难用一种单一标准去衡量评判手工业的具体状况。在本节后面的"多元结构"内容中,我们将大致反映这种复杂状况。但为了综合分析的便利,我们暂且主观地将甲午后的手工业归纳为三种类型。

(一)在机制工业品冲击下趋于衰灭的手工行业

与前一时期土针、土钢手工业为外国机制工业品所取代而濒于绝迹的命运一样,甲午战争以后,又有一些传统手工行业在机制工业品的打击下日暮途穷。

最先表现出衰落迹象的,也许是江南的踹布手工业。踹布业作为土布生产的后整理工序,自来与织布手工业关系密切。明清时代,土布生产以苏州、松江为中心,踹布业也以这里为盛,已经出现了由包头经营的踹坊。太平天国战争以后,随着江南土布集散中心向上海转移,踹坊业的中心也由苏州趋向上海。1880 年前后,上海的踹布坊曾一度发展到数十家。但是,踹布作为土布生产所必不可少的加工过程,与土布业的命运息息相关,进口洋布既无须加踹,用洋纱织就的改良土布也用不着研光加工。甲午战争后,洋布输入日盛一日,改良土布崭露头角,土布市场日益萎缩,踹坊业务随之急剧下降。民国以后,使用电力轧光机的近代印染厂在国内出现,原已存留不多的踹坊业务又被夺去相当一部分,遂使踹坊业无可挽回地衰落下去,到 20 世纪 20 年代中期,上海只剩下

10余家踹坊在苟延残喘。不过,由于国内土布生产一直没有完全绝迹,踹坊业也就在有些地区勉强得以存留。例如山东出产的一种"寨子布",在二三十年代颇有名气,这种土布需要踹坊的整理研光,直到30年代初,当地尚有623副踹石在维持运作。①

土烟业是这一时期遭受打击而衰落的又一手工行业。烟草自16世纪传入中国后,吸者渐众,种植日繁,遂出现土烟制造一业。土烟制造是将烟叶刨丝,加配香料。约当清光绪十四年(1888年),外国卷烟初入中国,是由美商老晋隆洋行输入的,据说首批卷烟全属次货,所值甚微。经外商大肆宣传,卷烟也确有方便之处,渐渐地打开了销路。输入卷烟的价值,一路跃升到民国六年的3185.26万两。1902年,英美烟公司开始在华设厂制造,3年后华商烟厂、日商烟厂也纷纷投产,到1920年前后,国内烟厂已年产卷烟100万箱上下,极大地侵蚀了土烟的市场。东南的杭州,原是一个土烟制造中心,清末尚有烟坊数十家,年营业额数百万元,20世纪20年代中只剩下十六七家,年营业额六七十万元。1915年全国尚有土烟作坊6.4万家,产旱烟值1840万元,水烟值1736万元,连同其他烟产值共3950万元②,估计此时土烟与卷烟尚可勉强平分秋色。其后更江河日下,虽然还保有一点市场,但主要龟缩在内地农村。

土靛业的衰落,是另一个显著的例子。中国旧式的染坊,大多备有一种发酵靛缸,专染青蓝各色。所有染料,为一种草本植物,包括蓼蓝、木蓝、菘蓝、吴蓝、马蓝等等,取其茎叶,浸水捣制,即成蓝靛。制靛原为种蓝农民的家庭副业,鸦片战争后出现了制靛作坊,不仅成为国内染料之大宗,还曾成为重要的输出品。蓝靛产量

① 实业部国际贸易局:《中国实业志》(山东省),1934年版,第567页。
② 1915年《第四次农商统计表》。

大约国内消耗六至七成，输出国外三至四成。光绪二十五年(1899年)前的20年中，广西北海每年出口蓝靛1.5万担，到1899年增至8.5万担。1898年，汕头出口的蓝靛，亦多达9.3万担。但是没过几年，由于外国人造靛的输入，蓝靛输出顿时大减，甚至绝迹于国外市场，而外国人造靛输入激增。从光绪二十八年(1902年)起，德国人造靛初入中国，仅3625担，值关银13.12万两，十年后的1913年激增至31.43万担，值962.87万关两，"自是之后，土靛之业渐被洋靛所夺"。[①] 第一次世界大战期间，洋靛进口锐减，土靛业一时尚可维持[②]，第一次世界大战后洋靛复又源源而至，到1932年进口值高达1742.46万关两。[③] 于是吾国染业，乃全为洋货所充斥。

土烛业是这一时期迅速衰落的又一手工行业。中国土烛，大抵以乌桕脂为主要原料。乌桕树在华中、华东一带生长颇盛，土烛则各地都有出产。甲午战争以后，洋油输入日盛一日，土烛销路已受影响，其后，又有以从煤油中提炼出的白蜡为原料的洋烛业出现，土烛生产愈形衰颓。苏州在道光年间有产销兼营的蜡烛铺坊100多家，1910年减至50余家，20年代中仅余20家。其他各地情况相仿。

木版印刷业的被淘汰，颇堪重视。中国是发明印刷术的国度，宋代毕即已发明了活字印刷，但自此之后，除了字模稍加改良外，对印刷机等迄未重视。刻版印刷费工费时，出版周期很长。鸦片战争以后，外人次第在中国出版报纸，石印、铅铸活字、铸版、珂罗版、锌版等，乃相继传来，且均借印刷机以为运用。大致上，甲午战

① 胡若愚:《中国之颜料》,《东方杂志》第13卷第7号。
② 《中国之染业》,《中外经济周刊》第182号,1926年10月2日。
③ 参见历年《海关关册》。

争前以石印技术为主,铅印技术似尚未过关,“字本不雅,墨又走油”,上海申报馆所印之报纸即犯斯病。甲午战争后,铅印技术渐臻完善,“字体墨色,均极精美”,相形之下,“石印渐恶化”。外国印刷术引进后,首先用于新闻实业,渐及一般书籍,大量取代了刻版印刷,传统的书坊、画坊多弃木版印刷而转用石印铅印,苏州扫叶山房即在上海设店,添置铅印、彩印设备。武进杨日升刻字坊亦于20世纪初改为铅印厂。天津杨柳青一带的年画业,原以木版套印,人工着色,入民国后渐改用石印,20年代又进一步采用电机印刷,而另一年画业中心的苏州桃花坞则仍沿用木版雕刻,翻印陈稿,遂至衰落。1915年时,《农商统计表》上列印刷刻字坊仅40家,到20年代中更减至17家。除了部分佛经、善书、民间画尚偶用木版印刷外,大约已濒消失。

草帽辫业的命运,值得玩味。草帽辫业的兴起已如前述,本是由西方传教士教授技术和样式,按照西人服用需要生产出口的新手工业,甲午战争后,1899年青岛开港,1904年胶济路通车,给草帽辫业的发展注入了新的激素。1911年,全国出口草帽辫达12.08万担高峰,值1191万元之巨。第一次世界大战使草帽辫业发展势头顿挫,出口锐减,1918年仅为5.3万担。次年出口突然转盛,比上年增加1倍多,但仅昙花一现,1920年又减至5.5万担。二三十年代后更是每况愈下,1922年输出5.2万担,1926年降为3.9万担,1930年更降为3.7万担。① 草帽辫主产地的山东,一些地区已经全部停顿。只是因为国内及日本、台湾等地还有一定的消费需求,草帽辫手工业的生产,才没有完全萎缩。

① 据历年《海关关册》。

最引人注目的，还要算是棉纺织手工业中的手纺部分。甲午战争以后，一反前期缓慢推进的状态，进口洋纱和国产机纱加快了对土纱的取代过程。从1895—1913年的近20年间，洋纱进口量值迅速增长，除了印度粗纱外，进口的日本粗纱急剧膨胀，后来居上。1899年，进口洋纱量达到空前的274.5万担，其中印纱190.6万担，日纱78万担。到1913年，进口印纱41.8万包，日纱42.4万包，日纱首次超过印纱，此后大部分时间也都居于主导地位。① 同时，19世纪90年代后，国内近代纱厂兴起，大量吸收了产棉区的棉花，对农家自纺纱不啻又增加一重压力。国内机纱产量逐渐占到进口洋纱的一半以上，日益成为替代农村土纱的主要角色。据估计，1894年手工织布用纱量中，手纺纱为567万担，1913年则迅速下降为173万担，仅占全国土布用纱量的27%；土布生产中使用机纱的比例则迅速扩大，已占总用纱量的73%。②

第一次世界大战期间和战后初期，洋(机)纱的迅猛推进和农家自纺纱的节节败退出现了反复。当时进口洋纱、洋布锐减，而国内纱厂亦因战争关系，进口设备、扩充生产也有相当困难，增产不多，于是土纱生产余烬复炽，产量增至342万担，土布生产中使用土纱的比重重新上升为45%。20年代后，进口洋纱已经大量减少，但国内生产的机纱则高速增长，产量已达进口洋纱的1.3倍，成为取代农家土纺纱的主力，土纱生产遂再次收缩，从此江河日下。估计1924—1927年，手纺纱产量为97.4万担，为当年国内棉纱总产量的三分之一。尽管手织布产量已大大缩减，但土纱在土

① 据历年《海关关册》。

② 吴承明：《论工场手工业》，《中国经济史研究》1993年第4期，第10页表。

布生产用纱量中的比重还是降至38%。到1928—1931年,手纺纱产量进一步减少到80.4万担,只占国内棉纱总产量的四分之一,在土布生产用纱量中的比重也降到了34%。①

(二)向机器工业转化的手工行业

既迫于帝国主义国家商品输出和资本输出的巨大压力,加之国内外科学技术的进步和近代机器工厂的实践,又在生产工具、经营管理等方面准备了现成的条件,提供了可资摹仿的样板,甲午战争后朝野"实业救国"的思潮也成为一种强大的动力,清末民初,一些传统手工业陆续开始了向近代机器工业的过渡。

早在19世纪七八十年代,广东、上海等地的缫丝业中,已经有资本主义机器工厂的出现。这一时期中,不乏由缫丝手工工场向近代缫丝工厂过渡的例子。中国第一家蒸汽丝厂的创办人陈启沅,在设计"汽机大偈"的同时,又设计了一种名为"汽机单车"的足踏缫丝车。这种足踏丝车的功效远比旧式手摇丝车优胜,价格又较蒸汽缫丝车便宜,很快就在南海、顺德等地流行开来。渐有商人购置足踏丝车多具,收购蚕茧,雇用工妇缫丝。其中有采取集股公司形式的,购办足踏丝车多达百数十具,设置场所,排列成行,并将炭火热水改为蒸汽热水,俨如蒸汽丝厂。② 当时,这些缫丝工场还缺乏机械动力转动车轮缫丝,甲午战争后逐渐发展成为使用机器动力的缫丝工厂。广东三水县"西南有一缫丝局,闻已创设十有四年(约在1885年),惟有机器者不过5年(1894年左右)而已。

① 赵冈等:《中国棉业史》,第249页表"估算手工棉纺织业之生产量"(1905—1936年),台北联经出版事业公司印行1977年版,1983年第2次印行。

② 吕学海:《顺德丝业调查报告》,彭泽益编:《中国近代手工业史资料》第2卷,第51页。

局内可容缫丝女工280人”①,或许就是由手工工场发展而来。事实上,广东地区的早期丝厂,多为蒸汽热水而非蒸汽动力,其普遍添加动力设备,大约是进入20世纪后的事情。1912年顺德县的86家丝厂,一般均已使用了10—15匹的马力。② 所以有人说:陈启沅“创设足踏机械,以人力代火力,所制生丝较之法国所产无多逊”,“其后遂进而改用蒸汽动力”。③

这一时期,丝织业中也发展出资本主义的机器工厂。20世纪初期,日本式手拉提花丝织机引进中国,比旧式木机无论在生产效率上还是在产品质量上都要远胜一筹,“拉机的转速远较木机为高,又如在织花纹绸时只要一个织工就够,而木机织花绸至少要两人”。④ 拉机的操作,需要一定的手工技术作基础,也便于中国丝织生产者驾轻就熟地掌握。1916年,杭州纬成公司购进日本手拉提花织机6台,试织纬成缎新品种获得成功。同年,杭州观成堂绸业董事金溶仲也开设了振新绸厂,用手拉机试织绒纬绮霞缎。次年,袁震和绸庄亦购置手拉机,在杭州开办绸厂。从1914年起,虎林公司、天章绸厂等次第创立,也都采用手拉提花织机。原有的一些绸庄,纷纷不放料而改建绸厂,到1920年,杭州已经有绸厂51

---

① 《三水口华洋贸易情形记略》,光绪二十四年(1898年),《通商各关华洋贸易总册》下卷,第73页;彭泽益编:《中国近代手工业史资料》第2卷,第386页。

② 据1912年《第一次农商统计表》上卷,第152—175页“丝调查”中“纺织专栏”的记载。

③ 马君武:《三十年来中国之工业》,彭泽益编:《中国近代手工业史资料》第2卷,第44页。

④ 小野忍:《杭州の绢织物业》(上、下),《满铁调查月报》第23卷第2号、第4号(昭和18年2月、4月)。

家,购置手拉提花织机 3800 多台。① 苏州丝织业采用手拉提花机,亦始自 1912 年。当年,永兴泰文记纱缎庄老板谢瑞三从上海日商小林洋行购进手拉机 2 台,附带 200 针提花机龙头。运回苏州后,按式仿制铁件,安装使用,试验成功,1914 年正式创办苏经纺织绸缎厂,拥有手拉机 100 台。② 随之开办的广丰、洽大等绸厂,也都"采用提花织机,织造优良绸缎"。③ 1916 年以后,振亚、延龄、东吴、三星等绸厂陆续投产,到 1920 年,苏州已经有绸厂 10 家,共计手拉机 1000 余台。④ 湖州 1914 年出现了采用手拉提花机试织花色绸缎的集成织绸公司。1917 年,成章永绸庄又开设了丽生绸厂。南浔的绸庄、丝行也竞相购置新式织机,转而创办绸厂,还有一些机坊、机户也纷纷联合建厂,先后有广益、中华、瑞华、达昌等 10 余家绸厂创立。到 1925 年,湖州城乡已有绸厂 10 多家,手拉提花机 2000 多台。⑤ 1915 年,嘉兴也出现了惠成织绸公司。江南小镇盛泽的绸业人士,亦于 1916 年创办了经成丝织有限公司,资本 2 万银元,购置日式手拉机 20 台,日产绸缎 130 匹。⑥

就在手拉提花机迅速推广、中国传统丝织业逐渐由分散的家庭劳动向工场手工业过渡的同时,"产率更速而出货愈精"⑦的电力织机也开始引进了中国。得风气之先的通商大埠上海,1915 年

---

① 朱新予主编:《浙江丝绸史》,浙江人民出版社 1985 年版,第 184、186 页。

② 苏州市丝绸公司:《苏州市丝绸工业志》,"丝织工厂篇",未刊本。

③ 苏州档案馆藏:《广丰、苏经、洽大三绸厂禀江苏巡按公署书》,民国五年。

④ 苏州档案馆藏:《铁机丝织业公会呈请立案》,民国九年。

⑤ 参见王翔:《中国丝绸史研究》,团结出版社 1990 年版,第 111 页。

⑥ 《江苏省实业视察报告书》,吴江县,1919 年,第 137 页。

⑦ 《驻日本领事报告日本丝织业情况》,抄件,藏苏州档案馆。

出现了国内电机织绸厂——肇新绸厂，系盛泽绸业同仁集股创设，拥有电力织机9台。① 同年，物华绸厂又创办于上海，拥有资本百多万元，电力织机百数十台，工人数百名，“厂屋规模宏大，各部设备齐全”。② 稍后，锦云、美文、美亚、达华等绸厂相继在上海开办，大多采用电力织机。杭州丝织业使用电力织机开始于1915年的振新绸厂，各厂随之仿效，1920年时，杭州已有电力织机800台。到1927年，杭州的绸厂发展到112家，共计电力织机3800台，同时还有手拉机6800架。湖州也于1917年创办了广益电机织绸厂，置有电力织机12台，自备发电引擎。20年代后，湖州供电量增加，电力织机更有发展，1925年时，已有绸厂60多家，电力织机200余台，手拉机2000余架。丝织业本不甚发达的浙东，绍兴、宁波等地的绸庄也先后购置手拉机和电力机，办起了手工场和丝织厂。③ 苏州的电机织绸业始于1921年。④ 是年，苏经绸厂先向日本洋行购进1台电机试织，成功后扩大投资8万元，添置了电力织机24台。两年后，延龄绸厂因投资苏州电厂，得到优遇供电，“采办电机6台织造，产品为‘真丝毛葛’”。⑤ 其后，电力织机在苏州丝织业中日渐普及，到20年代中期，已有电力织机近1000台。⑥

在丝绸织造的主要工序实行电气化的同时，翻丝、并丝、捻丝、摇纬等准备工序，也都进行了相应的设备改造和技术革新。各绸厂初建时，接头牵经的操作均由原来的手工业者承接，20年代以

① 《上海史资料丛刊》，《上海产业与上海职工》，第133页。

② 参见王翔：《中国丝绸史研究》，团结出版社1990年版，第112页。

③ 朱新予主编：《浙江丝绸史》，第184—200页。

④ 苏州档案馆藏：《苏经绸厂请求保护电机案卷》，民国十一年。

⑤ 《延龄冠记绸厂沿革》，藏苏州档案馆。

⑥ 王翔：《中国资本主义的历史命运——苏州丝织业“账房”发展史论》，江苏教育出版社1992年版，第200页。

后,各电机绸厂相继改用电力整经机,配备专业牵经工人,牵经手工业业务逐渐萎缩。一些规模较大的绸厂,还纷纷添置"西洋摇纬车",把摇纬由人力改为电力。丝绸炼染亦由旧式染坊过渡到近代炼染厂,生产方式从原始的"一缸两棒"手工操作变为使用锅炉和整理机等机械设备进行生产,不仅扩大了生产能力,而且提高了丝织品的质地和外观。新式丝织机械,起初依靠引进,多由日商洋行包办,1914 年,杭州武林铁工厂开办,其后上海、江苏、浙江等地又陆续出现了一些铁工厂,专以制作手拉提花机和电力丝织机及各种五金机械、配件等为主,中国近代丝织业的机械设备已经基本上能够自给。①

由传统手工业向近代机器工业过渡,还有一个例子是榨油业。榨油业历史悠久,分布很广,早在明代,已经见有榨油手工工场的文献记载。鸦片战争后的一段时间内,榨油业受到的影响较小。80 年代以后,洋油输入日增,开始取代了甩于照明的一部分植物油,但整个榨油业受损不大,甚至还因国外销路打开而有所发展。湖南湘潭的油坊,"以清咸同至光绪年间最为兴盛"②,达 50 多家。东北营口的油坊也从 1866 年的 2 家增加到 1895 年的 30 余家。③山东的花生油业在"航运通达,津浦铁路筑成之后"的 20 世纪初期,达到鼎盛期。④ 江苏武进以"清光绪二十年至宣统初元为油坊最盛时",全县共有大小油坊八九十家。⑤ 山西的大同、神池等地,

① 参见朱新予主编:《浙江丝绸史》,第 202—204 页;《苏州振亚丝织厂厂志》(稿本);苏州档案馆藏:《延龄冠记绸厂沿革》等。

② 《中国实业志》(湖南省)第 7 编,第 102 页。

③ 《东三省油坊业之变迁》,《银行周报》第 2 卷第 37 号,第 14 页。

④ 《中国实业志》(山东省)第 8 编,第 153、155—162 页。

⑤ 于定一:《武进工业调查录》,第 6—7 页。

在光绪年间也都各有油坊百余家。[1] 甲午战争后，近代榨油业开始兴起。1897年，朱志尧在上海创办大德油厂，资本15万元，纯以机器榨油。两年后，朱又在上海投资13万元创办同昌油厂。到1907年，上海、汉口已开设机器榨油厂多家，规模均较大。在东北，近代榨油业的出现与上海、汉口不同。19世纪70年代中期，英国商人曾经在营口试行蒸汽碾豆未成，1896年，英商太古洋行再次开设太古元油坊，使用蒸汽力碾豆，以手推螺旋式铁榨榨油。1899年起，华商怡兴源、怡东生、东永茂等"见新式榨油法之效率比旧式压榨法为大，亦相继改用新法"。到1904年，营口已有新式机器油坊4家。其后，日商又于营口开设了使用水压式榨油法的新式油厂，"完全不用人力，效率比手推螺旋式压榨机更大，旧式油坊愈难立足。于是本地各旧式油坊亦渐改用蒸汽及煤油发动机。迄宣统年间，旧式油坊遂完全绝迹"[2]。安东、大连等地的旧式油坊业也大多经由同样的过程过渡到机器榨油厂，东北遂成为中国近代机器榨油业的中心之一。

再一个局部向机器工业过渡的手工行业是面粉业。"吾国旧式面粉制法，系以石磨磨成，乡间多由农人备磨自制，城镇则由所谓磨坊。"[3]近代以后，这种磨坊更加普遍。1878年，朱其昂在天津创设贻来牟机器磨坊，就是建立在传统畜力磨的基础之上的。此后，关于开设机器磨坊的消息时有所闻，但时开时停，留存下来的极少。甲午战争以后，机器磨坊发展加快，到19世纪末已有11家，20世纪后获得进一步发展。有记录可查的新办机器磨坊，

① 《中国实业志》(山西省)第6编，第172页。

② 《营口工业之现状》，《经济半月刊》第2卷第4期，"调查"，第1页。

③ 杨大会:《现代中国实业志》，第621页。

1900—1913 年间为 11 家;1914—1921 年间又增为 28 家。① “由于电力磨坊的出货速率,约可 3 倍于牲畜所磨,其制品虽不及机器面粉之细白洁净,然较牲畜所磨者已胜数筹,故电磨之装设者日众。”②1924—1926 年间,天津旧式磨坊改装电力马达的有 200 家左右,北京有 50 多家,其他地区也有二三十家。③ 早期机器磨坊的开设,多利用旧式磨坊的场所和设备,其后旧式磨坊改装马达,更表现出前后相继的关系。这些机器磨坊所使用的动力和作业机体系,既不同于旧式磨坊依靠人力、畜力,也与近代面粉工厂的新式设备有很大区别,可以说是一种由前者向后者过渡的中间形态。

在机器磨坊发展的同时,新式面粉工业亦在中国出现。这些近代面粉工厂虽然大多并未经由旧式磨坊到机器磨坊的逐步过渡,但是由机器磨坊发展而来的也并非绝无仅有。见于历史记载的就有:创办于光绪二十四年(1898 年)的安徽芜湖益新机器米面公司,10 年后“添置新机器,建造新厂房”,改组为益新面粉公司,由一个机器磨坊进化为机器面粉工厂。④ 1902 年,荣宗敬在江苏无锡创办的保兴面粉厂,起初也只是一个机器磨坊,到 1905 年添

---

① 上海市粮食局等:《中国近代面粉工业史》,中华书局 1987 年版,第 8—15 页。

② 《北京电力磨面业之概况》,《中外经济周刊》1926 年第 193 期,第 48 页。

③ 上海市粮食局等:《中国近代面粉工业史》,中华书局 1987 年版,第 16—18 页。

④ 汪敬虞:《中国近代工业史资料》第 2 辑(下),第 707 页。又,日本东亚同文会编:《安徽省志》(1919 年稿本)载:“芜湖之面粉,以前皆系磨坊制造,机器面粉乃自上海、汉口等处输入,本地则无有也。自益新面粉公司成立,芜湖本地始有机器面粉。该公司创设于 1914 年(民国三年),乃芜湖惟一之机器面粉公司,兼营榨油业。机器悉购自英美两国,每日之制粉能力计消费小麦 21 吨,一昼夜共出粉 1000 袋云。”

置钢磨，才改造成为近代面粉厂。和保兴厂同年南通张謇兴办的大兴面粉厂，其规模和设备也不过一个机器磨坊，到 1909 年发展为复新机器面粉厂。① 这种情况，在其他地区机器磨坊的发展中，应该也是存在的。可见在旧式磨坊、机器磨坊和大机器面粉工厂之间，确实存在着逐步过渡的情况，尽管这很可能并非中国近代面粉工业产生发展的主要渠道。

甲午战争前很少受到外国资本主义影响而保持独立发展的四川井盐手工业，也在这一时期出现了向近代机器工业过渡的动向。1894 年，盐商灶户李伯斋租办发元盐井的过程中发现了岩盐层，盐井渡水，盐岩融化，整块岩层逐渐浸通，形成"合匿"现象。一井渡水，他井得卤，促进各井的联合和盐业资本的集中。此时，各井盈利大小已经不受各井卤水多少的限制，而主要取决于汲卤能力的高低，因之采取了加大井口，加长汲筒，增加牛只，加强工人劳动强度等等措施，但是仍然无法解决提高汲卤量的矛盾，于是，机车汲卤便应运而生。1897—1899 年，曾经投资过井盐业的商人欧阳显荣经由汉阳周恒顺五金厂研制成功蒸汽汲卤机车，开始在自贡试行机器汲卤，经过多次改进，大见成效，于 1904 年筹组了华兴公司，专营机车汲卤业务。一部机车价值数千元，加上钢绳、燃料等共约上万元，一般日可汲卤 300—500 担，与畜力相比投资省而工效提高数倍，从而利润倍增。各井纷纷仿效，逐渐放弃牛推而改用机车，到 20 年代中，四川井盐业使用机车汲卤者已达 80%，井盐生产在汲卤这一环节上进到了机器化的阶段。②

① 汪敬虞：《中国近代工业史资料》第 2 辑（下）；又见《中国近代面粉工业史》，第 14 页"1900—1913 年机器磨坊一览表"。

② 参见《自贡文史资料选辑》第 9 辑，第 54—58 页；第 6 辑，第 1—11 页；第 3 辑，第 1—15 页。

与井盐业相似,这一时期民族资本的新式矿冶企业,也多是经由土法采掘的工场手工业发展而来。这些矿冶企业都是依托原有的民矿或土窑、土窿的基础,采用土法上马,然后添置机器,逐步向新式矿冶工业过渡。山西的广懋、保晋,河北的峰峰、磁县、正丰等矿,是收购土窑后加以改造,添置机器,发展起来的;浙江长兴、河北六河沟、山东中兴等矿,则是收购土窑后,还先用手工生产了一段时间,再陆续添置机械设备的;还有像河南中原煤矿一类,则是有本来的土窑主集资招股,加以改造而成的。① 1907 年时,机械采煤 218.8 万吨,占全部煤产量的 20.8%;到 20 年代,机械采煤量已增加到 1413.1 万吨,在全国煤产量中的比重也上升到了 66.3%。②

一些中国原本没有,鸦片战争后从国外传来的新手工行业,也在这一时期逐渐地、不同程度地采用了近代机器生产的方式。例如火柴制造业,自 1879 年日本归侨卫省轩在广东佛山设立巧明火柴厂之后,到甲午战争以前,国内共有 11 家火柴厂开办,都是工场手工业,上油、涂药、拆烘、排梗、装盒、包封等"全部制造过程,都用手工进行,火柴盒则由女工和童工或在工场或在家里糊制"。③即使有备有排梗机、卸梗机的厂家,在没有电力之前,这些机器也常常是手摇或足踏。甲午战争后,随着抵货运动和挽回利权运动的展开,华商火柴业出现了设厂热潮。1895—1913 年间,新设火柴厂 58 家,虽然大多还是用手工制造,尚无动力设备,但是规模扩

① 杨大金:《现代中国实业志》第 3 册,矿冶业,第 53—59、141—157、222—232 页;陈真:《中国近代工业史资料》第 1 辑,第 632—637 页。

② 陈真:《中国近代工业史资料》第 4 辑,1961 年版,第 924 页;严中平等:《中国近代经济史统计资料选辑》,1955 年版,第 104 页。

③ 孙毓棠:《中国近代工业史资料》第 1 辑,1957 年版,第 995—999 页。

大,资本增加,资本额在 10 万元以上的有 6 家,更有拥资 42 万元,雇工 1900 余人的大厂。1914—1920 年间,新设火柴厂又有 65 家。① 到 1927 年,先后设立的火柴厂已经共计 160 余家。② 此时的火柴厂排梗已多用机器,上海中华铁工厂且已能制造排梗机、卸梗机、单贴机等机器,成本也有所降低。1920 年,刘鸿生投资 20 万元,在苏州创办鸿生火柴厂,购置发电机、磨磷机、旋转理梗机等新式设备。1923 年,刘把燮昌火柴厂盘进后也如法炮制,此后又与荣昌、中华合组大中华火柴公司。中国的火柴业逐步过渡到了机器工业。

针织业是又一个例子。"吾国所用之机织衫袜,皆自舶来",光绪末叶,洋货"既属盛销,旧时之葛衫布袜,渐归淘汰。于是国人痛恨利权之外溢,欲思购机仿制,以塞漏卮而图利"。最初的针织机械,都由洋行购进,"均系手摇","嗣后手摇袜机,国人亦知仿造,于是针织业者,厂肆如林"。民国十五年(1926 年),上海一地,已有袜厂 50 余家,两年后更增至 100 家以上。天津、武汉、无锡、南昌、九江、辽阳等地,也都是针织业的集中地。辽阳 1924 年有针织厂坊 43 家,南昌 1926 年有针织厂坊 60 多家,武汉 1927 年有针织厂坊 200 余家。这些针织厂坊,多为手工工场或作坊,但也时有电力针织厂创设。早在民国元年,即已经有电力针织机进口,"广东有进步电机针织厂之发起,上海有锦星针织厂之组织,为吾国针织业开一新纪元"。20 年代后,电力针织厂发展较快。1928 年时,上海的电机针织厂已有 35 家,织袜机 1307 架、罗文车 263 架、

---

① 据青岛市工商行政管理局:《中国民族火柴工业》,附录一,1963 年版。

② 青岛市工商行政管理局:《中国民族火柴工业》,附录一,第 18、20 页;杨大金:《现代中国实业志》,第 528—539 页。

织袜头机200架、摇纱机2466架,其中以开办于民国六年的中华第一针织厂为大。该厂初时资本数万元,规模不大,亦以手摇机起家,其后营业发展,添置电机,资本渐至20余万元,每年产袜多达40余万打,贸易额在规元百万两上下。杭州的六一针织厂,1924年创于上海,因"营业不振"而移杭开办,改装电机,"机器多半来自法国,亦有德、美及本国制造者"。有摇机8台,织机18台,缝纫机20余架,还有抽水机以供漂白,"除缝纫机外,皆用电力"。1925年,武汉裕中袜厂拥资5万元,年产袜2万打,"机器皆为电力机"。①

日用化工品起初也多是手工生产。洋皂传入中国后,效用优于中国旧式猪胰皂或皂荚,在市场上颇有人缘,"无论通商巨埠,乡村闾巷,贫富贵贱,皆备为家庭日用必需物品"。肥皂"制法简易,不需机器",20世纪后,各地开设的肥皂厂坊日渐增多,大多设备简陋,采用手工,产品多为低级粗皂,据说"其品质虽不及英、德货,而足与日本货并驾齐驱"。1903年,宋则久创办天津造胰公司,资本仅5000元,也系手工生产,到1908年增资至2万元,始聘用外国技师,改用机器生产,"产量尚能如常,且出品质料亦佳,差可与外商竞争"。上海的五洲固本皂药厂,情况则较复杂。它创自宣统元年,原称固本肥皂厂,系德商经营,欧战期间,德人返国,因欠华商张某款项,乃托其代管。其后几经周折,易为五洲大药房经理,遂更名五洲固本皂药厂,成为一家纯粹的华商企业,机器设备则全由德国进口,"自成立以来,成绩斐然,其所出香皂、肥皂达三四十种,资本亦激增至100万元以上"。② 上海的其他20多家肥皂厂,起初均为手工生产,第一次世界大战后亦逐步改用机器生

① 杨大金:《现代中国实业志》,第214—215、216—219页。
② 杨大金:《现代中国实业志》,第489—494页。

产,因机器生产可以分离回收甘油,价值颇高,因而降低制皂成本,手工生产则无此能力。

(三)依违于传统轨道的手工行业

有一些传统手工行业,尽管也受到洋货和机制工业品的冲击和影响,但是既没有迅速没落,也很少转而采取机器生产,或者曾经一度试行机器生产而不成功,重新退回手工生产的传统轨道。这些多是在中国特殊的社会文化和自然环境的条件下产生和发展起来的手工行业,有些还带着特种手工艺的性质。

制伞业是其中一种。“吾国制伞业,自昔有之”,鸦片战争后,仍沿袭旧法,“无人研究,无人改良”。五口通商以后,即有来自外国的布制洋伞输入,但是数量微小,用者亦少。1912 年,上海有民生阳伞厂之设立,旋因“意见不合,订货损失,未几即行停歇”。失业员工遂因陋就简,组织手工场坊,自制阳伞。五卅运动时,抵制日货,国内制伞业获得发展,实因制伞无须巨额投资和先进设备,全凭手工,“一切附件,国人亦皆能自制”,所以很快就抵消了洋伞进口,并能源源输出国外,“不独洋伞输入几告绝迹,即洋伞原料,输入亦已大减”。1927 年,出口日本、南洋、欧美诸国的纸伞 4575109 柄,值 1186856 海关两。之所以有此不俗表现,原因在于“以吾国制伞原料之丰富,人工之低廉,皆较任何国为优”。当时制伞,虽称“设厂制造”,实际“全为手工业”。分布很广,而以江浙、两湖、闽粤等省为多。江苏全省约有伞厂 200 余家,类皆“小本经营,故资本极少,组织极简”。武进县的伞厂,资本最大者仅 5000 元,上海方面最大者亦不过 1 万元,小厂则大都只有一二百元,“租屋一间,制造在此,营业亦在此”。浙江一省亦有伞厂 200 家以上,都是“资本极小,组织极简”的“制伞铺户”,资本多者三四千元,普通仅数百元而已。

陶瓷业是又一种。“吾国陶瓷,向以精良之品,为世界冠,而瓷器之制作,尤所擅长。”光绪年间,洋瓷倒注,国瓷逐渐衰減,引起一般业者之忧虑,遂有设厂制造之举。江西的景德镇、鄱阳县,湖南的醴陵,四川的重庆、成都,河北的唐山,山东的淄博等地,先后有陶瓷工场之设立,“集合资本,购备机器,聘请技师,领导制造”,其后因经营不善,大多停顿。总的来看,这一时期的陶瓷业,仍未脱“家庭工业式之手工陶瓷厂,继续制造”的局面。据1924年的农商部统计,1921年陶瓷产值6657029元,但这仅是河南、山西、江苏、安徽、陕西5省的产值;江西、福建、浙江、广东、河北等陶瓷大省皆未记入,可见全部产值当比此高出数倍。从《海关关册》来看,1928年陶瓷类出口值6406602海关两,而国内的消费量,至少还要高出数倍。时人称:陶瓷业“生产能力,颇称浩大。缘此项工业,成本既轻,制造又无需何等高上技能,常为农人副业,备资数十元,即可开窑出货,组织既如是简单,故其活动能力颇大”。①

陶瓷生产,分布极广。内地农村,常利用农隙烧制陶瓷器皿,以解决日常生活之所需,仍属农民家庭副业。在一些陶瓷生产较盛之区,窑场较多,规模也稍大,但观其经营组织及生产方式,也还是传统的手工场坊。即使像江西景德镇、广东佛山、山东淄博、河北彭城这样的陶瓷生产特别发达的地方,尽管已有“脱胎器厂”、“二白釉工厂”、“四大器工厂”、“四小器工厂”等诸种工厂名目,实际上“其营业大都个人资本,制造全守古法,出品又属不多,此种工厂亦系大家庭工业之变相”。以江西景德镇来说,素为陶瓷业生产中心,产量之丰,行销之广,约占国内陶瓷业之半。20年代中,景德镇每年出口瓷器,总值常达1000万元以上,颇为可观,“惟制坯窑户及陶行,皆近世所谓家庭手工业,分门别类,各有专营,无

① 以上参考杨大金:《现代中国实业志》,第393—428、1030—1033、1044—1045页。

大规模组织之工厂，制法只知依旧，不加研求改良。其中资力稍厚，范围较大，兼营圆琢二器，精粗具备者，仅江西瓷业公司一家而已”，而如前述，名为“瓷业公司”者，其实只是工场手工业。①

那些带有工艺美术性质的手工业更是如此。以驰名世界的漆器业为例，起源甚早，产地甚广，南部诸省皆有出产，尤以福州为盛。“福州漆器之佳，在国内素称第一，其出品彩色匀配，尽其巧妙。金银所画之花样，亦复精工，言画漆者，当首屈一指。在南洋一带，外人拱如珍宝”，据说连“欧美各国之博物院中，几无不陈列吾国漆器者”。近代以后，社会经济变化剧烈，漆器业却“墨守陈法”，“花样千器一律，殆无有改变者”。光绪末年，漆器业也有人提倡设厂制造，但是迟迟无人响应，亦未见有这样的工厂诞生。这种需要特殊技艺的工艺美术手工业，实际上是很难用机器生产来代替的。20 年代中期，福州从事漆器手工业的店铺约有 90 家，据有名可稽的 55 家的情况来看，成立于清乾隆年间的 2 家，光绪年间的 5 家，宣统年间的 11 家，民国元年至十六年的 28 家，还有 9 家成立年代不详。其中资本超过 1 万元者 3 家，最多者为 11000 元，大多资本只有一二千元，不足千元者有 13 家，最少的仅 200 元。雇工 30 人以上的 3 家，20 人以上的 2 家，10 人以上的 5 家，余皆 10 人以下，大多为四五人，最少者仅 1 人。这些漆器场坊，“所有制品，备有所异”。有一沈姓师傅，最为有名，其学徒满师后“亦多设厂制造”，“仅造美术物品，以供赏玩……沈氏之漆器，品物精美，待价而沽，故其营业不甚畅旺”。② 其他铺户，也大多仿效沈氏。似此，若想一律代之以机器生产，实际上是办不到的。

诸如漆器业之类的“整个生产过程的性质自始就不宜大规模

① 杨大金：《现代中国实业志》，第 394 页。

② 杨大金：《现代中国实业志》，第 1059—1060、1075—1079 页。

生产”的手工业,还可以举出“文房四宝”的例子。安徽泾县、宣城、宁国一带,生产宣纸,由来已久。宣纸选择一种特别植物青檀的枝条,经浸泡、揉制、蒸煮、漂白、打浆、加胶、贴烘等十余道工序精制而成,不易蛀虫,不易折损,为中国书画的必需品。清朝末年,泾县制作宣纸的场坊百有余户,年产宣纸15000余件,价值150余万元,工人不下四五千人。民国以后,“各庄营业,犹与清季不相上下”①。20年代中期,在当地其他土纸因洋纸输入而收缩②,且有近代造纸工业出现之后,宣纸依然维持着原来的生产规模和生产形态。产于安徽徽州的徽墨,已有千年以上的历史,它以松木为基本原料,掺入20多种辅料,经过点烟、和料、压磨、晾晒、描金等复杂工序方告完成,具有色黑不退,坚而光润,防蛀防腐等特点。近代以后,一些传统手工业生产不振,徽墨生产反有发展,绩溪胡开文墨店的分店开到了休宁、屯溪、歙县、安庆、汉口、上海、北京、天津、广州等地,大多都附设制墨场坊随产随卖。20年代中期,胡开文墨店每年产值15万元③,仅休宁制墨工场,就有制墨工100余人,年产高级徽墨300担。④ 这些适应着中国独特文化发展起来的传统手工行业,尚有许多,一般不太会受到洋货的倾轧或取代,仍然有其特定的市场,但因此也难以有大的发展,如同时人所说:“宣纸虽甚乐观,但成本太贵,且不适于近代印刷之用,仅足供给少量中国书画之需。”⑤

① 彭泽益编:《中国近代手工业史资料》第3卷,第515页。

② 《安徽实业杂志》第25期,第1页;《安徽建设》第5号,第6页。

③ 日本东亚同文会编:《安徽省志》。

④ 穆孝天、李明回:《中国安徽文房四宝》,1983年版,第92页。

⑤ 《安徽建设》第5号,第3页。

四、手工业行会的演变

考察近代中国的手工业，不能不涉及原有的手工业行会组织的演变。行会制度随着封建社会内商品经济的发展而产生，同时又是商品生产发展不充分、社会分工不发达、商品市场不广阔的产物。小商品生产者对竞争的恐惧，是行会产生的根源。在历史上，行会组织曾经对工商业的发展起到过积极的作用，但是随着时间的推移，已经越来越成为工商业经济发展的桎梏。行会与封建势力纠结在一起，相互为用，表现出浓厚的封建性；行会竭力维护小生产方式，墨守传统的劳动方法和经营形态，以过时的陈规陋习严格禁止技术分工的发展和生产规模的扩大，表现出突出的保守性；行会以同行、同乡的业缘关系和地域关系为纽带，与封建宗法关系相互为用，固结团体，对内防止分化，对外限制竞争，防范商业资本对生产领域的渗透和控制，减缓资本的增殖和再生产的扩大，表现出严重的落后性。时至明清，已是封建社会末世，商品经济已经发展到一定水平，市场相对扩大，竞争愈发激烈，行会内部的矛盾日趋尖锐，破坏行规的现象日益增多，行会实际上已经处于不断的分化之中。近代以后，手工业行会的演变，表现出了新的时代特征。

（一）行会的进化与遗存

中国的手工业行会与欧洲手工业行会的命运，并不完全一致。在欧洲，随着资本主义的发展，中世纪的手工业行会制度崩坏。这并不一定是近代大机器工业发展造成的结果。法国、意大利、西班牙、比利时等国家，都是在大机器工业尚未出现或者几乎没有的时候，资本主义的家庭劳动和工场手工业就已经使得行会的地位完全崩溃，行会制度被废除。那些由行会制度的限制和保护下解脱出来的手工业者，后来往往在与机器工业的竞争中败北，其原来具有的独立生产者的身份随之发生变化,大多转化成为资本主义手工工场或机器工厂的工人。

中国的手工业行会本来就没有商人行会的势力雄厚,近代随处可见的商业资本采取包买商制所形成的资本主义家庭劳动,与手工业行会发生了极大的利害冲突,工场手工业和近代机器工业的兴起,更是对行会制度的致命威胁。但是手工业行会却很少能组织坚强的抵抗,更无法阻止自身的衰落和资本主义生产方式的成长。

当然,这有一个变化的过程。在19世纪80年代以前,据玛高温(D. J. MacGowan)的观察,行会尚能够强制地使以往设立的行规章程得以遵守,包括规定产品价格,限定工资和劳动条件,未得行会同意不得接纳业外人员对于政治事务的交涉,抵制外商,调停纷争,等等。① 其后,马士(H. B. Morse)在其1909年出版的《中国的行会》一书中,又重复了这样的看法。② 似乎在这20年间,中国手工业行会的状况并未发生什么引人注目的变化。

另一个被认为立论公允的美国人也观察到了这样的情况:“行会制定自己的度量衡。尽管政府已经规定了单一的度量衡制,但是行会并不打算加以采用。③ 行会还决定工资量和每一个

① D. J. MacGowan 大概可以说是第一个研究中国行会的外国人。见其所著 Chinese Guilds or Chambers of Commerce and Trade Union. Journal of the North China Branch of the Royal Asiatic Society,1886年 Vol. 21,No. 3,第133—192页。按,在此前3年(1883年)玛高温即已在 China Review 发表了 Chinese Guild and Their Rules 一文。

② H. B. Morse:The Guilds of China. London 1909,p. 21.

③ 苏州丝织业“账房”即有沿袭旧制的所谓“海尺”,“账房之用尺,心黑者每尺必一尺一寸半,心善者亦需一尺零六七分”。苏州《明报》1926年3月18日。

师傅所能招收的徒工数。数年前，宝石商行会的成员们即以违反上述行规为理由，杀害了行会中的一个成员。商业行会则规定商品的品质和价格，对伪造商品和其他的不法行为的惩罚，仲买佣金的比例、支付条件及各种货币的兑换率等等。”①

这样的记载，得到了其他一些观察者的证实。美国学者甘博尔(S. D. Gamble)得步济时(J. S. Burgess)等人之助，对当时的中国，特别是北京的社会状况进行过调查，其中有不少关于前清工商业行会的记载：行会成员“常在会馆公所内集合以制定价格。如若有人不遵守这样的价格规定，就会被课以罚金。……在华中、华南有一些行会，不准许行会成员采用除子弟和近亲以外的其他徒弟。除了很少的一些例外，对于一般的店铺或作坊的所有者来说，超过规定的使用徒工人数或者超过规定的劳动时间都是不许可的”。②

大致上说，这些外国人的观察，还是比较准确的。一直到1896年，在对外通商已经半个多世纪的上海，有的手工业行会仍然要求同业划一工价。“务宜恪守成规，不得徇私紊乱。”③表现了力图重振行会，重申行规，利用行会组织来固结同业，限制竞争，防止分化的努力。上海如此，内地当然更加显著。

由本身性质所决定，这一时期的手工业行会往往在引进资本主义的生产关系和先进设备，发展中国新式工业的过程中，扮演负面的角色。这在新式缫丝工业最先出现的广东，表现得最为明显。广东最早的蒸汽丝厂之所以选择在远离都市的乡村开办，其中的

---

① Williams：China Yesterday and Today. New York，1923，p. 195.

② S. D. Gamble：Peking，A Social Survey. New York，1921，pp. 162-190.

③ 上海梅红浅色染纸业同业公议重整工价规条，见日本外务省通商局编纂：《清国商况视察复命书》，第195—198页。

一个重要原因,就是为了躲避城市手工业行会的威逼。① 除了人们已经耳熟能详的广东“锦纶堂”行会丝织业者1881年捣毁南海县一些丝厂的记载以外,现在又发现了一些新的历史资料。1888年,广州发生过一次大规模的行会械斗,起因也是行会作祟。当时的新闻报道说:“机房之织辫栏干者,向分金花、彩金两行,现因金花行改用机器织造,物美价廉,而彩金行不能仿而行之,未免相形见绌,于是顿萌妒忌之心,谓金花行夺彼生路,竟纠集数百人,各持军械,前往寻衅。……鏖战两日,称干比戈,如临大敌,伤毙六七人,受伤者不可胜数,后经官府弹压,始各解散。”②可见当“生路”受到威胁之时,手工业行会能够调动起多大的潜力,进行抵抗。

清朝末年,随着资本主义关系的不断生长,要求建立近代工商业组织的呼声日益高涨,同时,清政府在一次次对外战争失败的刺激下,慑于国内风起云涌的革命浪潮,也表示要“振兴商务”,实行“新政”。光绪二十九年(1903年),清政府特设商部,奏准各省得分别设立商会,并派朝廷大员驰赴各省劝办。此后,各地商会次第成立,大多都是利用原有行会制度的基础,将原有的工商业行会组织汇聚一处,以致被一些研究者直称为“商会本质上只不过是诸种行会的结合体而已”。③ 民国以后,各种工商行业组织有些衰

---

① 参见汪敬虞:《关于继昌隆缫丝厂的若干史料及值得研究的几个问题》,《学术研究》第6期,广东人民出版社1962年版。

② 《珠江月夜》,《申报》光绪十四年十月二十四日。这里传递出的信息仍是难以确定的。所谓“改用机器织造”,何种“机器”? 不明。想来不过是手拉机之类。即便如此,亦不见容于同业,以致酿成巨案,可知即使这种手工操作的织机,也是刚刚采行,才会被同业视为大逆不道。

③ エル·マヂヤール著,安藤英夫译《支那问题概论》,泰山房,昭和14年版,第85页。

落，有些照旧维持，名称渐向同业公会转换，一般仍包括在商会的范围之中，使其新旧杂糅的性质越发明显。这时期的同业公会，作为“转化中的行会变种”①，仍然保留着相当浓厚的行会特征，同时也出现了一些明显的变化。

苏州丝织业本有“云锦公所”的行会组织，随着铁机织绸业的兴起，日渐与云锦公所的行会条规发生冲突，“就苏埠一隅而论，固有丝织业，仅土法纱缎，有云锦公所，然其性质与铁机绸厂完全不同”。② 时至民国九年（1920 年），从云锦公所中派生出一个“铁机丝织业同业公会”。在以谢守祥等为首的铁机绸厂主请求准予成立同业公会的呈文中说：

“数年以来，闻风兴起，计苏州城乡内外，华商所设各铁机厂逐渐增多，共计机台已有一千余座。进行之神速，出品之精良，实有一日千里之势。惟思期求一业之发达，不有团体以联络之不足以奏功；出品之精良，不有多人以研究之不足以见效。此则守祥等所以发起组织铁机业公会之初衷也。本年五月，曾经招集同业，遵照部颁工商同业规则，并参酌苏地情形，公同议定暂行章程凡十一章十六条，先行送请鉴核，俟奉批准，当即依法选举，遵照办理。现在草创伊始，暂假先机道院为会所，先行试办，一俟经费充裕，即当纠工建造。”③很明显，铁机绸厂的生产经营方式已经发生了根本变化，由以往的个体小生产转化为资本主义的工场手工业，非传统行会组织云锦公所所能藩篱。

---

① 彭泽益：《民国时期北京的手工业和工商同业公会》，《中国经济史研究》1990 年第 1 期，第 79 页。

② 《谢守祥、陆是福、陈炳、程兆栋致总商会函》，1920 年 10 月 12 日，藏苏州档案馆。

③ 《铁机丝织业公会呈请立案案卷》，1920 年 6 月。

《铁机丝织业公会章程》也不同于以往的行会条规,表现出许多新特点,归纳起来大致如下:第一,它规定"凡在吴县全境范围以内华商所设铁机厂,得以厂东和经理人代表之",表明铁机丝织业公会并不是全体从业人员的行业组织,而只是资本家的同业组织;对于"华商"身份的确认与强调,则反映了对于外资势力渗入的警惕,带有显著的时代特征。第二,它规定公会的任务是"研究铁机所制丝织办法,借供同业各厂参考";"因赛会得征集同业各厂之出品,以资比较",这与行会制度下手工业者技术保密,因循守旧,互相封锁,限制竞争的情况相比,适成鲜明的对照。第三,它完全取消了手工业行会"救济贫困同业","抚恤鳏寡孤独"的义务,鼓励和提倡竞争,主张"优胜劣败",以图加速小生产者的分化,为资本主义的发展提供广阔的劳动力市场。①

在铁机丝织业公会另立门户之后,苏州沿用传统方式生产经营的丝织业者,仍然集合在云锦公所的旗帜下,并且于1921年重新拟定了《苏州纱缎业云锦公所章程》,其中规定:"本公所以研究出品,改良丝织,整齐货盘,推广营业为宗旨";"凡业纱缎,具有牌号,坐落苏州城乡内外者均得隶入本公所范围,但须由业中声望素著者具书介绍,并有遵守本公所章程及担任经费之义务";"同业有银钱纠葛等事,得由代表居间排解,以息争端,如有发生冒戳牌号、割窃花本暨一切不规则之行动,妨害同业利益者,得由当事人报告公所,同业共同议罚,或令其退出公所"。"附则"中则具体规定了公所设立蒙养学堂的名额、抚恤鳏寡孤独的户数,公所经费的来源及其筹措方法等。② 这个章程显然已经在有些方面突破了旧

---

① 《苏州铁机丝织业公会暂行章程》,原件藏苏州档案馆,收字第297号,民国九年6月。参见王翔:《中国资本主义的历史命运》,第248—250页。

② 《苏州纱缎业云锦公所章程》,1921年8月,藏苏州档案馆。

式行会的狭隘性、保守性和对技术进步、生产扩大的限制，其对“一切应行兴革事宜”的重视，也说明了旧式的行会已经无法照旧统治下去，为了不被时代前进的潮流所淘汰，不得不力图有所改革和振作。但是，与上述《铁机丝织业公会章程》相比，这个章程在形式和内容上都还不可避免地带有较多旧的胎记和烙印。①

苏州的事例，正反映了当时各地的普遍情况。中国资本主义生产的发展和社会经济政治生活的变迁，使得旧式的行会受到了严重的侵蚀，中世纪的行会制度已经处于日趋式微过程之中。1919年，美国驻华商务参赞安立德(J. H. Arnold)出版了《中国商务手册》一书，记载了他在中国的所见所闻，“在中国，竞争尚处于极其旧式的状态，行会成员以低于规定的价格出卖产品的情况一再发生，对此，行会实际上已不可能防止”。② 驻广东的美国领事也说：“由于行会要求其成员采用相同的工资和价格，大多数行会成员甘冒被行会除名的危险，秘密地违反行会的这些规定。”③

值得注意的还有这一时期中政治权力对行会势力的制约。20年代中，政府就曾轻而易举地取消了胰皂业行会对价格的垄断，弹压过他们对工场制造业者的抗争。④ 北京的胰皂业批发商在清代曾经以每家缴纳注册费7000—8000银两，获得过清政府的特许，限制从事该业的商号不得超过14家。民国成立后，胰皂业行会的这种垄断权力遭到很大削弱，政府对他们在前清所享有的独占权拒绝予以保障，对商号数量并不加以限制。虽然该业的批发商号

① 参见王翔：《中国资本主义的历史命运》，第253—254页。
② J. H. Arnold: A Commercial Handbook of China. 1919, p. 247.
③ J. H. Arnold: A Commercial Handbook of China. 1919, p. 127.
④ 《满洲通信》第11号，1927年，第49—51页。

并未增加,但是其业务及利润,则已经为许多零售商所分润。① 与此同时,民国初年从中央到地方的政府机关,都颁布了许多关于工商同业公会的章程和法令,要求所有店铺、场坊和行会成员登记注册,显然是要直接对工商业进行较为严密的管理,并主张一切店铺、作坊都可使用超过行会限定的从业人员,日渐把经济生活直接置于政府的控制之下,其结果,自然也就相应地削弱了行会对其成员的束缚。②

北京的建筑业行会包括木匠、石匠、砖瓦匠、铁匠及油漆匠等不同行业。过去,“从事这些职业的劳动者,都要从属于行会成员的师傅那里取得营业执照,不是行会成员,也就无法取得劳动合同”。但是,“现在行会的势力已经显著坠落,木匠、石匠等中间,不是行会成员者很多”③。在长沙,手工劳动者则通过罢工,动摇了绵延数世纪的行会制度的基础。“1922 年,长沙的石匠宣布罢工。罢工的参加者们要求增加工资并且修改行会的若干规定,而这些规定正是石匠行历来从事交易的习惯,由此,石匠们获得了与以往的限制全然无关的自由寻找工作的权利。”④长沙的制鞋业,情形相异而结局相似。“鞋匠行中,分为外国鞋制作业、中国鞋制作业和修鞋业三种行会。在第一种行会中,劳动者又分为南北两帮。北帮指湖北出身者,南帮则指湖南出身者。鞋匠中的一些人,同时又有经营裁缝业的,还有从事输入鞋贩卖的。修鞋匠的数量也越来越多,行会已经不可能强制从事该业者遵守行会的规则,因为许多破产农民从农村涌入城市,修鞋为生,连一些行会师傅也因

① S. D. Gamble: Peking, A Social Survey. New York, 1921, p. 200.

② 参见彭泽益:《〈中国行会史料集〉编辑按语选》,《中国经济史研究》1988 年第 1 期:《中国行会史研究的几个问题》,《历史研究》1988 年第 6 期。

③ Chinese Economic Bulletin. No. 174, 1924.

④ Chinese Economic Bulletin. No. 154, 1924, p. 5.

此而丢了饭碗。根据法院裁定，对这些从农村流出的非行会成员，只需支付相当于行会成员一半的工钱。”①这些有目共睹的事实，反映了旧式的手工业行会正处于一个不断分化、全面瓦解的过程之中。

然而，这只是这一过程的一个方面，在另一方面，则是随处可见的新旧并存现象。各地的手工业行会并未就此销声匿迹，并未一下子退出历史舞台，还时时可以看到它的存在，感到它的影响。

在北京，工商业行会中“急剧的变化时时可见，商品价格的决定权现已不属于行会首领，而由其成员担当了。制定出来的价格，被视为最低价格，商人在该价格以上买卖是可以的，但不允许以低于其价格进行交易，否则就会被施以严厉的惩罚。行会还规定着工资、劳动时间、学徒年限等等事项，也负有解决纷争的责任”，只不过，“行会过去所拥有的体罚权，已为法律所剥夺”。② 这里的措辞是很微妙的，“已为法律所剥夺”的事，不见得在实际生活里就不发生，还是同一个作者，也观察到了正与此相抵牾的情形。20年代的北京手工业行会，常将拒不入会者拘禁在行会的公所里。这当然是违法的，但是，如果被拘禁者寻求官厅或警察的保护则毫无用处，官厅和警察不仅不会帮助他，相反还要劝其入会，“在行会的范围之内，行会拥有比官厅或警察更大的权力”。③ 在建筑业中，“学徒期为四年，行会所推行的一切决议，这些见习成员也必须遵守。建筑工程的承包人往往出于个人的目的来利用行会。在一般情况下，承包人在签订工程合同时，都以行会所规定的工资为基准来提出与被承包人的合同书，而劳动者却只能从承包人那里

---

① Chinese Economic Bulletin. No. 245, 1925, p. 255.

② S. D. Gamble: Peking, A Social Survey. New York, 1921, p. 169.

③ S. D. Gamble: Peking, A Social Survey. New York, 1921, p. 169.

得到规定额以下的工资。在一些期限严格的特殊的工作场合,劳动者也可以得到行会所规定的工资。分业被视为行会制度的基本原则而得到遵守,也就是说,白铁匠不做铁匠的工作,而铁匠也不会去抢白铁匠的饭碗"①。

1926年6月16日祖师鲁班祭日之时,数千建筑业、石材业者聚会无锡,决定重修同业规章。其中第四条规定:"对于建筑工程所需之估价,应公正作成。不得以过度低廉之价格取得该项工作。不应听任过度激烈的竞争,那些无法实行的规条则应予废除";第六条规定:"如有承包人提出比其他承包人更为巧妙的承包方案而取得某项工程,前者应在制作计划的同时,按照标准对后者所要求的费用给以补偿。"②与其说在此已经可以看出一些变化,对往日行规陋习有所革除,已能允许一定限度内的竞争,不如说由此感受更多的仍然是行会的阴影,行规的魔力以及对人们心理和行为的制约和规范。新规章的其他内容,则依旧是规定工资和劳动时间,规定新同业应该到行会登记并须缴洋10元,规定行会有责任对患病成员进行扶助,甚至规定了师傅或承包人应对工徒提供茶水等等,"也就是说,对于以往的行规,除了基本的禁止竞争的规定有所改动之外,其余全部得以遵行"。③

20年代中期,福州手工制鞋业一方面受到进口洋鞋和国产机制鞋的激烈竞争,一方面受到种种资本主义生产关系的不断侵蚀,"按照以往分业的惯例,鞋帮亦在作坊中制作,现在则已由妇女在家内为人加工。橡胶鞋底的输入取代了以往鞋底的制作,也就剥

① Chinese Economic Bulletin. No. 174. 1924.

② Chinese Economic Bulletin. No. 262. 1926, p. 188.

③ エル·マヂヤール著,安藤英夫译《支那问题概论》,泰山房,昭和14年版,第85页。

夺了制鞋手工业者的生计”,手工制鞋业处在朝不保夕的境地。“手工工人们因而提出了三项令人吃惊的要求:每个师傅均不得采用一个以上的徒工;鞋帮的制作不得由妇女在家中进行;雇主不得解雇工徒。”①甘博尔也观察到,20 年代初,河北南部 60 万织布工联合组成的织布手工业行会,曾经议决对大规模机器工业和蒸汽织机进行必死的斗争,严禁其成员受雇于此等企业。② 1927 年,“杭州曾有金箔业老板尝试过引进机器生产,结果遭到该行业手工劳动者的强烈反对,只好宣告作罢”③。所有这些,都表明了走投无路的行会手工业者只有进一步乞灵于行会,以对抗来自机制工业品和机器工业的竞争,说明手工业行会尽管已经处于无可挽回的衰落途中,但仍在一定范围内和一定程度上发挥着作用和影响。

在那些卷入世界市场和省外流通较少,传统手工业由于种种原因一时间尚较少受到国内外机制工业品破坏的省区,手工业行会的地位又要表现得较为稳固一些。例如在广西、陕西、甘肃、贵州、云南和四川等省的一部分地区,“铁道尚未建筑,水路运输亦不发达,交通极为不便,工业品的输入十分困难,行会手工业的基盘亦因此比较稳固”。④

类似上述的种种记载,也屡屡见于天津、沈阳、南京等通商口岸城市的外国领事的报告之中,可知各地的行会仍然在“处理着商品价格、劳动时间、学徒制度、租税以及一般与行会有关的全部问题”。⑤ 种

---

① Chinese Economic Bulletin. No. 10. 1928, p. 118.

② S. D. Gamble: Peking, A Social Survey. New York, 1921, p. 201.

③ Chinese Economic Bulletin. No. 286. 1928, p. 92.

④ 《支那行会手工业の运命》,转引自《满铁调查月报》第 13 卷第 8 号,昭和 8 年 8 月,第 218 页。

⑤ J. H. Arnold: Commercial Handbook of China. 1919, p. 159.

种事实表明,当时的行会仍然在各地普遍存在,并且依然在全国的经济生活中"扮演着极其重要的角色","与别的国家由垄断财团——卡特尔、托拉斯、辛迪加——调节价格和市场的垄断资本主义时代不同,中国的这种调节是建立在前资本主义的行会的基础之上的"。① 这或许有点比拟不伦,但确实道出了几分真相。

综上所述,这一时期的手工业行会正处在衰落的过程中,但是尚未全然不起作用。从总的方面看,手工业行会的规章从形式到内容都已经和正在发生着或隐或显的变化。行会最基本的防止竞争的职能已经难以执行,行会成员使用工徒的人数已经突破了以往的限额,对生产的限制亦已放松。一些地区的行会对会员的生产额已经无法加以任何限制,每一个手工业者只要不低于同业公会的定价,可以尽量生产,尽量出售,实际上正如前述,即使以低于行会的定价进行竞争,行会纵想干涉,也多半心有余而力不足。一句话,在行会的外壳内,已经注入了一些新的内容,或者说,资本主义的商品竞争原则已经突破了旧式行会框架的限制。但是,时时可以看到许多行会仍然试图对其成员之间的竞争加以种种限制,所用方法虽有不同,最后结果也未必如意,但其本质仍是防止漫无限制的竞争,至少要为每一个成员保证最低限度的机会均等,以及制裁那些以损害同行来获取不正当利益的害群之马。

对于同业人员的入会问题,也已经有了不同的规定,强制的力量越来越减弱了。据步济时的调查,1927 年以前,北京的同业公会已可分为强制入会、自愿入会和不确定三类。在强制入会者中,职业公会有 4 个,手工业公会有 10 个;在自愿入会者中,商业公会有 17 个,职业公会有 3 个,手工业公会有 4 个;在不确定者中,商

① エル・マヂヤール著,安藤英夫译《支那问题概论》,泰山房,昭和 14 年版,第 71 页。

业公会和职业公会各有 1 个，手工业公会有 2 个。① 手工业行会在这个问题上的态度仍然比较保守，但无论如何，与以往行会强迫全体从业者都要成为它的成员的做法，已经颇异其趣。在其他地区的一些手工行业中，亦时时可见其劳动者并非全是行会成员的记载。这一时期的行会条规中，已经不大见到强迫入会的条文了。

但是，于此也可以发现那些在历史上经常发生的情况，行规条文的强制尽管已不多见，习惯力量的左右则仍然十分强大，而在很多时候，这种习惯力量又是与切身利害紧密联系在一起的。当时的调查者曾对一些手工行业的劳动者细加询问，发现所谓"自愿入会，不加规定"不过徒有其表，实际上仍然带有某种强制性。如木匠的回答是除非加入公会，否则不得参加工作，如若违反，则会被处罚。泥瓦匠也说，不入会，如举发，会被处罚。做皮箱的说，不入会就不能赚钱生活。钟表铺的工匠"入会是自愿的，但未入会者不得享受会员的权利"。② 所以有研究者认为，20 年代的行规中确实已经很少有强迫入会的规定，然而之所以省略这一规定，大半是由于加入行会已为同行业者所完全接受，行会无须再加声明，"对当时的一个手工业者来说，拒绝加入行会是不可想象的"③。

加入行会自然必须遵守行规并对行会有所献纳，但在当时的手工业者看来，加入行会所得的利益要远过于行规的约束和会费的缴纳。首先，生存竞争如此尖锐，人人都切望加入某个团体，以取得依傍和支持，遇有危难，也可得其助援。确实，一切行会至少看起来仍然具有一种团结一致的力量，以对付各种可能的敌对者。

---

① 彭泽益：《民国时期北京的手工业和工商同业公会》，《中国经济史研究》1990 年第 1 期，第 83 页。

② J. S. Burgess：The Guilds of Peking，pp. 125–126.

③ S. D. Gamble：Peking，A Social Survey. New York，1921，p. 169.

这种团结性是中国农村宗法制度的特点,当然也是传统手工业行会赖以维系人心的绝招,如果遇到官吏的勒索、枉曲的诉讼和顾客的争议,加入行会者可以指望行会施以援手,而未入会者,则处于孤立无援的境地,只靠个人的力量不足以应付外来的欺凌。更为重要的是,在有些地区的有些行业,行会不允许未入会者在他们营业的范围内开业,一个手工业者要想获得工作的机会,就必须加入行会,否则他会碰到难以想象的来自行会的压力和困难,即使求助于官府也无济于事,如上所述,"官厅或警察不会帮助他,相反还要劝其入会"。①

行会的基本目标仍然是维护行业的整体利益,保障行会全体成员的福利。在行会看来,它的规章及各种办法对行业的每个成员都具有同样的价值。尤其与商业行会的控制权基本上掌握在店主手里不同,手工业行会是一种面对面的组织,一般是由老板和工人双方共同决定行会的章程。在手工业行会中,老板、工人和学徒之间往往带有密切的私人关系的性质,这层私人关系的面纱,在一定程度上遮掩了雇主对工人和学徒的剥削,模糊了行会手工业者的阶级意识,软化了他们的反抗精神,缓和了他们与雇主之间的利害分歧和地位对立,从而延续着行会的寿命。

(二)资本主义关系对手工业行会的侵蚀

手工业行会的瓦解,来源于各种资本主义生产方式对它的冲击。其中机器大工业和工场手工业的作用固然值得注意,人们已一再加以论述,但更为潜移默化的,是商业资本对手工业生产领域的渗透和商人包买主式经营对手工业行会的侵蚀,同样应该引起重视。

① S. D. Gamble:Peking,A Social Survey. New York,1921,p. 169.

行会手工业的解体，包买商制经营似乎是一个必经的阶段。在当时各地的有关记载中，都可以看到这样的实例。

江苏省江阴县出产各种竹器工艺品，其中的竹器雕刻非常有名。“完成一件竹雕往往需要数周甚至数月的时间，制作方法是世代相传的。行业的分工非常严格，从事竹雕的工匠不会去做画师，全部的生产由5家店铺控制着，城内及近郊的竹器工匠或在店铺内或在店铺外为这些店铺进行生产。”①福州的木雕业工匠“自己购入所需的木材，在自己家中从事生产，但却是完全根据商人的订货来进行的。学徒期为5年，因为该行业被认为需要极其熟练的技术。工匠人数在300—400之间，商人数目则为30—40”。② 北京的雕漆局，1928年前有6家，工作分为上漆及雕刻两部分，纯为手艺工业。各局除雇工在局制造外，亦将原料包与局外工人在家制造。

北京的地毯业和线毯业的厂外作业情况也很典型。1912年开办的信成织毯厂，所用纱线，均系将棉花交给河北农家妇女代纺。线毯织成后，结穗工作又发交厂外家庭女工担任，结成一打给以铜元20文。③ 20年代前的北京地毯作坊，多依靠商行或大地毯厂的定货维持生产。1924年前的141家地毯作坊，做大厂商行定货者占到半数，其后日见增多，某一个地毯行就有30多家作坊专门为之做定货，不仅供给一切地毯原料，甚至供给米、面、茶、盐，即使任意浮升价值，小场坊也不敢与较。这可以说是以供给原料和消费品以偿付制成品的形式，使手工劳动者成为商行的附属物。

---

① Chinese Economic Bulletin, No. 200, 1924, p. 2.

② Chinese Economic Bulletin, No. 23, 1928, p. 292.

③ 《北京信成织毯工厂之近况》，彭泽益编：《中国近代手工业史资料》第3卷，第241页。

也有些商行供给小作坊资本,并包办产品的出售,随时派人监督生产情况,余皆概不过问。这可以说是以供给资金或放出货款而取得商品的形式,是包买商与高利贷相结合。无论何种形式,小作坊都不过只是代做手工而已,商行对之“工作情形及待遇工徒等事,毫不负改良的责任”①,只是在原有生产方式的基础上占有手工劳动者的剩余价值。

成衣业采用机器生产比较迟缓,基本上保留着传统的各种生产关系和经营习惯,然而,即使如此,也感受到了商业资本的渗透。成衣业的裁缝师傅一般拥有与裁缝铺规模相当的帮工和徒弟,师傅即雇主,也从事劳动。华北、华中、华南的情况差不多,揽活方式主要有三种:一是裁缝铺经常与一些有钱的人家联系,上门取活来做;二是承接来店内裁制衣服的顾客的生意;三是为绸布店的顾客加工,成衣店并不与顾客发生直接联系,而是接受绸布店的订货,实际上成为绸布店的加工作坊。② 这与制作家具的木匠情况相仿。家具匠除了作一些修修补补的工作外,“经常接受家具店的订货,时常可以看到富有的家具商人供给手工业者木材,让其为之生产的情况”③。在上海,则有三四家雇工 100—300 人不等的家具制作工场,其中的老板不乏原为行会师傅者,仍然采用一些行会手工业的做法,“雇佣手工工匠,支付他们工资,还供给他们食宿”。④

---

① 彭泽益:《民国时期北京的手工业和工商同业公会》,《中国经济史研究》1990 年第 1 期,第 85 页。

② Chinese Economic Bulletin, No. 12, 1928, p. 237. 又见北京市总工会:《旧中国北京缝纫工人情况的调查报告》,1916 年油印本。

③ Chinese Economic: Bulletin, No. 3, 1928, p. 30.

④ Chinese Economic: Bulletin, No. 17, 1928, p. 215.

前面提到过福州的制鞋业行会曾经为妇女在家中为人加工鞋帮而大起恐慌，实际上这在其他地区也不罕见。“上海的制鞋工场只在工场内制作鞋子的若干部分，其余部分都以资本主义家庭劳动的方式进行生产。”①很多制鞋场坊都已承接鞋店的订货，北京制鞋业中有一种所谓“卖活作坊”，甚至没有门市，专为鞋铺加工，它除了需要一二间房屋和一些简单的手工工具外，不再需要什么别的本钱和设备，所以家数很多，远远超过那种在大街小巷开一间门面，为顾客加工、修配布鞋的所谓“门活屋子”。那些前店后坊式的鞋铺，更是商店的附设作坊，在这些作坊里进行着拉骨子、粘鞋面、打鞋里、套配、排鞋、切底和制底坯等工序，其他需要劳动力多的工序，如纳底，绱鞋、缝脸、缉鞋口等，则有个体劳动者代为加工。② 根据以往的行会原则行事的情况尽管仍然屡屡可见，但是在总的方面来看，它们已经受到商业资本的支配。制伞业的情况也是同样。20 年代前后，上海有很多制伞场坊，其生产过程分为不同的工序，有制作伞柄的，裁纸与裁布的，上油涂胶的，制作金属部分的，最后再将各部分组装起来。“这些伞的全部或至少绝大部分，通常都是接受大商行的订货而在各家场坊里分别进行生产的。”③

在当时俨然一大行业的金箔业中，这样的现象更比比皆是。金箔的制作分为 8 道工序，其中 5 道工序在工场内完成，还有 3 道则由家内劳动制作。1927 年时，“杭州的金箔工场约雇有工人

① Chinese Economic：Bulletin，No. 8，1927，p. 719.

② 北京市总工会：《旧北京鞋业工人的处境及其斗争的调查报告》，1961 年 5 月油印本。

③ Chinese Economic Bulletin，No. 17，1928，p. 215.

4000名,而从事相关家内劳动的妇女则多达数万"①。上海锡箔业的年营业额多达1500万元,据说有30家店铺掌握着锡箔原料和成品的买卖,700家场坊从事锡箔的制作,而邻近城镇中为其从事家庭劳动的妇女则有数千人之多。②

在有些手工行业中,尽管并非全部,至少仍有相当多的生产过程受到行会制度的强烈影响,问题是,即使在这样的手工行业中,也不再能说行会制度仍保留着它的纯粹形态。例如制扇业的情况,就很能说明问题。制扇是中国的一项重要手工业,1892年输出1100万把,1901年输出4000万把,1924年输出竟达9000万把之多,而国内的消费量还要比输出额多出数倍。③ 制扇业生产在国内分布广泛,杭州、苏州、福州、上海、南京等地都有。制扇过程分为5个部分:一是由竹木加工成扇骨或扇柄;二是制作扇面;三是竹木部分的装配;四是扇面的刻画;五是最后的组装。当时,在大多数情况下,制扇所需的纸、竹、木等原材料,都是由商人所控制着并提供给手工业者的,"扇面多由刺绣的布作成,这种刺绣也是由家内劳动完成的"。④ 大多数手工场坊和个体劳动者,其原料已由商人供给,而且是依靠这些商人所付的定金从事生产的。在另一种情况下,则是制扇手工业者的产品由批发商或零售商所包买,在一些都市的近郊,各个农家制作的扇子都由代理商收买集中,已经不再与市场发生联系,在本质上也已经与商业资本的雇佣工人没有太大的差别。

织布业和丝织业中包买主制经营的扩展与普遍,已为人们所

① Chinese Economic Bulletin, No. 286, 1928, p. 44、p. 92.

② Chinese Economic Bulletin, No. 286, 1928, p. 92.

③ 《支那行会手工业の运命》,转引自《满铁调查月报》第13卷第8号,昭和8年8月,第216页。

④ Chinese Economic Monthly, No. 1, 1924, p. 3.

熟知。20世纪二三十年代，河北全省89县共生产2570万匹土布，其中89%是经布商之手贩运至他省的，剩下的11%中也有相当一部分由布商在省内卖出，“这些布商不但运销布匹，而且以供应棉纱的方式控制机户”。① 南通城内，经营土布的布商也十分活跃，有150多家布店，负责供应当地织户所需的棉纱。② 苏州丝织业中的“账房”包买主制经营由来已久，早在清康熙年间即已出现。鸦片战争以后，“账房”数量激增，时人统计，1899年时，“账房大者有一百余户（资本十万元以上），中者有五百余户（资本一万元以上），小者有六百余户（资本二三千元）”。③ 这可能估计过高，但丝织业中包买主制经营得到很大发展则是事实。苏州丝织业云锦公所的文件记载：“逊清同、光之间，纱缎业之营业状况，可称鼎盛时期。……机工造织场所，均皆向承揽之庄（即‘账房’——原注）取料包工，在家织造成匹，交送‘账房’之惯习，致机工散分，附郭四乡者为多，竟有距城五六十里不等，然在苏城内织造者，亦达四成以上。其时机额总数约达一万五千座，而苏府属工商各业，附带赖造织业以安生者，何止数十万人。而货品推销，亦是兴盛一时，竟畅销全中国各省地区外，并推及朝鲜暨南洋诸埠，兴盛不替。”④进入20世纪后，为“账房”代织绸匹的机工，已经占到90%以上，“按机户人数计算，现卖机十不得一，况非一定，今日现卖，明日代织，视为常事”⑤，换言之，苏州丝织业的绝大多数手

① 赵冈等：《中国棉业史》，第225—226页。

② 严中平：《中国棉纺织史稿》，科学出版社1955年版，第279页。

③ 《苏州市情，泽东一月通商汇纂》，《东西商报》，商67，1900年，第3—4页。

④ 苏州档案馆藏：《云锦公所各要总目补记》。

⑤ 《霞章公所就现卖机业另立文锦公所事致苏州总商会函》，民国七年，藏苏州档案馆。

工工人,都已经成为了"恃账房为生"①的雇佣劳动者。苏州丝织业的性质,也就由传统行会手工业转变为资本主义家庭劳动占主导地位的手工业了。

类似的例子,不胜枚举。总之,鸦片战争以后,尤其是民国成立后,社会经济的变化和需要,使得包买主制生产经营在各种手工行业中迅速蔓延,成为瓦解行会手工业的至关重要的力量,"可以说,是产品的包买者与原料的配给者共同造成了行会手工业的崩溃"。②

(三)手工业工人的生活状态

行会手工业的解体,在欧洲,自英国的产业革命完成之后已经普遍进行,而自进入资本帝国主义时代以后,又在世界范围内广泛推进。在资本主义诸国,这样的过程相对较长,资本主义近代工业又得到了较充分的发展,被分解的手工业劳动者逐步无产阶级化,成为雇佣劳动者。"在这些国家中,机器工业取代手工业是在一个一个的部门中渐次推进的。欧洲的行会手工业,最先是遭到工场手工业及资本主义家庭劳动的火枪的袭击,然后才遭到机器大工业火炮的轰击。"③在工业化过程中,这些国家濒于衰颓消亡的手工行业的劳动者,基本上都为近代机器工业所吸收。例如,德国在1882—1895年间,独立手工业者在各行业中减少的比例如下:纺纱业67%,染料业58%,织布业48%,制帽业42%,锻冶业40.5%,制粉业32%,皮革业30%,制桶业26%,酒匠24%,漆匠及金匠21%,肥皂业20%,制箱业17%,玻璃业13%,等等。正是

---

① 陈作霖:《凤麓小志》。

② 《支那行会手工业の运命》,转引自《满铁调查月报》第13卷第8号,昭和8年8月,第217页。

③ エル·マヂヤール著,安藤英夫译《支那问题概论》,泰山房,昭和14年版,第71页。

在此期间，德国的近代工业突飞猛进，从而吸收了这些破产的手工业者。① 中国的手工业者，则没有这样的运气。近代中国手工业生产所面对的，是来自英、德、美、日等国的廉价机制工业品的猛烈的炮火齐射，手工业生产迅速破败，而近代工业的发展又很不充分，大量手工业者和破产农民被抛出了传统的手工生产过程，却又不得转化成为近代工业或资本主义农业的雇佣劳动者，等待着他们的只能是极端贫困化的悲惨命运。

一般说来，行会手工业中帮工和徒弟的生活状况，要比大工业工厂的工人为差。手工业生产的一个显著特点是普遍使用学徒。清末民初以后，由于行规松弛，对使用学徒的数额放宽，这一现象更为突出。1924 年，北京的一些行业使用工人和学徒的情况见表 29。②

表 29　北京手工行业使用工徒情况表

1924 年

业别	调查家数	工徒人数	工人占%	学徒占%
地毯业	19	1868	41.3	58.7
织布业	13	926	51.4	48.6
制革业	2	63	50.8	49.2
皂烛业	6	65	73.8	26.2
织袜业	2	44	0.5	95.5
毛巾业	1	45	33.4	66.6
料器业	1	130	15.1	84.9

---

① エル・マヂヤール著，安藤英夫译《支那问题概论》，泰山房，昭和 14 年版，第 71 页。

② 据《调查北京工厂报告》计算，见彭泽益编：《中国近代手工业史资料》第 3 卷，第 105、130 页。

1929年前,天津手织业中使用学徒也很多,地毯业约占28%,织布业约占65%,针织业约占72%。① 其实,这也是各地区、各手工行业的普遍现象,原因在于,学徒"因无工资,而厂主利其值廉,做工时间与成人毫无区别"。② 在一些竞争比较激烈的行业,"往往多谓家数太多,出货不能畅销,欲减轻工本,竞谋多招学徒,以省工资"③。例如苏州的纱缎庄,都招有若干学徒,"在学艺过程中还须负担许多杂务,……学徒无工资,每月只发一些零用钱,膳宿则由庄内供给"。在年底分红利时,学徒也不参加分配,只可以得到数目不等的奖金,称为"鞋袜钱"或"压岁钱","每人所得金额不会很多"。④

无论学徒还是工人,其劳动时间之长都是有目共睹的。整天工作及一星期工作7天是全国手工行业的一般规矩。平均为每天10—11小时,工作忙的时候做夜工,则不在此例。手工工人的假日很少,而且相隔很久,一般为一年三节(新年、五月的端午和八月的中秋),休息的天数则各地、各行业有所不同。在苏州纱缎业中,正月休息半个月,其余两节各为一周左右。⑤ 民国以后,有些地方的手工业公会开始规定每月给工人两天的休息时间,多半在初一和十五,但这种情况并不多见。⑥

---

① 彭泽益编:《中国近代手工业史资料》第3卷,第168页。

② 《吾国地毯业概况》,《工商半月刊》第3卷第22、23期,第65—66页。

③ 《调查北京工厂报告》,见彭泽益编:《中国近代手工业史资料》第3卷,第164、165页。

④ 小野忍:《苏州の纱缎业》,《满铁调查月报》第22卷第5号,昭和17年5月。

⑤ 参见王翔:《中国资本主义的历史命运》,第59页。

⑥ S. D. Gamble:Peking, A Social Survey. New York, 1921, pp. 191-192.

另外一个极端，则是每当生意不好或营业淡季，手工劳动者则又常常处于失业半失业的状态，江浙一带织造漳绒的行业，“经营业务系有时间性，上半年度几乎全部停工”①，以致许多漳绒生产者，淡季无工可做，只得回乡务农或另搞他业，以维生计。这种情况，在全国许多手工行业中都很普遍，一些在手工工人中广泛流传的俗谚，所谓“三百天浪荡，六十天赶忙”②；所谓“五月荒，六月闲，七月死，八月活，金九月，银十月，穷十二”等等③，正反映了在传统的生产经营方式下，手工工人连基本的劳动权都难以保障的无奈处境。

1926年，一个对广西进行过实地调查的报告指出：“一般说来，近代工人的状态比手工劳动者要好，这从劳动时间、工资水平及职业分类上可以看出。这一事实的产生，除了与其他相似地区同样的原因以外，大概还带有广西本地的一些特点。在广西，由于受过近代机器工业训练的熟练劳动者数量极少，因而他们往往比较容易改善自己的劳动条件和生活水准。但是也有例外，矿山工人则并非如此。在这一部门中，无须经过特殊的训练，其劳动条件与手工业者相比显然乏善可陈，卫生状况甚至更糟。”④

另一个对山西的大工业劳动者和手工业劳动者景况的描述，差别就更为明显了：

“山西的工人，可以分为新式工业部门的劳动者和旧式手工

① 《吴县漳绒业同业公会组织调查表》，1948年10月13日，藏苏州档案馆。

② 苏州档案馆藏：《云锦公所各要总目补记》。又见王翔：《中国资本主义的历史命运》，第309页。

③ 苏州市丝绸公司：《苏州市丝绸工业志》，“解放前行业谚语”（未刊本）。

④ 转引自《满铁调查月报》第13卷第8号，昭和8年8月，第218页。

劳动者两类。属于第一类者,包括铁路工人、汽车司机、机器操纵工和一般的现代企业中的劳动者,他们大多数来自天津、上海和武汉。他们的月工资从10元到30元不等。这一类工人,在山西的劳动者中是生活状况最好的。他们可以住相当干净的房屋,可以吃由面粉制作的食物,时时还能吃到肉类。他们穿的衣服虽不华美,倒也整洁,还往往有人穿洋装,即使与别的劳动者群处杂居,也很容易将他们识别出来。……反之,手工业劳动者每月的工钱仅有4元到8元不等,以这样的收入除去支付自己的衣食费用外,还须抚养家人。他们住的是土屋,甚至还有在地窖中或者森林地带的洞窟中栖身的。他们有时也可吃到面食,但主食是马铃薯,对他们来说,包菜等新鲜蔬菜都成了奢侈品。他们恐怕从来都没有吃过肉。他们穿的是棉布,每月的生活费超不超过2元或2元半都很成问题。"①

即使在机器工业比较发达的江浙地区,大工业工人与手工业工人的待遇也不相同。20年代时,"斯时开电机工人,进益优厚,每天有两元之收入,而月计进益五十余元"②。据当时江浙地区丝织行业的工资档案记载:操作特快电力机的工人,每月可织绸400米,可得工资大洋46元;操作普通电力机的,每月平均可织300米,得工资39元。与之相比,丝织手工工人的收入则要低得多,一般"城机"织工月工资为15元,"乡机"织工仅有10元,分别比电机织工低67.4%到61.5%和79.1%到74.4%。③ 营业不景气之时,"上手工人,每月可得工价洋六七元,次手工人可得四元左右。

---

① Chinese Economic Monthly, No. 5, 1925, p. 23.

② 纱缎业云锦公所文件:《纱缎业沧桑回忆录》,藏苏州市档案馆。

③ 《吴县丝织厂业同业公会致总商会函》,藏苏州档案馆。

以每日计,不过一角至二角余"①。

甘博尔对北京手工业劳动者状态的观察,得出的结论是一样的。他写道:"行会对非熟练劳动者工资额的规定,根据的是最低限度的生活水准。石匠、木匠等行业的熟练劳动者的工资,比非熟练劳动者约高出70%多。不仅如此,又因为气候的关系,一年之中有四个月无工可做,非熟练劳动者的经济状况是非常困难的。由于非熟练劳动者的工资极其低微,他们中有相当一部分人终身无法结婚。行会只希望努力保持一定的最低生活水准。即使由于种种特殊情态,生活水准一时得以上升,行会也不会保持这种上升了的生活水准。有时行会也会增加工资,但这种事情实际上只是在工资难以维持最低限度的生活水准时才会发生。"②在1858—1924年间,北京行会手工业者的工资大约增加了11倍③,但同期由于物价上涨和货币贬值的原因,使得工资的增加不仅是物价腾贵、币值低落的一个结果,而且也是远远跟不上物价上涨和货币贬值的倍率的。

种种材料证明,作为一般情况,可以说手工业劳动者过着比大工业劳动者还要贫困的生活。手工劳动者的工资,只能用来维持最低限度的生存,非熟练劳动者则甚至连结婚的资力也不具备。尽管大工业劳动者也受到极端苛刻的榨取,但他们的生活状况比起手工业劳动者来,还算幸运。

对手工劳动者的这种最严酷的压榨,是在中世纪的行会家长制度等种种外壳的包裹下隐蔽地进行的。在行会制度下,之所以

---

① 《江苏省工业调查统计资料》,《吴县工业》。

② Tien Pei Meng and S. D. Gamble: Price, Wages and The Standard of Living in Peking(1900—1924),1926,p. 110.

③ Tien Pei Meng and S. D. Gamble: Price, Wages and The Standard of Living in Peking(1900—1924),1926,p. 110.

采取帮工和徒弟都食宿在师傅家内的形式,看来其原因只不过是为了便于师傅对帮工和徒弟的控制,而且可以防范他们在别的场所工作,容易与其师傅竞争,违反行会的规则等等事情发生。所以有的研究者把它称之为"一种独特的生产统制"。① 这种情形,有助于造成雇主与雇工同在一个屋檐下尚能"和谐"相处的印象。甘博尔的调查显示,行会所面临的问题,主要是关系本行业整体的问题,据说由工人利益与雇主利益相抵触而发生的问题很少。与工人利益有关的主要是工钱问题,通常是由雇主自动加以调整,不需工人提出特殊的要求。"雇主与雇工的关系是如此之密切,以致当物价高涨,工人需要提高工钱时,雇主可以表示理解而自愿提高。工人们有一定的生活标准,并不经常企图改变这个标准,只是对任何企图降低这一标准的行为进行抗争。"②如果生活费用高涨而雇主又不肯增加工资,工人们也会联合起来,集体向雇主提出要求。要求不遂,便以罢工为武器。但在事件解决后,则仍是雇主和雇工同在一个行会里、甚至同在一个屋檐下合作。据苏州纱缎业的老板回忆,本世纪二三十年代时,每届岁末,纱缎庄都要"招待机户及'三叔',一同来我家吃年夜饭,供应酒、菜、饭……酒要吃去数百斤黄酒";被纱缎庄解雇,"工人还要磕头拜别"。③ 在当时铁机织绸工场和电机绸厂的工人运动已经初步展开之时,据说,"本机工人亦有因停歇而有非分要求者,究系少数"。④ 从纱缎庄领料代织的,大多是被称为"乡机"的农家机户和城镇机工,"乡机

① 《支那行会手工业の运命》,转引自《满铁调查月报)第13卷第8号,昭和8年8月,第225页。

② S. D. Gamble: Peking, A Social Survey. New York, 1921, p. 169.

③ 《苏州丝绸史资料》,第19—24页(未刊本)。

④ 苏州档案馆藏:《云锦公所各要总目补记》。

工人，性情温厚者尚多，而对非分苛求，则似较电机工人看破一些。盖彼等理想，较为达观，且具道德心”①。这是出自雇主之口的评价。其实并非“乡机”手工工人对自己的切身利益漠不关心，实在是由于在包买主制度下分散织造，又受到传统行会制度的严重影响，权利意识尚不及绸厂工人高，力量也不如绸厂工人集中，因而往往在雇主的软硬兼施和行会的旧有习惯下隐忍不发。

但是，伴随着资本主义生产方式的发展和传统手工行业的日益崩坏，这种带有前资本主义特征的师傅与帮工的关系已经越来越淡化。到20世纪二三十年代，尽管帮工和学徒在许多场合仍是作为师傅的“长工”出现，封建家长制的人身关系依然在现行的劳动条件中存留，前资本主义的种种旧习依然在雇主和劳动者之间产生影响，但是，中国社会经济毕竟已经有所发展，资本主义关系毕竟正在不断生长，宗法制度已处于逐渐解体的过程中，帮工和徒弟不再作为师傅“家族的成员”，而仅仅作为“劳动共同体成员”的情况已经随处可见。

民国以后，在同业公会制度下，手工业雇主与工人之间的关系，变化加速，分歧加深，对立加剧，同业组织内部开始分解蜕变，显示了中国职工运动初兴的可观影响。甘博尔的调查表明，即在20年代初，同业公会组织里已经可以看到这种分歧的事实，北京的香料和化妆品业的雇主和雇工虽然仍在同一个公会，却分别在不同时间不同地点各自开会；制鞋业中雇工的组织则与雇主的完全不同。甘博尔预测：“雇主和雇工包含在同一个行会里的情况还能维持多久，很难说。但有理由相信，中国的职工会和雇主的同业公会将分别发展起来。因为随着工业的发展，雇主和工人的利

① 纱缎业云锦公所文件：《纱缎业沧桑回忆录》，藏苏州市档案馆。

益将日益分歧,目前两者之间的密切关系将渐趋消失"①。实际上,这种雇主与雇工组织的分离,已经逐渐遍及全国,而在华中、华南等省的一些地区,则业已成为事实。例如苏州,"前清机织缎业,只有云锦公所,系由缎庄账房集资结合"②,"由丝织、宋锦、纱缎业合建"③。民国以后,云锦公所的成员,只剩下"纱缎业之专办丝经,招工放织"的"账房"④,渐渐具有了纱缎庄业同业组织的性质,而揽织机户和机工开始从云锦公所中分化出来,"机匠一帮设立霞章公所"。⑤ 属于独立个体手工业者的"现卖机户","力绵势散,既不能加入云锦公所之范围",起初亦脱离云锦公所而归入霞章公所,到民国七年,又从霞章公所脱离出来,重新呈请设立了文锦公所。⑥ 各方面的情况都表明,尽管传统行会的形式和内容仍在通过种种场合顽强地表现自己,绵延日久的行会制度毕竟已经日薄西山,面临蜕变和行将崩溃。

五、中国工业多元结构和手工业功能分析

随着近代中国政治经济、思想观念、习俗时尚和大众心态的递

---

① S. D. Gamble: Peking, A Social Survey. New York, 1921, p. 171.

② 苏州档案馆藏:《霞章公所致总商会函》,民国七年。

③ 《苏州清代会馆公所资料摘记》,《苏州工商经济史料》第1辑,第227页。

④ 《现卖机户呈请另立文锦公所》,1918年8月9日。

⑤ 《文锦公所代表王庆寿等致商务总会》,1918年8月10日。

⑥ 《文锦公所代表王庆寿等致商务总会》,1918年8月10日。"现卖机户"为自织自卖的丝绸小生产者,"皆系自备工本,织造纱缎货匹,零星现卖以为营业。其丝经原料既无须仰给于纱缎庄,而货品之织造亦不必假手于机工,故名为现卖机业"(《苏州现卖机业缎商文锦公所章程》,藏苏州市档案馆)。

嬗衍化，随着近代资本主义生产方式在中国的兴起发展，随着一些手工行业向近代机器工业的推移过渡，中国工业经济的传统格局和固有结构发生了巨大的变化。一代新质生产力正以一种新型产业组织为载体，出现于中国社会经济的大系统中。这种新质生产力，不仅在构成因素、组合方式、总体功能上，同它赖以产生的旧土壤相比表现出新的内容，而且在数量上也逐渐占有一定的比重。

就在新的生产方式发挥着它的“扬弃”功能，从各个方面，以各种形式改造、提高、排斥和淘汰旧的生产方式，完成社会生产方式有机体新陈代谢的同时，与之形成鲜明对照的，则是“扬弃”过程中的“亲和”现象。扬弃和亲和是生产力发展演化生命周期中同时发生作用的两种力量，从来不曾出现也不可能出现只有一种力量起作用的情况。这是因为，任何社会生产力的孕育、诞生、成长、成熟和蜕变的过程，都离不开纵向的继承与横向的渗透。从纵向看，每一级和每一代生产力都必须以前一级和前一代生产力为既定前提和出发点，具有纵向继承性，不可能凭空产生，在无外力作用的情况下，也无法跨越；从横向看，每一级、每一代生产力，在开放形态下都会受到其他级、代生产力的作用或影响，都具有横向的吸附性与流动性，使得较低代、级生产力不断向较高代、级生产力靠拢和转化，当然，也不排除特定历史条件下的逆向运动。由此，新一代生产力无论是从原有系统内部自然演化而出现，还是从系统外部强行楔入而生长，都可能而且必然与原有的生产力交错并存，并延续一个相当长的时期。于是，在生产力新陈代谢的生命周期中，就不可避免地会形成一种“四世同堂”的局面；在任何一个历史时段上，也都会合乎逻辑地出现数种生产方式并存共生的“多元结构”。在近代中国，这种结构表现得尤为明显，延续的时间也格外漫长。

(一)多元结构

中国以往并无大规模的机器工业,它主要是鸦片战争后从外国资本主义国家移植和发展起来的。它在社会经济结构中扮演着越来越显要的角色,但是手工业生产的重要性却丝毫没有减少,相反,工场手工业、包买主制手工业、相等于家内副业的农民家庭手工业,“即使比重有下降的趋势,现在仍然要数它们最为重要”①。此时的手工业生产,在中国工业生产中的地位,不仅是举足轻重的,而且仍然是首屈一指的。这从以下诸表中的数字可以看出(见表30—表35),尽管这些数字只是大体的估计。在工业制造业产值中,手工制造业仍远远超过机器制造业,见表30。

表30　手工制造业产值估计

1920/1933年②　　单位:万元

业别	1920年	1933年
轧棉业	35925.4	54435.6
棉纺业	14056.2	7725.2
棉织业	42162.2	55496.0
榨油业	40604.8	57198.6
酿造业	50050.7	44450.0
面粉业	27696.9	24597.6
碾米业	21668.1	19243.4

① 《支那行会手工业の运命》,引自《满铁调查月报》第13卷第8号,昭和8年8月,第188页。

② 巫宝三:《中国国民所得,一九三三年》,各页;许涤新、吴承明:《中国资本主义发展史》,第1083页。

续表

业别	1920 年	1933 年
服用品业	21230.5	18854.8
缫丝业	6195.3	5502.0
丝织业	11323.3	10056.2
制烟业	19350.1	17184.8
制茶业	16657.6	14793.6
造纸业	6283.1	5580.0
制糖业	5602.2	4975.3
砖瓦业	5814.3	5163.7
交通用具业	12904.3	11460.3
其他 34 业	88533.6	78626.6
合计	462058.6	435343.7

1920—1933 年的数据，并没有太大的变化。与之相比，章长基、吴承明估计的 1920 年的近代机器制造业产值为 88287 万元，只及当年手工业产值的 19.11%；巫宝三估计的 1933 年的近代机器制造业的总产值为 218617.6 万元，这个数字包括全部合于工厂法的工业产值，包含外商厂，也包含东北在内，但也不过只是当年手工业产值的一半。由此，可以制成表 31。①

① John K. Chang: Industrial Development in pre-Communist China, 1990, p. 60；又见巫宝三：《中国国民所得，一九三三年》，各页；许涤新、吴承明：《中国资本主义发展史》，第 1083 页。

表 31　手工业与机器工业产值比较

1920/1933 年　　单位:万元

	工业总产值	手工业产值	占比重%	机器工业产值	占比重%
1920 年	550345. 6	462058. 6	83. 96	88287. 0	16. 04
1933 年	653961. 3	435343. 7	66. 57	218617. 6	33. 43

国外有些学者对 1933 年的几种主要工业产品产值作过分项测算(见表 32)。①

表 32　棉纱、棉布、生丝、丝绸、面粉食油的手工生产与机器生产的比较

1933 年

行业		手工业	机器工业	总值
棉纱	百万元	24. 7	113. 9	138. 6
	%	15. 6	88. 4	
棉布	百万元	116. 9	62. 3	179. 2
	%	65. 2	34. 8	
生丝	百万元	7. 8	10. 9	18. 7
	%	41. 7	58. 3	
丝绸	百万元	64. 4	32. 4	96. 8
	%	66. 5	33. 5	
面粉	百万元	274. 0	19. 0	293. 0
	%	95. 2	4. 8	
食油	百万元	128. 4	15. 7	144. 1
	%	89. 1	10. 9	

① 刘大中、叶孔嘉:The Economy of the China Mainland:National Income and Economic Development, 1933—1959, 1968, 引自 Albert Feuewerker, The Chinese Economy, 1912—1949, Michigan, 1968, p. 11。

国内有的研究者则着眼于产量,对1933年时12种主要手工业产品在工业生产中所占的比重作了估算(参见表33)。①

表33 棉纱等12种产品手工生产与机器生产的比较

1933年

产品	单位	机器生产	%	手工业生产	%
棉纱	市担	5666000	75	1866000	25
棉布	匹	18729000	19	79280000	81
生丝	市担	92000	41	131000	59
绸	匹	1517000	25	4550000	75
夏布	匹			2400000	100
茶叶	市担	71000	3	2579000	97
糖	市担	134000	2	6600000	98
豆油	市担	431000	8	4802000	92
棉油	市担	371000	20	1462000	80
花生油	市担	762000	13	4995000	87
纸	市担	1300000	17	6600000	83
陶瓷	元	2276000	9	22787000	91

在对外贸易中,手工业也一直占据着显著的地位。甲午战争前,手工业产品在出口总值中占了绝大比重:1873年为6646.46万关两,占95.7%;1893年为9540.09万关两,占81.8%。② 甲午

① 据汪敬虞:《中国近代手工业及其在中国资本主义产生中的地位》,《中国经济史研究》1988年第1期,第92页表改制。

② 严中平等:《中国近代经济史统计资料选辑》,1955年版,第72—73页。

战争后,国内机制工业有了较大的发展,与手工业生产在社会经济中的地位相适应,手工业产品依然在出口总值中首屈一指:1903年为10739.06万关两,占50.1%;1910年为15766.50万关两,占41.4%;1920年为21340.26万关两,占39.4%;1925年为23117万关两,仍占29.78%。① 如除去农产、矿产等原料品,只以制成品、半制成品计算,手工业对机器工业的优势就更为明显(参见表34)。②

表34 手工制品、半制品与机制品、半制品比较

1873—1920年 单位:万关两

年份	手工半制品		机制半制品		手工制成品		机器制成品	
	数值	%	数值	%	数值	%	数值	%
1873	2597.5	38.4			4049.0	59.9	118.1	1.7
1893	3312.3	33.6	11.7	0.1	6228.1	63.3	291.6	3.0
1903	3686.9	23.6	3151.0	20.2	7052.2	45.2	1714.8	10.1
1910	4988.9	21.8	4531.9	19.8	10777.6	47.1	2589.7	11.3
1920	4441.4	13.7	6662.1	20.5	16898.9	52.0	4495.5	13.8

如将全国工厂中使用原动力和不使用原动力的厂家数量加以对比,情况可能更有说服力(参见表35)。③

---

① 据历年《海关关册》;严中平等:《中国近代经济史统计资料选辑》,第72—73页:彭泽益编:《中国近代手工业史资料》第3卷,附录4等改制。

② 据历年《海关关册》;严中平等:《中国近代经济史统计资料选辑》,第72—73页;彭泽益编:《中国近代手工业史资料》第3卷,附录4等制作。

③ 据彭泽益:《近代中国工业资本主义经济中的工场手工业》,《近代史研究》1984年第1期,第126页。

表 35 使用原动力和不使用原动力的厂数比较

1913—1919 年

年份	家数			比重%	
	共计	用原动力	不用原动力	用原动力	不用原动力
1913	21713	347	21366	1.60	98.40
1915	20746	488	20258	2.35	97.65
1917	15736	481	15255	3.06	96.94
1919	10515	360	10155	3.42	96.58

应该指出，由于缺少系统完整、详尽精确的资料，以上的统计（见表 30—表 35）都只能是一种估算，而且，由于各人所据资料不同，所用方法各异，得出的具体数字也可能会有出入，但是，它们所反映的历史事实是一致的，那就是，在这一时期乃至此后相当长的一段时间里，手工业生产是中国商品生产的主要承担者，在社会经济中占有着远远超过近代机器工业的重要地位。

20 年代以后，中国的机器工业续有发展，使用蒸汽、电气和内燃机动力的企业有所增加，但是，工业与手工业的企业和劳动者数量的结构关系，并无显著变化。“全国劳动联合会第五次代表大会主席团断定，当时从事大型机器工业的劳动者人数约为 350 万人，与此相对，从事手工业的人数则有 1750 万”①，呈 1 与 5 之比，而手工业者中尚未包括犹如汪洋大海般的农民家庭手工业者。

这种先进的机器工业与传统的手工生产共生并存的状态，突出地表现为一系列的不平衡。

① 《支那行会手工业の运命》，引自《满铁调查月报》第 13 卷第 8 号，昭和 8 年 8 月，第 187 页。

首先,是区域间的不平衡。一方面,是通商口岸、沿海沿江城市与边远内地的差别。与南部、东南部沿海先进地区相比,边远内地的社会经济发展简直落后了一个时代。19 世纪 50—60 年代,闽广地区的棉纺织手工业已在经由洋经土纬到洋经洋纬的蜕变,大多数地区则依然信守土纱不放,"见有洋纱织者,则剔出不收"。[①] 80—90 年代,珠江、长江三角洲新式缫丝业勃兴,农家已纷纷售茧而不缫丝,手工土丝生产已经一落千丈,内地诸省的近代缫丝厂则尚未登场。直到 1902 年,长江上游的四川三台,才有裨农丝厂问世,"先由直缫义(意)大利式木机丝车十二部肇始",次年"新修厂房,增添六十部",1905 年"新建蚕室四间,并添新车四十部",1909 年又"添修茧库及缫丝工厂,添车一百四十部",才算初具规模。[②] 此后,川省近代缫丝工业次第展开,但比起长江下游的上海、无锡,不仅时间上晚了 20 多年,规模上更是不可同日而语。20 世纪初期,东南沿海已经是机纱盛行,"乡间几无自轧自弹自纺之纱矣"[③],而一些内地边远地区照旧"皆以自植之棉,自纺成布"[④],由于农家"多赖自行纺线,以资糊口",所以洋纱不甚为当地纺织业者所欢迎。[⑤] 20 年代以后,沿海先进地区的绸厂里已有电力织机高速运转,内地各省基本上还在使用着人工抛梭的土木织机。例如,民国以后,河南等地的丝织业渐有抬头,时人每以"孺妇会络经,满山梭子声"的场景而颇感自豪,其实这只不过是

---

① 张謇:《兴办大生纱厂十二年历史》,《通州兴办实业之历史》上册,第 111 页。

② 尹良莹:《四川蚕业改进史》,商务印书馆 1947 年版,第 346 页。

③ 何良栋:《利国宜广制造论》,《申报》光绪二十一年八月一日。

④ 张思曾:《一个"匪区"农况变迁之描述》,天津《益世报》1934 年 11 月 24 日。

⑤ 《通商各关华洋贸易总册》下卷,思茅口,第 132 页。

传统农家副业生产状况的写照。直到1929年，才有人提出《整顿豫绸初步方略》，针对豫省丝绸生产的落后现状，计划引进和推广铁木手拉织机，组织和创办丝织手工工场。据说“不一月间，四方响应，豫省各产绸区域，闻风兴起，共谋奋斗，以图改革”①，但与先进地区的沪、杭、苏等地相比，亦已经晚了20年。有人调查所见，直到20年代后期，内地边远省份的机器工业还是寥若晨星，传统手工业的地盘依然十分稳固。例如在广西“一切生产部门中，即织布、金属加工、制革、木材加工、酿造、饮食、烟草等行业中，手工业者的手工劳动并未动摇，仍然占着压倒的地位，供给居民充足的消费，而无须利用国外、省外输入的商品，甚至也不待使用农家副业生产的产品。全省从事手工业的人数约有十万人，超过了全省人口的十分之一”。②

另一方面，是大中城市与广大乡村的差别。有些近代工业已经在一些通都大邑出现，或已居于优势，而同一区域的乡村地带，则似乎很难感受到这种风气的影响，传统手工业生产的固有地位并未受到严重摇撼，旧式生产工具仍在继续沿用，旧的经营方式仍在继续维持，占统治地位的仍然是那种一家一户的小农家庭副业或城镇手工业者的小商品生产。第一次世界大战之后，哈尔滨为北满机器榨油业的中心，有“英、德式之新式制油工厂二十余所”，同时“附近有旧式油坊一千以上”。③ 20世纪20—30年代，苏州城内近代绸厂早已兴起，而郊县农村，“手工业方面以织缎为最著名。乡间有庄号五六十家，专发原料给农家妇女织造，此类农妇，

① 庞藻:《整顿豫绸初步方略》,1929年,藏河南省南阳市档案馆。

② 《广西概况》,《广东》1928年第8、9期,转引自《满铁调查月报》第13卷第8号,昭和8年8月,第218页。

③ 杨大金:《现代中国实业志》,第679页。

数在几千以上。每年所出苏缎、纱缎、素缎,价值三百余万元”。① 江苏镇江的特产“江绸”,亦为“农家妇女副业之一”。② 另一丝绸产地丹阳,几乎没有“添备新式织机以适应环境”的绸厂,清一色还是沿用旧式工具以维持生存的丝织机户,“全县机户约有二千余家,多散处乡间,其号称‘大机户’者,约有机十余架,小者仅一二架而已”。③ 著名的“丝绸之乡”盛泽镇上,已经有人开始了电机织绸事业,但是近在咫尺的周边农家机户,则依然故我,手织不辍。时人调查,盛泽“丝织业可分为二种:一是纺绸业;二为电机织绸业。前者为该邑历史悠久之手工业”。④ 两者加以比较,电机织绸尽管日有发展,但在产值和产量上均未达到与手工纺绸业平分秋色的地步,丝绸产量的绝大部分,还是出自四乡农民之手,“查盛泽四乡乡民重织轻耕,以丝织生产为主要副业,即全区商业之荣枯,亦以丝织生产之盛衰为转移”。⑤ 20 世纪初开始,四川省的三台、乐山、重庆、合州等地,渐有近代丝厂出现,据说“颇著成效”⑥,但是遍布川省农村的,仍然是蚕农兼业的家庭手工缫丝。1910 年,川省有缫丝农户 14 万户,产丝 2174 万两,缫丝农户在 500 以上者有 18 个州县,其中 1000 户以上者为 11 个州县,内江、阆中等县近 1 万户,西充 3.7 万户,三台 5.9 万户。⑦ 即使在浙江省,1927 年已有 15 家近代丝厂,年产厂丝约 225 吨,而直到

---

① 《吴县工业》,《中国实业志》(江苏省),1933 年。

② 《镇江工业》,《中国实业志》(江苏省)。

③ 《江苏丝织业近况》,《工商半月刊》第 7 卷,1935 年 6 月。

④ 《中国工业调查报告》第 2 编,1937 年版,第 70—71 页。

⑤ 《盛泽区商会函》,1946 年 1 月,藏江苏省吴江县档案馆。

⑥ 《四川劝业道知照同意拨借官本扩充潼川丝厂札》,《四川保路运动档案选编》,第 79—81 页。

⑦ 《四川第四次劝业统计表》(宣统二年)第 22 表。

1931—1932年,全省各县土丝产量据不完全统计仍有4250吨,比厂丝高出10多倍。①

其次,是行业间的不平衡。一些行业已经开始向机器生产过渡,另一些行业则停滞不前;一些行业中已经出现近代工厂,另一些行业则仍然沿袭着传统生产方式。各行业的发展并未同步合拍,更没有整齐划一。这种现象,在不同行业间固然如此,即便在同一行业之间,同样如此。例如榨油业中,“大豆油之制炼厂,大都集中于辽宁,而规模较大者,多为外人所经营。桐油之精制厂,均集中于汉口,花生油之制炼厂,皆在青岛,其他植物油之制造,则罕有来自新式制油厂者”②。

在同一地区内,缫丝业的机械化程度及对小农手工劳动的取代率,往往要比丝织业高。19世纪70年代后,近代缫丝工业已经在珠江三角洲勃兴,丝织生产则仍是旧式木机、土法织造的一统天下,成为汲纳当地手缫丝的渊薮,直到20世纪20—30年代,广东的丝织手工业,“仍旧以织房8160家,织机22430台,年产额130余万匹,时值269余万元,消用生丝2万余担,而保持它在全省经济上的一个重要地位”。③ 19世纪80年代,近代缫丝工厂亦在江浙一带兴起,而这一地区的丝织生产则迟至20世纪的第一个十年后,才开始引进手拉提花织机,组织手工工场,电力织机的使用还要在此之后,从时间上看,两者相差长达30多年,在各自行业内所

---

① 参见《浙江丝绸史料》下编,1979年版,第192—195页;李安:《调查浙江蚕丝业以后》,载《国际贸易导报》第1卷第5号,1930年8月1日;《支那蚕丝业研究》,1928年报告,第146—147页。

② 杨大金:《现代中国实业志》,第678页。

③ 吕学海:《顺德丝业调查报告》,彭泽益编:《中国近代手工业史资料》第3卷,第431页。

占的比重,就更不能同日而语了。这种状况,反映了机器缫丝对手工缫丝,机器织绸对手工织绸的不同竞争后果。一般说来,织平纹织物,拉机的劳动生产率比旧式木机高 1 倍多,电机高 3 倍多,若织花纹织物,则分别高出 4 倍至 8 倍;而器械缫丝的劳动生产率要比土法手工缫丝高出约 10 倍,机器缫丝则要高出近 40 倍。① 因此,手工土法缫丝自然被机器生产取代得较快较多,而手工木机织绸则相对被取代得较慢较少,形成了行业之间的发展不平衡。

同样,近代棉纺织手工业中手纺业很快衰落,手织业则长期存留。虽然早期的洋务企业,多是棉纺棉织同时兴办,但一盈一亏常为时人所诟病。上海机器织布局的杨宗濂在 1893 年给李鸿章的禀帖中就算过这笔账:"织布机层累曲折,工繁费重,不如纺纱,工简利近。"②实际上也确是机纱畅销,远胜机布。机纱取代土纱的结果,较早就已表现得十分明显,1905—1909 年,棉纱总产量的四分之一已由新式纱厂所制,这一比重不断上升,到 1924—1927 年间,机纱产量已经占到棉纱总产量的 66. 8% ,超过四分之三了。在同样的时段里,机布在棉布总产量中的比重只不过分别为 3. 0% 和 13. 2% ③,根本不能望手织布之项背。其原因,说到底也就是机纺对手纺、机织对手织的效率不同。

这一发展的不平衡,从另一个角度看,则是近代机器工业与传统手工业的并存共荣,即使在传统手工业因外国商品和机制产品

---

① 据小野忍:《杭州の绢织物业》,朱新予主编:《中国丝绸史》(通论),苏州档案馆藏:《云锦公所各要总目补记》, Imperial Maritime Customs Ⅱ, Special Series No. 103, Silk, Published by Order of the Inspector General of Customs,等估算。

② 《杨宗濂遗稿》,转引自张国辉:《洋务运动与中国近代企业》,1979 年版,第 280 页。

③ 赵冈、陈钟毅:《中国棉业史》,第 249—250 页。

的压力而向近代化转进起步较早、发展程度较高的通商口岸和沿海沿江都市内，也十分明显地表现出这一特色。

这种现象，在所有工业部门中都非鲜见。天津是近代面粉工厂集中的城市之一，1920 年时有面粉工厂 4 家，日产粉 12020 包，但同时市区也散布着大量旧式磨坊。1916 年时有 400 多家，石磨总数不下 2000 部，与近代面粉工业发展一道，1916—1920 年间，市区又新增磨坊 94 家。1924 年后改装电力马达的渐多，仍然从事着半手工业生产。①

广东的近代缫丝业起步早，发展迅猛，但陈启沅在创设“汽机大偈”的同时，“事招众忌，乃改创缫丝小机，……而小机之利尤普”。② 所谓“小机”，即足踏缫丝车，它比旧式手摇丝车工效优胜，价钱又比“汽机大偈”便宜，同时，足机的产品也比手机产品质量提高，投合了丝织手工业的需要，有着较好的市场需求，所以“小机”为农家所乐用，在广东乡村中迅速流行，“每人一具，携归家自纴，缫出之丝无多寡，市上均有店收买之，其利更溥”。③ 此后风气日开，“南(海)、顺(德)各属群相仿效”，90 年代时已是“通府县属用此法者不下二万人”。④ 随之而来的，是足机缫丝工场的兴起，“渐有商人创设足机多具，收购蚕茧，雇工缫之。更有集股公司，设置场所，购备足机百数十具，排列成行，并有炭火蒸水改用蒸汽热水，俨如蒸汽丝厂焉”⑤。除了这种手工工场形式外，又有放

① 《天津工业之现状》，《中外经济周刊》第 198、199 期，1927 年。

② 宣统《南海县志》第 21 卷。

③ 民国《顺德县志》第 24 卷。

④ 陈启沅：《蚕桑谱》“序”。

⑤ 吕学海：《顺德丝业调查报告》，彭泽益编：《中国近代手工业史资料》第 2 卷，第 51 页。

机、放茧等散工制经营,丝厂"复设小机器,每人一具,携归家自纴"①。形成了"数十年来,汽机缫丝与足机并行不悖"②的局面。不仅如此,旧式手摇丝车在农村中也还广泛存在,在一些工厂里亦用来做某种特殊的用途,"丝厂间有将劣茧选出,另设小室或小工场,雇佣女工用手机摇之"。③ 需要注意的是,足踏丝车的发明约迟于汽机三数年,盛行时期却是相反,足机盛行于光绪初年,汽机则盛行于光绪中叶以后。可是"至光绪末年……又有孖结丝一类与东丝并行欧美,其制法是用脚踏机,虽规模略小,女工多则百十人,少则六七人,然年中输出额亦占粤丝三分之一"。④ 可见传统手工业向近代机器工业的过渡十分曲折复杂,并非单一进程,更非仅有一种模式。

这种情况,在丝织业中表现得还要明显。曾对江浙等地丝织业进行过调查的日人小野忍记述说:"木机丝织业随着铁机织绸业的发展而衰落,但衰落的速度根据地区或产品种类而有所不同。"⑤他指出,在苏、杭、嘉、湖等城市中,采取传统的"放料收绸"经营方式的"账房"和使用旧式木机从事织造的个体机户,"虽然经营规模显著缩小,却并没有就此消灭,现在苏州城内的'账房'尚有四十多家,经营着在形式上与过去没有多大变化的纱缎庄,保持着木机业与铁机业并存的形式"。⑥ 小野忍的调查报告,可以从

① 宣统《南海县志》第26卷。

② 吕学海:《顺德丝业调查报告》。

③ 吕学海:《顺德丝业调查报告》。

④ 彭泽益编:《中国近代手工业史资料》第2卷,第53页。

⑤ 小野忍:《杭州の绢织物业》(上、下),《满铁调查月报》第23卷第2号、4号(昭和18年2月、4月)。

⑥ 小野忍:《苏州の纱缎业》,《满铁调查月报》第22卷第5号,昭和17年5月。

文献与档案材料中得到证实。据苏州市档案馆所藏档案资料统计:1926 年,苏州有新式绸厂 49 家,拥有电力织机 800 台和提花拉机 1200 架;同时还有传统“账房”57 家,控制着木织机 1800 台。当年苏州生产绸缎 143000 匹,总产值 4940000 元,其中木机织造 36000 匹,价值 1243800 元,均占总产量和总产值的 25.17%。① 直到 1936 年,苏州的新式绸厂增加到 80 余家,“有电力机约二千架,每月每架平均产绸十匹,除间有停歇者外,每年产额近二十万匹,价值五六百万元”;在此同时,仍有“账房”二十余家开业,“木机尚有四五百架,均系遗存之家庭工业,铁机则仅存百架,产量均属有限”。②

在另一个传统丝织生产中心的南京,民国初年也已出现了新式绸厂,但一直没有得到如同杭州、苏州那样的发展,传统生产经营方式仍占优势,“南京织锦者,系半工半商性质居多,一面织造,一面售卖。亦有纯为织工者,家藏一二机,代人织络,收取工资,为纯粹家庭工艺”。③ 旧式的“账房”经营仍很普遍,控制着数以千计的“机工”,“主人家把丝分给机工,分量是多少,都有数的,收回的时候,算计得非常清楚”。④ 这些丝绸业“账房”的领袖人物,大多在南京总商会中占有一席之地。

即使近代丝绸工业发展程度较高的杭州,传统的绸庄和机坊也没有销声匿迹。1926 年前后,杭州仍有“绸庄”150 多家,作为丝织作坊的“机坊”和独立丝织手工业者的“零机”,更是比比皆是。1927 年,杭州有绸厂 115 家,同时有机坊、零机 2985 户;有电

---

① 《苏州城厢工业调查》,1929 年,藏苏州市档案馆。

② 参见《国际劳工通讯》第 20 号,1936 年。

③ 《南京之丝织业》,《工商半月刊》第 4 卷,1932 年 12 月。

④ 《南京机织工人大罢工情由》,1929 年,藏中国第二历史档案馆。

力织机3800台,也有拉机6800台和木机1150台;在当年绸缎产量的881230匹中,“厂货”为469680匹,占53.33%;“零机熟货”为411250匹,占46.67%,仍是平分秋色的模样。到1936年,杭州的新式绸厂增至141家,同时机坊、零机也增至4000户;在6200台电力织机高速运行的同时,也有500台木机和8000台拉机在维持操作;在当年绸缎产量的1205400匹中,“厂货”为705600匹,约占58.54%,“零机熟货”为499800匹,仍占41.46%,相差并不悬殊。① 在这一过程中,杭州绸庄与机户和机坊的关系,逐步由“放料收绸”改为“应销订货”②,即只定购适销的绸缎,而很少放料代织,这种由加工形式到订货形式的变化,并没有改变商业资本控制丝绸生产过程的传统形态。

甚至在同一个企业内,也往往是机器运转与手工操作并举,在一些工序上使用了机器,在另一些工序上则仍然使用人工。例如,日用化学品的生产,起初均系手工,随着产品渐有声誉,市场不断扩大,遂有些企业开始添置机器。出产三星牙膏的中国化学工业社开办于1911年,初期只能算是一个雇工在家经营的手工作坊,9年后始采用电力生产。以生产无敌牌牙粉闻名的上海家庭工业社,1917年时还是个手工作坊,1921年方起建新厂,采用电力。但在此行业中,手工作坊始终占绝大多数,“很多新式化学工业品的生产,也无须大规模的工场”。③ 20年代中,在中国肥皂业生产中心的上海,华商肥皂厂约有30家,除了五洲固本、南洋、中国化学

---

① 朱新予主编:《浙江丝绸史》,第186页,《1912—1936年杭州丝织业基本情况表》。

② 参见王翔:《中国丝绸史研究》,团结出版社1990年版,第160页。

③ 《支那行会手工业の运命》,转引自《满铁调查月报》第13卷第8号,昭和8年8月,第196页。

工业社、亨利、鼎丰等厂改用机器外,使用手工业者一直占有很大比重,因为“肥皂制法简易,不须机器”。① 至于散布于各地的肥皂场坊,更是“皆规模狭小,设备简陋”。

火柴业系劳动密集型产业,在国外多系机器生产,引进中国后,则因劳动力便宜,退而采用手工。初期火柴厂规模均小,全系手工,甲午战争以后设立的一些大厂,如汉口燮昌等,也是全用手工,其排梗机多系手摇或足踏。一些边远内地如四川、陕西、贵州、云南等省,亦有火柴业兴起。重庆20世纪初兴建火柴厂六七家,“全部制造过程都用手工进行”。即使有些地方试图使用机器,亦因“力量薄弱,只有小规模尝试,不久即停止”。② 第一次世界大战后,上海燮昌火柴厂首次使用动力排梗机,但上油、涂药、拆烘、装盒、包封等环节仍是手工。直到1920年,苏州鸿生火柴厂设立,首先使用电力靡磷机、旋转理梗机等机器,可说已经是机器工厂。此后,火柴厂家使用机器者渐多,但即便如此,厂内制造火柴的百分之五十以上的工序,仍由手工完成。另外,所有火柴厂都是将盒片、纸张和商标分发给工厂附近的居民糊制火柴盒,采用资本主义家庭劳动的方式。仅此一项,以1920年全国共生产火柴40万箱、288000盒计,约需糊制火柴盒的厂外工人七八千名。

四川井盐行业,亦仅仅是在汲卤环节开始改用蒸汽或电力机车,其余诸如钻井、煎盐等环节,则连这种有限的机器生产也未出现,仍然保持着原有的手工作业的方式。例如凿井,“方法极为幼稚,皆系千余年来相袭而下之旧法”,所用器具,无非钻头、锤子之类,“既无引擎发动之力,又乏钢钻凿石之利,因之工程异常迟缓,凡成一井,至速须三个月,至迟者常须年余或数年”。磨粉业中的

---

① 参见杨大金:《现代中国实业志》,第472—474页。

② 参见孙毓棠:《中国近代工业史资料》第1辑(下),第989—992页。

机器磨坊,则将蒸汽机或电力机与旧式石磨并用,最先进的动力设备与最原始的作业机体系结合在一起,既不同于旧式磨坊的人推牛拉,也与近代机器面粉工厂有别,反映了从手工业向机器工业过渡期间的尴尬处境与独特选择。

上述种种传统手工业与近代大工业同时共存、相伴并行的状况,一方面反映了这一时期机制产品取代手工产品、机器生产排挤手工生产的不同结果;另一方面,也表明了中国手工业生产的不同发展方向:一部分沿着上行的路线发展,由旧式手工业进化为近代大工业;另一部分则沿着平行的轨道运动,承袭着传统的生产方式和经营特点。两者所占的比例,因时间、地点、行业和工序的不同而有着很大差别。两者之间的关系,既是相互对立,时时发生着此消彼长的演变,同时又是相互依存,在某种程度上形成为一种互补格局。

(二)功能分析

近代中国手工业生产首屈一指的重要地位和在经济结构中绵延日久的长期存在,是明眼人都不难看到的历史事实。它凸显出近代中国工业结构的多层次构造:在经济成分上,资本主义经济、小商品经济和封建自然经济并存;在经营方式上,资本主义的工厂制经营、行庄制经营和个体小生产经营并行;在生产手段上,完全机械化的动力机器、半机械化的改良机具和手工操作的旧式工具并举,构成了一幅繁复驳杂而又有迹可寻的斑斓画面。

问题在于,这种多元结构何以形成?它在社会经济发展中有无合理性?有无存在价值?

1. 贫困化压力与手工业生产

探究中国近代手工业生产的根源,不能离开中国社会历史的特点和经济发展的水准。人口的压力,耕地的缺乏,农村经济的普遍贫困化,使手工业成为农村剩余劳力的天然出路。一切仅有小块耕地而不足以维持生计的小农，在贫困化的沉沦中都必然紧紧抓住这一谋生手段，几乎所有小农家庭都兼营着或此或彼的各类手工副业。20 年代中期，四川农家收入的约 50% 是来自家庭手工业。江浙一带，农民兼营副业者多达 90% 以上。① 据 1935 年对全国 22 个省 952 个县的调查，农民家庭无不广泛经营着各种手工副业，其中纺织土布者占 23.3%，丝蚕经营者占 10.4%，草麦编织者占 8.5%，各类工艺制作者占 17.6%②，等等。可以说，无论是中国原有手工业的延续发展，还是近代以后兴起的新手工业的出现，无一不是在经济贫困化的压力下维持的。即使在城市中，近代工业的发展也无力消纳大量的城市人口和因破产而拥入城市的农民，而资本主义的发展本身也需要广大的产业后备军，制造着众多的失业者，于是，城市贫民亦以各种手工生产聊补生计，如武汉当 20 世纪 20 年代时，"贫穷之居户，多购置机器二三部，从事织袜，借以谋生者，尤所在皆是"。20 世纪初期各地兴盛一时的各种官营工艺局、平民工厂、民生工厂、贫民习艺所等，亦只不过是在社会贫困化的压力下，政府不得不借助于各式手工业生产组织，为破产小生产者提供一种谋生手段，以缓解社会矛盾的举措。

正是这种日渐加深的贫困化压力，使得中国近代的手工业生产即使在强劲外力的冲击下，仍然不得不勉力挣扎，立于落后的基础之上而顽强地与新型生产力相对抗。手工生产作为一种必不可少的维生手段，以各种可能的方式挣扎、生存、延续，旧的生产衰颓，新的行业又生，就像土纱衰落以后，以洋纱为原料的手工织布业代之而兴那样。人们即使不得不放弃家庭纺织，也一定会寻找

① 冯和法编：《中国农村经济资料》，1933 年版，第 860、577—578、242 页。

② 彭泽益编：《中国近代手工业史资料》第 3 卷，第 532 页。

其他手工生产来代替。上海近郊的川沙、嘉定等地,手织毛巾取代纺织土布“成为家庭主要工业”;南汇则以织袜为盛。① 浙江宁波在“家庭纺织破产以后”,“最普遍之妇女家庭工业,厥为编帽与织席,而东乡妇女则多结渔网为生,旧盐梅区之妇女……以磨锡箔为事,……此外有提花一业,……最近数年,更见进展”②。江苏镇江自江绸业失败后,起而代之者反而又是木机织布业,当然,此外尚有织袜、络丝、糊火柴盒与草麦编织。③ 河北高阳当手工棉织陷入困境而难以生存时,“自民十六起,所有织业渐易棉而为麻。迨至十八年,据商界统计已占总额十分之七”④。原料实际上是日本在华北大量走私进口的人造丝。云南原来少有织布者,随着洋纱贸易量的迅速增长,20 世纪 20 年代初,蒙自成为全国机纱进口量最大的海关口岸之一,以致外人觉得“外国棉纱之消费地,以云南省为最”。⑤ 于是,“新兴州之特别富庶,全赖于采用洋纱织布”⑥。作为小农贫困化经济最基本的出路和最重要的辅助性谋生手段,决定了只要有一线可能,就必然出现手工业此消彼长的发展。对于那些城镇手工业者来说,他们所掌握的那点手工生产技术,就更

① 黄苇:《近代上海地方志经济史料选辑》,第 77、81 页。

② 《鄞县通志》第五食货志,第 57 页,彭泽益编:《中国近代手工业史资料》第 3 卷,第 539 页。

③ 《实业部特派员京沪线视察报告》,《实业月刊》第 1 期,1938 年 6 月,第 172 页。

④ 民国《高阳县志》第 2 卷,第 6 页;彭泽益编:《中国近代手工业史资料》第 3 卷,第 91 页。

⑤ 井村薰雄著,周培兰译:《中国之纺织业及其出品》,商务印书馆 1928 年版,第 63—64 页。

⑥ Report of the Mission to China of the Blackburn Chamber of Commerce 1896—1897,转引自彭泽益编:《中国近代手工业史资料》第 2 卷,第 252 页。

是养家活口、勉强维生的全部依凭了。在近代中国,手工业就是这样不断变换着生产内容,什么能干干什么,寻找着一切生存机会。

在贫困化的沉重压力下,主导商品经济的资本利润原则即使仍然存在,也已经让位于生存需要的最低标准。这种为维持生计而普遍发展起来的零散的手工业生产,既是这一时期中国手工业的主体,也在这一时期工业生产中占据着主要地位。近代中国的手工业生产,就是这样在外来冲击和贫困化的内在压力下屡仆屡兴,只要一有机会,就会在原来的废墟上重整旗鼓,而不论将要付出什么样的代价。

但是,仅仅看到这一点,还是很不够的。近代中国手工行业的盛衰兴替,绵延不绝,还有其他一些必须加以注意的因素。

2. 消费类型与特定市场

是否具有一定的社会需求,是某一种产品或某一种行业能否生存下去的决定性条件之一。每个民族,都有其独特的生活方式和不同的衣食住行需要,由此也就滋生和哺育着与之息息相关的各种产业部门。

以丝绸生产为例。在电机织造的新型丝绸品种销路不断扩大,市场日渐拓展的同时,传统的木机织绸业虽然开始萎缩,但仍有相当的消费需求。江浙一带木机织造的绸缎产品,除了充作各种衣料之外,还具备其他多种用途。1929 年的杭州西湖博览会上,展出了许多这样的产品,例如:

普通素累缎,专以做神袍、戏衣、堂彩、桌靠、寿衣等料①;松鹤椅垫缎,每方售价 1—1.50 元,直横(经纬)均用江浙土丝,木机织造,每日出货约 2 方,每方 2 尺 2 寸见方。专销欧美各国,作椅垫

---

① 纱缎业云锦公所文件:《纱缎业沧桑回忆录》,藏苏州市档案馆。

及靠身之用；

色素贡缎，每码售国币1.60—3元，直横均用江浙土丝，木机织造，每日出货约2码余，专销本国，供刺绣之用；

闪色鞋面缎，每排售国币0.76—1元，直横均用江浙土丝，木机织造，每日出货约8排，染成数色织成，专销国内时式女鞋之用；

阔花素缎，每码售洋1.50—2.50元，直横均为江浙土丝，木机织造，每日出货约4码，专销南洋群岛等处，为近时木机产品中销数最大者。①

据说，这些传统织品"古色古香，虽物质进化上略差，然国粹可略见一斑"。② 不仅为国人所喜购乐用，而且受到外人的青睐，"西人来华游历者，多购买锦缎携归，于是南京锦缎业乃改变出品，有椅垫、琴条、台锦、手夹、皮包等类之织造，花式繁多，出品新颖"③。木机传统产品的多种用途，使其仍维持着一定的市场，受到一部分消费者的欢迎。其中普通素缎的遭遇，可作为一个代表。

素缎是中国传统木机丝织业的主要产品之一，原来广泛用于衣帽服饰、室内装潢、文化艺术等方面，在铁机新式绸缎兴起后，素缎的阵地不断丢失，用途渐渐集中于作为刺绣的底料，当时的"绣货底子，皆硬质素缎，为十之九"。④ 刺绣是江浙地区民间传统工艺，素享盛名，人称"苏货中之精美著称者，则尤推绣货"。⑤ 从事刺绣的城乡妇女，为数甚多。清末民初，沈秀发明"仿真绣"，"精绣义国(意大利)王后像，标价英金三千镑，运赴义国都朗赛会，得

---

① 《西湖博览会总报告书》，1929年，藏浙江省图书馆。

② 《西湖博览会总报告书》，1929年，藏浙江省图书馆。

③ 《南京之丝织业》，《工商半月刊》第4卷，1932年12月。

④ 苏州市档案馆藏：《云锦公所各要总目补记》。

⑤ 《江苏省鉴》下册，"实业"，1933年。

大奖章，而吾国之绣工，乃为全球所推重”。直到30年代，仅吴县农村“所出枕、被、门帘、床沿、桌围、椅披，以及戏服、神袍、画锦等物，价值常在一百余万元。全县从事此种手工业之妇女，约数万人左右”。[①] 除了江浙绣业以外，湖南长沙的湘绣、山东潍坊的鲁绣，也都“仍须用吾苏纯丝高尚素缎也，历年交易颇广”[②]，自然也就维持了传统木机织绸业的运转。

木机织绸与电机织绸有着较大的区别。一般说来，木机织造不如电机出货快，质量好，但是在某些方面，木机绸缎则具有特殊的工艺要求和相应的优点。据说，“木机产品质地坚固，一尺要重到一两以上。织前既要捶丝，织时又要刮得光滑，色彩尤为鲜艳。俗称木机织的为‘硬缎’，电机织的为‘软缎’，可见其挺括”。[③] 著名的南京“宁绸”，系将蚕丝染黑炼熟后，以木机织造而成，黑油鲜亮，永不褪色。苏杭等地新式绸厂兴起后，纷纷仿制宁绸，但投放市场后，“惟浅色者尚能销行，元色者终不如南京出品远甚”。[④] 产品之间质料和工艺的这种差别，自然会根据不同的消费需求而构成不同的市场格局，传统木机产品凭借特殊质地和用途，维持着特定的市场。

十分明显而又发人深思的是，木机织物和电机绸缎各有不同的销售区域。从历史记载中可以发现，“铁机丝织物的销场，以上海为首，此外广东、福建两地较多，其他如纽约、旧金山、伦敦等，亦间有销售”[⑤]。而木机绸缎的市场，当时国内主要是在西南、西北

---

① 《吴县工业》，《中国实业志》（江苏省），1933年。
② 纱缎业云锦公所文件：《纱缎业沧桑回忆录》，藏苏州市档案馆。
③ 《苏州丝绸史资料》（未刊本），第21页。
④ 《南京缎业之现状及其救济方法》，《中国实业》第1卷，1935年5月。
⑤ 《江苏省鉴》下册，“实业”，1933年。

诸省,"西南西北各省人民,风常仁厚,固守旧德,因是我苏纱缎各货品,仍能源源销泄"①,以致木机业据之制定出"舍东南而发展西南"②的市场开拓战略。由此,不难看出不同的文化传播区域具有不同的商品消费需求:电机绸缎的市场主要是对外开放较早、受欧风美雨熏陶较深、人们趋新入时心理较为强烈的通商口岸城市和东南沿海地区;木机织物的市场则主要是受外来生活方式冲击较迟较少、"风常仁厚、固守旧德"、对衣着尚质料坚牢而非尚花样新奇的内地各省。

土布业生产也是如此。机纱取代土纱的过程,在长江下游一带进展较慢,其中一个重要原因,是该地所产土布大都运往关外,即所谓"关庄布"。东北地区天气寒冷,消费者特别注重棉布的厚重程度。时人称,南通"土布是世界上最坚韧结实而且光滑滋润的布匹,每年去东三省种黄豆的农民春去冬归,穿的一身土布衣,一年洗一次,用重棒捣洗,永不被捣破,所以喜欢买南通土布"③。东北营口"远近乡区的农民,十居八九,都穿通州的大布,元青的好货作面子,白粗作里子,一生一世穿不破"。④ 曾有一些织布业者以机纱为经、土纱为纬合织土布,但运至关外却因重量不够而无人问津。⑤ 于是经营关庄布的布商们为此特别决议,拒收土纱与洋纱合织之布⑥,并为此呈文官署严禁。⑦ 类似这样的情形,不止

① 纱缎业云锦公所文件:《纱缎业沧桑回忆录》,藏苏州市档案馆。

② 旧工商联档案:《丝织纱缎业呈述凋敝原由》,1933 年 1 月,藏苏州市档案馆。

③ 李升白:《纺织史稿》(手稿影印件),藏江苏南通市图书馆。

④ 林举白:《近代南通土布史》,第 84 页。

⑤ 《申报》1895 年 8 月 8 日。

⑥ 《益闻录》1892 年 8 月 15 日。

⑦ 《益闻录》1893 年 8 月 18 日。

于南通的"关庄布"。例如:河北宝坻出产的一种粗而厚的"笨机布",也是专门为了热河某些消费者的需求而制造的。

在广西地区,"一些手工产品已为机制产品所驱逐,手工业者们只有在那些特别需要手工技术的、外国商品不可能竞争的生产领域(如建筑业、食品业、宝石制作业、烟花业等),才会有一种安全感。因为在这些生产领域,外国的或机器的制品与当地的一般适用标准(如有些布、鞋、烟花、香料品等)有着某种差异"①。

那些传统工艺品手工业,基本上都是如此。辛亥革命后,随着清廷的倾覆和风习的转换,"玉石手工业和玉石工匠的重要性早已今非昔比,以往的市场范围大大缩小,只有外国旅行者还对这些传统工艺品抱有一定的兴趣。但是说也奇怪,正是由于其市场正在缩小,玉石手工业到现在还能依然保持着它以往的旧态"②。古都北京的玉石业,在 20 年代中期还保留着 4000 多人的从业者。"此外,还有金银加工手工业,也尚未到达历史使命已告结束的阶段,杯盘碗盏、鸦片匣、脂粉盒及种种装饰品,仍需要仰赖那些金银工匠的手艺和技巧,因而还未产生什么特别的危机。"③在广东,金银器的艺术价值并不能与当地颇有名气的刺绣相提并论,但是仍然由于受到外国人的喜好而照旧生产,成了倚赖同外国人交易而维持生存的行业,尽管有人说它除了所谓的"中国风格"以外,并没有什么真正的艺术性。④ 虽然金银器加工业的学徒期很长,金

① 《满铁调查月报》第 13 卷第 8 号,昭和 8 年 8 月,第 218 页。

② Journal of The North China Branch of The Royal Asiatic Society, 1913, p. 14.

③ Journal of The North China Branch of The Royal Asiatic Society, 1913, p. 66.

④ 《满铁调查月报》第 13 卷第 8 号,昭和 8 年 8 月,第 220 页。

器加工业为7年,银器加工业也有6年,但仍有相当多的人愿意从事该业,“因为该业的报酬较为优厚,(20年代时)银器加工工匠每月约8—13元,金器工匠竟有多达每月30—100元的。这实在是很有吸引力”①。被认为是中国“最古老的艺术品”的青铜器制作,民国以后也仍在维持着,主要生产佛像、佛塔、香炉等等,“每年价值60万—70万两的输出和外国旅行者的购买,多少给这一行业注入了一些活气”。②

在某种意义上,这种商品消费的不同需求是必然存在的。由于文化传播过程中的时间差,常常会体现为不同区域的空间差以及同一区域内的阶层差异。也就是说,在同一时期中,区域间、阶层间、城乡间的文化特质,往往会处在不同的历史发展层面上。诸如“穿洋布的主要是各城镇的商人和富裕阶级,穷苦的城市居民和乡下居民都穿土布”之类的记载,生动地说明了这个问题。由此也就不难理解,即使机制品来势迅猛,销路日广,手工产品照样会受到某些地区、某些阶层人士的偏爱,这正是传统手工行业赖以生存的前提条件。“这种情况,在印度的宝石、毛毯和穆斯林用品业中,在土耳其、波斯等国的首饰、毛毯、鞋靴等行业中,在日本的折纸业和纸制玩具业中,也都是屡见不鲜的事实。”③

3. 弹性机制与产销合一

在这一时期的手工业生产中,包买主制经营是极为重要的一种经营方式,手工业能在机器工业的竞争中生存下来,在相当程度上得益于它“产销合一”的经营模式。

---

① Chinese Economic Bulletin, No. 171, 1925.

② Journal of the North China Branch of the Royal Asiatic Society, 1912, p. 65.

③ Gadgil: The Industrial Evolution of India. London, 1925, p. 38.

土布业中的纱布店，将收布与放纱结合起来，成为土布生产中至关重要的包买主。1923 年，河北宝坻共有 11387 台布机，其中 71.8%是在 67 家布商的控制下生产的。1932 年高阳的 10330 台织机，占全部织机的 65%，亦是在 80 家纱布庄和染线厂的包买主制度下运行的。包买商控制了当地绝大部分的土布生产，进而在全国各地设立分号，组成庞大的销售网。浙江海宁县的硖石镇，9 家商号居然控制着 2 万台布机，年产土布 320 万匹。①

在传统丝织业中，清代前期即已有"账房"制经营方式，鸦片战争后得到了进一步的发展。"账房"老板既是商人，又是资本家，在组织丝绸生产的同时，也经营丝绸的批发销售，与市场的联系异常密切，对商品的需求信息十分敏感，因而能在其力所能及的范围内做到以销定产。杭州的绸庄将过去的"放料收绸"改为"应销订货"，由加工转为订货，只定收适销的绸缎，就是为了更好地适应市场需要。苏州的天纶纱缎庄，1920 年开办之时明文规定："本庄专造木机时式纯经缎，织机以二十只为度，如遇营业发达，由各股东酌量加增机数，总以销场为标准。"②这种"总以销场为标准"的经营原则，使得传统丝绸生产注意根据市场需要和订货多少，散放经纬，定织货匹，添减织机，这样无疑会在一定程度上减少生产的盲目性和经营的随意性，避免产品的积压，加速资金的流转，实现"以销定产，大致平衡"。③

---

① 参见严中平：《中国棉纺织史稿》，第 287—296 页；方显廷、毕相辉：《由宝坻手织工业观察工业制度之演变》，第 14 页；吴知：《乡村织布工业的一个研究》，第 79 页。

② 《天纶纱缎庄立合同议墨》，1920 年 4 月吉日，藏苏州市档案馆。

③ 《纱缎业同业公会致江苏省总商会函》，1930 年 6 月，藏江苏省档案局。

清末到民国年间,商业资本广泛地进入了生产领域,几乎在各种手工行业中,都可以看到包买商们忙碌的身影。这种经营方式,似乎具有异乎寻常的生存和竞争能力。有学者研究发现,如果不向新式机器工业过渡,手工织布工场无法与包买主支配下的家庭劳动竞争,所以很少能够存身于土布业生产中心地区。例如河北的定县,一家手工织布厂也没有,山东潍县只有4家。河北宝坻在1915—1916年间,曾出现过10几家手工布厂,但没有一家能够支持到1919年,此后,宝坻再也无人出头创办手工织布厂。在明华葛织造兴盛的1926—1930年间,高阳县曾先后创立过40多家手工布厂,其中20家坐落在城郊,20家散布于乡间,但也是昙花一现,1930年后,明华葛的销路跌落,高阳的手工布厂也就纷纷倒闭,只剩下了4家。在几个土布生产中心之外,手工布厂比较容易生存,不过,即令是在这些地方,手工布厂也只能设立于城郊,而不是在乡村。这些工场必须躲开乡村,主要就是为了避免农家土布生产的直接竞争。①

有人认为,手工布厂的竞争能力脆弱,原因在于"他们没有现代化的设备,生产能力远逊于新式纺织厂,另一方面,他们又不像家庭副业的织布工作,可以不计较工资成本。手工织布厂是兼有两者之所短,而无其所长。年景好的时候,手工织布厂勉强可以付出在最低生活费以上的工资,在两者之间的竞争夹缝中苟延残喘。年景不佳时,他们便难以生存,纷纷关闭"②。其实,还有一个很重要的原因,就是包买主支配下的家庭劳动,实际上是"产销合一"的。他们不仅注重生产,更注重销售,江浙地区的绸缎庄几乎"与

① 参见赵冈等:《中国棉业史》,第235—236页。

② 赵冈等:《中国棉业史》,第235页。

全上海的绸布店大多有往来”①;土布生产也因纱布店开辟的市场而运销全国以至海外。长期工商两栖的身份,使其已把销售渠道深入到各地乡村集镇,形成了一个庞大而极富渗透力的商业网络。许多绸庄布店都在大中城市和繁华商埠设立专司推销产品、承接订货的“分庄”。这些分庄是传递信息的灵敏耳目和进行产销活动的得力助手。他们雇用数目不等的推销人员,来回奔走,送货上门,还要与订货者谈判决定货价、货色与交货时间等等,然后迅疾通知本店依样加工,按期缴货。那些规模较小的包买商,即使无法在各地商埠开设“分庄”,也要千方百计委托当地店家代理产品销售与接洽订货事宜,从而根据市场需求来组织生产。② 无疑,这一切在激烈的商品竞争中是极为重要的,河北土布业和江浙丝绸业有许多织户,宁愿放弃独立生产者的地位而加入包买制,就是因为想要得到这样的市场信息。

在某些特殊的手工行业中,如上海、广州、北京、沈阳等地的金属制作和木器雕刻业中,商人组织和支配生产,甚至更成了维系行业生存的前提条件。因为“这些手工业产品的加工完成需要很长时间,一件产品的成功,往往需要耗费二三年时间以上。这些手工业与商业的结合,或者从属于商业,实在是这些手工业得以维持的前提”③。这些行业特殊的技术要求和生产特点,使其不适应大规模的工场制经营,“说也奇怪,这些传统手工业一旦需要激增,采取大规模工场生产的话,其产品的样式和质量往往也就随之下降,

---

① 小野忍:《杭州の绢织物业》、《苏州の纱缎业》,载《满铁调查月报》第23卷第2号、第22卷第5号。

② 小野忍:《杭州の绢织物业》、《苏州の纱缎业》,载《满铁调查月报》第23卷第2号、第22卷第5号。

③ Journal of the North China Branch of the Royal Asiatic Society, 1912, p. 65.

其结果反而是该手工业的堕落和败坏”。①

另一方面,包买主制经营比起近代机器工厂,规模又要相对狭小,独立小生产者的生产能力就更有限。在江南丝织业中,绸庄和机户多是使用旧式木机,依照传统工艺织造,因而无须购置花纹版纸等流水作业所必不可少的材料和部件。这本是其所短,却在某些特定条件下成为其所长,因为便于他们承接一些新式工厂所不愿承接或不能承接的小批量订货。时人称:“木机花色自由,织一种新花样的绸缎,不过付出一笔扯花钿,花样繁复者不过四到五天人工,花样简单者则只须两三天。”于是,木机织绸可以随主顾的意思而定,“可以来色来花,也可以来色指花,一般每色每花不过两三匹,很少雷同”②。这种“船小好掉头”的优势,正是近代机器工厂所望尘莫及的,弄得一些绸厂也打算“酌留手拉机若干,备作传统产品”。③ 广东的缫丝工厂里,亦备有旧式手摇丝车以作特殊用途,“丝厂间有将劣茧选出,另设小室或小工场,雇用女工用手机摇之”④。这种灵活的经营作风,实际上是所有手工生产的特点。再如面粉业中的手工磨坊,多系就地生产,就地销售,经营灵活,既可零售批发,又可代客加工,收取加工费或者即以副产品作抵,与消费者保持着由来已久的供销关系。所以,尽管近代机器面粉工业发展迅速,机制面粉产销量续有增长,但是手工磨坊面粉的产量和销量也在继续增长,1913 年销售量为 16683.85 万包,1936

① Gadgil:The Industrial Evolution of India,London,1925,p.38.

② 《苏州丝绸史资料》(未刊本),第 127 页。

③ 旧工商联档案:《振亚绸厂致丝织厂业同业公会函》,1933 年 7 月,藏苏州市档案馆。

④ 吕学海:《顺德丝业调查报告》。

年反增为17200.56万包。① 可见机制粉销量的增加主要是来自消费总量的增长,未必是在市场上排挤了手工粉的结果。

4. 自我完善与适者生存

面对变化着的时势,传统手工业并非一仍其旧,毫无改变,而是在允许的范围内,对生产工具、使用原料、产品品种等方面进行了一定的改良,以增强对新的生存环境的适应能力。

例如传统织物业的生产工具,一直是沿用旧式木机,生产效率既低,织物幅度亦狭。到民国年间,江浙、闽广、豫、鲁、川等地的一些绸庄和机户,开始引进和仿造日式手拉机,对旧式木机的构造加以改进,安装机轴,由抛梭改为拉梭,在手工劳动的范围内减轻了劳动强度,提高了工作效率。拉机的速度远较木机为高,在织花纹绸时只要一个织工就够,而木机织花绸至少要两人。棉织业新式手织机的引进和推广还要稍早,约在19世纪末20世纪初即已开始。首先传入的是拉梭机,每分钟投梭的次数比旧式木机增加1倍,布幅亦得以加宽。随后又有铁轮机的引进,到20年代时便已流传各地。铁轮机与旧式织机的织速相比约为4∶1,织出的布幅也更为宽阔。大约与此同时,雅克提花机也已传入,借助于纸版,就可使手工织布业织出各种各样的花布。河北宝坻取代定县成为新的土布业中心,一个很重要的原因就是宝坻采用了改进型的手拉织机,而定县织户则抱残守缺,仍守着旧式织机不变。高阳的织户又要胜出一筹,从天津日商洋行购得铁轮机后,短短四五年内,境内旧式木机机户都被替换,1912年后约有铁轮机二至三千台,1917年为13000余台,1926年27000余台。② 有人认为是高阳取

① 上海市粮食局等:《中国近代面粉工业史》,中华书局1987年版,第107页。

② 吴知:《乡村织布工业的一个研究》,第13—18页。

代宝坻成为又一个土布生产中心的主要原因。而20年代后半期，高阳织户纷纷购置雅克提花机，到1929年境内已有4300台，按一位做过实际调查者的说法，这也是高阳土布业得以渡过危机，再度兴盛的基本动力。① 后起之秀的山东潍县土布业，也得力于改良织机的采用。1914年，潍县改良土布业兴起，发展极快。由于该地织户对铁轮机有大量需求，于是引来私人投资，1920年创设了第一家专制这种手织机的工厂，其后这种工厂竟有11家之多，年产铁轮机达7000台。全盛时，据说潍县拥有铁轮机10万台，成为华北首屈一指的土布生产中心。②

手工生产原料的变化，也很明显。早在手工织机更新换代之前，机纱就已经开始取代土纱成为手工织布业的新型原料，又一步步地反客为主，终至占到了土布业原料中四分之三的比例。机纱取土纱而代之，使土布的竞争力大为增强。首先，一贯密切结合于小农家庭内部的纺纱与织布分裂成为两种互相独立的副业，农户们可以专心织布，大量剩余劳力由纺纱移向织布。其次，机纱远较土纱质量优良。土纱粗劣，抗张力弱，用作经线长度有限，连带的所织土布匹长很短，为了短短的一匹布，就要经过调纱、穿综、度经等费事耗时的操作，不胜其烦。到铁轮机采用后，远较木机张力强大，土纱的缺陷遂更加明显，而机纱的抗张力强，正好可以解决这个问题。同时机纱远较土纱为长，织工一次调一大轴经纱，可供织10匹布之用，避免了每匹布都要调整经纱的烦琐工作。最后，更由于机纱价格低廉，以之织成布匹，也就相应降低了成本。从整体上讲，由于纺纱与织布的不同效率，纺纱一直是制约织布业发展的“瓶颈”，而机纱的使用则使手工织布业不再受这一瓶颈的限制，

---

① 吴知:《乡村织布工业的一个研究》,上海,1936年版。

② 《山东潍县之织布业》,《工商半月刊》第六卷第1期。

从而推动了手工织布业的发展。① 出产土布的地区比以往有所扩大,一些边远地区的土布业,就是在洋(机)纱出现后才兴起的。云南蒙自开关,以洋纱输入为大宗,10 年后,昆明城内织机已“有好几百架”;昭通“光绪二十六年,城市织布机骤添至二千多架”。蒙自附近的兴安所,是接近滇越铁路的一个集镇,“自洋纱入境充抵,草棉日渐减少,织者多而纺者少,居民数百家,每日出布不下千匹”。这样的城镇在交通沿线还有一些,如“澄江之兴起,临安之河西,几有衣被全省之势”②。而一些土布生产中心的勃兴与维持,一个重要原因也是得益于机纱供应的便利。事实上,自从中国手织业开始采用洋(机)纱织布后,土布的销路无论国内还是国外都有显著的增加。仅以出口而言,在 1895—1925 年的 30 年间,数量增加 2.5 倍,价值则增加了 5 倍。③

传统丝织生产以往是完全采用农家缫制的土丝,再经过一系列捶、捻、牵、接等工序,整理成经纬,然后上机织造。在厂丝和人造丝崭露头角以后,新原料的优良性能与低廉价格也吸引了沿袭传统方式经营的丝织行业。厂丝最初全供出口,民国以后,机器缫丝工业大发展,亦有相当数量厂丝为国内丝织业所消化。20 年代苏州丝织业给江苏省政府的呈文中,已如是说:“本业所用原料,以厂丝为最占多数。年来厂丝用量虽逐渐增加,但以厂丝产量丰富之故,仍有剩余,不妨奖励其出口。惟出口数量须随时报告于各地同业公会,俾各地同业公会洞明市况,如认为与本业原料将生影响时,得随时请求限制,以免妨害丝织工计。”④与此同时,人造丝又开始

① 参见赵冈、陈钟毅:《中国棉业史》,第 208—211 页。

② 引自《云南近代史》,第 156 页。

③ 参见严中平:《中国棉纺织史稿》,第 97 页。

④ 《丝织业所需原料希望政府保护并开发之意见书》,1931 年 6 月 5 日,原件藏江苏省档案局。

源源输入,“人造丝之特长有二,曰色泽光亮,曰连续不断,一丝到底”①,而且价钱便宜,“同一分量之织物原料,人造丝价低于蚕丝两倍,外观亦颇精美”。② 因此人造丝织物受到人们的普遍欢迎。

苏州在1913年即开始试用人造丝,但尚“用途细微,年仅数百磅而已”,嗣后逐年增加,到20年代后期“推行于梭织、针织、编织、刺绣各业,其消费之量已达数万磅,进步之速,出于意表”③。从1924年起,人造丝进入浙江,各绸厂、绸庄开始试用人造丝与厂丝交织,致使人造丝输入激增,仅杭州一市就由1924年的24担上升为1927年的273担,3年间增长了10倍多。④

丝织手工业先是“改用厂丝作经”,继而采用人造丝作纬,以降低成本,扩展销路。苏州织成的“荣素缎”,在长江中上游尤其是两湖地区销行甚盛。名贵的南京“云锦”,“以前全系真丝织成,可以耐久不坏。今则织经用真丝,织纬兼用人造丝,以求降低成本,花色俱美。人造丝多由上海购来,本地亦有购买”⑤。

正是在这一时期,传统丝绸业对于进口人造丝的态度,发生了截然不同的变化。民国初年人造丝开始输入中国时,“有机织之团体出而反对”,要求重征关税以阻其入口。⑥ 如今,丝织手工业也加入了丝绸行业的大合唱,呼吁政府“请改低人造丝原料进口税率”。⑦

---

① 汪存志:《葵庵年谱》,文载《苏州史志资料选辑》第2辑。

② 《浙省蚕桑丝绸状况调查录》,《中外经济周刊》第185期,第27页。

③ 苏州档案馆藏:《惟勤公所致总商会函》,民国十五年八月。

④ 杭州市工商联:《杭州丝绸业史料》(未刊稿)。

⑤ 《南京之丝织业》,《工商半月刊》第4卷,1932年12月。

⑥ 《嘉兴纬成公司纺绩技师严旒意见书》,1926年,藏苏州市档案馆。

⑦ 《为请改低人造丝进口税率以冀补救案》,1931年3月,原件藏上海市档案馆。据载,1932年进口人造丝税率为“值百抽百至三十”,而进口人造丝织品则为“值百抽六七十”,“倒差几达半数”。参见苏州市档案馆藏:《铁机丝织业、纱缎业同业公会致总商会函》。

前后相较,判若两人。这充分表明,随着人造丝优点的不断显露和在市场竞争中的凯歌行进,现代科学技术进步的成果迟早会克服传统守旧的褊狭心理,即使在丝织手工业中,人造丝的应用也已日见普及。

手工行业产品的变化,更为引人注目。1916 年,苏州丝织业云锦公所曾向中华国货维持会报告出品种类,在以往的 5 种主要纱类产品中,只保留了 2 种;5 种主要缎类产品中,只保留了 3 种,其余均“已天然淘汰”①。1919 年 2 月,工商部官员来江浙考察丝绸产销情况,当地绸庄、缎庄汇报说:“敝业各庄,改良绸缎均占十之二三,销路均极畅旺。”②可以漳绒取代漳缎为例。漳缎曾是传统丝绸业的重要产品之一,主要用于清廷皇亲贵戚、文武百官的外衣马褂用料。辛亥革命后,清廷倾覆,漳缎仅在蒙古、西藏等少数民族地区还有一些用途,销量剧减,有记载说,“漳缎亦为家庭工业,机户散处城乡内外,勉强维持,殆已有渐归淘汰之象”。③ 1921 年前后,国内盛行六方瓜皮小帽,均以漳绒作面料,原来织造漳缎的机户,遂大部分转而织造漳绒,年产漳绒数十万码,“而漳缎生产则已完全绝迹”。④

为了迎合民国以后的社会时尚和人们的趋新心理,手工织绸业曾经“不惜工本,改良国货”,试制拟充西装面料的“丝呢”织物,以与厚重坚挺的舶来品呢绒一较短长,“竞胜市场,补救漏卮”⑤。当时,浙江试织成功“纬成丝呢”,江苏也织成“文华丝呢”,都是

---

① 《纱缎业报告今昔出绸种类表》,1916 年,藏苏州市档案馆。
② 《部委汤一鹗调查江浙织缎工商情形》,1919 年,藏苏州市档案馆。
③ 《江苏省鉴》下册,“实业”,1933 年。
④ 《漳绒业同业公会致总商会函),藏苏州市档案馆。
⑤ 《缎商王义丰等上工商部书》,1912 年 11 月,藏苏州市档案馆。

"用棉纱七成,丝线三成,交织成呢",据说"物质坚韧,价值轻廉,极合新服制之用"。① 民国工商部对"丝呢"的检定报告写道:"该商等所呈丝呢样本,花样翻新,织工精密,以之推广国货,洵足挽回利权。"②丝绸业者颇为自豪,标榜这类丝绵交织物"较之洋货,坚韧华美,极合礼服及西装之用,且售价低廉,出品大受各界欢迎,将来出货扩充,兼可行销外洋"。③ 一时间,"丝呢"耸动时闻,引起了日本方面的密切关注,日本《染织时报》报道:"有所谓丝呢者,其创制在中华民国成立以后,制定中国礼服之时。当时有识之士,因中国毛织事业之幼稚,购用外洋之呢以为礼服,漏卮益甚,于是用丝质制成丝呢,以备制造礼服之需。然不限于礼服,即常服亦有用之者。"④

土布生产中心的递嬗兴替,也反映了不断变更产品,以适应市场需求的重要性。河北宝坻以手拉机和机纱织造改良土布,很快压倒了河北定县与山东德平的老式土布,成为华北土布业的中心,1923 年高峰时,运销境外的土布多达 460 万匹。然而,宝坻土布的质量不但没有改进,相反日见下降,掺杂弄假的情形十分普遍,很快就从巅峰上跌落下来,邻近的高阳遂取而代之,坐上了土布生产的第一把交椅。大约 1909—1914 年间,高阳织户就用高支纱集中生产宽幅布,最初只是织造本色粗布及市布,渐渐增添花色式样,根据市场销路的此起彼伏,尽量去迎合消费者的口味。20 世纪初,20—32 支纱织成的市布最流行,不久即被以 42 支合股线织成的"爱国布"所取代。到了 20 年代中期,销路好的又变成了以

① 《王义丰和记所制花呢规格》,1913 年 3 月,藏苏州市档案馆。
② 《工商部批文》第 39 号,1912 年 12 月 7 日,藏苏州市档案馆。
③ 《缎商王义丰等上工商部书》,1912 年 11 月,藏苏州市档案馆。
④ 转引自《东方杂志》第 14 卷,1917 年。

32—60 支纱织成的细布。1926 年后,市场行情再次发生变化,以人造丝为经与高支细棉纱为纬交织而成的明华葛和国华绨盛销一时。市场需要什么,高阳土布业就生产什么,其货色、品类比起新式纺织厂来,都有过之而无不及。所有这些都表明,手工业生产在保持仍有销路的传统产品的同时,也在努力适应市场消费趋向和人们消费心理的变化,生产适销对路的产品,创制新的特色产品。这对于迎合市场需求,维持行业生存,起到了明显的作用。

5. 无力转化与因陋就简

中国手工业生产继续存在的另一个重要原因,是那些规模较小、资金较少的手工场坊尽管对新式机器生产眼红耳热,却“心有余而力不足”,无力向近代工业转化。处于贫困化压力煎迫之下的小农,就更是紧紧抱着家庭手工生产不放,于是只能在传统的轨道上运行,维持着相对来说陈旧落后的生产经营方式。这是近代中国手工业生产、也是资本主义发展的一个显著特征。

当中国手工行业中的资本主义萌芽在封建社会母体内孕育之时,一直受到官府的沉重压榨和行会的竭力抵制,近代以后,又遭到了外国资本主义的摧残和本国封建势力的束缚,在市场上遇到外国商品的激烈竞争,在税收上受到杀鸡取卵式的盘剥勒索,资本积累的规模不足,扩大再生产的速度缓慢,还时时由于突如其来的天灾人祸、战乱兵燹而骤遭打击,损失惨重,甚至倒退回它的发轫之地。这种逆向运动往往割断了中国手工业的正常演化进程,严重地阻滞着它们的前进步幅。降低了它们的发展水准,使之长时间内基本上停留在商业资本控制小生产者的、家庭劳动占统治地位的资本主义经营的低级形态上,使设备的更新,技术的改进和生产的扩大都发生了严重的困难。

在落后生产力的基础上,近代手工场坊大多资本有机构成极低,“资本缺乏,致无大规模之工厂,小本商人,更利用学徒,滥设作坊”。[①] 这些场坊规模狭小且变动频繁,“随时可以开工,随时可以停闭”[②],“工人稍有积蓄,即可转为厂主;厂主亏折,亦可转为雇工”[③]。在整个社会经济贫困化的制约下,中国近代工业化的发展极端缺乏必要的资金,结果只能表现为囿于旧基础和旧形式的手工业生产。传统行业固然如此,即使那些在国外采用机器生产的行业,传入中国后也往往“退化”为手工生产。手摇织袜机为那些资金短缺的针织场坊所采用,除了上海、杭州、武汉有个别大厂拥资数万元以外,针织业场坊大都规模狭小,一般只有资本二三千元,对于每台售价高达900多两白银的电力织机,当然只能望洋兴叹。尽管机器制皂可以分离回收甘油以降低肥皂成本,但华商肥皂厂大多“资本短少,设备简陋”,以致沿用手工,无力改装机器。

在这个问题上,也有另一方面的情况值得注意。发展经济学有一个重要的观点,认为在某种阶段或某个时期,落后的发展中国家也许并不特别需要尖端的最新技术,而是需要一种能和本国、本地区的经济社会状况相适应的“中间技术”或称“适合技术”。与欧美先进国家相比,东方后进民族的经济技术和社会文化差异太大,尖端技术往往欲速不达,适得其反,不能形成生产能力。于是,选择差距较小的适用技术,就成为落后国家加强产业结构转换能力和形成具有竞争性的生产能力的关键所在。这些改进型技术,虽不出类拔萃,却很经济实惠,成为生产力新陈代谢过程中的重要一环。例如针织业传入中国,人们纷纷热衷于德式手摇机而冷淡美式电力机,其原因,在上述资金薄弱的基点上还有另一层考虑:

① 彭泽益编:《中国近代手工业史资料》第3卷,第99页。

② 彭泽益编:《中国近代手工业史资料》第3卷,第401页。

③ 彭泽益编:《中国近代手工业史资料》第3卷,第119页。

当时，一台电力机售价约900两，一部手摇机则只售80两甚至更低。电力机与手摇机的资本投入为11∶1，产出效率则仅为6∶1，两相比较，显然采用手摇机具有较大的资本边际效益。20年代的河北火柴厂，女工的月工资最高不过8元，最低3元还不到，而安装一部动力排梗机则至少需要上万元，一般小厂自然无此资力。即使大厂如1897年创设的汉口燮昌火柴厂，拥资42万元，雇工2000人，亦是全用手工，因为与使用机器相比，中国的劳动力实在太便宜了。二三十年代，纺织业中购置手拉提花织机，"一部约需三百元"①，比旧式木机高15倍；电力织机更是昂贵，"每电机一架，约需资本一千五百元"②，从当时的币值来看，这实在是一笔不小的数额，从事纺织业的生产者和经营者，能够为此慷慨解囊、一掷千金的恐怕不多。本小利微、资金贫乏的小手工业者且莫论，即使一些商人也是有心无力。例如二三十年代南京的50余家丝织业"账房"，资本最多者不过5000元，一般均在500元上下，根本无力购置电力织机。③ 而旧式木机虽然不及拉机和电机那样经久耐用和性能优越，却在各地的木工作坊都能毫不费力地制作，有些农家更是自己即能制成，而无须求助于他人。木机的价格，特别低廉，在苏州，"（七七）事变前每台为五元，是比较便宜的"④。在南京，木机一架加上所有附件，合计价值约20元，"因机本价廉，易为置备，遂成为普通家庭工业。现在机户较大者尚有五百户，工人约五千人"。⑤

① 苏州市档案馆藏：《云锦公所各要总目补记》。

② 纱缎业云锦公所文件：《纱缎业沧桑回忆录》，藏苏州市档案馆。

③ 《南京之丝织业》，《工商半月刊》第4卷，1932年12月。

④ 小野忍：《苏州の纱缎业》，载《满铁调查月报》第22卷第5号。

⑤ 《南京丝织业调查》，《工商半月刊》第3卷，1931年1月。

那些自产自销的城镇独立小手工业者,由于劳动力多系家属、亲友或学徒,可以省去不少工资开销,又可最大限度利用时间工作,因而能够勉强维持生产。桂林的97家织布场坊共计使用着485名工人,平均每家5名,其中226名为家属,65名为学徒,雇工只有194人,可见大多只不过是家庭作坊。① 厂主本人则老板、工头、工人一身三任,厂主家人亦是既要织布,又要操持家务,学徒甚至雇工都食宿在厂中。学徒除了吃住外没有工资可拿,雇工的劳动时间既长,报酬也很低,总之必须节省一切费用才能勉强维持。即使如此,也很可能依然是朝不保夕,极不稳定,就像苏州丝织业的"现卖机户"那样"况非一定,今日现卖,明日代织,视为常事"。

乡村里的农民,则是利用剩余劳力来从事家庭副业,参与其事者都是家庭成员,谈不上什么工资报酬,只是全家共享劳动所得而已。这种手工业生产,不以获取最大利润为目的,也不受任何最低工资的限制,因而可以更充分地利用劳动力资源。即使劳动力的边际生产力已经降到最低生活费水准之下,这些家庭副业仍然可以维持,因为这种家庭副业实际上没有什么成本上的限制,能干多少是多少,能赚一文是一文。河北定县纺织者每日所得约10枚铜元,宝坻农家织一天布所得仅够一天所需食物的三分之一②,然而,即令如此,农家依然乐此不疲。就连手工纺纱也始终不绝如缕。一台单锭手纺车的成本不过6角钱,任何农户都能购置,而从事手工纺纱之人又不外老媪与幼童,本来也无法从事任何其他生产,因此她们的劳动实际上没有机会成本可言。当时定县妇女每日纺纱所得平均不过10枚铜元,约合2分5厘钱③,与完全没有

① 彭泽益编:《中国近代手工业史资料》第3卷,第642页。

②《中国农村》第1卷第8期,1935年,第42页。

③ 张世文:《定县农村工业调查》,1936年,第79页。

实在差不了多少，可是农家妇女照样纺纱，因为纺纱多在夜间，而夜间无他事可做。有时纺纱收入尚不及灯油钱，农家妇女往往选择有月亮的夜晚在月光下纺纱。① 在这样的情况下，不论新式纺纱机器效率多高，只要纱厂必须支付工资及设备成本，就仍然会有少量手工纺纱业继续残留。只有一种情况或许会使之改变，就是她们能够找到机会从事别的较有赚头而又力所能及的副业，江南一些地区农家妇女由手工纺织改为从事针织或制作花边，山东登、莱诸州的乡民改为编织草辫，河北濮阳农民转行榨制花生油，就是一些明显的例子。但这只不过是在手工行业内部的选择而已，无论如何，封建土地占有制度所造成的贫困化压力与农村小农家庭生产的特性，都迫使广大农民必须寻找某种副业以维持生存。

6. 必然过程与应有之义

社会经济的“多元结构”，并不是近代中国独有的现象，任何时代、任何国家、任何地区，乃至任何行业，都必然会经历社会生产力发展不平衡、多层面的阶段。各国各地区各产业部门的近代化行程，更是鲜明地表现出一种时间、地域和层次序列，不可能整齐划一，齐头并进。因此，多样化可以说是近代化过程中的题中应有之义。

以人们所津津乐道的日本为例。明治维新以后，大力引进欧美先进技术设备，日本的资本主义工业化进展迅速。与此同时，家庭手工业这一生产形态并未就此一蹶不振，销声匿迹，而是在产业革命和工业化的过程中大量保留和发展，形成了固有的传统手工业与移植的近代大工业长期并行、共存共荣的局面。这些传统手工业虽然也取得了一定的技术进步，但是仍然保持着鲜明的行业

① 张世文:《定县农村工业调查》,1936 年,第 72 页。

特点,并且长期在社会经济结构中占据着举足轻重的地位。19 世纪 80 年代前期,家庭手工业在日本工业总产值中所占比重为 97% 以上,基本上是一统天下的格局;10 年后只下降了一个百分点;到 1909 年,比率降为 54%,几乎平分秋色而仍稍占优势。第一次世界大战以后,随着日本化学工业和重工业的异军突起,家庭手工业在工业总产值中所占比重才开始降到三分之一左右。在此期间,日本近代大工业的产值跳跃式上升,由 600 万日元猛增到 637600 万日元;手工业产值的绝对数也翻了几番,由 27300 万日元增长为 245800 万日元。① 二三十年代的国势调查表明,在明治维新前已有的传统行业的 810 万就业者中,仍保持传统经营形态的“旧固有产业”的就业人数约 567 万人,占 70%;引进技术设备和经营管理后已经演变成近代工业的就业人数为 243 万人,不过 30%。② 在织物业中,资本有机构成低而劳动密集的特点,使这种情况表现得尤为突出。就在日本已经基本实现资本主义工业化的 20 世纪头 10 年,织物业生产形态中比重最大的,仍然是行庄支配生产的“赁织”制度和家庭手工业,两者合计 468396 户,占整个织物业 486936 户的 96.19%;与之相比,近代纺织工厂只有 4944 个,仅占 1.02%;余为工场手工业的生产。在诸种生产设备中,新式动力织机只占 6.7%,手工织机则占到 93.3%。劳动者的人数,亦以“赁织”制和家庭手工业为多,达 64 万人,占日本织物业劳动者总数的 81%。③

30 年代中期,东京市曾对“以承包方式有批发行阻滞生产的

① 《日本经济の成长と结构》,第 89 页统计表,东京大学出版社 1979 年版。

② 《日本国势图会》,国势社 1981 年版,第 471 页。

③ 参见《概说日本经济史》有关部分,有斐阁 1978 年。

小工业”进行过专门调查，对象包括 24 个行业的 1236 个批发行，总计下属 3022 个小作坊，每户从业人员均不足 10 人，还有大量个体手工业者。① 其后，大阪市也对家庭手工业做了专门调查，总计家庭手工作坊 13897 个，从业人员 40509 人，其中大多是家属从业人员，占 51%，雇用工人比重不过 49%。这些家庭手工作坊占当年大阪市企业总数的 52.8%，从业人员总数的 59.3%，总产值的 37.6%。② 当时，曾给“家庭手工业”下过这样的定义：“所谓家庭手工业，是指从事物品的制造、加工、修理之全部或其中一种，并限于具备下列条件者：(1)隶属于批发行或制造业者，仅从事生产而不自行贩卖商品；(2)在自家或小规模作坊中，使用简单机械工具，以手工操作从事生产；(3)单独或依靠家属劳动力，或雇用若干辅助劳动力，为谋生而经营事业；(4)经常使用的工人包括徒弟、见习工在内，不足五人者。”③显然，这与中国手工行业中独立小商品生产者和包买主制生产经营形态极为相似，可见即使在东京、大阪这样的新式工业比较发达的大城市内，仍然存在着数值庞大的手工生产和比较低级的经营形态，出现了近代工业与传统手工业共存共荣的历史局面。由此显示出日本资本主义经济的“双重结构”和多种特征，形成了资本主义经营的高级形态、低级形态与前资本主义形态的多种经济成分的有机组合。这种状态延续了很长时间，直到第二次世界大战后，随着日本资本主义经济高速而充分的发展，原来社会经济“双重结构”中那种“土洋并举”的色彩才日益减退，取而代之的是大企业与中小企业的共存与结合，呈现出一种新的多层次经营序列。然而，即使到此时，在日本社会中仍

① 《东京间屋小企业调查》，《统计日本经济》，筑摩书房 1971 年。
② 《大阪家庭手工业调查》，《统计日本经济》，筑摩书房 1971 年。
③ 《大阪家庭手工业调查》，《统计日本经济》，筑摩书房 1971 年。

然随处可见一些家庭副业形态的手工业生产和一些需要熟练手工技巧的传统行业。

如果历史地看问题,可以说在这一时期内,中国也开始形成了一个以经济技术水平为基准,由先进地区到后进地区、由先进行业到后进行业递次连接的链条。由于近代中国所处的严峻的国际经济形势和特殊的国内社会状况,已经产生的先进因素迟迟未能直接渗透和充分影响落后的地区和落后的行业,于是就形成了一种十分明显而又大体稳定的多元结构。不同的层次间互相竞争,又互相补充;互相排斥,又互相依存;相互平行,又相互交叉;相互分离,又相互渗透:从而构成了近代中国的工业生产系统和社会经济结构。

在一定时期内,这种多元结构在维持生产、减少失业、满足市场需要等方面,发挥着独特的作用。20 年代中期,有人考察过传统丝绸业的生产情况,指出:“以放机论,为苏缎历史上最久之习惯,于社会状况、地方情形最为适合之办法。丝织大宗,不外江浙,苏、杭、宁、镇、湖、盛,皆丝织最盛之区,即放机最多之处。”①他们把这种传统生产经营方式与欧美、日本的情况相提并论:“按放机自织,即泰西、泰东家庭工业之一种,且为吾苏纱缎业历史上之习惯。在工人本身,兄弟妻子均可各事在家工作,自食其力,增进工人之生计;而厂方节省开支,并可减轻成本,借谋销路之轻便,得与外货争胜于市场。”②有人还专门比较了工厂化生产与散工制经营的利弊,列举了在包买主制经营方式下从事手工生产的种种便利之处:其一,“不以厂屋为限,其机数即可随时扩充,则工业盛大,

① 《江浙丝织业联合会刍言》,1927 年 10 月 18 日,原件藏江苏省档案局。

② 《铁机丝织业各厂告社会各界书》,1927 年 10 月,藏苏州市档案馆。

而工计亦宽裕，多放一机，则少一失业之工人”；其二，“放机不以籍贯为限，则土著客帮，概可领机。在土著则夫妇兄弟皆可勤动，在客帮则帮工伙友皆可合作”；其三，“该机结构、配件，手续简便，并不须高大厂屋，有屋者领机自谋，无屋者借厂安机，于工方并无困难”；其四，“领机者有极简单之契约，不须先经保证，工方无筹措资本之劳”；其五，“放机以后，在工方无赴厂奔走之烦，无时间束缚之苦，于生产上有进而无退”；其六，“放机亦提倡家庭工业及自由工作，于工艺上有勤勉而无游惰，系增进工人之利益，非缩减工人之生计”。① 这些议论，固然不无美化和拔高传统手工生产、贬低和排拒近代机器工厂的倾向，反映了传统手工行业经营者力求自保的心态，然而不可否认，在这些言论之间，也确实不乏一些表明中国近代国情、符合当时社会现实的合理成分。

值得注意的是，在1925—1928年间，江浙一带丝织业中，曾经经历过由分散手工织造发展到近代机械绸厂，却又再次返回“放机”分散织造的潮流。② 这种逆向的发展可能也包含着某种不得已的苦衷和历史的无奈。实际上，在针织业中，这种情况也很盛行，原来设厂织造的，后来又纷纷改为放机，10—20年代间，上海、浙江、江苏的针织厂商均将手摇机租给农户，发料收货，从织户应得的工资中扣取租金。浙江平湖的光华针织厂放机约1000台，当湖厂亦放机600台。上海放料收袜以南汇为盛，振艺商行曾控制南汇家庭针织机的三分之一。以生产童袜知名的上海同兴袜厂，年销25万打，其中四分之三是在南汇加工的。20年代无锡针织

① 《江浙丝织业联合会刍言》，1927年10月18日，原件藏江苏省档案局。

② 参见王翔：《中国资本主义的历史命运》，第271—284页。

业所雇用的3000多名工人中,“泰半皆为散处工人,论件计资”。①“虽然有的厂家手摇机达百台以上,但大部分均出租给城乡的手工业者和农民,在厂生产的仅十几或二三十台。”②如前所述,棉织手工业中,这种放料收布的散工制经营亦很普遍,河北宝坻、高阳,山东潍县,广西郁林(今玉林)、江苏南通等地的土布业中,这样的现象多有记载。其他诸如火柴业、花边业、草辫业、抽纱业、发网业等新老手工行业,也多有采用散工制经营的实例。究其实,这种放机制或曰散工制经营,是资本主义家庭劳动的一种形式。这种性质的城乡家庭副业与“那种旧式家庭工业除了有相同的名称,再没有别的共同点。它现在已经变成了工厂、手工业工场或商店的分支机构”。③ 手工工场和包买商通过加工、订货、包销等形式,支配了城乡的家庭手工业,把它逐步纳入了资本主义的范围和轨道,“在资本主义工业结构中起着很重要的作用”。

当时的各种手工行业不约而同地共同选择这种生产经营方式,不是偶然的,这种资本主义性质的家庭劳动,使工商业经营者得以实现劳动条件上的资本主义节省,并且可以广泛控制和利用城乡个体小生产者的廉价劳力,是手工业资本家更合算、更有利的组织和经营形式。同时,它又是手工业生产方式演变的一个必经过程,“如果不把为包买主的工作与资本主义发展的一定时期或一定阶段的整个工业结构联系起来,要了解这种工作的意义是不可能的”④。在近代中国,资本主义机器工业的发展极其缓慢,极不充分,根本无力消纳已经过量存在、还在每日每时不断涌现的

① 彭泽益编:《中国近代手工业史资料》第3卷,第153页。

② 钱大江:《从近代无锡针织业看资本主义经济中的工场手工业》,《苏州大学学报》1986年第1期,第110页。

③ 马克思:《资本论》第1卷,1963年版,第497页。

④ 列宁:《俄国资本主义的发展》,1959年版,第502—503页。

"产业后备军"。此外,各地的城镇周围,还散布着大量亦工亦农的手工生产者①,他们并未完全割断与土地联系的脐带,多是农忙耕种,农闲做工,所谓"各工大都半农半工,农隙则出货较多,农忙则出货稀少"②,正反映了他们的身份特征和工作特点。各地农村中更存在着大量的剩余劳力。他们没有机会被大都建立在城市里的近代工厂所雇用,而更可能仍然信守传统的生产经营习惯,更容易为商业资本的触须所缠绕,为商业资本向手工生产领域的渗透,为包买主制生产经营方式的生长,提供了一片天然肥沃的土壤。通过这种经营方式的作用,在商业手工业资本的干预和组织下,大批城市小生产者和乡村农户也被吸引到资本主义关系的网络中来,使得中国资本主义生产体系的包容范围大为扩展。由此可见,尽管某些传统经营方式已经显得陈旧落后,尽管在机器工业的竞争下手工生产正在逐渐步入衰途,但是在这一定的历史时期,依然会继续在社会经济结构中扮演举足轻重,甚至是最为重要的角色。这不仅仅因为这是近代化过程中的一个必经阶段,同时还因为其本身也在适应着社会的需要,也在发挥着近代化功能,从而也就有存在的价值与合理性。

第二节　行业示例

现在我们再选择 10 个行业,具体考察至这一时期中国手工业

---

① 例如,30 年代前,苏州丝织业从业人员中,农村专业者占 20%,农村副业者占 50%,城镇专业者只占 30%。(《苏州手工丝织业土特产生产概况表》,1936 年,藏苏州市档案馆。)

② 《吴县纱缎庄业同业公会致吴县总商会函》,1933 年 4 月 4 日,藏苏州市档案馆。

的发展。这10个行业中有与中国“男耕女织”小农经济关系最为密切,在中国分布最广,进入近代以后命运却不完全一样的棉纺业和棉织业;有具有出口导向性质,进入近代以后由于对外贸易的刺激得到发展的缫丝业和丝织业;有近代机器生产发展迅速,但传统手工业生产仍占绝大比重的面粉业和榨油业;有历史久远,富有特色的陶瓷业;有带有地方色彩而又常常为人称道的四川井盐业;也有鸦片战争以后由国外传来的新手工业针织业和草帽辫业。中国手工行业门类众多,不胜枚举,选择这10个行业,主要是考虑它们的重要程度和典型意义,力求能够比较集中而又全面地反映近代中国手工业生产发展的不同类型和实际面貌。

一、棉纺业

鸦片战争以前,非植棉纺织户已经出现并且获得了一定程度的发展,在闽粤沿海一带,植棉事业早已衰落,农民购买江南和华北的棉花纺纱,其后改用进口印棉,1830—1833年已达45万担,1860年高峰时达57万担,仅次于鸦片进口值居第二位。一部分小农已经不再倚赖自给棉而求诸市场,甚至求诸进口,从“棉纺结合”演变为“棉纺分离”。同时,“用洋纱上机织布”的事情,在鸦片战争以前的通商口岸附近,也已有所发生。但是,中国农家的棉纱基本上是自给的,除了江南个别地方曾存在过某种“布经”市场之外①,极少见有棉纱商品市场的记载,还远远没有达到“纺织分离”的程度。

① 上海四郊原有一些“排纱成经”的布经市场,“布经买卖麇集于此,辰聚酉散,熙攘竟日”(陈传德等修、黄世祚等纂:《嘉定县续志》第1卷,疆域志,市镇)。

鸦片战争以后，洋(机)纱一步步地取代土纱，显示了“纺织分离”的征兆。

第一次世界大战后初期，洋纱进口增长缓慢，数量也很有限，主要仍是销于一些非植棉地区的纺织户。闽广地区耕织结合的环节本较脆弱，且早有用洋棉纺纱，用洋纱织布的经验，洋纱的进口，扩大了当地自纺与自织的进一步分离，当90年代中期，闽广地区的农家手织布已经完全是洋经洋纬，手纺业“已有如风流云散”，以致“觅一纺纱器具而不可得”。① 但是，这里不是中国手工棉纺织业的主要基地。在江南棉纺织业中心区，基本上还是土经土纬，很少变化，“洋纱初来时，民间并不喜用，间有掺用者，布庄收买后，致销路濡滞”②。在松江地区，洋纱的销量，估计1894年前不过占土布用纱量的1%左右，当地布庄收布，即使有极少数掺入洋经的，一经发现，便剔出不收，自然极大地限制了洋纱的推广。这一地区，原是中国农家手工棉纺织业及其商品生产最发达的地区，对洋纱的抗拒，也就表现得最为顽强。到1894年，进口洋纱已达115.96万关担，尚只占当年全国土布生产用纱量的18.94%。

从90年代起，洋纱进口急剧增长，尤其是甲午战争以后，进口洋纱和国产机纱加快了对土纱的取代步伐。印度粗纱之外，日本棉纱的进口急速膨胀，后来居上，称霸华中、华北。1907年3月，驻沙市的日本领事馆报告，沙市以北14华里处有个草市镇，居民不过五六百户，从事洋纱买卖的商号却有20余家，年间销售6000余担机纱给附近农家作为织布原料，其中以日本“船美人”牌机纱为最畅销。③ 同时，国内近代棉纺织工业兴起，产量逐年增长，“制

① 丁仁长等:《番禺县续志》第12卷。

② 何良栋编:《皇朝经世文四编》第42卷，第5页。

③ 《通商汇纂》，明治40年第26号，第9页。

纱日多,由是土布之向用手摇纱者,自始改用机纱”①,在挤代农村土纱的过程中扮演了越来越重要的角色。近代纱厂大量吸收了江南等产棉区的棉花,加上土布的总产量也已缩减,全国土布生产中使用洋纱的比例扩大到了占72%。

第一次世界大战期间和战后初期,洋(机)纱的迅猛推进和农家自纺纱的节节败退出现了反复。当此期间,洋纱洋布进口锐减,国内纱厂亦由于进口设备、扩充生产的困难而增产不多,于是土纱生产余烬复炽,土布生产中使用机纱的比重退居为50.76%。直到1920年后,进口洋纱虽已大量减少,国内机纱则高速增长,产量已为进口洋纱的1.3倍,成为取代农家土纱的主力,遂使土纱生产再次收缩,从此江河日下,无复旧观。

然而,机纱并没有完全排挤掉土纱的地盘。织入商品布中的土纱渐被淘汰,所余无几,但仍有相当数量织入农家的自给布,在这一部分,中国耕织结合的小农经济表现得尤为强韧。根据20年代后期的调查,河北省土纱的使用率,在几乎不生产商品布的御河区和与山东接壤的地区,分别为98.3%和100%;包括高阳、宝坻在内的西河区和西北河区,是具有代表性的商品布生产地带,也分别占有38.8%和6.6%。河北全省年约消费机纱63.5万市担,土纱42.3万市担,大致为6与4之比。② 在某种程度上,这可能反映了当时全国的平均水准。直到1936年,自给布生产中土纱仍占有相当的比例。估计当年自给布中消用机纱已达221.83万市担,除了非植棉地区自给布已全用机纱外,植棉地区自给布中消用机

① 昝元凯编:《崇明乡土志略》,第18页。

② 毕相辉:《高阳及宝坻两个棉织区在河北省乡村棉织工业上之地位》,《天津大公报》1934年10月17日。其后,《纺织时报》第1139、1140号转载。参见森时彦:《中国近代における机械制绵系の普及过程》,《东方学报》第六十一册,注44,第538页。

纱129.82万市担,而消用土纱也还有106.78万市担,占自给布用纱量的45.13%。① 这说明植棉地区自给布中只有少部分已是洋经洋纬,大多还是洋经土纬,并且很可能仍有一部分是土经土纬。植棉纺织户的自给布,是土纱存身的最后"庇护所",尽管机纱生产的劳动生产率较之土纱高出数十倍,仍无法最终攻克这个顽固堡垒。这是因为,农家的自给布生产,几乎是不计成本的,只要纱花比价还有那么一点差距,只要小农手里还握有棉花,他们就仍然会挣扎着自纺自织自给的。

洋纱取代土纱的过程,在各地的发展并不平衡。甲午战争前,闽广地区即已完成由土经土纬到洋经洋纬的过渡,江南传统棉纺织业中心手纺业的凋零则与国产机纱的发展有很大关系。上海机器纱厂刚刚起步,产量有限,当地织户"织布纱线,均手车所纺"。② 江苏四境皆棉布产地,经纬均"自以棉花制出之手纺绩丝也",虽渐有洋纱之输入,"然一般尚顽然固守旧式","一意惟使用自家纺织棉丝"。③ 甲午战后经过一个发展阶段,到20世纪初期,据说"其使用外国棉丝者,尚未有其一半也"。④ 20年代后,"沪上纱厂林立,所出棉纱洁白纤匀,远胜车纺之纱,于是纺纱之利完全失败"⑤。此后,"洋纱盛行,而轧花、弹花、纺纱等事,弃焉若忘。幼弱女子,亦无有习之者"⑥。著名的嘉定东北乡"布经",光绪中叶

---

① 徐新吾:《近代中国自然经济加深分解与解体的过程》,《中国经济史研究》1988年第1期,第106页。

② 曹允源等:民国《吴县志》第51卷,第15页。

③ 《东西商报》第50号,光绪二十六年,第8—9页。

④ 《东西商报》第50号,光绪二十六年,第8—9页。

⑤ 严伟等修、秦锡田等纂:《南汇县续志》第15卷,"风俗志"。

⑥ 黄炎培等:《川沙县志》第14卷,第7页。

后,只是“出数渐减”,到20世纪20年代,才“市中不复见矣”。①然而,即使此时,土纱生产仍未绝迹,江苏海门农民的自用布,1927年时还是用自纺纱织成的。据日人稍后的调查,1939年前后,江苏南通金沙镇头总庙村共有居民94户,拥有纺车68架。除去6户地主无一从事纺织外,7户中农从事手纺业的有3户,31户贫农中的23户和44户极贫农中的26户都从事纺纱,连“农业外”的6户中也有1户从事手纺。纺纱户占总户数的56.38%,如除去地主,更占到60.23%。该村全年棉花收获量2417斤,留作自纺纱的占26.6%。全年消费棉纱3303斤,其中由自植棉纺纱644斤,购入棉纺纱241斤,合占全部棉纱消费量的26.8%。② 上述状态不排除可能有抗日战争时期特殊情况的影响,但用来作为手纺纱迟迟没有退出小农家庭手工生产的具体例证,还是很有参考价值的。

在此期间,洋(机)纱也渐向边远内地扩散。1897年,广西梧州开辟为商埠,头一年,即进口洋纱27141担,次年猛增到62000担,但仍因洋纱“不及土纱厚而且暖,故织工两样兼而用之”。③ 随着时日渐久,20世纪后,乡村农民购买洋纱织布者渐多,用土靛染色,缝制衣服。从梧州转口的洋货,以洋纱为大宗,到20年代,遂有“家庭纺织之工业,逐渐消灭,今欲于乡村间觅一纺车几不可得矣”④的议论。实际上,即使此时,“土纱亦为畅销”⑤,桂西北县份仍然间或

---

① 陈传德等修、黄世祚等纂:《嘉定县续志》第5卷,“风土志·物产”。

② 井上弘文:《满铁南通农村实态调查参加报告》,第48页,东亚研究所,资料丙第227号D,昭和16年9月;森时彦据村上舍己等《江苏省南通县农村实态调查报告书》(《满铁调查研究资料》第38编,昭和16年3月,满铁上海事务所调查室)补正。

③ 彭泽益编:《中国近代手工业史资料》第2卷,第216页。

④ 梁崇鼎等:《贵县志》第2卷,“社会生活状况”,1934年铅印本。

⑤ 《通商各关华洋贸易总册》下卷,梧州口,第66页。

有人使用土纱作经纱，作纬纱者就更多了。云南蒙自开关后，经由蒙自内运的外货，1890 年尚仅值 40 多万海关两，1897 年即已增至 250 多万海关两，相当于初开关时的 6 倍多。输入货物的 80% 以上在云南销售，其中又以洋纱为大宗。滇越铁路通车后，洋纱进口“由宣统元年之 5.766 万担，猛增至 8.4791 万担，值价 435 万元”。对云南的社会经济起到了不容忽视的影响。昆明“咸同以前，城乡居民类能习此以织土布，故名土纱。唯工粗器窳，不甚匀净。迨洋纱入口，织者遂不用土纱，纺者亦因之失业”。在大理乡村，龙街“辰日集，每街销售洋纱、土布各百余驮”；狗街“戌日集，销售品以洋纱、土布为大宗，与龙街同”①。这里所说的“土布”，当已掺用洋纱织就。不过，使用土纱者仍大有人在，思茅一带，1907 年虽曾有洋纱 100 担进口，次年却“不复见进口洋纱”，盖其“不甚为思茅纺织家所欢迎”，当地农民“多赖自行纺线，以资餬口”。② 其实，就连湖北，虽然商埠汉口已“近年其经纬丝，共用洋棉丝”，但内地仍在使用土纱，西北部县份“白布经用洋纱”，纬却用自纺纱③；东北部的黄安县，30 年代时还是“农家之衣类，皆以自植之棉，自纺成布”。④

二、棉织业

与棉纺业的命运不尽相同，原来密切结合于农民家庭内的棉

---

① 转引自《云南近代史》，第 156 页。

② 《通商各关华洋贸易总册》下卷，思茅口，第 132 页。

③ 美代清彦：《鄂省西北部农业视察记》，第 20 页。

④ 张思曾：《一个“匪区”农况变迁之描述》，天津《益世报》1934 年 11 月 24 日。

织业表现出了另一番景象。

大致上说,鸦片战争以前,中国已经出现脱离了农业的染布、踹布等手工场坊,但是与纺纱一样,织布仍然基本是农民的家庭手工业。人口众多的中国,早有庞大的棉布市场,约占总人口45%的棉纺织户,需要提供55%的非纺织户包括城镇人口的商品布。当鸦片战争前夕,全国棉布产量约为6亿匹,其中流入市场的约为3.1亿匹,约值银1亿余两。松江棉布素有"衣被天下"之誉,主要生产"走秦晋、京边诸路"的"标布","走湖广、江西、两广诸路"的"中机布"和"单行于江西之饶州等处"的"小布"。① 时人称:"松之为郡,售布于秋,日十五万焉。"②

一般国家的发展道路,纺织分离是棉纺织业近代化的起点,然而中国由于农家一直使用元明以来的手摇单锭纺车,效率过低,无人能以卖纱为生。乾隆年间,虽曾有足踏三锭纺车的创制,但必须强劳力操作,而农家强劳力则须用来织布,从事纺纱者多为老幼,所以即使在松江地区也不能推广。因此,中国一直缺乏与棉布市场平行的棉纱市场,以致纺织无法分离,长期停留在农民家庭生产。在棉纺织地区,农家子女,七八岁即能纺絮,十二三岁即能织布,农家"赖此营生,上完国课,下养老幼"③,成为"男耕女织"式的,自然经济迟迟不得解体的标志。

鸦片战争后,极力推动这次战争的英国棉纺织业商人一时过分乐观,盲目大量输入棉布,1845年达300多万匹的高峰,以致存货山积,不得不大幅度贬价销售。一时间,据说"洋布大行,价当

---

① 叶梦珠:《阅世编》第7卷。

② 《清朝经世文编》第28卷,《松问》。

③ 郭廷弼等修,周建鼎等纂:《松江府志》第5卷。

梭布三分之一,……松太布市,削减大半”。① 不排除某时某地确有土布遭受洋布严重冲击的情况,但这只是短暂的特殊现象,事实上,直到1860年,洋布进口不过折合中国棉布产量的3.18%而已。此后的一段时间,情况并无多大改观,1867—1894年,棉布进口不过由1200万海关两上升到3100万海关两,增加不到2倍;而同期洋纱进口则由146万海关两上升到2140万海关两,增加了13倍以上。这说明,中国的手织布比手纺纱具有对机器工业的更顽强的抵抗力量。

在某种程度上,可以说正是手纺业的衰落造成了手织业的发展。洋(机)纱在数量上的迅速增长和在价格上的大幅度下降,给中国的手工棉织业提供了某种自存乃至求得发展的条件。洋(机)纱代替土纱用于手工织布,提高了织的效率,使手织布更难以被机制布所排挤。由于机织棉纱的质地坚韧,又远比手纺土纱规格划一,加上古老简陋的织布工具逐渐为新式织机所淘汰,使得织布的技术水平也日渐提高,新织成的棉布不但品质较优,品种亦较多,其对机制棉布的竞争能力也因此相应增强。当19世纪末20世纪初农村土布织造逐渐推广使用机纱后,各地新兴起了一些手工织布区,过去这些地区虽有纺织而不发达,农民自给植棉或从商人手中购得棉花,基本上是纺纱织布自给,而现在则从市场上取得机纱或者由商人放纱收布,发展了商品布生产。由于不受自给棉自纺纱的牵制,生产反较比较保守的传统植棉纺织地区兴旺。同时,棉织业已开始脱离传统的家庭副业生产方式而以一种崭新的形态出现。自从土纺纱普遍停产,一般农家皆因缺少资金而没有能力购买机纱以作织布之用,遂使不少具备资本的人把握时机,或放纱收布,实行包买主制经营,或开设工场,雇用工人,集中生产

① 包世臣:《安吴四种》第26卷,《齐民四术》。

以机纱织成的棉布。一时间,新兴包买主制经营和棉织手工工场如雨后春笋,应运而生,无疑打破了长期束缚中国棉纺织业发展的桎梏。可见洋(机)纱的应用实有其积极的一面,最重要的一点即是把传统的棉织业从农家副业解放出来,使它的生产和技术水平得以迈进一个新的发展阶段。随着洋纱输入的增长和国内近代纱厂的兴起,棉纱市场终于形成。原来铁板一块的传统棉织手工业发生了显著变化,分化为农民家庭手工业、棉织工场手工业和近代棉纺织工厂三个相互关联的部分。

农民家庭棉织手工业仍然是中国棉布生产的主体。洋布进口折成标准土布虽由1840年的273万匹增至1894年的9170万匹,不过占到全国棉布总产量的13.36%,加上国产机制布539万匹,亦不过只占14.05%;农家手织布产量则占棉布总产量的85.95%,约为5.89亿匹,其中自给布2.99亿匹,商品布2.90亿匹,绝对产量仍大致维持在鸦片战争前的水准上。①

甲午战争以后,洋布进口增长加速,渐增至25361万匹。其中大多为美国粗布和日本粗布,保温性、耐久性不比中国土布逊色,价格又廉,遂逐渐攘夺了土布的市场。土布的产量和商品量都开始大量减少,到1913年,产量降为5.07亿匹,占棉布总消费量的65.2%,其中商品布只剩1.97亿匹,比战前减少了32.07%;自给布为3.10亿匹②,反有上升。

---

① 参见徐新吾:《近代中国自然经济加深分解与解体的过程》,《中国经济史研究》1988年第1期,第105页表“中国农村棉纺织业机布取代土布的过程”。

② 参见徐新吾:《近代中国自然经济加深分解与解体的过程》,《中国经济史研究》1988年第1期,第105页表“中国农村棉纺织业机布取代土布的过程”。

当时农民织布自给和出卖的情况仍极普遍,1900年的汉口,"乡间老成妇女子,特购入棉纱,以自织成其所好土布,余剩则卖却"。① 四川农民织布,在满足"自己家庭所需外",如有剩余,也"供给别人的需要"。② 即令通商口岸附近,"四乡妇女老幼,其耕作用衣服,皆使用自制土布",只有在其他场合,"或祭祀、或应酬、或往稠人广众之中,才穿洋布以为外观美丽"。③

第一次世界大战期间以至20年代初,洋布进口减少,土布再告兴旺,自给布和商品布都有所回升。1920年,全国土布产量6.02亿匹,占棉布总消费量的71.5%,比1913年上升了6.3个百分点,其中自给布3.31亿匹,商品布2.71亿匹,自给布回升幅度远较商品布为高。自此之后,国内机织布厂获得较大发展,取代进口洋布成为排挤手织布的主力军,到1936年,手织布产量已为机织布所超过,但仍保持着3.93亿匹的巨大数量,占有着国内棉布总消费量的43.2%④,只不过其中自给布约占四分之三,而商品布只占四分之一了。

鸦片战争以后,中国传统棉织手工业的生产关系,发生了显著的变化,纺与织的分离,为棉织工场手工业的出现提供了条件。1888年,闽浙总督卞宝第在福州设织布局,可算是近代棉织手工工场之始。数年间,福州出现了60余个手工织布局,多是商人向农户发放棉纱,收回布匹,实际上是散工制生产。到19世纪末,广

---

① 《东西商报》第60号,光绪二十六年,第10页。

② 彭泽益编:《中国近代手工业史资料》第2卷,第247页。

③ 《东西商报》第60号,第10页。

④ 参见徐新吾:《近代中国自然经济加深分解与解体的过程》,《中国经济史研究》1988年第1期,第105页表"中国农村棉纺织业机布取代土布的过程"。

州、万县、昆明、贵州黄草坝等地均见有棉织手工工场的记载,雇工由数人到数十人不等,有多达 80 人者。① 这些工场使用的织机,基本上是 14 世纪传袭下来的投梭机。这种织机的构造,不能将织布的六项操作——开口、投梭、打纬、移综、放经、卷布——连合运作,布幅亦受手工投梭的限制而宽仅 1 尺左右。使用这种织机所进行的强力劳动,很容易达到人体的极限,限制着劳动生产率的提高。

19 世纪末 20 世纪初,中国手工棉织工具有了改进。1896 年曾有人对旧式投梭机加以改良,用以织洋式布不无方便之处,但未获推广即被从国外传来的新式织机所淹没。1900 年左右,从日本传入拉梭式织布机,部分地弥补了投梭机的缺点,它把投梭的双手投接改为一手拉绳,一手握纬杆以打纬,使生产速度增加了 1 倍以上,布幅亦有所加宽。1905 年以后,又有日本式铁轮织布机传入,利用齿轮、杠杆等机械原理,双足踏动,带动飞轮,将开口、投梭、打纬、卷布、送经五项操作连接为一个整体,而用足踏板做总发动,又可于放经、卷布、移综时,不须停止织布,大大提高了生产效率。大约在此同时,又从日本引进了雅克式手拉提花机,利用花版按程序自动提综,织成各种预先设计好的花纹图案,是为用人力发动的织机所能达到的最完美结构。②

以手拉机、铁轮机所织之布称“改良土布”或“爱国布”。特别是用铁轮机所织者,幅宽可达 22 寸,与机制布同,“质亦坚匀,直

① 参见吴承明:《论工场手工业》,《中国经济史研究》1993 年第 4 期。

② 吴承明:《论工场手工业》,《中国经济史研究》1993 年第 4 期。当然,也有些边远地区,织布工具上的这种变化并不明显。例如广西农村,妇女多利用农闲纺纱织布,以解决家庭成员的穿衣问题。她们使用的织机很多是最原始的“矮机”。这种“矮机”多为农家姑娘出嫁时的陪奁。

与洋式货物相颉颃,市廛中人每误认为机械织机所织之品,从此可知其织造之精也"。日本学者森时彦亦说:"1905 年前后,直隶等新兴织布地带,作为一种新的生产手段从日本引进了铁轮织机,使用 40 支以上的细纱,开始织造幅宽而精巧的棉布。正值抵制美货运动期间,这种棉布遂被冠以'爱国布'的名称。重要的在于,这种布具备了与从国外输入的机制棉布相颉颃的品质,从而被视为抵制外货的象征。以机制粗纱织成的土布,作为旧土布的代用品被称为'新土布',与之相对,以机制细纱、用铁轮机织成的幅宽、精致的土布被称为'改良土布'。这种土布当日本棉纱大规模进入中国市场前后得以生产,看来绝不是偶然的事情。"①

手工织机的这种改进,尽管在不同地区时间略有先后,但至迟在 20 世纪初叶已很普遍。以城市而言,福州是最早从日本引进拉梭机的地区之一,这个城市本无布业,拉梭机的引进,促成了福州的织布业,并且一度颇为繁荣。上海的手工织布业,约在 1907 年时已有拉梭机出现。② 四川重庆的织布业 1905 年开始了铁轮机的使用③,广东汕头也于 1905 年采用了足踏手织机。④ 农村的手织业,也在同一时期传出了同样的信息:近代农村土布业生产中心之一的河北省高阳县,20 世纪初由商会出头引进拉梭织机,刚刚

---

① 森时彦:《中国近代にわける机械制绵系の普及过程》,《东方学报》第六十一册,第 524 页。

② 《上海手工业调查报告》,彭泽益编:《中国近代手工业史资料》第 2 卷,第 367 页。

③ 《重庆之棉织工业》,彭泽益编:《中国近代手工业史资料》第 2 卷,第 368 页。

④ Trade Reports,1907 年,汕头,彭泽益编:《中国近代手工业史资料》第 2 卷,第 368 页。

在织户中推广,1906 年又从天津日本洋行引进了足踏铁轮机,仿织机制布。[1] 宝坻县引进拉梭机和铁轮机的时间,与高阳约略相近。江苏的武进县,。1906 年传入拉梭机,很快达到 2000 多台;1913 年又传入了铁轮机,20 年代后发展到了 10000 台左右。四川的农村机户,也于清朝末年由"省外传入"扯梭(拉梭)木机,生产效率倍增,且能仿织外洋宽布。"由是织布之家,多弃丢梭(投梭)而不用。"[2]

生产工具的改进,促进了生产规模的扩大和生产方式的变革。进入 20 世纪后,手工工场在各地的广泛出现,成了棉织手工业中一个引人注目的现象。国内学者彭泽益曾将 1899—1913 年间创设的棉织手工工场详加表列,惟或缺织机数,或缺雇工数,海外学者赵冈根据每台布机使用工人两名的比例,对上述统计做了修正如表 36。[3]

表 36　手工棉织工场

1899—1913 年

年份	新设工场数(家)	新装织机数(台)
1899	1	15
1900	2	656
1904	6	381
1905	3	45

① 吴知:《乡村土布工业的一个研究》,上海,1936 年版,第 11 页。

② 《重庆之棉织工业》,彭泽益编:《中国近代手工业史资料》第 2 卷,第 368 页。

③ 赵冈等:《中国棉业史》,第 231 页。

续表

年份	新设工场数(家)	新装织机数(台)
1906	6	780
1907	7	197
1908	7	540
1909	19	1545
1910	19	886
1911	14	837
1912	43	2102
1913	14	779
合计	141	8763

上述统计也显有遗漏。民国初年农商部曾发表1912年和1913年棉织手工工场在各省的分布情况，仅河北、辽宁、吉林、江苏、江西、浙江、福建、湖北、湖南、山东、河南、陕西、山西、甘肃、新疆、四川、广东等省区，1913年内已有手工布厂974家，雇工26008人，按2人一机的比例，应有布机13004台，平均每厂13.35台。① 这些数据可能还是不尽全面，但它至少说明手工布厂是在这一时期兴起的。到20年代中，手工布厂达到全盛，一些城市手工布厂的数量有如表37。②

① 彭泽益编:《中国近代手工业史资料》第2卷，第433页。

② 赵冈等:《中国棉业史》，第234—235页。原据彭泽益:《中国近代手工业史资料》，严中平:《中国棉纺织史稿》。

表37　主要城市手工布厂

1920年

地点	年份	手工布厂数	地点	年份	手工布厂数
上海	1925	1500	福州	1929	270
广州	1929	300	成都	1920	730
北京	1924	100	重庆	1920	235
南京	1928	350	芜湖	1920	240
怀宁	1926	190	天津	1924	530
沈阳	1927	300	新民	1926	300

以上12个城市的手工布厂加在一起,已经超过5000,其他拥有这类布厂的市县当不在少数。例如苏州,1922年时,有手工布厂11家,职工人数1327人,其中公民劝业厂和兴业厂较大,有工人250以上,慎昌布厂规模最小,亦有工人34人。① 这些布厂大多使用拉梭机,也有使用铁轮机的,"以机器棉纱织成布匹,有丝光,如杭绉,故名。爱国布亦工艺厂出品,光泽细致,各色完备"②。其他城市亦时见开设手工布厂的记载,"染织工艺,日进未已,成效昭然。其所织布匹之花纹颜色,不逊于洋货,而坚洁耐用,实有过之,是以各县闻风而起,相继创办者,时有所闻矣"③。可见若将20年代棉织手工工场全部统计的话,数量定很惊人,但是,即便如此,在这一时期棉织手工业的生产中,手工布厂所占的比重仍不会

① 参见苏州商会档案各期资料,藏苏州市档案馆。
② 曹允源等:民国《吴县志》。
③ 彭泽益编:《中国近代手工业史资料》第2卷,第369页。

很大。有人统计1933年全国手工布厂共装有织机27430台①,这一数字,尚不及同年山东潍县个体手工织布者所拥有的织机数。

与棉织手工工场出现同时,商人雇主制、包买商制等资本主义家庭手工业生产也大行其道。河北的高阳、宝坻,山东的潍县,山西的平遥,江苏的江阴、常熟、武进,浙江的平湖、硖石,广西的玉林等地的农村手工棉织业,是这种生产经营方式最盛的地区。从表38所列高阳地区的典型情况,可以看出包买商经营方式在土布生产中的不断发展。②

表38　高阳织卖货与织手工的比例

1912—1920年

年份	织卖货		织手工		织机总数
	织机数	占总数%	织机数	占总数%	
1912	955	65.5	503	34.5	1458
1913	1576	61.7	980	38.3	2556
1914	2211	58.4	1574	41.6	3785
1915	2754	48.1	2972	51.9	5726
1916	3461	35.5	6290	64.5	9751
1917	4059	30.8	9124	69.2	13183
1918	4006	25.1	11938	74.9	15944
1919	4312	22.6	14730	77.4	19042
1920	4517	20.6	17387	79.4	21904

① 严中平:《中国棉纺织史稿》,第300页。原据刘大钧:《中国工业调查报告》下册。

② 吴知:《从一般工业制度的演进观察高阳的织布工业》,《政治经济学报》第3卷第1期,1935年。

高阳的纱布号多由原来的钱庄、粮商转化而来,到20年代初已经控制了当地2万多架织机、年产300余万匹布的8成。宝坻的67家布号,1923年时,也控制着领纱织户7650户,织机8180台,分别占当年织布户数和织机总数的71.8%。① 在浙江平湖,做"放机"的织户也占总数的80%左右。在江阴,公信布行于1895年第一个实行放机,1908年后流行开来,到1918年后,除了农家自产自销的大布以外,江阴小布(阔8—12寸,长15—20尺)几乎全由放机织造。大布庄如高慎昌、钱德丰等,控制布机分别多达3000余台和4000余户,旺季时每天收布可达3000匹到6000匹。② 布庄放144两的一包纱,因纱支和布种不同,大约收布10匹,可净赚0.2—0.3元。织户织10匹布约需10天,1918年时可得工资银1元,另加可织半匹布到1匹布的余纱,约值0.2元。常熟放纱收布始于1910年,武进始于1912年,经营情况与江阴相仿。③ 广西玉林县织户家有布机一二架不等,生产销售亦受包买商控制,一般表现为两种形式:一是织户向商人领取棉纱,按商人要求的规格织成布匹,缴布后按规定领取工资;一是织户以布换纱,一般以2斤布换棉纱2斤2两,如果布的质量低劣,则只能平换。普通棉布2斤内约含米浆3两,换言之,织户织成2斤布,所得实物工资仅为3—5两棉纱,难怪时人说:"织户工资之低下,诚已无可复加,每月所得亦不过毫洋四五元,仅足以维持一人最低程度之生活。"④

---

① 方显廷、毕相辉:《由宝坻手织业观察工业制度之演变》,南开大学经济研究所1936年版,第38页。

② 徐新吾:《江南土布史》,上海社会科学院出版社1992年版,第491页。

③ 许涤新、吴承明:《中国资本主义发展史》,第919—922页。

④ 千家驹等:《广西经济概况》,商务印书馆1936年版,第116页。

三、缫丝业

中国是发明植桑育蚕，缫丝织绸的国度。育蚕缫丝历来是农村家庭副业生产的一个重要部门。时至近代，缫丝业生产以长江流域及珠江流域最为发达，而江浙两省，尤为全国之冠。广大蚕农在长期的生产实践中总结和积累了丰富的植桑育蚕缫丝的经验，手工缫制的土丝，盛销海外，长期来与茶叶并称，成为出口商品的代表。鸦片战争前夕，1830—1837 年从广州输出的生丝年均为 9058 关担。①

鸦片战争以后，生丝出口急速增长。1844—1852 年间，出口生丝由 5087 包增至 24200 包，增长了 3 倍多，而且在出口商品总额中首次占到 30% 以上。② 这一时期，蚕丝贸易的中心逐步由广州移至上海，与主要产丝区距离更近，自然有利于蚕丝的出口。到 1894 年，土丝出口量已达 60681 关担，比战前增长了 5.7 倍；同时出口丝绸也由战前的 3235 担、折合生丝 4367 担增至 16363 担，折合生丝 22090 担，增长了 4.06 倍。受出口刺激，土丝产量也由战前的 6.4 万关担增至 1894 年的 13.77 万关担，增长了 1.2 倍。

在 19 世纪 70 年代前，缫丝生产完全是农民家庭手工业的一统天下，蚕桑业与缫丝业一直牢固地结合于小农经济的内部，停留在小农个体经营的阶段，尚未出现养蚕与缫丝相分离的现象，“蚕户各自以收获之成茧，直于自家缫丝，而以生丝出售，向无缫丝与

① 参见马士：《中华帝国对外关系史》，第 413 页。

② 转引自张仲礼：《1834—1867 年我国对外贸易的变化与背景》，《学术月刊》1960 年第 9 期。

养蚕离分之观念”。① 在农村手工缫丝业广泛发展的基础上,1874年,侨商陈启沅于广东南海县开办继昌隆缫丝厂,使用法式共拈丝车,又置锅炉,输蒸汽于茧盆,代替炭火煮茧。如此一来,据说工效提高许多,“一人可抵十人之工”,而且所缫生丝粗细均匀,售价提高,“期年而获重利”②,引起时人竞相仿效。到1894年时,广东先后创设丝厂75家,“在这些被统计的丝厂中,有7座在南海县,1座在番禺,其余在顺德,分散在生产蚕丝的小乡镇上”。③ 这种所谓“丝偈”,与以往的手工缫丝相比,只是生产工具的变异较大而已,操作技术实在没有多少差别,来自农家的手工缫丝者只需略加指点,便可成为“丝偈”里熟练的缫丝工人。在“丝偈”最多的顺德、南海、番禺等县,出现了一大批长期离家和经济独立的单身女工,被称为“自梳”和“不落家”。他们绝大部分是本乡镇或邻近地区的农家妇女,原本就是手工缫丝的行家,在这样的丝厂中从事生产,当然不会有什么困难。中国早期新式缫丝业之所以能在短期内就有一个飞跃,实有赖于这个因素。

随着广东新式丝厂的兴起和发展,手工缫丝的比重开始下降,这突出反映在生丝出口中手缫丝与机缫丝数量的消长对比上。80年代上半期,广州出口生丝平均每年9298.8担,其中土丝6897.2担,占74.18%;厂丝已有2401.6担,占25.82%。从1885年起,土丝出口已经不如厂丝,只占47.55%,其后越发不可收拾,到1894—1895年,土丝在出口生丝中的比重只占10.62%了。19世

---

① 铃木智夫:《清末无锡地区蚕丝业的发展》,“对外经济关系与中国近代化国际学术会议论文”,1987年5月,武汉。

② 陈启沅:《蚕桑谱》“序”。

③ 玛丽安·巴斯蒂(Marianne Bastid):《1894年前广东近代丝纺业的发展》,Reprinted from The Polity and Economy of China。

纪末,进一步下降为6.7%。①

江浙地区的情况,与广东不同。这里是中国桑蚕丝的主要基地,早已有外商试图投资近代丝厂,但屡起屡仆,据说直到清光绪四年(1878 年),法人在上海开办宝昌丝厂,“始有成效”。光绪七年,黄佐卿在上海北苏州河岸设立公永和丝厂,成为当地国人经营近代丝厂之始。其后,江浙地区近代缫丝工业逐渐发达,1895 年,上海一地已有丝厂 12 家,1911 年发展为 48 家,到 1927 年已达 93 家。无锡从 1904 年开始设厂,1911 年已有丝厂 6 家,1927 年也达 25 家。发展不可谓不速。近代缫丝工业兴起后,机缫丝就开始排挤手缫丝,“自上海之丝厂兴,而吴邑辑里丝销数顿减”②。但另一方面,机器缫丝也长期遭到手工缫丝的顽强阻击。在海关册上上海有厂丝出口记载的 1894 年,厂丝出口 4354 关担,土丝出口则高达 54496 关担,占当年生丝出口总量 92.60%,1899 年仍占 84.23%,1910 年占 66.07%。到 1916 年,在出口生丝的构成中,土丝第一次被厂丝超出,该年土丝出口 32220 关担,占 49.50%。其后又拉锯了一番,直到 1925 年后,除了个别年份以外,土丝出口才每况愈下,但仍然维持着相当高的比重。③

在蚕丝出口中机缫丝取代手缫丝固是大势所趋,江浙地区手缫丝的长期抵抗也自有其根据。首先,江浙一带盛产的湖丝质地优良,久负盛名,“道光以后,湖丝出洋,其始运至广东,继运至上海销售。南浔辑里所产之丝尤著名,出产既富,经商上海者乃日

① 《海关关册》。广东关册 1894 年前对厂丝出口尚未另列项目,兹据《海关十年报告》(1882—1891 年)、(1892—1901 年),“广州口”的记载。

② 魏颂唐:《浙江经济纪略》,吴兴县,第 9 页。

③ 徐新吾主编:《中国近代缫丝工业史》,附录 23“上海桑蚕丝出口品种数量统计表”,第 689—693 页。

众”,南浔“镇之人业此而起家者亦不少”。① 一段时间内,以辑里湖丝为代表的江浙土丝仍能维持一定的销路。其次,农家以足踏丝车缫丝,缺少拈鞘装置,易成断片,因而多用纺车复缫,摘糙接头,使丝成缕,便于织造,并将二丝、三丝加拈成丝经,有“苏经”、“广经”两种。近代以后,为适应国际市场需要,江浙地区“乡人缫丝之法日益讲究”②,越发注重复缫,使用三锭纺车者日多,在“复摇和洁净上都非常注意”,在一定程度上弥补了土丝条分不匀的缺陷,颇受国外丝织厂家欢迎。在“苏经”、“广经”之外,又发展出仿日本经“由右旋左”逆摇的所谓“东洋经”,“成经百两为一把,以一千二百两为一包,销于夷商。次年,番信转华,大为称许。盖丝佳而工廉,洋经于是盛行。法兰西、米利坚各洋行成来求购。嗣又增出方经、大经、花车经等名称,至今风行”。③ 1865—1869 年间,平均每年输往美国 6.7 万磅,1875—1879 年间为 41 万磅,1885—1889 年间为 113.2 万磅,1895—1899 年间为 251.6 万磅,1905—1909 年间为 335.6 万磅,直到 1919 年一直是上升的。④ 时任美国驻华商务参赞的阿诺德(J. H. Arnold)说:“美国非养蚕之国,但销丝较他国为多。中国输出之丝,(过去)运往美国者居其半数,美国销路今且有增无减。今年来美国丝业公会颇思改良华丝,其致力之点,在使华人改良其制丝之方法,俾可用于美国高速率之织机。”可见华丝制法虽渐不合用,但一时尚能相当的维持销路,

① 时有“二狮四象八牛七十二狗”之说,参见周庆云:《南浔志》。

② 周庆云:《南浔志》第 30 卷,第 21 页。

③ 参见周庆云:《南浔志》。

④ 参见 Shu-Lun Pan:The Trade of The United States With China,p. 146、p. 152;石井宽治:《日本蚕丝业史分析》,1981 年版,第 43 页;《经济半月刊》第 2 卷第 12 期,第 26 页。

“有增无减”。①

从全国情况来看，19 世纪 90 年代后期，土丝在生丝出口构成中所占比重的逐年退缩就已经十分明显，到 1902 年，终于发生了历史性的变化。这一年，共出口桑蚕丝 100519 关担，其中土丝 49962 关担，占 49.70%；桑蚕丝出口值共 58426700 海关两，其中土丝 25054300 海关两，占 42.88%，第一次在量和值两方面都被厂丝超过。② 此后，除了个别年份，土丝在出口量上稍占优势外，一路下泻，日渐被厂丝拉开了距离。1920—1927 年间，年均输出生丝 117265 关担，其中土丝 28548 关担，占 24.34%；年均生丝出口值 108298313 海关两，其中土丝 16869760 海关两，占 15.58%。到 1927 年时，土丝尚占生丝出口量的不到 23%，出口值的不到 15%。③

在对外贸易上，手缫丝比较机缫丝固然已经相形见绌，但是土丝生产并未一蹶不振。尽管占出口比重已降为不到四分之一，但是年均土丝出口绝对量则比鸦片战争前夕的 9058 关担增加了 2.1 倍，只比 60 年代年均出口量 44683.62 关担减少了 36.11%。④ 更重要的是，土丝在国内蚕丝生产中长期占据重要地位，直至 20 世纪 20 年代末，土丝生产的比重还大于厂丝。民国以前，中国的

① 《申报》民国七年 2 月 14 日。

② 据徐新吾主编：《中国近代缫丝工业史》，第 676—681 页，附录 21，《1859—1948 年全国桑蚕丝出口品种数量表》；第 682—687 页，附录 22，（1859—1948 年全国桑蚕丝出口品种价值表》计算。

③ 据徐新吾主编：《中国近代缫丝工业史》，第 676—681 页，附录 21，《1859—1948 年全国桑蚕丝出口品种数量表》；第 682—687 页，附录 22，（1859—1948 年全国桑蚕丝出口品种价值表》计算。

④ 据徐新吾主编：《中国近代缫丝工业史》，第 682—686 页，附录 22 计算。

机缫丝基本上全部用来出口,几乎没有用于内销的。① 国内丝织业消耗的原料,完全仰给于土丝。江浙一带,苏州、杭州、南京,本是中国丝织品生产的中心,农民和城镇手工业者的家庭丝织手工业极为普遍,使用原料都是蚕农家庭手工缫制的土丝,“花素缎原料采用江浙两省所产细丝摇成双股,合之为经,用肥丝即粗丝为纬”。② 无锡农家多“用人工缫丝车缫丝,绞成束扎,售之武进、吴县、金坛等地机户”。③ 民国以后,情况有了一些变化,“此时国内如上海、无锡、杭州、镇江、广东、四川等地之丝业蒸蒸日上,为吾国丝业全盛时期”④。虽然各地丝厂仍将“生产出的生丝大多先推销给外国商行”,但也开始有一部分在国内市场上销售,这样才总算打破了丝织原料中土丝的一统天下。其后,国外人造丝源源输入,也成为丝织业的一种重要原料。不过,在一段较长时间内,土丝始终是传统丝织手工业的主要原料之一,在国际贸易中退落下来的土丝回到了国内市场,发挥着重要作用。20 世纪 20 年代中期,丝织业重镇之一的苏州,“原料泰半仰给于浙丝”⑤,每当新丝旺季,“行船来苏者舳舻相接,对机工原料之接济、各行丝款之应用,关系甚巨,预定往返时期不能稍有贻误”⑥,如果浙江硖石一带的土

① 汪存志:《葵庵年谱》,文载《苏州史志资料选辑》第 2 辑;又见《上海产业与上海职工》,《上海史资料丛刊》,“缫丝业”。

② 苏州商会档案:《苏州总商会致江苏省财政厅函》,1925 年 4 月,藏苏州市档案馆。

③ 卢冠英:《江苏无锡县二十年来之丝业观》,《农商公报》第 85 期,1921 年 8 月。

④ 汪存志:《葵庵年谱》,文载《苏州史志资料选辑》第 2 辑。

⑤ 苏州档案馆藏:《广丰、苏经、洽大三绸厂禀江苏巡按公署书》,民国五年。

⑥ 苏州商会档案:《苏州总商会致江苏省财政厅函》,1925 年 4 月,藏苏州市档案馆。

丝因故耽搁延误，丝织厂庄就会“用丝中断，机工待织不能接济，工商间接损失不赀”。①吴江盛泽镇的丝织业原料亦“皆来自外县，东则嘉善、平湖，西则新市、洲钱、石门、桐乡，南则王店、濮院、新篁、沈荡，北则溧阳、木渎，由丝行趸卖分售机户”。②可见搜求甚广，上述地区土丝产量甚丰，当可断言。直到30年代初，吴江丝织业中所用土丝仍有8500担之巨，占原料总量的59.44%。③

即使在近代缫丝工业发展较早的珠江三角洲，土丝的生产也一直占有相当的地位，供应着当地丝织品生产的需要。广东地区的丝织业素称发达，到清宣统年间，依然繁盛不减当年，所消耗的土丝肯定不在少数。1880年，广州出口货物中以丝织品为第一位，占总值的34.82%，值570.98万海关两；1896年降为第二位，占总值的16.92%，仍值346.3万海关两。到1911年，丝织品出口虽下降为占总值的13.43%，但仍占第二位，价值却上升为733.40万海关两。④根据1925年的一次调查，珠江三角洲各县种桑面积，顺德为66.5万亩，香山为32.8万亩，南海为30万亩，其他县约17.2万亩，共计146.5万亩，应产蚕茧49.8万担上下⑤，按5担蚕茧缫丝1担的比例，应产生丝9.96万担左右，而1924—1926年间，广东生丝出口平均每年为5.42万担，差额的4.54万担可视作用于当地丝织业的原料，大多为手缫丝。实际上，就在陈启沅创设“汽偈”之后不久，他又设计了一种足踏缫丝机。这种足机，虽比

① 苏州商会档案：《纱缎业云锦公所致苏州总商会函》，民国八年，藏苏州市档案馆。

② 沈云：《盛湖杂录·绸业调查录》，民国七年。

③ 苏州档案馆藏：《推进绸业方案》，全宗号：70；案卷号：16；第41—43页。

④ 《海关贸易报告》(1880年)、(1896年)、(1911年)，广州。

⑤ 章有义编：《中国近代农业史资料》第2辑，第224页。

旧式手摇缫丝车有所改进,仍属手工缫丝性质,系木制构造,用炭火热水煮茧,估计当时五六元即可购置。足机缫出之丝,俗称"足纴",品质比手机土丝为高,价格又较蒸汽厂丝便宜得多,为广东的丝织手工业所欢迎,"足机缫丝事业的发展,同时也是由于手工丝织业的发展所推动的,因为机户正需要大量价格较廉的足纴来作原料"。① 于是,"数十年来,汽机缫丝与足机并行不悖"。此外,就连手机也仍在流行,"此种手机丝多销流于内地,为织造纱绸之用"。②

在另一个重要的蚕丝产区四川,农家土法缫丝受到的冲击更小,整个19世纪中期一直是农家手缫丝的一统天下。20世纪初以后,四川开始有近代缫丝工厂出现,但始终厂家较少,规模较小,迄至1926年,开业的18家丝厂,仅有丝车4432架,产量很少,年约6000担左右③,还不到全省蚕丝年产量的十分之二,显然难以起到主导作用。在川省蚕丝生产中占主要地位的仍然是农民家庭手工缫丝业,大约占到蚕丝年产量的70%以上。清末民初,仅乐山、内江、西充、三台、盐亭等18州县的统计,农家缫丝户数已达132669户,年产土丝12209担。④ 二三十年代,农家自缫或农家兼营的蚕丝作坊共有丝车2万多部,年产土丝25000担上下。⑤ 出产土丝最多的地方是保宁、仁寿、潼川、西充等县,每年经重庆运往

① 吕学海:《顺德丝业调查录》。

② 彭泽益编:《中国近代手工业史资料》第2卷,第51页。

③ 据1926年日人上厚重美的调查。见高事恒:《四川之蚕丝业》,《商业杂志》第5卷第5号,1930年5月,第1—2页。估计19世纪末到20世纪20年代中,四川年产生丝35000担左右。

④ 《四川第四次劝业统计表》(宣统二年),第22页表。

⑤ 《四川之蚕丝业》,《商业杂志》第5卷第3号,1930年3月,第10页;又见《川省蚕丝业之经过及其现状》,1934年版。

上海的保宁丝约 1000 余担，潼川丝 3000 余担，西充丝也在 1000 担以上。① 丝行遍布全省各地，而以重庆为最盛，因为重庆是四川蚕丝的集散中心，川省土丝大多由这里沿江直下，运往上海出口或转销他省。川西南的土丝则经叙府、泸州至云南昆明，再销往印度、缅甸、越南。也有相当部分的土丝，系在省内就地销售，以供当地丝织生产之需。川省丝织业以成都、乐山、南充三地最盛，年销量总在 10000 担以上。② 农家手工缫丝之外，从 20 世纪初开始，逐渐发展起木车扬返丝厂一业。当时要把近代丝厂所需的锅炉设备运入重庆，必须经过长江三峡之险，很是不易；再经重庆运往川省内地，更感困难，因此一些留日学生和见过江浙机器丝厂的人，就创设了不用锅炉的木车缫丝——木车扬返丝厂。这等丝厂介于土丝作坊与机器丝厂之间，以人工为动力，使用改良的足踏小车缫丝，实际上相当于缫丝手工工场。所产生丝质量较厂丝为劣，每百斤售价约低 200 两左右，但所需资金较少，一部丝车价值不过 3 元，故能遍地开花。20—30 年代，四川全省都有这种缫丝工场，潼川西路一带达 1000 余户之多，有丝车 4800 部，平均每户不过四五部。四川全省共计小车 8000 部，惟不能长年营业，通常缫丝期间仅二三个月，年产木车扬返丝约 3500 担上下，约占川省蚕丝产量的十分之一左右。③

至于在蚕丝业中也占有一席之地的柞蚕丝生产，则更始终未能脱离手工业的范围。1877 年，德商宝兴洋行曾在烟台开设过近代机器柞蚕丝工厂，但开工之后，业务并不理想，机器配置亦多不

① 参见峰村喜藏：《清国蚕丝业大观》，1904 年版。

② 《商品检验》第 2 期，1951 年 7 月。

③ 参见《支那蚕丝业大观》，第 769—850 页；又见《四川之蚕丝业》，《商业杂志》第 5 卷第 3 号，1930 年 3 月。

得法,只得于1882年重行改组,其后屡经周折,一直未能发展起来。一般说来,机器生产,一人可兼数人之事,但由于柞蚕丝生产的特殊要求,使用机器,徒使成本增高,产量并不高,质量也无明显改善,所以机缫反不如手缫。① 柞蚕丝生产,主要为两种形式:一是农村家庭手工业劳动,由柞农自己放养柞蚕,自己缫丝出售或自织,停留在小商品生产阶段。在山东,"业主多半自行制成柞丝,然后以很小的数量赴各丝市求售,没有正规的作捻丝的土作坊"②。河南省"柞蚕丝的生产散布各县,不过为农民家庭工业"。③ 辽宁省的柞丝绸,也"大多都是家庭生产","每批数量很小"。④ 一是资本主义的工场手工业。19世纪70年代以后,柞蚕丝出口增多,价格上升,遂有人在产区设立手工场坊,雇工缫丝。这样的柞蚕丝工场,山东宁海州"龙泉汤有20户,附近还分布着四五户到十户"。⑤ 1880年时,"贵州约有100家,主要集中在遵义府和正安州"⑥。东北地区分布较广,辽宁东部的凤凰城,"缗丝坊就有40家以上,每一稍为重要的乡村便有一二家;在宽甸县有60家;怀仁县较少,沿鸭绿江一带则有很多"⑦。在这些手工工场附近,发展出资本主义的家庭劳动形式,"一曰内轩,本厂自缫者;一曰外轩,外人代缫者"。⑧ 在山东烟台一带城乡,外轩盛行,"无

① 参见徐新吾主编:《中国近代缫丝工业史》,第493—497页。

② 《海关特种调查报告·丝》,1880年,第26—27页。

③ 《河南省柞蚕丝绸工业考察报告》,《中蚕通讯》第2卷第1、2期,1946年,第21页。

④ 《海关特种调查报告·丝》,1880年,第190页。

⑤ 参见峰村喜藏:《清国蚕丝业大观》,1904年版,第284页。

⑥ 《海关特种调查报告·丝》,1880年,第26—27页。

⑦ 《海关特种调查报告·丝》,1880年,第26—27页。

⑧ 王元綖:《野蚕录》,农业出版社1963年版,第75页。

业贫民及妇女之无事者，授以茧而代缫于家。已蒸之茧，十数里可以取挟，附近之村落，朝而授茧，暮而缫丝，权其轻重，以给其值，几乎无一里一家不缫丝者。即沿海百余里内之市镇，亦莫不以缫丝为恒业，人烟辐辏之区车声聒耳，比比皆是。除盛暑月余不缫外，余则无日不缫”①。

凡此种种，均可说明，尽管缫丝工业是近代中国发展较早、较有成效的机器工业，但是缫丝业中的手工业生产仍一直占据着主要的地位，直到1930年，桑蚕丝生产中仍是手工业占优势。30年代后，在桑蚕丝中机制丝产量才超过手缫丝，但是如果加上柞蚕丝产量，则仍是手缫丝占多数(见表39)②。

表39　机制丝与手缫丝生产变动

1881—1936年　　单位:万市担

年均	桑蚕丝总产	机制丝		手缫丝				柞蚕丝(手缫)
		(主供出口)	%	出口	内销	合计	%	
1881—1885	15.52	少量		7.05	8.47	15.52		2.17
1891—1895	19.67	2.57	13.1	7.78	9.32	17.10	86.9	3.74
1901—1905	22.96	5.73	25.0	5.25	11.98	17.23	75.0	5.28
1911—1915	26.98	7.37	27.3	5.55	14.06	19.61	72.3	7.58
1920	28.69	7.53	26.2	3.21	17.95	21.16	73.8	9.25
1925	30.48	14.10	46.3	3.45	12.93	16.38	53.7	9.60
1930	31.72	14.09	44.4	2.47	15.16	17.63	55.6	7.00
1936	23.36	14.19	60.7	1.51	7.66	9.17	39.3	6.50

① 王元綎:《野蚕录》，农业出版社1963年版，第75页。

② 据吴承明:《论工场手工业》，《中国经济史研究》1993年第4期，第7页，“手缫丝产量估计表”改制计算。

四、丝织业

由于丝绸生产的传统技艺和特殊要求,即使在一些资本主义发展较早的西方国家,丝织业也是整个纺织业中工厂化生产最落后的部门,当机器生产已在缫丝业中大步迈进之时,丝织业则仍然停留在手工业生产阶段,直到19世纪中叶前后,动力织绸机才开始在西欧出现,逐渐地发展起来。在中国,鸦片战争以前,丝织手工业是发展得较为充分的一种手工行业,在农家缫丝织绸的家庭副业之外,也已经出现了独立的城镇个体机户的小商品生产。在南京、苏州、杭州等江南丝织业中心地区的城镇中,明末清初以来产生了商人支配丝织生产的包买主("账房")制经营,表现出传统丝织手工业生产经营方式发生变化的痕迹。①

鸦片战争以后,西方资本主义国家一时尚无机制丝织品对华输出,相反仍须从中国搜求丝绸以供应其国内的需要,因而丝织品依然源源输出,且因战前种种禁限的废止而日渐增加。1860年绸缎出口值212.38万海关两,1894年为841.55万海关两,增长了近3倍。② 种种事实表明,这一时期中,尽管有内外战争的破坏,时局时有动荡,市场常有起伏,但是总的说来,传统丝织手工业是呈发展态势的,如同苏州丝织业所称:"吾苏丝织业历史悠久,出品精良,海通以还,外销大畅,益呈蓬勃。有清一代,苏垣东半城几全为

① 参见王翔:《中国资本主义的历史命运——苏州丝织业"账房"发展史论》。

② 徐新吾主编:《中国近代缫丝工业史》,第668—673页,附录19《全国丝绸类总出口值统计(1859—1938年)》。

丝织业者所聚居，万户机杼，彻夜不辍，产量之丰，无与伦比，四方客商，麇集于此，骎乎居全国丝织业之重心，而地方经济之荣枯，亦几视丝织业之兴衰以为断。”①1894 年前后，苏州“机额总数约达有一万五千座”，“从事机织者二万人，拈淘织丝、再缫生丝（即从事板经拍丝者）二万人，缫竖横织丝（即掉经掉纬者）三万人，其余经行、丝行、染坊、炼绢坊，制机具工各种分业者，亦二万余人，而‘账房’里头亦一万人”。②

在太平天国战争中遭受破坏最严重的杭嘉湖地区，丝织生产业迅速恢复。杭州城内机户“聚居于下城一带”，据说专门从事丝绸织造的就有 6 万人③，制成品供给绸庄销售。杭城的机户，依照不同的织物类别分地域进行生产，在涌金门内的“上机神庙”，专门织造熟货素缎、库缎、摹本宁绸、亮地纱等；艮山门东园巷一带属“中机神庙”，主要生产花宁绸、线绉等；艮山门外万弄口的“下机神庙”则专织纺绸、官纱、线春等。④ 省内的其他地区，如宁波的“宁绸”、绍兴的缎品、温州的“瓯绸”生产，这一期间都有较大的发展。同属杭嘉湖地区的吴江县盛泽镇，遭受战乱影响较小，成了一个“巨大的丝绸织造中心”。“这里有许多规模巨大的商行，商行从四乡农民手中收购绸缎，而农民们在卖掉绸匹以后，买回生丝，继续再生产。织机总数接近 8000 台，集中在以镇为中心、半径为 25 华里的周围地区。丝绸产品大部分是轻质的。……盛泽丝织

① 苏州市档案馆藏：《云锦公所各要总目补记》。

② 《苏州市情，泽东一月通商汇纂》，《东西商报》，商 67，1900 年，第 3—4 页。

③ 《杭州市经济调查》，“丝绸篇”，彭泽益编：《中国近代手工业史资料》第 2 卷，第 75 页。

④ 参见《浙江文史资料选辑》第 24 辑，第 28 页。

品的生产大致是稳定的,粗略估计,所有品种加在一起,每日约生产3000匹。”①如此推算,全年产量可达900000匹之多。

江浙之外,广东丝织手工业也甚为发达,“机房工人约有十余万”,1880年输出丝织品价值570.98万海关两。② 四川丝织业,成都、潼川、顺庆等府皆盛。成都19世纪中叶后“有机房二千处,织机万余架,机工四万人”③,出产缎、绸、绢等20多个品种。南充亦有机房30余家,生产素绸、花绫、湖绉等。④ 阆中等县生产的“川北大绸”,亦“擅名蜀中”⑤。也有一些地区的丝织手工业,由于无力与江浙等地竞争而渐趋没落,因其本在中国丝织手工业生产份额中所占比重不大,无伤大局。

清初江南丝绸业中稀疏出现的“账房”制经营,鸦片战后逐渐发育滋生,成为一种普遍的生产经营方式。以苏州为例,从1702年到鸦片战争前夕的138年间,有“账房”11家;从鸦片战争后到20世纪初的65年中,则有“账房”57家,是战前的5.2倍;为“账房”代织的机工由1840人增为7681人,是4.2倍;绸缎产量由7372匹增为30900匹,亦是4.2倍;产值由217138元增为866271元,是近4倍。⑥ 在浙江,丝织手工业中“放料代织”也日渐普及,“一种是自备织机一二台到七八台,由绸庄放料代织,还有一种是

---

① Imperial Maritime Customs Ⅱ. Special Series No. 103: Silk, Published by Order of the Inspector General of Customs.

② 《关册》(1980年),广州。

③ 同治《成都县志》第2卷;《清朝文献通考》第384卷。

④ 《蜀锦史话》,第50页。

⑤ 咸丰《阆中县志》第3卷。

⑥ 江苏省实业司:《江苏省实业行政报告书》三编“工务”,1913年5月调查,《吴县纱缎业账房开业统计表》。原注:“(1)产量为纱缎各种产品合计;(2)男女工徒数多系账房放料为其代织的机户人数。”

由绸庄将织机租给机坊，再行放料代织”①。据清末的统计，杭州城内有大型绸庄70多家，湖州的“绉庄”亦有10多家。② 杭州的蒋广昌绸庄，发放的“料机”有300台之多。③ 南京丝织业中，见于记载的“账房”有200余家，“各家租用织机，多者至二百台，少者亦在数十台，是为缎业最盛时期，每年出产总值皆在千万元以上”。④ 其中“正源兴记”缎庄控制的代织机据说多达3000台，日收素缎320匹（需1800多台织机），锦缎70匹（需1200多台织机），以致在外国洋行眼中，也被目之为“绸缎大王”。⑤

在商品经济的竞争场中，那些自产自销的独立小生产者——“现卖机户”，此时地位越发不稳定起来，“原来其营业与机工迥殊，皆系自备工本，织造纱缎货匹，零星现卖以为营业。其丝经原料既无须仰给于纱缎庄，而货品之织造亦不必假手于机工，故名为现卖机业”，如今则纷纷“兼织各缎庄之定货”，日渐向“恃账房为生”的代织机匠沦落。⑥ “按机户人数计算，现卖机十不得一，况非一定，今日现卖，明日代织，视为常事。”⑦包买商所支配的代织机户，已不仅是城市中的丝织手工业者，开始迅速向周围农村扩展：“逊清同、光之间，纱缎业之营业状况，可称鼎盛时期。……机工造织场所，均皆向承揽之庄（即‘账房’）取料包工，在家织造成匹，

---

① 参见《浙江文史资料选辑》第24辑，第45页。

② 朱新予：《浙江丝绸史》，第160页。

③ 姜铎：《调查散记》，《近代史研究》1983年第3期。

④ 《南京之丝织业》，《工商半月刊》第4卷，1932年12月。

⑤ 《南京丝织简史》，《丝绸史研究》第3卷第2期。

⑥ 苏州市档案馆藏：《苏城现卖机业缎商文锦公所章程》，1918年8月。

⑦ 苏州市档案馆藏：《霞章公所就现卖机业另立文锦公所事致苏州商务总会函》。

交送账房之惯习,致机工散分,附郭四乡者为多,竟有距城五六十里不等。然在苏城内织造者,亦达四成以上。"①

时至19世纪末20世纪初,随着资本主义国家丝织工业的发展,一方面在国际国内市场上加强了与中国丝织品的竞争,另一方面又利用特权对中国丝织业百般扼制,一再宣布大幅度提高华绸进口关税,竟有"先后加税至五六倍、十余倍不等"的,遂使"绸销无起色"。② 同时,"洋绸"开始行销中国,"此类货品,半为本棉,半为蚕丝制成……为从来进口货之所无,实堪惊骇"!③ 其中尤以"来自日本丝经棉纬之'东洋缎'销路最广,外观优美,不亚丝货,而价格又廉"④,成为盛销一时的舶来品。著名的苏州纱缎,原来"销路以北五省为大宗,自庚子以后,该处盛销'东洋缎',而销路遂夺于日商"。⑤ 浙江濮院的"濮绸",形如湖绉而轻便过之,原本价廉销广。亦为日本绸所侵夺而销路日滞。洋绸甚至深入到盛产丝绸的江浙地区,浙江1894年输入洋绸尚仅283担,货值159318两;到1901年激增至1417担,货值1335792两。因"洋缎输入,此业颇受影响",杭州从事丝织生产的机匠从五六万人减少到了2万人。⑥

受到了前所未有冲击的传统丝织手工业,"为挽回利权计,不得不随时势而改良"⑦。这一改良,首先是从生产工具开始的。据

① 苏州市档案馆藏:《云锦公所各要总目补记》。

② 苏州市档案馆藏:《云锦公所为报告丝绸税率情况致税法平等会函》,1916年。

③ 《中华全国商会联合会第一次大会文件》,藏上海市档案馆。

④ 《绸缎业调查》,《东方杂志》第22卷第19号。

⑤ 苏州市档案馆藏:《云锦公所各要总目补记》。

⑥ 参见《浙江文史资料选辑》第24辑,第30—32页。

⑦ 《云锦公所、铁机公会请议服式案卷》,1921年,藏苏州市档案馆。

《天工开物》图示，中国丝织生产向用投梭木机。织平纹织物用“腰机”，足踏开口，双手递梭，回手打纬，每分钟约织40梭。织花纹织物则需用“花机”，一般二三人合作，一人梭织，一人提花，一人挽综，“提花、挽综者听执梭人口中所唱，唱某字即知是某花，贯一梭唱一声，三人手口合一，即无停梭矣”。① 这种织机已经使用了三四百年而无变化。民国元年，开始尝试引进日本式手拉提花织机，它与中国的旧式木机不同，不是用手投梭，也与当时更先进的电力织机有别，不是电力推动，而是用手拉绳传递动力以穿纬线，在其上方，有一个铁制的提花龙头，代替了旧式织机花楼上提拉经缕的织工。“拉机的转速远较木机为高，又如在织花绸时只要一个织工就够，而木机织花绸至少要两人”②，可见手拉机比旧式木机在效率上要远胜一筹。手拉提花机的操作，需要相应的手工技术作基础，这正是中国机户之所长，可以驾轻就熟，易于掌握；此外也便于对旧有设备进行利用和改造，“统计提花机约需三百元，如将旧机子改造，则机身既备，而摇纬车、上经架等亦无须新置，约二百数十元已足”。③ 既有以上优点，手拉机自然首先受到丝织业者的青睐。

手拉机迅速在江浙、广东等丝织区域推广。1920年，苏州的手拉提花织机已有1000余台。④ 1925年，散处湖州城乡的手拉机有2000余台。到1927年，杭州竟有手拉机6800台之多。⑤ 与织

---

① 《织政萃编》，“梭织卷”。

② 小野忍：《杭州の绢织物业》（上、下），《满铁调查月报》第23卷第2号、4号（昭和18年2月、4月）。

③ 纱缎业云锦公所文件：《纱缎业沧桑回忆录》，藏苏州市档案馆。

④ 《铁机丝织业公会呈请立案》，藏苏州市档案馆。

⑤ 朱新予主编：《浙江丝绸史》，第186页“1912—1936年杭州丝织业基本情况表”。

机的改良一道,传统的丝织业生产经营方式也发生了变化,各地先后出现了一些冠以“绸厂”之名的使用手拉机的丝织手工工场。这些绸厂的数字难以综计,以苏州在20年代中期“有苏经、振亚、天孙、三星、延龄、东吴、天一、德成、大陆、三吴、天成、瑞兴泰、大同、坎六、三一、福三、鼎武、林裕成,及零星小厂,计五十余家”①,湖州在1925年有大小绸厂60余家,杭州1927年有绸厂112家的情况来看,丝织手工工场的发展是很可观的。丝织手工工场的创办者,虽有一些机坊、机户合资集股,联合办厂的,但为数不多,大多数为过去放料收绸的绸庄“账房”改业,投资工业而来。以苏州为例,20年代中的50余家“绸厂”,几乎无一例外都是由“账房”放弃祖辈相传的经营方式,转而“备款购址,组织铁机工厂”②改组和转化而来。“绸厂的前身,基本上都是账房,这一点是肯定的,如振亚的前身是华纶福,东吴的前身是上九坎,三星的前身是李宏兴,延龄的前身是童泰怡,等等。”③仅据苏州档案馆保存的“绸厂注册案卷”所作的不完全统计,在1914年—1926年间注册的,并能够确切查明是由“账房”转化为“绸厂”的,就有苏经纺织绸缎厂

---

① 《铁机丝织业各厂和苏州市商民协会、铁机丝织业公会为铁机丝织工人罢工事件告各界书》,1927年10月。

② 《纱缎庄李宏兴拟备款购址组织铁机工厂案》,藏苏州市档案馆。其中称:“灿若(即李宏兴纱缎庄老板,名文模,字灿若)世业纱缎,经营李宏兴牌号,迄今百有余年……自改革以还,社会风尚日趋繁华,铁机花缎流行市上,而原有之摹本缎,销场日滞。……灿若以为,改良货品,其被动在工而主动在商,优胜劣败,潮流所趋,久拟购办多数铁机,改良丝织,造就机工。……为振兴国货,改良实业起见,拟就该旧址建设铁机丝织厂,备价洋一万八千元,向第二工场领买该屋,以便设厂之用,并提前于年内给照执业。”

③ 《苏州市委宣传部访问原工商业者座谈记录》,存苏州市社会科学联合会资料室。

等21家。其中在1920年一年中注册的,就有6家。①

在手拉提花机输入稍后,丝织行业又引进了"产率更速而出货愈精"的电力织机。得风气之先的通商大埠上海,民国四年(1915年)出现了国内第一家电机织绸厂——肇新绸厂,购置电力织机9台。② 就像这个厂名所预示的那样,肇新绸厂开启了中国电机织绸业的新纪元。同年,上海又有物华电机绸厂创办,杭州有振新绸厂试用电机。1921年,苏州的苏经绸厂也购进电力织机,利用夜电开机试织取得成功。此后,电力织机在江浙地区丝织业中逐渐推广,各手工绸厂相继改用电机,到1927年时,杭州已有电力织机3800台,苏州有1000余台,湖州有200多台。江苏的南京、镇江、吴江,浙江的湖州、宁波、绍兴等地,也都出现了数量不一、规模不等的电机绸厂。新式丝织工厂最集中的地方是上海,到1926年年底,上海有电机绸厂约200家,不仅有物华、美亚、锦云、美丰等闻名遐迩的大型丝织工厂,"小规模的绸厂更像雨后春笋一般地发达起来。有时我们走到南市、虹口、杨树浦这些地方的里弄里面去,总是可以听到铿锵、铿锵的机声。这些小工厂大多是人造丝织品,销售国内"。③ 在江、浙、沪等丝绸主要产地的大中城市里,这些新式绸厂已经取代了传统"账房"、"机坊"的地位,成为中国丝织业生产经营主导方式。丝织业中心区域发生的这种由传统的分散家庭劳动到新型的集中工厂生产的转化,表明了中国丝织业中资本主义的发展,开始了由简单协作到工场手工业,又到机器

① 据苏州市档案馆所藏《绸厂注册案卷》制表。此处所列,系从不同卷宗中汇集而来。

② 参见王翔:《中国丝绸史研究》,第112页。据上海市和江苏省吴江县的丝织业前辈回忆,肇新绸厂系盛泽镇绸庄集资创办,时间早于一般认为是中国第一家电机绸厂的物华绸厂。

③ 《上海史资料丛刊》,《上海产业与上海职工》,"丝织业",第132页。

大工业的过渡。这是中国传统丝织业走向近代化的标志之一。

事实上,与近代丝织工厂的机器生产并行不悖,农民的家庭手工丝织生产和包买主制的分散经营始终在近代丝织生产中占有重要地位。在江浙地区城乡,随处可见传统丝织手工生产的延续,“一家机坊两三架或四五架织机是不等的。它的生产方法非常笨拙,只有织工与助手的分工,大概一个织工应该会做一切织机上的工作,像农村里的织布工一样。机坊主也是徒弟的师傅、织工的老板,还须兼作跑街和出店。织出来的绸缎是在茶会上成交出售的,经过中间人去行销”①。那些“散放丝经交机工代织”的“账房”,也没有销声匿迹,1926 年时,苏州有新式绸厂 49 家,同时也有传统“账房 57 家,控制着手工织机 1800 台②;1927 年时,杭州有新式绸厂 115 家,同时还有绸庄 150 多家,“机坊”、“零机”等独立小生产者更是比比皆是。1925 年时,湖州有大小绸厂 60 多家,有电力机 200 台,手拉提花机 2000 台,同时散在四乡的旧式木机则有 4000 多台。③

另一个主要丝绸产地广东的情况较此尤甚。20 世纪 10 年代前后,“广东织造物为绸缎、云纱、花绉、素绉、竹纱、牛郎纱、机纱、花绸、天鹅绒、官纱等,其机房工人约有十余万”④。到二三十年代时,据说“以广府一属言之,织丝之机,约有八万副”⑤,其中可确知的电力织机只有 20 台,旧式投梭机却有 22430 架。另一调查报告说:广东丝织业鼎盛期,织机有 4 万余台,年产额 300 余万匹,直接

① 《上海史资料丛刊》,《上海产业与上海职工》,“丝织业”,第 132、134 页。

② 《苏州城厢工业调查》,1929 年,藏苏州市档案馆。

③ 朱新予主编:《浙江丝绸史》,第 186、197 页。

④ 《广州口华洋贸易情形论略》,《通商各关华洋贸易总册》下卷,1910 年,第 109 页。

⑤ 实业部:《中国经济年鉴》第 11 章,“工业,缫丝业”,1934 年。

间接赖以谋生者30余万人。① 四川省在民国以后有丝织品织造户数3883户,从业人员20141人,每户平均只有5人;年产值2776729元,每户平均不过715元②,显然属于个体丝织手工业的范畴。直到30年代,在丝织业发达的成都、乐山等地,尚未见有电力织机出现,只见有手拉机1300台和投梭机2000架。③ 国内其他地区的情况,大致与此相仿。

五、榨油业

在中国传统手工行业中,榨油业占有相当重要的地位。植物油与国计民生关系密切,商品率亦较高,早有脱离农业的手工油坊出现,根据史料记载,明代浙江一些市镇的油坊,或已经具有工场手工业的规模。④

在近代中国手工行业的产值中,榨油业实占第三位,1936年时估计为74413万元⑤,仅次于碾米业和磨面业。在近代对外贸易中,植物油也是一种重要商品。海关贸易册上列名的出口植物油产品有大豆油、桐油、花生油、茶油、棉子油、菜子油、柏子油、亚麻油、芝麻油、蓖麻油、樟脑油、薄荷油、茴香油等十余种。在产量

① 参阅吴承明:《论工场手工业》;吕学海:《顺德丝业调查报告》,见彭泽益编:《中国近代手工业史资料》第3卷,第431页。

② 《第一次农商统计表》,民国元年。

③ 据吴承明:《论工场手工业》,《中国经济史研究》1993年第4期,第9页,表"主要丝织区织机的演变"。

④ 明万历十六年贺灿然《石门镇彰宪亭碑记》:"镇油坊可二十余家,杵油须壮有力者,夜作晓罢,即丁夫不能日操杵。坊须数十人,间日而作。镇民少,则募旁邑民为佣……二十家合之八百余人,一夕作佣直二铢而赢。"

⑤ 吴承明:《论工场手工业》,《中国经济史研究》1993年第4期,第9页"1936年手工业产值估计表"。

和出口量方面,以大豆油、桐油和花生油为大宗。豆油的主要产地在东北、山东、江苏等地;桐油的主产地为川、湘、鄂、浙、桂、陕等省,花生油的出产,则以山东、河南、江苏等省为多。

植物油出口,在海关贸易册上最早的记载始于1867年。此后长达20多年,植物油仅仅作为出口杂货中的一项,与丝绸、茶叶相比,微不足道,除了1894年花生油的出口曾占出口商品价值总量的0.32%以外,其他年份没有任何一种植物油的出口达到过总货值的0.1%。原因在于,这一时期,国际市场尚未打开,外人对植物油的效用尚无充分认识,仅限于食用、照明和普通涂料三个方面。以大豆油为例,在外国人看来,"(在中国)它的作用还没有被取代,主要作为一种照明用品",或"可用作烹饪中猪油的代用品",也可用来"充当中国作坊中工具的润滑剂"①。可见外国商人对于豆油在工业上、尤其是化学工业上的广泛应用尚未了解。其他油类的情况亦复如此。因此,这一时期,中国植物油尚未大量对外出口,主要还是供应国内市场的需求,生产没有受到外来的刺激,仍然沿用着传统的手工作业方式,以木槽楔入法榨油,由于原料坚硬,须极强的劳动力,尤以榨取大豆油为最,畜力碾豆和蒸料等工序也很耗费工时。1867年,英国商人首在东北营口开设机器油厂,尝试机器榨油,但以技术问题未得解决,出油率反而低于手工,加上当地中国商人和手工业者的强烈反对,这家经过3年筹备的机器油厂,只存在了2年不到时间即告停闭。外商的一试即罢,亦反映了国外尚对中国植物油的需求有限,尚未燃起人们的商业热情。

甲午战争以后,情况改观。植物油商品在中国的出口贸易中异军突起,后来居上,1898年已跃居出口商品的第七位;1918年更

① 满铁劝业课:《满洲的大豆》,1920年版,第8—9页。

取代茶叶，占据出口商品中仅次于生丝的第二位。在出口贸易总值中，植物油所占的比例也不断上升，1895 年为 1.3%，1910 年为 4.1%，1913 年为 7.8%，1918 年为 9.2%。① 在这一时期中，各主要资本主义国家对中国植物油商品的需求量激增，"这些新的、多用途的植物油类及其油籽，马上被广为宣传，并受到欢迎"。豆油几乎立即为英国的肥皂制造业所接受，"需求量增加如此之大，以致为新季节（1909—1910 年）派出了 20 艘轮船到大连和威海卫去"②。美国因制造石碱、炸药等化学原料之需，对中国的豆油也竭力汲引。随着各国制漆工业的发达，桐油的用途日广，开始大量外销欧美国家。花生油"在国内仅充食用，而在国外则用之于化学提炼和机器用"。③ 凡此种种，无疑成为植物油出口猛增的主因。

第一次世界大战结束后，与其他手工行业因外国资本主义势力卷土重来而日渐萎缩不同，植物油类的出口仍然保持着强劲的发展势头，以出口植物油中主要品种的豆油、桐油和花生油计算，1913 年出口 1545186 关担，价值 14876056 海关两；1918 年出口 3825252 关担，价值 44576157 海关两，分别增长 1.48 和 2.0 倍；到 1927 年，出口 4203733 关担，价值 61804800 海关两，又分别增长了 9.89% 和 38.64%。1928 年，植物油出口占出口总值的 5.8%，仅次于豆类的 20.5% 和丝绸的 18.4% 而占第三位；到 1936 年，植物油出口居然已经占到出口总值的 18.7%，远远超过了丝绸的 7.8% 和豆类的 1.3%。④ 对外贸易的持续增长，成为国内榨油业

① 据历年海关贸易统计计算。

② 《满洲的大豆》，第 20 页。

③ 姚方仁：《我国花生、生仁及生油的对外贸易》，《国际贸易导报》第 6 卷第 12 号。

④ 历年海关贸易统计；参见郑友揆：《对外贸易与中国工业的发展》。

生产不断发展的激素。

19世纪90年代末,英商试验失败而搁置了近30年的机器油厂事业,再次被提上日程。1896年,英商太古洋行在营口设立太古元油坊,"改用蒸汽力将黄豆压碎,以手推罗〔螺〕旋式铁榨从事榨油,是为营埠油坊改良之始"①。次年,盛宣怀投资创设大德机器榨油厂于上海,委朱志尧主其事,以棉籽榨制棉籽油及棉饼为专业。其后,新式油厂在上海、武汉次第建立,而日俄战争后,东北的机器榨油业发展尤速。1906年,日商小寺北吉氏在营口创设油坊,采用水压式机器,效率超过手推螺旋式压榨机,"华商见新式榨油法之效率,比旧式压榨机为大,亦相继改用新法"。② 1911年时,营口的华商机器油坊有21家,其中7家用蒸汽机,5家用内燃机。随着大连港逐渐取代了营口港的地位,1912年大连已有油坊47家,到1925年,大连已有84家新式油厂。1931年大连市十类工业全年总产值6226万元,其中榨油业为4500万元,占72.3%。③ 北满的新式榨油业则以哈尔滨为中心,二三十年代有机器榨油厂20余家,"制油业一跃而上,执制造业之牛耳"。④

花生油业也于20世纪初期出现了机器榨油生产。1909年,有意大利商人见花生油销路广而获利厚,从本国运来机器,在天津设立榨油工厂。华商起而仿效,1915年,"上海生和隆厂向外国购买机器,制造花生油";1919年,又有"天津北洋制油厂继之,成效

① 《经济半月刊》第2卷第4期,汪敬虞:《中国近代工业史资料》第2辑,下册,科学出版社1957年版,第659页。

② 《营口工业之现状》,《经济半月刊》第2卷第4期,调查,第1页。

③ 转引自杨光震:《论近代东北农产商品化的特点及其对城市经济发展的影响》,《经济纵横》1986年第4期,第30页。

④ 杨大金:《现代中国实业志》,第680页。

颇著，于是各地相继开办，而机器榨油业遂兴旺一时”。①

但是，所谓机器油厂、油坊，有不少仅指碎豆工序而言，榨油则仍以手推螺旋车为主，亦有两者混用的，如东北安东的日兴油坊，日产能力为豆饼 2000 张，豆油 10000 斤，“备有螺旋榨油机 42 台，水力榨油机 12 台”。② 即使碎豆工序，也多有仍然使用畜力的，如在 1911 年营口的 21 家华商油坊中，用蒸汽机的 7 家，用内燃机的 5 家，使用畜力的 9 家。③ 此外，还存在着大量的手工油坊。北满的机器榨油业中心哈尔滨，境内有新式油坊千余家，世界大战期间，新式油厂相继设立，旧式油坊才开始减少，但数量仍很可观。这种手工油坊，大多使用畜力，一般雇工 30 人左右，用牲畜 10 头上下，大约是工场手工业的规模。这种手工油坊，遍布各个省区，如湖北豆油产地，多在汉水沿岸一带，20 年代后仍是“油厂多为旧式，新式工厂仅有十家”。河南省的油厂，则“纯属旧式”。江苏、安徽、广东等省，不过设立新厂数家而已。长江沿岸的新式棉籽油工厂，“以内地旧式油坊，事业犹盛，聚集原料，颇为困难，故此等工厂，一年必休业四月以上”④。手工油坊构成了近代中国榨油业的主体，1920 年时，估计中国榨油业总产量为 2124.5 万担，其中机器油坊生产 155.9 万担，占 7.34%，手工生产 1968.6 万担，占 92.66%。这种状况，一直延续到 30 年代。以 1933 年的情况来看，总计生产 2952.8 万担，其中机器油坊产 212.6 万担，占 7.20%，手工生产 2740.2 万担，占 92.80%。⑤ 机器油坊产量虽有

① 青岛市社会局编：《青岛市花生调查》。

② 《海关贸易报告》，1910 年，安东口，第 60 页。

③ 许涤新、吴承明：《中国资本主义发展史》，第 926 页。

④ 杨大金：《现代中国实业志》，第 683、696 页。

⑤ 据吴承明：《论工场手工业》，《中国经济史研究》1993 年第 4 期，第 12 页，“榨油业产量估计”计算。

增加,但由于总产量的增长,比重却降低了。

手工油坊一般开设在城镇,乡间亦为数不少,大略可以分为两类:一类称“乡作坊”,使用畜力,每坊约有工匠二三十人。主要替人加工,收取加工费,带有季节性。这样的油坊,遍布全国,浙江崇德县石门镇周边乡间,民国年间就有20多个。① 据说江苏不下300家,山东竟多达6000家。另一类叫“常作坊”,以生产商品油为主,亦兼收农民的来料加工。这种油坊,比较乡作坊规模为大,资金亦较雄厚,中等规模者约需雇用工匠及辅助人员四五十人。②手工油坊必备碾槽一个,用石槽石砌成,以石碾在碾槽中来回滚动,将大豆、花生、油菜籽、乌桕子等原料碾碎。拉碾多用畜力,如明代《天工开物》所记:“资本广者,则砌石为牛碾。一牛之力,可敌十人。”一般大碾用畜两头,小碾用畜一头,轮番休息,故每坊需备有牲畜10头左右。榨油使用木制的油车,多系檀木制作,将碾碎的原料放进蒸笼里蒸过,作成一个个油饼,放于油车内,用大榔头重击才能榨出油来。不同的原料,出油率和油价都有所不同。如江浙一带,民国年间手工榨油,油菜籽每百斤出油37斤,大豆每百斤出油10斤③,与《天工开物》所记相同,可见手工榨油生产,历200多年而生产率几乎没有提高。

打油工是手工油坊中的主要劳力,皆为身强力壮、吃苦耐劳、富有经验者。操重达五六十斤的大榔头打油,极耗体力,每打10槌,休息一次,一车油要打五六次才能出油,约需半个小时。据说

① 陈学文:《关于石门镇榨油业的调查研究》,《中国社会经济史研究》1989年第1期,第88—89页。

② 民国《双林镇志》第15卷,“风俗”。据载:双林有3家油坊,雇打油工“逾百”,平均每家33人,加上其他辅助人员,当在40人以上。

③ 陈学文前引文:参见宋应星:《天工开物》卷中“膏液”。

打油工常常“以此居功而骄且横，遇事每难驯服”。[1] 此外尚有排砧、烧火、炒锅、排饼、木工、牛倌等工匠和供销、账房、经理等管理人员。工匠与油坊主之间仅仅是货币雇佣关系，来去自由。在近代江浙地区的手工油坊中，称打油工“油博士”，称经理人“老大”、“老二”，称车间主管“管作朝奉”，称供销人员“出使朝奉”，沿袭已久，从中亦可嗅出手工榨油业浓厚的传统气息。

其他植物油类之榨取，使用机器者更少。以亦属出口大宗的桐油而论，“桐油虽为吾国特产之一，然罕有新法制造者，往往桐子之油不能全量榨出，致多废弃”。在盛产桐子的湘、桂、川、鄂等省区，榨取桐油，仍沿用“曩昔吾国桐油制造”工艺，即“以桐乌剥去外壳，使成桐白，曝之使干，入臼捣碎。或在石研研碎，成为粉末，装入木制蒸笼，置蒸灶上隔沸水以文火蒸之，约半小时，蒸熟后，倒入垫有稻草之铁屉内，更包裹踏紧，成圆形之饼状。铁屉直径一尺二寸，边高五分，适可容十余斤之桐粉，填入压榨车。每次上榨，通常装三十六个坯，列入榨肚内之一端，继将大小各种硬木块，依次列入榨肚内之另一端，再以长五尺之木块，将尖端嵌入短木块内，然后再用长约一丈直径五寸之木棍，悬于榨车前之屋梁上，以便提起用力打在木棍圆形之一端。如此愈打愈紧，油即从榨肚下小孔内流出，流入桶内，随以薄草纸滤清，即成熟货”。[2]

以如此原始的方法榨取出来的桐油，品质粗劣，不能适应国际市场的需要是必然的。有些经营桐油输出业务的洋商，便投资开设桐油精炼厂，将采买来的原油经过炼制去其渣滓。此种精制厂咸集中于全国最大之桐油聚散中心武汉。这只能说是再力加工的过程，桐油的初加工基本上一直是由桐子产地的农家或油坊手工生产的。

---

① 民国《双林镇志》第15卷，“风俗”。
② 杨大金：《现代中国实业志》，第681页。

六、磨粉业

民以食为天。在近代中国磨粉是产值仅次于碾米的第二大手工行业。磨粉业尽管产值逊于碾米业,但商品化程度却大大超过;而且,面粉业是近代中国仅次于棉纺的新式民族工业。在这种情况下手工磨粉并行不衰,突出地表现了近代中国手工业生产的特点。

中国北部,以杂粮、小麦为主食,每个村庄都有用来磨面的工具——石磨。① 石磨大小不等,一般直径二三市尺,上下两片,每片厚约一市尺。磨面时,小磨用人推,大磨则多用畜力。"凡麦经磨之后,几番入罗,勤者不厌重复。"②这样的生产方式,千百年来很少变化,劳动生产率很低,一人一畜的一套磨,一天不过磨麦一

---

① 中国南方农村,以稻米为主食,面粉的消费量有限,农民自磨杂粮者不多见。粮食加工工具主要为砻、碓、碾,相应地,进行碾米加工的场所称为"砻坊"、"碓坊"、"碾坊"。另有一种小磨,以手推动,磨制米粉,不同于北方之石磨。

② 宋应星:《天工开物》第3卷,"精粹攻麦"。宋应星是江西人,所记大致反映了南方的情况。在北方,石磨多"以牛、马、驴、骡拽之,每碾必二三匹马旋磨,日可二十余石"。还有一种水磨,据说"日夜可碾三十余石"(《析津志辑佚·物产》,北京出版社1983年版)。情形大致相若,惟产量似嫌过丰,可能是指碾而非磨。因为王桢《农书》记有一种水转连磨,"其制甚巧,以水激轮轴,大小轮互相推动,带动两个甚至更多的磨进行工作,不过"日可三五十斤"。又曾经有过一种"瞿氏磨","乃巧工瞿氏所造者","其磨在楼上,于楼下设机轴以转之,驴畜之蹂践,人役之往来,皆不能及,且无尘土臭秽所侵"(陶宗仪:《辍耕录》卷五《尚食面磨》)。其实并非什么创造,不过是将水磨的构造方法应用到旱磨上而已,作用在于将作为动力的牲畜与作为加工机械的磨上下分开,以保证面粉的清洁。这种磨,多用于宫廷或富贵之家,与一般百姓无缘。

石,净重150斤左右。农民磨面,基本上供自己食用,很少作为商品出卖。在城镇,人们买粮度日,遂有粮商将小麦杂粮加工成面粉出售,出现了主要供应市场需要的“磨坊”,这是有别于农家自给劳动的商品生产。

进入近代,磨坊仍然广泛存在,大率备磨一二具或二三具,以牲口转磨,磨麦成粉或磨粉制面出售,规模甚小。销售区域,多以本地为限。北京的面铺,都是自备石磨,自养牲口,夜间磨面,早晨卖出。天津的米面铺统称磨坊,民国年间,其公会亦称“磨房公会”①。山西省的畜力磨坊清末民初获得较大发展,几乎镇镇都有,总数达3000余家,70%以上是1884—1921年间开设的。这些磨坊的资本,一般每户六七百元,雇工四五人。也有资本万元以上,雇工十余二十人的。② 在小麦主要产区的东北,“本地人经营面粉业的称磨坊,设备简单,所费资金不多,较之烧锅、油坊等业尤易着手,大概视为一种兼业或副业,由农家附带经营之。散在全东北,尤以小麦主要产地之北部为最多,其数千余家。所产面粉价格低廉,推销甚广,东北内地市场悉为此种制面所独占,20年代还远输边境供给俄侨之需要”③。

在南方一些省份的城镇中,磨粉虽不及北方城镇众多,也有相当数量。湖北的武汉,不乏这种“作坊形式的畜力磨坊”,光绪初年有数百家。④ 1900年前,湖南长沙、醴陵、湘潭、湘阴四县开业的

① 《天津之粮食业及磨粉业》,原载《经济统计月刊》,商务印书馆1933年版。

② 《中国实业志》(山西省)第6编,第3章。

③ 《总商会月报》第3卷第1号,1923年1月,《东北经济小丛书》“农产(加工篇)”,1948年2月,第86—89页。

④ 《武汉市机器面粉工业发展史》(初稿),转引自《中国近代面粉工业史》,中华书局1987年版,第5页。

磨坊有 8 家。20 世纪前,上海地区的磨坊分为两种:郊区磨坊多数是家庭副业,一家老小,以农带磨,经营方式以兑换为主,现金交易是少数。市区磨坊则是专业经营,雇有少数工人。"一牛一磨,日产量约磨麦 150 斤,出粉率 65%—70%,不分等级,一律统粉。销售对象,除门市零售外,还有饮食、糕点、饼馒、切面以及浆纱、制酱等行业。"1860 年前后,上海城区磨坊不过 4 家,到 19 世纪末,随着上海城市人口的急剧增长,一度增加到 58 家。①

各方面的材料表明,迄今 20 世纪二三十年代,中国各地,尤其在北方,旧式磨坊十分普遍,城镇磨坊且有较大发展,多是采取"前店后坊"的经营方式,所产面粉主要供自给制作面食品出售,多余的面粉才在门市直接零售,手工业与商业结合在一起。也有一些磨坊是专业经营的,一般资金较多,雇有工徒,磨成面粉后随市价出卖,以求从地区差价、供求关系等变化中获取较多利润,大致可算作工场手工业的范围。生产设备仍然停留在人推牛拉的落后状态中,而大约在此前一百多年,西欧各国已开始采用蒸汽机作为磨粉动力了。

中国最早出现的机器磨坊,是成立于 1863 年的英商"上海得利火轮磨坊"。② 当时外商还未取得在华开设工场的特权,这家磨坊的厂址、设备、资金、人数、产销情况等难以查考,估计它规模不大,存在时间也不长。15 年后,曾任天津海关道、天津招商局总办的朱其昂,在天津创办了贻来牟机器磨坊,这是史载国人最早采用机器动力磨粉的。光绪二十三年(1897 年)的一份资料说:

---

① 转引自《中国近代面粉工业史》,中华书局 1987 年版,第 5—6 页。

② 孙毓棠:《中国近代工业史资料》第 1 辑上册,第 108—109 页。关于这家外商机器磨坊,缺乏进一步的详细资料,仅《1863 年上海总览》记载其经理拜伦(J. S. Baron)、面粉师迈勒斯(E. Miles)、工程师哈里逊(W. Harrison)。

"天津贻来牟机器磨坊，每年获利六七千两，近来又添三四家，每家每年仍可得利六七千两，足见销路日旺。"①此后，关于机器磨坊开业的消息时有所闻，惜均不甚了了②，只有1891年李明福在北京东便门外开设的一家，略知其"每日平均能磨成面粉二百担。据说因为它为乡下人磨面索费低廉，已经获得通州一带人们的爱戴"③。尽管这家机器磨坊似乎已为当地人们所接受，但身为武举的李明福还是因缺少靠山而被捕治罪，所办机器磨坊也被查封。

甲午战争以后，机器磨坊才获得较快发展。国内电力工业发展以后，情况更为可观。"使用小型机器，在中国的各个城市里都是相当普及的现象。尽管能够以蒸汽机作为基础动力使用的只限于那些规模较大的机器工业，但是电力机则在小工场中也可以作为动力使用。内燃机也适合于小规模的生产。"④电动机体积不大，售价较廉，使用简单，只要有电力供应，在磨坊中安装马达并非难事，"电力磨坊的出货速率，约可三倍于牲畜所磨，其制品虽不及机器面粉之细白洁净，然较牲畜所磨者已胜数筹，故电磨之装设者日众"⑤。1924年，天津有三四十家旧式磨坊改装电力马达，次年又有100多家，1926年上半年即有五六十家。⑥ 北京旧式磨坊

① 《徐愚斋自叙年谱》，转引自汪敬虞：《中国近代工业史资料》第2辑（下），第705页。

② 参见孙毓棠：《中国近代工业史资料》第1辑下册，第986页。

③ 孙毓棠：《中国近代工业史资料》第1辑下册，第987—988页。

④ 《满铁调查月报》第13卷第8号，昭和8年8月，第196页。

⑤ 《京电力磨面业之概况》，《中外经济周刊》第193期，1926年，第48页。

⑥ 《天津工业之现状》，《中外经济周刊》第198、199期，1927年。

改用电力者,1925 年为 30 余家,1926 年增为 50 余家。① 其他小麦产区,在电力供应可达之处,也有旧式磨坊陆续改装电磨。到 1927 年,见于记载的有:江苏 5 家,浙江 2 家,河北 4 家,山东 3 家,山西 3 家,东北 10 家、湖北 1 家。②

这样的机器磨坊,在生产方式上有需要加以注意之处。早期的机器磨坊,规模一般不大,迄 1927 年有资本额统计的 66 家机器磨坊,共有资本 66.17 万元,其中最多的 7 万元,最少的 1000 元,平均 1 万元上下,不到 1 万元的 48 家,占总数的 72.73%。③ 资本的薄弱,使机器磨坊的设备,大多借助于旧式手工磨坊的基础,一般有石磨 4—6 部,起初多购置 40—60 马力的蒸汽机 1 台作为动力,其后大多改为电力马达推动。石磨一部,约可日出粉 10 担左右,比畜力磨坊提高 2—3 倍,是一个重大进步,然而离机器面粉工厂,尚有很大差距。综合各方面的情况分析,机器磨坊使用的动力和作业机体系,既不同于旧式磨坊依靠人力、畜力等非机械力传动的简单手工作业,也不同于近代面粉工厂完全使用机械动力传动,采用新式钢磨磨粉,并配备有完整作业机体系的大机器生产,可算是从前者过渡到后者的一种中间形态。机械动力与旧式石磨结合,劳动生产率提高有限:旧式磨坊,一人一畜的一套磨,日可磨麦 1 石,约产粉 100 斤;机器磨坊,每一工人平均日产粉,250 斤,是旧式磨坊的 2.5 倍;而近代面粉工厂,据上海阜丰面粉厂建厂初期的情况,每个工人平均日产面粉 2200 斤,是机器磨坊的 8.8 倍,与旧

① 《北京电力磨面业之概况》,《中外经济周刊》第 193 期,1926 年,第 48 页。

② 据《中国近代面粉工业史》,第 470—514 页“民族资本经营的机器磨坊和简易小型面粉厂一览表”统计。

③ 据《中国近代面粉工业史》,第 470—514 页“民族资本经营的机器磨坊和简易小型面粉厂一览表”计算。

式磨坊相比,则提高了21倍。

鉴于机器磨坊是从旧式手工磨坊的基础上发展起来的,“是用蒸汽机带动石磨,其他工作仍靠人力”①,与旧式磨坊区别不大,劳动生产率也提高不多,所以大致上仍可归于手工业生产。它在经济史上的意义在于,中国近代的机器面粉工业,并非与自己的手工业传统毫无关系,机器磨坊,在某种程度上就是连接二者的过渡状态。确实在这种由旧式磨坊到机器磨坊,再到机器面粉工厂的逐步过渡。创办于1898年的芜湖益新机器米面公司,本是一家碾米磨粉兼营的机器磨坊,其后专业磨粉,十年后,“添置新机器,建造新厂房”,改组为近代机器面粉工厂。1902年,荣宗敬在无锡创办保兴面粉厂,使用石磨4部,实际上不过是一家机器磨坊,次年改组为茂新面粉厂,增加新股,1905年添置钢磨,才改造为近代机器面粉厂。南通张謇投资2万元于1902年开办的大兴面粉厂,按其规模和设备也只是一个机器磨坊而已,到1909年改造为复新近代机器面粉公司。② 尤可注意的是,进入20世纪以后,机器磨坊同近代机器面粉工厂,在数量上均有较大的发展,形成了土磨坊、机器磨坊、近代面粉工厂三种生产形态并存共举的局面。

从1897年起,近代机器面粉工厂在中国出现,发展颇速,到1913年,已形成颇为可观的生产能力,当年产粉4702.16万包,已占全国面粉产量的10.05%。到1921年,中外资近代机器面粉工厂已有151家,年生产能力10051.52万包,比前一时期增长1.14

---

① 上海阜丰面粉厂厂长宁钰亭1897年调查所见,资料存上海市粮食局档案室。

② 汪敬虞:《中国近代工业史资料》第2辑(下),各页;《茂新、福新、申新总公司卅周年纪念册》,《申新系统企业史料》第1编,1950年10月,第4—5页。

倍,占全年面粉产量的18.36%,但毕竟尚不足五分之一,其他占81.64%的面粉,仍然是手工业生产的①,说明近代面粉工业尚无法排挤广大农村带有自然经济性质的土磨坊。即使在商品粉的份额中,机制粉也只占到40.66%,其余的59.34%、14668.21万包,仍然是手工磨粉。这表明尽管商品粉的内部构成已有了相当的变化,手工粉的销路受到了机制粉的排挤,在销量和比重上都在逐步缩小;在销售范围上,机制粉也已从最初的几个通商口岸逐步向沿江、沿海、沿铁路线的大中城市发展,但是机制粉尚无法深入为数众多的内地中小城镇,更勿论广大农村地区了。内地农村的面粉市场仍然是以手工磨粉为主,在国内面粉总销量中,也仍然是手工磨粉占据着明显的优势。

1922年以后,近代面粉工业的经营形势逐渐恶化,到1927年年底,实存面粉工厂约170家左右,但由于这一时期普遍开工不足,实际产量增长有限,估计仅略高于1921年的水平。另外,手工磨粉业的优势地位并未动摇,反而有所强化。参以1936年的估算,机制粉产量12322.03万包,仅比1921年增加2270.51万包,增长速度明显放慢,占面粉年产量的比重为18.40%,基本上没有变动;而手工粉则由前期末的44703.14万包增加到54634.05万包,在面粉总产量中依然占据81.60%。② 1927年时,情形当更是如此。

上述情况表明,中国近代面粉工业经过30年的发展,产量虽然有了较大幅度的增长,但同时手工粉产量的绝对数也是续有增长的。在商品粉的比重中,机制粉与手工粉的变化不大,从未凌驾

① 据《中国近代面粉工业史》,第101页"全国商品面粉产量和增减变化比较表";第105页"面粉工业各经济类型生产量比重变化表"计算。

② 据《中国近代面粉工业史》,第105页"面粉工业各经济类型生产量比重变化表"计算。

于手工粉之上，在面粉总产量中更是处于劣势，始终没有占到过五分之一。可见，机制粉产量的增加，主要是来自消费总量的增长，并非绝对排挤战胜手工粉的结果。而且，近代面粉工业的发展，主要是在日俄战争到一次大战结束初期这段时间的跃进，产量倍增，其后便发展缓慢，增长有限了，其继续排挤手工粉的能量，已是强弩之末。此可于表40见之。①

表40　机器面粉厂、机器磨坊、旧式磨坊产量比重

1913—1936年

项目	1913年	1921年	1936年
面粉量合计(千包)	468065.21	547546.60	669560.79
1. 商品面粉(%)	45.64	45.15	46.30
其中:机器工厂生产(%)	10.05	18.36	18.40
机器磨坊生产(%)	0.19	1.13	2.21
旧式磨坊生产(%)	35.40	25.66	25.69
2. 自然经济面粉(%)	54.36	54.85	53.70

与近代机器面粉工厂相比，旧式磨坊的生产方式落后得多，劳动生产率也低下得多，长期来却一直保持着相当大的市场，没有被机制粉所取代，原因在于，近代机器面粉工厂多集中在沿海通商口岸城市，盛产小麦、杂粮，以面粉为主食的内地城镇，不仅近代面粉工厂创办甚少，而且小麦上市有季节性，内地粉厂每年只有一段时间开全工，口岸城市的粉厂虽可利用洋麦补充，但交通运输的不便，也限制了机制粉的行销。起初，机制粉在沿海地区交通便利的市镇

① 《中国近代面粉工业史》，第105页"面粉工业各经济类型生产量比重变化表"；原表数据有误，兹据该书第94、103、111页数据更正。

中排挤土粉还比较顺利,对于广大内地城镇则鞭长莫及。而土磨坊系就地生产,就地销售,经营灵活,与消费者保持着由来已久的供求关系,即使在一些通商口岸城市中也维持着相当的市场。如天津,1916 年前有旧式磨坊 400 余家,石磨总数不下 2000 余部,1916—1920 年间,市区又新开办磨坊 94 家。此后改为机器磨坊者渐多,仍然从事着半手工业生产。① 至于内地省份,旧式磨坊的产品,无疑是当地城镇面粉供应的主要来源。证以 1936 年的调查,山西省 69 个县共有畜力磨坊 1186 家,石磨 1503 部,职工 4576 人,年产面粉折合 150 万包,超过该省机器面粉工厂产量 90.02 万包的 60% 以上。②

在广大农村中,自然经济的抵抗就更为顽强。农民自磨自食与旧式磨坊一样,皆用石磨磨粉,靠畜力或人力转动,生产效率相同。磨坊限于生产能力,只能就地产销城镇居民所需的商品粉,一般没有扩张市场的条件和要求,与农村自然经济相安无事。因此,应该同时看到两个方面:一方面,近代面粉工业兴起后,生产力的革命带来了流通方式、分配方式的变革,在利润原则的支配下,机器面粉工厂不断企图扩张市场,这当然促进了面粉商品经济的发展。另一方面,它同时也就遭到了农村自然经济的重大阻遏,而且矛盾越来越突出。贫穷落后的小农经济,产量本就有限,细粮消费尤少③,

---

① 《天津工业之现状》,《中外经济周刊》第 198、199 期,1927 年;《天津之粮食业及磨粉业》,原载《经济统计月刊》,商务印书馆 1933 年版。

② 《中国实业志》(山西省)第 6 编,第 3 章。

③ 1934 年,国立北平大学农学院农业经济系曾对北京西郊 64 个村进行过调查,后由杨汝南主持写成《北平西郊 64 村社会概况调查》一书,其中说:"全区居民,日常皆一日三餐,以杂和面(玉米粉与豆粉混合)制成窝头及小米粥为主要食品。菜蔬则多为咸菜及大葱大蒜。白面及肉类非逢年过节鲜有用者。"大致可反映二三十年代北方农村的实际生活状况(参见杨汝南:《北平西郊 64 村社会状况调查》第 6 节,"生活与信仰")。

北方以小麦、杂粮为主食的地区,每个农村又都有世代传留的石磨,足可自磨自食,无须求助于市场,机制面粉对自然经济的进攻,当然也就收效甚微。更何况,机器面粉工厂多集中在沿海、沿江、沿铁路的大城市中,即使在商品经济中排挤土磨粉也有限度,要侵占原有自然经济的阵地,就更显得困难重重了。

七、井盐业

在地质学分类上,井盐系岩盐矿物,自矿中采取,溶之于水,即成浓厚之盐卤。四川、云贵、两湖等省区均有出产,而以四川为盛。四川井盐,成固体块状产出者很少见,多溶解于地下水中而为盐卤,需经掘井、汲水、煎盐等环节才能得到,故称井盐。又由于井盐常与石油或天然气相伴而生,所以井盐生产者很早就已经知道利用天然气燃料来煮盐。

四川井盐的开采,历史十分久远。由于井盐生产的特殊要求,早在18世纪前后,井盐业即已形成了较大规模的工场手工业生产。19世纪中期以后,井盐生产工艺进一步革新,深井大量出现,一般井深二百余丈(约700—800米),甚有深至三四百丈(约1000多米)者。在钻井过程中,大致井浅出黄水,再深出黑水,又深出大火(即天然气),史载“井至二百六七十丈而咸极”;“深井之大火则在二百四五十丈或七八十丈”①,可见时人已经在生产实践中总

① 参见李榕:《自流井记》,《十三峰书屋文稿》第1卷。四川井盐,大抵井浅卤轻,井深卤重。盐水有黄水、黑水、盐岩水之分。黑水含盐量较高,黄水则差得多。盐岩水者,系用淡水灌入井中,溶解含盐地层内之盐质后所得。如溶解得法,其成分甚至优于黑水。在钻井过程中,一般井浅出黄水,深出黑水,又深出火(即天然气),又有只出水或只出火者。

结出了成熟的经验。

深井浓卤和高压天然气的开采,使井盐产量大幅度提高。18世纪前后,井深一般百余丈,日产黄卤数十担到百余担,卤水浓度在10%左右,日产盐1000—3000斤,而19世纪中期以后,深井一般日产黑卤200担上下,更深的井有产卤数百担的,卤水浓度在17%—20%之间,日可出盐5000斤以上,比前高出数倍。

在此期间,因受太平天国战争的影响,淮盐无法西运,于是川盐取代了淮盐在两湖地区的销路,称“济楚盐”,年销额净增1.2亿斤以上。清代前期,川盐核定的年产销总额为6500余万斤,到19世纪70年代,加上“济楚盐”,川盐产销已增长到8亿多斤,其中富荣盐场为4亿—6亿斤,犍乐盐场为5000余万斤。如此巨额的食盐,除了供应川省146州县外,还销往湖北40县,湖南6县,云南10县,贵州76县,陕西30县,构成了区域广阔的川盐运销网,占全国盐销量的五分之一以上。① 四川井盐手工业发展到了全盛时期。

生产能力的提高和销售市场的扩大,给四川井盐手工业以强有力的刺激。

首先,生产规模急剧扩大。“川盐自行楚后,广开井灶”②,井灶数量直线上升,鸦片战争以前,“该省各盐场内有案可稽者,井八千八百二十一眼,灶六十六座半,锅五千三百十一口”;到20世纪初,发展到“井十万八百一十四眼,灶七千九百四十三座,锅二万五千九百一十三口”。③ 井增10.43倍,灶增118.44倍,锅增3.88倍。各盐场的规模也迅速膨胀。

---

① 林振翰:《川盐纪要》第4篇第1章第4目,《川盐行销区域今昔县名暨分厂分岸表》。

② 丁宝桢:《四川盐法志》第61卷,“转运六”。

③ 《清盐法志》第254卷,“四川十、运销门、票盐”。

其次,盐业资本加速积累。由于深井越来越多,投资周期变长,工费消耗增大。一般黑卤井要投资3万—5万元,加上流动资金,没有五六万元不办。同时,井深增加,“办井”风险亦随之增大,井位的选择,全凭山匠经验判断,成败参半,“其水火有久而不竭者,利倍蓰,……并有深至二百数十丈,水火俱无而废者”。① 显然,要想“办井”,非有巨额资金不可。从现存的属于“办井”性的投资契约来看,大多采取大股投放的方式。此外,也有大量的投资集中于“佃煎”现成生产井的日分和锅口。② 投资者多为个人,少有股伙参加。耗资巨大的“办井”事业,一般小户已无力经营,遂以出租或出卖的形式为大户所兼并,光绪初年尚有井户1700余户,到清末民初只存500余户③,显然都是一些在竞争中获胜的大户。19世纪70—80年代,富荣盐场“李四友堂”独资经办和控制的水火井数已达百余眼,火圈800余口,日产卤水数千担。到清末,进一步增加到锅口千余,约占自贡锅口总数的18%以上,日产盐10万余斤。90年代,仅现款就有90余万两白银,总资本当在数百万元以上。④ 另一家巨富“王三畏堂”,利用土地投资井灶,所办盐井多系黑卤高产井,20世纪初期,拥有黑卤高产井20余眼和一些黄卤高产井,火圈700余口,雇用职工1000余人,养牛1300头左右,每日产花盐400包(每包240斤计96000斤),占当时富荣全场引票盐的12%。⑤

---

① 丁宝桢:《四川盐法志》第2卷,“井厂二·井盐图说”。

② 原件存自贡市盐业历史博物馆。转引自张学君:《论近代四川盐业资本》,《中国社会经济史研究》1982年第2期,第60页。

③ 《四川盐政史》第2卷,第10页;第3卷,第98—100页。

④ 黄植青等:《自流井李四友堂由发轫到衰亡》,《四川文史资料选辑》第4、5辑。

⑤ 罗筱元:《自流井王三畏堂兴亡纪要》,《自贡文史资料选辑》第1辑。

再次,劳动分工日益细密。井盐生产早期是凿井、采卤、煎烧混而为一,个体劳动者即可担当。随着生产技术不断改良,深井火灶大量涌现,井盐生产逐步分解为"碓房"(凿井)、"车房"(采卤)、"笕房"(输卤)及其"灶房"(制盐)四个环节,每一环节,即是一个独立生产单位,下设"掌柜"和若干职司人员管理直接生产工人。19世纪中期以后,这种情况越发突出。井盐生产中各环节的劳动者已实行严格的专业化分工。一口日产百担卤水的盐井,井上有工种15到19个,用工50到70人;灶上工种5到14个,用工14到23人;笕上工种9到11个,用工28人。各种工人,均有专门技艺。

又次,雇佣劳动越发普及。四川井盐生产者,来源于"各省流徙"和本省的失业农民与城镇手工业者,因盐场劳动力需求量大增,遂使"转徙逗留之众得食其力"。① 19世纪中期,犍乐盐场拥进大量外来人口,以致引起地方官府不安,镌石布告:"各地灶户请赶水、烧盐工人,务须查明来历,方许容留"②,不难想见流徙人口之众。各盐场、井灶都雇用着大量劳动者。富荣盐场的李四友堂和王三畏堂以及犍乐盐场的吴景让堂,雇工人数都在千名以上。③ 盐场工人一般通过劳动力市场或包工头,如富荣盐场的"人市坝"、犍乐盐场的"揽头"④等,与资本家进行两相情愿的交易,

---

① 严如煜:《三省边防备览》第9卷。

② 李从周:《永通盐区述要》,《五通桥盐业史料选辑》第3辑。

③ 黄植青等:《自流井李四友堂由发轫到衰亡》,《四川文史资料选辑》第4、5辑;罗筱元:《自流井王三畏堂兴亡纪要》,《自贡文史资料选辑》第1辑;张端甫:《犍乐地区首屈一指的大场商——吴景让堂》,《井盐史通讯》总第6、7、8期。

④ 沈承烈:《记九揽子和小九揽子对盐工的残酷剥削》,《五通桥盐业史料选辑》第2辑。

双方只有雇佣关系，并无人身依附。劳动者“日取酬值，可以食五口”。① 工资数量，依技艺高低或劳动强度大小而有不同。富荣盐场的担水工，“其力最强”，担可 300 斤，往返奔走，“日值可得千钱”，而运盐船工、担盐工等，劳动强度不及担水工，则“其值稍杀”。盐匠、山匠、灶头等，因有专门技术，故“其值益昂”。②

时至 19 世纪后期，四川井盐业的发展，已经具备了工场手工业的基本要素，向资本主义机器工业的过渡，应是它的内在要求和历史趋向。这种要求和趋向，到 19 世纪末，开始变得日益显著。

1894 年，盐商灶户李伯斋无意中对岩盐进行灌水汲卤成功，咸度高达 33% 以上，经过数井的实验，证实二百五六十丈处有一个厚厚的岩盐层，分布在数十里方圆的地区内。与黑卤井相比，岩盐更咸，且溶液中不含胆汁，制盐可减少盐斤损失，在汲同等卤水量的情况下，岩盐井的产量要比黑卤井高出 1 倍，质量也更好，于是人们逐渐停推黑卤井而转办岩盐井，到 20 世纪二三十年代，仅大安一区岩盐井就已有 76 眼，黑卤井则减到 20 眼。由于岩井灌水，岩盐溶化，整个岩层逐渐浸通，一井渡水，他井皆可得卤，各井赢利的大小已不受各井卤水多少的限制，而取决于汲卤能力的高低，于是，加大井口，加长汲筒，增加牛只，加强工人劳动强度等一系列措施都被采用，仍不能适应提高汲卤能力的要求。汲卤生产迫切需要尽可能强的牵引力，而传统的方法看来已经到达极限，“纯用牛马……颇系困难”③，只有寻求新的动力来源了。时人已经预感到这种前景。据一个当时正在四川的英国人说：“公认食

① 道光《乐至县志》第 3 卷。

② 李榕：《自流井记》，《十三峰书屋文稿》第 1 卷。

③ 《欧阳显荣呈文》，自贡档案馆 475 号案卷。转引自张学君：《论近代四川盐业资本》，《中国社会经济史研究》1982 年第 2 期，第 66 页。

盐生产可由采用蒸汽动力和机器而大增。”①

机车汲卤的首创者欧阳显荣,原是一个往来川汉经营花纱生意的商人,他由汉阳轮船上的起重机,联想到是否可用于盐井汲卤,遂于1897—1899年间,在汉阳周恒顺五金厂研制成蒸汽汲卤机车一部,运回富荣盐场试用,经过反复改进,终于获得成功,其推汲力大于畜力数倍。这成为四川井盐生产向近代机器工业过渡的重要标志。1904年,欧阳显荣变卖了商号和产业,得2万余金,组建起“华兴公司”,专营机车汲卤。② 经过多次改进后的蒸汽机车,具有动力大、效率高、费用省、经久耐用等优点,它以蒸汽机作为牵引动力,与原有盐井采卤机具配套,构成采卤蒸汽机车,再与井下汲卤筒结成联动装置。机车发动,车轮运转,带动竹篾所系的井下汲卤筒,提起卤水。③ 新法推行,“成绩极佳,在同一时间内汲水之量,较之旧法增加约四五倍”,而“每日用煤之费,仅当牛料之半,因是继起仿效者甚众”。

辛亥革命后,蒸汽汲卤机车得到了较快的推广。1915年,重庆“协兴和”钱庄投资1万两,组建“协成”公司,以每部3000两的价格从汉阳五金厂购进蒸汽机车4部,承包盐井的推水业务。次年,又有重庆的山西票号“存义公”组建“合丰”厂,“万丰”钱庄组建“正谊”厂,购进机车,开展包推业务。其后,盐业资本家纷纷放弃牛推,改用机车,到1919年,富荣盐场已有机车38部。又10年后,蒸汽机车采卤始较普遍,机车总数达到94部,除黄水汲卤少之

---

① 《重庆海关1891年调查报告》,《四川文史资料选辑》第4辑。

② 周启圣:《对〈自贡盐场蒸汽机车汲卤概述〉一文的探讨》,《自贡文史资料选辑》第9辑。

③ 其后,欧阳显荣在汉阳购买英国钢绳一打,钢绳才代替竹篾成为采卤蒸汽机车的牵引传送带。见周启圣:《对〈自贡盐场蒸汽机车汲卤概述〉一文的探讨》。

井仍用牛车外，于岩盐各井及黑卤产旺者，无不设置机车。① 实行机车汲卤的盐井，约占总数的80%—90%。

另一个主要盐场犍乐场，使用机车汲卤的时间远比富荣盐场为晚，直到1924年，李绍甫开凿海井成功，井深卤旺，但用推牛五十余头也难以起动，只得转向富荣盐场寻求机车汲卤之法，从此，蒸汽机车才在犍乐盐场露面。但是，蒸汽机车在犍乐场的推行始终不如在富荣盐场顺利，到1930年，全场不过仅有机车4部，承担着13个盐井的汲卤业务②，其他盐井则仍然沿袭旧法。

由此可见，汲卤过程的机械化是极其有限的。其他诸如钻井、制盐等环节，则连这种有限的机器生产也未出现，仍然是传统的手工作业。比如凿井，“方法极为幼稚，皆系千余年来相袭而下之旧法”，所用器具无非钻头、锤子之类，既无引擎发动之力，又乏钢钻凿石之利，因之工程异常迟缓，凡成一井，至速须三个月，至迟者常须年余或数年。总之，到20世纪二三十年代，四川井盐生产中，采用机器的不仅主要只局限于富荣盐场，而且在全部生产过程中也只局限于采卤这一环节。在其他盐场和其他生产环节，则仍然大量使用着手工劳动。这种有限的机器生产和大量的手工劳动结合的局面，使得四川井盐业尽管已经增添了几分近代的气息，却仍然没有完全脱离工场手工业的范畴。

---

① 吴炜:《四川盐政史》第2卷;又见钟长永:《富荣盐场的机车汲卤》,《井盐史通讯》1981年第1期。

② 柯愈文:《五通桥盐场采卤动力的演进》,《五通桥盐业史料选辑》第3辑。根据柯文,迄至1930年,犍乐地区共有蒸汽机车4台,包推“通海”、“三龙”等13井。其后,岷江电厂建成,犍乐盐场发展起电力采卤机车,到1947年,共有电力机车77部,蒸汽机车2部,牛推车20部,分别占产量的82.8%、5.3%和11.9%(参见张端甫:《乐山盐场改进汲卤动力的回顾》,《五通桥盐业史料选辑》第2辑)。

八、陶瓷业

陶瓷业在中国传统手工业中,不仅历史悠久,地位重要,而且与丝绸业一样,闻名世界。陶瓷本与人民生活息息相关,无分南北,均有出产。明代江西景德镇崛起,成为中国瓷业生产与流通的中心。商人开始以其雄厚资本为依托,由流通领域渗入生产领域,支配窑户业主和生产工人,控制了景德镇瓷业生产的命脉。在瓷业生产的一些环节中,已有雇工经营的情况出现,反映了明清以来陶瓷业生产经营的新动态。

瓷器出洋,年代久远,声名素著。鸦片战争以后,陶瓷亦是中国对外输出的重要商品之一,瓷器年值约200余万两,陶器及瓦器约60余万两,大多为从九江港输出的景德镇货和从汕头、广州、厦门输出的闽粤货。输出的陶瓷器大多运往港澳、南洋一带,亦有运销欧美诸国者,仅视为一种陈设,无关实用,因而销路不大。随着西方国家和日本制瓷工业的发展,中国陶瓷业的传统国外市场渐被攘夺。尤其是近邻日本,陶瓷生产尽管大多也是手工制造,但对于世界各国的食具、茶具及各种日用品,揣摸入微,样式图案,不断创新,为欧美人所乐购,又由于价格低廉,遂风行于各国市场。如美国所用瓷器,向由欧洲输入居多,欧战以来,转求之日本,日货充斥市面。澳洲、南洋等处,也是欧、日瓷器居多,中国瓷器难以与之抗衡。

在国内市场上,自光绪年间始,洋瓷输入也愈演愈烈,至清末,每年进口值在70万—150万两之间。民国以后,特别是第一次世界大战爆发后,西瓷来源减少,日本瓷器日渐普及于中国。适应着各地区、各阶层的不同需求,挤占了中国陶瓷业的国内市场。

清朝末年,鉴于洋瓷倒注日多,国瓷日渐衰减,有识之士先后于江西景德镇，湖南醴陵，四川成都、重庆，河北唐山、北京等处，筹集资本，购置机器，聘请技师，仿效国外近代陶瓷工厂，组织生产。如四川留日学生陈崇功，1905年集资2万元创办“制瓷新厂”，所造瓷器“坚白光莹，比诸进口洋瓷殆无差异”，一时“商贩麇集，行销极为畅旺”。① 宣统年间，有人创办川瓷股份有限公司，拟先在成都、重庆等处设立分号，“以次推广”。先集1000股，每股50元，“专就川省土质制造瓷器，渐及陶器”。② 又有人在泸州“创设川瓷公司，……耗资三十万元”，据说“出口甚佳”。③ 1915年，浙江龙泉瓷业工厂开业，“悉心研究，出品大为改良”，销行“一时骤增，即上海先施等公司向龙泉定购行销国外者，岁收亦不下数万元”。山东博山瓷业公司创立后，出产花瓶及食具等瓷器，品质“渐见改进”。1906年，熊希龄倡设湖南瓷业公司，“用机器制造，锐意改良，颇见成效”。每年产值20余万元，并在南洋劝业会、巴拿马、意大利等赛会上获奖，名声日隆，销路几与景德镇并驾齐驱。到1927年，各地开办过的这种“新式”陶瓷工厂约有数十家。不过，这些所谓“新式瓷厂”，大多数是在某些工序上加以改进或使用机器，维持着半手工业生产，而且大都不甚成功，屡开屡歇，生产很不稳定。如1908年，江西鄱阳县城区附近，开设了江西瓷业公司分厂，设有倒焰式石灰窑及有关新式机器，但3年后即以办理不善而告停闭。湖南醴陵的瓷厂，渐次增至10余家，有窑四五十座，土窑居其大半。即所谓新式窑，亦就土窑扩充，制法新旧参半。四川瓷业公司，组织取董事制，厂内分模型、辘轳、容物、陶画等科，也

---

① 《四川官报》乙巳第28册，“新闻”；丙午第12册，“新闻”。

② 《商务官报》己酉第32册，“公司注册各案摘要”。

③ 民国《泸县志》第3卷，《食货志》。

是“用人工制造粗细瓷器”。①

占据近代陶瓷业主要地位的,仍然是传统的手工业生产。“由家庭工业扩大之变相工厂,几遍各地”,这里所谓的“变相工厂”,实际上相当于手工作坊,规模大者,则或可够得上手工工场。在一些陶瓷生产比较发达的地区,尽管从业人员较多,“窑场较多且大”,而且受近代工厂制生产经营的影响,已有所谓“脱胎器厂”、“釉工厂”、“大器工厂”、“小器工厂”等工厂名目,实际上“其营业大都个人资本,制造全守古法,出品又属不多”,“观其内容组织,亦系家庭工业扩大之变相”。例如江西景德镇,1920 年左右有瓷窑 150 座,坯户 1700 余户;1928 年时,1451 户雇工 22029 人,平均每户 15.6 人,资本 1057 元;106 座柴窑雇工 2226 人,平均每窑 21 人;22 座槎窑雇工 507 人,平均每窑 23 人。② 湖南、四川等地情形与此相似。河北唐山新兴的瓷窑业雇工人数较多,亦不过平均 40 人左右。广东石湾的陶瓷业,20 世纪初有 200 家左右坯户,“大部皆为家庭组织,少者四五人,多者十余人,三十余人以上者不过十余家而已”。到 30 年代时,依然是“夫者约五六十人,小者不过数人”。③ 这大致上反映了近代陶瓷业手工场坊的一般规模。

在很多地区,它甚至以一种农民家庭副业的形式出现,“完全系一种家庭工业,农隙则事制造”。浙江衢县,“村民设土窑而制造陶器者,约居十之三四,其制品以粗碗、瓶钵、壶为大宗”,由于“村民固守旧法,不知改良,原料虽佳,出品尚未得充分满意也”。福建闽清的制瓷窑户,大都居住县下七都、十一都等处,计 50 余户,“制品以饭碗为大宗,每年输出至福州,为数甚巨,盖以价贱故也”。

---

① 《景德镇陶瓷史稿》,1959 年版,第 271 页。

② 启智书局编:《江西陶瓷沿革》,1930 年版。

③ 《石湾缸瓦业调查报告》,《广东建设》1930 年第 6 期。

安徽陶瓷业采土制器,俱由村民办理,包采瓷土 1 万斤,可得四五元,包制瓷土砖 1 万斤,可得 8—10 元。江浙一带,“窑业之散布在各县者,表面观之,窑座虽不在少数,然多系极小规模,全为农人副业。每窑之生产能力亦甚微,甚至有每窑年仅出货不足百元者”。

陶瓷业与国计民生关系密切,产值亦颇可观,因向无完整统计,难以一一排比。据 1921 年河南、山西、江苏、安徽、陕西五省的统计,年产值合计为 6657029 元,而陶瓷业最重要产区的江西、福建、浙江、广东、河北、山东等省并未计算在内。综合二三十年代 22 个省的零散调查,陶瓷业全年产值大约为 2180 万元。① 再从陶瓷出口情况来看,1912 年输出额为 2738286 海关两,1927 年为 4504525 海关两,此仅系产地输出数量,其供国内消费的,自当较此增加数倍。其中新式陶瓷工厂所产极其有限,绝大部分都为手工业生产。

说到陶瓷业,不能不专门提一下江西景德镇。国产瓷器,以景德镇最为精美,国内瓷业,亦以景德镇最为兴盛,他处难以与之颉颃。太平天国战争中,景德镇瓷业受到战乱波及,70 年代后渐渐恢复,民国年间,“镇全长约十三里,广三四里,瓷器制造场及瓷行店充满全市。昌江近镇数里之江岸,均为运瓷船所占满。……闭窑时间,镇民约十余万;开窑时间,镇民约三十万,直接间接无不与瓷业有关系者”。清末有江西瓷业公司开设,但成效不著,生产基本上仍是沿袭手工作业,“占主导地位的生产组织形式还是手工作坊”。②

---

① 据巫宝三估计,1933 年陶瓷总产值为 2506.3 万元。参见巫宝三:《中国国民所得》下册,1933 年版,第 60 页。

② 曹国庆、萧放:《景德镇考察记》,《中国社会经济史研究》1988 年第 2 期,第 104 页。

陶瓷生产,大致需经过采泥、制坯、填釉、烧窑、采绘等道工序,其间手艺性劳动的特点,为手工操作留下了充分的余地。当时,景德镇的瓷业生产分为圆、琢两业,“圆器以模印之,杯、盏属之;琢器随手制成,瓶、樽属之”。琢器生产主要依靠精雕细刻,产品独立成形,属于手艺工业,生产规模较小,一个作坊少则一人,多也不过六七人,大多是家庭劳动,活忙时才雇请帮手。圆器产品的社会需求量较大,集中了较多的劳动人手,一处坯房一般有 7 道工序,需 9 人协作生产。这种作坊的老板,少的只有一个坯房,多的可拥有几个,大致或可认为具备工场手工业的性质。但是,由于瓷业生产利润微薄,占主要地位的是一批数量很大但资本较少的小业主,其本金少仅数百元,多也不过上千元,常有工人稍有积蓄,即自开坯房,或合伙经营,上升为小业主,但很不稳定,抗击力弱,应变余地小,时常处于上升下降的对流中,如同时谚所说:“一代作,二代富,三代叫花子。”①

坯房之外,尚有彩绘。彩绘行在景德镇俗称“红店”,“以一家一户为单位,专门绘瓷。画瓷的不归行,各依自己的风格”。“绘画之中,名目繁多,千变万态,……此皆彩器中之荦荦大者,其他则不胜枚举”。这种行业,显非手工不能奏功,机器生产很难取代,无疑更是家庭作坊式的手艺生产。

烧炼是瓷业生产中最重要的一个环节。窑户的资本一般较坯房、红店的业主为大,往往利用烧瓷来控制圆、琢器的生产,剥削坯房业主。窑场内分工较细,管理严格,可以说具有工场手工业的规模。“烧窑系包与把庄者(俗言‘工头’),所用工人归其自雇,大半皆系都昌、鄱阳两县之人,因其烧窑方法不传外人也。除把庄外,

---

① 曹国庆、萧放:《景德镇考察记》,《中国社会经济史研究》1988 年第 2 期,第 105 页。

则有所谓托坯、加杪、兜脚、拿匣、打杂、小火手，共七行。计一窑中约十三四人”。生产方法十分原始，火候的把握，全凭经验，所以视为奇货，不传外人。

至于陶业生产，以江苏宜兴为典型。制陶业集中在县境东南部，纵横20余里，除了蜀山镇居民500余户、鼎山镇居民1000余户都从事陶业生产外，附近20里内居民，业陶者亦在半数以上。1918年后曾有陶业公司出现，实际上全部操作均系手工。20世纪二三十年代，总计各种货窑63座，约有窑户400余户。资本大者，一户有窑一座或数座；资本小者，则数户共一窑。窑有大小之分，大窑建筑费约500—600元，小窑仅300元即可。“窑之建筑，多在山上或土阜斜坡之处，以土炼瓦而成，外部复以泥土，作环桥式，形如蜈蚣”，可见生产设备仍较原始。窑场附近，多设有坯场，周围数十里农村，60%左右的人口兼营坯业，其中男工占三分之一，女工占三分之二①，显然尚属农民的家庭副业生产。

九、针织业

针织业鸦片战争后方始传入中国。针织品门类较广，包括汗衫、袜、毛巾、线毯、花边等，“其中除汗衫外，尤以袜业为大宗”。国外针织品有手工生产，亦有机器生产，传入中国后，人们则多舍机器而用手工，发展成为一种进口替代型的新手工业。

近代中国市场上最早出现的针织品，是德、英、美、日等国的舶来品。中国针织业发轫于香港，广州、汕头继之，开办于1896年的上海景纶衫袜厂，为早期针织企业中规模较大者，“每年销额，不

① 参见杨大金：《现代中国实业志》第1册，制造业，第395—396页。

下二十万金”。20世纪初期,针织业渐由沿海向内地扩散。第一次世界大战期间,外国针织品不能入口,中国针织业获得迅速发展,针织生产,大致以上海为中心,以江浙地区为盛。他如河北、湖北、山东、辽宁、江西、四川等省,针织业也都有一定程度的发展。在近代中国的手工行业中,针织业的发展之快,成效之著,引人注目。1912—1919年间,江浙两省针织业产值由91.7万元上升为451.5万元,增长了4倍。到20年代初,针织业已成为一项重要的手工行业,仅江苏一省产值即达511.9万元。[①] 在广州,1920年时“共有织袜与汗衫工厂五家,作坊数百家。因舶来品价甚昂贵,故本地针织业异常发达。1921年,有些媒体甚至说舶来品几绝迹于广州市场。[②] 不仅如此,中国手工针织品还开始向外出口,1923年袜和毛巾的出口值为61.3万元,1925年增为67.5万元,1927年又增为85.7万元。[③] 数额虽然不大,但前景令人兴奋。

民国初年,上海的针织厂尚不过一二家,以后逐年创设,发展极快,1926年仅袜厂一项已达50余家,次年又增为130家以上。江苏无锡的针织业始于辛亥革命以后。1912年,郑明山购进英式手摇织袜机一台,在西门打出了“营业袜厂”的牌号,又有人在东大街开设永吉利袜厂,同时乡区也成立了鸿兴和中发两家袜厂,是为无锡针织业之嚆矢。到20年代,无锡的针织袜厂已达37家。[④]

---

① 方显廷:《天津针织工业》,1931年版,第12页。

② 广州情况参见彭泽益编:《中国近代手工业史资料》第3卷,第154页。

③ 彭泽益编:《中国近代手工业史资料》第3卷,三联书店1957年版,附录(四)3。

④ 《无锡年鉴》(1930年)。

南京、扬州等地的小针织厂家，20 年代中期也以数十计。①

浙江的针织业，发端于宣统年间，民国以后开始发达，集中于杭州、海宁、平湖等地。杭州 1909 年有萃隆袜厂成立，踵其后者年有所见，到 1927 年已有针织厂 14 家。平湖在 1912 年时设立光华袜厂，到 1926 年已有针织厂 20 多家。浙江盛行放机制经营，20 年代中期，仅平湖一地，就有放机近 1 万台。②

1912 年，英商捷足洋行在天津出售自英国输入的手摇针织机，每架 120 元，实际成本仅 25 元，"华人惑于该行之广告，以为购用机器，可获巨利，群向该行购买"，针织生产始兴。次年，有原任职捷足洋行、"教授主顾织袜技术"的王姓者，脱离洋行，募集资本，组织了福益公司，分女子针织与男子针织两部。生产规模似有所扩大。整个天津针织业在 1917 年后获得较大发展，并有天津针织公会的组织成立。20 年代中，天津共有针织厂坊 154 家，年产值约 1813650 元，约 10 倍于其资本额。

湖北针织业集中于武汉，始兴于第一次世界大战期间，1925 年，武昌一城，有针织厂坊 50 家，针织机 469 架，工人 636 人。到 1927 年，武汉的针织厂猛增为 200 家，"惟裕中袜厂外，规模皆甚狭小"。③ 此外，江西、辽宁等省针织业亦颇为发达，20 年代中期，针织厂坊均在百家上下，大多亦为手工工场性质。

在国外，针织品的生产有机器大工业的形式，也有工场手工业的形式，后者日见普遍。中国针织业初兴，从英、德输入的手摇机每台价约百余元，也有美制电力机，每台千元以上，而效率不过手

① 南京、扬州等地情况，参见彭泽益编：《中国近代手工业史资料》第 3 卷，第 153—154 页。

② 《浙江平湖织袜工业之状况》，《中外经济周刊》第 147 号，1926 年。

③ 杨大金：《现代中国实业志》第 1 册，制造业，第 218—219 页。

摇机的五六倍,所以人们多舍电力而用手工。民国初年,国内即能仿制手摇针织机,价格远低于进口机,每台仅 20 元上下,20 年代中期,年产量达 1 万余台,为针织手工业的普及提供了充足的工具机。各地针织行业中,也有购置电力织机,实行工厂制生产的,但为数很少,绝大多数都是采用手摇织机。上海 1927 年有袜厂 130 家,其中 39 家规模较大,使用电力机 1389 台,但在织造高级袜时,仍须使用手摇机。无锡迄 1927 年的 27 家袜厂中,明确使用电力机的只有 1 家,数量不过 4 台。到 1929 年,袜厂增加到 37 家,其中使用电力机的只有 3 家,占 8.1%,其余仍都使用手摇机。① 南京的针织厂坊,“规模尤小,每家雇佣三四人至 10 人,资本自 400 元至 2000 元不等”,显然也不具备购置电力机的条件。天津情况同此,据南开大学经济学院的调查,20 年代中,天津共有针织厂坊 154 家,厂内工人 1610 人,散工 577 人,针织业资本总额 180104 元,共有针织机 1265 架,每家平均资本不过 1169 元,雇工 10 人,加上散工也不过 14 人,织机自然“皆以手工转动”。杭州针织业厂家中,除了创设于 1924 年、由上海搬迁至杭州的六一织造厂外,“其余各厂所用袜机十九皆为手摇,除萃隆厂略具少许电力机外,他厂以限于资本,即手摇袜机亦不多”。上述萃隆袜厂,也“嗣以营业状况不佳,将电机出售,仍沿用手摇机”。湖北的武汉,据说裕中袜厂“机器皆为电力”,此外,“其他针织厂则多用手织机”。1927 年时,武汉的 200 家针织厂坊“均甚简陋,所用机器,皆汉口袜机厂制造,价甚低廉,每架值二十九元至四十元不等”。就维持到 30 年代的 50 余家针织厂坊来看,有 41 家资本在 100—1000 元之间,“完全系小资本手工业”。江西、辽宁、福州等地的针织业,

---

① 据《无锡年鉴》(1930 年)、《无锡概览》(1935 年)、《江苏省无锡县工厂调查表》(1946 年)等材料综合得出。

也是"泰半皆为手织机,动力机甚少"①。

与织袜相比,针织毛巾更为简单,所用机具多以木制手织机为主。木制机价格十分低廉,10余元即可购置,进口电力毛巾机价值则在300元以上,鲜有用之者。创办于1912年的三友实业社,在上海有12个毛巾厂,使用木机1800台;直到1929年织造高档毛巾时,才开始采用电力机,但数目仍不多,还是电机木机混用。②郊县川沙、嘉定等处,手织毛巾更是取代土布纺织,"成为家庭主要工业"。至于织造内衣衫裤,则因技术要求,大多采用进口的电力横机,已经逸出了手工业的范围。

从一开始,兴办的针织企业即以"工厂"为名,但除了少数规模较大、组织较正规者可称名副其实外,实际上大多属于手工工场或手工作坊的性质。这些针织场坊,拥有手织机百余台、十数台不等,少的不过数台乃至仅有一台。杭州的针织手工工场,大者"如德生、华通等,约有手织机60架至120架,小厂只10余架至20架,每机每天约出品两打。工人如六一(织造厂)达一百余人,少则仅三四人而已"。1925年武汉的50家针织场坊,共有织机469架,平均每家仅9架;针织工人636人,每家不到13人。辽宁的辽阳,1924年有针织场坊43家,资本总额仅121500元,平均每家2825.58元,雇用工人386人,平均不到9人,织机只有205架,平均不足5架。无锡也一样,"各袜厂在厂工作的工人都很少。除去几家全能袜厂(指织、染、烫等工序齐全的袜厂),如人余、中华、明记、正德等有基本固定的工人(也是季节工)百人左右,一般袜

① 以上俱见彭泽益编:《中国近代手工业史资料》第3卷,第153—164页。

② 上海工商行政管理局:《资本主义在我国民族工业中发展的三个阶段》,1963年打印本,第53页。引见《中国资本主义发展史》第二卷,第937页。

厂的工人均不足二三十人,小的仅有几人,实为家庭手工作坊或手工工场"①。从二三十年代的统计来看,即使在针织业最为发达、机械化程度亦最高的上海,尽管确有雇工数百人的大厂,但绝大多数仍是雇工二三十人的手工工场。

这些针织工场,多在设厂织造的同时,"亦请人代织"。其做法大致是:"厂家一面招收工人在厂制造,一面将手摇机租与近郊农家,托其代织,计件给资。"②这可以称为"放机制"。无锡针织业中,"虽然有的厂家手摇机达百台以上,但大部分均出租给城乡的手工业者和农民,在厂生产的仅十几或二三十台"。袜厂把一部分手摇机出租给农民或个体手工业者,并发放纱线等原料,让他们在自己家里摇成袜坯,然后交到袜厂,在袜厂完成最后一道整染成型的工序。租机者须向厂方支付押机费、租金,领取纱线时还须押金,织成袜胚上缴,厂方付给加工费。代织的劳动者大部分来自农村,多为季节工,旺季受雇,淡季被裁,另找职业或回家种田,处于一种流动状态。20年代中期,无锡四乡的摇袜工颇盛,针织业雇用的3000多工人中,泰半皆为散处工人,论价计资"。

这种放机制生产甚为普遍。1926年时,江西南昌的60家针织场坊,"大多均甚简陋,率由散处工人领取机器及纱线,在家缝织"。浙江平湖的光华袜厂,1912年创设时招女工40余人,因产品供不应求,乃改由农妇来厂租机,每机押金6元,起租费2元,领纱回家织造,"织成后,整打送交袜厂,按件取值"。他厂纷纷仿效,1926年平湖有针织厂20余家,织机近1万台,大多均为放机。海宁的所谓针织厂,厂内其实并无工人,厂家自备资本,购办织机、

① 参见彭泽益编:《中国近代手工业史资料》第3卷,第152—164页。

② 彭泽益编:《中国近代手工业史资料》第3卷,第750页。

纱线，散发城乡家庭织造，论件计资。①

袜厂放机之外，农民或个体手工业者自备袜机的也不少。手摇机价仅20元上下，“轻而易举，虽一人一家，皆可织造，购机自织者，各地都有。有些袜厂和商人便向这些小生产者发放原料，代织成半成品后收回，给以工钱，例如天津的针织业者，俱可独树一帜，自为主匠，或为大工厂之散活人”。② 也有些袜厂和商人专门向城乡小生产者定购袜坯，再经染色整理后出卖，遂有零星小户不得不“每次将织成货送店趸卖，由各广货店随意添加戳记”。在上述情况下，这些小生产者尽管自备织机，形式上“独树一帜”，实际上已经为袜厂或商号所支配。这些袜厂和商号，或是发放原料收回成品，或是重点控制须有一定技术和设备条件的产品的最后一道生产工序，即袜子的染色、整烫定型工序，“对于这一道工序的控制，就能掌握住这一产品利润的大部分，而且由于集中加工，产品规格和质量统一，适于在市场上大批销售，也适于接受大批订货，这就能获得高于平均利润的利润”。③ 这种性质的家庭生产，与旧式家庭副业除了有相同的名称，再没有别的共同点，实际上已经变成了工厂、手工业工场或商店的分支机构，已被纳入了资本主义的范围和轨道。这种资本主义性质的家庭劳动，使工商业资本家得以实现资本节约，并且可以广泛控制和利用城乡小生产者的廉价劳力，是工场手工业资本家更合算、更有利的生产组织形式。

针织行业的劳动者，“男女老幼，半日工全日工皆有”，比较起来，以女工、童工为多。平湖最初的袜厂工人多为女工，其后推行

① 参见彭泽益编：《中国近代手工业史资料》第3页，第154—155页。

② 彭泽益编：《中国近代手工业史资料》第3卷，第159页。

③ 彭泽益：《近代中国工业资本主义经济中的工场手工业》，《近代史研究》1984年第1期。

放机制,亦多由农妇来厂租机。在无锡,20年代中期各袜厂有男工255人,女工2114人,是男工的8.3倍。童工也很多,中华袜厂有学徒20多人,占工人总数的20%以上;明记袜厂的学徒则要占到40%以上。天津、江西、湖北的针织厂家也都"招收妇女、儿童"。广泛雇用女工、童工,固然是由于针织生产本较简单,所需体力有限,同时也由于这是针织厂主榨取工人劳动、增加剩余价值的门径。20年代中无锡的女工占袜厂工人总数的十分之九,而工资平均只及男工的64%;童工工资则更低,第一年每月铜板100文,第二年200文,三年满师后每月3元,也只相当于女工工资的三分之一。①

十、草辫业

草辫是以麦草加工、编织成辫,用以制作草帽,其制法"非中国古法,其传入中国也,当在道光、咸丰之交",显然是鸦片战争以后适应国际市场需要而新兴的手工业。

草辫产地,南起闽、浙,北至豫、鲁、直、晋,范围很广。广西的富川也有出产,据说"质白坚实",足可与中原各省所产相比肩。其中,以山东的地位最为重要。1862年,山东开始有草辫业生产,起初局限于烟台一地,后经外国传教士推广,组织大量农家妇女为之编织,逐渐遍及全省各地,一时成为"山东省北部和中部大部分人民收入的主要来源之一"。②

中国出产的草辫,因价廉物美而颇受欧美市场欢迎,遂成为外

① 据《无锡年鉴》(1930年),《无锡第一袜厂厂史》(未刊本)等材料计算。

② 《草辫业之新调杳》,《实业丛报》1913年第9期,第1页。

国洋行属意的目标，大量运销海外，1874 年出口 16616 担，1884 年增为 78166 担，1894 年又增为 120629 担，20 年间增长 6.26 倍。19 世纪中，烟台港是输出草辫最集中的口岸，约占全国的一半，在烟台全部出口货物中的比重则占到 80% 左右①，成为烟台港近代出口贸易中的代表性货物。其后，1899 年，青岛开埠，1904 年，胶济铁路建成通车，沿线各地纷纷将草辫改由铁路运往青岛，胶济铁路特为之降低运费，“以广招徕”。德商亨宝轮船公司（Hamburg Amerika Linie）亦从 1906 年起“大减运费”，甚至“不收从青岛至上海之运费”②，使由青岛输出的草辫与从上海输出的，运往欧洲的费用相等，于是刺激了青岛草辫贸易的急速发展，1903 年以后，每年出口以百万海关两的速度增长，1909—1910 年间达 1100 多万海关两，占青岛港当年出口货物总值的 44%。由此，青岛取代烟台成为全国最大的草辫输出港，1911 年时，占全国草辫输出量的 72.86%。③ 在一些年份里，草辫是中国外销商品中仅次于丝茶的重要商品。

对外贸易的刺激，使草辫生产获得了迅速发展。山东、湖北等省地方政府都曾以教习草辫编织技术，发展草辫编织工业为重要内容，官倡民办，民间草辫生产越发繁盛，如山东省，登州、莱州的农家，“几无户不兼操斯业”④，产量占到全国总产的 70% 左右。河北、山西等地农家，亦以草辫编织为重要副业，草帽辫产地的河

---

① 烟台港务局编：《近代山东沿海通商口岸贸易统计资料》，对外贸易出版社 1989 年版，第 170 页。

② 《山东草帽辫调查记》，《东方杂志》第 8 卷第 2 期，1911 年第 4 期，第 22 页。

③ 据《海关贸易报告册》。参见姚贤镐：《中国近代对外贸易史资料》第 3 册，第 1454 页。

④ 彭泽益编：《中国近代手工业史资料》第 2 卷，第 698 页。

北南乐、玉田,年产草帽分别为60万顶和135万顶。山西潞城县从事草编的妇女约有2万,年收入不下20万银两。① 在许多传统手工行业遭受冲击、生产不振之际,草辫业的兴起,为一些地区的城乡劳动者提供了一个转业的机会,也提供了一种餬口的手段。1913年时,草辫价格每小块(约18.4码)值高粱28.95斤②,对产地城乡居民的生计不无小补,“妇女们以每天赚五十文计,可以使她们的生活过得较为舒服”。③

草辫业的生产,仍然采取农民家庭劳动的形式,农家利用剩余劳力和农隙时间,在家内进行制作。但是这与传统的农家副业生产也有显著的区别。传统的农民家庭手工业是建立在自然经济基础之上的,而近代草辫生产是在外国资本主义入侵之后,为了适应国外市场需要而发展起来的外向型手工业,已经被纳入了国际资本主义的市场体系。同时,包买商制经营也逐渐活跃起来,四乡农民有从包买商处领取原料,从事编结的,也有自己生产,产品由人买占的。农民为了维持生产,不得不越来越倚赖于商人,越来越接受商人的控制,草辫生产尽管还具有家庭手工劳动的外壳,实际上与以往的家庭手工业已经不可同日而语了。家庭手工劳动之外,在烟台、青岛、济南等城市中还出现了一些草辫编结的手工工场。1907年,商人合资兴办了济南永阜草辫公司。④ 与此相似的,还有潍县合丰公司,黄县草辫公司等。⑤ 就生产规模、经营方式来说,

---

① 参见《1929年河北省工商纪要》,《1931年河北省实业统计》、《工商半月刊》第2卷第4期;李文治:《中国近代农业史资料》第1辑,第924页。

② 《华东土特产概况》之五,《草制品》。

③ 李文治:《中国近代农业史资料》第1辑,第923页。

④ 《济南简史》,齐鲁书社1986年版,第386页。

⑤ 张玉法:《中国现代化的区域研究·山东省(1860—1916)》(下),第562页。

恐已属于工场手工业的范畴。不过，这种草辫工场发展有限，草辫生产中主要的还是农民家庭手工业。

草辫商品的生产与交换，活跃了产地的城乡商品经济。草辫不仅成为产地集市贸易的重要商品，还因此出现了专业市场，其中最有名的，当属山东掖县沙河镇。该地所产，均为披草辫，品质优良，手工精巧，非他处所能及。草辫生产是沙河镇一带居民的惟一副业，同时也是周围草辫产区的集散中心，这里商务发达，“尤以出洋之草帽辫为最畅”①，全年集散草辫约 4 万包，价值 500 万元，运往烟台、青岛出口，“该县商人，如张、杜、丘、徐诸姓，皆以此起家”。② 到第一次世界大战前，沙河一镇就有草辫庄五六十家，年集散额占青岛草辫输出的 14.3%。此外，还有浮丘、宁阳、马头、寿光等重要的草辫集散场所，亦是行庄林立。

草辫生产与出口的兴盛，吸引了众多商人投资经营，出现了专业草辫的“辫庄”和“辫行”。辫庄是在集散市场经营草辫的买卖者，多为普通商人，资本大小不一，多者有超过 20 万两的，少者不过二三万两或更少。辫庄购进草辫后，加以整理包装，再委托辫行出售给洋商，或者干脆就是接受辫行的订货，为辫行收购草辫。各产区都有大量辫庄，其中山东商人尤为活跃，浮丘、宁阳等地各有辫庄 10 余家，沙河镇的辫庄竟达 40 余家③，还将辫庄分号开设到其他省市，在河北南乐县坐庄收买草辫的山东商人不下 50；兴济有辫庄五六家，“皆山东掖县人所开”。④ 辫庄之上，又有辫行，多开设在草辫生产的集中地和通商口岸。辫行的势力，亦以山东沙

① 《掖县志》第 2 册第 5 卷，民国二十四年铅印本，第 60 页。

② 彭泽益编：《中国近代手工业史资料》第 2 卷，第 699 页。

③ 《山东麦秆草帽辫之调查》，《农商公报》1917 年第 37 期，第 41 页。

④ 彭泽益编：《中国近代手工业史资料》第 3 卷，第 36 页。

河镇人为大,他们将经营钱庄、典当、盐业的资本投向辫行,极力扩展业务,第一次世界大战前青岛有10家辫行,大多是沙河商人的产业。① 甚至日本神户、大阪也有沙河草辫行正祥栈的分号。② 辫行之上,则是洋行。洋行须借助辫行寻求草辫来源,辫行亦须通过洋行出口草辫,相互为用,广大小生产者编结的草辫经辫庄、辫行之手通过洋行输出国外,构成了一个服务于外商、为洋行所控制的草辫销行网络。

世界市场的行情,是衡量草辫业生存状况的晴雨表,也是决定其发展快慢的重要杠杆。国外的草辫样式和市场需求朝易夕改,草辫的生产也就不断随着国际市场的变化而消长。于是,草辫手工业不能不受到外国商人的控制,实际上掌握着草辫业生杀予夺大权的是外国在华洋行,市价之涨落,亦"随先令之长缩及供求之缓急而转移"。20世纪前,烟台的草辫出口由盎斯、和记、三井等洋行所支配,其后在青岛经营草辫的也是德、英、法等国的商人。他们一方面利用着中国的廉价劳力进行草辫生产,另一方面,又利用华商与世界市场缺乏直接联系,而洋商可通过暗码电报及时得到各种信息的机会,垄断市场行情,压低草辫价格,甚至多方吹求,百般刁难,使中国的草辫经营者蒙受损失,而这最终又会转嫁到草辫生产者的头上,"编制者并无厚利之可言,每日所获不及银元二角"。③

第一次世界大战使草辫在欧美等国销路大受影响,出口锐减,草辫手工业发展势头顿挫,日渐处于风雨飘摇之中。1914年,青岛、上海两地草辫价目"每包原值三十元者,仅以六元出售",惨跌

① 《山东麦秆草帽辫之调查》,《农商公报》1917年第37期,第43页。

② 《山东草辫业》,《商务官报》戊申第30册,1906年,第34页。

③ 《商务官报》戊申第23册,1906年,第25页。

80%。草辫输出量也急剧下跌。① 第一次世界大战结束后，曾一度有所增加，但仅昙花一现，1922 年以后又呈每况愈下之势。只是因为日本、台湾等地还有消费需求，出口才未完全绝迹。受出口不振的影响，国内草辫产地顿时呈现出萧条破败的景象。出产草辫最盛的山东掖县及河北南乐等地，1919 年时只剩编结草辫妇女 2 万余人，十年以后更减少到不足八九千人了。② 沙河镇辫庄由 40 家减为 20 家，勉强营业，朝不保夕，新城、乐安、寿光等处的草辫交易则"全然中止"。③

值得一提的是，在北方草辫业急速衰落期间，该业在江浙曾一度兴盛。江浙一带本有以土产席草和黄草编织草制品的农民家庭副业，自海外新式麦秆草帽输入之后，土产草帽渐遭淘汰。20 年代初，江浙一带的洋行，"利用吾国土产衰落之际，以外国之金丝草、玻璃草、麻草发给工人，以低廉工资并指示式样，编制欧美式草帽"。江浙的草编手工业遂告复兴，且有所发展。农家妇女从事此业者 33 万多人，赖此工资补助家庭生活。有记载说：浙江宁波"家庭纺织破产之后，吾甬最普遍之妇女家庭工业，厥为编帽与织席"④。20 年代中期，是江浙草辫业出产最盛和外销最旺的时期，1927 年出产草帽 500 万顶，全部用于出口，价值 2600 万元。1929 年起，受世界经济恐慌的影响，情况恶化，当年金丝草帽出口陡降五分之二，只有 310 万顶。此后一路下坠，到 30 年代初，已不足 30 万顶了。

草辫手工业的迅速败没，除了世界战争和经济危机的影响之

---

① 《山东麦秆草帽辫之调查》，《农商公报》1917 年第 37 期，第 43 页。

② 彭泽益编：《中国近代手工业史资料》第 3 卷，第 38 页。

③ 李文治：《中国近代农业史资料》第 2 辑，第 143 页。

④ 蔡芷卿、马崖民：《鄞县通志》，转引自彭泽益编：《中国近代手工业史资料》第 3 卷，第 539—543 页。

外,本身的竞争能力不强也有很大关系。世界上生产草辫的国家不少,英、法、德、意、瑞(士)等国都先于中国,技术也高于中国。近邻日本的草辫业崛起,精益求精,亦成为一个劲敌。中国草辫生产的条件无论是在原料的选用、编结的技术,还是产品的销售等方面都处于明显的劣势,徒以廉价劳动与人竞争。例如麦草的种植,“方法一仍数百年之旧习”,完全靠天收成,从未有人注意过如何设法加以改良。散处乡间的草辫编结,多由农家妇孺担任,技术低下,染色和漂白更差,“所产草辫不甚优良,至今犹不能供制作欧美妇人上等冠帽之用。在意大利、瑞士、日本等国草辫的竞争和排挤下,当国际市场对草辫的需求量较大时,中国草辫尚可有一定的发展余地,一旦市场形势严峻,自然首先遭受打击。更重要的是,中国的草辫出口一直由外商控制,生产者和经营者无法得悉国际市场的情势,无法决定草辫的质量和价格,只能盲目地进行生产,听任外商洋行的宰割。正是这样的内外交困,导致中国草辫手工业经历了一波三折,旋兴旋灭的过程。

第十四章
交通运输业

第一节 铁　路

在1895—1927年这一期间，中国铁路运输业由公营、私营两部分组成。公营的以国有占绝大比重；此外，还有一些省办铁路，但为数有限。私营即商办铁路，或作民业铁路，虽然在本世纪初曾一度兴起，但艰苦缔造，终遭摧折。还有介于公营、私营之间的"官商合办"、"公私合营"的线路，为数也不多；且按其基本属性或归之于公营，或归之于私营。兹分述于下：

一、国有铁路建设的两重性

国有铁路的建设，有两种情况：一由本国独立自主建成，二是利用外资建造。所谓利用外资，又有两种情况：一是中国政府主动举借外债修建，名为利用外资，实行的结果往往反被外资所控制；二是列强主动贷款给中国政府，甚至强制中国政府接受，名为中国修建铁路，实际是列强借此谋求实现其攫夺到手的路权，扩张其势力。

（一）"利用"外资修建铁路的实质

1. 芦汉、汴洛、陇海三路与比利时资本

甲午战争后国有铁路的修建，开始于贯穿直隶、河南、湖北三省的芦汉铁路。1895 年冬,清政府决定开建“芦汉”作为实施其铁路政策的首着,当即任命此路所经地区两总督——直隶总督王文韶、湖广总督张之洞为督办大臣。王、张二人旋于 1896 年秋奏准设立“铁路总公司”,并荐举直隶津海关道盛宣怀为铁路大臣,主持敷设。关于筑路经费,也向清廷奏准:“按铁路所需总数”,招足商股济用。若“商股不足”,可由总公司“设法借款”。这个“借款”,系指举借外债,但以“商借商还”为原则。①

中国有可能举借外债以修建芦汉的讯息一经传出,美、英、法、德以及比利时等国的资本家纷起竞逐。他们或要求“合股”,或要求“分利包工”,驻在北京的各该国外交人员,也掺和其中,各为其本国资本势力效劳。比国银公司(Sociêtê détude des chemins de fer en Chine)②采取低调、渐进策略,口口声声“比系小国”,且以“不干预他事”相标榜,只要求给予一些较厚的利息和购料、用人的利益。③ 清政府从“比系小国”这一事实着眼,也主观臆断它不会像英国那样“随时借端生波”,致成“无穷之患”,决定借用比款。盛宣怀受权与该银公司于 1897 年 4 月在武昌与之签订中比芦汉铁路借款草约,规定借额银 2000 万两,5 厘息,“工程均用比匠”,路料除中国“自造外均买比物”;借款未要求国家作保,但要求写明经“国家批准”的字样。

草约一经签订,英、德两国齐声抗议,其驻华使节分别要挟清政府给予补偿。比利时惟恐因此约虽签而复废,“屡催定议”;并

① 张之洞、王文韶会奏折,光绪二十二年七月二十五日,《张文襄公全集》第 44 卷,第 24—25 页。

② 原译作比国电车公司,或称比国银公司,文中都用后一名称。

③ 张之洞致盛宣怀电,光绪二十三年二月十六日,见盛宣怀:《愚斋存稿》第 26 卷,第 12 页。

策划在“定议”中进行改约谈判，增加借款条件。据此，该银公司改派杜夫尼（Dufourny）作为新任驻华代表，并在与张之洞、盛宣怀商订正约时，借口德国其时正强占胶州，“欧洲传播分割华地”以致影响债票的发行，要求“前合同暂置不论”，改订新合同。

清政府怕其他国家“要挟更甚”，在无可奈何中，与比重新“磋商”。终于在1898年6月26日以中比间签订《芦汉铁路比国借款续订详细合同》和《行车合同》各一件结案。①

根据上述两件合同规定，不但铁路敷设由比方专任，而且完工之后，也由比利时银公司“选派妥人代为调度经理”。所谓中国国有，实际上已被架空。

盛宣怀在主持铺设芦汉铁路时，鉴于英、德两国向清政府强烈要求合办津镇铁路，俄、英两国又分别获得了修建柳太（柳林至太原）和泽浦（泽州至浦口）两路的权益，认为“中国南北只此客货”，如在芦汉之外，别造一条与之平行的津镇铁路，势必将芦汉铁路原期可得之利分去一半。再造柳太和泽浦或泽襄〔阳〕两线，更将使“芦汉应得之利”“全失”了。于是，在1899年年底，他以“预筹芦汉干路还款并保全支路利益”②的理由，奏请并获准修建从开封至洛阳的汴洛铁路作为芦汉干路的支线。比利时银公司闻讯，即以此线为芦汉支线“函请承办”。后因义和团运动兴起，暂被搁置一边。

1902年冬，比利时银公司除了派卢法尔（Rouffare）向盛宣怀重申前请，其本国驻华公使也向外务部要求“咨催”铁路总公司办理。盛宣怀据此与河南巡抚陈夔龙向清廷奏陈经过，认为“自

① 王铁崖编：《中外旧约章汇编》第1册，第773—782页。

② 盛宣怀预筹铁路还款并保全支路折，光绪二十五年十月；《愚斋存稿》第4卷，第5—7页。

应从速兴办”。[①] 1903年11月12日,中、比双方由盛宣怀与卢法尔签订了《汴洛铁路借款合同》一件,又《行车合同》一件。除了援芦汉铁路借款成例,以提供贷款掌权修建铁路,在完工后由此公司代管行车,分取余利为条件外,还规定该路如向西安展筑,比公司享有优先“议办”的权益。

1909年汴洛线完工,当时河南、陕西两省正在筹划商办“洛(阳)潼(关)”和“西(安)潼(关)”两路,比利时又以汴洛借款合同中规定“由河南府接展至西安”,应“先尽比公司”修建,向清政府提出要求,由比公司接办。民国成立以后,又以贷款为诱饵,从袁世凯政府手中取得扩大汴洛为陇海铁路的修建权。只因第一次世界大战旋即发生,比利时本土被德军占领,始不得不暂时中止。中国政府在中国、交通、金城、中南、盐业等银行组团支持下,勉强维持着“在建”的局面。大战一过,比利时又卷土重来。它与荷兰银团联手,于1920年又取得贷款权,继续扩建。截至1927年,西段刚进入陕西境,东段则通至海州了。[②]

2.“沪宁”铁路与英国资本

芦汉铁路既奉旨兴办,张之洞又把目光转向沪宁铁路。1895年年底,他在力陈“芦汉铁路南北贯通兵商兼利”之余,力陈“尚有上海一路,分走江浙,直通金陵一路,关系重而利益多”,也应“亟筹兴造”;计划分四个区段——上海至苏州、苏州至镇江、镇江至江宁和苏州至杭州——依次修建,并建议采取“官商合办”形式。[③]

---

① 陈夔龙、盛宣怀奏折,光绪二十九年八月二十日;《东华录》第182卷,第13页。

② 其中,清(江浦)扬(庄)段原为商办苏路公司所修。前此已转为国有,因此也并入陇海路。

③ 张之洞奏折,光绪二十二年正月初二日;《张文襄公全集》第42卷,第23—27页。

次年1月,清廷以谕旨命令回任两江总督刘坤一“实力筹办”,但刘态度消极,筹建陷于停顿。

主持芦汉工程的盛宣怀,对张之洞的计划却给以极大的支持。他极力主张速办沪宁路的第一段——苏沪路段。1897年1月,铁路总公司一成立,他就在上海吴淞间先建一段铁路,以此作为待建的苏沪线的开端。

1897年,英商中英公司代表恭佩珥(Campbell)在与比利时银公司竞争贷款芦汉利益受挫转向盛宣怀要“求别样借款”,获得答复:“苏沪随后可商”。英国驻华代办霍必澜(P. L. Warren)据此向总理衙门正式提出要求:请将宁、沪、苏、杭路借英款来修建。① 清政府看准英国的用心在“垂涎”长江流域的各种权益,迟迟不敢答复。英国公使窦纳乐(C. M. MacDonald)亲往总理衙门责问:“俄、德、法、美办中国铁路,英独向隅,实不甘心”,强硬要求:“自沪至宁铁路”,必须由英国公司“专办”,挟制清政府必须借用英款,修建沪宁线。②

清政府屈服于英国的外交压力,由总理衙门责成盛宣怀与英国怡和洋行于1898年5月13日签订沪宁借款草合同一件。当时英国正在南非发动殖民战争;战争一结束,英国以卸任驻沪总领事璧利南(B. Brenan)作为中英公司代表来华,要求改订沪宁铁路详细合同;结果在当年7月正式签订了借款合同。接着,该公司滥用“承办”特权,不单径派英人格林森(A. H. Collinson)为工程师包揽铁路建筑工程,工成后又参与对该路的管理经营,并把铁路总公司

---

① 盛宣怀致李鸿章电,光绪二十三年四月十五日、十六日:《愚斋存稿》第91卷,第26页;第27卷,第5页。

② 盛宣怀致总署电,光绪二十四年闰三月初五日,张之洞致盛宣怀电,光绪二十四年闰三月初十日;《愚斋存稿》第31卷,第27—28、31页。

原拨官款建成的上海—吴淞间铁路作为沪宁的支线加以兼并。

3. 柳太、正太铁路与俄、法资本

柳太、正太实为一路,只是名称不同。正,指直隶正定府,柳,指正定府境的柳林堡,太,指山西太原。早在1889年,张之洞向清廷奏陈先建腹省铁路折中,鉴于山西拥有大量煤铁矿藏,认为如果有铁路即可引进机器开采技术,既可"大开三晋之利源",也可"永塞中华之漏卮"①。1896年,山西巡抚胡聘之在清政府制定铁路政策后,推演张氏的原有主张,向清廷奏准开办一条从太原到正定的铁路,与芦汉线相接并作为它的一条支路。关于所需经费,他认为"若专恃本省集股,断难有成",应"设立公司","准归商自借洋款","商借商办"。清廷肯定这一建议,命令胡聘之即行"妥筹办理"。②

俄国其时正谋以铁路作为"和平征服"中国的一种手段,除了在中国的东北地区活动以外,还渴望有朝一日从其本土越境至新疆,插入华北大地,以增强其势力和影响。他得悉中国有建正太路的讯息,预计这条铁路一经开筑,肯定会有再从太原府西展,构成"经陕、甘、新疆连接俄界"的一条铁路;而东向展延,又可以与"借地筑路"的"东省铁路"即中东铁路遥相呼应,一北一南,形成"包围北京"的态势。因此,由道胜银行出面物色了"劣迹素著"的山西商务局职员方孝杰供其驱使,商定由他向道胜银行借银680万两来承修此路。而胡聘之贸然同意,更激起三晋人民的公愤,纷纷

① 张之洞:《张文襄公奏稿》第17卷,第6页。

② 上谕,光绪二十三年六月十五日;《德宗实录》第406卷,第10—11页;胡聘之复奏折,光绪二十四年二月二十五日。中国社会科学院经济研究所藏抄档,邮电路矿业,第七册。

上奏清廷,揭露方孝杰的丑行和胡聘之的失职,坚决要求“停借”俄款。①

总理衙门在俄国公使的压力下,竟不顾民意,认为“合同业经山西巡抚批准,断难更改”,于1898年5月与之另订《柳太铁路借款合同》,第二年11月得到清廷的批准。1902年将柳林堡改为正定,签订了《正太铁路借款详细合同》(借款为4000万法郎)。合同订立不久,道胜银行托词“银行办路,名实不符”,又私授法国银公司承办。于是,正太铁路又转到法国资本手里。

4. 关内外铁路与英国资本

关内外铁路是由中国自己最早自建的唐胥铁路逐段延展而成的。截至1894年甲午战争时,它已北起山海关外的中后所,南至北洋重镇天津。中国自主之权,一直未失。

关外段筑至中后所,以中日战争而被迫停工。战争一结束,清政府决定复工,先从南端起,即修建天津至芦沟桥的“津芦”段,1897年6月建成通车。接着,清政府在英籍工程师金达(C. W. Kindar)的建议下,接修中后所至新民屯的铁路以及从该线沟帮子站到营口的支线。

中日《马关条约》一签订,英国预见到俄国对我东北地区的野心;为谋防止俄国独霸东北局面的出现,亟图投资修建中国往关外展筑的铁路以伸张自己的势力。在此形势下,怡和洋行禀呈总理衙门,要求“承办”山海关外续修铁路的工程,并觊觎让与“经营铁路之权”。② 清政府碍于俄国的嫉视,担心引起外交纠纷,暂时搁

① 监察御史何乃莹折,光绪二十四年三月初六日;总署奏折,光绪二十四年闰三月二十七日朱批;宓汝成编:《中国近代铁路史资料》第二册,第412—414页。

② 怡和洋行致总署禀(二件),光绪二十一年五月二十日和闰五月十六日收,清总理各国事务衙门档案。

置起来,没有答应。

第二年,津芦段行将完工,英国驻华公使指示金达,竭力怂恿清政府接修关外段。此时清政府以既让与俄国在东北地区敷设铁路的特权,反过来企图借英国势力牵制俄国,也有意于从中后所按原定线路往北展筑。汇丰银行在英国驻华使馆调度下,当即主动向清政府表示,愿意提供为筑此路所需的贷款。俄国驻华公使巴布罗福(А. И. Пвлов)即照会总理衙门抗议:“此工为俄国之要,修造之时必不能置俄人于度外,应先与俄国相商”,并要求免去金达职务,改用俄籍工程师和“借用俄国款项”来修建。① 英国公使则针锋相对,声称:“除非认为山海关向北延展的铁路是一条俄国的铁路,俄国便没有理由反对中国政府雇佣它所愿意的任何一个国籍的工程师。”②接着,英、俄双方背着中国在圣彼得堡进行划分在华建筑铁路地区范围的谈判。在此期间,英国外相沙士伯利(SaliSbury)约晤中国公使说:“俄国没有任何权利抗议汇丰银行”为建筑此路而提供的贷款,并“坚决建议中国将俄国政府的抗议置诸不理。”③汇丰银行则接受一种“劝告”:不要“因为顾惜小费,或要求过多以致影响”这笔对华贷款的成立。俄国终斗不过英国,在双方私自达成以长城为界,以北归俄、以南归英的筑路范围的同时,作出妥协,以这一拟建线路“应认为中国永远产业,无论

① 总署行顺天府尹胡燏棻文,光绪二十三年七月二十六日;清总理衙门档案。

② 窦纳乐致沙士伯利函,1897年10月17日,Blue Book,China,第1号(1898年),第4—5页。

③ 沙士伯利致窦纳乐电,1898年8月8日,Blue Book,China,第2号(1899年),第5页。

何国,不得借端侵占"①为条件,默认由英国提供贷款来修建,中、英之间于是在1898年10月10日正式签订《关内外铁路借款合同》。② 英国凭此借款合同中某些条款的规定,在事实上不只是限于控制经营用此项借款所修建的路段,而且包括了原由官款修建的天津至中后所段和基本上拨官款修成的天津至芦沟桥的整条关内外铁路。

5. 粤汉铁路与美国及国际银团资本

1897年,湘、鄂、粤三省绅商,向地方当局力陈"中国幅员广远,南北相距万里,恃大海以通风气。今海军既无力能兴,设有外变消息,中段隔若异域,呼应不灵",要求速修从汉口至广州的粤汉这一南干铁路。③ 接着,曾任山东布政使的湘绅汤聘珍向湖南巡抚陈宝箴呈请创立湘粤铁路公司,公举时署臬司的黄遵宪为总办,策划由民间"集股开办"。④ 湖广总督张之洞电告陈宝箴"章程不可不贯通,纲领不可不划一","不脱〔铁路〕总公司,方无窒碍";并旋与王文韶、盛宣怀向清廷会奏请准,决定"由湘、鄂、粤三省绅商自行承办","归总公司总其纲领"。⑤

张之洞等考虑到国内集资能力"有限","难于展布",设想在"权利不失"条件下,借用外资来修建。但认为"英及法、德无论何

---

① 胡燏棻奏折,光绪二十四年九月三十日;王彦威辑:《清季外交史料》第135卷,第19页。

② 王铁崖编:《中外旧约章汇编》第1册,第830—832页。

③ 湘、鄂、粤三省绅商请开铁路禀,光绪二十三年,于宝轩辑:《皇朝蓄艾文编》第36卷,邮运2,第27—28页。

④ 陈宝箴致盛宣怀电,光绪二十三年十一月初八日;盛宣怀:《愚斋存稿》第29卷,第10页。

⑤ 张之洞致陈宝箴电,光绪二十三年十一月十五日;张之洞:《张文襄公全集》第154卷,第7—8页。

国承办,皆有大害",经过比较,认定"非美莫属"。乃致电驻美公使伍廷芳,要他找个愿意提供贷款的合适对象;经过伍廷芳的接洽,决定由美国的合兴公司承担。草约规定"铁路由美公司代建代管","工竣归美公司管理,事权同税务司",但仍受"铁路大臣节制"。合兴公司则接受中国的要求,"三年之内","将全路建成"。① 这件草约对中国主权的损害,是显而易见的。尽管如此,合兴公司并不严肃将事,从一开始,即屡屡违约。借款签订之后,合兴公司毫无动静;几经督促,才派出工程师来华测勘线路。接着,又以预计建筑费不够为由,要求增加。为此,又由伍廷芳再次磋商,于1900年7月13日与之签订借款《续约》一件。接着,合兴公司开始在美国发售债票,购者又不甚踊跃。公司经理乃"亲往欧洲暗中招股",被比利时购去三分之二,使股权暗移,引起湘、鄂、粤三省人民的警惕,纷纷要求废约自办。② 最后于1908年订立《收回粤汉铁路美国合兴公司售让合同》予以赎回,由三省自办。

为筹措这笔赎回的"偿费",张之洞又转而请英国驻汉口领事法磊斯(E. Fraser)出面向港英当局借款英金110万镑,从而又形成"美去英来"的局面。并且播下最后落入以英国为首的四国银团手里的种子。

1911年5月,清政府不顾民情民意,在英、美、德、法四国的外交压力下,宣布"干路国有"政策;与该四国银团组成的国际银团

① 盛宣怀致王文韶、张之洞、陈宝箴电,光绪二十四年二月二十五日;王、张、盛三人会衔电奏,光绪二十四年三月初七日;盛宣怀:《愚斋存稿》第31卷,第19—20页,第21卷,第11页;《粤汉铁路借款草合同》,光绪二十四年三月二十四日;《交通史路政编》第14册,第2—5页。

② 湖北士绅呈张之洞文,光绪三十年,《北京报》1904年12月20—22日。

签订了《湖北、湖南两省境内粤汉，湖北省境内川汉铁路借款合同》①，使国际银团的势力渗入粤汉铁路合法化，引起了全国人民的反对，也敲响了清王朝自己的丧钟。

辛亥革命后，民国的北洋政府继承清王朝的衣钵，发布“统一路政”政令；几乎在撤销川、湘、鄂三省自办铁路的同时，又设置汉粤川铁路局，准备修建上述线路。国际银团也派出各自的工程师分据各段要津，准备动手。世界大战一起，在经费、材料无以为继的情况下，相继退出。这时作为铁路局的会办兼总工程师的詹天佑决计中国独立自办，就款计工，建成武昌至长沙的湘鄂段②，为中国自建铁路留下又一可贵的篇章。

6. 道清铁路与英国资本

英国福公司擅自修建道清铁路，在第一篇中已经述及。1905年福公司经营失败，濒于倒闭。它要求中国出价70万镑收买这条铁路。清政府屈从其意旨，与之签订合同，把名曰道清，实际上只从道口修到柏山的半截子铁路收买下来。第二年，清政府在英国公使的压力下，又向福公司举借10万镑，展筑柏山至清化段。整条道清铁路算是买回来了。

可是，由于这两次因买路而形成的借款合同，规定了借款期内铁路由福公司全权经营，这样，清政府只徒然拥有铁路所有权的虚名，经营实权则完全操在福公司的手里。

1916年7月起，北洋政府在英国公使催逼下，又续借英款修了一段清化至陈庄的铁路，它的全长不过13公里。

---

① 此时，由于粤汉铁路的广东境内段，已由商办粤路公司基本建成，不再包括在内；另加上从汉口至成都的川汉铁路，在当时则统称为川粤铁路。

② 参看宓汝成：《中国近代工程技术界的一代宗师詹天佑》；《中国科技史料》第17卷第3期（1996年）。

7. 津镇、津浦铁路与英、德资本

联接天津、浦口的津浦铁路,是由津镇铁路衍变而来,因为南端终点由原来的镇江改为浦口。

这条铁路在甲午战争以前,清廷早已议及。甲午战后,容闳建议总理衙门“借力于美”。德国则以此路必将经过山东,照会总理衙门,声称:“无论何人不能在山东另造铁路”。旋对英国“承办”津镇,再度提出抗议,并以“中德交谊就此中止”相恫吓。①

英国考虑了列强在华力量的对比,认为解决这个问题,最好是由“英、德两国资本共同建筑该线”。“如果德国希望特别规定通过山东省部分的铁路由德国资本建筑,而其余的归英国建筑”,“只要对行车权力和全线运价率作出明白的规定”,英国并不“强烈反对”。② 德国心领意会,即训令其驻华公使海靖(Herr von Heyking)与英国公使窦纳乐于1898年9月10日同时分别照会总理衙门,表示:“最好的安排是由英、德两国辛迪加共同建筑”这条铁路。③ 在英、德两国公使轮番施加外交压力下,总署以“势难阻止”,只得照办,并决定派许景澄、张翼为津镇铁路督办和会办,于1899年与之订立一件草合同。“所有造路及行车一切事宜,悉照芦汉路办法”。④

义和团运动风暴一过,德国驻华代理公使葛尔士(Goltz)于1902年8月照会总理衙门,要求按照草合同迅速开议改订正合

---

① 总署致盛宣怀电,光绪二十四年九月十二日;《愚斋存稿》第33卷,第16页。

② Blue Book,China,第1号(1899年),第210页。

③ 英国Blue Book,China,第1号(1899年),第272—273页。

④ 许景澄、张翼奏折,光绪二十五年四月十三日;《清季外交史料》第138卷,第29—30页。

同,以便“立即开工”。第二年5月,英国代理公使焘讷理(R. G. Townley)继起要求“速行商妥”津镇正合同。其时,国内正兴起轰轰烈烈的收回利权运动,为防止激起民间的反对,合同中将造路与借款分为两事。拖延了近3年的时间,最后在1908年1月13日完成了《天津浦口铁路借款合同》的签订手续。合同规定借款额为500万镑,其中,英国占37%,德国占63%。尽管合同规定:“此铁路建造工程以及管理一切之权全归中国国家办理。中国国家选用公司认可之德、英总工程师各一人。”“此两总工程师须听命于总办或其代办。”①但日后事实表明,这不过是徒具虚文。因为后来外籍总工程师在工程中既专擅一切,成路后改聘的两国人员又占据路局的关键性职位。行车大权仍被英、德两国所掌握。

8. 广九铁路和英国资本

广九铁路在甲午战争以前,也早有酝酿。1890年,广东人候补知府衔易学灏鉴于中国自办的津沽铁路“已有成效”,具呈两广总督李瀚章,要求仿照津沽成例,由“商人凑集股份”,分三段修建广州至深水埔(今深圳附近)的铁路。他以深水埔与“香港仅隔一海”,在此“开设埠头,以作各洋船出入运货停顿之所”,“既可分香港利权,遇事又便于援应”。这个设想未被清政府接受。李瀚章虽咨请“总署”转奏,但没有下文。②

英国攫取了粤汉铁路的优先投资权后,针对广东地方人士正拟筹办从广州起循东江右岸的铁路,要求清政府“借英资”,“用英

① 《中外旧约章汇编》第2册,第460页。

② 两广总督李瀚章文,光绪十六年十月三十日;清总理衙门档案。North China Herald,1890年6月20日、7月18日、8月29日和1891年1月3日。

人"兴造广九铁路。建成后由英国"执管"。这激起广东人民的极大愤慨和坚决反对,而清政府屈服于英国的压力,却于1907年3月与英国签订了广九铁路借款150万镑的合同。接着,广九铁路分英段(35.8公里)、华段(142.8公里)开工修建,以深圳为华英两段交界之处。除英段由英国自修外,华段则以英国强制中国接受的贷款作为经费,于1907年动工,两段在1911年约略同时完工。广九虽然建成,但中国却要遵守"亦不另建一路,以夺本路利益"的约定。① 使英国后来得以"挟持"广东全省路政。

9. 沪杭甬路与英国资本

1898年10月盛宣怀曾与代表中英公司的怡和洋行签订了一份借款草合同。准备修建连接上海、杭州至宁波的沪杭甬铁路。但迟迟没有进行。

1905年,苏、浙两省人民正在筹办沪杭甬路,英国驻华公使萨道义(E. M. Satow)却照会外务部要求商订正约,对筹建沪杭甬铁路横加干涉。② 两省人民极为愤慨,连电外务部拒绝承认当年清廷同英商成立的草合同,并且自己创设浙路公司和苏路公司,集股自办。经历了3年的往返交涉,最后清政府在英国的压力下,不顾舆情,于1908年3月6日与中英公司订立了《沪杭甬铁路借款合同》,借款额150万镑,并将借款留存于邮传部中,在浙、苏两路分别收归国有时,把为筑路的名义举借之款,转供作收赎已成的苏、浙两路之用。

(二)自主建设铁路的进展

在这一期间,中央和地方也主动倡议、修建了一些铁路。如盛宣怀作为汉阳铁厂督办于1896年接受清廷任命作为督办铁路大

---

① 邮传部编:《轨政纪要》轨8,光绪三十三年版,第60、62页。

② 邮传部编:《苏杭甬铁路档》第3卷,第9—11页。

臣，为保障该厂燃料的供给，在决定开采萍乡煤矿的同时，兴建了全长44公里的萍（乡）株（洲）铁路，第二年完工。两江总督端方以沪宁路设站于南京下关，与南京城内仍有一段距离，拨督署库款修建一条长14.4公里的宁省铁路，作为联系线。然不久即为沪宁路兼并。黑龙江省当局在中东铁路完成后，以其齐齐哈尔车站实际设于距齐齐哈尔尚有约30公里的昂昂溪，于1908年拨官款修建了全长28公里的齐昂线路（事实上当时受俄方阻挠，此线北端并非止于昂昂溪，而是中止于距昂昂溪不远的红旗子屯。几年后才与中东铁路的齐齐哈尔即昂昂溪站相连接）。1922年，奉系军阀张作霖与直系混战失败，退踞关外，宣布东三省自治。从1924年起，先后修建了奉（天）海（龙）、洮（安）昂（昂溪）、洮（安）索（伦）、齐（齐哈尔）克（山）、和吉（林）海（龙）等线。虽然这些铁路之能着手修建，是经与日本驻奉天领事“商办”，而且工程交由“满铁”“承办”，毕竟还是自建的线路。但是，所有这些线路都很短，在中国铁路业中都不占重要位置。

值得提出的中国自主自力创设的重要铁路干线，只有在詹天佑主持下建成的“京张”铁路一条。

张家口历来被称为“南北互市通衢，又是截至20世纪初期已有近200年历史的中俄陆路贸易的要冲，从北京敷设一条铁路到张家口，足以密切华北与塞外包括内外蒙古的联系，不只是在经济上而且在政治、军事上都具有重要的战略意义。

英、俄两国争霸中国，在上世纪末，擅自约定以长城为界，把界南、界北，分别划定为各自的势力范围，都企图插手此间铁路的修建。英国趁日俄战争中俄国失败、在华势力有所削弱之机，同意清政府的要求，允许中国从关内外铁路的余利中，年拨银100万两充作开办京张路工的经费。清政府采纳直隶总督兼督办关内外铁路大臣袁世凯的建议，于1905年5月决定修建。为避免发生纠纷，又决定“此路即作为中国筹款自修之路,亦不用洋工程师经理”。①詹天佑在同月受命对拟筑的线路着手测量,此时别有用心的外籍人士和国外报刊,散布流言,断言中国决不可能自力完成此线的敷设,还以造这条铁路的中国工程师“尚未出生”相奚落。② 袁世凯获得这些讯息,对筹款自修究竟能否修成,心里也没有一个准“底”。他约见詹天佑问及这点,詹答称:“我们中国人能够修筑此项工程。”③此话坚定了袁世凯和清政府的信心,使此路的自主建筑的决策,得以坚持执行。④

京张全线首段(丰台至南口)、终段(岔道城至张家口)地势平坦,中段(南口至岔道城)则“中隔高山峻岭,石工最多”,“路险工艰”,为当年“他处所未有”。詹天佑受命“一意经营”,罗致国中当时杰出的工程技术人员设计工程,并充分发挥全路职工的积极性,以“不怕难,忘其难”的坚定意志,于 1905 年 10 月正式动工,1907 年 9 月提前完成全路工程。

京张铁路开工后,蒙古王公博迪苏于 1906 年奏请日后接修张家口至库伦铁路。第二年,库伦办事大臣延祉重申前请,清政府以线路过长,沿途人烟稀少,暂予缓办。但鉴于绥远为西北重镇,黄河河套又是农业发达地区,决定从张家口展筑到绥远。1909 年 10 月动工修建,到 1912 年通车至阳高,1914 年至大同,1916 年“京

① 袁世凯:《养寿园奏议辑要》第 40 卷,第 1—2 页,1937 年刊本。

② 1905 年 5 月 25 日莫理循(G. E. Morrison)致濮兰德(J. O. Bland),参见 Lo Hui-min:The Correspondence of G. E. Morrison,第 1 辑,1976 年版,第 307 页。

③ 詹天佑日记,1905 年 5 月 20 日;参见詹同济编译:《詹天佑日记书信文章选》,北京燕山出版社 1989 年版。

④ 参见宓汝成:《中国近代科技界的一代宗师詹天佑》,载《中国科技史料》第 17 卷第 3 期(1996 年)。

张”、“张绥”并称京绥线，直到1921年才完成到绥远的工程。又接作至包头铁路，到1923年完工。全线合称“京包”线。其所以工程进展迟滞，固由于此时国内政局动荡，也由于经费难筹。为此连续募集内债，以应急需。但是，当1918年7月发行第五次债券，却被早就蓄意介入的日本趸批购去①，因而渗入了日本的势力，使营运管理有损。

国有铁路以及下文即将提到的民业铁路的渐次完工通车，意味着中国的铁路运输这一产业部门的形成及其初步成长。而京张铁路的建成是一个重要的里程碑。这不仅因为该路是在中国有了铁路发展政策以后的首建，也缘于截至当年中国已拥有自建线路2000公里而粗具规模。尔后，到1911年、1927年线路长度分别增至接近5000公里和8000余公里。

二、国有铁路的营运管理

中国的铁路建设、铁路运输业的形成都是在外国势力介入和主宰下开展的，受其制约，铁路的管理和营运也不能全由中国自主地来实施。政府的政令颁行到各条铁路，在外力干扰下，每遭忽视或阳奉阴违而难以贯彻。政府中枢在此期间，不知据理相抗，有所作为，却流于因循苟且，充其量不过把管理重点置于消极防弊上，而不是积极进取、促进营业的发展。

（一）中枢管理机关的递嬗

铁路一旦引进，即面临怎么管理的问题，清政府最初“试办”时，由线路经过地区的行政长官——总督或巡抚——兼理路事。

① 宓汝成著：《帝国主义与中国铁路》，第234页。

中法战争一结束,清政府把建置海军作为“自强要政”中的重要项目,并把设铁路取作整备海防设施的必要一着;1885 年经李鸿章奏准,由新设的总理海军衙门管理路政。我国中央政府职掌路政的机关之由主管海军军政的“海署”开始,这在世界铁路史上属于绝无仅有。

经过甲午战争,清政府以经营十年的海军一战覆没,撤销了“海署”,路政失去统辖。列强则竞相攫取建筑中国铁路的特权和利益,事实上便由职掌外交的总理各国事务衙门摄理路政。

这时,中国海关总税务司英人赫德,为适应列强尤其是英国的需要和利益,妄图夺取有关路务的行政大权。1895 年秋,他向总署递上条陈称:铁路之设“须由总理各国事务衙门总司其事,以期获所主宰”;并强调宜“仿中国海关”办法,“经理开办铁路”;主持人的“总办”人选,则意在言外地非海关总税务司莫属。[①] 他在总揽中国海关之余,集海关铁路的掌管大权于一身的野心,昭然若揭。

帝国主义列强谋求攫取铁路行政大权,尔后仍时有发生:或正式的要求,或非正式的鼓吹,或主张一家独揽,或鼓噪国际共管。勾心斗角、花样翻新。只是所有这些,都未成为事实。

1898 年 1 月(光绪二十三年十二月),维新运动领袖康有为在所上《应诏统筹全局折》里,痛切指陈:面对“外衅危迫,分割洊至”的国际形势,必须“革旧图新,少存国祚”。在行政体制方面,他提出改革建议中的一项,是在内廷设制度局,其下设十二局,专设一局(第七局)把“举国之铁路、定例、权限咸属之”。

当“百日维新”形势出现逆转迹象而尚未被镇压之时,清廷于

① 大清国税务司客卿赫德条陈,1895 年 8 月 28 日(原件),北京大学原经济系藏。

同年9月30日(光绪二十四年八月十五日)明令设置矿务铁路总局,特派总署大臣两员,“专理其事”。准备把路政主管机关从外交部门中分离独立出来。这个总局一设立,当即通告各国驻京公使,为主持铁路(还有矿务)政务,已设本局作为“总汇之地”,“以一事权”。① 这是近代中国政府中枢第一个独立职掌铁路行政的机关。

此后,职掌路政部门的名称虽屡有更动,在行政系列的定位上,虽有时高、时低的差异,实质则一脉相承。其演变经过是:1901年,清廷改总署为外务部,裁撤路矿总局,铁路事务一度又由外务部暂行管理。1902年,清政府恢复矿务、铁路总局,总司矿路两政。1903年,清廷制定“兴商”原则,谋求全面“开办农工路矿”,设立商部,路政划归该部通艺司主管。1906年,商部改制为农工商部,另设邮传部,把路政作为后者所主管的“路航邮电”四政中的首项政事,由路政司主管。另设铁路总局专管铁路借款等行政。民国成立,交通部取代邮传部,撤铁路总局,把所管业务并入路政司,并由路政司司长兼任全国铁路督办之职。这样的中枢管理体制,一直延续到1927年。

政府中枢虽设置统辖路政的管理部门,赋予统管全国铁路的职权,但对外国在华铁路,在有关强国的抵制下对之不能行使行政权力。

政府中枢设立了职掌路政的行政机关,在清末的督抚权重局势中,其政令,经常不能贯彻到底,如关内外铁路名义上受中央政府主管,事实上则由历任北洋大臣管辖,与中央的有关部并无直接关系。张之洞任湖广总督,把拟建的粤汉铁路视若私人政治资源,

---

① 总署致各国公使照会,光绪朝二十四年八月二十一日,清总理衙门档案。

专权控制,离任入京充当军机大臣后,仍兼任粤汉铁路督办大臣,进行遥控。进入民国,在国内大局制约下,特别是在军阀割据的局面下,中枢管理,形同虚设。铁路的管理更呈现出一派分裂放任局面;特别是从 1917 年起 10 年间终落到难以为继。如短短一条株萍路,湖南独立归湖南省府管理,北军到来则由北军当局管理,且时或分别受辖于湖南、江西两省的北军当局。军阀混战中,铁路既被视若破坏的对象,却又是力谋控制争夺的对象。吴佩孚率军南下,为便于截留京汉路款,派人管理该路南段,1922 年直奉战争过后,奉系据有京奉铁路关外段和东北地区的铁路,直至 1927 年,一直处于所谓"自治"的状态。在此期间,京汉、津浦、京绥等干线,在某个或长或短的期间内,曾经分别出现过划分为二段、三段乃至四段来管理的局面,即由踞地自雄的各段地区军阀部队设立军事运输司令部,僭取中枢职权,抵制中央政令。

(二)线路的管理体制

铁路线路的营运管理,有"宏观"、"微观"两个层次。前者是怎么统合国中所有铁路为一整体作"全路"的管理;后者则对每一条铁路,分别采取什么方式来营运。并世各国,对国中铁路线路的宏观管理,又大别为分线和分(地)区实行管理两种。这两种模式各有各的优缺点,要结合具体情况作适宜的抉择。但根据晚近运行的体制来说,采分区管理比较有效而合理。然而,当时的中国在外力的扼制下,根本失去了采行分区管理的可能,进而阻碍着全路的有效、合理运营,使这个产业不能得到健康的发展。

分线管理情况是每路各设一管理局,不论线路长短、运输繁简,都是如此。单就当年"国有"铁路说,直到 20 世纪 20 年代中期,全长不过 7000 余公里,管理局却有十几个,所管辖的线路里程,长的 1000 余公里,短的不过 200 公里上下。除了增加行政费用,实践表明还有一系列的弊端。如在营运方面各路均需自给自足，人员、设施，每难充分予以利用。设备方面因需管理的业务复杂，使附属机构如机厂、材料厂因而增多。这些机构一增多，不免有的（如机厂）规模小而效能减，有的（如材料厂）则导致库存材料的增多。财务方面在运输、营业既有多少、繁简之别，其状况随而有丰裕窘迫之异，却不能统筹兼顾，互济互补。①

线路的微观管理，当时世界通行着分处和分段两种方式。分处管理通行于欧洲，美洲多实施分段管理。中国铁路以受英、法两国影响较大，采行分处管理的体制，各路管理局下分设总务、机务、工务、车务和会计五处。单就运输管理说，全路分成车务、机务、工务三处。在一条路线上，则区分成多寡不等的区段，每段设车务、机务、工务，分别隶属于各该路局的车务、机务、工务各处。分处管理原具职责分明的优点，然而在中国特定的政治、社会环境中运行，却使其固有优点大为失色，而原来含有运输权力不易集中的弱点则更加突出。如车务、机务间必须配合协调，铁路运输的运作才能臻于完美。否则，每易迟误行车，客观事实恰恰常是这样。一旦列车出了事故，双方对责任不敢承担，互相推诿，引起纠纷。根据行政体制规定，如果发生问题，应由所辖站呈段转处，由本处与有关处商洽办理。后者若认为情况不够明了，又需行文所属段进行调查，最后经相关处长商洽妥当，方能将解决办法发交各所属段处理。如此公文辗转，费时费事。当年线路长的如京奉、京汉各路，其最远之站与路局的距离有达两三天的火车行程的，于是经常耽搁误事，终使运输效率难以提高。

（三）运价

制定铁路运价是独立国家行使行政主权的一种体现，不容侵

① 参见张瑞德：《中国近代铁路事业管理的研究：政治层面分析（1876—1937）》，1991年版，台北，第94—97页。

犯。制定的原则,一般说来,除了要保证铁路自我的存在并使自己具有发展潜力外,是对社会经济的进步发展能够发挥最大限度的促进作用。运价又是一种杠杆,既对客货流量、流向具有导向作用,又对社会经济的发展产生积极的或消极的影响。就保护和促进一国的农工商业说,运价自主与关税自主具有相似的意义。

列强对中国铁路的运价问题,十分注意。它们与在华展开路权"掠夺战"的同时,就高度注意到这一方面。如1898年,当法国向清政府逼取建筑滇越铁路的特权,英国反复分析、研究,最后认定:只要法国筑成该路后在营运中不实行"差别运费率",则这项特权即使让予法国,对英国来说,"不会有害",反"会增加利益"。[①] 当俄、德、法、比诸国纷争竞逐中国铁路权益时,英国又提防产生一个"恶果",即在所敷设的铁路上,实行"差别运率"作为"扼杀"英国对华"贸易"的一种手段。[②] 第二年秋,美国为谋求其所谓"门户开放"政策在中国的铁路运输上也能够落实下来,分别照会英、德、俄等国,要求各国在中国所"兴建、管理或经营的铁路","运输属于它国臣民的货物",不实施"差别运率",并取得有关各国的理解。[③] 这些都表明帝国主义各国对运价的重视。它们结成一体,无视中国主权尊严,共同预行束缚中国自主制定铁路运价的大权,就表现得更加突出。

1922年年初,在美国发起召开的华盛顿会议的一次会上通过

---

① 窦纳乐致沙士伯里电,1898年5月20日;沙士伯里致窦纳乐电,1898年5月25日;Blue Book,China,第1号(1899年),第93、97页。

② 沙士伯里致窦纳乐电,1898年7月13日,Blue Book,China,第1号(1899年),第164页。

③ 马慕瑞编:《中外条约与协定汇编》(J. V. A. MacMurray:Treaties and Agreements With and Concerning China,1894—1912)(以下简作《中外条约汇编》)第1卷,第221—222、229—230页。

一个决议，把此前美国分致英、德、俄等国的同文照会的精神条文化，作为参加这一会议9国共同签署的《九国公约》的一部分；由于中国也是这9国之一，实质上是除中国外的8国把这个规定强加给中国，束缚中国在铁路上无权给本国客货运输以优于外商的待遇。这个《公约》至少在这一点上，对中国具有不平等条约的性质。嗣后，一些国家对中国制定某种商货的运率时，只要它认为有碍于它本国臣民的利益，便动辄据此公约而横加干涉。

中国铁路主管部门所制定的运价，也就是习称的"部定运价"，当年分三大类，即：货物运价、旅客票价和邮包、公物等特别运价。其中，最重要的是货物运价，在受外国势力支配运营的线路上，往往难以贯彻实行。

货物运价在此期间虽然屡有变动，但多数年份采取六个等级的运率。可是，颁发各路"遵行"，却经常受到抵制。表面上"遵守"，实际则上下其手，把部定标准弄得面目全非。如正太路复部文中恭称"遵命、采行"，事实则另增设"头等甲"、"二等乙"、"四等甲"、"六等甲"的等级，把六等翻成十等，如此等等。结果是每一线路各自制定本路的运费率。空有统一的运费标准，事实上则不起作用。

更有甚者，中国铁路运价与国外铁路运价体制一样，分普通运价和特别运价两大类。上文所述的是属于普通运价。至于特别运价在国内又含"特价"、"专价"两种。它们同是减轻运费，但优惠对象不同。特别运价中的"特价"专对某种商货说的，比如煤炭。只要托运这一货种，无论货主是谁，一律给与减收运费的优待。"专价"的对象是货主——某个企业或某个单位。铁路方面若与之订定专价契约，则在转运这一货主所托运的货物，就得按专价契约规定，减轻运费，不论这一货种是否已规定于"特价"运输之列；如果这一货种已列于"特价"之中，则在转运订有"专价"契约货主的这货种时,在享受"特价"优惠之余,还须按约定再给以"专价"的优惠。这个规定,多为外资铁路所利用,为本路以至本国资本势力谋求额外的利益。例如,京奉路是借英款修建的,开滦煤矿当年也受英国资本的控制,京奉路运输该矿所产煤品,先给予"特价"优待;待进入20世纪20年代该线附近煤矿企业增多起,再与开滦增签"专价"合同,使之独享"特价"、"专价"双重优惠。结果便是开滦煤在京奉线上的运费"最为便宜"了。日本在一度控制胶济路时,对日资鲁大煤矿所采取的办法,制定了名曰"出口特约煤炭减价"或"特定运商专价"的运则,从名目上看,似为泛指;实际厚享"减价"、"专价"之利的,却是与之有着"特约"的"运商",即日本资本的鲁大煤矿,与开滦在英国间接控制的京奉线上独享优惠无异。至于道清铁路在1913年为配合英资煤矿对中国民族资本企业的竞争,干脆拒运后者所采掘的煤品,则不止是运价问题,而是滥用铁路运输的垄断,窒息民族资本的煤矿企业,纯属赤裸裸的强权行为了。

(四)营运统计

中国从域外引进铁路运输的"硬件",并没有及时引进铁路管理的"软件"。营运业绩统计、账务管理,在最初或从缺、或沿袭传统账式,直到1913年,才由政府规定统一的会计、统计则例来管理铁路的营运业务。这里以此为主,就所搜集到的有关史料,把国有铁路的客货运量,列为表41。

表41表明,伴随线路的延长,铁路的客货运量也急剧地增长。1907—1927年这20年间,客运量从1000万延人公里增至266300万延人公里,货运量从24.32亿延吨公里增至26.61亿延吨公里。在此期间与政治社会秩序动荡不宁有关,客货运量也有起伏不定的时候。整个期间,除个别年份外,货运的增长幅度总的说,远远落后于客运。这是铁路运输史上属于中国的特点,它与中国社会

经济发展迟滞密切相关。

表41　历年国有铁路客、货运量

1907—1927年

指数:1912年=100

年份	客运		货运	
	百万人公里	指数	百万吨公里	指 数
1907	10	0.6	—	—
1908	1014	62.4	—	—
1909	1253	77.2	—	—
1912	1623	100.0	2432	100.0
1915	993	61.1	2251	92.5
1916	2064	127.2	2620	107.7
1917	2128	131.1	2767	113.8
1918	2321	143.0	3426	140.8
1919	2519	155.2	3863	158.8
1920	3162	194.8	4541	186.7
1921	3162	194.8	4710	193.6
1922	3321	204.6	3982	163.7
1923	3413	210.3	5137	211.2
1924	3582	220.7	4572	187.9
1925	3761	231.7	4111	169.0
1926	2596	159.9	2422	99.6
1927	2663	164.1	2661	109.4

资料来源:严中平等编:《中国近代经济史统计资料选辑》,第207—208页,科学出版社1995年版。

运量的逐年增加,保证着营业收入的年益增加。在1907—1927年的20年间,国有铁路营业的账面盈余,平均年约3500余万元。每年实际数字如表42所示。

表 42 国有铁路历年收支情况

1907—1927 年 单位:万元

年份	营业收入	营业支出	账面盈余
1907	2130	824	1306
1908	2494	1053	1441
1909	2818	1473	1345
1912	4672	1499	3173
1913	4983	1912	3071
1914	5108	2437	2671
1915	5706	3026	2680
1916	6276	2884	3392
1917	6387	3004	3383
1918	7765	3432	4333
1919	8305	3844	4461
1920	9144	4278	4866
1921	9645	5397	4248
1922	9956	5666	4290
1923	11941	6472	5469
1924	11851	6738	5113
1925	12752	7333	5419
1926	9934	6929	3005
1927	10502	7008	3494
总计	142369	75209	67160
年平均	7493	3958	3535

资料来源:1907—1909 年,《邮传部第一、二、三次统计表》,路政上,官办各路搭客人数及货运顿数运费表、官办各路营业支出表;1912—1914 年,(北洋政府)交通部统计科编:《中华民国元年交通部统计图表》,第 108、112 页;又,《统计图表汇编(1913—1916)》,第 117、123 页;1915—1927 年,(国民党政府)铁道部统计处编:《中华国有铁路会计统计汇编(1915—1929)》,第 60—85,90—115 页。

需要指出:账面盈余并非实际盈利。营业收入中有很大一部分是账面上数字,多是收不回的呆账。单记政府运输欠款一笔,在本阶段最后 10 年间,在营业进款总数中,占着 5.49% 至 14.11% 不等,平均约占 10%。所记收入和支出都只限于营业中所发生的,当年国有铁路建设时,几乎都借有外债。在运营中,外债又续有举借,以致几乎没有一条线路不债台高筑。这些外债,最初有几年宽限期,只付息,不还本。一般是 10 年,此后本息每年都要摊还,数额大大增加,使实际盈余大大低于账面数字。沪宁、沪杭甬、津浦三路的经营状况在国有铁路中,都属于佼佼者。可是应还外债在营业进款净数中所占比重,平均在 40% 上下,个别年份在沪杭甬、津浦两路上,甚至超过营业净数成倍计。① 这说明国有铁路的实际经营业绩,决不如账面所反映的那样兴旺,它们的实际利润一般是很小的。其中,某些线路则长期陷入于虚盈实亏的困境之中。②

三、民间铁路的艰难创业

早在 19 世纪 80 年代,民间创办铁路的要求,已引起当时新闻媒体的注意。出现在 1887 年《申报》上的一篇社论就指出民间富有资财人士,早有投资创设铁路的意愿,希望能“分执铁路股票为子孙永远产业”,而且有实际行动。只是由于政府不肯“全照生意

① 参见严中平等编:《中国近代经济史统计资料选辑》,第 203—205 页。

② Ralph W. Huenmann:The Dragon and the Iron Horse:The Economics of Railroads in China,1876—1937,1984,pp.179-181.

规矩”①行事,又鉴于当年官督商办企业,往往使入股者的利益“无不付之东流”,才“观望不前”②,无由涉足。

经过甲午战争,民间有识之士、有力绅商,面对垂危国势,鼓吹在国中大力建设铁路,并提出一系列言之成理、证诸他国行之有效的办法,向政府呼吁准许民间参与铁路事业;并促使清政府不得不颁行声称旨在“保惠”商人的两个铁路法——1898年的《矿务铁路章程》和1903年的《铁路简明章程》。虽则如此,它对民间的申办,仍多有留难。而广大人民群众面对列强掠夺路权、铺设铁路的事实,警觉于“铁路所至之地,即〔列强〕势力所至之地”,群谋抵制,更谋借此发展经济,以益民生,兼开风气。在绝大多数省份,掀起了自造本省铁路的热潮。可是,曾几何时,在帝国主义列强的压力下,当国执政者“颠倒政治方针,阻遏人民企业”,先后颁布所谓“干路国有”和“统一路政”③的国策,给了民间铁路创业活动以摧折性的一击。尽管如此,民间的行动毕竟禁而不绝,民办铁路的行动虽屡遭挫折,终又不断兴起。

(一)民间投资筑路要求和行动实际

19世纪末,何启、胡礼垣作为民族资产阶级的代言人,为谋求国家的富强进步,屡论铁路。认为它是“新政始基”中的要著,应该“开铁路以振百为”,并力主屏弃官督的陈法,遂民所愿,令其“倾资以赴”。④ 侨寓国外、长期处若海外孤儿状态的华侨,出于“忠爱宗邦”的爱国主义情愫,同心关注国是。张振勋是个中代

① 李鸿章招股开路示略;《申报》,光绪十三年闰四月初四日。

② 《论铁路》,光绪十三年十二月十一日《申报》社论。

③ 宋教仁:《论近日政府之倒行逆施》,《民立报》,宣统三年五月。宋氏抨击的是清政府,但北洋政府紧接着的行动与之一致,其抨击也适用于对北洋政府。

④ 何启、胡礼垣:《新政直诠》第2编,第16—17页。

表。1903年,他在向新设的商部连上几个“振兴商务”的条陈中,反对清政府设置铁路总公司一手揽办铁路的做法,力言“天下可兴之利,公诸天下,则利愈溥,私诸一己,则利愈小”;明言“若支路必待总公司而成,则力难兼顾,旷日持久,尚无成效,干势愈孤,收利愈少”;提出“将支路招商承办”的建议;认定果能“合各商之力,兴各处之路”,势必“筹办较易,成效较捷”。① 这些言论体现着中国当年社会经济发展的正道,又起着推动拥有资财者投身于铁路创业的作用。

义和团运动过后10年间,国势极度危殆,民间谋求自保利权、开发物产,多有向清政府提出集资创设铁路的。其中,有具体计划且较重要的,数以十计。此中不乏具有眼力、准备大有作为的,如浙绅汤寿潜倡议由浙江、福建、广东三省公众集资800余万两,合修长约1000公里的杭州至广州的杭广铁路,获得了福建、广东两省的广泛响应。可是,清政府在列强的干预下,或自慑于列强可能施加的压力,几乎全部予以拒绝。只有少数铁路如潮汕、新宁两线获得批准。②

(二)各省商办铁路公司的设立及其造路实绩

民间要求集资创设铁路,尽管政府不予支持,但这类活动一再风起云涌。1905年前后的数年间,全国过半数省份,一般由“绅商”发动,先后创设铁路公司,筹办各省境内的铁路,这是中国人民当年反对列强侵略自保权利运动的一个重要组成部分,也是为推动国家经济发展所作出的一次大胆尝试。这一历史事件,到

---

① 《商办铁路支路议:光绪二十九年》,张振勋:《张弼士侍郎奏陈振兴商务条议》,第18页。

② 参见宓汝成:《中国近代铁路发展史上民间创业活动》,《中国经济史研究》1994年第1期。

1911 年以清政府宣布铁路“干路国有”策而横被阻遏,有关路归国有的事务以及对原有商股的清偿,则一直分别延续到 1915 年和 1934 年。

1. 省铁路公司的设立和资金、线路规划①

四川地方久为英、法两国所垂涎;20 世纪初,美、德等国也加紧参与角逐。四川人民目击时艰,深以为危。川籍留日学生频发警世言论:“四川铁路一入他国之手之日,即四川全省土地、人民永远服属他国之日。”锡良奉命署理四川总督,体察到四川的形势、民情,在赴任途中的 1903 年 7 月 8 日奏陈清廷:“四川天府奥区,物产殷富;只以艰于外运,百货不能畅通。”鉴于“外人久已垂涎,群思揽办”铁路的事实,要求“官设公司”,“招集华股”自办以“辟利源而保主权”。外务部奉命议复,以该年早些时候虽然“竭力驳阻”了英、美两国公使先后提出贷款修造川路的要求,终恐“难以空言为久拒之计”,同意锡良的主张。四川的川汉铁路,遂旨准设立。初为“官办”,1907 年改为商办,并正名为“商办”川省川汉铁路公司,成为各省创设商办铁路公司的先声。

湘、鄂、粤三省人士察觉到美国合兴公司在贷款建筑粤汉路上的严重违法行为,经过“废约”斗争于 1905 年取得收回自办结果后,达成协议,由三省各设机构“各筹各款,各修各境”内区段的铁路。张之洞作为湖广总督,却嫉视“权利悉操之股东”,命令在“归商承办”之上,都须接受“官督”。实际结局,三省又各不同。在湖北,官权之重事实上与官办相差无几;在湖南,由官荐总理协理,商则居于不能“越分争权”的“帮司”地位;在广东,经绅商与官方力争,才确定“商筹商办”。

---

① 以下“1”、“2”两目中引文,除注明者外,都引自宓汝成编:《中国近代铁路史资料》第 3 册,第 964—1145 页,不一一加注。

其他一些省份有识之士从粤汉路权的“赎回”得到启发和激励,先后都要求创设以省为范围的商办铁路公司。这些要求都一一获得批准(见表43)。

表43　各省商办铁路公司的创设

1835—1869年　　5年平均数

省	名称	年月	发起人*	主持人**	备注
川	川汉铁路有限公司	光绪二十九年六月	四川总督锡良	冯恕、沈秉堃、乔树枬	原为官办旋改“官绅均权”办理,光绪三十三年起改商办
赣	江西全省铁路总公司	光绪三十年十月	全省京官李盛铎、蔡钧等	李有棻	
滇	滇蜀铁路公司	光绪三十一年四月	在籍绅士陈荣昌等	陈荣昌	光绪三十二年改名“滇蜀腾越铁路公司”
皖	安徽全省铁路有限公司	光绪三十一年六月	全省京官吕佩芬等	李经方	
晋	同蒲铁路公司	光绪三十一年七月	在籍绅商解荣辂等	何福堃	
浙	全浙铁路有限公司	光绪三十一年七月	全省京官黄绍箕等	汤寿潜、刘锦藻	
闽	福建全省铁路有限公司	光绪三十一年八月	全省京官张亨嘉等	陈宝琛	
陕	西潼公司	光绪三十一年十二月	陕西巡抚曹鸿勋	阎乃竹	
豫	洛潼公司	光绪三十二年二月	在籍绅士王安澜等	刘果、袁克定	
粤	粤路有限公司	光绪三十二年三月	九善堂、七十二行商、广东总商会	郑官应	

续表

省	名称	年月	发起人*	主持人**	备注
苏	苏省铁路有限公司	光绪三十二年闰四月	全省京官恽毓鼎等	王清穆、张謇	
湘	商办粤汉铁路有限公司	光绪三十二年闰四月	湖南商务总务陈文玮等	袁树勋、王先谦、余肇康	
桂	广西全省铁路有限公司	光绪三十二年七月	全省官绅陆嘉晋、梁济等	于式枚、梁廷栋	
鄂	湖北商办粤汉川铁路股份有限公司	光绪三十二年七月	鄂省官绅黎大钧、刘心源等	?	鄂路初无公司名,直到宣统元年始有此名,年月取其首次招股章程发布年为准

注:* 发起人之为“全省京官”者,即由他们直接具呈商部设立,之为“在籍绅商”或“绅士”者,即由他们向本省督抚申请转奏清廷设立。

** 其职名有总理、总办、经理等,各省不一。

各省从“自保利权”的宗旨出发,在公司创设章程上无不严别华洋界限;反复申明:“不招外股,不借洋债”;“并不准将股份售与非中国人”,否则,“股票作废”;欢迎“华侨入股”,但“须正绅作保”“实系华人”。清政府颁行的《铁路简明章程》原有规定:“华商请办铁路”,经外务部查核商部批准,可以“附搭洋股”,但以“不逾华股之数为限”。省铁路公司不以此为是。浙路公司针对这些规定表示:“路章虽有附搭洋股之文,本公司性质力主自办,以专招华股为主,不入洋股一文。若购票后,其人或改注洋籍,或将所购之票转售抵押于洋人”,“即将票根注销,股本罚充善举”。

各省铁路公司为筹措股本,除了公开招股外,又因各省之宜,通过多种渠道筹措,从而有多种股名。如四川有“抽租之股”①、“官本之股”、“公利之股”的名目；在安徽也采取“按租认股”的办法，并补充以抽收“米捐”和“盐斤加价”，另有“廉薪股”等名目。同蒲、洛潼两家铁路公司，分别举办“亩捐”和改原有的“积谷捐”为“路捐”作补充；湖南等省，则议定可以铁路用地“按价作股”，雇用人工“准照工算股”，取用各地材料“准以时价作股”；如此等等。究竟需招集多少股本才能保障筑路所需的资金？有的公司只作粗略的估计，有的连估计数字都没有。也有明定“无定数”，待路成后实际用了若干就算若干股本的；还有一些则就准备亟行修建的区段，确定先集若干股本。所有这些，既反映了高涨的热情，又反映出匆促的行事。

各省铁路公司拟建线路，有的专主一线，如滇蜀公司、西潼公司、洛潼公司等是。有的则规划全省线路，如苏省铁路公司、安徽全省铁路公司、广西全省铁路公司等是。在全省铁路公司中，有的还作出与邻省接轨的详细规划。如福建全省铁路公司的规划中有“期与广东、江西、浙江路线交通，以广商利”的规定，安徽全省铁路公司也作出了“随境内线路所及”，准备与豫路、浙路等路接轨的规划。在办路实践中，有些目光较远的人，如浙路总理汤寿潜更明确提出：“路有国界而无省界。”这不仅表明在选线上认识水平的提高，而且也印证了清政府后来以反对“各存轸域”为由作为制定干路国有政策依据之不当。

2. 列强的嫉视和破坏

列强对各省组织公司，策划自建铁路，从一开始即密切注意，

---

① “抽租之股”的租股，除了一般按业田之家收租量达到一定量抽取一定比例折银作股外，还包括自耕农、半自耕农耕种所获除“糊口”尚有敷余者，以及佃农交租后的余额达到一定量的。因此，这个“租”，并非单指封建地租。参看鲜于浩：《试论川路租股》，《历史研究》1982 年第 2 期。

或直接横蛮干预,或假手清政府间接阻挠破坏。它们声气相应,因时就势,左右清政府的铁路政策,向着符合它们的利益转变。

四川川汉铁路公司一被准许设立,英国代办焘讷理即函致外务部声称:这个公司如果招不到足够的股本"应以多用英人者为宜"①,就是要挟给予贷款承办优先权。与此同时,英国工程人员擅往该公司预定修建铁路的地方踏勘、测量地段。接着,美、法两国公使也先后照会外务部进行干扰。他们明明知道清廷已准四川自办铁路却故意声称:四川如果准备修建川汉铁路,应让与各该国来承建。法国驻重庆领事更恫吓要挟川路督办,如果不给法国承办此项权益,则"不论贵督办升迁何省,本领事亦〔将〕电知敝国钦使,惟贵督办是问"!② 德国企图染指,由其公使穆默(von A. Mumn)向外务部递交备忘录,胡说中国铁路权益是"各国人民照约应享的利权",诋毁各省自谋修建,是阴谋"夺回"他们应享的权益;进而威胁道:这么做"与中国甚有险要",要挟清政府对各省倡议自办一举"应不准行"。③ 日本驻福州领事高桥橘太郎当福建准备设立全省铁路公司时,照会闽浙总督崇善,提出要求:在福建筑路,必须优先借用日款、聘用日员来办理。接着日驻华公使林权助在北京照会外务部,歪曲事实,把他自己也清楚19世纪末日本虽然向总理衙门口头提出过在闽、浙、赣三省境内承办铁路的要求但未得逞的事实,硬是咬定中日间已经有了合办福建铁路的协议,因

① 英署使焘讷理致外务部函,光绪二十九年六月二十二日收,宓汝成编:《中国近代铁路史资料,1863—1911》第3册,第1066页。

② 驻重庆法领事致川汉铁路公司复照,光绪三十年七月;《外交报》,光绪三十年,第19号,第6页。

③ 德国公使穆默致外务部节略,光绪三十年九月初六日收。转自宓汝成:《帝国主义与中国铁路1847—1949》,第192页。

而中国“不得有异议”，进而强压外务部必须“立即电咨闽浙总督分饬各该地方官先行停议”①，以免妨害所谓日本的既得权益。如此等等，不一而足。

清政府对列强的干涉破坏，从最初给以必要的拒绝和驳斥，逐步向着迁就退让演变。当桂路公司决定全省干支各线统归自办，引起法国抗议，地方当局竟一再要求该铁路公司在查勘线路中，“应先预留地步，以期与法使商允之案，不相违背”。法国干扰铁路公司的计划②，地方当局又以“若遽测勘，适以速法人之干涉”相吓阻。桂路公司决定先修博白至北海铁路，巡抚张鸣岐则以法国若出面干扰，“不许展筑，则此段两端，皆无出路”，借以阻止③，并打乱了广西造路的全局安排。英国在19世纪末压迫清政府让与英国资本贷款承办苏杭甬路，只签了一个草约，且搁置7年，迄无动静。苏浙两路公司决定自行建设，英国银公司顿即“催议”正约，其驻华公使萨道义照会外务部，无理指责两省“商民所欲与国家成约有碍”，悍然要挟清政府予以“札制”。该部不敢据理直争，竟函浙江巡抚聂缉椝，要后者转知浙路公司“另定路线”，让出英国准备投资修建的区段，以求“可省轇轕”。浙江绅商电致外务部严正表示：“铁路为浙人生命攸关，即国家权利所系”；“惟有遵旨自办，协力同心，誓必为国家力保权利，为浙人自全生命”④，提出将草约作废的要求。苏省与相呼应，电致外务部：“浙路既拟自

---

① 日本驻福州领事高桥橘太郎致闽浙总督崇善照会，1906年4月14日、23日和8月1日各件；日本公使林权助致外务部奕劻照会，1906年8月18日、11月16日各件。中国社会科学院经济研究所藏日文档案。

② 邮传部编：《轨政纪要次编》，第136—138页。

③ 宓汝成编：《中国近代铁路史资料》第3册，第1141—1142页。

④ 《苏杭甬铁路档》第2卷，第19页。

办,苏省岂能独异。”①两省同时对清政府与英国银公司商谈借款声中展开拒绝借款的斗争,清政府竟这样表示:“勾销前案……何能强人必从?”“讲信修睦,以免自启纷扰!”②清政府以自己的行事清晰表明,已经走到了“忍徇英商之请”、“转夺浙商应有之权”③这样一条媚外求容之路线了。清政府1911年在湖广铁路借款谈判中,与英、法、德、美四国银团达成了粤汉、川汉铁路收归官局管理的协议,终于制定铁路干路国有的政策,乃成为事势的必然。

3. 各省公司的集股、筑路和营运

各省铁路公司性质都是商办,但受当时近代企业既成管理体制和各省社会经济发展水平高低不等的影响和制约,官权乃经常滥施于这些公司。一般通过公司中的“绅”来实现。这样,所有商办铁路公司,可以大别为三类:(1)徒有商办之名,纯由官(地方督抚)专权控制,即使这些公司仍有公举的经理,也有名无实。属于这一类的如云南的滇蜀公司、陕西的西潼公司、河南的洛潼公司等等都是。(2)官居优势且掌大权,鄂路、川路是典型。如在四川,“树商办之名而无商办”之实,“总理选派奏委,不由股东集会公举”,其他一切用人行政,多不遵照商律办事,持股者得不到《商律》中规定应享的权利。(3)真正商办,浙路、苏路、粤路是典型。粤路在设立不久抵制了岑春煊总督意图专权控制后规定:“永免〔政府〕派员督办”,“一切用人理财,地方官概不干涉,大小衙署皆不得私荐一人”;官“惟有保护联系之责”。浙路揭出“实业首重资本”的原则,严格按照自订《章程》办事:凡附本公司股份者,无论

① 《苏杭甬铁路档》第2卷,第17页。

② 《苏杭甬铁路档》第3卷,第37—41页。

③ 《苏杭甬铁路档》第3卷,第23—24页。

有无官职,均认为股东,一律看待”,其应得各项利益,所有股东,同等对待。苏路情况也是如此。

公司内部管理经营机制如上所述的差异,加上主持者的才德是否确能胜任其职司,决定着集股办路业绩存在高下、优劣的差别。

(1)股金的集积

各省铁路公司确定的集股办法,在实践中,有的执行不了,有的未能实行到底,有的根本未曾付诸实施。如按薪俸多寡出资的廉薪股,由于该出资的对象都是比较有权有势的人物,设若他们不受“请”、拒“派”或“空言应和”,铁路公司也无奈他何。又如无论是盐捐还是盐斤加价,执行结果,势必直接、间接冲击盐税的征取和官盐的销路,影响到公的财政收入和私的民间生活,从而不时遭到政府的干涉和人们的反对。也有一些公司本身对某种集股方式在实践中认为不妥,予以屏弃的,如粤路公司一度征取的“米捐”、“船捐”等是。

各省实际筹资方式虽参差不一,概言之也可大别为三类:一是认购,无论是出于主动的自愿,还是出于被动的“敦劝”甚或强制,都归于这一类;二是摊派,如按地租、房租量分别抽收一定比例的租股、房租股等等;三是征取与税的附加没有什么区别的税外之费,如米捐、亩捐之类,包括“盐斤加价”也在其内。各省铁路公司各因省情不同,办法亦各异。所取得的实绩分别叙述如下。

广东、江苏、浙江三省经济发展状况相对说来在当时是最发达的。粤路绅商摒弃岑春煊一度采取米捐、船捐作为凑集股本的一种方式后,决定完全采取公开招股来筹集。广州的总公司负起招募职责外,另在香港、上海等地设立招股总局,并派遣人员前往海外华侨比较集中地区去招集。由于“粤人在美国、南洋”各地,“富商较多”,并熟知铁路之利,粤路的招股工作进展得相当顺利。总计从1907年起至1912年分三期实收股款2188万余元(此中包括一度以抽收盐捐、船捐和亩捐所征集的极小量的股金),超过该公司原拟先集股银2000万元的定额。

江苏原拟招股银1000万元,以备修建南北两线需用。在全省"士民工商,莫不激于义愤,踊跃认股"下,截至1913年收归"国有"时,实收股银包括将股息转作股本共计468万元。虽然此数不到原定额之半,但筑路重点在南线——沪杭甬铁路苏境段,保障其工程所需已绰绰有余。

浙路公司依托省内巨商、特别是湖州丝业巨子,组织、动员全省11府"公正士绅、殷实富户",取得在京师和他省的浙籍官员、绅界名流、商界巨擘的同心协力,"人人营路事若家事",广泛动员了社会资金,截至1911年,实收银1065万元,超过预期先集额6000万元的70%。①

四川、湖北、湖南三省经济发展水平,略逊于前述三省,但仍都不失为比较富裕的省份,尤其是四川,地域广阔,土地沃饶,富具潜力。川路公司股本原寄厚望于"抽租之股"的租股:据既定章程,对"业田之家""收租在十石以上者",岁抽3%。1910年前后数年间增开铁路租捐,捐率各地不一;有"每粮一两,纳谷二石,每石作价二两四五不等";也有"正粮一两,捐钱三两六钱"等等的不同。实际所集股本,绝大部分也是来自租股。经数年征集,实收股银统折成银元,为2386万元。在商办铁路公司中是集股最多的一家。股金的构成,租股加租捐占了近80%的比重;公众认购部分,比重不到20%,其余的则由加抽灯(即鸦片烟馆)捐、土(即鸦片)厘等而来。

① 闵杰:《浙路公司的集资与经营》,《近代史研究》1987年第3期。

湖北、湖南两省省情近似。湖南实收股金914万元,此中来自"湘民自缴之股"不过100余万元,绝大部分来自随粮带征的租股和责令房产主年交一月房租额的房租股;此外,出境米捐,衡、永、保三府淮盐溢引的配销捐以及食盐加价等共占约三分之一。湖北"绅商财力"较之湖南"更薄",加上官的揽权,商民深有戒惧,以致少"有投袂而起"认股的。① 所集积的股银约250万元,其中超过半数筹自赈粜捐;商股分"商招"(自由认股)、"官招"(强制摊派)两种,合计三数十万元,在总量中不过占10%多一些。其余一些细数来自发行彩票盈利所得的彩票股等项。

福建、江西、安徽、河南、陕西、云南等省铁路公司可归成一类。福建、江西、安徽在20世纪初,经济处在衰落不振状态。河南、陕西、云南相对地说原较瘠苦。这些省的铁路公司集股情况,除了闽路股本240余万元(占八成多)几乎全向南洋闽籍侨商招集外,其他各省则都依靠摊派和税的附加。如山西的同蒲和河南的洛潼两路股本,都由捐凑成,分别把原有的积谷捐改为路捐,或新设亩捐来充数,商股甚少。滇路股本,全筹自粮盐诸股。桂路集股不及10万元。至于西潼,虽曾"招募股款890余万",但"并未开收"。

各省铁路公司究竟招集了多少股金,由于经办人员账目的不明细或混淆不清,主管人员也间或讳莫如深,加上各种银两折算率的漫无一定标准,因此,难以求得一个绝对准确的数字。表44所示只是一个相对准确的概数。

① 鄂绅陈恩浦等6人致湖广总督陈夔龙文,原件未注年月日,詹文琮等编:《川汉铁路过去及将来》,第48页;宓汝成编:《中国近代铁路史资料》第三册,第1197页。

表44　各省商办铁路公司集股实绩

公司简称	股本额*		实收股本**(万元)	公司简称	股本额*		收股本**(万元)
	预定	先集			预定	先集	
川路公司	5000万两	1500万两	2386	赣路公司	2000万两	500万两	262
滇路公司	2000万两	—	471	皖路公司	—	400万两	127
晋路公司	2000万两	—	39	浙路公司	4000万元	600万元	1065
闽路公司	—	—	242	西潼公司	—	—	—
洛潼公司	3000万两	300万两	342	粤路公司	2000万元	—	2188
苏路公司	—	1000万元	468	湘路公司	2000万元	400万元	914
鄂路公司	2600万元	—	246	桂路公司	1000万元	—	10
总计:							8760

注:* 各路对预定集股额,或根本无此数字,或有些估计,拟先集股额也是这样;单位则银两、银元兼有。据史料中所见者填入。

** 实收股本的原始数字,有银两、银元和(广东)毫银三种,表中按每银0.7两升为银元1元,每毫银1.2元折合银元1元,全部折合为银元。

资料来源:邮传部编:《邮传部路政统计表,第一次》,光绪三十三年份;又,第二、三次同名统计表。光绪三十四年和宣统元年。邮传部编:《邮传部接办粤川汉铁路借款及分别接收各路股款始末记》,宣统三年刊。四川护督王人文呈内阁电,戴执礼编:《四川保路运动史料》,1959年版。交通史编纂委员会编:《交通史路政编》第16册,有关各路"资本金"。《新纂云南通志》第57卷,1949年版,第18页。

根据表44可知,各省商办铁路公司集积的股本总计为8760万元。其构成大致是:民间认购额约占半数。其次是摊派,约占总数的40%,其中,尤以租股为最多。其余10%,由税外之捐费所形成。

19、20世纪交替之际,中国民族资本主义开始走向初步发展阶段;铁路与工矿,是两大支柱。根据初步统计,1903—1911年间,新设民族资本厂矿企业资本总计约8400余万元①,和上述各

① 参见汪敬虞编:《中国近代工业史资料》第2辑,下册,1957年版,第657页。

省铁路公司所收股本相比，还要略少一些。因此，蓬勃一时的各省铁路公司，尽管有诸多不足，但它的意义是不容轻估的。

（2）铁路的建设和营运

各省商办铁路公司集积了大量资金，受种种条件的限制，大都未能发挥资本的效用，只有少数例外。苏、浙两路，特别是浙路，由于主持者得人，颇能注意吸收国外较先进的管理经营方式和经验，无论在建设或营运上，都取得较好的成绩。就筑路工程说，它和苏路公司同心协力，突破英国的破坏和清政府的阻挠，充分利用已集的股金，在1906年12月至1914年1月间，基本上建成了沪杭甬铁路在各自境内的线路①，全长计260余公里。此外，在浙路，增设一条江墅支线；在苏路，另建成北路的清（江浦）杨（庄）线，两线计20余公里。浙段成本，包括机车等设备费在内，平均每公里3.7万余元，创当年全国铁路建筑设备成本最低的记录。粤路公司在最初因大小股东间利害矛盾，一度对立不和，风潮迭起，铁路工程没有什么进展。1910年公司改组，詹天佑被举为总理，着手整顿，排除"殷绅"的干预掣肘，在建设上也取得较好的实绩。截至1915年6月，完成了从广州到韶州间铁路，长224.2公里，相当于原计划全长330公里（包括湘境拨归广东承建段）的三分之二。过后，在广东地方政局动荡中，工程乃长期停顿下来。

川路公司虽然筹集了最大量的资金，可是在官权控制、绅权膨胀的经营管理体制中，致广大持股者从最初对路事甚表关心，经"不让与闻"而"不愿过问"；于是，"执事者"既不虞监督，便"任意

① 正在筹建的工程——萧山·曹娥段68公里线路则以铁路收归国有而中止；也就是说，设无"国有"的变故，此段铁路可以肯定决不会迟延了20年直到1936年才告完成。

侵渔”,资金“多半耗于虚糜”。关于工程部署,主持者又意见参差,长期不决,工事也就拖了下来。川路公司直至设立后6年,即1909年才决定从修建宜昌、秭归段开始,同年年底动工,1911年5月清廷命令将该线收归国有后工程断断续续地进行着,到9月完全停止。已铺轨能行驶载料列车的线路只约17公里。此外,筑成一些路基和便桥、涵洞。

湘路公司承担修建的粤汉线,不包括境内宜章迤南段,全长约500公里。张之洞的揽权不放,“任绅而不任商”,经常通过公司中的“绅”来干预他所干预不了、也不应干预的业务,构成所谓“官率绅办”的局面。① 公司中少数掌权的“绅”凭借“官”的威势,把持路务,压抑股东大众,还想“借他人血汗以自肥身家”。② 铁路工程在“舆情不洽”中进展迟缓,已集的900余万元的股本到湘路收归“国有”前夕,仅物化成长沙—株洲和株洲—渌口间67.7公里的铁路,只及该完成路线的十分之一多一些。闽路漳(州)厦(门)线实际上只完成嵩屿至江东桥段(28公里)。赣路在被日本渗入资本后,截至清亡,完成九江、德安间铁路,尔后续借日款又从德安展筑至南昌,虽商办名称依旧,实已蜕变为以日资为主的中日合办。此外,如皖路、同蒲、洛潼诸路,或仅筑了一些土方工程,或铺就一些铁轨供工程列车驶行。陕西西(安)潼(关)路工“迄未兴作”。

所有商办铁路公司筑路实绩,截至1915年,参见表45。

---

① 参见戴执礼编:《四川保路运动史料》,第48页。

② 参见《湖南历史资料》第1辑,1959年版,第142页。

表 45　各铁路公司建路实绩

1907—1915 年　　　　单位:公里

公司名	线路名	起讫地点	长度(公里)	竣工年月
浙路公司	江墅支线	艮山门—拱宸桥	5.9	1907.8
	沪杭线(浙段)	枫泾—闸口	125.0	1909.7
	甬曹线	宁波—曹娥江	77.9	1914.1
苏路公司	沪杭线(苏段)	上海南站—枫泾	61.2	1908.11
	清杨线	清江浦—杨庄	17.3	1911.4
湘路公司	长株段	长沙—株洲北站	50.7	1911.1
		株洲—渌口	17.0	1912.6
闽路公司	漳厦线	嵩屿—江东桥	28.0	1911.1
赣路公司	南浔铁路	九江—德安	52.7	1911.7
粤路公司	广韶段	广州黄沙—黎洞	106.1	1911.5
		黎洞—韶州	118.1	1915.6
共计:			659.9	
皖路公司	芜广段	芜湖—湾沚	(25.0)	土方
川路公司		宜昌西向	(17.0)	铺轨、行驶工程列车
同蒲公司		榆次—北要	(7.5)	铺轨、行驶工程列车
		榆次—太谷	(35.0)	土方
洛潼公司		洛阳西向	(35.0)	铺轨、行驶工程列车
共计:			119.5	

上述已成各路,除湘路未及正式营业即收归国有不计,其他各路营运状况,以收支实数为准,略如下述。

闽路漳厦,由于“成路甚短,又复濒海敷设”,未能伸展入内地,始终陷于入不敷出借债度日的困境。赣路南浔,在日本顾问等操纵把持下,故意使之“耗费极重”,“办理极不得法”,也朝不保夕。经营较有成绩的是苏、浙、粤三省。苏路于1909年夏正式开始营业,当年收入17万元,余利7.5万元,盈余率为44.1%,“国有”前一年即1912年,收入增至41万余元,余利增至16.7万元,盈余率虽稍有下降,仍达40.7%。浙粤两路历年收支情况,详见表46。其盈余率分别为43.1%和29.7%。与同时期国中其他线路比较,经营都是较佳的。

表46 商办浙粤两路营运收支

单位:万元

年份	浙路			粤路		
	收入	支出	盈余	收入	支 出	盈余
1907	5.7	3.7	2.0	4.1	2.3	1.8
1908	24.8	14.4	10.4	16.8	10.1	6.7
1909	54.0	32.4	21.6	30.5	23.5	7.0
1910	77.2	49.4	27.8	36.2	30.4	5.8
1911	88.3	52.3	36.0	47.1	29.4	17.7
1912	85.5	42.9	42.6	53.7	29.1	24.6
1913	117.8	62.6	55.2	97.2	34.8	62.4
1914 *	—	—	—	105.2	55.9	49.3
1915 **	—	—	—	105.8	133.5	-27.7
总计	453.3	257.7	195.6	496.6	349.0	147.6

注:* 浙路于1914年6月收回“国有”,不再计入。

** 粤路于该年通车至韶关,嗣后不再计。

资料来源:浙路数字,据历届《商办全浙铁路B有限公司账略》;粤路数字,见《交通史路政编》第16册,第334页。

4. 干路收归国有和省办公司的撤销

清政府经八国联军的打击,出于稳定政局的需要,在内政方面一度表现出了“弃旧图新”的意向,于路务上,它一一照准所有要求自办铁路的各省“绅商”设立公司，筹划建筑各该省境内的铁路，并作出了“官为保护维持”的许诺。然而在国内形势的推移中，慑于列强的威势和压力，这一政策又渐趋向收拾商办的方向逆转。在1908年6月（光绪三十四年五月）的一件谕旨中，它自不检讨对各省自办铁路不予扶植、支持、辅导的过失，却声称各省商办铁路“奏办有年，多无起色，坐失大利，尤碍交通”，命令新设的邮传部遴派委员，“分往各路确实勘查”。① 这是一个讯号，标志着铁路开放给商办的既定政策将有所变动。1911年3月，清政府既与英、法、德、美四国银团草签了湖广铁路借款合同，并在这四国公使叠施压力下，于5月9日（宣统三年四月十一日）宣布铁路“干路均归国有”②，命令度支、邮传两部，“凛遵此旨”，“毋得依违瞻顾”③。

还在干路国有策宣布前夕，云贵总督李经羲、陕西巡抚恩寿对他们分别控制下的云南、西潼两铁路公司，已以股款难集，处于“一筹莫展”困境，先行迎风顺旨要求撤销商办改归国家办理。李致内阁电称：滇路股本“筹措维艰”，“非由国家提回自办断难成功”；国有令一下，即由他率先奏准收归国有。④ 洛潼公司应恩寿要求，也由邮传部“改归官办”。⑤ 桂路受此两路影响，旋亦跟进，同意官办。

清政府亟谋铁路国有化，目标实为湖广铁路，即两湖境内的粤

---

① 《清实录》，德宗朝，第592卷，第8页。

② 转引自盛宣怀：《愚斋存稿》第17卷，第3—4页。

③ 转引自盛宣怀：《愚斋存稿》第17卷，第3—4页。

④ 李经羲致内阁电，宣统三年闰六月十七日；《清宣统朝外交史料》第22卷，第13—14页。

⑤ 邮传部、度支部会奏折，宣统三年八月；《邮传部奏议分类续编》，路政，第110—111页。

汉路和川汉路的鄂境区段。它察悉川湘两路股本主要分别筹自租股和盐、米、房捐各股。于是,在任命端方为督办粤汉、川汉铁路大臣令中,同时宣布"停收川湘两省租股",作釜底抽薪之计。另批准邮传、度支两部和端方共同商定的"消除"商办的部署,要点计四项:(1)粤、川、湘、鄂四省公司股本尽数验明收回;(2)以"历年路工支出之款"为准,换发度支、邮传两部印发的国家保利股票;(3)如"抽还股本,约定在五年之后分十五年还本";(4)股本之来自米捐、赈粜等捐的,国家发给无利票证,待后再定处置办法。

清政府的干路国有政策一颁布,舆情激昂,认为政府此举是"夺商办铁路供之外人";"假国有之名,行卖路之实"。干路国有令传达至湖广等省,除了鄂路公司原受督署专制,于9月底(宣统三年八月)被"收归国有,取消商办公司"外,在湖南、四川、广东三省,顿时激起抗命的风云。既有学生停课、商店罢市,要求收回国有成命的(如湖南),也有"不用官发纸币,纷纷持票领银",期能迫使清政府撤销商办命令的(如广东),更有发展成为群众抗争,促成武昌起义的爆发,如在四川展开的"保路运动"。民间的反对,终使清政府的干路国有策,未能贯彻实施。

袁世凯于清亡后,即继承清王朝衣钵,制造"共和时代,国民一体","国有即民有"①的舆论,宣布所谓"统一路线"的政令,继承铁路收归国有、撤销各省公司的政策,连"消除"的具体做法,也沿袭逊清的既定方针。

袁世凯政府一成立,任命谭人凤为粤汉铁路督办,后者在与湖南都督谭延闿会商后,即"照会"湘路公司把湘路收归国有。此后,袁世凯政府威胁、利诱兼施,甚至调集军警,强制各省铁路公司

---

① 转引自湘路公司咨复谭人凤督办文,1912年12月(原件中文),中国社会科学院经济研究所藏,日文档案。

从命，迫使其派出代表与交通部达成收归国有的协议。这样，除了滇、桂、陕、鄂四路在清末已收回国有和对赣路由于渗入日本资本不敢动弹，粤路远在岭南为其统治势力所不及，闽路偏在一隅不予接收外，所有其他各路，截至1914年4月都与各省商办铁路公司达成收回国有的协议；至于铁路接收的完成和省办公司的撤销，则有的延至1915年。袁世凯政权借口政策，“蹂躏人民已得之权利。”①最后完成了清王朝的未竟之业。

各省铁路公司被协议撤销情况，参见表47。

表47　各省铁路公司被接收和撤销

1911—1915年

公司名	协议年月	撤销(或被接收)年月
滇路公司	—	1911
西潼公司	—	1911
桂路公司	—	1911
川路公司	1912. 11	1914. 9
湘路公司	1913. 6	1913. 7
苏路公司	1913. 6	1913. 7
洛潼公司	—	1913. 8
同蒲公司	1913. 9	1914. 1
皖路公司	1914. 3	1914. 3
浙路公司	1914. 4	1914. 6
鄂路公司	—	1915. 1

注：凡打有“—”号者，政府和铁路公司之间无收回国有的协议。

袁世凯政府把收归国有的铁路，一一纳入于已与、或正与列强

① 宋教仁：《论近日政府之倒行逆施》，《民立报》1911年5月。

金融资本商洽贷款准备修建的铁路线路之中。除了粤汉湘鄂段和川汉铁路早在清末编入湖广借款所含的铁路线路中外，他如苏路南线和浙路，被并入举借英债的沪杭甬铁路；洛潼、西潼暨苏路北线，则并入举借比利时款的陇秦豫海铁路即陇海线中；同蒲预行纳入法国准备提供贷款的“（大）同成（都）”线，皖路芜广段则预行纳入于英国打算提供贷款的宁湘铁路中。帝国主义列强为求明确这层关系，强制中国政府另立文书为凭。以苏浙两路为例。英国中英公司挟制交通部于 1914 年 2 月 14 日和 9 月 19 日，先后签押《赎回上海枫泾铁路议订条款》和《收回沪杭甬之浙段铁路议订条款》作为沪杭甬铁路借款合同的附件。这里的所谓“收回”、“赎回”①，不过表明逊清和袁世凯两政府的所谓“统一路政”和“干路国有化”，只是为帝国主义列强火中取栗！正如时人愤慨指出：这样一种“收回国有”，实不如直截叫它“收回外有”更为确切恰当。

袁世凯政府在与各路公司“协议”撤销商办时，除了豫路（洛潼）在协议中由政府当局采取收购股票的方式进行外，其余七省（川、湘、鄂、苏、浙、皖、晋）铁路公司，分别根据上记的“消除”办法，商定由政府发还各路股款量、年限和摊还细节。该“认还”的款额，包括豫路在内，总计股本金为 5100 余万元，利息约 1700 万元，两计 6800 余万元②，其中以“认还”川、浙、湘三路的数量为最多，单计本金分别为 1890 余万元、1050 余万元和近 900 余万元，共约占政府“认还”本金总数的 75%。然而，除豫路已如上所述外，其余各路都由北洋政府发给本身并无价值、不能在市面流通的证券作为日后领回股本本息的凭证。所谓摊还，事实上则远不是这么一回事。袁世凯政府及其后续的北洋政府存心赖账！单以

① 宋教仁：《论近日政府之倒行逆施》，《民立报》1911 年 5 月。

② 参见《交通史总务编》第 2 册，第 551—552 页。

“认还”川、浙、湘三省的路股说，除了最初一、二或三期是如协议按期付清外，过后便经常愆期清偿。纵或清偿，既有用当时不能兑现的、市价降至六、五、四折不等的纸币却按票面额来计算的，更常用推销不掉、毫无债信的国内公债券来充数。如此清偿，弄得持证者叫苦连天，怨声载道。苏浙两路路股清算处曾组织债权团前往北京索偿，遭“执政诸君”“藐视”，被“置之不理”①；又曾共同向平政院申诉，结果有似与虎谋皮。② 北洋政府官员们则好官我自为之！据他们“整理”结果，截至1925年年底，所有本金，除承认尚欠川路795.8万元数额较大外，对浙、苏、湘、鄂四省，据记录都只有一些尾欠，分别为88万余元、31.2万余元、2.5万元和15.6万元云③，至于皖、晋两路，未予提及，似乎已算清理完毕。可是，根据日后国民政府统计，截至1924年年底，本息合计，实尚欠近3600万元④；设与原计本息总数一作比较，已认还的充其量还不到半数。何况，该受“认还”者另有一本账。他们自始拒受贬了市值的钞票、无信用可言的公债券，更不必说要他们同意按公债票和钞票的面值计数了。这笔铁路收归“国有”由政府签字“认还”股款，究竟“认还”了多少，终成为一笔难以究诘的烂账！到了1936年，国民政府从沪杭甬路提取80万元，指还苏浙两省原铁路商股，作为了结，对其他犹有余欠的商股，只字未提；撤销省办铁路该清偿的股款，从此也就由“不了”而视为“已了”。

---

① “两路债权团催索复电”，《民国日报》1918年11月21日。

② “两路债权诉讼裁决书”《民国日报》1920年9月12日。

③ 参见〔北洋政府〕财政整理会编：《交通部经管各项债款说明书》，第三章第一节第一目，1927年4月。

④ 参见〔国民政府〕交通史路政编编纂委员会编：《交通史路政编总务编》，第二章“财政”。

(三)屡挫屡兴的民间资本创业要求和行动

清朝覆灭,民国肇兴。民族资产者未能察觉北洋军阀政府与清末政府原是一丘之貉,出于“破坏告成,建设伊始”的愿望,在一时形成的“振兴实业”潮中,颇谋在铁路运输业上有番作为。

1912 年,新加坡侨商黄怡益等认定“非奖励实业,无以救亡图存”①,决计集资 2000 万元,回闽创设路埠公司,在福州至琯头间修建一条铁路,以求能促进福州这个商埠的发展。1913 年,同地另一华侨林文庞计划综合开发福建经济,也拟招集资本 2000 万元,创设福建实业公司,作为一种基础设施,兴建闽境铁路列作首要项目。同年,缅甸华侨杨奠安拟集资 800 万元,以开采漳州地方矿藏作为主要目标,为此计划在漳州龙溪间修建铁路,如此等等。他们都怀着促进祖国经济发展、故乡兴盛富裕的挚情热望,回国向本省行政当局要求转呈、或直接向交通部呈请,得到的结果全被否定。交通部准福建都督咨请创办福琯铁路的批文是个典型。该文道:“该侨商等眷怀祖国,情愿集资建筑,本部为发达路务起见,自无不乐与赞成”;“惟集资筑路,股款为侨商血本所关,自不能不于未事之先,熟权利害,以免日后亏折之虞”。“若鲁莽图功,一蹶不振,将来侨商裹足,亦于本国实业前途受莫大之影响。”②它虚予赞许,深滋怀疑,且无端预加以影响侨资兴业、贻误国家发展实业的罪责。这怎能不使侨商闻而寒心!

国内各地工商团体或个人,也颇有向交通部要求立案修建铁路的,同样绝少如愿。如湖南旅京绅商阎鸿飞等基于“开发富源

---

① 引自交通部咨福建都督文,1912 年;《铁道协会杂志》第 1 期,事件,1912 年 10 月,第 143 页。

② 交通部咨福建都督文,1912 年;《铁路协会杂志》第 1 期,专件,1912 年 10 月,第 103 页。

以交通为先导,扩张实业以铁路为前驱”的认识,于 1912 年秋,具呈交通部以“干路既归国有,正赖商民建筑支路,以期联络贯通”①为理由,申请设立公司,投资建筑湘省境内支路,并拟从建筑长(沙)辰(州)线开始。川路公司把川路〔实系宜(昌)万(县)段〕交归国有,原股东由其驻京代表胡骏等向交通部交涉,要求承修未列名于干线的成(都)渝(重庆)线,以“顺民间办路之愿望”,借以“保国家之主权”。② 如此等等,概遭驳斥。

1913 年,安徽农务、商务总会暨正阳商务总会三团体组织安正铁路公司,拟建从安庆至正阳的铁路,待路成后再展至阜阳、周家口等地,向交通部申请立案。③ 同年,河南周家口商会呈请交通部要求准予修建从该地起至郾城的铁路,以与京汉线相接;山东省议会鉴于曹济一带相对于沿胶济、津浦两线省内各地经济为落后,且苦于“生计无出”,要求集资兴建从济南(或济宁)至开封(或再展至归德)的铁路。④ 辽宁本溪县议会议长金殿勋等联同各团体议决“募股自修”从本溪起至碱厂矿区的铁路。⑤ 1914 年,安徽颍

---

① 引自交通部批文,1912 年 11 月 7 日;《铁路协会杂志》第 3 期,专件,1912 年 12 月,第 111 页。

② 川路代表陈邦达致交通部函,又,川路代表胡骏、陈邦达致交通部函,原件存四川省档案馆。参见《民国时期成渝铁路修建史料》,《四川档案史料》1984 年第 4 期。

③ “请修皖省正阳铁路”,《铁路协会杂志》第 8 期“记载”,1913 年 5 月,第 2 页。中国铁路总公司函(署名孙文)癸字第 69 号,1913 年 1 月;交通部致安徽都督电,1913 年 9 月 14 日;均见《政府公报》“公电”,1913 年 9 月 14 日,第 489 号。

④ 山东实业司长呈民政长请咨交通部文,《铁路协会会报》第 2 卷第 12 期,路事纪闻,1913 年 12 月,第 5 页。

⑤ 奉天巡按使张锡銮致外交部密咨,1914 年 6 月 20 日;中央研究院近代史研究所编印:《中日关系史料:路矿交涉》,1976 年版,台北,第 142 页。

州、正阳等处商界代表刘文凤等,公呈交通部要求兴建安(庆)颍(州)线。① 江苏无锡公民陈其昌等于1916年鉴于江苏实业会在此前申请建设无锡至安徽广德线的失败,改计缩短线路,倡设锡湖铁路公司,呈请沪海道公署转呈交通部,要求兴修无锡至浙江湖州的铁路。同年,上海闻人虞洽卿、三北公民郑燕贻等人,向有关当局要求"由商集款","筹办"浙江镇海、慈溪、余姚三县的北乡(即在习称"三北"地方)从龙山经观海卫至周巷三市镇的铁路。所有这些,也没有一项是被批准的。综观交通部批文,所举理由,有"本无建筑必要"、"工程计划全属空泛"、"筹办手续不完备",等等。所有这些都是遁词;实质是北洋政府惟恐碍及国际金融资本利益遭到列强的抗议。如安庆正阳铁路之所以请办不准,就是由于交通部一怕它被英、德两国看成是津浦铁路的支线,二怕英国看成是浦、信铁路的平行线,从而妨碍了这两条铁路的利益,会遭到英、德两国的反对。同样济南开封线不准立案,也是惟恐线路一成,碍及"胶济"、"津浦"两路的利益。

山东胶东一带人民,特别是烟台商民,为挽救日就衰微的烟台经济地位,继续清末的行动,一再提出修建从烟台伸入腹地铁路的要求。1912年9月,烟台市议会要求集款修建烟(台)德(州)线,并先修其中的烟潍(县)段。② 1914年5月,烟台商会和一些商号再联名要求修建烟潍线,日本获此讯息,由日本报刊作出反应,悍然称此路"不可不由日本敷设"。第一次世界大战结束,京津富商闵某等为保卫国权,便利交通,结合同志50余人,计划筹款建筑芝

① 安徽颍州等处商界代表《拟修安颍铁路公呈交通部文,1914年》,石印原件。又,交通部批1914年4月27日第75号;《政府公报》"批",1914年6月15日,第757号。

② 转见《交通部致烟台市议会商会电》,1912年,《铁路协会杂志》第1期,专件,1912年10月,第143—144页。

罘(即烟台)潍县间铁路,具呈农商、交通两部,要求批准。日本闻讯,向北洋政府提出异议,并以《巴黎和约》和1915年中日《密约》为据,胡说什么山东铁路无论已建、未建,其权完全归于日本。后者不敢抗争,闵某等的要求被批驳不准。1921年6月,商人姚凤池等向交通部重提烟潍铁路要求,该部交付线路审查委员会审查,实际是畏忌日本再提抗议,用了此路已由"本部筹办"的托词,批复"仍援前案"不准商办。①

也有一些要求筹款造路而贸然拟借用外债,被人揭发、反对、或遭到另一强权国家的干涉,终都未成事实。例如,沧(州)石(家庄)线西接正太,中联京汉、津浦两线,是华北地区无论在军事上、政治上或经济上都具有重要意义的线路,久为列强所垂涎。1913年6月,河北商人曹祯祥等呈直隶(今河北)省政府转咨交通部要求集股创设此路,交通部竟以实际并无成约而杜撰"正太铁路有展线"至德州的"成约"②为由,于第二年8月否定了这一要求;旋经曹祯祥等抗争,才取得交通部的暂准立案。日本鉴于此线重要,由三井银行出面迎合曹祯祥的筹款需要,经数度"秘密往来","大有通融款项"③之势。这种行动激起民间的警觉。交河县公民郭庸和等于1917年年初具禀告发、反对,交通部就势以防"别滋轇

① 烟台总商会总理刘兆嵩等致外交部禀,1914年11月30日;外交部致山东胶东道道尹兼烟台交涉员吴永文,1914年12月1日等件;《中日关系史料:路矿交涉》,第296—297页,及其后各页。

② 路政司司长曹鲲化呈部文,1916年12月;《交通史路政编》第14册,第799页。

③ 天津三井洋行致××报函,1917年3月中。无报名剪报(原件汉文),中国社会科学院经济研究所藏日文档案。

辖”为由,“撤销原准前案”。[①] 又,四川富顺自流井地方盐产甚旺,盐商刘廷桢等得悉盐务稽核所会办英人丁恩(R. M. Dane)有在这里敷设铁路的设想,于1914年继清末当地官绅为求便于盐运屡议兴筑铁路之后,集众商议决:分担认股,从井盐产区至富顺修建轻便铁路一条,于1916年11月呈请交通部立案,延至1921年1月获准。日本东亚兴业公司闻讯,表示甚愿提供贷款,英国公使朱尔典立即向北洋政府质询究竟,交通部不敢吭声,于1923年6月决定撤销原案。

民间颇有一些具有企业精神,具有开拓经济胆识者,经营锦州煤矿的矿商陈应南是此中的一个。1916年10月,他积极策划拟集资2000万元,组织连峰铁路商埠有限公司,具呈奉天督军兼省长张作霖,要求承办连(山湾)(赤)峰铁路,另筑从女儿河起与京奉路车站接轨(约30余公里)的大窑沟通裕煤矿专用线一条,兼要求在连山湾筑港(即葫芦岛港)、开埠。督军署发交葫芦岛商埠局局长复议。后者复称:“该商等拟集巨资,袭国有之计划〔指锦瑷铁路〕,将以完全我国之财力,启发无垠之利源。富国裕民,并行不悖,其志深可赞许。衡之近世实业,性质亦甚相符。”可是笔锋一转,提出一系列所谓“似不无稍有酌议之处”。1917年1月19日,张作霖乃以奉天省长身份发布指令:“开埠筑路关系重要,非通筹全局,确有把握,未便遽准”;“该公司所请立案之处,暂从缓议”。[②] 连峰铁路并筑港、开埠方案,就这样胎死腹中。汉蒙公民黄玉、巴彦济尔噶等以内蒙古地方在民国成立后“放荒、开垦、设治、迁民,虽农民日增,经济仍不发达”,认为主要原因在于“交

① 交通部咨直隶省长文,1917年6月14日;《交通史路政编》第14册,第801—802页。

② 《筹办连峰铁路商埠有限公司》,石印本,引文“〔〕”中语,引者所加。

通不便”。他们又考虑到“邻邦〔实指日本〕垂涎北地，亦已有年。外蒙前车〔指宣布“独立”〕，可为殷鉴。他们“作为发起人，拟集股1000万元，组织华兴轻便铁路公司，从张家口起修建一条经多伦、赤峰、陶南至齐齐哈尔的铁路，并以试建张家口至多伦铁路作为第一步，具呈交通部请求核准。① 交通部冷漠对之，搁置一边。

北洋政府对民间请办铁路给予批准的，只有某些局限于一隅、线路不长的轻便铁路，这些铁路虽经批准立案，结果都未动工开建。因为即使建成，连维持其存在都属为难，更不要说盈利了。

在交通部批准新建和展筑的铁路中，只有广东的新宁和云南的个碧石两线，进行得比较有声有色。

新宁铁路是一位旅美40余年的广东华侨陈宜禧于1906年在他的故乡台山兴建的第一条铁路。他怀着“叹祖国实业不兴”、“愤尔时吾国路权多握外人之心”的激情，打出“不收洋股、不借洋款”的鲜明旗帜，经历了14年的艰苦奋斗，建成了一条全长137公里的新宁铁路。②

在修建过程中，陈宜禧也经历了许多艰难曲折。1916年12月公司向交通部请准暂定集股100万元，展筑从台山经白沙展筑至阳江段；并计划在日后续向开平、恩平一带延伸，以利于开发粤西煤矿。此时正逢第一次世界大战期间，在海外侨商中招股困难，乃发动沿线居民分姓氏宗族集股。1920年3月，台山白沙线(26公里)通车后，即难以为继。陈宜禧以古稀高龄，为遂其初志，曾

---

① 《华兴轻便铁路有限公司招股章程》，石印本，引文“〔〕”中语，引者所加。

② 林金枝、庄为玑：《近代华侨投资国内企业史资料选辑》(广东卷)，1989年版，第435页；林金枝：《近代华侨投资国内企业概论》，1988年版，第173页。

请托他的美国朋友托·柏克(Thomas Baike)在美代筹贷款。亲函美国驻华公使舒曼(J. G. Schurman)和驻广州领事精琦士(D. Jenkins),希图运用他们的影响招徕美商参与投资,建埠筑路,但结果统成为泡影。①

新宁线几度展线不成。局处一隅,限制线路效用的发挥;1909年正式营业,客货运收入一直呈4∶1的比例。1911年收入35.5万元,1915年增至83.7万元,1916年为105.1万元,1917、1918两年回落至年平均78万元,1919年起8年间平均年收入105万元。公司财政一直处于困境,尽管陈宜禧毁家相济,期望解困,终无补于事。②

滇南个旧、石屏一带地方绅商,主要是经营锡业的工商人士。早在1909年,他们为发展个旧锡矿业,曾集议从矿区起修建一条通向外方的铁路。1912年,他们重提此议,向云南行政公署请准以原云南铁路总公司为依托,并与个旧锡、砂、炭三业商人共同组织个碧铁路有限公司。从三业中抽集股金,分别定名为锡股、砂股、炭股,作为筑路资金。官民双方商定,在股资集齐前,由云南当局做主,从总公司所集股本中拨出144万元作为垫款,再息借公款50万元名为省款,以应急需。这些垫款,息款分年清偿后,铁路即归个旧股商全部享有。这个办法,对筹集股款起了促进作用,截至

① 陈宜禧致托·柏克1920年5月17日函,原件存美国西雅图华盛顿大学,陈宜禧致舒曼函,1924年6月2日,和致精琦士函,1924年6月3日和6月4日等函,原英文原稿,存广州市博物馆。转引自刘玉遵、成露西、郑德华:《华侨新宁铁路和台山》,《中山大学学报》1980年第4期。

② 参见刘玉遵等:《华侨新宁铁路和台山》,《中山大学学报》1980年第4期。

1933年,计共集股银1746.7万元①;不单实际未动用省款,路线也比原定的长,除了完成原定的从个旧经鸡街、蒙自与滇越铁路碧色寨站连接的线路,还增建了从鸡街至临安、又展筑至石屏的支线。到1934年为止,共建成铁路175.5公里。

滇南山岭重叠、地质复杂,铁路造价奇昂。创业者锲而不舍,前后坚持20年,终将此路完成。其“移山”意气,既难能可贵,也从一个侧面象征着中国民族资本屡挫屡兴的艰苦奋斗精神。

四、线路配置、资金投入和营运效应

(一)线路配置

截至1894年秋中日甲午战争爆发时,中国拥有铁路两条:一是台湾铁路,从新竹到基隆,长99公里;一是滨渤海西北岸的关内外铁路,从天津至中后所(今绥中县),长348公里。这两条铁路的建设经费全在国内筹集——国家财政拨款和民间股本大致各占一半——路成后受国家监督运营。

甲午战争以后,中国铁路建设的局面,完全改观。既有中国自己建筑、所有权分别属于国家(包括省有或省营)和民间(即“商办”或“民营”)的,或介于两者之间属于官商合办的;还有外国在华修建、为外国所有的铁路。这里综合本国和外国所建铁路,以动工年代先后为序,制成表48。

---

① 创业时议定:经营锡业者每经营大锡一张(1250公斤),认股白银50两(折合银元72元);每经营一炭即可供炼锡炉一昼夜用的木炭(约500公斤),认股银3元;每经营矿砂一桶(50公斤),认股银1元。1700余万股率,就是如此集腋成裘般集成的。参看云南“开远窄轨铁路陈列馆”展品;又,叶炳泉:《开远窄轨铁路历史陈列馆巡礼》,《铁路春秋》,1991年创刊号。

表 48 铁路兴建概况

1881—1927 年

工程年份	经营类别	路名	起讫地点	公里
1881—1912	国营	京奉铁路	北京—奉天(今沈阳)	849.36
1898—1902	中俄合营	东省铁路	满洲里—绥芬河 哈尔滨—大连	1481.2 944.3
1898	国营	沪淞铁路	上海北站—吴淞炮台湾	16.1
1898—1906	国营	京汉铁路	北京西站—汉口玉带门	1214.5
1901—1904	德国	胶济铁路	青岛—济南	394.1
1915	日本	安奉铁路	安东(今丹东)—沈阳	284.2
1905—1908	国营	沪宁铁路	上海—南京	311.0
1905	国营	株萍铁路	株洲—醴陵—萍乡 萍乡—安源	83.0 7.2
1906	商办	潮汕铁路	潮州—汕头	39.0
1907	国营	道清铁路	道口—清化	150.0
1907	国营	正太铁路	石家庄—太原	243.0
1907—1914	国营	沪杭甬铁路	上海—杭州—宁波	269.8
1908—1911	商办	粤汉铁路广韶段	广州—黎洞	105.8
1909	国营	京张铁路	北京—张家口	201.2
1909	国营	汴洛铁路	开封—洛阳	183.8
1909—1920	商办	新宁铁路	斗山—宁城—新会	91.5
1909—1910	法国	滇越铁路	昆明—河口	464.2
1910—1911	国营	津浦铁路	天津—浦口	1009.5
1910	商办	漳厦铁路	嵩屿—江东桥	28.0
1911	商办	清杨铁路	清江浦—杨庄	17.3
1911	商办	南浔铁路	南昌—九江	52.7
1911	国营	粤汉铁路长株段	长沙—株洲	50.7

续表

工程年份	经营类别	路名	起讫地点	公里
1911	国营	广九铁路	广州—深圳	143.3
1912	国营	吉长铁路	吉林—长春	127.7
1914—1923	国营	京绥铁路张包段	张家口—包头	616.7
1915—1927	国营	陇海铁路①	徐州—灵宝	666.8
1918	国营	四郑铁路②	四平街—郑家屯	87.4
1922	国营	郑通铁路	郑家屯—通辽	114.5
1923	国营	四洮铁路	郑家屯—洮南	224.2
1924	日本	天图轻便铁路	天宝山—图们江边的开山屯	101.1
1924—1927	国营	京奉铁路大通支线	大虎山—通辽	251.7
1925	官商合办	穆棱铁路	下城子—梨树镇	62.1
1926	商办	鹤岗铁路	江口—兴山镇(鹤岗)	55.8
1926	国营	洮昂铁路	洮安(今白城子)—(昂昂溪)三间房	220.1
1927	日本	金福铁路	金州东门—城子疃	102.3
1927	省商合办	奉海铁路	(奉天城)东站—海龙	236.2
1927	省商合办	奉海铁路梅西支线	(梅河口)莲河—西安	66.7
1927	国营	京奉铁路锦朝支线	锦州—朝阳县(至北票站)	113.0

注:①陇海铁路含汴洛铁路,该路另列,里程未计入内。

②四洮铁路系分段建成,先修四郑,继成郑通,尔后再成郑洮,并把四平街—郑家屯—洮南联成一线为四洮铁路。

资料来源:据严中平主编:《中国近代经济史统计资料选辑》“五,铁路,表1”改制。

每年修建铁路里程和累积长度略如表49所示。

表 49　历年铁路兴建里程

1881—1927 年　　单位:公里

年份	兴建长度①			累积长度
	甲	乙	甲+乙	
1881	9		9	9
1886	33		33	42
1887	75		75	117
1889	53		53	170
1890	50		50	220
1891	47		47	267
1892	78		78	345
1893	52		52	397
1894	50		50	447
1895②	119(-99)		20	467
1896	121		121	588
1897	119		119	707
1898	31		31	738
1899	130		130	868
1900	198		198	1066
1901	91	621	712	1778
1902	225	1327	1552	3330
1903	280	920	1200	4530
1904	214	352	566	5096
1905	366	34	400	5496
1906	466		466	5962
1907	128		128	6060
1908	490		490	6580
1909	728	161	889	7469

续表

年份	兴建长度①			累积长度
	甲	乙	甲+乙	
1910	461	303	764	8233
1911	1059		1059	9292
1912	176		176	9468
1913	76		76	9544
1914		24	24	9568
1915	386		386	9954
1916	392		392	10346
1917	121		121	10467
1918	437		437	10904
1919	9	13	22	10926
1920	28		28	10954
1921	669		669	11623
1922	29		29	11652
1923	148		148	11800
1924	102	111	213	12013
1925	289		289	12302
1926	324	102	426	12728
1927	419		419	13147

注:①兴建长度之(甲),指中国所有的铁路,包括民营、省营和国有铁路,其中绝大部分是国有铁路;(乙)指外国在中国修建的铁路。

②1895年成路119公里,该年随着台湾的割让而被日本割去台湾铁路99公里,故记作"119(-99)"。

说明:中国铁路历年里程向无确切统计。这里根据历年兴建情况,并参考有关载籍所记的变迁,制成此表。表中数字只是比较接近事实的数字。又,此表数字,因有些线路两线相接处有重计,与表48总计略有出入。

截至1927年中国铁路在国内各地的分布,极其偏颇。宏观瞰视:设以东经110度为准,即大致从包头往北直至北部边界,往南经西安、恩施直下桂林,再从这里延展直至北部湾划一直线,并把线之东称之为国家的东半部,线之西称之为国家的西半部,则国内所有铁路按里程计的95%还多一点的线路配置在东半部;配置在西半部的还不到5%。再就东半部说,设从北而南粗分成三个地区——东北地区和长江以北、长江以南,上述95%多一点的线路在该地区的配置,依次是41%、40%和15%;在西半部的略逊于5%的线路,则偏集于该半部最南端的一隅,其余辽阔疆域内——实际超过国家领土的一半——无论是高原、山地,还是漠漠平野,统统连一寸铁路都没有。①

中国铁路的里程和它的分布情况,反映了它的落后状态和半殖民地性质。作为拥有领土面积近千万平方公里、4亿多人口的大国,所有铁路(包括各种所有制在内)不过1.3万多公里,平均每百平方公里不过0.13公里,人均公里只3厘米多一点,还不及一根火柴梗长。而这样一点铁路却又集中在东部沿海,特别是东北地区,也就是帝国主义势力渗透最深的地区。这种布局只是适应帝国主义势力入侵的需要,它不可能促进中国国土的全面开发,更不可能推进中国经济的平衡发展。

(二)资金投入

铁路集机械、土木、钢铁等工程的结晶,固定资本所占的比重和建设资金的需求量都非常巨大。当年中国经济不发达,经济结构落后,资金拮据,这些都是事实,但并不等于说在国内就无潜力可挖了。问题在于当国执政者能否制定出一个适合时宜的长策,

① 文中百分数,以马里千、陈逸志、王开济编著、王学湰审校:《中国铁路建筑编年简史,1881—1981》"中国铁路建筑史表"中数字为据,稍作一些更动所得出。参见该书第178—192页。

最大限度地把散在民间的财力动员、组织起来。引进国外资金也是尽可采取的一法，关键在于权自我操，掌握主动，条件公允，借量适当，以求最有效的利用。可是，这一历史期间的中国政府，无论是组织内资还是利用外资，都两失其当，结果既未能动员内资充分发挥其作用，通过借款利用外资则付出沉重代价，更多被外资所用。

1895 年清政府制定建设铁路政策，关于建设经费，虽然在新败于日本，财政极度困窘，原则上仍准备拨官款以济用，同时寄希望于招商集股；也不放弃以“商借商还”的条件，举借外债，利用之以资启动。这样的安排无可厚非，着手时也是这么做的，如广西按察使胡燏棻受命督办津芦线，由户部拨银 600 万两，北洋大臣衙门贷给 60 万两，也招集一些商股；并在必要时，向外国商行融通些资金，并都随借随还。等到津芦行将完工，准备恢复战时中停的关外段，受国内外形势的制约，清政府倾向于借外债来建筑了。这个主意最初是清政府做出的，更是有关外国特别是英国怂恿、鼓动的结果。与此同时，清政府在筹划修建芦汉线时，虽然经费的筹措基本上原也准备如上所述那样地来安排，在进行过程中，则转向以借用外资为重了。芦汉的借款，经英、美、德等多国的竞争，最后落入于有俄、法做后盾的比利时资本势力之后，列强纷至竞逐投资利益，由卑躬陈词、甘言引诱，终于转到强行放贷，并施加外交压力迫使清政府接受，且进而以拒绝借用即妨碍邦谊相恫吓。这一过程以后竟成为惯例。以至日后所有的铁路借款，在借贷商谈过程中，借款的条件总听贷方规定，从而外国资金先天地占据着优势的地位。

截至 1927 年，全国 1.3 万余公里铁路中，外国在华建筑的近 4000 公里，本国的包括国有和民业，接近万公里。为铺设这些铁路投入的资金总量，概用国币银元计，达 11 亿余元。

需要说明：外国在华修建铁路的经费，非尽出自有关国家，中国除了提供铁路用地等等外，也投入一定量的资金。相反，本国铁路中的国有铁路多由外国经济组织提供贷款所建成,某些民业铁路中,也渗入有外国的资金。又,国有铁路除了拨入官款,某些路中也投入有民间的资金。基于这个情况,在分别统计内外资金时,凡外国自建铁路所投入的资金,名之为外国“直接投资”;凡中国举借外债而建成的铁路其来自外债的部分,名之为外国“间接投资”。至于内资,则分成“国家资金”和“民间资金”两类,凡民间投入的资金,不管是投入民营、国营或外人经营的铁路,都视为民间资金。同样国家投入的资金,不管是官款拨支民营,或向外资铁路提供土地资金,均视为国家资金。根据这个原则,将铁路建设资金中内外资投入总量及其所占比重,列表50,以资比较。

表50　铁路建设资金中内外资投入总量及其所占比重

1895—1927年

类别		数量(百万元)	比重(%)
内资	国家资金	69.8	6.0
	民间资金	110.4	10.0
	(小计)	(180.2)	(16.0)
外资	直接投资	295.9	26.4
	间接投资	647.6	57.6
	(小计)	(943.5)	(84.0)
总计		1123.7	100

说明:本表以国币银元为单位。各种银,如库平银、规元等不细作区别,概作为银;银1两折合银元1.4元。1英镑折合9.60元,卢布0.7元,马克0.47元,日元0.90元。外币原折合为银者,按原折合量,不重新折合。

资料来源:《交通史路政编》第11册,第52、78、117—118页;第17册,第13—14页;第18册,第226—268页。吉林社会科学院编:《满铁史资料》第二卷,路政编,第803—807页。军司义勇:《东清铁道资料》(日文),第155—156页。王守中著:《德国侵略山东史》,第215—217页。徐义生编:《中国近代外债史统计资料》,第30—53、116—129、152—192页。宓汝成编:《中国近代铁路资料,1863—1911》,第655、973—975页等。又《中国近代铁路发展史上民间创业活动》,《中国经济史研究》1994年第1期。雷麦著,蒋学模译:《外人在华投资》,第320、358页、附页。盛宣怀:《愚斋存稿》第56卷等。

内外资的遭遇差别迥异。内资中官款之拨支于在华列强直接投资建筑铁路中的资金,无一不等于白扔。俄国建筑东清,包括南满铁路,名为中俄“合伙开办”;德建胶济、法建滇越以及一度说是着手修建的龙州铁路,中国都曾经拨出数量不等的银两,作为入股的股金,以配合其铺设,其结局,不单是作为股东该享之利如红利,从来没有取得过,而且根本不让过问路事。甚至于用官款修建的一些联络线路,如从胶济线济南附近与小清河相联络的线路之类,迟早都全被吞并。国有铁路中几乎每一路都有一定量的官款的拨入(某些条线路上还是大笔数目),可是,只要一引进外资,无一不被挤轧在一边,远远享受不到,以至根本被剥夺享有相应于所出资金量的权利和利益。遭遇最糟的是民间资本。其原投入于国有铁路中的“商股”,只要这些铁路一与外国资本发生借贷关系,没有不被外国势力通过中国政府而被排除尽净的。如在关内外铁路上一与英资签订借款合同,即规定用部分借款供收赎商股之用;沪杭甬铁路除了萧山、百官间短短一区段以外,全是集民间资本建设起来的。可是,英国的强迫贷款,便尽把民间资本排挤出该路。某些民业商办的铁路,如潮汕、赣路等等在特具野心的国家认为可以转为己用,便千方百计地渗入资本,终使民间资本在铁路部门的生存空间或局限在很小的地区内,如“漳厦”、“新宁”;或径为外资铁路所利用,如个碧石铁路之于“滇越”。

外国资本凭其量大数巨,特别是依托帝国主义的威势,在中国铁路部门兼并、排斥中国资本,确立了自己的绝对优势地位。这不单使中国铁路业得不到正常、健康的发展,而且对整个中国民族资本主义的发展也是一记沉重的打击。

(三)营运效应

铁路在19世纪是最捷速、最省费、运量最大的一种先进交通运输工具。这也是它的使用价值之所在。中国近代一有铁路,它所固具的这些先进性,对中国社会、经济生活的方方面面,广泛地发生着作用和影响。如铁路一经敷设营运,运输时间随其运行捷速而减省,无形中缩短了运输地理,开通了腹地和边远地区,极大地增进了各地区内部、各地区之间的联系。从经济角度看,有了铁路运输,无论在广度上还是在深度上,都扩大着市场的容量。在铁路运输的作用下,日益增多的输出和输入,促进着内外贸易的发展。流通领域缘铁路运输而起的变动也给予生产领域以影响,既为投资工矿企业创设了基础条件,也给予农业生产以影响,除了一般地促进农业产品的商品化,对某些作物,如花生、烟叶、棉花等等经济作物在不知不觉地导向生产的区域化。凡此种种的实质内容是生产的增长,经济结构的渐变和社会的进步;对国家的近代化,对改善民间生计或多或少都起着积极的作用。

与此相关,铁路的设置和运营,使城市集镇出现兴废消长的急剧变化。在这个变化中,总的趋势是城市集镇数量增多了,规模扩大了。东北地区是个典型。在有铁路前,大城市仅有一二个,每个城市的人口不到20万;有了铁路,截至1927年,情况变了,人口在10万以上的十余个,更多的是簇生出1万—10万人口的集镇。不仅如此,城市的功能也发生了新的变化。新兴城市集镇的功能与传统城市多半属于政治中心、军事重镇不同,商业的、经济的色彩浓厚。原有的城镇既有衰落的,更多的是缘铁路而兴盛起来。城镇的增多及其功能的变易,意味着农村人口渐向着城市人口转变,农业社会渐向着工业社会转变;国家向着"近代演化",这虽摸不着,但感觉得到,而在城市集镇的增多趋势中体现了出来。① 不过,这里还有一个问题:这个演化,是健康的、正常的,还是被扭曲

① 参见宓汝成著:《帝国主义与中国铁路1847—1949》,下篇第11章,第588—648页。

着的、不健康的？这是需要更深一层认识的问题。

这一期间中国铁路运输业基本上是在外力主宰下形成的；作为中国铁路业的异己体——外国在华铁路的修建、管理和营运，更是这样，排斥中国行政主权的管辖，全受外力的支配和左右。众所周知，列强是出于它们的国家之利——军事的、政治的、经济的利益，才争先恐后地竞在中国抢建铁路的。铁路运输随其营运的展开，对社会经济生活所起的作用和影响（一般说来都是积极的），不是它们为谋求达到它们之利的目的所必需，便是为它们谋求达到其利的目的自然会伴生出现的。因此，如上所述种种积极进步的事物和现象，都不过是主宰着铁路营运的外国势力为谋求其各自切身利益的副产品。

问题不止于此。铁路网的配置和外来势力的控制与经营，转而产生一系列对中国不利的后果。例如，铁路的设置密切了国内腹地与通商口岸的联系，它们就首以自己之利为轴心，操纵运价为杠杆，把所需要的广大腹地的产品，源源输运出去；同时，把它们国内所产的商品，先是航运到中国口岸，再通过铁路深入到内地以至穷乡僻壤。又如，铁路的设置为大量创设工矿等企业亟须的物质技术基础，准备着条件。这种基础和条件，照理说，无论民族资本还是外来资本，同可享用；可是，结合历史实际，这个先进运输工具既被掌握在外国势力手里，它们便上下其手，要歧视对待便歧视对待，认为不必也就不歧视了，悉据它们之利来决定；其结果，便似在悄无讯息中扶持着在华外国资本势力大大优过民族资本的发展。再如，铁路运输便利了中国腹地与滨江、沿海以及边境城市的联系，进一步缩短了与国际市场的联系；铁路的转运提高着产品的商品率，增大着市场的容量，但所形成的一般是以一些商埠为中心包括周边地区在内的一些地区性市场，并没有促成统一的民族市场的形成，甚至反而增加着离心倾向。如滇锡的价格以至它的生产，受着伦敦金属市场价格上涨、下跌的影响,中国当年重大棉市之一的济南,棉价却受日本大阪棉市的左右,如此等等,不一而足。某些地区的经济结构,变得更加畸形。如在云南,沿滇越铁路沿线是准殖民地型,远离一些的周边地区成半殖民地型,边远地区又是封建的以至存在前封建制度的残余。至于在整个东北地区的在对日本形成了殖民地经济循环中,铁路运输起着显著作用。① 这样,就全局看、就深层看,当年铁路业的运作与其说在统一民族市场上起了作用,毋宁说更使中国出现了更多的地区性的市场。虽然中国在局部地区的生产有增长,经济有发展,却更使整个中国经济对世界经济的附庸化过程中更加深一层。历史上积淀成的国内各个地区发展的不平衡,有了铁路不单没有起些消弭作用,反而更加不平衡。这种不平衡是在一边长年迟滞,一边畸形发展的状况下出现的,因而更加酝酿着社会的不安。

全局的、深层的、消极的而且也不易察觉的现实,与局部的、表面的显层变动两者的同时并存,构成这一历史时期铁路运输效应的特点。

第二节　航　　运

一、清政府对华商行驶轮船禁令的被迫解除和民族资本小轮业的兴起

(一)清政府对华商行驶轮船禁令的被迫解除

甲午战争后,清朝政府在朝野人士要求兴办近代实业声中,在

---

① 石田兴平:《清代满洲中国殖民地经济循环的形成》,《营口为中心的区外贸易与经济循环》(日文),分载《彦根论丛》,第47号,第61号。

兴办近代航运企业方面，向民间作出了一定程度的开放。其中准许"内河行小轮以杜洋轮攘利"①，是1872年清政府批准轮船招商局开办以来，首次正式允许民间开办轮船航运业。由此，在轮船招商局开办20多年后，中国江海航线上中国自己的民族轮船航运业终于获得了正式兴办的合法权利。

清政府此时允许民间兴办轮船公司，实际上还是在洋商已取得许多重要航运特权的情况下，为筹谋杜洋轮之"攘利"而不得不采取的措施，是在一种被迫和被动的局势下不得已的行动。因此，中国的小轮业虽然取得了开办的合法权利，但在此后的进程中，却不得不在这种特定的状况下受到种种影响和限制。

由于清政府是在一种被迫和被动的条件下准许中国小轮业兴办，因而没有相应的鼓励措施和资助保护政策。加之，中国江海航线，又早已成为英国为首的外国航运势力的一统天下。而且，随着《马关条约》的签订和列强所获特权的增加，以日本为首的一批新的外国航运势力迅速成为中国航运业强有力的竞争对手。在这样的情况下，仅仅靠"准许"开办而无扶持保护的中国轮运业的措施，在与具有强大实力的外轮公司进行竞争时，必然遭逢重重困难和种种不利而难以顺利发展。

从1895年清廷电令各省督抚准许"内河行小轮以杜洋轮攘利"，到1898年以法规方式公布《内港行船章程》，正式通告"中国内港，嗣后均准特在口岸注册之华洋各项轮船，任便按照后列之章往来，专作内港贸易……"②，前后拖了3年。中央政府如此，各省地方当局更是如此。

1896年，湖南绅士王先谦、熊希龄等筹办小轮，预定行驶湖

① 见《张文襄公全集》第147卷，电牍26，第4页。

② 王铁崖：《中外旧约章汇编》第1册，第786页。

南、湖北两省,并报湖南巡抚陈宝箴批准,但湖广总督张之洞从《汉报》上知道此事后,立即写信给陈宝箴加以制止。他认为此时湖南尚未有外轮行驶,害怕自办小轮后引来外轮,他在信中对陈宝箴说:"此事行于下江一带固属有利而无弊,若行于湘中,……本省绅民先自行轮,难保外人不步趋而至。"他知道要完全禁止难以办到,因此定出一个"变通办法",即用所谓"专为渡湖便民"的名义,限制轮船行驶,"北不过岳州,南不过湘阴"①。在湖南官绅退而要求作为"官督绅办,置备内河浅水轮船,专拖矿产,兼搭行客"时,张之洞又规定"此项轮船必须统归湖南善后局管辖,作为善后局官轮",并且只准拖运矿产及开矿机器,不得夹带他货。又因轮船行驶汉口沙市,矿产行销湖北地方,所以所获利益也要"南北两省公之",再由湖北绅士置备同等数目轮船,作为湖北善后局官轮,一同拖物载客。② 湖南官绅接受这个条件后,张之洞又规定:"行长江者准其拖货,行湖南者仍不准拖货"。行驶长江的一路,又规定为"上推广至宜昌,下推广至武穴,但不准出楚境至九江,以免与招商局章程有碍。惟长江小轮,只准拖货,不准载货,既免招商局阻拦,且不致夺厘金以归洋税"。③ 很明显,张之洞的这种种规定和限制,严重打击了商办轮运的积极性。直到1898年列强迫使清政府全部开放内港航线时,张之洞才明确表示:"现在时局已变……此时湘鄂两省绅商若愿制造小轮,来往长江内河,搭客装货,均无不可。"④但这时已是列强势力大举进入内河内港航线之际,势单力薄的湖南民间小轮业已无任何先机可言。

① 《张文襄公全集》第218卷,书札5,第3—5页。
② 《张文襄公全集》第118卷,公牍33,第2—3页。
③ 《张文襄公全集》第154卷,电牍33,第7页。
④ 《张文襄公全集》第118卷,公牍33,第9页。

这种现象在当时并非个别。1896年天津有人设局创办内河小轮公司,竟被直隶总督王文韶饬令府县查拿究办。① 1898年以前,广东仍然只准小轮拖带渡船,并限于少数水路。1899年一些商人请求在珠江三角洲各城镇间"认饷承办轮拖",就被广东"善后局以核与定例不符,批驳不准"。② 1900年总税务司限定小轮航行,"概不准过越通商口岸",清政府不问是否华洋有别,一概同意。1902年清政府还公然向列强承诺:凡不准外轮通行的内河,华商轮船也不准航行。③

除对民间兴办小轮有种种限制外,清政府还把允许华商兴办小轮看成是对华商的恩赐,要求华商的"报效"。有代表性的仍是张之洞的看法。他在1895年就说:"此举乃于商轮大有利益之事,只有令其捐助饷需,方准承办。"办法是"传集各商同赴江号……择其人可靠而报效较多者批准给照承办"。④ 他针对江浙一带申请办小轮商人较多的情况致电上海道台,要求他设立一个总局四个分局以便统管,同时要求除"厘金于上轮及到岸时两头分收"外,"每年利益以一半报效充饷,行浙之轮其捐款与浙省各半分解"。并强调"不入此局者不准行驶"。⑤ 这种规定,除了具有明显控制民间兴办小轮业的意图外,防止偷漏厘金和保证报效,也是其重要的意图。但是,这种对华商小轮既需完纳厘金,又需以一半收益报效的规定,实际效果却是使华商小轮今后在与享有子口半税优惠待遇的外轮竞争时,处于一种极为不利的地位。

---

① 樊百川:《中国轮船航运业的兴起》,四川出版社1985年版,第324页。

② 樊百川:《中国轮船航运业的兴起》,四川出版社1985年版,第324页。

③ 王铁崖:《中外旧约章汇编》第2册,第113页。

④ 《张文襄公全集》第147卷,电牍26,第4页。

⑤ 《张文襄公全集》第147卷,电牍26,第16页。

然而,尽管有种种不利条件的限制和苛刻的规定,中国民族资本轮运业毕竟取得了兴办的合法地位,民间长期被压抑的兴办资本主义近代企业积极性的释放,加上救亡图存的爱国热情,使得甲午战后直到20世纪初,中国民族资本主义航运业的发展出现了一个前所未有的高潮期。

(二)民族资本小轮业兴起的局面

随着清政府对华商兴办小轮业禁令的解除,19世纪末20世纪初,中国民族资本主义轮船航运业兴办的热潮迅速出现。表51分别统计了1895年至1911年各年内港小轮船公司成立的家数、海关登记的历年中国轮船只数和吨数,以及在通商各关进出口的中国轮船只数和吨数情况。从表中看,无论哪一种统计数字,都显示出中国民族资本轮运业持续发展增长的趋势。从海关登记的历年中国轮船只数、吨数情况看,这16年中,船只数增加了5.21倍,吨数增加了1.76倍。从通商各关进出口的中国轮船只数、吨数看,也分别增长了3.58倍和1.58倍。两种统计数字所反映的中国民族资本托运业的持续增长,基本上是一致的。而且,考虑到一般在内河内港和某些不通商口岸行驶的小轮公司不包括在这些统计数字中,应该说中国民族资本小轮业的发展比统计数字反映的状况还要更好一些。

这时,正是新崛起的日本轮运势力进入中国领水并迅猛膨胀,老牌的英、德、法、美等列强托运势力为在中国获取更多利权实力也在迅速增强的时期,中国轮船航运业在既无清政府财政资助,又受到厘金盘剥和提供"报效"等种种不利因素困扰的情况下,能有如此成绩,实属不易。进一步分析这期间中国民族资本轮运业的发展,大体有以下几方面的特点:

1. 这期间小轮船公司的创立十分活跃

从表51看,1899年前,因各地对轮船航运解禁先后不等,故小轮公司创办的数量不多。从1899年起,除1909年因资料缺乏数字偏低外,每年新成立的小轮船公司数量都在20家以上,多数年份在30—40家。尽管这个统计数字也不完全,但在1895年至1911年的16年中,新创办的小轮船公司即有499家,加上其他轮船企业,1911年全国共有民族轮船企业近600家,各种轮船1100只,资本或船本有2200万元左右。① 从企业数目看,已远超过1895年至1911年全国新设立的厂矿企业总数,资本总额也超过食品工业和机器工业②,这的确是一个十分令人瞩目的成就。

表51 1895—1911年中国轮船航运业发展概况

年份	各年创办小轮公司统计(内港)	海关登记历年中国轮船只、吨数			通商各关进出口中国轮船只、吨数统计		
		只	吨数	吨位指数 1895=100	只	吨数	吨位指数 1895=100
1895	3	145	32708	100	6822	4965177	100
1896	13	166	37975	116	9917	6989208	141
1897	12	184	41152	126	12706	7543529	152
1898	19	257	41466	127	17879	7936355	160
1899	22	383	44459	136	22548	8944819	180
1900	23	517	18215	57	26420	7544496	152
1901	25	504	19749	60	14694	6089654	123
1902	36	570	46017	141	18102	8931652	180

① 见樊百川:《中国轮船航运业的兴起》,四川人民出版社1985年版,第457页。

② 据严中平:《中国近代经济史统计资料选辑》,科学出版社1955年版,第95页表计算。

续表

年份	各年创办小轮公司统计(内港)	海关登记历年中国轮船只、吨数			通商各关进出口中国轮船只、吨数统计		
		只	吨数	吨位指数 1895=100	只	吨数	吨位指数 1895=100
1903	36	556	45580	139	22697	9510631	192
1904	33	504	43266	132	25482	9779152	197
1905	48	542	45617	139	35076	11349911	229
1906	39	606	51189	157	45847	12212373	246
1907	63	524	57604	176	33772	11598697	234
1908	38	767	65452	200	33539	11998588	242
1909	8	817	81455	249	34038	12789677	258
1910	37	885	88888	272	36909	14146849	285
1911	44	901	90169	276	31258	12829688	258

说明:①海关登记中一般不包括内港创办行驶的中国小轮船公司数字,故“海关登记历年中国轮船只、吨数”和“通商各关进出口中国轮船只、吨数统计”两栏的数字一般比实际数字低。

②“海关登记历年中国轮船只、吨数”栏中1900年和1901年吨数锐减的原因是因1900年八国联军进犯,招商局避祸而将19艘轮船出售洋人之故,该项船只1902年收回。

③“各年创办小轮公司统计”主要统计的是内港小轮公司,挂洋旗的公司一般不统计在内,但因资料零碎和小轮公司兴废无常,故数字一般偏低。所统计的公司数一般以文献首次记载为准。

资料来源:①“各年创办小轮公司统计”栏中,1895—1900年为根据各种资料统计;1901—1911年取自樊百川《中国轮船航运业的兴起》,四川人民出版社1985年版,第430页表;1909年的数字据资料增加两家。

②“海关登记历年中国轮船只、吨数”,转载自严中平等《中国近代经济史统计资料选辑》,科学出版社1955年版,第227页统计表,吨数指数为笔者计算。

③“通商各关进出口中国轮船只、吨数统计”,转载自杨端六、侯厚培《六十五年来中国国际贸易统计》,1931年版,第140页统计表,吨数指数为笔者计算。

2. 这期间中国民族资本轮运业的增长虽然比较快,但有实力的轮船公司和大吨位的轮船却很少

这一点从海关登记的历年中国轮船只、吨数上可以得到明显的反映,1895 年时,中国轮船登记数为 145 只、32708 吨,每只轮船平均吨位为 225.5 吨。1911 年时,海关登记的轮船数字虽增长到 901 只、90169 吨,但每只轮船的平均吨位数却下降至 100 吨。如再减去招商局 1911 年有明确记载的 29 只轮船 49373 吨①,则海关登记的剩余 872 只轮船合计只有 40796 吨,平均每只轮船不到 50 吨。这种状况说明,1895 年至 1911 年的 16 年中兴起的轮船公司,绝大多数是小型企业。由于规模狭小,资本薄弱,无法在江河干流上与外资轮船较量,所以其活动场所主要在长江、珠江等大江河的支流和内湖内港地区,虽然这些地区由于地域辽阔,航道众多,港汊纷繁,再加上城乡商品经济发展,给民族资本小轮业造成了有利的条件,但在江河干流主航道上的竞争力量,终究是处于劣势地位的。

另外,由于内港行轮解禁以后,小轮航运勃然兴起,在那些水运条件较好,经济贸易频繁的地区,相对集中出现的小轮公司互相间的竞争也将趋激烈,因种种原因小轮公司歇业或改换门庭成为常事,因而导致这期间小轮公司的另一特点是兴废变化无常。如位于运河和长江交汇处的镇江,因水运便利,曾被称为“七省通衢,华洋互市之区”,“自奉内河准行驶小轮明文后,一时华洋商民纠合股份,设立公司共有六七家”,但是,“未及一载,即因亏耗相继闭歇,仅剩顺昌和记一家”。② 这种现象在当时并非个别。日本

① 招商局的数字见:《国营招商局七十五周年纪念刊》,民国三十六年版,附“江海轮数量表”。

② 《湖北商务报》,光绪二十五年四月二十一日,第 4 期,“各省商情”,第 7 页。

《通商汇纂》1903 年 1 月刊载驻上海日本领事馆的一份调查报告说道:上海、苏州、杭州间,新成立的华商小轮公司的寿命,“短者三月,长者不出三年”。到 1902 年止,已经闭歇的轮船公司有 11 家,而幸存者不过 10 家。① 一方面是航业整体呈上升势头,另一方面是小轮公司旋起旋仆、仆而复起,这是当时在各种条件和内外环境因素综合作用下,中国民族资本轮运业出现的一种特有现象。

3. 由于清政府对内河行轮的解禁,中国轮船航运业的兴办有了合法的身份,但是,中国民族资本轮运业的生长环境依然荆棘丛生,障碍重重

华商在兴办小轮公司的过程中,经常碰到地方官府的种种刁难和限制。1898 年广州海关报告中说,“新章行内河轮船”后,“每船初次赴关领牌缴银十两,以后每年换牌一次,缴银二两”,但如系华商,“则每船每月另须缴官饷洋五十元,即专行搭客之轮,亦不能免”。② 如此时能“效人所熟知之计,将船改属洋商,即可免缴此费”。③ 同样,出于逃避厘金的缴纳,也有华轮改挂洋旗。此外,有些地方当局将某些航段包与个别华轮未航,也使得其他华轮悬挂洋旗进行对抗。过去,在内河行轮未解禁前,也有华商悬挂洋旗的现象,即所谓“诡寄”经营,那时的目的是假冒洋商以取得内河行轮的权利。而此时的目的,则是“悬挂洋旗为护符”,以避免封建政府的勒索。彼此间“相率效尤”,以致“遂有专设挂旗行一业”。④ 到底有多少华商悬挂洋旗,准确数字无从统计,但可以肯定数量决不会少。这一点,在 1908 年广东海关调查 1907 年和

---

① 《通商汇纂》第 250 号,1903 年 1 月 29 日刊,第 40 页。

② 《关册》,1898 年,广州口下卷,第 65—66 页。

③ 《关册》,1898 年,广州口下卷,第 65—66 页。

④ 《商务官报》1906 年第 18 期。

1908两年有航行执照者船舶的变动中，可以从反面得到确凿的证明。调查表明：1908年中国的船舶数从1907年的142艘猛增至248艘，而同期英、法、德等列强的船舶数却一下剧减78艘（见表52）。这种反常的现象似乎难以理解。但是只要稍稍翻一下历史，就会得到答案。原来1907年正是两广人民为反对英国攫夺西江航权而掀起反帝爱国运动的时期，在这场震动全国影响很大的收回利权运动中，除广大民众和华商掀起抵制外货抵乘洋船的热潮，使悬挂洋旗的船只收入大减外，而商船公会也"迭次集议，劝令华商勿挂洋旗，冀杜外人之口实，并力求当道改革苛章"。在各方的压力下，广东当局也不得不表示一方面豁免华船牌费①，一方面通知驻粤各国领事，"不准该国商人私以其旗借与华商冒挂"。对冒挂洋旗的华商，也制定出惩罚办法，多种因素的综合作用，才使得"前此中国船多挂洋旗"的局面一改而为"争悬本国之旗"②。到1908年5月，据统计，广东"内河小轮由英旗改复龙旗30艘，由法旗改复龙旗19艘"③，仅仅5个月，就有49艘小轮放弃了洋旗改挂中国龙旗。这才是1908年广东海关统计船舶数时出现外国船数剧减而中国船数大增的根本原因。由此一例，也可推知当时各地冒挂洋旗的小轮确实为数不少。

在各地小轮业的发展过程中，还逐渐出现了一些规模较大的轮船公司。但是，在当时的社会条件下，要想获得较好的发展，需要诸多方面因素的配合。在这方面，宁绍商轮公司和政记轮船公

---

① 《丁未社会公报》，转引自李默辑：《1907年两广人民反对英帝国主义攫夺西江缉捕权的斗争》，《广东历史资料》1959年第2期。

② 杨志洵：《两广之内河轮舶》，《商务官报》第14期，宣统元年五月初五日，第31—32页。

③ 《香港华字日报》，光绪三十四年四月二十七日，1908年5月26日。

司可说是两种不同类型的代表。

表52　1908年广东税关调查船舶国籍变动情况

国　籍	1907年	1908年
中　国	142	248
英　国	47	5
法　国	48	12
德　国	2	1
美　国	1	2
合　计	240	268

资料来源:杨志洵:《两广之内河轮舶》,《商务官报》第14期,宣统元年五月初五日,第31—32页。

宁绍商轮公司是依靠地区华商集体支持得以成功的典型。20世纪初,由于经济贸易的发展,上海和宁波间的客货贸易已渐有规模,但这两地间的客货运业务被英国太古公司和招商局所垄断,航线不长而运价很高,统舱票价单程即需1元,华商还常常受气,使往来于两地的宁波商人很为不满,1906年法国东方公司轮船航行此线时,3家公司因竞争关系将票价降为5角,但不久3家公司达成联盟后又将票价涨为1元,后又涨至1.5元。为谋抵制,旅沪宁波巨商虞洽卿等人遂邀集同乡于1908年创立宁绍商轮公司,议定资本大洋100万元,创办时实收25万元,1909年已达到70万元。在马尾造船厂购了1只2641吨的轮船,定名"宁绍",在上海宁波间往来,1909年9月又购"甬兴"轮(1585吨),"两船一来一往逐日无间"。①

① 《交通史航政编》第一册,第376、377页。

在宁绍公司的创设和发展过程中，充满着外资轮船公司的排挤和倾轧。当时上海黄浦江沿岸设置码头的较好地段，都已被外商占尽，宁绍公司成立时，虞洽卿在租用码头时连遭日商、法商等拒绝，历尽艰难才在张謇的帮助下租用到大达码头。宁绍轮开航时，在船上立了一块牌子，写道“立永洋五角”，表示永不涨价①，得到华商热烈拥护。但洋商为挤倒宁绍，凭借雄厚资力，把票价从1元跌至3角，太古还以送乘客毛巾、肥皂等来招揽客人。在这种困难的局面下，广大宁波商人组织“航业维持会”，每票贴宁绍2角，使宁绍能以3角的票价同外商竞争，同时相约将浙沪间的海上货运尽量先由宁绍公司承运。② 在宁波商人“航业维持会”的大力支持下，贴补10余万元，才使宁绍公司坚持下来，站稳了脚跟。

如果说，宁绍商轮公司是依靠国内华商集体支持而坚持下来并得到发展的话，政记轮船公司主要却是依靠外国势力才得以发展的。政记轮船公司的创办者张本政，本是旅顺附近的渔家子弟，甲午战争期间投靠日本商人，他看到经营海运有利可图，便拜在日人梶原门下学习海运贸易。1901年，张本政以自己特殊的身份租到两只日本轮船“贯效丸”和“宇和岛丸”，悬挂日本旗，专驶烟台、大连和大东沟一线。③ 日俄战争期间，张本政又为日人收集情报、运送军火物资，愈为日人信任，获得日本在辽东半岛的侵略机构——关东厅的补助金。日军占领大连后，他得到俄国翻译张德禄的两只轮船和其他财产，在大连挂出政记轮船合资无限公司的牌号。同时租赁3只日本轮船，每只皆在1000吨以上。1908年增资为12万元，1910年政记公司又以华商名义向清政府邮传部

① 转引自丁日初、杜恂诚：《虞洽卿简论》，《历史研究》1981年第3期。

② 方腾：《虞洽卿论》，《杂志》月刊第12卷第3期。

③ 《张本政与政记轮船公司》，载《辽宁文史资料》1983年第6期。

注册,将总社设在烟台,1911 年又增购 1000 吨以上轮船 2 只,实力愈见增强。[①] 政记轮船公司的发展固然与张本政本人的经营才能分不开,但其能得成功,应当说更主要的是靠日本势力的支持,靠挂日旗、租日船才得以发展起来的。

很明显,如无其他因素的配合,无论是宁绍还是政记公司要想顺利地发展都极为困难,更谈不上发展壮大了。这种现象说明,19 世纪末 20 世纪初,尽管清政府放开了华商兴办轮船航运业的禁令,但还远未形成华商资本自由发展的条件和空间。在得不到本国政府强有力支持的情况下,拥有强大资力的外国势力和中国封建阻碍,依然是幼弱的民族资本主义企业成长的重大阻力。

二、轮船招商局的挣扎和停滞

(一)历年的运营状况

在列强从《马关条约》中获得更多航运特权、清政府也被迫逐步放开华商兴办轮船航运业限制这段时期,作为中国民族资本主义企业中规模最大、历史最长的轮运企业——轮船招商局的发展,是我们所要考察的主题。下面把 1895 年至 1927 年招商局的一些主要运营数据统计作成表 53,先进行一个总体分析。

从统计表看,在这 33 年中,招商局的股本有两次大的增加,一次是 1897 年,股本总额从 200 万两翻了一番达到 400 万两。再一次是 1914 年,股本总额又翻了 1 倍多,从 400 万两增加到 840 万两。但这两次股本翻番,都不是通过对外的股份招募,而是通过内部的股份增值。1897 年的一次增资是以"在公积项下提出 100 万

① 参见樊百川:《中国轮船航运业的兴起》,第 405 页。

表 53　1895—1927 年轮船招商局运营状况统计表

单位:两

年份	股本	轮船只数	轮船总吨数	水脚收入(客货运及摊入水脚)	各船费用(各船开支及摊出水脚)	结余船利盈(+)亏(-)	折旧	借款合计	收支盈亏盈(+)亏(-)	资产总计	
										资产总计	其中船本
1925	8400000	30	64257	5538900	4326400	1212400	600000	7579672	-47311	20640705	5005700
1926	8400000	28	62112	2899100	3275000	-375800		9855768	-1734664	22256080	4901650
1927	8400000	28	62112	1985892		-1257867		9855768	-1257000		

说明:①“水脚收入”和“各船费用”中的摊入水脚,系因当时招商局与怡和、太古公司有共同结算合约,故有此项内容。

②1895 年至 1908 年(1902 年除外)的“折旧”数额是从“船栈收入”中支出,1902 年及以后各年改为从“自保船险”、“积余基金”项目中支出。

③“借款合计”项 1911 年前包括“天津借款”、“钱庄及私人借款”、“仁济和存款”及通商银行和汇丰银行借款,1916 年后增加德利洋行和花旗银行借款,1927 年因未借到新款故借款合计数字与 1926 年同。

资料来源:①“股本”、“轮船只数”、“轮船总吨数”及“收支盈亏”栏根据《国营招商局七十五周年纪念刊》,1947 年版,附表制作。

②“水脚收入”、“各船费用”、“结余船利”1895 年至 1924 年根据《交通史航改编》第一册第 277—278、281 页统计表制作,1925 年、1926 年根据《国民政府清查整顿招商局委员会报告书》下册第 104、106 页,第 52、53 届账略,1927 年根据张后铨:《招商局史》,人民交通出版社 1988 年版第 400、401 页表。

③“折旧”栏根据招商局第 22—53 届账略,转引自张后铨《招商局史》第 238、325 页表。

④“借款合计”根据招商局第 22—53 届账略,据张后铨:《招商局史》第 235、328 页统计表重新计算,1927 年据同书第 403 页。

⑤“资产总计”1895 至 1911 年据《交通史航政编》第一册第 288、189 页统计表,1912 至 1926 年据《国民政府清查整理招商局委员会报告书》上册,第 206、207 页统计表,“其中船本”据张后铨:《招商局史》第 236 页和 329 页表制作。

两,自保船险公积项下提出 100 万两,共计 200 万两转入股本项下,填发股票发给各股商收执"①的方式进行的,实际是把原有的老股一分为二。1914 年的增资与此基本相同,它把"所有局产悉照公估时值之价核给,并将无关航业之市房及各种股份划出另立积余产业公司"。②"其航业名下轮船局产照实在估计处分,所存公积加填股本 440 万两分派股东,以 40 万两分派办事员司应得之花红公积。又积余产业名下核实填给股份银币 440 万元,亦以 400 万元分给股东,以 40 万元分给办事员司作为应得之花红公积。"③从当年 3 月起陆续在总局换发新式航业股,从老股 1 股换发新式航业股 2 股,每股规银 100 两,再加积余产业股 1 股,每股银币 100 元。经此一番更改变化,招商局股本总额从规银 400 万两变为规银 840 万两,以及积余产业公司洋 440 万元,名义上股本增涨了 1 倍多,"实际上并未增加分文"。④ 可见,1914 年的增资,同样是把原有之老股一分为二,只是与 1897 年的增资相比,此项增加了办事员司的花红公积股,而且花红公积股得以一体分润股息,使一般股东实际所得利益下降。再就是从老股中分出银洋 440 万元,新成立了积余产业公司。实际资本并没有增招新股,而是本身原有股本的增值。

从招商局的轮船看,33 年中,招商局的轮船只数并无大的增

---

① 《国民政府清查整理招商局委员会报告书》(以下简称《报告书》)下册 1897 年、1914 年账略。

② 《国民政府清查整理招商局委员会报告书》(以下简称《报告书》)下册 1897 年、1914 年账略。

③ 《国民政府清查整理招商局委员会报告书》(以下简称《报告书》)下册 1914 年账略。

④ 《国民政府清查整理招商局委员会报告书》(以下简称《报告书》)下册 1897 年、1914 年账略。

加,绝大多数年份在28—29只上下浮动。如拿1927年与1895年相比,历经33年,轮船仅增加4只,基本是损毁1只补充1只,并无大的扩展。不过因为新补充的船只吨位数较大,才使招商局的船只总吨数从1895年的34531吨增加到1927年的62112吨,净增27581吨,尚不到1倍。其中第一次世界大战的水运黄金时期,吨位数反而下降到4万多吨的水平,只是在第一次世界大战结束后的1921年,吨位数才增加到6万吨以上。

再从招商局的收支状况看,招商局的发展不尽如人意之处,就更为明显。在这33年中,招商局的客货运收入除1927年略低于200万两以外,其余各年均在200万两以上,多数在300万两上下浮动。在第一次世界大战时期,水脚收入更有大幅的增长,1918年为最高,达到700余万两。但令人不解的是,在营业鼎盛之秋,却出现频繁的收不抵支,致使水脚收入与各船开支相抵之后,竟然有7年净亏损。1908年前,招商局的折旧除1902年外,都从船栈收入中支出,且每年均有数额不等的折旧开支。可到1908年以后(1915年除外),因船栈收入已不足敷折旧,转而改为从"自保船险"、"积余基金"等项目中支出,即使如此,也有7年没有提存折旧准备。在这33年中,招商局经营有盈余的年份不过10年,收支平衡12年,净亏损年份有11年之多,而从1920年到1927年的7年竟全部亏损,且数额越来越大,7年亏损中就有3年超过100万两,1926年竟达173万多两。合计11年净亏损数额在625万两以上,数字十分惊人。

除此之外,招商局还借有大量债务,可以说始终处在负债经营的状态。债务的数额是越到后来越大,1926年竟接近1000万两的水平。需要说明的是,表53中招商局的借款统计数字,主要包括"仁济和存款"、"钱庄和私人借款"、"外国银行借款"等固定项目,各种临时性的或变动性大的款项尚未计入。而且借款都要以局中各种资产作抵,条件十分苛刻,随着招商局借款数额的增加,局中各种财产已被抵押净尽,以至于1927年就因无法提供新的抵押品而告贷无门。这种现象,从一个重要的侧面反映了招商局经营状况的困境。

比较能给人们以希望的,是招商局的资产统计。这30多年中招商局的资产总额总体上是在不断增长的。但是,从表中数字反映的情况看,1895年时,招商局的资产总计为602万余两,其中船本为117万余两,到1926年时,招商局的资产总计增加为2225万余两,其中船本为490万余两,在资产总额净增1623万余两的过程中,船本仅增加373万余两。也就是说,船本增加的速度远远落后于局产增加的速度,这对一个以轮船运输为主业的航运公司来说,应当说是一种不正常的现象。

总结以上,轮船招商局在1895年以后,历经33年的过程中,经营并不成功,或者说,发展并不尽如人意。它不仅比不上同期在华的外国轮船企业如太古、怡和、日清等公司,而且比不上1895年以后新出现的中国航运公司。例如,比招商局晚出42年的上海三北轮埠公司,成立时仅有资本20万元,90吨小轮1艘,行驶龙山、镇海、宁波等处,此后几乎年年置轮,1918年增资为100万元,1919年更增为200万元,航线亦随之逐年推广至上海长江一线,南北沿海分别推广到香港、南洋和海参崴、日本等地,业务蒸蒸日上,规模逐渐扩充,到1925年时,已自有轮船16艘、17928吨①,成为可与英日等轮船公司一较短长的轮船公司了。此外,前述的宁绍公司和政记公司,业务都有不同程度的扩展,与招商局相比,显得更有活力和生机。

---

① 见《交通史航政编)第一册,第391—395页。

那么,是什么原因使得招商局——这家历史最长、规模最大的中国轮船航运企业难以顺利地发展起来呢?这需要从不同的角度和不同的层次去进行分析。下面,我们仅从招商局所处的外部条件即经营环境和内部条件即经营管理两方面进行一些分析。

(二)外在经营环境的分析

在1895年至1927年的这33年时间里,招商局先后经历了晚清和北洋政府两个时期,对招商局的经营环境,有不同的影响。因此,我们的分析也分两个部分来进行。

1. 清政府的勒索与招商局的资金外流

从表53反映招商局总体收支的情况看,在1895年至1911的16年中,前4年总体收大于支,后12年中除1902年有1万多两的亏损外,其余11年均能维持收支平衡。水脚收入低的年份有200多万两,高的达到300多万两,和1911年以后比,应当说此时营业状况还是不错的。其所以如此,一个重要的原因是盛宣怀自1885年继唐廷枢、徐润任招商局督办后,放弃了唐、徐时期与外轮势力竞争的作法,与太古、怡和接连签订"齐价合同",结成了伙伴关系,因此,水脚收入比较稳定。但是,假如我们深入分析一下招商局这时期的经营环境,就会发现,随着招商局与外资航运企业的矛盾趋缓,招商局与晚清政府间的矛盾开始加剧,这一点,集中体现在晚清政府对招商局无休止的勒索及迫使招商局资金大量外流上,结果恶化了招商局的经营环境,严重影响了招商局业务的正常运行。

大量事实表明,从19世纪80年代以后,清政府对招商局的政策逐渐发生了引人注目的变化,即从早期的扶持与索取并举转向单纯的索取。长期借以解决资金周转困难的官款资助1884年起便已停止,进入90年代后,随着招商局利润增加,清政府对招商局"报效"的索取,名目越来越多,数目也越来越大,成为招商局的一个沉重负担。

清政府对招商局要求的报效，既有明文规定按年提取的直接报效（见表54），又有以其他方式进行的变相报效。

表54　晚清招商局向清政府直接报效资金统计表

单位：两

年份	学校①	北洋兵轮	商部	其他	备注
1890				20000	江浙赈捐
1891				100000	预备救灾捐款
1894				55200	慈禧生日捐款
1896	80000				北洋、南洋学堂捐款
1897	80000				
1898	80000				
1899	80000	60000			"其他"栏中数见说明②
1900	80000	60000		10000	
1901	80000	60000			
1902	80000	60000		54800	见说明③
1903	20000	60000			
1904	20000	60000	5000	25000	见说明④
1905	20000	60000	5500		
1906	20000	60000	5500	20000	见说明⑤
1907	20000	60000	5500		
1908	20000	60000	5500		
1909	20000		5400		
1911				11000	见说明⑥
合计	700000	600000	32400	296000	
总计	1628400				

说明：①学校包括南洋公学、北洋公学、达成馆和出洋肄业。

②本年八国联军进犯，慈禧逃往陕西，招商局除进呈贡物外，另奉命在备记

项下拨银1万两以为报效,见招档468(2)/181"进呈贡物奉派捐银承运上用箱匣食米等"。

③1902年招商局承购摊派的昭信股票54800两,第二年即因"谕旨昭信一概停止"而"移作报效"。见招档468(2)/171"本局认筹昭信股票五万两"。

④本年"其他"栏中的25000两为按照报效新章上交后的剩余,仍然"扫数呈解",见《报告书》1904年账略。

⑤本年"其他"栏中的20000两为奉命加拨二次共2万两报效上海实业学堂,由1905年结存的1.26万两二成余利加上备记项下凑足2万两后动拨。见招档468(2)/212"呈报咨解加拨经费因报效盈余不敷在备记项下筹垫足数呈北洋大臣表"。

⑥包括广利、新昌船运兵费9000两,江宽船专送岑春煊水脚2000两均未能收,等于报效。见《报告书》下册1911年账略。

资料来源:据《国民政府清查整理招商局委员会报告书》下册,第17—38届账略,盛宣怀《愚斋存稿》卷三奏疏三和《交通史航政编》第1册,第274—276页"报效"栏及招商局档案编制。

在1899年清政府对招商局的直接报效作正式规定前,招商局对清政府的报效已有如下几笔:1890年"江浙赈捐2万两"。1891年由李鸿章"奏准在公积内提出官款免利报效银10万两,指定作为预备赈济之用"。1894年"万寿庆典,报效银5.52万两"。1896年"盛督办前创办北洋大学堂,招商局每年捐款2万两,同年又奏设南洋公学及达成馆,招商局又岁捐6万两"①,合计每年学堂8万两。这个时期,清政府的收支尚能大致平衡,但是,曾经享受清政府漕运、官款借贷和缓息免息等特权优惠的招商局已不得不付出代价作出奉献,提供各种"报效"了。甲午战争后,战费、赔款等使清政府财库愈加空虚,收入利润较为稳定的招商局自然更是难以逃避清政府的猎取。1899年,清朝大员徐桐提出奏议,以招商局、电报局及开平矿务局"近年获利不赀",但"如何

① 以上均见《报告书》下册各该年账略所载。

酌提归公”却“未经议及”，认为这样是“徒有收回利权之名，并无裨于公家之实”①。随之清廷即派钦差大臣刚毅南下“彻查”招商局和电报局，为填补国库空虚而敛取资财。盛宣怀在来自清政府的压力下，不得不按照刚毅的要求，将“历年收支底册……一并彻查，除股商官利外，所有盈余之款均著酌定成数提充公用”。② 具体规定是：除每年报效南北洋两公学常年经费8万两外，每年再报效清政府实银6万两（主要用于北洋兵轮费），合计每年14万两，按当年余利70万两的二成计算，以后如余利超过70万两，“照数加捐”，“如遇亏折不敷”股商官利，“此项报效展至下年分摊补交”。③ 实际上在执行时，则不管余利是否足额，甚至不管盈亏，报效都是按此规定办理的。如1899年至1901年的3年中，每年余利的二成都不足报效额，但每年的14万两报效都在轮船的折旧项下凑齐了上交。自1899年起至1903年止，折旧项下共已垫支银38万余两。④ 1902年在船栈折旧银已无着落的情况下，仍然照数报效。1910年，为了凑足报效款，招商局在“股商官利实不得一厘，更无余利可提的情况下，为了‘藉应急需’，不得不以高利息设法向庄号息借，先行凑解”。⑤

但是，清政府的勒索到此远未完结，1903年商部成立，从1904

① 盛宣怀：《愚斋存稿》第三卷，《遵查轮电两局款目酌定报效银数并陈办理艰难情形折》。

② 盛宣怀：《愚斋存稿》第三卷，《遵查轮电两局款目酌定报效银数并陈办理艰难情形折》。

③ 盛宣怀：《愚斋存稿》第三卷，《遵查轮电两局款目酌定报效银数并陈办理艰难情形折》。

④ 《报告书》下册，1904年“账略”。

⑤ 招商局档468(2)/220“上海实业学堂常年四季捐款两次加拨额外经费”。

年起,商部每年所需经费银3万两中的1万两,清政府也要以"招商电报两局各认筹银五千两"的方式来解决,"札到该局,即便遵照办理"。① 这笔款项,在刚毅彻查时规定的报效额外计算,"另行支销,不在二成报效之内扣除"。② 应该指出,表54只是一个不完全的统计,但即使如此,在1890年至1911年的21年期间内,招商局就无偿向清政府直接报效了总数高达162.84万两的白银,相当于同期招商局资本总额的41%。而在这一笔庞大的报效款中,绝大部分都是在1895年后提交的。

除了这种明文规定的直接报效外,还有一种没有报效之名而有报效之实的项目,姑名之曰变相报效,它主要有以下几种:

其一,漕运水脚的减低和免税带货的取消。早期漕粮运输曾是招商局享有的特权,1895年前,每年运输漕粮平均在45万石至50万石之间,漕粮水脚收入每年约在银22万两至25万两左右。这笔收入对招商局关系重大,被李鸿章称为"商局命脉所系"。但招商局过去承运漕粮有利,是因为"运漕水脚悉照沙宁船定章,每石实银五钱六分"③,实际是清政府对招商局进行补贴。1895年后,随着清政府财政状况进一步恶化,清政府改变了过去对招商局补贴的做法,漕粮运价一再降低,1902年后甚至降到0.3381两④,使所有轮船都难以接受。当1881年招商局轮船因中法战争售于美国旗昌行时,该年漕粮曾由旗昌行和英商怡和太古轮船承运,每石运费0.35两,结果"支用不敷,皆各亏本"。⑤ 而1902年政府付

① 招商局档468(2)/197"奏饬认解商部经费"。

② 《报告书》下册,1904年账略。

③ 《交通史航政编》第1册,第264页。

④ 参见张后铨:《招商局史》,人民交通出版社1988年版,第233页。

⑤ 《交通史航政编》第1册,第264页。

的运费比洋商承包时还低，再加上“津河淤浅，驳费浩大，且驳船偷漏愈甚，以至赔累之重，年甚一年”，承运漕粮已成了赔本的生意。① 此外，招商局过去运漕时享有的北上准带二成货物免税和回空带货免征出口税二成的特权，在 1899 年又被“敕部注销以裨税项而申报效”。② 这一双重措施，使运漕注定成为招商局的一个重负。同年，招商局运漕亏蚀银 60300 两，此后年年亏损，最少时年亏损 2.3 万两（1910 年），最多时年亏损 14.4 万两（1903 年）。从 1899 至 1911 年，“总计在最近 13 年之中，积亏至九十八万四千八百余两”③。正如徐润所指出：漕运“年亏一年伊何底止？”④

其二，官差的负担，首先是承担军运。招商局成立后，承担军运就成为理所当然的义务。70 年代的台湾事变，80 年代的朝鲜事变，中法战争等，清政府对招商局船只的征调都十分频繁，1895 年中日战争时，同样有奉调装运福寿军从锦州赴天津等征调，1911 年时又承装龙军和专送岑春煊由上海赴汉口⑤等等。

值得注意的是，招商局承运各种官差时，水脚“均照定数或七八折，或五六折，从减核收”。⑥ 如 1906 年北洋调用湖北所造的毛瑟枪 1000 杆和子弹 50 万粒时，会办练兵大臣袁世凯就札饬津榆卢汉铁路局、轮船招商局预备火车轮船“妥为装载”，运费“照章核收半价”。⑦ 有时就连这半价也收不到，如 1907 年招商局除上交

---

① 参见张后铨：《招商局史》，第 233 页。

② 盛宣怀：《愚斋存稿》第三卷，《请饬部注销商轮运漕回空二成免税案法》。

③ 《报告书》下册，1911 年账略“运漕损失”。

④ 徐润：《徐愚斋自叙年谱》，第 130 页。

⑤ 见《报告书》下册，各该年账略。

⑥ 引自聂宝璋：《中国近代航运史资料》第 1 辑下册，第 820 页。

⑦ 招档 468[(2)]/196“北洋提用粤省借拨存沪军火”。

各项报效后,“(本年)供应官差,皆不收水脚”。① 1911 年的军运应收水脚银 1.1 万两,也同样“分毫无著”。② 之所以如此,对招商局说来,是“盖支应公事,本分所当为,如果运费无亏,于愿已足,更何敢希图厚利,自取愆尤”。③ 可见,害怕“自取愆尤”,招致更多勒索是招商局难以逃避的怪圈。除此而外,招商局还要承担官差运输时意想不到的损失,如 1895 年运送福寿军,就因运送的兵勇抽烟引燃弹药而使拱北号轮船爆炸沉没,溺毙 50 多人。④

军运之外,承运官物尤其是赈粮运输,是清政府强迫招商局报效的另一种方式。

早期承运官物是清政府扶助招商局的一项措施,但晚期却逐渐变成该局的沉重负担。其中赈粮的负担最为突出,招商局承运赈粮是采用包购包运的方式,所需粮款常要招商局垫付。如 1898 年,淮徐等地受灾,“谕旨饬令”先行筹垫银三五十万,归入各赈散放,而招商局“本年山东乞赈已垫巨款”,无力再筹垫,但因为是“钦奉特旨饬令筹垫,自当于无可设法之中由招商电报两局各筹银二万两”,共凑垫银四万两。⑤ 除捐助外,还要负责采买和运输,这种赈粮的运费定得极低,所谓“赈济善举,照军米减半收取”。1890 年,招商局往天津运米十六七万石,收运费仅 5 万两,每石运价约折银 0.3 两,比亏折不堪的漕粮运输的运费还要少。⑥

各省有灾时,清政府常常举行“赈灾”劝捐,这种“赈灾”劝捐实际上变成了清政府向下勒索的一种手段,而招商局往往首当其

① 见《报告书》下册,各该年账略。

② 见《报告书》下册,各该年账略。

③ 引自聂宝璋:《中国近代航运史资料》第 1 辑下册,第 820 页。

④ 见《报告书》下册,各该年账略。

⑤ 招档 468(2)/169“捐助淮徐赈款并采办杂粮”。

⑥ 张后铨:《招商局史》,第 167 页。

冲。1906年湘赈需款15万两,招商局等力不能支,“不能全数归垫”,1910年招商局又借垫冬赈9万元,次年再借垫4万元应付春赈。① 在这一方面招商局已成为清政府可以随时宰割的一块“肥肉”。

此外,招商局还要应付各种不定期的官用轮船征发,不仅要无条件服从,而且大多数情况下是免费服务。例如1897年俄国专使来华,北洋大臣及总理衙门均电谕招商局派专船从沪送津“以示优礼”,所有费用,都归招商局报效。②

进入20世纪以后,中国参加世界博览会和赛会,日渐增多,所有各省赴赛运物,均归招商局承担,最初是减收运费,以后变成免费白运。③ 1910年德国举行万国卫生博览会时,清廷即转饬招商局及各铁路局,“赴德赛会物品由南京运往上海或由北京经天津运往上海,及将来闭会后所余各物携回上海运还各省,所经轮船火车一律免费”④。

这种免费白运,并不局限于此。1903年以前,“南省司关各局”就有“应协直省饷项”因“汇费过巨”的原因,而由北洋淮军银钱所会同北洋海防支应局会议详定,由各司关局将协饷“解由上海招商局转交轮船运津,以资节省”的先例,实际是免费白运。1903年,自强军饷项也因“事同一律”的原因,而由清廷批准“仍按两个月提拨一次送交招商局,附轮运津免计运费,藉资节省”。⑤

---

① 张后铨:《招商局史》,第244页。

② 招档468(2)/163,“专送俄使船费作为报效”。

③ 招档468(2)/191,“局轮装运华商赴美日各国赛会减收人货水脚”。

④ 招档468(2)/191,“局轮装运华商赴美日各国赛会减收人货水脚”。

⑤ 招档468(2)/204,“转运淮军练饷、自强军饷、河工经费水脚保费各卷”。

无疑,要想弄清招商局被清政府勒索的金额总数是困难的,仅就以上所举的情况来看,至 1911 年为止,直接报效加上漕粮亏损补贴,总数就已达 260 多万两,如再加上应差、折扣和各种名目的变相报效,估计总数不会少于 400 万两,已相当于招商局当时的资本总额。但是,在考察招商局经营环境的时候,可以发现,除了上述清政府的种种勒索外,招商局还有大量资金通过出借和向其他企业投资这两种途径外流,那么,招商局的这种资金外流又是在一种什么情况下发生的?它与清政府勒索报效间又有什么关系?下面我们继续进行一些探讨。

如表 55 所示,招商局的资金外流大致可分两种类型:一是受命于政府的出借项目。其中主要是 1883 年借给朝鲜的 25 万两,1894 年借给户部的 41.1 万两及 1911 年的沪军都督借款 40.2 万两。朝鲜借款无疑是出自李鸿章之命,目的在于加强对朝鲜的控制。盛宣怀后来透露说:“该局本无力借与朝鲜,拟请俟朝鲜还与该局之后,即行转缴北洋旧款。”①文字之间表明了招商局出于无奈的意境。至于户部与沪军都督两笔借款,显然出于政治压力。已有资料尚无法证实沪军都督这笔借款最终是否归还商局,因而这笔徒有其名的借款在性质上无异于“报效”或“赞助”。不管怎样,这种类型的外流项目与招商局的业务分明是毫无关系的。

表 55　晚清轮船招商局资金被抽提情况统计

单位:两

年份	资金外流项目	金额	备注
1882	安徽荆门煤矿投资	60900	

① 《交通史航政编》第 1 册,第 157、158 页。

续表

年份	资金外流项目	金额	备注
	开平煤局投资	210000	
1883	借给朝鲜国助其开埠通商	250000	1909 年朝鲜还清最后一笔欠款 230000
1885	安徽贵池煤矿借款	230000	1888 年结清
1888	台湾商务局投资	20000	见说明②
1891	上海机器织布局投资	100000	
1894	户部向招商局借款	411000	1903 年结清
1896	中国通商银行投资	800000	
1897	上海华盛纺织局投资	320000	此款 1893 年从仁济和保险公司账上拨付，1897 年从账上拨还仁济和
1898	湖北铁厂投资	100000	
1899	萍乡煤矿投资	100000	
1901	湖北铁厂投资	（174000）	总投资数增为 274000
	萍乡煤矿投资	（64400）	总投资数增为 164400
1902	萍矿铁厂垫款	469000	
1903	萍乡煤矿投资	70000	
	招商内河小轮公司投资	50000	
	大德榨油公司投资	5000	
1906	萍乡煤矿投资	217000	总投资数增为 381400
1907	湖北铁厂投资	（186000）	总投资数增为 460000
	江苏铁路投资	2372. 5	
	浙江铁路投资	740	
	粤汉铁路投资	679. 3	
1909	汉冶萍厂矿公司投资	（177600）	由湖北铁厂、萍乡煤矿合并组成，总投资数增为 1019000

续表

年份	资金外流项目	金额	备注
1911	沪军都督借款	402000	
合计	24项	4420691.8	

说明:①本表各项目金额,均以史料记载中第一次外流的金额为准。此后变化,如史料有记载的尽可能在备注栏中说明。

②据史料记载,1898年台湾商务局裁撤,"招商局前存之二万两股本银,亦属无有,当经咨复,作为报效,并将股票注销"。事见招商局档案468(2)/93。

③"金额"栏中带括号的数字,是根据史料记载中总投资数(史料中只有总投资数)减去前面已知的投资数后计算得出的当年数字,因系笔者计算,故加括号。

④附属招商局之仁和(1876年成立)、济和(1878年成立)保险公司及1886年合并成立的仁济和保险公司,虽然全部资本存入招商局,并由招商局代理其一切业务,但与招商局究有不同,故仁济和公司外流的资金,(如拨存于开平矿务局、汇丰、麦加利等银行的资金40万两左右)均不列入本表。

资料来源:根据《国民政府清查整理招商局委员会报告书》下册载各年账略,《交通史航政编》第1册第315—316页"各项投资"、招商局档案和《邮传部第一、二次统计表》"轮船招商局收支余利及提存各款表"(上)等编制而成。

另一种类型是向其他洋务事业或企业的横向借款或投资。出于轮船需要使用国产廉价煤的目的,招商局向各煤矿投资项目最多,然而数额最大的却是机器织布局、华盛纺织局、湖北铁厂及通商银行等等。这些项目差不多都是盛宣怀督办招商局以后进行的。从1882年至1911年,招商局资金外流达24项,总金额达442万余两,其中,1895年后流出的项目就占17项,总金额313万多两。

需要强调指出的是,招商局的资金外流,是在破坏自身局规和章程的情况下进行的。早在1873年唐廷枢、徐润入局时制定的《轮船招商局局规》第14条规定:"本局专以轮船运漕载货取利,此外生意概不与闻,无论商总董司事人等均不准借口营私任意侵挪。"①

---

① 《交通史航政编》第1册,第144页。

1885 年盛宣怀入主招商局时制定的《用人理财章程》双十条中也有“本局于轮船之外,不准分做别事”①的规定。但这些规定,在清政府控制下的招商局却窒碍难行。也可以说,随着盛宣怀代替唐廷枢、徐润入主招商局和清政府对招商局政策由扶持转向索取,招商局在这一特定时期资金大量外流已成历史的必然。

以盛宣怀的精明和对官场的了解,1885 年他代替唐廷枢、徐润入主招商局时,他不会不吸取导致唐、徐下台的教训,他也不会不明白把招商局资金转移到其他产业部门对减少清政府勒索、减少顽固势力攻击的口实和扩大自身势力基础的作用。因此,从盛宣怀入主招商局起,便对招商局实行了“敛字诀”的经营宗旨。敛者,收敛也,“敛字诀”的方针,实际就是一种收缩招商局规模的方针。1886 年盛宣怀接任招商局任督办时,就是本着“一敛字诀”的方针对招商局进行整顿和经营的。② 1893 年郑观应任招商局帮办,受命沿长江西行考察各分局营业状况时,在汉口致盛宣怀的信中还提到:“官应曾早与我督办谈及,承示本局宗旨,宜用敛字诀,拟开银行为我局将来转输地步。”③盛宣怀准备收缩招商局规模,抽提招商局资金开办银行的意图,再一次流露出来。其实不仅是银行,如表 55 所示,包括上海织布局、华盛纺织局、湖北铁厂、萍乡煤矿,以及粤汉铁路、汉冶萍厂矿等陆续创办的企业所形成的“盛宣怀帝国”,在很大程度上都是借助于轮电两局之力建立起来的。盛宣怀自己也承认:“臣兼管之上海纺织总厂、汉阳铁厂、萍乡煤矿、通商银行所集商股,即是船电两局之华商挹彼注此,盈虚酌

① 《交通史航政编》第 1 册,第 157 页。

② 见夏东元:《盛宣怀传》,四川人民出版社 1988 年版,第 110 页。

③ 夏东元编:《郑观应集》下册,上海人民出版社 1988 年版,第 818 页。

济。"[①]他在给张之洞的信中甚至还说:"招商、电报、铁路、银行皆属笼罩之中,不必真有商股,自可通筹兼顾。"[②]随着甲午战后,盛宣怀政治经济权势日益显赫,他对招商局的控制已达到予取予求的地步,当时就有人评论说,"凡轮电两局,每岁支拨动辄巨万,京卿(盛)专主为之,一纸札下,速于敕令,不闻商之于各股商也"[③]。

拿表54与表55进行比较,我们会发现一个明显的现象,即进入19世纪90年代后,随着清政府对招商局勒索和报效压力的逐步增加,招商局资金外流的速度和数量也大幅度增加,二者的趋势是一致的。甲午战后,战费、赔款支出浩繁,清政府财政状况日益困难而四处搜罗的情况,无疑对有着稳定利润收入的招商局形成了日益严重的威胁,富有官场经验的盛宣怀不可能无所察觉,也不可能不使出一定的对付手段:在这里,抽提招商局资金投向其他企业是一种架空招商局,逃避官方勒索的手段,因而,招商局抽提资金广泛投资于其他洋务企业应当说决非偶然。另外,化积余为股本,转积余为私股则是隐产、逃避官方勒索的又一个手段。当盛宣怀发现招商局的保险准备金和公积金两项积累200多万两成为清政府注视的目标时,1897年即采取了两项重大举措,一是提取招商局80万两资金投放通商银行,二是把招商局的保险准备金和公积金两项积累200万两填为股票转发股东,使招商局的资本额从过去的200万两突增到1897年的400万两。[④] 经此一番腾挪转换,使得清政府在1899年派刚毅南下"彻查"招商局,准备大捞一

---

① 光绪二十六年二月十九日奏,《愚斋存稿》第四卷,第22页。

② 《盛档·盛宣怀致张之洞函》,转引自《历史学》1979年第1期,载汪熙:《论晚清的官督商办》。

③ 《苏报》光绪二十五年九月初四日(1899年10月8日),引自《历史学》1979年第1期,汪熙匕引文。

④ 见《报告书》下册,1897年账略。

笔时，发现“前获之盈余皆陆续扩充为资本，并无现银可以提用”①而打算落空。

但是，清政府对招商局明文规定的无偿报效和变相报效等种种勒索，客观上起到一种使招商局不愿扩大再生产的作用，因为积极经营获取利润，无非落个“照数加捐”，被清政府无偿掠走的结果。因此，处于这种特定的经营环境中，招商局出现资金大量外流，大量投资到其他企业去的现象，应当说是不难理解的。只是这样一来，招商局这样一家开办最早、规模可观的轮船航运企业终于走上了这样一种畸形的发展道路：资本总额成倍增长，船运业务并没有相应的扩大；船只吨位相对停滞没有显著增加，资产总额却持续膨胀。这种不正常的经营方式显然出于经营者在特定社会环境中的正常选择。从这个角度看，“敛字诀”方针的出现，既可以看成是盛宣怀对清政府勒索招商局的“对策”，也可以看成是盛宣怀扩大自身实力，巩固自己在清朝政府中地位的“妙计”。但无论如何，在这种经营环境中，招商局之难以发展起来却成为确定不移的事实。这不仅是招商局一个企业的悲剧，更是当时中国整个社会状况的缩影。

2. 招商局体制变动与军阀战争的干扰影响

1911年的辛亥革命，推倒了晚清政府，时隔不久，又迎来了对中国资本主义近代企业发展难得的际遇——导致帝国主义势力暂时退出中国的第一次世界大战。但是，除了战争中的1915—1919年以外，招商局的业务状况甚至不如以前。这段时期，招商局体制性质几经曲折，其中反映出来的官商矛盾、管理阶层的争权夺利和连绵不断的国内军阀战争，都是严重影响和干扰招商局正常营运

---

① 盛宣怀:《愚斋存稿》第三卷，“遵查轮电两局款目酌定报效银数并陈办理艰难情形折”。

的重要因素。

招商局自创办之日起一直是官督商办,1885 年盛宣怀任招商局督办后,大权在握。但是,1901 年李鸿章死后,袁世凯担任了直隶总督兼署北洋大臣,他看准轮船、电报两局利润丰厚,力图将之控制在手。1902 年盛宣怀因父亲去世,依制辞去本兼各差,袁世凯趁机上奏清廷,要求把轮、电二局"奏归北洋督办"。[①] 同年 12 月,袁世凯以吊盛父丧为名,亲至上海与盛宣怀面谈轮、电二局归北洋管辖的问题。双方展开了明争暗斗。盛宣怀力陈"轮局纯系商业,可易督办,不可归官"。[②] 袁世凯虽然表面上同意"官商互相维持,认真经理"。但真正用心所在却是"(招商局)一切要务随时禀承臣核示遵办"。[③] 这场争斗,以袁世凯的胜利宣告结束。1903 年,"督办盛宣怀去职,北洋大臣袁世凯派杨士琦为总理",同时把盛宣怀的老对头徐润拉入局中任会办。此后,袁世凯控制招商局长达 5 年之久。

在袁世凯的控制下,招商局"官督"的色彩愈来愈浓厚。在他拟定改革招商局局务九条中,把招商局财务、外事和各项重大局务的决定权直接控制在手。如"动支款项在一万两以上者,须禀请本大臣核准,方可开支。如有急需,应电禀请示核办"。"与各国洋商或他国轮船公司订立合同,须先将合同草稿呈请本大臣核准后方准签字"。"局中雇用洋员,遇有提升职位或加增薪俸及应行更换者,须禀请本大臣核夺"[④],等等。袁世凯并先后札委了"会办

---

① 盛档·盛宣怀亲笔底稿《轮船招商节略》光绪三十二年,转引自夏东元:《郑观应传》,华东师范大学出版社 1981 年版,第 204 页。

② 《愚斋存稿》"行述"。

③ 《中外日报》,光绪二十八年十一月二十七日(1902 年 12 月 26 日)。

④ 《中外日报》,光绪二十八年十二月初七日(1903 年 1 月 5 日)。

五人,坐办二人,提调二人,稽查二人,正董事三人,副董事三人,漕务商董二人,帮办一人","其挂名文案领干脩者颇多"。①

袁世凯的这些做法,进一步暴露了其利用"官督商办"体制以遂其私利的意图,加剧了广大招商局股东的反感,也为盛宣怀利用"商办"为名重夺招商局大权提供了条件。1907 年,盛宣怀即计划利用江浙股东的力量召开招商局股东大会,希望由"商人自禀商部,立案承办"。② 他借"招商局生意大坏",大做文章,要人们注意"本年竟致亏本达六七十万之多。现已借债一百万两,并将上海浦东码头栈房基地卖出两处","股票已落至一百二十两,尚无人愿受"。强调造成这种局面的原因,"皆由于局中总理会办,全属外行,一味官气,不谙商情"。而要使招商局"持久不败","断不可归官经理,惟有商办之一法"。③ 即"将轮船招商局改归商办,赴部注册,如有应禀之事,与部直接,毋庸官督。应照商律,即由各股商公举总理、协理、办事董、议事董,每年结账呈报农工商部、邮传部,查核实在盈余,酌定报效数目。所有邮传公事,均当定章承办"。他要求农工商部批准,"年内即由股商公举总,协理及各董事,自明年正月起即归商办。届时必当预先电请各省埠股商公举代表,到沪会议一切章程,以符公理而救危局"。④ 盛宣怀的这些设想和计划,在袁世凯把持招商局时,当然是不可能实现的。

1908 年,光绪和慈禧先后辞世。靠逢迎慈禧发迹的袁世凯被

---

① 《盛世危言后编》第十卷,引自夏东元编:《郑观应集》下册,上海人民出版社 1988 年版,第 874 页。

② 《交通史航政编》第 1 册,第 186 页。

③ 见"盛宣怀致郑观应函",引自王尔敏、吴伦霓霞合编:《盛宣怀实业函电稿》(上),香港中文大学 1993 年版,第 117 页。

④ "盛宣怀致郑观应函",上引《盛宣怀实业函电稿》,香港中文大学 1993 年版,第 118 页。

逐回老家"养疴"。盛宣怀认为时机已到,又开始进行夺回招商局的行动,1909年年初,盛宣怀授意郑观应组织招商局商办事宜,计划召开股东大会选举董事和要求邮传部允许招商局成立董事会并准许商办。于是,郑观应一边联络招商局旅沪旅粤港澳股商向邮传部上书,要求仿照隶部商办铁路设立董事会之例,"准由轮船股商就沪设立董事会,集思讨论,以符商律,而安各省股商之心"①。另一面赶到上海设立招商局股东挂号处,声明"挂号逾股分之半即开股东大会"②,以便按照商律组织商办。这时,袁世凯的心腹徐世昌尚未就任邮传部尚书,又因"援引路案",难以拒绝因而招商局设立董事会的要求得到批准。经过郑观应等人的一番努力,到宣统元年五月底止,"已得股份全额十成之六"③,超过郑观应预期的"全数之半"的目标。于是公议1909年8月15日在上海静安寺路特开股东大会,选举董事,组织商办隶部章程,并筹备注册立案。④

1909年8月15日招商局股东会在上海如期召开,会上选出盛宣怀、郑观应、施肇曾等9人为第一任董事。盛宣怀任董事会主席,施肇曾为副主席,顾润章、严廷桢为查账员。这9名董事和查账员基本上都是盛氏集团成员。

但此时袁世凯的心腹徐世昌已就任邮传部尚书,自不愿盛宣怀以"商办"名义重掌招商局大权。1909年8月,徐世昌即以"招商局奉旨归邮传部管辖"为名,札派"钟文耀充正坐办,总理一切

① 引自夏东元编:《郑观应集》下册,第878、879页。

② 引自夏东元编:《郑观应集》下册,第878、879页。

③ 引自夏东元编:《郑观应集》下册,第878、382页。

④ 盛档《严义彬、郑观应致邮传部、农工商部电》,宣统元年六月二十九日,引自夏东元:《盛宣怀传》,四川人民出版社1988年版,第383页。

局务，前直隶通永道沈能虎充副坐办，专办漕务，候选道唐德熙充会办，仍兼总董，办理揽载股事宜，候选道陈猷充会办，仍兼总董，办理翻译股事宜”。① 随后又将补用道王存善“派充会办”。1909年9月，以盛宣怀为首新成立的董事会向邮传部呈送了《轮船招商局股份有限公司隶部章程》，10月，徐世昌执掌的邮传部在审批此章程时，删去了章程标题中“股份有限公司”字样，同时把章程中股东会议有权决定局中大事，有权批准公司签署各项合同，有权修改章程内容等进行批驳修改，并声称“完全商股与完全商办不同……尤未便以完全商股混入完全商办”。② 随后邮传部“实行接管招商局，除董事会外，负责职员为正坐办钟文耀，副坐办陈通声（字蓉曙），会办兼总稽核王存善，总董唐德熙、陈猷、施亦爵”。③ 事实上宣告了盛宣怀以“商办”方式夺权的失败。未能夺到招商局大权的盛宣怀大失所望，12月他在给赵竺垣的信中说：“邮部仍蹈本初覆辙，悉用官派，侵渔商利，年年亏本。以一千数百万元商产，欲取给商息四十万而不足，各省华商，咨嗟太息。”又说，“招商局董事会数月以来一事不能办，仍是城北〔指徐世昌〕所派之委员，横行无度。委员皆是道台，为华商之蠹则有余，与洋商竞争则不足。真有本钱者皆各退避三舍，无怪乎华商之莫能兴起也”。④

1910年5月，盛宣怀又以通过第一次股东年会援照公司章程“公举总协理主持局务”的方式试图入主招商局。股东会“举定盛

---

① 招商局档，“钦差大臣办理北洋通商事宜陆军部尚书都察院都御史直隶总督部堂端札饬事”，全宗号468(2)224。

② 《商办轮船招商公司股东签注部批隶部章程》，第3页，转引自张后铨编：《招商局史》，人民交通出版社1988年版，第270页。

③ 《交通史航政编》第1册，第187页。

④ 《盛宣怀未刊信稿》，中华书局1960年版，第202、211页。

宣怀为总理,杨士琦、李经羲为协理"①报部。6月16日,邮传部批复:"认为招商局向隶北洋,本系官督商办,上年奉旨归部管辖,诸承旧贯毫无变更,乃该董事会自背旧章,并不呈部核准,遽已举定总、协理,殊堪诧异",并以所举总、协理皆行政官长,事属"乖谬","本部现在惟有凛遵谕旨,确守成规,仍照旧用三员之董,实行官督商办"。② 在此情况下,盛、杨、李三人均只好辞不就职。

1911年春,上海报纸纷纷刊登"政府拟有计划,将招商局收归国有"的消息,"各股东闻讯纷纷至招商局探问究竟"③,董事会同时亦发电至邮传部询问,邮传部复电否认了这一消息。同年7月,因招商局经营每况愈下,董事会呈请修改章程,邮传部鉴于"年来各国商业竞争剧烈,土货壅滞,商船各艘以及栈房码头收数均绌,亟应设法整顿,以图补救"的现实,不得不同意董事会提出的修改章程,修改后的章程虽仍保留"本局承袭北洋官督成案","循照旧章员归部派",但与过去相比,已有很大改变,如章程的名称首先即恢复为"商办轮船招商局股份有限公司章程",第一条又强调"本局完全商股,已奉农工商部注册给照,悉按商律股份有限公司办理",同时把办事权力归还董事会:"员归部派只任监察,董归商举责在办事",并强调关系重大之事,"悉经董事会公议后行,所举办事董暨各局分董,应由董事会缮给委任书,至更举为止"。对部派之员的数量和权力也作了限制:"部派之员嗣后以二人为限,一人专司监察,一人兼办漕务。"④至此,招商局的经营权才重新被盛宣怀以商办方式夺回手中。

---

① 《交通史航政编》第1册,第188、160页。
② 《交通史航政编》第1册,第188、160页。
③ 《交通史航政编》第1册,第188、160页。
④ 见《交通史航政编》第1册,第161页。

辛亥革命后，清政府所派官员钟文耀等撤离招商局，盛宣怀逃亡日本，局务全归董事会主持。此时袁世凯派曹汝英、施肇曾以“审查员”身份到上海重新推行“官督商办”体制，试图把招商局收归北洋政府①，但均遭到招商局广大股东的反对，未能成功。而盛宣怀则一面通过招商局股东中的亲信以商办为名抵制袁世凯控制招商局的计谋，一面又通过多种渠道向已窃取辛亥革命果实的袁世凯“示好”结欢，获准于1912年年末回国。1913年，盛宣怀利用招商局股东年会决议仿照日本邮船会社办法，由股东推选董事九人，再由董事互推二人为正副会长执掌大权，把袁世凯的亲信但不能经常兼理招商局事务的杨士琦推为会长，缓解与袁世凯的矛盾。盛宣怀自任副会长，实际稳操实权。分掌全局事务的主船、营业、会计三科，也都由自己的亲信董事兼任，成为专务部长。盛宣怀重夺招商局大权后，又于第二年采取两项重大举措，一是将招商局的资本升值至840万两，二是把与航业无关的产业分出，另设立积余产业公司。如此一来，不仅加强了对招商局的控制，更重要的是使袁世凯攫夺招商局的计划更加难以实行。袁世凯亲信杨士琦、王存善事后向袁所上节略中说：“为今之计，只须防止其不准将产业抵押变卖，及股票卖与洋人，以杜航权落于外人之手，待时机一到，便可收回国有。”②看来袁世凯虽未放弃把招商局控制在手的打算，但一时也拿盛宣怀无可奈何。

1916年，袁、盛间围绕招商局的争斗虽随着盛宣怀、袁世凯的去世而结束，但围绕着招商局的官商矛盾和权力之争又在盛氏集团和李鸿章的后裔李国杰等人之间以及盛氏集团内部展开，矛盾

---

① 《派杨士琦查办招商局改组》，《东方杂志》第9卷第7期。

② 《招商局文电摘要》，第103—105页，转引自张后铨：《招商局史》，第304页。

争斗不绝,但北洋政府力图控制招商局的企图也始终没有放弃。

1919年,新董事会成立,"选孙宝琦(慕韩)为会长,李国杰为副会长,其董事而兼任局中重要职务者为盛重颐兼经理,郑观应、陈猷、邵义薹均兼科长"①。孙宝琦曾任北洋政府外交总长,代理国务总理,此时则以税务督办奉大总统令兼任招商局董事会会长,实则是北洋政府想通过孙宝琦对招商局实行"整顿"。孙宝琦是盛宣怀第四子泽承的岳父,但与李国杰、盛重颐等人不合,1920年4月,孙宝琦致函交通部辞董事会会长之职。他说:"(招商)局中诸事,均由经理三科长担任,暗中自有主持之人,即欲整顿,无从着手",他抱怨自己自从被选后"局中营业状况款项收支数目从未见过片纸只字,毫无建议用人之权。始则受李(国杰)盛(重颐)之指摘,继则受傅(宗耀)邵(义薹)二人之愚弄,虚与委蛇,而事权不属,安能实力整顿"。他说:"若欲实事求是,必须重改章程,董事不得兼任科长,慎选精明强干之经理,始可日起有功。"他重提招商局是官督商办之局:"大部职权所在,谅能督率进行。"此时交通部也果然以官督姿态训令招商局,谓"科长系办事之职,董事系议事之职,性质地位极端相反,未便准其兼充。所有该局兼职人员,如有愿充科长者,应将董事名义取消,另行选举"。不料招商局董事会复称:"现行章程,议为各事,尚称融洽",如有不妥之处,"容候明年股东常会由敝会自行提出,请众股东当场修改表决,以符公司定例"。②

1922年,又发生交通部查办招商局一事,先是北洋政府以交通部呈招商局董事兼科长傅宗耀勾结郑洪年等煽惑路工罢业,接济徐树铮饷糈,把持招商局航政等因,要将傅宗耀"拿交法庭办

① 《报告书》下册,第88页。

② 《交通史航政编》第1册,第196、198页。

理”，两日后又发布大总统令，以交通总长高恩洪呈称上海招商局股东控告董事会傅宗耀等草菅人命，败坏航政，营私舞弊，侵占公产等罪，“应请派员彻查”，但当派员前往查明时，当即有部分股东组织股东维持会反对查办。而地方议会、地方军事长官及旅沪宁波同乡会等又都站在招商局一边。双方争斗过程中北方政潮突起，王宠惠内阁辞职，继而吴毓麟继任交通总长，“将查办招商局案根本取消，”才使这一风波暂告平息。① 但是围绕招商局内外的矛盾争斗仍未结束，除各派别各集团争斗屡屡导致董事会改组外，官方也并未放手。1927 年年初，蒋介石发布沪字第十号任命状，委任杨铨（杏佛）办理招商局事宜。同年 4 月，正式组织“清查整理招商局委员会”，几经曲折，终于在 1929 年将招商局收归国有。

从以上简要的叙述可知，在长达 20 多年的时间里，围绕着招商局的各种矛盾斗争，譬如袁、盛之争，盛氏集团内外派别之争，政府与招商局间官、商之争，错综复杂，始终未曾停息。但是，这些争斗，绝大部分不是为了发展招商局的航业，而是为了争权夺利。这种种争斗，导致招商局“积弊益深，把持益力”，恶性循环，进而发展到“几于无人不弊，无事不弊”②的程度。处于这种状况中的招商局，除第一次世界大战时期少数几年以外，连年出现亏损、而且亏损额越来越大的现象，也就不难理解了。

在这段期间，频繁爆发的国内军阀战争，以及连续动荡的政局，同样是严重干扰和影响招商局营运的重要因素。反映在招商局的营业报告中，就有不少的证据。

1913 年的报告说“溯自辛亥革命以来，兵戈所指，满目疮痍，

---

① 《交通史航政编》第 1 册，第 198—200 页。

② 《招商局文电摘要》，第 4—5 页，转引自张后铨：《招商局史》，第 342 页。

招商局所受影响甚巨。本年(1913年)夏间,皖赣又肇兵端,沿江而下遂及上海制造局一带,烽火连朝,成为战地。于是长江上下,川楚闽粤几无宁土。七月间江永轮船满装客货,被截于湖口,固陵轮船回沪修理,被扣于九江。以至七八两月,局船除供差遣往来北洋之外,余皆停泊浦江及香港等处,不敢越雷池一步。故本年所得水脚,更较上年短少13万余两,全为兵事所致,非市面盛衰所致也”。①

这种消息在招商局以后历年的营业报告中,不绝如缕。1914年报告写道:由于辛亥革命,汉口招商局船栈被火烧毁,损失巨大。汉口受损商人组织追赔会索赔,1913年招商局已垫付现银10万两,本年又经汉口商会调停,议由招商局再垫规银10万两,连前共20万两,又填水脚期票规银16.5万两,于民国四年起分5年摊用,每年3.3万两,由汉口商会分别转交各商具领抵用水脚。② 见于1915年、1916年和1918年的营业报告中,则是“自辛亥至癸丑,3年中两经兵衅,营业亏损,栈产损失,至骤增巨数之债项”。③ 1916年,“又值川湘鄂一带兵戈载途,运道阻塞”,招商局轮船南阻北截,津烟港粤班船停驶”④。1918年,“招商局又为南北战争,交通互阻”⑤。

在整个欧战期间,国内军阀战火也此起彼伏,使招商局在欧战外轮撤退的有利时机,并未能顺利地得到发展。欧战以后,形势更加恶化。时常爆发的军阀战争给招商局的经营造成更加严重的危害。如1924年8月江浙又发生战事,客货因而停顿,“始而江轮被

---

① 《报告书》下册,第73页,1913年账略。

② 《报告书》下册,第76、77页,1914、1915年账略。

③ 《报告书》下册,第76、77页,1914、1915年账略。

④ 《报告书》下册,第78、79、83页,1916、1918年账略。

⑤ 《报告书》下册,第78、79、83页,1916、1918年账略。

扣，运兵运械，继而完全停驶。至10月间，北洋又发生战事，津营各埠班期船亦复停驶，收入锐减”①。军阀战争对招商局破坏最大的当属1926年军阀孙传芳对招商局轮船的征用。这年7月，孙传芳为阻北伐军东进，“征发招商局全部江轮专供军用”，9只江轮全被扣用，使得招商局的长江航运全部中断。9月9日，满载军械军需品的被扣江轮“江永”号在九江起火爆炸，死伤惨重，仅“江永”号船员死难者即有88人之多，轮船完全被毁。事后，“继经董事全体暨股东代表赴南京吁恳放还各船并要求赔偿抚恤，再三交涉，仅放回江顺江新两船”，而赔偿抚恤则“迄未如数领到”。② 10月，又有三船招商局海轮在汕头被扣，进而使得招商局“南北洋各船相继停驶”。③ 经再向孙传芳交涉放船失败后，招商局被迫全面停航，同时“登报布告全国”。④ 这次招商局轮船被扣，是损失最大的一次，该年直接亏损达173万余两之巨。此后直到1927年三四月，江轮和海轮才先后复航，时间长达5个月之久。而招商局在全面停航后，“数月之间，公司只有支出而无收入，悉索敝赋，无米难炊”⑤，加上负债千万，利息每年即需“担负百万”⑥，实际已濒临破产的边缘。

（三）内部经营管理的腐败

以上我们初步考察了晚清末年至北洋军阀政府时期招商局的经营环境，从叙述的史实看，无论是晚清政府对招商局的勒索报效，还是北洋政府力图控制招商局的种种举措和频繁发生的军阀

① 《报告书》下册，第101页，1924年账略。

② 《报告书》下册，第107页，1926年账略。

③ 《报告书》下册，第107页，1926年账略。

④ 《报告书》下册，第107页，1926年账略。

⑤ 《报告书》下册，第106页，1926年账略。

⑥ 《报告书》下册，第106页，1926年账略。

战争,对招商局的经营发展都有极大的影响。其中,特别是长达几十年为争权夺利而爆发的派系明争暗斗,更是给招商局的经营发展造成严重的消极影响。招商局的内部经营管理,也不可避免地愈益腐败混乱。不过,从另一个角度看,招商局的这种混乱,也可说是管理阶层有意造成,以便于混乱中营私舞弊捞取私利。在此,我们仅分别举两三个领域为例,对招商局的经营管理进行一下初步的分析,以使我们对此期间招商局的内部弊端和腐败情况有一个大致的了解。

1. 结党与营私

在长达几十年的时间里,招商局的经营大权始终把持在盛宣怀、袁世凯和盛氏集团分化出来的派别手中。1913 年后表面上虽然仿照日本邮船会社体制实行董事会长负责制,下设具体办事的三科办事董事,但无论形式怎样变,其根本格局和主要经管人员并无大的变化。名义上虽也有股东会,但股东会既不按时召开,普通股东也无干预经营方针的权力,因而历届董事会均为盛氏大股东和其后代亲信等把持垄断。这种情况,正如当时人揭露的:“历任董事会及重要职员,实为局蠹之窟穴。其人存者,固绝少改选,即其人已亡,亦父死子继,世袭罔替。”①“但问一己之囊橐,不问全局之仔肩。”②“分科办事,大率私人,兄终弟继,父死子继,及浮滥把持,实为罕闻。其实职人员,经手事项,无不染指。”③总局如此,各

① 《招商局文电摘要》,第 3—5 页,转引自张后铨:《招商局史》,第 343 页。

② 《招商局文电摘要》,第 3—5 页,转引自张后铨:《招商局史》,第 343 页。

③ 《招商局文电摘要》,第 3—5 页,转引自张后铨:《招商局史》,第 343 页。

分局也莫不如此,如汉口分局自光绪十九年(1893 年)由盛宣怀的亲信施紫卿担任总办,“迄今三十余年,汉局不啻施氏世袭之私业。兄授其弟,父传其子,恬不为怪”,“以致陈陈相因,弊端百出,盖视总局股东如无物也”。① 又如天津分局由麦佐之父子相继,麦佐之从 1906 年入局,到 1928 年辞职,计任职至 22 年之久,其间 1914 年麦佐之任袁世凯政府交通部次长时,令其长子次尹代理局务,次尹病死后,“麦氏又欲其次子继之”。② 又如烟台分局被陈氏把持,香港分局归卢氏控制,广州分局听陈姓世袭等等。③ 几乎全是乌鸦一般黑。让人很难想象招商局是一个资本主义的近代企业。

招商局经管人员的这种结党把持,必然为营私舞弊大开方便之门。

从招商局对各分局的管理体制上看,自晚清以来,一直采用一种称为“包办制”的管理体制。所谓“包办制”,其主要内容是总局对各分局每年应收水脚,定有一个比较额,各分局开支,采用九五局佣(回扣)方式解决。各分局局长由董事会委派,至于局长委派后“局中营业用人以及各项开支,一应由局长包办”④,除此而外,总局对于各分局包办营业,“并无办事章程”。⑤ 在各分局已被各亲信派别长年把持垄断的情况下,这种“包办制”自然成为总分局

---

① 李孤帆:《招商局三七案》,第 52—53、136 页。

② 李孤帆:《招商局三七案》,第 52—53、136 页。

③ 《报告书》下册,第 112 页,“附民国元年以来招商局各分局局长任免一览表”。

④ 《报告书》上册,第 80、55 页,“清查招商沪局账略暨各分局营业状况报告书”及“清查招商局报告书总论”。

⑤ 《报告书》上册,第 80、55 页,“清查招商沪局账略暨各分局营业状况报告书”及“清查招商局报告书总论”。

营私舞弊的极好庇护所,从而使得招商局内部经营管理黑幕重重,弊窦丛生。这里,仅以上海分局为例,对招商局内部腐朽混乱的状况,略作剖析。

上海分局是招商局20多个分局中最大和地位最重要的一个,每年所定九五局佣比较定额数为80万两,表面上看,此额一定,不足此额者应罚,超过者有奖,似乎极为公允,但是,实际上上海分局"历年所收水脚,总在200万两以上,"所定此额,不足40%,"故罚之一字,永无实现之可能,而奖则每年行之,且为数甚巨"①。具体办法则为每年以80万两定额水脚之五厘回佣即4万两充上海分局的"佣费",不足之数仍由总局贴补。假定某年上海分局佣费为7万两,除4万两可由定额局佣抵补外,剩余3万两仍需由总局另行开支。但营业额超过80万两时,超过定额部分的九五局佣,则"算沪局收入",由上海分局在所收水脚中扣除,"以充分配同人之用"。② 由于上海分局历年所收水脚,总在二百万两以上",超过所定包额80万两甚多,所以最近三年,此种局佣"少者存9万两,多者竟至13万余两"③,这还不包括总局另行贴补的开支。也就是说,在1923年至1926年招商局每年均有巨额亏损的时候④,"沪局当事者,则席丰履厚,"而且,留充分配同人之用的这笔每年十多万两的款项,在上海分局的账上,"年底竟一笔勾销,并无分配细账","其内幕之黑暗,更可想见"。⑤

---

① 《报告书》上册,第80、55页,"清查招商沪局账略暨各分局营业状况报告书",及"清查招商局报告书总论"。

② 《报告书》上册,第80、55页,"清查招商沪局账略暨各分局营业状况报告书",及"清查招商局报告书总论"。

③ 《报告书》上册,第56页,"清查招商局报告书总论"。

④ 参见本篇表53"收支盈亏"栏。

⑤ 《报告书》上册,第56页,"清查招商局报告书总论"。

在收入水脚之中，包括货脚和客脚两种，货脚又分为进口、出口、转口三项，客脚分为大餐间、官房统舱等二项。“沪局对于进出口货脚及客脚，均抽回佣百分之五，对于转口货脚，则抽回佣百分之一”，这个项目所抽的各种费用，每年多至40万两以上①，而如此巨大的一笔款项，既不列入收入项目，也无需报告总局，全由分局局长掌握，名义用途是为了进行竞争而向客户年节时奉送，然事属秘密，又不入账，其朋比为奸，不问可知。客脚运费则均由船上买办包办，各轮均有定额，数额虽不算高，但同样每次“解款多不足包额，并不如数补充，若有盈余，则归买办享受”。② 所以客脚货脚要经过几道折扣，才汇总到上海分局，然后，再由分局扣除5%的佣金，才算作总局收入。上海分局如此，其他分局也莫不如此，即拿经手货脚而言，各分局经手货脚，既经客佣、后佣、局佣之层层剥削，致令总局净收入货脚，比原数已少两三成。③

除上述弊端之外，其经管者还另设种种花招以谋取私利，以用煤一项而言，这是招商局一大开支，每年用量在10万吨以上，当市场上上等煤市价每吨在7两至9两之间，次等在6两至8两之间时，招商局所购之煤吨价，“乃至9两5钱”，“则浮报之数，不言可知”。④ 更可怪者，招商局采购之煤大部均存入浦东杨家渡栈房，招商局海轮上煤又不得不在浦西金利源码头，故每次均须由驳船从对岸运煤上船，如别家驳船公司运煤，此项费用每吨不过1角左

---

① 《报告书》上册，第55页，“清查招商局报告书总论”，《清查招商沪局制度报告书》第六章。

② 《报告书》上册，第142页，“清查招商局报告书总论”，《清查招商沪局制度报告书》第六章。

③ 《报告书》上册，第83页，“清查招商沪局账略暨各分局营业状况报告书”。

④ 《报告书》上册，第53、54页，“清查招商局报告书总论”。

右,而招商局所用之驳船每吨将及 1 元,"所付有 10 倍之多"。①其所以如此,是因为招商局所用之驳船公司,乃局中人合伙组织之鸿昌公司。其主要人物并非别人,而是金利源栈栈长费鸿生、招商局主船科长陈猷,上海分局局长唐凤墀等。② 又如与煤费同为两大支出之一的修理费,从未招商投标,大半给予其附属机关内河招商局所属之内河机器厂,而内河招商局却属招商局董事"而兼积余产业、内河轮船、通商银行、汉冶萍公司、势倾一局"③的付宗耀所管。正由于此,"修理费"一项,存在着严重的挥霍。每年仅此一项支出,常达六七十万两。④ "当局长恐为数过多骇人听闻,于是将大部分修理费在各项收入账内轧除之。例如轮船修理费则在水脚收入内折算,船栈修理费则在成本内开支。"⑤当清查委员会欲彻查该厂账目时,"其账房竟云失踪,账簿竟云遗失"⑥,至于会计账目之不清,缺乏准则,已"达于极点"⑦,一款两付、重复开支,时有所闻。例如"各船工食"一项,每年因"一款两付"而使得船主将多付款退回的情形"约有 10 次之多"。⑧ 而 1924 年一项员司酬劳,不但重复开支,而且第二次开支又较第一次开支增加 1 倍。⑨

---

① 《报告书》上册,第 53、54 页,"清查招商局报告书总论"。

② 《报告册》上册,第 53、54 页,"清查招商局报告书总论"。

③ 孙慎钦:《招商局史稿》,第 9 页。

④ 《报告书》上册,第 54 页,"清查招商局报告书总论"。

⑤ 《报告书》上册,第 54 页,"清查招商局报告书总论"。

⑥ 《报告书》上册,第 54 页,"清查招商局报告书总论"。

⑦ 《报告书》上册,第 73、59、71 页,"清查招商局各项缴费摘要报告","清查招商总局账目报告书"。

⑧ 《报告书》上册,第 73、59、71 页,"清查招商局各项缴费摘要报告","清查招商总局账目报告书"。

⑨ 《报告书》上册,第 73、59、71 页,"清查招商局各项缴费摘要报告","清查招商总局账目报告书"。

营私舞弊在招商局已是一种普遍现象。世人所诟病的三大贪污案，为招商局留下“无人不弊、无事不弊”的恶名。从1921年开始，招商局已陷入年年亏损的境地，然而1922年，招商总沪局员司酬劳金却高达243070两。① 薪金报酬款开支之大，令人咋舌。从1923年开始至1926年，招商局年年亏损，致广大股东“未获得分文息金”，可就在这样的时候，招商局的人员，“厚酬”依然“独享。”②

2.“鸠占鹊巢”

招商局经营管理的另一个特征，是该局的技术部门和高级船员职位，在长达半个多世纪的时期里，始终把持在外国人手中，从而给招商局的发展带来一系列问题和弊端。招商局在创办时，“各船皆购自外洋，驾驶管轮全属西人”③，“各船主、大副、二副、大车、二车皆洋人”④。处于当时中国的社会环境中，这种情况不仅可以理解，而且可说有其必然。但是，招商局这种局面，并没有随着时代的发展而逐步加以变革。到晚清末期的1908年时，招商局总数31只轮船（包括趸船）中，31名船长依然全是外国人，大副、二副、三副、大车和3名四车职务也全是外国人担任。只有二车和三车职位中各有2名中国人。⑤ 也就是说，经过40余年的经营后，在从船长到四车的179个高级职位中，竟有175个职位为外

① 《报告书》上册，第71页，“清查招商局各项缴费摘要报告”。

② 《报告书》上册，第60页，“清查招商总局账目报告书”。

③ 转引自聂宝璋：《中国近代航运史资料》第一辑下册，上海人民出版社1983年版，第1226页。“船主”即为船长。

④ 转引自聂宝璋：《中国近代航运史资料》第一辑下册，上海人民出版社1983年版，第1226页。“船主”即为船长。

⑤ 《邮传部第二次统计表》（上），“轮船招商局船员人数表”（光绪三十四年份）。

国人把持,占绝对压倒多数。此后,1913年,招商局任命4名中国人当船长,但董事会却担心各船"骤换华人,恐与保险有碍"①,决定继续聘请外国人当船长。到1919年时,不仅一般华商航业"均雇华员司驾驶",就连怡和、太古等外国航运公司也"兼用华员,"可这时候招商局各轮船的驾驶工作仍然全部由洋员承担。直到1927年,招商局仍只有几只江轮改用中国人任船长,海轮船长则仍然全是外国人。②

除高级船员外,高级局员尤其是技术职位也始终垄断在外国人手中。担任总船长之职的英国人蔚霞,从1876年入局,担任大铁之职,1885年补总船长之缺,1887年起任总船长之职至1910年。蔚霞辞职回国之后,由伦德代理其职务,后正式递补。1919年,伦德回国养病,总船长一职又由"新铭"船长洋人白克林升任。③ 另外,轮机股长华立斯、航务股长麦肯约、副股长朱立根,也都是外国人,从1892年至1899年期间进入招商局后,任职却长达数十年之久。④

需要指出的是,招商局在任用这些外国人担任高级船员和局员职务时,并无相应的专业技术考试和有效的监督管理办法。招商局任用船员之权,"名义上虽然属之主船科,实则总船主、总大车既均为洋人,则各轮重要职员任用之实权,自不得不操之于洋人之手",以至于"各轮重要职员均为洋人"。⑤ 这些洋人在招商局

① 张后铨:《招商局史》,第353、354页。

② 张后铨:《招商局史》,第353、354页。

③ 招档,《董事会第163次会议议事录》,转引自张后铨:《招商局史》,第353页。

④ 见张后铨:《招商局史》,第354页。

⑤ 《报告书》上册,第54页,"清查招商局报告书总论"。

的待遇极高，不仅"月薪均在三、四、五、六百两"①，"比中国人高出许多"，而且其他各种待遇，如"归国川资，假期内薪水，以及洗衣等项，均须由局中供给"。② 甚至"其家属之开支，子女之教育费，及沪寓之洋房租金等等"③，也须由招商局支出。"一个西人，须抵十余名华员之薪工而有余"。"故洋员开支之后，几占各轮船运费收入百分之七十以上。"④然而，招商局花费巨资任用洋人的效果并不好，洋人在招商局擅权、耗资、误事的情况，已人所共知，洋商"视蔚霞如招商局督办"，这也不是什么秘密。⑤ 需强调的是，当北洋政府成立后，甚至包括外国航运公司在内的其他航运公司都"兼用华员"，使得部分华人航海人才"得在其他轮船公司逐步发展之际"⑥，"为华商航业巨擘"的招商局，其高级船员职位依然是"为外人占据，不唯鹊巢鸠占，且久已太阿倒持"⑦，"坐令喧宾夺主"⑧。

3. 频繁的海损事故

这是经营管理不善的必然结果。招商局在行船方面，实行的是包办制，并无划一的章程，即使有一些规定，也形同具文。1916

① 《报告书》上册，第 54 页，"清查招商局报告书总论"。

② 《银行月刊》第 8 卷，第 3 号"各埠市况"，第 46 页，《十六年上海中外航商续志》。

③ 《银行月刊》第 8 卷，第 3 号"各埠市况"，第 46 页，《十六年上海中外航商续志》。

④ 《银行月刊》第 8 卷，第 3 号"各埠市况"，第 46 页，《十六年上海中外航商续志》。

⑤ 参见朱荫贵：《论国家政权在中日近代化过程中的作用》，载《中国经济史研究》1994 年第 2 期。

⑥ 《报告书》上册，第 38 页，"中国商船驾驶员总会来函"。

⑦ 《报告书》下册，第 78、81—82、83、84、85、89 页。

⑧ 《报告书》下册，第 78、81—82、83、84、85、89 页。

年至1926年,招商局发生严重海损事故竟达10次之多,沉没船只6艘,就是这期间管理混乱的必然结果。现在摘录国民党政府清查整理招商局委员会的报告,对此作一介绍。

1916年3月21日,装满军队饷械的新裕轮船驶至浙闽交界洋面时,发生军火爆炸,轮船顿时沉没,“全船船员官军千余人,仅救起洋人二名,华人十余名,余均遇难”。①

1917年5月,招商局安平轮船载运乘客200多人,在山东威海卫之褚岛附近触礁沉没,失踪者三四十人,“损失在百万元以上”。②

同年11月24日,招商局普济轮船与新丰轮船在吴淞口外互撞,普济全船沉没,死难者27人。③

1918年3月25日,招商局江宽轮船在长江汉口丹水池附近被段祺瑞政府的“楚材”军舰撞沉,该船载重1450吨,是招商局创立以来至失事时损失的最大一只轮船。其时载有乘客一千多人,“仅获遇救二百余人,其余均遭灭顶之凶”。④

同年11月16日,招商局致远轮船在缅甸仰光失火,“全船被毁”。⑤

1920年9月27日,“新大轮船驶至成山石岛触礁沉没,货物全失,幸人口无恙”。

1922年4月4日,招商局江通轮船“载客千余人,并满载货物,行至汉阳上游虾蟆机大军山之间,突然失慎”,“所有货物及旅

① 《报告书》下册,第78、81—82、83、84、85、89页。
② 《报告书》下册,第78、81—82、83、84、85、89页。
③ 《报告书》下册,第78、81—82、83、84、85、89页。
④ 《报告书》下册,第78、81—82、83、84、85、89页。
⑤ 《报告书》下册,第78、81—82、83、84、85、89页。

客之行囊都付一炬，损失将近百万”。

1925年秋，招商局江庆船“在石门搁浅”，到第二年春季水涨时才脱浅。

同年6月，招商局飞鲸轮“搁浅于海门”，幸救出险，11月17日，“该轮又搁浅于厦汕交界之古雷湾”，虽旅客货物被救脱险，而该船“竟成废船”。

1926年，招商局全部江轮被军阀孙传芳征用，其中江永轮船10月15日满载军火停泊九江时，“突然发生爆炸”，死难者数百人。

从以上所摘史料看，1916至1926年的10年中，招商局的海损事故除两次是北洋政府军舰撞沉，一次因载运军火爆炸外，余下七次均与招商局自身人员渎职和技术不精、管理混乱有关。其中由渎职和混乱造成者占大多数。1917年普济、新丰轮互撞时，“不知如何认错罗盘，彼此直撞，普济竟被撞成两段，顿时全船沉没”。又如1922年江通失事起火时，“惟闻香味扑鼻，大约所载之油不知为何物引燃，以至不可收拾”①。所载之油能轻易被燃，导致全船焚毁，招商局管理失慎失职是可以肯定的。再如飞鲸轮1925年竟两次搁浅等等，都反映出招商局内部经营管理之极度混乱。

招商局在连续遭此重大损失，甚至一年内就发生好几起重大事故之际，经管阶层不去探究事故之因，总结改进之法，依然敷衍塞责，我行我素。1919年，当招商局“三年之中损失江船一艘海船四艘”，“创巨痛深”之后，其经管人员在股东常会上竟缅颜宣称：“连年营业盈余，除开支外，尚存三百万两，添造船只，不患无资。”②

---

① 以上见《报告书》下册，第78—107页。

② 《报告书》下册，第87页。

由经营混乱所造成的“创巨痛深”,在经营者的笔下变成了一派光明的祝福。似乎借第一次世界大战之机所获盈余能弥补招商局不断减损之船只,就是经营者的一大功劳!

这就是经营大半个世纪以后中国的第一家航运公司留给人们的形象。

三、有所发展而又难于发展的民族资本航运业

(一)1912 年至 1927 年的发展概况

如上所述,当中国民族轮船航运企业在甲午战后得到合法经营权利,很快出现一股发展热潮之际,腐朽的清朝政府在 1911 年的革命浪潮冲击下迅速倒台,南京临时政府不失时机地颁布了《临时约法》和一系列保护私有财产、鼓励发展工商业、废除封建奴役及特权制度的法令、条例和章程。随后窃取革命果实的北洋政府也不得不颁布一系列保护资本权益、鼓励工商实业的正式法令和条例。封建特权的取消,以及公司注册、工商奖励等各种措施条例的颁布,这些过去未曾有过的条件,进一步刺激和推动了中国民族资本主义企业的发展。时隔不久,欧洲两大资本主义集团间爆发的第一次世界大战,使得部分在华外国航运势力撤退,客观上又造成中国民族资本主义航运企业发展中的一个良机。凡此种种,都使得前此已十分活跃的中国民族资本轮运业,再次出现了一个发展高潮。

表 56 统计的 1913 年至 1924 年中国轮船船吨增长及各吨级轮船分类增长的状况,大致反映了这期间中国民族资本轮运业发展的情况。从表 56 总计栏看,1913 年到 1924 年的 12 年中,轮船只数和轮船吨数均呈现逐年持续稳步增长的局面。12 年中,轮船只数和吨数增加了 2 倍多,其中,吨位数 100 吨至 1000 吨的

部分增长最为显著,无论是轮船只数还是吨数,增长都在3倍以上。但是,最为引人注目的部分,应当说是千吨以上轮船增长的状况,从1913年到1924年,千吨以上的轮船从47只增加到149只,增长了2倍多。吨位数从98447吨增加到291931吨,增长幅度虽不到2倍,绝对吨位却超过千吨以下所有轮船增长吨数的总和。更重要的是,这类型轮船的增加,尤其是万吨轮船的出现①,大大改变了此前中国大型轮船明显短缺的状况,为中国轮船航运业在江海各条航线上与外国轮船公司抗衡,进而开辟远洋航线奠定了基础。

如用表56和表51的统计数字进行一下对比,则中国轮船航运业在这30年期间发展变化的轨迹就更为清楚。如表56所示,1924年时,中国拥有各类轮船2781只,总吨数483526吨,分别为1895年的19倍和15倍,为1911年的3倍和5倍。② 这种情况清楚地说明,中国轮船航运业在这30年中是快速增长发展的行业,是当时中国资本主义发展最活跃的领域之一。其中,后12年的发展又远远超过前17年。不仅在数量的增长上越来越显著,而且在质量上也出现了明显的变化,500吨以上大中型轮船增加到246只、359154吨就是显著的标志之一。从总体上来看,这期间中国轮船航运业的发展,有以下几个特点。

---

① 见张心澂著:《中国现代交通史》,上海良友图书公司1931年版,第289页;又据樊百川统计,到1921年,中国已有万吨级轮船4只,5000吨以上不满万吨者6只,见《中国轮船航运业的兴起》,四川人民出版社1985年版,第471页统计表。

② 据表56和表51有关数字计算。

表 56　1913—1924 年中国轮船增长状况及吨级分类统计表

指数 1913＝100

年份	总计			其中											
				1000 吨以上者			500 吨至 1000 吨者			100 吨至 500 吨者			100 吨以下者		
	船只	船吨		船只	船吨		船只	船吨		船只	船吨		船只	船吨	
		吨数	指数		吨数	指数		吨数	指数		吨数	指数		吨数	指数
1913	894	141055	100	47	98447	100	21	14908	100	60	14506	100	766	13193	100
1914	1059	160994	114	54	108864	111	24	16734	112	78	18665	129	903	16732	127
1915	1566	189529	134	56	111182	113	32	22220	149	114	26035	179	1364	30091	228
1916	1801	209344	148	59	114562	116	40	27446	184	136	31270	216	1566	36064	273
1917	1964	222049	157	61	117145	119	46	31129	209	148	33797	233	1709	39977	303
1918	2099	248901	176	70	131465	134	54	37076	249	162	37505	259	1813	42854	325
1919	2215	284696	202	80	151420	154	64	43532	292	193	45512	314	1878	44232	335
1920	2313	339133	240	96	194539	198	72	49877	335	206	48768	336	1939	45948	348
1921	2451	382559	271	110	221075	225	85	58731	394	228	54875	378	2028	47878	363
1922	2562	411695	292	122	240934	245	87	60089	403	253	61002	421	2100	54670	414

续表

年份	总计			其中											
				1000吨以上者			500吨至1000吨者			100吨至500吨者			100吨以下者		
	船只	船吨		船只	船吨		船只	船吨		船只	船吨		船只	船吨	
		吨数	指数		吨数	指数		吨数	指数		吨数	指数		吨数	指数
1923	2673	446467	317	132	263010	267	94	65382	439	276	37037	462	2171	51038	387
1924	2781	483526	343	149	291931	297	97	67223	451	294	72031	497	2241	52341	397

说明:①原表缺1912年数字,1925年后的数字也无。

②表中数字为向民国政府注册登记之轮船数字,鉴于当时有轮船未注册的现象存在,表中数字应比实际数字略低。

③原表中小数均按四舍五入原则处理,本表中仅列整数。

④原表无指数,本表中指数均为笔者计算。

⑤原表在100吨以下者还按50吨至100吨、20吨至50及20吨以下分几栏,本表均以100吨以下者合并之。

⑥本表未统计历年损毁减少船只数字。

资料来源:据《交通史航政编》第二册第三章第707页,“附船舶吨数逐年递加表”编排计算。

自19世纪80年代初唐廷枢、徐润主持轮船招商局期间,中国曾短期开辟过北美、欧洲及南洋的远洋航线,但旋即以失败告终,此后在长达几十年的时间里,除偶尔有一些华资轮船不定期地航行南洋航线和一些华商租赁轮船行驶南洋航线外,在远洋轮船航运的领域内,中国几乎处于空白状态,这种局面一直持续到1911年辛亥革命以后才逐渐被打破。据统计,第一次世界大战前,已开始有华侨设立的“宗记”、“和济”、“福东”等公司租用或购置轮船在南洋与厦门、汕头等地之间航行。① 第一次世界大战爆发后,从事南洋群岛与沿海一带航行的轮船公司更有增加,其中比较著名的有1915年成立的中华汽船公司和1916年成立的建源号,发起人都是南洋华侨,建源号更拥有二三千吨级的轮船6只,在沿海各口和南洋一带航行。② 与此同时,国内实业家开辟远洋航线的热潮也正在出现。到1918年,仅据交通部注册登记的远洋轮船,就有:三北轮埠公司的升有(1500吨)、升孚(1322吨)船,航线为上海、汉口、天津、新加坡、仰光、日本、海参崴等地;刘维源的亚洲号(1061吨)在新加坡、暹罗③和香港、厦门等地航行,金叔屏的上海二号(1000吨)航行海参崴和印度间;黄碧荃的南金号(1000吨)航行新加坡、仰光及沿海一带;利淮商号的安华号(3150吨)航行海参崴、印度及日本一带。④ 同年,较小一些的轮船如政记公司的增利号(966吨)、李星衢的中华号(880吨)也在沿海和南洋的新加坡、爪哇、小吕宋等地航行。⑤ 这时候,远洋航线还主要集中在

① 王洸:《中国航业》,第122页,第四回《支那年鉴》,第1481页。
② 《时报》1915年5月12日;王洸:《中国航业》,第122页。
③ “暹罗”即今泰国。
④ 《交通史航政编》第二册第三章,第643页。
⑤ 《交通史航政编》第二册第三章,第662—663页。

南洋一带,1920年以后,中国的远洋航线又有一个大的举步。该年由交通部租船监督处出面一举购进了5000吨、6000吨级的轮船各1只,4000吨级的轮船4只,1000吨以上的轮船7只,合计13只共35134吨投入远洋航线。尽管此后有部分轮船转入海军部系统或改隶其他公司①,但其对远洋航运发展所产生的积极作用依然不可低估。

在民族资本航运业的初步发展中,最值得一提的是1915年中国华侨出面创立的中国邮船公司,它第一次以万吨级巨轮开辟了横渡太平洋的中美邮轮航线。1915年,日本以《二十一条》要挟我国,旅美华侨力抵日货进行斗争,又适逢美洲太平洋邮船公司因事停航,日人遂利用他们一时的垄断地位故昂其船价以为报复,这更加激起了华侨的义愤。作为抵制的手段,他们于同年10月1日径自组织中国邮船公司,以美金30万元向美洲太平洋邮船公司购10200吨轮船1艘,以"中国"二字命名,并从成立之日起由旧金山开始航行,经檀香山、日本、上海以至香港。时虽仅1船,而营业极旺,第一次即获利数十万元。② 以后又陆续添购万吨轮船2只,命名"南京"和"尼罗"号航行中美间。尽管第一次世界大战结束后该公司因竞争激烈和日本方面破坏而最终将船售与美国③,但它在中国轮船远洋航运史上,仍然留下了光辉的一页。

据不完全统计,到1924年,中国行驶远洋航线的企业已达到

① 《交通史航政编》第二册第三章,第662—663页。

② 张心澂:《中国现代交通史》,上海良友图书公司1931年版,第289页。

③ 张心澂:《中国现代交通史》,上海良友图书公司1931年版,第289页。

42 家,轮船合计达 73 只、131107 吨。① 这还不包括非定期的远洋航行的公司和轮船。仅 1924 年新登记注册行驶远洋航线的公司就有 14 家 24348 吨。② 其发展速度可见一斑。

2. 大型航运企业的出现

轮船航运业出现的另一显著特点,是大型航运企业的崛起。辛亥革命以前,除轮船招商局外,中国轮船航运业中还难以举出较有规模的企业或集团。辛亥革命以后,尤其是在第一次世界大战以后,一批经过扩充和新设的航运企业迅速崛起,他们分别拥有轮船数千以至数万吨,使中国轮船航运业在整体上出现了一个崭新的面貌。

最典型和最有代表性的是 1914 年由实业家虞洽卿创办的三北轮埠公司。还在公司成立的前一年,虞洽卿即购小轮一艘,命名镇北,行驶龙山、镇海、宁波等地。1914 年公司正式成立时,资本金定为 20 万元,添购小轮姚北、慈北 2 只。1918 年和 1919 年,公司分别增资 100 万元,又新购轮船 7 只,其中升有、惠顺、升平都在 1500 吨以上,使公司大小轮船达到 10 只,合计 7669 吨。航线发展至江海各主要航线及南北洋日本等地。由于获利丰厚,公司在 1921 年至 1925 年中,又陆续添购 1700 吨以上的轮船 5 只,900 多吨的 1 只。1925 年五卅惨案后,公司势力继续膨胀,1926 年又添醒狮、鸣鹤 2 轮,后鸣鹤因失慎改建为富阳轮,专行宜昌、汉口航线。复在四川购吴兴轮,添行重庆班。1927 年又购入英轮 2 只,加备舱位,发展呈蒸蒸日上之势。到 1927 年止,三北公司已拥有

① 据《交通史航政编》第二册第三章各该年轮船登记给照记录计算。

② 据《交通史航政编》第二册第三章各该年轮船登记给照记录计算。

大小轮船24只,合计29109吨。① 其中1000吨以上的有14只,成为华商航业中发展最快、营业最成功的企业。如再加上虞洽卿拥有的鸿安商轮公司和他儿子虞顺思与人合办的宁兴轮船公司,则已成为仅次于轮船招商局的第二大航业集团。

和三北轮埠公司齐名的,还有前面提过的政记轮船公司。这家公司的初期发展虽与日本人的支持分不开,但主要得力于欧战中获利的丰厚,因而也得以相继添置多轮,逐渐延伸航线。1915年时航线已包括长江、南北洋、日本、朝鲜等地,1917年更向南扩至海口、海防、曼谷、新加坡、西贡、爪哇等处。② 该公司的特点是以货运为主,客运为辅。在经历过1919年抵制日货的斗争后,1920年4月又改组为烟台政记轮船股份有限公司,向北洋政府注册,将旧公司资产折价500万元,加入新公司,实则依然为张本政兄弟二人主政。1924年直奉战争时期政记公司的轮船被直军扣留承担兵差,直军败后,奉军入关,政记难以为继,准备将轮业全部售与日本大连邮船会社,后得奉方维持,“加入官股二百万元,重行改组”③,成为合资性质。此后连年内战,政记虽受累不小,但依然保持较大规模,1930年时全部轮船共有19只,合计24434吨。④

此外专门航行东北三江的戊通航业公司,也算得是一家大型航运企业。在它存在的7年(1918—1921年)中,曾拥有近30只

---

① 以上据《交通史航政编》第一册,第391—393页,张心澂:《中国现代交通史》,第288、289页计算。

② 张心澂:《中国现代交通史》,第272页,以及《交通史航政编》第一册《政记公司》有关部分。

③ 张心澂:《中国现代交通史》,第272、273页,总吨数据273页数字计算。

④ 张心澂:《中国现代交通史》,第272、273页,总吨数据273页数字计算。

轮船计29300余吨的规模,是东北三江最大的一家民族航运公司。关于它的历史,下面还要专节讨论。除此之外,这时期还有一批数千吨规模的轮船公司出现,他们与这些大型企业一起,构成了本期中国民族航运业的骨架,也使得中国轮船航运业的发展,无论在地区和规模上,都达到了前所未有的水平。

3. 轮船航运体系的初具规模

如上所述,经过辛亥革命后十几年的发展,中国轮船航运业已经有了一定的规模。从轮船数量上看,1924年时行驶远洋航线的企业已有42家,轮船73只,合计131107吨,其中包括几千吨乃至万吨的巨轮。再加上国内航线上500吨以上的轮船,则行驶江海和远洋的大中型轮船总数已达到246只,合计359154吨。从航线分布上看,这时期的航线包括欧洲、北美、澳洲等远洋航线,在近海和印度、非洲、南洋一带行驶的轮船为数更多。国内航线则遍及各水域在内港和某些主要江海航线上(如东北三江)与外轮势力相比还占据了一定的优势。从企业规模方面看,这时也已形成了一批拥有轮船数千吨乃至数万吨的航运企业。可以不夸张地说,这十几年的发展,对中国轮船航运业来说,无论在规模、速度、地域、技术和实力上,都是一个飞跃的时期,中国轮船航运业已初步形成体系,成为在华外国航运势力的有力竞争对手。

中国轮船航运业在这十几年中能有如此飞跃的发展,原因自然非止一端,而是各种因素各种条件综合作用的结果。除了辛亥革命后新上台的北洋政府不得不采取某些鼓励发展工商实业的政策,以及第一次世界大战爆发后部分外国轮船撤离中国,客观上造成中国轮船航运业发展的良机外,还有一些条件也十分重要。首先是运费猛涨造成的激励作用。第一次世界大战爆发后,由于战争损毁的商船数字巨大和部分商船移作军用,各国的商船都出现了短缺,这种情况同样不可避免地影响到中国,其最明显的现象就是轮船运费普遍逐年高涨。例如在远洋航线上,1914 年上海至美国的货运每吨运费 10 美元,1917 年时猛涨至 55 美元。1914 年运货往伦敦每吨英金 3 镑,1917 年时高涨至 40—50 镑。① 长江航线同样如此,欧战爆发以前,汉口运欧水脚每吨 25 先令,1914 年 8 月后涨至 60—80 先令,1915 年年底平均达 125 先令。② 而且,由于远洋和江海航线运费上升的带动,各条航线乃至内港航线的运费都出现了猛涨,这种无论经营何种轮船航运都有大利可图的局面,固然对航运实力最强的英国和日本最为有利,但其对中国民族航运势力的崛起所起的作用,同样不可低估。

其次是这时期民族工业的迅速发展,对轮船航运业产生了巨大的推动作用。辛亥革命以后的十几年,是中国民族资本主义企业发展的黄金时期,仅据上海一地的统计,在 1913—1927 年间,纱厂、丝厂、卷烟厂和面粉厂四项主要工业都有大幅度的增长。就厂数而言,估计增长将近 5 倍。③ 其中荣宗敬、荣德生兄弟所拥有的纱锭和粉磨数,在大致相同的时期内分别增长 14 倍(1916—1927 年)和 28 倍(1912—1927 年)。④ 在中国海关统计的各年进出口货物总值中,1910 年分别为 72129.9 万元和 59333.7 万元,1930 年增长为 204059.9 万元和 139416.7 万元,分别增长 1.8 和 1.3 倍。⑤ 这种民族资本工业迅速发展和进出口值迅速增长的状况,

① 《关册》,上海口,1917 年,第 832 页。

② 《关册》,汉口口,1916 年,第 556 页。

③ 严中平等:《中国近代经济史统计资料选辑》,科学出版社 1955 年版,第 162—163、164、165 页。

④ 严中平等:《中国近代经济史统计资料选辑》,科学出版社 1955 年版,第 162—163、164、165 页。

⑤ 据严中平等:《中国近代经济史统计资料选辑》,科学出版社 1955 年版,第 72 页数字计算。

不仅为轮船航运业的快速发展提供了可靠的货源和增长的基础,还直接从船只设备等方面保证了轮船航运业发展的需求。这时沿江沿海的一些大城市,都修建或扩建了一批能造大小轮船的船舶修造厂,其中有的能修建万吨级的轮船。从地域上看,则沿海沿江华南直到东北,都有造船厂存在。① 这种情况,同样有力地促进了轮船航运业的发展。

还有,这期间不断爆发的大规模的群众性反帝斗争,也为轮船航运业的快速发展提供了重要的推动力量。前述以万吨巨轮横跨中美航行的中国邮船公司,就是在抵制日本侵略的浪潮中创立的。1915 年反对日本强加于中国的"二十一条"和 1919 年的"五四"运动,都对外国在华航运势力尤其是日本航运势力造成严重打击,反之,对中国轮船航运力量的成长,则是一种支持和推动。

但是,从 1925 年开始,由于国内接连不断的军阀战争,导致中国轮船航运业的发展势头受阻,数量不仅没有进一步增加,反而出现递减的趋势:海关统计的中国各通商口岸进出的中国船舶数字,1924 年时为 33288363 吨,1925 年时减为 33002936 吨,1926 年减为 28393631 吨,1927 年时更减为 21636391 吨。② 除此而外,在轮船航运业的兴起过程中,一些蕴藏于中国社会深层次的东西即封建传统习惯势力,在这种社会大变动时期反映出来的对新式企业成长的消极影响作用,同样值得我们注意和深思。以下分析的东北三江地区在此时期出现的最大航运企业——戊通航业股份有限公司(以下简称戊通公司)的兴衰过程,就是这方面的一个典型

① 参见樊百川:《中国轮船航运业的兴起》,四川人民出版社 1985 年版,第 469、470 页。

② 参见本书第一篇第四章第四节统计表 81:"1912—1927 年中外船舶进出中国通商口岸吨数及百分比"表。

例子。

（二）有所发展而又难于发展的典型企业示例

1912 年清朝政府垮台和随之而来的第一次世界大战，虽然使中国的民族企业获得了一个难得的较快发展时期，但过去阻碍和影响中国近代企业发展的两大阻力——外国在华势力和传统封建势力，依然是中国民族企业顺利成长的主要障碍。因此，当第一次世界大战部分外国在华势力后撤，对中国民族近代企业成长压力减轻之际，封建传统势力对中国近代企业成长的消极和障碍作用，相形之下就显得更加明显。这种状况，在航运领域中特别是在那些官府势力较大而又享有某些特权的企业里，表现得就更加突出。1919 年在东北三江兴起而于七年后消亡的戊通航业公司，就可以说是这方面的一个典型。

戊通公司创办前，东北松花江、黑龙江和乌苏里江"三江"航运业，是沙俄轮船商的一统天下。虽然 1858 年中俄《瑷珲条约》规定："黑龙江、松花江、乌苏里河，此后只准中国俄国行船，各别外国船只不准由此江河行走"①，但由于清朝政府的软弱无能，不仅属于中俄两国的黑龙江、乌苏里江的航权被沙俄政府独占，就连我国的内河松花江，也在 1900 年以后为俄国的轮船所独占，航行于"三江"的俄国轮船公司，都带有官方或半官方性质。1871 年成立的黑龙江汽船公司，1895 年成立的黑龙江商船公司和 1900 年后成立的中东铁路附属中东轮船公司，每年均得到沙俄政府的巨额财政补助，仅黑龙江汽船、黑龙江商船两公司每年得到的财政补

① 王铁崖编：《中外旧约章汇编》第 1 册，第 85 页。《瑷珲条约》中的松花江，并非今日地理概念的松花江，而是自黑龙江汇合松花江后再流入海的黑龙江下游一段，即今同江到俄庙街这一段。参见薛虹：《沙俄攫取松花江航行权的经过》，载《社会科学战线》1979 年第 4 期。

助,就有55万卢布之多。俄船势力最盛时,航行"三江"的俄国轮船达500艘左右。①

相反,我国则直到1906年,才由黑龙江省将军程德全以官款7万两成立呼兰轮船局,购船2艘从事哈尔滨至呼兰间的短距离航运,此为我国松花江轮船航运之始。尽管此后有松花江官办轮船总局、吉林官轮局和"先登"、"镜波"、"振兴"、"利国"等民办小型轮船公司出现,但这些公司除个别外,大都只有一两艘小轮船,势单力薄。截至1917年,我国航行松花江上的轮船一共不过26艘,总马力2997匹②,同俄国人的船队根本无法相比。而且,无论官办还是民办轮船公司都受到俄国人的限制,不能越出松花江口一步。1914年黑龙江将军朱庆澜曾购船1艘,命名"庆澜"号试航黑龙江,但"一出松花江口,即被俄人阻回"。③

沙俄轮船商对"三江"航运的垄断,一直持续到1917年十月革命之日,这次革命给我国东北航运业的发展带来了转机。首先,十月革命对垄断"三江"航运业的沙俄轮船商仍是一个致命的打击,使他们突然面临着财产被没收充公的威胁,只好纷纷求售脱手,但由于《瑷珲条约》的限制,俄国船只除卖给华人外并无其他办法,因此,我国东北航运业在此时迎来了一个千载难逢的大好发展时机。

另外,十月革命结束了沙俄船商独占黑龙江、乌苏里江航运的局面,使中国轮船得以进入黑龙江和乌苏里江,利润随之迅速增加。1918年,从哈尔滨开往黑龙江黑河的华商货船,杂货运费每

---

① 见殷仙峰:《哈尔滨指南》第2卷,东陲商报馆1922年版,第128、129页。

② 《东省经济月刊》第四卷,第九号"松黑两江之航运",第11页。

③ 金锐新:《东北航业沿革述略》,第9页。

普特达到 10 卢布(每 61.8 普特折合 1 吨),粮食每普特达到 4 卢布,各船"无不获利甚厚"。① 1918 年年底结算,松、黑两江邮船局的江欧、江凫、庆澜、公济 4 船,获纯利达 335000 卢布。② 后来成为戊通公司发起人之一的孟昭常,这年以 10 万卢布(约合华币 5 万元)购俄船 1 艘试航黑龙江,"自通航日起至年底止,时仅半年,往返五次,获利达船价五倍"。③ 松花江航线的利润也有增加,如松花江的九江号轮船,1918 年获利达 20 万卢布左右。④ 戊通航业股份有限公司正是在这种极其有利的形势下乘时兴起开办的。

戊通公司酝酿于 1918 年,1919 年 3 月正式于哈尔滨成立。其额定资本为 200 万银元,购置了沙俄轮船 29 艘、拖船 20 艘,合计约 29300 余吨⑤,数量远远地超过了 1917 年"三江"的华船总只数和总吨位。戊通成立不久,便在哈尔滨的道外十二道街修建了 4 层的总公司楼房,设立了机器厂和船厂,修筑了货栈码头,售票处及职员住宅等,并在松花江和黑龙江沿线设立了多处分公司、事务所和代理处。到了 1920 年,戊通公司的航线已遍达"三江"上下游,还几次远航俄属伯力和庙街一带,这在我国东北的航运史上,还是前所未有的。几年之间,戊通公司不仅成为"三江"最大的华船公司,在全国,其规模也仅次于长江线上的轮船招商局。

戊通公司能在短期内迅速崛起,除了上述客观原因外,更重要的是,戊通公司的发起人和主要股东中,有当时北洋政府交通部和交通银行的一些重要人物,使戊通公司获得不少特权,无论在财力

---

① 《运费之昂贵》,《远东报》1918 年 6 月 24 日。

② 《邮船局之获利》,《远东报》1918 年 12 月 24 日。

③ 《交通史航政编》第 1 册,第 400 页。

④ 《轮船将大行修饰》,《远东报》1918 年 10 月 22 日。

⑤ 《附戊通公司呈交通部文》,《交通史航政编》第 1 册,第 403 页。

和其他方面都具有一般商人不能望其项背的优越条件。我们先来看看戊通公司中一些重要人物的身份。

董事梁士诒,交通系领袖人物,时任交通银行董事会董事长,其创办的交通银行在辛亥革命以后,分支行遍及全国,在财政金融界有举足轻重的地位。

董事曹汝霖,交通系的头面人物,时任北洋段祺瑞政府的交通总长和财政总长。

董事任凤苞,时为交通银行协理,后为副经理。

候补董事叶恭绰①,是梁士诒的老搭档,在戊通公司营运期间,担任过交通总长。

发起人孟昭常,前清举人,曾留学日本,宣统年间为资政院议员,立宪公会副会长,民国成立后出任农商部佥事。戊通成立时任黑龙江省实业厅长。②

发起人陈威(公孟),前清举人,日本早稻田大学政治经济系毕业,归国后任度支部七品京官,民国成立后任中国银行副总裁,1917 年任财政部库藏司会办。③ 戊通公司成立时任东三省交通银行经理。④

戊通公司的第一任经理王宰善(荃士),曾任河南新乡县知事,江西国税厅坐办,本溪湖煤铁公司总办。⑤ 戊通公司成立时任长春交通银行副经理。⑥

---

① 《戊通公司股东会记事》,《远东报》1919 年 3 月 12 日。

② 北京支那研究会:《最新支那官绅录》,1919 年版,第 257 页。

③ 北京支那研究会:《最新支那官绅录》,1919 年版,第 395 页。

④ 《交通史航政编》第 1 册,第 400 页。

⑤ 北京支那研究会:《最新支那官绅录》,1919 年版,第 470 页。

⑥ 谢霖:《哈尔滨戊通航业股份有限公司航务报告》第一次,民国八年版,第 2 页。

戊通公司的第三任、即最后一任经理王秉权，也是前清举人出身，曾先后任新民府税捐局、安东沙河税捐局总办等职。1915 年任安东海关监督。①

戊通公司董事会曾于 1920 年改选，新当选的董事董士恩，时为黑河道尹。② 董事胡祁泰，时为交通部司长。董事王景春为交通部参事及东省铁路督办。③ 梁士诒、曹汝霖、任凤苞、魏绍周、陈威等 5 人则连任。综观两次董事会的人选及主要发起者，几乎全是官场中的头面人物。

创办者和主要股东的这种特殊身份，使戊通公司与北洋政府交通部和交通银行之间有一种特殊的关系，并由此获得了种种的便利和特权。

首先在资金上就得到交通银行的大力支持。戊通公司成立时额定资本为 200 万元，实收只 50 万元，购买俄船、修建大楼、码头、船厂、机器厂等等时，凡"资本不敷，概由交通银行借给"④。该公司从开办到 1920 年 11 月 24 日止的一年半时间里，先后透支交通银行 374 万元，透支其他行号 4 万元，其他暂收存款、保证金、储蓄存款、未付手续费 10 万余元以上，共计负债 438.5 万余元。⑤

在这种情况下，1920 年年底戊通托辞财力不支，请求交通部将其收归国有，实则要求交通部给予财政上的支援。结果，1921 年，交通部将戊通改为官商合办，原招股份不变，另由交通部加入

---

① 北京支那研究会:《最新支那官绅录》,1919 年版,第 40 页。

② 金锐新:《东北航业沿革述略》,第 18 页。

③ 《交通史航政编》第 1 册,第 433、435 页。

④ 谢霖:《哈尔滨戊通航业股份有限公司航务报告》第一次,民国八年版,第 1 页。

⑤ 《附佥事张心征、技正张铸呈交通部文》,《交通史航政编》第 1 册,第 407 页。

官股150万元。对于戊通所负债务,则“由交通部体察情形,或量予补助或设法分担”。[①] 结果除将官股150万元偿还交通银行外,下剩债务则让戊通与交通银行订立250万元分期偿付的借款合同,并由交通部充任保证人。借款合同第十条规定:“此项借款到期,如公司不能履行,由保证人如数代为清偿。”[②]实际上是由交通部把戊通公司的债务完全包了下来。这一点,正如公司候补董事,时任北洋政府交通总长叶恭绰承认的:“公司以屡遭意外,困顿不之(支),乞归国有,余时长交通,因为之营画,由政府分肩其累。”[③]此后,戊通公司向交通银行借的这笔250万元债务,第一期利息174315元,就是由交通部代付的。[④] 对于已收的商股50万元,交通部还作出“每年保息六厘以上”[⑤]的保证。并且因为“附股之人,交行重要职员甚多”[⑥],交通部又另拨200万元作为担保抵押给付交通银行。照顾如此周到,就是因为戊通的股东是交通部和交通银行的实权人物。以官款饱私囊,这就是戊通“官商合办”的实质,不论公司今后如何经营,即使出现亏损“均可由交通部担承”,不但没有风险,“反可从中渔利”。[⑦]

---

① 《附交通部农商部提出国务会议议案》,《交通史航政编》第1册,第413页。

② 《附戊通公司与交通银行订立借款合同》,《交通史航政编》第1册,第464页。

③ 叶恭绰:《遐庵汇稿》中编,诗文,“友人寄戊通公司经过事略感题其后”。

④ 《交通史航政编》第1册,第464—465页。

⑤ 《附交通总长高恩洪提出国务会议议案》,《交通史航政编》第1册,第465页。

⑥ 《附交通总长高恩洪提出国务会议议案》,《交通史航政编》第1册,第466页。

⑦ 《时报》1920年12月6日,《戊通公司收为国有之内幕》。

除此以外，他们还利用自己的权势，为戊通谋取种种好处，如包运官盐。过去官盐均由俄船运输，现在却是“订有合同，为戊通独享权利”。[①] 仅此一项，每年可获净利 20 万元以上。戊通还同美孚煤油公司商量包运煤油的合同，这项运费每年也有 10 万元左右的收益。[②] 戊通还以自己的特殊地位和身份，与中东铁路公司订有水陆联运货物的合同。[③] 凡此种种，都是其他轮船公司无法与之相比的。更有甚者，戊通公司连自己所用燃料，也享受免税的优待，仅此一项，就使戊通“每年可省数万元”[④]的开支。

从以上的介绍可以看出，戊通公司成立于发展东北航运业极有利的时机和环境中，其发起人和股东又利用权势为其谋取了其他轮船公司难以获得的种种特权和便利。那么，戊通公司是否能因此而得以发展壮大，一执东北航运业之牛耳呢？回答却是否定的。

从 1919 年 3 月公司正式成立到 1925 年破产被清理为止的短短 7 年间，戊通先后换了三任经理，经历了商办和官商合办两个阶段，但无论商办还是官商合办，都没有能改变其巨额亏损和每况愈下的局面，最后只得宣布破产。那么，是什么原因导致了这样的结局呢？显然，在既无外国轮船势力倾轧或这种压力已相当小而又享有北洋政府的支持和种种特权的情况下，戊通公司还办不下去以至于破产的原因，只能从自身内部特别是封建传统势力对经营

① 《附钱大镛整顿戊通公司计划书》，《交通史航政编》第 1 册，第 419 页。

② 《附摘录戊通公司各项说明书》，《交通史航政编》第 1 册，第412 页。

③ 《东省铁路公司，戊通航业公司水陆联络运输告白》，《远东报》1920 年 11 月 5 日。

④ 《附摘录戊通公司各项说明书》，《交通史航政编》第 1 册，第 416 页，1920 年 11 月 5 日。

新式资本主义企业的阻碍和危害上来寻找,也正是在这里,我们发现了几千年传统封建习惯势力与资本主义企业经营原则的格格不入,以及这种习惯势力对近代新式企业发展的严重阻碍。以下我们就此作些具体的分析。

企业的经营管理是一门科学,能否有一个懂业务、精明干练、讲究效益的领导班子和高效率运转的办事机构,是一个企业成败的关键。但是,戊通公司的兴办者是一批衙门习气十足的封建官僚,他们根本不懂近代企业的经营管理办法,不懂技术业务,缺乏经营近代新式企业应有的素质修养,也不想按照这一套去做。相反,由于戊通公司兴起的特殊性,他们却很自然地把戊通公司当成封建官僚机构的一个新的组成部分,从而把官僚衙门作风带进了这个新式企业。其中,最突出的一点,是把戊通公司变成了一个委官放缺、招朋纳友、营私舞弊的场所。为安置官亲幕友、心腹故旧和同寅乡里,戊通公司设置了众多的机构,在总经理和副经理之下,设立了13个单位,这13个单位中除稽查、律师、诊疗所、司务所、代理处等5个单位和分公司外,剩余的7个处下面又设了34个股,平均每处5股,最多的达8股。① 设置这么多机构的原因,就是为了安置从各种途径引荐来的私人。

但是,职能部门过多,必然造成机构重叠,分工不明,人浮于事和效率低下的局面。例如,运输处和货栈处就纯属重叠,当时就有人指出,根本没有必要设立货栈处,"由运输处派一二人监管,余雇更夫数名闭门谨守即可,无须专立一处设置职员多名。领货时即由运输处派人携带领货证往领可也"②。行船处同为"形同虚

① 据"总公司组织章程",见民国十一年戊通公司印行《戊通汇刊》中"公司组织大纲"。

② 《交通由航政编》第1册,第436、439、420页。

设”“徒糜费用”的一个处，因为“支配调度船只概归之运输处，船员之任免更调归之总务处”，行船处不过是在船只拢岸离岸时，“派水手目一名扬旗照料”①而已。稽查处亦属多余，因为，“稽查视同虚设，从未见其出外巡查”②。

戊通除设置众多的机构外，每个机构的人员设置也十分冗滥。沙俄当时的阿穆尔等各大轮船公司的材料处只设材料主任1人，采买1人，另有看守夫数人而已。③ 而戊通公司的材料处则除主任1人外，尚有一、二、三等事务员，总数达14人之多。而会计处用人之多，“不啻一银行”。主任，一、二、三等事务员计19人，加上工役4人共23人。这些人实际上根本无事可做，据说每人每月办公时间不过一两小时。

戊通公司除稽查、律师、诊疗所、货栈处、司务所、代理处等部门因人员数目不确未计算外，总公司的职员已达150人，再加上分公司82人，合计达232人。这个数目几乎占了轮拖船及码头人员总数614人④的一半，而轮拖船和码头人员的数目本身也同样冗滥不堪。戊通公司人浮于事现象的严重，于此可见一斑。有人估计，戊通公司“如能将内部冗员切实裁汰，则每年可省经费四分之一”。⑤

除了机构重叠臃肿，编制庞大外，戊通公司人员的素质却又极低，既非内行，又无特出的才干，更不懂得近代的生产技术。例如

---

① 《交通史航政编》第1册，第439页。

② 《交通史航政编》第1册，第420页。

③ 《附督办王景春调查报告》，《交通史航政编》第1册，第436页。

④ 据《附戊通公司员工薪资表》，《附戊通公司轮拖各船员工薪资表》计算，《交通史航政编》第1册，第425—431页。

⑤ 《附督办王景春调查报告》，《交通史航政编》第1册，第435页。

行船处之设,“原为调度各轮拖船航行之秩序,明定各船航行之日期,并督促各船船员如大二副、大二车等之服务,考其勤惰而任免之”①,是一个对公司的收入和奖勤罚懒,提高经济效益等等有直接关系的重要机构。本应是精通业务的人才能担当其职责,可是该处人员不仅“毫无航业知识经验”,甚至对于公司各船之载重及速率等也“茫然不知”。② 该处的主任松林,就是一名“毫无航业知识”的俄文翻译。他们对船只调度等一窍不通,以至出现“同日派定数船同时起行……以数船分载有限之客货”③的蠢事。船厂同样掌握在一批不学无术的人的手中,结果,船厂自己修不了船,只好将工程包出去修理,又因为主持人不懂业务,“既不知工程之多寡,自难辨其估价之高低”,致使“受人欺骗,损失不知几何”。④至于各种材料的浪费,更是“指不胜屈”。⑤

而且,封建官僚衙门的作风在戊通公司这里也达到了令人不可思议的地步。例如公司内部有事互为接洽,哪怕是一墙之隔,也要用公函往返,“拟稿、阅稿、盖章、签字、打字、挂号、发送”等等,十分繁杂。一旦轮船待开,货物待装待卸,情况紧急异常的时候,这里依然照章办事:甲处办稿缮写,乙处办稿回复,其手续之繁,费时之多,不知误了多少事。比如报关,“他公司本日报关即能本日装卸货物,而戊通非二三日不可”⑥。这种十足的官僚习气和衙门文牍作风,在中国近代兴办的各种企业中,也是极为少见的。

---

① 《附公司股东说帖》,《交通史航政编》第1册,第439页。

② 《附公司股东说帖》,《交通史航政编》第1册,第439页。

③ 《附督办王景春调查报告》,《交通史航政编》第1册,第437页。

④ 《附钱大镛整顿戊通公司计划书》,《交通史航政编》第1册,第421页。

⑤ 《附公司股东说帖》,《交通史航政编》第1册,第440页。

⑥ 《附督办王景春调查报告》,《交通史航政编》第1册,第437页。

拥有先进生产力的近代企业,必须制定相应的规章制度,才能保证生产的正常运行和考核经济效益,这本属常识,可戊通公司作为拥有几十条船和近千名职工的大企业,在这方面却十分欠缺。尽管戊通公司也制定了门类繁多的各种章程和条款,在《戊通汇刊》一书总 386 页中占据了 320 页之多,但因不懂经营管理之故,这些规章不是不合实用,就是从未实行,而重要的规章制度一项也没有。例如公司最基本的"支出预算"就"向无规定"①,甚至连最起码的行船时间表(即按照轮船马力大小、拖船多寡以定行驶的时间)和燃料定额表(即按照轮船马力大小,拖船多寡,行船每小时用燃料若干,停轮若干,开船地至到达地应用燃料若干的定额)也没有。② 而行船迟速,对于营业至关重要,"三江"每年可航行期只有 7 个月,如"往返能速,次数必多,营业收入亦随以增",反之,"不独客载他去,营业减少,而燃料耗费亦巨"。③ 燃料费用,是戊通每年相当大的一项支出,而没有燃料定额表,就无从核算,一方面导致停船时"中途任意停留,开船动辄误期"的现象屡屡出现,船员可以随意借故拖延时间开船或抛锚,给油、柴等燃料造成极大的浪费,另一方面又必然造成"信用扫地,客货他往"④的后果,极大地影响营业收入。

没有严格的管理规章,必然使管理工作一团糟,造成弊端和浪

① 《附钱大镛整顿戊通公司计划书》,《交通史航政编》第 1 册,第 419、420 页。

② 《附钱大镛整顿戊通公司计划书》,《交通史航政编》第 1 册,第 420、421 页。

③ 《附钱大镛整顿戊通公司计划书》,《交通史航政编》第 1 册,第 420、421 页。

④ 《附钱大镛整顿戊通公司计划书》,《交通史航政编》第 1 册,第 420、421 页。

费。例如船厂“纯取放任主义,物件损坏、原料被窃,漫无觉察”。① 工作也毫无计划性,作为公司主要燃料之一的木柴,不是在冬季价格低时购妥以备开江后之用,却往往要拖到春季开江木柴价格上涨时才开始购买,而仅此一项,每年就得多花数万元的费用。②

严重的官僚衙门作风,混乱的经营管理,又必然和贪污营私谋取私利联系在一起。在这一点上,戊通公司也同样具有相当的典型性,而且贪污营私在戊通公司这里更加肆无忌惮,几乎无一处不贪污,无一人不谋私。总务处是“凡由该处酬应接洽等事,莫不从中渔利”。③ 材料处不管是采买来的货料,还是陈列货料的库房都不符合实用,但是该处“不问合用不合用,多进一分之货料,即多一分之回扣”。而且经手人每每“多嘱商店浮开发票,例如某物原价一千元,该处买进发票则开一千元以上,……至修船报销材料之弊病,不胜枚举”。④ 因而材料处主任陶某,“供职不满三年,获利有数十万之巨,其款均由外国银行存汇”⑤。在货物的运费上,也同样谋私,“哈埠运至黑河某种货物每布(普)特运费实收为二角五分,逮报告经理仅列一角五分”⑥,在每一吨货物的运输上就贪污1角。戊通的轮拖船支配调度得法本来已经足够使用,但其员司为了抽取回扣,以饱私囊,“乃复向外界租订风船数十艘,每艘月纳租金三四百元不等”,这样便可从每艘风船的每月租金中“抽

① 《附钱大镛整顿戊通公司计划书》,《交通史航政编》第1册,第420、421页。

② 《附督办王景春调查报告》,《交通史航政编》第1册,第437页。

③ 《附公司股东说帖》,《交通史航政编》第1册,第439页。

④ 《附公司股东说帖》,《交通史航政编》第1册,第439页。

⑤ 《附公司股东说帖》,《交通史航政编》第1册,第439—440页。

⑥ 《附公司股东说帖》,《交通史航政编》第1册,第439—440页。

利五六十元不等”。①

如此严重的营私舞弊，使戊通公司风气败坏日甚一日，公司成立不久，其官场恶习在哈尔滨就已“颇著声名”，后来发展到“所有该公司职员在公司以内聚赌招众明吸鸦片，或假乘公司汽车马车嫖妓观剧日夜不绝”。② 腐化堕落的速度可说十分惊人。

这种既无制约也无监督的状况又必然蔓延到各个分公司和事务所，“各分公司事务所假公济私另营私业者有之，派船只专运私货者有之，藉运载以取提成者有之。种种弊端层出不穷，甚至各该处办事人员日夜游玩，置公务于不顾，神气倨傲，染官场之习气，无人顾（过）问”③。在这种状况下，戊通公司出现“营业则年年减少，亏累则年年加增”④的状况是一点不奇怪的，在勉强维持了7年后，于1925年春，戊通公司只得宣布破产，由戊通公司的最大债权人交通银行接收其全部财产，并由交通部在同年8月将其全部财产作价160万元转售与东三省政府，由东三省政府将其改组为东北航务局。⑤

上面我们用较多的篇幅，比较详尽地剖析了戊通公司内部经营状况的封建性质，主要是为了指出一点，那就是中国封建主义对现代资本主义的阻力，不仅表现在企业的外部关系上，而且表现在企业的内部条件上。从这个意义上讲，戊通公司从最初创办到最

---

① 《附公司股东说帖》，《交通史航政编》第1册，第439—440页。

② 《附刘锐、曲敬、王新斋、钟文毓、王辉东等禀交通部文》，《交通史航政编》第1册，第441页。

③ 《附钱大镛整顿戊通公司计划书》，《交通史航政编》第1册，第420、421页。

④ 《附东省特别区行政长官朱庆澜致交通总长关毓麟函》，《交通史航政编》第1册，第417页。

⑤ 余锐新：《东北航业沿革述略》，第36—37页。

后破产的全过程,典型地反映了封建主义与资本主义的冲突与对立。正是这种内部的对立置戊通公司于绝境,尽管从外部看,我们也承认它不是北洋军阀政府直接压垮的,但它的确是内部的腐败摧垮的,是企业内部资本主义不敌封建主义的直接结果。

综上所述,我们可以看出,1895—1927 年这一时期是中国民族资本轮船航运业未曾有过的兴盛时期。尤其是在晚清政府垮台和第一次世界大战爆发后的十几年里,中国民族轮船航运业的发展更出现了一个飞跃的阶段。问题在于,中国的民族航运业并不能就此走上一条顺畅的发展途径并且得到真正的发展。

第一,中国民族航运业虽然在这期间有一个明显的发展,但这是与中国自己的过去相比而言,如果与同期在华外国航运势力相比,则中国始终处于劣势,这一点,海关统计的数字就是一个明证。在海关的 1912 年到 1927 年中外船舶进出中国通商口岸的统计数字中,作为民族资本航运业黄金时期的 1912—1919 年,中国船舶吨位无论是绝对数或在中外轮船中所占的比重,都呈上升趋势。吨位总数由 1912 年的 17277407 吨上升到 1919 年的 27089762 吨,在中外船舶吨数合计中所占的比例,也从 1912 年的 20.04% 上升到 1919 年的 28.3%。[①] 反映了中国民族航运业在这一期间抓住时机大力发展,不仅在进出口总体数字上增加了一千余万吨,而且在中外船舶总比例数中也上升了 8 个百分点。但是它的发展,实际上是到此为止了,从 1920 年起,虽然中国在通商口岸进出口的数字依然有所增加,并在 1921 年到 1925 年的 5 年中保持在 3000 万吨以上的水平,但其在中外船舶吨位中所占的比例却逐步减少,并在 1924 年降到 23.54%。此后在军阀战争的影响下,

---

① 参见本书第一篇第三章第四节统计表 81,“1912—1927 年中外船舶进出中国通商口岸吨数及百分比”表。

1926年和1927年更大幅下降，1927年中国在中外船舶吨位中所占的比例只有18.62%，又回到期初的1912年的最低水平以下。①这就是说，贯穿1912—1927年的整个时期，不管中国航运业发展或者不发展，发展得快或者发展得慢，总体上都落后于外国在华轮船业的规模。从总体上看，外国在华航运势力无论在一次世界大战前、战时和战后，始终稳占中国通商口岸轮船总吨数中的70%以上，中国轮船吨位即使它的发展最高峰，也从未达到30%的水平。外国在华轮船航运业的明显优势地位，自然成为中国民族航运业发展的巨大障碍和强大阻力。

第二，从国内方面来看，来自上层建筑方面的阻力依然存在，甲午战后晚清政府对放开民族航运业发展的被迫被动状况，对轮船招商局的勒索和对招商局及新开办轮船企业的要求报效等等，都是对轮船航运业发展的一种阻力和破坏。取代晚清政府的北洋政权虽在一段时期内对发展新式企业的态度有所变化，但不断动荡的政局特别是经常爆发的军阀战争，对航运业的破坏同样十分严重，如前述轮船招商局1926年全部江轮和3只海轮被军阀孙传芳扣用，导致招商局在5个月之内全部停航的事件，以及政记轮船公司在1924年被直奉战争中的直军扣留运兵，导致营业全面停顿等等，都对中国民族航运业的发展产生极为不利的影响。

第三，除了上述这种有形的封建势力的阻挠和破坏作用外，还有一种外在表现不那么明显但破坏作用同样不可轻视的因素，即上面分析的戊通航业公司的这种类型。值得注意的是，这种情况并非个别，越是在官方色彩浓厚的、享受某些特权的企业里，表现越是明显。我们在上面对轮船招商局的分析也可以得出同样的结

① 参见本书第一篇第三章第四节统计表81，“1912—1927年中外船舶进出中国通商口岸吨数及百分比”表。

论。这说明在当时的中国社会中,由于近代新式企业并非是在自己社会的母体中自然孕育成长,而是以一种移植和嫁接的方式出现,中国社会本身尚不具备或不完全具备发动近代工业化的条件,因此,在近代新式企业的产生和成长过程中,在几千年封建传统基础上形成的伦理道德、价值标准、人际关系和种种有形无形的观念,必然会通过种种方式制约和影响近代新式企业的发展,尤其是在封建特权色彩较多的企业中,这种表现就更明显一些。招商局也好、戊通公司也好,其反映出来的问题应该说都不是偶然的。但事实却是,当这种种传统因素和观念还比较明显和强烈的存在于当时的社会,并影响和制约着人们的观念和行动的时候,就同样会不可避免地成为障碍中国近代企业成长的阻力。

因此,当我们在分析这时期中国民族轮船航运业的状况时,必须清醒地看到,一方面这时期中国航运业出现了前所未有的大好发展局面,出现了整体力量的跃升趋势,但另一方面,当强大的外国轮船势力和反动落后的封建势力还顽固地存在于当时社会,落后封建的观念还在相当程度上影响束缚着人们的行动观念的时候,中国民族轮船航运业的前景,就只能是一个有所发展而又难以发展的结局。

第十五章

商　业

商业作为专门从事商品流通活动的独立经济部门，是商品交换发展到一定的阶段的产物。它在社会再生产过程中是一个不可缺少的中间环节，对生产和消费者起桥梁和纽带作用。

第一节　国内市场商品流通的规模

中国长期的封建社会向近代半殖民地半封建社会的转变，在经济方面的一个重要特征，是市场商品流通规模的扩大。这一变化，主要受下列三方面因素的推动。(1)封建社会传统商业进入近代以后，伸缩互见。总的看来，继续有所扩展。(2)西方对华商品输出和中国传统产品销往国际市场，在中国形成了推销洋货、汇集出口产品的商业网，刺激了商业的发展。(3)中国国内民族工业的兴起，为工业产品和原材料开拓了新的市场。在上述三方面因素的合力作用下，1895—1927 年间中国国内市场商品流通规模的扩大，是可以得到研究者的普遍认同的。

一、国内市场商品流通总量的估计

尽管有以上的理论上的认同，但要取得具体而比较可信的数据，却不是轻而易举的，这里存在两个方面的问题：一是理论上市场涵义的确定问题,体现在统计的运作上则是市场的涵盖面问题。有的学者认为:从使用价值与交换价值的区别这个角度看,“以获取使用价值为目的的交换,也属于自然经济的范畴。”因此,短距离的“地方小市场,如墟集贸易,它作为小生产者品种调剂的场所,从来就是自然经济的组成部分”。而“长距离的贩运贸易”,才是国内市场的主体。从而具体的估计,也以长距离的贸易为测定的目标。① 有的学者则认为:“对于鸦片战争前的中国社会,以长途贩运的贸易量来测算国内市场商品量是合理的,因为这排除了自然经济中的小市场因素。但是对于近代社会,这样测算就缺乏理论根据。”“资本主义生产就是商品生产,其产品的销售只有国内市场和国外市场之分,而没有市场与非市场之分。产品的就地贸易在国内市场占有十分重要的地位。”持这种意见的还认为:在鸦片战争后对外通商的条件下,“国内市场和国外市场是无法截然分开的。”“不宜把国内市场同国外市场割裂,孤立地考察国内市场。”②

市场的涵义影响市场的涵盖面,市场的涵盖面又影响商品流通量的估计。涵盖面不同,估计的入手方法也各异。在已有的估计中,已经出现两种入手方法。一种是直接估计长距离的商品流通量,另一种则是间接的估计,即根据“国内工矿等生产、运输部门的产值和进出口贸易量来测算国内市场商品量”。

采用直接估计法的学者所用的方法,实际上也是间接估计。它不是直接计算长距离贩运贸易的数量,而是用可以反映这种贸易量的有关统计,间接进行测算。例如,从厘金的统计和海关的埠

① 吴承明:《中国资本主义与国内市场》,1985 年版,第 106、212、266 页。

② 杜恂诚:《二十世纪三十年代中国国内市场商品流通量的一个估计》,见《中国经济史研究》1989 年第 4 期,第 143—144 页。

际贸易间接进行测算。但是,无论采取哪一种统计,对国内长距离贩运贸易量的估计而言,都各有其局限。例如:厘金是按照各地市场商品贸易额比例征收,用还原法,本可作为推算全国长距离贸易总额的基数。“可惜的是,厘金收入统计,地域不全,历年缺漏严重。特别是清末封建腐朽的吏治,各地征收官员贪污中饱,税率及交易额任意高下,几乎是相当普遍的现象。所以一般公认为厘金收入统计的准确程度很差。”①以之反映长距离贩运贸易当然有很多局限。海关埠际贸易统计,是研究我国国内贸易的一部有价值的统计资料,并且经过前人的加工整理。② 但“统计商品范围只限于‘土货’,即国内生产的农业、手工业和工业品(工业品包括民族工业和外贸在华工厂产品),占市场交易额很大的外贸商品不计在内”。“另外,如同海关其他统计一样,也是只限于轮船运输报关部分。”铁路、公路和轮船报关以外的运输,都不在其间,这自然是很大的缺陷。③ 由此可见,直接从商品流通量进行估计,看起来最直截了当,做起来却要设有许多前提,要做许多假定。这些都会影响估计的精确度。

采用间接估计法的学者则不去直接估计商品的流通量,而是根据国内工矿、铁路、航运等生产、运输部门的产值和进出口贸易量,建立一个计算全国商品流通量的公式,以之测算国内市场的商品流通总量。④ 这个入手方法,是在国民总生产中区别进入流通

---

① 《中国经济史研究》1987 年第 1 期,第 148 页;参见《中国资本主义与国内市场》,第 266 页。

② 参见郑友揆、韩启桐等编:《中国埠际贸易统计》(1936—1940 年),1951 年版。

③ 参阅《中国经济史研究》1987 年第 1 期,第 149 页。

④ 参见《中国经济史研究》1989 年第 4 期,第 144 页。

过程和不进入流通过程径自消费的两个部分,理论上是健全的,虽然实际的操作中有难点,不易找齐计算公式中所必需的统计数字。它不失为一种新的尝试,有继续努力开拓的余地。

到现在为止,两种估计都取得了实际的结果,都能给人一个进行比较研究的根据。按照第一个方法最早进行的一个估计,认为20世纪30年代中期反映长距离贸易的全国埠际贸易额约达47.3亿元。① 采取同样方法略加改进而进行的一个新的估计,所得的结果是:"1905年国内市场商品流通总量为34.13亿元,1910年为39.99亿元,1920年为64.97亿元,1925年为84.75亿元。"②按照第二个方法进行的惟一估计,是1933年的数字,达到108.6亿元。③ 上述三个估计,一与二比较接近,二与三也比较接近,而一与三则有较大的差距。数据材料的缺乏,使我们无由下正确的判断。正如三个估计中的一个估计所说:"估计数是粗线条的,为了使它具有学术上的参考价值,尚需作多角度的印证。"④当然,三个估计都是在统计资料极端贫乏的条件下作出了尽可能的努力而取得的成果。它至少为我们研究这一时期中国国内市场商品流通的规模问题留下了继续思索的空间,为更准确地估计开创了进一步拓展的天地。

二、从交通运输业看商品流通量的增长

交通运输业与商品流通密切相关,它的发展,对商品流通的促

① 《中国资本主义与国内市场》,第267页。
② 《近代中国》第4辑,1994年5月,第334页。
③ 《中国经济史研究》1989年第4期,第145页。
④ 《近代中国》第4辑,第335页。

进作用是不言自明的。包括铁路、公路、航空及至邮递在内的现代交通运输，在这一时期内的发展，可借以观察国内商品流通扩大的趋势。当然，也不能一概而论，有些现象需要具体分析。

首先，作为新兴运输系统主体的铁路运输，自 20 世纪初铁路大量修筑以后，货运量大为增加。表 57 是 1916—1925 年每年的铁路货运延吨公里数。统计数字表明铁路货运量总的趋势是稳步增长的。其中制造品、矿产品、林产品的增长最为明显，而农产品和畜产品运输量的增长幅度相对较小。

表 57　铁路载运货种延吨量

1916—1925 年　　单位：万延吨公里

年份	总计	制造品	矿产品	农产品	林产品	畜牧产品	其他
1916	262007	31032	100596	80924	4390	12559	31506
1917	276684	32727	10235	88617	5420	9899	32786
1918	342581	40794	136850	109452	6552	9615	39248
1919	386310	43381	170495	101285	7983	10304	52898
1920	454094	45218	176928	164995	9299	10123	47531
1921	470994	45453	188400	149583	10745	9120	67693
1922	398153	50955	162355	113220	10231	12643	48749
1923	513674	60002	258223	120159	14354	14269	46667
1924	457152	51831	213779	91001	12257	12026	76558
1925	411132	49924	142166	85936	11954	10484	110668

注：其他项内包括政府、他路材料及本路材料数字。部分年份细数相加与总数不符，于其他项内增减之，以符总计。

资料来源：严中平：《中国近代经济史统计资料选辑》，第 212 页；交通部编《国有铁路会计统计报告》（1924 年）（1925 年）。

各类产品增长幅度不同的原因，需要进行具体分析：价值较低的产品，一般倾向于利用更为廉价的水运，故利用铁路运输的数量增长幅度不大。如上海城市数百万人口耗用的粮食,主要依靠长江和江南水网地区的水运。东北地区迅速发展起来的大豆种植业,其产品主要也是经辽河从营口等港海运输出。一些农产品的长途贩运,常常由铁路、轮船互相配合,而其中水运承担的份额较大。如天津运出的花生,在1895年以前数量极少,而铁路开通以后,华北地区的花生云集天津,“码头仓栈里花生堆积如山”,这些花生又由轮船公司经过长途海运,输往南方,主要是广州,用于榨油。① 因此,铁路负担短途运输,远远不能同轮船承担的长途运输相比,这是铁路运输农产品的延吨量相对较少的主要原因。此外,农产品的商品化发展不一定表现为农产品的大规模长途贩运,大部分农产品是在当地的市镇交易,由当地人口消费的,大都市消耗的农产品也有相当部分须依靠市郊农业来满足。

其次是新兴的轮船运输。和铁路运输一样,这一段时期中,内河和沿海轮运也呈现明显的增长。根据海关的统计,1895—1921年航行中国各通商口岸的轮船由145艘增加到1592艘,上升了10倍,船舶吨位由32708吨增加到183286吨,上升了4.6倍。② 当然,轮船运输的发展,在很大程度上是轮船取代传统的帆船运输的结果。以川江航运中轮船、帆船的消长变化情况为例,20世纪初,轮船进入川江以后,轮船运输迅速增加,帆船运输相对下降。在20世纪20年代以前,帆船运输吨位一直超过轮船,20年代以后,则开始为轮船的吨位所超过。③

当然,轮船并不能完全取代帆船。四川对外轮运开通以后,境

① Herald,1898年12月19日,第1147页。

② 历次海关十年报告,参见《中国近代经济史统计资料选辑》,第227页。

③ 《中国近代经济史统计资料选辑》,第235页。

内河道上主要仍然依赖原有的运输工具。时至20世纪之初,四川境内川江上仍然是帆船和竹筏的世界。“中国西部最大的竹器制作中心”雅州,“大量的筏子从这里沿岷江和长江运往下游”。在这一段“长江之上,常常可以看到大批竹筏”。①

不但在内河,就是在沿海航线上,帆船运输也长期维持着相当的水平。这里在南北两方各选一口,作为例证。南方的温州,1911年进港结关帆船数为6006艘,总计77000吨。1927年为5608艘,181000吨。② 船只数虽略有减少,但吨位则大有增加。北方的营口,1920年进港帆船为6480艘,390000吨,1925年则为9612艘,540000吨。③ 两者俱有较大幅度的增加。

在一些内河小港,帆船运输更是不可偏废。根据前人对1933年的一个估计,全国帆船数目,将近100万艘,即使在商品经济和内河轮运比较发达的地区,帆船数目,在全国各地仍处于领先地位。如江苏、浙江、广东等省,帆船拥有量都在10万以上。商品经济不如沿海发达、内河轮运也比较落后、但水网条件好的地区,如两湖等省,帆船数目也相当可观。④

总的看来,在全国轮运显著增长的条件下,原有的帆船运输基本上仍能维持原状,至少并没有明显的减弱,这从一个侧面可以看出全国商品流通量扩大的势头。

再次是新兴的公路运输。这个时期的公路运输,不占重要地位,但增长趋势也比较明显。在1913—1927年整个北洋政府统治

---

① Herald,1916年9月30日,第691—692页。

② 《温州港航运条件》,《交通杂志》1935年第3期。

③ T. G. Rawski:Economic Growth in Prewar China,1989,p. 206.

④ 参见巫宝三主编:《中国国民所得1933年》第2卷,1947年版,第181页。

时期,公路的修建长达29625公里。[1] 应该说,在公路运输的起始阶段,这也是一个可观的数字。

最后,也是过去不为人所注意的,是构成商业发展有利条件之一的现代邮政。它不仅为商业提供信息传递的便捷通道,而且直接通过邮路的开辟为商品流通服务。由于过去对此论述较少,所以这里多用一点篇幅,稍作说明。

中国现代邮政创始于1861年。最初由海关洋税务司代管,1911年始归邮传部管辖。但是由于列强在华均设有自己的邮局,邮政统计十分混乱。直到第一次世界大战后,在华盛顿会议上,英、法、日、美等国同意放弃他们在华邮局,中国邮政才得划一。[2] 据1921年的统计,1920年全国邮政业务有了较大幅度的增长。当时全国通邮线路有铁路10600公里,轮船39650公里,投递线路干路240200公里,支路78700公里。[3] 表58是1905—1920年邮政业务的拓展情况。值得注意的是邮政包裹和汇款金额的增加,因为这两者都同商品流通的增加密切相关。经过邮局投寄的包裹重量从1905年的110万公斤,增加到1920年的2077万公斤,几乎是原来的20倍。汇款金额则从1905年的123万元,增加到1920年的5892万元,是原来的近50倍。按邮局规定,即使是在不通轮船的地方,邮包重量在1916年也从原来的每包3公斤提高到5公斤,1919年又提高到10公斤。在轮船通航的地方,邮包重量还可提高。[4] 一些商人利用邮局开展邮购业务。沿海城市的西药、百货等行业对外埠发货充分利用了邮局提供的便利。中国邮

---

① 中国公路交通史编审委员会编:《中国公路运输史》,1990年版,第146—147页。

② North China Trade Review,1926年3月17日,第63页。

③ Report on the Chinese:Post Office,1921,p.25.

④ Report on the Chinese:Post Office,1921,p.11.

政总局的报告说:“在很大程度上,邮包投寄量是〔内地〕是否出乱子的可靠晴雨表,本地商人从中迅速预见到他们用邮寄方式进行交易的市场是否会关闭。”①邮局收寄的“货到付款包裹”,是明显的商品流通。保价包裹和普通包裹中,也有相当部分属于处在交易过程中的商品。

表 58　邮政业务的扩展

1905—1920 年

年份	邮件数（百万）	包裹重量（公斤）	汇款金额（元）	机构数（个）	邮递线路（里）
1905	23	1103403	1231266	1626	121000
1910	99	3255130	5280000	5357	287000
1915	210	7904129	11986800	8510	410000
1920	400	20776137	58923600	10469	475000

资料来源:Report on the Chinese Post Offiee, An Historical Survey of the Quarter Century(1896—1921),1921 年编印,第 13 页。

中国邮局报告曾对 1921 年全国邮寄包裹数量、价值和重量作过分省统计②。从各地投寄包裹的情况下,也可以看出商品流通的地区性差别。

上海是投寄包裹最多的城市,重量达 375. 3 万公斤,价值达 1899. 5 万元,分别占全国投寄包裹总量值的 16% 和 23. 0% 。其次是直隶(包括天津),包裹重量 303. 8 万公斤,价值 810. 3 万元,分别占全国总量值的 13% 和 10% 。再次是广东,包裹重量 125. 6

① Report on the Chinese Post Offiee,1921,p. 76.

② Report on the Chinese Post Offiee,1921,p. 116. 因资料缺乏,该统计未包括西藏,也不包括日本占领下的台湾。

万公斤,价值 474.5 万元,分别占全国总量值的 5.4% 和 5.9%。邮寄包裹分省统计数,基本上同各地商品经济发展不平衡的情况相吻合。上海、天津、广州、北京及南满、山东的邮包量值同其他内地省份形成强烈对照。江西、湖南、安徽、陕西、云南、贵州、广西和新疆等省,邮包投寄的数量和价值均处于很低的水平。十分有意思的是,上海投寄的邮包重量占全国总额的比重,同其价值占全国总额的比重差距很大,这一点说明上海寄出的邮包,多为价值高、重量轻的商品。

根据 1920 年、1921 年各省市邮政汇款统计,汇出款额大于汇入款额的地区有:北京、河南、陕西、甘肃、新疆、南满、北满、四川、湖北、江西、安徽、福建、广东、广西;汇入款额大于汇出款额的地区有:上海、江苏、浙江、直隶、山东。另外,湖南 1920 年汇出大于汇入,1921 年则汇入大于汇出,两年平均计算则出入正好相抵。贵州、云南二省 1920 年汇入大于汇出,1921 年汇出大于汇入,但总数都很小。① 上海等地汇入款额大于汇出,主要是内地各省向上海等沿海地区汇出的购货款比较多的缘故,而北京是个典型的消费城市,汇出款项的主要原因是向各地收购货物,其他内地诸省均表现为资金向沿海地区流动,而沿海地区的进口商品和国产工业品向内地市场流动,两者形成鲜明的逆向对流,表现出东西部经济发展的严重不平衡性。

三、几种有代表性的商品流通量的分析

在众多商品中,棉布、棉纱和卷烟在近代中国是最具有大众消

---

① Report on the Chinese Post Office,1921,p. 117. 这项统计包括本省本市范围内的汇入和汇出金额。

费色彩的商品。它们的流通量大，范围广。在代表近代都市的通商口岸一端，已经成为最有代表性的商品；在市场体系的另一端，即内地市镇和乡村，也仍然保持着它们的传统地位。因此，以这三种商品为代表，考察它们的流通情况，可以从一个侧面看出1895—1927年国内商业市场的商品流通规模。

表59是根据海关统计计算的1895—1927年全国各岸进口的原棉、棉纱和棉织品数量和价值的5年平均数。根据该表计算，1895—1927年期末，年均进口棉制品价值是期初的228.2%，暂且不计物价因素，可以粗略地把进口棉制品的市场总销量估计为翻了一番多。如把物价上涨因素考虑在内，则增长幅度当估计为不到100%。进一步分析表59，则可以看到，原棉在期末年均进口值是期初的40.74倍，数量是期初的14.3倍，增幅极大。棉纱在期末的年均进口值反比期初减少，仅是期初的75.7%，尽管在1924年以前一直是期初的143%—177%。棉织品在期末的年均进口值是期初的202.3%。由此可知，在进口棉制品市场扩大的过程中，是棉花销量的急剧扩大起了主要作用。

表59　每年进口原棉和棉制品数量和价值

年度	原棉		棉纱		棉织品	总计
	数量（千担）	价值（千关两）	数量（千担）	价值（千关两）	价值（千关两）	价值（千关两）
1895—1899	162.2	2090.6	1805.6	36173.6	78480.2	116744.4
1900—1904	151.6	2301.2	2245.6	51745.4	111222.0	165268.6
1905—1909	93.0	1543.6	2320.6	58791.2	140474.2	200809.0
1910—1914	157.2	3487.8	2367.4	62740.4	149202.0	215430.2
1915—1919	300.2	6739.4	1953.2	64158.6	162049.2	303845.2

续表

年度	原棉		棉纱		棉织品	总计
	数量(千担)	价值(千关两)	数量(千担)	价值(千关两)	价值(千关两)	价值(千关两)
1920—1924	1390.5	39689.8	1033.6	57687.4	208734.8	306112.0
1925—1927	2322.3	85176.3	463.7	27394.3	158792.7	266363.3

资料来源:根据 Hsiao Liang-Lin: China's Foreign Trade Statistics, 1846—1949 年所录海关统计数据计算。1925—1927 年为 3 年平均值,其他为 5 年平均值。

进口棉花销量的增加对市场扩展具有一系列的连锁效应。因为同进口棉花增加相对应的是国产机制棉纱和棉布以及使用机制纱的手织棉布的同步增加。据一位美国学者的研究,1905—1931 年中国市场上棉纱、棉布的供应来源见表 60。20 世纪以后国内机制棉纱生产发展迅速,逐渐成为国内市场上主要的棉纱供应来源。国产机制棉布增加的趋势也相当明显。手纺纱在 1919 年尚维持在 41.2%,而到 1931 年则下降为 16.3%,其下降幅度相当大。手工织布长期维持着较高的百分比,直到 1931 年仍占 60% 以上。就全国市场上供应的棉纱、棉布的总量来说,也是有所增长的。棉纱总量 1919 年比 1905 年增加 2.8%,1931 年又比 1919 年增加 31.4%。棉布总量 1919 年比 1905 年增加 9.0%,1931 年又比 1919 年增加 7.4%①同供应结构的变化相比,总量的增长并不显著,但是供应结构的变化说明了中国棉纱、棉布市场体系的近代化和交易层次的提高。

① Ruce L. Reynolds: Weft: The Technological Sanctuary of Chinese Handspun Yarn,《清史问题》第 3 卷第 2 期,1974 年 12 月。

表60　1905—1931年中国市场棉纱、棉布来源百分比

		1905年	1919年	1931年
棉纱	机制	11.5	36.8	90.9
	进口	38.6	22.0	7.1
	手织	49.9	41.2	16.3
棉布	机制	1.1	5.8	28.2
	进口	20.2	28.7	10.2
	手织	78.7	65.5	61.6

资料来源：Ruce L. Reynolds：Weft：The Technological Sanctuary of Chinese Handspun Yarn,《清史问题》第3卷第2期,1974年12月。

作为棉纱、棉布市场体系近代化和交易层次提高的主要标志之一,是各新兴棉纺业城市向全国市场输出棉纱规模的扩大。据海关报告,1897年输出机制棉纱的城市仅上海、汉口、宁波三口,其数额分别为107846包、7281包、815包。① 刚刚兴起的国内棉纺工业,所产棉纱主要由当地织布业消费,向外埠市场提供的商品量是极为有限的。到了1926年,国内埠际贸易中,棉纱的流通量就大大增加了。据上海商业储蓄银行调查部提供的统计数,1926年,上海一口输出的机制棉纱为2294149担,加上苏州、汉口、胶州、大连、宁波、杭州和其他城市,进入埠际流通的机制棉纱总计2756050担②,约为1897年的40倍。1926年上海输出棉纱占各埠输出总数的83%左右。直接从上海输入上海产棉纱的城市有芜湖、九江、汉口、镇江、宜昌、重庆、烟台、天津、威海卫、沙市、大连、

① Herald,1898年7月4日,第43页。

② 上海商业储蓄银行调查部编印:《上海之棉纱与纱业》,1932年版,第28—29、43页。

安东、宁波、温州、福州、厦门、汕头、广州、牛庄、秦皇岛等。[①] 1926年上海生产的机制棉纱在相当程度上取代了进口棉纱。这样,棉纱的市场流通情况也有了变化。以前各埠或从上海等主要口岸转进口洋纱,或直接输入洋纱,现在则是上海生产的棉纱在上海同各城市间的埠际贸易中占了主导地位。

从商品量上分析,机制棉布总量的增长同样不能忽视。它的市场覆盖面迅速扩大。据1915年和1925年两次实地调查得来的数字,这10年中棉布产量由112.5万匹[②]上升到300.1万匹。[③]增加了将近2倍。另据一位专家估计,1912年棉布产量为73.2万匹,1926年为376.4万匹。增加了4倍多。[④] 这些机制棉布都进入市场,为棉布商业的发展提供了新的活力。

卷烟是20世纪才产生较广泛影响的新商品。1890年美国香烟首次进入中国,其后在外资烟草公司和华资烟草公司的积极推销和互相激烈竞争下,市场迅速扩大。据海关统计,20世纪有卷烟经销的口岸达50个之多,北起瑷珲、哈尔滨、珲春,南至思茅、龙州、腾越。[⑤] 在此期间中国的香烟消费量呈十分明显、十分迅速的递增趋势。1900年全国消费量为0.3亿枝,1902年即增为1.25亿枝,1910年7.5亿枝,1921年9.7亿枝,1916年13亿枝,1920

---

① 上海商业储蓄银行调查部编印:《上海之棉纱与纱业》,1932年版,第28—29、43页。

② John K. Chang: Industrial Development in Pre-Communist China, 1969, p. 30.

③ 华商纱厂联合会:《中国纱厂一览表》,转引自严中平等编:《中国近代经济史统计资料选辑》,第130页。

④ John K. Chang: Industrial Development in Pre-Communist China, p. 30.

⑤ China, Inspectrate General of Customs: Returns of Trade and Trade Reports, No. 1, 1919, pp. 259-260.

年25亿枝,1924年40亿枝,1928年87亿枝。① 自1900年至1928年,29年中全国香烟消费量增加了289倍。同一时期,美国的香烟消费量从2.5亿枝增加到100亿枝,尽管增幅也很大,但尚不及中国。② 实际消费量,中国的水平已经同美国接近。一位美国学者认为,中国人口和人均收入的增加都不足以说明20世纪初香烟销路在中国迅速扩大的原因。卷烟销路的扩大,首先同英美烟公司为代表的近代卷烟工业的发展有关,其次,同这些烟草公司在各地积极开展商业促销活动有关。中国人的消费习惯逐渐改变,改旱烟为卷烟,从而扩大了卷烟市场。③

卷烟销售量的地域分布,颇能说明商业市场在各地的发育水平。根据海关统计,1916年香烟在各地销售数量,按大区划分,见表61。长江下游浙江沿海区8口,其辐射范围主要是江浙两省和安徽之一部分,在全国广阔地域中所占比重很小,但是卷烟销量却占全国的47.31%,而云南、东北等边远地区的卷烟市场,发展相对滞迟,这一方面是交通的不便之故,另一方面也是由于在内地传统经济结构下,旱烟消费仍占主导地位,卷烟尚未取代旱烟之故。广东、福建的卷烟销量也不如江浙,这同粤、闽两省商业水平低于江浙的情况是相称的。

---

① Chinese Economic Bulletin,1925年6月13日,第338页;Chinese,Economic Journal,1934年,第14卷第1期,第91页。

② Sherman Cochran Big Business in China:Sino-English Rivalry in the Cigarette Industry,1890—1930年,1980年版,第234页。

③ Sherman Cochran:Big Business in China Sino-English Rivalry in the Cigarette Industry,pp.201-202.

表61　卷烟销量的地域分布

1916年

地　区	销售数量（千枝）	占总数（%）	价值（海关两）	占总数（%）
东北地区11口岸	1046773	14.46	3678418	12.99
华北地区6口岸	1618546	22.36	6609286	23.33
长江中上游7口岸	717537	9.91	3011067	10.63
长江下游及浙江沿海8口岸	3281502	45.34	13399520	47.31
福建、广东、广西14口岸	418979	6.66	1466906	5.18
云南4口岸	90757	1.20	160476	0.57
总计	7237094	100	28325673	100

资料来源：据 China, Inspectorate General of Customs: Returns of Trade and Trade Reports,上海1919年,第1卷,第259—260页所提供各口岸数据计算。Sherman Cochran: Big Business in China,第227—228页。

总之,棉纱、棉布和卷烟三种近代有代表性的商品流通情况明显地呈现三个梯级,第一级是以上海为主的外贸中心和近代工业中心,第二级是其他沿江沿海口岸城市和商业重镇,第三级是作为口岸城市腹地的内地城镇和乡村。市场发展的水平和商品流通的规模都按这三个梯级排列,表现了近代中国国内市场发育的不平衡性。

第二节　市场结构、商业机构和行业组织

一、商业市场的三重结构

由于外国资本主义的影响和国内近代产业的兴起,中国商业市场的结构逐步发生了变化。然而,传统经济仍十分顽强,不会轻

易崩溃。商业市场上，新旧结构彼此共存，相互交织，相互影响，形成了相对稳定的三重结构，即：楔入中国国内市场的外资商业、通商口岸和其他商业城市兴起的中国资本新式商业，以及中国广大内地乡镇和农村的传统商业。

（一）楔入中国国内市场的外资商业

洋行是外资在华商业的主体。

外商来华开设洋行，一般都要利用买办来建立同中国原有商业网的联系，并依靠中国的商业网来组织购销活动，而洋行本部则充当进出口贸易的中枢。但是不可忽视的是，洋行本部从一开始就在从事进出口贸易的同时，在中国国内市场上扮演批发商和零售商的角色。早在19世纪50年代，美商丰裕洋行就设立五金商品门市部，雇用中国职员，进行趸卖和拆零业务活动。① 一般洋行最初的业务都是出卖现货的，进口货品多寡直接反映该洋行的推销成绩。后来一些洋行也接受华商定货，代向国外选购②，进口业务同直接的市场推销遂有分离。同时，洋行之间也发生了专业分工，一部分洋行成为专业进出口公司，另一部分洋行则继续兼营现货推销，在市场上充当批发商和零售商。

20世纪初，在华洋行同外国制造业者的关系进一步密切。英国外交部咨询委员会1926年的一份报告在调查中国历年的市场情况后指出："由于以往几年此地的商务形势十分困难，在许多情况下，企业不再忙于增加自己的负担，为了在这个市场上为自己的产品找到位置，制造业者必须随时给他在当地的代理人以所有必要的支持，特别是在有关商品第一次投放市场之时。……贸易风

① 上海社会科学院经济研究所：《上海近代五金商业史》，1990年版，第5页。

② 《上海近代五金商业史》，第7页。

险由两者分担变得越来越经常了。"[1]外国制造业者同洋行分担风险,主要形式是洋行在中国市场上充当外国厂家的代理,包销外商产品。由于外国运销中国的产品数量和品种越来越多,一般洋行已不可能包罗万象,什么都经营,因此,往往分别同有关制造业者建立相对固定的产销关系。如亨茂洋行专销美国卡笛拉克汽车,是该汽车公司在中国的专门代理。[2] 荷兰飞利浦电灯泡公司在华总经理是威麟洋行,老球牌天平秤则由荷商金龙洋行经销,吉利剃刀的总经理是怡昌洋行。[3] 茂生洋行在华经销英法美等国药品和医药器材,发行各货均用茂生商标,小至体温表,大至医院全套设备,茂生洋行的销售客户是上海和各埠大药房,除接受大宗订货外也经营门售,并办理外埠函购业务。[4] 怡和洋行机械部也充当多家外国公司在华总代理,经销各式引擎、抽水机、电机、锅炉等。[5] 美商德法洋行经营德国柏林大药厂产品,是一家批零兼营的商店,除门市零趸交易,还接受外埠零趸函购。[6] 美商慎昌洋行是一家专营各类机电产品及其他生产资料的公司,它是多家外国工厂在中国的"独任代表"。该洋行总行设在上海,并于北京、天津、汉口、长沙、广州、香港、昆明、济南、张家口等地设立分行,直接向各地销售外国厂家产品。[7] 进入20世纪以后尽管直接同外国制造商打交道的中国商人日益增多,可是从总体上说,外国制造商仍然必须借助自己的在华代理行来销售产品,英国外交部咨询委员会

---

① Report of Advisory Committee, China, No. 2, 1962, p. 8.

② 《申报》1920年1月4日。

③ 《申报》1920年1月5日。

④ 《申报》1920年2月25日、5月30日。

⑤ Herald, 1907年1月11日,第94页。

⑥ 《申报》1920年11月30日。

⑦ 《申报》1920年2月8日、2月11日、2月12日、2月13日。

的报告说:“针对同不熟悉的中国商号进行交易时所产生的信贷问题,以前的报告常常提出的警告似乎值得再次强调。现在数量可观的中国商号直接同外国做生意,所以,必须明白,由于在取得财务状况可靠资料等方面存在困难,并且在发生争执时难于取得赔偿,对于英国商人来说,只有通过有声望的在华英国商行来做生意才会更为安全。”①因此,从19世纪末开始,英美日等国制造商已经越来越主动地将推销业务委托给在华洋行,到20世纪初,这一趋势更是稳步增长。在此过程中,值得注意的是日商在各地的发展。据海关统计,甲午战争前的1893年,全国共有日商洋行42家,到第一次世界大战结束后的1919年增加到4878家,为全国外商洋行总数的61%。② 这些洋行包括各种类型,除三井、三菱等老牌大洋行投资范围甚广外,一般中小洋行均以中日贸易为主。由于外贸同中国国内市场直接衔接,所以很多洋行也因此而卷入中国国内商业的活动。1908年日人所编《中国经济全书》也指出:“日商于中国之内地常开设支店或货庄以谋交易之便。”③说明日本商人在中国国内市场上已有相当程度的深入。

洋行为了从中国收购土产,往往进入内地产区,设立收购站。这就直接楔入了内地的土产流通网。20世纪20年代,仅甘肃河州(今临夏回族自治州)一地就有9家洋行开设分支机构,其中包括英商新太兴洋行、高林洋行、聚利洋行、仁记洋行、天长仁洋行、瑞记洋行、平和洋行和德商世昌洋行。在西北地区,宁夏(今银川)、石嘴山、兰州、西宁、拉卜楞、循化、湟源、肃州(今酒泉)等地,均有洋行开设。除兰州庄,一般是洋行调款、汇兑、放贷的机构,不

① Report of the Advisory Committee, China, No. 2, p. 8.

② 《中国近代经济史研究资料》第6辑,1987年版,第80页。

③ 《中国经济全书》第2辑,两湖督署藏版,1908年,第4页。

直接经营羊毛等业务外，其他各地的洋行分庄均以收购羊毛、皮张、肠衣、药材和猪鬃为业。河州等地的洋行坐庄收购藏族地区的羊毛，往往由本地商店介绍和担保，由同藏民有关系的拉卜楞商号或懂藏语的毛贩子代为进行。①

为了真正在中国市场站稳脚跟，一些外国制造商也开始直接进入中国，设立自己的商业销售机构。如利达洋行(Ault & Wiborg Co.)，总厂设在美国俄亥俄州辛辛那提城，在上海、香港则设有销售机构，专销自家生产的颜料、化学原料、凡力水、印墨、墨灰、复写纸、打字机等，其在沪分行同批发零售兼营的一般坐商没有多少区别。② 美孚石油公司(Standard Oil Co.)很早就在宜昌设立了一个仓库，但一直空置未用，直到1907年才由公司送去一船煤油，并委派了一个“中国代理人”来负责照顾公司利益。《北华捷报》说：“如果公司保持该仓库得到不断的补给，本地商店的油价就不会像前几年那样上涨。”③可见美孚石油公司可以直接操纵当地的煤油商业。美国化学工业巨头杜邦公司创立于1802年，1920年时拥有资本24000万美元，设厂66家之多。杜邦集团在中国开设的上海恒信洋行(Du Pont de Nemours Export Co.)则是一家商业机构，推销该企业集团的化工产品，包括颜料、丝光皮、橡皮布、油漆、火药等。④ 英商茂成洋行(Rose, Downs & Thompson Ltd.)在上海设店供应英国本厂制造的榨油机、挖泥机、起重机等，并兼售英国

---

① 秦宪周：《帝国主义洋行在河州等地“收购”羊毛》，《甘肃文史资料》第8辑，1980年版，第175页。

② 《申报》1920年1月4日。

③ Herald，1907年6月28日，第752页。

④ 《申报》1920年10月10日。

其他厂家制造的机械设备。[1] 美国富室缝纫机公司设工厂有总公司于麻省，发行部及出口部则设于纽约，为拓展在华销路，1920 年在上海设立分公司，专销该公司生产的缝纫机零件。[2]

英荷壳牌石油公司产品早于 1890 年就进入中国，初由德商咪也洋行(Meyer & Co.)经销。1903 年英荷资本成立了子公司亚细亚火油公司，1907 年亚细亚火油公司在上海设立机构自行负责在华销售。1908 年，其在华机构分为华南和华北两个公司，华南公司设于香港，资本 100 万英镑，负责华南包括广东、广西、贵州及福建部分地区的推销业务。华北公司设于上海，资本 200 万英镑，负责华南公司营业范围以外的中国其他地区。亚细亚火油公司在中国各大城市设有办事处，各有油库、油栈、油罐、装听间、加油站等，除经销火油及石油制品外，还经销白蜡和蜡烛。亚细亚火油公司在中国直接管理的商业销售机构所雇用的华籍员工达数千人之多。[3]

英美烟公司也在中国建立了庞大的销售组织。公司的管理机构分为"部"、"区"、"段"三级，部的管辖范围包括好几个省，全国分为 4 个部；区的管辖范围相当于一个省，段的管辖范围相当于一个专区。[4] 这些机构负责各地区的广告、运输、收款、发货工作。直接销售业务则由经销商和烟栈负责。经销商是同英美烟公司挂钩的中国商人，烟栈则是由英美公司直接设立的储运卷烟的仓栈，一般委华人承办。1912 年英国驻华公使朱尔典说："也许在 18 个

---

① 《申报》1921 年 11 月 28 日。

② 《申报》1920 年 10 月 10 日。

③ 曹曾祥：《亚细亚火油公司概况》，见《旧上海的外商与买办》，1987 年版，第 53—55 页。

④ 天津卷烟厂：《天津颐中烟草公司简史》，《天津颐中烟草公司全宗说明》，1962 年 6 月。

行省中,不论大小城市,英美烟公司没有不曾设立烟栈的。"[①]说明英美烟公司在卷烟的商业流通领域中的参与程度是相当深入的。

如果说洋行开设门市部和外国制造商开设经销处是进出口贸易业务的直接延伸的话,那么也有一些外商不一定直接从事进出口贸易,而是开店设庄,从洋行进货,门市销售,从事一般性的商业经营。

英商惠罗公司地处上海南京路,其董事会设于伦敦,该公司是上海最著名的外资百货公司,经售电器用品、纺织品等各式日用百货,其经营方式、组织形式以及经营内容都同西方最新式的百货公司无异。[②] 新泰隆洋行是南京路上的大型服装店,专门销售各色男子服装,并独家经销英国战胜牌雨衣。[③] 法商百代公司在上海、天津、香港设有分庄,发售钻针唱机和中国各种名伶唱片,以及电光活动影戏机器及各色影片等。该公司还在上海徐家汇自建厂房,就地制造唱片,以扩大营业。美商华革和服鞋行则是一家产销合一的鞋店,该店专制各种新式靴鞋,行销沪上,并办理外埠函购业务。[④] 谋得利洋行设于南京路3号,是一家专业乐器店,门售各类"军营全队乐器、水师马步鼓号、各国风琴、大小留声机器",它在《北华捷报》上刊登的广告说:"远东最大最新式的乐器商店,供应钢琴等各色音乐器材,欢迎外埠邮购订货。"[⑤]南京路上的康生洋行实际是一家饮食店,该店制作各色西式点心蛋糕,门市出售并

---

① 朱尔典致外交部函(1912年5月31日),英国外交部文件:F0228/2154。

② 《申报》1920年6月24日。

③ 《申报》1920年3月3日。

④ 《申报》1920年9月26日。

⑤ Herald,1916年3月25日,第263页。

设有茶座,供应西点尝吃。[1] 美商恒丰公司是一家“备有大宗现货”的文具纸张商店。[2] 沙利文糖果店的邮购广告说,该店“以上海价格”将各色糖果“由邮局直寄府上”,“不另收邮费和包装费”。[3] 经销照相器材的商店也以广告来招徕顾客,外地顾客可以向商店函购。

药房是外商比较集中的行业。上海最早的外商药房是1850年开设的大英医院(药房),至1910年上海先后开设过24家外商药房,其中10家是1895—1910年间开设的。[4] 以后,外商药房续有新的开设,其中一部分侧重于经销化妆品,如英商宝威大药行,设行伦敦、上海两地,专业推销夏士莲雪花膏等化妆品。[5]

在中国通商口岸,尤其是上海的零售商业中,从20世纪起俄国商人逐渐扮演了重要角色。在19世纪,汉口的俄国茶叶巨头几乎是俄国的主要在华商业力量。当然,汉口的俄国茶叶行在上海等城市也设有自己的分行,除此之外,还有一些俄国人开的小商店。1904—1905年日俄战争以后,俄国人在中国的商业活动有了初步发展。1907年的舍伊年食品店是上海最早的俄国食品店。1908年,南京路上开设了卢戈维棉布商店的代销处。在第一次世界大战和十月革命初期,俄国商人更是大批涌来。到1919年,上海已有俄国侨民1000人,并有一系列俄国人开设的新商店。其中有时货商店、点心铺、首饰店、饭店、药店、食品店、服装店和美容厅,并且成立了俄国商人联合会。从1919—1927年,几乎每年都

① 《申报》1920年10月10日。

② Herald,1916年3月4日,第584—585页。

③ Herald,1916年3月4日,第584—585页。

④ 上海社会科学院经济研究所:《上海近代西药行业史》,1988年版,第23—25页。

⑤ 《申报》1920年6月15日。

有数家新的俄国人商店开张。从1926年起,俄国侨民已经开始遍布于宽阔的法租界,而俄国侨民以自己的商店装点着它的中心地带,至30年代初"一些外国商业行业几乎都被俄国商人取而代之"。"法租界的商业中心——霞飞路是俄国商人建立的,因为这儿95%以上的欧洲人开设的企业是属于俄国人的。"①

值得一提的是,不仅在上海、天津等大的通商口岸,外商陆续开设了大批商店,而且外国人设店有逐渐深入内地的趋势。除了上述各洋行在各地开设分行,各石油、卷烟等公司在内地开设分销机构以外,一般的外资零售商业也开始进入内地。20世纪初,在莫干山、牯岭、北戴河等旅游胜地外商就开设了多间零售商店。云南府自开商埠以来,外商就有进入昆明的试探,至1907年,两三个法国人合伙在城外开设了一家联合商行,该店位于新火车站附近,全由外国人经理。②

1904年山东周村辟为商埠后,各国洋行纷纷前来拓展业务。先是德商在周村车站设德华银行办事处,稍后英商又在站西设立亚细亚石油分公司,美商在更西一点设立美孚石油分公司。日本先后在周村开设小林、寺村、大富、酒井等十余家洋行,经营仁丹、西药、自行车、人造丝等商品。③ 1916年广西南宁的主要街道上出现了一家英国人开设的商店,店名完全英文,叫做The All British Drug Depot。但是这家店的经理却是一个中国人。除了销售药品,还出售肥皂、炼乳等商品。据报道,该店是英国来华传教组织(English Medical Mission)所设。④ 在新疆乌鲁木齐,南门外是个

---

① 《中国近代经济史研究资料》第7辑,1987年版,第133页。

② Herald,1907年11月1日,第276页。

③ 山东省政协文史资料委员会编:《周村商埠》,1990年版,第3页。

④ Herald,1916年10月14日,第77页。

穆斯林集居的市郊，在那里土耳其人的零售商业十分兴旺。来自塔什干、撒马尔罕、布哈拉和里海一带城市的俄罗斯中亚商人的居留地是个十分干净的小区，一长排井井有条的俄国店铺做着各种各样的买卖。人们发现这些店铺里有来自欧洲各国的机制产品。①

外资商业企业是中国国内商品流通结构中的第一个环节，外国商品经过这个环节传递到第二甚至第三个环节，中国出口土产也通过这个环节同出口贸易相衔接。因此，在甲午战争以后外国资本加强对中国市场的渗透和控制的历史大背景下，这一环节的地位得到了进一步的加强，它同中国国内商业流通其他环节的联系也进一步密切。

（二）通商口岸和其他城市的新式商业

随着外国资本在中国逐渐开辟市场，中国人投资经营的商业也发生了相应的变化。尽管外商竭力深入中国市场，并在中国国内商品流通过程中占有一席之地，但是，外商毕竟不可能囊括商品流通的全过程，他们必须依赖买办和其他中国商人，必须依赖大量中国人掌管的商业机构。

买办是外商深入中国国内市场的重要帮手。严格地说，作为洋行雇员的买办，无论是采购土产还是推销洋货，均属洋行的业务活动，并没有同洋行分离而构成新的流通环节。然而，在实际上，买办的身份和地位是十分微妙的，他们往往自立商号，以独立的商人身份同洋行做生意。洋行往往还通过买办同其他商业机构打交道，用经销、包销、代理等方式控制一个推销进口商品的商业网。一些中国商人的通商口岸得风气之先，设立了经销进出口商品的

① Herald，1916 年 4 月 8 日，第 51 页。

商业字号行栈。在 19 世纪末 20 世纪初,这一新式商业已经规模初具,成为中国市场体系中的第二重结构,直接同第一重结构相衔接。随着民族工业的兴起和近代城市的发展,这类新式商业也直接为民族工业服务,进行民族工业产品和原料的流通,直接为近代城市提供各种消费品。

雷麦曾经对 1899—1913 年间洋行在华推销商品的办法作了介绍。洋行往往"给予一批中国批发商以专销某一货物或某种货物的权利,而中国批发商则保证,他们将不接受来自其他行号的竞争性货物。一个名牌商标、一家由国外企业自己控制的在华专销行号,一项与一批中国批发商签订的不得经营竞争性货物的协议,这就成为无法在中国建立广泛的推销机构的洋商们的预定计划"①。

谦信洋行进口的靛青原来是由自己的买办负责推销的。1920 年谦信买办周宗良和贝润生等投资 140 万两银子,合伙开设独立的谦和靛油公司。谦信洋行的靛青遂由谦和公司全权负责推销。谦和公司总号设于上海,在全国各地遍设分号和代销处。其做法是在各省较大的城市中选择一处分号作为省号,负责管理本省内的各分号和代销处的业务。谦和公司在业务最发达的时候,分号和代销处共有 200 余处,形成一个庞大的推销网。②

华商美信公司是美国鹰格索夜光表在中国的总代理。美信公司同各地有关商店订立经销合约,1920 年美信公司下设经售处计有 138 处,其中上海有时中公司、永安公司等 38 处,江苏省有 31 处,浙江省有 23 处,江西省有 23 处,湖南省有 8 处,安徽省有 12

---

① C. F. Remer:Foreign Trade of China,1913,p. 130.

② 上海市工商联史料科藏文史资料,颜料进口,第 728 号。

处，山东、河南、湖北各有 1 处。①

卷烟市场是 19 世纪末 20 世纪初发展起来的一种重要商品市场。除了外商自己直接掌握一部分销售机构以外，大部分利用中国人的商业网络。原来在永泰栈替英美烟公司推销卷烟的郑伯昭，1912 年独立门户，开设永泰和烟行。1921 年永泰和烟行又与英美烟合资，改组为永泰和烟草股份有限公司。永泰和公司在上海设总公司，在外地设分公司，在各大城市建立 40 多个据点。永泰和仿照英美烟公司的办法，设立段经理或驻员，并逐级物色大小经理，通过他们去联系零售商，形成一个销售网。当中国民族资本卷烟工业兴起以后，也利用这类商业网络展开促销工作，建立了一套与英美烟公司相似的经销体系，如南洋兄弟烟草公司就是这样做的。遍布城乡的烟杂店和小商贩通过这个网络，也卷入了卷烟市场。

棉布业是一个比较典型的新式商业行业。洋布由于价廉质优，逐步取代土布而成为商业市场上的重要货物。一些商人为利润所吸引，纷纷经销洋布，从而分离出一个独立的行业。上海的棉布业是从洋杂货业分离出来的，起初是洋杂货铺兼营洋布，后来形成专营洋布的商店。据 20 世纪 30 年代初的统计，上海共有洋布店 573 家，其中批发 237 家，零售 290 家，批零兼营 46 家，资本总额 689 万元，雇工 5856 人，年销售额 70628800 元。②

1894 年以前进口商品一般是由香港或上海的买办和新式商人向内地扩散的。到了 19 世纪末 20 世纪初，有越来越多的内地商人到沿通商口岸开设分号，直接间接地向洋行批发洽购。在棉布商业中，外埠各大城市的大批发号或大型零售商店在上海设立

---

① 《申报》1920 年 7 月 24 日。

② 上海市商会商业统计丛书《棉布业》，1931 年版，第 6 页。

的派出机构(申庄),就是属于这种情形。① 这些常年坐镇上海的采办人员俗称庄客,经常向原件批发字号采购棉布,运至各地城市销售。② 棉布从上海向各地扩散主要通过这些申庄,1905 年仅汉口一地在上海设立的申庄就有 20 家之多。

在上海设庄办货的不限于棉布一业,其他各业均有类似情况。据 20 年代末的说法,在 20 世纪初"鲜见此种固定组织,远道商人来沪售卖或采办商品,胥投宿逆旅,洋泾浜一埭旅馆即商帮临时坐庄,近年因时势之要求,均一变而自设办庄,租赁房屋,聘用雇员,俨然若批发字号,以为买卖双方谈判交易之处……各商帮遂不惜年耗巨费设庄沪上,以求竞争之道。今北洋、长江、南华等之办庄,且有兼做转手营业直接向洋庄购买定货者"③。来上海办货的各地商帮,仅棉纱一业就分广东帮、四川帮、天津帮、汉口帮、长沙帮、汕头厦门帮、九江帮、牛庄帮、青岛帮、宁波帮、云南帮、徐州帮、芜湖帮、安庆帮以及内地帮(指上海附近长江三角洲一带客户)。这些客帮或代内地本号销售产物,或代本号收买货品,或二者兼做,"恒以同乡关系,行动辄趋一致,且互相援助,遂为人称之曰帮……各帮庄客又分为三种:一为长期驻沪者,为外埠数大商店之代办人,其行动自由,经济亦独立。一为轮流驻沪者,为外埠大商店每年轮流派来之人,例如天津帮之坐庄,多由该埠大商店派人来,每逢废历端节及年底更番一人,其行动全受本店之节制,经济亦不独立。一为外埠商店需办货时,始派人来沪,采购事毕,即回本乡,名曰野鸡帮"④。

---

① 王方中:《中国近代经济史稿》,1982 年版,第 220 页。

② 《上海市棉布商业》,1979 年版,第 195 页。

③ 戴蔼庐:《生意经》,1929 年版。

④ 上海商业储蓄银行调查部:《上海之棉纱与纱业》,第 40—46、32—33 页。

19世纪末20世纪初，上海和其他通商口岸已经形成百货、西药、五金等一系列新的商业行业，并逐步向内地扩散。南京路上的精益眼镜公司"为中国第一家验目配光制造各种科学镜片"的商店，"前承巴拿马赛会及各大赛会奖给金银牌章"，并获得商部特等奖励。该店在北京、天津、济南、开封、汉口、长沙、广州、南昌、香港、杭州、南京、扬州、苏州、无锡等城市设有分号。① 中国化学工业社生产三星牌花露水，在上海设有两个发行所，产品向全国推销，号称"各埠洋广货铺均有经售"。②

上海为万商云集之地，外埠商号纷纷涌向上海，或将总店移往上海，或在上海开设销货窗口。先施公司1900年在香港组建，1911年又在广州开设先施公司，以后又在上海修建四层大楼，有商场、客房和屋顶花园，1917年落成③，与1918年开业的永安公司和1926年开业的新新公司齐名的是上海最新式的大型百货公司。该公司自称"选办环球物品，搜罗改良国货，振兴中国商业，挽回外溢利权"。④ 一些外埠工矿企业也以上海为推销产品的主要市场。天津宜彰帆布公司创立于1911年，"创制中国防水帆布，并制皮革箱箧以及衣包"，行销北洋并远及南洋各埠，其总批发处设于天津，而总经理处则设在上海。⑤ 烟台张裕酿酒公司的总发行所设于上海，经上海将红白葡萄酒、三星白兰地等分销各地。⑥ 天津久大精盐公司仿照西法提制精盐，奉盐务署特许并经农商部注册，

① 《申报》1920年5月6日。

② 《申报》1920年6月5日、6月3日。

③ Herald，1916年4月8日，第22页。

④ 《申报》1920年10月10日。

⑤ 《申报》1920年1月1日。

⑥ 《申报》1920年1月5日。

准许行销各通商口岸,遂在上海开设总发行所,将所产精盐自塘沽运到上海再分委各商店承销。[1] 行销沪上的煤炭为各工厂、商船及普通居民所耗用,向有华煤及日煤两种。19 世纪末,华煤仅开滦、萍乡两家,岁销数十万吨,至 1920 年煤炭消费大大增加,而华煤产额也非常可观。“出货较多业已行销市上者,为直隶之开滦烟煤、柳江无烟煤、井陉烟煤、江西之萍乡烟煤、山东之中兴烟煤、浙江之同湖煤、山西之无烟煤,皆能与日货争胜。”[2]这些国产煤炭(有的为外资煤矿所产)多通过华商经销网络投放上海市场。

米粮业的交易向属华商的传统市场。但近代城市的兴起给这一市场注入了新的气息。尤其是在大城市,这一市场开始发挥为社会化生产服务的新的功能,在交易上也产生了新的方式。如稻米的运销,通常由内地米行米厂向农家办米,然后转售于米客,米客运米至上海等大城市,托经售米粮业推售。上海的米粮业分厂米经营与河米经营两种,前者经售外省客籼之送厂碾白者,后者则经售已在内地碾白之内河米粮。[3] 上海的小麦购销主要由面粉厂和杂粮行进行。面粉厂除在产地自设办麦处外,大部分由产地行家代为收购。杂粮行兼营小麦,进货渠道有三:一是派人赴产地收货,其法类多委托当地行家代为收集,给以佣金;二是向同行买进;三是通过交易所买进。其销路则是:面粉厂、同行、交易所。[4] 机制面粉早在 19 世纪末就有北方客帮到上海采购。1900 年八国联军之役及 1905 年日俄战争期间,南粉北运获利甚厚。但客帮进货颇看重牌号,美粉红日当天牌和加拿大粉金龙牌常为北方客帮优

---

① 《申报》1920 年 3 月 25 日。
② 《申报》1920 年 3 月 11 日。
③ 《上海米市调查》,第 1—2 页。
④ 《上海麦粉市场调查》,第 1—3 页。

先采购,初登市场的国产机制面粉受到了排挤,于是上海各厂除了在本埠推销,等客上门以外,还派人常住外埠自行运销,并委托当地批发商推销上海所产机制面粉。主要运销地区是天津,嗣后又发展到营口、大连等处。① 面粉的商业组织有面粉厂在本埠及外埠设立的发行所或批发所,有为其本号本庄采购的客帮,有向面粉厂购货转售零售商的面粉号,有经营零售业务的粮店以及零星贩卖的小商贩,并有 1921 年成立的面粉交易所。②

总体来看,各通商口岸的商业繁荣局面是前所未有的。除了上海成为全国首屈一指的商业大都会以外,其他通商口岸也都成为区域性的商业中心。如广州的商业繁荣也颇可观。据 1921 年统计,广州有商铺 34791 家。又据 1923 年统计,广州市内有工商业户 30720 家,包括 130 个不同的行业,其中建材装修业 2121 户,家具业 2070 户,酒米业 1747 户,饮食业 1539 户,金银珠宝业 1415 户,药业 1136 户。③ 厦门的商业也较发达,尤其是长途贸易有相当规模。在厦门,从事远距离贸易活动的商人有自己的行业组织,称为“途郊”,据日本人在清末所作调查,厦门有 12 个途郊:(1)洋郊,从事厦门与海外的贸易;(2)北郊,从事与北方口岸的埠际贸易;(3)疋头郊,专门从事绸缎、棉织品贸易;(4)茶郊,专门从事福建南部各地及台湾淡水等地的茶叶贸易;(5)泉郊,从事与台湾及澎湖列岛贸易(该地多泉州府移居者,故称泉郊);(6)纸郊,从漳州地区贩纸,运销北方各口岸;(7)药郊,有洋货行和药种行两类商号,从事水产贸易的商号也加入该组织;(8)碗郊,采办漳州、泉州等地陶瓷器,运销南洋和台湾;(9)笨郊,从事与台湾笨港的贸

---

① 《中国近代面粉工业史》,1987 年版,第 51 页。

② 《上海麦粉市场调查》,第 7—8 页。

③ 《广州市市政公报》,1923 年印行,第 143 号。

易,清末民初为泉郊合并;(10)福郊,从事与福州的贸易,民国初年已有名无实;(11)广东郊,从事与广东的贸易;(12)棉纱郊,从事棉纱、棉布贸易。①

在19世纪末20世纪初,商业繁荣由通商口岸向内地辐射,已导致内地一些同全国市场发生联系的区域商业中心的形成。这种商业中心有两类,一类是北京这样的政治中枢所在地,另一类是散布各地的中小城市。以北京而言,它“沿辽金元明四代之旧,为清代的都城,也为民国的都城,人口二百余万。……天下商贾和货物往往辐辏于是,……民居商店极为繁密,货物运输往来,不绝于道;……东西牌楼等地商店林立,百货云集,而东安市场中,举凡茶楼、酒馆、饭店、戏园、电影院、球房以及各种技场、商店,无不具备,营业大兴……此外,如护国寺、隆福寺、白塔寺等处,每逢庙期,百货云集,也成为定期的繁华市场了”②。

至于散布于各地的中小城市,它们是介于通商口岸与内地农村城镇之间的商品交换的中转站。如处于边远地区的包头,在1897年以后成为西北地区羊毛交易的中心,包头市场上的羊毛一般来自西宁,而西宁又是青海、西藏羊毛的集散地;包头羊毛还来自甘州、肃州、凉州、永昌等地,而这些地方又是甘肃羊毛的集散地;除此之外,也有一些羊毛来自内蒙古一带,包头本身是内蒙古羊毛的集散地。包头羊毛主要销往天津等口岸城市。又如东北地区自营口开埠后同关内商业往来日益频繁,上海广东商人往来于营口进行交易者不乏其人。20世纪后,关内外商人货品的互通更为增多。东北有大豆、豆饼、豆油、黄烟、线麻、鹿茸等土产大量南

---

① [日]农商务省水产局:《清国水产贩路调查报告》,明治33年版,第343—345页;东亚同文会:《支那省别全志》第14卷,第966—969页。

② 王孝通:《中国商业史》,第287—288页。

运,从关内购入的日用品中的四川夏布、云贵铜器、福建漆器、广州牙雕、江浙绸缎、山西锅铁、天津芦席、上海五金等等,进口洋货更是无所不包。① 当时的营口出现了一种名叫“大屋子”的批发商兼中间商。大屋子有自己的驳船、仓库以及旅馆,让客商住在大屋子自设的旅馆里,代客商寻觅主顾,买卖成交时,大屋子从客商那里获得佣金。19 世纪末营口公议会制定“大屋子行规”,规定凡棉纱、棉布交易按价抽佣金 2%,其他杂货则按市价抽取 3% 的佣金,还禁止大屋子买卖期货,以避免投机交易引起混乱。如有人破坏规约,“全市同业商人与他断绝一切交易、交往以及金融借贷关系”。②

内地大小商业中心的形成及其相互之间的贯通,形成了沿海通商口岸到广大腹地的商业网络。东北地区的商品流通网络,直接受到上海—牛庄(营口)之间的商业关系的制约。1907 年外商的一份调查报告反映了这样的状况。“法库门位于奉天以北偏西 160 公里处,在奉天、牛庄和新民屯去黑龙江的主要道路上,黑龙江省同南方的冬季贸易经过法库门”,“主要进口货是来自牛庄、新民屯和铁岭的洋纱、煤油、棉布;粮食每年 100 万担(每担 360 斤),价值 40 万两;煤来自新民屯和铁岭;土烟来自吉林和黑龙江两省;洋烟土来自牛庄;烟草和麻来自奉天省东部和吉林;日本商品如纸张、棉纱、海产和香烟,经奉天和铁岭而来。每年进口值包括粮食约 300 万两”。“通江子离法库门 55 公里,位于辽河边。1876 年辟为国内河港。1895—1899 年贸易最为繁荣,一个季节中由船运往牛庄的大豆超过 100 万担。”“主要进口品是来自牛庄的洋布、洋纱和盐,价值 582800 元,以及各种杂货。上述输入商品

① 孔经纬:《中国资本主义史纲要》,1988 年版,第 153 页。
② 日本外务省:《南满商业》,1907 年版,第 771、777 页。

中80%销往更远的昌图和宽城子(长春),只有大约20%在本地消费。""主要输出大豆、豆油和油饼。大豆来自周围地区和吉林,豆油系本地制作,也有来自宽城子的,主要销往长江流域。"①法库门有店铺205家,通江子与牛庄之间商业最盛时有各式船只17000条。正是依仗这些商业机构和交通手段,法库门、通江子成为东北地区商业网上的两个重要网结,上同通商口岸相连,下同农村市场沟通。在这个流通网上活动的主要是中国的商业资本,流经这个商业网的商品除进口洋货、出口土货及部分民族工业品,也有相当部分属于传统商品,随着近代城市的发展和商业经营手段的变化,同近代资本主义市场相混合的传统商品流通也逐渐染上了近代资本主义的色彩。

随着新的交通线路的开辟,商业城镇在交通线路附近迅速崛起,山东潍县的商业地位就是一个例证。"11条贸易线路在此汇合,使这个地方的批发商业声誉远扬。现在仍用原始的方法订货,大量外国商品,如布、纱、铁和煤油从芝罘运来,甚至更多的土产从南方市场托运到这里。所有这些都是沿海贸易,因而用帆船和轮船在胶州可以找到一个自然而又方便的入口。"②

毋庸置疑,交通运输业的发展状况和其他社会经济环境,对通商口岸和其他城市的商业是有很大的制约作用的。如同样地处东南沿海的温州商业的繁荣就受到轮船运输业不发达的局限。正如《北华捷报》评议说:"轮船招商局垄断了温州的运输业,运价太高以致阻碍了许多低价商品的运出。假如这些商品能有相当比率投放远地市场,会给本地增加许多繁荣。"③又如重庆的贸易地位也

① Herald,1907年7月12日,第90页。

② Herald,1898年3月14日,第441页。

③ Herald,1907年8月16日,第388页。

受上海等口岸与内地省贸易关系的直接影响。“重庆曾经是云南、贵州、陕西、甘肃等省多种产物的集散地”，但是，到了1920年前后，由于四川省各种捐税繁兴，这些贸易已不再经过重庆。云南沱茶向来经由重庆输出，自1925年以来即运往越南转海路到上海，在重庆，沱茶反而成了由上海来的输入品。陕西和甘肃的药材也不再经过重庆，而是顺汉水直运汉口。到了20世纪20年代，四川内地和邻省商人“日渐趋于直接从上海及其他处订购货物，由邮政局包裹递送。诸如格花呢、人造丝织品、棉织品等等，以前都是先输入重庆，然后发往内地的货物”①。国内商业线路的变化，也从一个侧面反映了各地商业条件的发展和商帮势力的消长。这种变化对中国商业市场的第三重结构——内地乡镇和农村的传统商业也有相当大的影响。

（三）内地乡镇和农村的传统商业

内地乡镇和农村传统商业结构是包括国外在内的研究者长期注意的问题。

美国学者罗兹曼在《中国的现代化》一书中指出：“19世纪末20世纪初几乎在中国的所有地区，市场的形成都比人口的增长快”，但“中国的销售仍然是以农村为方向的”。② 这一看法基本上切合实际。虽然在本书考察的1895—1927年里，中国的商业性农业已有很大的发展，但是它与大城市的联系仍远不如地方性的商品流通。规模宏大的近代商业只局限于棉布、卷烟等工业产品和蚕丝、茶叶、油类作物等出口农产品的交换，在广大内地特别是农村地区，商品流通主要是村落、乡镇间传统手工业产品及农副产品的交换，即使是近代工业品的流通主要也是利用传统的流通渠

① 周勇等译编：《近代重庆经济与社会发展》，1987年版，第35页。

② 罗兹曼主编：《中国的现代化》，中译本，1989年版，第233页。

道,混合在传统产品中间进行的,粮食、丝、茶等最终流向大城市甚至国际市场的商品,在农村地区也是基本沿着传统渠道以传统方式进行交换的。因此,尽管农村市场交换的另一端同近代产业相联系,同传统的市场已有所区别,但它仍然保留着传统经济的全部因子,只是在传统的商业网上添加一两个环节,把交易从农村集镇向通商口岸延伸而已。

另一位美国学者施坚雅认为:“传统中国后期的农村地区可以被看做七万个六边形的格子,每一个经济体系以一个标准市场为中心。”①施坚雅所谓标准市场是指遍布中国农村各地的定期集市,这种集市以农民一天步行可以抵达的距离为功能范围。这种市场体系在19世纪末20世纪初,仍然是中国农村市场的骨架。近代市场的发育充分利用了传统的市场体系,在很多场合表现为传统市场体系的完善和扩展。日本学者斯波义信认为:“为农业商业化提供框架的是从宋朝开始的市场网络、乡村市场组织。”②根据对浙江鄞县农村市场的研究,他指出,大体在清朝中叶以后这种市场组织已经得到了完善。其时,鄞县的所有村庄都置于特定的标准市镇的市场区以内。乡村的自然资源和物产首先拿到这样的标准市镇上,从那里继续输往中间市镇,然后从中间市镇和中心市镇进入宁波。宁波所提供的经济服务循相反路径回到乡村。这种局面直到19世纪末20世纪初,仍无根本变化。宁波农村分销商品的店铺种类有南北货、绸布、油酱、鲜咸货、中药、香烛、

---

① G. William Skinner: Marketing and Social Structure in Rural China, The Journal of Asian Studies,第26卷,第1期,1964年12月。

② Shiba Yoshinobu: Rural-Urban Relations in Ningpo Area During the 1930's, Memoirs of Research Department of the Toyo Bunko,1989年,第47期,第12页。

席、杂货等。[1] 大体都同农村居民的日常生活必需的传统商品有关。广东农村的情况也相似。海丰陆丰两县 1908 年有市镇 44 个，其中 16 个为原有市镇，28 个为鸦片战争后陆续形成的新市镇，另有 14 个老市镇逐渐废弃。[2] 这些市镇同样是当地农村的商品集散地和农户互通有无的场所。

在这类农村市镇也有商业竞争，但主要是宗族之间、村落之间的竞争而不是纯粹意义上的商业竞争。据库伯于 1919 年对广东汕头附近“凤凰村”的调查，这个村子中有 30 家店铺组成的商业街。全村 650 人都属同姓，他们建店开市是为了同附近的谭村竞争。谭村占有地利优势：位于河边较低的地方，在旱季，船只必须停泊在谭村。谭村本身也同三英里以外的另一个市场竞争。凤凰村见到自己的村民去谭村做生意，认为也可以在自己村里做，于是紧跟其后，出资新造了 24 间商店并修了一条路，1919 年出租店面 21 家，其中 5 家由本村人经营，其他由外村人租赁经营。由凤凰村人开设的商店主要卖稻米、食品、药品和鸦片，外村人经营的则有豆腐、纸张、猪肉、染料、棺材等店铺，还有一家理发店。[3]

农村市镇的商业普遍带有小本经营的色彩。金陵大学 1930 年夏天对江苏省江宁县淳化镇的调查，仍能说明 20 世纪一二十年代的情况。该镇有 1805 人设有店铺 68 家，共雇工 175 人。平均每家 2.6 人，几乎全是小店。6 家粮店共雇工 21 人，7 家杂货店共雇工 17 人。每天早上，农民带着小篮米麦来粮店换钱。店铺也常向农民提供贷款，所以每当收获季节，店老板必须下乡收账。该镇

---

① Shiba Yoshinobu：Rural-Urban Relations in the Ningpo Area During the 1930's，p. 45.

② 《广东舆地图说》，1908 年版，第 175、180 页。

③ Diniel Harrison Kulp：Country Life in South China，1925.

最大的商店是木匠铺,雇了 8 人,其次是一家当铺,雇了 6 人。当铺、粮店和杂货店的日营业额共计 411 元,占镇上日营业额 777.5 元的一半多。其他店铺提供各种基本生活服务,包括裁缝店、铁匠铺、草药店、肉店、理发店、豆腐坊、茶馆、餐馆等。① 几乎都是传统行业。即使在丝茶产区的农村市镇,除了丝茶生意同外地市场息息相关,其他各种商业交换都具有本地村落间交易的特点。虽然商品流通无孔不入,通过层层扩散,资本主义世界的产品也会渗透到农村中去,但是其扩散和渗透必须遵循传统的途径。费孝通研究江南村民与市场的关系时分析了一种"代理船"的买卖方式。"'代理船'代表村民去市场做买卖,村里有 4 条这样的船,每天航行两个半小时去市场,甚至在没有接到买卖委托的情况下也照样出航,所购货物常常是家用杂货,代理人不向村民收取手续费,因为他们有时从市镇上的商店得到礼物。然而,他们的主要营业是代表村民售货。因为他们熟悉市场,同农产品收购者有联系,他们向村民提出打包方面的建议,陪同他们去售货。"②由此可见,一般农民尚不可能自由出入市场,因为缺乏公共交通等社会性运输手段,也缺乏相应的市场营销知识和能力,所以他们同外界的资本主义市场总存在着一层隔膜。

农村牛市也称得上是一项有历史传统的商业活动。在浙江省,每当暑天将尽,就有商人将大批耕牛从南往北贩运。在黄岩附近由牛做的农活结束得比北边的天台地区早,习惯上是在那时将南边的耕牛贩往天台地区,卖给当地尚有许多农活要做的农民。两地相距 300 里,一般是十几头牛一群,一个人管两三头牛,一路上

---

① 南京金陵大学:《江宁县淳化镇乡村社会之研究》,1934 年版。

② Fei Hsiao-tung: Peasant Life in China, A Field Study of Country Life in the Yangtze Valley, London 1939, pp. 240-262.

对牛脚特别关照，给牛穿上草鞋，沿途有专门的宿营地，牛穿的草鞋在沿途村子里可以买到。在牛市上往往聚集着几十头牛，熙熙攘攘十分热闹。买卖双方讨价还价，检查牛的身体，当面成交。①

在中国传统经济的框架下，早已形成相当规模的商品流通。农村市镇主要处理农民之间、村落之间的交换，同时也是长途贸易的起讫点，而此类长途贸易又往往同农民家庭手工业和城市手工业存在着密切的联系。以鸦片战争前江苏的土布贸易为例，“华中商人出资收购并加工土布，从江苏运输至华中、华北。他们雇用掮客，将原棉供给农民家庭，换取棉布，运到苏南平原各城市进行加工漂染，或雇人代理加工，由于供求方面的数量日增，处理乡间源源不断而来的大量棉布的漂染工场不断出现。经过整理的布匹在中国各地销售，甚至远至广州，售予东印度公司。”②类似长途贸易的市场制度，在近代经济体系中非但没有萎缩，反而更加发展，体现了传统市场制度对商业条件变化的适应性。19 世纪末 20 世纪初，洋纱大量输入并很快取代土纱，其结果并不是土布生产、交换的市场制度萎缩，而是一些地区手工织布和土布贸易循着原有的轨道发展，交易量和交易范围都大为扩展。

直隶定县和山东德平是 19 世纪末形成的两个土布业中心。定县的土布运销察哈尔等地，1892 年为 60 万匹，到 1915 年增加为 400 万匹。德平的土布则主要运销热河。③ 1917 年以后，宝坻

---

① Herald，1926 年 7 月 31 日，第 206 页。

② 马若孟（Riman H. Myers）：《手工棉纺织和近代中国棉纺织手工业的发展》，《经济史评论》1965 年第 3 期，参见张仲礼主编：《中国近代经济史论著选译》，1987 年版，第 296 页。

③ Dwight H. Perkins：China's Modern Economy in Historical Perspective 1975，p. 188.

的地位超过了定县和德平,成为新的土布业中心。宝坻的盛况也不过维持了10年,1926年新兴的高阳土布业由于大量输入新技术,提高产品质量,同宝坻形成严峻的竞争局面。据1926年8月的调查,高阳一带土布的年产值达200万元。高阳土布业所有棉纱来自天津,由民船经潴龙河运到同口镇,再以骡车运30里至高阳。所织布匹由骡车运到津浦铁路上的泊头镇,其后或经由铁路运至山东,或由骡车运至京汉铁路上的保定,再转运至北京、张家口、山西、绥远、河南、陕西、湖北、蒙古等地。① 长江口上的南通、海门、宝山是另一重要的土布产地,以关庄布著称的南通、海门土布,主要消费地在东北,实际交易却在上海做成。其流通可分成几个阶段:先是零趸收购,各关庄自己在门庄上收买布匹,既有农民送来的零布,也有布贩从各乡收购来的成批布匹,30或35匹为一帖,趸卖给关庄;接着由关庄将收购来的土布经丈布、配布等工序,将土布按阔度、长度、密度分类分级,按各牌预定规格分配成卷;然后由运输行负责运港,转用轮船运抵上海售予各帮客商;最后由客商运往东北,在东北市场上分销。据不完全的调查资料,清末民初,南通、海门的大尺布庄就有25家之多。1906年上海销往东北的土布中上海布仅占四分之一,而通海土布却占了四分之三。②宝山县一带乡民用木机所织"毛宝土布","向销广东、香港为多。如真茹全镇有广成、万成、协成、丰大、源记、丰成、瀛记等八家。此项布庄或收买后自运广东,或售与粤客装运往粤,全年亦有一百万元之谱。"③

---

① D. K. Lieu: China's Industries and Finance, 1927, pp. 10-11.

② 林举百:《近代南通土布史》,《张謇与南通研究》丛刊之一,第183页。

③ 《申报》1920年5月11日。

在土布的生产和销售的整个市场网络中,使用洋纱和机制纱这个环节是同新的资本主义生产方式相挂钩的,在其他各个环节,特别是产品销售的商业市场则带有比较浓厚的传统色彩。与此相反的是蚕丝业。蚕丝业可谓同国际市场的关系最为密切了,但是除了在通商口岸一端同洋行交易并出口海外以外,在农村地区的流通过程基本上是由传统的商业组织承担的。传统的商业组织在未创立新机制的情况下,同样能够适应出口贸易,同洋行或中国新式商业机构发生联系。典型的养蚕农户往往从农村市镇买进桑苗,种植桑树。浙江石门和海宁在清末民初是有名的桑苗贸易中心。① 桑苗的销售范围很大,甚至把太湖流域的桑苗销往山东、河南、河北和湖北等地。② 农户还在当地桑叶市场购进桑叶以调剂桑叶用量。养蚕户所用蚕种,大多也是通过市场解决的。浙江嵊县、余杭分别是19世纪末和20世纪初最主要的蚕种制作中心和交易中心,此外,新昌、富阳、吴兴等县也是很重要的蚕种基地。③ 在余杭,从事这种制作的大约有3000—4000户,每年可产蚕种30万—50万张。"蚕种市场的开市是每年紧张繁忙、激动人心的大事,在五月三十一日左右来自江南其他地区(主要是浙江北部)的上千商人纷纷购买蚕种",在商场上不能即时卖掉的蚕种可以"运到安徽和苏北地区低价出售"。为了防止制种者用加热方法促使蚕种早熟并高价出售,"当地蚕种公会曾试图禁止在官定日期之前出售蚕种以控制竞争,公会也曾订有共同的价格标准"。④ 养蚕

① 东亚同文会:《支那省别全志》第13卷,第490—491页。

② 乐嗣炳:《中国蚕丝》,第172页。

③ 《中国实业志》,浙江,第4卷,第192页。

④ 李明珠:《中国生丝贸易》,参见张仲礼:《中国近代经济史论著选译》,第398页。

农户常常通过当地商人或行贩把所缫蚕丝卖给当地乡丝行,如果该生丝用于内销,丝行就转手把生丝卖给账户或织户。有些农户把生丝捻成经后卖给经行,也有的用购自丝行的生丝加工成"料经",售给来自丝织中心的商贩。农户把生丝卖给乡丝行,常由叫做"小领头"的小商贩居间作媒介。乡丝行规模很小,多为独资或合伙经营。如果该生丝用于出口或供工厂机织,则在乡丝行后面还有规模较大的丝行。这些丝行通常有雄厚的资本,同上海丝栈有联系。在19世纪80年代,丝行还直接把生丝运到上海供应出口,到20世纪初,则有经丝行将丝复摇后供应出口。到了20世纪20年代,几乎所有出口辑里丝都由经丝行转手,据调查,南浔共有经丝行30—40家,它们操纵的从事复摇的经户有二三千家。① 也有许多蚕户将所产鲜茧直接出售,茧行收购后将茧卖给丝厂,丝厂缫成厂丝通过厂丝掮客或经纪行向织绸厂或洋行出售。

洋货或国产机制产品渗透到农村市场同样也要依靠传统的商业网。如英美烟公司在各地区的代理人都是在当地经营多年,同当地的商业团体会馆公所有密切联系的商人。美国学者高家龙说:"公司依靠的是一个现成的中国销售系统,而不是试图使之'现代化'或者对它采取严密的西方式的控制。"②1914年南洋兄弟烟草公司的一份调查材料说,英美公司的香烟在东北各地小城镇都有出售。③ 英美烟公司在秦皇岛的代理商谢益初充分利用农村原有的商业渠道来打开销路。他对农村的各种活动消息灵通,

① 《支那省别全志》第15卷,第735页。

② Sherman Cochran: Big Business in China, Sino-Foreign Rivalry in the Cigarette Industry, 1890—1930, 1980, p. 32.

③ 上海社会科学院经济研究所编:《南洋兄弟烟草公司史料》,1960年版,第59页。

每当乡民演戏、聚宴、节庆、集市之时，他就带推销队深入下去。1909年，因他的努力，英美烟公司在秦皇岛地区的销量大大增加。①

由于在中国内地和农村原有的商业流通网，几乎不加改变就可以适应新的商品流通的需要，因此，只要打通交通线，贸易量就会大增。1898年外人对长江流域的贸易情况发表了一个调查报告。该报告认为，汉江航线的开辟十分重要，因为沿江而上可以抵达河南、陕西和西北各地。来来往往的中国船只满载货物证明汉口与上游的贸易关系十分密切。该报告竭力鼓吹开辟汉江轮船航线，认为一旦轮船通航汉江，沿线的贸易量就会大大增加，外国商品就会很容易地到达该地区广大居民手中。② 毫无疑问，这一判断参考了其他交通线的经验，它对中国内地和农村原有商业网的功能的积极肯定也是符合实情的。

在一些交通条件十分落后的边远地区，传统商业流通渠道更是举足轻重。如云南的货物流通量中，很长时期内有70%以上是由马帮承担的。③ 有的马帮是民间合伙组成的商队；有的则是商人、地主等出资，组成商队。马帮主要由帮主和马夫构成，一般五头驮马为"一把"，五把为一小帮，由一"小锅头"负责，几个小锅头由一个大锅头统率，马帮规模视商品运输量多寡而定。④ 由于中外通商和近代工业产品的渗入，云南省传统性的马帮商路上也出现了新的货物。如腾越→昆明→宜宾→线上运销的是沱茶、鸦片、棉纱、百货等，逆向运销的则是四川丝、绸缎、烟草、药材等。经思

① 汪敬虞：《中国近代工业史资料》第2辑，第223页。

② Herald，1980年10月31日，第809页。

③ 《中国公路运输史》，1990年版，第118页。

④ 《中国公路运输史》，第125页。

茅运销泰国、缅甸的有地毯、棉花、钢铁、马蹄铁、笠帽、丝线等，回路货则有鹿茸、纸烟、布匹等。[①] 云南的名产普洱茶是经下关(大理)运往西藏的。西藏商人是普洱茶的大买主，每年阴历二三月和十、十一月来到思茅，1898 年报道的普洱茶收购价每担 7—8 两，经过 50 天的运输，抵达西藏后可卖 15—16 两的好价钱。[②] 扣除了路上交纳的厘金和其他陋规后仍有丰厚的利润，因此西藏商人不绝于途。云南马帮从事的是长途贩运，从甲地采购货物运到乙地抛售，一般自己拥有资金，遇有资金不足之时，昆明的大商帮如兴顺和、兴义和等也向他们提供借贷。思茅的当地商号也向马帮贷款。马帮遵循着传统的交易方式进行活动，但它同样承担同进出口贸易或近代工业有关的商品的运销。

19 世纪末 20 世纪初，中国内地乡镇和农村商业市场已经在不同层次上同进出口贸易相关联，因而进出口贸易的任何变化都会直接影响农村商品的流通。不用说生丝、茶叶、棉布、卷烟、煤油等商品的国内流通受进出口状况制约甚大，一些手工业产品的产销也受影响。山东省的传统手工业产品府绸向来用东三省的蚕丝为原料，部分也用本省所产吞丝。1919 年府绸生产相当沉寂，其主要原因是 1918 年东三省原料被日本高价购去 60%，以至山东商人和织户采购不到原料而大受损害。[③] 山东原有的府绸织造同生丝生产自有其商业网络加以连接，一旦在外力影响下，这一联系的网络中断，府绸生产就会受挫。

在 1895—1927 年的中国商业市场上，甚至农村市场这一结构

---

① 栗原悟：《清末民初时期云南的交易圈和输送网》，《东洋史研究》第 50 卷第 1 号，1990 年 6 月。

② Herald，1898 年 7 月 25 日，第 151 页。

③ 参见《申报》1920 年 6 月 27 日。

也有所变化,它同在华外国资本商业、通商口岸的中国民族资本主义商业已经形成环环相扣的连环套,彼此呼应,互相制约。这种三重结构的市场体系集中体现了中国经济近代化过程中的过渡性特征。

二、商业机构和行业组织

近代中国国内市场的拓展伴随着商业组织及其管理方式的演变,两者互为因果,互相推进。所以,分析商业组织及其管理方式的演变同研究市场规模和市场结构在逻辑上是紧密相关的三个环节。

(一)传统商业机构的变化

在中国民间传统的商业体系中，小商贩的穿街走巷，农民、手工业者的赶集、赶会，以及诸如此类的商业活动是其最广泛的基础，在此基础上形成了以各种字号行栈为形式的商业店铺，它们是从事商业营销活动的主要机构。甲午战争以后，这类传统商业机构加快了资本主义化的步伐。其主要表现有两个方面：

1. 一些传统老字号,改变经营方式,提高了经营素质

瑞蚨祥是一家历史悠久的老字号,它的创办人山东孟家从明代起就经营商业,到了清末,颇有经商才识的孟雒川掌权,瑞蚨祥走出了周村、济南,先后在北京、天津、青岛、烟台等地开设了14家大商店,其经营范围包括绸布、茶叶、皮货,以至典当,在济南还设有一家织布工场,一家染坊,形成为一个颇具规模的商业联合组织。其中北京瑞蚨祥1893年开业,成为名声最响的绸布商店。民国初年瑞蚨祥在上海设有坐庄,专事采购,不作销售,各地分店收入的货款大都汇储上海。上海坐庄成为瑞蚨祥各号的经济枢纽,

经常汇集之款达二三百万元。①

瑞蚨祥为适应资本主义市场竞争采取了一些对传统商业机构而言完全是新鲜的做法。瑞蚨祥所经销的绸布一般从洋行订货或向工厂进货。从洋行订货须签合同,并预交货价的10%为定金,所交定金按银行存款利率给息,洋行允诺,不以低于瑞蚨祥定货价在天津销售,从而使瑞蚨祥在同业竞争中保持了进货价格上的优势地位。瑞蚨祥所销绸缎,每年两次派员往沪、宁、苏、杭著名厂家选购或定织,有的工厂还专门为瑞蚨祥加工,匹头上织有"瑞蚨祥监制"字样。② 瑞蚨祥面对日益激烈的市场竞争,特别强调商业信誉。在掌握进货时间上,瑞蚨祥讲究"货赶先头"、"宁让货等客,不让客等货";在推销方法上,以"货真价实"、"尺码足"、"牌子老"吸引顾客。

传统商业机构中,资产所有权比较含糊的情况在瑞蚨祥也有所改观。瑞蚨祥的经理人员称为领东掌柜,这同传统商业惯例并无二致。然而传统的做法是,由东家出资若干,交领东掌柜经营,双方签订契约,"东方出钱,西方出力",东方吃钱股、西方吃人力股,如无特殊事故双方都不能散伙。然而,尽管瑞蚨祥的领东掌柜,都是"本屋徒出身",东家与领东之间存在着某种依附关系,但是"东家和领东之间有契约或合同,因此叫做'水牌经理',东家可以随时辞退领东,'人力股'的作用仅限于分取当年盈余"。③ 在"水牌经理"制度下,领东更接近于资本主义制度下资方代理人的地位。值得注意的是,实行水牌经理制度的不是瑞蚨祥一家,几乎北京的各大绸布号都先后采用。由此可见传统商号的

① 孙健:《北京经济史资料》,近代北京商业部分,1990年版,第405页。

② 《工商史料》第1辑,1980年版,第180页。

③ 《北京瑞蚨祥》,第21—22页。

变化。

达仁堂是传统商业机构向近代企业演变的又一典型。北京同仁堂药铺系浙江宁波乐姓创办于康熙七年(1669年),世代相传,号称乐家老铺。清末民初,乐姓后代开设的乐家老铺分号34家,遍布各大城市。原来的乐家老铺,家店不分,其经营格局纯为传统商号。迄至民国初年,乐达仁在上海、天津开设的乐家老铺分号达仁堂按照商业发展的规律进行了一系列的改革。药店附设制药厂,采用机器动力,修建新式仓库和工人宿舍,重金聘请技术水平高的药工以提高质量。乐达仁还设立新学书院、达仁女校,送职工前往学习,以期培养经营管理人才和高素质的职工。在药店的市场营销中,积极改善服务,方便顾客,建立药品销售的检查核对制度。达仁堂适应了新的时代潮流,从一家传统商号同仁堂乐家老铺的分店发展为自成体系的大商号,达仁堂自己的分号遍布上海、汉口、长春、西安、长沙、福州、大连、香港及南洋一带。为了扩大药材来源和提高制药技术,还开设了养蜂场、养鹿场、铁工厂、化学公司等。① 其气象显然已非传统商业机构所能相比。

1895—1927年间一些传统商业老字号为适应变化了的市场形势,逐渐改变经营方式,提高商号的经营素质,这一变化态势成为传统商业资本主义化的一个重要象征。

2. 传统牙行向近代化批发商行演变

牙行是中国传统商业中的居间商,其主要业务是为买卖双方进行中介服务,包括评定商品质量、价格,按所促成的交易量收取佣金。其经营必须得到政府许可,领有牙帖,交纳牙行捐。随着市场的扩展,一些居间商逐渐发展为批发商,直接从事商品

---

① 《工商史料》第1辑,1980年版,第164页。安冠英等编:《中华百年老药铺》,1993年版,第20页。

的收购、运输和销售。在各通商口岸租界里，中国商人开设牙行无需向租界当局，也无需向清政府领帖，到民国初年，牙行摆脱政府控制的趋势同其经营方式的转变一样，已具不可逆转之势。

大规模的商品交易，需要批发商从事商品的流转分销。在经销洋货的新式商业如洋布、五金、西药等商业行业中，从其一开始就出现了批零分工，一些实力较强、资金较厚的商号往往经营批发业务。近代工业出现后，在机制工业品的销售中，一般也是依靠商品批发网的活动来促进销售，传统的牙行一般并不涉足其间，但是在传统的农产品和手工业产品的销售中，传统的牙行往往有较大的活动余地。1895—1927 年间，由于市场规模的扩大，农产品和手工业产品的商品交易量迅速增加，牙行的经营方式发生了变化，不少牙行鉴于市场交易收入丰厚，市场的有序拓展减少了交易风险，而且金融业的发展经营为商业经营提供了一定的资金，便纷纷转而自营大宗买卖，转化成为批发商。

各大都市药材行的货源来自“山客”或“号”家，其服务对象一是本埠各式中药铺，二是各地客帮。同其他牙行相似，药材行的经营活动都是代客买卖收取佣金。进入近代以后，山客贩运药材的数量增加了，药材行代售不可能一下子销完，对山客来说，廉价趸售，可以加快资金周转，比委托药材行慢慢销售有利，对药材行来说，趸批廉价吃进，加码批售出去，赚取进销差价也比代客买卖赚取佣金更为有利可图。于是一些大城市的中药材行渐向批发行转化。20 世纪以降前往上海的中药材行办货的客帮渐多，甚至有不少出口商办货销往海外，这些客帮和出口商，所需中药材往往是小批量、多品种，以适应各种配方需要，因此药材行必须对各种药材均备有存货，以便随时配伍批售。同上海的情况相比，内地的药材行变化情况就较小，甚至汉口的领帖药材行到 20 世纪 30 年代还是只做代客买卖的业务，行里不备存货。① 上海、汉口两地药材行演变情况的反差，在一定程度上体现了两地传统商业近代化程度的差异。

19 世纪时，上海的糖行主要经营闽广土糖，基本是代客买卖收取佣金的牙行，其中一些大糖行也利用自己雄厚的资金，乘闽广水客急于售出之机，低价买进，再待高价出售，兼做自营购销。1895—1927 年间上海进口的洋糖逐渐取代闽广土糖，那些糖行便在原来的基础上进一步改变经营方式，“由过去代客买卖，改变为向太古、怡和等洋行定货，自负盈亏”②。于是糖行不再居间进行土糖交易，而是转变成了进口洋糖的批发商了。

北货业、水果业、水产业中的一些行家也逐渐转向自采自销。如 20 世纪 20 年代鸿元北货行自行联系营口、大连的山货行，当地几家山货行来信来电进行报价，如价格合意，就去电委托采办。水果行中的一些大户 1914 年起开始从烟台、青岛办货。水产业中还有专卖咸鱼的咸鱼行，“专营自销业务，不做代客买卖”，“在产地设庄通过当地鱼栈收货”③。自行采购减少了中间环节，保证了货源，虽然资金周转时间较长，但是利润较高，一些大户资金比较充裕，有一定实力，因而乐于采用新的经营方式，自然而然地转变为批发商。

也有一些牙行因为所经营商品逐渐淘汰而走向衰落。如上海土布牙行，19 世纪时曾相当兴旺，但至 1900—1924 年间，仅存六

---

① 上海社会科学院经济研究所藏抄档。上海工商行政管理局有关牙行的调查访问资料（以下简称访问资料）（二），药字第 1 号。

② 访问资料（三），糖字第 3 号。

③ 访问资料（三），北京第 4 号、鱼字第 2 号、水字第 6 号。

七家。1924 年后随着土布交易在沪上日趋式微,土布牙行便一一消失了。①

上海地区的棉花行则随着棉花交易量的大规模增长而经历了一个迅速发展但最终被新的交易所组织取而代之的过程。从 1895 年起,由于上海地区纱厂激增,棉花的需求量不断增加,于是花行也相应发展起来。南市花衣公所成员从原来的十几家发展到 1919 年的四五十家。北市的花行发展更为迅速,并很快超过南市而成为上海花业重心。第一次世界大战期间,北市花行成立了棉业公会,南市花行纷纷加入为会员,以后又扩大改组为棉业联合会,实质上成了棉花商人包括大量批发商的同业组织。1921 年,上海华商纱布交易所成立,次年即开市成交棉花,完全取代了棉业联合会的地位,花行的居间交易功能或作为批发商的功能都逐渐削弱。到了二三十年代,纱厂多自行设庄收购棉花,或径自采用进口棉花。上海的花行"改炫更张者有之,亏损闭歇者有之"②,渐渐走向了穷途末路。

(二)新式商业机构的组建和新的交易方式的出现

随着市场的扩展,商业经营也出现了一系列新的模式。外国资本在华设立商业机构带来了新的商业经营方式,大型百货公司、交易所和拍卖行都是近代资本主义商品经济发展的产物。

1. 华资大型百货公司的创建

外资来华开设商业机构,除洋行从事进出口、批发业务,并设门市部经销商品以外,在零售商业中也出现了大型百货公司。19 世纪 80 年代,上海出现的泰兴公司是一家外商大型百货商店,以后又有汇司百货公司的开设。1904 年英商惠罗公司(Whiteaway,

① 访问资料(二),其字第 21 号。

② 访问资料(二),花字第 7 号。

Laidlaw & Co.)在上海开设,其规模更大,装潢更新颖。① 英商福利公司(Hall & Holtz Co.)在1843年已开张经营百货零售业,发展至1920年除在沪上设立总公司,还在天津、汉口各设分公司。号称“专买欧美各种著名货品”。商场布局,楼下男式西衣服装部及文具部、瓷器部、器皿部、体育运动器械部,楼上妇女服饰疋头部、化妆品部等等,一切日用品无不齐全。列有缝衣部、家具部……还有面包部、牛奶部、茶部、货品陈列部等等。② 外商百货公司的开设刺激了中国百货业同行的投资欲望,广州可谓得风气之先,1852年就出现了全国第一家百货批发商行,1907年又出现了第一家百货公司,到1918年,广州已出现4家大型百货公司——光商公司、真光公司、先施公司和大新公司。其中大新公司除经营百货外,还兼营酒店、餐厅、游乐场、理发、照相、浴室、冰室等,成为多功能的综合性商业实体。早期经营百货公司的多为一些华侨企业家,他们在国外较早地接触了这一新式的商业经营模式。在辛亥革命和第一次世界大战后,一部分华侨资本家热心回国投资,便创建了一批大型百货公司。早在1900年,澳洲华侨马应彪在香港创设了先施百货公司,初期资本2.5万港元,从悉尼华侨中集资。1907年改组为股份公司,增资为20万港元。1911年又在广州设先施分公司,资本为40万港元,建起一栋五层洋楼。1914年又在上海设立先施分公司,建造钢骨水泥大楼,鉴于认股踊跃,公司资本从60万港元增为120万,最后又增为200万。招股足额后,成立了董事会。先施公司内部装修富丽堂皇,灯光灿烂,共设立了40个左右的商品部,每个商品部相当于一家专业性商店。经营的商品达1万多种,雇有营业员300多人。1918年,马应彪又改组百货公司,

① 《上海近代百货商业史》,第101页。

② 《申报》1920年10月10日。

兼营旅馆、酒楼、游乐场业务。上海先施公司的规模和状况都远远超过了香港的总行和广州的分行,并使上海先期开设的几家外商百货公司大为逊色。

1907 年,澳洲华侨郭乐、郭泉兄弟在香港开设永安公司。据郭乐回忆说:“余旅居雪梨〔今译悉尼〕十有余载,觉欧美货物新奇,种类繁多,而外人之经营技术也殊有研究。反观我国,当时工业固未萌芽,则〔即〕商业一途也只小贩方式,默〔墨〕守陈法,孜孜然博蝇利而自足,既无规模组织,更茫茫然于商战之形势。余思我国欲于外国人经济侵略之危机中而谋自救,非将外国商业艺术介绍于祖国,以提高国人对商业之认识,急起直追不可,以是 1907 年有创设香港永安公司之议。”①1918 年,又招股设立上海永安分公司,经营百货、旅馆、酒楼、游乐场等业务,并与永安纺织公司等构成永安资本集团。后又陆续在英、美、日等国设办庄与分公司,采办百货,组织土特产出口。据 1919 年上海永安公司的股东名册统计,股本来源中,郭氏亲属投资 140500 港元,占全部股本的 5.6%,香港永安公司投资 50 万港元,占全部股本的 20%,而外来投资(大部分为华侨投资)合计 189.95 万港元,占全部股本的 74.4%。外来投资中,100 股以上的 10 户,51—100 股 2 户,11—50 股 269 户,1—10 股 1175 户。② 其资本构成状况,显示永安公司已经具备比较规范的股份有限公司的条件。永安公司的商场布局,经营特色都与先施公司不分仲伯,营业盛况历久不衰。《申报》介绍该公司“以数百万之巨资营伟大之商业,运销寰球货品,

---

① 上海社会科学院经济研究所编著:《上海永安公司的产生、发展和改造》,1981 年版,第 5—6 页。

② 上海社会科学院经济研究所编著:《上海永安公司的产生、发展和改造》,1981 年版,第 14 页。

萃集全国菁华,内部组织,分部陈列,如入五都市,如登多宝舟,货品格外从兼"①。

在先施、永安等大型百货公司的影响下,一些城市商业市场相继采取新型经营方式,出现了新式商场。如北京前门大街和大栅栏的商业区,1900 年遭八国联军焚掠之后,于 1903 年在吴三桂的王府旧址成立了东安市场。1913 年 5 月,市场内的商贩还成立了同业组织——东安市场商民联合会。在北京各个商场中以东安市场规模最大,最为繁华。市场上日用百货、风味糕点、肉食、特产、饮食小吃、古旧书籍、珠宝古玩等非常丰富。仅珠宝古玩行业到 1916 年以后就发展到 110 多家,成了当年北京城经营珠宝古玩行业的两个集中地之一(另一个集中点是崇文门外的青山居)。② 在国货运动中,各地商人宣传提倡国货,挽回利权,组织起一些以推销国货为宗旨的新式商业股份公司。如 1920 年九江国货维持会"集合国民股份",组织九江固本国货国民股份有限公司,各省华商创办工厂出品尤其是可以替代进口的新式仿制品,该公司均可代理分销,并负设法畅销之责"。该公司还为国产商品代办委托买卖运输,"取最公平佣金,以示优待提倡之意"。③

2. 拍卖行和交易所的活动

外商进入中国商业领域,带来了各种西方资本主义的商业组织形式,其中拍卖行和交易所对中国商业市场的影响尤为显著。

以棉布交易为例,几家著名大洋行在上海开办的定期拍卖市场,成为中国棉布商业的龙头。元芳洋行早在 19 世纪 60 年代已开始定期不限价拍卖定头布,到 20 世纪初,元芳洋行成为上海最

① 《申报》1920 年 10 月 10 日。

② 张一农:《中国商业简史》,1989 年版,第 396 页。

③ 《申报》1920 年 5 月 10 日。

著名的疋头交易场所。每星期四在该行当众举行拍卖,开拍品种多达数百种。① 怡和洋行、公平洋行在20世纪初,也是著名的"疋头叫庄",据1920年1月的记录,元芳洋行的拍卖已是第2286次,公平洋行的拍卖是第511次,怡和洋行的拍卖则是第1050次。② 在元芳、公平、怡和等拍卖场进行的交易,通常以长达两个星期的期票进行结算,遇到中国年节,甚至延长信用放款长达6个星期。③ 这种赊购交易在很多地方与传统方式不同。例如资本比较容易弄到,大量钱庄和外国银行为贷款提供了很大的便利,而且利息率也比较低;信用手段标准化,信用关系不再以借贷双方个人熟悉为基础,因为可转让的证券的使用使赊购交易不再局限于狭小的关系圈内。

在上海市场上,其他商品的拍卖也颇盛行。瑞和洋行、壳件洋行、宝和洋行等均有不定期的拍卖活动,商品范围涉及米面食品、机器五金等各个方面。④ 鲁意思摩洋行是一家专业拍卖行,创立于1874年。进入20世纪以后,其活动更加频繁而有规律,它定期举行拍卖,经手拍出的商品大到汽车、汽船,小到衣服家具,油画、邮票也是它的拍卖对象,甚至"上等住宅写字间","真旧古玩",无所不包。⑤

在拍卖市场上,质量、价格的竞争十分激烈。各种商品在这个舞台上一争高低。进入上海拍卖市场的棉花有美国棉、印度棉和国产棉。国产棉又分为河北、山东、通州和本地等产地。所拍卖的

---

① 《申报》1920年1月8日、10日。

② 《申报》1920年1月7—9日。

③ Herald,1916年1月15日,第121页。

④ 《申报》1920年1月4、5日。

⑤ 《申报》1920年1月4日、14日、27日。

煤则有日本、开平、满洲、河内等产地。①

交易所在近代中国市场上是一种全新的商业组织。早在光绪年间,梁启超就提出过组织股份懋迁公司的建议,1912 年北洋政府农商部召集的全国工商会议上,再次提出了设立交易所的问题。1914 年财政部又提议官商合办交易所。但是这些设想都没能实现。在华商交易所成立之前,欧美各国和日本商人已先后在上海设立了交易所。如 1891 年的上海股份公所和 1905 年的上海众业公所,以及 1918 年的上海取引所等。华商交易所未成立时,各行业为了便利交易,实际上已萌生同交易所相仿的业务。如上海机器面粉公会附设贸易所,由同业合资成立,专做面粉交易,分为现货、期货两类。华商自办交易所始于 1916 年。该年虞洽卿等人申请成立上海交易所股份有限公司,1917 年农商部批准从事证券交易业务。1918 年北平证券交易所率先正式挂牌。虞洽卿等人经过努力,1919 年获农商部批准,可同时经营证券和物品两项交易业务。1920 年上海证券物品交易所正式宣告成立。② 上海证券物品交易所成立不出半年,盈利就达 50 余万元。1921 年,上海华商证券交易所、面粉交易所、杂粮油饼交易所、华商棉业交易所相继成立,盈利颇丰厚。到 1921 年 10 月,仅上海一地开业的交易所就达 140 余家。其他城市如汉口、天津、广州、南京、苏州、宁波等地也都相继成立了交易所。除证券交易外,交易货品有花、纱、布、煤、纸张、面粉、茶叶、煤油、香烟、火柴、绸缎、厂丝、建材、西药、木材等。③ 当时的交易所热,只维持了几个月,全国几个大中城市的

---

① Herald,1916 年 1 月 2 日,第 188 页。

② 朱彤芳:《中国交易所介绍》,1989 年版,第 37—38 页。

③ 朱彤芳:《中国交易所介绍》,1989 年版,第 40 页。

交易所倒闭者十之八九,总数仅剩下10余家。① 交易所的交易比传统的商品交易更为复杂,它是商业发达的产物。尽管20年代中国市场发育尚未为交易所准备好坚实的经济基础和良好的社会环境,因而突然兴起的交易所热引起了一系列的混乱,助长了投机之风,产生了严重的负面影响。但是经过一番竞争,毕竟有10余家交易所生存下来了,它标志着一种新型的商业机构加入了中国的市场体系之中。

(三)商业行政管理和行业组织

在中国传统经济中,无论是为了体现"重农抑商",还是为了维护稳定的经济秩序,抑或是为了保障政府的财政收入,历代统治者都要对商业严加管理。而以振兴商业、扶助商业、推动市场发育和经济发展为宗旨的商业行政管理则是在近代才出现的。1895—1927年,这种商业行政管理出现了较好的发展势头。

19世纪末,清政府设置的南洋大臣和北洋大臣,曾兼负管理通商口岸商业之责,但均非专业性的商业行政管理机关。百日维新失败后,清政府慑于国内外局势的不稳,特别是八国联军之役更使清政府感到列强瓜分中国的威胁,感到传统的经济政策、政府组织须有所变革,以响应新兴资产阶级振兴工商业的要求,于是在1903年设立商部,1906年改组为农工商部。设立商部、农工商部是清政府适应时代潮流,为发展工商业而采取的举措。1904年的《时报》评论说:"政府鉴于商战不利,惧将无以自存于生计竞争之世也,于是创立商部。"②商部分设4个司:保惠司负责保护商人、奖励兴办工商企业、颁发专利权等事;平均司负责垦荒、蚕桑、造林等事;通艺司管理工业、铁路、轮船、采矿等事;会计司负责税收、岁

---

① 朱彤芳:《中国交易所介绍》,第44页。

② 《时报》1905年1月9日。

入、银行、货币、工商交易会、度量衡和处理工商诉讼。① 其中保惠司、会计司同营造发展商业的大环境直接相关。为了对商业实行行政管理,商部还设立了一系列相关的中央专业机构如商律馆、商标局、公司注册局等。1906 年清廷对中央各部进行了改组,将工部并入商部,改组为农工商部,将原属商部的轮船、铁路、邮政事务划出,另设邮传部管辖。农工商部内设商务司,掌管全国商业行政事务,统管京内外商务学堂、公司局厂,兼管商律馆、商报馆、注册局、商标局等。1907 年,又改订外省官制,各省添设劝业道,掌管地方工商行政事务。于是,中国开始了具有近代意义的商业行政管理。除了商业企业注册登记、照章纳税,须服从政府部门管理外,清政府还先后订立了《奖励华商公司章程》、《度量衡暂行章程》、《京师劝工陈列所章程》、《出洋赛会章程》等一系列工商法规作为新兴的民族工商企业经营活动的规范。

辛亥革命以后,南京临时政府继续推行有利于私人资本主义工商业发展的政策,强化商业行政管理。南京临时政府刚成立就设立了实业部,临时政府移到北京时,分成农林及工商两部。北京政府正式成立之时,又合并为农林工商部。在 1913—1915 年间,张謇任农林工商总长,主持全国农林工商政务,制定颁布了《公司条例》、《公司保息条例》等商法,使农商部充当商业行政管理的最高机关。在其后的整个北洋政府时期,尽管中央政府对全国的控制大为削弱,已没有能力维持晚清时期官办企业的规模,但是,作为商业行政管理机构,仍可在鼓励私人资本、兴办工商业等方面做不少工作。

从本质上说,近代商业发展并不是清政府或北洋政府积极推动的结果,而是在世界资本主义影响下,商品生产规模扩大,价值

① 《农工商部现行章程》,1908 年版,第 4—11 页。

规律和市场法则推动着千千万万的商人去追逐利润,从而扩大了商业贸易活动范围,提高了商业活动在社会中的地位和作用。所以商业活动受商业行业组织的规范和影响大大超过受政府管理机构的节制。会馆公所,是一所地区性行帮组织。五口通商以后商业规模扩大了,商人的跨地域经营活动增多了,因而会馆公所更为发达。一般说来,会馆是地缘性的同乡团体,公所是业缘性的同业团体,但同业团体也有以会馆称的,同乡团体也有以公所称的。有的会馆公所则同时作为同业组织和同乡组织开展活动。作为同业组织的会馆公所则是各行各业的行会。据统计,上海、苏州、汉口、北京 4 个城市有明确设立年份的行会,1912 年后实存总数 341 个,其中 1840 年前成立的 98 个,占实存总数的 28.7%,1840—1903 年间成立的行会最多,达 166 个,约占总数的 48.7%。[①] 1904 年以后,行会仍有增加,但是因为同业公会的产生,行会的增加量便受到了抑制。鸦片战争以后,特别是 1895—1927 年这段时期,是行会传统功能发生重大变化的时期。传统行会在组织上是封闭的,严格控制新成员的增加,但是随着许多行业的店号迅速增加,同业队伍迅速扩大,传统行会组织上的封闭性便被打破了。行业组织随行业的发展而扩大。上海的一些行业组织因市内商业的发展而急剧膨胀。1906 年至 1910 年,洋杂货业从 423 家增至 1000 家,五金业从 90 家增至 196 家,煤油业从 6 家增至 49 家,颜料业从 7 家增至 29 家,蛋业从 15 家增至 34 家,糖业从 15 家增至 46 家,油麻业从 15 家增至 31 家,皮货业从 7 家增至 69 家。[②]

传统的行业组织实行垄断性的管理,对同业行号的业务活动

---

① 虞和平:《商会与中国早期现代化》,1993 年版,第 34 页。

② 徐鼎新:《清末上海若干行会的演变和商会的早期形态》,《中国近代经济史研究资料》第 9 辑,1989 年版。

常有种种约束。19 世纪末 20 世纪初，此类约束已大为减少。如上海茶叶会馆，对其成员的经营规模并无限制，只规定，"开设新栈公议助会馆公费一百两，送酒入席，编入堂簿，遇事一体照料"，"各栈茶箱至申……派人自诣会馆，登记登簿，以便提厘收充经费"。① 按此规定，该行会对其成员只征收入会费，并按营业额提取一定比例的经费，从业者完全可以根据市场行情和自身实力，随意确定经营规模，不受行会约束。

商会作为一种新式的资本主义社团组织，是商人自己的组织，又有沟通工商业者与政府关系、为政府提供商业咨询的功能。所以，对于商业繁荣而言，商会具有行会组织无法比拟的作用。甲午战争以后，商战愈演愈烈，许多先进知识分子和开明官员有感于在华洋商商会在维护各国在华商人利益、扩展各国在华商业活动方面的作用，便积极介绍西方商会，并呼吁中国政府和商人设立商会。中国商会的真正诞生是在 20 世纪初，1904 年商部开始劝办商会，此前设立的上海、天津等地的商业会议公所改组为商务总会。此后 4 年间（1904—1908 年），北京、厦门、苏州、宁波、芜湖、汉口、保定、福州、汕头、营口、江宁、杭州、梧州、九江、烟台、正阳关、张家口、长春、成都，以及海外华侨集中地等 32 处先后设立了商务总会。② 随后从沿海沿江通商大邑向内地和中小城镇逐步推广，到 1912 年已普及到除蒙藏外的全国各省区，大小商会总数近千家。③

建立商会的目的是联络商情，启发商智，促进商业，保护商利。

---

① ［日］东亚同文会：《支那经济全书》第 2 辑，第 680 页。

② 参见《天津商会档案汇编》（1903—1911 年）上，1989 年版，第 301—303 页。

③ 《商会与中国早期现代化》，第 75 页。

商会的主要任务是:筹议工商业的改良,沟通与政府的关系,调解商务纠纷,介绍与指导对外贸易。商会的领导人多由当地的富商巨贾担任,并拥有大量会员。苏州商务总会试办章程规定,岁捐会费12元者,经众认可,得为会员,各行、帮每年公捐会费300元以上,准其自行开列会友名单送会,并举会员1人,依次递增,至得举3人为限。① 苏州商务总会的入会会友分布在各行各业。据1908年、1910年苏州商务总会刊印题名表统计,分别有行业43种1099户和39种1078户。② 上海商务总会成立时有23个行业170人入会为会员。③ 天津商务总会1905年入会者有32行581家,1906年增至38行713家。④ 据1918年的统计,1912年全国共计商会数为794个,会员数为196636人(其中缺京兆、察哈尔二地区之数)⑤,会员所代表的店号、公司、工厂数当是十分庞大的数字。原来代表行会势力的各业公所,在很多地方"实际上也已变成商会的基层组织"⑥。

综上所述,1895—1927年间,中国的商业组织和管理方式都发生了变化,这些变化同该时期商业市场的扩大和市场结构的变动相呼应,共同构成了商业发展的全景图。然而,这一发展并不顺利,并不充分,它所受到的局限性也应该进行分析。

---

① 中国近代经济史资料丛刊《苏州商会档案丛编》第1辑,1991年版,第21、18页。

② 《苏州商地档案丛编》第1辑,第67—68页。

③ 《支那经济全书》第4辑,第70—76页。

④ 胡光明:《论早期天津商会的性质与作用》,《近代史研究》1986年第4期。

⑤ 参见《商会与中国早期现代化》,第79页。

⑥ 唐文权:《苏州工商各业公所的兴废》,《历史研究》1986年第3期,第70页。

第三节　商业发展的局限

尽管商业在社会再生产过程中是一个不可缺少的中间环节，是一个专门从事商品流通活动的独立经济部门，但是，没有生产的发展，商业的发展，就会有流无源，最终陷于枯竭。这是商业发展的总的前提。这个前提在近代中国至少是不能全部得到满足的。它在自己的发展过程中，受到各种内部和外部条件的制约，因此，我们在看到1895—1927年中国商业有比较明显发展的同时，也要看到它所受到的各种条件的限制。它主要表现在以下五个方面。

一、资本主义列强对中国市场的控制

甲午战争以后，外国在华投资激增，这些外资在打开中国市场，推动中国商业发展的同时，也给中国民族资本商业以强大的压力，使中国商业在商品来源、经销渠道等各方面受制于外资。1895—1927年这一阶段，中国作为资本主义列强的工业品销售市场和原料供应地的性质并未改变，因而同进出口相衔接的国内商品流通受制于外商的局面也未改观。

早在19世纪70年代，外商就有所谓“贸易落入华商手中”的抱怨，可是实际上，甚至到了20世纪初，虽然中国商人逐渐直接进入外贸领域，但是从总体上看，中国的进出口贸易仍然控制在外商手中。1906年，清政府驻德商务随员莫镇疆曾经建议“厚集资本，再加补助，于上海创设茶业总公司，复于各国设立分局”，越过洋行，“自运自销”。①

① 《商务官报》1906年第18期。

同年,奥地利减轻茶税,清政府商部遂鼓励上海商会"乘此开通销路","运茶出洋,设庄自售",并提议"招合大商创立运茶出洋公司"。[①] 但是这些提议不过纸上谈兵,并未付诸实现。直到1916年,谦慎安茶栈唐翘卿的两个儿子唐叔瑶、唐季珊创设华茶公司,先后同美洲、非洲茶商联系,接受订货,直接采办茶叶出口,才算有了华商自营茶叶出口贸易。但是这家公司的营业额有限,无法同洋行较量。[②] 也有一些华商苦于对国际市场所知无几,只得委托"素有交情之洋商","先将茶叶运往美国,而转托寄销,名曰寄番"。[③] 这种小规模、低层次的外销活动,不可能改变洋行操纵华茶出口的局面。

丝是中国传统的出口商品,1927年以前它一直是中国出口值第一的产品。由于机器缫丝工业的发展,机缫丝占出口丝的比重逐渐上升,但是即使是丝厂也难于越过洋行而直接进入国际市场。1926年前后,杭州纬成公司和丝商丁汝霖,曾"自设小机关,运丝赴美,岁各得银一二十万"。[④] 但是在1927年前,即使这种小规模的自行外销活动也只是个别例子。正如上海总商会所说,丝茶直接运销海外的利益,"至为明显",但是运输条件、金融条件等都无法适应,因而实际开展丝茶直销海外困难重重。总之,在这一阶段,"中国有自办之贸易公司,但买卖货物之总额甚微"[⑤]。

大豆是中国东北的重要出口商品,甲午战争以后,特别是日俄战争以后,东北大豆的出口,进入了日本的掌握,完全由三井洋行

---

① 《商务官报》1906年第24期。

② 上海市工商联史料科藏文史资料抄件。

③ 《银行周报》第3卷第1号(1919年)。

④ 《总商会月报》第6卷第3号。

⑤ 《总商会月报》第3卷第12号。

包揽,全部由大连出口。而华商"从牛庄出口者,几乎一担也没有"①。牛庄著名的同升和钱号,在1907年以负债1000万两而倒闭,原因之一就是因为1905年后,日本垄断了东北的大豆贸易,严重影响了同升和的生意。②

中国国内市场同对外贸易的接轨,使国内商品流通受到国际市场行情的制约。上海是湖北棉花的主要销售市场,所以湖北的棉价以上海的行市为准。然而上海又有大量外国棉花进口,上海的棉价又必须随国际市场行情而波动。以1923年的棉花市场为例,该年湖北棉花丰收,按理价格应当下跌,可是适逢美国棉花减产,进口美棉价格上扬,上海棉市行情看涨。紧跟上海市场的沙市棉价涨至每担40—50元,较上年高出10元之多。③ 同样,出口商品的市场行情则受到外商采购的制约。上海生丝市价取决于外商采购的情况。据《北华捷报》1926年8月的一则报道,来自纽约的采购,包括一家著名洋行以1050—1060两一包的价格采购了500包中等级别的厂丝,一下子就把生丝市场的平静打破了,丝价上涨了5%。④

对外国制造商来说,拓展其产品在中国的销路,主要依靠在华洋行。据一份对华贸易的咨询报告所说:"针对同不熟悉的中国商号进行交易而产生的信贷问题,以前的报告常常提出警告,现在似乎应当再次强调","对一个英国商人来说,只有通过在中国的有声望的英国商行或其他洋行来做生意,才更为安全。"⑤所以,在

① Herald,1907年9月20日,第697页。

② Herald,1907年12月6日,第593页。

③ 《清末民初的沙市棉花贸易与城市经济》,参见《江汉论坛》1988年第4期。

④ Herald,1926年8月7日,第263页。

⑤ Report of the Advisory Committee,China No.2,1926,p.8.

经销进口商品的商业行业,往往是洋行充当发货中心,华商只能追随其后。就贸易风险而言,也是华商处于劣势,即使在号称公平竞争的疋头拍卖市场,由于华商对国际汇率所知不多,所以往往带有盲目性,以致在汇率下降时陷入困境,资本少者清算倒闭,资本多者也被迫宣告无力填补亏空。①

由于不平等条约体制下洋商所占优势颇多,故华商挂洋牌者不少。以厦门为例,据1900年《申报》所说,"厦门为通商口岸,洋商甚夥,华商之影戤牌号者,亦实蕃有徒。近日各街洋广货号,均改造洋房输资,各口行高挂洋栈牌号"②。又据1906年《时报》载:"厦门一岛,中国商家挂洋牌者,指不胜屈……挂美商者十家,挂英商者五十三家,挂荷商者九家,挂德商者二家,挂法商者二家,挂日商者二百三十九家,挂西班牙商者二十四家,挂葡商者一家,以上共计三百四十家","其余小经纪人之挂洋牌者尚不计也。"③华人商号挂洋商招牌是通商口岸外国列强政治势力介入情况下的特有现象,但是,这一现象也从一个侧面体现了资本主义列强对中国市场的控制。

二、苛捐杂税对市场的损害

市场发展的基本条件是物畅其流,而流通领域的各种苛捐杂税则是商品营销的障碍,因而也是制约市场发展的重要因素。许多国家为了保护本国工业发展,都对本国商品取消或减轻国内关税,对外采取保护关税,而中国的状况却对国内市场的发育十分不

① Herald,1926年10月19日,第71页。

② 《申报》1900年4月24日。

③ 《时报》1906年2月28日。

利。协定关税,实际上是保护入口,而国内关卡林立,这就使商品流通受到了制约。

清代自镇压太平天国以后,厘卡遍及全国,进入民国时期,厘卡之害仍未减轻。据有关统计,一切属于厘金局之类的关卡,全国有12000余个。① 从湖北羊楼洞将砖茶运销内蒙古,一路上须交厘金及常关税13次,羊毛从包头运往北京要交通过税7道。对四川省的调查表明,从自贡到重庆一路要经过21个税卡,一袋价值26元的糖共纳税13元;从涪陵运送一袋价值300元的皮革至重庆,沿途经16个税卡,纳税145元;从眉州到重庆300公里间,要经过78个税卡。② 全国征收厘金总数,1868—1894年间,每年为1300万—1500万两。1903年起以每年100万两的幅度递增,至1908年达到了2000万—2100万两。③ 厘卡对商业的最大损害,是厘税征收毫无规范可言,它完全成了苛捐杂税。

1901年上海仅仅在吴淞地区就有8个收税机构:上海货捐局、上海布捐局、吴淞货捐局、吴淞沙钓船局、上海糖捐局、上海丝茶北卡、海运沪局、淞沪厘捐局。④ 这些机构往往分工不明,重复征收。至于内地一物多税或近于勒索的现象就更为普遍了,如苏州附近大运河上,几乎每隔10英里就有一个厘卡,它们给贸易带来的沉重负担是无法估计的。厘卡官员要求翻检货物,耽误了很多时间。外商抱怨说:“如果贯彻这样的政策,那么很容易看到,

---

① 长野郎:《中国资本主义发达史》,1936年版,第140页。

② 黄逸峰等:《旧中国的民族资产阶级》,江苏古籍出版社1990年版,第275页。

③ 罗玉东:《中国厘金史》,1936年版,第469页。

④ J. Edkins: The Revenue and Taxation of the Chinese Empire, 1903, pp. 128-129.

洋货将无法进入内地。”①

1903年的一个报道,说明了厘卡征收管理上的混乱。从上海装载了240箱火油的两艘船经苏州河,穿过浙江边界到达双林(Shuang Lin),这批货物已拥有了子口单,算是交过税了,但是一路上接受关卡检查交付苏州河过关费4800文,落地税5000文,并有50箱火油被收税官员拿走了。到达双林时仅50箱火油上了岸,其余的均以走私罪被扣押。② 由于厘金征收并不规范,所以对国货的流通影响很大,而且洋货的运销也受到了影响。早在1899年太古轮船公司在分析货运市场时就注意到,“大量日本棉纱从芝罘运往青岛,每艘船装700至1000包”,其主要原因是在芝罘附近的一些小港口厘金收得很凶,所以日本棉纱避开芝罘,改运青岛。③

除了厘金,落地税和消费税对商品流通来说也是一项沉重的负担。1908年重庆海关署理税务司谭安(C. E. Tanant)的报告,在分析1908年经重庆运往内地的洋货价值由1907年的1743176海关两下降为1135174海关两的原因时说:“货值的下降和随之而来的税收损失可能是贵州省过重的课税所致。例如,贵州省对洋纱所征的消费税或落地税就相当于本地所征子口税的4倍。这种过重的课税极大地妨碍了该产品的子口贸易。”④上海开征洋纱税是1899年12月25日在法租界外的十六浦税局开始的。据报道,上海道台作出这一安排,目标是“对所有棉纱,无论本国的还是外国的,都要收十分之三的税”。⑤ 如果这样的税种全面推行,必然对

① Herald,1907年11月22日,第454页。

② The Revenue and Taxation of the Chinese Empire, p. 169.

③ Charles Drage:Taikoo(太古),1970年版,第48页。

④ 《近代重庆经济与社会发展1876—1949》,第300页。

⑤ The Revenue and Taxation of the Chinese Empire, p. 166.

机制棉布的运销产生很大的阻力。

商业市场的繁荣无疑可以成为国家的重要税源。晚清和北洋政府都曾对各地商号规定了捐税标准。如民国初浙江省的商业捐照税划分为二级三等。一级系设于繁华都市的商铺，二级系设于一般城镇的商铺，各按商铺规模分为一、二、三等，税率一级为800、500、250三等；二级为400、200、120三等。除了此类“长期捐照税”以外，每年还要缴纳铺捐，一级为40元、30元、15元三等；二级为20元、10元、5元三等。① 申请一种捐照的商人，最多只许经营一种商品，经营品种超过者得申办其他捐照。如更换店址，须增交原照税捐的10%。从事中介服务的牙行所交捐照税和铺捐则按照营业额或收取佣金的多少划分等级，依次分为50000元营业额或2500元佣金、40000元营业额或2000元佣金、30000元营业额或1500元佣金、20000元营业额或1000元佣金、10000元营业额或500元佣金和5000元营业额或250元佣金共计六个等级。② 对商铺征收捐税的烦琐在正常情况下尚不至于危害商业利益，但严重的是一些随意增加的捐税常常激化社会矛盾。如1901年《中外报》刊载发自宜昌的一则报道，地方当局公告说：因对外赔款沉重，土烟税已不由地方当局掌握，收入不够维持军队之需，因此必须向商店征收房捐，结果引起宜昌商界闭市抗议③。在对待出口大宗商品方面，政府措施所起的消极作用，更加司空见惯。如1907年浙江嘉兴对生丝征收额外的税收，这一决定使商人和农民都相当紧张。许多商人持币观望，不愿贸然采购，致使许多农民未

① Herald，1926年10月9日，第61页。

② Herald，1926年10月9日，第61页。

③ The Revenue and Taxation of the Chinese Empire, pp. 166-167.

能将丝卖出,引起了恐慌。① 1914年北洋政府以防止“利益外溢”为名,下令限制烘灶,禁设茧行,结果造成茧丝两伤。② 1921年江苏财政当局看到花边出口有利可图,遂对出口花边最多的无锡加重征税,阻塞花边贸易。③

三、战争对商业的破坏

商品流通要求有一个安定宽松的社会环境,但是在近代中国,一方面是传统的秩序被打乱了,新的社会制度在动荡中逐步孕育生成,新的生产方式在变革中发展壮大;另一方面,这是一个战争和革命的时代,长期的战争环境使社会经济遭到破坏。尤其是在北洋军阀统治时期,对商业的破坏更为严重。

在北洋军阀统治时期,军阀之间的混战始终没有停止过。皖直奉三个派系军阀集团之间,大规模的战争先后发生过直皖、直奉、江浙、浙奉等战争不下十余次。全国各地大大小小军阀几十个,各有一块地盘割据称雄,彼此之间为争夺地盘而混战不休。仅四川一省,就发生过各种混战400余次。④ 凡有战事之地,均“因兵灾匪警,十室九空,市面萧条,商贩裹足”。⑤ 上海疋头拍卖市场的行情最能说明战乱对内地市场的影响。往往哪个省发生战乱,销往该省的棉布数量立即大大减少。战争破坏了交通,使农产品也无法外运。如20年代河南烟草产量1500万磅,山东年产量

① Herald,1907年6月21日,第693页。

② 《中国实业志》,江苏,第4编第2章,第29页。

③ 《五七月刊》,1921年5月号,第19页。

④ 周锡根:《四川军阀割据下的四川农村经济》,《四川师院学报》1984年第2期。

⑤ 《时报》1918年4月25日。

2500 万磅,1926 年就因战争而无法外运。①《北华捷报》认为在中国内地每一次合法的贸易活动“都是一场赌博,如果中国商人不是如此勇敢的赌徒,那么就不会有任何贸易”。② 作者作如此评论,是因为看到军阀割据情况下去内地经商的确要冒很大的风险,因为到处都是兵匪横行。重庆海关贸易报告在分析四川省内商业受战乱破坏时说:“川省政治的动乱和争斗,伴随着叛军的溃败和大批士兵被驱散,大部分被驱散的士兵立即选择了或者说是回到了和拦路抢劫差不多的职业,实际上这就毁了内地贸易。1912 年的贸易条件很差,这项贸易值(指进入重庆口岸的货值)已从 1911 年的 483252 海关两下降到 122266 海关两,1913 年更下降到 94924 海关两。”清朝末年,重庆棉纱还运销陕西、云南、贵州各省。民国以后,由于军阀混战,各据一方。“川省捐税太重,商人成本过高,省外销场如陕、滇、黔各省区销纱,遂改他路输入。”③四川如此,其他许多地区,亦莫不皆然。

军阀部队常常在驻防区或作战区就地筹饷。所谓就地筹饷无非是抢掠商号店铺或向商人勒索兵饷的代名词。吴佩孚在直奉战争中令其部下,凡器械粮食“统由各军随地筹办”,并且部队行军沿线“概不设兵站”。他说:“兵站是用不着办的,你们只管走到哪里吃到哪里。”④在军阀战争期间,因勒索兵饷不遂扣押乃至吊打商家、银行经理人员几乎是家常便饭。受到军阀勒逼抢掠的商人无不元气大伤。

在军阀统治时期,无组织状态加剧,军阀的财经政策大多形如

---

① Herald,1926 年 11 月 13 日,第 311 页;1926 年 3 月 6 日,第 423 页。

② Herald,1926 年 8 月 14 日,第 311 页。

③ 平汉铁路经济调查组:《重庆经济调查》,1937 年版,第 18 页。转引自隗瀛涛主编:《近代重庆城市史》,1991 年版,第 160 页。

④ 陈志让:《官绅政权》,中译本,1980 年版,第 114 页。

杀鸡取卵,进一步加重了对商人的剥夺,造成了市场的不稳定,如吴佩孚滥发纸币,1926 年 11 月在郑州一下子就增发了 150 万元的纸币,强行推入流通。“军方将纸币强加于人民,尤其是商人,每个士兵持有纸币,他们用纸币去商店买一些小东西,然后要求用铜元给他找零,”弄得商人苦不堪言。① 张作霖在东三省强行推行奉票,造成严重通货膨胀和币值不稳,“奉天的整个商业和社会生活都被剧烈的物价波动所影响”,“人们只能够做当天的生意,谁也无法估计哪怕是一个星期后的形势”。② 贵州的一些市镇在军事当局的压榨下,迅速衰败。镇远,老黄坪都曾因为商业贸易而繁盛一时,而在军阀统治下,“河上贸易没有了”,镇远更是像“一座死城”,商人无不抱怨当局对商业加重征税。③

市场的发展呼唤社会经济的一体化,而战争和军阀割据破坏了市场的统一。国内市场被军阀辖区所分割,造成商货运行受阻,而军阀的任意搜刮、滥发纸币和轻质铜元更是影响了商品的流通,成为对商业发展的严重损害。

四、商业发展的不平衡

商品交换的比较利益原则,是市场扩展渗透的动因,也是市场发展的极限所在。尽管如上所述,1895—1927 年市场发展有了相当可观的成效,但是,相对中国如此辽阔的地域而言,商品交换受到市场需求、交易成本、交通运输等种种因素的限制,市场只能是有限的,市场的有限性集中表现为商业发展的不平衡。突出的是

① Herald,1926 年 11 月 20 日,第 349 页。
② Herald,1926 年 8 月 21 日,第 346 页。
③ Herald,1926 年 8 月 28 日,第 399 页。

农产品的商品率比较低，基本保持着传统经济的状态。根据专家估计，1920 年全国农业产值 165.2 亿元，其中自然经济 103.24 亿元，占 62.45%。粮食的商品率虽然逐步有所提高，1894 年时为 15.8%，到 1920 年也只有 22%，自然经济占 78%。[①] 1913 年面粉生产中商品经济产量 213642000 包，占 45.64%，自然经济面粉产量 254423000 包，占 54.36%，而商品面粉中尚有 165720000 包系土磨坊生产，占面粉产量的 35.4%，只有 10.24% 的面粉是机器生产的。[②] 商品化程度较高的棉花，1894 年时商品率为 26.2%，1920 年达到了 58.9%[③]，自然经济占 41.1%。据对 1921—1925 年的调查，中国北方农村农产品自用部分占 58.1%[④]，在自然经济居主要位置的广大农村地区，商业的发展受到了很大的局限，由于农产品的商品化程度并不高，从而在总量上限制了商品流通的规模和范围。

近代中国商业在很大程度上是对外贸易推动下发展起来的，而对外贸易主要在沿海沿江的通商口岸进行，因此通商口岸的商业繁荣和内地的商业落后，形成强烈反差，商业发展在区位上的不平衡，也是其很大的局限性。

如前所述，外资商业和中国本国新式商业大多首先在通商口岸活动，然后向内地逐渐扩散。由于沿海地区的经济发展状况、人口密度、商品经济的历史基础均胜于内地，所以即使是传统商业，沿海地区也比内地繁荣。以棉布商店为例，上海在 1894 年前不到

---

① 吴承明：《中国资本主义与国内市场》，第 272 页。

② 《中国近代面粉工业史》，第 94 页。

③ 许涤新、吴承明主编：《中国资本主义发展史》第 2 卷，第 326—327 页。

④ 卜凯：《中国农家经济》，中译本，第 275、525 页。

100家,到1919年达到了514家。① 而在汉口,疋头贩运商1894—1911年间不过9家,到1920年后增加为30余家,疋头绸缎铺共188户,大大少于上海。西安也算得上是西部地区的大城市,但棉布商的数目1911年约100户,1918年增为160户,同样无法与上海相比。百货商业1913年前在上海有200家,在西安只有70家,在哈尔滨则为60家。② 西药商店,上海1894年有6家,1913年增为29家,1920年更增为85家,而汉口在1908年前后西药房不过五六家,到1920年前后增为十一二家,重庆在辛亥革命前只有五六家西药房,到1920年增为26家,1915年前西安只有1家商店兼营西药,1920年西药房也只有五六家。③ 一些大城市之间的差异尚且如此明显,如果同一般小城市相比,差距就更大了。据1919年的一个统计,在山东省的105个县中,输入棉纱的县为77个,输入棉布的61个,输入煤油的85个,输入火柴的43个。④ 推而论之,山东有32个县没有输入棉纱,44个县没有输入棉布,20个县没有输入煤油,62个县没有输入火柴。尽管不排除通过商贩的层层转销,上述商品会有零星输入这些县份,但是形不成规模,这是可以肯定的。即使在同一省内,地区间的差别也很大,如江苏省的无锡、苏州、常州一带,一些小市镇上也有林林总总许多店铺,可是在苏北地区,不少县城还比不过江南小市镇,在许多地方,出售农产品和购入日用品只有依靠定期的集市,西北、西南少数民族地区的市场大多还是前资本主义,在一些边远地区,还存在物物交换,在这些场合商业市场的原始状态,是可以想象的。

---

① 《上海市棉布商业》,第26、56、135页。

② 许涤新、吴承明主编:《中国资本主义发展史》第2卷,第1010页。

③ 黄逸平、虞宝棠主编:《北洋政府时期经济》,1995年版,第176页。

④ 庄维民:《论近代山东沿海城市与内地商业的关系》,《中国经济史研究》1987年第2期。

近代化交通手段的运用,当然是突破对商品流通的阻隔、推动商品流通和形成商业繁荣的重要因素。如前所述,近代铁路交通、江河航运都曾为商业发展作出过贡献,但是在中国辽阔的国土上交通网毕竟十分稀疏,1927 年全国铁路里程 13147 公里,平均 730 平方公里才有一公里铁路。当然,铁路大多集中在东北、华北以及山东、江苏等省,在铁路通过之处,商业的发展也确实受到了促进,但是更广大的地区未闻火车之声。铁路的经营管理也不尽如人意,很多铁路失修,影响营业,造成铁路运输业务的很大被动。如 1924 年 10 月、11 月全国铁路营业收入只有 1923 年同期的一半。1925 年 1 月比 1924 年 1 月收入减少 425 万元。① 沿海沿江的航运发展较快,形成了一定规模,但是基础还是很薄弱,当时有人评论说:"如今中国几乎所有大河都可以被称作'中国的遗憾',任何合理的改进计划都要求有几年的测量、专门的工程技术、资本和集中控制。"②所以交通运输业的推动商业市场发展的同时,交通发展的有限性及其不平衡性也局限了商业市场的发展。

五、商业管理经营的滞后

毋庸讳言,中国近代商业发展的局限,有来自其本身所固有的弱点。管理经营的滞后,是其中比较突出的一环。

商业是一个古老的传统行业。进入近代以后,传统商业与新式商业之间,有相互嫁接的一面。一些传统老字号,改变了经营方式,提高了经营素质。这些变化,上面已经提到,但是,总的看来,传统商业在经营管理上的许多陋习,同适应资本主义市场竞争要

① The North China Trade Review,1926 年 3 月 17 日,第 7 页。

② Herald,1926 年 1 月 16 日,第 127 页。

求的新的经营方式相比,表现出程度不同的滞后状态。

商业经营最重要的一条是商品质量的保证。假冒伪劣,这是商品经营的大忌。中国旧式商业,也有重视商品质量的传统。珍视商店信誉,是中国传统商业的美谈。经营药材的中药老店,就是典型的例子。著名的中国药铺,都以慎选药材、精心炮制、货真价实、活人济世为立业的口号,有的营业昌盛、基础稳固的百年老店,也的确在这方面下了工夫。但是一般说来,中国传统商业在商品质量的保证上,都缺乏科学的检验手段和规范的鉴定程序。和现代新式商业相比,不免相形见绌,处于劣势地位。这在中国出口商品的贸易中,表现得尤其突出。中国的传统出口商品——生丝,自始即缺乏自有的、被认可的科学检验手段,不得不接受外国在华机构的检验,受制于外商,这是人所共知的。这种状况,事实上不止生丝一项。当中国棉花成为出口商品之时,外国商人就对中国棉花出口实行了检验制度。1907 年日本成立的检验机关,对中国出口棉花的检验,极端严格,水分超过 10%,一律不发合格证。无论何种棉花,日商一律不收。① 同样,当中国猪鬃成为出口大宗时,中国的出口猪鬃,也面临着难以竞胜的困境。猪鬃的出口大户四川猪鬃,原来不过是由药材字号附带经营的山货。它的最初出口,是通过贩运洋货到四川的广帮商人进行的。他们在回程中附带贩运些生鬃,到广东加工成熟鬃后出口,通称广庄猪鬃。那时这类贩运商都是小本经营,数量有限,加工时没有一定的规格,质量参差不齐。到了 19 世纪末、20 世纪初,英国商人进入四川经营猪鬃出口,他们建立了整理猪鬃的洗房,按照国外市场的需要,进行加工。特别重视规格质量,要求洗房洗制干净、色泽光洁、毛身挺直、尺码

---

① Herald,1907 年 9 月 20 日,第 695 页。

准确、等级分明。然后按规定搭配，成套、装箱，标准一致，运往天津出口，号称津庄猪鬃。这种规格化、标准化的优质津庄猪鬃一出现，原有中国商人经营的质量低劣、规格不严、不合国际市场需要的广庄猪鬃就一落千丈，终于被淘汰于出口市场。①

中国缺乏保护商业信誉的法制手段，也是造成中国商业管理经营滞后的一个原因。商标注册之迟迟不能付诸实践，就是一个典型的例子。

商标注册，是保护商业信誉、防止假冒的重要措施。中国之有商标注册，是迟至20世纪之初才开始讨论酝酿的事物，而且是在中外商务交涉之中产生的问题。1901年《辛丑和约》签订以后，在中国与有关各国继续进行的商约谈判中，都涉及到商标注册制度的建立。1902年中英续议通商行船条约中，第一次规定"由南、北洋大臣在各管辖境内设立牌号注册所一处，派归海关管理其事，各商到局输纳秉公规费，即将贸易牌号呈明注册，不得借给他人使用，致生假冒等弊"②。1903年中美通商行船续订条约进一步明确规定："美国人民之商标，在中国所设之注册局所由中国官员查察后，经美国官员缴纳公道规费，并遵守所定公平章程，中国政府允由中国该管理官员出示禁止中国通商人民犯用、或冒用、或射用、或故意行销仿冒商标之货物，所出禁示，应作为律例。"③同年所订中日商约以及1904年的中葡商约，都有类似规定。④ 根据这些商约，1904年由海关总税务司赫德起草，清政府颁布了"商标注

① 以上均见王慧章：《猪鬃大王——古耕虞》，1991年版，第11—12页。

② 《中外旧约章汇编》第二册，第103页。

③ 《中外旧约章汇编》第二册，第186页。

④ 《中外旧约章汇编》第二册，第193、256页。

册试办章程”。显而易见,这一章程主要是为保护外国商标而制定的,对中国本国商标的保护很难起到立竿见影的效果。然而即使这样一个章程,在实施中,由于帝国主义者之间的矛盾,还是遇到许多周折。1910 年和 1916 年,这个问题一再重新提起,但都悬而未决。①

既然商标管理的法规如此滞后,商业市场上的假冒现象,就势难阻禁。内地商号常以本号商标出售采购来的货物。商品信誉与生产厂家脱钩,全由经销商号承担。商店常常自定商标未经注册,也得不到保护,常被冒牌侵害。在注册行为不受重视的情况下,注册的法律约束力,也难以维持。即使注册也难免不被冒牌侵犯。1920 年 6—9 月 3 个月之间,在同一家报纸上,出现了两则假冒商标的报道,说明了这两种假冒情况的同时存在。一则是江西万载瑞生纸号,“开设有年,采办纸料务求精美,久为各界所称羡”,于是就有人将瑞生的牌号磨去,或以白头纸盗盖瑞生号纸印,以假乱真。后来瑞生号加盖金狮、玉麟等商标,仍不断发现被假冒。② 另一则是中法药房专销的龙虎人丹。尽管 1915 年它给内务部化验批准销售,并经农商部批准,对商标进行了注册,但市间仍有“类似人丹之各药丸,巧取音同字异之名,意图影射”。③ 事实上,冒牌行为,无所不在。在上述报纸同年 10 月份之报道中,我们就发现有多起同类事件。其中有长沙恒记帽作、杭州爵禄鞋庄,都被他人假冒,可谓从头到脚,都逃不了冒牌的光顾。④ 这种败坏商业信誉的行为,到头来只能产生败坏整个商业利益的恶果,包括那些假冒

① Herald,1916 年 12 月 30 日,第 709 页。

② 《申报》1920 年 9 月 11 日。

③ 《申报》1920 年 6 月 11 日。

④ 《申报》1920 年 10 月 17 日、26 日。

伪劣的活动者在内。

我们在上面一再提到，进入近代以后，中国商业也有向现代化接轨的一面。但是，即使在这里，由于市场的不规范，组织的不健全，利之所趋，一哄而起，结果是利未显弊先著。中国的交易所，就是一个突出的例子。

交易所本是市场发展的产物，它能扩大市场，促进流通。交易所的期货交易也有其客观的合理需要，它对减少商业风险、保障货物供应，能起积极的作用。然而在中国，交易所的兴起，却不是，至少不完全是市场发展的产物，而主要是受投机意识的驱动。当1920 年中国第一家证券物品交易所——上海证券物品交易所成立以后，由于一时的获利，使不少人视开设交易所为发财捷径，群起仿效。从 1921 年 5 月起，新设交易所逐月增加，很快兴起一股争设交易所的狂潮。仅上海一地数月间交易所就多达 100 余家。5 至 7 月间上海还成立了 12 家信托公司。这些信托公司和交易所的股票在投机分子操纵下一涨再涨，高的竟涨至五六倍。① 这些交易所开业后，并没有多少正常的交易，而是热衷于互炒其他交易所的股票。利用当时社会公众的投机心理，通过哄抬股价来渔利。这种“无货以行交易”的投机活动，离开了商品的实际供求关系，在造成商业虚假繁荣的同时，也埋下了市场混乱的种子②，导致了 1921 年的大伤元气的股票风潮，产生了影响深远的不良后果。

在中国商业向现代化转轨的过程中，有的是不顾现实基础和

---

① 陈争平：《“信交风潮”——一个特大的经济“泡沫”》，见《光明日报》1993 年 9 月 13 日。匡家在：《旧中国证券市场初探》，见《中国经济史研究》1994 年第 4 期。

② 《申报》1920 年 11 月 22 日。

条件,盲目冒进,更多的则是困于因循守旧思想,步履艰难。如果说,交易所的勃兴,是盲目冒进的代表,那么,新式会计制度的引用,则是踟蹰不前的典型。

中国的会计制度,历史上也曾有过先进的时期。唐宋时形成的四柱结算法,建立了"旧管+新收=开除+实在"的"四柱差额平衡公式",比西式簿记中的平衡结算法的出现要早得多。即使降至明清,民间商界也产生了"龙门账"和"四脚账"等利用复式记账原理的记账方式。其中"存除结册"相当于近代的"资产负债表","彩项结册"相当于近代的"损益计算书"。两种账法代表着中国会计的先进水平。

鸦片战争后,中国会计出现了中式会计的改良与西方借贷复式簿记的引进同进并存的局面。曾经留学英国并协助张之洞办理武昌四局的蔡锡勇在1905年出版的《连环账谱》中,为西方先进的借贷复式簿记向中国的引进,作了开创性的贡献。但是,在以后的一二十年中,却默默无闻。复式簿记在中国商业界中,并未得到及时的推广和普及。时至20年代,复式簿记也只有在通商口岸少数大公司得到采用。① 一般商号仍沿用单式簿记,甚至是极为原始的经折式流水簿记法。收付各项,犬牙交错,记入账簿。不但账簿格式,简陋不周,容易发生舞弊情事,而且无法及时分析盈亏,进行成本核算。这种情形,至少在1927年以前,仍比较普遍。新式会计制度的推广普及在商业领域的滞后,这也是制约商业发展的重要因素之一。

此外,传统商业还长期保留许多旧习和陋规,如学徒制度下商业教育的不被重视,职工权利的无保障,制约商业现代化的发展。

---

① 《申报》1920年8月30日。

同时,制约商业发展的因素是综合性的,社会环境、消费习惯、生产力状况等因素,无不在商业有所发展的同时,又制约商业的进一步发展。这正是到 1927 年中国商业还面临着的实际状况。

第十六章
金　融　业

1895—1927 年金融业的发展,有两个重点,一是新式银行业的勃然兴起,一是传统银钱业的盛衰互见。而前者又是重点中的重点,是中国金融业的发展主流,需要用更多的篇幅进行论述。

第一节　金融业的发展和变化

一、清末钱庄的发展和票号的停滞

鸦片战争以后,钱庄由于纳入了进出口商品流通的融资渠道,注入了强盛的生命力,因而得到显著的发展。1894 年以后,钱庄的发展势头有增无减。其原因主要有两个:一是对外贸易的扩大,二是本国工矿航运业的发展。

对外贸易的扩大对金融业的促进作用,既表现在进出口商品流通量的扩大上,更表现在进出口商品流通网的地域覆盖面的扩大上面。1894—1910 年,中国对外贸易总值由 29021 万海关两上升到 84380 万海关两,16 年间增了将近 2 倍。① 而进出口商品流通网地域覆盖面的扩展则尤有过之。以天津为例,在本期期中的

① 《海关贸易报告》,1894 年,1910 年。

1906 年，天津的进出口商品流通的辐射范围，大为扩张。不仅同上海等通商大埠密切相关，而且深入许多省份的广大区域，甚至包括东北西部、蒙古和俄国的西伯利亚。直隶、山东、山西、河南、陕西 5 省人口共计约 115152000 人，而纳入天津通商范围的人口达 63763000 人，约占 55.4%。① 这一覆盖面的推广，直接引发了贸易上金融周转业务的扩张。从钱庄发展的角度看，上海的钱庄在 19 世纪 80 年代，不过五六十家，到了 1910 年，则达到 132 家之多②，外国银行对钱庄拆款最多时，总额达一千数百万两，每庄拆进最多达七八十万两。③ 进出口贸易中通用庄票。④ 在汉口，“钱、票两庄实属商业枢纽”⑤，在中外贸易中，“率由洋商以银行汇票，付与买办，买办则换给支票，向钱店过付，按比期一结”；商人往往贷之于钱庄，钱庄则贷之于票号。⑥ 在福建，“闽商营业办货，无不恃钱庄票币以周转，钱庄则惟票号、洋行为委输”⑦。其他各地情况也相类似。

给钱庄的业务提供更多机会的，是本国工矿航运等产业的发展。从 1902 年开始，中国本国的产业以前所未有的速度发展起来，形成清季最大的和持续的投资高潮。1902—1910 年的 9 年中，共设立创办资本额在 1 万元以上的工矿企业 604 家，创办资本额共 134517000 元，家数占晚清工矿企业设立总家数的 63.1%，投资额占

---

① 《商务官报》1906 年第 17 期。
② 《上海钱庄史料》，第 32 页；关册，1913 年，上海，第 780 页。
③ 中国银行：《各省金融概略》，1915 年版，第 213 页。
④ 《商务官报》1906 年第 5 期。
⑤ 《商务官报》1906 年第 22 期。
⑥ 《商务官报》1906 年第 23 期。引文中所说的“比期”为半月。
⑦ 《商务官报》1907 年第 26 期。

65.4%。从1896年起,本国轮运公司的设立也呈坚挺势头。①

在工矿航运企业的融通资金方面,钱庄同样起着重要作用。例如,轮船招商局就是经常向钱庄借款来维持周转的。招商局第11年办理情形节略说:"历年商局之苦皆苦在本少而用多,若不设法周转,断难自立……无非倚仗沪上钱庄林立……故历年底无不积欠庄款及绅商存项一百余万两。"②北京溥利呢革公司的章程第十六条规定:公司所集的股本,以及工厂开工以后的公积金和流动资金都要存在殷实钱庄、银号之中"以昭慎重"。③ 按照惯例,它就可以从钱庄或银号得到比存项数额更大的放款。周学熙在筹办京师自来水厂时,不是通过银行,而是委托天津的银号"分赴南北各省招集股本,并与德商瑞记洋行订购外洋机器、水管等件"。④1910年汉口兆丰碾米公司倒欠钱庄债款,官司打到清政府商部。⑤

表62　福康钱庄的工业放款

1899—1907年　　单位:两

年份	信用放款			抵押放款		
	信放额(A)	工业信放额(B)	$\frac{B}{A}$(%)	押放额(A)	工业押放额(B)	$\frac{B}{A}$(%)
1899	371621	25358	6.8			
1900	215736	80000	37.1			

① 杜恂诚:《民族资本主义与旧中国政府,1840—1937》,上海社科院出版社1991年版,第29—32页。

② 《字林沪报》1885年12月4日。

③ 《字林沪报》1907年第21期。除官银号外,一般银号与钱庄性质相似。

④ 《字林沪报》1909年第21期。另据郝庆元:《周学熙传》(第158页)称:京师自来水厂开办时,曾向天津官银号借垫股本50万两。

⑤ 《字林沪报》1910年第12期。

续表

年份	信用放款			抵押放款		
	信放额（A）	工业信放额（B）	$\frac{B}{A}$(%)	押放额（A）	工业押放额（B）	$\frac{B}{A}$(%)
1902	407176	5000	1.2	107260	107260	100
1903	340944	10315	3.0	485550	140000	28.8
1904	356024	50720	14.2	561800	44000	7.8
1906	613995	20517	3.3	317500	20000	6.3
1907	539424	71311	13.2			

资料来源：中国人民银行上海市分行金融研究室编：《上海钱庄史料》，上海人民出版社1960年版，第780—785页。

从个别钱庄的营业统计中，也可证明这一点，上海福康钱庄就是一例。

1910年，上海金融界发生了一起所谓“橡皮风潮”。当时的海关报道说：一些投资者从上海金融市场抽走部分资金去购买南洋橡胶产业的股票，抽走的资金相对来说数量并不大，但是，这部分流动资金既为资本主义工商业活动所必需，因而必然要有所垫补，这就迫使投资者把他们的财产换成现金，于是引起了金融市场的混乱。这时外国银行采取一致行动，拒收钱庄庄票，把金融危机推向高潮，结果导致一些钱庄和企业的破产。在这场危机中，损失最大的就是那些工厂主。在平时，这些工厂由于把盈利的大部分都分给了股东，因而公积有限，流动资金不足，为了支付工人工资和其他日常开销，这些厂每每向钱庄通融资金，而钱庄资金在当时则大部分依赖外国银行拆款，外国银行拒收庄票，把钱庄和工厂同时置于绝地。① 从这场“橡皮风潮”中，可以清楚地看出工厂和钱庄

① 《关册》，1910年，上海，第399页。

的紧密关系。

“橡皮风潮”也反映了钱庄在上海等通商口岸的作用是举足轻重的。橡皮股票投机活动的著名人物陈逸卿是茂和洋行买办，又是正元钱庄的三个主要股东之一。由于他的上下其手，正元钱庄购进橡皮股票达三四百万两，与他有关的谦余、兆康等10余家钱庄也积存了巨额橡皮股票。① 有人估计，华商在橡皮股票交易中，投入上海市场的资金约有2600万至3000万两之多，投入伦敦市场约为1400万两，两者合计4000万至4500万两左右。这些资金主要是通过钱庄吸纳的。② 正元、谦余、兆康三个钱庄倒闭，亏欠票面银340万两③，并牵连到整个钱业。

钱庄的周转资金，在相当程度上仰赖于外国银行的拆款支持。所以外国银行收回拆款，并拒收庄票，等于给钱庄致命的一击。但是，当时上海的金融格局，主要是外国银行和钱庄的配套关系，如果钱业彻底垮台，也会反过来影响外国银行的利益。所以，当清政府地方当局出面向外国银行求助时，9家外国银行又联合借出规元350万两，以维持上海钱业和上海市面④，暂时使波动的市面缓和下来。这说明上海钱庄虽然有一定的实力，但相对外国银行而言，仍处于相对弱小和依附者的地位。

在晚清的钱庄中，有一类所谓“官银钱号”。这是由清地方政府兴办的。⑤

---

① 朱斯煌主编:《民国经济史》,1948年版,第46—47页。

② 张国辉:《晚清钱庄和票号研究》,中华书局1989年版,第172页。

③ 《上海钱庄史料》,第78页。

④ 《上海钱庄史料》,第77页。

⑤ 以下关于官银钱号,均见谢杭生:《清末各省官银钱号研究》。载《中国社科院经济所集刊》第11辑,中国社科出版社1988年版。

清代内务府官钱铺的设立,可以上溯到 19 世纪 40 年代初。50 年代太平天国军兴,清朝财政愈形拮据,廷臣多议发钞以济急用。1853 年应户部奏请,“仿照内务府官钱铺之法,开设官银钱号”,旋即在京城内外开设官银钱号 4 所,发行银票钱票。这是官银钱号之始。甲午战争后,清中央政权削弱,地方势力有所加强,这在财政与货币方面,直接造成两方面的后果。第一,清廷实际上已经丧失了统一全国币制、控制全国通货发行的能力。各省督抚在开源无计、筹款乏术的财政压力下,借口通货短绌,商民不便而擅发通用银钱纸票。第二,各省财政开支,加上中央摊派的各种外债、军费等款项,节流势所不能,支出迅速膨胀,客观上亟须一个出纳机关来从事调盈济缺、挪前移后的现金出纳调拨工作。基于这两者的需要,各省官银钱号如雨后春笋般地纷纷设立,而且还很快地朝经理省库、发行纸币、从事存放款业务的省银行方向发展。

官银钱号的规模比当时一般的钱庄要大得多。如光绪末年时,新疆官号资本 86.7 万两,湖南 39 万两,奉天 75.8 万两,吉林 46.3 万两,直隶 110 万两,江西 38 万两,江苏 35.8 万两,黑龙江 40.5 万两,四川 50 万两,广西 55 万两,稍小一点的如湖北、山西、河南等地的官号,也都在 10 万两上下。这样的实力都超过了各地的民间钱庄。

这些省官号的业务,主要与官款相关。在存款方面,官款一般都要占到 50% 以上,多数在 80%—90% 以上,甚至 100%。各官号的放款规模都很大,其中主要是省财政垫款。为此,它们发行了大量银钱纸票在外流通。放款方式与当时一般的钱庄、票号相似,以信用放款为主,很少做押款。

各省官银钱号还经办地方政府举借的内外债,如 1905 年的直隶公债,1910 年的湖北公债、安徽公债和湖南公债,1907 年湖北向日本横滨正金银行的借款,1908 年南京向汉口正金银行的借款,1911 年湖北向正金银行和德商礼和洋行的借款等,都是由各该省的官银钱号出面举借的。官银钱号从多方面起到维持省级财政的作用。

甲午战争以后,特别是本国的新式银行和各省官银钱号设立以后,中国传统银钱业中,山西票号的地位迅速下落。

票号亦称"票庄",又有称其为"汇划庄"或"汇兑庄"的。所业为晋人所独占。其主要业务,就是国内汇兑。所以有实力的票号,在全国的重要城市都设有分号,或与其他票号相互联络,结成汇兑网络。在鸦片战争前,山西票号是中国最有实力的金融组织,清咸同年间,其发展达到顶峰。在鸦片战争后的五六十年间,由于外国银行的设立和钱庄的发展,票号的地位远不如前,但由于先前的基础,仍能维持一定的规模。光绪年间,票号业务一度还颇为可观。据统计,光绪年间票号业务较顺时,山西票号在全国 80 个大中城市设有分号,分号家数共 470 家。① 一直到 1905 年,还有人说:就"资本厚薄、汇划地处之广狭及办理之数之多寡"而言,"票号可谓为大银行",而钱庄则只"可谓之小银行"。②

在外国银行和钱庄业务的促动下,山西票号的业务也不再专限于汇兑,而扩大到存、放等一般金融上。但是,在清末最后的几年中,票号业务出现很大的滑坡,这从票号的汇款统计中可以看出:

① 陈其田:《山西票庄考略》,1936 年版,第 98 页。

② 日本驻苏州领事白须直 1905 年 9 月 25 日报告,转引自史若明:《票商兴衰史》,1992 年版,第 255 页。

表 63　1891—1911 年票号汇款统计

单位:两

年份	汇款额	年份	汇款额
1891	2035255	1902	20468366
1892	7116352	1903	19246029
1893	2778448	1904	13612223
1894	8667634	1905	10645925
1895	7592411	1906	12345925
1896	7607642	1907	6372446
1897	7876642	1908	2676865
1898	5404461	1909	1925754
1899	10335235	1910	692752
1900	3008227	1911	1186610
1901	2767731		

资料来源:杨端六:《清代货币金融史稿》,1962 年版,第 133—134 页。

以上的汇款统计只包括官款,而不包括民间汇款。为什么作为山西票号立身之本的官款汇兑在清末几年会有如此大幅度的下降呢?其原因是本国银行和各省官银钱号的设立。

1897 年中国通商银行成立后,即仰仗清政府的力量,将原先由票号钱庄承汇的官款交由通商银行承汇。① 户部银行成立后,户部系统的官款均由该行经理、存汇。交通银行成立后,涉及"轮、路、电、邮四政"的官款多由交行经理。甚至一些私人银行,也极力争夺官款存汇业务,以维持生存。②

① 《中国第一家银行》,中国社会科学出版社 1982 年版,第 119—123 页。

② 杜恂诚:《民族资本主义与旧中国政府,1840—1937》,第 72—74 页。

除了本国银行外,各省官银钱号的设立也夺走了相当一部分的官款汇兑业务。庚子年之后的几年中,票号业务之所以有较大的发展,主要是因为各省摊派的庚款,多由票号汇至中央。而当各省的官银钱号设立以后,该项业务就由官银钱号承办了。这无异于端走了票号的饭碗。

票号虽然扩大了它的业务范围,也经营存放款,但因经营不得法,而得不到发展。票号的存款利率均低于钱庄,对于浮存(即活期存款),甚至不给利息。票号往往将所收的浮存之款,转存于钱庄,借以获利。由于存款利率低;而且手续刻板、复杂,又不善于招徕,所以票号存款以官款和富豪的个人大宗款项为多,商家浮存甚少。在放款方面,票号的放款利率高于钱庄,以长期居多,对象主要是官吏,而且大多由钱庄从中周旋。票号对一般商家很少放款。票号业者的观念很陈旧,他们只对同业间的互通有无、盈虚互补感兴趣,而不大愿意对业外人士融资,以为放款一多,会损其信用,削其势力。这正与客观事实相悖。钱庄放款,以信用放款为主,有时也兼做一些押款。票号放款,“则不独信用,且含有势利的意思,更无所谓抵押”①。所谓“势利”,即要看对方的身份地位,没有顶戴花翎的,一般商人都不在他们眼里。正因如此,票号放款中到期不还的呆账甚多,造成周转不灵以至营业失败。② 所以,虽然票号也兼做一部分存放款业务,但因没有与工商企业的活动和发展结合起来,存放业务不但很有限,而且很不稳固。

在汇兑方面,本国银行和官银钱号抢走了票号的生意;在存放业务方面,票号又远远不是钱庄的对手。由此看来,票号的衰落就

① 《银行周报》第1卷第8号。

② S. F. Wright: China's Customs Revenue since the Revolution of 1911. 1935, p. 236.

是必然的了。

二、清末华资银行的兴起

中国第一家银行,即中国通商银行,成立于1897年,距第一次鸦片战争已有半个多世纪之遥,较诸洋务运动的发生,也足足迟了30多年之久,真可谓姗姗来迟。中国的新式银行业,并没有和资本主义工商业同步产生。当然,在1897年之前的中国通商口岸,并不是没有银行,可都是些外国银行。

开埠初期外国在中国设立的大洋行是兼营银行、保险等金融业务的,以后才陆续出现专业性的外国银行和外国保险公司,为洋行的进出口贸易服务。在华外国银行的设立,是资本主义列强加强对华经济渗透的结果。外国银行操纵了中国的金融市场,并通过大量贷款而逐渐控制清政府的财政。

许多有识之士,如洪仁玕、容闳、郑观应等,都曾提出国人自办银行的主张。有人似乎还有所行动。① 从1859年洪仁玕在《资政新篇》中提出"兴银行",到1897年通商银行设立,经过了整整38年。甲午战争后中国的民族危机日深,清政府的财政格外穷蹇,当政者这才有了通过银行的设立来缓解财政、经济困难和藉银行以印造钞票,调剂和汇解官款等设想②,盛宣怀说"铁路收利远而薄,银行收利近而厚"③,想来是投合了清廷当政者的愿望的。

通商银行额定资本500万两,开办时先收一半,1897年实收

---

① 《申报》曾报道唐廷枢和丁雨生(福建巡抚)两人将在华南设立一家资本200万两的银行的消息。参见《申报》1876年3月18日、4月3日。

② 盛宣怀:《请设银行片》,《皇朝经世文新编》第2卷,1898年刊。

③ 《愚斋存稿》第25卷,1916年刊,第6页。

213万余两,次年收足250万两。其资本来源名曰“招商集股”,实际上一般商股所占份额很少。在1897年的实收资本中,单单盛宣怀名下及盛所控制的招商局(包括招商局代收股款)就达约180万两,占实收资本总额的84.4%①,还不包括其他大官僚的投资。

中国通商银行名曰“商办”,实质“官督”,只是没有这一名义罢了。盛宣怀曾说:“至泰西商务官有统率全国商务者无论矣,其体 面大董事兼管银行、铁路、铁厂甚多,惟各为公司,各有专董,各清各账,如我轮、电、纺织各局,相维不相混。”②在这里,盛宣怀自比“泰西商务官”和“体面大董事”,同时,其话语中的含义,是把他所倡议设立的中国通商银行同清政府控制、由他实际管辖的轮、电、纺织等企业并列,这实际上已为通商银行的国家资本主义性质定下了基调。

通商银行的组织管理有一种非驴非马的特点。一方面,它带有浓厚的封建衙门色彩,银行董事会的成员竟然不是由股东会选举产生,而是由盛宣怀一人指派;另一方面,它又极力模仿汇丰银行,建立“洋大班”和“华大班”的双重体制(类似外商银行的洋经理和买办),由洋人充当洋大班,甚至加入外商银行同业公会,受该公会制约。③

盛宣怀一手指派的9名董事是:张振勋、叶澄衷、严信厚、杨文骏、刘学询、严滢、杨廷杲、施则敬、朱葆三。④ 这9个人多数是商界的头面人物,张振勋则是亦官亦商,还有两人是招商局和电报局的负责人。应该说,这样一个董事会班子对通商银行的打开业务

① 通商银行档案:1897年账册,第294卷。中国人民银行上海市分行档案室藏(以下简称“沪银档”)。

② 《愚斋存稿》第25卷,第15页。

③ 参见《中国第一家银行》,第一章。

④ 《通商银行档》,第1卷,沪银档。

局面是有利的，尽管它的组成方式同西方的公司法观念截然不同。

通商银行有洋大班和华大班两套班子，簿记也分洋账房和华账房两个账房。两个账房各自为政，各不相牟，有事接洽，还要用一个翻译，后来任中国银行总经理的宋汉章就曾当过这样的翻译。总行的账册、簿据等全部用英文记载。① 以下（表64）是通商银行成立后13年间的业务统计。

通商银行设立后，过了将近10年，才有更多的华资银行设立起来。据统计，截至1911年，中国本国的银行历年共设立30家，其中官办和官商合办银行13家。②

在清季设立的本国银行中，官办、官商合办和像通商银行那种由清政府实际控制的银行显然占有主导地位。这里首先应该谈到户部银行和交通银行。

1905年设立的户部银行是最主要的一家。1904年正月二十八，户部会同财政处遵旨试办银行，官商合办，派张允言为总办，瑞丰为副总办，财政处提调候补内阁学士徐世昌、商部右丞绍昌为监察。资本库平银400万两，官商各半，第一年实收100万两，到1908年收足400万两。户部银行在北京的总行内设总管理处。并在上海、天津、汉口、山东、库伦、张家口、奉天、营口等地设分行。

户部银行的组织建制不同于通商银行，它更多一点“官”气，而少一点“洋”气。总行和分行的总办们都是官场中人，“银行开办之初，风气未开，商人视官场为畏途”；“银行由官创办，人皆观望不前，莫肯为用”。③

---

① 《中国第一家银行》，第12页。

② 杜恂诚：《民族资本主义与旧中国政府，1840—1937》，附录。

③ 大清银行总清理处编：《大清银行始末记》，1915年7月刊，第55、50页。

表 64　1897—1909 年通商银行业务统计

单位:万两

年份	负债项目						总计	资产项目								总计
	股本	发行钞票	存款	应付汇票	各分行往来	综结		现金	放款	应收汇票	房地产	生财	各分行往来	金条	实欠款	
1897	250	—	261.9	5.0	4.4	15.7	537.0	28.6	394.9	110.5	2.0	1.0				537.0
1898	250	28.7	267.2	17.2	—	19.2	582.3	30.8	395.3	125.6	4.2	4.1	14.3			582.3
1899	250	63.2	397.1	15.2	3.8	23.1	752.4	35.3	581.8	126.0	4.9	4.4				752.4
1900							—									—
1901							—									—
1902							—									—
1903	250	10.4	233.9	17.0	—	41.6	552.9	58.3	369.1	87.2	1.5	3.5	2.3	1.6	29.4	552.9
1904	250	9.3	189.3	19.5	—	33.1	501.2	27.9	261.3	137.5	1.5	3.3	18.4	22.0	29.3	501.2
1905	250	82.2	386.8	14.3	—	34.5	767.8	36.2	610.7	50.3	1.4	3.1	39.0		27.1	767.8
1906	250	170.5	194.3	40.3		40.1	695.2	28.7	562.5	12.4	1.4	2.5	51.2		36.5	695.2
1907	250	231.3	224.8	75.0		49.7	830.8	25.0	692.0	18.8	1.3	1.8	56.3		35.6	830.8
1908	250	131.2	194.5	61.4		60.0	697.1	33.8	559.7	28.1	1.3	1.6	37.4		35.2	697.1
1909	250	128.7	200.2	91.3		71.1	741.3	23.9	623.5	18.8	1.1	0.7	38.5		34.8	741.3

原注:1898 年资产项目相加与总计相差 8 万两。

资料来源:《中国第一家银行》,第 116 页。

这里所说的"商人视官场为畏途"，有两层涵义：一层是指业务往来，另一层是指人事聘用。于是户部银行想法改良，办法是磨掉一点"官"气，增加一点"商"气。经多方设法，总行聘用商人陈文泉、周鸿球，津行聘用商人倪思宏、岳荣堃，沪行聘用商人焦发昱、席裕光为经协理，"按照商家章程，订立合同，取具保单、押柜银两，隆以礼貌，重其薪红，总办任监察之责而不侵经理协理之事权，于是商家渐知信从"。① 各分行也相继聘任当地知名商人为经协理，这才逐渐开拓了业务。从 1905 年下半年京、津、沪、汉四行相继开办，到 1906 年年底，四行共盈余库平银约 38.6 万两。②

1908 年阴历七月初一，户部银行改名为大清银行。这只是名称的更动，"所有营业均仍照旧办理"。③ 1908 年将资本由 400 万两增至 1000 万两，新增的 600 万两中先收 300 万两，仍然官商各半。大清银行在各地增设了多处分行，还在京师设银行学堂一所，学额 80 名，不收学费，延聘各门教习，分简易、专修两科，培养银行办事人才。④ 大清银行的人事更动比较频繁，沪行经协理原为焦发昱、席裕光，但可能经营并不得法，"诸务亟应改良"，于是调换曾在通商银行任事的宋汉章为经理，着意"认真整顿"。⑤

从账面数字来看，大清银行的盈利情况非常可观，分配也较为合理（详见表 65）。

① 《大清银行始末记》，第 55 页。
② 《大清银行始末记》，第 56 页。
③ 《大清银行始末记》，第 58 页。
④ 《大清银行始末记》，第 59 页。
⑤ 《大清银行始末记》，第 61—62 页。

表 65　大清银行的盈余及分配

1905—1910 年　　单位:两

年份	盈余总额	办事人员花红	官息及红利	公积	第二公积
1905—1906	350150	94215	219835	36100	
1907	804507	217282	478191	80233	28800
1908	1491212	357891	818676	298242	16403
1909	1525505	367620	825000	300100	29280
1910	1001200	240270	602835	200300	

注:①盈余总额为列入当年分配的盈余额,不包括各分行留为下年分配的数额;
②办事人员花红:按合同,盈余总额中提 20% 分给各分行经协理及以下员工,10% 缴入总办事处分配。在缴总办事处的 10% 中,1.5% 交户部作饭银,1% 交总稽查,6% 分给各分行总帮办作“花红应酬”,1.5% 分给总办事处办事人员。
③官息及红利:官息:长年六厘,余为红利。

资料来源:《大清银行始末记》,第 1—5 次“账目报告”,参见该书第 64—71 页。

以后的中国银行,虽然名义上不是大清银行的直接继续,但不可能同大清银行所奠定的基础完全无关。例如,宋汉章先是大清银行沪行经理,以后则是中国银行沪行经理,似乎是自然过渡的。

交通银行是清政府邮传部于 1908 年设立的一家官商合办银行。交通银行章程第二条规定,该行设立宗旨是“借以利便交通,振兴轮、路、电、邮四政”。①

清政府向外国借款所办的各铁路,依据合同,其收支款项,向由指定的外国银行贮存,各立界限。此盈彼绌,不能相互挹注。国际汇兑,又不能互相汇划,因而受到汇水和镑亏等的损耗。当时又值筹赎京汉铁路,需款尤巨。加上发行债券、股票,必须有银行作担保。当时梁士诒任邮传部京汉、沪宁、正太、汴洛、道清五路提

① 《商务官报》1908 年第 32 期。

调,他向邮传部尚书陈璧建议设立交通银行,经理以前存于外国银行的款项,兼营其他交通融资事宜。陈璧同意后,又奏请清政府批准。①

交通银行于光绪三十四年(1908 年)二月初二正式开业。交行额定股本 1000 万两,开办时实收 500 万两,官四商六分配。官股虽只占 40%,但交行的总理、协理都由清政府邮传部派官吏充任,一切经营均听命于邮传部的旨意。②

交行股本原定 500 万两,因在北京、天津、上海、汉口、广州等地募集商股时,"商民认购异常踊跃",挂号认股数超额好几倍,所以决定增加资本,扩充营业。③ 在当时的情况下,商人普遍对官办和官商合办企业有不信任感,交通银行的这种认股情形比较特殊。这可能同当时金融业的良好盈利状况有关。

交通银行总行设于北京,先在津、沪、汉、粤设分行试办,因商情踊跃,又在张家口、营口、开封、新加坡、香港、奉天、长春、济南、南京等地次第添设分行或分庄,扩大营业。开办后获利尚佳,1909 年除去各项开销及股本官利外,净盈 37.5 万两。④ 1910 年除去各项开销和官利,净盈 69.6 万两。⑤

交行商股占 60%,但支配权全在清政府,因而官商矛盾是不可避免的。1911 年 5 月 15 日,交行召开第一次股东会议。原来的议程是先选举董事会,然后由股东作各项提议,进行讨论。但到

① 清邮传部奏准设行折片,1907 年 12 月 8 日。转引自中国人民银行上海市分行金融研究室编:《交通银行史料》,第一编第一章第一节,未刊稿。

② 《邮传部奏定交通银行奏稿章程》,1908 年刊,第 20、36 条。

③ 《交通银行档案》,第 109 号,参见《交通银行史料》,第一编第一章第三节。

④ 《申报》1910 年 6 月 14 日。

⑤ 清末交行资产负债表,见《交通银行史料》,第一编第二章第二节。

开会时,因邮传部主管盛宣怀变卦,不允分给股东红利,激起全体商股股东的一致反对。他们决定抗命邮传部,并同邮传部派来的交行总理和官吏展开激烈的说理斗争,双方“相持不下”。① 这说明商股的力量是不弱的。

交行成立后的当务之急,是发行收赎京汉铁路公债1000万元。结果很不理想,“该股〔按:即指公债〕自开招以来,因风气未开,认股不甚踊跃,半载有余,收数无几”②。经变通发行办法,兼收英镑等外币,试图在新加坡等地的华侨富商中招募,结果收效也不大。据统计,民间承购该项公债,仅区区34万元,绝大部分是向英、日两国的金融机构抵借的。先后向敦菲色尔公司和密德银行以该项公债抵借64.4万英镑,向日本正金银行抵借220万日元。③

1908年5月,清政府邮传部决定收回经营情况颇好的电报局商股,并委托交通银行具体经管收赎电报局商股事宜。1911年2月,邮传部和度支部批准交行的呈请,准予其与大清银行一起办理铁路邮电国库,过去由其他银行经理的官办铁路邮电款项,现在统归交通和大清两行办理。3月,根据交行的要求,度支部同意“轮、路、邮、电各款,由交通银行保管出纳”④。这又在铁路、邮、电之外,增加了轮船运输,范围更扩大了。

交行从1909年起开始发行兑换券,到1911年8月,发行额约

---

① 《申报》1911年5月17日。

② 《交通银行档案》,第108号,参见《交通银行史料》,第一编第二章第一节。

③ 贾士毅:《民国财政史》,商务印书馆1917年版,第58页。

④ 《交通银行档案》,第108号。参见《交通银行史料》,第一编第二章第一节。

共250.7万元。[1]

清末交行的放款，基本上都是同路政等交通问题相关的。数额较大的放款，常由邮传部指定。1909年冬，在邮传部的安排下，交行借给福建铁路公司50万元，以修建漳厦铁路。1911年，邮传部指示交行借给苏路公司规元80万两，第一期款50万两，由邮传部拨部款借给交行，再由交行借给苏路公司。津浦铁路所用的燃煤产自中兴煤矿公司，当中兴公司需款时，交行即借与漕平银60万两，合同订明由津浦路局所买中兴公司煤价扣还。[2]

银行是以经营抵押放款为主的。但是，当时许多中国商人认为“抵押”有损脸面，大概是把“抵押”与到当铺“押当”联系起来了。可笑的是，交行营口分行为了经营押款业务，居然在各处真的办起典当。[3] 须知银行押款需要的是仓库，而不是典当。用办典当来推广银行业务，实在有点不伦不类。

1911年，义善源票号倒闭，积欠交行287.3万两[4]，使交行陷入困境。时值政局和社会动荡，交行的经营也越来越困难。辛亥革命爆发以后，交行总管理处一度从北京迁到天津。

官办和官商合办银行中，大多数是地方银行，如四川重庆的濬川源银行、南京的裕宁银行、苏州的裕苏银行、杭州的浙江银行、桂林的广西银行、天津的直隶省银行等。一些地方官办或官商合办银行是由地方官银号改组成立的，例如1910年设立的直隶省银行由北洋天津银号改组，1909年设立的浙江银行由浙江官钱局改

① 《交通银行行史清稿》，未刊，第11册。

② 《交通银行档案》，第110号，《交通银行史料》，第一编第二章第一节。

③ 《交通银行档案》，第110号，《交通银行史料》，第一编第二章第一节。

④ 《申报》1911年8月8—14日。

组,1909 年设立的广西银行由广西银号改组等。① 官银号、官钱局都是办理所在各省的金库业务,一般委托官方特许的殷实商户具体经营。官银号以其存放官银种类的不同而有不同的名称,如存放地丁钱粮的称作藩库官银号,办理海关税出纳的称作海关官银号,管理盐税的称作盐运库官银号等。光绪末年,各省存放不同种类官款的官银号趋于合并统一,有的则改组为地方官办或官商合办银行。这类地方银行实际上是官银号的延伸,其经营方针并没有多大的变化。

地方官办或官商合办银行也发行钞票,但即使是经营较好的裕宁、裕苏两家官办银行,所发行的钞票也"不能通用于外人之手",这类银行"其准备金之虚实如何,靡得而知,即本国人民亦莫究其底蕴,所以一时难得外人之信用"。②

至于清末设立的民营银行,大多数成立不久就停歇了,能够存留到民国以后的为数寥寥,只浙江兴业、四明等极少数几家。

甲午战争后,特别是 1903 年以后,清政府已改变其产业政策,私人资本主义已逐渐在许多产业部门中占主导地位。然而在银行业方面,尽管商办银行所设不少,但因根基不固,倏现倏灭,使这一行业在清末始终以官办、官商合办和官府控制的银行为主体。

三、北洋政府时期银钱业的继续发展和票号的没落

进入民国,华资银行的设立产生一个飞跃。从 1912 至 1927 年,15 年间,新设银行达 304 家,为上一阶段设立银行数的 10 倍。

---

① 中国人民银行总行参事室金融史料组:《中国近代货币史资料》,中华书局 1964 年版,第 1008—1009 页。

② 《商务官报》1909 年第 12 期。

以下(详见表66)是该时期各年华资银行的设立情况。

表66　华资银行设立概况

1912—1927年

年份	官办		官商合办		商办		总计	
	家数	实收资本（千元）	家数	实收资本（千元）	家数	实收资本（千元）	家数	实收资本（千元）
1912	14	19146	2	1160	8	1168	24	21474
1913	1	107			10	4487	11	4594
1914	2	500			7	1697	9	2197
1915	2	200	1	1500	8	1900	11	3600
1916	1	1600			10	5967	11	7567
1917	1	249			12	3851	13	4100
1918	1	不详	1	3333	16	4064	18	7397
1919	1	1178	1	2500	21	9442①	23	13120
1920	2	4380②			21	9525	23	13905
1921			3	1600③	36	13527④	39	15127
1922			1	250	38	13040⑤	39	13290
1923	3	1627	2	1750	27	13634⑥	32	17011
1924	1	8412			13	3928⑦	16⑧	13340⑨
1925	3	7000⑩			11	10160⑪	14	17160
1926	4	不详			7	11700⑫	16⑬	12300⑭
1927	1	841			4	9690	7	10531
合计	37	45240	11	12093	249	110590	304	176713

注:①②③⑦⑩其中1家资本额不详。

④⑫其中4家资本额不详。

⑤⑥其中3家资本额不详。

⑧包括2家经营性质不详的银行。

⑨1家经营性质不详的银行,其资本额也不详。

⑪其中2家资本额不详。

⑬包括5家经营性质不详的银行。

⑭3家经营性质不详的银行,其资本额也不详。

资料来源:根据杜恂诚《民族资本主义与旧中国政府,1840—1937》附录编制。

从表66可以看出,1912年是官办银行设立最多的年份,而1919—1923年则是商办银行设立最兴旺的时期,1912年一年之内新设银行达24家,占总数7.9%,而1919—1923年5年中,共设立了143家,占总数的57.9%,5年创办实收资本共59168000元,占1912—1927年新设商办银行创办实收资本总额的53.5%(尚未计此5年内11家创办资本额不详的银行)。1912年新设银行的激增是否与国内政局的变化有关,值得研究,而1919—1923年的兴旺,则显然与欧战后期国内产业的进一步发展有着密切的联系。

这304家新设银行的平均创办资本为58.1万元,规模不大。创办资本额在200万元及以上的大银行总共才新设18家,100—200万元的银行也只新设29家。可见大多数新设银行都是中小型银行。另据统计,实收资本在50万元以下的小型银行,1915年实存数占同期实存银行总家数的66.1%,而实收资本数则仅占总资本的15.7%;1925年这两个比例分别为59.5%和14%。而资本额在200万元以上的大型银行,1915年实存数只有3家,仅占实存总家数的5.6%,1925年增加到16家,占总家数的10.1%,而它们的实收资本额,1915年为50.1%,1925年为54.6%。[①] 小银行在家数上占大头,而在实收资本上仅占小头;大银行则正好相反,家数上占小头,实收资本上占大头。可见在华资银行中占主导地位的,就是为数不多的大银行。

① 唐传泗、黄汉民:《试论1927年以前的中国银行业》,《中国近代经济史研究资料》(4),上海社会科学院出版社1985年版。

1912—1927年间新设银行颇多,而停歇者也不少,这同辛亥前的情况有相似之处,当然停歇的原因有所不同。

实存的银行大约仅为新设银行总数的一半左右。凡是以投机为经营主旨的银行,大抵寿命不长。一些发展较好的银行,无一不是脚踏实地,稳扎稳打的银行。当然,这也只是相对而言的,能够长期生存下来的银行也并非完全不涉足投机。例如聚兴诚银行,在放款出路不畅时,常常做一些花纱和公债投机买卖。[①] 以下是1918年和1926年主要华资银行的资本、存放款等情况的统计。分见表68和表69。

表67　华资银行开设、停业和实存家数表

1912—1925年

<table>
<tr><th>年份</th><th>期初实存家数
(1)</th><th>开设家数
(2)</th><th>停业家数
(3)</th><th>期末实存家数
(1)+(2)-(3)</th><th>附:改组家数</th></tr>
<tr><td>1912</td><td>16</td><td>23</td><td>2</td><td>37</td><td>1</td></tr>
<tr><td>1913</td><td>37</td><td>11</td><td>6</td><td>42</td><td></td></tr>
<tr><td>1914</td><td>42</td><td>8</td><td>3</td><td>47</td><td>1</td></tr>
<tr><td>1915</td><td>47</td><td>10</td><td>4</td><td>53</td><td>1</td></tr>
<tr><td>1916</td><td>53</td><td>10</td><td>4</td><td>59</td><td></td></tr>
<tr><td>1917</td><td>59</td><td>11</td><td>5</td><td>65</td><td>1</td></tr>
<tr><td>1918</td><td>65</td><td>16</td><td rowspan="3">22</td><td rowspan="3">103</td><td rowspan="3"></td></tr>
<tr><td>1919</td><td></td><td>22</td></tr>
<tr><td>1920</td><td></td><td>22</td></tr>
</table>

① 在聚兴诚银行一些年份的档案中,总管理处和各分行的往来函电常涉及花纱和公债投机。

续表

年份	期初实存家数(1)	开设家数(2)	停业家数(3)	期末实存家数(1)+(2)-(3)	附:改组家数
1921	103	33	69	159	
1922		36			
1923		30			
1924		13			1
1925		10			1
1921—1925年间	2				

原注:1918—1920 年和 1921—1925 年的停业银行数,因资料不全,故未分年统计。
资料来源:唐传泗、黄汉民:《试论 1927 年以前的中国银行业》。

表 68　1918 年 14 家主要华资银行概况

单位:千元

银行名称	已缴资本	各项公积	各项存款	各项放款
中国	12280	3197	150925	143432
交通	7500	2175	52364	78084
盐业	1750	305	13570	10517
浙江兴业	1000	391	13132	7757
金城	1000	30	10668	6514
中国通商	2500	1215	3656	7467
广东	2000	400	4681	2732
新华	500	145	5379	4221
中孚	1020	2	3973	3351
四明	650	71	2963	3163
上海商业储蓄	587	15	3415	3048
浙江地方实业	710	36	3071	2200
江苏	600	197	2320	1671

续表

银行名称	已缴资本	各项公积	各项存款	各项放款
中华	250	34	1083	1037
总计	32347	8214	271198	275193

注:原表单位为元,现以四舍五入法,改单位为千元。

资料来源:《银行周报》第3卷第29号,1919年8月12日。

表69　1926年25家主要华资银行概况

单位:千元

银行名称	实收资本	公积金	各项存款	各项放款	纯益
中国	19760	7354	328481	311345	1456
交通	7714	5690	149798	124240	617
中国通商	3472	2656	10930	14082	326
浙江兴业	2500	1806	41289	33618	524
四明	1042	2195	22701	19830	601
浙江实业	1800	765	22462	17626	422
广东	9357	776	25761	32799	1312
江苏	600	815	2559	3279	95
中华	250	396	2543	2804	74
聚兴诚	1000	1059	9247	9645	39
新华	2000	882	6815	6530	257
上海	2500	610	33937	31860	485
盐业	7000	4407	39560	45165	1438
中孚	1500	401	9840	9265	172
金城	6500	1559	39824	36581	1259
和丰	10000	2325	34051	26547	2508
中国农工	1000	375	2912	3505	162

续表

银行名称	实收资本	公积金	各项存款	各项放款	纯益
大陆	3562	1252	31485	27314	656
东莱	3000	314	13340	15834	490
永亨	500	211	2802	2972	81
中国实业	2899	950	16258	17658	520
东亚	5400	1472	9526	13561	496
中兴	13141	782	28846	34952	1027
中南	7500	764	32706	35292	1127
四行储蓄会	1000	78	17151	11040	770
总计	114997	39893	934821	887344	16915

注:原统计单位为元,现以四舍五入法改单位为千元。

资料来源:中国银行总管理处经济研究室:《中国重要银行最近十年营业概况研究》,1933年版,第303页。该统计将四行储蓄会也包括在内。

以上统计数字显示:14家主要华资银行的实收资本额总共才3000多万元,加上公积,也只4000余万元。这14家银行总的放款额高于总的存款额,这是由交通、中国通商和四明3家银行的存放款逆差所造成的,其他银行的统计数字都显示存款额高于放款额。

用1926年同1918年相比,主要华资银行的总的实力已有数倍的增长。以实收资本、公积和存款三项合计,1926年主要华资银行的总实力是1918年主要华资银行总实力的3.5倍。1918年时的各主要华资银行,到了1926年时,也都分别有颇为可观的扩展。

这时的华资银行,已有同外资银行和钱庄相抗衡的实力。这在统计中能得到清楚的显示(详见表70)。

表 70　中外银行和钱庄资力的比较①

1925 年

银行类别	实收资本与公积金		资力估计	
	金额(百万元)	%	金额(百万元)	%
外国在华银行				
其中:外商银行	193.8	35.4	1141.2	32.1
中外合办银行	48.2	8.8	162.7	4.6
小计	242.0	44.2	1303.9	36.7
本国银行				
其中:中国、交通银行	40.0	7.3	540.8	15.2
其他 156 家银行	165.5	30.2	912.9	25.6
小计	205.5	37.5	1453.7	40.8
钱庄	100.0	18.3	800.0	22.5
合计	547.5	100.0	3557.6	100.0

原注:1. 资力包括实收资本、公积金、盈利滚存、存款和发行兑换券之和。

2. 资力估计,大多数主要银行根据各该行当年资产负债表计算,一部分中型银行因缺乏资产负债表,系根据实收资本数参照其他银行资力对实收资本的比例数推算。外商银行以外币计的,按当年实际汇率计算,在中国部分的比重,以日人调查的 1936 年实际比重为标准。

3. 本国银行的其他 156 家中包括省地方银行在内。因资料不足,未剔出。

资料来源:唐传泗、黄汉民:《试论 1927 年以前的中国银行业》。

---

① 由于统计资料和统计方法的出入,不同的统计可能会有出入很大的结果。如王业键在《上海钱庄的兴衰》一文中,估计 1925 年钱庄和华资银行的总资产(包括资本、准备金、存款和纸币发行额),分别为 202 和 20700 万元,两者为 1∶1.3。本处选取唐、黄的统计数字,是因为他们尽可能地收集了每家银行的细数,所作的估算也都是有充分根据的。

表 71　1927 年年底有营业报告可稽各华资银行之实收资本与营业资力比

银行类别	银行数	实收资本（千元）	资力合计（千元）	比数:资力/实收资本
第一类银行	12	4458	26453	5.9
第二类银行	10	67885	911807	13.4
第三类银行	17	64360	306797	4.7
合计	39	136703	1245057	9.1

原注:第一类银行:总行设在上海,而在外埠未设分行。
第二类银行:总行设在上海,并在外埠设有分行。
第三类银行:外埠银行在上海所设之分行。
资料来源:杨荫溥:《杨著中国金融论》,第 74—75 页。

华资银行的实收资本和公积金占 37.5%,资力占 40.8%,都超过了三分之一,已成“一方诸侯”,而与外国银行和钱庄成鼎足之势。当然,所谓鼎足,不是绝对平均,在许多方面,外资银行的优势仍是明显的。

华资银行业有两个中心:一个是北京,另一个是上海。前者为财政金融中心,后者为商业金融中心。这两个中心好像是“椭圆形的两个焦点”①,华资银行业发展得特别快。1912—1927 年,总行设在京津地区的新设银行共有 69 家,而总行设在上海的新设银行共有 55 家,还不包括设在上海周围的松江、嘉定地区的银行在内。②

① 南京中国第二历史档案馆档案(宁档):《财政部驻沪调查金融专员李焱菜关于上海金融情况的报告》,1920 年 10 月 20 日。辑入《北洋政府时期有关资本主义发展的档案资料》,上册(未公开出版),第 54—56 页。

② 杜恂诚:《中国资本主义两个部分的发展,1840—1937》,附录。

据调查统计,1920 年时上海的华资银行总资力总计在两亿元左右①,1925 年则达到 2.7 亿元左右。② 1925 年的估计并不完整,因而是偏低的。

如果不计中、交两行,上海华资银行业的资力,在全国华资银行业中占有很高比例,而事实上中、交两行的经营重心也有一个由北向南的转移趋势。到 1920 年时,中、交两行的"分行合计有 180 余所,但其营业重心,实在沪滨"③。几乎所有重要的华资银行,即使早期将总行设在京津地区的,也无一不把上海作为其最重的经营场所,到了后来,基本上都先后把总行迁到上海。

同金融业的集中相呼应的,是上海的银存激增现象。1917 年上海银存最高 2573 万两,最低 1635 万两,而 1925 年最高达 6210 万两,最低达 4745 万两。而华商银行和钱庄的银存从 1917 年 7 月 7 日的 336 万两增至 1925 年 2 月 14 日的 3238 万两,后者超过了外商银行。④ 银存的增加同时局的动乱也有很大的关系。原来上海向以高利著称,现在由于存款激增,短期借款,三厘至三厘五就能借到。⑤

银行业的地区分布,除了政治因素外,同工商业状况、交通状况等密切相关。拿四川来说,1914 年即有聚兴诚银行的设立,但

---

① 宁档:《财政部驻沪调查金融专员李焱荣关于上海金融情况的报告》。这项估计是限于在上海金融市场实际运行的本国银行总、支行资力。这项调查还估计当时上海外国银行的总资力也约为两亿元,钱庄总资力则为 6000 万元。

② 杨荫溥:《上海金融组织概要》,商务印书馆 1930 年版,第 11—18 页。资力包括资本、准备、存款和钞票发行。

③ 宁档:《财政部驻沪调查金融专员李焱荣关于上海金融情况的报告》。

④ 《总商会日报》第 5 卷第 4 号。

⑤ 《总商会月报》第 5 卷第 4 号。

其经营却十分艰难。聚兴诚银行是由聚兴诚商号改组而成的,并且不像其他重要银行那样都是股份有限公司组织,它是一家股份两合公司,“纯未脱商号性质,是以频年以来迭生问题,而人心之涣散,业务之停阻,弊病之丛积,遂酝酿于不知不觉之中”。① 聚兴诚主要业主杨氏家族决定以富有眼光的杨粲三(培英)替换杨希仲担任总经理,着手加以整顿。杨粲三在整顿过程中,深切感到除了内部管理等问题外,地理位置对于银行业务的重要性和聚兴诚总行所处地域的不利,“川境交通闭锢,无同业之竞争,行员囿于识见,乏进取之精神”。② 四川交通不畅,总行与汉、沪等分行“遇有互商事件”,函使往返“最短期间亦在一月以上”,“若夫冬春间水浅轮停,恐为时不止一月以上者”。由于联络不便,总行难以号令,分行又恐越权,因而在生意上常常痛失良机。③ 该行“往来械件素依班期寄发,又立副号信以补正信之不逮”,但因班期常常延误,以致“各行所做即期汇款,往往收款人已持信票来兑,而我咨根报单未到,致收款人感不能即时兑现之苦,而受理行亦有唇敝舌焦之艰”。④ 因此,杨粲三力主将总行迁至交通枢纽汉口。⑤ 交通不发达地区的银行业难以发达,由此可见一斑。

我们说北洋政府时期的华资银行业有较大的发展,并不是否定北洋军阀政治的腐败对于中国金融业有着非常消极的影响。事实是,这种消极影响始终存在着。只是由于作为金融中心的上海及其他一些重要的金融城市有一种摆脱军阀控制的倾向,并愈来

① 聚兴诚档:《渝字壹号总行公械》,1921 年 2 月。沪银档。
② 聚兴诚档:《渝字四号总行公械》,1921 年 6 月 5 日。沪银档。
③ 聚兴诚档:《渝字二号总行公械》,1921 年 6 月 2 日。沪银档。
④ 聚兴诚档:《渝字拾号总行公械》,1921 年 7 月 22 日。沪银档。
⑤ 聚兴诚档:《渝字三号总行公械》。沪银档。

愈见实效,才使华资银行业不致为政治的腐败所窒息。大家都很熟悉的1916年和1921年两次挤兑大风潮,从根本上说,都是由军阀政治的腐败和财政问题所激起的,险些对华资银行业造成致命的打击。在1916年风潮中,中国银行上海分行等拒受北京政府的停兑令,才挽狂澜于即倒,维护了中行的信誉,也维护了华资银行业。

在军阀势力所及的范围内,特别是在内地,金融紊乱的状况一以贯之,北洋初期的情形与北洋后期的情形几乎没有什么两样。这同少数中心城市的金融发展和金融秩序形成鲜明的对照。下面选几个有具体材料的省份看一看。

1914年,江西地方长官“对于金融一事,不第不设法恢复,且复加发纸币,又复滥用无度,日向民国银行挪垫款项,以为饮鸩止渴之计”。江西民国银行监理官被逼无奈,只得向财政部币制局呼吁:“赣省金融紧迫,市面恐慌,恳请急行设法补救,以弭后患。”①

民国初年,湖南省地方当局滥发纸币,到1914年年初时,湖南银行等3家地方官办银行共发行银行纸币900余万两,“均绝不兑现”,而“各银行准备现款合计不过10余万”,加上市面流通的500余万串不兑换纸币和限制兑现的银元、铜元纸币,造成湖南省严重的通货膨胀局面。② 湖南省地方军阀将湖南银行视为其军政费用开支的出纳机关,“全仰给于银行”,“滥用之款尤多”。③ 而湖南银行总经理刘昌宪又“任用私人,串通钱店,朋比为奸”,垄断金

---

① 江西省币制情形,1914年。宁档:一〇二七(2),411。

② 币制局抄送湖南汤督来电。宁档:一〇二七(2),411。

③ 湖南银行报告:《1914年上半期湘省金融状况与该行营业方针》。宁档:一〇二七(2),411。

融,买空卖空,私人赚取巨额汇水。[①] 汤芗铭整饬湖南金融,好景只维持一二年,“至民国五六年,南北两军往来数次兵灾以后,民生凋敝,各行贸易萧条,而湖南银行票币已滥发至七千余万”[②]。

民国初年,贵州迭遭军匪肆虐,贵州省银行的存款和银根被军队抽尽,所收各项税款又“尽为附近军队借支,卒至该行底全无着,愈无法准备兑现,纸币价格日见低落”,1913—1914 年,“纸币每元不敌实银三钱”。[③]

民初新疆军费“百凡滥用,毫无限制”,新疆全省岁入不过 160 余万两,而伊犁一处的军费支出竟达一百数十万两之多。新疆军阀只能靠滥发纸币来维持。1913 年秋间,“伊票每两仅换纹银叁钱有奇,以致百物昂贵,民不聊生,而外商则以贱价收买伊币,以为垄断之计”[④]。为此,迪化杨增新还给袁世凯发了密电,要求北京政府设法解决。[⑤] 自己被财政问题弄得焦头烂额的袁世凯又能为稳定新疆金融开出什么良方来呢?

其他各省也大同小异。陕西“财政奇绌,金融窘滞,旧发秦丰银行银票 360 余万两,市价跌落不及四成”。[⑥] 东三省“纸币滥发”,币制混乱,与关内币制又有不同。[⑦]

---

① 币制局特派调查员范锐:《关于前任湖南银行总经理刘昌宪舞弊的调查》,1914 年 10 月。宁档:《一〇二七(2)》,411。

② 《总商务月报》第 3 卷第 9 号。

③ 调查贵州金融实在情形清册,1914 年 12 月。宁档:《一〇五〇》,277。

④ 新疆行政公署吴报以新省官票折收伊票请追加预算,1914 年 6 月 20 日。宁档:《一〇二七(2)》,411。

⑤ 迪化杨增新蒸电,1915 年 2 月 12 日到。宁档:《一〇五〇》,277。

⑥ 西安巡按使、监理官电请财政部币制局再发钱票 300 万串,作收回银票之用,1914 年 12 月 20 日。宁档:《一〇二七(2)》,411。

⑦ 1914 年东三省整理币制问题。宁档:《一〇二七(2)》,367。

以上大抵是1914年前后的情况,那时袁世凯的权力还比较集中。到了后来,地方军阀对各地金融的破坏愈演愈烈。1920年,湖北主客各军皆“以库券强商铺兑现”,这类库券“纷拥而来,既无止数,又无止期”,商民既得罪不起军队,又不甘毁家输财,只好将商店、企业关门落锁,以求平安。① 1926年江西地方军阀“发行公债,滥发纸币,吸收赣省精华殆尽”,增发的地方库券和纸币达1900多万元,甚至将破获的伪钞,加盖“赣省银行”四字,依然发出通用,“创纸币界未有之奇闻”。而江西当轴者与江西银行的主管,沆瀣一气,上下其手,操纵金融,中饱私囊。② 地方官办的赣省银行和江西银行合并后,共亏欠江西商界1900余万元,主要是因“官厅借欠该行1400余万元”,该行“转欠于市面之所致”,而“一般奸商又利用时机,为买空卖空之举,是故金融紊乱,一至于此”。③ 山西阎锡山为了军阀战争的需要,把山西省银行作为他70万军队的筹饷机关,滥发晋钞,给山西人民造成了敲骨吸髓的灾难。④ 1926年河南金融“大糟特糟”,“省钞不能行使”,“铜元票亦等于废纸”,贫民家庭“均有每日谋一粥而不可得之势”,开封有万余贫妇大闹督署,郑州也有“老婆队大闹衙门”。⑤ 同年广西军阀为“扩充实力”,滥发纸币一千数百万元。⑥ 东三省则“现金缺

---

① 湖北督军王占元等关于库券泛滥商业遭受影响的密电,1920年5月1日。宁档:北洋政府陆军部档案。

② 《总商会月报》第6卷第5号。

③ 《总商会月报》第6卷第9号。

④ 《阎锡山和山西省银行》,中国社会科学出版社1980年版,第17—20页。

⑤ 《总商会月报》第6卷第5号。

⑥ 《总商会月报》第6卷第9号。

乏,纸币落价,物价腾贵,实为三省财政与金融疾患潜伏期末段之现象”。①

军阀政治甚至对两个金融中心——北京和上海——也有影响。如1924年年初,北京的银行,因过去放款给政府,一直得不到偿还,而陷入难以名状的窘境,有的银行竟然3个多月不给行员发薪。② 1925年因“时局多故,商业不振”,上海的银钱两业“身当其冲,颇难支持”。③ 军阀战争造成了商品市场和金融市场的严重收缩,对华资银行业的发展十分不利。

所以,在北洋时期,华资银行业既有相当的发展,又发展不足。这种发展,是在摆脱军阀政治控制的条件下取得的,但是军阀政治对银行业毕竟还是有一定影响,加上其他社会条件,又使华资银行业发展的后劲不继。

随着本国银行的增设,银行业的同业公会也组织起来了。上海银行公会始于1915年春,系由中国、交通、浙江兴业、浙江实业、上海商业储蓄、盐业、中孚等7家银行发起,每日中午,各行要员聚餐一次,讨论业务。1918年上海银行公会正式成立,会员银行有十几家。④ 北京、天津、汉口等本国银行比较集中的大城市,也都陆续成立了银行公会。1921年各地银行公会联合成立了全国银行公会。⑤ 1922年,各地银行公会会员计有上海21家、北京22家、

---

① 中孚档:《京行经理致沪行经理函》,1925年5月6日。沪银档。

② 宁档:《北洋政府京畿卫戍总司令部档案》。原载《上海晚报》1924年1月5日。

③ 《总商会月报》第6卷第2号。

④ 朱斯煌主编:《民国经济史》,银行周报三十周年纪念刊,1947年,第122页。

⑤ F. E. Lee:Currency, Banking, and Finance in China. 1926, p. 83.

天津19家、汉口11家、杭州7家、南京7家、蚌埠5家、济南9家。①

1912—1927年，钱业在银行业发展的同时，仍然继续发展。民国初年因受前述橡皮风潮的影响，加上政局动荡不稳，钱业活动一度呈萎缩状态。在上海，1910年橡皮风潮前共有钱庄132家，"此中多数不甚可靠"，到1913年，上海钱庄"为洋商所信用而其庄票得以通行者仅剩18家左右"②。1913年在汉口，外国银行拒收庄票，使华商贸易和钱庄活动都大受影响，"华人贸易全恃期票往来，现在已开之庄号，资本短缺，故支付之间不能活动"。③ 但这种钱业不景气的现象是由贸易活动受阻所引起的。一旦贸易恢复，钱庄也因其在贸易中所处的关键地位而重新发展起来（见表72）。

表72　中国钱业的家数、资本和资力统计

1912—1920年　　　　每3年的年平均数

年度	家数	资本额（千元）	公积金（千元）	存款额（千元）	纸币发行（千元）	资力合计（千元）
1912—1914	4725	63044	5594	30498	24578	123714
1915—1917	4098	59040	9375	34976	34802	138193
1918—1920	4140	70973	6372	49319	33546	160210

资料来源：根据《第九次农商统计表》（1924年6月），第408—413页的数字整理计算。

北洋时期，上海的钱庄有比中国平均水平更为显著的发展。这从表73中历年新设、实存的钱庄和资本的增长情况中看得出来。

① 《中国年鉴》第一回，第826—829页。

② 关册，1913年，上海，第780页。

③ 关册，1913年，上海，第559页。

表73　上海钱庄历年新设、歇业、实存家数及资本额

1912—1927年

年份	新设	歇业	实存	资本额(千元)
1912	4	27	28	1488
1913	3	0	31	1684
1914	9	0	40	2049
1915	2	0	42	2161
1916	10	3	49	2829
1917	0	0	49	2829
1918	19	6	62	4390
1919	7	2	67	5295
1920	4	0	71	7768
1921	4	6	69	8431
1922	10	5	74	10797
1923	15	5	84	14502
1924	7	2	89	16625
1925	5	11	83	16659
1926	6	2	87	18757
1927	2	4	85	19007

资料来源:《上海钱庄史料》,第188—191、260—262页。

1917年《银行周报》说:上海钱业呈兴旺景象,"获利之多为各业之冠,统计全市各庄,共有余利约计规元银150万两"。① 是年上海钱庄增至49家,1920年为71家,1926年达87家;以资本来看,1912年上海全市钱庄资本总额还不到150万元,平均每家仅5.3万元,1920年资本总额增至776.8万元,平均每家10.9万元,

① 《银行周报》第2卷第7号。

1926年资本总额更增至1875.7万元,平均每家约21.6万元。① 1922年,上海南北市汇划庄和未入园各庄盈利总额达310.5万两,合434.7万元。而同年上海11家华资银行的盈利总额为595.4万元。② 尽管有关银行的统计并不完整,但粗略比较,钱庄的实力还是相当可观的。

上海的钱庄以规模可分三类:(1)汇划庄,即头等钱庄。这类钱庄资本雄厚,所谓"汇划",系指可相互往来及交换票据;(2)挑打庄,即二等钱庄。其资本较头等薄弱,所有票据须单独自行取赎,此种手续,俗称"挑打";(3)零兑庄,即三等钱庄。这类小钱庄的营业范围只是兑换钱币,不能以其票据介入金融市场。

除了上述分类外,钱庄尚有大同行与小同行,及入园与未入园等多种分别。③

钱庄的内部管理,分为四房。即经管账目的账房、经管现银和银票的银房、经管铜元及小银币的钱房和经管往来信札事务的信房。

上海钱庄还组织了四种团体,遇有争端,可对内调停或对外交涉:

(1)钱业公所。由南市、闸北钱庄分别组织,每年正月十三日开会选举所长;

(2)钱业会馆。南市及闸北各有一会馆,不相联属,每年初选

---

① 《上海钱庄史料》,第188、191页。

② 《银行周报》第7卷第8号。由于包括了一些较小的未入园钱庄,所以该报统计的1922年钱庄数为78家,多于《上海钱庄史料》中的数字。

③ 当时在上海南园设有总会,所有南市和闸北的钱庄,都可入会,凡入该总会为会员者,谓之"入园",否则即谓之"未入园"。对于"未入园"钱庄,又以资本、营业范围等状况分为"元亨利贞"四种。参见沙秋:《上海钱庄业调查》,载《总商会月报》第6卷第8号,1926年8月。

举董事若干;

(3)钱业公会(即钱行)。1917 年由南市和闸北钱庄共同组织领导上海钱业,每日晨间公议洋厘及银拆;

(4)汇划总会。凡汇划庄可加入。入会各庄于每日下午 2 时以后,将所收得其他各庄所发的票据汇齐,于下午 4 时前交入汇划总会,相互汇划,结清账目。

1920 年 12 月 21 日上海钱业公会在给上海银行公会的一封信中说,钱业的信用放款是"为调剂盈虚"所必需,"如收茧,如办茶,均须先运现银带往内地,有货可办。其余采办土货,大都如是。银行于各乡各镇尚未遍设,无从押汇,设再无信用放款,为之周转,影响各业实非浅鲜"。① 确实,钱庄在收购土产方面的作用是不可或缺的。

钱庄顺乎中国商人的经营习惯,因而在相当长的一段时期内,钱庄在商品流通渠道中的作用优于银行。1915 年中国银行沙市分号的一份报告中说:"各洋行与华商做买卖,汇票均向钱庄收售为多,因彼不索抵押及保人,悉凭信用",因而营业非常发达。② 同年绍兴分号的报告也说,当地商业融通资金"向赖钱庄,是以钱庄最占势力"。③ 在兰溪,进出口商人的融通资金"无不仰给于钱庄",钱庄在当地的商业金融圈中占有无可争辩的主导地位。④ 在湖南长沙,"金融机关完全以钱业为中心",民初钱庄最多时达 200 余家,由于投机,钱业亏折倒闭 100 多家,1923 年时,剩下的 80 多家汲取教训,稳健经营。其中资本在 40 万元以上、每比(一月两

① 《银行周报》第 4 卷第 49 号。

② 《中国银行业务会计通信录》第 6 期。

③ 《中国银行业务会计通信录》第 10 期。

④ 《中国银行通信录》第 54 期。

比）出进约40万—50万者有四五家，其资本约10万、每比出进约10余万者七八家。[1] 在芜湖，“该业为各业之枢纽，可以操纵市情。洋厘往往不以申电为标准，每元任意勒小一二厘至三四厘不等，故年终结束，均有盈无绌，是以创设钱庄者，日见增多”。晚清最盛时，芜湖有钱庄24家，1926年该地钱庄为31家，尚有5家正在筹设中。这些钱庄在入秋生意旺季，还从上海、镇江吸收金融放款约三四百万元之巨，“转放货店，三对月开期款，拆息每千元竟至九元五角”，因而获得颇为丰厚。[2]

最早开埠通商的五口中，除了上海以外，另四口都是以钱业支撑日常的金融市面的。钱庄是广州的“百业之首”。1918年，广州市面不景气，“盈余者寥寥，亏折者指不胜屈，能获厚利，则以银业行〔按：即钱庄〕为首屈一指”，获利1万元至8.7万元的钱庄，共有26家，这26家的获利总额达72.8万元，而获利1万元以下者尚有多家。[3] 翌年，获利在1万元以上的钱庄增至32家，获利总额达116万元。[4]

福州的钱业也曾是全市的金融重心。1918年，“因欧战及匪乱关系”，福州的大宗商业，如木、茶两帮，均未能获利，福建银行也遭亏损，而钱业却获利“尚可观”，是年31家钱庄共获利32.2万元。[5] 次年两家亏本歇业，两家持平，其余28家盈利共33万元。[6] 福州钱庄最多时达50余家。[7]

---

① 《总商会月报》第3卷第9号。
② 《总商会月报》第6卷第2号。
③ 《银行周报》第3卷第5号。
④ 《银行周报》第4卷第10号。
⑤ 《银行周报》第3卷第6号。
⑥ 《银行周报》第4卷第10号。
⑦ 《全国银行年鉴》，1936年，第30页。

厦门的钱业产生于19世纪80年代。1899年间,全市约有钱庄10余家,1902年增至20余家,多系独资经营,以存放款为主要业务。与广州等地一样,厦门的钱业也是最能获利的行业。1918年,厦门的12家钱庄共获利16万余元,在不景气的商业中显得最能应付恶劣环境。第二年,开业钱庄一下子增加到25家。①

厦门的钱庄,与他埠有所不同。厦门钱庄除了经营存放汇兑等普通业务外,还兼营货物买卖。如有的钱庄买卖营口豆饼,有的钱庄买卖煤炭,其他凡是可以获利的行当,几乎都可兼营,既无限制,又无定型。因为各钱庄多系华侨富商独资开设,经理又多为庄东自兼,所以会有这样广泛的营业范围。

宁波没有外国银行,20世纪30年代之前,也没有总行设在宁波的华资银行。因而钱庄的势力显得特别强大。宁波钱业对于收付款项,向用过账制度。这种过账制度大抵同上海钱庄的汇划制度相似,即该收该付之账相互划转抵冲,使结账显得简便、快捷,一般商家皆称便利。

钱庄主要经营信用放款,当新式银行出现后,上海钱庄也适时地向银行学习,逐步经营一些抵押贷款。1927年刘鸿生、刘吉生两兄弟向上海安康昌记钱庄借款,以浦东码头财产作抵押②,盛传一时。上面我们也提到,福康钱庄的放款中,从1902年起,也开始有抵押放款。而在1903—1904两年中,抵押放款的数额均超过信用放款,可为明证。

在1927年以前,钱庄在各地的势力一直十分雄厚。1923年《银行周报》的一篇文章说:"庄票为上海商场中最有信用之票据,

---

① 《银行周报》第3卷第7号。

② 刘鸿记档案:刘吉生致赵文焕函,1927年10月20日,卷号:15—146。上海社会科学院经济所藏。

不特为本国商人所重视，即洋商亦以现金相待。故凡出货、订货、汇兑、贴现，莫不以获有汇划庄之庄票，以为无上之保障。”①另外，随着时势的推移，有些钱庄也改组为银行。如有上海钱业领袖之称的秦润卿，在1919年就将其所经理之豫源钱庄一度改组为豫源合资商业银行，投资方向也逐渐转向产业。尽管后来它又再改组为福康钱庄，但这一投资特色保留未变。②

据估计，1925年本国银行的实收资本、公积金、存款、纸币发行量这四项资力合计约为1453671000元，而钱庄的实收资本、公积金和存款这三项资力合计只为800000000元，前者约为后者的1.82倍。③ 但实际上钱庄的实力并不亚于银行，因为钱庄是无限责任组织，“资本虽仅一二万金，设遇市面紧急之时，股东垫款，恒数十万金”④，加上庄票信用超过银行本票，而且钱庄为减少现金准备起见，凡所出庄票次隔日兑现，以便易于匡计准备金额，尤足以表示钱庄组织之严密。⑤ 因而这一阶段钱庄的地位是十分稳固的。

保险、证券交易、信托、投资和储蓄会等，是以银行为主体的现代金融业的组成部分。但是，它们在当时的华资金融业中并不占主要地位。

据初步统计，1895—1911年这类金融企业一共设立有15家，其中14家是保险公司；1912—1927年则为64家，其中保险公司

---

① 《银行周报》第7卷第43号。

② 汪仁泽：《钱业领袖秦润卿》，《浙江文史资料选辑》第39期，第178页。

③ 唐传泗、黄汉民：《试论1927年以前的中国银行业》。

④ 《东方杂志》第23卷第4期。

⑤ 参见姚崧龄：《张公权先生年谱初稿》，1982年版，第1631页。

31 家,证券交易所 10 家,储蓄会 2 家,信托投资公司 21 家。①

中国本国的保险公司主要是从属于航运业的需要而产生的,但也有一些保险公司主要从事人寿保险,同航运业的关系不大。在 1911 年前成立的 14 家华商保险公司中,人寿保险公司有 7 家。1906 年在重庆设立的两家人寿保险公司“基础扎实,生意做得很大,官员劝导人们做人寿保险”②,1904 年和 1909 年分别在上海设立的华洋人寿保险公司和延年人寿保险公司也都有 100 万元以上的资本,但它们对中国资本主义经济的作用并不是很大的。总的来看,本国保险业的产生虽然早于本国银行 22 年③,但在新式金融资本中毕竟范围比较窄小,同航运业有关的保险公司也为数不多,因而保险业的地位并不重要。

证券交易所原为调剂和活跃金融市场的一种金融机关,可是在近代中国,却无异于金融市场的“毒瘤”。这里只统计了正式立案的 10 家,实际数字(包括物品交易所)远远超出,大有洪水泛滥之势。

北洋政府大量发行公债,为适应公债买卖的需要,1918 年北京证券交易所正式开张营业。这是第一家华资证券交易所。这以后,在上海等大都市中,交易所的设立便风起云涌。1920 年左右,上海的证券交易所和物品交易所共有 150 多家,额定股金总额竟达 20 亿多元。有的股票价格已远远超过票面值。当时上海各银

---

① 杜恂诚:《民族资本主义与旧中国政府,1840—1937》附录。交易所的家数不包括不经营证券的交易所,也不包括在投机风潮中转瞬即逝的交易所。

② 关册,1906 年,重庆,第 92 页。

③ 1875 年中国出现第一家本国的保险公司(参见《交通史航政编》第 1 册,第 217 页),至 1897 年才有中国通商银行成立(参见关册,1896 年,上海,第 240 页;《中国第一家银行》,第 1 页),时隔 22 年。1871 年总行设在香港的华商保安公司未列入本文统计之内。

行的库存银总额通常不超过 7000 万元。大量出现这种虚假的信用显然会对金融的稳定构成严重的威胁。《海关十年报告》说："它们除为中国人嗜赌的癖好提供一条出路之外，别无其他目标。"①这么多交易所中，只有 10 家经农商部正式立案，可称为合法，其他有 2 家在沪军使署立案，16 家在法领署立案，17 家在西班牙领署立案，1 家在意大利领署立案，2 家在公共租界会审公堂立案，4 家在美国政府立案。② 真可谓杂乱无章。即使如此，大多数交易所仍为无证经营。

这么多交易所一哄而起，完全不是反映经济和金融市场健康发展的正常需要，而只能说明当时中国经济和金融市场发育的幼稚和畸形，也反映了北洋政府的滥发公债和对金融市场的缺乏治理。这类唱"空城计"的交易所旨在投机，买空卖空，导致上海"市面金融危机四伏，各企业家有朝不谋夕之势"。③ 1920 年 8 月，在北京，因投机者通过交易所的操纵和上下其手，使"各种公债暴跌，金融界大起恐慌"，一些经济和金融界的有识之士组织"金融维持会"，呼吁政府"查封交易所"。他们认为，当时"国家并无特别事变，公债基金亦未丝毫动摇，而公债暴落，每万每日竟至千元上下，此种不稳现象，为历来所未有，考其原因，实由交易所与奸商及银行勾结操纵所致，若听其扰乱，不加制止，则国家财政、社会金融，必至不堪设想"。④

---

① 徐雪筠等译编：《上海近代社会经济发展概况，1882—1931》，上海社会科学院出版社 1985 年版，第 188 页。

② 《总商会月报》第 2 卷第 1 号，1922 年 1 月。

③ 《总商会月报》第 2 卷第 4 号。

④ 宁档：《日昨之金融维持会》，原载 1920 年 8 月 21 日《民生通讯社新闻稿》。摘自《北洋政府时期有关资本主义发展的档案资料》下册，第 356 页。

政府并没有采取措施查封交易所,倒是交易所自己作法自毙,难逃厄运。1921年时,发生所谓"民十信交大风潮",银根突紧,证券猛跌,交易所股票跌到一文不值,绝大多数交易所关门大吉,来去匆匆。这倒令一般工商业者去除了一块心病。正如当时《总商会月报》上刊登的一则"上海商情"消息所说:"此等交易所愈不支,则本埠市面愈有望。"①总之,交易所在近代中国是弊大于利,它的大起大落是金融市场以至整个经济形势不稳定的一个因素。

储蓄会中值得一提的是四行储蓄会。四行储蓄会是由金城、盐业、中南、大陆四银行联合创办的。为"厚集资力以图发展",中南、金城、盐业三行于1921年订立联合营业契约,1922年又加入大陆银行。② 四行联合营业所主要做两件事:一是"中南行愿以发行权公诸联合行组织发行,准备库以十足现金,由四联合行分担,公共发行兑换券以维持市面之金融"③;二是成立四行储蓄会④。由四银行的总经理,即金城的周作民、中南的胡筠、大陆的谈荔孙、盐业的吴鼎昌,任执行委员会委员,由吴鼎昌任主任,综理一切。⑤四行储蓄会独立自负盈亏,其"基本储金"为100万元,由四行平均分担。这种"基本储金"是不能随便提取或变售的,因而即可视同资本。⑥ 四行储蓄会开办以后,吸收存款情况之好,甚至出于四

① 《总商会月报》第2卷第1号。

② 《总商会月报》董事会议录,1922年7月20日。沪银档。

③ 《总商会月报》1922年9月12日。沪银档。

④ 盐业档:《董事会议录》,1923年9月14日;中南档:《第二届股东常会录》,1923年3月25日。沪银档。

⑤ 中国银行经济研究室:《中国重要银行最近十年营业概况研究》,第289页。

⑥ 金城档:《四行联合营业事务所、准备库、储蓄会内规汇编》,第三编。沪银档。

行意料之外。① 1923年存款额为43.6万元,以后逐年增加到1927年的1714.7万元,增加38倍之多。② 由于时局不靖,四行储蓄会同当时较为稳健的银行一样,慎于放款。在放款中则偏重于定期抵押放款。如1924年该储蓄会的收储额为303万余元,而下半年的定期抵押放款总额为244万余元,购入公债则有196.6万元。③ 此外,还做一些租界内的房地产生意。总的来看,四行储蓄会同四家股东银行一样,在这段时期内的经营是成功的。

此外,中国邮政局于1919年首次开办邮政储蓄,并且发展迅速。到1926年止,全国各地共有邮政储蓄机构345家。④

信托投资公司可分为两类:一类偏重证券交易,实质上等同于交易所。所谓"民十信交大风潮",就包括此等信托公司在内。另一类则偏重于投资,经营十分扎实。投资公司一般是经营横向型综合投资的金融组织。试以通惠实业公司为例。1915年,孙多森和虞洽卿、施肇曾、周学熙等集资500万元开办。当时的报纸介绍说:"我国比来国力不振,民生凋敝,又值欧洲战祸经年未已。微论大小商埠金融异常滞塞,而我国各工商家因是受累者不知凡几。该公司有鉴于此,拟首先由公司独立创立一实业银行,以为兴办各种实业之枢纽。"⑤因此,1916年以孙多森为核心人物的通惠公司在天津创办中孚银行,额定资本200万元,开办时实收102万元。继而通惠又投资于孙多森创办的上海阜丰面粉公司、河南新乡通

---

① 中南档:《第五届股东常会录》,1926年3月28日。沪银档。

② 中国人民银行上海市分行金融研究室编:《金城银行史料》,上海人民出版社1983年版,第106页。

③ 《大陆银行月刊》第3卷第1号。

④ "The Postal Remittances and Savings Bank",Chinese Economic Journal,1932年1月,第59—63页。

⑤ 《时报》1915年12月22日。

丰面粉公司、烟台通益精盐公司等企业[1],形成了一个合金融与产业的实力较为雄厚的横向企业集团。这些企业“虽属各办各事,而其中股东、资本、办事人员多互有联带关系,即平时款项调拨亦常有互相通融之处”。[2] 通惠公司在中孚银行200万元额定资本中认购60万元。中孚银行因其创办之始,“大数资本均由通惠公司拨付前来,至开办时一切重要事务亦均由该公司帮同办理,本银行返本思源,对于通惠公司自应酌与相当特别权利以资酬报”[3]。这种特别酬报包括中孚有义务将其经营情况详细通报通惠或让其查账,每年在净利内提取若干送与通惠作为特别酬劳[4],通惠向中孚借贷,利息可得优待等等。当然,通惠对中孚也承担若干义务,如应认购中孚股份四分之一以上,通惠与银行往来,中孚有优先承揽权等。应该说,像通惠这样的投资公司,对于中国金融和产业的发展是起了积极作用的,同交易所的情况是不能同日而语的。民初类似投资公司的银团组织,如梁士诒的中华银公司(1920年),张嘉璈的购车借款银团、造币借款银团、盐垦借款银团(1921年),以及张謇的中华农业银公司(1912年)等,也都或多或少对经济的发展起过积极的作用。

在上述各类金融机构取得发展的同时,山西票号却濒于衰亡的状态。上文已经述及,山西票号的汇兑业务被华资银行和各省官银号(及所改组而成的地方官办银行)夺去,而其所扩展的存放

---

① 《中国重要银行最近十年营业概况研究》,第167页。

② 中孚档:《拟移沪后与各公司联合设总事务处》。董事会第7卷,1926年。沪银档。

③ 中孚档:《董事会讨论1917年上半期决算报告议事录》。董事会第6卷。沪银档。

④ 这种特别酬劳在净利中所占比例,开始为7.5%,后来逐步降至1.7%左右。见中孚档:《历届账册》。沪银档。

业务又远不及钱庄,因而在清末,票号已如江河日下,只是苟延残喘而已。据调查,1917 年时,山西票号仅余平遥帮 9 家、祁县帮 6 家、太谷帮 5 家,共 20 家。① 三帮资本共 700 万两。②

表面看来,票号尚有 700 万两资本,债权与债务的总差额也达 1000 余万两③,似乎还可支撑,但实际已到了山穷水尽的地步。

票号的信用放款,没有钱庄那样的长期基础和市场信息,又多以势利取舍,所以放出去的款很多不能收回④,而对于作为债务的存款,又必须支付。所以这些票号名义上还在继续营业,实际上只是清理旧账而已。如果说:作为一种金融机构,山西票号已遭到淘汰。这是并不过分的。

票号的衰亡,除了客观原因外,它自身的内在因素也是不容忽视的。它不能随着时代的发展,适时而合理地改革它的经营方式和组织形式。以它原来的经营特长国内汇兑来说,在竞争对手日益增多的情况下,按理说,它应该经营得更灵活,给客户以更多的方便和优惠,来吸引生意。可是,票号墨守成规,积习难改。如到银行汇款,数额多少可以听便,票号却执意地坚持非有一个大额基数不可;银行的汇水较低,票号的汇水较高;银行汇款迅速,区域覆盖面又广,票号汇款迟缓,区域覆盖面也小得多。在两者的优劣如此清楚的情况下,票号当然就要被银行打得一败涂地了。

票号的内部组织也过于落后。各地票号用人,重要职位都系

---

① 《银行周报》第 1 卷第 7 号。

② 《银行周报》第 1 卷第 8 号。

③ 《银行周报》到 1921 年,票号只剩下 4 家。参见史若民:《票商兴衰史》,中国经济出版社 1992 年版,第 356 页。

④ S. F. Wright:China's Customs Revenue Since the Revolution of 1911,p. 236.

山西原籍人,凡雇用熟悉情况的当地人,大抵只是充当打杂跑腿角色。票号的总号都设在山西,各地设有分号,由“掌柜”主持。分号掌柜由总号选派。既经派出之后,分号掌柜的家属即由总号赡养,实质上是被扣为人质,作为分号掌柜必须忠于总号的“保证”。分号掌柜同家属的通信,例由总号代转,以便检查,而不得自由寄发。直到任事期满,分号掌柜持账交总号审核,如无差讹,总号才能归还其家属,或者仍回原任;如有营私舞弊,一经查实,则按情节轻重予以惩戒,甚至没收其家产,拘留其妻孥,不稍宽容,毫无情面。① 这样的组织机构和管理方式,颇有点像封建帮会类型,而绝不是现代商业组织。从这个角度看,票号的衰亡也是必然的。

当然,票号也不会轻易退出历史舞台的。从清末一直到袁世凯当权,票号的局中和局外之人,都有过转票号为“普通银行”甚至是“监督政府财政”的中央银行的打算,而且据说也的确有过票号转为普通银行的事实。② 这的确也可以说,“票号与银行之间,并没有一条不可逾越的鸿沟”③。然而,票号毕竟是一去不复返了。鸿沟始终没有填平。

四、地方银行的周期性盛衰

地方官办和官商合办银行的突起是北洋金融的一个特点。各地军阀为了巩固和发展自己的区域统治,为了解决庞大的地方军政费用问题,同时也为了军阀自己从中捞到好处,他们最有效的途

---

① 海关税务司 T. W. Wright 的报告,转引自 J. Arnold: China, A Commercial and Industrial Handbook,1926 年版,第 174 页。

② 史若民:《票号兴衰史》,第六章。

③ 史若民:《票号兴衰史》,第六章,第 353 页。

径是发展地方金融。这类金融机构的基本特点是滥发纸币以及地方政府任意挪借款项。其内部管理十分腐败,并随着军阀势力的盛衰而存亡进退。这类地方银行曾给各地人民带来严重的灾难。当然,各地的情况有不同程度的差别。另外,在孙中山领导下的广东的地方银行则与上述情况有质的不同。

清末的官银钱号有些一直延续到辛亥以后(详见表74)。其中有的改称银行,如河南豫泉官银钱局在1923年改组为河南省银行①,湖北官钱局1926年停业之后,即在其原基础上成立湖北省银行。② 但这里只是名称的区别,内容仍是一致的。这种情形,在辛亥以前即已存在。当然,最主要的,还是北洋时期新设的地方银行和官银钱号。它们都是以地方政权为背景,但具体情况各有不同,大致可以分为以下几种情况:

表74 辛亥以后继续维持的官银钱号

官号名称	成立日期	总号地址	停业日期
广东官银钱局	光绪三十年十一月二十七日	广州	1917年5月8日
黑龙江广信公司	光绪三十年十二月二十四日	齐齐哈尔	1930年9月1日
黑龙江官银号	光绪三十四年五月二十六日	齐齐哈尔	1920年5月
东三省官银号	宣统元年四月二十一日	奉天	1931年9月23日
豫泉官银钱局	宣统三年九月	开封	1923年
湖北官钱局	光绪二十三年一月十二日	汉口	1926年
甘肃官银钱局	光绪三十二年	兰州	1913年
富秦钱局	宣统三年	西安	1913年4月
吉林永衡官银钱号	宣统元年八月一日	吉林	1932年7月

资料来源:姜宏业主编:《中国地方银行史》,湖南出版社1991年版,第6页。

① 参见彭泽益主编:《中国社会经济变迁》,1990年版,第731页。

② 《大公报》1926年11月22日。

第一种情况:以军队防区作为设立地方金融机构的基础。这种情况虽然各地所在多有,但以四川较为典型。

四川省原有我国成立最早的省级地方银行——浚川源银行。该行成立于1905年。辛亥革命期间,成、渝两地浚川源银行因遭劫掠,一度收歇,后又于1912年年底重新开张,但历尽了艰难。四川境内川、滇、黔军战乱不停,川境军阀就地筹饷,各自形成防区。在川境政令、军令不能统一的局面下,浚川源作为省级官办银行,其业务自然遇到重重困难。先是该行兑换券在与中、交两行、随军银行的钞票进行竞争时,准备金被提,失去发行优势,加之军事形势的变化,各地分支机构代理金库的业务不得不时作时辍,资金来源和运用大受牵制。战争引起交通梗阻,百业萧条,民不聊生,以致一般存、放、汇业务,也难以顺利开展,欠账难收,坐吃山空。① 即使对于四川一个省来说,统一的省银行制度仍不适用,于是由另一种防区金融制度来代替。

1919年熊克武统一四川,任联军司令,并任督军,但无力支配在四川境内的滇、黔军队。他为了解决军费困难,将四川划分十多个地区给滇军、黔军、边防军、川军等各自驻防,并就地划饷。此例一开,各军便在自己的防区内变"就地划饷"为"就地筹饷",于是逐渐形成防区制度。

各防区的军阀们,起先在防区内不择手段地直接筹款,包括预征田粮、滥征苛捐杂税等,继而又私设铸币厂,滥铸劣币。即使如此,仍不能满足军阀们无底的欲壑,他们又纷纷设立防区银行,为他们更大规模地筹募资金。

四川防区银行,是以防区部队名义设立的银行,既不需向中央

---

① 姜宏业主编:《中国地方银行史》,第193—194页。

或地方政府申请注册，也没有固定资金充作资本，而是靠发行没有准备金的钞票作为营运资金。这种防区银行随防区部队的存亡而存亡，毫无信誉可言。其钞票的流通是以部队的武力作基础的。具体的防区银行设立情况简述如下：

1. 四川银行

为重庆联军所设。1923 年，国内政局分立为北洋政府和南方政府，川省部队将领也有倾向南北之分，形成敌对之势。倾向南方的省军驻成都，倾向北方的联军驻重庆，各自筹设金融机构，发行钞票。属联军的第二军军长杨森派其前师长曾子唯为四川银行总理。该行成立于 1923 年 3 月底，行址设在重庆朝天观街。6 月下旬，联军饬令发行兑换券，将 1921 年早已印刷好的“四川兑换券”100 万元，临时在重庆石印公司加印“此票由四川银行兑现”字样予以发行，实发 80 万元。同年 10 月 16 日省军攻入重庆，该行撤销，所发钞票有 38 万元未能收回。

2. 四川银号，又称成都官银号

由省军设立于成都。该行成立于 1923 年 9 月，以四川税款收入为基金，发行的钞票名“官银票”，实际发行 295.5 万元，并无现金准备，不能兑现，只能用来上粮纳税。1924 年 2 月，联军得到北洋政府吴佩孚的援助，组成援川军反攻进入成都，该官银号就闭歇了。

3. 重庆官银号

该号系属省军的边防军总司令赖心辉于 1923 年 10 月 16 日攻入重庆后，因军需紧急，而于次月设立的。行址就在原四川银行的朝天观街旧址。省军将在成都印制的官银号钞票随军带至重庆，发行 267 万元。因不敷用，又将联军四川银行未发行的“四川兑换券”100 万元加印“此票由重庆官银号兑现”字样，全部发行出去。同时还印制发行 20 文、50 文、100 文铜元票 12 万串，每日提取重庆铜元局铸造的铜元 5000 串兑现。同年 12 月 14 日，杨森的部队反攻进入重庆,成立仅一个多月的重庆官银号随即停闭。

4. 中和银行

这是四川陆军第二军(军长刘湘)和重庆商人于1922年6月1日设于重庆的银行,资本60万元,军、商以2与4的比例认股。重庆商会会长温友松任总经理,前商会会长赵资生和刘湘的军部秘书周季梅任协理。该行还陆续在上海、汉口、成都、宜宾、泸县、万县等地设置分支机构。凡陆军第二军及刘湘其他的军需出入款项,皆归该行收支。该行营业一度尚好。1926年1月,黔军总司令袁祖铭以武力夺占重庆,该行受到影响,停业4个多月。同年5月20日,刘湘以善后督办名义联合川军将袁祖铭驱逐出境,该行又恢复营业,由赵资生任总经理,孙树培任经理。该行在上海印制兑换券,其所发的钞票一直能够兑现。这在防区银行中无疑属凤毛麟角,极为罕见。

5. 裕通银行

该行系第二十四军备将领集资组织,成立于1927年年初,资本20万元,总行设成都,又陆续在自流井、泸州、宜宾、乐山、雅安、重庆等地设分行。刘文辉任川省主席时的代理财政厅长文和笙任总经理,刘文辉的四哥刘文成任会办。该行设在二十四军防区内,借军方力量,营业尚可。其业务主要是代收防区内各种税款,如自流井分行收纳运商盐税,然后买入重庆、宜宾、泸州、成都等地汇票,再将所收盐税款调往成都缴纳。其他业务多未开展,因其系军方机构,商民不愿交往。

6. 康泰祥银号

该号系由第二十八军军长邓锡侯于1926年组织设立,号址在成都东大街二十八军防区内。该号是二十八军的出纳机关。①

① 以上均见姜宏业主编:《中国地方银行史》,第197—200页。

总起来看,四川的军队防区银行比一般的省市地方银行更倒退一步。这些防区银行的业务局限于军队财政,营业面既极为窄小,又绝无规范可言;发行货币大多无准备金,不能兑现,亦无信用可言;银行随部队的存亡而存亡,更无稳定性可言。事实上,所谓防区银行,已不是一般意义上的银行,而是银行组织在军阀横行条件下的一种极端的畸形变态。它是社会秩序极度混乱的产物。

第二种情况:在军事上得势的军阀轮流掌握所辖地的地方银行。可以举湖南银行为例。

1912 年 4 月,湖南都督谭延闿将湖南官钱局改组为湖南银行,总局、分局、子局分别改为总行、分行、支店,资本总额为银 80 万两,包括湖南官钱局原有资本 53 万两及由历年余利项下加拨的 27 万两。总行仍设在长沙理问街,由总理、坐办主持行务。1916 年 7 月,程潜率护国军驱走北京政府派遣的都督汤芗铭后,代都督兼代省长刘人熙接管湖南银行,派财政厅长袁家普兼湖南银行督办,设总理一人主持行务。湖南银行因大量垫付军政经费,纸币发行失去控制,行务岌岌可危。财政厅拟改弦易辙,于 1916 年 10 月提出新的《湖南银行章程》,定资本总额为 1000 万元,官商各半,将湖南银行改制为股份有限公司性质的地方银行。实际上是希望以吸收商股来"输血"。新的湖南银行拟先筹官股 500 万元开办,一年内筹商股 500 万元,并对纸币发行额和军政经费垫款都作了限制。显然,这种"商业化"趋势是不符合军阀利益的。1917 年 1 月,省议会通过的章程走了回头路,规定新银行定名"湖南地方银行",资本总额 1000 万元,不招商股,完全是地方公立银行,先筹 500 万元开业。在筹款过程中,政局突变,北洋政府总理段祺瑞派傅良佐为湖南督军,取代总统黎元洪支持的湖南督军兼省长谭延闿,引起湖南驻军反对,宣布衡州、永州独立,从而爆发战争,湖南地方银行便流产了。在战争中,军队抢劫了湖南银行,迫使该行停业。湖南银行从成立到结束,历时6年。在6年内,湖南军阀当局前后换了6次,湖南银行的主持人前后换了8届。一般是政权更迭,银行主管也随之易人。①

第三种情况:比较稳定地由一派军阀掌握,统一管理由该派军阀所控制地区的金融。在这方面,东三省官银号是有代表性的。

东三省官银号原名奉天官银号,系清末盛京将军赵尔巽于1905年年末设立的,官商合办,官本由奉天财政总局筹拨沈平银30万两,另有商股数万两。奉天官银号享有代理奉省金库、发行货币之权。1908年10月,新任东三省总督徐世昌为了统一三省币制,疏通三省的汇兑,集中三省的金融力量,管好三省的财政金库,把奉天官银号推至吉、黑两省,并于次年正式更名为东三省官银号。从此,东三省官银号实际上成为东三省的"中央银行"。

1912年3月15日,各省行政首脑改称都督,赵尔巽任东三省都督。7月17日,行省制撤销,三省都督改为奉天都督,撤销了对吉、黑商省的监管权。东三省官银号作为奉天省地方银行保留下来。1916年张作霖主奉,翌年又任东三省巡按使,利用东三省官银号对东北经济和金融进行垄断。

张作霖加强以东三省官银号对吉、黑两省金融实施控制的主要措施之一是设立东三省银行。1920年10月,该行成立,总行设于哈尔滨,分行设于沈阳、长春,由东三省官银号总办刘尚清任总办,资本为现大洋800万元,官商各半。官股由奉天省库认购200万元,吉、黑两省省库各100万元。商股由张作霖认购100万元,东三省官银号和奉天兴业银行各认购50万元,其余200万元由各省总商会募集。东三省银行的一切活动均听命于奉天当局,实际

① 姜宏业主编:《中国地方银行史》,第286、289页。

上是东三省官银号在吉、黑两省的联络站。

1920 年 7 月,奉系张作霖率军入关,配合直系曹锟、吴佩孚,对皖系段祺瑞宣战,为了进关作战,张作霖令东三省银行拨哈大洋 150 万元,背面加盖“津奉兑现”字样,作为战争费用。张作霖又因对蒙用兵,令东三省银行拨哈大洋 100 万元,背面加盖蒙文,同样充作军资。

同东三省银行相比,东三省官银号对张作霖来说,起的作用更大。张作霖曾先后五次率奉军大举入关作战,每次入关,无不以东三省官银号为后盾,以奉票为支柱。在张作霖的扶持下,东三省官银号不断地增加资本,扩充机构,成为张作霖垄断东北经济和金融的“杠杆”,也是他用来榨取东北人民的主要工具。

奉天官银号更名为东三省官银号时,其资本为沈平银 60 万两。奉省实行奉大洋本位后,东三省官银号于 1918 年将沈平银 60 万两按市价折合为奉大洋 81 万元,省财政厅又追加 19 万元,资本增至奉大洋 100 万元。奉票贬值,资本不足,1919 年 1 月又增为 140 万元。1920 年组建东三省银行,接着直皖战争和第一次直奉战争爆发,因而于 1923 年 4 月又把资本增至 500 万元。1924 年 3 月,第二次直奉战争爆发之前,尽管战务繁忙,张作霖仍组织召开三省金融整理联合大会,提出整顿币制、统一金融的议案,决定成立各省金融整理委员会,由省长任委员长,负责管理各省的官私立银行号,资本增为 2000 万元。6 月 19 日奉天省长公署公布了三行合并的命令,7 月 15 日开业。在此前后,东三省官银号在省内外设立的分号曾达百余处,遍布东三省各地和关内的上海等通商大埠。① 与四川、湖南的地方银行不同,东三省官银号的特点

---

① 姜宏业主编:《中国地方银行史》,第 113—119 页。

是比较稳定，这虽然是由于东北军阀统治的相对稳定，但在战争期间，奉票“一再惨跌夷为废纸”的现象，仍然不可避免。①

第四种情况：把经营重心放在上海，商的色彩较为浓厚，在发钞等方面也较为节制。这类地方银行有江苏银行和浙江地方实业银行。

第五种情况出现在广东。广东的情况比较特殊，它在相当长的一段时期中，是孙中山的北伐根据地。由于广东是一个政治色彩很强、政治变动很大的省份，所以广东的金融业，特别是官办金融业，也是很不稳定的。

在民国开始的好几年中，广东一直没有建立官办或官商合办的地方银行。原先的广东省官银钱局，其名义虽被北京政府取消，但实际上仍在运作。1917 年 5 月，广东省政府改组官银钱局，设立广东地方实业银行。

从广东地方实业银行的章程来看，该行虽然招收一半商股，但完全是由省政府掌握的：该行额定股本 300 万元，官商各半；设监督 1 人，由省长委任财政厅长担任，董事 10 人，一半由省长委任，一半由商股推选，行长、副行长则由监督呈请省长指派；该行对本省官厅有供款义务，并有经理地方公款的权利。对官厅有供款义务，这就决定了这家银行的命运。

广东地方实业银行成立之时，正是广东政局异常混乱的年代，“省垣通告自主之后，又加复辟之耗，商民虽抱悲观，但年来政体屡有变更，司空见惯，亦无甚大惊恐。滇军陆续到省，桂军接踵而来，省城地面，满布军队，驻扎地点，又在商场繁盛之区，人心因之疑虑，谣言四起，市面清减”。② 在这种形势下，地方银行自然难以

① 侯树彤：《东三省金融概论》，1931 年版，第 22 页。

② 1917 年 7 月 24 日广州通信。《银行周报》第 1 卷第 12 号。

安生。

广东地方实业银行存在只有3年，到1920年就结束了。主要原因是省政府及各部门任意挪用公款，使该行周转困难，进而产生信用危机。1917—1922年，正是桂系军阀岑春煊、陆荣廷统治广东的时期。他们秉承广东过去的统治者龙济光的那一套，开放烟赌。由军官组成集成公司，以每年600万元承包赌饷，造成广东“烟苗遍地，赌馆满街”的局面，因此而倾家荡产者，每年数以万计。苛捐杂税多如牛毛，甚至“前朝豁免之粮，亦勒令缴纳”。① 军阀对于不该属于自己的东西尚且强抢勒索，巧取豪夺，他们又怎会放过手中的银行？

1922年，广州成立了广东省银行，开业仅1个多月又易名为省立广东银行。这家银行名义上是属于孙中山政府的，但由于内部军阀势力捣乱以及财政问题没有解决，这家银行的经营也是极不稳定的。它所发行的纸币，名义上是3000万元，“而实际上且超出此数两倍”。迭经政变，政府不能维持信用，纸币价格大跌特跌，直至变为废纸。1923年8月，广东政府财政部长叶恭绰拟定“整顿省币办法六大纲”，并公布施行。办法虽甚为具体②，但收效不大。因为问题的根本是政府的财源，既然没有更多的财政来源，纸币问题很难从根本上得到解决。

1924年1月，孙中山在广州召开了国民党第一次全国代表大会，实现了第一次国共合作。为了统一广东，继而进行北伐，统一全中国，需要有一个强大的金融力量作为后盾。原来的地方银行信用失尽，回天乏术，孙中山就筹划设立一家新的银行——中央银行，并亲自拟订中央银行章程，规定该行为官办，资本1000万元，

① 姜宏业主编：《中国地方银行史》，第352—354页。

② 参见《银行周报》第7卷第32号。

有发行纸币、代理国库、代募公债等特权,章程全文共16条。① 孙中山委派胡汉民、邓泽如、廖仲恺、孙科、叶恭绰、宋子文、林云陔等人为该行董事,宋子文为行长,黄隆生、林丽如为副行长。1924年8月15日,中央银行正式开幕,随即发行一元、五元、十元钞票,经省署训令所属各机关推行。② 为了统一广州币制,加强中央银行所发行的纸币的地位,广东省政府还应黄兴之请,于1925年2月发布“取缔外币条例草案”,规定“所有市面直接交易,概以国币为限,不得行用外币”。③

毫无疑问,广州的中央银行不同于其他地方银行。但是,由于时局动荡,战争不断,这家银行也难以长期稳定。特别是宁汉分裂,蒋介石下野,引起广州挤兑风潮,中央银行因之受到严重打击,信用开始下降。以后虽经多次整顿,但终于没有振作起来。南京政府在上海另设中央银行后,该行的地位也随之发生变化。

以上只是一个粗略的区分。由于这些地方银行都是各地军阀或政府手中的筹码,所以必然是相互割裂、画地为牢的。这对于近代中国金融市场的发展是很不利的。

地方银行依附于地方政府,其主要负责人都是由地方政府简任的。有的地方银行设立董事会、监事会,有的地方银行不设董事会、监事会。完全官办的地方银行如果设立董事会,其董事全部由地方政府委任,官商合办地方银行的董事会,其董事部分由地方政府委任。地方银行不论是官办的,还是官商合办的,一律由官府控制。在大多数情况下,官商合办的地方银行内部,难免会出现官商矛盾,有时会激化到不可调和的地步,浙江地方银行就是典型的例

---

① 《银行周报》第8卷第31号。

② 《银行周报》第8卷第33号

③ 《银行周报》第9卷第4号。

子。该行商股权益受到侵害,官府又不肯让步,经过几年的争执,最终双方彻底分裂,一家银行变成了两家。①

官办地方银行为了树立形象,有时也委任当地的一些著名富商出任银行要职。但这些富商进了官办地方银行做事,往往并不为官办银行考虑,而专为自己的私人利益考虑。浙江地方银行一分为二以后,官办的一方重组浙江地方银行。当局者觉得业务缺乏基础,不得不依靠当地金融界的实力派来打开局面。因而在第一届理监事人选中,90%是当地私营银行和钱庄的头面人物。但这些人进了官办的地方银行,并不希望它有所发展,因为官办银行的发展,很可能会损及他们自己所经营的银钱业的利益。他们加入官办银行,只是想利用它。他们相互间争夺该行的支配权,难以协调,内耗很大。因而官办浙江地方银行的局面始终打不开。②

地方银行的机构设置不尽统一,有的完善一些,有的则十分褊狭。一般来说,机构设置是与经营方针相一致的。大多数地方银行都将业务重点放在纸币发行上,因而其发行部门就显得特别重要。在这一点上,山东省银行也许是一个比较典型的例子。该行为了迅速推行省钞,在济南设立了总管理处,管理处下设秘书室、总务部、稽核部、发行部和铜元兑换处,并在省内外广泛设立分支机构。③ 很明显,发行部是山东省银行惟一的业务中心,其他机构基本上都是为发行服务的。至于存款、贷款、汇兑等业务,山东省银行干脆全不理会,也不在行内设置相应的业务部门。

地方银行的经营管理同商业银行大相径庭,它主要表现为以下五个特点:

---

① 《浙实档》第1卷,沪银档。参见本节,五。

② 姜宏业主编:《中国地方银行史》,第210页。

③ 姜宏业主编:《中国地方银行史》,第407页。

第一,只对地方财政负责,不对老百姓负责。

由于地方银行是地方政府的财政工具,而不是地方政府繁荣经济、造福人民的手段,因而这类银行在准备金不足、甚至毫无准备金的情况下滥发纸币,其结果必然是通货膨胀,纸币因不能兑现而迅速贬值,甚至夷为废纸。湖南省银行滥发纸币,到1914年止,共发行900余万两,已经造成严重通货膨胀的局面。两年之后,又猛增至7000余万①,地方政府的财政问题缓解了,而老百姓则蒙受敲骨吸髓的灾难,多少人因此而倾家荡产、家破人亡。换句话说,就是地方政府通过地方银行来抢夺老百姓。这比一般的抢劫要隐蔽,又比苛捐杂税简便、有效得多。

第二,排斥商业银行和钱庄、典当。

地方银行作为地方政府的金融工具,必然要垄断地方金融,而对其他金融力量采取排斥态度。山东的金融业,在张宗昌督鲁前是比较活跃的,仅济南一地,就有23家银行。规模较大的,有中国、交通、山东商业、东莱等银行。张宗昌设立山东省银行后,强令各银行代兑省钞,取缔私营银行发行纸币,千方百计地限制、甚至打击各银行,使各银行的业务一落千丈。据1925年7月统计,济南各银行上期决算大多有盈余,最多达7万元,少者也有数千元。但省银行开业后,特别是1927年,这些银行全部亏折。在济南市面上占重要地位的东莱银行,亏折达数万元。济南的23家银行,到张宗昌倒台之前的1928年3月上旬,已有山东商业银行、阜丰银行等17家倒闭。至于银号、钱庄,全省原有1000余家,到张宗昌倒台前夕,只剩下318家。典当业则从200家减至21家。② 其他如山西、东北等许多地方,都存在类似的区域性的金融垄断。这

① 《总商会月报》第3卷第9号。

② 姜宏业主编:《中国地方银行史》,第408页。

种金融垄断是同商业银行和钱庄等民营金融机构的利益相抵触的。

第三,打击民族工商业经济。

如果说地方军阀连资本主义工商业经济的优越性都不懂,那是不真实的。洋枪的威力要比长矛强,大型纺织厂的效率要比手工纺织高得多,这是谁都看得清楚的。而且,一般来说,一个地区资本主义工商业的发展,可以增强该地区的经济实力,这当然也就有利于地方军阀的统治。因此,地方军阀在主观上,以及某一段时间的经济政策上,也能体现出对地方经济的扶持。在地方银行的金融统制下,地方经济也有可能一度有发展的势头。但它决不会长久。从较长的趋势看,地方军阀一定会把他们的军事和政治利益放在第一位,也一定会把解决地方财政问题放在第一位,地方银行的滥发纸币是在这一大前提下的必然结果。而滥发纸币则不仅剥夺百姓,而且剥夺私营工商业。所以,在当时的形势下,地方金融垄断和恶性通货膨胀是极不利于地方经济发展的。

第四,管理落后。

地方银行的管理落后,是由地方军阀的控制、业务畸形等原因决定的。

地方银行的主要负责人一般都是地方当局者的心腹,并不懂得金融,因而往往对银行实行衙门式的管理。即使有董事会,也形同虚设。一切听命于地方当局者的旨意。当局要借款,要印钞,都惟命是从。在这种情况下,银行失去了自我,它只是地方政府的影子。长官意志决定一切。适合银行特点的管理制度和管理方法都不存在了。衙门式的管理必然同时又是家长式的管理,在地方银行内部,政府任命的负责人实行家长式的管理,个人说了算,其他制度都是虚的。一个突出的现象是:不少地方银行都沿用当时已趋没落的山西票号的管理方式,如广西银行、山西省银行等就是如此。山西票号是实行家长式管理的,主持人对行员管得很严,在担保人、押柜①等方面,有严格的制度,下级行员动辄得咎,直至除名。同时,山西票号在业务经营方面不思进取,因循守旧,守株待兔,等顾客上门,以不变应万变。山西票号因此而失去了它昔日的地位。但是,恰恰在这一点上,地方银行与山西票号是很相像的。地方银行的立足并不在于它对一般银行业务的开拓上,事实上,即使想开拓也开拓不了。因此,它认为山西票号的管理方式是很适合它学习的,只要对一般行员管得严一点就可以了。

但是,由其性质决定,地方银行内部的贪污腐败现象是很严重的。假公济私,或贪污中饱的,主要是银行负责人和高级职员。湖北官钱局在民国初年把许多业务委托黄陂商业银行经办。在官钱局中,有的高级职员同时又是黄陂商业银行的股东和董事。这样,他们就把黄陂商业银行变成官钱局的"外府",大额收支委托银行,甚至将官钱局的汉口分局撤销,以便专委银行代理收付,利归银行,亏由官钱局承担。这实际上是利用官钱局的多余头寸,长期转放给各工商业户,可以不需成本,不担风险,稳获厚利。局里的高级职员又以股东身份到黄陂商业银行分取利润。到最后,官钱局业务上的一切对外事项干脆全部委托该行经手办理。官钱局的总办郭干卿向日本进口铜币原料时,私自抽取回扣。1918 年间,产业管理处处长王子云收购武昌地产时,每平方单位收回扣 1 元,据为己有。他还在该局房地产业务的抵欠、发租、变卖、作价等各个方面弄虚作假,营私舞弊。官钱局的中下级职员也上行下效,利用手中局部的权力进行贪污。他们拉拢上级,分给上级一些好处,上级便装聋作哑。局中财会人员还只计虚盈,不问实亏,即使在官

① 押柜,即进票号或进银行做事的押金。

钱局亏损的年份,做出的报表仍然是有盈余的,于是就可以照例分红。[①] 湖南银行总理刘昌宪亏挪估纹 2653 两、银两 3801 两;湖南银行会办唐人寅、吴藩和坐办钱葆青挪借公款不还,并与营业课长王子范囤锑砂牟利,将跌价损失转入银行。主持人走马灯似的更换,移交走过场。[②] 每换一拨人来,总要捞一把才走。像湖北官钱局、湖南银行这样的例子,可以说比比皆是。

许多地方银行由于主要经营地方政府及所属企业的存放款业务,其存、放不平衡现象十分显著。如贵州银行 1913 年年终放款余额是存款余额的 4.28 倍,1914 年上半年放款余额为存款余额的 4.44 倍,1914 年下半年,2.6 倍,1915 年上半年,3.39 倍。历年财政欠款占全部放款的比率是:1913 年 85.17%,1914 年上半年 80.62%,下半年 79.5%,1915 年上半年为 78.92%。该行历年的资金缺口很大。除 1913 年因清理贵州官钱局所发银、钱票借入白银 27 万两(折银元 369160 元)外,绝大部分依靠发行纸币弥补差额。[③] 地方银行存、贷严重不平衡的状况同一般商业银行存、贷基本平衡的状况相比,形成鲜明的对照。

地方银行除了放款给政府外,也放款给政府控制的企业。在特殊的形势下,有时为了贯彻地方政府维护市面的意图,也放出一些工商业贷款,但往往经营不善而导致呆账。湖北官钱局在市场凋敝的情况下,不得不接受不动产抵押。[④] 时间一长,许多不动产都转归局有,大量流动资金冻结在不动产中不能周转。1926 年清理湖北官钱局账务时,该局债权与资产合计为 5185 余万两,其中

---

① 姜宏业主编:《中国地方银行史》,第 64 页。
② 姜宏业主编:《中国地方银行史》,第 289 页。
③ 姜宏业主编:《中国地方银行史》,第 318 页。
④ 按照当时银行业的一般规则,银行不能接受不动产抵押。

仅各种房地产占压的呆滞资产就达1000余万两,约占全部债权资产的20%。此外还有其他垫借也形成呆死账。如有以田产抵押的,但实际上耕佃有人,该局既无法处理产业,也无从得到收益。1916年湖北官钱局筹办湖北象鼻山铁矿,投入巨额资金,结果又成呆账。从辛亥革命到1914年,中央政府曾先后挪借湖北官钱局近3000万两白银。湖北官钱局督办高松如屡向中央索讨,北洋政府无力偿还,农、财两部商量出一个特准湖北开办官矿,以“办矿余利,维持票本”的办法。这样官钱局在1922年以前,曾先后为官矿公署等垫银元160余万元,钱298万串。可是只有播种,没有收获。官矿并没能弄出“余利”来归还官钱局。官钱局200余万两的流动资产,也长期呆滞在矿产中。①

第五,周期性盛衰。

地方银行有一个周期性盛衰的变化。其周期有短有长,基本上由地方军阀从得势到失势或由军阀战争所决定。地方军阀上台后,总是对建立和扶持地方银行特别重视,使地方银行很快形成局面。随后,他们为了筹措军政费用,或者为了战争,让地方银行发行巨额纸币,并向地方银行挪借巨额款项,只借不还,使地方银行的纸币贬值,信誉日益下降,最终导致地方银行的清理或倒闭。这时,新的地方军阀上台掌权,或者原来的军阀通过战争,维持住自己的地盘,无论哪种情形,这时他们都有可能着手新建或整顿地方银行,使地方银行进入新一轮的变动周期。这种周期性盛衰,是中国近代金融史上的一个特点。

① 姜宏业主编:《中国地方银行史》,第64页。

五、几家最主要的华资银行简介

当然,这个时期中国金融业的发展主流,还是商办的华资银行。为了使读者对这一时期的华资银行有一个比较概括和完整的概念,这里准备对该时期最主要的几家银行,即中国、交通,以及“南三行”的浙江兴业、浙江实业、上海商业和“北四行”的金城、盐业、中南、大陆作一扼要的介绍。

1. 中国银行

民国建立伊始,经孙中山大总统批准,在清理、整顿、改组原大清银行的基础上,成立了中国银行。根据1913年通过的《中国银行则例》,中国银行作为国家银行和中央银行,负有整理财政的重大使命,享有代理国库、发行钞票等多种特权,其组织形式为股份有限公司,额定资本为6000万元,政府认垫一半,其余招募商股。在政府认股额中先收三分之一即开始营业。银行正副总裁由政府任命,银行一切业务由政府监督管理。① 中行成立后的头4年中,政局还没有完全分崩离析,财政情况也还没有到不可收拾的地步,中行的经营也比较顺利。1916年春袁世凯称帝,激起全国人民强烈反对,政局开始大动荡。中行在各地的分行相继发生挤兑风潮。北京政府于5月12日发布中、交两行停兑令。② 中行上海分行认为如执行停兑令,则“中国之银行将从此信用扫地,永无恢复之望,而中国整个金融组织亦将无由脱离外商银行之桎梏”③,因而

---

① 中行档:财政部呈国务院《中国银行则例草案》,1912年12月。宁档。

② 中行档:《国务院关于中交两行停兑禁提命令》,宁档。

③ 姚崧龄:《张公权先生年谱初稿》上册,台北,第27页。

坚不奉行。上海分行组织了股东联合会,与上海绅商各界合作,维持兑现,并得到南京等地分行的积极响应,巩固了中国银行的信誉。中国银行得以保全,中国金融业得以保全,这次拒受停兑令是一大契机。

1917年中行修改则例,除官股外,拟招足商股1000万元,照公司组织定例,召开股东大会。原则例中"总裁、副总裁简任,董事、监事由股东总会选任"的规定,改为"董事、监事由股东总会选任,总裁、副总裁由董事中简任",大大限制了政府的权限。① 1918年2月,在招足股份约1228万元的基础上,中行召开了第一次股东总会,选出第一届董监会,北京政府在当选董事中简任王克敏、张嘉璈为正副总裁。

当时北京分行因财政关系所发行的钞票,一时不能恢复兑现,历经政府发行7年长短期公债及9年金融公债,方得完全加以整理。

1921年增收商股,官股也陆续改为商股。股本总额达1900多万元。中行已基本脱离对政府的依附关系。

1921年冬上海发生交易所风潮,影响所及,酿成北京、天津的挤兑风潮,中行首当其冲,历1个月之久始告平息。1926年6月,张嘉璈在上海设副总裁驻沪办事处,1927年总管理处完全迁至上海。名为"为全国民众服务",实际上显然出于全国政局变动的考虑。

中国银行是华资银行中最为重要的一家银行,它是华资银行的核心。到1927年为止,它历年的经营情况如表75所示。

---

① 中行档:《中行则例修改案》,1917年,宁档。

表 75　中国银行历年经营概况

1912—1927 年　　　　单位:千元

年份	实收股本	公积金及盈余滚存	存款	放款	汇款	有价证券	发行兑换券	发行兑换券准备金	纯益
1912	500	—	2300	3000	4000	—	1061		130
1913	2931	—	17800	17950	6300	—	5020		300
1914	10000	123	58391	49968	41400	7139	16398	16398	1369
1915	12366	818	105360	86947	99700	12855	38449	38449	3534
1916	12366	1893	118576	101891	—	10097	46437	46437	2939
1917	12280	2715	148715	139503	—	4093	72984	72984	2073
1918	12280	5338	150924	143429	—	10488	52170	52170	3790
1919	12280	7796	181460	184052	3039	10633	61680	61680	3456
1920	12280	8608	190253	178429	4146	20967	66884	66884	4206
1921	18279	10214	176200	172298	3063	22883	62493	62493	549
1922	19760	9684	186980	183732	3477	25978	77766	77766	1359
1923	19760	9721	178050	180095	3261	17004	80987	80987	1510
1924	19760	9864	199943	201808	3759	15148	89979	89979	1283
1925	19760	7389	259718	266529	8562	11837	127091	127091	1347
1926	19760	7354	328480	311345	11343	21460	137421	137421	1456
1927	19760	7428	330497	312649	10774	29972	159001	159001	-1565

资料来源:中国银行总管理处经济研究室:《中国重要银行最近十年营业概况研究》,第 52 页;中行档案,转引自邓先宏:《中国银行与北洋政府的关系》,《中国社会科学院经济研究所集刊》(11),中国社会科学出版社 1988 年版,第 291、355 页;姚崧龄:《中国银行二十四年发展史》,台北,1976 年版,附录。

2. 交通银行

交通银行是 1907 年邮传部奏准设立,开始筹备,1908 年正式成立的。额定资本1000万两,开办时先收一半。该行由官商合办,官股占四成。① 它兼有普通商业银行和特许银行的双重身份,它"以利便交通,振兴轮、路、电、邮四政为重任"②,通过经理交通四政专款而分理了国库。成立后并有发行钞票之权。总行设于北京。邮传部对交行的行务和人事都有监督和审核的权力。③ 交行总理也是邮传部简任的。

1914年,交行修改则例,并经北洋政府批准,规定总理和帮理由股东会公选产生,拥有"掌管特别会计之国库金"、"受政府之委托分理金库"、"受政府之委托,专理国外款项及承办其他事件"之权,并有权发行兑换券。④

1919年,定股本为750万元。经过1916年和1921年两次停兑风潮的冲击,交行的信用和实力都大为减低,交行的政治后台——北洋政府交通系的政治势力也大为减弱。1922年6月,交行召开股东总会,选举张謇、钱新之为总、协理,决定增收股本,改股本总额为2000万元,并制定了脱离军阀政治、趋重工商实业的新的营业方针。交行设立分区发行总、分库,专管发行事务,并遵行"发行独立,准备公开"的准则⑤,使行务走上较为健康发展的道路。表76是该行1912—1927年的经营情况。

---

① 《东华续录》第212卷。
② 《交通银行奏定章程及则例》。
③ 《交通银行奏定章程及则例》。
④ 《交通银行1914年则例》。
⑤ 《交行月刊》第1卷第12号。

表 76　交通银行历年经营概况

1912—1927 年　　单位:千元

年份	实收股本	公积金及盈余滚存	存款	放款	汇款	有价证券	发行兑换券	政府欠款	纯益
1912	7500	457	21640	13133	285		1190		483
1913	7500	1179	53149	41654	465		6748		1439
1914	7500	2588	65539	43334	390		8936		2515
1915	7500	4151	48628	54441	1515		37295		3003
1916	7500	4657	38688	53039	—	2250	31947		1481
1917	7500	4226	38537	67160	—	2894	28604		1902
1918	7500	3295	52365	58084	—	10894	35145		4450
1919	7500	3543	75098	80303	—	9255	29273		2108
1920	7500	3912	63758	63562	—	10554	39170		3008
1921	7500	—	115964	96699	—	11650	30143		-587
1922	7579	—	111511	92737	—	9505	32534		-898
1923	7691	67	117555	96594	—	11163	38518	43020	529
1924	7711	1924	134019	108492		13148	41613	46100	559
1925	7713	2058	135270	111589	770	11633	48337	52090	597
1926	7714	2213	149798	124240	2873	11940	57136	56420	617
1927	7715	2299	158312	135745	1229	11606	65097	62860	549

注:翁文中 1921—1927 年的存放款额均比《中国重要银行最近十年营业概况研究》中的数字小很多,估计 1912—1920 年也不完整,所以从上表中看,似乎从 1921 年起,存放款有一大幅度的上升。

资料来源:1921—1927 年的股本额、存放款、兑换券、有价证券、纯益据《中国重要银行最近十年营业概况研究》,第 60 页;其余据交行档案,转见翁先定:中国社会科学院研究生院硕士学位论文《交通银行官场活动研究,1907—1927》附录。

3. 浙江兴业银行①

浙江兴业银行是所谓的“南三行”中成立最早的一家。1907年由浙江铁路公司发起成立,为浙路公司经理路款,总行设于杭州。次年正月由度支部特许为殖业银行,并先后在汉口、上海设立分行。浙兴额定股本100万元,开办时实收25万元,浙路公司认股半数。该行有发行兑换券之权。

浙兴经营一直抱稳健主义,在清末的橡皮风潮中,在民初的政局和社会变动中,浙兴均未动摇,信用日益昭著。辛亥以后浙路公司收归国有,该公司所附股份即另行招商承受。1914年修订行章,总行改设上海,总行内设总办事处,设董事、监察人,在董事内选出董事长1人,办事董事4人常驻总处,执行行内事务。国内公司之有董事长制度和办事董事驻行办事制度,浙兴是为嚆矢。②

在1916年和1921年两次挤兑风潮中,浙兴和别的重要华资商办银行一起,大力协助中国银行渡过难关。

1915年浙兴实收股本增至75万元,1917年收足100万元,1920年收足250万元。营业发展很快。

浙兴为适应营业扩展的需要,进行机构改革,以提高办事效率。该行将总办事处原辖之各部直隶总行。总行设总经理,统管总行和分支行业务。现将该行成立后20年的营业情况列为表77。

---

① 除另行注明外,资料均出自浙兴档案:《董事会总办事处1—21届营业报告》,沪银档。

② 《中国重要银行最近十年营业概况研究》,第72页。

表77　浙江兴业银行营业概况

1907—1927年　　单位：千元

年份	实收资本	公积金	年底存款余额	年底放款余额	存放银钱业	全年平均发行兑换券	有价证券	净余
1907	250	不详	1972	2453	不详	不详	不详	12.7
1908	487	不详	1738	2405	不详	不详	不详	58
1909	500	不详	2736	3807	不详	不详	不详	88
1910	500	不详	2507	3344	不详	不详	不详	72
1911	500	不详	1829	2363	不详	不详	不详	9
1912	500	不详	2721	2562	不详	不详	不详	27
1913	500	不详	2630	2758	546	不详	不详	55
1914	500	不详	3978	3582	576	不详	不详	66
1915	750	不详	3522	2676	不详	不详	不详	98
1916	750	不详	5025	2831	1860	不详	不详	123
1917	1000	231	8213	4556	3669	不详	450	138
1918	1000	257	10857	7639	3300	不详	861	161
1919	1000	297	10951	6554	4194	不详	1366	172
1920	2500	339	12432	7888	4560	不详	2375	264
1921	2500	615	16148	10773	3664	不详	3020	477
1922	2500	759	19478	13744	6364	不详	1248	538
1923	2500	921	20773	15367	5408	2000	1363	982
1924	2500	1056	21905	13048	5826	413	3395	502
1925	2500	1198	29782	19506	8983	2815	3055	838
1926	2500	1437	34844	18567	7599	3920	7608	509
1927	2500	1529	35008	26083	8052	3686	6946	437

注：①该行历年营业报告中的账目分类并非始终一贯，如“有价证券”项，1917年及以后的几年中是不包括股票在内的，1924年起则包括股票。

②表中数字均为年底实存数。

③存款包括定期、往来、储蓄，未包括暂存。

④放款包括定期、活期、拆票、贴现，未包括存放同业。

⑤每年平均发行兑换券额为上半年发行额和下半年发行额之和的一半。

⑥净余为纯利润减去公积金后的余额。

资料来源：根据浙兴档：《董事会总办事处“本行第1—21届营业报告”》编制。

4. 浙江实业银行①

浙江实业银行(简称“浙实”),也是“南三行”之一。

该行的前身是浙江银行,创办于1909年,资本71万元,官商合办,官股31万元,商股40万元。总行设于杭州,分行设于上海,为省政府经理库款,并发行钞票,具有地方银行的性质。辛亥以后,经理国库和省库款,并代发行军用票。1914年,金库移交中国银行,专营商业银行业务。1915年改名为浙江地方实业银行,仍为官商合办,并收回本钞,改领中钞。因省政府答应对该行由政府借款所造成的损失进行赔偿,后又自食其言,同时官府依仗特权强行控制董事会,激起商股股东的强烈不满。1921年3月,议决增资100万元,照官六商四比例分认。8月,议决如官股逾期不交,可改招商股。商股很快就认缴了100多万元。省政府既无财力加股,又不愿失去对该行的控制,最后导致官商决裂。杭州、海门、兰溪三分行归官股开设,改名浙江地方银行,完全官办;上海、汉口两行由商股开设,改名浙江实业银行,完全商办。浙实分立后,重新在杭州设分行。1923年3月的额定股本200万元,实收180万元。该行总经理李馥荪(后兼董事长)是华资金融业的领袖人物之一。

该行营业作风与浙兴有相似之处,一贯稳扎稳打,步步为营。因而信用昭著,获利丰厚。从1919年起,分派股息均在一分至一分二厘之间。

由于该行在官商合办时受官府所累甚多,这里只将其1921年增招商股后的经营情况列为表78。

① 资料均出自浙江实业银行档案,沪银档。

表 78　浙江实业银行营业概况

1921—1927 年　　单位:千元

年份	股本	公积金及盈余滚存	存款	放款	有价证券	领用兑换券	纯益
1921	1760	234	7881	8146	1437	1702	332
1922	1760	361	9684	9964	1649	2001	385
1923	1800	441	9299	9736	1589	2000	327
1924	1800	510	9474	10071	1670	2300	383
1925	1800	599	15670	14930	2547	2800	397
1926	1800	696	21273	17405	5015	2225	342
1927	1800	989	23385	17989	6336	2060	358

资料来源:《中国重要银行最近十年营业概况研究》,第 94 页。

5. 上海商业储蓄银行①

该行简称上海银行,成立于 1915 年,是“南三行”中的后起之秀。创办人为庄得之、陈光甫。张嘉璈、李馥荪也是发起人。创办资本仅 10 万元。开始时营业侧重于无锡、常州的米麦放款和堆栈押款。以后各种银行业务逐步打开局面,1917 年增办国外汇兑,1919 年年底实收资本增至 100 万元,并已同国内外许多银行建立了广泛的业务联系,在众多的华资银行中崭露头角。1921 年年底实收资本更增至 250 万元。1923 年总分行增至 21 处,通汇地点增至 120 多处。

上海银行是华资银行中的佼佼者。在陈光甫的主持下,经营富于创造性,如开创银元存户给息,开创 1 元储蓄等多种零星储蓄,以吸收存款,不为短暂利益所左右,千方百计建立和加强同洋

① 资料均出自上海商业储蓄银行档案,沪银档。

商大户和国外银行的联系,发展国内外汇兑业务,开创旅行支票制度,并创办旅行部①等等,使业务迅速发展起来,而又厚提公积,高额准备,作风稳健,信用昭著。现将该行营业情况列为表79。

表79　上海商业储蓄银行历年经营概况

1915—1927年　　单位:千元

年份	实收资本	公积金及盈余滚存	存款	放款	汇款	有价证券	领用中行兑换券	存放同业	纯益
1915	200	—	577	511	—	3	—	148	4.48
1916	300	1	1446	1165	2	15	—	269	33.4
1917	300	13	2061	1298	49	41	—	597	50
1918	587	13	3277	2639	72	70	—	953	95
1919	1000	36	6169	4116	1519	273	—	1918	229
1920	1000	136	10076	6406	10654	562	50	3945	407
1921	2500	327	12825	7384	8459	1148	100	4559	486
1922	2500	424	11839	8297	677	1401	300	3162	463
1923	2500	472	15342	10266	1108	992	1190	5383	440
1924	2500	521	16483	9947	1264	2981	3283	5859	389
1925	2500	556	22886	17355	2427	2846	3600	4943	469
1926	2500	600	32440	19195	1522	5481	4218	9862	415
1927	2500	700	30331	16169	1159	4674	4166	9766	166

资料来源:根据上行档:《历年营业报告编制》,沪银档。

6. 金城银行②

金城银行创办于1917年5月,额定资本200万元,实收50万

① 1926年旅行部改为中国旅行社,为上海银行的附属事业之一。
② 资料出自《金城银行史料》一。

元开业，1919 年 1 月收足 200 万元。军阀、官僚的私人投资在开业时占 90. 4% ，收足 200 万元时占 82. 1% 。1922 年实收资本增至 500 万元，1927 年更增至 700 万元，军阀、官僚的私人投资仍在两次增资中分别占 62. 7% 和 50. 5% 。

金城银行总行设于天津，并先后在北京、上海、汉口等地设立分支机构，推广银行业务。总经理是周作民。他是近代中国著名银行家之一。

金城的业务发展十分迅速，1917—1927 年的 10 余年间，存款从 404 万元增至 3498 万元，放款（包括有价证券）由 378 万元增至 3438 万元，分支机构增至 15 处之多，10 年纯益累积达 1065 万元。该行设立仓库多处，办理押汇款业务，并在国内数十个商埠和国外的纽约、大阪等地建立了代理通汇业务。该行在辅助民族资本主义工商业方面也取得不少成绩。现将金城银行的经营概况列为表 80。

表 80　金城银行历年经营概况

1917—1927 年　　单位：千元

年份	实收资本	公积金及盈余滚存	存款	同业存款及借入款	放款	存放同业	汇款	有价证券	纯益
1917	500	—	4047	—	3783	14	8	27	96
1918	1000	31	9203	140	6514	2424	10	234	368
1919	2000	111	9807	316	6959	4064	21	495	647
1920	3500	202	11985	306	8516	4041	39	1082	899
1921	4500	367	9999	4773	10517	3333	251	2678	1205
1922	5000	601	13700	5574	13283	6091	343	2067	1215
1923	5000	775	16894	4792	15114	6201	378	2761	1287
1924	5500	1001	19910	6239	17110	7260	223	4096	1331

续表

年份	实收资本	公积金及盈余滚存	存款	同业存款及借入款	放款	存放同业	汇款	有价证券	纯益
1925	6000	1306	27031	5763	23479	8204	313	4261	1356
1926	6500	1559	33804	4224	25844	8657	219	5631	1259
1927	7000	1753	34987	6438	27295	7660	85	7081	991

资料来源:中国人民银行上海市分行金融研究室:《金城银行史料》,第 17、116—119 页。

7. 盐业银行①

盐业银行成立于 1915 年,总行设于北京,并先后在天津、上海、汉口等地设立分支机构。盐业银行创办人张镇芳是袁世凯的表弟,1915 年袁批准盐业银行官商合办,有代理国库之权,经办盐务收入。袁死后,改为完全商办。1917 年吴鼎昌任盐业总理。1921 年吴赴欧美考察后,提出与金城、中南(后增加大陆)联营的倡议。联合营业事务所成立后,吴被推为主任,并主持四行联合准备库和四行储蓄会的业务。

盐业银行开办时额定资本 500 万元,先收四分之一开业,到 1918 年仅收足 175 万元,次年收足 250 万元,1922 年实收资本增至 500 万元,公积和盈余滚存达 253 万元。至 1925 年 3 月,盐业银行分支机构已有 10 余处,额定股本增至 1000 万元,实收 650 万元,公积和盈余滚存约 400 万元。实力相当可观。

盐业银行改为完全商办以后,虽然仍与盐商的融资有关,但并不专注于“盐业”,其业务范围与一般商业银行相同。现将盐业银行经营概况列为表 81。

① 资料均出于盐业银行档案,沪银档。

表 81　盐业银行历年经营概况

1915—1927 年　　单位:千元

年份	实收资本	公积金及盈余滚存	存款	放款	有价证券	存放同业	纯益
1915	1254	—	4710	4039	—	1085	50
1916	1254	20	8282	5552	—	2030	204
1917	1500	138	9550	6775	—	2434	315
1918	1750	309	13759	10951	—	3438	529
1919	2500	645	22996	18229	—	6941	783
1920	3500	1155	19225	18944	—	4993	1087
1921	3500	1856	18616	17801	951	3133	1059
1922	5000	2530	20601	20068	3291	3243	1077
1923	5500	3057	20743	22953	2357	2887	1148
1924	6000	3600	27453	27064	1133	6363	1035
1925	6500	3975	32183	29298	2995	5594	1147
1926	7000	4407	39778	38318	4051	5830	802
1927	7500	4578	40900	40391	3840	4701	623

资料来源:盐业档:《二十年来资产负债比较表,1915—1934 年》,沪银档。

8. 中南银行①

中南银行是南洋华侨资本创办的。中南银行的主要投资创办人是黄奕住。黄奕住是南洋爪哇三宝垄华侨商人,出于爱国热忱,大量投资于国内的漳厦铁路和厦门市的公用事业,在上海得到了史量才、胡笔江等人的支持和帮助,于 1921 年设立中南银行。

中南银行创办时额定资本 2000 万元,先收四分之一开业,其中黄奕住一人出资 350 万元,其余 150 万元在海内外招股。中南

① 资料均出自中南银行档案,沪银档。

董事长由黄担任,总经理由胡笔江担任。胡曾任交通银行北京分行经理,同金城周作民、盐业吴鼎昌、大陆谈荔孙等关系密切,因而在中南以华侨资本而获得钞票发行权之后,实现了四行联营。

中南银行设总行于上海,先后在天津、北京、厦门、汉口等地设分支机构,经营一般商业银行业务,并特别注重国外汇兑和华侨汇款,在美、英、法、日、德、爪哇、新加坡、菲律宾等国建立多处通汇处。其发行的纸币以十足现金准备,设专库办理,信用良好。

中南银行虽属"北四行",但无论从它的资本来源,还是从它的经营重点看,似乎都不宜划入"北方"之列。其所以如此,与胡笔江之担任银行总经理有关。因为胡在此前,是交通银行北京分行的经理,与北洋政府关系密切。① 现将中南银行经营概况列为表82。

表82 中南银行历年经营概况

1921—1927年 单位:千元

年份	实收资本	公积金及盈余滚存	存款	放款	有价证券	纯益
1921	5000	—	6818	10807	44	403
1922	5000	67	6694	10025	1197	801
1923	5000	188	11834	15361	1751	908
1924	7500	344	20245	24416	3071	1127
1925	7500	531	23356	28249	1952	1362
1926	7500	764	32705	35292	3296	1127
1927	7500	948	33791	34265	4826	796

资料来源:《中国重要银行最近十年营业概况研究》,第270页。

① 参见赵德馨:《黄奕住传》,1998年版,第120、135页。

9. 大陆银行①

大陆银行也是“北四行”中的一家，成立于1919年3月。创办人是谈荔孙等。创办时以军阀、官僚的私人投资居多。此外，扬州盐商资本也占相当比例。该行由谈任董事长兼总经理。总经理处设在北京，总行则设于天津，并先后在北京、汉口、上海等地设立分行或分庄机构。

大陆银行创办时额定资本200万元，1919年年底收足100万元。1921年收足200万元，以后逐步增加，1926年达356万元。

大陆营业以抵押放款及汇兑为主，由于开始几年分支机构尚少，因而委托中国、上海、浙实等12行代理汇兑。1926年又与英、美、德、日、法的多家外国银行订约，委托代理国外汇兑业务。

大陆银行经营风格颇为稳健，营业状况很好。在从1919年到1927年不满9年的时间内，共获纯益5186000元。现将大陆银行营业概况列为表83。

表83　大陆银行历年经营概况

1919—1927年　　单位:千元

年份	实收资本	公积	存款	放款	存放同业	有价证券	纯益
1919年年底	1000	—	4757	4158	1793	—	228
1920年年底	1512	98	4812	3891	2175	248	441
1921年年底	2000	192	5052	3905	1809	1385	498
1922年年底	2500	474	9638	5038	5415	1131	437
1923年年底	2568	598	12627	8786	4423	1570	696
1924年年底	3058	756	15441	8604	6583	3297	897

① 资料均出自大陆银行档案，沪银档。

续表

年份	实收资本	公积	存款	放款	存放同业	有价证券	纯益
1925 年年底	3346	1003	23089	13996	5712	4303	881
1926 年年底	3562	1251	29311	16681	7530	4972	656
1927 年年底	3570	1363	23664	13527	4253	2927	452

资料来源:大陆档:本行营业报告。沪银档。

第二节　华资银行的内外关系

一、华资银行同政府的关系

中国本国银行的产生迟于工矿产业,也迟于中国资本主义交通运输和新式商业。中国通商银行成立于 1897 年,而事实上清末的绝大多数本国银行都是在 1905 年以后才设立的。这些银行在成立之后也未能同资本主义工商业融为一体,同步发展。

首先,到 1911 年为止成立的 30 家银行中,官办和官商合办银行占了 13 家,这些银行的主要功能是效力于政府财政。

户部银行是清政府户部于 1905 年设立的一家官办银行,1908 年改称大清银行,官商合办。同年,资本由 400 万两增为 1000 万两,官商各半。①

户部银行总办张允言说,他在户部任职时,“随时留心银行之学,知整理财政必藉银行为之机关。复随振贝子那中堂前赴东瀛

① 大清银行总清理处编:《大清银行始末记》,第 40 页。

考查一次，愈坚其信，乃敢建议”。[①] 他的建议为“庆亲王与管理财政诸大臣”所采纳，并奏准清廷批准。[②] 户部银行“存放多系官款，关系极重”[③]，是清政府的财政工具。它的出入款项虽然不能绝对地断言同资本主义工商业毫无联系，但这种联系只能是微弱的。户部银行的营业“咸以官款为重，入款之大宗，如地丁、钱粮、关税等类，出款之大宗，如官吏俸禄、宫廷费用及其他地方行政诸费，悉属款项之大者巨者，不似商业银行专与商家来往”。[④] 户部银行开办的第一年，“因修浚黄浦江需款，两江总督电借款项 450 万两，由银行担认借给”[⑤]。这类公益事业用款，也属政府财政范畴，当然与一般的军政费用支出是有区别的。从户部银行到改名后的大清银行，其业务经营的主要方向，是同政府财政挂钩。

如果说，户部银行的业务主要是同清政府中央财政相联结的话，那么一些地方官办或官商合办银行的业务主要就是同地方政府的财政相联结的，“各省银行、官银号多系公款”。[⑥] 事实上，一些地方官办和官商合办银行就是由地方官银号改组成立的，例如 1910 年设立的直隶省银行由北洋天津银号改组，1909 年设立的浙江银行由浙江官钱局改组，1909 年设立的广西银行由广西银号改组等。[⑦] 官银号、官钱局都是办理所在各省的金库业务的，一般委托官方特许的殷实商户具体经营。官银号以其存放官银种类的不

---

① 大清银行总清理处编:《大清银行始末记》，第 40、50、71 页。

② 大清银行总清理处编:《大清银行始末记》，第 40、50、71 页。

③ 《商务官报》1906 年第 7、5 期。

④ 《商务官报》1906 年第 7、5 期。

⑤ 《大清银行始末记》，第 72 页。

⑥ 《商务官报》1906 年第 7 期。

⑦ 中国人民银行总行参事室金融史料组:《中国近代货币史资料》，中华书局 1964 年版，第 1008—1009 页。

同而有不同的名称,如存放地丁钱粮的称作藩库官银号,办理海关税出纳的称作海关官银号,管理盐税的称作盐运库官银号等。光绪末年,各省存放不同种类官款的官银号趋于合并统一,有的则改组为地方官办或官商合办银行。这类地方银行实际上是官银号的延伸,其经营方针并没有多大的变化。

地方官办或官商合办银行也发行钞票,但即使是经营较好的裕宁、裕苏两家官办银行,所发行的钞票也“不能通用于外人之手”,这类银行“其准备金之虚实如何,靡得而知,即本国人民亦莫究其底蕴,所以一时难得外人之信用”。[①] 这样的银行既得不到外商的信任,又同普通中国人相隔膜,它们在资本主义工商业活动中能起多大作用,也就可以想象了。

交通银行是清政府邮传部于1908年设立的一家官商合办银行。其实际经营的结果则“多局促于官款之调拨一途”。[②] 交通银行成立以后,就为邮传部发行京汉铁路赎路公债,经办收赎电报局商股事宜。1911年二三月间,获得经办轮路邮电国库各款的特权。它的存放渠道,以官款为主。1908年交行成立伊始,邮传部着意支持,将存于汇丰银行的银100万两,改存交通银行。同时规定,各地电局每日收入款项,都须存入就近的交通银行。铁路总局也将局款50万两存于交行。[③] 1909年,铁路总局将售出日元之款,存于交通银行。当时因上海银根甚紧,外商企业对资金的需求甚殷,所以交行总管理处决定将此款“暂留沪行,一俟西人年关过

---

① 《商务官报》1909年第12期。

② 沈雷春:《中国金融年鉴》,1939年,第105页。

③ 《交通银行档案》,第110号,《交通银行史料》,第一编第二章第一节。

后，再行拨津应用，以尽同舟共济之谊”①。可见在华资银行业创办之初，其与外国银行的关系，即有“同舟共济”的一面。1911 年 5 月，邮传部规定，京汉铁路局收款满 5 万元即须解送交行，“不得丝毫沾染延搁”。② 可以说，交通银行初创时，是靠经理官款立足的。1911 年时，政府机关存款占 65. 5%；而在放款中，虽然对私人放款占到 74. 5%，但其中工业放款所占比例是比较低的。③ 交通银行的营业同境况窘迫的政府财政相维系，日子是不好过的，“辛亥以前，迭遭损失”，“行务岌岌难支”。④

至于清末设立的民营银行，能够存留到民国以后的为数寥寥，大多数成立不久就停歇了。前引《商务官报》所载关于户部银行营业状况的一段话中说：“商业银行专与商家来往”，在清末，事实并不如此。在留存到民国以后的几家商办银行中，中国通商银行、浙江兴业银行等也是同政府关系比较密切的银行。浙兴是浙江全省铁路公司以“兴办实业”为宗旨而设立的，但其存放款渠道也主要是官款。⑤ 四明银行是完全商办的。它在清末也请求度支部、农工商部和邮传部“大力维持”，“拨存公款”，并要求经办政府与各国的公款汇兑业务。⑥ 至于中国通商银行，名为商办，实际上却是清政府所控制、同清政府财政挂钩的一家银行。

---

① 《交通银行档案》，第 110 号，《交通银行史料》，第一编第二章第一节。

② 《交通银行档案》，第 110 号，《交通银行史料》，第一编第二章第一节。

③ 洪葭管：《从借贷资本的兴起看中国资产阶级的形成及其完整形态》。《中国社会经济史研究》1984 年第 3 期。

④ 周葆銮：《中华银行史》，1947 年版，第二编，第 28 页。

⑤ 沈雷春：《中国金融年鉴》，第 105 页。

⑥ 四明档：《四明银行致度支部函》，1909 年闰二月；四明银行致农工商部函，1909 年闰二月二十四日。沪银档。

中国通商银行是在盛宣怀的倡议下,由清政府筹划、设立的。通商银行的业务同清政府的财政密切相关。官款汇兑是这家银行的重要业务之一。盛宣怀指示该行董事会:“承汇官商款项,必须格外迁就招徕……汇丰银行汇票不赚不做,通商银行汇票不赚亦要收。”①盛宣怀为了争取官款汇兑业务,要求清政府通令各省关“嗣后凡存解官款,但系有中国通商银行之处,务须统交银行收存汇解”。② 当时山西票号、钱庄以及外国银行也都从事汇兑业务,通商银行当然不可能将这项业务完全争夺过来。在通商银行成立1年之后,盛宣怀认识到在一般银行业务方面难以与外商银行匹敌。他说,在华外国银行“根底已深,不特洋商款项往来网罗都尽,即华商大宗贸易亦与西行相交日久,信之素深。中国银行初造之局,势力未充,非可骤与西人争胜”,因而再次奏请清廷,要求地方当局尽可能将官款汇兑业务交给通商银行办理,而不要“仍循旧辙,专交私家之银号”。③ 在盛宣怀的努力争取下,通商银行的官款汇兑业务逐渐打开了局面。④

通商银行的存款主要也是官款。通商银行成立伊始,户部就拨存规银100万两,以示扶持。⑤ 1911年7月清政府邮传部的50万两存款是另一个例子。⑥ 清政府所借的铁路外债也由通商银行存、汇,例如粤汉铁路借款、京汉铁路借款、沪宁铁路借款、沪杭甬

---

① 《通商银行董事会文件》第1卷。转引自《中国第一家银行》,第120页。

② 《愚斋存稿》第2卷,第30—32页。

③ 《东华续录》,光绪朝,第146卷。

④ 参见《中国第一家银行》,第123—125页。

⑤ 参见《中国第一家银行》,第125—128、133、131—132页。

⑥ 参见《中国第一家银行》,第125—128、133、131—132页。

铁路借款等,都是由通商银行经手办理收支存汇业务的。[①] 此外,通商银行还为清政府代办赈捐和捐官业务。由于官款对通商银行业务的维持,按照该行章程,它每年要以分配官利和提取公积后的余利二成报效清政府。[②]

在放款方面,有一部分是同清政府的财政或清政府所控制的企业有关的。如:1902 年,通商银行放款给清政府银 10 万两,1911 年放款给邮传部银 50 万两,同年又放给清政府救灾款 20 万两等。[③] 至于工业放款,通商银行的重点放款户是华盛纺织总厂和汉冶萍。[④] 这两家企业都是清政府通过盛宣怀创办的。

由于通商银行强调抵押放款,因而在当时放款的渠道有限。它对钱庄有一部分拆款,对洋行也有一部分放款。对钱庄的拆款恐怕同由钱业出身的陈笙郊、谢纶辉先后任该行华大班有关,对洋行的放款恐怕同通商银行的洋大班有一定的关系。

总的来看,通商银行在靠官款维持、同政府财政的联系方面与官办或官商合办银行并没有什么区别,所不同的,是这家银行同盛宣怀控制的路、轮、电、纺织等企业有一定的业务关联。它为了开拓业务,由钱业出身的华大班和同洋行交往甚密的洋大班主持行务。但是同政府财政和公款的关联对于通商银行仍是第一位的,这是通商银行初期立足的根本。

那么,为什么清末设立的一些纯粹商办的银行会倏现倏灭、无法立足呢?那是因为商办银行既缺少同政府财政的联系,又不能在资本主义工商业活动中打开局面的缘故。

---

① 参见《中国第一家银行》,第 125—128、133、131—132 页。

② 《中国第一家银行》,第 100 页。

③ 《中国第一家银行》,第 152—153 页。

④ 《中国第一家银行》,第 146 页。

外国银行、钱庄、票号在中国资本主义经济活动中,已经形成了一种固定的金融格局,中国的商办银行一时难以插足或打开局面,也就是十分自然的事。当然,商办银行,甚至包括官办、官商合办银行乃至它的前身官银号在内,也是可能同资本主义工商业建立或多或少联系的,但要以这种联系作为生存、发展的主要依据,在当时是困难的。从总体上看,中国本国银行业在产生初期,只有主要依托政府财政,才得以维持,而在这方面缺乏必要条件和活动余地的大部分商办银行也就只可能是昙花一现的了。

北洋政府时期,华资银行业有了较大的发展。但是,这种银行与产业的分离,在这一阶段的初期,仍然十分明显。据统计,1912年实存的官办和官商合办银行共24家,占全国本国银行总家数的64.9%,实收资本共1966万余元,占全国本国银行实收总资本的72.5%。到1915年年底,官办和官商合办银行共25家,占47.2%,而实收资本仍占72.3%①。这些官办和官商合办银行的主要业务是服务于政府的财政需要。

北洋军阀时期,因关盐两税的大部分收入为帝国银行团扣留、地方军阀截留上缴北京政府的款项以及军费开支庞大等原因,财政极为拮据。例如:1923年北京政府的岁入还不及总支出的十分之一。② 1924年北京政府实际"支出总数,须12000余万元,超出可以运用之数,至17倍之巨"③。1925年北京政府的军费支出占岁入额的83.1%,许多省的军费支出甚至大大超过岁入额。④ 王

① 唐传泗、黄汉民:《试论1927年以前的中国银行业》。

② 《申报》1923年12月12日。

③ 《银行周报》第8卷第16号。

④ 谢本书:《袁世凯与北洋军阀》,上海人民出版社1984年版,第210—211页。

宠惠任总理时,北京政府的实际年收入为 700 万元,而军政费支出则为 5089 万元。一到段琪瑞执政,收入还是那么一些,支出则增至 7052 万元,1925 年左右又进一步增至 11610 万元。[①] 北洋军阀政府不得不大量举借内外债。据统计,从 1912 年到 1926 年,北洋军阀政府举借的内债共达 61206 万元[②],而 1912—1927 年,北京政府及各省军阀所借外债共达 127962 万元,实收 92531 万元。[③] 北洋政府举借外债主要是通过外国银行或中外合办银行,举借内债则主要通过本国的官办和官商合办银行。在经营内债方面,中国和交通两行占有重要地位。

中国银行的存款和放款,初期都以政府作为主渠道。拿存款来说,政府把国库款的一部分移作中国银行存款[④],此外则有政府机关的存款和代收税款等。放款方面,政府放款占了放款总额的绝大部分,而经营公债又是政府放款的主要部分。例如,1918 年,政府放款占放款总额的 79. 1% ,持有公债面额则占政府放款额的 34. 2% 。[⑤] 除了政府放款之外,还有一部分是同业之间的放款,放款给工商企业的则为数极少。1914 年,中国银行开始做一些贴现生意,但所占比例极小,在放款总额(定期、贴现、活期)中仅占 2. 2% ,1915 年虽上升至 4. 7% ,但以后又下降到 2. 5%(1916 年)和 2. 2%(1917 年)。[⑥]

交通银行经营政府公债和向政府放款也是不遗余力的。例

---

① 《总商会月报》第 6 卷第 2 号。

② 千家驹编:《旧中国公债史资料》,中华书局 1984 年版,第 11 页。

③ 徐义生编:《中国近代外债史统计资料》,中华书局 1962 年版,第 240 页。

④ 贾士毅:《民国财政史》上册,商务印书馆 1917 年版,第 69 页。

⑤ 中行档案。转引自邓先宏:《中国银行与北洋政府的关系》。

⑥ 《银行周报》第 2 卷第 43 号。

如,1914 年北洋政府募集 3 年公债共 2543.4 万余元,其中通过交行募集的达 633.8 万余元,占 24.9%,超过中国银行而占第一位。次年,交通银行又为北洋政府募集公债 360 余万元。① 交行对政府的其他放款也很巨大,到 1916 年 6 月,交行对政府的放款总额已达 4600 万元。② 与中国银行相同,早期交行对一般资本主义工商企业的放款生意是做得很少的。

经营公债,对于北洋政府和中、交两行是一件两利的事。“北洋政府的财政是破落户的财政”③,离开了借债,它就无法存在下去。而中、交两行承销公债,折扣最低为八五折,加上利息,平均获利为三分左右。④ 这对银行业务具有强烈的吸引力,经营其他政府借款的利息也比较高。中、交两行在经营公债和政府借款中迅速扩大了实力。

地方官办银行的业务则主要是同地方政府的财政密切挂钩,目的主要在于发行钞票,解决军阀割据的军费和财政需要。它完全受地方军阀的控制,同一般工商企业的联系是很少的。而纸币的滥发则有害于中国民族资本主义经济的发展。例如:四川军阀所设的四川银行和四川官银号的滥发纸币,先后引起四川金融的极大混乱。⑤ 阎锡山在山西设立的省办银行滥发纸币,到 1924 年发行额已达 900 多万元,“钞票充斥市场,曾不断发生挤兑风潮”⑥。1922 年春,奉直战起,奉系军阀为了筹措浩大的军资,通

---

① 中国人民银行上海市分行金融研究室:《交通银行简史》,油印本。

② 《交通银行董事会议事录》第一册。转见翁先定:《交通银行官场活动研究》。

③ 千家驹:《旧中国公债史资料》,第 10 页。

④ 千家驹:《旧中国公债史资料》,第 14 页。

⑤ 重庆中国银行:《四川金融风潮史略》,1933 年版。

⑥ 张邦产:《阎匪滥发晋钞情况》,山西文史资料,第 3 辑。

过他们所控制的官办金融机构大量增发奉票,“而发行愈滥,价格愈跌;价格愈跌,则政府每筹一定额之现款,所需增发之新票更多。如是互为因果,奉票遂一再惨跌,夷为废纸矣”①。地方官办银行和其他地方官办金融机构,在这一阶段始终是与中国民族产业资本的发展不同步的。

在这一阶段的前期,普通民营商业银行与中国民族产业资本发展不同步的现象也是明显的。中、交两行不可能承销北洋政府发行的数额庞大的全部公债,也不可能负担北洋政府源源不断的其他全部借款。此外,中、交两行限于资力,它们本身在做公债生意或经营政府借款时也经常要向民营银行拆款,以调动头寸。经营公债等政府借款和向中、交两行拆款的高利率刺激了民营银行的设立。许多银行都把政府借款“视为投机事业,巧立回扣、手续、汇水各项名目,层层盘剥,与利息一并计算,恒有至五分以上者,殊属骇人听闻”。② 据1925年的一个调查,全国华商银行为数141家,开设在京兆及直隶的银行就有37家,占26%以上。③ 1914—1919年,单在北京一地,历年新设商办和官商合办银行就达18家。④ 这些银行中的大多数主要是从事公债投机的,或者更准确地说,这些银行在成立初期,把经营公债作为其业务经营的主要内容。当然,经营公债不只是设在北京和直隶的银行,设在其他城市,特别是设在上海的银行也经营公债,“国家公债以北京为发源之区,上海为集散之处,两地买卖最为繁赜”⑤。1918年,在中、

---

① 侯树彤:《东三省金融概论》,1931年版,第22页。

② 《银行杂志》第3卷第6号。

③ 千家驹:《旧中国公债史资料》,第14页。估计不包括官办银行。

④ 杜恂诚:《中国资本主义两个部分的发展,1840—1937》附录。

⑤ 《金城银行史料》,第127页。

交两行之外的12家最大的本国银行中,大多拥有大量的政府公债券和库券。① 金城银行认为公债投资"适于利殖",因而"商储两部历年均达相当之额数"。② 该行对政府的其他放款额也十分巨大。1919年,该行投资公债、库券49万元,对政府机关放款高达173万元,而同年对工矿企业放款只有83万元。③ 浙江地方实业银行虽以"振兴实业,提倡储蓄"为成立宗旨,但在1918年下期仍"以存款之四分之一购买公债票"。④ 浙江地方实业银行因替地方官府垫款,积年滥账在20万元以上。⑤ 盐业银行除了经营公债和政府放款外,还像清末的一些银行一样,千方百计争取政府存款和汇兑业务。1915年盐业银行创办伊始,即分别致函北洋军阀、官僚曹汝霖、雷朝彦、江雨岑和沪宁、天津政界各机关,请求"俯予往来,拨存公款",并经办官款汇兑。⑥ 由于盐业银行创办人张镇芳同军政界要员有广泛而密切的联系,因而许多军政机关答应了盐业银行的要求。⑦

经营公债和对北洋政府放款具有很大的冒险性。北洋时期,政府更替频繁,后任政府往往不承认前任政府的债务,放款的银行也就无法把借款收回,许多银行因此破产倒闭。例如1919年设立的大中商业银行,1921年"新旧年关,因财政部军政各费,异常支绌,曾为垫借巨款,救济急需,并代部出立存单210万,渡过难关",大中银行和财政部的借款合同上规定,政府方面将在1922年

---

① 《银行周报》第3卷第29号。
② 《金城银行史料》,第200页。
③ 《金城银行史料》,第11、14页。
④ 《银行周报》第3卷第9号。
⑤ 浙实档:《股东常会录》,1916年3月26日。沪银档。
⑥ 盐业档,第55卷。沪银档。
⑦ 盐业档,第55卷。沪银档。

1 月份的盐余项下如数拨还借款。但 1922 年奉直战事发生,“债权旋入政潮,不但到期借款,财部未予照约拨还,且代书存单,一时纷纷核对,致将大中总分行 11 处,一律牵连停业”①。银行同政府财政挂钩,政局动荡使银行也难保太平。在一些年份中,银行大量新设,又大量倒闭,这是一个重要原因。本国银行在一段时期内的迅速发展,并不是以资本主义工商业的发展为基础的,带有相当的投机性,因而就缺乏稳定性。从这个意义上说,它与中国民族产业资本不是同步发展的。但这并不是说,本国银行与本国工商业就完全没有联系。事实上,本国银行对规模较大的工商企业,一直有一定数额的短期的融资关系,甚至是长期的投资关系。尽管它在这一阶段的前期不是主要的。

北洋军阀时期两次停兑风潮,也是中、交两行充当政府财政工具所引起的恶果。历年政府财政赤字,均由中、交两行各半借垫,到 1915 年年底,借垫额累积已达 3420 余万元。1916 年洪宪政变突起,时局震动,多有商民到中、交两行提存兑现。中、交两行穷于应付。4 月,挤兑风潮越刮越紧,中、交两行向北洋政府催讨旧欠,以维护银行信誉,但政府百呼不应,财政部反而雪上加霜,追加欠款。5 月、12 月,政府命令中、交两行停兑。当时中、交两行如果全部停兑,势将信用扫地,以后就再难取得社会的信任。幸而中国沪行在上海金融界的全力支持下,抵制停兑令,照常兑现。7 月,津行继沪行之后,抗拒停兑令,开始兑现。到第二年 5 月,中、交两行的营业才恢复正常。对政府借款过巨,几乎葬送了中、交两行。

1920 年 7 月,京钞市价低至 43%,为停兑后最低行市,较停兑之初,下降 22%。10 月,政府开始发行 9 年整理金融短期公债

---

① 《银行周报》第 9 卷第 33 号。

6000万元,以其中的3600万元偿还中、交两行京钞垫款,两行发行的巨额京钞得渐次收回。到1921年,因政府逼借款项,市面金融仍受影响,京、津、张家口等地又起挤兑,上海适值交易所风潮发生,金融危机,于是又有第二次挤兑风潮。①

政府更替频繁,国家破碎,军阀混战,纸币失信等一系列事实促使中国的银行界开始考虑自己的长远前途。1919年和1920年是中国银行业的经营方向开始发生根本性转折的时期。1919年全国银行公会联合会宣布:"政府对于财政计划设无根本上之改革,则银行界对于中央或各省借款凡流用于不生产事业者概不再行投资",而只承担"确为生产事业之借款"。② 1920年1月15日,由中国和交通两银行领衔、全国27家银行③组成的内国银行团在北京银行公会同北洋政府交通部签字立约,承募政府600万元购车借款。签字后,内国银行团发布声明,指出:"前次之宣言非徒为拒绝公共借款之口实起见,而实出于爱国之至诚。设政府能因此了解吾银行界之真意,早日反省,则此区区六百万之车辆借款或即为吾银行界扶助国家事业之起点。……此次合同之要点:第一,从严稽核用途,力防借款之流用于不生产之途;第二,银行方面但取正当适度之手续费,不求非分之利益,并力求将应得之利益普及于一般购票之人;第三,对于交通部履行还本付息责任之点,从严规定,以保护购票人之利益;第四,事事力求公开,以表示吾银行界公正诚实之态度。盖此次借款数目虽小,而实为未来种种事业之起点,不可不审慎之。"④同政府财政脱离而转向生产事业,就

① 《交通银行史料》,第二编第三章第一节。

② 《中国银行通信录》第66期,1920年。

③ 一说为22家,见《张公权先生年谱初稿》,第51页。

④ 《中国银行通信录》第66期。

势必加强同中国民族资本主义工商业的同步联系。这是中国银行界的共同认识,包括先前同政府关系特别紧密的中、交两行在内。

该项借款在实施过程中,北京政府交通部和有关的京汉、京绥、津浦、沪杭四路局只"照数承收"由银行团借款定购的车辆,而"始终坚不履行"还本付息,最后导致银团各行心灰意冷,不得不中止合同。① 车债借款最后由华比银行一家承垫。② "中国银行界第一次扶助国家事业之借款"也就中途而废了。通过这次借款的失败,银行界对政府借款的认识更深了一层。

中国银行深刻地总结了前几年的教训,认为其"营业方针不能不及早变更,由政府方面转移于商业方面。类如纸币之发行,不以金库支出为主,而以购买或贴现商业期票为主;顾客之招徕,不趋重于官厅之存款,而注意于商民之往来"③。根据营业方针的改变,中行在一些地区的商业中心城市设立分行,而把一些原设在非商业中心城市的分行降格为支行。中国银行同北京政府的关系趋于冷淡,中行在各地的分行同地方政府的关系也同样如此。山东省金库先前一直由中行代办,从 1919 年起,因中行不再为山东财政垫款,山东军阀就将金库交其他银行代理,最初名义上仍归中行转账,到 1923 年年底,全部"收回自办,与中行完全脱离关系"④。

在 1915 年 9 月以前,中国银行的股本都是官股,银行的一切事务处于北洋政府的完全控制之下。这一阶段的中国银行,可以看做是国家资本。但是从发展的趋势看,这家国家资本金融机构

---

① 《中国银行通信录》,北京银行公会复外交部文,时间约在 1922 年 8、9 月间。沪银档。

② 上行档:《业务类第 959 号》。沪银档。

③ 《中国银行民国十八年报告》,第 6 页。

④ 《交行月刊》第 1 卷第 12 号,调查第 8 页。

却逐渐失去了国家资本的内涵:资本的构成发生了根本的转折;更迭频繁的政府失去了对它的控制。

中国银行既要发展业务,就须增加资本实力。1915 年中行详请财政部增拨官股 1000 万元,北洋政府虽然允诺[①],但无款可筹,只将原大清银行资产抵交 100 余万元敷衍。这样,中行从 1915 年 9 月起开始招募商股。商股的比重 1915 年为 17. 01% ,1917 年为 59. 29% ,1921 年为 72. 64% ,1923 年更增至 97. 47% 。[②] 北洋政府将中国银行的官股"用以抵借款项,至民国十年,几已全部抵出。其后到期不还,陆续处分,过归商股"。[③] 这就是说,中国银行的股权已从北洋政府手里几乎完全转移到了私人手里。股权的这种根本性的转移,如果在一个统一的、有充分控制能力的政府治理下,还不一定具有决定性的意义,如清政府创办的许多由私人出资的官督商办企业仍然具有国家资本主义的性质,但是在北洋政府时期,情况就大不相同。这种股权的转移是同摆脱政府的控制相联结的。

早在 1916 年,中行沪、宁分行就在京钞停兑风潮中敢于对北洋政府抗命不遵,表现了一定的独立性。1918 年,中行董事会通过反复斗争,停止了对财政部的京钞垫借款。以后,中行的独立性就更强了,各派军阀都失去了对它的控制。这样,中行也就由一家国家资本银行逐渐向商办银行转化。

1919 年中行在筹划再度增资时,总结了自己过去几年所走过的道路,认为洪宪时期京钞停兑的原因是滥发纸币、准备空虚。而引起滥发纸币、准备空虚的根本原因是"银行不能保持其独立,被

---

① 《中国银行业务会计通信录》第 9 期。

② 中行档案。转引自邓先宏:《中国银行与北洋政府的关系》。

③ 《银行月刊》第 3 卷第 6 号。

政府强迫垫款”,中国银行若没有1917年新则例之修正和股东会之成立,“则总裁永远仰政府鼻息,财权永远听政府支配,愈垫愈巨,有加无已。……当股东会未成立以前,本系官股占大多数,故不啻为政府隶属机关,演成滥发纸币、停止兑现之恶剧。幸而新则例修正后,续招商股,异常踊跃,竟超过官股二百余万元,于是当局者稍能脱离政潮而独立,苦心规划,停止垫款,而行基得渐臻巩固,惜也尚不能举完全商办之实”。[①]

从中国银行方面说,它力图朝“完全商办”的方向发展;而从北京政府的立场看,中行的独立性已经太多,力图把它拉向倒转。1919年,北京政府一方面假手众参两院通过议案,否决1917年的中行新则例,要求恢复旧则例。[②] 一方面电令江苏省长劝导持有中行股份的上海工商界人士,停止修改中行则例,相信政府对中行“自必力予维持”,“勿生疑虑”。[③] 北洋政府的意图是明确的,因为当时“预计北京方面,每月至少须有七百万元,方足维持,盐关余款约有五百万元,其余二百万元,须在中、交两行设法。中行自改现行则例,日以稳固本行基础为宗旨,力拒为政府垫款,于政府为大不便,其急图推翻宜矣”。[④]

众参两院通过回复旧则例的议案,激起中行股东和工商团体的一致强烈反对。上海中行股东召开紧急会议,并致电北京政府,表示对众参决议案“誓不承认”。汉口、山东、安徽、北京等地的股东也一致发电反对。财政部在两天之内就收到“词意极为激昂”

① 《银行周报》第3卷第21号。
② 《银行周报》第3卷第22号。
③ 《银行周报》第3卷第17号。
④ 《银行周报》第3卷第22号。

的电报20余起,许多股东甚至要求退还商股,另行组织商办银行。[①] 商股若从中行退出,势必导致中行的瘫痪。在这样的形势下,北京政府不得不作出让步,没有公布众参两院通过的决议案。

中国银行正是在这种控制和反控制的激烈斗争中向商办银行方向转化的。中行的经营重心也由作为中国财政金融中心的北京,转移到了作为中国工商业金融中心的上海。当然,这一转化并未全部完成,中行还享有一定的特权,后期资本中仍留有少数官股,它的公债经营等业务活动同政府的关系又特别密切,因而还不同于一般的商办银行,但在主要方面它已淡化了国家资本的内涵,处于北洋政府失控条件下的特殊状态中。

在不同的程度上,交通银行也是如此。它在经理路电邮航四政款项、分理国库、发行兑换券、经营公债等方面固然获益不少,但多年的经验证明:把交行业务同处于崩溃之中的政府财政相联姻,弊多利少,并随时有倾覆的危险。1919年的全国银行公会宣言和1920年的内国银团的购车借款声明,交行都是参与其间的。1921年又因政府财政崩溃、纸币信用丧失而发生了挤兑风潮。“继以直奉战争,汇兑停滞,几无营业可言。”[②]交行于1922年6月召开股东总会,选举张謇为总理,钱新之为协理,改革机构,调整营业方针,确立“发行独立,准备公开”、“对政府旧欠进行清理,拒绝一切军政借款”、“营业上着重汇兑等商业性服务”的新方针。[③]

交行股权中商股本来就占多数,通过人事和经营方针的变动,交行加强了同民族资本主义工商业的联系,对北洋政府采取了一

---

① 《银行周报》第3卷第21号;中行档,第437卷。沪银档。

② 《交行月刊》第1卷第1号。

③ 《交行月刊》第1卷第12号;《上海研究资料》,台北,1973年版,第262页;翁先定:上引文。

种较为独立的姿态。北洋政府在财政困难时，也以交行股票作抵押借款。如1925年年末，交通部以60万元交行股票向金城、盐业、大陆、中国实业四银行抵借30万元，3个月满期未能归还，被四银行转让与私人。①

在营业方针改变以后，交行虽不能完全割断对北京政府放款，但已"坚持收缩主义"②，虽"偶有零星暂垫，也随时收回，毫无留滞"，对于几笔出于不得已而贷出的高额政府借款，也以可靠抵押作为前提条件。③ 1927年交行总理在一次股东常会上总结说，"近两年来本行营业方针完全趋重于工商事业，渐已脱离政治上之羁绊，并认北京为非工商之地"，因而从1924年起，将总管理处的一些要害部门陆续由北京迁至天津。④ 当时的交行总理正是原交通系官僚梁士诒。即便是像他这样过去同北洋政府关系最为密切并身为其中要员的人物，也想致力于交行营业方针的改变，可见当时中国银行界的大势所趋。

现在再来看一看中国通商银行的情况。在清末，通商银行形式上是商办，实则是清政府通过盛宣怀进行控制。在1897年通商银行资本总额213.1万两中，盛宣怀的个人投资和招商局、电报局股款，以及外埠招商局代收股款共179.8万两，占84.4%⑤，完全占有控制地位。通商银行的业务经营、人事安排和股权变动，受盛宣怀一手操纵。辛亥革命以后，盛被逐出政界，北洋政府却并没有能重新物色人选和采取措施对通商银行进行控制，加上招商局和

---

① 《总商会月报》第6卷第5号。

② 《交行月刊》第1卷第1号。

③ 交行档案，转见翁先定：《交通银行官场活动研究》。

④ 《钱业月报》第7卷第5号。

⑤ 通商档案第294号。转引自《中国第一家银行》，第109页。

电报局的官股陆续出让于私人,通商银行于是真正变成了一家独立于政府控制之外的商办银行。

一些由地方政府出资官办或加入官股的银行,也每每因地方财政支绌,而转为完全商办。山东银行原是由山东地方政府于1912年设立的一家地方官办银行,额定资本50万两,1914年起则"改由山东商务总会接收,另招商股,改为商办,定名为商办山东银行"。① 浙江实业银行在1909年创立时,资本71万元中,有浙江地方官股31万元,当时总行设在杭州。1923年3月,因地方政府无力偿还历年积欠所造成的滥账,导致商股与官股决裂,使浙实"完全〔成为〕商办银行,未几而自建新屋于〔上海〕汉口路江西路口"。② 有的地方官办银行只有靠招募商股才能发展,如江苏银行。这家银行是1912年在苏州设立的,创办资本60万元③,1926年"江苏财政厅长李锡纯因江苏银行改组公司,招募商股400万元以资扩充一案,业已呈奉孙联帅及陈省长批准,转行淮运使丁乃扬,着劝募盐商认股,请广为招募云"。④ 1925年开始筹备的南昌劝业银行为地方官府与商民合办,额定股本100万元,实收25万元,官府方面拟以1925年地方公债缴充官股,遭到商股股东的反对。他们认为"商民方面虽早已招认足额,惟以官股纯缴公债作为基金,殊失公平之道,爰拟商诸官股方面,亦照商股办法改缴现金,或双方均缴现金、公债各半,或通同皆缴公债,总以持平办理为

---

① 《银行周报》第3卷第17号。

② 《钱业月报》第5卷特刊号。

③ 关册,1911年,苏州,第519—520页;徐学禹:《地方银行概论》,"江苏银行"部分。

④ 《大陆银行月刊》第4卷第5号。

适当”。[1] 像这样商股势力十分强大的地方官商合办银行，商股力量已能与官府分庭抗礼，地方官府也就难以任意把银行作为解决他们财政问题的工具了。

对于一般商业银行而言，同政府关系逐渐疏远的趋势就更为明显了。一些主要的商业银行，都逐步减少对政府放款。由于在所有权上不受政府掣肘，这些银行掉头更加容易。1923 年 11 月 20 日《银行周报》的一篇题为《吾国银行界应有之觉悟与今后之努力》的评论认为，银行业最危险的倾向，就是“喜与政府为缘，以与政府往来为惟一之业务”。文章认为，银行本不是绝对不应与政府往来，只是“现政府之恶劣如斯，军阀与官僚之贪婪若此，倘再贷以金钱，不啻掷珠玑于沧海，宁有璧还之一日”。文章说，值得庆幸的是，中国银行界已经摆脱了“喜与政府为缘”的营业格局，“及今迷途知返，觉悟非迟，亡羊补牢，救济未晚”。[2] 可以说，这是对中国银行业经营方向大转变的一个总结。

总起来看，1919 年以后，华资银行同政府的关系日益疏远，政府在总体上失去了对银行的控制。但是，这并不是说，两者已完全脱钩。有两种情况是值得注意的。

第一种情况是在军阀势力所及的范围内，银行仍不得不接受大小军阀形同勒索的强迫借款。仅以中、交两行为例，军阀何丰林驻沪期间，一开口就向上海中国银行借款 50 万元。[3] 1924 年第二次直奉战争期间，吴佩孚为责令中、交两行借款 500 万元，将中行副总裁张嘉璈“扣留至深夜”。1925 年张作霖入主北京，为勒索借款，竟“采取非常手段”，‘将张嘉璈押至办公室，进行“种种胁迫”。

① 《大陆银行月刊》第 4 卷第 3 号。

② 《银行周报》第 7 卷第 45 号。

③ 中行档:《宋汉章卷》。沪银档。

此种情形在中行各地分行,已司空见惯。如山东分行经理,曾被山东督办拘留,天津分行经理屡受直隶督办胁迫,四川分行经理更是经常受当地军人拘执。① 交行同样如此。1921 年 6 月,九江县公署"因招待常德胜军队援赣过境",向当地交行强借 5000 元,而在 1926—1927 年间,军阀向该行"勒借"数次,总计数万元之多。②交行的南京、徐州、芜湖、合肥、镇江、扬州等地的分支机构都被军阀强行勒借过。这种厄运其他商办银行也躲不过。上述交行借款,有的就是与中国、浙实、四明、上海、江苏等行共同筹措的。③1924 年江浙军阀战争时,卢永祥强令四明银行借洋 5 万元。④1926 年川军入渝,临时财务统筹处长潘文华向工商界强借 24 万元,其中聚兴诚银行分摊到 3 万元。聚兴诚予以拒绝。潘文华一面用武力将经理,"胁往该部迫令承借",一面又派兵包围银行,逮捕银行职工 8 人,威吓之外,还动了大刑。就这样,"公然以劫匪手段"迫使聚兴诚交出了 3 万元。⑤ 这类强借硬勒,基本上是"借"而不还,"借"者开一纸收据即扬长而去,过后谁都不予承认。

第二种情况是华资银行对政府公债的投资。我们在深入剖析一些主要的华资银行的经营状况时,就会发现:从 1924 年左右开始,它们所持有的有价证券额大多呈上升趋势。如以 1921 年 24 家华资银行所持有的有价证券总额指数为 100,1924 年约为 111,1927 年则为 192。⑥ 其所以造成这种局面,主要是因为政局动荡。

① 姚崧龄:《中国银行二十四年发展史》,1976 年版,第 70 页。
② 交行档:《第 1176 卷》。沪银档。
③ 交行档:《第 1176 卷》。沪银档。
④ 四明档,《第 47 卷》。沪银档。
⑤ 聚兴诚档:《渝分行致总分行函》,1926 年 7 月 19 日。沪银档。
⑥ 《中国重要银行最近十年营业概况研究》,第 18 页。

银行主观上虽然想尽量避政府而远之,但实行的结果,又往往不得不有所接近。这种接近,是分离中的接近,是离两步近一步的表现。以浙实为例:1923 年 5 月,董事会通过了严格限制各分行对政府放款的决议①,以后也能切实执行。可是由于兵荒马乱的时局,该行对各种放款都"不敢多做",而"存款则日见加多,资金运用殊感困难"。② 在这种情况下,浙实的投资不得不趋于有价证券。浙实投资有价证券,有这样几个特点:(1)尽量多购外国政府和企业所发行的债券,"以运用资金",如 1927 年 12 月间购入的外国债券价洋约 136 万元③,占全部有价证券投资相当大的一部分;(2)国内证券不只是公债,还有大量华资银行、企业、铁路的股票④;(3)将银行持有的证券的实际价值估小,以防明盈暗亏。⑤由此可见,投资有价证券的分散和低估证券的价值,都是投资审慎的表现。一句话,环境使然而已。当然,也有个别银行,利用其同当局的密切关系,仍然捷足先登,购进有利可图的政府债券。如大陆银行同铁路局"交往较密",1925 年 4 月,该行"利用交通部整理路债机会"以"图暴利","购进京绥支付券数十万"。折扣高至 55% 至 61% 。⑥ 这说明,在当时腐败的社会中,商办银行是不可能同丧权辱国、分崩离析的军阀政权彻底决裂的。

---

① 浙实档:《董事会议录》,1923 年 5 月 23 日。沪银档。

② 浙实档:《董事会议录》,第 6 卷、第 3 卷。沪银档。

③ 浙实档:《董事会议录》,第 6 卷。沪银档。

④ 浙实档:《1925 年 6 月底各行证券购置总数明细表》。沪银档。现将此表附列于后。

⑤ 浙实档:《第 3 卷》。沪银档。

⑥ 中孚档:《京行经理致沪行经理函》,1925 年 4 月 22 日。沪银档。

名称	折扣	票面	价额	名称	折扣	票面	价额
五年公债	66	154089 元	101699 元	又第四次借款	97	2550 元	2474 元
八厘军需公债	80	7190 元	5752 元	津浦路股券	33.7	英金 1 千镑	洋 3052 元
九六公债	15	1600 元	242 元				
金融公债	80	152941 元	122369 元	湖广路股券	33.7	英金 1 千镑	洋 3052 元
整七公债	66	390735 元	257885 元				
七年长期公债	55	517450 元	284598 元	上海印刷所股券	80	日金 3 万元	洋 2.4 万元
整六公债	62	718500 元	445470 元	银行公会房产		规元 1.1 万两	规元 1.1 万两
十四年公债	82	500000 元	410000 元	沪宁路股券	69	英金 1500 镑	规元 5777 两
浙路证券	02	2250	45 元				
本行股票		49000 元	49000 元	善后债票	69	英金 214720 镑	规元 855174 两
浙兴股票		59100 元	59100 元	华昌股票		美金 4000 元	规元 4000 两
中国实业银行股票	60	1600 元	960 元	日金九六公债	65	日金 92800 元	规元 33176 两
通泰盐垦公司股票	80	61200 元	48960 元	永锡堂	55	规元 800 两	规元 800 两
中行股票	45	290100 元	130545 元	德律风股票		规元 1375 两	规元 1280 两
第一纱厂股票	65	4410 元	2867 元	商会建筑 联华总会		规元 417 两 规元 250 两	规元 417 两 规元 250 两
暨南校债		140 元	140 元	各种橡皮股票		32520 股	规元 80269 两
浙江善后债票	90	9000 元	8100 元	合计		1978019 元	992143 两
车辆借款	80	8000 元	6400 元				

续表

名称	折扣	票面	价额	名称	折扣	票面	价额
浙江财政厅第二次借款	94	6000 元	5640 元	以七四作价化洋共计洋		3318752 元	
又第三次借款	886	6400 元	5670 元				

二、华资银行同民族资本主义工商业的关系

华资银行同政府财政的关系，有一个从紧密结合到逐渐脱离的过程，与此相反，它同民族资本主义工商业的关系，则有一个逐步从不同步趋于同步发展的过程。

应该指出，在这一点上，各种华资银行之间，并不是完全一致的：官办和官商合办银行与商办银行有区别；中、交两行与其他银行有区别；在商办银行中，经营重点在北方的银行与经营重点在南方的银行也有区别。

清末新政时期，一些地方官办银行的前身，如湖北官钱局、直隶官银号、吉林官帖局等皆参与工商企业投资，但它们的经营重点，则是依地方政府的财政需要为转移。① 北洋政府时期的官办和官商合办银行，只要是还在军阀政府控制之下的，就不可能真正将其经营重点转移到资本主义工商业上来，在北洋军阀统治的后期，这类银行主要是一些地方银行。

① 参见谢杭生：《清末各省官银钱号研究，1894—1911》，《中国社会科学院经济研究所集刊》第 11 辑，中国社会科学出版社 1988 年版。

中、交两行虽然在1919年以后调整了营业方向,尽量拒绝政府的非生产性借款,开始注重工商业,但是由于政府借款的整理,积重难返,中、交两行仍然持有巨额政府债券,经营方针的调整不可能在短期内明显收效。有人估计,中国银行对工商业放款最多在15%—25%左右,并且这些放款多采取间接形式,如通过钱庄买进一些远期期票等。①

商办银行中,像盐业、金城等银行,有军阀、官僚的大量私人投资和政府背景,它们在民国初年比较注重于同政府的关系,创办初期经营重点在北方。而像浙兴、上海等经营重点一开始就在南方的银行,创办伊始就比较注重同资本主义工商业的关系。但一般来说,商办银行同官办和官商合办银行毕竟有很大的区别。即使是军阀、官僚私人投资设立的银行,也不会偏废同资本主义工商业的联系。再说,这些作为银行投资人的军阀、官僚,在北洋军阀时期的宦海浮沉,风云变幻,一旦失去政治背景的依托,他们也就只能更多地依靠一般商办银行的业务以图生存和发展。

华资银行对本国资本主义工商业的介入,其侧重点有一个从商业到工业的发展过程,其放款形式是多样化的,既有现代银行通行的抵押放款,也有采用钱庄传统的信用放款,后者短期内难以取消,因而还须实行"双轨制"。

以下是一项有关华资银行放款"双轨制"的统计(详见表84)。

① 邓先宏:《中国银行与北洋政府的关系》。

表 84　37 家华资银行放款方式统计

1921 年　　单位:元

银行名	信用放款总数	抵押放款总数
交　通	63446001	26212954
浙江兴业	1251837	7658306
浙江地方实业	1066365	3842801
盐　业	8863256	7893077
中　孚	339929	893449
四　明	1778645	7086597
中华商业	553780	1030809
新华储蓄	417618	3444677
东　莱	5866489	1940746
大　陆	876168	2115070
永　亨	166098	619623
东　陆	1189343	488683
上海正利	723045	1966283
北洋保商	1503595	1675268
山　东	5538209	563686
北京商业	1345881	477235
五族商业	491450	333589
大宛农工	41500	689222
山东工商	534460	313150
浙江储丰	460500	72900
新　亨	962553	749592
中华储蓄	410180	434795
南昌振商	642387	64330
劝　业	1216048	5116097
华　大	315229	477427

续表

银行名	信用放款总数	抵押放款总数
边　业	1834746	855093
厦门商业	464802	210040
中　南	2278053	4421356
上海惠工	558863	343802
浙江储蓄	36625	190106
江苏典业	·278644	96000
杭州惠迪	64800	25410
济南通惠	697491	2105
长春益通	345900	145100
杭州道一	112630	154340
大　生	197130	2172450
总　计	106870244	89776148

注:信用放款包括定期、活期和保证等类;抵押放款包括定期、活期、分期、动产及不动产抵押等类。

资料来源:《银行周报》第6卷第47号,1922年12月5日。

从上表的统计来看,信用放款总额超过了抵押放款总额。这似乎是一个出人意料的事实。不过,在上述信用放款总额中占59.4%的交通银行信用放款,估计主要还是前几年对政府的放款。所以在同工商业的交往中,从总体上看,还是以抵押放款为主的。特别是在人们的商业观念领先一步的少数大都市中,抵押放款更加受到重视。浙兴、浙实、四明、新华等银行的数字都是能够说明问题的。华资银行虽然根据各地不同的情况,或多或少地做一些信用放款,但总的发展趋势还是缩小信用放款比例,扩大抵押放款比例。浙江地方实业银行海门分行做了不少信用放款业务,其中放给海门绅士黄楚卿者甚多。浙实总务处多次致函海行,"嘱其极力少做信用放款,以求稳妥”。面对信用收缩,黄楚卿想出了一个由他承租浙实海门分行的办法,他“愿比照海行历年盈余匀算,按年输纳”,以求信用放款的延续,也没有获得浙实董事会的同意。①

此外,华资银行也参照在华外国银行的做法,对钱庄实行拆款。中国第一家银行——通商银行成立初期,绝大部分放款资金都通过钱业出身的华大班陈笙郊拆放给钱庄②,以这种间接方式介入资本主义工商业活动。以后,对钱庄的拆款业务,一直是通商银行的主要业务之一。

1903 年以后,通商银行对同洋行做生意的中国商号的放款迅速增加,1907 年曾高达占放款总额的 60%。这类放款既有信用放款,也有抵押放款,但数额较大的,一般为抵押放款。如 1905 年 8 月,新昌商号以铜 1100 吨作抵,向通商借款 45 万两。经营土布出口的中国商号向通商借款的有 10 多家,1900 年的借款额将近 20 万两,相当于 1896 年至 1900 年每年平均土布出口总值的 15%。③

通商银行对本国近代工业放款的重点,是清政府所控制的汉冶萍和华盛纺织总厂等企业,对一般民族工业的放款甚少。在辛亥以前,只有 14 家民族资本主义轻、纺工业企业与通商发生过借贷关系。即便把汉冶萍和华盛这类企业包括在内,通商的工业放款仍远远低于商业放款及对钱庄的拆款。在 1897 年到 1911 年间,除少数年份外,通商银行对工交企业的放款一般只占百分之十几。④

---

① 浙实档:《1920 年 8 月 5 日董事会议录》。沪银档。

② 《中国第一家银行》,第 21、22、24—25、142 页。

③ 《中国第一家银行》,第 21、22、24—25、142 页。

④ 《中国第一家银行》,第 21、22、24—25、142 页。

户部银行(后改大清银行)则几乎不对工业企业直接放款。它在这方面的放款,多以维持市面为由。1905 年冬,营口巨商东盛和等 5 家字号倒闭,各商号多被牵累,市面一蹶不振,户部银行即"借款 200 万两,购回东盛和抵押各货产,俾商家得以周转,市面赖以保全"。[①] 1906 年,商界发生恐慌,"各处银钱庄号及各商号倒闭,银行竭力维持",收到了明显的成效。[②] 银行监督张允言在 1908 年的一次会议上抱怨"市面之盛衰靡定,则立法难周,且各省每以补助相期,商界动以维持见责,兼筹并顾,因应未遑"。[③] 由此看来,户部(大清)银行是把维持市面的商业放款(包括对钱庄拆款)作为其一项主要的业务来对待的,并且在当时也取得了一定的成效,但离商界的要求尚有较大距离,否则也不会"动以维持见责"了。

四明银行虽然在开办之初就向清政府要求"拨存官款"和代理官款对外汇兑业务,但从农工商部的批文看,四明银行的要求并未得到满足。[④] 四明的成立宗旨,也并没有把营业重点寄托在同官府的关系上。该行创办人致度支部的一封信函中说,"上海经商者宁波人实居多数,即工艺食力者亦较他处人为多",创办"以商业而兼营储蓄"的四明银行,主要就是为了适应上海宁波人经商的需要。[⑤]

浙江兴业银行虽为经理浙路公司路款而设,但成立以后,也参

---

① 《大清银行始末记》,第 72 页。

② 《中国第一家银行》,第 73 页。

③ 《大清银行始末记》,第 53 页。

④ 四明档:《农工商部对四明银行呈文的批复》,1909 年闰二月二十四日。沪银档。此批文中说:"至请拨存公款一节,现在库款支绌,应款项充裕再行核办。"

⑤ 四明档:《袁鎏等 10 位创办人致度支部函》,1908 年 5 月。沪银档。

与一部分工商业活动：

1907年12月，杭州市面恐慌，裕源等六庄请借库款，由浙兴"保领20万元周转市面"。

1908年，"为振兴实业之需"，先后三次放出长期贷款，总额150多万两。7月上海分行设立后，适当经营对钱庄的拆款。

1909年，杭州分行"放款以殷实妥靠之钱庄同行为多，数目皆有限制。押款以丝绸为大宗。长期3月底放出30余万，9月底放出60余万"。汉口分行放款"以工厂、公司信用较著者居其首"。上海分行因三四月间信义银行倒闭，与各华资银行共同维持市面，该行借出5000余两。①

浙兴在清末对工厂企业的放款，局限于极少几家大户。例如汉阳铁厂，浙兴对它就有10万两的放款额度。②

华资银行早期对民族工业放款较少，是势所必然的。这里既有银行本身的原因，也有民族工业方面的原因。从银行这方面说，它们早期资本较弱，立足未稳，商业放款周转快，效果明显，而工业放款周转慢，还往往难以预料结果。这是它们对工业放款较少的原因之一。从民族工业这方面说，从清末到民初，大企业很少，即使是办有成效的中型企业，也为数不多。工厂向银行借贷，往往是以厂房、机器、设备等作抵押的，对于规模狭小或没有经营前途的企业，银行是不愿冒险贷款的。

能与银行发生借贷关系的工业企业，局限于少数大户和经营实绩较好的中型企业。第一次世界大战以后，民族工业有较大的发展，够得上同银行打交道的工厂也逐渐增多。

---

①　浙兴档：《第1—8届营业报告》。沪银档。

②　浙兴档：《第1—8届营业报告》。董事会议录，1908年3月15日。沪银档。

金城银行的工矿企业放款,1919 年为 16 户、834000 元,1923 年为 113 户、4259000 元,1927 年为 125 户、6996000 元。① 银行对工矿企业的投资放款与工矿业的发展呈同步趋势,两者的联系日益加强。

金城银行的工矿业放款中,棉纺织业大约占历年工矿业放款总额的一半左右,此外则是化学、面粉、煤矿业的几家大企业。② 重点中有重点,大户中有大户,这是工矿业放款的特点。金城在 1919—1922 年的 4 年中,对裕元纱厂放款总额达 241.8 万元,1923 年一年放款达 84 万元,1927 年更高达 90 多万元。③ 金城对久大精盐公司和永利制碱公司的放款额很大,1925 年达 92 万元,1926 年更高达 117 万元。④ 显然它们都是重点中的重点。

上海银行的工矿业放款也同样集中于纺织、面粉业的几家大户。1926 年年底,上海银行的工矿业放款总额为 360 万余元,其中放给纺织企业的占 53%,放给面粉厂的占 38%。而在纺织厂放款中,大生纺织公司 1 户约占 59%,在面粉厂放款中,福新、茂新、复新 3 户占 98.5%。⑤ 上行历年对大生有巨额放款,1922 年 10 月,大生纱厂欠上行的各类借款的本金就约达 72 万元⑥,大生三厂欠上行借款最高时曾达 200 万两⑦。1922 年 1 月,上海银行和

---

① 《金城银行史料》,第 155、160 页。

② 《金城银行史料》,第 157—160 页。

③ 《金城银行史料》,第 157、160 页。

④ 《金城银行史料》,第 167 页。

⑤ 上行档:《1926 年度决算表》。沪银档。

⑥ 上行档:《上行致吴寄尘函》,1922 年 10 月。沪银档。

⑦ 中国人民银行上海市分行金融研究室:《上海商业储蓄银行史料》,1990 年版,第 155 页。

中国银行合做申新一厂押款50万两,两家各出一半。① 上行与浙兴合做申新押款18万两。② 上行还与中行、中南等共6家华资银行合做茂新押款50万两。③ 金城对永利的放款中有相当一部分是信用透支,上行对纺织、面粉企业的放款也并不全部是押款。1924年3月,茂新欠上行的91万两借款中,押款为55万两,其他为信用放款和透支。④ 当然,在大多数场合,押款是最主要的借款形式。

原来在清末对工业放款只限于极少的几家大厂的浙江兴业银行,这时也扩大到许多商办厂矿企业,如张謇、刘鸿生、聂云台、荣宗敬的工厂以及中兴、长兴和北票等煤矿,这是尽人皆知的。

华资银行的投资民族资本主义工矿企业,当然是以盈利为其主要目标。但是,另一方面,银行对于扶植民族工业的努力,也应该得到承认。上文所说金城对永利的支持、上行对大生的支持都是例子。1910年,浙兴和浙江两家银行对张謇等创办的海丰、赣丰两家面粉公司共同放款30万两,订明以两公司的厂房、机器作抵押。辛亥革命期间,两公司遭受很大损失,借款不能如期归还,1914年年底共欠本息34万余两。在这种情况下,两银行并不是把工厂拍卖了事,在接手管理时,进一步借垫生产营运资金,积极帮助两厂恢复生产。以生产之盈利逐步归还旧欠。⑤ 浙兴对大生也有放款关系。1916年10月,由于大生"近与汇丰有债务关系,不能取以作抵",浙兴董事会顾念"大生与本行交情极厚,从前曾互相扶助",并没有因无抵押即斩断来往,只稍事收缩,仍维持较

① 上行档:《中行致上行函》,1922年1月12日。沪银档。
② 上行档:《浙兴致上行函》,1924年12月24日。沪银档。
③ 上行档:《上海交行致上行函》,1923年4月23日。沪银档。
④ 上行档:《上行致茂新公司函》,1924年3月13日。沪银档。
⑤ 浙兴档:《董事会议录》,1916年3月1日。沪银档。

大数额的贷款。[①] 浙兴与江南造船所久有放贷往来,透支定额为5万两。1916年,浙兴听说海军部对该所“积欠甚多”,曾以财政部国库券“给存该所”,因而提出让江南厂交国库券30万元作抵,准其透支10万两,江南厂没有同意。浙兴董事会考虑到:在上海与江南造船所往来者只有汇丰和浙兴两家,如果浙兴坚持“必须抵当”,则该厂“势必专就汇丰,此种往来户舍弃亦殊可惜”,因而仍维持信用放款[②],并在无押品的条件下把透支额度增至10万元以上。[③] 1918年8月,汉口既济水电公司为了乘“日金价落”之机,提前归还所欠日本东亚兴业会社的250万日元借款,转向浙兴等银行告贷,浙兴表现了愿意帮忙的热情。[④] 这次借款总额拟定100万两,浙兴分认50万两。[⑤] 但后因既济公司内讧,这笔借款才暂缓进行。[⑥] 其他如浙兴对宝成纱厂、茂新面粉厂和久大精盐公司的支持,都是在抵押并不十分可靠、经营没有完全把握的情况下进行的。浙兴对宝成的支持是寄希望于后来的合作[⑦],对茂新的支持是因为确认“该项营业究属正当”[⑧],对久大的支持是因为“对物信用以外,尚含有对人信用”。[⑨] 浙兴素以经营稳健著称,但也并非一概拘泥,在扶持民族工业方面表现了相当的灵活性和民族主义精神。

---

① 浙兴档:《董事会议录》,1916年10月2日。沪银档。
② 浙兴档:《董事会议录》,1917年2月6日。沪银档。
③ 浙兴档:《董事会议录》,1917年3月12日。沪银档。
④ 浙兴档:《董事会议录》,1918年8月26日。沪银档。
⑤ 浙兴档:《董事会议录》,1920年5月23日。沪银档。
⑥ 浙兴档:《董事会议录》,1920年6月14日。沪银档。
⑦ 浙兴档:《董事会议录》,1919年4月11日、5月1日。沪银档。
⑧ 浙兴档:《董事会议录》,1921年11月7日。沪银档。
⑨ 浙兴档:《董事会议录》,1923年12月17日。沪银档。

大陆银行也着意于支持大中型民族工业，它对常州纺织公司、上海长丰面粉公司、中兴烟草公司、苏州华盛纸厂的放款都遇到厂家“营业失败”、所欠款项“无收回希望”的局面。[①] 对此，大陆银行一没去打官司，二没有因此而改变对大中型民族工业的支持态度，仍积极开展对南京大同面粉厂、上海信大面粉厂和汉口既济水电公司的放款。[②] 银行家同大中型民族工业企业开展业务往来，既是为了有利可图，又不完全唯利是图，正如上海银行总经理陈光甫所说，上行从创办开始，即“不专以谋利为宗旨”。[③] 他还说，他“向来抱定一个宗旨，就是帮助中国人，多创造生利的机会”，如办旅行社虽然亏了不少钱，“但为国家挽回了不少的利权”。[④] 这是阶级性和民族性的统一，也是银行与产业逐步靠拢的表现。

辛亥以后，对于华资银行来说，商业放款仍然居于主要地位。一直到1926年，上海银行的商业放款仍占放款总额的54.8%，而工矿企业放款只占19.9%。[⑤]

华资银行商业放款的范围也在逐步扩大。过去，商业放款的直接对象是洋行、经营中间贸易的中国商号等，随着一些直接经营对外贸易的中国商号的出现，华资银行也成为这些外贸公司的金融后盾。汉口福中桐油公司在桐油出口方面，同洋行竞争，颇有进展。该公司资本30万两，规模较大，因而受到华资银行在资金方面的积极支持。1923年7月，浙江兴业银行一次就给予该公司信

---

① 大陆档:《董监事联席会议录》，1925年2月13日；《董事会议录》，1927年1月13日。沪银档。

② 大陆档:《董事会议录》，1925年6月19日，1926年10月9日，1927年1月13日，1927年10月20日。沪银档。

③ 上海银行编:《陈光甫先生言论集》，1949年刊，第115页。

④ 上海银行编:《陈光甫先生言论集》，1949年刊，第89页。

⑤ 上行档:《本行1926年度决算》。沪银档。

用放款8万两①,这对于以经营抵押放款为主,且一贯谨慎从事的浙兴来说,无疑是一种大力合作的姿态。天津的协和贸易公司是北洋时期最著名的华商进出口公司之一,成立于1919年。该公司单在青岛一处所做的花生仁和核桃出口,每年就有三四百万元的数额。其流动资金大多仰给于交通、中孚和中华汇业3家银行。这3家银行对协和的放款(包括押汇放款)额度达60万元之多,由三行各做三分之一。② 这3家银行中,前两家是华资银行,后一家是中外合办银行。没有华资银行的支持,协和是难成气候的。即使如此,这家公司仍于1927年因多种原因失败。③

像福中、协和这样的商号,在直接经营对外贸易的中国商号中,规模算是大的。其他如丝商丁汝霖和杭州纬成公司"自立小机关,运丝赴美,岁各得银一二十万",张桂辛的大中制茶公司,直接"运茶赴美"④,一般规模都要小一些。据统计,到1936年,上海的华商进出口行的经营额也只占上海进出口贸易总值的10%左右。⑤ 当然,在1927年以前,这个比例更要低得多。但与过去相比,从无到有,显然已有进步,从而华资银行也随之开辟了这方面的业务。

北洋时期华资银行的商业放款,始终未根本改变押放、信放、拆款三者相结合的局面。押放和信放是直接商业放款的形式,拆款则是间接形式,是通过钱庄转手的。当然,钱庄的放款并不全部

① 浙兴档:《董事会议录》,1923年7月13日。沪银档。

② 中孚档:《津行张书铭致沪行谢芝庭函》,1925年4月5日。沪银档。

③ 《商业杂志》第2卷第11号。

④ 《总商会月报》第6卷第3号,1926年3月。

⑤ 上海社会科学院经济所、上海国际贸易学会学术委员会编著:《上海对外贸易》上册,上海社科院出版社1989年版,第204页。

是商业放款。在押放和信放两者中，押放居于主导地位，而且越来越显得重要。加上时局的关系，各行对信放是逐渐收缩的。正如四明银行在一份内部通报中所指出的，虽然“是项业务手续简单”，但“风险堪虞”，“核准开户数额虽达270余万，而实际透支总额，约计110余万元”，“最近以时局非常，对于此项业务自不得不更事紧缩”。① 华资银行只对那些规模较大、信誉较好的商号，才会在一定条件下给予信用放款。而且，在大多数情况下，信用放款采取往来透支的办法，数额不大，期限很短，风险也就小得多。这是在押放为主的前提下的一种灵活经营。

华资银行介入商业活动的一个重要方面是国内外汇兑。随着中国进出口贸易和国内贸易的发展，银行的汇兑业务显得越来越重要。华资银行的汇兑是以贸易中心城市为汇兑中心，沿着交通线向外辐射，形成通汇网络，在国外的世界级贸易中心城市，基本上由外国银行代理汇兑业务。

在20世纪20年代前期，中国有5大商港，即上海、大连、天津、汉口和广州。② 其中上海占第一位，它不仅是中国的贸易中心城市，还是世界级的商业大埠。据1925年一位美国航海家的环球调查，世界级商业大埠的排名表依次是：纽约、上海、香港、伦敦。③ 这个排名表是否十分准确，当然还很难说，但上海的世界级城市地位已无可怀疑。上述中国5大贸易中心城市，都是华资银行的汇兑中心城市，特别是上海，“实我国对外贸易之咽喉，故国内外汇

① 四明档：《1927年8月3日内部通报》。沪银档。

② 《总商会月报》第3卷第10号，1923年10月。

③ 《总商会月报》第6卷第2号，1926年2月。

兑市价多以上海为标准”①。

在国内汇兑和国外汇兑方面，华资银行在前一方面起的作用显然大一些，后者则基本上仍在外国银行的掌握之中。

国内汇兑非常复杂：依汇款收交地点之不同，而有顺汇、逆汇之别；依汇款收付时期之不同，而有对交、现交、迟交之别；依汇款货币单位之不同，而有银汇、洋汇、银洋互汇之别；依汇款关系简单或复杂之不同，而有直接汇兑和间接汇兑之别。以上还只是初步的分类，在每一种分类中，还可进一步细分，如顺汇中有电汇、信汇、条汇、票汇及活支之别，逆汇中则有押汇、购买外埠票据和代收款项等方式。② 这种种分门别类，有的是世界共同的，有的则是中国货币不统一的特殊现象。

钱庄在商品流通的融资活动中占有一席之地，因而华资银行的国内汇兑业务，是与钱庄携手进行的。华资银行在中心城市所起的作用相对大一点，内地则钱庄的作用占有相对优势。银钱两业互为补充，并常订有代理关系。

许多华资银行对于汇兑业务给予充分的重视。浙兴在它成立的当年，就注意京汉汇兑情形的调查。③ 1914 年 10 月，浙兴董事会决定在上海设汇兑处，“属申行管辖”；“指定专做汇兑一项”。董事长叶揆初还建议在北京分设汇兑处，为的是要抢在上海银行的前面。④ 1918 年 9 月，盐业银行除已在京、津、沪 3 处设立分行外，又在汉口、信阳州、江宁、扬州等“商业要区”设立汇兑所⑤，次

① 宁档：《财政部驻沪调查金融专员李焱棻关于上海金融情况的报告》，1920 年 10 月 20 日。

② 可参见杨荫溥：《杨著中国金融论》，1931 年版，第四编第二章。

③ 浙兴档：《董事会议录》，1909 年 6 月 23 日。沪银档。

④ 浙兴档：《董事会议录》，1914 年 10 月 13 日。沪银档。

⑤ 浙兴档：《董事会议录》，1918 年 9 月 24 日。沪银档。

年在香港和石家庄设汇兑所①,1923 年又因"商务渐盛,汇兑较多",而在河南等地整顿、加强汇兑业务。② 大陆银行初创时,总行在天津,分行只北京一处,"对于汇兑业务颇为不便",因而与中国、上海等 12 家华资银行订立代理契约,委托代办汇兑业务③,并决定在汉口、上海设立分行,主要搞汇兑业务。④ 上行自设堆栈,不仅为了经营抵押放款,而且着意于国内的押汇业务。⑤ 上行在津浦、沪宁铁路沿线及重要的水路码头的分行,对于洋行出口及国内市场销售的农产品,均大力进行押汇业务。⑥

在国外汇兑方面,华资银行还处于起步阶段,占支配地位的仍是外国银行。外国银行的总行都在国外,分支机构遍布世界各大商埠,它们资力雄厚,熟悉各国商情和市场变化;而华资银行虽有一定的发展,但其势力基本未出国门,因而对于进出口商品流通的过程,在其国内部分介入多一点,在其国外部分很少介入,也就是十分自然的事情。但是,这并不是否认华资银行在这方面所作出的努力和所取得的一定的进展。华侨汇款,多经中国银行之手。中南银行成立之初,就聘用前德华银行经理柯禄为顾问,主持国外汇兑业务,而以本行的华籍职员随同协助,借以学习。1926 年 3 月,柯禄辞职,即由本行华籍职员接替。中南在国外各大商埠,均有委托代理的行家,并以其香港、厦门两地分行,作为经营国外汇兑业务的枢纽。⑦ 上海银行陈光甫为开展国外汇兑业务,不惜以

---

① 浙兴档:《董事会议录》,1919 年 8 月 2 日。沪银档。
② 浙兴档:《董事会议录》,1923 年 9 月 14 日。沪银档。
③ 大陆档:《董事会议录》,1919 年 7 月 8 日。沪银档。
④ 大陆档:《董事会议录》,1919 年 5 月 7 日。沪银档。
⑤ 上行档:《蚌埠分理处致总经理处函》,1920 年 12 月 3 日。沪银档。
⑥ 上行档:《股东会议录》,1924 年 5 月 18 日。沪银档。
⑦ 中南档:《本行行史纪实》。沪银档。

1.2万两纹银的高薪聘请德人柏卫德为顾问,并且在第一次聘任合同期满以后又续签一次。[①] 浙实在上海也经营国外汇兑业务,1925年又拟扩充至天津。[②] 大陆银行办理国外汇兑集中于沪行,事务较多,1927年年初沪行将外汇部独立,"另立簿记,自结盈亏",又"参照沪上各银行习惯,办理买卖远近期电汇营业"。[③] 至1927年前后,浙实每年做进出口押汇400余万元,广东银行300余万元,浙兴300余万元,中孚、工商各100万元左右。诸行之中,以上海银行成绩较著。1926年该行进口押汇为660万元,在中国各银行所做进口押汇中,"实居最多"。[④] 加上出口押汇110余万元[⑤],全部汇水收入,1926年超过12万元,尽管绝对额不算太大,但增加幅度很可观,1922—1926年4年中汇水增加了2.15倍。[⑥] 正如上海银行所总结的那样,华资银行在进出口汇兑中所占份额还远远比不上外国银行,但同过去相比,显然已有长足的进步。

1919年时,上海银行"为推广海外贸易",与英、美、法、荷、日等国各重要商埠的外国银行,订立代理契约,承办海外汇兑,"办理以来,凡我顾客,咸称便利"。[⑦] 1923年该行的国外汇兑资金占用超过300万两。[⑧] 继起的大陆银行同伦敦、汉堡、纽约、神户、东京、横滨、长崎、巴黎等八大城市的外国银行订立代理条约,办理国

---

① 上行档:《E. H. Thiel致陈光甫函》,1920年8月24日;《董事会议录》,1923年6月12日。沪银档。

② 浙实档:《董事会议录》,1925年8月9日。沪银档。

③ 大陆档:《董事会议录》,1927年2月25日。沪银档。

④ 《海光》第1卷第7期,1929年7月。

⑤ 上行档:《本行1926年度决算表》。沪银档。

⑥ 上行档:《上海银行征文集》,第6页。沪银档。

⑦ 上行档:《第8期营业报告》,1919年。沪银档。

⑧ 上行档:《国外汇兑处报告》,1923年。沪银档。

外汇兑业务,"并订立大纲章程十三条,颁给办理此项业务之津京沪汉四行查照遵守"①。中南银行在南洋等地同安达、正金等银行有汇兑业务关系。② 上海殖边银行创办伊始,即于"欧美诸国,及南洋诸重要商埠,咸就地托有代理银行",经营外贸押汇业务。③

总之,华资银行在国外汇兑方面初步建立了自己的体系,开始走上了正轨。

三、华资银行同洋行与买办的关系

华资银行商业放款的对象,并不限于中国商号,它们同洋行和买办之间也建立了日益扩大的业务联系。

通商银行成立不久即对洋行有了放款关系。在其洋大班美德伦的操纵下,与之发生过借贷关系的洋行就有 30 多家。1901 年年末,通商银行对洋行的放款额高达 200 万两,占放款总额的 73%。通常每年也要占到 10%—40% 之间。④ 一位与洋行交往较多的沪上巨商叶澄衷一度担任过银行的总董。1900 年以前,美孚火油公司依靠叶的老顺记五金号代理推销火油,当美孚资金出现短缺之时,即通过叶的关系从通商取得了大量贷款。⑤

到了北洋军阀时期,随着形势的发展,华资银行业进一步拓展了同洋行乃至外资企业的业务关系。

---

① 大陆档:《董事会议录》,1926 年 10 月 9 日。沪银档。

② 中南档:《黄奕住自新加坡来电》,1923 年 1 月 25 日,原件英文。沪银档。

③ 周葆銮:《中华银行史》,1919 年版,第二编,第 62 页。

④ 《中国第一家银行》,第 20 页。

⑤ 《中国第一家银行》,第 21 页。

其一是存放款。现存的记载表明不少银行都有这方面的活动,如1920年5月14日宜昌怡和洋行存款于当地中国银行2000元①,上海银行千方百计兜揽如美孚、英美烟、亚细亚等洋商大户的存款,并给予种种优惠。上行总经理陈光甫认识到,在这一领域,“西人经营日久,于国内情形最为明晰,入手之初,设不给以便利,必难就我范围”②。有些洋行还颇为仰仗华资银行的放款。以三井洋行同浙兴的关系为例:三井是日本首屈一指的商行,1917年2月,其汉口分行“因日本金币低落,调用不合算”,欲向浙兴汉口分行“商用银款”,以“10万两为限”。浙兴方面提出了一套货物抵押透支的具体办法。但货物随时抽换,三井“颇感不便”,“窥其意大约因货物外抵,与该行牌面有损”,故要求以三井沪行作保,免交担保品。浙兴则认为不能没有抵押品,又“改指汉口三井房屋作抵”。三井则声称以不动产作抵,“为彼章程所不许”。浙兴董事会经反复讨论,议决:“沪三井与汉三井系属一家,不能作保,应仍以纱厂股票作抵,为积极之要求,设竟不可,须有他行担保,由律师订约,并向日领署立案,始得放借。”③到次年1月,浙兴对汉口三井洋行限额5万两(后又增至10万两)的放款开始实行,由台湾银行担保。④ 浙兴对三井的放款一直持续,担保人除台湾银行外,还有正金银行洋经理。⑤

浙兴对洋行的放款生意,远不止三井一家。1918年1月,浙

---

① 宜昌支行致总管理处函,1920年7月1日。《中国银行通信录》第60期。

② 上行档:《陈光甫致陶竹勋函》,1922年9月30日。沪银档。

③ 浙兴档:《董事会议录》,1917年2月19日、3月21日。沪银档。

④ 浙兴档:《董事会议录》,1918年1月30日、7月24日。沪银档。

⑤ 浙兴档:《董事会议录》,1922年2月18日。沪银档。

兴“申行与中国银行合做日信洋行款20万两，每行各派10万，订期6月，周息1分，正金银行担保”①；浙兴对礼和洋行贴现放款8万两，此款系洋人本票，由买办负责，1923年7月13日到期，与浙实合做，共10万两，月息1分2厘，“此项交易以后拟与浙实合做，少则合为10万，多则20万”②。1925年8月21日，浙实董事会还批准对新康洋行作以房地产为抵押的放款40万两。③ 金城银行每年对洋行的放款都在二三十万元左右，在该行的商业放款中占很重要的地位。④ 山东银行和英美烟公司也维持同样的关系。每年秋间山东潍县烟叶上市，英美烟公司“采办烟叶之款，由山东银行供给，取费极廉，而山东则转托其代用该行钞票，从中有发行钞票之利益”。⑤ 英美烟公司与山东银行的关系，是一种相互利用的关系。以上都是数额较大的放款，至于数额较小的往来，当然就更多。

洋行同华资银行业务往来的第二个方面是国内外汇兑。由于“钱庄未能普及于各省”⑥，所以华资银行很注意而且也有可能兜揽在华洋商大户的国内汇兑业务。如英美烟公司经销商的汇兑业务，在南京、镇江、苏州、兰溪等地由中国银行办理⑦，在周口由交

---

① 浙兴档：《董事会议录》，1918年1月30日。沪银档。

② 浙兴档：《董事会议录》，1923年7月13日。沪银档。

③ 浙实档：《董事会议录》，1925年8月21日。沪银档。

④ 《金城银行史料》，第175页。

⑤ 上行档：《济南分理处来函》，1925年1月8日。

⑥ 《中国银行业务会计通信录》第10期。

⑦ 《中国银行通信录》第64期；上行档：《南京分行来函》，1925年1月6日；《镇江分行来函》，1925年1月3日；《苏州分行来函》，1924年12月26日。沪银档。

通银行办理①,在济南和烟台由山东银行办理。② 上海银行不惜低价承做美孚、英美烟公司汇款,并给予各种便利。上行在济南、蚌埠、临淮、南京、镇江、苏州、烟台、汉口、长沙等地的分行处,代美孚汇申款项,1924 年共达 620 多万元。③ 在战乱期间,国内汇兑有时得不偿失,因而发生亏损,上行却乘机扩大这方面业务。亚细亚火油公司在苏州、无锡、常州、镇江等处汇款,原由中国银行承汇,中行因国内战乱,汇兑成本提高而增收汇费,上行乘机而入,以低价将亚细亚汇兑生意抢走。④ 上行镇江、蚌埠、湘潭、杭州、济南等分行处揽到花旗烟公司汇款⑤,汉口分行则与花旗订立合同,代收长沙、常德、衡州、津市、益阳、湘潭、南县等处款项,“办法均照英美收款与各处所订办法办理”⑥。

华资银行与洋行在国外汇兑方面的合作也是比较密切的。浙兴董事会一次会议记录中载明:余记洋行进口押汇限度 10 万两,雅利洋行进口押汇限度 2 万英镑,汉成洋行进口押汇限度 2 万英镑,茂孚洋行进口押汇限度 1 万英镑。⑦ 上海美商太东洋行致函

---

① 《中国银行通信录》第 68 期。

② 上行档:《济南分理处来函》,1925 年 1 月 8 日;《烟台分行来函》,1925 年 1 月 7 日。沪银档。

③ 上行档:《业务类第 1673 号》。沪银档。

④ 上行档:《苏州分行致总经理函》,1925 年 3 月 14 日、3 月 18 日;《无锡分行致总经理函》,1925 年 4 月 15 日;《常州分行致总经理函》,1925 年 4 月 19 日。沪银档。

⑤ 上行档:《镇江分行致总经理函》,1925 年 4 月 6 日;《蚌处致总经理函》,1925 年 4 月 24 日;《杭州分行致总经理函》,1926 年 4 月 14 日;《济南分理处致总经理函》,1926 年 8 月 21 日。沪银档。

⑥ 上行档:《湘处致汉行函》,1925 年 12 月 28 日。沪银档。

⑦ 浙兴档:《董事会议录》,1926 年 11 月 29 日。沪银档。

中南银行,询问其是否愿意接受由东三省银行担保的国外汇票。①

华资银行有时还为洋行作担保人。如 1926 年 11 月,英美烟公司请求浙兴“代该公司向全国卷烟税务局出具三万元之保证书一纸”,浙兴“为生意上关系又难径予拒绝,故通融以该公司来信为证”,给予担保。②

华资银行同洋行有存放、汇兑和担保等业务往来,这些业务原本是外国银行的势力范围;而华资银行同买办的业务往来也在发展,这类业务原本则主要是钱庄的势力范围。

有的学者认为:进入 20 世纪以后,买办的作用就削弱了,第一次世界大战加速了买办势力的衰落。而买办势力衰落的基本原因之一,是华资银行的兴起,使买办的信用担保成为多余。③ 然而许多资料表明,买办势力的衰落可能还要晚得多。

进入 20 世纪以后,外商认为买办在中外贸易中的作用仍是必不可少的。1907 年《北华捷报》的一篇社论说:因为在中国普遍存在排外情绪,并不时爆发排外风潮,因而买办出于金钱考虑而对洋行的“忠诚”就显得特别重要,必须依靠和利用买办,而“武力只是最后的手段”。④

1917 年《密勒氏评论报》的一篇文章说:“经常有人鼓动取消买办,但他依然存在。”文章引用美国驻华使馆商务参赞阿诺德(J. H. Arnold)的话说:“现在的贸易格局存在多久,买办就会一直是东方生意不可缺少的因素。许多其组织遍布中国的美国和英国

---

① 中南档:《太东洋行致中南银行函》,1922 年 8 月 12 日,原件英文。沪银档。

② 浙兴档:《董事会议录》,1926 年 11 月 22 日。沪银档。

③ Yen-P'ing Hao: The Comprador in Nineteenth Century China: Bridge between East and West,1970,pp. 60-62.

④ Herald,1907 年 10 月 4 日。

的大洋行,不能取消中间人或买办,以及他们的合法或不合法的‘榨取’。”①

1923年《总商会月报》也载文说:“上海商业习惯,华商出货,必须用庄票,若用华商银行之本票,恐被拒绝,以此之故,钱庄之势力,竟驾银行而上之”,而“外人对于中国之钱庄,未必定有信用,故所有收入之庄票,均须由买办负责。此买办制之所以不可少者也”。②

1926年7月,针对上海公共租界工部局电气处的个别洋人拒收买办本票(Comprador Order)一事,《北华捷报》又发表社论说,“据调查,银行并不反对继续收受买办本票……对于设在租界的洋行来说,它们收受买办本票,如同收受银行支票一样,是毫不犹豫的,而且,正如大家所能见到的那样,买办本票仍然并不亚于银行支票”,甚至“本票比支票更有信用”。针对个别人提出拒收的理由是“有一些本票被证明是不合用的”这一点,社论接着说:“正如一位最有影响的银行家所指出的那样,一个人如果会签付一张不合用的本票,那么他也同样会签付一张不合用的银行支票。在后一种情况下,收受者同样遭受损失。因而在现时,我们能够看到,要在上海的国内经济活动中取消买办本票,近期内决无可能。”③

北洋时期,买办在上海总商会的办事机构中占有很多席位。1912年上海总商会执行机构的31个成员中,有6人是洋行买办;1925年执行机构的35个成员中,则有11人是买办。④

---

① Millard's Review,1917年6月16日。

② 《总商会月报》第3卷第12号。

③ Herald,1926年7月16日。

④ 《上海对外贸易》上册,第206页。

北洋时期,对传统的出口商品和大部分非垄断财团的进口商品而言,它的贸易方式,相对来说变化较小,买办仍起着不可或缺的作用。

买办在维持原与钱庄关系的同时,与华资银行的业务关系也在发展中。这种关系主要是买办接受华资银行的融资放款。1913年7月1日,张惠君接做慎昌洋行买办,“须垫款项,系每月账房经常垫用,归西历月底与洋人结算”,张惠君向四明银行孙衡甫申请立户往来,“以规元三千两为限,旧历年终结清”,并由富商严廷桢出面担保1年,到期又续保两次。① 浙兴历年对买办放款很多,但根据该行章程,“凡个人信用放款均不能放”。1919年8月11日,董事会对这个问题进行了讨论。董事长说:“洋行买办账房用款,虽由洋行出名,实系个人所用,与洋行无关。此项放款一无担保品,全凭个人之信用,……以后如果仍旧照放,则与章程有碍,如竟拒绝不放,亦有为难,因洋行交往均由买办出面,即不能不与买办接洽。应如何另筹办法以昭妥慎,请公议。”有一位董事认为:“洋行买办有时须代洋行垫款,各处皆然,故凡洋行交往,暗中不免有买办用款,此项放款办法诚难解决。”有人主张征求本行申、汉、津行经理的意见。但又有人认为:“如征求意见,逆料各行鉴于同业之竞争,无不主张愿做,反难解决。”最后董事会的结论是:今后须慎重,逐渐加以限制。②

从对买办放款“各处皆然”、“鉴于同业之竞争”等话语中,可以看出,当时华资银行对买办的信用放款,是大量而普遍的现象。浙兴董事会的所谓“加以限制”只是一纸空文,浙兴对买办的信用放款有增无减。仅以1923年一年的董事会记载为例,数额在

① 四明档:《严廷桢致孙衡甫函》,1913年6月30日。沪银档。

② 浙兴档:《董事会议录》,1919年8月11日。沪银档。

1000 两以上的信用放款有:对美最时洋行账房放银 1 万两;立兴进口账房透支银 1000 两;慎昌洋行仁记账房透支银 5000 两,定期放款 1.5 万两;礼和洋行账房透支额 2 万两;协成洋行账房信放 8000 两;友华银行账房信放 2 万两;宝隆洋行用记账房信放 1 万两;怡和洋行账房信放 2 万两等。① 至于买办的抵押放款或贴现放款,数额就更大,如浙兴对美最时洋行买办一次就押放银 10 万两,对礼和洋行账房一次贴现放款 8 万两。② 日清公司账房(亦称经理)在浙兴作信用借款,在大陆则作房地产抵押借款。③ 买办向华资银行信用借款,有时有保人,有时连保人都没有。④

除了买办之外,对于同洋行做生意的中国中间商,华资银行也选其可靠者给予放款,有时还为其作担保人。如中南银行为同怡和洋行做生意的益中公司担保银 1 万两⑤,浙兴为同美商华美煤油公司做生意的久记公司担保经销煤油款 5 万元等。⑥ 对于买办和洋行等,许多华资银行对不准进行不动产抵押放款的银行章程规定,还乐于变通。它们接受租界房地产抵押,认为这在时局动荡、商业不景气的情况下,比一般商品抵押更为稳妥。⑦

---

① 浙兴档:《董事会议录》,1923 年 2 月 24 日,3 月 4 日,4 月 16 日,7 月 13 日,10 月 29 日。沪银档。

② 浙兴档:《董事会议录》,1924 年 2 月 16 日,1923 年 7 月 13 日。沪银档。

③ 浙兴档:《董事会议录》,1921 年 12 月 5 日;大陆档:《董事会议录》,1925 年 6 月 9 日。沪银档。

④ 如 1922 年 6 月前,太平洋行华经理朱子芳向浙兴透支 2 万两,由朱葆三担保,而泰和洋行账房向浙兴透支 1 万两,则没有保人。浙兴档:《董事会议录》,1922 年 6 月 2 日。沪银档。

⑤ 中南档:《叶沅坪致庄式如函》,1923 年 8 月 22 日。沪银档。

⑥ 浙兴档:《董事会议录》,1924 年 4 月 7 日。沪银档。

⑦ 散见于大陆、浙实、中南等多家银行档案。

对买办放款，受益的不只是买办。银行除了能得比较优厚的利息以外，还能从他处受益。如谦信洋行买办周宗良对浙实“业务向多帮忙”，并于1923年5月投资该行5万元，还介绍贝润生投资该行2万元，成为该行大股东。浙实董事会议决聘周宗良为该行名誉董事，“于开会时得邀列席”，“俾知本行内容，庶于行中诸事更可协助”。① 以后周宗良果然为浙实的经营出了不少主意。1924年3月，董事楼映斋因病不能理事，周宗良即被股东会补选为董事②，由原来无表决权的列席者进为正式出席人。

四、华资银行同在华外国银行和钱庄的关系

华资银行挤进了原由外国银行和钱庄所控制的中国金融体系，他们之间的关系想来不会十分和谐，然而事实并不尽然。

中外银行相互间的矛盾是存在的。英国领事认为，外国银行的“妒忌和猜疑”对华资银行的联合起了很重要的作用。③ 上海银行在国外汇兑业务中，同麦加利银行的竞争一度达到白热化，彼此不接受对方的外汇合同，经过激烈的竞争后才彼此妥协。④ 一些外商银行对华资银行“缺乏合作精神”。在中法实业银行停业后，有的怕受牵连，拒收“某些华商同业之外汇合同”。⑤ 外商银行甚

① 浙实档：《董事会议录》，1923年5月23日。沪银档。

② 浙实档：《股东定期会议录》，1924年3月2日。沪银档。

③ British Consul, A Report on Commercial, Industrial and Economic Trend, 1921年6月，第9页。

④ 访问唐寿民记录，1957年4月24日。转引自《上海商业储蓄银行史料》，第88页。

⑤ 访问唐寿民记录，1957年4月24日。转引自《上海商业储蓄银行史料》，第216页。

至在香港采取了排斥华资银行的联合行动。① 但是,在同一个经济和市场环境中,两者又不可能相互无所联系。

早在清末,华资银行业刚刚产生,中外金融业就有互相扶持的一面。以交通银行为例,1909年时,上海外商资金短缺,交行为体现所谓"同舟共济"的精神,将铁路总局的一笔存款暂时留在沪行使用,帮助外商渡过年关。1910年"橡皮风潮"发生,"上海商会电请拨款补救市面",交行在自己力所未逮的情况下,转向正金银行借款120万日元,接济上海市面。据1911年11月2日交行沪、汉分行经理致邮传部的电报看,交行从外国银行那里得到多项借款:正金银行8月底借给交行汉分行洋例银5万两,9月23日借给沪行规元40万两,以上海的房产作抵,借期未定。8月底道胜银行借给汉行洋例银20万两,9月13日还规元5万两,余款定于12月2日归还。德华银行于8月底借给汉行洋例银8万,9月16日还规元2万,余款于10月25日归还,以房产和通商银行股票等作抵。② 在当时的条件下,华资银行更多的是求助于外国银行,而不是相反。这种情况在北洋政府时期有所改变。

上文说过,凡是脚踏实地,而不是投机经营的华资银行,在国内政局动荡、"兵祸"不断的形势下,对放款都极其谨慎,这些银行的存款额大多高于放款额,也就是说,多数华资银行现金都很充裕,只是苦于找不到稳妥的资金出路。在这种情况下,存款于外国银行和对外国银行拆款,也成为华资银行的资金出路之一。

华资银行常将外币存于外国银行。在一般情况下,华资银行在外国银行存款,即可以此存款为担保,在所存银行作往来透

① 访问唐寿民记录,1957年4月24日。转引自《上海商业储蓄银行史料》,第228页。

② 《交通银行史料》第一编第二章第一节。

支。但也有以这些存单作为担保品，去寻求本国银行的融通资金的，如1919年7月16日，浙江实业银行将其存于荷兰银行的2500英镑定期存单送存上海中国银行，作为浙实在上海中行的"透友担保品"①。同年7月16日，浙实还将其存于三井银行的5000英镑存单送存上海交通银行，也是作为其"透支担保品"②。此外，浙实和荷兰银行、台湾银行，在存款方面，也发生上述类似的情况③。

关于华资银行对外国银行的拆款，浙兴的档案有较详细的记载。

1918年2月9日浙兴董事会记录："申行函称：计拆与正金元5万两，期1月，息8两；计拆与华比元5万两，以2星期为期，息7两5钱；计拆与汇丰元10万两，期1月，息8两，计又代汉行拆汇丰元10万两，期限、利息相同；拆与荷兰元5万两，系活期，3日前通知，息8两；计又代汉行拆台湾元5万两，期2月，息8两2钱5分。计以上均拆票。"④浙兴能同时对正金、华比、汇丰、荷兰、台湾等外国银行作数额颇为可观的拆款，既显示出该行的实力，又显示出该行与外国银行较密切的业务关系。

1918年6月初，浙兴申行拆与朝鲜银行规元5万两，为期1月，期满后又续借1月；又于6月15日和8月27日两次拆款与华

---

① 浙实档：《浙实致上海中国银行函》，1919年8月29日。沪银档。

② 浙实档：《浙实致上海中国银行函》，1919年9月2日。沪银档。

③ 浙实档：《浙实致上海中国银行函》，1919年9月26日。沪银档。浙实档：《浙实致上海中行函》，1919年10月12日、1919年10月28日。沪银档。

④ 浙实档：《浙实致上海中国银行函》，"董事会议录"，1918年2月9日，沪银档。

比银行,各5万两;7月17日拆与三井银行7万两。[①] 8月17日申行代津行和杭行分别做台湾银行拆票5万两,又做朝鲜银行拆票5万两。[②]

从浙兴的档案看,浙兴对外国银行的拆款从1918年起从未间断,而且拆款联系面越来越广,友华、麦加利、住友、东方汇理等外国银行也都相继加入接受浙兴拆款的外国银行之列,拆款额也越来越大,如1923年对汇丰的一次拆款额有30万两之多,期限长达6个月。[③]

1923年1月8日,浙兴总行规定了对某些外国银行拆款的额度:麦加利、汇丰、正金各10万两,住友5万两。[④] 但是连浙兴董事会也并不打算遵守这一规定。事情仅仅过了一个多星期,也就是在当月的16日,董事会就把几天前的规定置诸脑后,而通过了对汇丰拆款30万两的决定。[⑤] 1925年1月8日,正金银行还清了浙兴的信用放款20万两,又重新拆借30万两。[⑥]

浙兴与外国银行的关系比较密切,它还派行员到荷兰银行习事,培养其英文和对外银行业务能力。[⑦]

浙兴的档案资料比较齐全,为华资银行所少有。但即使在那些档案钱缺不全的银行中,也可以推断:经营较好的华资银行同浙

---

① 浙兴档:《董事会议录》,1918年7月24日,8月15日,8月26日。沪银档。

② 浙兴档:《董事会议录》,1918年10月14日。沪银档。

③ 浙兴档:《董事会议录》,1923年4月16日。沪银档。

④ 浙兴档:《董事会议录》,1923年1月8日董监事谈话会录总行处字第二号信。沪银档。

⑤ 浙兴档:《董事会议录》,1923年1月16日。沪银档。

⑥ 浙兴档:《董事会议录》,1925年2月14日。沪银档。

⑦ 浙兴档:《董事会议录》,1917年3月12日。沪银档。

兴的情况应是相似的。例如，在五卅运动期间，四明银行董事长孙衡甫接到“铁血救国团”等不少群众团体和个人的警告信，严厉指责四明银行在运动期间“接济外国银行现款”。王吟芙、叶季纯于1925年6月12日致孙衡甫的信中说，若他果真“接济外人”，“则请自行辞职，以谢国人，庶免牺牲信用素著之四明银行”。① 孙衡甫自己当然是不会承认的。但孙衡甫之所以会受市民的怀疑，无非是因为他平时同外商银行有着较密切的合作关系。这一点是毋庸置疑的。

在五卅运动中，由于中国人民的抵制，外钞不能通用，而且发生挤兑。特别是英商和日商银行，如汇丰、麦加利、正金、台湾、朝鲜等银行，是挤兑的重点。“汇丰、正金等银行的买办，迭次商请钱业公会通融”，各汇划庄乃暗嘱小钱庄向南市钱庄及到内地收买现洋，接济英、日银行。② 中南银行一次接济外国银行30万元，由两家钱庄暗中筹款。③ 中南、金城、盐业、大陆四行接济汇丰银行现钞27万元，并将200余万汇票交由东方汇理、花旗、麦加利等银行收解。四明银行也参与接济工部局和外商银行。④ 开市后第一天，中国银钱业即解与外商银行700万两，予以支援⑤。在中国人的民族主义情绪强烈爆发的五卅运动期间，中国的银钱两业竟然敢冒天下之大不韪，暗中频频接济外国银行，正说明它们之间平时就有着紧密联系。

---

① 四明档：《第120卷》。沪银档。

② 《钱业月报》第5卷第6号。

③ 《上海总商会议案录》，五卅事件委员会1925年6月14日第四次会议记录。

④ 黄逸峰等：《旧中国民族资产阶级》，江苏古籍出版社1990年版，第307页。

⑤ 《新闻报》1925年6月28日。

据统计,华资银行在一次大战以后,经常对外国银行给予"实力之援助",1923 年上海市面银根抽紧时,"华银行拆款于洋银行达千万两,又套做先令达二千万两"。① 这样的巨额援助,无疑是主要华资银行的整体行动。

当然,华资银行也曾通过借款从外国银行取得援助。1916 年 5 月,北洋政府令中国银行停兑,上海中行抗命不遵,为维持银行信誉,继续兑现纸币。华资银行纷纷起而协助上海中国银行渡过难关。如浙兴银行以公债票 27 万元,浙江地方实业银行以公债票 15 万元,共 42 万元,合向台湾银行押洋 20 万元,转借上海中行,中行则以陇秦、豫海铁路公债 60 万元交与浙兴及浙实作抵。之所以要采取转借办法,是因为中行认为向外国银行"零星借款,殊有不便"。此外,浙兴、浙实、上海 3 行还准备合向正金银行借款,然后转借于上海中行。而上海中行则自己出面向外国银行团商借 200 万元。② 外国银团借款借成而未用,就平息了上海的挤兑风潮。在挤兑风潮还未平息的 5 月 15 日,道胜银行借与上海中行 50 万元,对于稳定人心起了很重要的作用。③ 可以说,上海中国银行是靠了中外银行的共同扶持,才得以渡过挤兑难关的。

在经营政府公债方面,中、交两行有时也与外国银行携手共进。1915 年北洋政府发行四年公债,汇丰银行与中国、交通两行合募,"为前此所无"。④ 当时盐业银行张镇芳致函周学熙,表示:"盐业银行系仿照交通成规组织开办,事同一律,均为财政机

---

① 《上海商业储蓄银行史料》,第 226 页。

② 浙兴档:《董事会议录》,1916 年 5 月 17 日。沪银档。

③ 李思浩等述,林汉甫笔记:《关于上海中国银行 1916 年抗令兑现的回忆》,《文史资料选辑》,第 49 辑。

④ 《梁燕孙先生年谱》上,第 250 页。

关……叩请酌拨公债一二百万元数目,以便赶为劝募。"周学熙复函称:中交两行经营此次公债,分"包卖与合募"两种办法,包卖须先交十分之一保证金,中交两行已订有合同,包卖200万元,盐业银行如有意包卖,希与内国公债局直接商议;"至合募一层,现在中、交两行与汇丰联合一致进行,契约已定,此时碍难加入"。①

由此看来,华资银行同外国银行也有相互合作、互为利用的一面。因为在一个共同的经济和市场环境中,尽管两者在政治权力和经济实力方面并不是平等的,但它们必然会有某些共同点。如中国银行若在挤兑风潮中翻了船,就会引起连锁反应,损害整个中外银行业的利益。正如上海外国银行共同开会所作决议指出的那样:"若院令一意照行,则市面必致破坏……若不立刻由外国银行垫款维持,沪上之银行号必致倒闭,因而中国丝行及中西商人,亦被牵累,如是则外国银行亦大受影响。"②

中外银行的合作还通过华资银行代兑中法实业银行钞票这件事反映出来。

1921年7月2日,上海中法实业银行分行,突然接到巴黎总行来电,令即停止营业。中法实业银行在沪曾发行大量钞票,一旦停兑,将引起金融混乱。后经上海银行公会与北京银行公会等磋商,同意由各地的华商银行公会代兑中法实业银行在各地发行的钞票,未设银行公会的地方,由中、交两行代兑。代兑之款,由北洋政府财政部担保,将来在财政部应还中法实法银行的款项内,尽先扣还此项垫款。

各地华商银行公会代兑中法钞票,计:北京652344元,上海

---

① 盐业档:《张镇芳致周学熙函》,1915年5月2日;《周学熙复张镇芳函》,同年5月4日。沪银档。

② 《新闻报》1916年5月22日。

657075 元,汉口 345876 元,合其他各地共计 2099162 元,由 29 家银行分担。事情过去以后,北洋政府并未实践诺言。① 华商银行在当时也知道军阀政府的不可信。他们之所以要这么做,上海交行副经理胡孟嘉有一段话说得很明白。他说:"华商银行决定代兑中法实业银行钞票有两个主要理由。第一,他们是出于友谊。第二,虑及中法的倒闭可能引起整个金融业的恐慌。如果拒兑中法实业银行钞票,不仅将完全毁了这家银行自身,而且会对其他银行产生很不利的影响。如果华商银行不及时仗义扶持,中法钞票一旦因不能兑换而变成废纸,那么公众将会酿成一股挤兑风潮,而不论是外国的还是本国的银行。这意味着整个金融界将会产生混乱,这是所有关心大局的人应考虑和设法防止的。"②

在一个共同的金融市场中,中外银行共同的生存利益是第一位的。因而在中法实业银行停闭时,不是外国银行,而恰恰是曾经饱尝停兑和挤兑之苦的华商银行挺身而出,予以扶持,避免了一场金融风潮的爆发。

当然,指出中外银行互相合作、互为利用的一面,决不是抹杀两者的矛盾,只是为了更全面、更客观地看待两者的关系而已。

在华资银行业兴起之前,中国原有的金融格局是外国银行和钱庄"两强"并立,当然这"两强"之中也是有主有从的。华资银行的兴起及其介入中国的金融体系,一方面同外国银行产生既相矛盾又相合作的关系;另一方面则更多地同钱庄在业务上发生联系。

1927 年以前,钱庄在各地的势力一直十分雄厚。但是,如果单有钱庄,而没有银行,那还是不能顺利地进行国内外贸易的金融周转。钱庄得依靠银行的拆款、汇兑等,两者配合,才相得益彰。

---

① 《银行周报》第 9 卷第 20 号。

② Daily News,1923 年 8 月 10 日。

外国银行大多设在几个主要的通商大埠，它们同在华洋行的关系虽远胜于华资银行，但在中国地域上的发展潜力则有一定的局限。华资银行及其分支机构的增设，并同钱庄配合，使更多的地域纳入或完善了商品流通的融资体系。例如，中国实业银行的创办宗旨，就是谋求扩大出口，因而在出口农产品的主要产地东三省和长江沿岸各埠广设机构，同各地钱庄相配套，为农产品的收购、运输等提供金融服务。[①] 又如，杭州生产丝绸的机户将货售于丝绸商，丝绸商"每给以十日或二十日之庄票"，机户则希望马上贴现，"以求生产和生活中的资金周转。针对这一需要，浙江银行和浙江兴业银行先后开展了机户的庄票贴现业务，极大地便利和刺激了丝绸的生产和流通。[②]

银行和钱庄谁也离不开谁，它们相互利用，取长补短。在资金方面，银行放款条件较严，因而常年库存的现金数额较大，它们乐于对钱庄拆款生息，或以票据贴现的方式对钱庄放款。这既对钱庄有利，同时也有利于银行自身业务的开拓。

华资银行对钱庄拆款和贴现，是其融资活动的主要形式之一。1915 年，中国银行成都支行在全市一百几十家钱庄中，选出 5 家"股东家产素丰，信用最著"的钱庄，对其作资金拆放。[③] 中行镇江分号 1915 年上期的营业报告书说："三四月间因油帮需用汉估及规元，数目极巨，各庄以汉沪殷实钱庄期票向我行贴现，计放汉估三万余两、规元三五万两；又以本埠洋元期票请求贴现者亦不少。"[④]同年，中行总管理处函示山东滕县分行，要其"以短期汇票、

① 周葆銮：《中华银行史》第三编，第 21—22 页。

② 浙兴档：《董事会议录》，1917 年 1 月 15 日。沪银档。

③ 《中国银行业务会计通信录》第 3 期。

④ 《中国银行业务会计通信录》第 12 期。汉估为汉口通用的虚银两。

期票之贴现为主,以合贷款正轨,藉谋兑换券之流通”。于是滕行在当地“竭力联络庄号”,以贴现庄票的方式向钱庄放款,改变了过去商人运现银到滕县购货的方式。①

浙兴对钱业一直有拆款关系,1917 年汉口钱业风潮中,8 家钱庄倒闭,浙兴因拆款关系而受累 1.2 万两。② 1923 年年初,浙兴规定对各钱庄的拆款定额是:福康、福源等 5 家各 10 万两;鸿祥、鸿胜等 4 家各 5 万两。该行又规定各钱庄押款定额是:上述前 5 家钱庄各 15 万两;后 4 家钱庄各 10 万两。③ 大陆银行天津、上海、苏州等地分支行同钱庄也都有拆款或透支关系。④

1923 年 3 月,为了使贴现业务更好地开展,蚌埠的中国、交通、上海、江苏四银行分支机构联合成立贴现公所。贴现公所章程的第一条称:“本埠贴现用款,每年不下千数百万元,为数至巨。客商来此办货,均用期票,转由钱庄及转运公司分向各银行贴现,相沿已久,虽甚便利,但银行方面款项多缺,既难预定利率高低,即有悬殊,须调剂得平,始供求适合。”⑤在同钱庄的合作方面,银行采取了统一的行动。在钱庄遇到困难时,银行积极予以扶持。江浙战争时,上海发生金融风潮,金城、中南银行对同其有拆款关系的 4 家钱庄给予全力扶持,才使后者渡过难关。⑥ 1925 年汉口金融恐慌时,汉口的华资银行放出现款 30 万两,救济处于绝境的钱

---

① 《中国银行业务会计信录》第 5 期。

② 浙兴档:《董事会议录》,1917 年 12 月 30 日。沪银档。

③ 浙兴档:《董事会议录》,1923 年 1 月 8 日董监事会谈话会录总行处字第二号信。沪银档。

④ 大陆档:《董事会议录》,1924 年 3 月 7 日、7 月 3 日。沪银档。

⑤ 《交行月刊》第 1 卷第 5 号。

⑥ 《金城银行史料》,第 133 页。

庄,上海也有银行运现款到汉口。① 同时,华资银行同意对钱庄“拆票照转,拆息减小”②,显示了一种唇齿相依的关系。

内地钱庄有时委托上海等大城市的银行代理汇兑,而上海等大城市的银行有时则委托内地钱庄代理收解。前者如上海银行沪行代理江西钱庄经营国内汇兑业务③,后者如大陆银行委托蚌埠蒋新一钱庄代理收解④,两者之间,相互协作,互补短长。

这里还有两个问题需要提出。

第一,在1911年以前,中国的钱庄都是同外国银行打交道,接受外国银行信用拆款的。那么在华资银行加强了同钱庄的联系之后,钱庄是否还接受外国银行的拆款呢?

关于钱庄向外国银行拆款,有一个变化的过程。1911年,外国银行拆与上海钱庄的款项多至两千多万两,后政局变动,外国银行纷纷提回拆款,导致市面恐慌,钱庄大批倒闭。⑤ 这以后的七八年间,外国银行对钱庄放款大大收缩,只限于通商大埠最有实力的汇划钱庄可以向外国银行作抵押借款。⑥ 可是钱业的发展和相互竞争,又使外国银行的信用拆款得以恢复。上海于1924年夏秋之间,拆款总额一度高达1200万两之巨,“适江浙内讧发生,各银行又争先收回拆票,辛亥年之恐慌状况,不幸再见”。⑦ 所以当时有人主张完全废除外国银行拆票。总的来看,钱庄接受放款的重点,已开始由外国银行向本国银行转移。1926年8月,汉口大财主刘

---

① 《大陆银行月刊》第3卷第5号。

② 《金城银行史料》,第133页。

③ 参见《上海商业储蓄银行史料》第二章。

④ 参见大陆档:《董事会议录》,1925年1月9日。沪银档。

⑤ 《钱业月报》第5卷第1号。

⑥ 《钱业月报》第3卷第10号。

⑦ 《钱业月报》第5卷第1号。

子敬的广大钱庄搁浅清理,共欠盐业、中孚、金城、大成、上海、华丰、中国兴业等16家华资银行合计银15万两,欠钱庄同业12万两,欠麦加利等外国银行约3万两。[①] 可以看出,虽然还有一些外国银行拆款,但大头已是华资银行。

钱庄不仅接受华资银行的拆款,甚至还领用中行等华资银行钞票。1924年5月,上海14家钱庄同上海中国银行订立领用钞票合同,共11条。[②] 根据合同规定,这14家钱庄领用中国银行钞票总额暂定625万元,将来的限度可增至1250万元。领用中行钞票的钱庄,跟领用中行钞票的银行一样,须具备现金六成、整理案内公债(或道契)照市价合三成及领券行期票一成。

钱庄领用中行钞票,是一件对双方都有利的事。对钱庄来说,领用中行钞票,可以扩大信用,加强实力。对中国银行来说,好处是:(1)钱庄领用中行钞票,可以更紧地向中行靠拢,而远离外国银行,可以使中国本国的金融势力更团结,更强大;(2)钱庄交给中行的保证金等是不计息的。从原则上讲,这类保证金是备而不用的,但中行若要动用这笔资金,他人也无法加以限制;(3)根据领用中行券合同的规定,若遇金融恐慌,发生挤兑,领用中行券的钱庄应临时悬牌代兑,兑至领用额的四成为止,或续交中行现金四成。这样,钱庄就替中行分担了金融风险。

还有几家发行钞票的华资银行,钱庄也向它们领券。最早的一家是中国通商银行,领用办法与上述领用中行券的办法有所不同,是以5天期庄票照早市洋厘折合银两向中国通商银行领用,有

---

① 中孚档:《汉口中孚行致上海中孚行经理函》,1926年10月7日。沪银档。

② 《银行周报》第8卷第18号,1924年5月13日。

时也可通融以5天期银洋票领用。[1] 这种办法有点像贴现。以后则逐渐改变到中国银行的那套办法。

钱庄向交通银行领券始于1918年。经历了第一次停兑风潮以后的交通银行积极致力于本行钞票的推广，当时任交行董事的顺康钱庄经理李寿山联络福源、福康、安裕、顺康4家大钱庄向交行各领暗记券50万元，顺康后又续领50万元，并由顺康通过买办关系在汇丰柜台上使用交行钞票。这样，对交行钞票的推广起了一定的作用。[2]

在钱庄大量领用各有发行权的华资银行暗记券的时候，未入钱业公会的元、亨字号钱庄，因为没有资格订立领用暗记券合同，多用入会钱庄的迟期本票来代替现金领用暗记券，其期限甚至延长至10天，或15天，如富丰亨字号钱庄就是当时专营这种业务的一家，有时还通过人事关系，将甲银行钞票付与乙银行出纳科互相套用图利。[3]

第二，我们所说银行和钱庄的相互利用和相互配套，是特指北洋军阀时期。从长远来看，新式银行的发展对钱庄是不利的。这在北洋时期也已初见端倪。例如，上海银行任用钱业出身的宋云生为往来部经理，逐步开展工商业往来户放款，降低放款息率，以与钱庄竞争。[4] 上行南通分行除了做押款生意外，也灵活变通，做一些信用放款。南通钱业公所认为这样做是“没有认清银行业务的范围”，侵犯了钱业利益，而于1925年春宣布与上行断绝往

---

① 《上海钱庄史料》，第143页。

② 《上海钱庄史料》，第144页。

③ 《上海钱庄史料》，第146页。

④ 唐寿民访问录，1960年3月5日。转见《上海商业储蓄银行史料》，第82页。

来。[①] 以后,常州钱业公会也以同样原因与当地上行发生冲突。[②]上行南京分行在芜湖创设了一个商记堆栈,开辟了货品押汇业务,并在该地设办事处具体经营。这也遭钱商公会妒忌,以至宣布禁止同业与堆栈往来。[③]

不过从短期来看,这类矛盾只是局部的、次要的、一时性的。有些矛盾产生后,经有关方面调解,也能化干戈为玉帛。

五、华资银行业的内部关系

一般来说,处在起步阶段的华资银行,面对着生死攸关的经济环境和社会环境,相互之间是相当团结的。当然,这不包括那些专营证券等投机的昙花一现的银行在内,也不包括那些由地方军阀一手操纵的地方官办银行在内。同时,强调华资银行的团结,并不是说他们在业务上没有竞争。在竞争中求生存和发展,这是分析华资银行内部关系的前提。

从民族资本的团结这个角度看:华资银行的内部关系大致可以分为三个层次。

第一个层次,是所有主要的华资银行都以中、交两行为核心,团结在中、交两行的周围。在中、交这两个核心银行之中,有的华资银行更多地靠近中国银行,如所谓的南三行,有的则更多地靠近交通银行,如所谓的北四行。

这种核心与外围关系形成的第一个原因,是有的华资银行就是在中、交两行的直接帮助下产生和发展起来的。张嘉璈说过:

---

① 上行档:上海银行编:《二十年史初稿》,第135—136页。沪银档。
② 上行档:上海银行编:《二十年史初稿》,第135—136页。沪银档。
③ 上行档:上海银行编:《二十年史初稿》,第135—136页。沪银档。

“对当时已经成立的浙江兴业、浙江地方银行，尽力帮助，对上海银行、大陆银行的发起和成立，也都竭尽绵力。”①上海银行刚刚设立的时候，张嘉璈等积极赞助，上海中行率先同上海银行建立同业往来户。② 由于中行的支持，上行的业务发展很快。陈光甫也颇有自知之明，上行成立伊始，便认定其“欲扶翼中、交两行而为其辅助机关”的宗旨。③ 后来继朱晓南为浙实董事长的胡济生，曾说上海中行的张嘉璈“对于吾行格外关切”，“公谊”既厚，“私情”亦洽。④ 盐业银行吴鼎昌在1918年曾说，该行经营较为顺利的一个重要原因，是“中、交两行以国家银行之资格特别指导”。⑤ 金城银行则在融通资金、汇兑业务、外汇买卖等多方面得到交通银行的特殊照顾。⑥ 因为金城银行的创办人中，不少原本就是交行中的实力人物。⑦ 受过中、交两行的特殊照顾，也就是大树底下好乘凉，它自然形成了核心和外围的关系。

形成核心和外围关系的第二个原因，是许多华资银行都领用中、交两行的钞票，特别是中国银行的钞票。

中交两行在北洋时期发行的兑换券，增长十分迅速。在1912—1923年间，中行发行额增长了75倍，交行也增长了31倍，在1916年以后的大多数年份里，中国银行的发行数，约为交通银行的1倍多。

以下（详见表85）是两行发行数的统计：

---

① 《银行周报》第744号。

② 邓先宏：上引文，第375页。

③ 《申报》1915年6月3日。

④ 浙实档：《董事会议录》，1921年9月26日。沪银档。

⑤ 盐业档：《1917年营业报告》。沪银档。

⑥ 《金城银行史料》，第120—122页。

⑦ 《金城银行史料》，第12页。

除了中、交两行,还有若干经北洋政府核准的银行可以发行钞票,但发行数额有限。

以下(详见表86)是1923年的统计:

表85 中国银行、交通银行发行兑换券统计

1912—1923年　　单位:元

年份	中国银行发行数	交通银行发行数
1912	1061636	1190337
1913	5020995	6748144
1914	16398178	8936440
1915	38449228	37297665
1916	46437234	31946837
1917	72984307	28603836
1918	52170299	35184563
1919	61680088	29272653
1920	66884103	39170192
1921	62493340	30143233
1922	77766029	32523840
1923	80986712	38517613

资料来源:《银行周报》第8卷第23号,1924年6月17日。原表中关于1912—1916年交行发行数,据查交行总行、中国第二历史档案馆合编的《交通银行史料》(中国金融出版社1995年版)下册,第838页,其单位为"库平银两",现已折算成"元"。

表86 普通华资银行发钞额统计

1923年年底　　单位:元

行　别	发行额
中　南	20317140
浙江兴业	1100000

续表

行　　别	发行额
农　　商	895420
中华劝工	500000
中国实业	588147
四　　明	2595000
江　　苏	887
总　　计	25995707

资料来源:《银行周报》第8卷第23号。

这些银行总共只发行兑换券约2600万元,其中主要是中南银行。当然,这个数字是远远不符需求的。因而领用中、交两行的钞票就成为重要的补充手段。这就是借用中、交两行的信用扩大自己的业务。例如:1915年时,浙江银行领用中钞100万元,保证金为现金六成、证券一成。而浙兴因“纯系商股”,“故合同权利在理宜较浙江行为优”,最高限额可达500万元,保证金则为现金五成、证券二成半。① 1916年时,浙兴津行在奉天、营口各设分庄,“专司买卖货币等事”,即以所领10万元中行钞票作为分庄的开办资本。② 在存款业务尚不发达的情况下,借领用中钞来开拓银行业务。1917年8月,浙兴董事长叶揆初和董事蒋抑卮入京,又与交行订立了领用交行钞票的合同。③

1922年6月,浙兴开始自己发行钞票,总额暂定1000万元,现金准备七成,由申、杭、津、汉各行分用。④ 这一举动使中行“颇

① 浙兴档:《董事会议录》,1915年9月6日。沪银档。

② 浙兴档:《董事会议录》,1916年3月13日。沪银档。

③ 浙兴档:《董事会议录》,1917年8月3日、8月25日。沪银档。

④ 浙兴档:《董事会议录》,1922年6月19日。沪银档。

不满意”,先是延付浙兴领用中券准备金利息,继而要求浙兴“减少自己兑换券发行额”,遭到拒绝①,最后将浙兴领用中券的额度,由500万元减少到300万元。② 浙兴在自己能发行1000万元兑换券的情况下,仍不放弃领用中钞的既得权利,宋汉章和浙兴之间甚至还因此产生矛盾。这说明,领用中钞对浙兴是很有利的。

浙实和浙江地方银行分开后,原领200万元中券额度中,70万元归后者领用。浙实为此多次与中行协商,要求补足70万元缺额,得到中行的同意。③ 浙实领用中行兑换券才得以“流通甚畅”。④

1919年9月,大陆银行创办不久,“业务日繁,现金出入殊于顾客不便”,于是便向天津中国银行领用天津地名中钞40万元,交付现金20万元、公债25万元作为保证金,“并双方商定办法14条”。⑤ 除了上述银行外,还有一些中小银行领用,以下(详见表87)是1923年年底的一个不完全的统计。

表87 领用中、交兑换券之银行

1923年年底　　　　单位:元

行　　别	领用兑换券数目
浙江实业	2000000
中　　孚	800000

① 浙兴档:《董事会议录》,1923年2月24日。沪银档。

② 浙兴档:《董事会议录》,1923年5月14日。沪银档。

③ 浙兴档:1923年5月23日。中行与浙江银行曾订过两次领券合同,每次各100万元,共200万元。

④ 浙实档:《股东定期会议录》,1924年3月2日。沪银档。

⑤ 大陆档:《董事会议录》,1919年9月9日。沪银档。

续表

行　　别	领用兑换券数目
大　　陆	400000
浙江兴业	3650000
永　　亨	229970
中国棉业	220000
五族商业	300000
通易信托公司	220000
共　　计	7799970

资料来源:《银行周报》第8卷第23号。

毫无疑问,一般银行领用中、交两行的钞票,这也促成了核心和外围关系的形成。

第三个原因是许多华资银行对中、交两行的投资入股。北洋政府在持续的财政窘迫中,将中、交股份作抵,向银行借款,到期不还,官股便转为银行所有。以中国银行为例:1921年7月,财政部以中行股票120万元,向5家华资银行抵借90万元①,后到期无力偿还,官股便变成银行所有的“完全商股”。② 另一种情况是中、交两行在增资时,商办银行的入股。1921年中行增资,张嘉璈到南方游说,劝说“各实业团体,及各商业银行合募股份若干”,起而响应者有上海、浙兴、浙实、金城等4家,上海、浙兴各认股20万元③,浙实认股14万元,连旧股共20万元④,估计金城也是这个额度。张嘉璈在劝募各实业团体和银行集股时,向李馥荪等人陈述

① 浙兴档:《董事会议录》,1921年7月26日。沪银档。
② 浙兴档:《董事会议录》,1922年2月18日。沪银档。
③ 浙兴档:《董事会议录》,1921年9月15日。沪银档。
④ 浙兴档:《董事会议录》,1921年9月26日。沪银档。

了过去中行商股股份“向多散漫”,而“希望有团体结合为股东之重心,可使中行办事渐合于正轨”的意图。[①] 这些重要华资银行作了积极的响应。他们成为中行的股东,相互关系也就更为密切了。

华资银行以中、交两行,特别是以中行为核心,形成了一种同舟共济、患难与共的密切关系。正是这种关系,才使华资银行在如履薄冰的经济和社会环境中得以生存和发展。

在通常情况下,核心对于外围少不了时时给予照顾,若遇危难之际,核心对外围也少不了及时的帮忙[②],但风潮中往往首先需要“保帅”,因而出现外围集中保核心的现象。1916 年上海中行拒受停兑令,浙兴董事长向董事会报告说,华资“银行公会会议维持中国沪行营业,有款者各以款助,无则以财产借作押款”,浙兴“在中国沪行为最大存户,助中行即所以自助”。[③] 1921 年挤兑风潮中,浙兴对天津中行的抵押放款 16 万元正好到期,“其时挤兑风潮正紧,势难收回,故准其转期 1 月”,并另外给予 25 万元透支款。[④] 浙兴对北京中行押放款 10 万元到期,也准其续转 3 个月。[⑤] 正如中孚银行主持人所说,中交挤兑“来势甚骤,猝不及防,然亦卒赖群策群力,得以维持于不敝。于此足征我国金融界之进步,良可欣庆”[⑥]。

甚至不在风潮时期,外围保核心的事例也时时可见。1918 年时,北京中行已停止限制兑现,但在汇兑方面推行一种新的“迟期

---

① 浙实档:《董事会议录》,1921 年 9 月 26 日。沪银档。
② 《陈光甫先生言论集》,第 168 页。
③ 浙兴档:《董事会议录》,1916 年 5 月 17 日。沪银档。
④ 浙兴档:《董事会议录》,1921 年 12 月 5 日。沪银档。
⑤ 浙兴档:《董事会议录》,1921 年 12 月 26 日。沪银档。
⑥ 中孚档:《第 7 卷》。沪银档。

汇兑”办法来“维持票价”,这对中行有利,而使与其有汇兑关系的其他华资银行“已无利益之可言”,但“京师各同行对于中行既有感情关系”,“均仍照旧履行”,中孚京行主管杨瑜统等虽心中不满,“亦只得从众,以免贻人口实”。① 1918 年 8 月,天津证券交易所即将成立,张嘉璈赴津,要求浙兴津行总经理“不可放弃,力劝入股”,“并称将来中行如有为难处”,非请浙兴“在证券交易所暗中帮忙不可”。浙兴董事会议准从命。② 平日里,浙兴对于中行,没少给予业务上的协助,常对中行融通资金。如 1918 年 12 月,浙兴京行对当地中行放款 10 万元,以京钞抵押③;1919 年 4 月,浙兴京、津分行“合做中行京钞存单押款洋 40 万元④;1919 年 5 月,浙兴杭、汉、京、津四分行“合做北京中行押款洋 60 万元”⑤,数额越来越大。中南银行成立不久,就于 1921 年 4 月 19 日对北京交行押放 62 万元,又于同年 6 月 1 日“以勃利公司名义”对中、交两行期票贴现放款 100 万元。⑥ 这些业务上的帮助,对于中、交两行无疑是重要的;而中、交两行的巩固和发展,又是中国银行业共同发展的基础。

华资银行内部关系的第二个层次,是所谓“南三行”、“北四行”等重要商办银行的协作关系。这种协作行的关系,对于增强华资银行的对外竞争力和克服种种社会经济方面的困难,起了很大作用。

---

① 中孚档:《京分行杨瑜统、李汝楫致沪分行谢芝庭函》,1918 年 8 月 7 日。沪银档。

② 浙兴档:《董事会议录》,1918 年 8 月 15 日。沪银档。

③ 浙兴档:《董事会议录》,1918 年 12 月 24 日。沪银档。

④ 浙兴档:《董事会议录》,1919 年 4 月 4 日。沪银档。

⑤ 浙兴档:1919 年 5 月 14 日。沪银档。

⑥ 中南档:《董监事会第八次会议录》,1921 年 7 月 9 日。沪银档。

中南银行成立于1921年,因其系华侨资本,而获得了钞票发行权,但规定必须十足现金准备。没有钞票发行权的金城、盐业和大陆三行与中南携手,实行四行联营。四银行合组了联合营业事务所,经营联合放款。又建立四行准备库,联合发行银行券。1923年又联合开办了四行储蓄会,广泛吸收存款。四行联合营业事务所的组织"营业既各不牵涉,合做亦不受束缚,且有互相扶助之义"。① 四行仍是各自独立的,但相互辅翼,壮大实力,"以期金融界之实力可与实业界之需要相因应"②。可以说,四行联合营业,是华资银行联合营业之先声。当然,相对于进一步的金融集中,这种协作式的联合还只是初级阶段的。

南三行虽然没有成立联合营业事务所之类的机构,但也有多方面的协作关系。例如:浙兴获得钞票发行权以后,浙实便与其洽商,该行杭州分行拟领用浙兴上海地名钞票,以50万元为额,交入七成现金准备和三成公债。这一请求获得浙兴的同意。③ 1926年上行同浙兴订约,领用浙兴钞票200万元,条件与浙实大体相同。④ 1923年3月,上海、浙实、浙兴、大陆四行的在沪机构订立了"互通往来办法"7款,在立户往来、透支、利息、汇兑、拆款和买卖银元等方面通力协作,互给优惠。⑤ 这一协作关系与北四行的成员有所交叉。

在"北四行"、"南三行"内部,以及在更大的范围内,华资银行

① 大陆档:《董事会议录》,1922年7月20日。沪银档。

② 盐业档:《总经理在1922年3月12日股东总会上的报告》。沪银档。

③ 浙兴档:《董事会议录》,1923年7月13日。沪银档。

④ 上行档:《业务类第2028号》。沪银档。

⑤ 上行档:《业务类第2025号》。沪银档。

相互间都有不同程度的协作关系，相互融资、拆借。例如：1918年2月，浙兴“申、汉、杭合做新华银行中、交钞票押款10万元，以中、交钞25万元四成作押”①；1918年5月，浙兴汉行两次拆与中孚银行共合洋12.5万元②；1918年12月26日，浙兴申行拆与上海银行洋6万元，次日便予收回。③ 1923年1月，浙兴总行“对上海、浙实户贴现各20万两，此款系以一个月之各种票据向我行〔按：即浙兴〕贴现，月息6厘”。④ 这里只举了浙兴对其他银行拆放款的例子。事实上，这种关系是相互的、普遍的和大量的。此外，银行为了扩大在押放和押汇业务方面的相互合作，还共同设立银行公栈。例如，1924年10月1日，大陆银行董事会通过了大陆汉支行加入该地银行所公组的公栈，认为此举“对外对内均有极大关系”。⑤

华资银行内部关系的第三个层次，是同业组织。到1927年为止，由于政局动荡、军阀割据等原因，华资银行全国性的同业组织还刚刚起步，发挥作用不大，但地区间的同业组织则有相当力量。

在地区性同业组织中，上海银行公会无疑是最为重要的。⑥ 1917年，由张公权首倡，上海的中国、交通、浙兴、浙实、上海、盐业、中孚等7行集议组织银行公会，并于同年5月创办《银行周报》。1918年7月8日，上海银行公会正式成立，会址在香港路，会员银行除以上7家外，聚兴诚、四明、中华、广东、金城等5家也

---

① 浙兴档：《董事会议录》，1918年2月9日。沪银档。
② 浙兴档：《董事会议录》，1918年7月24日。沪银档。
③ 浙兴档：《董事会议录》，1919年2月12日。沪银档。
④ 浙兴档：《董事会议录》，1923年1月16日。沪银档。
⑤ 大陆档：《董事会议录》，1924年10月1日。沪银档。
⑥ 徐沧水：《上海银行公会事业史》，1925年。

次第加入,会员银行共计12家。在成立大会上通过了上海银行公会章程,选出董事7人,并由董事互选宋汉章和陈光甫为正副会长,李馥荪为书记董事。1919年5月,上海公栈事业并入公会,改组为股俭有限公司,公推中国银行为总经理。1920年9月,改选盛竹书、钱新之和孙景西为正副会长和书记董事。1922年9月,改选盛竹书、孙景西为正副会长。1924年9月,上海银行公会修改章程,允许依照中国法令注册设立的中外合资银行"变通入会"。并改选倪远甫、孙景西为正副会长。从公会成立,到1924年,东莱、大陆、东亚、永亨、中国实业、东陆、正利、中国通商、中南、农商、工商、中华懋业、中华汇业等也相继加入公会。

上海银行公会成立以后,采取了许多联合行动。1921年1月,上海银行公会各会员银行参与承募交通部600万元车辆借款。3月,公会会同钱业,组织上海造币厂借款银团,负责发售造币厂国库券250万元,实际发售365万元。7月3日,中法实业银行停兑,公会为维持市面金融,组织会员银行垫款代兑,渡过难关。9月,公会提议各会员银行对行员加以劝诫,切勿卷入社会盛行的投机事业中去。1922年10月,公会发布通告,指出"公债失信,流毒社会",要求政府停止发行新的公债,并呼吁全国银行界采取一致行动,予以抵制。1923年11月,沪埠银根奇紧,银行公会与钱业公会协商,采取了协调行动。1924年10月,银钱两公会再度携手,致电北京财政整理会及总税务司,要求维持内债信用。

当时,上海钱业公会附设汇划总会,成为上海每日清算汇划票据的中心,而上海的外国银行,则是划头票据清算的中心。① 华资银行多是汇划和划头两者兼用的,票据的清算要通过汇划总会和

① 除相互汇划外,当日到期,次日付现的,称为汇划票据;而当日到期,当日付现的,称为划头票据。

外国银行进行。因而，为改变这种状况，1922 年 2 月，上海银行公会即发起创设上海票据交换所，并草拟了章程草案 33 条，但因各行营业习惯不同，一时难以求得统一。以后多次复议，又都以种种原因搁置下来。因此，在这一阶段，上海的华商银行始终未能建立自己的票据交换中心。

天津是最重要的商埠之一，中国主要的华资银行，都在天津设有总行或分行。天津银行公会的设立时间，同上海银行公会相差不多。该会以“联络同业感情，维持公共利益，促进银行业之发达，矫正营业上之弊害为宗旨”。① 凡实收资本在 20 万元以上，设立满 1 年，经银行公会两名会员介绍，均得加入公会为会员。

天津的本国银钱业，堪称合作的典范。他们的合作有个别的，也有整体的。天津的银号或钱庄，往往分别同华资银行结成所谓“靠家”关系，即前者在资金周转不灵时，靠后者来扶持。前者向后者浮借款项，大多不计息，少数低息。1924 年 9 月，天津的银行会和钱业，为了维持津埠金融，共同订立公约，决意“患难共扶”，“各以忠诚恳挚之意思，互相负维持之义务”。② 天津银行公会还同钱商公会、总商会和外国银行公会华账房联合组织金融维持会，共同维护津埠金融。这也是中外金融业相互合作之一例。

汉口是华中的金融中心。华资银行在汉口开设分行的很多。1917 年 4 月，一些华资银行发起组织金融研究会，同年 11 月，由金融研究会改组成一非正式的银行公会组织，没有制定章程，参加者只有中国、交通、浙兴、聚兴诚、盐业、中孚、华丰等 7 家。1920 年 11 月，由中国银行领衔的 9 家银行正式成立汉口银行公会。③

---

① 《杨著中国金融论》，第 291 页。

② 《杨著中国金融论》，第 292 页。

③ 《杨著中国金融论》，第 330 页。

据调查,1922 年时,各地银行公会会员计有上海 21 家、北京 22 家、天津 19 家、汉口 11 家、杭州 7 家、南京 7 家、蚌埠 5 家、济南 9 家。①

各地的银行公会也不时派代表集中开会,就若干共同关心的问题进行讨论,并采取一些全国性的协调行动。1920 年 11 月,上海银行公会发起在沪举行银行公会联合会议,得到北京、天津、汉口、济南、杭州、蚌埠等地银行公会赞同。12 月 5 日至 8 日,会议经 4 天讨论,作出四项决议:(1)希望政府确定财政方针;(2)希望政府整理内国公债;(3)希望政府统一币制;(4)推举委员 7 人,担任研究新银行团事宜。② 这些问题都是事关金融界全局的大事。1921 年 5 月,银行公会第二届联合会议在天津举行。1922 年 4 月第三届会议在杭州举行。1923 年 4 月第四届会议在汉口举行。1924 年 4 月第五届会议在北京举行。③ 这样的联合会议基本上每年开一次,所讨论的都是银行界共同关心的重大问题,而且讨论的中心差不多都是财政、币制、公债等方面不断出现的新问题。

即使不在联合会议期间,各地银行公会也常互通声气,采取一些共同行动。这主要还局限于舆论方面。如 1924 年 1 月,各地银行公会发表联合宣言,坚决反对南方军阀攘夺内国公债基金。④ 银行公会的联合会议制度和平时的合作,为银行界全国组织的正式创立逐渐准备条件。

华资银行的内部关系,还表现为银行家的相互投资和兼职。

---

① 《中国年鉴》第一回,第 826—829 页。

② 《上海银行公会事业史》,第 5 页。

③ 《上海银行公会事业史》,有关各页。

④ 《上海银行公会事业史》,第 20 页。

以下是1922年的一项有关银行家兼职的调查①：

姓　名	兼职调查
王克敏	中国银行总裁、中国实业银行董事、北洋保商银行董事
周作民	中国银行董事、交通银行董事、边业银行监察、金城银行总经理
施肇曾	中国银行董事、交通银行董事、永亨银行董事长、新亨银行董事长
李　铭	中国银行董事、交通银行董事、浙江地方实业银行董事兼经理、上海银行董事
李士伟	中国银行董事、中国实业银行协理
张季直	中国银行董事、交通银行总理、上海银行董事、淮海实业银行董事
钱永铭	交通银行协理、浙江地方实业银行董事
卢学溥	中国银行董事、新亨银行董事、新华银行董事
谢　霖	交通银行董事、常州商业银行查账
谈荔孙	交通银行董事、大陆银行董事长兼总理
张澹如	浙江兴业银行董事、通易银行董事长
张退庵	上海银行董事、淮海实业银行董事长
吴寄尘	上海银行董事、淮海实业银行董事
荣宗敬	上海银行董事、正利银行董事、劝业银行董事、华大商业储蓄银行董事
陈光甫	上海银行董事兼总经理、淮海实业银行董事、中国银行监察
吴鼎昌	盐业银行总理、东陆银行常务董事、边业银行董事、金城银行监察、新华储蓄银行董事
龚心湛	中孚银行董事、中国实业银行监察、大陆银行董事
朱宝仁	中国实业银行董事、边业银行董事、新华储蓄银行董事
曹汝霖	中国实业银行董事、新亨银行董事、中华储蓄银行监察

① 《银行周报》第7卷第9号。

叶鸿英	正利银行董事长、华大商业储蓄银行董事
王一亭	正利银行董事、浙江储蓄银行董事、中华银行董事、华大商业储蓄银行董事、上海江南银行董事
顾馨一	正利银行董事、浙江储蓄银行董事、中华银行董事、华大商业储蓄银行董事兼总理
邵子愉	中国通商银行董事、永亨银行董事
傅筱庵	中国通商银行董事兼总理、四明银行董事、中华银行董事
朱葆三	中国通商银行监察、四明银行董事长、中华银行董事、上海江南银行董事长
周自齐	北洋保商银行董事长、新华储蓄银行董事、五族商业银行董事
徐世章	北洋保商银行董事、边业银行董事
潘　复	边业银行董事长、劝业银行董事长兼董事
胡笔江	中南银行总理、江苏典业银行董事、金城银行监察
顾棣三	浙江储蓄银行协董、华大商业储蓄银行董事
梁士诒	新华储蓄银行董事、五族商业银行董事长
周家彦	大宛农工银行董事、中华储蓄银行董事
姚紫若	正利银行监察、华大商业储蓄银行董事

许多银行家同时在几家银行身兼董事长、董事、监察或总经理的职务,无疑有助于银行业的团结和合作。我们从上述调查表中还可看出,有些银行家同时又是实业家,如荣宗敬、王一亭、顾馨一、傅筱庵、朱葆三等,他们以实业家的身份向银行业投资,并在银行的董事会中任职,这是中国资本主义发展过程中,自然而然开始出现的一种新现象。这是银行业和产业相互交融的起步。这种趋势如能持续发展,将会逐步促使中国资本主义企业规模和组织机制的进步,促使新一代企业集团的产生,使中国资本主义跨上一个新的台阶。

主要征引文献目录

（一）档案及调查报告（包括抄本、手稿等）

中文：

《广东农业概况调查报告书续编》，中山大学农科院，1929 年，1933 年。

《广西省农村调查》，国民党农村复兴委员会，1935 年。

《广东农业概况调查报告书》，广东大学农科学院 1925 年版。

上海工商行政管理局有关牙行的调查访问资料。

上海市工商联史料科藏文史资料抄件。

上海社会科学院经济研究所藏抄档。

《上海米市调查》，上海社会经济调查所，1935 年。

《上海的洋行买办调查初稿》，上海市工商局 1964 年油印本。

《山东农村调查》，山东省政府实业厅 1931 年版。

《天津商会档案史料汇编（1903—1911）》，天津档案馆等合编 1989 年版。

《天津商会档案史料汇编（1912—1928）》，天津档案馆等合编 1992 年版。

云锦公所各要总目补记，苏州档案馆藏。

《中国工业调查报告》，刘大钧，1937 年。

中国人民银行上海市分行档案室藏各银行档案。

《包宁线临段经济调查报告书》，国民政府铁道部财务司统计科编，1931 年。

《北平市四郊农村调查》，北平市政府刊 1934 年版。

《兰溪农村调查》，冯紫岗，1935 年。

北京市丰台区、石景山区档案馆"四清"档案。

北洋政府时期有关资本主义发展的档案资料，第二历史档案馆藏。

外务部档案，第一历史档案馆藏。

《民国二十年代中国大陆土地问题资料》有关各册。

《民商事习惯调查报告录》,国民党司法行政部,1930年。

民政部全宗案卷,第一历史档案馆藏。

刘鸿记档案,上海社会科学院经济研究所藏。

《平汉沿线农村经济调查》,陈伯庄,1936年。

《东三省经济调查录》,中国银行总管理处,1919年。

《江苏太仓县农村实态调查》,满铁上海事务所调查室,1940年。

《江苏省农业调查录》,东南大学农科院,1924年。

《华中经济调查》,东则正,1915年版。

《安徽省农村调查》,华东军政委员会土地改革委员会,1952年。

《地主罪恶种种》,华东军政委员会土地改革委员会,1950年。

《河北省二十六县五十一村农地概况调查》,杨汝南,1935年。

《河南省农村调查》,国民党政府农村复兴委员会,1934年。

《京粤线安徽段经济调查》,铁道部财务司调查科,1933年。

《京粤线福建段福州市县经济调查报告书》,铁道部财务司调查科,1933年。

《定县农村工业调查》,张世文,1936年。

《定县社会概况调查》,李景汉,1933年。

《矿务档》,台北中央研究院近代史研究所编印。

招商局档案,深圳招商局档案馆藏。

度支部档案,第一历史档案馆藏。

胡华致布鲁塞尔开平公司董事部的报告,开滦档案。

胡石青、王搏沙交涉辩诉书,存河南省档案馆福公司案卷。

《陕西实业考察》,陕西实业考察团,1933年。

《浙江省农村调查》,华东军政委员会土地改革委员会,1952年。

《南中国丝业调查报告书》,考活、布土维(黄泽普译),1925年。

《南阳农村社会调查报告》,冯紫岗、刘瑞生,1934年。

《调查归绥垦务报告》,甘云鹏,1916年。

《满洲农家之生产与消费》,野中时雄编,1921年中译本。

《陕西省农村调查》,国民党农村复兴委员会,1934年。

《铜山农村经济调查》,金维坚,1931年。

《浙江省农村调查》,国民党农村复兴委员会,1934 年。
《浙江八县农村调查报告》,国立浙江大学农学院 1930 年版。
赵尔巽全宗案卷,第一历史档案馆藏。
海关档,第二历史档案馆藏。
《盛湖杂录·绸业调查录》,沈云,1918 年。

日文:

满铁档案。
《市原源次郎向满铁提交的谋取鞍山铁矿开采权活动始末说明书》,1916 年。
《日本驻奉天总领事落合谦太郎致外务大臣加藤高明函》,1913 年 2 月 12 日。
《日本驻奉天总领事落合谦太郎致外务大臣牧野伸显函》,1913 年 9 月 4 日,日本外务省档案。
《中国外交部致特派奉天交涉员密函》,1915 年 5 月 13 日,辽宁省档案馆藏档。
《日本驻奉代总领事致外务大臣函》,1915 年 12 月 10 日,吉林社科院存抄件。
《支那の贸易外收支》,东亚研究所第一调查委员会,1941 年。
《清国水产贩路调查报告》,农商省水产局明治 33 年。

(二)资料书、工具书等

中文:

《广东财政说明书》,广东清理财政局,1910 年版。
《广西农林》,广西省政府统计局,1936 年版。
《大清会典》(光绪),昆冈等,1909 年版。
《大清矿务章程》,伍廷芳,1907 年版。
《大清光绪新法令》,端方等,1909 年版。
《大清宣统新法令》,商务印书馆编译所,1911 年版。
《上海近代贸易经济发展概况》,李必樟编译,上海社会科学院出版社 1993

年版。
《上海研究资料》,上海通社编,台北,1973 年版。
《上海商业储蓄银行史料》,中国人民银行上海市分行金融研究室 1990 年版。
《上海钱庄史料》,中国人民银行上海市分行,上海人民出版社 1960 年版。
《戊戌变法》,翦伯赞等编,神州国光社 1953 年版。
《中外旧约章汇编》,王铁崖,三联书店 1957 年版。
《中华民国史档案资料汇编》第三辑,金融(一),江苏古籍出版社 1991 年版。
《中华民国货币史资料》第一辑,上海人民出版社 1986 年版。
《中苏贸易史资料》,孟宪章等,对外贸易大学出版社 1991 年版。
《中国实业志·山东省》,实业部国际贸易局编 1933 年版。
《中国实业志·山西省》,实业部国际贸易局编 1937 年版。
《中国实业志·江苏省》,实业部国际贸易局编 1933 年版。
《中国实业志·浙江省》,实业部国际贸易局编 1933 年版。
《中国实业志·湖南省》,实业部国际贸易局编 1935 年版。
《中国近代工业史资料》第一辑,孙毓棠,科学出版社 1957 年版。
《中国近代工业史资料》第二辑,汪敬虞,科学出版社 1957 年版。
《中国近代工业史资料》第四辑,陈真等,三联书店 1961 年版。
《中国近代手工业史资料》第二卷,彭泽益,三联书店 1957 年版。
《中国近代手工业史资料》第三卷,彭泽益,1961 年版。
《中国近代对外贸易史资料》第二、三册,姚贤镐,中华书局 1962 年版。
《中国近代外债史统计资料》,徐义生,中华书局 1962 年版。
《中国近代农业史资料》第一辑,李文治,1957 年版。
《中国近代农业史资料》第二辑,章有义,1957 年版。
《中国近代农业生产及贸易统计资料》,许道夫,上海人民出版社 1983 年版。
《中国近代海关税收和分配统计》,汤象龙,1992 年版。
《中国近代货币史资料》,中国人民银行总行参事室,中华书局 1964 年版。
《中国近代盐务史资料选辑》,刘佛丁等,1991 年版。
《中国近代国民经济史参考资料》,中国人民大学经济史研究室 1962 年版。

《中国近代铁路史资料》，宓汝成，中华书局 1963 年版。
《中国近代经济史统计资料选辑》，严中平等，科学出版社 1955 年版。
《中国近代航运史资料》第一辑，聂宝璋，上海人民出版社 1983 年版。
《中国年鉴》第一回，阮湘等，1924 年版。
《中国各通商口岸对各国进出口贸易统计》，蔡谦、郑友揆，商务印书馆 1936 年版。
《中国关税史料》，江恒源编，1930 年版。
《中国农村经济资料》，冯和法，1933 年版。
《中国金融年鉴》，沈雷春，1939 年版。
《中国经济全书》，两湖督署藏版 1908 年版。
《中国经济年鉴》，实业部，1934 年版。
《中国清代外债史资料》，中国人民银行总行参事室编 1991 年版。
《中国海关与邮政》，海关总署研究室 1983 年版。
《中国埠际贸易统计（1936—1940）》，郑友揆等 1951 年版。
《刘鸿生企业史料》，上海社科院经济研究所编 1981 年版。
《北京经济史资料》，孙健编，燕山出版社 1990 年版。
《东华续录》，朱寿朋编，1910 年版。
《四川经济参考资料》，张肖梅，1940 年版。
《四川保路运动史料》，戴执礼编，科学出版社 1959 年版。
《旧中国公债史资料》，千家驹编，中华书局 1984 年版。
《旧中国汉冶萍公司与日本关系史料选辑》，武汉大学经济系编 1955 年版。
《申报年鉴》，上海申报年鉴社 1933 年版。
《外国在华工商企业辞典》，黄光域编，1995 年版。
《农商部林业试验场要览》，1914 年版。
《光绪会计表》，刘岳云，1901 年版。
《光绪政要》，沈桐生辑，1909 年版。
《光绪财政通纂》，杜翰藩，1905 年版。
《光绪朝东华录》，朱寿朋编，1958 年版。
《全国银行年鉴》，1936 年版。

《江苏省鉴》,赵如珩,1933 年版。

《江苏省实业行政报告书》,江苏省实业司 1913 年 5 月调查。

《交通银行史料》,中国人民银行上海市分行 1995 年版。

《交通史航政编》,1931 年版。

《交通史路政编》,1935 年版。

《关册》(历年中国海关报告),中国海关总署印行(1913 年以后有中文)。

《西湖博览会总报告书》,藏浙江图书馆 1929 年版。

《辛亥革命》,中国史学会主编,上海人民出版社 1957 年版。

《金城银行史料》,中国人民银行上海市分行编,上海人民出版社 1983 年版。

《苏州丝绸史资料》,苏州市工商联,未刊本。

《苏州商会档案丛编》,华中师范大学出版社 1991 年版。

《苏联和主要资本主义国家经济历史统计集》,中国社科院世经政所编,1989 年版。

《近代上海地方志经济史料选辑》,黄苇等,1984 年版。

《近代山东沿海通商口岸贸易统计资料》,烟台港务局编,对外贸易出版社 1989 年版。

《近代国际经济要览》,宫崎犀一等著,陈小洪等译,中国财经出版社 1990 年版。

《张公权先生年谱初稿》,姚崧龄,1982 年版。

《财政部经管无确实担保内债表》,北京财政整理会 1925 年版。

《吴江蚕丝业档案资料汇编》,吴江档案馆等编,河海大学出版社 1989 年版。

《抚顺炭矿统计年报》,第一编,昭和 17 年版。

《抚顺煤矿报告》,虞和寅,1926 年,农商部矿政司印行。

《南开经济指数资料汇编》,孔敏主编,中国社会科学出版社 1988 年版。

《南洋兄弟烟草公司史料》,上海社科院经济所编,上海人民出版社 1980 年版。

《京师总商会众号一览表》,1914 年版。

《京师总商会众号一览表》,1917 年版。

《京师总商会众号一览表》,1919 年版。

《哈尔滨戊通航业股份有限公司航务报告》第一次,谢霖著,1919 年版。
《哈尔滨指南》,殷仙峰,京隆商报馆,1922 年版。
《时务通考类编》,点石斋编辑,1897 年版。
《时务通考续编》,点石斋编辑,1901 年版。
《第六次农商统计表》,北洋政府农商部 1920 年版。
《第九次农商统计表》,北洋政府农商部 1924 年版。
《黔滇川旅游记》,薛绍铭,1938 年版。
《谕折汇存》,上海慎记书庄 1903 年石印本。
《棉布业》,上海市商会商业统计丛书 1931 年版。
《清末筹备立宪档案史料》,故宫博物院 1979 年。
《清实录》,中华书局 1987 年影印本。
《清季外交史料》,王彦威辑,王亮编,1932 年版。
《海关 1922—1931 年十年报告》,中国海关总署印行。
《满洲的大豆》,中国海关特集第 31 号,1911 年版。
《邮传部第一次统计表》,1907 年版。
《邮传部第二次统计表》,1908 年版。
《邮传部奏定交通银行奏稿章程》,1908 年刊。
《邮传部奏议类编》,邮传部参议厅 1908 年版。
《满铁史资料》第 4 卷,解学诗主编,中华书局 1987 年版。
《筹备立宪档案史料》,故宫博物院编,中华书局 1979 年版。
《最近四十五年来四川省进出口贸易统计》,甘祠森编,1936 年版。

外文:

British Parliamentary Papers, China, V. 17.
China's Foreign Trade Statistics, 1864—1949.
Commercial Handbook of China, Washington, 1919.
The China Stock and Share Handbook, 1929.
Decennial Reports on the Trade, 1892—1901.
Decennial Reports on the Trade, 1902—1911.

Documents Illustrative of Origin, Development, and Activities of the Chinese Customs Service, Vol. 6, 1940.
The Guilds of Peking, J. S. Burgess, 1928.
Report on the Foreign Trade of China and Abstracts of Trade Statistics.
Report of Trade of Each Port.
Port Trade Statistics and Reports.
Special Series No. 103. Silk.
Статистический Ежегодник, (1918—1920) X Ⅶ(俄文)。

日文:

《最新支那绅录》,北京支那研究会编,1919 年版。

(三)专著、文集等

中文:

《1895—1936 年中国国际收支研究》,陈争平,中国社会科学出版社 1996 年版。
《1905 年反美爱国运动》,周明绮,1962 年版。
《二十世纪的英国经济》,罗志如等,人民出版社 1982 年版。
《十九世纪的中国买办——东西间的桥梁》,郝延平著,李荣昌等译,1988 年版。
《广东农村生产关系与生产力》,陈翰笙,1934 年版。
《广西经济概况》,千家驹等,商务印书馆 1936 年版。
《三十年来之中国纺纱业》,张则民,1929 年编印。
《大生系统企业史》,江苏古籍出版社 1990 年版。
《大清银行始末记》,大清银行总清理处编,1915 年 7 月刊。
《大理院判则要旨汇览》,北洋政府大理院编辑处,1926 年版。
《上海之农业》,国民党上海市社会局 1933 年版。
《上海永安公司的产生、发展和改造》,上海社科院经济所编著,1981 年版。

《上海市棉布商业》,上海市工商局等,中华书局 1979 年版。
《上海史资料丛刊,上海产业与上海职工》,朱邦兴,1984 年版。
《上海对外贸易,1840—1949》,上海社科院经济所等 1989 年版。
《上海近代五金商业史》,上海社科院经济所,上海社科院出版社 1990 年版。
《上海近代百货商业史》,上海社科院经济所,上海社科院出版社 1988 年版。
《上海近代百货商业史》,上海社科院经济所,1982 年油印本。
《上海近代社会经济发展概况》,徐雪筠等译编,上海社科院出版社 1985 年版。
《上海近代医药行业史》,上海社科院经济所,上海社科院出版社 1988 年版。
《上海总商会史》,徐鼎新、钱小明著,上海社科院出版社 1991 年版。
《上海金融组织概要》,杨荫溥,商务印书馆 1930 年版。
《上海银行公会事业史》,徐沧水,1925 年版。
《上海煤炭存销报告》,英商壳仲洋行 1923 年版。
《山西票号考略》,陈其田,1936 年版。
《乡村土布工业的一个研究》,吴知,上海,1936 年版。
《马克思恩格斯选集》第 1—4 卷,人民出版社 1972 年版。
《开平矿局加招洋股改为中外合办析》,张翼,光绪二十七年(1901 年)。
《开平矿局交涉事汇》,周学熙等辑,1910 年版。
《天工开物》,宋应星,中华书局 1959 年版。
《天津针织工业》,方显廷,1931 年版。
《无锡第一袜厂厂史》,未刊本。
《云南近代史》,云南近代史编写组,云南人民出版社 1993 年版。
《支那经济全书》第 10 辑,东亚同文会编,1908 年版。
《支那经济报告书》,东亚同文会支那经济调查部,1909 年版。
《不平等的发展》,S. 阿明著,高译,商务印书馆 1990 年版。
《不自慊斋漫存》,徐赓陛,1882 年版。
《不发达国家的资本形成问题》,R. 纳克斯著,谨斋译,商务印书馆 1966 年版。
《日本在旧中国的投资》,杜恂诚,上海社科院出版社 1986 年版。

《日本资本主义史研究》,万峰,湖南人民出版社1984年版。
《日本侵占旅大四十年史》,顾明义等,辽宁人民出版社1991年版。
《中外旧约章汇编》第2册,王铁崖,三联书店1959年版。
《中外合办煤铁矿业史话》,徐梗生,商务印书馆1947年上海版。
《中华百年老药铺》,安冠英等编著,1993年版。
《中华国货维持会章程文牍汇录》,1912年版。
《中华银行史》,周葆銮,1947年版。
《中国土地问题和商业高利贷》,中国农村经济研究室1937年版。
《中国土地制度的研究》,长野郎著,强我译,1932年版。
《中国之内国公债》,王宗培,1933年版。
《中国之纺织业及其出品》,井村薰雄,商务印书馆1928年版。
《中国内外债详编》,中国联合准备银行1940年版。
《中国公路运输史》,中国公路运输史编委会,人民交通出版社1990年版。
《中国对外贸易》,里默(雷麦)著,卿汝楫译,三联书店1958年版。
《中国对外贸易史简论》,李康华等,对外贸易出版社1981年版。
《中国田赋史》,陈登原,商务印书馆1936年版。
《中国丝业》,曾同春,商务印书馆1929年版。
《中国丝绸史研究》,王翔,团结出版社1990年版。
《中国民族火柴工业》,青岛市工商行管理局1963年版。
《中国关税沿革史》,S. F. 莱特著,姚译,商务印书馆1958年版。
《中国近代经济史,1840—1894》,严中平等,人民出版社1989年版。
《中国近代经济史论著选译》,张仲礼主编,上海社科院出版社1987年版。
《中国近代经济史稿》,王方中著,北京出版社1982年版。
《中国近代面粉工业史》,上海市粮食局,中华书局1987年版。
《中国近代海关史问题初探》,陈诗启,人民出版社1987年版。
《中国近代缫丝工业史》,徐新吾主编,上海人民出版社1990年版。
《中国近代煤炭史》,中国近代煤矿史编写组,煤炭工业出版社1990年版。
《中国近百年经济史》,费维恺著,林载爵译,台北华世出版社1978年版。
《中国问题回顾与展望》,陶希圣编,1930年版。

《中国农业经济资料》,田中忠夫著,汪馥泉译,1934 年版。
《中国农业经济研究》,田中忠夫著,汪馥泉译,1934 年版。
《中国农村经济记》,冯和法编,1934 年版。
《中国农村经济关系及其特质》,朱新繁,1930 年版。
《中国农村复兴问题》,董成勋,1935 年版。
《中国农村经济论文集》,千家驹编,1936 年版。
《中国农村经济研究》,马扎亚尔著,陈代清、彭桂秋译,1930 年版。
《中国农业经济之发展》,曹鸿儒,1931 年版。
《中国农家经济》,卜凯著,1936 年中译本。
《中国买办资产阶级的发生》,聂宝璋,中国社会科学出版社 1979 年版。
《中国社会经济变迁》,彭泽益主编,1990 年版。
《中国金融论》,杨荫溥,1931 年版。
《中国地方银行史》,姜宏业主编,湖南出版社 1991 年版。
《中国国民所得》,巫宝三,1933 年版。
《中国国民所得(1933 年)》,巫宝三,1947 年版。
《中国国际贸易史》,武堉干,商务印书馆 1928 年版。
《中国国际贸易概论》,武堉干,商务印书馆 1930 年版。
《中国的对外贸易和工业发展》,郑友揆著,程麟荪译,上海社会科学院出版社 1984 年版。
《中国的现代化》,罗兹曼主编,上海人民出版社中译本 1989 年版。
《中国的国际贸易》,何炳贤,商务印书馆 1939 年版。
《中国桐油贸易概论》,李昌隆,1934 年版。
《中国税制史》,吴兆莘,台湾商务印书馆 1981 年版。
《中国租税问题》,朱偰,商务印书馆 1936 年版。
《中国债务汇编》,中央银行经济研究处 1935 年版。
《中国经济史论文集》,孙健编,中国人民大学出版社 1987 年版。
《中国经济和社会中的煤矿业》,蒂姆·赖特著,丁长清译,人民出版社 1991 年版。
《中国现代交通史》,张心澂著,上海良友图书公司 1931 年版。

《中国现代化的区域研究·山东省(1860—1916)》,张玉法,1983年版。
《中国轮船航运业的兴起》,樊百川,四川人民出版社1985年版。
《中国航业》,王洸,1934年版。
《中国贸易史》,鲁传鼎,台北,1985年版。
《中国资本主义与国内市场》,吴承明,1985年版。
《中国资本主义发展史》第二卷,许涤新、吴承明主编,人民出版社1990年版。
《中国资本主义的历史命运——苏州丝织业"账房"发展史论》,王翔,1992年版。
《中国资本主义史纲要》,孔经纬,吉林文史出版社1988年版。
《中国蚕丝》,乐嗣炳著,1935年版。
《中国厘金史》,罗玉东著,1936年版。
《中国第一家银行》,中国社会科学院近代史所1982年版。
《中国商业史》,王孝通著,1936年版。
《中国商业简史》,张一农著,中国财政经济出版社1989年版。
《中国煤矿》,胡荣铨,商务印书馆1935年版。
《中国财政论纲》,周棠,1912年版。
《中国通与英国外交部》,伯尔考维茨著,1959年中译本。
《中国铁路问题》,陈晖,1955年版。
《中国银行24年发展史》,姚崧龄,台北,1976年版。
《中国银行民国十八年报告》,中行总管理处1929年版。
《中国重要银行最近十年营业概况研究》,中国银行总管理处经济研究室1933年版。
《中国盐业史论丛》,中国社会科学出版社1987年版。
《中国棉业史》,赵冈等,台北联经出版事业公司1983年第2次印行。
《中国棉纺织史稿》,严中平,科学出版社1955年版、1963年版。
《内国公债史》,徐沧水,商务印书馆1923年版。
《内蒙之今昔》,谭惕吾,1934年版。
《左文襄公全集》,左宗棠,1892年版。

《石渠余纪》,王庆云,1888年版。
《东三省政略》,徐世昌,1911年版。
《东三省经济实况揽要》,连濬,1931年版。
《东北地主富农研究》,李尔重、富振声等,东北书店1947年版。
《东北经济小丛书》,东北物资调节委员会1948年版。
《北京瑞蚨祥》,中国社科院经济所等1958年版。
《北洋政府时期经济》,黄逸平等主编,上海社科院出版社1995年版。
《北洋军阀史略》,来新夏,1957年版。
《北满与东省铁路》,吕荣寰,1927年版。
《北满农业》,东省铁路经济调查局1928年版。
《旧上海的外商与买办》,上海人民出版社1987年版。
《旧中国交易所介绍》,朱彤芳编,中国商业出版社1989年版。
《旧中国北京缝纫工人情况的调查报告》,北京市总工会1961年版。
《旧中国民族资产阶级》,黄逸峰等,江苏古籍出版社1990年版。
《旧北京鞋业工人的处境及其斗争的调查报告》,北京市总工会1961年版。
《东三省金融概论》,侯树彤,1931年版。
《四川农村经济》,吕平登,1936年版。
《四川金融风潮史略》,重庆中国银行1933年版。
《四川蚕业改进史》,尹良莹,商务印书馆1947年版。
《四川盐法志》,丁宝桢,1882年版。
《四川盐政史》,四川盐政史编辑处1932年版。
《生意经》,戴蔼庐著,1929年版。
《外人在华投资》,雷麦著,蒋学楷等译,商务印书馆1959年版。
《外国经济史》第二册,樊亢等,人民出版社1982年版。
《外国经济史(资本主义时代)》,波梁斯基,1963年版。
《句力庵官拾存》,罗正钧,1903年版。
《汉口》,水野幸吉,1907年版。
《发展经济学》,谭崇台等,人民出版社1989年版。
《民国财政史》,贾士毅,商务印书馆1917年版。

《民国财政论》,杨汝梅,商务印书馆 1927 年版。
《民国经世文编》,经世文社编辑部 1914 年版。
《民国经济史》,朱斯煌主编,上海银行周报社 1948 年版。
《民国盐务史稿》,丁长清主编,人民出版社 1990 年版。
《民族资本主义与旧中国政府》,杜恂诚,上海社会科学院出版社 1991 年版。
《弗里德里希·李斯特》,京·法比翁克,1983 年中文本。
《孙中山全集》第一卷,中华书局 1981 年版。
《远东国际关系史》,马士等著,姚译,商务印书馆 1975 年版。
《均赋余议》,金蓉镜,1917 年版。
《考察政治日记》,载泽,岳麓书社 1986 年版。
《李文忠公全书》,李鸿章,1905 年版。
《列宁选集》第二卷,人民出版社 1960 年版。
《西巡大事本末记》,吉田良太郎,1901 年版。
《全国农会联合会第一次纪事》,1913 年版。
《危言》,汤震,光绪十六年刊本。
《各省金融概略》,中国银行 1915 年版。
《近二十年来之中日贸易及其主要商品》,蔡谦,商务印书馆 1936 年版。
《近代天津对外贸易》,姚洪卓,天津社会科学院出版社 1993 年版。
《近代南通土布史》,林举白,南京大学学报编辑部 1984 年版。
《近代重庆经济与社会发展》,周勇等译编,四川大学出版社 1987 年版。
《近代冀鲁豫乡村》,丛翰香主编,中国社会科学出版社 1995 年版。
《江西陶瓷沿革》,启智书局编,1930 年版。
《江宁县淳化镇乡村社会之研究》,南京金陵大学 1934 年版。
《交通银行行史清稿》,未刊。
《产业经济学导论》,杨沐,中国人民大学出版社 1985 年版。
《齐如山回忆录》,宝文堂书店出版 1989 年版。
《刘坤一遗集》,中华书局 1959 年版。
《安徽省之土地分配与租佃制度》,1936 年版。
《农学录》,艾延年,1920 年版。

《论国家政权在中国近代化过程中的作用》,朱荫贵著,1995年版。
《当代名人小传》,费行简,1926年版。
《当代经济发展中的开放度问题》,罗龙,中国对外经济贸易出版社1990年版。
《江苏昆山南通、安徽宿县农佃制度之比较及改良农佃问题之建议》,乔启明,1926年版。
《对外经济关系与中国近代化》,章开沅等编,华中师范大学出版社1990年版。
《苏州市丝绸工业志》,苏州丝绸公司,未刊本。
《同记商场五十年概况》,哈尔滨市整理私营工商业历史资料委员会编,1958年版。
《我国佃农经济状况》,刘大钧,1929年版。
《沙逊集团在旧中国》,张仲礼、陈曾年,人民出版社1985年版。
《张季子九录》,中华书局1931年版。
《张文襄公全集》,1928年版。
《陈光甫先生言论集》,上海银行编,1949年刊。
《纺织史稿》,李升白,藏江苏南通市图书馆。
《到田间去》,汤尔和译,满铁农业试验场编,1930年版。
《河北棉花的生产和贩运》,曲直生,1931年版。
《河北省怀柔县事情》,新民会中央总会,1940年版。
《河南矿业史》,曹世禄、王景尊编,1936年版。
《奉天边务辑要》,李廷玉,1917年版。
《现代中国实业志》,杨大金编,华世出版社印行。
《青海》,周振鹤,1939年版。
《杭州丝绸业史料》,杭州市工商联,未刊稿。
《松黑两江航政考察纪略》,邢契莘著,1923年版。
《招商局史》,张后铨,人民交通出版社1988年版。
《招商局三大案》,李孤帆,1933年版。
《英国福公司在中国》,薛毅著,武汉大学出版社1992年版。

《明清时代封建土地关系的松懈》,李文治,1993年版。
《明清时代的农业资本主义萌芽问题》,李文治等,1983年版。
《明清资本主义萌芽研究论文集》,南京大学历史系编,上海人民出版社1981年版。
《国际收支论》,周八骏,学林出版社1987年版。
《国际贸易概论》,姚曾荫主编,人民出版社1987年版。
《国营招商局七十五周年纪念刊》,1947年版。
《国债与金融》,贾士毅,商务印书馆1930年版。
《罗道庄之经济及社会情形》,董时进,1930年版。
《周村商埠》,山东省政协文史资料委员会编1990年版。
《适可斋记言》,马建忠,中华书局1960年版。
《经济成长的阶段》,罗斯托,商务印书馆1960年版。
《变法自强奏议汇编》,毛佩之编,1901年版。
《官绅政权》,陈志让著,三联书店中译本1980年版。
《郑观应传》,夏东元著,华东师范大学出版社1981年版。
《郑观应集》,夏东元编,上海人民出版社1992年版。
《政治经济学的国民体系》,弗·李斯特著,陈万煦译,商务印书馆1961年版。
《南满洲铁道株式会社十年史》,1919年版。
《恒丰纱厂的发展与改造》,中科院上海经济研究所1958年版。
《保矿手据》,张翼,1900年版。
《修改进口税则纪事》,漆运钧等,财政部修改税则会议处1920年印行。
《俄国资本主义的发展》,列宁,1959年版。
《皇清名臣奏议汇编》,仁和琴川居士编,1902年版。
《皇朝文献通考》,1902年版。
《皇朝经世文续编》,葛士浚辑,1897年版。
《皇朝经世文三编》,陈忠倚辑,1902年版。
《皇朝经世文四编》,何良栋辑,1902年版。
《皇朝道咸同光奏议》,王廷熙等编,1902年版。

《通州兴办实业之历史》，张謇，1910 年版。

《帝国主义与开滦煤矿》，魏子初编，神州国光社 1959 年版。

《帝国主义与中国铁路》，宓汝成，上海人民出版社 1980 年版。

《帝国主义在旧中国的投资》，吴承明，人民出版社 1955 年版。

《浙江丝绸史》，朱新予主编，浙江人民出版社 1985 年版。

《浙江经济纪略》，魏颂唐，1929 年版。

《海门启东之租佃制度》，沈时可，1934 年版。

《海关税务纪要》，盛俊，中华民国财政部 1919 年版。

《海关通志》，黄序鹓，著者 1921 年发行。

《洋务运动与中国近代企业》，张国辉，中国社会科学出版社 1979 年版。

《野蚕录》，王元綎，农业出版社 1963 年版。

《袁世凯与北洋军阀》，谢本书，上海人民出版社 1984 年版。

《袁世凯奏议》，廖中一等整理，天津古籍出版社 1987 年版。

《阅世编》，叶梦珠，上海古籍书店 1981 年版。

《资本主义在我国民族工业中发展的三个阶段》，上海工商管理局 1963 年版。

《资本论》第一卷，马克思，人民出版社 1975 年版。

《阎锡山和山西省银行》，中国社会科学出版社 1980 年版。

《盛世危言》，郑观应，1893 年版。

《盛宣怀实业函电稿》，王尔敏、吴伦霓霞合编，香港中文大学，1993 年版。

《盛宣怀专刊信稿》，中华书局 1960 年版。

《盛宣怀传》，夏东元著，四川人民出版社 1988 年版。

《第二次中国矿业纪要》，谢家荣编，1918—1925 年版。

《第三次中国矿业纪要》，侯德封编，1931 年版。

《第五次中国矿业纪要》，侯德封编，1934 年版。

《船政奏议汇编》，船政衙门编，1988 年版。

《湖南之桐油与桐油业》，李石锋，1935 年版。

《清代山东经营地主底社会性质》，罗仑等，1959 年版。

《清代关税制度》，彭雨新，湖北人民出版社 1956 年版。

《清代全史》第十卷,刘克祥主编,辽宁人民出版社1993年版。
《清代国家机关概述》,李鹏年等,紫禁城出版社1989年版。
《清代通史》,萧一山,中华书局1986年影印本。
《清咸、同时期的财政》,何烈,台北,1981年版。
《清财政考略》,吴廷燮,1914年版。
《清朝续文献通考》,刘锦藻编,商务印书馆1955年版。
《票商兴衰史》,史若民,中国经济出版社1992年版。
《晚清的收回矿权运动》,李恩涵,台北,1989年版。
《晚清经济政策与改革措施》,朱英,华中师范大学出版社1996年版。
《晚清钱庄和票号研究》,张国辉,中华书局1989年版。
《猪鬃大王——古耕虞》,王慧章,1991年版。
《庸书》,陈炽,1896年版。
《商会与中国早期现代化》,虞和平著,上海人民出版社1993年版。
《淄博煤矿史》,淄博矿务局、山东大学编,山东人民出版社1989年版。
《最近百年中国对外贸易史》,班思德,中国海关总署1931年印行。
《愚斋存稿》,盛宣怀,1931年版。
《黑龙江流域的农民与地主》,陈翰笙、王寅生,1929年版。
《黑龙江省史探索》,孙占文,黑龙江人民出版社1983年版。
《焦作煤矿志》(1898—1985),焦作矿务局史志编纂委员会编,1989年版。
《曾文正公全集》,曾国藩,1878年版。
《跨出封闭的世界——长江上游区域社会研究》,王笛,中华书局1993年版。
《新编中国东北地区经济史》,孔经纬,1994年版。
《满洲发达史》,稻叶君山著,杨成能译,1940年版。
《满洲的矿业》,满铁经济调查会,1933年版。
《满铁史》,苏崇民,1991年版。
《满蒙问题》,日本朝日新闻社1932年版。
《赫德与近代中西关系》,汪敬虞,人民出版社1987年版。
《福建船政局史稿》,林庆元,福建人民出版社1986年版。
《鞍钢史(1909—1948)》,解学诗、张克良编,冶金工业出版社1984年版。

《德国侵略山东史》,王守中,人民出版社 1988 年版。

西文:

An Inquiry into the Commercial Liabilities and Asserts of China In International Trade, H. B. Morse, 1904.

Big Business in China, Sherman Cochran.

British Economic Growth, 1688—1959. , P. Deane and W. A. Cole.

British Consul, A Report on Commercial, Industrial and Economic Trend, 1921.

British Trade and the Opening of China, M. Greenberg, 1951.

China, Inspectrate General of Customs, Returns of Trade and Trade Reports, 1919.

China Today, Economic, Condliffe, 1932.

China Yesterday and Today, Williams, 1923.

China's Modern Economy in Historical Perspetive. , D. H. Perkins, 1975.

China's Industries and Finance, D. K. Lieu, 1927.

China's Customs Revenue Since the Revolution 1911, S. F. Wright, 1935.

The Chinese Economy, 1912—1949, Albert Feuerwerker, 1968.

The Crucial Years of Early Anglo-Chinese Relations 1750—1800, E. H. Pritchard, 1936.

Chronicles of the East India Company Trading to China 1635—1834, B. H. Morse, 1926.

The Correspondence of G. E. Morrison, Lo Hui-min, 1978.

Country Life in South China, Diniel Harrison Kulp, 1925.

The Development of Cotton Textile Production in China, Kang Chao. , 1977.

Economic Growth in Prewar China, T. G. Rawski, 1989.

Economic Organization in Chinese Society. , W. E. Willmott, 1972.

The Economy of the China Mainland, National Income and Economic Development, 1933—1959.

T. Liu and K. Yeh. 1965.

Finance In China, R. S. Wagel, 1914.

Foreign Investment and Economic Development in China, C. Hou, 1973.
The Foreign Public Debts of China, A. G. Coons, 1930.
The Foreign Trade of China, C. S. See, 1919.
Foreign Trade of China, C. F. Remar, 1933.
Foreign Trade of China, and its Place in World Trade, A. V. Marakueff, 1927.
A History of the External Trade of China, T. R. Banister, 1931.
Journal of the North China Branch of the Royal Asiatic Society.
The Income of the Chinese Gentry, Chang Chung-li, 1962.
The Industrial Evolution of India in Recent Times, Dhananjaya, 1924.
International Ralations of Chinese Empire, B. H. Morse, 1911.
Industrial Development in Pre-Communist China, John K. Chang, 1969.
Nemoirs of Research Department of the Toyo Bunko, 1989.
The New Cambridge Modern History, Vol. 11, 1971.
North China Trade Revenue, 1926.
Peasant Life in China, a Field Study of Country Life in the Yantze Valley, Fei Hsiaotung, 1931.
Price, Wages and the Standard of Living in Peking, Meng T. P., 1926.
The Princeton University Center in China, Gamble, Peking Young Men's Christian Association.
Report on the Chinese Port Office 1921.
Report of Advisory Committee, China, 1962.
The Revenue and Taxation of the Chinese Empire, J. Edkins, 1903.
Rural-Urban Revolutions in Ningpo Area During the 1930's, Shiba yoshinobu.
Sino-English Rivalry in the Cigarette Industry 1890—1930, 1980.
A Social Survey Conducted under the Auspices, Doran, 1921.
Tarkoo, Chartas Drage, 1970.
The Trade of the United States with China, S. L. Pan. 1924.
Twentieth Century Impressions of Hongkong, Shanghai and offer Treaty Ports of China, Arnold Wright, 1908.

Western Enterprise in Far Eastern Economic Development, G. C. Allen, 1954.

With an Account of the Guilds Merchant, Hosea Ballou, 1932.

日文:

《贸易と国际收支》,山泽逸平等,东洋经济新报社 1979 年版。

《支那问题概论》,エル・マラヤ,泰山房,昭和 14 年版。

《清国商况视察复命书》,日本外务省通商局编纂,明治 35 年 7 月 23 日印。

《东亚省别全志》,东亚同文会。

《支那经济全书》,东亚同文会。

《南满商业》,日本外务省 1907 年版。

《中国资本主义发达史》,长野郎。

《安徽省志》,东亚同文会编,1919 年版。

《日本经济——その成长と结构》第二版,中村隆英,东京大学出版会 1980 年版。

《日本国势会纪念》,东京,国势会,1981 年版。

《概说日本经济史》,正田健一郎等,东京,有斐阁,1978 年版。

《统计日本经济——经济发展を通してみた日本统计史》,相原茂等编,东京,筑摩书房,1971 年版。

《通商汇纂》各卷。

《日本蚕丝业史の分析》,石井宽治,东京大学出版会 1981 年版。

《满铁南通农村实态调查参加报告》,井上弘文,昭和 16 年 9 月。

《支那蚕丝业研究》,松永伍作,1897 年版。

《清国蚕丝业大观》(原名《清国蚕丝业复命书》),峰村喜藏,明治 34 年版。

《五四运动の研究》第一函,京都大学人文科学研究所 1982 年版。

《日本领事报告の研究》,角山编,同文馆,1986 年版。

《中国蚕丝业の史の展开》,经济史シンホジウム运委会,汲古书院 1986 年版。

《洋务运动の研究》,铃木智夫,汲古书院 1992 年版。

《江南デルタ市镇研究》,森正夫编,名古屋大学出版会 1992 年版。

《旧中国になける地域社会の特质(研究成果报告书)》,森正夫编,1994年版。
《中国近代化の经济构造》,横山英,亚纪书房,1972年版。
《近代中国の经济と社会》,小岛淑男编,汲古书院1993年版。
《中国近代经济史の研究——清末海关财政と开港场市场圈》,浜下武志,汲古书院1989年版。
《中国经济100年のめゆみ——统计资料ご见る中国近现代经济史》,久保亨,1991年版。
《中国农村惯行调查》,中国农村惯行调查刊行会编,岩波书店1981年版。
《满铁调查研究资料》各编,满铁上海事务所调查室。
《满铁调查月报》各卷各号,满铁调查部。

(四)地方志

《桂平县志》,程大璋等,粤东编译公司,1920年铅印本。
《续天津县志》,吴惠元等,1870年版。
《天津府志》,徐宗亮,1899年版。
《(武汉)商业志·百货商业志》,武汉市商业局1984年油印本。
《玉田县志》,夏子鎏等,1884年刊行。
《番禺县续志》,丁仁长等,1931年重印本。
《上海县志》,俞樾等,1873年刻本。
《上海县续志》,姚文枬等,1918年刻本。
《吴县志》,曹允源等,1933年铅印本。
《掖县志》,1935年铅印本。
《贵县志》,梁崇鼎等,1934年铅印本。
《平阳县志》,王理孚等,1926年版。
《乐志县志》,裴显中等,1840年版。
《民国佛山忠义乡志》,冼宝干等,1926年刻本。
《宿松县志》,1921年刊行。

《芜湖县志》,陈春华等,1808 年刊行。
《芜湖县志》,余谊密等,1919 年刊行。
《鄞县通志》,蔡芷卿等,1937 年版。
《民国泸县志》,王禄昌等,1938 年版。
《嘉定县续志》,金念祖等,1930 年铅印本。
《南汇县续志》,严伟等修,秦锡田等纂。
《富顺县志》,卢庆家等,1931 年刻本。
《川沙县志》,黄炎培等,1937 年版。
《松江府志》,郭廷弼等,1663 年版。
《松江府志》,宋如林等,1918 年版。
《南浔志》,周庆云,1922 年刻本。
《成都县志》,衷兴鉴等,1873 年刻本。

(五)报纸、刊物

中文:

《大公报》
《大陆银行月刊》
《上海师范大学学报》
《广州市市政公报》
《历史学》
《历史研究》
《历史档案》
《中外日报》
《中央研究院近代史所专刊》
《中国社科院经济所集刊》
《中国社会经济史研究》
《中国经济史研究》
《中国近代经济史研究资料》
《戊通汇刊》
《五七月刊》
《远东报》
《近代中国》
《近代史研究》
《江汉论坛》
《交行月刊》
《交通杂志》
《社会科学杂志》
《东方杂志》
《东省经济月刊》
《北国春秋》
《总商会月报》

《中国近代经济史研究集刊》
《银行杂志》
《银行月刊》
《银行周报》
《地学杂志》
《经济学术资料》(沪)
《清华学报》(台北)
《海光》
《申报》
《时报》
《时务报》
《新闻报》
《湖北商务报》
《通商汇纂》
《政治官报》
《政府公报》
《向导周报》
《商务官报》
《香港华字日报》
《国风报》
《东洋史研究》
《财政评论》
《强学报》
《工商史料》
《山西文史资料》
《广东历史资料》
《文史资料选辑》
《天津文史资料选辑》
《天津历史资料》
《包头史料荟要》
《宁夏文史资料》
《甘肃文史资料》
《浙江文史资料选辑》
《自贡文史资料选辑》
《五通桥盐业史料选辑》
《井盐史通讯》
《四川文史资料选辑》
《辽宁文史资料》
《苏州工商经济史料》
《苏州史志资料选辑》
《东亚杂志》

外文:

Daily News
Chinese Economic Bulletin
Chinese, Economic Journal
The Journal of Asian Studies
North-China Herald
North-China Daily News
Chinese Economic Monthly

附　录

一、鉴 定 结 论

本书以中国资本主义的发展和不发展为中心线索，从历史条件、时代大环境上考察我国半殖民地半封建经济的发展演变过程，阐明中国不能走资本主义道路，而最终选择社会主义道路的历史必然性，这符合历史唯物主义和辩证思维原理，并且有现实意义。

本书采用总体论史学观点，体系完整，但是以专题研究为基础的。发挥各作者专门优势，深入研究，许多成果并先行发表，广集众议。故有博大而又精深之效。

资料丰富，发掘及采用第一手资料，为本书一大特色，在当代同类著作中，无出其右者。

在近代中国经济史学科中，本书在总体研究上有新的开拓，在专题上亦多创造性贡献，要如关于近代国际收支和资本问题的考察、农业雇工和地主经营的探讨、工业多元化结构和手工业功能的分析等，都有突破性进展。然各项立论十分严谨，贯彻百家争鸣精神，不作惊世骇俗之语，可以“博謇”二字评之，堪称治学风范。

鉴定组负责人吴承明

1996 年 3 月 15 日

二、鉴 定 结 论

主要内容提示:1. 在总结概括鉴定专家个人鉴定意见基础上,确认是否通过鉴定、鉴定等级(在数据表中选择);2. 该项目成果的突出特色,主要建树以及学术价值与实践价值;3. 研究成果及研究方法尚存在的不足,该成果修改、提高的具体意见和建议。

1. 本项目鉴定人共七人,均为当前国内著名经济史学者。七位专家一致同意:已成书稿资料上有新发现、研究上有新开拓、观点上有新突破,是迄今为止这一领域最为系统、最有深度的一部力作。政治关和学术质量关把握得都很好。鉴定等级应为A级。

2. 本项目理论色彩浓厚,中心思想鲜明,将"中国资本主义的发展和不发展"作为中国近代经济史的中心线索有其内在逻辑性。本书稿的特点之一是学术价值很高,涵盖面很广,考察较系统;二是全书整体水平高;三是理论周密,一些观点有独到之处,使中国近代经济史研究又取得了较大的前进;四是资料工作十分扎实,作者们在研究过程中查阅了大量原始档案、方志、文集、报刊以及中外学术专著,资料考订翔实,使立论建立在可靠的基础上。

3. 几点意见:一是有的鉴定人认为,有关农村经济的论述略嫌单薄,自耕农经济较少涉及;二是资料采纳上有畸重畸轻现象,长江中下游、江浙地区特别是上海资料较为集中。

总鉴定:张仲礼

1998.9.25

注:本项目鉴定组成员有:上海社科院张仲礼研究员(鉴定组组长)、中国人民大学经济学院孙健教授、中国社科院近代史所从翰香研究员、中国社科院经济所吴承明研究员、李文治研究员、朱绍闻研究员、经君健研究员。

责任编辑:魏海源　郑海燕
封面设计:肖　辉
版式设计:陈　岩
责任校对:智福和　张杰利

图书在版编目(CIP)数据

中国近代经济史(1895—1927):全3册/汪敬虞主编.
-北京:人民出版社,2012.4
(人民文库)
ISBN 978-7-01-010755-4

Ⅰ.①中…　Ⅱ.①汪…　Ⅲ.①中国经济史-1895—1927
Ⅳ.①F129.5

中国版本图书馆CIP数据核字(2012)第045528号

中国近代经济史(1895—1927)
ZHONGGUO JINDAI JINGJISHI (1895—1927)

汪敬虞　主编

人民出版社　出版发行
(100706　北京朝阳门内大街166号)

北京瑞古冠中印刷厂印刷　新华书店经销

2012年4月第1版　2012年4月北京第1次印刷
开本:710毫米×1000毫米 1/16　印张:152.75
字数:1910千字

ISBN 978-7-01-010755-4　定价:245.00元

邮购地址 100706　北京朝阳门内大街166号
人民东方图书销售中心　电话 (010)65250042　65289539

